Kramers
Woordenboek
Engels-Nederlands

Kramers

Woordenboek
Engels-Nederlands

Redactie onder leiding van
drs. H. Coenders

MM *Elsevier*

ISBN 90 6882 452X
NUGI 503

achtendertigste druk

Samenstellers

Algemene leiding
drs. H. Coenders

Eindredactie
P.S. Vermeer

Redactie Nederland
mevr. J.M.W. Kirkaldy-Matthee
mevr. drs. B.A.D. Kooijman
mevr. S. Massotty
H. van der Meulen
E.J. Schouten

Redactie Groot-Brittannië
J.B. Whitlam

Invoer/correctie
mevr. J. Heesen-Zuurbier
mevr. A. van der Hoeven-Matzinger
mevr. J. den Hollander-van den Bos
mevr. T.J.A. Jongstra-van Lieshout
mevr. C. van Steenhardt Carré-Hustinx
H.M. van der Wal
mevr. drs. M.G.C.M. Winnubst

Bandontwerp
mevr. H. Howard

Productie
mevr. L. Mes

Uitgever
A.C.H. Bekkers

Inhoudsopgave

Voorwoord

Voor u ligt het woordenboek Engels-Nederlands uit de reeks *Kramers woordenboeken in paperbackuitgave.* Met deze paperback, die inhoudelijk overeenkomt met het handwoordenboek Engels-Nederlands, biedt Kramers een rijke inhoud voor een zeer aantrekkelijke prijs.

Door toepassing van moderne technieken op het gebied van tekstverwerking en databeheer is het beter dan voorheen mogelijk om de vinger aan de pols van de taal te houden. Nieuwe ontwikkelingen kunnen sneller in de woordenboeken worden vastgelegd, waardoor er steeds een accuraat beeld kan worden gegeven van de actuele woordenschat van de diverse talen. Dat is zeker ook het geval in dit woordenboek, dat een goede afspiegeling biedt van de huidige woordenschat in het Engels en het Nederlands.

In het woordenboek zijn de (soms moeilijk herkenbare) onregelmatige meervouds- en vervoegingsvormen in het Engels als aparte trefwoorden opgenomen. Tevens is, speciaal ten behoeve van niet-Nederlandstalige gebruikers, in de artikelen aangegeven wat het lidwoord is van Nederlandse zelfstandige naamwoorden die als vertaling worden gegeven (zie de *Aanwijzingen voor het gebruik*).

Het woordenboek wordt besloten met een overzicht van de onregelmatige Engelse werkwoorden, met daarbij de belangrijkste vervoegingsvormen.

Voor het overige behoeft dit woordenboek geen nadere toelichting. Alles wat u voor een juist begrip van de artikelen dient te weten, vindt u in de *Aanwijzingen voor het gebruik* en de *Lijst van tekens en afkortingen.*

Tot slot willen wij allen bedanken die een bijdrage hebben geleverd aan dit woordenboek. Mede dankzij hun inspanning is er een actueel en toegankelijk naslagwerk ontstaan voor een breed publiek, boordevol informatie over de huidige Engelse woordenschat.
Geen werk van deze omvang mag pretenderen feilloos of zonder omissies te zijn. De redactie houdt zich dan ook aanbevolen voor op- of aanmerkingen.

Amsterdam, voorjaar 2000 — De redactie

Aanwijzingen voor het gebruik

Trefwoorden

De trefwoorden zijn vetgedrukt en alfabetisch geordend. Synonieme trefwoorden die alfabetisch direct op elkaar volgen, zijn achter elkaar aan het begin van een artikel geplaatst:

accusal, accusation

Trefwoorden die hetzelfde worden geschreven, maar die volstrekt verschillende betekenissen hebben en etymologisch niet met elkaar verwant zijn, zijn als aparte trefwoorden weergegeven, voorafgegaan door een vetgedrukt nummer:

1 alight *bn* (...)
2 alight *onoverg* (...)

Als een trefwoord in het Amerikaans-Engels anders wordt geschreven dan in het Brits-Engels, is dit als volgt weergegeven:

anaesthetic, Am **anesthetic**
maneuver *znw* Am = *manoeuvre*

Uitspraak

De correcte uitspraak van een trefwoord is tussen vierkante haken direct na het trefwoord weergegeven. Zie voor een verklaring van de daarbij gebruikte fonetische tekens het *Overzicht van fonetische tekens*. Een apostrof in de uitspraakweergave betekent dat de daaropvolgende lettergreep de klemtoon krijgt:

speedometer [spi'dɔmitə]

Woordsoorten

Van alle trefwoorden is aangegeven tot welke woordsoort(en) ze behoren (zie voor de gebruikte afkortingen de *Lijst van tekens en afkortingen*). Als een woord tot meer dan één woordsoort behoort, zijn Romeinse cijfers gebruikt ter indeling van het artikel:

dainty ['deinti] **I** *bn* (...); **II** *znw* (...)

Bij onregelmatige Engelse werkwoorden is tussen ronde haken de vorm van de verleden tijd en van het voltooide deelwoord vermeld:

arise (arose; arisen)

Overigens zijn deze onregelmatige vervoegingsvormen ook als aparte trefwoorden opgenomen, met een verwijzing naar de infinitiefvorm:

arose V.T. van *arise*

Vertalingen

Vertalingen die aan elkaar verwant zijn, zijn van elkaar gescheiden door een komma. Vertalingen die zich qua betekenis van elkaar onderscheiden, zijn gescheiden door een puntkomma:

conviction *znw* schuldigverklaring, veroordeling; (vaste) overtuiging (...)

In een aantal artikelen zijn voor de duidelijkheid Arabische cijfers gebruikt ter onderscheiding van vertalingen met sterk verschillende betekenissen:

appealing *bn* **1** smekend; **2** aantrekkelijk

Waar de duidelijkheid dit vereiste is achter vertalingen soms een nadere toelichting tussen vierkante haken vermeld:

action replay *znw* herhaling [bij sportverslag op de televisie]

Speciaal ten behoeve van niet-Nederlandstalige gebruikers van het woordenboek is bij zelfstandige naamwoorden die als vertaling worden opgevoerd, aangegeven of ze onzijdig zijn. Een *o* achter een dergelijke vertaling betekent dat het om een onzijdig zelfstandig naamwoord gaat dat derhalve als lidwoord *het* heeft. Het ontbreken van een *o* betekent dat het bij dat woord behorende lidwoord *de* is:

bearskin ['bɛəskin] *znw* berenvel *o*, berenhuid; berenmuts

Labels

Als een woord of een bepaalde vertaling daarvan specifiek is voor een bepaald (vak)gebied (bijv. dierkunde, plantkunde, techniek) of voor een bepaalde stijl (bijv. figuurlijk, gemeenzaam, slang), is dit aangegeven door middel van onderstreepte *labels* (zie voor de gebruikte afkortingen de *Lijst van tekens en afkortingen*):

mule [mju:l] *znw* **1** dierk muildier *o*; **2** dierk plantk bastaard; **3** fig stijfkop; **4** techn fijnspinmachine; **5** muiltje
righto ['raitou] *tsw* gemeenz goed zo!

Zegswijzen, vaste verbindingen, voorbeeldzinnen

Zegswijzen, vaste verbindingen en voorbeeldzinnen zijn cursief gedrukt. Om ruimte te besparen is het teken ~ gebruikt ter vervanging van het trefwoord:

coal [koul] *znw* **I** (steen)kool, kolen; *carry ~s to Newcastle* water naar de zee dragen (...)

Lijst van tekens en afkortingen

List of symbols and abbreviations

'	klemtoonteken	the main stress of a word
~	herhaling van het trefwoord	swung dash (replaces the headword)
±	ongeveer hetzelfde	approximately the same
&	enzovoort; en	et cetera; and
^{1}	(zie Voorwoord)	(see the Preface)
^{2}	(na trefwoord: zie Voorwoord) (na vertaling:) in letterlijke en figuurlijke betekenis	(after a headword: see the Preface) (after a translation:) literally and figuratively
°	in velerlei betekenis	in many senses
*	onregelmatig werkwoord	irregular verb
aanw vnw	aanwijzend voornaamwoord	demonstrative pronoun
abs ww	absoluut gebruikt werkwoord	absolute verb
afk.	afkorting	abbreviation
Am	vooral in de Verenigde Staten	mainly in the United States
anat	anatomie	anatomy
archeologie	archeologie	archeology
astron	astronomie	astronomy
Austr	vooral in Australië	mainly in Australia
auto	automobilisme; wegverkeer	motoring; road traffic
betr vnw	betrekkelijk voornaamwoord	relative pronoun
bijbel	bijbelse term, uitdrukking	biblical term, expression
bijw	bijwoord	adverb
bilj	biljarten	billiards
biol	biologie	biology
bn	bijvoeglijk naamwoord	adjective
boksen	boksen	boxing
bouwk	bouwkunst	architecture
Br	vooral in Groot-Brittannië	mainly in Great Britain
bridge	bridge	bridge
chem	chemie, scheikunde	chemistry
comput	computerterm	computer term
cricket	cricket	cricket
dial	dialect	dialect
dierk	dierkunde	zoology
eig	eigenlijk, letterlijk	literally
elektr	elektrotechniek	electronics, electrical engineering
eufemisme	eufemisme	euphemism
fig	figuurlijk	figuratively
filos	filosofie	philosophy
fotogr	fotografie	photography
Fr	Frans	French
gemeenz	gemeenzaam, informeel	colloquial, informal
geol	geologie	geology
geringsch	geringschattend	derogatory
godsd	godsdienst	religion
golf	golf	golf
gramm	grammatica	grammar
h.	in de voltooide tijd vervoegd met *hebben*	conjugated with *hebben* as auxiliary verb
handel	handelsterm	business term

herald	heraldiek, wapenkunde	heraldry
hist	historische term	historical term
honkbal	honkbal	baseball
iem.	iemand	
iems.	iemands	
in 't alg.	in het algemeen	in general
Ir	Iers	Irish
ironisch	ironisch	ironical
is	in de voltooide tijd vervoegd met *zijn*	conjugated with *zijn* as auxiliary verb
kaartsp	kaartspelen	card games
kindertaal	kindertaal	child language, baby talk
Lat	Latijn	Latin
letterkunde	letterkunde	literature
lidwoord	lidwoord	article
logica	logica	logic
luchtv	luchtvaart	aviation
m	mannelijk	masculine
med	medische term	medical term
meerv.	meervoud	plural
mil	militaire term	military term
muz	muziek	music
m-v	mannelijk-vrouwelijk	either masculine or feminine
mv	meervoud	plural
natuurkunde	natuurkunde	physics
o	onzijdig	neuter
onbep vnw	onbepaald voornaamwoord	indefinite pronoun
onderwijs	onderwijs	education
onoverg	onovergankelijk werkwoord	intransitive verb
onpers ww	onpersoonlijk werkwoord	impersonel verb
overg	overgankelijk werkwoord	transitive verb
pers vnw	persoonlijk voornaamwoord	personal pronoun
plantk	plantkunde	botany
plat	plat, vulgair	vulgarly
plechtig	plechtig, dichterlijk	solemnly, poetically
pol	politieke term	political term
post	posterijen	postal service
Prot	protestant	Protestant
psych	psychologie	psychology
radio	radio	radio
recht	rechtskundige term	legal term
rekenkunde	rekenkunde	arithmetic
RK	rooms-katholiek	Roman Catholic
RTV	radio, televisie	radio, television
rugby	rugby	rugby
sbd.		somebody
sbd.'s		somebody's
schaken	schaken	chess
scheepv	scheepvaart, marine	nautical term, shipping
scheldwoord	scheldwoord	term of abuse
schertsend	schertsend	joking(ly)
Schots	Schots	Scottish
slang	slang, argot	slang
sp	sport en spel	sports & games
sth.		something
taalk	taalkunde	linguistics
techn	technische term	technical term

<u>telec</u>	telecommunicatie	telecommunications
telw	telwoord	numeral
<u>tennis</u>	tennis	tennis
<u>thans</u>	thans	nowadays
<u>theat</u>	theater en toneel	theatre
tsw	tussenwerpsel	interjection
T.T.	tegenwoordige tijd	present tense
<u>TV</u>	televisie	television
<u>typ</u>	typografie	typography
v	vrouwelijk	feminine
v.	van	of
v.d.	van de	of the
V.D.	voltooid deelwoord	past participle
v.e.	van een	of a(n)
verk.	verkorting	abbreviation
<u>vero</u>	verouderd	obsolete
<u>versterkend</u>	versterkend	amplifier
<u>visserij</u>	visserij	fishing-industry
vnw	voornaamwoord	pronoun
voegw	voegwoord	conjunction
<u>voetbal</u>	voetbal	football
<u>vogelk</u>	vogelkunde	ornithology
<u>vooral</u>	vooral	especially
voorv	voorvoegsel	prefix
voorz	voorzetsel	preposition
<u>vroeger</u>	vroeger	formerly
V.T.	verleden tijd	past tense
wederk	wederkerend	reflexive
<u>wisk</u>	wiskunde	mathematics
ww	werkwoord	verb
<u>ijshockey</u>	ijshockey	ice hockey
<u>ZA</u>	Zuid-Afrikaans	South African
<u>ZN</u>	Zuid-Nederlands	Flemish (Dutch as spoken in the northern part of Belgium)
znw	zelfstandig naamwoord	noun
<u>zwemmen</u>	zwemmen	swimming

Overzicht van fonetische tekens

List of phonetic symbols

KLINKERS EN TWEEKLANKEN

a:	als **a**	in **fast**
æ	als **a**	in **fat**
ʌ	als **u**	in **but**
ə:	als **ur**	in **burst**
e	als **e**	in **let**
ɛə	als **a**	in **care**
i	als **i**	in **will**
i:	als **ee**	in **free**
iə	als **ere**	in **here**
ou	als **o**	in **stone**
ɔ	als **o**	in **not**
ɔ:	als **aw**	in **law**
u	als **oo**	in **foot**
u:	als **oo**	in **food**
uə	als **oor**	in **poor**
ə	als **a**	in **ago**
ai	als **i**	in **wine**
au	als **ow**	in **how**
ei	als **a**	in **fate**
ɔi	als **oy**	in **boy**
ã	als **a**	in het Franse **blanc**
ɔ̃	als **o**	in het Franse **bon**
ɛ̃	als **i**	in het Franse **vin**

MEDEKLINKERS

g	als **g**	in **get**
j	als **y**	in **yes**
ŋ	als **ng**	in **sing**
ʒ	als **j**	in het Nederlandse **journaal**
dʒ	als **j**	in **joke**
ʃ	als **sh**	in **she**
ð	als **th**	in **this**
θ	als **th**	in **thin**
w	als **w**	in **well**
x	als **ch**	in het Nederlandse **lach**

KLEMTOON

Het teken ' voor een lettergreep duidt aan dat deze de klemtoon krijgt, zoals in **father** ['fa:ðə].

A

1 a [ei] *znw* (de letter) a; muz a of la
2 a [ə; met nadruk: ei] *lidw* een; ~ *Mr Jones* een zekere meneer Jones; *50 p* ~ *pound* 50 pence per pond; *twice* ~ *year* tweemaal per jaar
A *afk.* onderw *advanced (level)*, zie: *level*
A1 scheepv eerste klasse [in *Lloyd's Register*]; fig eersteklas, prima, uitstekend
AA *afk.* = *Automobile Association* (de Britse ANWB); *Alcoholics Anonymous* AA, Anonieme Alcoholisten
AB *afk.* = *able-bodied (seaman)*
aback [əb'æk] *bijw*: *to be taken* ~ verbluft zijn
abacus ['æbəkəs] *znw* telraam *o*
abaft [ə'ba:ft] **I** *bijw* (naar) achter; op het achterschip; **II** *voorz* achter
abandon [ə'bændən] **I** *overg* (aan zijn lot) overlaten, verlaten, opgeven, loslaten, ophouden met; ~ *oneself to* zich overgeven aan [de drank &]; ~ *drinking* stoppen met drinken; ~*ed* ook: verdorven; **II** *znw* losheid, ongedwongenheid, ongeremdheid
abandonment [ə'bændənmənt] *znw* prijsgeven *o*, afstand doen *o*; afstand, overgave; verlatenheid; losheid, ongedwongenheid
abase [ə'beis] *overg* vernederen; ~ *oneself* zich verlagen
abasement *znw* (zelf)vernedering
abash [ə'bæʃ] *overg* beschamen, verlegen maken; *be* ~*ed* verlegen zijn, zich schamen
abashment *znw* verlegenheid, schaamte
abate [ə'beit] *onoverg & overg* (ver)minderen, afnemen, bedaren, gaan liggen, verflauwen
abatement *znw* vermindering, afslag, korting; *noise* ~ lawaaibestrijding
abattoir ['æbətwa:] *znw* abattoir *o*, slachthuis *o*
abbacy ['æbəsi] *znw* waardigheid, rechtsgebied *o* v.e. abt
abbatial [ə'beiʃiəl] *bn* abdij-, abts-
abbess ['æbis] *znw* abdis
abbey ['æbi] *znw* abdij; abdijkerk
abbot ['æbət] *znw* abt
abbreviate [ə'bri:vieit] *overg* af-, be-, verkorten
abbreviation [əbri:vi'eiʃən] *znw* af-, be-, verkorting
ABC [eibi:'si:] *znw* alfabet *o*; abc *o*, de allereerste beginselen; ~ *(railway guide)* spoorboekje *o*
abdicate ['æbdikeit] *onoverg (& overg)* afstand doen (van), aftreden; afschuiven [verantwoordelijkheid]
abdication [æbdi'keiʃən] *znw* (troons)afstand
abdomen ['æbdəmen, æb'doumen] *znw* abdomen *o*: (onder)buik; achterlijf *o* [v. insecten]
abdominal [æb'dɔminəl] *znw* onderbuik-, buik-
abduct [æb'dʌkt] *overg* ontvoeren
abduction ontvoering *znw*
abductor *znw* ontvoerder; anat afvoerder, abductor
abeam [ə'bi:m] *bijw* scheepv dwars(scheeps)
abed [ə'bed] *bijw* te bed, in bed
aberrance [æ'berəns] *znw* afdwaling, afwijking
aberrant *bn* afdwalend, afwijkend
aberration [æbə'reiʃən] *znw* afwijking, zedelijke misstap, (af)dwaling[2]
abet [ə'bet] *overg* de hand reiken, steunen, bijstaan (in het kwade); zie ook: *aid I*
abetment *znw* medeplichtigheid
abetter, **abettor** *znw* handlanger, medeplichtige
abeyance [ə'beiəns] *znw*: *in* ~ hangende, tijdelijk onbeheerd of opgeschort, vacant; fig sluimerend; onuitgemaakt; *fall into* ~ in onbruik raken; *hold it in* ~ het nog aanhouden; *leave (the question) in* ~ laten rusten
abhor [əb'hɔ:] *overg* verfoeien, verafschuwen
abhorrence *znw* afschuw, gruwel
abhorrent *bn* afschuw inboezemend, weerzinwekkend, met afgrijzen vervullend
abide (abode/abided; abode/abided) **I** *onoverg* (ver-) toeven; blijven; volharden; ~ *by* zich houden aan [een contract &]; ~ *with me* verlaat mij niet; **II** *overg* dulden, uitstaan, (ver)dragen, uithouden; verbeiden
abiding *bn* blijvend, duurzaam
ability [ə'biliti] *znw* bekwaamheid, bevoegdheid, vermogen *o*, handel solvabiliteit; *abilities* (geestes-) gaven, talenten
abject ['æbdʒekt] *bn* laag, verachtelijk; ellendig
abjection [æb'dʒekʃən] *znw* laagheid, verachtelijkheid; (diepe) vernedering
abjuration [æbdʒu'reiʃən] *znw* afzwering
abjure [əb'dʒuə] *overg* afzweren, herroepen
ablative ['æblətiv] *znw* ablatief, zesde naamval
ablaze [ə'bleiz] *bn* brandend, in vlam; in lichterlaaie; gloeiend[2] (van *with*)
able ['eibl] *bn* bekwaam, kundig, knap, bevoegd; *be* ~ kunnen, vermogen, in staat zijn (te *to*)
able-bodied *bn* sterk en gezond, lichamelijk geschikt
abloom [ə'blu:m] *bn* in bloei
ablution [ə'blu:ʃən] *znw* ablutie, (af)wassing, reiniging
ably ['eibli] *bijw* bekwaam, kundig, knap
abnegate ['æbnigeit] *overg* afzweren; zich ontzeggen
abnegation [æbni'geiʃən] *znw* (zelf)verloochening
abnormal [æb'nɔ:məl] *bn* abnormaal, onregelmatig; ~ *psychology* psychopathologie
abnormality [æbnɔ:'mæliti] *znw* abnormaliteit; onregelmatigheid
aboard [ə'bɔ:d] **I** *bijw* aan boord; **II** *voorz* aan boord van; in [een trein, bus &]; *all* ~*!* ook: instappen!; zie ook: *fall*
1 abode [ə'boud] *znw* woning, woonplaats, verblijfplaats; verblijf *o*

2 abode [ə'boud] V.T. & V.D. van *abide*
abolish [ə'bɔliʃ] *overg* afschaffen, opheffen, buiten werking stellen, vernietigen
abolition [æbə'liʃən] *znw* afschaffing, opheffing, vernietiging
abolitionism [æbə'liʃənizm] *znw* beweging ter afschaffing van de slavernij
abolitionist *znw* voorstander van afschaffing van de slavernij
abominable [ə'bɔminəbl] *bn* afschuwelijk, verfoeilijk, walg(e)lijk
abominate *overg* verafschuwen, verfoeien
abomination [əbɔmi'neiʃən] *znw* afschuw; gruwel
aboriginal [æbə'ridʒinəl] **I** *bn* oorspronkelijk, inheems, oer- [vooral m.b.t. oorspronkelijke bewoners van Australië]; **II** *znw* oorspronkelijke bewoner (van Australië), aboriginal
aborigine I *znw* oorspronkelijke bewoner van Australië, aboriginal; **II** *bn* van, betreffende de Australische aboriginals
abort [ə'bɔ:t] **I** *onoverg* voortijdig bevallen, een miskraam hebben; niet tot ontwikkeling komen; wegkwijnen; mislukken [plan &]; **II** *overg* aborteren; doen mislukken
abortion [ə'bɔ:ʃən] *znw* miskraam; abortus; mislukking; misbaksel *o*
abortionist *znw* aborteur
abortive *bn* mislukt, vruchteloos
abound [ə'baund] *onoverg* overvloedig zijn, in overvloed aanwezig zijn; ~ *with* overvloeien van; vol zijn van; vol... zijn
about [ə'baut] **I** *voorz* om...(heen), rondom; omstreeks, omtrent; ongeveer, zowat; betreffende, over; aan, bij; in; *be ~ to...* op het punt staan om...; *what are you ~?* wat voer je in je schild?; *mind what you're ~!* kijk een beetje uit!; *he was not long ~ it* hij deed er niet lang over; *that's ~ it* dat is het wel zo'n beetje, dat moet het zo ongeveer zijn; *I've had ~ enough* ik heb er genoeg van, ik ben het zat; *no one ~* niemand in de buurt; *week (and week) ~* om de (andere) week; **II** *bijw* om, in omloop; *be ~* in omloop zijn; op de been zijn; in de buurt zijn; heersen; *come ~* gebeuren; *all ~* overal
about-face *znw* ommekeer, ommezwaai
above [ə'bʌv] **I** *voorz* boven; boven... uit; boven... verheven; meer dan; ten noorden van; ~ *all* boven alles, bovenal, vooral, in de eerste plaats; *that's quite ~ me* dat gaat (me) boven mijn pet; **II** *bijw* boven; hierboven; boven mij (ons); **III** *bn* bovengenoemd; bovenstaand of -vermeld; **IV** *znw*: *the ~* het bovenstaande; (de) bovengenoemde
above-board *bn bijw* eerlijk, open(hartig)
above-mentioned *bn* bovenvermeld, bovengenoemd
abracadabra [æbrəkə'dæbrə] *znw* abracadabra; toverspreuk; wartaal
abrade *overg* (af)schaven, afschuren
abrasion *znw* (af)schaving, geschuurde plek; schaafwond
abrasive I *bn* schurend, schuur-; fig bits, scherp; **II** *znw* schuurmiddel *o*, slijpmiddel *o*
abreact ['æbriækt] *overg* afreageren
abreaction [æbri'ækʃən] *znw* afreageren *o*
abreast [ə'brest] *bijw* naast elkaar; zij aan zij; ~ *of (with)* op de hoogte van, gelijke tred houdend met
abridge [ə'bridʒ] *overg* be-, verkorten, beperken, verminderen
abridg(e)ment *znw* be-, verkorting; beperking; korte inhoud, uittreksel *o*
abroad [ə'brɔ:d] *bijw* van huis, in (naar) het buitenland, buitenslands; in het rond; in omloop; ruchtbaar; *from ~* uit het buitenland
abrogate ['æbrəgeit] *overg* afschaffen, opheffen
abrogation [æbrə'geiʃən] *znw* afschaffing, opheffing
abrupt [ə'brʌpt] *bn* abrupt, bruusk, kortaf; onverwacht, plotseling; steil
abscess ['æbsis] *znw* abces *o*
abscond [əb'skɔnd] *onoverg* zich uit de voeten maken, er (stil) vandoor gaan, weglopen
abseil ['æbseil, -si:l] *onoverg* afdalen langs een dubbelbevestigd touw
absence ['æbsəns] *znw* afwezigheid; gebrek *o*; ~ *of mind* verstrooidheid; *in the ~ of* bij afwezigheid van, bij ontstentenis van; bij gebrek aan; *condemned in one's ~* recht bij verstek veroordeeld
absent ['æbsənt] **I** *bn* afwezig[2], absent[2]; **II** *wederk* [əb'sent]: ~ *oneself (from)* wegblijven; zich verwijderen
absentee [æbsən'ti:] *znw* afwezige
absenteeism *znw* absenteïsme *o*, (stelselmatige) afwezigheid, verzuim *o*
absent-minded ['æbsənt'maindid] *bn* verstrooid, er niet bij
absinth(e) ['æbsinθ] *znw* alsem; absint *o & m*
absolute ['æbsəl(j)u:t] **I** *bn* absoluut, volstrekt; onbeperkt; volkomen; volslagen; **II** *znw* absolute *o*
absolutely *bijw* v. *absolute I*; gemeenz gegarandeerd; versterkend werkelijk, zonder meer; zowaar, warempel
absolution [æbsə'l(j)u:ʃən] *znw* vrijspraak; absolutie, vergiffenis
absolutism ['æbsəl(j)u:tizm] *znw* absolutisme, (de leer of de beginselen van de) onbeperkte macht
absolve [əb'zɔlv] *overg* vrijspreken; RK de absolutie geven; ontslaan [van belofte &]
absorb [əb'sɔ:b] *overg* opzuigen, opslorpen, (in zich) opnemen, absorberen; fig geheel in beslag nemen [aandacht]; *~ed in* (geheel) opgaand in; *~ed in thought* in gedachten verdiept of verzonken
absorbent I *bn* absorberend; **II** *znw* absorberend materiaal *o*
absorbing *bn* fig boeiend
absorption [əb'sɔ:pʃən] *znw* absorptie, opslorping; fig opgaan *o* [in werk &]
abstain [əb'stein] *onoverg* zich onthouden (van

from)
abstainer *znw*: *(total)* ~ geheelonthouder
abstemious [əb'sti:miəs] *bn* matig, sober
abstention [əb'stenʃən] *znw* onthouding
abstinence ['æbstinəns] *znw* onthouding; *total* ~ geheelonthouding
abstract ['æbstrækt] **I** *bn* abstract, theoretisch; ~ *number* wisk onbenoemd getal *o*; *in the* ~ in theorie, in abstracto; **II** *znw* samenvatting; uittreksel *o*, excerpt *o*, resumé *o*; abstract kunstwerk *o*; **III** *overg* [əb'strækt] abstraheren; afleiden; een uittreksel maken van, excerperen; onttrekken; zich toe-eigenen, wegnemen
abstracted *bn* afwezig, verstrooid
abstraction *znw* abstractie; verstrooidheid; onttrekking; ontvreemding
abstruse [əb'stru:s] *bn* diepzinnig, duister, cryptisch
absurd [əb'se:d] *bn* ongerijmd, onzinnig, absurd, belachelijk
absurdity *znw* ongerijmdheid, onzinnigheid, absurditeit
abundance [ə'bʌndəns] *znw* overvloed, rijkdom
abundant *bn* overvloedig; rijk (aan *in*)
abuse I *overg* [ə'bju:z] misbruiken, mishandelen; uitschelden, beledigen; **II** *znw* [ə'bju:s] misbruik *o*, mishandeling; misstand; gescheld *o*, belediging
abusive *bn* verkeerd; grof; ~ *language* beledigende taal, scheldwoorden; *become* ~ beginnen te schelden
abut [ə'bʌt] *onoverg* grenzen (aan *on, on to*)
abutment *znw* bouwk beer, schoor; bruggenhoofd *o*
abysmal [ə'bizməl] *bn* onmetelijk, onpeilbaar; hopeloos, verschrikkelijk
abyss [ə'bis] *znw* afgrond (van de hel)
a/c *afk.* handel *current account*
AC *afk.* elektr *alternating current* wisselstroom
acacia [ə'keiʃə] *znw* acacia
academic [ækə'demik] **I** *bn* academisch (ook = zuiver theoretisch, schools); ~ *freedom* academische vrijheid; ~ *year* academisch jaar *o*; **II** *znw* hoogleraar; student, academicus
academician [əkædi'miʃən] *znw* lid *o* v.e. academie
academy [ə'kædəmi] *znw* academie, hogeschool; ~ *of music* conservatorium *o*
acanthus [ə'kænθəs] *znw* acanthus, akant (plantk & bouwk)
accede [ək'si:d] *onoverg* toetreden (tot *to*); ~ *to* [ambt] aanvaarden, [troon] bestijgen; instemmen met, toestemmen in
accelerate [ək'seləreit] **I** *overg* bespoedigen, verhaasten; versnellen; **II** *onoverg* versnellen; auto optrekken
acceleration [əkselə'reiʃən] *znw* bespoediging, versnelling; auto acceleratie
accelerative [ək'selərətiv] *bn* versnellend
accelerator *znw* versneller; auto gaspedaal *o* & *m* (ook: ~ *pedal*)
accent ['æksənt] **I** *znw* accent *o*, nadruk[2], klemtoon; tongval; **II** *overg* [ək'sent] accentueren[2], van accenten voorzien, de nadruk leggen op[2]
accentuate *overg* accentueren, de klemtoon of nadruk leggen op
accept [ək'sept] *overg* accepteren, aannemen, aanvaarden
acceptable *bn* aannemelijk, aanvaardbaar, acceptabel; aangenaam, welkom
acceptance *znw* aanvaarding; ontvangst; opname [in gemeenschap &]; handel acceptatie, accept *o*
acceptation [æksep'teiʃən] *znw* standaardbetekenis van een woord
accepted [ək'septid] *bn* erkend, gangbaar, algemeen (aanvaard)
access ['ækses] **I** *znw* toegang; aanval [v. ziekte]; opwelling, vlaag; *easy of* ~ gemakkelijk te bereiken, genaakbaar, toegankelijk; ~ *road* toegangsweg; Am oprit naar snelweg; **II** *overg* comput opvragen
accessible *bn* toegankelijk[2], bereikbaar; ontvankelijk [voor indrukken]
accession *znw* toetreding; aanwinst, vermeerdering; (ambts)aanvaarding, (troons)bestijging
accessory I *bn* bijkomstig, bijbehorend, bij-; betrokken (in *to*); medeplichtig; **II** *znw* bijzaak; medeplichtige; *accessories* toebehoren *o*, accessoires; onderdelen; bijwerk *o*
accidence ['æksidəns] *znw* gramm vormleer
accident ['æksidənt] *znw* toeval *o*, ongeval *o*, ongeluk *o*; *in an* ~ bij een ongeluk; *by* ~ bij toeval, per ongeluk
accidental [æksi'dentəl] **I** *bn* toevallig; bijkomend, bij-; ~ *death* dood ten gevolge van een ongeluk; **II** *znw* muz verplaatsingsteken *o*, toevallige verhoging of verlaging
accident-prone *bn* [v. persoon] een grotere kans lopend om ongelukken te maken
acclaim [ə'kleim] **I** *overg* toejuichen, begroeten (als); uitroepen (tot); **II** *znw* toejuiching, gejuich *o*, bijval
acclamation [æklə'meiʃən] *znw* acclamatie; toejuiching, bijvalsbetuiging
acclimate [ə'klaimət] = *acclimatize*
acclimatization [əklaimətai'zeiʃən] *znw* acclimatisatie
acclimatize [ə'klaimətaiz] *onoverg* & *overg* acclimatiseren
acclivity [ə'kliviti] *znw* (opgaande) helling
accolade [ækə'leid, ækə'la:d] *znw* accolade, (omhelzing bij de) ridderslag; eerbetoon *o*; muz accolade
accommodate [ə'kɔmədeit] **I** *overg* aanpassen, accomoderen; bijleggen [ruzie]; helpen, van dienst zijn; plaatsruimte hebben voor, onder dak brengen, herbergen; ~ *with* voorzien van; *be well ~d* goed wonen; **II** *wederk*: ~ *oneself to...* zich aanpas-

sen aan...

accommodating *bn* (in)schikkelijk, meegaand, coulant, behulpzaam

accommodation [əkɔmə'deiʃən] *znw* aanpassing; vergelijk *o*, schikking; inschikkelijkheid; (plaats-) ruimte, onderdak *o*, logies *o*, huisvesting; accommodatie; faciliteiten; ~ *address* tijdelijk postadres *o*; schuiladres *o*; ~ *ladder* scheepv valreep

accompaniment [ə'kʌmpənimənt] *znw* muz accompagnement *o*, begeleiding; *to the ~ of* begeleid door

accompanist *znw* muz begeleider

accompany *overg* begeleiden; muz accompagneren; fig samengaan met, gepaard gaan met; vergezellen; vergezeld doen gaan (van *with*); *~ing* ook: bijgaand

accomplice [ə'kɔmplis] *znw* medeplichtige (van *of*, aan *in*)

accomplish [ə'kɔmpliʃ] *overg* volbrengen, tot stand brengen; bereiken; volvoeren, vervullen

accomplished *bn* beschaafd; talentvol; volleerd, deskundig; voldongen (feit)

accomplishment *znw* vervulling; voltooiing; prestatie; *his (her) ~s* zijn (haar) talenten

accord [ə'kɔ:d] **I** *onoverg* overeenstemmen, harmoniëren (met *with*); **II** *overg* toestaan, verlenen; **III** *znw* overeenstemming, akkoord *o*, overeenkomst; *of one's own ~* uit eigen beweging, vanzelf; *with one ~* eenstemmig, eenparig

accordance *znw* overeenstemming

according *voorz* in: ~ *as* naar gelang (van); ~ *to* al naar; overeenkomstig, volgens

accordingly *bijw* dienovereenkomstig, dus

accordion [ə'kɔ:diən] *znw* accordeon *o & m*

accordionist *znw* accordeonist

accost [ə'kɔst] *overg* aanspreken, aanklampen, [iem.] aanschieten

account [ə'kaunt] **I** *overg* rekenen tot, rekenen onder, houden voor, beschouwen als, achten; **II** *onoverg*: ~ *for* rekenschap geven van, verklaren; verantwoorden, voor zijn rekening nemen; neerleggen [wild]; uitmaken, vormen [een groot percentage van...]; *that ~s for it* dat verklaart de zaak; *there is no ~ing for tastes* over smaak valt niet te twisten; *all casualties have been ~ed for* alle slachtoffers zijn gevonden; **III** *znw* (af)rekening, factuur; rekenschap, verklaring, reden; relaas *o*, bericht *o*, verslag *o*, beschrijving; (vaste) klant [v. reclamebureau &]; *call to ~* ter verantwoording roepen; *demand an ~* rekenschap vragen; *give an ~ of* verslag uitbrengen over; een verklaring geven van; *give a good ~ of oneself* zich waar maken, zich (duchtig) weren; *have an ~ to settle with sbd.* een appeltje te schillen hebben met iem.; *leave out of ~* geen rekening houden met, buiten beschouwing laten; *make no ~ of* niet tellen, geringachten; *render (an) ~* rekenschap geven; *take ~ of* rekening houden met; *take into ~* rekening houden met; *turn to (good) ~* te baat nemen, (goed) gebruik maken van; munt slaan uit; *by all ~s* naar men beweert; *by his own ~* volgens hemzelf; *of no ~* van geen belang of betekenis; *on ~* op afbetaling; *on ~ of* vanwege, wegens, door, om; *on his own ~* op eigen verantwoording; op eigen houtje; voor zich(zelf); *on no ~, not on any ~* in geen geval; *on that ~* om die reden, daarom

accountable *bn* verantwoordelijk; toerekenbaar; verklaarbaar; *hold sbd. ~ for sth.* iets op iems. conto schrijven

accountancy *znw* beroep(sbezigheid) v. accountant

accountant *znw* (hoofd)boekhouder, administrateur; *(chartered) ~* accountant (gediplomeerd)

account book [ə'kauntbuk] *znw* huishoudboek(je) *o*; boekhoudboek *o*, register *o*

accounting *znw* boekhouden *o*, accountancy

account sales *znw mv* handel verkooprekening

accoutrement(s) [ə'ku:təmənt(s)] *znw (mv)* uitrusting

accredit [ə'kredit] *overg* geloof schenken aan; accrediteren (bij *to*); *~... to him, ~ him with...* hem... toeschrijven

accretion [ə'kri:ʃən] *znw* aanwas, aanslibbing

accrue [ə'kru:] *onoverg* aangroeien, toenemen, oplopen; voortspruiten (uit *from*); ~ *to* toekomen, toevloeien, toevallen; *~-d interest* gekweekte rente

accumulate [ə'kju:mjuleit] *(onoverg &) overg* (zich) op(een)hopen, (zich) op(een)stapelen

accumulation [əkju:mju'leiʃən] *znw* op(een-) hoping, hoop

accumulative [ə'kju:mjulətiv] *bn* (zich) ophopend; (steeds) aangroeiend

accumulator *znw* **1** verzamelaar; **2** accumulator, accu

accuracy ['ækjurəsi] *znw* nauwkeurigheid, nauwgezetheid, stiptheid, accuratesse

accurate ['ækjurit] *bn* nauwkeurig, nauwgezet, stipt, accuraat

accursed [ə'kə:sid], **accurst** [ə'kə:st] *bn* vervloekt, verdoemd; gehaat

accusal [ə'kju:zəl], **accusation** [ækju'zeiʃən] *znw* beschuldiging

accusative [ə'kju:zətiv] *znw* accusatief, vierde naamval

accusatory *bn* beschuldigend

accuse *overg* beschuldigen, aanklagen; *(the) ~d* recht (de) verdachte(n)

accuser *znw* beschuldiger, aanklager

accustom [ə'kʌstəm] *overg* wennen (aan *to*)

accustomed *bn* gewoon, gewend

AC/DC *bn alternating current/direct current* schertsend biseksueel, bi

ace *znw* [eis] kaartsp aas *m of o*; tennis ace; één [op dobbelsteen &]; uitstekend (oorlogs)vlieger; uitblinker; *not an ~* geen greintje (zier); *within an ~ of death* de dood nabij; *he was within an ~ of ...ing* het scheelde niet veel of hij...; *~ up one's sleeve, Am ~*

in the hole achter de hand, in reserve; *play one's ~* fig zijn troef uitspelen

acerbic [ə'sə:bik] *bn* wrang[2]; fig scherp, bitter

acerbity *znw* wrangheid[2]; fig scherpheid, bitterheid

acetate ['æsiteit] *znw* acetaat *o*

acetic [ə'si:tik, ə'setik] *bn*: *~ acid* azijnzuur *o*

acetone ['æsitoun] *znw* aceton *o & m*

acetylene [ə'setili:n] *znw* acetyleen *o*

ache [eik] **I** *znw* pijn; *~s and pains* gemeenz kwaaltjes; **II** *onoverg* zeer doen; pijn lijden; hunkeren (naar, om *for, to*)

achievable [ə'tʃi:vəbl] *bn* uitvoerbaar

achieve *overg* volbrengen, presteren; verwerven; het brengen tot, bereiken, behalen

achievement *znw* stuk *o* werk, prestatie, succes *o*; daad, bedrijf *o*, wapenfeit *o*

achromatic [ækrə'mætik] *bn* kleurloos

acid ['æsid] **I** *bn* zuur[2]; fig scherp, bijtend, sarcastisch; **II** *znw* zuur *o*; slang LSD; *~ drops* zuurtjes; *~-head* slang LSD-gebruiker; *~ test* fig vuurproef

acidify [ə'sidifai] *overg & onoverg* zuur maken of worden

acidity ['æsiditi] *znw* zuurheid; zuurgraad

acidness *znw* zuurheid; fig sarcasme *o*

ack-ack ['æk'æk] *znw* mil, slang (lucht)afweer

acknowledge [ək'nɔlidʒ] *overg* erkennen, bekennen; berichten (de ontvangst van); bedanken voor; beantwoorden [een groet]

acknowledg(e)ment *znw* bekentenis, erkenning; dank(betuiging), (bewijs *o* van) erkentelijkheid; bericht *o* van ontvangst; beantwoording [v. groet]

acme ['ækmi] *znw* toppunt[2] *o*; summum *o*

acne ['ækni] *znw* med acne, jeugdpuistjes

acolyte ['ækəlait] *znw* RK misdienaar, acoliet; fig volgeling, aanhanger

aconite ['ækənait] *znw* plantk akoniet, monnikskap

acorn ['eikɔ:n] *znw* eikel

acoustic [ə'ku:stik] *bn* gehoor-, akoestisch

acoustics **I** *znw* geluidsleer; **II** *znw mv* akoestiek

acquaint [ə'kweint] **I** *overg* in kennis stellen, op de hoogte brengen (van *with*); *be ~ed with* kennen, op de hoogte zijn van; **II** *wederk*: *~ oneself with* zich op de hoogte stellen van

acquaintance *znw* bekendheid; kennismaking; bekende, kennis(sen); *have some ~ with* enige kennis hebben van; *make sbd.'s ~* kennis met iem. maken; zie ook: *improve*

acquiesce [ækwi'es] *onoverg* berusten (in *in*); (stilzwijgend) instemmen (met *in*), toestemmen

acquiescence *znw* berusting, instemming, toestemming

acquire [ə'kwaiə] *overg* verwerven, (ver)krijgen, opdoen; zich eigen maken; (aan)kopen; *~d* ook: aangeleerd; *Schönberg's music is rather an ~ taste* de muziek van Schönberg moet je leren waarderen

acquirement *znw* verwerving; verworvenheid; verworven kennis

acquisition [ækwi'ziʃən] *znw* verwerving, verkrijging; aankoop, aanschaf; aanwinst

acquisitive [ə'kwizitiv] *bn* hebzuchtig

acquit [ə'kwit] **I** *overg* vrijspreken, ontslaan; kwijten; **II** *wederk*: *~ oneself* zich kwijten

acquittal *znw* vrijspraak; ontheffing; vervulling; vereffening

acquitance *znw* handel afbetaling; kwitantie

acre ['eikə] *znw* acre: landmaat van 4840 vierkante yards [± 0,4047 ha]; *God's ~* kerkhof *o*

acreage ['eikəridʒ] *znw* oppervlakte, aantal *acres*

acrid ['ækrid] *bn* scherp, wrang, bijtend, bits

acrimonious [ækri'mounjəs] *bn* scherp, bits

acrimony ['ækriməni] *znw* scherpte, scherpheid, bitsheid

acrobat ['ækrəbæt] *znw* acrobaat

acrobatic [ækrə'bætik] *bn* acrobatisch

acrobatics ['ækrəbætiks] **I** *znw* acrobatiek; **II** *znw mv* acrobatische toeren

acronym ['ækrənim] *znw* acroniem *o*, letterwoord *o*

across [əkrɔs] **I** *bijw* (over)dwars, kruiselings of gekruist (over elkaar); aan de overkant, naar de overkant, erover; horizontaal [kruiswoordraadsel]; *come (run) ~* onverwachts tegenkomen; *get (come, put) ~* overkomen [bij publiek]; **II** *voorz* (dwars) over; aan de overkant van; (dwars)door

acrostic [ə'krɔstik] *znw* acrostichon *o*, naamdicht *o*

act [ækt] **I** *onoverg* handelen, (iets) doen, te werk gaan, optreden, (in)werken; acteren, toneelspelen; *~ as* optreden (fungeren) als; *~ for sbd.* als vertegenwoordiger optreden voor iem.; *~ up* lastig zijn, kuren hebben; *~ (up)on a suggestion* een raad opvolgen; *~ up to a principle* overeenkomstig een beginsel handelen; **II** *overg* opvoeren, spelen (voor); *~ out* **1** in daden omzetten [v. ideeën]; **2** psych [onbewuste verlangens] naar buiten brengen; **III** *znw* daad, handeling, bedrijf, *o*; nummer *o*, act [van artiest]; wet; akte; *~ of God* natuurramp; recht overmacht; *~ of grace* recht gunst; amnestie; *be in the ~ of...* op het punt zijn om...; (juist) aan het... zijn; *caught in the ~* op heterdaad betrapt

actable *bn* speelbaar [op het toneel]

acting **I** *bn* fungerend, waarnemend; tijdelijk (aangesteld), beherend [vennoot]; **II** *znw* acteren *o*, actie, spel *o*, toneelspel(en)[2] *o*

action ['ækʃən] *znw* actie, handeling, daad, bedrijf *o*, (in)werking; recht proces *o*; mil gevecht *o*; techn mechaniek *o*; *~ committee, ~ group* actiegroep, actiecomité *o*; *take ~* optreden, stappen ondernemen; *in ~* in actie, in werking, actief; zie ook: *bring*

actionable *bn* recht vervolgbaar

action replay *znw* herhaling [bij sportverslag op de televisie]

activate ['æktiveit] *overg* activeren; ontketenen; radioactief maken

active *bn* werkend, werkzaam, bedrijvig, actief°; gramm bedrijvend

activism *znw* (politiek of sociaal) activisme

activist *bn* activist(isch)
activity [æk'tiviti] *znw* werkzaamheid, bedrijvigheid, bezigheid, activiteit
actor ['æktə], **actress** *znw* toneelspeler, acteur; toneelspeelster, actrice
actual ['æktjuəl] *bn* werkelijk; feitelijk; huidig
actuality [æktju'æliti] *znw* werkelijkheid; bestaande toestand; actualiteit
actually *bijw* werkelijk, wezenlijk; feitelijk, eigenlijk, in werkelijkheid; momenteel; waarachtig, zowaar
actuary ['æktjuəri] *znw* actuaris, wiskundig adviseur bij een verzekeringsmaatschappij
actuate ['æktjueit] *overg* in beweging brengen, (aan)drijven; *~d by fear* ingegeven door vrees
acuity [ə'kju:iti] *znw* scherpte, scherp(zinnig)heid, opmerkzaamheid; *visual ~* gezichtsscherpte
acumen [ə'kju:men] *znw* scherpzinnigheid
acupuncture ['ækjupʌŋtʃə] *znw* acupunctuur
acute [ə'kju:t] *bn* scherp; scherpzinnig; intens, hevig; acuut; nijpend [tekort &]
AD *afk. Anno Domini* na Christus, n.Chr.
ad [æd] *znw* gemeenz advertentie
adage ['ædidʒ] *znw* spreekwoord *o*, gezegde *o*
Adam ['ædəm] *znw* Adam[2]; *~'s apple* adamsappel; *I don't know him from ~* ik heb geen idee wie hij is
adamant ['ædəmənt] *bn* onvermurwbaar, onbuigzaam, keihard
adapt [ə'dæpt] **I** *overg* pasklaar maken, aanpassen; bewerken (naar *from*) (roman &); **II** *onoverg* zich aanpassen
adaptability [ədæptə'biliti] *znw* aanpassingsvermogen *o*; geschiktheid (tot bewerking)
adaptable [ə'dæptəbl] *bn* pasklaar te maken (voor *to*), te bewerken; zich gemakkelijk aanpassend, plooibaar
adaptation [ædæp'teiʃən] *znw* aanpassing; bewerking [v. roman &]
adapter, adaptor [ə'dæptə] *znw* bewerker [v. roman &]; techn tussenstuk *o*; adapter, verloopstekker
add [æd] **I** *overg* bij-, toevoegen, bijdoen, optellen (ook: *~ up*), samenstellen (ook: *~ together*); *~ in* bijtellen, meerekenen; *~ed to which...* waarbij nog komt, dat...; *an ~ed reason* een reden te meer, (nog) meer reden; **II** *onoverg* optellen; *~ to* bijdragen tot, vermeerderen; vergroten, verhogen; *~ up* kloppen, deugen; *things didn't ~ up* er klopte iets niet; *~ up to* tezamen bedragen (uitmaken, vormen), neerkomen op
addendum [ə'dendəm] *znw* (*mv*: addenda [-də]) toevoeging, bijlage, addendum *o*
adder ['ædə] *znw* adder
addict [ə'dikt] **I** *overg* verslaven; *~ed to heroin* verslaafd aan de heroïne; **II** *znw* ['ædikt] verslaafde; fig fanaat
addiction [ə'dikʃən] *znw* verslaafdheid, verslaving
addictive *bn* verslavend[2]
addition [ə'diʃən] *znw* bij-, toevoeging; vermeerdering; optelling; bijvoegsel *o*; versterking [v. team &]; *in ~* bovendien, alsook; *in ~ to* behalve, bij
additional *bn* bijgevoegd, bijkomend; extra-, neven-, nog meer ...
additionally *bijw* als toevoeging of toegift, erbij, bovendien
additive ['æditiv] *znw* toevoeging, additief *o*
addle ['ædl] *onoverg* bederven [v. eieren]; verwarren
addled *bn* bedorven [ei]; hersenloos, warhoofdig
address [ə'dres] **I** *overg* aanspreken, toespreken; adresseren; richten (tot *to*); aanpakken [probleem]; **II** *wederk*: *~ oneself to* zich richten tot; zich toeleggen op, zich bezighouden met, aanpakken; **III** *znw* adres *o*, oorkonde; toespraak; optreden *o*; handigheid, tact
addressee [ædre'si:] *znw* geadresseerde
addressograph [ə'drɛsəgra:f] *znw* adresseermachine
adduce [ə'dju:s] *overg* aanvoeren, aanhalen
adductor *znw* anat aanvoerder, adductor
ademption [ə'dempʃən] *znw* recht herroeping van een toezegging
adenoids ['ædənɔidz] *znw mv* adenoïde vegetaties
adept ['ædept] **I** *bn* ervaren; **II** *znw* meester (in *in, at*)
adequacy ['ædikwəsi] *znw* toereikendheid, geschiktheid [voor doel]
adequate ['ædikwit] *bn* gepast, geschikt, bevredigend, adequaat; toereikend, voldoende (voor *to*)
adhere [əd'hiə] *onoverg* (aan)kleven, aanhangen; blijven bij, zich houden (aan *to*)
adherence *znw* (aan)kleven *o*; aanhankelijkheid, trouw
adherent **I** *bn* (aan)klevend; verbonden (met *to*); **II** *znw* aanhanger
adhesion [əd'hi:ʒən] *znw* (aan)kleving; adhesie[2]
adhesive **I** *bn* (aan)klevend, kleverig; *~ plaster* hechtpleister; *~ tape* kleef-, plakband *o*; **II** *znw* plakmiddel *o*
ad hoc [æd'hɔk] [Lat] *bn bijw* ad hoc, voor dit speciale geval
adieu [ə'dju:] *znw* (*mv*: -s *of* adieux [ə'dju:z]) vaarwel *o*, afscheid *o*
ad infinitum [ædinfi'naitəm] [Lat] *bijw* ad infinitum, tot in het oneindige
ad interim [æd'intərim] [Lat] *bn bijw* ad interim, waarnemend
adipose ['ædipous] **I** *znw* (dierlijk) vet *o*; **II** *bn* vet, vettig; *~ tissue* vetweefsel
adit ['ædit] *znw* horizontale mijnschacht; toegang[2]
adjacent [ə'dʒeisənt] *bn* aangrenzend, aanliggend, belendend; nabijgelegen
adjectival [ædʒek'taivəl] *bn* bijvoeglijk
adjective ['ædʒiktiv] *znw* bijvoeglijk naamwoord *o*
adjoin [ə'dʒɔin] **I** *onoverg* grenzen aan; **II** *overg* toe-, bijvoegen
adjoining [ə'dʒɔiniŋ] *bn* naastgelegen, aangren-

zend

adjourn [ə'dʒə:n] **I** *overg* uitstellen; verdagen; **II** *onoverg* op reces gaan, uiteengaan; ~ *to* zich begeven naar

adjournment *znw* uitstel *o*; verdaging, reces *o*

adjudge [ə'dʒʌdʒ] *overg* aanwijzen als, uitroepen tot; toekennen, toewijzen; ~ *guilty* schuldig bevinden

adjudicate [ə'dʒu:dikeit] **I** *onoverg* uitspraak doen (over *upon*); **II** *overg* beslissen, berechten

adjudication [ədʒu:di'keiʃən] *znw* berechting; toewijzing; (ook = ~ *order*) faillietverklaring

adjunct ['ædʒʌŋkt] *znw* bijvoegsel *o*, aanhangsel *o*; bijkomstige omstandigheid; toegevoegde; assistent; gramm bepaling

adjure [ə'dʒuə] *overg* bezweren

adjust [ə'dʒʌst] **I** *overg* regelen, in orde brengen, schikken; op maat brengen; (ver-, in)stellen; aanpassen; **II** *wederk*: ~ *oneself to* zich aanpassen aan

adjustable *bn* verstelbaar, regelbaar

adjustment *znw* schikking, regeling; aanpassing; techn instelling

adjutant ['ædʒutənt] *znw* mil adjudant

ad-lib I *onoverg & overg* improviseren; **II** *znw* improvisatie; **III** *bn bijw* geïmproviseerd

adman ['ædmæn] *znw* reclamemaker; gemeenz reclamejongen

administer [əd'ministə] *overg* besturen, beheren; toepassen [wetten]; toedienen [voedsel &]; afnemen (eed); ~ *justice* rechtspreken

administration [əd̩minis'treiʃən] *znw* bestuur *o*, beheer *o*, bewind *o*, regering, ministerie *o*; dienst [= openbare instelling]; toepassing [v. wet]; toediening; ~ *of justice* rechtsbedeling, rechtspraak

administrative [əd'minitrətiv] *bn* besturend, bestuurs-

administrator *znw* bestuurder, beheerder, bewindvoerder

admirable ['ædmərəbl] *bn* bewonderenswaardig; prachtig, uitstekend, voortreffelijk

admiral ['ædmərəl] *znw* scheepv admiraal; scheepv vlaggenschip *o*; *red* ~ dierk admiraalsvlinder

admirality *znw* admiraliteit

admiration [ædmə'reiʃən] *znw* bewondering

admire [æd'maiə] *overg* bewonderen

admirer *znw* bewonderaar, aanbidder

admissible [əd'misibl] *bn* toelaatbaar, geoorloofd

admission *znw* toelating, aan-, opneming; toegang, entree; toegangsprijs, entreegeld *o* (ook: ~ *fee*); erkenning; bekentenis

admit [əd'mit] **I** *overg* toelaten, toegang verlenen; geldig zijn voor; aan-, opnemen; erkennen, toegeven; recht ontvankelijk verklaren; *(the theatre)* ~*s only (200 persons)* biedt slechts plaats aan; **II** *onoverg*: ~ *of doubt* twijfel toelaten

admittance *znw* toegang, toelating; *no* ~ verboden toegang

admittedly *bijw* inderdaad; weliswaar

admixture *znw* vermenging, bijmenging; mengsel *o*, bijmengsel *o*

admonish [əd'moniʃ] *overg* vermanen, waarschuwen; terechtwijzen; berispen

admonition [ædmə'niʃən] *znw* vermaning, waarschuwing

admonitory [əd'mɔnitəri] *bn* vermanend

ado [ə'du:] *znw* drukte, beweging, ophef, omslag, moeite; *much* ~ *about nothing* veel drukte om niets, veel geschreeuw en weinig wol; *without further* ~ zonder verdere omhaal

adolescence [ædə'lesəns] *znw* adolescentie: rijpere jeugd, puberteit

adolescent I *bn* opgroeiend; puber-, puberteits-; **II** *znw* adolescent, puber

adopt [ə'dɔpt] *overg* aannemen°, adopteren; overnemen, ontlenen (aan *from*); kiezen, (gaan) volgen [tactiek &]

adoption *znw* aanneming, adoptie; overneming, ontlening [van een woord]; kiezen *o*, volgen *o* [van tactiek &]

adoptive *bn* aangenomen, pleeg- [kind, vader]

adorable [ə'dɔ:rəbl] *bn* aanbiddelijk

adoration [ædə'reiʃən] *znw* aanbidding[2]

adore [ə'dɔ:] *overg* aanbidden[2]; gemeenz dol zijn op

adorn [ə'dɔ:n] *overg* (ver)sieren, verfraaien

adornment *znw* versiering, sieraad *o*

adrenal [ə'dri:nəl]: ~ *gland znw* bijnier

adrenalin(e) [ə'drenəlin] *znw* adrenaline

Adriatic [eidri'ætik] *bn* Adriatisch; *the* ~ *(Sea)* de Adriatische Zee

adrift [ə'drift] *bn bijw* scheepv drijvend, losgeslagen, op drift; *be* ~ drijven, ronddobberen; fig aan zijn lot overgelaten zijn; *turn sbd.* ~ iem. wegsturen

adroit [ə'drɔit] *bn* handig, bijdehand, pienter

adspeak ['ædspi:k] *znw* reclamejargon *o*, reclametaal

adulation [ædju'leiʃən] *znw* pluimstrijkerij

adulatory ['ædjuleitəri] *bn* kruiperig vleiend

adult ['ædʌlt, ə'dʌlt] **I** *bn* volwassen; van, voor volwassenen; ~ *film* pornofilm; **II** *znw* volwassene

adult education *znw* volwassenenonderwijs *o*

adulterate *overg* vervalsen; versnijden [v. dranken]

adulteration [ədʌltə'reiʃən] *znw* vervalsing

adulterer, **adulteress** [ə'dʌltərə, -ris] *znw* overspelige echtgenoot, overspelige echtgenote

adulterous *bn* overspelig, ontrouw

adultery *znw* overspel *o*, echtbreuk

adulthood ['ædʌlt-, ə'dʌlthud] *znw* volwassenheid

adumbrate ['ædʌmbreit] *overg* afschaduwen; schetsen; aankondigen

ad valorem [æd və'lɔ:rəm] [Lat] *bn* overeenkomstig de waarde

advance [əd'va:ns] **I** *overg* vooruitbewegen; vooruitbrengen; vervroegen [datum], verhaasten; bevorderen, promoveren; verhogen [prijzen]; opperen [plan &]; aanvoeren [reden]; voorschieten

[geld]; **II** *onoverg* vooruitkomen; vooruitgang boeken; naderen; oprukken; stijgen [v. prijzen]; ~ *in years* ouder worden; **III** *znw* vordering, vooruit-, voortgang, voortrukken *o*, opmars, (toe)nadering; voorschot *o*; bevordering; handel prijsverbetering, (prijs)verhoging, stijging; ~*s* toenaderingspogingen; *(is there) any ~ (on...)?* (biedt) niemand meer (dan...)?; *in* ~ bij voorbaat, vooruit; *in ~ of* voor(uit); **IV** als *bn* voor-; ~ *booking* voorbespreking, voorverkoop

advanced *bn* (ver)gevorderd; mil vooruitgeschoven [post]; voor gevorderden [v. leerboek &]; fig progressief, geavanceerd [v. ideeën]; *the day was far* ~ het was al laat geworden; ~*(d) guard* mil voorhoede; zie ook: *level I*; ~ *standing* Am erkenning v.e. diploma als gelijkwaardig

advancement *znw* (be)vordering, vooruitgang; promotie; voorschot *o*

advantage [əd'va:ntidʒ] **I** *znw* voordeel *o*; *... (is) an ~* ...strekt tot aanbeveling, ... is een pluspunt; *have an ~ over sbd.* iets op iem. voorhebben; *have the ~ over sbd.* iem. overtreffen; *you have the ~ of me, sir* ik ken u niet, meneer; *take ~ of* profiteren van; misbruik maken van; bedotten; verleiden [een vrouw]; *turn sth. to one's* ~ zijn voordeel doen met iets; *to* ~ gunstig, voordelig, in een goed licht; *to the ~ of* in het voordeel van; *use to good ~, use to the best* ~ zo goed mogelijk gebruiken; *with* ~ met kans op goed gevolg; **II** *overg* bevoordelen, bevorderen

advantageous [ædvən'teidʒəs] *bn* voordelig, gunstig

advent ['ædvənt] *znw* **1** advent; **2** komst; *before the ~ of television* voor de komst van de televisie

adventitious [ædvən'tiʃəs] *bn* toevallig, bijkomstig

adventure [əd'ventʃə] *znw* avontuur *o*; onderneming; waagstuk *o*; speculatie; ~*s* lotgevallen

adventurer *znw* avonturier, avonturierster

adventurous *bn* gewaagd, stout, vermetel; avontuurlijk

adverb ['ædvə:b] *znw* bijwoord *o*

adverbial [əd'və:biəl] *bn* bijwoordelijk

adversary ['ædvə:səri] *znw* tegenstander, vijand

adversative [əd'və:sətiv] *bn* gramm tegenstellend

adverse ['ædvə:s] *bn* vijandig, nadelig, ongunstig, handel passief; tegenoverliggend; tegen-; ~ *winds* tegenwinden

adversity [əd'və:siti] *znw* tegenspoed

advert [əd'və:t] **I** *onoverg*: ~ *to* aandacht schenken aan; verwijzen naar; wijzen op; **II** *znw* ['ædvə:t] gemeenz advertentie

advertence, advertency [əd'və:təns(i)] *znw* opmerkzaamheid

advertise ['ædvətaiz] *overg* aankondigen, bekendmaken, adverteren, reclame maken (voor); fig te koop lopen met

advertisement [əd'və:tismənt] *znw* advertentie; bekendmaking; ~*s* RTV reclame(spots)

advertising ['ædvətaisiŋ] **I** *bn* advertentie-, reclame-; **II** *znw* adverteren *o*, reclame

advice [əd'vais] *znw* raad; advies *o*; bericht *o*; *take* ~ om raad vragen; inlichtingen inwinnen; *take medical* ~ een dokter raadplegen; *take legal* ~ een advocaat in de arm nemen

advisable [əd'vaizəbl] *bn* raadzaam

advise I *overg* (aan)raden, raad geven, adviseren; berichten; **II** *onoverg*: ~ *against* ontraden

advised *bn* weloverwogen; *he will be well ~ to...* hij zal er goed aan doen...; *ill* ~ onverstandig; ~*ly* bewust, met opzet

adviser, advisor *znw* raadsman, adviseur

advisory *bn* raadgevend, adviserend, advies-

advocacy ['ædvəkəsi] *znw* voorspraak, verdediging

advocate ['ædvəkit] **I** *znw* verdediger, voorspreker; voorstander; Schots advocaat; **II** *overg* ['ædvəkeit] bepleiten, pleiten voor, verdedigen, voorstaan

adze [ædz] *znw* dissel [bijl]

Aegean [i:'dʒi:ən] **I** *bn* Egeïsch; **II** *znw* (gebied *o* rond de) Egeïsche Zee

aegis ['i:dʒis] *znw* aegis; fig schild *o*, schut *o*, bescherming; *under the ~ of* onder auspiciën van

aeon ['i:ən] *znw* onmetelijke tijdsduur, eeuwigheid

aerate ['eiəreit] *overg* luchten; met koolzuur verzadigen

aeration [eiə'reiʃən] *znw* luchten *o*; verzadiging met koolzuur

aerator ['eiəreitə] *znw* luchtpomp [v. aquarium]

aerial ['ɛəiəl] **I** *bn* lucht-; etherisch; **II** *znw* RTV antenne

aerobatics [ɛərə'bætiks] *znw* luchtv stuntvliegen *o*

aerobics [ɛə'roubiks] *znw* aerobic(s), aerobic dansen *o*

aerodrome ['ɛərədroum] *znw* vliegveld *o*

aerodynamics [ɛərədai'næmiks] *znw* aërodynamica

aero-engine ['ɛərəendʒin] *znw* vliegtuigmotor

aerofoil *znw* luchtv draagvlak *o*

aerogram(me) [ɛərə'græm] *znw* luchtpostblad *o*

aeronaut ['ɛərənɔ:t] *znw* luchtschipper

aeronautical [ɛərə'nɔ:tikl] *bn* luchtvaart-

aeronautics *znw* luchtvaart; luchtvaartkunde

aeroplane ['ɛərəplein] *znw* vliegtuig *o*

aerosol *znw* aërosol *o*; spuitbus

aerospace ['ɛərouspeis] **I** *znw* ruimte, heelal *o*; **II** *bn* betreffende de ruimtevaart, ruimtevaart-; ~ *research* ruimtevaartonderzoek *o*

aesthete *znw* ['i:sθi:t] estheet

aesthetic [i:s'θetik] **I** *bn* esthetisch; **II** *znw*: ~*s* esthetiek, esthetica

aether- zie *ether-*

aetiology, etiology [i:ti:'ɔlədʒi] *znw* etiologie: leer v.d. ziekteoorzaken

afar [ə'fa:] *bijw* ver, in de verte; *from* ~ van verre

affable ['æfəbl] *bn* vriendelijk, minzaam

affair [ə'fɛə] *znw* zaak, aangelegenheid; ding *o*,

zaakje *o*, geschiedenis; gevaarte *o*; ook = *love-affair*; *(public)* ~*s* (staats)zaken
affect [ə'fekt] **I** *overg* (in)werken op, aandoen; aantasten, beïnvloeden, raken, (be)treffen; (be)roeren, bewegen; voorwenden; neiging hebben tot, (een aanstellerige) voorliefde tonen voor; ~ *the free-thinker* de vrijdenker uithangen; ~*ed with* aangetast door, lijdend aan; **II** *znw* psych affect *o*
affectation [æfek'teiʃən] *znw* geaffecteerdheid, gemaaktheid, aanstellerij; voorwending
affected [ə'fektid] *bn* aangedaan, geroerd, geëmotioneerd; geaffecteerd, gemaakt; geveinsd
affecting *bn* aandoenlijk
affection *znw* aandoening, kwaal; (toe-) genegenheid, liefde
affectionate *bn* liefhebbend, toegenegen, aanhankelijk; hartelijk
affective *bn* affectief, emotioneel, gemoeds-
affidavit [æfi'deivit] [Lat] *znw* beëdigde verklaring
affiliate [ə'filieit] **I** *overg* als lid opnemen; ~ *to, with* aansluiten bij; **II** *onoverg* zich aansluiten (bij *to, with*); **III** *znw* [ə'filiit] *znw* Am filiaal *o*
affiliation [əfili'eiʃən] *znw* fig band; connectie, verwantschap; filiaal *o*
affined [ə'faind] *bn* verwant, verbonden (aan *to*)
affinity [ə'finiti] *znw* affiniteit, verwantschap
affirm [ə'fə:m] *overg* bevestigen, verzekeren
affirmation [æfə'meiʃən] *znw* bevestiging, verzekering; (plechtige) verklaring, belofte (in plaats van eed)
affirmative [ə'fə:mətiv] **I** *bn* bevestigend; **II** *znw*: *answer in the* ~ bevestigend of met ja (be-) antwoorden
affix I *overg* [ə'fiks] (vast)hechten (aan *on, to*), toevoegen; verbinden [salaris &]; ~ *one's signature to* zijn handtekening zetten onder; **II** *znw* ['æfiks] toevoeging, aanhangsel *o*; achtervoegsel *o*, voorvoegsel *o*
afflict [ə'flikt] *overg* bedroeven, kwellen; bezoeken, teisteren; ~*ed at* bedroefd over; ~*ed with* lijdend aan
affliction [ə'flikʃən] *znw* droefheid, droefenis, leed *o*, kwelling; ernstige aandoening; bezoeking, ramp(spoed)
affluence ['æfluəns] *znw* rijkdom, welvaart
affluent I *bn* rijk; ~ *society* welvaartsstaat, welvaartsmaatschappij; **II** *znw* zijrivier
afford [ə'fɔ:d] *overg* verschaffen; opleveren; *he can* ~ *to...* hij kan zich (de weelde) veroorloven...; *I cannot* ~ *it* ik kan het niet bekostigen; *can you* ~ *the time?* hebt u er (de) tijd voor?
affordable *bn* op te brengen; binnen iems. bereik
afforest [ə'fɔrist] *overg* bebossen
affray [ə'frei] *znw* vechtpartij, handgemeen *o*, oploop
affront [ə'frʌnt] **I** *overg* beledigen; trotseren; **II** *znw* affront *o*, belediging
Afghan ['æfgæn] **I** *znw* Afghaan; Afghaans *o* [de taal]; Afghaanse windhond; **II** *bn* Afghaans
Afghanistan [æf'gænistæn] *znw* Afghanistan *o*
aficionado [əfisiə'na:dou] *znw* liefhebber, fan; *he's an* ~ *of jazz* hij is een jazzfreak
afield [ə'fi:ld] *bijw*: *far* ~ ver van huis; ver mis
afire [ə'faiə] *bn bijw* in brand; gloeiend (van *with*)
aflame [ə'fleim] *bn bijw* in vlammen; fig gloeiend (van *with*)
afloat [ə'flout] *bn bijw* vlot, drijvend; in de vaart; op zee; overstroomd; fig (weer) boven water, erbovenop, op dreef; in de lucht hangend
afoot [ə'fut] *bn bijw* vero te voet; aan de gang, aan de hand; op touw (gezet)
aforementioned, aforesaid [ə'fɔ:menʃiənd, -sed] *bn* bovengenoemd, voornoemd
afraid [ə'freid] *bn* bang, bevreesd (voor *of*); *I am* ~ *...* ook: 't spijt me, (maar)..., helaas..., jammer (genoeg)...; *I am* ~ *(to...)* ik durf het niet aan (om...)
afresh [ə'freʃ] *bijw* opnieuw, wederom
African ['æfrikən] **I** *znw* Afrikaan; **II** *bn* Afrikaans
Afrikaans [æfri'ka:ns] *znw* Afrikaans *o* [aan Nederlands verwante taal in Zuid-Afrika]
Afrikaner [æfri'ka:nə] *znw* Afrikaner [blanke, Afrikaans sprekende bewoner van Zuid-Afrika]
Afro ['æfrou] *znw* Afro-kapsel *o*
Afro-American ['æfrouə'merikən] **I** *znw* zwarte in de Verenigde Staten; **II** *bn* van, betreffende de zwarten in de Verenigde Staten
Afro-Asian ['æfrou'eiʃən] **I** *bn* Afro-Aziatisch; **II** *znw*: ~*s* Afro-Aziaten
aft [ə:ft] *bijw* scheepv (naar) achter
after ['a:ftə] **I** *bijw & voorz* achter; achterna; naar; na, daarna, later; ~ *all* alles wel beschouwd, per slot van rekening, toch (nog); *be* ~ in de zin hebben; uit zijn op, streven naar, het gemunt hebben op; **II** *voegw* nadat; **III** *znw*: ~*s* gemeenz toetje *o*, nagerecht *o*; **IV** *bn* later; scheepv achter-
afterbirth *znw* nageboorte, placenta
afterburner ['a:ftəbə:nə] *znw* nabrander [in vliegtuigmotor]
after-care *znw* nazorg; reclassering
after-deck *znw* achterdek *o*
after-effect *znw* nawerking
afterglow *znw* avondrood *o*; naglans; fig nagenieten *o*
afterlife *znw* leven *o* hiernamaals
aftermath *znw* nasleep, naweeën
aftermost *bn* scheepv achterst
afternoon [ə:ftə'nu:n, a:ftə'nu:n] *znw* (na)middag
aftershave ['a:ftəʃeiv] *znw* aftershave
aftertaste *znw* nasmaak
afterthought *znw* later invallende, vaak impulsieve gedachte
afterwards *bijw* naderhand, daarna
again [ə'gen, a'gein] *bijw* weer, opnieuw, nog eens; verder, ook; aan de andere kant; van de weeromstuit, ervan; ~ *and* ~ telkens en telkens (weer), herhaaldelijk; *as big (much)* ~ eens zo groot (veel); *then*

~, *why...?* bovendien waarom...?; *what's his name ~?* hoe heet hij ook weer?; *come ~* gemeenz wat (zeg je)?
against [ə'genst, a'geinst] *voorz* tegen(over); in strijd met; *they had no insurance ~ an earthquake* ze waren niet verzekerd tegen aardbevingen
agape [ə'geip] *bn bijw* met open mond; stom verbaasd
agate ['ægit] **I** *znw* agaat *o* [stofnaam], agaat *m* [voorwerpsnaam]; **II** *bn* agaten
agaze [ə'geiz] *bijw* starend
age [eidʒ] **I** *znw* ouderdom, leeftijd; eeuw, tijdperk *o*, tijd; *~ of consent* recht leeftijd waarop seksueel verkeer niet meer strafbaar is; *~ of discretion* jaren des onderscheids; *(old) ~* ouderdom, oude dag; *what ~ is he?* hoe oud is hij?; *when I was your ~* toen ik zo oud was als jij; *be/act your ~!* doe niet zo flauw!, stel je niet aan!; *for ~s* een hele tijd; *of ~* meerderjarig; *be of an ~ with* even oud zijn als; *come of ~* meerderjarig worden; fig volwassen worden; *ten years of ~* tien jaar oud; *over ~* boven de jaren; *under ~* beneden de vereiste leeftijd; *A~ of Reason* de Verlichting; **II** *onoverg* verouderen, oud worden; **III** *overg* oud(er) maken; *his war experiences had ~d him* zijn oorlogservaringen hadden hem veel ouder gemaakt
age-bracket *znw* leeftijdsgroep
aged *bn* **I** ['eidʒid] oud, bejaard; **II** [eidʒd]: *~ six* zes jaar oud
age group *znw* leeftijdsgroep
ageing, **aging** ['eidʒiŋ] *znw* ouder worden *o*; veroudering
ageless *bn* niet verouderend; eeuwig
age limit *znw* leeftijdsgroep
agency ['eidʒənsi] *znw* agentschap *o*, agentuur, handel vertegenwoordiging; bureau *o*, instantie, lichaam *o*; bemiddeling, middel *o*; werking
agenda [ə'dʒendə] *znw* agenda
agent ['eidʒənt] *znw* handelende persoon, agens; fig werktuig *o*; tussenpersoon, agent (ook = *secret ~* spion); rentmeester; handel vertegenwoordiger; agens *o*, middel *o*
agent-provocateur [æʒãŋ prəvɔkə'tə:] [Fr] *znw* betaalde opruier
age-old *bn* eeuwenoud, reeds zeer lang bestaand
age range *znw* leeftijdsgroep
agglomerate [ə'glɔməreit] *(onoverg &) overg* (zich) opeenhopen
agglomeration [əglɔmə'reiʃən] *znw* opeenhoping
agglutinate [ə'glu:tineit] *overg & onoverg* aaneenlijmen, samenkleven; in lijm veranderen; agglutineren
agglutination [əglu:ti'neiʃən] *znw* samenkleving; agglutinatie
aggrandize [ə'grændaiz] *overg* vergroten[2]
aggrandizement [ə'grændizmənt] *znw* vergroting
aggravate ['ægrəveit] *overg* verzwaren; verergeren; ergeren, tergen
aggravating *bn* verzwarend [omstandigheid]; ergerlijk, vervelend
aggravation [ægrə'veiʃən] *znw* verzwaring; verergering, ergernis
aggregate ['ægrigit] **I** *bn* gezamenlijk; totaal; **II** *znw* verzameling, totaal *o*, massa; *in (the) ~* globaal (genomen); **III** *overg* ['ægrigeit] verenigen; in totaal bedragen
aggregation [ægri'geiʃən] *znw* verzameling
aggression *znw* aanval, agressie
aggressive *bn* aanvallend, agressief
aggressor *znw* aanvaller, agressor
aggrieved [ə'gri:vd] *bn* gegriefd, verongelijkt, gekwetst (door *by*)
aggro ['ægrou] *znw* gemeenz aggressie, geweld *o*; aggressiviteit; moeilijkheden
aghast [ə'ga:st] *bn* ontzet (van *at*); verbijsterd
agile ['ædʒail] *bn* rap, vlug; alert
agility [ə'dʒiliti] *znw* beweeglijkheid; alertheid
agin [ə'gin] *voorz* Schots tegen
agitate ['ædʒiteit] **I** *overg* bewegen, schudden; in beroering brengen, opwinden, ontroeren; **II** *onoverg* ageren, actie voeren (voor *for*, tegen *against*)
agitated *bn* opgewonden, verontrust, zenuwachtig
agitation [ædʒi'teiʃən] *znw* beweging, onrust; beroering, opschudding, opwinding; hetze; (politieke) campagne, actie
agitator ['ædʒiteitə] *znw* agitator, onruststoker
aglow [ə'glou] *bn bijw* verhit, gloeiend[2] (van *with*)
AGM *afk. annual general meeting* jaarlijkse algemene vergadering
agnostic [æg'nɔstik] **I** *bn* agnostisch; **II** *znw* agnosticus
ago [ə'gou] *bijw* geleden; *as long ~ as* ... reeds in ...
agog [ə'gɔg] *bn* benieuwd; nieuwsgierig; *she was all ~* ze brandde van nieuwsgierigheid
agogic [æ'gɔdʒik] *bn* agogisch; geestelijk welzijn bevorderend
agonize ['ægənaiz] **I** *onoverg* met de dood worstelen; doodsangsten uitstaan; *~ over a question* fig worstelen met een probleem; **II** *overg* martelen, folteren, kwellen; *agonizing* ook: afgrijselijk, hartverscheurend
agony *znw* (doods)strijd; worsteling; helse pijn; (ziels)angst, foltering; bezoeking; *the ~ of war* de ellende van de oorlog
agony aunt *znw* schrijfster van een rubriek waarin persoonlijke problemen van lezers worden besproken, 'lieve Lita'
agony column *znw* rubriek waarin persoonlijke problemen van lezers worden besproken
agoraphobia ['ægərə'foubiə] *znw* ruimte-, pleinvrees
agrarian [ə'grεəriən] *bn* agrarisch, landbouw-
agrarianism *znw* beweging voor landbouwhervormingen
agree [ə'gri:] **I** *onoverg* overeenstemmen, overeenkomen; afspreken; het eens worden of zijn (over

(up)on, about); toestemmen (in *to*), akkoord gaan (met *to*); wel willen [gaan &]; overweg kunnen (met *with*); **II** *overg* overeenkomen; afspreken; goedkeuren; beamen; *beer does not ~ with me* bier bekomt mij slecht; *the sea air really ~s with her* de zeelucht doet haar echt goed; *~d!* akkoord!; *an ~d principle* een beginsel waarover overeenstemming is bereikt

agreeable *bn* aangenaam, prettig, welgevallig; overeenkomstig (met *to*); gemeenz bereid (om, tot *to*); *if you are ~* gemeenz als u het goed vindt

agreement *znw* overeenstemming, overeenkomst; verdrag *o*, akkoord *o*; afspraak; *be in ~* ook: het eens zijn; *collective ~* collectieve arbeidsovereenkomst

agricultural [ægri'kʌltʃərəl] *bn* landbouw-, landbouwkundig, agrarisch; *~ labourer (worker)* landarbeider

agriculture ['ægrikʌltʃə] *znw* landbouwkunde; landbouw, akkerbouw

agronomics [ægrə'nɔmiks] *znw* landbouwkunde

aground [ə'graund] *bn bijw* scheepv aan de grond

ague ['eigju:] *znw* (malaria)koorts; (koorts)rilling

ahead [ə'hed] *bijw* voor(uit), vooraan; *get ~* vooruitkomen, carrière maken; *get ~ of* voorbijstreven, overvleugelen; *go ~* van start gaan; voortgaan; vooruitgang boeken; *the task (that lies) ~* de komende taak (de taak die wij voor de boeg hebben, die ons wacht); *~ of* voor

ahem [ə'hem] *tsw* hm!

ahoy [ə'hɔi] *tsw* scheepv aho(o)i!

AI *afk.* **1** *artificial insemination* KI, kunstmatige inseminatie; **2** *artificial intelligence* kunstmatige intelligentie; **3** *Amnesty International*

aid [eid] **I** *overg* helpen, bijstaan; bijdragen tot, bevorderen; *~ and abet* de hand reiken, handlangersdiensten bewijzen; **II** *znw* hulp, bijstand; financiële (nood)hulp; helper, -ster; hulpmiddel *o*; *in ~ of* ten bate van

aide-de-camp ['eiddə'kã:ŋ] [Fr] *znw* (*mv*: aides-de-camp) mil aide-de-camp, adjudant

Aids, AIDS *znw* [eidz] *acquired immune deficiency syndrom* aids

aid worker *znw* ontwikkelingswerker

ail [eil] *onoverg*: *what ~s you* plechtig wat scheelt je?

aileron ['eilərən] *znw* luchtv rolroer *o*

ailing ['eiliŋ] *bn* ziekelijk, sukkelend; *~ area* achtergebleven gebied *o*

ailment *znw* ziekte, kwaal

aim [eim] **I** *onoverg* richten, mikken, aanleggen (op *at*); *~ at* ook: fig doelen op; 't gemunt hebben op; streven naar, beogen [iets], aansturen op; *~ high* eerzuchtig zijn; **II** *overg* richten (op of tegen *at*), aanleggen (op *at*); *that was ~ed at you* dat doelde op u, dat was op u gemunt; **III** *znw* oogmerk *o*, doel(wit) *o*; *take ~* aanleggen, mikken

aimless *bn* doelloos

ain't [eint] gemeenz = *am (is, are) not* en *have (has) not*

air [ɛə] **I** *znw* lucht; windje *o*; tocht; radio ether; muz wijs, wijsje *o*, melodie, aria; voorkomen *o*; air *o*, houding; *~s and graces* kokette maniertjes; *hot ~* gemeenz gezwam *o*, kale kak; *give oneself ~s* verwaand zijn; *put on ~s* verwaand doen; *clear the ~* fig de lucht zuiveren; *take the ~* een luchtje scheppen; luchtv opstijgen; *walk on ~* in de zevende hemel zijn; *by ~* door de lucht: per vliegtuig (of luchtschip); *be in the ~* in de lucht zitten; in de lucht hangen; *vanish into thin ~* in rook opgaan; *out of thin ~* uit het niets; *off the ~* radio uit de ether; *on the ~* radio in de ether; *over the ~* radio door de ether; **II** *overg* lucht geven (aan)[2], luchten[2]; geuren met

air base *znw* luchtmachtbasis

airbed *znw* luchtbed *o*

airborne *bn* door de lucht vervoerd of aangevoerd; opgestegen, in de lucht; mil luchtlandings-; *~ landing* luchtlanding

air brake *znw* luchtdrukrem; remklep [v. vliegtuig]

airbrick *znw* gaatsteen

air bridge *znw* luchtbrug

airbrush I *znw* verfspuit, airbrush; **II** *overg* met een verfspuit werken

airbus *znw* luchtbus, airbus

air conditioning *znw* airconditioning, klimaatregeling

air-cooled *bn* luchtgekoeld; *~ room* Am kamer met airconditioning

aircraft *znw* luchtvaartuig *o*, luchtvaartuigen, vliegtuig *o*, vliegtuigen; *~-carrier* vliegdekschip *o*

air crash *znw* luchtramp

aircrew *znw* vliegtuigbemanning

air cushion *znw* windkussen *o*

airdrome *znw* Am vliegveld *o*

airfield *znw* vliegveld *o*

airfoil *znw* Am luchtv draagvlak *o*

air force *znw* luchtmacht, luchtstrijdkrachten

air-freight *znw* luchtvracht

airgun *znw* windbuks

air hostess *znw* (lucht)stewardess

airily *bijw* luchtig, luchthartig

airiness *znw* luchtigheid; goede ventilatie

airing *znw*: *give an ~* luchten; fig lucht geven aan

airing cupboard *znw* droogkast

airless *bn* zonder lucht; bedompt; windstil; drukkend [weer]

air letter *znw* luchtpostblad *o*

airlift I *znw* luchtv luchtbrug; **II** *overg* per luchtbrug vervoeren

airline *znw* lucht(vaart)lijn

air liner *znw* lijnvliegtuig *o*, verkeersvliegtuig *o*

airlock *znw* luchtsluis [v. caisson, kolenmijn &]; dampslot *o* [in een buis]

airmail *znw* luchtpost, vliegpost

airman *znw* vlieger

air mattress *znw* luchtbed *o*

airplane *znw* Am vliegtuig *o*
air pocket *znw* luchtzak [valwind]
airport *znw* luchthaven, vlieghaven
air pump *znw* luchtpomp
air raid *znw* luchtaanval; *air-raid precautions* luchtbescherming; *air-raid warning* luchtalarm *o*; zie ook: *shelter*, *warden*
air rifle *znw* windbuks, luchtbuks
airscrew *znw* luchtv schroef
airship *znw* luchtschip *o*, zeppelin
airsick *bn* luchtziek
airsickness *znw* luchtziekte
airspace *znw* luchtruim *o* [v.e. land]
airspeed *znw* luchtsnelheid
airstrike *znw* luchtaanval
airstrip *znw* luchtv landingsstrook
air supremacy *znw* heerschappij in de lucht
air terminal *znw* bus- of treinstation *o* voor vervoer van en naar een vliegveld
airthreads *znw mv* herfstdraden
air ticket *znw* vliegbiljet *o*
airtight *bn* luchtdicht
air time *znw* radio zendtijd
air-traffic control *znw* luchtverkeersleiding
air-traffic controller *znw* luchtverkeersleider
air view *znw* gezicht *o* uit de lucht (op *of*), ook: luchtfoto
airwaves *znw mv* ethergolven, radiogolven; radio
airway *znw* luchtgalerij [in mijn]; luchtv luchtroute, luchtvaartlijn; ~*s* ook: luchtwegen
airwoman *znw* pilote; vrouwelijk lid v.h. vliegtuigpersoneel, *vooral* in de luchtmacht
airworthy *bn* luchtv luchtwaardig
airy *bn* (hoog) in de lucht, luchtig; ijl
airy-fairy *bn* luchtig, dartel; oppervlakkig, quasi
aisle [ail] *znw* zijbeuk; gangpad *o* [tussen banken &]
aitch [eitʃ] *znw* (de letter) h
Aix-la-Chapelle ['eiksla:ʃæpel] *znw* Aken *o*
ajar [ə'dʒa:] *bijw* op een kier, half open, aan
akimbo [ə'kimbou] *bijw*: *(with) arms* ~ met de handen in de zij(de)
akin [əkin] *bn* verwant[2] (aan *to*)
alabaster ['æləba:stə] *znw (& bn)* albast(en)
alacrity [ə'lækriti] *znw* gretigheid; enthousiasme *o*
alarm [ə'la:m] **I** *znw* alarm(sein) *o*; ontsteltenis, schrik, ongerustheid; alarminstallatie; wekker(klok); *raise/sound the* ~ alarm slaan; fig aan de bel trekken; *the* ~ *was given* er werd alarm geslagen; **II** *overg* alarmeren, verontrusten, beangstigen, ontstellen
alarmbell *znw* alarmklok
alarmclock *znw* wekker(klok)
alarming *bn* verontrustend
alarmist *znw* paniekzaaier
alas [ə'læs, ə'la:s] *tsw* helaas!, ach!; ~ *for John!* die arme John!
alb [ælb] *znw* albe
Albania [æl'beinjə] *znw* Albanië *o*
Albanian [æl'beinjən] *bn & znw* Albanees
albatross ['ælbətrɔs] *znw* (*mv* idem *of* -es) albatros
albeit [ɔ:l'bi:it] *voegw* (al)hoewel, ofschoon
albino [æl'bi:nou] *znw* albino
Albion ['ælbjən] *znw* Albion *o*: Engeland *o*
album ['ælbəm] *znw* album *o*
albumen ['ælbjumin] *znw* eiwit *o*, eiwitstof
albuminous [æl'bju:minəs] *bn* eiwithoudend
alchemist ['ælkimist] *znw* alchimist
alchemy *znw* alchimie
alcohol ['ælkəhɔl] *znw* alcohol
alcoholic [ælkə'hɔlik] **I** *bn* alcoholisch; **II** *znw* alcoholist
alcoholism ['ælkəhɔlizm] *znw* alcoholisme *o*
alcove ['ælkouv] *znw* alkoof; prieel *o*
aldehyde ['ældihaid] *znw* aldehyd(e) *o*
alder ['ɔ:ldə] *znw* plantk els, elzenboom
alderman ['ɔ:ldəmən] *znw* wethouder, schepen
ale [eil] *znw* ale *o*; Engels bier *o*
alert [ə'lə:t] **I** *bn* waakzaam, op zijn hoede; vlug; levendig; **II** *znw* alarm *o*; luchtalarm *o*; *on the* ~ op zijn hoede; **III** *overg* waarschuwen, alarmeren
alexandrine [ælig'zændrain] *znw* alexandrijn
alfalfa [æl'fælə] *znw* alfalfa, luzerne
alga ['ælgə] *znw* (*mv*: algae ['ældʒi:]) zeewier *o*, alge
algebra ['ældʒibrə] *znw* algebra, stelkunde
algebraic [ældʒi'breiik] *bn* algebraïsch, stelkundig
Algeria [æl'dʒiəriə] *znw* Algerije *o*
Algerian [æl'dʒiəriən] *znw (& bn)* Algerijn(s)
algorism ['ælgərizm], **algorithm** ['ælgəriðm] *znw* **1** algoritme; **2** tientallig stelsel
alias ['eiliæs] **I** *bijw* alias, anders genoemd; **II** *znw* alias, andere naam, aangenomen naam
alibi ['ælibai] *znw* alibi *o*; gemeenz smoes, excuus *o*
alien ['eiljən] **I** *bn* vreemd[2]; strijdig; weerzinwekkend; buitenlands; buitenaards; **II** *znw* vreemdeling; buitenaards wezen *o*
alienable *bn* vervreemdbaar
alienate *overg* vervreemden[2] (van *from*)
alienation [eiljə'neiʃən] *znw* vervreemding; *(mental)* ~ krankzinnigheid
1 alight [ə'lait] *bn* aangestoken, aan, brandend, in brand; verlicht; schitterend
2 alight [ə'lait] *onoverg* uitstappen (uit *from*), afstijgen (van *from*), neerkomen, neerstrijken (op *on*), luchtv landen; afstappen (in *at*)
align [ə'lain] *overg* op één lijn plaatsen, opstellen; richten; aanpassen; ~ *oneself with* zich scharen aan de zijde van; zich aansluiten bij
alignment *znw* op één lijn brengen *o*; richten *o*; aanpassing; opstelling; groepering, verbond *o*; (rooi)lijn; *out of* ~ ook: ontwricht
alike [ə'laik] **I** *bn* gelijk, eender; **II** *bijw* evenzeer; op dezelfde manier; *... and...* ~ zowel ... als...
alimentary [æli'mentəri] *bn* voedend; voedings-; ~ *canal* spijsverteringskanaal *o*
alimony ['æliməni] *znw* alimentatie, onderhoud *o*
alive [ə'laiv] *bn* in leven, levend; levendig; ~ *and*

kicking springlevend; ~ *to* zich bewust van, met een open oog voor, ontvankelijk of gevoelig voor; ~ *with* wemelend van, krioelend van; *look* ~ voortmaken; *(the best man)* ~ ter wereld

alkali ['ælkəlai] *znw* alkali *o*

alkaline *bn* alkalisch

alkaloid ['ælkələid] *znw* chem alkaloïde

all [ɔ:l] **I** *bn* (ge)heel, gans, al(le), iedere, elke; ~ *day* de hele dag; ~ *Londen* heel Londen; ~ *night* (gedurende) de hele nacht; ~ *the children were watching Sesamy Street* alle kinderen zaten naar Sesamstraat te kijken; *and* ~ *that* en zo; **II** *bijw* geheel, helemaal, één en al; ~ *clear* gevaar geweken, alles veilig; ~ *the best!* het beste (ermee)!; ~ *the better* des te beter; *give one's* ~ zijn uiterste best doen; **III** *znw* al(les) *o*; ~ *and sundry* allen zonder onderscheid; ~ *but* nagenoeg, zo goed als, bijna; allen (alles) met uitzondering van, op ... na; ~ *in* alles (allen) inbegrepen; gemeenz kapot, afgepeigerd; ~ *in* ~ alles bijeen(genomen), al met al; ~ *of 500* niet minder dan 500, wel 500; ~ *or-none* alles of niets; *at* ~ in het minst, (ook) maar (enigszins); wel, misschien; toch?; überhaupt; *not at* ~ in het geheel niet, volstrekt niet; graag gedaan, niets te danken [na bedanken]; *in* ~ in totaal; *twenty* ~ sp twintig gelijk; ~*'s well that ends well* eind goed, al goed; *A~ Fools' Day* 1 april; *A~ Hallows, A~ Saint's Day* Allerheiligen; *A~ Souls' Day* Allerzielen; zie ook: *after, along, for, in, of, out, over, right, round, same, there, things* &

Allah ['ælə, 'æla:] *znw* Allah

allay [ə'lei] *overg* (doen) bedaren; stillen, verlichten, verzachten, matigen, verminderen

allegation [æli'geiʃən] *znw* bewering; aantijging, beschuldiging

allege [ə'ledʒ] *overg* aanvoeren; beweren

alleged *bn* zogenaamd, vermoedelijk

allegedly *bijw* naar beweerd wordt (werd)

allegiance [ə'li:dʒəns] *znw* trouw (van onderdanen) (aan *to*); band

allegoric [æli'gɔrik] *bn* allegorisch

allegory ['æligəri] *znw* allegorie

allergen ['ælədʒin] *znw* allergeen *o*

allergic [ə'lə:dʒik] *bn* allergisch; *be* ~ *to* gemeenz allergisch zijn voor, een afkeer (hekel) hebben van (aan)

allergist ['ælədʒist] *znw* allergoloog

allergy *znw* allergie; gemeenz afkeer (van *to*)

alleviate [ə'li:vieit] *overg* verlichten, verzachten

alleviation [əli:vi'eiʃən] *znw* verlichting, verzachting

alley ['æli] *znw* steeg, gang; laantje *o*; doorgang; (kegel)baan

alley cat *znw* zwerfkat; *she's got the morals of an* ~ zij is heel losbandig

alleyway *znw* steeg

alliance [ə'laiəns] *znw* verbond *o*, bond, bondgenootschap *o*, verbintenis, huwelijk *o*; verwantschap

allied [ə'laid, 'ælaid] *bn* verbonden, geallieerd, bondgenootschappelijk; verwant

alligator ['æligeitə] *znw* alligator, kaaiman

all-important [ɔ:lim'pɔ:tənt] *bn* van het grootste gewicht, hoogst belangrijk

all-in *bn* alles (allen) inbegrepen; ~ *tour* geheel verzorgde reis; ~ *wrestling* vrij worstelen

alliterate [ə'litəreit] *onoverg* allit(t)ereren

alliteration [əlitə'reiʃən] *znw* alliteratie, stafrijm *o*

alliterative [ə'litərətiv] *bn* allit(t)ererend

allocate [' æləkeit] *overg* toewijzen; aanwijzen; bestemmen

allocation [ælə'keiʃən] *znw* toewijzing; bestemming; portie; te besteden bedrag *o*

allot [ə'lɔt] *overg* toe(be)delen, toewijzen (aan *to*)

allotment *znw* toe(be)deling, toewijzing; aandeel *o*; (levens)lot *o*; perceel *o*; volkstuintje *o*

all-out ['ɔ:laut] *bn* met alle middelen, intensief, geweldig, groot(scheeps)

allow [ə'lau] **I** *overg* toestaan, toelaten, toekennen, veroorloven; erkennen; in staat stellen, mogelijk maken; uittrekken [geld, tijd &]; **II** *onoverg*: ~ *for* (als verzachtende omstandigheid) in aanmerking nemen; rekening houden met; ~ *of* toestaan, toelaten

allowable *bn* geoorloofd

allowance *znw* portie, rantsoen *o*; toelage; toeslag, bijslag [voor kinderen]; tegemoetkoming, vergoeding; handel korting; *make ~s for* in aanmerking nemen; *make ~s for him* toegeeflijk zijn voor hem

alloy ['ælɔi, ə'lɔi] **I** *znw* allooi *o*, gehalte *o*; legering; (bij)mengsel *o*; **II** *overg* legeren; mengen

all-powerful ['ɔ:l'pauəful] *bn* almachtig

allspice ['ɔ:lspais] *znw* piment *o*

all-time ['ɔ:ltaim] *bn* ongekend, nooit eerder voorgekomen

allude [ə'l(j)u:d] *onoverg*: ~ *to* zinspelen op, doelen op; (terloops) vermelden, het hebben over

allure [ə'ljuə] *znw* verlokking; verleidelijkheid; *the ~ of travel is* ... het heerlijke van reizen is ...

alluring [ə'ljuəriŋ] *bn* aanlokkelijk, verleidelijk

allusion [ə'l(j)u:ʒən] *znw* zin-, toespeling (op *to*)

allusive *bn* zinspelend

alluvial [ə'l(j)u:viəl] *bn* alluviaal, aangeslibd

alluvium, [ə'l(j)u:viəm] *znw* alluvium *o*, aanslibbing, aangeslibd land *o*

ally [ə'lai] **I** *overg* verbinden (met *to, with*), verwant maken (aan *to*); verenigen; **II** *znw* ['ælai, ə'lai] bondgenoot; geallieerde

almanac ['ɔ:lmənæk] *znw* almanak

almighty [ɔ:l'maiti] **I** *bn* almachtig; gemeenz enorm; **II** *znw*: *the A~* de Almachtige

almond ['a:mənd] *znw* amandel; ~ *eyed* met amandelvormige ogen; ~ *paste* amandelspijs

almoner [a:mənə,'ælmənə] *znw* aalmoezenier; maatschappelijk werker in een ziekenhuis

almost ['ɔ:lmoust, 'ɔ:lməst] *bijw* bijna, nagenoeg

alms [a:mz] *znw (mv)* aalmoes, aalmoezen
alms-box *znw* offerblok *o*, offerbus
almshouse *znw* armenhuis *o*
aloft [ə'lɔft] *bijw* hoog, omhoog[2], in de lucht[2]; scheepv in de mast; in het want
alone [ə'loun] **I** *bn* alleen; **II** *bijw* slechts, alleen
along [əlɔŋ] *voorz & bijw* langs...; voort, door; mee; *(I ran) ~ the corridor* door de gang; *(I limped) ~ the sand* over het zand; *(the bottles) ~ the shelf* (in een rijtje) op de plank; *all ~* aldoor, altijd (wel), steeds; *~ with* samen (tegelijk) met; *come ~!* kom mee!; *get ~* het (goed, slecht) maken; *get ~!* donder op!; *get ~ with* goed overweg kunnen met
alongshore *bijw* langs de kust
alongside *bijw* langszij; *~ (of)* langs; naast[2]; *free ~ (ship)* handel vrij langszij
aloof [ə'lu:f] **I** *bijw* op een afstand[2], ver[2]; **II** *bn* in hogere sferen verkerend; gereserveerd, koel, afzijdig (van *from*); *keep (hold, stand) ~* distantie bewaren, zich afzijdig houden
alopecia [ælo'pi:ʃiə] *znw* haaruitval, kaal(hoofdig-) heid
aloud [ə'laud] *bijw* luid(e), hardop
alp [ælp] *znw* (hoge) berg, bergweide; *the Alps* de Alpen
alpha [ælfə] *znw* alfa; *~ minus* voldoende; *~ plus* uitmuntend; *~ rays* alfastralen
alphabet *znw* alfabet *o*, abc *o*
alphabetical [ælfə'betikl] *bn* alfabetisch
Alpine [ælpain] *bn* alpen-
Alpinist ['ælpinist] *znw* alpinist, bergbeklimmer
already [ɔ:l'redi] *bijw* al, reeds
alright = *all right* (zie onder *right*)
Alsatian [æl'seiʃən] **I** *bn* Elzassisch; **II** *znw* Elzasser; Duitse herder(shond)
also ['ɔ:lsou] *bijw* ook, eveneens, bovendien
also-ran *znw* verliezer, 'loser'; onbeduidend persoon, nul
altar ['ɔ:ltə] *znw* altaar *o*; Avondmaalstafel; *lead to the ~* [iem.] trouwen
altar-rails *znw mv* koorhek *o*
alter ['ɔ:ltə] *overg* veranderen, wijzigen; vermaken [kleding]
alteration [ɔ:ltə'reiʃən] *znw* verandering, wijziging; *~s* ook: verbouwing
altercation [ɔ:ltə'keiʃən] *znw* (woorden)twist
alter ego ['æltə 'i:gou] *znw* alter ego *o*; boezemvriend(in)
alternate [ɔ:ltəneit] **I** *overg & onoverg* (elkaar) afwisselen; **II** *bn* [ɔ:ltə'nit] afwisselend; *~ angles* wisk verwisselende hoeken; *on ~ days* om de andere dag; **III** *znw* Am plaatsvervanger
alternately *bijw* afwisselend, beurtelings, om de beurt
alternation [ɔ:ltə'neiʃən] *znw* afwisseling
alternative [ɔ:l'tə:nətiv] **I** *bn* alternatief, ander (van twee); *~ energy sources* alternatieve energiebronnen; **II** *znw* alternatief *o*, keus (uit twee)
alternator ['ɔ:ltəneitə] *znw* wisselstroomdynamo
although [ɔ:l'ðou] *voegw* (al)hoewel, ofschoon, al; *~ he was ill, he kept working* hij was ziek, maar hij bleef doorwerken
altimeter ['æltimi:tə] *znw* hoogtemeter
altitude ['æltitju:d] *znw* hoogte; verhevenheid
alto ['æltou] *znw* alt; altpartij
altogether [ɔ:ltə'geðə] *bijw* alles bij elkaar, over het geheel; in totaal; helemaal, volkomen; *in the ~* gemeenz poedelnaakt
altruism ['æltruizm] *znw* altruïsme *o*
altruist *znw* altruïst
altruistic [æltru'istik] *bn* altruïstisch
alum ['æləm] *znw* aluin
aluminium [ælju'minjəm] *znw* aluminium *o*
aluminum [ə'lu:minəm] *znw* Am aluminium *o*
alumnus [ə'lʌmnəs] [Lat] *znw* (*mv*: alumni [-nai]) (oud-)leerling, (oud-)student
always ['ɔ:lweiz] *bijw* altijd (nog, al), altoos; *I'll ~ love you* ik zal altijd van je blijven houden; *it's ~ raining* het regent de hele tijd maar
am [æm] 1e pers. enk. v. *to be*
a.m. *afk.* = *ante meridiem* 's morgens, voor de middag, v.m.
amalgam [ə'mælgəm] *znw* amalgama *o*, mengsel[2] *o*
amalgamate *overg & onoverg* amalgameren, (zich) vermengen, (zich) verbinden, samensmelten, handel fuseren, een fusie aangaan
amalgamation [əmælgə'meiʃən] *znw* vermenging, handel fusie
amanuensis [əmænju'ensis] *znw* (*mv*: -ses [-si:z]) schrijver, secretaris
amass [ə'mæs] *overg* opeenhopen, vergaren
amateur ['æmətə:,æmə'tə:] *znw* amateur, liefhebber
amateurish [æmə'tə:riʃ] *bn* amateuristisch, dilettanterig
amateurism *znw* amateurisme *o*
amatory *bn* liefde(s)-, amoureus
amaze [ə'meiz] *overg* verbazen
amazement *znw* verbazing
amazing *bn* verbazend, verbazingwekkend, gemeenz fantastisch
Amazon ['æməzən] Amazone [de rivier]; amazone *znw* [(strijdbare) vrouw], grote, sterke vrouw
ambassador [æm'bæsədə] *znw* ambassadeur; (af-) gezant
ambassadorial [æmbæsə'dɔ:riəl] *bn* van een ambassadeur, ambassadeurs-
amber ['æmbə] *znw* amber, barnsteen *o & m*; *the ~ (light)* het oranje (verkeers)licht
ambidextrous *bn* ambidexter; fig zeer handig
ambience ['æmbiəns] *znw* ambiance, entourage, sfeer
ambient *bn* omringend
ambiguity [æmbi'gjuiti] *znw* ambiguïteit, dubbelzinnigheid

ambiguous [æm'bigjuəs] *bn* ambigu, dubbelzinnig
ambit ['æmbit] *znw* omvang, omtrek, grenzen; fig reikwijdte
ambition [æm'biʃən] *znw* eerzucht; vurig verlangen *o*, streven *o*, aspiratie, ideaal *o*
ambitious *bn* eerzuchtig; begerig (naar *of*); groots, grootscheeps, ambitieus [plan]
ambivalence [æm'bivələns] *znw* ambivalentie
ambivalent *bn* ambivalent
amble ['æmbl] **I** *onoverg* in de telgang gaan; (kalm) stappen; **II** *znw* telgang; kalme gang
ambrosia [æm'brouziə] *znw* ambrozijn *o*, godenspijs
ambulance ['æmbjuləns] *znw* ambulance(wagen), ziekenwagen
ambulatory I *bn* ambulant, wandelend; rondgaand; **II** *znw* (klooster)gang; kooromgang [in kerk]
ambush ['æmbuʃ] **I** *znw* hinderlaag; *lie in* ~ in een hinderlaag liggen; fig op het vinkentouw zitten; **II** *overg* in een hinderlaag lokken; *be ambushed* in een hinderlaag vallen
ameliorate [ə'mi:liəreit] **I** *overg* beter maken, verbeteren; **II** *onoverg* beter worden
amelioration [əmi:liə'reiʃən] *znw* verbetering
amenable [ə'mi:nəbl] *bn* meegaand, gezeglijk, handelbaar; ontvankelijk, vatbaar (voor *to*); te brengen (voor *to*), verantwoording schuldig (aan *to*)
amend [ə'mend] *overg* (ver)beteren; wijzigen; amenderen
amendment *znw* verbetering, verandering; amendement *o*; rectificatie
amends *znw (mv)* vergoeding; vergelding; *make* ~ het goedmaken; schadeloos stellen; herstellen
amenity [ə'mi:niti] *znw* aangenaamheid, lief(e-)lijkheid; attractie; *amenities* vriendelijkheden, beleefdheden; gemakken, genoegens
America [ə'merika] *znw* Amerika *o*
American [ə'merikən] **I** *znw* Amerikaan; **II** *bn* Amerikaans
Americanize *overg & onoverg* veramerikaansen, amerikaniseren
amethyst ['æmiθist] *znw* amethist *o* [stofnaam], amethist *m* [voorwerpsnaam]
amiable ['eimjəbl] *bn* beminnelijk, lief
amicable ['æmikəbl] *bn* vriend(schapp)elijk
amid [ə'mid] *voorz* te midden van, onder
amidships *bijw* midscheeps
amidst *voorz* te midden van, onder
amino ['æminou]: *~-acid znw* aminozuur *o*
amiss [ə'mis] *bn bijw* verkeerd, niet in orde; kwalijk, te onpas, mis; *take sth.* ~ iets kwalijk nemen
amity ['æmiti] *znw* vriendschap; goede betrekkingen [tussen landen]
ammeter ['æmitə] *znw* ampèremeter
ammonia [ə'mounjə] *znw* ammonia(k)
ammoniac *bn* ammoniak-
ammonium *znw* ammonium *o*
ammunition [æmju'niʃən] *znw* (am)munitie
amnesia [æm'ni:zjə] *znw* geheugenverlies *o*
amnesty ['æmnisti] **I** *znw* amnestie; **II** *overg* amnestie verlenen (aan)
amniotic [æmni'ɔtik] *bn*: ~ *fluid* vruchtwater *o*
amoeba, Am **ameba** [ə'mi:bə] *znw* (*mv*: -s *of* amoebae [-bi:]) amoebe
amok zie *amuck*
among(st) [əmɔŋ(st)] *voorz* onder, te midden van, tussen, bij; *be* ~ behoren tot
amorous ['æmərəs] *bn* verliefd; liefdes-, amoureus
amorphous [ə'mɔ:fəs] *bn* amorf, vormloos
amortization [əmɔ:ti'zeiʃən] *znw* amortisatie, afbetaling [v. schuld]
amortize [ə'mɔ:tiz] *overg* amortiseren, afbetalen [v. schuld]
amount [ə'maunt] **I** *onoverg*: ~ *to* bedragen; gelijkstaan met; [weinig, niets] te betekenen hebben; *it ~s to the same thing* het komt op hetzelfde neer; **II** *znw* bedrag *o*; hoeveelheid, mate; *cause any ~ of trouble* heel veel moeite veroorzaken; *no ~ of trouble will suffice* geen moeite zal voldoende zijn; *to the ~ of* ten bedrage van
amour-propre [əmur'prɔpr] [Fr] *znw* gevoel *o* v. eigenwaarde; ijdelheid
ampere ['æmpɛə] *znw* ampère
ampersand ['æmpəsænd] *znw* het teken &
amphetamine [æm'fetəmi:n] *znw* amfetamine [pepmiddel]
amphibian [æm'fibiən] **I** *bn* tweeslachtig, amfibie-; **II** *znw* amfibie, tweeslachtig dier *o*
amphibious *bn* tweeslachtig, amfibisch; ~ *vehicle* amfibievoertuig *o*
amphitheatre ['æmfiθiətə] *znw* amfitheater *o*
amphora ['æmfərə] *znw* (*mv*: -s *of* -rae [-ri:]) amfora, kruik
ample ['æmpl] *bn* wijd, ruim, breed(voerig), uitvoerig, overvloedig, ampel
amplification [æmplifi'keiʃən] *znw* aanvulling, uitbreiding; versterking [v. geluidssignaal]
amplifier [æmplifaiə] *znw* versterker [v. geluidssignaal]
amplify *overg* aanvullen; uitbreiden; ontwikkelen; radio versterken
amplitude *znw* wijdte, omvang, uitgestrektheid; overvloed; amplitude
amply *bijw* v. *ample*; ook: ruimschoots, rijkelijk
ampoule, **ampule** ['æmpu:l] *znw* med ampul
amputate ['æmpjuteit] *overg* amputeren, afzetten
amputation [æmpju'teiʃən] *znw* amputatie, afzetten *o*; fig bekorting, besnoeiing
amputee *znw* geamputeerde, iem. die één of meer ledematen mist
amuck [ə'mʌk] *bijw*: *run ~ (against, at, on)* amok maken, tekeergaan (tegen), te lijf gaan
amulet ['æmjulit] *znw* amulet
amuse [ə'mju:z] *overg* amuseren, vermaken
amusement *znw* amusement *o*, vermaak *o*, tijdver-

drijf *o*; geamuseerdheid; ~ *arcade* amusementshal, gokhal; ~ *park* pretpark *o*; ~ *tax* vermakelijkheidsbelasting
amusing *bn* amusant, vermakelijk
an [ən; met nadruk: æn] *lidw* een; zie ook: ²*a*
anabaptist [ænə'bæptist] *znw* wederdoper
anachronism [ə'nækrənizm] *znw* anachronisme *o*
anachronistic [ənækrə'nistik] *bn* anachronistisch
anaconda [ænə'kɔndə] *znw* reuzenslang
anaemia, Am **anemia** [ə'ni:miə] *znw* anemie, bloedarmoede
anaemic, Am **anemic** *bn* anemisch, bloedarm
anaesthesia, Am **anesthesia** [ænis'θi:zjə] *znw* gevoelloosheid; verdoving, anesthesie
anaesthetic, Am **anesthetic** [ænis'θetik] *bn (znw)* pijnverdovend (middel *o*)
anaesthetist, Am **anesthetist** [æ'ni:sθitist] *znw* anesthesist, narcotiseur
anaesthetize, Am **anesthetize** *overg* gevoelloos maken, verdoven, wegmaken
anagram ['ænəgræm] *znw* anagram *o*
anal ['einəl] *bn* aars-, anaal
analgesic [ænæl'dʒi:sik] *znw* pijnstillend middel *o*
analogical [ænə'lɔdʒikl] *bn* analogisch
analogous [ə'næləgəs] *bn* analoog, overeenkomstig
analogue ['ænələg] *bn*: ~ *computer* analoge rekenmachine
analogy [ə'nælədʒi] *znw* analogie°, overeenkomst(igheid), overeenstemming; *on the ~ of, by ~ with* naar analogie van
analysable ['ænəlaizəbl] *bn* analyseerbaar
analyse ['ænəlaiz] *overg* analyseren, ontleden, ontbinden; onderzoeken
analysis [ə'nælisis] *znw* (*mv*: analyses [-si:z]) analyse, ontleding, ontbinding; overzicht *o* (van de inhoud); onderzoek *o*; *in the final* ~ uiteindelijk
analyst ['ænəlist] *znw* analist, scheikundige; psych analyticus
analytic(al) [ænə'litik(l)] *bn* analytisch, ontledend; ~ *chemist* analist
analyze *overg* = *analyse*
anamnesis [ænəm'ni:sis] *znw* (*mv*: anamneses [-si:z]) ziektegeschiedenis, anamnese
anarchic [æ'na:kik] *bn* regeringloos, wetteloos, ordeloos, anarchistisch; fig chaotisch
anarchism ['ænəkizm] *znw* anarchisme *o*
anarchist *bn* anarchist(isch)
anarchy *znw* anarchie²
anathema [ə'næθimə] *znw* ban, (ban)vloek; ... *is ~ to him...* is hem een gruwel
anatomical [ænə'tɔmikl] *bn* anatomisch, ontleedkundig
anatomist [ə'nætəmist] *znw* anatoom, ontleedkundige
anatomy *znw* anatomie, ontleding; gemeenz lichaam *o*
ancestor ['ænsistə] *znw* voorvader, stamvader
ancestral [æn'sestrəl] *bn* voorvaderlijk, voorouderlijk
ancestry ['ænsistri] *znw* voorouders, voorvaderen; afstamming, geboorte
anchor ['æŋkə] **I** *znw* scheepv anker *o*; fig steun en toeverlaat; *cast (drop)* ~ het anker laten vallen (uitwerpen); *up (weigh)* ~ het anker lichten; *at* ~ voor anker; *come to* ~ voor anker gaan; **II** *overg* (ver)ankeren; **III** *onoverg* ankeren
anchorage *znw* ankeren *o*; ankergrond, -plaats
anchorite ['æŋkərait] *znw* anachoreet, kluizenaar
anchorman ['æŋkəmæn, -mən], **anchorwoman** ['æŋkəwumən] *znw* centrale presentator (presentatrice) van een nieuws- of actualiteitenprogramma op tv
anchovy ['æntʃəvi, æn'tʃouvi] *znw* ansjovis
ancient ['einʃənt] *bn* (al)oud; *the A~s* de Ouden; fig antiek, ouderwets
ancillary [æn'siləri] *bn* ondergeschikt (aan *to*); hulp-, neven-, toeleverings- [v. bedrijf] ~ *workers* ondersteunend personeel; ~ *costs* bijkomende kosten
and [ænd, ənd, ən] *voegw* en; ~ *so on* enzovoort; *smaller ~ smaller* hoe langer hoe kleiner, al kleiner (en kleiner); *the clock ticked on ~ on* de klok tikte almaar voort; *come ~ see me* kom me opzoeken
andiron ['ændaiən] *znw* vuurbok, haardijzer *o*
Andorra [æn'dɔrə] *znw* Andorra *o*
Andorran [æn'dɔrən] **I** *znw* Andorrees; **II** *bn* Andorrees
androgynous [æn'drɔdʒinəs] *bn* androgyn, tweeslachtig
anecdotal ['ænikdoutl] *bn* anekdotisch
anecdote *znw* anekdote
anemia *znw* = *anaemia*
anemone [ənemənі] *znw* anemoon
aneroid ['ænərɔid] *bn*: ~ *barometer* doosbarometer
anesth- = *anaesth-*
aneurism ['ænjuərizm] *znw* slagadergezwel *o*
anew [ə'nju:] *bijw* opnieuw, nog eens; anders
angel ['eindʒəl] *znw* engel²
angel-fish *znw* zee-engel
angelic [æn'dʒelik] *bn* engelachtig; engelen-
angelica *znw* engelwortel
anger ['æŋgə] **I** *znw* gramschap, toorn, verbolgenheid, boosheid, grote ergernis; **II** *overg* tergen, boos maken
angina [æn'dʒainə] *znw* angina; ~ *pectoris* ['pektəris] angina pectoris
angle ['æŋgl] **I** *znw* hoek; fig gezichtspunt *o*; kijk; kant; vero hengel, vishaak; **II** *onoverg* hengelen²; **III** *overg* gemeenz kleuren [berichtgeving]
angler *znw* hengelaar
Angles ['æŋglz] *znw* Angelen
Anglian *bn* v.d. Angelen
Anglican **I** *znw* anglicaan; **II** *bn* anglicaans
Anglicanism ['æŋglikənizm] *znw* anglicanisme *o*
anglicism *znw* anglicisme *o*
Anglicist *znw* beoefenaar v.d. anglistiek; anglist

Anglicize *overg* verengelsen
angling ['æŋgliŋ] *znw* hengelen *o*; hengelsport
Anglo ['æŋglou] *voorv* Engels
Anglo-Indian I *bn* Engels-Indisch; **II** *znw* Engelsman of halfbloed in (uit) het voormalige Brits-Indië
Anglophile I *bn* anglofiel: met een voorliefde voor al wat Engels is; **II** *znw* anglofiel
Anglo-Saxon I *bn* Angelsaksisch; (typisch) Engels; **II** *znw* Angelsaksisch *o*; Anglo-Saks; (typische) Engelsman
Angola [æŋ'goulə] *znw* Angola
Angolan [æŋ'goulən] *znw & bn* Angolees
angostura [æŋgɔs'tjuərə] *znw* angostura (bitter *o & m*)
angry ['æŋgri] *bn* kwaad, boos; med ontstoken; ~ *at (about)* boos om (over); ~ *with* boos op
anguish ['æŋgwiʃ] **I** *znw* angst, smart, (hevige) pijn; **II** *overg* kwellen, pijnigen; *~ed* ook: vertwijfeld
angular ['æŋgjulə] *bn* hoekig[2], hoek-
angularity [æŋgju'læriti] *znw* hoekigheid[2]
animal ['æniməl] **I** *znw* dier *o*, beest *o*; wezen *o*; **II** *bn* dierlijk; dieren-; ~ *kingdom* dierenrijk *o*; ~ *spirits* opgewektheid, levenslust
animalcule [æni'mælkju:l] *znw* microscopisch diertje *o*
animality *znw* dierlijkheid
animate ['ænimeit] **I** *overg* animeren, bezielen; leven geven, doen leven; opwekken, aanvuren; **II** *bn* ['ænimit] levend, bezield, levendig
animated ['ænimeitid] *bn* geanimeerd, bezield, levend, levendig, opgewekt; ~ *cartoon* tekenfilm
animation [æni'meiʃən] *znw* bezieling, leven *o*, levendigheid, animo; animatie: het maken van teken- en animatiefilms
animosity [æni'mɔsiti] *znw* animositeit, wrok; antipathie
animus ['æniməs] *znw* drijfveer; animositeit, vijandigheid (jegens *against*)
anise ['ænis] *znw* anijsplant
aniseed ['ænisi:d] *znw* anijszaad *o*; anijs(smaak)
ankle ['æŋkl] *znw* enkel
ankle-deep *bn* tot de enkels
ankle-length *bn*: ~ *dress* jurk tot op de enkels
anklet *znw* sok; enkelring; voetboei; mil enkelstuk *o*
annals ['ænəlz] *znw mv* annalen, jaar-, geschiedboeken
annex [ə'neks] **I** *overg* aanhechten, toe-, bijvoegen, verbinden, annexeren; inlijven (bij *to*); **II** ['æneks] *znw* aanhangsel *o*, bijlage; aanbouw, bijgebouw *o*, dependance
annexation [ænek'seiʃən] *znw* aanhechting, bijvoeging; annexatie; inlijving
annexe *znw = annex II*
annihilate [ə'nai(h)ileit] *overg* vernietigen
annihilation [ənai(h)i'leiʃən] *znw* vernietiging
anniversary [æni'və:səri] *znw* (ver)jaardag, jaarfeest *o*, gedenkdag
annotate ['ænouteit] *overg* annoteren, van verklarende aantekeningen voorzien
annotation [ænou'teiʃən] *znw* (verklarende) aantekening
announce [ə'nauns] *overg* aankondigen, bekendmaken, kennis geven van, mededelen
announcement *znw* aankondiging, bekendmaking, mededeling, bericht *o*
announcer *znw* aankondiger; RTV omroeper, -ster
annoy [ə'nɔi] *overg* lastig vallen; ergeren, kwellen, hinderen; *be ~ed (at sth., with sbd.)* geërgerd zijn (over iets), boos zijn (op iem.)
annoyance *znw* irritatie, ergernis; last, hinderlijk iets *o*
annoying *bn* lastig, hinderlijk, ergerlijk; *how ~!* wat vervelend!
annual ['ænjuəl] **I** *bn* jaarlijks; eenjarig [van gewassen]; jaar-; *~accounts* handel jaarstukken; **II** *znw* jaarboek(je) *o*; eenjarige plant
annuity *znw* jaargeld *o*, lijfrente, annuïteit
annul [ə'nʌl] *overg* tenietdoen, herroepen, opheffen, annuleren
annulment [ə'nʌlmənt] *znw* herroeping, opheffing, annulering
annunciation [ənʌnsi'eiʃən] *znw* aankondiging; *Annunciation (Day)* Maria-Boodschap
annunciator [ə'nʌnʃieitə] *znw* paneel *o* dat aangeeft waar gebeld is, bijv. in een hotel
anode ['ænoud] *znw* anode, positieve pool
anodyne ['ænoudain] **I** *znw* pijnstiller, kalmerend middel *o*; fig zoethoudertje *o*; **II** *bn* pijnstillend, kalmerend; fig onschuldig, niet controversieel, saai
anoint [ə'nɔint] *overg* zalven; insmeren
anomalous [ə'nɔmələs] *bn* afwijkend; abnormaal
anomaly *bn* afwijking, onregelmatigheid, anomalie
anon [ə'nɔn] *bijw* dadelijk, aanstonds; straks
anon. *afk. = anonymous*
anonymity [ænə'nimiti] *znw* anonimiteit
anonymous [ə'nɔniməs] *bn* anoniem, naamloos
anorak ['ænəræk] *znw* anorak, windjack *o* met capuchon
anorexia ['ænəreksiə] *znw* med anorexie; ~ *nervosa* anorexia nervosa
anorexic ['ænəreksik] **I** *bn* lijdend aan anorexie; **II** *znw* iem. die aan anorexie lijdt
another [ə'nʌðə] *bn* & *onbep vnw* een ander; nog een, (al)weer een, ook een; een tweede; *do you like ~ biscuit?* wil je nog een koekje?; zie ook: *ask I, one I*
answer ['a:nsə] **I** *overg* antwoorden (op), beantwoorden (aan); voldoen aan; verhoren [gebed]; zich verantwoorden wegens; fig oplossen; ~ *the bell (the door)* de deur opendoen; ~ *the phone* de telefoon aannemen; ~ *a problem* een vraagstuk oplossen; **II** *onoverg* antwoorden; ~ *back* (brutaal) wat terugzeggen; ~ *for* verantwoorden; instaan voor;

boeten voor; *have a lot to ~ for* ook: heel wat op zijn geweten hebben; *~ to* antwoorden op; verantwoording schuldig zijn; beantwoorden aan; luisteren naar [de naam...]; **III** *znw* antwoord *o*; fig oplossing; *there is no ~* er behoeft niet op antwoord gewacht te worden; *know (all) the ~s* gemeenz goed bij zijn, alwetend zijn; *make (an) ~* antwoorden
answerable *bn* te beantwoorden; verantwoordelijk, aansprakelijk
answering machine *znw* antwoordapparaat *o*, telefoonbeantwoorder
ant [ænt] *znw* mier
antagonism [æn'tægənizm] *znw* antagonisme *o*, tegenstand, vijandschap
antagonist *znw* tegenstander
antagonistic [æntægə'nistik] *bn* vijandig
antagonize [æn'tægənaiz] *overg* bestrijden, tegenwerken; prikkelen, tegen zich in het harnas jagen
Antarctic [æn'ta:ktik] **I** *znw* zuidpool, zuidpoolgebied *o*, Antarctica; Zuidelijke IJszee (ook: *A~ Ocean*); **II** *bn* zuidpool-
ante ['ænti] **I** *znw* inzet [bij pokeren &]; **II** *overg*: *~ (up)* inzetten; betalen
ant-eater ['ænti:tə] *znw* miereneter
ante-bellum ['ænti'beləm] [Lat] *bn* Am vooroorlogs (vaak: voor de Amerikaanse Burgeroorlog 1861-1865)
antecedent *znw* voorafgaande *o*; antecedent *o*; *~s* voorouders
antechamber ['æntitʃeimbə] *znw* = *anteroom*
antedate ['æntideit] *overg* antedateren, vroeger dagtekenen; vooruitlopen op; voorafgaan aan
antediluvian [æntidi'l(j)u:viən] *bn* hopeloos ouderwets, uit het jaar nul, voorwereldlijk
antelope ['æntiloup] *znw* (*mv* idem *of* -s) antilope
ante meridiem *bijw* 's morgens, in de voormiddag, v.m.
antenatal [ænti'neitl] *bn* prenataal: (van) voor de geboorte
antenna [æn'tenə] *znw* (antennae [-ni:]) voelhoren, voelspriet; RTV antenne (*mv* ook: *~s*)
antenuptial ['æntinʌpʃəl] *bn* vóórhuwelijks, vóór het huwelijk plaatsvindend
antepenultimate [æntipi'nʌltimit] *znw* derde (lettergreep) van achteren
anterior [æn'tiəriə] *bn* voorafgaand, vroeger; voorste
anteroom ['æntirum] *znw* antichambre, voorvertrek *o*, wachtkamer
anthem ['ænθəm] *znw* Engelse kerkzang; lofzang; *the national ~* het volkslied
anther ['ænθə] *znw* plantk helmknop
ant-hill ['ænthil] *znw* mierennest *o*, mierenhoop
anthology *znw* bloemlezing
anthracite ['ænθrəsait] *znw* antraciet
anthrax ['ænθræks] *znw* miltvuur *o*
anthropoid ['ænθrəpɔid] **I** *bn* op een mens gelijkend; **II** *znw* mensaap
anthropologist [ænθrə'pɔlədʒist] *znw* antropoloog
anthropological [ænθrəpə'lɔdʒik(ə)l] *bn* antropologisch
anthropology *znw* antropologie
anthropomorphic [ænθrəpə'mɔ:fik] *bn* antropomorf
anti ['ænti] **I** *voorz* tegenstander van, gekant tegen; **II** *znw* tegenstander
anti- ['ænti] *voorv* tegen-, strijdig met; anti-
anti-aircraft ['ænti'εəkra:ft] *znw* mil (lucht-) afweer-, luchtdoel-; *~ battery* luchtafweerbatterij; *~ missile* luchtdoelraket
antibiotic [æntibai'ɔtik] *znw* antibioticum *o*
antibody ['æntibɔdi] *znw* antilichaam *o*, antistof, afweerstof
antic ['æntik] *znw* (meestal *mv*): *~s* capriolen, dolle sprongen, fratsen, grillen
anticipate *overg* voorkómen, vóór zijn; vooruitlopen op; een voorgevoel hebben (van), verwachten, voorzien; verhaasten
anticipation [æntisi'peiʃən] *znw* voorgevoel *o*, verwachting, afwachting; *in ~* vooruit, bij voorbaat; *in ~ of* in afwachting van
anticipatory [æn'tisipeitəri] *bn* vooruitlopend
anticlerical ['ænti'klerikl] *bn* antiklerikaal: gericht tegen de wereldlijke invloed v.d. geestelijkheid
anticlimax ['ænti'klaimæks] *znw* anticlimax: teleurstellende afloop na hooggespannen verwachtingen
anticlockwise ['ænti'klɔkwais] *bn bijw* tegen de wijzers v.d. klok in
anticyclone ['ænti'saikloun] *znw* hogedrukgebied *o*
antidazzle ['ænti'dæzl] *bn* ontspiegeld
antidepressant ['æntidi'presənt] *znw* antidepressivum *o*
antidote ['æntidout] *znw* tegengif *o*, antidotum[2] *o*; remedie[2]
antifreeze ['ænti'fri:z] *znw* antivriesmiddel *o*
antigen ['æntidʒen] *znw* antigeen *o*
Antigua and Barbuda [æn'ti:gə end ba:'budə] *znw* Antigua en Barbuda *o*
antihero ['ænti'hiərou] *znw* antiheld
antimacassar ['æntimə'kæsə] *znw* antimakassar
antimatter *znw* antimaterie
antimony ['æntiməni] *znw* antimonium *o*
antipathetic [æntipə'θetik] *bn* soms: antipathiek (= antipathie inboezemend), maar meestal: *I am ~ to her* zij is mij antipathiek (= ik ben afkerig van haar)
antipathy [æn'tipəθi] *znw* antipathie (tegen *to*)
antiphon ['æntifən], *znw* antifoon, beurtzang, tegenzang
antiquarian [ænti'kwεəriən] **I** *bn* oudheidkundig; antiquarisch; *~ bookseller* antiquaar; *~ bookshop* antiquariaat *o*; **II** *znw* oudheidkundige; antiquair
antiquary ['æntikwəri] *znw* = *antiquarian II*

antiquated ['æntikweitid] *bn* verouderd; ouderwets
antique [æn'ti:k] **I** *bn* oud(erwets), antiek; **II** *znw* antiquiteit; antiek kunstwerk *o*; ~ *dealer* antiquair
antiquity [æn'tikwiti] *znw* antiquiteit°; ouderdom; *A*~ Oudheid
anti-Semite [ænti'si:mait, - 'semait] *znw* antisemiet
anti-Semitic [æntisi'mitik] *bn* antisemitisch
anti-Semitism [ænti'semitizm] *znw* antisemitisme *o*
antiseptic [ænti'septik] *znw* antiseptisch (middel *o*)
antisocial [- 'souʃəl] *bn* onmaatschappelijk, asociaal
antitank [- 'tæŋk] *bn* mil antitank-; ~ *ditch* tankgracht
antithesis [æn'tiθisis] *znw* (*mv*: antitheses [-si:z]) antithese, tegenstelling
antitoxin [ænti'tɔksin] *znw* tegengif *o*
antitrade ['ænti'treid] **I** *bn* antipassaat; ~ *wind* antipassaat(wind); **II** *znw* antipassaat(wind)
antitrust legislation *znw* antitrustwetgeving
antler ['æntlə] *znw* tak [v. gewei]; ~*s* gewei *o*
antonym ['æntənim] *znw* antoniem *o*, woord *o* met tegengestelde betekenis
Antwerp ['æntwə:p] **I** *znw* Antwerpen *o*; **II** *bn* Antwerps
anus ['einəs] *znw* anus, aars
anvil ['ænvil] *znw* aambeeld *o* (ook gehoorbeentje *o*)
anxiety [æŋ'zaiəti] *znw* ongerustheid, bezorgdheid, zorg; psych angst; (groot) verlangen *o*
anxious ['æŋkʃəs] *bn* bang (soms: angstig), ongerust, bezorgd (over *about*); verlangend (naar *for*); zorgelijk [situatie &]
any ['eni] *bn bijw* & *onbep vnw* enig; een; ieder(e), elk(e), welk(e)... ook, enigerlei, de (het) eerste de (het) beste; *not* ~... geen...; *I'm not having* ~ gemeenz daar bedank ik feestelijk voor, ik moet er niets van hebben; *not* ~ *one*... geen enkel...; *not* ~ *too well* niet al te best; *as good as* ~ heel goed; *are there* ~ *apples?* zijn er (ook) appels?; *(are you)* ~ *better?* (wat) beter?; ~ *more?* (nog) meer?; ~ *number of*... een groot aantal, heel veel...; ~ *one* één, welk(e) ook
anybody I *onbep vnw* iedereen, wie dan ook, de eerste de beste; **II** *znw* iemand van betekenis, een belangrijk iemand; zie ook: *guess II*
anyhow *bijw* **1** = *anyway*; **2** slordig, lukraak; *you can't do it just* ~ - *you must be more organized* je kunt dit niet op zijn janboerenfluitjes doen - je moet systematischer te werk gaan
anyone = *anybody*
anyplace ['enipleis] *bijw* Am = *anywhere*
anything *onbep vnw* & *znw* iets (wat ook maar); alles; van alles; ~ *but* allesbehalve; ~ *for a change* verandering is toch maar alles; ~ *up to 500* wel 500; zie ook: *if I*, [1]*like II*
anyway *bijw* hoe het ook zij, in ieder geval, althans, tenminste, toch, met dit al, enfin..., nou ja, eigenlijk, trouwens; hoe dan ook, op de een of andere manier
anywhere *bijw* & *onbep vnw* ergens; overal, waar dan ook
aorta [ei'ɔ:tə] *znw* aorta: grote slagader
apace [ə'peis] *bijw* snel, vlug; hard
apart [ə'pa:t] *bijw* afzonderlijk; van-, uit elkaar; terzijde; alleen; op zichzelf; ~ *from* afgezien van; behalve
apartheid [ZA] *znw* apartheid, rassenscheiding
apartment *znw* (groot, mooi) vertrek *o*; Am flat; ~ *house* flatgebouw *o*, huurkazerne
apathetic [æpə'θetik] *bn* apathisch, lusteloos, onverschillig (jegens *towards*)
apathy ['æpəθi] *znw* apathie
ape [eip] **I** *znw* **1** aap zonder staart; **2** aap, kwajongen; **II** *overg* na-apen; *go* ~ gemeenz buiten zichzelf raken v. enthousiasme
ape-man ['eipmæn] *znw* aapmens
apéritif [Fr] *znw* aperitief *o & m*
aperture ['æpətjuə] *znw* opening, spleet
apex ['eipeks] *znw* (*mv*: -es *of* apices [-iz, 'eipisi:z]) punt, top, toppunt[2] *o*
aphasia [æ'feizjə] *znw* afasie: stoornis in het spreken
aphid ['eifid] *znw* (*mv*: aphides [-idi:z]) bladluis
aphonia [æ'fɔniə], **aphony** ['æfəni] *znw* afonie, onvermogen om stemgeluid voort te brengen
aphorism ['æfərizm] *znw* aforisme *o*, kernspreuk
aphrodisiac *znw* afrodisiacum *o*
apiarist ['eipiərist] *znw* bijenhouder, imker
apiary *znw* bijenstal
apiculture *znw* bijenteelt
apiece [ə'pi:s] *bijw* het stuk, per stuk, elk
aplomb [ə'plõ] [Fr] *znw* aplomb *o*, zelfverzekerdheid
apocalyptic [əpoke'liptik] *bn* apocaliptisch, fig onheil voorspellend
apocope [ə'pɔkəpi] *znw* apocope: weglating v.e. lettergreep aan het eind(e) v.e. woord
apocrypha [ə'pɔkrifə] *znw* apocriefe boeken
apocryphal *bn* apocrief; twijfelachtig; onecht
apogee ['æpədʒi:] *znw* apogeum *o*; hoogste punt *o*
apologetic [əpɔlə'dʒetik] *bn* verontschuldigend; deemoedig; apologetisch, verdedigend
apologia [æpə'loudʒiə] *znw* verdediging; verweerschrift *o*
apologist [ə'pɔlədʒist] *znw* apologeet, verdediger
apologize *onoverg* zich verontschuldigen, excuses maken (wegens *for*); *I* ~ mijn excuses
apology [æ'pɔlədʒi] *znw* verontschuldiging, excuus *o*; apologie, verdediging, verweer(schrift) *o*; *an* ~ *for a letter* iets wat een brief moet voorstellen
apoplectic [æpə'plektik] *bn* apoplectisch; ~ *fit* (aanval van) beroerte
apoplexy ['æpəpleksi] *znw* beroerte
apostasy [ə'pɔstəsi] *znw* afvalligheid

apostate I *bn* afvallig; **II** *znw* afvallige
a posteriori ['eipɔsteri'ɔ:rai] [Lat] *bn bijw* a posteriori: achteraf bedacht (gevonden)
apostle [ə'pɔsl] *znw* apostel
apostolic [æpəs'tɔlik] *bn* apostolisch
apostrophe [ə'pɔstrəfi] *znw* apostrof: afkappingsteken *o*, weglatingsteken *o*
apothecary [ə'pɔθikəri] *znw* vero apotheker
apotheosis [əpɔθi'ousis] *znw* (*mv*: apotheoses [-si:z]) apotheose: vergoddelijking, verheerlijking
appal [ə'pɔ:l] *overg* doen schrikken, ontzetten
apalling *bn* verschrikkelijk (slecht)
apparatus [æpə'reitəs] *znw* (*mv* idem *of* -es) apparaat *o*, toestel *o*, gereedschappen; organen
apparel [ə'pærəl] *znw* plechtig kleding, gewaad *o*, kleren, dracht; uitrusting; tooi, versiering
apparent [ə'pæ-, a'pɛərənt] *bn* blijkbaar, duidelijk, aanwijsbaar; ogenschijnlijk, schijnbaar
apparition [æpə'riʃən] *znw* (geest)verschijning, spook *o*
appeal [ə'pi:l] **I** *onoverg* in beroep komen of gaan, appelleren; ~ *to* een beroep doen op; zich beroepen op; smeken; fig appelleren aan, aanspreken, aantrekken, bekoren; *it does not ~ to me* ik voel er niet veel voor; ~ *to the country* algemene verkiezingen uitschrijven; **II** *znw* appel *o*, (hoger) beroep *o*, smeekbede, verzoek *o*; bezwaarschrift *o*; fig aantrekkingskracht; *lodge an ~, give notice of ~* (hoger) beroep (appel, cassatie) aantekenen
appealing *bn* **1** smekend; **2** aantrekkelijk
appear [ə'piə] *onoverg* (ver)schijnen, optreden; zich vertonen; vóórkomen; blijken, lijken
appearance *znw* verschijning; verschijnsel *o*; schijn, voorkomen *o*, uiterlijk *o*; optreden *o*; *to/by all ~s* zo te zien; naar het schijnt; *~s are deceptive* schijn bedriegt; zie ook: *go by, put in*
appease [ə'pi:z] *overg* stillen [honger]; bedaren, kalmeren, sussen, bevredigen, apaiseren
appeasement *znw* bevrediging; kalmering; verzoeningspolitiek door concessies
appellant [ə'pelənt] **I** *bn*: *an ~ court* rechtbank van appel; **II** *znw* appellant; smekeling
appellate [ə'pelit] *bn* recht van appel
appellation [æpe'leiʃən] *znw* benaming, naam
append [ə'pend] *overg* (aan)hechten; toe-, bijvoegen
appendage *znw* aanhangsel *o*
appendectomy [æpən'dektəmi] *znw* blindedarmoperatie
appendicitis [əpendi'saitis] *znw* blindedarmontsteking
appendix [ə'pendiks] *znw* (*mv*: -es *of* appendices [-iz, -disi:z]) appendix, aanhangsel *o*, bijlage, bijvoegsel *o*, toevoegsel *o*; med blindedarm
appertain [æpə'tein] *onoverg* toebehoren (aan *to*), behoren (bij *to*)
appetite ['æpitait] *znw* (eet)lust, trek, begeerte
appetizer *znw* de eetlust opwekkende spijs of drank, voorafje *o*; aperitief
appetizing *bn* de eetlust opwekkend; appetijtelijk[2]
applaud [ə'plɔ:d] *onoverg* applaudisseren, toejuichen[2]
applause *znw* applaus *o*, toejuiching
apple ['æpl] *znw* appel; ~ *of discord* twistappel; ~ *of the eye* oogappel[2]
applecart *znw*: *upset the ~* een plan verijdelen
apple dumpling *znw* appelbol
apple-pie *znw* appeltaart; *in ~ order* tot in de puntjes (geregeld)
apple-sauce *znw* appelmoes *o & v*; Am gemeenz onzin; smoesjes
appliance [ə'plaiəns] *znw* toestel *o*, middel *o*; *domestic ~s, household ~s* huishoudelijke apparaten
applicable ['æplikəbl] *bn* toepasselijk, van toepassing (op *to*)
applicant *znw* aanvrager; sollicitant; gegadigde; inschrijver [op lening]
application [æpli'keiʃən] *znw* aanwending, toepassing, gebruik *o*; aanvraag, sollicitatie, aanmelding, inschrijving; vlijt; med omslag, smeersel *o*; ~ *form* aanvraagformulier *o*; sollicitatieformulier *o*
applied [ə'plaid] *bn* toegepast
appliqué [æ'pli:kei] [Fr] *znw* appliqué, applicatie (op stoffen &)
apply [ə'plai] **I** *overg* aanleggen; aanwenden, toepassen, gebruiken; aanbrengen, opbrengen, leggen (op *to*); **II** *onoverg* van toepassing zijn (op *to*), gelden (voor *to*); zich aanmelden, zich vervoegen; solliciteren (naar *for*); ~ *for* ook: aanvragen, inwinnen [inlichtingen], inschrijven op [een aandelenemissie]; ~ *to* ook: zich wenden tot; betrekking hebben op, slaan op; **III** *wederk*: ~ *oneself to* zich toeleggen op
appoggiatura [əpɔdʒə'tuərə] *znw* muz appoggiatura, voorslag
appoint [ə'pɔint] *overg* bepalen, vaststellen; benoemen (tot), aanstellen, voorschrijven, bestemmen; inrichten, uitrusten; *~ed* bepaald &; aangewezen; voorbestemd
appointee [əpɔin'ti:] *znw* aangestelde, benoemde
appointment [ə'pɔintmənt] *znw* afspraak; aanstelling, benoeming; functie, ambt *o*, betrekking; bepaling, voorschrift *o*; beschikking; *by ~* volgens afspraak; *to keep/make an ~* een afspraak nakomen/maken; *by ~ (to His Majesty)* hofleverancier
apportion [ə'pɔ:ʃən] *overg* verdelen, toebedelen
apportionment *znw* verdeling
apposite ['æpəzit] *bn* passend, geschikt (voor *to*), toepasselijk
apposition [æpə'ziʃən] *znw* gramm bijstelling, appositie
appraisal [ə'preizl] *znw* schatting, taxatie; waardering; beoordeling
appraise *overg* schatten, taxeren (op *at*); waarderen
appreciable [ə'pri:ʃəbl] *bn* schatbaar, te waarderen; merkbaar

appreciate [ə'pri:ʃieit] **I** *overg* (naar waarde) schatten, waarderen, op prijs stellen; begrijpen, beseffen, aanvoelen; doen stijgen (in waarde); **II** *onoverg* stijgen (in waarde)

appreciation [əpri:ʃi'eiʃən] *znw* schatting, waardering; kritische beschouwing; begrip *o*, besef *o*, aanvoelen *o*; stijging (in waarde)

appreciative [ə'pri:ʃiətiv] *bn* waarderend

apprehend [æpri'hend] *overg* aanhouden; vatten, (be)grijpen, beseffen; vrezen

apprehension *znw* aanhouding, gevangenneming; bevatting, begrip *o*; vrees, beduchtheid, bezorgdheid

apprehensive *bn* bevattelijk; begrips-; bevreesd (voor *of*); bezorgd

apprentice [ə'prentis] **I** *znw* leerjongen, leerling; **II** *overg* op een ambacht, in de leer doen

apprenticeship *znw* leer(tijd), leerjaren; *serve one's ~* in de leer zijn

apprise [ə'praiz] *overg* onderrichten, bericht of kennis geven (van *of*)

appro ['æprou]: *on ~* op proef

approach [ə'proutʃ] **I** *overg* naderen; zich wenden tot; polsen; benaderen; fig aanpakken; **II** *onoverg* naderen; **III** *znw* nadering; toegang(sweg); oprit [v. brug]; benadering; fig (manier van) aanpakken *o*, aanpak (van *to*); *~ road* invalsweg

approachable *bn* toegankelijk, benaderbaar

approbation [æprə'beiʃən] *znw* goedkeuring

appropriate [ə'proupriit] **I** *bn* (daarvoor) bestemd, vereist, bevoegd [instantie]; geschikt, passend; eigen; **II** *overg* [a'prouprieit] zich toe-eigenen; toewijzen, aanwijzen, bestemmen (voor *to, for*)

appropriation [əproupri'eiʃən] *znw* toe-eigening; toewijzing, aanwijzing, bestemming; krediet *o* [op begroting]

approval [ə'pru:vəl] *znw* bijval, goedkeuring; goedvinden *o*; *on ~* op zicht; op proef

approve *overg* goedkeuren; goedvinden (ook: *~of*)

approved *bn* bekwaam [geneesheer]; beproefd [middel]; erkend [v. instelling]; gebruikelijk; *~ school* opvoedingsgesticht *o*

approximate [ə'prɔksimeit] **I** *overg & onoverg* (be-) naderen; nabijkomen; nader brengen (bij *to*); **II** *bn* [ə'prɔksimit] (zeer) nabij(komend), benaderend, bij benadering *the ~ number of cars in London is...* het aantal auto's in Londen bedraagt ongeveer...

approximately *bijw* bij benadering, ongeveer, omstreeks

approximation [əprɔksi'meiʃən] *znw* (be-) nadering

appurtenance [ə'pə:tinəns] *znw* (meestal *mv*): *~s* toebehoren *o*, uitrusting; fig bijkomstigheden, ornamenten

apricot ['eiprikət] *znw* abrikoos

April ['eipril] *znw* april; *~ fool* aprilgek; *~ Fools' Day* 1 april; *~ showers* maartse buien

a priori ['eiprai'ɔ:rai] [Lat] *bn bijw* [oordeel] a priori, vooraf, zonder voorafgaand onderzoek

apron ['eiprən] *znw* schort, voorschoot; schootsvel *o*, leren dekkleed *o*; proscenium *o* [v. toneel]; luchtv platform *o* [v. vliegveld]

apron-string *znw*: *tied to one's mother's ~s* aan moeders rokken; *tied to his wife's ~s* onder de plak van zijn vrouw

apropos ['æprəpou] **I** *bn* passend, geschikt, terzake; **II** *bijw* op het juiste ogenblik; à propos, tussen twee haakjes; *~ of* naar aanleiding van

apse [æps] *znw* apsis, apside [v. kerkgebouw]

apt [æpt] *bn* geschikt, gepast, to the point, juist; geneigd; bekwaam, handig (in *at*), pienter; *an ~ student* een goede student; *be ~ to do it again* het waarschijnlijk weer doen; *pregnant women are ~ to eat a lot* zwangere vrouwen hebben de neiging om veel te eten

aptitude *znw* geschiktheid; aanleg, handigheid, bekwaamheid; geneigdheid, neiging

aptly *bijw* geschikt; naar behoren; van pas; ad rem, juist; bekwaam, handig

aqualung ['ækwəlʌŋ] *znw* zuurstofcilinder [v. duiker]

aquarium [ə'kwɛəriəm] *znw* (*mv*: -s *of* aquaria [-riə]) aquarium *o*

Aquarius [ə'kwɛəriəs] *znw* Waterman

aquatic [ə'kwætik] *bn* water-

aqua vitae [ækwə'vaiti:] *znw* brandewijn

aqueduct ['ækwidʌkt] *znw* aquaduct *o* [waterleiding]

aqueous ['eikwiəs] *bn* water(acht)ig, water-

aquiline ['ækwilain] *bn* arends-; *~ nose* haviksneus

Arab ['ærəb] **I** *znw* Arabier; Arabisch paard *o*; **II** *bn* Arabisch

arabesque [ærə'besk] *znw* arabesk

Arabian [ə'reibiən] **I** *bn* Arabisch; *the ~ Nights* Duizend-en-een-nacht; **II** *znw* Arabier

Arabic ['ærəbik] **I** *bn* Arabisch; **II** *znw* Arabisch *o*

Arabist *znw* beoefenaar v.h. Arabisch, arabist

arable ['ærəbl] *bn* bebouwbaar, bouw-

arbiter ['a:bitə] *znw* scheidsrechter, scheidsman, arbiter

arbitrary ['a:bitrəri] *bn* arbitrair, willekeurig, eigenmachtig

arbitrate **I** *overg* beslissen; scheidsrechterlijk uitmaken; **II** *onoverg* als scheidsrechter optreden

arbitration [a:bi'treiʃən] *znw* arbitrage

arbitrator ['a:bitreitə] *znw* scheidsrechter

arbor ['a:bə] *znw = arbour*

arboreal [a:'bɔriəl] *bn* boom-

arboretum [a:bə'ri:təm] *znw* (*mv*: -s *of* arboreta [-tə]) bomentuin

arboriculture ['a:bərikʌltʃə] *znw* kweken *o* v. bomen &

arbour ['a:bə] *znw* prieel *o*

arc [a:k] *znw* (cirkel)boog

arcade [a:'keid] *znw* bouwk arcade; winkelgalerij, passage

arcane [a:'kein] *bn* geheim(zinnig); duister
1 arch- [a:tʃ] *voorv* aarts-
2 arch [a:tʃ] *bn* schalks, schelms, olijk
3 arch [a:tʃ] **I** *znw* boog, gewelf *o*; *fallen* ~ doorgezakte voet; ~ *support* steunzool; **II** *overg* welven; overwelven; *the cat ~ed his back* de kat zette een hoge rug op; **III** *onoverg* zich welven
archaeological [a:kiə'lɔdʒikl] *bn* archeologisch, oudheidkundig
archaeologist [a:ki'ɔlədʒist] *znw* archeoloog, oudheidkundige
archaeology *znw* archeologie, oudheidkunde
archaic [a:'keiik] *bn* archaïsch, verouderd, oud
archaism ['a:keiizm] *znw* verouderd woord *o* of verouderde uitdrukking, archaïsme *o*; ouderwets fenomeen *o* [bijv. gebruik]
archangel ['a:keindʒəl] *znw* aartsengel
archbishop [a:tʃ'biʃəp] *znw* aartsbisschop
archbishopric *znw* aartsbisdom *o*
archdeacon *znw* aartsdeken
archdiocese *znw* = *archbishopric*
archducal *bn* aartshertogelijk
archduchess *znw* aartshertogin
archduchy *znw* aartshertogdom *o*
archduke *znw* aartshertog
arch-enemy *znw* aartsvijand; *the A~* Satan
archer ['a:tʃə] *znw* boogschutter
archery *znw* boogschieten *o*
archetype ['a:kitaip] *znw* oorspronkelijk model *o*, voorbeeld *o*; archetype *o*: oerbeeld *o*
archipelago [a:ki'peləgou] *znw* (*mv*: -s *of* -goes) archipel
architect ['a:kitekt] *znw* architect, bouwmeester
architectonic [a:kitek'tɔnik] *bn* architectonisch
architectural [a:ki'tektʃərəl] *bn* bouwkundig, architecturaal
architecture ['a:kitektʃə] *znw* architectuur, bouwkunst, bouwstijl, bouw
architrave ['a:kitreiv] *znw* bouwk architraaf
archives ['a:kaivz] *znw mv* archieven; archief
archivist ['a:kivist] *znw* archivaris
archway ['a:tʃwei] *znw* boog, gewelfde gang, poort
arc-lamp ['a:klæmp] *znw* booglamp
arc-light ['a:klait] *znw* booglicht *o*
arctic ['a:ktik] **I** *bn* noordpool-; ~ *fox* poolvos; **II** *znw*: *A~* noordpool, noordpoolgebied *o*; Noordelijke IJszee (ook: ~ *Ocean*)
ardent *bn* brandend, vurig², warm², blakend, gloeiend; ijverig
ardour ['a:də] *znw* vurigheid, hartstocht, (liefdes-) vuur *o*, warmte², gloed²; ijver, onstuimigheid, geestdrift
arduous ['a:djuəs] *bn* steil [v. pad]; zwaar, moeilijk [v. taak]
are [a:] 2e pers. enk., 1e, 2e, 3e pers. mv. tegenw. tijd v. *to be*
area ['ɛəriə] *znw* oppervlakte, oppervlak *o*; vrije open plaats; fig gebied *o*, terrein *o*, domein *o*
area-code *znw* netnummer *o*
arena [ə'ri:nə] *znw* arena², strijdperk *o*
aren't [a:nt] = *are not*
Argentine ['adʒəntain] **I** *bn* Argentijns; **II** *znw* Argentijn; *the* ~, *Argentina* Argentinië *o*
argon ['a:gɔn] *znw* argon *o* [een edel gas]
argosy ['a:gəsi] *znw* hist **1** koopvaardijschip *o* uit de 16de en 17de eeuw; **2** handelsvloot
argot ['a:gou] *znw* slang *o*, dieventaal, groepstaal
arguable ['a:gjuəbl] *bn* betwistbaar, aanvechtbaar; aantoonbaar; *it is ~ that* men kan betogen (aanvoeren) dat; *it is ~ whether* het is discutabel of
argue I *onoverg* redeneren, disputeren, discussiëren; ruzie maken; **II** *overg* bewijzen (te zijn), duiden op; betogen; aanvoeren; beredeneren *(~ out)*
argument *znw* argument *o*, argumentatie, bewijs *o*, bewijsgrond; debat *o*, discussie, dispuut *o*; woordentwist, ruzie; korte inhoud, onderwerp *o*
argumentation [a:gjumen'teiʃən] *znw* bewijsvoering; debat *o*; argumentatie
argumentative [a:gju'mentətiv] *bn* twistziek
argy-bargy ['a:dʒi'ba:dʒi] *znw* gemeenz geruzie *o*, gekibbel *o*
aria ['a:riə] *znw* aria; melodie
arid ['ærid] *bn* droog², dor², onvruchtbaar²
aridity [ə'riditi] *znw* droogte, dorheid², onvruchtbaarheid²
Aries ['ɛərii:z] *znw* Ram
aright [ə'rait] *bijw* juist, goed
arise [ə'raiz] (arose; arisen) *onoverg* ontstaan, voortspruiten, voortkomen (uit *from*), zich voordoen, rijzen; vero opstaan, zich verheffen
arisen [ə'rizn] V.D. van *arise*
aristocracy [æris'tɔkrəsi] *znw* aristocratie
aristocrat ['æristəkræt] *znw* aristocraat
aristocratic [æristə'krætik] *bn* aristocratisch
arithmetic [ə'riθmətik] *znw* rekenkunde
arithmetical [æriθ'metikl] *bn* rekenkundig, reken-
ark [a:k] *znw* ark; *out of the* ~ uit het jaar nul, hopeloos ouderwets
1 arm [a:m] *znw* arm°; mouw; armleuning; wiek [v. molen]; tak; *babe (child, infant) in ~s* zuigeling; *with folded ~s* met de armen over elkaar; *with open ~s* met open armen, enthousiast; *(hold, keep) at ~'s length* voor zich uit (houden); op eerbiedige afstand (houden); *cost an ~ and a leg* een fortuin kosten
2 arm [a:m] **I** *znw* wapen *o*; *~s* ook: herald wapen *o*; bewapening; *brother (companion, comrade) in ~s* wapenbroeder; *in ~s, under ~s* mil onder de wapenen; *up in ~s* in het geweer; in opstand; fig sterk protesterend tegen; *~s race* bewapeningswedloop; **II** *overg* (be)wapenen; beslaan; pantseren; scherp stellen [bom]; **III** *onoverg* zich wapenen
armada [a:'ma:də] *znw* armada; grote oorlogsvloot
armadillo [a:mə'dilou] *znw* gordeldier *o*
Armageddon [a:mə'gedn] *znw* (hel van) het slagveld; de oorlog

armament ['a:məmənt] *znw* bewapening
armature *znw* anker *o* [v. magneet]; armatuur [v. lamp &]
armband ['a:mbænd] *znw* band om de arm of mouw
armchair I *znw* fauteuil, leun(ing)stoel; **II** *bn* theoretisch [geredeneer &]; salon- [communist &]
Armenia [a:'mi:niə] *znw* Armenië *o*
Armenian [a:'mi:niən] **I** *bn* Armeens; **II** *znw* Armeniër
armful ['a:mful] *znw* armvol
armhole *znw* armsgat *o*
armistice ['a:mistis] *znw* wapenstilstand
armorial [a:'mɔriəl] **I** *bn* wapen-; ~ *bearings* herald wapen(schild) *o*; **II** *znw* wapenboek *o*
armour ['a:mə] **I** *znw* wapenrusting; harnas *o*; pantser *o*; mil tanks, pantserwagens; **II** *overg* (be-) pantseren, blinderen; ~*ed* ook: pantser-
armour-clad *bn* gepantserd
armourer *znw* wapensmid
armour-plated *bn* = *armour-clad*
armoury *znw* wapenkamer, arsenaal *o*
armpit ['a:mpit] *znw* oksel
arms control *znw* wapenbeheersing
arms dealer *znw* wapenhandelaar
arm-wrestling ['a:m'restliŋ] *znw* armworstelen *o*
army ['a:mi] *znw* leger *o*; legeronderdeel *o*
aroma [ə'roumə] *znw* aroma *o*, geur
aromatic [ærə'mætik] *bn* aromatisch, geurig
arose [ə'rouz] V.T. van *arise*
around [ə'raund] **I** *voorz* rondom, om... (heen), (in het) rond; **II** *bijw* in het rond, hier en daar, verspreid; om en nabij; in de buurt, omstreeks, ongeveer &; *the best chocolate cake* ~ de lekkerste chocoladetaart van de wereld; *to have been* ~ heel wat van de wereld gezien hebben; het klappen van de zweep kennen; zie verder: *about*; ~*-the-clock*, ~ *the corner* & = *round-the-clock, round the corner* &
arouse [ə'rauz] *overg* (op)wekken; prikkelen; aansporen
arrack ['ærək] *znw* arak
arraign [ə'rein] *overg* voor een rechtbank dagen, aanklagen, beschuldigen
arraignment *znw* aanklacht
arrange [ə'rein(d)ʒ] **I** *overg* (rang)schikken, ordenen; in orde brengen of maken; beschikken; regelen, inrichten; beredderen, afspreken; organiseren, op touw zetten; muz arrangeren, zetten; **II** *onoverg* **1** het eens worden; **2** maatregelen treffen; zorgen (voor *about, for*)
arrangement *znw* (rang)schikking, ordening, regeling; inrichting; afspraak; akkoord *o*; muz zetting
arrant ['ærənt] *bn* doortrapt, aarts-; ~ *nonsense* klinkklare onzin
arras ['ærəs] *znw* wandtapijt *o*
array [ə'rei] **I** *overg* scharen; mil (in slagorde) opstellen; (uit)dossen, tooien; **II** *znw* rij, reeks; mil (slag)orde; plechtig dos, tooi, kledij
arrears [ə'riəz] *znw mv* achterstand, achterstallige schuld; *be in* ~ *with* achterstallig zijn met; achter zijn met
arrest [ə'rest] **I** *overg* tegenhouden, stuiten, tot staan brengen; aanhouden, arresteren; ~ *the attention* de aandacht boeien; **II** *znw* arrest *o*, arrestatie; tegenhouden *o* of stuiten *o*; *under* ~ in arrest; *you're under* ~ u bent gearresteerd
arresting *bn* fig pakkend, boeiend
arrival [ə'raivəl] *znw* (aan)komst; aangekomene
arrive *onoverg* (aan)komen, arriveren; gebeuren; gemeenz 'er komen'; ~ *at* aankomen te; komen tot, bereiken[2]; *sell to* ~ handel zeilend verkopen
arriviste [ari'vist] [Fr] *znw* carrièrejager, streber
arrogance ['ærəgəns] *znw* aanmatiging, laatdunkendheid, arrogantie
arrogant *bn* aanmatigend, arrogant
arrogate *overg* (zich) aanmatigen, wederrechtelijk toe-eigenen; (ten onrechte) toeschrijven
arrow ['ærou] *znw* pijl
arrowhead *znw* pijlpunt; pijlkruid *o*
arrowroot *znw* arrowroot *o*, pijlwortel
arse [a:s] *znw* plat kont, gat *o*, reet
arsehole ['a:shoul] *znw* plat gat *o*, reet, kont; [scheldwoord] klootzak, lul
arsenal ['a:sinl] *znw* arsenaal *o*
arsenic ['a:snik] *znw* arsenicum *o*, rattenkruit *o*
arson ['a:sn] *znw* brandstichting
arsonist *znw* brandstichter, ± pyromaan
art [a:t] *znw* kunst; vaardigheid; list, geveinsdheid; *fine* ~ beeldende kunst; *have sth. down to a fine* ~ iets tot een kunst verheffen; ~*s* onderw alfawetenschappen; ~*s subject* onderw alfavak *o*; ~*s and crafts* kunstnijverheid
artefact ['a:tifækt] *znw* artefact *o* (ook med)
arterial [a:'tiəriəl] *bn* slagaderlijk; ~ *road* hoofdverkeersweg, in-, uitvalsweg
arteriosclerosis [a:'tiəriouskliə'rousis] *znw* aderverkalking
artery ['a:təri] *znw* slagader; verkeersader; ~ *of trade* handelsweg
artesian [a:'ti:zjən] *bn*: ~ *well* artesische put
artful ['a:tful] *bn* listig, handig, gewiekst
arthritic [a:'θritik] *bn* artritisch, reumatisch
arthritis [a:'θraitis] *znw* artritis, gewrichtsontsteking, reuma *o*
artichoke ['a:titʃouk] *znw* artisjok
article ['a:tikl] **I** *znw* artikel° *o*; gramm lidwoord *o*; ~*s of association* statuten [van een vennootschap]; ~ *of clothing* kledingstuk *o*; ~ *of furniture* meubel *o*; *the genuine* ~ gemeenz je ware; *the (ship's)* ~*s* scheepv de monsterrol; **II** *overg* in de leer doen; *be* ~*d to* als stagiair(e) werkzaam zijn bij
articular [a:'tikjulə] *bn* gewrichts-
articulate [a:'tikjulit] **I** *bn* geleed; gearticuleerd; duidelijk (uitgedrukt), helder; zich goed uitdrukkend; **II** *overg* [a:'tikjuleit] articuleren; verbinden; met flexibele onderdelen construeren; ~*d lorry*

(truck) vrachtwagen met aanhanger
articulation [a:tikju'leiʃən] *znw* geleding; articulatie, duidelijke uitspraak
artifact *znw* = *artefact*
artifice ['a:tifis] *znw* kunst(greep), list(igheid)
artificial [a:ti'fiʃəl] *bn* kunstmatig; gekunsteld; kunst-; ~ *insemination* kunstmatige inseminatie; ~ *intelligence* kunstmatige intelligentie; ~ *respiration* kunstmatige ademhaling
artillery [a:'tiləri] *znw* artillerie, geschut *o*
artisan [a:ti'zæn] *znw* handwerksman
artist ['a:tist] *znw* (beeldend) kunstenaar; kunstschilder; artiest
artiste [a:'ti:st] *znw* artiest(e)
artistic [a:'tistik] *bn* artistiek, kunstzinnig
artistry ['a:tistri] *znw* kunstenaarschap *o*; artisticiteit, kunstzinnigheid
artless *bn* onhandig; ongekunsteld; naïef
art-paper *znw* kunstdrukpapier *o*
arty-crafty, Am **artsy-craftsy** *bn* gemeenz artistiekerig
arum ['ɛərəm] *znw* aronskelk
Aryan ['ɛəriən] **I** *bn* Arisch; **II** *znw* Ariër
as [æz] **I** *bijw* (even)als, (even)zo, zoals, even(als), gelijk; *this is ~ good a time ~ any to...* dit is een zeer goede tijd om...; *they cost ~ little ~ £2* ze kosten maar £2; *~ many ~ fifty* wel vijftig; *~ early ~ the Middle Ages* in de middeleeuwen al; **II** *voegw* (zo-) als; toen, terwijl; daar; aangezien; naar gelang, naarmate; zowaar; *rich ~ he is* hoe rijk hij ook is, al is hij dan rijk; *~ it is, ~ it was* zo, nu (echter); toch al; *~ it were* als het ware; *~ you were!* mil herstel!; *do ~ I say* doe wat ik zeg; *he sang ~ he went* hij zong onder het lopen; *~ compared with* vergeleken met; *~ contrasted with, ~ distinct from, ~ distinguished from, ~ opposed to* in tegenstelling tot (met); tegen(over); *~ against* tegen(over); *~ for* wat betreft; *~ from...* met ingang van... [1 mei]; *~ if* alsof; *it wasn't ~ if he could...* hij kon ook niet...; *~ of* = *~ from*; *~ per* volgens [factuur &]; *~ though* = *~ if*; *~ to* wat betreft; *~ yet* tot nog toe; **III** *vnw*: *such ~* zie *such II*
asafoetida [æsə'fetidə] *znw* duivelsdrek
asbestos [æz'bestəs] *znw* asbest *o*
ascend [ə'send] **I** *onoverg* (op)klimmen, (op)stijgen, omhooggaan, zich verheffen; **II** *overg* beklimmen, bestijgen; opgaan; opvaren
ascendancy *znw* overwicht *o*, (overheersende) invloed
ascendant I *bn* (op)klimmend, opgaand; fig overheersend; **II** *znw* ascendant; *be in the ~* stijgen, rijzen; overheersen
ascension *znw* (be)stijging; *A~* Hemelvaart; *Ascension Day* hemelvaartsdag
ascent *znw* beklimming; opgang, (op)klimming, -stijging; steilte, helling; fig opkomst
ascertain [æsə'tein] *overg* nagaan, uitmaken, bepalen, vaststellen, zich vergewissen van
ascertainable *bn* na te gaan, achterhaalbaar, vast te stellen
ascertainment *znw* bepaling, vaststelling
ascetic [ə'setik] **I** *bn* ascetisch; **II** *znw* asceet
ascetism [ə'setisizm] *znw* ascese, ascetisme *o*
ascorbic [əs'kɔ:bik] *bn*: *~ acid* ascorbinezuur *o*, vitamine C
ascribe [ə'skraib] *overg* toeschrijven (aan *to*)
aseptic *bn* aseptisch, steriel
asexual [ei'sekʃuəl] *bn* aseksueel, geslachtloos
1 ash [æʃ] *znw* as; *~es* **1** asdeeltjes; **2** as (overblijfselen van verbrand lijk &)
2 ash [æʃ] *znw* plantk es; (van) essenhout *o*
ashamed [ə'ʃeimd] *bn* beschaamd (over *of*); *be ~, feel ~* ook: zich schamen
ashcan *znw* Am vuilnisbak
ashen ['æʃn] *bn* as-, askleurig, asgrauw (ook: *~-grey*)
ashore [ə'ʃɔ:] *bijw* aan land, aan wal; aan de grond, gestrand
ash-pan ['æʃpæn] *znw* aslade [v. kachel]
ashtray *znw* asbak
ashy *bn* asachtig; asgrauw; met as bestrooid, as-
Asian ['eiʃən], **Asiatic** [eiʃi'ætik] **I** *bn* Aziatisch; **II** *znw* Aziaat
aside [ə'said] **I** *bijw* ter zijde, opzij; **II** *znw* terzijde *o*
asinine ['æsinain] *bn* ezelachtig, ezels-
ask [a:sk] **I** *overg* vragen, vragen naar, verzoeken, verlangen, uitnodigen; *~ a question* een vraag stellen; interpelleren; *~ me another!* weet ik veel!; *I ~ you!* nu vraag ik je!; *~ round* vragen om even langs te komen; **II** *onoverg* vragen; *~ about (after)* vragen naar; *~ for* vragen om (naar); *that is simply ~ing for it* gemeenz dat is gewoon vragen om moeilijkheden; *~ of* [iem. iets] vragen
askance [ə'skæns] *bijw* van terzijde; schuin(s); wantrouwend
askew [ə'skju:] *bn bijw* scheef, schuin
asking ['a:skiŋ]: *they may be had for the ~* je hoeft er maar om te vragen
asking price *znw* vraagprijs
asleep [ə'sli:p] *bn bijw* in slaap
asparagus [ə'spærəgəs] *znw* asperge
aspect ['æspekt] *znw* uitzicht *o*, voorkomen *o*, aanblik; oog-, gezichtspunt *o*; zijde, kant, aspect *o*; *have a southern ~* op het zuiden liggen
aspen ['æspən] **I** *znw* esp, espenboom; **II** *bn* espen(-)
asperity [æs'periti] *znw* ruwheid, scherpte
asperse [ə'spə:s] *overg* vero besprenkelen; belasteren
aspersion *znw* vero besprenkeling; belastering, laster; *cast ~s on* belasteren
asphalt ['æsfælt] **I** *znw* asfalt *o*; **II** *overg* asfalteren
asphyxia [æs'fiksiə] *znw* verstikking
asphyxiate *overg* verstikken, doen stikken
asphyxiation [æsfiksi'eiʃən] *znw* verstikking, stikken *o*
aspic ['æspik] *znw* aspic [koude schotel in dril]
aspidistra [æspi'distrə] *znw* aspidistra

aspirant [ə'spaiərənt] **I** *bn* naar hoger strevend, eerzuchtig; **II** *znw* aspirant
aspirate ['æspirit] **I** *bn* aangeblazen; **II** *znw* geaspireerde letter; **III** *overg* ['æspireit] met hoorbare h of aanblazing uitspreken; wegzuigen
aspiration [æspi'reiʃən] *znw* aanblazing; inzuiging [v. adem]; streven *o* (naar *for, after*), aspiratie
aspire [ə'spaiə] *onoverg* streven, dingen, trachten
aspirin ['æspirin] *znw* aspirine
aspiring [ə'spaiəriŋ] *bn* ambitieus, eerzuchtig
1 ass [æs, a:s] *znw* ezel[2]; *to make an ~ of oneself* zichzelf belachelijk maken
2 ass [æs] *znw* **1** Am = *arse*; **2** Am stoot, lekker wijf *o*
assail [ə'seil] *overg* aanranden, aanvallen; attaqueren (over *on*); bestormen[2] (met *with*)
assailant *znw* aanrander, aanvaller; opponent
assassin [ə'sæsin] *znw* (sluip)moordenaar
assassinate *overg* vermoorden
assassination [æsæsi'neiʃən] *znw* (sluip)moord
assault [ə'sɔ:lt] **I** *overg* aanvallen, aanranden, bestormen; **II** *znw* aanval, aanranding, bestorming; *~ and battery* recht het toebrengen van lichamelijk letsel; *by ~* stormenderhand
assay [ə'sei] **I** *znw* toets; **II** *overg* toetsen, keuren
assemblage [ə'semblidʒ] *znw* verzameling; vereniging; vergadering; assemblage, montage [auto's]
assemble *overg & onoverg* (zich) verzamelen; samenkomen, vergaderen; bijeenbrengen; in elkaar zetten, monteren, assembleren [auto's]
assembler *znw* monteur
assembly *znw* bijeenkomst; vergadering, assemblee; samenscholing; dagopening [school &]; techn montage, assemblage; *~ line* techn montagelijn, lopende band; *~ room* vergader-, feestzaal; *~ hall* vergaderzaal; *~ shop* techn montagewerkplaats
assent [ə'sent] **I** *znw* toestemming; instemming, goedkeuring; *with one ~* unaniem; **II** *onoverg* toestemmen; *~ to* instemmen met, beamen; toestemmen in
assert [ə'sə:t] *overg* doen (laten) gelden, opkomen voor; handhaven; beweren, verklaren; *~ oneself* zich laten gelden, op z'n recht staan
assertion *znw* bewering, verklaring; staan *o* op z'n recht
assertive *bn* aanmatigend; stellig; zelfbewust, assertief
assess [ə'ses] *overg* schatten, taxeren (op *at*); vaststellen; beoordelen
assessment *znw* belasting, aanslag [in de belasting]; schatting[2], taxatie; vaststelling [v. schade]; beoordeling
assessor *znw* taxateur, belastinginspecteur; bijzitter, deskundig adviseur
asset ['æset] *znw* bezit *o*, goed[2] *o*, fig voordeel *o*, pluspunt *o*, aanwinst; *~s* baten; *~s and liabilities* baten en lasten, activa en passiva
asseverate [ə'sevəreit] *overg* plechtig verzekeren, betuigen
asseveration [əsevə'reiʃən] *znw* plechtige verzekering, betuiging
asshole ['æshoul] *znw* Am plat = *arsehole*
assiduity [æsi'djuiti] *znw* (onverdroten) ijver, volharding
assiduous [ə'sidjuəs] *bn* volijverig, naarstig, volhardend
assign [ə'sain] *overg* aan-, toewijzen; bepalen, vaststellen, bestemmen; [goederen] overdragen; toeschrijven; opdragen; cederen
assignation [æsig'neiʃən] *znw* aanwijzing, toewijzing, afspraak, rendez-vous *o*; overdracht
assignee [æsi'ni:] *znw* gevolmachtigde; rechtverkrijgende; cessionaris; *~ in bankruptcy* curator in een faillissement
assignment [ə'sainmənt] *znw* aan-, toewijzing, bestemming; (akte van) overdracht; taak, opdracht
assimilate [ə'simileit] **I** *overg* gelijkmaken (aan *to, with*), gelijkstellen (met *to, with*); opnemen[2], verwerken, assimileren; **II** *onoverg* gelijk worden (aan *with*); opgenomen worden, zich assimileren
assimilation [əsimi'leiʃən] *znw* gelijkmaking; verwerking [v. kennis &], opneming, assimilatie
assist [ə'sist] **I** *overg* helpen, bijstaan; **II** *onoverg*: *~ at* tegenwoordig zijn bij, bijwonen
assistance *znw* hulp, bijstand; *be of ~ to sbd.* iem. helpen
assistant I *bn* hulp-; **II** *znw* helper, assistent, adjunct; hulponderwijzer, secondant; *shop ~* winkelbediende
assizes [ə'saiziz] *znw mv* periodieke zittingen van rondgaande rechters
associate [ə'souʃiit] **I** *znw* metgezel, kameraad; bond-, deelgenoot; medeplichtige; lid *o* van een genootschap; **II** *bn* toegevoegd; verbonden, mede-; **III** *overg* [ə'souʃieit] verenigen; verbinden; in verband brengen (met *with*); **IV** *onoverg* zich verenigen of associëren; omgaan (met *with*)
association [əsousi'eiʃən] *znw* bond, verbinding, vereniging, genootschap *o*, associatie; omgang; *~s* ook: banden, herinneringen; *Association football* sp voetbal *o* (tegenover *rugby*)
assonance ['æsənəns] *znw* assonantie
assonant *bn* assonerend
assorted *bn* gemengd, gesorteerd; *ill ~* slecht bij elkaar passend
assortment *znw* sortering; assortiment *o*
assuage [ə'sweidʒ] *overg* verzachten, lenigen, stillen, doen bedaren
assume [ə'sju:m] *overg* op zich nemen, op-, aannemen; (ver)onderstellen; aanvaarden; zich aanmatigen
assuming *bn* aanmatigend
assumption [ə'sʌm(p)ʃən] *znw* op-, aanneming; (ver)onderstelling; aanvaarding; aanmatiging; *A~* Maria-Hemelvaart, Maria-Tenhemelopneming
assurance [ə'ʃuərəns] *znw* verzekering; zekerheid, zelfvertrouwen *o*; onbeschaamdheid

assure *overg* verzekeren, overtuigen (van *of*)
assured *bn* zelfverzekerd; stellig, zeker
Assyrian [ə'siriən] **I** *bn* Assyrisch; **II** *znw* Assyriër; Assyrisch *o*
aster ['æstə] *znw* aster
asterisk ['æstərisk] *znw* asterisk, sterretje *o*
astern [ə'stə:n] *bijw* scheepv achteruit, achter
asteroid ['æstərɔid] *znw* asteroïde, kleine planeet
asthma ['æs(θ)mə] *znw* astma *o*
asthmatic [æs(θ)'mætik] **I** *bn* astmatisch; **II** *znw* astmalijder
astir [ə'stə:] *bn bijw* **1** op de been; **2** opgewonden
astonish [ə'stɔniʃ] *overg* verbazen, verwonderen
astonishing *bn* verbazend, verwonderlijk
astonishment *znw* verbazing (over *at*)
astound [ə'staund] *overg* zeer verbazen; ontzetten
astounding *bn* verbazingwekkend, ontzettend, ontstellend
astrakhan [æstrə'kæn] *znw* astrakan *o*
astral ['æstrəl] *bn* astraal, sterren-
astray [ə'strei] *bn bijw* het spoor bijster; verdwaald; *go ~* verdwaald raken, verdwalen; *lead ~* verleiden, op een dwaalspoor of op de verkeerde weg brengen
astride [ə'straid] **I** *bijw* schrijlings, met aan weerszijden een been; wijdbeens; **II** *voorz* schrijlings op/over, aan beide kanten van; *stand ~* overbruggen[2], een brug vormen tussen
astringent [ə'strindʒənt] *znw* med samentrekkend (middel *o*); fig hard, scherp, streng
astrologer [əs'trɔlədʒə] *znw* sterrenwichelaar, astroloog
astrological [æstrə'lɔdʒikl] *bn* astrologisch
astrology [əs'trɔlədʒi] *znw* sterrenwichelarij, astrologie
astronaut ['æstrənɔ:t] *znw* astronaut, ruimtevaarder
astronomer [əs'trɔnəmə] *znw* astronoom, sterrenkundige
astronomical [æstrə'nɔmikl] *bn* astronomisch
astronomy [əs'trɔnəmi] *znw* astronomie, sterrenkunde
astrophysicist ['æstroufizisist] *znw* astrofysicus
astrophysics ['æstroufiziks] *znw* astrofysica
astute [əs'tju:t] *bn* scherpzinnig; slim, sluw, geslepen
asunder [ə'sʌndə] *bijw* gescheiden, van- of uiteen, in stukken
asylum [ə'sailəm] *znw* asiel *o*, wijk-, vrij-, schuilplaats; gesticht *o*; *(lunatic) ~* krankzinnigengesticht *o*
asymmetric(al) [æsi'metrik(l)] *bn* asymmetrisch
at [æt, ət] *voorz* tot, te, op, in, ter, van, bij, aan, naar, om, over, voor, tegen, met; *~ 15 pence each* à 15 p. per stuk; *be ~ it* er (druk) aan bezig zijn; aan de gang zijn; *be ~ sbd.* het op iem. gemunt hebben; iem. lastig vallen; *what are you ~?* waar ben je aan bezig?; waar wil je toch heen?; wat voer je in je schild?; *~ Brill's* bij Brill, in de winkel van Brill; *~ that* bovendien, ...ook; *be ~ the centre (~ the heart) of* centraal staan bij (in), de kern vormen van
atavism ['ætəvizm] *znw* atavisme *o*
atavistic [ætə'vistik] *bn* atavistisch
ate [et, eit] V.T. van *eat*
atelier [ætəljei] [Fr] *znw* (kunstenaars)atelier *o*
atheism ['eiθiizm] *znw* atheïsme *o*, godloochening
atheist *znw* atheïst, godloochenaar
atheistic [eiθi'istik] *bn* atheïstisch
Athenian [ə'θi:niən] **I** *bn* Atheens; **II** *znw* Athener
athirst [ə'θə:st] *bn* fig dorstend, hongerig [kennis &] (naar *for*)
athlete ['æθli:t] *znw* atleet[2]
athlete's foot *znw* voetschimmel
athletic [æθ'letik] **I** *bn* atletisch; atletiek-; gymnastiek-; **II** *znw*: *~s* atletiek
athleticism [æθ'letisizm] *znw* atletiek
at-home [ət'houm] *znw* receptie (bij iem. thuis)
athwart [ə'θwɔ:t] **I** *bijw* dwars, schuin; **II** *voorz* dwars over; tegen ...in
Atlantic [ət'læntik] **I** *bn* Atlantisch; **II** *znw* Atlantische Oceaan
atlas ['ætləs] *znw* atlas [ook: eerste halswervel]
atmosphere ['ætməsfiə] *znw* atmosfeer[2]; fig sfeer
atmospheric [ætməs'ferik] *bn* **1** atmosferisch, dampkrings-; *~ pressure* luchtdruk; **2** sfeervol, sfeer-; *~ music* sfeermuziek
atmospherics *znw mv* luchtstoringen
atoll ['ætɔl, æ'tɔl] *znw* atol *o*
atom ['ætəm] *znw* atoom[2] *o*, fig greintje *o*; *to ~s* in gruzelementen
atom bomb *znw* atoombom
atomic [ə'tɔmik] *bn* atomair, atomisch, atoom-; *~ bomb* atoombom; *~ pile* kernreactor; *~ weight* atoomgewicht *o*
atomize ['ætəmaiz] *overg* in deeltjes oplossen; verstuiven
atomizer *znw* verstuiver
atonal [æ'tounəl] *bn* muz atonaal
atonality [ætə'næliti] *znw* muz atonaliteit
atone [ə'toun] *onoverg* boeten (voor *for*), goedmaken; verzoenen
atonement *znw* boete; vergoeding; verzoening; *Day of A ~* Grote Verzoendag
atonic [æ'tɔnik] *bn* **1** onbeklemtoond; **2** muz atonaal
atop [ə'tɔp] **I** *voorz* boven (op); **II** *bijw* bovenaan, bovenop; *~ of* bovenop
atrocious [ə'trouʃəs] *bn* gruwelijk, afgrijselijk
atrocity [ə'trɔsiti] *znw* gruwel(ijkheid), afgrijselijkheid
atrophy ['ætrəfi] **I** *znw* atrofie, verschrompeling; **II** *(overg &) onoverg* doen verschrompelen[2], langzaam wegkwijnen[2]
attaboy ['ætəbɔi] *tsw* Am goed zo!
attach [ə'tætʃ] **I** *overg* vastmaken, -hechten; hechten; toevoegen; in beslag nemen; **II** *onoverg*: *~ to* verbonden zijn aan/met, aankleven, kleven; **III**

wederk: ~ *oneself to* zich aansluiten bij
attaché [ə'tæʃei] *znw* attaché
attaché case *znw* diplomaten-, attachékoffertje *o*
attachment [ə'tætʃmənt] *znw* verbinding², band; aanhechting, gehechtheid, aanhankelijkheid, verknochtheid; techn hulpstuk *o*; recht beslag *o*, beslaglegging
attack [ə'tæk] **I** *overg* aanvallen², aantasten², attaqueren²; aanpakken; **II** *znw* aanval²; wijze van aanpak; muz aanslag
attacker *znw* aanvaller
attain [ə'tein] *overg* bereiken, verkrijgen
attainable *bn* bereikbaar, te bereiken
attainment [ə'teinmənt] *znw* verworvenheid; ~*s* talenten, capaciteiten
attempt [ə'tem(p)t] **I** *overg* trachten, beproeven, proberen, pogen, ondernemen; ~*ed murder* poging tot moord; **II** *znw* poging, proeve; aanslag [op leven]
attend [ə'tend] **I** *overg* begeleiden, vergezellen; bedienen, verzorgen, behandelen, verplegen, oppassen; bezoeken, bijwonen, volgen [colleges]; **II** *onoverg* aanwezig zijn; ~ *(up)on* bedienen; het gevolg vormen van [de koningin]; zijn opwachting maken bij; ~ *to* letten op, luisteren naar; passen op, oppassen, zorgen voor; behartigen; zich bezighouden met; [klanten] bedienen, helpen
attendance *znw* aanwezigheid; bediening, behandeling; zorg; dienst; opwachting; gevolg *o*, bedienden; bezoek *o*, opkomst, publiek *o*; schoolbezoek *o*, colleges volgen *o*; *be in* ~ dienst hebben, bedienen; het gevolg vormen van; aanwezig zijn; ~ *register* presentielijst
attendant I *bn* aanwezig; bedienend (ook: ~ *on*); bijbehorend; *war and its ~ horrors* oorlog en alle verschrikkingen van dien; **II** *znw* bediende, oppasser, bewaker [v. auto's], suppoost [v. museum]; begeleider; *lavatory* ~ toiletjuffrouw; *the ~s* het gevolg; *medical* ~ dokter
attention [ə'tenʃən] *znw* aandacht, oplettendheid; attentie; ~*!* mil geef acht!; *come to* ~ mil de houding aannemen; *stand to* ~ mil in de houding staan
attentive *bn* oplettend, aandachtig; attent
attenuate [ə'tenjueit] *overg & onoverg* verdunnen, vermageren, verzwakken; verzachten, verminderen
attenuation [ətenju'eiʃən] *znw* verdunning, vermagering, verzwakking; verzachting, vermindering
attest [ə'test] *overg* verklaren, betuigen, bevestigen, getuigen van (ook: ~ *to*)
attestation [ætes'teiʃən] *znw* getuigenis *o & v*, betuiging, attestatie
Attic ['ætik] *bn* Attisch
attic ['ætik] *znw* zolder, vliering, dak-, zolderkamer; *in the* ~ op zolder
attire [ə'taiə] **I** *overg* kleden, (uit)dossen, tooien; **II** *znw* kleding, tooi, dos, opschik
attitude ['ætitju:d] *znw* houding; standpunt *o*, instelling; psych attitude; ~ *of mind* denkwijze
attorney [ə'tə:ni] *znw* procureur; gevolmachtigde; Am advocaat; *Attorney General* procureur-generaal; *power of* ~ volmacht
attorneyship *znw* procureurschap *o*; procuratie
attract [ə'trækt] *overg* (aan)trekken, boeien
attraction *znw* aantrekking(skracht); aantrekkelijkheid, attractie; fig trekpleister, attractie
attractive *bn* aantrekkend; aantrekkings-; aantrekkelijk, attractief
attributable [ə'tribjutəbl] *bn* toe te schrijven, toe te kennen (aan *to*)
attribute [ə'tribju:t] **I** *overg* toeschrijven (aan *to*); **II** *znw* ['ætribju:t] *znw* eigenschap, attribuut *o*, kenmerk *o*; gramm bijvoeglijke bepaling
attribution [ætri'bju:ʃən] *znw* toeschrijving
attributive [ə'tribjutiv] **I** *bn* attributief; **II** *znw* attributief woord *o*
attrition [ə'triʃən] *znw* wrijving, (af)schuring, afslijting; berouw *o*; *war of* ~ uitputtingsoorlog
attune [ə'tju:n] *overg* in overeenstemming brengen (met *to*), aanpassen (aan *to*); fig afstemmen (op *to*)
atypical [ei'tipikl] *bn* atypisch: afwijkend v.d. norm
auburn ['ɔ:bən] *bn* goudbruin, kastanjebruin
auction ['ɔ:kʃən] **I** *znw* veiling; *put up for ~, sell by* ~ veilen; **II** *overg* veilen
auctioneer [ɔ:kʃə'niə] *znw* veilingmeester
audacious [ɔ:deiʃəs] *bn* vermetel; driest; gedurfd; brutaal, onbeschaamd
audacity [ɔ:'dæsiti] *znw* vermetelheid; driestheid; gedurfdheid; brutaliteit
audibility [ɔ:di'biliti] *znw* hoorbaarheid
audible ['ɔ:dibl] *bn* hoorbaar
audience ['ɔ:djəns] *znw* audiëntie (bij *of*), (aan-)horen *o*; auditorium *o*, toehoorders, publiek *o*
audio- ['ɔ:diou-] *voorv* audio-, geluids-, gehoor-
audio-cassette ['ɔ:diouka'set] *znw* cassettebandje *o*, geluidscassette
audiometer [ɔ:di'ɔmitə, -mətə] *znw* apparaat *o* om het gehoor te testen, audiometer
audiophile ['ɔ:dioufail] *znw* groot liefhebber van hifi-apparatuur en -geluid, hifi-freak
audiotape ['ɔ:diouteip] **I** *znw* geluidsband; **II** *overg* een bandopname (geluidsopname) maken van
audio-typist ['ɔ:diou'taipist] *znw* dictafonist(e)
audio-visual ['ɔ:diou'viʒuəl] *bn* audio-visueel
audit ['ɔ:dit] **I** *znw* **1** accountantsonderzoek *o*; doorlichting van een bedrijf, audit; **2** verslag *o* hiervan; **II** *overg & onoverg* **1** [de boeken] controleren, [een bedrijf] doorlichten; **2** [colleges] volgen als auditor
audition [ɔ:'diʃən] **I** *znw* beluisteren *o*; auditie [proef v. zanger &]; **II** *onoverg* een auditie doen; **III** *overg* een auditie afnemen
auditive ['ɔ:ditiv] *bn* gehoor-, auditief
auditor ['ɔ:ditə] *znw* (toe)hoorder; auditor; accountant
auditorium [ɔ:di'tɔ:riəm] *znw* (*mv*: -s *of* auditoria [-riə]) gehoorzaal; aula

auditory ['ɔ:ditəri] *bn* gehoor-, auditief
au fait [o'fɛ] [Fr] *bn* op de hoogte
Augean [ɔ:'dʒi:ən] *bn* Augias-; *an augean task* een vreselijk vies karweitje *o*
auger ['ɔ gə] *znw* avegaar, boor
aught [ɔ:t] *znw* plechtig iets; *for ~ I care* voor mijn part; *for ~ I know* voorzover ik weet
augment [ɔ:g'ment] **I** *overg* vermeerderen, verhogen, vergroten; **II** *onoverg* aangroeien, toenemen, (zich) vermeerderen
augmentation [ɔ:gmen'teiʃən] *znw* vermeerdering, verhoging, vergroting, aangroei
augur ['ɔ:gə] *overg & onoverg* voorspellen; *it ~s well (ill)* het belooft (niet) veel
augury *znw* voorteken *o*
August ['ɔ:gəst] *znw* augustus
august [ɔ:'gʌst] *bn* verheven, hoog, groots
Augustan [ɔ:'gʌstən] *bn* van keizer Augustus; klassiek; neoklassiek [v.d. Engelse letterkunde van het begin van de 18de eeuw]
auk [ɔ:k] *znw* alk
auld lang syne ['ɔ:ldlæŋ'sain] *znw* Schots de goede oude tijd; *for ~* uit oude vriendschap
aunt [a:nt] *znw* tante; *~ Sally* bep. werpspel *o*; fig mikpunt *o*
auntie, **aunty** *znw* gemeenz (lieve) tante, tantetje *o*
au pair [ou'pɛə] *bn* & *znw* au pair
aura ['ɔ:rə] *znw* (*mv*: -s *of* aurae [-ri:]) aura; uitstraling, emanatie
aural ['ɔ:rəl] *bn* oor-, via het gehoor
aureola [ɔ:'riələ], **aureole** ['ɔ:rioul] *znw* aureool, stralenkrans, lichtkrans
auricle ['ɔ:rikl] *znw* **1** oorschelp; **2** hartboezem
aurora [ɔ:'rɔ:rə] *znw* (*mv*: -s *of* aurorae [-ri:]) dageraad; *~ australis* [ɔ:s'treilis] zuiderlicht *o*; *~ borealis* [bɔ:ri'eilis] noorderlicht *o*
auscultation [ɔ:skəl'teiʃən] *znw* auscultatie
auspice ['ɔ:spis] *znw*: *under the ~s of* onder de auspiciën (bescherming) van
auspicious [ɔ:s'piʃəs] *bn* veelbelovend, gelukkig, gunstig
Aussie ['ɔsi] *znw* gemeenz = *Australian*
austere [ɔ:s'tiə] *bn* streng; sober; wrang
austerity [ɔ:s'teriti] *znw* strengheid; soberheid; versobering; (vaak *mv*) bezuiniging(en); schaarste; *~ measure* bezuinigingsmaatregel
austral ['ɔ:strəl] *bn* zuidelijk
Australasian ['ɔ:streil'eiʃn] *bn* uit, betreffende Austraal-Azië, Austraal-Aziatisch
Australian [ɔ:s'treiljən] **I** *bn* Australisch; **II** *znw* Australiër
Austrian ['ɔ:striən] **I** *bn* Oostenrijks; **II** *znw* Oostenrijker
authentic [ɔ:θentik] *bn* authentiek, echt
authenticate *overg* bekrachtigen, staven, legaliseren, waarmerken; de echtheid bewijzen van
authentication [ɔ:θenti'keiʃən] *znw* waarmerking
authenticity [ɔ:θen'tisiti] *znw* authenticiteit, echtheid
author ['ɔ:θə] *znw* schepper, (geestelijke) vader, bewerker; maker, schrijver, auteur; *~'s copy* handexemplaar *o*
authoress *znw* maakster; schrijfster
authoritarian [ɔ:θɔri'tɛəriən] *bn* autoritair
authoritarianism *znw* autoritair stelsel *o*; autoritair optreden *o*
authoritative [ɔ:'θɔritətiv] *bn* gezaghebbend; autoritair
authority [ɔ:'θɔriti] *znw* autoriteit, gezag *o*, macht; machtiging; overheid(spersoon), gezagsdrager, instantie; zegsman; bewijsplaats; *on good ~* uit goede bron
authorization [ɔ:θərai'zeiʃən] *znw* machtiging, bekrachtiging, autorisatie
authorize ['ɔ:θəraiz] *overg* machtigen, bekrachtigen, autoriseren, fiatteren; fig wettigen; *~d capital* handel maatschappelijk kapitaal *o*; *~d dealer* erkende distributeur; *~d persons* bevoegde personen; *the Authorized Version* de Engelse bijbelvertaling (1611)
authorship ['ɔ:θəʃip] *znw* auteurschap *o*; schrijverschap *o*, schrijversloopbaan
autism ['ɔ:tizm] *znw* autisme *o*
autistic [ɔ:'tistik] *bn* autistisch
auto ['ɔ:tou] *znw* Am auto
autobiographical [ɔ:təbaiə'græfikl] *bn* autobiografisch
autobiography [ɔ:təbai'ɔgrəfi] *znw* autobiografie
autocracy [ɔ:'tɔkrəsi] *znw* autocratie, alleenheerschappij
autocrat ['ɔ:təkræt] *znw* autocraat[2], alleenheerser
autocratic [ɔ:tə'krætik] *bn* autocratisch[2]
Autocue ['ɔ:təkju:] *znw* voor het publiek onzichtbaar apparaat *o* waarvan een tv-presentator zijn tekst kan aflezen
autocycle ['ɔ:tousaikl] *znw* (lichte) bromfiets
autograph ['ɔ:təgra:f] **I** *znw* handtekening (v. beroemd persoon); **II** *overg* signeren
automat ['ɔ:təmæt] *znw* Am automatiek; automaat [voor sigaretten, snoep enz.]
automate ['ɔ:təmeit] *overg* automatiseren
automatic [ɔ:tə'mætik] **I** *bn* automatisch[2]; werktuiglijk; *~ machine* automaat [toestel]; *~ pilot* luchtv automatische piloot; **II** *znw* automatisch wapen *o*
automatically *bijw* automatisch; werktuiglijk, vanzelf
automation [ɔ:tə'meiʃən] *znw* automatisering
automaton [ɔ:'tɔmətən] *znw* (*mv*: -s *of* automata [-tə]) automaat, robot
automobile ['ɔ:təməbi:l] *znw* auto(mobiel)
automotive [ɔ:tə'moutiv] *bn* met eigen voortstuwing; auto-
autonomous [ɔ:'tɔnəməs] *bn* autonoom
autonomy *znw* autonomie
autopsy ['ɔ:tɔpsi] *znw* lijkschouwing, autopsie

autumn ['ɔ:təm] *znw* herfst, najaar *o*
autumnal [ɔ:'tʌmnəl] *bn* herfstachtig, herfst-
auxiliary [ɔ:g'ziliəri] **I** *bn* hulp-; extra, reserve-; **II** *znw* helper, hulp(kracht), assistent; hulpmiddel *o*; gramm hulpwerkwoord *o*; *auxiliaries* mil hulptroepen
avail [ə'veil] **I** *onoverg & overg* baten; **II** *wederk*: ~ *oneself of* gebruik maken van, benutten; **III** *znw* baat, hulp, nut *o*; *of no* ~ van geen nut; tot niets dienend, nutteloos; *to little* ~ van weinig nut; *without* ~ vruchteloos
availability [əveilə'biliti] *znw* beschikbaarheid, aanwezigheid
available [ə'veiləbl] *bn* beschikbaar, ter beschikking, waarvan gebruik kan worden gemaakt (door *to*); aanwezig, voorhanden, voorradig, verkrijgbaar, leverbaar; geldig
avalanche ['ævəla:nʃ] *znw* lawine[2]
avant-garde ['ævəŋ'ga:d] **I** *znw* avant-garde; **II** *bn* avant-gardistisch, avant-garde-
avarice ['ævəris] *znw* gierigheid, hebzucht
avaricious [ævə'riʃəs] *bn* gierig, hebzuchtig
avast [ə'va:st] *tsw* scheepv hou!, stop!
avdp. *afk.* = *avoirdupois*
Ave., ave. *afk.* = *avenue*
avenge [ə'vendʒ] *overg* wreken; ~ *oneself* wraak nemen
avenger *znw* wreker
avenue ['ævinju:] *znw* toegang[2], weg[2], (oprij)laan; Am brede boulevard of straat
aver [ə'və:] *overg* betuigen, verzekeren; beweren, verklaren; recht bewijzen
average ['ævəridʒ] **I** *znw* **1** gemiddelde *o*; *(up)on an (the)* ~, *on* ~ gemiddeld, in doorsnee; **2** averij; ~ *adjuster*, ~ *stater* dispacheur; ~ *adjustment*, ~ *statement* dispache; **II** *bn* gemiddeld, doorsnee, gewoon; **III** (vaak met *out*) *overg & onoverg* het gemiddelde berekenen van; gemiddeld komen op &
averse [ə'və:s] *bn* afkerig (van *to*, *from*)
aversion *znw* afkeer, tegenzin, weerzin, aversie; antipathie; *he is my pet* ~ ik heb een gruwelijke hekel aan hem
avert [ə'və:t] *overg* afwenden, afkeren (van *from*)
aviary ['eiviəri] *znw* volière, vogelhuis *o*
aviation ['eivi'eiʃən] *znw* luchtvaart; vliegen *o*; vliegsport
aviator ['eivietə] *znw* luchtv vlieger
aviculture ['eivikʌltʃə] *znw* vogelteelt
avid ['ævid] *bn* gretig, begerig (naar *of*, *for*)
avidity [ə'viditi] *znw* begeerte, begerigheid, gretigheid
avionics ['eiviɔniks] *znw* luchtvaartelektronica
avocado [ævə'ka:dou], **avocado pear** *znw* avocado, advocaatpeer
avocation [ævə'keiʃən] *znw* **1** hobby, nevenbezigheid; **2** beroep *o*
avocet ['ævəset] *znw* dierk kluut, kluit
avoid [ə'vɔid] *overg* (ver)mijden, ontwijken; ontlopen; uitwijken voor; *I could not* ~ *...ing* ik moest wel...
avoidable *bn* vermijdbaar
avoidance *znw* **1** vermijding; **2** vacature
avoirdupois [ævədə'pɔiz] *znw* Engels handelsgewicht *o* [het pond ~ is 453,59 gram]; gemeenz gewicht *o*, zwaarlijvigheid
avow [ə'vau] *overg* bekennen, erkennen; *an ~ed enemy* een gezworen vijand
avowal *znw* bekentenis
avowedly *bijw* openlijk, uitgesproken; volgens eigen bekentenis
avuncular [ə'vʌŋkjulə] *bn* (als) van een oom; fig vaderlijk
await [ə'weit] *overg* wachten, wachten op; afwachten, verbeiden; te wachten staan
1 awake [ə'weik] (awoke/awaked; awoke/awaked) **I** *overg* (op)wekken[2]; **II** *onoverg* ontwaken, wakker worden; ~ *to* (gaan) beseffen
2 awake *bn* wakker, ontwaakt; *be* ~ *to* beseffen
awaken **I** *overg* wekken[2]; ~ *sbd. to* iem. doen beseffen; **II** *onoverg* ontwaken
awakening *znw* ontwaken[2] *o*
award [ə'wɔ:d] **I** *overg* toekennen; opleggen [boete &]; **II** *znw* prijs, onderscheiding, bekroning, beloning, studiebeurs
aware [ə'wɛə] *bn* weet hebbend (van *of*), gewaar; *be* ~ *of* zich bewust zijn van, beseffen, merken, weten
awareness *znw* besef *o*, bewustzijn *o*
awash [ə'wɔʃ] *bn* overspoeld; ronddrijvend; scheepv op waterniveau [v. zandbank &]
away [ə'wei] **I** *bijw* weg, van huis; voort, mee; ver; versterkend erop los; *(get)* ~ *from it all* er (eens) helemaal uit (zijn, gaan); *put* ~ [geld] opzij leggen; *talk* ~ erop los praten; *work* ~ flink (door)werken; **II** *bn* sp uit-; ~ *game* uitwedstrijd; **III** *znw* sp uitwedstrijd; overwinning in een uitwedstrijd
awe [ɔ:] **I** *znw* vrees, ontzag *o*; *stand in* ~ *of* ontzag hebben voor; **II** *overg* ontzetten; ontzag inboezemen; imponeren
awe-inspiring ['ɔ:in'spairiŋ] *bn* ontzagwekkend; verbluffend, prachtig
awesome ['ɔ:səm] *bn* **1** ontzagwekkend; ontzettend; **2** eerbiedig
awestruck *bn* met ontzag vervuld
awful *bn* ontzagwekkend; versterkend ontzaglijk, verschrikkelijk, vreselijk; *an* ~ *lot of money* een gigantische hoop geld
awhile [ə'wail] *bijw* voor enige tijd, (voor) een poos
awkward ['ɔ:kwəd] *bn* onhandig, onbehouwen, lomp; niet op zijn gemak; lastig, gevaarlijk, penibel, ongelukkig; ~ *age* vlegeljaren, puberteit
awkwardness *znw* onhandigheid &
awl [ɔ:l] *znw* els, priem
awn [ɔ:n] *znw* plantk baard [aan aar]
awning ['ɔ:niŋ] *znw* (dek)zeil *o*, (zonne)scherm *o*, markies; kap, luifel
awoke [ə'wouk] V.T. & V.D. van *awake*

AWOL, **awol** ['eiwɔ:l] *afk.* = *absent without leave* mil ongeoorloofd afwezig
awry [ə'rai] *bn bijw* scheef, schuin; verkeerd
axe, Am **ax** [æks] **I** *znw* bijl; *have an ~ to grind* zelfzuchtige bijbedoelingen hebben; **II** *overg* ontslaan, de laan uitsturen; schrappen [v. banen, projecten &]; drastisch beperken [v. kosten]
axial ['æksiəl] *bn* axiaal
axiom ['æksiəm] *znw* axioma *o*, grondstelling
axiomatic [æksiə'mætik] *bn* axiomatisch, vanzelfsprekend
axis ['æksis] *znw* (*mv*: axes [-si:z]) as, aslijn, spil; draaier [tweede halswervel]
axle ['æksl] *znw* (wagen)as, spil
ay, **aye** [ai, ei] **I** *tsw* ja!; **II** *znw* ja *o*; stem vóór; *the ~(e)s have it* de meerderheid is er voor
azalea [ə'zeiliə] *znw* azalea
Azerbaijan [æzə'baidʒən] **I** *znw* **1** Azerbaidzjan *o*; **2** Azerbaidzjaan; **II** *bn* Azerbaidzjaans
azimuth ['æziməθ] *znw* azimut *o*
Aztec ['æztek] **I** *znw* Azteek; **II** *bn* Azteeks, Azteken-
azure ['æʒə, 'eiʒə] **I** *znw* hemelsblauw *o*, azuur *o*; **II** *bn* hemelsblauw, azuren

B

b [bi:] *znw* (de letter) b; muz b of si; *~ movie, picture* B-film
BA *afk.* = *Bachelor of Arts*
baa [ba:] *znw* geblaat *o*
babble ['bæbl] **I** *onoverg* keuvelen, wauwelen; babbelen; kabbelen (v. water); **II** *overg* verklappen; **III** *znw* gekeuvel *o*, gepraat *o*, gewauwel *o*; gekabbel *o*
babbler *znw* wauwelaar, kletskous
babe [beib] *znw* baby, kindje *o*; fig onnozele hals, doetje *o*; liefje *o*, schat
Babel ['beibl] *znw* (toren van) Babel *o*; (spraak-) verwarring
baboon [bə'bu:n] *znw* baviaan
baby ['beibi] **I** *znw* kind[2] *o*; zuigeling, baby, kleintje *o*; jong *o* [v.e. dier]; jongste; slang meisje *o*, liefje *o*; *it's his ~* Am gemeenz 't is zijn zaak; *he was left holding the ~* gemeenz hij bleef met de gebakken peren zitten; **II** *bn* kinder-, klein; jong; *~ grand* muz kleine vleugel(piano), babyvleugel
babyhood *znw* babytijd
babyish *bn* kinderachtig; kinderlijk
Babylonian [bæbi'lounian] **I** *bn* Babylonisch; **II** *znw* Babyloniër
baby-sit ['beibisit] *onoverg* babysitten, oppassen
baby-sitter *znw* babysit(ter), oppas
baccalaureate [bækə'lɔ:riit] *znw* de graad of titel van *bachelor*, (laagste academische graad) ± kandidaats
bacchanal ['bækənəl] *znw* bacchanaal *o*, zwelgpartij
bacchanalian *bn* bacchantisch
baccy ['bæki] *znw* gemeenz tabak
bachelor ['bætʃələ] *znw* vrijgezel; bachelor, (laagste academische graad) ± kandidaat
bachelorhood *znw* vrijgezellenstaat, -leven *o*
bacillus [bə'siləs] *znw* (*mv*: bacilli [-lai]) bacil
back [bæk] **I** *znw* rug, rugzijde, rugpand *o*; keerzijde, achterkant; leuning; sp back; *~ to front* achterstevoren; *put their ~s into the work* flink aanpakken, de handen uit de mouwen steken; *put (set) sbd.'s ~ up* iem. nijdig maken; *see the ~ of* zie *[2]see I*; *turn one's ~* zich omkeren; *turn one's ~ on* de rug toekeren; in de steek laten; niets meer willen weten van; *break one's ~ to do* zich kapot werken om te...; *get off sbd.'s ~* iemand met rust laten; *at the ~ of* achter(aan, -in, -op); aan de achterkant van; *the ~ of beyond* (verloren) uithoek, gat *o*; *at the ~ of his mind* in zijn binnenste, fig in zijn achterhoofd; *be on sbd.'s ~* iem. tot last zijn; *have... on one's ~* met... opgescheept zitten; *have no clothes on one's ~* geen kleren aan zijn lijf hebben; **II** *bn* achter-; ach-

terstallig; afgelegen; oud [v. tijdschrift]; tegen-; **III** *bijw* terug; naar achteren, achteruit; geleden; ~ *and forth* heen en weer; ~ *in* daar in, ginds [in Tibet]; reeds in [1910]; **IV** *voorz*: ~ *of* Am achter; **V** *overg* doen achteruitgaan, achteruitschuiven, achteruitrijden; (onder)steunen, fig staan achter; endosseren; berijden [paard &]; ~ *up* steunen; comput een back-up maken; ~ *a horse* op een paard wedden; een paard berijden; ~ *the oars (water)* de riemen strijken; **VI** *onoverg* terug-, achteruitgaan, achteruitrijden; krimpen [v. wind]; ~ *down* terugkrabbelen; ~ *off* terugdeinzen, ophouden met; ~ *onto* aan de achterkant grenzen aan; ~ *out (of an engagement)* terugkrabbelen; ~ *out of a difficulty* zich eruit redden, zich er doorheen slaan; ~ *up* achteruitrijden

backache ['bækeik] *znw* rugpijn

backbencher *znw* gewoon Lagerhuislid *o* (zonder regeringsfunctie) (ook: *backbench M.P.*)

backbenches ['bækbenʃiz] *znw mv*: *the* ~ de gewone kamerleden [niet de ministers]

backbite *overg* belasteren, roddelen, kwaadspreken (over)

backbiting *znw* achterklap, geroddel

backbone *znw* ruggengraat; fig flinkheid, vastheid van karakter

back-breaking *bn* vermoeiend

backchat *znw* brutaal antwoord *o*; theat woordenwisseling tussen komieken

backcloth *znw* achterdoek *o*; fig achtergrond

back-comb ['bækkoum] *overg* touperen

backdate *overg* met terugwerkende kracht laten ingaan

back-door I *znw* achterdeur²; **II** *bn* heimelijk, achterbaks

backdrop *znw* = *backcloth*

backer *znw* iemand die (financiële) steun verleent, sponsor; wedder [op paard], gokker

backfire I *znw* techn terugslag [v. motor]; **II** *onoverg* techn terugslaan; gemeenz een averechtse uitwerking hebben; mislukken

backgammon [bæk'gæmən] *znw* backgammon *o*

background ['bækgraund] *znw* achtergrond²; ~ *information* achtergrondinformatie; ~ *reading* inlezen *o* [voor studie &]

backhand I *znw* sp backhand (slag); **II** *bn* = *backhanded*

backhanded *bn* met de rug van de hand; dubbelzinnig, geniepig, achterbaks; indirect

backhander *znw* **1** sp backhand(slag); **2** (klein bedrag *o* aan) smeergeld *o*; **3** dubbelzinnige opmerking, indirecte aanval, steek onder water

backing *znw* steun; rugdekking; zie ook: *back V & VI*

backlash *znw* fig tegenbeweging, verzet *o*, reactie

backlog *znw* fig overschot *o*; achterstand

backmost *bn* achterste

back number *znw* oud nummer *o* [v. tijdschrift]

backpack I *znw* rugzak; **II** *onoverg* trekken (met een rugzak)

backpacker *znw* rugzaktoerist

back passage *znw* endeldarm

back pay *znw* nabetaling [van salaris]

back-pedal *onoverg* terugtrappen; fig terugkrabbelen

backroom *znw* achterkamer; ~ *boy* werker op de achtergrond

back seat *znw* achterbank; *take a* ~ op de achtergrond raken of treden; ~ *driver* iem. die een autobestuurder ongevraagd adviezen geeft; fig betweterige bemoeial

backside *znw* achterste *o*, achterwerk *o*

backslide *onoverg* afvallig worden; recidiveren; ~ *into* weer vervallen tot

backslider *znw* afvallige; recidivist

backspacer *znw* terugsteltoets op schrijfmachine

backstage *bijw* achter de schermen

backstairs *znw* achtertrap, geheime trap

backstreet I *znw* achterafstraat, straat in een rustige buurt; **II** *bn* illegaal, duister; *a* ~ *abortionist* een illegale aborteur; *a* ~ *company* een duister bedrijf

backstroke *znw* rugslag [zwemmen]

backtrack *onoverg* op zijn schreden terugkeren; fig terugkrabbelen

back-up *znw* back-up, reservekopie; fig ondersteuning

backward I *bn* achterwaarts; achterlijk, traag, laat; beschroomd; onwillig; ~ *countries* achtergebleven gebieden; **II** *bijw* = *backwards*

backwards *bijw* achterwaarts, -uit, -over; van achter naar voren, terug; *bend (fall) over* ~ in het andere uiterste vervallen; zijn uiterste best doen, al het mogelijke doen; *know* ~ op zijn duimpje kennen, wel kunnen dromen; ~ *and forwards* op en neer, heen en terug

backwash *znw* boeggolf; terugloop [v. water]; luchtv deining [v. lucht]; fig terugslag

backwater *znw* (geestelijk, cultureel) isolement *o*; achtergebleven gebied *o*

backwoods *znw* oerwouden [in Amerika]; binnenland *o*

backwoodsman *znw* iemand uit het oerwoud of het binnenland [in Amerika]

backyard *znw* achterplaats, achtererf *o*; Am achtertuin

bacon ['beikən] *znw* bacon *o & m*, (gerookt) spek *o*; *save sbd.'s* ~ iemand redden, uit de brand helpen; *bring home the* ~ de kost verdienen, de centjes binnenbrengen

bacteria [bæk'tiəriə] *znw* bacteriën

bacterial *bn* bacterieel

bacteriological [bæktiəriə'lɔdʒikl] *bn* bacteriologisch

bacteriologist [bæktiəri'ɔlədʒist] *znw* bacterioloog

bacteriology *znw* bacteriologie

bacterium [bæk'tiəriəm] *znw* (*mv*: bacteria [-iə])

bacterie

bad [bæd] *bn* kwaad, slecht, kwalijk, ernstig, erg; ondeugend; bedorven, rot [fruit &]; naar, ziek; zwaar [verkoudheid &]; vals, nagemaakt, ondeugdelijk; *too* ~ ook: jammer, (maar niets aan te doen); ~ *cheque* handel ongedekte cheque; ~ *debts* handel dubieuze posten; *go* ~ bederven [voedsel]; *go from* ~ *to worse* van kwaad tot erger vervallen; *go to the* ~ de verkeerde weg opgaan, naar de kelder gaan, mislopen; *[10 pounds] to the* ~ schuldig, te kort

baddy ['bædi] *znw* slechterik, boef, schurk [*vooral* in film, boek &]

bade [bæd, beid] V.T. van [2]*bid*

badge [bædʒ] *znw* ken-, ordeteken *o*; insigne *o*, badge; distinctief *o*; penning

badger ['bædʒə] **I** *znw* dierk das; **II** *overg* lastig vallen; plagen, sarren, pesten

badinage ['bædina:dʒ] [Fr] *znw* schertsend gepraat *o*

badly ['bædli] *bijw* kwalijk, slecht, erg; versterkend danig, hard, zeer; ~ *wounded* zwaar gewond

badminton ['bædmintən] *znw* badminton *o*

bad-tempered [bæd'tempəd] *bn* slechtgehumeurd

baffle ['bæfl] **I** *overg* verbijsteren; in de war brengen; *he was* ~*d* hij stond voor een raadsel; **II** *znw* techn leiplaat (ook: ~ *plate*)

baffling *bn* verwarrend; verbijsterend, niet te geloven

bag [bæg] **I** *znw* zak, baal, (wei)tas; vangst, geschoten wild *o*, tableau *o*; buidel; uier; ~ *and bagage* (met) pak en zak; *(he is) a* ~ *of bones* vel over been; *the whole* ~ *of tricks* gemeenz alles, van alles en nog wat; *in the* ~ fig voor de bakker; ~*s of* ruim voldoende; ~*s under the eyes* wallen onder de ogen; *old* ~ gemeenz oud wijf *o*; **II** *overg* in zakken doen, (op)zakken; schieten, vangen; gemeenz in zijn zak steken, buitmaken, weten te bemachtigen; ~*s I!* mijn!

bagatelle [bægə'tel] *znw* bagatel, kleinigheid

baggage ['bægidʒ] *znw* (mil & Am) bagage

baggy ['bægi] *bn* flodderig; ~ *cheeks* hangwangen

bagman ['bægmən] *znw* gemeenz handelsreiziger; iem. die geld ophaalt en uitdeelt namens een (misdaad)organisatie (bijv. maffia)

bagnio [bænjou] *znw* bagno *o* [gevangenis]

bagpipe ['bægpaip] *znw* doedelzak (vaak: ~*s*)

bah [ba:] *tsw* bah!

Bahamas [bə'ha:məz] *znw mv* Bahama's, Bahama-eilanden

Bahamanian [bəha:'meinjən] **I** *znw* Bahamiaan [bewoner van de Bahama's]; **II** *bn* Bahamiaans

Bahrain [ba:'rein] *znw* Bahrein *o*

Bahraini [ba:'reini] *znw* & *bn* Bahreini

bail [beil] **I** *znw* **1** borg, borgtocht, cautie, borgstelling; **2** bail [v. wicket]; *released on* ~ onder borgtocht vrijgelaten uit voorarrest; *go (stand)* ~ *(for)* borg staan (voor), instaan voor; **II** *overg* borg staan voor; ~ *out* **1** door borgtocht het ontslag van voorarrest verkrijgen voor; **2** uithozen; **III** *onoverg*: ~ *out* eruit (uit het vliegtuig) springen met een parachute

bailey ['beili] *znw* binnenplein *o*; vero buitenmuur (v. kasteel, stad)

bailiff ['beilif] *znw* gerechtsdienaar, deurwaarder; rentmeester; hist schout, baljuw

bailiwick ['beiliwik] *znw* rechtsgebied *o* van een *bailiff*; hist baljuwschap *o*

bairn [beərn] *znw* Schots & Ir kind *o*

bait [beit] **I** *znw* aas[2] *o*, lokaas *o*, lokmiddel *o*; valstrik; hapje *o*; *rise to (take) the* ~ aan-, toebijten, toehappen, in een valstrik lopen; **II** *overg* van (lok-) aas voorzien; sarren, kwellen; op de kast jagen; ~ *a bull with dogs* honden aanhitsen tegen een stier

baize [beiz] *znw* baai [stof]; (groen) laken *o*

bake [beik] *overg* bakken, braden; ~*d beans* witte bonen in tomatensaus; ~*d potato* ongeschilde aardappel in de oven gebakken

bakehouse *znw* bakkerij

bakelite ['beikəlait] *znw* bakeliet *o*

baker ['beikə] *znw* bakker; *a* ~*'s dozen* dertien

bakery *znw* bakkerij

baking I *znw* bakken *o*; baksel *o*; ~*-powder* bakpoeder, -poeier *o* & *m*; ~*-sheet* bakblik *o*; **II** *bn*: ~*(-hot)* gloeiend heet, snikheet

baksheesh, **bakhshish** ['bækʃi:ʃ] *znw* baksjisj, fooi

balaclava [bælə'kla:və] *znw* bivakmuts (ook: ~*helmet*)

balance ['bæləns] **I** *znw* balans, weegschaal[2]; evenwicht[2] *o*, tegenwicht[2] *o*; fig harmonie; handel saldo *o*; rest; techn onrust [in horloge]; ~ *due* handel debetsaldo *o*; ~ *in hand* handel creditsaldo *o*; ~ *of payments* betalingsbalans; ~ *of trade* handelsbalans; ~ *of power* machtsevenwicht *o*; *hold the* ~ op de wip zitten [in de politiek]; *strike a* ~ handel het saldo trekken; fig de balans opmaken; *strike a* ~ *between* fig het evenwicht vinden tussen, het juiste midden vinden tussen; *tip the* ~ de schaal doen doorslaan; *be in the* ~ op het spel staan, in het geding zijn; *hang in the* ~ **1** (nog) niet beslist zijn; **2** = *be in the* ~; *off (one's)* ~ fig uit zijn evenwicht, van streek; *on* ~ per saldo[2]; **II** *overg* wegen[2], overwegen; opwegen tegen, in evenwicht (harmonie) brengen of houden; handel afsluiten, sluitend maken [begroting]; [rekening] vereffenen; ~ *each other out* elkaar in evenwicht houden, tegen elkaar opwegen; **III** *onoverg* in evenwicht (harmonie) zijn, balanceren; fig kloppen, sluiten [rekening, begroting &]; ~ *out* elkaar compenseren

balanced *bn* uitgebalanceerd, evenwichtig; *a* ~ *diet* een uitgebalanceerd dieet; *a* ~ *personality* een evenwichtige persoonlijkheid; *a* ~ *opinion* een afgewogen oordeel

balance-sheet *znw* handel balans

balancing act *znw* koorddansnummer *o*; *attempt a*

~ *act between* het midden proberen te vinden tussen
balcony ['bælkəni] *znw* balkon *o*
bald [bɔ:ld] *bn* kaal, naakt; onopgesmukt, nuchter; *as ~ as a coot* zo kaal als een biljartbal
baldachin ['bɔ:ldəkin] *znw* baldakijn *o & m*
balderdash ['bɔ:ldədæʃ] *znw* wartaal, kletspraat
baldheaded [bɔ:ld'hedid] *bn* kaal(hoofdig); *go at it ~* er onbesuisd op los gaan
bale [beil] **I** *znw* baal; **II** *overg* **1** (in balen ver-)pakken; persen [hooi]; **2** (uit)hozen (ook: *~ out*); **III** *onoverg*: *~ out* eruit (uit het vliegtuig) springen met een parachute
baleen [bə'li:n] *znw* balein *o*
baleful ['beilful] *bn* noodlottig, verderfelijk; onheilspellend
balk [bɔ:k] **I** *znw* balk; **II** *overg* hinderen, de pas afsnijden; verijdelen; *~ sbd. of sth.* iem. iets onthouden, ontnemen; **III** *onoverg* weigeren; plotseling blijven steken; terugdeinzen (voor *at*)
ball [bɔ:l] *znw* **1** bal *m* [voorwerpsnaam], bol, kogel; kluwen *o*; **2** teelbal; **3** bal *o* [danspartij]; *~s!* plat gelul *o*, flauwekul; *they kept the ~ rolling (up)* zij hielden het gesprek (het spelletje) aan de gang; *the ~ is in your court* nu ben jij aan zet, nu is het jouw beurt; *have a ~* gemeenz zich uitstekend vermaken; *play ~* gemeenz samenwerken, meedoen; *set/ start the ~ rolling* de bal aan het rollen brengen; *on the ~* actief; goed bij; *~ and socket joint* kogelgewricht *o*
ballad ['bæləd] *znw* lied(je) *o*, ballade
ballast ['bæləst] **I** *znw* ballast; **II** *overg* ballasten
ball-bearing ['bɔ:lbεəriŋ] *znw* techn kogellager *o*
ball-cock *znw* techn balkraan, flotteur [v. W.C.]
ballerina [bælə'ri:nə] *znw* ballerina
ballet ['bælei] *znw* ballet *o*
balletic [bə'letik] *bn* gracieus
ballgame ['bɔ:lgeim] *znw* Am honkbalwedstrijd; *that's a whole different/new ballgame* dat is een heel ander verhaal, dat is heel wat anders
ballistic [bə'listik] *bn* ballistisch; *~s* ballistiek
balloon [be'lu:n] **I** *znw* (lucht)ballon; tekstballon; *the ~ goes up* gemeenz het feest begint, nu heb je de poppen aan het dansen; **II** *onoverg* bol (gaan) staan; fig de pan uit rijzen; ballontochten maken
balloonist *znw* ballonvaarder, luchtschipper
ballot ['bælət] **I** *znw* stemrecht *o*, stembriefje *o*; aantal *o* uitgebrachte stemmen; (geheime) stemming, loting; **II** *onoverg* stemmen, loten (om *for*)
ballot-box *znw* stembus
ballot-paper *znw* stembriefje *o*
ball-point ['bɔ:lpɔint] *znw* ballpoint, balpen
ballpark ['bɔ:lpa:k] *znw* Am honkbalstadion *o*; *~ figure* ruwe schatting
ballroom ['bɔ:lrum] *znw* balzaal, danszaal
balls up [bɔ:lz ʌp] *overg* gemeenz verknoeien, verprutsen, verknallen, naar de kloten helpen
balls-up ['bɔ;lzʌp] *znw* gemeenz knoeiboel, rotzooi, soepzootje *o*
bally ['bæli] *bn bijw* gemeenz verduiveld, verdomd
ballyhoo [bæli'hu:] *znw* luidruchtige, opdringerige reclame, (hoop) drukte; kretologie
balm [ba:m] *znw* balsem[2]
balmy ['ba:mi] *bn* balsemachtig, balsemend[2]; zoel; *~ weather* zacht weer; slang = *barmy* getikt, krankjorum
baloney [bə'louni] *znw* slang klets(koek)
balsam ['bɔ:lsəm] *znw* balsem
balsamic [bɔ:l'sæmik] *bn* balsamiek, verzachtend
Baltic ['bɔ:ltik] *bn* Baltisch; *the ~* de Oostzee; *the ~ States* de Baltische staten
balustrade [bæləs'treid] *znw* balustrade
bamboo [bæm'bu:] *znw* plantk bamboe *o & m*
bamboozle [bæm'bu:zl] *overg* beetnemen, verlakken, bedriegen
ban [bæn] **I** *znw* ban(vloek), (rijks)ban; verbod *o* (van *on*); *put a ~ upon* verbieden; *under a ~* in de ban; **II** *overg* verbieden; verbannen (uit *from*); uitbannen *~ the bomb!* weg met de atoombom!
banal ['beinəl,bə'na:l] *bn* banaal, triviaal
banality [bə'næliti] *znw* banaliteit
banana [bə'na:nə] *znw* banaan, pisang; *go ~s* knettergek worden; *have one's ~ peeled* plat neuken
banana republic [bə'na:nə ri'pʌblik] *znw* bananenrepubliek
band [bænd] **I** *znw* band°, (smal) lint *o*, snoer *o*; strook, rand, streep; ring, bandje *o* [om sigaar]; drijfriem; schare, troep, bende; muziekkorps *o*, kapel, dansorkest *o*; (pop)groep, band; **II** *onoverg*: *~ (together)* zich verenigen
bandage ['bændidʒ] **I** *znw* verband *o*, zwachtel; **II** *overg*: *~ (up)* verbinden, (om)zwachtelen
bandan(n)a [bæn'dænə] *znw* grote gekleurde zakdoek/halsdoek, veelal met witte vlekken
b and b, **b & b** *afk. bed and breakfast* (pension *o* met) logies en ontbijt
bandbox ['bæn(d)bɔks] *znw* hoedendoos; *as if he came out of a ~* om door een ringetje te halen
bandit ['bændit] *znw* (*mv*: -s *of* banditti [bæn'ditai]) bandiet, (struik)rover
banditry *znw* banditisme *o*
bandleader ['bændli:də] *znw* muz bandleider
bandmaster *znw* kapelmeester
bandoleer, **bandolier** [bændə'liə] *znw* bandelier, patronengordel
band-saw ['bændsɔ:] *znw* lintzaag
bandsman ['bændzmən] *znw* muzikant
bandstand *znw* muziektent
bandwagon *znw* praalwagen met muzikanten; *climb (get, jump) on the ~* ook van de partij (willen) zijn, met de mode meedoen
bandy ['bændi] *overg* heen en weer smijten; (uit-)wisselen; *~ about* ook: rondbazuinen; *~ words* ruzie maken
bandy(-legged) *bn* met o-benen
bane [bein] *znw* vergif(t)[2] *o*, verderf *o*, pest, vloek;

he's the ~ of my life hij is een nagel aan mijn doodskist
1 bang [bæŋ] **I** *overg* slaan, stompen, rammen, (dicht)smakken; ranselen; plat neuken, een beurt geven; **II** *onoverg* knallen, dreunen; **III** *znw* slag, smak, knal, klap; *with a ~* fig met energie; **IV** *tsw* pats!, boem!, pang!; **V** *bijw* vlak, net, precies, vierkant, pardoes; *go ~* dreunen, met een klap dichtgaan [deur]; exploderen; fig naar de maan gaan; *~ goes my holiday* ik kan mijn vakantie wel vergeten
2 bang [bæŋ] *znw* (meestal *mv*): *~s* ponyhaar *o*, pony
banger ['bæŋə] *znw* gemeenz worstje *o*; rotje *o*; rijdend wrak *o*
Bangladesh [bæŋnglə'deʃ] *znw* Bangladesh
Bangladeshi [bæŋglə'deʃi] **I** *znw* inwoner v. Bangladesh; **II** *bn* van, uit Bangladesh
bangle ['bæŋgl] *znw* armband; voetring
banish ['bæniʃ] *overg* (ver)bannen[2]; verbannen uit
banishment *znw* verbanning, ballingschap
banister ['bænistə] *znw* spijl, stijl; *~s* trapleuning
banjo ['bændʒou] *znw* (*mv*: -s *of* -joes) banjo
banjoist *znw* banjospeler
bank [bæŋk] **I** *znw* **1** bank, (speel)bank; oever; zandbank; mistbank; wal, dijk, glooiing, berm; **2** luchtv slagzij, dwarshelling; overhellen *o* [in bocht]; **3** groep, rij [toetsen &]; **II** *overg* **1** indammen; **2** handel op de bank zetten, deponeren; **3** luchtv doen overhellen [in bocht]; *~ up* opstapelen; indammen; banken: inrekenen; **III** *onoverg* **1** een bankrekening hebben; bankzaken doen (met *with*); sp op de (reserve)bank zitten; **2** luchtv overhellen [in bocht]; *~ on* vertrouwen op; *~ up* zich opstapelen
bank account *znw* bankrekening
bank balance *znw* banksaldo *o*
bank card *znw* betaalpas
bank discount *znw* handel bankdisconto *o*
banker *znw* handel bankier, kassier; bankhouder
banker's card *znw* betaalpas
banker's draft ['bæŋkəz 'dra:ft] *znw* bankwissel
banker's order *znw* bankopdracht
bank holiday *znw* algemene vrije dag
banking *znw* bankwezen *o*; bankbedrijf *o* (ook: *~ business*); *~ house* bankiershuis *o*
bank manager *znw* bankdirecteur
banknote *znw* bankbiljet *o*
bank rate *znw* (bank)disconto *o*
bankroll Am **I** *znw* geld *o*, fondsen; **II** *overg* financieren, financieel steunen
bankrupt I *znw* iem. die failliet is; **II** *bn* bankroet, failliet; *~ of* beroofd van, verstoken van; *be adjudged (adjudicated) ~, go ~* failliet gaan; **III** *overg* failliet doen gaan, ruïneren
bankruptcy *znw* bankroet *o*, faillissement *o*
bank statement *znw* bankafschrift *o*
banner ['bænə] *znw* banier[2], vaan, vaandel *o*; spandoek *o & m*
banner headline *znw* brede kop [in krant]
bannock ['bænək] *znw* gerstebrood *o*
banns [bænz] *znw mv* huwelijksafkondiging; *publish, put up the ~* de huwelijksafkondiging doen van de preekstoel
banquet ['bæŋkwit] *znw* feest-, gastmaal *o*, banket *o*
banshee [bæn'ʃi:] *znw* Ir & Schots geest die met geweeklaag een sterfgeval aankondigt
bantam ['bæntəm] *znw* dierk bantammer, kriel(haan); sp (*~ weight*) bokser van het bantamgewicht
banter ['bæntə] **I** *onoverg* schertsen; **II** *znw* gekscherende plagerij, plagerige spot, gescherts *o*
Bantu ['bæntu, bæn'tu:] *znw* (*mv* idem *of*-s) Bantoe
baobab ['beiɔbæb] *znw* apebroodboom
baptism ['bæptizm] *znw* doop, doopsel *o*
baptismal [bæp'tizməl] *bn* doop-
baptist(e)ry ['bæptist(ə)ri] *znw* doopkapel; doopbekken *o* [v. baptisten]
baptize [bæp'taiz] *overg* dopen[2]
bar [ba:] **I** *znw* (slag)boom, barrière, sluitboom; streep; baar, staaf, stang; reep [chocolade]; lat; spijl, tralie; muz (maat)streep, maat; herald balk; recht balie; bar, buffet *o*; zandbank [vóór haven of riviermond]; recht exceptie; fig belemmering, hindernis; *horizontal ~* rekstok, rek *o*; *parallel ~s* brug; *behind (prison) ~s* achter de tralies; *he was admitted (called) to the ~* hij werd als advocaat toegelaten; **II** *overg* met boom of barrière sluiten; traliën; uitsluiten; afsluiten, versperren; beletten, verhinderen; strepen; **III** *voorz* = *barring ~ accidents* als er niks tussen komt
barb [ba:b] *znw* (weer)haak; *~ed* fig stekelig; *~ed wire* prikkeldraad *o & m*
Barbadian [ba:'beidiən, -djən] **I** *znw* Barbadaan; **II** *bn* Barbadaans
Barbados [ba:'beidɔs] *znw* Barbados *o*
barbarian [ba:'bɛəriən] *bn* barbaar(s)
barbaric [ba:'bærik] *bn* barbaars
barbarism ['ba:bərizm] *znw* barbaarsheid, barbarij; gramm barbarisme *o*
barbarity [ba:'bæriti] *znw* barbaarsheid
barbarous *bn* barbaars
barbecue ['ba:bikju:] **I** *znw* barbecue; barbecuefeest *o*; op barbecue geroosterd stuk vlees; **II** *overg* barbecuen; roosteren (op een barbecue)
barbel ['ba:bəl] *znw* dierk barbeel; tastdraad [v. vis]
bar-bell ['ba:bel] *znw* lange halter
barber ['ba:bə] *znw* kapper, barbier
barbershop ['ba:bəʃɔp] *znw* **1** kapperszaak; **2** Am bep. stijl van close-harmonyzang voor vier heren
barbican ['ba:bikən] *znw* (dubbele) wachttoren buiten kasteel of stadswallen
barbiturate [ba:'bitjurit] *znw* barbituraat *o*
barbituric *bn*: *~ acid* barbituurzuur *o*
barcarol(l)e ['ba:kəroul] *znw* barcarolle, gondellied *o*
bar code *znw* streepjescode, barcode

bard [ba:d] *znw* bard, troubadour; (volks)dichter
bare [bɛə] **I** *bn* bloot, naakt, kaal, ontbloot[2]; klein [meerderheid]; gering [kans]; *the ~ idea* het idee alleen al; *~ of* zonder; **II** *overg* ontbloten; blootleggen; *lay ~* blootleggen[2]
bareback *bn bijw* zonder zadel
barefaced *bn* ongemaskerd; fig onverbloemd, schaamteloos, onbeschaamd
barefoot(ed) *bn* blootsvoets, barrevoets
bareheaded *bn* blootshoofds
barely *bijw* ternauwernood, amper
barf [ba:f] *overg* Am slang overgeven
bargain ['ba:gin] **I** *znw* koop, koopje *o*; reclameaanbieding; overeenkomst, afspraak; *drive a ~* een koop sluiten; *drive a hard ~ with sbd.* iem. het vel over de oren halen; *it's a ~!* afgesproken!; *into the ~* op de koop toe; **II** *onoverg* (af)dingen, loven en bieden; onderhandelen; *~ for* onderhandelen over; bedingen; rekenen op, verwachten; **III** *overg*: *~ away* verkopen met verlies, verkwanselen
bargain basement *znw* koopjesafdeling [in warenhuis]
bargainer *znw* onderhandelaar
bargaining *znw* onderhandelen *o* &; *collective ~* onderhandelingen over een collectieve arbeidsovereenkomst, cao-onderhandelingen; *~ power* koopkracht
barge [ba:dʒ] **I** *znw* praam, aak, pakschuit, (woon-)schuit; scheepv (officiers)sloep; staatsieboot; **II** *onoverg* stommelen; *~ in* gemeenz zich ermee bemoeien; *~ in on sbd.* gemeenz iem. lastig vallen; *~ into (against)* gemeenz aanbotsen tegen
bargee [ba:'dʒi:] *znw* (aak)schipper; *swear like a ~* vloeken als een ketter
barge-pole ['ba:dʒpoul] *znw* vaarboom; *I wouldn't touch him with a ~* ik moet niets van hem hebben
baritone ['bæritoun] *znw* bariton
barium ['bɛəriəm] *znw* barium *o*; *~ meal* bariumpap [als contrastmiddel bij röntgenonderzoek]
bark [ba:k] **I** *znw* **1** bast, schors; run; kina; **2** scheepv bark; **3** geblaf *o*; *his ~ is worse than his bite, barking dogs seldom bite* blaffende honden bijten niet; **II** *overg* ontschorsen, afschillen; gemeenz [de huid] schaven; **III** *onoverg* blaffen[2], aanslaan [v. hond]; *~ at* blaffen tegen; fig afblaffen; *be ~ing up the wrong tree* het mis hebben; aan het verkeerde adres zijn
barker ['ba:kə] *znw* klantenlokker
barley ['ba:li] *znw* gerst
barleycorn *znw* gerstekorrel
barley sugar *znw* **1** gerstesuiker; **2** lolly
barley water *znw* gerstewater *o* (met citroensmaak)
barley wine *znw* donker bier *o* met hoog alcoholpercentage
barm [ba:m] *znw* (bier)gist
barmaid ['ba:meid] *znw* vrouw/meisje *o* achter de bar/tap, barmeisje *o*
barman *znw* barkeeper, barman
barmy ['ba:mi] *bn* gistend; schuimend; slang getikt, krankjorum
barn [ba:n] *znw* schuur
barnacle ['ba:nəkl] *znw* eendenmossel
barndance ['ba:nda:ns] *znw* volksdansfeest *o* [oorspronkelijk in een schuur]; bep. soort rondedans
barn-owl *znw* kerkuil
barnstormer ['ba:nstɔ:mə] *znw* rondtrekkend acteur; Am de boer opgaande kandidaat [bij verkiezingen]
barnyard ['ba:nja:d] *znw* boerenerf *o*
barometer [bə'rɔmitə] *znw* barometer; fig graadmeter
barometric [bærə'metrik] *bn* barometrisch, barometer-
baron ['bærən] *znw* baron; magnaat; *~ of beef* niet verdeeld lendenstuk *o* v.e. rund
baroness *znw* barones
baronet *znw* Eng. adellijke titel; afk. *Bart., Bt.*
baronetcy *znw* baronetschap *o*
baronial [bə'rouniəl] *bn* baronnen-
barony ['bærəni] *bn* baronie
baroque [bə'rouk] *znw* barok
barque [ba:k] *znw* bark
barrack ['bærək] **I** *znw* kazerne (meestal *~s*); **II** *overg* mil in kazernes onderbrengen; uitjouwen; **III** *onoverg* joelen; tieren
barrage ['bæra:ʒ, bæ'ra:ʒ] *znw* (stuw-, keer)dam; mil & fig spervuur *o*; versperring [v. ballons &]; *~ balloon* versperringsballon
barred [ba:d] *bn* getralied
barrel ['bærəl] *znw* vat *o*, ton, fust *o*; barrel [± 159 l olie]; cilinder; loop [v. geweer]; trommel(holte); romp [v. paard]; buis; *scrape the ~* zijn laatste centen bij elkaar schrapen; *have sbd. over the ~* iemand in zijn macht hebben
barrel-organ *znw* draaiorgel *o*
barren ['bærən] *bn* onvruchtbaar; kaal[2], dor; fig vruchteloos
barricade [bæri'keid] **I** *znw* barricade, versperring; **II** *overg* barricaderen, versperren
barrier ['bæriə] *znw* slagboom[2]; barrière; afsluiting, hek *o*; hinderpaal; controlepost
barring ['ba:riŋ] *voorz* met uitzondering van, uitgezonderd, behalve, behoudens
barrister ['bæristə] *znw* advocaat (*~-at-law*); Am jurist
bar-room ['ba:rru:m] *znw* Am bar
barrow ['bærou] *znw* **1** berrie; kruiwagen; handkar; **2** grafheuvel
Bart. [ba:t] *afk.* = *Baronet, Bartholomew*
bartender ['ba:tendə] *znw* Am = *barman*
barter ['ba:tə] **I** *onoverg* ruilen, ruilhandel drijven; **II** *overg* (ver)ruilen; *~ away* verkwanselen; **III** *znw* ruil(handel)
basal ['beisl] *bn* fundamenteel
basalt ['bæsɔ:lt, bə'sɔ:lt] *znw* basalt *o*

1 base [beis] *bn* laag-bij-de-gronds, gemeen, slecht, laag; onedel [metaal]; min(derwaardig), vuig; vals [geld]
2 base [beis] **I** *znw* basis, grondslag, grond; wisk grondtal *o*; voet, voetstuk *o*; fundament *o*; chem base; sp honk *o*; **II** *overg* baseren, gronden; mil & scheepv als basis aanwijzen; *~d there* aldaar gevestigd (woonachtig); *broad-~d, broadly ~d* op brede basis; *Burma-~d planes* vliegtuigen met basis in Birma
baseball ['beisbɔ:l] *znw* honkbal *o*
baseless ['beislis] *bn* ongegrond
basement ['beismənt] *znw* souterrain *o*; kelder(ruimte)
base metal *znw* onedel metaal *o*
base rate *znw* rentestandaard, rentevoet
bash [bæʃ] **I** *overg* slaan, beuken; fig de grond in boren; *~ up* in elkaar slaan, afrossen; *~ in* inslaan; **II** *znw* slag, opstopper, dreun; *have a ~ at sth.* slang 't eens proberen
bashful ['bæʃful] *bn* verlegen, schuchter, bedeesd
basic ['beisik] *bn* fundamenteel, grond-, basis-; chem basisch
Basic, **Basic English** *znw* vereenvoudigd Engels *o* [beperkt tot 850 kernwoorden]
basil ['bæzil] *znw* plantk basilicum *o*
basilica [bə'silikə] *znw* basiliek
basin ['beisn] *znw* bekken *o*, kom, schaal; wasbak, -tafel; dok *o*, bassin *o*; keteldal *o*; stroomgebied *o*
basis ['beisis] *znw* (*mv*: bases [-si:z]) grondslag[2], basis
bask [ba:sk] *onoverg* zich koesteren[2]
basket ['ba:skit] *znw* korf, mand, ben; sp basket
basketball *znw* basketbal *o*
basket case *znw* invalide wiens armen en benen geamputeerd zijn; *a total ~* fig Am slang volslagen idioot
basketwork, **basketry** *znw* manden, mandenwerk *o*
Basque [bæsk, ba:sk] **I** *bn* Baskisch; **II** *znw* Bask; het Baskisch
basque [bæsk] *znw* (verleng)pand [aan lijfje]
bas-relief ['bæsrili:f, 'ba:rili:f] *znw* bas-reliëf *o*
1 bass [beis] *znw* muz bas; baspartij; basstem; *~ horn* tuba; *~ viol* viola da gamba, Am contrabas
2 bass [bæs] *znw* (*mv* idem *of* -es) **1** dierk baars; **2** lindenbast
basset ['bæsit] *znw* basset
bassoon [bə'su:n] *znw* fagot
bassoonist *znw* fagottist
bastard ['bæstəd] **I** *znw* bastaard[2]; gemeenz schoft, smeerlap; **II** *bn* bastaard-, onecht; gemeenz verrekt
bastardize *overg* verbasteren
baste [beist] *overg* **1** bedruipen (met vet of boter); **2** (aaneen)rijgen
bastion ['bæstiən] *znw* bastion *o*
1 bat [bæt] *znw* vleermuis; *be ~s* kierewiet (= niet goed snik) zijn
2 bat [bæt] **I** *znw* knuppel, kolf, slaghout *o*, bat *o*; *off one's own ~* op eigen houtje; zonder iems. hulp, alléén; *at (full) ~* in volle vaart; **II** *onoverg* batten [bij cricket]; **III** *overg*: *not ~ an eyelid* geen spier vertrekken
Batavian [bə'teiviən] **I** *znw* Bataaf; **II** *bn* Bataafs
batch [bætʃ] *znw* **1** baksel *o*; **2** troep, groep, partij
bate [beit] *znw* gemeenz woedeaanval; *with ~d breath* met ingehouden adem, gespannen
bath [ba:θ] **I** *znw* bad(je) *o*, badkuip; *~s* badhuis *o*, badinrichting; badplaats; **II** *overg* baden, een bad geven
Bath bun ['ba:θbʌn] *znw* koffiebroodje *o*
Bath chair ['ba:θ'tʃɛə] *znw* rol-, ziekenstoel
bathe [beið] **I** *znw* bad *o* in zee of in rivier; **II** *overg* baden, betten, afwassen; **III** *onoverg* (zich) baden
bather *znw* bader; badgast
bathing-cap *znw* badmuts
bathing-costume *znw* badpak *o*, zwempak *o*
bathing-suit *znw* zwempak *o*
bathing-trunks *znw mv* zwembroek
bathmat *znw* badmat
bathos ['beiθɔs] *znw* onverwachte overgang van het verhevene tot het platte; anticlimax
bathrobe *znw* badjas
bathroom ['ba:θrum] *znw* badkamer; gemeenz wc
bath salts *znw mv* badzout *o*
bathtub *znw* badkuip
bathwater *znw* badwater *o*; *throw out the baby with the ~* het kind met het badwater wegwerpen
batik ['bætik] *znw* batik
batiste [bæ'ti:st] *znw* batist *o*
batman ['bætmən] *znw* mil oppasser (v.e. officier)
baton ['bætən] *znw* (commando-, maarschalks)staf; (dirigeer)stok; wapenstok; sp stok [bij estafetteloop]
bats [bæts] *bn* gemeenz kierewiet, niet goed snik
batsman ['bætsmən] *znw* sp batsman, slagman, batter
battalion [bə'tæljən] *znw* bataljon *o*
1 batten ['bætn] **I** *znw* lat; plank; scheepv badding; **II** *overg* met latten bevestigen; *~ down* scheepv schalmen of sluiten [de luiken]
2 batten ['bætn] *onoverg* zich tegoed doen (aan *on*), parasiteren (op *on*)
batter ['bætə] **I** *overg* beuken; beschieten; havenen; slaan, mishandelen; *~ed* ook: gedeukt; vervallen, gammel; **II** *onoverg* beuken (op *at*); **III** *znw* **1** beslag *o* [v. gebak]; **2** sp = *batsman*
battering-ram *znw* stormram
battery ['bætəri] *znw* batterij; accu; stel *o* (potten en pannen); recht aanranding
battery farming *znw* bio-industrie
battery hen *znw* batterijkip
battle ['bætl] **I** *znw* (veld)slag, strijd, gevecht *o*; *do ~* strijden, vechten; *fight a losing ~* vechten tegen de bierkaai; *join ~* de strijd aanbinden; slaags raken; *... is half the ~* ...is het halve werk; **II** *onoverg*

strijden, vechten
battle-array *znw* slagorde
battle-ax(e) *znw* strijdbijl; gemeenz kenau, feeks
battle-cruiser *znw* slagkruiser
battle-cry *znw* strijdleus; slogan
battledress *znw* mil veldtenue *o & v*
battlefield *znw* slagveld *o*
battleground *znw* slagveld *o*, gevechtsterrein *o*; fig strijdperk *o*
battlement *znw* kanteel, tinne
battle royal *znw* algemeen gevecht *o*
battleship *znw* slagschip *o*
batty ['bæti] *bn* gemeenz kierewiet, niet goed snik
bauble ['bɔ:bl] *znw* (stuk *o*) speelgoed *o*, snuisterij, prul *o*
baulk [bɔ:k] = *balk*
bauxite ['bɔ:ksait] *znw* bauxiet *o*
Bavarian [bə'vɛəriən] *bn* Beier(s)
bawd [bɔ:d] *znw* koppelaar(ster); hoerenmadam
bawdiness *znw* ontuchtigheid
bawdy *bn* obsceen, rauw; ontuchtig, schuin
bawl [bɔ:l] *overg* schreeuwen, bulken; fig balken, bleren (tegen *at, against*); ~ *out* slang uitfoeteren [iem.]
bay [bei] **I** *znw* **1** inham, baai, golf; **2** nis, uitbouw, afdeling, vleugel; overkapping; **3** vak *o*, ruimte; **4** plantk laurier(boom); **5** vos [paard]; **6** geblaf *o*; *at* ~ in het nauw gedreven; *be (stand) at* ~ **1** zich niet weten te redden; **2** een verdedigende houding aannemen; *keep (hold)... at* ~ zich... van het lijf houden; **II** *overg & onoverg* (af)blaffen, blaffen (tegen *at*); **III** *bn* roodbruin, voskleurig; ~ *horse* vos (roodbruin paard)
bayonet ['beiənit] **I** *znw* bajonet[2]; **II** *overg* met de bajonet neer-, doorsteken
bayonet catch, **bayonet joint** *znw* bajonetsluiting
bay-window ['bei'windou] *znw* erker
bazaar, **bazar** *znw* [bə'za:] bazaar, markt(plaats); (liefdadigheids)bazaar, fancyfair
bazooka [bə'zu:kə] *znw* bazooka [antitankwapen *o*]
BBC *afk. = British Broadcasting Corporation*
BC *afk. = before Christ; British Colombia*
be [bi:] (was; been) *ww* zijn, wezen; staan, liggen, worden, ontstaan, duren; *his... -to-~* zijn aanstaande..., zijn... in spe, zijn toekomstige...; *how are you?* hoe gaat het?; *you are not to think* je moet niet (hebt niet te) denken; *(this right) is (was) to ~ granted when...* zal (zou) verleend worden als; *you are not to touch that* je mag daar niet aankomen; *were it not for my friendship for him...* als hij geen vriend van me was geweest dan...; zie *about, after* &
beach [bi:tʃ] **I** *znw* strand *o*, oever; **II** *overg* op het strand zetten, drijven of trekken
beachcomber *znw* strandjutter
beachhead *znw* mil bruggenhoofd *o* [aan zee]
beacon ['bi:kən] *znw* baak, baken[2] *o*, bakenvuur *o*; verkeerspaal

bead [bi:d] **I** *znw* kraal, druppel; mil vizierkorrel; **II** *overg* aaneenrijgen; van kralen voorzien; **III** *onoverg* parelen
beadle ['bi:dl] *znw* bode, pedel; onderkoster
beady ['bi:di] *bn*: ~ *eyes* kraaloogjes
beagle ['bi:gl] *znw* dierk brak
beak [bi:k] *znw* **1** bek, (s)neb, snavel; **2** tuit; **3** gemeenz politierechter of -dienaar; schoolmeester
beaker ['bi:kə] *znw* beker, bokaal
be-all ['bi:ɔ:l]: *the ~ and end-all* de alfa en omega; essentie
beam [bi:m] **I** *znw* balk, boom; ploegboom; weversboom; juk *o* [v. balans]; scheepv dekbalk, grootste wijdte [v. schip]; (licht)straal; bundel; radio bakenstraal [als sein voor vliegtuig]; *broad in the ~* scheepv breed; gemeenz breedheupig; *be off the ~* gemeenz er naast zitten; **II** *overg* uitstralen (ook: ~ *forth*); ~ *to* RTV speciaal uitzenden voor; *a programme ~ed to the elderly* een programma voor ouderen; **III** *onoverg* stralen; glunderen
beam-ends: *the ship is on her ~* het schip ligt bijna overzij; *he was on his ~* hij was erg in verlegenheid, aan lagerwal
beaming *bn* stralend [v. geluk]
beam transmitter *znw* straalzender
bean [bi:n] *znw* boon; *old ~* gemeenz ouwe jongen; *full of ~s* gemeenz in goede conditie, energiek; *I haven't got a ~* ik heb geen rooie cent
bean-feast ['bi:nfi:st] *znw* fuif, partijtje *o*; keet
beanie ['bi:ni] *znw* Am muts; keppeltje *o*
beano ['bi:nou] *znw = bean-feast*
beanpole ['bi:npoul] *znw* bonenstaak (ook fig)
beanshoots ['bi:nʃu:ts], **beansprouts** ['bi:nsprauts] *znw mv* taugé
1 bear [bɛə] *znw* (*mv* idem *of* -s) dierk beer; fig ongelikte beer, bullebak; handel baissier; *like a ~ with a sore head* uiterst prikkelbaar
2 bear [bɛə] (bore; borne) **I** *overg* (ver)dragen, dulden, toelaten, uitstaan; voortbrengen, baren; toedragen; behalen; inhouden, bevatten, hebben; handel doen dalen; *vgl*: *bearish* zie ook: *comparison, grudge, malice* &; **II** *onoverg* dragen; gaan, lopen, zich uitstrekken [in zekere richting]; handel à la baisse speculeren; ~ *left (right)* links(rechts)af buigen [bij een tweesprong]; *bring to ~* richten (op *upon*), aanwenden, uitoefenen [pressie], doen gelden [invloed &]; ~ *down upon* aanhouden of aansturen op, afstevenen op; ~ *on* = ~ *upon*; ~ *out* steunen, staven, bevestigen; ~ *up* drijvend houden; steunen; zich flink (goed) houden; standhouden, overeind blijven; ~ *up against* het hoofd bieden (aan); ~ *upon* mil gericht zijn op; fig betrekking hebben op; ~ *with* verdragen, dulden; geduld hebben met, toegeeflijk zijn voor [iem.]
bearable *bn* draaglijk, te dragen
beard [biəd] **I** *znw* baard[2]; **II** *overg* trotseren, tarten; ~ *the lion in his den* zich in het hol van de leeuw wagen

bearded *bn* bebaard, met een baard
bearer ['bʒərə] *znw* drager, brenger; handel toonder; *by* ~ met brenger dezes; *to* ~ aan toonder; ~ *share*, ~ *bond* handel aandeel *o* aan toonder
bear-garden ['bɛəga:dn] *znw* zootje *o*, janboel
bear hug *znw* stevige omhelzing
bearing ['bɛəriŋ] *znw* dragen *o*; houding, gedrag *o*; verhouding, betrekking; ligging; scheepv & luchtv peiling; richting, strekking; portee, betekenis; techn lager *o*, kussen *o*; herald wapenbeeld *o*; ~*s* ligging; *they had lost their* ~*s* zij konden zich niet oriënteren; zij waren de kluts kwijt; *get/find one's* ~*s* zich oriënteren; *beyond* ~ onverdraaglijk; *in all its* ~*s* van alle kanten
bearish ['bɛəriʃ] *bn* lomp, nors; handel à la baisse (gestemd)
bearskin ['bɛəskin] *znw* berenvel *o*, berenhuid; berenmuts
beast [bi:st] *znw* beest[2] *o*, viervoeter, dier *o*; fig beestachtig mens, mispunt *o*; rund *o*
beastly *bn* beestachtig[2]; versterkend smerig, walgelijk
1 beat [bi:t] (beat; beaten, gemeenz ook: beat) **I** *overg* slaan (met, op), kloppen (op), uitkloppen, klutsen, beuken; stampen, braken [vlas]; verslaan, overtreffen; afzoeken [bij jagen]; banen [pad]; ~ *the air* tegen windmolens vechten; *that* ~*s everything!* dat overtreft alles!; nu nog mooier!; ~ *it!* slang sodemieter op!; *they* ~ *it* slang ze gingen er vandoor; *it* ~*s me* dat gaat mijn verstand te boven; **II** *onoverg* slaan, kloppen; ~ *about the bush* eromheen praten, eromheen draaien; ~ *down* neerslaan; afdingen (op); met kracht neerkomen, fel schijnen [v. zon]; ~ *in* inslaan; ~ *it into sbd.'s head* het iem. inhameren; ~ *off* afslaan; Am plat (zich) afrukken; ~ *out* uitkloppen, uitslaan; ~ *sbd. to it* het van iem. winnen, iem. te gauw af zijn; ~ *up* klutsen [eieren]; in elkaar slaan; ~ *upon* slaan, kletteren & tegen
2 beat I *znw* slag, klap, klop, tik; muz maat(slag); muz beat(muziek); ronde [v. politieagent, post of wacht]; wijk [v. agent, bezorger]; jachtveld *o*; *off one's* ~ uit zijn gewone doen; op onbekend terrein; *on the* ~ op ronde [v. politieagent]; *go on the* ~ op ronde gaan [v. politieagent]; **II** *bn* doodop; ~ *generation* generatie der *beatniks*
beaten I V.D. van *beat*; **II** *bn* begaan, veel betreden; afgezaagd; zie ook: *track I*
beaten-up *bn* gemeenz versleten, oud [auto's, kleren]
beater *znw* klopper, stamper; drijver [bij jagen]
beatific [biə'tifik] *bn* zaligmakend; (geluk)zalig
beatification [biætifi'keiʃən] *znw* zaligverklaring
beatify [bi'ætifai] *overg* zalig maken; zalig verklaren
beating ['bi:tiŋ] *znw* pak *o* slaag, afstraffing; kloppen *o*, beuken *o*; nederlaag; *Liverpool took a* ~ *against Ajax* Liverpool verloor van Ajax; *to take some* ~ moeilijk te verslaan/overtreffen zijn
beatitude [bi'ætitju:d] *znw* zaligheid; *the B*~*s* de acht zaligsprekingen
beatnik [bi:tnik] *znw* beatnik (noncomformistische jongere in de jaren vijftig)
beau [bou] *znw* (*mv*: -s *of* beaux [bouz]) dandy, fat; aanbidder, bewonderaar, galant
beauteous ['bju:tiəs] *bn* plechtig schoon, mooi
beautician [bju:'tiʃən] *znw* schoonheidsspecialist(e)
beautiful ['bju:tiful] *bn* schoon, mooi, fraai
beautify *overg* mooier maken, verfraaien
beauty *znw* schoonheid; fraai uiterlijk *o*; prachtexemplaar *o*, prachtstuk *o*; *what a* ~*!* wat is ze (dat) mooi!; *the* ~ *of it was...* gemeenz het mooie ervan was...
beauty contest *znw* schoonheidswedstrijd, missverkiezing
beauty parlour *znw* schoonheidsinstituut *o*
beauty sleep *znw* schoonheidsslaapje *o*
beauty queen *znw* schoonheidskoningin
beauty salon *znw* schoonheidssalon
beauty spot *znw* schoonheidsvlekje *o*
beaver ['bi:və] **I** *znw* (*mv* idem *of* -s) dierk bever; *eager* ~ gemeenz werkpaard *o*; fanatiekeling; **II** *onoverg*: ~ *away* zwoegen, keihard werken
becalm [be'ka:m] *overg*: *be* ~*ed* scheepv door windstilte worden overvallen
became [bi'keim] V.T. van *become*
because [bi'kɔz, bi'kɔ:z] *voegw* omdat; ~*!* daarom!; ~ *of* wegens, vanwege, om, door
beck [bek]: *be at sbd.'s* ~ *and call* altijd klaarstaan voor iem.
beckon ['bekn] *overg* & *onoverg* wenken, een wenk geven; lonken[2], uitnodigen
become [bi'kʌm] (became; become) **I** *onoverg* worden; *what has* ~ *of it?* ook: waar is het (gebleven)?; **II** *overg* goed staan; passen[2]; betamen, voegen
becoming *bn* gepast, betamelijk, netjes; flatteus
bed [bed] **I** *znw* bed *o*; bedding; (onder)laag; leger *o*; ~ *and board* kost en inwoning; *separated from* ~ *and board* recht gescheiden van tafel en bed; ~ *and breakfast* logies en ontbijt; *get out of* ~ *on the wrong side* met het verkeerde been uit bed stappen; **II** *overg* slang naar bed gaan met; ~ *down* naar bed brengen, [paarden] van een leger voorzien; ~ *out* (uit)planten; vastzetten; **III** *onoverg*: ~ *down* **1** een slaapplaats opzoeken; **2** een laag vormen [grond]
bed-bath ['bedba:ð] *znw* wassen *o* van een zieke in bed
bed-bug ['bedbʌg] *znw* wandluis
bedchamber *znw* slaapkamer
bed-clothes *znw mv* beddengoed *o*
bedding *znw* beddengoed *o*; ligstro *o*; (onder)laag
bedeck [bi'dek] *overg* (op)tooien, versieren
bedevil [bi'devl] *overg* in de war maken, verwarren, compliceren, bemoeilijken; bederven, verknoeien
bedfellow ['bedfelou] *znw* fig kameraad
bedlam ['bedləm] *znw* gekkenhuis[2] *o*
Bedouin ['beduin] *znw* bedoeïen(en)

bed-pan ['bedpæn] *znw* (onder)steek
bedpost *znw* beddenstijl; *between you and me and the* ~ onder ons gezegd en gezwegen
bedraggled [bi'drægld] *bn* verregend; sjofel
bedridden ['bedridn] *bn* bedlegerig
bedrock ['bedrɔk] *znw* vast gesteente *o*; grond(slag); *get down to* ~ ter zake komen
bedroom ['bedrum] *znw* slaapkamer; ~ *scene* bedscène
bed-settee *znw* bedbank
bedside *znw* (bed)sponde, bed *o*; ~ *manner* tactvol optreden *o* v. arts bij het ziekbed; ~ *reading* lectuur voor in bed; ~ *table* bed-, nachttafeltje *o*
bedsit, **bed-sitter** *znw* gemeenz zitslaapkamer
bed-sittingroom *znw* zitslaapkamer
bedsore *znw* doorgelegen plek
bedspread *znw* beddensprei
bedstead *znw* ledikant *o*
bedtime *znw* bedtijd; ~ *reading* bedlectuur; ~ *story* verhaaltje *o* voor het slapen gaan
bedwetting *znw* bedwateren *o*
bee [bi:] *znw* bij; *he has a* ~ *in his bonnet* hij heeft een idee-fixe; *the* ~*'s knees* gemeenz de beste, je ware, nummer één
beech [bi:tʃ] **I** *znw* beuk(enboom); beukenhout *o*; **II** *bn* van beukenhout, beuken
beech-nut *znw* beukennoot
beef [bi:f] **I** *znw* **1** bief, ossen-, rundvlees *o*; **2** gemeenz spierballen, spierkracht; **3** (*mv*: beeves [bi:vz], Am -s) voor de slacht vetgemest rund *o*; kadaver *o* daarvan; **4** gemeenz klacht, protest *o*; *there's too much* ~ *on him* gemeenz hij is veel te dik; **II** *onoverg* gemeenz mopperen, klagen; ~ *up* versterken
beefburger *znw* hamburger, biefburger
beefcake *znw* slang (afbeelding van) gespierde mannen, spierbundels
Beefeater *znw* hist een hellebaardier v.d. *Tower of London*
beefsteak *znw* biefstuk, runderlapje *o*
beef tea *znw* bouillon
beefy *bn* vlezig, gespierd
beehive ['bi:haiv] *znw* bijenkorf; hoog opgemaakt kapsel *o*
bee-keeper ['bi:ki:pə] *znw* imker, bijenhouder
bee-keeping ['bi:ki:piŋ] *znw* imkerij
bee-line *znw*: *make a* ~ *for* regelrecht afgaan op
been [bi:n, bin] V.D. van *to be*
beep [bi:p] **I** *onoverg* **1** piepen; **2** toeteren; **II** *znw* **1** pieptoon; gepiep *o*; **2** getoeter *o*
beer [biə] *znw* bier *o*; *life is not all* ~ *and skittles* het leven is niet altijd rozengeur en maneschijn; het leven is geen lolletje
beer-can *znw* bierblik(je) *o*
beer-mat *znw* bierviltje *o*
beery *bn* bierachtig; bier-; dronkemans-
beeswax ['bi:zwæks] **I** *znw* was; **II** *overg* boenen
beet [bi:t] *znw* beetwortel, biet, kroot
beetle ['bi:tl] **I** *znw* tor, kever; **II** *onoverg* **1** zich uit de voeten maken; ~ *off!* smeer 'm!, wegwezen!; **2** snellen
beetle-browed *bn* met zware wenkbrauwen; nors, stuurs
beetroot ['bi:tru:t] *znw* beetwortel, kroot
befall [bi'fɔ:l] (befell; befallen) **I** *overg* overkómen, gebeuren (met), treffen; **II** *onoverg* gebeuren, voorvallen
befallen V.D. van *befall*
befell V.T. van *befall*
befit [bi'fit] *overg* passen, betamen
befitting *bn* passend, gepast, betamelijk
befog [bi'fɔg] *overg* in mist hullen, vertroebelen[2], verwarren
before [bi'fɔ:] **I** *voorz* vóór; in het bijzijn van; ~ *long* eerlang, weldra; ~ *now* reeds eerder; **II** *bijw* voor, vooruit, voorop, vooraf; (al) eerder, tevoren, voordezen, voordien, voorheen; **III** *voegw* voor(dat), eer(dat); *(he would die)* ~ *he lied* liever dan te liegen
beforehand *bijw* van tevoren, vooruit, vooraf
befoul [bi'faul] *overg* bevuilen[2]
befriend [bi'frend] *overg* vriendschap betonen, bijstaan, beschermen
beg [beg] **I** *onoverg* bedelen; ~*!* opzitten! [tegen hond]; ~ *for* vragen (bidden, smeken, verzoeken) om; **II** *overg* vragen, bidden, smeken, verzoeken; (af)bedelen; *I* ~ *to differ* ik ben het niet geheel met u eens; ~ *the question* als bewezen aannemen, wat nog bewezen moet worden; niet ingaan op de vraag (kwestie) zelf; ~ *off* excuus, kwijtschelding vragen; *go* ~*ging* fig geen liefhebbers vinden; *I'll eat that last biscuit if it's going* ~*ging* ik neem het laatste koekje hoor, als niemand 't opeet
begad [bi'gæd] *tsw* verdorie!
began [bi'gæn] V.T. van *begin*
begat [bi'gæt] vero V.T. van *beget*, bijbel gewon (verwekte)
beget [bi'gæt] (begat/begot; begot(ten)) *overg* verwekken[2]
beggar ['begə] **I** *znw* bedelaar; gemeenz kerel, vent; schooier[2]; *B*~*s* hist geuzen; ~*s can't be choosers* een gegeven paard moet men niet in de bek kijken; **II** *overg* verarmen, tot de bedelstaf brengen; *it* ~*s description* het tart iedere beschrijving
beggarly *bn* armoedig, armzalig
beggary *znw* grote armoede
begin [bi'gin] (began; begun) **I** *overg* beginnen, aanvangen; **II** *onoverg* beginnen; *you can't* ~ *to understand* je kunt helemaal niet begrijpen; *to* ~ *with* om te beginnen, ten eerste
beginner *znw* beginner, beginneling
beginning *znw* begin *o*, aanvang; ~*s* beginstadium *o*, allereerste begin *o*
begird [bi'gə:d] (begirt; begirt) *overg* omgorden, omringen
begone [bi'gɔn] *tsw* ga weg!, ga heen!
begot [bi'gɔt] V.T. van *beget*

begotten V.D. van *beget; the only* ~ de eniggeboren (Zoon van God)
begrimed [bi'graimd] *bn* vuil, besmeurd
begrudge [bi'grʌdʒ] *overg* **1** misgunnen; **2** een hekel hebben aan; *I ~ spending money on repairs* ik vind het zonde om geld aan reparaties uit te geven
beguile [bi'gail] *overg* bedriegen, bedotten; verleiden; ~ *the time* de tijd verdrijven of korten; ~ *into* verleiden tot; ~ *of* ontlokken, afhandig maken
beguilement *znw* verlokking
beguiling [bi'gailiŋ] *bn* bekoorlijk, verleidelijk
Beguine [bə'gi:n] *znw* begijn, begijntje *o*
begum ['beigəm] *znw* oosterse vorstin, prinses
begun [bi'gʌn] V.D. van *begin; well ~ is half done* een goed begin is het halve werk
behalf [bi'ha:f]: *on ~ of* uit naam van; ten bate van; *on your ~* om uwentwil, voor u; namens u, uit uw naam
behave [bi'heiv] **I** *onoverg* zich (netjes) gedragen; **II** *wederk*: ~ *oneself* zich netjes gedragen, zijn fatsoen houden
behaviour, Am **behavior** *znw* gedrag *o*, houding; *be on one's best ~* extra goed oppassen of zoet zijn; zijn fatsoen houden
behavioural, Am **behavioral** *bn* gedrags-; ~ *disturbance* gedragsstoornis; ~ *sciences* gedragswetenschappen
behaviourism, Am **behaviorism** [bi'heivjəriz(ə)m] *znw* behaviorisme *o* [richting in de psychologie]
behaviourist, Am **behaviorist** [bi'heivjərist] *znw* behaviorist
behead [bi'hed] *overg* onthoofden
beheld [be'held] V.T. & V.D. van *behold*
behest [bi'hest] *znw* plechtig bevel *o*; verzoek *o*
behind [bi'haind] **I** *voorz* achter; *what's ~ this?* wat zit hier achter?; **II** *bijw* achter, van (naar) achteren, ten achteren; achterom; **III** *znw* gemeenz achterste *o*
behindhand *bn & bijw* niet bij, achter; achterstallig, ten achteren; achterlijk
behold [bi'hould] (beheld; beheld) *overg* aanschouwen, zien
beholden [bi'houldn] *bn* verplicht (voor, aan *for, to*)
beholder [bi'houldə] *znw* aanschouwer
behove [bi'houv] *overg* passen, betamen
beige [beiʒ] *bn & znw* beige (*o*)
being ['bi:iŋ] **I** zijnde; **II** *znw* aanzijn *o*, bestaan *o*; wezen *o*; *in ~* bestaand; *bring (call) into ~* in het leven roepen; *come into ~* ontstaan; *human ~* mens; *the Supreme Being* het Opperwezen
belabour [bi'leibə], Am **belabor** *overg* afrossen; er van langs geven[2]
belated [bi'leitid] *bn* verlaat, (te) laat
belatedly *bijw* laat op de dag, te elfder ure, (te) laat
belch [bel(t)ʃ] **I** *onoverg* boeren; **II** *overg* uitbraken [vuur, rook]; **III** *znw* boer; oprisping, uitbarsting
beleaguered [bi'li:gəd] *bn* veel geplaagd, onder zware druk
belfry ['belfri] *znw* klokkentoren; klokkenstoel; belfort *o*
Belgian ['beldʒən] **I** *bn* Belgisch; **II** *znw* Belg
Belgium ['beldʒəm] *znw* België *o*
belie [bi'lai] *overg* logenstraffen, verkeerd voorstellen
belief [bi'li:f] *znw* geloof *o*; overtuiging, mening; *beyond ~* ongelofelijk
believable *bn* geloofwaardig, te geloven
believe *overg & onoverg* geloven; gelovig zijn; *make ~* doen alsof; *make sbd. ~ sth.* iem. iets wijsmaken; ~ *in* geloven aan (in); een voorstander zijn van, zijn voor, houden van
believer *znw* gelovige; *a ~ in* wie gelooft aan; voorstander van, wie voelt voor, wie houdt van
Belisha beacon [bi'li:ʃə'bi:kən] *znw* knipperbol
belittle [bi'litl] *overg* verkleinen; kleineren
Belize [be'li:z] *znw* Belize *o*
bell [bel] **I** *znw* bel, klok, schel; plantk klokje *o*; scheepv glas *o* [half uur]; muz paviljoen *o* [v. blaasinstrument]; zie ook: *ring*; **II** *overg* een bel omdoen; *to ~ the cat* fig de kat de bel aanbinden
belladonna [belə'dɔnə] *znw* belladonna, wolfskers
bell-bottomed *bn* met wijd uitlopende pijpen [v. broek]
bellboy *znw* piccolo, chasseur
bell-bottoms *znw mv* broek met wijd uitlopende pijpen
bell-buoy *znw* scheepv belboei
belle [bel] *znw* (gevierde) schoonheid; *she was the ~ of the ball* ze was het mooiste meisje/de mooiste vrouw (van het gezelschap, op het feest &)
belles-lettres [bel'letr] *znw* bellettrie
bell-founder ['belfaundə] *znw* klokkengieter
bell-glass *znw* glazen stolp
bell-heather *znw* dopheide
bell-hop *znw* Am slang piccolo, chasseur
bellicose ['belikous] *bn* oorlogszuchtig
-bellied ['belid] *achterv* -buikig
belligerence [bi'lidʒərens] *znw* strijdlust, oorlogszuchtigheid
belligerent *bn* **1** oorlogvoerend; **2** agressief; strijdlustig
bellow ['belou] **I** *onoverg* brullen, loeien; bulderen; **II** *overg*: ~ *forth (out)* uitbulderen; **III** *znw* gebrul *o*, geloei *o*; gebulder *o*
bellows ['belouz] *znw (mv)* blaasbalg; balg; *a pair of ~* een blaasbalg
bell-pull ['belpul] *znw* schelkoord *o & v*
bell-push *znw* belknopje *o*
bell-ringing *znw* klokkenluiden *o*
bell-rope *znw* belkoord *o & v*; klokkentouw *o*
bell-tower *znw* klokkentoren
belly ['beli] **I** *znw* buik; schoot; *go ~ up* gemeenz failliet gaan, op zijn gat liggen; **II** *onoverg (& overg)*: ~ *out* opbollen, bol (doen) staan

bellyache I *znw* buikpijn; **II** *onoverg* slang jammeren, klagen, kankeren
belly-band *znw* buikriem
belly-button *znw* gemeenz navel
belly dance *znw* buikdans
belly dancer *znw* buikdanseres
belly flop *znw*: *do a ~* een platte duik maken
bellyful *znw* buik vol, gemeenz bekomst; *I've had a ~ of that* daar heb ik m'n buik van vol
belly landing *znw* buiklanding
belly laugh *znw* luide, schaterende lach
belong [bi'lɔŋ] *onoverg* (toe)behoren (aan *to*); thuishoren; er bij horen; *~ to* behoren tot (bij)
belongings *znw mv* bezittingen, hebben en houden *o*; bagage, spullen
Belorussia(n) = *Byelorussia(n)*
beloved [bi'lʌvd] **I** *bn* geliefd, bemind; **II** *znw* [bi'lɔvid] geliefde, beminde
below [bi'lou] **I** *voorz* beneden, onder, lager dan; **II** *bijw* omlaag, beneden, naar beneden, hierbeneden
belt [belt] **I** *znw* gordel, riem, band, ceintuur, mil koppel; zone, gebied *o*; *have under one's ~* **1** achter de kiezen, binnen hebben; **2** op zak, in bezit hebben; *hit below the ~* onder de gordel slaan, een stoot onder de gordel toebrengen[2]; *tighten one's ~* de buikriem aanhalen; **II** *overg* een gordel, riem of ceintuur omdoen; omgorden; omringen; gemeenz een oorvijg verkopen; **III** *onoverg* slang jakkeren, pezen, er vandoor gaan; *~ out* brullen, balken, blèren; *~ up* slang zijn bek houden
belvedere ['belvidiə] *znw* uitzichttoren
bemoan [bi'moun] *overg* bejammeren, betreuren
bemuse [bi'mju:z] *overg* benevelen, verbijsteren
bench [ben(t)ʃ] *znw* bank; werkbank; doft: roeibank; rechtbank; zetel in het parlement; regeringszetel; sp reservebank; *King's ~, Queen's ~* naam van een hooggerechtshof [Engeland]; *sit on the ~* rechter zijn; *raise to the ~* tot rechter benoemen
benchmark ['ben(t)ʃma:k] *znw* maatstaf, vast punt *o*, referentiepunt *o*
benchwarmer ['ben(t)ʃwɔ:mə] *znw* sp bankzitter
bend [bend] (bent; bent) **I** *overg* buigen, krommen, spannen; verbuigen; richten (op *on*); scheepv aanslaan [zeilen]; *~ the rules* de regels naar eigen goeddunken toepassen; **II** *onoverg* (zich) buigen[2] of krommen; richten[2]; *~ one's efforts to a problem* zich over een probleem buigen; zie ook: *backwards*; **III** *znw* bocht, kromming; buiging; herald balk [in wapen]; *~ sinister* linkerschuinbalk (aanduiding v. bastaardij); *the ~s* med caissonziekte; *round the ~* slang gek
bender ['bendə] *znw* gemeenz drankfestijn *o*, zuippartij, fuif
bendy ['bendi] *bn* bochtig; buigzaam
beneath [bi'ni:θ] **I** *voorz* onder, beneden, beneden zijn waardigheid; **II** *bijw* beneden[2], (er)onder
benediction [beni'dikʃən] *znw* (in)zegening, zegen, gebed *o*; RK benedictie; lof *o*
benefaction [beni'fækʃən] *znw* weldaad; schenking
benefactor *znw* weldoener
benefice ['benifis] *znw* prebende, predikantsplaats
beneficence [bi'nefisəns] *znw* lief-, weldadigheid
beneficent *bn* lief-, weldadig
beneficial [beni'fiʃəl] *bn* weldadig, heilzaam, nuttig, voordelig (voor *to*)
beneficiary I *bn* beneficie-; **II** *znw* begunstigde
benefit ['benifit] **I** *znw* baat, voordeel *o*, nut *o*, weldaad; benefiet *o*; uitkering; toelage; *give sbd. the ~ of the doubt* recht iem. vrijspreken wegens niet voldoende overtuigend bewijs; fig iem. het voordeel van de twijfel geven; **II** *overg* tot voordeel strekken, goeddoen; bevorderen; **III** *onoverg* baat vinden (bij *by, from*), voordeel trekken (uit *by, from*)
benefit concert *znw* benefietconcert *o*
benefit society *znw* onderling steunfonds *o*
benevolence [bi'nevələns] *znw* welwillendheid; weldadigheid; weldaad
benevolent *bn* welwillend; weldadig; *~ fund* ondersteuningsfonds *o*
Bengal [beŋ'gɔ:l] *znw* Bengalen *o*
Bengali [beŋ'gɔ:li] **I** *znw* Bengalees, Bengalezen; Bengali *o*; **II** *bn* Bengaals; *~ light* Bengaals vuur
benighted [bi'naitid] *bn* achterlijk, onwetend
benign [bi'nain] *bn* vriendelijk; heilzaam; med goedaardig
Benin [be'nin] *znw* Benin *o*
Beninese I *znw* (*mv* idem) inwoner v. Benin; **II** *bn* van, uit Benin
benison ['benizn, 'benisn] *znw* vero zegen(ing)
1 bent [bent] *znw* (geestes)richting, aanleg, neiging; voorliefde
2 bent [bent] **I** V.T. & V.D. van *bend*; **II** *bn* gebogen, krom; gemeenz afwijkend; oneerlijk, vals; corrupt; pervers; 'van de verkeerde kant'; *be ~ (up)on* gericht zijn op; erop uit of besloten zijn om
bent-grass ['bentgra:s] *znw* plantk helm, helmgras *o*
benthos ['benθɔs] *znw* (flora en fauna op de) oceaanbodem
benumb [bi'nʌm] *overg* verkleumen, doen verstijven, verdoven
benzine ['benzi:n] *znw* benzine
bequeath [bi'kwi:ð] *overg* vermaken, nalaten
bequest [bi'kwest] *znw* legaat *o*
berate [bi'reit] *overg* de les lezen
bereaved [bi'ri:vd] *bn* beroofd (van familielid & door overlijden); diepbedroefd [door sterfgeval]; *the ~* de nabestaanden
bereavement *znw* (zwaar) verlies *o*, sterfgeval *o*
bereft [bi'reft] *bn*: *~ of* verstoken van
beret ['berei, 'berit] *znw* baret
berg [bə:g] *znw* = *iceberg*
bergamot ['bə:gəmɔt] *znw* bergamot(peer); bergamotcitroen; bergamotolie
berk [bə:k] *znw* gemeenz sufferd, oen

Berlin [bəː'lin] **I** *znw* Berlijn *o*; **II** *bn* Berlijns
Bermuda [bəː'mjuːdə] *znw* Bermuda *o*
Bermudan, **Bermudian I** *znw* Bermudaan; **II** *bn* Bermudaans
berry ['beri] *znw* bes; viseitje *o*; (koffie)boon
berserk [bə'səːk] *bn*: *go* ~ razend worden
berth [bəːθ] **I** *znw* scheepv hut, kooi; couchette; ligplaats; schuilplaats; baantje *o*; *give a wide* ~ *to* uit het vaarwater (uit de weg) blijven; **II** *overg* meren; een hut & aanwijzen; **III** *onoverg* voor anker gaan, aanleggen
beryl ['beril] *znw* beril *o* [stofnaam], beril *m* [voorwerpsnaam]
beseech [bi'siːtʃ] (besought; besought) *overg* smeken
beset [bi'set] *overg* omringen; insluiten; aanvallen, overvallen; het [iemand] lastig maken, in het nauw drijven, belagen; ook V.T. & V.D.; ~ *by*, ~ *with* ook: vol...; ~*ting sin* (hardnekkige) slechte gewoonte, hebbelijkheid
beshrew [bi'ʃruː] *overg*: ~ *me!* vero ik mag vervloekt zijn!, de duivel hale mij!
beside [bi'said] *voorz* naast, bij, buiten; *he was* ~ *himself* hij was buiten zichzelf
besides I *voorz* bovendien, daarbij; **II** *bijw* behalve, naast, benevens
besiege [bi'siːdʒ] *overg* belegeren; fig bestormen
besieger *znw* belegeraar
besmear [bi'smiə] *overg* besmeren; besmeuren
besmirch [bi'sməːtʃ] *overg* bekladden[2], besmeuren[2]
besom ['biːzəm] *znw* bezem; *jump the* ~ over de puthaak trouwen
besotted [bi'sɔtid] *bn* fig verblind (door *with*); gek (van *with*)
besought [bi'sɔːt] V.T. & V.D. van *beseech*
bespatter [bi'spætə] *overg* bespatten; bekladden
bespeak [bi'spiːk] *overg* **1** bespreken, bestellen; **2** verraden, getuigen van
bespoke [bi'spouk] *bn* op maat gemaakt, maat-; ~ *suit* maatpak
bespoken [bi'spoukn] V.D. van *bespeak*
besprinkle [bi'spriŋkl] *overg* besprenkelen
best [best] **I** *bn* best; *the* ~ *part of* ook: het grootste deel van; bijna; **II** *bijw* het best; *you had* ~... je kunt maar het beste...; *as* ~ *we could (might)* zo goed mogelijk; zo goed en zo kwaad als we konden; **III** *znw* best(e); *get (have) the* ~ *of it* het winnen, de overhand hebben; *give* ~ zich gewonnen geven; er mee ophouden; *give (of one's)* ~ zijn uiterste best doen; *make the* ~ *of it* zich schikken in iets, iets voor lief nemen, er het beste van maken, zo goed mogelijk iets benutten; *make the* ~ *of one's way home* zo gauw mogelijk thuis zien te komen; *(I wish you) all the* ~, *the* ~ *of luck* alle geluk (succes); *at* ~ hoogstens; op zijn best, in het gunstigste geval; *for the* ~ met de beste bedoelingen [handelen]; het beste [zijn]; *in his (Sunday)* ~ op zijn zondags; *to the* ~ *of my ability (power)* naar mijn beste vermogen; *with the* ~ als de beste
bestial ['bestiəl] *bn* dierlijk, beestachtig
bestiality [besti'æliti] *znw* **1** beestachtigheid; **2** bestialiteit, sodomie
bestir [bi'stəː] *wederk*: ~ *oneself* voortmaken, aanpakken
best man [best'mæn] *znw* getuige v.d. bruidegom, bruidsjonker
bestow [bi'stou] *overg* bergen; geven, schenken; besteden [zorg]; verlenen (aan *on, upon*)
bestowal *znw* gift, schenking; verlening
bestrew [bi'struː] *overg* bestrooien
bestrewn [bi'struːn] V.D. van *bestrew*
bestridden [bi'stridn] V.D. van *bestride*
bestride [bi'straid] *overg* schrijlings zitten op of staan over
bestrode [bi'stroud] V.T. van *bestride*
best-seller ['bestselə] *znw* bestseller; succesproduct *o*
1 bet [bet] (bet/betted; bet/betted) *overg & onoverg* (ver)wedden, wedden (om); ook V.T. & V.D.; *I* ~ *he'll come!* wedden dat hij komt?; *you* ~*!* nou en of!, wat dacht je!
2 bet *znw* weddenschap; *a better* ~, *the best* ~ gemeenz beter, het beste
beta ['biːtə] *bn* bèta; ~ *rays* bètastralen
betake [bi'teik] (betook; betaken) *wederk*: ~ *oneself to* plechtig zich begeven naar; zijn toevlucht nemen tot
betaken V.D. van *betake*
bête noire ['beit'nwaː] [Fr] *znw* bête noire; persoon of zaak waaraan men een grote hekel heeft
bethel ['beθəl] *znw* bijbel gewijde plaats
bethink [bi'θiŋk] (bethought; bethought) *wederk*: ~ *oneself* plechtig (zich) bedenken; ~ *oneself of* denken aan; zich herinneren, zich te binnen brengen
bethought [bi'θɔːt] V.T. & V.D. van *bethink*
betide [bi'taid] *overg & onoverg* plechtig overkomen; wedervaren; gebeuren; *woe* ~ *him!* wee hem!
betimes [bi'taimz] *bijw* vero bijtijds, op tijd; spoedig
betoken [bi'toukn] *overg* aan-, beduiden; blijk geven van; voorspellen, betekenen
betook [bi'tuk] V.T. van *betake*
betray [bi'trei] *overg* verraden°; ontrouw worden; bedriegen [echtgenoot]; beschamen [vertrouwen]
betrayal *znw* verraad° *o*; ontrouw, bedrog *o*
betrayer *znw* verrader
betroth [bi'trouð] *overg* plechtig verloven (met *to*)
betrothal *znw* plechtig verloving
betrothed plechtig **I** *bn* verloofd; **II** *znw* verloofde
better ['betə] **I** *znw* **1** wedder; **2** meerdere [in kennis &]; *one's* ~*s* meerderen, superieuren; **II** *bn bijw* beter; *the* ~ *part of* het grootste deel van; meer dan; *no* ~ *than a peasant* maar een boer; *no* ~ *than she should be* niet veel zaaks; *be* ~ beter zijn; het beter maken; *be* ~ *than one's word* meer doen dan beloofd was; *like* ~ meer houden van, liever hebben;

the more the ~ hoe meer hoe liever; *the sooner the ~* hoe eerder hoe beter; *so much the ~* des te beter; *the cupboard will be all the ~ with a coat of paint* die kast kan wel een likje verf gebruiken; *be the ~ for it* voordeel van iets hebben, er bij profiteren; *like him the ~ for it* zoveel te meer van hem houden; *get the ~ of* de overhand krijgen op, de baas worden, het winnen van; te slim af zijn; *a change for the ~* een verandering ten goede, een verbetering; *he took her for ~ or for worse* hij nam haar tot vrouw (in lief en leed); *you had ~ go* je moest maar liever gaan; *~ off* **1** beter af; **2** rijker; *she'll be ~ off in hospital* het is beter voor haar als ze naar het ziekenhuis gaat; *the ~ off* de beter gesitueerden, de welgestelden; **III** *onoverg* beter worden; **IV** *overg* verbeteren; overtreffen; **V** *wederk*: *~ oneself* zijn positie verbeteren

betterment *znw* verbetering (van positie &); waardevermeerdering

betting ['betiŋ] *znw* wedden *o*

between [bi'twi:n] **I** *voorz* tussen; *~... and...* deels door..., deels door..., half..., half...; *~ times (whiles)* tussen het werk (de bedrijven) door, zo af en toe; *~ ourselves, ~ you and me* onder ons gezegd (en gezwegen); *~ us* met of onder ons beiden (allen); **II** *bijw* ertussen(in)

between-decks I *bijw* tussendeks; **II** *znw* tussendek *o*

betwixt [bi'twikst] *voorz* & *bijw* vero tussen; *(it is) ~ and between* gemeenz zo half en half; zozo, lala

bevel ['bevl] **I** *znw* beweegbare winkelhaak, hoekmeter; schuine rand, helling; **II** *overg* afschuinen, afkanten; **III** *onoverg* schuin lopen, hellen

beverage ['bevəridʒ] *znw* drank

bevy ['bevi] *znw* vlucht, troep, schare², horde², gezelschap *o*

bewail [bi'weil] *overg* betreuren, bejammeren

beware [bi'wɛə] *onoverg & overg* oppassen, zich hoeden, zich wachten, zich in acht nemen (voor *of*); *~ of the dog* pas op voor de hond

bewilder [bi'wildə] *overg* verbijsteren, verwarren

bewildering *bn* verbijsterend

bewilderment *znw* verbijstering

bewitch [bi'witʃ] *overg* betoveren², beheksen²

bewitching *bn* betoverend, verrukkelijk

bewitchment *znw* betovering²

beyond [bi'jɔnd] **I** *voorz & bijw* aan gene zijde (van), boven (uit), over, buiten, meer (dan), verder (dan), voorbij, (daar)achter; behalve; *it is ~ me (my comprehension)* het gaat mijn verstand te boven; **II** *znw* hiernamaals *o*; *the back of ~* het andere eind van de wereld

bezel ['bezl] *znw* schuine kant [v. beitel]; kas [v. ring]

Bezique [bi'zi:k] *znw* bezique *o* [kaartspel]

Bhutan [bu:'ta:n] *znw* Bhoetan *o*

Bhutanese I *znw* (*mv* idem) inwoner van Bhoetan; **II** *bn* Bhoetaans

bi- [bai-] *voorv* tweemaal, dubbel, tweevoudig, gedurende twee, iedere twee &

biannual [bai'ænjuəl] *bn* halfjaarlijks

bias ['baiəs] **I** *znw* (*mv*: biases *of* biasses) schuinte; effect *o*; overhelling, neiging; vooroordeel *o*, partijdigheid; *cut on the ~* schuin geknipt; **II** *overg* doen overhellen²; *be ~(s)ed* bevooroordeeld zijn; *~ binding* biaisband *o*

bib [bib] *znw* slabbetje *o*; *best ~ and tucker* zondagse kleren

bibber ['bibə] *znw* pimpelaar, drinkebroer

bible ['baibl] *znw* bijbel²

biblical ['biblikl] *bn* bijbels, bijbel-

biblio- *voorv* boeken betreffende

bibliographer [bibli'ɔgrəfə] *znw* bibliograaf

bibliographic(al) [bibliə'græfik(l)] *bn* bibliografisch

bibliography [bibli'ɔgrəfi] *znw* bibliografie

bibliophile ['biblioufail] *znw* bibliofiel

bibulous ['bibjuləs] *bn* drankzuchtig

bicarbonate [bai'ka:bənit] *znw* dubbelkoolzuurzout *o*; *~ of soda* dubbelkoolzure soda, zuiveringszout *o*

bicentenary, **bicentennial** [baisen'ti:nəri, baisen'tenjəl] *znw* tweehonderdjarig jubileum *o*, tweehonderdste gedenkdag

biceps ['baiseps] *znw* biceps

bicker ['bikə] *onoverg* kibbelen, hakketakken

bickering *znw* gekibbel *o*

bicycle ['baisikl] **I** *znw* fiets; **II** *onoverg* fietsen

bicyclist *znw* wielrijder, fietser

1 bid [bid] (bid; bid) *overg & onoverg* [op veiling] bieden (op *for*); *~ fair to...* beloven te..., een goede kans maken om te...

2 bid (bade/bid; bidden/bid) *overg* gebieden, bevelen, gelasten; verzoeken, zeggen, wensen, heten; *~ farewell to* ook: afscheid nemen van

3 bid *znw* bod² *o* (op *for*); poging; *make a ~ for* fig dingen naar

bidden V.D. van *²bid*

bidder *znw* bieder

bidding *znw* bevel *o*; verzoek *o*; bod *o*, bieden *o*

bide [baid] *overg*: *~ one's time* afwachten (tot *until*)

biennial [bai'enjəl] **I** *bn* tweejarig; tweejaarlijks; **II** *znw* tweejarige plant; gebeurtenis die elke twee jaar plaatsvindt

biennially *bijw* om de twee jaar

bier [biə] *znw* baar, lijkbaar

biff [bif] gemeenz **I** *znw* stomp, dreun, peut; **II** *overg* stompen, slaan; beuken

bifocal [bai'foukəl] **I** *bn* bifocaal, dubbelgeslepen, dubbelfocus-; **II** *znw*: *~s* bril met dubbelfocuslenzen

bifurcate I ['baifə:keit] *(onoverg &) overg* (zich) splitsen; **II** ['baifə:kit]: *bn* gevorkt

bifurcation [baifə:'keiʃən] *znw* splitsing; tak

big [big] **I** *bn* dik, groot², zwaar; *~ with child* hoogzwanger; *~ business* de grote zakenwereld; een belangrijke transactie; *~ dipper* grote roetsjbaan; Am astron Grote Beer; ~ *end* techn grote kop van een drijfstang; *the ~ film* de hoofdfilm; ~ *fish* hoge ome; ~ *name* beroemdheid, beroemde persoon; ~ *noise*, ~ *pot*, ~ *shot* gemeenz hoge ome, kopstuk *o*, hotemetoot; *the ~ time* het grote succes, de top [voor een artiest]; ~ *top* circustent; *get (grow) too ~ for one's boots* naast zijn schoenen gaan lopen (van verwaandheid); *in a ~ way* groots, grootschalig; *that's ~ of you!* ironisch ontzettend bedankt!, dank je feestelijk!; **II** *bijw* gewichtig, belangrijk; *think ~* het groots aanpakken; *talk ~* opscheppen; *make it ~* beroemd worden, veel succes hebben

bigamist ['bigəmist] *znw* bigamist

bigamous *bn* in bigamie levend

bigamy *znw* bigamie

big-boned ['bigbound] *bn* zwaargebouwd, grof

big game *znw* groot wild *o*

biggish *bn* tamelijk groot, nogal dik

big-headed ['big'hedid] *bn* gemeenz verwaand

big-hearted ['big'ha:tid] *bn* groothartig, ruimhartig, genereus

bight [bait] *znw* bocht; baai, kreek

bigmouth ['bigmauθ] *znw* schreeuwlelijk, opschepper

bigot ['bigət] *znw* dweper, fanaticus

bigoted *znw* dweepziek, fanatiek; onverdraagzaam, vol vooroordelen

bigotry *znw* dweepzucht, fanatisme *o*

big-timer ['bigtaimə] *znw* topper, topartiest, topspeler

bigwig ['bigwig] *znw* gemeenz hoge ome, hoge piet, bons

bijou ['bi:ʒu:] **I** *znw* juweel(tje)[2] *o*; **II** *bn* schattig, snoezig; chic

bike [baik] gemeenz **I** *znw* fiets; Am ook: motorfiets; **II** *onoverg* fietsen

bikini [bi'ki:ni] *znw* bikini

bilabial [bai'leibjəl] *bn* tweelippig, bilabiaal

bilateral [bai'lætərəl] *bn* tweezijdig, bilateraal

bilberry ['bilbəri] *znw* blauwe bosbes

bilbo ['bilbou] *znw* (*mv*: -s *of* -boes) hist degen

bilboes ['bilbouz] *znw mv* scheepv (voet)boeien

bile [bail] *znw* gal[2]; *stir (up) sbd.'s ~* iem. de gal doen overlopen

bilge [bildʒ] *znw* buik [v. vat, schip]; scheepv kim; gemeenz kletskoek

bilge-water *znw* water *o* onder in een schip; fig slootwater *o*

bilingual [bai'liŋgwəl] *bn* tweetalig

bilious ['biljəs] *bn* gal-, galachtig; walg(e)lijk; misselijk; cholerisch, driftig; *a ~ colour* een vieze kleur

bilk [bilk] *overg* zich aan betaling onttrekken; er vandoor gaan; beetnemen, bedotten

bill [bil] **I** *znw* rekening; wissel; ceel, lijst, programma *o*; aanplakbiljet *o*, strooibiljet *o*; bek, snavel; recht aanklacht, akte van beschuldiging; wetsontwerp *o*; Am bankbiljet *o*; ~ *of exchange* wissel(brief); ~ *of fare* spijskaart, menu *o & m*; ~ *of health* scheepv gezondheidspas [verklaring over de aan- of afwezigheid van besmettelijke ziekten]; *a clean ~ of health* gezondheidsattest; ~ *of lading* cognossement *o*; ~ *of rights* wettelijke vastlegging van grondrechten; **II** *overg* (door biljetten) aankondigen, op het programma zetten; de rekening sturen, op de rekening zetten; **III** *onoverg*: ~ *and coo* koeren, kwelen, kirren

billboard *znw* aanplakbord *o*

bill-broker *znw* wisselmakelaar

billet ['bilit] **I** *znw* inkwartieringsbevel *o*; mil kwartier *o*; verblijfplaats; **II** *overg* inkwartieren (bij *on*)

bill-fold ['bilfould] *znw* Am portefeuille

billhook ['bilhuk] *znw* snoeimes *o*

billiards ['biljədz] *znw* biljart(spel) *o*

billiard-table *znw* biljart *o*

billing ['biliŋ] *znw* aankondiging; *top ~* bovenste plaats op het affiche

Billingsgate ['biliŋzgit] *znw* vismarkt in Londen; *talk b~* schelden als een viswijf

billion ['biljən] *znw* biljoen *o*; Am miljard *o*

billionaire [biljə'nεə] *znw* Am miljardair

billow ['bilou] **I** *znw* baar, golf; *~s of smoke* grote rookwolken; **II** *onoverg* opzwellen, golven

billowy *bn* golvend

billposter ['bilpoustə] *znw* **1** (aan)plakker; **2** poster, affiche, aanplakbiljet *o*

billy ['bili] *znw* (water)keteltje *o* of kookpotje *o*

billy-goat ['biligout] *znw* geitenbok

billy-oh, **billy-(h)o** ['bili(h)ou] *znw*: *like ~* uit alle macht

bimetalism [bai'metəlizm] *znw* bimetallisme *o*

bimonthly [bai'mʌnθli] *znw* tweemaandelijks (tijdschrift *o*); soms: halfmaandelijks

bin [bin] *znw* mand, bak; afvalemmer, vuilnisbak; [brood]trommel

binary ['bainəri] *bn* binair, dubbel, tweeledig, tweetallig

1 bind [baind] (bound; bound) **I** *overg* (in)binden, verbinden, verplichten; omboorden, beslaan; constiperen; ~ *over* (onder borgstelling) verplichten zich voor het gerecht te verantwoorden; ~ *up* verbinden [een wond]; samen-, inbinden; zie ook: [2]*bound*; **II** *onoverg* vast worden, hard worden

2 bind *znw* muz boog; gemeenz vervelende taak, verplichting, corvee

binder *znw* (boek)binder; losse band, omslag; band; bindmiddel *o*

bindery *znw* boekbinderij

binding **I** *bn* (ver)bindend; verplichtend (voor *on*); **II** *znw* (boek)band; verband *o*; omboordsel *o*, rand, beslag *o*; (ski)binding

bindweed ['baindwi:d] *znw* plantk (akker)winde

binge [bindʒ] *znw* slang braspartij; fig uitbarsting, vlaag, bui

bingo ['biŋgou] **I** *znw* bingo *o* [gokspel]; **II** *tsw* bingo!, raak!

bin liner ['binlainə] *znw* vuilniszak

binnacle ['binəkl] *znw* scheepv kompashuisje *o*
binoculars [bai-, bi'nɔkjuləs] *znw mv* verrekijker, veldkijker, toneelkijker; ook: *a pair of ~*
binomial [bai'noumiəl] *znw* tweeledige grootheid; *the ~ theorem* het binomium van Newton
bint [bint] *znw* slang stuk *o* [meisje]
biochemist [baiou'kemist] *znw* biochemicus
biochemistry [baiou'kemistri] *znw* biochemie
biodegradable [baioudi'greidəbəl] *bn* biologisch afbreekbaar
biogenesis [baiou'dʒenisis] *znw* biogenese
biographer [bai'ɔgrəfə] *znw* biograaf
biographical [baiə'græfikl] *bn* biografisch
biography [bai'ɔgrəfi] *znw* biografie, levensbeschrijving
biological [baiə'lɔdʒikl] *bn* biologisch
biologist [bai'ɔlədʒist] *znw* bioloog
biology *znw* biologie
bionic ['baiɔnik] *bn* bionisch
biophysics [baiou'fiziks] *znw* biofysica
biosphere ['baiosfiə] *znw* biosfeer
biotechnology [baioutek'nɔlədʒi] *znw* biotechnologie
biotope ['baiotoup] *znw* biotoop
bipartisan ['baipa:ti'zæn] *bn* tussen/van twee partijen
bipartite [bai'pa:tait] *bn* tweedelig; tussen of van twee partijen, bilateraal
biped ['baiped] *znw* tweevoetig dier *o*
biplane ['baiplein] *znw* luchtv tweedekker, dubbeldekker
birch [bə:tʃ] **I** *znw* berk; tucht-, (straf)roede; **II** *bn* berken, berkenhouten; **III** *overg* (met) de roe geven
birching *znw* pak *o* slaag met de roe
bird [bə:d] *znw* vogel; slang kerel; slang meisje *o*; *~ of paradise* paradijsvogel; *~ of passage* doortrekker, trekvogel[2]; *~ of prey* roofvogel; *the early ~ catches the worm* de morgenstond heeft goud in de mond; *a queer ~* slang een rare snoeshaan, een vreemde vogel; *~s of a feather flock together* soort zoekt soort; *a ~ in the hand is worth two in the bush* één vogel in de hand is beter dan tien in de lucht; *do ~* slang zitten (in de bajes); *get the ~* slang uitgefloten worden; *give the ~* slang uitfluiten; *kill two ~s with one stone* twee vliegen in één klap slaan; *strictly for the birds* gemeenz helemaal niks voor mij (u &); *he'll have to be told about the ~s and the bees* het kan geen kwaad hem eens te vertellen waar de kindertjes vandaan komen
bird-brained *bn* dom, onnozel
birdcage *znw* vogelkooi
bird-call *znw* vogelfluitje *o*
bird-fancier *znw* liefhebber van vogels; vogelkoopman
birdie ['bə:di] *znw* **1** vogeltje *o*; **2** golf een slag minder dan par
bird's-eye *znw* plantk ereprijs; soort tabak; *~ view* gezicht *o* in vogelvlucht
bird's nest *znw* (eetbaar) vogelnestje *o*
bird watcher *znw* vogelwachter, vogelaar
biro ['bairou] *znw* gemeenz balpen
birth [bə:θ] *znw* geboorte, afkomst; *give ~ to* het leven schenken aan, ter wereld brengen; *by ~* van geboorte
birth control *znw* geboorteregeling, -beperking
birthday *znw* verjaardag, geboortedag; *birthday honours* Br lintjesregen; *in one's ~ suit* in adamskostuum
birthmark *znw* moedervlek
birthplace *znw* geboorteplaats
birth rate *znw* geboortecijfer *o*
birthright *znw* geboorterecht *o*
biscuit ['biskit] *znw* biscuit *o of m*, koekje *o*; cracker; *that takes the ~!* gemeenz dat is het toppunt!
bisect [bai'sekt] *overg* in tweeën delen
bisection *znw* deling in tweeën
bisector *znw* wisk bissectrice
bisexual [bai'seksjuəl] *bn* biseksueel; tweeslachtig
bishop ['biʃəp] *znw* bisschop; raadsheer, loper [v. schaakspel]
bishopric *znw* bisdom *o*
bison ['baisn] *znw* (*mv* idem) dierk bizon
bissextile [bi'sekstail] *bn*: *~ year* schrikkeljaar *o*
1 bit [bit] *znw* **1** beetje *o*, stuk(je) *o*, hapje *o*; **2** ogenblikje *o*, poosje *o*; **3** geldstukje *o*; **4** bit *o* [v. toom]; **5** comput bit *m*; **6** boorijzer *o*; **7** bek [v. nijptang]; sleutelbaard; **8** episode, nummer *o*; *every ~ a German* een Duitser in alle opzichten; *every ~ as good* net zo goed; *not a ~* geen zier; *not a ~ (of it)!* volstrekt niet!; *quite a ~* aardig wat, een heleboel; *do one's ~* het zijne (zijn plicht) doen; zich niet onbetuigd laten; *take the ~ between one's teeth* op eigen gezag ingrijpen; zijn eigen koers volgen; *~ by ~* stukje voor stukje; *take to ~s* uit elkaar halen
2 bit [bit] V.T. van *bite*
bitch [bitʃ] **I** *znw* dierk teef[2], wijfje *o*; fig kreng *o*, sloerie; *have a ~ about sbd.* kwaadspreken, roddelen over iem.; **II** *onoverg* gemeenz kankeren (over *about*)
bitchy *bn* vuil, gemeen, hatelijk
1 bite [bait] (bit; bitten) **I** *overg* bijten[2] (in, op); fig in zijn greep krijgen; *~ the dust* in het zand (stof) bijten; *~ one's lip(s)* zich verbijten; *many people have been bitten by the fitness craze* veel mensen zijn in de ban van de fitness-rage; *~ off more than one can chew* te veel hooi op zijn vork nemen; *what's biting you?* wat scheelt je?, wat mankeert eraan?, wat hindert je?; **II** *onoverg* (aan)bijten, toehappen; zich doen voelen; techn pakken, grip krijgen; *~ at* happen naar, trachten te bijten
2 bite *znw* beet, hapje *o*, hap; eten *o*; bijten *o*; pakken *o*; iets bijtends of pikants; *get a ~* beet hebben
biting *bn* bijtend, bits, scherp
bitten ['bitn] V.D. van *bite*; *once ~ twice shy* een ezel stoot zich geen tweemaal aan dezelfde steen; *~ with* vervuld (weg) van

bitter ['bitə] **I** *bn* bitter, verbitterd; bitter koud; *to the ~ end* tot het bittere eind *o*; **II** *znw* bittere *o*, bitterheid; bitter bier *o*; *~s* bitter *o & m* [stofnaam], bitter *m* [voorwerpsnaam]
bittern ['bitən] *znw* dierk roerdomp
bitter-sweet ['bitə'swi:t] *bn* bitterzoet
bitty ['biti] *bn* onsamenhangend, samengeflanst
bitumen ['bitjumin] *znw* bitumen *o*, asfalt *o*
bituminous *bn* bitumineus
bivalent [bai'veilənt] *bn* tweewaardig, bivalent
bivalve ['baivælv] **I** *bn* dierk tweeschalig; plantk tweekleppig; **II** *znw* tweeschalig weekdier *o*
bivouac ['bivuæk] **I** *znw* bivak *o*; **II** *onoverg* bivakkeren
biweekly [bai'wi:kli] **I** *bn bijw* **1** veertiendaags; om de veertien dagen; **2** tweemaal per week; **II** *znw* **1** veertiendaags tijdschrift *o*; **2** tweemaal per week verschijnend tijdschrift *o*
biz [biz] *znw* slang verk. van *business*
bizarre [bi'za:] *bn* bizar, grillig
BL *afk.* **1** Schots & Ir = *Bachelor of Law*; **2** *British Library*
B/L *afk.* = *bill of lading*
blab [blæb] **I** *onoverg* (uit de school) klappen; **II** *overg* eruit flappen
blabber *onoverg* ouwehoeren, (door)zeuren (over *about*)
blabbermouth ['blæbəmauθ] *znw* gemeenz kletskous, ouwehoer
black [blæk] **I** *bn* zwart², donker², duister², somber; vuil; boos(aardig), kwaad, dreigend; *~ box* luchtv zwarte doos; *~ cap* zwarte baret v. rechter bij uitspreken v. doodvonnis; *~ economy* clandestiene economie, schaduweconomie; *~ eye* blauw oog [door een stomp]; *~ friar* dominicaan; *~ hole* cachot *o*; astron zwart gat *o*; *~ ice* ijzel; *~ mark* slechte aantekening; *~ market* zwarte markt; *~ marketeer* zwarthandelaar; *~ pepper* zwarte peper; *~ pudding* bloedworst; *~ sheep* zwart schaap *o* [ook fig]; *~ spot* gevaarlijk punt *o*, plaats waar veel ongelukken gebeuren; *an unemployment ~ spot* gebied *o* met hoge werkloosheid; *~ tie* gemeenz avondkostuum *o*; *~ work* besmet werk *o* [bij stakingen]; *beat ~ and blue* bont en blauw slaan; *he's not as ~ as he is painted* hij is niet zo slecht als beweerd wordt; **II** *znw* zwart *o*; zwartsel *o*; zwarte vlek, vuiltje *o*; zwarte (man/vrouw), neger; *in the ~* gemeenz positief [saldo]; *~ and white* zwart-wit; *in ~ and white* zwart op wit; **III** *overg* zwart maken; poetsen; *~ sbd.'s eye* iem. een blauw oog slaan; *~ in* zwart maken; *~ out* zwart maken; verduisteren [een stad &]; onleesbaar maken [door censuur]; **IV** *onoverg*: *~ out* tijdelijk het bewustzijn (geheugen) verliezen
blackamoor *znw* Moriaan, neger
blackball *overg* stemmen tegen iems. toetreden [tot club &]
blackbeetle *znw* kakkerlak
blackberry *znw* braam(bes)
blackberrying *znw* bramen plukken/zoeken *o*
blackbird *znw* merel
blackboard *znw* (school)bord *o*
blackcurrant *znw* zwarte bes
blacken **I** *overg* zwart maken²; **II** *onoverg* zwart worden
blackguard *znw* gemene kerel, schavuit, smeerlap
blackhead *znw* mee-eter, vetpuistje *o*
blacking *znw* schoensmeer *o & m*
blackish *bn* zwartachtig
black jack *znw* geteerde leren kruik; kaartsp eenentwintigen *o*; Am ploertendoder; piratenvlag
blacklead **I** *znw* kachelpoets, grafiet *o*; **II** *overg* potloden [v. kachel]
blackleg **I** *znw* onderkruiper [bij staking]; **II** *onoverg* onderkruipen
blacklist **I** *znw* zwarte lijst; **II** *overg* op de zwarte lijst zetten
blackmail **I** *znw* chantage, (geld)afpersing; *levy ~ on* afpersen; **II** *overg* chanteren, geld afpersen; *~ sbd. into...* iem. door het plegen van chantage dwingen tot...
blackmailer *znw* chanteur, afperser
blackout *znw* verduistering [tegen luchtaanval]; kortstondig verlies *o* van bewustzijn of geheugen; uitval [v. licht, elektriciteit &]; verzwijging, stilzwijgen *o* (om veiligheidsredenen), persblokkade, berichtenstop; [in theater] doven v. alle lichten voor een changement
blacksmith *znw* smid
blackthorn *znw* sleedoorn
bladder ['blædə] *znw* blaas; binnenbal; fig blaaskaak
blade [bleid] *znw* spriet, halm; blad *o* [ook v. zaag &]; techn schoep [v. turbine]; lemmet *o*, kling, (scheer)mesje *o*; gemeenz joviale kerel
blah [bla:], **blah-blah** *znw* slang blabla *o*, gezwam *o*
blain [blein] *znw* blaar
blame [bleim] **I** *overg* afkeuren, berispen, laken; *who is to ~?* wiens schuld is het?; *they have themselves to ~* het is hun eigen schuld, ze hebben het aan zichzelf te wijten (te danken); *I don't ~ him* ook: ik geef hem geen ongelijk, ik neem het hem niet kwalijk; *~ it on him, ~ him for it* er hem de schuld van geven, het hem verwijten; **II** *znw* blaam, schuld; kritiek, afkeuring
blameful *bn* = *blameworthy*
blameless *bn* onberispelijk; onschuldig
blameworthy *bn* afkeurenswaardig, laakbaar
blanch [bla:nʃ] **I** *overg* wit maken, bleken; doen verbleken; pellen; **II** *onoverg* (ver)bleken, wit worden
bland [blænd] *bn* zacht, vriendelijk, minzaam, (poes)lief; oppervlakkig, clichématig; *a ~ diet* een licht verteerbaar dieet *o*
blandish *overg* vleien, paaien, strelen
blandishment *znw* (meestal *mv*): *~s* vleierij, lievig-

heid; verlokking

blank [blæŋk] **I** *bn* wit, blanco, oningevuld, onbeschreven, open; louter, zuiver; bot, vierkant; wezenloos, leeg; beteuterd; sprakeloos [verbazing]; ~ *cartridge* losse patroon; *a* ~ *cheque* handel een blanco cheque; fig carte blanche; ~ *door* blinde deur; ~ *verse* rijmloze verzen; ~ *wall* blinde muur; *my mind has gone* ~ ik herinner me niets meer; **II** *znw* onbeschreven blad *o*, open plaats, wit *o*, witte ruimte; leegte, leemte; streepje *o* [in plaats van woord]; blanco formulier *o*; niet [in loterij]; blank [v. domino]; doelwit[2] *o*; *Mr. Blank* de heer N. N.; *draw a* ~ met een niet uitkomen; bot vangen

blanket ['blæŋkit] **I** *znw* (wollen) deken; [wolken] dek *o*, (mist)sluier; **II** *overg* met een deken bedekken, (over)dekken; fig smoren, onderdrukken; **III** *bn* algemeen, alles insluitend

blanketing *znw* (stof voor) dekens

blankly ['blæŋkli] *bijw* wezenloos, beteuterd; botweg, vierkant

blare ['blɛə] **I** *onoverg* loeien, brullen; schallen, schetteren; **II** *overg* uitbrullen, (rond)trompetten; **III** *znw* geschal *o*, geschetter *o*

blarney ['bla:ni] **I** *znw* (mooie) praatjes, vleierij; **II** *overg & onoverg* vleien, slijmen

blasé ['bla:zei] *bn* blasé

blaspheme [blæs'fi:m] *onoverg & overg* (God) lasteren, vloeken, spotten

blasphemous ['blæsfiməs] *bn* (gods)lasterlijk

blasphemy *znw* godslastering, blasfemie

blast [bla:st] **I** *znw* luchtstroom, (ruk)wind, windstoot; luchtdruk(werking); stoot [op blaasinstrument], geschal *o*; ontploffing; springlading; *at full* ~ in volle werking (gang); *the radio was on at full* ~ stond keihard aan; **II** *overg* verdorren, verzengen; laten springen; aantasten, doen mislukken, vernietigen, verwoesten; ~*!* vervloekt!; ~ *off* ontsteken [raket]

blasted *bn & bijw* vervloekt

blast-furnace *znw* hoogoven

blast-off *znw* ontsteking [v. raket], start

blatancy ['bleitənsi] *znw* geschetter *o*, geschreeuw *o*

blatant *bn* schetterend[2], schreeuwerig[2]; schaamteloos; duidelijk, flagrant [leugen]

blather ['blæðə] = *blether*

blaze [bleiz] **I** *znw* **1** vlammenzee; (vuur)gloed, brand; fig vlaag, uitbarsting; **2** schel licht *o*; **3** bles; merk *o*; *in a* ~ in lichterlaaie; *go to* ~*s!* loop naar de hel!; *what the* ~*s are you doing?* wat ben je in vredesnaam aan het doen?; zie ook: [1]*like II*; **II** *onoverg* vlammen, (op)laaien, fel branden; gloeien, flikkeren, stralen; schitteren, lichten; ~ *away* (er op los) paffen, schieten; ~ *away at* hard werken aan; ~ *up* uitslaan, oplaaien; opstuiven; **III** *overg* merken [bomen]; fig banen [pad]; ~ *(abroad)* ruchtbaar maken

blazer ['bleizə] *znw* blazer; sportjasje *o*

blazing ['bleiziŋ] *bn* opvallend, hel [v. kleur]; blakend [zon]; slaande [ruzie]

blazon ['bleizn] **I** *znw* blazoen *o*; wapenkunde; **II** *overg* blazoeneren; versieren; fig rondbazuinen (ook: ~ *abroad, forth, out*)

bleach [bli:tʃ] **I** *overg & onoverg* bleken; (doen) verbleken; **II** *znw* bleken *o*; bleekmiddel *o*

bleacher *znw* bleker; bleekmiddel *o*; ~*s* Am onoverdekte tribune

bleaching-powder *znw* bleekpoeder *o & m*

bleak [bli:k] *bn* kil, koud, guur, naar; onbeschut, open, kaal; somber

2 bleak [bli:k] *znw* dierk alvertje *o*

blear [bliə] **I** *bn* tranend; dof; vaag; **II** *overg* doen tranen; verduisteren, benevelen

bleary *bn* = *blear I*

bleary-eyed ['bliəriaid] *bn* met waterige ogen; fig suffig

bleat [bli:t] **I** *onoverg* blaten, mekkeren; **II** *znw* geblaat *o*

bleb [bleb] *znw* blaasje *o*, blaar

bled [bled] V.T. & V.D. van *bleed*

bleed [bli:d] (bled; bled) **I** *onoverg* bloeden[2]; afgeven, uitlopen [v. kleuren in de was]; **II** *overg* aderlaten, doen bloeden; ~ *sbd. dry*, ~ *sbd. white* iem. het vel over de oren halen

bleeder *znw* med hemofiliepatiënt; gemeenz schoft

bleeding I *znw* bloeding; aderlating; **II** *bn* gemeenz = *bloody I 2*

bleep [bli:p] **I** *onoverg* piepen, een pieptoon geven; **II** *overg* oppiepen, oproepen; **III** *znw* piep, pieptoontje *o*

bleeper ['bli:pə] *znw* pieper [om iem. op te roepen]

blemish ['blemiʃ] **I** *overg* bekladden; bezoedelen; **II** *znw* vlek; fout, smet, klad

blench [blenʃ] *onoverg* terugdeinzen, wijken

1 blend [blend] (blended/blent; blended/blent) **I** *overg* (ver)mengen; **II** *onoverg* zich vermengen; zich laten mengen; ~ *in* goed samengaan; opgaan in

2 blend *znw* vermenging, mengsel *o*, melange

blender ['blendə] *znw* blender [mengapparaat]

bless [bles] *overg* zegenen, loven, (zalig) prijzen; ~ *me,* ~ *my soul!, well I'm* ~*ed!* goede genade!, wel heb ik ooit!; ~ *you!* gezondheid!

blessed ['blesid] **I** *bn* gezegend; gelukzalig; zalig; vervloekt; *of* ~ *memory* zaliger gedachtenis: **II** *znw*: *the* ~ de gelukzaligen

blessedness *znw* gelukzaligheid

blessing *znw* zegen(ing), zegenwens; *ask a* ~ bidden [vóór of na het eten]; *a* ~ *in disguise* een geluk bij een ongeluk; *a mixed* ~ iets met voor- en nadelen, geen onverdeeld genoegen

blest I V.T. & V.D. van *bless*; **II** *bn* gezegend, gelukzalig, zalig; *I'm* ~ *if...* ik laat me hangen als...

blether ['bleðə] **I** *onoverg* kletsen, wauwelen; **II** *znw* klets, geklets *o*, gewauwel *o*

blew [blu:] V.T. van *blow*

blight [blait] **I** *znw* plantenziekte: meeldauw, roest, brand &; verderfelijke invloed; **II** *overg* aantasten,

verzengen; vernietigen
blighter *znw* gemeenz ellendeling; *(lucky)* ~ (gelukkige) kerel
Blighty ['blaiti] *znw* slang Engeland *o*
blimey ['blaimi] *tsw* slang verdomme!
blimp [blimp] *znw* blimp [klein luchtschip voor verkenning &]; *(Colonel) Blimp* het type van de geborneerde conservatief (uit de militaire stand)
blind [blaind] **I** *bn* blind[2]; verborgen; ~ *drunk* gemeenz stomdronken; ~ *alley* doodlopend straatje *o*, slop *o*, als *bn*: zonder vooruitzichten; ~ *letter* onbestelbare brief; *sbd.'s* ~ *side* iems. zwakke zijde; *get on sbd.'s* ~ *side* iem. in zijn zwakke plek raken; ~ *spot* blinde vlek; dode hoek; fig gebied *o* waarin men niet thuis is; ~ *date* afspraakje met iem. die men nog nooit ontmoet heeft; ~ *in one eye* blind aan één oog; *as* ~ *as a bat* stekeblind, zo blind als een mol; *not a* ~ *bit of use* dient absoluut nergens toe; *turn a* ~ *eye to sth.* een oogje dichtknijpen voor iets; **II** *overg* blind maken, verblinden, blinddoeken, verduisteren; mil blinderen; **III** *znw* gordijn *o* & *v*, rolgordijn *o*, zonneblind *o*, jaloezie; scherm *o*; blinddoek[2]; oogklep; mil blindering; fig voorwendsel *o*, smoesje *o*; slang drinkgelag *o*
blindfold I *bn bijw* geblinddoekt; blindelings; **II** *overg* blind maken, verblinden; blinddoeken; **III** *znw* blinddoek
blinding ['blaindiŋ] *bn* verblindend [licht]; ~ *headache* knallende hoofdpijn
blindly *bijw* blindelings[2]
blindman's buff *znw* blindemannetje *o*
blindness *znw* blindheid[2], verblinding
blindworm *znw* hazelworm
blink [bliŋk] **I** *onoverg* knipperen (met de ogen), knipogen; gluren; flikkeren; **II** *znw* knipperen (met de ogen) *o*; glimp, schijnsel *o*; *on a* ~ gemeenz defect, niet in orde
blinkers *znw mv* oogkleppen
blinking ['bliŋkiŋ] *bn & bijw* deksels, verdraaid
blip [blip] **I** *znw* stip op radarscherm; piep, bliep; tijdelijke situatie; *the increase in unemployment is just a* ~ de stijging van de werkloosheid is slechts van tijdelijke aard; **II** *overg*: ~ *the throttle* gemeenz tussengas geven
bliss [blis] *znw* (geluk)zaligheid, geluk *o*
blissful *bn* (geluk)zalig; *in* ~ *ignorance,* ~*ly ignorant* argeloos
blister ['blistə] **I** *znw* blaar; trekpleister; **II** *onoverg (& overg)* blaren (doen) krijgen, (doen) bladderen
blistering *bn* fig bijtend, striemend
blithe [blaið] *bn* plechtig blij, vrolijk, lustig; zorgeloos, argeloos
blithering ['bliðəriŋ] *bn*: ~ *idiot* gemeenz stomme idioot
blithesome ['blaiðsəm] *bn* plechtig = *blithe*
blitz [blits] **I** *znw* **1** blitzkrieg; **2** hevige (lucht-) aanval; fig actie, campagne; *the B*~ de luchtslag om Londen (in 1940-'41); *have a* ~ *on the house* een schoonmaakactie houden; **II** *overg* een hevige (lucht)aanval doen op, (door een luchtaanval) verwoesten
blizzard ['blizəd] *znw* hevige sneeuwstorm
bloat [blout] **I** *overg* doen (op)zwellen; roken [v. haring]; **II** *onoverg* (op)zwellen
bloated *bn* opgezwollen; opgeblazen[2]
bloater *znw* bokking
blob [blɔb] *znw* klont, kwak, druppel, mop, klodder
bloc [blɔk] *znw* blok *o* [in de politiek]
block [blɔk] **I** *znw* blok *o*, huizenblok *o*; vorm [voor hoeden]; katrolblok *o*, katrol; cliché *o*; pakket *o*, serie; stremming; fig belemmering; obstructie; blokkering; ~ *and tackle* blok-en-touw *o*; ~ *of flats* flatgebouw *o*; ~ *(of shares)* aandelenpakket *o*; *knock sbd.'s* ~ *off* gemeenz iemand afranselen; **II** *overg* & *onoverg* belemmeren, versperren, verstoppen, stremmen; afsluiten, blokkeren; tegenhouden, verhinderen; ~ *out* wegwerken, wegstoppen; ~ *in* ruw schetsen; insluiten; ~ *up* versperren, verstoppen, blokkeren, af-, insluiten, dichtmetselen
blockade [blɔ'keid] **I** *znw* blokkade; **II** *overg* blokkeren
blockage ['blɔkidʒ] *znw* opstopping, verstopping; stagnatie
block booking *znw* reservering van een groot aantal plaatsen tegelijk
blockbuster ['blɔkbʌstə] *znw* **1** monsterproductie, *vooral* groots opgezette film; **2** krachtige bom [waarmee een heel huizenblok kan worden vernietigd]
block capitals ['blɔkkæpitlz] *znw mv* hoofdletters
blockhead *znw* domkop
blockhouse *znw* vero blokhuis *o*, mil bunker [klein]
block letters *znw mv* blokletters
block vote *znw* stem waarvan de waarde afhankelijk is van het aantal personen dat de stemmer vertegenwoordigt
bloke [blouk] *znw* gemeenz kerel, vent, knul
blond(e) [blɔnd] **I** *bn* blond; **II** *znw* blondine
blood [blʌd] **I** *znw* bloed *o*; bloedverwantschap; vero dandy; *bad* ~ fig kwaad bloed; *in cold* ~ in koelen bloede; *new* ~ fig nieuw bloed; ~ *is thicker than water* het bloed kruipt waar het niet gaan kan; *his* ~ *was up* zijn bloed kookte; *it's like trying to get* ~ *from a stone* ± je kunt net zo goed tegen een muur praten; **II** *overg* [hond] aan bloed wennen; fig de vuurdoop laten ondergaan
blood bank *znw* bloedbank
blood bath *znw* bloedbad *o*
blood cell *znw* bloedcel
blood-clot *znw* bloedstolsel *o*
blood count *znw* bloedonderzoek *o*
blood-curdling *bn* ijselijk
blood donor *znw* bloeddonor
blood group *znw* bloedgroep
bloodhound *znw* bloedhond; fig detective

bloodily *bijw* bloedig
bloodless *bn* bloedeloos; onbloedig
bloodletting *znw* aderlating[2]; bloedvergieten *o*
blood lust *znw* bloeddorstigheid
blood-money *znw* bloedgeld *o*
blood-poisoning *znw* bloedvergiftiging
blood-relation *znw* bloedverwant
bloodshed *znw* bloedvergieten *o*; slachting
bloodshot *bn* met bloed doorlopen
blood sport *znw* jacht
blood-stained *bn* met bloed bevlekt
bloodstock *znw* raspaarden
bloodstream *znw* bloedbaan
bloodsucker *znw* bloedzuiger; fig parasiet
blood sugar *znw* bloedsuiker, glucose
bloodthirsty *bn* bloeddorstig
blood transfusion *znw* bloedtransfusie
bloodvessel *znw* bloedvat *o*
bloody ['blʌdi] **I** *bn* **1** bloed(er)ig, bebloed, met bloed (bevlekt), vol bloed, bloed-; bloeddorstig; **2** gemeenz verdomd, verrekt, rot-; **II** *bijw* gemeenz hartstikke; **III** *overg* met bloed bevlekken
bloody mary ['blʌdi'mɛəri] *znw* bloody mary, cocktail van wodka, tomatensap en kruiden
bloody-minded [blʌdi'maindid] *bn* gemeenz dwars, stijfkoppig
bloom [blu:m] **I** *znw* bloesem; bloei[2]; fig bloem; gloed, blos, waas *o* [op vruchten]; **II** *onoverg* bloeien[2]
2 bloom [blu:m] techn **I** *znw* walsblok *o*, loep; **II** *overg* uitwalsen
bloomer ['blu:mə] *znw* gemeenz flater
bloomers ['blu:məs] *znw mv* ouderwetse damespofbroek
blooming ['blu:miŋ] *bn* bloeiend, blozend van gezondheid; gemeenz versterkend aarts-, vervloekt &
blossom ['blɔsəm] **I** *znw* bloesem; **II** *onoverg* bloeien; ~ *out as ...* zich ontpoppen als...
blot [blɔt] **I** *znw* klad, (inkt)vlek, smet; **II** *overg* bekladden[2]; droogmaken, vloeien; ~ *(out)* uitwissen, uitvlakken, doorhalen; aan het zicht onttrekken; wegvagen, vernietigen, uitroeien; **III** *onoverg* kladden, vlekken
blotch [blɔtʃ] **I** *znw* puist, blaar; vlek, klad, klodder; **II** *overg* bekladden, bevlekken
blotter ['blɔtə] *znw* vloeiblok *o*, -map, -boek *o*
blotting-pad *znw* vloeiblok *o*
blotting paper *znw* vloei(papier) *o*
blotto ['blɔtou] *bn* slang dronken
blouse [blauz] *znw* kiel; blouse
1 blow [blou] (blew; blown) **I** *onoverg* **1** blazen, waaien; **2** hijgen, puffen; **3** spuiten [v. walvis]; **4** elektr doorslaan, -smelten, doorbranden; **5** slang blowen; **II** *overg* **1** blazen, aan-, op-, uit-, wegblazen; blazen op; **2** afmatten, uitputten; **3** gemeenz erdoor jagen, uitgeven; verknallen, verpesten [kans &]; **4** gemeenz verraden; *I am ~ed if...* gemeenz ik mag doodvallen als...; ~ *grass* slang blowen, (weed) roken; ~ *sbd.'s mind* gemeenz een kick geven (ook fig); enorm aanspreken [boek &]; ~ *it!* gemeenz verdomme!, shit!; ~ *the money!* gemeenz wat kunnen mij die rotcenten schelen!; ~ *hot and cold* weifelen; ~ *a kiss* een kushandje toewerpen; ~ *one's nose* zijn neus snuiten; ~ *one's top*, ~ *a fuse* gemeenz razend worden; ~ *away* wegwaaien; wegblazen; wegschieten, wegslaan; ~ *down* omwaaien, omblazen; ~ *in* binnenwaaien; inblazen; aanwaaien; ~ *off* overwaaien[2]; afwaaien; afblazen[2], afzeggen [afspraak]; afschieten, wegslaan; Am slang verlinken; ~ *out* uitwaaien; uit-, opblazen; elektr doorslaan, -smelten; (doen) springen [band]; ~ *out one's brains* zich voor de kop schieten; ~ *over* omwaaien; overwaaien[2]; ~ *up* in de lucht (laten) vliegen; opblazen, oppompen vergroten [foto]; komen opzetten [v. storm &]; gemeenz een standje geven; gemeenz van de kook raken
2 blow *znw* slag[2], klap[2]; windvlaag; *without (striking) a* ~ zonder slag of stoot; *come to ~s* slaags raken, handgemeen worden
blow-by-blow *bn & bijw* omstandig, gedetailleerd
blow-dry *overg* föhnen
blower *znw* blazer; techn aanjager; slang telefoon
blow-fly *znw* aasvlieg
blow-hole *znw* spuitgat *o* [v. walvis]; luchtgat *o*; wak *o* [in het ijs]
blow job *znw* plat pijpen *o*
blowlamp *znw* soldeerlamp, brandlamp [v. huisschilders]
blown [bloun] **I** V.D. van *blow*; **II** *bn* buiten adem
blow-out ['blou'aut] *znw* elektr doorslaan *o*, -smelten *o*; springen *o* [v. band], klapband; gemeenz etentje *o*, smulpartij
blowpipe *znw* blaaspijp; blaasroer *o*
blowtorch *znw* soldeerbout; (verf)afbrander
blow-up *znw* vergroting [foto]
blowy *bn* winderig
blowzy ['blauzi] *bn* met rood aangelopen gezicht; verfomfaaid
blub [blʌb] *onoverg* gemeenz grienen, huilen
blubber ['blʌbə] **I** *znw* walvisspek *o*; **II** *onoverg* grienen, huilen
bludgeon ['blʌdʒən] **I** *znw* knuppel, ploertendoder; **II** *overg* knuppelen, slaan
blue [blu:] **I** *bn* blauw; neerslachtig, somber; schuin [mop]; obsceen, pornografisch; ~ *funk* radeloze angst; **II** *znw* blauw *o*; blauwsel *o*; azuur *o*, lucht, zee; zijn universiteit vertegenwoordigende sportbeoefenaar (*dark* ~ = Oxford; *light* ~ = Cambridge); *~s* muz blues; *the ~s* neerslachtigheid; *have (a fit of) the ~s* landerig zijn; *out of the* ~ plotseling, onverwachts; als een donderslag bij heldere hemel; **III** *overg* blauwen, doorhalen; blauw verven; gemeenz erdoor jagen [geld]
bluebell *znw* plantk wilde hyacint
blueberry *znw* blauwe bosbes
bluebird *znw* Amerikaanse blauwe lijster

blue-blooded *bn* met blauw bloed, van adel
bluebottle *znw* korenbloem; bromvlieg, aasvlieg; slang smeris
blue-chip *bn* goed, betrouwbaar [aandeel]
blue-collar *bn* (hand)arbeiders-
blue-eyed boy *znw* lieveling(etje) (*o*), favoriet
blue jeans *znw mv* spijkerbroek
blue-pencil *overg* doorstrepen; schrappen, censureren
blueprint *znw* blauwdruk[2]; fig plan *o*
blue ribbon [blu:'ribən] *znw* lint *o* van de Orde van de Kouseband; blauw lint *o*, blauwe wimpel [hoogste onderscheiding]; blauwe knoop
bluestocking ['blu:stɔkiŋ] *znw* blauwkous
blue tit *znw* pimpelmees
bluff [blʌf] **I** *bn* bruusk, openhartig, rond(uit); **II** *znw* steile oever, steil voorgebergte *o*; bluffen *o* [bij poker]; brutale grootspraak; *call sbd.'s* ~ iem. dwingen de kaarten open te leggen[2], iems. grootspraak als zodanig ontmaskeren; **III** *onoverg* bluffen[2]; **IV** *overg* overbluffen, overdonderen, beduvelen
bluish ['blu:iʃ] *bn* blauwachtig
blunder ['blʌndə] **I** *znw* misslag, flater, bok; **II** *onoverg* strompelen; een misslag begaan, een bok schieten; ~ *along*, ~ *on* voortstrompelen, -sukkelen; ~ *upon* toevallig vinden
blunderbuss ['blʌndəbʌs] *znw* hist donderbus
blunt [blʌnt] **I** *bn* stomp, bot; dom; kortaf, ronduit, bruusk; **II** *overg* stomp maken, bot maken, afstompen, ongevoelig maken
bluntly *bijw* botweg, kortaf, ronduit
blur [blə:] **I** *znw* klad[2], vlek[2], smet[2], veeg; iets vaags; **II** *overg* bekladden[2]; benevelen, verdoezelen, verduisteren; **III** *onoverg* vervagen; ~ *red* ook: vervaagd, wazig, onscherp
blurb [blə:b] *znw* korte inhoud, flaptekst [op boekomslag]; informatie, folders
blurt [blə:t] *overg*: ~ *out* eruit flappen
blush [blʌʃ] **I** *onoverg* blozen, rood worden; ~ *for* zich schamen voor; **II** *znw* blos; kleur; *at (the) first* ~ op het eerste gezicht; *without a* ~ zonder blikken of blozen; *spare sbd.'s ~es* iem. niet in verlegenheid brengen
bluster ['blʌstə] **I** *onoverg* bulderen[2], tieren, razen; opscheppen, snoeven; **II** *znw* geraas *o*, gebulder[2] *o*; snoeverij
blusterer *znw* opschepper, snoever; bullebak
blustery ['blʌstəri] *bn* **1** opschepperig, snoeverig, brallerig; **2** [v. wind] hard, stormachtig
BM *afk. = Bachelor of Medicine; British Museum*
BO *afk. = body odour*
boa ['bouə] *znw* boa constrictor; boa
boar [bɔ:] *znw* beer [mannetjesvarken]; wild zwijn *o* (ook: *wild* ~)
board [bɔ:d] **I** *znw* plank, deel; bord *o*; tafel; kost, kostgeld *o*; scheepv boord *o & m*; bestuurstafel; raad, commissie, bestuur *o*, college *o*, departement *o*, ministerie *o*; bordpapier *o*, karton *o*; *the ~s* de planken: het toneel; *full* ~ vol pension *o*; ~ *and lodging* kost en inwoning; ~ *of directors* raad van bestuur, raad van beheer, directie; *above* ~ open, eerlijk; *go by the* ~ overboord gaan[2]; overboord gezet worden[2]; *in ~s* gekartonneerd; *on* ~ aan boord (van); in de trein (bus &); *across the* ~ algemeen, over de hele linie; *take on* ~ op zich nemen [taak &]; tot zich nemen [kennis &]; *sweep the*~ alle prijzen in de wacht slepen; **II** *overg* beplanken, met planken beschieten; scheepv aanklampen[2], enteren; aan boord gaan van; stappen in [trein &]; in de kost nemen, hebben of doen; ~ *out* uitbesteden; ~ *up* dichtspijkeren (met planken); **III** *onoverg* in de kost zijn (bij *with*)
boarder *znw* kostganger, interne leerling v.e. kostschool; scheepv enteraar
board game *znw* bordspel *o*, gezelschapsspel *o*
boarding card *znw* instapkaart
boarding-house *znw* familiehotel *o*, pension *o*
boarding-school *znw* kostschool, internaat *o*, pensionaat *o*
boardroom *znw* directie-, bestuurskamer; fig bedrijfsleiding, directie
boardschool *znw* hist volksschool
boardwalk *znw* Am [langs het strand] pad *o* van planken; promenade
boast [boust] **I** *onoverg* bluffen, pochen, dik doen, zich beroemen (op *of*); **II** *overg* zich beroemen op, (kunnen) bogen op; **III** *znw* bluf, grootspraak; roem, trots
boaster *znw* bluffer, pocher, snoever
boastful *bn* bluffend, grootsprakig
boat [bout] **I** *znw* boot, schuit; sloep; (saus)kom; *we are in the same* ~ wij zitten in hetzelfde schuitje; **II** *onoverg* uit varen gaan
boat-drill *znw* scheepv sloepenrol
boater ['boutə] *znw* matelot [hoed]
boat-hook ['bouthuk] *znw* bootshaak, pikhaak
boathouse *znw* botenhuis *o*
boating *znw* spelevaren *o*, roeien *o*
boatman *znw* botenverhuurder; (gehuurde) roeier
boat-race *znw* roeiwedstrijd
boatswain ['bousn] *znw* bootsman
boat train *znw* boottrein
Bob [bɔb] *znw* gemeenz Rob(ert); *~'s your uncle* zo gaat-ie goed!, in orde!
bob [bɔb] **I** *znw* lood *o* [van peillood]; polkahaar *o*, jongenskop, pagekopje *o*; korte staart; (knie-) buiging; knik, stoot, ruk, rukje *o*; gemeenz vero shilling; bob(slee); **II** *onoverg* op en neer gaan, dobberen; happen (naar *for*); buigen, knikken; ~ *up* bovenkomen, opduiken; **III** *overg* op en neer bewegen; knikken met; kort knippen; recht afknippen; *~bed hair* polkahaar *o*, pagekopje *o*
bobbin ['bɔbin] *znw* klos, spoel, haspel
bobble ['bɔbl] *znw* klein wollen balletje *o* [als versiering]
bobby ['bɔbi] *znw* gemeenz bobby, (Engelse) politie-

agent

bobby-pin ['bɔbipin] *znw* haarspeld, schuifspeldje *o*

bobbysoxer ['bɔbisɔksə] *znw* gemeenz bakvis, tiener

bob-sled, **bob-sleigh** ['bɔbsled,-slei] *znw* bobslee

bobtail ['bɔbteil] *znw* korte staart; kortstaart [hond of paard], bobtail

bobtailed *bn* gekortstaart, gecoupeerd

bod [bɔd] *znw* gemeenz persoon, vent; *~s* lui, lieden

bode [boud] *overg*: *~ well (ill)* (niet) veel goeds voorspellen

bodge [bɔdʒ] = *botch*

bodice ['bɔdis] *znw* lijfje *o*, keurs(lijf) *o*

bodily I *bn* lichamelijk, lijfelijk; **II** *bijw* lichamelijk, in levenden lijve; in zijn (hun) geheel, compleet

bodkin ['bɔdkin] *znw* rijgpen; priem; lange haarspeld; vero dolk

body ['bɔdi] **I** *znw* lichaam[2] *o*, lijf *o*, romp; voornaamste (grootste) deel *o*; bovenstel *o*, bak [v. wagen], carrosserie [v. auto], casco *o*, laadbak [v. vrachtauto]; lijk *o* (ook: *dead ~*); persoon, mens; corporatie; groep, troep; verzameling, massa; *keep ~ and soul together* in leven blijven; *corporate ~* rechtspersoon; *foreign ~* vreemd lichaam *o*; *the ~ politic* de Staat; *in a ~* gezamenlijk, en corps, en bloc; *of a good ~* krachtig, pittig [v. wijn]; *over my dead ~!* over mijn lijk!; **II** *overg* belichamen (*~ forth*, *~ out*)

body blow *znw* fig zware tegenslag

body-builder *znw* bodybuilder

body-building *znw* bodybuilding

bodyguard *znw* lijfwacht

body language *znw* de taal van het lichaam, lichaamstaal

body odour *znw* (onaangename) lichaamsgeur

body shop *znw* bedrijf *o* voor reparaties aan de carrosserie van auto's

body snatcher *znw* lijkendief, lijkenrover

body stocking *znw* bodystocking

bodywork *znw* carrosserie; *~ damage* plaatschade

Boer ['bouə] **I** *znw* Boer; **II** *bn* Boeren-

boffin ['bɔfin] *znw* slang wetenschappelijk onderzoeker

bog [bɔg] **I** *znw* moeras *o*; laagveen *o* gemeenz plee; **II** *overg & onoverg*: *~ down* in de modder wegzinken (vastraken); fig vastlopen, in een impasse raken, vertraagd worden

bogey ['bougi] *znw* **1** boeman[2]; schrikbeeld *o*; **2** golf bogey [score van een slag boven par]; **3** gemeenz snotje *o*, stukje *o* uit de neus

boggle ['bɔgl] *onoverg*: *~ at* terugschrikken voor; aarzelen; *your mind ~s* daar kan je met je verstand niet bij

boggy ['bɔgi] *bn* moerassig, veenachtig, veen-

bogie ['bougi] *znw* techn draaibaar onderstel *o*

bog-trotter ['bɔgtrɔtə] *znw* geringsch Ier

bogus ['bougəs] *bn* onecht, pseudo-, vals; *~ company* zwendelmaatschappij

bogy ['bougi] *znw* = *bogey*

Bohemian [bou'hi:mjən] **I** *bn* Boheems; van de bohémien (ook: *b~*); **II** *znw* Bohemer; zigeuner; bohémien (ook: *b~*)

boil [bɔil] **I** *overg & onoverg* koken, uitkoken; zieden[2]; fig stikken (van de hitte); *~ away* verkoken; verdampen; *~ down* inkoken; fig bekorten [van verslagen &]; *it ~s down to this* het komt hierop neer; *~ over* overkoken; fig zieden (van *with*); **II** *znw* **1** koken *o*; kookpunt *o*; **2** zweertje *o*; *off (on) the ~* van (aan) de kook

boiler *znw* (kook-, stoom)ketel; warmwaterreservoir *o*; soepkip

boiler-suit *znw* overall

boiling I *znw* koken *o*; kooksel *o*; *the whole ~* slang de hele zooi; **II** *bn* kokend; snikheet; *I'm ~* ik stik van de hitte

boiling-point *znw* kookpunt[2] *o*

boisterous ['bɔistərəs] *bn* onstuimig, rumoerig, roe(zemoe)zig; luidruchtig

bold [bould] *bn* stout(moedig), koen; boud, vrijpostig, driest; fors, kloek; vet [drukletter]; *as ~ as brass* zo brutaal als de beul; *make ~ to, be so ~ as to* zo vrij zijn om

bold-faced *bn* onbeschaamd; vet [drukletter]

bole [boul] *znw* boomstam

bolero *znw* **1** ['bɔlərou] bolero [kort damesjasje]; **2** [bə'lɛərou] bolero [Spaanse dans en de muziek daarvoor]

Bolivia [bə'liviə, -jə] *znw* Bolivia *o*

Bolivian [bə'liviən, -jən] **I** *znw* Boliviaan; **II** *bn* Boliviaans

boll [boul] *znw* plantk bol [zaaddoos van vlas &]

bollard ['bɔləd] *znw* verkeerspaaltje *o*, -zuil; meerpaal [voor schip]; scheepv bolder [op schip]

bollocks ['bɔləks] *znw mv* plat **1** kloten, ballen; **2** gelul *o*, onzin

boloney [bə'louni] *znw* slang klets(koek)

Bolshevik ['bɔlʃivik] **I** *znw* bolsjewiek; **II** *bn* bolsjewistisch

Bolshevism *znw* bolsjewisme *o*

bolshie ['bɔlʃi] **I** *znw* gemeenz revolutionair, rode, rooie; **II** *bn* rood, links, opstandig

bolster ['boulstə] **I** *znw* peluw; techn kussen *o*; steun; **II** *overg* (onder)steunen; opvullen; *~ up* steunen[2], versterken, schragen

bolt [boult] **I** *znw* bout, grendel; (korte) pijl; bliksemstraal; rol [stof, behang]; weglopen *o*, sprong; *a ~ from the blue* een donderslag bij heldere hemel; *he made a ~ for it* hij ging er vandoor; *he made a ~ for the door* hij vloog naar de deur; *have shot one's ~* al zijn pijlen verschoten hebben; **II** *overg* **1** grendelen; met bouten bevestigen; **2** (door)slikken[2], naar binnen slaan; **III** *onoverg* **1** vooruit schieten, springen; **2** er vandoor gaan, op hol slaan (gaan); **3** overlopen; **IV** *bijw*: *~ upright* kaarsrecht

bolt-hole *znw* vluchtgat *o*; fig uitweg

bolus ['bouləs] *znw* med (grote) pil

bomb [bɔm] **I** *znw* bom; gemeenz bom duiten; hit, klapper; *go like a* ~ lopen als een trein; **II** *overg* bombarderen; ~ *out* uitbombarderen; **III** *onoverg* bombardementen uitvoeren; slang op een mislukking uitlopen, floppen [boek, film]; zakken (voor een examen); ~ *along* gemeenz racen, scheuren

bombard [bɔm'ba:d] *overg* bombarderen[2]

bombardier [bɔmbə'diə] *znw* korporaal bij de artillerie

bombardment [bɔm'ba:dmənt] *znw* bombardement *o*

bombast ['bɔmbæst] *znw* bombast, holle retoriek

bombastic [bɔm'bæstik] *bn* bombastisch

bomber *znw* mil & luchtv bommenwerper

bombing *znw* bombardement *o*

bomb disposal *znw* onschadelijk maken *o* van een bom; ~ *unit* explosievenopruimingsdienst

bomber jacket *znw* bomberjack *o*, vliegersjack

bomb-proof *bn* bomvrij

bomb-shell *znw* bom[2]

bombsite ['bɔmsait] *znw* door bombardement ontstane open plek

bona fide ['bouna'faidi] [Lat] *bn & bijw* te goeder trouw, bonafide

bonanza [bə'nænzə] *znw* rijke mijn of bron; buitenkansje *o*; goudmijn; paradijs *o*, walhalla *o*

bond [bɔnd] **I** *znw* band; contract *o*, verbintenis, verplichting; schuldbrief, obligatie; verband *o*; chem verbinding; ~*s* boeien, ketenen; *in* ~ in entrepot; **II** *overg* in entrepot opslaan; verhypothekeren; verbinden; chem binden; **III** *onoverg* zich hechten[2]

bondage *znw* slavernij, knechtschap *o*

bonded *bn* in entrepot (opgeslagen); ~ *debt* obligatieschuld; ~ *warehouse* entrepot *o*

bondholder *znw* obligatiehouder

bonding *znw* (emotionele) binding, band

bondsman *znw* borg

bone [boun] **I** *znw* been *o*, bot *o*; graat; balein *o* [stofnaam], balein *v* [voorwerpsnaam]; kern, essentie; ~*s* gebeente *o*, beenderen, knoken; dobbelstenen; castagnetten; *she's a bag of* ~*s* ze is vel over been; ~ *of contention* twistappel; *make no* ~*s about*... er geen been in zien om...; het niet onder stoelen of banken steken; *I've a* ~ *to pick with you* ik heb een appeltje met je te schillen; *what is bred in the* ~ *will not come out of the flesh* een vos verliest wel zijn haren, maar niet zijn streken; *to the* ~ tot in het gebeente, in merg en been, door en door; *close to the* ~ (te) gewaagd [opmerking &]; **II** *bn* benen; **III** *overg* uitbenen; ontgraten; slang gappen; **IV** *onoverg*: ~ *up on* slang blokken op

bone china *znw* (beender)porselein *o*

bone-dry *bn* kurkdroog

bone meal *znw* beendermeel *o*

bonehead *znw* slang stommeling

boneheaded *bn* slang stom

bone-idle *bn* gemeenz ontzettend lui

boneless *bn* zonder beenderen, zonder graat; fig krachteloos, slap

boner ['bounə] *znw* Am gemeenz flater, bok; plat stijve (pik)

boneshaker ['bounʃeikə] *znw* wrakkige auto, rammelkast, oude bak

bonfire ['bɔnfaiə] *znw* vreugdevuur *o*, vuur(tje) *o*; *B~ Night* 5 november (herdenkingsfeest van het Buskruitverraad in 1605)

bonhomie [bɔnɔ'mi:] [Fr] *znw* jovialiteit

bonkers ['bɔŋkəz] *bn* gemeenz gek, geschift

bon mot [bɔ̃n'mou] [Fr] *znw* kwinkslag, geestig gezegde *o*

bonnet ['bɔnit] *znw* vrouwenhoed: kapothoed; muts; auto motorkap

bonny ['bɔni] *bn* aardig, mooi, lief

bonsai ['bɔnsai] *znw* bonsai; bonsaiboompje *o*

bonus ['bounəs] *znw* handel premie; extradividend *o*; tantième *o*; toeslag, gratificatie; extraatje *o*, meevaller; ~ *share* handel bonusaandeel *o*

bony ['bouni] *bn* beenachtig, benig; gratig, vol graten; potig, knokig, bonkig, schonkig

boo [bu:] **I** *tsw* boe!, hoe!; *he wouldn't say* ~ *to a goose* hij durft geen mond open te doen; **II** *znw* geloei *o*; gejouw *o*; **III** *onoverg* loeien; jouwen; **IV** *overg* uitjouwen

boob [bu:b] **I** *znw* slang flater; tiet; **II** *onoverg* slang een flater slaan

booby ['bu:bi] *znw* domoor; sul; dierk jan-van-gent

booby-prize *znw* poedelprijs

booby-trap **I** *znw* **1** boobytrap, valstrikbom; **2** geintje *o*, practical joke [zoals een voorwerp leggen op een op een kier staande deur]; **II** *overg* een boobytrap plaatsen in (bij)

boogie ['bu:gi] gemeenz **I** *znw* dans (op popmuziek); **II** *onoverg* dansen (op popmuziek), swingen

boohoo [bu'hu:] **I** *tsw* boe!, joe!; **II** *onoverg* grienen

book [buk] **I** *znw* boek *o*; schrift *o*, cahier *o*; map; (tekst)boekje *o*, libretto *o*; boekje *o* [kaartjes, lucifers &]; lijst van weddenschappen; *the (Good) B~* de Bijbel; *I am in his bad (black)* ~*s* ik ben bij hem uit de gratie; *I am in his good* ~*s* ik sta bij hem in een goed blaadje; *bring sbd. to* ~ *for sth.* iem. voor iets ter verantwoording roepen; *in my* ~ volgens mij; *by the* ~ volgens het boekje; *he is (up) on the* ~*s* hij is lid, hij is ingeschreven; **II** *overg & onoverg* boeken, noteren, inschrijven, (plaats) bespreken; een kaartje nemen of geven; gemeenz op de bon zetten, erbij lappen; sp een gele kaart geven; ~ *in* zich inschrijven; inchecken; ~*ed up* bezet, volgeboekt

bookable *bn* bespreekbaar, te reserveren

bookbinder *znw* boekbinder

bookbinding *znw* boekbinden *o*

bookcase *znw* boekenkast

book club *znw* boekenclub

book-end *znw* boekensteun

bookie ['buki] *znw* gemeenz = *bookmaker*
booking ['bukiŋ] *znw* bespreking, reservering
booking-clerk ['bukiŋkla:k] *znw* lokettist, loketbeambte
booking-office *znw* plaatskaartenbureau *o*, bespreekbureau *o*, loket *o* [op stations]
bookish *bn* geleerd, pedant; theoretisch, schools, boekachtig; leesgraag
bookkeeper *znw* boekhouder
bookkeeping *znw* boekhouden *o*; *~ by double (single) entry* dubbel (enkel) boekhouden *o*
book-learning *znw* boekengeleerdheid
booklet *znw* boekje *o*; brochure [als reclame]
bookmaker *znw* bookmaker [bij wedrennen]
bookmark(er) *znw* boekenlegger
book-plate *znw* ex-libris *o*
book post *znw* post verzending van boeken als drukwerk
bookseller *znw* boekhandelaar, -verkoper
bookselling *znw* boekhandel
bookshelf *znw* boekenplank
bookshop *znw* boekwinkel
bookstall *znw* boekenstalletje *o* (*second-hand ~*); stationsboekhandel, -kiosk (*railway ~*)
bookstore *znw* boekwinkel
book token *znw* boekenbon
bookworm *znw* boekworm; fig boekenwurm
boom [bu:m] **I** *znw* **1** (haven)boom; **2** scheepv spier, spriet; **3** hengel [v. microfoon]; **4** gedaver *o*, gedonder *o*, gedreun *o*; **5** handel hoogconjunctuur, plotselinge stijging of vraag, hausse; **II** *bn* snel opgekomen, explosief groeiend [stad]; **III** *onoverg* **1** daveren, donderen, dreunen; **2** in de hoogte gaan, een hoge vlucht nemen, kolossaal succes hebben
boomerang ['bu:məræŋ] **I** *znw* boemerang[2]; **II** *onoverg* als een boemerang werken
boon [bu:n] **I** *znw* geschenk *o*; gunst; zegen, weldaad; **II** *bn*: *~ companion* vrolijke metgezel
boor ['buə] *znw* boer, lomperd, pummel
boorish *bn* boers, lomp, pummelig
boost [bu:st] **I** *overg* duwen, een zetje geven[2], in de hoogte steken, reclame maken voor; opdrijven, opvoeren, versterken, stimuleren; **II** *znw* gemeenz zetje[2] *o*, ophef, opkammerij, reclame; stimulans; techn aanjaagdruk
booster *znw* versterker, booster, hulpdynamo, aanjager, startmotor, startraket
1 boot [bu:t] **I** *znw* laars, hoge schoen; auto koffer(ruimte), bagageruimte; *the ~s* de schoenpoetser, de knecht [in hotel]; *the ~ is on the other foot* de situatie is net andersom; *he had his heart in his ~s* de moed zonk hem in de schoenen; *get the ~* de bons (zijn congé) krijgen; *give him the ~* hem de bons geven, eruit trappen; **II** *overg* trappen, schoppen; *~ out* gemeenz eruit trappen[2]
2 boot [bu:t]: *to ~* daarbij, op de koop toe, bovendien
boot-black ['bu:tblæk] *znw* schoenpoetser
bootee [bu:'ti] *znw* dameslaarsje *o*; babysokje *o*
booth [bu:ð] *znw* kraam, tent; hokje *o*, cabine, telefooncel
bootlace *znw* (schoen)veter
bootleg ['bu:tleg] **I** *bn* gesmokkeld; illegaal verkocht; **II** *overg* smokkelen; illegaal produceren/verkopen
bootlegger *znw* Am (drank)smokkelaar
bootless *bn* **1** vergeefs; **2** ongelaarsd
bootlicker *znw* pluimstrijker
bootmaker *znw* laarzenmaker
boot-polish *znw* schoensmeer *o & m*
bootstrap *znw* laarzenstrop; *pull oneself up by one's ~s* zichzelf uit het moeras trekken, uit eigen kracht er weer bovenop komen
boot-tree *znw* leest [voor laarzen &]
booty ['bu:ti] *znw* buit, roof
booze [bu:z] gemeenz **I** *onoverg* zuipen, zich bezuipen; **II** *znw* drank; *on the ~* aan de zuip
boozer ['bu:zə] *znw* gemeenz **1** zuiper, drankorgel *o*; **2** Br kroeg
booze-up ['bu:zʌp] *znw* gemeenz zuippartij
boozy *bn* bezopen, dronken
bop [bɔp] gemeenz **I** *znw* **1** tik, slag, klap; **2** dans [*vooral* op popmuziek]; **II** *overg* meppen, slaan; **III** *onoverg* dansen [*vooral* op popmuziek]
bo-peep [bou'pi:p] *znw*: *play (at) ~* kiekeboe spelen[2]
boracic [bə'ræsik] *bn* boor-; *~ acid* boorzuur *o*
borax ['bɔræks] *znw* borax
border ['bɔ:də] **I** *znw* rand[2], kant, boordsel *o*, zoom; border [in tuin]; grens, grensstreek (ook: *~ area*); **II** *overg* omranden, omzomen, begrenzen; **III** *onoverg* grenzen; *~ (up)on* grenzen aan
borderer *znw* grensbewoner
borderland *znw* grensgebied[2] *o*
borderline *znw* grens(lijn); *~ case* grensgeval *o*
1 bore [bɔ:] **I** *overg* (aan-, door-, uit)boren; vervelen, zeuren; *be ~d stiff (to death)* zich dood vervelen; **II** *znw* boorgat *o*; ziel, kaliber *o*, diameter; vervelend mens; gemeenz zanik; vervelende zaak; vervelend werk *o*; vloedgolf
2 bore [bɔ:] V.T. van *[2]bear*
boredom ['bɔ:dəm] *znw* verveling
borehole ['bɔ:houl] *znw* boorgat *o*
borer ['bɔ:rə] *znw* boor; boorder
boric ['bɔ:rik] *bn* boor-; *~ acid* boorzuur *o*
boring ['bɔ:riŋ] *bn* vervelend
born [bɔ:n] *bn* (aan)geboren; *not ~ yesterday* niet van gisteren; *~ and bred* geboren en getogen; *never in all my ~ days* van mijn leven niet; *~ of* geboren uit[2], fig voortgekomen (ontstaan) uit, het product van
borne [bɔ:n] V.D. van *[2]bear*
borough ['bʌrə] *znw* stad, gemeente; *parliamentary ~* kiesdistrict *o*
borrow ['bɔrou] **I** *overg* borgen, lenen [van], ontlenen (aan *from*); *live on ~ed time* langer leven dan

verwacht; *~ed light* indirect (dag)licht; **II** *onoverg* lenen
borrower *znw* lener, ontlener
borrowing *znw* (ont)lenen *o*; leenwoord *o*, ontlening
Borstal ['bɔ:stəl] *znw* Br hist jeugdgevangenis
bosh [bɔʃ] *znw* onzin
bosk(et) ['bɔsk(it)] *znw* bosje *o*; struikgewas *o*
Bosnia ['bɔsniə] *znw* Bosnië
Bosnian I *znw* Bosniër; **II** *bn* Bosnisch
bosom ['buzəm] *znw* boezem; borst; buste; fig schoot
bosom friend *znw* boezemvriend(in)
boss [bɔs] **I** *znw* ronde, verhoogde versiering bij drijfwerk; gemeenz baas[2], piet, kopstuk *o*, bonze, bons, leider; **II** *overg* gemeenz besturen, de leiding hebben over; de baas spelen over; *~ sbd. about/ around* iem. commanderen
boss-eyed ['bɔsaid] *bn* scheel
bossy ['bɔsi] *bn* gemeenz bazig
bossy-boots ['bɔsibu:ts] *znw* gemeenz bazig persoon
bosun ['bousn] *znw* bootsman
botanic(al) [bə'tænik(l)] *bn* botanisch, planten-
botanist ['bɔtənist] *znw* botanicus, plantkundige
botanize *onoverg* botaniseren
botany ['bɔtəni] *znw* botanie, plantkunde
botch [bɔtʃ] **I** *znw* (ook: *~-up*) knoeiwerk *o*; **II** *overg* (ook: *~ up*) verknoeien, een puinhoop maken van; (op)lappen, samenflansen, slordig repareren
both [bouθ] *telw* beide; *~... and...* zowel... als, (en)... en...
bother ['bɔðə] **I** *onoverg* zich druk/ongerust maken (om *about*); moeite doen; **II** *overg* lastig vallen, hinderen, kwellen; *~!* wat vervelend, verdorie!; *I can't be ~ed* ik heb geen zin; **III** *znw* soesa, gezeur *o*, gezanik *o*; moeite; last; *go to (all) the ~ of* de moeite nemen om
botheration [bɔðə'reiʃən] **I** *znw* soesa, gezeur *o*, gezanik *o*; moeite; last; **II** *tsw* verdorie
bothersome ['bɔðəsəm] *bn* lastig, vervelend
Botswana [Bɔ'tswa:nə] *znw* Botswana
bottle ['bɔtl] **I** *znw* **1** fles; karaf; **2** moed, lef *o*; *hit the ~* aan de drank raken; *on the ~* aan de drank; **II** *overg* bottelen, in flessen doen, wecken; *~ up* opkroppen [woede]; *~ out* (op het laatste moment) de moed verliezen
bottle bank *znw* glasbak
bottle-fed child *znw* flessenkind *o*
bottle-feed *overg* de fles geven [baby]
bottle-green *bn* donkergroen
bottleneck *znw* nauwe doorgang, vernauwing, flessenhals[2], bottleneck, knelpunt° *o*; fig belemmering, struikelblok *o*
bottle-opener *znw* flesopener
bottlewasher *znw* duvelstoejager, manusje-van-alles *o*
bottom ['bɔtəm] **I** *znw* bodem; grond; zitting; voet, basis; laagste (achterste, verste) deel *o*; gemeenz achterste *o*; *bikini ~* bikinibroekje *o*; *pyjama ~s* pyjamabroek; *~ up* ondersteboven; *~s up* ad fundum; *at ~* in de grond, au fond; *at the ~ of* onder aan, onder in, achter in, op de bodem van; *he is at the ~ of it* hij zit erachter; *get to the ~ of this matter* deze zaak grondig onderzoeken; *go (send) to the ~* (doen) zinken; **II** *bn* onderste; laagste; **III** *onoverg* de bodem raken; *~ out* het laagste punt bereiken; **IV** *overg* van een bodem voorzien; fig doorgronden
bottom gear *znw* eerste versnelling
bottomless *bn* bodemloos, grondeloos, peilloos
bottom-line *znw* gemeenz **1** uiteindelijke waarheid; **2** einduitkomst, resultaat *o* [*vooral* financieel]
botulism ['bɔtjulizm] *znw* botulisme *o*
bouffant [bu:'fa:n(t)] *bn* opbollend [v. kapsel, kleding]
bough [bau] *znw* tak
bought [bɔ:t] V.T. & V.D. van *buy*
boulder ['bouldə] *znw* rolsteen, kei
bounce [bauns] **I** *onoverg* (op)springen, stuiten; fig geweigerd worden [v. cheque]; *~ into* binnenstormen; **II** *overg* laten stuiten; fig weigeren [v. cheque]; **III** *znw* sprong, slag, stoot; fut, pit; veerkracht(igheid)
bouncer *znw* uitsmijter [in nachtclub &]
bouncing *bn* stevig
bouncy *bn* opgewekt
1 bound [baund] **I** *znw* sprong; *~s* ook: perken, grenzen; *out of ~s* verboden terrein &; verboden; *set ~s to* paal en perk stellen aan; **II** *onoverg* springen; terugstuiten; **III** *overg* beperken; begrenzen
2 bound [baund] V.T. & V.D. van *bind*; verschuldigd, verplicht; *~ for Cadiz* op weg naar Cadiz; *be ~ to* moeten...; zeker...; *I'll be ~* daar sta ik voor in; *~ up with* nauw verbonden met
boundary ['baundəri] *znw* grens(lijn)
bounden ['baundn] **I** vero V.D. van *bind*; **II** *bn*: *~ duty* dure plicht
bounder ['baundə] *znw* gemeenz patser, proleet
boundless ['baundlis] *bn* grenzeloos, eindeloos
bounteous ['bauntiəs], **bountiful** *bn* mild, milddadig; rijkelijk, royaal, overvloedig
bounty *znw* mild(dadig)heid; gulheid; gift; premie
bouquet ['bukei] *znw* ruiker, boeket *o & m* [ook v. wijn]
bourbon ['bə:bən] *znw* whisky uit maïs, bourbon
bourgeois ['buəʒwa:] [Fr] *bn* (klein)burgerlijk
bourn(e) ['buən] *znw* plechtig grens; doel *o*, beek
bout [baut] *znw* partij, wedstrijd, partijtje *o*; keer, beurt; aanval [v. koorts &], vlaag, periode
boutique [bu:'ti:k] *znw* boetiek
bovine ['bouvain] *bn* rund(er)-; stupide
bovver ['bɔvə] *znw* slang herrieschopperij, geweld *o*; *~ boy* relschopper, herrieschopper
1 bow [bau] **I** *overg* buigen; doen buigen; *be ~ed down with* gebukt gaan onder; *~ in (out)* buigend binnenbrengen (uitgeleide doen); **II** *onoverg* (zich)

buigen[2]; ~ *down* zich schikken (naar, in *to*); ~ *out (of)* fig zich terugtrekken (uit); ~ *and scrape* stroopsmeren, hielen likken; **III** *znw* buiging; scheepv boeg (ook: ~*s*); boeg: voorste roeier; *make one's* ~ (van het toneel) verdwijnen; opkomen; *take a* ~ een buiging maken, applaus in ontvangst nemen

2 bow [bou] **I** *znw* boog; muz strijkstok; (losse) strik; zie ook: *bowtie*; techn beugel; **II** *onoverg & overg* muz strijken

bowdlerize ['baudlǝraiz] *overg* kuisen [v. boek]

bowel ['bauǝlz] *znw* **1** darm; **2** ~*s* ingewanden; fig hart *o*; *empty one's* ~, *move one's* ~ afgaan, zijn behoefte doen; *have one's* ~ *open* behoorlijke stoelgang hebben; *keep the* ~ *open* voor goede ontlasting zorgen; *open the* ~ laxeren

bower ['bauǝ] *znw* prieel *o*

bowery *bn* schaduwrijk

bowie-knife ['bouinaif] *znw* Am lang jachtmes *o*

bowl [boul] **I** *znw* schaal, kom, bokaal, nap; pot [v. closet]; bekken *o*; pijpenkop; (lepel)blad *o*; (kegel-) bal; ~*s* op jeu de boules gelijkend balspel *o*; kegelen *o*; **II** *onoverg* ballen; kegelen; bowlen [ook: cricket]; (voort)rollen (ook: ~ *along*); **III** *overg* (voort)rollen; ~ *out* uitbowlen: het wicket omwerpen van [cricket]; ~ *over* omverwerpen; doen omvallen van [verbazing]; in de war maken

bow-legged ['boulegd] *bn* met o-benen

bowler ['boulǝ] *znw* sp bowler; bolhoed (~ *hat*)

bowline ['boulin] *znw* scheepv boelijn, boelijnsteek

bowling-alley ['bouliŋæli] *znw* kegelbaan

bowling-green *znw* veld *o* voor een op jeu de boules gelijkend balspel

bowman ['boumǝn] *znw* boogschutter

bowsprit *znw* boegspriet

bowstring *znw* boogpees

bowtie *znw* vlinderdas, strikdas, vlindertje *o*, strikje *o*

bow-window *znw* ronde erker

bow-wow ['bauwau] **I** *znw* kindertaal hond(je *o*); geblaf *o*; **II** *tsw* wafwaf [klanknabootsing]

box [bɔks] **I** *znw* **1** doos, kist, koffer, kistje *o*, trommel, cassette [voor boekdeel], bak [voor plant]; bus; postbus; **2** kijkkast, (beeld)buis; **3** loge; afdeling [in stal &], box; **4** kader *o* [in krant &]; hokje *o* [v. invulformulier]; vakje *o* [v. drukletter]; vak *o* [op de weg]; sp strafschopgebied *o*; **5** kamertje *o*, huisje *o*, kompashuisje *o*; seinhuisje *o*; telefooncel; **6** naafbus; **7** bok [v. rijtuig]; **8** sp (spring)kast; **9** plantk buks(boom), palm; **10** klap, oorvijg; **II** *onoverg* boksen; **III** *overg* **1** in een doos & sluiten; **2** boksen met [iem.]; ~ *sbd.'s ears* iem. om de oren geven; ~ *in* insluiten; ~ *up* opeenpakken

boxer ['bɔksǝ] *znw* bokser, boxer [hond]

Boxing Day ['bɔksiŋdei] *znw* tweede kerstdag

boxing ['bɔksiŋ] *znw* boksen *o*

boxing glove ['bɔksiŋglʌv] *znw* bokshandschoen

box number ['bɔksnʌmbǝ] *znw* nummer v.e. advertentie

box office *znw* bespreekbureau *o*, kassa; box-office; ~ *success* succes *o*, kasstuk *o*

boxroom *znw* rommelkamer, -zolder; bergruimte

box spanner *znw* pijpsleutel

box tree *znw* plantk buksboom, palm

boxwood ['bɔkswu:d] *znw* hout *o* van de buksboom

boy [bɔi] *znw* knaap, jongen (ook: bediende); *old* ~ ouwe jongen; oud-leerling; *oh* ~*!* o jee!

boycott ['bɔikɔt] **I** *overg* boycotten; **II** *znw* boycot

boyfriend ['bɔi'frend] *znw* vriendje *o*, jongen

boyhood *znw* jongensjaren

boyish *bn* jongensachtig, jongens-

boy scout *znw* padvinder

bra [bra:] *znw* beha, bustehouder

brace [breis] **I** *znw* paar *o*, koppel *o*; klamp, anker *o*, haak, beugel, booromslag, stut; accolade; riem, bretel, band; scheepv bras; ~*s* bretels; ~ *and bit* boor; **II** *overg* spannen, (aan)trekken, scheepv brassen; versterken, opwekken, [zenuwen] stalen; ~ *oneself* zich vermannen; ~*d for* voorbereid op, klaar voor

bracelet ['breislit] *znw* armband; gemeenz handboei

bracer ['breisǝ] *znw* gemeenz hartversterking, borrel

bracing ['breisiŋ] *bn* versterkend, opwekkend

bracken ['brækn] *znw* plantk (adelaars)varen(s)

bracket ['brækit] **I** *znw* console; klamp; etagère; (gas)arm; haak, haakje *o*; categorie, klasse, groep; **II** *overg* met klampen steunen; tussen haakjes plaatsen; fig in één adem noemen, op één lijn stellen (met *with*); samenvoegen, groeperen

brackish ['brækiʃ] *bn* brak

brad [bræd] *znw* spijkertje *o* zonder kop, stift

bradawl ['brædɔ:l] *znw* els

brag [bræg] **I** *overg* brallen, pochen, bluffen (op *of*); **II** *znw* gepoch *o*, bluf; bluffen *o* [kaartspel]

braggadocio [brægǝ'doutʃjou] *znw* gesnoef *o*, pocherij

braggart ['brægǝt] *znw* praalhans, pocher, bluffer, snoever, schreeuwer

Brahman ['bra:mǝn], **Brahmin** ['bra:min] *znw* brahmaan

braid [breid] **I** *znw* vlecht; boordsel *o*, galon *o & m*; tres; (veter)band *o & m*; **II** *overg* vlechten; boorden, met tressen garneren

Braille [breil] *znw* braille(schrift) *o*

brain [brein] **I** *znw* brein *o*, hersenen; verstand *o*; knappe kop; ~*s* hersens; *have ... on the* ~ malen over..., bezeten zijn van...; *pick sbd.'s* ~*s* iem. om raad (informatie, advies) vragen; **II** *overg* de hersens inslaan

brainchild *znw* geesteskind *o*, geestesproduct *o*

brain death *znw* hersendood

brain-drain *znw* emigratie v. academici naar landen met meer mogelijkheden

brainless *bn* hersenloos

brain-pan *znw* hersenpan

brain-storm I *znw* plotselinge heftige geestessto-

ring, 'gekke' inval; **II** *onoverg* brainstormen: het aanpakken v.e. probleem door groepsdiscussie
Brains Trust *znw* groep van wijze mannen, adviescollege *o*, brain trust
brain teaser *znw* breinbreker
brainwash *overg* hersenspoelen
brainwashing *znw* hersenspoeling
brainwave *znw* gemeenz inval, lumineus idee *o & v*
brainy *bn* gemeenz pienter
braise [breiz] *overg* [vlees] smoren
brake [breik] **I** *znw* rem; *put on the ~* remmen; *put a ~ on...* [iets] remmen; **II** *overg* remmen
brake light *znw* remlicht *o*
brakesman *znw* remmer
bramble ['bræmbl] *znw* braamstruik
bran [bræn] *znw* zemelen
branch [bra:n(t)ʃ] **I** *znw* (zij)tak, arm; (leer)vak *o*, afdeling, filiaal *o*; *~ line* zijlijn; *~ office* bijkantoor *o*, agentschap *o*; **II** *onoverg* zich vertakken; *~ off* zich vertakken, zich splitsen, afslaan; fig afdwalen; *~ out* uitbreiden [onderneming]; *our company thinks of ~ing out into manufacturing toys* ons bedrijf overweegt om ook speelgoed te gaan maken
branchy *bn* vertakt
brand [brænd] **I** *znw* brandend hout *o*; plantk brand [ziekte]; brandijzer *o*, brandmerk *o*, schandmerk *o*; merk *o*; soort, kwaliteit; **II** *overg* brandmerken[2], merken; *~ed goods* merkartikelen
branding-iron *znw* brandijzer *o*
brandish ['brændiʃ] *overg* zwaaien (met)
brand name ['brændneim] *znw* merknaam, woordmerk *o*
brand-new ['bræn(d)'nju:] *bn* fonkelnieuw, gloednieuw, splinternieuw
brandy ['brændi] *znw* cognac; brandewijn, brandy
bran-tub ['bræntʌb] *znw* grabbelton
brash [bræʃ] *bn* onstuimig, opdringerig, overhaast; schreeuwend [v. kleur]
brass [bra:s] **I** *znw* geelkoper *o*, messing *o*; muz koper *o*; gedenkplaat; gemeenz 'centen'; fig brutaliteit; *(top) ~* slang (hele) hogen; **II** *bn* (geel)koperen, van messing
brass band ['bra:s'bænd] *znw* blaaskapel, fanfare, fanfarekorps *o*
brassed off [bra:st ɔ(:)f] *bn*: *be ~ with sth.* gemeenz iets beu zijn
brass hat *znw* slang stafofficier; hoge
brassière ['bræsiɛə] *znw* bustehouder
brass tacks ['bra:s'tæks]: *get down to ~* spijkers met koppen slaan
brass winds *znw mv* muz koperblazers
brassy **I** *bn* koperachtig, koperkleurig; fig brutaal; **II** *znw* golfstok
brat [bræt] *znw* blaag, vlegel, dondersteen, kreng *o*
bravado [brə'va:dou] *znw* overmoed; waaghalzerij
brave [breiv] **I** *bn* dapper, moedig, kloek, flink, nobel; **II** *znw* (indiaans) krijgsman; **III** *overg* tarten, trotseren, uitdagen; *~ it out* zich er (brutaal) doorheen slaan
bravery *znw* moed
bravo ['bra:vou, bra:'vou] *tsw* bravo!
bravura [bra'vjuərə] *znw* bravoure
brawl [brɔ:l] **I** *onoverg* knokken; **II** *znw* knokpartij, vechtpartij
brawler *znw* ruziemaker, lawaaischopper
brawn [brɔ:n] *znw* spieren; spierkracht; hoofdkaas, preskop
brawny *bn* gespierd, sterk
bray [brei] **I** *onoverg* balken, schetteren; **II** *znw* gebalk *o*; geschetter *o*
braze [breiz] *overg* solderen
brazen [breizn] **I** *bn* (geel)koperen; fig brutaal, onbeschaamd; **II** *overg*: *~ it out* brutaal volhouden, zich er brutaal doorheen slaan
brazen-faced *bn* onbeschaamd
brazier ['breizjə] *znw* komfoor *o*
Brazil [bre'zil] *znw* Brazilië
Brazilian [brə'ziljən] **I** *znw* Braziliaan; **II** *bn* Braziliaans
Brazil nut [bre'zil'nʌt] *znw* paranoot
breach [bri:tʃ] **I** *znw* breuk[2], bres; inbreuk; schending; *step into the ~* in de bres springen; *~ of the peace* vredebreuk; rustverstoring; *~ of promise* woordbreuk; **II** *overg* (een) bres schieten; doorbreken; fig schenden, inbreuk maken op
bread [bred] **I** *znw* brood[2] *o*; slang poen (= geld *o*); fig broodwinning; *~ and butter* **1** boterham(men); **2** broodwinning; *~-and-butter issues like healthcare and housing* essentiële zaken als gezondheidszorg en huisvesting; *~-and-butter letter* dankbetuiging voor genoten gastvrijheid; *know which side one's ~ is buttered* eigen belang voor ogen houden; **II** *bn* om den brode, de primaire levensbehoeften betreffend
breadbasket *znw* broodmand; graanschuur [van een land]
bread-bin *znw* broodtrommel
bread-board *znw* broodplank
breadcrumb **I** *znw* broodkruimel; *~s* ook: paneermeel *o*; **II** *overg* paneren
breaded *bn* gepaneerd
breadfruit *znw* broodboom; vrucht van de broodboom
breadline *znw* armoedegrens; *be on the ~* van de bedeling moeten leven
breadth [bredθ] *znw* breedte, baan; brede blik, ruime opvatting
breadthways, breadthwise *bijw* in de breedte
breadwinner ['bredwinə] *znw* kostwinner
1 break [breik] (broke; broken) **I** *overg* breken; aan-, af-, door-, onder-, open-, stuk-, verbreken; overtreden [regels], schenden; banen [weg]; opbreken [kamp]; [vlas] braken; doen springen [bank]; ruïneren; bij stukjes en beetjes mededelen [nieuws]; dresseren; mil casseren; ontplooien [vlag]; *~ the*

back of... het voornaamste (moeilijkste) deel van... klaar krijgen, het ergste achter de rug krijgen; **II** *onoverg* breken; aan-, af-, door-, los-, uitbreken, los-, uitbarsten; de gelederen verbreken; veranderen, omslaan [v. weer]; springen [v. bank], bankroet gaan; achteruit gaan; ophouden; pauzeren; ~ *away* weg-, af-, losbreken, zich losrukken, -scheuren, zich afscheiden (van *from*); ~ *down* mislukken, het begeven, blijven steken, zich niet langer kunnen inhouden, bezwijken, het afleggen; afbreken, breken [tegenstand], (zich laten) splitsen; ~ *forth* los-, uitbarsten; tevoorschijn komen; ~ *free* losbreken[2], zich bevrijden[2]; ~ *in* inbreken; africhten, dresseren; inlopen [schoeisel]; inrijden [auto &]; in de rede vallen; ~ *in to* gewennen aan; ~ *in upon* (ver-)storen, onderbreken; ~ *into* inbreken in; fig aanbreken, aanspreken [kapitaal]; overgaan in, beginnen te; een positie verwerven in; ~ *sbd. of a habit* iem. een gewoonte afleren; ~ *oneself of a habit* met een gewoonte breken; iets afleren; ~ *off* afbreken[2]; ~ *it off* het [engagement] afmaken; ~ *open* openbreken; ~ *out* uitslaan; uitbreken; losbarsten; ~ *through* doorbreken; overtreden, afwijken van; ~ *to the saddle* wennen aan het zadel; ~ *up* uiteengaan, eindigen; met de schoolvakantie beginnen; uiteenvallen; stukbreken, afbreken[2], slopen; scheuren [v. weidegrond]; verdelen; doen uiteenvallen; ontbinden, een einde maken aan, doorbreken; breken [dag]; uiteenslaan, oprollen [bende, complot], in de war sturen [bijeenkomst]; ~ *with* breken met

2 break *znw* breuk; af-, ver-, onderbreking; aanbreken *o*; verandering, omslag [van weer]; afbrekingsteken *o*; pauzering, pauze, rust; onderw vrij kwartier *o*, speelkwartier *o*; biljart serie; (afrij)brik; kans; bof, pech; *give me a ~!* gemeenz doe me een lol, wil je!, laat me met rust!; *make a ~ (for it)* slang 'm smeren

breakable *bn* breekbaar

breakage *znw* breken *o*, breuk

breakaway I *znw* afscheiding; **II** *bn* afgescheiden, afscheidings-

break-dancing *znw* breakdancing, breakdansen *o*

breakdown *znw* in(een)storting; (zenuw)inzinking (ook: *nervous ~*); mislukking; blijven steken *o*, storing, panne, defect *o*, averij; splitsing, onderverdeling, analyse; afbraak; ~ *gang* hulpploeg; ~ *lorry* takelwagen; ~ *product* afbraakproduct *o*

breaker *znw* breker; sloper; 27 MC'er; brekende golf; *~s* branding

breakfast ['brekfəst] **I** *znw* ontbijt *o*; **II** *onoverg* ontbijten

breakfast television *znw* ontbijttelevisie

break-in *znw* inbraak

breaking-point ['breikiŋpɔint] *znw* breekpunt *o*; *strained to ~* tot het uiterste gespannen

breakneck *bn* halsbrekend; *at ~ speed* in razende vaart

break-out *znw* uitbraak, ontsnapping uit gevangenis &

breakthrough *znw* doorbraak

break-up *znw* ineenstorting, ontbinding, uiteenvallen *o* [v. partij]; uiteengaan *o*

breakwater *znw* golfbreker, havendam

bream [bri:m] *znw* (*mv* idem *of* -s) brasem

breast [brest] **I** *znw* borst, boezem; borststuk *o*; *make a clean ~ of it* alles eerlijk opbiechten; **II** *overg* het hoofd bieden aan; (met kracht) tegen... in gaan; (met moeite) beklimmen of doorklieven

breastbone *znw* borstbeen *o*

breast-fed *bn*: ~ *baby* baby die borstvoeding krijgt

breast-feed *overg* de borst geven, borstvoeding geven

breastplate *znw* borstplaat, harnas *o*, borststuk *o*

breast pocket *znw* borstzak

breaststroke *znw* sp schoolslag, borstslag

breastwork *znw* mil borstwering

breath [breθ] *znw* adem(tocht), luchtje *o*, zuchtje *o*; zweem, spoor; *he caught his ~* zijn adem stokte; *draw ~* ademhalen; *hold one's ~* de adem inhouden; *save one's ~* zijn mond houden, niets meer zeggen; *waste one's ~* voor niets praten; *take a ~* adem scheppen, even op adem komen; *take sbd.'s ~ away* iem. de adem benemen; iem. paf doen staan; *in the same ~* in één adem; *under one's ~* fluisterend, binnensmonds; *out of ~* buiten adem

breathalyse, breathalyze ['breθəlaiz] *overg* een ademtest laten doen

breathalyzer *znw* blaaspijpje *o*

breathe [bri:ð] **I** *onoverg* ademen[2], ademhalen; **II** *overg* (in-, uit)ademen; (laten) uitblazen; fluisteren; te kennen geven; ~ *one's last* de laatste adem uitblazen; *don't ~ a word (of it)* houd je mond erover; ~ *new life into* nieuw leven inblazen; ~ *down sbd.'s neck* iem. op de hielen zitten, iem. op de vingers kijken

breathed [breθt, bri:ðd] *bn* stemloos

breather ['bri:ðə] *znw* adempauze; *have (take) a ~* even uitblazen

breathing *znw* ademhaling; ~ *space* ogenblik *o* om adem te scheppen, respijt *o*, adempauze

breathless ['breθlis] *bn* ademloos; buiten adem

breathtaking *bn* adembenemend; verbluffend

breath test *znw* ademtest

bred [bred] V.T. & V.D. van *breed*

breech [bri:tʃ] *znw* kulas [v. kanon], staartstuk *o* [v. geweer]; *~es* ['britʃiz] korte (rij)broek

breechblock ['bri:tʃblɔk] *znw* mil sluitstuk *o*

breeches-buoy ['britʃizbɔi] *znw* broek, wippertoestel *o* [voor het redden v. schipbreukelingen]

breech-loader ['bri:tʃloudə] *znw* achterlader

1 breed [bri:d] (bred; bred) **I** *overg* verwekken[2], telen, (aan)fokken, (op)kweken[2], grootbrengen, opleiden; voortbrengen, veroorzaken; **II** *onoverg* jongen, zich voortplanten

2 breed *znw* ras *o*, soort

breeder *znw* verwekker, fokker; ~ *reactor* kweek-

reactor
breeding *znw* verwekken *o* &, zie *breed*; opvoeding; beschaafdheid; *(good)* ~ welgemanierdheid; ~ *ground* broedplaats; fig voedingsbodem, broeinest *o*
breeze [bri:z] **I** *znw* bries; Am gemeenz makkie *o*, eitje *o*; ~ *block* cementbetontegel; **II** *overg* gemeenz ~ *in* binnenstuiven
breezy *bn* winderig[2]; luchtig[2], opgewekt, joviaal
brent(-goose) ['brent('gu:s)] *znw* rotgans
brethren ['breðrin] *znw* broeders
Breton ['bretən] **I** *znw* Breton; **II** *bn* Bretons
breve [bri:v] *znw* muz dubbele hele noot; gramm teken *o* ter aanduiding van een korte klinker
breviary ['bri:viəri] *znw* RK brevier *o*
brevity ['breviti] *znw* kortheid, beknoptheid
brew [bru:] **I** *overg & onoverg* brouwen[2], fig (ook: ~ *up*) (uit)broeien; zetten [thee]; ~ *up* gemeenz thee zetten; **II** *znw* treksel *o*, brouwsel *o*
brewer *znw* brouwer
brewery *znw* brouwerij
briar ['braiə] *znw* = *brier*
bribe [braib] **I** *znw* steekpenning, gift of geschenk *o* tot omkoping; lokmiddel *o*; **II** *overg* omkopen
bribery *znw* omkoping, omkoperij
bribes *znw mv* steekpenningen
bric-a-brac ['brikəbræk] *znw* curiosa, rariteiten, bric-à-brac *o*
brick [brik] **I** *znw* (bak-, metsel)steen *o & m* [stofnaam], (bak-, metsel)steen *m* [voorwerpsnaam]; blok *o* [uit blokkendoos]; gemeenz patente kerel, beste vent (meid); *drop a* ~ een flater slaan; *make ~s without straw* het onmogelijke verrichten; **II** *bn* (bak)stenen; **III** *overg*: ~ *up* dicht-, toemetselen
brick bat ['brikbæt] *znw* stuk *o* baksteen; fig afkeuring, schimpscheut, verwensing
brick-dust *znw* steengruis *o*
brick-field *znw* steenbakkerij
brick-kiln *znw* steenoven
bricklayer *znw* metselaar
bricklaying ['brikleiiŋ] *znw* metselen *o*
brickwork *znw* metselwerk *o*; ~*s* steenbakkerij
brickyard *znw* steenbakkerij
bridal ['braidəl] *bn* bruids-, bruilofts-, trouw-
bride *znw* bruid; jonggehuwde (vrouw)
bridegroom *znw* bruidegom
bridesmaid *znw* bruidsmeisje *o*
bridge [bridʒ] **I** *znw* brug; kam [v. strijkinstrument]; rug van de neus; kaartsp bridge *o*; **II** *overg* overbruggen
bridgehead *znw* bruggenhoofd *o*
bridge loan, **bridging loan** *znw* overbruggingskrediet *o*
bridle ['braidl] **I** *znw* toom, teugel; breidel[2]; **II** *overg* (in-, op)tomen, beteugelen[2], breidelen[2]; **III** *onoverg*: het hoofd in de nek werpen (uit trots, verachting &)
bridle-path *znw* ruiterpad *o*
brief [bri:f] **I** *bn* kort, beknopt; *in* ~ kortom; in het kort; *to be* ~ om kort te gaan; **II** *znw* instructie over de hoofdpunten van een rechtszaak; opdracht [v. advocaat]; breve [v. paus]; instructie, briefing; ~*s* ook: onderbroekje *o*; *I hold no ~ for...* ik ben hier niet om de belangen te bepleiten van...; **III** *overg* [een advocaat] een zaak in handen geven; instructies geven, briefen
briefcase *znw* aktetas
briefing *znw* instructies; instructieve bijeenkomst, briefing
briefly *bijw* (in het) kort, beknopt; kort(stondig), even
briefness *znw* beknoptheid, kortheid
brier ['braiə] *znw* wilde roos; wit heidekruid *o*; pijp van de wortel daarvan
brig [brig] *znw* scheepv brik
brigade [bri'geid] *znw* brigade; korps *o*
brigadier [brigə'diə] *znw* mil brigadecommandant
brigand ['brigənd] *znw* (struik)rover
brigandage *znw* (struik)roverij
bright [brait] *bn* helder[2], licht, lumineus; blank; fonkelend, schitterend, levendig; vlug, pienter, snugger; opgewekt, vrolijk, blij, fleurig; rooskleurig [v. toekomst &]; ~ *and early* voor dag en dauw (op)
brighten **I** *overg* glans geven aan, op-, verhelderen, doen opklaren; opvrolijken, opfleuren (ook ~ *up*); **II** *onoverg* opklaren; verhelderen, (beginnen te) schitteren
brill [bril] *znw* griet [vis]
brilliance ['briljəns] *znw* glans, schittering[2]; uitzonderlijke begaafdheid
brilliant *bn* schitterend[2], stralend[2], briljant; fantastisch
brilliantine [briljən'ti:n] *znw* brillantine
brim [brim] **I** *znw* rand; boord, kant; **II** *onoverg* vol zijn; ~ *(over) with* overvloeien van
brimful(l) *bn* boordevol
brimstone [brimstən] *znw* zwavel; ~ *butterfly* citroenvlinder
brindle(d) ['brindl(d)] *bn* bruingestreept
brine [brain] *znw* pekel, pekelnat *o*; *the* ~ het zilte nat, de zee
bring [briŋ] (brought; brought) *overg* (mee)brengen, opbrengen, halen; indienen, inbrengen, aanvoeren; ~ *about* teweegbrengen, tot stand brengen; aanrichten; ~ *along* meebrengen; ~ *an action against* een proces aandoen; ~ *back* terugbrengen; weer te binnen brengen; ~ *before the public* in het licht geven; ~ *down* doen neerkomen, neerleggen, -schieten; aanhalen [bij deelsom]; verlagen [v. prijzen]; vernederen, fnuiken; ten val brengen; ~ *the house down* stormachtige bijval oogsten; ~ *forth* voortbrengen: baren; aan het daglicht brengen; ~ *forward* vooruit brengen; vervroegen; indienen [motie]; aanvoeren [bewijzen]; transporteren [bij boekhouden]; ~ *in* binnenbrengen; inbrengen, aanvoeren; erbij halen, erin betrekken, inschakelen; meekrijgen, winnen [voor zeker doel]; invoe-

ren; ter tafel brengen, indienen; opbrengen; ~ *in guilty* schuldig verklaren; ~ *off* in veiligheid brengen, redden; (het) voor elkaar krijgen; (af)leveren [stuk *o*, werk *o* &]; ~ *on* veroorzaken, tot stand brengen; berokkenen; ~ *out* uitbrengen; tevoorschijn halen; aan de dag brengen; doen uitkomen; opbloeien; ~ *over* overbrengen; overhalen; transporteren [bij boekhouden] ; ~ *round* iem. (weer) bijbrengen, bij kennis brengen; [iem.] overhalen; ~ *to* bijbrengen; scheepv bijdraaien; ~ *to book* ter verantwoording roepen (en straffen); *I could not ~ myself to do it* ik kon er niet toe komen het te doen; ~ *under* onderwerpen; ~ *up* opvoeden, opkweken; voor (de rechtbank) doen komen, voorleiden; op het tapijt brengen, aankaarten, -lijnen; scheepv voor anker brengen; braken; ~ *up to date (up to 1992)* bijwerken tot op heden (tot 1992); bij de tijd brengen, moderniseren; ~ *up short* kopschuw maken; ~ *upon* berokkenen

bring-and-buy sale *znw* liefdadigheidsbazar, fancy-fair

brink [briŋk] *znw* kant, rand; *on the ~ of...* ook: op het puntje (randje) van...

brinkmanship *znw* gewaagd manoeuvreren *o* in hachelijke omstandigheden, va-banque-politiek

briny ['braini] *znw* zilt, zout; *the ~* gemeenz het zilte nat, de zee

briquet(te) [bri'ket] *znw* briket [brandstof]

brisk [brisk] **I** *bn* levendig, vlug, wakker, flink; fris; **II** *overg* verlevendigen; ~ *up* aanvuren, aanwakkeren; **III** *onoverg*: ~ *up* opleven

brisket ['briskit] *znw* borst, borststuk *o* [v. dier]

bristle ['brisl] **I** *znw* borstels; borstelhaar *o*; **II** *onoverg* de borstels [haren, veren] overeind zetten; overeind staan; opstuiven; ~ *up* de kam (kuif) opzetten; ~ *with* bezet zijn met, wemelen van, vol zijn van

bristly *bn* borstelig

Brit [brit] *znw* gemeenz Brit

Britain ['britn] *znw* (Groot-)Brittannië *o*

Britannic [bri'tænik] *bn* Brits

British ['britiʃ] *bn* Brits; *the ~* de Britten

Britisher *znw* Am Brit

Briton ['britn] *znw* Brit

Brittany ['britəni] *znw* Bretagne *o*

brittle ['britl] *bn* bro(o)s, breekbaar; kil, koel

broach [broutʃ] **I** *znw* stift; priem; (braad)spit *o*; (toren)spits; **II** *overg* aansteken, aanboren, aanbreken; fig ter sprake brengen

broad [brɔ:d] **I** *bn* breed², ruim², wijd; ruw, grof, plat; ~ *beans* tuinbonen; *the Broad Church* de vrijzinnige richting in de Engelse Kerk; ~ *daylight* klaarlichte dag; *a ~ hint* een duidelijke wenk; *as ~ as it is long* zo lang als het breed is; **II** *znw* Am slang wijf *o*, mokkel *o*, hoer, slet

broadcast ['brɔdka:st] **I** *bn bijw* verspreid gezaaid; wijd verspreid; RTV uitgezonden, radio-/tv-; **II** *overg & onoverg* uit de hand zaaien; op ruime schaal verspreiden; RTV uitzenden; voor de radio of de televisie optreden (spreken &); rondbazuinen; **III** *znw* RTV uitzending; **IV** V.T. & V.D. van *broadcast II*

broadcaster *znw* RTV omroeper

broadcasting *znw* RTV uitzending; uitzenden *o*; ~ *station* radio- en tv-station *o*

broadcloth ['brɔ:dklɔθ] *znw* fijne, zwarte, wollen stof

broaden [brɔ:dn] *overg & onoverg* (zich) verbreden, breder worden/maken, (zich) verruimen

broadly (speaking) *bijw* globaal, in grote trekken, in het algemeen

broadminded *bn* ruimdenkend

broadsheet *znw* aan één zijde bedrukt blad *o*; ± kwaliteitskrant

broadside *znw* scheepv brede zijde; volle laag

broadsword *znw* slagzwaard *o*

broadways, **broadwise** *bijw* in de breedte

Brobdingnagian ['brɔbdiŋ'nægiən] **I** *bn* reusachtig; **II** *znw* reus

brocade [brə'keid] *znw* brokaat *o*

broccoli ['brɔkəli] *znw* broccoli

brochure ['brouʃjuə, brɔ'ʃjuə] *znw* brochure; folder

brock [brɔk] *znw* dierk das

brogue [broug] *znw* **1** stevige schoen, brogue; **2** plat (Iers) accent *o*

broil [brɔil] *overg* op een rooster braden, roosteren, blakeren; *it is ~ing* Am het is snikheet

broiler *znw* rooster; braadkip, -kuiken *o*; gemeenz bloedhete dag

broiler house *znw* kuikenmesterij

broke [brouk] V.T. & vero V.D. van *break*; gemeenz geruïneerd, blut, pleite

broken V.D. van *break*; gebroken &; ~ *ground* oneffen terrein; ~ *home* ontwricht gezin *o*

broken-down *bn* geruïneerd; terneergeslagen; (dood)op; kapot, bouwvallig

broken-hearted *bn* gebroken (door smart), diep bedroefd

brokenly *bijw* onsamenhangend, verbrokkeld

broken-winded *bn* dampig [v. paard]

broker ['broukə] *znw* makelaar; uitdrager

brokerage *znw* makelarij; makelaarsprovisie, courtage

brolly ['brɔli] *znw* slang paraplu

bromic ['broumik] *bn* broom-

bromide *znw* bromide *o*; zeurkous; gemeenplaats

bromine *znw* broom *o*

bronchi [brɔŋkai] *znw* luchtpijpvertakkingen, bronchiën

bronchial *bn* bronchiaal; ~ *tubes* bronchiën

bronchitis [brɔŋ'kaitis] *znw* bronchitis

bronco ['brɔnkou] *znw* Am klein halfwild paard

bronze [brɔnz] **I** *znw* brons *o*; bronskleur; bronzen kunstvoorwerp *o*; **II** *overg* bronzen; bruinen; **III** *bn* bronzen, bronskleurig

Bronze Age *znw* bronstijd

brooch [broutʃ] *znw* broche, borstspeld
brood [bru:d] **I** *onoverg* broeden[2] (op *on, over*); fig peinzen; tobben (over *over*); **II** *znw* broed(sel) *o*; gebroed *o*
brooding *bn* dreigend
brood-mare *znw* fokmerrie
broody *bn* **1** [v.e. kip] broeds; **2** tobberig, somber; **3** gemeenz [v. vrouw] verlangend naar een baby
1 brook [bruk] *overg* verdragen, dulden
2 brook [bruk] *znw* beek
brooklet *znw* beekje *o*
broom [bru:m] *znw* bezem; plantk brem
broomstick ['bru:mstik] *znw* bezemsteel
Bros. *afk.* = *Brothers* Gebr(oeders)
broth [brɔθ] *znw* bouillon, dunne soep
brothel ['brɔθl] *znw* bordeel *o*
brother ['brʌðə] *znw* (*mv*: -s; godsd ook: brethren [breðrin]) broe(de)r[2], ambtsbroeder, confrater, collega
brotherhood *znw* broederschap *o* & *v*
brother-in-law *znw* (*mv*: brothers-in-law) zwager
brotherly *bn* & *bijw* broederlijk
brougham ['bru:əm, bru:m] *znw* coupé [rijtuig]
brought [brɔ:t] V.T. & V.D. van *bring*
brouhaha ['bru:ha:ha:] *znw* gemeenz opschudding, gedoe *o*
brow [brau] *znw* wenkbrauw, voorhoofd *o*; kruin, top, uitstekende rand
browbeat ['braubi:t] *overg* intimideren, overdonderen
brown [braun] **I** *bn* bruin; ~ *coal* bruinkool; ~ *owl* dierk bosuil; ~ *paper* pakpapier *o*; **II** *znw* bruin *o*; **III** *overg* & *onoverg* bruinen; ~*ed off* slang het land hebbend, landerig
brownie *znw* kabouter [ook jonge padvindster]; brownie [soort chocoladekoek]; *get ~ points with sbd.* bij iem. in een goed blaadje komen, een wit voetje halen
brownish *bn* bruinachtig
brownstone *znw* Am (huis *o* van) roodbruine zandsteen *o*
browse [brauz] **I** *overg* & *onoverg* (af)knabbelen, (af-) grazen; **II** *onoverg* fig grasduinen, neuzen (in boeken)
Bruges [bru:ʒ] *znw* Brugge *o*
Bruin [bruin] *znw* Bruin(tje) de beer
bruise [bru:z] **I** *overg* kneuzen; ~*d* beurs; fig aangedaan, gekwetst; **II** *onoverg* beurs worden; blauwe plekken hebben (krijgen), zich bezeren; **III** *znw* kneuzing, buil, blauwe plek
bruiser *znw* slang (ruwe) bokser, krachtpatser
bruising *znw* kneuzing
brunch [brʌnʃ] *znw* brunch [laat ontbijt *o*, tevens lunch]
Brunei ['bru:nai] *znw* Brunei *o*
Bruneian **I** *znw* inwoner v. Brunei; **II** *bn* Bruneis
brunette [bru:'net] *znw* brunette
brunt [brʌnt] *znw*: *bear the ~ of* het meest te lijden hebben van
brush [brʌʃ] **I** *znw* borstel, schuier, veger, kwast, penseel *o*; vossenstaart; kreupelhout *o*; streek, (lichte) aanraking, (vluchtig) contact *o*; aanvaring (fig); **II** *overg* (af)borstelen, (af)vegen, (af)schuieren; strijken langs, rakelings gaan langs; ~ *aside* opzij zetten, naast zich neerleggen, negeren, afpoeieren; ~ *away* wegvegen; fig aan de kant zetten; ~ *by*, ~ *past* rakelings passeren; ~ *down* afborstelen; ~ *off* af-, wegvegen; (iemand) afschepen; ~ *over* aanstrijken; ~ *up* opborstelen; fig opfrissen, ophalen [kennis]
brush-off *znw* slang botte weigering, afscheping
brushwood *znw* kreupelhout *o*; rijs(hout) *o*
brushwork *znw* penseelbehandeling, touche [v. kunstschilder]
brusque [brusk] *bn* bruusk, kortaf
Brussels ['brʌslz] **I** *znw* Brussel; **II** *bn* Brussels; ~ *sprouts* spruitjes
brutal ['bru:təl] *bn* beestachtig, wreed, bruut, ruw, grof
brutality [bru:'tæliti] *znw* beestachtigheid, wreedheid, bruutheid, grofheid
brutalize ['bru:təlaiz] *overg* verdierlijken; wreed behandelen
brute [bru:t] **I** *znw* (redeloos) dier *o*; woesteling, beest *o*, bruut; gemeenz onmens; **II** *bn* redeloos, dierlijk, woest, bruut
brutish ['bru:tiʃ] *bn* = *brutal*
B.Sc. *afk.* = *Bachelor of Science*
BSE *afk.* = *bovine spongiform encephalopathy* BSE, mad cow disease, dolle koeienziekte
BST *afk.* = *British Summer Time*
Bt. *afk.* = *Baronet*
bubble ['bʌbl] **I** *znw* blaas, lucht-, (zeep)bel[2]; ~ *bath* schuimbad *o*; ~ *and squeak* gerecht *o* van opgewarmde restjes aardappelen, kool en andere groenten (en soms vlees); **II** *onoverg* borrelen, murmelen, pruttelen; ~ *over* overkoken; fig overvloeien (*with* van)
bubble gum *znw* klapkauwgum *o* & *m*
bubbly **I** *bn* borrelend, vol luchtbelletjes; fig sprankelend, levenslustig; **II** *znw* slang champagne
bubo ['bju:bou] *znw* (*mv*: buboes) lymfklierzwelling
bubonic [bju'bɔnik] *bn*: ~ *plague* builenpest
buccaneer [bʌkə'niə] *znw* boekanier, zeerover
Bucephalus [bju'sefələs] *znw* strijdros *o* van Alexander de Grote; schertsend (oude) knol
buck [bʌk] **I** *znw* (*mv* idem *of* -s) (ree)bok, rammelaar, mannetje *o* [van vele diersoorten]; fig fat; zaagbok; schuld, zwartepiet; dollar; *pass the ~* de schuld op een ander schuiven, de zwarte piet doorspelen; *the ~ stops here* de verantwoordelijkheid kan niet verder worden doorgeschovene; **II** *overg* afwerpen [berijder]; tegenwerken; vermijden; ~ *up* opvrolijken; ~*ed* in zijn nopjes; **III** *onoverg* bokken [v. paard]; ~ *up* moed houden; voortmaken
bucket ['bʌkit] **I** *znw* emmer; emmervol, grote hoe-

veelheid; grijper; schoep [v. waterrad]; *kick the ~* slang doodgaan; **II** *onoverg*: *~ (down)* gemeenz stortregenen, gieten, plenzen
bucketful *znw* emmer(vol); *I've had a ~ of him* ik ben hem spuugzat
bucket seat *znw* kuipstoel; klapstoel
bucket shop *znw* reisagentschap *o* gespecialiseerd in goedkope vliegtickets
buckle ['bʌkl] **I** *znw* gesp; **II** *overg* (vast)gespen; verbuigen, omkrullen; **III** *onoverg* omkrullen, zich krommen (ook: *~ up*); *~ down to* aanpakken; de handen uit de mouwen steken; zich toeleggen op
buckler ['bʌklə] *znw* schild *o*
buck naked *bn* Am spiernaakt
buckram ['bʌkrəm] **I** *znw* stijf linnen *o*; buckram *o*; fig stijfheid; **II** *bn* van stijf linnen
buckshot ['bʌkʃɔt] *znw* grove hagel
buckskin ['bʌkskin] *znw* suède *o & v*; *~ breeches, ~s* suède broek; *~ cloth* bukskin *o*
buck teeth *znw* vooruitstekende tanden
buckwheat ['bʌkwi:t] *znw* boekweit
bucolic [bju'kɔlik] **I** *bn* herderlijk, landelijk, bucolisch; **II** *znw* herderszang, -dicht *o*
bud [bʌd] **I** *znw* plantk knop; kiem; *in the ~* in de kiem[2]; fig in de dop; **II** *onoverg* uitkomen, (uit-) botten, ontluiken; *~ding* ook: fig in de dop
Buddhism ['budizm] *znw* boeddhisme *o*
Buddhist **I** *znw* boeddhist; **II** *bn* boeddhistisch
buddy ['bʌdi] *znw* Am gemeenz vriend, vriendje *o*, kameraad, maat
budge [bʌdʒ] *onoverg* (zich) verroeren, bewegen; veranderen; van mening veranderen; *not ~ an inch* geen duimbreed wijken; *~ up* opschuiven, plaats maken
budgerigar ['bʌdʒəriga:] *znw* zangparkiet
budget ['bʌdʒit] **I** *znw* (staats)begroting, budget *o*; **II** *bn* voordelig, goedkoop, budget-; **III** *onoverg* budgetteren; *~ for* uittrekken voor, op het budget zetten
budgetary *bn* budgettair, budget-, begrotings-
budgie ['bʌdʒi] *znw* gemeenz = *budgerigar*
buff [bʌf] **I** *znw* buffel-, zeemleer *o*, zeemkleur; liefhebber, fan; *in the ~* poedelnaakt; **II** *overg* polijsten, poetsen; **III** *bn* zeemkleurig, lichtgeel
buffalo ['bʌfəlou] *znw* (*mv* idem *of* -loes) buffel
buffer ['bʌfə] **I** *znw* stootkussen *o*, stootbok, stootblok *o*, buffer; gemeenz kerel; *old ~* gemeenz ouwe vent; *~ state* bufferstaat; **II** *overg* als buffer optreden (dienen) voor
1 buffet ['bʌfit] *overg* slaan, beuken, worstelen met
2 buffet ['bʌfit] *znw* buffet *o* [meubel]
3 buffet ['bufei] *znw* buffet *o* [v. station &]; *~ car* restauratiewagen; *~ dinner, ~ luncheon* lopend buffet *o*
buffoon [bʌ'fu:n] *znw* potsenmaker, hansworst, pias
buffoonery *znw* potsenmakerij
bug [bʌg] **I** *znw* wandluis; Am insect *o*, kever, tor; gemeenz bacil; fig rage, manie; afluisterapparaat *o*; comput bug; *big ~* gemeenz hoge ome, hoge piet; **II** *overg* afluisterapparatuur aanbrengen bij en gebruiken tegen [iem.]; Am lastig vallen, ergeren
bugbear ['bʌgbεə] *znw* boeman; spook *o*, schrikbeeld *o*
bugger ['bʌgə] **I** *znw* **1** recht sodomiet, pederast; **2** plat flikker, kontneuker; **3** slang klootzak, lul; *silly ~* stomme lul; *poor little ~* arme drommel; **4** slang klerezooi, gesodemieter *o*, klerewerk *o*; **II** *overg* **1** recht sodomie bedrijven, anale gemeenschap hebben; **2** slang: *~ it!* sodeju!; *~ him!* hij kan m'n rug op!, hij kan de klere krijgen!; *~ around, about* sollen met; *~ up* verknallen, naar de sodemieter helpen; **III** *onoverg*: *~ about, around* (rond-) klooien, sodemieteren, rotzooien; *~ off* opsodemieteren, oprotten
buggered ['bʌgəd] *bn* afgepeigerd, doodmoe
buggery *znw* sodomie
buggy ['bʌugi] *znw* buggy; wandelwagen; Am kinderwagen
bugle ['bju:gl] **I** *znw* muz bugel [hoorn]; **II** *onoverg* op de bugel blazen
bugler *znw* mil bugel: horenblazer
1 build [bild] (built; built) **I** *overg* bouwen, aanleggen, maken, stichten[2]; *~ up* opbouwen; vormen; vergroten, ontwikkelen, uitbouwen; aansterken [v. patiënt]; **II** *onoverg* bouwen; *~ on (upon)* zich verlaten op, bouwen op, voortbouwen op; *~ up* ontstaan, zich ontwikkelen; toenemen, aanzwellen, aangroeien
2 build *znw* (lichaams)bouw
builder *znw* bouwer; aannemer
building *znw* gebouw *o*, bouwwerk *o*; bouw; *~-plot, ~-site* bouwterrein *o*; *~ society* bouwfonds *o*
build-up *znw* opbouw; vorming; gemeenz tamtam
built [bilt] V.T. & V.D. van *build*; *I am ~ that way* gemeenz zo ben ik nu eenmaal
built-in *bn* ingebouwd; fig inherent
built-up *bn* samengesteld, opgebouwd, geconstrueerd; bebouwd; *~ area* bebouwde kom
bulb [bʌlb] *znw* (bloem)bol; (gloei)lamp
bulbous *bn* bolvormig, bol-
Bulgaria [bʌl'gεəriə] *znw* Bulgarije *o*
Bulgarian [bʌl'gεəriən] **I** *znw* **1** Bulgaar; **2** Bulgaars *o*; **II** *bn* Bulgaars
bulge [bʌldʒ] **I** *znw* (op)zwelling, uitpuiling, uitstulping; geboortegolf; **II** *(overg &) onoverg* (doen) uitpuilen, (op)zwellen, (op)bollen
bulk [bʌlk] **I** *znw* omvang, grootte, volume *o*; massa, gros *o*, grootste deel *o*, meerderheid; scheepv lading; *~ cargo* lading met stortgoederen; *~ grain, grain in ~* gestort graan *o*; *sell in ~* in het groot verkopen; **II** *onoverg*: *~ large* groot lijken; een grote rol spelen
bulkhead ['bʌlkhed] *znw* scheepv schot *o*
bulky ['bʌlki] *bn* dik, groot, lijvig, omvangrijk
bull [bul] **I** *znw* **1** stier; mannetje *o* [v. olifant &];

2 handel haussier; **3** (schot *o* in de) roos; **4** slang flauwekul; **5** (pauselijke) bul; *take the ~ by the horns* de koe bij de horens vatten; **II** *bn* mannetjes-; stieren-; handel hausse-; **III** *onoverg* handel à la hausse speculeren; de koersen opdrijven
bull-calf *znw* stierkalf *o*, jonge stier
bulldog ['buldɔg] *znw* buldog
bulldog clip *znw* veerklem [voor papieren]
bulldoze ['buldouz] *overg* met een bulldozer banen of opruimen; intimideren
bulldozer *znw* bulldozer
bullet ['bulit] *znw* (geweer)kogel
bullet-headed *bn* met een ronde kop
bulletin ['bulitin] *znw* bulletin *o*
bulletin board *znw* prikbord *o*, mededelingenbord *o*
bullet-proof ['bulitpru:f] *bn* kogelvrij
bullfight, **bullfighting** ['bulfait(iŋ)] *znw* stierengevecht *o*, stierenvechten *o*
bullfighter ['bulfaitə] *znw* stierenvechter
bullfinch ['bulfintʃ] *znw* goudvink
bull-frog ['bulfrɔg] *znw* brul(kik)vors
bull-headed *bn* koppig
bullion ['buljən] *znw* ongemunt goud *o* of zilver *o*
bullish ['buliʃ] *bn* handel à la hausse (gestemd)
bullock ['bulək] *znw* dierk os
bullring ['bulriŋ] *znw* arena [v. stierengevecht]
bull's-eye ['bulzai] *znw* **1** (schot *o* in de) roos; **2** halfbolvormig, dik glas *o*; **3** rond venster(gat) *o*
bullshit ['bulʃit] **I** *znw* plat flauwekul, gelul *o*; **II** *onoverg* plat zeiken, ouwehoeren; **III** *overg* plat iem. grote onzin verkopen
bully ['buli] **I** *znw* **1** tiran, bullebak; **2** vlees *o* uit blik; **II** *bn* ruw; **III** *overg & onoverg* tiranniseren, kwellen; pesten; *~ into (out of)* door bedreigingen dwingen iets te doen (te laten)
bully-beef ['bulibi:f] *znw* vlees *o* uit blik
bulrush ['bulrʌʃ] *znw* plantk (matten)bies; lisdodde
bulwark ['bulwək] *znw* bolwerk[2] *o*, golfbreker; scheepv verschansing (meestal *~s*)
bum [bʌm] **I** *znw* gemeenz kont, reet, achterste *o*; Am zwerver, schooier; **II** *bn* gemeenz waardeloos, prul-, snert-; **III** *onoverg* gemeenz klaplopen; *~ around* gemeenz rondhangen, lummelen; **IV** *overg* gemeenz bietsen
bumble ['bʌmbl] *onoverg* **1** zoemen, gonzen; **2** stuntelen, schutteren; *~ on* hakkelen, stamelen
bumble-bee ['bʌmblbi:] *znw* hommel
bumbledom ['bʌmbldəm] *znw* gewichtigdoenerij van kleine ambtenaren
bumboat ['bʌmbout] *znw* scheepv parlevink(er)
bumf [bʌmf] *znw* gemeenz pleepapier *o*; paperassen
bummer ['bʌmə] *znw* Am slang **1** afknapper, teleurstelling; **2** klaploper
bump [bʌmp] **I** *znw* buil; knobbel; stoot, schok, slag, plof, bons; **II** *onoverg* bonzen, botsen, stoten; hotsen; *~ into sbd.* gemeenz iem. tegen het lijf lopen; **III** *overg* bonzen, stoten tegen; kwakken; *~ off* slang uit de weg ruimen [iem.]; *~ out* uitdeuken; *~ up* gemeenz opvijzelen, opkrikken, opvoeren
bumper [bʌmpə] *znw* vol glas *o*; auto bumper; Am buffer, stootblok *o*; *a ~ crop (number &)* overvloedig, overvol, buitengewoon, record- &
bumph [bʌmf] *znw* = *bumf*
bumpkin ['bʌm(p)kin] *znw* (boeren)pummel
bumptious ['bʌm(p)ʃəs] *bn* verwaand
bumpy ['bʌmpi] *bn* hobbelig; hotsend
bun [bʌn] *znw* **1** (krenten)broodje *o*; **2** knot [haar]
bunch [bʌn(t)ʃ] **I** *znw* tros [druiven]; bos; gemeenz troep, stel *o*; sp peloton *o* [wielrenners]; **II** *overg* bundelen, samenbinden; **III** *onoverg* trossen of bosjes vormen; zich troepsgewijze verenigen
bundle [bʌndl] **I** *znw* bundel, bos, pak *o*; *a ~ of nerves* één bonk zenuwen; *I don't go a ~ on it* gemeenz ik ben er niet dol op; **II** *overg* tot een pak maken, samenbinden (*~ up*); *~ into* haastig gooien, smijten; *~ off* wegsturen; *~ out* eruit gooien
bung [bʌŋ] **I** *znw* spon, stop (v.e. vat); **II** *overg* dichtstoppen, verstoppen, afsluiten (ook: *~ up*); gemeenz gooien
bungalow ['bʌŋgəlou] *znw* bungalow
bungle ['bʌŋgl] **I** *onoverg* broddelen, knoeien; **II** *overg* verknoeien; afraffelen
bungler *znw* knoeier, prutser
bunion ['bʌnjən] *znw* eeltknobbel [aan voet]
bunk [bʌŋk] *znw* **1** kooi, couchette, slaapbank; **2** gemeenz gezwam *o*, geklets *o*; *do a ~* 'm smeren
bunk bed ['bʌŋkbed] *znw* stapelbed *o*
bunker ['bʌŋkə] **I** *znw* bunker, kolenruim *o*, sp bunker [zandige holte bij het golfspel]; **II** *onoverg* bunkeren, kolen innemen
bunkum ['bʌŋkəm] *znw* gezwam *o*, geklets *o*
bunny ['bʌni] *znw* gemeenz konijn *o*; *~ (girl)* serveerster in een nachtclub
Bunsen burner ['bʌnsən'bə:nə] *znw* bunsenbrander
bunting ['bʌntiŋ] *znw* vlaggendoek *o & m*; vlag(gen); gors [vogel]
buoy [bɔi] **I** *znw* boei, ton; redding(s)boei[2]; **II** *overg* betonnen; *~ up* drijvend houden; fig steunen, staande houden; (iem.) opmonteren
buoyancy *znw* drijfvermogen *o*; opwaartse druk; fig veerkracht, opgewektheid
buoyant *bn* drijvend; opwaarts drukkend; fig veerkrachtig, opgewekt; handel levendig [vraag]
bur [bə:] *znw* stekelige bast [van kastanje &]; klis[2]
burble ['bə: bl] *onoverg* murmelen, borrelen
burden ['bə:dn] **I** *znw* last, vracht; druk [v. belastingen]; scheepv tonneninhoud; refrein *o*, hoofdthema *o*; *beast of ~* lastdier *o*; *~ of proof* bewijstlast; **II** *overg* beladen; belasten; bezwaren, drukken (op)
burdensome *bn* zwaar, bezwarend, drukkend, lastig
burdock ['bə:dɔk] *znw* kliskruid *o*, klit

bureau ['bjuərou, bjuə'rou] *znw* (*mv*: -s *of* bureaux [-rouz]) bureau *o*, schrijftafel; Am ladekast; (bij-) kantoor *o*, dienst
bureaucracy [bju'rɔkrəsi] *znw* bureaucratie
bureaucrat ['bjuərəkræt] *znw* bureaucraat
bureaucratic [bjuərə'krætik] *bn* bureaucratisch
burgeon ['bə:dʒən] *onoverg* uitkomen, (uit)botten, uitlopen; ontluiken, als paddestoelen uit de grond schieten
burgess ['bə:dʒis] *znw* burger; hist afgevaardigde
burgh ['bʌrə] *znw* Schots stad; kiesdistrict *o*
burgher ['bə:gə] *znw* burger
burglar ['bə:glə] *znw* (nachtelijke) inbreker
burglar alarm *znw* alarminstallatie (tegen inbraak)
burglarize ['bə:gləraiz] *overg* Am inbreken in/bij
burglar-proof *bn* inbraakvrij
burglary *znw* inbraak (bij nacht)
burgle *onoverg & overg* inbreken (in, bij)
burgomaster ['bə:gəma:stə] *znw* burgemeester
Burgundian [bə:'gʌndiən] **I** *bn* Bourgondisch; **II** *znw* Bourgondiër
burial ['beriəl] *znw* begrafenis; ~ *mound* grafheuvel; *~-ground, ~-place* begraafplaats; *~-service* kerkelijke begrafenisplechtigheid
burin ['bjuərin] *znw* graveernaald
burk [bə:k] *znw* = *berk*
burke [bə:k] *overg* doodzwijgen, in de doofpot stoppen
Burkina [bə:'ki:nə] *znw* Boerkina
Burkinese *bn* & *znw* (*mv* idem) Boerkinees
burl [bə:l] *znw* oneffenheid in weefsel, nop
burlap ['bə:læp] *znw* zakkengoed *o*, jute
burlesque [bə:'lesk] **I** *bn* boertig, burlesk; **II** *znw* parodie; burleske; **III** *overg* parodiëren
burly ['bə:li] *bn* zwaar(lijvig), groot, dik; fors
Burma ['bə:mə] *znw* Birma *o*
Burmese ['bə'mi:z] **I** *bn* Birmaans; **II** *znw* (*mv* idem) Birmaan
1 burn [bə:n] (burnt/burned; burnt/burned) *onoverg & overg* branden; gloeien; verbranden; aan-, op-, uitbranden; bakken [stenen]; ~ *one's boats* zijn schepen achter zich verbranden; ~ *the candle at both ends* smijten met zijn krachten, te veel hooi op zijn vork nemen; ~ *one's fingers* zijn vingers branden; ~ *away* blijven branden; ~ *down* afbranden; platbranden; ~ *in(to)* inbranden, inprenten; ~ *out* uitbranden; doorbranden [v. elektrisch apparaat]; (geestelijk, lichamelijk) uitgeput raken; ~ *oneself out* zich over de kop werken; ~ *with* branden (gloeien) van
2 burn *znw* **1** brandwond; brandplek; brandgat *o*; **2** Schots beek; *third degree ~s* derdegraads brandwonden
burner *znw* brander, pit [v. gas]; *put on the back ~* op een laag pitje zetten
burning I *bn* brandend; intens, vurig; dringend, urgent; **II** *znw* brand, branden *o*
burnish ['bə:niʃ] **I** *overg* polijsten; glanzend maken; **II** *znw* glans
burnisher *znw* polijster; polijststaal *o*
burnt [bə:nt] V.T. & V.D. van *burn*; *~-offering, ~-sacrifice* brandoffer *o*
burp [bə:p] **I** *znw* boer, boertje *o*, oprisping; **II** *onoverg* boeren, een boer(tje) laten
burr [bə:] **I** *znw* braam [aan metaal &]; gebrouwde uitspraak van de r; = *bur*; **II** *overg & onoverg* brouwen [bij het spreken]
burrow ['bʌrou] **I** *znw* hol *o*; **II** *onoverg* (een hol) graven; fig wroeten [in archief &]; zich ingraven; in een hol wonen
bursar [bə:sə] *znw* thesaurier, schatbewaarder; bursaal, beursstudent
bursary *znw* ambt *o* v. thesaurier; studiebeurs; *travel ~* reisbeurs
1 burst [bə:st] (burst; burst) **I** *overg* doen barsten, doen springen; (open-, door-, ver)breken; **II** *onoverg* (open-, los-, uit)barsten, breken, springen; op barsten staan; ~ *in* binnenstormen; ~ *into* uitbarsten in; binnenstormen; zie ook: *flame I*; ~ *out* uit-, losbarsten, uitbreken; ~ *upon* zich plotseling voordoen aan; ~ *with* barsten van
2 burst [bə:st] *znw* uit-, losbarsting; barst, breuk; ren; explosie, vlaag; mil vuurstoot, ratel
burthen ['bə:ðən] = *burden*
burton ['bə:t(ə)n] *znw*: *go for a ~* gemeenz naar de haaien zijn, gedood zijn, vermist zijn
Burundi [bu'rundi] *znw* Boeroendi *o*
Burundian I *znw* Boeroendiër; **II** *bn* Boeroendisch
bury ['beri] *overg* begraven; bedekken, bedelven; verbergen
bus [bʌs] **I** *znw* (*mv*: buses; Am ook: busses) (auto-) bus; *miss the ~* de boot missen, een kans voorbij laten gaan; **II** *overg* per bus vervoeren; ~ *it* met de bus gaan
busby ['bʌzbi] *znw* kolbak
bus conductor *znw* busconducteur
bush [buʃ] *znw* struik(en); haarbos; Austr wildernis: rimboe; techn (naaf)bus; *good wine needs no ~* goede wijn behoeft geen krans
bushbaby ['buʃbeibi] *znw* galago [halfaap]
bushed [buʃt] *bn* Am gemeenz uitgeput, doodop
bushel ['buʃl] *znw* schepel *o & m*; *hide one's light under a ~* zijn licht onder de korenmaat zetten
bush fire *znw* bosbrand
bushman ['buʃmən] *znw* Austr kolonist
Bushman ['buʃmən] *znw* ZA Bosjesman
bushranger ['buʃrein(d)ʒə] *znw* hist ontsnapte boef en struikrover [in Australië]
bush telegraph ['buʃteligra:f] *znw* verspreiden *o* v. geruchten, geruchtencircuit *o*
bushy ['buʃi] *bn* ruig; gepluimd, pluim-
business ['biznis] *znw* zaak, zaken, handel, bedrijf *o*, beroep *o*, werk *o*, taak; kwestie, geval *o*, gedoe *o*; spel *o* (ook: *stage ~*) [v. acteur]; *good ~!* goed zo!; ~ *as usual* we gaan gewoon door; *you had no ~ there*

je had er niets te maken; *you had no ~ to...* het was uw zaak niet te...; *what ~ is it of yours?* wat gaat het u aan?; *make it one's ~ to...* zich tot taak stellen te...; *like nobody's ~* buitengewoon, weergaloos; *mean ~* gemeenz het ernstig menen; *be in ~* zaken doen; bestaan; actief zijn; *go into ~* in het zakenleven gaan; beginnen; *on ~* voor zaken; *go out of ~* ophouden te bestaan, sluiten, ermee stoppen; *put out of ~* het bestaan onmogelijk maken; fig [iem.] nekken, kapot maken; techn onklaar maken
business administration *znw* bedrijfskunde
business end *znw* belangrijkste gedeelte *o*, gedeelte *o* waar het om gaat; *he had a knife in his hand with the ~ pointing at my throat* hij hield het mes met de punt op mijn keel gericht
business gift *znw* relatiegeschenk *o*
business hours *znw mv* kantooruren
business-like *bn* zaakkundig; praktisch; zakelijk
business machine *znw* kantoormachine
businessman *znw* zakenman
business school *znw* school voor bedrijfskunde, school voor economisch en administratief onderwijs
business woman *znw* zakenvrouw
1 busk [bʌsk] *znw* balein
2 busk *onoverg* als straatartiest optreden
busker ['bʌskə] *znw* straatartiest, straatmuzikant
buskin ['bʌskin] *znw* toneellaars; *the ~* het treurspel
busman ['bʌsmən] *znw* bestuurder of conducteur van een autobus; *~'s holiday* vrije tijd besteed aan het dagelijkse werk
buss [bʌs] *znw* (smak)zoen
bus shelter *znw* abri, bushokje *o*
bus stop *znw* bushalte
1 bust [bʌst] *znw* buste: borst; borstbeeld *o*; *~ size* bovenwijdte
2 bust [bʌst] slang = *burst*
2 bust [bʌst] **I** *onoverg* stuk gaan[2]; *~ up* failliet gaan; **II** *overg* **1** stuk maken, mollen; **2** slang arresteren, opbrengen
buster ['bʌstə] *znw* Am fors kind; kerel [aanspreekvorm]; iets wat doet barsten; *safe ~* brandkastkraker
bustle ['bʌsl] **I** *onoverg* druk in de weer zijn (ook: *~ about*); zich reppen; **II** *overg* jachten (ook: *~ up*); **III** *znw* beweging, gewoel *o*, drukte
bustling *bn* bedrijvig, druk
bust-up ['bʌstʌp] *znw* gemeenz ruzie, mot
busy ['bizi] **I** *bn* (druk) bezig, aan het werk, in de weer; druk; nijver; *I am very ~* ik heb het erg druk; *get ~* aan de slag gaan; iets doen [in een zaak]; **II** *overg* bezighouden; **III** *znw* slang stille [detective]
busybody *znw* bemoeial
busyness *znw* bezig zijn *o*, bedrijvigheid
but [bʌt] **I** *voegw* maar; of; **II** *voorz* zonder, buiten, behalve, op... na; (anders) dan; *~ for* ware het niet dat, zonder (dat); **III** *bijw* slechts; **IV** *znw* maar; **V** *overg*: *~ me no ~s* geen maren
butane ['bju:tein] *znw* butaan *o*
butch [butʃ] *znw* slang lesbienne
butcher ['butʃə] **I** *znw* slager; moordenaar; **II** *overg* slachten[2], afmaken[2]; fig verknoeien
butchery *znw* slagerij; slachting
butler ['bʌtlə] *znw* butler; chef-huisknecht
butt [bʌt] **I** *znw* **1** kogelvanger, doel(wit) *o*, mikpunt *o*; **2** dik eind *o*, stomp, stompje *o*; peukje *o*; **3** kolf; **4** vat *o* [± 5 hl]; **5** stoot; **6** Am gemeenz kont, reet; *~s* schietbaan; *they made a ~ of him* zij maakten hem tot mikpunt van hun grappen; **II** *onoverg* stoten, botsen (tegen *against, upon*), grenzen (aan *on*); *~ in* zich ermee bemoeien; *~ in (with)* komen aanzetten (met); *~ in on sbd.* iem. op het lijf vallen; **III** *overg* zetten (tegen *against*); **IV** *bijw* pardoes
butt-end *znw* (uit)einde *o*, peukje *o*; kolf
butter ['bʌtə] **I** *znw* (room)boter; fig vleierij; *lay on the ~ = butter up*; *look as if ~ would not melt in one's mouth* kijken of men niet tot tien kan tellen; **II** *overg* boteren, (be)smeren; *~ up* honing om de mond smeren
buttercup *znw* boterbloem
butter-dish *znw* botervlootje *o*
butter-fingered *bn* onhandig
butterfly *znw* vlinder[2], kapel [insect]; *butterflies* slang (last van) zenuwen; *~ collar* puntboord *o* & *m*; *~ nut* vleugelmoer; *~ stroke* vlinderslag
buttermilk *znw* karnemelk
butter-scotch *znw* soort toffee
buttery **I** *bn* boterachtig; **II** *znw* onderw provisiekamer
buttock ['bʌtək] *znw* bil; *~s* achterste *o*
button ['bʌtn] **I** *znw* knoop; knop; dop; *the ~s* gemeenz piccolo, chasseur & [in livrei met veel knoopjes]; **II** *overg* knopen aanzetten; *~ (up)* (toe-)knopen, met een knoop vastmaken; *~ed up* ook: fig gesloten, stijf; slang dik in orde, kant en klaar; **III** *onoverg* dichtgaan
buttonhole **I** *znw* knoopsgat *o*; bloem(en) in knoopsgat; **II** *overg* festonneren; van knoopsgaten voorzien; fig aanklampen
button-hook *znw* knopehaak
button-through *bn* doorknoop- [jurk &]
buttress ['bʌtris] **I** *znw* schraagpijler, (steun)beer, steunpilaar[2]; *flying ~* luchtboog; **II** *overg*: *~ (up)* schragen, steunen
buxom ['bʌksəm] *bn* mollig, knap
1 buy [bai] (bought; bought) *overg* kopen, omkopen; bekopen; slang geloven, aanvaarden, pikken [een verhaal, excuus]; *~ in* terugkopen; *~ off* af-, loskopen; *~ out* uitkopen; *~ over* omkopen; *~ up* opkopen
2 buy [bai] *znw* koop(je *o*)
buyer *znw* koper, inkoper; liefhebber, gegadigde; *~s' market* handel meer aanbod dan vraag
buzz [bʌz] **I** *onoverg* gonzen, zoemen; ronddraven;

~ *about (around)* doelloos heen en weer draven; ~ *off* slang weggaan, 'm smeren; **II** *overg* fluisteren; heimelijk verspreiden; gemeenz laag overvliegen [v. vliegtuig]; **III** *znw* gegons *o*; gemeenz lekker gevoel *o*, kick; *give sbd. a ~* gemeenz iem. bellen
buzzard ['bʌzəd] *znw* buizerd
buzzer ['bʌzə] *znw* elektr zoemer; sirene
buzzword ['bʌzwə:d] *znw* modewoord *o*, modekreet
by [bai] *voorz* door, bij, van, aan, naar, volgens, met, per, op, over, voorbij, jegens, tegenover, tegen, voor &; ~ *himself (herself)* alleen; ~ *itself* ook: op zichzelf; *(it's) all right (OK) ~ me* Am ('t is) mij best; *higher ~ a foot* een voet hoger; ~ *and* ~ straks, zo meteen; na een poosje, weldra; ~ *and large* over het geheel, globaal; ~ *the ~(e)* tussen haakjes
by-blow ['baiblou] *znw* buitenechtelijk kind *o*
bye-bye ['bai'bai] *tsw* gemeenz dag!; *go to ~* ['bai-bai] gemeenz naar bed gaan, gaan slapen
by-effect ['baiifekt] *znw* neveneffect *o*
by-election *znw* tussentijdse verkiezing
Byelorussia [bjelou'rʌʃə] *znw* Wit-Rusland
Byelorussian I *znw* Witrus; **II** *bn* Wit-Russisch
by-end *znw* bijbedoeling
bygone ['baigɔn] *bn* vroeger, voorbij, vervlogen [dagen]; *let ~s be ~s* haal geen oude koeien uit de sloot
by-law ['bailɔ:] *znw* plaatselijke verordening
bypass I *znw* omloopleiding; rondweg, ringweg (ook: ~ *road*); med bypass; **II** *overg* om... heen gaan, lopen, trekken; fig passeren, omzeilen, ontduiken, mijden, links laten liggen
bypass operation *znw* med bypassoperatie
byplay *znw* stil spel *o* [toneel]
by-product *znw* bijproduct *o*
byre ['baiə] *znw* koeienstal
by-road ['bairoud] *znw* landweg, binnenweg, zijweg
bystander *znw* omstander, toeschouwer
byte [bait] *znw* comput byte
by-way *znw* zijweg[2]
byword *znw* spreekwoord *o*; synoniem *o*; *a ~ for* berucht (bekend) wegens
byzantine ['bizəntain] *bn* byzantijns: kruiperig, vleiend

C

c [si:] *znw* (de letter) c; muz c of do; C = 100 [als Romeins cijfer]; *C. of E.* (lid v.d.) *Church of England* [de Anglicaanse staatskerk]
cab [kæb] **I** *znw* huurrijtuig *o*; taxi; kap: overdekte plaats v. machinist op locomotief; cabine [v. vrachtauto &]; **II** *overg*: ~ *it* gemeenz per huurrijtuig of taxi gaan
cabal [kə'bæl] *znw* complot *o*, intrige, (hof)kliek
cabaret ['kæbərei] *znw* cabaret *o*
cabbage ['kæbidʒ] *znw* plantk kool; fig slome, saaie piet
cabbage butterfly *znw* koolwitje *o*
cabby ['kæbi] *znw* gemeenz = *cabman*
cabin ['kæbin] *znw* hut, kajuit; cabine
cabin class *znw* tweede klas (op een boot)
cabin cruiser *znw* motorjacht *o*
cabinet ['kæbinet] *znw* kabinet *o*; (uitstal)kast, vitrine(kast); vero privévertrek *o*
cabinet-maker *znw* meubelmaker
cable ['keibl] **I** *znw* kabel(lengte); telegraafkabel; (kabel)telegram *o*; kabeltelevisie; **II** *overg* kabelen: telegraferen
cable car *znw* kabine van een kabelbaan of kabelspoorweg, gondel; Am kabeltram
cablegram *znw* (kabel)telegram *o*
cable television *znw* kabeltelevisie
cabman ['kæbmən] *znw* (huur)koetsier; (taxi-) chauffeur
caboodle [kə'bu:dl] *znw*: *the whole ~* gemeenz de hele zwik
caboose [kə'bu:s] *znw* scheepv kombuis, keuken; Am wagen voor treinpersoneel
cabotage ['kæbəta:ʒ] *znw* kustvaart; het recht om een binnenlandse lucht- of waterverbinding te onderhouden
cab-rank ['kæbrænk] *znw* standplaats voor huurrijtuigen; taxistandplaats
ca'canny [ka:'kæni] **I** *tsw* Schots rustig aan!; **II** *znw* langzaam-aan-actie, stiptheidsactie
cacao [kə'ka:ou, kə'keiou] *znw* cacao(boom)
cache [kæʃ] **I** *znw* geheime bergplaats; verborgen voorraad; **II** *overg* verbergen
cachet ['kæʃei] *znw* cachet *o*; capsule met geneesmiddel
cachinnation [kæki'neiʃən] *znw* geschater *o*, gebulder *o*
cackle ['kækl] **I** *onoverg* kakelen[2], snateren[2], kletsen; **II** *znw* gekakel[2] *o*, gesnater[2] *o*; geklets *o*; *cut the ~* laten we ter zake komen
cacophony [kæ'kɔfəni] *znw* kakofonie
cactus ['kæktəs] *znw* (*mv*: cacti [-tai]) cactus

cad [kæd] *znw* schoft, proleet, ploert

cadastral [kə'dæstrəl] *bn* kadastraal

cadaver *znw* Am lijk *o*, kadaver *o*

cadaverous [kə'dævərəs] *bn* lijkachtig, lijkkleurig

caddie [kædi] *znw* caddie: golf-jongen

caddish ['kædiʃ] *bn* schofterig, ploertig

caddy ['kædi] *znw* **1** theekistje *o*; **2** = *caddie*

cadence ['keidəns] *znw* cadans, ritme *o*

cadency ['keidənsi] *znw* **1** = *cadence*; **2** herald afstamming v.e. jongere zoon

cadenza [kə'denzə] *znw* muz cadens

cadet [kə'det] *znw* cadet; jongere broer, jongste zoon

cadge [kædʒ] **I** *onoverg* klaplopen; **II** *overg* (gratis) weten te versieren

cadger *znw* klaploper

cadre ['ka:də] *znw* kader *o*

caducous [kə'dju:kəs] *bn* vergankelijk; verwelkend, afstervend, te vroeg afvallend

caecum ['si:kəm] *znw* (*mv*: caeca [-kə]) blindedarm

Caesarean [si'zɛəriən] *bn* van/als Julius Caesar; ~ *section*, ~ *operation* keizersnede

caesura [si'zjuərə] *znw* cesuur

café ['kæfei] *znw* café *o*, vero koffiehuis *o*

cafetaria [kæfi'tiəriə] *znw* cafetaria

caff [kæf] *znw* gemeenz café *o*; cafetaria

caffeine ['kæfii:n] *znw* cafeïne

caftan ['kæftən] *znw* kaftan

cage [keidʒ] **I** *znw* kooi; hok *o*, gevangenis; **II** *overg* in een kooi (gevangen) zetten

cagey ['keidʒi] *znw* gemeenz sluw; terughoudend

cagily *bijw* v. *cagey*

cagoule [kə'gu:l] *znw* windjack *o* met capuchon

cahoot [kə'hu:t]: *be in ~s with sbd.* met iem. onder één hoedje spelen

caiman ['keimən] *znw* = *cayman*

Cain [kein] *znw* Kaïn[2]; zie ook: *raise I*

cairn [kɛən] *znw* steenhoop [als grafmonument, grens]; dierk cairn terriër

caisson ['keisən] *znw* caisson

caitiff ['keitif] *znw* vero ellendeling, schelm

cajole [kə'dʒoul] *overg* vleien

cajolery *znw* vleierij

cake [keik] **I** *znw* koek, gebak *o*, taart, tulband, cake; stuk *o* [zeep &]; *~s and ale* pret, vreugd; feest *o*, kermis; *you cannot have your ~ and eat it* je moet kiezen of delen; *like hot ~s* razendsnel; *a piece of ~* een makkie *o*, een eitje *o*; *take the ~* de kroon spannen; het toppunt zijn; **II** *(overg &) onoverg* (doen) (aan-) koeken

cake tin *znw* bakvorm voor cake, cakevorm

cakewalk *znw* cake-walk [soort Afro-Amerikaanse dans]

calabash ['kæləbæʃ] *znw* kalebas [pompoen]

calaboose [kælə'bu:s] *znw* Am slang gevangenis, nor

calamitous [kə'læmitəs] *bn* rampspoedig

calamity *znw* ramp, onheil *o*, ellende

calcareous [kæl'kɛəriəs] *bn* kalkhoudend, kalk-

calciferous [kæl'sifərəs] *bn* kalkhoudend

calcification [kælsifi'keiʃən] *znw* verkalking

calcify ['kælsifai] *overg & onoverg* (doen) verkalken

calcimine ['kælsimain] **I** *znw* witkalk; **II** *overg* witten

calcine ['kælsain] **I** *onoverg* verkalken; **II** *overg* verbranden

calcium ['kælsiəm] *znw* calcium *o*

calculable ['kælkjuləbl] *bn* berekenbaar

calculate I *onoverg* rekenen; **II** *overg* berekenen; Am geloven, denken; *calculating* bereken(en)d, egoïstisch; *~d* bereken(en)d, weloverwogen; *~d for* berekend op, geschikt voor; *the consequences are ~d to be disastrous* de gevolgen moeten noodlottig zijn; *~d risk* ingecalculeerd risico *o*

calculating *bn* berekenend

calculation [kælkju'leiʃən] *znw* berekening[2]

calculator ['kælkjuleitə] *znw* rekenmachine; wisk verzameling rekentafels

calculous ['kælkjuləs] *bn* med lijdend aan blaas-, niersteen; blaas-; niersteen-

calculus ['kælkjuləs] *znw* (*mv*: -es *of* calculi [-lai]) **1** med blaas-, niersteen; **2** (be)rekening; infinitesimaalrekening; differentiaal- en integraalrekening (ook: *infinitisimal ~*)

caldron ['kɔ:ldrən] *znw* = *cauldron*

Caledonian [kæli'dounjən] **I** *znw* Schot; **II** *bn* Schots

calendar ['kælində] **I** *znw* kalender; lijst; recht rol; **II** *overg* optekenen; rangschikken

calender ['kælində] **I** *znw* kalander, glansmachine; **II** *overg* kalanderen

calends ['kælindz] *znw* eerste van de maand bij de Romeinen; *at (on) the Greek ~* met sint-jut(te)mis

calenture ['kæləntʃə] *znw* hevige tropische koorts

calf [ka:f] *znw* (*mv*: calves [ka:vz]) **1** kalf[2] *o*; **2** kalfsleer *o*; **3** jong *o* van een hinde &; **4** kuit [van het been]

calflove *znw* kalverliefde

caliber *znw* Am = *calibre*

calibrate ['kælibreit] *overg* ijken

calibre ['kælibə] *znw* kaliber[2] *o*; fig gehalte *o*, formaat *o*

calico ['kælikou] *znw* (*mv*: -s *of* calicoes) bedrukt katoen *o & m*

Californian [kæli'fɔ:njən] **I** *bn* Californisch; **II** *znw* Californiër

caliph ['kælif] *znw* kalief

caliphate *znw* kalifaat *o*

calk [kɔ:k] **I** *znw* (ijs)spoor, ijskrap; **II** *overg* **1** van ijssporen voorzien (paardenhoef of laars) om uitglijden te voorkomen; **2** Am = *caulk*

calkin *znw* = *calk I*

call [kɔ:l] **I** *overg* (be-, bijeen-, in-, op-, af-, uit-, aan-, toe)roepen; afkondigen; telec opbellen; (be-) noemen, heten; *~ attention to* de aandacht vestigen op; *~ it a day* (laten we) ermee uitscheiden; *~ a* *meeting* ook: een vergadering beleggen; ~ *names* uitschelden; ~ *the roll* appel houden; ~ *the tune* de toon aangeven, de leiding hebben, het voor het zeggen hebben; **II** *onoverg* roepen; (op)bellen; aanlopen, een bezoek afleggen, komen; balderen [v. vogels]; kaartsp inviteren; [bij bridge] bieden; annonceren; ~ *after* noemen naar; naroepen; ~ *at* aanlopen bij; aandoen, stoppen bij [trein &]; ~ *back* terug-, herroepen; terugbellen; ~ *down* afsmeken; ~ *for* komen (af)halen; vragen om of naar, bestellen; roepen om; vereisen; *to be (left till) ~ed for* wordt (af)gehaald, post poste restante; ~ *forth* oproepen, uitlokken; ~ *in* binnenroepen; (erbij) roepen, inroepen, inschakelen, laten komen; opvragen; aankomen, aanlopen; zie ook: *being, play III, question I*; ~ *off* terugroepen, wegroepen[2]; afzeggen [afspraak]; tot de orde roepen [hond]; afgelasten [staking]; ~ *on* een bezoek afleggen bij, opzoeken; aanroepen; een beroep doen op; vragen; aanmanen; ~ *out* uitroepen; afroepen; oproepen; laten uitrukken [brandweer &]; het stakingsbevel geven; naar buiten roepen; uitdagen; ~ *over* aflezen, -roepen; ~ *round* eens aankomen; ~ *to* toeroepen; ~ *to mind* zich herinneren; herinneren aan; ~ *up* oproepen, wakker roepen, voortoveren, wekken [herinneringen]; telec opbellen; ~ *upon* = ~ *on*; *I don't feel ~ed upon to...* ik voel me niet geroepen te...; **III** *znw* geroep *o*, roep, (roep)stem, (op)roeping; oproep; appel *o*; kaartsp invite; vraag; aanmaning; aanleiding; beroep *o*; bezoek *o*, visite; telec gesprek *o*, telefoontje *o*; signaal *o*; (bootsmans)fluitje *o*; lokfluitje *o*; fig lokstem; handel optie; *it was a close ~* het hield (spande) erom; *have first ~ on* het eerst aanspraak hebben op; *have no ~ to* niet behoeven te...; zich niet geroepen voelen om...; *at (on) ~* handel direct vorderbaar [geld]; ter beschikking

call-box *znw* spreekcel, telefooncel

call-boy *znw* jongen die de acteurs waarschuwt; chasseur

caller *znw* roeper; telec (op)beller, aanvrager; bezoeker

call-girl *znw* callgirl, (luxe) prostituee

calligrapher [kə'ligrəfə] *znw* kalligraaf, schoonschrijver

calligraphic [kæli'græfik] *bn* kalligrafisch

calligraphy [kə'ligrəfi] *znw* kalligrafie, schoonschrijfkunst

calling ['kɔ:liŋ] *znw* roeping; beroep *o*

callipers ['kælipəz] *znw mv* **1** schuifmaat; **2** beenbeugel

callisthenics [kælis'θeniks] *znw (mv)* (ritmische) gymnastiek

call loan ['kɔ:lloun] *znw* call-lening, daggeldlening

call money *znw* callgeld *o*, daggeld *o* (geld dat direct teruggevorderd kan worden)

callosity [kæ'lɔsiti] *znw* eeltachtigheid; vereelting, eeltknobbel

callous ['kæləs] *bn* vereelt, eeltachtig; fig verhard, ongevoelig, hardvochtig

calloused *bn* vereelt, eeltachtig

call-over ['kɔ:louvə] *znw* = *roll-call*

callow ['kælou] *bn* zonder veren, kaal; fig groen, onervaren

call rate ['kɔ:lreit] *znw* rentepercentage *o* op basis van daggeld

call-sign ['kɔ:lsain], **call-signal** ['kɔ:lsignəl] *znw* radio roepletters [ter identificatie v.e. zender]

call-up ['kɔ:lʌp] *znw* oproep [voor militaire dienst]

callus ['kæləs] *znw* eeltknobbel, eeltplek; littekenweefsel *o*

calm [ka:m] **I** *bn* kalm, bedaard; rustig; windstil; **II** *znw* kalmte, rust; windstilte; **III** *overg & onoverg* kalmeren, (doen) bedaren (ook: ~ *down*)

calmative ['kælmətiv, 'ka:mətiv] **I** *znw* kalmerend middel *o*; **II** *bn* kalmerend

Calor gas ['kæləgæs] *znw* butagas *o*

caloric [kə'lɔrik] **I** *znw* warmte; **II** *bn* warmte afgevend

calorie, **calory** ['kæləri] *znw* calorie, warmte-eenheid

calorific [kælə'rifik] *bn* verwarmend, warmte-

calorimeter *znw* warmtemeter

calotte [kə'lɔt] *znw* kalotje *o*

caltrop ['kæltrɔp] *znw* mil kraaienpoot, viertandspijker

calumet ['kæljumet] *znw* lange tabakspijp van de indianen, vredespijp

calumniate [kə'lʌmnieit] *overg* belasteren

calumniation [kəlʌmni'eiʃən] *znw* (be)lastering

calumniator [kə'lʌmnieitə] *znw* lasteraar

calumnious *bn* lasterlijk

calumny ['kæləmni] *znw* laster(ing)

calve [ka:v] **I** *onoverg* kalven; afkalven [ijsberg]; **II** *overg* [een kalf] baren

Calvinism ['kælvinizm] *znw* calvinisme *o*

calvinist **I** *znw* calvinist; **II** *bn* calvinistisch

calvinistic [kælvi'nistik] *bn* calvinistisch

calyx ['kei-, 'kæliks] *znw* plantk (bloem)kelk

cam [kæm] *znw* techn kam, nok

camaraderie [ka:mə'ra:dəri] [Fr] *znw* kameraadschap

camber ['kæmbə] **I** *znw* welving; **II** *overg* welven

cambric ['keimbrik] *znw* batist *o*

came [keim] V.T. van *come*

camel ['kæməl] *znw* kameel; camel(kleur)

camelia [ke'mi:ljə, kə'meljə] *znw* plantk camelia

cameo ['kæmiou] *znw* **1** camee; **2** korte, treffende typering; ~ *part (appearance)* kort optreden *o* (v. steracteur)

camera ['kæmərə] *znw* camera; *in ~* recht met gesloten deuren

cameraman ['kæmərəmæn] *znw* cameraman

camera-shy ['kæmərə'ʃai] *bn* bang voor de camera

camisole ['kæmisoul] *znw* kamizool *o*

camomile ['kæməmail] *znw* kamille

camouflage ['kæmufla:ʒ] **I** *znw* camouflage; **II** *overg* camoufleren; laten doorgaan voor
camp [kæmp] **I** *znw* kamp^{2} *o*, legerplaats; **II** *overg & onoverg* (zich) legeren, kamperen (ook: ~ *out*); **III** *bn* gemeenz geaffecteerd, verwijfd, nichterig; kitsch(erig), theatraal
campaign [kæm'pein] **I** *znw* veldtocht, campagne; **II** *onoverg* te velde staan; vechten; een campagne voeren
campaigner *znw* actievoerder; *old* ~ oudgediende, ouwe rot, veteraan
campanile [kæmpə'ni:li] *znw* (vrijstaande) klokkentoren
campanology [kæmpə'nɔledʒi] *znw* campanologie: kennis van klokken(spel)
campanula [kəm'pænjulə] *znw* plantk klokje *o*
camp-bed ['kæmpbed] *znw* veldbed *o*
camp-chair *znw* vouwstoel
camper *znw* kampeerder; kampeerauto (ook: ~ *van*)
camp-follower *znw* sympathisant; hist marketentster; met een leger meereizende prostitué(e)
campground *znw* Am = *camping site*
camphor ['kæmfə] *znw* kamfer
camping ['kæmpŋ] *znw* kamperen *o*
camping-site *znw* kampeerterrein *o*, camping
camping stove *znw* primus
campshed ['kæmpʃed] *overg* beschoeien
campsite *znw* = *camping site*
camp-stool ['kæmpstu:l] *znw* vouwstoeltje *o*
campus ['kæmpəs] *znw* Am terrein *o* van universiteit of school, campus
camshaft ['kæmʃa:ft] *znw* techn nokkenas
1 can [kæn] **I** *znw* kan; blik, bus; slang nor, lik; Am slang plee; *carry the* ~ gemeenz de schuld dragen; ervoor opdraaien (ook: *take the* ~ *back*); **II** *overg* inblikken; ~*ned* gemeenz dronken; ~*ned music* muzak; ~*ned laughter* ingeblikt gelach
2 can [kæn] (could; (been able)) *hulpww* **1** kunnen; **2** mogen; *you* ~ *not but know it* het kan u niet onbekend zijn, u moet het wel weten; ~ *I go now?* mag ik nu gaan?
Canadian [kə'neidjən] *znw* & *bn* Canadees
canal [kə'næl] *znw* kanaal^{2} *o*, vaart, gracht
canalization [kænəlai'zeiʃən] *znw* kanalisatie
canalize ['kænəlaiz] *overg* kanaliseren
canapé ['kænəpei] *znw* **1** canapé, belegd sneetje brood [als voorgerecht]; **2** canapé, sofa
canary [kə'nεəri] *znw* kanarie(vogel)
cancel ['kænsəl] **I** *overg* (door)schrappen, doorhalen, afstempelen; intrekken, opheffen, laten vervallen, afgelasten, afbestellen, afschrijven, annuleren, ongedaan maken, vernietigen, tenietdoen; laten wegvallen, wegvallen tegen (~ *out*); **II** *onoverg*: ~ *out* tegen elkaar wegvallen, elkaar opheffen, elkaar tenietdoen
cancellation [kænsə'leiʃən] *znw* v. *cancel*
cancer ['kænsə] *znw* kanker^{2}; *C*~ astron Kreeft
cancerous *bn* kankerachtig
candelabra [kændi'la:brə] *znw* kandelaber; kandelabers (= *mv* v. *candelabrum*)
candelabrum *znw* (*mv*: -s *of* candelabra, Am ook: candelabras) kandelaber
candid ['kændid] *bn* oprecht, openhartig
candidacy ['kændidəsi] *znw* = *candidature*
candidate *znw* kandidaat
candidature *znw* kandidatuur
candied ['kændid] *bn* geconfijt, gesuikerd
candle ['kændl] *znw* kaars; licht *o*; *burn the* ~ *at both ends* dag en nacht werken; *she cannot hold a* ~ *to her sister* zij haalt (het) niet bij, kan niet in de schaduw staan van haar zuster
candlelight *znw* kaarslicht *o*
candlelit ['kændllit] *bn* bij kaarslicht
candle-power *znw* kaarssterkte [lichtsterkte uitgedrukt in kaarsen]
candlestick *znw* kandelaar; *flat* ~ blaker
candour ['kændə], Am **candor** *znw* oprecht-, openhartigheid
candy ['kændi] **I** *znw* kandij; Am suikergoed *o*, snoep; **II** *overg* konfijten, versuikeren; kristalliseren; **III** *onoverg* kristalliseren
candy floss *znw* suikerspin, gesponnen suiker
candy-striped *bn* met zuurstokstrepen
cane [kein] **I** *znw* riet *o*, rotting, rotan *o*; (wandel-) stok; suikerriet *o*; stengel, rank [v. framboos]; **II** *overg* matten (met riet); afrossen, slaan
canine ['kænain, 'keinain] **I** *bn* honds-; ~ *tooth* hoektand; **II** *znw* hoektand
caning ['keiniŋ] *znw* pak slaag (met rotting)
canister ['kænistə] *znw* bus, trommel, blik *o*; mil granaatkartets; ~ *of teargas* traangasgranaat
canker ['kæŋkə] **I** *znw* (mond)kanker, hoefkanker, boomkanker; bladrups; knagende worm; fig kwaad dat aan iets vreet; **II** *onoverg* (ver)kankeren; **III** *overg* wegvreten
cankerous *bn* kankerachtig, in-, wegvretend
cannabis ['kænəbis] *znw* cannabis, marihuana
cannery ['kænəri] *znw* conservenfabriek
cannibal ['kænibəl] *znw* kannibaal
cannibalism *znw* kannibalisme *o*
cannibalistic [kænibə'listik] *bn* kannibaals, kannibalistisch
cannibalize ['kænibəlaiz] *overg* techn gebruiken v. onderdelen v.d. ene voor een andere machine
cannon ['kænən] **I** *znw* mil kanon *o*, kanonnen, geschut *o*; biljart carambole; **II** *onoverg* biljart caramboleren; (aan)botsen (tegen *into*)
cannonade [kænə'neid] *znw* kanonnade
cannon-ball *znw* kanonskogel
cannon-fodder *znw* kanonnenvlees *o*
cannon shot *znw* kanonschot *o*; bereik *o* v.e. kanon
cannot ['kænɔt, ka:nt] = *can not*
canny ['kæni] *bn* slim; voorzichtig; zuinig
canoe [kə'nu:] **I** *znw* kano; **II** *onoverg* kanoën
canoeist *znw* kanovaarder
cañon ['kænjən] *znw* Am = *canyon*

canon ['kænən] *znw* canon, kerkregel; regel; gecanoniseerd oeuvre *o*; domheer, kanunnik; canon [drukletter]; muz canon; ~ *law* canoniek (kerkelijk) recht
canonical [kə'nɔnikl] **I** *bn* canoniek, kerkrechtelijk, kerkelijk; **II** *znw*: ~*s* priestergewaad *o*
canonization [kænənai'zeiʃən] *znw* heiligverklaring
canonize ['kænənaiz] *overg* heilig verklaren
canoodle [kə'nu:dl] *overg* gemeenz liefkozen, knuffelen
can opener ['kænoupnə] *znw* blikopener
canopy ['kænəpi] **I** *znw* (troon)hemel, baldakijn *o* & *m*; gewelf *o*; kap; **II** *overg* overwelven
1 cant [kænt] **I** *onoverg* gemaakt, huichelachtig spreken; femelen, kwezelen, huichelen; **II** *znw* dieventaal[2], vakjargon *o*; clichés; hypocriet geleuter *o*
2 cant [kænt] **I** *znw* schuine kant, helling; stoot; kanteling; **II** *overg* op zijn kant zetten, kantelen; doen overhellen; (af)kanten; **III** *onoverg* overhellen
can't [ka:nt] samentrekking van *cannot*
cantankerous [kæn'tæŋkərəs] *bn* wrevelig, kribbig, lastig, twistziek
cantata [kæn'ta:tə] *znw* cantate
canteen [kæn'ti:n] *znw* kantine; veldfles; mil eetketeltje *o*; cassette [voor bestek]
canter ['kæntə] **I** *onoverg* in korte galop rijden of gaan; **II** *overg* in korte galop laten gaan; **III** *znw* korte galop; *win in (at) a* ~ op zijn sloffen winnen
cantharides [kæn'θæridi:z] *znw* Spaanse vlieg
canticle ['kæntikl] *znw* lofzang; *the Canticles* bijbel het Hooglied
cantilever ['kæntili:və] *znw* bouwk console; techn cantilever
canting ['kæntiŋ] *bn* huilerig; schijnheilig
canto ['kæntou] *znw* zang [van een gedicht]
canton [kæn'tɔn] **I** *znw* kanton *o*; **II** *overg* verdelen in kantons; [kæn'tu:n] mil kantonneren
cantor ['kæntɔ:] *znw* cantor, voorzanger
canvas ['kænvəs] *znw* zeildoek *o* & *m*; canvas *o*; doek *o*, schilderij *o* & *v*; zeil *o*, zeilen; *under* ~ scheepv onder zeil; mil in tenten (ondergebracht)
canvass ['kænvəs] **I** *overg* onderzoeken; werven; bewerken; **II** *onoverg* (stemmen &) werven; **III** *znw* onderzoek *o*; (stemmen)werving
canvasser *znw* stemmen-, klantenwerver, (werf-) agent, colporteur, acquisiteur
canyon ['kænjən] *znw* cañon (diepe, steile bergkloof)
cap [kæp] **I** *znw* muts, pet, baret, kap; dop, dopje *o*; klappertje *o* [v. kinderpistooltje]; ~ *and bells* zotskap; ~ *in hand* nederig, onderdanig; *she sets her* ~ *at him* zij tracht hem in te palmen; *if the* ~ *fits, wear it* wie de schoen past, trekke hem aan; **II** *overg* een muts opzetten; van een dopje voorzien; met een (nog) sterker verhaal uit de bus komen; overtreffen; onderw Schots een graad verlenen; *he was* ~*ped for England* sp hij kwam uit voor het Engelse nationale elftal
capability [keipə'biliti] *znw* bekwaamheid, vermogen *o*, vermogens; aanleg
capable ['keipəbl] *bn* bekwaam, knap, geschikt, flink; in staat (om of tot *of*), kunnende, vatbaar (voor *of*)
capacious [kə'peiʃəs] *bn* ruim, veelomvattend
capacitor [kə'pæsitə] *znw* elektr condensator
capacity [kə'pæsiti] *znw* bekwaamheid, vermogen *o*, capaciteit; bevoegdheid; hoedanigheid, ruimte, inhoud; volle zaal; *full (filled) to* ~ helemaal vol
cap-a-pie [kæpə'pi:] *bijw* van top tot teen
caparison [kə'pærisn] **I** *znw* sjabrak [v. paard]; uitrusting; **II** *overg* optuigen[2]
Cape [keip] **I** *znw*: *the* ~ de Kaap; **II** *bn* Kaaps
cape [keip] *znw* **1** kaap; **2** kap, pelerine, cape
caper ['keipə] **I** *onoverg* (rond)springen, huppelen; **II** *znw* **1** (bokken)sprong, capriool; gemeenz streek, poets; slang illegale praktijken, smerig zaakje *o*; *and all that* ~ en meer van die onzin; **2** plantk kapper(-struik)
capercaillie, **capercailzie** [kæpə'keilji] *znw* auerhaan, auerhoen *o*
Cape Town ['keip'taun] *znw* Kaapstad
capillary [kə'piləri] **I** *bn* haarvormig, capillair, haar-; **II** *znw* haarbuisje *o*; haarvat *o*
capital ['kæpitl] **I** *bn* hoofd-; kapitaal, uitmuntend, prachtig, best; ~ *crime (offence)* halsmisdaad; ~ *gain* vermogensaanwas; ~ *goods* handel kapitaalgoederen; ~ *punishment* doodstraf; ~ *stock* handel aandelenkapitaal *o*; **II** *znw* kapitaal *o*; hoofdstad; kapiteel *o*; hoofdletter; *make* ~ *out of* munt slaan uit
capital-intensive *bn* kapitaalintensief
capitalism *znw* kapitalisme *o*
capitalist **I** *znw* kapitalist; **II** *bn* kapitalistisch
capitalistic [kæpitə'listik] *bn* kapitalistisch
capitalization [kæpitəlai'zeiʃən] *znw* kapitalisatie
capitalize ['kæpitəlaiz] *overg* kapitaliseren; ~ *on* munt slaan uit; ~*d* met een hoofdletter
capitally *bijw* kapitaal, uitmuntend, prachtig, best
capitation [kæpi'teiʃən] *znw* hoofdgeld *o*
capitulate [kə'pitjuleit] *onoverg* capituleren
capitulation [kəpitju'leiʃən] *znw* capitulatie
capon ['keipən] *znw* kapoen
caprice [kə'pri:s] *znw* luim, gril, kuur, nuk, grilligheid
capricious *bn* grillig, nukkig
Capricorn [kæprikɔ:n] *znw* astron Steenbok
capsicum ['kæpsikəm] *znw* Spaanse peper
capsize [kæp'saiz] *(overg &) onoverg* (doen) kapseizen, omslaan
capstan ['kæpstən] *znw* kaapstander; gangspil; ~ *lathe* revolverdraaibank
capsular ['kæpsjulə] *bn* (zaad)doosvormig
capsule *znw* capsule; plantk zaaddoos; doosvrucht
Capt. *afk.* = *Captain*
captain ['kæptin] **I** *znw* aanvoerder, veldheer, kapitein, gezagvoerder; ploegbaas, primus; leider; ~ *of*

industry grootindustrieel; **II** *overg* aanvoeren, aanvoerder & zijn van
caption ['kæpʃən] *znw* titel, opschrift *o*, onderschrift *o*, ondertiteling, kopje *o*
captious ['kæpʃəs] *bn* vitterig
captivate ['kæptiveit] *overg* boeien, bekoren, betoveren
captivation [kæpti'veiʃən] *znw* bekoring, betovering
captive ['kæptiv] **I** *bn* gevangen; **II** *znw* gevangene; ~ *balloon* kabelballon
captivity [kæp'tiviti] *znw* gevangenschap
captor ['kæptə] *znw* wie gevangen neemt of buitmaakt
capture **I** *znw* vangst, buit, prijs; gevangenneming; inneming, verovering; **II** *overg* vangen, gevangen nemen, buitmaken; innemen; veroveren (op *from*); weergeven, schetsen, schilderen [sfeer &]
car [ka:] *znw* wagen; auto; tram; Am spoorwagen; Am liftkooi
carafe [kə'ra:f] *znw* karaf
caramel ['kærəmel] *znw* karamel
carapace ['kærəpeis] *znw* rugschild *o*
carat ['kærət] *znw* karaat *o*
caravan [kærə'væn, 'kærəvæn] *znw* karavaan; kermis-, woonwagen; kampeerwagen, caravan
caravanning ['kærəvæniŋ] *znw* trekken *o* met een caravan
caravanserai [kærə'vænsərai] *znw* karavanserai
caraway ['kærəwei] *znw* karwij
carbide ['ka:baid] *znw* carbid *o*
carbine ['ka:bain] *znw* karabijn
carbohydrate ['ka:bou'haidreit] *znw* koolhydraat *o*
carbolic [ka:'bɔlik] *bn* carbol-; ~ *acid* carbolzuur *o*, carbol *o & m*
carbon ['ka:bən] *znw* kool(stof); koolspits; carbon(papier) *o*; doorslag
carbonaceous [ka:bə'neiʃəs] *bn* kool(stof)houdend
carbonate ['ka:bənit] *znw* carbonaat *o*
carbon copy *znw* doorslag, kopie (ook fig
carbon dating *znw* datering d.m.v. koolstofanalyse
carbon dioxide ['ka:bəndai'ɔksaid] *znw* kool(stof)-dioxide *o*, koolzuur(gas) *o*
carbonic [ka:'bɔnik] *bn* kool-; ~ *acid* koolzuur *o*
carboniferous [ka:bə'nifərəs] *bn* kool(stof)houdend
carbonize ['ka:bənaiz] *overg* verkolen; carboniseren
carbon monoxide ['ka:bənmɔ'nɔksaid] *znw* koolmonoxide *o*, kolendamp
carbon paper *znw* carbonpapier *o*
carboy ['ka:bɔi] *znw* grote fles, kruik, kan
carbuncle ['ka:bʌŋkl] *znw* karbonkel, puist
carburettor, **carburetter**, Am **carburetor** ['ka:bjuretə] *znw* carburateur
carcass, **carcase** ['ka:kəs] *znw* geslacht beest *o*; lijk *o*; karkas *o & v*; geraamte *o*; wrak *o*
carcinogen [ka:'sinədʒən] *znw* carcinogeen *o* [kankerverwekkende stof]
carcinogenic [ka:sinə'dʒenik] *bn* carcinogeen: kankerverwekkend
card [ka:d] **I** *znw* **1** (speel)kaart; **2** (visite)kaartje *o*; **3** dun karton *o*; **4** programma *o*; **5** scheepv kompasroos; **6** (wol)kaarde; **7** gemeenz rare snuiter, vreemde snoeshaan; grapjas; *a sure* ~ wat zeker succes heeft; *have a* ~ *up one's sleeve* iets in petto hebben; *it was on the* ~*s* het was te voorzien, te verwachten; *play one's* ~*s right* 't slim aanpakken; *lay one's* ~*s on the table* open kaart spelen; *play one's* ~*s close to one's chest* zich niet in de kaarten laten kijken; **II** *overg* **1** kaarden, ruwen; **2** op kaartjes schrijven, catalogiseren
cardboard **I** *znw* karton *o*, bordpapier *o*; **II** *bn* fig onecht
card-carrying *bn* in het bezit van een lidmaatschapskaart; ~ *member* lid [*vooral* v. politieke partij, vakbond]
cardiac ['ka:diæk] *bn* hart-; ~ *arrest* hartstilstand
cardigan ['ka:digən] *znw* gebreid vest *o*
cardinal ['ka:dinəl] **I** *bn* voornaamst, hoofd-; kardinaal; ~ *number* hoofdtelwoord *o*; ~ *points* hoofdstreken [op kompas]; ~ *red* donkerpurper; ~ *sin* doodzonde; **II** *znw* kardinaal
card-index ['ka:dindeks] **I** *znw* kaartsysteem *o*, cartotheek; **II** *overg* in een kaartsysteem opnemen, ficheren
cardiogram ['ka:diougræm] *znw* cardiogram *o*
cardiograph *znw* cardiograaf
cardiologist [ka:di'ɔlədʒist] *znw* cardioloog, hartspecialist
cardiology *znw* cardiologie
card-sharper ['ka:dʃa:pə] *znw* valsspeler [bij het kaarten]
card-table ['ka:dteibl] *znw* speeltafeltje *o*
card-vote ['ka:dvout] *znw* Am stemming waarbij de zwaarte van de stem van elke afgevaardigde evenredig is met het aantal mensen dat hij vertegenwoordigt [vooral bij vakbondsvergaderingen]
care [kɛə] **I** *znw* zorg, voorwerp *o* van zorg, bezorgdheid; verzorging; ~ *of...* per adres...; *have a* ~*!* pas op!; *take* ~*!* pas op!; *take* ~ *of* zorgen voor; passen op; *that matter will take* ~ *of itself* die zaak komt vanzelf terecht; *in (under) his* ~ aan zijn zorg toevertrouwd; onder zijn hoede; *handle with* ~ voorzichtig, breekbaar; *she's been in* ~ *since the age of three* ze zit sinds haar derde in een kindertehuis; **II** *onoverg & overg* (wat) geven om; ~ *about* geven om, bezorgd zijn of zich bekommeren om; ~ *for* (veel) geven om, houden van; zorgen voor, verzorgen; willen; zin hebben in; *I don't* ~ *(a jot &)* ik geef er geen zier om; *I don't* ~ *if I do* het zal mij een zorg wezen; *do you* ~ *to...?* heb je zin om...?; *he didn't* ~ *to...* hij voelde er niet voor te...; [soms:] hij wilde wel...; *would you* ~ *to...?* zoudt u willen...?; wilt u zo vriendelijk zijn te...?; *who cares?* wat kan dat schelen?, wat zou het?; *I couldn't* ~ *less* ik geloof

het wel, het kan me niets schelen; *he really does ~* het doet hem echt wat

careen [kə'ri:n] **I** *onoverg* overhellen; **II** *overg* scheepv krengen, kiel(hal)en; doen overhellen

career [kə'riə] **I** *znw* vaart; loopbaan, carrière; beroep *o*; levensloop; *in full ~* in volle vaart; **II** *onoverg* (voort)jagen, (voort)snellen

careerist *znw* carrièrejager

career woman *znw* carrièrevrouw

care-free ['kɛəfri:] *bn* zorgeloos, onbezorgd, onbekommerd, zonder zorgen

careful *bn* zorgvuldig, nauwkeurig, zorgzaam, voorzichtig; *be ~!* pas op!; *be ~ of* oppassen voor; *be ~ to* er voor zorgen te, niet nalaten te, speciaal [erop wijzen &]

careless ['kɛəlis] *bn* zorgeloos, onverschillig, onachtzaam, slordig, nonchalant

carer ['kɛərə] *znw* verzorger

caress [kə'res] **I** *znw* liefkozing; **II** *overg* liefkozen, strelen, aaien, aanhalen

caret ['kærət] *znw* caret *o* (het teken ʌ om in een tekst aan te geven waar iets moet worden ingelast)

caretaker ['kɛəteikə] *znw* huisbewaarder, -ster, conciërge; opzichter [v. begraafplaats &]; *~ government* zakenkabinet *o*

careworn *bn* door zorgen gekweld of verteerd, afgetobd

Carey street ['kæristri:t]: *in ~* gemeenz bankroet

carfax ['ka:fæks] *znw* viersprong

car ferry ['ka:feri] *znw* autoveer *o*; Am spoorpont

cargo ['ka:gou] *znw* (*mv*: -s *of* -goes) scheepv (scheeps)lading, vracht

Caribbean [kæri'bi:ən] **I** *bn* Caraïbisch; **II** *znw* Caraïbisch gebied *o*; Caraïbische Zee

caricature [kærikə'tjuə] **I** *znw* karikatuur; **II** *overg* een karikatuur maken van

caricaturist *znw* karikatuurtekenaar

caries ['kɛərii:z] *znw* wolf, cariës [in tanden]

carillon ['kæriljən, kə'riljən] *znw* carillon *o & m*, klokkenspel *o*

carious ['kɛəriəs] *bn* aangevreten, rot, carieus

Carlovingian [ka:lə'vindʒiən] **I** *bn* Karolingisch; **II** *znw* Karolinger

carmine ['ka:main] *znw* karmijn(rood) *o*

carnage ['ka:nidʒ] *znw* bloedbad *o*, slachting

carnal ['ka:nəl] *bn* vleselijk, seksueel; zinnelijk; *have ~ knowledge of* vleselijke gemeenschap hebben met

carnality [ka:'næliti] *znw* vleselijkheid, zinnelijkheid

carnation [ka:'neiʃən] *znw* inkarnaat *o*; plantk anjer

carnival ['ka:nivəl] *znw* carnaval *o*; Am lunapark *o*, kermis

carnivore ['ka:nivɔ:] *znw* vleesetend dier *o* of plant, carnivoor

carnivorous [ka:'nivərəs] *bn* vleesetend

carob ['kærəb] *znw* **1** johannesbroodboom; **2** johannesbrood *o*

carol ['kærəl] **I** *znw* (kerst)lied *o*, zang; **II** *onoverg* zingen

Caroline ['kærəlain] *bn* (uit de tijd) van Karel I & II

Carolingian ['kærə'lindʒiən] *bn* = *Carlovingian*

carotid [kə'rɔtid] *znw* halsslagader (*~ artery*)

carousal [kə'rauzəl] *znw* drinkgelag *o*, slemppartij

carouse *onoverg* zuipen, zwelgen, slempen

1 carp [ka:p] *znw* (*mv* idem *of* -s) karper

2 carp [ka:p] *onoverg* vitten (op *at*)

carpal ['ka:pəl] *bn* van de handwortel

car park ['ka:pa:k] *znw* parkeerterrein *o*, -plaats, -gelegenheid

carpenter ['ka:pintə] **I** *znw* timmerman; **II** *onoverg* timmeren

carpentry *znw* timmermansambacht *o*; timmerwerk *o*

carpet ['ka:pit] **I** *znw* tapijt *o*, (vloer)kleed *o*, karpet *o*, loper; *be on the ~* in behandeling (aan de orde) zijn; gemeenz berispt worden; *sweep under the ~* in de doofpot stoppen; **II** *overg* (als) met een tapijt bedekken

carpet-bag *znw* reiszak, valies *o*

carpeting *znw* tapijt(goed) *o*

carpet-knight *znw* held op sokken, salonsoldaat

carpet-sweeper *znw* rolveger

carport ['ka:pɔ:t] *znw* open aanbouwsel *o* als garage

carpus ['ka:pəs] *znw* (*mv*: carpi [-pai]) handwortel

carrel ['kærəl] *znw* studiecel in bibliotheek

carriage ['kæridʒ] *znw* rijtuig *o*; wagon; wagen; onderstel *o*; affuit; techn slede; vervoer *o*, vracht; houding; gedrag *o*; *~ free, ~ paid* vrachtvrij, franco; *a ~ and four* een vierspannig rijtuig *o*

carriage drive *znw* oprijlaan

carriageway *znw* rijweg, rijbaan; *dual ~* vierbaansweg

carrier ['kæriə] *znw* drager; vrachtrijder, besteller, bode, voerman; vervoerder; vrachtvaarder; bacillendrager; bagagedrager; vliegdekschip *o*; mitrailleurswagen; *~ bag* draagtas; *~ pigeon* postduif; *~ rocket* draagraket

carrion ['kæriən] *znw* kreng *o*, aas *o*

carrot ['kærət] *znw* plantk gele wortel, peen

carroty *bn* rood(harig)

carry ['kæri] **I** *overg* dragen, (ver)voeren, houden; bij zich hebben [geld], (aan boord) hebben; (over-) brengen, meevoeren; erdoor krijgen; behalen, wegdragen; mil nemen; bevatten, inhouden; meebrengen [verantwoordelijkheid]; *it carries a salary of...* er is een salaris aan verbonden van...; *(the motion) was carried* werd aangenomen; *~ it too far* het te ver drijven; *~ weight* gewicht in de schaal leggen; zie ook: *coal, conviction, day* &; **II** *onoverg* dragen; **III** *wederk*: *~ oneself* zich houden of gedragen, optreden; *~ along* meedragen; wegvoeren; meeslepen; *~ away* wegdragen; wegvoeren; meenemen[2]; meeslepen; *~ back* terugvoeren; *~ all before one* over de hele linie zegevieren; *~ forward* handel transporte-

ren; ~ *off* weg-, afvoeren [water]; ontvoeren; de dood veroorzaken; wegdragen, behalen; ~ *it off* (het) er (goed) afbrengen; ~ *on* voortzetten; (de lopende zaken) waarnemen; doorzetten, (ermee) doorgaan, volhouden; uitoefenen, drijven, voeren [actie]; fig huishouden; zich aanstellen; het aanleggen (met *with*); ~ *out* ten uitvoer brengen, uitvoeren, vervullen [plichten]; ~ *over* overdragen; overhalen; laten liggen, handel transporteren; ~ *through* doorzetten; doorvoeren, tot stand of tot een goed einde brengen; volhouden, erdoor helpen; ~... *with one...* meeslepen, meekrijgen
carrycot *znw* reiswieg
carryings-on [kæriiŋʒ'ɔn] *znw* aanstellerig gedrag *o*
carry-on *znw* gemeenz gedoe *o*
carsick ['ka:sik] *bn* wagenziek
cart [ka:t] **I** *znw* kar, wagen; *in the* ~ in de penarie; *put the* ~ *before the horse* het paard achter de wagen spannen; **II** *overg* met een kar vervoeren; slepen, zeulen
cartage *znw* sleeploon *o*; vervoer *o* per sleperswagen
carte blanche ['ka:t'blã:nʃ] [Fr] *znw* onbeperkte volmacht; *have* ~ de vrije hand hebben
cartel [ka:'tel] *znw* handel kartel *o*
carthorse ['ka:thɔ:s] *znw* trekpaard *o*
cartilage ['ka:tilidʒ] *znw* kraakbeen *o*
cartographer [ka:'tɔgrəfə] *znw* cartograaf
cartography [ka:'tɔgrəfi] *znw* cartografie
carton ['ka:tən] *znw* karton *o*, kartonnen doos, slof [v. sigaretten]
cartoon [ka:'tu:n] **I** *znw* karton *o*; modelblad *o* voor schilders &, voorstudie; spotprent; tekenfilm; beeldverhaal *o*; **II** *onoverg (& overg)* spotprenten & maken (van)
cartoonist *znw* tekenaar van spotprenten &
cartridge ['ka:tridʒ] *znw* patroon(huls); vulling, inktpatroon
cartridge-belt *znw* patroongordel
cartridge paper *znw* kardoespapier *o* [voor patroonhulzen]; grof tekenpapier *o*
cart-wheel ['ka:twi:l] *znw* wagenwiel *o*; *turn* ~*s* gemeenz radslaan, radslagen maken
cart-wright *znw* wagenmaker
carve [ka:v] *overg* (voor)snijden, kerven, beeldsnijden, graveren; ~ *up* verdelen; ~ *out* met veel moeite opbouwen/veroveren
carver *znw* (beeld)snijder; voorsnijder; voorsnijmes *o*; ~*s* voorsnijmes en -vork
carving *znw* beeldsnijkunst, snijwerk *o*; ~*knife* voorsnijmes *o*
caryatid [kæri'ætid] *znw* kariatide (zuil in de vorm v.e. vrouwenfiguur)
cascade [kæs'keid] **I** *znw* cascade, waterval; **II** *onoverg* in golven (neer)vallen
case [keis] **I** *znw* **1** (pak)kist, koffer, doos; **2** kast; **3** dek *o*, overtrek *o & m*, huls, foedraal *o*, etui *o*, tas, schede; koker, trommel; **4** geval[2] *o*; toestand; **5** (rechts)zaak, geding *o*, proces *o*; **6** argument *o*, argumenten; **7** naamval; **8** patiënt, gewonde; *he has a strong* ~ hij (zijn zaak) staat sterk; *it is still the* ~ het is nog zo; *make (out) a* ~ *for* argumenten aanvoeren voor; *make out (prove) one's* ~ zijn goed recht bewijzen, zijn bewering waar maken; *put one's* ~ zijn standpunt uiteenzetten; *in* ~ ingeval, zo; ...(want) je kunt nooit weten, voor alle zekerheid (ook: *just in* ~); *in* ~ *of...* in geval van..., bij...; *in any* ~ in ieder geval; toch; *in no* ~ in geen geval; *a* ~ *in point* een typisch voorbeeld; *as the* ~ *may be* al naar gelang de omstandigheden; *in the* ~ *of* tegenover, voor, bij, wanneer (waar) het geldt (betreft); **II** *overg* in een kist & doen, insluiten, overtrekken; gemeenz verkennen, opnemen
casebook *znw* boek *o* met verslagen van behandelde gevallen [v. arts, jurist &]
case-harden ['keisha:dn] *overg* (ver)harden aan de buitenkant; ~*ed* verhard, verstokt
case-history *znw* voorgeschiedenis, anamnese
casein ['keisiin] *znw* caseïne: kaasstof
case-law ['keislɔ:] *znw* precedentenrecht *o*
caseload *znw* praktijk, werklast [v. arts, jurist &]
casemate ['keismeit] *znw* kazemat
casement ['keismənt] *znw* (klein) openslaand venster *o*, draairaam *o*
caseous ['keisiəs] *bn* kaasachtig, kaas-
case-shot ['keisʃɔt] *znw* hist mil schroot *o*
cash [kæʃ] **I** *znw* geld *o*, gereed geld *o*, contanten; kas; *hard* ~ baar geld *o*, klinkende munt; ~ *(down)* (à) contant; ~ *on delivery* (onder) rembours *o*; ~ *with order* handel vooruitbetaling; *be in (out of, short of)* ~ goed (niet, slecht) bij kas zijn; **II** *overg* verzilveren, wisselen; innen; **III** *onoverg*: ~ *in* profiteren (van *on*), verdienen (aan *on*)
cash-book *znw* kasboek *o*
cash-box *znw* geldkistje *o*, geldtrommel
cash crop *znw* cash crop, voor de handel gekweekt gewas *o*
cash-desk *znw* kassa
cash dispenser *znw* geldautomaat
cashew [kæ'ʃu:], **cashew nut** *znw* cashewnoot
cashflow ['kæʃflou] *znw* cashflow
1 cashier [kæ'ʃiə] *znw* kassier, caissière
2 cashier [kə'ʃiə] *overg* mil casseren [officier]; afdanken, zijn congé geven
cashmere ['kæʃmiə] *znw* kasjmier *o*
cash payment ['kæʃpeimənt] *znw* contant(e betaling)
cashpoint ['kæʒpɔint] *znw* geldautomaat
cash price *znw* handel prijs à contant
cash prize *znw* geldprijs [loterij &]
cash-register *znw* kasregister *o*
casing ['keisiŋ] *znw* foedraal *o*; overtrek *o & m*, omhulsel *o*, bekleding, verpakking, mantel
casino [kə'si:nou] *znw* casino *o*, speelbank
cask [ka:sk] *znw* vat *o*, ton
casket ['ka:skit] *znw* kistje *o*, cassette; Am lijkkist

Caspian ['kæspiən] *bn*: ~ *Sea* Kaspische Zee
cassava [kə'sa:və] *znw* plantk cassave
casserole ['kæsəroul] *znw* (braad-, kook-, tafel)pan, kasserol; stoofschotel, eenpansmaaltijd
cassette [kə'set] *znw* cassette; cassettebandje *o*
cassette deck *znw* cassettedeck *o*
cassette recorder *znw* cassetterecorder
cassock ['kæsək] *znw* toog [priesterkleed]
cassowary ['kæsəwεəri] *znw* kasuaris
1 cast [ka:st] (cast; cast) **I** *overg* werpen; neerwerpen, uitwerpen, afwerpen; afdanken; [zijn stem] uitbrengen; recht veroordelen; techn gieten; casten; ~ *a horoscope* een horoscoop trekken; ~ *lots* loten; *be* ~ *as Hamlet* de rol van H. (toebedeeld) krijgen; **II** *onoverg* scheepv wenden; kromtrekken; zie ook: *aspersion*; ~ *about for...* zoeken naar (een middel om...); ~ *aside* weg-, terzijde gooien; aan de kant zetten; ~ *away* wegwerpen; verkwisten; *be* ~ *away* scheepv verongelukken[2]; ~ *back* plechtig teruggaan (naar *to*); ~ *one's mind back to* zich herinneren; ~ *down* neerwerpen; terneerslaan; neerslaan; ~ *in one's lot with* het lot delen (willen) van, zich aan de zijde scharen van; ~ *off* afwerpen; verstoten, afdanken; loslaten; afkanten [breien]; scheepv losgooien; omvang berekenen [v. manuscript]; ~ *on* opzetten [breiwerk]; ~ *oneself on* zich overgeven aan; een beroep doen op; ~ *out* uitwerpen[2], uitdrijven, verjagen; ~ *up* opwerpen, opslaan; optellen
2 cast I *znw* worp, (uit)werpen *o*; (rol)bezetting, rolverdeling; cast, spelers; (giet)vorm, afgietsel *o*, (pleister)model *o*; gipsverband *o*; type *o*, soort, aard; tint, tintje *o*, tikje *o*; *have a* ~ *in one's eye* loensen; *(the paper) has a bluish* ~ zweemt naar het blauw; **II** *bn* gegoten, giet-; zie ook: *cast-iron*
castanets [kæstə'nets] *znw mv* castagnetten
castaway ['ka:stəwei] **I** *bn* gestrand; verongelukt; verstoten, verworpen; **II** *znw* schipbreukeling; verworpeling, paria
caste [ka:st] *znw* kaste; *lose* ~ in stand achteruitgaan
caster ['ka:stə] *znw* = *castor*
castigate ['kæstigeit] *overg* kastijden, straffen, gispen; verbeteren [een tekst]; zwaar bekritiseren
castigation [kæsti'geiʃən] *znw* kastijding; gisping; verbetering; zware kritiek
castigator ['kæstigeitə] *znw* kastijder; gisper; verbeteraar
casting ['ka:stiŋ] *znw* gieten *o* &, zie *cast*; rolverdeling, -bezetting; gietstuk *o*, gietsel *o*; hoopje *o* [v. aardworm]; braaksel *o*, uilenbal
casting-net *znw* werpnet *o*
casting-vote *znw* beslissende stem
cast-iron ['ka:st'aiən] **I** *znw* gietijzer *o*; **II** *bn* ['ka:staiən] van gietijzer; fig hard, vast, ijzersterk
castle ['ka:sl] **I** *znw* burcht, slot *o*, kasteel *o*; ~*s in the air* luchtkastelen; **II** *onoverg* schaken rokeren
cast-off ['ka:stɔ:f] **I** *bn* afgedankt; **II** *znw* afleggertje *o*, afdankertje *o*
castor ['ka:stə] *znw* rolletje *o* [onder meubel]; strooier
castor oil *znw* wonderolie
castor sugar *znw* poedersuiker, basterdsuiker
castrate [kæs'treit] *overg* castreren
castrato [kæs'tra:tou] *znw* (*mv*: castrati [-tai]) castraatzanger
casual ['kæʒuəl] **I** *bn* toevallig; terloops, zonder plan; ongeregeld; los, nonchalant; slordig; ~ *labour* tijdelijk werk *o*; ~ *wear* informele kleding, vrijetijdskleding; **II** *znw* tijdelijke (arbeids)kracht
casually *bijw* toevallig; terloops; zie verder: *casual I*
casualty *znw* slachtoffer *o*; *casualties* mil doden en gewonden, verliezen; slachtoffers; ~ *(ward)* (afdeling) eerste hulp [in ziekenhuis]
casuist ['kæʒjuist] *znw* haarklover
casuistry *znw* casuïstiek; spitsvondigheid, haarkloverij
cat [kæt] *znw* kat[2]; ~*(-o'nine-tails)* kat [knoet]; *he let the* ~ *out of the bag* hij klapte uit de school; *he thinks he's the* ~*'s whiskers* hij heeft het hoog in de bol; *put the* ~ *among the pigeons* de knuppel in het hoenderhok gooien; *see which way the* ~ *jumps* de kat uit de boom kijken; *there's no room to swing a* ~ je kunt er je kont niet keren; *when the* ~*'s away the mice will play* als de kat van huis is, dansen de muizen op tafel
cataclysm ['kætəklizm] *znw* overstroming; geweldige beroering, omwenteling, cataclysme *o*
cataclysmic ['kætəklizmik] *bn* desastreus, rampzalig
catacomb ['kætəku:m] *znw* catacombe
Catalan ['kætələn, -læn] **I** *znw* **1** Catalaan; **2** Catalaans *o*; **II** *bn* Catalaans
catafalque ['kætəfælk] *znw* katafalk
catalogue ['kætəlɔg] **I** *znw* catalogus; lijst, reeks, opeenvolging; **II** *overg* catalogiseren; rangschikken; ± opsommen
catalyst ['kætəlist] *znw* katalysator
catalytic converter [kætə'litik kən'və:tə] *znw* katalysator [v. auto]
catamaran [kætəmə'ræn] *znw* scheepv vlot *o*, catamaran [zeilboot met twee rompen]
catamite ['kætemait] *znw* schand-, lustknaap
catapult ['kætəpʌlt] **I** *znw* katapult; **II** *overg* met een katapult (be-, af)schieten; slingeren; *she was* ~*ed to stardom* van de ene op de andere dag werd zij een ster
cataract ['kætərækt] *znw* waterval; med grauwe staar
catarrh [kə'ta:] *znw* catarre, slijmvliesontsteking
catarrhal *bn* catarraal
catastrophe [kə'tæstrəfi] *znw* catastrofe, ramp
catastrophic [kætə'strɔfik] *bn* catastrofaal, rampzalig
cat-burglar ['kætbə:glə] *znw* geveltoerist
catcall ['kætkɔ:l] **I** *znw* schel fluitje *o* [om uit te fluiten]; fluitconcert *o*; **II** *overg* uitfluiten, weghonen
cat car ['kætka:] *znw* auto met katalysator

1 catch [kætʃ] (caught; caught) **I** *overg* vatten; (op-)vangen; pakken, vat krijgen op, grijpen; betrappen; verstaan, snappen; (in)halen; oplopen, te pakken krijgen; raken, treffen; toebrengen, geven [een klap]; vastraken met, blijven haken of hangen met; klemmen; ~ *sbd.'s attention* iems. aandacht trekken; ~ *cold* kouvatten; ~ *sbd.'s eye* iems. blik opvangen; *it caught my eye* mijn blik viel erop; ~ *the Speaker's eye* het woord krijgen; ~ *sbd.'s name* iems. naam goed verstaan; ~ *it* er (ongenadig) van langs krijgen; **II** *onoverg* pakken [v. schroef]; klemmen [v. deur]; blijven haken/zitten; aangaan, vlam vatten; aanbranden; ~ *at* grijpen naar, aangrijpen; *if I ~ him at it* als ik hem erop betrap; ~ *him in a lie* hem op een leugen betrappen; *be caught in the rain* door de regen overvallen worden; *get caught straight in* erin luizen; ~ *on* gemeenz pakken, aanslaan, opgang maken, ingang vinden; 't snappen; ~ *out* sp uitspelen [cricket]; gemeenz betrappen; verrassen; ~ *up* inhalen; ~ *up on (with)* inhalen; weer op de hoogte komen van

2 catch *znw* (op)vangen *o*; greep; vangst, buit, voordeel *o*, aanwinst; gemeenz goede partij [voor huwelijk]; strikvraag, valstrik; muz canon; vang, klink, haak, pal, knip; stokken *o* [v. stem]; sp vangbal; overgooien *o*; *there is a ~ in it* er schuilt (steekt) iets achter

catch-as-catch-can *znw* vrij worstelen *o*, catch(-as-catch-can) *o*

catching *bn* besmettelijk, aanstekelijk; pakkend

catchment area *znw* verzorgingsgebied *o*, regio, rayon *o*

catchment basin *znw* stroomgebied *o*

catchpenny I *bn* waardeloos [artikel], louter om klanten te lokken; **II** *znw* lokkertje *o*

catch-phrase *znw* leus; gezegde

catchword *znw* wachtwoord *o*; trefwoord *o*; voorbijgaande modeuitdrukking, modewoord *o*; frase, kreet, (partij)leus

catchy *bn* pakkend, boeiend, aantrekkelijk; goed in 't gehoor liggend

catechism ['kætikizm] *znw* catechismus

catechist *znw* catecheet, catechiseermeester

catechize *overg* catechiseren, ondervragen

categorical [kæti'gɔrikl] *bn* categorisch, onvoorwaardelijk, stellig, uitdrukkelijk

categorize ['kætigəraiz] *overg* categoriseren, in categorieën indelen

category ['kætigəri] *znw* categorie

catenary [kə'ti:nəri] *bn* ketting-

catenate ['kætineit] *overg* aaneenschakelen, verbinden

cater ['keitə] *onoverg* provianderen, cateren, voedsel leveren of verschaffen; ~ *for* leveren aan, zorgen voor, tegemoet komen aan [behoefte, smaak &]

caterer *znw* leverancier (van levensmiddelen), kok, restaurateur; catering-bedrijf *o*

catering *znw* catering, diner-/receptieverzorging; proviandering

caterpillar ['kætəpilə] *znw* rups; techn rupsband

caterwaul ['kætəwɔ:l] **I** *onoverg* krollen, schreeuwen v. kat in de paartijd; **II** *znw* krols gemiauw *o*, kattengejank

catfish ['kætfiʃ] *znw* zeewolf; meerval

catgut ['kætgʌt] *znw* darmsnaar; med catgut *o*, kattendarm

catharsis [kə'θa:sis] *znw* (*mv*: catharses [-si:z]) katharsis; geestelijke reiniging; med purgering

cathartic [kə'θa:tik] *bn* laxerend

cathedra [kə'θ:drəl]: *ex* ~ met gezag, officieel, ex cathedra

cathedral [kə'θi:drəl] **I** *bn* kathedraal; **II** *znw* kathedraal, dom(kerk)

Catherine ['kæθərin] *bn*: ~ *wheel* soort roosvenster *o*; vuurrad *o*

catheter ['kæθitə] *znw* katheter

cathode ['kæθoud] *znw* kathode

cathode-ray tube ['kæθoudrei tju:b] *znw* kathodestraalbuis

catholic ['kæθəlik] **I** *bn* algemeen; ruim; veelzijdig; *C~* RK katholiek; **II** *znw*: *C~* RK katholiek

Catholicism [kə'θəlisizm] *znw* katholicisme *o*

catholicity [kæθə'lisiti] *znw* algemeenheid; ruime opvattingen; veelzijdigheid; het katholiek zijn, katholiciteit

catkin *znw* plantk katje *o* [van wilg &]

catlike *bn* katachtig

cat-nap *znw* hazenslaap, dutje *o*

cat's-cradle *znw* sp afnemertje *o*, afneemspel *o*

cat's-eye *znw* kattenoog [edelsteen]

cat's-paw *znw* dupe, werktuig *o*; *be made a ~ of* de kastanjes voor een ander uit het vuur moeten halen

cat suit *znw* nauwsluitende jumpsuit [als dameskleding]

catsup ['kætsəp] *znw* Am = *ketchup*

cattle ['kætl] *znw* vee[2] *o*, rundvee *o*

cattle-breeding *znw* veeteelt

cattle-grid *znw* wildrooster *o*

cattleman *znw* Am veehouder

cattle market *znw* veemarkt

cattle-plague *znw* runderpest

cattle-ranch *znw* veeboerderij

catwalk *znw* lang, smal podium *o* [voor modeshows]; loopplank; loopbrug

caucus ['kɔ:kəs] *znw* kiezersvergadering, verkiezingscomité *o*; hoofdbestuursvergadering; geringsch kliek

caudal ['kɔ:dl] *bn* staart-

caught [kɔ:t] V.T. & V.D. van *catch*

caul [kɔ:l] *znw*: *born with a ~* met de helm geboren[2]

cauldron ['kɔ:ldrən] *znw* ketel

cauliflower ['kɔliflauə] *znw* bloemkool; ~ *ear* bloemkooloor *o*

caulk [kɔ:k] *overg* kalefateren, breeuwen

causal ['kɔ:zəl] *bn* causaal, oorzakelijk

causality [kɔ:'zæliti] *znw* causaliteit, oorzakelijk verband *o*
causation [kɔ:'zeiʃən] *znw* veroorzaken *o*, veroorzaking
causative ['kɔ:zətiv] *bn* veroorzakend; oorzakelijk; causatief
cause [kɔ:z] **I** *znw* oorzaak, reden, aanleiding; (rechts)zaak, proces *o*; *in a good* ~ voor een goede zaak, liefdadig doel; *in the* ~ *of...* voor de (het)...; *make common* ~ *with* de kant kiezen van; **II** *overg* veroorzaken, aanrichten, bewerken, maken dat..., doen, laten; wekken [teleurstelling &], aanleiding geven tot
causeway ['kɔ:zwei] *znw* opgehoogde weg; dijk, dam; straatweg
caustic ['kɔ:stik] *bn* brandend, bijtend[2]; fig scherp, sarcastisch
cauterize ['kɔ:təraiz] *overg* uitbranden, dicht schroeien
cautery *znw* brandijzer *o*
caution ['kɔ:ʃən] **I** *znw* om-, voorzichtigheid; waarschuwing, waarschuwingscommando *o*; ~ *money* borg(tocht); **II** *overg* waarschuwen (voor *against*)
cautionary *bn* waarschuwend, waarschuwings-
cautious *bn* omzichtig, behoedzaam, voorzichtig
cavalcade [kævəl'keid] *znw* cavalcade; ruiterstoet
cavalier [kævə'liə] **I** *znw* ruiter, ridder; cavalier [ook: aanhanger van Karel I]; **II** *bn* achteloos, nonchalant; hooghartig; hist royalistisch
cavalry ['kævəlri] *znw* cavalerie, ruiterij
cave [keiv] **I** *znw* hol *o*, grot; **II** *onoverg*: ~ *in* af-, inkalven, instorten; zwichten, het opgeven; **III** *overg* uithollen; ~ *in* inslaan, indeuken
caveat ['keiviæt] [Lat] *znw* waarschuwing; recht schorsingsbevel *o*
cave-dweller ['keivdwelə] *znw* holbewoner
cave-man *znw* holenmens; holbewoner
caver *znw* holenonderzoeker, speleoloog
cavern ['kævən] *znw* spelonk, hol *o*, grot
cavernous *bn* spelonkachtig, hol
caviar(e) ['kævia:, kævi'a:] *znw* kaviaar
cavil ['kævil] **I** *znw* haarkloverij, vitterij, chicanes; **II** *onoverg* haarkloven, vitten (op *at*)
caving ['keiviŋ] *znw* holenonderzoek *o*, speleologie
cavity ['kæviti] *znw* holte, gat *o*; ~ *wall* spouwmuur
cavort [kə'vɔ:t] *onoverg* (rond)springen
cavy ['keivi] *znw* Guinees biggetje *o*, cavia
caw [kɔ:] **I** *onoverg* krassen [v. raaf]; **II** *znw* gekras *o*
cay [kei] *znw* rif, zandbank
cayenne [kei'en] *znw* (ook: ~ *pepper*) cayennepeper
cayman ['keimən] *znw* kaaiman
Cayman Islands *znw mv* Kaaimaneilanden
Cayman Islander *znw* inwoner v.d. Kaaimaneilanden
CB *afk.* = *Companion of the Order of the Bath; Citizens' Band*
CBE *afk.* = *Commander of the Order of the British Empire*
CBI *afk.* = *Confederation of British Industry* [werkgeversorganisatie]
CB radio *afk.* = *citizens' band radio* ± radio op de 27 MC-band
CCTV *afk.* = *closed circuit television*
CD *afk.* = *compactdisc; Civil Defence; Corps Diplomatique*
CD player *znw* cd-speler
CE *afk.* = *Church of England; civil engineer*
cease [si:s] **I** *onoverg* ophouden (met *from*); **II** *overg* ophouden met, staken
cease-fire *znw* staakt-het-vuren *o*
ceaseless *bn* onophoudelijk
cedar ['si:də] *znw* ceder; cederhout *o*
cede [si:d] *overg* cederen, afstaan; toegeven
cedilla [si'dilə] *znw* cedille
ceilidh ['keili] *znw* bijeenkomst met Schotse of Ierse muziek en dans
ceiling ['si:liŋ] *znw* bouwk plafond *o*, zoldering; luchtv hoogtegrens; fig plafond *o*, (toelaatbaar) maximum *o*
celebrant ['selibrənt] *znw* celebrant
celebrate **I** *overg* vieren; loven, verheerlijken; celebreren, opdragen [de mis], voltrekken [huwelijk]; **II** *onoverg* feestvieren, fuiven
celebrated *bn* beroemd, vermaard
celebration [seli'breiʃən] *znw* viering; feest *o*, fuif
celebrity [si'lebriti] *znw* vermaardheid, beroemdheid; beroemd persoon
celerity [si'leriti] *znw* snelheid, spoed
celery ['seləri] *znw* selderij
celestial [si'lestjəl] *bn* hemels; hemel-; ~ *bodies* hemellichamen; ~ *globe* hemelbol
celibacy ['selibəsi] *znw* celibaat *o*; ongehuwde staat
celibate *bn* celibatair, ongehuwd(e)
cell [sel] *znw* cel
cellar ['selə] *znw* kelder; wijnkelder
cellarage *znw* kelderruimte; opslag in kelder; kelderhuur
cellist ['tʃelist] *znw* cellist
cello *znw* cello
cellophane ['seloufein] *znw* cellofaan *o*
cellphone ['selfoun] *znw* draagbare telefoon
cellular ['seljulə] *bn* celvormig; cel-; ~ *phone* draagbare telefoon; ~ *tissue* celweefsel *o*
celluloid ['seljulɔid, -jəlɔid] *znw* celluloid *o*
cellulose ['seljulous] *znw* cellulose
Celt [kelt] *znw* Kelt
Celtic *bn* Keltisch
cement [si'ment] **I** *znw* cement *o* & *m*; bindmiddel[2] *o* (hardwordende) lijm; fig band; **II** *overg* cementeren; verbinden[2]; fig bevestigen
cementation [si:men'teiʃən] *znw* cement storten *o*
cement mixer *znw* betonmolen
cemetery ['semitri] *znw* begraafplaats
cenotaph ['senəta:f] *znw* cenotaaf
censer *znw* wierookvat *o*
censor ['sensə] **I** *znw* censor, zedenmeester; *board of*

film ~s filmkeuring(scommissie); **II** *overg* (als censor) nazien, censureren; *~ed* door de censuur nagelezen (goedgekeurd, geschrapt)
censorious [sen'sɔ:riəs] *bn* vitterig, bedillerig
censorship ['sensəʃip] *znw* censuur
censurable ['senʃərəbl] *bn* afkeurenswaardig
censure I *znw* berisping, afkeuring, (ongunstige) kritiek; **II** *overg* (be)kritiseren, afkeuren, gispen, berispen, bedillen
census ['sensəs] *znw* (volks)telling
cent [sent] *znw* Amerikaanse cent
centaur ['sentɔ:] *znw* centaur, paardmens
centenarian [senti'nɛəriən] **I** *bn* honderdjarig; **II** *znw* honderdjarige
centenary [sen'ti:nəri] **I** *bn* honderdjarig; **II** *znw* eeuwfeest *o*
centennial [sen'tenjəl] = *centenary*
centesimal [sen'tesiməl] *bn* honderddelig
centigrade ['sentigreid] *znw* Celsius; *40 degrees ~* 40 graden Celsius
centigramme *znw* centigram *o*
centilitre *znw* Am centiliter
centimetre *znw* Am centimeter
centipede *znw* duizendpoot
central ['sentrəl] *bn* centraal, midden-; kern-, hoofd-; belangrijkst, voornaamst
Central African Republic *znw* Centraal-Afrikaanse Republiek
central heating *znw* centrale verwarming
centralism *znw* pol centralisme *o*, centralisatie
centrality [sen'træliti] *znw* centrale ligging
centralization [sentrəlai'zeiʃən] *znw* centralisatie
centralize ['sentrəlaiz] *overg* centraliseren
central processing unit *znw* comput centrale verwerkingseenheid
central reservation *znw* middenberm
centre ['sentə] **I** *znw* centrum *o*, middelpunt *o*, spil; fig kern, haard [v. onrust &]; vulling [v. bonbon]; sp middenspeler; voorzet [bij voetbal]; *the ~ of attraction* fig het middelpunt *o*, de grote attractie; *~ of gravity* zwaartepunt *o*; **II** *bn* midden-; **III** *onoverg* zich concentreren (in *in*); *the novel ~s round (upon, on) a Dutch family* een Hollands gezin vormt het middelpunt van de roman, staat centraal in (bij) de roman; **IV** *overg* concentreren; in het midden plaatsen, centreren; sp centeren, voorzetten [bij voetbal]
centre-bit *znw* centerboor
centre-board *znw* (boot met) middenzwaard *o*
centre-fold *znw* uitneembare middenpagina v.e. tijdschrift; centerfold, ± pin up[2]
centre-forward *znw* mid(den)voor, spits [bij voetbal]
centre-half *znw* centrale middenvelder, (stopper-) spil [bij voetbal]
centre-piece *znw* middenstuk *o*, pièce de milieu *o*; tafelkleedje *o*
centrifugal [sen'trifjugəl] *bn* middelpuntvliedend, centrifugaal
centrifuge ['sentrifju:dʒ] *znw* centrifuge
centripetal [sen'tripitl] *bn* middelpuntzoekend, centripetaal
centrist ['sentrist] *znw* pol man (vrouw) van het midden, gematigde
century ['sentʃuri] *znw* eeuw; sp 100 runs [bij cricket]
cephalic [kə'fælik] *bn* schedel-
ceramic [si'ræmik] **I** *bn* ceramisch; **II** *znw*: *~s* ceramiek: pottenbakkerskunst
cereal ['siəriəl] **I** *bn* graan-; **II** *znw* graansoort; *~s* graan *o*, graangewassen; uit graan bereide voedingsartikelen (cornflakes &)
cerebellum [seri'beləm] *znw* (*mv*: -s *of* cerebella [-lə]) kleine hersenen
cerebral ['seribrəl] *bn* hersen-; cerebraal[2]; *~ palsy* med spastische verlamming
cerebration [seri'breiʃən] *znw* hersenactiviteit, denken *o*
cerebro-spinal ['seribrou'spainəl] *bn*: *~ meningitis* nekkramp
cerebrum ['seribrəm] *znw* (*mv*: cerebra [-brə]) hersenen
ceremonial [seri'mounjəl] **I** *bn* ceremonieel, formeel; **II** *znw* ceremonieel *o*
ceremonious *bn* vormelijk, plechtig, plechtstatig
ceremony ['seriməni] *znw* plechtigheid, vormelijkheid; *stand on ~* hechten aan de vormen; *without ~* zonder complimenten
cerise [sə'ri:z] *znw* & *bn* kersrood
cert [sə:t] *znw*: *dead ~* geheid(e winnaar)
certain ['sə:t(i)n] **I** *bn* zeker (van *of*), vast, (ge)wis, bepaald; **II** *onbep vnw* enige, bepaalde, zekere; *make ~* zich vergewissen; *for ~* (heel) zeker, met zekerheid
certainly *bijw* zeker (wel); voorzeker
certainty *znw* zekerheid; een stellig iets; *to a ~* zeker; *for a ~* zonder enige twijfel; *it is a ~ that...* het staat vast dat...
certifiable ['sə:tifaiəbl] *bn* gemeenz krankzinnig
certificate [sə'tifikit] *znw* getuigschrift *o*, certificaat *o*, bewijs *o*, brevet *o*, attest *o*, diploma *o*, akte
certified ['sə:tifaid] *bn* gediplomeerd; schriftelijk gegarandeerd; ± officieel (verklaard, gegarandeerd &); zie ook *certify*
certify *overg* verzekeren, be-, getuigen, verklaren; waarmerken, certificeren, attesteren; krankzinnig verklaren
certitude ['sə:titju:d] *znw* zekerheid
cerulean [si'ru:liən] *znw* & *bn* hemelsblauw
cerumen [si'ru:mən] *znw* oorsmeer *o*
cervical ['sə:vikl] *bn* hals-
cervix ['sə:viks] *znw* (*mv*: -es *of* cervices [-si:z]) anat baarmoederhals
cessation [se'seiʃən] *znw* ophouden *o*, stilstand
cession ['seʃən] *znw* afstand [v. rechten], cessie
cesspit, **cesspool** ['sespit,'sespu:l] *znw* zinkput; fig

poel

cetacean [si'teiʃən] **I** *bn* walvisachtig; **II** *znw* walvisachtige, walvisachtig dier *o*

cf *afk.* = *confer (compare)* vergelijk, vgl.

Chad [tʃæd] *znw* Tsjaad *o*

Chadian I *znw* Tsjadiër; **II** *bn* Tsjadisch

chafe [tʃeif] **I** *overg* (warm) wrijven, schuren, schaven [de huid]; irriteren, ergeren; **II** *onoverg* (zich) wrijven (tegen *against*); zich ergeren, zich opwinden (over *at*); **III** *znw* schaafwond; ergernis

chaff [tʃa:f] **I** *znw* kaf *o*, haksel *o*; waardeloos spul *o*; scherts, plagerij; **II** *overg* gekscheren met; plagen

chaffinch ['tʃæfin(t)ʃ] *znw* boekvink

chafing-dish ['tʃeifiŋdiʃ] *znw* komfoor *o*, rechaud

chagrin ['ʃægrin] **I** *znw* verdriet *o*, teleurstelling, ergernis; **II** *overg* verdrieten, krenken

chain [tʃein] **I** *znw* ketting; trekker; keten[2]; reeks; filiaalbedrijf *o*; guirlande; **II** *overg* met ketens afsluiten; ketenen; aan de ketting leggen, vastleggen (ook: ~ *up*)

chain letter *znw* kettingbrief

chainmail *znw* maliënkolder

chain reaction *znw* kettingreactie

chain-saw *znw* kettingzaag

chain-smoke *znw* kettingroken *o*

chain-smoker *znw* kettingroker

chain-store *znw* grootwinkelbedrijf *o*; filiaal *o* van een grootwinkelbedrijf

chair [tʃɛə] **I** *znw* stoel, zetel, voorzittersstoel, draagstoel; katheder, leerstoel; voorzitterschap *o*, voorzitter; Am elektrische stoel; *be in the ~, take the ~* voorzitter zijn, presideren; *leave (take) the ~* ook: de vergadering sluiten (openen); **II** *overg* op een stoel of de schouders ronddragen; installeren (als voorzitter), voorzitten, voorzitter zijn van

chair-lift *znw* stoeltjeslift

chairman *znw* voorzitter; ~ *of directors* handel president-commissaris

chairmanship *znw* voorzitterschap *o*

chairperson *znw* voorzitter, voorzitster

chairwoman *znw* voorzitster

chalice ['tʃælis] *znw* kelk; (Avondmaals)beker; miskelk

chalk [tʃɔ:k] **I** *znw* krijt *o*, kleurkrijt *o*; krijtstreepje *o*; *by a long ~* verreweg; *not by a long ~* op geen stukken na; **II** *overg* met krijt besmeren, tekenen of schrijven, biljart krijten [de keu]; ~ *out* schetsen, aangeven; ~ *up* opschrijven; behalen [10 punten &]

chalk-pit *znw* krijtgroeve

chalky *bn* krijtachtig; vol krijt

challenge ['tʃælin(d)ʒ] **I** *znw* uitdaging; tarting, mil aanroeping; recht wraking; ~ *cup* wisselbeker; **II** *overg* uitdagen, tarten; aanroepen; betwisten, aanvechten, in discussie brengen; aanspraak maken op, eisen, vragen; recht wraken [jury]; *challenging* ook: interessant, tot nadenken stemmend

challenger ['tʃælin(d)ʒə] *znw* uitdager

chamber [tʃeimbə] *znw* kamer, vero slaapkamer; kolk [v. sluis]; kamer [v. hart &]; po, nachtspiegel (ook ~ *pot*); (advocaten)kantoor *o*; raadkamer [van rechter]; ~ *of commerce* kamer van koophandel; ~ *of horrors* gruwelkamer

chamberlain *znw* kamerheer; *Lord C~* hofmaarschalk

chambermaid *znw* kamermeisje *o*

chameleon [kə'mi:ljən] *znw* kameleon *o & m*

chamfer ['tʃæmfə] **I** *znw* groef; schuine kant; **II** *overg* groeven; afschuinen

chamois ['ʃæmwa:] *znw* (*mv* idem) gems; ~ *leather* ['ʃæmi 'leðe] zeemleer *o*, gemzenleer *o*

1 champ [tʃæmp] *onoverg & overg* smakken; op het bit kauwen [v. paard]; *be ~ing to* staan te popelen om; ~ *at the bit* zijn ongeduld nauwelijks kunnen verbergen

2 champ *znw* gemeenz kampioen

champagne [ʃæm'pein] *znw* champagne

champers ['ʃæmpəz] *znw* gemeenz = *champagne*

champion ['tʃæmpjən] **I** *znw* kampioen; voorvechter; **II** *overg* strijden voor, voorstaan, verdedigen; **III** *bn* gemeenz reuze, prima

championship *znw* kampioenschap *o*; fig verdediging, voorspraak

chance [tʃa:ns] **I** *znw* toeval *o*, geluk *o*; kans; mogelijkheid; vooruitzicht *o*; *stand a good ~* goede kans(en) hebben; *take one's ~s* het erop aan laten komen; de kans wagen; *by ~* toevallig; *on the ~ of ...ing* met het oog op de mogelijkheid dat ...; zie ook: *main I*; **II** *bn* toevallig; **III** *onoverg* gebeuren; *I ~d to see it* bij toeval (toevallig) zag ik het; ~ *upon* toevallig vinden; ontmoeten; **IV** *overg* wagen; ~ *it (one's arm)* gemeenz het erop wagen; het erop aan laten komen

chancel ['tʃa:nsəl] *znw* koor *o* [v. kerk]

chancellery ['tʃa:nsələri] *znw* kanselarij

chancellor *znw* kanselier; titulair hoofd *o* van universiteit; *C~ of the Exchequer* minister van Financiën

chancellorship *znw* kanselierschap *o*

Chancery ['tʃa:nsəri] *znw*: *(Court of) ~* afdeling van het hooggerechtshof

chancre ['ʃæŋkə] *znw* sjanker, venerische zweer

chancy ['tʃa:nsi] *bn* gemeenz onzeker, gewaagd, riskant

chandelier [ʃændi'liə] *znw* kroonluchter

chandler *znw* ['tʃa:ndlə]: *ship's ~ = ship-chandler*

change [tʃein(d)ʒ] **I** *overg* (ver)wisselen, (om-, ver-) ruilen, veranderen (van); ~ *trains &* overstappen; *all ~!* iedereen uitstappen!; ~ *a baby* (een baby) een schone luier omdoen; ~ *the bed* het bed verschonen; ~ *one's clothes* zich verkleden; ~ *colour* zie *colour I*; ~ *gear* auto overschakelen; ~ *hands* in andere handen overgaan, van eigenaar veranderen; ~ *one's linen* zich verschonen; ~ *one's mind* van gedachte veranderen; ook: zich bedenken, zich bezinnen; ~ *one's tune* een andere toon aanslaan[2]; **II**

onoverg & abs ww (om)ruilen; veranderen; overstappen; zich om-, verkleden; ~ *down* auto terugschakelen; ~ *over* om-, overschakelen[2]; overgaan; elkaar aflossen [v. wacht]; **III** *znw* verandering; overgang; af-, verwisseling; kleingeld *o*; schoon goed *o*; *a ~ of heart* een verandering van gezindheid; een bekering; *the ~ of life* de overgangsleeftijd, de menopauze; *for a ~* voor de variatie; *get no ~ out of him* er bij hem bekaaid afkomen; *no ~ given!* (af)gepast geld s.v.p.!; *you may keep the ~* laat maar zitten! [tegen kelner]; *ring the ~s* op honderd manieren herkauwen of herhalen; *take your ~ out of that!* steek dat maar in je zak!

Change *znw* de beurs

changeable *bn* veranderlijk

changeless *bn* onveranderlijk

changeling *znw* ondergeschoven kind *o*, wisselkind *o*

change-over *znw* om-, overschakeling[2]

channel ['tʃænl] **I** *znw* (vaar)geul, stroombed *o*, kanaal[2] *o* [ook RTV], kil; groef; cannelure; *the Channel* het Kanaal; *the C~ tunnel* de Kanaaltunnel; *through diplomatic ~s* langs diplomatieke weg; **II** *overg* kanaliseren; sturen, pompen [v. geld in industrie &]; richten, in bepaalde banen leiden

chant [tʃa:nt] **I** *znw* gezang *o*, koraalgezang *o*; dreun; spreekkoor *o*; **II** *overg* (be)zingen; opdreunen; in koor roepen; scanderen; **III** *onoverg* zingen, galmen

chanty ['tʃa:nti] *znw* matrozenlied *o*

chaos ['keiɔs] *znw* chaos, baaierd, verwarring; *bring order out of ~* orde scheppen in de chaos

chaotic [kei'ɔtik] *bn* chaotisch

1 chap [tʃæp] **I** *znw* scheur, spleet, barst, kloof [in de handen]; *~s* kaak; **II** *onoverg & overg* scheuren, splijten, (doen) barsten, kloven

2 chap [tʃæp] *znw* gemeenz knaap, jongen, vent, man

chap-book ['tʃæpbuk] *znw* hist volksboek *o*, liedjesboek *o*

chapel ['tʃæpəl] *znw* kapel; bedehuis *o*, kerk; drukkerij, vergadering (in de grafische sector); *~ of ease* hulpkerk

chapel-goer *znw* niet-Anglicaanse protestant

chapelry *znw* kerkdorp *o*, parochie

chaperon(e) ['ʃæpəroun] **I** *znw* chaperonne [zelden: chaperon]; **II** *overg* chaperonneren

chaplain ['tʃæplin] *znw* (huis)kapelaan; veldprediker, (leger-, vloot-, gevangenis-, ziekenhuis)predikant, RK aalmoezenier, (studenten)pastor

chaplet ['tʃæplit] *znw* krans; (hals)snoer *o*; RK rozenkrans

chapman ['tʃæpmən] *znw* hist marskramer

chapter ['tʃæptə] *znw* hoofdstuk *o*, kapittel *o*; chapiter *o*, punt *o*; reeks, aaneenschakeling; Am afdeling [v. vereniging]; *give ~ and verse* tekst en uitleg geven, man en paard noemen

1 char [tʃa:] **I** *znw* werkster; **II** *onoverg* uit werken gaan

2 char [tʃa:] *overg & onoverg* verkolen; blakeren

char-à-banc, **charabanc** ['ʃærəbæŋ] *znw* touringcar; vero janplezier

character ['kæriktə] *znw* karakter *o*; kenmerk *o*; kenteken *o*; aard, hoedanigheid; rol; reputatie; persoon, personage *o & v*, figuur, gemeenz type *o*; letter; *in (out of) ~* (niet) typisch; *be in ~ with* passen bij, horen bij

characteristic [kæriktə'ristik] **I** *bn* karakteristiek, typerend (voor *of*); **II** *znw* kenmerk *o*

characterization [kæriktərai'zeiʃən] *znw* karakterschets, typering

characterize ['kæriktəraiz] *overg* kenmerken, kenschetsen, typeren, karakteriseren

characterless *bn* karakterloos, nietszeggend, gewoon

charade [ʃə'ra:d] *znw* charade, lettergreepraadsel *o*; schertsvertoning, poppenkast; *~s* sp charade

charcoal ['tʃa:koul] *znw* houtskool

charge [tʃa:dʒ] **I** *znw* last[2], lading; opdracht; (voorwerp *o* van) zorg; pupil; gemeente [v. geestelijke]; schuld; (on)kosten; mil charge, aanval; recht beschuldiging, aanklacht; *have ~ of* belast zijn met (de zorg voor); *take ~ of* onder zijn hoede nemen; *at a ~* tegen betaling; *at his own ~* op eigen kosten; *official in ~* dienstdoende beambte; *be in ~* dienst hebben, in functie zijn; *be in ~ of* belast zijn met (de zorg voor); aan het hoofd staan van; *be in ~ of* onder de hoede (leiding) staan van, toevertrouwd zijn aan (de zorg van); *take in ~* arresteren; *take ~ of* onder zijn hoede nemen; *on a ~ of* op beschuldiging van; **II** *overg* (be)laden, vullen; belasten, gelasten; opdragen; in rekening brengen, vragen (voor *for*); beschuldigen (van *with*); aansprakelijk stellen (voor *with*); mil aanvallen; *~ sth. (up) to one's account* iets op zijn rekening laten schrijven; **III** *onoverg* mil chargeren; *~ at* losstormen op; *~ into* aanrennen tegen, opbotsen tegen

chargeable *bn* ten laste komend (van *to*), in rekening te brengen, belastbaar

charge account *znw* Am lopende rekening [bij winkel]

charged *bn* emotioneel; geladen

chargé d'affaires ['ʃa:ʒei da:'fεəz] *znw* (*mv*: chargés d'affaires) zaakgelastigde

charge-hand *znw* onderbaas

charge nurse *znw* hoofdverpleegster, hoofdverpleger

charger ['tʃa:dʒə] *znw* **1** oplader, acculader; **2** strijdros *o*

charge sheet ['tʃa:dzʃi:t] *znw* strafblad *o*

chariot ['tʃæriət] *znw* (strijd-, triomf)wagen

charioteer [tʃæriə'tiə] *znw* wagenmenner

charisma [kə'rizmə] *znw* charisma *o*, (persoonlijke) uitstraling

charismatic [kæriz'mætik] *bn* charismatisch

charitable ['tʃæritəbl] *bn* liefdadig, barmhartig,

menslievend; welwillend, liefderijk, mild, zacht
charity *znw* liefdadigheid, (christelijke) liefde, barmhartigheid; mildheid, aalmoes, liefdadigheidsinstelling; ~ *begins at home* het hemd is nader dan de rok; *collect for* ~ collecteren voor een goed doel
charivari ['ʃa:ri'va:ri] *znw* ketelmuziek; kabaal *o*
charlady ['tʃa:leidi] *znw* werkster, schoonmaakster
charlatan ['ʃa:lətən] *znw* kwakzalver; charlatan
charlatanry *znw* kwakzalverij
Charlemagne ['ʃa:lə'mein] *znw* Karel de Grote
Charlie ['tʃa:li] *znw*: *a proper (right)* ~ gemeenz een volstrekte idioot
charlock ['tʃa:lək] *znw* plantk herik
charm [tʃa:m] **I** *znw* tovermiddel *o*; toverwoord *o*, -formule; betovering, bekoring; bekoorlijkheid, charme; amulet; hangertje *o* [aan horlogeketting], bedeltje *o*; **II** *overg* betoveren, bekoren; ~ *away* wegtoveren; ~ *sth. out of sbd.* iem. iets weten te ontlokken; *to lead a ~ed life* onkwetsbaar lijken, ± een onbezorgd leven leiden
charm bracelet *znw* bedelarmband
charmer *znw* charmeur; tovenaar
charming *bn* bekoorlijk; charmant, innemend, alleraardigst, verrukkelijk
charnel-house ['tʃa:nlhaus] *znw* knekelhuis *o*
chart [tʃa:t] **I** (zee-, weer)kaart; tabel; grafiek; *the ~s* de hitparade; **II** *overg* in kaart brengen; plannen
charter ['tʃa:tə] **I** *znw* charter *o*, handvest *o*, oorkonde; octrooi *o*; voorrecht *o*; **II** *overg* bij charter oprichten; een octrooi verlenen aan, beschermen [beroep]; octrooieren; scheepv bevrachten, huren, charteren
chartered accountant *znw* accountant (gediplomeerd)
charter-flight *znw* charter(vlucht)
chartering-agent, **chartering-broker** *znw* scheepsbevrachter
charter-party ['tʃa:təpa:ti] *znw* scheepv chertepartij, bevrachtingscontract *o*
Chartist ['tʃa:tist] *znw* hist chartist [Eng. radicaal]
charwoman ['tʃa:wumən] *znw* werkster
chary ['tʃɛəri] *bn* voorzichtig; karig (met *of*); *be ~ of (in)... ing* schromen te...
chase [tʃeis] **I** *znw* jacht, najagen *o*, vervolging, jachtgrond, -veld *o*; (nagejaagde) prooi; jachtstoet; *give ~ to* najagen, achterna zitten; **II** *overg* **1** jagen, najagen; achtervolgen; verdrijven; **2** drijven, ciseleren; **3** groeven
chaser *znw* **1** jager; achtervolger; **2** ciseleur; **3** glas *o* water (fris, bier &) na het gebruik van sterke drank
chasm [kæzm] *znw* kloof; afgrond
chassis ['ʃæsi] *znw* (*mv* idem ['ʃæsiz]) chassis *o*, onderstel *o*
chaste [tʃeist] *bn* kuis, eerbaar, zuiver, rein; ingetogen
chasten ['tʃeisn] *overg* kastijden; zuiveren [van dwalingen]; fig louteren; verootmoedigen
chastise [tʃæs'taiz] *overg* kastijden, tuchtigen
chastisement ['tʃæstizmənt] *znw* kastijding, tuchtiging
chastity ['tʃæstiti] *znw* kuisheid, eerbaarheid, reinheid, zuiverheid; ingetogenheid
chasuble ['tʃæzjubl] *znw* kazuifel
chat [tʃæt] **I** *onoverg* keuvelen, babbelen; ~ *up* [iem.] opvrijen; **II** *znw* gepraat *o*, praatje *o*, gekeuvel *o*; ~ *show* RTV praatprogramma *o*
chatelaine ['ʃætəlein] *znw* burchtvrouw; gastvrouw; chatelaine [kettinkje voor sleutels &]
chattel ['tʃætl] *znw* goed *o*, bezitting; *(goods and) ~s* bezittingen, have en goed
chatter ['tʃætə] **I** *onoverg* snateren[2], snappen[2], kakelen[2]; klapperen [v. tanden]; **II** *znw* gesnater *o*, gekakel *o*; gesnap *o*; geklapper *o*
chatter-box *znw* babbelkous
chatty *bn* spraakzaam; babbelziek; vlot
chauffeur ['ʃoufə, ʃou'fə:] *znw* chauffeur
chauvinism ['ʃouvinizm] *znw* chauvinisme *o*
chauvinist *znw* chauvinist
chauvinisistic [ʃouvi'nistik] *bn* chauvinistisch
chaw [tʃɔ:] *overg & onoverg* dial = *chew*
cheap [tʃi:p] *bn* goedkoop[2]; prullerig, van slechte kwaliteit, klein, nietig, armoedig; flauw; vulgair; *feel* ~ gemeenz zich schamen, zich niet lekker voelen; *hold* ~ geringachten; *on the* ~ op een koopje
cheapen **I** *onoverg* in prijs dalen, goedkoper worden; **II** *overg* in prijs doen dalen, goedkoper maken; afdingen; geringschatten; ~ *oneself* zich verlagen
cheat [tʃi:t] **I** *overg* bedriegen, beetnemen; ~ *(out) of* afzetten, ontnemen; **II** *onoverg* bedriegen, vals doen (spelen); ~ *on one's wife* zijn vrouw bedriegen [overspel]; **III** *znw* bedrog *o*, afzetterij; bedrieger, afzetter
check [tʃek] **I** *znw* **1** schaak *o*; **2** beteugeling, belemmering, tegenslag; **3** controle, toets; reçu *o*, bonnetje *o*; **4** Am cheque, fiche *o & v*; rekening; **5** ruit; *~s* geruite stof(fen); *keep in* ~ in toom houden; **II** *overg* **1** schaak zetten; **2** beteugelen; tegenhouden, tot staan brengen, stuiten, belemmeren; **3** controleren, verifiëren, nagaan, toetsen; **4** Am in bewaring geven of nemen, afgeven, aannemen; ~ *in* inchecken, inschrijven; ~ *off* aanstippen, aftikken, aankruisen; ~ *out* natrekken, nagaan; ~ *up* controleren; **III** *onoverg*: ~ *in* binnenkomen, aankomen; ~ *on* controleren; ~ *out* weggaan, heengaan; afrekenen [in hotel], zich afmelden; ~ *up on* controleren; ~ *with* Am kloppen met; raadplegen; **IV** *bn* geruit [pak &]
check-book *znw* Am chequeboek *o*
checked *bn* geruit
checker *znw* controleur; Am damschijf; *~s* Am dampspel *o*; zie ook: *chequer*
check-in *znw* **1** inschrijving, aanmelding, inchecken *o*; **2** incheckbalie
checking account *znw* Am rekening-courant [bij bank]

check-list *znw* overzichtelijke (controle)lijst, checklist
checkmate I *bn* & *znw* schaakmat[2] (*o*); **II** *overg* schaakmat zetten[2]
check-out *znw* kassa [v. zelfbedieningswinkel] (ook: ~ *desk*)
checkpoint *znw* (verkeers)controlepost, doorlaatpost
check-up *znw* controle; onderzoek *o*; algemeen gezondheidsonderzoek *o*
cheek [tʃi:k] **I** *znw* wang; gemeenz brutaliteit; ~ *by jowl* wang aan wang; zij aan zij; *turn the other* ~ de andere wang toekeren; **II** *overg* gemeenz brutaal zijn tegen
cheek-bone *znw* wangbeen *o*, jukbeen *o*
cheeky *bn* gemeenz brutaal
cheep [tʃi:p] **I** *onoverg* tjilpen, piepen; **II** *znw* getjilp *o*, gepiep *o*
cheer [tʃiə] **I** *znw* vrolijkheid, opgeruimdheid; aanmoediging; toejuiching, bijvals(betuiging), hoera(geroep) *o*; ~*s!* proost!; gemeenz bedankt!; dag!; *of good* ~ opgeruimd; goedsmoeds; **II** *overg* toejuichen; opvrolijken, opmonteren (ook: ~ *up*); ~ *on* aanmoedigen; **III** *onoverg* juichen, hoera roepen; ~ *up* moed scheppen, opmonteren; ~ *up!* kop op!
cheerful *bn* blij(moedig), vrolijk, opgewekt, opgeruimd
cheerio ['tʃiəri'ou] *tsw* gemeenz proost!; dag!, tot ziens!, ciao!, doeg!
cheerleader ['tʃi:li:də] *znw* cheerleader
cheerless ['tʃiəlis] *bn* troosteloos, somber
cheery *bn* vrolijk, opgewekt
cheese [tʃi:z] **I** *znw* kaas; **II** *overg*: ~ *it!* gemeenz wegwezen!
cheeseboard *znw* kaasplateau *o* [als dessert]
cheesecake *znw* kwarktaart; slang (afbeelding van) prikkelend vrouwelijk schoon *o*
cheese cloth *znw* kaasdoek *o*
cheesed off: *be* ~ *with sth.* gemeenz de balen van iets hebben, iets beu zijn
cheese-paring I *znw* krenterigheid; **II** *bn* krenterig
cheesy *bn* kaasachtig; Am miezerig
cheetah ['tʃi:tə] *znw* jachtluipaard *o*
chef [ʃef] *znw* chef-kok
chemical ['kemikl] **I** *bn* chemisch, scheikundig; **II** *znw* chemisch product *o*; ~*s* ook: chemicaliën
chemise [ʃə'mi:z] *znw* (dames)hemd *o*
chemist ['kemist] *znw* chemicus, scheikundige; apotheker, drogist
chemistry *znw* chemie, scheikunde; *they work so well together because the* ~ *is right* fig zij werken zo goed samen omdat het klikt tussen hen
chemotherapy ['kemou'θerəpi] *znw* chemotherapie
cheque [tʃek] *znw* cheque
chequebook ['tʃekbuk] *znw* chequeboekje *o*
cheque card, **cheque guarantee card** *znw* bankpas, betaalpas
chequer ['tʃekə] **I** *overg* ruiten, een ruitpatroon aanbrengen op; schakeren; afwisseling brengen in; *a* ~*ed career* een carrière waarin hoogte- en dieptepunten elkaar afwissel(d)en; **II** *znw*: ~*s* geruit patroon *o*; damspel *o*
cherish ['tʃeriʃ] *overg* liefhebben, beminnen; koesteren, voeden [hoop]; ~*ed* ook: dierbaar
cheroot [ʃə'ru:t] *znw* manillasigaar
cherry ['tʃeri] **I** *znw* kers; **II** *bn* kersrood
cherub ['tʃerəb] *znw* (*mv*: -s *of* cherubim [-bim]) cherubijn[2], engel
cherubic [tʃe'ru:bik] *bn* engelachtig
chervil ['tʃə:vil] *znw* kervel
chess [tʃes] *znw* schaak(spel) *o*
chessboard *znw* schaakbord *o*; ~ *and men* schaakspel *o*
chessman *znw* schaakstuk *o*
chest [tʃest] *znw* kist, koffer, kas; borst(kas); ~ *of drawers* ladekast, vero latafel, commode; *get sth. of one's* ~ over iets zijn hart luchten
chesterfield ['tʃestəfi:ld] *znw* soort sofa, chesterfield
chestnut ['tʃesnʌt] **I** *znw* kastanje; kastanjebruin paard *o*; *old* ~ gemeenz oude mop; **II** *bn* kastanjebruin
chesty ['tʃesti] *bn* gemeenz **1** het op de borst hebbend; **2** met een flinke boezem, met een flinke bos hout voor de deur; **3** Am arrogant
cheval-glass [ʃə'vælgla:s] *znw* psyché [om een horizontale as draaibare spiegel]
chevron ['ʃevrən] *znw* mil streep (als onderscheidingsteken); V-vormige lijn of streep
chew [tʃu:] *overg* & *onoverg* kauwen, pruimen; ~ *on (over) sth.* over iets nadenken; ~ *the cud* herkauwen; ~ *the rag* (blijven) kletsen, ouwehoeren
chewing-gum *znw* kauwgom *m of o*
chewy ['tʃu:wi] *bn* gemeenz taai
chic [ʃi:k] **I** *znw* chic, elegantie; **II** *bn* chic, elegant
chicane [ʃi'kein] *znw* sp chicane (bocht)
chicanery *znw* chicane
chichi ['ʃi:ʃi:] *bn* precieus
chick [tʃik] *znw* dierk kuiken *o*; kind *o*; gemeenz stuk *o*, (lekker) grietje *o*; slang chick
chicken I *znw* kuiken *o*; kip [als gerecht]; lafaard; *no* ~ ook: niet zo jong meer; *don't count your* ~*s (before they are hatched)* je moet de huid niet verkopen vóór de beer geschoten is; ~ *and egg situation* situatie waarbij het de vraag is wat er eerder was, de kip of het ei; **II** *onoverg*: ~ *out* gemeenz ertussenuit knijpen
chicken-feed *znw* gemeenz kleingeld *o*; witvis; *that's no* ~ dat is geen kattendrek
chicken-hearted *bn* laf(hartig)
chicken-pox *znw* waterpokken
chickpea ['tʃikpi:] *znw* kikkererwt
chickweed ['tʃikwi:d] *znw* muur [plant]
chicory ['tʃikəri] *znw* cichorei; Brussels lof *o*

chide [tʃaid] (chid; chid(den)) *overg & onoverg* (be-)knorren, berispen
chief [tʃi:f] **I** *bn* voornaamste, opperste, eerste, hoofd-; ~ *clerk* chef (de bureau); **II** *znw* (opper-)hoofd *o*, hoofdman, chef, leider; *C~ of Staff* mil chef-staf; ... *in* ~ opper-
chiefly *bijw* hoofdzakelijk, voornamelijk, vooral
chieftain *znw* (opper)hoofd *o*
chiff-chaff ['tʃiftʃæf] *znw* dierk tjiftjaf
chiffon ['ʃifɔn] *znw* chiffon *o* [fijn zijden weefsel]
chihuahua ['tʃi'wa:wə] *znw* chihuahua
chilblain ['tʃilblein] *znw* winterhanden; wintervoeten
child [tʃaild] *znw* (*mv*: children [tʃildrən]) kind *o*; *from a* ~ van kindsbeen af; *with* ~ zwanger
child-bearing *znw* baren *o*, bevallen *o* (v.e. kind); *a woman of* ~ *age* een vrouw in haar vruchtbare jaren
childbed *znw*: *be in* ~ in het kraambed liggen
childbirth *znw* bevalling, baring
childhood *znw* kinderjaren; *second* ~ kindsheid [v.d. ouderdom]
childish *bn* kinderachtig, kinderlijk, kinder-
childless *bn* kinderloos
childlike *bn* kinderlijk
child-minder *znw* kinderoppas
child prodigy *znw* wonderkind *o*
childproof *bn* kindveilig, veilig voor kinderen
children ['tʃildrən] *mv* v. *child*
children's home *znw* kindertehuis *o*
child's play ['tʃaildzplei] *znw* fig kinderspel *o*
Chile ['tʃili] *znw* Chili *o*
Chilean ['tʃiliən] **I** *znw* Chileen; **II** *bn* Chileens
chill [tʃil] **I** *bn* koud, kil, koel[2]; **II** *znw* kilheid, koude, koelheid[2]; verkoudheid; koude rilling; *catch a* ~ kouvatten; **III** *overg* koud maken; koelen; afkoelen; laten bevriezen [vlees]; bekoelen; beklemmen; **IV** *onoverg* koud worden, verkillen; ~ *out* slang kalmeren, tot zichzelf komen
chilli ['tʃili] *znw* gedroogde Spaanse peper
chill(i)ness ['tʃil(i)nis] *znw* kilheid[2], koude; koelheid[2]; rilling; kouwelijkheid
chilling *bn* kil; ijskoud, ijzig; fig huiveringwekkend
chilly *bn* kil[2], koel[2]; huiverig; kouwelijk
chime [tʃaim] **I** *znw* (klok)gelui *o*; klokkenspel *o*; **II** *onoverg* luiden; ~ *in* invallen; ~ *(in) with* overeenstemmen met; instemmen met; **III** *overg* luiden
chimera [kai'miərə] *znw* hersenschim
chimerical [kai'merikl] *bn* hersenschimmig
chimney ['tʃimni] *znw* schoorsteen; schouw; lampenglas *o*; bergkloof
chimney-piece *znw* schoorsteenmantel
chimney-pot *znw* schoorsteen(pot) [boven het dak]; ~ *(hat)* gemeenz hoge hoed, 'kachelpijp'
chimney-stack *znw* (meervoudige) schoorsteen; rij schoorstenen
chimney-sweep *znw* schoorsteenveger
chimp *znw* gemeenz chimpansee
chimpanzee [tʃimpæn'zi:] *znw* chimpansee
chin [tʃin] *znw* kin; *double* ~ onderkin; *keep one's* ~ *up* geen krimp geven
China ['tʃainə] **I** *znw* China *o*; **II** *bn* Chinees
china ['tʃainə] **I** *znw* porselein *o*; slang kameraad, vriend(in); **II** *bn* porseleinen
china-clay *znw* porseleinaarde, kaolien *o*
chinagraph *znw* glaspotlood *o*
china shop *znw* porseleinwinkel
Chinatown *znw* (de) Chinezenbuurt
chinaware *znw* porselein(goed) *o*
Chinese ['tʃai'ni:z] **I** *znw* (*mv* idem) Chinees *m*, Chinees *o*; **II** *bn* Chinees; ~ *puzzle* Chinese puzzel [moeilijke puzzel v. hout]; fig lastig probleem *o*
chink [tʃiŋk] **I** *znw* **1** spleet, kier, opening; *a* ~ *in one's armour* iemands zwakke plek, achilleshiel; **2** geklingel *o*, gerinkel *o* [v. geld]; **3** *C~* slang geringsch spleetoog [Chinees]; **II** *onoverg* klingelen, rinkelen; **III** *overg* laten klingelen, laten rinkelen
chinless wonder *znw* gemeenz slapjanus, nietsnut [*vooral* van gegoede komaf]
chintz [tʃints] *znw* chintz *o*, sits *o*
chintzy *bn* Am gemeenz ouderwets; goedkoop (v. smaak)
chin-wag ['tʃinwæg] gemeenz **I** *znw* kletspraatje *o*, babbeltje *o*; **II** *onoverg* kletsen, babbelen; roddelen
chip [tʃip] **I** *znw* spaan(der), splinter, snipper, schilfer; fiche *o & v*; comput & techn chip; ~*s* frites; Am chips; *he is a* ~ *off the old block* hij heeft een aardje naar zijn vaartje; *with a* ~ *on one's shoulder* vol wrok, verbitterd; *the* ~*s are down* 't is menens; *he's had his* ~*s* hij is erbij; het is met hem gedaan; **II** *overg* afbikken; snipperen; **III** *onoverg* afsplinteren, schilferen; ~ *in* gemeenz invallen, ook wat zeggen; bijdragen; meedoen
chipboard *znw* spaanplaat
chipmunk ['tʃipmʌŋk] *znw* wangzakeekhoorn
chippings *znw mv* blik *o & v*, fijn steenslag *o*
chippy ['tʃipi] *znw* gemeenz tent waar *fish and chips* worden verkocht
chiropodist [ki'rɔpədist] *znw* pedicure [persoon]
chiropody *znw* pedicure [handeling]
chirp [tʃə:p] *onoverg* tjilpen, sjilpen [v. vogels]; kwetteren [v. kinderen]
chirpy *bn* gemeenz vrolijk
chirrup ['tʃirəp] *onoverg* tjilpen, sjilpen
chisel ['tʃizl] **I** *znw* beitel; **II** *overg* (uit)beitelen; slang bedriegen, bezwendelen, oplichten
chit [tʃit] *znw* **1** jong kind *o*, hummel; jong ding *o*; geringsch geit; **2** briefje *o*
chit-chat ['tʃittʃæt] *znw* gekeuvel *o*; geroddel *o*
chitty ['tʃiti] *znw* briefje *o*, memo *o*
chivalrous ['ʃivəlrəs] *bn* ridderlijk
chivalry *znw* ridderwezen *o*; ridderlijkheid; ridderschap
chives [tʃaivz] *znw mv* bieslook *o*
chiv(v)y [tʃivi] *overg* achternazitten, (na)jagen
chloral ['klɔ:rəl] *znw* chloraal *o*
chloride *znw* chloride *o*

chlorinate *overg* chloreren
chlorination [klɔ:ri'neiʃən] *znw* chlorering
chlorine ['klɔ:ri:n] *znw* chloor
chloroform ['klɔrəfɔ:m] **I** *znw* chloroform; **II** *overg* onder narcose brengen
chlorophyll ['klɔ:rəfil] *znw* chlorofyl *o*, bladgroen *o*
choc [tʃɔk] *znw* gemeenz chocolaatje *o*
choc-ice ['tʃɔkais] *znw* ijsje *o* met een laagje chocola erover
chock [tʃɔk] **I** *znw* (stoot)blok *o*, klos, klamp; **II** *overg* vastzetten; ~ *up* volstoppen
chock-a-block *bn bijw* volgepropt, tjokvol
chock-full *bn & bijw* overvol, eivol
chocolate ['tʃɔk(ə)lit] **I** *znw* chocola(de); chocolatje *o*; **II** *bn* chocolakleurig; chocolade-
choice [tʃɔis] **I** *znw* keus, verkiezing, (voor)keur; bloem (het beste van); *Hobson's* ~ waarbij men te kiezen of te delen heeft; geen (echte) keus hebben; graag of niet; *make one's* ~ een keus doen, een keus maken; *take your* ~ kies maar uit; *by* ~ bij voorkeur; *from* ~ uit eigen verkiezing; *of* ~ bij voorkeur; **II** *bn* uitgelezen, uitgezocht, fijn, keurig
choir ['kwaiə] **I** *znw* koor *o*; **II** *overg & onoverg* in koor zingen
choirboy *znw* koorknaap
choirmaster *znw* koordirigent, koordirecteur, vero kapelmeester
choir organ *znw* positief *o* [v. orgel]
choke [tʃouk] **I** *overg* doen stikken, verstikken; smoren; verstoppen; ~ *back* onderdrukken, inslikken [v. woede &]; ~ *off sbd.* iem. afpoeieren, afschepen; ~ *up* verstoppen; **II** *onoverg* stikken; zich verslikken; **III** *znw* auto gasklep, choke
choker *znw* gemeenz hoge das, hoge boord *o & m*; kort halssnoer
choler ['kɔlə] *znw* vero gal; plechtig toorn
cholera ['kɔlərə] *znw* cholera
choleric ['kɔlərik] *bn* cholerisch, oplopend
cholesterol [kɔ'lestərɔl] *znw* cholesterol [galvet]
chomp [tʃɔmp] *onoverg & overg* gemeenz = [1]*champ*
choose [tʃu:z] (chose; chosen) *overg* (uit-, ver)kiezen (tot); besluiten, wensen (te *to*); *there is nothing (little, not much) to ~ between them* er is weinig verschil tussen hen
choosy *bn* gemeenz kieskeurig
chop [tʃɔp] **I** *overg* kappen, hakken, kloven; gemeenz ± bezuinigen, beperken, verminderen; ~ *down* omhakken, omkappen; ~ *off* afhakken, afslaan; ~ *up* fijnhakken; **II** *onoverg* hakken; ~ *and change* telkens veranderen; **III** *znw* **1** slag; *get the* ~ gemeenz de zak krijgen, ontslagen worden; **2** karbonade, kotelet; **3** korte golfslag; *~s and changes* veranderingen, wisselvalligheden; **4** kaak; *lick one's ~s* likkebaarden
chophouse ['tʃɔphaus] *znw* goedkoop restaurant *o*
chopper *znw* hakmes *o*; slang helikopter
chopping board *znw* hakbord *o*
choppy *bn* kort [golfslag]; woelig; telkens veranderend [wind]; ~ *sea* ruwe zee
chopstick *znw* eetstokje *o*
choral ['kɔ:rəl] *bn* koraal-, koor-, zang-
chorale [kɔ'ra:l] *znw* muz koraal *o*
chord [kɔ:d] *znw* snaar; wisk koorde; muz akkoord *o*; *strike (touch) a ~ with* een gevoelige snaar treffen (aanraken) bij
chore [tʃɔ:] *znw* werk *o*, karwei *o*
choreograph ['kɔriəgra:f] *overg* de choreografie ontwerpen voor
choreographer [kɔri'ɔgrəfə] *znw* choreograaf
choreographic [kɔriə'græfik] *bn* choreografisch
choreography [kɔri'ɔgrəfi] *znw* choreografie
chorister ['kɔristə] *znw* koorzanger, -knaap
chortle ['tʃɔ:tl] *onoverg* grinniken
chorus ['kɔ:rəs] **I** *znw* koor *o*; refrein *o*; **II** *onoverg & overg* in koor zingen (herhalen)
chorus-girl *znw* balletdanseres en zangeres [bij revue &]
chose [tʃouz] V.T. van *choose*
chosen V.D. van *choose*; uitverkoren
chow [tʃau] *znw* chowchow [hond]; slang voedsel *o*, kostje *o*; eten *o*
chowder ['tʃaudə] *znw* soort vissoep
Christ [kraist] *znw* Christus
christen ['krisn] *overg* dopen[2], noemen
Christendom *znw* christenheid
christening *znw* doop
Christian ['kristjən] **I** *bn* christelijk, christen-; ~ *name* doopnaam, voornaam; **II** *znw* christen, christin
Christianity [kristi'æniti] *znw* christendom *o*
christianization [kristjənai'zeiʃən] *znw* kerstening
christianize ['kristjənaiz] *overg* kerstenen
Christmas ['krisməs] *znw* Kerstmis; kerst-
Christmas box *znw* kerstfooi
Christmas carol *znw* kerstlied *o*
Christmas Day *znw* eerste kerstdag
Christmas Eve *znw* kerstavond
Christmas pudding *znw* speciale kerstpudding, soms geflambeerd
Christmassy *bn* gemeenz kerstmisachtig, kerst-
Christmas tree *znw* kerstboom
chromatic [krə'mætik] *bn* muz chromatisch; kleuren-
chrome, **chromium** [kroum, 'kroumiəm] *znw* chroom *o*
chromium-plated *bn* verchroomd
chromosome ['krouməsoum] *znw* chromosoom *o*
chronic ['krɔnik] *bn* **1** chronisch; *he's a ~ liar* hij is een onverbeterlijke leugenaar; *a ~ invalid* een blijvend invalide; **2** gemeenz vreselijk, erg; *he's* ~ hij is onuitstaanbaar
chronicle ['krɔnikl] **I** *znw* kroniek; **II** *overg* boekstaven
chronicler *znw* kroniekschrijver
chronological [krɔnə'lɔdʒikl] *bn* chronologisch

chronology [krə'nɔlədʒi] *znw* tijdrekening, chronologie; opeenvolging in de tijd
chronometer [krə'nɔmitə] *znw* chronometer
chrysalis ['krisəlis] *znw* (*mv*: -es *of* chrysalides [kri'sælidi:z]) pop [v. insect]
chrysanthemum [kri'sænθəməm] *znw* chrysant(hemum)
chubby ['tʃʌbi] *bn* bolwangig, mollig
chuck [tʃʌk] **I** *overg* (weg)gooien; gemeenz de bons geven; de brui geven aan; ~ *away* weg-, vergooien; ~ *out* gemeenz eruit gooien; ~ *up (in)* gemeenz de brui geven aan, opgeven, ophouden met; de bons geven; ~ *it!* gemeenz schei uit!; **II** *onoverg* klokken; **III** *znw* **1** streek, aaitje *o* [onder de kin]; **2** ruk; worp; **3** techn klauwplaat [v. draaibank]; boorhouder
chucker-out [tʃʌkə'raut] *znw* uitsmijter
chuckle ['tʃʌkl] **I** *onoverg* inwendig, onderdrukt lachen, zich verkneukelen, gnuiven, gniffelen; **II** *znw* onderdrukte lach
chuck steak *znw* schouderstuk *o* [v. rund]
chuck-wag(g)on ['tʃʌkwægən] *znw* kantinewagen (v. cowboys)
chuffed [tʃʌft] *bn* gemeenz opgetogen, verrukt, in zijn sas
chug [tʃʌg] *onoverg* ronken, tuffen [v. motor]
chum [tʃʌm] **I** *znw* kameraad; kamergenoot; **II** *onoverg* samenwonen; ~ *up* goede maatjes worden
chummy *bn* intiem, gezellig
chump [tʃʌmp] *znw* gemeenz uilskuiken *o*, stomkop; *off his* ~ slang niet goed wijs
chunk [tʃʌŋk] *znw* brok *m & v of o*, homp, bonk
chunky ['tʃʌŋki] *bn* gemeenz **1** gedrongen [v. postuur]; **2** in grote brokken
church [tʃə:tʃ] *znw* kerk; *go into (enter) the* ~ predikant (RK geestelijke) worden
church-goer *znw* kerkganger, -ster
church hall *znw* wijkgebouw *o*
churchman *znw* kerkelijk persoon, geestelijke; lid *o* van de (staats)kerk
church mouse *znw*: *as poor as a* ~ zo arm als een kerkrat (als Job, als de mieren)
churchwarden *znw* **1** kerkmeester, kerkvoogd; **2** gouwenaar
churchy *bn* kerks
churchyard *znw* kerkhof *o*
churl [tʃə:l] *znw* boer(enpummel), vlerk; vrek
churlish *bn* lomp, onheus
churn [tʃə:n] **I** *znw* karn; melkbus; **II** *overg* karnen; (om)roeren, (om)schudden; ~ *out* aan de lopende band produceren; ~ *up* omwoelen [de grond]; **III** *onoverg* koken, zieden [v. golven]; omdraaien, opspelen [v. maag]
chute [ʃu:t] *znw* stroomversnelling, waterval; glijbaan, helling; stortkoker; gemeenz = *parachute*
chutney ['tʃʌtni] *znw* chutney [zoetzure saus]
CIA *afk.* = *Central Intelligence Agency* (geheime inlichtingendienst v.d. VS)
cicada [si'ka:də] *znw* cicade, krekel
cicatrice ['sikətris] *znw* litteken *o*
cicerone [tʃitʃə'rouni] *znw* (*mv*: -s *of* ciceroni) cicerone, gids[2]
CID *afk.* = *Criminal Investigation Department*
cider ['saidə] *znw* cider, appelwijn
c.i.f., cif *afk.* = *cost, insurance, freight* beding dat bij levering de kosten voor vracht en verzekering voor rekening v.d. afzender zijn
cigar [si'ga:] *znw* sigaar
cigarette [sigə'ret] *znw* sigaret
cigarette butt, cigarette end *znw* sigarettenpeuk
cigarette case *znw* sigarettenetui *o*
cigarette holder *znw* sigarettenpijpje *o*
cigarette machine *znw* sigarettenautomaat
cigarette paper *znw* vloeitje *o*
ciliary *bn* ciliair; de trilharen betreffend
C.-in-C. *afk.* = *Commander-in-Chief* zie bij: *commander*
cinch [sin(t)ʃ] *znw* Am zadelriem; greep, vat, houvast *o*; gemeenz iets wat zeker is, gemakkelijk is; *it's a* ~ het staat vast; dat is een makkie
cinder ['sində] *znw* sintel, slak; ~*s* ook: as; ~ *track* sintelbaan
cine- ['sini] *voorv* film-
cine-camera *znw* filmcamera
cine-film *znw* smalfilm
cinema ['sinimə] *znw* bioscoop, cinema; filmkunst
cinematic [sini'mætik] *bn* filmisch, film-
cinematography [sinimə'tɔgrəfi] *znw* filmkunst, cinematografie
cinerary ['sinərəri] *bn* as-
cinnabar ['sinəba:] *znw* vermiljoen *o*
cinnamon ['sinəmən] *znw* kaneel
cipher ['saifə] **I** *znw* cijfer *o*; nul[2]; cijferschrift *o*, sleutel daarvan, code; monogram *o*; *a mere* ~ een (grote) nul, een onbenul; **II** *overg* in cijferschrift schrijven, coderen
circa ['sə:kə] *voorz* ongeveer
circle ['sə:kl] **I** *znw* cirkel, ring, kring[2]; balkon *o* [in theater]; *they were going/running round in ~s* zij zaten op een dood spoor; *come full* ~ weer bij het begin terugkomen; **II** *onoverg* (rond)draaien, rondgaan; cirkelen; **III** *overg* cirkelen om; omringen
circlet *znw* cirkeltje *o*; ring, band
circuit ['sə:kit] *znw* kring(loop), omtrek, gebied *o*, circuit *o*, (ronde) baan; omweg; tournee, rondgang (van rechters); elektr stroomkring; schakeling [in elektronische apparatuur]; *closed* ~ *television* gesloten tv-circuit
circuit breaker *znw* elektr stroomonderbreker
circuitous [sə:'kjuitəs] *bn* niet recht op het doel afgaand; *a* ~ *route* een omweg
circuitry ['sə:kitri] *znw* elektronische schakelingen
circular ['sə:kjulə] **I** *bn* rond; kring-, cirkel-; ~ *argument* cirkelredenering; ~ *letter* circulaire; rondschrijven *o*; ~ *saw* cirkelzaag; ~ *ticket* rondreisbiljet *o*; ~ *tour* rondreis; **II** *znw* circulaire, rondschrij-

ven *o*

circularize *overg* per circulaire bekendmaken, reclame maken

circulate [sə:kjuleit] **I** *onoverg* circuleren, in omloop zijn; rondlopen, van de een naar de ander gaan [op receptie &]; *circulating capital* vlottend kapitaal *o*; *circulating decimal* repeterende breuk; *circulating library* leesbibliotheek; leeskring; *circulating medium* betaalmiddel *o*; **II** *overg* laten circuleren of rondgaan; in omloop brengen

circulation [sə:kju'leiʃən] *znw* circulatie [bloed, geld], doorstroming; omloop; verspreiding; oplaag; *out of (back in)~* uit (weer in) de roulatie

circulatory *bn* circulatie-

circumcise ['sə:kəm'saiz] *overg* besnijden

circumcision [sə:kəm'siʒən] *znw* besnijdenis; *(the) C~* Besnijdenisfeest *o*

circumference [sə'kʌmfərəns] *znw* omtrek

circumflex ['səkʌmfleks] **I** *znw* accent circonflexe *o*, dakje *o*; **II** *bn* anat gebogen

circumlocution [sə:kəmlə'kju:ʃən] *znw* omschrijving, omslachtigheid, omhaal van woorden; het eromheen praten

circumlocutory [sə:kəm'lɔkjutəri] *bn* omschrijvend, omslachtig

circumnavigate [sə:kəm'nævigeit] *overg* omvaren

circumscribe ['sə:kəmskraib] *overg* omschrijven; beperken, begrenzen

circumscription [sə:kəm'skripʃən] *znw* omschrijving; omschrift *o*; beperking; omtrek

circumspect ['sə:kəmspekt] *bn* omzichtig

circumspection [sə:kəm'spekʃən] *znw* omzichtigheid

circumstance ['sə:kəmstəns] *znw* **1** omstandigheid; *in (under) no ~s* in geen geval; **2** *pomp and ~* pracht en praal

circumstantial [sə:kəm'stænʃəl] *bn* bijkomstig; omstandig, uitvoerig; *~ evidence* recht indirect bewijs *o*, bewijs *o* door aanwijzingen

circumstantiate [sə:kəm'stænʃieit] *overg* omstandig beschrijven, met omstandigheden staven

circumvent [sə:kəm'vent] *overg* om de tuin leiden, misleiden; ontduiken [de wet], omzeilen

circumvention *znw* misleiding; ontduiking, omzeiling

circumvolution [sə:kəmvə'lju:ʃən] *znw* draai(ing), kronkel(ing); omwenteling

circus ['sə:kəs] *znw* circus *o & m*, paardenspel *o*; rond plein *o*

cirrhosis [si'rousis] *znw* cirrose, levercirrose

cirrus ['sirəs] *znw* (*mv*: cirri ['sirai]) **1** hechtrank; **2** vederwolk, cirrus

CIS *afk.* = *Commonwealth of Independent States* GOS, Gemenebest van Onafhankelijke Staten

cissy ['sisi] *znw* = *sissy*

cistern ['sistən] *znw* (water)bak, -reservoir *o*, stortbak [v. wc], regenbak

citadel ['sitədl] *znw* citadel

citation [sai'teiʃən] *znw* dagvaarding; aanhaling; eervolle vermelding

cite [sait] *overg* dagvaarden; citeren, aanhalen; aanvoeren; noemen; eervol vermelden

citizen ['sitizn] *znw* burger; staatsburger

citizen's band *znw* radio ± 27 MC band [voor zendamateurs]

citizenship *znw* burgerrecht *o*, (staats)burgerschap *o*

citric ['sitrik] *bn*: *~ acid* citroenzuur *o*

citrus *znw* citrus(vruchten)

city ['siti] *znw* (grote) stad; *the C~* de City v. Londen, als economisch en financieel centrum

city hall *znw* Am stadhuis

City man *znw* beurs-, handelsman

civet ['sivit] *znw* civet(kat)

civic ['sivik] **I** *bn* burgerlijk, burger-, stads-; *~ reception* officiële ontvangst (door de burgerlijke overheid); **II** *znw*: *~s* maatschappijleer, burgerschapskunde

civil ['sivil] *bn* burger-, burgerlijk; civiel; beleefd, beschaafd; *~ defence* civiele verdediging, ± Bescherming Burgerbevolking; *~ disobedience* burgerlijke ongehoorzaamheid; *~ engineer* weg- en waterbouwkundig ingenieur, civiel ingenieur; *~ engineering* weg- en waterbouwkunde; *~ law* burgerlijk recht; *~ liberties* burgerlijke vrijheden; *~ rights* grondrechten (v.d. burgers); *~ servant* ambtenaar; *~ service* overheidsdienst; ambtenarenapparaat *o*; *~ war* burgeroorlog

civilian [si'viljən] **I** *znw* burger; **II** *bn* burger-

civility *znw* beleefdheid

civilization [sivilai'zeiʃən] *znw* beschaving

civilize ['sivilaiz] *overg* beschaven

civvies ['siviz] *znw mv* gemeenz burgerkleding, burgerkloffie *o*

civvy *znw* gemeenz burger; *~ Street* gemeenz de burgermaatschappij

clack [klæk] **I** *onoverg* klappen, klapperen, ratelen[2]; snateren; **II** *znw* klap, klepper; geratel *o*; geklets *o*; gesnater *o*

clad [klæd] V.T. & V.D. van *clothe*

cladding ['klædiŋ] *znw* bekleding, coating

claim [kleim] **I** *overg* (op)eisen, aanspraak maken op, reclameren; beweren; **II** *znw* eis; aanspraak, (schuld)vordering, recht *o*; reclame; claim; bewering; *lay ~ to* aanspraak maken op; *stake one's ~ (to)* aanspraak maken op

claimant *znw* eiser, (uitkerings)gerechtigde

clairvoyance [klεə'vɔiəns] *znw* helderziendheid

clairvoyant **I** *bn* helderziend; **II** *znw* helderziende

clam [klæm] *znw* (eetbaar) schelpdier *o*; strandgaper [soort mossel]; Am dollar; blunder; *clam up* gemeenz geen bek opendoen, zijn bek houden

clamber ['klæmbə] *onoverg* klauteren

clammy ['klæmi] *bn* klam, kleverig; klef

clamor Am = *clamour*

clamorous ['klæmərəs] *bn* luid(ruchtig), tierend

clamour I *znw* geroep *o*, roep; geschreeuw *o*, misbaar *o*, herrie, getier *o*; protest *o*, verontwaardiging; **II** *onoverg* roepen, schreeuwen, tieren; ~ *against* luid protesteren tegen; ~ *for* roepen om
clamp [klæmp] **I** *znw* kram; klamp; klem; kuil [voor aardappelen]; wielklem; **II** *overg* (op)klampen; krammen; inkuilen [aardappelen]; stevig zetten (drukken &); (een) wielklem bevestigen, omdoen; ~ *down on* de kop indrukken
clamp-down ['klæmpdaun] *znw* beperkende maatregel
clan [klæn] *znw* clan: stam, geslacht *o*; geringsch kliek
clandestine [klæn'destin] *bn* heimelijk, geheim, clandestien, illegaal
clang [klæŋ] **I** *znw* schelle klank; gerammel *o*, geratel *o*, gekletter *o*; geschal *o*; luiden *o*; **II** *onoverg* & *overg* klinken, (doen) kletteren [de wapens], schallen, luiden
clanger ['klæŋə] *znw* gemeenz flater; *drop a* ~ een flater slaan
clangour ['klæŋgə] *znw* gerinkel *o*, geschal *o*, gekletter *o*
clank [klæŋk] = *clang*
clansman ['klænzmən] *znw* lid *o* van een clan
clap [klæp] **I** *znw* slag, klap; donderslag; handgeklap *o*; *the* ~ slang gonorroea, een druiper; **II** *onoverg* klappen; **III** *overg* klappen met (in), slaan, dichtklappen, -slaan; (met kracht) zetten, drukken, leggen &; (in de handen) klappen voor, toejuichen; ~ *in prison* in de gevangenis stoppen; zie ook: *eye*, *spur*
clapboard *znw* dakspaan
clapped-out ['klæpt'aut] *bn* gemeenz versleten, op [auto, machine]; afgepeigerd, kapot [mens]
clapper *znw* klepel, bengel; *to go like the ~s* gemeenz als de gesmeerde bliksem ervandoor gaan
clapperboard *znw* clapperboard *o* [bij filmopnamen gebruikt]
claptrap *znw* onzin, flauwekul; mooie praatjes, bombast
claret ['klærət] **I** *znw* bordeaux(wijn); **II** *bn* bordeauxrood, paarsrood
clarification [klærifi'keiʃən] *znw* zuivering; verheldering, verduidelijking, opheldering
clarify ['klærifai] **I** *overg* klaren, zuiveren; verhelderen, verduidelijken, ophelderen; **II** *onoverg* helder worden
clarinet [klæri'net] *znw* klarinet
clarinettist *znw* klarinettist
clarion ['klæriən] **I** *znw* klaroen; ~ *call* klaroengeschal *o*; fig ± noodkreet, oproep, aanmoediging; **II** *bn* schallend als een klaroen; **III** *overg* plechtig bazuinen
clarity ['klæriti] *znw* klaarheid, helderheid
clash [klæʃ] **I** *onoverg* & *overg* (doen) klinken; botsen, rinkelen, kletteren, rammelen (met); ~ *with* in botsing komen (in strijd zijn, vloeken) met; indruisen tegen; *your party clashes with my sister's wedding* jouw feest valt samen met de bruiloft van mijn zuster; **II** *znw* klank; gekletter *o*; conflict *o*, botsing[2]
clasp [kla:sp] **I** *znw* slot *o*, kram, haak, gesp [aan decoratie]; handdruk, omhelzing; greep; **II** *overg* sluiten, toehaken; grijpen, omvatten, omklemmen; omhelzen
class [kla:s] **I** *znw* klas(se); stand; categorie; rang, soort; kwaliteit; onderw klas, cursus, les, lesuur *o*; gemeenz stijl, distinctie; *in a* ~ *of it's own* een klasse apart zijn; **II** *overg* classificeren, klasseren, rangschikken, indelen
class-conscious *bn* klassenbewust; standsbewust
classic ['klæsik] **I** *bn* klassiek; kenmerkend; **II** *znw* klassiek schrijver of werk *o*; klassieker [sport, film &]; *~s* klassieken [in kunst, letterkunde]; onderw klassieke talen
classical *bn* klassiek, conventioneel; classicistisch
classicism ['klæsisizm] *znw* classicisme *o*
classicist ['klæsisist] *znw* navolger (aanhanger) der klassieken; classicus
classification [klæsifi'keiʃən] *znw* classificatie, klassering; klassement *o*
classify ['klæsifai] *overg* classificeren, klasseren; niet voor algemene kennisneming verklaren [v. documenten &]; *classified* ook: geheim, vertrouwelijk; *classified advertisements* kleine advertenties; *classified results* klassement *o* [bij wedstrijden]
classless ['kla:slis] *bn* klasseloos
classmate *znw* klasgenoot, jaargenoot
classroom *znw* klas(lokaal *o*), leslokaal *o*, schoollokaal *o*
class-war(fare) *znw* klassenstrijd
classy *bn* gemeenz fijn, chic
clatter ['klætə] **I** *onoverg* & *overg* klepperen, kletteren, rammelen (met); **II** *znw* geklepper *o*, gekletter *o*, gerammel *o*
clause [klɔ:z] *znw* clausule, artikel *o*; zinsnede, passage; gramm bijzin
claustral ['klɔ:strəl] *bn* kloosterachtig; klooster-
claustrophobia [klɔ:strə'foubiə] *znw* claustrofobie, ruimtevrees
claustrophobic [klɔ:strə'foubik] *bn* claustrofobisch
clavicle ['klævikl] *znw* sleutelbeen *o*
claw [klɔ:] **I** *znw* klauw[2]; poot[2]; schaar; haak; **II** *overg* grijpen[2], klauwen, graaien; ~ *back* terugvorderen; *he ~ed his way to the top* hij worstelde zich naar de top
claw-hammer *znw* klauwhamer
clay [klei] **I** *znw* klei, leem *o* & *m*, aarde; **II** *bn* aarden, lemen
clayey *bn* kleiachtig, klei-
claymore ['kleimɔ:] *znw* hist slagzwaard *o*
clean [kli:n] **I** *bn* schoon, zuiver, rein, zindelijk, net; welgevormd; onschuldig; clean, geen drugs gebruikend/bezittend; blanco [v. strafblad]; glad; vlak; scherp (= duidelijk); eerlijk [v. strijd]; **II** *bijw*

schoon; versterkend totaal, helemaal; glad; vlak; *come ~* slang eerlijk opbiechten; **III** *overg* zuiveren, reinigen, schoonmaken, poetsen; *~ out* schoonmaken, leeghalen; gemeenz [iem.] blut maken; *~ up* opknappen, opruimen, schoonmaak houden in; gemeenz opstrijken [v. grote winst]; **IV** *znw* (schoonmaak)beurt

clean-cut *bn* scherp omlijnd, helder; netjes

cleaner *znw* schoonmaker, schoonmaakster, reiniger, -ster; stofzuiger; *~s* stomerij; *take sbd. to the ~'s* gemeenz iemand uitschudden

cleaning *znw* schoonmaken *o*; reiniging, schoonmaak; *~woman* schoonmaakster

cleanly ['klenli] *bn* zindelijk; kuis

2 cleanly ['kli:nli] *bijw* schoon &, zie: *clean I*

clean-out *znw* schoonmaak; opruimen *o*

cleanse [klenz] *overg* reinigen, zuiveren

cleanser *znw* reinigingsmiddel *o*

clean-shaven *bn* gladgeschoren

clean-up ['kli:nʌp] *znw* schoonmaak[2]

clear [kliə] **I** *bn* klaar, helder, duidelijk, transparant, zuiver; dun [soep]; vrij, onbezwaard; veilig (*all ~*); absoluut [v. meerderheid]; netto, volle, hele; *~ of* vrij van; niet rakend aan; **II** *bijw* klaar; vrij; los; versterkend totaal, glad; **III** *znw*: *in the ~* vrij (van schuld, verdenking, verplichtingen), niet meer in gevaar; **IV** *overg* klaren, helder maken, verhelderen; zuiveren, leegmaken, lichten [bus], vrijmaken [terrein], ontruimen [straat &], schoonvegen[2], ontstoppen [buis]; opruimen; verduidelijken, ophelderen; aanzuiveren, aflossen, afdoen; afnemen; banen; schoon verdienen; clearen [v. cheques]; goedkeuren; handel uit-, inklaren; recht vrijspreken; *~ accounts* de rekening vereffenen; *~ the decks* alles voorbereiden; *~ a ditch, ~ a hedge* springen over, "nemen"; *~ the ground, ~ the water by a foot* een voet boven (van) de grond hangen (zich bevinden), boven het water uitsteken; *~ the table* de tafel afnemen; *~ one's throat* de keel schrapen; *~ the way* ruim baan maken; **V** *onoverg* opklaren; overgeboekt worden [v. cheque]; *~ away* op-, wegruimen; *~ off* gemeenz zijn biezen pakken, verdwijnen; *~ out* leeghalen; zijn biezen pakken; *~ up* ophelderen, opklaren; opruimen; gemeenz gaan strijken met, binnenhalen

clearance *znw* opheldering; opruiming; ontruiming; in- of uitklaring; vrije ruimte [v. voertuig], zie ook: *headroom*; techn schadelijke ruimte, vrijslag; *~ sale* uitverkoop; zie ook: *clearing*

clear-cut *bn* scherp omlijnd, duidelijk

clear-headed *bn* helder van geest

clearing *znw* opengekapt bosterrein *o* om te ontginnen; ontginning; handel verrekening van vorderingen, clearing

clearing-house *znw* handel (bankiers-) verrekenkantoor *o*; informatiecentrale

clearly *bijw* klaar, duidelijk; klaarblijkelijk, kennelijk; natuurlijk

clear-out *znw* gemeenz grote opruiming, schoonmaakbeurt

clear-sighted *bn* scherpziend; schrander

clearway *znw* autoweg waarop niet gestopt mag worden

cleat [kli:t] *znw* klamp; scheepv kikker

cleavage ['kli:vidʒ] *znw* kloof; splijting; scheiding, scheuring, breuk; decolleté *o*, gleuf tussen de borsten (bij laaguitgesneden jurk)

cleave (cleft; cleft) **I** *overg* kloven, splijten, (door-) klieven; **II** *onoverg* aanhangen, trouw blijven

cleaver *znw* hak-, kapmes *o*

clef [klef] *znw* muz (muziek)sleutel

cleft [kleft] **I** *znw* kloof, spleet, reet, barst; **II** V.T. & V.D. van *cleave*; *in a ~ stick* in het nauw; *~ palate* gespleten gehemelte

clematis ['klemətis] *znw* clematis

clemency ['klemənsi] *znw* zachtheid [v. weer]; goedertierenheid, clementie

clement *bn* zacht [weer]; goedertieren, genadig, clement

clench [klenʃ] *overg* op elkaar klemmen; (om-) klemmen; ballen [de vuist]

clerestory ['kliəstəri, 'kliəstɔ:ri] *znw* (muur met) bovenlicht *o*

clergy ['klədʒi] *znw* geestelijkheid; geestelijken

clergyman *znw* geestelijke, priester

clergywoman *znw* vrouwelijke priester

cleric ['klerik] *znw* geestelijke

clerical *bn* geestelijk; klerikaal; schrijvers-, klerken-; administratief; *~ error* schrijffout; *~ student* RK priesterstudent

clericalism *znw* klerikalisme *o*

clericalist *bn* klerikaal

clerihew ['klerihju:] *znw* vierregelig geestig versje *o*

clerk [kla:k] *znw* klerk, schrijver, (kantoor-) bediende; griffier; secretaris; vero geleerde; geestelijke; *~ of (the) works* (bouw)opzichter

clever ['klevə] *bn* bekwaam, handig, knap, pienter, spits, glad

clew [klu:] *znw* kluwen *o*; = *clue*

cliché ['kli:ʃei] *znw* cliché[2] *o*

clichéd ['kli:ʃeid] *bn* afgezaagd, clichématig

click [klik] **I** *onoverg (& overg)* tikken; klikken, klakken, klappen (met); gemeenz succes hebben; het eens worden (zijn); goed bij elkaar passen, klikken; plotseling duidelijk worden, beginnen te dagen; **II** *znw* geklik *o*, getik *o*; klink; pal

client ['klaiənt] *znw* cliënt(e); klant, afnemer

clientele [kli:a:n'teil] *znw* clientèle, klantenkring

cliff [klif] *znw* steile rots, rotswand [aan zee]

cliffhanger ['klifhæŋə] *znw* spannend verhaal *o* &; spannende scène als open einde van een aflevering van een vervolgverhaal, cliffhanger

cliff-hanging *bn* gemeenz adembenemend, vol suspense

climacteric [klai'mæktərik] **I** *znw* climacterium *o*, overgang, menopauze; **II** *bn* climacterisch

climactic [klai'mæktik] *bn* een climax vormend

climate ['klaimit] *znw* klimaat *o*, luchtstreek

climatic [klai'mætik] *bn* klimaat-

climatology [klaimə'tələdʒi] *znw* klimatologie

climax ['klaimæks] **I** *znw* climax, hoogtepunt *o*; **II** *onoverg* een hoogtepunt bereiken

climb [klaim] **I** *onoverg* (op)klimmen, klauteren; stijgen; ~ *down* naar beneden klimmen; een toontje lager zingen, inbinden; **II** *overg* klimmen in of op, beklimmen; **III** *znw* klim(partij); luchtv stijgvermogen *o*

climb-down *znw* fig vermindering van zijn eisen, inbinden *o*

climber *znw* (be)klimmer; klimplant; klimvogel; streber

climbing ['klaimiŋ] *znw* bergbeklimmen *o*, bergsport

climbing frame *znw* klimrek *o*

clime [klaim] *znw* (lucht)streek

clinch [klinʃ] **I** *overg* (vast)klinken; fig de doorslag geven; **II** *overg* in de clinch gaan [bij boksen]; gemeenz elkaar omhelzen; **III** *znw* omklemming; clinch [vastgrijpen bij boksen]; omarming, omhelzing

clincher *znw* gemeenz argument waartegen je niets (meer) kunt inbrengen

cling [kliŋ] (clung; clung) *onoverg* (aan)kleven; aanhangen; trouw blijven; nauw sluiten [aan het lijf]; plakken, klitten; zich vastklemmen; dicht blijven bij, hangen; vastzitten; zich vastklampen (aan)

clingfilm ['kliŋfilm] *znw* plastic (huishoud)folie

clinging, **clingy** *bn* klevend; nauwsluitend; aanhankelijk, plakkerig

clinic ['klinik] *znw* kliniek

clinical *bn* klinisch[2]; onbewogen, koel, zakelijk, emotieloos; ~ *thermometer* koortsthermometer

clink [kliŋk] **I** *onoverg & overg* (doen) klinken, klinken met; **II** *znw* **1** klinken *o*; **2** slang nor, cachot *o*

clinker ['kliŋkə] *znw* **1** klinker(steen); **2** techn slak [in kachels]; **3** Am slang mislukking; **4** Br slang prachtexemplaar *o*

clinker-built *bn* scheepv overnaads

clip [klip] **I** *overg* **1** (af-, kort)knippen; scheren; (be-) snoeien; **2** afbijten, niet uitspreken [woorden]; **3** klemmen, hechten; ~ *sbd.'s wings* iem. kortwieken; **II** *znw* **1** scheren *o*; scheerwol; **2** fragment *o*, stuk *o*, clip; **3** mep; **4** gemeenz vaart; **5** knijper, klem, haak, clip

clipboard ['klipbɔ:d] *znw* klembord *o*

clip-clop ['klipklɔp] *znw* geklepper *o* [v. paardenhoeven]

clip-joint *znw* neptent, ballentent

clip-on *bn* klem-

clipper *znw* scheepv klipper; ~*s* wolschaar, tondeuse

clippie *znw* gemeenz conductrice

clipping *znw* snoeisel *o*; (kranten)knipsel *o*; scheerwol

clique [kli:k] *znw* kliek, coterie

cliquey ['kli:ki] *bn* gemeenz een kliek vormend, gesloten, kliek-

clitoris ['klaitəris] *znw* clitoris, kittelaar

cloak [klouk] **I** *znw* cape, (schouder)mantel, dekmantel; **II** *overg* met een mantel bedekken, bemantelen

cloak-and-dagger *bn* geheim, heimelijk; *the* ~ *boys* geheime agenten; *a* ~ *story* spionageroman

cloak-room *znw* garderobe, vestiaire, kleedkamer; toilet *o*, wc

clobber ['klɔbə] slang **I** *znw* plunje, spullen, kleren; **II** *overg* er van langs geven, (ver)slaan, hard treffen

cloche [klɔ:ʃ] *znw* beschermkap [over jong gewas], stolp; klokhoed

clock [klɔk] **I** *znw* **1** uurwerk *o*, klok; meter, teller, taximeter; **2** plantk kaarsje *o* [v. paardebloem]; **3** slang facie, tronie; *against the* ~ gehaast; *round the* ~ 24 uur per dag, het klokje rond; *put (turn) the* ~ *back* fig de klok terugzetten; **II** *onoverg* **1** klokken [met prikklok]; **2** sp klokken, timen; ~ *in*, ~ *on* inklokken; ~ *out*, ~ *off* uitklokken; **III** *overg*: ~ *up* de tijd opnemen; laten noteren [tijd, meterstand, successen &]

clock card *znw* prikkaart [bij een prikklok]

clockwise *bn & bijw* met de wijzers v.d. klok mee

clockwork *znw* (uur)werk *o*, raderwerk *o*; *like* ~ regelmatig; machinaal; vanzelf; ~ *toy* speelgoed *o* met mechaniek

clod [klɔd] *znw* (aard)kluit; (boeren)knul

clodhopper *znw* (boeren)pummel; *a pair of* ~*s* gemeenz stevige stappers

clog [klɔg] **I** *znw* klompschoen; blok *o* aan het been[2]; belemmering; **II** *overg* een blok aan het been doen; tegenhouden, belemmeren; overladen; verstoppen; **III** *onoverg* verstopt raken; klonteren

cloister ['klɔistə] **I** *znw* kruisgang [bij kerk], kloostergang; klooster *o*; **II** *wederk* zich terugtrekken, zich afzonderen; ~*ed* fig in afzondering (levend)

clone [kloun] **I** *znw* kloon; **II** *overg* klonen

1 close [klous] **I** *bn* gesloten, dicht[2]; dicht opeen; streng (bewaakt), nauwkeurig, scherp; vinnig [strijd]; besloten [jachttijd, vennootschap]; (aaneen)gesloten; geheimhoudend; grondig; op de voet volgend; getrouw; nabij, naast, nauw, innig, dik [v. vrienden, familie &]; nipt, kort; op de penning; benauwend, benauwd, drukkend, bedompt; *it was a* ~ *thing* zie *near*; **II** *bijw* (dicht)bij; heel kort [knippen]; ~ *by*, ~ *at hand* dichtbij; vlakbij; ~ *up(on)* (dicht)bij, bijna; ~ *up*, ~ *to* van nabij, van dichtbij [bekijken &]; **III** *znw* ingesloten ruimte, erf *o*, speelplaats; doodlopende straat; zie ook: [2]*close III*

2 close [klouz] **I** *overg* sluiten[2], af-, insluiten, besluiten, eindigen; ~*d shop* bedrijf *o* dat slechts leden v. bepaalde vakbond(en) in dienst neemt; *he* ~*d the door on me* hij sloeg de deur in mijn gezicht dicht; ~ *down* sluiten [fabriek]; ~ *off* afsluiten; ~ *up* sluiten; verstoppen; **II** *onoverg* (zich) sluiten, dichtgaan, zich aaneensluiten; (achterstand) inlopen; eindigen; ~ *down* sluiten; ~ *in* opschikken; korten [dagen]; (in)vallen [avond]; ~ *in (up)on* insluiten, omsingelen; invallen [v. duisternis]; ~ *up* (aan-) sluiten, op-, bijschikken; de gelederen sluiten; **III** *znw* slot *o*, einde *o*, besluit *o*; handgemeen *o*; zie ook: [1]*close III*

closed-circuit television *znw* gesloten televisiecircuit *o*; camerabewaking

close-cropped ['klous'krɔpt] *bn* kortgeknipt [v. haar]

close-down ['klouzdaun] *znw* sluiting, beëindiging [v. bedrijf, RTV-programma &]

close-fitting *bn* nauwsluitend

close-grained *bn* fijnkorrelig

close-knit ['klous'nit] *bn* hecht

close-set ['klous'set] *bn* dicht op elkaar staand

closet ['klɔzit] **I** *znw* kamertje *o*, kabinet *o*; studeerkamer; (muur)kast; *come out of the* ~ gemeenz kleur bekennen, zijn homoseksualiteit bekennen; **II** *overg* opsluiten

close-up ['klousʌp] *znw* close-up: filmopname v. nabij; detailfoto

closing ['klouziŋ] **I** *bn* sluitings-, slot-, laatste; **II** *znw* sluiting, afsluiting

closure *znw* sluiting[2]; slot *o*

clot [klɔt] **I** *znw* klonter; klodder; gemeenz idioot; **II** *onoverg* klonteren, stollen; ~*ted cream* dikke room

cloth [klɔθ] *znw* laken *o*, stof, doek *o & m* [stofnaam]; doek *m* = lap; tafellaken *o*, linnen *o*, linnen band [v. boek]; *the* ~ de geestelijke stand

cloth-cap *bn* als van de arbeidersklasse, arbeiders-

clothe [klouð] *overg* kleden, bekleden[2], inkleden

clothes *znw mv* kleren, kleding

clothes-horse *znw* droogrek *o*; gemeenz fat, dandy, modepop

clothes-line *znw* drooglijn, waslijn

clothes-peg, clothes-pin *znw* wasknijper

clothes-press *znw* kleerkast

clothier *znw* stoffenhandelaar; handelaar in herenkleding

clothing *znw* (be)kleding

cloud [klaud] **I** *znw* wolk[2]; *be in the* ~*s* zweverig zijn, onpraktisch zijn; *have one's head in the* ~*s* in hogere sferen zijn; *he is under a* ~ hij is uit de gratie; *every* ~ *has a silver lining* achter de wolken schijnt de zon; *on* ~ *nine* gemeenz in de zevende hemel; **II** *overg* bewolken; verduisteren[2]; fig benevelen; vertroebelen; **III** *onoverg* betrekken; ~ *over* betrekken

cloud-burst *znw* wolkbreuk

cloud-capped *bn* in wolken gehuld

cloud-cover *znw* bewolking

cloud-cuckoo-land *znw* dromenland *o*

cloudless *bn* onbewolkt

cloudy *bn* bewolkt, wolkig; troebel, betrokken[2]

clout [klaut] **I** *znw* gemeenz oplawaai; (politieke) invloed; **II** *overg* een klap geven

1 clove [klouv] V.T. van *cleave I*

2 clove [klouv] *znw* kruidnagel; *a* ~ *of garlic* een teentje *o* knoflook

clove hitch ['klouvhitʃ] *znw* scheepv mastworp

cloven ['klouvən] V.D. van *cleave I*

cloven-footed, cloven-hoofed *bn* met gespleten hoeven

clover ['klouvə] *znw* klaver; *be in* ~ het goed hebben, een heerlijk leven hebben

cloverleaf *znw* klaverblad *o* [voor verkeer]

clown [klaun] **I** *znw* clown, hansworst; lomperd; **II** *onoverg*: ~ *(around)* de clown spelen/uithangen

clownish *bn* pummelachtig, lomp; clownerig, clownesk

cloy [klɔi] *overg* overladen, oververzadigen, overvoeren, doen walgen, ziek maken

cloying *bn* walg(e)lijk; overdreven

club [klʌb] **I** *znw* knuppel, knots; sp golfstok; club, nachtclub, vereniging, sociëteit; ~*(s)* kaartsp klaveren; *join the* ~*!* gemeenz je bent (echt) niet de enige!; **II** *onoverg*: ~ *together* zich verenigen, medewerken; botje *o* bij botje leggen

clubbable *bn* gezellig, geschikt voor het clubleven

clubbing *znw* gemeenz gaan stappen *o*, uitgaan *o*

club-foot *znw* horrelvoet

club-house *znw* club, clubgebouw *o*

cluck [klʌk] *onoverg* klokken [v. kip]

clue [klu:] *znw* vingerwijzing, aanwijzing, hint, tip; *not have a* ~ er niets van snappen

clued-up ['klu:d'ʌp] *bn* op de hoogte, goed geïnformeerd

clueless *bn* niets wetend, aartsdom

clump [klʌmp] **I** *znw* klomp; blok *o*; groep [bomen &]; gemeenz klap; **II** *onoverg* klossend lopen; **III** *overg* bijeenplanten; gemeenz een klap geven

clumsy ['klʌmzi] *bn* lomp, onhandig, plomp; tactloos

clung [klʌŋ] V.T. & V.D. van *cling*

clunk ['klʌŋk] **I** *znw* klap, bons; **II** *onoverg* bonzen, bonken

cluster ['klʌstə] **I** *znw* tros, bos; groep, groepje *o*, zwerm, troep; **II** *onoverg* in trossen (bosjes) groeien; zich groeperen, zich scharen; **III** *overg* groeperen, in trossen binden

clutch [klʌtʃ] **I** *overg* grijpen, vatten, beetpakken; zich vastklampen aan; **II** *onoverg* grijpen (naar *at*); **III** *znw* **1** greep, klauw; **2** techn koppeling; **3** dierk broedsel *o*; **4** stel *o*, groep; *let in the* ~ auto koppelen; *let out the* ~ auto ontkoppelen; ~ *pedal* koppelingspedaal

clutch bag *znw* enveloptas, dameshandtas zonder hengsel

clutter ['klʌtə] **I** *znw* warboel, troep; gestommel *o*; herrie; **II** *overg*: ~ *(up)* rommel maken; volstoppen, -proppen, -gooien (met *with*)

co- *voorv* co-, mede-, samen-

CO *afk.* = *Commanding Officer*; *conscientious objector*;

Colorado
Co. *afk.* = *Company; County; and* ~ geringsch en consorten
c/o *afk.* **1** = *care of* p/a, per adres; **2** handel = *carried over* transport *o*
coach [koutʃ] **I** *znw* koets; diligence; spoorrijtuig *o*; touringcar, bus; onderw repetitor; sp trainer; **II** *onoverg* als trainer werken; **III** *overg* onderw klaarmaken (voor een examen); sp trainen
coach-and-four *znw* wagen met 4 paarden
coaching *znw* bijles; repeteren *o* voor een examen &; sp speciale training
coachload *znw* bus vol, buslading [toeristen]
coachman *znw* koetsier
coach park *znw* parkeerterrein *o* voor bussen
coach station *znw* busstation *o*
coachwork *znw* carrosserie, koetswerk *o*
coadjutant [kou'ædʒutənt] *znw* (mede)helper, assistent
coagulate [kou'ægjuleit] *overg & onoverg* stremmen, (doen) stollen
coagulation [kouægju'leiʃən] *znw* stremming, stolling
coal [koul] **I** *znw* (steen)kool, kolen; *carry ~s to Newcastle* water naar de zee dragen; zie: *haul I*; **II** *overg* van kolen voorzien; verkolen; **III** *onoverg* kolen innemen of laden
coal-black *bn* pikzwart
coal-box *znw* kolenbak
coal bunker *znw* kolenruim *o* [op schip]
coalesce [kouə'les] *onoverg* samengroeien, samenvloeien, zich verenigen
coalescence *znw* samengroeien *o*, samenvloeiing, vereniging
coal-face ['koulfeis] *znw* (kolen)front *o*, vlak *o* waar de steenkool gewonnen wordt [in mijn]
coalfield *znw* kolenbekken *o*
coal-gas *znw* lichtgas *o*
coaling-station *znw* bunkerstation *o*
coalition [kouə'liʃən] *znw* verbond *o*, coalitie
coalman ['koulmæn, -mən] *znw* kolenman, kolenboer
coalmine ['koulmain] *znw* kolenmijn
coalminer ['koulmainə] *znw* mijnwerker
coal-scuttle *znw* kolenkit
coal-seam *znw* kolenader
coal-tar *znw* koolteer
coarse [kɔ:s] *bn* grof[2], ruw
coarse fish *znw* gewone zoetwatervis [uitgezonderd zalm en forel]
coarse fishing *znw* hengelen *o*
coarsen *overg & onoverg* vergroven, verruwen
coast [koust] **I** *znw* kust; *the ~ is clear* de kust is veilig, het gevaar is voorbij; **II** *onoverg* langs de kust varen; (een helling af)glijden; freewheelen [van helling]; in de vrijloop afdalen [v. auto]; fig iets op zijn sloffen doen; de kantjes eraf lopen
coastal *bn* kust-
coaster *znw* kustvaarder; onderzettertje *o*
coast-guard *znw* kustwacht(er)
coastline *znw* kustlijn
coat [kout] **I** *znw* jas; (dames)mantel; bedekking, bekleding; vacht, pels, vel *o*, huid; vlies *o*; laag [verf]; *~ and skirt* mantelpak *o*; *~ of arms* wapen(schild) *o*; *~ of mail* maliënkolder; *cut one's ~ according to one's cloth* de tering naar de nering zetten; **II** *overg* bekleden; bedekken; aanstrijken [met verf]
coated *bn* med beslagen [tong]; *~ paper* glanspapier *o*
coat-hanger *znw* kleerhanger
coating *znw* laag [v. verf &]
coat-rack *znw* kapstok
coat-tail *znw* jaspand, slippen (v. jacquet &); *ride on the ~s of* ± (zonder al te veel eigen inspanning) profiteren van andermans succes
co-author [kou'ɔ:θə] *znw* mede-auteur
coax [kouks] flemen, vleien; *overg ~... from sbd.* iem. ... ontlokken; *~ sbd. into...* door vleien van iem. gedaan krijgen, dat...; *~ sbd. out of sth.* iem. iets aftroggelen
cob [kɔb] *znw* plantk maïskolf; hazelnoot; dierk klein, gedrongen paard *o*; dierk mannetjeszwaan
cobalt [kə'bɔ:lt] *znw* kobalt *o*
cobble ['kɔbl] **I** *znw* (straat)kei; **II** *overg* met keien bestraten; *~ together* in elkaar flansen
cobbler *znw* schoenmaker, schoenlapper; Am vruchtenpastei; *that's a load of ~s* slang dat is volslagen lulkoek
cobble-stone *znw* (straat)kei
cobra ['koubrə] *znw* cobra: brilslang
cobweb ['kɔbweb] *znw* spinnenweb *o*, spinrag *o*; *blow (clear) away the ~s* lekker uitwaaien
cocaine [kə'kein] *znw* cocaïne
coccyx ['kɔksiks] *znw* stuitbeen *o*, staartbeen *o*
cochlea ['kɔkliə] *znw* (*mv*: cochleae [-lii:]) slakkenhuis *o* [v. oor]
cock [kɔk] **I** *znw* **1** dierk mannetje *o*, haan, kemphaan; **2** weerhaan; **3** kraan; **4** haantje *o* de voorste; **5** optrekken *o* [v.d. neus, het hoofd]; **6** opzetten *o*; **7** plat lul, pik; *old ~* gemeenz ouwe jongen; *the ~ of the walk* haantje de voorste; *at (full) ~* met gespannen haan; *at half ~* half gespannen of overgehaald; **II** *overg* optomen, schuin (op één oor) zetten [hoed], scheef houden [hoofd], optrekken, opzetten; de haan spannen van; spitsen [de oren]; *~ up* slang in het honderd laten lopen, verpesten, verknoeien
cockade [kɔ'keid] *znw* kokarde
cock-a-doodle(-doo) ['kɔkədu:dl('du:)] *tsw* kukeleku
cock-a-hoop ['kɔkə'hu:p] *bn & bijw* uitgelaten
Cockaigne [kɔ'kein]: *land of ~ znw* luilekkerland *o*
cock-and-bull story [kɔkən'bul'stɔ:ri] *znw* ongerijmd verhaal *o*
cockatoo [kɔkə'tu:] *znw* kaketoe

cockchafer ['kɔktʃeifə] *znw* meikever
cock-crow ['kɔkkrou] *znw* hanengekraai *o*; dageraad
cocked hat [kɔkt hæt] *znw* steek [hoofddeksel]; *beat (knock) into a* ~ volledig verslaan, wegvagen
cocker ['kɔkə] *znw* cockerspaniël
cockerel ['kɔkərəl] *znw* haantje[2] *o*
cock-eyed ['kɔkaid] *bn* gemeenz scheel; fig scheef; krankzinnig
cock-fight ['kɔkfait] *znw* hanengevecht *o*
cock-horse ['kɔk'hɔ:s] *znw* stokpaardje *o*; hobbelpaardje *o*
cockle ['kɔkl] **I** *znw* kokkel; oneffenheid; *it warms the ~s of my heart* het doet mijn hart goed; **II** *overg & onoverg* krullen, rimpelen
cockle-shell *znw* (hart)schelp; notendop [v. een scheepje]
cockney ['kɔkni] *znw* cockney [geboren Londenaar]; cockney *o* [Platlondens]
cockpit ['kɔkpit] *znw* hanenmat; cockpit [v. vliegtuig, raceauto, jacht]; fig strijdperk *o*
cockroach ['kɔkroutʃ] *znw* kakkerlak
cockscomb ['kɔkskoum] *znw* hanenkam [ook plantk]; zie verder: *coxcomb*
cocksure ['kɔk'ʃuə] *bn* verwaand en zelfbewust
cocktail ['kɔkteil] *znw* cocktail; *Molotov* ~ benzinebom; molotovcocktail; ~ *dress* cocktailjapon
cock-up ['kɔkʌp] *znw* slang miskleun; klerezooi
cocky ['kɔki] *bn* verwaand, eigenwijs
cocoa ['koukou] *znw* cacao(boom); warme chocolade(melk)
coconut ['koukənʌt] *znw* kokosnoot, klapper; ~ *matting* kokosmat; ~ *palm* kokospalm; ~ *shy* gooi-en-smijtkraam
cocoon [kɔ'ku:n] **I** *znw* cocon [v. zijderups], pop; omhulsel *o*; **II** *overg* als in een cocon wikkelen, inkapselen, omhullen; **III** *onoverg* fig cocoonen
COD *afk. = cash on delivery* post onder rembours
cod [kɔd] *znw* (*mv* idem *of* -s) kabeljauw
coddle ['kɔdl] *overg* zacht laten koken; vertroetelen, verwennen
code [koud] **I** *znw* code; geheimtaal; wetboek *o*; reglement *o*; regels, gedragslijn; voorschriften; netnummer *o*; ~ *name* codenaam; ~ *number* codenummer *o*; ~ *word* codewoord *o*; ~ *of practice* gedragscode; **II** *overg* coderen: in code overbrengen
codeine ['koudi:n] *znw* med codeïne
co-determination [kouditə:mi'neiʃən] *znw*: *right of* ~ medebeslissingsrecht *o*
codex ['koudeks] *znw* (*mv*: codices [-disi:z]) **1** oud handgeschreven boek *o*, handschrift *o*; **2** receptenboek *o*
cod-fish ['kɔdfiʃ] *znw* kabeljauw
codger ['kɔdʒə] *znw* gemeenz ouwe vent
codicil ['kɔdisil] *znw* codicil *o*; aanvulling op een testament; informeel testament *o*
codification [kɔdifi'keiʃən] *znw* codificatie; systematisering
codify ['kɔdifai] *overg* codificeren; in een systeem onderbrengen
cod-liver oil ['kɔdlivə'rɔil] *znw* levertraan
codswallop ['kɔdz'wɔləp] *znw* gemeenz onzin, flauwekul
coed ['kou'ed] *znw* Am gemeenz meisjesstudent
coeducation ['kouedju'keiʃən] *znw* coëducatie
coeducational ['kouedju'keiʃən(ə)l] *bn* gemengd [onderwijs]
coefficient [koui'fiʃənt] *znw* coëfficiënt: constante factor v.e. grootheid
coequal [kou'i:kwəl] **I** *bn* gelijk; **II** *znw* gelijke
coerce [kou'ə:s] *overg* dwingen (tot *into*); in bedwang houden
coercion *znw* dwang
coercive *bn* dwingend; dwang-
coeval [kou'i:vəl] **I** *bn* even oud (als *with*); **II** *znw* tijdgenoot
coexist [kouig'zist] *onoverg* gelijktijdig of naast elkaar bestaan, coëxisteren
coexistence *znw* gelijktijdig of naast elkaar bestaan *o*, coëxistentie
coexistent *bn* gelijktijdig of naast elkaar bestaand
coffee ['kɔfi] *znw* koffie
coffee bar *znw* koffiebar
coffee-bean *znw* koffieboon
coffee break *znw* koffiepauze
coffee grinder *znw* koffiemolen
coffee-grounds *znw mv* koffiedik *o*
coffee house *znw* koffiehuis
coffee machine *znw* koffiezetapparaat *o*; koffieautomaat
coffee morning *znw* bijeenkomst rond koffietijd [voor liefdadigheid, als gespreksgroep &]
coffee pot *znw* koffiepot, koffiekan
coffee shop *znw* koffiewinkel; koffieshop, koffiehuis *o*
coffee-table *znw* salontafeltje *o*
coffee-table book *znw* boek *o* voor op de salontafel [groot formaat en rijk geïllustreerd]
coffer ['kɔfə] *znw* (geld)kist; ~*s* schatkist; fondsen
coffer-dam ['kɔfədæm] *znw* kistdam, kisting
coffin ['kɔfin] *znw* doodkist
cog [kɔg] *znw* tand of kam [v. rad]; *he's only a ~ in the wheel* fig hij is slechts een klein radertje in het geheel
cogency ['koudʒənsi] *znw* (bewijs)kracht
cogent *bn* krachtig, dringend, klemmend [betoog]
cogitate ['kɔdʒiteit] **I** *onoverg* denken; **II** *overg* overpeinzen, uitdenken, verzinnen
cogitation [kɔdʒi'teiʃən] *znw* overpeinzing
cognac ['kɔnjæk, 'kɔŋja:k] *znw* cognac
cognate ['kɔgneit] **I** *bn* verwant[2] (aan *with*); **II** *znw* verwant woord *o*; verwant
cognition [kɔg'niʃən] *znw* cognitie
cognitive ['kɔgnitiv] *bn* cognitief
cognizable ['kɔ(g)nizəbl] *bn* kenbaar, waarneembaar; recht vervolgbaar

cognizance *znw* kennis, kennisneming; herald kenteken *o*, insigne *o*; recht onderzoek *o*; competentie; (rechts)gebied *o*
cognizant *bn* kennend, wetend; ~ *of* kennis dragend van
cognomen [kɔg'noumen] *znw* familienaam; bijnaam
cognoscenti [kɔnjou-, kɔgnou'ʃenti] *znw mv* kenners
cog-railway ['kɔgreilwei] *znw* tandradbaan
co-guardian ['kou'ga:diən] *znw* toeziend voogd
cog-wheel ['kɔgwi:l] *znw* kamrad *o*, tandrad *o*
cohabit [kou'hæbit] *onoverg* als man en vrouw leven; samenwonen
cohabitation [kouhæbi'teiʃn] *znw* samenwonen *o*, bijslaap
coheir, **coheiress** ['kou'ɛə(ris)] *znw* mede-erfgenaam, -gename
cohere [kou'hiə] *onoverg* samenkleven, samenhangen (met *with*)
coherence *znw* samenhang²
coherent *bn* samenhangend²
cohesion [kou'hi:ʒən] *znw* cohesie; samenhang²
cohesive *bn* samenhangend, bindend
cohort ['kouhɔ:t] *znw* cohorte; trawant, makker
coif [kɔif] *znw* huif, kap, mutsje *o*
coiffure [kwa:'fjuə] *znw* kapsel *o*, coiffure
coil [kɔil] **I** *overg & onoverg* oprollen, kronkelen; **II** *znw* bocht, kronkel(ing); spiraal; tros (touw); winding; elektr spoel, klos
coin [kɔin] **I** *znw* geldstuk *o*, munt; geld *o*; *pay sbd. in his own* ~ iem. met gelijke munt betalen; *the other side of the* ~ fig de keerzijde van de medaille; **II** *overg* [geld] slaan, (aan)munten; verzinnen; [een nieuw woord] maken; ~ *money*, ~ *it* gemeenz geld als water verdienen
coinage *znw* aanmunting; munt(en); muntwezen *o*; maken *o* [v.e. nieuw woord]; nieuw gevormd woord *o*
coin box *znw* munttelefoon
coincide [kouin'said] *onoverg* samenvallen; overeenstemmen; het eens zijn (met *with*)
coincidence [kou'insidəns] *znw* samenvallen *o*; overeenstemming; samenloop (van omstandigheden); toeval *o*
coincident *bn* samenvallend; overeenstemmend
coincidental [kouinsi'dentl] *bn* toevallig; gelijktijdig; = *coincident*
coir ['kɔiə] *znw* kokosvezel(s)
coital ['kouitəl] *bn* betreffende het geslachtsverkeer
coitus ['kouitəs] *znw* geslachtsgemeenschap, coïtus
coke [kouk] *znw* **1** cokes; **2** gemeenz cocaïne; **3** gemeenz cola [drank]
coking coal ['koukiŋkoul] *znw* cokeskolen
col [kɔl] *znw* bergpas
col. *afk.* = *column*
Col. *afk.* = *Colonel*
cola ['koulə] *znw* cola
colander ['kʌləndə] *znw* vergiet *o & v*, vergiettest
cold [kould] **I** *bn* koud², koel²; ~ *comfort* schrale troost; *get* ~ *feet* gemeenz bang worden; *it leaves me* ~ het laat me koud, het interesseert me niet; **II** *znw* kou(de); verkoudheid; *be left out in the* ~ er bekaaid afkomen, er buiten gehouden worden, mogen toekijken; *come in out of (from) the* ~ schuilen, dekking zoeken; uit de kou (brand) zijn; **III** *bijw* volledig, helemaal; onvoorbereid, spontaan, zonder meer
cold-blooded *bn* koudbloedig; koelbloedig, in koelen bloede; ongevoelig
cold-call *znw* ongevraagd telefoontje *o*, ongevraagd bezoek [v. verkopers]
cold chisel *znw* koubeitel
cold cream *znw* huidcreme
coldcuts *znw mv* Am koud vlees *o*, koude vleesschotel
cold fish *znw* kouwe kikker
coldish *bn* ietwat koud
cold remedy *znw* middeltje *o* tegen verkoudheid
cold-shoulder *overg* met de nek aanzien, negeren
cold sore *znw* koortsuitslag [bij de lippen]
cold-storage *znw* bewaren *o* in een koelcel; *to put stb. in* ~ fig iets in de ijskast zetten²
cold store *znw* koelhuis *o*
cold turkey *znw* gemeenz ernstige ontwenningsverschijnselen; abrupt afkicken *o*
cold war *znw* koude oorlog
coleoptera [kɔli'ɔptərə] *znw* schildvleugeligen
coleslaw ['koulslɔ:] *znw* koolsla
cole-seed ['koulsi:d] *znw* koolzaad *o*
coley ['kouli] *znw* koolvis
colic ['kɔlik] *znw* koliek *o & v*
colitis [kɔ'laitis, kou-] *znw* med onsteking aan de dikke darm
collaborate [kə'læbəreit] *onoverg* mede-, samenwerken; collaboreren [met de vijand]
collaboration [kəlæbə'reiʃən] *znw* mede-, samenwerking; collaboratie [met de vijand]
collaborator [kə'læbəreitə] *znw* medewerker; collaborateur [met de vijand]
collage [kɔ'la:ʒ] *znw* collage
collapse [kə'læps] **I** *onoverg* invallen, in(een-)storten; ineenzakken, bezwijken; mislukken; **II** *overg* opvouwen; bekorten, inkorten; **III** *znw* in(een)storting; verval *o* van krachten; med collaps; mislukking
collapsible *bn* opvouwbaar, klap-
collar ['kɔlə] **I** *znw* kraag, boord *o & m*, boordje *o*, halsband; ordeteken *o*; gareel *o*, ring; **II** *overg* bij de kraag vatten; gemeenz aanpakken, pikken, grijpen; ~*ed beef* rollade; ~*ed herring* rolmops
collar-bone *znw* sleutelbeen *o*
collate [kɔ'leit] *overg* vergelijken, collationeren; een kerkelijk ambt verlenen
collateral [kɔ'lætərəl] **I** *bn* zijdelings, zij-; parallel²; **II** *znw* **1** onderpand *o*, zekerheidstelling; **2** bloed-

verwant in de zijlinie
collation [kɔ'leiʃən] *znw* vergelijking, collatie; begeving (v. kerkelijk ambt); lichte maaltijd
colleague ['kɔli:g] *znw* ambtgenoot, collega
1 collect ['kɔlekt] *znw* collecte [gebed]
collect [kə'lekt] **I** *overg* verzamelen, bijeenbrengen, inzamelen, collecteren, innemen [kaartjes] (ook: ~ *up*); [postzegels &] sparen; (op-, af)halen; innen, incasseren; (weer) onder controle krijgen; ~ *oneself* zijn zelfbeheersing terugkrijgen; **II** *onoverg* zich verzamelen
collect call *znw vooral* Am telefoongesprek *o* waarvan de kosten voor rekening zijn van degene die wordt gebeld, collect call
collected *bn* verzameld, compleet; bedaard, zichzelf meester
collection *znw* collectie, verzameling; collecte, inzameling, (op-, af)halen *o*; inning, incassering; buslichting
collective I *bn* verzameld; verenigd, collectief, gezamenlijk, gemeenschappelijk; ~ *bargaining* cao-onderhandelingen; ~ *noun* verzamelnaam; **II** *znw* collectief *o*
collectivism [kə'lektivizm] *znw* collectivisme *o*
collectivize [kə'lektivaiz] *overg* tot collectief bezit maken
collector *znw* verzamelaar; inzamelaar, collectant; incasseerder; ontvanger; ~*'s item* (gezocht) verzamelobject *o*, collector's item *o*
colleen ['kɔli:n, kɔ'li:n] *znw* Ir meisje *o*
college ['kɔlidʒ] *znw* instelling voor voortgezet en hoger onderwijs; (afdeling van) universiteit; Br particuliere school; college *o*
collegial [kɔ'li:dʒiəl] *bn* van een college
collegiate *bn* een college hebbend, college-; ~ *church* collegiale kerk
collide [kə'laid] *onoverg* (tegen elkaar) botsen, in botsing (aanvaring) komen; ~ *with [a car]* aanrijden
collie ['kɔli] *znw* collie: Schotse herdershond
collier ['kɔliə] *znw* mijnwerker; kolenschip *o*
colliery *znw* kolenmijn
collision [kə'liʒən] *znw* botsing[2], aanvaring; fig tegenspraak, conflict *o*; ~ *course* scheepv ramkoers; fig houding, politiek gericht op confrontatie; *be on a ~ course* op een confrontatie afstevenen
collocate I *znw* ['kɔləkət] gramm collocatie; **II** *onoverg* ['kɔləkeit] samengaan van woorden
collocation [kɔlə'keiʃən] *znw* **1** uitdrukking, zinswending; **2** bijeenplaatsing, groepering
collogue [kə'loug] *onoverg* gemeenz samenspannen; een apartje hebben
collop ['kɔləp] *znw* lapje *o* [vlees]
colloquial [kə'loukwiəl] *bn* tot de omgangstaal behorende, gemeenzaam, spreektaal-
colloquialism *znw* gemeenzame zegswijze
colloquy ['kɔləkwi] *znw* (*mv*: colloquies) samenspraak, gesprek *o*
collude [kə'lu:d] *onoverg* samenspannen
collusion *znw* geheime verstandhouding; samenspanning
collywobbles ['kɔliwɔblz] *znw (mv)* gemeenz (gevoel *o* v.) 'vlinders in de buik', buikpijn [v.d. zenuwen &]
cologne [kə'loun] *znw* eau de cologne
Colombia [kə'lɔmbiə] *znw* Colombia *o*
Colombian I *znw* Colombiaan; **II** *bn* Colombiaans
colon ['koulən] *znw* dubbelepunt; dikke darm
colonel ['kə:nəl] *znw* kolonel
colonial [kə'lounjəl] **I** *bn* koloniaal; **II** *znw* bewoner van de koloniën, iem. uit de koloniën
colonialism *znw* kolonialisme *o*
colonialist I *bn* kolonialistisch; **II** *znw* kolonialist
colonist ['kɔlənist] *znw* kolonist
colonization [kɔlənai'zeiʃən] *znw* kolonisatie
colonize ['kɔlənaiz] *overg* koloniseren
colonizer *znw* kolonisator
colonnade [kɔlə'neid] *znw* colonnade, zuilenrij, zuilengang
colony ['kɔləni] *znw* kolonie
colophon ['kɔləfən] *znw* colofon *o & m*
color *znw* Am = *colour*
coloration [kʌlə'reiʃən] *znw* kleur(ing)
colossal [kə'lɔsl] *bn* kolossaal, reusachtig
colossus [kə'lɔsəs] *znw* (*mv*: colossi [-sai]) kolos, gevaarte *o*; gigant
colour ['kʌlə] **I** *znw* kleur; tint; verf; huidskleur; mil vaandel *o*; fig schijn, dekmantel; ~*s* mil vaandel *o*, vlag; *change ~* van kleur verschieten; een kleur krijgen; *show one's ~s, nail one's ~s to the mast* kleur bekennen; *in one's true ~s* in zijn ware gedaante; *of ~* gekleurd, zwart [ras]; *off ~* bleek en miezerig; Am schuin, smerig [v. mop]; *under false ~s* onder valse vlag; *under ~ of* onder de schijn (het voorwendsel) van; *with flying ~s* met vlag en wimpel; **II** *overg* kleuren[2]; verven, inkleuren; beïnvloeden, een verkeerde voorstelling geven (van); **III** *onoverg* een kleur krijgen, blozen
colour-bar *znw* scheiding of discriminatie tussen blanken en niet-blanken
colour-blind *bn* kleurenblind
colour-blindness *znw* kleurenblindheid
colour code *znw* kleurencode
colour-code *overg* identificeren door middel van een kleurencode
coloured I *bn* gekleurd[2]; ~ *man* kleurling, (Am) neger; ~ *pencil* kleurpotlood *o*; **II** *znw* kleurling
colour-fast *bn* kleurecht
colourful *bn* kleurig, bont, schilderachtig, kleurrijk, interessant
colouring *znw* kleur(ing), kleursel *o*, koloriet *o*; kleurstof
colourist *znw* kolorist; schilder die werkt met kleureffecten
colourless *bn* kleurloos; fig saai, mat
colour slide, **colour transparency** *znw* kleuren-

dia

colour supplement *znw* kleurenbijlage

colt [koult] *znw* (hengst)veulen *o*, jonge hengst; fig spring-in-'t-veld; beginneling

coltish *bn* als (van) een veulen; fig speels

coltsfoot ['koultsfut] *znw* (klein) hoefblad *o*

columbine ['kɔləmbain] *znw* akelei

column ['kɔləm] *znw* zuil, kolom; rubriek, kroniek [in krant]; colonne; *fifth* ~ vijfde colonne: verkapte aanhangers v.d. vijand (*vooral* in tijd van oorlog)

columnist *znw* columnist, journalist met een vaste rubriek in een krant

colza ['kɔlzə] *znw* koolzaad *o*; ~ *oil* raapolie

coma ['koumə] *znw* coma *o*

comatose *bn* comateus, diep bewusteloos

comb [koum] **I** *znw* kam; (honing)raat; **II** *overg* kammen; af-, doorzoeken; ~ *out* uitkammen[2]; fig schiften; af-, doorzoeken; zuiveren

combat ['kɔm-,'kʌmbət] **I** *znw* gevecht *o*, kamp, strijd; *single* ~ tweegevecht *o*; **II** *onoverg* vechten, kampen, strijden; **III** *overg* bestrijden

combatant I *bn* strijdend; **II** *znw* strijder, mil combattant

combative *bn* strijdlustig

combe [ku:m] *znw* = *coomb*

combination [kɔmbi'neiʃən] *znw* combinatie, verbinding, vereniging; samenspel *o*; ~*s* ondergoed aan één stuk met mouwen en pijpen; ~ *lock* combinatieslot *o*, letterslot *o*, cijferslot *o*

combinative ['kɔmbinətiv] *bn* verbindend, verbindings-

combine [kəm'bain] **I** *onoverg* zich verbinden, zich verenigen; samenwerken; **II** *overg* verbinden, verenigen, samenvoegen, combineren; paren (aan *with*); in zich verenigen; **III** *znw* ['kɔmbain] belangengemeenschap, kartel *o*; combine: maaidorser, maaidorsmachine (ook: ~ *harvester*)

combo ['kɔmbou] *znw* combo [kleine jazzband]; Am gemeenz = *combination*

combustibility [kəmbʌsti'biliti] *znw* brandbaarheid

combustible [kəm'bʌstibl] **I** *bn* brandbaar, verbrandbaar; **II** *znw* brandstof; brandbare stof

combustion *znw* verbranding

come [kʌm] (came; come) *onoverg* komen, aan-, er bij-, op-, over-, neer-, uitkomen; (mee)gaan; verschijnen, komen opzetten; worden; gemeenz klaarkomen; ~*!* komaan, kom op, kop op!; ~, ~ kom nou toch!; och kom!; *it comes easy to him* het gaat hem gemakkelijk af; *easy* ~ *easy go* zo gewonnen zo geronnen; ~ *good* doen wat van je verwacht wordt; zichzelf bewijzen; *how* ~*?* gemeenz hoe komt dat?; ~ *right* uitkomen, in orde komen; ~ *short* tekortschieten; ~ *true* uitkomen, bewaarheid worden, in vervulling gaan; ~ *undone (untied)* losgaan, -raken; ~ *what may* wat er ook gebeure; ~ *Christmas* aanstaande Kerstmis; ~ *hell or high water* al moet de onderste steen boven komen; *(as)* ... *as they* ~ zo ... als wat, echt...; ... *to* ~ (toe)komende, aanstaande; *when it* ~*s to* wat... betreft; *for years to* ~ nog jaren; *not for years to* ~ nog in geen jaren; *have* ~ *(a long way)* afgelegd hebben; ~ *sbd.'s way* iems. kant of buurt uitkomen; iem. ten deel vallen; *if it should ever* ~ *your way* als je het ooit eens tegenkomt; als het je ooit eens overkomt; ~ *it (too) strong* het te ver drijven, overdrijven; zie ook: *cropper*; ~ *about* zich toedragen, gebeuren; tot stand komen; ~ *across* (toevallig) aantreffen, ontmoeten of vinden; fig (goed) overkomen; ~ *after* komen na, volgen op; ~ *again* terugkomen; ~ *again?* gemeenz wat zeg je?; ~ *along* komen (aanzetten); meegaan; vorderen; ~ *along!* vooruit!, kop op!; ~ *apart* uit elkaar gaan, losgaan, stukgaan; ~ *at* aan (bij)... komen, bereiken, (ver)krijgen; achter... komen; ~ *away* losraken; weggaan, scheiden; ~ *back* terugkomen; antwoorden, reageren; weer te binnen schieten; zich herstellen (ook: in de gunst), er weer in (d.i. in trek, in de mode) komen; ~ *between* (ergens) tussenkomen, vervreemden; ~ *by* voorbijkomen, passeren; aan ... komen, (ver)krijgen; ~ *down* afkomen, afdalen, afzakken; naar beneden komen (vallen); afgebroken worden [huis]; van de universiteit komen; dalen; (neer)komen, reiken; ~ *down against (for, in favour of)* zich verklaren tegen (voor); ~ *down in the world* aan lagerwal raken; ~ *down on sbd. (like a ton of bricks)* (vreselijk) tegen iem. te keer gaan; ~ *down on the side of* zich verklaren voor; ~ *down to* neerkomen op; reiken tot, teruggaan tot; ~ *down with* krijgen, oplopen [ziekte]; ~ *for* komen om, komen (af)halen; dreigend (op iem.) afkomen; ~ *forth* tevoorschijn komen, zich vertonen; ~ *forward* zich (aan)melden (aanbieden); naar voren treden; ~ *from* komen van (uit); ~ *in* binnenkomen[2]; aankomen; verkozen, benoemd worden; meedoen, meebetalen, bijdragen; ~ *in again* weer in de mode of aan het bewind komen; *where do I* ~ *in?* waar blijf ik nu?, en ik dan?, wat heb ik daar nu voor voordeel bij?; wat heb ik er mee te maken?; ~ *in handy (useful)* van (te) pas komen; ~ *in for* krijgen; ~ *into* komen in; deel uitmaken van; in het bezit komen van; meedoen, in het spel komen; ~ *into a fortune (a thousand)* krijgen als zijn (erf)deel, erven; ~ *into one's own* erkend worden, op zijn plaats zijn, zichzelf worden; zie ook: *force* &; ~ *near doing* bijna doen; ~ *of* komen van, afstammen van; ~ *off* afkomen van; eraf gaan, loslaten, afgeven [kleuren], uitvallen [haar], ontsnappen [gassen]; doorgaan, plaatshebben; lukken; uitkomen; ~ *off badly* er slecht afkomen, het er slecht afbrengen; ~ *off it!* gemeenz schei uit!; ~ *on* (aan-) komen, gedijen, tieren; opkomen [onweer &]; optreden [acteur]; vinden; aangaan [van het licht]; ter sprake komen; loskomen, op dreef komen; opkomen [v. acteur]; ~ *on!* vooruit!; schei uit!; ~ *on to...* beginnen te...; behandelen, spreken over [een onderwerp]; ~ *out* uitkomen, (naar) buiten komen, uit de gevangenis komen; gemeenz openlijk voor zijn homoseksualiteit uitkomen; in staking gaan (ook: ~ *out on strike*); uitlekken; aan het licht komen, verschijnen [publicaties] opkomen [pokken]; plantk uitlopen; debuteren; optreden; eruit gaan [vlekken]; ~ *out against (for, in favour of)* opkomen tegen (voor); ~ *out of it well* er goed afkomen; ~ *out in spots* vol uitslag zitten; ~ *out of oneself (one's shell)* uit zijn schulp komen, opbloeien; ~ *out with* komen aanzetten, voor den dag komen, uit de hoek komen met; ~ *over* overkomen[2], aankomen[2]; oversteken [de zee]; overlopen (naar *to*); *I came over all shy* ik werd er helemaal verlegen van; ~ *over sbd.* iem. overvallen, bekruipen, bevangen; iem. overkómen, gemeenz bezielen; ~ *round* aankomen, aanwippen; vóórkomen [auto &]; fig een gunstige wending nemen, in orde komen; bijkomen; bijdraaien, van mening veranderen (over *to*); ~ *round again* weer komen, er weer zijn [v. datum]; ~ *through* er door komen; doorkomen [v. geluid, bericht &]; zijn belofte houden; ~ *to* (weer) bijkomen; komen bij, naar, tot, op; ~ *to believe* gaan geloven; ~ *to know sbd.* iem. leren kennen; ~ *to think of it* erover beginnen te denken; eigenlijk; *it is coming to be regarded as...* het wordt langzamerhand (gaandeweg, allengs) beschouwd als...; *how did you ~ to lose your keys?* hoe kan dat nou, dat je je sleutels hebt verloren?; ~ *to blows* slaags raken; ~ *to harm* een ongeluk krijgen, verongelukken; ~ *to nothing* zie *nothing I*; ~ *to sbd.* iem. te beurt vallen, overkómen; te binnen schieten; *he had it coming to him* het was zijn verdiende loon; ~ *easy (easily) to sbd.* iem. gemakkelijk afgaan; *it ~s natural(ly) to him* het gaat hem goed af, het ligt hem; ~ *to pass* gebeuren; *if it ~s to that* wat dat aangaat; *what are girls coming to!* waar moet het toch met onze meisjes heen!; ~ *under* te verduren krijgen; ~ *under this head* vallen onder; ~ *up* boven komen; opkomen; ter sprake komen (ook: ~ *up for discussion*); in behandeling komen; gehouden worden, voor de deur staan [verkiezingen &]; aankomen [studenten]; ~ *up against* stuiten op; in botsing komen met; ~ *up to* naar [iem.] toe komen; gelijk zijn of beantwoorden aan, halen bij; ~ *up with* opperen; op de proppen komen met; ~ *upon sbd. (sth.)* iem. (iets) aantreffen, tegen het lijf lopen; aanvallen; te binnen schieten; ~ *upon the parish(town)* armlastig worden; ~ *upon the scene* ten tonele verschijnen

comeback ['kʌmbæk] *znw* gemeenz terugkeer; herstel *o*; comeback

comedian [kə'mi:diən] *znw* blijspelacteur; komiek

comedienne [kəmeidi'en, kə'mi:djən] *znw* blijspelactrice; vrouwelijke komiek

come-down ['kʌmdaun] *znw* val, vernedering, achteruitgang; tegenvaller

comedy ['kɔmidi] *znw* blijspel *o*, komedie

come-hither [kʌm'hiðə] *bn* (ver)lokkend

comely ['kʌmli] *bn* bevallig, knap; gepast

come-on ['kʌmɔn] *znw* gemeenz lokmiddel *o*, lokkertje *o*

comer ['kɔmə] *znw* aangekomene, bezoeker, deelnemer, gegadigde; Am veelbelovend iemand; *the first ~* de eerste de beste; *~s and goers* de gaande en komende man; *all ~s* iedereen

comestibles [kə'mestiblz] *znw mv* levensmiddelen

comet ['kɔmit] *znw* komeet

come-uppance [kʌm'ʌpəns] *znw* gemeenz verdiende loon, straf

comfit ['kʌmfit] *znw* snoepje *o*

comfort ['kʌmfət] **I** *znw* troost, vertroosting; opbeuring; welgesteldheid; gemak *o*, gerief *o*, geriefelijkheid, comfort *o*; *take ~* zich troosten; *too hot & for ~* veel te warm &; **II** *overg* (ver)troosten, opbeuren

comfortable *bn* behaaglijk, aangenaam, geriefelijk, gemakkelijk, op zijn gemak; genoeglijk; welgesteld; gerust; ruim [inkomen]

comforter *znw* trooster, troosteres; gebreide wollen das; Am fopspeen; Am gewatteerde deken

comfortless *bn* troosteloos; ongeriefelijk

comfort station *znw* Am (openbaar) toilet *o*

comfrey ['kʌmfri] *znw* smeerwortel [plant]

comfy *bn* gemeenz = *comfortable*

comic ['kɔmik] **I** *bn* komisch, humoristisch, grappig; ~ *strip* (aflevering v.e.) stripverhaal *o*; **II** *znw* komiek; humoristisch blad *o*; stripverhaal *o*, stripboek *o* (ook: *~s*)

comical *bn* grappig, komisch, kluchtig, koddig

coming ['kʌmiŋ] **I** *bn* (toe)komend; **II** *znw* komst; *~s and goings* komen en gaan *o*

comity ['kɔmiti] *znw* beleefdheid; *the ~ of nations* gedrag *o* zoals tussen beschaafde volken gebruikelijk

comma ['kɔmə] *znw* komma

command [kə'ma:nd] **I** *overg* bevelen, gebieden, mil commanderen, aanvoeren, het commando voeren over; mil bestrijken; fig beheersen; beschikken over; afdwingen; opbrengen [v. prijzen]; hebben [aftrek]; doen [huur]; **II** *onoverg* bevelen; het commando voeren; **III** *znw* bevel *o*; gebod *o*, opdracht; mil commando *o*; leiding; legerleiding; legerdistrict *o*; luchtv afdeling, dienst; fig beheersing; beschikking; *Coastal C~* mil luchtvaartdienst langs de kust; *high ~* opperbevel *o*; *at his ~* op zijn bevel; te zijner beschikking; *by his ~* op zijn bevel; *be in ~ of* het bevel voeren over; fig ...meester zijn, ...onder controle hebben; *second in ~* onderbevelhebber

commandant [kɔmən'dænt] *znw* mil commandant

commandeer *overg* rekwireren, vorderen, confisqueren

commander [kə'ma:ndə] *znw* bevelhebber; aanvoerder; commandeur [v. ridderorde]; mil kapitein-luitenant-ter-zee; mil commandant; *~-in-chief* mil opperbevelhebber, legercommandant

commanding *bn* bevelend; bevelvoerend; de omtrek bestrijkend; fig imposant, imponerend, indrukwekkend
commandment *znw* gebod *o*
commando [kə'ma:ndou] *znw* mil **1** commando *o* [bevel]; **2** (lid *o* v.e.) commando-eenheid
command post *znw* commandopost
commemorate [kə'meməreit] *overg* herdenken, gedenken, vieren
commemoration [kəmemə'reiʃən] *znw* herdenking; gedachtenisviering; *in ~ of* ter herdenking van
commemorative [kə'memərətiv] *bn* herdenkings-, gedenk-
commence [kə'mens] *overg & onoverg* beginnen
commencement *znw* begin *o*; Am promotieplechtigheid
commend [kə'mend] *overg* (aan)prijzen, aanbevelen; plechtig de groeten doen van; *~ me to Alex* breng mijn groeten over aan Alex; *~ itself to* in de smaak vallen bij, instemming vinden bij
commendable *bn* prijzenswaardig, loffelijk
commendation [kɔmen'deiʃən] *znw* aanbeveling, lof(tuiting)
commendatory [kə'mendətəri] *bn* prijzend, aanbevelend, aanbevelings-; lof-
commensurable [kə'menʃərəbl] *bn* onderling meetbaar, deelbaar; evenredig
commensurate *bn* evenredig (aan *to, with*); gelijk (aan *with*)
comment ['kɔment] **I** *znw* aantekening; uitleg, commentaar[2] *m of o*; **II** *onoverg* opmerken; *~ on* aantekeningen maken bij; opmerkingen maken over, commenteren
commentary *znw* uitleg, opmerking(en), commentaar[2] *m of o*; RTV reportage
commentate ['kɔmenteit] **I** *overg* het commentaar geven bij, verslaan; **II** *onoverg* commentaar geven
commentator *znw* uitlegger, verklaarder, commentator; RTV reporter, verslaggever
commerce ['kɔmə:s] *znw* **1** handel, verkeer *o*; **2** vero omgang, verkeer *o*, interactie
commercial [kə'mə:ʃəl] **I** *bn* commercieel, handels-, bedrijfs-, beroeps-, zaken-, zakelijk; *~ traveller* handelsreiziger; *~ vehicle* bedrijfsauto; *~ art* toegepaste grafische kunst; **II** *znw* RTV reclameboodschap, -spot
commercialism *znw* commercialisering, commercie
commercialize *overg* vercommercialiseren
commie ['kɔmi] *znw* gemeenz communist
commiserate [kə'mizereit] *onoverg & overg* beklagen, medelijden hebben (met *with*)
commiseration [kəmizə'reiʃən] *znw* deernis, medelijden *o*, deelneming
commissariat [kɔmi'sɛəriət] *znw* mil intendance, voedselvoorziening
commissary ['kɔmisəri] *znw* commissaris; mil intendance-officier; (leger)kantine
commission [kə'miʃən] **I** *znw* last, lastbrief, (officiers)aanstelling; opdracht; commissie; provisie; begaan *o* [v. misdaad]; *in ~* [v.e. oorlogsvaartuig] gereed om uit te varen; *on ~* handel in commissie; *out of ~* buiten dienst; buiten werking; **II** *overg* machtigen; opdracht verstrekken; bestellen; aanstellen; mil in dienst stellen
commission-agent *znw* handel commissionair; bookmaker
commissionaire [kəmiʃə'nɛə] *znw* kruier; portier
commissioned [kə'miʃənt] *bn*: *~ officer* officier; *non-~ officer* onderofficier
commissioner [kə'miʃənə] *znw* commissaris, gevolmachtigde, lid *o* van een commissie; hoofdcommissaris van politie; hist resident; *High C~* hoge commissaris
commissure ['kɔmisjuə] *znw* voeg, naad
commit [kə'mit] **I** *overg* bedrijven, begaan, plegen; toevertrouwen (aan *to [the flames, the grave, paper &]*); prijsgeven; compromitteren; binden; inzetten [strijdkrachten]; *~ted* fig geëngageerd [v. letterkunde &]; *~ for trial* recht ter terechtzitting verwijzen; *~ to memory* van buiten leren; *~ to prison* gevangen zetten; **II** *wederk*: *~ oneself* zich toevertrouwen (aan *to*); zich verbinden (tot *to*); zich binden
commitment *znw* verplichting, verbintenis; engagement *o*; overtuiging; = *committal*
committal *znw* plegen *o* &; toevertrouwen *o*, prijsgeven *o*; toewijzing; opname in een psychiatrische inrichting; (bevel *o* tot) gevangenneming
committee [kɔ'miti:] *znw* commissie; comité *o*; bestuur *o*
commode [kə'moud] *znw* **1** stilletje *o*, kakstoel; **2** commode
commodious [kə'moudiəs] *bn* ruim en geriefelijk
commodity [kə'mɔditi] *znw* (koop)waar, (handels-) artikel *o*, goed *o*, product *o*
commodore ['kɔmədɔ:] *znw* mil & scheepv commodore; mil commandeur [kapitein]; president [v. zeilclub]
common ['kɔmən] **I** *bn* gemeen(schappelijk); algemeen, alledaags, gewoon; plat, ordinair; *~ or garden...* gewoon, huis-, tuin- en keuken...; *for the ~ good* in het algemeen belang; *it is ~ knowledge that...* het is algemeen bekend dat...; *~ ground* iets waarover men het eens kan zijn (of is), een gemeenschappelijke basis; *~ law* gewoonterecht *o*; *~ noun* soortnaam; *(Book of) Common Prayer* (dienstboek *o* met) de liturgie der Anglicaanse Kerk; *~ room* onderw docentenkamer, kamer voor de *fellows*; gemeenschappelijke ruimte: recreatielokaal *o* e.d.; **II** *znw* gemeenteweide; *in ~* gemeen(schappelijk); zie ook: *commons, sense &*
commonality [kɔmə'næliti] *znw* gemeenschap
commoner *znw* (gewoon) burger; nietbeursstudent

common-law ['kɔmən'lɔ:] *znw* volgens het gewoonterecht; ~ *marriage* ± duurzame samenleving, concubinaat *o*; ~ *husband,* ~ *wife* partner met wie men (buitenechtelijk) samenleeft
commonly *bijw* gemeenlijk, gewoonlijk; gewoon; ordinair, min
Common Market *znw* gemeenschappelijke markt v.d. Europese Unie, Euromarkt
commonplace I *bn* gewoon, alledaags; **II** *znw* gemeenplaats
commons *znw mv* burgerstand; (gewone) volk *o*; dagelijks rantsoen *o*; portie eten van het gewone menu; *(House of) Commons* Lagerhuis *o*; *be on short* ~ het mondjesmaat hebben
commonwealth *znw* gemenebest *o*; *the C~* het Britse Gemenebest (= *the British C~*); het Australische Gemenebest (= *the C~ of Australia*); hist het Protectoraat onder Cromwell van 1649-1660 (= *the C~ of England*)
commotion [kə'mouʃən] *znw* beweging, beroering, opschudding
communal ['kɔmjunl] *bn* gemeente-; gemeenschaps-, gemeenschappelijk
1 commune ['kɔmju:n] *znw* gemeente; commune [v. jongeren, kunstenaars &]; *the Commune* hist de Commune [i.h.b. v. 1871]
2 commune [kə'mju:n] *onoverg* zich onderhouden (met *with*); Am ten Avondmaal gaan, RK communiceren
communicable [kə'mju:nikəbl] *bn* overdraagbaar
communicant [kə'mju:nikənt] *znw* Avondmaalsganger, RK communicant
communicate [kə'mju:nikeit] **I** *overg* mededelen (aan *to*); overbrengen (op *to*); **II** *onoverg* gemeenschap hebben; in verbinding staan, zich in verbinding stellen (met *with*); ten Avondmaal gaan; communiceren[2]
communication [kəmju:ni'keiʃən] *znw* mededeling; gemeenschap, aansluiting, communicatie, verbinding(sweg); ~ *cord* noodrem; ~ *satellite* communicatiesatelliet
communicative [kə'mju:nikətiv] *bn* mededeelzaam, spraakzaam, openhartig; communicatief
communicator *znw* mededeler; iemand met goede contactuele eigenschappen
communion [kə'mju:njən] *znw* gemeenschap; verbinding, omgang; kerkgenootschap *o*; Avondmaal *o*, RK communie
communiqué [kə'mju:nikei] *znw* communiqué *o*
communism ['kɔmjunizm] *znw* communisme *o*
communist I *znw* communist; **II** *bn* communistisch
community [kə'mju:niti] *znw* gemeenschap, gemeente, maatschappij; bevolkingsgroep; kolonie (van vreemdelingen); ~ *of interests* belangengemeenschap; ~ *care* bijstand [financieel]; ~ *centre* gemeenschaps-, buurthuis *o*; ~ *chest* Am noodfonds *o*; ~ *policeman* wijkagent; ~ *service* vrijwilligerswerk *o*; recht alternatieve straf; ~ *singing* samenzang
communize ['kɔmjunaiz] *overg* tot gemeenschappelijk bezit maken; communistisch maken
commutable [kəm'ju:təbl] *bn* die verzacht/omgezet kan worden [v. straf]
commutate [kəmju'teit] *overg* gelijkrichten
commutation *znw* omzetting; verzachting; Am abonnement *o*, traject-, ritten-, weekkaart & (~ *ticket*)
commutative [kə'mju:tətiv] *bn* verwisselend, verwisselbaar; wisk commutatief
commutator ['kɔmjuteitə] *znw* stroomwisselaar
commute [kə'mju:t] **I** *overg* veranderen, verwisselen; omzetten; verzachten [v. vonnis]; **II** *onoverg* heen en weer reizen, pendelen, forenzen
commuter *znw* pendelaar, forens
Comoros ['kɔmərouz] *znw mv* Komoren
1 compact ['kɔmpækt] *znw* **1** overeenkomst, verdrag *o* **2** poederdoosje *o*; **3** Am kleine auto
2 compact [kəm'pækt] **I** *bn* compact, dicht, vast, beknopt, gedrongen [stijl]; **II** *overg* verdichten; fig condenseren
compact disc ['kɔmpækt 'disk] *znw* compactdisc
compact disc player *znw* cd-speler
companion [kəm'pænjən] **I** *znw* **1** (met)gezel, makker, kameraad; gezellin, gezelschapsdame; *~s in arms* wapenbroeder; **2** laagste graad in ridderorde; **3** pendant *o & m*, tegenhanger; **4** mil bovenste achterdek *o*; ~ *hatch* kajuitskap; ~ *picture* pendant *o & m*; ~ *way* kajuitstrap; **II** *overg* vergezellen; **III** *onoverg*: ~ *with* omgaan met
companionable *bn* gezellig
companionship *znw* kameraadschap; gezelschap *o*; gezelligheid
company ['kʌmpəni] *znw* gezelschap *o*; maatschappij; vennootschap; genootschap *o*, gilde *o & v*; compagnie; bezoek *o*, gasten; scheepv bemanning; *be good* ~ zijn gezelschap waard zijn; *keep* ~ gezelschap houden; *have* ~ mensen [te eten &] hebben; *keep* ~ *with* verkering hebben met; omgaan met; *for* ~ voor de gezelligheid; *in* ~ *with* samen met; *in the* ~ *of* in het gezelschap van
company car *znw* bedrijfsauto
company law *znw* vennootschapsrecht *o*
comparable ['kɔmpərəbl] *bn* vergelijkbaar, te vergelijken
comparative [kəm'pærətiv] **I** *bn* vergelijkend; betrekkelijk; ~ *degree* vergrotende trap; **II** *znw* vergrotende trap
comparatively *bijw* bij, in vergelijking; betrekkelijk
compare [kəm'pɛə] **I** *overg* vergelijken (bij, met *to*, met *with*); ~ *notes* over en weer bevindingen meedelen; **II** *onoverg* vergeleken kunnen worden; ~ *(un)favourably with* (on)gunstig afsteken bij; **III** *znw*: *beyond (past, without)* ~ onvergelijkelijk, zonder weerga

comparison *znw* vergelijking; *bear (stand)* ~ *with* de vergelijking doorstaan met; *beyond* ~ niet te vergelijken; *by (in)* ~ vergelijkenderwijs; *by* ~ *with* in vergelijking met; *in* ~ *with (to)* vergeleken met
compartment [kəm'pa:tmənt] *znw* afdeling, vak(je) *o*, compartiment *o*, coupé
compartmentalize [kəmpa:t'mentəlaiz] *overg* in hokjes indelen, verzuilen; categoriseren, onderverdelen
compass ['kʌmpəs] **I** *znw* omtrek, omvang; bestek *o*, bereik *o*; kompas *o*; **II** *overg* omvatten, omvamen[2], insluiten, omringen; zie ook: *compasses*
compass-card *znw* scheepv kompasroos: kaart met alle windstreken erop
compasses *znw mv* passer; *a pair of* ~ een passer
compassion [kəm'pæʃən] *znw* medelijden *o*, mededogen *o*, erbarmen *o* (met *on*)
compassionate *bn* medelijdend, meewarig, meedogend; ~ *leave* verlof *o* wegens familieomstandigheden
compatibility [kəmpætə'biliti] *znw* bestaanbaarheid; verenigbaarheid; overeenstemming, combineerbaarheid, compatibiliteit [techniek &]
compatible [kəm'pætəbl] *bn* verenigbaar, aanpasbaar, combineerbaar, compatibel
compatriot [kəm'pætriət] *znw* landgenoot
compel [kəm'pel] *overg* dwingen, afdwingen; ~*ling* ook: onweerstaanbaar, meeslepend
compendious [kəm'pendiəs] *bn* beknopt, kort
compendium [kəm'pendiəm] *znw* (*mv*: -s *of* compendia [-diə]) compendium *o*, overzicht *o*, kort begrip *o*, samenvatting; ~ *of games* spelletjesdoos
compensate ['kɔmpenseit] *overg* compenseren, opwegen tegen, goedmaken, vergoeden (ook: ~ *for)*, schadeloos stellen
compensation [kɔmpen'seiʃən] *znw* compensatie, (schade)vergoeding, schadeloosstelling, smartengeld *o*
compensatory, **compensative** [kəm'pensətəri, -tiv] *bn* compenserend
compère ['kɔompɛə] **I** *znw* conferencier [v. cabaret], RTV presentator, -trice; **II** *overg* conferencier zijn van, RTV presenteren
compete [kəm'pi:t] *onoverg* concurreren, wedijveren, mededingen (naar *for*, met *with*)
competence ['kɔmpitəns] *znw* bevoegdheid, bekwaamheid, competentie
competent *bn* bevoegd, bekwaam, competent; behoorlijk, recht handelingsbekwaam
competition [kɔmpi'tiʃən] *znw* concurrentie, mededinging, wedijver; wedstrijd, prijsvraag
competitive [kəm'petitiv] *bn* concurrerend; vergelijkend [v. examen]; competitief [karakter]; ~ *sport(s)* wedstrijdsport
competitor *znw* concurrent; mededinger, deelnemer
compilation [kɔmpi'leiʃən] *znw* compilatie; verzamelwerk *o*
compile [kəm'pail] *overg* samenstellen; verzamelen
compiler *znw* compilator; comput compiler
complacence, **complacency** [kəm'pleisəns(i)] *znw* (zelf)voldoening, zelfvoldaanheid; (zelf)behagen *o*
complacent *bn* (zelf)voldaan, met zichzelf ingenomen
complain [kəm'plein] *onoverg* klagen (over *of*, bij *to*), zich beklagen
complaint *znw* beklag *o*; (aan)klacht; kwaal
complaisance [kəm'pleizəns] *znw* inschikkelijkheid
complaisant *bn* voorkomend; inschikkelijk
complement ['kɔmplimənt] **I** *znw* aanvulling; getalsterkte, vol getal *o*, vereiste hoeveelheid, taks; (voltallige) bemanning; complement *o*; **II** *overg* aanvullen
complementary [kɔmpli'mentəri] *bn* complementair [hoek, kleur], aanvullend, aanvullings-
complete [kəm'pli:t] **I** *bn* compleet, volledig, totaal, voltallig; klaar, voltooid; volslagen, volmaakt; ~ *with* voorzien van, uitgerust met; *a room* ~ *with furniture* een gemeubileerde kamer; **II** *overg* voltooien, voleinden, afmaken; aanvullen, voltallig maken, completeren; invullen [formulier]
completely *bijw* compleet, totaal, geheel en al, volkomen, volslagen
completion [kəm'pli:ʃən] *znw* voltooiing, voleindiging; aanvulling; invulling [v. formulier]; ~ *dat* opleveringstermijn
complex ['kɔmpleks] **I** *bn* samengesteld, ingewikkeld, gecompliceerd; **II** *znw* complex *o*, geheel *o*
complexion [kəm'plekʃən] *znw* gelaatskleur, teint; fig aanzien *o*, voorkomen *o*; aard
complexity *znw* samengesteldheid, ingewikkeldheid, gecompliceerdheid, complexiteit
compliance, **compliancy** [kəm'plaiəns(i)] *znw* inschikkelijkheid; toestemming; *in compliance with* overeenkomstig
compliant *bn* inschikkelijk
complicate ['kɔmplikeit] *overg* ingewikkeld maken, verwikkelen; ~*d* ook: gecompliceerd
complication [kɔmpli'keiʃən] *znw* ingewikkeldheid, verwikkeling; complicatie
complicity [kəm'plisiti] *znw* medeplichtigheid (aan *in*)
compliment **I** *znw* ['kɔmplimənt] compliment *o*; plichtpleging; **II** *overg* [kɔmpli'ment] gelukwensen (met *on*), complimenteren, een compliment maken; vereren (met *with*)
complimentary [kɔmpli'mentəri] *bn* complimenteus; ~ *copy* presentexemplaar *o*; ~ *ticket* vrijkaart
comply [kəm'plai] *onoverg* zich onderwerpen, berusten, zich voegen (naar *with*); ~ *with a request* aan een verzoek voldoen, gevolg geven
component [kəm'pounənt] **I** *bn* samenstellend; ~ *part* bestanddeel *o*; **II** *znw* bestanddeel *o*
comport [kəm'pɔ:t] **I** *onoverg* overeenstemmen

(met *with*); **II** *wederk*: ~ *oneself* zich gedragen
comportment *znw* gedrag *o*, houding
compose [kəm'pouz] **I** *overg & onoverg* samenstellen, vormen, (uit)maken; (op)stellen [brief]; zetten [drukwerk]; muz componeren; *be ~d of* ook: bestaan uit; **II** *wederk*: ~ *oneself* zich herstellen; bedaren
composed *bn* bedaard, kalm
composer *znw* componist
composing room *znw* zetterij
composing-stick *znw* zethaak
composite ['kɔmpəzit] **I** *bn* samengesteld; gemengd; gecombineerd; ~ *photograph (picture, set)* fotomontage; **II** *znw* samenstelling
composition [kɔmpə'ziʃən] *znw* samenstelling; mengsel *o*; aard; compositie; opstel *o*; schikking, akkoord *o*; (letter)zetten *o*
compositor [kəm'pɔzitə] *znw* letterzetter
compost ['kɔmpɔst] *znw* compost *o & m*
composure [kəm'pouʒə] *znw* kalmte, bedaardheid
compote ['kɔmpout] *znw* compote: vruchtenmoes
1 compound ['kɔmpaund] **I** *bn* samengesteld; med gecompliceerd [v. breuk]; nevenschikkend [zinsverband]; **II** *znw* **1** samenstelling, mengsel *o*, chem verbinding; **2** erf *o* [van oosters huis]; afgepaald terrein *o*, kamp *o*
2 compound [kəm'paund] **I** *overg* samenstellen, verenigen, (ver)mengen, bereiden; vergroten, verergeren [v. problemen &]; **II** *onoverg* een schikking treffen; het op een akkoordje gooien
comprehend [kɔmpri'hend] *overg* omvatten, insluiten, bevatten[2]; begrijpen, verstaan
comprehensible *bn* te begrijpen[2], begrijpelijk
comprehension *znw* bevatting, bevattingsvermogen *o*, begrip *o*; verstand *o*; onderw toets v.d. kennis van een tekst, tekstverklaring
comprehensive *bn* veelomvattend, uitgebreid, ruim; ~ *faculty* bevattingsvermogen *o*; ~ *(school)* scholengemeenschap, middenschool
compress [kəm'pres] **I** *overg* samendrukken, samenpersen, comprimeren, inkorten; **II** *znw* ['kɔmpres] kompres *o*
compressed [kəm'presd] *bn* samengedrukt; gecomprimeerd; fig beknopt, bondig
compression *znw* samendrukking, -persing, compressie; bondigheid
compressor *znw* techn compressor
comprise [kəm'praiz] *overg* om-, bevatten; samenvatten; insluiten; uitmaken; ~ *of* bestaan uit, opgebouwd zijn uit
compromise ['kɔmprəmaiz] **I** *znw* compromis *o*, vergelijk *o*, overeenkomst; schikking; **II** *overg* compromitteren, in opspraak brengen; in gevaar brengen; **III** *onoverg* tot een vergelijk komen; een compromis sluiten;, fig schipperen; **IV** *wederk*: ~ *oneself* zich compromitteren
comptroller [kən'troulə] *znw* schatmeester, administrateur; controleur
compulsion [kəm'pʌlʃən] *znw* onweerstaanbare drang; dwang; psych dwangvoorstelling; psych dwanghandeling; *under* ~ gedwongen
compulsive *bn* dwingend, onweerstaanbaar, dwang-; psych dwangmatig; *he's a ~ smoker* hij is een verstokt roker; hij is een verslaafd roker
compulsory *bn* dwingend, dwang-, gedwongen, verplicht; ~ *education* leerplicht; ~ *(military) service* dienstplicht
compunction [kəm'pʌŋkʃən] *znw* (gewetens-) wroeging; berouw *o*, spijt
computation [kɔmpju'teiʃən] *znw* (be)rekening
compute [kəm'pju:t] *overg & onoverg* (be)rekenen (op *at*)
computer *znw* computer
computerization [kəmpju:tərai'zeiʃən] *znw* automatisering
computerize [kəm'pju:təraiz] *overg* automatiseren; op computers overschakelen
computer science *znw* informatica
computing [kəm'pju:tiŋ] *znw* informatica; *he works in* ~ hij zit in de computerbranche
comrade ['kɔmrid] *znw* kameraad, makker; ~ *in arms* wapenbroeder
comradely ['kɔmridli] *bn* kameraadschappelijk
comradeship ['kɔmridʃip] *znw* kameraadschap
1 con [kɔn] zie: [2]*pro*
2 con [kɔn] *overg* gemeenz oplichten, afzetten; ~ *sbd. out of his money* iemand zijn geld aftroggelen; ~ *sbd. into doing* iemand op slinkse/oneerlijke wijze tot iets bewegen
3 con *znw* oplichterij; boef
concatenate [kɔn'kætineit] *overg* aaneenschakelen
concatenation [kɔnkæti'neiʃən] *znw* aaneenschakeling; ketting, keten
concave ['kɔnkeiv] *bn* concaaf, hol
concavity [kɔn'kæviti] *znw* holheid, holte
conceal [kən'si:l] *overg* verbergen, verhelen, verstoppen; geheim houden, verzwijgen
concealment *znw* verberging, verheling; verzwijging; schuilplaats (ook: *place of* ~)
concede [kən'si:d] **I** *onoverg* opgeven [sport &]; **II** *overg* toestaan; toegeven; inwilligen [eis]; ~ *defeat* zijn nederlaag erkennen
conceit [kən'si:t] *znw* verbeelding, (eigen)dunk, verwaandheid; gekunstelde beeldspraak; *in his own* ~ in zijn eigen ogen
conceited *bn* waanwijs, verwaand, eigenwijs
conceivable [kən'si:vəbl] *bn* denkbaar
conceive I *overg* (be)vatten, begrijpen, denken, zich voorstellen; opvatten; concipiëren[2]; *~d in plain terms in...* vervat; **II** *onoverg* zwanger worden; ~ *of* zich een voorstelling maken van, zich voorstellen
concentrate ['kɔnsəntreit] **I** *overg & onoverg* (zich) in een punt samentrekken, (zich) concentreren; **II** *znw* concentraat *o*
concentration [kɔnsən'treiʃən] *znw* samentrekking, concentratie; ~ *camp* concentratiekamp *o*

concentric [kɔn'sentrik] *bn* concentrisch
concept ['kɔnsept] *znw* begrip *o*
conception [kɔn'sepʃən] *znw* bevatting, begrip *o*; voorstelling, gedachte; opvatting; ontwerp *o*; bevruchting, conceptie
conceptual *bn* conceptueel, begrips-
conceptualize [kən'septjuəlaiz] *overg* (zich) een beeld vormen van, conceptualiseren
concern [kən'sə:n] **I** *overg* aangaan, betreffen, raken; met zorg vervullen, verontrusten; **II** *wederk*: ~ *oneself* zich bekommeren, zich ongerust maken (over *about, for, with*); zich interesseren (voor *about, in, with*); zie ook: *concerned*; **III** *znw* zaak, aangelegenheid; onderneming, bedrijf *o*, concern *o*; deelneming; zorg, bezorgdheid; belang *o*, gewicht *o*; *it is no ~ of mine* het is mijn zaak niet; het interesseert me niet
concerned *bn* bezorgd; betrokken; *the parties (persons) ~* de betrokkenen; *be ~ about* zich interesseren voor, belang stellen in; bezorgd zijn over; *we are ~ at...* het spijt ons dat...; we zijn bezorgd over; *~ for* bezorgd over; *be ~ in* te maken hebben met, betrokken zijn bij; *~ over* bezorgd over; *I am ~ to hear that...* het spijt me te moeten horen, dat...; *he is ~ to show that...* het is hem erom te doen aan te tonen, dat...; *I am not ~ to...* het is mijn zaak niet om...; *be ~ with* zich bezighouden met; te maken hebben met
concerning *voorz* betreffende
concert ['kɔnsət] *znw* concert *o*; *in ~ with* overeenkomstig; samen met, in samenwerking met
concerted *bn* gezamenlijk; *~ action* gezamenlijke actie, samenwerking; *~ effort* verwoede poging(en); eensgezinde pogingen
concert grand ['kɔnsətgrænd] *znw* concertvleugel
concertina [kɔnsə'ti:nə] *znw* soort harmonica
concertmaster *znw* Am concertmeester
concerto [kən'tʃə:tou] *znw* (*mv*: -s *of* concerti [-ti]) concerto *o*, concert *o* [= muziekstuk]
concert pitch ['kɔnsətpitʃ] *znw* concerttoonhoogte [v. muziekinstrument]; *at ~* in staat van verhoogde paraatheid, tot het uiterste gespannen, in topvorm
concession [kən'seʃən] *znw* bewilliging, vergunning, concessie
concessionaire [kənseʃə'nɛə] *znw* concessionaris, concessiehouder
concessionary [kən'seʃənəri] **I** *bn* concessie-; **II** *znw* concessionaris, concessiehouder
concessive [kən'sesiv] *bn* concessief, toegevend
conch [kɔŋk, kɔntʃ] *znw* (zee)schelp
conciliate [kən'silieit] *overg* (met elkaar) verzoenen
conciliation [kənsili'eiʃən] *znw* verzoening; bemiddeling
conciliator [kən'silieitə] *znw* verzoener, bemiddelaar
conciliatory *bn* verzoenend, bemiddelend; verzoeningsgezind
concise [kən'sais] *bn* beknopt
conciseness, **concision** [kən'siʒən] *bn* beknoptheid
conclave ['kɔnkleiv] *znw* conclaaf *o*; *in (secret) ~* in geheime zitting
conclude [kən'klu:d] **I** *overg* besluiten, afleiden, opmaken, concluderen (uit *from*); (af)sluiten, aangaan [een overeenkomst &]; beëindigen (met *by, with*); **II** *onoverg* eindigen, aflopen; tot een conclusie komen; *to be ~d* slot volgt
conclusion *znw* besluit *o*, einde *o*, slot *o*; slotsom; gevolgtrekking, conclusie; sluiten *o*; *in ~* tot besluit, ten slotte
conclusive *bn* beslissend, afdoend
concoct [kən'kɔkt] *overg* bereiden; brouwen; smeden, beramen, bekokstoven, verzinnen
concoction *znw* bereiding; beraming; brouwsel *o*; verzinsel *o*
concomitant [kən'kɔmitənt] **I** *bn* vergezellend, begeleidend; **II** *znw* begeleidend verschijnsel *o*, bijverschijnsel *o*
concord ['kɔŋkɔ:d, 'kɔnkɔ:d] *znw* eendracht, overeenstemming, harmonie[2]
concordance [kən'kɔ:dəns] *znw* overeenstemming; concordantie
concordant *bn* overeenstemmend, harmonisch
concordat [kɔn'kɔ:dæt] *znw* concordaat *o*
concourse ['kɔŋkɔ:s, 'kɔnkɔ:s] *znw* toeloop, samenloop; menigte; vereniging; hal
concrete ['kɔnkri:t] **I** *bn* concreet; grijpbaar, stoffelijk; vast, hard; beton-; **II** *znw* concrete *o*; beton *o*; **III** *overg* betonneren, beton storten
concrete cancer *znw* betonrot
concrete mixer ['kɔnkri:tmiksə] *znw* betonmolen
concretion [kən'kri:ʃən] *znw* verdichting; samengroeiing; verharding, verstening
concubinage [kɔn'kju:binidʒ] *znw* concubinaat *o*
concubine ['kɔŋkjubain] *znw* bijzit, bijvrouw, concubine
concupiscence [kən'kju:pisns] *znw* lust; zinnelijke begeerte
concur [kən'kə:] *onoverg* samenvallen; overeenstemmen (in *in*, met *with*); het eens zijn; samenwerken, medewerken (tot *to*)
concurrence [kən'kʌrəns] *znw* samenkomst, samenloop, overeenstemming, instemming, goedkeuring
concurrent *bn* gelijktijdig (optredend)
concuss [kən'kʌs] *overg* schudden, schokken
concussion *znw* schudding, schok; hersenschudding (ook: *~ of the brain*)
condemn [kən'dem] *overg* veroordelen; afkeuren; opgeven [een zieke]; onbewoonbaar verklaren; *~ed cell* cel voor ter dood veroordeelde, dodencel
condemnable *bn* te veroordelen, laakbaar, afkeurenswaardig
condemnation [kɔndem'neiʃən] *znw* veroordeling, afkeuring

condemnatory [kən'demnətəri] *bn* veroordelend, afkeurend
condensation [kɔnden'seiʃən] *znw* condensatie, verdichting
condense [kən'dens] *overg & onoverg* condenseren, verdichten, verdikken, comprimeren, samenpersen; samenvatten; *~d milk* gecondenseerde melk
condenser *znw* condens(at)or
condescend [kɔndi'send] *onoverg* afdalen (tot *to*), zich verwaardigen; neerbuigend/uit de hoogte doen
condescending *bn* neerbuigend (minzaam)
condescension *znw* neerbuigende minzaamheid
condign [kən'dain] *bn* verdiend [v. straf]
condiment ['kɔndimənt] *znw* specerij, kruiderij
condition [kən'diʃən] **I** *znw* staat, toestand, conditie; gesteldheid; voorwaarde, bepaling; rang, stand; [hart &] kwaal; *~s* ook: omstandigheden; *on ~ that* op voorwaarde dat; *out of ~* niet in conditie/vorm; **II** *overg* bedingen; bepalen; verzorgen, in conditie brengen; psych conditioneren; *~ed reflex* geconditioneerde reflex
conditional I *bn* voorwaardelijk; *~ (up)on* afhankelijk van; **II** *znw* gramm voorwaardelijke wijs
conditioner [kən'diʃənə] *znw* verzorgingsmiddel *o*, conditioner [*vooral* voor haar]
condo ['kɔndou] *znw* Am gemeenz = *condominium*
condolatory [kən'doulətəri] *bn* van rouwbeklag
condole *onoverg*: *~ with sbd. on...* iem. condoleren met...
condolence *znw* deelneming, medeleven *o*; *~s* betuiging van deelneming, condoléance(s)
condom ['kɔndəm] *znw* condoom *o*
condominium [kɔndə'miniəm] *znw* Am (flatgebouw *o* met) koopflat(s), appartement *o*; condominium *o*
condone [kən'doun] *overg* vergeven, door de vingers zien; vergoelijken
condor [kɔndɔ:] *znw* condor
conduce [kən'dju:s] *onoverg* leiden, bijdragen, strekken (tot *to*)
conduct ['kɔndʌkt] **I** *znw* gedrag *o*, houding, optreden *o*; leiding; behandeling; **II** *overg* [kən'dʌkt] (ge)leiden, (aan)voeren, dirigeren, besturen, houden, doen [zaken]; *~ed tour* gezelschapsreis; **III** *wederk*: *~ oneself well* zich goed gedragen
conduction *znw* geleiding
conductive *znw* geleidend (m.b.t. stroom, warmte &)
conductivity [kɔndʌk'tiviti] *znw* geleidingsvermogen *o*
conductor [kən'dʌktə] *znw* (ge)leider; muz dirigent; conducteur; geleidraad; bliksemafleider
conductress [kən'dʌktris, -tres, -trəs] *znw* conductrice
conduit ['kɔndit, elektr 'kɔndjuit] *znw* leiding, buis
cone [koun] **I** *znw* kegel, conus; dennenappel, pijnappel; horentje *o* (met ijs); **II** *overg*: *~ off* met pylonen afzetten/markeren [bij wegwerkzaamheden &]
cone-shaped *bn* kegelvormig
coney ['kouni] *znw* = *cony*
confab ['kɔnfæb] *znw* gemeenz babbeltje *o*, praatje *o*
confabulate [kən'fæbjuleit] *onoverg* praten, keuvelen, kouten
confabulation [kənfæbju'leiʃən] *znw* praatje *o*
confection [kɔn'fekʃən] *znw* bereiding; suikergoed *o*; (dames)confectieartikel *o*
confectioner *znw* fabrikant (handelaar) in suikergoed, banket &
confectionery *znw* suikergoed *o*, banket *o*, banketbakkerij
confederacy [kən'fedərəsi] *znw* verbond *o*, (staten)bond; complot *o*
confederate [kən'fedərit] **I** *bn* verbonden; bonds-; *the C~ States of America* de Geconfedereerde Staten (v. Amerika); **II** *znw* bondgenoot; medeplichtige; **III** *overg* [kən'fedəreit] federaliseren, verenigen; **IV** *onoverg* een verbond sluiten, een federatie vormen, zich verbinden; medeplichtig zijn
confederation [kənfedə'reiʃən] *znw* verbond *o*, bondgenootschap *o*, (staten)bond
confer [kən'fə:] **I** *overg* verlenen, schenken aan (*upon*); **II** *onoverg* beraadslagen, confereren
conference ['kɔnfərəns] *znw* conferentie; bespreking
conferment [kɔn'fə:mənt] *znw* verlening
confess [kɔn'fes] **I** *overg* bekennen, erkennen; belijden, (op)biechten; [iem.] de biecht afnemen; *~ed* erkend; **II** *onoverg* bekennen; *~ to* be-, erkennen, toegeven dat
confessant *znw* biechteling
confessedly *bijw* volgens eigen bekentenis; ontegenzeglijk
confession *znw* bekentenis, (geloofs)belijdenis; biecht
confessional *bn* belijdenis-; biecht-; *~ (box)* biechtstoel
confessor *znw* biechtvader; belijder [heilige nietmartelaar]; *Edward the C~* hist Eduard de Belijder
confetti [kən'feti] *znw* confetti
confidant(e) [kɔnfi'dænt] *znw* vertrouweling(e)
confide [kən'faid] **I** *onoverg*: *~ in* in vertrouwen nemen; **II** *overg* toevertrouwen (aan *to*)
confidence ['kɔnfidəns] *znw* (zelf)vertrouwen *o*, vrijmoedigheid; vertrouwelijke mededeling, confidentie; *in ~* in vertrouwen; *~ man* oplichter; *~ trick* oplichterij; *~trickster* oplichter
confident *bn* vol vertrouwen; zeker overtuigd, vrijmoedig
confidential [kɔnfi'denʃəl] *bn* vertrouwelijk; vertrouwens-; *~ clerk* procuratiehouder
confidentiality ['kɔnfidenʃi'æləti] *znw* vertrouwelijkheid
confiding [kən'faidiŋ] *bn* vol vertrouwen; geen

kwaad vermoedend, onbevangen; openhartig
confidingly *bijw* ook: op vertrouwelijke toon, vertrouwelijk
configuration [kənfigju'reiʃən] *znw* uiterlijke gedaante, vorm, schikking; configuratie
confine ['kɔnfain] **I** *znw* grens (meestal ~*s*); **II** *overg* [kən'fain] bepalen, beperken, begrenzen; in-, opsluiten, mil in arrest stellen; *be ~d* in het kraambed liggen; *~ to barracks* mil consigneren; kwartierarrest geven; *be ~d to one's room* kamerarrest hebben, op de kamer moeten blijven; **III** *wederk*: *~ oneself to* zich bepalen tot
confinement [kən'fainmənt] *znw* beperking, begrenzing; opsluiting; (kamer)arrest *o*; bevalling; *~ to barracks* mil kwartierarrest *o*
confirm [kən'fə:m] *overg* bevestigen, (ver)sterken, bekrachtigen; arresteren [notulen &]; aannemen, RK vormen; *be ~ed* zijn belijdenis doen; *~ed drunkard* verstokte dronkaard; *~ed typhoid cases* geconstateerde gevallen van tyfus
confirmation [kɔnfə'meiʃən] *znw* bevestiging, versterking, bekrachtiging; aanneming, belijdenis, RK vormsel *o*; *~ candidate, candidate for ~* aannemeling; *~ class(es)* catechisatie
confirmatory [kən'fə:mətəri] *bn* bevestigend
confirmed *bn* verstokt, onverbeterlijk, aarts-
confiscate ['kɔnfiskeit] *overg* verbeurd verklaren, confisqueren
confiscation [kɔnfis'keiʃən] *znw* confiscatie, verbeurdverklaring
conflagration [kɔnflə'greiʃən] *znw* (zware) brand
conflate [kən'fleit] *overg* samensmelten
conflict ['kɔnflikt] **I** *znw* conflict *o*, botsing[2], strijd; **II** *onoverg* [kən'flikt] botsen, strijden, in botsing komen; *~ing* (tegen)strijdig
confluence ['kɔnfluəns] *znw* samenvloeiing, samenkomst; samenloop; toeloop
confluent I *bn* samenvloeiend, samenkomend; **II** *znw* zijrivier
conform [kən'fɔ:m] **I** *overg* richten, schikken, regelen (naar *to*), in overeenstemming brengen (met *to*); **II** *onoverg* zich schikken, richten, regelen, voegen (naar *to*), zich conformeren (aan *to*), niet strijdig zijn (met *to*)
conformist [kən'fɔ:mist] **I** *znw* conformist, lid *o* van de Engelse staatskerk; **II** *bn* conformistisch
conformity *znw* inschikkelijkheid; conformisme *o*; *in ~ with* in overeenstemming met, overeenkomstig
confound [kən'faund] *overg* verwarren, in de war brengen, dooreengooien; beschamen; verijdelen; *~ it!* verdraaid!, verdorie!
confounded *bn* versterkend verduiveld, bliksems, verdraaid
confoundedly *bijw* versterkend geweldig, verduiveld, kolossaal, verdraaid
confraternity [kɔnfrə'tə:niti] *znw* broederschap
confront [kən'frʌnt] *overg* staan (stellen) tegenover, tegenover elkaar stellen; het hoofd bieden; vergelijken (met *with*); confronteren[2]
confrontation [kɔnfrʌn'teiʃən] *znw* vergelijking; confrontatie[2]
confuse [kən'fju:z] *overg* verwarren, verbijsteren; door elkaar halen
confusedly *bijw* verward, verbijsterd, verlegen, bedremmeld
confusing *bn* verwarrend
confusion *znw* verwarring, verwardheid, wanorde; bedremmeldheid, verlegenheid, beschaming; *~ of tongues* spraakverwarring
confute [kən'fju:t] *overg* weerleggen
congé [kɔ̃:n'ʒei] [Fr] *znw* afscheid *o*; ontslag *o*
congeal [kən'dʒi:l] *onoverg & overg* (doen) stremmen, stollen, bevriezen
congelation [kɔndʒi'leiʃən] *znw* stremming, stolling, bevriezing; gestolde (bevroren) massa
congenial [kən'dʒi:niəl] *bn* sympathiek; prettig, passend
congenital [kən'dʒenitl] *bn* aangeboren, congenitaal; erfelijk, van de geboorte af
conger, **conger eel** ['kɔŋgə] *znw* zeepaling
congest [kən'dʒest] *overg* verstoppen, congestie veroorzaken; *~ed* ook: overbevolkt, overladen, overvol, verstopt
congestion *znw* congestie[2], aandrang, ophoping, opstopping [van verkeer]; bloedaandrang
conglomerate [kən'glɔmerit] *znw* conglomeraat *o*, (samen)klontering; handel conglomeraat *o*, concern *o*
conglomeration [kənglɔmə'reiʃən] *znw* samenpakking, opeenhoping; conglomeraat *o*
Congo ['kɔŋgou] *znw* Kongo(-Brazzaville) *o*
Congolese [kɔŋgou'li:z] **I** *znw* (*mv* idem) Kongolees, Kongolezen; **II** *bn* Kongolees
congratulate [kən'grætjuleit] *overg* gelukwensen, feliciteren (met *on, upon*)
congratulation [kəngrætju'leiʃən] *znw* gelukwens, felicitatie
congratulatory [kən'grætjulətəri] *bn* gelukwensend, felicitatie-
congregate ['kɔŋgrigeit] **I** *onoverg* vergaderen, zich verzamelen, bijeenkomen; **II** *overg* bijeenbrengen, verzamelen
congregation [kɔŋgri'geiʃən] *znw* (kerkelijke) gemeente; RK broederschap, congregatie
congregational *bn* gemeente-; *C~* congregationalistisch [v. kerk]
congress ['kɔngres] *znw* congres *o*, vergadering, bijeenkomst; *the C~* Am het Congres [wetgevende vergadering]; zie ook: *Trades Union Congress*
congressional [kɔŋ'greʃənəl] *bn* congres-; Am betreffende het Congres
Congressman, **Congresswoman** ['kɔngresmən, -wumən] *znw* Am lid *o* van het Congres
congruence ['kɔŋgruəns] *znw* overeenstemming; congruentie

congruent *bn* overeenstemmend; congruent
congruity [kɔŋ'gruiti] *znw* overeenstemming
conic(al) ['kɔnik(l)] *bn* kegelvormig, kegel-
conifer ['kounifə] *znw* conifeer, naaldboom
coniferous [kou'nifərəs] *bn* kegeldragend
conjectural [kən'dʒektʃərəl] *bn* conjecturaal: op gissingen berustend
conjecture I *znw* vermoeden *o*, gissing, veronderstelling, conjectuur; **II** *overg* vermoeden, gissen, veronderstellen
conjoin [kən'dʒɔin] **I** *overg* samenvoegen, verbinden, verenigen; **II** *onoverg* zich verenigen
conjoint ['kɔndʒɔint] *bn* samengevoegd, verenigd; toegevoegd; mede-
conjointly *bijw* gezamenlijk, tegelijk (met *with*)
conjugal ['kɔndʒugəl] *bn* echtelijk, huwelijks-
conjugate ['kɔndʒugeit] *overg* gramm vervoegen
conjugation [kɔndʒu'geiʃən] *znw* gramm vervoeging
conjunct [kən'dʒʌŋkt] *bn* verenigd; toegevoegd
conjunction *znw* vereniging; conjunctie [v. sterren]; samenloop (van omstandigheden); gramm voegwoord *o*; *in ~ with* samen met
conjunctiva [kɔndʒʌŋk'taivə] *znw* bindvlies *o*
conjunctive [kən'dʒʌŋktiv] **I** *bn* gramm aanvoegend; verbindings-; **II** *znw* gramm aanvoegende wijs
conjunctivitis [kən'dʒʌŋkti'vaitis] *znw* med bindvliesontsteking
conjuncture [kən'dʒʌŋktʃə] *znw* samenloop (van omstandigheden); crisis
conjuration [kɔndʒu'reiʃən] *znw* bezwering
conjure ['kʌndʒə] **I** *overg*: ~ *(up)* oproepen [beelden &]; tevoorschijn toveren; gemeenz vandaan halen, ophoesten; **II** *onoverg* toveren; goochelen; *conjuring trick* goocheltruc; *a name to ~ with* een grote, invloedrijke naam; een naam waarvoor alle deuren opengaan
conjurer, **conjuror** *znw* goochelaar
conk [kɔŋk] **I** *znw* gemeenz kokkerd (van een neus); **II** *onoverg*: ~ *out* gemeenz het begeven, het opgeven
conker ['kɔŋkə] *znw* wilde kastanje; *~s* kinderspel waarbij men elkaars kastanje tracht stuk te slaan
con-man ['kɔnmæn] *znw* = *confidence man*
connect [kə'nekt] **I** *overg* verbinden (ook: ~ *up*), verenigen, aan(een)sluiten; in verband brengen; *~ed* ook: samenhangend; *well ~ed* van goede familie; **II** *onoverg* aansluiten, aansluiting hebben, in verbinding staan
connecting-rod *znw* drijfstang
connection *znw* verbinding, verband *o*, samenhang, band; aansluiting [v. treinen &]; connectie; familie(betrekking), familielid *o*; relatie(s); *in this ~* in dit verband, in verband hiermee
connective I *bn* verbindend; ~ *tissue* bindweefsel *o*; **II** *znw* verbindingswoord *o*
connexion [kə'nekʃən] *znw* = *connection*
conning-tower ['kɔniŋtauə] *znw* commandotoren
connivance [kə'naivəns] *znw* oogluikend toelaten *o*
connive *onoverg*: ~ *at* oogluikend toelaten, door de vingers zien; ~ *(with)* heulen met
connoisseur [kɔni'sə:] *znw* (kunst)kenner
connotation [kɔnou'teiʃən] *znw* connotatie, (bij-)betekenis
connote [kɔ'nout] *overg* (mede)betekenen
connubial [kə'nju:biəl] *bn* echtelijk, huwelijks-
conquer ['kɔŋkə] *overg* veroveren (op *from*); overwinnen
conqueror *znw* overwinnaar; veroveraar
conquest ['kɔŋkwest] *znw* overwinning; verovering
consanguinity *znw* (bloed)verwantschap
conscience ['kɔnʃəns] *znw* geweten *o*; *in (all) ~*, *upon my ~* in gemoede, waarachtig; ~ *money* gewetensgeld *o*; ~ *stricken* door geweten gekweld
conscientious [kɔnʃi'enʃəs] *bn* consciëntieus, nauwgezet, angstvallig; gewetens-; zie ook: *objector*
conscious ['kɔnʃəs] *bn* bewust; bij kennis; ~ *of* zich bewust van
consciousness ['kɔnʃəsnis] *znw* bewustheid; bewustzijn *o*
conscript ['kɔnskript] **I** *znw* mil dienstplichtige, loteling, milicien; **II** *overg* [kən'skript] oproepen [voor militaire dienst], inlijven, onder de wapenen roepen
conscription *znw* dienstplicht
consecrate ['kɔnsikreit] *overg* toewijden, (in)wijden, inzegenen, heiligen; RK consecreren
consecration [kɔnsi'kreiʃən] *znw* (in)wijding, inzegening, heiliging; RK consecratie
consecution [kɔnsi'kju:ʃən] *znw* (logisch) gevolg *o*; opeenvolging, reeks
consecutive [kən'sekjutiv] *bn* opeenvolgend; gramm gevolgaanduidend, ... van gevolg
consensus [kən'sensəs] *znw* overeenstemming, unanimiteit
consent [kən'sent] **I** *onoverg* toestemmen (in *to*), zijn toestemming geven (om *to*); **II** *znw* toestemming; *by common ~* zoals algemeen erkend wordt; eenstemmig; *by mutual ~* met onderling goedvinden; *with one ~* eenstemmig, eenparig; *age of ~* huwbare leeftijd
consentient *bn* welgezind, toestemmend; gelijkgezind, eenstemmig; samenwerkend
consequence ['kɔnsikwəns] *znw* gevolg *o*; belang *o*, betekenis, gewicht *o*, invloed; *in ~* dientengevolge; *in ~ of* ten gevolge van; *of ~* van groot belang
consequent I *bn* daaruit volgend; volgend (op *on*, *upon*); **II** *znw* erop volgende/eruit voortvloeiende gebeurtenis
consequential [kɔnsi'kwenʃəl] *bn* volgend; belangrijk, gewichtig
consequently ['kɔnsikwəntli] *bijw* bijgevolg, dus
conservancy [kən'sə:vənsi] *znw* = *conservation*
conservation [kɔnsə'veiʃən] *znw* behoud *o*, in-

standhouding; natuurbehoud *o*, milieubeheer *o*; ± monumentenzorg

conservationist *znw* natuurbeschermer, milieubeschermer

conservatism [kən'sə:vətizm] *znw* conservatisme *o*, behoudzucht

conservative I *bn* behoudend, conservatief; voorzichtig, aan de lage kant, matig [v. schatting]; **II** *znw* conservatief; *C~* lid v.d. *Conservative Party* [in Groot-Brittannië]

conservatoire [kən'sə:vətwa:] *znw* conservatorium *o*

conservator [kən'sə:vətə] *znw* bewaarder

conservatory *znw* serre, broeikas; conservatorium *o*

conserve [kən'sə:v] **I** *overg* conserveren, in stand houden; zuinig zijn met (iets), sparen; **II** *znw* ingemaakt fruit *o*, ingemaakte groente (meestal *~s*)

consider [kən'sidə] *overg* beschouwen, overdenken, letten op; overwegen, (na)denken over, nagaan, (be)denken; in aanmerking nemen, rekening houden met, ontzien; beschouwen als, achten, houden voor, van mening zijn; *all things ~ed* alles in aanmerking genomen, alles welbeschouwd; *his ~ed opinion* zijn weloverwogen mening; zie ook: *considering*

considerable *bn* aanzienlijk, aanmerkelijk; vrij wat; geruime [tijd]

considerate *bn* attent, voorkomend, vriendelijk, kies

consideration [kənsidə'reiʃən] *znw* beschouwing, overweging, beraad *o*, achting; consideratie, attentie; aanzien *o*; vergoeding; *that is a ~* een punt van gewicht; *the cost is no ~* op de prijs zal niet gelet worden; *in ~ of* met het oog op; ter wille (vergelding) van, voor; *take into ~* in overweging nemen; in aanmerking nemen; *on no ~, not on any ~* voor geen geld (ter wereld); in geen geval; *out of ~ for* met het oog op, ter wille van; *it is under ~* het is in overweging (in behandeling)

considering [kɔn'sideriŋ] **I** *voorz* in aanmerking genomen; **II** *bijw* naar omstandigheden; *not so bad, ~* onder de gegeven omstandigheden zo slecht nog niet

consign [kən'sain] *overg* overdragen, toevertrouwen; deponeren; zenden; handel consigneren; *~ to oblivion* aan de vergetelheid prijsgeven

consignee [kɔnsai'ni:] *znw* handel geconsigneerde, geadresseerde

consigner, **consignor** [kən'sainə] *znw* handel consignatiegever, afzender

consignment *znw* overdracht; handel consignatie; zending; *~ note* vrachtbrief; *on ~* in consignatie

consist [kən'sist] *onoverg* bestaan; *~ in (of)* bestaan in (uit); *~ with* samengaan met

consistency *znw* consequent zijn *o*, samenhang; vastheid, dichtheid; dikte; trouw, standvastigheid

consistent *bn* consequent; *~ with* bestaanbaar of verenigbaar met, overeenstemmend met, overeenkomstig

consolation [kɔnsə'leiʃən] *znw* troost; *~ prize* troostprijs

consolatory [kən'sɔlətəri] *bn* troostend, troost-

1 console [kɔn'soul] *znw* toetsenbord *o*; techn bedieningspaneel *o*, schakelbord *o*, controlepaneel *o*; comput console

2 console [kən'soul] *overg* troosten

consolidate [kən'sɔlideit] **I** *overg* vast (hecht) maken, versterken, bevestigen; samenvoegen, verenigen; stabiliseren, verstevigen, consolideren; **II** *onoverg* vast (hecht) worden; zich verenigen, aaneensluiten

consolidation [kənsɔli'deiʃən] *znw* versterking, bevestiging; vereniging; consolidatie, stabilisatie

consols [kən'sɔlz,'kɔnsɔlz] *znw mv* Britse staatsschuldpapieren

consommé ['kɔnsɔmei, kən'sɔmei] *znw* consommé, heldere soep

consonant I *bn* gelijkluidend, overeenstemmend, in overeenstemming (met *with & to*); **II** *znw* consonant, medeklinker

1 consort ['kɔnsɔ:t] *znw* gemaal, gemalin; consort *o*, (instrumentaal) ensemble *o*

2 consort [kən'sɔ:t] *onoverg* omgaan, optrekken (met *with*); samengaan, overeenstemmen (met *with*); (goed)komen (bij *with*)

consortium [kən'sɔ:tiəm] *znw* (*mv*: -s *of* consortia [-tiə]) consortium *o*

conspectus [kən'spektəs] *znw* (beknopt) overzicht *o*; samenvatting

conspicuous [kən'spikjuəs] *bn* in het oog vallend, opvallend, duidelijk zichtbaar, uitblinkend, uitstekend; pronkzuchtig; *he made himself ~* hij maakte, dat aller ogen op hem gevestigd werden; *~ by one's absence* schitteren door afwezigheid

conspiracy [kən'spirəsi] *znw* samenzwering, samenspanning, complot *o*; *~ of silence* het doodzwijgen, doodzwijgcampagne

conspirator *znw* samenzweerder

conspiratorial [kənspirə'tɔ:riəl] *bn* samenzweerderig

conspire [kən'spaiə] *onoverg* samenzweren, samenspannen, complotteren; samenwerken, meewerken

constable ['kʌnstəbl] *znw* politieagent; hist opperstalmeester; slotvoogd; *chief ~* ± commissaris van politie

constabulary [kən'stæbjuləri] *znw* politiemacht, -korps *o*, politie

constancy ['kɔnstənsi] *znw* standvastigheid, bestendigheid, vastheid, trouw (aan *to*)

constant I *bn* standvastig, bestendig, vast, voortdurend, constant, trouw; **II** *znw* constante

constellation [kɔnstə'leiʃən] *znw* constellatie, sterrenbeeld *o*, gesternte *o*

consternation [kɔnstə'neiʃən] *znw* ontsteltenis, verslagenheid

constipated [kɔnsti'peitid] *bn* geconstipeerd, verstopt
constipation [kɔnsti'peiʃən] *znw* constipatie, verstopping, hardlijvigheid
constituency [kən'stitjuənsi] *znw* (gezamenlijke kiezers van een) kiesdistrict *o*
constituent I *bn* samenstellend; constituerend; ~ *part* bestanddeel *o*; **II** *znw* kiezer; bestanddeel *o*, onderdeel *o*
constitute ['kɔnstitju:t] *overg* samenstellen, (uit-) maken, vormen; instellen, vestigen, benoemen, aanstellen (tot); constitueren; ~ *oneself the...* zich opwerpen tot...; *the ~d authorities* de (over ons) gestelde machten
constitution [kɔnsti'tju:ʃən] *znw* samenstelling, vorming; constitutie, (lichaams)gestel *o*; staatsregeling, grondwet; beginselverklaring, statuten, statuut *o* [v.d. bank]
constitutional I *bn* van het gestel; grondwettelijk, -wettig, constitutioneel; (volgens de statuten) geoorloofd; **II** *znw* wandeling (als lichaamsbeweging)
constitutive ['kɔnstitju:tiv] *bn* samenstellend, wezenlijk; bepalend, wetgevend, constitutief
constrain [kən'strein] *overg* bedwingen, dwingen, noodzaken; vastzetten, opsluiten; ~*ed* gedwongen, onnatuurlijk
constraint *znw* dwang; opsluiting; gedwongenheid
constrict [kən'strikt] *overg* samentrekken; insnoeren; samendrukken; zich laten samentrekken; fig beperken
constriction *znw* samentrekking; beklemming, benauwdheid (op de borst)
constrictor *znw* sluitspier; boa constrictor: reuzenslang
constringent [kən'strindʒənt] *bn* samentrekkend
construct I *znw* ['kənstrʌkt] conceptie, constructie; denkbeeld *o*, concept *o*; **II** *overg* [kən'strʌkt] (op-) bouwen, aanleggen, construeren
construction *znw* bouw; samenstelling, inrichting; aanleg; maaksel *o*; constructie; zinsbouw; uitlegging, verklaring; *under* ~ in aanbouw
constructional *bn* constructie-
constructive *bn* opbouwend, constructief
constructor *znw* bouwer, maker; scheepsbouwmeester
construe [kən'stru:] *overg* uitleggen, verklaren; construeren; ontleden
consul ['kɔnsəl] *znw* consul
consular *znw* consulair
consulate *znw* consulaat *o*
consult [kən'sʌlt] **I** *overg* consulteren, raadplegen, rekening houden met; **II** *onoverg* beraadslagen (over *on, about*; met *with*), overleggen
consultancy *znw* (verstrekking van) advies *o*; ~ *(firm)* adviesbureau *o*
consultant *znw* in consult geroepen geneesheer; medisch specialist; adviseur; consultant
consultation [kɔnsəl'teiʃən] *znw* raadpleging, beraadslaging, overleg *o*, inspraak, ruggespraak; consult *o* [v. dokter]
consultative [kən'sʌltətiv] *bn* raadgevend, adviserend; overleg-
consulting-room *znw* spreekkamer
consume [kən'sju:m] *overg* verbruiken, gebruiken, verteren[2]; ~*d with* verteerd door
consumer *znw* verbruiker, koper, consument; ~ *durables* duurzame gebruiksgoederen; ~ *goods* verbruiks-, consumptiegoederen; ~ *society* consumptiemaatschappij
consumerism [kən'sju:mərizm] *znw* bescherming van consumentenbelangen
consummate I *bn* ['kən'sjəmət] volkomen, volmaakt, volleerd, doortrapt; **II** *overg* ['kɔnsjəmeit] voltrekken, voltooien, in vervulling doen gaan
consummation [kɔnsə'meiʃən] *znw* voltrekking, voltooiing, voleindiging, einde *o*; vervulling
consumption [kən'sʌm(p)ʃən] *znw* consumptie, vertering; verbruik *o*; med tering: longtuberculose
consumptive I *bn* consumptief, consumptie-, verbruiks-; tuberculeus; **II** *znw* t.b.c.-patiënt
contact ['kɔntækt] **I** *znw* contact *o* (ook = med contactpersoon; ook = ~ *man* verbindingsman); aanraking; *make* ~ contact maken; *make ~s* contacten leggen; **II** *overg* contact maken of (op)nemen met
contact lens *znw* contactlens
contagion [kən'teidʒən] *znw* besmetting; besmettelijkheid; smetstof; fig verderfelijke invloed
contagious *bn* besmettelijk; fig aanstekelijk [enthousiasme &]
contain [kən'tein] **I** *overg* bevatten, inhouden, behelzen, insluiten; in bedwang houden, bedwingen; mil vasthouden, binden; *be ~ed in* vervat zijn in; **II** *wederk*: ~ *oneself* zich inhouden, zich bedwingen
container *znw* reservoir *o*, houder, vat *o*, bak, bus, blik *o*, doos, koker &; container, laadkist [v. spoorwegen]; ~ *port* containerhaven; ~ *ship* containerschip *o*
containment [kən'teinmənt] *znw* indamming, bestrijding van expansie
contaminate [kən'tæmineit] *overg* besmetten, bezoedelen, bevlekken; bederven
contamination [kəntæmi'neiʃən] *znw* besmetting, bezoedeling, bevlekking; bederf *o*
contemplate ['kɔntempleit] **I** *overg* beschouwen, overpeinzen; denken over; van plan zijn, in de zin hebben, beogen; ~*d* ook: voorgenomen; **II** *onoverg* peinzen
contemplation [kɔntem'pleiʃən] *znw* beschouwing; contemplatie, (godsdienstige) bespiegeling; overpeinzing; *in* ~ in overweging
contemplative [kən'templətiv] *bn* beschouwend, beschouwelijk, contemplatief, bespiegelend, peinzend
contemporaneous [kəntempə'reinjəs] *bn* gelijktijdig, van (uit) dezelfde (leef)tijd
contemporary [kən'tempərəri] **I** *bn* gelijktijdig,

van dezelfde (leef)tijd (als *with*); van die tijd; hedendaags, van onze tijd, eigentijds, contemporain; **II** *znw* tijdgenoot; leeftijdgenoot

contempt [kən'tem(p)t] *znw* minachting, verachting; *beneath ~* beneden kritiek; *~ of court* niet opvolgen *o* v.e. bevel v.e. rechtbank; [v.d. pers] oordelen *o* over een nog hangende rechtzaak; *hold in ~* verachten

contemptible *bn* verachtelijk

contemptuous *bn* minachtend, verachtend, verachtelijk; *~ of* minachting hebbend voor

contend [kən'tend] **I** *onoverg* strijden, twisten, vechten, worstelen, kampen (met *with*; voor, om *for*); **II** *overg* beweren, betogen

contender *znw* mededinger

1 content [kən'tent] **I** *znw* tevredenheid, voldoening; *to one's heart's ~* naar hartelust; **II** *bn* tevreden, voldaan; **III** *overg* tevreden stellen; **IV** *wederk*: *~ oneself* zich tevreden stellen, genoegen nemen met

2 content ['kɔntent] *znw* inhoud; gehalte *o*; *~s* inhoud

contented [kən'tentid] *bn* tevreden

contention [kən'tenʃən] *znw* twist, strijd; bewering, standpunt *o*, opvatting

contentious *znw* twistziek; twist-; controversieel

contentment [kən'tentmənt] *znw* tevredenheid

conterminous [kɔn'tə:minəs] *bn* (aan)grenzend (aan *to, with*); samenvallend (met *with*)

contest ['kɔntest] **I** *znw* geschil *o*, twist, (wed)strijd, prijsvraag, kamp; **II** *overg* [kən'test] betwisten; *~ (a seat in Parliament)* zich kandidaat stellen (voor); **III** *onoverg* twisten (met *with*); strijden (om *for*)

contestable *bn* betwistbaar

contestant *znw* deelnemer [aan wedstrijd], mededinger

context ['kɔntekst] *znw* samenhang, verband *o*, context

contextual [kɔn'tekstjuəl, -tʃwəl] *bn* contextueel

contiguity [kɔnti'gjuiti] *znw* aangrenzing, nabijheid

contiguous [kən'tigjuəs] *bn* belendend, rakend, aangrenzend

continence ['kɔntinəns] *znw* onthouding, matigheid, zelfbeheersing; kuisheid

continent I *bn* zich onthoudend, sober; kuis; de beheersing hebbend over de urineblaas; **II** *znw* vasteland *o*; werelddeel *o*; *the C~* het Continent, het vasteland van Europa

continental [kɔnti'nentl] **I** *bn* van het vasteland, vastelands-; continentaal; Europees [tegenover Brits]; *~ breakfast* (eenvoudig) ontbijt met koffie of thee, broodjes, jam etc.; *~ quilt* donsdeken, (donzen) dekbed *o*; **II** *znw* bewoner v.h. vasteland v. Europa

contingency [kən'tindʒənsi] *znw* toevalligheid; mogelijkheid; eventualiteit, (toevallige) gebeurtenis; onvoorziene uitgave; *~ plan* rampenplan *o*

contingent I *bn* toevallig; mogelijk; onzeker; afhankelijk (van *on*), gepaard gaande (met *on*); **II** *znw* contingent *o*, aandeel *o*, bijdrage; vertegenwoordiging, afvaardiging

continual [kən'tinjuəl] *bn* aanhoudend, gestadig, voortdurend, gedurig, bestendig

continuance *znw* gestadigheid, voortduring, voortzetting, bestendiging, duur; verblijf *o*

continuation [kəntinju'eiʃən] *znw* voortduring, voortzetting, vervolg *o*; prolongatie

continuative [kən'tinjuətiv] *bn* voortzettend, voortdurend

continue I *onoverg* aanhouden, voortduren; voortgaan (met); **II** *overg* voortzetten, vervolgen, bestendigen; verlengen; doortrekken; handhaven; *~d* ook: aanhoudend, voortdurend, onafgebroken; *to be ~d* wordt vervolgd

continuity [kɔnti'nju:iti] *znw* samenhang, verband *o*; continuïteit; draaiboek *o* [v. film]; *~ girl* scriptgirl

continuous [kən'tinjuəs] *bn* samenhangend; onafgebroken; doorlopend; aanhoudend, voortdurend; continu

contort [kən'tɔ:t] *overg* (ver)draaien, (ver)wringen; *a face ~ed by pain* een van pijn verwrongen gezicht

contortion *znw* verdraaiing, verwringing, verrekking

contortionist *znw* slangenmens

contour ['kɔntuə] *znw* omtrek; *~ line* hoogtelijn; *~ map* hoogtekaart

contraband ['kɔntrəbænd] **I** *znw* contrabande, sluikhandel; smokkelwaar; **II** *bn* smokkel-; verboden

contrabass ['kɔntrə'beis] *znw* contrabas

contraception [kɔntrə'sepʃən] *znw* anticonceptie, contraceptie

contraceptive I *znw* anticonceptiemiddel *o*, voorbehoedmiddel *o*; **II** *bn* anticonceptioneel

contract ['kɔntrækt] **I** *znw* contract *o*, verdrag *o*, overeenkomst, verbintenis; *~s have been let for the work* het werk is aanbesteed (gegund); *by private ~* onderhands; *under ~ to* onder contract bij; *~ work* aangenomen werk *o*; **II** *overg* [kən'trækt] samentrekken; inkrimpen; aangaan, sluiten; aannemen; oplopen, zich op de hals halen; contracteren; *~ out* uitbesteden [werk]; **III** *onoverg* zich samentrekken, inkrimpen; contracteren; *~ing parties* verdragsluitende partijen; *~ing out clause* ontsnappingsclausule; *~ for* zich verbinden tot, aannemen [werk], contracteren; *~ in* meedoen, deelnemen, zich verplichten tot; *~ out* niet meer meedoen, bedanken (voor *of*)

contractible *bn* samentrekbaar; (zich) samentrekkend

contraction *znw* samentrekking, verkorting; inkrimping; (barens)wee

contractive *bn* samentrekkend

contract-note *znw* handel (ver)koopbriefje *o*

contractor *znw* aannemer, leverancier; anat sa-

mentrekker [spier]
contractual *bn* contractueel
contradict [kɔntrə'dikt] *overg* tegenspreken
contradiction *znw* tegenspraak, tegenstrijdigheid
contradictory *bn* tegenstrijdig, strijdig, in tegenspraak (met *to*)
contradistinction [kɔntrədis'tiŋ(k)ʃən] *znw* onderscheid *o*; *in ~ to* in tegenstelling met
contra-indication [kɔntrəindi'keiʃən] *znw* contra-indicatie
contralto [kən'træltou] *znw* alt(stem)
contraption [kən'træpʃən] *znw* gemeenz (gek uitziende) machine of instrument *o*; toestand, geval *o*, ding *o*, apparaat *o*
contrapuntal [kɔntrə'pʌntl] *bn* contrapuntisch
contrariety [kɔntrə'raiəti] *znw* tegenstrijdigheid; contrast *o*; tegenwerking, tegenslag[2]
contrariness [kən'trεərinis] *znw* gemeenz dwarsdrijverij
contrariwise ['kɔntrəriwaiz, kən'trεəriwaiz] *bijw* integendeel; in tegenovergestelde of andere zin, andersom, verkeerd
1 contrary ['kɔntrəri] **I** *bn* tegengesteld, strijdig; ander; tegen-; *~ to* in strijd met, tegen; **II** *bijw*: *~ to* tegen (... in); **III** *znw* tegen(over)gestelde *o*, tegendeel *o*; *on the ~* integendeel; daarentegen; *hear to the ~* tegenbericht krijgen, het tegendeel horen
2 contrary [kən'trεəri] *bn* gemeenz in de contramine, dwars, tegendraads
contrast ['kɔntra:st] **I** *znw* tegenstelling, contrast[2] *o*; *by ~* daarentegen; *by ~ with* in vergelijking met; *in ~ to (with)* in tegenstelling tot; **II** *overg* [kən'tra:st] tegenover elkaar stellen; stellen (tegenover *with*); **III** *onoverg* een tegenstelling vormen (met *with*), afsteken (bij *with*), contrasteren
contravene [kɔntrə'vi:n] *overg* tegenwerken, ingaan tegen; overtreden
contravention *znw* overtreding; *in ~ of* in strijd met
contretemps [kõtrə'tã] [Fr] *znw* tegenvaller, tegenspoed, pech
contribute [kən'tribjut] **I** *overg* bijdragen; **II** *onoverg* medewerken, bijdragen; *~ to* ook: bevorderen
contribution [kɔntri'bju:ʃən] *znw* bijdrage; belasting, brandschatting
contributor [kən'tribjutə] *znw* medewerker (aan een krant &)
contributory I *bn* bijdragend, medebepalend; **II** *znw* handel (mede)aansprakelijke aandeelhouder [bij liquidatie]
contrite ['kɔntrait] *bn* berouwvol, door wroeging verteerd
contrition [kən'triʃən] *znw* diep berouw *o*, wroeging
contrivance [kən'traivəns] *znw* vindingrijkheid, (uit)vinding, list; middel *o*, toestel *o*, inrichting, ding *o*
contrive *overg* vinden, uit-, bedenken, verzinnen, beramen, overleggen, het aanleggen; *~ to* weten te..., kans zien om te...
contrived *bn* gekunsteld, onnatuurlijk, gezocht
control [kən'troul] **I** *znw* beheer *o*, bestuur *o*; leiding, regeling; techn bediening, besturing, [volume- &] regelaar, bedieningspaneel *o*; controle, toezicht *o*; beperking; bedwang *o*; (zelf)beheersing, macht; zeggenschap; bestrijding [v. ziekten &]; *~s* techn stuurinrichting, stuurorganen; staatsbemoeiing, staatstoezicht *o*; *gain ~ (of, over)* de baas worden; *be in ~* de baas zijn; *be in ~ of* het beheer voeren, de leiding hebben over; beheersen, meester zijn; *beyond ~* onhandelbaar; *beyond (outside) one's ~* buiten zijn schuld; *financial matters are outside my ~* met de financiën bemoei ik me niet; *out of ~* niet te regeren (besturen), stuurloos, onbestuurbaar; uit de hand gelopen [v. toestand]; *bring (get) inflation under ~* de inflatie de baas worden; *have the fire under ~* de brand meester zijn; **II** *overg* beheren, besturen; leiden, regelen; techn bedienen; bedwingen, in bedwang houden, beheersen, regeren; bestrijden [ziekten &]; controleren, nakijken
control column *znw* stuurknuppel
controllable *bn* bestuurbaar, te regeren &, zie *control II*
controller *znw* controleur; afdelingshoofd *o*; penningmeester; controller
control lever *znw* versnellingshendel [v. auto]
control panel *znw* techn bedieningspaneel *o*
control room *znw* techn controlekamer, vluchtleidingscentrum *o*, schakelkamer
control tower *znw* luchtv verkeerstoren
controversial [kɔntrə'və:ʃəl] *bn* polemisch, twist-, strijd-; omstreden, controversieel
controversy [kən'trɔvəsi, 'kɔntrəvə:si] *znw* geschil *o*, controverse, twistgeschrijf *o*, polemiek, dispuut *o*; *beyond (without) ~* buiten kijf
controvert ['kɔntrəvə:t, kɔntrə'və:t] *overg* betwisten, bestrijden, twisten over
contumacious [kɔntju'meiʃəs] *bn* weerspannig, zich verzettend; recht ongehoorzaam aan een bevel v.e. rechter, wederspannig
contumacy ['kɔntjuməsi] *znw* weerspannigheid; recht ongehoorzaamheid, wederspannigheid
contumelious [kɔntju'mi:liəs] *bn* smalend, honend, minachtend
contumely ['kɔntjumili] *znw* smaad, hoon, minachting
contusion *znw* kneuzing
conundrum [kə'nʌndrəm] *znw* raadsel *o*
conurbation [kɔnə:'beiʃən] *znw* stedelijke agglomeratie
convalesce [kɔnvə'les] *onoverg* herstellende zijn
convalescence *znw* herstel *o*
convalescent I *bn* herstellend; *~ home* herstellingsoord *o*; **II** *znw* herstellende zieke
convection [kən'vekʃ(ə)n] *znw* natuurkunde, meteorologie convectie; *~ heater = convector*

convector [kən'vektə] *znw* convector, convectiekachel
convene [kən'vi:n] **I** *overg* bijeen-, samenroepen, oproepen; **II** *onoverg* bijeen-, samenkomen
convener *znw = convenor*
convenience [kən'vi:njəns] *znw* geschiktheid, gepastheid; gerief *o*, geriefelijkheid, gemak *o*; *(public)* ~ (openbaar) toilet *o*; *marriage of* ~ verstandshuwelijk *o*; *at your* ~ als het u gelegen komt; bij gelegenheid; op uw gemak; *at your earliest* ~ zodra het u schikt; *for* ~ voor het gemak, gemakshalve
convenience food *znw* kant-en-klaarmaaltijd, diepvriesmaaltijd
convenience store *znw* avondwinkel; zondagswinkel
convenient *bn* gemakkelijk, geriefelijk, geschikt; gelegen (komend)
convenor [kən'vi:nə] *znw* voorzitter
convent ['kɔnvənt] *znw* (vrouwen)klooster *o*; ~ *school* nonnenschool
conventicle [kən'ventikl] *znw* conventikel *o*, sektarische godsdienstige bijeenkomst
convention [kən'venʃən] *znw* bijeenkomst, vergadering; overeenkomst, verdrag *o*, verbond *o*, afspraak; (de) conventie
conventional *bn* conventioneel
conventionality [kənvenʃə'næliti] *znw* conventionele *o*
conventionalize [kən'venʃə'nəlaiz] *overg* conventioneel maken; stileren
converge [kən'və:dʒ] *onoverg* convergeren, in één punt samenkomen
convergence *znw* convergentie
convergent, **converging** *bn* convergerend, in één punt samenkomend
conversable [kən'və:səbl] *bn* gezellig, onderhoudend, spraakzaam
conversant [kən'və:sənt, 'kɔnvəsənt] *bn* bedreven, thuis, ervaren, vertrouwd (met *with*)
conversation [kɔnvə'seiʃən] *znw* conversatie, gesprek *o*; *make* ~ wat zeggen
conversational *bn* van de omgangstaal; gemeenzaam; spraakzaam
conversationalist *znw* causeur
1 converse [kən'və:s] *onoverg* converseren, spreken, zich onderhouden
2 converse ['kɔnvə:s] **I** *bn* omgekeerd; **II** *znw* omgekeerde *o*
conversion [kən'və:ʃən] *znw* **1** omkering, omzetting, verandering, verbouwing [v. winkel &], conversie; herleiding, omrekening; fig omschakeling; bekering; recht verduistering; **2** huis *o* opgesplitst in appartementen
convert [kən'və:t] **I** *overg* omkeren, omzetten, veranderen; verbouwen [winkel &]; herleiden; omrekenen; converteren; fig omschakelen; bekeren; aanwenden (ten eigen bate), verduisteren; **II** *onoverg* (een) verandering(en) ondergaan, omzetbaar zijn (in); zich bekeren (tot); **III** *znw* ['kɔnvə:t] bekeerling(e)
converter [kən'və:tə] *znw* elektr convertor, omzetter; techn bessemerpeer
convertibility [kənvə:ti'bility] *znw* omzet-, omkeerbaarheid; in-, verwisselbaarheid, convertibiliteit
convertible [kən'və:tibl] **I** *bn* omzet-, omkeerbaar; in-, verwisselbaar, converteerbaar; **II** *znw* auto cabriolet
convertor [kən'və:tə] *znw = converter*
convex ['kɔnveks] *bn* convex, bol(rond)
convey [kən'vei] *overg* overbrengen, vervoeren; overdragen; mededelen; uitdrukken; geven
conveyance *znw* overbrengen *o*, vervoer *o*; overdracht; vaartuig *o*, voertuig *o*
conveyancer *znw* notaris die akten v. overdracht opmaakt
conveyancing [kən'veijənsiŋ] *znw* recht overdracht
conveyer, **conveyor** *znw* overbrenger; vervoerder; techn transportband (~ *belt*); lopende band
convict ['kɔnvikt] **I** *znw* (crimineel) veroordeelde, boef; dwangarbeider; **II** *overg* [kən'vikt] schuldig verklaren, veroordelen
conviction *znw* schuldigverklaring, veroordeling; (vaste) overtuiging; *carry* ~ overtuigend zijn
convince [kən'vins] *overg* overtuigen
convincing *bn* overtuigend
convivial [kən'viviəl] *bn* feestelijk, vrolijk, gezellig
conviviality [kənvivi'æliti] *znw* feestelijkheid, vrolijkheid, gezelligheid
convocation [kɔnvə'keiʃən] *znw* op-, bijeenroeping, convocatie, bijeenkomst; provinciale synode van de Engelse staatskerk
convoke [kən'vouk] *overg* op-, bijeenroepen, convoceren
convoluted ['kɔnvəlu:tid] *bn* gekronkeld; ingewikkeld, gecompliceerd
convolution [kɔnvə'lu:ʃən] *znw* kronkel(ing)
convolvulus [kɔn'vɔlvjuləs] *znw* plantk winde
convoy ['kɔnvɔi] **I** *overg* konvooieren, escorteren, begeleiden; **II** *znw* konvooi *o*, escorte *o*, geleide *o*
convulse [kən'vʌls] **I** *overg* doen schokken, doen stuiptrekken; in beroering brengen; doen schudden van het lachen; **II** *onoverg* krampachtig samentrekken, stuiptrekken; *be ~d with laughter* schudden van het lachen, zich een stuip lachen
convulsion *znw* stuiptrekking, schok[2]; schudden *o* [v.h. lachen]; fig opschudding; *~s* stuipen; onbedaarlijk gelach *o*
convulsive *bn* kramp-, stuipachtig, spastisch
cony ['kouni] *znw* dierk konijn *o*; konijnenvel *o*
coo [ku:] **I** *onoverg* koeren, roekoeën, kirren[2]; **II** *znw* gekoer *o*; **III** *tsw* jeetje, jeminee
cook [kuk] **I** *znw* keukenmeid, kookster, kokkin; kok; *too many ~s spoil the broth* veel koks bederven de brij; **II** *overg* koken, klaarmaken, bereiden; fig

vervalsen, flatteren [balans &]; ~ *up* gemeenz verzinnen, bekokstoven; **III** *onoverg* koken, voedsel bereiden; *what's ~ing?* wat is er aan de hand?
cooker *znw* kook(toe)stel *o*, -fornuis *o*, -pan; stoofappel, -peer &
cookery *znw* kookkunst; de "keuken"; ~ *book* kookboek *o*
cookery house *znw* kookhok *o*; kampkeuken; kombuis
cookie *znw* chocoladekoekje *o*; Am koekje *o*; gemeenz vent, kerel; leuk meisje *o*; *tough* ~ taaie rakker
cooking I *znw* koken *o*, kookkunst, de 'keuken'; **II** *bn* kook-, keuken-, stoof-; ~ *range* fornuis *o*
cool [ku:l] **I** *bn* koel, fris; kalm; (dood)leuk (ook: *as ~ as a cucumber*), brutaal, onverschillig; gemeenz uitgekookt; cool; *a ~ hundred* een slordige £ 100; *play it ~!* gemeenz wind je niet op!; **II** *znw* koelte; *keep (lose) one's ~* zijn zelfbeheersing bewaren (verliezen); **III** *onoverg & overg* koelen, ver-, be-, afkoelen (ook: ~ *down*[2], ~ *off*); ~ *one's heels* moeten wachten, antichambreren; ~ *it* slang maak je niet zo dik, rustig maar; *cooling-off period* afkoelingsperiode
coolant *znw* koelmiddel *o*
cooler *znw* koeltas, -cel, -emmer; Am ijskast; techn koelinrichting; slang petoet, bak [gevangenis]
cool-headed *bn* koel, kalm
coolie ['ku:li] *znw* koelie
cooling tower *znw* koeltoren
coolly ['ku:li] *bijw* koeltjes; doodleuk, brutaal
coolness *znw* koelheid, koelte; koelbloedigheid, kalmte; aplomb *o*; verkoeling
coomb [ku:m] *znw* diepe vallei; kom
coon [ku:n] *znw* dierk wasbeer; geringsch roetmop, zwartjoekel
co-op ['kouɔp, kou'ɔp] *znw* gemeenz coöperatie
coop [ku:p] **I** *znw* kippenmand, kippenhok *o*; **II** *overg*: ~ *up* opsluiten
cooper [ku:pə] *znw* kuiper
cooperate, **co-operate** [kou'ɔpəreit] *onoverg* mede-, samenwerken
cooperation, **co-operation** *znw* [kouɔpə'reiʃən] mede-, samenwerking, coöperatie
cooperative, **co-operative** [kou'ɔpərətiv] *bn* mede-, samenwerkend; coöperatieve winkel, coöperatie (= ~ *store*); *be ~* meewerken [v. patiënt, leerling &]
cooperator, **co-operator** *znw* medewerker
co-opt [kou'ɔpt] *overg* coöpteren
co-option [kou'ɔpʃən] *znw* coöptatie
co-ordinate [kou'ɔ:dinit] **I** *bn* gelijkwaardig; coördinatief, nevenschikkend; **II** *znw* coördinaat; **III** *overg* [kou'ɔ:dineit] coördineren, rangschikken, ordenen; **IV** *onoverg* harmonieus samenwerken
co-ordination [kouɔ:di'neiʃən] *znw* coördinatie, rangschikking, ordening
co-ordinator [kou'ɔ:dineitə] *znw* coördinator
coot [ku:t] *znw* (meer)koet
cop [kɔp] **I** *znw* gemeenz smeris; *it's a fair ~* ik (je) stink(t) erin; *~s and robbers* diefje met verlos [spel]; *not much ~* slang niet veel zaaks; **II** *overg* te pakken krijgen; ~ *it* ook: er van langs krijgen, last krijgen, het gelag betalen; ~ *out* ervandoor gaan
copartner [kou'pa:tnə] *znw* compagnon
copartnership *znw* vennootschap; winstdeling
1 cope [koup] *znw* kap, koorkap, mantel
2 cope [koup] **I** *onoverg*: ~ *with* het hoofd bieden aan; af-, aankunnen; helpen [patiënten]; verwerken, voorzien in, voldoen aan [aanvragen]; **II** *abs ww* het klaarspelen
copier ['kɔpiə] *znw* kopieerapparaat *o*
co-pilot ['kou'pailət] *znw* tweede piloot; bijrijder
coping ['koupiŋ] *znw* kap [v. muur], (muur)afdekking, deksteen
coping-stone *znw* deksteen; fig kroon op het werk
copious ['koupjəs] *bn* overvloedig, uitvoerig, rijk(elijk), ruim
cop-out ['kɔpaut] *znw* gemeenz terugtrekking, afhaken *o*; uitvlucht
copper ['kɔpə] **I** *znw* **1** (rood)koper *o*; **2** ketel; **3** koperen geldstuk *o*; **4** gemeenz smeris; **II** *bn* koperen; **III** *overg* (ver)koperen
copperplate *znw* koperplaat; kopergravure; ~ *printing* koper(diep)druk; ~ *writing* keurig schrift *o*
copper-smith *znw* koperslager
coppice ['kɔpis] *znw* hakhout *o*, kreupelhout *o*, kreupelbosje *o*
copra ['kɔprə] *znw* kopra
copse [kɔps] *znw* = *coppice*
Coptic ['kɔptik] *bn* Koptisch
copula ['kɔpjulə] *znw* koppel(werk)woord *o*; verbinding; muz koppeling
copulate ['kɔpjuleit] *onoverg* paren, copuleren
copulation [kɔpju'leiʃən] *znw* paring, copulatie, geslachtsgemeenschap
copulative ['kɔpjulətiv] *bn* verbindend
copy ['kɔpi] **I** *znw* afschrift *o*, kopie, fotokopie; kopij; exemplaar *o*, nummer *o*; (schrijf)voorbeeld *o*; *it makes good ~* er zit kopij in; **II** *overg* overschrijven, een kopie maken, kopiëren (ook: ~ *out*), naschrijven, natekenen; nabootsen, nadoen, namaken; overnemen
copy-book I *znw* (schoon)schrijfboek *o*, (schoon-) schrift *o*; *blot one's ~* zijn reputatie bevlekken; **II** *bn* perfect, volgens het boekje
copycat *znw* gemeenz na-aper, afkijker
copy editor *znw* bureauredacteur
copyholder *znw* erfpachter
copying paper *znw* doorslagpapier *o*
copyist *znw* kopiist
copyright I *znw* auteursrecht *o*, copyright *o*; **II** *overg* het auteursrecht/copyright beschermen van; **III** *bn* waarvan het auteursrecht/copyright beschermd is; nadruk verboden
copywriter *znw* tekstschrijver [v. reclame], copy-

writer
coquetry ['koukitri] *znw* koketterie, behaagzucht
coquette [kou'ket] *znw* behaagzieke vrouw
coquettish *bn* koket, behaagziek
cor! [kɔ:] *tsw* gemeenz verrek!
coracle ['kɔrəkl] *znw* soort vissersboot
coral ['kɔrəl] **I** *znw* koraal *o*; koralen bijtring; **II** *bn* koralen; koraalrood
cor anglais ['kɔ: a:ŋ'glɛ] *znw* althobo, Engelse hoorn
cord [kɔ:d] *znw* koord *o & v*, touw *o*, snoer *o*, band, streng; ribfluweel *o*, corduroy *o*; *~s* corduroy broek; *~ed* ook: geribd [v. stoffen]
cordage *znw* touwwerk *o*
cordial ['kɔ:diəl] **I** *bn* hartelijk; hartgrondig; **II** *znw* hartversterking; (ingedikt) vruchtensap *o*
cordiality [kɔ:di'æliti] *znw* hartelijkheid
cordon ['kɔ:dən] **I** *znw* (orde)lint *o*; bouwk muurlijst; kordon *o*; **II** *overg* door een kordon afsluiten (*~ off*)
cordon bleu ['kɔ:dɔ:(n) 'blə:] *znw* eersteklas kok; *~ cookery* fijne keuken
corduroy ['kɔ:dərɔi] *znw* manchester *o*, corduroy *o*, ribfluweel *o*; *~s* manchester- of corduroy broek
core [kɔ:] **I** *znw* binnenste *o*, hart[2] *o*, kern[2], klokhuis *o* [v. appel]; *rotten at the ~* van binnen rot; *rotten to the ~* door en door rot; **II** *overg* boren [appels &]
co-religionist [kouri'lidʒənist] *znw* geloofsgenoot
corer ['kɔ:rə] *znw* appelboor
co-respondent ['kouris'pɔndənt] *znw* als medeplichtig gedaagde (bij echtscheidingsproces)
corgi ['kɔ:gi] *znw* dierk corgi [klein soort hond]
coriander [kɔri'ændə] *znw* koriander
Corinthian [kə'rinθiən] **I** *bn* Corinthisch; **II** *znw* Corinthiër
cork [kɔ:k] **I** *znw* kurk *o & m* [stofnaam], kurk *v* [voorwerpsnaam]; **II** *bn* kurken; **III** *overg* kurken; *~ up* kurken; *~ed* ook: naar de kurk smakend
corker *znw* gemeenz kanjer; dooddoener, afdoend argument *o*; geweldige leugen
corkscrew *znw* kurkentrekker; *~ curls* kurkentrekkers
corky *bn* kurkachtig; naar de kurk smakend
cormorant ['kɔ:mərənt] *znw* dierk aalscholver
corn [kɔ:n] *znw* **1** koren *o*, graan *o*; Am maïs; korrel; **2** likdoorn; **3** Am bourbon; **4** gemeenz sentimenteel gedoe *o*; melige, flauwe humor
corncob *znw* maïskolf
cornea ['kɔ:niə] *znw* (*mv*: -s *of* corneae [-nii:]) hoornvlies *o* [v. oog]
corneal *bn* hoornvlies-; *~ graft(ing)* hoornvliestransplantatie
corner [kɔ:nə] **I** *znw* hoek; tip, punt; sp & handel corner; *be in a (tight) ~* (erg) in het nauw gebracht zijn; *cut the ~* de bocht afsnijden; *cut ~s* bochten afsnijden; fig zich er met een Jantje van Leiden vanaf maken; *out of the ~ of one's eye* van terzijde; *round the ~* om de hoek; *= just (a)round the ~* niet ver(af)[2]; *turn the ~* fig de crisis te boven komen; **II** *overg* in het nauw brengen; handel ± een marktmonopolie verwerven (in een product); **III** *onoverg* een hoek nemen [met auto]
cornering ['kɔ:nəriŋ] *znw* bochtenwerk *o*
corner kick *znw* sp hoekschop, corner
corner shop *znw* winkel op de hoek, buurtwinkel [met levensmiddelen]
corner-stone *znw* hoeksteen[2]
cornerwise *bn* diagonaal
cornet ['kɔ:nit] *znw* horentje *o*, puntzakje *o*; muz kornet; piston, cornet à pistons; pistonist
cornetist *znw* pistonist
cornfield *znw* korenveld *o*; Am maïsveld *o*
cornflakes *znw mv* cornflakes
cornflour *znw* maïsmeel *o*, maïzena, rijstemeel *o*
cornflower *znw* korenbloem
cornice ['kɔ:nis] *znw* lijst, kroonlijst, lijstwerk *o*
Cornish ['kɔ:niʃ] **I** *bn* van Cornwall; **II** *znw* vroegere taal van Cornwall
cornmeal ['kɔ:nmi:l] *znw* Am maïsmeel *o*
corn poppy ['kɔ:npɔpi], **corn rose** *znw* klaproos
corn-salad *znw* veldsla
cornstarch ['kɔ:nsta:tʃ] *znw* = *cornflour*
cornucopia [kɔ:nju'koupjə] *znw* hoorn des overvloeds
corny ['kɔ:ni] *bn* gemeenz afgezaagd, clichématig, oubollig, melig, flauw
corolla [kə'rɔlə] *znw* plantk bloemkroon
corollary [kə'rɔləri] *znw* gevolg *o*, gevolgtrekking
corona [kə'rounə] *znw* (*mv*: coronae [-ni:]) kring [om zon of maan]; corona [bij zonsverduistering, elektr]; kroon
coronary ['kɔrənəri] **I** *bn* coronair: van de kransslagaderen; *~ artery* kransslagader; *~ thrombosis* coronaire trombose, (hart)infarct *o*; **II** *znw* hartinfarct *o*
coronation [kɔrə'neiʃən] *znw* kroning
coroner ['kɔrənə] *znw* lijkschouwer
coronet ['kɔrənit] *znw* krans; herald kroontje *o*
Corp. *afk.* mil = [1]*corporal*
1 corporal ['kɔ:pərəl] *znw* mil korporaal
2 corporal ['kɔ:pərəl] *bn* lichamelijk, lichaams-; *~ punishment* lijfstraf
corporate ['kɔ:pərit] *bn* geïncorporeerd, van een corporatie; gezamenlijk, collectief; rechtspersoonlijkheid bezittend; *~ tax* Am vennootschapsbelasting; zie ook: *body I*
corporation [kɔ:pə'reiʃən] *znw* corporatie, rechtspersoon; gilde *o & v*; Am (naamloze) vennootschap; gemeenz buik, buikje *o*; *(municipal) ~* gemeentebestuur *o*; *public ~* publiekrechtelijk lichaam *o*; *~ tax* Br vennootschapsbelasting
corporeal [kɔ:'pɔ:riəl] *bn* lichamelijk; stoffelijk
corps [kɔ:] *znw* (*mv* idem [kɔ:z]) (leger)korps *o*, (leger)korpsen
corpse [kɔ:ps] *znw* lijk *o*
corpulence ['kɔ:pjuləns] *znw* corpulentie

corpulent *bn* corpulent, gezet
corpus ['kɔ:pəs] *znw* (*mv*: -es *of* corpora [-pərə]) corpus *o*, lichaam *o*; verzameling [v. wetten &]
corpuscle ['kɔ:pʌsl] *znw* lichaampje *o*
corpuscular [kɔ:'pʌskjulə] *bn* corpusculair: uit kleine lichaampjes bestaand
corral [kɔ'ra:l] **I** *znw* kraal: omsloten ruimte voor het vee; wagenburg; **II** *overg* in-, opsluiten (v. vee)
correct [kə'rekt] **I** *bn* juist, precies; goed, correct; *he is ~ in this* hierin heeft hij gelijk; *he is ~ in calling it a..* hij noemt het terecht een...; **II** *overg* corrigeren, verbeteren, rechtzetten, herstellen, verhelpen; berispen, (af)straffen; reguleren; *I stand ~ed* ik neem mijn woorden terug
correction *znw* correctie; verbetering; berisping, afstraffing; *house of ~* opvoedingsgesticht *o*, tuchtschool
correctitude *znw* correctheid
corrective I *bn* verbeterend; **II** *znw* correctief o: middel *o* ter verbetering
correlate ['kɔrileit] **I** *znw* correlaat *o*; **II** *onoverg (& overg)* correleren
correlation [kɔri'leiʃən] *znw* correlatie
correlative [kɔ'relətiv] *bn* correlatief
correspond [kɔris'pɔnd] *onoverg* corresponderen, beantwoorden (aan *to*); overeenkomen, overeenstemmen, briefwisseling voeren (met *with*)
correspondence, *znw* correspondentie, briefwisseling; overeenkomst, overeenstemming; *~ course* schriftelijke cursus
correspondent *znw* correspondent; <u>handel</u> handelsrelatie
corresponding *bn* overeenkomstig
corridor ['kɔridɔ:] *znw* gang, galerij, corridor; *the ~s of power* <u>pol</u> de wandelgangen; *~ train* D-trein, harmonicatrein
corrigible ['kɔridʒəbl] *bn* vatbaar voor verbetering
corroborate *overg* versterken, bekrachtigen, bevestigen
corroboration [kərɔbə'reiʃən] *znw* versterking, bekrachtiging, bevestiging
corroborative [kə'rɔbərətiv] *bn* versterkend, bekrachtigend, bevestigend
corrode [kə'roud] *overg & onoverg* weg-, invreten, in-, uitbijten, aantasten[2], verroesten, verteren
corrosion *znw* invreting, corrosie
corrosive *bn (znw)* bijtend, invretend (middel *o*)
corrugated ['kɔrugeitid] *bn* gerimpeld; *~ cardboard* golfkarton *o*; *~d iron* gegolfd ijzer *o*
corrugation [kɔru'geiʃən] *znw* rimpeling
corrupt [kə'rʌpt] **I** *bn* bedorven, verdorven; onecht, verknoeid; corrupt, omkoopbaar, veil; **II** *overg* bederven, vervalsen [v. tekst]; omkopen, corrumperen; **III** *onoverg* bederven, (ver)rotten
corruptible *bn* aan bederf onderhevig; omkoopbaar
corruption *znw* bederf *o*; verdorvenheid; vervalsing; verknoeiing; corruptie; omkoping
corruptive *bn* bedervend; verderfelijk
corsage [kɔ:sa:ʒ] *znw* lijfje *o*; corsage
corsair ['kɔ:sɛə] *znw* zeerover; kaperschip *o*
corset ['kɔ:sit] *znw* korset *o* (ook: *~s*)
cortège [kɔ:'teiʒ] *znw* stoet, gevolg *o*
cortex ['kɔ:teks] *znw* (*mv*: cortices [-tisi:z]) cortex, hersenschors, schors
cortisone ['kɔ:tizoun] *znw* cortisone *o*
coruscate ['kɔrəskeit] *onoverg* flikkeren, schitteren
corvette [kɔ:'vet] *znw* korvet
corvine ['kɔ:vain] *bn* raafachtig; kraaiachtig
corybantic [kɔri'bæntik] *bn* uitgelaten, woest
cos [kɔs] *znw* bindsla
cosh [kɔʃ] <u>gemeenz</u> **I** *znw* ploertendoder; **II** *overg* (neer)slaan met een ploertendoder
co-signatory ['kou'signətəri] **I** *znw* medeondertekenaar; **II** *bn* medeondertekenend
cosine ['kousain] *znw* cosinus
cos lettuce ['kɔs ('letis)] *znw* bindsla
cosmetic [kɔz'metik] **I** *bn* cosmetisch, schoonheids-; <u>fig</u> oppervlakkig; **II** *znw* schoonheidsmiddel *o*, cosmetiek; *~s* ook: cosmetica
cosmic ['kɔzmik] *bn* kosmisch; wereld-
cosmography [kɔz'mɔgrəfi] *znw* kosmografie
cosmology [kɔz'mɔlədʒi] *znw* kosmologie
cosmonaut ['kɔzmənɔ:t] *znw* kosmonaut
cosmopolitan [kɔzmə'pɔlitən] **I** *bn* kosmopolitisch; **II** *znw* kosmopoliet, wereldburger
cosmopolite [kɔz'mɔpəlait] *znw = cosmopolitan*
cosmos ['kɔzməs] *znw* kosmos, heelal *o*
cossack ['kɔsæk] *znw* kozak
cosset ['kɔsit] *overg* vertroetelen, verwennen
1 cost [kɔ:st, kɔst] *znw* prijs, kosten, uitgave; schade, verlies *o*; *~ of living* kosten van levensonderhoud; *~s* (proces)kosten; *at all ~s* wat het ook koste; *at any ~* tot elke prijs; *at my ~* op mijn kosten, voor mijn rekening; *at the ~ of* ten koste van; *count the ~* de risico's overwegen, zich bezinnen op; de balans van iets opmaken; *I know it to my ~* ik heb leergeld betaald
2 cost (cost; cost) *overg* kosten; de kosten berekenen van; *~ dear(ly)* duur (te staan) komen
cost accountant *znw* calculator [in een bedrijf]
cost accounting *znw* calculeren *o*, kostenberekening
costal ['kɔstl] *bn* van de ribben, ribben-
co-star ['kou'sta:] **I** *znw* één v.d. hoofdrolspelers, co-star, tegenspeler; **II** *onoverg* één v.d. hoofdrollen spelen, als tegenspeler hebben, als co-star optreden
Costa Rica [kɔstə'ri:kə] *znw* Costa Rica *o*
Costa Rican I *znw* Costaricaan; **II** *bn* Costaricaans
cost benefit analysis *znw* kosten-batenanalyse
cost-effective [kɔ:sti'fektiv] *bn* rendabel
coster(monger) ['kɔstə(mʌŋgə)] *znw* straatventer van fruit, groenten, vis
costing ['kɔstiŋ] *znw* calculatie, kostenberekening
costive ['kɔstiv] *bn* geconstipeerd, hardlijvig; krenterig; traag

costly ['kɔ:stli] *bn* kostbaar; duur
cost price *znw* kostprijs
costume ['kɔstju:m] *znw* kostuum *o*, (kleder)dracht
costume drama *znw* kostuumstuk *o*
costume jewellery *znw* onechte juwelen
costumier [kɔs'tju:miə] *znw* costumier
cosy ['kouzi] **I** *bn* gezellig, behaaglijk; **II** *znw* theemuts; eierwarmer
cot [kɔt] *znw* kooi, krib; bedje *o*; (veld)bed *o*
cotangent ['kou'tændʒənt] *znw* cotangens
cot death ['kɔtdeθ] *znw* wiegendood
cote [kout] *znw* hok *o*, *vooral* schaapskooi
co-tenant ['kou'tenənt] *znw* medehuurder
coterie ['koutəri] *znw* coterie: kliek
cottage ['kɔtidʒ] *znw* hut; huisje *o*, kleine villa
cottage cheese *znw* hüttenkäse
cottage industry *znw* huisnijverheid, thuiswerk *o*
cottage loaf *znw* boerenbrood *o* [bestaande uit een kleinere en een grotere bol op elkaar]
cottage pie *znw* gerecht *o* van gehakt onder een krokante laag aardappelpuree
cottager *znw* Br landarbeider, dorpeling; Am huurder/eigenaar van een vakantiebungalow
cottar ['kɔtə] *znw* keuterboer
cotter ['kɔtə] *znw* **1** techn spie, keil; **2** keuterboer; ~ *pin* techn splitpen
cotton ['kɔtn] **I** *znw* katoen *o & m*; *(absorbent)* ~ Am watten; ~*s* katoenen stoffen; **II** *bn* katoenen; **III** *onoverg*: ~ *on* tot besef/inzicht komen, doorkrijgen; ~ *to* vriendschap aanknopen met, contact leggen met
cotton candy *znw* Am suikerspin
cotton-mill *znw* katoenfabriek
cotton print *znw* bedrukte katoenen stof, katoentje *o*
cottontail *znw* Amerikaans konijn *o*
cotton waste *znw* poetskatoen *o & m*
cotton-wool *znw* watten; Am ruwe katoen *o & m*, katoenpluis *o*
cotyledon [kɔti'li:dən] *znw* zaadlob, kiemblad *o*
couch [kautʃ] **I** *znw* rustbed *o*, -bank, canapé, divan; **II** *overg* inkleden, uitdrukken, vervatten; omsluieren [met woorden]; ~ *in writing* op schrift brengen; **III** *onoverg* (gaan) liggen
couchette [ku:'ʃet] *znw* couchette
couch-gras ['kautʃgra:s] *znw* plantk kweek
couch potato *znw* Am slang jongen die/meisje dat maar wat rondhangt thuis, dooie
cougar ['ku:gə] *znw* poema
cough [kɔ:f, kɔf] **I** *znw* hoest; **II** *onoverg* hoesten; ~ *up* opgeven; ~ *up* gemeenz onwillig betalen
could [kud] V.T. van ²*can*; *he was as friendly as ~ be* hij was zeer vriendelijk
couldn't = *could not*
council ['kauns(i)l] *znw* raad, raadsvergadering; gemeenteraad; (lokale) bestuur *o*; concilie *o*; ~ *of war* krijgsraad
council house *znw* gemeentewoning, ± woningwetwoning
councillor *znw* raad, raadslid *o*
council school *znw* gemeentelijke basisschool
counsel ['kauns(ə)l] **I** *znw* raadgeving, beraadslaging; advocaat; (de) advocaten; rechtskundig adviseur; ~ *for the defence, defending* ~ recht verdediger; ~ *for the prosecution, prosecuting* ~ recht openbare aanklager; *King's (Queen's) C~* eminente *barrister* die het recht heeft een zijden toga te dragen; *keep one's (own)* ~ zijn mond (weten te) houden, kunnen zwijgen; *take* ~ raadplegen, beraadslagen, overleggen (met *with*); **II** *overg* (aan)raden
counselling, Am **counseling** ['kauns(ə)liŋ] *znw* raadgeving en begeleiding [*vooral* m.b.t. psychische en sociale problemen]
counsellor, Am **counselor** *znw* raadgever, raadsman/vrouw, adviseur; psych counseler
1 count [kaunt] *znw* graaf
2 count [kaunt] **I** *overg* tellen, op-, meetellen; rekenen, achten; aanrekenen; ~ *in* meetellen; ~ *me in* ik doe mee; ~ *out* uittellen; aftellen; niet meetellen, uitschakelen; ~ *up* optellen; **II** *onoverg* (mee-) tellen, gelden; van belang zijn; ~ *against* pleiten tegen; ~ *for nothing* niet meetellen; geen gewicht in de schaal leggen; ~ *(up)on* staat maken op, rekenen op; **III** *znw* tel, aantal *o*; telling; punt *o* (van aanklacht); *keep ~ (of)* tellen; *have lost* ~ de tel kwijt zijn; *take the* ~ uitgeteld worden [v. bokser]; *on any (every)* ~ in ieder opzicht; *out for the* ~ uitgeteld
countable ['kauntəbl] *bn* telbaar
count-down *znw* aftellen *o*
countenance ['kauntinəns] **I** *znw* (aan)gezicht *o*, gelaat *o*; bescherming; steun; *give ~ to* steunen; *he kept his* ~ hij bewaarde zijn zelfbeheersing, hij hield zich goed [*vooral* bij iets lachwekkends]; *lose* ~ van zijn stuk raken; *out of* ~ van zijn stuk gebracht; **II** *overg* goedkeuren, aanmoedigen, steunen
counter ['kauntə] **I** *znw* fiche *o & v*; teller; toonbank, balie, loket *o* [in postkantoor]; tegenstoot, sp counter; *under the* ~ onder de toonbank, clandestien; **II** *bn* tegen(gesteld); **III** *bijw* tegen (...in); **IV** *overg & onoverg* tegenspreken; tegenwerken; ingaan tegen; afslaan; pareren, een aanval afweren; sp counteren
counteract [kauntə'rækt] *overg* tegenwerken; neutraliseren, opheffen
counter-attack ['kauntərətæk] **I** *znw* tegenaanval; **II** *onoverg (& overg)* een tegenaanval doen (op)
counterbalance I *znw* tegenwicht *o*; **II** *overg* [kauntə'bæləns] opwegen tegen, opheffen, compenseren
counter-charge ['kauntətʃa:dʒ] *znw* tegenbeschuldiging
countercheck I *znw* (dubbele) controle; **II** *overg & onoverg* nogmaals checken
counter-claim *znw* recht tegeneis
counter clerk *znw* loketbeambte

counter-clockwise *bn & bijw* Am tegen de wijzers v.d. klok in
counter-current *znw* tegenstroom
counterfeit I *bn* nagemaakt, onecht, vals; **II** *overg* namaken, nabootsen, vervalsen; **III** *znw* namaak
counterfoil *znw* souche, strook, stok
countermand [kauntə'ma:nd] **I** *onoverg* tegenbevel geven; **II** *overg* afzeggen, herroepen, afgelasten, afbestellen, annuleren
counter-measure *znw* tegenmaatregel
countermove *znw* tegenzet
counter-offensive *znw* tegenoffensief *o*
counterpane *znw* beddensprei
counterpart *znw* muz tegenstem; fig tegenhanger, equivalent *o*, pendant *o & m*; collega, ambtgenoot, evenknie
counter-plea *znw* repliek
counterpoint *znw* contrapunt *o*
counterpoise I *znw* tegenwicht *o*, contragewicht *o*; evenwicht *o*; **II** *overg* opwegen tegen; in evenwicht houden
counter-productive *bn* averechts, met averechts effect, contraproductief
counter-revolution *znw* contrarevolutie
countersign I *znw* mil wachtwoord *o*; **II** *overg* contrasigneren
countersink *overg* verzinken [v. schroeven &]
counter-tenor *znw* mannelijke altstem; contratenor, castraatalt
countervailing *bn*: ~ *duties* retorsierechten
counterweight *znw* tegenwicht *o*, contragewicht *o*
countess ['kauntis] *znw* gravin
counting-frame ['kauntiŋfreim] *znw* telraam *o*
counting-house *znw* kantoor *o*
countless ['kauntlis] *bn* talloos, ontelbaar
countrified ['kʌntrifaid] *bn* boers, landelijk
country ['kʌntri] *znw* (vader)land *o*, (land)streek; (platte)land *o*; *the old* ~ het moederland: Engeland *o*; *in the* ~ op het land, buiten, in de provincie; *go to the* ~ verkiezingen uitschrijven; *that's not my line of* ~ dat is niets voor mij, dat is niet mijn pakkie-an; *across* ~ via binnenwegen, dwars door het land
country club *znw* buitensociëteit
country-cousin *znw* familielid *o* van buiten (de stad)
country-dance *znw* soort volksdans
country-house *znw* landhuis *o*
country-life *znw* buiten-, landleven *o*
countryman *znw* buitenman, landman, plattelander, boer; landsman, landgenoot
country-seat *znw* buitenplaats, landgoed *o*
countryside *znw* landstreek; *the* ~ het platteland, buiten; de provincialen
country-town *znw* provinciestad
country-wide *bn* door het hele land, landelijk
country-woman *znw* boerin; plattelandsvrouw; landgenote
county ['kaunti] *znw* graafschap *o*; bestuurlijke eenheid; ~ *council* graafschapsraad; ~ *court* graafschapsrechtbank; ~ *town* hoofdstad van een graafschap
coup [ku:] *znw* prestatie, zet; coup, staatsgreep
coup de grâce [ku:də'gra:s] *znw* genadeslag
coup d'état [ku:dei'ta:] *znw* staatsgreep, coup (d'état)
coupé ['ku:pei] *znw* coupé [auto, rijtuig]
couple ['kʌpl] **I** *znw* paar *o*; echtpaar *o*; **II** *overg* koppelen, verbinden, verenigen; paren
coupler *znw* techn koppeling; muz koppel *o* [v. orgel]
couplet ['kʌplit] *znw* tweeregelig vers *o*
coupling ['kʌpliŋ] *znw* techn koppeling
coupon ['ku:pɔn] *znw* coupon; bon
courage ['kʌridʒ] *znw* moed; *Dutch* ~ jenevermoed; *the* ~ *of one's convictions* de moed om voor zijn overtuiging uit te komen; *take* ~ moed vatten; *take one's* ~ *in both hands* al zijn moed verzamelen, de stoute schoenen aantrekken
courageous [kə'reidʒəs] *bn* moedig
courgette [ku:'ʒet] *znw* courgette
courier ['kuriə] *znw* koerier; reisleider
course [kɔ:s] **I** *znw* loop, koers, gang, verloop *o*, beloop *o*; (ren)baan; cursus, leergang (ook: ~ *of lectures*), onderw colleges; reeks, opeenvolging, laag [stenen]; gerecht *o*; med kuur; fig weg, handelwijze, gedragslijn (~ *of action*); ~ *of exchange* wisselkoers; *let things take their* ~ de zaken op hun beloop laten, Gods water over Gods akker laten lopen; *stay (stick) the* ~ tot het einde toe volhouden; *take (run) its* ~ zijn beloop hebben; *in due* ~ te zijner tijd; na verloop van tijd; *in the* ~ *of* in de loop van, gedurende; *in* ~ *of construction* in aanbouw; *in (the)* ~ *of time* mettertijd; na verloop van tijd; *of* ~ natuurlijk, dat spreekt vanzelf, allicht; *a matter of* ~ iets vanzelfsprekends; *off* ~ uit de koers; **II** *onoverg* jagen; stromen
coursing *znw* lange jacht (jacht met windhonden)
court [kɔ:t] **I** *znw* hof *o*; gerechtshof *o*, rechtbank (ook: ~ *of justice*, ~ *of law*), rechtszaal, terechtzitting; raad; hofhouding, hofstoet; ontvangst aan het hof; (binnen)plaats; plein *o*; hofje *o*; (tennis-) baan; ~ *of appeal* hof van appel/beroep; ~ *of inquiry* gerechtelijke commissie van onderzoek; *go to* ~ naar de rechter stappen; *laugh sth. out of* ~ iets weghonen; *pay* ~ *to* het hof maken; *rule out of* ~ niet ontvankelijk verklaren; wraken, niet toelaten; uitsluiten; *settle out of* ~ in der minne schikken; **II** *overg* het hof maken[2]; streven naar; zoeken, uitlokken; **III** *onoverg* verkering hebben
court-card *znw* kaartsp pop
court circular *znw* dagelijks bulletin *o* over de activiteiten v.d. koninklijke familie
courteous ['kə:tjəs, 'kɔ:tjəs] *bn* hoffelijk, beleefd
courtesan [kɔ:ti'zæn] *znw* courtisane, lichtekooi
courtesy ['kə:tisi, 'kɔ:tisi] **I** *znw* hoffelijkheid, vriendelijkheid, gunst; *by* ~ *of* met toestemming van,

welwillend ter beschikking gesteld door; **II** *bn*: ~ *title* adellijke titel, gedragen door de zoon v.d. eigenlijke rechthebbende
court-house *znw* gerechtsgebouw *o*
courtier *znw* hoveling
courtly *bn* hoofs, heus, hoffelijk
court-martial ['kɔ:t'ma:ʃəl] **I** *znw* (-s *of* courts-martial) krijgsraad; **II** *overg* voor de krijgsraad brengen
court-room *znw* rechtszaal
courtship *znw* vrijen *o*, verkering
courtyard *znw* (binnen)plaats, -plein *o*
cousin ['kʌzn] *znw* neef, nicht; *first* ~ volle neef (nicht); *our (American)* ~*s* ook: fig onze stamverwanten (in Amerika)
couth [ku:θ] *bn* gemeenz welgemanierd
cove [kouv] *znw* **1** kreek, inham; **2** slang vent, kerel
coven [kʌvn] *znw* heksensabbat
covenant ['kʌvinənt] **I** *znw* overeenkomst, akte, verdrag *o*, verbond *o*; *the Covenant* het Verbond (van 1643) der Schotse presbyterianen; **II** *onoverg* overeenkomen
Coventry ['kɔvəntri] *znw* Coventry *o*; *send sbd. to* ~ iedere vorm v. sociale omgang met iem. verbreken, iemand mijden, links laten liggen
cover ['kʌvə] **I** *overg* bedekken; overdekken; beschermen, afdekken; dekken; verbergen; overtrekken, bekleden, kaften; zich uitstrekken over, beslaan; omvatten; voorzien in; gaan over, behandelen; mil aanleggen op, onder schot houden of krijgen, bestrijken; afleggen [afstand]; verslaan [als verslaggever]; ~ *up* toedekken, over-, bedekken; inpakken; verbergen; verborgen houden; in de doofpot stoppen; **II** *onoverg*: ~ *up for sbd.* iemand dekken; *these policemen are covering up for each other* die agenten dekken elkaar; **III** *znw* dek(sel) *o*; (be-) dekking; omslag, kaft *o & v*; plat *o* [v. boek]; overtrek *o & v*, hoes, omhulsel *o*; buitenband; bekleding; envelop; foedraal *o*; stolp; kap; couvert *o* [bord, mes, vork, lepel]; handel & mil dekking; fig bescherming, beschutting; schuilplaats, leger *o* [v. wild]; *from* ~ *to* ~ van a tot z, van het begin tot het einde; *under* ~ ingesloten [in brief]; beschut, onder dak; mil gedekt; *under (the)* ~ *of* onder dekking (bescherming) van; fig onder de schijn (dekmantel) van; zie ook: *take I*
coverage *znw* wat bestreken (bereikt) wordt door radio, tv, reclame &; verslag *o*, reportage; handel dekking; risicodekking
cover charge *znw* bedieningsgeld *o* (in restaurant)
cover girl *znw* covergirl
covering I *znw* (be)dekking; dek *o*; **II** *bn* dekkings-; ~ *letter* begeleidend schrijven *o*
coverlet *znw* beddensprei
cover note *znw* sluitnota
cover story *znw* omslagverhaal *o*, coverstory
cover-up *znw* dekmantel; doofpotaffaire
covert ['kʌvət] **I** *bn* bedekt, heimelijk, geheim, verborgen; **II** *znw* schuilplaats, struikgewas *o* [als schuilplaats voor wild], leger *o*
covet ['kʌvit] *overg* begeren
covetous *bn* begerig, hebzuchtig
covey ['kʌvi] *znw* dierk vlucht; troep
1 cow [kau] *znw* koe; wijfje *o* [v. olifant &]; plat wijf *o*; *till the* ~*s come home* tot je een ons weegt
2 cow [kau] *overg* bang maken, vrees inboezemen, intimideren
coward ['kauəd] *znw* lafaard, bangerik
cowardice ['kauədis] *znw* laf(hartig)heid
cowardly *bn & bijw* laf(hartig)
cowboy ['kaubɔi] *znw* Am cowboy; dolle Dries, wegpiraat; ± beunhaas
cowcatcher ['kaukætʃə] *znw* Am baanschuiver [aan locomotief]
cower ['kauə] *onoverg* neerhurken, ineenkrimpen, (weg)kruipen
cowherd ['kauhə:d] *znw* koeherder
cowl [kaul] *znw* monnikskap; schoorsteenkap, gek; luchtv kap [v. motor]
cowlick ['kaulik] *znw* weerbarstige lok; spuuglok
cowling ['kauliŋ] *znw* luchtv kap [v. motor]
cowpat ['kaupæt] *znw* koeienvlaai
cowpox ['kaupɔks] *znw* koepokken
cow puncher Am *znw* gemeenz cowboy
cowrie ['kau(ə)ri] *znw* porseleinslak
cowshed *znw* koeienstal
cowslip *znw* sleutelbloem
cox [kɔks] **I** *znw* stuurman [v. roeiboot]; **II** *overg* als stuurman optreden voor, besturen; ~*ed four* sp vier met stuurman; **III** *onoverg* stuurman zijn
coxcomb ['kɔkskoum] *znw* kwast, dandy, modegek
coxswain ['kɔksn] *znw* stuurman
coy [kɔi] *bn* (quasi-)verlegen, bedeesd, schuchter, terughoudend, preuts
coyote ['kɔiout, kɔi'out] *znw* prairiewolf, coyote
coypu ['kɔipu:] *znw* dierk nutria, beverrat, moerasbever
cozy Am = *cosy*
crab [kræb] **I** *znw* krab; med schaamluis, platje *o*; plantk wilde appel, fig gemeenz zuurpruim, mopperkont; *C*~ Kreeft [teken v.d. dierenriem]; *catch a* ~ een snoek maken, slaan [bij roeien]; **II** *overg* gemeenz afmaken, bekritiseren; bederven
crab-apple *znw* wilde appel; fig zuurpruim, mopperkont
crabbed ['kræbid] *bn* zuur, kribbig, nors, korzelig; kriebelig (geschreven); gewrongen [v. stijl]
crabby *bn* kribbig, humeurig
crab cactus ['kræbkæktəs] *znw* lidcactus
crack [kræk] **I** *znw* gekraak *o*, kraak, krak, knak, knal; kier, spleet, barst, breuk; slag, klap; crack [cocaïne-derivaat]; gemeenz kei, uitblinker, crack; *have a* ~ *at* een gooi doen naar; *a fair* ~ *of the whip* een eerlijke kans; *the* ~ *of dawn* het krieken van de dag; *the* ~ *of doom* de dag des oordeels; **II** *bn* chic, prima, best, keur-, elite; **III** *onoverg & overg* kraken,

knappen, breken [glas, ijs]; (doen) barsten, springen, doen knallen, (laten) klappen; de oplossing vinden van [een probleem], ontcijferen [v. een code], ~ *a bottle* een fles soldaat maken; ~ *jokes* moppen tappen; *get ~ing* gemeenz aan de slag gaan, opschieten, voortmaken (met *on*); ~ *down on* gemeenz hard aanpakken; ~ *up* gemeenz aanprijzen; gemeenz bezwijken, het afleggen, te pletter vallen; in lachen uitbarsten; *he's not all he's ~ed up to be* hij is helemaal niet zo goed als algemeen beweerd wordt; **IV** *tsw* krak!

crackdown ['krækdaun] *znw* gemeenz strenge maatregelen, streng optreden *o*

cracked *bn* gemeenz getikt

cracker *znw* (zeven)klapper, knalbonbon, pistache; cracker, Am beschuit; *~(s)* notenkraker

crackers *bn* gemeenz krankjorum, knetter, gek; zie ook: *cracker*

cracking *bn* gemeenz zeer snel; fantastisch, uitstekend, geweldig

crack-jaw *bn* gemeenz onuitspreekbaar [naam]

crackle ['krækl] **I** *onoverg* knetteren, knappen; **II** *znw* geknetter *o*, knappen *o*; craquelure, haarscheurtjes; [v. porselein] craquelé *o* (ook: ~ *ware*)

crackling *znw* geknetter *o*; gebraden randje *o* aan varkensvlees

cracknel ['kræknəl] *znw* krakeling

crackpot ['krækpɔt] **I** *bn* gemeenz excentriek, bizar, gek; **II** *znw* excentriekeling, zonderling

cracksman ['kræksmən] *znw* slang inbreker

cradle ['kreidl] **I** *znw* wieg[2], bakermat; scheepv slede; med spalk; hangstelling; haak [v. telefoon]; *from the* ~ van kindsbeen af; **II** *overg* wiegen; op de haak leggen [v. telefoon]

cradle-snatcher ['kreidl'snætʃə] *znw* gemeenz iem. die een verhouding heeft met een veel jonger persoon, ouwe snoeper

craft [kra:ft] *znw* handwerk *o*, ambacht *o*; kunst(nijverheid), vak *o*; gilde *o & v*; list(igheid), sluwheid, bedrog *o*; scheepv vaartuig *o*, vaartuigen [van allerlei soort]

craft guild ['kra:ftgild] *znw* (ambachts)gilde *o & v*

craftiness *znw* listigheid, sluwheid, boerenslimheid

craftsman *znw* (bekwaam) handwerksman; vakman

craftsmanship *znw* vakmanschap *o*, bedrevenheid; handwerk *o*

crafty *bn* loos, listig, sluw, berekenend

crag [kræg] *znw* rots(punt)

craggy *bn* steil, ruw, onregelmatig, grillig ingesneden; verweerd [v. gezicht]

cragsman *znw* geoefend bergbeklimmer

cram [kræm] **I** *overg* in-, volstoppen, volproppen; onderw inpompen, klaarstomen [voor examen]; **II** *onoverg* onderw blokken

cram-full *bn* tjokvol, propvol

crammer *znw* repetitor; particuliere school die leerlingen in korte tijd klaarstoomt voor een examen

cramp [kræmp] **I** *znw* kramp; kram, klemhaak; belemmering; **II** *overg* kramp veroorzaken (in); krammen; belemmeren; *be ~ ed for room* zich niet vrij bewegen kunnen, eng behuisd zijn; *~ed handwriting* kriebelig schrift *o*; *~ed style* gewrongen stijl; ~ *sbd.'s style* iem. in zijn doen en laten/ontplooiing belemmeren

cramped [kræmpt] *bn* klein, krap [v. behuizing]; priegelig [v. handschrift]

cramp iron *znw* kram, klimijzer *o*

crampon ['kræmpən] *znw* ijsspoor, klimijzer *o*

cranberry ['krænbəri] *znw* veenbes, cranberry

crane [krein] **I** *znw* dierk kraanvogel; techn (hijs-) kraan; **II** *onoverg*: ~ *one's neck* de hals uitstrekken, reikhalzen

crane-fly ['kreinflai] *znw* langpootmug

cranial ['kreiniəl] *bn* schedel-

cranium ['kreiniəm] *znw* (*mv*: *-s of* crania [-niə]) schedel

crank [kræŋk] **I** *znw* kruk, handvat *o*, crank, slinger; zonderling, maniak; **II** *overg*: ~ *(up)* aanzwengelen [motor]

crankcase *znw* carter

crankshaft *znw* techn krukas

cranky *bn* Am nukkig, humeurig; excentriek, raar

cranny ['kræni] *znw* scheur, spleet

crap [kræp] **I** *znw* plat stront; gelul *o*, stom geouwehoer *o*; snertding *o*, troep, shit; **II** *onoverg* plat schijten, kakken

crape [kreip] *znw* crêpe

crappy ['kræpi] *bn* plat waardeloos, kut-

craps [kræps] *znw* Am bepaald dobbelspel *o*

crash [kræʃ] **I** *overg* botsen op/tegen, te pletter laten vallen; neersmijten; gemeenz onuitgenodigd verschijnen [op feest]; **II** *onoverg* kraken, dreunen, ratelen; krakend ineenstorten; botsen, verongelukken, neerstorten, neerkomen, te pletter vallen [v. vliegtuig]; ineenstorten [beurs], failliet gaan; ~ *out* gemeenz maffen, pitten; ~ *against (into)* aanbotsen tegen; **III** *znw* **1** gekraak *o*, geratel *o*, geraas *o*; slag; botsing, aanrijding; val; luchtv vliegtuigongeluk *o*; **2** handel krach, debacle

crash barrier *znw* vangrail

crash course *znw* spoedcursus

crash-helmet *znw* valhelm

crash-land *onoverg* een noodlanding/buiklanding maken

crash-landing *znw* noodlanding, buiklanding

crass [kræs] *bn* lomp, grof, erg; stomp

crassness *znw* grofheid, lompheid, stommiteit; stompheid

crate [kreit] *znw* krat, kist; brik, oude auto

crater ['kreitə] *znw* krater; (granaat)trechter

cravat [krə'væt] *znw* sjaaltje *o*

crave [kreiv] **I** *overg* smeken, vragen (om); **II** *onoverg*: ~ *for* snakken naar, hunkeren naar

craven ['kreivn] **I** *bn* laf; **II** *znw* lafaard

craving ['kreiviŋ] *znw* hevig verlangen *o*
craw [krɔ:] *znw* krop [van vogel]
crawfish ['krɔ:fiʃ] *znw* Am rivierkreeft
crawl [krɔ:l] **I** *onoverg* kruipen[2], sluipen; schuifelen [v. slang]; snorren [van taxi &]; ~ *with* wemelen van; **II** *znw* kruipen *o*; gekrieuwel *o*; crawl [zwemslag]
crawler *znw* kruiper
crayfish ['kreifiʃ] *znw* rivierkreeft
crayon ['kreiən, 'kreiɔn] **I** *znw* crayon *o* & *m*, tekenkrijt *o*; pastel *o*, pasteltekening; **II** *overg* crayoneren, met krijt tekenen
craze [kreiz] *znw* krankzinnigheid, rage, manie
crazed *bn* krankzinnig, gek; gecraqueleerd
crazy *bn* krankzinnig, gek; ~ *about* dol op
crazy bone *znw* Am = *funny bone*
crazy paving *znw* mozaïekplaveisel *o*
creak [kri:k] **I** *onoverg* kraken; knarsen, piepen; **II** *znw* knarsend, krakend of piepend geluid *o*
creaky *bn* krakend; knarsend, piepend
cream [kri:m] **I** *znw* room[2]; crème[2]; beste *o*, fig bloem; bonbon; ~ *of tartar* cremortart *o*; **II** *bn* crème; **III** *overg* (af)romen[2]; kloppen, dooreenroeren; inwrijven, smeren [huid]; ~ *off* fig afromen
cream cheese *znw* roomkaas
cream cracker *znw* cracker
creamery *znw* boterfabriek, zuivelfabriek; roomhuis *o*, melksalon
cream tea *znw* theemaaltijd met jam, cake en room
creamy *bn* roomachtig, roomhoudend
crease [kri:s] **I** *znw* kreuk(el), vouw, plooi; **II** *overg* & *onoverg* kreuk(el)en, vouwen, plooien; ~ *up* gemeenz omvallen van het lachen
crease-proof, **crease-resistant** *bn* kreukherstellend, -vrij
create [kri'eit] **I** *overg* scheppen; in het leven roepen, doen ontstaan, teweegbrengen, wekken; creëren, maken; benoemen tot; **II** *onoverg* gemeenz tekeergaan, drukte maken
creation *znw* schepping; instelling; creatie
creative *bn* creatief, scheppend, scheppings-
creativeness *znw* = *creativity*
creativity [kriei'tiviti] *znw* creativiteit, scheppingsvermogen *o*, scheppende kracht
creator [kri'eitə] *znw* schepper
creature ['kri:tʃə] *znw* schepsel *o*; geringsch creatuur *o*, werktuig *o*; beest *o*, dier *o*; ~ *comforts* materiële welstand
crèche [kreiʃ] *znw* crèche, kinderbewaarplaats
credence ['kri:dəns] *znw*: *give (lend)* ~ *to* geloof hechten aan
credentials [kri'denʃəls] *znw mv* geloofsbrieven; fig papieren [getuigschriften &]
credibility [kredi'biliti] *znw* geloofwaardigheid; ~ *gap* vertrouwenscrisis, ongeloofwaardigheid
credible ['kredibl] *bn* geloofwaardig
credit ['kredit] **I** *znw* geloof *o*, reputatie, goede naam, gezag *o*, invloed; eer; krediet *o*; credit *o*, creditzijde; ~*s* ook: aftiteling [v. film]; *be a* ~ *to*, *do* ~ *to* tot eer strekken; *give him* ~ *for* hem de eer geven... te zijn; *give* ~ *to* geloof schenken aan; *take* ~ *for* het zich tot een eer (verdienste) rekenen dat; *to his* ~ tot zijn eer (strekkend), op zijn naam (staand) [v. boeken &]; in zijn credit (geboekt); **II** *overg* geloven; crediteren; ~ *him with...* hem de eer geven van...; hem... toeschrijven; hem crediteren voor...
creditable *bn* eervol, verdienstelijk
credit card *znw* kredietkaart, creditcard
credit note *znw* tegoedbon
creditor *znw* crediteur, schuldeiser
credit titles *znw mv* titels, aftiteling [v. film]
credit transfer *znw* giro-, bankoverschrijving
creditworthy *bn* kredietwaardig
credo ['kri:dou] *znw* credo *o*
credulity [kri'dju:liti] *znw* lichtgelovigheid
credulous ['kredjuləs] *bn* lichtgelovig
creed [kri:d] *znw* geloof *o*, geloofsbelijdenis; overtuiging, richting
creek [kri:k] *znw* kreek, inham, bocht; Am zijrivier, riviertje *o*; *up the* ~ *(without a paddle)* gemeenz in moeilijkheden
creel [kri:l] *znw* viskorf
1 creep [kri:p] (crept; crept) *onoverg* kruipen, sluipen; ~ *in* binnensluipen; ~ *up on* besluipen; *it made my flesh* ~ ik kreeg er kippenvel van; ~*ing paralysis* progressieve verlamming
2 creep *znw* gemeenz genieperd, engerd; *it gives me the* ~*s* ik krijg er de kriebels van, ik vind het doodeng
creeper *znw* kruipend dier *o*; kruipende plant; dierk boomkruiper
creepy *bn* griezelig
creepy-crawly *znw* gemeenz (eng) beestje *o* [insect]
cremate [kri'meit] *overg* verbranden [lijken], verassen, cremeren
cremation *znw* lijkverbranding, verassing, crematie
crematorium [kremə'tɔ:riəm] *znw* (*mv*: -s *of* crematoria [-riə]) crematorium *o*
crenel ['krenl] *znw* kanteel, tinne
crenellated *bn* van kantelen voorzien, ommuurd, versterkt
creole ['kri:oul] **I** *znw* creool(se); **II** *bn* creools
creosote ['kri(:)əsout] **I** *znw* creosoot *m* & *o*; **II** *overg* met creosoot behandelen
crêpe [kreip] *znw* crêpe; ~ *paper* crêpepapier; ~ *shoes* schoenen met crêperubber zolen
crepitate ['krepiteit] *onoverg* knetteren
crepitation [krepi'teiʃən] *znw* geknetter *o*
crept [krept] V.T. & V.D. van *creep*
crepuscular [kri'pʌskjulə] *bn* schemerend, schemerig, schemer-
crescent ['kresənt] **I** *bn* wassend, toenemend; halvemaanvormig; **II** *znw* wassende maan; hal-

vemaan; halfcirkelvormige rij huizen
cress [kres] *znw* tuinkers, waterkers
crest [krest] *znw* kam, kuif, pluim; kruin, top; (schuim)kop [op golven]; herald helmteken *o*
crested ['krestid] *bn* met kuif, gekuifd, kuif-
crestfallen ['krestfɔ:l(ə)n] *bn* terneergeslagen
cretaceous [kri'teiʃəs] *bn* krijtachtig, krijt-
Cretan ['kri:tən] **I** *bn* Kretenzisch; **II** *znw* Kretenzer
cretin ['kre, 'kri:tin] *znw* cretin, idioot, stomkop
cretinous ['kre-, 'kri:tinəs] *bn* **1** med lijdend aan cretinisme; **2** gemeenz idioot, achterlijk
cretonne [kre'tɔn, 'kretɔn] *znw* cretonne *o*
crevasse [kri'væs] *znw* gletsjerspleet
crevice ['krevis] *znw* spleet, scheur
1 crew [kru:] **I** *znw* scheepsvolk *o*, bemanning; bediening(smanschappen); ploeg; troep, bende; gespuis *o*; **II** *onoverg (& overg)* deel uitmaken van de bemanning (van)
2 crew V.T. van [2]*crow (1)*
crew cut ['kru:kʌt] *znw* stekeltjeshaar *o*, kort Amerikaans
crewel ['kru:il] *znw* borduurwol
crewman ['kru:mæn, -mən] *znw* bemanningslid *o*
crib [krib] **I** *znw* krib; hut, koestal; kribbe, kinderbedje *o*; spiekbriefje *o*; ook: gemeenz = *cribbage*; **II** *overg* overkalken, spieken
cribbage ['kribidʒ] *znw* bepaald kaartspel
crick [krik] **I** *znw* kramp; **II** *overg* kramp krijgen in
cricket ['krikit] *znw* **1** krekel; **2** cricket(spel) *o*; *not (quite) ~ to...* niet eerlijk om...
cricketer *znw* cricketspeler
crier ['kraiə] *znw* omroeper
crikey! ['kraiki] *tsw* uitroep van verbazing
crime [kraim] *znw* misdaad; criminaliteit; wandaad
Crimean [krai-, kri'miən] *bn* Krim-
criminal ['kriminl] **I** *bn* crimineel; misdadig; schandalig; *C~ Investigation Department* recherche; *~ law* strafrecht *o*; *~lawyer* strafpleiter; criminalist; **II** *znw* misdadiger, gemeenz boef
criminality [krimi'næliti] *znw* criminaliteit: misdadigheid; aantal *o* misdaden
criminologist [krimi'nɔlədʒist] *znw* criminoloog
criminology *znw* criminologie
crimp [krimp] *overg* **1** plooien, krullen; **2** krimp snijden, levend snijden [vis]
crimson ['krimzn] **I** *bn* karmozijnrood; [v. gezicht] vuurrood; **II** *znw* karmozijn *o*; **III** *overg* karmozijn verven; **IV** *onoverg* karmozijnrood worden, blozen
cringe [krindʒ] **I** *onoverg* ineenkrimpen; fig kruipen (voor *to*); *the very thought of it makes me ~* ik krijg al kromme tenen als ik eraan denk; **II** *znw* kruiperige buiging
crinkle ['kriŋkl] **I** *overg & onoverg* (doen) kronkelen, rimpelen, (ver)frommelen; **II** *znw* kronkel, rimpel, frommel
crinkly *bn* kronkelig, rimpelig
crinoline ['krinəli:n] *znw* hoepelrok
cripple ['kripl] **I** *znw* kreupele, gebrekkige, verminkte; **II** *overg* kreupel maken, verminken; onklaar maken; fig verlammen, belemmeren
crisis ['kraisis] *znw* (crises [-si:z]) crisis, keerpunt *o*
crisp [krisp] **I** *bn* kroes; gerimpeld; knappend, krakend [papier], bros, krokant; opwekkend [lucht]; gedecideerd; scherp; fris, levendig, pittig, ongezouten [antwoord]; **II** *znw* (potato)chip; *burnt to a ~* zwartverbrand; **III** *overg* krullen, kroezen, friseren; rimpelen
crispy *bn* kroes; bros; fris
criss-cross ['kriskrɔ(:)s] **I** *znw* netwerk *o*, wirwar; **II** *bijw & bn* kriskras (liggend, lopend)
criterion [krai'tiəriən] *znw* (*mv*: -s *of* criteria [-riə]) criterium *o*, toets, maatstaf; graadmeter
critic ['kritik] *znw* criticus
critical *bn* kritisch; kritiek; *be ~ of* kritiek hebben op, kritisch staan tegenover
criticism ['kritisizm] *znw* kritiek (op *of*), beoordeling; kritische op-, aanmerking
criticize *overg* kritiseren, beoordelen; aanmerkingen maken op, bekritiseren, hekelen
critique [kri'ti:k] *znw* kritiek, beoordeling
croak [krouk] **I** *onoverg* kwaken, krassen; slang doodgaan; **II** *overg* met schorre stem zeggen
croaker *znw* iets wat kwaakt; onheilsprofeet, doemdenker; Am gemeenz pil [dokter]
Croatia [krou'eiʃə] *znw* Kroatië *o*
Croatian [krou'eiʃən] **I** *znw* Kroaat; Kroatisch *o*; **II** *bn* Kroatisch
crochet ['krouʃei, 'krouʃi] **I** *znw* haakwerk *o*; **II** *overg & onoverg* haken
crochet-hook *znw* haakpen
crock [krɔk] *znw* pot; gemeenz wrak
crockery ['krɔkəri] *znw* aardewerk *o*
crocodile ['krɔkədail] **I** *znw* krokodil; krokodillenleer *o*; **II** *bn* krokodillen-; krokodillenleren
crocus ['kroukəs] *znw* krokus
croft [krɔ(:)ft] *znw* klein stuk wei- of bouwland *o* van een keuterboertje
crofter *znw* keuterboertje *o*
cromlech ['krɔmlek] *znw* prehistorisch steengraf *o*
crone [kroun] *znw* oud wijf *o*
crony ['krouni] *znw* makker, maatje *o*
crook [kruk] **I** *znw* kromte, bocht; kromming; haak; herdersstaf, kromstaf, bisschopsstaf; gemeenz oplichter, boef; **II** *overg & onoverg* (zich) krommen; buigen
crook-back *znw* bochel
crook-backed *bn* gebocheld
crooked *bn* krom, gebogen, verdraaid, verkeerd, slinks, oneerlijk
croon [kru:n] *onoverg & overg* half neuriën, croonen
crooner *znw* crooner
crop [krɔp] **I** *znw* krop; gewas *o*, oogst (ook: *~s*); aantal *o*, menigte, hoop; kortgeknipt haar *o*; knippen *o*; jachtzweep; **II** *overg* plukken, oogsten; afknippen; kortstaarten, (de oren) afsnijden, couperen; afknabbelen; *~ up* opduiken, zich op-, voor-

doen, er tussen komen
cropper ['krɔpə] *znw* gemeenz val, smak; productieve plant; *come a ~* gemeenz languit vallen; over de kop gaan; afgaan, op je bek gaan
crop rotation ['krɔprouteiʃən] *znw* wisselbouw
croquet ['kroukei, -ki] *znw* croquet(spel) *o*
croquette [krou'ket] *znw* kroket
crosier, crozier ['krouʒə] *znw* bisschopsstaf, kromstaf
cross [krɔ:s, krɔs] **I** *znw* kruis *o*; kruisje *o*; kruising; sp pass dwars over het veld; voorzet; *on the ~* diagonaal, schuin; **II** *overg* kruisen; kruisgewijs over elkaar leggen, [armen, benen] over elkaar slaan, doorkruisen, strepen [een cheque]; een kruis maken over; met een kruis(je) merken; kruiselings berijden; overschrijden, oversteken, overvaren, (dwars) lopen (gaan) door (over); dwarsbomen, tegenwerken; *~ one's fingers, keep one's fingers ~ed* in stilte bidden (hopen), het beste hopen; ± even afkloppen, duimen; *~ sbd.'s mind* bij iem. opkomen; *~ off (out)* doorhalen, schrappen; **III** *onoverg* elkaar kruisen; **IV** *wederk*: *~ oneself* een kruis slaan (maken); **V** *bn* uit zijn humeur, kwaad, boos
cross-bar *znw* dwarshout *o*, dwarslat, stang [v. herenfiets]; sp (doel)lat [bij voetbal]
crossbeam *znw* dwarsbalk
crossbearing *znw* kruispeiling
crossbones *znw mv* gekruiste botten [als zinnebeeld van de dood]
crossbow *znw* kruisboog
cross-bred *bn* van gekruist ras
cross-breed I *znw* gekruist ras *o*, kruising; bastaard; **II** *overg* kruisen [rassen]
cross bun *znw* broodje *o* met een kruis erop [op Goede Vrijdag] (*hot ~*)
cross-Channel *bn* over het Kanaal, Kanaal-
cross-check I *overg* nogmaals, op een andere manier controleren; **II** *znw* extra controle (op een andere manier)
cross-country I *bn* dwars door het land, terrein-; **II** *znw* veldloop, terreinrit &
cross-cut *bn* overdwars gesneden of gezaagd
cross-examination *znw* kruisverhoor *o*
cross-examine *overg* aan een kruisverhoor onderwerpen, scherp ondervragen
cross-eyed *bn* scheel
crossfire *znw* **1** kruisvuur *o*; **2** spervuur *o* van vragen
cross-grained *bn* dwars op de draad [hout]; fig dwars
crossing *znw* kruising, oversteken *o*; overvaart, -tocht; kruispunt *o*; overweg; oversteekplaats
cross-legged *bn* met gekruiste benen; met de benen over elkaar
crosspatch *znw* nijdas
cross-purpose *znw*: *be at ~s* elkaar onbedoeld tegenwerken; elkaars bedoelingen niet begrijpen
cross-question *overg* scherp ondervragen, aan een kruisverhoor onderwerpen
cross-reference *znw* verwijzing
crossroad *znw* dwarsweg, kruisende weg; *~s* wegkruising, twee-, viersprong; fig tweesprong, cruciaal moment *o*, keerpunt *o*
cross-section *znw* dwars(door)snede[2]; representatieve steekproef
cross-street *znw* dwarsstraat
crosstalk *znw* snelle, flitsende dialoog
crosswalk *znw* Am voetgangersoversteekplaats
crossways, crosswise *bn & bijw* kruisgewijze
crosswind *znw* zijwind
crossword, crossword puzzle *znw* kruiswoordraadsel *o*
crotch [krɔtʃ] *znw* kruis *o* [v. mens, broek]
crotchet ['krɔtʃit] *znw* muz kwartnoot
crotchety *bn* gemeenz chagrijnig, knorrig
crouch [krautʃ] **I** *onoverg* (ook: *~ down*) bukken; **II** *znw* gebukte (kruipende) houding
croup [kru:p] *znw* **1** kruis *o* [v. paard]; **2** med kroep
croupier ['kru:piə] *znw* croupier
1 crow [krou] *znw* dierk kraai; gekraai *o*; *as the ~ flies* hemelsbreed
2 crow (crowed (*in bet. 1 ook*: crew); crowed) *onoverg* **1** kraaien [v. haan]; **2** kraaien [v. baby]; *~ over sbd.* victorie kraaien
crowbar *znw* koevoet, breekijzer *o*
crowd [kraud] **I** *znw* gedrang *o*, menigte, schare, (grote) hoop, massa; figuratie [in film]; gemeenz gezelschap *o*, stel *o*, troep, bende, lui; *follow (go with, move with) the ~* in de pas lopen, zich conformeren; **II** *onoverg* dringen, duwen, zich verdringen, drommen; **III** *overg* (opeen)dringen, (opeen-) pakken, duwen; zich verdringen in (op); vullen, volproppen; *~ in on sbd.* iemand zwaar onder druk zetten; *~ed* (stamp)vol; druk; *~ out* verdringen
crown [kraun] **I** *znw* kroon; krans; kruin; top; bol [v. hoed], hoofd *o*; kroon [v. tand/kies]; kruis *o* [v. anker] *the ~* de kroon, de vorstelijke macht; **II** *overg* kronen (tot), bekronen; slang op het hoofd slaan; *~ a man* sp dam halen; *to ~ it all* om de kroon op het werk te zetten; tot overmaat van ramp
crown colony *znw* kroonkolonie
crown court *znw* gerechtshof *o* voor strafzaken
crowned *bn* gekroond, met een kroon (kam, kuif &)
crowning I *znw* kroning, voltooiing; **II** *bn* allesovertreffend, het toppunt vormend van
crown jewels *znw mv* kroonjuwelen
crown land *znw* kroondomein *o*
crown law *znw* Br strafrecht *o*
crown prince *znw* kroonprins
crown princess *znw* kroonprinses
crown wheel *znw* auto kroonwiel *o*
crown witness *znw* recht kroongetuige
crow's-feet ['krouzfit] *znw mv* kraaienpootjes: rimpeltjes (bij de ogen)

crow's-nest *znw* scheepv kraaiennest *o*
crozier *znw* = *crosier*
crucial ['kru:ʃiəl] *bn* kritiek, beslissend, doorslaggevend
crucible ['kru:sibl] *znw* smeltkroes; fig vuurproef
cruciferous [kru:'sifərəs] *bn* plantk kruisbloemig
crucifix ['kru:sifiks] *znw* crucifix *o*, kruisbeeld *o*
crucifixion [kru:si'fikʃən] *znw* kruisiging
cruciform ['kru:sifɔ:m] *bn* kruisvormig
crucify *overg* kruisigen; martelen, kastijden; de grond in boren (in een debat, westrijd &)
crude [kru:d] **I** *bn* rauw, ruw, grof, onbereid, ongezuiverd, onrijp; primitief; **II** *znw* ruwe olie (~ *oil*)
crudeness, **crudity** *znw* rauwheid, ruwheid, grofheid, onrijpheid; primitiviteit
cruel ['kruəl] *bn* wreed, gemeen; bar, guur
cruelty *znw* wreedheid
cruet ['kruit] *znw* (olie-, azijn)flesje *o*; RK ampul; = *cruet-stand*
cruet-stand *znw* olie-en-azijnstel *o*
cruise [kru:z] **I** *onoverg* cruisen, een cruise maken; kruisen, (langzaam) rondrijden; kruisen [marine], patrouilleren; **II** *znw* cruise, pleziervaart (ook: *pleasure* ~)
cruise missile *znw* kruisraket, kruisvluchtwapen *o*
cruiser *znw* kruiser; motorjacht *o*
cruising speed *znw* kruissnelheid
crumb [krʌm] **I** *znw* kruim, kruimel[2]; ~*s!* verdraaid!, jeetje!; **II** *overg* kruimelen; paneren
crumble [krʌmbl] **I** *overg & onoverg* (ver)kruimelen, brokkelen, verbrokkelen, afbrokkelen; **II** *znw* kruimeltaart
crumbly *bn* kruimelig, brokkelig
crummy ['krʌmi] *bn* gemeenz smerig, vies, sjofel; waardeloos
crump [krʌmp] *znw* slag, klap, luide explosie
crumpet ['krʌmpit] *znw* plaatkoek; *a bit of* ~ plat een lekker wijf
crumple ['krʌmpl] *overg & onoverg* (ver)kreukelen, kreuken, verfrommelen; verschrompelen; verbuigen; verbogen worden; in elkaar (doen) zakken; ~*d* ook: krom, gebogen
crunch [krʌnʃ] **I** *onoverg* kraken, knarsen; **II** *overg* hoorbaar kauwen op iets knisperends; **III** *znw* krak; geknars *o*; crisis, kritiek ogenblik *o*
crunchy *bn* knappend; krakend
crupper ['krʌpə] *znw* staartriem; kruis *o* [v. paard]
crusade [kru:'seid] **I** *znw* kruistocht[2]; fig campagne; **II** *onoverg* een kruistocht ondernemen, te velde trekken, een campagne voeren
crusader *znw* kruisvaarder; fig deelnemer aan een campagne, strijder, ijveraar
crush [krʌʃ] **I** *overg* (samen-, uit)persen, (samen-, plat)drukken, stampen [erts]; verpletteren, vernietigen, onderdrukken; verfrommelen; ~ *out* uitpersen; dempen [oproer]; **II** *onoverg* pletten [v. stoffen]; ~ *into* binnendringen; **III** *znw* gedrang *o*; gemeenz verliefdheid; *have a* ~ *on sbd.* smoorverliefd zijn op iem.
crush-barrier *znw* dranghek *o*
crusher *znw* pletter, plethamer; stampmolen, maalmachine
crushing *bn* verpletterend, vernietigend
crust [krʌst] **I** *znw* korst, schaal, aanzetsel *o* [in een fles]; **II** *onoverg* aanzetten, een korst vormen
crustacean [krʌs'teiʃiən] *znw* schaaldier *o*
crusted ['krʌstid] *bn* aangezet [v. wijn]; ingeworteld, ouderwets, vastgeroest; eerbiedwaardig
crusty *bn* korstig; fig korzelig, kribbig, gemelijk
crutch [krʌtʃ] *znw* kruk; fig steun
crux [krʌks] *znw* (*mv*: cruces ['kru:si:z]) crux, struikelblok *o*, (onoplosbare) moeilijkheid; kardinale punt *o*, essentie, kwintessens, kardinale vraag
cry [krai] **I** *znw* roep, schreeuw, kreet, geroep *o*, geschreeuw *o*, gebrul *o*; geblaf *o*, gejank *o*; gehuil *o*, huilbui; *it is a far* ~ het is heel ver; *have a good* ~ eens goed uithuilen; **II** *onoverg* roepen, schreeuwen, schreien, huilen; blaffen, janken; *for* ~*ing out loud* in vredesnaam, allemachtig; **III** *overg* (uit-) roepen, omroepen; ~ *one's eyes out* hartverscheurend huilen; ~ *oneself to sleep* zichzelf in slaap huilen; ~ *down* afbreken; ~ *for...* roepen, schreeuwen, huilen, schreien om..., van.. [vreugde &]; ~ *for the moon* het onmogelijke verlangen; ~ *off* terugkrabbelen, het laten afweten; ervan afzien; ~ *out* uitroepen, het uitschreeuwen; ~ *out against* zijn stem verheffen tegen, luide protesteren tegen; ~ *(out) for* schreeuwen, roepen om; ~ *over spilt milk* gedane zaken die toch geen keer nemen betreuren; ~ *to*, ~ *unto* toe-, aanroepen; ~ *to heaven* ten hemel schreien; ~ *up* ophemelen
cry-baby *znw* huilebalk
crying *bn* schreeuwend, hemeltergend; dringend
cryogen ['kraiədʒən] *znw* vriesmengsel *o*; vriesmiddel *o*
crypt [kript] *znw* crypt(e), grafgewelf *o*
cryptic ['kriptik] *bn* cryptisch, geheim, verborgen; duister; ~ *crossword* cryptogram *o*
crypto- *bn* crypto-, verborgen, geheim, verkapt
cryptogam *znw* bedektbloeiende plant
cryptogram *znw* in geheimschrift geschreven stuk *o*
cryptographer [krip'tɔgrəfə] *znw* codeur
cryptography *znw* geheimschrift *o*
crystal ['kristl] **I** *znw* kristal *o*; **II** *bn* kristallen
crystal-gazing *znw* toekomst voorspellen *o* met een kristallen bol
crystalline *bn* kristalachtig, kristallen, plechtig kristallijnen
crystallization [kristəlai'zeiʃən] *znw* kristallisatie
crystallize ['kristelaiz] **I** *onoverg* (uit)kristalliseren[2]; de definitieve vorm krijgen [plannen &]; **II** *overg* laten (uit)kristalliseren; de definitieve vorm geven; konfijten, versuikeren
crystalloid **I** *bn* kristalachtig; **II** *znw* kristalloïde
CSE *afk.* = *Certificate of Secondary Education* ± einddi-

ploma v.d. middelbare school [tegenwoordig: *GCSE*]

cub [kʌb] **I** *znw* jong *o*, welp; gemeenz aankomend verslaggever *(~ reporter)*; **II** *onoverg* jongen werpen, jongen

Cuba ['kju:bə] *znw* Cuba *o*

Cuban ['kju:bən] **I** *znw* Cubaan; **II** *bn* Cubaans

cubby-hole ['kʌbihoul] *znw* huisje *o*, kamertje *o*, hoekje *o*; vakje *o*; hok *o*

cube [kju:b] **I** *znw* kubus; dobbelsteen; blok *o*, blokje *o*; (suiker)klontje *o*; wisk derde macht; *~ root* derdemachtswortel; **II** *overg* tot de derde macht verheffen

cubic ['kju:bik] *bn* kubiek, derdemachts-, inhouds-

cubicle ['kju:bikl] *znw* kamertje *o*, hokje *o*; pashokje *o*, kleedhokje *o*

cubism ['kju:bizm] *znw* kubisme *o*

cubist ['kju:bist] **I** *bn* kubistisch; **II** *znw* kubist

cubit ['kju:bit] *znw* elleboogslengte

cucking-stool ['kʌkiŋstu:l] *znw* hist schandpaal, -stoel

cuckold ['kʌkould] **I** *znw* bedrogen echtgenoot; **II** *overg* bedriegen, ontrouw zijn

cuckoo ['kuku:] **I** *znw* dierk koekoek; **II** *bn* gemeenz gek

cuckoo clock *znw* koekoeksklok

cucumber ['kju:kʌmbə] *znw* komkommer

cud [kʌd] *znw* geweekt voedsel *o* van herkauwend dier; *chew the ~* herkauwen; fig nadenken

cuddle ['kʌdl] **I** *onoverg* dicht bij elkaar liggen; *~ up* zich nestelen; **II** *overg* knuffelen, liefkozen; **III** *znw* knuffel, geknuffel *o*

cuddly *bn* aanhalig, schattig; *~ toy* knuffelbeestje *o*

cudgel ['kʌdʒəl] **I** *znw* knuppel; *take up the ~s for* het opnemen voor; **II** *overg* knuppelen, afrossen; *~one's brains* zich het hoofd breken

cue [kju:] **I** *znw* **1** wacht, wachtwoord *o* [v. acteur]; wenk, aanwijzing; **2** biljart keu; *give sbd. the ~* iem. een wenk geven; *take one's ~ from* zich laten leiden door, de aanwijzing volgen van, zich richten naar, een voorbeeld nemen aan; *on ~* op het juiste moment; **II** *overg*: *~ in* inseinen, informeren

cuff [kʌf] **I** *znw* slag, klap, oorveeg; Am omslag [v. broek]; manchet; *off the ~* gemeenz geïmproviseerd, ex tempore, voor de vuist; **II** *overg* slaan

cuff-link *znw* manchetknoop

cuirass [kwi'ræs] *znw* kuras *o*, (borst)harnas *o*

cuisine [kwi'zi:n] [Fr] *znw* keuken: wijze van koken

cul-de-sac ['kuldə'sæk] [Fr] *znw* doodlopende straat, doodlopende steeg; fig impasse, dood punt *o*

culinary ['kju:linəri] *bn* culinair, keuken-, kook-

cull [kʌl] **I** *overg* plukken, verzamelen, vergaren; selecteren, afschieten, slachten [v. zwakke, overtollige dieren]; **II** *znw* selectie, afschot *o*, slachting; slachtdier *o*

culminate ['kʌlmineit] *onoverg* culmineren, het toppunt bereiken

culmination [kʌlmi'neiʃən] *znw* culminatie, hoogtepunt[2] *o*

culottes [kju'lɔts] *znw mv* broekrok

culpable ['kʌlpəbl] *bn* schuldig, misdadig

culprit ['kʌlprit] *znw* schuldige, boosdoener

cult [kʌlt] *znw* cultus, eredienst, rage; sekte; cult, incrowd, (artistieke) subcultuur; *~ of personality, personality ~* persoonsverheerlijking; *~ book (film &)* cultboek *o* (-film &)

cultivable ['kʌltivəbl] *bn* bebouwbaar

cultivate *overg* bouwen, bebouwen, bewerken; verbouwen, (aan)kweken, telen; beschaven; beoefenen; cultiveren; in de smaak willen vallen bij, vleien

cultivation [kʌlti'veiʃən] *znw* bebouwing, bewerking, verbouwen *o*, cultuur, aankweking, teelt; beschaving; beoefening

cultivator *znw* bebouwer; kweker; beoefenaar; wiedvork cultivator [ploeg]

cultural ['kʌltʃərəl] *bn* cultureel

culture *znw* cultuur [ook = kweek (van bacteriën)], aankweking, teelt, bebouwing; beschaving; *physical ~* lichamelijke opvoeding, lichaamsoefeningen; *~ shock* cultuurschok; *~ vulture* cultuurfreak, culturele alleseter

cultured *bn* beschaafd; *~ pearl* gekweekte (cultivé-) parel

cultus ['kʌltʌs] *znw* verering van (of als) een godheid, cultus

culvert ['kʌlvət] *znw* duiker [onder dijk]

cum [kʌm] *voorz* cum, met; *ballet-~-opera* ballet en (tevens) opera

cumbersome, **cumbrous** *bn* log, hinderlijk, lastig, omslachtig

cumin, **cummin** ['kʌmin] *znw* komijn

cummerbund ['kʌməbʌnd] *znw* brede band, rond het middel gedragen [bij smoking]

cumulate ['kju:mjuleit] *overg & onoverg* (zich) opeenhopen, cumuleren

cumulation [kju:mju'leiʃən] *znw* opeenhoping

cumulative ['kju:mjulətiv] *bn* cumulatief

cumulus ['kju:mjuləs] *znw* (*mv*: cumuli [-lai]) stapelwolk

cuneiform ['kju:niifɔ:m] *bn* wigvormig; *~ writing* spijkerschrift *o*

cunning ['kʌniŋ] **I** *bn* listig, sluw; handig; Am aardig, lief, leuk; **II** *znw* listigheid, sluwheid; handigheid

cunt [kʌnt] *znw* plat kut; trut, klootzak

cup [kʌp] **I** *znw* kop, kopje *o* beker, cup [sp wedstrijdbeker; ook v. beha]; bowl; *(not) my ~ of tea* gemeenz (n)iets voor mij; *in one's ~s* boven zijn theewater; **II** *overg* in de holte van de hand houden (opvangen); *~ped hand* holle hand

cup-bearer *znw* schenker

cupboard ['kʌbəd] *znw* kast; *~ love* baatzuchtige liefde, liefde om het gewin

cupidity [kju:'piditi] *znw* hebzucht

cupola ['kju:pələ] *znw* koepel

cuppa ['kʌpə] *znw* gemeenz kop thee
cupric *bn* koper-
cup tie ['kʌptai] *znw* bekerwedstrijd
cur [kə:] *znw* straathond; fig hond, vlegel
curability [kjuərə'biliti] *znw* geneeslijkheid
curable ['kjuərəbl] *bn* geneeslijk
curacy ['kjuərəsi] *znw* (hulp)predikantsplaats; RK kapelaanschap *o*
curate *znw* (hulp)predikant; RK kapelaan
curative ['kjuərətiv] **I** *bn* genezend; heilzaam; **II** *znw* geneesmiddel *o*
curator [kju'reitə] *znw* curator; directeur; conservator
curb [kə:b] **I** *znw* fig teugel, toom, keurslijf *o*; Am rand(steen); Am (trottoir)band; **II** *overg* beteugelen, in toom houden, intomen, bedwingen
curd [kə:d] *znw* wrongel, gestremde melk, kwark (ook: *~s*)
curd cheese *znw* ± kwark
curdle ['kə:dl] *(overg &) onoverg* (doen) klonteren; stremmen, stollen
cure [kjuə] **I** *znw* genezing; geneesmiddel *o*; kuur; (ziel)zorg; predikantsplaats; **II** *overg* genezen (van *of*); (verduurzamen door) inmaken, drogen, pekelen, roken &
cure-all *znw* panacee
curfew ['kə:fju:] *znw* avondklok; uitgaansverbod *o*
curie ['kjuəri] *znw* curie [eenheid v. radioactiviteit]
curio ['kjuəriou] *znw* rariteit
curiosity [kjuəri'ɔsiti] *znw* nieuwsgierigheid, weetgierigheid; curiositeit, rariteit
curious ['kjuəriəs] *bn* nieuwsgierig, weetgierig, benieuwd; curieus, eigenaardig
curl [kə:l] **I** *znw* krul, kronkel(ing); **II** *overg* krullen, kronkelen, rimpelen; minachtend optrekken of omkrullen (ook: *~ up*); **III** *onoverg* (om)krullen, (ineen)kronkelen, rimpelen (ook: *~ up*); *~ up* zich oprollen; ineenkrimpen; in elkaar zakken
curler *znw* krulspeld, roller
curlew ['kə:lju:] *znw* dierk wulp
curling ['kə:liŋ] *znw* curling *o* [balspel op het ijs]
curling tongs *znw mv* krultang
curl-paper *znw* papillot
curly *bn* krullend, gekruld, krul-, kroes-
curly-pate *znw* krullenbol
currant ['kʌrənt] *znw* krent; *black & ~s* zwarte & bessen; *dried ~s* krenten; *~ loaf* krentenbrood *o*
currency ['kʌrənsi] *znw* gangbaarheid; ruchtbaarheid; (gang)baar geld *o*, munt(soort), betaalmiddel *o*, valuta, deviezen; *~ note* muntbiljet *o*; *~ reform* geldzuivering, -sanering
current I *bn* courant, gangbaar, in omloop, lopend; algemeen verspreid of aangenomen; actueel, van de dag; tegenwoordig, laatst (verschenen) [nummer]; *be ~* gangbaar[2] of in omloop zijn; *~ account* handel rekening-courant; *~ affairs* lopende zaken, actualiteiten; **II** *znw* stroming, stroom, loop, gang; *alternating ~* elektr wisselstroom; *direct ~* elektr gelijkstroom; *low-tension ~* elektr zwakstroom
current account *znw* rekening-courant
currently *bijw* tegenwoordig, momenteel, op het ogenblik
curriculum [kə'rikjuləm] *znw* (*mv*: curricula [-lə]) cursus, programma *o*, leerplan *o*
curriculum vitae [kə'rikjuləm 'vi:tai, -'vaiti:] *znw* curriculum vitae *o*, korte levensbeschrijving
1 curry ['kʌri] **I** *znw* kerrie; kerrieschotel; **II** *overg* met kerrie bereiden
2 curry ['kʌri] *overg* roskammen; afrossen; *~ favour with sbd.* iems. gunst proberen te winnen
curry-comb *znw* roskam
curry powder *znw* kerrie, kerriepoeder *o & m*
curse [kə:s] **I** *onoverg* vloeken; **II** *overg* uit-, vervloeken; *~ with* bezoeken met; **III** *znw* vloek, vervloeking, verwensing; *the ~* gemeenz de menstruatie
cursed ['kə:sid] *bn* vervloekt
cursive ['kə:siv] *znw* lopend [schrift *o*]
cursory ['kə:səri] *bn* terloops (gedaan of gemaakt), vluchtig, haastig
curst [kə:st] *bn* = *cursed*
curt [kə:t] *bn* kort, kort en bondig, kortaf, bits
curtail [kə:'teil] *overg* korten, besnoeien, beknotten, beperken, verminderen
curtailment *znw* verkorting, inkorting, beperking
curtain ['kə:t(i)n] **I** *znw* gordijn *o & v*, schuifgordijn *o*, overgordijn *o*; scherm *o*, doek *o*; *iron ~* ijzeren gordijn *o*; **II** *overg*: *~ off* afscheiden met een gordijn
curtain-call *znw*: *take three ~s* driemaal op het podium teruggeroepen worden
curtain-raiser *znw* kort toneelstuk *o* vóór het eigenlijke stuk; voorprogramma *o*; fig voorspel *o*
curts(e)y ['kə:tsi] **I** *znw* revérence; *do a ~* een revérence maken; **II** *onoverg* een revérence maken
curvaceous [kə:'veiʃəs] *bn* gemeenz volslank
curvature ['kə:vətʃə] *znw* kromming, boog; *~ of the spine* ruggengraatsverkromming
curve [kə:v] **I** *znw* kromming, curve, kromme (lijn), bocht; **II** *onoverg* een bocht maken, buigen, zich krommen; **III** *overg* (om)buigen, krommen
curvet [kə:'vet] *znw* courbette: hoge-schoolsprong [v. paard]
curvilinear [kə:vi'liniə] *bn* kromlijnig
curvy ['kə:vi] *bn* **1** bochtig; **2** welgevormd, goed geproportioneerd [v. vrouw]
cushion ['kuʃən] **I** *znw* kussen *o*; kussentje *o*; biljart band; **II** *overg* van kussens voorzien; opvangen [de slag], breken [de val], verzachten
cushy ['kuʃi] *bn* gemeenz jofel, fijn, makkelijk
cusp [kʌsp] *znw* punt; horen [v.d. maan]
cuspidor ['kʌspidɔ:r] *znw* kwispedoor
cuss [kʌs] gemeenz **I** *znw* vloek; kerel; *not a tinker's ~* geen snars; **II** *(overg &) onoverg* (ver-, uit)vloeken
cussed *bn* gemeenz balorig, koppig
custard ['kʌstəd] *znw* vla [v. eieren en melk], custard

custard pie *znw* taart zoals gebruikt in slapsticks; slapstick-
custodian [kʌs'toudiən] *znw* bewaker, beheerder, conservator [v. museum]; voogd
custody ['kʌstədi] *znw* bewaking, hoede, zorg, voogdij; berusting, bewaring; hechtenis
custom ['kʌstəm] **I** *znw* gewoonte, gebruik *o*; klandizie, nering; *~s* douane; douanerechten; **II** *bn* speciaal (gemaakt), op maat, maat- [v. kleding &]
customary *bn* gewoon, gebruikelijk
custom-built *bn = custom II*
customer *znw* klant; gemeenz kerel, vent
customize ['kʌstəmaiz] *overg* op bestelling maken; aanpassen aan persoonlijke verlangens
custom-made *bn = custom II*
customs-house *znw* douanekantoor *o*; douane
customs officer *znw* douanebeambte, commies
1 cut [kʌt] (cut; cut) **I** *overg* snijden[2], af-, aan-, be-, door-, stuk-, open-, uitsnijden; verminderen, verlagen [prijzen]; afschaffen [ter bezuiniging]; couperen, afnemen; (af-, door)knippen; hakken, (af-) kappen; maaien; [zoden] steken, [een dijk] doorsteken; (door)graven; doorhakken; (door)klieven; banen [een weg]; [glas] slijpen; af-, verbreken; weglaten; gemeenz Am negeren, wegblijven van [les &]; gemeenz eraan geven; *~ it fine* op het nippertje komen &; *~ one's stick* gemeenz 'm smeren; *~ one's teeth* tanden krijgen; **II** *onoverg* snijden, couperen; zich laten snijden; *~ and run* slang er vandoor gaan, vliegen, rennen; *~ both ways* van twee kanten snijden; *~ sbd. short* iem. in de rede vallen; *~ sbd. dead* iem. totaal negeren; *~ a figure* een figuur slaan; *~ across* doorsnijden; (dwars) oversteken; fig in strijd zijn met, ingaan tegen; doorbreken, overstijgen; *~ at* steken of een uitval doen naar; *~ along* gemeenz snel gaan, voorbijschieten; 'm smeren; *~ away* wegsnijden; *~ back* snoeien; besnoeien; inkrimpen; terugkeren naar een vorig beeld of toneel [in film]; gemeenz rechtsomkeert maken; *~ down* (geleidelijk) verminderen, besnoeien[2]; vellen; zie ook: *[1]size*; *~ in* insnijden; in de rede vallen, invallen; *~ off* afsnijden[2]; onderbreken; wegmaaien; afknippen, afhakken, afslaan; afzetten [ledematen; motor], afsluiten [gas &]; afbreken [onderhandelingen]; *~ off with a shilling* onterven; *~ out* (uit)knippen, uitsnijden; uitsluiten; gemeenz verdringen, een beentje lichten; achterwege laten, couperen; gemeenz uitscheiden (ophouden) met; elektr uitschakelen; afslaan, weigeren [v. motor]; zie ook: *work III*; *be ~ out for* geknipt zijn voor; *~ under* onderkruipen; *~ up* (stuk-) snijden, hakken, knippen, versnijden; verdelen; fig afmaken, afbreken; in de pan hakken; *be ~ up by* ontdaan, kapot zijn van; *~ up rough* boos of nijdig worden
2 cut I *bn* gesneden; los [bloemen]; geslepen [glas]; *~ price* sterk verlaagde prijs, spotprijs; *~ and dried* gemeenz vooraf pasklaar gemaakt [theorieën], oudbakken; kant en klaar [plannen]; **II** *znw* snede, snijwond, knip, hak, houw; slag, tik [met zweep]; stuk *o*, (aan)deel *o*, (stuk) vlees *o*; fig veeg uit de pan; snit, coupe, fatsoen *o*; houtsnede, plaat; couperen *o* [kaarten]; coupure; nummer *o*, liedje *o* [op plaat]; vermindering, verlaging [v. prijs, loon]; *whose ~ is it?* kaartsp wie moet afnemen?; *a ~ above* een graadje hoger dan; *the ~ and thrust* het houwen en steken [bij sabelschermen]; de felle strijd
cutaneous [kju:'teiniəs] *bn* van de huid, huid-
cut-away ['kʌtəwei] *znw* jacquet *o & v*
cut-back *znw* beperking, verlaging, reductie; flashback, terugblik
cute [kju:t] *bn* gemeenz pienter, bijdehand, spits, kien; lief, snoezig, charmant, aantrekkelijk, cute
cut-glass ['kʌtgla:s] *bn* geaffecteerd, bekakt [v. spraak]
cuticle ['kju:tikl] *znw* opperhuid; vliesje *o*; nagelriem
cutie ['kju:ti] *znw* gemeenz snoes, meisje *o*
cutlass ['kʌtləs] *znw* hartsvanger: korte sabel
cutler ['kʌtlə] *znw* messenmaker
cutlery *znw* tafelgerei *o*
cutlet ['kʌtlit] *znw* kotelet, karbonade
cut-off ['kʌtɔf] *znw* afsluiter; scheiding, grens; Am kortere weg; *a pair of ~s* gemeenz (spijker)broek met afgeknipte pijpen
cut-out *znw* elektr schakelaar; techn vrije uitlaat [v. motor]; uitknipsel *o*; bouwplaat
cut-price, **cut-rate** *bn* goedkoop, tegen verlaagde prijs
cutter *znw* snijder; coupeur; (snij)mes *o*; snijmachine; snijbrander; techn frees; houwer, hakker; cutter [v. film]; scheepv kotter, boot
cut-throat I *znw* moordenaar; schertsend ouderwets scheermes *o*; **II** *bn*: *~ competition* moordende, meedogenloze concurrentie
cutting I *bn* snijdend, scherp, bijtend, vinnig; snij-; **II** *znw* plantk stek; (uit)knipsel *o*; (afgesneden, afgeknipt) stuk *o*, coupon [v. stof]; snijden *o*, knippen *o* &; doorgraving; holle weg; doorkomen *o* [v. tanden]; montage [v. film]; *~ room* montageruimte [v. films]
cuttlefish ['kʌtlfiʃ] *znw* inktvis
CV *afk. = curriculum vitae* cv
cwt. *afk. = hundredweight*
cyanide ['saiənaid] *znw* cyanide *o*
cyanose [saiə'nouz] *znw* med cyanose, blauwzucht
cybernetic [saibə:'netik] **I** *bn* cybernetisch; **II** *znw*: *~s* cybernetica: stuurkunde
cyclamen ['sikləmən] *znw* cyclaam, cyclamen, alpenviooltje *o*
cycle ['saikl] **I** *znw* tijdkring, kringloop; cyclus; rijwiel *o*, fiets; *~ per second* hertz; **II** *onoverg* fietsen
cyclic(al) *bn* tot een cyclus behorend; periodiek
cycling *znw* fietsen *o*, wielrennen *o*; wielersport
cyclist *znw* wielrijder, fietser

cyclone ['saikloun] *znw* cycloon
cyclonic [sai'klɔnik] *bn* cyclonaal
cyclopean [sai'kloupjən] *bn* gigantisch
cyclops ['saiklɔps] *znw* (*mv*: cyclopes [sai'kloupi:z]) cycloop
cyclostyle ['saikləstail] **I** *znw* stencilmachine; **II** *overg* stencilen
cyclotron ['saiklətrɔn] *znw* cyclotron *o*, deeltjesversneller
cygnet ['signit] *znw* jonge zwaan
cylinder ['silində] *znw* cilinder, wals, rol
cylindrical [si'lindrikl] *bn* cilindervormig
cymbal ['simbəl] *znw* cimbaal, bekken *o*
cynic ['sinik] **I** *bn* cynisch; **II** *znw* cynisch wijsgeer; cynicus
cynical *bn* cynisch
cynicism ['sinisizm] *znw* cynische houding; cynische opmerking
cynosure ['sainəʃuə] *znw* astron Kleine Beer; fig middelpunt *o* (v. belangstelling)
cypher ['saifə] = *cipher*
cypress ['saipris] *znw* cipres
Cyprus ['saiprəs] *znw* Cyprus *o*
Cypriot ['sipriət] **I** *znw* Cyprioot; **II** *bn* Cyprisch
cyrillic [si'rilik] *znw* cyrillisch (schrift) *o*
cyst [sist] *znw* cyste: blaas, beursgezwel *o*
cystitis [sis'taitis] *znw* blaasontsteking
cytology [sai'tɔlədʒi] *znw* cytologie: celleer
Czar [za:] *znw* tsaar
Czarina [za:'ri:nə] *znw* tsarina
czarist ['za:rist] **I** *bn* tsaristisch; **II** *znw* tsarist
Czech [tʃek] **I** *znw* Tsjech; Tsjechisch *o*; **II** *bn* Tsjechisch
Czechoslovakia [tʃekouslou'vækiə] *znw* Tsjechoslowakije *o*
Czechoslovakian I *znw* Tsjechoslowaak; **II** *bn* Tsjechoslowaaks
Czech Republic *znw* Tsjechië *o*

D

d [di:] *znw* (de letter) d; muz d of re
D = 500 [als Romeins cijfer]
d. *afk.* = *penny* of *pence*
'd = *had, could, should*
DA Am = *district attorney*
dab [dæb] **I** *znw* **1** tikje *o*, por; **2** klompje *o*, spat, kwak; **3** dierk schar; **4** slang: ~*s* vingerafdrukken; ~ *hand* gemeenz uitblinker (in *at*); **II** *overg & onoverg* **1** (aan)tikken; **2** betten, deppen; ~ *at* betasten of even bestrijken
dabble ['dæbl] **I** *overg* bespatten, nat maken, plassen met; **II** *onoverg* doen aan, liefhebberen (in *in*)
dabbler *znw* beunhaas, knoeier, prutser
dace [deis] *znw* (*mv* idem) serpeling [vis]
dachshund ['dækshund] *znw* dierk taks, teckel
dactyl ['dæktil] *znw* dactylus
dactylogram [dæk'tiləgræm] *znw* vingerafdruk
dactyloscopy [dækti'lɔskəpi] *znw* identificering door vingerafdrukken
dad, **daddy** [dæd, 'dædi] *znw* gemeenz pa, pappie, pap(s)
daddy-longlegs ['dædi'lɔŋlegz] *znw* langpootmug; Am hooiwagen [spin]
dado ['deidou] *znw* lambrisering, beschot *o*
daemon *znw* = *demon*
daffodil ['dæfədil] *znw* gele narcis
daffy ['dæfi] *bn* gemeenz gek, getikt
daft [da:ft] *bn* dwaas, dom, mal, gek, getikt
dagger ['dægə] *znw* dolk; kruisje *o* (†); *be at ~s drawn* op uiterst gespannen voet staan; *look ~s at sbd.* venijnige blikken werpen op iem.
dago ['deigou] *znw* geringsch benaming voor iem. v. Spaanse, Portugese of Italiaanse afkomst
daguerreotype [də'gerətaip] *znw* daguerreotype
dahlia ['deiljə] *znw* dahlia
Dail (Eireann) [dail('ɛərən)] *znw* Lagerhuis *o* van de Ierse Republiek
daily ['deili] **I** *bn & bijw* dagelijks, dag-; **II** *znw* dagblad *o*; dagmeisje *o*
dainty ['deinti] **I** *bn* fijn, sierlijk, keurig; aardig; lekker; kieskeurig; **II** *znw* lekkernij
dairy ['dɛəri] *znw* melkinrichting, zuivelfabriek
dairy-farm *znw* zuivelbedrijf *o*
dairyman *znw* melk-, zuivelboer
dairy produce *znw* zuivelproducten
dais ['deiis] *znw* podium *o*, verhoging
daisy ['deizi] *znw* madeliefje *o*; *push up the daisies* gemeenz onder de groene zoden liggen
daisy-chain *znw* ketting van madeliefjes
daisy wheel *znw* daisy wheel, margrietwieltje *o* [in printers, schrijfmachines]

dale [deil] *znw* dal *o*
dalliance ['dæliəns] *znw* geflirt[2] *o*, flirt
dally *onoverg* stoeien, rondlummelen; beuzelen; talmen; ~ *with an idea* spelen met een idee; ~ *with sbd.* flirten met iemand
Dalmatian [dæl'meiʃən] **I** *bn* Dalmatisch; **II** *znw* Dalmatische hond
dam [dæm] **I** *znw* **1** dam, dijk; **2** ingesloten water *o*; **3** moeder [v. dier]; **II** *overg*: ~ *(up)* een dam opwerpen tegen[2], afdammen, bedijken; opkroppen [v. gevoelens]
damage ['dæmidʒ] **I** *znw* schade, beschadiging, averij; ~*s* schadevergoeding; *what's the ~?* gemeenz wat kost het?; wat is de schade?; **II** *overg* beschadigen, havenen, toetakelen; schaden, in diskrediet brengen
damaging *bn* fig nadelig, schadelijk, bezwarend, ongunstig
damask ['dæməsk] **I** *znw* damast *o*; gevlamd staal *o*; zacht rood *o*; **II** *bn* damasten; zacht rood
dame [deim] *znw* dame; vrouwelijk lid *o* van de *Order of the British Empire*; Am wijf *o*
dammit ['dæmit] *tsw* = *damn it*
damn [dæm] **I** *overg* vervloeken; verdoemen; veroordelen; afkraken; afbreken; ~ *it!* verdomme!; ~ *the rain!* die verdomde regen!; *I'll be ~ed if...* gemeenz ik mag hangen als...; *as near as ~ it* gemeenz zo goed als; **II** *znw* reet, zak; *it is not worth a ~* het is geen moer waard; *I don't care (give) a ~ (about it)* het kan me geen donder (barst) schelen; **III** *bn bijw* gemeenz verdomd
damnable *bn* gemeenz vervloekt; afschuwelijk; godsgruwelijk, pokken-
damnation [dæm'neiʃən] *znw* verdoemenis, verdoeming; ~*!* (wel) vervloekt!
damned *bn & bijw* vervloekt, verdo(e)md; donders; *I'll see you ~ fast!* gemeenz over mijn lijk!; *do one's ~est* gemeenz alles in het werk stellen
damning *bn* fig bezwarend, vernietigend
damp [dæmp] **I** *bn* vochtig, klam; **II** *znw* **1** vocht *o*, vochtigheid; **2** mijngas *o*; **III** *overg* vochtig maken, bevochtigen; ~ *down* temperen[2]
damp course *znw* vochtwerende laag
dampen *overg* = *damp III*
damper *znw* (toon)demper; sleutel, schuif [in kachelpijp]; fig teleurstelling, domper; *put a ~ on* een domper zetten op
dampish *bn* ietwat vochtig, klammig
damp-proof course *znw* = *damp course*
damsel ['dæmzəl] *znw* jongedame; jonkvrouw
dance [da:ns] **I** *onoverg* dansen; ~ *to sbd.'s tune* naar iems. pijpen dansen; **II** *overg* dansen; ~ *attendance on* achternalopen; **III** *znw* dans(je *o*); bal *o*, dansavondje *o*; *lead the ~* voordansen; *lead sbd. a merry ~* iem. het leven zuur maken, er van laten lusten
dancer *znw* danser, danseres
dance floor *znw* dansvloer
dance hall *znw* dancing
dance studio *znw* dansschool [*vooral* voor (jazz-) ballet]
dancing ['da:nsiŋ] *znw* dansen *o*; danskunst
dancing hall *znw* danszaal
dandelion ['dændilaiən] *znw* paardebloem
dander ['dændə] *znw*: *he got my ~ up* hij maakte mij woedend
dandified ['dændifaid] *bn* als een dandy gekleed
dandle ['dændl] *overg* laten dansen op de knie; liefkozen; vertroetelen
dandruff ['dændrəf] *znw* roos [op het hoofd]
dandy ['dændi] **I** *znw* dandy, fat; scheepv soort sloep; **II** *bn* gemeenz Am prima, puik
dandyism *znw* fatterigheid
Dane [dein] *znw* Deen
danger ['dein(d)ʒə] *znw* gevaar *o*; ~*!* 'gevaarlijk'!; ~ *list* lijst met ernstig zieke patiënten in een ziekenhuis; *be on (off) the ~ list* in (buiten) levensgevaar zijn; ~ *money* gevarenpremie, -toeslag; ~ *point* kritisch punt *o*; ~ *signal* onveilig sein *o*, waarschuwingsteken *o*; ~ *zone* gevarenzone; *be in ~ of* het gevaar lopen te; *out of danger* buiten (levens)gevaar
dangerous *bn* gevaarlijk
dangle ['dæŋgl] **I** *onoverg* slingeren, bengelen, bungelen; *keep sbd. dangling* fig iemand aan het lijntje houden; **II** *overg* laten bengelen, zwaaien met; ~ *sth. before sbd.* fig iemand iets voorspiegelen, iemand ergens lekker mee maken
Danish ['deiniʃ] **I** *bn* Deens; **II** *znw* Deens *o*
dank [dæŋk] *bn* vochtig
dapper ['dæpə] *bn* keurig, parmantig
dapple ['dæpl] **I** *overg* (be)spikkelen; **II** *onoverg* spikkels krijgen
dapple-grey **I** *bn* appelgrauw; **II** *znw* dierk appelschimmel
dare [dɛə] **I** *overg* durven, het wagen; trotseren, tarten, uitdagen; *he dare not...* hij waagt het niet om...; *I ~ say* ik denk, denk ik, zeker, wel; *how ~ you?* hoe durf je?; **II** *znw* uitdaging
daredevil **I** *znw* waaghals, durfal; **II** *bn* roekeloos, doldriest
daring **I** *bn* stout(moedig), koen, vermetel, gewaagd, gedurfd; **II** *znw* stout(moedig)heid, vermetelheid, koenheid, durf
dark [da:k] **I** *bn* duister[2], donker[2]; fig somber; snood; *keep it ~* het geheim houden; *the D~ Ages* de (vroege, duistere) middeleeuwen; ~ *glasses* zonnebril; ~ *horse* outsider; onbekende mededinger; **II** *znw* donker *o*, duister *o*, vallen *o* van de avond, duisternis, duisterheid; *after, before ~* na, voor het donker worden; *be in the ~* in het duister tasten; *keep sbd. in the ~* iem. in onwetendheid laten
darken **I** *onoverg* donker (duister) worden; **II** *overg* donker (duister) maken, verdonkeren, verduisteren; *you shall never ~ my door again* je zult nooit een voet meer over mijn drempel zetten
darkish ['da:kiʃ] *bn* vrij donker, schemerig
darkness *znw* duisternis, duisterheid, duister *o*,

donker *o*, donkerheid
darkroom *znw* fotogr donkere kamer, doka
darky, **darkey** *znw* geringsch zwartje *o*
darling ['da:liŋ] **I** *znw* lieveling, schat, dot; **II** *bn* geliefkoosd, geliefd, lief
1 darn [da:n] **I** *overg* stoppen, mazen; **II** *znw* stop, gestopte plaats
2 darn [da:n] = *damn*
darning ['da:niŋ] *znw* stoppen *o*, mazen *o*; stopwerk *o*
darning-needle *znw* stopnaald
dart [da:t] **I** *znw* pijl(tje *o*), werpspies; sprong, (plotselinge) uitval; coupenaad; *~s* sp pijltjes werpen *o*; **II** *overg* schieten, werpen; **III** *onoverg*: *~ off* wegschieten
dash [dæʃ] **I** *onoverg* snel bewegen; *~ into* [een huis] inschieten; *~ off* voort-, wegstuiven; *~ on* voortstormen; *~ up* komen aanstuiven; **II** *overg* werpen, smijten; slaan; verpletteren, terneerslaan, teleurstellen, de bodem inslaan; verijdelen; *~ it!* eufemisme verdikkeme!; *~ off a few lines* op papier gooien; **III** *znw* **1** slag, stoot; klets; tikje *o*; **2** scheutje *o* [bier &]; **3** veeg [verf]; **4** spurt, sprint, plotselinge aanval; **5** fig zwier, elan *o*, durf; **6** streepje *o*, kastlijntje *o*; **7** dashboard *o*; *~ of the pen* pennenstreek; *cut a ~* de show stelen; *make a ~ for...* in vliegende vaart zien te bereiken; ergens heen schieten; *make a ~ for freedom* een snelle uitbraakpoging doen
dash-board *znw* dashboard *o*, instrumentenbord *o* [v. auto &]
dashed [dæʃt] *znw* eufemisme vervloekt
dashing ['dæʃiŋ] *bn* kranig, flink; zwierig, chic
dastardly *bn* lafhartig
data ['deitə] *znw* gegevens, informatie, data; *~ processing* informatieverwerking
database ['deitəbeis] *znw* comput database, databank
date [deit] **I** *znw* **1** dadel(palm); **2** datum, dagtekening; jaartal *o*; tijdstip *o*; vero (leef)tijd, duur; **3** gemeenz afspraak, afspraakje *o*; **4** Am gemeenz meisje *o*, vriendinnetje *o*; Am gemeenz knul, vriendje *o*; *at a later ~* later; *out of ~* uit de tijd, ouderwets, verouderd, achterhaald; *to ~* tot (op) heden; *under ~ June 1* gedagtekend 1 juni; *up to ~* op de hoogte (van de tijd); "bij"; modern; zie ook: *bring*; **II** *overg* dateren; de ouderdom vaststellen; dagtekenen; Am gemeenz afspraakjes hebben met, uitgaan met; *~ from* rekenen vanaf; **III** *onoverg* verouderen, dateren; Am gemeenz afspraakjes hebben, uitgaan; *~ back to, ~ from* dateren uit (van)
dated ['deitid] *bn* ouderwets, gedateerd
dateless *bn* tijdloos
date-line *znw* datumlijn, datumgrens; dagtekening
date-palm *znw* dadelpalm
date stamp *znw* datumstempel
dative ['deitiv] *znw* datief, derde naamval
daub [dɔ:b] **I** *overg* smeren, besmeren, bepleisteren, bekladden, kladden; **II** *znw* pleister(werk) *o*; kladschilderij *o*
daub(st)er *znw* kladschilder
daughter ['dɔ:tə] *znw* dochter[2]
daughter-in-law *znw* (*mv*: daughters-in-law) schoondochter
daughterly *bn* als (van) een dochter
daunt [dɔ:nt] *overg* afschrikken, ontmoedigen; *nothing ~ed* onversaagd
dauntless *bn* onverschrokken
davenport ['dævnpɔ:t] *znw* lessenaar; Am sofa, canapé
davit ['dævit] *znw* davit
Davy Jones ['deivi'dʒounz]: *go to ~'s locker* naar de haaien gaan
Davylamp ['deivi'læmp] *znw* veiligheidslamp v. mijnwerkers
daw [dɔ:] *znw* dierk kauw
dawdle ['dɔ:dl] **I** *onoverg* treuzelen, talmen, beuzelen; slenteren; **II** *overg*: *~ away* verbeuzelen
dawdler *znw* treuzel(aar), beuzelaar
dawn [dɔ:n] **I** *znw* dageraad[2]; aanbreken *o* van de dag; *~ chorus* morgenlied [v. vogels]; **II** *onoverg* licht worden; dagen, aanbreken, ontluiken; *it ~ed on me* het werd mij duidelijk
dawning *znw* dageraad[2]; oosten *o*
day [dei] *znw* dag, daglicht *o*; tijd (ook: *~s*); *~ off* vrije dag; *~s of grace* respijtdagen; *the good old ~s* die goede ouwe tijd; *she is fifty if she is a ~* zij is op zijn minst vijftig; *it is early ~s yet to...* het is nu nog wel wat vroeg om..., nog de tijd niet om...; *that'll be the ~* dat wil ik nog eens zien; *those were the ~s!* dat waren nog eens tijden!; *the ~ is ours* de zege is ons; *call it a ~* ophouden met iets; *carry (win) the ~* de slag winnen, de overwinning behalen; *lose the ~* de slag verliezen, de nederlaag lijden; *make a ~ of it* het er een dagje van nemen; *make sbd.'s ~* maken dat iemands dag niet meer stuk kan; *save the ~* de situatie (de zaak) redden; *win the ~ = carry the ~*; zie ook: *name II*; *a ~ after the fair* te laat; *all ~ (long)* de gehele dag; *any ~ now* binnenkort, binnen de kortste tijd; *one ~* op zekere dag; eenmaal, eens; *one of these ~s* vandaag of morgen; *one of those ~s* zo'n dag waarop alles tegenzit; *~ in ~ out* dag in dag uit; *by ~* overdag; *~ by ~* dag aan dag; *in the ~* overdag; *in this ~ and age* vandaag de dag; *in my ~* in mijn tijd; *of the ~* van die (van deze) tijd; *to this ~* tot op heden; zie ook: *this*
day-boarder *znw* kind *o* dat overblijft op school en een maaltijd krijgt
daybook *znw* dagboek *o*
dayboy *znw* externe leerling
daybreak *znw* aanbreken *o* v.d. dag
day care *znw* kinderopvang; *~ centre* kinderdagverblijf *o*
daydream **I** *znw* mijmering, dromerij; **II** *onoverg* dagdromen
day-labourer *znw* dagloner, -gelder

daylight *znw* daglicht *o*, dag; dageraad, zonsopgang; *in broad ~* op klaarlichte dag; *beat (knock) the living ~s out of sbd.* iem. een enorm pak op zijn lazer geven; *scare the living ~s out of sbd.* iem. de stuipen op het lijf jagen; *~ robbery* brutale afzetterij; *~ saving time* zomertijd
day nursery *znw* kinderbewaarplaats, crèche
day pupil *znw* externe leerling
day release *znw* vormingsdag(en)
day return *znw* dagretour *o*
day school *znw* school waar de leerlingen niet 's nachts verblijven [in tegenstelling tot internaat]
day shift *znw* dagploeg; dagtaak
day-spring *znw* plechtig dageraad
daystar *znw* morgenster
day's-work *znw* scheepv middagbestek *o*; dagtaak; *it is all in a ~* het hoort er zo bij
daytime *znw* dag; *in the ~* overdag
day-to-day *bn* van dag tot dag; dagelijks
day-tripper *znw* dagrecreant; *~s* ook: dagjesmensen
daze [deiz] **I** *overg* verdoven, bedwelmen; verbijsteren; *~d* ook: als versuft; **II** *znw* verdoving, bedwelming; verbijstering
dazzle ['dæzl] **I** *overg* verblinden[2]; verbijsteren; *dazzling* ook: fig oogverblindend, schitterend; **II** *znw* verblinding[2]; verbijstering
DC *afk.* = *Direct Current; Decimal Classification; District of Columbia* [Washington DC]
DD *afk.* = *Doctor of Divinity*
D-day ['di:dei] *znw* mil D-dag: de dag voor het beginnen van een operatie (i.h.b. van de geallieerde invasie op 6 juni 1944); fig de grote dag
deacon ['di:kən] *znw* diaken; ouderling; geestelijke in rang volgend op *priest*
deaconess *znw* diacones
deactivate ['di:'æktiveit] *overg* buiten werking stellen, onklaar maken; onschadelijk maken [bom]
dead [ded] **I** *bn* **1** dood; (af)gestorven, overleden, doods; **2** uitgedoofd, uitgestorven, dof, mat; **3** elektr niet ingeschakeld, uitgevallen, stroomloos, op, leeg [accu, batterij]; **4** absoluut, compleet, totaal [fiasco &]; **5** gevoelloos, ongevoelig; *~ to* ongevoelig voor [smeekbede &]; **6** gemeenz uitgeput, kapot; *~ and gone* ter ziele, dood; *~ to the world* in diepe slaap; *more ~ than alive* afgepeigerd, doodop; *there was a ~ calm* het was bladstil; *a ~ certainty,* gemeenz *a ~ cert* absolute zekerheid; *~ centre* dood punt *o*; *~ door (window)* blinde deur (venster *o*); *~ duck* mislukkeling, mislukking; *~ end* doodlopende straat; dood spoor[2] *o*; zie ook: *blind (I) alley*; *~ heat* sp loop & waarbij de deelnemers gelijk eindigen; *~ letter* onbestelbare brief; dode letter [v. wet]; *on a ~ level* volkomen vlak; *he is a ~ man* hij is een kind des doods; *the ~ season* de slappe tijd; *he is a ~ shot* hij mist nooit; *~ steam* afgewerkte stoom; *~ water* stilstaand water *o*; kielwater *o*; *~ wood* dood hout *o*; fig ballast; niet-productief (overbodig) personeel; *as ~ as a (the) dodo (as a doornail, as mutton &)* zo dood als een pier, morsdood; *I wouldn't be seen ~ with...* gemeenz ik zou me voor geen geld willen vertonen met...; *I wouldn't be seen ~ in that bar* gemeenz ik zou me voor geen goud in die bar willen vertonen; **II** *bijw* **1** dood; **2** versterkend absoluut, compleet, zeer erg, totaal; **3** vlak; **4** plotseling [ophouden &]; *~ drunk* zwaar beschonken; *~ slow* zeer langzaam; *~ sure* zo zeker als wat; **III** *znw* dode(n); stilte; *the ~ of night* het holst van de nacht; *the ~ of winter* het hartje van de winter
dead-beat I *bn* gemeenz doodop, volkomen uitgeput; **II** *znw* Am klaploper; leegloper
deaden I *overg* dempen, temperen, verzwakken, verdoven; af-, verstompen; **II** *onoverg* verflauwen, vervlakken, de glans verliezen
dead end I *znw* doodlopende straat; **II** *bn* fig uitzichtloos
deadline *znw* (tijds)limiet, (uiterste, fatale) termijn, deadline
deadlock I *znw* impasse; *at a ~* op het dode punt, in een impasse; **II** *onoverg* op het dode punt komen, in een impasse geraken; **III** *overg* vastzetten, doen vastlopen
deadly *bn* dodelijk, doods; versterkend vreselijk; *~ sin* hoofdzonde; *in ~ earnest* in alle ernst
dead-man's handle *znw* dodemansknop
dead march *znw* treurmars
deadness *znw* doodsheid[2]
dead nettle *znw* dovenetel
deadpan I *znw* stalen gezicht *o*, pokerface; **II** *bn* onverstoorbaar, onbewogen, met een stalen gezicht, droogkomiek
dead reckoning *znw* scheepv gegist bestek *o*
dead weight *znw* eigen gewicht *o*; scheepv laadvermogen *o*; fig zware (drukkende) last
deaf [def] *bn* doof[2] (voor *to*); *as ~ as a post* zo doof als een kwartel; *~ and dumb* doofstom; *~ in one ear* doof aan één oor; *turn a ~ ear to* zich doof houden (doof blijven) voor; *that did not fall on ~ ears* dat was niet aan dovemansoren gezegd; *his cries for help fell on ~ ears* niemand hoorde zijn hulpgeroep
deaf-aid *znw* (ge)hoorapparaat *o*
deafen *overg* doof maken; verdoven, dempen; *~ing* ook: oorverdovend
deaf mute *znw* doofstomme
1 deal [di:l] *znw* **1** (grote) hoeveelheid; *a ~ (of sth.)* een boel; *a great (good) ~ (of)* heel wat, heel veel; **2** geven *o* [bij het kaarten]; **3** transactie; overeenkomst; gemeenz deal, koehandel; *it's a ~!* afgesproken!; *do (make) a ~* een koop sluiten; *get a good (bad) ~* er goed (slecht) afkomen; *give sbd. a fair (square) ~* iem. eerlijk behandelen; *big ~!* gemeenz is dat alles?; het heeft niet veel om het lijf; dank je feestelijk!; *what's the (big) ~?* gemeenz wat is er aan de hand?; wat is het probleem?; nou, en?
2 deal [di:l] (dealt; dealt) *overg & onoverg* uitdelen (ook: *~ out*); ronddelen (ook: *~ round*); toe-, bede-

len; toebrengen; geven [de kaarten]; uitdelen; geven; handelen; slang dealen [drugs &]; slang dealen [drugs &]; ~ *in* handel drijven in, doen in of aan; ~ *with* handel drijven met, kopen bij; omgaan met, te doen hebben met; zich bezighouden met; behandelen, bejegenen, aanpakken; afrekenen met; het hoofd bieden aan; verwerken [bestellingen]

dealer *znw* gever [v. kaarten]; handel koopman, handelaar; dealer; slang (drugs)dealer

dealing *znw* (be)handeling, handelwijze; *~s* transacties, zaken; relaties, omgang; *have (no) ~s with* (niets) te maken hebben met

dealt [delt] V.T. & V.D. van *deal*

dean [di:n] *znw* deken; domproost; onderw hoofd *o* (v. faculteit), decaan; *~ and chapter* domkapittel *o*

deanery *znw* decanaat *o*; proosdij

deanship *znw* decanaat *o*

dear [diə] **I** *bn* lief, waard, dierbaar; duur, kostbaar; *Dear Sir* Geachte heer; **II** *bijw* duur; **III** *tsw*: *~ me!, ~, ~!* och, och!, o jee!, lieve hemel!; **IV** *znw* lieve, liefste; schat; *do, there's a ~* dan ben je een beste

dearie *znw = deary*

dearly *bijw* duur; innig, zeer, dolgraag

dearth [də:θ] *znw* schaarsheid (en duurte); schaarste, nood, gebrek *o* (aan *of*)

deary, **dearie** ['diəri] *znw* gemeenz liefje *o*, schat; *~ me!* gunst!, hemeltjelief!

death [deθ] *znw* dood; (af)sterven *o*, overlijden *o*; sterfgeval *o*; *be at ~'s door* de dood nabij zijn; *be the ~ of sbd.* iems. dood zijn; *catch one's ~ of cold* zeer ernstig kou vatten; *like ~ warmed up* op sterven na dood; *to ~* dodelijk, dood-; *scare someone to ~* iemand dood laten schrikken; *put (do) to ~* ter dood brengen, doden; *to the ~* tot de dood (toe), tot in de dood; *fight to the ~* vechten op leven en dood

deathbed *znw* sterfbed *o*; *be on one's ~* het niet lang meer maken, op het randje van de dood zweven

death-blow *znw* doodklap, genadeslag

death certificate *znw* overlijdensakte

death-duties *znw mv* successierechten

death-knell *znw* doodsklok; *sound the ~ of* fig de doodsklok luiden over

deathless *bn* onsterfelijk

deathlike *bn* doods, dodelijk

deathly *bn & bijw* doods, dodelijk, dood(s)-

death-mask *znw* dodenmasker *o*

death notice *znw* overlijdensbericht *o*

death penalty *znw* doodstraf

death-rate *znw* sterftecijfer *o*

death-rattle *znw* gerochel *o*

death row *znw* dodencellen

death sentence *znw* doodvonnis *o*

death squad *znw* moordcommando *o*, doodseskader *o*

death throes *znw mv* doodsstrijd

death toll *znw* dodencijfer *o*

death-trap *znw* levensgevaarlijk(e) plaats, val, vervoermiddel *o*

death-warrant *znw* bevelschrift *o* tot voltrekking van het doodvonnis; *sign one's own ~* fig zijn eigen doodvonnis tekenen

death-watch beetle *znw* doodkloppertje *o* [soort houtworm]

death wish *znw* doodsverlangen *o*, doodsdrift

deb [deb] *znw* gemeenz debutante

débâcle, **debacle** [dei'ba:kl] [Fr] *znw* debacle, volslagen mislukking

debar [di'ba:] *overg* uitsluiten (van *from*), onthouden, weigeren, verhinderen

debark [di'ba:k] **I** *overg & onoverg* (zich) ontschepen, aan land gaan/zetten; **II** *overg* ontschorsen [bomen]

debarkation [di:ba:'keiʃən] *znw* ontscheping

debase [di'beis] *overg* vernederen, verlagen

debasement [di'beismənt] *znw* verlaging, vernedering; (waarde-, kwaliteits)vermindering

debatable [di'beitəbl] *bn* betwist(baar), discutabel

debate I *znw* debat *o*; discussie, woordenstrijd; *open to ~* betwistbaar, discutabel; **II** *overg* debatteren over, bespreken; overleggen; betwisten; **III** *onoverg* debatteren; redetwisten

debater *znw* deelnemer aan een debat, debater

debating *znw* dispuut *o*, debat *o*; *~ team* dispuutgezelschap

debauch [di'bɔ:tʃ] **I** *overg* verleiden, bederven, op het slechte pad brengen; **II** *znw* orgie, uitspatting(en)

debauchee [debɔ:'(t)ʃi:] *znw* schuinsmarcheerder, brasser

debauchery [di'bɔ:tʃəri] *znw* liederlijkheid; uitspatting(en)

debenture [di'bentʃə] *znw* schuldbrief, obligatie

debilitate [di'biliteit] *overg* verzwakken

debility *znw* zwakheid, zwakte

debit ['debit] **I** *znw* handel debet *o*, debetzijde; **II** *overg* debiteren (voor *with*); *~... against (to) him* hem debiteren voor...

debonair [debə'nεə] *bn* charmant, galant, voorkomend

debouch [di'bautʃ] *onoverg* uitkomen (op *in*), uitmonden (in *in*); mil debouċheren

Debrett's [də'brets] *znw* (= *~ Peerage*) adelboek *o* (van Debrett)

debrief ['di:'bri:f] *overg* [een piloot, diplomaat &] ondervragen over het verloop van een voltooide opdracht

debriefing ['di:'bri:fiŋ] *znw* nabespreking

debris ['deibri:] *znw* puin *o*; overblijfselen

debt [det] *znw* schuld; *owe someone a ~ of gratitude* iem. dank verschuldigd zijn; *he is in my ~* hij staat bij mij in het krijt; *be in ~ to* verplichting(en) hebben aan, schulden hebben, rood staan; *get (run) into ~* schulden maken; *get out of ~* uit de rode cijfers komen

debtor *znw* schuldenaar, debiteur

debug ['di:'bʌg] *overg* comput de fouten verwijderen uit, debuggen
debunk [di:'bʌŋk] *overg* gemeenz de ware aard aan het licht brengen; ontluisteren
début ['deibu:], **debut** ['deibju:] *znw* debuut *o*, eerste optreden *o*
débutante ['debju(:)ta:nt] *znw* debutante: meisje *o* dat officieel wordt geïntroduceerd in de uitgaande wereld
decade ['dekeid] *znw* tiental *o* [jaren &], decennium *o*
decadence ['dekədəns] *znw* verval *o*, decadentie
decadent *bn* decadent
decaffeinated ['di:'kæfineitid] *bn* cafeïnevrij
decagon ['dekəgən] *znw* tienhoek
decagram(me) ['dekəgræm] *znw* decagram *o*
decalcify [di:'kælsifai] *overg* ontkalken
decalitre, Am **decaliter** ['dekəli:tə] *znw* decaliter
Decalogue ['dekəlɔg] *znw* de Tien Geboden
decametre, Am **decameter** ['dekəmi:tə] *znw* decameter
decamp [di'kæmp] *onoverg* (het kamp) opbreken; er vandoor gaan, uitknijpen, 'm smeren
decant [di'kænt] *overg* af-, overschenken, decanteren
decanter *znw* karaf
decapitate [di'kæpiteit] *overg* onthoofden
decarbonize [di:'ka:bənaiz] *overg* techn ontkolen
decathlon [di'kæθlɔn] *znw* sp tienkamp
decay [di'kei] **I** *onoverg* achteruitgaan, vervallen, in verval geraken; bederven, (ver)rotten; **II** *znw* achteruitgang, verval *o*; aftakeling; bederf *o*, (ver)rotting; *fall into ~* in verval geraken
decease [di'si:s] **I** *onoverg* overlijden; **II** *znw* overlijden *o*
deceased I *bn* overleden; **II** *znw* overledene
deceit [di'si:t] *znw* bedrog *o*, bedrieglijkheid, bedriegerij, misleiding
deceitful *bn* vol bedrog, bedrieglijk; oneerlijk
deceive *overg* bedriegen, misleiden; *~ oneself* jezelf voor de gek houden
decelerate [di:'seləreit] *onoverg* vaart minderen; langzamer gaan
deceleration ['di:selə'reiʃn] *znw* vertraging, snelheidsvermindering
December [di'sembə] *znw* december
decency ['di:snsi] *znw* betamelijkheid, fatsoen *o*; *the decencies* het decorum
decennial [di'senjəl] *bn* tienjarig; tienjaarlijks
decent ['di:snt] *bn* betamelijk, welvoeglijk, behoorlijk, fatsoenlijk, geschikt, aardig; met goed fatsoen; *I can't come to the door, I'm not ~* ik kan niet opendoen, want ik ben nog niet aangekleed
decentralization [di:sentrəlai'zeiʃən] *znw* decentralisatie
decentralize [di:'sentrəlaiz] *overg* decentraliseren
deception [di'sepʃən] *znw* bedrog *o*, misleiding
deceptive [di'septiv] *bn* bedrieglijk, misleidend
dechristianization [di:kristʃənai'zeiʃən] *znw* ontkerstening
decibel ['desibel] *znw* decibel
decide [di'said] **I** *overg* beslissen, bepalen; (doen) besluiten; tot de conclusie komen (dat...); **II** *onoverg* een beslissing of besluit nemen; recht uitspraak doen; *~ against* besluiten niet te...; recht beslissen ten nadele van; *~ for* besluiten te...; recht beslissen ten gunste van; *~ on* besluiten tot (te...)
decided *bn* beslist, vastbesloten; ontegenzeglijk
decidedly *bijw* ongetwijfeld, absoluut
decider *znw* sp beslissende partij; beslissingswedstrijd; beslissende (doel)punt *o*
deciduous [di'sidjuəs] *bn* loofverliezend, winterkaal [v. boom]
decigram(me) ['desigræm] *znw* decigram *o*
decilitre *znw* deciliter
decimal I *bn* decimaal: tientallig; tiendelig; *~ point* decimaalteken *o*; *three ~ places* drie decimalen; **II** *znw* tiendelige breuk
decimate *overg* decimeren
decimetre *znw* decimeter
decipher [di'saifə] *overg* ontcijferen, ontraadselen
decision [di'siʒən] *znw* beslissing, uitslag, besluit *o*; beslistheid [v. karakter]
decision-making *znw* besluitvorming
decisive [di'saisiv] *bn* beslissend, afdoend, doorslaggevend; maatgevend; beslist
deck [dek] **I** *znw* **1** scheepv dek *o*; **2** deck *o* [v. cassetterecorder &]; **3** spel *o* (kaarten); **4** verdieping [van dubbeldeks bus]; *clear the ~s* mil zich opmaken voor de strijd; gemeenz het werk aan kant maken, zorgen dat je een 'schoon' bureau hebt; *hit the ~* slang op je bek vallen/gaan; **II** *overg* (ver)sieren, tooien (ook: *~ out*)
deckchair *znw* dekstoel
deckhand *znw* dekmatroos
declaim [di'kleim] **I** *overg* voordragen, declameren; **II** *onoverg* uitvaren (tegen *against*)
declamation [deklə'meiʃən] *znw* voordracht, declamatie
declamatory [di'klæmətəri] *bn* hoogdravend
declaration [deklə'reiʃən] *znw* declaratie, verklaring, bekendmaking [van verkiezingsuitslag], aangifte; *~ of intent* beginselverklaring
declarative [di'klærətiv], **declaratory** *bn* verklarend
declare [di'klɛə] **I** *overg* **1** verklaren; bekendmaken, te kennen geven, declareren, aangeven [bij douane]; **2** afkondigen, uitroepen; **3** kaartsp troef maken, annonceren; *~ one's hand* fig zijn kaarten op tafel leggen; *~ off* af-, opzeggen, afgelasten, afbreken; **II** *wederk*: *~ oneself* zijn mening zeggen, zich (nader) verklaren; zich openbaren, uitbreken; **III** *onoverg* zich verklaren (voor, tegen *for, against*); *well, I ~!* heb je van je leven!
declared *bn* verklaard, openlijk
declaredly *bijw* openlijk; volgens eigen bekentenis

declassify ['di:'klæsifai] *overg* vrijgeven [v. geheime informatie]
declension [di'klenʃən] *znw* gramm verbuiging
declination [dekli'neiʃən] *znw* declinatie
decline [di'klain] **I** *onoverg* afnemen, achteruitgaan, dalen; kwijnen; bedanken, weigeren; *in his declining years* op zijn oude dag; **II** *overg* gramm verbuigen; afwijzen, afslaan, bedanken voor, weigeren; **III** *znw* achteruitgang, verval *o* (van krachten); (uit)tering; handel (prijs)daling; *be on the ~* achteruitgaan; *go (fall) into ~* in verval raken
declivity *znw* (af)helling
declutch [di:'klʌtʃ] *onoverg* auto ontkoppelen, debrayeren
decoction *znw* afkooksel *o*; afkoking
decode [di'koud] *overg* decoderen, ontcijferen
décolleté(e) [dei'kɔltei] [Fr] *bn* gedecolleteerd, met laag uitgesneden hals [japon]
decolonize ['di:'kɔlənaiz] *overg* dekoloniseren
decompose [di:kəm'pouz] **I** *onoverg* oplossen, tot ontbinding overgaan; **II** *overg* ontbinden, in de samenstellende delen uiteen doen vallen
decomposition [di:kɔmpə'ziʃən] *znw* ontbinding, oplossing, ontleding
decompress [di:kəm'pres] *overg* [hoge] druk opheffen/verlagen
decompression ['di:kəm'preʃn] *znw* decompressie
decompression chamber *znw* decompressiekamer
decongestant ['di:kən'dʒestənt] *znw* med decongestivum *o*, middel *o* tegen congestie
deconsecrate [di:'kɔnsikreit] *overg* verwereldlijken, seculariseren
decontaminate [dikən'tæmineit] *overg* ontsmetten, schoonmaken
decontrol [di:kən'troul] *overg* vrijgeven, vrijlaten
decor, décor ['dekɔ:] [Fr] *znw* decor *o*
decorate ['dekəreit] *overg* versieren; decoreren; schilderen en behangen [kamer]
decoration [dekə'reiʃən] *znw* versiering; decoreren *o*; decoratie, onderscheiding; schilderwerk *o* en behang *o* [v. kamer]
decorative ['dekərətiv] *bn* decoratief, versierings-, sier-; fraai
decorator *znw* decorateur, huisschilder en behanger
decorous ['dekərəs, di'kɔ:rəs] *bn* welvoeglijk, betamelijk, fatsoenlijk
decorum [di'kɔ:rəm] *znw* welvoeglijkheid, betamelijkheid, fatsoen *o*, decorum *o*
decoy ['di:kɔi] **I** *overg* (ver)lokken; **II** *znw* lokeend; lokaas[2] *o*, lokvogel[2]; eendenkooi
decoy-duck *znw* lokeend; fig lokvogel
decrease [di'kri:s] **I** *onoverg & overg* verminderen, (doen) afnemen, minderen; **II** *znw* ['di:kri:s] vermindering, afneming, mindering
decree [di'kri:] **I** *znw* decreet *o*, (raads)besluit *o*, bevel *o*; Am vonnis *o*; *~ absolute* definitief echtscheidingsvonnis *o*; *~ nisi* voorlopig echtscheidingsvonnis *o*; **II** *overg* bepalen, beslissen, bevelen, verordenen
decrement ['dekrimənt] *znw* vermindering
decrepit [di'krepit] *bn* afgeleefd, vervallen, gammel
decrepitude *znw* verval *o* [v. krachten]
decretal [di'kri:təl] *znw* pauselijk besluit *o*, decretaal
decry [di'krai] *overg* uitkrijten (voor *as*), afgeven op, (openlijk) afkeuren, afbreken
dedicate ['dedikeit] *overg* (toe)wijden, opdragen; voor het publiek openstellen [natuurmonument]; plechtig, officieel openen [v. gebouw &]; *~d* ook: toegewijd, bezield, enthousiast
dedication [dedi'keiʃən] *znw* opdracht; openstelling voor het publiek [v. natuurmonumenten]; plechtige, officiële opening [v. gebouw &]; toewijding, overgave, bezieling, enthousiasme *o*
dedicatory ['dedikeitəri] *bn* als opdracht
deduce [di'dju:s] *overg* afleiden (van, uit *from*)
deducible *bn* af te leiden
deduct [di'dʌkt] *overg* aftrekken; *after ~ing expenses* na aftrek(king) van de onkosten
deductible *bn* aftrekbaar
deduction *znw* aftrek(king); korting; gevolgtrekking; deductie
deductive *bn* deductief
deed [di:d] *znw* daad; akte
deed box *znw* doos, kist waarin documenten worden bewaard
deed-poll *znw* akte waarin een eenzijdige rechtshandeling wordt vastgelegd
deejay ['di:dʒei] *znw* gemeenz diskjockey, deejay, d.j.
deem [di:m] *overg* oordelen, achten, denken
deep [di:p] **I** *bn* diep[2], diepliggend, diepzinnig; verdiept (in *in*); *(drawn up) six ~* in zes rijen achter elkaar; *go off the ~ end* gemeenz uit zijn vel springen van woede; *throw sbd. in at the ~ end* iemand (meteen) in het diepe gooien; *go (jump) in at the ~ end* een sprong in het duister wagen; *in ~ water* in hachelijke omstandigheden (zitten); *~ end* diepe *o* [v. zwembad]; *~ fat* frituurvet *o*; **II** *bijw* diep; **III** *znw* diepte, zee
deepen **I** *overg* verdiepen, uitdiepen; fig versterken; **II** *onoverg* dieper, donkerder worden; fig toenemen
deep-freeze **I** *znw* diepvrieskast, -kist; **II** *overg* diepvriezen, invriezen; **III** *bn* diepvries-
deep-fry *overg* in frituurvet bakken
deeply *bijw* v. *deep I*; ook: zeer
deep-rooted *bn* ingeworteld
deep-sea *bn* diepzee-
deep-seated *bn* diep(liggend)
deep-set *bn* diepliggend [v. ogen]
deer [diə] *znw* (*mv* idem) hert *o*, herten
deerskin *znw* hertenvel *o*; hertsleer *o*
deer-stalker *znw* jager die het hert besluipt; petje *o* met klep voor en achter

deer-stalking *znw* sluipjacht op herten
de-escalate ['di:'eskəleit] *overg & onoverg* deëscaleren
deface [di'feis] *overg* schenden, beschadigen, ontsieren, bevuilen; uitwissen, doorhalen
defacement *znw* schending &
de facto [di:'fæktou] [Lat] *bn bijw* feitelijk, de facto
defamation [defə'meiʃən] *znw* laster, smaad
defamatory [di'fæmətəri] *bn* lasterlijk, smaad-
defame [di'feim] *overg* (be)lasteren, smaden
default [di'fɔ:lt] **I** *znw* afwezigheid; verzuim *o*; in gebreke blijven *o*; niet nakomen *o* [v. betalingsverplichting], wanbetaling; recht verstek *o*; comput standaardwaarde, systeemgekozen waarde, default; *by* ~ recht bij verstek; sp door het niet opdagen van de tegenstander [winnen]; bij gebrek aan beter; *in* ~ *of* bij gebreke (ontstentenis) van; **II** *onoverg* zijn verplichting(en) niet nakomen; in gebreke blijven; niet (op tijd) betalen; recht niet verschijnen; **III** *overg* recht bij verstek veroordelen
defaulter *znw* wanbetaler; recht niet opgekomene; mil gestrafte
defeat [di'fi:t] **I** *znw* nederlaag, vernietiging; **II** *overg* verslaan; verwerpen [voorstel]; recht nietig verklaren; verijdelen [aanval]; voorbijstreven [doel]
defeatism *znw* defaitisme *o*
defeatist [di'fi:tist] **I** *znw* defaitist; **II** *bn* defaitistisch
defecate [defi'keit] *onoverg* zich ontlasten, zijn gevoeg doen
defect I ['difekt] *znw* gebrek *o*, fout; **II** [di'fekt] *onoverg* overlopen (naar *to*), afvallen (van *from*), ontrouw worden (aan *from*)
defection *znw* overlopen *o* (naar *to*), afvalligheid (van *from*), ontrouw
defective *bn* gebrekkig, onvolkomen; defect; zwakzinnig
defector [di'fektə] *znw* overloper, afvallige
defence [di'fens] *znw* verdediging[2]; verweer *o*; psych afweer; ~ *mechanism* afweermechanisme *o*; ~*s* mil verdedigingswerken; *in* ~ *of* ter verdediging van; *come to sbd.'s* ~ het voor iem. opnemen
defenceless *bn* zonder verdediging, weerloos
defend [di'fend] *overg* verdedigen; beschermen; ~ *from* bewaren voor
defendant *znw* gedaagde
defender *znw* verdediger°
defense *znw* Am = *defence*
defensible [di'fensəbl] *bn* verdedigbaar
defensive I *bn* defensief, verdedigend, verdedigings-; psych afweer-; **II** *znw*: *be on the* ~ een verdedigende houding aannemen, in het defensief zijn, defensief optreden
defer [di'fə:] **I** *overg* uitstellen; **II** *onoverg* uitstellen, dralen; ~ *to* zich neerleggen bij [het oordeel van], zich onderwerpen aan, zich voegen naar; ~ *red payment system* afbetalingsstelsel *o*
deference ['defərəns] *znw* eerbied, eerbiediging, achting; *in* ~ *to* uit achting voor; *with due* ~ *to* met alle respect voor
deferential [defə'renʃəl] *bn* eerbiedig
deferment [di'fə:mənt], **deferral** [di'fə:rəl] *znw* uitstel *o*, aanhouding
defiance [di'faiəns] *znw* uitdaging, tarting, ongehoorzaamheid, verzet *o*, opstandigheid; *in* ~ *of* trots, ...ten spijt, in strijd met; *act in* ~ *of* zich niets aantrekken van
defiant *bn* uitdagend, tartend
deficiency [di'fiʃənsi] *znw* gebrek *o*, ontoereikendheid, tekort *o*, tekortkoming, leemte; onvolkomenheid; defect *o*; zie ook: *mental*; ~ *disease* deficiëntieziekte [avitaminose]
deficient *bn* gebrekkig, ontoereikend; onvolkomen; zwakzinnig, debiel, geestelijk minderwaardig (*mentally* ~); *be* ~ *in* tekortschieten in, arm zijn aan
deficit ['defisit, 'di:fisit] *znw* handel deficit *o*, tekort *o*
1 defile ['di:fail] *znw* (berg)engte, pas
2 defile [di'fail] **I** *overg* bezoedelen[2]; ontwijden, ontheiligen, schenden; **II** *onoverg* mil defileren
defilement *znw* bevuiling, verontreiniging; bezoedeling[2]; ontwijding
definable [di'fainəbl] *bn* definieerbaar
define [di'fain] *overg* bepalen, begrenzen, afbakenen, beschrijven, omschrijven, definiëren
definite ['definit] *bn* bepaald, begrensd, duidelijk omschreven; precies; scherp; definitief; beslist; ~ *article* bepaald lidwoord *o*
definitely *bijw* bepaald; definitief; vast en zeker; beslist, gegarandeerd
definition [defi'niʃən] *znw* bepaling, omschrijving, definitie; scherpte [v. beeld]; *by* ~ per definitie, uit de aard der zaak
definitive [di'finitiv] *bn* bepalend, beslissend, bepaald, definitief; (meest) gezaghebbend, niet beter kunnend
deflate [di'fleit] **I** *overg* leeg laten lopen; fig minder belangrijk maken, doorprikken [v. pretenties &]; handel de waarde vermeerderen van geld [door inkrimping van de geldhoeveelheid]; **II** *onoverg* leeglopen [v. band &]
deflation *znw* leeglopen *o*; handel deflatie
deflationary *bn* deflatoir
deflect [di'flekt] *overg & onoverg* (doen) afwijken; (doen) uitslaan [naald, wijzer]; buigen
deflection, **deflexion** *znw* afwijking; uitslag [v. naald, wijzer]; buiging
defloration [di:flɔ'reiʃən] *znw* ontmaagding; verkrachting
deflower [di'flauə] *overg* ontmaagden; van bloemen (schoonheid) beroven
defoliant [di'fouliənt] *znw* ontbladeringsmiddel *o*
defoliate *overg* ontbladeren
defoliation [difouli'eiʃən] *znw* ontbladering
deforest [di:'fɔrist] *overg* ontbossen
deforestation [di:fɔris'teiʃən] *znw* ontbossing

deform [di'fɔ:m] *overg* misvormen, ontsieren
deformation [di:fɔ:'meiʃən] *znw* vormverandering; vervorming; misvorming
deformed [di'fɔ:md] *bn* mismaakt, wanstaltig
deformity *znw* mismaaktheid, wanstaltigheid
defraud [di'frɔ:d] *overg* bedriegen, te kort doen; ~ *of* onthouden; ~ *sbd. of sth.* iemand iets ontfutselen, aftroggelen, afhandig maken
defray [di'frei] *overg* [de kosten] bestrijden, betalen
defrayment *znw* bekostiging, bestrijding [van onkosten], betaling
defrock [di:'frɔk] *overg* = *unfrock*
defrost [di:'frost] *overg & onoverg* ontdooien
deft [deft] *bn* vlug, handig
defunct [di'fʌŋkt] **I** *bn* overleden, ter ziele; niet meer bestaand; **II** *znw*: *the* ~ de overledene(n), afgestorvene(n)
defuse [di:'fju:z] *overg* onschadelijk maken (ook fig)
defy [di'fai] *overg* tarten, trotseren, uitdagen
degeneracy [di'dʒenərəsi] *znw* ontaarding
degenerate [di'dʒenəreit] **I** *onoverg* degenereren, ontaarden, verbasteren; **II** *bn (& znw)* [di'dʒenərit] gedegenereerd(e), ontaard(e), verbasterd(e)
degeneration [didʒenə'reiʃən] *znw* ontaarding, verbastering, degeneratie
degenerative [di'dʒenərətiv] *bn* verslechterend, degeneratief
degradation [degrə'deiʃən] *znw* degradatie, verlaging; vernedering; ontaarding
degrade [di'greid] *overg* degraderen, verlagen; vernederen; doen ontaarden; *degrading* vernederend, mensonwaardig
degrease [di'gri:z] *overg* ontvetten
degree [di'gri:] *znw* graad, mate, trap[2]; rang, stand; *honorary* ~ eredoctoraat *o*; *third* ~ derdegraads verhoor *o*; *he took his* ~ hij promoveerde; *by ~s* langzamerhand; *to a (high)* ~ in hoge mate; *to some* ~ in zekere mate; tot op zekere hoogte; *to the highest* ~ in de hoogste mate
degression [di'greʃən] *znw* daling, afname; afnemende belastingdruk
dehumanize [di:'hju:mənaiz] *overg* ontmenselijken, ontaarden
dehydrate [di:'haidreit] *overg* dehydreren; drogen [groente]; fig de pittigheid ontnemen aan
de-ice ['di:'ais] *overg* ontdooien, ontijze(le)n
de-icer *znw* ijsbestrijder; ijsbestrijdingsmiddel *o*
deification [di:ifi'keiʃən] *znw* vergoding
deify ['di:ifai] *overg* vergoden, vergoddelijken
deign [dein] *onoverg* zich verwaardigen
deism ['di:izm] *znw* deïsme *o*, een op de rede gebaseerd geloof *o* in God
deist *znw* deïst
deistic [di'istik] *bn* deïstisch
deity ['di:iti] *znw* godheid
déjà vu [deʒa'vy] [Fr] *znw* déjà-vu(-gevoel *o*, -ervaring)
deject [di'dʒekt] *overg* neerslachtig maken
dejected *bn* neerslachtig, terneergeslagen, ge-, bedrukt; verslagen
dejection *znw* neerslachtigheid, bedruktheid; verslagenheid
de jure [di'dʒuəri] [Lat] *bn bijw* in rechte, rechtens, de jure
dekko ['dekou] *znw* gemeenz blik, kijkje *o*
delay [di'lei] **I** *overg* uitstellen, vertragen, ophouden; *all is not lost that is ~ed* uitstel is geen afstel; **II** *onoverg* dralen, talmen; *~ing tactics* vertragingstactiek; *~ed-action bomb* tijdbom; **III** *znw* uitstel *o*, oponthoud *o*, vertraging; *without* ~ onverwijld
delectable [di'lektəbl] *bn* verrukkelijk
delectation [di:lek'teiʃən] *znw* genoegen *o*, genot *o*
delegacy ['deligəsi] *znw* delegatie
delegate I ['deligit] *znw* gedelegeerde, gemachtigde, afgevaardigde; **II** *overg* ['deligeit] delegeren, afvaardigen, opdragen, overdragen
delegation [deli'geiʃən] *znw* delegatie, afvaardiging, opdracht, overdracht
delete [di'li:t] *overg* (weg)schrappen, doorhalen
deleterious [deli'tiəriəs] *bn* schadelijk, verderfelijk, giftig
deletion [di'li:ʃən] *znw* schrapping, doorhaling
delft [delf(t)], **delftware** *znw* Delfts aardewerk *o*
deli ['deli] *znw* gemeenz delicatessenwinkel
deliberate [di'libərit] **I** *bn* weloverwogen; opzettelijk, welbewust; bedaard, bezadigd, beraden; **II** *overg* [di'libəreit] overwegen; overléggen; **III** *onoverg* delibereren, zich beraden, beraadslagen (over *on*)
deliberation [dilibə'reiʃən] *znw* beraadslaging, beraad *o*, overweging; overleg *o*; bedaardheid, bezadigdheid
deliberative [di'libərətiv] *bn* beraadslagend
delicacy ['delikəsi] *znw* fijnheid, zachtheid, teer(gevoelig)heid, zwakheid; kiesheid, fijngevoeligheid; neteligheid, delicaatheid; (kies)keurigheid; finesse; lekkernij, delicatesse
delicate *bn* fijn, zacht, teer, zwak; delicaat, kies, fijngevoelig, fijnbesnaard; (kies)keurig; gevoelig [v. instrument]; netelig [v. situatie]
delicatessen ['delikə'tesn] *znw* delicatessenwinkel
delicious [di'liʃəs] *bn* heerlijk
delight [di'lait] **I** *znw* genoegen *o*, vermaak *o*, behagen *o*, verrukking, lust, genot *o*; *take* ~ *in* behagen scheppen in; **II** *overg* verheugen, verrukken, strelen; *I shall be ~ed to...* het zal mij aangenaam zijn...; **III** *onoverg* behagen scheppen, genot vinden (in *in*)
delightful *bn* heerlijk, verrukkelijk; prachtig, uitstekend, voortreffelijk
delimit [di:'limit] *overg* afbakenen
delimitation [dilimi'teiʃən] *znw* afbakening
delineate [di'linieit] *overg* tekenen[2], schetsen; fig schilderen
delineation [dilini'eiʃən] *znw* tekening, schets; fig (af)schildering

delinquency [di'liŋkwənsi] *znw* plichtsverzuim *o*, overtreding, misdrijf *o*; zie ook: *juvenile*
delinquent I *bn* delinquent, schuldig; **II** *znw* delinquent, misdadiger, schuldige
deliquescence *znw* vervloeiing; (weg)smelting
delirious [di'liriəs] *bn* ijlend, dol; uitzinnig (enthousiast)
delirium *znw* ijlen *o*, waanzin, razernij; extase, uitzinnigheid
deliver [di'livə] *overg* bevrijden, verlossen; (over-) geven, ter hand stellen; uitreiken; (in-, af-, uit-) leveren, opleveren, afgeven (ook: ~ *over*); bezorgen; overbrengen; toebrengen; (uit)werpen; uitspreken; houden [een rede, lezing &]; *to be ~ed of a child* bevallen van een kind; ~ *the goods* gemeenz zijn belofte nakomen; 't 'm leveren; ~ *up* afstaan, af-, overgeven; *she will ~ on her promise* ze zal doen wat ze beloofd heeft
deliverance *znw* bevrijding, redding, verlossing; uitspraak, vonnis *o*
deliverer *znw* bevrijder; bezorger
delivery *znw* verlossing, bevalling, baring; (af-, in-) levering; overhandiging; mil overgave; bezorging, bestelling; toebrengen *o*; werpen *o* [v. bal]; voordracht; houden *o* [v. rede]; *take ~ of* handel in ontvangst nemen; *for future (forward) ~* handel op termijn
delivery man *znw* bezorger, besteller
delivery note *znw* afleveringsbewijs *o* [bij aflevering v. goederen], vrachtbrief
delivery order *znw* volgbriefje *o*
delivery room *znw* med verloskamer
delivery van *znw* bestelwagen
dell [del] *znw* nauw en bebost dal *o*
delouse [di:'laus] *overg* ontluizen; zuiveren van
Delphic ['delfik] *bn* van Delphi, Delphisch; duister, raadselachtig
delphinium [del'finiəm] *znw* plantk ridderspoor
delta ['deltə] *znw* Griekse letter d; delta
deltoid ['deltɔid] **I** *bn* deltavormig; ~ *muscle* deltaspier; **II** *znw* deltaspier
delude [di'l(j)u:d] *overg* misleiden, bedriegen, begoochelen; ~ *oneself into the belief that...* zich wijsmaken dat...
deluge ['delju:dʒ] **I** *znw* zondvloed, overstroming[2]; (stort)vloed[2]; **II** *overg* overstromen[2]
delusion [di'l(j)u:ʒən] *znw* (zelf)bedrog *o*, (zins-) begoocheling; waan(voorstelling); *~s of grandeur* grootheidswaan
delusive, delusory *bn* misleidend, bedrieglijk
de luxe [də'lyks] *bn* luxe-, luxueus
delve [delv] *onoverg* delven, graven, spitten; vorsen, snuffelen, zoeken
demagogic [demə'gɔgik, -dʒik] *bn* demagogisch
demagogue ['deməgɔg] *znw* demagoog, volksmenner
demagogy *znw* demagogie
demand [di'ma:nd] **I** *overg* (ver)eisen, vorderen, verlangen, vergen, vragen (van *of, from*); **II** *znw* eis, vordering, verlangen *o*, (aan)vraag; *supply and ~* vraag en aanbod; *I have many ~s on my time* ik heb het verschrikkelijk druk; *(much) in ~* zeer gezocht (gewild, gevraagd); *on ~* op aanvraag; op zicht
demanding *bn* veeleisend
demarcate ['di:ma:keit] *overg* afbakenen; (af-) scheiden
demarcation [di:ma:'keiʃən] *znw* afbakening, demarcatie, afscheiding, grens(lijn); ~ *dispute* competentiestrijd
démarche ['deima:ʃ] *znw* diplomatieke stap, demarche
dematerialize ['di:mə'tiəriəlaiz] **I** *onoverg* onstoffelijk worden; **II** *overg* onstoffelijk maken
demean [di'mi:n] *overg* verlagen, vernederen; ~ *oneself* zich verlagen
demeanour, Am **demeanor** *znw* houding, gedrag *o*
dement [di'ment], **demented** *bn* waanzinnig, dement
dementia *znw* waanzin; dementie
demerara sugar [demə'reərə 'ʃu:gə] *znw* bruine rietsuiker [oorspronkelijk uit Demerara in Guyana]
demerit [di:'merit] *znw* fout, gebrek *o*
demesne [di'mein] *znw* domein *o*, gebied *o*
demigod ['demigɔd] *znw* halfgod
demijohn ['demidʒɔn] *znw* mandenfles
demilitarize [di'militəraiz] *overg* demilitariseren
demise [di'maiz] **I** *znw* overdracht [bij akte of testament]; overlijden *o*, dood, het ter ziele gaan; fig ondergang, einde *o*; **II** *overg* overdragen; verpachten (aan *to*); bij uiterste wil vermaken
demi-semiquaver [demisemi'kweivə] *znw* 32ste noot
demist ['di:'mist] *overg* vrij van condens maken [autoruit &]
demister ['di:'mistə] *znw* voorruitverwarming, blower [in auto]
demo ['demə] *znw* gemeenz betoging, demonstratie; demo [bandje]
demob [di'mɔb] *overg* gemeenz = *demobilize*
demobilization [di:moubilai'zeiʃən] *znw* demobilisatie
demobilize [di:'moubilaiz] *overg* demobiliseren
democracy [di'mɔkrəsi] *znw* democratie
democrat ['deməkræt] *znw* democraat
democratic [demə'krætik] *bn* democratisch
democratization [dimɔkrətai'zeiʃən] *znw* democratisering
democratize [di'mɔkrətaiz] *overg* democratiseren
demographic [di:mə'græfik] *bn* demografisch
demographics *znw mv* bevolkingsstatistiek(en)
demography [di:'mɔgrəfi] *znw* demografie
demolish [di'mɔliʃ] *overg* afbreken, slopen; fig omverwerpen, vernietigen; gemeenz verorberen
demolition [demə'liʃən] *znw* afbreken *o*, sloping; vernietiging; afbraak; sloop; ~ *company* slopersbe-

drijf *o*; ~ *derby* Am ± stockcarrace
demon ['di:mən] *znw* geleigeest; boze geest, duivel, demon; gemeenz bezetene; *a ~ for work* een echte werkezel
demonetize [di:'mʌnitaiz] *overg* buiten koers stellen, ontmunten
1 demoniac *znw* bezetene
2 demoniac [di'mouniæk], **demoniacal** [di:mə'naiəkl] *bn* demonisch°, duivels; bezeten
demonic [di'mɔnik] *bn* demonisch
demonstrable ['demənstrəbl] *bn* aantoonbaar, bewijsbaar
demonstrate I *overg* aantonen, bewijzen; demonstreren; aan de dag leggen; **II** *onoverg* een demonstratie houden
demonstration [demən'streiʃən] *znw* bewijs *o*; betoging, manifestatie, demonstratie; betoon *o*, vertoon *o*
demonstrative [di'mɔnstrətiv] **I** *bn* aanwijzend; demonstratief, expansief; extravert, open; **II** *znw* **1** aanwijzend (voornaam)woord *o*; **2** extravert
demonstrator ['demənstreitə] *znw* betoger, demonstrant, manifestant; assistent [v. professor]; demonstrateur, -trice (*sales ~*)
demoralization [dimɔrəlai'zeiʃən] *znw* demoralisatie
demoralize [di'mɔrəlaiz] *overg* demoraliseren
demote [di'mout] *overg* degraderen
demotic [di'mɔtik] *bn*: ~ *speech* volksspraak, -taal
demotion [di'mouʃən] *znw* degradatie
demur [di'mə:] **I** *onoverg* aarzelen, weifelen; bezwaar maken, protesteren (tegen *at, to*); recht excepties opwerpen; **II** *znw* aarzeling, weifeling; bezwaar *o*, protest *o*
demure [di'mjuə] *bn* stemmig, (gemaakt) zedig, preuts, uitgestreken
demurrage [di'mʌridʒ] *znw* handel overliggeld *o*; *days of ~* overligdagen
demurrer [di'mʌrə] *znw* recht exceptie, verweermiddel *o*
demystify ['di:'mistifai] *overg* ontraadselen, ophelderen; uit de mystieke sfeer halen
den [den] *znw* hol *o*, hok *o*, kuil; gemeenz kamer; ~ *of thieves* dievenhol *o*
denary ['di:nəri] *bn* tientallig
denationalize [di'næʃənəlaiz] *overg* privatiseren, denationaliseren
denaturalize [di'nætʃərəlaiz] *overg* de burgerrechten ontnemen
denature [di:'neitʃə] *overg* denatureren: ongeschikt maken voor consumptie; verbasteren
dendrology [den'drɔlədʒi] *znw* bomenleer
denial [di'naiəl] *znw* weigering, ontkenning, dementi *o*, (ver)loochening, ontzegging, onthouden *o* [v.e. recht aan]
denier ['denjə] *znw* denier [dikteaanduiding v. nylon, rayon]
denigrate ['denigreit] *overg* denigreren, afkammen, zwart maken
denim ['denim] *znw* denim *o*; ~*s* spijkergoed *o*; spijkerbroek *blue ~s* blauwe overall
denizen ['denizn] *znw* bewoner; genaturaliseerd vreemdeling; ingeburgerd woord *o* &
Denmark ['denma:k] *znw* Denemarken *o*
denominate [di'nɔmineit] *overg* (be)noemen
denomination [dinɔmi'neiʃən] *znw* naamgeving, benoeming, benaming, naam; sekte, gezindte; coupure [van effect &], (nominale) waarde [v. munt, postzegel], bedrag *o*
denominational *bn* confessioneel; ~ *education* bijzonder onderwijs
denominative [di'nɔminətiv] *bn* benoemend; gramm denominatief
denominator *znw* wisk noemer; *a common ~* één noemer; *(lowest) common ~* kleinste gemene veelvoud *o*; fig de grote massa, het grote publiek; *reduce to a common ~* gelijknamig maken
denotation [di:nou'teiʃən] *znw* denotatie, aanduiding
denote [di'nout] *overg* aanduiden, aanwijzen, wijzen op, te kennen geven
dénouement [dei'nu:mã:ŋ], **denouement** [Fr] *znw* ontknoping
denounce [di'nauns] *overg* opzetten [verdrag]; uitvaren tegen, aan de kaak stellen (als *as*); veroordelen, zijn afkeuring uitspreken over, wraken
denouncement *znw* = *denunciation*
dense [dens] *bn* dicht, compact, ondoordringbaar, niet door te komen; stom, stompzinnig; ~ *with* dichtbegroeid met
density *znw* dichtheid; compactheid, concentratie
dent [dent] **I** *znw* deuk, bluts, indruk, gat *o*; knauw; **II** *overg* (in)deuken; een knauw geven
dental ['dentl] **I** *bn* tand-; tandheelkundig; ~ *floss* tandzijde; ~ *hygienist* mondhygiënist(e); ~ *plaque* tandplak; ~ *surgeon* tandarts; ~ *technician* tandtechnicus; **II** *znw* tandletter, dentaal
dentifrice *znw* tandpoeder *o & m*, tandpasta
dentine *znw* tandbeen *o*
dentist *znw* tandarts
dentistry *znw* tandheelkunde
dentition *znw* tanden krijgen *o*; tandstelsel *o*
dentures ['dentʃəz] *znw mv* (kunst)gebit *o*
denudation [di:nju'deiʃən] *znw* ontbloting, blootlegging
denude [di'nju:d] *overg* ontbloten, blootleggen; ~ *of* ontdoen van
denunciation [dinʌnsi'eiʃən] *znw* aan de kaak stellen *o*, veroordeling, afkeuring
deny [di'nai] *overg* ontkennen, (ver)loochenen; ontzeggen, onthouden, weigeren
deodorant [di:'oudərənt] *znw* deodorant
deodorize [di:'oudəraiz] *overg* desodoriseren, de kwalijke lucht verdrijven uit
deontology [di:ɔn'tɔlədʒi] *znw* plichtenleer
deoxidize [di:'ɔksidaiz] *overg* zuurstof onttrekken

aan, reduceren
depart [di'pa:t] *onoverg* (weg)gaan, vertrekken, heengaan[2]; ~ *from* afwijken van, laten varen; *~ed glory* vergane grootheid; *the ~ed* de overledene(n)
department [di'pa:tmənt] *znw* afdeling, departement[2] *o*, gebied *o*; ~ *store(s)* warenhuis *o*
departmental [dipa:t'mentl] *bn* departementaal, departements-, afdelings-
departure [di'pa:tʃə] *znw* vertrek *o*, afreis; heengaan[2] *o*; afwijking; *a new* ~ iets nieuws, een nieuwe koers
depend [di'pend] *onoverg*: ~ *(up)on* afhangen van, afhankelijk zijn van, aangewezen zijn op; rekenen op, vertrouwen op, zich verlaten op; *that ~s* dat hangt ervan af
dependable *bn* betrouwbaar
dependance *znw* Am = *dependence*
dependant *znw* iem. die aan de zorg v.e. ander is toevertrouwd
dependence *znw* afhankelijkheid (van *on*); vertrouwen *o*, toeverlaat
dependency *znw* = *dependence*; onderhorigheid
dependent I *bn* vero afhangend (van *from*); afhankelijk (van *on, upon*); ondergeschikt; onderhorig; **II** *znw* = *dependant*
depending: ~ *on* afhankelijk van; al naar gelang (van)
depersonalize ['di:'pə:snəlaiz] *overg* van de eigen persoonlijkheid beroven, onpersoonlijk maken, depersonaliseren
depict [di'pikt] *overg* (af)schilderen, afbeelden
depiction *znw* (af)schildering
depilate ['depileit] *overg* ontharen, epileren
depilation [depi'leiʃən] *znw* ontharing
depilatory [di'pilətəri] **I** *bn* ontharings-; **II** *znw* ontharingsmiddel *o*
deplane ['di:'plein] Am **I** *onoverg* uit een vliegtuig stappen; **II** *overg* uit een vliegtuig laden
deplenish [di'pleniʃ] *overg* ledigen
deplete [di'pli:t] *overg* uitputten; leeghalen; verminderen, verkleinen
depletion *znw* lediging; uitputting; vermindering, verkleining
deplorable [di'plɔ:rəbl] *bn* betreurenswaardig, erbarmelijk, jammerlijk, bedroevend
deplore *overg* betreuren, bewenen, beklagen, bejammeren
deploy [di'plɔi] *overg* mil opstellen, inzetten, plaatsen [raketten, troepen]; aanvoeren [argumenten]
deployment [di'plɔimənt] *znw* inzetten *o* [v. troepen]; in stelling brengen *o*, aanvoeren *o* [v. argumenten &]
deponent [di'pounənt] *znw* recht getuige
depopulate [di:'pɔpjuleit] *overg & onoverg* ontvolken
depopulation ['di:pɔpju'leiʃən] *znw* ontvolking
deport [di'pɔ:t] *overg* deporteren; over de grens zetten (als ongewenste vreemdeling)
deportation [di:pɔ:'teiʃən] *znw* deportatie
deportee [dipɔ:'ti:] *znw* gedeporteerde
deportment [di'pɔ:tmənt] *znw* houding, gedrag *o*, manieren, optreden *o*
depose [di'pouz] **I** *overg* afzetten; (onder ede) verklaren; **II** *onoverg* getuigen
deposit [di'pɔzit] **I** *znw* deposito *o*, storting, inleg, aanbetaling, pand *o*, waarborgsom, statiegeld *o*; neerslag; bezinksel *o*; laag [v. erts]; *on* ~ in deposito; ~ *account* depositorekening; **II** *overg* (neer-) leggen; in bewaring geven, inleggen; deponeren, storten; afzetten; **III** *onoverg* neerslaan
depositary *znw* bewaarder
deposition [de-, di:pə'ziʃən] *znw* bezinking; afzetting; (getuigen)verklaring
depositor [di'pɔzitə] *znw* inlegger; bewaargever
depository *znw* bewaarplaats; bewaarder
depot ['depou] *znw* depot *o & m*; opslagplaats, magazijn *o*; (tram)remise
depravation [deprə'veiʃən] *znw* verdorvenheid, bederf *o*
deprave [di'preiv] *overg* bederven; *~d* verdorven
depravity [di'præviti] *znw* verdorvenheid
deprecate ['deprikeit] *overg* opkomen tegen, waarschuwen voor, afkeuren; laken
deprecation [depri'keiʃən] *znw* protest *o*
deprecatory ['deprikeitəri] *bn* afkeurend
depreciate [di'pri:ʃieit] **I** *overg & onoverg* devalueren, in waarde (doen) dalen; **II** *overg* geringschatten, depreciëren
depreciation [dipri:ʃi'eiʃən] *znw* (waarde-) vermindering, daling, depreciatie; geringschatting; afschrijving [voor waardevermindering]
depreciatory [di'pri:ʃətəri] *bn* geringschattend, minachtend
depredation [depri'deiʃən] *znw* plundering, verwoesting
depress [di'pres] *overg* (neer)drukken[2]; verlagen; fig terneerslaan; deprimeren; *~ed area* probleemgebied *o*, onderontwikkeld gebied *o*
depressing *bn* ontmoedigend
depression *znw* (neer)drukking; verlaging; depressie; gedruktheid, neerslachtigheid; handel malaise, slapte
depressive *bn* depressief, neerslachtig
deprivation [depri'veiʃən] *znw* beroving, ontneming; verlies *o*; ontbering, ± verwaarlozing, armoede
deprive [di'praiv] *overg* beroven; ~ *sbd. of* ook: iem... ontnemen, iem... onthouden; *~d* ook: misdeeld; *~d of* ook: verstoken van, gespeend van, zonder
Dept. *afk.* = *Department*
depth [depθ] *znw* diepte[2], diepzinnigheid; *the ~(s)* dieptepunt[2] *o*, diepste *o*; het binnenste[2] *o*, midden *o*; hevigste *o*; *in* ~ grondig, diepgaand; *in the ~ of night, winter* in het holst van de nacht, in het hartje van de winter; *he was out of his* ~ hij voelde geen

grond meer, fig hij was totaal de kluts kwijt
depth-charge ['deptθtʃa:dʒ] *znw* dieptebom
depth gauge *znw* dieptemeter
deputation [depju'teiʃən] *znw* deputatie, afvaardiging
depute [di'pju:t] *overg* afvaardigen; opdragen, overdragen
deputize ['depjutaiz] *onoverg*: ~ *for* invallen voor, vervangen
deputy I *znw* afgevaardigde; (plaats)vervanger, waarnemer, invaller; **II** *bn* plaatsvervangend, vice-, onder-, substituut-
derail [di'reil] *overg & onoverg* (doen) ontsporen
derailment *znw* ontsporing
derange [di'reindʒ] *overg* (ver)storen, in de war brengen, verwarren; [verstand] krenken; ~*d* geestelijk gestoord
derangement *znw* storing, verwarring; *(mental)* ~ geestesstoornis
derby ['da:bi] *znw* **1** sp (plaatselijke, streek)derby; **2** Am bolhoed, derby
derelict ['derilikt] **I** *bn* verlaten; onbeheerd; vervallen; **II** *znw* verlaten schip *o*; onbeheerd goed *o*; wrak *o*; zwerver
dereliction [deri'likʃən] *znw* nalatigheid; verwaarlozing, verval *o*; ~ *of duty* plichtsverzuim *o*
deride [di'raid] *overg* bespotten, uitlachen, belachelijk of bespottelijk maken
de rigueur [dəri'gə:(r)] [Fr] *bn* verplicht, een must
derision [di'riʒən] *znw* spot(ternij), bespotting; *bring into* ~ bespottelijk maken; *have (hold) in* ~ de spot drijven met
derisive [di'raisiv] *bn* spottend, spot-
derisory *bn* bespottelijk, belachelijk, spot-
derivation [deri'veiʃən] *znw* afleiding; verkrijging
derivative [di'rivətiv] **I** *bn* afgeleid, niet oorspronkelijk; derivatief; **II** *znw* afgeleid woord *o*, afleiding; derivaat *o*, afgeleid product *o*
derive [di'raiv] **I** *overg* afleiden (uit, van *from*); (ver-) krijgen, trekken, putten (uit *from*); ontlenen (aan *from*); **II** *onoverg* afkomen, afstammen, voortkomen, voortspruiten (uit *from*)
dermatitis [də:mə'taitis] *znw* med huidontsteking
dermatologist [də:mə'tɔlədʒist] *znw* dermatoloog, huidarts
dermatology *znw* dermatologie: leer der huidziekten
derogate ['derəgeit] *onoverg* zich verlagen; ~ *from* te kort doen aan, afbreuk doen aan
derogation [derə'geiʃən] *znw* schade, afbreuk (aan *of, from*); verlaging
derogatory [di'rɔgətəri] *bn* afbreuk doend (aan *to*); venederend, geringschattend, denigrerend
derrick ['derik] *znw* scheepv kraan, laadboom, bok; techn boortoren
derring-do ['deriŋ'du:] *znw* vermetelheid
derv [də:v] *znw* brandstof voor dieselmotoren
dervish ['də:viʃ] *znw* derwisj
desalinate [di:'sælineit] *overg* ontzilten
desalination [di:sæli'neiʃən] *znw* ontzilting
descale [di:'skeil] *overg* van ketelsteen ontdoen
descant ['deskænt] *znw* muz discant: sopraan
descend [di'send] *onoverg* (neer)dalen, afdalen[2] (tot *to*); zich verlagen (tot *to*); neerkomen, -vallen, -stromen; naar beneden gaan; afgaan, afkomen, afzakken; uitstappen; overgaan (op *to, upon*); afstammen van; *be* ~*ed from* afstammen van; ~ *(up-) on* een inval doen in, landen op (in), overvallen, neerschieten op
descendant *znw* afstammeling
descent [di'sent] *znw* af-, (neer)daling; (af)helling, afzakken *o*, verval *o*; landing, in-, overval; overgang [v. rechten]; afkomst; afstamming; geslacht *o*; ~ *from the Cross* kruisafneming
describe [dis'kraib] *overg* beschrijven; omschrijven, weergeven, voorstellen; ~ *as* ook: noemen, aanduiden (bestempelen, kwalificeren) als
description [dis'kripʃən] *znw* beschrijving; omschrijving; benaming; signalement *o*; soort, type *o*, slag *o*, klasse, aard; *beyond (past)* ~ onbeschrijf(e-) lijk
descriptive *bn* beschrijvend
descry [dis'krai] *overg* gewaarworden, ontwaren, onderscheiden, ontdekken, bespeuren
desecrate ['desikreit] *overg* ontheiligen, ontwijden
desecration [desi'kreiʃən] *znw* ontheiliging, ontwijding
desegregate [di:'segrigeit] *overg* de rassenscheiding opheffen in [scholen &]
1 desert ['dezət] *znw* woestijn, woestenij; ~ *island* onbewoond eiland *o*
2 desert [di'zə:t] **I** *overg* verlaten, in de steek laten, weglopen van; ~*ed* verlaten, onbewoond, leeg; **II** *onoverg* deserteren
3 desert [di'zə:t] *znw*: *get one's just* ~*s* zijn verdiende loon krijgen
deserter [di'zə:tə] *znw* deserteur
desertion *znw* verlating, afvalligheid, verzaking; desertie; verlatenheid
deserve [di'zə:v] *overg* verdienen
deservedly *bijw* naar verdienste; terecht
deserving *bn* verdienstelijk; ~ *of...* ... verdienend
deshabillé [dezæbi:ei], **deshabille** [dezæbi:l] *znw* nog niet geheel geklede staat, bijna ontklede staat
desiccant ['desikənt] *bn (znw)* opdrogend (middel *o*)
desiccate ['desikeit] *overg* drogen, ontwateren
desiccation [desi'keiʃən] *znw* (op-, uit)droging
desiderata [dizidə'reitə] *znw mv* v. **desideratum** [dizidə'reitəm] gevoelde behoefte, gewenst iets, desideratum *o*
design [di'zain] **I** *overg* schetsen, ontwerpen; dessineren [stoffen]; bedoelen; bestemmen; **II** *znw* tekening, ontwerp *o*, plan *o*; dessin *o*, patroon *o*, model *o*; vormgeving; opzet *o*; fig bedoeling, oogmerk *o*, doel *o*; *by* ~ met opzet; *have* ~*s on* een oogje heb-

ben op [een meisje]
designate ['dezigneit] **I** *overg* aanduiden, aanwijzen; noemen, bestempelen; bestemmen (tot, voor *to, for*); **II** *bn* ['dezignit] nieuwbenoemd
designation [dezig'neiʃən] *znw* aanduiding, aanwijzing, bestemming; naam
designedly [di'zainidli] *bijw* opzettelijk
designer I *znw* ontwerper; modeontwerper, couturier; dessinateur [v. stoffen]; techn tekenaar; constructeur [v. vliegtuigen]; vormgever; **II** *bn* designer-; haute couture-; ~ *drug* in laboratorium ontwikkelde drug
designing *bn* intrigerend, listig
desirable [di'zaiərəbl] *bn* begeerlijk, wenselijk, gewenst; handel aantrekkelijk [v. villa &]
desire I *overg* wensen, begeren, verlangen, verzoeken; *leave a lot (a great deal, much) to be ~ed* veel te wensen overlaten; **II** *znw* wens, verlangen *o*, begeerte, zucht (naar *for*), verzoek *o*; *at your ~* op uw verzoek; *by ~* op verzoek; *one's heart's ~* iemands (grootste) hartenwens
desirous *bn* begerig, verlangend (naar *of*)
desist [di'zist] *onoverg* afzien, ophouden, aflaten
desk [desk] *znw* lessenaar, schrijftafel, balie, bureau[2] *o*; kassa; (school)bank
desk clerk *znw* Am receptionist(e)
desk editor *znw* bureauredacteur
desk lamp *znw* bureaulamp
desk sergeant *znw* sergeant van de wacht [politie]
desk telephone *znw* tafeltoestel *o*, tafelmodel *o* [telefoon]
desktop *bn* bureau-, tafel-; ~ *computer* computer voor gebruik aan een gewoon bureau; ~ *publishing* vervaardiging van te publiceren drukwerk met behulp van een personal computer
desolate ['desəlit] **I** *bn* verlaten, eenzaam, woest, troosteloos, naargeestig; **II** *overg* ['desəleit] verwoesten, ontvolken; diep ongelukkig maken; *~d* ontroostbaar
desolation [desə'leiʃən] *znw* verwoesting; ontvolking; verlatenheid, troosteloosheid
despair [dis'pεə] **I** *znw* wanhoop; **II** *onoverg* wanhopen (aan *of*)
despairing *bn* wanhopig
despatch [dis'pætʃ] = *dispatch*
desperado [despə'ra:dou] *znw* (*mv*: -does; Am -s) desperado: dolle waaghals, nietsontziend, roekeloos persoon
desperate ['despərit] *bn* wanhopig, hopeloos, vertwijfeld; roekeloos; versterkend verschrikkelijk, zwaar; *be ~ for* snakken naar
desperately *bijw* v. *desperate*; *need ~* zitten te springen om, erg nodig hebben
desperation [despə'reiʃən] *znw* wanhoop, vertwijfeling
despicable [dis'pikəbl] *bn* verachtelijk
despise [dis'paiz] *overg* verachten, versmaden
despite [dis'pait] **I** *znw*: *(in) ~ of* in weerwil van; **II** *voorz* ondanks, ...ten spijt
despoil [dis'pɔil] *overg* beroven; plunderen
despondency *znw* moedeloosheid, mismoedigheid
despondent *bn* moedeloos
despot ['despɔt] *znw* despoot, dwingeland
despotic [des'pɔtik] *bn* despotisch
despotism ['despətizm] *znw* despotisme *o*
dessert [di'zə:t] *znw* dessert *o*, nagerecht *o*; ~ *spoon* dessertlepel
destination [desti'neiʃən] *znw* (plaats van) bestemming; ~ *board* richtingbord *o* [v. bus &]
destine ['destin] *overg* bestemmen; *~d for* op weg naar [Londen]; *~d to* bestemd om te [vergaan]
destiny ['destini] *znw* bestemming, noodlot *o*, lot *o*; *man of ~* Napoleon
destitute ['destitju:t] *bn* behoeftig, berooid; ontbloot, verstoken (van *of*)
destitution [desti'tju:ʃən] *znw* armoede, behoeftigheid, gebrek *o*
destroy [dis'trɔi] **I** *overg* vernielen, vernietigen, verwoesten, tenietdoen; afbreken, slopen; verdelgen; afmaken; **II** *wederk*: ~ *oneself* zich van het leven beroven
destroyer *znw* vernieler, verwoester; scheepv torpedojager
destructible [dis'trʌktibl] *bn* vernielbaar
destruction *znw* vernieling, vernietiging, verwoesting, verdelging; ondergang
destructive *bn* vernielend, verwoestend; vernielzuchtig; afbrekend, destructief
destructor *znw* vuilverbrandingsoven
desuetude [di'sjuitju:d, 'deswitju:d] *znw*: *fall into ~* in onbruik raken
desultory ['desəltəri] *bn* onsamenhangend, zonder methode, terloops gemaakt, van de hak op de tak springend; vluchtig
detach [di'tætʃ] **I** *overg* losmaken[2], scheiden; uitzenden, mil detacheren; **II** *wederk*: ~ *oneself (from)* zich losmaken (van); zich distantiëren (van)
detachable *bn* afneembaar
detached *bn* gedetacheerd &; vrij-, alleenstaand [huis]; los [zin], afstandelijk, objectief
detachment *znw* losmaking; scheiding; onverschilligheid voor zijn omgeving; objectiviteit; isolement *o*; mil detachement *o*; detachering
detail ['di:teil] **I** *znw* bijzonderheid, bijzaak; detail *o*, kleinigheid; onderdeel *o*; opsomming; mil detachering; detachement *o*; *~s* (nadere) informatie; *in ~* omstandig; *go into ~* in bijzonderheden afdalen (treden); **II** *overg* omstandig verhalen, opsommen; mil detacheren, aanwijzen
detailed [di'teild] *bn* gedetailleerd, omstandig
detain [di'tein] *overg* ophouden, terug-, vast-, aan-, achter-, afhouden; gevangen of in bewaring houden, detineren
detainee [ditei'ni:] *znw* gedetineerde
detect [di'tekt] *overg* ontdekken; opsporen; bespeuren, betrappen

detection *znw* ontdekking; opsporing
detective I *bn* opsporings-; rechercheurs-; *the ~ force* de recherche; **II** *znw* detective, rechercheur, speurder; *~ story* misdaadroman
detector [di'tektə] *znw* ontdekker; verklikker [aan instrumenten &]; detector
detente [dei'ta:nt] [Fr] *znw* ontspanning [politiek]
detention [di'tenʃən] *znw* achterhouding; oponthoud *o*; aanhouding, gevangenhouding; onderw schoolblijven *o*
detention centre *znw* ± tuchtschool
detention room *znw* mil arrestantenkamer
deter [di'tə:] *overg* afschrikken, terughouden (van *from*)
detergent [di'tə:dʒənt] *bn & znw* zuiverend (middel *o*); wasmiddel *o*
deteriorate [di'tiəriəreit] **I** *overg* slechter maken; **II** *onoverg* slechter worden, verslechteren, achteruitgaan, ontaarden
deterioration [ditiəriə'reiʃən] *znw* verslechtering, achteruitgang, ontaarding
determinable [di'tə:minəbl] *bn* bepaalbaar
determinant *bn & znw* beslissend(e factor); bepalend (woord *o*)
determination [ditəmi'neiʃən] *znw* bepaling; vaststelling; besluit *o*, beslissing; beslistheid, vastberadenheid; richting, stroming
determinative [di'tə:minətiv] *bn* bepalend; beslissend
determine *overg & onoverg* bepalen, vaststellen, (doen) besluiten; beslissen; *~ on* besluiten tot
determined *bn* (vast)beraden, vastbesloten, resoluut
determinism [di'tə:minizm] *znw* determinisme *o*; leer die de vrijheid v.d. wil ontkent
deterministic [di'tə:ministik] *bn* deterministisch
deterrence [di'terəns] *znw* afschrikking [door (kern)bewapening]
deterrent *bn (znw)* afschrikkend (middel *o*); *the nuclear ~* het 'afschrikwapen' *o* [= kernwapen(s)]
detest [di'test] *overg* verfoeien
detestable *bn* verfoeilijk
detestation [di:tes'teiʃən] *znw* verfoeiing; afschuw
dethrone [di'θroun] *overg* onttronen, afzetten
dethronement *znw* onttroning
detonate ['detəneit] *overg & onoverg* (doen) ontploffen, (doen) knallen, (doen) detoneren
detonation [detə'neiʃən] *znw* ontploffing, knal, detonatie
detonator ['detəneitə] *znw* detonator, ontsteker, slaghoedje *o*
detour ['di:tuə, di'tuə] **I** *znw* omweg; **II** *onoverg* een omweg maken; **III** *overg* Am omleiden [v. verkeer]
detract [di'trækt] *overg*: *~ from* afbreuk doen aan, verminderen, verkleinen
detraction *znw* afbrekende kritiek, kleinering; kwaadsprekerij
detractor *znw* kleineerder; kwaadspreker
detrain [di:'trein] **I** *onoverg* uitstappen; **II** *overg* (uit een trein) uitladen [troepen]
detriment ['detrimənt] *znw* nadeel *o*, schade (aan *to*); *to the ~ of* ten nadele van
detrimental [detri'mentl] *bn* nadelig, schadelijk (voor *to*)
detritus [di'traitəs] *znw* **1** door erosie losgekomen materiaal *o* [zand, grind &]; **2** afval *o*, rommel, rotzooi
de trop [də'trou] *bn* overbodig, te veel
deuce [dju:s] *znw* **1** twee [op dobbelstenen en speelkaarten]; **2** deuce, veertig gelijk [tennis]; **3** duivel, drommel; *what (who) the ~?* wat (wie) voor de drommel?; *a ~ of a...* (zo) een drommelse...; zie verder: *devil I*
deuced ['dju:st,'dju:sid] *bn & bijw* drommels, verduiveld
devaluate [di:'væljueit] *overg & onoverg* devalueren; in waarde (doen) dalen
devaluation [di:vælju'eiʃən] *znw* devaluatie, geldontwaarding; waardevermindering
devalue [di:'vælju:] *overg & onoverg* devalueren; in waarde (doen) dalen
devastate ['devəsteit] *overg* verwoesten, vernietigen; diep schokken
devastating *bn* verwoestend; vernietigend[2], verschrikkelijk
devastation [devəs'teiʃən] *znw* verwoesting, vernietiging, vernieling
develop [di'veləp] **I** *overg* ontwikkelen; tot ontwikkeling brengen; aan de dag leggen; uitbreiden; ontginnen; bebouwen [met gebouwen]; krijgen [koorts &]; **II** *onoverg* zich ontwikkelen (tot *into*); tot ontwikkeling komen; optreden [v. koorts &], ontstaan, zich ontspinnen; *a crisis ~ed* het kwam tot een crisis; *~ing countries* ontwikkelingslanden
developer *znw* **1** chem ontwikkelaar; **2** projectontwikkelaar (ook: *project ~, property ~*)
development *znw* ontwikkeling; uitbreiding; ontginning; bebouwing, (op)bouw; verloop *o*; nieuwbouwproject *o*; *await ~s* verdere ontwikkelingen afwachten; *~ aid* ontwikkelingshulp; *~ area* ontwikkelingsgebied *o*
developmental [di'veləp'mentl] *bn* ontwikkelings-
deviance ['di:viəns] *znw* afwijkend gedrag *o*, afwijking
deviant ['di:viənt] **I** *bn* afwijkend, met afwijkend gedrag (vooral m.b.t. seksualiteit); **II** *znw* iem. met afwijkend gedrag
deviate ['di:vieit] *onoverg* afwijken (van *from*)
deviation [di:vi'eiʃən] *znw* afwijking[2]
deviationist *znw* (communistische) dissident
device [di'vais] *znw* middel *o*; list; (uit)vinding; apparaat *o*, toestel *o*; zinspreuk, devies *o*, motto *o*; emblemische figuur; *leave sbd. to his own ~s* iem. zijn eigen gang laten gaan; iem. aan zijn lot overlaten
devil ['devl] **I** *znw* duivel[2]; kerel; *poor ~* gemeenz

arme drommel; *(the) ~ a bit* geen zier; *the (a) ~ of a...* een geweldig(e)...; *a ~ of a job* een heksentoer; *between the ~ and the deep blue sea* tussen twee vuren; *be a ~!* gemeenz kom op, doe niet zo flauw (saai)!; spring eens uit de band!; *better the ~ you know (than the ~ you don't)* elke verandering is nog geen verbetering; *talk of the ~ (and he's sure to appear)* als je van de duivel spreekt, dan trap je op zijn staart; *you have the luck of the ~* je hebt stom geluk; *give the ~ his due* ieder het zijne geven; *there was the ~ to pay* daar had je de poppen aan het dansen; **II** *overg* pittig kruiden, heet peperen

devilish *bn & bijw* duivels; verduiveld, deksels, bliksems

devil-may-care *bn* onverschillig; roekeloos, doldriest

devilry *znw* duivelskunsten(arij), snoodheid, dolle streken; roekeloze moed

devil's advocate *znw* RK advocatus diaboli, advocaat van de duivel

devious ['di:viəs] *bn* **1** slingerend, kronkelend; *a ~ route* een omweg; **2** sluw, onoprecht, achterbaks; *by ~ means* op een slinkse manier

devise [di'vaiz] **I** *overg* uit-, bedenken, verzinnen, smeden, beramen; overléggen; legateren; **II** *znw* legaat *o*

devisor [di'vaizə] *znw* recht erflater

devoid [di'vɔid] *bn*: *~ of* ontbloot van, verstoken van, gespeend van, zonder

devolution [di:və'l(j)u:ʃən] *znw* overgang; overdracht [v. rechten, eigendom &]; decentralisatie

devolve [di'vɔlv] **I** *overg* doen overgaan, overdragen, opleggen (aan *upon*); **II** *onoverg*: *~ upon* neerkomen op[2], overgaan op, toevallen aan

devote [di'vout] *overg* (toe)wijden, bestemmen (voor *to*), overleveren (aan *to*)

devoted *bn* (toe)gewijd, (aan elkaar) gehecht, verknocht

devotee [devou'ti:] *znw* (bekrompen) dweper (met), ijveraar (voor), dwepend aanhanger of enthousiast liefhebber (van *of*)

devotion [di'vouʃən] *znw* (toe)wijding, gehechtheid, verknochtheid; godsvrucht, vroomheid, devotie; godsdienstoefening, gebed *o*; *~ to duty* plicht(s)betrachting

devotional *bn* godsdienstig, stichtelijk

devour [di'vauə] *overg* verslinden[2]; fig verteren

devout [di'vaut] *bn* godsdienstig, godvruchtig, vroom, devoot; oprecht, vurig

dew [dju:] *znw* dauw

dew-drop *znw* dauwdruppel

dewlap ['dju:læp] *znw* kwab onder de hals v.e. rund

dew-worm ['dju:wə:m] *znw* worm, pier

dewy ['dju:wi] *bn* dauwachtig, bedauwd

dewy-eyed [dju(:)i'aid] *bn* kinderlijk onschuldig, met kinderlijk vertrouwen

dexter ['dekstə] *bn* rechts, rechter(-)

dexterity [deks'teriti] *znw* behendigheid, handigheid, vaardigheid

dext(e)rous ['dekst(ə)rəs] *bn* behendig, handig, vaardig

dextrose ['dekstrous] *znw* druivensuiker

d-flat ['di:flæt] *znw* muz des

diabetes [daiə'bi:ti:z] *znw* diabetes, suikerziekte

diabetic [daiə'betik] **I** *bn* suikerziekte-; *~ chocolate* chocola (geschikt) voor diabetici; **II** *znw* diabeticus, suikerpatiënt

diabolic [daiə'bɔlik], **diabolical** *bn* duivels; afgrijselijk, beroerd, miserabel

diaconal [dai'ækənl] *bn* van een *deacon*

diacritic [daiə'kritik] **I** *znw* diacritisch teken *o*; **II** *bn* diacritisch: onderscheidend

diadem ['daiədem] *znw* diadeem

diaeresis [dai'iərisis] *znw* (*mv*: diaereses [-si:z]) diaeresis: deelteken *o*, trema *o*

diagnose [daiəgnouz] *overg* diagnostiseren, de diagnose opmaken (van); constateren, vaststellen [ziekte]

diagnosis [daiəg'nousis] *znw* (*mv*: diagnoses [-si:z]) diagnose

diagnostic [daiəg'nɔstik] **I** *bn* diagnostisch; **II** *znw* symptoom *o*, kenmerkend verschijnsel *o*; *~s* ook: diagnostiek

diagonal [dai'ægənl] *bn & znw* diagonaal, overhoeks

diagram ['daiəgræm] **I** *znw* diagram *o*, figuur, schematische voorstelling, grafiek; **II** *overg* schematisch of grafisch voorstellen

diagrammatic [daiəgrə'mætik] *bn* schematisch, grafisch, in diagrammen

dial ['daiəl] **I** *znw* wijzerplaat; (kies)schijf; (afstem-) schaal; slang facie *o & v*, bakkes *o*; **II** *overg* (een nummer) draaien, kiezen, opbellen; *~(ling) tone* kiestoon; *~ling code* netnummer *o*; *direct ~ling* doorkiezen *o*

dialect ['daiəlekt] *znw* streektaal, tongval, dialect *o*

dialectal [daiə'lektl] *bn* dialectisch

dialectic [daiə'lektik] *znw* dialectiek (ook *~s*)

dialectical *bn* dialectisch

dialectician [daiəlek'tiʃən] *znw* dialecticus

dialogue [daiəlɔg], Am **dialog** *znw* dialoog, samenspraak, gesprek *o*

dial tone ['daiəlpleit] *znw* Am kiestoon

diameter [dai'æmitə] *znw* diameter, middellijn

diametrical [daiə'metrikl] *bn* diametraal, lijnrecht

diamond ['daiəmənd] **I** *znw* diamant *o* [stofnaam], diamant *m* [voorwerpsnaam]; ruit; sp (binnenveld *o* van) honkbalveld *o*; *~s* kaartsp ruiten; *black ~* steenkool; *he's a rough ~* onder zijn ruwe bolster zit een blanke pit; **II** *bn* diamanten; ruitvormig; *~ jubilee* zestigjarig jubileum *o*; *~ wedding* diamanten bruiloft

diapason [daiə'peizn] *znw* muz (stem-, toon-) hoogte; (toon)omvang; diapason

diaper ['daiəpə] *znw* Am luier

diaphanous [dai'æfənəs] *bn* doorschijnend

diaphragm ['daiəfræm] *znw* middenrif *o*; diafragma *o* [v. lens]; tussenschot *o*; membraan *o*; pessarium *o*
diarist ['daiərist] *znw* dagboekschrijver
diarrhoea [daiə'riə] *znw* diarree
diary ['daiəri] *znw* dagboek *o*; agenda
diaspora [dai'æspərə] *znw* diaspora
diatribe ['daiətraib] *znw* diatribe: scheldkanonnade, hekelschrift *o*
dibble ['dibl] **I** *znw* pootijzer *o*; **II** *overg* met een pootijzer bewerken of planten
dice [dais] **I** *znw* dobbelstenen (*mv* v. *die*; ook als *enk* gebruikt:) dobbelsteen; dobbelspel *o*; **II** *onoverg* dobbelen; ~ *with death* zijn leven (gezondheid &) in de waagschaal stellen; **III** *overg* aan dobbelstenen snijden
dicey ['daisi] *bn* gemeenz riskant, gevaarlijk, link
dichotomy [dai'kɔtəmi] *znw* dichotomie, (twee-) deling; splitsing
dick [dik] *znw* slang detective; plat pik, lul
dickens ['dikinz] *znw*: *what/how/why the ~ didn't you...?* gemeenz waarom heb je verdorie (in vredesnaam) niet...?
dicker ['dikə] *onoverg* sjacheren, afdingen
dicky ['diki] **I** *znw* frontje *o*; *~-bird* vogeltje *o*; *not say a ~-bird* gemeenz geen stom woord zeggen; **II** *bn* gemeenz wankel, niet solide[2]
dicta ['diktə] *znw mv* v. *dictum*
dictaphone *znw* dicteerapparaat *o*
dictate I *overg* [dik'teit] voorzeggen, dicteren, ingeven; commanderen, opleggen, voorschrijven; **II** *znw* ['dikteit] voorschrift *o*, bevel *o*; ingeving
dictation [dik'teiʃən] *znw* dictee *o*, dictaat *o*; bevel *o*, oplegging
dictator *znw* dictator
dictatorial [diktə'tɔ:riəl] *bn* gebiedend, heerszuchtig, dictatoriaal
dictatorship *znw* dictatuur
diction ['dikʃən] *znw* dictie, voordracht
dictionary ['dikʃən(ə)ri] *znw* woordenboek *o*
dictum ['diktəm] *znw* (*mv*: dicta [-tə]) uitspraak, gezegde *o*
did [did] V.T. van *do*
didactic [di'dæktik] *bn* didactisch, belerend, leer-; *~s* didactiek
diddle ['didl] *overg* gemeenz bedotten; ~ *sbd. out of sth.* iem. iets slinks afhandig maken
didn't = *did not*
1 die [dai] *znw* (*mv*: dice [dais]) dobbelsteen, teerling; muntstempel; matrijs; snij-ijzer *o*; *the ~ is cast* de teerling is geworpen
2 die [dai] *onoverg* sterven, overlijden; doodgaan; (het) besterven [v. schrik &]; uit-, wegsterven, verflauwen, uitgaan, voorbijgaan, bedaren; ~ *a millionaire* sterven als (een) miljonair; ~ *a natural death* een natuurlijke dood sterven; ~ *hard* een taai leven hebben; zich taai houden; ~ *away* wegsterven [v. geluid]; ~ *down* afnemen, luwen, bedaren; uitgaan, doven, wegsterven[2]; ~ *for* sterven voor; snakken naar; ~ *from (of)* sterven aan; ~ *of grief* sterven van verdriet; ~ *of laughter* zich doodlachen; ~ *out* weg-, uitsterven; ~ *to the world* der wereld afsterven; *be dying to...* branden van verlangen om..., dolgraag willen...; ~ *of thirst* van dorst sterven (vergaan)
die-hard ['daiha:d] **I** *bn* onverzoenlijk; **II** *znw* onverzoenlijk persoon; conservatief politicus
dielectric [daii'lektrik] *bn* isolerend; niet-geleidend [materiaal]
diesel ['di:zl] *znw* diesel
diet ['daiət] **I** *znw* **1** rijksdag, landdag; **2** voedsel *o*, kost, voeding; leefregel, dieet *o*; *on a ~* op dieet; **II** *overg* een leefregel voorschrijven, op dieet stellen; **III** *onoverg* op dieet zijn
dietary ['daiətəri] **I** *bn* dieet-, voedsel-; ~ *fibre* ruwe vezel; **II** *znw* dieet *o*; kost
dieter ['daiətə] *znw* iem. die een dieet volgt, die aan het lijnen is
dietetic [daii'tetik] **I** *bn* dieet-, voedings-, diëtistisch; **II** *znw*: *~s* voedingsleer, diëtetiek
dietician, **dietitian**, **dietist** ['daiətist] *znw* voedingsspecialist(e), diëtist(e)
differ ['difə] *onoverg* (van elkaar) verschillen; van mening verschillen; ~ *form sbd. on (about) sth.* het met iem. oneens over iets zijn; *agree to ~* zich erbij neerleggen dat men niet tot overeenstemming kan komen; *I beg to ~* neemt u me niet kwalijk, maar ik ben het (helaas) niet met u eens
difference ['difrəns] *znw* verschil *o*, onderscheid *o*; geschil(punt) *o*; *it makes no ~* dat maakt niets uit; *that makes all the ~* dat maakt veel uit, daar zit 'm nou net de kneep; *split the ~* het verschil delen
different *bn* verschillend (van *from, to*), onderscheiden, verscheiden, anders (dan *from, to*), ander (dan *from*); *as ~ again* volkomen anders(om)
differentiable *bn* scheidbaar (v. begrippen), gedifferentieerd kunnende worden
differential [difə'renʃəl] **I** *bn* differentieel (= een onderscheid makend naar herkomst) [v. rechten]; differentiaal; ~ *calculus* wisk differentiaalrekening; ~ *gear* techn differentieel; **II** *znw* wisk differentiaal; techn differentieel *o*; loongeschil *o*; loonklassenverschil *o*
differentiate I *overg* onderscheiden, doen verschillen, verschil maken tussen; **II** *onoverg* differentiëren, zich onderscheiden
differentiation [difərenʃi'eiʃən] *znw* verschil *o*, onderscheiding; differentiatie
difficult ['difikəlt] *bn* moeilijk, lastig
difficulty *znw* moeilijkheid, moeite, zwarigheid, bezwaar *o*
diffidence ['difidəns] *znw* gebrek *o* aan zelfvertrouwen; schroomvalligheid
diffident *bn* bedeesd, zonder zelfvertrouwen, verlegen
diffluence ['difluəns] *znw* vloeibaarheid; vloeibaar

worden *o*

diffraction [di'frækʃən] *znw* diffractie, buiging [v. lichtstralen of geluidsgolven]

diffuse [di'fju:s] **I** *bn* verspreid, verstrooid, diffuus [v. licht]; breedsprakig, wijdlopig; **II** *overg* [di'fju:z] verspreiden, uitstorten, uitgieten; diffunderen: doordringen in [v. vloeistoffen, gassen]; ~*d* diffuus [v. licht]

diffusion *znw* verspreiding, verbreiding, uitstorting; diffusie: vermenging v. gassen of vloeistoffen

diffusive *bn* (zich) verspreidend; wijdlopig

1 dig [dig] (dug; dug) **I** *overg* graven, delven, (om-) spitten; rooien [aardappelen]; duwen, porren; slang snappen, begrijpen, genieten (van), leuk vinden, 'te gek' vinden; ~ *at sbd.* iem. een steek onder water geven; ~ *in* onderwerken [mest]; (zich) ingraven; ~ *in one's heels* het been stijf houden; ~ *one's nails into* doen dringen, slaan of boren in; ~ *out (up)* uitgraven, opgraven; opbreken; rooien; fig opdiepen, voor de dag halen; oprakelen; ~ *through* doorgraven; **II** *onoverg* graven, spitten; slang wonen; ~ *in* mil zich ingraven; gemeenz aanvallen [op eten]

2 dig *znw* graafwerk *o*; [archeologische] opgraving; por, duw; fig steek, insinuatie; ~*s* gemeenz huurkamer

digest [di-, dai'dʒest] **I** *overg* verteren, verwerken, in zich opnemen; **II** *onoverg* verteren; **III** *znw* ['daidʒest] overzicht *o*, resumé *o*, verkorte weergave; recht pandecten

digestible [di'dʒestəbl] *bn* licht verteerbaar

digestion *znw* spijsvertering; verwerking [van het geleerde], digestie

digestive I *bn (znw)* de spijsvertering bevorderend (middel *o*); spijsverterings-; **II** *znw* volkorenbiscuitje *o*

digger ['digə] *znw* (goud)graver, delver; graafmachine

digging *znw* graven *o*; ~*s* goudveld *o*, goudvelden; gemeenz huurkamer

dight [dait] *bn* vero getooid; bereid

digit ['didʒit] *znw* vinger(breedte); dierk teen, vinger; cijfer *o* beneden 10

digital *bn* digitaal; ~ *computer* digitale rekenmachine; ~ *recording* digitale opname; ~ *watch* digitaal horloge *o*

dignified ['dignifaid] *bn* waardig, deftig

dignify *overg* meer waardigheid geven, sieren, adelen; vereren (met *with*)

dignitary *znw* dignitaris, hoogwaardigheidsbekleder

dignity *znw* waardigheid; *beneath one's* ~ beneden zijn stand

digress [dai'gres] *onoverg* afdwalen [van het onderwerp], uitweiden

digression *znw* afdwaling [v. het onderwerp], uitweiding

digressive *bn* uitweidend

dike, **dyke** [daik] **I** *znw* dijk, dam; sloot; slang pot, lesbo; **II** *overg* indijken; een sloot graven om

dike-reeve ['daikri:v] *znw* dijkgraaf

dilapidated [di'læpideitid] *bn* verwaarloosd, vervallen, bouwvallig; versleten [v. kleren &]

dilapidation [dilæpi'deiʃən] *znw* verwaarlozing, verval *o*, bouwvalligheid

dilate [dai'leit] **I** *overg* uitzetten, verwijden; ~*d eyes* opengesperde ogen; **II** *onoverg* uitzetten, zich verwijden; ~ *(up)on* uitweiden over

dilation *znw* uitzetting, verwijding, opzetting

dilatory ['dilətəri] *bn* talmend

dilemma [di'lemə, dai'lemə] *znw* dilemma *o*

dilettante [dili'tænti] *znw* (*mv*: dilettanti [-ti:]) dilettant

diligence ['dilidʒəns] *znw* ijver, naarstigheid, vlijt

diligent *bn* ijverig, naarstig, vlijtig

dill [dil] *znw* plantk dille

dilly-dally ['dilidæli] *onoverg* treuzelen

diluent ['diljuənt] *bn (znw)* verdunnend (middel *o*)

dilute [dai'lju:t] **I** *overg* verdunnen; versnijden, aanlengen; doen verwateren, afzwakken; **II** *bn* verdund

dilution *znw* verdunning

dim [dim] **I** *bn* dof, schemerig, donker, duister; vaag; flauw; zwak, onduidelijk; gemeenz gering, pover; onbeduidend, onbenullig, sloom, dom [iemand]; *take a* ~ *view of sth.* niets moeten hebben van iets, niets ophebben met iets; ~ *and distant past* het grijze verleden; **II** *onoverg* dof & worden; verflauwen; tanen; **III** *overg* dof & maken, verduisteren, benevelen; ontluisteren

dime [daim] *znw* $^{1}/_{10}$ dollar; ~ *novel* stuiversroman

dimension [di'menʃən] *znw* afmeting, dimensie, omvang, grootte

dimensional *bn* dimensionaal; *three-*~ driedimensionaal

diminish [di'miniʃ] **I** *overg* verminderen [ook muz], verkleinen; afbreuk doen aan; **II** *onoverg* (ver)minderen, afnemen

diminished *bn* verminderd, verzwakt; ~ *responsibility* verminderde toerekeningsvatbaarheid

diminution [dimi'nju:ʃən] *znw* vermindering, afneming, verkleining

diminutive [di'minjutiv] **I** *bn* klein, gering, verkleinings-, miniatuur-; **II** *znw* verkleinwoord *o*

dimity ['dimiti] *znw* witte, gekeperde katoenen stof

dimmer ['dimə], **dimmer switch** *znw* dimschakelaar, dimmer

dimorphic [dai'mɔ:fik] *bn* dimorf: in twee vormen voorkomend

dimple ['dimpl] **I** *znw* (wang)kuiltje *o*; **II** *onoverg (& overg)* kuiltjes vormen (in); ~*d* met kuiltjes

dimwit ['dimwit] *znw* gemeenz stommerd, sufferd

dimwitted *bn* gemeenz stom, oenig

din [din] **I** *znw* leven *o*, geraas *o*, lawaai *o*, gekletter *o*; **II** *overg*: ~ *sth. into someone* iets er bij iem. instampen

dine [dain] *onoverg* dineren, eten; *I ~d off (on) boiled meat* ik deed mijn maal met gekookt vlees; *~ out* uit eten gaan; buitenshuis eten; *~ out on sth.* iets overal rondbazuinen
diner *znw* eter, gast; restauratiewagen; Am eethuisje *o*
dinette [dai'net] *znw* eethoek
dingbat ['diŋbæt] *znw* Am gemeenz sufferd, kluns, oen
ding-dong ['diŋ 'dɔŋ] **I** *znw* gebimbam *o*, gebeier *o*; gemeenz vechtpartij; twistgesprek *o*, hevige woordenwisseling; **II** *bn* vinnig; (nagenoeg) onbeslist
dinghy ['diŋgi] *znw* scheepv kleine jol; rubberboot (ook: *rubber ~*)
dingo ['diŋgou] *znw* (*mv*: -goes) Australische wilde hond
dingy [din(d)ʒi] *bn* groezelig, vuil, goor; (deprimerend) armoedig
dining-car ['dainiŋka:] *znw* restauratiewagen
dining-room, **dining-hall** *znw* eetkamer, -zaal
dining table *znw* eettafel
dinkey ['diŋki] *znw* iets kleins, dingetje *o*
dinkum ['diŋkəm] *bn* Austr slang echt; *~ oil* de volle waarheid
dinky ['diŋki] *bn* gemeenz leuk, snoezig, aardig, sierlijk
dinner ['dinə] *znw* middagmaal *o*, eten *o*, diner *o*
dinner-dance *znw* diner dansant *o*
dinner-jacket *znw* smoking
dinner-party *znw* diner *o*
dinner-plate *znw* plat bord *o*
dinner-service, **dinner-set** *znw* eetservies *o*
dinner table *znw* eettafel
dinner-time *znw* etenstijd
dinner-wag(g)on *znw* dientafel, serveerwagen
dint [dint] *znw* **1** *by ~ of* door; **2** = *dent*
diocesan [dai'ɔsisən] **I** *bn* diocesaan; **II** *znw* bisschop; diocesaan
diocese ['daiəsis, 'daiəsi:s] *znw* diocees *o*, bisdom *o*
diopter, **dioptre** [dai'ɔptə] *znw* dioptrie
diorama [daiə'ra:mə] *znw* diorama *o*, kijkdoos
dioxide [dai'ɔksaid] *znw* dioxide *o*
dip [dip] **I** *overg* (in)dopen, (in)dompelen; neerlaten; laten hellen; *~ one's flag (to)* salueren [een schip]; *~ the headlights* dimmen; *drive on ~ped headlights* met dimlicht(en) rijden; **II** *onoverg* duiken, dalen, (af)hellen; doorslaan [v. balans]; *~ into* duiken in; zich verdiepen in; in-, doorkijken, doorbladeren; aanspreken [voorraad]; *~ into one's pocket* in de zak tasten; **III** *znw* indoping; onderdompeling; wasbeurt; gemeenz duik, bad *o*; del, (duin-) vallei; duiken *o*; (af)helling; dipsaus; *~ of the needle* inclinatie van de magneetnaald; *have a ~ into a book* hier en daar (even) inkijken
dippy ['dipi] *bn* gemeenz getikt, gek, idioot
diptheria [dif'θiəriə] *bn* difterie, difteritis
diphthong ['difθɔŋ] *znw* tweeklank, diftong
diploma [di'ploumə] *znw* diploma *o*
diplomacy [di'ploumәsi] *znw* diplomatie[2]
diplomat ['dipləmæt] *znw* diplomaat[2]
diplomatic [diplə'mætik] *bn* diplomatisch[2]; diplomatiek; *~ bag* zak met diplomatieke post; *~ corps* corps *o* diplomatique; *~ immunity* diplomatieke onschendbaarheid; *~ service* diplomatieke dienst
dipper ['dipə] *znw* **1** schepper, pollepel; **2** dierk waterspreeuw; *big ~* achtbaan [op kermis]; *the Big Dipper* Am astron de Grote Beer
dipso ['dipsou] *znw* gemeenz = *dipsomaniac*
dipsomania [dipsou'meiniə] *znw* drankzucht
dipsomaniac *znw* alcoholist, drankzuchtige
dipstick ['dipstik] *znw* auto peilstok
dip-switch ['dipswitʃ] *znw* dimschakelaar
dipterous ['diptərəs] *bn* tweevleugelig
dire ['daiə] *bn* akelig, ijselijk, verschrikkelijk; *~ necessity* harde noodzaak; *they are in ~ need of food* zij snakken naar voedsel; *be in ~ straits* ernstig in het nauw zitten
direct [di'rekt, dai'rekt] **I** *bn* direct, recht, rechtstreeks, onmiddellijk; fig ronduit; **II** *bijw* rechtstreeks, direct; *~ mail* direct mail; **III** *overg* richten, besturen, (ge)leiden, regisseren [film]; voorschrijven, orders (last) geven; dirigeren; instrueren; adresseren; de weg wijzen; *~ action* stakingen en demonstraties; *~ current* gelijkstroom; *~ debit* automatische afschrijving; *~ evidence* rechtstreeks bewijs *o*; *~ hit* voltreffer [bom]; *~ line* rechte lijn (van vader op zoon); rechtstreekse verbinding [spoorwegen &]; *~ method* taalonderwijs *o* direct in de vreemde taal; *~ object* lijdend voorwerp *o*; *~ speech* gramm directe rede; *~ tax* directe belasting
direction *znw* directie, leiding, bestuur *o*; regie [v. film]; richting; aanwijzing, instructie, voorschrift *o*; *sense of ~* oriënteringsvermogen *o*
directional *bn* richting-; radio gericht
direction-finder *znw* radio richtingzoeker, radiopeiler
direction-finding *znw* radiopeiling; *~ station* radiopeilstation *o*
directive **I** *bn* leidend, regelend, richt-; **II** *znw* richtlijn, directief *o*
directly **I** *bijw* direct, recht(streeks), aanstonds, dadelijk; **II** *voegw* gemeenz zodra
directness *znw* directheid; openhartigheid
director [di-, dai'rektə] *znw* directeur, leider, bestuurder, bewindhebber; (film)regisseur; *~ general* directeur-generaal, algemeen directeur; *board of ~s* raad van bestuur
directorate *znw* directoraat *o*
directorial ['di-, 'dairek'tɔ:riəl] *bn* van de directie, directie-; regie- [debuut &]
directorship *znw* directeurschap *o*
directory [di-, dai'rektəri] *znw* adresboek *o*; telefoongids, -boek *o* (*telephone ~*); stratenlijst; *~ enquiries* telec inlichtingen [omtrent telefoonnummers]
dirge [də:dʒ] *znw* lijk-, klaag-, treurzang

dirigible ['diridʒibl] **I** *bn* bestuurbaar; **II** *znw* bestuurbare luchtballon, luchtschip *o*
dirk [də:k] *znw* dolk, ponjaard [v. adelborst]
dirndl ['də:ndl] [Duits] *znw* dirndl [jurk met nauwsluitend lijfje en wijde rok]
dirt [də:t] *znw* vuil *o*, vuilnis, modder[2], slijk[2] *o*, vuiligheid; grond, aarde; *treat sbd. like* ~ iemand als oud vuil behandelen
dirt-cheap *bn* spotgoedkoop
dirt road *znw* onverharde weg
dirt-track *znw* sintelbaan
dirty I *bn* vuil; smerig; gemeen; vies, obsceen [woord &]; *give sbd. a* ~ *look* iem. vuil aankijken; *he's got a* ~ *mind* hij heeft een dirty mind; ~ *linen* fig vuile was; ~ *money* toeslag voor vuil en zwaar werk; oneerlijk verdiend geld; ~ *old man* ouwe snoeper; ~ *trick* vuile streek; **II** *overg* vuilmaken; bezoedelen; **III** *onoverg* vuil worden; **IV** *znw*: *do the* ~ *on sbd.* gemeenz iem. een gemene streek leveren
disability [disə'biliti] *znw* belemmering, handicap; invaliditeit
disable [dis'eibl, di'zeibl] *overg* buiten gevecht stellen; invalide maken; uitsluiten
disabled *bn* arbeidsongeschikt, invalide; buiten gevecht gesteld; verminkt; ontredderd, stuk
disablement *znw* invaliditeit
disabuse [disə'bju:z] *overg* uit een dwaling of uit de droom helpen; ~ *of* genezen van, afhelpen van
disaccord [disə'kɔ:d] **I** *onoverg* niet overeenstemmen; **II** *znw* gebrek *o* aan overeenstemming
disaccustom [disə'kʌstəm] *overg* ontwennen
disadvantage [disæd'va:ntidʒ] *znw* nadeel *o*; bezwaar *o*, ongemak *o*; *be at a* ~ in een nadelige positie zijn; *work to sbd.'s* ~ iem. benadelen
disadvantaged *bn* kansarm, minder bevoorrecht
disadvantageous [disædva:n'teidʒəs] *bn* nadelig (voor *to*)
disaffected [disə'fektid] *bn* ontevreden, afvallig, ontrouw
disaffection *znw* ontevredenheid, ontrouw, onvrede
disafforest [disə'fɔrist] *overg* ontbossen
disagree [disə'gri:] *onoverg* verschillen, het oneens zijn, een tegenstander zijn van, niet passen (bij *with*); ... ~*s with me* ... bekomt me niet goed
disagreeable I *bn* onaangenaam; slecht gehumeurd; **II** *znw*: ~*s* onaangenaamheden
disagreement *znw* afwijking, verschil *o*, onenigheid, geschil *o*, tweedracht; ruzie
disallow [disə'lau] *overg* niet toestaan, weigeren; verwerpen, afkeuren [v. doelpunt &]
disappear [disə'piə] *onoverg* verdwijnen
disappearance [disə'piərəns] *znw* verdwijning
disappoint [disə'pɔint] *overg* teleurstellen
disappointment *znw* teleurstelling, tegenvaller, deceptie
disapprobation [disæprə'beiʃən] *znw* afkeuring
disapproval [disə'pru:vəl] *znw* afkeuring
disapprove *overg* & *onoverg* afkeuren; *they* ~*d of his attitude* zij keurden zijn houding af
disarm [dis'a:m, di'za:m] *overg* ontwapenen
disarmament *znw* ontwapening
disarrange [disə'reindʒ] *overg* in de war brengen
disarrangement *znw* verwarring, wanorde
disarray [disə'rei] *znw* wanorde; verwarring
disassociate ['disə'souʃi'eit] = *dissociate*
disaster [di'za:stə] *znw* ramp, onheil *o*, catastrofe
diastrous *bn* rampspoedig, noodlottig, catastrofaal, desastreus
disavow [disə'vau] *overg* (ver)loochenen, ontkennen, niet erkennen; desavoueren
disavowal *znw* (ver)loochening, ontkenning, nieterkenning
disband [dis'bænd] **I** *onoverg* uiteengaan, zich verspreiden; **II** *overg* afdanken; ontbinden
disbar [dis'ba:] *overg* recht uitsluiten (van de balie)
disbelief ['disbi'li:f] *znw* ongeloof *o*
disbelieve *overg* & *onoverg* niet geloven (aan *in*)
disburden [dis'bə:dn] *overg* ontlasten; uitstorten
disbursal *znw* = *disbursement*
disburse [dis'bə:s] *overg* & *onoverg* (uit)betalen, uitgeven, voorschieten
disbursement *znw* uitbetaling, uitgave
disc [disk] *znw* = *disk*
discard [dis'ka:d] *overg* af-, wegleggen, opzij zetten, terzijde leggen; afdanken
discern [di'sə:n] *overg* onderscheiden, onderkennen, bespeuren, ontwaren, waarnemen
discernible *bn* (duidelijk) te onderscheiden, waarneembaar
discerning *bn* schrander, scherpziend
discernment *znw* onderscheiding, onderscheidingsvermogen *o*, oordeel *o* des onderscheids, doorzicht *o*, schranderheid, scherpe blik
discharge [dis'tʃa:dʒ] **I** *overg* af-, ontladen, afschieten, afvuren, lossen; [water] lozen; ontlasten; ontheffen, kwijtschelden, vrijspreken (van *from*); ontslaan, scheepv afmonsteren; handel rehabiliteren; (zich) kwijten (van); voldoen, delgen, betalen; vervullen [plichten]; ~ *a patient* een patiënt ontslaan, naar huis sturen; **II** *onoverg* zich ontlasten; etteren, dragen [v. wond]; **III** *znw* ontlading; lossen *o*, losbranding, afschieten *o*; schot *o*; etter; afscheiding; ontlasting, lozing; ontheffing, kwijtschelding, vrijspraak; kwijting, kwijtbrief, ontslag *o*; scheepv afmonstering; handel rehabilitatie; vervulling [van zijn plicht]
disciple [di'saipl] *znw* volgeling, leerling, discipel
disciplinarian [disipli'nɛəriən] *znw* strenge leermeester
disciplinary ['disiplinəri] *bn* disciplinair, tucht-
discipline I *znw* (krijgs)tucht, orde, discipline (ook: vak *o* van wetenschap); tuchtiging, kastijding; **II** *overg* disciplineren; tuchtigen, kastijden
disc jockey ['diskdʒɔki] *znw* diskjockey
disclaim [dis'kleim] *overg* niet erkennen, afwijzen;

verwerpen, ontkennen
disclaimer *znw* afwijzing, verwerping; ontkenning, dementi *o*; afstand
disclose [dis'klouz] *overg* blootleggen, openbaren, onthullen, aan het licht brengen, openbaar maken, bekendmaken, uit de doeken doen
disclosure *znw* openbaring, onthulling, openbaarmaking, bekendmaking
disco ['diskou] *znw* disco; Am diskjockey
discoid ['diskɔid] *bn* diskusvormig, schijfvormig
discolour, Am **discolor** [dis'kʌlə] *overg* & *onoverg* (doen) verkleuren, verschieten of verbleken
discolo(u)ration [diskʌlə'reiʃən] *znw* verandering van kleur, verkleuring, vlek
discomfit [dis'kʌmfit] *overg* in verlegenheid brengen, verwarren; *~ed* onthutst, beduusd, verlegen
discomfiture *znw* verwarring; verbijstering; verlegenheid
discomfort [dis'kʌmfət] *znw* ongemak *o*, ontbering; onbehaaglijkheid; vero leed *o*
discomposure *znw* ontsteltenis, verontrusting, onrust; verwarring
disconcert [diskən'sət] *overg* verontrusten, in verlegenheid brengen, van zijn stuk brengen; *~ed* ontdaan, onthutst, verbijsterd
disconnect [diskə'nekt] *overg* losmaken; los-, afkoppelen, uitschakelen; afsluiten; *~ed* onsamenhangend, los
disconnection *znw* ontkoppeling, onderbreking, afsluiting
disconsolate [dis'kɔnsəlit] *bn* troosteloos, ontroostbaar
discontent [diskən'tent] **I** *bn* misnoegd; **II** *znw* ontevredenheid, onbehagen *o*
discontented *bn* ontevreden, misnoegd
discontiguous [diskən'tigjuəs] *bn* niet aangrenzend
discontinuation [diskəntinju'eiʃən] *znw* afbreking, uitscheiden *o*, ophouden *o*, staking; intrekking; opzegging; opheffing
discontinue [diskən'tinju:] **I** *onoverg* ophouden; **II** *overg* staken, afbreken, ophouden met; intrekken; opzeggen [abonnement]; opheffen [zaak]
discontinuity [diskɔnti'nju:iti] *znw* discontinuïteit
discontinuous [diskən'tinjuəs] *bn* onderbroken; onsamenhangend
discord ['diskɔ:d] *znw* disharmonie, onenigheid, wrijving, tweedracht; wanklank; dissonant
discordance *znw* disharmonie
discordant *bn* onharmonisch, niet overeenstemmend[2], uiteenlopend; onenig, wanluidend
discotheque ['diskoutek] *znw* discotheek, disco
discount I ['diskaunt] *znw* handel disconto *o*; korting; disagio *o*; *be at a ~* handel beneden pari staan; **II** [dis'kaunt] *overg* handel (ver)disconteren; buiten rekening laten, niet tellen; niet serieus nemen, weinig geloof hechten aan; buiten beschouwing laten; iets afdoen [v. prijs]
discountable *bn* handel disconteerbaar
discountenance [dis'kauntənəns] *overg* verlegen maken, van zijn stuk brengen; zijn steun onthouden aan, zijn afkeuring uitspreken over
discourage [dis'kʌridʒ] *overg* ontmoedigen; afschrikken; niet aanmoedigen, ont-, afraden, (ervan) afhouden, tegengaan
discouragement *znw* ontmoediging; tegenwerking
discourse I ['diskɔ:s] *znw* verhandeling, voordracht, lezing, rede(voering); vero gesprek *o*; **II** [dis'kɔ:s] *onoverg* spreken (over *on*), praten
discourteous [dis'kə:tjəs, - 'kɔ:tjəs] *bn* onhoffelijk, onheus, onbeleefd
discourtesy *znw* onhoffelijkheid, onheusheid, onbeleefdheid
discover [dis'kʌvə] *overg* ontdekken, onthullen; vero openbaren, tonen, verraden
discoverer *znw* ontdekker
discovery *znw* ontdekking
discredit [dis'kredit] **I** *znw* diskrediet *o*, schande; *he is a ~ to his family* hij doet zijn familie geen eer aan; **II** *overg* niet geloven, in twijfel trekken, wantrouwen; in diskrediet brengen, te schande maken; verdacht maken
discreditable *bn* schandelijk
discreet [dis'kri:t] *bn* kunnende zwijgen, discreet, voorzichtig [in zijn uitlatingen]; tactvol; onopvallend
discrepancy [dis'krepənsi] *znw* gebrek *o* aan overeenstemming; tegenstrijdigheid; verschil *o*, discrepantie
discrepant *bn* tegenstrijdig, niet overeenstemmend
discrete [dis'kri:t] *bn* afzonderlijk, niet samenhangend
discretion [dis'kreʃən] *znw* oordeel *o* (des onderscheids), verstand *o*, wijsheid, voorzichtigheid, beleid *o*; *at the ~ of...* naar goedvinden van...; overgeleverd aan de willekeur van...; *it is at your ~* het is (staat) tot uw dienst; zoals u verkiest; *act on (use) one's own ~* naar (eigen) goedvinden handelen; *~ is the better part of valour* beter blo Jan dan do Jan
discretionary *bn* onbeperkt, willekeurig; naar eigen believen te bepalen; *~ power(s)* macht om naar goeddunken te handelen
discretive [dis'kri:tiv] *bn* onderscheidend
discriminate [dis'krimineit] **I** *onoverg* onderscheiden (van *from*), onderscheid maken (tussen *between*); discrimineren (ten ongunste van *against*; ten gunste van *in favour of*); **II** *overg* onderscheiden; *learn to ~ the birds* de vogels leren kennen
discriminating *bn* scherpzinnig, kritisch, schrander
discrimination [diskrimi'neiʃən] *znw* onderscheiding, onderscheidingsvermogen *o*; scherpzinnigheid; onderscheid *o*; discriminatie [v. rassen &]

discriminative [dis'kriminətiv] *bn* onderscheidend, nauwlettend; kenmerkend
discriminatory *bn* discriminatoir, discriminerend
discursive [dis'kə:siv] *bn* niet-intuïtief, beredenerend, discursief; van de hak op de tak springend, onsamenhangend, afdwalend
discus ['diskəs] *znw* sp discus
discuss [dis'kʌs] *overg* behandelen, bespreken
discussion *znw* discussie, bespreking; *under ~* in behandeling
disdain [dis'dein] **I** *overg* minachten; versmaden, beneden zich achten, zich niet verwaardigen; **II** *znw* minachting, versmading
disdainful *bn* minachtend, versmadend
disease [di'zi:z] *znw* ziekte, kwaal; *~d* ziek, ziekelijk
disembark [disim'ba:k] **I** *overg* ontschepen, aan land zetten, lossen; **II** *onoverg* zich ontschepen, landen, aan wal gaan, van boord gaan, uitstappen
disembarkation [disemba:'keiʃən] *znw* ontscheping, landing
disembodied [disim'bɔdi:d] *bn* zonder lichaam, van het lichaam gescheiden, onstoffelijk, niet tastbaar
disembowel [disim'bauəl] *overg* ontweien [wild &]; [vis] uithalen; de buik openrijten van
disenchant [disin'tʃa:nt] *overg* ontgoochelen, desillusioneren
disenchantment *znw* ontgoocheling, ontnuchtering, desillusie
disencumber [disin'kʌmbə] *overg* vrijmaken, [van overlast] bevrijden
disenfranchise(ment) = *disfranchise(ment)*
disengage [disin'geidʒ] *overg* los-, vrijmaken, bevrijden
disengaged *bn* bevrijd; los, vrij
disengagement *znw* los-, vrijmaking, bevrijding; vrijheid, vrij zijn *o*; onbevangenheid; verbreking van engagement; scheiden *o* van vijandelijke legers
disentangle [disin'tæŋgl] *overg* ontwarren; losmaken; vrijmaken, bevrijden
disentanglement *znw* ontwarring; los-, vrijmaking, bevrijding
disequilibrium ['disi:kwi'libriəm] *znw* onevenwichtigheid
disestablish [disis'tæbliʃ] *overg* losmaken v.d. banden tussen Staat en Kerk
disestablishment *znw* scheiding van Kerk en Staat
disfavor, **disfavour** [dis'feivə] **I** *znw* afkeuring; ongenade, ongunst; *fall into ~ (with sbd.)* bij iem. uit de gunst raken; *do sbd. a ~* iem. een slechte dienst bewijzen; *to his ~* te zijnen nadele; *regard with ~* niet gaarne zien; **II** *overg* uit de gunst doen geraken; niet gaarne zien, geen voet geven
disfeature [dis'fi:tʃə] *overg* verminken; ontsieren
disfigure [dis'figə] *overg* mismaken, schenden, verminken, ontsieren
disfigurement *znw* mismaaktheid, schending, verminking, ontsiering
disfranchise [dis'fræn(t)ʃaiz] *overg* de voorrechten, het kiesrecht ontnemen
disfranchisement *znw* ontneming van de voorrechten, van het kiesrecht
disgorge [dis'gɔ:dʒ] **I** *overg* uitbraken, ontlasten; **II** *onoverg* zich ontlasten of uitstorten, leegstromen
disgrace [dis'greis] **I** *znw* ongenade; schande; schandvlek; *in ~* in ongenade gevallen; **II** *overg* in ongenade doen vallen, zijn gunst onttrekken aan; onteren, te schande maken; tot schande strekken; schandvlekken; **III** *wederk*: *~ oneself* zich schandelijk gedragen
disgraceful *bn* schandelijk
disgruntled [dis'grʌntld] *bn* ontevreden, knorrig
disguise [dis'gaiz] **I** *overg* vermommen, verkleden; handig verbergen, verbloemen; *a ~d hand* verdraaid handschrift *o*; *~d subsidies* verkapte subsidies; *we cannot ~ from ourselves the difficulty of...* wij kunnen ons de moeilijkheid om... niet ontveinzen; **II** *znw* vermomming, verkleding; dekmantel, masker *o*; *in ~* vermomd; verkapt
disgust [dis'gʌst] **I** *znw* walg, afkeer (van *at, for*), walging; ergernis; **II** *overg* doen walgen, afkerig maken (van *with*); ergeren; *be ~ed at* walgen van
disgusting *bn* walg(e)lijk; misselijk, ergerlijk
dish [diʃ] **I** *znw* schotel, schaal; gerecht *o*; *do the ~es* de afwas doen; **II** *overg* opscheppen [uit ketel]; *~ out* rondstrooien, uitdelen; *~ up* opdissen, opdienen, voorzetten
disharmony [dis'ha:məni] *znw* disharmonie
dish-cloth ['diʃklɔθ] *znw* vaatdoek
dishearten [dis'ha:tn] *overg* ontmoedigen
dishevelled [di'ʃevəld] *bn* slonzig, onverzorgd, met verwarde haren; verward; slordig; verfomfaaid
dish liquid *znw* Am afwasmiddel *o*
dish-mop ['diʃmɔp] *znw* vatenkwast, vaatkwast
dishonest [dis'ɔnist] *bn* oneerlijk
dishonesty *znw* oneerlijkheid
dishonour, Am **dishonor** [dis'ɔnə] **I** *znw* oneer, schande; **II** *overg* onteren, te schande maken; handel [een wissel] niet honoreren
dishonourable *bn* schandelijk; eerloos; oneervol
dishtowel *znw* Am droogdoek, theedoek
dishwasher ['diʃwɔʃə] *znw* bordenwasser; vaatwasmachine, afwasmachine, -automaat
dishwater *znw* afwaswater *o*; slootwater *o* [thee &]
dishy ['diʃi] *bn* gemeenz aantrekkelijk, lekker; sexy
disillusion [disi'l(j)u:ʒən] **I** *znw* desillusie: ontgoocheling; **II** *overg* ontgoochelen
disillusionment *znw* desillusie: ontgoocheling
disincentive [disin'sentiv] *znw* belemmering, ontmoediging, remmende factor, hinderpaal
disinclination [disinkli'neiʃən] *znw* ongeneigdheid, tegenzin, afkerigheid
disincline [disin'klain] *overg* afkerig maken; *~d to* niet genegen om, afkerig van, niet gestemd tot
disinfect [disin'fekt] *overg* ontsmetten
disinfectant **I** *bn* ontsmettend; **II** *znw* ontsmet-

tingsmiddel *o*
disinfection *znw* ontsmetting
disinfest [disin'fest] *overg* van ongedierte zuiveren, ontluizen
disinflation *znw* = *deflation*
disinformation ['disinfə'meiʃən] *znw* misleidende informatie, valse informatie
disingenous [disin'dʒenjuəs] *bn* onoprecht, geveinsd
disinherit [disin'herit] *overg* onterven
disinheritance *znw* onterving
disintegrate [dis'intigreit] *overg & onoverg* tot ontbinding (doen) overgaan, (doen) uiteenvallen
disintegration [disinti'greiʃən] *znw* ontbinding, uiteenvallen *o*, desintegratie
disinter [disin'tə:] *overg* opgraven, opdelven; fig aan het licht brengen
disinterested [dis'int(ə)restid] *bn* belangeloos, onbaatzuchtig; ongeïnteresseerd, zonder belangstelling; ~ *in* niet geïnteresseerd bij
disjointed [dis'dʒɔintid] *bn* onsamenhangend, los, verward
disjunction [dis'dʒʌŋkʃən] *znw* scheiding
disjunctive *bn* scheidend
disk [disk] *znw* schijf, discus; (grammofoon)plaat; *slipped* ~ med hernia; *floppy* ~ comput floppy, diskette; *hard* ~ comput harde schijf; ~ *drive* comput diskettestation *o*, diskdrive
diskette [dis'ket, 'disket] *znw* diskette
dislike [dis'laik] **I** *overg* niet houden van, niet mogen; een hekel hebben aan; **II** *znw* afkeer, tegenzin, antipathie; *take a* ~ *to* een hekel krijgen aan
dislocate ['disləkeit] *overg* ontwrichten[2]
dislocation [dislə'keiʃən] *znw* ontwrichting[2]
dislodge [dis'lɔdʒ] *overg* losmaken; [uit een stelling &] verdrijven, op-, verjagen
disloyal [dis'lɔiəl] *bn* ontrouw, trouweloos, oncollegiaal, deloyaal
disloyalty *znw* ontrouw, trouwelooshieid, trouwbreuk, oncollegialiteit, deloyaliteit
dismal ['dizməl] *bn* akelig, naar, treurig, triest, somber, chagrijnig; erbarmelijk, armzalig, nietszeggend
dismantle [dis'mæntl] *overg* ontmantelen, onttakelen; techn demonteren, uit elkaar halen
dismay [dis'mei] **I** *overg* ontmoedigen, doen ontstellen; *~ed* verslagen, ontsteld; **II** *znw* ontsteltenis, verslagenheid, ontzetting, verbijstering
dismember [dis'membə] *overg* uiteenrukken, in stukken scheuren, (in stukken) verdelen, verbrokkelen; verminken[2]
dismemberment *znw* verdeling, verbrokkeling, versnippering, verminking[2], verscheuring, verdeling
dismiss [dis'mis] *overg* wegzenden, ontslaan, afdanken, afzetten; laten gaan, mil laten inrukken; van zich afzetten [gedachte]; [een idee] laten varen; afpoeieren, zich afmaken van; recht afwijzen; *~!* mil ingerukt!
dismissal *znw* ontslag *o*, congé *o & m*, afdanking, afzetting; recht afwijzing
dismissive *bn* geringschattend, minachtend, neerbuigend
dismount [dis'maunt] **I** *onoverg* afstijgen, afstappen; **II** *overg* doen vallen, uit het zadel werpen[2]; techn demonteren, uit elkaar halen
disobedience [disə'bi:djəns] *znw* ongehoorzaamheid
disobedient *bn* ongehoorzaam
disobey [disə'bei] **I** *overg* niet gehoorzamen, niet luisteren naar, overtreden; **II** *onoverg* ongehoorzaam zijn, niet luisteren
disoblige [disə'blaidʒ] *overg* weigeren van dienst te zijn; voor het hoofd stoten
disobliging *bn* weinig tegemoetkomend, onvriendelijk, onheus
disorder [dis'ɔ:də] **I** *znw* wanorde, verwarring; stoornis, kwaal, ongesteldheid; oproer *o*, ordeverstoring; **II** *overg* in de war brengen, van streek (ziek) maken
disordered *bn* verward; in de war, van streek
disorderly *bn* on-, wanordelijk, ongeregeld, slordig; oproerig, weerspannig; losbandig, aanstootgevend; ~ *conduct* wangedrag; ~ *house* bordeel *o*, goktent
disorganization [disɔ:gənai'zeiʃən] *znw* desorganisatie, ontwrichting
disorganize [dis'ɔ:gənaiz] *overg* desorganiseren, ontwrichten, in de war brengen
disorientate [dis'ɔ:riənteit], Am **disorient** *overg* desoriënteren
disorientation [disɔ:riən'teiʃn] *znw* verwardheid, gedesoriënteerdheid[2]
disown [dis'oun] *overg* niet erkennen, verloochenen, verstoten
disparage [dis'pæridʒ] *overg* verkleinen, kleineren, neerhalen, afbreken
disparagement *znw* verkleining, kleinering
disparaging *bn* kleinerend
disparate ['dispərit] *bn* ongelijk, onvergelijkbaar, ongelijksoortig
disparity [dis'pæriti] *znw* ongelijkheid, verschil *o*
dispassionate [dis'pæʃənit] *bn* bezadigd, koel, onpartijdig
dispatch [dis'pætʃ] **I** *overg* (met spoed) (af-, uit-, ver)zenden of afdoen, afhandelen, afmaken, van kant maken; **II** *znw* af-, uit-, verzending, zenden *o*; (spoedige) afdoening, spoed; (spoed)bericht *o*, depêche; *with* ~ snel, direct
dispatch box *znw* documentenkoffertje *o*; spreekgestoelte *o* in het Britse Lagerhuis voor de ministers
dispatch rider *znw* koerier; mil motorordonnans
dispel [dis'pel] *overg* verdrijven, verjagen
dispensable [dis'pensəbl] *bn* ontbeerlijk; waarvan vrijstelling verleend kan worden
dispensary [dis'pensəri] *znw* apotheek

dispensation [dispen'seiʃən] *znw* uitdeling, toediening; beschikking, bedeling; dispensatie, vergunning, ontheffing, vrijstelling
dispense [dis'pens] **I** *overg* uitdelen; toedienen; klaarmaken [recept]; vrijstellen, ontheffen (van *from*); *dispensing chemist* apotheker; **II** *onoverg*: ~ *with* het stellen buiten; onnodig maken
dispenser *znw* apotheker; dispenser [voor mesjes &]; automaat [voor kop koffie &]
dispeople [dis'pi:pl] *overg* ontvolken
dispersal [dis'pə:sl] *znw* verstrooiing, verspreiding
disperse **I** *overg* verstrooien, verspreiden; uiteenjagen, -drijven; **II** *onoverg* zich verstrooien, zich verspreiden, uiteengaan
dispersion *znw* verspreiding, verstrooiing, uiteenjagen *o*; verstrooid liggen *o*; versnippering [van stemmen &]
dispirit [dis'pirit] *overg* ontmoedigen
dispirited *bn* ontmoedigd, gedeprimeerd
displace [dis'pleis] *overg* verplaatsen, verschuiven; afzetten; vervangen; verdringen; *~d person* ontheemde
displacement *znw* (water)verplaatsing; verschuiving; vervanging
display [dis'plei] **I** *overg* ontplooien; uitstallen, (ver)tonen, ten toon spreiden, aan de dag leggen; te koop lopen met, geuren met; in beeld brengen, zichtbaar maken; comput displayen; **II** *znw* vertoning, uitstalling, vertoon *o*; comput beeldscherm *o*; display *o*; *air* ~ luchtv vliegdemonstratie; *firework* ~ vuurwerk *o*; *make a* ~ *of* ten toon spreiden, pralen met
displease [dis'pli:z] *overg* mishagen, onaangenaam aandoen, niet aangenaam zijn; *~d* misnoegd, ontstemd, ontevreden (over *with, about, at*)
displeasing *bn* onaangenaam
displeasure [dis'pleʒə] *znw* mishagen *o*, misnoegen *o*, ongenoegen *o*, ontstemming; onlustgevoel *o*
disport [dis'pɔ:t] *onoverg* zich vermaken, spelen, dartelen
disposable [dis'pouzəbl] *bn* beschikbaar; weggooi-, wegwerp- [luiers &]
disposal *znw* van de hand doen *o*; verkoop; verwijdering, opruiming [v. bommen &]; *at your* ~ te uwer beschikking
dispose *overg* (rang)schikken, plaatsen; stemmen, bewegen; ~ *of* beschikken over; afdoen; weerleggen [argumenten], ontzenuwen; afrekenen met; afmaken, uit de weg ruimen; kwijtraken, opruimen; zich ontdoen van, van de hand doen, verkopen
disposed *bn* gehumeurd, gestemd, geneigd (tot *to*); *are you ~ to...?* ook: hebt u zin om...?; ~ *of* ook: geleverd, overgedragen, verkocht
disposition [dispə'ziʃən] *znw* (rang)schikking, plaatsing; beschikking; neiging, aanleg, gezindheid, neiging, stemming; *at your* ~ te uwer beschikking
dispossess [dispə'zes] *overg* uit het bezit stoten, beroven (van *of*); onteigenen; *the ~ed* de misdeelden; ~ *someone of sth.* iem. iets ontnemen
disproportion [disprə'pɔ:ʃən] *znw* onevenredigheid, wanverhouding
disproportional, **disproportionate**, **disproportioned** *bn* onevenredig, niet in verhouding (met *to*)
disprove [dis'pru:v] *overg* weerleggen
disputable [dis'pju:təbl] *bn* betwistbaar
disputation [dispju'teiʃən] *znw* dispuut *o*, redetwist
disputatious *bn* twistziek
dispute [dis'pju:t] **I** *onoverg* (rede)twisten, disputeren; **II** *overg* discussiëren over; betwisten; **III** *znw* dispuut *o*, twistgesprek *o*, (rede)twist, woordenstrijd, verschil *o* van mening, conflict *o*, geschil *o*; *be in* ~ ter discussie staan; *beyond (without)* ~ buiten kijf; *the matter in* ~ het geschilpunt, de zaak in kwestie
disqualification [diskwɔlifi'keiʃən] *znw* onbevoegdheid; uitsluiting, diskwalificatie
disqualify [dis'kwɔlifai] *overg* onbekwaam of ongeschikt maken, zijn bevoegdheid ontnemen, uitsluiten, diskwalificeren
disquiet [dis'kwaiət] **I** *znw* onrust, ongerustheid; **II** *overg* verontrusten
disquietude *znw* verontrusting, ongerustheid, onrust
disquisition [diskwi'ziʃən] *znw* verhandeling
disregard [disri'ga:d] **I** *overg* geen acht slaan op, veronachtzamen; **II** *znw* veronachtzaming; terzijdestelling, geringschatting
disrepair [disri'pɛə] *znw* vervallen staat, bouwvalligheid
disreputable [dis'repjutəbl] *bn* berucht, minder fatsoenlijk, schandelijk, slecht
disrepute [disri'pju:t] *znw*: *bring (fall) into* ~ in opspraak brengen (komen), een slechte reputatie bezorgen (krijgen), in diskrediet brengen (geraken)
disrespect [disris'pekt] *znw* gebrek *o* aan eerbied
disrespectful *bn* oneerbiedig
disrobe [dis'roub] *overg* (zich) ontkleden; het ambtsgewaad afleggen; beroven [v. functie, bevoegdheid &]
disroot [dis'ru:t] *overg* ontwortelen
disrupt [dis'rʌpt] *overg* ontwrichten, verstoren
disruption *znw* ontwrichting, verstoring
disruptive *bn* vernietigend, ontwrichtend
dissatisfaction [dissætis'fækʃən] *znw* ontevredenheid, onvoldaanheid, misnoegen *o* (over *with*)
dissatisfactory *bn* onbevredigend, teleurstellend
dissatisfied [dis'sætisfaid] *bn* onvoldaan, ontevreden
dissatisfy *overg* geen voldoening schenken, teleurstellen, tegenvallen, mishagen; ontevreden stemmen
dissect [di'sekt] *overg* ontleden[2]; *~ing room* snij- of

ontleedkamer
dissection *znw* sectie, ontleding
disseise, **disseize** [di'si:z] *overg* recht wederrechtelijk onteigenen
dissemble [di'sembl] **I** *overg* (zich) ontveinzen, verbergen; **II** *onoverg* huichelen, veinzen
dissembler *znw* huichelaar, veinzer
disseminate [di'semineit] *overg* (uit)zaaien², uitstrooien², verspreiden
dissemination [disemi'neiʃən] *znw* zaaien² *o*, verspreiding
dissension [di'senʃən] *znw* verdeeldheid, onenigheid, tweedracht
dissent I *onoverg* verschillen in gevoelen of van mening; zich afscheiden [in geloofszaken]; **II** *znw* verschil *o* van mening; afscheiding [v.d. staatskerk]
dissenter *znw* dissenter, andersdenkende
dissentient I *bn* afwijkend [in denkwijze]; andersdenkend; *with one ~ voice* met één stem tegen; **II** *znw* andersdenkende; tegenstemmer
dissertation [disə'teiʃən] *znw* verhandeling (over *on*); ± proefschrift *o*, dissertatie; scriptie
disservice *znw* slechte dienst, schade
dissidence ['disidəns] *znw* (menings)verschil *o*; dissidentie, afvalligheid
dissident I *bn* dissident, andersdenkend; **II** *znw* dissident, andersdenkende
dissimilar [di'similə] *bn* ongelijk(soortig) (met *to*)
dissimilarity [disimi'læriti] *znw* ongelijk(soortig-)heid
dissimilate [di'simileit] *overg & onoverg* ongelijk maken of worden
dissimulate [di'simjuleit] **I** *overg* ontveinzen, verbergen; **II** *onoverg* veinzen, huichelen
dissimulation [disimju'leiʃən] *znw* geveinsdheid, veinzerij, huichelarij; ontveinzen *o*
dissipate ['disipeit] **I** *overg* verstrooien; verdrijven; doen optrekken of vervliegen; verkwisten, verspillen; *~d* ook: losbandig, verboemeld; **II** *onoverg* verdwijnen
dissipation [disi'peiʃən] *znw* verstrooiing; verdrijving; verkwisting, verspilling; losbandigheid
dissociable [di'souʃiəbl] *bn* ongezellig; (af-)scheidbaar
dissociate I *overg* (af)scheiden; **II** *wederk*: *~ oneself* zich afscheiden of losmaken, zich distantiëren (van *of*)
dissociation [disousi'eiʃən] *znw* (af)scheiding
dissoluble [di'sɔljubl] *bn* oplosbaar, ontbindbaar
dissolute ['disəl(j)u:t] *bn* ongebonden, los(bandig), liederlijk
dissolution [disə'l(j)u:ʃən] *znw* (weg)smelting, oplossing; ontbinding
dissolvable [di'zɔlvəbl] *bn* oplosbaar, ontbindbaar
dissolve I *overg* oplossen, ontbinden, scheiden; **II** *onoverg* (zich) oplossen, smelten; uiteengaan; *~ into tears* in tranen uitbarsten
dissolvent *bn (znw)* oplossend (middel *o*)
dissonance ['disənəns] *znw* wanklank, dissonant², wanluidendheid; onenigheid
dissonant *bn* wanluidend, onharmonisch, niet overeenstemmend (met *from, to*)
dissuade [di'sweid] *overg* af-, ontraden; afbrengen (van *from*)
dissuasion *znw* waarschuwing, negatief advies *o*
dissuasive *bn* af-, ontradend
distaff ['dista:f] *znw*: *~ (side)* hist spillezijde, vrouwelijke linie
distance ['distəns] **I** *znw* afstand; afstandelijkheid; verte; *middle ~* middenplan *o*, tweede plan *o* [v. schilderij]; sp middellange afstand; *in the ~* in de verte; *go (stay) the ~* tot het einde volhouden; *keep one's ~* afstand bewaren; **II** *overg* (zich) distantiëren; verwijderen; *~ oneself from sbd.* iem. op een afstand houden
distant *bn* ver, verwijderd, afgelegen; terughoudend, op een afstand
distaste [dis'teist] *znw* afkeer, tegenzin
distasteful *bn* onaangenaam, akelig
distemper [dis'tempə] **I** *znw* **1** hondenziekte; **2** tempera [verf]; muurverf; **II** *overg* sausen, kalken [plafond &]
distend [dis'tend] *overg & onoverg* rekken, opensparken, (doen) uitzetten, opzwellen
distension, Am **distention** *znw* uitzetting, (op-)zwelling, rekking; omvang
distich ['distik] *znw* distichon *o*: tweeregelig vers *o*
distil, Am **distill** [dis'til] *overg* distilleren
distillation [disti'leiʃən] *znw* distillatie
distiller *znw* distillateur
distillery *znw* distilleerderij, stokerij, branderij
distinct [dis'tiŋ(k)t] *bn* onderscheiden, verschillend; gescheiden, apart; helder, duidelijk; bepaald, beslist; zie ook: *as II*
distinction *znw* onderscheiding, onderscheid *o*; aanzien *o*, distinctie, uitmuntendheid, voornaamheid; *of ~* gedistingeerd, eminent, vooraanstaand; *dubious ~* twijfelachtige eer; *draw a ~ between* een onderscheid maken tussen
distinctive *bn* onderscheidend, kenmerkend; apart
distingué [distæŋ'gei] [Fr] *bn* voornaam, gedistingeerd
distinguish [dis'tiŋgwiʃ] **I** *overg* onderscheiden; onderkennen; *be ~ed by (for)* zich onderscheiden door; *as ~ed from* in tegenstelling tot, tegenover; **II** *wederk*: *~ oneself* zich onderscheiden; **III** *onoverg* onderscheid maken (tussen *between*)
distinguishable *bn* te onderscheiden
distinguished *bn* voornaam; gedistingeerd; eminent, van naam, van betekenis
distort [dis'tɔ:t] *overg* verwringen, verdraaien²; vervormen; *~ing mirror* lachspiegel
distortion [dis'tɔ:ʃən] *znw* verwringing, verdraaiing²; vervorming
distract [dis'trækt] *overg* afleiden; verwarren, verbijsteren

distracted *bn* verward, verbijsterd
distraction *znw* afleiding; ontspanning, vermaak *o*; verwarring; *drive sbd. to* ~ iem. horendol maken
distrain [dis'trein] *onoverg* recht beslag leggen (op *upon*)
distraint [dis'treint] *znw* recht beslag *o*, beslaglegging
distraught [dis'trɔ:t] *bn* radeloos, buiten zichzelf, wanhopig
distress [dis'tres] **I** *znw* nood, ellende, leed *o*, benauwdheid, angst, zorg, smart; armoede; tegenspoed; **II** *overg* benauwen, bedroeven, pijnlijk zijn, kwellen; ~*ed area* probleemgebied *o*; *a vessel in* ~ een schip *o* in nood; ~-*signal* scheepv noodsein *o*
distressful *bn* rampspoedig; kommervol
distressing *bn* pijnlijk, onrustbarend, versterkend schrikbarend
distress-sale *znw* executoriale verkoop
distress-warrant *znw* dwangbevel *o*
distribute [dis'tribjut] *overg* verspreiden, rond-, uitdelen, verdelen, distribueren; verhuren [film]
distribution [distri'bju:ʃən] *znw* uit-, verdeling, verspreiding; distributie; (film)verhuur
distributive [dis'tribjutiv] *bn* uit-, verdelend, distributief; ~ *trades* distributiebedrijven [transport-, winkelbedrijf &]
distributor *znw* uitdeler; verdeler; verspreider; handel wederverkoper; (film)verhuurder
district ['distrikt] *znw* district *o*, arrondissement *o*, streek, wijk, gebied[2] *o*; ~ *attorney* Am officier van justitie; ~ *nurse* wijkverpleegster
distrust [dis'trʌst] **I** *overg* wantrouwen; **II** *znw* wantrouwen *o*
distrustful *bn* wantrouwig
disturb [dis'tə:b] *overg* (ver)storen, in de war brengen, verontrusten, beroeren, opjagen
disturbance *znw* (ver)storing, stoornis; verontrusting, rustverstoring, verwarring, beroering, relletje *o*; *a* ~ *of the peace* ordeverstoring
disturbed *bn* verstoord, veranderd; gestoord; verontrust, opgejaagd; *a very* ~ *childhood* een zeer ongelukkige jeugd
disturbing *bn* verontrustend [nieuws]
disunion [dis'ju:njən] *znw* scheiding; onenigheid
disunite [disju'nait] **I** *overg* scheiden, verdelen; **II** *onoverg* onenig worden; uiteengaan
disunity [dis'ju:niti] *znw* onenigheid, verdeeldheid, verscheurdheid
disuse [dis'ju:s] *znw* onbruik; inactiviteit [m.b.t. organen]; *fall into* ~ in onbruik raken
disused *bn* niet meer gebruikt, in onbruik, verlaten
ditch [ditʃ] **I** *znw* sloot, gracht, greppel; **II** *overg* de bons geven; lozen, dumpen
ditch-water *znw*: *as dull as* ~ oersaai
dither ['diðə] **I** *onoverg* weifelen; **II** *znw* paniek; *in a* ~, *all of a* ~ in alle staten, in paniek
ditto ['ditou] *znw* de- of hetzelfde, dito; ~ *marks* aanhalingstekens
ditty ['diti] *znw* deuntje *o*, wijsje *o*
diurnal [dai'ə:nl] *bn* dagelijks, dag-
div. *afk.* = *dividend*
diva ['di:və] *znw* (*mv*: -s *of* dive [-vi]) gevierde zangeres, danseres, prima donna
divan [di'væn] *znw* divan
dive [daiv] **I** *onoverg* **1** (onder)duiken; **2** tasten [in zak]; ~ *in!* gemeenz tast toe!; **3** doordringen, zich verdiepen (in *into*); **II** *znw* **1** (onder)duiking; **2** duik(vlucht); **3** plotselinge snelle beweging, greep; **4** gemeenz kroegje *o*, kit
dive-bomb *onoverg (& overg)* in duikvlucht bommen werpen (op)
dive-bomber *znw* duikbommenwerper
diver *znw* **1** duiker [ook dierk]; **2** sp schoonspringer
diverge [dai-, di'və:dʒ] *onoverg & overg* (doen) afwijken, uiteen (doen) lopen, (doen) divergeren
divergence, **divergency** *znw* divergentie, afwijking
divergent *bn* afwijkend, uiteenlopend, divergerend
divers ['daivəz] *bn* vero verscheidene, ettelijke
diverse [dai'və:s] *bn* onderscheiden, verschillend
diversification [daivə:sifi'keiʃən] *znw* diversificatie, variatie, verscheidenheid; afwisseling
diversiform [dai'və:sifɔ:m] *bn* veelvormig
diversify *overg* diversifiëren, verscheidenheid aanbrengen (in), variëren, afwisseling aanbrengen
diversion [dai-, di'və:ʃən] *znw* afleiding, afwending, om-, verlegging, omleiding; ontspanning, vermaak *o*, verzet(je) *o*; afleidingsmanoeuvre
diversionary [dai-, di'və:ʃən(ə)ri] *bn* afleidend, afleidings-
diversity [dai-, di'və:siti] *znw* verscheidenheid, ongelijkheid, diversiteit
divert [dai-, di'və:t] *overg* afwenden, afleiden[2]; om-, verleggen [een weg], omleiden [verkeer], doen uitwijken [vliegtuig], dwingen te vliegen (naar *to*); aan zijn bestemming onttrekken, tot een ander doel aanwenden; vermaken, afleiding geven
diverting *bn* afleiding gevend, amusant, vermakelijk
divest [dai-, di'vest] **I** *overg* ontkleden, ontdoen, ontbloten, beroven (van *of*); **II** *wederk*: ~ *oneself (of)* zich ont-, uitkleden; zich ontdoen van, afleggen, neerleggen
divide [di'vaid] **I** *overg* (ver)delen, indelen, scheiden; ~ *off* afscheiden [d.m.v. een scheidingswand &]; ~ *up* verdelen; ~ *the House* laten stemmen; **II** *onoverg* delen; zich verdelen, zich splitsen; **III** *znw* waterscheiding; fig scheidingslijn
divided *bn* gescheiden, verdeeld; ~ *counsel* onenigheid; ~ *highway* Am vierbaansweg; ~ *skirt* broekrok; *they were* ~ zij waren het onderling niet eens
dividend ['dividend] *znw* dividend *o*; uitkering; *pay* ~*s* fig lonend zijn
divider [di'vaidə] *znw* scheidingswand, kamerscherm *o*; wie verdeeldheid zaait; ~*s* steekpasser

dividing line *znw* scheidslijn, scheilijn, scheidingslijn, demarcatielijn
divination [divi'neiʃən] *znw* waarzeggerij, voorspelling
divine [di'vain] **I** *bn* goddelijk; godsdienstig; ~ *service* godsdienstoefening, kerkdienst; **II** *znw* godgeleerde; geestelijke; **III** *overg* raden; voorspellen
diviner *znw* voorspeller, waarzegster; roedeloper
diving ['daiviŋ] *znw* **1** duiken *o*; **2** sp schoonspringen *o*; *high* ~ sp torenspringen *o*
diving-bell *znw* duikerklok
diving-board *znw* springplank
diving-suit *znw* duikerpak *o*
divining-rod [di'vainiŋrɔd] *znw* wichelroede
divinity [di'viniti] *znw* goddelijkheid, god(heid); godgeleerdheid
divisible [di'vizibl] *bn* deelbaar
division *znw* (ver)deling, in-, afdeling, sectie, divisie; (kies)district *o*; verdeeldheid; (af)scheiding; stemming; ~ *sign* deelteken *o*; ~ *of labour* arbeidsverdeling
divisional *bn* divisie-; afdelings-
divisive [di'vaiziv] *bn* verdeeldheid zaaiend
divisor *znw* deler
divorce [di'vɔ:s] **I** *znw* (echt)scheiding; ~ *suit* echtscheidingsprocedure; **II** *overg* scheiden (van *from*); zich laten scheiden van; **III** *onoverg* scheiden
divorcee [divɔ:'si:] *znw* gescheiden man (vrouw)
divot ['divət] *znw* losgeslagen stuk *o* gras [bij het golfen]
divulge [dai-, di'vʌldʒ] *overg* onthullen, openbaar maken, ruchtbaar maken
divvy ['divi] **I** *znw* gemeenz deel *o*, portie; dividend *o*; **II** *overg*: ~ *up* gemeenz samsam doen
dixie ['diksie] *znw* slang veldketel
DIY *afk.* = *do-it-yourself*
dizzy ['dizi] **I** *bn* duizelig; duizelingwekkend; **II** *overg* duizelig maken
DJ *afk.* = *disc jockey*
Djibouti [dʒi'bu:ti] *znw* Djibouti *o*
djinn [dʒin] *znw* djinn [geest in het volksgeloof van islamitische volken]
D.Lit. *afk.* = *Doctor of Literature*
DNA *afk.* = *desoxyribonucleic acid* DNA (desoxyribonucleïnezuur)
1 do [du:] (did; done) **I** *onoverg* doen; dienen, baten; gedijen, tieren; *that will* ~ zo is het goed (voldoende, genoeg); *that won't* ~ dat gaat niet aan, dat kan zo niet; *he is ~ing well* het gaat hem goed; *he did very well* hij bracht het er heel goed af; ~ *oneself well* het er goed van nemen; ~ *well by sbd.* iem. goed behandelen; ~ *well by sth.* ergens wel bij varen; *how do you ~?* hoe maakt u het?; ~ *or die* erop of eronder; *make ~ with* het stellen (doen) met, zich behelpen met; **II** *overg* doen, uitvoeren, verrichten; maken, op-, klaarmaken, koken, braden &; aanrichten [schade]; uithangen, spelen (voor); verhandelen; afleggen [kilometer]; rijden [1 op 3]; zitten, opknappen [tijd in gevangenis]; gemeenz te pakken nemen; 'doen' [bezoeken v. land, stad &]; ~ *it* ook: gemeenz het voor elkaar krijgen, het hem leveren; het doen [neuken]; *that does it* gemeenz nou breekt mijn klomp; nu is de maat vol; *that's done it!* gemeenz nou is het uit!; dat deed wel de deur dicht!; ~ *one's thing* gemeenz doen waar je zin in hebt en waardoor je jezelf bent; [omschrijvend:] ~ *you see?* ziet u?; *I* ~ *not know* ik weet het niet; *you don't think so, ~ you?* wel?; [nadrukkelijk:] ~ *come* kom toch; kom toch vooral; *they* ~ *come* ze komen wel (degelijk), inderdaad, werkelijk, zeer zeker; [plaatsvervangend:] *he likes it, and so* ~ *I* en ik ook; ~ *something about it* er iets aan doen; ~ *away with* van zich afzetten; wegnemen; afschaffen; uit de wereld helpen; van kant maken; ~ *by others as you would be done by* wat gij niet wilt dat u geschiedt, doe dat ook een ander niet; ~ *down* gemeenz beetnemen, afzetten; ~ *sbd./sth. down* iem./iets kleineren; ~ *for* dienen als; deugen voor; voldoende zijn voor; gemeenz huishoudelijk werk doen voor; gemeenz zijn vet geven, de das omdoen; ~ *in* gemeenz vermoorden; (zich) blesseren; *done into French* in het Frans vertaald; ~ *out* gemeenz grondig opruimen, schoonmaken; ~ *out of 20 pounds* afzetten voor; ~ *well out of the war* wel varen bij de oorlog; ~ *over* Am gemeenz overdoen, weer doen; opnieuw inrichten, moderniseren; Br slang afranselen, aftuigen; beroven [bank &]; ~ *up* in orde maken; opsteken, opmaken [haar]; repareren, opknappen; inpakken, dichtmaken; gemeenz uitputten; (zich) opdoffen; *I have done with him* ik wil niets meer met hem te maken hebben; *it is nothing to* ~ *with ...* het heeft niets te maken (niets van doen, niets uit te staan) met ...; het gaat ... niets aan; *I could* ~ *with a glass* ik zou wel een glaasje willen hebben; ~ *without* het stellen zonder
2 do [du:] *znw* (*mv*: dos *of* do's) gemeenz bedrog *o*; fuif, fuifje *o*; *a to-do* gemeenz opschudding, verwarde situatie; *the ~s and don'ts* gedragsregels, wat mag en niet mag; zie ook: *doing, done, have* &
3 do [dou] *znw* muz do, ut
do. *afk.* = *ditto*
doc [dɔk] *znw* gemeenz = *doctor*
docile ['dousail, 'dɔsail] *bn* dociel, leerzaam, volgzaam; handelbaar, gedwee, gezeglijk
docility [dou'siliti] *znw* leerzaamheid, volgzaamheid, handelbaarheid, gezeglijkheid
dock [dɔk] **I** *znw* **1** scheepv dok *o*; haven (meestal *~s*); **2** plantk zuring; **3** hokje *o* voor de verdachte, bank der beschuldigden; **II** *overg* **1** scheepv dokken; **2** kortstaarten, couperen; **3** korten, af-, inhouden [v. loon]; **III** *onoverg* **1** scheepv dokken; **2** koppelen v. ruimtevaartuigen
docker *znw* bootwerker, havenarbeider
docket ['dɔkit] **I** *znw* briefje *o*; bon; borderel *o*; etiket *o*; korte inhoud; **II** *overg* de korte inhoud vermelden op, merken en nummeren [op een briefje],

etiketteren
docking ['dɔkiŋ] *znw* koppelen *o* v. twee ruimtevaartuigen
dockland ['dɔklænd] *znw* havenkwartier *o*
dockyard *znw* scheepv (marine)werf, scheepswerf
doctor ['dɔktə] **I** *znw* doctor, dokter; vero leraar; **II** *overg* (geneeskundig) behandelen; 'helpen' [steriliseren, castreren van huisdieren]; opknappen; knoeien met, vervalsen; vergiftigen [v. voedsel &]
doctoral *bn* doctoraal, doctors-
doctorate *znw* doctoraat *o*, doctorstitel
doctrinaire [dɔktri'nɛə] *bn* doctrinair
doctrinal [dɔk'trainl, 'dɔktrinl] *bn* leerstellig
doctrine ['dɔktrin] *znw* doctrine, leer, leerstuk *o*; *party* ~ partijlijn
document ['dɔkjument] **I** *znw* bewijs(stuk) *o*, akte, document *o*; **II** *overg* documenteren
documentary [dɔkju'mentəri] **I** *bn* documentair; **II** *znw* documentaire (ook ~ *film*)
documentation [dɔkjumen'teiʃən] *znw* documentatie
dodder ['dɔdə] *onoverg* beven; schuifelen
doddery ['dɔdəri] *bn* gemeenz beverig, trillend, wankel
doddle ['dɔdl] *znw* gemeenz makkie *o*
dodecagon [dou'dekəgən] *znw* twaalfhoek
dodecahedron [doudikə'hi:drən] *znw* twaalfvlak *o*
dodge [dɔdʒ] **I** *onoverg* terzijde springen, opzijgaan, uitwijken; uitvluchten zoeken; **II** *overg* ontduiken, vermijden, behendig ontwijken; **III** *znw* zijsprong; ontwijkende manoeuvre; kneep, kunstje *o*, foefje *o*, truc, slimmigheidje *o*
dodgem (car) ['dɔdʒəm(ka:)] *znw* botsautootje *o*, autoscooter [op kermis]
dodger ['dɔdʒə] *znw* ontwijker, ontduiker [belasting &]; slimmerd
dodgy *bn* gewiekst; gemeenz verraderlijk, lastig, hachelijk
dodo ['doudou] *znw* (*mv*: -s *of* -does) dierk dodo; *as dead as a* ~ zo dood als een pier, morsdood
doe [dou] *znw* (*mv* idem *of* -s) hinde; wijfje *o*
doer ['duə] *znw* dader; man van de daad
does [dʌz] 3e pers. enk. v. *to do*
doeskin ['douskin] *znw* suède *o* & *v*; soort bukskin
doesn't [dʌznt] = *does not*
doest ['du:ist] plechtig 2e pers. enk. v. *to do*
doeth ['du:iθ] plechtig 3e pers. enk. v. *to do*
doff [dɔf] *overg* afdoen, afleggen, afzetten
dog [dɔg] **I** *znw* hond; mannetje *o*: rekel [v. hond, vos, wolf &], reu [v. hond]; geringsch kerel; Am gemeenz misbaksel *o*, troep, rotzooi; Am slang gedrocht *o*, monster *o* [v.e. meisje]; *the ~s* gemeenz hondenrennen; *go to the ~s* gemeenz naar de bliksem gaan; *a gay* ~ een vrolijke Frans; *a lucky* ~ een geluksvogel; *a sly* ~ een slimme vogel; ~ *eat* ~ moordende concurrentie, niets ontziend eigenbelang *o*; *~'s dinner* gemeenz janboel, troep; *give a ~ a bad name and hang him* als je een slechte naam hebt, krijg je van alles de schuld; *treat sbd. like a* ~ iem. honds behandelen; *let sleeping ~s lie* geen slapende honden wakker maken; *he is a ~ in the manger* hij kan de zon niet in het water zien schijnen; *every ~ has his day* iedereen krijgt zijn beurt, het gaat iedereen wel eens goed; **II** *overg* op de hielen zitten, (op de voet) volgen, iemands gangen nagaan; achtervolgen, vervolgen[2]
dog-biscuit *znw* hondenbrok, stuk *o* hondenbrood
dogcart *znw* hondenkar
dog-collar *znw* halsband; gemeenz hoge boord *o* & *m*, priesterboord *o* & *m*
dog-days *znw mv* hondsdagen
doge [doudʒ] *znw* doge [v. Venetië]
dog-eared ['dɔgiərd] *bn* met ezelsoren
dog-end *znw* gemeenz sigarettenpeuk
dog fancier *znw* hondenliefhebber, -kenner, -fokker
dogfight *znw* hondengevecht *o*; luchtgevecht *o*
dogfish *znw* hondshaai
dogged ['dɔgid] *bn* vasthoudend; taai; hardnekkig
doggerel ['dɔgərəl] **I** *bn* rijmelend; **II** *znw* rijmelarij; kreupelrijm *o*
doggie, **doggy** ['dɔgi] *znw* hondje *o*; ~ *paddle* zwemmen *o* op zijn hondjes
doggo ['dɔgou] *bijw*: *lie* ~ gemeenz zich gedeisd houden
doggone ['dɔgɔn] *bn, bijw* & *tsw* Am slang verduiveld, verdraaid, verdomd
doghouse *znw* Am = *dog-kennel*; *be in the* ~ gemeenz eruit liggen, uit de gratie zijn
dog-kennel *znw* hondenhok *o*, hondenkennel
dog Latin *znw* potjeslatijn *o*
dogleg *znw* scherpe bocht, scherpe hoek
dogma ['dɔgmə] *znw* (*mv*: -s *of* dogmata [-mətə]) dogma *o*, leerstuk *o*
dogmatic [dɔg'mætik] *bn* dogmatisch
dogmatism ['dɔgmətizm] *znw* dogmatisme *o*
dogmatist *znw* dogmaticus
dogmatize *overg* & *onoverg* dogmatiseren
do-gooder ['du:gu:də] *znw* geringsch (sentimentele) filantroop, (wereld)verbeteraar
dogsbody ['dɔgzbɔdi] *znw* gemeenz manusje-van-alles *o*, duvelstoejager, factotum *o*
dog-sleep *znw* hazenslaapje *o*
dog's life *znw* hondenleven *o*
dogstar *znw* astron hondsster, Sirius
dog-tag *znw* **1** hondenpenning; **2** Am mil identiteitsplaatje *o*
dog-tired *bn* doodmoe
dog track *znw* hondenrenbaan
dog trot *znw* sukkeldrafje *o*
dog-watch *znw* scheepv platvoetwacht
doily ['dɔili] *znw* kleedje *o* onder vingerkom, fles &
doings ['du:iŋz] *znw mv* handelingen, daden; *his* ~ zijn doen en laten *o*
do-it-yourself [duitju'self] *bn* doe-het-zelf
doldrums ['dɔldrəmz] *znw mv* streek rond de eve-

naar waar vaak windstilte heerst; *be in the* ~ in een gedrukte stemming zijn

dole [doul] **I** *znw* (werkloosheids)uitkering, steun; ~ *office* sociale dienst(kantoor *o*), stempellokaal *o*; ~ *queue* ± aantal *o* werklozen; *be on the* ~ steun trekken; **II** *overg*: ~ *out* uit-, rond-, toebedelen

doleful *bn* treurig

doll [dɔl] **I** *znw* pop²; Am slang spetter, stuk *o*; **II** *(onoverg &) overg*: ~ *up* (zich) mooi maken, opdirken

dollar ['dɔlə] *znw* dollar; *the 64000* ~ *question* de hamvraag; *bet one's bottom* ~ gemeenz er alles onder verwedden (dat)

dollop ['dɔləp] *znw* gemeenz kwak [jam &]

dolly ['dɔli] *znw* popje *o*; dolly [verrijdbaar onderstel]; camerawagen; ~ *bird* gemeenz aantrekkelijke meid, stuk *o*; ~ *shot* opname met een rijdende camera

dolmen ['dɔlmen] *znw* dolmen [soort hunebed]

dolphin ['dɔlfin] *znw* dierk dolfijn

dolt [doult] *znw* botterik, lomperik; sul, uilskuiken *o*

doltish *bn* bot, dom, sullig

domain [də'mein] *znw* domein *o*, gebied² *o*

dome [doum] *znw* koepel; gewelf *o*; gemeenz kop

domestic [də'mestik] **I** *bn* huiselijk, huishoudelijk, huis-, tam; binnenlands, inlands; ~ *animal* huisdier *o*; ~ *quarrels* pol interne twisten; ~ *science* huishoudkunde; ~ *servant* (huis)bediende, dienstbode; ~ *(dispute)* gemeenz echtelijke ruzie; **II** *znw* (huis)bediende, dienstbode

domesticate *overg* aan het huiselijk leven gewennen; tam maken

domesticity [doumes'tisiti] *znw* huiselijkheid; huiselijk leven *o*

domicile ['dɔmisail] **I** *znw* domicilie *o*, woonplaats; **II** *overg* vestigen; ~*d at* zijn zetel hebbend in, gevestigd zijn in

dominance ['dɔminəns] *znw* dominantie, overheersing

dominant **I** *bn* (over)heersend, dominerend; **II** *znw* muz dominant

dominate *overg* be-, overheersen, heersen, domineren, uitsteken boven

domination [dɔmi'neiʃən] *znw* be-, overheersing, heerschappij

domineer [dɔmi'niə] *onoverg & overg* heersen, de baas spelen (over *over*)

domineering *bn* heerszuchtig, bazig

Dominica [dɔmi'ni:kə] *znw* Dominica *o*

Dominican **I** *znw* [dɔ-, də'minikən] **1** dominicaan [lid v. geestelijke orde]; **2** Dominicaan [inwoner v.d. Dominicaanse Republiek of het eiland Dominca]; **II** *bn* [dɔmi'ni:kən] **1** dominicaans [de geestelijke orde betreffend]; **2** Dominicaans [de Dominicaanse Republiek of het eiland Dominica betreffend]

Dominican Republic *znw* Dominicaanse Republiek

dominie ['dɔmini] *znw* Schots schoolmeester

dominion [də'minjən] *znw* heerschappij; beheersing; gebied *o*; zelfbesturend deel *o* v.h. Britse Gemenebest

domino ['dɔminou] *znw* (*mv*: -noes) dominosteen; ~*es* dominospel *o*; ~ *effect* domino-effect *o*

1 don [dɔn] *znw* don; invloedrijk persoon, hoge piet (in *at*); onderw hoofd *o*, *fellow* of *tutor* van een *college*

2 don [dɔn] *overg* aantrekken, aandoen, opzetten

donate [dou'neit] *overg* schenken; begiftigen

donation *znw* gift; schenking

done [dʌn] **I** V.D. van *do*; gaar; klaar; voorbij, achter de rug; uit, op &; netjes; *the* ~ *thing* wat hoort, wat betamelijk is; *it's not* ~ zoiets doet men niet; ~ *for* verloren, weg; [ten dode] opgeschreven; versleten [v. kleren]; ~ *in* gemeenz doodop, kapot; *what is* ~ *cannot be undone* gedane zaken nemen geen keer; **II** *tsw* akkoord!; *well* ~*!* goed zo!, bravo!; zie ook: ²*do*

donjon ['dɔn-, 'dʌndʒən] *znw* versterkte verdedigingstoren v.e. kasteel, donjon

donkey ['dɔŋki] *znw* ezel²; ~*(-engine)* techn donkey: hulpmachine; ~*'s years* gemeenz járen; ~ *work* gemeenz zwaar werk *o*, koeliewerk *o*; *talk the hindleg(s) off a* ~ gemeenz iem. de oren van het hoofd praten, honderduit praten

donnish ['dɔniʃ] *bn* als een *don*, pedant

donor ['dounə] *znw* schenker, gever, med donor

don't [dount] **I** samentrekking van *do not*: doe (het) niet, laat het; **II** *znw* verbod *o*

doodah ['du:da] *znw* gemeenz dingetje *o*, dinges

doodle ['du:dl] **I** *znw* droedel, krabbeltje *o*; **II** *onoverg & overg* krabbelen

doom [du:m] **I** *znw* noodlot *o*, lot *o*; ondergang; **II** *overg* vonnissen, doemen; ~*ed* ten dode opgeschreven, ten ondergang (tot mislukking) gedoemd

doomsday *znw* het laatste Oordeel

door [dɔ:] *znw* deur; portier *o* [v. auto &]; *answer the* ~ naar de deur gaan, opendoen; *get in by the back* ~ ergens door de achterdeur binnenkomen; *lay it at his* ~ het hem ten laste leggen, het hem in de schoenen schuiven; *it lies at his* ~ het is aan hem te wijten, het is zijn schuld; *open the* ~ *to* fig uitzicht bieden op, mogelijk maken; *close the* ~ *on* fig de weg afsluiten, onmogelijk maken; *show sbd. the* ~ iem. de deur wijzen; *show sbd. to the* ~ iem. uitlaten; *out of* ~*s* buitenshuis, buiten; *two* ~*s off/down/away* twee huizen verder; *(from)* ~*(-)to(-)*~ huis(-)aan(-)huis; aan huis [bezorgen]

doorbell *znw* deurbel

door-frame *znw* deurkozijn *o*

door-handle *znw* deurklink

doorknob *znw* deurknop

doorman *znw* portier

doormat *znw* deurmat; fig voetveeg

doornail *znw*: *as dead as a* ~ zo dood als een pier

door-plate *znw* naamplaatje *o*

door-post *znw* deurstijl; *as deaf as a* ~ zo doof als

een kwartel
doorstep *znw* drempel, stoep; *on the ~* fig vlakbij
doorway *znw* ingang; deuropening; portiek [v. winkel]
dope [doup] **I** *znw* gemeenz verdovend middel *o*, drugs; doping; gemeenz inlichting, nieuws *o*; gemeenz uilskuiken *o*, domoor; **II** *overg* gemeenz drugs/doping toedienen; drogeren; iets doen in [wijn, bier &], vervalsen
dopey, dopy ['doupi] *bn* verdoofd, bedwelmd, onder de drugs (zittend); suf; dom
Doric ['dɔrik] *bn* Dorisch
dormant ['dɔ:mənt] *bn* slapend, sluimerend[2]; niet werkend; handel stil [vennoot]
dormer(-window) [dɔ:mə'windou] *znw* dakvenster *o*
dormitory ['dɔ:mitri] *znw* slaapzaal; *~ (suburb), ~ town* slaapstad, forensenstad
dormouse ['dɔ:maus] *znw* relmuis, zevenslaper
dorsal ['dɔ:səl] *bn* rug-
dosage ['dousidʒ] *znw* dosering; toediening; dosis
dose I *znw* dosis[2]; slang sief, sjanker; **II** *overg* afpassen, afwegen, doseren; een geneesmiddel *o* toedienen (ook: *~ up*); *~ sbd. with* iem. ... ingeven, iem. behandelen met...
doss [dɔs] *onoverg* slang maffen, slapen
doss-house *znw* goedkoop hotel *o*, logement *o*
dossier ['dɔsiei] *znw* dossier *o*
dost [dʌst] plechtig 2de pers. enk. v. *to do*
dot [dɔt] **I** *znw* stip, punt; *on the ~* gemeenz stipt (op tijd); *the year ~* het jaar nul; **II** *overg* stippelen; *~ one's i's* de puntjes op de i zetten[2]; *~ and carry one* gemeenz mank lopen; *~ted line* stippellijn; *sign on the ~ted line* (maar) tekenen; zonder meer met alles akkoord gaan; *~ted with* bezaaid met
dotage ['doutidʒ] *znw* kindsheid; *be in one's ~* seniel zijn
dote *onoverg* kinds worden; verzot of dol zijn (op *on, upon*)
doth [dʌθ] plechtig 3de pers. enk. v. *to do*
doting ['doutiŋ] *bn* kinds; verzot, mal
dotty ['dɔti] *bn* gemeenz (van lotje) getikt, halfgaar; *be ~ about sbd./sth.* dol op iem./iets zijn
double ['dʌbl] **I** *bn bijw* dubbel, tweeledig; dubbelhartig; tweepersoons-; *ride ~* met zijn tweeën op één paard zitten; *~ standard* het meten met twee maten; **II** *znw* het dubbele; dubbelganger, tegenhanger; doublet *o*, duplicaat *o*; doublure; dubbelspel *o* [bij tennis]; looppas; scherpe draai; *~ or quits* quitte of dubbel; *at the ~* mil in looppas; gemeenz en vlug een beetje!; **III** *overg* verdubbelen, (om-) vouwen; doubleren; scheepv omzeilen; *~ down* omvouwen; *~ up* om-, dubbelvouwen; **IV** *onoverg* (zich) verdubbelen; een scherpe draai maken; een dubbelrol spelen; mil in de looppas marcheren; *~ back* haastig terugkeren; *~ up* dubbel slaan, ineenkrimpen; delen [v.e. kamer]
double act *znw* act voor twee artiesten; duo [artiesten]
double agent *znw* dubbelspion
double-barrel(l)ed *bn* dubbelloops; dubbel [v. naam]
double-bass *znw* contrabas
double-bassoon *znw* contrafagot
double bed *znw* lits-jumeaux *o*: tweepersoonsledikant *o*
double bill *znw* programma *o* met twee hoofdnummers
double bind *znw* onoplosbaar dilemma *o*
double bluff *znw* poging tot misleiding door de waarheid zo te vertellen dat zij ongeloofwaardig wordt
double-breasted *bn* met twee rijen knopen [v. kledingstukken]
double-check I *znw* dubbele controle; **II** *overg* opnieuw controleren, dubbel controleren
double-chin *znw* onderkin
double cream *znw* dikke room
double-cross *overg* gemeenz (zowel de een als de ander) bedriegen, (een medeplichtige, een kameraad &) verraden
double-date *onoverg* Am met twee stellen/met zijn vieren uitgaan
double-dealer *znw* gluiperd
double-dealing I *znw* dubbelhartigheid; **II** *bn* dubbelhartig, gluiperig
double-decker *znw* dubbeldekker: (auto)bus met twee verdiepingen
double Dutch *znw* onbegrijpelijk gewauwel *o*, koeterwaals *o*, gebrabbel *o*
double-edged *bn* tweesnijdend[2]
double entendre [dubl ã:n'tã:dr] [Fr] *znw* dubbelzinnigheid
double entry *znw* dubbel boekhouden *o*
double-faced *bn* huichelachtig
double-glaze *overg* van dubbele beglazing voorzien
double glazing *znw* dubbele beglazing
double-hearted *bn* vals
double-jointed *bn* buitengewoon lenig, als van elastiek
double-lock *overg* het slot tweemaal omdraaien, op het nachtslot doen
double-park *overg* dubbel parkeren
double-quick *bn* razendsnel; *in ~ time* in een wip, oogwenk
double room *znw* tweepersoonskamer
doublet ['dʌblit] *znw* doublet *o*; hist (wam)buis *o*
double-take ['dʌbl'teik] *znw* vertraagde reactie; *do a ~* grote ogen opzetten
double-talk *znw* dubbelzinnige taal; onzin
double-time *znw* mil looppas
doubly *bijw* tweemaal zo ... [veel, moeilijk &], extra
doubt [daut] **I** *znw* twijfel, onzekerheid; *beyond ~* stellig; *in ~, open to ~* twijfelachtig; *without ~, no ~* ongetwijfeld, zonder twijfel; *be in ~* twijfelen; *cast ~ on* twijfel opperen omtrent; *have one's ~s*

about (as to) twijfelen aan, betwijfelen; *I have no ~ about it* ik twijfel er niet aan; **II** *onoverg* twijfelen (aan *of*), weifelen; **III** *overg* betwijfelen
doubter *znw* twijfelaar
doubtful *bn* twijfelachtig; dubieus; bedenkelijk; weifelend; *be ~ of (about)* twijfelen aan
doubting Thomas *znw* ongelovige Thomas
doubtless *bn* ongetwijfeld
douche [du:ʃ] *znw* douche; spoeling [met irrigator]; *a cold ~* gemeenz onaangename verrassing
dough [dou] *znw* deeg *o*; slang splint o: geld *o*
dough-nut *znw* oliekoek, -bol
doughty ['dauti] *bn* plechtig & schertsend manhaftig, flink
doughy ['doui] *bn* deegachtig, klef; pafferig
dour [duə] *bn* hard, streng, koppig
douse [daus] *overg* nat gooien; uitdoen [licht]
dove [dʌv] *znw* duif², duifje² *o*; voorstander van politieke ontspanning
dovecot(e) ['dʌvkɔt] *znw* duiventil
dovetail I *znw* zwaluwstaart [houtverbinding]; **II** *overg* (met zwaluwstaart) verbinden², in elkaar doen grijpen; **III** *onoverg* in elkaar grijpen, passen (in *into*)
dowager ['dauədʒə] *znw* douairière
dowdy ['daudi] *bn* slonzig, slecht gekleed
dowel ['dauəl] *znw* pen of bout die twee stukken hout of steen verbindt
dowlas ['dauləs] *znw* grof linnen *o*
down [daun] **I** *voorz* (van)... af; langs; *~ the wind* met de wind mee; **II** *bijw* (naar) beneden, neer, onder, af; minder, achter [aantal punten, bij spel]; verticaal [kruiswoordraadsel]; *~!* koest! af!; *I have you ~* u staat al op mijn lijst; *hit him when he is ~* fig hem een trap na geven; *~ and out* gemeenz aan de grond geraakt, berooid; *~ at heel* afgetrapt [v. schoenen]; sjofel; *be ~ for* in het krijt staan voor; getekend hebben voor; aan de beurt zijn voor; op de agenda staan om ...; te wachten hebben; *~ (in the mouth)* neerslachtig, down; *be ~ on sbd.* iem. aanpakken; iem. 'zoeken'; *put ~ in writing* opschrijven; *go ~* comput uitvallen; zie ook: *come, luck*; *~ to our time* tot op onze tijd; *three ~ and four to go* drie gespeeld en nog vier te gaan; *~ under* gemeenz in Australië en/of Nieuw-Zeeland; *~ with ...!* weg met ...!; *be ~ with influenza* (te pakken) hebben; **III** *bn* benedenwaarts, neergaand, afwaarts; contant; **IV** *overg* gemeenz eronder krijgen of houden; neerleggen, -schieten; fig naar binnen slaan [borrel]; *~ tools* (het werk) staken; **V** *znw* **1**: *have a ~ on* de pik hebben op; **2** dons² *o*; **3** heuvelachtig land *o*; duin; *the Downs* (de rede van) Duins
down-and-out *znw* armoedzaaier, schooier
downbeat I *znw* muz sterk maatdeel *o*, eerste tel (van een maat); **II** *bn* ontspannen, cool, relaxed
downcast *bn* (ter)neergeslagen, neerslachtig
down draught *znw* benedenwaartse trek [*vooral* in schoorsteen]
downer *znw* gemeenz kalmeringsmiddel *o*; deprimerende ervaring, klap
Downing Street ['dauniŋ stri:t] *znw* straat in Londen met de ambtswoning van de premier; fig de premier, de regering
downfall *znw* val², ondergang, instorting
downgrade I ['daungreid] *znw* afwaartse helling; fig achteruitgang; *on the ~* achteruitgaand, zich in dalende lijn bewegend; **II** ['daun'greid] *overg* in rang verlagen, lager stellen
down-hearted ['daun'ha:tid] *bn* ontmoedigd
downhill I *bijw* bergaf, naar beneden; *go ~* fig achteruitgaan; **II** *bn* hellend²; *~ work* dat als vanzelf gaat; **III** *znw* helling²; sp afdaling [ski]; *the ~ of life* de levensavond
downland *znw* heuvelachtig grasland *o*
download *overg* comput kopiëren naar; *~ files from the hard disk onto floppies* bestanden van de harde schijf naar diskette kopiëren
down payment *znw* afbetalingstermijn, aanbetaling
down-pipe *znw* afvoerbuis, regenpijp
downpour *znw* stortbui, stortregen
downright *bn & bijw* oprecht, rechtuit (gezegd), rond(uit), vierkant, bot(weg), gewoon(weg), bepaald, echt, volslagen
Down's syndrome *znw* med syndroom *o* van Down, mongolisme *o*
downstage *bn & bijw* op de voorgrond v.h. toneel
downstairs [daun'stɛəz] **I** *bijw* (naar) beneden; **II** *bn* beneden, op de begane grond; **III** *znw* benedenverdieping
downstream ['daun'stri:m] *bn & bijw* stroomafwaarts
downstroke *znw* neerhaal
downtime *znw* leeglooptijd
down-to-earth *bn* nuchter
downtown I ['dauntaun] *znw* binnenstad; **II** *bn* in (van) de binnenstad; **III** [daun'taun] *bijw* naar (in) de binnenstad
downtrodden *bn* vertrapt²
downturn *znw* teruggang
downward(s) *bijw* naar beneden, neerwaarts; *from ... ~* van ... af
downwind *bijw* met de wind mee
downy ['dauni] *bn* donsachtig, donzig
dowry ['dau(ə)ri] *znw* bruidsschat
dowse [dauz] *onoverg* met de wichelroede water & opsporen; = *douse*
dowser *znw* roedeloper
dowsing-rod *znw* wichelroede
doxology [dɔk'sɔlədʒi] *znw* lofzang
doxy ['dɔksi] *znw* vero slang onbeschaamd meisje *o*; snol
doyen ['dɔiən] *znw* de oudste, nestor (v.e. groep &)
doze [douz] **I** *onoverg* soezen, dutten; *~ off* indutten; **II** *znw* dutje *o*, dommeling
dozen ['dʌzn] *znw* dozijn *o*; *a baker's ~* dertien; *~s*

of people heel wat (tientallen) mensen; *talk nineteen to the* ~ honderduit praten
dozy ['douzi] *bn* soezerig, doezelig
DPP *afk.* = *Director of Public Prosecutions* openbare aanklager
Dr. *afk.* = *Doctor, Drive* [in adressering]
drab [dræb] *bn* vaal(bruin); fig kleurloos, grauw, saai
drachma ['drækmə] *znw* (*mv*: -s *of* drachmae [-mi:]) drachme
draft [dra:ft] **I** *znw* trekken *o*; ontwerp *o*, concept *o*, schets, klad *o*; mil detachement *o*; lichting; Am conscriptie, dienstplicht; handel traite, wissel; handel stille uitslag; ~ *dodger* dienstweigeraar; iem. die zich aan de dienstplicht onttrekt; **II** als *bn* ontwerp-; **III** *overg* ontwerpen, opstellen, concipiëren; detacheren (ook: ~ *off*); oproepen; Am aanwijzen voor de militaire dienst; Am = *draught*
draftee [dræf'ti:] *znw* Am dienstplichtige
draftsman ['dra:ftsmən] *znw* = *draughtsman*
drafty *bn* = *draughty*
drag [dræg] **I** *overg* slepen (met), sleuren; (af-) dreggen; met een sleepnet (af)vissen; ~ *one's feet over* traineren met; **II** *onoverg* slepen; fig traineren; niet vlotten, niet opschieten; omkruipen [v. tijd]; ~ *along* voortslepen; ~ *by* omkruipen [tijd]; ~ *down* uitputten, slopen; neerhalen, ± op het slechte pad brengen; ~ *in* er bij halen, met de haren er bij slepen; ~ *on* (zich) voortslepen; omkruipen [tijd]; ~ *out* eruit trekken [de waarheid &]; rekken, lang aanhouden; voortslepen [zijn leven]; ~ *up* slecht opvoeden [v. kinderen]; weer naar voren brengen, oprakelen; **III** *znw* slepen *o* &; dreg; sleepnet *o*; eg; soort diligence; rem(schoen); (lucht- &)weerstand; fig rem, blok *o* aan het been; door een man gedragen vrouwenkleding; travestie; *in* ~ in travestie; gemeenz trekje *o* [aan sigaret]; sterkriekend voorwerp *o* als kunstmatig spoor, (club voor) slipjacht (~ *hunt*); gemeenz saai figuur *o*; duffe bedoening, boel
drag-net *znw* sleepnet *o*; dregnet *o*; fig razzia
dragoman ['drægəmən] *znw* drogman, tolk
dragon ['drægən] *znw* draak
dragon-fly *znw* libel, waterjuffer
dragoon [drə'gu:n] **I** *znw* dragonder; **II** *overg* (met geweld) dwingen (tot *into*)
drag queen [dræg kwi:n] *znw* slang travestiet
drag race [dræg reis] *znw* drag race [race voor speciaal aangepaste auto's over korte afstand]
drail [dreil] *znw* grondangel
drain [drein] **I** *overg* droogleggen, afwateren, laten leeglopen; draineren; aftappen; op-, uitdrinken; laten afdruipen of wegvloeien; onttrekken; uitputten; ~ *away (off)* afvoeren [water]; ~ *of* beroven van; **II** *onoverg* af-, wegvloeien, weglopen, wegstromen, uitlekken, afdruipen; afwateren; fig afnemen; **III** *znw* afvoerbuis, -pijp; afvoerkanaal *o*; afwatering; riool *o & v*; fig onttrekking; uitputting; aderlating; *a great* ~ *on my pocket* een zware aanslag op mijn portemonnee; *the money goes down the* ~ het geld verdwijnt in een bodemloze put, dat is weggegooid geld; *go down the* ~ gemeenz failliet gaan; naar de knoppen gaan
drainage *znw* drooglegging, (water)afvoer; afwatering; riolering; drainering
drain-cock *znw* aftapkraan
drainer *znw* vergiet *o*; afdruiprek *o*
draining board *znw* aanrechtblad *o*
drain-pipe *znw* draineerbuis; ~*s*, ~ *trousers* broek met smalle pijpen
drake [dreik] *znw* dierk woerd, mannetjeseend
dram [dræm] *znw* beetje *o*; borreltje *o*
drama ['dra:mə] *znw* drama[2] *o*; (het) toneel
dramatic [drə'mætik] *bn* dramatisch, toneel-; indrukwekkend, aangrijpend
dramatics *znw mv* toneel *o*; gemeenz overdreven theatraal gedoe *o*
dramatis personae ['dræmətis 'pə:'sounai] *znw mv* personen in toneelstuk; rolverdeling
dramatist ['dræmətist] *znw* toneelschrijver, dramaturg
dramatization ['dræmətai'zeiʃən] *znw* dramatiseren *o*; toneelbewerking
dramatize ['dræmətaiz] *overg* dramatiseren; voor het toneel bewerken
drank [dræŋk] V.T. van *drink*
drape [dreip] **I** *overg* bekleden, draperen; **II** *znw* Am gordijn *o*
draper *znw* manufacturier
drapery *znw* manufacturen, manufacturenhandel, stoffenwinkel; draperie; drapering
drastic ['dræstik] *bn* drastisch, radicaal
dratted ['drætid] *bn* gemeenz vervloekt, verwenst
draught [dra:ft] **I** *znw* trek, trekken *o*; tocht; teug, slok; drank, drankje *o*; klad *o*, schets, concept *o*, ontwerp *o*; scheepv diepgang; damschijf; ~*s* damspel *o*; *feel the* ~ gemeenz fig in moeilijke omstandigheden verkeren; *at a* ~ in één teug; *beer on* ~, ~ *beer* bier *o* van het vat; **II** *overg* zie: *draft*
draught-board *znw* dambord *o*
draught-horse *znw* trekpaard *o*
draughtsman, Am **draftsman** *znw* tekenaar; ontwerper, opsteller; damschijf
draughtmanship, Am **draftsmanship** *znw* tekenkunst
draughty *bn* tochtig
1 draw [drɔ:] (drew; drawn) **I** *overg* trekken; aantrekken; dicht-, op-, uit-, open-, voort-, wegtrekken; slepen; halen, putten, tappen; in ontvangst nemen; opnemen [krediet, geld &]; (uit)rekken, spannen; uithalen, schoonmaken; maken [vergelijking &]; halen, behalen, krijgen [applaus, reacties &]; [iem.] uit zijn tent lokken, aan het praten krijgen, uithoren; afvissen; laten trekken [thee]; tekenen; sp onbeslist laten; ~ *attention to ...* de aandacht vestigen op; ~ ... *feet of water* scheepv een

diepgang hebben van ...; ~ *lots* loten; **II** *onoverg* trekken²; de revolver trekken; (uit)loten; tekenen; komen [dichterbij], gaan, schuiven; sp gelijkspelen; ~ *away* af-, wegtrekken; zich verwijderen; ~ *back* (zich) terugtrekken²; opentrekken [gordijnen]; ~ *from* [iem.] ontlokken, trekken uit, halen uit, (ver)krijgen uit (van), opdoen uit, putten uit, ontlenen aan, rekruteren uit; *~n from all ranks of society* ook: (voort)gekomen uit alle standen der maatschappij; ~ *a person from a course* iemand afbrengen² van een handelwijze; ~ *from nature* tekenen naar de natuur; ~ *in* intrekken, binnenkomen; inademen; aanhalen; korter worden [v. dagen]; vallen [avond]; (gaan) bezuinigen; ~ *into* ergens bij betrokken raken; betrekken in; ~ *near (vero nigh)* naderen; ~ *off* aftrekken, afleiden [aandacht]; aftappen; ~ *on* aantrekken; naderen; vorderen [v. avond &]; trekken aan [zijn sigaret]; zie verder: ~ *upon*; ~ *out* uittrekken; opvragen [geld]; (uit)rekken, langer maken; voortzetten; lengen [dagen]; uitschrijven, opmaken; opstellen; muz lang aanhouden; fig ontlokken; aan het praten krijgen, uithoren; ~ *to a close (to an end* op een eind lopen; ~ *together* samentrekken, samenbrengen; bij (tot) elkaar komen; ~ *up* optrekken, opmaken, ontwerpen, opstellen; mil (zich) opstellen; stilhouden, tot staan komen (brengen); bijschuiven [stoel]; ~ *up to* dichter bij... komen; ~ *up with* inhalen; ~ *oneself up* zich oprichten, zich in postuur zetten; ~ *upon* handel trekken op; gebruik maken van, putten uit, aanspreken [zijn kapitaal]; zie ook: *drawn*

2 draw *znw* trek; loterij; (ver)loting; trekking; trekken *o*; attractie, succesnummer *o*, -stuk *o*, reclameartikel *o*; onbesliste wedstrijd, gelijkspel *o*, remise; *it (she) was a* ~ het (zij) was een trekpleister; *end in a* ~ onbeslist blijven, gelijk eindigen; *it's the luck of the* ~ het is een kwestie van geluk

drawback *znw* handel teruggave van betaalde (invoer)rechten; fig bezwaar *o*, schaduwzijde, nadeel *o*, gebrek *o*

draw-bridge *znw* ophaalbrug

drawee [drɔ:'i:] *znw* handel betrokkene, trassaat

drawer ['drɔə] *znw* trekker; handel trassant; tekenaar; (schuif)lade; *(pair of)* ~*s* onderbroek

drawing I *znw* trekken *o* &; trekking; opneming [v. geld]; tekening; tekenkunst, tekenen *o*; **II** als *bn* teken-

drawing board *znw* tekenbord *o*; *go back to the* ~ helemaal opnieuw beginnen, teruggaan naar af

drawing-pin *znw* punaise

drawing-rights *znw mv* handel trekkingsrechten

drawing-room *znw* ontvangkamer, salon; ~ *manners* goede manieren; ~ *red* saloncommunist

drawl [drɔ:l] **I** *onoverg* lijzig spreken, temen; **II** *znw* temerige spraak, geteem *o*

drawn [drɔ:n] **I** V.D. van *draw*; **II** *bn* (uit)getrokken; opgetrokken; be-, vertrokken; afgetrokken [gezicht]; onbeslist

drawn-(thread)work *znw* open zoomwerk *o* [handwerken]

drawstring *znw* trekkoord *o* [aan een tas, aan kleding &]

draw-well [drɔ:wel] *znw* waterput (met touw en emmer)

dray [drei] *znw* sleperswagen, brouwerswagen

dray-horse *znw* sleperspaard *o*

dread [dred] **I** *znw* vrees (voor *of*); **II** *bn* gevreesd; vreselijk; **III** *overg* vrezen, duchten; opzien tegen; niet durven

dreadful *bn* vreselijk, verschrikkelijk

dreadlocks ['dredlɔks] *znw mv* dreadlocks, rastakapsel *o*

dreadnought *znw* (stof voor) dikke overjas; dreadnought [slagschip]

1 dream [dri:m] *znw* droom²; fig ideaal *o*; *that's beyond my wildest ~s* dat overtreft mijn stoutste verwachtingen; *it goes like a* ~ het gaat boven verwachting goed

2 dream (dreamt/dreamed; dreamt/dreamed) *onoverg & overg* dromen; ~ *away* verdromen; *I wouldn't ~ of asking you for money* ik pieker er niet over om jou om geld te vragen; *I never ~t that this would happen* ik had nooit gedacht dat zoiets zou gebeuren; ~ *up* gemeenz uitdenken, verzinnen, fantaseren

dream-boat *znw* gemeenz aangebedene; schat, liefje *o*

dreamer *znw* dromer

dreamless *bn* zonder dromen, droomloos

dreamlike *bn* als in een droom

dreamt [dremt] V.T. & V.D. van *²dream*

dreamy ['dri:mi] *bn* dromerig; vaag

dreary ['driəri] *bn* akelig, somber, triest(ig), woest

dredge [dredʒ] **I** *znw* sleepnet *o*; dreg; baggermachine, baggerschuit; **II** *overg & onoverg* **1** (uit)baggeren; dreggen; ~ *up* fig ophalen [v. herinneringen &]; **2** (be)strooien

dredger *znw* **1** baggermachine, baggermolen; **2** strooier, strooibus

dregs [dregz] *znw mv* droesem, drab, moer, grondsop *o*, bezinksel *o*; fig heffe, uitschot *o*, schuim *o*; *to the* ~ tot de bodem

drench [drenʃ] *overg* (door)nat maken, doorweken; [de aarde] drenken

drencher *znw* gemeenz stortbui, plasregen

Dresden ['drezdən] *znw* Dresden *o*; Saksisch porselein *o* (~ *china*, ~ *ware*)

dress [dres] **I** *overg* (aan)kleden, tooien; klaarmaken, aanmaken [salade], bereiden, bewerken; roskammen; schoonmaken [vis]; verbinden [wonden]; mil richten; ~ *down* gemeenz een schrobbering geven, afstraffen; ~ *up* opsmukken, uitdossen; kostumeren, verkleden; *~ed to kill* gemeenz tiptop/prachtig/fantastisch/uiterst snel gekleed; **II** *onoverg* zich kleden, (avond)toilet maken; mil zich richten; ~ *down* ± vrijetijdskleding dragen [op kantoor, bij

concerten &]; *get ~ed* zich aankleden; *~ up* zich opsmukken, zich uitdossen; zich kostumeren, zich verkleden; **III** *znw* kleding, dracht, kleren, tenue *o & v*; kleed[2] *o*, toilet *o*, kostuum *o*, japon, jurk; avondtoilet *o* (ook: *evening ~*); gala *o*
dressage ['dresa:ʒ] *znw* dressuur [bij paardensport]
dress circle *znw* (eerste) balkon *o* [in schouwburg]
dress coat *znw* rok [v. heer]
dresser *znw* (aan)kleder, -kleedster; bereider; verbinder; aanrecht *o & m*
dressing *znw* (aan)kleden *o* &; (aan)kleding, kledij, toilet *o*; bereiding; mest; saus; verband *o*
dressing-down *znw* gemeenz schrobbering; afstraffing
dressing-gown *znw* kamerjas, peignoir
dressing room *znw* kleedkamer
dressing table *znw* toilettafel
dressmaker *znw* kleerma(a)k(st)er
dressmaking *znw* kleding maken *o*, naaien *o*
dress-shirt *znw* wit overhemd *o* gedragen bij een rokkostuum
dress rehearsal *znw* generale repetitie
dress-suit *znw* rokkostuum *o* [v. heer]
dress uniform *znw* uitgaanstenue *o*
dressy *bn* smaakvol, chic (gekleed); fig opgedirkt
drew [dru:] V.T. van *draw*
drib [drib] *znw*: *in ~s and drabs* bij stukjes en beetjes
dribble ['dribl] **I** *onoverg & overg* (laten) druppelen; kwijlen; sp dribbelen [voetbal]; **II** *znw* druppelen *o*; druppeltje *o*; dun straaltje *o*, stroompje *o*; kwijl; sp dribbel [voetbal]
driblet ['driblit] *znw* drupje *o*; klein sommetje *o*; *by (in) ~s* bij kleine beetjes
dried [draid] *bn* gedroogd; in poedervorm; *~ milk* melkpoeder *o & m*
dried-up ['draidʌp] *bn* verschrompeld, gerimpeld
drier ['draiə] *znw* droger; droogtoestel *o*; droogmiddel *o*
drift [drift] **I** *znw* scheepv & luchtv drift; (af)drijven *o*, afwijking; drijfkracht; stroom, trek; massa; trend, geleidelijke ontwikkeling; opeenhoping [ijsgang, zandverstuiving], (sneeuw)jacht; fig bedoeling, strekking; ZA wed *o*; **II** *onoverg* drijven, af-, meedrijven (met de stroom)[2], (rond)zwalken, rondzwerven; (op)waaien, verstuiven, zich opeenhopen [v. sneeuw]; *let things ~* Gods water over Gods akker laten lopen; *~ apart* elk zijn eigen weg gaan, van elkaar vervreemden; *~ away/off* geleidelijk verdwijnen; *~ off to sleep* in slaap dommelen; **III** *overg* meevoeren; op hopen jagen [sneeuw &]
drift-anchor *znw* drijfanker *o*
drifter *znw* iem. die op drift is, zwerver
drift-ice *znw* drijfijs *o*
drift-net *znw* drijfnet *o*
drift-wood *znw* drijfhout *o*
drill [dril] **I** *overg* **1** (door)boren; **2** drillen, africhten; *~ sth. into sbd.* iets er bij iem. inhameren, instampen; **3** in rijen zaaien; **II** *onoverg* **1** boren; *~ for sth.* naar iets boren; **2** exerceren; **III** *znw* **1** techn dril *m* = drilboor, boor(machine); **2** drillen *o*, exercitie; oefening; **3** gemeenz ding *o*, zaakje *o*, manier; **4** zaaivoor; rijenzaaimachine; **5** dril *o* [weefsel]; *know the ~* gemeenz weten hoe het hoort, hoe het toegaat, waar het om gaat (op aankomt)
drilling platform *znw* booreiland *o*
drilling rig *znw* boorinstallatie, booreiland *o*
drill-sergeant *znw* sergeant-instructeur
drily ['draili] *bijw* = *dryly*
1 drink [driŋk] (drank; drunk) **I** *onoverg* drinken; **II** *overg* (uit-, op)drinken; *~ away* verdrinken [zijn geld]; *~ down* opdrinken; *~ in* indrinken[2], in zich opnemen; *~ to the health of* drinken op de gezondheid van; *~ oneself into a stupor* zich (compleet) bedrinken; *~ sbd. under the table* iem. onder de tafel drinken; *~ up* uitdrinken
2 drink *znw* drank; dronk; borrel, glas *o*, slokje *o*; *have ~s* borrelen; *the ~* gemeenz het water, de zee; *on the ~* aan de drank; *take to ~* aan de drank raken
drinkable *bn* drinkbaar
drinker *znw* drinker; drinkebroer
drinking I *znw* drinken *o* [*vooral* v. sterke drank]; **II** *bn* drink-
drinkingbout *znw* drinkgelag *o*
drinking song *znw* drinklied *o*
drinking-water *znw* drinkwater *o*
drip [drip] **I** *onoverg* druipen, druppelen; **II** *overg* laten druppelen; **III** *znw* drup; druiplijst; gemeenz slome duikelaar
drip-dry *bn* wasvoorschrift: nat ophangen, niet strijken
dripping *znw* druppelen *o*; braadvet *o*; *~ wet* druipnat
dripping-pan *znw* druippan
1 drive [draiv] (drove; driven) **I** *overg* drijven; aan-, voort-, ver-, indrijven; jagen; besturen, mennen, rijden; *~ mad* gek maken; *~ away* verdrijven, ver-, wegjagen; *~ in(to)* inslaan [spijker]; *~ off* terugdringen [v. vijand], afslaan [v. aanval]; *~ out* verdrijven, verjagen; verdringen; *~ up* opdrijven, opjagen [prijzen]; **II** *onoverg* rijden [in wagen], mennen, sturen; jagen; drijven; *driving rain* slagregen; *what's he driving at?* wat wil hij?, wat voert hij in zijn schild?; *~ away* wegrijden; *~ up* aan komen rijden; voorrijden
2 drive *znw* rit, ritje *o*; rijtoer; oprijlaan; drijfjacht; drijven *o*, jagen *o*; sp drive, slag; techn aandrijving, overbrenging, drijfwerk *o*; auto [links, rechts] stuur *o*, besturing; fig drijf-, stuwkracht; voortvarendheid, energie, vaart, gang; drang; campagne, actie; mil opmars
drive-in *bn* drive-in, inrij(bank, postkantoor &); *~ theater* Am drive-inbioscoop
drivel ['drivl] **I** *onoverg* (ook: *~ on*) bazelen, wauwelen; **II** *znw* gebazel *o*, gewauwel *o*, gezeur *o*, rimram

driven ['drivn] V.D. van *drive*; *hard* ~ met werk overladen, afgebeuld; gedreven, bezield
driver ['draivə] *znw* drijver; menner; mil stukrijder; voerman, koetsier, chauffeur, bestuurder, machinist; techn drijfwiel *o*; *~'s license* Am rijbewijs *o*
drive shaft ['draivʃa:ft] *znw* aandrijfas
driveway ['draivwei] *znw* oprijlaan
driving I *znw* rijden *o*, mennen *o* &; **II** *bn* techn drijf-; auto rij-; ~ *band (belt)* techn drijfriem; ~ *gear (mechanism)* techn drijfwerk *o*; ~ *instructor* auto rij-instructeur; ~ *licence* rijbewijs *o*; ~ *mirror* auto achteruitkijkspiegel; ~ *school* autorijschool; ~ *seat* auto bestuurdersplaats; *be in the ~ seat* fig het voor het zeggen hebben; ~ *test* auto rijexamen *o*; ~ *wheel* techn drijfwiel *o*; auto stuurrad *o*
drizzle ['drizl] **I** *onoverg* motregenen; **II** *znw* motregen
drizzly *bn* miezerig, druilerig, mottig
droll [droul] *bn* snaaks, kluchtig, grappig, komiek
drollery *bn* boerterij, snaaksheid
dromedary ['drɔm-, 'drʌmidəri] *znw* dromedaris
drone [droun] **I** *znw* **1** dar, hommel[2]; **2** klaploper; **3** gegons *o*, gesnor *o*, gebrom *o*, geronk *o*; **4** dreun; **II** *onoverg* **1** gonzen, snorren, brommen, ronken; **2** dreunen; ~ *on* opdreunen, eindeloos doorzeuren; **3** klaplopen; **III** *overg* opdreunen
drool [dru:l] *onoverg* kwijlen; ~ *over* dwepen met, weglopen met
droop [dru:p] **I** *onoverg* kwijnend hangen; af-, neerhangen; fig (weg)kwijnen, verflauwen; *~ing eyes* neergeslagen ogen; **II** *overg* laten hangen; [de ogen] neerslaan; **III** *znw* hangende houding; kwijning, verflauwing; *brewer's ~* impotentie [veroorzaakt door overmatige alcoholconsumptie]
drop [drɔp] **I** *znw* drop, drup(pel); borrel, slokje *o*; zuurtje *o*, pastille, flikje *o*; dropping; vrachtje *o*; valluik *o* [v. galg]; val; (prijs)daling; slang geheime bergplaats; *at the ~ of a hat* subiet, op slag, zonder dralen; *it's a ~ in the ocean (in a bucket)* het is een druppel op een gloeiende plaat; **II** *overg* laten vallen, neerlaten, af-, uitwerpen, droppen [uit vliegtuig]; afleveren; laten druppelen; neerslaan [ogen]; laten dalen [stem]; laten varen, opgeven, laten schieten; weglaten; zich laten ontvallen; [een passagier] afzetten, [pakje] aanreiken; neerleggen [wild]; verliezen [bij het spel]; *~ it!* schei uit!; *~ a brick (clanger)* gemeenz een flater begaan; *~ a hint* een wenk geven; *~ a line* een briefje schrijven; **III** *onoverg* (om-, neer)vallen, komen te vallen; dalen; zakken; gaan liggen [v. wind]; ophouden; *~ dead!* gemeenz val dood!; *his face ~ped* zijn gezicht betrok; hij zette een lang gezicht; *they let the matter ~ for a while* zij lieten de zaak een tijdje rusten; *~ away* afvallen [v. partij], zich verwijderen; langzaam achteruitgaan; *~ behind (back)* achter raken; *~ down* neerzinken; [de rivier] afzakken; *~ in* binnenvallen; even aan-, oplopen (bij iem. *on sbd.*); *~ off* komen te vallen; in slaap vallen; zie ook: *~ away*; *~ off sbd.* iem. afzetten [bij het station &]; *~ out* afvallen, uitvallen; vroegtijdig verlaten [school &]; *~ out of use* in onbruik raken; *~ round* even aanwippen
drop-forge *znw* valhamer, smeedhamer
drop-leaf table *znw* klaptafel
droplet *znw* druppeltje *o*
drop-out *znw* onderw afvaller, studiestaker; gemeenz drop-out
dropper *znw* druppelbuisje *o*
dropping-bottle *znw* druppelflesje *o*
droppings *znw mv* uitwerpselen, mest, drek
drop seat *znw* klapstoel, -bankje *o*
drop-shot [tennis] *znw* slag waarbij de bal over het net gaat en dan plotseling valt
dropsical ['drɔpsikl] *bn* waterzuchtig
dropsy *znw* waterzucht
dross [drɔs] *znw* slakken, schuim[2] *o*; fig afval, waardeloos spul *o*
drought [draut] *znw* droogte
1 drove [drouv] V.T. van *drive*
2 drove [drouv] *znw* kudde, drift, school, drom, hoop, troep
drover *znw* veedrijver, veehandelaar
drown [draun] **I** *overg* verdrinken; onder water zetten, overstromen; overstemmen, smoren [de stem] (ook: *~ out*); *~ one's sorrows* zijn leed verdrinken; *they were ~ed* zij verdronken; **II** *onoverg* verdrinken; *a ~ing man* een drenkeling
drowse [drauz] **I** *onoverg* soezen, dommelen; **II** *znw* soes, dommel(ing)
drowsy *bn* soezerig, doezelig, dommelig, slaperig; slaapwekkend
drub [drʌb] *overg* afrossen, slaan; stampen
drubbing *znw* afrossing, pak *o* slaag
drudge [drʌdʒ] **I** *onoverg* sloven, zwoegen, zich afsloven; **II** *znw* werkezel, zwoeger, sloof
drudgery *znw* gesloof *o*; geestdodend werk *o*
drug [drʌg] **I** *znw* drogerij; kruid *o*; farmaceutisch artikel *o*, geneesmiddel *o*; verdovend middel *o*, drug; **II** *overg* mengen met [iets]; [iem.] medicijnen toedienen, drogeren; bedwelmen, verdoven
druggist *znw* Am drogist; apotheker
drug store *znw* Am apotheek, drogisterij (waar van alles en nog wat wordt verkocht, zoals versnaperingen, tijdschriften enz.)
druid ['dru:id] *znw* druïde: keltische priester
drum [drʌm] **I** *znw* trommel(holte), trom, tamboer; muz drum; techn cilinder; bus, blik *o*; *~s* muz slagwerk *o*, drums; **II** *onoverg* trommelen, muz drummen; **III** *overg* trommelen met of op; *~ into* inhameren, instampen; *~ out* iem. verwijderen, uitstoten [met veel herrie]; *~ up* optrommelen, bijeenroepen
drum brake *znw* trommelrem
drumhead *znw* trommelvel *o*
drum kit *znw* drumstel *o*
drum-major *znw* tamboer-majoor

drum majorette *znw* majorette
drummer *znw* trommelslager, tamboer; muz drummer, slagwerker
drum roll *znw* roffel [op een trommel]
drumstick *znw* trommelstok; boutje *o* [v. gebraden gevogelte]
drunk [drʌŋk] **I** V.D. van *drink*; **II** *bn* dronken[2]; *get ~ on* dronken worden van, zich bedrinken aan; **III** *znw* dronkeman
drunkard *znw* dronkaard
drunken *bn* dronken[2]; dronkemans-
drupe [dru:p] *znw* steenvrucht
dry [drai] **I** *bn* droog[2]; gemeenz dorstig; sec: niet zoet [wijn]; fig 'drooggelegd'; dor; *~ goods* manufacturen; **II** *overg* (laten) drogen, afdrogen; doen uitdrogen; **III** *onoverg* (op-, uit)drogen; *~ out* uitdrogen; afkicken [v. alcoholverslaafden]; *~ up* op-, verdrogen; minder worden, kwijnen, ophouden; gemeenz zijn mond houden, sprakeloos zijn; zijn tekst kwijt zijn [bij acteren &]
dry-as-dust *znw* schoolmeesterig persoon
dry-clean ['drai'kli:n] *overg* chemisch reinigen
dry cleaner('s) ['drai'kli:nə(z)] *znw* stomerij
dry-cleaning ['drai'kli:niŋ] *znw* chemisch reinigen *o*, (uit)stomen *o*
dry-dock *znw* droogdok *o*
dryer *znw* = *drier*
dry ginger *znw* gemberdrank [veelal gemixt met whisky gedronken]
dry ice *znw* koolzuursneeuw
drying-up *znw*: *do the ~* afdrogen
dryish *bn* vrij droog
dryly *bijw* droogjes, droogweg
dry-rot *znw* vuur *o* [in hout]
dry run *znw* repetitie, proefdraaien *o*
dry-salter *znw* drogist en handelaar in verduurzaamde levensmiddelen
dry-saltery *znw* drogisterij en zaak in verduurzaamde levensmiddelen
dry-shod *bn* droogvoets
dry-stone *bn*: *~ wall* stapelmuur [zonder metselspecie]
D.Sc. *afk.* = *Doctor of Science*
DSC *afk.* = *Distinguished Service Cross*
DSM *afk.* = *Distinguished Service Medal*
DSO *afk.* = *Distinguished Service Order*
DT, DT's ['di:'ti:(z)] *afk.* gemeenz = *delirium tremens*
dual ['dju:əl] *bn* dubbel; tweevoudig, tweeledig; *~ carriageway* vierbaansweg
duality [dju'æliti] *znw* tweevoudigheid
dualism ['dju:əlizm] *znw* dualisme *o*
dub [dʌb] *overg* noemen; nasynchroniseren, dubben [film &]
dubbin *znw* leervet *o*
dubiety [dju'baiəti] *znw* onzekerheid, twijfel
dubious [dju:biəs] *bn* twijfelachtig[2]; dubieus
ducal ['dju:kəl] *bn* hertogelijk, hertogs-
ducat ['djukət] *znw* dukaat
duchess ['dʌtʃis] *znw* hertogin
duchy *znw* hertogdom *o*
duck [dʌk] **I** *znw* (*mv* idem *of* -s) **1** dierk eend(en), eendvogel; **2** gemeenz liefje *o* [aanspreekvorm]; **3** duik(ing); **4** sp nul(score) [cricket]; *dead ~* gemeenz fiasco, miskleun; doodgeboren kind, ten dode gedoemde; regering die machteloos de rit uitzit; *lame ~* invalide, kreupele; zwakkeling, behoeftig persoon; noodlijdende onderneming; Am functionaris [*vooral* de president] nadat zijn opvolger al is gekozen; *play ~s and drakes* steentjes over het water keilen, kiskassen; *take to sth. like a ~ to water* in zijn element zijn; *run like water off a ~'s back* niet het minste effect hebben, iem. niet raken; **II** *overg* (in-, onder)dompelen; buigen; ontduiken; trachten te ontwijken; **III** *onoverg* (onder)duiken; (zich) bukken; *~ out of* gemeenz zich drukken, zich onttrekken (aan)
duckbill, duck-billed platypus *znw* vogelbekdier *o*
duckboard *znw* loopplank
ducking *znw* onderdompeling; *to get a ~* kletsnat worden
duckling *znw* jong eendje *o*
ducks *znw* gemeenz liefje *o*, schat
duckweed *znw* plantk (eende)kroos *o*
ducky *znw* gemeenz snoes
duct [dʌkt] *znw* kanaal *o*, buis, leiding
ductile ['dʌktail] *bn* smeedbaar, rekbaar, buigzaam[2]; fig handelbaar
dud [dʌd] **I** *znw* gemeenz lor *o & v*, prul *o*, nepding *o*, sof; mil blindganger: niet ontplofte granaat; **II** *bn* vals; niets waard, ... van niks
dude [dju:d] *znw* Am slang dandy; kerel, vent; *~ ranch* Am ± vakantieboerderij
dudgeon ['dʌdʒən] *znw*: *in high ~* zo nijdig als een spin
due [dju:] **I** *bn* verplicht, schuldig, verschuldigd; behoorlijk, gepast, rechtmatig; handel vervallen [v. wissel]; *in ~ time (course)* (precies) op tijd; te zijner tijd; *the mail is ~* de post moet aankomen; *~ to* door, vanwege; *it was ~ to him* hem te danken (te wijten); het kwam hem toe; *with all ~ respect* (het zij) met alle respect (gezegd); *become (fall) ~* handel vervallen; **II** *bijw* vlak; *~ east* vlak (pal) oost; **III** *znw* het iem. toekomende; *give sbd. his ~* iem. geven wat hem toekomt; *~s* handel schulden, schuld; recht rechten en leges; contributie [voor vakbond &]
duel ['dju:əl] **I** *znw* duel *o*, tweegevecht *o*; *fight a ~* duelleren; **II** *onoverg* duelleren
duellist *znw* duellist
duet [dju'et] *znw* muz duet *o*; *play ~s* quatre-mains spelen
duff [dʌf] *bn* gemeenz waardeloos, kapot, onbruikbaar
duffel, duffle ['dʌfl] *znw* duffel: ruwe wollen stof
duffel(-coat) *znw* montycoat, houtje-touwtjejas

duffer ['dʌfə] *znw* stommerd, sukkel, kruk, sufferd
duffle bag *znw* plunjezak
duff up [dʌf ʌp], **duff over** *overg* slang aftuigen, in elkaar slaan
1 dug [dʌg] *znw* tepel [v. dier]; uier
2 dug [dʌg] V.T. & V.D. van *dig*
dug-out *znw* boomstamkano; uitgegraven woonhol *o*; mil bomvrije schuilplaats; sp dug-out
duke [dju:k] *znw* hertog; *~s* slang knuisten
dukedom *znw* hertogelijke waardigheid of titel; hertogdom *o*
dulcet ['dʌlsit] *bn* zoet, zacht(klinkend)
dulcimer ['dʌlsimə] *znw* hakkebord *o*
dull [dʌl] **I** *bn* bot, stomp, afgestompt, dom; dof; suf, loom, traag, sloom; saai, vervelend, taai; mat, flauw, gedrukt; druilerig; *~ of hearing* hardhorig; *the ~ season* de slappe tijd; **II** *overg* bot, stomp, dom, dof, suf maken; af-, verstompen; flauw stemmen; verdoven; **III** *onoverg* afstompen; verflauwen, dof worden
dullard *znw* sufferd, botterik, domkop
dull-eyed *bn* met doffe blik
duly ['dju:li] *bijw* behoorlijk, naar behoren; op tijd; terecht, dan ook; *we ~ received your letter* handel wij hebben uw brief in goede orde ontvangen
dumb [dʌm] *bn* stom, sprakeloos; niet kunnen, willen spreken; gemeenz sloom, dom; *~ blonde* dom blondje *o*
dumb-bell ['dʌmbel] *znw* halter; slang domkop
dumbfound [dʌm'faund] *overg* verstomd doen staan, verbluffen
dumbo ['dʌmbou] *znw* slang oen, sufferd, klojo
dumb-show ['dʌm'ʃou] *znw* gebarenspel *o*, pantomime
dumbstruck ['dʌmstrʌk] *bn* sprakeloos
dumb-waiter *znw* dientafeltje *o*; etenslift
dumdum ['dʌmdʌm] *znw* dumdum(kogel)
dummy ['dʌmi] **I** *znw* kaartsp blinde; figurant, stroman; (kostuum)pop; iets wat nagemaakt is, leeg fust *o*, lege fles &; fopspeen; gemeenz stommeling; *play ~* kaartsp met de blinde spelen; **II** *bn* onecht, nagemaakt, schijn-; *~ cartridge* mil exercitiepatroon; *~ run* **1** mil oefenaanval; **2** proefdraaien *o*
dump [dʌmp] **I** *znw* vuilnisbelt; opslagplaats; hoop [kolen &]; autokerkhof *o*; gemeenz gat *o*, oord *o*, negorij; krot *o*; comput print van het scherm; *be down in the ~s* moedeloos (in de put) zijn; **II** *overg* (neer)ploffen, -gooien; [puin] storten; [waren] beneden de kostprijs in het buitenland verkopen, dumpen; (iem.) afzetten; achterlaten [v. auto &]; gemeenz wegsmijten; comput dumpen
dumper ['dʌmpə], **dumper truck** *znw* kipkar
dumping ground *znw* stortplaats, vuilnisbelt
dumpling *znw* meelballetje *o*
dump truck *znw* kiepauto, kiepwagen
dumpy ['dʌmpi] *bn* kort en dik
1 dun [dʌn] **I** *bn* muisvaal, vaalgrijs, donkerbruin, donker; **II** *znw* donkerbruin paard *o*
2 dun [dʌn] *overg* manen, lastig vallen
dunce [dʌns] *znw* domoor, ezel
dunderhead ['dʌndəhed] *znw* domoor, domkop
dune [dju:n] *znw* duin
dung [dʌŋ] *znw* mest, drek
dungaree [dʌŋgə'ri:] *znw* overall, tuinbroek, jeans
dungeon ['dʌndʒən] *znw* kerker; vero = *donjon*
dunghill ['dʌŋhil] *znw* mesthoop
dunk [dʌŋk] *overg* (in)dopen, soppen
duo ['dju:ou] *znw* duo *o* [zoals Laurel en Hardy]; muz = *duet*
duodecimal [dju:ou'desiməl] *bn* twaalftallig, -delig
duodenal [djuou'di:nl] *bn* van de twaalfvingerige darm
duodenum *znw* twaalfvingerige darm
dupe **I** *znw* bedrogene, dupe; onnozele hals; **II** *overg* bedriegen, beetnemen
duplex ['dju:pleks] *bn* tweevoudig, dubbel; *~ (house)* Am halfvrijstaand huis *o*; *~ apartment* maisonnette
duplicate ['dju:plikit] **I** *bn* dubbel, duplicaat-; *~ train* extra trein; **II** *znw* dubbele [v. postzegel]; afschrift *o*, duplicaat *o*; *in ~* in duplo; **III** *overg* ['dju:plikeit] verdubbelen, in duplo (op)maken; overschrijven; verveelvuldigen; kopiëren; stencilen
duplication [dju:pli'keiʃən] *znw* verdubbeling
duplicator ['dju:plikeitə] *znw* stencilmachine; duplicator
duplicity [dju:'plisiti] *znw* dubbelhartigheid
durability [djuərə'biliti] *znw* duurzaamheid
durable ['djuərəbl] **I** *bn* duurzaam; **II** *znw*: *~s* duurzame verbruiksgoederen
duration [dju'reiʃən] *znw* duur; *for the ~* voor zolang als het duurt; gemeenz tot sint-juttemis
duress [dju'res] *znw* dwang; *under ~* gedwongen
during ['djuəriŋ] *voorz* gedurende, tijdens, onder; *~ the day* ook: overdag
durst [də:st] vero V.T. van *dare*
dusk [dʌsk] *znw* schemering, schemerdonker *o*, donker *o*, donkerheid
dusky *bn* schemerachtig, donker, zwart
dust [dʌst] **I** *znw* stof *o*; *allow the ~ to settle* iets eerst even laten betijen; *bite the ~* in het zand bijten; *kick up (raise) a ~* gemeenz herrie schoppen; stof opjagen[2]; *throw ~ in sbd.'s eyes* iem. zand in de ogen strooien; **II** *overg* afstoffen; bestuiven; bestrooien; *~ down (off)* afstoffen, afkloppen, afborstelen
dustbin *znw* vuilnisbak
dust-bowl *znw* Am gebied *o* geteisterd door droogte en zandstormen
dust-cart *znw* vuilniskar
duster *znw* stoffer, stofdoek; Am ochtendjas
dusting *znw* gemeenz pak *o* slaag
dust-jacket *znw* stofomslag *o* [v. boek]
dustman *znw* asman, vuilnisman
dustpan *znw* stof-, (vuilnis)blik *o*
dust-proof *bn* stofdicht, -vrij

dust-sheet *znw* hoes, stoflaken *o*
dust-up *znw* gemeenz kloppartij, ruzie
dusty *bn* stoffig, bestoven; ~ *answer* vaag antwoord *o; not (none) so* ~ slang (lang) niet mis, niet zo kwaad
Dutch [dʌtʃ] **I** *bn* Nederlands, Hollands; Am (soms ook:) Duits; ~ *auction* verkoping bij afslag; ~ *bargain* overeenkomst die met een dronk bezegeld wordt; ~ *cap* pessarium *o*; ~ *comfort* schrale troost; *a* ~ *concert* een leven als een oordeel; ~ *gold* blad-, klatergoud *o*; *a* ~ *treat* gemeenz uitje *o* waarbij ieder voor zichzelf betaalt; *talk to sbd. like a* ~ *uncle* gemeenz iem. behoorlijk de les lezen; ~ *wife* rolkussen *o*; *go* ~ gemeenz ieder voor zichzelf betalen; sam-sam doen; zie ook: *courage* &; **II** *znw* Nederlands *o*, Hollands *o*; *double* ~ gemeenz koeterwaals *o*; *the* ~ de Hollanders; *my old* ~ slang moeder de vrouw
Dutchman *znw* Nederlander, Hollander [ook: schip]; Am (soms ook:) Duitser; *... or I'm a* ~ gemeenz ... of ik ben een boon
Dutchwoman ['dʌtʃwumən] *znw* Nederlandse, Hollandse
dutiable ['dju:tjəbl] *bn* belastbaar
dutiful ['dju:tiful] *bn* gehoorzaam, eerbiedig; plichtmatig, verschuldigd
duty *znw* plicht; dienst; functie, bezigheid, werkzaamheid, taak; recht *o*, rechten, accijns; *do one's* ~ zijn plicht doen; *do* ~ *for* dienst doen als of voor; *~-bound* verplicht; *be off* ~ geen dienst hebben, vrij zijn; *on* ~ op wacht, dienstdoend
duty-free *bn* belastingvrij; ~ *shop* belastingvrije winkel
duvet [dju'vet] *znw* dekbed *o*; ~ *cover* dekbedovertrek *o*
dwarf [dwɔ:f] **I** *znw* (*mv*: -s *of* dwarves [dwɔ:vz]) dwerg[2]; **II** *bn* dwerg-, miniatuur-; ~ *breeds* dwergrassen; **III** *overg* in de groei belemmeren; nietig doen lijken, in de schaduw stellen
dwarfish *bn* dwergachtig
dwell [dwel] (dwelt/dwelled; dwelt/dwelled) *onoverg* wonen, verblijven; ~ *(up)on* blijven rusten op [v. het oog]; (lang) stilstaan bij, uitweiden over [iets]
dweller *znw* bewoner
dwelling *znw* woning
dwelling-house *znw* woonhuis *o*
dwelling-place *znw* woonplaats, woning
dwelt [dwelt] V.T. & V.D. van *dwell*
dwindle ['dwindl] *onoverg* afnemen, verminderen, achteruitgaan, slinken, inkrimpen
dye [dai] **I** *znw* verf(stof), kleur, tint; *... of the deepest* ~ ... van de ergste soort; **II** *overg* verven [v. stoffen of haar]; *~d-in-the-wool* fig door de wol geverfd; **III** *abs ww* zich laten verven
dyer *znw* verver [van stoffen]
dye-stuff *znw* verfstof
dye-works *znw mv* ververij [v. stoffen]
dying ['daiiŋ] *bn* stervend(e); doods-; op zijn sterfbed gegeven; laatste; *till one's* ~ *day* tot de laatste snik; *I am* ~ *for...* gemeenz ik zou vreselijk graag...
dyke [daik] *znw* & *overg* = *dike*
dynamic [dai'næmik] **I** *bn* dynamisch; **II** *znw* dynamiek; *~s* dynamica; dynamiek
dynamism ['dainəmizm] *znw* dynamiek
dynamite ['dainəmait] **I** *znw* dynamiet *o*; **II** *overg* met dynamiet laten springen, bestoken &
dynamo ['dainəmou] *znw* dynamo; energiek persoon
dynamometer [dainə'mɔmitə] *znw* dynamometer
dynastic [di'næstik] *bn* dynastiek
dynasty ['dinəsti] *znw* dynastie
dysentery ['disntri] *znw* dysenterie
dyslexia [dis'leksiə] *znw* woordblindheid, dyslexie
dyslexic [dis'leksik] **I** *bn* woordblind, dyslectisch; **II** *znw* iem. die woordblind is, dyslecticus
dyspepsia [dis'pepsiə] *znw* slechte spijsvertering
dyspeptic **I** *bn* moeilijk verterend; **II** *znw* lijder aan moeilijke spijsvertering
dystrophy ['distrəfi] *znw* med dystrofie; *muscular* ~ spierdystrofie

E

e [i:] *znw* (de letter) e; muz e of mi
E. *afk.* = *East(ern)*
each [i:tʃ] *bn* & *onbep vnw* elk, ieder; *cost a pound ~* een pond per stuk kosten; *~ other* elkaar
eager ['i:gə] *bn* vurig, begerig, verlangend, gretig; enthousiast; gespannen
eagle ['i:gl] *znw* arend, adelaar
eagle-eyed *bn* met arendsogen, -blik
eaglet *znw* jonge arend, arendsjong *o*
eagre ['eigə, 'i:gə] *znw* hoge vloedgolf
ear [iə] *znw* **1** oor *o*, oortje *o*; **2** aar; *be all ~* een en al oor zijn; *be out on one's ~* gemeenz de zak krijgen; *give ~ to* het oor lenen aan; *go in one ~ and out the other* het ene oor in en het andere oor uitgaan; *have an ~ for music* muzikaal zijn; *he had the king's ~* de koning luisterde graag naar zijn woorden; *listen with only half an ~* slechts met een half oor luisteren; *keep (have) one's ~ to the ground* zijn oor te luisteren leggen, op de hoogte blijven [v. nieuwtjes, roddels &]; *play it by ~* fig improviseren; *play by ~* op het gehoor spelen; *set by the ~s* tegen elkaar in het harnas jagen; *up to one's ~s (in debt)* tot over de oren (in de schuld); zie ook: *deaf*
earache ['iəreik] *znw* oorpijn
ear-drop *znw* oorbel, -knop
ear-drum *znw* trommelvlies *o*, trommelholte
earful *znw* flinke reprimande; *give sbd. an ~* gemeenz iem. zeggen waar het op staat
earl [ə:l] *znw* graaf [Eng. titel]
earl-dom *znw* graafschap *o*; grafelijke waardigheid of titel
earlobe ['iəloub] *znw* oorlelletje *o*
early ['ə:li] **I** *bn* vroeg, pril; vroegtijdig; spoedig; *~ bird* iem. die vroeg opstaat; zie ook: *bird*; *it's ~ days yet* het is nog te vroeg (om er iets zinnigs over te zeggen); *have an ~ night* vroeg naar bed gaan; **II** *bijw* vroeg, bijtijds; *an hour ~* een uur te vroeg; *as ~ as September* reeds in september; *~ in the year, ~ next month* in het begin van...
early-warning *znw* & *bn* vooralarm(-) [radar]
earmark ['iəma:k] **I** *znw* oormerk *o*, merk *o*; kenmerk *o*; **II** *overg* oormerken, merken; fig [gelden] bestemmen, uittrekken [op begroting]
earn [ə:n] *overg* verdienen, verwerven; bezorgen
earner ['ə:nə] *znw* verdiener; *a nice little ~* gemeenz een leuke bron van inkomsten
earnest ['ə:nist] **I** *bn* ernstig (gemeend); ijverig; vurig; **II** *znw* **1** ernst; **2** handgeld *o*; (onder)pand *o*; **3** belofte, voorproef; *be in ~* het menen; *in ~* in alle ernst, menens
earnest-money *znw* handgeld *o*, godspenning, aanbetaling
earnings ['ə:niŋz] *znw mv* verdiensten, inkomsten; *~-related* inkomensafhankelijk
earphone ['iəfoun(z)] *znw* koptelefoon
earpiece *znw* oortelefoon; poot v.e. bril
earplug ['iəplʌg] *znw* oordopje *o*
earring *znw* oorring
earshot *znw*: *out of ~* ver genoeg om niet te worden gehoord; ver genoeg om niet te horen; *within ~* dichtbij genoeg om te worden gehoord; dichtbij genoeg om te horen
ear-splitting *bn* oorverdovend
earth [ə:θ] **I** *znw* aarde, grond; aarde, wereld, mensheid; elektr aarde, massa; *how on ~ could you...?* hoe kon je nu toch (in 's hemelsnaam, in godsnaam)...?; *like nothing on ~* gemeenz verschrikkelijk; *come back to ~, be brought down to ~* tot de werkelijkheid terugkeren, ontnuchterd worden; *cost (pay) the ~* een fortuin kosten (betalen); *promise sbd. the ~* iem. van alles en nog wat beloven; *run sbd./sth. to ~* iets/iem. te pakken krijgen, opsnorren; *run (go) to ~* zich verschuilen; **II** *overg* elektr aarden; *~ up* aanaarden
earthbound *bn* aan de aarde gebonden; gehecht aan aardse zaken; op weg naar de aarde
earthen *bn* van aarde, aarden
earthenware *znw* aardewerk *o*
earthling *znw* aardbewoner
earthly *bn* aards; *of no ~ use* van hoegenaamd geen nut
earth-moving equipment ['əθmuviŋ i'kwipmənt] *znw* grondverzetmachines
earthquake *znw* aardbeving
earth satellite *znw* aardsatelliet
earth-shattering *bn* wereldschokkend
earth tremor *znw* aardschok, lichte aardbeving
earthward(s) *bn bijw* naar de aarde (toe)
earthwork *znw* grondwerk *o*
earthworm *znw* aardworm[2], regenworm
earthy *bn* aards; aard-; fig laag-bij-de-gronds, alledaags, prozaïsch, zonder omhaal
ear-trumpet ['iətrʌmpit] *znw* spreekhoren, -hoorn
earwax *znw* oorsmeer *o*
earwig *znw* oorworm
ease [i:z] **I** *znw* rust, gemak *o*, verlichting; gemakkelijkheid, los-, ongedwongenheid; *at ~* op zijn gemak; *ill at ~* niet op zijn gemak; zie ook: *stand*; **II** *overg* geruststellen; verlichten, ontlasten (van *of*); gemakkelijker, minder gespannen maken, verminderen [de spanning]; behoedzaam, voorzichtig, omzichtig bewegen; *~ her!* scheepv halve kracht; **III** *onoverg*: *~ off* minder gespannen worden, afnemen, verminderen; *~ up* (het) kalmer aan gaan doen; *~ up on sbd.* iem. niet te hard aanpakken, minder streng zijn tegen iem.
easel ['i:zl] *znw* (schilders)ezel
easement ['i:zmənt] *znw* servituut *o*
easily ['i:zili] *bijw* gemakkelijk; licht; op zijn gemak;

versterkend verreweg; *he might ~ have been a German* hij had wel (best) een Duitser kunnen zijn
east [i:st] **I** *znw* oosten *o*; oostenwind; *the Far E~* het Verre Oosten; *the Middle E~* het Midden-Oosten; *the Near E~* het Nabije Oosten; **II** *bn* oostelijk, oosten-, ooster-, oost-; **III** *bijw* naar het (ten) oosten
eastbound ['i:stbaund] *bn* oostwaarts, in oostelijke richting
Easter ['i:stə] *znw* Pasen; paas-, Paas-
easterly ['i:stəli] *bn & bijw* oostelijk, oosten-
eastern *bn* oosters; oostelijk, oosten-, oost-
easterner *znw* oosterling
easternmost *bn* oostelijkst
eastward(s) *bn & bijw* oostwaarts
easy ['i:zi] **I** *bn* gerust; gemakkelijk, ongedwongen; welgesteld; *~ does it!* voorzichtig!, kalmpjes aan!; *in ~ circumstances* in goeden doen, welgesteld; *~ terms* gunstige voorwaarden [bij afbetaling]; *I'm ~* gemeenz mij best, ik vind alles goed; *make your mind ~* wees maar gerust; *~ on the eye* aantrekkelijk, knap; *as ~ as pie* heel makkelijk, een eitje; *~ come, ~ go* zo gewonnen, zo geronnen; *stand ~!* mil op de plaats rust!; **II** *bijw* gemakkelijk; scheepv langzaam!; *~!* kalm!; *go ~!* kalmpjes aan!, maak je niet druk!; *go ~ on the salt* niet te veel zout gebruiken; *go ~ on sbd.* iem. wat ontzien; *take it ~* kalm aan doen; *take it ~!* blijf kalm!, rustig maar!
easygoing *bn* makkelijk [alles licht opnemend], laconiek; gemakzuchtig
eat [i:t] (ate; eaten) **I** *overg* eten, opeten, (in)vreten; *~ one's words* zijn woorden terugnemen; *she ~s your heart out* zij zou jaloers op je zijn; *what's ~ing you?* gemeenz wat zit je dwars?; *I'll ~ my hat if...* ik mag hangen als...; *I could ~ a horse* ik heb honger als een paard; *~ sbd. out of house and home* iem. de oren van het hoofd eten; *~ up* opeten; fig verteren; *~en up with pride* hoogst verwaand; **II** *onoverg* eten; *it ~s well* het laat zich goed eten; *~ into* invreten; aantasten; *~ in* thuis eten; *~ out* buitenshuis eten
eatable I *bn* eetbaar; **II** *znw*: *~s* eetwaren
eaten V.D. van *eat*
eater *znw* eter, eetster; handappel
eaterie ['i:təri] *znw* eethuisje *o*, eetcafé *o*
eating apple *znw* handappel
eating-house *znw* (eenvoudig) eethuis *o*
eau-de-cologne [oudəkə'loun] *znw* eau de cologne
eaves [i:vz] *znw* onderste dakrand
eavesdrop *onoverg* staan (af)luisteren [aan de deuren], luistervinken; *~ on a conversation* een gesprek afluisteren
eavesdropper *znw* luistervink, afluisteraar
ebb [eb] **I** *znw* eb(be)²; fig afneming; *at a low ~* in de put (zitten); aan lagerwal; in verval; *... is at its lowest ~ ...* heeft het dieptepunt bereikt; *be on the ~* afnemen; **II** *onoverg* ebben², afnemen (ook: *~ away*)
eb-tide *znw* eb
ebonite *znw* eboniet *o*
ebony I *znw* ebbenhout *o*; ebbenboom; **II** *bn* ebbenhouten; zwart als ebbenhout
ebullience [i'bʌljəns] *znw* uitbundigheid
ebullient *bn* uitbundig
eccentric [ik'sentrik] **I** *bn* excentrisch; excentriek, buitenissig; **II** *znw* excentriekeling; techn excentriek *o*
eccentricity [iksen'trisiti] *znw* excentriciteit, zonderlingheid
Ecclesiastes [ikli:zi'æsti:z] *znw* bijbel Prediker
ecclesiastic [ikli:zi'æstik] *znw* geestelijke
ecclesiastical *bn* geestelijk; kerkelijk
echelon ['eʃələn] *znw* echelon; groep, rang
echo ['ekou] **I** *znw* (*mv*: echoes) weerklank², echo²; **II** *overg* weerkaatsen; herhalen; nazeggen; **III** *onoverg* weerklinken
echo-sounder *znw* echolood *o*
éclair ['eikleə] *znw*: *chocolate ~* ± moorkop
éclat ['eikla:] [Fr] *znw* schittering, luister, groot succes *o*; toejuiching
eclectic [e'klektik] **I** *bn* eclectisch, schiftend, uitzoekend; **II** *znw* eclecticus
eclecticism [e'klek-, i(:)'klektisizm] *znw* eclecticisme *o*
eclipse [i'klips] **I** *znw* verduistering, eclips; fig op de achtergrond raken *o*, aftakeling; *in ~* fig op zijn retour; **II** *overg* verduisteren, in de schaduw stellen
eclogue ['eklɔg] *znw* herdersdicht *o*
ecological [i:kə'lɔdʒikl] *bn* ecologisch
ecologist [i:'kɔlədʒist] *znw* ecoloog
ecology *znw* ecologie
econometrics [ikɔnə'metriks] *znw* econometrie
economic [i:kə'nɔmik] **I** *bn* economisch, staathuishoudkundig; **II** *znw*: *~s* economie, (staat-)huishoudkunde; (de) economische aspecten (van)
economical *bn* spaarzaam, zuinig, voordelig, economisch
economist [i'kɔnəmist] *znw* econoom, staathuishoudkundige
economize *onoverg* bezuinigen (op *on*)
economy *znw* huishoudkunde, huishouding, economie, bedrijfsleven *o*; spaarzaamheid, zuinigheid; besparing, bezuiniging; *false ~* verkeerde zuinigheid; *economies of scale* besparingen door schaalvergroting; *~ pack, ~ size* voordeelpak *o*
ecosystem ['i:kə-, 'ekəsistəm] *znw* ecosysteem *o*
ecru [ei'kru:] *znw* de kleur v. ongebleekt linnen, ecru
ecstasy ['ekstəsi] *znw* (ziels)verrukking, geestvervoering, opgetogenheid, extase
ecstatic [ek'stætik] *bn* extatisch, verrukt
ecu ['eikju:] *znw* = *European currency unit* ecu
Ecuador ['ekwədɔ:] *znw* Ecuador
Ecuadorean I *znw* Ecuadoriaan; **II** *bn* Ecuadoriaans
ecumenical [i:kju:'menikl, ekju-] *bn* oecumenisch; wereldomvattend

ecumenicism [i(:)'kju:mənisizm], **ecumenism** [i(:)'kju:mənizm] *znw* oecumenische beweging, oecumene
eczema ['eksimə] *znw* eczeem *o*
ed. *afk.* = *editor; edition*
edacious [i'deiʃəs] *bn* gulzig, begerig
Edam ['i:dæm] *znw* edammer [kaas]; Edam *o*
eddy ['edi] **I** *znw* draaikolk; maalstroom; wervel-, dwarrelwind; **II** *(overg &) onoverg* (doen) ronddwarrelen, wervelen
edema *znw* = *oedema*
edentate [i'denteit] *znw* tandeloos (dier *o*)
edge [edʒ] **I** *znw* sne(d)e, scherp *o*, scherpte; rand, kant, zoom; fig voorsprong; *give an ~ to* scherper maken, verscherpen; een voorsprong geven; *he has the ~ on (over) John* hij is net iets beter dan Jan; *on ~* op zijn kant; fig in gespannen toestand; geprikkeld; *set the teeth on ~* door merg en been gaan, doen griezelen; *take the ~ off sth.* de scherpe kantjes van iets afhalen; *the cutting (leading) ~* de voorhoede, het voorste gelid; **II** *overg* (om)zomen; (om)boorden, (om)randen (met *with*); schuiven, dringen; **III** *onoverg* langzaam/voorzichtig bewegen; *~ away, ~ off* voorzichtig wegsluipen
edged *bn* scherp, snijdend; gerand
edgeways edgewise *bijw* op zijn kant (gezet); schuin tegen elkaar; *not get a word in ~* er geen woord (geen speld) tussen krijgen
edging *znw* rand; boordsel *o*
edgy *bn* gespannen, prikkelbaar; geprikkeld
edible ['edibl] *bn* = *eatable I & II*
edict ['i:dikt] *znw* edict *o*, bevelschrift *o*
edification [edifi'keiʃən] *znw* stichtend gesprek, toespraak &; stichting
edifice ['edifis] *znw* gebouw[2] *o*
edify ['edifai] *overg* (innerlijk) stichten
edifying *bn* stichtelijk
edit ['edit] *overg* (voor de druk) bezorgen, bewerken, persklaar maken; redigeren; monteren [een film]; *~ out* (van redactiewege) schrappen
editing *znw* vooral montage [v. film]
edition [i'diʃən] *znw* uitgaaf, druk, editie, aflevering
editor ['editə] *znw* redacteur, bewerker; hoofdredacteur [v.e. krant]; cutter [v. film]
editorial [edi'tɔ:riəl] **I** *bn* redactioneel, redactie-; *~ staff* redactie; **II** *znw* hoofdartikel *o*
editorialize [edi'tɔ:riəlaiz] *onoverg* subjectief schrijven, de eigen mening weergeven [in de journalistiek]
editship ['editəʃip] *znw* bewerking, leiding; redacteurschap *o*
educate ['edjukeit] *overg* opvoeden, vormen, onderwijzen; voorlichten; *~d* beschaafd (ontwikkeld)
education [edju'keiʃən] *znw* opvoeding, vorming, ontwikkeling, onderwijs *o*; pedagogie; kennis
educational *bn* de opvoeding betreffend, educatief; onderwijs-, school-; *~ film* onderwijsfilm
education(al)ist *znw* opvoed(st)er, opvoedkundige, pedagoog
educative ['edjukətiv] *bn* opvoedend
educator ['edjukeitə] *znw* onderwijzer(es); onderwijsdeskundige
educe [i'dju:s] *overg* aan het licht brengen; trekken (uit *from*), afleiden; afscheiden
Edwardian [ed'wɔ:diən] *bn* uit de tijd van Koning Eduard VII [1901-1910]
EEC *afk.* = *European Economic Community* Europese Economische Gemeenschap, EEG
eel [i:l] *znw* (*mv* idem *of* -s) aal, paling
e'en [i:n] verk. van [3]*even* en van *evening*
e'er [ɛə] verk. van *ever*
eerie, **eery** ['iəri] *bn* angstwekkend, akelig, eng
efface [i'feis] **I** *overg* uitwissen[2], uitvegen; fig overschaduwen, in de schaduw stellen; **II** *wederk*: *~ oneself* zich terugtrekken of op de achtergrond houden; zich wegcijferen
effect [i'fekt] **I** *znw* (uit)werking, invloed, gevolg *o*, resultaat *o*, effect *o*; *~s* bezittingen, goed *o*, goederen; *take ~* uitwerking hebben; effect maken; in werking treden; *for ~* uit effectbejag; *in ~* in werkelijkheid, in feite; *carry (bring, put) into ~* ten uitvoer brengen; *come into ~* van kracht worden [v. wet &]; *be of no ~* geen uitwerking hebben; *to no ~* zonder resultaat; tevergeefs; *to such good ~ that* zodat; *(a notice) to the ~ that...* behelzende, inhoudende, hierop neerkomend, dat...; *assurances to this ~* verzekeringen in deze geest (zin), van deze strekking; *with ~ from* met ingang van; **II** *overg* uitwerken, teweegbrengen, bewerkstelligen, tot stand brengen, uitvoeren, verwezenlijken; handel (af)sluiten
effective I *bn* werkzaam, krachtig; krachtdadig; doeltreffend; raak; effect hebbend; effectief; *become ~* ook: van kracht worden; **II** *znw* mil effectief *o*
effectual *bn* krachtig; doeltreffend; geldig, van kracht, bindend
effectuate *overg* bewerkstelligen, uitvoeren, volvoeren, volbrengen
effeminacy [i'feminəsi] *znw* verwijfdheid
effeminate *bn* verwijfd
effervesce [efə'ves] *onoverg* mousseren, (op)bruisen, borrelen
effervescence *znw* mousseren *o*, (op)bruising[2]; fig uitgelatenheid, opgewondenheid
effervescent *bn* mousserend, (op)bruisend[2]; fig uitgelaten, opgewonden
effete [e'fi:t] *bn* zwak, afgeleefd, versleten
efficacious [efi'keiʃəs] *bn* werkzaam, doeltreffend, probaat, kracht(dad)ig, efficiënt
efficaciousness, **efficacy** ['efikəsi] *znw* kracht(dadigheid), werkzaamheid, doeltreffendheid, uitwerking
efficiency [i'fiʃənsi] *znw* kracht(dadigheid), efficiëntie, doeltreffendheid; bekwaamheid, geschiktheid; techn nuttig effect *o*, rendement *o*, productiviteit

efficient *bn* werkend, kracht(dad)ig, efficiënt, productief, doeltreffend; bekwaam, geschikt, competent; techn renderend, efficiënt
effigy ['efidʒi] *znw* afbeeldsel *o*; beeld *o*, beeldenaar, borstbeeld *o* [op een munt]; *in* ~ in effigie
effloresce [eflɔ:'res] *onoverg* ontbloeien, zich ontplooien; chem zoutkristallen aanzetten; uitslaan [v. muren]
efflorescence [eflɔ:'resəns] *znw* ontluiking, bloei; chem verschijning van zoutkristallen; uitslag [op muren]
effluence ['efluəns] *znw* uitvloeiing, uitstroming; uitvloeisel *o*
effluent *znw* uitstromende vloeistof; afvalwater *o* [v. fabriek in rivier]
effluvium [e'flu:viəm] *znw* (*mv*: -s *of* effluvia [-viə]) uitwaseming; (onaangename) geur
effort ['efət] *znw* poging, (krachts)inspanning; prestatie; *make an* ~ een poging doen; zich geweld aandoen; zich inspannen; *make every* ~ *to* er alles aan doen om; *make the* ~ je best doen; *worth the* ~ de moeite waard; ~ *of will* wilskracht
effortless *bn* moeiteloos, ongedwongen
effrontery [i'frʌntəri] *znw* onbeschaamdheid
effulgent [e'fʌldʒənt] *bn* stralend, schitterend
effuse [e'fju:z] *overg* uitgieten, (uit)storten, uitstralen, verspreiden[2]
effusion [i'fju:ʒən] *znw* vergieten *o*, uitstorting[2]; fig ontboezeming
effusive *bn* zich geheel gevend, (over)hartelijk, expansief, uitbundig
EFL *afk.* = *English as a Foreign Language*
eft [eft] *znw* dierk salamander
EFTA Efta ['efta:] *znw* = *European Free Trade Association* Europese Vrijhandelsassociatie, EVA
e.g. *afk.* = *exempli gratia* bijvoorbeeld, bijv., b.v.
egad [i'gæd] gemeenz afk. v. *by God!*
egalitarian [igæli'tæriən] **I** *bn* gelijkheid voorstaand, gelijkheids-; **II** *znw* voorstander van gelijkheid
egalitarism *znw* streven *o* naar gelijkheid
egest [i:'dʒest] *overg* uitscheiden
egg [eg] **I** *znw* ei *o*; eicel; *a bad* ~ gemeenz een waardeloze figuur; *a good* ~ gemeenz een patente kerel; *he put all his ~s in one basket* hij zette alles op één kaart; *have ~ on one's face* in zijn hemd staan, voor joker staan; *as sure as ~s is ~s* zo zeker als wat; **II** *overg*: ~ *on* aanzetten, aan-, ophitsen
egg cell *znw* eicel
egg-cup *znw* eierdopje *o*
egg flip *znw* = *egg nog*
egghead *znw* gemeenz geringsch intellectueel
egg nog *znw* drankje *o* v. geklutst ei met drank
eggplant *znw* Am aubergine
eggshell I *znw* eierdop, eierschaal; **II** *bn* halfmat, halfglanzend [v. verf]
egg-spoon *znw* eierlepeltje *o*
egg-timer *znw* eierwekker, zandloper
egg-whisk *znw* eierklopper
eglantine ['egləntain] *znw* egelantier
ego ['egou, 'i:gou] *znw* ik *o*: ikheid; psych ego *o*
ego boost ['egou-, 'i:gou'bu:st] *znw*: *give sbd. an* ~ gemeenz iems. gevoel van eigenwaarde strelen
egocentric [egou'sentrik] *bn* egocentrisch
egoism ['egouizm] *znw* egoïsme *o*, zelfzucht, eigenbaat; zie ook: *egotism*
egoist *znw* egoïst, zelfzuchtige
egoistic [egou'istik] *bn* egoïstisch
egomania *znw* ziekelijk egoïsme *o*
egomaniac *znw* ziekelijke egoïst
egotism *znw* egotisme *o*, eigenliefde; zelfzucht
egotist *znw* iemand die gaarne over zichzelf spreekt; egoïst
egotistic(al) *bn* van zichzelf vervuld, ikkerig; zelfzuchtig
egotrip *znw* gemeenz egotrip
egregious [i'gri:dʒəs] *bn* groot, kolossaal [ironisch]
egress ['i:gres] *znw* uitgang; uitgaan *o*
egret ['i:gret] *znw* dierk kleine witte reiger; reigerveer; aigrette; plantk zaadpluim
Egypt ['i:dʒipt] *znw* Egypte *o*
Egyptian [i'dʒipʃən] **I** *bn* Egyptisch; **II** *znw* Egyptenaar
Egyptologist [i(:)dʒip'tɔlədʒist] *znw* egyptoloog
Egyptology [i(:)dʒip'tɔlədʒi] *znw* egyptologie
eh [ei] *tsw* he!, wat?
eider ['aidə] *znw* eidereend, eidergans
eiderdown *znw* eiderdons *o*; dekbed *o* (van dons)
eight [eit] *telw* acht
eighteen ['ei'ti:n, 'eiti:n] *telw* achttien
eighteenth ['ei'ti:nθ, 'eiti:nθ] *telw (znw)* achttiende (deel *o*)
eightfold ['eitfould] *bn bijw* achtvoudig
eighth [eitθ] *telw (znw)* achtste (deel *o*)
eightieth ['eitiiθ] *telw (znw)* tachtigste (deel *o*)
eighty *telw* tachtig; *the eighties* de jaren tachtig; *in one's eighties* ook: in de tachtig
Eire ['ɛərə] *znw* Ierland
eisteddfod [ais'teðvɔd] *znw* zang-, muziek-, toneelen dichtconcours *o* in Wales
either ['aiðə, 'i:ðə] **I** *bn* (één van) beide; ~ *way* in elk geval, hoe dan ook; **II** *vnw* de één zowel als de andere; ~ *of us* één van ons; **III** *voegw*: ~... *or* (of)... of; **IV** *bijw* ook; *if... I won't go* ~ dan ga ik ook niet
ejaculate [i'dʒækjuleit] *overg* uitbrengen, uitroepen; uitstorten [zaad], ejaculeren
ejaculation [idʒækju'leiʃən] *znw* uitroep; zaaduitstorting, ejaculatie
eject [i'dʒekt] **I** *overg* uitwerpen; (met geweld) uitzetten, verdrijven; **II** *onoverg* luchtv gebruik maken van schietstoel
ejection [i'dʒekʃən] *znw* uitwerping, uitschieting; uitzetting, verdrijving
ejector seat *znw* luchtv schietstoel
eke out [i:k 'aut] *overg* aanvullen; rekken; ~ *out a livelihood (living, existence)* zijn kostje bijeenscharre-

len

elaborate [i'læbərit] **I** *bn* doorwrocht, fijn af-, uitgewerkt; ingewikkeld; uitgebreid, uitvoerig, nauwgezet; **II** *overg* [i'læbəreit] nauwkeurig, grondig uit-, bewerken; **III** *onoverg* uitweiden (over *on*)

elaboration [ilæbə'reiʃən] *znw* (grondige) uit-, bewerking

élan [ei'lã:ŋ] [Fr] *znw* elan *o*, zwier; vuur *o*

eland ['i:lənd] *znw* eland-antilope

elapse [i'læps] *onoverg* verlopen, verstrijken

elastic [i'læstik] **I** *bn* veerkrachtig, elastisch; rekbaar[2]; ~ *band* elastiekje *o*; **II** *znw* elastiek(je) *o*

elasticity [elæs'tisiti] *znw* veerkracht, rekbaarheid, elasticiteit

elate [i'leit] *overg* triomfantelijk (opgetogen) maken, verrukken

elated *bn* triomfantelijk, opgetogen

elation *znw* verrukking; opgetogenheid

elbow ['elbou] **I** *znw* elleboog; bocht; *at one's* ~ vlakbij; *out at the* ~*s* met de ellebogen door zijn mouwen; *up to one's* ~*s in work* tot over de oren in het werk; **II** *overg* met de ellebogen duwen, dringen; ~ *one's way* zich een weg banen; ~ *out* verdringen

elbow-grease *znw* gemeenz zwaar werk *o*

elbow-room *znw* ruimte om zich te roeren, bewegingsruimte, armslag

1 elder ['eldə] **I** *bn* ouder, oudste [v. twee]; **II** *znw* oudere; ouderling

2 elder ['eldə] *znw* plantk vlier(struik)

elderberry *znw* vlierbes

elderly ['eldəli] *bn* bejaard, op leeftijd, oudachtig

eldest *bn* & *znw* oudste

elect [i'lekt] **I** *overg* (ver)kiezen (tot); **II** *bn* (uit-) verkoren, gekozen

election *znw* verkiezing°

electioneer [ilekʃə'niə] *onoverg* stemmen werven, meedoen aan een verkiezingscampagne

elective [i'lektiv] *bn* kies-, verkiezings-; ge-, verkozen, verkiesbaar; Am keuze-

elector *znw* kiezer; kiesman; keurvorst

electoral *bn* kies-, kiezers-, verkiezings-, electoraal

electorate *znw* electoraat *o*, kiezers, kiezerskorps *o*; keurvorstendom *o*

electric [i'lektrik] *bn* elektrisch; elektriseer-; ~ *blanket* elektrische deken; ~ *blue* staalblauw; ~ *chair* elektrische stoel; ~ *eel* sidderaal; ~ *fence* schrikdraad *o*; ~ *motor* elektromotor; ~ *shock* elektrische schok; med elektroshock

electrical *bn* elektrisch; elektriseer-; ~ *engineer* elektrotechnicus; ~ *storm* onweer *o*

electrician [ilek'triʃən] *znw* elektricien

electricity *znw* elektriciteit; ~ *board* elektriciteitsbedrijf *o*

electrification [ilektrifi'keiʃən] *znw* elektrisering; elektrificatie

electrify [i'lektrifai] *overg* elektriseren; elektrificeren; fig geestdriftig maken, opwinden

electrocute [i'lektrəkju:t] *overg* elektrocuteren: terechtstellen d.m.v. de elektrische stoel

electrocution [ilektrə'kju:ʃən] *znw* elektrocutie

electrode [i'lektroud] *znw* elektrode

electro-dynamics [i'lektroudai'næmiks] *znw* elektrodynamica

electrolysis [ilek'trɔlisis] *znw* elektrolyse

electrolytic [ilektrə'litik] *bn* elektrolytisch

electrolyze [i'lektrəlaiz] *overg* elektrolyseren: ontleden v. chem. verbindingen door elektriciteit

electromagnetic [i'lektrɔ'mægnetik] *bn* elektromagnetisch

electrometer [ilek'trɔmitə] *znw* elektrometer

electron [i'lektrɔn] *znw* elektron *o*; ~ *microscope* elektronenmicroscoop

electronic [ilek'trɔnik] **I** *bn* elektronisch; ~ *mail* comput elektronische post, e-mail; **II** *znw*: ~*s* elektronica

electroplate [i'lektroupleit] *overg* elektrolytisch verzilveren, galvaniseren

electroscope [i'lektrəskoup] *znw* elektroscoop

elegance ['eligəns] *znw* sierlijkheid, keurigheid, bevalligheid, elegantie

elegant *bn* sierlijk, keurig, bevallig, elegant

elegiac [eli'dʒaiək] **I** *bn* elegisch; **II** *znw*: ~*s* elegische poëzie

elegy ['elidʒi] *znw* elegie, treurzang, -dicht *o*

element ['elimənt] *znw* element *o*, bestanddeel *o*, grondstof; ~*s* ook: (grond)beginselen; *in one's* ~ in zijn element; *there is an* ~ *of danger* het is niet geheel van gevaar ontbloot

elemental [eli'mentl] *bn* van de elementen, natuur-; wezenlijk, onvermengd

elementary *bn* elementair, aanvangs-, grond-, basis-; ~ *school* Am basisschool

elephant ['elifənt] *znw* olifant

elephantine [eli'fæntain] *bn* als (van) een olifant

elevate ['eliveit] *overg* opheffen, verheffen, verhogen; veredelen

elevated *bn* verheven, hoog, gedragen [toon]; ~ *railway* luchtspoorweg

elevation [eli'veiʃən] *znw* op-, verheffing, bevordering, verhoging, hoogte (boven zeespiegel), verhevenheid, bouwk opstand; *front* ~ vóóraanzicht *o*

elevator ['eliveitə] *znw* techn elevator; Am lift; luchtv hoogteroer *o*

eleven [i'levn] *telw* elf; *an* ~ een elftal *o*

eleven-plus *znw* toelatingsexamen *o* voor een inrichting van middelbaar onderwijs (voor leerlingen van elf jaar of ouder)

elevenses *znw mv* lichte maaltijd omstreeks 11 uur 's ochtends

eleventh *telw (znw)* elfde (deel *o*); *at the* ~ *hour* ter elfder ure

elf [elf] *znw* elf, fee, kaboutermannetje[2] *o*; dreumes

elfin *bn* elfen-, elfachtig; feeëriek

elfish *bn* elfen-; fig ondeugend

elicit [i'lisit] *overg* uit-, ontlokken, aan het licht

brengen, ontdekken; krijgen (uit *from*); ~ *the truth about a case* in een zaak de waarheid aan het licht brengen
elide [i'laid] *overg* taalk elideren, weglaten
eligibility [eli'dʒibiliti] *znw* geschiktheid, bevoegdheid
eligible ['elidʒibl] *bn* (ver)kiesbaar; in aanmerking komend, geschikt, bevoegd; begeerlijk, begeerde
eliminate [i'limineit] *overg* elimineren, wegwerken [factor]; verdrijven, verwijderen (uit *from*); buiten beschouwing laten, uitschakelen
eliminator [ilimi'neitə] *znw* sp voorronde
elimination [ilimi'neiʃən] *znw* eliminatie: wegwerking, verwijdering, terzijdestelling, uitschakeling; ~ *contest* afvalwedstrijd
elision [i'liʒn] *znw* taalk elisie, weglating
élite [ei'li:t] [Fr] *znw* elite, keur
elitism [ei'li:tizm] *znw* elitarisme *o*
elitist [ei'li:tist] **I** *bn* elitair; **II** *znw* elitair persoon
elixir [i'liksə] *znw* elixir[2] *o*
Elizabethan [ilizə'bi:θən] **I** *bn* van (Koningin) Elizabeth I, Elizabethaans; **II** *znw* schrijver enz. uit de tijd van Koningin Elizabeth I
elk [elk] *znw* (*mv* idem *of* -s) eland
ell [el] *znw* el, ellemaat
ellipse [i'lips] *znw* ellips
ellipsis *znw* (*mv*: ellipses [-si:z]) uitlating
elliptical *bn* elliptisch, onvolledig, beknopt
elm [elm] *znw* plantk iep, olm
elocution [elə'kju:ʃən] *znw* voordracht, dictie
elocutionist *znw* voordrachtskunstenaar; leraar in de dictie
elongate ['i:lɔŋgeit] *overg* verlengen; (uit)rekken; ~*d* ook: lang, slank, spichtig
elongation [i:lɔŋgeiʃən] *znw* verlenging; techn rek
elope [i'loup] *onoverg* weglopen, zich laten schaken (door *with*)
elopement *znw* weglopen *o* [om te kunnen trouwen], vlucht; schaking
eloquence ['eləkwəns] *znw* welsprekendheid
eloquent *bn* welsprekend[2], veelbetekenend [gebaar &]
El Salvador [el'sælvədɔ:] *znw* El Salvador *o*
else [els] *bijw* anders; *what ~?* wat nog (meer)?, nog iets?; wat... anders?; *shut up, or ~!* kop dicht of er zwaait wat!
elsewhere *bijw* ergens anders, elders
ELT *afk.* = *English Language Teaching*
elucidate [i'l(j)u:sideit] *overg* ophelderen, toelichten, duidelijk maken, verklaren
elucidation [il(j)u:si'deiʃən] *znw* opheldering, toelichting, verklaring
elucidatory [i'l(j)u:sideitəri] *bn* ophelderend, verklarend
elude [i'l(j)u:d] *overg* ontgaan, ontsnappen (aan); ontwijken, ontduiken, ontkomen aan
elusion *znw* ontsnapping; ontwijking, ontduiking, ontkoming
elusive *bn* ontwijkend, ontduikend; (aan alle nasporing) ontsnappend, moeilijk of niet te benaderen of te bepalen, elusief
elves [elvz] *znw mv* v. *elf*
elvish ['elviʃ] *bn* = *elfish*
'em [əm] gemeenz verk. v. *them*
emaciate [i'meiʃieit] *overg* doen vermageren, uitteren
emaciation [imeiʃi'eiʃən] *znw* vermagering, uittering
email, **e-mail** ['i:meil] *znw* = *electronic mail* comput elektronische post, e-mail
emanate ['eməneit] **I** *onoverg* uitstromen; ~ *from* voortvloeien uit, voortkomen uit, uitgaan van, afkomstig zijn van; **II** *overg* uitstralen, uitzenden, afgeven
emanation [emə'neiʃən] *znw* uitstroming, uitstraling, emanatie
emancipate [i'mænsipeit] *overg* bevrijden, vrijlaten, vrijmaken, ontvoogden, emanciperen
emancipation [imænsi'peiʃən] *znw* bevrijding, vrijlating, vrijmaking, ontvoogding, emancipatie
emasculate [i'mæskjuleit] *overg* verzwakken
emasculation [imæskju'leiʃən] *znw* verzwakking, verzwaktheid
embalm [im'ba:m] *overg* balsemen
embank [im'bæŋk] *overg* indijken, bedijken
embankment *znw* in-, bedijking; (spoor)dijk; kade, wal
embargo [em'ba:gou] **I** *znw* (*mv*: embargoes) embargo *o*, beslag *o* [op schepen]; verbod *o*, belemmering; **II** *overg* beslag leggen op, onder embargo leggen
embark [im'ba:k] *(onoverg &) overg* (zich) inschepen; ~ *on (upon)* zich wagen (begeven) in, beginnen (aan)
embarkation [emba:'keiʃən] *znw* inscheping
embarrass [im'bærəs] *overg* in verlegenheid brengen, verwarren, in verwarring brengen; in moeilijkheden brengen
embarrassing *bn* lastig, pijnlijk, gênant
embarassment *znw* (geld)verlegenheid, verwarring, gêne; moeilijkheid
embassy ['embəsi] *znw* ambassade; gezantschap *o*
embattled [im'bætld] *bn* omsingeld; in het nauw gebracht, ingeklemd
embed [im'bed] *overg* insluiten, (in)zetten, (vast-) leggen, inbedden; *be ~ded in* ook: vastzitten in
embellish [im'beliʃ] *overg* versieren, verfraaien, opsieren, mooi(er) maken
embellishment [im'beliʃmənt] *znw* verfraaiing, versiering
ember ['embə] *znw* gloeiende kool; ~*s* gloeiende as of sintels
embezzle [im'bezl] *overg* verduisteren [v. geld &]
embezzlement [im'bezlmənt] *znw* verduistering [v. geld &]
embitter [im'bitə] *overg* verbitteren; vergallen; ver-

ergeren
emblazon [im'bleizn] *overg* versieren
emblem ['embləm] *znw* zinnebeeld *o*, symbool *o*
emblematic ['embli'mætik] *bn* zinnebeeldig, symbolisch
embodiment [im'bɔdimənt] *znw* belichaming
embody *overg* belichamen; verenigen, inlijven; be-, omvatten
embolden [im'bouldən] *overg* aanmoedigen
embolism ['embəlizm] *znw* embolie
embolus ['embələs] *znw* embolus: geronnen bloed *o* in bloedvat
embosom [em'buzəm] *overg* plechtig omarmen, aan het hart drukken; in het hart sluiten, koesteren; omsluiten, omhullen
emboss [im'bɔs] *overg* in reliëf maken, drijven
embouchure [ɔmbu'ʃuə(r)] *znw* muz mondstuk *o* [v. blaasinstrument]; aanzet [bij blazen]
embrace [im'breis] **I** *overg* omhelzen; omvatten, insluiten; aangrijpen; **II** *onoverg* elkaar omarmen; **III** *znw* omhelzing
embrangle [im'bræŋgl] *overg* gemeenz verstrikken; verwarren
embrasure [im'breiʒə] *znw* bouwk nis; mil schietgat *o*
embrocation [embrə'keiʃən] *znw* smeersel *o*
embroider [im'brɔidə] *overg* borduren[2], fig opsieren, opsmukken, verfraaien; *~ (on) a story* een verhaal mooier maken dan het is
embroidery *znw* borduurwerk *o*, borduursel[2] *o*; *~ frame* borduurraam *o*
embroil [im'brɔil] *overg* betrekken, verwikkelen (in *in*); verwarren, in de war brengen; *be ~ed with* overhoop liggen met, gebrouilleerd zijn met
embryo ['embriou] *znw* embryo *o*, kiem; eerste ontwerp *o*; *in ~* in embryonale toestand[2]
embryonic [embri'ɔnik] *bn* embryonaal
emend [i'mend] *overg* emenderen, verbeteren
emendation [i:men'deiʃən] *znw* (tekst)verbetering
emerald ['emərəld] **I** *znw* smaragd *o* [stofnaam], smaragd *m* [voorwerpsnaam]; **II** *bn* van smaragd, smaragdgroen; *the E~ Isle* het groene Erin: Ierland *o*
emerge [i'mə:dʒ] *onoverg* opduiken, oprijzen; tevoorschijn komen, naar voren komen, ontstaan, opkomen; uitkomen, blijken; zich voordoen; ontwaken
emergence *znw* verschijning
emergency *znw* onverwachte of onvoorziene gebeurtenis; moeilijke omstandigheid; noodtoestand; spoedgeval *o*; *in case of ~, in an ~* in geval van nood; *state of ~* noodtoestand; *~ services* ± politie, ambulance(s) en brandweer
emergency door *znw* nooddeur
emergency meeting *znw* spoedvergadering
emergent *bn* oprijzend, opkomend
emeritus [i'meritəs] *bn* emeritus, rustend
emersion [i'mə:ʃən] *znw* opduiken *o*, opkomen *o*
emery ['eməri] *znw* amaril
emery board *znw* nagelvijltje *o* [met een laagje amaril]
emery-cloth *znw* schuurlinnen *o*
emery-paper *znw* schuurpapier *o*
emetic [i'metik] *znw* braakmiddel *o*
emigrant ['emigrənt] **I** *bn* (naar een ander land) trekkend, uitwijkend; uitgeweken; trek-; **II** *znw* emigrant, landverhuizer
emigrate *onoverg* emigreren, uit het land trekken, uitwijken
emigration [emi'greiʃən] *znw* emigratie
émigré ['emigrei] *znw* hist [Franse] emigré, [Russische] emigrant
eminence ['eminəns] *znw* hoogte[2], hoge positie, grootheid, verhevenheid, uitstekendheid, voortreffelijkheid, uitmuntendheid; eminentie; heuvel
eminent *bn* hoog, verheven, uitstekend, uitnemend, eminent
eminently *bijw* eminent; in hoge mate, uiterst, bijzonder
emir [e'miə] *znw* emir
emirate [e'miərət, -rit, -reit] *znw* emiraat *o*
emissary ['emisəri] *znw* afgezant
emission [i'miʃən] *znw* uitzending [v. geluid, licht]; uitstraling, uitstorting; handel emissie, uitgifte; uitlaatgas *o*; uitstoot [van schadelijke gassen &]
emit [i'mit] *overg* uitzenden, uitstralen, uitstorten, afgeven; uit-, voortbrengen [geluid], uiten, uitspreken, (ten beste) geven; handel uitgeven; uitvaardigen [bevelen]
emollient [i'mɔliənt] *bn (znw)* verzachtend (middel *o*)
emolument [i'mɔljumənt] *znw* emolument *o*, honorarium *o*, salaris *o*, verdienste
emotion [i'mouʃən] *znw* emotie, aandoening, ontroering
emotional *bn* emotioneel: tot het gevoel sprekend; affectief, gevoels-; licht geroerd, geëmotioneerd
emotive [i'moutiv] *bn* gevoels-, op het gemoed/gevoel werkend
empanel [im'pænl] *overg* recht op de lijst van gezworenen plaatsen, [een jury] samenstellen; tot jurylid (forumlid) benoemen
empathize ['empəθaiz] *onoverg* zich invoelen, meevoelen
empathy [em'pəθi] *znw* empathie, invoeling(svermogen *o*)
emperor ['empərə] *znw* keizer
emphasis ['emfəsis] *znw* (*mv*: emphases [-si:z]) nadruk[2], klem(toon)[2], fig accent *o*
emphasize *overg* de nadruk leggen op[2]
emphatic [im'fætik] *bn* uit-, nadrukkelijk, indringend, met klem; krachtig; beslist; gedecideerd
emphysema [emfi'si:mə] *znw* emfyseem *o*
empire ['empaiə] **I** *znw* (keizer)rijk *o*, imperium *o*; **II** *bn* empire [meubelen, stijl]

empirical [em'pirikəl] *bn* empirisch, op ervaring gegrond
empiricism [em'pirisizm] *znw* empirisme *o*, empirie: ervaringsleer
empiricist *znw* empirist, empiricus
emplacement [im'pleismənt] *znw* emplacement *o*; terrein *o*; plaatsing
employ [im'plɔi] **I** *overg* gebruiken, besteden, aanwenden; bezighouden, in dienst hebben, tewerkstellen; *~ed in agriculture* werkzaam in de landbouw; *be ~ed on* bezig zijn met (aan); *employers and ~ed* werkgevers en werknemers; **II** *znw* dienst; werk *o*; *in the ~ of* in dienst bij
employable [im'plɔiəbl] *bn* inzetbaar
employee [emplɔi'i:] *znw* employé(e), geëmployeerde, bediende; werknemer
employer [im'plɔiə] *znw* werkgever, patroon, gemeenz broodheer
employment *znw* gebruik *o*, aanwending; tewerkstelling; werkgelegenheid; bezigheid, werk *o*, emplooi *o*, beroep *o*; *full ~* volledige werkgelegenheid; *out of ~* zonder werk; *~ agency* uitzendbureau *o*; *~ exchange* arbeidsbureau *o*
employment scheme *znw* banenplan *o*
emporium [em'pɔ:riəm] *znw* (*mv*: -s *of* emporia [-riə]) grootwarenhuis *o*
empower [im'pauə] *overg* machtigen; in staat stellen
empress ['empris] *znw* keizerin
emptiness ['em(p)tinis] *znw* leegheid, leegte
empty ['em(p)ti] **I** *bn* ledig, leeg; ijdel; *~ of* ontbloot van, zonder; **II** *znw* lege wagon, fust *o*, fles &; **III** *overg* ledigen, leegmaken, leeg-, uithalen, ruimen; **IV** *onoverg* leeg raken, leeglopen; zich uitstorten
empty-handed *bn* met lege handen
empty-headed *bn*: *be ~* oerdom zijn
empyreal [empai'ri:əl] *bn* hemels
empyrean [empai'ri:ən] **I** *znw* hoogste hemel; **II** *bn* hemels
emu ['i:mju:] *znw* emoe
emulate ['emjuleit] *overg* wedijveren met, trachten te evenaren, navolgen
emulation [emju'leiʃən] *znw* wedijver, poging iem. te evenaren
emulative ['emjulətiv] *bn* wedijverend
emulator *znw* mededinger, navolger, ± imitator
emulsifier [i'mʌlsifaiə] *znw* emulgator
emulsify [i'mʌlsifai] *overg* emulgeren
emulsion *znw* emulsie; *~ (paint)* emulgerende verf, (muur)verf op waterbasis
enable [i'neibl, e'neibl] *overg* in staat stellen, (het) mogelijk maken; machtigen
enact [i'nækt] *overg* vaststellen, bepalen; tot wet verheffen; opvoeren, spelen; *be ~ed* ook: zich afspelen
enactment *znw* vaststelling; bepaling; verordening; opvoering
enamel [i'næməl] **I** *znw* email *o*, brandverf, verglaassel *o*, glazuur *o*, vernis *o & m*; lak *o & m*; brandschilderwerk *o*; email kunstvoorwerp *o*; **II** *overg* emailleren, verglazen, glazuren, vernissen; lakken, moffelen; brandschilderen
enameller, Am **enameler** *znw* emailleur
enamour [i'næmər] *overg* verliefd maken, bekoren; *~ed of/with* dol/verliefd op
encage [in'keidʒ] *overg* opsluiten (als) in een kooi
encamp [in'kæmp] **I** *onoverg* (zich) legeren, kamperen; **II** *overg* een kampeerplaats geven
encampment *znw* legering, kampering; legerplaats, kamp(ement) *o*
encapsulate [in'kæpsjuleit] *overg* inkapselen[2]
encase [in'keis] *overg* steken in
encash [in'kæʃ] *overg* handel verzilveren, innen
encephalic [enkə'fælik] *bn* de hersenen betreffend; hersen-
encephalitis [enkəfə'laitis] *znw* hersenontsteking
enchain [in'tʃein] *overg* ketenen, boeien[2]
enchant [in'tʃa:nt] *overg* betoveren; bekoren, verrukken
enchanter *znw* tovenaar
enchanting *bn* betoverend, verrukkelijk
enchantment *znw* betovering; bekoring, verrukking
enchantress [in'tʃa:ntris] *znw* tovenares; betoverende vrouw
enchase [in'tʃeis] *overg* zetten [edelstenen]; omlijsten; graveren, ciseleren
encircle [in'sə:kl] *overg* omringen, omsluiten, insluiten, omsingelen
enclave ['enkleiv] *znw* enclave
enclose [in'klouz] *overg* om-, insluiten, omheinen, omringen, omvatten, bevatten; bijsluiten, insluiten [brief, bijlage &]
enclosure *znw* insluiting; (om)heining; besloten ruimte; handel bijlage
encode [in'koud] *overg* coderen
encomiast [en'koumiæst] *znw* lofredenaar
encomium *znw* (*mv*: -s *of* encomia [-miə]) lof(rede, -zang)
encompass [in'kʌmpəs] *overg* omgeven, omringen, omsluiten; om-, bevatten
encore [ɔŋ'kɔ:] **I** *tsw* nog eens, bis!; **II** als *znw* bis(nummer) *o*, toegift; **III** *overg & onoverg* bisseren
encounter [in'kauntə] **I** *znw* ontmoeting; treffen *o*, gevecht *o*, confrontatie; **II** *overg* ontmoeten, tegenkomen, aantreffen, (onder)vinden; geconfronteerd worden met; tegemoet treden; het hoofd bieden
encourage [in'kʌridʒ] *overg* be-, aanmoedigen, aanzetten, animeren, voet (voedsel) geven aan, in de hand werken, bevorderen
encouragement *znw* be-, aanmoediging, aanwakkering, aansporing
encouraging *bn* bemoedigend; hoopvol
encroach [in'kroutʃ] *onoverg* inbreuk maken (op *on, upon*); zich indringen, veld winnen

encroachment *znw* inbreuk; binnendringen *o*, uitbreiding, aanmatiging
encrust [in'krʌst] **I** *overg* om-, overkorsten, met een korst bedekken; incrusteren; **II** *onoverg* een korst vormen
encumber [in'kʌmbə] *overg* belemmeren, hinderen; versperren; belasten, bezwaren
encumbrance *znw* belemmering, hindernis, last; *no ~(s), without ~(s)* zonder kinderen
encyclical [en'siklikl] **I** *bn*: ~ *letter* encycliek; **II** *znw* encycliek
encyclopaedia [ensaiklə'pi:diə] *znw* encyclopedie
encyclopaedic *bn* encyclopedisch
encyst [in'sist] **I** *overg* in een cyste inkapselen; **II** *onoverg* in een cyste ingekapseld worden
end [end] **I** *znw* eind(e) *o* [ook = dood]; uiteinde *o*; besluit *o*, afloop, uitslag; doel *o*, oogmerk *o*; eindje *o*, stukje *o* [touw, kaars], peukje *o* [sigaret]; fig kant, afdeling; *and there's an ~ (of it)* en daarmee uit, basta; *no ~ of...* een hoop..., verbazend veel...; *achieve one's ~(s)* zijn doel bereiken; *have got hold of the wrong ~ of the stick* het bij het verkeerde eind hebben; aan het kortste eind trekken; *keep (hold) one's ~ up* zijn mannetje staan; *make ~s meet* de eindjes aan elkaar knopen, rondkomen; *make an ~ of it, put an ~ to it* er een eind aan maken; *be at an ~* voorbij (om, op, uit) zijn; zie ook: *loose I*; *at the ~* aan het einde (van *of*); *for that ~* te dien einde; *in the ~* ten slotte, uiteindelijk; op den duur; *he is near his ~* hij is de dood nabij; *on ~* overeind; achtereen; *it makes your hair stand on ~* het doet je de haren te berge rijzen; *bring to an ~* een eind maken aan; *come to an ~* ten einde lopen; *come to a bad ~* lelijk (ongelukkig) aan zijn eind komen; *at the ~ of the day* fig aan het eind van de rit, uiteindelijk; *this is the ~!* dat is het toppunt!; *to the bitter (very) ~* tot het bittere einde; *to no ~* tevergeefs; *to what ~?* waarvoor?, waartoe zou het dienen?; *to the ~ that* opdat; *~ to ~* in de lengte, achter elkaar; zie ook: *world*; **II** *onoverg* eindigen, besluiten, ophouden, aflopen; *~ by ...ing* eindigen met..., ten slotte...; *~ in* uitgaan op [een letter]; uitlopen op; *~ up* eindigen, besluiten; belanden; **III** *overg* eindigen, een eind maken aan; *~ it all* er een eind aan maken [zelfmoord]
end-all *znw* einde, afsluiting; zie ook: *be-all*
endanger [in'dein(d)ʒə] *overg* in gevaar brengen
endear [in'diə] *overg* bemind maken (bij *to*); *~ing* innemend, sympathiek; lief
endearment *znw* tederheid, liefkozing, liefdeblijk *o*
endeavour [in'devə] **I** *znw* poging, streven *o*; **II** *onoverg* beproeven, trachten, pogen, streven
endemic [en'demik] **I** *bn* endemisch, inheems; **II** *znw* endemische ziekte
end-game ['endgeim] *znw* slotfase; eindspel *o* [schaken]
ending *znw* einde *o*; uitgang [v. woord]
endive ['endiv] *znw* andijvie; Am witlof
endless ['endlis] *bn* eindeloos, oneindig (veel &)
endlong *bijw* in de lengte; verticaal
endmost *bn* laatst, uiterst
endo- ['endou-] *voorv* in(wendig)-, binnen-
endocrine ['endoukrain] **I** *bn* endocrien, met interne secretie [klieren]; **II** *znw* klier met interne secretie
endocrinologist *znw* endocrinoloog
endorse [in'dɔ:s] *overg* handel endosseren; (iets) op de rugzijde vermelden van; aantekening maken op [rijbewijs &]; fig steunen, onderschrijven, bevestigen [mening &]
endorsee [endɔ:'si:] *znw* handel geëndosseerde
endorsement [in'dɔ:smənt] *znw* handel endossement *o*; vermelding op de rugzijde; aantekening [op rijbewijs &]; fig goedkeuring, steun, bevestiging
endorser *znw* handel endossant
endow [in'dau] *overg* begiftigen, doteren; bekleden (met *with*)
endowment *znw* begiftiging; dotatie, schenking; gave, talent *o*; *~ assurance, ~ policy* kapitaalverzekering
endpaper ['endpeipə] *znw* schutblad *o*
endue [in'dju:] *overg* bekleden[2]; begiftigen
end-product ['endprɔdəkt] *znw* eindproduct *o*; fig (het) uiteindelijke resultaat
end result *znw* eindresultaat *o*
endurable [in'djuərəbl] *bn* te verdragen
endurance *znw* lijdzaamheid, geduld *o*; uithoudingsvermogen *o*, weerstandsvermogen *o*; verdragen *o*
endure I *overg* verduren, verdragen, lijden, dulden, ondergaan, doorstaan, uithouden; **II** *onoverg* (voort)duren, blijven (bestaan)
enduring *bn* blijvend; duurzaam
end user *znw* eindgebruiker
endways ['endweiz] *bijw* overeind; met het eind naar voren; in de lengte
enema ['enimə] *znw* (*mv*: -s *of* enemata [i'nemətə]) klysma *o*
enemy ['enimi] **I** *znw* vijand; **II** *bn* vijandelijk
energetic [enə'dʒetik] *bn* energiek, actief, krachtig, flink, doortastend
energize ['enədʒaiz] **I** *overg* stimuleren; **II** *onoverg* energiek werken of handelen
energy *znw* energie, (wils)kracht, flinkheid; arbeidsvermogen *o*; *put all one's energies into sth.* al zijn krachten inzetten voor iets
enervate ['enəveit] *overg* ontzenuwen, verslappen, verzwakken, krachteloos maken
enervation [enə'veiʃən] *znw* ontzenuwing, verslapping, verzwakking
enface [en'feis] *overg* aan de voorzijde stempelen of beschrijven [wissel, document]
enfeeble [in'fi:bl] *overg* verzwakken
enfeoff [in'fef] *overg* hist belenen
enfold [in'fould] *overg* wikkelen, hullen (in *in*); om-

vatten; omarmen, omhelzen
enforce [in'fɔ:s] *overg* afdwingen, dwingen tot; kracht bijzetten; uitvoeren, de hand houden aan; ~ *(up)on* opleggen, dwingen tot; ~*d* ook: gedwongen
enforceable [in'fɔ:səbl] *bn* af te dwingen; uitvoerbaar
enforcement *znw* handhaving, tenuitvoerlegging, uitvoering; dwang
enfranchise [in'fræn(t)ʃaiz] *overg* **1** kiesrecht geven; **2** Br [een stad] een vertegenwoordiger in het parlement geven; **3** hist bevrijden, vrijlaten
enfranchisement [in'fræn(t)ʃaizmənt] *znw* **1** verlening van kiesrecht; **2** Br vertegenwoordiging [v.e. stad] in het parlement; **3** hist bevrijding
engage [in'geidʒ] **I** *overg* verbinden, engageren, aannemen, in dienst nemen, aanmonsteren, huren; in beslag nemen, bezetten; wikkelen [in strijd]; mil aanvallen, de strijd aanbinden met; techn grijpen in; inschakelen; *be* ~*d* bezig zijn (aan *in, on*), bezet zijn; geëngageerd zijn (met *to*); *number* ~*d* telec in gesprek; ~ *sbd. in conversation* een gesprek met iem. aanknopen; **II** *onoverg* techn grijpen (in *with*), in elkaar grijpen; ~ *in* zich mengen in, zich begeven in, zich inlaten met; zich bezighouden met; ~ *to* zich verbinden te..., op zich nemen te...
engagement *znw* verplichting, afspraak, verbintenis; engagement *o*, verloving; bezigheid, dienst; in dienst nemen *o*, aanmonstering; mil treffen *o*, gevecht *o*; *without* ~ handel vrijblijvend
engaging *bn* innemend, aantrekkelijk, sympathiek
engender [in'dʒendə] *overg* verwekken, voortbrengen, baren, veroorzaken
engine ['endʒin] *znw* machine; brandspuit; locomotief; motor; fig middel *o*, werktuig *o*; *three* ~*d plane* driemotorig vliegtuig *o*
engine-driver *znw* machinist
engineer [endʒi'niə] **I** *znw* ingenieur; mil genist; techn machinebouwer, technicus; scheepv machinist; luchtv boordwerktuigkundige; *the (Royal) Engineers* mil de genie; **II** *overg* als ingenieur leiden, bouwen; fig op touw zetten, (weten te) bewerken, gemeenz klaarspelen
engineering I *znw* machinebouw(kunde); (burgerlijke) bouwkunde; [elektro-, verwarmings- &] techniek; ingenieurswezen *o*; **II** *bn* technisch [wonder &]; ~*-works* machinefabriek
engird(le) [in'gə:dl] *overg* omgorden, omsluiten
England ['iŋlənd] *znw* Engeland *o*
English ['iŋliʃ] **I** *bn* Engels; ~ *breakfast* Engels ontbijt *o* [met eieren en spek]; **II** *znw* (het) Engels; *the* ~ de Engelsen; *the King's (Queen's)* ~ de (zuivere) Engelse taal
Englishman *znw* Engelsman
Englishwoman *znw* Engelse
engorge [en'gɔ:dʒ] *overg* gulzig verslinden; volstoppen
engraft [in'gra:ft] *overg* enten (op *into, upon*), inplanten[2], fig inprenten, griffelen
engrave [in'greiv] *overg* graveren; inprenten
engraver *znw* graveur
engraving *znw* graveerkunst; gravure, plaat
engross [in'grous] *overg* geheel in beslag nemen; ~*ed in* verdiept in
engrossing *bn* fig boeiend
engrossment *znw* grosse: afschrift *o* v.e. akte; fig opgaan *o* (in iets)
engulf [in'gʌlf] *overg* opslokken[2], verzwelgen[2], overspoelen[2]
enhance [in'ha:ns] *overg* verhogen, verheffen, vergroten, vermeerderen, verzwaren, versterken; verbeteren
enhancement *znw* vermeerdering, verhoging; verbetering, verfraaiing
enigma [i'nigmə] *znw* raadsel *o*
enigmatic [enig'mætik] *bn* raadselachtig
enjoin [in'dʒɔin] *overg* opleggen, gelasten, bevelen; ~ *upon* op het hart drukken (binden)
enjoy [in'dʒɔi] **I** *overg* genieten (van), zich (mogen) verheugen in, zich laten smaken, schik hebben in, graag mogen; **II** *wederk*: ~ *oneself* zich amuseren, genieten
enjoyable *bn* genoeglijk; prettig, fijn
enjoyment *znw* genot *o*, genoegen *o*
enkindle [en'kindl] *overg* doen ontvlammen[2], ontsteken
enlace [in'leis] *overg* om-, ineenstrengelen
enlarge [in'la:dʒ] **I** *overg* vergroten, uitbreiden, verwijden, vermeerderen, uitzetten, verruimen; **II** *onoverg* groter worden, zich verwijden, zich uitbreiden; ~ *up on* uitweiden over
enlargement *znw* vergroting, uitbreiding
enlighten [in'laitn] *overg* verlichten[2]; fig in-, voorlichten, opheldering geven, verhelderen
enlightenment *znw* verlichting[2]; fig in-, voorlichting, op-, verheldering
enlink [en'liŋk] *overg* aaneenschakelen, vast verbinden (met *to, with*)
enlist [in'list] **I** *overg* mil (aan)werven; fig (voor zich) winnen, te hulp roepen, gebruik maken van, inschakelen; **II** *onoverg* mil dienst nemen
enlistment *znw* mil werving; dienstneming
enliven [in'laivn] *overg* verlevendigen, opvrolijken
en masse [ã:'mæs] [Fr] *bijw* massaal; gezamenlijk, in groten getale
enmesh [in'meʃ] *overg* verstrikken
enmity ['enmiti] *znw* vijandschap
ennead ['eniæd] *znw* negental *o*
ennoble [i'noubl] *overg* veredelen, adelen; tot de adelstand verheffen
ennui [ã:'nwi:] [Fr] *znw* verveling
enormity [i'nɔ:miti] *znw* gruwelijkheid, snoodheid; gruwel(daad); enorme omvang; enorme flater, stommiteit
enormous *bn* enorm, ontzaglijk, kolossaal
enough [i'nʌf] *bn & bijw* genoeg, voldoende; *well* ~

vrij goed; heel (zeer) goed; ~ *is* ~ basta; *strangely &* ~ vreemd & genoeg; ~ *said* daarmee is alles wel gezegd; *I've had* ~ *of it* ik ben het zat; *he was fortunate (kind &)* ~ *to...* hij was zo gelukkig (vriendelijk &) te...; ~ *is as good as a feast* tevredenheid is beter dan rijkdom; zie ook: *good I, sure II*

enounce [i'nauns] *overg* uitspreken; aankondigen

en passant [a:m'pæsa:ŋ, -'pa:sa:ŋ] [Fr] *bijw* tussen neus en lippen, en passant

enquire = *inquire*

enrage [in'reidʒ] *overg* woedend maken; ~*d* woedend

enrapture [in'ræptʃə] *overg* verrukken, in verrukking brengen

enregister [en'redʒistə] *overg* inschrijven, registreren

enrich [in'ritʃ] *overg* verrijken[2]

enrobe [in'roub] *overg* kleden, (uit)dossen

enrol, Am **enroll** [in'roul] **I** *overg* inschrijven, registreren; inlijven, in dienst nemen, aanmonsteren, aanwerven; **II** *onoverg* zich laten inschrijven, zich opgeven (als lid &); dienst nemen

enrolment, Am **enrollment** *znw* inschrijving; registratie; aanmonstering, werving

ensanguine [en'sæŋgwin] *overg* met bloed bevlekken

ensconce [in'skɔns] *onoverg* (behaaglijk) nestelen, veilig wegkruipen

ensemble [ã:n'sã:mbl] *znw* ensemble *o*; complet *m of o* [dameskostuum]

enshrine [in'ʃrain] *overg* in-, wegsluiten; in een reliekschrijn zetten; bevatten, omsluiten, vatten in

enshroud [in'ʃraud] *overg* (om)hullen

ensign ['ensain] *znw* (onderscheidings)teken *o*; vaandel *o*, (natie)vlag; hist vaandrig; Am luitenant ter zee derde klas; *blue* ~ vlag van de Britse marinereserve; *red* ~ Britse koopvaardijvlag; *white* ~ Britse marinevlag

ensilage ['ensilidʒ] **I** *znw* inkuiling; kuilvoer *o*; **II** *overg* (in)kuilen

ensile [in'sail] *overg* (in)kuilen

enslave [in'sleiv] *overg* tot (zijn) slaaf maken, knechten; ~*d to* verslaafd aan

ensnare [in'snɛə] *overg* verstrikken, (ver)lokken

ensue [in'sju:] *onoverg* volgen, voortvloeien (uit *from*)

en suite [a:n'swi:t] *bijw*: *bedroom with bathroom* ~ slaapkamer met eigen badkamer

ensure [in'ʃuə] *overg* garanderen, instaan voor, waarborgen; veilig stellen; verzekeren van

entablature [en'tæblətʃə] *znw* bouwk dekstuk *o*

entail [in'teil] **I** *znw* onvervreemdbaar erfgoed *o*; **II** *overg* recht onvervreemdbaar maken [v. erfgoed]; fig meebrengen, na zich slepen

entangle [in'tæŋgl] *overg* in de war maken, verwarren[2], verstrikken[2], verwikkelen[2]

entanglement *znw* verwikkeling, verwarring; affaire

entente [ã:n'tã:nt] *znw* entente (cordiale): het Engels-Franse bondgenootschap v. 1904

enter ['entə] **I** *overg* binnentreden, in-, binnengaan, -komen, -dringen &, betreden, zich begeven in, zijn intrede doen in, deelnemen aan, in dienst treden bij; gaan in (bij); (laten) inschrijven, boeken; aangeven; toelaten; handel inklaren; comput invoeren [v. gegevens]; ~ *one's name* zich opgeven; *it never* ~*ed my head* het kwam niet bij (in) mij op; **II** *onoverg* binnentreden; binnengaan, -komen; opkomen [acteur]; zich laten inschrijven, zich opgeven; ~ *Hamlet* Hamlet komt op; ~ *against* [goederen] op rekening schrijven van; ~ *into* aanknopen [gesprek]; aangaan [verdrag]; beginnen, gaan in [zaken]; zich verplaatsen in, iets voelen voor, [ergens] inkomen; ingaan op; deel uitmaken van; er aan te pas (er bij) komen; ~ *(up)on* aanvaarden; in bezit nemen; beginnen (aan); zich mengen in [een gesprek]; ingaan [zijn 60ste jaar]

enteric [en'terik] **I** *bn* darm-, ingewands-; ~ *fever* buiktyfus; **II** *znw* buiktyfus

enteritis [entə'raitis] *znw* darmontsteking

enterprise ['entəpraiz] *znw* onderneming, waagstuk *o*; speculatie; ondernemingsgeest, initiatief *o*; *free* ~ vrij ondernemerschap *o*; *free-~ economy* vrijemarkteconomie

enterprising *bn* ondernemend

entertain [entə'tein] **I** *overg* onderhouden, ontvangen, onthalen; in overweging nemen [voorstel]; ingaan op [aanbod]; koesteren [gevoelens]; vermaken, amuseren, bezighouden; ~ *to lunch* een lunch aanbieden; **II** *onoverg* ontvangen, recipiëren

entertainer *znw* entertainer: conferencier, chansonnier, goochelaar &

entertaining *bn* onderhoudend

entertainment *znw* onthaal *o*, (feestelijke) receptie, partij, feestelijkheid, uitvoering, vermakelijkheid, vermaak *o*, amusement *o*; ~ *film* amusementsfilm; ~ *industry* amusementsbedrijf *o*

enthral [in'θrɔ:l] *overg* tot slaaf maken; fig betoveren; boeien, meeslepen

enthrone [in'θroun] *overg* op de troon plaatsen; [een bisschop] installeren

enthuse [in'θju:z] **I** *overg* enthousiast maken; **II** *onoverg*: ~ *about (over) sth.* enthousiast zijn over iets; ergens enthousiast over praten

enthusiasm *znw* enthousiasme *o*, geestdrift

enthusiast *znw* enthousiasteling

enthusiastic [inθju:zi'æstik] *bn* enthousiast, geestdriftig

entice [in'tais] *overg* (ver)lokken, verleiden

enticement *znw* verlokking

enticing *bn* aanlokkelijk, verleidelijk

entire [in'taiə] *bn* algeheel, (ge)heel, volkomen, onverdeeld, volledig

entirely *bijw* geheel, helemaal, volkomen, zeer

entirety *znw* geheel *o*

entitle [in'taitl] *overg* noemen, betitelen; ~ *to* recht,

aanspraak geven op; *be ~d to* recht hebben op, het recht hebben...; *~d* ook: getiteld [v. boek &]
entitlement *znw* bedrag *o*, uitkering & waar iem. recht op heeft; betiteling
entity ['entiti] *znw* zijn *o*, wezen *o*, entiteit
entomb [in'tu:m] *overg* begraven; tot graf dienen
entomology [entə'mɔlədʒi] *znw* insectenkunde
entourage [ɔntu'ra:ʒ] [Fr] *znw* entourage, gevolg *o*
entr'acte ['ɔntrækt] [Fr] *znw* pauze tussen twee bedrijven [toneel]; muziek daarin gespeeld
entrails ['entreilz] *znw mv* ingewanden
entrain [in'trein] **I** *onoverg* instappen (in de trein); **II** *overg* inladen [troepen]; met zich meevoeren
1 entrance ['entrəns] *znw* ingang, inrit, intrede; entree, opkomen *o*, binnenkomst, inkomst, intocht; toegang; scheepv invaart; aanvaarding [v. ambt]; *~ examination* toelatingsexamen *o*; *~ fee* entree [als lid]
2 entrance [in'tra:ns] *overg* verrukken
entrancing *bn* verrukkelijk
entrant ['entrənt] *znw* deelnemer [bij wedstrijd]; nieuweling
entrap [in'træp] *overg* in een val lokken of vangen, verstrikken
entreat [in'tri:t] *overg* bidden, smeken (om)
entreaty *znw* (smeek)bede
entrée ['ɔntrei] [Fr] *znw* **1** voorgerecht *o*; **2** Am hoofdgerecht *o*; **3** toegang, entree
entremets ['ɔntrəmei] [Fr] *znw* tussengerecht *o*, bijgerecht *o*
entrench [in'trenʃ] **I** *overg* verschansen; met een loopgraaf omgeven; stevig verankeren (bijv. v. rechten in de wetgeving); **II** *onoverg* zich verschansen; *~ upon* schenden; *an ~ed clause* een fundamentele, onveranderlijke clausule; *an ~ed habit* een diep verankerde gewoonte; *(well-)~ed party bosses* vaste voet gekregen hebbende, vast in het zadel zittende partijbonzen
entrenchment *znw* mil verschansing², schans
entrepot ['ɔntrəpou] [Fr] *znw* entrepot *o*, opslagplaats, magazijn *o*
entrepreneur [ɔntrəprə'nə:] *znw* ondernemer
entrepreneurial [ɔntrə-, a:ntrəprə'nə:riəl] *bn* ondernemers-
entropy ['entrəpi] *znw* natuurkunde entropie
entrust [in'trʌst] *overg* toevertrouwen (aan *sth. to sbd., sbd. with sth.*)
entry ['entri] *znw* intocht, binnenkomst, intrede; toe-, ingang; sp inschrijving(en), deelnemer; handel boeking, post; notitie, aantekening [in dagboek &]; artikel *o* [in woordenboek]; inzending; declaratie, inklaring; comput **1** invoeren *o* [v. gegevens]; **2** ingang, entry; *~ fee* toegangsprijs, entreeprijs; *~ visa* inreisvisum *o*; zie ook: *bookkeeping*
entryism ['entriizm] *znw* infiltratie in een politieke organisatie
entryphone ['entrifoun] *znw* deurtelefoon
entwine [in'twain] *overg* ineen-, omstrengelen, omwinden, vlechten
enucleate [i'nju:klieit] *overg* vero verhelderen, verklaren; med verwijderen v. gezwel
E-number ['i:nʌmbə] *znw* code ter aanduiding van toegevoegde conserverings-, smaak- en kleurstoffen in voedingsmiddelen
enumerate [i'nju:məreit] *overg* opsommen, (op-) tellen, opnoemen
enumeration [inju:mə'reiʃən] *znw* opsomming, (op)telling, opnoeming
enunciate [i'nʌnsieit] *overg* verkondigen, uitdrukken, uiten, uitspreken
enunciation [inʌnsi'eiʃən] *znw* verkondiging, uiteenzetting; uiting; uitspraak
enuresis [enju'ri:sis] *znw* bedwateren *o*
envelop [in'veləp] *overg* (om)hullen, (in-, om)wikkelen
envelope ['envəloup] *znw* envelop, couvert *o*, omslag
envelopment [in'veləpmənt] *znw* in-, omwikkeling
envenom [in'venəm] *overg* vergiftigen²; verbitteren
enviable ['enviəbl] *bn* benijdenswaard(ig)
envious ['enviəs] *bn* afgunstig, jaloers (op *of*)
environ [in'vaiərən] *overg* omringen; omgeven
environment *znw* omgeving, entourage, milieu *o*
environmental [invaiərən'mentl] *bn* van (door) het milieu, milieu-; *~ pollution* milieuvervuiling; *~ health inspection* ± keuringsdienst van waren
environs ['envairənz, in'viərənz] *znw mv* omstreken
envisage [in'vizidʒ], **envision** [in'viʒən] *overg* onder de ogen zien; beschouwen, overwegen; zich voorstellen
envoy ['envɔi] *znw* (af)gezant; opdracht [als slot van gedicht]
envy ['envi] **I** *znw* afgunst, jaloezie, naijver, nijd; *she is the ~ of her sisters* zij wordt benijd door haar zusters, haar zusters zijn jaloers (afgunstig) op haar; **II** *overg* benijden, afgunstig zijn op, misgunnen; *~ sbd. sth.* iem. om iets benijden
enwrap [in'ræp] *overg* (om)hullen, (om-, in-) wikkelen
enwreathe [en'ri:θ] *overg* omkransen, doorvlechten
enzyme ['enzaim] *znw* enzym *o*, giststof, ferment *o*
eon [i:ən] *znw* = *aeon*
EP *afk.* = *extended play (record)* e.p.
epaulet(te) ['epoulet, 'epɔ:let] *znw* epaulet
ephemera [i'femərə] *znw* wat kortstondig duurt, eendagsvlieg²
ephemeral *bn* kortstondig, efemeer, vluchtig, voorbijgaand
ephemeron *znw* = *ephemera*
epic ['epik] **I** *bn* episch; verhalend; helden-, heldhaftig; buitengewoon, gedenkwaardig; *~ poem* heldendicht *o*; **II** *znw* heldendicht *o*, epos *o*
epicentre ['episentə] *znw* epicentrum *o*
epicure ['epikjuə] *znw* epicurist, genotzoeker

epicurean [epikju'ri:ən] *znw (bn)* epicurist(isch)
epicurism ['epikjuərizm] *znw* epicurisme *o*
epidemic [epi'demik] **I** *znw* epidemie; fig ± rage; **II** *bn* epidemisch; fig zich snel verbreidend
epidermis [epi'dəmis] *znw* opperhuid
epiglottis [epi'glɔtis] *znw* strotklepje *o*
epigone ['epigoun] *znw* epigoon
epigram ['epigræm] *znw* epigram *o*, puntdicht *o*
epigrammatic [epigrə'mætik] *bn* epigrammatisch, puntig
epigrammatist [epi'græmətist] *znw* puntdichter
epigraph ['epigra:f] *znw* opschrift *o*, motto *o*
epilepsy ['epilepsi] *znw* epilepsie, vallende ziekte
epileptic [epi'leptik] **I** *bn* epileptisch; ~ *fit* toeval; **II** *znw* epilepticus
epilogue ['epilɔg] *znw* epiloog, naschrift *o*, slotrede
Epiphany [i'pifəni] *znw* Driekoningen(dag)
episcopacy [i'piskəpəsi] *znw* bisschoppelijke regering; *the* ~ de bisschoppen, het episcopaat
episcopal *bn* bisschoppelijk; *E~ Church* Anglicaanse Kerk, Episcopale Kerk
episcopalian [ipiskə'peiliən] **I** *bn* episcopaal; **II** *znw* lid v.e. episcopale kerk
episcopate [i'piskəpit] *znw* episcopaat *o* [bisschoppelijke waardigheid; bisdom *o*; bisschoppen], bisschopsambt *o*
episode ['episoud] *znw* episode
episodic(al) [epi'sɔdik(l)] *bn* episodisch
epistemology [ipisti'mɔlədʒi] *znw* kennisleer
epistle [i'pisl] *znw* (zend)brief, epistel *o of m*
epistolary [i'pistələri] *bn* epistolair, brief-
epitaph ['epita:f] *znw* grafschrift *o*
epithet ['epiθet] *znw* epitheton *o*, bijnaam
epitome [i'pitəmi] *znw* belichaming, personificatie; kort overzicht *o*, samenvatting
epitomize *overg* belichamen, in zich verenigen; samenvatten, een uittreksel maken van
epoch ['i:pɔk] *znw* tijdperk *o*, tijdvak *o*; tijdstip *o*
epochal ['epɔkl], **epoch-making** ['i:pɔkmeikiŋ] *bn* van grote betekenis, baanbrekend
eponymous [i'pɔ-, e'pɔniməs] *bn* titel-; *the ~ role of a play* de titelrol van een toneelstuk
epopee ['epəpi:] *znw* heldendicht *o*
epos ['epɔs] *znw* epos *o*, heldendicht *o*
epoxy resin [i'pɔksi 'rezin] *znw* epoxyhars *o & m*
Epsom salts ['epsəm sɔ:lts] *znw mv* Engels zout *o*
equability [ekwə'biliti] *znw* gelijkheid, gelijkmatigheid, gelijkvormigheid
equable ['ekwəbl] *bn* gelijkmoedig, gelijkmatig
equal ['i:kwəl] **I** *bn* gelijk(matig), gelijkwaardig, gelijkgerechtigd; de-, hetzelfde; *on ~ terms with* op voet van gelijkheid met; *other things being ~* onder overigens gelijke omstandigheden, ceteris paribus; *~ to the occasion* tegen de moeilijkheden opgewassen, wel raad wetend; *he is not ~ to the task* hij is niet berekend voor die taak; **II** *znw* gelijke, weerga; *it has no ~* het is ongeëvenaard, zonder weerga; **III** *overg* gelijkmaken; gelijk zijn aan, evenaren; *two plus two ~s four* twee plus twee is vier
equalitarian [ikwɔli'tɛəriən] *bn = egalitarian*
equality [i'kwɔliti] *znw* gelijkheid; gelijkwaardigheid, gelijkgerechtigdheid, rechtsgelijkheid
equalization [i:kwəlai'zeiʃən] *znw* gelijkmaking; gelijkstelling; egalisatie
equalize ['i:kwəlaiz] **I** *onoverg* sp gelijkmaken, de gelijkmaker scoren; **II** *overg* gelijkmaken°; gelijkstellen; egaliseren
equalizer ['i:kwəlaizə] *znw* **1** sp gelijkmaker; **2** gemeenz blaffer, proppenschieter; **3** elektr equalizer
equally *bijw* gelijk(elijk), even(zeer)
equals sign *znw* is-gelijk-teken *o* (=)
equanimity [ekwə'nimiti] *znw* gelijkmoedigheid
equate [i'kweit] *overg* gelijkstellen of -maken; ~ *to (with)* vergelijken met; ~ *with* gelijkstellen met, over één kam scheren (met)
equation *znw* vergelijking; gelijkmaking; equatie
equator [i'kweitə] *znw* equator, evenaar
Equatorial Guinea *znw* Equatoriaal Guinee *o*
equatial [ekwə'tɔ:riəl] *bn* equatoriaal
equerry [i'kweri, 'ekwəri] *znw* stalmeester; ± adjudant (van vorstelijk persoon)
equestrian [i'kwestriən] *bn* te paard, ruiter-, rij-; ~ *statue* ruiterstandbeeld *o*
equestrianism [i'kwestriənizm] *znw* paardensport, ruitersport, rijsport
equiangular [i:kwi'æŋgjulə] *bn* gelijkhoekig
equidistant [i:kwi'distənt] *bn* op gelijke afstand (van *from*)
equilateral [i:kwi'lætərəl] *bn* gelijkzijdig
equilibrate [i:kwi'laibreit] *overg* & *onoverg* in evenwicht brengen (houden, zijn)
equilibration [i:kwilai'breiʃən] *znw* evenwicht *o*
equilibrist [i:'kwilibrist] *znw* equilibrist, koorddanser, balanceerkunstenaar
equilibrium [i:kwi'libriəm] *znw* (*mv*: -s *of* equilibria [-riə]) evenwicht[2] *o*
equine ['ekwain] *bn* paarden-
equinoctial [i:kwi'nɔkʃəl] **I** *bn* nachtevenings-; **II** *znw* evennachtslijn, linie, hemelequator; *~s* herfststormen
equinox ['i:kwinɔks] *znw* (dag-en-)nachtevening
equip [i'kwip] *overg* toe-, uitrusten; outilleren
equipage ['ekwipidʒ] *znw* toe-, uitrusting; benodigdheden; equipage
equipment [i'kwipmənt] *znw* toe-, uitrusting, outillage, installatie(s), apparatuur
equipoise ['ekwipɔiz] *znw* evenwicht *o*
equiponderant [i:kwi'pɔndərənt] *bn* van gelijk gewicht
equitable ['ekwitəbl] *bn* billijk, onpartijdig; recht op de billijkheid berustend; ~ *mortgage* krediethypotheek
equitation [ekwi'teiʃən] *znw* paardrijkunst
equity ['ekwiti] *znw* billijkheid, rechtvaardigheid; handel aandeel *o*; aandelenkapitaal *o* (ook: ~ *capital*)

equivalence [i'kwivələns] *znw* gelijkwaardigheid
equivalent I *bn* gelijkwaardig, gelijkstaand (met *to*); equivalent; **II** *znw* equivalent *o*
equivocal [i'kwivəkl] *bn* dubbelzinnig; twijfelachtig; verdacht
equivocate [i'kwivəkeit] *onoverg* dubbelzinnig spreken, draaien, een slag om de arm houden
equivocation [ikwivə'keiʃən] *znw* dubbelzinnigheid; draaierij
equivocator [i'kwivəkeitə] *znw* fig draaier
er [ə:] *tsw* eh [aarzeling]
era ['iərə] *znw* jaartelling; tijdperk *o*, era
eradicate [i'rædikeit] *overg* uitroeien[2]
eradication [irædi'keiʃən] *znw* uitroeiing[2]
erase [i'reiz] *overg* uitschrappen, doorhalen, uitwissen, raderen, uitgommen, wegvegen
eraser *znw* bordenwisser; vlakgom
erasure *znw* uitschrapping, doorhaling, uitwissing, radering
ere [εə] *voegw* & *voorz* eer, voor(dat); ~ *long* binnenkort
erect [i'rekt] **I** *bn* recht(op), opgericht; overeind(staand); **II** *overg* oprichten, (op)bouwen, opzetten; techn monteren
erection *znw* oprichting, verheffing; erectie; opstelling, bouw, gebouw *o*; techn montage
erectness *znw* rechtopstaande houding
erector *znw* oprichter; techn monteur; ~ *set* ± bouwdoos
erelong [εə'lɔŋ] *bijw* binnenkort
eremite ['erimait] *znw* kluizenaar
ere now [εə'nau] *bijw* vroeger, voordien
erewhile [εə'wail] *bijw* vero eertijds, vóór dezen
erg [ə:g] *znw* erg [eenheid van energie]
ergo ['ə:gou] *bijw* ergo, dus, bijgevolg
ergonomic ['ə:gənɔmik] *bn* ergonomisch
ergonomics ['ə:gənɔmiks] *znw* ergonomie, arbeidsleer
ergot ['ə:gət] *znw* (extract *o* uit) moederkoren *o*
Erin ['iərin] *znw* plechtig Erin *o*: Ierland *o*
erk [ə:k] *znw* slang rekruut
ermine ['ə:min] *znw* dierk hermelijn *m*; hermelijn *o* [bont]
erode [i'roud] *overg* eroderen: wegvreten, aanvreten, uitslijpen; fig uithollen
erogenous [i'rɔdʒənəs] *bn* erogeen
erosion *znw* erosie: wegvreting, aanvreting, uitslijping; fig uitholling
erotic [i'rɔtik] *bn* erotisch
eroticism [i'rɔtisizm] *znw* erotiek
err [ə:] *onoverg* dolen, dwalen, een fout begaan, zich vergissen; falen; zondigen; ~ *on the side of caution* het zekere voor het onzekere nemen; *to ~ is human* vergissen is menselijk
errand ['erənd] *znw* boodschap; *run ~s* boodschappen doen
errant ['erənt] *bn* zondigend, van het rechte pad geraakt, ontrouw; rondtrekkend; dolend
erratic [i'rætik] *bn* onregelmatig, ongeregeld; grillig
erratum [i'reitəm, *mv* **-ta** -tə] *znw* (druk)fout, vergissing
erroneous [i'rounjəs] *bn* foutief, onjuist, verkeerd; ~ *notion* dwaalbegrip *o*
erroneously *bijw* ook: abusievelijk, per abuis
error ['erə] *znw* dwaling; vergissing, fout, overtreding; ~ *of judg(e)ment* beoordelingsfout; *in ~* per abuis; *be in ~* het mis hebben
ersatz ['eəzæts, 'ə:sa:ts, εr'za:ts] *bn* namaak-, nep-, surrogaat-
Erse [ə:s] *znw* Keltisch *o*
erstwhile ['ə:stwail] **I** *bijw* vroeger, voorheen; **II** *bn* voormalige, vroeger, van eertijds
eructate [i'rʌkteit] *onoverg* boeren, oprispen
eructation [i'rʌk'teiʃən] *znw* oprisping
erudite ['erudait] *bn* geleerd
erudition [eru'diʃən] *znw* geleerdheid
erupt [i'rʌpt] *onoverg* uitbarsten [vulkaan &]; barsten, uitbreken, losbarsten; opkomen [van huiduitslag &]; *he ~ed into the room* hij stormde de kamer binnen
eruption *znw* uitbarsting; losbarsten *o*, uitbreken *o* [v. geweld &]; med uitslag
eruptive *bn* uitbarstend; eruptief; uitslaand, met uitslag (gepaard gaand)
erysipelas [eri'sipiləs] *znw* med belroos
erythema [eri'θi:mə] *znw* med erythema, vlekkerige roodheid v.d. huid
escalade [eskə'leid] **I** *znw* beklimming met stormladders; **II** *overg* met stormladders beklimmen
escalate ['eskəleit] **I** *onoverg* escaleren, geleidelijk toenemen; **II** *overg* doen escaleren, verhevigen
escalation [eskə'leiʃən] *znw* escalatie, geleidelijk opvoeren *o* (v. oorlog &)
escalator ['eskəleitə] *znw* roltrap
escalope ['eskəloup] *znw* kalfslapje *o*; kalfsoester
escapade [eskə'peid] *znw* escapade[2], dolle of moedwillige streek; kromme sprong
escape [is'keip] **I** *znw* ontsnapping, ontvluchting, ontkoming; fig vlucht (uit de werkelijkheid); lek *o* [van gas]; *fire ~* redding(s)toestel *o*, brandladder; *make good one's ~* (weten te) ontsnappen; zie ook: *narrow*; ~ *clause* ontsnappingsclausule; ~ *hatch* noodluik *o*; ~ *velocity* ontsnappingssnelheid (v.e. ruimtevaartuig); **II** *onoverg* ontsnappen, ontvluchten, ontkomen, ontglippen (aan *from*), ontvallen, ontgaan, ontlopen
escapee [eskei'pi:] *znw* ontsnapte
escapement [is'keipmənt] *znw* echappement *o*
escape-valve *znw* uitlaatklep
escapism *znw* escapisme *o*: zucht om te vluchten (uit de werkelijkheid)
escapist *bn* & *znw* escapist(isch); ~ *literature* ontspanningslectuur
escapologist [eskei'pɔlədʒist] *znw* boeienkoning
escarp [is'ka:p] **I** *znw* escarpe, glooiing, steile helling; **II** *overg* afschuinen, escarperen

escarpment *znw* steile wand; glooiing
eschar ['eska:] *znw* roofje *o*, korstje *o* op brandwond
eschatology [eskə'tɔlədʒi] *znw* eschatologie: leer der laatste dingen (dood, laatste oordeel &)
escheat [is'tʃi:t] recht **I** *onoverg* vervallen; **II** *overg* verbeurd verklaren; **III** *znw* vervallen *o*; vervallen (leen)goed *o*
eschew [is'tʃu:] *overg* schuwen, (ver)mijden
escort ['eskɔ:t] **I** *znw* (gewapend) geleide *o*, escorte *o*; begeleider; metgezel; **II** *overg* [is'kɔ:t] escorteren, begeleiden
esculent ['eskjulənt] **I** *bn* eetbaar; **II** *znw* eetwaar
escutcheon [is'kʌtʃən] *znw* (wapen)schild *o*, (familie)wapen *o*
Eskimo ['eskimou] *znw* (*mv* idem *of* -s) Eskimo
ESL *afk.* = *English as a Second Language*
esophagus [i(:)sɔ'fəgəs] *znw* (*mv*: -es *of* esophagi [-dʒai]) Am = *oesophagus*
esoteric [esou'terik] *bn* esoterisch, alleen voor ingewijden, insiders
esp. *afk.* = *especially*
ESP *afk.* = *extrasensory perception*
espalier [is'pæljə] *znw* leiboom, spalier *o*
especial [is'peʃəl] *bn* bijzonder, speciaal
especially *bijw* (in het) bijzonder, vooral, inzonderheid
espial [is'paiəl] *znw* ver-, bespieding
espionage [espiə'na:ʒ] *znw* spionage
esplanade [esplə'neid] *znw* esplanade
espousal [is'pauzəl] *znw* fig omhelzing, aannemen *o* [v.e. godsdienst &]
espouse *overg* [een zaak] omhelzen, tot de zijne maken
espresso [e'spresou] *znw* expresso [koffie]
esprit ['espri:] [Fr] *znw* geest(igheid); ~ *de corps* teamgeest
espy [is'pai] *overg* in het gezicht krijgen, ontwaren, bespeuren, ontdekken
Esq. *afk.* = *Esquire* [is'kwaiə]: *Robert Bell* ~ De weledelgeb. heer Robert Bell
esquire [is'kwaiə] *znw* vero = *squire I*
essay ['esei] **I** *znw* poging, proef; essay *o*, verhandeling, opstel *o*; **II** *overg* [e'sei] pogen, beproeven
essayist *znw* essayist
essence ['esns] *znw* wezen *o*, essentiële *o*; essence: af-, uittreksel *o*, vluchtige olie, reukwerk *o*; *in* ~ in wezen, wezenlijk; *be of the* ~ van wezenlijk belang zijn, eesentieel zijn; *he is the* ~ *of politeness* hij is de beleefdheid zelf
essential [i'senʃəl] **I** *bn* wezenlijk, werkelijk, volstrekt noodzakelijk, essentieel; ~ *oil* vluchtige olie; **II** *znw* wezenlijke *o*, volstrekt noodzakelijke *o*, hoogst noodzakelijke *o*, hoofdzaak; ~*s* (ook:) grondbeginselen [v.e. vak &]
essentially [i'senʃəli] *bijw* ook: in wezen, in de grond, volstrekt
establish [is'tæbliʃ] *overg* vestigen, grondvesten, oprichten, stichten, instellen; tot stand brengen; aanknopen [betrekkingen]; vaststellen, (met bewijzen) staven, bewijzen; [een feit] constateren; ~ *oneself* zich vestigen; ingebrugerd zijn, raken; *the E~ed Church* de Staatskerk; *a well ~ed salesman* een goed ingevoerde vertegenwoordiger; *an ~ed truth* een uitgemaakte zaak
establishment *znw* vestiging; grondvesting, oprichting; stichting, inrichting, instelling, etablissement *o*; (handels)huis *o*; totstandkoming; vaststelling, staving; *the* ~ het heersende bestel, de heersende kliek, het establishment
estate [is'teit] *znw* rang; (land)goed *o*; bezit *o*, bezitting; boedel, nalatenschap; terrein *o*, land *o*, plantage, onderneming; *the fourth* ~ de pers; *housing* ~ woonwijk; *industrial* ~ industrieterrein *o*; *real* ~ onroerende goederen; *the (three)* ~*s* de drie standen: adel, geestelijkheid en burgerij
estate agent *znw* Br makelaar in onroerende goederen
estate (car) *znw* stationcar
estate duty *znw* successierecht *o*
esteem [is'ti:m] **I** *overg* achten, schatten, waarderen; **II** *znw* achting, aanzien *o*, schatting, waardering; *hold in (high)* ~ = **I** *overg*
esthete *znw* Am = *aesthete*
esthetic *bn* Am = *aesthetic*
estimable ['estiməbl] *bn* achtenswaardig
estimate *znw* ['estimit] *znw* schatting, raming, prijsopgave, begroting, waardering; oordeel *o*; *at a rough* ~ ruwweg, grof geschat; **II** *overg* ['estimeit] schatten, ramen, begroten (op *at*)
estimation [esti'meiʃən] *znw* schatting; waardering, achting; oordeel *o*, mening; *in my* ~ naar mijn mening
estival [i:s'taivəl] *bn* zomer-, zomers
Estonia [es'touniə] *znw* Estland *o*
Estonian [es'touniən] **I** *znw* Est; Estisch *o*; **II** *bn* Estisch
estrange [is'trein(d)ʒ] *overg* vervreemden; *become ~d (from)* breken met [echtgenoot &]
estrangement *znw* vervreemding
estrogen ['estrədʒən] *znw* Am = *oestrogen*
estuary ['estjuəri] *znw* estuarium *o* [wijd uitlopende, trechtervormige riviermond]
esurient [i'sjuəriənt] *bn* hongerig, vraatzuchtig
et al *afk.* = *et alii* en anderen
et cetera [it'setrə] *bijw* enzovoort, enz., etc.
etceteras *znw mv* allerlei; extra's
etch [etʃ] *overg* etsen; *it is ~ed on my mind/memory* het staat in mijn geheugen gegrift
etcher *znw* etser
etching *znw* etsen *o*; etskunst; ets
eternal [i'tə:nl] **I** *bn* eeuwig; ~ *triangle* driehoeksverhouding; **II** *znw*: *the E~* de Eeuwige (Vader): God
eternalize *overg* vereeuwigen, eeuwig (lang) doen duren
eternity *znw* eeuwigheid

eternize *overg* = *eternalize*
etesian [i'tiʒjən] *bn* jaarlijks; periodiek; ~ *winds* noordelijke winden in de Middellandse Zee
ether ['i:θə] *znw* ether
ethereal [i'θiəriəl] *bn* etherisch, vluchtig, iel, hemels
etherize ['i:θəraiz] *overg* hist etheriseren, met ether verdoven
ethic ['eθik] **I** *znw* ethiek; **II** *bn* ethisch
ethical *bn* ethisch
ethics *znw (mv)* ethica, ethiek, zedenleer; gedragsnormen, gedragscode, (de) ethische aspecten (van)
Ethiopia [i:θi'oupjə] *znw* Ethiopië *o*
Ethiopian [i:θi'oupjən] **I** *bn* Ethiopisch; **II** *znw* Ethiopiër
ethnic ['eθnik] *znw* etnisch; ± exotisch; ~ *German* Volksduitser
ethnographer [eθ'nɔgrəfə] *znw* etnograaf
ethnographic [eθnə'græfik] *bn* etnografisch
ethnography [eθ'nɔgrəfi] *znw* etnografie: volkenbeschrijving
ethnological [eθnou'lɔdʒikl] *bn* etnologisch
ethnologist [eθ'nɔlədʒist] *znw* etnoloog
ethnology *znw* volkenkunde
ethology [i'θɔlədʒi] *znw* ethologie: biol studie v.h. dierlijk gedrag; filos karakterkunde
ethos ['i:θɔs] *znw* ethos *o*; karakter *o*, geest
etiolate ['i:tiouleit] *overg* bleek maken, (doen) verbleken, doen kwijnen
etiology [i:ti'ɔlədʒi] *znw* oorzakenleer; med leer v.d. oorzaken van ziekten
etiquette [eti'ket, 'etiket] *znw* etiquette
Etna ['etnə] *znw* de Etna; *e*~ spiritustoestel *o*
Eton ['i:tn] *znw* Eton *o*; ~*crop* jongenskop; ~ *jacket* kort jongensjasje *o*
Etonian [i'tounjən] **I** *bn* van Eton; **II** *znw* (oud-) leerling van Eton College
Etruscan [i'trʌskən] **I** *bn* Etruskisch; **II** *znw* Etruskiër; Etruskisch *o*
etymological [etimə'lɔdʒikl] *bn* etymologisch
etymologist [eti'mɔlədʒist] *znw* etymoloog
etymology *znw* etymologie
etymon ['etimɔn] *znw* grondwoord *o*
eucalyptus [ju:kə'liptəs] *znw* (*mv*: -es *of* eucalypti [-tai]) eucalyptus
Eucharist ['ju:kərist] *znw* eucharistie
Eucharistic [ju:kə'ristik] *znw* eucharistisch
eugenic [ju:'dʒenik] **I** *bn* eugenetisch; **II** *znw*: ~*s* eugenetica: rasverbetering
eulogist ['ju:lədʒist] *znw* lofredenaar
eulogistic [ju:lə'dʒistik] *bn* prijzend, lovend, lof-
eulogize ['ju:lədʒaiz] *overg* prijzen, roemen, loven
eulogy *znw* lof(spraak), lofrede
eunuch ['ju:nək] *znw* eunuch
eupeptic [ju:'peptik] *bn* met goede spijsvertering; fig opgewekt, vrolijk
euphemism ['ju:fimizm] *znw* eufemisme *o*
euphemistic [ju:fi'mistik] *bn* eufemistisch: verzachtend, bedekt, verbloemend
euphonic [ju:'fɔnik] *bn* welluidend
euphony ['ju:fəni] *znw* welluidendheid
euphoria [ju:'fɔ:riə] *znw* euforie
euphoric *bn* euforisch
Eurasian [juə'reiʒjən] **I** *bn* Europees-Aziatisch; Indo-europees; **II** *znw* Euraziër; Indo-europeaan, Indo, halfbloed
Eurocrat ['juərəkræt] *znw* geringsch hoge EG-functionaris
European [juərə'pi:ən] **I** *bn* Europees; **II** *znw* Europeaan, Europese
Europeanize [juərə'piənaiz] **I** *onoverg* Europees worden, vereuropesen; **II** *overg* Europees maken, vereuropesen
Eustachian [ju:'steiʃjən] *bn*: ~ *tube* buis v. Eustachius
euthanasia [ju:θə'neizjə] *znw* euthanasie: het pijnloos doden v. ongeneeslijk zieken
evacuate [i'vækjueit] *overg* ledigen, lozen; ontlasten; evacueren, (ont)ruimen [een stad]
evacuation [ivækju'eiʃən] *znw* evacuatie, lediging, ontlasting, lozing, ontruiming
evacuee [ivækju'i:] *znw* evacué, geëvacueerde
evade [i'veid] *overg* ontwijken, ontduiken, ontgaan, ontsnappen aan
evaluate [i'væljueit] *overg* de waarde bepalen van, evalueren
evaluation [ivælju'eiʃən] *znw* waardebepaling, evaluatie
evanesce [i:və'nes] *onoverg* verdwijnen, vervagen
evanescent [i:və'nesənt] *bn* verdwijnend, vluchtig, voorbijgaand
evangelical [i:vaen'dʒelikəl] *bn* evangelisch
Evangelical *znw* aanhanger van de *Low Church*
evangelist [i'vændʒilist] *znw* evangelist
evangelize *onoverg* evangeliseren; het evangelie prediken of verkondigen
evaporate [i'væpəreit] *overg* & *onoverg* (doen) verdampen, uitdampen, uitwasemen; vervluchtigen, vervliegen[2]; ~*d milk* koffiemelk
evaporation [ivæpə'reiʃən] *znw* verdamping, vervluchtiging, uitdamping, uitwaseming
evaporator [i'væpəreitə] *znw* verdamper; verdampingstoestel *o*
evasion [i'veiʒən] *znw* ontwijking, ontduiking, uitvlucht
evasive *bn* ontwijkend[2]; *take ~ action* moeilijkheden uit de weg gaan; mil contact met de vijand vermijden
eve [i:v] *znw* vooravond; avond (dag) vóór (een feest); vero avond
1 even ['i:vn] *znw* plechtig avond
2 even ['i:vn] **I** *bn* gelijk(matig), effen, egaal; even; rond, vol [v. som &]; *the odds (chances) are about* ~ de kans is ongeveer fifty-fifty, er is sprake van ongeveer gelijke kansen; *we are* ~ we staan gelijk; we

zijn quitte; *I'll get ~ with him* ik zal het hem betaald zetten; *break ~* uit kunnen [zonder verlies of winst]; quitte spelen (zijn); **II** *overg* effenen, gelijkmaken; gelijkstellen; *~ out* vlakker worden (maken), afvlakken; (gelijkmatig) spreiden, gelijk maken, gelijk verdelen; *~ up* gelijk worden, gelijk maken; (het) evenwicht herstellen

3 even ['i:vn] *bijw* (ja) zelfs; vero juist, net; *~ as...* net toen...; *~ more* nog meer; *~ now* zo pas nog; op dit ogenblik; *~ so* ook: toch, zelfs dan, dan nog; *~ then* ook: toen al; *~ though* (al)hoewel; *not ~* zelfs niet, niet eens

even-handed ['i:vn'hændid] *bn* onpartijdig

evening ['i:vniŋ] *znw* avond; (gezellig) avondje *o*; *~ classes* avondschool, avondcursus; *~ dress* avondkleding; avondjurk; smoking, rokkostuum *o*; *~ paper* avondkrant; *~ star* avondster

evening primrose *znw* teunisbloem; *~ oil* teunisbloemolie

evenly ['i:vnli] *bijw* gelijk(matig)

evensong ['i:vnsɔŋ] *znw* vesper; avonddienst

event [i'vent] *znw* gebeurtenis; evenement *o*; voorval *o*; geval *o*; sp nummer *o*, wedstrijd, race; *(wise) after the ~* achteraf (wijs); *at all ~s* in elk geval; *in any ~* wat er ook gebeuren moge; hoe het ook zij, toch, in ieder geval; *in either ~* in beide gevallen; *in the ~* uiteindelijk; *in the ~ of* in geval van

even-tempered ['i:vn'tempəd] *bn* gelijkmatig van humeur

eventful *bn* rijk aan gebeurtenissen, veelbewogen, belangrijk

eventide ['i:vntaid] *znw* plechtig avond

eventing [i'ventiŋ] *znw* deelname aan een military [meerdaags paardenconcours]

eventual [i'ventʃuəl] *bn* daaruit voortvloeiend; later volgend; aan het slot; mogelijk, eventueel; uiteindelijk, eind-

eventuality [iventju'æliti] *znw* mogelijke gebeurtenis, mogelijkheid

eventually [i'ventʃuəli] *bijw* ten slotte, uiteindelijk

eventuate [i'ventʃueit] *onoverg* [goed &] aflopen; uitlopen (op *in*); gebeuren

ever ['evə] *bijw* ooit, weleens; altijd, immer, eeuwig; *did you ~!* heb je ooit (van je leven)!; *the biggest ~* de (het) grootste (ooit voorgekomen &); *yours ~* steeds de uwe; *~ and again (anon)* van tijd tot tijd; telkens weer; *~ so (much)* heel veel, o zo veel; *thank you ~ so much!* mijn bijzondere dank!; *be he ~ so rich* hoe rijk hij ook is, al is hij nog zo rijk; *as... as ~ he could* zo... als hij maar kon; *as much as ~* nog even veel; *for ~ (and ~, and a day)* (voor) altijd, eeuwig; *X for ~!* hoera voor X!; *how (who, why, when &) ~?* hoe (wie, waarom, wanneer &)... toch?; *not... ~* nooit; *never ~* gemeenz nooit; *do I ~!* gemeenz en hoe!; *was he ~ mad!* Am wat was hij kwaad!; *~ since* sinds(dien); van die tijd af; *~ after* daarna

evergreen *znw & bn* plantk altijdgroen (gewas *o*); evergreen

everlasting [evəla:stiŋ] *bn* eeuwig(durend), onsterfelijk; onverwoestbaar

evermore ['evə'mɔ:] *bijw* (voor) altijd, eeuwig

every ['evri] *bn* ieder, elk, al; *~ day* alle dagen; *~ man Jack* gemeenz iedereen, zonder uitzondering; *~ now and then* af en toe; *~ one (of them)* ieder (van hen); *~ other day, ~ second day* om de andere dag; *~ third day, ~ three days* om de drie dagen; *~ third man* één van elke drie mannen; *~ bit as corrupt (as)* in elk opzicht even verdorven (als); *~ which way* Am overal (heen, vandaan); *in ~ way* in alle opzichten, alleszins; *his ~ word* elk zijner woorden

everybody *onbep vnw* iedereen

everyday *bijw* (alle)daags; gewoon

everyone *onbep vnw* iedereen

everyplace ['evripleis] *bijw* Am overal

everything *onbep vnw* alles

everyway *bijw* in alle opzichten, alleszins

everywhere *bijw* overal

evict [i'vikt] *overg* recht uitzetten

eviction *znw* recht uitzetting

evidence ['evidəns] **I** *znw* getuigenis *o & v*; bewijs *o*, bewijsstuk *o*, bewijsmateriaal *o*, bewijzen; *turn King's/Queen's (Am State's) ~* getuigen tegen medeverdachten [om strafvermindering te krijgen]; *on the ~ of* naar blijkt uit, op grond van; *give ~* getuigenis afleggen; *bear (show) ~* getuigen, blijk geven (van *of*); *be in ~* de aandacht trekken; *call in ~* als getuige oproepen; **II** *overg* bewijzen, (aan)komen; getuigen van

evident *bn* blijkbaar, klaarblijkelijk, kennelijk, duidelijk

evidential [evi'denʃəl] *bn* tot bewijs dienend, bewijs-; *be ~ of* bewijzen, getuigen van

evil ['i:v(i)l] **I** *bn* slecht, kwaad, kwalijk, boos, snood; *the E~ One* de Boze; **II** *znw* kwaad *o*, onheil *o*; euvel *o*; kwaal; *the lesser of two ~s* van twee kwaden het minste

evil-doer *znw* boosdoener

evil-minded *bn* kwaadaardig

evince [i'vins] *overg* bewijzen, (aan)tonen, aan de dag leggen

evincive *bn* bewijzend, tekenend (voor-)

eviscerate [i'visəreit] *overg* ingewanden uithalen, (buik) openrijten

evocation [evə'keiʃən] *znw* oproeping, evocatie

evocative [i'vɔkətiv] *bn* evocatief

evoke [i'vouk] *overg* oproepen, tevoorschijn roepen

evolution [i:və'l(j)u:ʃən] *znw* ontplooiing, ontwikkeling; evolutie

evolutionary [i:və'l(j)u:ʃən(ə)ri] *bn* evolutionair, evolutie-

evolve [i'vɔlv] *overg & onoverg* (zich) ontvouwen, ontplooien, ontwikkelen; evolueren

evulsion [i'vʌlʃən] *znw* (krachtig) uittrekken *o*, uitrukken *o*

ewe [ju:] *znw* ooi

ewe-lamb *znw* ooilam *o*
ewer ['juə] *znw* lampetkan
ex [eks] **I** *voorv* ex-, vroeger, voormalig, gewezen, oud-; **II** *voorz* uit, af [fabriek]; zonder
exacerbate [eks'æsəbeit] *onoverg* verergeren, toespitsen
exacerbation [eksæsə'beiʃən] *znw* verergering
exact [ig'zækt] **I** *bn* nauwkeurig, stipt, juist, precies; afgepast; exact; *to be* ~ om precies te zijn; **II** *overg* vorderen; eisen, afpersen; *too ~ing* te veeleisend; *~ing work* inspannend werk *o*
exaction *znw* vordering, buitensporige eis, afpersing
exactitude *znw* nauwkeurigheid, stiptheid; juistheid
exactly *bijw* nauwkeurig, stipt, juist, precies; *what did he say ~?* wat zei hij eigenlijk?; *not* ~ ook: nu niet bepaald
exactness *znw = exactitude*
exactor *znw* afperser
exaggerate [ig'zædʒəreit] *overg* overdrijven; chargeren
exaggeration [igzædʒə'reiʃən] *znw* overdrijving; overdrevenheid; charge
exalt [ig'zɔ:lt] *overg* verheffen, verhogen; verheerlijken, prijzen, loven
exaltation [egzɔ:l'teiʃən] *znw* verheffing, verhoging; verheerlijking; (geest)vervoering, verrukking
exalted [ig'zɔ:ltid] *bn* verheven², gedragen [stijl]; hoog, aanzienlijk; in verrukking, geestdriftig
exam [ig'zæm] *znw* examen *o*
examination [igzæmi'neiʃən] *znw* examen *o*, onderzoek *o*, visitatie, recht ondervraging, verhoor *o*; *on (closer)* ~ bij (nader) onderzoek, op de keper beschouwd; *be under* ~ in onderzoek zijn; recht verhoord worden
examine [ig'zæmin] *overg* examineren, onderzoeken, visiteren, inspecteren, controleren, nakijken, bekijken, onder de loep nemen; recht ondervragen, verhoren
examinee [igzæmi'ni:] *znw* examinandus
examiner [ig'zæminə] *znw* examinator; ondervrager; recht rechter van instructie
example [ig'za:mpl] *znw* voorbeeld *o*, model *o*; exemplaar *o* [v. kunstwerk]; opgave, som; *for* ~ bijvoorbeeld; *make an ~ of him (them &)* hem (ze) als voorbeeld stellen; *set an* ~ een voorbeeld geven; *take sbd. as an* ~ een voorbeeld nemen aan iem.; zich spiegelen aan iem.; *follow sbd.'s* ~ een voorbeeld nemen aan iem.; iems. voorbeeld volgen
exanimate [ig'zænimit] *bn* levenloos, dood
exanthema [eksæn'θimə] *znw* huiduitslag
exasperate [ig'za:s-, ig'zæspəreit] *overg* prikkelen, verbitteren
exasperating *bn* ergerlijk, onuitstaanbaar, tergend
exasperation [igza:s-, igzæspə'reiʃən] *znw* prikkeling, verbittering
excavate ['ekskəveit] *overg* op-, uitgraven, uithollen
excavation [ekskə'veiʃən] *znw* op-, uitgraving, uitholling, holte
excavator ['ekskəveitə] *znw* graafmachine
exceed [ik'si:d] *overg* overtreffen, overschrijden, te boven (buiten) gaan
exceedingly *bijw* bijzonder, uiterst
excel [ik'sel] **I** *overg* overtreffen, uitmunten, uitsteken boven; ~ *oneself* zichzelf overtreffen; **II** *onoverg* uitmunten, uitblinken
excellence ['eksələns] *znw* uitmuntendheid, uitstekendheid, voortreffelijkheid
excellency *znw* excellentie
excellent *bn* uitmuntend, uitstekend, uitnemend, voortreffelijk
except [ik'sept] **I** *overg* uitzonderen; **II** *voorz* behalve, uitgezonderd; ~ *for* behalve; behoudens; **III** *voegw*: ~ *he be a traitor* als hij tenminste geen verrader is
excepting *voorz* uitgezonderd
exception *znw* uitzondering (op *to*); exceptie; *take ~ to* aanstoot nemen aan; opkomen tegen; een exceptie opwerpen tegen
exceptionable *bn* aanstotelijk, laakbaar, berispelijk; betwistbaar
exceptional *bn* bijzonder, uitzonderlijk, exceptioneel; uitzonderings-
exceptionally *bijw* ook: bij wijze van uitzondering
excerpt ['eksə:pt] *znw* passage; uittreksel *o*
excess ['ekses] *znw* overmaat, overdaad, buitensporigheid; uitspatting, wreedheid, mishandeling [seksueel &], marteling, exces *o*; surplus *o*, extra *o*; *in (to)* ~ bovenmatig, overdadig; *in ~ of* boven, meer (groter) dan; ~ *fare* toeslag [op spoorkaartje]; ~ *baggage* overvracht; ~ *profit* overwinst
excessive *bn* overdadig, buitensporig, overdreven, ongemeen
exchange [iks'tʃein(d)ʒ] **I** *znw* (om-, uit-, in-, ver-) wisseling, ruil(ing); woordenwisseling, schermutseling; wisselkoers; valuta, deviezen; beurs; telec telefooncentrale; ~ *rate* handel wisselkoers; ~ *student* student die deelneemt aan een uitwisselingsprogramma; ~ *value* ruilwaarde; **II** *overg* (uit-, in-, ver)wisselen, (ver)ruilen; ~ *words with* een woordenwisseling hebben met; ~ *sth. for sth.* iets ruilen voor iets anders
exchangeable *bn* in-, verwisselbaar, ruilbaar
exchequer [iks'tʃekə] *znw* schatkist; kas; *the E~* Br Ministerie *o* v. Financiën
excisable [ik'saizəbl] *bn* accijnsplichtig
excise [ik'saiz] **I** *overg* uit-, afsnijden, wegnemen, schrappen (uit *from*); **II** *znw* ['eksaiz] accijns; ~ *duties* accijnzen
exciseman *znw* commies
excision [ik'siʒən] *znw* uit-, afsnijding; wegneming, schrapping; uitsluiting
excitability *znw* [iksaitə'biliti] prikkelbaarheid
excitable [ik'saitəbl] *bn* prikkelbaar
excitant **I** *bn* opwindend; **II** *znw* med pepmiddel *o*

excitation [eksi'teiʃən] *znw* prikkeling, opwekking; opwinding
excite [ik'sait] *overg* prikkelen, opwekken, aanzetten; opwinden; (ver)wekken
excitement *znw* opwinding
exciting *bn* ook: boeiend, interessant, spannend
exclaim [iks'kleim] *overg* uitroepen; ~ *at sth.* luid protesteren tegen iets
exclamation [eksklə'meiʃən] *znw* uitroep; ~ *mark,* Am *point* uitroepteken *o* [!]
exclamatory [eks'klæmətəri] *bn* uitroepend
exclude [iks'klu:d] *overg* buiten-, uitsluiten
excluding *voorz* = *exclusive of*
exclusion *znw* buiten-, uitsluiting; *to the ~ of* met uitzondering van; ~ *zone* ± territoriale wateren
exclusive I *bn* uitsluitend; exclusief; ~ *of* met uitsluiting van; ongerekend, niet inbegrepen; **II** *znw* exclusief interview *o*, exclusieve reportage
excogitate [eks'kɔdʒiteit] *overg* uitdenken, bedenken
excogitation [ekskɔdʒi'teiʃən] *znw* uitdenken *o*; plan *o*
excommunicate [ekskə'mju:nikeit] *overg* excommuniceren, in de ban doen[2]
excommunication [ekskəmju:ni'keiʃən] *znw* excommunicatie, (kerk)ban
excoriate [eks'kɔ:rieit] *overg* ontvellen, schaven
excoriation [ekskɔ:ri'eiʃən] *znw* ontvelling
excrement ['ekskrimənt] *znw* uitwerpselen (ook: *~s*), ontlasting, feces
excrescence [iks'kresns] *znw* uitwas
excreta [eks'kri:tə] *znw mv* uitscheidingsstoffen, *vooral* uitwerpselen en urine
excrete [eks'kri:t] *overg* uit-, afscheiden
excretion *znw* excretie, secretie, uit-, afscheiding
excretory *bn* uit-, afscheidend; uit-, afscheidings-
excruciating [iks'kru:ʃieitiŋ] *bn* martelend; ondraaglijk, verschrikkelijk, vreselijk
exculpate ['ekskʌlpeit] *overg* van blaam zuiveren, verontschuldigen, vrijpleiten
exculpation [ekskʌl'peiʃən] *znw* zuivering van blaam, verontschuldiging, vrijpleiten *o*
excursion [iks'kə:ʃən] *znw* excursie, uitstapje *o*; uitweiding; afdwaling
excursionist *znw* excursionist, deelnemer aan een excursie, plezierreiziger
excursive [iks'kə:siv] *bn* afdwalend, uitweidend
excursus [iks'kə:səs] *znw* nadere uiteenzetting (in bijlage, voetnoot &)
excusable [iks'kju:zəbl] *bn* vergeeflijk, te verontschuldigen
excusatory *bn* verontschuldigend, rechtvaardigend
excuse [iks'kju:s] **I** *znw* verschoning, verontschuldiging, excuus *o*; *send an ~* (een uitnodiging) afschrijven; **II** *overg* [iks'kju:z] verontschuldigen; excuseren; vergeven; vrijstellen, schenken [v. lessen &]; *~ me* pardon, neemt u me niet kwalijk, sorry; *beg to be ~d, ~ oneself* zich verontschuldigen; bedanken [voor uitnodiging], afschrijven
ex-directory ['eksdi'rektəri] *bn*: ~ *number* telec geheim nummer *o*
execrable ['eksikrəbl] *bn* afschuwelijk
execrate *overg* (ver)vloeken, verafschuwen
execration [eksi'kreiʃən] *znw* vervloeking; afschuw; gruwel
executant [ig'zekjutənt] *znw* uitvoerend musicus
execute ['eksikju:t] *overg* uitvoeren; verrichten, volbrengen; voltrekken; passeren [een akte]; terechtstellen, ter dood brengen
execution [eksi'kju:ʃən] *znw* uitvoering, volbrenging; recht voltrekking; executie, terechtstelling; passeren *o* [v.e. akte]
executioner *znw* beul
executive [ig'zekjutiv] **I** *bn* uitvoerend; leidend [functie &]; directie-; luxe-; ~ *car* directiewagen; **II** *znw* uitvoerende macht; uitvoerend comité *o*, (dagelijks) bestuur *o*; bestuurder, leider, hoofd *o*, directeur
executor [ik'zekju:tə] *znw* executeur(-testamentair)
exegesis [eksi'dʒi:sis] *znw* (*mv*: exegeses [-si:z]) exegese
exegetic(al) [eksi'dʒetik(l)] *bn* exegetisch
exemplar [ig'zemplə] *znw* model *o*, voorbeeld *o*
exemplary *bn* voorbeeldig
exemplification [igzemplifi'keiʃən] *znw* verklaring
exemplify [ig'zemplifai] *overg* verklaren, toelichten door voorbeelden, een voorbeeld zijn van
exempt [ig'zem(p)t] **I** *overg* ontslaan, vrijstellen; **II** *bn* vrij(gesteld) (van *from*)
exemption *znw* vrijstelling
exequies ['eksikwiz] *znw mv* plechtig uitvaart
exercise ['eksəsaiz] **I** *overg* uitoefenen, aanwenden, gebruiken; in acht nemen, betrachten [zorg &]; (be)oefenen; mil laten exerceren, drillen; beweging laten nemen; bezighouden; op de proef stellen [het geduld]; ~ *the minds* de gemoederen bezighouden; **II** *onoverg* (zich) oefenen; mil exerceren; beweging nemen; **III** *znw* oefening; uitoefening; aanwending, gebruik *o*; betrachting, beoefening; operatie, onderneming, campagne; opgave, thema *o*; mil manoeuvre, exercitie; (lichaams)beweging, -oefening
exercise-book *znw* schrift *o*, cahier *o*; oefenboek *o*
exert [ig'zə:t] **I** *overg* aanwenden, inspannen, gebruiken; uitoefenen; **II** *wederk*: ~ *oneself* zich inspannen
exertion *znw* aanwending; inspanning [van krachten]; krachtige poging
exeunt ['eksiʌnt] (zij gaan) af [regieaanwijzing]
exfoliate [eks'foulieit] *onoverg* afschilferen; ontbladeren
exfoliation [eksfouli'eiʃən] *znw* afschilfering; ontbladering
ex gratia ['eks'greiʃə] *bn* [Lat] niet verplicht, als gunst, als gratificatie

exhalation [eks(h)ə-, egzə'leiʃən] *znw* uitademing
exhale [eks'heil, eg'zeil] *overg* uitademen
exhaust [ig'zɔ:st] **I** *overg* uitputten, leegmaken; grondig behandelen [onderwerp]; **II** *wederk*: ~ *oneself* zich uitputten, zich uitsloven; **III** *znw* uitlaat; uitlaatgas *o*; ~ *centre* bedrijf *o* dat is gespecialiseerd in reparaties aan uitlaten; ~ *pipe* uitlaatpijp
exhausted *bn* uitgeput, geradbraakt; handel uitverkocht; op
exhaustion *znw* uitputting[2]
exhaustive *bn* uitputtend, grondig
exhibit [ig'zibit] **I** *znw* recht bewijsstuk *o*; inzending [op tentoonstelling], voorwerp *o* & [in museum]; **II** *overg* tentoonstellen, exposeren, (ver-) tonen, aan de dag leggen; overleggen, indienen; **III** *onoverg* exposeren
exhibition [eksi'biʃən] *znw* vertoning, tentoonstelling; recht overlegging, indiening; onderw (studie)beurs; *make an ~ of oneself* zich (belachelijk) aanstellen, zich bespottelijk maken
exhibitioner *znw* bursaal, beursstudent
exhibitionism [eksi'biʃənizm] *znw* **1** aanstellerij, buitensporig gedrag *o*; **2** exhibitionisme *o*
exhibitionist *znw* **1** aansteller; **2** exhibitionist
exhibitor [ig'zibitə] *znw* vertoner; exposant
exhilarate [ig'zilәreit] *overg* opvrolijken
exhilaration [igzilə'reiʃən] *znw* opvrolijking; vrolijkheid
exhort [ig'zɔ:t] *overg* aan-, vermanen, aansporen
exhortation [egzɔ:-, eksɔ:'teiʃən] *znw* aan-, vermaning, aansporing
exhortative [ig'zɔ:tətiv], **exhortatory** *bn* vermanend
exhorter *znw* vermaner
exhumation [eks(h)ju:'meiʃən] *znw* opgraving
exhume [eks'hju:m] *overg* opgraven; fig opdiepen
exigency [ek'sidʒənsi] *znw* nood, behoefte, eis
exigent ['eksidʒənt] *bn* urgent, dringend; veeleisend; ~ *of* (ver)eisend
exiguity [eksi'gjuiti] *znw* klein-, onbeduidendheid
exiguous [eg'zi-, ek'sigjuəs] *bn* klein, onbeduidend
exile ['eksail, 'egzail] **I** *znw* verbanning, ballingschap; balling; **II** *overg* (ver)bannen
exist [ig'zist] *onoverg* bestaan, leven, zijn, existeren
existence *znw* bestaan *o*, aanwezigheid, wezen *o*, zijn *o*, existentie; *the best... in ~* die of dat er bestaat; *bring (call) into ~* in het leven roepen; *come into ~* ontstaan
existent *bn* bestaand
existential [egzis'tenʃəl] *bn* existentieel
existentialism *znw* existentialisme *o*
existentialist **I** *znw* existentialist; **II** *bn* existentialistisch
exit ['eksit] **I** *onoverg* afgaan [v.h. toneel]; fig van het toneel verdwijnen; **II** *znw* afgaan[2] [v.h. toneel]; uitrit, afslag [v. autoweg]; uitgang; uitreis; *he made his ~* hij ging heen[2]
ex-libris [eks'laibris] *znw* ex-libris *o*
exodus ['eksədəs] *znw* exodus[2]; uittocht
ex officio [eksə'fiʃiou] [Lat] *bijw* ambtshalve; ambtelijk
exogamy [ek'sɔgəmi] *znw* exogamie: huwen *o* buiten de eigen sociale groep
exogenous [ek'sɔdʒinəs] *bn* exogeen: van buitenaf komend
exonerate [ig'zɔnəreit] *overg* ontlasten, ontheffen; (van blaam) zuiveren
exoneration [igzɔnə'reiʃən] *znw* ontlasting, ontheffing; zuivering (van blaam)
exorbitance [ig'zɔ:bitəns] *znw* buitensporigheid
exorbitant *bn* buitensporig, overdreven
exorcise ['eksɔ:saiz] *overg* = *exorcize*
exorcism *znw* (geesten)bezwering
exorcist *znw* geestenbezweerder
exorcize, **excorcise** *overg* uitdrijven, (uit)bannen, bezweren; (van boze geesten) bevrijden
exordium [ek'sɔ:diəm, eg'zɔ:diəm] *znw* (*mv*: -s *of* exordia [-diə]) inleiding
exoteric [eksou'terik] *bn* exoterisch; populair
exotic [eg'zɔtik] **I** *bn* uitheems; exotisch; **II** *znw* uitheemse plant &
expand [iks'pænd] **I** *overg* uitspreiden, uitbreiden; (doen) uitzetten; ontwikkelen, ontplooien; ~ *on sth.* uitweiden over iets; iets dieper op iets ingaan; **II** *onoverg* uitzetten; toenemen, zich uitbreiden (uitspreiden), uitdijen; zich ontwikkelen (ontplooien); ontluiken
expandable, **expansible** *bn* uitzetbaar, expandeerbaar
expanse *znw* uitgestrektheid; uitspansel *o*
expansion *znw* uitbreiding, expansie, uitzetting, uitdijing; spankracht; ontwikkeling; ontplooiing; ontluiking
expansionism [iks'pænʃənizm] *znw* expansionisme *o*, streven *o* naar (gebieds)uitbreiding
expansionist **I** *znw* expansionist; **II** *bn* expansionistisch
expansive *bn* uitgebreid, uitgestrekt, wijd; expansief, mededeelzaam
ex parte [eks'pa:ti] *bn* recht van één der partijen
expat [eks'pæt] *znw* gemeenz = *expatriate*
expatiate [eks'peiʃieit] gemeenz *onoverg* uitweiden (over *on*)
expatiation [ekspeiʃi'eiʃən] gemeenz *znw* uitweiding
expatriate [eks'pætrieit, -'peitrieit] **I** *overg* verbannen, het land uitzetten; **II** *znw* [eks'pætriit] (vooral Am) (vrijwillige) balling; **III** *bn* in het buitenland wonend
expatriation [ekspætri'eiʃən, -peitri'eiʃən] *znw* verbanning, uitzetting
expect [ik'spekt] *overg* verwachten, rekenen op; gemeenz vermoeden; denken; *she is ~ing* gemeenz zij is in verwachting
expectancy *znw* verwachting; vooruitzicht *o*; *life ~* vermoedelijke levensduur

expectant *bn* af-, verwachtend; hoopvol; aanstaande [moeder]
expectantly *bijw* afwachtend; vol verwachting, hoopvol
expectation [ekspek'teiʃən] *znw* af-, verwachting, vooruitzicht *o*; ~ *of life* vermoedelijke levensduur; *have ~s* vooruitzichten [op een erfenis], iets te wachten hebben
expectorant [ek'spektərənt] *znw & bn* slijm oplossend of losmakend (middel *o*)
expectorate *overg* [uit de borst] opgeven, spuwen
expectoration [ekspektə'reiʃən] *znw* opgeving [bij het hoesten]; opgegeven slijm *o & m*
expedience, **expediency** [iks'pi:diəns(i)] *znw* gepastheid, geschiktheid, raadzaamheid, dienstigheid, opportuniteit
expedient I *bn* gepast, geschikt, raadzaam, dienstig, opportuun; **II** *znw* (red-, hulp)middel *o*
expedite ['ekspidait] *overg* bevorderen, bespoedigen, verhaasten, (vlug) afdoen
expedition [ekspi'diʃən] *znw* expeditie; spoed, snelheid
expeditionary force *znw* expeditieleger *o*
expeditious *bn* snel, vaardig
expel [iks'pel] *overg* uit-, verdrijven, verwijderen, (ver)bannen, uitzetten, wegjagen, -zenden, royeren
expend [iks'pend] *overg* uitgeven, besteden, verbruiken
expendable *bn* overtollig; zonder veel waarde
expenditure *znw* uitgeven *o*, uitgaaf; uitgaven; (nutteloos) verbruik *o*
expense [iks'pens] *znw* (on)kosten, uitgaaf; moeite; *at the ~ of* op kosten van; fig ten koste van; *go to great ~* veel kosten maken; *on ~s* met vergoeding van alle (gemaakte) onkosten [door firma's &]
expense account *znw* onkostenrekening
expense allowance *znw* onkostenvergoeding
expensive *bn* kostbaar, duur
experience [iks'piəriəns] **I** *znw* ondervinding; ervaring; belevenis, wedervaren *o* (ook: *~s*), bevinding [vooral religieus]; praktijk [v. kantoorbediende &]; *by (from) ~* bij (door) ondervinding, bij (uit) ervaring; **II** *overg* ondervinden, ervaren, door-, meemaken, beleven
experienced *bn* ervaren, bedreven
experiential [iks'piəri'enʃəl] *bn* op de ervaring gebaseerd, ervarings-, empirisch
experiment I *znw* [iks'perimənt] experiment *o*, proef(neming); **II** *onoverg* [iks'perimənt] experimenteren, proeven nemen
experimental [eksperi'mentl] *bn* proefondervindelijk, experimenteel, ervarings-; proef-; bevindelijk [v. godsdienst]
experimentalize *onoverg* proeven nemen, experimenteren
experimentation [eksperimen'teiʃən] *znw* proefneming, experimenteren *o*
experimenter [iks'perimentə] *znw* proefnemer, experimentator
expert ['ekspə:t] **I** *bn* bedreven (in *at, in*); vakkundig, vakbekwaam, deskundig; geroutineerd; **II** *znw* deskundige, vakman, expert (in *in, at*)
expertise [ekspə:'ti:z] *znw* deskundigheid
expiate ['ekspieit] *overg* boeten [een misdaad]
expiation [ekspi'eiʃən] *znw* boete(doening)
expiatory ['ekspiətəri] *bn* boete-, zoen-
expiration [ekspaiə'reiʃən] *znw* uitademing; einde *o*; vervallen *o*, verstrijken *o*, afloop, vervaltijd
expire [iks'paiə] *onoverg* de laatste adem uitblazen; aflopen, verstrijken, vervallen, verlopen; uitgaan
expiry *znw* vervallen *o*, verstrijken *o*, afloop, vervaltijd; ~ *date* datum waarop de geldigheid van iets vervalt
explain [iks'plein] *overg* uitleggen, verklaren, uiteenzetten; ~ *away* wegredeneren, goedpraten, vergoelijken; ~ *oneself* zich nader verklaren
explainable *bn* verklaarbaar
explanation [eksplə'neiʃən] *znw* verklaring, uitleg(ging), uiteenzetting, explicatie
explanatory *bn* [iks'plænətəri] verklarend
expletive [iks'pli:tiv] **I** *bn* aanvullend; overtollig; **II** *znw* stopwoord *o*, vloek, krachtterm
explicable [eks'plikəbl] *bn* verklaarbaar
explicate [eks'plikeit] *overg* uitleggen, verklaren, verhelderen
explicit [iks'plisit] *bn* duidelijk, uitdrukkelijk, niets verhullend; expliciet; stellig; openhartig
explode [iks'ploud] **I** *onoverg* exploderen, ontploffen, springen, (uit-, los)barsten[2]; snel (plotseling) stijgen; **II** *overg* tot ontploffing brengen, doen (uit-) barsten; laten springen; fig de nekslag geven; *~d theory* theorie die afgedaan heeft
exploit I ['eksplɔit] *znw* (helden)daad; wapenfeit *o*; prestatie; **II** [iks'plɔit] *overg* exploiteren; uitbuiten
exploitable [eks'plɔitəbl] *bn* exploiteerbaar
exploitation [eksplɔi'teiʃən] *znw* exploitatie; uitbuiting
exploitative [eks'plɔitətiv] *bn* uitbuitend; exploitatie-, ontginnings-
exploiter [eks'plɔitə] *znw* exploitant; uitbuiter
exploration [eksplɔ:'reiʃən] *znw* navorsing, nasporing, onderzoeking
exploratory [eks'plɔ:rətəri] *bn* onderzoekend; ~ *drilling* proefboring
explore [iks'plɔ:] *overg* navorsen, onderzoeken
explorer *znw* ontdekkingsreiziger
explosion [iks'plouʒən] *znw* ontploffing, springen *o*, los-, uitbarsting[2], explosie; plotselinge groei
explosive I *bn* ontplofbaar, ontploffings-, spring-; explosief; opvliegend; **II** *znw* springstof; *high ~* brisante springstof
exponent [eks'pounənt] *znw* exponent, vertegenwoordiger, fig vertolker, vertolking, uitdrukking, belichaming, drager [v. idee]
exponential [ekspou'nenʃəl] *znw* exponentieel
export I ['ekspɔ:t] *znw* uitgevoerd goed *o*; uitvoerar-

tikel *o*; uitvoer, export (ook: *~s*); **II** [eks'pɔ:t] *overg* uitvoeren, exporteren
exportable *bn* exporteerbaar
exportation [ekspɔ:'teiʃən] *znw* uitvoer, export
exporter [eks'pɔ:tə] *znw* exporteur
exposal [iks'pouzl] *znw* = *exposure*
expose *overg* uitstallen; (ver)tonen; tentoonstellen; blootstellen; bloot (onbedekt, onbeschut) laten; blootleggen; belichten [foto]; te vondeling leggen; fig uiteenzetten [theorieën]; aan de kaak stellen; ontmaskeren, aan de dag brengen; *~ oneself* zich blootgeven; recht zich schuldig maken aan exhibitionisme; *~d* onbeschut; open, vrij; kwetsbaar; *~d to the East* op het oosten liggend
exposé [eks'pouzei] *znw* [Fr] uiteenzetting; onthulling (v. schandaal &)
exposition [ekspou'ziʃən] *znw* uiteenzetting; exposé *o*, uitleg [v. drama]; tentoonstelling
expositive [eks'pɔsitiv] *bn* verklarend, verhelderend
expostulate [iks'pɔstjuleit] *onoverg* protesteren; *~ with sbd. about (for, on, upon)* iem. onderhouden over
expostulation [ikspɔstju'leiʃən] *znw* vertoog *o*, vermaning, protest *o*
expostulatory [iks'pɔstjulətəri] *bn* vermanend
exposure [iks'pouʒə] *znw* blootstellen *o*, blootgesteld zijn *o*; ontbloting; med onderkoeling; uitstalling; ontmaskering; publiciteit; fotogr opname, belichting; te vondeling leggen *o*; gebrek *o* aan beschutting; *with a southern ~* op het zuiden liggend; *~ meter* belichtingsmeter
expound [iks'paund] *overg* uiteenzetten, verklaren
express [iks'pres] **I** *bn* uitdrukkelijk; speciaal; snel, expres-; *~ company* Am koeriersbedrijf *o*; *~ delivery* snelpost; *~ goods* handel ijlvracht; *~ messenger* expresse; **II** *bijw* per expresse; **III** *znw* post expresse; expres(trein); **IV** *overg* uitpersen; uitdrukken[2], te kennen geven, betuigen, uiten
expressible *bn* uit te drukken
expression *znw* uitpersing; uitdrukking, expressie; uiting, gezegde *o*; *beyond (past) ~* onuitsprekelijk
expressionist [iks'preʃənist] *znw* & *bn* expressionist(isch)
expressionistic [ikspreʃə'nistik] *bn* expressionistisch
expressive [iks'presiv] *bn* expressief, beeldend; veelzeggend; *~ of ...* ... uitdrukkend
expressiveness *znw* (zeggings)kracht, expressiviteit
expressly [iks'presli] *bijw* duidelijk; uitdrukkelijk; in het bijzonder
expressway [iks'preswei] *znw* Am snelweg
expropriate [eks'prouprieit] *overg* onteigenen
expropriation [eksproupri'eiʃən] *znw* onteigening
expulsion [iks'pʌlʃən] *znw* uit-, verdrijving, uitzetting, verbanning; wegjagen *o*, -zenden *o*; royement *o*
expulsive *bn* uit-, af-, verdrijvend
expunge [eks'pʌn(d)ʒ] *overg* uitwissen, schrappen
expurgate ['ekspə:geit] *overg* zuiveren, castigeren [boek], schrappen; *~d* ook: gekuist [uitgave]
expurgation [ekspə:'geiʃən] *znw* zuivering, castigatie [v.e. boek], schrapping
exquisite ['ekskwizit, iks'kwizit] *bn* uitgelezen, uitgezocht, fijn, keurig; volmaakt
ex-serviceman ['eks'sə:vismæn] *znw* oud-strijder
ext. *afk.* = *extension* [telec]; *exterior*; *external*
extant [eks'tænt] *bn* (nog) bestaande, voorhanden, aanwezig
extemporaneous [ekstempə'reinjəs], **extempore** [eks'tempəri] *bn* voor de vuist (bedacht), onvoorbereid
extemporization [ekstempərai'zeiʃən] *znw* improvisatie
extemporize [eks'tempəraiz] *onoverg* voor de vuist spreken, improviseren
extend [iks'tend] **I** *overg* (uit)strekken; uit-, toesteken; uitbreiden; groter/langer maken, (uit)rekken; verlengen; dóórtrekken; doen toekomen, te beurt doen vallen, verlenen [hulp]; (over) hebben (voor *to*); tot het uiterste belasten; **II** *onoverg* zich uitstrekken; zich uitbreiden; mil zich verspreiden; *~ed order* mil verspreide orde; *an ~ed period* een langere tijd; *~ing table* schuif-, uittrektafel
extendable *bn* rekbaar; voor uitbreiding vatbaar; uitschuifbaar, verlengbaar
extensibility [ikstensi'biliti] *znw* rekbaarheid; vatbaarheid voor uitbreiding
extension *znw* (uit)strekking, (uit)rekking, uitbreiding, uitgebreidheid; omvang; verlenging; verlengstuk[2] *o* (ook: *~ piece*); aanbouw [v. huis]; telec neventoestel *o*; *~ 13* telec toestel 13; *~ apparatus* med rekverband *o*; *~ cord (lead)* verlengsnoer *o*; *~ course(s)* onderw ± deeltijdstudie; *~ instrument* telec neventoestel *o*; *~ ladder* schuifladder; *~ table* schuif-, uittrektafel
extensive *bn* uitgebreid, uitgestrekt, omvangrijk, extensief, op grote schaal; *travel ~ly* veel reizen
extensor *znw* strekspier
extent [iks'tent] *znw* uitgebreidheid, uitgestrektheid, omvang; hoogte, mate; *to the ~ of* ten bedrage van; zó (ver gaand) dat; *to a large ~* grotendeels; *to some (a certain) ~* in zekere mate, tot op zekere hoogte; *to the ~ that...* zozeer, dat...; *to what ~* in hoeverre
extenuate [eks'tenjueit] *overg* verzachten, vergoelijken; *extenuating circumstances* verzachtende omstandigheden
extenuation [ekstenju'eiʃən] *znw* verzachting, vergoelijking
exterior [eks'tiəriə] **I** *bn* uitwendig, uiterlijk; buitenste, buiten-; **II** *znw* buitenkant; uiterlijk *o*, uiterlijkheid, uitwendigheid
exteriorize *overg* uiterlijke vorm geven aan; psych projecteren
exterminate [iks'tə:mineit] *overg* uitroeien, verdel-

gen
extermination [ikstə:mi'neiʃən] *znw* uitroeiing, verdelging
exterminator [iks'tə:mineitə] *znw* uitroeier, (ongedierte)verdelger
exterminatory [iks'tə:minətəri] *bn* verdelgings-
external [eks'tə:nəl] **I** *bn* uitwendig; uiterlijk; extern, buiten-; buitenlands; *for ~ use only* alleen voor uitwendig gebruik; **II** *znw* uiterlijk *o*; *~s* uiterlijkheden; bijkomstigheden
externalize *overg* uiterlijke vorm geven aan; belichamen; psych projecteren
exterritorial [eksteri'tɔ:riəl] *bn* extraterritoriaal: buiten de jurisdictie van een staat vallend
extinct [iks'tiŋkt] *bn* (uit)geblust, uitgedoofd; niet meer bestaand, uitgestorven; afgeschaft; *life is ~* de levensgeesten zijn geweken
extinction *znw* (uit)blussing, uitdoving; delging (v. schuld); vernietiging; opheffing; uitroeiing; ondergang; uitsterving
extinguish [iks'tiŋgwiʃ] *overg* (uit)blussen[2], (uit-)doven[2]; delgen [schuld]; uitroeien; vernietigen; opheffen; in de schaduw stellen
extinguishable *bn* te blussen
extinguisher *znw* blusser; blusapparaat *o*
extirpate ['ekstə:peit] *overg* uittrekken; uitroeien[2]
extirpation [ekstə:'peiʃən] *znw* uittrekken *o*; uitroeiing[2]
extirpator ['ekstə:peitə] *znw* vernietiger; uitroeier; wiedmachine
extn. *afk.* = *extension* [telec]
extol [iks'tɔl, iks'toul] *overg* verheffen, prijzen, ophemelen, verheerlijken
extort [iks'tɔ:t] *overg* ontwringen, afdwingen, afpersen
extortion *znw* afpersing; afzetterij
extortionate *bn* exorbitant
extortioner *znw* (geld)afperser, knevelaar, uitzuiger; afzetter
extra ['ekstrə] **I** *bn bijw* extra; **II** *znw* iets extra's; extra nummer *o*, dans, schotel &; extraatje *o*; figurant; *no ~s* alles inbegrepen
extract [iks'trækt] **I** *overg* (uit)trekken, trekken, aftrekken [kruiden], extraheren, halen (uit *from*); afpersen; **II** *znw* ['ekstrækt] extract *o*, uittreksel *o*; fragment *o*, passage
extraction [iks'trækʃən] *znw* uittrekking, extractie [v. tand &]; afkomst
extractor fan *znw* raamventilator; afzuigkap
extracurricular [ekstrəkə'rikjələ] *bn* buiten het gewone (studie)programma om
extradite ['ekstrədait] *overg* uitleveren
extradition [ekstrə'diʃən] *znw* uitlevering
extrajudicial ['ekstrədʒu'diʃəl] *bn* buitengerechtelijk; wederrechtelijk
extra-marital ['ekstrə'mæritl] *bn* buitenechtelijk
extramural ['ekstrə'mjuərəl] *bn* buiten de muren van de school of van de universiteit; *~ activities* buitenschoolse activiteiten; *~ student* extraneus
extraneous [eks'treinjəs] *bn* vreemd (aan *to*), niet behorend (bij *to*)
extraordinary [iks'trɔ:dnri] *bn* buitengewoon°, ongemeen
extrapolate [iks'træpouleit] *overg* extrapoleren: uit iets bekends iets onbekends berekenen
extrapolation [ikstræpə'leiʃən] *znw* extrapolatie
extrasensory ['ekstrə'sensəri] *bn* paragnostisch; *~ perception* buitenzintuiglijke waarneming
extraterrestrial ['ekstrəti'restriəl] **I** *bn* buitenaards; **II** *znw* buitenaards wezen *o*
extraterritorial ['ekstrəteri'tɔ:riəl] *bn* = *exterritorial*
extravagance [iks'trævigəns] *znw* buitensporigheid; overdrijving, ongerijmdheid; verkwisting; uitspatting
extravagant *bn* buitensporig; overdreven, ongerijmd; verkwistend
extravaganza [ekstrævə'gænzə] *znw* buitensporigheid; muz extravaganza
extravasate [eks'trævəseit] *onoverg* (zich) uitstorten [v. bloed]
extreme [iks'tri:m] **I** *bn* uiterst, laatst, hoogst, verst; buitengewoon; extreem; *E~ Unction* RK heilig oliesel *o*; **II** *znw* uiterste *o*; uiteinde *o*; wisk uiterste term; *in the ~* in de hoogste mate, uiterst; *carry (take) to the ~s* op de spits drijven; *go to ~s* in het uiterste vervallen
extremely *bijw* versterkend bijzonder, zeer
extremism [iks'tri:mizm] *znw* extremisme *o*
extremist [iks'tri:mist] *znw* & *bn* extremist(isch)
extremity [iks'tremiti] *znw* uiterste *o*, (uit)einde *o*; uiterste nood; *extremities* uiterste, extreme maatregelen; ledematen, extremiteiten; *the ~ of someone's beliefs* het extreme karakter van iems. opvattingen
extricate ['ekstrikeit] *overg* los-, vrijmaken, ontwarren, bevrijden, helpen (uit *from*)
extrication *znw* [ekstri'keiʃən] los-, vrijmaking, ontwarring, bevrijding
extrinsic [eks'trinsik] *bn* uiterlijk, van buiten; *~ to...* liggende buiten...
extrovert ['ekstrouvə:t] **I** *bn* psych extravert, extravert: naar buiten gekeerd; **II** *znw* extravert
extrude [eks'tru:d] *overg* uit-, verdrijven, uitwerpen; techn (uit)persen, uitstoten
extrusion *znw* uit-, verdrijving, uitwerping; techn (uit)persing, uitstoting, extrusie
extrusive *bn* uitstotend; *~ rocks* geol stollingsgesteente
exuberance [ig'zju:bərəns] *znw* weelderigheid [v. groei]; overvloed; overdrevenheid; uitbundig-, uitgelatenheid; (over)volheid
exuberant *bn* weelderig, overvloedig, overdreven, uitbundig, uitgelaten; overvloeiend, overvol, rijk
exudation [eksju:'deiʃən] *znw* uitzweting
exude [ig'zju:d] *overg* uitzweten, afscheiden; fig uitstralen

exult [ig'zʌlt] *onoverg* juichen, jubelen (over *at*); ~ *in* zich verkneukelen in; ~ *over* triomferen over
exultant *bn* juichend, triomfantelijk
exultation [egzʌl'teiʃən] *znw* gejuich *o*, gejubel *o*; uitbundige vreugde
exuviate [ig'zu:vieit] *onoverg* van huid verwisselen, vervellen
eye [ai] **I** *znw* oog *o*; gezichtsvermogen *o*; middelpunt *o*, centrum *o* [v. storm &]; plantk kiem, oog, pit [v. aardappel]; *my ~(s)!* slang hemeltjelief!, godallemachtig!; onzin!, kletskoek!; *my ~!* gemeenz onzin!, klets!, je kan me wat!, kom nou!; *~s right* mil hoofd rechts!; *be all ~s* een en al oog zijn; *cast (run) one's ~ over* een kritische blik werpen op; *catch sbd.'s ~* iems. aandacht trekken; *clap ~s on* gemeenz te zien krijgen; *have one's ~ on* een oogje hebben op, uit zijn op; *have an ~ for* oog hebben voor; *have an ~ to* het oog houden op; *keep an ~ on* in het oog houden; *keep one's ~s open, keep an ~ out (for)* uitkijken naar; *keep one's ~s peeled (skinned)* goed opletten; *lay ~s on* zijn oog laten vallen op; *make ~s at a girl* naar een meisje lonken; *open one's ~s* grote ogen opzetten; *open sbd.'s* iem. de ogen openen; *I never set ~s on him again* ik kreeg hem nooit weer onder mijn ogen; *there's more to it than meets the ~* er zit veel meer achter; *turn a blind ~ to* niet willen zien, geen notitie nemen van; een oogje toedoen voor; *an ~ for an ~* oog om oog; *in my ~s* in mijn ogen; *that's one in the ~ for him!* gemeenz daar kan hij het mee doen; die zit!; *his ~s are too big for his belly* zijn ogen zijn groter dan zijn maag; *do in the ~* slang in de nek zien, beetnemen; *see ~ to ~ with* het volkomen eens zijn met; *up to one's ~s* tot over de oren; *with an ~ to* met het oog op; **II** *overg* aankijken, kijken naar, beschouwen; *~ sbd. up* lonken naar
eyeball I *znw* oogappel, -bal; **II** *overg* gemeenz aankijken, aanstaren, bekijken
eyebrow *znw* wenkbrauw; *raise an ~* de wenkbrauwen optrekken [over iets]
eye-catcher *znw* blikvanger
eye-catching *bn* opvallend, in het oog springend
eyeful *znw* gemeenz blik; beetje *o*; iets moois, knap meisje *o*, knappe jongen
eyeglass *znw* monocle; *~es* lorgnet; face-à-main
eyehole *znw* oogholte; kijkgat *o*; (veter)gaatje *o*
eyelash *znw* wimper, ooghaar *o*
eyeless *bn* blind
eyelet *znw* oogje *o*; vetergaatje *o*
eyelid *znw* ooglid *o*
eye-opener *znw* wat iemand de ogen opent, verrassing
eye patch *znw* ooglapje *o*
eyepiece *znw* occulair *o*, oogglas *o*
eye-shade *znw* oogscherm *o*
eye-shadow *znw* oogschaduw
eyeshot *znw*: *out of ~* ver genoeg om niet te worden gezien; *within ~* dichtbij genoeg om te worden gezien
eyesight *znw* gezicht(svermogen) *o*
eye socket *znw* oogholte
eyesore *znw* belediging voor het oog; onooglijk iets; doorn in het oog
eye strain *znw* vermoeidheid van het oog/de ogen
eye-tooth *znw* oogtand; *I would give my eyeteeth* ik zou er alles voor over hebben
eyewash *znw* oogwatertje *o*; *all ~* gemeenz allemaal smoesjes
eyot [eit] *znw* eilandje *o* in rivier
eye-witness ['aiwitnis] *znw* ooggetuige
eyrie ['aiəri] *znw* nest *o* [v. roofvogel], horst; arendsnest *o*

F

f [ef] *znw* (de letter) f; muz f of fa
F *afk.* Fahrenheit
fa [fa:] *znw* muz fa
fab [fæb] *bn* gemeenz fantastisch, te gek
Fabian ['feibjən] *znw* & *bn* niet-revolutionair socialist(isch)
fable ['feibl] *znw* fabel, sprookje *o*, verzinsel *o*, praatje *o*
fabled *bn* vermaard, legendarisch, fabelachtig
fabric ['fæbrik] *znw* gebouw *o*, bouw, samenstel *o*, werk *o*; maaksel *o*; weefsel *o*, stof; ~ *softener* wasverzachter
fabricate *overg* bouwen; vervaardigen, maken; fig fabuleren, verzinnen
fabrication [fæbri'keiʃən] *znw* vervaardiging; verzinnen *o*, verzinsel *o*, fabeltje *o*
fabulist ['fæbjulist] *znw* fabeldichter
fabulous *bn* fabelachtig[2], geweldig
façade [fə'sa:d] *znw* (voor)gevel, façade[2]
face [feis] **I** *znw* (aan)gezicht *o*; aanzien *o*, vóórkomen *o*; (voor)zijde, (voor)kant, platte kant; oppervlakte; berg-, rotswand; vlak *o*; front *o* [v. kolenlaag]; beeldzijde; beeld *o* [v. drukletter]; wijzerplaat; onbeschaamdheid, brutaliteit; prestige *o*; *blow up (explode) in one's* ~ volstrekt misgaan, verkeerd uitpakken; *lose* ~ afgaan, zijn prestige verliezen; *make (pull) a* ~ *at someone* een gezicht tegen iem. trekken; *put a brave (good)* ~ *(on it)* faire bonne mine à mauvais jeu; zich groot houden; *put a different* ~ *on sth.* iets in een ander licht stellen, iets van een andere kant bekijken; *save (one's)* ~ zijn prestige of de schijn weten te redden; *set one's* ~ *against* zich verzetten tegen, niet dulden; *show one's* ~ acte de présence geven; *before sbd.'s* ~ onder iems. ogen, waar iem. bij staat; *in* ~ *of* tegenover; *in (the)* ~ *of* tegen ... in; ondanks; tegenover; *he was going red in the* ~ hij begon rood aan te lopen; *on the* ~ *of it* op het eerste gezicht, oppervlakkig beschouwd, zo gezien; *to sbd.'s* ~ (vlak) in iems. gezicht; ~ *to* ~ van aangezicht tot aangezicht; tegenover elkaar; ~ *to* ~ *with* tegenover; **II** *overg* in het (aan)gezicht zien; (komen te) staan tegenover[2]; tegemoet treden; tegemoet zien [straf &]; onder ogen zien, trotseren, confronteren, het hoofd bieden; gekeerd zijn naar, liggen op [het zuiden &]; bekleden [met tegels]; afzetten [met lint &]; uitmonsteren [een uniform]; *let's* ~ *it* gemeenz laten we eerlijk zijn; ~ *it out* brutaal volhouden, doorzetten; ~ *sbd. down (out)* iem. overbluffen, overdonderen; ~*d with the choice* geplaatst voor, gesteld voor, staande voor, geconfronteerd met de keuze; *I can't* ~ *it (doing)* ik voel me er niet tegen opgewassen (om te); **III** *onoverg* gekeerd zijn naar; ~ *about* mil rechtsomkeert (laten) maken; *about* ~*!* Am rechtsomkeert!; ~ *up to* onder de ogen zien, het hoofd bieden; aandurven
face-card *znw* kaartsp Am pop
face-cloth, **face-flannel** *znw* waslapje *o*, washandje *o*
face cream *znw* gezichtscrème
faceless *bn* geen gezicht hebbend, anoniem
face-lift *znw* facelift; fig verjongingskuur, opknapbeurt [v.e. stad, gebouwen &]
face off ['feisɔf] *znw* ijshockey face-off, begin *o*
face-pack *znw* pakking, masker *o*
facer *znw* klap in het gezicht; moeilijkheid waar men voor staat, lastig geval *o*
face-saver *znw* voorstel *o*, toezegging & waarmee gezichtsverlies wordt voorkomen
face-saving *bn* waarmee gezichtsverlies wordt voorkomen
facet ['fæsit] *znw* facet *o*
facetious [fə'si:ʃəs] *bn* (ongepast) grappig, schertsend, zogenaamd leuk
face value ['feis'vælju:] *znw* nominale waarde; *accept (take) at (its)* ~ (iets) kritiekloos accepteren; *taken at* ~ op het oog, op het eerste gezicht
face-worker ['feiswə:kə] *znw* mijnwerker
facia ['feiʃə] *znw* = *fascia*
facial ['feiʃəl] **I** *bn* gezichts-; gelaats-; **II** *znw* gezichtsmassage
facile ['fæsail] *bn* gemakkelijk, vaardig [met de pen], vlug, vlot; meegaand; oppervlakkig
facilitate [fə'siliteit] *overg* verlichten, vergemakkelijken
facilitation [fəsili'teiʃən] *znw* verlichting, vergemakkelijking
facility [fə'siliti] *znw* gemakkelijkheid, gemak *o*; faciliteit, voorziening, mogelijkheid; tegemoetkoming; inrichting, installatie; vaardigheid, vlugheid, vlotheid
facing ['feisiŋ] *znw* bekleding; garneersel *o*, opslag [aan uniform]; revers; zie ook: *face II & III*
facsimile [fæk'simili] *znw* facsimile *o*
fact [fækt] *znw* feit *o*; daad; werkelijkheid; *in* ~ inderdaad; eigenlijk, feitelijk, in feite; *in actual* ~ in werkelijkheid, in feite; *the* ~ *(of the matter) is...* de zaak is...; *is that a* ~*?* is dat waar?; ja toch?; *the* ~*s of life* de bijzonderheden van geslachtsleven en voortplanting; de realiteiten; ~ *and fiction* schijn en werkelijkheid; ~*s and figures* (kei)harde gegevens; *know for a* ~ (iets) absoluut zeker weten
fact-finding *bn* onderzoeks-
faction ['fækʃən] *znw* **1** partij(schap), factie, splintergroep [binnen partij]; (interne) partijtwist; **2** docudrama *o*
factious *bn* partijzuchtig; oproerig
factitious [fæk'tiʃəs] *bn* nagemaakt, kunstmatig
factor ['fæktə] *znw* factor[2]; factoor, agent; *highest common* ~ wisk grootste gemene deler

factorize *overg* wisk ontbinden in factoren
factory ['fæktəri] *znw* fabriek; hist factorij
factory farming *znw* bio-industrie
factory floor *znw* werkvloer (ook fig)
factory inspectorate *znw* arbeidsinspectie
factory ship *znw* fabrieksschip *o*
factotum [fæk'toutəm] *znw* factotum *o*, duivelstoejager
factual ['fæktjuəl] *bn* feitelijk, feiten-
faculty ['fækəlti] *znw* vermogen *o*; faculteit; Am wetenschappelijk personeel *o*
fad [fæd] *znw* gril, manie, rage, bevlieging
faddist *znw* maniak
faddy *bn* grillig, maniakaal
fade [feid] **I** *onoverg* verwelken, verschieten; verbleken, tanen; ~ *(away, out)* verflauwen, vervagen; (weg)kwijnen, wegsterven; verdwijnen; ~ *in* geleidelijk verschijnen; (in)faden, invloeien [v. filmbeeld]; ~ *into* geleidelijk overgaan in; ~ *out* (uit-) faden, uitvloeien [v. filmbeeld]; **II** *overg* doen verwelken &; **III** *znw* fade, in-, uitvloeier [v. filmbeeld, geluid]
fade-in *znw* geleidelijk verschijnen *o* van een beeld [in film], geleidelijk aanzwellen *o* van geluid [bij geluidsopname], fade-in
fade-out *znw* geleidelijk vervagen *o* van een beeld [in film], wegsterven *o* van geluid [bij geluidsopname], fade-out
faecal ['fi:kəl] *bn* faecaal
faeces ['fi:si:z] *znw mv* feces, fecaliën
faerie, **faery** ['feiəri] **I** *znw* feeënland *o*; feeën; **II** *bn* feeën-, droom-
fag [fæg] **I** *onoverg* zich afsloven; onderw als *fag* (bet. III) dienen; **II** *overg*: ~ *(out)* uitputten, afmatten; **III** *znw* vermoeiend werk *o*; onderw schooljongen die een oudere leerling diensten moet bewijzen; slang sigaret, saffie *o*; slang flikker
fag-end ['fæg'end] *znw* vestje *o*; eind(je) *o*; stompje *o*, sigarettenpeukje *o*
faggot ['fægət] *znw* mutsaard, takkenbos; bundel; Am slang flikker; Br bal gehakt
faience [fai'ã:ns] *znw* faience
fail [feil] **I** *onoverg* ontbreken; mislukken, -lopen, niet uitkomen; tekortschieten; falen; achteruitgaan, minder worden, uitvallen, uitgaan [v. licht]; failliet gaan; in gebreke blijven, niet kunnen; niet verder kunnen; zakken [bij examen]; *you cannot ~ to...* u moet wel...; *it never ~s to amaze me* ik ben altijd weer verbaasd (als...) **II** *overg* teleurstellen; in de steek laten, begeven [krachten]; zakken voor [examen]; laten zakken [kandidaat]; *words ~ me* ik ben sprakeloos; **III** *znw*: *without ~* zeker, zonder mankeren; onderw onvoldoende [bij examen]
failing I *voorz*: *~ this* bij gebrek hieraan; bij gebreke hiervan; *~ whom* bij wiens ontstentenis; **II** *znw* fout, zwak *o*, gebrek *o*, tekortkoming
fail-safe *bn* absoluut veilig, goed beveiligd [tegen storing]
failure *znw* mislukking, fiasco *o*, afgang; failliet *o*, faillissement *o*; onvermogen *o*; fout, gebrek *o*, defect *o*, storing, uitvallen *o* [v. stroom]; mislukkeling; med hartstilstand
fain [fein] *bijw* vero: *he would ~...* gaarne, met vreugde
faint [feint] **I** *bn* zwak, (afge)mat; flauw(hartig), laf; zwoel [v. lucht of geur]; vaag; flauw [v. lijn]; gering; *I've not the ~est (idea)* gemeenz geen flauw idee; **II** *znw* bezwijming, flauwte; **III** *onoverg*: *~ (away)* in zwijm vallen, flauwvallen
faint-hearted *bn* laf-, flauwhartig
fainting *znw* bezwijming; *~ fit* flauwte
faintly *bijw* zwak(jes), flauw(tjes); lichtelijk, enigszins
1 fair [fɛə] *znw* jaarmarkt, kermis; jaarbeurs; *horse ~* paardenmarkt; *trade ~* jaarbeurs; *world('s) ~* wereldtentoonstelling
2 fair [fɛə] *bn* schoon, mooi, fraai; licht, blond [haar], blank [v. huid]; gunstig; billijk, eerlijk, geoorloofd; behoorlijk, tamelijk, vrij aanzienlijk, redelijk, aardig; *a ~ copy* een in het net geschreven afschrift *o*, net *o*; *~ play* eerlijk (spel *o*); *the ~ sex* het schone geslacht; *~ and square* eerlijk, ronduit; *~'s ~* eerlijk is eerlijk; *he's ~ game* hij is een gemakkelijke (ideale) prooi (voor...); *~ enough!* dat is niet onredelijk!, o.k.!
fair-ground ['fɛəgraund] *znw* kermisterrein *o*, lunapark *o*
fairing ['fɛəriŋ] *znw* **1** stroomlijnkap, -bekleding; vloeistuk *o*; **2** het stroomlijnen
fairly [fɛəli] *bijw* eerlijk, billijk, behoorlijk; nogal, tamelijk, vrij(wel); bepaald, gewoonweg, werkelijk; goed en wel, totaal, geheel en al
fairness *znw* schoonheid; blondheid; blankheid; eerlijkheid, billijkheid; *in (all) ~* eerlijkheidshalve
fairspoken *bn* minzaam, hoffelijk
fairway ['fɛəwei] *znw* scheepv vaargeul, -water *o*; sp verzorgde golfbaan
fair-weather ['fɛəweðə] *bn* mooiweer-; onbetrouwbaar; *~ friends* schijnvrienden
fairy ['fɛəri] **I** *znw* tovergodin, fee; slang homo, nicht; **II** *bn* toverachtig, feeën-, tover-; *~ godmother* goede fee (van Assepoester)
fairyland *znw* feeënland *o*; sprookjesland *o*
fairy-lights *znw mv* kerstboom-, feestverlichting
fairy-like *bn = fairy II*
fairy ring *znw* heksenring
fairy-tale, **fairy-story** *znw* sprookje[2] *o*
fait accompli [feit-, fetəə'kɔ(:)(m)pli:] [Fr] *znw* (*mv*: faits accomplis) voldongen feit *o*, fait accompli *o*
faith [feiθ] *znw* geloof *o*, (goede) trouw; vertrouwen *o*; (ere)woord *o*; *in good ~* te goeder trouw, bonafide; *in bad ~* met kwade bedoeling; *break (keep) ~ with* zijn woord breken (houden) jegens
faithful I *bn* (ge)trouw; nauwgezet; gelovig; *a ~ promise* een eerlijke belofte; **II** *znw*: *the ~* de gelovi-

gen

faithfully *bijw* (ge)trouw; nauwgezet; *yours* ~ zie *yours; promise* ~ eerlijk beloven

faith-healer *znw* gebedsgenezer

faith-healing *znw* gebedsgenezing

faithless *bn* trouweloos; ongelovig

fake [feik] **I** *znw* **1** bedrieglijke namaak, namaaksel *o*, vervalsing; **2** oplichter, bedrieger; **II** *overg*: ~ *(up)* knoeien met, namaken; vervalsen; fingeren, voorwenden, simuleren; **III** *bn* vals

fakir ['fa:kiə] *znw* fakir

falchion ['fɔ:l(t)ʃən] *znw* kromzwaard *o*

falcon ['fɔ:lkən, 'fɔ:kn] *znw* valk

falconer *znw* valkenier

falconry *znw* valkerij, valkenjacht

falderal ['fældə'ræl] *znw* = *folderol*

faldstool ['fɔ:ldstu:l] *znw* stoel v.e. bisschop; knielbank; lessenaar [voor de litanie]

1 fall [fɔ:l] (fell; fallen) *onoverg* vallen, neer-, vervallen; invallen [v. duisternis]; uit-, ontvallen; neerkomen; dalen, verminderen, afnemen; sneuvelen; ~ *ill* ziek worden; *his face fell* zijn gezicht betrok; hij zette een lang gezicht; *her eyes fell* zij sloeg de ogen neer; ~ *asleep* in slaap vallen; ~ *to bits (pieces)* kapot vallen, uiteenvallen; ~ *on one's feet* op zijn pootjes terechtkomen, boffen; ~ *among* geraken onder [dieven &]; ~ *away* afvallen, vervallen; achteruitgaan, dalen; afvallig worden; ~ *back* wijken, terugtreden, -deinzen; terugvallen; ~ *back on* terugtrekken op; zijn toevlucht nemen tot; ~ *behind* ten achter raken, achterop raken, achter blijven (bij); ~ *by the wayside* afvallen; (iets) niet kunnen bijbenen; ~ *down* neer-, omvallen, vallen van; mislukken; tekortschieten; ~ *for* zich laten inpalmen door, geen weerstand kunnen bieden aan, weg zijn van; er inlopen, erin trappen; ~ *for sbd.* voor iem. vallen, verliefd raken op iem.; ~ *in* invallen; instorten; gemeenz plotseling beseffen, realiseren; mil aantreden; ~ *in love (with)* verliefd worden (op); ~ *in with* (aan)treffen, tegen het lijf lopen; zich voegen naar [inzichten], akkoord gaan met [voorstel]; ~ *into* vallen of uitlopen in; raken in, op [achtergrond]; vervallen tot; ~ *into line* mil aantreden; fig zich aansluiten; ~ *into place* duidelijk worden, een verklaring vinden (voor); ~ *into a rage* woedend worden; ~ *off* afvallen, vervallen, achteruitgaan; dalen; afnemen; afvallig worden; ~ *on* vallen op; neerkomen op; vallen om [de hals]; (aan)treffen, stoten op; aan-, overvallen; ~ *on bad times* slechte tijden doormaken; ~ *out* uitvallen; mil uittreden; komen te gebeuren; ruzie krijgen (met *with*); ~ *out of use* in onbruik raken; ~ *over* omvallen; ~ *over oneself (to do)* zich uitsloven (om); zie ook: *backwards*; ~ *through* in duigen vallen, mislukken, vallen [v. voorstel of motie]; ~ *to* aanpakken, aan het werk gaan; toetasten; vervallen, ten deel (te beurt) vallen aan (ook: ~ *to one's lot, share*); ~ *to talking* beginnen te praten; ~ *under* behoren tot, vallen onder [een klasse]; ~ *upon* zie *fall on*; ~ *within* vallen binnen of onder

2 fall *znw* val; verval *o*, helling; daling; waterval (meestal ook: ~*s*); ondergang, dood; Am herfst; *the Fall* de zondeval; *have a* ~ een val maken

fallacious [fə'leiʃəs] *bn* bedrieglijk, vals

fallacy ['fæləsi] *znw* valse schijn, bedrieglijkheid, bedrog *o*, drogreden, dwaalbegrip *o*, denkfout

fallen ['fɔ:l(ə)n] V.D. van *fall*

fall-guy ['fɔ:lgai] *znw* gemeenz slachtoffer *o*, dupe; zondebok

fallibility [fæli'biliti] *znw* feilbaarheid

fallible ['fælibl] *bn* feilbaar

falling ['fɔ:liŋ] **I** *bn* vallend; **II** *znw* val

falling-off [fɔ:liŋ'ɔf] *znw* vermindering, achteruitgang, afneming

Fallopian tube [fə-, fæ'loupiən tju:b] *znw* anat eileider

fall-out ['fɔ:laut] *znw* radioactieve neerslag

fall-out shelter *znw* atoomschuilkelder

fallow ['fælou] **I** *bn* braak; **II** *znw* braakland *o*

fallow deer *znw* damhert *o*

false [fɔ:ls] *bn* vals, onwaar, onjuist, verkeerd; scheef [v. verhouding]; onecht; pseudo; trouweloos, ontrouw (aan *to*); loos, dubbel [bodem]; ~ *alarm* loos alarm *o*; ~ *start* valse start; fig verkeerd begin *o*; *a* ~ *move (step)* een misstap[2]

false-hearted *bn* vals

falsehood *znw* leugen(s); valsheid

falsetto [fɔ:l'setou] *znw* falset(stem)

falsies ['fɔ:lsiz] *znw mv* gemeenz vullingen [in beha]; kunstborsten

falsification [fɔ:lsifi'keiʃən] *znw* vervalsing

falsifier ['fɔ:lsifaiə] *znw* vervalser

falsify *overg* vervalsen; weerleggen

falsity *znw* valsheid; onjuistheid

falter ['fɔ:ltə] *overg* & *onoverg* stamelen, stotteren; haperen, aarzelen, weifelen, wankelen[2]; teruglopen [v. belangstelling &]

fame [feim] *znw* faam, vermaardheid; roem, (goede) naam; *house of ill* ~ vero bordeel *o*; *of ...*~ wiens naam verbonden is met, de bekende ...

famed *bn* befaamd, beroemd, vermaard

familial [fə'miljəl] *bn* familie-, familiaal

familiar [fə'miljə(r)] gemeenzaam; bekend; vertrouwd; vertrouwelijk, intiem; (al te) familiair

familiarity [fəmili'æriti] *znw* gemeenzaamheid, bekendheid, vertrouwdheid, vertrouwelijkheid, familiariteit

familarize [fə'miljəraiz] *overg* gemeenzaam maken, bekend maken, vertrouwd maken

family ['fæmili] *znw* (huis)gezin *o*, huis *o*; familie; geslacht *o*; kinderen; *in the* ~ *way* gemeenz in verwachting; *start a* ~ een gezin stichten; *have you any* ~? heb je kinderen?

family allowance *znw* kinderbijslag

family car *znw* gezinsauto

family doctor *znw* huisarts

family hotel *znw* hotel-pension
family likeness *znw* familietrek
family man *znw* huisvader; huiselijk man
family name *znw* achternaam, familienaam
family planning *znw* geboortebeperking
family show *znw* amusementsprogramma *o* voor het hele gezin
family size *znw* in gezinsverpakking
family tree *znw* stamboom
famine ['fæmin] *znw* hongersnood
famished ['fæmiʃt] *bn* uitgehongerd; *I'm absolutely ~* gemeenz ik sterf van de honger
famous ['feiməs] *bn* beroemd, vermaard, bekend
famously *bijw* fantastisch, fameus, prachtig
fan [fæn] **I** *znw* **1** waaier; ventilator; **2** bewonderaar, fan [van voetbal &]; **II** *overg* waaien, koelte toewuiven; aanwakkeren, aanblazen; *~ (out)* (zich) waaiervormig ver-, uitspreiden
fanatic [fə'nætik] *znw* (godsdienstige) dweper, fanaticus; fan, fanaat [sport &]
fanatical *bn* fanatiek, dweepziek
fanaticism [fə'nætisizm] *znw* dweepzucht, fanatisme *o*
fan belt *znw* ventilatorriem
fancier ['fænsiə] *znw* liefhebber; fokker, kweker
fanciful ['fænsiful] *bn* fantastisch; wonderlijk, grillig; denkbeeldig, hersenschimmig
fan club *znw* fanclub
fancy ['fænsi] **I** *znw* fantasie, ver-, inbeelding; verbeeldingskracht; hersenschim; idee *o & v*; inval, gril; (voor)liefde, liefhebberij; lust, zin, smaak; klein taartje *o*, gebakje *o*; *take (tickle) sbd.'s ~* in iems. smaak vallen; *take a ~ to* lust of zin krijgen in; op krijgen met; **II** *overg* zich verbeelden, zich voorstellen, wanen, denken; zin (trek) krijgen of hebben in, op krijgen of hebben met, houden van; een hoge dunk hebben van; *~ (that)!* stel je voor!; *I don't ~ him* ik voel me helemaal niet tot hem aangetrokken; ik vind hem niet aantrekkelijk [seksueel]; **III** *wederk*: *~ oneself* met zichzelf ingenomen zijn; **IV** *bn* fantasie-; fantastisch; chic; *~ ball* gekostumeerd bal *o*; *~ bread* luxebrood *o*
fancy cake *znw* taart, taartje *o*
fancy-dress *znw* kostuum *o* [v. gekostumeerd bal]; *~ ball* gekostumeerd bal *o*
fancy fair *znw* liefdadigheidsbazaar
fancy-free *bn* niet verliefd
fancy-goods *znw mv* galanterieën
fancy man *znw* minnaar, vrijer, minnaar
fancy price *znw* fabelachtige prijs
fancy woman *znw* maîtresse, maintenée, minnares
fancy-work *znw* handwerkje *o*, handwerkjes
fandangle [fæn'dæŋgəl] *znw* **1** malligheid; **2** tierelantijntje *o*
fandango [fæn'dæŋgəu] *znw* (*mv*: -s *of* -goes) fandango [Spaanse dans]
fane [fein] *znw* plechtig tempel
fanfare ['fænfɛə] *znw* fanfare
fanfaronade ['fænfærə'na:d] *znw* snoeverij, opschepperij
fang [fæŋ] *znw* slagtand, giftand
fanlight ['fænlait] *znw* (waaiervormig) bovenlicht *o*, bovenraam *o*, puiraam *o*
fan mail *znw* fanmail
fanny ['fæni] *znw* Am slang kont; Br plat kut; *sweet F~ Adams* slang niks en niemendal
fantail ['fænteil] *znw* dierk pauwstaart [duif]
fantasia [fæn'teizjə] *znw* muz fantasia
fantasize ['fæntəsaiz] *overg* fantaseren
fantast ['fæntæst] *znw* ziener; dromer
fantastic [fæn'tæstik(l)] *bn* fantastisch, grillig
fantasy ['fæntəsi] *znw* fantasie; illusie
far [fa:] **I** *bn* ver, afgelegen; *the ~ end* het andere einde [van de straat &]; *on the ~ right of the platform* helemaal rechts op het podium; **II** *znw*: *by ~* verreweg; versterkend veel; **III** *bijw* ver, verre(weg), versterkend veel; *~ (and away) the best* verreweg de beste; *~ and near, ~ and wide* wijd en zijd, (van) heinde en ver; *~ from it* verre van dien; *~ off* ver weg; ver; *as ~ as* tot aan, tot; *as ~ back as 1904* reeds in 1904; *as (so) ~ as, in so ~ as* voorzover, inzover(re); *so ~* tot zover, tot nu toe, tot dusver; inzover(re); *so ~ from ...* wel verre van...; *so ~ so good* tot zover is alles (het) in orde; *thus ~* tot nu toe; *how ~* hoe ver; in hoever(re); *~ be it from me, to...* het zij verre van mij, te..., ik ben wel de laatste om...; *~ from good enough* lang niet goed genoeg, verre van goed
far-away *bn* afgelegen, ver[2]; verstrooid
farce [fa:s] *znw* klucht[2], kluchtspel *o*; paskwil *o*
farcical *bn* bespottelijk; kluchtig
fare [fɛə] **I** *znw* vracht; vrachtprijs, tarief *o*; reisgeld *o*; gemeenz (geld *o* voor) kaartje *o* [in bus &]; passagier, vrachtje *o* [v. taxi]; kost, voedsel *o*; **II** *onoverg* (er bij)varen, gaan, zich bevinden; *~ badly* er bekaaid afkomen; *they ~d badly* ook: het (ver)ging ze slecht; *~ forth* vero vertrekken; *~ well* zich wel bevinden; *~ (you, thee) well!* vero vaarwel!
farewell ['fɛə'wel] **I** *tsw* vaarwel!; **II** *znw* afscheid *o*, vaarwel *o*; **III** *bn* afscheids-
far-fetched ['fa:'fetʃt] *bn* vergezocht
far-flung *bn* ver verspreid, uitgestrekt; verafgelegen
farina [fə'rainə] *znw* bloem van meel; plantk stuifmeel *o*; zetmeel *o*
farinaceous [færi'neiʃəs] *bn* (zet)meelachtig, melig, meel-
farm [fa:m] **I** *znw* boerderij, fokkerij, kwekerij, (pacht)hoeve; **II** *overg* bebouwen; *~ out* uitbesteden; **III** *onoverg* boeren, het boerenbedrijf uitoefenen; **IV** *bn* ook: landbouw-
farmer *znw* boer, landman, landbouwer, agrariër; [schapen- &] fokker, [pluimvee- &] houder, [oester- &] kweker; vero pachter [v. belastingen &]
farmhand *znw* boerenarbeider, boerenknecht
farmhouse ['fa:mhaus] *znw* boerderij, boerenhoeve

farming I *znw* landbouw, boerenbedrijf *o*; [pluimvee-, varkens-, fruit- &] teelt; **II** *bn* landbouw-, pacht-
farmland *znw* bouwland *o*
farm products *znw mv* landbouwproducten; agrarische producten
farmstead *znw* boerderij
farmyard *znw* boerenerf *o*
far-off ['fa:rɔ:f] *bn* ver(afgelegen); lang geleden
far-out ['fa:raut] *bn* **1** bizar; avant-gardistisch; **2** fantastisch, uitstekend
farrago [fə'ra:gou] *znw* (*mv*: -s; Am -goes) mengelmoes *o* & *v*
far-reaching ['fa:'ri:tʃiŋ] *bn* verreikend; verstrekkend; ingrijpend
farrier ['færiə] *znw* hoefsmid
farriery *znw* hoefsmederij; paardenartsenijkunde
farrow ['færou] **I** *znw* worp (biggen); **II** *(onoverg &) overg* (biggen) werpen
far-seeing ['fa:'si:iŋ] *bn* (ver) vooruitziend
far-sighted *bn* verziend; (ver) vooruitziend
fart [fa:t] gemeenz **I** *onoverg* winden laten; ~ *about (around)* aan-, rondklooien; **II** *znw* wind
farther ['fa:ðə] *bn* verder; zie ook: *further*
farthermost *bn* verst
farthest *bn* verst; *at (the)* ~ op zijn verst; op zijn hoogst; op zijn laatst
farthing [fa:ðiŋ] *znw* hist ¼ penny; fig cent, duit
f.a.s. *afk.* = *free alongside ship* vrij langs boord [inlading voor rekening van de koper]
fasces ['fæsi:z] *znw* hist bijlbundel, fasces
fascia ['feiʃə] *znw* naambord *o* boven winkel (ook: *~-board*); auto dashboard *o*
fascicle ['fæsikl] *znw* bundeltje *o*, bosje *o* aflevering [v. tijdschrift, boek]
fascinate ['fæsineit] *overg* betoveren, bekoren, boeien, fascineren, biologeren
fascination [fæsi'neiʃən] *znw* betovering
fascism ['fæʃizm] *znw* fascisme *o*
fascist I *znw* fascist; **II** *bn* fascistisch
fashion ['fæʃən] **I** *znw* manier, wijze, mode; trant; fatsoen *o*; vorm, snit; de mode; *after a* ~ tot op zekere hoogte; *in the latest* ~ naar de laatste mode; *in (out of)* ~ in (uit) de mode; **II** *overg* vormen, fatsoeneren; pasklaar maken (voor *to*)
fashionable *bn* in de mode, naar de mode; chic, modieus, mode-; gangbaar
fashion magazine *znw* modeblad *o*
fashion model *znw* mannequin
fashion-plate *znw* modeplaat
1 fast [fa:st] **I** *znw* vasten *o*; **II** *onoverg* vasten
2 fast [fa:st] **I** *bn* vast, kleurhoudend, wasecht; hecht; flink; hard; snel, vlug, vlot; ~ *and furious* geweldig; *pull a ~ one on sbd.* gemeenz iem. een loer draaien, een poets bakken; *my watch is* ~ mijn horloge loopt vóór; **II** *bijw* vast; flink, hard; snel, vlug, vlot; ~ *asleep* in diepe slaap; ~ *beside*, ~ *by* vero vlak naast; *play ~ and loose* zijn woord niet houden; het zo nauw niet nemen [in gewetenszaken]
fast breeder (reactor) ['fa:stbri:də (ri'æktə)] *znw* snelle-kweekreactor
fast-day ['fa:stdei] *znw* vastendag
fasten ['fa:sn] **I** *overg* vastmaken, -zetten, -binden, -leggen, bevestigen; sluiten, dichtdoen (ook: ~ *up*; **II** *onoverg* dichtgaan, sluiten; ~ *(up)on* aangrijpen, zich vastklampen aan
fastener *znw* klem, knijper, sluiting
fastening *znw* sluiting, slot *o*, verbinding; haak, kram
fast food ['fa:stfu:d] *znw* fastfood *o* [voedsel dat snel bereid en geserveerd wordt, zoals snacks]
fastidious [fæs'tidiəs] *bn* lastig, kieskeurig; veeleisend
fasting ['fa:stiŋ] *znw* het vasten
fast-moving ['fa:stmuviŋ] *bn* snel; fig spannend [toneelstuk]
fastness *znw* vastheid, hechtheid; snelheid; bolwerk *o*
fast train *znw* sneltrein
fat [fæt] **I** *bn* vet, vlezig, dik; rijk; ~ *cattle* mestvee *o*; *(a)* ~ *lot* gemeenz geringsch nogal wat; ~ *stock* slachtvee *o*; **II** *znw* vet *o*; vette *o*; *the ~ is in the fire* nu heb je de poppen aan het dansen; *live on one's* ~ interen; *live on the ~ of the land* van het goede der aarde genieten
fatal ['feitl] *bn* noodlottig, ongelukkig, dodelijk, fataal
fatalism *znw* fatalisme *o*
fatalist *znw* & *bn* fatalist(isch)
fatalistic [feitə'listik] *bn* fatalistisch
fatality [fə'tæliti] *znw* noodlot *o*, noodlottigheid; slachtoffers, dodelijk ongeval *o*
fate [feit] *znw* noodlot *o*, fatum *o*; lot *o*; dood; *the Fates* de schikgodinnen
fated *bn* voorbeschikt, (voor)bestemd; (ten ondergang) gedoemd
fateful *bn* fataal, profetisch; gewichtig
fat-free ['fætfri:] *bn* mager, vetarm [v. voedsel]
fat-head ['fæthed] *znw* gemeenz stomkop
father ['fa:ðə] **I** *znw* vader; grondlegger; uitvinder; pater, ook: pastoor; *the Holy F~* de paus; *F~ Christmas* het kerstmannetje; *F~'s Day* vaderdag; *the F~s (of the Church)* de kerkvaders; *~s of the city, city ~s* vroede vaderen; **II** *overg* vader zijn/worden van, een vader zijn voor; (als kind) aannemen; zich de maker, schrijver & van iets verklaren; ~ *(up)on* toeschrijven aan, in de schoenen schuiven
father-figure *znw* vaderfiguur
fatherhood *znw* vaderschap *o*
father-in-law *znw* (*mv*: fathers-in-law) schoonvader
fatherland *znw* vaderland *o*
fatherless *bn* zonder vader, vaderloos
fatherly *znw* vaderlijk
fathom ['fæðəm] **I** *znw* vadem; **II** *overg* (ook ~ *out*)

peilen[2], doorgronden
fathomless *bn* peilloos; fig ondoorgrondelijk
fatigue [fə'ti:g] **I** *znw* afmatting, vermoeidheid, vermoeienis; moeheid [v. metaal]; mil corvee; *~s* mil gevechtspak *o*; **II** *overg* afmatten, vermoeien
fatless *bn* vetvrij, zonder vet
fatten ['fætn] **I** *onoverg* dik worden; **II** *overg* dik maken, vetmesten
fatty I *bn* vettig, vet; *~ tissue* vetweefsel *o*; **II** *znw* dikzak
fatuity [fə'tjuiti] *znw* onzinnigheid, onbenulligheid, dwaasheid
fatuous ['fætjuəs] *bn* onzinnig, onbenullig, dwaas, idioot
faucet ['fɔ:sit] *znw* Am (tap)kraan
faugh [pf, fɔ:] *tsw* bah!, foei!
fault [fɔ:lt] **I** *znw* fout, feil, schuld; gebrek *o*; techn defect *o*; storing; breukvlak *o* in aardlaag (ook: *~-plane*); *find ~* aanmerking(en) maken, vitten (op *with*); *be at ~* niet in orde zijn; schuldig zijn; schuld hebben; *kind to a ~* overdreven (al te) goed; **II** *overg* aanmerking(en) maken op, vitten op
fault-finder *znw* muggenzifter; elektr storingzoeker
fault-finding I *bn* vitterig; **II** *znw* gevit *o*, muggenzifterij; elektr opsporen *o* van defecten
faultless *bn* feilloos, onberispelijk, foutloos
faulty *bn* onjuist, verkeerd, gebrekkig; niet in orde, defect
faun [fɔ:n] *znw* faun, bosgod
fauna ['fɔ:nə] *znw* fauna
faux pas [fou'pa:] *znw* [Fr] miskleun, -stap
favour, Am **favor** ['feivə] **I** *znw* genegenheid, goedkeuring; gunst, gunstbewijs *o*, genade; begunstiging, voorkeur; lint *o*, strik; rozet, insigne; *in ~ of* ten gunste van; *in (out of) ~ with sbd.* in de gunst (uit de gratie) zijn bij iem.; *be in ~ of, look with ~ on* gunstig gezind zijn, zijn vóór; *find ~ (with)* goedkeuring krijgen; *do me a ~!* zeg, doe me een lol!; **II** *overg* gunstig gezind zijn, (geporteerd) zijn vóór; begunstigen; bevorderen, steunen, aanmoedigen; bevoorrechten; voortrekken
favourable *bn* gunstig
favourite ['feivərit] **I** *bn* geliefkoosd, geliefd, lievelings-; **II** *znw* gunsteling(e); favoriet [bij races]; lieveling
favouritism *znw* onrechtvaardige begunstiging, bevoorrechting, vriendjespolitiek
fawn [fɔ:n] **I** *znw* jong hert *o*, reekalf *o*; **II** *bn* lichtbruin; **III** *onoverg*: *~ (up)on* vleien, flemen, pluimstrijken, kruipen voor
fawner *znw* vleier, pluimstrijker
fax [fæks] **I** *znw* fax; **II** *overg* faxen
fay [fei] *znw* plechtig fee
faze [feiz] *overg* gemeenz in verwarring brengen, van streek maken
FBI *afk. = Federal Bureau of Investigation* recherche, opsporingsdienst [in de V.S.]
fealty ['fi:əlti] *znw* (leenmans)trouw
fear [fiə] **I** *znw* vrees (voor *of*), angst; *no ~!* geen sprake van!; *for ~ of (that)* uit vrees voor (dat); *be (go) in ~ of* vrezen voor; *without ~ or favour* zonder aanzien des persoons; **II** *overg* vrezen; *I ~ that I can't come tomorrow* ik ben bang dat ik morgen niet kan komen; **III** *onoverg*: *~ for* bezorgd zijn om, vrezen voor
fearful *bn* vreselijk; *~ lest* bang dat; *~ of* bang voor
fearfully *bijw* vreselijk°
fearless *bn* onbevreesd, onvervaard
fearsome *bn* vreselijk, angstaanjagend
feasibility ['fi:zibiliti] *znw* haalbaarheid, uitvoerbaarheid; *~ study* haalbaarheidsonderzoek *o*
feasible ['fi:zibl] *bn* doenlijk, uitvoerbaar, mogelijk
feast [fi:st] **I** *znw* feest *o*, festijn *o*, gastmaal *o*; **II** *onoverg* feestvieren, smullen; *~ on* zich vergasten aan[2]; **III** *overg* onthalen; *~ on* [de ogen] vergasten aan
feat [fi:t] *znw* (helden)daad; (wapen)feit *o*; kunststuk *o*, toer, prestatie
feather ['feðə] **I** *znw* veer; pluim(en); *a ~ in one's cap* een pluim op iemands hoed; *in full ~* gemeenz in pontificaal; *they are birds of a ~* het is één pot nat; ze hebben veel van elkaar weg; *fine ~s make fine birds* de kleren maken de man; **II** *overg* met veren versieren, met veren bedekken; *~ one's nest* zijn beurs spekken; *~ the oars* de riemen plat leggen
feather-bed I *znw* veren bed *o*; **II** *overg* in de watten leggen
feather-brained *bn* leeghoofdig
feather duster *znw* plumeau
featherweight *znw* sp vedergewicht *o* [boksen]; fig lichtgewicht, nul
feathery *bn* vederachtig, luchtig
feature ['fi:tʃə] **I** *znw* (gelaats)trek; fig kenmerk *o*, hoofdtrek, (hoofd)punt *o*, glanspunt *o*, 'clou'; speciaal artikel *o* &; hoofdfilm of speelfilm (ook: *~ film*); klankbeeld *o* (ook: *radio ~*); **II** *overg* een beeld geven van, karakteriseren; laten optreden als ster, vertonen, brengen [een film &], speciale aandacht besteden aan; **III** *onoverg* een rol spelen
featureless *bn* onopvallend, saai
febrifuge ['febrifju:dʒ] *znw* koortsmiddel *o*
febrile ['fi:brail] *bn* koortsig, koorts-; koortsachtig
February ['februəri] *znw* februari
feces *znw mv* Am *= feces*
feckless ['feklis] *bn* zwak; onhandig; nutteloos; lichtvaardig
fecund [fi:kənd] *bn* vruchtbaar
fecundate *overg* vruchtbaar maken, bevruchten
fecundation [fi:kən'deiʃən] *znw* vruchtbaar maken *o*, bevruchting
fecundity [fi'kʌnditi] *znw* vruchtbaarheid
fed [fed] V.T. & V.D. van *feed*
Fed [fed] *znw* **1** Am slang federaal ambtenaar, ± rijksambtenaar; vooral FBI-agent; **2** *= Federal Reserve Board* Amerikaanse nationale bank

federal ['fedərəl] *bn* federaal, bonds-
federalism ['fedərəlizm] *znw* federalisme *o*
federalist *znw* & *bn* federalist(isch)
federate I *bn* ['fedərit] verbonden; **II** *(onoverg &) overg* ['fedəreit] (zich) tot een (staten)bond verenigen
federation [fedə'reiʃən] *znw* (staten)bond
federative ['fedərətiv] *bn* federatief
fee [fi:] *znw* loon *o*, honorarium *o*; leges; (school-, examen)geld *o*; *~s* ook: contributie, entreegeld *o*
feeble ['fi:bl] *bn* zwak
feeble-minded *bn* zwakzinnig
1 feed [fi:d] (fed; fed) **I** *overg* voeden, spijz(ig)en; te eten (voedsel) geven; voe(de)ren, (laten) weiden; onderhouden [het vuur]; voedsel geven aan, stimuleren; bevoorraden, toevoeren, aanvoeren; techn aan-, invoeren; *~ up* flink voeden; (vet)mesten; *fed up* gemeenz landerig; *be fed up with* gemeenz zijn bekomst hebben van, balen hebben van, beu zijn van; **II** *onoverg* zich voeden; eten; weiden; *~ on* leven van, zich voeden met
2 feed *znw* voe(de)r *o*, maal *o*, maaltijd, eten *o*; portie; techn voeding, aan-, invoer
feedback *znw* terugkoppeling; feedback, respons; het rondzingen [v. geluidsinstallatie]
feeder *znw* voeder, eter; zijlijn [van spoor]; zuigfles; techn inlader, aanvoerwals; in-, toevoermechanisme *o*; elektr voedingskabel, -leiding
feeding *znw* voeden *o*, voe(de)ren *o*; *~ bottle* zuigfles
feed-pipe *znw* techn voedingspijp
1 feel [fi:l] (felt; felt) **I** *overg* (ge)voelen, bevoelen, aftasten, betasten; vinden, menen, van mening zijn, achten, denken; *~ one's way* op de tast gaan; fig het terrein verkennen; **II** *onoverg* (zich) voelen; aanvoelen; een zeer besliste mening hebben (omtrent *about, on*); *I don't ~ like it* ik heb er geen zin in; *I don't ~ quite myself* ik voel me niet erg prettig; *~ around* rondtasten; *how I ~ about this* hoe ik hierover denk, wat ik ervan vind; *~ for* (tastend) zoeken naar; meelij hebben met; *not ~ like food (going &)* geen trek hebben in eten (om te gaan); *~ out of it* zich voelen als een kat in een vreemd pakhuis; *not ~ up to* iets niet aandurven
2 feel *znw* gevoel *o*, tast; aanvoelen *o*; *get the ~ of sth.* iets in de vingers krijgen
feeler *znw* voeler, voelhoorn; *put out ~s* een proefballon oplaten
feeling I *bn* gevoelvol, gevoelig; **II** *znw* gevoel *o*; sympathie; gevoeligheid; geraaktheid, ontstemming, opwinding; stemming; *~s* gevoelens; *bad ~* wrok; *hard ~s* kwaad bloed *o*, wrok; *no hard ~s!* even goeie vrienden!; *~s were running high* de gemoederen waren verhit (opgewonden); *have mixed ~s (about)* gemengde gevoelens hebben (over); *hurt sbd.'s ~s* iem. (diep) kwetsen; *stir strong ~s* kwaad bloed zetten; *with a touch of ~* een tikje geraakt
feet [fi:t] *znw mv* v. *foot*
feign [fein] *overg* veinzen, voorwenden, huichelen
feint [feint] **I** *znw* schijnbeweging, schijnaanval; voorwendsel *o*; list; **II** *bn* flauw [v. lijnen]; **III** *onoverg* een schijnbeweging maken
feldspar ['feldspa:] *znw* veldspaat *o*
felicitate [fi'lisiteit] *overg* gelukwensen (met *on*)
felicitation [filisi'teiʃən] *znw* gelukwens
felicitous [fi'lisitəs] *bn* gelukkig (bedacht &)
felicity *znw* geluk *o*, gelukzaligheid; *felicities* gelukkige vondsten, gedachten &
feline ['fi:lain] *bn* katten-, katachtig, kattig
1 fell [fel] *znw* **1** vel *o*, huid; **2** heuvel, berg
2 fell [fel] *bn* plechtig wreed, woest; dodelijk; *at one ~ swoop* om één (enkele) klap
3 fell [fel] *overg* vellen, neervellen
4 fell V.T. van *fall*
fella *znw* gemeenz vent, gozer, kerel; vriendje *o*
feller *znw* **1** houthakker; **2** gemeenz = *fella*
fellmonger ['felmʌŋgə] *znw* huidenkoper
felloe ['felou] *znw* velg [v. wiel]
fellow [felou] **I** *znw* maat, makker, kameraad gemeenz kerel, vent, knul; andere of gelijke (van twee), weerga; lid *o*; onderw lid *o* v. *college* aan de Hogescholen; gepromoveerde die een beurs geniet; **II** *bn* mede-
fellow-countryman, **fellow-countrywoman** *znw* landgenoot, -genote
fellow-creature *znw* medeschepsel *o*
fellow-feeling *znw* medelijden *o*, medegevoel *o*; sympathie
fellowship *znw* kameraadschap, collegialiteit; broederschap; (deel)genootschap *o*; omgang, gemeenschap; lidmaatschap *o* [v. *college*]; beurs [v.e. *fellow*]
fellow-soldier *znw* wapenbroeder
fellow-student *znw* medestudent, schoolmakker
fellow-traveller *znw* medereiziger, tochtgenoot; meeloper, sympathiserende [vooral van communistische partij]
fellow-worker *znw* medearbeider
felly ['feli] *znw* = *felloe*
felon ['felən] *znw* misdadiger, booswicht
felonious [fi'lounjəs] *bn* misdadig
felony [feləni] *znw* (hals)misdaad
felspar ['felspa:] *znw* = *feldspar*
felt [felt] **I** *znw* vilt *o*; **II** *bn* vilten; **III** *overg* vilten, tot vilt maken; **IV** V.T. & V.D. van *feel*
felt-tip, **felt-tip pen** *znw* viltstift
felty ['felti] *bn* viltachtig
female ['fi:meil] **I** *bn* vrouwelijk, vrouwen-, wijfjes-; *~ screw* techn moer; **II** *znw* dierk wijfje *o*; vrouw, vrouwspersoon *o*
femineity [femi'ni:iti] *znw* vero vrouwelijkheid, verwijfdheid
feminine ['feminin] *bn* vrouwelijk; vrouwen-
femininity [femi'niniti] *znw* vrouwelijkheid
feminism ['feminizm] *znw* feminisme *o*
feminist ['feminist] *znw* & *bn* feminist(isch)

feminize *overg* & *onoverg* vervrouwelijken
femoral ['femərəl] *bn* dij-
femur ['fi:mə] *znw* (*mv*: femora ['femərə]) dijbeen *o*; dij [v. insect]
fen [fen] *znw* moeras *o*; *the Fens* het lage land in Cambridgeshire
fence [fens] **I** *znw* schutting, (om)heining, hek *o*, heg; sp hindernis; gemeenz heler; *electric* ~ schrikdraad *o*; *be (sit, stay) on the* ~ neutraal blijven, de kat uit de boom kijken; **II** *overg* omheinen (ook: ~ *in, round*); beschutten, beschermen; pareren[2]; ~ *off* afslaan; **III** *onoverg* schermen; hindernissen nemen
fencer *znw* schermer
fencing ['fensiŋ] *znw* schermen *o*, schermkunst; omheining
fencing-master *znw* schermmeester
fend [fend] *overg* & *onoverg*: ~ *off* afweren; ~ *for oneself* voor zichzelf zorgen
fender *znw* haardscherm *o*; scheepv stootkussen *o*, -mat, -blok *o*; Am spatbord *o*
Fenian ['fi:niən] *znw* hist Fenian: aanhanger v.d. Ierse revolutionaire beweging
fennel ['fenl] *znw* plantk venkel
feoffment ['fefmənt] *znw* hist in leen geven *o*
feral ['fiərəl], **ferine** ['fiərain] *bn* wild; ongetemd; beestachtig
ferial ['firiəl] *bn* godsd doordeweeks, gewoon [niet op een zondag of een religieuze feestdag]
ferment I *znw* ['fə:ment] gist; gisting; ferment *o*; onrust; **II** *(overg &) onoverg* [fə:'ment] (doen) gisten, (doen) fermenteren; in beroering brengen
fermentation [fə:men'teiʃən] *znw* gisting; fermentatie; onrust, beroering
fern [fə:n] *znw* plantk varen(s)
fernery *znw* kweekplaats voor varens
ferny *bn* met varens begroeid
ferocious [fə'rouʃəs] *bn* woest; wreed; fel
ferocity [fə'rɔsiti] *znw* woestheid; wreedheid; felheid
ferret ['ferit] **I** *znw* dierk fret *o*; **II** *onoverg* fretten; snuffelen; **III** *overg*: ~ *out* uitvissen; opscharrelen, opsporen
ferriage ['feriidʒ] *znw* veergeld *o*; overzetten *o*
ferric ['ferik] *bn* ijzer-
Ferris wheel ['feriswi:l] *znw* Am reuzenrad *o* [op kermis]
ferroconcrete ['ferou'kɔnkri:t] *znw* gewapend beton *o* (ook: *reinforced concrete*)
ferrous ['ferəs] *bn* ijzerhoudend, ferro-
ferruginous [fe'ru:dʒinəs] *bn* ijzerhoudend; roestkleurig
ferrule ['feru:l, 'ferəl] *znw* metalen ring, busje *o* [aan mes, rotting, stok], beslag *o*
ferry ['feri] **I** *znw* veer *o*, veerboot, ferry; **II** *overg* & *onoverg* overzetten, overbrengen, overvaren; vervoeren
ferry-boat *znw* veerpont, -boot
ferryman *znw* veerman
fertile ['fə:tail] *bn* vruchtbaar; fig overvloedig, rijk [fantasie &]
fertility [fə:'tiliti] *znw* vruchtbaarheid
fertilization [fə:tilai'zeiʃən] *znw* vruchtbaar maken *o*; plantk bevruchting; bemesting (met kunstmest)
fertilize ['fə:tilaiz] *overg* vruchtbaar maken; plantk bevruchten; bemesten (met kunstmest)
fertilizer *znw* mest(stof), kunstmest(stof)
fervency ['fə:vənsi] *znw* gloed, vuur *o*, vurigheid
fervent *bn* vurig[2], warm, fervent
fervid ['fə:vid] *bn* heet[2]; gloeiend[2], vurig
fervour ['fə:və] *znw* ijver, vurigheid, gloed
festal ['festəl] *bn* feestelijk, feest-
fester ['festə] **I** *onoverg* (ver)zweren, (ver)etteren, (ver)rotten, invreten; irriteren, knagen; **II** *znw* verzwering
festival ['festivəl] **I** *bn* feestelijk; feest-; **II** *znw* feest *o*, feestviering; feestdag; muziekfeest *o*, festival *o*
festive *bn* feestelijk, feest-
festivity [fes'tiviti] *znw* feestelijkheid; feestvreugde
festoon [fes'tu:n] **I** *znw* festoen *o* & *m*, guirlande, slinger; **II** *overg* met guirlandes & behangen
fetch [fetʃ] **I** *overg* (be)halen, brengen; opbrengen; tevoorschijn brengen [bloed, tranen]; toebrengen, geven [een klap]; **II** *onoverg*: ~ *and carry* apporteren; fig voor loopjongen (knechtje) spelen; ~ *up* terechtkomen, belanden
fetching *bn* gemeenz pakkend, aantrekkelijk
fete [feit] **I** *znw* feest *o*; RK naamdag; **II** *overg* fêteren, feestelijk onthalen
fetid ['fetid, 'fi:tid] *bn* stinkend
fetish ['fi:tiʃ, 'fetiʃ] *znw* fetisj[2]; *she almost makes a* ~ *of cleanliness* het lijkt wel of ze aan smetvrees lijdt
fetishism ['fi:ti-, 'fetiʃizm] *znw* fetisjisme *o*
fetlock ['fetlɔk] *znw* vetlok (v. paard)
fetor ['fi:tə] *znw* stank
fetter ['fetə] **I** *znw* keten, boei, kluister; **II** *overg* boeien, kluisteren; binden[2]
fettle ['fetl] *znw*: *in fine* ~ in uitstekende conditie
1 feud [fju:d] **I** *znw* vijandschap, vete, onenigheid; **II** *onoverg* strijden, twisten, onenigheid hebben
2 feud [fju:d] *znw* hist leen(goed) *o*
feudal *bn* feodaal, leenroerig; ~ *system* leenstelsel *o*
feudalism *znw* hist feodalisme *o*, leenstelsel *o*
feudality [fju:'dæliti] *znw* hist feodaliteit; leenroerigheid; leenstelsel *o*; leen *o*
feudatory ['fju:dətəri] **I** *bn* hist leenroerig, -plichtig; **II** *znw* hist leenman
fever ['fi:və] *znw* koorts; grote opwinding
fevered, **feverish** *bn* koortsachtig; koortsig
feverous *bn* koortsig; koorts-
few [fju:] *bn* & *znw* weinig; *a* ~ enige; een paar, enkele; *every* ~ *days* om de paar dagen; *a good (fair)* ~, *quite a* ~ heel wat; *as* ~ *as* niet meer dan, nog maar; *no* ~*er than* niet minder dan, maar liefst; *the* ~ de weinigen, de enkelen; de minderheid; ~ *and*

far between zeldzaam; *in ~* vero om kort te gaan; *the last (next) ~ days* de laatste (volgende) (paar) dagen; *he's had a ~ (too many)* hij heeft een glaasje te veel op
fey [fei] *bn* fantastisch, elfachtig; ten dode opgeschreven; helderziend; extatisch
fez [fez] *znw* (*mv*: fezzes) fez [hoofddeksel]
fiancé(e) [fi'ã:nsei] *znw* aanstaande, verloofde
fiasco [fi'æskou] *znw* fiasco *o*, flop
fiat ['faiæt] *znw* fiat *o*, goedkeuring, besluit *o*
fib [fib] **I** *znw* leugentje *o*; *tell ~s* jokken; **II** *onoverg* jokken
fibber *znw* leugenaar(ster), jokkebrok
fibre, Am **fiber** ['faibə] *znw* vezel; fiber *o & m*; wortelhaar *o*; fig aard, karakter *o*; *moral ~* ruggengraat, karaktervastheid; *with every ~ of one's being* met elke vezel van het lichaam, hartgrondig
fibre-board *znw* vezelplaat
fibreglass ['faibəgla:s], Am **fiberglass** *znw* glasvezel, fiberglas *o*
fibril ['faibril] *znw* vezeltje *o*; wortelhaartje *o*
fibrin [faibrin] *znw* fibrine
fibrous ['faibrəs] *bn* vezelachtig, vezelig
fibula ['fibjulə] *znw* (*mv*: -s *of* fibulae [-li:]) anat kuitbeen *o*
fichu ['fi:ʃu:] *znw* halsdoek, omslagdoekje *o*
fickle ['fikl] *bn* wispelturig, grillig
fictile ['fiktail] *bn* aarden; kneedbaar, plastisch; *~ art* pottenbakkerskunst
fiction [fikʃən] *znw* verdichting; verdichtsel *o*, fabeltje *o*; fictie; romanliteratuur, romans
fictional *bn* van (in) de romanliteratuur, roman-; zie ook: *fictitious*
fictionalize ['fikʃnəlaiz] *overg* tot een roman bewerken
fictitious [fik'tiʃəs] *bn* verdicht; verzonnen, fictief, gefingeerd; denkbeeldig, onecht, vals
fictive ['fiktiv] *bn* vormend, scheppend; fictief, verzonnen, aangenomen, geveinsd
fiddle [fidl] **I** *znw* gemeenz viool, vedel, fiedel; knoeierij, zwendel, zwendeltje *o*; *be on the ~* gemeenz knoeien, oneerlijk bezig zijn; *play first ~* de eerste viool spelen; *play second ~ to sbd.* een ondergeschikte rol spelen; **II** *onoverg* gemeenz viool spelen, vedelen, fiedelen; lummelen; friemelen; *~ about (around)* rondlummelen; *~ with* morrelen aan; spelen met; *fiddle while Rome burns* net doen of z'n neus bloedt; **III** *overg* gemeenz knoeien (met), foezelen (met); vervalsen
fiddle-de-dee ['fidldi'di:] *znw* gemeenz onzin, malligheid
fiddle-faddle ['fidlfædl] *znw* larie
fiddler ['fidlə] *znw* vedelaar, speelman; gemeenz bedrieger, oplichter
fiddlestick *tsw*: *~s!* gemeenz larie!, flauwekul!
fiddling ['fidliŋ] *bn* onbeduidend, nietig
fidelity [fi-, fai'deliti] *znw* getrouwheid, trouw
fidget ['fidʒit] **I** *znw* zenuwachtig, gejaagd persoon; *have the ~s* niet stil kunnen zitten; **II** *onoverg* zenuwachtig zijn, de kriebels hebben; (zenuwachtig) draaien; *~ about* niet stil kunnen zitten
fidgety *bn* onrustig, ongedurig, onrustig
fiduciary [fi'dju:ʃjəri] **I** *bn* fiduciair: van vertrouwen; **II** *znw* bewaarnemer
fie [fai] *tsw* foei!
fief [fi:f] *znw* hist leen(goed) *o*
field [fi:ld] **I** *znw* veld *o*, akker; terrein *o*; gebied *o*; sp veld[2] *o*; mil slagveld *o* (*~ of battle*); *~ of ice* ijsvlakte; *hold the ~* standhouden; fig opgeld doen; *lead the ~* sp & fig voorop lopen; *take the ~* mil te velde trekken; sp het veld opkomen; *in the ~* ter plaatse; mil te velde; in de praktijk, in het veld; *in the ~ of finance* op financieel gebied (terrein); *~ of fire* mil schootsveld *o*; **II** *onoverg* sp veldspeler zijn; fielden [bij cricket]; **III** *overg* sp terugspelen; fielden [cricket]; in het veld brengen, inzetten [v. team]; fig afhandelen, pareren, ± ad rem beantwoorden [v. een vraag]; **IV** *bn* veld-, mil te velde; buiten-, in het (open, vrije) veld, in de natuur; ter plaatse
field-day *znw* mil manoeuvredag; fig grote dag; Am sportdag
fielder *znw* sp veldspeler, fielder [bij cricket, honkbal]
field-event *znw* sp veldnummer *o*: springen, werpen [geen hardlopen]
field-glass *znw* veldkijker
field goal *znw* sp doelpunt vanuit een gewone spelsituatie, gewoon doelpunt *o*
field hockey *znw* hockey *o*
field hospital *znw* veldhospitaal *o*
field-marshal *znw* veldmaarschalk
fieldmouse *znw* veldmuis
field-officer *znw* hoofdofficier
field service *znw* buitendienst
fieldsman *znw* veldspeler [bij honkbal]
field-sports *znw mv* sporten zoals jagen, vissen &
field test *znw* praktijkproef
field-work *znw* mil veldwerk *o*, veldonderzoek *o*; vergaring van gegevens
fieldworker *znw* veldwerker, wetenschapper die veldwerk doet
fiend [fi:nd] *znw* boze geest; duivel[2], Boze; gemeenz maniak; aan ... verslaafde
fiendish *bn* duivelachtig, duivels
fierce ['fiəs] *bn* woest, verwoed; wreed; onstuimig, heftig, fel; gemeenz erg, bar
fiery ['faiəri] *bn* vurig[2], brandend, scherp, vlammend, licht ontbrandbaar; vuur-; fig onstuimig, fel, vurig; cholerisch, driftig
fife [faif] *znw* muz (dwars)fluit
fifer *znw* fluitist
fifteen ['fif'ti:n, 'fifti:n] *telw* vijftien
fifteenth *telw (znw)* vijftiende (deel *o*)
fifth [fifθ] *telw (znw)* vijfde (deel *o*); muz kwint; *~ columnist* lid van de vijfde colonne
fifthly *bijw* ten vijfde

fiftieth ['fiftiiθ] *telw (znw)* vijftigste (deel *o*)
fifty *telw* vijftig; *the fifties* de jaren vijftig; *in one's fifties* in de vijftig; *in the fifties* in de jaren vijftig; ~ ~ fifty-fifty, half om half; *go ~-~* fifty-fifty, samsam doen; *a ~-~ chance* 50% kans
fig [fig] *znw* vijgenboom; vijg; *I don't care a ~* het kan me geen snars schelen
fig. *afk. = figure*
1 fight [fait] (fought; fought) **I** *onoverg* vechten; strijden; **II** *overg* bevechten, vechten met of tegen, strijden tegen, bestrijden; uitvechten; laten vechten; ~ *a battle* slag leveren; ~ *one's way* zich al vechtende een weg banen; ~ *one's way out of a difficult situation* zich uit een benarde positie bevrijden; ~ *a losing battle* een bij voorbaat verloren strijd voeren; tevergeefs strijden; ~ *back* terugdringen; zich (ver)weren; ~ *down* bedwingen, onderdrukken; ~ *off* afweren, verdrijven; ~ *it out* het uitvechten; ~ *shy of* uit de weg gaan, ontwijken
2 fight *znw* gevecht *o*, strijd; kamp; vechtpartij; *he had ~ in him yet* hij weerde zich nog kranig; *put up a ~* zich te weer stellen
fighter *znw* strijder, vechter(sbaas); luchtv gevechtsvliegtuig *o*, jager; *~-bomber* luchtv jachtbommenwerper; ~ *pilot* luchtv jachtvlieger
fighting I *znw* gevecht *o*, gevechten, strijd, vechten *o*; **II** *bn* strijdlustig; strijdbaar; gevechts-, strijd-, vecht-; *a ~ chance* (met grote inspanning) een kans op succes; ~ *fit* in perfecte conditie
fig-leaf ['figli:f] *znw* vijgenblad *o*
figment ['figmənt] *znw* verdichtsel *o*, fictie
fig-tree ['figtri:] *znw* vijgenboom
figuration [figju'reiʃən] *znw* (uiterlijke) vorm(geving), (symbolische) voorstelling, afbeelding; ornamentatie
figurative ['figjurətiv] *bn* figuurlijk, oneigenlijk; zinnebeeldig; figuratief; beeldrijk
figure ['figə] **I** *znw* figuur, gedaante, gestalte; afbeelding; beeld *o*; persoonlijkheid, personage *o*, persoon; cijfer *o*; *double ~s* getallen van twee cijfers; *her (the) ~* ook: haar (de) [= slanke] lijn; ~ *of fun* schertsfiguur; ~ *of speech* metafoor; manier van spreken; *cut a ~* een figuur maken (slaan); *at a low ~* tegen een lage prijs; *be quick at ~s* vlug zijn in rekenen; *a six-~ salary* een inkomen van boven de 99.999 pond (per jaar); *put a ~ on* schatten, taxeren; *a fine ~ of a man/woman* een knappe verschijning; *keep (lose) one's ~* zijn (goede) figuur behouden (verliezen); **II** *overg* zich voorstellen, denken; ~ *on* Am rekenen op; ~ *out* becijferen, uitrekenen; begrijpen; **III** *onoverg* figureren, vóórkomen; cijferen; ~ *as* optreden als, doorgaan voor; *it ~s out at...* het komt op...; *(it) ~s (that)* het is nogal logisch (dat)
figurehead *znw* scheepv scheg-, boegbeeld *o*; fig iem. die een louter decoratieve functie heeft, stroman
figure-hugging *bn* [jurk &] waarin het figuur goed tot uiting komt
figure-skater *znw* kunstrijder, kunstrijdster
figure-skating *znw* kunstrijden *o* op de schaats
figurine ['figjuri:n] *znw* beeldje *o*
figwort ['figwə:t] *znw* helmkruid *o*; speenkruid *o*
Fiji [fi:'dʒi:] *znw* Fiji *o*
Fijian I *znw* Fijiër; **II** *bn* Fijisch
filament ['filəmənt] *znw* vezel; elektr (gloei)draad; plantk helmdraad
filamentous [filə'mentəs] *bn* vezelig
filature ['filətʃə] *znw* zijdespinnerij
filbert ['filbət] *znw* hazelaar; hazelnoot
filch [fil(t)ʃ] *overg* kapen, gappen
file [fail] **I** *znw* **1** vijl; **2** slang (slimme) vent; **3** rij, file, mil gelid *o*; **4** lias; **5** legger, ordner, klapper, map; dossier *o*; opbergkast; comput bestand *o*; *~s* ook: archief *o* [v. kantoor]; *in Indian (single) ~* achter elkaar, in ganzenmars; **II** *overg* **1** vijlen, afvijlen; **2** rangschikken, opbergen; opslaan, invoegen; inzenden [kopij voor krant, tijdschrift]; **3** deponeren; [een aanklacht] indienen; ~ *for bankruptcy (divorce)* faillissement (scheiding) aanvragen; **III** *onoverg* achter elkaar lopen (rijden); ~ *off* mil afmarcheren
filial ['filjəl] *bn* kinderlijk
filiation [fili'eiʃən] *znw* filiatie, afstamming; verwantschap
filibuster ['filibʌstə] **I** *znw* vrijbuiter; Am obstructie; vertragingstactiek; obstructievoerder; **II** *onoverg* Am obstructie voeren
filigree ['filigri:] *znw* filigraan *o*
filing cabinet ['failiŋkæbinit] *znw* opbergkast, cartotheek
filing card *znw* fiche *o* & *v* [v. kaartsysteem]
filing clerk *znw* archiefbediende
filings ['failiŋz] *znw* vijlsel *o*
fill [fil] **I** *overg* vullen, aan-, in-, vervullen; vol maken, vol gieten; stoppen; plomberen [tand]; uitvoeren [bestelling]; verzadigen; bezetten, bekleden, innemen, beslaan [plaats]; doen zwellen [zeilen]; ~ *the bill* gemeenz voldoen, geschikt zijn, precies zijn wat nodig is; ~ *in* invullen; dichtmaken, -stoppen, -gooien, dempen; *it ~s you up* het vult de maag; ~ *in time* de tijd doden; ~ *sbd. in* iem. op de hoogte brengen (*on* van); ~ *out* vullen, opvullen; Am [formulier] invullen; ~ *up* (geheel) vullen, beslaan, innemen; op-, bij-, aan-, invullen; dichtgooien, dempen; **II** *onoverg* zich vullen, vol lopen, raken &; ~ *in* invallen, waarnemen; ~ *out* groter worden, uitzetten, zwellen, dikker worden; ~ *up* zich geheel vullen; dichtslibben; dempen; (bij)vullen [benzine &], tanken; **III** *znw* vulling; *drink (eat) one's ~* zijn buik vol eten; *look one's ~* zich de ogen uitkijken; *I've had my ~ of him/it* ik ben hem/het zat
filler *znw* vulsel *o*, bladvulling; plamuur; ~ *cap* auto dop [v. benzinetank]
fillet ['filit] **I** *znw* haar-, hoofdband; lendenstuk *o*, filet; **II** *overg* fileren [vis]
filling ['filiŋ] **I** *znw* vulling, vulsel *o*, plombeersel *o*;

II *bn* zwaar, machtig, voedzaam
filling station *znw* tankstation *o*
fillip ['filip] *znw* knip (met de vingers); prikkel, aansporing, aanmoediging; stimulans
filly ['fili] *znw* (merrie)veulen² *o*; gemeenz wildebras
film [film] **I** *znw* vlies *o*; film, rolprent; waas *o*; draad; **II** *overg* filmen; verfilmen; **III** *onoverg* filmen; ~ *over* zich met een vlies of waas bedekken
film maker *znw* cineast, filmer
film producer *znw* filmproducent
film star *znw* filmster
filmy *znw* dun, doorzichtig; ragfijn; wazig; beslagen [v. raam]
Filofax ['failoufæks] *znw* losbladige agenda
filter ['filtə] **I** *znw* filter; **II** *overg* filtreren, filteren; zuiveren; **III** *onoverg* door een filtreertoestel gaan; (door)sijpelen; voorsorteren [in het verkeer]; ~ *in* invoegen [auto]; ~ *through* doorsijpelen; doorschemeren; fig uitlekken (ook: ~ *out*)
filter lane *znw* voorsorteerstrook
filter-paper *znw* filtreerpapier *o*
filter-tip(ped) *bn* [sigaret] met filter
filth [filθ] *znw* vuil² *o*, vuiligheid; fig obsceniteit; *the* ~ slang de smerissen; de kit
filthy *bn* vuil, smerig; obsceen; laag, gemeen; gemeenz heel onplezierig; ~ *rich* stinkend rijk
filtrate I *znw* ['filtrit] filtraat *o*; **II** *overg* ['filtreit] filtreren
filtration [fil'treiʃən] *znw* filtreren *o*
fin [fin] *znw* dierk vin; techn rib [v. radiator &]; luchtv kielvlak *o*
finable ['fainəbl] *bn* bekeurbaar, beboetbaar
finagle [fi'neigl] *overg* gemeenz beduvelen; oplichten
final ['fainl] **I** *bn* laatste, beslissend, definitief, uiteindelijk, eind-, slot-; *is that ~?* is dat uw laatste woord?; **II** *znw* sp finale; onderw eindexamen *o* (ook: ~*s*)
finale [fi'na:li] *znw* finale
finalist ['fainəlist] *znw* finalist; onderw eindexamenkandidaat
finality [fai'næliti] *znw* definitief zijn *o*, beslistheid; doelleer; *in a tone of* ~ op besliste toon
finalize ['fainəlaiz] *overg* definitief regelen &; afwerken
finally *bijw* eindelijk, ten slotte, uiteindelijk; afdoend, beslissend, definitief
finance [fi-, fai'næns] **I** *znw* financiën; geldelijk beheer *o*; geldwezen *o*; ~*s* financiën, geldmiddelen, fondsen; **II** *overg* financieren, geldelijk steunen
financial *bn* financieel, geldelijk; ~ *year* boekjaar *o*
financier *znw* financier
finch [fin(t)ʃ] *znw* dierk vink
1 find [faind] (found; found) **I** *overg* vinden; onder-, bevinden; (be)merken; aantreffen, ontdekken; zoeken, halen; aan-, verschaffen; recht [een vonnis] vellen, [schuldig] verklaren; *all found* alles inbegrepen, met kost en inwoning; *they were found to be ...* zij bleken ... te zijn, het bleek dat zij ... waren; ~ *one's feet* beginnen te lopen; fig erin komen; ~ *one's way to* erin slagen naar... te komen; *the book found it's way into my bag* het boek belandde in mijn tas; *morning found him in Paris* 's morgens was hij in Parijs; ~ *expression in* tot uitdrukking komen in; *I ~ it easy* het valt me gemakkelijk; *he could not ~ it in his heart to ...* hij kon het niet van zich (over zijn hart) verkrijgen; ~ *out* ontdekken, tot de ontdekking komen, te weten komen; opsporen; betrappen; niet thuis treffen; ~ *out about it* er achter (zien te) komen; **II** *wederk*: ~ *oneself* zich bevinden of zien; zijn ware roeping ontdekken; **III** *onoverg*: ~ *for the plaintiff* uitspraak doen ten gunste van de eiser
2 find *znw* vondst; vindplaats
finder *znw* vinder; fotogr zoeker; ~ *keepers* wie wat vindt mag het houden
finding *znw* vondst, bevinding; recht uitspraak; conclusie; bevinding
1 fine [fain] **I** *bn* mooi [ook ironisch], fraai, schoon; fijn; uitstekend; *when* ~ bij mooi weer; ~ *by (with) me!* mij best!; ~ *arts* schone kunsten; ~ *print* kleine lettertjes; *the ~r points of* de fijne kneepjes van; **II** *bijw* mooi; goed; *cut it a bit* ~ het precies afpassen; fig zichzelf weinig speelruimte geven, de tijd krap bemeten; **III** *overg*: ~ *down* fijner maken; afklaren
2 fine [fain] **I** *znw* (geld)boete; **II** *overg* beboeten (met)
fine-draw ['fain'drɔ:] *overg* onzichtbaar stoppen of aan elkaar naaien; ~*n* fijn (gesponnen)
finery ['fainəri] *znw* opschik, mooie kleren
fine-spun *bn* ragfijn; fig subtiel
finesse [fi'nes] **I** *znw* loosheid, list; kneep, finesse; **II** *overg* snijden [bij bridge]
fine-tooth(ed) comb ['faintu:θ(t)koum] *znw* fijne kam, luizenkam, stofkam; *go over sth. with a* ~ iets onder de loep nemen
finger ['fingə] **I** *znw* vinger; *little* ~ pink; *ring ~, third* ~ ringvinger; *not lift (raise) a* ~ geen vinger uitsteken; *he's all ~s and thumbs* hij heeft twee linkerhanden; *get one's ~s burnt, burn one's ~s* zijn vingers branden; *have (keep) one's ~ on the pulse (of)* de vinger aan de pols (van...) houden; *have one's ~ in the till* regelmatig een greep in de kas doen; *have a ~ in every pie* overal een vinger in de pap hebben; *have at one's ~(s') ends* op zijn duimpje kennen; *lay a ~ on* raken, kwaad doen; *point a ~ at sbd.* (iem.) met de vinger nawijzen; *point the ~ of scorn at sbd.* (iem.) verachten; *pull one's ~ out* gemeenz laat je handen eens wapperen; *put the ~ on sbd.* iem. verlinken; *twist round one's little* ~ [iem.] om de vinger winden; *work one's ~s to the bone* zich doodwerken; *~s crossed!* duimen!; **II** *overg* bevoelen, betasten, met zijn vingers zitten aan; *~ed by* muz met vingerzetting van
finger-board *znw* muz toets [= greepplank v. snaarinstrument]

finger-bowl *znw* vingerkom
fingering *znw* **1** betasten *o*; **2** muz vingerzetting
fingermark *znw* vingerafdruk, vieze vinger
fingernail *znw* vingernagel
finger painting *znw* met vingerverf gemaakt schilderij *o*
finger-post *znw* wegwijzer
fingerprint I *znw* vingerafdruk; *the F~ Department* de Dactyloscopische Dienst; **II** *overg* vingerafdrukken nemen
finger puppet *znw* poppetje *o* dat op de vingertop wordt geschoven
finger-stall *znw* vingerling, rubber vinger
fingertip *znw* vingertop; *have at one's ~s* op zijn duimpje kennen; altijd bij de hand hebben; *to one's ~s* op-en-top
finicky ['finiki] *bn* gemaakt, peuterig, kieskeurig; overdreven netjes
finish ['finiʃ] **I** *overg* eindigen, voleind(ig)en, voltooien, aflopen, afmaken [ook = doden]; de laatste hand leggen aan, afwerken; appreteren; uitlezen; op-, leegeten; leeg-, uitdrinken; *I'm ~ed* ik ben klaar; ik ben op; *I have ~ed packing* ik ben klaar met pakken; *~ off (up)* de laatste hand leggen aan; afwerken; opeten, uitdrinken; *~ sth. off* iets beëindigen, afmaken; *~ sbd. off* iem. afmaken; **II** *onoverg* eindigen, ophouden, uitscheiden (met); sp finishen; *~ up* belanden; eindigen; besluiten; ten slotte...; *~ with* afmaken; zich afmaken van; het uitmaken met; *I have ~ed* ook: ik ben uitgesproken; *he is ~ed* het is afgelopen met hem; **III** *znw* einde *o*, slot *o*; afwerking; glans, vernis *o & m*, appretuur; sp finish; *fight to the ~* tot het laatst doorvechten
finished *bn* geëindigd &; ook: afgestudeerd, volleerd, volmaakt, op-en-top; *~ goods (products)* eindproducten
finisher *znw* afwerker; appreteur; sp afmaker; wie finisht; laatste slag, stoot &
finishing I *znw* afwerking; sp het afmaken; **II** *bn*: *~ school* school ter voltooiing van de opvoeding [veelal in Zwitserland]; *~ stroke* genadeslag; *~ touch* laatste hand, afwerking
finite ['fainait] *bn* eindig, beperkt; *~ verb* persoonsvorm [v. werkwoord]
fink [fink] *znw* stakingsbreker; verklikker, tipgever
Finland ['finlənd] *znw* Finland *o*
Finn [fin] *znw* Fin, Finse
Finnish ['finiʃ] *bn (znw)* Fins *(o)*
fiord [fjɔ:d] *znw* fjord
fir [fə:] *znw* den, dennenboom; zilverspar; dennenhout *o*
fir-cone *znw* pijnappel
fire ['faiə] **I** *znw* vuur *o*; brand, hitte; [elektrische &] kachel, haard; zie ook: *house*; *on ~* brandend, in brand; gloeiend; *set on ~*, *set ~ to* in brand steken; in brand doen vliegen; *between two ~s* fig tussen twee vuren; *go through ~ and water* door het vuur gaan [voor iem.]; *catch ~* vuur (vlam) vatten[2], in brand raken (vliegen); *come under ~* fig zich aan kritiek blootstellen; *open ~* mil het vuur openen; *return sbd.'s ~* mil iems. vuur beantwoorden, terugschieten; *strike ~* vuur slaan; **II** *overg* in brand steken, ont-, aansteken; stoken [oven]; bakken [steen]; schieten met, afschieten, afvuren, lossen [schot]; fig aanvuren, aanwakkeren, doen ontvlammen; gemeenz ontslaan; *~ off* afvuren; *be ~d with* gloeien van; **III** *onoverg* vlam vatten; vuren, schieten; aanslaan, ontsteken [v. motor]; *~ away!* gemeenz vooruit!; begin maar!; *~ up (at)* in vuur raken (over), opstuiven (bij)
fire-alarm *znw* brandschel; brandalarm *o*
firearm *znw* vuurwapen *o*
fire-ball *znw* grote meteoor; vuurbol; hist brandkogel
fire-bomb *znw* brandbom
firebrand *znw* brandend stuk *o* hout; stokebrand
fire-break *znw* brandstrook
fire-brick *znw* vuurvaste steen *o & m* [stofnaam], vuurvaste steen *m* [voorwerpsnaam]
fire-brigade *znw* brandweer
fire-bucket *znw* brandemmer
fire-bug *znw* glimworm; gemeenz brandstichter, pyromaan
fire chief *znw* brandweercommandant
fire-clay *znw* vuurvaste klei
firecracker *znw* stuk *o* vuurwerk; rotje *o*
fire-curtain *znw* brandscherm *o*
firedamp *znw* mijngas *o*, moerasgas *o*
fire department *znw* Am brandweer
fire-dog *znw* haardijzer *o*, vuurbok
fire-eater *znw* vuurvreter, ijzervreter; fig ruziezoeker
fire-engine *znw* brandspuit; brandweerauto
fire-escape *znw* reddingstoestel *o* [bij brand]; brandtrap
fire-extinguisher *znw* blusapparaat *o*
fire fighter *znw* brandbestrijder
fire-fighting I *znw* brandbestrijding; **II** *bn* brandblus-
firefly *znw* glimworm, vuurvliegje *o*
fire-guard *znw* vuur-, haardscherm *o*; brandwacht
fire-hose *znw* brandslang
fire hydrant *znw* brandkraan
fire insurance *znw* brandverzekering
fire-irons *znw* haardstel *o*
firelight *znw* vuurgloed, vuurschijnsel *o*
fire-lighter *znw* vuurmaker
fire-lock *znw* hist vuurroer *o*, snaphaan
fireman *znw* brandweerman; stoker; *~'s carry (lift)* brandweergreep
fire-office *znw* kantoor v.e. brandverzekeringsmaatschappij
fireplace *znw* haardstede, haard
fire-plug *znw* brandkraan
fire-policy *znw* brandpolis
fire-power *znw* vuurkracht

fireproof I *bn* vuurvast, brandvrij; **II** *overg* brandvrij, vuurvast maken
fire-raiser *znw* brandstichter
fire-raising *znw* brandstichting
fire-retardant *znw* brandvertragend
fire sale *znw* uitverkoop van goederen met brand- of rookschade
fire-screen *znw* vuurscherm *o*
fire-service *znw* brandweer
fire-ship *znw* scheepv brander
fireside *znw* haard, haardstede; hoekje *o* van de haard; fig huiselijk leven *o*, thuis; ~ *chair* clubfauteuil; gemakkelijke stoel; haardstoel
fire station *znw* brandweerkazerne
fire storm *znw* vuurstorm
fire-trap *znw* brandgevaarlijk gebouw *o*
fire-truck *znw* Am brandweerauto
fire-watcher *znw* brandwacht
fire-water *znw* gemeenz (alcoholische) drank(en)
firewood *znw* brandhout *o*
firework *znw* stuk *o* vuurwerk; ~*s* vuurwerk *o*; fig woedeuitbarsting
firing *znw* techn ontsteking; (af)vuren *o* &; ~ *line* vuurlinie[2]; ~*-squad* vuurpeloton *o*, executiepeloton *o*; ~ *pin* mil slagpin (v. geweer)
firkin ['fə:kin] *znw* vaatje *o* (± 25 kg, ± 40 l)
1 firm [fə:m] *znw* firma
2 firm [fə:m] **I** *bn* vast, standvastig; vastberaden; hard, stevig, flink; ~ *friends* dikke vrienden; *be (stand)* ~ op zijn stuk blijven staan; **II** *overg* vast maken (zetten); ~ *up* versterken, sterker maken; vast (stevig, hard) maken; **III** *onoverg* vast worden; ~ *up* handel vaster worden [prijzen]
firmament ['fə:məmənt] *znw* uitspansel *o*
firmly ['fə:mli] *bijw* vast, stevig; vastberaden; met vaste hand; stellig, met beslistheid
firry ['fə:ri] *bn* met dennen, dennen-
first [fə:st] **I** *bn* eerst; ~ *cousin* volle neef (nicht); *at (the)* ~ in het begin; eerst, aanvankelijk; *at* ~ *hand* uit de eerste hand; *from the* ~ van het begin, al dadelijk; *from* ~ *to last* van het begin tot het eind; *in the* ~ *instance* in de eerste plaats; *in the* ~ *place* om te beginnen, meteen; ~ *things* ~ wat het zwaarst is moet het zwaarst wegen; *I haven't the* ~ *idea* ik heb niet het geringste idee; **II** *bijw* (voor het) eerst; ten eerste; eerder, liever; ~ *of all*, ~ *and foremost* allereerst; ~ *and last* alles samengenomen, door elkaar gerekend; ~ *off* om te beginnen; ~ *come*, ~ *served* wie eerst komt, eerst maalt; **III** *znw* eerste; eerste prijs(winnaar); nummer één; onderw ± cum laude; auto eerste versnelling; ~*s* handel eerste soort; *come an easy* ~ gemakkelijk winnen
first aid *znw* EHBO, eerstehulp-; ~ *kit* verbandkist
first-born *znw* & *bn* eerstgeboren(e)
first-class *bn* prima, eersteklas; *a* ~ *row* een geduchte ruzie; ~ *mail* briefpost
first-day cover *znw* eerstedagenvelop
first-degree *bn* eerstegraads [brandwonden]
first floor *znw* 1ste verdieping, Am parterre
first-fruits *znw mv* eersteling(en)
first-hand *bn* uit de eerste hand
first lady *znw* vrouw v.d. (Amerikaanse) president
firstly *bijw* ten eerste
first name *znw* voornaam; *be on* ~ *terms* elkaar tutoyeren
first night *znw* avond van de première; ~ *nerves* plankenkoorts
first offender *znw* iem. die voor de eerste keer een misdrijf pleegt
first-rate *bn* eersterangs, prima
first refusal *znw* optie
firth [fə:θ] *znw* zeearm, brede riviermond
fir-tree ['fə:tri:] *znw* dennenboom; den; zilverspar
fiscal ['fiskəl] *bn* fiscaal, belasting-
fish [fiʃ] **I** *znw* (*mv* idem *of* -es) vis; ~ *and chips* gebakken vis met patat; *a queer* ~ een rare snuiter; *he drinks like a* ~ hij zuipt als een ketter; *feed the* ~*es* gemeenz overgeven (bij zeeziekte); verdrinken; *I have other* ~ *to fry* ik heb wel wat anders aan mijn hoofd/te doen; *neither* ~, *nor fowl* vlees noch vis; *there are other (plenty more)* ~ *in the sea* er zijn nog andere(n) die even goed zijn, je moet niet denken dat jij de enige bent (die goed is); *like a* ~ *out of water* als een vis op het droge; **II** *overg* vissen; op-, be-, afvissen; ~ *for* vissen naar, afvissen; hengelen naar (ook fig); ~ *out* opvissen[2]; fig uitvissen; **III** *onoverg* vissen; ~ *in troubled waters* in troebel water vissen
fishball, **fishcake** *znw* viskoekje
fish-bone *znw* (vis)graat
fish bowl *znw* viskom
fisher *znw* vero visser
fisherman *znw* visser
fishery *znw* visserij; visplaats; visrecht *o*
fish-eye lens *znw* visooglens
fish farm *znw* viskwekerij
fish finger *znw* visstick
fish-glue *znw* vislijm
fish-hook *znw* vishaak, angel
fishing *znw* vissen *o*; visrecht *o*; viswater *o*
fishing-boat *znw* vissersboot
fishing fleet *znw* vissersvloot
fishing-line *znw* vissnoer *o*
fishing-net *znw* visnet *o*
fishing-pole *znw* Am = *fishing-rod*
fishing-rod *znw* hengel
fishing-smack *znw* visserspink
fishing-tackle *znw* vistuig *o*
fish knife *znw* vismes *o*
fishmonger *znw* viskoper, vishandelaar
fishnet stockings *znw mv* netkousen
fish-plate *znw* lasplaat
fish-pond *znw* visvijver
fish-slice *znw* visspaan
fish stick *znw* Am = *fish finger*
fishtail I *bn* als een vissenstaart; ~ *wind* verander-

lijke wind; **II** *onoverg* afremmen [vliegtuig]
fishwife *znw* viswijf *o*, visvrouw
fishy *bn* visachtig; visrijk; gemeenz verdacht, met een luchtje eraan, twijfelachtig; ~ *eyes* schelvisogen
fissile ['fisail] *bn* = *fissionable*
fission ['fiʃən] *znw* splijting, deling, splitsing
fissionable *bn* splijtbaar; ~ *material* splijtstof
fissure ['fiʃə] **I** *znw* kloof, spleet, scheur; **II** *overg & onoverg* kloven, splijten
fist [fist] *znw* vuist
fistful *znw* handjevol *o*
fistic(al) *bn* schertsend boksers-, boks-
fisticuffs *znw mv* bokspartij; *resort to* ~ op de vuist gaan, gaan knokken
fistula ['fistjulə] *znw* (*mv*: -s *of* fistulae [-li:]) fistel; buis [v. insecten]
fit [fit] **I** *bn* geschikt; bekwaam; behoorlijk, gepast, voegzaam; gezond, fris, fit; *as* ~ *as a fiddle* in uitstekende conditie; kiplekker; ~ *for a king* een koning waardig; *not* ~ *to be seen* ontoonbaar, niet presentabel; *see (think)* ~ goeddunken, het gepast achten; **II** *overg* passend (geschikt, bekwaam) maken (voor *for, to*); aanbrengen, zetten, monteren; voorzien (van *with*), uitrusten, inrichten; passen (op, bij, voor), goed zitten; ~*ted carpet* vaste vloerbedekking; ~*ted cupboards* kastenwand; ~ *kitchen* volledig uitgeruste keuken; aanbouwkeuken; ~*ted sheet* hoeslaken *o*; ~*ted washbasin* vaste wastafel; ~ *in* inpassen; plaats (tijd) vinden voor; ~*on* (aan)passen; aanbrengen, op-, aanzetten; ~ *out* uitrusten; ~ *up* aanbrengen [toestel]; techn monteren; uitrusten; ~ *sbd. up* slang iem. erin laten luizen; **III** *onoverg* passen; zich aanpassen aan, aangepast zijn; op zijn plaats zijn; ~ *in nicely* precies (erin)passen; mooi uitkomen; ~ *in with* passen bij; stroken met, kloppen met; **IV** *znw* **1** passen *o*, pasvorm; **2** stuip, toeval, beroerte; aanval, insult *o*, vlaag, bevlieging, bui; *it was a good (bad)* ~ het zat (niet) goed; *a shivering* ~ een (koorts)rilling; *it is a tight* ~ het zit nauw; het kan nog net; *in* ~*s and starts* met horten en stoten, bij vlagen; *be in* ~*s (of laughter)* in een deuk liggen (van het lachen); *throw a* ~ gemeenz heel kwaad (ongerust) worden
fitchew ['fitʃu:] *znw* bunzing
fitful ['fitful] *bn* ongestadig, onbestendig; ongeregeld; grillig; bij vlagen
fitment ['fitmənt] *znw* inrichting, montering; ~*s* = *fittings*
fitness ['fitnis] *znw* geschiktheid; bekwaamheid; gepastheid, voegzaamheid; gezondheid; fitness, (goede) conditie
fitness centre *znw* fitnesscentrum *o*
fitter ['fitə] *znw* bankwerker, monteur; fitter
fitting ['fitiŋ] **I** *bn* passend[2], gepast; **II** *znw* passen *o* &; maat [v. schoenen &]; zie: *fit II*; ~*s* benodigdheden voor het inrichten v.e. huis, winkel &, inrichting, installatie, bekleding, (winkel)opstand; accessoires, hulpstukken; ~ *room* paskamer
five [faiv] *telw* vijf; ~*s* (hand)schoenen & maat vijf; vijfprocentsobligaties; sp soort squash waarbij de bal met de hand wordt geslagen
fivefold *bn* vijfvoudig
five o'clock shadow [faivə'klɔk 'ʃædou] *znw* stoppelbaard aan het eind van de dag
fiver *znw* gemeenz biljet *o* van 5 pond (dollar)
fivescore *znw* (een)honderdtal *o*
fix [fiks] **I** *znw* gemeenz moeilijkheid, lastig geval *o*; slang narcotische injectie, spuit; scheepv luchtv positie(bepaling); *I was in an awful (bad, regular)* ~ gemeenz ik zat lelijk in de knel, in het nauw; **II** *overg* vastmaken, -hechten, -zetten, -leggen, -houden, (be)vestigen; bepalen, vaststellen; aanbrengen, plaatsen, monteren; fixeren; regelen; gemeenz repareren, in orde brengen, opknappen; slang omkopen; slang spuiten [met narcotica]; mil opzetten [bajonet]; ~ *in the memory* in het geheugen prenten; ~ *up* aanbrengen, plaatsen, inrichten; gemeenz opknappen, in orde brengen, regelen, organiseren; voorzien (van *with*); ~ *sbd. up (for the night)* iem. logeren; **III** *onoverg* vast worden; stollen; zich vestigen; ~ *up(on)* kiezen; besluiten (tot)
fixate [fik'seit] *overg* fixeren, vasthouden; fig verstarren, stagneren; psych gefixeerd zijn
fixation *znw* vaststelling, vastlegging; bevestiging; vasthouden *o*; stolling; fixering; fixatie
fixative ['fiksətiv] **I** *bn* fixerend; **II** *znw* fixatief *o*: fixeermiddel *o*
fixed *bn* vast[2]; strak; niet vluchtig; bepaald
fixer *znw* fixeermiddel *o*
fixture *znw* al wat spijkervast is; vast iets; vaste klant (bezoeker &), vast nummer[2] *o*; (datum voor) wedstrijd; ~*s* opstand [v. winkel]
fizz [fiz] **I** *onoverg* sissen, bruisen; **II** *znw* gesis *o*, gebruis *o*; gemeenz pittigheid; gemeenz champagne
fizzle ['fizl] **I** *onoverg* (zachtjes) sissen, sputteren; ~ *out* op niets uitdraaien; **II** *znw* gesis *o*, gesputter *o*
fizzy ['fizi] *bn* mousserend, gazeus
fjord [fjɔ:d] *znw* fjord
flabbergast ['flæbəga:st] *overg* gemeenz geheel van zijn stuk brengen; ~*ed* ook: beduusd
flabby ['flæbi] *bn* zacht, week, slap[2]
flaccid ['flæksid] *bn* slap[2]
flaccidity [flæk'siditi] *znw* slapheid[2]
flag [flæg] **I** *znw* **1** vlag; **2** platte steen, tegel; **3** plantk lis; **4** omissieteken *o* [drukproeven]; ~ *of convenience* [varen onder] vreemde vlag; ~ *of truce* witte vlag; *show the* ~ gemeenz even je gezicht laten zien; *strike (hoist) one's* ~ fig het commando overgeven (overnemen); *strike (lower) the* ~ de vlag strijken; **II** *overg* **1** bevlaggen; seinen (met vlaggen), **2** doen stoppen (ook: ~ *down*); **3** bevloeren, beleggen (met vloerstenen); **III** *onoverg* mat hangen, verslappen, verflauwen, kwijnen[2]
flag-captain *znw* scheepv vlaggenkapitein
flag-day *znw* speldjesdag

flagellant ['flædʒilənt] *znw* flagellant, geselbroeder
flagellate *overg* geselen
flagellation [flædʒi'leiʃən] *znw* geseling
flageolet [flædʒou'let] *znw* muz flageolet; plantk witte boon
flagging ['flægiŋ] **I** *bn* verflauwend; **II** *znw* plaveisel *o*, flagstones
flagitious [flə'dʒiʃəs] *bn* verdorven; schandalig
flag-lieutenant ['flægle'tenənt] *znw* adjudant van een admiraal
flag-officer *znw* vlagofficier
flagon ['flægən] *znw* grote fles; schenkkan
flag-pole *znw* vlaggenstok
flagrancy ['fleigrənsi] *znw* het flagrante; verregaande schandaligheid
flagrant *bn* flagrant, in het oog lopend; schandalig; schreeuwend
flagship ['flægʃip] *znw* vlaggenschip *o*
flagstaff *znw* vlaggenstok
flagstone *znw* platte steen, tegel
flag-wagging *znw* **1** gemeenz seinen *o* met vlaggen; **2** agressief patriottisme *o*
flagwaving *znw* = *flagwagging 2*
flail [fleil] **I** *znw* dorsvlegel; **II** *overg* (met de vlegel) dorsen, slaan, ranselen; **III** *onoverg*: *with arms ~ing* met zwaaiende armen
flair ['flɛə] *znw* flair
flak [flæk] *znw* licht afweergeschut *o*, -vuur *o*; fig storm van kritiek
flake [fleik] **I** *znw* vlok; schilfer, flinter; vonk; lapje *o* (vel); laag; ~ *of ice* ijsschots; **II** *(overg &) onoverg* (doen) (af)schilferen; vlokken; *~d out* slang beroerd, slap
flaky *bn* vlokkig; schilferachtig
flambeau ['flæmbou] *znw* fakkel, flambouw
flamboyant [flæm'bɔiənt] *bn* flamboyant [v. bouwstijl]; kleurrijk, zwierig; opzichtig
flame [fleim] **I** *znw* vlam; hitte, vuur *o*; *burst into ~(s)* opvlammen; plotseling in brand vliegen; *fan the ~s, add fuel to the ~s* olie op het vuur gooien; *go up in ~s* in brand vliegen; **II** *onoverg* op-, ontvlammen, vlammen, schitteren; ~ *up* opvlammen; *flaming* ook: gemeenz verrekt, verdomd
flameproof *bn* vuurvast, onbrandbaar
flame-thrower *znw* mil vlammenwerper
flamingo [flə'miŋgou] *znw* (*mv*: -s *of* -goes) flamingo
flammable ['flæməbl] *bn* brandbaar
flamy ['fleimi] *bn* vlammend, vurig, vlammen-
flan [flæn] *znw* ronde, open taart; vlaai
Flanders ['fla:ndəz] **I** *znw* Vlaanderen *o*; **II** *bn* Vlaams
flange [flæn(d)ʒ] *znw* scheepv flens
flank [flæŋk] **I** *znw* flank; zijde; ribstuk *o*; **II** *overg* flankeren; mil in de flank dekken; in de flank aanvallen; omtrekken
flannel ['flænl] **I** *znw* flanel *o*; lap, doekje *o*; Br washandje *o*, gemeenz (mooie) praatjes [om iem. over te halen]; *~s* flanellen broek; **II** *bn* flanellen; **III** *overg & onoverg* stroop smeren, mooie praatjes ophangen
flannelette [flænə'let] *znw* katoenflanel *o*
flap [flæp] **I** *znw* klep; flap; neerslaand blad *o* of luik *o*; slip, pand [jas]; luchtv vleugelklep; lel; gemeenz consternatie, paniek; **II** *overg* slaan (met), klapp(er)en met; **III** *onoverg* flappen, klapp(er)en; klapwieken
flapdoodle *znw* larie, kletskoek
flap-eared *bn* met flaporen
flapjack *znw* **1** Am pannenkoek; **2** Br rond, plat (haver)koekje *o*
flapper *znw* gemeenz vroeger bakvis, tiener
flare ['flɛə] **I** *onoverg* flikkeren, (op)vlammen, schitteren; klokken, uitstaan [v. rok] (ook: ~ *out*); ~ *up* opvlammen[2]; opstuiven; **II** *znw* geflikker *o*, vlam; licht(signaal) *o*, lichtfakkel; klokken *o*, uitstaan *o* [v. rok]; *~s* broek met wijd uitlopende pijpen
flared *bn* uitlopend, wijd uitlopend [v. broekspijpen, rok]
flare-path *znw* verlichte landingsbaan/startbaan
flare-up *znw* uitbarsting, aanval van woede, scène; wild feest *o*
flash [flæʃ] **I** *znw* glans, (op)flikkering, straal; schicht, flits; vlaag, opwelling; nieuws *o* in het kort, nieuwsflits; Am zaklantaarn; ~ *of lightning* bliksemschicht; *a ~ in the pan* fig een strovuur *o*, iets veelbelovends dat op een anticlimax uitloopt; *a ~ of wit* een geestige inval; *in a ~* in een oogwenk; **II** *bn* gemeenz opzichtig, fijn; plotseling (opkomend); **III** *onoverg* flikkeren, bliksemen, schitteren, blikkeren, opvlammen; (voort)schieten; flitsen; gemeenz potloodventen [exhibitionisme plegen]; ~ *back* in de herinnering teruggaan; in een flits terugdenken; een flashback gebruiken [in film]; *it ~ed through my mind* het flitste mij door het hoofd; **IV** *overg* schieten, doen flikkeren &; (over)seinen; (iets) plotseling, opvallend laten zien, tonen; gemeenz geuren met; ~ *one's money about* gemeenz zijn geld rondstrooien
flashback *znw* beeld *o* (klank) uit het verleden, terugblik
flash bulb *znw* flitslampje *o*
flash burn *znw* brandwond [*vooral* door een kernexplosie]
flashcard *znw* kaart met informatie [gebruikt in het onderwijs]
flashcube *znw* fotogr flitsblokje *o*
flasher *znw* knipperlicht *o* [v. auto]; gemeenz potloodventer
flash flood *znw* plotseling opkomend hoogwater *o* [door zware regenval &]
flashgun *znw* fotogr flitser, flitsapparaat *o*
flashing *znw* techn (metalen) strip als waterwering tussen dak en muur
flashing light *znw* flikkerlicht *o*, knipperlicht *o*
flash-light *znw* flitslicht *o*, magnesiumlicht *o*; zak-

lantaarn
flash-point *znw* ontvlammingspunt *o*; fig kookpunt *o*
flashy *bn* opzichtig
flask [fla:sk] *znw* flacon; fles, thermosfles, zakfles
flat [flæt] **I** *bn* vlak, plat; smakeloos, laf, verschaald [bier]; leeg, plat [batterij, band]; dof, mat; saai; handel flauw; muz mineur, mol; op de kop af, precies; *that is ~* gemeenz daarmee is 't uit; *fall ~* mislukken; niet inslaan; niets uithalen; *sing ~* muz vals (te laag) zingen; *a ~ refusal* gemeenz een botte (vierkante) weigering; *~ race* wedloop op de vlakke baan; *a ~ rate* een uniform tarief *o*, een vast bedrag *o*; *a ~ wage* een uniform loon *o*; *~ broke* volledig platzak; **II** *znw* vlak terrein *o*, vlakte; plat *o*; platte kant; etage(woning), appartement *o*, flat; schoen met platte hak: flat; scheepv platboomd vaartuig *o*, vlet; ondiepte, zandbank; moeras *o*; muz mol; sp vlakke baan; platte (lekke) band; *the ~ of the hand* de vlakke hand
flat-bottomed *bn* platboomd
flatcar *znw* platte goederenwagon
flat-chested *bn* plat [zonder boezem]
flatfish *znw* platvis
flat-foot *znw* platvoet; Am slang smeris; *~ed* met platvoeten; fig onhandig, lomp; *to catch sbd. ~ed* gemeenz iem. overrompelen; iem. op heterdaad betrappen
flat-iron *znw* strijkijzer *o*
flatlet *znw* flatje *o* [woning]
flatly *bijw* vlak, plat; botweg; versterkend vierkant, totaal
flatmate *znw* flatgenoot, medebewoner v.e. flat
flat out *bijw* op volle kracht, op volle snelheid
flatten I *overg* plat, vlak maken; (ter)neerdrukken of -slaan; vernederen, klein krijgen; pletten; afbreken, slopen; muz verlagen; laten verschalen; **II** *onoverg*: *~ (out)* plat, vlak worden; verschalen
flatter ['flætə] *overg* vleien, strelen; flatteren; *he ~s himself he's a good writer* hij vleit zich met de gedachte dat hij een goede schrijver is
flatterer *znw* vleier
flattering *bn* flatterend, flatteus
flattery *znw* vleierij, gevlei *o*, vleitaal
flatting-mill ['flætiŋmil] *znw* pletmolen, pletterij
flat-top ['flættɔp] *znw* Am slang vliegdekschip *o*
flatulence ['flætjuləns] *znw* winderigheid
flatulent *bn* winderig
flatus ['fleitəs] *znw* (buik)wind
flaunt [flɔ:nt] *overg* pralen met, pronken met; *~ oneself* pronken
flautist ['flɔ:tist] *znw* muz fluitist
flavour, Am **flavor** ['fleivə] **I** *znw* geur, smaak; aroma[2] *o*; fig tintje *o*; karakter *o*; **II** *overg* geur geven, smakelijk maken, kruiden[2]
flavouring *znw* kruiderij; aroma *o* [stof]
flavourless, Am **flavorless** *bn* geurloos, smaakloos
flaw [flɔ:] **I** *znw* **1** barst, breuk, scheur; **2** fout, ongerechtigheid, gebrek *o*; **3** vlek, smet; **II** *(overg &) onoverg* (doen) barsten; bederven, ontsieren
flawless *bn* vlekkeloos, smetteloos, onberispelijk, gaaf
flax [flæks] *znw* vlas *o*
flaxen *bn* vlassig, van vlas; vlaskleurig, (vlas)blond, vlas-
flay [flei] *overg* villen[2], (af)stropen[2]; fig hekelen
flea [fli:] *znw* vlo; *come away with a ~ in one's ear* van een koude kermis thuiskomen, er bekaaid afkomen; *send him away with a ~ in his ear* hem afschepen, nul op het rekest geven
flea-bag *znw* gemeenz **1** smeerpoets, slons; **2** Am goedkoop (vies) hotelletje *o*; **3** Am zwijnenstal
flea-bite *znw* vlooienbeet; onbelangrijke afwijking; fig kleinigheid
flea-bitten *bn* onder de vlooien; gemeenz sjofel, goor
flea circus *znw* vlooientheater *o*
flea market *znw* vlooienmarkt, rommelmarkt
fleapit ['fli:pit] *znw* gemeenz goedkope, smerige bioscoop
fleck [flek] **I** *znw* vlek; plek; **II** *overg* vlekken; plekken
fled [fled] V.T. & V.D. van *flee*
fledged [fledʒd] *bn* (vlieg)vlug [v. jonge vogels]; *fully ~d* geheel ontwikkeld, volwassen; ervaren, volleerd
fledg(e)ling *znw* (vlieg)vlugge vogel; fig beginneling, melkbaard, melkmuil
flee [fli:] (fled; fled) *overg & onoverg* (ont)vlieden, (ont)vluchten
fleece [fli:s] **I** *znw* (schaaps)vacht; vlies *o*; **II** *overg* scheren; fig het vel over de oren halen, afzetten; (met een vacht) bedekken
fleecy *bn* wollig, wolachtig; vlokkig; *~ clouds* schapenwolkjes
fleer [fliə] **I** *onoverg* spotten; spottend of brutaal lachen, honen; **II** *znw* hoongelach *o*; spotternij
1 fleet [fli:t] *znw* vloot; groep; *our ~ of motor-cars* ons wagenpark *o*
2 fleet [fli:t] *bn* plechtig snel, vlug, rap
3 fleet [fli:t] *onoverg* (voorbij-, heen)snellen
fleeting *bn* snel voorbijgaand, vergankelijk, vluchtig
Fleet Street [fli:t stri:t] *znw* **1** de Londense pers; **2** de Britse journalistiek, de Britse pers
Fleming ['flemiŋ] *znw* Vlaming
Flemish *bn* Vlaams; *the ~* de Vlamingen
flench, **flense** [flentʃ, flens] *overg* [zeehond] villen; spek afsnijden [v.e. walvis]
flesh [fleʃ] **I** *znw* vlees *o*; *in the ~* in levenden lijve; in leven; *it is more than ~ and blood can bear* het is meer dan een mens kan verdragen; *one's own ~ and blood* je eigen vlees en bloed, naaste verwanten; **II** *overg*: *~ out* verrijken, verlevendigen, meer gestalte geven, aankleden, uitwerken, (op)vullen
flesh-coloured *bn* vleeskleurig

fleshly *bn* vleselijk: zinnelijk
flesh-pot *znw* bordeel *o*, hoerenkast; striptent
fleshy *bn* vlezig; gevleesd; vlees-; dik
flew [flu:] V.T. van *fly*
flex [fleks] **I** *onoverg & overg* buigen; buigen en strekken; ~ *one's muscles,* ~ *oneself* ook: fig zijn krachten beproeven, zich oefenen; **II** *znw* elektr snoer *o*
flexibility [fleksi'biliti] *znw* buigzaam-, soepelheid², flexibiliteit²
flexible ['fleksibl] *bn* buigzaam², soepel², flexibel²; ~ *hours* variabele werktijden
flexion *znw* buiging; bocht; gramm verbuiging
flexional *bn* gramm buigings-
flexitime ['fleksitaim] *znw* variabele werktijden
flexor *znw* buigspier
flexure *znw* buiging; bocht
flibbertigibbet ['flibəti'dʒibit] *bn* lichthoofdig, fladderig, wispelturig iem.
flick [flik] **I** *znw* tikje *o*; knip; rukje *o*; *the ~s* gemeenz de bios; *at the ~ of a switch* ± met een druk op de knop; *give sbd. the ~* gemeenz iem. de bons geven; **II** *overg* een tik(je) geven, tikken; ~ *away (off)* wegknippen; ~ *off* uitdoen; ~ *on* aanknippen, aanzetten; ~ *over* snel omslaan [de bladzijden]; ~ *through* snel doorbladeren [boek]; ± zappen
flicker ['flikə] **I** *onoverg* flakkeren, flikkeren; trillen; fladderen, klappen; **II** *znw* geflakker *o*, (op-) flikkering, geflikker *o*; ongestadig licht *o*; gefladder *o*; fig vleugje *o*, sprankje *o*
flick-knife ['fliknaif] *znw* springmes *o*, stiletto
flier ['flaiə] *znw* = *flyer*
flight [flait] *znw* vlucht; loop, vaart; reeks; zwerm, troep, luchtv eskader *o*; ~ *of stairs* trap; ~ *of steps* bordes *o*; ~ *of fancy* inval; ~ *of wit* geestige zet; *put to* ~ op de vlucht drijven; *take (to)* ~ op de vlucht gaan, de vlucht nemen; *~-deck* scheepv vliegdek *o*; *~-engineer* luchtv boordwerktuigkundige; ~ *lieutenant* mil kapiteinvlieger; ~ *path* luchtv (aan)vliegroute; ~ *recorder* luchtv vluchtrecorder, zwarte doos; ~ *sergeant* mil sergeant-vlieger
flightless ['flaitləs] *bn* niet in staat tot vliegen; ~ *birds* loopvogels
flighty ['flaiti] *bn* grillig; wispelturig, wuft; halfgaar
flimsy ['flimzi] **I** *bn* dun, onsolide, ondeugdelijk; armzalig; **II** *znw* gemeenz dun papier *o*; doorslag
flinch [flinʃ] *onoverg* aarzelen, terugdeinzen, wijken (voor *from*); *without ~ing* onwrikbaar; zonder een spier te vertrekken
flinders ['flindəz] *znw mv* splinters; scherven
1 fling [fliŋ] (flung; flung) **I** *onoverg* vliegen, stormen [uit vertrek]; **II** *overg* gooien, (af)werpen, smijten; ~ *at* gooien naar, naar (het hoofd) werpen; ~ *down* neergooien, tegen de grond smijten; ~ *in* op de koop toegeven; ~ *into a room* binnenstormen; ~ *off* afwerpen; van het spoor brengen; ~ *off (on) one's clothes* uit (in) zijn kleren schieten; ~ *out* plotseling (achteruit) slaan; uitspreiden [zijn armen]; weggooien; [woorden] eruit gooien; ~ *up* ten hemel heffen [de armen]; fig laten varen [plan]
2 fling *znw* worp, gooi; *the Highland* ~ een Schotse dans; uitspatting, verzetje *o*; avontuurtje *o*; *have one's* ~ gemeenz aan de rol gaan, uitrazen; zie verder: *throw*
flint [flint] *znw* keisteen, vuursteen *o* & *m* [stofnaam], vuursteen *m* [voorwerpsnaam]; steentje *o* [v. aansteker]
flint-glass *znw* flintglas *o*
flint-lock *znw* steenslot *o*; vuursteengeweer *o*
flinty *bn* steenachtig, vuursteen-; fig onvermurwbaar, hardvochtig
flip [flip] **I** *znw* **1** flip: warme drank v. melk, ei, suiker en wijn (bier of brandewijn); **2** knip, tik; ruk; **3** salto; **II** *bn* ongepast, brutaal, niet serieus; **III** *overg* **1** een tikje geven; **2** (weg)knippen; ~ *one's lid* gemeenz over de rooie gaan, uit zijn vel springen; ~ *over (through)* = *flick over (through)*; **IV** *onoverg* **1** tikken; **2** knippen [met de vingers]; **3** gemeenz flippen, compleet gek worden
flip-flop ['flipflɔp] *znw* **1** teenslipper, sandaal; **2** achterwaartse salto; **3** techn flipflop [bep. type elektronische schakeling]
flippancy ['flipənsi] *znw* oneerbiedige, spottende opmerking; spotternij
flippant *bn* spotziek, oneerbiedig, ongegeneerd, ongepast
flipper ['flipə] *znw* vin; zwempoot; sp zwemvlies *o* [duiksport]
flipping ['flipiŋ] *bn* gemeenz verdraaid, verdomd
flip side *znw* B-kant [v. grammofoonplaat]; fig schaduwzijde
flirt [flə:t] **I** *onoverg* flirten; ~ *with* spelen of koketteren met; **II** *znw* flirt
flirtation [flə:'teiʃən] *znw* flirt, geflirt *o*
flirtatious ['flə:ti] *bn* graag flirtend
flit [flit] **I** *onoverg* fladderen, zweven, vliegen; (snel) heen en weer gaan (schieten), (weg)trekken; Schots verhuizen; **II** *znw*: *do a (moonlight)* ~ met de noorderzon vertrekken
flitch [flitʃ] *znw* zijde spek
flitter ['flitə] *onoverg* fladderen; ~ *mouse* vleermuis
flivver ['flivə] *znw* Am goedkoop autootje *o*
float [flout] **I** *znw* vlot *o*; techn vlotter; luchtv drijver; dobber; lage wagen, praalwagen; handel kasgeld *o*; voorschot *o*; **II** *onoverg* vlot zijn; zweven, vlotten, drijven, dobberen; wapperen; ~ *around* rondgaan [v. gerucht &]; **III** *overg* laten drijven; vlot maken; onder water zetten; in omloop brengen, lanceren [gerucht &]; oprichten [v. bedrijf door uitgifte v. aandelen]
floatation [flou'teiʃən] *znw* = *flotation*
float-board ['floutbɔ:d] *znw* schepbord *o*, schoep
floating *bn* drijvend; vlottend; zwevend; ~ *bridge* pontonbrug; ~ *currency* zwevende munt(eenheid), valuta; ~ *population* vlottende bevolking; ~ *voter* zwevende kiezer
floccule ['flɔkju:l] *znw* (wol)pluisje *o*, vlokje *o*

flock [flɔk] **I** *znw* **1** kudde², troep, zwerm, schare; **2** vlok, pluis; **II** *onoverg*: ~ *(together)* samenkomen, samenscholen, stromen (naar *to*)
flocky *bn* vlokkig
floe [flou] *znw* ijsschots, stuk *o* drijfijs
flog [flɔg] *overg* slaan, (af)ranselen; recht geselen; slang organiseren, (in)pikken; verpatsen, aansmeren; ~ *a dead horse* belangstelling trachten te wekken voor wat afgedaan heeft; vergeefse moeite doen
flogging *znw* (pak *o*) slaag/ransel; recht geseling, geselstraf
flood [flʌd] **I** *znw* vloed², stroom², overstroming; zondvloed; *the F~* de zondvloed; *a ~ of reactions* een stortvloed van reacties; *the river is in ~* de rivier is buiten haar oevers getreden; **II** *onoverg* (over-) stromen; buiten zijn oevers treden [rivier]; *be ~ed out* door overstroming een huis moeten verlaten; **III** *overg* onder water zetten, overstromen² (met *with*), doen onderlopen; fig overspoelen, verzuipen [motor]
floodgate *znw* sluisdeur; fig sluis
floodlight I *znw* (schijnwerper voor) strijklicht *o*; **II** *overg* verlichten door middel van strijklicht
floodlit V.T. & V.D. van *floodlight*
flood-tide *znw* vloed
floor [flɔ:] **I** *znw* vloer; bodem; verdieping; zaal [v. parlement &]; *first ~* eerste verdieping; Am benedenverdieping, parterre *o & m*; *get (have, hold) the ~* het woord krijgen (hebben, voeren); *take the ~* het woord nemen; ten dans gaan; *wipe the ~ with sbd.* de vloer met iem. aanvegen; **II** *overg* bevloeren; vloeren: op de grond werpen; fig onder krijgen; in de war maken; het winnen van, verslaan
floorboard *znw* vloerplank
floor-cloth *znw* dweil
flooring *znw* bevloering, vloer
floor-manager *znw* **1** floormanager [bij tv-productie]; **2** afdelingschef [in warenhuis]
floor show *znw* floorshow
floor-walker *znw* afdelingschef (in winkel &)
floozy ['flu:zi] *znw* Am slet, snol
flop [flɔp] **I** *znw* klap, flap; plof; gemeenz fiasco *o*, flop, afgang, misser; **II** *onoverg* flappen, ploffen, klossen; gemeenz een flop worden; ~ *down* neerploffen
floppy *bn* flodderig, slap; ~ *(disk)* comput floppy, diskette
flora ['flɔ:rə] *znw* flora
floral *bn* bloemen-, bloem-
Florentine ['flɔrəntain] *znw (& bn)* Florentijn(s)
florescence [flɔ'resəns] *znw* bloeien *o*; bloeitijd
floret ['flɔ:rit] *znw* bloempje *o*
floriculture ['flɔ:rikʌltʃə] *znw* bloementeelt
floriculturist [flɔ:ri'kʌltʃərist] *znw* bloemkweker
florid ['flɔrid] *bn* bloemrijk; blozend; zwierig
floridity [flɔ'riditi] *znw* bloemrijke taal; blozende kleur; zwierigheid
florin ['flɔrin] *znw* vroeger tweeshillingstuk *o*
florist ['flɔrist] *znw* bloemist
floruit ['flɔruit] *znw* actieve periode [v.e. kunstenaar &]
floss ['flɔs] **I** *znw* **1** vloszijde; **2** *(dental)* ~ tandzijde; **II** *overg & onoverg* flossen, (de tanden) met tandzijde schoonmaken
flossy *bn* vlossig
flotation *znw* drijven *o* &; oprichting [v. bedrijf door uitgifte aandelen]; het zweven *o* [v.e. munteenheid]
flotilla [flou'tilə] *znw* flottielje
flotsam ['flɔtsəm] *znw* zeedrift, wrakgoederen; ~ *and jetsam* rommel
1 flounce [flauns] *znw* volant: strook
2 flounce [flauns] **I** *onoverg* plonzen, ploffen; stuiven; **II** *znw* plof, ruk
flounder ['flaundə] **I** *onoverg* [in de modder &] baggeren, spartelen; steigeren; hakkelen, knoeien; **II** *znw* (*mv* idem *of* -s) dierk bot, schar
flour ['flauə] **I** *znw* bloem (van meel), meel *o*, poeder *o & m*; **II** *overg* met meel bestrooien
flourish ['flʌriʃ] **I** *onoverg* bloeien², tieren, gedijen; in zijn bloeitijd zijn [v. kunstenaar]; **II** *overg* zwaaien met; pronken met; **III** *znw* zwaai; zwierige wending, versiering, krul; muz fanfare, trompetgeschal *o*; *in full ~* in volle bloei
floury ['flauəri] *bn* melig; kruimig; met meel bedekt
flout [flaut] *overg* negeren, in de wind slaan, aan zijn laars lappen, zich niets aantrekken van, spotten met
flow [flou] **I** *onoverg* vloeien, overvloeien, stromen²; golven [v. kleed, manen] opkomen [getij]; ~ *from* voortvloeien uit; **II** *znw* (over)vloed, stroom², (uit-) stroming, doorstroming; golving; ~ *of language (words)* woordenvloed; *he has a ready ~ of conversation* hij is een uiterst vlotte prater
flow chart ['floutʃa:t] *znw* stroomschema *o*
flower ['flauə] **I** *znw* bloem², bloesem; bloei; **II** *onoverg* bloeien
flower arrangement *znw* **1** bloemschikkunst; **2** bloemstuk *o*
flower-bed *znw* bloembed *o*
flowered *bn* gebloemd
floweret *znw* bloempje *o*
flowerpot *znw* bloempot
flower-show *znw* bloemententoonstelling
flowery *bn* bloemrijk², bloem(en)
flown [floun] V.D. van ²*fly*
fl. oz. *afk.* = *fluid ounce(s)*
flu [flu:] *znw* gemeenz influenza, griep
fluctuate ['flʌktjueit] *onoverg* op en neer gaan², golven, dobberen, schommelen, weifelen
fluctuation [flʌktju'eiʃən] *znw* schommeling [v. prijzen &]; dobbering, weifeling
flue [flu:] *znw* rookkanaal *o*, vlampijp
fluency ['flu:ənsi] *znw* vaardigheid, vlotheid; bespraaktheid

fluent *bn* vloeiend², bespraakt; vlot
fluff [flʌf] **I** *znw* dons *o*, pluis *o*; **II** *onoverg* pluizen; **III** *overg* pluizen; gemeenz verknoeien; ~ *out* doen uitstaan
fluffy *bn* donsachtig, donzig, dons-; luchtig
fluid ['flu:id] **I** *bn* vloeibaar; niet vast; vloeiend; beweeglijk; ~ *ounce* [inhoudsmaat van] 28,4 cm^3; Am 29,6 cm^3; **II** *znw* vloeistof; fluïdum *o* [= vloeistof; niet-vast lichaam *o*]
fluidity [flu'iditi] *znw* vloeibaarheid; niet vast zijn *o*; vloeiende *o*; beweeglijkheid
fluke [flu:k] *znw* **1** scheepv ankerblad *o*; punt [v. pijl]; ~*s* staart [v. walvis]; **2** (lever)bot; **3** gemeenz mazzel, meevaller, biljart beest *o*
fluky *bn* gemeenz (stom)gelukkig; bof-; onzeker
flume [flu:m] *znw* kunstmatige waterloop
flummery ['flʌməri] *znw* meelpap; gemeenz vleierij
flummox ['flʌməks] *overg* gemeenz verwarren, ontstellen
flump [flʌmp] **I** *onoverg & overg* ploffen; **II** *znw* plof
flung [flʌŋ] V.T. & V.D. van *fling*
flunk [flʌŋk] Am gemeenz **I** *overg* laten zakken [bij examen]; **II** *onoverg* stralen, zakken [bij examen]; ~ *out* van school gestuurd worden
flunkey ['flʌŋki] *znw* lakei², stroopsmeerder, hielenlikker
fluorescence [fluə'resəns] *znw* fluorescentie
fluorescent *bn* fluorescerend; ~ *lamp*, ~ *tube* fluorescentielamp, tl-buis
fluoridate ['fluəraideit] *overg* fluorideren
fluoridation [fluərai'deiʃən] *znw* fluoridering
fluoride ['fluəraid] *znw* fluoride *o*
fluorine ['fluəri:n] *znw* fluor *o*
flurried ['flʌrid] *bn* geagiteerd, de kluts kwijt
flurry I *znw* (wind)vlaag, bui; agitatie, gejaagdheid; **II** *overg* zenuwachtig maken, agiteren, jachten; in de war brengen
flush [flʌʃ] **I** *onoverg* doorspoelen, doortrekken [toilet]; kleuren, blozen; **II** *overg* doorspoelen; onder water zetten; verjagen; het bloed naar het hoofd jagen; aanvuren, overmoedig doen worden; ~ *the toilet* de wc doortrekken; ~*ed* ook: verhit; ~*ed with joy* dolblij; ~*ed with succes* in de roes van het succes; **III** *znw* (plotselinge) toevloed, stroom²; opwelling²; blos; gloed; roes, opwinding; kaartsp suite; plantk uitlopende blaadjes; **IV** *bn* overvloedig (voorzien van *of*), vol [v. water]; effen, gelijk, vlak; *be ~ (with money)* goed bij kas zijn
Flushing ['flʌʃiŋ] *znw* Vlissingen *o*
fluster ['flʌstə] **I** *overg* agiteren, in de war brengen, zenuwachtig maken, enerveren; **II** *znw* opwinding, verwarring
flute [flu:t] **I** *znw* muz fluit; groef, cannelure, plooi; **II** *overg* groeven, canneleren; plooien
flutist *znw* fluitist
flutter ['flʌtə] **I** *onoverg* fladderen; wapperen; dwarrelen; flakkeren, trillen [licht]; popelen [v. hart]; gejaagd doen; **II** *overg* doen wapperen, haasten, agiteren; **III** *znw* gefladder *o*, fladderen *o* &; gejaagdheid, agitatie; gemeenz speculatie, gokje *o*; *cause a* ~ sensatie maken; *put in a* ~ zenuwachtig maken
fluty ['flu:ti] *bn* helder en zacht [toon]
fluvial ['flu:viəl] *bn* rivier-
flux [flʌks] *znw* vloed; vloeiing; vloei-, smeltmiddel *o*; stroom; buikloop; fig voortdurende verandering
1 fly [flai] *znw* **1** vlieg; kunstvlieg; **2** vliegwiel *o*; onrust [v. klok]; **3** klep, gulp (ook: *flies*) [v. broek &]; *a ~ in the ointment* een haar in de soep; *there are no flies on him!* gemeenz die is bij de pinken!; *I wish I were a ~ on the wall* ik wou dat ik stiekem kon kijken (meeluisteren)
2 fly [flai] (flew; flown) **I** *onoverg* vliegen; vluchten; omvliegen, (voorbij)snellen; wapperen; *I must* ~ ik moet er gauw vandoor; *let* ~ laten schieten, vieren; afschieten [een pijl]; *let ~ at* er op los gaan of slaan, er van langs geven; *he's ~ing high* hij heeft grootse plannen, is zeer ambitieus; ~ *about* rondvliegen, rondfladderen; ~ *at sbd.* iem. aanvliegen; ~ *apart* uit elkaar spatten, springen; ~ *in the face of* trotseren; ingaan tegen; ~ *into a passion (rage)* woedend worden; ~ *off* wegvliegen; zie ook: *handle I*; ~ *out* uitvliegen; opstuiven, uitvaren (tegen *at*); ~ *to arms* te wapen snellen; *send sth. ~ing* iets omkiepeeren, omgooien; *go ~ing* omvallen, op de grond kiepern; *time flies* de tijd vliegt voorbij; **II** *overg* laten vliegen of wapperen, voeren [de vlag]; luchtv vliegen over [oceaan], bevliegen [een route], vliegen [een toestel], per vliegtuig vervoeren; ~ *a kite* een vlieger oplaten; gemeenz een proefballon oplaten, een balletje over iets opgooien; gemeenz handel een schoorsteenwissel trekken
3 fly [flai] *bn* gemeenz uitgeslapen, geslepen, sluw
fly-away ['flaiəwei] *bn* los, loshangend [haar, kleding]; frivool, wuft
fly-blown *bn* door vliegen bevuild
flyby *znw* **1** Am = *flypast*; **2** vliegend passeren *o*, vooral de baan waarin een ruimtevaartuig een planeet passeert
fly-by-night *bn* gemeenz louche, onbetrouwbaar
flycatcher *znw* vliegenvanger [voorwerp en vogel]
flyer *znw* luchtv vlieger; hardloper: renpaard *o*, snelzeilend schip *o* &; vlugschrift *o*, folder
fly-fishing *znw* vissen *o* met een (kunst)vlieg als aas, vliegvissen *o*
flying-bridge *znw* noodbrug; gierpont
flying-boat *znw* vliegboot
flying-bomb *znw* vliegende bom, V1
flying buttress *znw* bouwk luchtboog
flying doctor *znw* dokter die zich per vliegtuig verplaatst
flying fish *znw* vliegende vis
flying fox *znw* vliegende hond
flying officer *znw* mil eerste-luitenant-vlieger
flying range *znw* actieradius
flying saucer *znw* vliegende schotel

flying squad *znw* vliegende brigade, mobiele eenheid
flying start *znw* vliegende start; bliksemstart; *get off to a ~* zeer goed beginnen
flying visit *znw* bliksembezoek *o*
fly-leaf *znw* schutblad *o* [v. boek]
fly-over *znw* viaduct *m & o*, ongelijkvloerse (weg-) kruising
flypaper *znw* vliegenpapier *o*
flypast *znw* luchtparade
fly-sheet *znw* buitentent
fly-trap *znw* vliegenvanger
flyweight *znw* vlieggewicht *o* [bokser]
fly-wheel *znw* vliegwiel *o*
foal [foul] **I** *znw* veulen *o*; **II** *onoverg* [veulen] werpen
foam [foum] **I** *znw* schuim *o*; *~ rubber* schuimrubber; **II** *onoverg* schuimen; *~ at the mouth* schuimbekken
foamy *bn* schuimig, schuimend
f.o.b. *afk.* = *free on board* vrij aan boord [alle kosten tot in het schip voor rekening v.d. verkoper]
fob [fɔb] **I** *znw* horlogeketting; *~ watch* zakhorloge *o*; *key ~* sleutelhanger; **II** *overg*: *~ off* afschepen; *~ sth. off on sbd.* iem. iets aansmeren
focal ['foukəl] *bn* brandpunts-, brand-, focaal; *~ length* brandpuntsafstand; *~ point* brandpunt[2] *o*
fo'c'sle ['fouksl] *znw* = *forecastle*
focus ['foukəs] **I** *znw* (*mv*: focuses *of* foci ['fousai]) brandpunt *o*; haard [v. ziekte]; centrum *o*; *in ~* scherp (gesteld), duidelijk; *out of ~* onscherp, onduidelijk; **II** *overg* in een brandpunt verenigen (brengen); instellen [lens &]; concentreren [gedachten], vestigen [aandacht]; **III** *onoverg* zich concentreren
fodder ['fɔdə] *znw* voe(de)r *o*
foe [fou] *znw* plechtig vijand
foetal ['fi:təl], Am **fetal** ['fi:təl] *bn* van de, betreffende de foetus
foetus, Am **fetus** ['fi:təs] *znw* foetus, ongeboren vrucht
fog [fɔg] **I** *znw* **1** mist; **2** sluier [op foto]; *in a ~* ook: de kluts kwijt; **II** *overg* in mist hullen; onduidelijk maken; vertroebelen; doen beslaan; **III** *onoverg*: *~ (up)* beslaan
fog bank *znw* mistbank
fog-bound *bn* door mist opgehouden; in mist gehuld
fogey ['fougi] *znw* ouwe zeur, ouwe sok
foggy ['fɔgi] *bn* mistig, nevelig; vaag
foghorn *znw* misthoorn
fog lamp *znw* mistlamp
fog-signal *znw* mistsignaal *o*
fogy ['fougi] *znw* = *fogey*
foible ['fɔibl] *znw* zwak *o*, zwakke zijde, zwak punt *o*
foil [fɔil] **I** *znw* **1** schermdegen, floret; **2** foelie [achter spiegel, juweel], folie, zilverpapier *o*; *be a ~ to* beter doen uitkomen; **II** *overg* (iems. plannen) verijdelen
foist [fɔist] *overg*: *~ sth. on sbd.* iem. iets aansmeren (ook: aanwrijven); *~ oneself on someone* zich aan iem. opdringen
fold [fould] **I** *znw* **1** vouw, plooi, kronkel; **2** kudde[2]; **3** schaapskooi; **4** schoot (der Kerk); **II** *overg* **1** vouwen, plooien; **2** wikkelen, sluiten, slaan; *~ back (down)* omvouwen; *~ in* toevoegen, doorroeren, bijmengen; *~ in one's arms* in de armen sluiten; *~ up* op-, dichtvouwen; **III** *onoverg* **1** zich laten vouwen; **2** gemeenz het afleggen; op de fles gaan; het bijltje erbij neergooien (ook: *~ up*)
foldaway ['fouldəwei] *bn* opvouwbaar, vouw-, opklap-
folder *znw* folder: vouwblad *o*, gevouwen circulaire; map, mapje *o*
folderol ['fɔldə'rɔl] *znw* falderalderiere & [refrein]; prul *o*
folding ['fouldiŋ] *bn* opvouwbaar, vouw-; *~-bed* opklapbed *o*; veldbed *o*; kermisbed *o*; *~ camera* klapcamera; *~-chair* vouwstoel; *~-door* harmonicadeur; *~ money* Am papiergeld *o*; *~ picture* uitslaande plaat
foldup ['fouldʌp] *bn* = *foldaway*
foliage ['fouliidʒ] *znw* loof *o*, lover *o*, gebladerte *o*, lommer *o*; bladversiering, loofwerk *o*
foliate ['foulieit] *overg* met folie bedekken; [bladen] nummeren; met loofwerk versieren
foliation [fouli'eiʃən] *znw* bladvorming; foeliën *o*; foliëring; versiering met loofwerk
folio ['fouliou] *znw* folio(vel) *o*; foliant
folk [fouk] **I** *znw* volk *o*; mensen; gemeenz familieleden (meestal *~s*); luitjes, volkje *o*; *the old ~s* de oudjes; **II** *bn* volks-, inheems
folk etymology *znw* volksetymologie
folklore *znw* folklore: volkskunde
folk music *znw* volksmuziek
folk singer *znw* zanger(es) van volksliedjes
folk-song *znw* (oud) volkslied *o*
folksy *bn* **1** gemeenz gezellig, hartelijk, eenvoudig; **2** m.b.t. volkskunst
follicle ['fɔlikl] *znw* (haar)zakje *o*
follow ['fɔlou] **I** *overg* volgen (op), navolgen, nazetten; achternagaan; fig najagen; [een beroep] uitoefenen; voortvloeien uit; *~ the sea* zeeman zijn; *~ suit* kaartsp kleur bekennen; fig het voorbeeld volgen; *~ out* opvolgen, voldoen aan; vervolgen, doorvoeren; *~ through* (nauwkeurig) uitvoeren; afmaken, afwerken; *~ up* nagaan, nader ingaan op; voortzetten; zich ten nutte maken; (na)volgen; laten volgen (door *by, with*); *~ one's nose* zijn instinct volgen; **II** *onoverg* volgen; *~ in sbd.'s footsteps* in de voetsporen treden van iem.
follower *znw* volger; volgeling, aanhanger; navolger
following I *bn* volgend; **II** *znw* gevolg *o*, aanhang; **III** *voorz* na, volgend op
follow-through *znw* **1** afwerking; **2** sp afmaken *o*

van de slag [bij tennis, golf &]
follow-up *znw* voortzetting, nabehandeling, vervolg *o*; ~ *care* med nazorg
folly ['fɔli] *znw* dwaasheid, gekkenwerk *o*, zotheid; stommiteit; folly: merkwaardig maar nutteloos gebouw &
foment [fou'ment] *overg* (warm) betten; fig voeden, koesteren, kweken, aanstoken, stimuleren
fomentation [foumen'teiʃən] *znw* betting; warme omslag *m & o*; fig aanmoediging, (het) aanstoken *o*, (het) aanwakkeren *o*
fond [fɔnd] *bn* liefhebbend, teder, innig; dierbaar, lief; *be ~ of* houden van
fondle ['fɔndl] *overg* strelen, liefkozen, aanhalen
fondly ['fɔndli] *bijw* teder, innig, vol liefde
fondness *znw* tederheid, liefde, genegenheid, zwak *o* (voor *for*)
font [fɔnt] *znw* doopvont; lettertype *o* [v. printer &]
fontanel [fɔntə'nɛl] *znw* fontanel
food [fu:d] *znw* voedsel *o*, spijs, eten *o*, voe(de)r *o*; *~s* voedingsmiddelen, levensmiddelen; *~ for thought* stof tot nadenken; *be off one's ~* geen eetlust hebben
food chain *znw* voedselketen
food poisoning *znw* voedselvergiftiging
food processor *znw* keukenmachine
foodstuffs *znw mv* voedingsmiddelen, levensmiddelen
fool [fu:l] **I** *znw* **1** dwaas, gek, zot; nar; **2** (kruisbessen)vla; *a ~'s errand* een dwaze onderneming; *act (play) the ~* de pias uithangen, zich aanstellen; *send sbd. on a ~'s errand* iem. voor gek laten lopen; *a ~'s paradise* een denkbeeldige hemel; *make a ~ of* voor de gek houden[2]; *make a ~ of oneself* zich belachelijk maken, zich dwaas aanstellen; *he's nobody's ~, no ~* hij laat zich niet voor de gek houden; **II** *bn* Am gemeenz gek, idioot; **III** *onoverg* beuzelen, gekheid maken; *~ about (around)* spelen met; dollen; rondlummelen; **IV** *overg* voor de gek houden, bedotten[2]; *~ into ...ing* verleiden om te ...; *~ out of* aftroggelen
foolery *znw* dwaasheid, scherts, gedol *o*
foolhardy *bn* roekeloos, doldriest
fooling *znw* voordegekhouderij, gekke streken
foolish *bn* dwaas, gek, mal, zot, idioot, stom
fool-proof *bn* overduidelijk; onfeilbaar; absoluut veilig
foolscap *znw* klein-foliopapier *o*
foot [fut] **I** *znw* (*mv*: feet [fi:t]) voet [ook: Eng. maat v. 12 duim = 30,48 cm]; poot; voetvolk *o*, infanterie; voeteneind *o*; *fall on one's feet* mazzel hebben; *put one's best ~ forward* zijn beste beentje voorzetten; *put one's ~ down* (krachtig) optreden (tegen *on*); gemeenz plankgas geven; *put one's ~ in it* gemeenz een flater begaan; *never put a ~ wrong* nooit verkeerde dingen doen (zeggen); *put one's feet up* zie [1]*put*; zie ook: *find I, keep I* &; *at ~* onderaan [de voet v.d. bladzij]; onderstaand; *be under sbd.'s feet* iem. voor de voeten lopen; *swift of ~* vlug (ter been); *carry sbd. off his feet* iem. meeslepen (in zijn enthousiasme); *on ~* te voet; *get off on the wrong ~* verkeerd beginnen; *be on one's feet* op de been zijn; het woord voeren; goed gezond zijn; *be dying on one's feet* ten dode opgeschreven zijn; *set on one's feet* op de been (er bovenop) helpen; *stand on one's own feet* op eigen benen staan; *get (rise) to one's feet* opstaan; *jump (leap, spring) to one's feet* overeind springen, opspringen; **II** *overg*: *~ (the bill)* gemeenz dokken; *~ it* te voet gaan; dansen
footage *znw* **1** (film)lengte; **2** sequentie, (stuk *o*) film, ± beelden
foot-and-mouth disease *znw* mond- en klauwzeer *o*
football *znw* **1** Br voetbal *o*; Am football, Amerikaans voetbal *o*; **2** voetbal [voorwerpsnaam]; Am rugbybal
footballer *znw* voetballer
football pool *znw* voetbalpool, -toto
foot-board *znw* treeplank; voetplank
foot-bridge *znw* loopbrug
footer *znw* slang spelletje *o* voetbal; *a six ~* boot & van 6 voet [lengte]
footfall *znw* (geluid *o* van een) voetstap
foot-fault *znw* sp voetfout
foot-hill *znw* heuvel aan de voet van een gebergte
foothold *znw* steun voor de voet; fig vaste voet
footing *znw* voet[2]; vaste voet, steun, houvast *o*; fig basis; *on an equal ~* op voet van gelijkheid; *lose one's ~* uitglijden, z'n houvast verliezen; *miss one's ~* misstappen, uitglijden
footle ['fu:tl] *onoverg* leuteren, bazelen; *~ about (around)* rondlummelen; *~ away one's time* lanterfanten, zijn tijd verdoen
footlights ['futlaits] *znw mv* voetlicht *o*
footling ['fu:tliŋ] *bn* gemeenz onbetekenend, onbeduidend; dom
footloose ['futlu:s] *bn* vrij, vrij om te gaan en te staan waar men wil
footman *znw* lakei
footmark *znw* voetspoor *o*
footnote *znw* voetnoot
foot-pace *znw* tred; *at a ~* stapvoets
footpad *znw* struikrover
footpath *znw* voetpad *o*; trottoir *o*, stoep
footplate *znw* staanplaats v. machinist op locomotief
footprint *znw* voetspoor *o*
foot-rule *znw* maatstok [v. 1 Eng. voet]
footsie ['fu:tsi] *znw*: *play ~ (with)* gemeenz voetjevrijen (met)
foot-slog *onoverg* gemeenz marcheren, sjokken
foot soldier *znw* infanterist
footsore *bn* met zere voeten
footstep *znw* voetstap, tred
footstool *znw* voetenbankje *o*
footway *znw* = *footpath*

footwear *znw* schoeisel *o*, schoenwerk *o*
footwork *znw* voetenwerk *o* [sp, dans]
foozle ['fu:zl] *overg* (ver)knoeien
fop [fɔp] *znw* fat, dandy, kwast, modegek
foppery *znw* kwasterigheid
foppish *bn* fatterig, dandyachtig
for [fɔ:] **I** *voegw* want; **II** *voorz* voor, in plaats van; gedurende; naar; uit; om, vanwege, wegens; wat betreft; niettegenstaande; [kiezen] tot, als; *oh, ~ a cigarette!* had ik (hadden we) maar een sigaret!; *I know him ~ a* ... ik weet, dat hij een ... is; *~ all I care* voor mijn part; *~ all I know* voorzover ik weet; *~ all that* toch; *~ her (him)* voor haar (hem); voor haar (zijn) doen; *it is ~ her to* ... het staat aan haar, het past haar om ...; *think ~ oneself* zelf denken; *~ joy* van vreugde; *~ years* jarenlang; *not ~ years* in geen jaren; *you are ~ it!* gemeenz je bent erbij!; *now ~ it!* nu erop los!, nu komt het erop aan!; *there is nothing ~ it but...* er zit niets anders op dan...
forage ['fɔridʒ] **I** *znw* **1** voe(de)r *o*, foerage; **2** mil foeragering; **II** *onoverg* mil foerageren; **III** *overg* mil foerageren; (af)stropen; (door)zoeken; plunderen
forage-cap *znw* kwartiermuts
forasmuch [fɔrəz'mʌtʃ] *voegw*: *~ as* aangezien
foray ['fɔrei] **I** *znw* **1** strooftocht; **2** uitstapje *o*; **II** *onoverg* roven, plunderen
forbad(e) [fɔ:'bæd , -'beid] V.T. van *forbid*
1 forbear ['fɔ:bɛə] *znw* = *forebear*
2 forbear [fɔ:'bɛə] (forbore; forborne) **I** *overg* nalaten, zich onthouden van, zich wachten voor; **II** *onoverg* geduld hebben, wat door de vingers zien; *~ from* zich onthouden van
forbearance *znw* onthouding; verdraagzaamheid, geduld *o*, toegevendheid
forbearing *bn* verdraagzaam, toegevend, geduldig
forbid [fɔ:'bid] (forbade; forbidden) *overg* verbieden; *God (Heaven) ~!* dat verhoede God!; zie ook: *banns*
forbidden *bn* verboden
forbidding *bn* afschrikwekkend, af-, terugstotend, onaanlokkelijk
forbore [fɔ:'bɔ:] V.T. van [2]*forbear*
forborne V.D. van [2]*forbear*
force [fɔ:s] **I** *znw* kracht, macht, geweld *o*; noodzaak; *the ~* de politie; *the (armed) ~s* de strijdkrachten; *by ~* met geweld; *by ~ of* door middel van; *from (by) force of habit* uit gewoonte; *in ~* van kracht; in groten getale; *come into ~* van kracht worden, in werking treden; *join ~ with* zich aansluiten bij, zich verenigen met; **II** *overg* dwingen, noodzaken, geweld aandoen; met geweld nemen; [een doortocht] banen; duwen, dringen, drijven; afdwingen; openbreken; forceren; trekken, in kassen kweken; fig klaarstomen; *~ sbd.'s hand* iem. dwingen (tot een handeling); *~ back* terugdringen, terugdrijven, onderdrukken [neiging &]; *~ down* met geweld doorkrijgen of slikken; drukken [de markt]; zie ook: *throat*; *~ from* afdwingen [tranen &]; *~ into* dringen, duwen of drijven in; dwingen tot; *~ sth. on sbd.* iem. iets opdringen; *~ one's way (through)* (naar voren) dringen; *~ up the prices* de prijzen opdrijven; *it was ~d upon us* het werd ons opgedrongen
forced *bn* gedwongen, onvrijwillig, geforceerd; *~ landing* noodlanding
force-feed ['fɔ:sfi:d] *overg* dwingen te eten
forceful *bn* krachtig, sterk, overtuigend
force majeur ['fɔrs ma'ʒə:r] *znw* [Fr] overmacht
forcemeat ['fɔ:smi:t] *znw* farce: gehakt *o*
forceps ['fɔ:seps] *znw mv* forceps: tang
force-pump [fɔ:spʌmp] *znw* perspomp
forcible ['fɔ:sibl] *bn* krachtig; gewelddadig; gedwongen; overtuigend [argument]
forcibly *bijw* met klem; met geweld
forcing-house ['fɔ:siŋhaus] *znw* broeikas
ford [fɔ:d] **I** *znw* waadbare plaats; **II** *overg* doorwaden
fore [fɔ:] **I** *bn* voor(ste); **II** *bijw* scheepv vooruit; *he soon came to the ~* hij raakte (trad) spoedig op de voorgrond; scheepv *~ and aft* van boeg naar achtersteven, langsscheeps
1 forearm ['fɔ:ra:m] *znw* onderarm, voorarm
2 forearm [fɔ:'ra:m] *overg* vooraf wapenen
forebear [fɔ:'bæ:] *znw* voorvader, voorzaat
forebode [fɔ:'boud] *overg* voorspellen; een voorgevoel hebben van
foreboding *znw* voorspelling; voorgevoel *o*
forecast I *znw* ['fɔ:ka:st] (voorafgaande) berekening, verwachting, (weer)voorspelling; **II** *overg* [fɔ:'ka:st] (vooraf) berekenen, ontwerpen, voorzien; voorspellen
forecastle ['fouksl] *znw* scheepv bak, vooronder *o*
foreclose [fɔ:'klouz] *overg* recht beslag leggen op, in beslag nemen; *~ on a mortgage* een hypotheek executeren
forecourt ['fɔ:kɔ:t] *znw* voorhof, buitenhof; voorplein *o*; voorkant, voorzijde
foredoom [fɔ:'du:m] *overg* voorbeschikken, doemen
forefather ['fɔ:fa:ðə] *znw* voorvader
forefinger *znw* wijsvinger
forefoot *znw* voorbeen *o*; voorpoot
forefront *znw* voorste gedeelte *o*; *be in (at) the ~ of* een vooraanstaande plaats innemen in (onder, bij)
foregather [fɔ:'gæðə] *onoverg* = *forgather*
forego [fɔ:'gou] (forewent; foregone) *overg* voorafgaan (aan); zie *forgo*; zie ook: *foregone*
foregoing *bn* voor(af)gaand(e)
foregone I V.D. van *forego*; **II** *bn* ['fɔ:gɔn]: *a ~ conclusion* een uitgemaakte zaak, vanzelfsprekend iets
foreground ['fɔ:graund] *znw* voorgrond[2]; ook: eerste plan *o* [v. schilderij]
forehand *znw* voorhand [tennis];
forehead ['fɔrid] *znw* voorhoofd *o*
foreign ['fɔrin] *bn* vreemd, buitenlands, uitheems; *~ legion* vreemdelingenlegioen *o*; *in ~ parts* in het

buitenland; Br *F~ Secretary (Office)* Minister (Ministerie *o*) van Buitenlandse Zaken; *~ affairs* buitenlandse zaken; *~ aid* ontwikkelingshulp; *~ body* vreemd lichaam *o*; ding *o* dat er niet hoort; *~ exchange* deviezen(handel); *the ~ exchange market* valutamarkt
foreigner *znw* vreemdeling, buitenlander
forejudge [fɔ:'dʒʌdʒ] *overg* vooruit be-, veroordelen
foreknow *overg* vooraf weten
foreknowledge ['fɔ:'nɔlidʒ] *znw* voorkennis
foreland ['fɔ:lənd] *znw* landpunt, voorland *o*, uiterwaard
foreleg *znw* voorpoot
forelock *znw* (haar)lok, voorhaar *o*; *take time by the ~* de gelegenheid (het gunstige ogenblik) niet laten voorbijgaan
foreman *znw* voorman, meesterknecht, ploegbaas; voorzitter [v. jury]; *touch (tug) one's ~ to someone* iem. eerbiedig groeten; (overdreven) respect tonen t.a.v. iemand
foremast *znw* fokkenmast
forementioned [fɔ:'menʃənd] *bn* voormeld
foremost ['fɔ:moust, 'fɔ:məst] *bn* belangrijkste, voorste, eerste
forename ['fɔ:neim] *znw* vóórnaam
forenoon *znw* voormiddag
forensic [fə'rensik] *bn* gerechtelijk, rechts-, forensisch
foreordain ['fɔ:rɔ:'dein] *overg* voorbestemmen
forepart ['fɔ:pa:t] *znw* voorste deel *o*; eerste deel *o*
foreplay *znw* voorspel *o* [bij het vrijen]
forequarter *znw* voorste vierendeel *o* [v. geslacht dier]
forerunner [fɔ:'rʌnə] *znw* voorloper, voorbode
foresail ['fɔ:seil, 'fɔ:sl] *znw* scheepv fok
foresee [fɔ:'si:] *overg & onoverg* voorzien, vooruitzien
foreseeable *bn* voorzienbaar, te voorzien; *in the ~ future* binnen afzienbare tijd
foreshadow *overg* (voor)beduiden, de voorbode zijn van, aankondigen
foreshore *znw* **1** stuk strand *o* dat bij eb droogvalt; **2** waterkant
foreshorten *overg* in verkorting zien of tekenen [in perspectief]
foresight ['fɔ:sait] *znw* vooruitziende blik; overleg *o*; voorzichtigheid, beleid *o*
foreskin *znw* voorhuid [v.d. penis]
forest ['fɔrist] **I** *znw* woud *o*, bos *o*; **II** *overg* bebossen
forestall [fɔ:'stɔ:l] *onoverg* vóór zijn, voorkomen, vooruitlopen op, verhinderen
forester ['fɔristə] *znw* houtvester; boswachter
forestry *znw* bosbouw(kunde), boswezen *o*
foretaste ['fɔ:teist] *znw* voorproefje *o*, voorsmaak
foretell [fɔ:'tel] *overg* voorzeggen, voorspellen
forethought ['fɔ:θɔ:t] *znw* voorbedachtheid; voorzorg, overleg *o*
foretoken *znw* voorbode, voorteken *o*
foretold [fɔ:'tould] V.T. & V.D. van *foretell*
forever [fə'revə] *bijw* zie *(for) ever*
forewarn [fɔ'wɔ:n] *overg* (vooraf) waarschuwen; *~ed is forearmed* een gewaarschuwd mens telt voor twee
forewent [fɔ:'went] V.T. van *forego*
forewoman ['fɔ:wumən] *znw* hoofd *o*, cheffin [in winkel]; presidente van een jury
foreword *znw* voorwoord *o*
forfeit ['fɔ:fit] **I** *znw* verbeuren *o*; verbeurde *o*, boete, pand *o*; *play (at) ~s* pand verbeuren; **II** *overg* verbeuren, verliezen, verspelen; **III** *bn* verbeurd
forfeiture *znw* verbeuren *o*; verlies *o*; verbeurdverklaring
forfend [fɔ:'fend] *overg* vero verhoeden, afwenden
forgather [fɔ:'gæðə] *onoverg* vergaderen; samenkomen; omgang hebben (met *with*)
forgave [fə'geiv] V.T. van *forgive*
forge [fɔ:dʒ] **I** *znw* smidse, smederij, smidsvuur *o*; smeltoven; **II** *overg* smeden[2]; verzinnen; namaken, vervalsen; **III** *onoverg*: *~ ahead* met moeite (langzaam maar zeker) vooruitkomen
forger *znw* smeder[2]; verzinner; wie namaakt, vervalser
forgery *znw* vervalsing, valsheid in geschrifte; namaak
forget [fə'get] (forgot; forgotten) **I** *overg & onoverg* vergeten; *I ~* ik ben/heb vergeten; **II** *wederk*: *~ oneself* zich vergeten, zijn zelfbeheersing verliezen
forgetful *bn* vergeetachtig
forget-me-not *znw* vergeet-mij-nietje *o*
forgive [fə'giv] (forgave; forgiven) *overg* vergeven, kwijtschelden
forgiven V.D. van *forgive*
forgiveness *znw* vergiffenis, kwijtschelding; vergevensgezindheid
forgiving *bn* vergevensgezind
forgivingness *znw* vergevensgezindheid
forgo [fɔ:'gou] (forwent; forgone) *overg* afzien van, afstand doen van, opgeven, derven, zich onthouden van
forgot [fə'gɔt] V.T. van *forget*
forgotten V.D. van *forget*
fork [fɔ:k] **I** *znw* vork, gaffel; vertakking[2], tweesprong; afslag; **II** *onoverg* zich vertakken, afslaan [links, rechts]; **III** *overg* met de vork bewerken of aangeven; *~ out* gemeenz opdokken, schokken
forked *bn* gevorkt, gaffelvormig, gespleten
fork-lift (truck) *znw* vorkheftruck
forlorn [fə'lɔ:n] *bn* verlaten, hopeloos, ellendig, zielig, wanhopig; *~ hope* mil verloren post (troep vrijwilligers voor een gevaarlijke onderneming); wanhopige onderneming, laatste redmiddel *o*
form [fɔ:m] **I** *znw* vorm[2], soort, gedaante; formulier *o*; formaliteit; fatsoen *o*; bank (zonder leuning); onderw klasse; leger *o* [v. haas]; *bad ~* niet 'netjes'; *good ~* correctheid; netjes, zoals het hoort; *as a matter of ~, for ~'s sake* pro forma; *in ~* in vorm, in goede conditie; *in due ~* naar de eis, behoorlijk; *in*

good (bad) ~ (niet) in goede conditie; (on)gepast; *on* ~ op dreef, in vorm; *out of* ~ sp niet in conditie; *take* ~ vaste vorm(en) aannemen; *as a matter of* ~ bij wijze van formaliteit; *true to* ~ naar regel en gewoonte; **II** *overg* vormen; (uit)maken; mil formeren; **III** *onoverg* zich vormen, de vorm aannemen; zich opstellen; ~ *(up)* mil aantreden

formal *bn* formeel; stellig, uitdrukkelijk; vormelijk, plecht(stat)ig-officieel; vorm-; ~ *dress* avondkleding

formalism *znw* formalisme *o*, vormendienst, vormelijkheid

formalist *znw* formalist, man van de vorm (de vormen)

formalistic [fɔ:mə'listik] *bn* formalistisch

formality [fɔ:'mæliti] *znw* formaliteit, vorm; vormelijkheid

formalize ['fɔ:məlaiz] *overg* in de vorm brengen; formeel maken (doen), formaliseren

format ['fɔ:mæt] *znw* formaat *o* [v. boek]

formation [fɔ:'meiʃən] *znw* vorming, formatie

formative ['fɔ:mətiv] *bn* vormend, vormings-

1 former ['fɔ:mə] *znw* vormer, schepper; *sixth* ~ zesdeklasser: leerling van de zesde klas

2 former ['fɔ:mə] *bn* vorig, eerste, vroeger, voormalig; *the* ~ ... *the latter* de eerste (gene) ..., de laatste (deze)

formerly *bijw* vroeger, eertijds

formica ['fɔ:'maika:] *znw* formica

formic acid ['fɔ:mik 'æsid] *znw* chem mierenzuur *o*

formidable ['fɔ:midəbl] *bn* ontzaglijk, geducht, formidabel

formless ['fɔ:mlis] *bn* vormloos

formula ['fɔ:mjulə] *znw* (*mv*: -s *of* formulae [-li:]) formule; recept *o*; cliché *o*; melkpoeder *o* (voor zuigflessen), flesvoeding

formulary I *znw* formulier(boek) *o*; **II** *bn* vormelijk, voorgeschreven

formulate *overg* formuleren

formulation [fɔ:mju'leiʃən] *znw* formulering

formwork ['fɔ:mwə:k] *znw* bekisting

fornicate ['fɔ:nikeit] *onoverg* overspel plegen; bijbel ontucht plegen

fornication [fɔ:ni'keiʃən] *znw* ontucht; overspel *o*

fornicator ['fɔ:nikeitə] *znw* ontuchtige

forrader ['fɔrədə] *bijw* slang verder; *to get no* ~ niet opschieten

forsake [fə'seik] (forsook; forsaken) *overg* verzaken, in de steek laten, verlaten, begeven

forsaken V.D. van *forsake*

forsook V.T. van *forsake*

forsooth [fə'su:θ] *bijw* vero voorwaar, waarlijk, waarachtig [ironisch]

forswear [fɔ:'swɛə] **I** *overg* afzweren; **II** *wederk*: ~ *oneself* een meineed doen

forswore [fɔ:'swɔ:] V.T. van *forswear*

forsworn I V.D. van *forswear*; **II** *bn* meinedig

forsythia [fɔ:'saiθjə] *znw* forsythia

fort [fɔ:t] *znw* mil fort *o*; *hold the* ~ gemeenz de boel aan het draaien houden, waarnemen, invallen (voor een ander)

1 forte [fɔ:t] *znw* fort *o* & *m*: sterke zijde

2 forte ['fɔ:ti] *bn* & *bijw* muz forte: krachtig

forth [fɔ:θ] *bijw* uit, buiten; voort(s); *from that day* ~ van die dag af; *and so* ~ enzovoorts

forthcoming [fɔ:θ'kʌmiŋ] *bn* op handen (zijnd), aanstaande; beschikbaar; aanwezig (zijnd); toeschietelijk; *be* ~ er komen, er zijn; *no answer was* ~ het antwoord bleef uit

forthright ['fɔ:θrait] *bn* rechtuit, openhartig; onomwonden

forthwith ['fɔ:θ'wiθ, 'fɔ:θ'wið] *bijw* op staande voet, onmiddellijk, aanstonds

fortieth ['fɔ:tiiθ] *bn (znw)* veertigste (deel *o*)

fortification [fɔ:tifi'keiʃən] *znw* versterking

fortify ['fɔ:tifai] *overg* versterken; sterken; alcoholiseren

fortitude ['fɔ:titju:d] *znw* zielskracht, vastberadenheid, standvastigheid

fortnight ['fɔ:tnait] *znw* veertien dagen; *Monday* ~ maandag over 14 dagen

fortnightly I *bn* veertiendaags; **II** *bijw* alle veertien dagen; **III** *znw* veertiendaags tijdschrift *o*

fortress ['fɔ:tris] *znw* mil sterkte, vesting

fortuitous [fɔ:'tjuitəs] *bn* toevallig

fortuity *znw* toevalligheid, toeval *o*

fortunate ['fɔ:tʃ(ə)nit] *bn* gelukkig

fortunately *bijw* gelukkig, gelukkigerwijs

fortune *znw* geluk *o*, lot *o*, fortuin *o* [geluk, geldelijk vermogen], fortuin *v* [lot, noodlot]; ~ *favours the bold* wie niet waagt, die niet wint; ~ *favours fools* het geluk is met de dommen; *tell sbd.'s* ~ waarzeggen; iem. de toekomst voorspellen

fortune-hunter *znw* gelukzoeker (door rijk huwelijk)

fortune-teller *znw* waarzegger, -ster

fortune-telling *znw* waarzeggerij

forty ['fɔ:ti] *telw* veertig; *in the forties* in de jaren veertig; *the Forties* zeegebied tussen Noordoost Schotland en Noorwegen; *the roaring forties* stormachtige zone op de Atlantische Oceaan tussen 40° en 50° noorderbreedte; *in one's forties* in de veertig [leeftijd]; *the temperature was in the forties* het was boven de veertig graden

forum ['fɔ:rəm] *znw* forum *o*

forward ['fɔ:wəd] **I** *bn* voorwaarts; voorste, voor-; (ver)gevorderd; vooruitstrevend, progressief, geavanceerd; voorlijk [kind]; vroeg, vroegrijp; bereidwillig; toeschietelijk; brutaal, vrijpostig; handel op termijn; **II** *bijw* vooruit, voorwaarts; naar voren, voorover; *from this day* ~ van nu af (aan); *carriage* ~ handel vracht betaalbaar ter plaatse; **III** *znw* sp voorhoedespeler; *the* ~*s* sp de voorhoede; **IV** *overg* bevorderen, vooruithelpen; handel af-, op-, door-, (o)verzenden

forwarder *znw* afzender; expediteur

forwarding *znw* bevordering; afzending; expeditie; ~ *agency* handel expeditiezaak; ~ *agent* handel expediteur; ~ *address* nazendadres *o*; ~ *clerk* handel expeditieklerk

forward-looking *bn* toekomstgericht, vooruitziend

forwards ['fɔ:wədz] *bijw* = *forward II*

forwent [fɔ:'went] V.T. van *forgo*

fosse [fɔs] *znw* groeve (ook anat), kanaal *o*; (vesting)gracht

fossick ['fɔsik] *onoverg* slang rondsnuffelen, zoeken; Austr slang (in oude mijnen) goud zoeken

fossil ['fɔsl] **I** *bn* versteend, fossiel; ~ *fuel* fossiele brandstof; **II** *znw* verstening, fossiel[2] *o*

fossilization [fɔsilai'zeiʃən] *znw* verstening; fig verstarring

fossilize ['fɔsilaiz] *overg* & *onoverg* (doen) verstenen; fig verstarren

foster ['fɔstə] *overg* (aan)kweken, (op)voeden, bevorderen, koesteren[2]; als pleegkind opnemen

foster- *voorv* pleeg- [ouders, kind &]

fosterage *znw* opkweking; aankweking, bevordering, koestering

fosterer *znw* pleegvader; beschermer, bevorderaar

fosterling *znw* voedsterling; protégé

fought [fɔ:t] V.T. & V.D. van *fight*

foul [faul] **I** *bn* vuil, onrein, bedorven; beslagen; grof; slecht, onaangenaam; vies, smerig; laag, snood; gemeen; vals, oneerlijk; scheepv onklaar; *a ~ day* een rotdag; ~ *play* gemeen spel *o*, boze opzet; moord; ~ *temper* driftig karakter; ~ *weather* slecht weer *o*; scheepv zwaar weer *o*; ~ *wind* tegenwind; *cry* ~ protesteren; *fall ~ of* scheepv in aanvaring komen met; in botsing komen met; **II** *znw* sp overtreding; **III** *overg* bevuilen, bezoedelen, besmetten, verontreinigen; scheepv onklaar doen lopen, in het ongerede brengen; verstoppen; in de war maken [draad &]; sp een overtreding begaan tegen; ~ *up* verknoeien; **IV** *onoverg* scheepv onklaar lopen; botsen; in de war raken [draad &]; sp een overtreding begaan

foully *bijw* op een vuile, schandelijk lage of gemene wijze

foul-mouthed *bn* vulgair, vuil in de mond

foul-up ['faulʌp] *znw* gemeenz verwarring, verwarde situatie; (ver)storing, defect *o*

1 found [faund] V.T. & V.D. van *find*

2 found [faund] *overg* **1** stichten, grond(vest)en, funderen; oprichten; **2** [metaal] gieten

foundation [faun'deiʃən] *znw* grondslag[2]; fundament *o*, fundering; grond; grondvesting, stichting, oprichting; fundatie; fonds *o*; foundation [basiscrème v. make-up]; korset *o*, beha & (ook: ~ *garment*)

foundation course *znw* basiscursus

foundationer *znw* beursstudent, bursaal

foundation-stone *znw* eerste steen

1 founder *znw* **1** grondlegger, oprichter, stichter; **2** (metaal)gieter

2 founder ['faundə] *onoverg* scheepv vergaan; (ineen)zakken; mislukken; kreupel worden

founding father ['faundiŋ'fa:ðə] *znw* fig vader [van wie iets uitgaat, i.h.b. van de Grondwet van de V.S., stichter, grondlegger &]

foundling ['faundliŋ] *znw* vondeling

foundry ['faundri] *znw* (metaal)gieterij

fount [faunt] *znw* **1** plechtig bron; **2** typ compleet stel *o* letters van bep. type, font *o*

fountain ['fauntin] *znw* bron[2], fontein; reservoir *o*

fountain-head *znw* bron[2]

fountain-pen *znw* vulpen(houder)

four [fɔ:] **I** *telw* vier; **II** *znw* vier, viertal *o*; *on all ~s* op handen en voeten

four-flusher *znw* Am slang bluffer, oplichter

fourfold *bn bijw* viervoudig

four-footed ['fɔ:'futid, 'fɔ:futid] *bn* viervoetig

fourgon ['fu:rgɔn] *znw* bagagewagen

four-in-hand ['fɔ:rin'hænd] *znw* vierspan *o*

four-leaved *bn*: ~ *clover* plantk klaverblad *o* van vier(en), klaver(tje) vier *o*

four-letter word *znw* schuttingwoord *o*, drieletterwoord *o*

four-poster *znw* hemelbed *o*

fourscore *znw* tachtig

foursome *znw* vier, viertal *o*, kwartet *o*

four-square *bn* vierkant, potig, stevig, pal

fourteen ['fɔ:'ti:n, 'fɔ:ti:n] *telw* veertien

fourteenth ['fɔ:'ti:nθ, 'fɔ:ti:nθ] *bn (znw)* veertiende (deel *o*)

fourth [fɔ:θ] **I** *bn* vierde; **II** *znw* vierde (deel *o*); kwart *o*; vierde man

fourthly *bijw* ten vierde

fowl [faul] **I** *znw* vogel; kip, haan, hoen *o*; gevogelte *o*; **II** *onoverg* vogels vangen of schieten

fowler *znw* vogelliefhebber

fowling *znw* vogeljacht

fowl-run *znw* kippenren, kippenloop

fox [fɔks] **I** *znw* (*mv* idem *of* -es) vos[2]; **II** *overg* van de wijs brengen

fox-earth *znw* vossenhol *o*

foxglove *znw* vingerhoedskruid *o*

foxhole *znw* mil eenmansgat *o*, schuttersputje *o*

foxhound *znw* hond voor vossenjacht

fox-hunt(ing) *znw* vossenjacht

foxtrot *znw* foxtrot [dans]

foxy *bn* sluw; vosachtig; roodbruin; Am slang aantrekkelijk

foyer ['fɔiei] *znw* [Fr] foyer [in theater]; grote hal of wachtkamer

fracas ['fræka:] *znw* opschudding, ruzie

fraction ['frækʃən] *znw* fractie; breuk, gebroken getal *o*; onderdeel *o*

fractional *bn* gebroken; fractioneel; *~ly softer* een ietsje zachter

fractious ['frækʃəs] *bn* kribbig, lastig, gemelijk

fracture ['fræktʃə] **I** *znw* breuk; **II** *overg* & *onoverg*

breken; ~*d skull* ook: schedel(basis)fractuur
fragile ['frædʒail] *bn* breekbaar, bro(o)s, zwak, fragiel
fragility [frə'dʒiliti] *znw* breekbaarheid, bro(o)sheid, zwakheid, fragiliteit
fragment ['frægmənt] **I** *znw* brok *m & v of o*, brokstuk *o*, fragment *o*; **II** *overg & onoverg* versplinteren, verbrokkelen, fragmenteren
fragmentary *bn* fragmentarisch
fragrance ['freigrəns] *znw* geur, geurigheid, welriekendheid
fragrant *bn* geurig, welriekend
1 frail [freil] *znw* (vijgen)korf, -mat
2 frail [freil] *bn* broos, zwak, teer
frailness, **frailty** *znw* broosheid, zwakheid[2], teerheid
fraise [freiz] *znw* **1** palissade; **2** (boor)frees
frame [freim] **I** *overg* bouwen, vormen, samenstellen; onder woorden brengen; ontwerpen, opstellen, op touw zetten, gemeenz een complot smeden tegen, vals beschuldigen; in-, omlijsten; **II** *onoverg*: *it ~s well* het laat zich goed aanzien; **III** *znw* raam *o*, geraamte *o*, frame *o*, chassis *o*; kader *o*; structuur, opzet; lijst; kozijn *o*; montuur *o*; looprek *o*; (tv-, film)beeld *o*; broeibak; scheepv spant *o*; samenstel *o*, inrichting; bouw; lichaam *o*; gesteldheid; *~ of mind* gemoedsgesteldheid, stemming; *~ of reference* referentiekader *o*
frame-house *znw* vakwerkhuis *o*
framer *znw* lijstenmaker
frame-saw *znw* spanzaag
frame-up *znw* gemeenz konkelarij, complot *o*
framework *znw* raam *o*, lijstwerk *o*; geraamte *o*; kader *o*, opzet [v. stuk]
franc [fræŋk] *znw* frank [munt]
France [fra:ns] *znw* Frankrijk *o*
franchise ['fræn(t)ʃaiz] *znw* verlenen *o* van rechtspersoonlijkheid; burgerrecht *o*; stemrecht *o*; concessie
franchised *bn* Am met een concessie
Franciscan [fræn'siskən] *znw* franciscaan
frangible ['frændʒibl] *bn* breekbaar, broos
frangipane ['frændʒipein], **frangipani** [frændʒi'pa:ni] *znw* met amandelspijs bereide room of taart; (parfum van) rode jasmijn
1 frank [fræŋk] *bn* openhartig, oprecht
2 frank *overg* frankeren
frankfurter ['fræŋkfətə] *znw* (Frankfurter) knakworstje *o*
frankincense ['fræŋkinsens] *znw* wierook
franking machine ['fræŋkiŋməʃi:n] *znw* frankeermachine
frankly ['fræŋkli] *bijw* openhartig, ronduit (gezegd), echt, bepaald, zonder meer
frantic ['fræntik] *bn* dol, razend; vertwijfeld; hectisch
frappé [fræ'pei] *bn* gemeenz (ijs)gekoeld
frass [fræs] *znw* (hout)molm
fraternal [frə'tə:nəl] *bn* broederlijk
fraternity *znw* broederschap *o & v*; Am (mannelijke) studentenvereniging
fraternization [frætənai'zeiʃən] *znw* verbroedering; vriendschappelijke omgang
fraternize ['frætənaiz] *onoverg* broederschap sluiten; zich verbroederen; vriendschappelijk omgaan (met *with*)
fratricidal ['frætrisaidl] *bn* broedermoordend
fratricide *znw* broedermoord; broedermoordenaar
fraud [frɔ:d] *znw* bedrog *o*; bedrieger
fraudulence *znw* bedrieglijkheid; bedrog *o*
fraudulent *bn* bedrieglijk; frauduleus
fraught [frɔ:t] *bn* vol, beladen; bezorgd, gespannen; *~ with...* vol...
fray [frei] **I** *znw* krakeel *o*, twist, gevecht *o*, strijd[2]; **II** *overg & onoverg* verslijten; rafelen; fig overspannen worden; *tempers were getting ~ed* de stemming begon uiterst geprikkeld te worden
frazzle ['fræzl] *znw*: *beaten to a ~* tot moes geslagen; *burnt to a ~, worn to a ~* totaal op
frazzled ['fræzld] *bn* gemeenz versleten, op, kapot
freak [fri:k] **I** *znw* gril, kuur; speling der natuur, gedrocht *o*, freak, monster *o*, wonderdier *o* &; gemeenz grillige figuur, excentriekeling; fanaat, freak, fan; **II** *bn* ongewoon, buitengewoon, vreemd, bizar, abnormaal, raar; **III** *overg & onoverg*: *~ out* gemeenz over de rooie gaan; (uit)freaken [na duggebruik]
freakish ['fri:kiʃ] *bn* bizar, freakachtig; vreemd, buitengewoon
freak-out *znw* heftige ervaring (hallucinaties &), vooral na drugsgebruik
freaky *bn* gemeenz = *freakish*
freckle ['frekl] *znw* sproet
freckled, **freckly** *bn* sproet(er)ig; gespikkeld
free [fri:] **I** *bn* vrij; ongedwongen, vrijwillig; vrijmoedig, ongegeneerd; onbezet; gratis, kosteloos, franco (ook: *~ of charge*); los, open[2]; royaal [met geld]; *~ and easy* ongedwongen, ongegeneerd; *be a ~ agent* geheel onafhankelijk zijn, vrij mens zijn; *~ enterprise* vrije onderneming; *a ~ fight* een algehele kloppartij; *~ gift* premie [als reclamemiddel]; *give sbd. a ~ hand* iem. carte blanche geven; *~ house* café *o* dat niet aan een brouwerij gebonden is; *~ kick* sp vrije trap, vrije schop; *~ pardon* gratie, begenadiging, genade; *~ speech* het vrije woord, vrijheid van meningsuiting; *~ spirit* onafhankelijke/ongebonden geest; *~ stories* ondeugende/pikante verhalen; *~ vote* vrije stemming [zonder dwang v.d. partij]; *he is ~ to ..., it is ~ for (to) him to ...* hij mag gerust ...; hij heeft het recht te ...; *feel ~!* ga je gang!; *make ~ with* zich ongegeneerd van iets bedienen; **II** *bijw* vrij; gratis (ook: gemeenz *for ~*); **III** *overg* in vrijheid stellen; vrijmaken; vrijlaten, bevrijden
freebase ['fri:beis] *onoverg* slang cocaïne roken
freebie ['fri:bi] *znw* gemeenz cadeautje *o*, iets *o* voor

nop, krijgertje *o*
freeboard *znw* scheepv deel v. schip tussen waterlijn en dek
freebooter *znw* vrijbuiter
freebooting *znw* vrijbuiterij
free-born ['fri:'bɔ:n, + 'fri:bɔ:n] *bn* vrijgeboren
freedman ['fri:dmən] *znw* vrijgemaakte slaaf
freedom ['fri:dəm] *znw* vrijdom, vrijstelling, ontheffing; vrijheid; ongedwongenheid; ereburgerschap *o*; ~ *of speech* vrijheid van meningsuiting; ~ *fighter* vrijheidsstrijder
free-floating ['fri:floutiŋ] *bn* zich vrij bewegend, niet-gebonden; vaag, onbestemd
freefone ['fri:foun] *znw* gratis telefoonnummer *o*, gratis 06-nummer *o*
free-for-all ['fri:fərɔ:l] *znw* algemeen gevecht *o* &
free-form *bn* experimenteel, onconventioneel [kunst, muziek]
free-hand *bn* & *bijw* uit de losse hand [getekend &]
free-handed *bn* royaal
free-hearted *bn* openhartig, vrijgevig
freehold I *bn* in volledig eigendom; **II** *znw* volledig eigendomsrecht *o* (ook: ~ *property*)
freeholder *znw* bezitter v. *freehold*
freelance I *znw* freelancer; hist huurling; **II** *onoverg* freelancen, freelance werken; **III** *bn* freelance-
freelancer *znw* freelancer
free-liver *znw* smulpaap, (levens)genieter
freeload ['fri:loud] *onoverg* gemeenz klaplopen, bietsen, uitvreten
freeloader *znw* gemeenz klaploper, tafelschuimer, bietser, uitvreter
freely *bijw* vrij(elijk), vrijuit; overvloedig, royaal; flink, erg; graag
freeman *znw* vrije; burger; ereburger
freemason ['fri:meisn] *znw* vrijmetselaar
freemasonry *znw* vrijmetselarij
free pass ['fri:pa:s] *znw* vrijkaartje *o*
free port ['fri:pɔ:t] *znw* vrijhaven
freepost ['fri:poust] *znw* antwoordnummer *o*
free-range ['fri:reinʒ] *bn* scharrel- [kip, varken &]
freesia ['fri:ziə] *znw* fresia
free-spoken ['fri:'spoukn] *bn* ronduit (zijn mening zeggend), vrijmoedig
free-standing *bn* vrijstaand
free-stone ['fri:stoun] **I** *znw* hardsteen *o & m*, arduin *o*; **II** *bn* hardstenen, arduinen
freestyle ['fri:stail] *znw* sp vrije stijl; zwemmen vrije slag
freethinker [fri:'θiŋkə] *znw* vrijdenker
free trade *znw* vrijhandel
freeway *znw* Am (auto)snelweg
free-wheel ['fri:'wi:l] *onoverg* auto in de vrijloop een helling afgaan; fietsen zonder te trappen; zich nergens druk om maken
free will ['fri:'wil] *znw* vrije wil; *of one's own* ~ vrijwillig, uit (eigen) vrije wil
1 freeze ['fri:z] (froze; frozen) **I** *onoverg* vriezen, bevriezen, stollen; verstijven, zich stokstijf (doodstil) houden; ~ *over* be-, dichtvriezen; ~ *up* vast-, dichtvriezen; **II** *overg* doen (laten) bevriezen; doen stollen; invriezen; handel blokkeren; ~ *wages* een loonstop afkondigen; ~ *out* wegwerken [een concurrent], wegkijken
2 freeze *znw* vorst(periode); [loon-, prijs- &] stop
freeze-dry *overg* vriesdrogen
freeze-frame *znw* stilstaand beeld *o*, bevroren beeld *o*
freezer *znw* vriesvak *o*; diepvriezer
freeze-up ['fri:zʌp] *znw* vorstperiode
freezing I *bn* vriezend, vries-; ijskoud; **II** *znw* **1** invriezen *o*; bevriezing; verstijving, verstarring; **2** vriespunt *o*, 0 °C, 32 °F
freezing compartment *znw* vriesvak *o*
freezing fog *znw* ijzel
freezing point *znw* vriespunt *o*
freight [freit] **I** *znw* vracht, lading; zeevracht; *send* ~ als vrachtgoed verzenden; **II** *overg* bevrachten; laden; ~ *sth.* verzenden
freightage *znw* vracht(prijs); bevrachting
freight car *znw* Am goederenwagon
freighter *znw* bevrachter; vrachtschip *o*; vrachtvliegtuig *o*; vrachtauto
freightliner *znw* containertrein
freight train *znw* Am goederentrein
French [fren(t)ʃ] **I** *bn* Frans; ~ *bean* slaboon, snijboon, witte boon; ~ *Canadian* Franstalige Canadees; ~ *chalk* kleermakerskrijt *o*; ~ *door* openslaande glazen deur; ~ *dressing* slasaus; ~ *fried potatoes*, ~ *fries* frites, friet(en); ~ *horn* muz waldhoorn; ~ *kiss* tongzoen; *take* ~ *leave* er (stiekem) tussenuitknijpen; ~ *loaf* stokbrood *o*; ~ *toast* **1** geroosterd brood *o*; **2** wentelteefje *o*; ~ *letter* gemeenz condoom *o*; ~ *polish* politoer *o & m*; ~ *window* openslaande glazen (tuin-, balkon)deur; **II** *znw* het Frans; *the* ~ de Fransen
Frenchify *overg* & *onoverg* verfransen
Frenchman *znw* Fransman
Frenchwoman *znw* Française
Frenchy *znw* gemeenz Fransoos
frenetic [fri'netik] *bn* waanzinnig, razend, dol; koortsig, hectisch
frenzied ['frenzid] *bn* dol
frenzy *znw* razernij
frequency ['fri:kwənsi] *znw* herhaald voorkomen *o*, gedurige herhaling; veelvuldigheid; frequentie
frequent I *bn* ['fri:kwənt] herhaald, vaak voorkomend; veelvuldig, frequent; **II** *overg* [fri'kwent] (dikwijls) bezoeken, omgaan met, frequenteren
frequentation [fri:kwen'teiʃən] *znw* bezoeken *o*; omgang
frequentative [fri'kwentətiv] *bn (znw)* frequentatief (werkwoord *o*)
frequenter *znw* (geregeld) bezoeker
frequently ['fri:kwəntli] *bijw* herhaaldelijk, vaak, dikwijls, veelvuldig

fresco ['freskou] *znw* (*mv*: -s *of* -coes) fresco *o*; *in* ~ in (al) fresco
fresh [freʃ] *bn* fris, vers; nieuw; zoet [v. water]; gemeenz brutaal; *as ~ as a daisy* zo fris als een hoentje; *~ from England* net (pas) uit Engeland; *~ colours* heldere kleuren; *make a ~ start* helemaal opnieuw beginnen
freshen I *overg* op-, verfrissen (ook: *~ up*); bijschenken, bijvullen; **II** *onoverg* opfrissen; toenemen, aanwakkeren [v. wind]; *~ up* zich verfrissen; zich opknappen; zich even opfrissen
fresher *znw* gemeenz = *freshman*
freshet *znw* overstroming (door bovenwater); stroompje *o*
fresh-faced *bn* met een fris gezicht
freshly *bijw* vers, fris; onlangs, pas
freshman *znw* eerstejaars(student), noviet, groen
freshwater *bn* zoetwater-
fret [fret] **I** *znw* **1** ongerustheid; **2** muz toets; **II** *overg* **1** ergeren; ongerust maken; **2** uitsnijden, uitzagen, randen; **III** *onoverg* zich zorgen maken, zich opvreten, zich ergeren, kniezen; *~ and fume* zich opwinden
fretful *bn* kribbig, gemelijk, prikkelbaar, geïrriteerd
fretsaw *znw* figuurzaag
fretwork *znw* (uitgezaagde) lijst, (Griekse) rand; snijwerk *o*
Freudian ['frɔidjən] *znw* & *bn* Freudiaan(s); *~ slip* Freudiaanse vergissing
friability [fraiə'biliti] *znw* brosheid, brokkeligheid
friable ['fraiəbl] *bn* bros, brokkelig
friar ['fraiə] *znw* monnik, (klooster)broeder
friary *znw* klooster *o*
fribble ['fribl] **I** *znw* beuzelaar; beuzelarij; **II** *onoverg* beuzelen
fricassee [frikə'si:] **I** *znw* fricassee: hachee; ragout; **II** *overg* fricassee maken van
fricative ['frikətiv] **I** *bn* schurend; **II** *znw* spirant, schuringsgeluid *o*
friction *znw* wrijving[2]
frictional *bn* wrijvings-
Friday ['fraidi , -dei] *znw* vrijdag; *girl ~* (uiterst toegewijde) privé-secretaresse; *man ~* rechterhand, toegewijd helper
fridge [fridʒ] *znw* ijskast
fridge-freezer ['fridʒfri:zə] *znw* gecombineerde koel- en vrieskast
fried [fraid] *bn* gebakken; *~ egg* spiegelei *o*; zie ook: *French I*
friend [frend] *znw* vriend, vriendin; *a ~ at (in) court* een invloedrijke vriend, gemeenz een kruiwagen; *my honourable ~* de geachte afgevaardigde; *my learned ~* mijn geachte confrater [van twee advocaten]; *the (Society of) Friends* de Quakers; *make ~s (again)* (weer) goede vrienden worden; *make ~s with* vriendschap sluiten met; *a ~ in need is a ~ indeed* in de nood leert men zijn vrienden kennen
friendless *bn* zonder vrienden
friendly *bn* vriendelijk, vriendschappelijk, amicaal, toeschietelijk; goedgezind; bevriend; vrienden-; *~ game (match)* vriendschappelijke wedstrijd; *a ~ society* een genootschap *o* tot onderlinge bijstand; *be on ~ terms* op vriendschappelijke voet staan
friendship *znw* vriendschap
frieze [fri:z] *znw* bouwk fries *v of o*; fries *o* [weefsel]
frig about [frig ə'baut], **frig around** *onoverg* plat rondhangen, maar wat aanklooien
frigate ['frigit] *znw* scheepv fregat *o*; dierk fregatvogel
frigging ['frigiŋ] *bn* plat verdomd, klote-
fright [frait] *znw* schrik, vrees; spook *o*; *give a ~* de schrik op het lijf jagen; *look a ~* eruitzien als een vogelverschrikker; *take ~* bang worden
frighten *overg* verschrikken, doen schrikken; *~ away (off)* verjagen; afschrikken (van *from*); *~ into* door vrees aan te jagen brengen tot; *be ~ed* bang zijn (voor *of*); *~ the life (wits) out of sbd.*, *~ sbd. to death* iem. dood laten schrikken, iem. de stuipen op het lijf jagen
frightening *bn* schrikwekkend, ontstellend
frightful *bn* verschrikkelijk°, vreselijk° (ook versterkend)
frigid ['fridʒid] *bn* koud, koel[2], kil[2], ijzig; frigide
frigidity [fri'dʒiditi] *znw* koud-, koelheid &; frigiditeit
frill [fril] *znw* jabot *m & o*; ruche; franje; geplooide kraag; *~s* aanstellerij; fig franje, (dure) extra's; *without any ~s* eenvoudig, zonder poespas
frilled, frilly *bn* met ruches en kantjes
frilling *znw* plooisel *o*
fringe [frin(d)ʒ] **I** *znw* franje; (uiterste) zoom, rand, periferie, marge, zelfkant [van de maatschappij]; randgroepering; ponyhaar *o*, pony; **II** *bn*: *~ area* RTV randgebied *o* [v. zendbereik]; *~ benefits* secundaire arbeidsvoorwaarden; *~ theatre* ± avantgardetheater *o*; **III** *overg* met franje versieren; omzomen, omranden
frippery ['fripəri] *znw* opschik; prullen; kwikjes en strikjes
frisbee ['frizbi] *znw* frisbee, werpschijf
Frisco ['friskou] *znw* gemeenz San Francisco *o*
Frisian ['friziən] **I** *bn* Fries; **II** *znw* **1** Fries [persoon]; **2** (het) Fries [taal]; **3** Fries rund *o*
frisk [frisk] **I** *onoverg* dartelen, springen; **II** *overg* fouilleren; **III** *znw* het fouilleren
frisky *bn* dartel, speels; hitsig
frisson ['fri:sɔ, fri:'sɔ:] *znw* huivering, rilling
fritter ['fritə] **I** *znw* beignet; **II** *overg*: *~ away* versnipperen, verbeuzelen, verspillen
frivol ['frivəl] **I** *onoverg* beuzelen; **II** *overg*: *~ away* verbeuzelen
frivolity [fri'vɔliti] *znw* frivoliteit, wuftheid; beuzelachtigheid
frivolous ['frivələs] *bn* frivool, wuft; beuzelachtig
friz(z) [friz] **I** *overg* krullen, kroezen, friseren; **II** *znw*

kroeskop
frizzle ['frizl] **I** *onoverg* sissen [in de pan]; **II** *overg* krullen, kroezen [haar]; doen sissen [in de pan]; braden, bakken
frizzy ['frizi] *bn* krullend, kroezelig, kroes-
fro [frou] *bijw*: *to and* ~ heen en weer
frock [frɔk] *znw* pij; jurk; kiel; geklede jas
frock-coat *znw* geklede jas
frog [frɔg] *znw* dierk kikvors, kikker; gemeenz Fransoos; brandebourg; ~ *in one's throat* kriebel in de keel, heesheid
frogman *znw* kikvorsman
frog-march *overg* met vier man [een weerspannige] wegdragen bij armen en benen, het gezicht omlaag
frog-spawn *znw* kikkerdril
frolic ['frɔlik] **I** *znw* pret, pretje *o*, gekheid, grap; **II** *onoverg* vrolijk zijn, pret maken, dartelen
frolicsome *bn* vrolijk, lustig, uitgelaten, dartel, speels
from [frɔm] *voorz* van (... af), vandaan, (van) uit; (te oordelen) naar; aan de hand van; door, (ten gevolge) van; [schuilen, verbergen] voor; ~ *among* (van) uit; *25 years ~ now* over 25 jaar; ~ *... onwards* vanaf..; ~ *out* (van) uit; ~ *under* onder ... uit
frond [frɔnd] *znw* plantk (palm-, varen)blad *o*
front [frʌnt] **I** *znw* voorste gedeelte *o*, voorkant, -zijde; façade, (voor)gevel; strandboulevard; voorkamer; front *o*; frontje *o* [v. hemd]; toer [vals haar]; gezicht *o*, plechtig voorhoofd *o*; gemeenz onbeschaamdheid; mantelorganisatie, fig stroman, façade; *home* ~ thuisfront[2] *o*; *in* ~ vooraan; *up* ~ helemaal vooraan; van tevoren; *in ~ of* tegenover, vóór; voor ... uit; *come to the* ~ voor het front komen[2]; op de voorgrond treden; **II** *overg* leiden, aan het hoofd staan van; ook: als stroman (façade) dienen voor; staan (liggen) tegenover; RTV [een show] presenteren; van voren voorzien van; *the house was ~ed with marble* de voorgevel van het huis was met marmer bekleed; **III** *onoverg* als façade dienen; ~ *(onto)* liggen op, uitzien op; *(eyes) ~!* mil staat!; **IV** *bn* voorste, voor-, eerste
frontage *znw* front° *o*; gevel(breedte); voorterrein *o*
frontal *bn* voorhoofds-; voor-, front-; frontaal
front bench *znw* ministersbank [Br. Lagerhuis]
frontbencher ['frʌntben(t)ʃə] *znw* **1** lid *o* van de regering; **2** leider van een oppositiepartij
front-door *znw* voordeur
frontier ['frʌntjə] *znw* grens
frontiersman ['frʌntjəzmən] *znw* pionier [*vooral* in de VS]
frontispiece ['frʌntispi:s] *znw* frontispice *o*; titelplaat, -prent
frontlet ['frʌntlit] *znw* hoofdband
front line *znw* frontlinie[2], vuurlijn
front man *znw* stroman
front-page ['frʌntpeidʒ] **I** *znw* voorpagina; **II** als *bn* voorpagina-[nieuws], belangrijk, sensationeel
front-room *znw* voorkamer
front-row *znw* eerste (voorste) rij
front runner *znw* koploper
frontward(s) *bijw* voorwaarts, recht vooruit
frost [frɔst] **I** *znw* vorst; rijm, rijp; *10 degrees of* ~ 10 graden onder nul; **II** *overg* (als) met rijp bedekken; glaceren [taart]; mat maken, matteren [glas]; **III** *onoverg*: ~ *over (up)* met rijp bedekt worden
frost-bite *znw* bevriezing, koudvuur *o*
frost-bitten *znw* bevroren, door koudvuur *o* aangetast
frost-bound *bn* be-, vast-, ingevroren
frosted *bn* berijpt, met rijp bedekt; mat; geglaceerd; ~ *glass* matglas *o*
frosting *znw* Am (suiker)glazuur *o*
frostwork *znw* ijsbloemen [op glas &]
frosty *bn* vriezend, vorstig, vries-; bevroren; kil[2], ijzig koud[2]
froth [frɔ:θ] **I** *znw* schuim *o*; gebazel *o*; **II** *(overg &) onoverg* (doen) schuimen, schuimbekken; ~ *at the mouth* schuimbekken
frothy *bn* schuimachtig; schuimend; ijdel, luchtig
frou-frou ['fru:fru:] *znw* geruis *o*, geritsel *o* [van zijde, jurk &]
frown [fraun] **I** *onoverg* het voorhoofd fronsen; stuurs (nors, dreigend) kijken; ~ *on (upon)* afkeuren; **II** *znw* frons; stuurse (norse, dreigende) blik
frowst [fraust] **I** *znw* broeierige kachelwarmte; **II** *onoverg* bij de kachel zitten te broeien
frowsty *bn* broeierig warm, bedompt; duf
frowzy ['frauzi] *bn* muf, vuns; vuil, slonzig
froze [frouz] V.T. van *freeze*
frozen V.D. van *freeze*; fig koud
fructification [frʌktifi'keiʃən] *znw* vruchtvorming; bevruchting; plantk vruchthoopjes
fructify ['frʌktifai] *onoverg* vrucht dragen, vruchten voortbrengen; bloeien[2]; winst opleveren
fructose ['frʌktous] *znw* vruchtensuiker
fructuous ['frʌktʃuəs] *bn* vruchtbaar; nuttig
frugal ['fru:gəl] *bn* matig, sober, karig, spaarzaam (met *of*)
frugality [fru'gæliti] *znw* matigheid, soberheid, karigheid, spaarzaamheid
fruit [fru:t] **I** *znw* vrucht[2], vruchten[2], fruit *o*; opbrengst; Am slang flikker; *(old)* ~ gemeenz (beste) vrind; makker; *bear* ~ vrucht dragen; **II** *onoverg (& overg)* vruchten (doen) dragen
fruitage ['fru:tidʒ] *znw* ooft *o*; vruchtdragen *o*
fruitarian [fru:'tɛəriən] *znw* vruchteneter
fruit cake ['fru:tkeik] *znw* vruchtencake
fruit cocktail *znw* vruchtencocktail, vruchtensalade
fruit cup *znw* vruchtenbowl
fruiter *znw* vruchtboom; fruitschip *o*; fruitkweker
fruiterer *znw* fruithandelaar
fruit fly *znw* fruitvlieg, bananenvlieg
fruitful *bn* vruchtbaar[2]
fruition [fru:'iʃən] *znw* rijpheid; verwezenlijking; *come to* ~ werkelijkheid worden; zich ontplooien

fruit juice *znw* vruchtensap *o*
fruitless ['fru:tlis] *bn* zonder vrucht(en); vruchteloos, nutteloos
fruit machine *znw* fruitautomaat [gokautomaat]
fruit salad *znw* vruchtensla
fruit tree *znw* ooft-, vruchtboom
fruity *bn* vrucht(en)-; fruitig [v. wijn]; fig sappig; smakelijk; pikant; pittig
frumenty ['fru:mənti] *znw* pap van tarwemeel, rozijnen, eieren en suiker
frump [frʌmp] *znw* ouwe slons, flodderkous, totebel
frumpish, **frumpy** *bn* slonzig
frustrate [frʌs'treit] *overg* doen mislukken, verijdelen, (ver)hinderen; teleurstellen; frustreren
frustration *znw* mislukking, verijdeling; teleurstelling; frustratie
fry [frai] **I** *overg & onoverg* bakken, braden[2] (ook: ~ *up*); **II** *znw* **1** gebraden vlees *o*; **2** jonge vissen; broedsel *o*; *small* ~ jong goedje *o*; klein grut *o*; onbelangrijke mensen
frying-pan *znw* bak-, braad-, koekenpan; *out of the* ~ *into the fire* van de regen in de drop
ft. *afk.* = *foot, feet*
fubsy ['fʌbzi] *bn* kort en dik, mollig
fuchsia ['fju:ʃə] *znw* fuchsia
fuck [fʌk] **I** *znw* plat het neuken *o*, neukpartij; *she's a good* ~ ze is goed in bed, je kan lekker met haar neuken; *I don't give a* ~*!* het kan me geen reet verdommen!; ~*!* godverdomme!; **II** *overg & onoverg* plat neuken; verdommen; ~ *it!*, ~ *you!*, *go* ~ *yourself!* sodemieter op!, krijg de klere!; ~ *about (around)* aanrotzooien, rondklooien; ~ *sbd. about* ± iem. met kutsmoezen aan het lijntje houden; ~ *off* oplazeren, opsodemieteren; ~ *up* verpesten, naar de sodemieter helpen; ~ *sbd. up* iem. opfokken, (geestelijk) naar de verdommenis helpen
fuck all *znw* plat geen reet, geen klote
fucker *znw* plat lul, klootzak
fucking *bn* plat klote-, klere-, kut-
fuddled ['fʌdld] *bn* beneveld; verward, verbijsterd
fuddyduddy ['fʌdidʌdi] **I** *znw* ouwe sok; pietlut; **II** *bn* ouderwets, saai; pietluttig
fudge [fʌdʒ] **I** *znw* **1** (zachte) caramel; **2** uitvlucht, smoes; **3** kletspraat, larie; **II** *overg* (handig) ontwijken, omzeilen, uit de weg gaan
fuel ['fjuəl] **I** *znw* brandstof; *add* ~ *to the fire* olie op het vuur gooien; **II** *overg* van brandstof voorzien; voeden [het vuur]; **III** *onoverg* brandstof (benzine) innemen
fug [fʌg] *znw* gemeenz bedompte atmosfeer, mufheid
fuggy *bn* gemeenz bedompt, muf
fugitive ['fju:dʒitiv] **I** *bn* vluchtig, voorbijgaand; kortstondig; voortvluchtig; **II** *znw* vluchteling, voortvluchtige
fugue [fju:g] *znw* fuga; psych fugues
fulcrum ['fʌlkrəm] *znw* (*mv*: -s *of* fulcra [-krə]) steun-, draai-, draagpunt *o*
fulfil, Am **fulfill** [ful'fil] *overg* vervullen, nakomen, voldoening schenken, ten uitvoer brengen, waarmaken, beantwoorden aan
fulfilment, Am **fulfillment** *znw* vervulling, bevrediging
fulgent ['fʌldʒənt] *bn* plechtig schitterend
fulgurating ['fʌlgjureitiŋ] *bn* als bliksemstralen
fuliginous [fju:'lidʒinəs] *bn* roetachtig, -kleurig
full [ful] **I** *bn* vol, gevuld; volledig, voltallig; uitvoerig; verzadigd; vervuld (van *of*); ~ *marks* het hoogste cijfer; fig tien met een griffel, alle lof; ~ *of days* bijbel der dagen zat; *be* ~ *up* vol zijn [v. bus of hotel]; **II** *bijw* ten volle, helemaal; vlak [in het gezicht]; versterkend heel, zeer; **III** *znw*: *at the (her)* ~ vol [v. maan]; *in* ~ voluit; ten volle; volledig, geheel; *to the* ~ ten volle, geheel
fullback ['fulbæk] *znw* sp verdediger, achterspeler
full-blooded ['ful'blʌdid] *znw* volbloed(ig); robuust; pittig
full-blown *bn* in volle bloei, geheel ontwikkeld; volleerd; fig volbloed, volslagen, op-en-top, in optima forma
full board *znw* volledig pension *o*
full-bodied *bn* zwaar(lijvig); gecorseerd [v. wijn]
full-cream *bn*: ~ *milk* volle melk
full dress **I** *znw* groot toilet *o*, groot tenue *o* & *v*, galakleding, ambtsgewaad *o*; **II** *bn full-dress* in galakleding, in groot tenue, gala-; volledig, uitvoerig [debat &], in optima forma
fuller ['fulə] *znw* (laken)voller
full-face ['ful'feis] *bn* en face
full-faced *bn* met een vol gezicht; [foto] en face; vet [drukletter]
full-fledged ['ful'fledʒd] *bn* (vlieg)vlug [v. jonge vogels]; fig geheel ontwikkeld; volleerd; volslagen, op-en-top, volwaardig, in optima forma
full-grown *bn* volwassen
full house *bn* volle zaal, volle bak; kaartsp full house *o*
full-length *bn* [portret] ten voeten uit; lang [roman, film &], uitvoerig, volledig; tot op de enkels [v. jurk], tot op de grond [gordijn &]; zie verder: *length*
full-mouthed *bn* met een volledig gebit; luid blaffend; luid (klinkend)
fullness *znw* volheid; volledigheid; *in the* ~ *of time* als de tijd daar is; op den duur
full-page *bn* de (een) hele pagina beslaand; ~ *illustrations* illustraties buiten de tekst, buitentekstplaten
full-scale *bn* compleet, volledig, levensgroot
full-size(d) *znw* & *bn* (op de) ware grootte; *a* ~ *room* een grote kamer
full stop *znw* punt *o* [.]; *it's impossible,* ~*!* het is onmogelijk, punt uit!; *come to a* ~ plotseling tot stilstand komen
full swing *znw*: *in* ~ druk aan de gang, op z'n

hoogtepunt
full-throated *bn* uit volle borst
full-time *bn* fulltime, volledig; *it's a ~ job to...* je hebt (er) een volledige dagtaak aan (om)...
full-timer *znw* volledige (werk)kracht
fully ['fuli] *bijw* ten volle, geheel; volledig; uitvoerig; *~ paid shares* volgestorte aandelen; *~ 80* wel 80, ruim 80
fully-fashioned *bn* van goede pasvorm, geminderd [nylonkous]
fully-fledged *bn* = *full-fledged*
fulminate ['fʌlmineit] *onoverg* donderen[2], fulmineren[2]; heftig uitvaren (tegen)
fulmination [fʌlmi'neiʃən] *znw* knal, ontploffing, donder[2], fulminatie[2]
fulness ['fulnis] *znw* = *fullness*
fulsome ['fulsəm] *bn* walg(e)lijk; overdreven (lief &)
fulvous ['fʌlvəs] *bn* voskleurig
fumble ['fʌmbl] **I** *onoverg* voelen, tasten, morrelen; *~ along* zijn weg op de tast zoeken; **II** *overg* bevoelen, betasten, morrelen aan; verknoeien [kans]
fumbler *znw* onhandige knoeier
fumbling *bn* onhandig, stuntelig
fume [fju:m] **I** *znw* damp, uitwaseming; **II** *onoverg* roken, dampen; koken (van woede)
fumigate ['fju:migeit] *overg* uitroken, zuiveren
fumigation [fju:mi'geiʃən] *znw* uitroking, zuivering
fumous ['fju:məs] *bn* rokerig
fumy *bn* rokend; dampig
fun [fʌn] **I** *znw* grap, aardigheid; pret, pretje *o*, plezier *o*, lol, lolletje *o*; *for ~* voor de grap; *for the ~ of it* voor de aardigheid, voor de lol; *in ~* voor de aardigheid; *what ~!* wat leuk!; *be ~* aardig, leuk, fijn zijn; *not get any ~ out of it* er geen plezier van hebben; *make ~ of, poke ~ at* voor de mal houden, de draak steken met, op de hak nemen; *~ and games* spektakel *o*, pret, lol; opwinding, heisa; **II** *bn* prettig, aardig, amusant
funambulist [fju'næmbjulist] *znw* koorddanser
function ['fʌŋkʃən] **I** *znw* ambt *o*, functie; plechtigheid, feestelijkheid, partij; **II** *onoverg* functioneren[2], werken
functional *bn* functioneel
functionalism ['fʌŋkʃnəlizm] *znw* doelmatigheid; in wetenschap functionalisme *o*; bouwk nieuwe zakelijkheid
functionary *znw* functionaris, ambtenaar; beambte
fund [fʌnd] **I** *znw* fonds[2] *o*; voorraad[2]; *~s* kapitaal *o*, geld *o*, contanten; staatspapieren; *in ~s* (goed) bij kas; **II** *overg* financieren, van fondsen voorzien; funderen, consolideren [schuld]
fundament ['fʌndəmənt] *znw* schertsend zitvlak *o*, achterste *o*
fundamental [fʌndə'mentəl] **I** *bn* principieel, grond-; **II** *znw* grondbeginsel *o*, grondslag, fundament *o*, basis; grondwaarheid; muz grondtoon
fundamentalism [fʌndə'mentəlizm] *znw* fundamentalisme *o*
fundamentalist [fʌndə'mentəlist] **I** *bn* fundamentalistisch; **II** *znw* fundamentalist
fundamentally *bijw* in de grond, au fond, principieel
fundoscope [fʌndou'skoup] *znw* oogspiegel
fund-raising ['fʌndreiziŋ] *znw* bijeenbrengen *o* van geld; *~ concert* benefietconcert *o*
funeral ['fju:nərəl] **I** *bn* begrafenis-, graf-, lijk-; *~ director* begrafenisondernemer; *~ march* treurmars; *~ parlo(u)r* Am rouwkamer, begrafenisonderneming; *~ pile* brandstapel; *~ procession* lijkstoet; **II** *znw* begrafenis; lijkstoet; *not my ~* gemeenz mijn zaak niet
funerary ['fju:nərəri] *bn* begrafenis-, lijk-
funereal [fju'niəriəl] *bn* begrafenis-, lijk-, doden-, graf-; treurig, somber
fun fair ['fʌnfɛə] *znw* kermis, lunapark *o*
fun-filled ['fʌnfild] *bn* amusant, leuk
fungible ['fʌndʒibl] *bn* recht vervangbaar [v. zaken]
fungicide ['fʌŋgisaid] *znw* schimmelbestrijdingsmiddel *o*
fungous ['fʌŋgəs] *bn* zwamachtig
fungus ['fʌŋgəs] *znw* (*mv*: -es *of* fungi [fʌndʒai, 'fʌŋgai]) zwam; paddestoel[2]; sponsachtige uitwas
funicular [fju'nikjulə] **I** *bn* snoer-; *~ railway* kabelspoorweg; **II** *znw* kabelspoor *o*
funk [fʌŋk] **I** *znw* **1** angst; bangerd; *blue ~* doodsangst; **2** muz funk; **II** *overg*: *~ it* bang zijn, niet (aan)durven
funky *bn* muz funky; slang mieters, super, jofel, tof; trendy, modieus
funnel ['fʌnl] *znw* trechter; schoorsteen, pijp [v. stoomschip]; (lucht)koker
funnies ['fʌniz] *znw mv* Am gemeenz = *comic strips*; de moppenpagina
funny *bn* grappig, aardig, leuk, komisch; vreemd, raar, gek; eigenaardig, excentriek; *there's some ~ business going on* er is hier iets niet in de haak; *feel ~* zich niet helemaal lekker voelen; *go ~* kuren vertonen [apparaat]
funny bone *znw* elleboogsknokkel; telefoonbotje *o*
funny man *znw* komiek(eling), pias
funny paper *znw* Am moppenblaadje *o*
fun-size ['fʌnsaiz] *bn* mini-
fur [fə:] **I** *znw* bont *o*, pels, pelswerk *o*, pelterij; pelsjas &; vacht; med beslag *o* [v.d. tong]; techn aanslag, ketelsteen *o & m*; *it will make the ~ fly* dat wordt donderen, daar komt rotzooi van; **II** *bn* bonten, bont-; **III** *overg* [de tong] doen beslaan; met aanslag, ketelsteen bedekken; **IV** *onoverg* aan-, beslaan [v. tong] (ook: *~ up*)
furbelow *znw* geplooide strook; *~s* ook: kwikjes en strikjes
furbish ['fə:biʃ] *overg* polijsten, bruineren, (op-)

poetsen
furcate(d) ['fə:keit(id)] *bn* gevorkt
furcation [fə:'keiʃən] *znw* vertakking
furious ['fjuəriəs] *bn* woedend, razend, woest (op *with*) furieus, verwoed
furl [fə:l] **I** *overg* scheepv [een zeil] vastmaken; oprollen, opvouwen; **II** *onoverg* zich oprollen
furlong ['fə:lɔŋ] *znw* 1/8 Eng. mijl = 201 m
furlough ['fə:lou] *znw* Am verlof *o*; *on* ~ met verlof
furnace ['fə:nis] *znw* (stook-, smelt)oven
furnish ['fə:niʃ] *overg* verschaffen, leveren, fourneren; voorzien (van *with*), uitrusten; meubileren
furnisher *znw* meubelhandelaar; stoffeerder
furnishing *znw* woninginrichting; ~*s* meubels, stoffering &
furniture *znw* meubelen, meubilair *o*, huisraad *o*; ~ *polish* meubelwas; ~ *van* verhuiswagen; *he's part of the* ~ hij hoort tot het meubilair
furore [fju'rɔ:ri] *znw* furore
furrier ['fʌriə] *znw* pels-, bontwerker, -handelaar
furriery *znw* pels-, bontwerk *o*, pelterij
furrow ['fʌrou] **I** *znw* voor, groef; rimpel; **II** *overg* groeven, doorploegen, rimpelen
furry ['fə:ri] *bn* met bont gevoerd, bonten; zacht
further ['fə:ðə] **I** *bn* verder; verste [v. twee]; nog, meer, ander; fig nader; *the* ~ *bank (side)* de overzij; ~ *education* voortgezet onderwijs *o*; ~ *to* ... handel ten vervolge op (van) ...; **II** *bijw* verder; **III** *overg* bevorderen, behartigen
furtherance *znw* bevordering
furthermore ['fə:ðəmɔ:] *bijw* bovendien
furthermost *bn* verst
furthest *bn* verst(e), = *farthest*
furtive ['fə:tiv] *bn* heimelijk, steels; gestolen
furuncle ['fjurʌŋkl] *znw* steenpuist
fury ['fjuəri] *znw* woede, razernij; furie[2]
furze [fə:z] *znw* gaspeldoorn
fuse [fju:z] **I** *overg & onoverg* (samen)smelten; fus(ion)eren, een fusie aangaan; elektr doorslaan; **II** *znw* **1** zekering, veiligheid, stop; kortsluiting; **2** lont; **3** buis [v. granaat]; ~ *box* stoppenkast, zekering; ~ *wire* zekeringsdraad, smeltdraad; *blow a* ~ een stop (laten) doorslaan; *have a short* ~ fig opvliegend van aard zijn
fused [fju:zd] *bn* elektr gezekerd
fuselage ['fju:zila:ʒ] *znw* luchtv romp
fusibility [fiu:zə'biliti] *znw* smeltbaarheid
fusible ['fju:zəbl] *bn* smeltbaar
fusilier [fju:zi'liə] *znw* fuselier
fusillade [fju:zi'leid] *znw* fusillade, geweervuur *o*; fusilleren *o*; fig spervuur *o* [v. vragen &]
fusion ['fju:ʒən] *znw* smelten *o*; samensmelting, fusie
fuss [fʌs] **I** *znw* opschudding, herrie, (onnodige) drukte, ophef; *make a* ~ heibel/herrie schoppen; *make a* ~ *about sth.* ergens veel tamtam over maken; *make a* ~ *of sbd.* overdreven aandacht aan iem. schenken, veel ophef van iem. maken; **II** *onoverg* drukte maken, zich druk maken, pietluttig doen; zeuren; ~ *about* druk in de weer zijn, rondscharrelen; **III** *overg* Am lastig vallen; ~ *over* veel drukte maken over
fuss-budget ['fʌs'bʌdʒit] *znw* Am = *fusspot*
fusspot *znw* gemeenz lastpost, druktemaker; pietlut
fussy *bn* druk; pietluttig; bedillerig; *I'm not* ~ het is mij (allemaal) om het even
fustian ['fʌstiən] **I** *znw* fustein *o*, bombazijn *o*; bombast; **II** *bn* bombazijnen; bombastisch
fusty ['fʌsti] *bn* duf, muf
futile ['fju:tail] *bn* beuzelachtig, vergeefs, nutteloos, waardeloos, nietig
futility [fju'tiliti] *znw* beuzelachtigheid, beuzelarij, kinderachtigheid, nietigheid
future ['fju:tʃə] **I** *bn* toekomstig, aanstaand, (toe-) komend; **II** *znw* toekomst; aanstaande; gramm toekomende tijd; ~*s* handel termijnzaken; *for the (in)* ~ in het vervolg, voortaan
futurism ['fju:tʃərizm] *znw* futurisme *o*
futurist *znw* & *bn* futurist(isch)
futuristic [fju:tə'ristik] *bn* futuristisch
futurity [fju'tjuəriti] *znw* toekomst; ophanden zijnde gebeurtenis
futurology [fju:tju'rɔlədʒi] *znw* futurologie
fuzz [fʌz] *znw* pluis *o*; dons *o*
fuzzy ['fʌzi] *bn* pluizig; vlokkig; donzig; kroes; vaag, wazig, beneveld
fylfot ['filfɔt] *znw* swastika, hakenkruis *o*

G

g [dʒi:] *znw* (de letter) g; muz g of sol
gab [gæb] **I** *znw* radheid van tong; gepraat *o*, geklets *o*, gebabbel *o*; zie ook: *gift I*; **II** *onoverg* kakelen, ratelen
gabardine ['gæbədi:n] *znw* gabardine [stof]; regenjas van dit materiaal
gabble ['gæbl] **I** *onoverg* kakelen, brabbelen, snateren; **II** *overg*: ~ *(over)* aframmelen [les &]; **III** *znw* gekakel *o*, gebrabbel *o*, gesnater *o*
gaberdine ['gæbədi:n] *znw* = *gabardine*
gable ['geibl] **I** *znw* geveltop, puntgevel; ~ *end* puntgevel; ~ *roof* zadeldak *o*; **II** *overg* met geveltoppen voorzien
Gabon [gæ'bɔn] *znw* Gabon *o*
Gabonese I *znw* (*mv* idem) Gabonner; **II** *bn* Gabons
Gad [gæd] *tsw* gemeenz God, wel verdorie, wel verdraaid, sapristi; *by ~!* jandorie!
gad [gæd] *onoverg* zwerven; ~ *about* rondlopen, rondzwerven
gadabout *znw* iem. die rusteloos rondloopt
gadfly ['gædflai] *znw* horzel; lastig iemand
gadget ['gædʒit] *znw* uitvindsel *o*, apparaat(je) *o*, instrumentje *o*, technisch snufje *o*, vernuftigheidje *o*, (hebbe)dingetje *o*
gadgetry *znw* apparatuur, technische snufjes, vernuftigheidjes
Gael [geil] *znw* Schotse (Ierse) Kelt
Gaelic *bn* Keltisch, *vooral* Gaelisch
gaff [gæf] *znw* haak, speer; scheepv gaffel, gemeenz nonsens; *blow the ~* gemeenz doorslaan
gaffe [gæf] [Fr] *znw* grote blunder, tactloosheid
gaffer ['gæfə] *znw* (ouwe) baas, ouwe (heer); meesterknecht, ploegbaas; belichter [film]
gag [gæg] **I** *znw* mondprop; gemeenz grap, mop; gag [film]; **II** *overg* een prop in de mond stoppen; fig knevelen; de mond snoeren; **III** *onoverg* kokhalzen
gaga ['ga:ga:, 'gæga:] *bn* gemeenz seniel, gaga; kierewiet
gage [geidʒ] **I** *znw* pand *o*, onderpand *o*; handschoen, uitdaging; **II** *overg* Am = *gauge*
gaggle ['gægl] *znw* vlucht (ganzen); troep, kudde, zwerm, (luidruchtig, roerig) gezelschap *o*
gaiety ['geiəti] *znw* vrolijkheid, pret; bonte opschik, opzichtigheid, fleurigheid
gain [gein] **I** *overg* verwerven, (ver)krijgen; verdienen, winnen°; bereiken; behalen; ~ *ground* toenemen, (hoe langer hoe meer) ingang vinden; **II** *onoverg* (het) winnen; zich uitbreiden; vooruitgaan; voorlopen [klok &]; ~ *from* profiteren van, zijn voordeel doen met; ~ *on* veld (genegenheid) winnen; inhalen; **III** *znw* (aan)winst, gewin *o*, profijt *o*, voordeel *o*
gainer *znw* winner; *be the ~ by sth.* ergens wel bij varen
gainful *bn* voordelig, winstgevend; *a ~ occupation* een broodwinning
gainings *znw mv* winst; inkomsten; profijt *o*, voordeel *o*
gainsay [gein'sei] *overg* tegenspreken; ontkennen
gainst [geinst] *voorz* plechtig tegen
gait [geit] *znw* (manier van) lopen *o*, loopje *o*, gang, pas
gaiter ['geitə] *znw* slobkous, beenkap
gal [gæl] *znw* gemeenz meisje *o*, grietje *o*
gala ['ga:lə] *znw* gala *o*; feest *o*, feestelijkheid
galactic [gə'læktik] *bn* astron galactisch, melkweg-
galantine ['gælənti:n] *znw* galantine
galaxy ['gæləksi] *znw* astron melkweg; melkwegstelsel *o*; fig schitterende stoet, groep of verzameling
gale [geil] *znw* harde wind, storm; ~ *of laughter* lachsalvo *o*
gall [gɔ:l] **I** *znw* **1** gal[2], bitterheid; **2** brutaliteit, lef *o*; **3** schaafwond, ontvelling; **4** galnoot; **II** *overg* verbitteren, kwellen, ergeren
gallant [gə'lænt] **I** *bn* dapper, fier, moedig; galant, hoffelijk; prachtig, schitterend; **II** *znw* galante heer, charmeur
gallantry ['gæləntri] *znw* dapperheid; galanterie
gall-bladder ['gɔ:lblædə] *znw* galblaas
galleon ['gæliən] *znw* galjoen *o*
gallery ['gæləri] *znw* galerij; schilderijenmuseum *o*; galerie (ook: *picture ~*); tribune; schellinkje[2] *o*; *play to the ~* (goedkoop) effect najagen
galley ['gæli] *znw* scheepv galei; kombuis; techn galei [voor zetsel]
galley(-proof), **galley(-sheet)** *znw* galeiproef, onopgemaakte (eerste, vuile) drukproef
galley-slave *znw* galeislaaf
gall-fly ['gɔ:lflai] *znw* galwesp
Gallic ['gælik] *bn* Gallisch, Frans
gallicism ['gælisizm] *znw* gallicisme *o*
gallimaufry [gæli'mɔ:fri] *znw* allegaartje *o*
gallinaceous [gæli'neiʃəs] *bn* hoenderachtig
galling ['gɔ:liŋ] *bn* fig irritant, hinderlijk
gallipot ['gælipɔt] *znw* zalfpot
gallivant [gæli'vænt] *onoverg* boemelen, stappen
gall-nut ['gɔ:lnʌt] *znw* plantk galnoot, -appel
gallon ['gælən] *znw* gallon = ± 4,54 liter
galloon [gə'lu:n] *znw* galon *o & m*, lint *o*
gallop ['gæləp] **I** *znw* galop; *(at) a ~* in galop; fig op een holletje; *(at) full ~* in volle galop; **II** *onoverg* galopperen; ~ *through (over)* dóórvliegen; *~ing consumption* vliegende tering; *~ing inflation* zeer snel toenemende inflatie; **III** *overg* laten galopperen
gallows ['gælouz] *znw mv* galg
gallows-bird *znw* galgenaas *o*
gallows humour *znw* galgenhumor

gall-stone ['gɔ:lstoun] *znw* galsteen
Gallup poll ['gæləp poul] *znw* opinieonderzoek *o*
galoot [gæ'lu:t] *znw* gemeenz onhandige lummel
galop ['gæləp] *znw* galop (dans)
galore [gə'lɔ:] *bijw* in overvloed, bij de vleet
galosh [gə'lɔʃ] *znw* (gummi)overschoen
galumph [gə'lʌmf] *onoverg* triomfantelijk in het rond springen
galvanic [gæl'vænik] *bn* galvanisch
galvanism ['gælvənizm] *znw* galvanisme *o*
galvanize *overg* galvaniseren²
Gambia ['gæmbiə] *znw* Gambia *o*
Gambian I *znw* Gambiaan; **II** *bn* Gambiaans
gambit ['gæmbit] *znw* gambiet *o* [bij schaken]; fig aanloopje *o*, truc
gamble ['gæmbl] **I** *onoverg* spelen, dobbelen, gokken; een risico nemen; **II** *overg*: ~ *away* verspelen, verdobbelen; **III** *znw* gok, fig loterij
gambler *znw* speler, dobbelaar, gokker
gambol ['gæmbəl] **I** *znw* sprong, kromme sprong; **II** *onoverg* springen, huppelen, dartelen
game [geim] **I** *znw* spel *o*; spelletje *o*, partij [biljart], manche [bridge]; wedstrijd; (werk)terrein *o*, domein *o*; wild *o*; *~s* sport [op school]; *fair* ~ vrij (= niet beschermd) wild *o*; fig overgeleverd (aan *for*) [willekeur, genade, spot &]; *it's all in (part of) the* ~ dat hoort er (nu eenmaal) bij; *none of your ~s!* geen fratsen!; *be on the* ~ slang in het leven zitten [als prostitué(e) werkzaam zijn]; *give the ~ away* gemeenz de boel verraden; *have a ~ of* ... een spelletje ... doen; *have the ~ in one's (own) hands* gewonnen spel hebben; *I (don't) know his* ~ ik weet (niet), wat hij in zijn schild voert; *make a ~ of* de spot drijven met; *the ~ is up* het spel is verloren, het is mis; *the ~ is not worth the candle* het sop is de kool niet waard; **II** *bn* **1** flink, dapper, branie-; **2** lam, mank; *be ~ for* aandurven, voor iets te vinden zijn; **III** *onoverg* spelen, dobbelen
gamebag *znw* weitas
gamecock *znw* vechthaan [voor hanengevechten]
gamekeeper *znw* jachtopziener, koddebeier
game-laws *znw mv* jachtwetten
game-licence *znw* jachtakte
gamely *bijw* flink, dapper
gameness *znw* dapperheid, durf
gameplan *znw* Am fig plan de campagne *o*, strategie
game reserve *znw* wildreservaat *o*
gamesmanship *znw* gewiekstheid
games-master *znw* gymnastiekleraar
games-mistress *znw* gymnastieklerares
gamesome *bn* speels, dartel
gamester ['geimstə] *znw* speler, dobbelaar
gaming *znw* gokken *o*
gaminghouse *znw* speelhuis *o*
game-table *znw* speeltafel
gamma ['gæmə] *znw* gamma *v & o*; ~ *rays*, ~ *radiation* gammastraling
gammer ['gæmə] *znw* vero oude vrouw, besje *o*
gammon ['gæmən] *znw* gerookte ham
gammy ['gæmi] *bn* gemeenz lam, mank
gamp [gæmp] *znw* gemeenz paraplu
gamut ['gæmət] *znw* toonladder, toonschaal, gamma *v & o*; scala, reeks; *the whole ~ of* alle ..., het hele scala van ...; *run the ~ of* fig het hele scala doorlopen
gamy ['geimi] *bn* adellijk [v. wild]
gander ['gændə] *znw* mannetjesgans: gent; *have a ~ (at)* slang effe kijken (naar)
gang [gæŋ] **I** *znw* ploeg (werklieden); bende, kliek, troep; **II** *onoverg*: ~ *up* zich verenigen (tot een bende), met vereende krachten optreden (tegen *on*)
gang-bang plat *znw* neukpartij van een aantal mannen met één vrouw; groepsseks
gangboard *znw* scheepv loopplank
ganger *znw* ploegbaas
gangland *znw* onderwereld
ganglion ['gæŋgliən] *znw* (*mv*: -s *of* ganglia [-liə]) zenuwknoop; ganglion *o*; fig centrum *o*, middelpunt *o*
gangling ['gæŋgliŋ], **gangly** *bn* slungelig
gang-plank ['gæŋplæŋk] *znw* scheepv loopplank
gang-rape ['gæŋreip] *znw* verkrachting door een aantal mannen, groepsverkrachting
gangrene ['gæŋgri:n] *znw* gangreen *o*, koudvuur *o*; fig verrotting, bederf *o*
gangrenous *bn* gangreneus, door koudvuur aangetast
gangster ['gæŋstə] *znw* gangster, bendelid *o*, bandiet
gangway ['gæŋwei] *znw* (gang-, midden)pad *o*, doorgang; dwarspad *o* in het Lagerhuis; scheepv gangboord *o & m*; scheepv loopplank, (loop)brug; scheepv valreep; *~!* opzij!
gannet ['gænit] *znw* jan-van-gent
gantry ['gæntri] *znw* stelling, stellage; seinbrug [v. spoorweg]; rijbrug [v. loopkraan]
gaol(er) ['dʒeil(ə)] = *jail(er)*
gap [gæp] *znw* gat *o*, opening, gaping, leemte, hiaat *o*; tekort *o*; bres; onderbreking; fig kloof
gape [geip] **I** *onoverg* gapen², geeuwen; ~ *at* aangapen; **II** *znw* gaap; gaping
gap-toothed ['gæptu:θt, -tu:ðd] *bn* met uiteenstaande tanden, met een spleetje tussen de tanden
gar [ga:] *znw* dierk geep (ook: *garfish*)
garage ['gæra:dʒ, 'gæridʒ] **I** *znw* garage; garagebedrijf *o*; ~ *sale* verkoop, meestal voor liefdadig doel [vaak in een garage gehouden]; **II** *overg* in de garage stallen
garb [ga:b] **I** *znw* kostuum *o*, dracht; **II** *overg* kleden
garbage ['ga:bidʒ] *znw* afval *o & m* [v. dier]; vuilnis *o & v*; fig rotzooi, onzin, flauwekul; ~ *can* Am vuilnisbak; ~ *man* Am vuilnisman; ~ *truck* Am vuilniswagen
garble ['ga:bl] *overg* verdraaien, verminken, verknoeien

garden ['ga:dn] **I** *znw* tuin, hof; *public* ~ plantsoen *o*; **II** *onoverg* tuinieren
garden centre *znw* tuincentrum *o*
garden city *znw* tuinstad
garden-cress *znw* tuinkers
gardener *znw* tuinman, -baas; tuinier
garden frame *znw* broeibak, -kas
gardenia [ga:'di:njə] *znw* gardenia [plant]
gardening *znw* tuinbouw, tuinieren *o*
garden-party *znw* tuinfeest *o*
garden-path *znw* tuinpad *o*; zie ook: [2]*lead II*
garden pea *znw* doperwt
garden-stuff *znw* tuingewassen, groenten
gargantuan [ga:'gæntjuən] *bn* reusachtig
gargle ['ga:gl] **I** *onoverg* gorgelen; **II** *znw* gorgeldrank
gargoyle ['ga:gɔil] *znw* waterspuwer
garish ['gεəriʃ] *bn* schel, hel, (oog)verblindend; opzichtig, bont
garland ['ga:lənd] **I** *znw* guirlande, (bloem)krans[2]; bloemlezing; **II** *overg* met guirlandes behangen, be-, omkransen
garlic ['ga:lik] *znw* knoflook *o* & *m*; ~ *press* knoflookpers
garment ['ga:mənt] *znw* kledingstuk *o*, gewaad *o*
garner ['ga:nə] plechtig **I** *znw* graan-, korenschuur; fig bloemlezing; **II** *overg* in-, opzamelen, vergaren
garnet ['ga:nit] *znw* granaat *o* [stofnaam], granaat(steen) *m* [voorwerpsnaam]
garnish ['ga:niʃ] **I** *overg* garneren, opmaken, versieren (met *with*); voorzien (van *with*); **II** *znw* garnering, versiering
garniture ['ga:nitʃə] *znw* garnituur *o*, garnering, versiering; toebehoren *o*
garret ['gærət] *znw* vliering, zolderkamertje *o*
garrison ['gærisn] **I** *znw* garnizoen *o*; **II** *overg* bezetten, garnizoen leggen in; in garnizoen leggen
garrotte [gə'rɔt] **I** *znw* (ver)worging; worgtouw *o* (met spanstok), worgpaal, garrot; **II** *overg* worgen; garotteren
garrulity [gæ'ru:liti] *znw* praatzucht
garrulous ['gæruləs] *bn* praatziek
garter ['ga:tə] *znw* kousenband; *the G~* Br orde v.d. Kousenband
gas [gæs] **I** *znw* (*mv*: gases; Am ook: gasses) gas *o*; Am benzine; gemeenz gezwam *o*, geklets *o*, gebral *o*; blabla; Am gemeenz lol, gein, leut, pret, grap; *step on the* ~ gemeenz gas geven[2]; er vaart achter zetten; **II** *onoverg* gemeenz zwammen, kletsen; **III** *overg* (ver)gassen, door gas doen stikken; gemeenz kletsen
gas-bag *znw* gaszak [v. luchtschip]; gemeenz kletsmeier
gas board *znw* gasbedrijf *o*
gas-bracket *znw* gasarm
gas-burner *znw* gasbrander
gas chamber *znw* gaskamer
gas-cooker *znw* gasfornuis *o*
gaseous ['gæsjəs] *bn* gasachtig, gasvormig, gas-
gas-fire *znw* gaskachel, -haard
gas-fitter *znw* gasfitter
gash [gæʃ] **I** *znw* sne(d)e, jaap, houw; **II** *overg* (open)snijden, een snee geven, japen
gas-holder ['gæshouldə] *znw* gashouder
gasification [gæsifi'keiʃən] *znw* gasvorming; vergassing
gasify *overg* & *onoverg* vergassen
gas-jet *znw* gasbrander
gasket ['gæskit] *znw* techn pakking; scheepv seizing
gaslight ['gæslait] *znw* gaslamp; *by* ~ bij het licht van een gaslamp
gas-main ['gæsmein] *znw* (hoofd)gasleiding
gasman *znw* man van het gasbedrijf; meteropnemer
gas mantle *znw* gloeikousje *o*
gas mask *znw* gasmasker *o*
gas-meter *znw* gasmeter
gasolene, **gasoline** ['gæsouli:n] *znw* gasoline; Am benzine
gasometer [gæ'sɔmitə] *znw* gashouder
gas oven *znw* gasoven
gasp [ga:sp] **I** *onoverg* (naar adem) snakken, hijgen; ~ *for* snakken naar; **II** *overg*: ~ *out* er met moeite uitbrengen; **III** *znw* hijgen *o*; stokken *o* van de adem; snik; *be at the last* ~ zieltogen
gas pedal *znw* gaspedaal *o*
gas-range ['gæsreindʒ] *znw* Am gasfornuis *o*
gas-ring *znw* gaskomfoor *o*, gaspit
gas station *znw* Am tankstation *o*, benzinestation *o*
gas-stove *znw* gasfornuis *o*; gaskachel
gassy *bn* gasachtig; gas-; bruisend [v. drank]; gemeenz kletserig
gas-tank *znw* Am benzinetank
gastric ['gæstrik] *bn* gastrisch, maag-; ~ *juices* maagsap(pen); ~ *ulcer* maagzweer
gastritis [gæ'straitis] *znw* med gastritis, maagontsteking
gastro-enteritis ['gæstrouentə'raitis] *znw* med maagdarmontsteking, gastro-enteritis
gastronome ['gæstrənoum] *znw* gastronoom, fijnproever
gastronomic [gæstrə'nɔmik] *bn* gastronomisch
gastronomist [gæs'trɔnəmist] *znw* = *gastronome*
gastronomy *znw* gastronomie
gasworks ['gæswə:ks] *znw mv* gasfabriek
gat [gæt] *znw* Am slang revolver
gate [geit] *znw* poort[2], deur, uitgang, ingang; sluisdeur; hek *o*, slagboom; betalend publiek *o* [bij voetbal], entreegeld *o*, recette; *get the* ~ Am gemeenz de zak krijgen, de laan uitgestuurd worden
gateau ['gætou] [Fr] *znw* taart
gatecrash *onoverg* gemeenz zich indringen, onuitgenodigd binnenvallen
gatecrasher *znw* gemeenz ongenode gast, indringer
gate-house *znw* portierswoning; gevangenpoort

gatekeeper *znw* poortwachter
gatelegged *bn*: ~ *table* (op)klaptafel
gateman *znw* portier; overwegwachter [bij spoorbaan]
gate-money *znw* entreegeld *o*, recette [bij voetbal &]
gatepost *znw* deurpost, stijl [v. hek]; *between you and me and the* ~ onder ons gezegd, in vertrouwen
gateway *znw* poort; fig toegangspoort
gather ['gæðə] **I** *overg* vergaren, vergaderen, bijeen-, in-, verzamelen; inwinnen; bijeenbrengen, ophalen; plukken, oogsten; samentrekken; rimpelen [stof], plooien; afleiden, opmaken; ~ *dust* stoffig worden; ~ *speed* vaart krijgen; fig opgang maken, 'erin' komen; ~ *way* vaart krijgen; ~ *in* binnen-, inhalen; ~ *up* oprapen, opnemen; optrekken [de benen]; verzamelen; *he was ~ed to his fathers* bijbel hij werd tot zijn vaderen vergaderd; **II** *onoverg* zich verzamelen; samenkomen, vergaderen; zich samenpakken [wolken &]; toenemen; ~ *oneself together* zich vermannen; **III** *znw*: ~*s* plooisel *o*
gathering *znw* in-, verzameling; katern *o*; bijeenkomst; gezelschap *o*; pluk; abces *o*
GATT *afk.* = *General Agreement on Tariffs and Trade* algemene overeenkomst inzake tarieven en handel
gauche [gouʃ] *bn* fig links, onhandig, lomp; tactloos
gaucheness *znw* fig linksheid; onhandigheid; tactloosheid
gaud [gɔ:d] *znw* opzichtig sieraad *o*; opschik, ijdel vertoon *o*
gaudy *bn* opzichtig, pronkerig, felgekleurd
gauge [geidʒ] **I** *znw* peilstok, peilglas *o*, peil *o*, ijkmaat, maat[2], meter; fig maatstaf; spoorwijdte, spoor *o*; scheepv diepgang; techn mal; mil kaliber *o*; **II** *overg* peilen[2], ijken, meten, roeien; kalibreren; schatten [afstanden]; fig schatten, taxeren
gauging-rod *znw* roeistok, peilstok
Gaul [gɔ:l] *znw* Gallië *o*; Galliër
Gaulish *bn* Gallisch
gaunt [gɔ:nt] *bn* schraal, mager; hoekig; verlaten, naargeestig; luguber
gauntlet ['gɔ:ntlit] *znw* hist pantserhandschoen; (scherm-, rij)handschoen; *throw down the* ~ iem. uitdagen; *take (pick) up the* ~ de uitdaging aannemen; *run the* ~ spitsroeden lopen; *have to run the* ~ *of* onder handen genomen worden door, veel te verduren hebben van
gauze [gɔ:z] **I** *znw* gaas *o*; **II** *bn* gazen
gauzy *bn* gaasachtig
gave [geiv] V.T. van *give*
gavel ['gævəl] *znw* (voorzitters)hamer
gawd [gɔ:d, ga:d] *tsw* gemeenz god!; *oh my ~!* god allemachtig!
gawk *onoverg* [gɔ:k] met open mond staren, staan aangapen
gawky *bn* onhandig, lomp, sullig
gay [gei] **I** *znw* homo(seksueel); **II** *bn* **1** homoseksueel; homo-, flikker-; **2** vrolijk[2], opgewekt; luchtig, luchthartig; los(bandig); bont, (veel)kleurig, fleurig
gaze [geiz] **I** *onoverg* staren (naar *at, on, upon*); **II** *znw* starende blik
gazebo [gə'zi:bou] *znw* (*mv*: -s *of* -boes) uitzichttoren, belvédère
gazelle [gə'zel] *znw* gazelle
gazette [gə'zet] **I** *znw* (Engelse) Staatscourant; hist nieuwsblad *o*; **II** *overg* (officieel) publiceren
gazetteer [gæzi'tiə] *znw* geografisch woordenboek *o*, geografische index
gazump [ga'zʌmp] *overg* oplichten (na begonnen onderhandelingen de prijs verhogen)
GCE *afk.* = *General Certificate of Education*
GCSE *afk.* = *General Certificate of Secondary Education*
gdn(s) *afk.* = *garden(s)*
GDP *afk.* = *Gross Domestic Product* bbp, bruto binnenlands product *o*
GDR *afk.* = *German Democratic Republic* de voormalige DDR
gear [giə] **I** *znw* tuig *o*, gareel *o*; uitrusting, goed *o*, gerei *o*; toestel *o*, inrichting, techn overbrenging, drijfwerk *o*; versnelling; luchtv onderstel *o*; *change* ~, Am *shift ~s* auto schakelen; *in* ~ techn gekoppeld; *out of* ~ techn ontkoppeld, afgekoppeld; **II** *overg* instellen (op *to*), aanpassen (aan *to*); uitrusten; *~ed (to)* ingesteld op, aangepast aan
gearbox *znw* versnellingsbak
gearing *znw* techn overbrenging, drijfwerk *o*
gearlever, **gearshift**, **gearstick** *znw* versnellingspook, pook
gear-shift *znw* versnellingshendel
gear-wheel *znw* tand-, kettingwiel *o* (v. fiets)
gecko ['gekou] *znw* (*mv*: -s *of* geckoes) gekko, toke
gee [dʒi:] **I** *tsw* **1** Am gemeenz hemel!, verdorie! (ook: ~ *whizz!*); **2** ~ *up!* hu! [tegen een paard]; **II** *znw* gemeenz paard(je) *o*
gee-gee *znw* gemeenz paard(je) *o*
geese [gi:s] *znw* (*mv* v. *goose*) ganzen
geezer ['gi:zə] *znw* slang (ouwe) knakker
Geiger counter ['gaigəkauntə] *znw* geigerteller
geisha (girl) ['geiʃə (gə:l)] *znw* geisha
gelatine [dʒelə'ti:n] *znw* gelatine
gelatinous [dʒi'lætinəs] *bn* gelatineachtig
geld ['geld] *overg* castreren
gelding *znw* castreren *o*; dierk ruin
gelid ['dʒelid] *bn* kil, (ijs)koud
gelignite ['dʒelignait] *znw* kneedbom
gem [dʒem] **I** *znw* edelsteen, juweel *o*; kleinood *o*, juweeltje *o*; **II** *overg* (met edelgesteenten) versieren
geminate I *bn* ['dʒeminit] dubbel, gepaard; **II** *overg* ['dʒemineit] verdubbelen; paarsgewijs plaatsen
gemination [dʒemi'neiʃən] *znw* verdubbeling; paarsgewijze plaatsing
Gemini ['dʒeminai] *znw* astron Tweelingen
gemstone ['dʒemstoun] *znw* edelsteen

gen [dʒen] **I** *znw* Br gemeenz (precieze) gegevens, informatie; **II** *onoverg*: ~ *up on sth.* zich over iets op de hoogte stellen, zich goed informeren over iets; **III** *overg*: ~ *sbd. up on sth.* iem. over iets helemaal bijpraten; iem. van alle benodigde gegevens over iets voorzien

Gen. *afk.* = *General*

gender ['dʒendə] *znw* geslacht *o*

gene [dʒi:n] *znw* gen *o* [erffactor]

genealogical [dʒi:njə'lɔdʒikl] *bn* genealogisch; ~ *tree* geslachts-, stamboom

genealogist [dʒi:ni'ælədʒist] *znw* genealoog, geslachtkundige

genealogy *znw* genealogie: geslachtkunde; stamboom

genera ['dʒenərə] *znw mv* v. *genus*

general ['dʒenərəl] **I** *bn* algemeen; ~ *anaesthetic* algehele verdoving; ~ *cargo* lading stukgoederen; ~ *certificate of (secondary) education* ± einddiploma *o* middelbare school; ~ *delivery* poste restante; ~ *election* algemene verkiezingen; ~ *headquarters* centraal hoofdkwartier *o*; ~ *knowledge* algemene ontwikkeling; ~ *post* post eerste bestelling; soort gezelschapsspel *o*; fig stuivertjewisselen *o*; *G~ Post Office* hoofdpostkantoor *o*; ~ *practice* huisartsenpraktijk; ~ *practitioner* genees- en heelkundige, huisarts; *the ~ public* het grote publiek, de goegemeente; *the ~ reader* het lezend publiek in het algemeen; ~ *store* warenhuis *o*; ~ *strike* algemene staking; **II** *znw* mil generaal, veldheer; *in ~* in (over) het algemeen

generalissimo [dʒenərə'lisimou] *znw* generalissimus: opperbevelhebber

generality [dʒenə'ræliti] *znw* algemeenheid; *the ~ (of people)* de grote meerderheid

generalization [dʒenərəlai'zeiʃən] *znw* veralgemening, generalisatie

generalize ['dʒenərəlaiz] **I** *overg* algemeen maken of verbreiden; **II** *onoverg* generaliseren

generally *bijw* gewoonlijk; algemeen, in (over) het algemeen

generalship *znw* generaalsrang; veldheerstalent *o*; leiding, tact, beleid *o*

generate ['dʒenəreit] *overg* voortbrengen, verwekken; ontwikkelen [gas], opwekken [elektriciteit]; *generating station* (elektrische) centrale, krachtstation *o*

generation [dʒenə'reiʃən] *znw* voortbrenging; ontwikkeling, voortplanting; generatie, geslacht *o*; ~ *gap* generatiekloof; *rising ~* nieuwe generatie; jonge mensen

generative ['dʒenərətiv] *bn* voortbrengend; vruchtbaar; gramm generatief

generator *znw* voortbrenger, verwekker; techn stoomketel; generator

generic [dʒi'nerik] *bn* generisch, geslachts-; algemeen; ~ *drug* merkloos geneesmiddel *o*

generosity [dʒenə'rɔsiti] *znw* edelmoedigheid, generositeit, mildheid, milddadigheid, gulheid, goedgeefsheid, royaliteit

generous ['dʒenərəs] *bn* edel(moedig), genereus, mild(dadig), gul, goedgeefs; rijk [ook: v. kleur], royaal, overvloedig, flink, krachtig

genesis ['dʒenisis] *znw* (*mv*: geneses [-si:z]) genesis, genese: wording(sgeschiedenis), ontstaan *o*; *G~* Genesis

genetic [dʒi'netik] *bn* genetisch; ~ *engineering* genetische manipulatie; ~ *fingerprinting* DNA-vingerafdruk, DNA-patroon *o*

geneticist *znw* geneticus

genetics *znw* genetica, erfelijkheidsleer

Geneva [dʒi'ni:və, dʒə-] *znw* Genève *o*

genial ['dʒi:niəl] *bn* opgewekt, gemoedelijk, joviaal, sympathiek; vriendelijk

geniality [dʒi:ni'æliti] *znw* opgewektheid, jovialiteit &, zie *genial*

genie ['dzi:ni] *znw* (*mv*: genii ['dʒi:niai]) geest, djinn

genital ['dʒenitl] **I** *bn* genitaal, geslachts-; **II** *znw*: *~s* genitaliën, geslachtsdelen

genitalia [dʒeni'teiliə] *znw mv* genitaliën, geslachtsdelen

genitive ['dʒenitiv] **I** *znw* genitief, tweede naamval; **II** *bn* genitief-

genius ['dʒi:niəs] *znw* (*mv*: -es *of* genii ['dʒi:niai]) genius: geest°; karakter *o*; beschermgeest; genie° *o*, talent *o*, genialiteit, (natuurlijke) aanleg; *a man of ~* een geniaal mens, een genie *o*; *evil ~* kwade genius

genocidal [dʒenou'saidl] *bn* genocide-

genocide ['dʒenousaid] *znw* genocide

genotype ['dʒenoutaip] *znw* genotype *o*

genre ['ʒa:ŋrə] *znw* genre *o*

gent [dʒent] *znw* gemeenz heer; *~s* gemeenz ook: (openbaar) herentoilet *o*

genteel [dʒen'ti:l] *bn* fatsoenlijk, net, fijn, deftig

gentile ['dʒentail] **I** *bn* niet-joods; **II** *znw* niet-jood

gentility [dʒen'tiliti] *znw* fatsoen *o*, fatsoenlijkheid, fijne manieren; deftigheid; voorname afkomst

gentle ['dʒentl] *bn* zacht°, zachtaardig, -moedig, -zinnig; lief, vriendelijk; licht; *the ~ sex* het zwakke geslacht

gentlefolk *znw mv* voorname lieden, betere stand(en)

gentleman *znw* (mijn)heer; meneer; gentleman; fatsoenlijk man; *~'s agreement* herenakkoord *o*, gentleman's agreement *o*; *~'s ~* herenknecht; ~ *in waiting* kamerheer

gentleman-at-arms *znw* kamerheer v.d. koninklijke lijfwacht

gentleman farmer *znw* herenboer

gentlemanly, **gentlemanlike** *bn* fatsoenlijk, gentlemanlike

gentlewoman *znw* vrouw uit gegoede stand, (beschaafde) dame

gently *bijw* zacht(jes), vriendelijk

gentry ['dʒentri] *znw* de deftige stand, komend na de adel; *these* ~ geringsch die 'heren'
genuflect ['dʒenjuflekt] *onoverg* een kniebuiging maken [uit eerbied]; fig zich onderwerpen
genuflection, **genuflexion** [dʒenju'flekʃən] *znw* kniebuiging; knieval; fig onderwerping
genuine ['dʒenjuin] *bn* echt, onvervalst, (ras-) zuiver; oprecht; serieus [v. aanvraag &]
genus ['dʒi:nəs] *znw* (*mv*: genera ['dʒenərə]) geslacht *o*, klasse, soort
geographer [dʒi'ɔgrəfə] *znw* geograaf, aardrijkskundige
geographic(al) [dʒiə'græfik(l)] *bn* geografisch, aardrijkskundig
geography [dʒi'ɔgrəfi] *znw* geografie, aardrijkskunde; *I don't know the ~ of the district* ik heb de kaart van de streek niet goed in mijn hoofd
geological [dʒiə'lɔdʒikl] *bn* geologisch
geologist [dʒi'ɔlədʒist] *znw* geoloog
geology *znw* geologie
geometer [dʒi'ɔmitə] *znw* meetkundige; dierk spanrups(vlinder)
geometric(al) [dʒiə'metrik(l)] *bn* meetkundig; ~ *drawing* lijntekenen *o*
geometrician [dʒioume'triʃən] *znw* meetkundige
geometry [dʒi'ɔmitri] *znw* meetkunde
geophysical [dʒiou'fizikl] *bn* geofysisch
geophysicist [dʒiou'fizisist] *znw* geofysicus
geophysics [dʒiou'fiziks] *znw* geofysica
geopolitical [dʒioupə'litikl] *znw* geopolitiek
geopolitics [dʒiou'pɔlitiks] *znw* geopolitiek
Geordie ['dʒɔ:di] *znw* gemeenz benaming voor een bewoner van Noord-Engeland en Zuid-Schotland; het aldaar gesproken dialect
George [dʒɔ:dʒ]: *by ~!* wel allemachtig!
Georgian ['dʒɔ:dʒiən] **I** *bn* uit de tijd der vier Georges [1714-1830]; van Koning George V [1910-1936]; van Georgië of Georgia; **II** *znw* inwoner van Georgië of Georgia
geranium [dʒi'reinjəm] *znw* geranium
gerbil ['dʒə:bil] *znw* woestijnrat, gerbil
geriatric [dʒeri'ætrik] **I** *bn* geriatrisch; **II** *znw* geringsch ouwetje *o*; *~s* geriatrie
geriatrician [dʒeriə'triʃən] *znw* geriater
germ [dʒə:m] *znw* kiem[2]; fig oorsprong; med bacil, ziektekiem
german ['dʒə:mən] *bn* vol [neef, nicht &]
German ['dʒə:mən] **I** *bn* Duits; ~ *measles* med rode hond; **II** *znw* Duitser; (het) Duits
germane [dʒə:'mein] *bn*: ~ *to* betrekking hebbend op, toepasselijk
Germanic [dʒə:'mænik] *bn* Germaans
Germanism ['dʒə:mənism] *znw* germanisme *o*
Germanist *znw* germanist
Germanize *overg & onoverg* verduitsen
Germany *znw* Duitsland *o*
germ-carrier ['dʒə:mkæriə] *znw* bacillendrager
germinal *bn* kiem-; fig embryonaal
germinate *overg & onoverg* (doen) ontkiemen, ontspruiten
germination [dʒə:mi'neiʃən] *znw* ontkieming
germinative ['dʒə:mineitiv] *bn* kiemkrachtig
germ warfare ['dʒə:mwɔ:fɛə] *znw* bacteriologische oorlog(voering)
gerontologist *znw* gerontoloog
gerontology [dʒerɔn'tɔlədʒi] *znw* gerontologie
gerrymandering ['gerimændəriŋ] *znw* partijdig herindelen *o* (v.d. grenzen) v. kiesdistricten
gerund ['dʒerənd] *znw* gerundium *o*
gestation [dʒes'teiʃən] *znw* zwangerschap; *in ~* fig in wording
gesticulate [dʒes'tikjuleit] **I** *onoverg* gesticuleren; **II** *overg* door gebaren te kennen geven
gesticulation [dʒestikju'leiʃən] *znw* gesticulatie, gebaar *o*, gebarenspel *o*
gestural ['dʒestʃər(ə)l] *bn* door/met gebaren, gebaren-
gesture ['dʒestʃə] **I** *znw* gebaar *o*; geste; **II** *onoverg* gebaren, gebaren maken; **III** *overg* door gebaren te kennen geven
get [get] (got; got (Am gotten)) **I** *overg* (ver)krijgen, in zijn macht (te pakken) krijgen, bekomen, opdoen, vatten; verdienen; halen, nemen; bezorgen; krijgen (brengen, overhalen) tot, ervoor zorgen dat; worden; hebben; gemeenz begrijpen, snappen; *what have you got there?* wat heb je daar?; *where does it ~ you?* wat bereik je ermee?, wat heb je eraan?; *it doesn't ~ you anywhere, it ~s you nowhere* je bereikt er niets mee; *you have got to...* je moet...; *it ~s me* gemeenz het hindert mij; *~ it* er (ongenadig) van langs krijgen; *~ it done (copied &)* iets laten doen (overschrijven &); **II** *onoverg* komen; worden, (ge-) raken; *~ going* aan de gang (aan de slag) gaan; op gang komen (brengen); *I got ...ing* ik begon te ...; *it ~s nowhere, it does not ~ anywhere* het haalt niets uit; *~ there* gemeenz het 'm leveren, slagen; *he could not ~ about* hij kon niet lopen; hij kon niet uit de voeten; *don't let it ~ about* vertel het niet verder; *~ above oneself* verwaand worden; *~ across* oversteken; *~ across (over)* (goed) overkomen, 'het doen'; *~ sth. across (over)* iets duidelijk maken, goed doen begrijpen; *~ along* vooruitgaan, opschieten[2]; zich redden; *how are things ~ting along?* hoe staat het ermee?; *~ along (with you)!* gemeenz ga nou door!, schiet toch op!; *~ along with it* het klaarspelen; *~ around* = *~ about*, *~ round*; *~ at* komen bij (aan, achter), bereiken, te pakken krijgen[2] (nemen); *~ at sbd.* iem. dwars zitten; gemeenz knoeien met, omkopen; *what he is ~ting at* wat hij wil, wat hij bedoelt; *~ away* wegkrijgen; wegkomen, ontkomen (aan *from*); *~ away from the subject* afraken van het apropos, afdwalen; *~ away from it all* zie *away*; *~ away with it* er mee aan de haal gaan of gaan strijken; succes (ermee) hebben, het klaarspelen, het gedaan krijgen; ongestraft blijven; *there's no ~ting away from it* daar kom je niet on-

deruit; dat kun je niet ontkennen; ~ *back* teruggaan, -komen; terugkrijgen; ~ *one's own back* zich schadeloos stellen, het betaald zetten; ~ *back at sbd.* het iem. betaald zetten; ~ *by* passeren; gemeenz het klaren, het versieren; ~ *down* af-, uitstappen, naar beneden gaan (krijgen); [eten] naar binnen krijgen; fig onder krijgen; gemeenz terneerdrukken, op de zenuwen werken; *don't let it ~ you down* gemeenz trek het je niet zo aan; ~ *sth. down* iets opschrijven; Am iets uit het hoofd leren, iets erin stampen; ~ *down to* aanpakken, beginnen aan, overgaan tot; zie ook: *brass tacks*; ~ *in* instappen; binnenkomen; aankomen; gekozen worden [voor Kamer]; binnenkrijgen, er in krijgen, [een woord] er tussen krijgen, plaatsen; [oogst] binnenhalen; ~ *in on sth.* meedoen aan iets; ~ *in with sbd.* intiem worden met iem.; ~ *into* krijgen in; komen (stappen, raken) in; toegelaten worden [tot een school]; aan (iets) gaan doen; ~ *sth. into sbd.* iets (bij) iem. aan het verstand peuteren; ~ *into one's clothes* ook: aantrekken; *what's got into you?* wat bezielt jou?; ~ *off* weggaan, vertrekken; af-, uitstappen; verwijderen [verf &]; verzenden; uittrekken [kleren &]; (iets) uit het hoofd leren; in slaap vallen; ~ *off cheap(ly)* er goedkoop afkomen; ~ *off a horse* afstijgen; zie ook: [1]*ground I*; *tell him where to ~ off* het hem eens goed zeggen; ~ *your hands off!* afblijven!; *where do you ~ off telling me what to do!* gemeenz waar haal je het lef vandaan om me te vertellen wat ik moet doen!; ~ *off on sth.* slang vallen, kicken op iets; ~ *on* vooruitkomen[2], vorderen, opschieten; op jaren komen; instappen; *how are you ~ting on?* hoe gaat het (met) je?; ~ *on one's boots* zijn laarzen aankrijgen; *it is (you are) ~ting on my nerves* het (je) maakt me zenuwachtig; *it is ~ting on for 12 o'clock* het loopt naar twaalven; ~ *on to* zie *on II*; ~ *on with* ook: overweg kunnen met; het stellen met; ~ *out* uitkomen, uitlekken; uitstappen; eruit halen, krijgen; publiceren, uitbrengen; ontkomen; naar buiten gaan; ~ *out!* er uit!; loop heen!; ~ *out a boat* uitzetten; ~ *out a word* uitbrengen; ~ *out of* komen uit; verliezen; ~ *over* [een verlies] te boven komen; [een weg] afleggen; afdoen; *not ~ over it* zich niet over iets heen kunnen zetten; iets niet op kunnen; *let's ~ it over (with) soon* laten we maken dat we het gauw achter de rug hebben; zie ook: ~ *across*; ~ *round* ontduiken, omzeilen [wet &]; ~ *round sbd.* iem. inpalmen, beetnemen; *there is no ~ting round this* daaraan is niet te ontkomen; ~ *round to ...ing* er toe komen te ...; ~ *through* telec aansluiting krijgen; [spiritistisch] contact krijgen; zich een weg banen door, komen door; het er af brengen, er door komen; ~ *to* komen bij, bereiken, er toe komen (om); *where's my book got to?* gebleven; ~ *to like it* er smaak (zin) in krijgen; ~ *together* bijeenbrengen, bijeenkomen, (zich) verenigen; ~ *up* opstaan; op-, instappen; opsteken [wind]; arrangeren, in elkaar of op touw zetten, monteren [toneelstuk]; maken [stoom]; opmaken [linnen]; (aan)kleden; uitvoeren [v.e. boek &]; ~ *up to sth.* iets uithalen; iets in zijn schild voeren; ~ *oneself up* zich mooi maken, zich opdirken

get-at-able [get'ætəbl] *bn* te bereiken; toegankelijk, genaakbaar

getaway ['getəwei] *znw* gemeenz ontsnapping; ~ *car* vluchtauto; *make one's ~* zich uit de voeten maken

get-together *znw* gemeenz bijeenkomst; instuif

get-up *znw* uitrusting, kostuum *o*; uitvoering

get-up-and-go [get'ʌpən'gou] *znw* gemeenz energie; *he's got lots of ~* hij is heel ondernemend, hij weet van aanpakken

gewgaw ['gju:gɔ:] *znw* prul(sieraad) *o*

geyser ['gaizə; techn 'gi:zə] *znw* geiser

Ghana ['ga:nə] *znw* Ghana *o*

Ghanaian [ga:'neiən] *bn* Ghanees

ghastly ['ga:stli] *bn & bijw* akelig, afschuwelijk, afgrijselijk, ijzingwekkend; doodsbleek

Ghent [gent] **I** *znw* Gent; **II** *bn* Gents

gherkin ['gə:kin] *znw* augurkje *o*

ghetto ['getou] *znw* getto *o*

ghost [goust] **I** *znw* geest, spook *o*, schim, verschijning, schijntje *o*; *not the ~ of a chance* geen schijn van kans; *give up the ~* de geest geven, sterven; *to lay a ~* een geest bezweren; **II** *overg* als ghostwriter schrijven

ghostly *bn* spookachtig

ghost-story *znw* spookverhaal *o*

ghost town *znw* spookstad

ghost-word *znw* door misverstaan gevormd woord *o*; volksetymologie

ghost-writer *znw* ghostwriter [iem. die in opdracht en onder de naam van een ander schrijft]

ghoul [gu:l] *znw* lijken verslindend monster *o*

ghoulish *bn* als van een *ghoul*; macaber

GHQ *afk.* = *General Headquarters*

GI ['dʒi:'ai] Am *afk.* = *government issue* **I** *znw* soldaat; **II** *bn* soldaten-, leger-

giant ['dʒaiənt] **I** *znw* reus, gigant; **II** *bn* reuzen-, reusachtig, gigantisch

giaour ['dʒauə] *znw* Christenhond [oorspr. een Turks (scheld)woord]

gibber ['dʒibə] **I** *onoverg* brabbelen; **II** *znw* gebrabbel *o*

gibberish ['dʒibəriʃ] *znw* brabbeltaal, koeterwaals *o*; baarlijke onzin

gibbet ['dʒibit] *znw* galg

gibbon ['gibən] *znw* dierk gibbon [aap]

gibbosity [gi'bɔsiti] *znw* uitpuiling, bult

gibbous ['gibəs] *bn* uitpuilend, bultig; astron tussen half en vol [v. maan]

gibe [dʒaib] **I** *onoverg* honen, schimpen, spotten (met *at*); **II** *znw* schimpscheut, hatelijkheid

giblets ['dʒiblits] *znw mv* eetbare organen van gevogelte

gibus ['dʒaibəs] *znw* flaphoed

giddy ['gidi] **I** *bn* duizelig, draaierig; duizelingwekkend; lichtzinnig, onbezonnen; *that's the ~ limit* gemeenz dat is (wel) het toppunt; **II** *onoverg & overg* duizelig worden/maken

gift [gift] **I** *znw* gift, geschenk *o*; (recht *o* van) be-, vergeving; gave; *have the ~ of the gab* goed van de tongriem gesneden zijn; *he thinks he's God's ~ to the human race* gemeenz hij heeft het hoog in de bol; **II** *bn*: *better not look a ~ horse in the mouth* men moet een gegeven paard niet in de bek zien

gifted *bn* begiftigd; begaafd

gift token, **gift voucher** *znw* cadeaubon

gift-wrap ['giftræp] *overg* als cadeautje inpakken

gig [gig] *znw* **1** cabriolet, sjees; scheepv lichte sloep; **2** gemeenz schnabbel, (eenmalig) optreden *o*; Am uitzendbaantje *o*, tijdelijke baan

gigantic [dʒai'gæntik] *bn* reusachtig, reuzen-, gigantisch

giggle ['gigl] **I** *onoverg* giechelen; **II** *znw* gegiechel *o*; *for a ~* gemeenz voor de grap, voor de lol; *have the ~s* de slappe lach hebben

giggly ['gigli] *bn* giechelig, lacherig

gigolo ['dʒigəlou] *znw* gigolo

gild [gild] *overg* vergulden; *~ed youth* (lid *o* van de) jeunesse dorée; *~ the lily* iets mooier maken dan nodig is

gilding *znw* vergulden *o*; verguldsel *o*

1 gill [gil] *znw* kieuw; *pale (green) about the ~s* bleek om de neus

2 gill [dʒil] *znw* ¼ pint

gillie ['gili] *znw* Schots bediende, oppasser

gillyflower ['dʒiliflauə] *znw* anjer; muurbloem

gilt [gilt] **I** *znw* verguldsel *o*; *the ~ is off the gingerbread* het aantrekkelijke (het nieuwtje) is er af; *~s = gilt-edged securities*; **II** *bn* verguld

gilt-edged *bn* verguld op snee; handel solide; *~ securities* veilige investeringen [*vooral* in staatspapieren]

gimbals ['dʒimbəlz] *znw* (kompas)beugel

gimcrack ['dʒimkræk] **I** *bn* prullig; **II** *znw* prul *o*

gimlet ['gimlit] *znw* spitsboor; schroefboor; handboor

gimmick ['gimik] *znw* gemeenz foefje *o*, truc

gimmickry *znw* gebruik *o* van foefjes, trucs

gimmicky *bn* vol foefjes; op effect gericht

gimp [gimp] *znw* passement *o*, boordsel *o*; zijden vissnoer *o* versterkt met metaaldraad *o*; slang mankepoot

gin [dʒin] *znw* gin, jenever; *a ~ and bitters* een bittertje *o*; *a ~ and lime* een schilletje *o*

ginger ['dʒindʒə] **I** *znw* gember; **II** *bn* ros, rood [v. haarkleur]; **III** *overg*: *~ up* gemeenz opkikkeren; aanporren; pittiger maken

ginger ale, **ginger beer** *znw* gemberbier *o*

ginger bread *znw* peperkoek

ginger-group *znw* Br pressie-, actiegroep

gingerly *bn & bijw* behoedzaam, zachtjes

ginger-nut *znw* gemberkoekje *o*

ginger pop *znw* gemeenz gemberbier *o*

gingery *bn* gemberachtig, -kleurig

gingham ['giŋəm] *znw* gestreepte of geruite katoenen stof

gingivitis [dʒindʒi'vaitis] *znw* tandvleesontsteking

gink [giŋk] *znw* Am slang rare vent

gin-mill ['dʒinmil] *znw* Am gemeenz kroeg

gin-palace *znw* kroeg

ginseng ['dʒinseŋ] *znw* ginseng

gipsy ['dʒipsi] *znw* zigeuner(in)

gipsy-moth *znw* dierk plakker: soort vlinder

giraffe [dʒi'ra:f] *znw* giraffe

1 gird [gə:d] **I** *znw* hatelijkheid; **II** *onoverg*: *~ at* spotten met, afgeven op

2 gird [gə:d] (girded/girt; girded/girt) *overg* aan-, omgorden; uitrusten; om-, insluiten, omgeven, omsingelen; *~ oneself (up), ~ (up) one's loins* zich ten strijde aangorden; *~ with power* bekleden met macht

girder *znw* steun-, dwarsbalk

girdle ['gə:dl] **I** *znw* gordel[2]; gaine, step-in, korset *o*; ring; RK singel; **II** *overg* omgorden, omgeven; ringen [boom]

girl [gə:l] *znw* (dienst)meisje *o*; jonge ongehuwde vrouw; dochter; *his best ~* gemeenz zijn meisje *o*, zijn vriendinnetje *o*; *old ~* gemeenz beste (meid); onderw oud-leerlinge

girlfriend *znw* vriendinnetje *o*, meisje *o*; vriendin

girl guide *znw* padvindster

girlhood *znw* meisjesjaren

girlie *znw* gemeenz meisje *o*; *~ magazine* seksblad *o*, blootblad *o*; *~ calendar* pin-upkalender

girlish *bn* meisjesachtig, meisjes-

girl scout *znw* padvindster, gids

giro ['dʒaiərou] *znw* Br (de) giro(dienst); *National G~* postgiro; *~ account* girorekening

1 girt [gə:t] **I** *znw* omvang; **II** *overg* meten

2 girt [gə:t] V.T. & V.D. van [2]*gird*

girth [gə:θ] **I** *znw* buikriem, singel [v. paard]; gordel; omvang; **II** *overg* singelen; vastmaken; omringen; meten

gist [dʒist] *znw* hoofdpunt *o*, essentiële *o*, kern, pointe

git [dʒit] *znw* slang idioot, klootzak, stomme lul

1 give [giv] (gave; given) **I** *onoverg & abs ww* geven; meegeven, doorzakken, -buigen; bezwijken, het begeven, wijken; afnemen [kou]; zachter worden [v. weer]; *~ as good as one gets* met gelijke munt betalen; **II** *overg* geven, aan-, op-, afgeven[2]; verlenen, schenken, verstrekken, verschaffen, bezorgen, bereiden, veroorzaken, doen, maken [de indruk], houden [toespraak]; *~ a sigh (cough)* zuchten (hoesten); *I ~ you the ladies* ik stel voor op de gezondheid van de dames te drinken; *I'll ~ you (him &) that* dat kan ik niet ontkennen; *don't ~ me that* je kunt me nog meer vertellen!; *I can ~ him 10 years* hij is 10 jaar jonger dan ik; *~ it to sbd.* gemeenz iem. er flink van langs geven, streng straffen; zie ook: *boot, ear, joy, way* &; ~ *away* weggeven, cadeau geven; fig verklappen, verraden (bijv. *a secret, the whole thing*); ~ *away the bride* als bruidsvader optreden; ~ *back* teruggeven; ~ *the case for (against) sbd.* recht iem. in het (on)gelijk stellen; ~ *forth* geven, afgeven [hitte &]; bekendmaken, rondstrooien; ~ *in* [stukken &] inleveren; toegeven, zwichten (voor *to*), het opgeven; ~ *off* afgeven [warmte &], verspreiden; ~ *onto* uitkomen op; uitzicht geven op; ~ *or take a few minutes* een paar minuten meer of minder; ~ *out* (af)geven; opgeven [werk], uitdelen; bekendmaken, publiceren; opraken, uitgaan; *his strength will* ~ *out* zijn krachten zullen uitgeput raken; ~ *over* (het) opgeven [v.e. poging, een zieke &], ophouden; overleveren, uitleveren [aan politie]; ~ *over!* hou op!; *be ~n over to* zich overgeven aan [ondeugd], verslaafd zijn aan; bestemd zijn voor; ~ *up* opgeven; afstand doen van, afzien van, [het roken, drinken] laten; af-, overgeven, overleveren; wijden [zijn leven aan de wetenschap &]; ~ *it up* het opgeven, zich gewonnen geven; ~ *up the ghost* de geest geven; ~ *sth./sbd. up for lost,* ~ *up on sbd./sth.* als verloren (onoplosbaar &) beschouwen, opgeven; ~ *oneself up to* zich aangeven bij [politie]; zich overgeven aan; zich wijden aan

2 give *znw* meegeven *o*, elasticiteit, buigzaamheid, flexibiliteit

give-and-take *znw* geven en nemen *o*, over en weer *o*

give-away I *znw* **1** relatiegeschenk *o*; **2** onthulling, (ongewild) verraad *o*; **II** *bn* weggeef-

given *bn* gegeven; bepaald; willekeurig; geneigd (tot *to*), verslaafd (aan), ... aangelegd; ~ *name* doopnaam; ~ *that...* aangenomen dat; ~ *their weakness* gezien hun zwakheid, hun zwakheid in aanmerking genomen

gizzard ['gizəd] *znw* spiermaag [v. vogels]; fig strot; *that sticks in his* ~ dat staat hem helemaal niet aan, zit hem dwars

glacé ['glæsei] *bn* geglaceerd, gekonfijt [vruchten]

glacial ['gleisjəl] *bn* ijzig; ijs-; gletsjer-, glaciaal

glaciated *bn* met ijs bedekt; vergletsjerd

glaciation [glæsi'eiʃən] *znw* ijsvorming; vergletsjering, glaciatie

glacier ['glæsjə] *znw* gletsjer

glad [glæd] *bn* blij, verheugd (over *of, at*); ~ *rags* gemeenz beste plunje, beste kloffie *o*; *we are ~ to hear* het doet ons genoegen (te vernemen); *we shall be ~ to hear* wij zullen gaarne (graag) vernemen

gladden *overg* verblijden, verheugen

glade [gleid] *znw* open plek in een bos

gladiator ['glædieitə] *znw* gladiator, zwaardvechter

gladly ['glædli] *bijw* blij; blijmoedig; met genoegen, graag, gaarne

gladsome *bn* plechtig blij, heuglijk

Gladstone ['glædstən]: ~ *bag* leren koffer met twee compartimenten

glair [glɛə] **I** *znw* eiwit *o*; **II** *overg* met eiwit bestrijken

glaive [gleiv] *znw* vero (slag)zwaard *o*

glamorize ['glæməraiz] *overg* romantiseren, verheerlijken, idealiseren, zeer aanlokkelijk maken

glamorous *bn* betoverend; aantrekkelijk

glamour *znw* betovering, begoocheling; (tover-) glans; ~ *girl* seksueel aantrekkelijk meisje *o*

glance [gla:ns] **I** *znw* oogopslag, blik; flikkering; *at a ~* met één oogopslag (blik); **II** *onoverg* blinken; schitteren; kijken; afschampen (ook: ~ *off*); ~ *at* aanblikken, een blik werpen op[2]; ~ *down* naar beneden kijken, de ogen neerslaan; ~ *over (through)* even inzien, vluchtig dóórzien; ~ *up* opkijken; **III** *overg*: ~ *one's eye at (over)* even een blik werpen op, vluchtig overzien (doorlópen)

gland [glænd] *znw* klier

glanders *znw* (kwade) droes [paardenziekte]

glandular *bn* klier-; ~ *fever* ziekte van Pfeiffer

glans [glænz] *znw* (*mv*: glandes [-di:z]) eikel [v.d. penis]

glare [glɛə] **I** *znw* verblindend of schel licht *o*; gloed; (schitter)glans; schittering; vlammend oog *o*; woeste blik; **II** *onoverg* schitteren, hel schijnen; woest kijken; ~ *at each other* elkaar woedend aankijken

glaring *bn* schel, (oog)verblindend, schitterend, vurig [v.d. ogen]; brutaal, schril [v. contrast], flagrant; ~ *error* grove fout

glass [gla:s] **I** *znw* glas[2] *o*; spiegel; (verre)kijker; barometer; *~es* lorgnet; bril; **II** *bn* glazen, glas-; **III** *overg* van ruiten, glas voorzien

glass bell *znw* stolp

glass case *znw* vitrine

glass-cloth *znw* glazendoek; droogdoek

glass eye *znw* glazen oog *o*

glass fibre, Am **glass fiber** *znw* glasvezel *o*

glasshouse *znw* serre, kas

glass-paper *znw* schuurpapier *o*

glassware *znw* glaswerk *o*

glass-works *znw mv* glasfabriek

glassy *bn* glasachtig, glazig; glas-; (spiegel)glad

glaucoma [gl:ɔ:'koumə] *znw* med glaucoom: groene staar

glaucous ['glɔ:kəs] *bn* zeegroen

glaze [gleiz] **I** *overg* van glas (ruiten) voorzien; achter (in) glas zetten; verglazen; glanzen, glaceren, satineren; **II** *onoverg* glazig (glanzig) worden; (ook: ~ *over*); **III** *znw* glazuur *o*; glacé *o*; glans

glazed *bn* glasdicht; verglaasd; glazig [v. oog]; geglaceerd, geglansd, glanzig, blinkend; ~ *cabinet* glazenkast; ~ *paper* glanspapier *o*

glazer *znw* verglazer; polijster; polijstschijf

glazier *znw* glazenmaker

glazy *bn* glasachtig; glanzend

GLC *afk.* hist = *Greater London Council*

gleam [gli:m] **I** *znw* glans, schijnsel *o*, straal; fig sprankje *o* [hoop; humor &]; **II** *onoverg* blinken, glanzen, glimmen, schijnen

glean [gli:n] *overg* nalezen [v.e. veld], op-, in-, verzamelen [v. aren na de oogst]; opvangen, bij elkaar schrapen, meepikken, oppikken

gleaner *znw* arenlezer, -leesster, nalezer[2]; fig sprokkelaar

glebe [gli:b] *znw* pastorieland *o*; plechtig grond; land *o*

glee [gli:] *znw* vrolijkheid; meerstemmig lied *o*

glee club *znw* zangvereniging, (mannen)koor *o*

gleeful *bn* vrolijk, blij; triomfantelijk, met leedvermaak

glen [glen] *znw* dal *o*; vallei

glengarry [glen'gæri] *znw* Schotse muts

glib ['glib] *bn* glad, rad (van tong), welbespraakt; vlot [v. bewering]

glide [glaid] **I** *onoverg* glijden; glippen; zweven; **II** *znw* glijden *o*; luchtv glijvlucht, zweefvlucht; muz glissando *o*; gramm overgangsklank

glider *znw* luchtv zweefvliegtuig *o*; zweefvlieger

gliding *znw* zweefvliegen *o*

glimmer ['glimə] **I** *onoverg* schemeren, gloren, blinken, (even) opflikkeren; **II** *znw* zwak schijnsel *o*, glinster(ing), (licht)schijn, glimp, flauw idee *o*; eerste aanduiding

glimmering *znw* = *glimmer II*

glimpse [glimps] **I** *znw* glimp, (licht)straal; schijnsel *o*, (vluchtige) blik, kijkje *o*; *catch a ~ of* even zien; **II** *overg* even zien

glint [glint] **I** *znw* glimp, glinstering, schijnsel *o*, blinken *o*; *all that ~s is not gold* het is niet al goud wat er blinkt; **II** *onoverg* glinsteren, blinken

glissade [gli'sa:d] *znw* glijden *o* (van ijs-, sneeuwhelling); glijpas [dansen]

glisten ['glisn] *onoverg* glinsteren, flikkeren, fonkelen

glister ['glistə] vero = *glitter*

glitter ['glitə] **I** *onoverg* flikkeren, flonkeren, fonkelen, schitteren, blinken; *all that ~s is not gold* het is niet alles goud wat er blinkt; **II** *znw* flikkering, geflonker *o*, schittering, glans

glitterati [glitə'ra:ti] *znw mv* de jetset, de chic, beau monde

gloaming ['gloumiŋ] *znw* schemering

gloat [glout] *onoverg*: *~ over/(up)on* met duivels leedvermaak aanzien, zich verkneukelen in, zich kwaadaardig verlustigen in

glob [glɔb] *znw* gemeenz druppel; kluit, klodder, kwak

global ['gloubl] *bn* wereldomvattend, wereld-; alles omvattend, totaal

globe *znw* bol, globe, aardbol; (oog)bal; ballon [v. lamp]; viskom; *~ artichoke* artisjok

globe-trotter *znw* globetrotter, wereldreiziger

globose ['gloubous], **globular** ['glɔbjulə] *bn* bolvormig

globule *znw* bolletje *o*; druppel

glockenspiel ['glɔkənspi:l] *znw* muz klokkenspel *o* [slaginstrument]

glomerate ['glɔmərit] *bn* samengebald, kluwenvormig

gloom [glu:m] *znw* duister-, donker-, somberheid; zwaarmoedigheid, droefgeestigheid; *doom and ~* ± doemdenken *o*

gloomy *bn* donker[2], duister, somber, droefgeestig; bedroevend, droevig

glorification [glɔ:rifi'keiʃən] *znw* verheerlijking

glorify ['glɔ:rifai] *overg* verheerlijken; (iets) mooier voorstellen (dan het is); ophemelen

glorious *bn* roem-, glorierijk, glansrijk, heerlijk°, stralend [v.d. ochtend]; gemeenz prachtig, kostelijk

glory **I** *znw* roem, glorie, heerlijkheid; stralenkrans; **II** *onoverg*: *~ in* zich beroemen op, prat gaan op; *~ hole* rommelhok *o*, -kast

gloss [glɔs] **I** *znw* **1** glans; (schone) schijn; *~ (paint)* glansverf; **2** glosse: kanttekening; commentaar *m of o*; **II** *overg* **1** glanzen; een schone schijn geven, een glimp geven aan, vergoelijken, verbloemen (ook: *~ over*); **2** kanttekeningen maken bij (op), uitleggen[2]

glossary *znw* verklarende woordenlijst, glossarium *o*

glossy **I** *bn* glanzend; schoonschijnend; *~ magazine* duurder (op glad papier gedrukt) tijdschrift *o*; **II** *znw* = *~ magazine*

glottal ['glɔtl] *bn* glottaal, stemspleet-; *~ stop* glottisslag

glottis *znw* glottis, stemspleet

glove [glʌv] *znw* (boks)handschoen; *fit like a ~* als aangegoten, als (aan het lijf) gegoten (geschilderd) zitten; *take off the ~s* zich er voor zetten; flink aanpakken; *take up (throw down) the ~* de handschoen opnemen (toewerpen); *with the ~s off* strijdlustig; doodserieus

glove compartment *znw* handschoenenvakje *o* [v. auto]

glove-puppet *znw* poppenkastpop

glover *znw* handschoenmaker

glow [glou] **I** *onoverg* gloeien, branden (van *with*); **II** *znw* gloed[2], vuur *o*; *be in a ~, (all) of a ~* gloeien

glower ['glauə] *onoverg* boos of dreigend kijken (naar *at, upon*)

glowing ['glouiŋ] *bn* gloeiend, brandend; geestdriftig

glow-worm *znw* glimworm

gloze [glouz] **I** *overg*: *~ over* verhelen, verbloemen, vergoelijken; **II** *onoverg*: *~ (up)on* vero van commentaar voorzien, becommentariëren

glucose ['glu:kous] *znw* glucose, druivensuiker

glue [glu:] **I** *znw* lijm; *~-sniffer* lijmsnuiver; **II** *overg* lijmen, (vast)kleven, (vast)plakken[2]; *keep one's eyes ~d to sbd.* zonder ophouden iem. aanstaren; zijn ogen niet van iem. kunnen afhouden; *~d to the television* gekluisterd aan de televisie

gluey *bn* kleverig, plakkerig, lijmerig

glum [glʌm] *bn* somber, nors, stuurs

glut [glʌt] **I** *overg* (over)verzadigen; overladen; overvoeren [de markt]; **II** *znw* (over)verzadiging; overvoering [v.d. markt]
gluten ['glu:tən] *znw* gluten *o*: kleefstof
glutinous *bn* lijmerig, kleverig, plakkerig
glutton ['glʌtn] *znw* gulzigaard; *he is a ~ for...* hij is dol op...; *a ~ for work* een echte workaholic; *a ~ for punishment* een masochist
gluttonous *bn* gulzig, vraatzuchtig
gluttony *znw* gulzigheid, vraatzucht
glycerine [glisə'ri:n], Am **glycerin** *znw* glycerine
GMT *afk.* = *Greenwich Mean Time*
gnarl [na:l] *znw* knoest
gnarled *bn* knoestig; fig verweerd, ruig
gnash [næʃ] *overg*: *~ one's teeth* op de tanden knarsen, knarsetanden
gnat [næt] *znw* mug
gnaw [nɔ:] **I** *onoverg* knagen (aan *at*), knabbelen; **II** *overg* knagen aan; kwellen, pijnigen
gnome [noum] *znw* gnoom, kabouter
gnomic *bn* aforistisch
GNP *afk.* = *Gross National Product* bnp, bruto nationaal product *o*
gnu [nju:, nu:] *znw* gnoe
1 go [gou] (went; gone) **I** *onoverg* gaan°, lopen°; gangbaar zijn [v. geld]; reiken [v. geld, gezag &]; heen-, doodgaan; op-, wegraken, verdwijnen, er aan (moeten) geloven; uitvallen, stukgaan, bezwijken; verstrijken; aflopen; luiden; afgaan [v. geweer]; worden; (be)horen, thuishoren; zijn; blijven; *are you ready?, ~!* sp klaar? af!; *~ easy* het kalm aan doen (met *on*); *~ far* ver gaan (reizen); het ver brengen, voordelig in het gebruik zijn; *~ a long way towards* veel bijdragen aan; *this goes a long way towards showing that ...* dit bewijst vrij duidelijk dat ...; *the remark is (was) true as far as it goes (went) ...* tot op zekere hoogte; *as far as colours ~ (went)* inzake kleuren; *as ... ~* zoals ... nu eenmaal zijn; *... is ~ing strong ...* is (nog) kras, ... maakt het goed, ... gaat goed; *pay as you ~* betaal dadelijk alles contant; *as the phrase (term) goes* zoals het heet (luidt); *as things ~* naar omstandigheden; *as times ~* voor de tijd; *how goes the world?* hoe staat het ermee?; *twelve weeks to ~* nog twaalf weken; *two hamburgers to ~* Am twee hamburgers om mee te nemen; *here ~es!* daar gaat-ie!; *there you ~* daar heb je het al; asjeblieft; *anything ~es* (daar) is alles mogelijk, is alles toegestaan; *what he says ~es* wat hij zegt, gebeurt ook; *this ~es to show (prove)* uit dit (alles) blijkt dat; *~ all out for* alles op alles zetten om; zich voor 100% richten op; **II** *overg*: *~ halves* eerlijk delen, fifty-fifty doen; *~ places* gemeenz uitgaan, reizen; slagen, succes hebben; er zijn mogen; *~ it* hem raken; het ervan nemen, aan de zwier gaan; *~ it!* toe maar!; *~ it alone* het op zijn eentje doen; *~ one better* meer bieden; fig meer doen, overtreffen, de loef afsteken; *~ about* rondlopen; in omloop zijn; scheepv overstag gaan, wenden; *~ about with* omgaan met [mensen]; *~ about it the wrong way* de zaak (het) verkeerd aanpakken; *~ about one's business* zich bezighouden met zijn zaken; zijn werk doen; *~ against* ingaan tegen; in het nadeel uitvallen van; [iem.] tegenlopen; *it goes against the grain with me* het stuit me tegen de borst; *~ ahead* beginnen; vooruitgaan; doorgaan (met); opschieten; *~ along* voortgaan, verder gaan; *~ along with* meegaan met, inspelen op; *~ along with you!* loop heen!; *as we ~ (went) along* onder de hand; gaandeweg; *~ at it* er op los gaan, aanpakken; *~ away* weggaan, vertrekken; *~back* achteruit- (terug)gaan; *~ back on (from) one's word* zich niet houden aan zijn woord, zijn belofte weer intrekken, terugkrabbelen; *~ before* voorafgaan; verschijnen voor; *~ behind sth.* iets nader onderzoeken; *~ behind sbd.'s words* iets achter iems. woorden zoeken; *~ by* voorbijgaan, passeren; zich laten leiden door; bepaald worden door; *~ by appearance* afgaan op het uiterlijk, oordelen naar de schijn; *~ by the book* zich stipt aan de instructies houden; *~ by the name of* bekend staan onder de naam...; *~ down* naar beneden gaan; ondergaan [de zon]; gaan liggen [de wind]; zakken [water]; onderw de universiteit verlaten (met vakantie; voorgoed); scheepv naar de kelder gaan; fig achteruitgaan, het afleggen, te gronde gaan, (komen te) vallen; uitvallen, niet meer functioneren; handel dalen [prijzen]; *~ down well* er goed ingaan; *~ down in history as...* de geschiedenis ingaan als...; *~ down on sbd.* plat iem. pijpen; *~ down to the 11th century* teruggaan tot de 11de eeuw; *~ down with* krijgen [ziekte]; *~ for* (gaan) halen; gelden (voor); gemeenz af-, losgaan op; gemeenz zijn voor, kiezen voor, graag hebben, houden van; *~ for a drive* een toertje gaan maken; *~ for a soldier* soldaat worden; *~ for it!* gemeenz zet 'm op!; *~ in* naar binnen gaan; schuilgaan [v. zon &]; *it goes in pocket-money* het gaat op aan zakgeld; *~ in for* zich aanschaffen [kledingstukken &]; meedoen aan, zich bemoeien (inlaten) met; opgaan [voor een examen]; (gaan) doen aan [een vak &]; *~ in for sports* doen aan sport, sporten; *~ into* gaan in; gaan op [bij deling]; besteed worden aan; *~ into the matter (things)* diep(er) op de zaak ingaan; *~ into particulars (details)* in bijzonderheden treden; *~ off* weggaan[2]; indutten; flauwvallen; heengaan (= sterven); van de hand gaan; van stapel lopen [v. iets], verlopen; afgaan [geweer &], aflopen [wekker]; ontploffen, losbarsten; slijten [v. gevoel]; achteruitgaan, bederven, minder worden; *~ off sbd.* iem. niet meer mogen; *~ on* doorgaan, voortgaan, verder gaan (met); voorbijgaan [tijd]; aan de gang (aan de hand, gaande) zijn; aangaan, aanspringen [licht &]; gebeuren, plaatshebben, zich afspelen, verlopen, gaan, [in iem.] omgaan; fig zich laten leiden door, zich baseren op [zekere principes]; gemeenz tekeergaan; *as time goes (went) on* met de tijd, na verloop van tijd; *he is ~ing on for forty* hij

loopt naar de veertig; *he went on to say...* hij zei vervolgens..., hij zei verder...; ~ *on together* met elkaar overweg kunnen; ~ *out* uitgaan°; uittrekken [v. leger], (gaan) duelleren; aftreden [minister]; uit de mode gaan; aflopen; in staking gaan; ~ *out of one's mind* het verstand verliezen, gek worden; *his heart went out to her (in sympathy)* hij had erg met haar te doen; ~ *over* overgaan [i.h.b. tot het katholicisme], overlopen; doorlezen, doorlopen, nakijken [rekening]; fig de revue laten passeren; ~ *round* achterom lopen; (rond)draaien, rondtrekken; ergens even aangaan; rondgaan [v. gerucht &]; *(not) enough to ~ round* (niet) genoeg voor allen (alles); ~ *through* doorgaan; doornemen [v. les]; doorzoeken [zijn zakken]; doorstaan, meemaken; beleven; door-, afwerken [programma &]; opmaken, erdoor jagen [v. spaargeld &]; vervullen [formaliteiten]; goedkeuren, aannemen [v. wet]; ~ *through the motions* doen alsof; ~ *through with it* doorzetten; ~ *to* toevallen [v. prijs]; ~ *to the country* verkiezingen uitschrijven; ~ *to much trouble* zich veel moeite getroosten; *it went to buy shoes* werd aan schoenen besteed; ~ *together* samengaan; fig goed bij elkaar passen; ~ *towards* ten goede komen, besteed worden voor (aan); leiden tot; ~ *under* ondergaan, te gronde gaan, bezwijken, het afleggen; ~ *under a name* onder zekere naam bekend zijn; ~ *up* (op-)stijgen (ook luchtv); opgaan (voor examen); handel omhoog gaan; ontploffen; opgaan [in rook &]; verrijzen [v. nieuw gebouw]; onderw naar de universiteit gaan; ~ *with* verkeren met; samengaan met, harmoniëren met, (be)horen (komen, passen, staan) bij; meegaan met; ~ *without (one's dinner, grog &)* het stellen zonder (buiten), niet krijgen

2 go *znw* vaart; elan *o*, gang, fut; mode; aanval; beurt; poging; keer; *(these hats are) all the ~* de mode; een rage; je ware; *it was a near ~ with him* dat was op het nippertje, op het kantje af met hem; *it is no ~* dat (het) gaat niet; het kan niet; het geeft (baat) niets; *have a ~ (at)* het eens proberen, aanpakken, onder handen nemen; *it's all ~* het is druk, het loopt als een trein; *it's your ~* nou is het jouw beurt; *make a ~ of it* er wat van terechtbrengen, het klaarspelen; *at (in) one ~* ineens; *on the ~* op de been, in de weer, in beweging; zie ook: *going, gone*

goad [goud] **I** *znw* stok met punt om vee op te drijven; **II** *overg* prikkelen, aansporen (tot *into, to*)

go-ahead ['gouəhed] **I** *bn* voortvarend, ondernemend; **II** *znw* goedkeuring, verlof *o*; *give the ~* het licht op groen zetten (voor)

goal [goul] *znw* doel *o*; goal, doelpunt *o*

goal difference *znw* doelsaldo *o*

goalie *znw* gemeenz doelverdediger, keeper

goalkeeper *znw* doelverdediger, keeper

goalkick *znw* doeltrap

goalline *znw* doellijn

goalpost *znw* doelpaal

goat [gout] *znw* dierk geit; bok; *act (play) the ~* gemeenz zich mal aanstellen, idioot doen; *it gets my ~* gemeenz het maakt me kregel

goatee [gou'ti:] *znw* sik, sikje *o*

goatherd ['gouthə:d] *znw* geitenhoeder

goatskin *znw* geitenvel *o*, geitenleer *o*

gob [gɔb] *znw* slang fluim; mond

gobbet ['gɔbit] *znw* hap, brok *m & v of o*, mondvol

gobble ['gɔbl] **I** *onoverg* klokken, kokkelen [v. kalkoenen]; **II** *overg* opslokken *(~ down, up)*; **III** *znw* geklok *o*

gobbledygook ['gɔbldi'guk] *znw* gemeenz (ambtelijk) jargon *o*; koeterwaals *o*, geklets *o*, blabla

gobbler ['gɔblə] *znw* kalkoen

gobelin ['goubəlin] *znw* gobelin *o & m* (ook: *~ tapestry*)

go-between ['goubitwi:n] *znw* bemiddelaar, tussenpersoon; postillon d'amour

goblet ['gɔblit] *znw* beker; bokaal; glas *o* met voet

goblin ['gɔblin] *znw* kobold, (boze) geest

go-by ['goubai] *znw*: *give the ~* links laten liggen; negeren; afdanken, laten vallen

go-cart *znw* kart, skelter

God, **god** [gɔd] *znw* God, (af)god; *by ~!* bij God!; *under ~* naast God; *the gods* gemeenz het schellinkje; *ye ~s!* o goden!; *why in G~'s name...* waarom in hemelsnaam...; *G~ (alone) knows...* God weet, mag weten...; *play G~* beslissen over leven en dood [door artsen &]

god-awful [gɔd'ɔ:ful] *bn* gemeenz vreselijk

godchild *znw* petekind *o*

goddam, **goddamn**, **goddamned** ['gɔdæm(d)] *bn bijw* gemeenz verdomd

goddammit [gɔ'dæmit] *tsw* Am slang godverdomme

goddaughter *znw* peetdochter

goddess *znw* godin[2]

godfather *znw* peet(oom, -vader)

god-fearing *bn* godvrezend

god-forsaken *bn* van God verlaten; godvergeten; ellendig

godhead *znw* godheid

godless *bn* goddeloos

godlike *bn* godgelijk; goddelijk

godly *bn* godvruchtig

godmother *znw* peettante, petemoei

God's acre *znw* kerkhof *o*

godsend *znw* onverwacht geluk *o*, uitkomst, buitenkansje *o*, meevaller

godson *znw* peetzoon

God-speed: *bid (wish) ~* succes of goede reis wensen

godwit *znw* grutto

goer ['gouə] *znw* (hard)loper; [bioscoop-, museum-, schouwburg- &] bezoeker; gemeenz echte liefhebber, iem. die er wel pap van lust [v. seks &]

go-getter ['gougetə] *znw* gemeenz doorzetter, streber

goggle ['gɔgl] **I** *onoverg* (met de ogen) rollen, gapen, scheel kijken; uitpuilen; **II** *znw*: *~s* (veiligheids-, stof-, auto- &) bril; **III** *bn* uitpuilend
goggle-box *znw* gemeenz televisietoestel *o*
goggle-eyed *bn* met uitpuilende ogen
going ['gouiŋ] **I** *tegenwoordig deelwoord* gaande; *be ~ to* op het punt zijn te...; van plan zijn te...; *get ~* beginnen; *keep ~* doorgaan, voortgaan; *~, ~, gone!* eenmaal, andermaal, verkocht!; **II** *bn* bestaand; *the finest business ~* de mooiste zaak die er is of van de wereld; *a ~ concern* een in (volle) bedrijf zijnde onderneming; *the ~ rate* het gewone tarief; **III** *znw* gaan *o*; [bioscoop-, museum-, schouwburg- &] bezoek *o*; (race)terrein *o*; *get out while the ~ is good* op het goede moment vertrekken, vertrekken wanneer de omstandigheden het toelaten; *when the ~ gets tough* als het moeilijk gaat, wanneer de omstandigheden tegenzitten
goings-on ['gouiŋ'zɔn] *znw* gemeenz gedrag *o*, doen (en laten) *o*, gedoe *o*
going-over ['gouiŋ'ouvə] *znw* gemeenz onderzoek *o*, controle(beurt); pak slaag *o*
goitre ['gɔitə] *znw* kropgezwel *o*
go-kart ['gouka:t] **I** *znw* skelter; **II** *onoverg* skelteren
gold [gould] **I** *znw* goud[2] *o*; **II** *bn* gouden
gold-digger *znw* goudzoeker; vrouw die rijke mannen uitbuit
gold-dust *znw* stofgoud *o*; *good secretaries are like ~ these days* een goede secretaresse moet je tegenwoordig met een lantaarntje zoeken
golden *bn* gouden, gulden; goud-; goudkleurig, goudgeel; *the ~ age* de Gouden Eeuw; *~ eagle* steenarend; *the ~ fleece* het gulden vlies; *~ handshake* gouden handdruk; *~ opportunity* gouden kans, buitenkans; *~ rule* gulden regel; *~ wedding (anniversary)* gouden bruiloft
golden boy, **golden girl** *znw* oogappel, lievelingetje *o*
goldfish *znw* goudvis
goldilocks *znw* iem. met goudblond haar; plantk bep. soort boterbloem (*Ranunculus auricomus*)
gold-lace *znw* goudkoord *o & v*
gold-leaf *znw* bladgoud *o*
gold mine *znw* goudmijn[2]
goldplated *bn* verguld, gouden
gold-rimmed *bn* met gouden randen
goldsmith *znw* goudsmid
golf [gɔlf] **I** *znw* sp golf *o*; **II** *onoverg* golf spelen
golfball *znw* golfbal; *~ typewriter* bolletjesschrijfmachine
golf-club *znw* golfclub; golfstok
golf-course, **golf-links** *znw* golfbaan
golfer *znw* golfer, golfspeler
golliwog ['gɔliwɔg] *znw* (lappen) negerpop
golly ['gɔli] *tsw* gemeenz gossie (ook: *by ~!*)
golosh [gæ'lɔʃ] *znw = galosh*
gonad ['gounæd] *znw* biol geslachtsklier, gonade
gondola ['gɔndələ] *znw* gondel
gondolier [gɔndə'liə] *znw* gondelier
gone [gɔn] **I** V.D. van *go*; **II** *bn* verloren, weg, verdwenen; voorbij; op; dood; gemeenz voor de haaien; *in days ~ by* in vervlogen dagen; *far ~* ver heen [doodziek, stomdronken, diep in de schuld]; *be ~ on* gemeenz verkikkerd zijn op; *she was 6 months ~* gemeenz zij was 6 maanden zwanger; *it was ~ 4 before he came* het was over vieren toen hij (eindelijk) arriveerde
goner ['gɔnə] *znw*: *he is a ~* gemeenz hij is verloren
gong [gɔŋ] *znw* gong; schel, bel
goniometry [gouni'ɔmitri] *znw* goniometrie
gonorrhea [gɔnə'ri:ə] *znw* gonorrhoe
goo [gu:] *znw* slang kleverig spul *o*; zoetelijkheid
good [gud] **I** *bn* goed (voor, jegens *to*; voor, tegen *against, for*); zoet [v. kinderen], niet ondeugend, braaf; aanzienlijk, ruim, aardig; lief, aardig; prettig, heerlijk, fijn, lekker; flink, knap, kundig, sterk, goed (in *at*); *~ afternoon* goedemiddag; *~ evening* goedenavond; *~ morning* goedemorgen; *~ night* goedenacht, welterusten; *~!* gemeenz mooi (zo)!; *in ~ time* bijtijds, op tijd; *all in ~ time* alles op z'n tijd; *the ~ people* de feeën, de kaboutertjes; *a ~ while* een hele tijd; *is not ~ enough* deugt niet, is onbevredigend, niet voldoende; *~ for* goed voor [op bon]; *~ for you!*, *~ on you!* gemeenz fantastisch!, goed zo!; *make ~* (weer) goedmaken, vergoeden; goed terechtkomen, er komen; zich er goed doorheen slaan; zich kranig houden; bewijzen, waarmaken; gestand doen, ten uitvoer brengen; slagen in, weten te [ontsnappen]; *she's always ~ for a few pound* zij is altijd wel goed voor een paar pond; **II** *znw* goed(e) *o*, welzijn *o*, best *o*, voordeel *o*, baat; *he is no ~* het is een vent van niks, daar zit niet veel bij; *it is no (not a bit of) ~* het is van (heeft) geen nut, het geeft niet(s); *that's no ~ with me* daarmee hoef je bij mij niet aan te komen; *it is not much ~* het geeft niet veel; *what's the ~ (of it)?*; wat geeft (baat) het?; *he's up to no ~* hij heeft niets goeds in de zin; *he's no ~ at...* hij is niet goed in..., hij kan niet goed...; *for ~* ten goede; *for ~ (and all)* voorgoed; *it is for your own ~* om uw eigen bestwil; *he will come to no ~* er zal niet veel van hem terechtkomen, het zal niet goed met hem aflopen; *be £10 to the ~* £10 voordeel hebben, er £10 op over houden, nog £10 te goed of ter beschikking hebben; *be all to the ~* tot heil strekken, geen kwaad kunnen; zie verder: *goods*
good breeding [gud'bri:diŋ] *znw* welgemanierdheid, beschaafdheid, wellevendheid
goodbye I *tsw* (goeden)dag, vaarwel!; adieu; **II** *znw* afscheid *o*; *say ~* ook: afscheid nemen (van *to*), vaarwel zeggen
good-for-nothing *znw* deugniet
Good Friday *znw* Goede Vrijdag
good humour *znw* goede stemming, opgeruimdheid, vrolijkheid
good-humoured *bn* opgeruimd, goedgehumeurd,

joviaal
goodie *znw* = *goody I*
goodish *bn* goedig, tamelijk goed; *a ~ many* tamelijk veel, aardig wat
good-looking *bn* knap, mooi
goodly *bn* knap, mooi; flink
goodman *znw* vero man, huisvader
good nature *znw* goedaardigheid
good-natured [gud'neitʃəd] *bn* goedaardig, goedhartig, vriendelijk
goodness ['gudnis] *znw* goedheid, deugd; kracht, voedingswaarde; *~ (gracious)!* goeie genade!; *~ knows where* de hemel weet waar; *thank ~!* goddank!; *for ~' sake* om godswil; *... I hope to ~ ...* hoop ik (maar)
goods *znw mv* goederen, goed *o*; waren; *~ train* goederentrein; *~ wagon* goederenwagen; *it is the ~* slang je ware; *that's just the ~* slang dat is precies wat we nodig hebben; *come up with (deliver) the ~* precies doen wat beloofd is/wat verwacht wordt
good-tempered *bn* goedmoedig
goodwife *znw* vero (huis)vrouw
goodwill *znw* welwillendheid; klandizie, clientèle, goodwill
goody I *znw* **1** lekkernij, snoepje *o*; **2** held, goeie [in film]; **II** *tsw* jippie!, joepie!, leuk!
goody-goody *znw* schijnheilige, kwezel, kruiper
gooey ['gu:i] *bn* slang kleverig; klef; sentimenteel, zoetelijk
goof [gu:f] Am slang **I** *znw* idioot; blunder; **II** *onoverg* blunderen; *~ off* tijd verklungelen
goofy *bn* **1** slang idioot, belachelijk; **2**: *~ teeth* Br gemeenz vooruitstekende tanden
gook [gu:k] *znw* Am slang spleetoog
goon [gu:n] *znw* Am slang geweldenaar, lid *o* van een knokploeg; gemeenz uilskuiken *o*
goose [gu:s] *znw* (*mv*: geese [gi:s]) gans; fig gansje *o*, uilskuiken *o*; persijzer *o*; *kill the ~ that lays the golden eggs* de kip met de gouden eieren slachten; *cook someone's ~* gemeenz iem. ruïneren; iem. van kant maken
gooseberry *znw* kruisbes; *play ~* het vijfde rad (wiel) aan de wagen zijn
goose-flesh *znw* kippenvel *o*
gooseherd *znw* ganzenhoeder
goose-pimples *znw mv* kippenvel *o*
goose-quil *znw* ganzenveer
goose-step I *znw* paradepas; **II** *onoverg* in paradepas stappen
Gordian ['gɔ:diən] *bn*: *cut the ~ knot* de (Gordiaanse) knoop doorhakken
1 gore [gɔ:] **I** *znw* geronnen bloed *o*; **II** *overg* doorboren, (met de hoorns) spietsen
2 gore [gɔ:] **I** *znw* geer; **II** *onoverg* geren
gorge [gɔ:dʒ] **I** *znw* bergengte, -kloof; brok *m* & *v* of *o* (eten); vero strot, keel; *my ~ rises at it* ik walg er van; **II** *overg* opslokken, inslikken; *~ oneself* volstoppen (met *with*); **III** *onoverg* zich volproppen, schrokken
gorgeous ['gɔ:dʒəs] *bn* prachtig, schitterend; gemeenz aantrekkelijk; *don't you think Woody Allen is just ~?* vind je Woody Allen ook geen ontzettende spetter?
Gorgon ['gɔ:gən] *znw* potig vrouwspersoon *o*
gorilla [gə'rilə] *znw* gorilla
gormandize ['gɔ:məndaiz] **I** *onoverg* gulzig eten, schrokken; **II** *overg* verslinden[2]
gormandizer *znw* schrokop
gormless ['gɔ:mlis] *bn* gemeenz stompzinnig
gorse [gɔ:s] *znw* gaspeldoorn
gory ['gɔ:ri] *bn* bebloed, bloederig; bloedig
gosh [gɔʃ] *tsw* gemeenz gossie (ook: *by ~!*)
goshawk ['gɔshɔ:k] *znw* havik
gosling ['gɔzliŋ] *znw* jonge gans, gansje *o*
go-slow ['gou'slou] *znw* langzaam-aan-actie, -tactiek, -staking
gospel ['gɔspəl] *znw* evangelie[2] *o*; gospel(muziek); *take sth. as ~ (truth)* iets zonder meer geloven/voor waar aannemen
gospeler *znw* voorlezer van het evangelie; *hot ~* gemeenz dweepziek evangelist, vurig propagandist
gospel truth *znw* fig absolute waarheid
gossamer ['gɔsəmə] **I** *znw* herfstdraad, -draden; rag(fijn weefsel) *o*; **II** *bn* ragfijn
gossip ['gɔsip] **I** *znw* babbelaar(ster), kletstante, roddelaar(ster); (buur)praatje *o*, (buur)praatjes, gepraat *o*, gebabbel *o*, geroddel *o*; [journalistieke] ditjes en datjes; *~ column* roddelrubriek; **II** *onoverg* babbelen, kletsen, roddelen
gossipy *bn* praatziek; roddelachtig
got [gɔt] V.T. & V.D. van *get*
Goth [gɔθ] *znw* Goot
Gothic I *bn* gotisch; *~ novel (tale)* griezelroman (-verhaal *o*); **II** *znw* (het) Gotisch; gotiek; gotische letter
Gothicism *znw* gotiek
gotten ['gɔtn] vero & Am V.D. van *get*
gouge [gaudʒ] **I** *znw* techn guts; **II** *overg* techn gutsen; uitsteken (ook: *~ out*)
gourd [gued] *znw* pompoen, kalebas
gourmand ['guəmənd] *znw* lekkerbek, gulzigaard
gourmet ['gouəmei] *znw* fijnproever
gout [gaut] *znw* jicht; vero druppel
gouty *bn* jichtig
gov [gʌv] *znw* slang baas, chef; ouwe heer
govern [gʌvən] *overg* regeren, besturen, leiden, regelen, beheersen; *~ing body* (hoofd)bestuur *o*
governance *znw* bestuur *o*, leiding
governess *znw* gouvernante
government *znw* bestuur *o*, regering, ministerie *o*; overheid; leiding; gouvernement *o*; *~ loan* staatslening
governmental [gʌvən'mentl] *bn* regerings-
governor ['gʌvənə] *znw* landvoogd, gouverneur; bestuurder; directeur; onderw curator; gemeenz ouwe heer; baas, chef, meneer; techn regulateur

governor general *znw* (*mv*: governor generals *of* governors general) gouverneur-generaal
Govt. *afk.* = *Government*
gowan ['gauən] *znw* Schots madeliefje *o*
gown [gaun] **I** *znw* japon, kleed *o*, jurk; tabberd, toga; zie ook: *town*; **II** *overg & onoverg* plechtig (zich) kleden
goy [gɔi] *znw* (*mv*: goyim ['gɔiim]) goi, niet-jood [vanuit joodse gezichtshoek]
GP *afk.* = *general practicioner* huisarts
GPO *afk.* = *General Post Office* hoofdpostkantoor *o*
grab [græb] **I** *znw* greep; roof; techn vanghaak, grijper; *make a ~ at* grijpen naar; *up for ~s* voor het grijpen; **II** *onoverg*: *~ at* grijpen naar; **III** *overg* naar zich toe halen, inpikken, pakken, grissen, graaien
grabble ['græbl] *onoverg* grabbelen, tasten (naar *for*); (liggen te) spartelen
grace [greis] **I** *znw* genade, gunst; bevalligheid, gratie; respijt *o*, uitstel *o*; tafelgebed *o*; muz versiering; *by the ~ of God* bij de gratie Gods; *the G~s* de Drie Gratiën; *social ~s* sociale vaardigheden, goede omgangsvormen; *good ~s* gunst; *Your G~* Uwe Hoogheid [titel v. hertog(in) of aartsbisschop]; *he had the ~ to...* hij was zo fatsoenlijk (beleefd) om...; *say ~* danken, bidden [aan tafel]; *in the year of ~ ...* in het jaar onzes Heren ...; *with a bad ~* met tegenzin, niet van harte; *with a good ~* graag, van harte; met fatsoen; **II** *overg* (ver)sieren, luister bijzetten aan, opluisteren; vereren (met *with*); begunstigen
graceful *bn* bevallig, gracieus, sierlijk, elegant
graceless *bn* onbeschaamd; ondeugend; godvergeten; onbevallig
grace-note *znw* muz voorslag
gracile ['græsil] *bn* sierlijk, slank
gracious ['greiʃəs] *bn* genadig; goedgunstig; minzaam; hoffelijk; *good ~!, goodness ~!* goeie genade!, lieve hemel!
gradate [grə'deit] *onoverg & overg* geleidelijk (doen) overgaan
gradation *znw* gradatie, trapsgewijze opklimming, (geleidelijke) overgang; nuancering, nuance; gramm ablaut
gradational *bn* trapsgewijs
grade [greid] **I** *znw* graad, rang, trap; kwaliteit, gehalte *o*, soort, klasse; Am onderw klas v. lagere school; cijfer *o*; helling; *make the ~* slagen, succes hebben, aanslaan, het 'm leveren; *on the up ~* in stijgende lijn, opwaarts; *on the down ~* in neergaande lijn; **II** *overg* graderen, rangschikken, sorteren; Am beoordelen, cijfers geven; Am nivelleren [een weg]; *(~ up)* veredelen [v. dieren]; **III** *onoverg* geleidelijk overgaan (in *into*)
grade crossing *znw* Am overweg [v. spoorweg], gelijkvloerse kruising [v. wegen]
grader *znw* sorteermachine; grader, grondschaaf; *fourth ~* Am vierdeklasser: leerling van de vierde klas
grade school *znw* Am lagere school
gradient ['greidiənt] *znw* helling; hellingshoek; (barometrische) gradiënt
gradual ['gredjuəl] **I** *bn* trapsgewijze opklimmend &, geleidelijk; **II** *znw* RK graduale *o*
gradually *bijw* trapsgewijze, geleidelijk, langzamerhand, allengs, gaandeweg
graduate I *znw* ['grædjuət] onderw gegradueerde; Am gediplomeerde; **II** *overg* ['grædjueit] in graden verdelen; graderen; onderw promoveren; Am een diploma verlenen; *~d taxation* progressieve belasting; **III** *onoverg* (geleidelijk) overgaan (in *into*); promoveren (ook fig); Am een diploma behalen
graduate school *znw* Am universitaire vervolgopleiding na de eerste fase, ± doctoraalopleiding
graduation [grædju'eiʃən] *znw* geleidelijke opklimming; graadverdeling; gradering; onderw promotie
graffiti [græ'fi:ti] *znw mv* graffiti
graft [gra:ft] **I** *znw* ent; enting; med transplantaat *o*; transplantatie; gemeenz Am (door) politiek gekonkel *o* (verkregen voordeel *o*); gemeenz zware klus; **II** *overg* enten[2]; med transplanteren; **III** *onoverg* gemeenz Am konkelen, knoeien; gemeenz pezen, hard werken
grafter *znw* enter; gemeenz Am konkelaar, knoeier; gemeenz harde werker
Grail [greil] *znw* graal [v.d. Arthurlegende]
grain [grein] **I** *znw* graan *o*, koren *o*; (graan)korrel; grein° *o*, greintje *o*; korreling, kern, nerf, weefsel *o*; ruwe kant van leer, keper, structuur, draad[2]; aard, natuur; *~s* draf; *against the ~* tegen de draad; zie ook: *go*; *with the ~* op de draad; **II** *overg & onoverg* korrelen; grein(er)en; aderen, marmeren
grained *bn* korrelig, geaderd
grainy *bn* korrelig; grof(korrelig) [foto]
gram [græm] *znw* gram
graminaceous [greimi'neiʃəs] *bn* grasachtig
grammar ['græmə] *znw* spraakkunst, grammatica; *it is bad ~* ongrammaticaal
grammarian [grə'meəriən] *znw* grammaticus
grammar school ['græməsku:l] *znw* middelbare school [van 11 tot minstens 15 jaar]; ± gymnasium *o* of atheneum *o*; Am voortgezet lager onderwijs *o*
grammatical [grə'mætikəl] *bn* taalkundig, grammaticaal
gramme [græm] *znw* gram
gramophone ['græməfoun] *znw* grammofoon
grampus ['græmpəs] *znw* zwaardwalvis, orka; *puff like a ~* gemeenz hijgen als een postpaard *o*
granary ['grænəri] *znw* korenzolder, -schuur[2]
grand [grænd] **I** *bn* groot, groots; voornaam, edel; weids; gemeenz prachtig, luisterrijk; *~ total* totaalbedrag *o*; **II** *znw* muz vleugel [piano]; slang 1000 pond; Am slang 1000 dollar
grandam ['grændæm] *znw* vero grootje *o*
grandaunt *znw* oudtante
grandchild *znw* kleinkind *o*
grand(d)ad *znw* gemeenz opa

granddaughter *znw* kleindochter
grand duchess *znw* groothertogin; grootvorstin
grand duchy *znw* groothertogdom *o*
grand duke *znw* groothertog; grootvorst
grandee [græn'di:] *znw* (Spaanse) grande; grote heer
grandeur ['græn(d)ʒə] *znw* grootheid, grootsheid, pracht, staatsie, voornaamheid
grandfather ['græn(d)fa:ðə] *znw* grootvader; ~ *clock* staande klok
grandiloquence [græn'diləkwəns] *znw* bombast, hoogdravendheid; grootspraak
grandiloquent *bn* bombastisch, hoogdravend; grootsprakig
grandiose ['grændious] *bn* grandioos, groots, weids
grandiosity [grændi'ɔsiti] *znw* grootsheid
grand jury *znw* Am jury die beslist of er voldoende gronden voor rechtsvervolging aanwezig zijn
grandma ['grændma:] *znw* gemeenz grootmoeder
grandmother *znw* grootmoeder
grandnephew *znw* achterneef
grandpa *znw* gemeenz opa
grandparents *znw mv* grootouders
grand piano *znw* vleugel [muziekinstrument]
grandsire *znw* voorvader; grootvader [v. paard]
grand slam *znw* sp grand slam *o* [winst in alle belangrijke toernooien]; bridge groot slem *o*
grandson *znw* kleinzoon
grandstand *znw* (overdekte) tribune
grand tour *znw* hist rondreis door Europa als onderdeel van de opvoeding van jonge Britse aristocraten; thans lange rondreis
granduncle *znw* oudoom
grange ['grein(d)ʒ] *znw* herenboerderij
granite ['grænit] **I** *znw* graniet *o*; **II** als *bn* fig onbuigzaam, hardvochtig
granny ['græni] *znw* gemeenz grootje *o*, opoe
granny flat *znw* aparte woonruimte binnen een groter huis [voor ouder familielid]
granny knot *znw* oudewijvenknoop; slecht gelegde knoop
grant [gra:nt] **I** *overg* toestaan, inwilligen, verlenen, schenken; toegeven, toestemmen; *God ~ it* God geve het!; *~ed (~ing) that* toegegeven of aangenomen dat; *take for ~ed* als vaststaand, als vanzelfsprekend, zonder meer aannemen; **II** *znw* schenking, bijdrage, toelage, subsidie (ook: *~-in-aid*); onderw beurs
grantee [gra:n'ti:] *znw* begiftigde
grantor ['gra:ntə] *znw* begiftiger, schenker
granular ['grænjulə] *bn* korrelachtig, korrelig
granulate *overg & onoverg* korrelen, greineren; *~d sugar* kristalsuiker
granulation [grænju'leiʃən] *znw* korreling, greinering
granule ['grænju:l] *znw* korreltje *o*
grape [greip] *znw* plantk druif; *sour ~s = the ~s are sour* de druiven zijn zuur
grapefruit *znw* grapefruit
grapery *znw* druivenkwekerij, -kas
grape-shot *znw* mil schroot *o*
grape-stone *znw* druivenpit
grapevine *znw* wijnstok; geruchtencircuit *o*, fluisterkrant
graph [gra:f, græf] *znw* grafische voorstelling, grafiek
graphic I *znw* grafiek; grafisch kunstwerk *o*; comput grafische voorstelling; *~s* grafiek; grafische kunst; comput graphics; **II** *bn* grafisch; schrift-, schrijf-, teken-; fig plastisch, aanschouwelijk
graphite ['græfait] *znw* grafiet *o*
graphologist [græ'fɔlədʒist] *znw* grafoloog
graphology *znw* grafologie
graph paper *znw* ruitjespapier *o*
grapnel ['græpnəl] *znw* dreg, dreganker *o*
grapple ['græpl] **I** *overg* enteren; aanklampen; omvatten; omklemmen, beetpakken; **II** *onoverg*: *~ with* vechten, worstelen met; fig onder handen nemen, aanpakken [moeilijkheden]; **III** *znw* (enter-)dreg; greep, omvatting, worsteling[2]
grappling-iron *znw* enterhaak
grapy ['greipi] *bn* druiven-, als (van) druiven
grasp [gra:sp] **I** *overg* (aan-, vast)grijpen, beetpakken, (om)vatten[2], begrijpen; omklemmen, vasthouden; **II** *onoverg*: *~ at* grijpen naar; **III** *znw* greep[2], bereik[2] *o*; macht; houvast *o*; volledig beheersen *o* of omvatten *o* van een onderwerp; bevatting, bevattingsvermogen *o*
grasping *bn* inhalig, hebberig
grass [gra:s] **I** *znw* **1** gras *o*; grasland *o*; **2** slang marihuana, wiet; **3** slang verklikker; *not let the ~ grow under one's feet* er geen gras over laten groeien; *be out to ~* in de wei lopen[2]; werkeloos rondhangen; *put out to ~* in de wei doen; fig de wei insturen; wegsturen; **II** *overg* (*~ over*) gras zaaien, met gras(zoden) bedekken; *~ sbd. up* slang iem. verlinken; **III** *onoverg*: *~ on sbd.* slang iem. verlinken
grass-cutter *znw* grasmaaimachine
grasshopper *znw* sprinkhaan
grassland *znw* weiland *o*, grasland *o*
grass-roots I *znw (mv)* fig de gewone leden (v. partij &); basis(elementen), grondslagen; **II** *bn* met het volk verbonden, onder de massa levend
grass snake *znw* ringslang
grass-widow *znw* gescheiden vrouw; onbestorven weduwe
grassy *bn* grasrijk, grazig; grasachtig, gras-
grate [greit] **I** *znw* rooster [v. haard &] *m & o*; zelden = *grating*; **II** *overg* wrijven, raspen, knarsen op [de tanden]; **III** *onoverg* knarsen, krassen, schuren; *~ upon the ear* het gehoor pijnlijk aandoen; *it ~s on me* gemeenz het werkt me op de zenuwen
grateful ['greitful] *bn* dankbaar, erkentelijk; strelend, behaaglijk, aangenaam
grater ['greitə] *znw* rasp
gratification [grætifi'keiʃən] *znw* bevrediging, vol-

doening; genoegen *o*, genot *o*, behagen *o*
gratify ['grætifai] *overg* bevredigen, voldoen, voldoening schenken; behagen; *gratified shouts* kreten van voldoening
gratifying *bn* aangenaam, verheugend, strelend
grating ['greitiŋ] **I** *bn* knarsend, krassend; door merg en been gaand; irriterend; **II** *znw* traliewerk *o*; roosterwerk *o*
gratis ['greitis] *bn* & *bijw* om niet, gratis, kosteloos
gratitude ['grætitju:d] *znw* dankbaarheid
gratuitous [grə'tju:itəs] *bn* gratis, kosteloos; ongemotiveerd, uit de lucht gegrepen, ongegrond; niet gerechtvaardigd of te rechtvaardigen, nodeloos, gratuit
gratuity [grə'tju:iti] *znw* gift; fooi; gratificatie
gravamen [grə'veimen] *znw* (*mv*: gravamina [-minə]) recht hoofdpunt *o* van aanklacht; bezwaar *o*, grief
1 grave [greiv] *znw* graf *o*, grafkuil
2 grave [greiv] *onoverg* **1** graveren, beitelen; **2** scheepv schoonbranden; ~ *in (on)* inprenten, griffen in
3 grave [greiv] *bn* deftig, stemmig, statig, ernstig; donker [kleur]; diep [toon]
grave-digger ['greivdigə] *znw* doodgraver°
gravel ['grævəl] **I** *znw* kiezel *o* & *m*, kiezelzand *o*, grind *o*; gravel *o*; **II** *overg* met kiezelzand bestrooien, begrinten; fig verwarren, in verlegenheid brengen
gravelly *bn* vol kiezel(zand)
gravel-walk *znw* kiezelpad *o*
graven ['greivən] *bn* gegrift; ~ *image* bijbel gesneden beeld *o*
graver *znw* graveur; graveerstift
graveside ['greivsaid] *znw*: *at the* ~ aan het graf, bij de groeve
gravestone *znw* grafsteen
graveyard *znw* kerkhof *o*
gravid ['grævid] *bn* zwanger
graving-dock ['greiviŋdɔk] *znw* droogdok *o*
gravitate ['græviteit] *onoverg* graviteren, door de zwaartekracht bewegen naar; ~ *towards* overhellen, neigen naar, aangetrokken worden tot
gravitation [grævi'teiʃən] *znw* zwaartekracht
gravitational *bn*: ~ *field* zwaarteveld *o*; ~ *force* zwaartekracht
gravity ['græviti] *znw* gewicht *o*; gewichtigheid; deftigheid, ernst(igheid); zwaarte, zwaartekracht; *specific* ~ soortelijk gewicht *o*
gravy ['greivi] *znw* jus
gravy-boat *znw* juskom
gravy train *znw* gemeenz fig goudmijntje *o*
gray [grei] = *grey*
1 graze [greiz] **I** *onoverg* grazen, weiden; **II** *overg* laten grazen (weiden); afgrazen
2 graze [greiz] **I** *onoverg* & *overg* schaven; schampen; rakelings voorbijgaan, even aanraken; ~ *against (along, by, past)* gaan (strijken) langs; **II** *znw* schaving; schaafwond; schampschot *o*
grazing (land) *znw* weidegrond
grease I *znw* [gri:s] vet *o*, smeer *o* & *m*; **II** *overg* [gri:z, gri:s] smeren, insmeren, auto doorsmeren; invetten; ~ *sbd.'s palm* omkopen; *like ~d lightning* als de gesmeerde bliksem
grease-monkey *znw* Am gemeenz (auto)monteur
greasepaint *znw* schmink
greaseproof *bn* vetdicht; vetvrij [papier]
greaser *znw* slang **1** monteur, mecanicien; **2** motorrijder; **3** hielenlikker
greasy ['gri:zi, -si] *bn* smerig, vettig[2]; glibberig; zalvend; ~ *spoon* smerige eettent
great [greit] **I** *bn* groot[2]; belangrijk; hoog [leeftijd]; gemeenz prachtig, heerlijk, geweldig, fantastisch, fijn, leuk; *G~ Britain* Groot-Brittannië *o*; ~ *at* knap in; *a ~ while ago* lang geleden; **II** *znw* grote, vooraanstaande figuur; *~s* (ook:) eindexamen *o* voor *B.A.* [Oxford]
great-aunt *znw* oudtante
greatcoat *znw* overjas; mil kapotjas
greater *bn* groter; *Greater Copenhagen* Kopenhagen met de voorsteden; *the ~ part* ook: het grootste deel
great-grandfather *znw* overgrootvader
great-grandson *znw* achterkleinzoon
greathearted *bn* moedig; edelmoedig
greatly *bijw* grotelijks, grotendeels; versterkend sterk, zeer, veel
great-uncle *znw* oudoom
greaves [gri:vz] *znw mv* **1** been-, scheenplaten [v. wapenrusting]; **2** kaantjes
grebe [gri:b] *znw* fuut
Grecian ['gri:ʃən] *bn* Grieks
Greece [gri:s] *znw* Griekenland *o*
greed [gri:d] *znw* hebzucht; begerigheid, gretigheid, gulzigheid
greediness *znw* = *greed*
greedy *bn* hebzuchtig, begerig (naar *of*), gretig, gulzig; belust (op *for*)
greedy-guts *znw* gemeenz vreetzak, veelvraat
Greek [gri:k] **I** *bn* Grieks; **II** *znw* Griek; Grieks[2] *o*; *that's ~ to me* daar begrijp ik geen snars van
green [gri:n] **I** *bn* groen°, onrijp[2], nieuw, vers, fris; onervaren; milieubewust; milieuvriendelijk; ~ *beans* sperzie-, prinsessenbonen; ~ *belt* groenstrook, -zone [v. stad]; ~ *cheese* weikaas; *have ~ fingers, Am have a ~ thumb* groene vingers hebben [succes bij het kweken van planten]; ~ *fly* bladluis; ~ *light* groen licht *o*; fig goedkeuring, verlof *o*; *give the ~ light to* het licht op groen zetten voor [een plan &]; *G~ Paper* pol ± discussienota; ~ *pastures* bijbel grazige weiden; ~ *pea* doperwt; ~ *pepper* groene paprika; ~ *salad* (groene) salade, sla; ~ *stuff* groenten; groen(voer) *o*; ~ *with envy* scheel van afgunst; **II** *znw* groen *o*, grasveld *o*, dorpsplein *o*; sp green [bij golf]; *~s* groente(n); groen *o*, loof *o*; *the G~s* pol de Groenen; **III** *overg* groen maken; groe-

ner maken, van meer groen voorzien [v. steden &]
greenback *znw* Am bankbiljet *o*
greenery *znw* groen *o*
green-eyed *bn* groenogig; *the ~ monster* de jaloezie
greenfinch *znw* groenvink
greengage *znw* reine claude
greengrocer *znw* groenteboer, -handelaar
greengrocery *znw* groentehandel, -winkel
greenhorn *znw* Am groentje *o*, onervarene, beginneling
greenhouse *znw* serre, kas, oranjerie; *~ effect* broeikaseffect *o*
greenish *bn* groen(acht)ig
Greenland ['gri:nlənd] *znw* Groenland *o*
Greenlander *znw* Groenlander
Greenlandic I *bn* Groenlands; **II** *znw* Groenlands *o* [de taal]
greenroom ['gri:nrum] *znw* artiestenkamer
greensickness *znw* bleekzucht
greenstuff *znw* groen *o* [loof]; groene groente
greensward *znw* grasveld *o*
greeny *bn* groen(ig), groenachtig
greet [gri:t] *overg* begroeten, groeten
greeting *znw* begroeting, groet; *~s card* wenskaart; *~s telegram* gelukstelegram *o*
gregarious [gri'gɛəriəs] *bn* dierk in kudde(n) levend; fig gezelschaps-; van gezelligheid houdend
Gregorian [gri'gɔ:riən] *bn* gregoriaans
gremlin ['gremlin] *znw* denkbeeldige onheilbrengende geest; pechduiveltje *o* (vooral in luchtv)
Grenada [gre'neidə] *znw* Grenada *o* [West-Indisch eiland]
grenade [gri'neid] *znw* mil (hand)granaat
Grenadian I *znw* Grenadaan; **II** *bn* Grenadaans
grenadier [grenə'diə] *znw* mil grenadier
grew [gru:] V.T. van *grow*
grey, Am **gray** [grei] **I** *bn* grijs², grauw²; duister, vaag; bewolkt; fig somber, akelig; kleurloos; *~ area* schemergebied *o*, grijze zone; *~ horse* schimmel; *~ matter* grijze stof [in het centrale zenuwstelsel]; fig hersens, verstand *o*; *go ~* grijs worden, vergrijzen; **II** *znw* grijs *o*, grauw *o*; schimmel; **III** *onoverg* (beginnen te) grijzen; **IV** *overg* grijs maken
greybeard *znw* grijsaard
grey friar *znw* franciscaan
grey-haired *bn* met grijs haar, grijs, vergrijsd
grey-hen *znw* korhoen *o*
greyhound *znw* hazewind, windhond
greyish *bn* grijs-, grauwachtig
grid [grid] *znw* rooster *m & o*; net *o*, centrale voorziening, netwerk *o* [v. elektriciteit, gas &]
griddle ['gridl] *znw* bakplaat
griddle-cake *znw* plaatkoek
gridiron ['gridaiən] *znw* (braad)rooster *m & o*; traliewerk *o*; Am voetbalveld *o*
grief [gri:f] *znw* droefheid, verdriet *o*, leed *o*, kommer, smart, hartzeer *o*; *(good) ~!* goeie God!; *come to ~* een ongeluk krijgen, verongelukken; een val doen; de nek breken; mislukken, stranden², schipbreuk lijden² (op *on, over*)
grievance ['gri:vəns] *znw* grief
grieve I *overg* bedroeven, verdrieten, smarten, leed (aan)doen; **II** *onoverg* treuren (over *about, at, over, for*)
grievous *bn* zwaar, pijnlijk, smartelijk, bitter, versterkend deerlijk, jammerlijk &; *~ bodily harm* recht zwaar lichamelijk letsel *o*
griffin ['grifin] *znw* griffioen
grig [grig] *znw* zandaal; krekel, sprinkhaan; *merry as a ~* heel vrolijk
grill [gril] **I** *znw* rooster *m & o*; geroosterd vlees *o* &; = *grill-room, grille*; **II** *overg* roosteren, grilleren, braden²; een scherp verhoor afnemen
grille [gril] *znw* traliewerk *o*, -hek *o*, afsluiting
grill-room ['grilrum] *znw* grillroom, grillrestaurant *o*
grim [grim] *bn* grimmig, bars; bar, streng, onverbiddelijk, hard; somber; fel, verwoed, verbeten, woest, wreed, afschuwelijk; lelijk, bedenkelijk; *hang (hold) on like ~ death* niet loslaten; *~ humour* galgenhumor
grimace [gri'meis] **I** *znw* grimas, grijns; **II** *onoverg* grimassen maken, grijnzen
grimalkin [gri'mælkin] *znw* **1** oude poes; **2** oud wijf *o*, oude heks
grime [graim] *znw* vuil *o*; roet *o*
grimy *bn* vuil, smerig
grin [grin] **I** *znw* brede glimlach; grijns, grijnslach; **II** *onoverg* het gezicht vertrekken; grijnzen, grijnslachen; *~ and bear it* zich flink houden, zich niet laten kennen
1 grind [graind] (ground; ground) **I** *onoverg* (zich laten) malen of slijpen; knarsen; gemeenz zich afbeulen (op *away at*), ploeteren, blokken; *~ to a halt* (met piepende remmen) tot stilstand komen; **II** *overg* (fijn)malen, (fijn)wrijven; slijpen; draaien [orgel]; *~ the faces of the poor* de armen onderdrukken, uitzuigen, uitmergelen; *~ one's teeth* knarsetanden; zie ook: *axe*; *~ down* fijnmalen; onderdrukken; *~ into dust* tot stof vermalen; *~ out* afdraaien, voortbrengen, opdreunen; *~ to dust* tot stof vermalen
2 grind *znw* gemeenz karwei *o*; koeliewerk *o*, sjouw
grinder *znw* slijper; kies, maaltand
grinding ['graindiŋ] *bn* schrijnend, nijpend
grindstone ['graindstoun] *znw* slijpsteen; *get back to the ~* weer aan het werk gaan; *keep one's nose to the ~* zich afbeulen
grip [grip] **I** *znw* greep°, houvast *o*, vat; begrip *o*; macht; handvat *o*; *come (get) to ~s with* vat krijgen op [probleem &]; *come to ~s (with someone)* beginnen te vechten met iem., slaags raken; *keep (take) a ~ on oneself* zichzelf in de hand houden, zich beheersen; **II** *overg* (vast)grijpen, beetpakken, klemmen; fig pakken, boeien; **III** *overg & onoverg* pakken, boeien
gripe [graip] **I** *onoverg* jammeren, klagen; **II** *znw*

klacht, bezwaar *o*, geklaag *o*; *~s* koliek *o & v*, kramp(en)
grippe [grip] [Fr] *znw* griep
gripsack ['gripsæk] *znw* Am valies *o*
grisly ['grizli] *bn* akelig, griezelig
grist [grist] *znw* koren *o*; *~ to his mill* koren op zijn molen; *that brings ~ to his mill* dat legt hem geen windeieren; *all is ~ that comes to his mill* alles is van zijn gading
gristle ['grisl] *znw* kraakbeen *o*
gristly *bn* kraakbeenachtig
grit [grit] **I** *znw* zand *o*, steengruis *o*; zand- of biksteen *o & m*; grein *o*; fig flinkheid, fut; *~s* grutten; **II** *overg*: *~ one's teeth* knarsetanden; *~ a road* een weg met zand & bestrooien [bij slipgevaar]
grit stone *znw* zand- of biksteen *o & m*
gritty *bn* zanderig, korrelig; kranig, flink, pittig
grizzle ['grizl] *onoverg* gemeenz jengelen, jammeren
grizzled ['grizld] *bn* grijs, grauw, vergrijsd
grizzly (bear) ['grizli(bɛə)] *znw* grizzly(beer)
groan [groun] **I** *onoverg* steunen, kreunen, kermen (van *with*), zuchten (naar *for*, onder *under*); kraken [v. houtwerk]; **II** *znw* gesteun *o*, gekreun *o*
groat [grout] *znw*: *not a ~* geen zier, geen bal
groats [grouts] *znw mv* grutten
grocer ['grousə] *znw* kruidenier
grocery *znw* kruideniersvak *o*, -winkel, -zaak (ook: *~ business*); *groceries* kruidenierswaren; fig boodschappen
grog [grɔg] *znw* grog
groggy *bn* aangeschoten, dronken; onvast op de benen; zwak, wankel
groin [grɔin] *znw* lies; bouwk graatrib
groined *bn*: *~ vault* bouwk kruisgewelf *o*
grommet *znw* = *grummet*
groom [gru:m] **I** *znw* stal-, rijknecht; bruidegom; kamerheer; **II** *overg* verzorgen; prepareren, opleiden [een opvolger]
groove [gru:v] **I** *znw* groef, sponning, gleuf; fig sleur; *in the ~* slang in de juiste stemming; *get into a ~* in een sleur vervallen; **II** *overg* groeven; techn ploegen; **III** *onoverg* gemeenz zich amuseren, zich prettig voelen
groovy *bn* slang hip, te gek; seksueel aantrekkelijk
grope [group] **I** *onoverg* (tastend) zoeken, (rond-) tasten (naar *for, after*); **II** *overg* gemeenz betasten, aanraken [met seksuele bedoelingen]
gross [grous] **I** *bn* dik, groot, lomp, grof, ruw, onbeschoft; bruto; schromelijk, erg, flagrant; **II** *znw* gros *o*; **III** *overg* bruto verdienen; een brutowinst hebben van; *~ out* Am slang doen walgen
grot [grɔt] *znw* plechtig grot; slang rotzooi
grotesque [grou'tesk] **I** *bn* grotesk; **II** *znw* groteske *o*
grotto ['grɔtou] *znw* (*mv*: -s of) grot
grotty ['grɔti] *bn* slang armzalig, vunzig; *feel ~* zich niet lekker voelen
grouch [grautʃ] gemeenz **I** *znw* mopperige bui; humeurigheid; brompot; **II** *onoverg* mopperen
grouchy *bn* gemeenz mopperig
1 ground [graund] **I** *znw* grond[2] (ook = grondkleur); achtergrond; bodem; terrein[2] *o*; Am elektr aarde; *~s* gronden, redenen; grondsop *o*, droesem, (koffie)dik *o*; aanleg, park *o*; *break ~* beginnen te graven, het terrein ontginnen[2]; *break new (fresh) ~* pionierswerk doen; *change one's ~* zie: *shift one's ~*; *cover much ~* een hele afstand afleggen; fig veel afdoen; zich over een groot gebied uitstrekken; *cut (dig, sweep) the ~ from under sbd.'s feet* iem. het gras voor de voeten wegmaaien; *gain ~* veld winnen[2], vorderen; *get off the ~* op gang komen, van de grond komen; *give ~* wijken; *go to ~* zich verschuilen, onderduiken; *hold (keep) one's ~* stand houden, voet bij stuk houden; *lose ~* terrein verliezen[2]; *maintain one's ~* zie *hold one's ~*; *prepare the ~ for* de weg bereiden voor; de weg effenen tot; *run sbd. to the ~* iem. te pakken krijgen, opsnorren; *shift one's ~* van standpunt veranderen, het over een andere boeg gooien; *stand one's ~* zie *hold one's ~*; *touch ~* grond voelen; *above ~* boven aarde; *it suits me down to the ~* dat komt mij zeer gelegen, dat is een kolfje naar mijn hand; *on sure ~* op veilig terrein; *on (the) ~s of ...* op grond van, wegens; *on the ~(s) that* op grond van het feit dat ..., omdat, daar; *on personal ~s* om redenen van persoonlijke aard; *fall to the ~* op de grond vallen; **II** *overg* gronden; grondvesten, baseren; grondverven; de beginselen onderwijzen; scheepv laten stranden; luchtv aan de grond houden; mil aarden; Am elektr aarden; *well ~ed* gegrond [v. klachten &]; goed onderlegd (in *in*); **III** *onoverg* scheepv aan de grond lopen, stranden
2 ground [graund] V.T. & V.D. van *grind*; *~ glass* matglas *o*
ground-bait ['graundbeit] *znw* lokaas *o*
groundcloth ['graun(d)klɔθ] *znw* Am = *groundsheet*
ground control *znw* vluchtleiding [bij ruimtevaart]
ground crew *znw* luchtv grondpersoneel *o*
ground floor *znw* benedenverdieping, parterre *o & m*; *get in on the ~* van het begin af aan meedoen, meewerken [in firma &]
grounding *znw* grondverven *o*; grondslag[2]; scheepv aan de grond raken *o*; *with a good ~* goed onderlegd
ground ivy *znw* hondsdraf
groundless *bn* ongegrond
ground level *znw* begane grond; fig basis, achterban [v. politieke partij &]
ground-nut *znw* aardnoot, pinda
ground-plan *znw* plattegrond; (eerste) ontwerp *o*
ground-plot *znw* bouwterrein *o*
ground-rent *znw* grondpacht
ground rule *znw* grondregel, grondbeginsel *o*; *~s* procedure, werkwijze; fig spelregels
groundsheet *znw* grondzeil *o*

groundsman *znw* sp terreinknecht
ground staff *znw* luchtv grondpersoneel *o*
groundswell *znw* vloedgolf[2], grondzee
ground wire *znw* aardleiding
groundwork *znw* grondslag[2], grond; onderbouw
group [gru:p] **I** *znw* groep; ~ *captain* kolonel [bij de luchtmacht]; ~ *practice* med groepspraktijk; ~ *therapy* psych groepstherapie; **II** *overg* groeperen; **III** *onoverg* zich groeperen
groupie ['gru:pi] *znw* gemeenz groupie
grouping *znw* groepering
grouse [graus] **I** *znw* (*mv* idem) **1** dierk korhoen *o*, korhoenders; **2** gemeenz gemopper *o*, gekanker *o*; grief; **II** *onoverg* gemeenz mopperen, kankeren
grout [graut] **I** *znw* dunne mortel; **II** *overg* met dunne mortel voegen
grove [grouv] *znw* bosje *o*, bosschage *o*
grovel ['grɔvl] *onoverg* kruipen[2], zich vernederen, zich in het stof wentelen (ook: ~ *in the dirt, in the dust*)
grovelling *bn* kruipend[2], kruiperig; verachtelijk
grow [grou] (grew; grown) **I** *onoverg* groeien, wassen, aangroeien; ontstaan; worden; ~ *away from someone* van iem. vervreemden; ~ *into* groeien in [kleren &]; ~ *into one* aaneen-, samengroeien; ~ *out of* voortspruiten, ontstaan uit; groeien uit, ontgroeien; ~ *together* samengroeien; ~ *up* (op-) groeien, groot (volwassen) worden; ontstaan; ~ *upon sbd.* vat op iem. krijgen; zich aan iem. opdringen [v. gedachte]; **II** *overg* laten groeien (staan); (ver)bouwen, kweken, telen; voortbrengen
grower *znw* kweker, planter
growing I *bn* groeiend, groei-; groeizaam [v. weer]; ~ *crops* te velde staande gewassen; ~ *pains* groeikoorts, groeistuip; fig kinderziekte(n); ~ *point* groeipunt *o*; ~ *season* groeitijd, groeiseizoen *o*; **II** *znw* (ver)bouw, cultuur, teelt
growl [graul] **I** *onoverg* snauwen, knorren, grommen, brommen (tegen *at*); **II** *overg*: ~ *(out)* brommen; **III** *znw* grauw, snauw, geknor *o*, gebrom *o*, gegrom *o*
growler *znw* knorrepot; vero gemeenz vigilante
grown [groun] **I** V.D. van *grow*; **II** *bn* begroeid; volgroeid, volwassen; groot
grown-up I *bn* volwassen; **II** *znw*: *the ~s* de volwassenen, de groten
growth [grouθ] *znw* groei, wasdom, aanwas, toeneming, vermeerdering; gewas *o*, product *o*; gezwel *o*, uitwas; *a week's ~ (of beard)* een baard van een week
groyne, Am **groin** [grɔin] *znw* golfbreker
grub [grʌb] **I** *znw* larve, made, engerling; gemeenz eterij, kost; **II** *onoverg* graven, wroeten; **III** *overg* opgraven, om-, uitgraven, rooien (ook: ~ *up*)
Grub-street I *znw* brood-, prulschrijvers; **II** *bn* prullig
grubby ['grʌbi] *bn* vuil, vies, slonzig
grudge [grʌdʒ] **I** *overg* misgunnen, niet gunnen; *he ~s no labour* geen arbeid is hem te veel; **II** *znw* wrok; *bear a ~, have a ~ against* (een) wrok koesteren jegens, geen goed hart toedragen
grudging *bn* karig, gierig; gereserveerd, zuinig, aarzelend
grudgingly *bijw* met tegenzin, schoorvoetend, tegen heug en meug, ongaarne; tegen wil en dank
gruel ['gruel] *znw* dunne pap, brij
gruelling, Am **grueling** *bn* afmattend, zwaar, hard
gruesome ['gru:səm] *bn* ijselijk, griezelig, ijzingwekkend, akelig
gruff [grʌf] *bn* nors, bars
grumble ['grʌmbl] **I** *onoverg* morren, knorren; brommen, grommen, pruttelen, mopperen (over *at, about, over*); rommelen; **II** *overg*: ~ *(out)* grommen; **III** *znw* gegrom *o*, gemopper *o*, grauw; gerommel *o* [van donder]
grumbler *znw* knorrepot, brombeer, mopperaar
grummet, **grommet** ['grʌmit, 'grɔmit] *znw* scheepv lus [v. scheepstouw]; metalen lus of oog *o*
grumpy ['grʌmpi] *bn* humeurig, knorrig, mopperig
Grundy ['grʌndi]: *Mrs* ~ de boze, kwaadsprekende wereld
grunt [grʌnt] **I** *onoverg* knorren (als een varken); **II** *overg*: ~ *(out)* grommen; **III** *znw* knor, geknor *o*
grunter *znw* knorrepot, brombeer; dierk varken *o*
gruyère ['gru:jɛə] *znw* gruyère(kaas)
gs. *afk.* = *guineas*
G-spot ['dʒi:spɔt] *znw* g-plek, erotisch gevoelige plek in de vagina
G-string ['dʒi:striŋ] *znw* **1** muz g-snaar; **2** G-string, ± tangaslip
guano ['gwa:nou] *znw* guano
guarantee [gærən'ti:] **I** *znw* (waar)borg; garantie; handel aval *o* [v. wissel]; **II** *overg* waarborgen, vrijwaren (tegen, voor *against, from*), borg staan voor, garanderen; handel avaleren [wissel]
guarantor [gærən'tɔ:] *znw* garant, borg; handel avalist [v. wissel]
guaranty ['gærənti] *znw* waarborg, garantie
guard [ga:d] **I** *znw* wacht, hoede, waakzaamheid, dekking; bescherming, bewaking; bewaker, wachter; Am cipier, gevangenbewaarder; mil garde, lijfwacht (ook: *~s*); conducteur; stootplaat [van degen]; beugel [van geweer]; (vuur)scherm *o*; (been)beschermer; leuning; (gevechts)positie [bij schermen]; ~ *of honour* erewacht; *catch sbd. off ~* fig iem. overvallen; *lower (let down) one's ~* zijn waakzaamheid laten verslappen; *mount (a) ~* de wacht betrekken; *off one's ~* niet op zijn hoede; *be on ~, stand ~* mil op wacht staan; *on one's ~* op zijn hoede; *under ~* onder bewaking, gevankelijk; **II** *overg* (be)hoeden, beschermen (tegen *against, from*); bewaken[2]; **III** *onoverg* zich hoeden, zich wachten, op zijn hoede zijn, oppassen, waken (voor *against*)
guard dog *znw* waakhond

guarded *bn* voorzichtig, gereserveerd; afgeschermd; kaartsp gedekt
guardhouse ['ga:dhaus] *znw* = *guardroom*
guardian ['ga:djən] *znw* voogd; curator; bewaarder, bewaker; opziener; RK gardiaan; fig hoeder; ~ *angel* engelbewaarder, beschermengel; *board of ~s* hist armbestuur *o*
guardianship *znw* voogdij, voogdijschap *o*, bewaking, hoede, bescherming
guard-rail ['ga:dreil] *znw* leuning; vangrail
guardroom *znw* mil wachtlokaal *o*; mil arrestantenlokaal *o*; politiekamer
guardsman *znw* officier (soldaat) van de garde, gardist
Guatemala [gwæti'ma:lə] *znw* Guatemala *o*
Guatemalan I *znw* Guatemalteek; **II** *bn* Guatemalteeks
guava ['gwa:və] *znw* guave [boom, vrucht]
gubernatorial [gju:bərnə'taɔ:riəl] *bn* goeverneurs-, regerings-
gudgeon ['gʌdʒən] *znw* dierk grondeling; techn pen
guerdon ['gə:dən] *znw* plechtig beloning
guernsey ['gə:nzi] *znw* trui; *G~* Guernsey *o* [Kanaaleiland]
guerrilla [gə'rilə] *znw* **1** guerrilla (ook: ~ *war*); **2** guerrillastrijder
guess [ges] **I** *onoverg & overg* raden, gissen (naar *at*); Am denken, geloven; vermoeden; *keep sbd. ~ing* iem. aan het lijntje houden, iem. in het ongewisse laten; **II** *znw* gis(sing); *it's anybody's (anyone's) ~* dat weet geen mens; *my ~ is* ... ik denk (geloof) ...; *have a ~ (at)* raden (naar); *at a ~* naar gissing
guesstimate ['gestimeit] gemeenz **I** *znw* ruwe schatting; **II** *overg* met de natte vinger een schatting maken
guesswork *znw* gissing, gegis *o*, raden *o*; *by ~* op het gevoel, op de gok
guest [gest] *znw* gast, logé; introducé; genodigde; *paying ~* betalende logé; *~ of honour* eregast; *be my ~!* ga je gang!, doe maar of je thuis bent!
guest-chamber *znw* = *guestroom*
guest-house *znw* pension *o*
guest-room *znw* logeerkamer
guest worker *znw* gastarbeider
guff [gʌf] *znw* gemeenz onzin
guffaw [gʌ'fɔ:] **I** *znw* luide (onbeschaafde) lach; **II** *onoverg* bulkend lachen
guidance ['gaidəns] *znw* leiding, bestuur *o*; fig begeleiding; geleide *o*; voorlichting
guide I *znw* leidsman, (ge)leider, gids; leidraad; reisgids; mil guide; Br padvindster, gids; **II** *overg* (ge-) leiden, (be)sturen, tot gids dienen[2], de weg wijzen[2]; *~d missile* geleid projectiel *o*; *~d tour* ook: rondleiding
guidebook *znw* (reis)gids, leidraad
guide-dog *znw* geleidehond
guide-line *znw* fig richtlijn, richtsnoer *o*, leidraad
guide-post *znw* wegwijzer
guide-rope *znw* sleepkabel, -touw *o* [v. ballon]; keertouw *o* [bij het hijsen]
guidon ['gaidən] *znw* vaantje *o*, wimpel
guild [gild] *znw* gilde *o & v*; vereniging
guilder ['gildə] *znw* gulden
guildhall ['gild'hɔ:l] *znw* gildenhuis *o*; stadhuis *o*
guile [gail] *znw* bedrog *o*; (arg)list, valsheid
guileful *bn* arglistig, vals
guileless *bn* onschuldig, argeloos
guillotine [gilə'ti:n] **I** *znw* guillotine: valbijl; techn snijmachine; **II** *overg* guilllotineren
guilt [gilt] *znw* schuld, schuldgevoel *o*
guiltless *bn* schuldeloos, onschuldig (aan *of*); *~ of* ... ook: zonder ...
guilty *bn* schuldig (aan *of*); misdadig; schuldbewust; *~ conscience* slecht geweten *o*; *be ~ of* ook: zich schuldig maken (bezondigen) aan
guinea ['gini] *znw* hist muntstuk *o* van 21 shilling
Guinea *znw* Guinee *o*
Guinea-Bissau *znw* Guinee-Bissau
guinea-fowl ['ginifaul] *znw* parelhoen *o*
Guinean I *znw* Guineeër; **II** *bn* Guinees
guinea-pig ['ginipig] *znw* dierk cavia, marmot, Guinees biggetje *o*; fig proefkonijn *o*
guise [gaiz] *znw* gedaante; uiterlijk *o*, voorkomen *o*, schijn; *in the ~ of* bij wijze van; *under the ~ of* onder de schijn van: als
guitar [gi'ta:] *znw* gitaar
guitarist *znw* gitarist, gitaarspeler
gulch [gʌltʃ] *znw* Am (goudhoudend) ravijn *o*
gules [gju:lz] *bn* herald keel, rood
gulf [gʌlf] *znw* golf, (draai)kolk, zeeboezem; afgrond[2], fig onoverbrugbare kloof; *G~ Stream* Golfstroom
gull [gʌl] **I** *znw* (zee)meeuw; **II** *overg* voor het lapje houden, wat wijsmaken, bedotten
gullet ['gʌlit] *znw* slokdarm, keel
gulley *znw* = *gully*
gullible ['gʌlibl] *bn* lichtgelovig, onnozel
gully ['gʌli] *znw* goot; riool *o*; geul; mui; slenk; ravijn *o*
gulp [gʌlp] **I** *overg* (in)slikken; *~ down* (in)slikken[2], inslokken, naar binnen slaan; **II** *onoverg* slikken; slokken; **III** *znw* slik, slok; *at a (one) ~* in één slok (teug)
gum [gʌm] **I** *znw* gom *m of o*; gomboom; gombal; kauwgom *m of o*; *~s* tandvlees *o*; *~ arabic* Arabische gom *m of o*; *by ~!* gemeenz verhip!, potverdikkie!; **II** *overg* gommen; *~ up* gemeenz onklaar maken; *~ up the works* de boel in de war sturen; **III** *onoverg* kleven
gumboil *znw* abcesje *o* op het tandvlees
gumboots *znw mv* rubberlaarzen
gum-drop *znw* gombal
gummy *bn* gomachtig, kleverig, dik, opgezet
gumption ['gʌm(p)ʃən] *znw* gemeenz gezond verstand *o*

gum-resin ['gʌm'rezin] *znw* gomhars *o & m*
gumshoe *znw* Am overschoen; ± sneaker; gemeenz detective, (politie)spion
gum-tree *znw* gomboom; *up a ~* gemeenz in de knel
gun [gʌn] **I** *znw* geweer *o*, kanon *o*; revolver; spuitpistool *o*, spuit [voor verf &]; (saluut)schot *o*; jager; *big (great) ~* gemeenz hoge piet, hoge ome; *blow (great) ~s* verschrikkelijk stormen; *be going great ~s* gemeenz lopen als een trein; *jump the ~* te vroeg van start gaan; fig op de zaak vooruitlopen; *stick to one's ~* voet bij stuk houden; **II** *onoverg*: *be ~ning for sbd.* gemeenz het op iem. gemunt hebben; **III** *overg*: *~ sbd. down* iem. neerschieten
gunboat *znw* kanonneerboot
gun-carriage *znw* affuit
gun-case *znw* foedraal *o* v. geweer
gun-cotton *znw* schietkatoen *o & m*
gundog *znw* jachthond
gun-fire *znw* kanonvuur *o*; morgen-, avondschot *o*
gunge [gʌndʒ] *znw* gemeenz smurrie, derrie, kliederboel
gunman *znw* bandiet, gangster
gunmetal *znw* **1** geschutbrons *o* [bep. legering van koper en tin]; **2** dof blauwgrijze kleur
gunnel ['gʌnl] *znw* = *gunwale*
gunner ['gʌnə] *znw* mil artillerist, kanonnier; schutter; scheepv konstabel
gunnery *znw* ballistiek; kanonvuur *o*
gunny ['gʌni] *znw* gonje, jute; jutezak
gunpoint ['gʌnpɔint] *znw*: *at ~* onder bedreiging met een vuurwapen
gunpowder ['gʌnpaudə] *znw* (bus)kruit *o*
gunroom ['gʌnrum] *znw* scheepv verblijf *o* voor subalterne officieren
gun-runner *znw* wapensmokkelaar
gun-running *znw* wapensmokkelarij
gunshot *znw* geweer-, kanonschot *o*; schootsafstand, reikwijdte; *~ wound* schotwond
gunsmith *znw* geweermaker
gunwale ['gʌnl] *znw* dolboord *o & m*
guppy ['gʌpi] *znw* guppy
gurgle ['gə:gl] **I** *onoverg* klokken [als uit een fles]; murmelen; kirren [v. kind]; **II** *znw* geklok *o*; gemurmel *o*; gekir *o* [v. kind]
Gurkha ['guəkə] *znw* Gurka(soldaat)
guru ['gu:ru, gu'ru:] *znw* goeroe, leermeester
gush [gʌʃ] **I** *onoverg* gutsen, (uit)stromen; aanstellerig sentimenteel doen, dwepen (met *about*); **II** *znw* stroom, uitstroming, uitstorting, uitbarsting
gusher *znw* spuitende oliebron, spuiter; dweper, aansteller
gushing *bn* overvloeiend[2]; fig overdreven, sentimenteel, dwepend
gusset ['gʌsit] *znw* geer, okselstuk *o*, (driehoekig) inzetsel *o*
gust [gʌst] **I** *znw* vlaag[2]; windvlaag; **II** *onoverg* met vlagen waaien
gustation [gʌs'teiʃən] *znw* proeven *o*; smaak
gustatory ['gʌstətəri] *bn* smaak-
gusto ['gʌstou] *znw* smaak, genot *o*, animo
gusty ['gʌsti] *bn* winderig, stormachtig; enthousiast
gut [gʌt] **I** *znw* darm; *~s* ingewanden; gemeenz buik; gemeenz durf, lef *o & m*; *have the ~s to do sth.* het lef hebben iets te doen; *have sbd.'s ~s for garters* gemeenz iem. op zijn sodemieter geven; *work (flog) one's ~s out* gemeenz je uit de naad werken; zie ook: *hate I*; **II** *overg* uithalen, schoonmaken; leeghalen [een huis]; uitbranden [bij brand]; plunderen, excerperen [voor referaat]
gutless *bn* gemeenz futloos, laf
gutsy ['gʌtsi] *bn* gemeenz met pit, gedurfd; moedig
gutter ['gʌtə] **I** *znw* goot, geul; dakgoot; fig bittere armoede; *from the ~* van de straat opgeraapt; **II** *onoverg* druipen [v. kaars]
gutter press *znw* schandaalpers
guttersnipe *znw* straatkind *o*
guttural ['gʌtərəl] **I** *bn* gutturaal, keel-; **II** *znw* keelklank, gutturaal
guv('nor) ['gʌv(nə)] *znw* slang = *gov*
1 guy [gai] *znw* borgtouw *o*; scheerlijn [v. tent]
2 guy [gai] **I** *znw* Guy-Fawkespop (op 5 nov. rondgedragen ter herinnering aan het Buskruitverraad); gemeenz vent, kerel, knaap, jongen; **II** *overg* voor het lapje houden; travesteren [op het toneel]
Guyana [gai'ænə, gi'a:nə] *znw* Guyana *o*
Guyanese [gaiə'ni:z] **I** *znw* (*mv* idem) Guyaan; **II** *bn* Guyaans
guy-rope ['gairoup] *znw* = *[1]guy*
guzzle ['gʌzl] *overg & onoverg* zuipen, brassen; (op-) schrokken
guzzler *znw* zuiplap, brasser; schrokker
gybe [dʒaib] *onoverg & overg* scheepv (doen) gijpen
gym [dʒim] *znw* gemeenz gymnastiek(zaal); *~ shoes* gymnastiekschoenen; *~ slip* Br overgooier, tuniek *o* [deel van het schooluniform van meisjes]
gymkhana [dʒim'ka:nə] *znw* gymkana, hindernisrace [vooral voor paarden]; sportterrein *o*
gymnasium [dʒim'neizjəm] *znw* (*mv*: -s *of* gymnasia [-zjə]) gymnastiekschool, -zaal; [buiten Engeland] gymnasium *o*
gymnast ['dʒimnæst] *znw* gymnast(e), turn(st)er
gymnastic [dʒim'næstik] **I** *bn* gymnastisch; gymnastiek-; **II** *znw*: *~s* gymnastiek
gynaecological, Am **gynecological** [gainikə-'lɔdʒikl] *bn* gynaecologisch
gynaecologist, Am **gynecologist** [gaini'kɔlədʒist] *znw* gynaecoloog, vrouwenarts
gynaecology, Am **gynecology** *znw* gynaecologie
gyp [dʒip] *znw* onderw (studenten)oppasser; *give (someone) ~* slang (iem.) op z'n donder geven, pijn doen
gypsum ['dʒipsəm] *znw* gips *o*
gypsy *znw* = *gipsy*
gyrate ['dʒaiəreit] *onoverg* (rond)draaien
gyration [dʒaiə'reiʃən] *znw* ronddraaiing, omwen-

teling, kringloop
gyratory ['dʒaiərətəri] *bn* draaiend, draai-
gyroscope ['dʒaiərəskoup] *znw* gyroscoop

H

h [eitʃ] *znw* (de letter) h
ha [ha:] *tsw* ha!, zie ook: *hum*
habeas corpus ['heibjəs'kɔ:pəs] recht: *(writ of)* ~ bevelschrift *o* tot voorleiding van een gevangene
haberdasher ['hæbədæʃə] *znw* winkelier in fournituren; Am verkoper van herenkleding
haberdashery *znw* garen- en bandwinkel; fournituren; Am herenmodezaak
habit ['hæbit] *znw* gewoonte, hebbelijkheid, aanwensel *o*, habitus; verslaving; gesteldheid; (rij-)kleed *o*, amazone; habijt *o*, pij; dracht; *out of* ~, *from force of* ~ uit gewoonte; ~ *of mind* denkwijze; *have a* ~ *of* de (vervelende) gewoonte hebben te...; *be in the* ~ *of* de gewoonte hebben, gewoon zijn; *fall (get) into the* ~ *of* zich aanwennen; *have a* ~ slang verslaafd zijn; *kick the* ~ afkicken; ophouden met roken, drinken &
habitable ['hæbitəbl] *bn* bewoonbaar
habitat *znw* verblijf-, vind-, groeiplaats [v. dier of plant]
habitation [hæbi'teiʃən] *znw* bewoning; woning, woonplaats
habit-forming ['hæbitfɔ:miŋ]: ~ *drug znw* verslavingsvergift *o*
habitual [hə'bitjuəl] *bn* gewoon; gewoonte-
habituate *overg* wennen (aan *to*)
habitué [hə'bitjuei] *znw* [Fr] vaste bezoeker, stamgast
hack [hæk] **I** *znw* houw, snede, keep; droge kuch; huurpaard *o*, knol; broodschrijver; loonslaaf; **II** *bn* huur-; ~ *work* werk *o* om den brode; ~ *writer* broodschrijver; **III** *overg* **1** hakken, houwen, japen, kerven, inkepen; **2** voortdurend achter de computer zitten, een computerfreak zijn; **3** computers kraken; ~ *one's way through* zich worstelen door; *be ~ed off* gemeenz balen; *I can't* ~ *it* Am **1** het lukt me niet; **2** ik kan er niet tegen; **IV** *onoverg* erop inhakken (ook: ~ *at*); (droog) kuchen; paardrijden
hacker [hækə] *znw* computerkraker; computerfanaat
hackle ['hækl] *znw* (vlas)hekel; (hanen)veer, kunstvlieg (met veer); *~s* nekveren, kraag; nekharen[2]; *with one's ~s up* nijdig; strijdlustig; *my ~s rose at the very idea* het idee alleen al maakte mij razend
hackney cab ['hækni kæb], **hackney carriage** *znw* huurrijtuig *o*, taxi
hackneyed *bn* afgezaagd, banaal
hacksaw ['hæksɔ:] *znw* ijzer-, metaalzaag
had [hæd] V.T. & V.D. van *have*
haddock ['hædək] *znw* (*mv* idem *of* -s) schelvis
haematologist [hi:mə'tɔlədʒist] *znw* hematoloog

haematology [hi:mə'tɔlədʒi] *znw* hematologie
haemoglobin [hi:mə'gloubin] *znw* hemoglobine
haemophilia, Am **hemophilia** [hi:mou'filiə] *znw* hemofilie; bloederziekte
haemophiliac [hi:mə'filiæk] *znw* hemofiliepatiënt, bloeder
haemorrhage, Am **hemorrage** ['hemərid ʒ] *znw* bloeding
haemorrhoids, Am **hemorrhoids** ['hemərɔidz] *znw mv* aambeien
haft [ha:ft] *znw* heft *o*, handvat *o*
hag [hæg] *znw* heks[2], toverkol
haggard ['hægəd] *bn* verwilderd; uitgeput, afgetobd; mager
haggis ['hægis] *znw* haggis (Schots nationaal gerecht *o* van hart, longen en lever van het schaap)
haggish ['hægiʃ] *bn* als (van) een heks
haggle ['hægl] **I** *onoverg* knibbelen, kibbelen, pingelen, (af)dingen; **II** *znw* gekibbel *o*
hagiocracy [hægi'ɔkrəsi] *znw* priesterregering
hagiographer [hægi'ɔgrəfə] *znw* hagiograaf
hagiography [hægi'ɔgrəfi] *znw* hagiografie
hagiolatry [hægi'ɔlətri] *znw* overdreven heiligenverering
hagridden ['hægridn] *bn* (als) door een nachtmerrie gekweld
Hague (The) [ðə'heig] **I** *znw* Den Haag; **II** *bn* Haags
hail [heil] **I** *znw* **1** hagel; **2** (aan)roep; *within (out of)* ~ binnen (buiten) gehoorsafstand; *a ~ of criticism* een storm v. kritiek; **II** *onoverg* **1** hagelen; **2**: ~ *from* komen van, afkomstig zijn van; **III** *overg* **1** doen neerdalen; **2** aanroepen, scheepv praaien; begroeten (als *as*); **IV** *tsw* heil (u); *H~ Mary* RK wees gegroet, Maria; *a Hail Mary* RK een weesgegroet(je) *o*
hail-fellow-well-met I *bn* (overdreven) familiair, (te) amicaal; **II** *znw* ouwe-jongens-krentenbrood *o*
hailstone *znw* hagelsteen, -korrel
hailstorm *znw* hagelbui, hagelslag
hair [hɛə] *znw* haar *o*; haartje[2] *o*; haren; *get in sbd.'s* ~ iem. op de zenuwen werken; *keep your ~ on* gemeenz maak je niet dik; *let one's ~ down* gemeenz een ongedwongen houding aannemen, loskomen; *make one's ~ stand on end* de haren te berge doen rijzen; *not turn a* ~ geen spier vertrekken; *split ~s* haarkloven, muggenziften; *to a* ~ op een haar, haarfijn; *try a ~ of the dog that bit you!* neem een borreltje tegen de kater!
hairbreadth, **hair's breadth** *znw* haarbreed *o*; *not by a* ~ geen haarbreed; *by a* ~ op het nippertje; *he had a ~ escape* het scheelde maar een haar of hij was er bij geweest
hairbrush *znw* haarborstel
haircloth *znw* haren stof; haren kleed *o*, boetekleed *o*
hair curler *znw* krultang
haircut *znw* knippen *o*; coupe
hairdo *znw* kapsel *o*, coiffure, frisuur
hairdresser *znw* kapper, coiffeur
hairdryer *znw* haardroger
hair gel *znw* (haar)gel
hairgrip *znw* haarspeld
hairless *bn* onbehaard, kaal
hairline *znw* ophaal [bij het schrijven]; haargrens [v. voorhoofdshaar]; haarlijntje *o*; ~ *crack* haarscheurtje *o*
hairnet *znw* haarnetje *o*
hairpiece *znw* haarstukje *o*
hairpin *znw* haarspeld; ~ *bend* haarspeldbocht
hair-raising *bn* waarvan je de haren te berge rijzen
hair-restorer *znw* haargroeimiddel *o*
hair's breadth *znw* = *hairbreadth*
hair-shirt *znw* (kemels)haren hemd *o*; boetekleed *o*
hair-slide *znw* haarspeld
hair-splitter *znw* haarklover
hair-splitting I *bn* haarklovend; **II** *znw* haarkloverij
hairspring *znw* spiraalveer [in horloge]
hair-style *znw* coiffure, kapsel *o*
hair stylist *znw* kapper
hairwash *znw* haarwassing; *have a* ~ zijn haar (laten) wassen
hairy *bn* harig, behaard; gemeenz gevaarlijk, angstaanjagend
Haiti ['heiti] *znw* Haïti *o*
Haitian ['heiʃjən, 'heitjən] **I** *znw* Haïtiaan; **II** *bn* Haïtiaans
hake [heik] *znw* soort kabeljauw
halberd ['hælbəd] *znw* hellebaard
halberdier [hælbə'diə] *znw* hellebaardier
halcyon ['hælsiən] **I** *znw* halcyon, ijsvogel; **II** *bn* vredig, stil, kalm, rustig; *the ~ days* de gelukkige tijden van toen
hale [heil] *bn* fris, gezond, kloek, flink; ~ *and hearty* fris en gezond, kras
half [ha:f] **I** *bn* half; ~ *a pound* een half pond; *in a ~ whisper* (zacht) fluisterend; **II** *bijw* half, halverwege; ~ *as much (many) again* anderhalf maal zoveel; ~ *past (five)* half (zes); *from two to ~ past* van twee tot half drie; *not ~!* gemeenz en of!, en niet zuinig ook!; *not ~ bad* gemeenz nog zo kwaad niet, lang niet slecht; *not ~ angry* gemeenz razend; *I ~ think* ik ben geneigd te denken; *he was ~ ashamed* hij schaamde zich 'n beetje; **III** *znw* (*mv*: halves [ha:vz]) helft, half; speelhelft; kaartje *o* voor half geld; semester *o*, halfback; kwart liter; *better (other)* ~ schertsend wederhelft; *go halves* samen delen; *bigger by* ~ de helft groter; *too ... by* ~ al te ...; *(do nothing) by halves* ten halve; *cut, fold in ~ (into two halves)* in tweeën, doormidden; *that was a party and a ~!* dat was me nog 'ns een feest!
half-and-half *bn bijw* half-en-half, half-om-half
half-back *znw* middenspeler
half-baked *bn* halfbakken; halfgaar[2], dom
half-binding *znw* halfleren band
half-blood *znw & bn* halfbloed; halfbroeder, half-

zuster

half board *znw* halfpension *o*

half-bred *bn* van gemengd bloed

half-breed *znw & bn* halfbloed[2]

half-brother *znw* halfbroer

half-caste *znw & bn* halfbloed

half cock *znw*: *go off at ~* mislukken, de mist ingaan (door overijld handelen)

half-crown *znw* vroegere Br. munt met waarde v. 2 sh. 6 d.

half-day *znw* vrije middag

half-hearted *bn* niet van harte, lauw, halfslachtig, weifelend

half holiday *znw* vrije middag

half-hourly *bn & bijw* om het halve uur, halfuur-

half-length *znw* portret 'te halven lijve' (*~ picture*)

half-life *znw* halveringstijd

half-light *znw* schemering

half-mast *znw*: *at ~* halfstok

half-moon *znw* halvemaan

half-note *znw* Am muz halve noot

half-pay I *znw* non-activiteitstraktement *o*, wachtgeld *o*; **II** *bn* op non-activiteit

halfpence ['heip(ə)ns], **halfpenny** ['heipni] *znw* vroeger halve penny

halfpennyworth ['heipniwə:θ, 'heipəθ] *bn* vroeger ter waarde van of voor een halve penny

half-price *bn bijw* voor halve prijs

half-seas-over ['ha:fsi:z'ouvə] *bn* halfdronken

half-sister *znw* halfzuster

half-term *znw* Br korte (school)vakantie

half-timbered *bn*: *~ house* vakwerkhuis *o*

half-time I *znw* halftime *o & m*: rust; **II** *bn & bijw* voor de halve tijd

halftone *znw* halftint; Am muz halve toon

halfway *bijw* halfweg, halverwege; *~ house* compromis *o*, middending *o*, tussenstation *o*; *meet sbd. ~* **1** iem. halverwege tegemoet komen; **2** een compromis sluiten met iem.

half-wit *znw* imbeciel, halve gare

halfwitted *bn* niet goed bij zijn hoofd, zwakzinnig, idioot

half-yearly *bn* halfjaarlijks

halibut ['hælibət] *znw* (*mv* idem *of* -s) heilbot

halitosis [hæli'tousis] *znw* slechte adem

hall [hɔ:l] *znw* hal; vestibule; zaal; onderw eetzaal; slot *o*, huizing; gildenhuis *o*; stadhuis *o*; college *o*; *~ of residence* studentenhuis *o* (op universiteitsterrein)

hallelujah [hæli'lu:jə] *znw* halleluja, alleluja *o*

hallmark ['hɔ:lma:k] **I** *znw* stempel[2] *o & m*, keur [v. essayeurs], waarmerk *o*; **II** *overg* stempelen[2], waarmerken

hallo [hə'lou, hæ'lou] *tsw* hela!; hé!; hallo!; *say ~ to sbd.* iem. dag zeggen, iem. (be)groeten

halloo [hə'lu:] **I** *tsw & znw* hallo, hei, ho, hola; geroep *o*, geschreeuw *o*; **II** *onoverg* hallo schreeuwen, roepen; **III** *overg* aanhitsen

hallow ['hælou] *overg* heiligen, wijden; *~ed* gewijd[2]

Hallowe'en ['hælou'i:n] *znw* vooravond van Allerheiligen

hall-porter ['hɔ:lpɔ:tə] *znw* portier

hallstand *znw* kapstok en paraplustandaard

hallucinate [hə'l(j)u:sineit] *onoverg* hallucineren, aan waanvoorstellingen lijden

hallucination [həl(j)u:si'neiʃən] *znw* hallucinatie

hallucinatory [həl'(j)u:sinətəri] *bn* hallucinatorisch

hallucinogen *znw* hallucinogeen *o*

hallucinogenic [həl(j)u:sinə'dʒenik] *bn* hallucinogeen, geestverruimend

hallway ['hɔ:lwei] *znw* hal, portaal *o*, vestibule

halo ['heilou] **I** *znw* (*mv*: -loes) halo: lichtkring om zon of maan; stralenkrans; **II** *overg* met een halo (stralenkrans) omgeven

halogen ['hælədʒen] *znw* chem halogeen *o*

halt [hɔ:lt] **I** *tsw* halt!; **II** *znw* halt, stilstand; halte; *call a ~* halt (laten) houden; *come (bring) to a ~* tot stilstand komen (brengen); *make a ~* halt houden; **III** *onoverg (& overg)* halt (laten) houden, stoppen

halter [hɔ:ltə] **I** *znw* halster; strop; **II** *overg* halsteren, met een touw of halster binden, een touw of strop om de hals doen[2]

halterneck dress ['hɔ:ltənek dres] *znw* halterjurk [met bandjes die in de nek worden gestrikt]

halting ['hɔ:ltiŋ] *bn* weifelend, stamelend; *~ly* met horten en stoten

halve [ha:v] *overg* halveren, in tweeën delen

halyard ['hæljəd] *znw* scheepv val *o*

ham [hæm] **I** *znw* dij, bil; ham; gemeenz slecht acteur (actrice) (ook: *~ actor*); radioamateur; **II** *overg & onoverg* overacteren, zich aanstellen (ook: *~ up*)

hamburger ['hæmbə:gə] *znw* hamburger: (broodje *o* met) gehakt *o*, gehaktbal

ham-fisted ['hæm'fistid], **ham-handed** *bn* onhandig, ruw

hamlet ['hæmlit] *znw* gehucht *o*

hammer ['hæmə] **I** *znw* hamer (ook als gehoorsbeentje); haan [v. geweer]; *~ and tongs* uit alle macht; *come under the ~* onder de hamer komen; *throwing the ~* sp kogelslingeren *o*; **II** *onoverg* hameren; *~ (away) at* erop los hameren, beuken op; ploeteren aan; **III** *overg* (uit)hameren slaan[2]; fig kraken, de grond in boren; compleet verslaan, inmaken; *~ it into sbd.'s head* het iem. instampen; *~ out* uitvorsen; verzinnen; uitwerken

hammock ['hæmɔk] *znw* hangmat

hamper ['hæmpə] **I** *znw* dekselmand, picknickmand; *Christmas ~* kerstpakket *o*; **II** *overg* bemoeilijken, belemmeren, verstrikken

hamster ['hæmstə] *znw* hamster

hamstring ['hæmstriŋ] **I** *znw* kniepees; **II** *overg* fig verlammen

hamstrung V.T. & V.D. van *hamstring II*

hand [hænd] **I** *znw* hand° (ook: handbreed *o*; handschrift *o*; handtekening; handvol en vijf stuks);

(voor)poot [van dieren]; wijzer [v. uurwerk]; arbeider, scheepv man; kaartsp speler, spel *o*, kaart; (maat van) 4 inches; kam [bananen]; *all ~s* scheepv alle hens; *a big ~ for* gemeenz een hartelijk applaus *o* voor; *a new ~* een nieuweling, beginner; *an old ~* een ouwe rot; *be a poor (great) ~ at* slecht (goed) zijn in, geen bolleboos zijn in; *bound (tied) ~ and foot* aan handen en voeten gebonden[2]; *wait upon sbd. ~ and foot* iem. op zijn wenken bedienen; *be ~ in glove with sbd.* dikke vrienden zijn met iem.; *(win) ~s down* op zijn dooie gemak; *get one's ~ in* de slag van iets (weer) beetkrijgen; *have a ~ in it* er de hand in hebben; *keep one's ~ in* zorgen er niet uit te raken, het onderhouden; *~s off!* afblijven!; *~s up!* handen omhoog!; *lay ~s on* beslag leggen op; te pakken krijgen; vinden; *hold ~s* elkaar de hand vasthouden; *change ~s* in andere handen overgaan; *show one's ~* de kaarten openleggen, zich blootgeven; *tie sbd.'s ~* iem. in een dwangpositie brengen; *with one ~ tied behind one's back* fig met de ogen dicht, op zijn sloffen; *be (close, near) at ~* bij de hand zijn, in de buurt zijn; op handen zijn; *at first (second) ~* uit de eerste (tweede) hand; *at the ~s of* door toedoen van, van de kant van; *by ~* met de hand (gemaakt); met de fles (grootbrengen); *have a free ~* de vrije hand hebben; *bite the ~ that feeds one* stank voor dank geven; *force sbd.'s ~* fig iem. het mes op de keel zetten; *know sth. like the back of one's ~* iets kennen als zijn broekzak; *try one's ~ at sth.* iets (ook eens) proberen; *turn one's ~ to [painting &]* met [schilderen &] beginnen; *from ~ to mouth* van de hand in de tand; *in ~* in de hand[2], in handen, nog voorhanden, onverkocht; *the matter in ~* in voorbereiding, onder handen, de zaak in kwestie; *money in ~* gereed geld, contanten; *go ~ in ~ with* hand in (aan) hand gaan met; *have one's men (well, thoroughly) in ~* zijn manschappen (goed) onder appel hebben (houden); *have the situation in ~* de toestand meester zijn; *take it in ~* de hand aan het werk slaan, het aanpakken; het op zich nemen; *take sbd. in ~* iem. flink aanpakken; *carry one's life in one's ~s* voortdurend zijn leven wagen; *take one's life in one's ~s* zijn leven wagen; *be in the ~s of* in handen zijn van, berusten bij; *off ~* zo uit het blote hoofd; *that's off my ~s* daar ben ik af, dat is aan kant; *be on ~* aanwezig zijn, voorradig zijn, ter beschikking zijn (staan); *have sth. on ~* iets nog in voorraad hebben; *have work on ~* werk voor de boeg hebben; *on all ~s* van (aan) alle kanten[2]; *on either ~* van (aan) beide zijden (kanten); *on the one ~* aan de ene kant; *on the other ~* aan de andere kant, anderzijds, daarentegen; *(the goods) left on my ~s* waar ik mee ben blijven zitten; *if you've got time on your ~s* als u tijd (over) hebt; *out of ~* op staande voet; *get out of ~* ongezeglijk worden; moeilijk (niet meer) te regeren zijn; uit de hand lopen [conflict]; *~ over ~* hand over hand [bij touwklimmen en -trekken]; *make money ~ over fist* gouden zaken doen; *come to ~* in handen vallen; zijn bestemming bereiken [v. brieven]; *no ... to ~* geen ... bij de hand, geen ... ter beschikking; *your letter to ~* uw brief (hebben wij) ontvangen; *ready (made) to your ~* kant en klaar voor u; *~ to ~* mil man tegen man; *with all ~s (on board)* scheepv met man en muis; *with folded ~s* ook: fig met de handen in de schoot; *with a high (heavy) ~* uit de hoogte, aanmatigend; eigenmachtig, autoritair; **II** *overg* ter hand stellen, overhandigen, aan-, overreiken, aan-, afgeven; *~ around* = *~ round*; *~ back* teruggeven; *~ down* (van boven) aanreiken; overleveren; overerven; *~ down a verdict* Am een vonnis wijzen; *~ in* inleveren, afgeven, aanbieden; *~ on* doorgeven; *~ out* aan-, afgeven; uitdelen; *~ over* in-, afleveren, overhandigen afgeven, uitreiken; fig afstaan, overdragen, overmaken, -leveren; de leiding (het bestuur, de zaak &) overdragen; handel doen toekomen, uitbetalen; *~ round* ronddelen, ronddienen; *I must ~ it to him, he was decent* gemeenz dat moet ik hem nageven; hij was fatsoenlijk; *you've got to ~ it to him* gemeenz ik neem mijn petje voor hem af

hand-bag *znw* handtas, handtasje *o*

handball *znw* handbal *o*; [bij voetbal] hands

hand-barrow *znw* (draag)berrie

handbill *znw* (strooi)biljet *o*

handbook *znw* leerboek *o*, inleiding, handboek *o*; gids

handbrake *znw* handrem

handcart *znw* handkar

handclap *znw*: *slow ~* langzaam handgeklap

handclasp *znw* handdruk

handcuff I *znw* handboei; **II** *overg* de handboeien aanleggen, boeien

hand-feed *overg* uit de hand voeren

handful *znw* handvol; gemeenz lastig persoon, ding *o* &

hand-grenade *znw* handgranaat

handgrip *znw* handgreep, stevige handdruk

handgun *znw* handvuurwapen *o*

handhold *znw* houvast *o*

handicap ['hændikæp] **I** *znw* handicap; fig hindernis, belemmering; nadeel *o*; **II** *bn* sp met voorgift; **III** *overg* handicappen; fig in minder gunstige positie brengen, belemmeren; *physically ~ped* lichamelijk gehandicapt; *mentally ~ped* geestelijk gehandicapt; *the ~ped* de gehandicapten

handicraft ['hændikra:ft] *znw* ambacht *o*, handwerk *o*, handenarbeid

handiwork *znw* werk *o* (van de handen); handwerk *o*

handkerchief ['hæŋkətʃi(:)f] *znw* (*mv*: -s *of* -chieves [-tʃi:vz]) zakdoek, (neus)doek

handle ['hændl] **I** *znw* handvat *o*, heft *o*, hengsel *o*, (hand)greep, techn handel *o & m*, steel, kruk, zwengel, gevest *o*, oor *o*; stuur *o*; (deur)knop, -kruk; slang (bij)naam, pseudoniem *o*; *have a ~ to one's*

name een titel voor (achter) zijn naam hebben; *fly off the ~* gemeenz opstuiven; **II** *onoverg*: *~ well (badly)* gemakkelijk (moeilijk) te hanteren, te bedienen zijn [auto, wapen &]; **III** *overg* betasten, bevoelen, hanteren; aanvatten, aanpakken[2]; behandelen, onder handen nemen, omgaan (omspringen) met; verwerken [het verkeer &]; mil bedienen [geschut]; sp met de handen aanraken [de bal]; handel handelen in; *~d* met handvat
handlebar(s) *znw* stuur *o* [v. fiets]; *dropped ~* omgekeerd stuur *o*
handlebar moustache *znw* schertsend 'fietsstuur' [lange, zware snor]
handler *znw* hondengeleider (ook: *dog ~*)
handling *znw* behandeling, hantering; verzending (v. goederen); voetbal hands
hand-made ['hænd'meid] *bn* uit (met) de hand gemaakt, handwerk; geschept [papier]
handmaid(en) *znw* vero dienstmaagd; fig dienares
hand-me-down *znw* Am gemeenz afdankertje *o*, afleggertje *o*
handout *znw* persbericht *o*; hand-out [korte samenvatting v. lezing &]; gift, aalmoes
handover *znw* overdracht
hand-pick *overg* selecteren
handrail *znw* leuning
handsaw *znw* handzaag
handset *znw* telefoonhoorn
handshake ['hændʃeik] *znw* handdruk
handsome ['hænsəm] *bn* mooi, fraai, knap, nobel, royaal, mild; aardig, flink; *~ is that ~ does* men moet niet op het uiterlijk afgaan
hands-on *bn* praktisch, praktijk-
handspring *znw* radslag
handstand *znw* handstand [gymnastiek]
hand-to-hand *bn*: *~ fight* gevecht *o* van man tegen man, handgemeen *o*
hand-to-mouth *bn bijw* van de hand in de tand (levend)
handwork *znw* handenarbeid
handwriting *znw* handschrift *o*; *~ expert* grafoloog, schriftkundige
handwritten *bn* met de hand geschreven
handy *bn* eig bij de hand; handig°; *~ with* goed kunnende gebruiken; zie ook: *come*
handyman *znw* factotum *o & m*; knutselaar
1 hang [hæŋ] (hung; hung) **I** *overg* (op)hangen, behangen; laten besterven [vlees]; *~ fire* mil 'nabranden' [v. patroon]; fig niet opschieten; aarzelen; geen opgang maken; *~ up* ophangen; fig aan de kapstok hangen; op de lange baan schuiven; **II** *onoverg* (af)hangen; zweven; traineren [v. proces]; *~ about!* slang wacht even!; *~ about (around)* rondlummelen; wachten; *~ back* niet vooruit willen; achterblijven; fig aarzelen, terugkrabbelen; *~ behind* achterblijven; *~ down* afhangen, (neer)vallen [haar, stof]; *~ on* [met klemtoon] wachten, blijven (hangen), zich vastklemmen (ook: *~ on to*); volhouden; *~ on!* wacht even!, een ogenblikje!; *~ on in there* Am gemeenz volhouden, 't niet opgeven; *~ on* [zonder klemtoon] afhangen van; *~ on sbd.'s words* aan iemands lippen hangen; *time ~s heavy (on my hands)* de tijd valt me lang; *~ out* uithangen [vlag], ophangen [was]; slang (ergens) uithangen, zich ophouden; *let it all ~ out* slang uit zijn bol gaan, zich uitleven; *~ loose* Am slang zich niet druk maken, relaxen; *~ together* aaneen-, samenhangen, eendrachtig samengaan; klitten; één lijn trekken; *~ up* telec ophangen, het gesprek afbreken (met *on*); *be hung up* opgehouden zijn; gemeenz geobsedeerd zijn (door *on*), verslingerd zijn (aan *on*)
2 hang (hanged; hanged) **I** *overg* ophangen [als straf]; **II** *onoverg* opgehangen zijn (worden); *I'll be ~ed if...* ik mag hangen als ...; *I'll be ~ed first* ik zou nog liever hangen; *~ it!* gemeenz verdorie!; *~ the expense!* wat kunnen mij de kosten schelen!
3 hang *znw* hangen *o*; (steile) helling; fig (in-) richting; slag; *I don't give (care) a ~* gemeenz het kan me geen fluit schelen; *get the ~ of it* gemeenz de slag ervan beetkrijgen; erachter komen
hangar ['hæŋə] *znw* hangar, (vliegtuig)loods
hangdog ['hæŋdɔg] *bn*: *~ look* schuldige blik, armezondaarsgezicht *o*
hanger ['hæŋə] *znw* hanger; haak; hartsvanger
hanger-on ['hæŋə'rɔn] *znw* (*mv*: hangers-on) fig parasiet
hang-glider ['hæŋglaidə] *znw* deltavlieger, hangglider
hang-gliding ['hæŋglaidiŋ] *znw* deltavliegen *o*
hanging ['hæŋiŋ] **I** *znw* ophanging, hangen *o*; *~s* draperie(ën), behang(sel) *o*; **II** *bn* (af)hangend, hang-; *a ~ affair (matter)* een halszaak, -misdaad
hangman *znw* beul
hang-nail *znw* nij(d)nagel
hang-out *znw* slang verblijf *o*, hol *o*, trefpunt *o*
hang-over *znw* gemeenz kater; overblijfsel *o*
hang-up *znw* gemeenz obsessie
hank [hæŋk] *znw* streng [garen]
hanker ['hæŋkə] *onoverg* (vurig) verlangen, hunkeren, haken (naar *after, for*)
hankering *znw* vurig verlangen *o*
hanky ['hæŋki] *znw* gemeenz zakdoek
hanky-panky ['hæŋki'pæŋki] *znw* gemeenz hocuspocus, trucs, knoeierij, kunsten; gefoezel *o*, geflikflooi *o*
Hansard ['hænsa:d] *znw* de Handelingen van het Parlement
hansom(cab) ['hænsəm ('kæb)] *znw* hansom: tweewielig huurrijtuig *o*
ha'penny *znw* = *halfpenny*
haphazard [hæp'hæzəd] *bn & bijw* op goed geluk, lukraak, toevallig; wanordelijk
hapless ['hæplis] *bn* ongelukkig
ha'p'orth ['heipniwə(:)θ, 'heipəθ] *bn* = *halfpennyworth*

happen ['hæpn] *onoverg* (toevallig, vanzelf) gebeuren, plaatsgrijpen, voorvallen; ~ *along* gemeenz toevallig (langs)komen; ~ *on (upon)* toevallig ontmoeten, aantreffen; ~ *to* overkomen [iem.], gebeuren met [iets]; *I ~ed to see him* toevallig zag ik hem; *as it ~ed, as it ~s* (nu) juist; *it so ~s that...* het toeval wil dat..., toevallig...
happening *znw* gebeurtenis; happening
happiness ['hæpinis] *znw* geluk *o*, blijheid, tevredenheid
happy *bn* gelukkig[2], blij, tevreden; *I shall be ~ to...* ik zal graag...; *(strike) a ~ medium* de gulden middenweg (bewandelen); zie ook: *trigger-happy*
happy-go-lucky *bn* zorgeloos
harangue [hə'ræŋ] **I** *znw* heftige of hoogdravende rede, toespraak; **II** *overg* (heftig en ernstig) toespreken
harass ['hærəs] *overg* kwellen, teisteren, afmatten, bestoken
harassment ['hærəsmənt] *znw* kwelling; *sexual ~* ongewenste intimiteiten
harbinger ['ha:bin(d)ʒə] *znw* (voor)bode, voorloper
harbour ['ha:bə] **I** *znw* haven[2], schuilplaats [v. hert]; **II** *overg* herbergen [ook: ongedierte &]; koesteren [gedachten]; **III** *onoverg* scheepv voor anker gaan
harbour-master *znw* havenmeester
hard [ha:d] **I** *bn* hard°, zwaar, moeilijk; moeizaam; streng, hardvochtig; handel vast; scherp [v. medeklinkers]; ~ *cash* klinkende munt; ~ *cheese!* gemeenz pech gehad!; ~ *copy* comput afdruk op papier; ~ *disk* comput harde schijf; ~ *drugs* harddrugs, verslavende drugs; ~ *evidence* concrete bewijzen; ~ *facts* harde (naakte) feiten; ~ *feelings* wrok, rancune; ~ *labour* dwangarbeid; ~ *liquor* zwaar alcoholische dranken; ~ *luck* pech; ~ *shoulder* vluchtstrook; *learn the ~ way* een harde leerschool doorlopen; ~ *words* moeilijke woorden; harde woorden; *a ~ and fast rule* een vaste (geen uitzondering of afwijking toelatende) regel; **II** *bijw* hard°; *drink ~* zwaar drinken; *look ~ at* streng, strak aankijken; *think ~* ingespannen denken, zich goed bedenken; *try ~* zijn uiterste best doen; ~ *behind (by)* vlak achter (bij); ~ *of hearing* hardhorend; ~ *on (upon)* dichtbij; vlak op [iets volgen]; hard voor [iem.]; ~ *up* slecht bij kas; verlegen (om *for*); *it will go ~ for them* ze zullen het zwaar te verduren krijgen; *feel ~ done by* zich slecht behandeld, belazerd voelen; *we'll be ~ pressed (pushed, put) (to finish tonight)!* het zal nog moeilijk worden (om het vanavond af te krijgen)!
hardback *znw* gebonden (boek *o*)
hardball *znw* Am honkbal *o*; *play ~* Am het keihard spelen
hardbitten *bn* taai [v. vechter]; verbeten
hardboard *znw* hardboard *o*
hard-boiled *bn* hardgekookt [ei]; gemeenz nuchter, hard, berekenend, doortrapt
hard-bound *bn* gebonden [uitgave]
hard-core I *bn* doorgewinterd; verstokt; aartsconservatief; hard [porno]; **II** *znw* steenslag; kern [v.e. partij]; harde porno
hardcover *znw* gebonden (boek *o*)
hard currency *znw* harde valuta
hard-earned *bn* zuurverdiend
harden I *overg* harden, hard (gevoelloos) maken, verharden; **II** *onoverg* hard worden, verharden; een vaste(re) vorm aannemen; handel vaster (hoger) worden; *~ed* ook: verstokt
hard-faced, **hard-featured** *bn* bars (streng) van uiterlijk
hard-got(ten) *bn* zuur verdiend
hard-headed *bn* nuchter, praktisch, onaandoenlijk
hard-hearted *bn* hardvochtig
hard-hitting *bn* hard toeslaand, vinnig
hardihood ['ha:dihud] *znw* onversaagdheid, koenheid, stoutmoedigheid; onbeschaamdheid
hardliner ['ha:dlainə] *znw* voorstander van de harde lijn
hard-luck *bn*: ~ *story* hartverscheurend verhaal *o* [om medelijden & te wekken]
hardly ['ha:dli] *bijw* nauwelijks, ternauwernood, bijna niet; eigenlijk niet; wel niet; bezwaarlijk, kwalijk; ~ *ever* bijna nooit; *~... when* nauwelijks... of
hard-nosed *bn* nuchter, zakelijk, realistisch
hard-on *znw* plat stijve, erectie
hardpan *znw* verharde ondergrond, kern
hard-pressed *bn*: *be ~* in tijdnood zitten; geldgebrek hebben
hard sell *znw* agressieve verkoopmethode
hardship *znw* moeilijkheid, ongemak *o*; onbillijkheid; ontbering; tegenspoed
hard-tack *znw* scheepsbeschuit
hardtop *znw* [auto] zonder open dak *o*
hardware *znw* ijzerwaren; comput hardware; techn apparatuur, bouwelementen; mil zware wapens
hard-wearing *bn* sterk, niet gauw slijtend, solide
hardwood *znw* hardhout *o*; plantk loofhout *o*
hardy ['ha:di] *bn* gehard; onversaagd, stout(moedig), koen; flink; plantk winterhard; ~ *annual (perennial)* plantk vaste plant; fig (elk jaar) geregeld terugkerend onderwerp *o*
hare [hɛə] **I** *znw* (*mv* idem *of* -s) haas; ~ *and hounds* sp spoorzoekertje *o*; *run with the ~ and hunt with the hounds* beide partijen te vriend trachten te houden; **II** *onoverg* rennen; ~ *off* wegrennen; ~ *in* fig binnenvliegen
harebell *znw* grasklokje *o*
hare-brained *bn* onbesuisd
harelip *znw* hazenlip
harem ['hɛərəm] *znw* harem
haricot ['hærikou] *znw* snijboon (ook: ~ *bean*); ~ *mutton* ragout van schapenvlees

hark [ha:k] *onoverg* plechtig & schertsend luisteren; *~ back* fig terug(gaan); fig terugdenken (aan *to*); teruggaan (tot *to*), terugkomen (op *to*)
harlequin ['ha:likwin] *znw* harlekijn, hansworst[2]
harlot ['ha:lət] *znw* hoer
harm [ha:m] **I** *znw* kwaad *o*, schade, nadeel *o*; letsel *o*; *mean no ~* geen kwaad in de zin hebben; *be out of ~'s way* **1** geen schade kunnen aanrichten; **2** zich op een veilige plaats bevinden; *no ~ done* geen man overboord; *no ~ in trying* je kunt het allicht proberen; *he will come to no ~* er zal hem niets overkomen; **II** *overg* kwaad doen, schaden, benadelen, deren, letsel toebrengen
harmful *bn* nadelig, schadelijk
harmless *bn* onschadelijk; ongevaarlijk; argeloos, zonder erg, onschuldig; onbeschadigd
harmonic [ha:'mɔnik] **I** *bn* harmonisch; **II** *znw*: *~s* muz boventonen; [op viool] flageolettonen
harmonica [ha:'mɔnikə] *znw* mondharmonica
harmonious [ha:'mounjəs] *bn* harmonieus, welluidend; harmonisch; eendrachtig
harmonium [ha:'mounjəm] *znw* harmonium *o*
harmonization [ha:mənai'zeiʃən] *znw* harmoniëring; muz harmonisering; harmonisatie [v. lonen, prijzen]
harmonize ['ha:mənaiz] **I** *onoverg* harmoniëren[2], overeenstemmen; **II** *overg* doen harmoniëren[2], in overeenstemming brengen; harmoniseren [v. muziek, lonen, prijzen]
harmony *znw* harmonie[2], overeenstemming, eensgezindheid
harness ['ha:nis] **I** *znw* (paarde)tuig *o*; gareel *o*; vero harnas *o*; *get back in(to) ~* weer aan de slag gaan; *die in ~* fig in het harnas sterven; **II** *overg* (op)tuigen [paard], aanspannen; fig aanwenden, gebruiken (voor *to*)
harp [ha:p] **I** *znw* muz harp; **II** *onoverg* op de harp spelen; *~ on (about) sth.* het steeds weer over iets hebben
harpist *znw* harpspeler, harpist(e), plechtig harpenaar
harpoon [ha:'pu:n] **I** *znw* harpoen; **II** *overg* harpoeneren
harpsichord ['ha:psikɔ:d] *znw* clavecimbel
harpy ['ha:pi] *znw* harpij[2]
harquebus ['ha:kwibəs] *znw* haakbus
harridan ['hæridən] *znw* oude feeks, tang
harrier ['hæriə] *znw* hond voor de lange jacht; sp deelnemer aan veldloop; dierk kiekendief; fig plunderaar
harrow ['hærou] **I** *znw* eg; **II** *overg* eggen; pijnigen, folteren; *~ing* ook: aangrijpend, hartverscheurend
harry ['hæri] *overg* kwellen, teisteren, plunderen, aflopen, afstropen, verwoesten; bestoken, lastig vallen
harsh [ha:ʃ] *bn* hard[2], scherp[2], grof[2], ruw[2], wrang, stroef, krijsend; streng
hart [ha:t] *znw* (mannetjes)hert *o*
hartebeest ['ha:tibi:st] *znw* hartenbeest: soort antilope
hartshorn ['ha:tshɔ:n] *znw* hertshoorn *o & m*
harum-scarum ['hɛərəm'skɛərəm] **I** *bn* wild, dol(zinnig), onbesuisd; **II** *znw* wildebras
harvest ['ha:vist] **I** *znw* oogst[2]; **II** *overg* oogsten, in-, opzamelen
harvester *znw* oogster; oogstmachine
harvest festival *znw* dankdienst voor het gewas
harvest home *znw* einde *o* van de oogst; oogstfeest *o*
has [hæz, (h)əz] derde pers. enk. T.T. v. *have*
has-been ['hæzbi:n] *znw* gemeenz wie heeft afgedaan
hash [hæʃ] **I** *overg* (fijn)hakken (ook: *~ up*); **II** *znw* **1** hachee *m & o*; **2** fig mengelmoes *o & v*; gemeenz (rommel)zootje *o*; **3** gemeenz hasj; **4** 'hekje' *o* [het teken #]; *make a ~ of it* gemeenz de boel verknoeien; *settle sbd.'s ~* gemeenz iem. zijn vet geven
hashish ['hæʃi:ʃ, 'hæʃiʃ] *znw* hasj(iesj)
hasp [ha:sp] *znw* klamp, klink, beugel; grendel
hassle ['hæsəl] **I** *overg* pesten, op de zenuwen werken (met woorden); **II** *znw* **1** gedoe *o*, heisa, beslommering; **2** ruzie
hassock ['hæsək] *znw* voet-, knielkussen *o*
hast [heist] vero tweede pers. enk. T.T. v. *have*
haste [heist] *znw* haast, spoed; overijling; *more ~, less speed* haastige spoed is zelden goed; *make ~* zich haasten
hasten ['heisn] **I** *onoverg* zich haasten (spoeden); **II** *overg* verhaasten, bespoedigen
hasty *bn* haastig; gehaast, overijld; driftig
hat [hæt] *znw* hoed; pet [stijf, decoratief]; kardinaalshoed[2]; *cocked ~* steek; punthoed; *knock into a cocked ~* veel beter, mooier & zijn dan...; *old ~* slang ouwe koek; *~ in hand* nederig, onderdanig; *pass round the ~* rondgaan (voor geldinzameling), collecteren; *talk through one's ~* als een kip zonder kop praten; *under one's ~* gemeenz vertrouwelijk; *throw one's ~ in the ring* zich in de strijd mengen
hatband *znw* hoedenband, -lint *o*
hatch [hætʃ] **I** *znw* **1** broeden *o*, broedsel[2] *o*; **2** scheepv luik(gat) *o*; halve deur; *down the ~!* gemeenz proost!; **II** *overg* **1** uitbroeden[2]; **2** arceren; *~ up* beramen, verzinnen; **III** *onoverg* broeden; uitkomen
hatchback ['hætʃbæk] *znw* vijfde deur [v. auto], hatchback; auto met vijfde deur
hatchery *znw* broedplaats [voor vis]
hatchet ['hætʃit] *znw* bijl; bijltje *o*; *bury the ~* de strijdbijl begraven; *~ face* lang, scherp gezicht *o*; *do a ~ job on sbd.* iem. scherp bekritiseren; *~ man* huurmoordenaar; fig iem. die vuile zaakjes voor anderen opknapt
hatching *znw* arcering
hatchway ['hætʃwei] *znw* scheepv luikgat *o*
hate [heit] **I** *overg* haten, het land (een hekel) hebben aan; *I ~ to do it* ik doe het niet graag; *~ sbd.'s*

guts gemeenz iem. niet kunnen uitstaan; **II** *znw* haat
hateful *bn* hatelijk; gehaat; afschuwelijk, akelig
hath [hæθ] plechtig derde pers. enk. T.T. v. *have*
hatpin ['hætpin] *znw* hoedenspeld
hat-rack ['hætræk] *znw* kapstok
hatred ['heitrid] *znw* haat, vijandschap (tegen *of*)
hat-stand ['hætstænd] *znw* kapstok
hatter *znw* hoedenmaker, -verkoper; *as mad as a ~* stapelgek
hattrick *znw* sp hattrick
hauberk ['hɔ:bə:k] *znw* maliënkolder
haughty ['hɔ:ti] *bn* hoogmoedig, hooghartig, trots; uit de hoogte, hautain
haul [hɔ:l] **I** *overg* trekken, slepen; vervoeren; halen; scheepv aanhalen, wenden; *~ in* scheepv binnen boord halen; *~ sbd. over the coals* iem. een uitbrander geven; *be ~ed up (in court, before the judge)* voor de rechter gesleept worden; **II** *onoverg* draaien [wind]; trekken [aan touw]; *~ off* scheepv afhouden; *~ to (upon) the wind* scheepv oploeven; **III** *znw* trek, haal; traject *o*, afstand, weg; vangst[2]; winst; buit; *it will be a long ~* fig dat wordt een lange ruk; het zal heel wat moeite gaan kosten
haulage *znw* (beroeps-, weg)vervoer *o*; vervoerprijs
haulier *znw* transportonderneming; (beroeps-, weg)vervoerder; vrachtwagenchauffeur
haunch [hɔ:n(t)ʃ] *znw* heup [v. dier], lenden(stuk *o*); bout; dij [v. paard]
haunt [hɔ:nt] **I** *onoverg* bezoeken, zich ophouden, rondwaren in, om en bij; (steeds) vervolgen, kwellen [gedachten]; *a ~ed house* een spookhuis *o*; *a ~ed look* een verwilderde blik; **II** *znw* (vaste) verblijfplaats, stek; stamkroeg; hol *o*, schuilplaats (v. dieren)
hauteur [ou'tə:] *znw* [Fr] hooghartigheid
Havana [hə'vænə] *znw* havanna(sigaar)
1 have [hæv, (h)əv] (had; had) *overg & onoverg* hebben, bezitten; houden; krijgen; nemen, gebruiken; te pakken hebben; kennen; gemeenz beetnemen; laten; *~ a baby* een kind krijgen; *~ dinner* dineren; *~ a game* een spelletje doen; *~ no Greek* geen Grieks kennen; *I will ~ a suit made* laten maken; *what will you ~ me do?* wat wilt u dat ik zal doen?; *I had to go* ik moest gaan; *I ~ it!* nu ben ik er!; *as the Bible has it* zoals in de Bijbel staat, zoals de Bijbel zegt (wil); *as chance (fate, luck &) would ~ it* zoals het toeval wilde; alsof het spel sprak; *rumour has it* het gerucht gaat; *let him ~ it* hem er van langs geven; *~ had it* gemeenz voor de haaien zijn, er geweest zijn, geen kans meer hebben; *you ~ me there, there you ~ me* daar kan ik geen antwoord op geven; *I'm not having this* ik duld zoiets niet; zie ook: *any*; *~ at* vero te lijf gaan; *~ at you!* vero pas op!; *~ it away (off) with sbd.* slang met iem. naar bed gaan; *~ a doctor in* gemeenz laten komen; *~ it in for* gemeenz het gemunt hebben op; iets hebben tegen; *~ it in one to...* ertoe in staat zijn te...; *to be had at all booksellers* bij alle boekhandelaren verkrijgbaar; *~ on* op-, om-, aanhebben; *~ money on one* geld bij zich hebben; *~ nothing on sbd.* gemeenz niet op kunnen tegen iem.; niets bezwarends voor iem. in handen hebben; *~ sbd. on* gemeenz iem. voor de gek houden; *~ a tooth out* een tand laten trekken; *~ it out of sbd.* iem. iets betaald zetten; *~ it out with sbd.* iem. zeggen waar het op staat, een zaak uitmaken; *~ the place & to oneself* ook: het rijk alleen hebben; zie ook: *talk IV*; *~ up* gemeenz vóór laten komen; op het matje roepen; laten komen
2 have *znw*: *the ~s and the ~-nots* de armen en de rijken, de bezitters en de niet-bezitters
haven ['heivn] *znw* haven[2]; toevluchtsoord *o*
haver ['heivə] *onoverg* Schots onzin uitkramen
haversack ['hævəsæk] *znw* mil broodzak; knapzak
having ['hæviŋ] *znw* bezitting, have
havoc ['hævək] *znw* verwoesting; *make ~ of, wreak ~ in, to* vreselijk huishouden in, verwoesten, vernielen; *play ~ with* compleet in de war sturen
haw [hɔ:] **I** *znw* haagappel; haagdoorn; **II** *onoverg* zie: *hum*
Hawaiian [ha:'waiiən] **I** *znw* Hawaïaan; **II** *bn* Hawaïaans
hawk [hɔ:k] **I** *znw* havik, valk; fig haai; **II** *onoverg* **1** met valken jagen; **2** de keel schrapen; **III** *overg* (rond)venten, leuren met (ook: *~ about*); fig uitstrooien, verspreiden
hawker *znw* **1** venter, leurder, marskramer; **2** valkenier
hawk-eyed *bn* scherpziend, met haviksogen
hawse [hɔ:z] *znw* scheepv kluis
hawser *znw* scheepv kabel, tros
hawthorn ['hɔ:θɔ:n] *znw* meidoorn
hay [hei] *znw* hooi *o*; *hit the ~* slang gaan pitten, de koffer induiken; *make ~* hooien; *make ~ of* **1** ontzenuwen [argument]; **2** met de grond gelijk maken, compleet verslaan [tegenstander]; *make ~ while the sun shines* het ijzer smeden als het heet is
haycock *znw* hooiopper
hay fever *znw* hooikoorts
hayloft *znw* hooizolder
haymaker *znw* hooier, hooister
haymaking *znw* hooibouw, hooien *o*
hayrick, **haystack** *znw* hooiberg
hayseed ['heisi:d] *znw* Am fig boerenpummel
haywire: *be all ~, go ~* gemeenz in de war zijn (raken); [machines &] kuren vertonen
hazard ['hæzəd] **I** *znw* (ongelukkig) toeval *o*; risico *o*, gevaar *o*; **II** *overg* wagen, in de waagschaal stellen, riskeren; durven maken (opperen &)
hazardous *bn* gevaarlijk, gewaagd, riskant
haze [heiz] **I** *znw* damp, nevel, waas *o*, wazigheid; **II** *overg* Am ontgroenen
hazel ['heizl] **I** *znw* hazelaar; **II** *bn* lichtbruin
hazel-nut *znw* hazelnoot
hazy ['heizi] *bn* dampig, wazig, heiig, nevelig; fig beneveld; vaag

he [hi:] **I** *pers vnw* hij; **II** *znw* man, mannetje *o*
head [hed] **I** *znw* hoofd° *o*, kop° [ook v. zweer, schip]; kruin, top, mil spits; helm [v. distilleerkolf]; krop [v. sla], stronk [v. andijvie, bloemkool]; gewei *o*; hoofdeinde *o*; scheepv voorsteven; manchet [= schuim op glas bier]; hoofdman, leider, chef, directeur, rector [v. college]; stuk *o*, stuks [vee]; beeldenaar [v. munt]; (hoofd)punt *o* [v. aanklacht &]; categorie, rubriek; bron, oorsprong; *a ~* gemeenz haarpijn; hoofdpijn; *two shillings a (per) ~* per persoon; *bang one's ~ against a brick wall* fig gemeenz met het kop tegen de muur lopen; *bite (snap) sbd.'s ~ off* gemeenz iem. afsnauwen; *bring to a ~* op de spits drijven; *come to a ~* kritiek worden [situatie &]; *I can't make ~ nor tail of it* ik kan er geen touw aan vastknopen; *~s or tail(s)* kruis of munt; *I can't get my ~ round it* gemeenz ik begrijp er geen snars van; *gather ~* zich sterker ontwikkelen, aan kracht winnen; *he was given his ~ too freely* hij werd niet genoeg in toom gehouden; *have one's ~ screwd on (right)* gemeenz ze allemaal op een rijtje hebben, goed bij zijn; *keep your ~* houd u kalm, verlies het hoofd niet; *lose one's ~* het hoofd verliezen, zenuwachtig worden; *take the ~* zich aan de spits stellen; *it has turned his ~* het heeft hem het hoofd op hol gebracht; *~ first, ~ foremost* voorover; onbesuisd, hals over kop; *laugh (shout, work, yawn &) one's ~ off* zich doodlachen (-schreeuwen, -werken, -gapen &); *talk one's ~ off* gemeenz blijven (door-) praten, ratelen; *~ on* zie: *head-on*; *~ over heels* holderdebolder, hals over kop; tot over de oren; ondersteboven; *put ~s together* (met elkaar) overleggen; *it's above (over) my ~* het gaat boven mijn bevatting, boven mijn pet(je); *at the ~ of* aan het hoofd (de spits) van; bovenaan (nummer één) [op lijst]; *stand at the ~ of* ook: de eerste zijn onder; *from ~ to foot (toe)* van top tot teen; *in one's ~* uit het hoofd [berekenen]; *he took it into his ~ to ...* hij kreeg (haalde) het in zijn (het) hoofd (om) ...; *off his ~* niet goed bij zijn hoofd, gek; *out of his own ~* uit zijn (eigen) koker; *talk off the top of one's ~* zomaar, spontaan iets zeggen; *on your own ~ be it* de gevolgen zijn voor uw rekening; *over the ~(s) of* te hoog gaand voor; over... heen, met voorbijgaan van; boven het bevattingsvermogen van...; *go to sbd.'s ~* iem. naar het hoofd stijgen; **II** *overg* aan het hoofd staan van; aanvoeren; zich aan de spits (het hoofd) stellen van; de eerste zijn van (onder); sturen, wenden; sp koppen [een bal]; toppen (~ *down*) [bomen]; *an article ~ed ...* met het opschrift ...; *~ off* opvangen (aanhouden), de pas afsnijden; fig voorkomen, verhinderen; **III** *onoverg* plantk kroppen; *~ for (towards)* koers zetten naar, aansturen, -stevenen op, gaan naar; *~ back* teruggaan
headache *znw* hoofdpijn; gemeenz probleem *o*, moeilijkheid, (kop)zorg, last
headband *znw* hoofdband
headboard *znw* plank aan het hoofdeinde [v. bed]
head butt *znw* kopstoot
head-clerk *znw* chef de bureau, procuratiehouder
head-cold *znw* hoofdverkoudheid
headcount *znw* koppen tellen *o*
headdress *znw* hoofdtooi
header *znw* kopsteen; duik [bij kopje onder]; sp kopbal
head-gear *znw* hoofddeksel *o*; hoofdtooi; hoofdstel *o*
head-hunter *znw* koppensneller; headhunter [bemiddelaar voor hoger personeel]
heading *znw* hoofd *o*, titel, opschrift *o*, rubriek
headlamp *znw* auto koplamp
headland *znw* voorgebergte *o*; kaap, landtong
headless *bn* zonder hoofd/kop; *rush (run) round like a ~ chicken* gemeenz rondrennen als een kip zonder kop
headlight *znw* koplicht *o*; scheepv mast-, toplicht *o*
headline *znw* hoofd *o*, opschrift *o*, kop, kopje *o* [in krant]; *~s* ook: voornaamste nieuws *o*; *hit the ~s, make ~s* in het nieuws komen
headlong *bn & bijw* met het hoofd vooruit, hals over kop; dol, blindelings; onstuimig, onbezonnen, roekeloos; steil
headman *znw* hoofdman, onderbaas, meesterknecht; stamhoofd *o*
headmaster *znw* onderw hoofd *o* van school; directeur; rector
headmistress *znw* onderw hoofd *o* van school; directrice; rectrix, rectrice
headmost *bn* voorste
head-nurse *znw* Am hoofdzuster
head-office *znw* hoofdkantoor *o*
head-on *bn & bijw* frontaal [tegen elkaar botsen]; *~ collision* frontale botsing; fig felle botsing
headphone(s) *znw* koptelefoon
headquarters *znw mv* mil hoofdkwartier[2] *o*; stafkwartier *o*, staf; hoofdbureau *o*; handel hoofdkantoor *o*; hoofdzetel; *general ~* mil het grote hoofdkwartier
headrest *znw* hoofdsteun
headroom *znw* vrije hoogte [v. boog &], doorvaarhoogte [v. brug], doorrijhoogte [v. viaduct]
headscarf *znw* hoofddoek
headship *znw* directeurschap *o* &; leiding
headshrinker *znw* slang psychiater
headsman *znw* beul, scherprechter
headstall *znw* hoofdstel *o*
headstand *znw*: *do a ~* op zijn hoofd staan
head start *znw* voorsprong, goede uitgangspositie
headstone *znw* bouwk hoeksteen; (rechtopstaande) grafsteen
headstrong *bn* koppig, eigenzinnig
head teacher *znw* hoofdonderwijzer
headvoice *znw* kop-, falsetstem
head-waiter *znw* ober
headway *znw* vaart, gang, vooruitgang; speling; *make ~* opschieten, vorderen, om zich heen grij-

pen, zich uitbreiden
head wind *znw* tegenwind
headword *znw* hoofdwoord *o*, titelwoord *o*, lemma *o*
heady *bn* onstuimig, onbesuisd; koppig [v. wijn]; opwindend
heal [hi:l] **I** *overg* helen, genezen, gezond maken; **II** *onoverg* helen, genezen, beter worden; ~ *over (up)* toegroeien, dichtgaan [v. wond]; *the ~ing art* de geneeskunde
healer *znw* (gebeds)genezer (ook: *faith ~*)
health [helθ] *znw* gezondheid, welzijn *o*, heil *o* [van de ziel]; *your (good) ~!* (op uw) gezondheid!; *in good ~* gezond
health centre *znw* consultatiebureau *o*, gezondheidscentrum *o*
health farm *znw* instelling waar mensen enige tijd intern verblijven om d.m.v. dieet, lichaamsoefeningen e.d. hun gezondheid te verbeteren
healthfood *znw* reformartikelen
healthfood shop *znw* natuurvoedingswinkel
healthful *bn* gezond²
health insurance *znw* ziektekostenverzekering
health resort *znw* herstellingsoord *o*, kuuroord *o*
healthy *bn* gezond°
heap [hi:p] **I** *znw* hoop, stapel; gemeenz boel, massa (ook: *~s*); *struck all of a ~* gemeenz verstomd, versteld, erg van streek; *in a ~* op een kluitje; *at the top (bottom) of the ~* fig boven (onder) aan de ladder; **II** *overg* ophopen, (op)stapelen *(~ up)*; *~ ... upon, ~ with ...* overladen met ...
1 hear [hiə] (heard; heard) **I** *overg* horen; verhoren; overhoren; recht behandelen [zaak]; *I ~* ook: ik heb vernomen; *~ out* tot het eind toe aanhoren; **II** *onoverg* horen, luisteren; *~ from* horen van; *~ of* horen van (over)
2 hear *tsw*: *~, ~!* bravo!
heard [hə:d] V.T. & V.D. van *hear*
hearer ['hiərə] *znw* (toe)hoorder(es)
hearing *znw* gehoor *o*; recht verhoor *o*, behandeling [van een zaak]; hoorzitting; muz auditie; *give sbd. a ~* iem. aanhoren; *in (within) my ~* zodat ik het horen kan/kon; *out of ~, within ~* zie: *earshot*
hearing aid *znw* gehoorapparaat *o*
hearken ['ha:kn] *onoverg* plechtig luisteren
hearsay ['hiəsei] *znw* praatjes, geruchten; *by (from, on) ~* van horen zeggen
hearse [hə:s] *znw* lijkwagen
heart [ha:t] *znw* hart° *o*; kern, binnenste *o*; moed; *~(s)* kaartsp harten; *~ of oak* standvastige, moedige man; *dear (sweet) ~!* (mijn) hartje!; *~ and soul* met hart en ziel; *have a change of ~* van mening veranderen; *his ~ was (not) in it* hij was er (niet) met hart en ziel bij; *my ~ was in my mouth* het hart klopte mij in de keel; *cross my ~ and hope to die* met de hand op mijn hart; *have a ~!* strijk eens over je hart!; *lose ~* de moed verliezen; *lose one's ~* zijn hart verliezen [aan een meisje]; *put some ~ into sbd.* iem. moed geven; *set one's ~ on* zijn zinnen zetten op; *take ~* moed vatten; *(a man) after my (own) ~* naar mijn hart; *two ~s that beat as one* twee handen op één buik; *to one's ~'s content* naar hartelust; *at ~* in zijn hart; in de grond (van zijn hart); *sad at ~* droef te moede; *have sth. at ~* zich (veel) aan iets gelegen laten zijn; *know, learn by ~* van buiten kennen, leren; *from my ~* uit de grond van mijn hart; *in (good) ~* vol moed, opgewekt; in goede conditie [akker]; *in his ~ of ~s* in de grond (het diepst) van zijn hart; *be close to his ~* hem na aan het hart liggen; *be of good ~* vero houd maar moed, wees maar niet bang; *take it (heavily) to ~* zich het (erg) aantrekken; *he wears his ~ on his sleeve* het hart ligt hem op de tong; *with all my ~* van (ganser) harte
heartache *znw* hartzeer *o*, hartenleed *o*
heart attack *znw* hartaanval
heartbeat *znw* hartslag
heartbreak *znw* zielensmart
heart-breaking *bn* hartbrekend, hartverscheurend; gemeenz vermoeiend, vervelend
heart-broken *bn* gebroken (door smart)
heart-burn *znw* zuur *o* in de maag
heart-burning *znw* verbittering; rancune; spijt; jaloezie
hearten I *overg* bemoedigen; **II** *onoverg* moed scheppen (ook: *~ up*)
heart failure *znw* hartverlamming
heartfelt *bn* diepgevoeld, oprecht, innig
hearth [ha:θ] *znw* haard, haardstede
hearthrug *znw* haardkleedje *o*
heartland ['ha:tlənd] *znw* centrum *o*, hart *o*, kern [v.e. gebied]
heartless ['ha:tlis] *znw* harteloos
heart-rending *bn* hartverscheurend
heart-searching I *bn* het hart doorvorsend; **II** *znw* zelfonderzoek *o*; gewetensknaging, bange twijfel
heartstrings *znw mv* (koorden van het) hart *o*; *touch (tug, pull at) sbd.'s ~* een gevoelige snaar bij iem. raken
heart-throb *znw* hartslag; gemeenz ster, idool *o*, hartenbreker
heart-to-heart I *bn* (open)hartig, intiem; **II** *znw*: *have a ~* gemeenz een openhartig gesprek hebben
heart-warming *bn* hartveroverend
heart-whole *bn* onverschrokken; vrij, niet verliefd; gemeend, oprecht [v. sympathie]
hearty I *bn* hartelijk; hartgrondig; hartig; flink; gezond; **II** *znw*: *my hearties!* beste jongens!
heat [hi:t] **I** *znw* hitte, warmte², gloed², fig vuur *o*, heftigheid; sp manche, loop; bronst [v. vrouwtjesdier]; *the ~* slang de politie; *in (on) ~* bronstig, krols, loops; **II** *overg* heet (warm) maken, verhitten, verwarmen (ook: *~ up*); opwinden; *~ up* ook: opwarmen; *get ~ed* driftig worden; **III** *onoverg* heet (warm) worden of lopen (ook: *~ up*)
heated *bn* heftig, verhit
heater *znw* verwarmingstoestel *o*, verwarmer,

(straal)kachel; geiser; boiler, heetwatertoestel *o*; bout [in strijkijzer]; techn voorwarmer
heath [hi:θ] *znw* heide; plantk erica, dopheide
heathen ['hi:ðən] **I** *znw* heiden; *the* ~ ook: de heidenen; **II** *bn* heidens
heathenish *bn* heidens
heathenism *znw* heidendom *o*
heather ['heðə] *znw* heidekruid *o*, heide
heathery, **heathy** ['hi:θi] *bn* met heide begroeid, heide-
Heath Robinson [hi:θ 'rɔbinsən] *bn* uiterst ingewikkeld, maar onpraktisch [naar de Engelse cartoonist W. Heath Robinson, 1872-1944]
heating ['hi:tiŋ] *znw* verhitting, verwarming; *central* ~ centrale verwarming
heat-lightning ['hi:tlaitniŋ] *znw* Am weerlicht *o & m*
heatproof *bn* hittebestendig
heat-stroke *znw* bevangen worden *o* door de hitte; zonnesteek
heat-wave *znw* hittegolf
1 heave [hi:v] (heaved, scheepv hove; heaved, scheepv hove) **I** *overg* opheffen, (op)tillen, (op-)hijsen, ophalen; scheepv lichten, hieuwen; gooien; doen zwellen; ~ *a sigh* een zucht slaken; ~ *down* scheepv krengen, kielen; ~ *to* scheepv bijdraaien; **II** *onoverg* rijzen, zich verheffen, op en neer gaan, deinen; (op)zwellen; kokhalzen; ~ *at* trekken aan; ~ *in sight (into view)* in het gezicht komen
2 heave *znw* rijzing; deining, (op)zwelling; zwoegen *o*
heave-ho ['hi:v'hou] *znw* gemeenz ontslag *o*, de zak
heaven ['hevn] *znw* ook: ~*s* hemel; *by* ~*!, good* ~*!* goeie hemel!; *for* ~*'s sake* in hemelsnaam; ~ *knows!* Joost mag het weten!; ~ *forbid* God verhoede het; *smell (stink) to high* ~ gemeenz uren in de wind stinken; *it was* ~*!* gemeenz het was te gek!
heavenly *bn & bijw* hemels, goddelijk; hemel-; gemeenz zalig, heerlijk
heaven-sent *bn* (als) door de hemel gezonden
heavenward(s) *bn bijw* ten hemel
heavy ['hevi] **I** *bn* zwaar, zwaarmoedig; dik, drukkend [lucht]; loom, traag; zwaar op de hand; dom; saai; hevig; gemeenz 'heavy'; druk [verkeer, schema]; platvloers [humor]; ~ *type* vette letter; ~ *in (on) hand* zwaar op de hand[2]; *be* ~ *on* kwistig zijn met; ~ *with* zwanger van[2], bezwangerd met [geuren &]; beladen met, vol van; **II** *bijw* zwaar; **III** *znw* zwaargewicht *o*; gemeenz zware jongen; bodyguard
heavy-duty *bn* ijzersterk [tapijt &]; voor zwaar (industrieel) gebruik
heavy-handed *bn* plomp, onbehouwen, tactloos
heavy-hearted *bn* moedeloos, terneergeslagen
heavy industry *znw* zware industrie
heavy-laden *bn* zwaarbeladen; fig bedrukt, bezwaard
heavy metal *znw* **1** zwaar geschut *o*, zware wapens; **2** zwaar metaal *o*; **3** muz heavy metal
heavy-set *bn* Am zwaargebouwd
heavyweight *znw* sp zwaargewicht *o*; fig kopstuk *o*
Hebraic [hi'breiik] *bn* Hebreeuws
Hebraism ['hi:breiizm] *znw* hebraïsme *o*
Hebraist *znw* hebraïst, hebraïcus
Hebrew ['hi:bru:] **I** *znw* Hebreeuws *o*; Hebreeër; **II** *bn* Hebreeuws
hecatomb ['hekətu:m] *znw* hecatombe; slachting
heck [hek] *tsw* gemeenz = *hell*
heckle ['hekl] *overg* (sprekers of verkiezingskandidaten) almaar in de rede vallen en lastige vragen stellen
heckler ['heklə] *znw* iem. die lastige vragen stelt [bij politieke bijeenkomsten &]
hectare ['hekta:] *znw* hectare
hectic ['hektik] *bn* fig koortsachtig, dol, opwindend, jachtig, hectisch; med hectisch; teringachtig, tering-
hectogram(me) ['hektəgræm] *znw* hectogram *o*
hectolitre, Am **hectoliter** *znw* hectoliter
hectometre, Am **hectometer** *znw* hectometer
hector ['hektə] **I** *overg* donderen; **II** *onoverg* donderen, snoeven
he'd [hi:d] = *he had* of *he would*
hedge [hedʒ] **I** *znw* heg, haag; fig waarborg; **II** *overg* omheinen, insluiten (ook: ~ *in*), afsluiten (ook: ~ *off*); *to* ~ *one's bets* fig op twee paarden wedden; **III** *onoverg* zich gedekt houden, een slag om de arm houden, zich indekken; om de zaken heendraaien
hedgehog *znw* egel; mil egelstelling; fig prikkelbaar persoon
hedgehop *onoverg* luchtv gemeenz laag vliegen
hedgerow *znw* haag
hedge-sparrow *znw* haagmus, bastaardnachtegaal
hedonism ['hi:dənizm] *znw* hedonisme *o*
hedonist *znw & bn* hedonist(isch)
hedonistic [hi:də'nistik] *bn* hedonistisch
heebie-jeebies ['hi:bi'dʒi:biz] *znw mv*: *the* ~ gemeenz de zenuwen [hebben]; *that gives me the* ~ daar krijg ik de kriebels (kippenvel) van
heed [hi:d] **I** *overg* acht geven (slaan) op, letten op; **II** *znw* opmerkzaamheid, oplettendheid; *give, pay (no)* ~ *to, take (no)* ~ *of* (geen) acht slaan op, (niet) letten op, zich (niet) bekommeren om; *take* ~ oppassen, zich in acht nemen
heedless *bn* onachtzaam, zorgeloos; ~ *of* niet lettend op, niet gevend om
hee-haw ['hi:'hɔ:] **I** *tsw* ia (van een ezel); **II** *onoverg* iaën
heel [hi:l] **I** *znw* hiel, hak; muis [v. hand]; korstje *o* [v. brood]; uiteinde *o*; gemeenz snertvent, slampamper; *take to one's* ~*s* het hazenpad kiezen; *be at the* ~*s of* op de hielen zitten; zie ook: *cool III, down II*; *bring to* ~ doen gehoorzamen, klein krijgen; *come to* ~ gedwee volgen; *dig one's* ~*s in* zich schrap zetten, niet toegeven; *drag one's* ~*s* traineren, opzettelijk treuzelen; *kick (cool) one's* ~*s* moe-

ten wachten [op zijn beurt &]; **II** *overg* **1** de hielen (een hiel) zetten aan, de hakken (een hak) zetten onder; **2** scheepv kielen; **III** *onoverg* scheepv slagzij maken (ook: ~ *over*)

heel bar *znw* hakkenbar

heeled [hi:ld] *bn* Am slang gewapend; *well-~* rijk

heel-tap ['hi:ltæp] *znw* hakstuk *o* [v. schoen]; restje *o* [in glas]

hefty ['hefti] *bn* fors, potig; fiks

hegemony [hi(:)'geməni, 'hedʒiməni, 'hegiməni] *znw* hegemonie; overwicht *o* over andere staten

he-goat ['hi:gout] *znw* dierk bok

heifer ['hefə] *znw* vaars

heigh [hei] *tsw* hei!, hé!, hè? [verbaasd, aansporend]; ~ *ho* ach!

height [hait] *znw* hoogte, verhevenheid; hoogtepunt *o*, toppunt *o*; lengte, grootte; *at its* ~ op zijn hoogst; *at the ~ of summer* hartje zomer

heighten *overg* verhogen[2]; versterken; overdrijven

heinous ['heinəs] *bn* snood, gruwelijk, weerzinwekkend

heir [ɛə] *znw* erfgenaam; ~ *apparent* rechtmatige (troon)opvolger; erfgenaam bij versterf; *~-at-law* wettige erfgenaam

heiress *znw* erfgename; erfdochter

heirless *bn* zonder erfgenaam

heirloom *znw* erfstuk *o*

heist [haist] *znw* Am slang roofoverval; kraak, inbraak

held [held] V.T. & V.D. van *hold*

helices ['helisi:z] *znw mv* v. *helix*

helicopter ['helikɔptə] *znw* helikopter, hefschroefvliegtuig *o*

heliport ['helipɔ:t] *znw* helihaven, heliport

helium ['hi:ljəm] *znw* helium *o*

helix ['hi:liks] *znw* (*mv*: -es *of* helices [-lisi:z]) schroeflijn, spiraal(lijn); rand van de oorschelp

hell [hel] *znw* hel; *~!* gemeenz verrek!; *oh, what the ~!* gemeenz wat maakt 't uit?, wat geeft 't?; *give them* ~ gemeenz erop slaan; *give sbd.* ~ iem. het leven zuur maken; *ride ~ for leather* in dolle vaart rijden; *a ~ of a lot* gemeenz reuze veel; *one ~ of a guy* een reuzekerel; *a ~ of a noise* gemeenz een hels kabaal *o*; *we had a ~ of a time* **1** we hebben ontzettend veel lol gehad; **2** we hebben het zwaar te verduren gehad; *come ~ on high water* wat er ook gebeurt; *all ~ broke loose* toen had je de poppen aan 't dansen; *play (merry) ~ with* volledig in het honderd sturen; *raise* ~ de boel op stelten zetten; *there'll be ~ to pay* dan zul je de poppen aan 't dansen hebben; *get the ~ out of here!* donder op, nu meteen!; *like* ~ om de donder niet; *run (work) like* ~ rennen (werken) als een idioot; *(hope &) to* ~ ontzettend (hopen &); *scare the ~ out of sbd.* iem. de stuipen op het lijf jagen; *what the ~?* gemeenz wat verdomme?; *for the ~ of it* gemeenz voor de lol; *go to ~!* gemeenz loop naar de maan!

hell-bent *bn* wild, gebrand (op *for, on*)

hell-cat *znw* helleveeg, feeks, heks[2]

hellebore ['helibɔ:] *znw* nieskruid *o*

Hellene ['heli:n] *znw* Helleen, Griek

Hellenic [he'li:nik] *bn* Helleens

Hellenism ['helinizm] *znw* hellenisme *o*

Hellenist *znw* hellenist

hell-fire ['hel'faiə] *znw* hellevuur *o*

hell-hound *znw* helhond[2], Cerberus; demon

hellish *bn* hels

hello [he'lou] *tsw* = *hallo*

helluva [helə'və:] *bn & bijw* gemeenz = *a hell of a*

helm [helm] *znw* **1** helmstok, roerpen, roer *o*; **2** vero helm; *be at the* ~ aan het roer staan[2]

helmet ['helmit] *znw* helm; helmhoed

helmsman ['helmzmən] *znw* roerganger

helot ['helət] *znw* hist heloot[2]; slaaf[2]

help [help] **I** *overg* helpen, bijstaan, hulp verlenen, ondersteunen; serveren, bedienen; *I could not ~ laughing, I could not ~ but laugh* ik kon niet nalaten te lachen, ik moest wel lachen; *it can't be ~ed* er is niets aan te doen; *don't be longer than you can* ~ dan nodig is; *he didn't ~ matters* hij maakte de zaak niet beter; ~ *along* vooruit-, voorthelpen; ~ *on* bevorderen, voorthelpen; ~ *sbd. on (off) with his coat* iem. in (uit) zijn jas helpen; ~ *out* helpen, redden uit (een moeilijkheid); ~ *to the gravy* de jus aangeven, bedienen van; *so ~ me God* zo waarlijk helpe mij God (Almachtig)!; *not if I can ~ it!* geen sprake van!, over mijn lijk!; **II** *wederk*: ~ *oneself* zich(zelf) helpen; zich bedienen (van *to*); *he could not ~ himself* hij kon er niets aan doen; **III** *onoverg* helpen; ~ *in ...ing* bijdragen tot...; **IV** *znw* (be)hulp (ook: = help(st)er); bijstand, steun, uitkomst, gemak *o*; hulp in de huishouding (ook *domestic* ~); (dienst-) meisje *o*; *there is no ~ for it* er is niets aan te doen; *be of* ~ helpen

helper *znw* (mede)helper, helpster

helpful *znw* behulpzaam, hulpvaardig; bevorderlijk; nuttig, bruikbaar

helping I *bn* helpend; *lend a ~ hand* zie: *lend*; **II** *znw* portie [eten]

helpless *bn* hulpeloos; machteloos; onbeholpen

helpmate, **helpmeet** *znw* helper; hulp; levensgezel, -gezellin

helter-skelter ['heltə'skeltə] **I** *bijw* holderdebolder, hals over kop; **II** *bn* overijld, onbesuisd, dol; **III** *znw* wilde verwarring, dolle vlucht (ren &); glijbaan [op kermis &]

helve [helv] *znw* steel [v.e. bijl &]

Helvetian [hel'vi:ʃjən, -ʃiən] **I** *bn* Zwitsers; **II** *znw* Zwitser

1 hem [hem] **I** *znw* zoom, boord; **II** *overg* (om-) zomen; *I feel ~med in* ik voel me opgesloten, gekooid

2 hem [hem] **I** *tsw* hum!; **II** *onoverg* hum! roepen, hummen; ~ *and haw* = *hum and haw* zie: *hum*

he-man ['hi:mæn] *znw* gemeenz he-man

hemisphere ['hemisfiə] *znw* halfrond *o*, halve bol

hemispherical [hemi'sferikl] *bn* halfrond
hem-line ['hemlain] *znw* roklengte; onderkant van rok &
hemlock ['hemlɔk] *znw* dollekervel
hemophilia ['hemɔ'fi:ljə] *znw* hemofilie, bloederziekte
hemorrhage ['hemərid3] *znw* bloeding
hemorrhoids ['hemərɔidz] *znw mv* aambeien
hemp [hemp] *znw* hennep; hasj
hemstitch ['hemstitʃ] **I** *znw* ajoursteek; **II** *overg* met ajoursteken naaien
hen [hen] **I** *znw* dierk hen, kip, hoen *o*; pop; **II** *bn* wijfjes-
hence [hens] *bijw* van nu af, van hier; hieruit, vandaar; *a week* ~ over een week
henceforth, **henceforward** *bijw* van nu af, voortaan, in het vervolg
henchman ['hen(t)ʃmən] *znw* volgeling, trawant, handlanger, hist bediende, page
hen-coop ['henku:p] *znw* hoenderkorf; hoenderhok *o*
hen-house *znw* kippenhok *o*
henna ['henə] *znw* henna
henparty *znw* gemeenz dameskransje *o*; vrijgezellenavond voor vrouwen [voorafgaande aan de huwelijksdag]
henpecked *bn* onder de plak zittend; ~ *husband* pantoffelheld
hep [hep] *bn* slang op de hoogte, bij de tijd
hepatic [hi'pætik] *bn* lever-; leverkleurig
hepatitis [hepə'taitis] *znw* hepatitis, leverontsteking
heptagon ['heptəgən] *znw* zevenhoek
heptagonal [hep'tægənəl] *bn* zevenhoekig
heptarchy ['hepta:ki] *znw* heptarchie
her [hə:] *pers vnw* & *bez vnw* haar; gemeenz zij
herald ['herəld] **I** *znw* heraut; fig voorloper; (voor-)bode, aankondiger; **II** *overg* aankondigen, inluiden (ook: ~ *in*)
heraldic [he'rældik] *bn* heraldisch
heraldry ['herəldri] *znw* heraldiek, wapenkunde; wapenschild *o*, blazoen *o*
herb [hə:b] *znw* kruid *o*
herbaceous [hə:'beiʃəs] *bn* kruidachtig; ~ *border* border [rand met bloemplanten]
herbage ['hə:bid3] *znw* groen(voer) *o*; kruiden; weiderecht *o*
herbal **I** *znw* kruidenboek *o*; **II** *bn* kruiden-
herbalist *znw* kruidkundige; drogist
herbarium [hə:'bɛəriəm] *znw* (*mv*: herbaria [-riə]) herbarium *o*
herbary ['hə:bəri] *znw* kruidentuin
herb-doctor ['hə:bdɔktə] *znw* kruidendokter
herbicide ['hə:bisaid] *znw* onkruidbestrijdingsmiddel *o*, herbicide *o*
herbivore [hə:bi'vɔ:] *znw* herbivoor, planteneter
herbivorous [hə:'bivərəs] *bn* plantenetend
herculean [hə:kju'li:ən, hə:'kju:ljən] *bn* herculisch, zeer sterk, zeer moeilijk
herd [hə:d] **I** *znw* **1** kudde [v. groot vee]; troep; **2** herder, hoeder; *the common* ~, *the vulgar* ~ de grote massa, het vulgus; **II** *onoverg*: ~ *together* bijeengroepen, samenscholen; **III** *overg* **1** (in kudden) bijeendrijven; **2** hoeden
herd-book *znw* (rundvee)stamboek *o*
herd instinct *znw* kuddegeest
herdsman *znw* veehoeder, herder
here [hiə] *bijw* hier, alhier; hierheen; ~*!* ook: present!; ~ *and now* nu meteen; ~ *and there* hier en daar; ~ *there and everywhere* overal; *it's neither* ~ *nor there* het heeft er niets mee te maken; het doet er niet toe; dat raakt kant noch wal; ~*'s to you!* (op je) gezondheid!; ~ *you are!* alsjeblieft, ziehier, hier heb je 't!; ~ *goes!* vooruit (met de geit)!; daar gaat ie, daar gaan we dan!; *from* ~ van hier; *near* ~ hier in de buurt
hereabouts *bijw* hier in de buurt
hereafter [hiər'a:ftə] **I** *bijw* hierna, voortaan; in het leven hiernamaals; verderop [in boek]; **II** *znw* hiernamaals *o*
hereby ['hiə'bai] *bijw* hierbij; hierdoor
hereditary [hi'reditəri] *bn* (over)erfelijk, overgeërfd, erf-
heredity *znw* erfelijkheid; overerving
herein ['hiə'rin] *bijw* hierin
hereinafter *bijw* hierna, nu volgend [in documenten]
hereof *bijw* hiervan
hereon *bijw* hierop
heresy ['herisi] *znw* ketterij
heretic *znw* ketter
heretical [hi'retikl] *bn* ketters
hereto ['hiə'tu:] *bijw* hiertoe
heretofore ['hiətu'fɔ:] *bijw* voorheen, tot nog toe
hereunto ['hiərʌn'tu:] *bijw* tot zover, tot nu toe
hereupon ['hiərə'pɔn] *bijw* hierop; direct hierna
herewith ['hiə'wið] *bijw* hiermee, hierbij, bij dezen
heritable ['heritəbl] *bn* erfelijk; erfgerechtigd, erf-
heritage *znw* erfenis, erfdeel *o*, erfgoed[2] *o*
hermaphrodite [hə:'mæfrədait] **I** *bn* tweeslachtig; **II** *znw* hermafrodiet
hermeneutic [hə:mə'n(j)u:tik] *bn* hermeneutisch, uitleggend
hermeneutics [hə:mə'n(j)u:tiks] *znw* hermeneutiek, uitlegkunde
hermetic [hə:'metik] *bn* hermetisch
hermit ['hə:mit] *znw* kluizenaar, heremiet; ~ *crab* heremietkreeft
hermitage *znw* kluis; ermitage(wijn)
hernia ['hə:niə] *znw* med breuk, hernia
hero ['hiərou] *znw* (*mv*: -roes) held; heros [halfgod]
heroic [hi'rouik] **I** *bn* heldhaftig; helden-; **II** *znw*: ~*s* vals pathos *o*
heroin ['herouin] *znw* heroïne
heroine ['herouin] *znw* heldin
heroism *znw* heldhaftigheid, heldenmoed, he-

roïsme *o*
heron ['herən] *znw* reiger
heronry *znw* reigerhut, -kolonie
hero-worship ['hiərouwə:ʃip] *znw* heldenverering
herpes ['hə:pi:z] *znw* herpes
herring ['heriŋ] *znw* (*mv* idem *of* -s) dierk haring; *red* ~ gerookte bokking; afleidingsmanoeuvre
herringbone *znw* haringgraat; flanelsteek (~ *stitch*); visgraat(dessin *o*) (~ *design*); bouwk visgraatverband *o*; ~ *parking* parkeerplaats met insteekhavens in visgraatmotief
herring pond *znw* schertsend (Atlantische) Oceaan, de grote haringvijver
hers [hə:z] *bez vnw* de, het hare, van haar
herself [hə:'self] *wederk vnw* zij-, haarzelf, zich(zelf); *by* ~ alleen; *she* ~ zij zelf [met nadruk]
hertz [hə:ts] *znw* hertz
hesitance, **hesitancy** ['hezitəns(i)] *znw* aarzeling, weifeling
hesitant *bn* aarzelend, weifelend
hesitate *onoverg* aarzelen, weifelen; naar woorden zoeken, haperen
hesitation [hezi'teiʃən] *znw* aarzeling, weifeling; hapering
hessian ['hesiən] *znw* grof linnen *o*, jute
heterodox ['hetərədɔks] *bn* heterodox: van de gevestigde mening (kerkelijke leer) afwijkend
heterogeneity [hetəroudʒi'ni:iti] *znw* heterogeniteit, ongelijksoortigheid
heterogeneous [hetərou'dʒi:njəs] *bn* heterogeen, ongelijksoortig
heterosexual ['hetərou'seksjuəl] *bn* heteroseksueel
hetman ['hetmən] *znw* hetman, kozakkenhoofdman
het-up [het'ʌp] *bn* gemeenz opgewonden, overspannen
heuristic [hju'ristik] *bn* heuristisch; spelenderwijs
hew [hju:] (hewed; hewn/hewed) **I** *overg* houwen, be-, uithouwen, hakken, vellen; ~ *one's way* zich een weg banen; **II** *onoverg* houwen (naar *at*)
hewer *znw* hakker, houwer
hewn V.D. van *hew*
hex [heks] Am gemeenz **I** *znw* heks; betovering; **II** *overg* beheksen, betoveren
hexagon ['heksəgən] *znw* zeshoek
hexagonal [hek'sægənəl] *bn* zeshoekig
hexahedron [heksə'hi:drən] *znw* zesvlak *o*
hexameter [hek'sæmitə] *znw* hexameter
hey [hei] *tsw* hei!, hee!, he?; ~ *you!* gemeenz hé, jij daar!; ~ *presto* hocus, pocus, pas!
heyday ['heidei] *znw* bloeitijd, beste dagen, hoogte-, toppunt *o*
hi [hai] *tsw* hei!, hé!; hallo, hoi
hiatus [hai'eitəs] *znw* gaping, leemte; hiaat *o*
hibernate ['haibəneit] *onoverg* een winterslaap houden
hibernation [haibə'neiʃən] *znw* winterslaap
Hibernia [hai'bə:niə] *znw* Ierland *o*
Hibernian *znw* Ier(s) (*o*)
hibiscus [hi'biskəs] *znw* hibiscus
hiccough, **hiccup** ['hikʌp] **I** *onoverg* hikken, de hik hebben; **II** *znw* hik; fig tegenslag, tegenvaller, moeilijkheid, probleempje *o*
hick [hik] Am gemeenz **I** *znw* provinciaal; boerenpummel; **II** *bn* provinciaals; boers
hickey ['hiki] *znw* Am slang **1** puistje *o*, pukkeltje *o*; **2** liefdesbeet; **3** zuigzoen
hickory ['hikəri] *znw* Amerikaanse notenboom, notenhout *o*
hid [hid] V.T. & V.D. van *²hide*
hidden V.D. van *²hide*
1 hide [haid] *znw* **1** huid, vel *o*; gemeenz hachje *o*; **2** Br schuilplaats; *tan sbd.'s* ~ iem. op zijn huid geven; *not find* ~ *nor hair of sth.* geen spoor van iets ontdekken
2 hide [haid] (hid; hid(den)) **I** *overg* verbergen, weg-, verstoppen (voor *from*); **II** *onoverg* zich verbergen, zich verschuilen (Am ook: ~ *out*)
hide-and-seek ['haidən'si:k] *znw* verstoppertje *o*
hideaway ['haidə'wei] *znw* schuilplaats, schuiladres *o*
hidebound ['haidbaund] *bn* met nauwsluitende huid of schors; fig bekrompen; beperkt in z'n bewegingen
hideous ['hidiəs] *bn* afschuwelijk, afzichtelijk
hide-out ['haidaut] *znw* schuilplaats
hiding ['haidiŋ] *znw* **1** gemeenz pak *o* rammel; **2** verborgen zijn *o*; *be in* ~ zich schuilhouden, ondergedoken zijn; *go into* ~ zich verbergen (verschuilen), onderduiken; *be on a* ~ *to nothing* gemeenz in een uitzichtloze situatie zitten
hiding-place *znw* schuilplaats
hie [hai] *onoverg* plechtig zich haasten, zich reppen
hierarch ['haiəra:k] *znw* kerkvoogd, opperpriester
hierarchic(al) [haiə'ra:kik(l)] *bn* hiërarchisch
hierarchy ['haiəra:ki] *znw* hiërarchie²
hieratic [haiə'rætik] *bn* hiëratisch, priesterlijk gewijd; ~ *writing* hiëratisch schrift [oud-Egypte]
hieroglyph ['haiərouglif] *znw* hiëroglyfe²
hieroglyphic [haiərou'glifik] **I** *bn* hiëroglyfisch²; **II** *znw*: ~*s* hiëroglyfen
hi-fi ['hai'fai] *znw* **1** hifi = *high fidelity* natuurgetrouwe weergave; **2** gemeenz geluidsinstallatie
higgle ['higl] *onoverg* dingen, knibbelen, pingelen
higgledy-piggledy ['higldi'pigldi] *bijw* ondersteboven, op en door elkaar, overhoop
high [hai] **I** *bn* hoog°, verheven, machtig; intens, sterk; streng; [protestant &]; adellijk [wild]; gemeenz de hoogte hebbend, aangeschoten; vrolijk; gemeenz high [door drugs &]; *the Most High* de Allerhoogste; ~ *and dry* scheepv gestrand; fig hulpeloos; zonder middelen, onthand; *it's* ~ *time (that)...* het is de hoogste tijd (om); *a* ~ *old time* een fantastische, mieterse tijd; *leave sbd.* ~ *and dry* iem. in de steek laten; ~ *and mighty* arrogant; ~ *altar* hoofd-, hoogaltaar *o & m*; ~ *chair* kinderstoel, tafelstoel; ~

comedy blijspel *o* (van hoog niveau); ~ *finance* haute finance; ~ *jump* sp hoogspringen *o*; *be for the ~ jump* gemeenz een zware straf krijgen, moeten hangen; ~ *life* (het leven van) de grote wereld; ~ *noon* midden op de dag; *the ~ road* de grote weg; *the ~ seas* de volle (open) zee; *on the ~ seas* in volle (open) zee; ~ *spirits* opgewektheid, vrolijkheid; ~ *summer* hoogzomer; ~ *table* tafel van de fellows in college; ~ *tea* 'high tea', theedrinken *o* met sandwiches warm vlees; ~ *technology* hoogwaardige, hypermoderne techniek; ~ *tide* hoogwater *o*, vloed; ~ *wind* harde wind; *on ~* bovenop, omhoog, in de lucht, in de hemel; *from on ~* van boven, van omhoog; **II** *bijw* hoog°; ~ *and low* overal; **III** *znw* gebied *o* van hoge luchtdruk; hoogtepunt *o*, toppunt *o*; het high-zijn; euforie

high-backed *bn* met een hoge rug

highball *znw* Am whisky-soda

high-born *bn* van hoge geboorte

highboy *znw* Am (hoge) ladenkast

highbrow *bn* (pedant) intellectueel

High(-)Church *znw* streng episcopaal; streng episcopale Kerk

high-class *bn* prima; voornaam

high-coloured *bn* sterk gekleurd[2]

high command *znw* opperbevel *o*

High Commission *znw* diplomatieke vertegenwoordiging van een lidstaat van het Britse Gemenebest in een andere lidstaat

High Commissioner *znw* hoogste diplomatieke vertegenwoordiger van een lidstaat van het Britse Gemenebest in een andere lidstaat; Hoge Commissaris

High Court *znw* Hooggerechtshof *o*

high definition *znw* techn high definition, HD [met meer beeldpunten]

higher *bn* hoger; ~ *education* hoger onderwijs *o*

high-falutin(g) *bn* hoogdravend

high fidelity *znw* zie *hi-fi*

high-five *znw* Am het slaan van de handpalm hoog tegen die van een ander [als blijk van vreugde, verbondenheid &]

high-flier *znw* = *high-flyer*

high-flown *bn* hoogdravend

high-flyer *znw* iem. met hogere aspiraties

high-flying *bn* eerzuchtig, ambitieus

high-grade *bn* met een hoog gehalte [v. erts &], hoogwaardig; prima

high-handed *bn* arbitrair, eigenmachtig, aanmatigend, autoritair

high-hat *znw* gemeenz snob

high-heeled *bn* met hoge hak

high jinks [hai'dʒiŋks] *znw mv* dolle pret

highland I *znw* hoogland *o*; *the H~s* de Schotse Hooglanden; **II** *bn* hooglands

Highlander *znw* Hooglander

high-level *bn* op hoog niveau

highlight I *znw* hoog licht *o*; fig hoogtepunt *o*, clou; **II** *overg* goed doen uitkomen, in het licht stellen; een bijzondere glans verlenen aan, opluisteren

highlighter (pen) *znw* markeerstift

highly *bijw* hoog, plechtig hooglijk; versterkend hoogst, zeer; *speak ~ of* met veel lof spreken van; *think ~ of* een hoge dunk hebben van

highly-strung *bn* overgevoelig, uiterst gespannen

High Mass *znw* hoogmis

high-minded *bn* edel, groot van ziel, grootmoedig; bijbel hoogmoedig

highness *znw* hoogheid°, hoogte

high-pitched *bn* hoog(gestemd), schel; fig verheven

high-power(ed) *bn* zwaar [v. motor]; sterk, krachtig [v. radiostation]; goed geoutilleerd; fig machtig, zwaar, geweldig; succesvol

high-pressure *bn* techn hogedruk-; fig agressief

high-price(d) *bn* prijzig, duur

high priest *znw* hogepriester

high-ranking *bn* hoog(geplaatst)

high-resolution [hairezə'l(j)u:ʃ(ə)n] *bn* techn met hoog scheidend vermogen [v. optische apparaten]

high-rise *bn*: ~ *flats, blocks* hoogbouw

high road *znw* hoofdweg; beste of kortste weg [tot succes]

high-roller *znw* Am iemand die met geld smijt, patser; iem. die hoog inzet [bij gokken]

high school *znw* ± middelbare school

high season *znw* hoogseizoen *o*

high society *znw* de hogere/betere kringen, elite, high society

high-sounding *bn* (luid) klinkend[2]; fig hoogdravend, weids

high-speed *bn* snellopend, snel

high-spirited *bn* vurig; moedig

high street ['haistri:t] *znw* hoofdstraat

high-strung, **highly-strung** *bn* hooggespannen[2]; overgevoelig; erg nerveus, opgewonden

hightail ['haiteil] *onoverg*: ~ *it* Am slang 'm smeren

high tech [hai'tek] **I** *znw* = *high technology* geavanceerde technologie; **II** *bn* technologisch geavanceerd, hightech

high-tension *bn* hoogspannings-

high treason *znw* hoogverraad *o*

high-up ['haiʌp] gemeenz **I** *bn* hoog(geplaatst); **II** *znw* hoge ome

high water *znw* hoogwater *o*; *high-water mark* hoogwaterpeil *o*; fig hoogtepunt *o*

highway *znw* Am grote weg, verkeersweg, straatweg; fig beste of snelste weg; *the King's (Queen's) ~* de openbare weg; ~ *code* wegenverkeersreglement *o*

highway-man *znw* struikrover

high-wire *bn* het hoge koord [voor koorddansers]

hijack ['haidʒæk] *overg* (vracht, vliegtuigen) kapen

hijacker *znw* kaper (van vracht, vliegtuig)

hike [haik] **I** *onoverg* een voetreis maken, trekken; **II** *overg*: ~ *up* verhogen [prijzen &]; **III** *znw* voetreis,

trektocht; gemeenz verhoging
hilarious [hi'lɛəriəs] *bn* vrolijk, uitgelaten; hilarisch, uiterst komisch
hilarity [hi'læriti] *znw* vrolijkheid, hilariteit
hill [hil] *znw* heuvel, berg; *as old as the ~s* zo oud als de weg naar Rome; *over the ~* gemeenz over zijn hoogtepunt; op jaren
hillbilly ['hilbili] *znw* hillbilly [bergbewoner in het zuidoosten van de VS]; *~ music* hillbilly-muziek
hillock ['hilək] *znw* heuveltje *o*
hillside ['hil'said] *znw* heuvelhelling, berghelling
hilltop *znw* heuveltop
hilly *bn* heuvelachtig, bergachtig
hilt [hilt] *znw* gevest *o*, hecht *o*; *(up) to the ~* geheel en al, volkomen, door en door
him [him] *pers vnw* hem; gemeenz hij
Himalayan [himə'leiən] *bn* van het Himalajagebergte
himself [him'self] *wederk vnw* hij-, hemzelf, zich(zelf); *by ~* alleen; *he ~* hij zelf [met nadruk]
1 hind [haind] *znw* hinde
2 hind [haind] *bn* achterst(e), achter-
hinder ['hində] *overg* hinderen; belemmeren, verhinderen, beletten (om te *from*)
hindermost ['haind(ə)moust] *bn* achterste
Hindi ['hindi] *znw* Hindi *o*
hindquarters *znw mv* achterbout [v. slachtvee]; achterhand [v. paard]; achterste *o*
hindrance ['hindrəns] *znw* hindernis, beletsel *o*, belemmering
hindsight ['haindsait] *znw* wijsheid achteraf; *with the benefit of ~* achteraf bezien
Hindu ['hin'du:] *znw* & *bn* hindoe(s)
Hinduism *znw* hindoeïsme *o*
Hindustani [hindu'sta:ni] *znw* Hindoestaans *o*
hinge [hin(d)ʒ] **I** *znw* scharnier *o*; fig spil; **II** *overg* van hengsels voorzien; *~d* scharnierend, met scharnier(en); **III** *onoverg* draaien², rusten² (om, op *on, upon*)
hinny ['hini] *znw* muilezel
hint [hint] **I** *znw* wenk; zin-, toespeling; aanduiding; zweem, spoor *o*; *drop a ~* een hint geven; *take the ~* de wenk begrijpen of opvolgen; **II** *overg* aanduiden, te kennen geven, laten doorschemeren; **III** *onoverg*: *~ at* zinspelen op
hinterland ['hintəlænd] *znw* achterland *o*
1 hip [hip] *znw* **1** heup; **2** bouwk graatbalk; **3** plantk rozenbottel
2 hip [hip] *tsw* hiep!; *~, ~, hurrah!* hiep, hiep, hoera!
3 hip [hip] *bn* slang hip
hip-bath ['hipba:θ] *znw* zitbad *o*
hip-flask ['hipfla:sk] *znw* heupfles, zakflacon
hipped [hipt] *bn* **1** bezeten (van), gek (op); **2** zwaarmoedig, landerig
hippie ['hipi] *znw* = *hippy*
hippo ['hipou] *znw* gemeenz = *hippopotamus*
hip-pocket ['hippɔkit] *znw* heupzak; achterzak
Hippocratic [hipə'krætik] *bn* Hippocratisch; *~ oath* eed van Hippocrates [bij artsexamen]
hippodrome ['hipədroum] *znw* renbaan; circus *o* & *m*
hippopotamus [hipə'pɔtəməs] *znw* (*mv*: -es *of* hippopotami [-təmai]) nijlpaard *o*
hippy ['hipi] **I** *znw* hippie; **II** *bn* hippie(achtig)
hipsters ['hipstə] *znw mv* heupbroek
hire ['haiə] **I** *znw* huur, loon *o*; verhuur; *for ~* te huur; [taxi] vrij; *on ~* te huur; in huur; **II** *overg* huren; in dienst nemen; *~ (out)* verhuren
hire-car *znw* huurauto
hired man *znw* Am dagloner; seizoenarbeider
hireling I *znw* huurling; **II** *bn* gehuurd, huurlingen-
hire-purchase *znw* koop op afbetaling; *~ system* huurkoop
hirer *znw* huurder; verhuurder
hirsute ['hə:sju:t] *bn* ruig, harig, borstelig
his [hiz] *bez vnw* zijn; van hem, het zijne, de zijne(n)
Hispanic [hi'spænik] **I** *znw* Spaanssprekende Amerikaan, meestal van Latijns-Amerikaanse afkomst; **II** *bn* van Latijns-Amerikaanse afkomst/herkomst
hiss [his] **I** *onoverg* sissen, fluiten; **II** *overg* uitfluiten; nasissen (ook: *~ at*); *~ away (off)* door sissen verjagen; wegfluiten; *~ down* uitfluiten; **III** *znw* gesis *o*, gefluit *o*; sisklank (ook: *~ing sound*)
histamine ['histəmi(:)n] *znw* med histamine
histogram [histə'græm] *znw* staafdiagram *o*, histogram *o*
histology [his'tɔlədʒi] *znw* histologie, weefselleer
historian [his'tɔ:riən] *znw* historicus, geschiedschrijver
historic *bn* historisch; beroemd, gedenkwaardig, van betekenis
historical *bn* geschiedkundig, historisch
historiographer [histɔ:ri'ɔgrəfə] *znw* historiograaf, (officieel) geschiedschrijver
historiography *znw* historiografie, (officiële) geschiedschrijving
history ['histəri] *znw* geschiedenis, (geschied-) verhaal *o*, historie; achtergrond, verleden *o*; *make ~* geschiedenis maken, schrijven; *go down in ~ as* de geschiedenis ingaan als; *if you call in the police, you're ~* slang als je de politie belt, dan ben je er geweest
histrionic [histri'ɔnik] **I** *bn* toneel-, acteurs-; komedianterig, gehuicheld; **II** *znw*: *~s* toneelspeelkunst; komediespel *o*, komedie
1 hit [hit] (hit; hit) **I** *overg* slaan, raken, treffen, stoten; geven [een slag]; raden, herinneren; (aan-) komen in (op, tegen &), bereiken, halen; *~ a man (sbd.) when he's down* iem. een trap na geven; *~ the ceiling* gemeenz uit zijn vel springen; over de rooie zijn, gaan [v. kwaadheid]; *~ home* raak slaan; *~ the deck* gemeenz op zijn bek gaan, vallen; aan het werk gaan; *~ the nail on the head* de spijker op de

kop slaan; ~ *the road* er vandoor gaan, weggaan; ~ *the bottle* gemeenz te veel drinken, 'm raken; ~ *the hay* gemeenz het nest induiken; ~ *it off together (with each other)* het kunnen vinden, goed overweg kunnen met elkaar; **II** *onoverg* raken, treffen, slaan; ~ *back (at)* terugslaan; van repliek dienen; ~ *out* slaan, uithalen (naar *at*), (flink) van zich afslaan; ~ *(up)on* toevallig aantreffen, vinden; ~ *(up)on the idea* op het idee komen

2 hit *znw* stoot, slag[2]; mil treffer; steek (onder water), gelukkige of fijne zet; succes *o*, successtuk *o*, hit; slang huurmoord; *direct* ~ voltreffer; *make a* ~ inslaan

hit-and-run *bn*: ~ *accident* verkeersongeval *o* waarna wordt doorgereden; ~ *attack* aanval met snel toeslaan en terugtrekken; ~ *driver* automobilist die na een aanrijding doorrijdt

hitch [hitʃ] **I** *onoverg* gemeenz liften; **II** *overg* vastmaken, aan-, vasthaken (aan *to, on to*); ~ *a lift (ride)* liften; ~ *up* optrekken [broek]; ~*ed* gemeenz getrouwd; **III** *znw* hapering, storing, beletsel *o*

hitch-hike ['hitʃhaik] *onoverg* liften [met auto]

hitch-hiker *znw* lifter

hi-tech [hai'tek] *bn* = *high tech*

hither ['hiðə] *bijw* herwaarts, hierheen, hier; ~ *and thither* heen en weer, her en der

hitherto *bijw* tot nog toe

hitherward *bijw* herwaarts

hit list *znw* lijst van mensen die geëlimineerd moeten worden

hit man *znw* huurmoordenaar

hit-or-miss ['hitɔ:'mis] *bn* op goed geluk, lukraak

hit parade ['hitpəreid] *znw* hitparade

hit squad ['hitskwɔ:d] *znw* moordcommando *o*, doodseskader *o*

Hittite ['hitait] *znw* Hetiet; slang bokser

hive [haiv] **I** *znw* bijenkorf[2]; zwerm[2]; (druk) centrum *o*; **II** *overg*: ~ *off* afscheiden; afstoten [v. onrendabele bedrijfsonderdelen]; **III** *onoverg*: ~ *off* zich afscheiden

hives [haivz] *znw mv* med netelroos

HIV-positive [eitʃ'ai'vi:'pɔzitiv] *bn* seropositief

HIV-test [eitʃ'ai'vi:'test] *znw* aidstest

HM *afk.* = *His (Her) Majesty* ZM (Zijne Majesteit), HM (Hare Majesteit)

HMS *afk.* = *His (Her) Majesty's Ship*

ho [hou] *tsw* hé!, ho!

hoard [hɔ:d] **I** *znw* hoop, voorraad, schat; **II** *overg* vergaren, (op)sparen, hamsteren, oppotten *(~ up)*

hoarder *znw* potter, hamsteraar

hoarding *znw* **1** verborgen voorraad; hamsteren *o*; handel oppotting; **2** houten schutting; **3** reclamebord *o*

hoar-frost ['hɔ:'frɔ:st] *znw* rijp, rijm

hoarse [hɔ:s] *bn* hees, schor

hoary ['hɔ:ri] *bn* grijs, wit [v. ouderdom]; oud; *a ~ chestnut* gemeenz een mop met een baard

hoax [houks] **I** *znw* nep, bedrog *o*; *the bomb warning was a* ~ de bommelding was vals (alarm); **II** *bn* nep-; **III** *overg* om de tuin leiden, voor de gek houden

hob [hɔb] *znw* haardplaat; kookplaat

hobble ['hɔbl] **I** *onoverg* strompelen, hompelen, hinken; **II** *overg* kluisteren [paard]; doen strompelen; **III** *znw* strompelende gang; strompeling

hobbledehoy [hɔbldi'hɔi] *znw* onhandige slungel

hobby ['hɔbi] *znw* **1** hobby, liefhebberij; **2** boomvalk

hobby-horse *znw* hobbelpaard *o*; stokpaardje[2] *o*

hobbyist *znw* hobbyist; amateur

hobgoblin ['hɔbgɔblin] *znw* kabouter; boeman

hobnail ['hɔbneil] *znw* kopspijker; ~ *boots* spijkerschoenen

hobnob ['hɔbnɔb] *onoverg* gemeenz gezellig omgaan of praten (met *with)*

hobo ['houbou] *znw* (*mv*: -s *of* -boes) Am (werkzoekende) landloper

Hobson ['hɔbsn]: ~*'s choice* zie *choice I*

hock [hɔk] **I** *znw* **1** rijnwijn; **2** spronggewricht *o*; *in* ~ verpand; **II** *overg* Am gemeenz verpanden

hockey ['hɔki] *znw* hockey *o*; Am ijshockey *o*

hocus ['houkəs] *overg* bedriegen; bedwelmen [met verdovend middel]

hocus-pocus ['houkəs'poukəs] *znw* hocus-pocus

hod [hɔd] *znw* kalkbak; stenenbak; ~ *carrier* opperman

hodgepodge ['hɔdʒpɔdʒ] *znw* Am = *hotchpotch*

hodman ['hɔdmən] *znw* opperman

hoe [hou] **I** *znw* schoffel, hak; **II** *overg* schoffelen

hog [hɔg] **I** *znw* dierk varken *o*; fig veelvraat, zwijn *o*; *go the whole* ~ iets grondig doen; **II** *overg* gemeenz zich toe-eigenen, inpikken

hogback *znw* scherpe (heuvel)rug

Hogmanay ['hɔgmənei] *znw* Schots oudejaarsdag

hogshead *znw* okshoofd *o*: 238,5 l

hog-tie *overg* Am knevelen, aan handen en voeten binden [ook fig]

hogwash ['hɔgwɔʃ] *znw* **1** varkensvoer *o*; **2** lariekoek, nonsens

hoi polloi [hɔipə'lɔi] *znw* gemeenz gajes *o*; plebs *o*

hoick [hɔik] *znw* plotseling optrekken *o* [v. vliegtuig]

hoist [hɔist] **I** *overg* (op)hijsen; (op)lichten ~ *with his own petard* zelf in de kuil vallen die je voor een ander gegraven hebt; **II** *znw* hijstoestel *o*, lift

hoity-toity ['hɔiti'tɔiti] **I** *tsw* ho, ho!; toe maar!; **II** *bn* arrogant, uit de hoogte; lichtgeraakt

hokum ['houkəm] *znw* Am slang mooie praatjes, kletspraat; sentimentele flauwekul; goedkoop effectbejag *o*, onechtheid

1 hold [hould] (held; held) **I** *overg* houden, vast-, tegen-, aan-, behouden; inhouden, (kunnen) bevatten; houden voor, het er voor houden, achten, van oordeel zijn; eropna houden [theorie], huldigen, toegedaan zijn [mening]; boeien [lezers]; bekleden; innemen [plaats]; voeren [taal]; volgen [koers]; vieren [zekere dagen]; in leen of in bezit hebben, hebben; ~ *everything!* stop!; *we ~ life dear (sacred &)* het leven is ons dierbaar (heilig &); zie ook: *cheap*; *~ one's own's against (with)* zich staande houden tegenover, het kunnen opnemen tegen; *~ the line* telec blijf even aan uw toestel; *~ the road (well)* vast op de weg liggen [v. auto]; *there's no ~ing him* hij is niet te stuiten; *he's unable to ~ his beer* van een paar biertjes wordt hij al dronken; **II** *onoverg* aanhouden, (blijven) duren; het uit-, volhouden; zich goed houden; doorgaan, gelden, van kracht zijn, opgaan, steek houden (ook: *~ good, ~ true*); *~!* vero wacht!, stop!; *~ hard!* stop!, wacht even!; hou je vast!; *~ it!* sta stil!; *~ sth. against sbd.* iem. iets aanrekenen; *~ back* terug-, achterhouden; tegenhouden; zich onthouden, zich inhouden; weinig animo tonen; *~ by* vasthouden aan[2]; *~ down* in bedwang houden; laag houden [v. prijzen]; vervullen, behouden [betrekking]; *~ forth* betogen, oreren; *~ forth on* uitweiden over; *~ in* aanhouden; (zich) inhouden[2], beteugelen; zie ook: *aversion, contempt, esteem &*; *~ off* (zich) op een afstand houden; uitblijven [v. regen]; uitstellen; *~ on* aanhouden, voortgaan, voortduren; zich vastklemmen of vasthouden[2] (aan *by, to*); volhouden; *~ on!* stop!, wacht even!; een ogenblikje!; blijf aan de lijn! [aan de telefoon]; *~ out* volhouden, het uithouden, zich goed houden; in stand blijven; uitsteken, toesteken, bieden[2] [de hand]; fig voorspiegelen; *~ out for* vasthouden aan, blijven aandringen op; *~ out on* gemeenz geheimen hebben voor; *~ over* aanhouden, opzij leggen, uitstellen; als bedreiging gebruiken; *~ to* houden aan (tegen); zich houden aan[2]; vasthouden of trouw blijven aan, toegedaan zijn, blijven bij [een mening]; *~ together* bij elkaar houden; samenhangen[2]; eendrachtig zijn; *~ up* standhouden; aan-, op-, tegenhouden, opschorten, ondersteunen[2], staande houden; omhoog houden, opsteken; aanhouden, overvallen; *~ up one's head* het hoofd op- of hooghouden; *~ up one's head with the best* niet onderdoen voor; *~ up as a model* ten (tot) voorbeeld stellen; *~ up to contempt* aan de minachting prijsgeven; *~ up to ridicule* belachelijk maken; *~ with* zich aansluiten bij, partij kiezen voor, het eens zijn met; ophebben met; *I don't ~ with ...* daar ben ik niet zo erg voor, daar zie ik niet veel heil in

2 hold *znw* **1** houvast *o*, vat[2], greep[2]; steunpunt *o*; bolwerk[2] *o*; **2** (scheeps)ruim *o*; *no ~s barred* alles is geoorloofd; *catch (get, grab, lay, seize, take) ~ of* aanpakken, aantasten; grijpen, (te pakken) krijgen, (op)pakken, opdoen [kennis &]; *have a ~ over* invloed hebben op; *have a ~ on* macht hebben over; invloed hebben op; *keep ~ of* vasthouden

holdall *znw* grote reistas

holder *znw* bezitter, (aandeel)houder; bekleder [v. ambt]; handgreep; pannenlap, aanpakkertje *o*; [pen-, sigaretten- &]houder, reservoir *o*; etui *o*; glaasje *o*; pijpje *o*

holding *znw* houvast *o*; bezit *o* [v. aandelen], eigendom *o*; pachthoeve, landbouwbedrijf *o*; *~ company* houdstermaatschappij; *~ operation* actie met het doel de bestaande toestand te handhaven

holdup *znw* aanhouding, (roof)overval; stagnatie; vertraging

hole [houl] **I** *znw* gat *o*, hol *o*, kuil; opening; hole [golfspel]; gemeenz hok *o*; *a ~ (of a place)* gemeenz een nest *o*, een "gat" *o*; *he is in a ~* gemeenz hij zit in de klem; *(all) in ~s* vol gaten, helemaal stuk; *make a ~ in* gemeenz er een groot deel van opmaken; *pick ~s in* aanmerkingen maken; [argument] ontzenuwen; *get a ~ in one* sp de bal met één slag in de hole krijgen; **II** *overg* een gat (gaten) maken in; *be ~d* scheepv lek slaan; in een hole slaan [bij golf]; **III** *onoverg*: *~ up* slang zich schuilhouden; *~ out* sp (de bal) in een hole slaan

hole-and-corner *bn* onderhands, geheim, stiekem

holey ['houli] *bn* vol gaten

holiday [hɔlədi, -dei] **I** *znw* feest *o*, feestdag, vakantiedag; *~(s)* vakantie; *be (go) on ~* met vakantie zijn (gaan); *take a ~* vrijaf (vakantie) nemen; **II** *bn* feest-; vakantie-; **III** *onoverg* ['hɔlədei] vakantie nemen (houden), de vakantie doorbrengen

holiday camp *znw* vakantiekamp, vakantiekolonie

holiday-maker *znw* vakantieganger

holiday resort *znw* vakantieoord *o*

holier-than-thou ['houliəðənðau] *bn* schijnheilig

holiness ['houlinis] *znw* heiligheid

holistic ['houlistik] *bn* holistisch

Holland ['hɔlənd] *znw* Holland *o*, Nederland *o*; *holland* ongebleekt Hollands linnen *o*

holler ['hɔlə] *onoverg* gemeenz blèren; schreeuwen

hollow ['hɔlou] **I** *bn* hol, uitgehold, voos; vals, geveinsd; **II** *bijw* hol; *beat sbd. ~* gemeenz iem. totaal verslaan; **III** *znw* holte, uitholling, hol *o*; laagte; del; **IV** *overg* uithollen (ook: *~ out*), hol maken

hollow-eyed *bn* hologig

hollow-ware *znw* potten en pannen

holly ['hɔli] *znw* hulst

hollyhock ['hɔlihɔk] *znw* stokroos

holm [houm] *znw* **1** riviereilandje *o*, waard; **2** plantk steeneik

holocaust ['hɔləkɔ:st] *znw* brandoffer *o*; fig slachting; vernietiging, holocaust, volkerenmoord

hologram ['hɔlougræm] *znw* hologram *o*

holograph ['hɔlougra:f] *znw* eigenhandig geschreven (holografisch) stuk *o* [testament &]

holographic *bn*: *~ will* eigenhandig geschreven testament *o*

holography [hɔ'lɔgrəfi] *znw* holografie

hols [hɔlz] *znw mv* gemeenz = *holidays*

holster ['houlstə] *znw* pistooltas, holster

holy ['houli] *bn* heilig, gewijd; *H~ Father* de Paus; *H~ Ghost* Heilige Geest; *the H~ of Holies* het Heilige der Heiligen[2]; *H~ Spirit* Heilige Geest; *~ day* heiligedag, (kerkelijke) feestdag, hoogtijdag; *~ cow!*

gemeenz verhip!, verrek!

Holy Saturday *znw* paaszaterdag

holystone scheepv **I** *znw* soort schuursteen; **II** *overg* schuren

Holy Thursday *znw* Witte Donderdag; hemelvaartsdag

holy water *znw* wijwater *o*

Holy Week *znw* de Stille Week, RK de Goede Week

Holy Writ *znw* de heilige schrift

homage ['hɔmidʒ] *znw* hulde, huldebetoon *o*, huldiging; *do (pay) ~ to* hulde bewijzen, huldigen

homburg ['hɔmbə:g] *znw* slappe vilthoed

home [houm] **I** *znw* huis *o*, tehuis *o*, verblijf *o*, thuis *o*, (huis)gezin *o*, huishouden *o*; honk *o*; woonstede; verblijf *o*; (vader)land *o*; (zenuw)inrichting; *long ~* laatste woning, eeuwige rust; *make one's ~* zich metterwoon vestigen, gaan wonen; *~ is ~, be it ever so humble, there's no place like ~* eigen haard is goud waard; zoals het klokje thuis tikt, tikt het nergens; *at ~* thuis; in het (vader)land, hier (te lande), in het moederland; *at ~ and abroad* in binnen- en buitenland; *be at ~ in (on, with) a subject* er goed in thuis zijn; *make yourself at ~* doe alsof je thuis bent; *~ for the aged* bejaardentehuis *o*; *~ for the blind* blindeninstituut *o*; *it's a ~ from ~* Br het is een tweede thuis; *close to ~* dicht bij huis; raak; **II** *bn* huiselijk, huis-; thuis-; in-, binnenlands; *the ~ Counties* de graafschappen het dichtst bij Londen; *~ country* eigen land *o*; *H~ Office* ministerie *o* van Binnenlandse Zaken; *H~ Secretary* minister van Binnenlandse Zaken; **III** *bijw* naar huis, huiswaarts, huistoe, thuis; naar het doel, over de finish, raak; stevig (aangedraaid), vast; versterkend flink; *bring it ~ to* (duidelijk) aan het verstand brengen; doen beseffen; *it comes ~ to me* het treft mij gevoelig (diep); ik ondervind er nu de gevolgen van; *drive (press) ~* in-, vastslaan; fig doorzetten; *go ~* naar huis gaan; raak zijn[2]; *hit (strike) ~* gevoelig treffen, raak slaan; *see ~* thuisbrengen; *nothing to write ~ about* niet veel soeps; *~ and dry* hoog en droog, veilig thuis; **IV** *onoverg* naar huis gaan [v. duiven]; *~ in on* het doel zoeken [v. projectiel], aanvliegen, afgaan op; **V** *overg* huisvesten

home base *znw* thuisbasis

homebody *znw* huismus

home-brew *znw* zelf gebrouwen bier

home-coming *znw* thuiskomst

home-cooked *bn* eigengemaakt, zelf gekookt, zelf gebakken

home cooking *znw* koken *o* zoals het thuis gebeurt

home economics *znw* huishoudkunde

home-felt *bn* diepgevoeld; innig

home front *znw* thuisfront *o*

home game *znw* thuiswedstrijd

home ground *znw* sp eigen veld *o*, thuis *o*; fig vertrouwd terrein *o*

home-grown I *bn* van eigen bodem, inlands; **II** *znw* slang eigen teelt [marihuana &], ± nederwiet

Home Guard *znw* (lid *o* van het) [Engels] burgerleger *o*, ± nationale reserve

home help *znw* gezinshulp

home-knitted *bn* zelfgebreid

homeland *znw* geboorteland *o*; ZA thuisland *o*

homeless *bn* onbehuisd, dakloos

homelike *bn* huiselijk; gemoedelijk

home-loving *bn* huiselijk

homely *bn* huiselijk; eenvoudig, alledaags°, gewoon; Am niet mooi, lelijk

home-made *bn* eigengemaakt; van inlands fabrikaat

homemaker *znw* gezinsverzorgster; Am huisvrouw

homeopath(-) = *homoeopath(-)*

home-owner *znw* huiseigenaar

home-pigeon *znw* postduif

home port *znw* thuishaven

homer ['houmə] *znw* Am homerun [honkbal]

Homeric [hou'merik] *bn* homerisch [gelach]

Home Rule ['houm'ru:l] *znw* zelfbestuur *o*

home run ['houmrʌn] *znw* sp homerun [honkbal]

homesick *bn* heimwee hebbend

homesickness *znw* heimwee

homespun *bn* eigengesponnen (stof); fig eenvoudig

homestead *znw* hofstede

homesteader *znw* Am kolonist, pionier [in het westen van Amerika]

home straight, **home stretch** *znw* laatste rechte deel *o* van een baan of parcours vóór de eindstreep

home team *znw* thuisclub, thuisspelende ploeg

homethrust *znw* rake stoot; bijtende opmerking

home time *znw* gemeenz tijd om naar huis te gaan

home town *znw* geboortestad

home truth *znw* harde waarheid

homeward *bn & bijw* huiswaarts; *~ bound* op de thuisreis

homewards *bijw* huiswaarts

homework *znw* huiswerk *o*; voorbereidend werk *o*

homey *bn* huiselijk, gezellig, knus

homicidal [hɔmi'saidl] *bn* moorddadig, moord-

homicide ['hɔmisaid] *znw* manslag, doodslag

homily ['hɔmili] *znw* leerrede, (zeden)preek[2]

homing ['houmiŋ] *bn* naar huis terugkerend; *~ instinct* instinct *o* om eigen huis terug te vinden [bijen, duiven]; luchtv *~ beacon* aanvliegbaken *o*; *~ device* stuurmechanisme *o* van geleid projectiel

homoeopath ['hou-, 'hɔmjoupæθ, -miou] *znw* homeopaat

homoeopathic(al) [hou-, 'hɔmjou'pæθik(əl), -miou] *bn* homeopathisch

homoeopathist [houmi'ɔpəθist, hɔm-] *znw* homeopaat

homoeopathy *znw* homeopathie

homogeneity [hɔmoudʒe'ni:iti] *znw* homogeniteit, gelijksoortigheid

homogeneous [hɔmou'dʒi:niəs] *bn* homogeen, gelijksoortig

homogenized [hɔ'mɔdʒənaizd] *bn* gehomogeni-

seerd [v. melk]
homonym ['hɔmounim] *znw* homoniem *o*
homonymous [hɔ'mɔniməs] *bn* gelijkluidend
homophone ['hɔmoufoun] *znw* homofoon, woord *o* dat hetzelfde klinkt als een ander woord
homosexual ['hou-, 'hɔmou'seksjuəl] *znw* & *bn* homoseksueel
homosexuality ['hou-, 'hɔmouseksju'æliti] *znw* homoseksualiteit
homy ['houmi] *bn* = *homey*
Hon. *afk.* zie *honourable*
Honduras [hɔn'dju:rəs] *znw* Honduras *o*
Honduran [hɔn'dju:rən] *bn* & *znw* Hondurees
hone [houn] **I** *znw* wetsteen; **II** *overg* aanzetten; fig polijsten
honest ['ɔnist] *bn* eerlijk, rechtschapen, braaf; onvervalst; *~!* gemeenz echt waar!, op mijn (ere-) woord!; *to be ~* om de waarheid te zeggen, om eerlijk te zijn; *~ to God* op mijn woord, eerlijk waar; *make a ~ woman of her* haar trouwen [na een affaire]
honestly I *bijw* eerlijk (waar, gezegd), werkelijk, echt; **II** *tsw* nee maar zeg!
honest-to-goodness *bn* gemeenz echt, onvervalst
honesty *znw* eerlijkheid, rechtschapenheid, braafheid; vero eerbaarheid; plantk judaspenning; *~ is the best policy* eerlijk duurt het langst; *in all ~* in alle openheid; met zijn hand op het hart
honey ['hʌni] *znw* honing; Am gemeenz liefje *o*, schat
honeybee ['hʌnibi:] *znw* honingbij
honeycomb *znw* honingraat; *~ cloth* wafeldoek *o* & *m*; *~ towel* wafeldoek *m*; *~ed* met cellen; doorboord, vol gaten; *~ed with* vol ...; fig ondergraven (ondermijnd) door
honeydew *znw* honingdauw; *~ melon* suikermeloen
honeyed *bn* honingzoet
honeymoon I *znw* wittebroodsweken; huwelijksreis; **II** *onoverg* de wittebroodsweken doorbrengen; op de huwelijksreis zijn
honeysuckle *znw* kamperfoelie
honey-tongued *znw* mooipratend
Hong Kong ['hɔŋkɔŋ] *znw* Hongkong *o*
honk [hɔŋk] **I** *onoverg* (als de wilde gans) schreeuwen; toeteren [met autohoorn]; **II** *znw* geschreeuw *o*; (auto)getoeter *o*
honky-tonk ['hɔŋkitɔŋk] *znw* Am slang ordinaire kroeg of dancing; gemeenz café-pianomuziek
honorarium [ɔnə'rɛəriəm] *znw* (*mv*: -s *of* honoraria [-riə]) honorarium *o*
honorary ['ɔnərəri] *bn* honorair, ere-
honorific [ɔnə'rifik] **I** *bn* ere-; vererend; **II** *znw* eretitel; beleefdheidsformule
honour ['ɔnə], Am **honor I** *znw* eer; eerbewijs *o*; eergevoel *o*; erewoord *o*; *your H~* Edelachtbare; *~s* eer(bewijzen), onderscheidingen [op verjaardagen v. vorsten, met nieuwjaar]; eretitels; honneurs; hist graad voor speciale studie *(~s degree)*; *do ~* eer bewijzen; eer aandoen; *do the ~s* de honneurs waarnemen; *pay due ~ to a bill* een wissel honoreren; *in his ~* te zijner eer; *in ~ of* ter ere van; *be ~ bound to do it, be on one's ~ to do it* zedelijk verplicht zijn, het aan zijn eer verplicht zijn; *(up)on my ~* op mijn erewoord; **II** *overg* eren, vereren; honoreren [wissel]; nakomen [verplichtingen]
honourable, Am **honorable** *bn* eervol; achtbaar, eerzaam, eerwaardig; hooggeboren (als titel), afk. *Hon.*; *~ intentions* eerbare bedoelingen; *~ member* pol ± geachte afgevaardigde; *~ mention* mil eervolle vermelding [op conduitestaat]
honours list *znw* lijst van personen die een onderscheiding hebben gekregen
hooch [hu:tʃ] *znw* Am slang slechte of illegaal gestookte whisky, bocht *o*, vuurwater *o*
hood [hud] *znw* kap°; capuchon; huif; Am auto motorkap; slang = *hoodlum*
hooded *bn* met een kap, bedekt; half toegeknepen [ogen]; *~ crow* bonte kraai
hoodlum ['hudləm] *znw* Am slang jonge gangster, ruwe kerel
hoodwink ['hudwiŋk] *overg* beetnemen, misleiden
hooey ['hu:i] *znw* Am gemeenz onzin, nonsens
hoof [hu:f] **I** *znw* (*mv*: -s *of* hooves [hu:vz]) hoef; *on the ~* uit bed, op de been; **II** *overg*: *~ it* slang lopen; *~ out* slang eruit trappen
hoof-and-mouth disease *znw* Am mond- en klauwzeer *o*
hoofbeat *znw* hoefslag
hoofed [hu:ft] *bn* gehoefd
hook [huk] **I** *znw* haak[2], vishaak, angel; sikkel, snoeimes *o*; techn duim, kram; scheepv hoek; bocht; sp hoek(stoot) [boksen]; boogbal [golf, cricket]; *~s and eyes* haken en ogen; *by ~ or by crook* op de een of andere manier; eerlijk of oneerlijk; *off the ~* van de haak [telefoon]; *get sbd. off the ~* iem. uit de puree halen; *get one's ~s into sbd.* iem. het leven zuur maken; *~, line and sinker* compleet, helemaal, met alles erop en eraan; **II** *overg* haken zetten aan; aan-, dichthaken; aan de haak slaan[2]; naar zich toe halen; sp een boogbal slaan [cricket, golf]; *~ up* aansluiten, verbinden; aanhaken; *get ~ed on* gemeenz verslaafd raken (maken) aan; **III** *onoverg* (blijven) haken; *~ up with* gemeenz aan de haak slaan; 't aanleggen met
hookah ['hukə] *znw* Turkse waterpijp
hooked [hukt] *bn* **1** haakvormig, gehoekt; **2** met een haak; **3** verslaafd [aan drugs]; *~ nose* haviksneus; *be ~ on a boy* helemaal weg zijn van een jongen; zie ook: *hook*
hooker ['hukə] *znw* **1** slang hoer; **2** sp hooker [rugby]
hook-nose ['huknouz] *znw* haviksneus
hook-nosed ['huknouzd] *bn* met een haviksneus
hook-up ['hukʌp] *znw* RTV verbinding; *a nationwide ~* een uitzending over alle zenders (v.e. land)

hook worm ['hukwə:m] *znw* mijnworm
hooky ['huki] *znw*: *play* ~ Am gemeenz spijbelen
hooligan ['hu:ligən] *znw* straatschender, herrieschopper, (jonge) vandaal, hooligan
hooliganism *znw* straatschenderij, vandalisme *o*
hoop [hu:p] *znw* hoepel; hoepelrok; ring, band; *go through the* ~ gemeenz het moeilijk hebben; een beproeving doorstaan; gestraft worden
hooped *bn* hoepel-
hoopla ['hu:pla] *znw* ringwerpspel *o* [op kermis]; Am gemeenz drukte, herrie
hooray [hu'rei] *tsw* = *hurrah*; *H~ Henry* rijkeluiszoontje *o*, ± corpsbal
hoot [hu:t] **I** *onoverg* jouwen; schreeuwen [v. uil]; toeten [v. stoomfluit]; toeteren, claxonneren [v. auto]; ~ *at* na-, uitjouwen; **II** *overg* uitjouwen; ~ *sbd. down* iem. wegfluiten, iem. het spreken onmogelijk maken; ~ *sbd. off* iem. wegjouwen [v. toneel]; **III** *znw* gejouw *o*; geschreeuw *o* [v. uil]; getoet(er) *o*; Br gemeenz giller; *not a* ~ *(two ~s)* geen zier
hooter *znw* stoomfluit, sirene, (auto)toeter, claxon; slang snufferd, neus
hoover ['hu:və] **I** *znw* stofzuiger; **II** *overg* stofzuigen
hooves ['hu:vz] *znw mv* van *hoof*
1 hop [hɔp] **I** *onoverg* huppelen, hinken, springen, gemeenz dansen; *~ping mad* gemeenz spinnijdig, woest; **II** *overg* overheen springen, wippen; springen in [bus &]; ~ *it* slang 'm smeren, ophoepelen; **III** *znw* sprongetje *o*, sprong; danspartij; *on the* ~ bezig, in de weer; gemeenz onvoorbereid
2 hop [hɔp] *znw* plantk hop; *~s* hop(bellen)
hope [houp] **I** *znw* hoop, verwachting; *not a* ~ *in hell* gemeenz geen schijn van kans; *live in* ~ (blijven) hopen; *some ~!* het mocht wat!, schei uit!, je meent het!; **II** *overg & onoverg* hopen (op *for*), verwachten (van *of*); ~ *against* ~ hopen tegen beter weten in
hopeful *bn* hoopvol; veelbelovend; *(young)* ~ (de) veelbelovende(!) jongeling (zoon &)
hopefully *bijw* hopelijk; hoopvol
hopeless *bn* hopeloos, uitzichtloos
hop-o'-my-thumb ['hɔpəmiθʌm] *znw* kleinduimpje *o*, peuter, uk
hopper ['hɔpə] *znw* vultrechter; tremel [v.e. molen]
hopscotch ['hɔpskɔtʃ] *znw* hinkelspel *o*
hop-step-and-jump ['hɔpstepən'dʒʌmp] *znw* hink-stap-sprong
horde [hɔ:d] *znw* horde, bende, troep
horizon [hə'raizn] *znw* horizon, (gezichts)einder, gezichtskring[2]; *on the* ~ aan de horizon (ook fig)
horizontal [hɔri'zɔntl] **I** *bn* horizontaal; **II** *znw* horizontale lijn, horizontaal vlak *o*
hormonal [hɔ(:)'mounəl] *bn* hormonaal
hormone ['hɔ:moun] *znw* hormoon *o*
horn [hɔ:n] **I** *znw* hoorn, horen *o* [stofnaam], hoorn, horen *m* [voorwerpsnaam]; claxon, toeter, sirene; voelhoorn; drinkhoren; *draw in one's ~s* wat inbinden; ~ *of plenty* hoorn des overvloeds; **II** *bn* hoornen
horned *bn* gehoornd, hoorn-
hornet ['hɔ:nit] *znw* horzel, hoornaar; *stir up a ~'s nest* zich in een wespennest steken
hornpipe ['hɔ:npaip] *znw* horlepijp
horn-rimmed ['hɔ:n'rimd] *bn*: ~ *spectacles* uilenbril
horny ['hɔ:ni] *bn* hoornachtig; eeltig; hoorn-; slang geil
horology [hɔ'rɔlədʒi] *znw* uurwerkmakerij
horoscope ['hɔrəskoup] *znw* horoscoop
horrendous [hɔ'rendəs] *bn* gemeenz = *horrible*
horrible ['hɔribl] *bn* afschuwelijk, afgrijselijk, akelig, vreselijk, gruwelijk, huiveringwekkend
horribly *bijw* v. *horrible*; versterkend vreselijk
horrid *bn* = *horrible*
horrific [hɔ'rifik] *bn* schrikbarend, afgrijselijk
horrify ['hɔrifai] *overg* met afschuw vervullen; aanstoot geven; *~ing* afschuwelijk
horror ['hɔrə] *znw* huivering, rilling; (af)schrik, afschuw, gruwel, verschrikking, akeligheid; fig griezel, kreng *o*, monster *o*; *the ~s* angstaanval(len); *it gives you the ~s* het is om van te rillen; *and then, ~ of ~s, he said...* en toen, erger kan het niet, zei hij...
horror film *znw* griezelfilm, horrorfilm
horror story *znw* griezelverhaal *o*, horrorstory
horror-stricken, **horror-struck** *bn* met afgrijzen vervuld
hors de combat [hɔ:də'kɔ:mba:] *bn* [Fr] buiten gevecht
hors-d'oeuvre [ɔ:'də:vrz] *znw* voorgerecht *o*
horse [hɔ:s] **I** *znw* paard *o* [ook turntoestel]; ruiterij, cavalerie; schraag, rek *o*, bok; slang heroïne; *a* ~ *of a different colour* een heel andere zaak; *a dark* ~ een onbekend paard *o* [bij races]; fig iemand van wie men maar weinig weet; *come off the high* ~ een toontje lager zingen; *hold your ~s!* gemeenz rustig aan!, kalm aan een beetje!; *~s for courses* de juiste man op de juiste plaats; *get on one's high* ~ een hoge toon aanslaan; *light* ~ lichte cavalerie; *white ~s* witgekuifde golven; *(straight) from the ~'s mouth* gemeenz uit de eerste hand; *to ~!* te paard!, opstijgen!; **II** *overg*: ~ *about (around)* stoeien, dollen
horse artillery *znw* rijdende artillerie
horseback *znw*: *on* ~ te paard; ~ *riding* paardrijden *o*, rijkunst
horse-box *znw* wagen voor paardenvervoer
horse-breaker *znw* pikeur
horse-chestnut *znw* wilde kastanje
horse-collar *znw* gareel *o*, haam *o*
horse-dealer *znw* paardenhandelaar
horse-drawn *bn* met paarden bespannen
horseflesh *znw* paardenvlees *o*; paarden
horse-fly *znw* paardenvlieg
Horse Guards *znw mv* (3de reg. der) cavaleriebrigade van de Koninklijke Lijfwacht; hoofdkwartier *o* daarvan in Whitehall [Londen]

horsehair I *znw* paardenhaar *o*; **II** *bn* paardenharen
horse-laugh *znw* ruwe lach
horseleech *znw* grote bloedzuiger; fig uitzuiger
horseman *znw* ruiter, paardrijder
horsemanship *znw* rijkunst
horsemeat *znw* paardenvlees *o*
horse opera *znw* Am slang cowboyfilm, western
horseplay *znw* ruw spel *o*, ruwe grappen
horsepower *znw* paardenkracht; *brake* ~ rempaardenkracht; *indicated* ~ indicateur-paardenkracht
horse-race *znw* wedren
horse-radish *znw* mierik(s)wortel
horse-riding *znw* paardrijden *o*, paardrijkunst
horse-sense *znw* gezond verstand *o*
horseshoe *znw* hoefijzer *o*
horse show *znw* paardententoonstelling; concours *o & m* hippique
horse-tail *znw* paardenstaart (ook plantk)
horse-trading *znw* paardenhandel; fig koehandel
horsewhip I *znw* rijzweep; **II** *overg* met een rijzweep slaan, afranselen
horsewoman *znw* paardrijdster, amazone
hors(e)y *bn* als (van) een paard; dol op paarden(sport)
hortative ['hɔ:tətiv], **hortatory** ['hɔ:tətəri] *bn* vermanend, aansporend
horticultural [hɔ:ti'kʌltʃərəl] *bn* tuinbouw-
horticulturalist [hɔ:ti'kʌltʃərəlist] *znw* = *horticulturist*
horticulture ['hɔ:tikʌltʃə] *znw* tuinbouw
horticulturist [hɔ:ti'kʌltʃərist] *znw* tuinder; tuinbouwkundige
hosanna [hou'zænə] *znw* hosanna *o*
hose [houz] **I** *znw* slang [v. brandspuit]; kousen; hist (knie)broek; **II** *overg* bespuiten; ~ *down* nat-, schoonspuiten
hose-pipe *znw* brandslang; tuinslang
hosier ['houʒiə] *znw* kousenkoper; winkelier in gebreide of geweven ondergoed
hosiery *znw* gebreid of geweven ondergoed *o*, kousen
hospice ['hɔspis] *znw* hospitium *o*; verpleeghuis *o* voor terminale patiënten
hospitable ['hɔspitəbl] *bn* gastvrij, hartelijk; aangenaam, prettig
hospital *znw* ziekenhuis *o*, hospitaal *o*; gasthuis *o*
hospitality [hɔspi'tæliti] *znw* gastvrijheid
hospitalize ['hɔspitəlaiz] *overg* in een ziekenhuis (laten) opnemen (verplegen)
hospitaller ['hɔspitlə] *znw* hospitaalridder *(Knight H~)*; ziekenbroeder, liefdezuster; aalmoezenier [in hospitaal]
host [houst] **I** *znw* **1** leger *o*, schaar, massa, menigte; **2** gastheer; waard, herbergier; **3** hostie; *Lord God of Hosts* heer der Heerscharen; ~ *country* gastland *o*; **II** *overg* optreden als gastheer voor (bij); ~ *a radio programme* een radioprogramma presenteren
hostage ['hɔstidʒ] *znw* gijzelaar, gegijzelde; *take (hold)* ~ gijzelen
hostel ['hɔstəl] *znw* hospitium *o*, tehuis *o*, kosthuis *o*, studentenhuis *o*; jeugdherberg; vero herberg
hosteller *znw* = *youth hosteller*
hostellery *znw* vero hospitium *o*; herberg; schertsend pub
hostess ['houstis] *znw* gastvrouw; hostess; waardin; luchtv stewardess; animeermeisje *o*
hostile ['hɔstail] *bn* vijandelijk, vijandig; ~ *to* ook: tegen
hostility [hɔs'tiliti] *znw* vijandigheid; vijandige gezindheid; *hostilities* vijandelijkheden, gevechten
hostler ['ɔslə] *znw* = *ostler*
hot [hɔt] **I** *bn* heet[2], warm; vurig, pikant, gepeperd, scherp; heftig, hevig; geil, opwindend; gemeenz link, gestolen; actueel; slang te gek, gaaf, onwijs; techn radioactief; *get* ~ 'warm zijn', op het punt staan iets te ontdekken; muz hot [improvisatorisch bezielde jazz]; ~ *line* hot line [directe telefoonverbinding]; ~ *news* sensationeel nieuws *o*; ~ *scent* vers spoor; *drop someone like a* ~ *potato* iem. als een baksteen laten vallen; *make it* ~ *for sbd.* iem. het vuur na aan de schenen leggen; *be* ~ *on sbd.'s trail* iem. op de hielen zitten; *be* ~ *on (sth.)* gebrand zijn op (iets); gek op (iets) zijn; bedreven (in iets) zijn; ~ *under the collar* gemeenz razend; tureluurs; ~ *spices* scherpe kruiden; zie ook: *air I*, *blow III*, *cross bun*, *sell II*, *stuff I*, *water I*; **II** *overg (& onoverg)*: ~ *up* gemeenz warm(er) maken (worden), levendiger, heviger maken (worden), opvoeren [v. auto's]
hotbed *znw* broeibak; broeinest *o*
hot-blooded *bn* heetgebakerd, vurig
hotchpotch ['hɔtʃpɔtʃ] *znw* hutspot[2], mengelmoes *o & v*, allegaartje *o*
hot dog ['hɔt'dɔg] *znw* hotdog
hotel [hou'tel] *znw* hotel *o*
hotelier [hou'teliei] *znw* hotelier, hotelhouder
hotfoot ['hɔtfut] **I** *bijw* in aller ijl; **II** *onoverg* zich haasten, wegrennen (ook: ~ *it*
hothead *znw* heethoofd, driftkop
hot-headed *bn* heethoofdig
hothouse *znw* (broei)kas
hot pants *znw mv* hot pants
hotplate *znw* kookplaat; réchaud, verwarmingsplaat
hotpot *znw* jachtschotel
hot potato *znw* fig heet hangijzer *o*
hot-pressed *bn* gesatineerd
hot-rod *znw* slang opgevoerde auto
hots *znw*: *get (have) the* ~ *for* slang geilen op
hot seat *znw* slang **1** positie met zware verantwoordelijkheden; **2** elektrische stoel
hotshot *znw* uitblinker, kanjer; hoge piet, kopstuk *o*
hot spot *znw* **1** gevaarlijke plek, brandhaard; netelige situatie; **2** nachtclub
hotspur *znw* doldriftig iemand; driftkop

hot stuff *znw* gemeenz kei, kanjer; stuk *o*, stoot, spetter; zwaargewicht *o*, belangrijk figuur; prima spul *o*, topkwaliteit; *this [book, film, record &] is ~* is opwindend, geil, opzwepend, te gek e.d
hot-tempered *bn* heetgebakerd, oplopend
hot-water bottle *znw* (warme) kruik
hound [haund] **I** *znw* jachthond, hond[2]; *ride to ~s, follow the ~s* [te paard achter de honden op de vossenjacht] jagen; zie ook: *hare*; **II** *overg* achtervolgen, vervolgen; *~ out* wegjagen, wegpesten
hound's tooth *znw* pied de poule
hour [auə] *znw* uur *o*; plechtig ure, stond(e); *(on) the ~* (op) het hele uur; *at all ~s* de gehele tijd, permanent; *~s* werktijd, kantooruren; *book of ~s* getijdenboek *o*; *the small ~s* de uren na middernacht; *keep bad (good, regular) ~s* erg laat (op tijd) thuiskomen; (on)geregeld leven; *after ~s* na het sluitingsuur; na kantoortijd; *in an evil ~* te kwader ure
hour-glass *znw* zandloper
hour-hand *znw* uurwijzer
hourly *bn & bijw* (van) ieder uur, alle uren; om het uur; per uur; uur-; voortdurend
house [haus, *mv* 'hauziz] **I** *znw* huis *o* (ook: stam-, vorsten-, handelshuis, klooster, armenhuis), (schouwburg)zaal; woning; (afdeling v.) internaat *o*, schoolafdeling; muz house; *the H~* het Lagerhuis of het Hogerhuis; *H~ of Commons* Lagerhuis *o*; *H~ of Lords* Hogerhuis *o*; *H~ of Representatives* Am Huis *o* van Afgevaardigden; *H~s of Parliament* parlement *o*; *first, second & ~* eerste, tweede & voorstelling; *full (good) ~* uitverkochte (goedgevulde) zaal; *~ and home* huis en hof; *~ of cards* kaartenhuis *o*; *~ of correction* verbeterhuis *o*; *~ of God* godshuis *o*, kerk; *~ of ill repute* bordeel *o*; *bring the ~ down* staande ovaties oogsten; de zaal plat krijgen; *keep ~* huishouden, het huishouden doen; *keep the ~* niet uitgaan, binnen (moeten) blijven; *keep open ~* heel gastvrij zijn; *put (set) one's ~ in order* orde op zaken stellen; *set up ~* een huishouden opzetten; *like a ~ on fire* vliegensvlug; krachtig; uitstekend; *as safe as ~s* volkomen veilig; *a drink on the ~* een consumptie voor rekening van de zaak (= waarop de kastelein trakteert); **II** *overg* [hauz] onder dak brengen, onderbrengen, huisvesten; binnenhalen; stallen
house-agent *znw* makelaar in huizen
house arrest *znw* huisarrest *o*
houseboat *znw* woonschip *o*
housebound *bn* aan huis gebonden
houseboy *znw* huisknecht
housebreaker *znw* inbreker
house-breaking *znw* inbraak
house-broke(n) *bn* zindelijk [huisdier]; aan het huis gewend
housecoat *znw* ochtendjas
housefather *znw* (wees)huisvader
house-fly *znw* huisvlieg
house guest *znw* logé
household I *znw* (huis)gezin *o*, huishouden *o*; *the H~* de koninklijke hofhouding; **II** als *bn* huishoudelijk, huiselijk, huis-; *~ remedy* huismiddeltje *o*; *~ troops* koninklijke lijfgarde; *~ name* begrip, bekende naam
householder *znw* gezinshoofd *o*
house-hunting *znw* huizenjacht
housekeeper *znw* huishoudster
housekeeping *znw* huishouding, huishouden *o*; *~ book* huishoudboek *o*; *~ (money)* huishoudgeld *o*
houseleek *znw* huislook *o* [plant]
house lights *znw mv* zaalverlichting
housemaid *znw* werkmeid; *~'s knee* med kruipknie, leewater *o*
houseman *znw* ± inwonend assistent-arts [in ziekenhuis]
house-martin *znw* huiszwaluw
housemaster *znw* leraar die de leiding heeft over de leerlingen van een internaat
house-mate *znw* huisgenoot
house-mistress *znw* lerares die de leiding heeft over de leerlingen van een internaat
housemother *znw* (wees)huismoeder
house-organ *znw* huisorgaan *o*
house-owner *znw* huiseigenaar
house-painter *znw* huisschilder
house party *znw* **1** (deelnemers aan een) logeerpartij in een landhuis (gedurende enige dagen); **2** house party [feest *o* met housemuziek]
house-physician *znw* inwonend geneesheer [in ziekenhuis]
houseplant *znw* kamerplant
house-proud *bn* keurig (netjes) op het huishouden
house-room *znw* ruimte in een huis; *give sbd. ~* iem. logeren; *I wouldn't give it ~* ik zou het nog niet cadeau willen hebben, zoiets komt er bij mij niet in
house-surgeon *znw* inwonend chirurg
house-to-house *bn* huis-aan-huis
house-top *znw*: *proclaim (shout) it from the ~s* het van de daken verkondigen
housetrain *overg* zindelijk maken [v. huisdier]
house-trained *bn* kamerzindelijk
house-warming (party) *znw* feestje *o* ter inwijding van een woning, house-warming party
housewife *znw* **1** ['hauswaif] huisvrouw; **2** ['hʌzif] necessaire (met naaigerei)
housewifely ['hauswaifli] *bn* huishoudelijk; spaarzaam
housewifery ['hauswif(ə)ri, 'hʌzifri] *znw* huishouden *o*
housework *znw* huishoudelijk werk *o*
housing *znw* onder dak brengen *o*, huisvesting; techn huis *o*; *~ association* woningbouwvereniging; *~ benefit* huursubsidie; *~ development, ~ estate* nieuwbouwwijk; nieuwbouwproject *o*; *~ shortage* woningtekort *o*
hove [houv] V.T. & V.D. van *heave*

hovel ['hɔvl] *znw* hut, stulp; krot *o*; gribus; loods
hover ['hɔvə] *onoverg* fladderen, zweven, (blijven) hangen[2]; weifelen
hovercraft *znw* hovercraft
how [hau] **I** *bijw* hoe; wat; ~ *about...?* hoe staat het met...?; wat zeg je van...?; ~ *come?* waarom?, waardoor?, hoezo?; **II** *znw*: *the* ~ *(and why)* het hoe (en waarom)
howdah ['haudə] *znw* zadel *m of o* (met tent) op de rug van een olifant
how-do-you-do, how-d'ye-do ['haudju'du, 'hau(di)'du:] aangenaam, hoe maakt u het? [bij kennismaking]; gemeenz hoe gaat het?; als *znw* (mooie) geschiedenis
howdy ['haudi] *tsw* Am gemeenz hallo!, dag!
however [hau'evə] *bijw* niettemin; echter, evenwel, maar, hoe ... ook, hoe
howitzer ['hauitsə] *znw* houwitser
howl [haul] **I** *onoverg* huilen, janken; brullen [van het lachen]; **II** *znw* gehuil *o*, gejank *o*; gebrul *o*
howler *znw* huiler, janker; gemeenz verschrikkelijke blunder, stommiteit
howling I *bn* gemeenz verschrikkelijk, vreselijk; enorm; **II** *znw* gehuil *o*, gejank *o*
howsoever [hausou'evə] *bijw* hoe ook; evenwel
1 hoy [hɔi] *tsw* hei!
2 hoy *znw* scheepv lichter, praam
hoyden ['hɔidn] *znw* wilde meid
hoydenish ['hɔid(ə)niʃ] *bn* wild, onstuimig [v. meisje]
h.p. *afk.* = *horsepower; hire-purchase*
HQ *afk.* = *headquarters*
HRH *afk.* = *His (Her) Royal Highness* ZKH (Zijne Koninklijke Hoogheid), HKH (Hare Koninklijke Hoogheid)
hub [hʌb] *znw* naaf; fig middelpunt *o*
hubbub ['hʌbʌb] *znw* geroezemoes *o*; rumoer *o*, kabaal *o*
hubby ['hʌbi] *znw* gemeenz mannie
hub-cap ['hʌbkæp] *znw* naafdop, auto wieldop
hubris ['hju:bris] *znw* hoogmoed, driestheid
hubristic [hju:'bristik] *bn* driest
huckaback ['hʌkəbæk] *znw* grof linnen *o*
huckster ['hʌkstə] *znw* venter, kramer; sjacheraar
huddle ['hʌdl] **I** *onoverg*: ~ *(together)* zich opeenhopen, bijeenkruipen; **II** *znw* (verwarde) hoop; warboel; gemeenz conferentie, onderonsje *o*; *go into a* ~ gemeenz de koppen bij elkaar steken
1 hue [hju:] *znw* kleur; tint, schakering
2 hue [hju:] *znw*: *raise a* ~ *and cry* luid protesteren, tekeergaan, schande roepen (over iets *about sth.*)
hued [hju:d] *bn* getint
huff [hʌf] **I** *znw*: *in a* ~ gepikeerd; **II** *onoverg* briesen; blazen, puffen; ~ *and puff* razen en tieren; puffen
huffish *bn* lichtgeraakt; nijdig, geprikkeld
huffy *bn* gemeenz nijdig, kwaad; pruilerig; lichtgeraakt
hug [hʌg] **I** *overg* in de armen drukken, omhelzen, omklemmen, knuffelen; fig zich vastklemmen aan; ~ *the land (the shore)* scheepv dicht bij de wal houden; **II** *znw* omhelzing, knuffel
huge [hju:dʒ] *bn* zeer groot, kolossaal
hugger-mugger ['hʌgəmʌgə] **I** *znw* geheimhouding, gesmoes *o*; janboel; **II** *bn bijw* geheim, heimelijk; in de war, verward
Huguenot ['hju:gənɔt, -nou] *znw* hugenoot
hula hoop ['hu:lə'hu:p] *znw* hoelahoep
hulk [hʌlk] *znw* onttakeld schip *o* (ook: ~*s*) [eertijds: als gevangenis]; bonk, log gevaarte *o*
hulking ['hʌlkiŋ] *bn* log, lomp
hull [hʌl] **I** *znw* schil, dop; omhulsel *o*; scheepv romp, casco *o*; **II** *overg* pellen
hullabaloo [hʌləbə'lu:] *znw* kabaal *o*, herrie
hullo ['hʌ'lou] *tsw* = *hallo*
hum [hʌm] **I** *onoverg* gonzen, zoemen, bruisen, snorren, brommen, neuriën; ~ *and haw* hakkelen; allerlei bedenkingen opperen, niet ronduit spreken; *make things* ~ **1** leven in de brouwerij brengen; **2** slang stinken; **II** *overg* neuriën; **III** *znw* gegons *o*, gezoem *o*, gesnor *o*, gebrom *o*, geneurie *o*; **IV** *tsw* hum!
human ['hju:mən] **I** *bn* menselijk, mensen-; ~ *error* menselijke fout; ~ *rights* mensenrechten; ~ *race* de mensheid; ~ *engineering* ergonomie; *we are all* ~ we zijn allemaal (maar) mensen; **II** *znw* mens(elijk wezen *o*) (ook: ~ *being*)
humane [hju'mein] *bn* menslievend, humaan; ~ *society* reddingsmaatschappij
humanism ['hju:mənizm] *znw* humanisme *o*
humanist *znw* humanist
humanistic [hju:mə'nistik] *bn* humanistisch
humanitarian [hjumæni'tɛəriən] **I** *bn* humanitair; menslievend; **II** *znw* filantroop
humanity [hju'mæniti] *znw* mensdom *o*; mensheid; menselijkheid; menslievendheid; *the humanities* de humaniora; ± de geesteswetenschappen, vooral de Latijnse en Griekse letteren &
humanize ['hju:mənaiz] *overg* beschaven, veredelen, humaniseren
humankind *znw* (de) mensheid
humanly *bijw* menselijk; *if it is~ possible* als het ook maar enigszins mogelijk is
humanoid ['hju:mənɔid] **I** *bn* mensachtig; **II** *znw* mensachtige
humble ['hʌmbl] **I** *bn* deemoedig, nederig; bescheiden; onderdanig [in beleefdheidsformules]; gering; onbelangrijk; **II** *overg* vernederen
humble-bee *znw* hommel
humble-pie *znw*: *to eat* ~ nederig zijn excuses maken, in het stof kruipen
humbug ['hʌmbʌg] *znw* humbug, kale bluf, huichelarij; bedrog *o*; bluffer, charlatan; (pepermunt-) balletje *o*
humdinger ['hʌmdiŋə] *znw* Am gemeenz iets geweldigs, iets buitengewoons

humdrum ['hʌmdrʌm] *bn* eentonig, alledaags; saai; sleur-
humerus ['hju:mərəs] *znw* (*mv*: humeri [-rai]) opperarmbeen *o*
humid ['hju:mid] *bn* vochtig
humidifier [hju'midifaiə] *znw* luchtbevochtiger
humidity [hju'miditi] *znw* vocht *o* & *v*, vochtigheid; vochtigheidsgraad
humiliate [hju'milieit] *overg* vernederen, verootmoedigen
humiliation [hjumili'eiʃən] *znw* vernedering, verootmoediging
humility [hju'militi] *znw* nederigheid, ootmoed
humming ['hʌmiŋ] **I** *znw* geneurie *o*; gezoem *o*; gegons *o*; **II** *bn* neuriënd; zoemend; gonzend; gemeenz levendig, bloeiend [handel]
humming-bird *znw* kolibrie
humming-top *znw* bromtol
hummock ['hʌmək] *znw* hoogte, heuveltje *o*
humorist ['hju:mərist] *znw* humorist
humorous *bn* humoristisch, geestig, grappig
humour, Am **humor** ['hju:mə] **I** *znw* (lichaams-) vocht *o*; humeur *o*, stemming; humor; *out of* ~ in een slechte bui; *out of* ~ *with* boos op; **II** *overg* zich schikken naar, zijn zin geven, toegeven (aan); [iem.] tactvol naar z'n hand zetten
humourless *bn* humorloos
hump [hʌmp] **I** *znw* bult, bochel, uitsteeksel *o*; heuveltje *o*; kwade bui; *that gives me the* ~ gemeenz dat werkt op mijn zenuwen; **II** *onoverg* bollen, welven, krom trekken; **III** *overg* krommen; torsen; slang naaien, neuken
humpback *znw* bochel; gebochelde
humpbacked *bn* gebocheld; ~ *bridge* smalle, steile brug
humph [hmf] *tsw* h(u)m!
humpty-dumpty ['hʌm(p)ti'dʌm(p)ti] *znw* kleine dikzak
humpy ['hʌmpi] *bn* gebocheld; bultig
humus ['hju:məs] *znw* humus, teelaarde
Hun [hʌn] *znw* Hun[2]; slang geringsch mof
hunch [hʌn(t)ʃ] **I** *overg* krommen [schouders]; optrekken; ~*ed up* ineengedoken; **II** *znw* bochel, bult; homp; gemeenz (voor)gevoel *o*, idee *o* & *v*, ingeving
hunchback(ed) ['hʌn(t)ʃbæk(t)] *bn* = *humpback(ed)*
hundred ['hʌndrəd] *telw* & *znw* honderd(tal *o*)
hundredfold *bn* honderdvoudig
hundredth *bn (znw)* honderdste (deel *o*)
hundredweight *znw* centenaar (= 112 Eng. ponden = 50,7 kilo of 100 Am. ponden = 45,3 kilo)
hung [hʌŋ] **I** V.T. & V.D. van *hang*; **II** *bn*: ~ *up (over, about sth.)* geobsedeerd (door); ~ *over* katterig; ~ *parliament* parlement *o* waarin geen enkele partij de meerderheid heeft
Hungarian [hʌŋ'geəriən] **I** *znw* Hongaar; Hongaars *o*; **II** *bn* Hongaars
Hungary ['hʌŋgəri] *znw* Hongarije *o*
hunger ['hʌŋgə] **I** *znw* honger[2]; hunkering; **II** *onoverg* hongeren, hunkeren (naar *after, for*)
hunger-strike *znw* hongerstaking
hungry *bn* hongerig; hunkerend; hongerig makend [werk]; *be* ~ honger hebben; *go* ~ honger lijden
hunk [hʌŋk] *znw* homp, (grote, groot) brok *m* & *v* of *o*; slang lekker stuk *o*, spetter
hunkers ['hʌŋkəz] *znw mv* achterste; *on one's* ~ op de hurken
hunks [hʌŋks] *znw* gemeenz norse oude man; vrek
hunky-dory ['hʌŋki('dɔ:ri)] *bn* Am slang prima; *it's all* ~ alles loopt op rolletjes
hunt [hʌnt] **I** *onoverg* jagen; op de (vossen)jacht gaan; fig snuffelen, zoeken; ~ *for* najagen, jacht maken op, zoeken naar; **II** *overg* jagen (op); afjagen, afzoeken; najagen, nazetten; ~ *down* in het nauw brengen, opsporen, (uit)vinden; ~ *out (up)* opzoeken, opsporen, (uit)vinden; **III** *znw* (vossen-) jacht; jachtveld *o*; jachtgezelschap *o*
hunter *znw* jager°; jachtpaard *o*; ~*'s moon* volle maan in oktober
hunting I *znw* jacht, jagen *o*; **II** *bn* jacht-
hunting-ground *znw* jachtgebied *o*; jachtveld *o*; *happy* ~*s* eeuwige jachtvelden
hunting-horn *znw* jachthoorn
hunting-lodge *znw* jachthuis *o*, jachthut
hunting-season *znw* jachtseizoen *o*
huntress *znw* jageres
huntsman *znw* jager; pikeur [bij vossenjacht]
hurdle [hə:dl] **I** *znw* (tenen) horde; hek *o* [bij wedrennen]; fig hindernis; *the* ~*s* sp de hordeloop; **II** *overg* springen over
hurdler *znw* hordevlechter; sp hordeloper
hurdle-race *znw* hordenloop
hurdy-gurdy ['hə:digə:di] *znw* muz lier [draaiorgel]
hurl [hə:l] *overg* slingeren, werpen; ~ *reproaches at each other* elkaar verwijten naar het hoofd slingeren
hurly-burly ['hə:libə:li] *znw* geraas *o*, kabaal *o*, commotie, tumult *o*
hurrah, **hurray** [hu'ra:, hu'rei] *tsw* hoera
hurricane ['hʌrikən, -kein] *znw* orkaan; ~ *deck* stormdek *o*; ~ *lamp* stormlamp
hurried ['hʌrid] *bn* haastig, gehaast, overhaast(ig)
hurry I *znw* haast, haastige spoed; *be in a* ~ haast hebben; zich haasten; ongeduldig zijn; *in a* ~ gemeenz snel, gauw; *not in a* ~ gemeenz niet zo (heel) gauw; *what's the* ~*?* vanwaar die haast?; **II** *onoverg* zich haasten; ~ *away* zich wegspoeden; ~ *on (along)* voortijlen; ~ *over* haast maken met; ~ *up* haast maken, voortmaken; ~ *up!* schiet op! vlug!; **III** *overg* haasten; overhaasten; verhaasten, haast maken met; in aller ijl brengen, zenden & [v. troepen &]; ~ *along* ook: meeslepen; ~ *on* voortjagen; ~ *things on* er vaart achter zetten; ~ *up* **1** voortmaken met; **2** aansporen; ~ *a bill through* erdoor jagen

hurry-scurry I *znw* gejacht *o*; verwarring, consternatie; **II** *bn bijw* haastig en verward, hals over kop; **III** *onoverg* zich reppen, jachten
hurst [hə:st] *znw* bosje *o*; zandheuvel; zandbank
1 hurt [hə:t] (hurt; hurt) **I** *overg* pijn doen, bezeren, wonden; deren; krenken, kwetsen[2], beledigen[2]; schaden, benadelen; **II** *onoverg* schaden; *it ~s* het doet zeer; *just a little drink won't ~* één glaasje kan geen kwaad; *it never ~s to get up early* vroeg opstaan is alleen maar gezond
2 hurt *znw* letsel *o*, wond; krenking, belediging
hurtful *bn* schadelijk, nadelig (voor *to*); pijnlijk, krenkend
hurtle ['hə:tl] **I** *onoverg* botsen, stoten, ratelen, donderen; **II** *overg* slingeren, smakken, smijten
husband ['hʌzbənd] **I** *znw* echtgenoot, man; **II** *overg* zuinig huishouden (omgaan) met, zuinig beheren, sparen
husbandry *znw* landbouw; teelt (vooral in samenstellingen, b.v.: *animal ~, cattle ~* veeteelt, veefokkerij, veehouderij); huishoudkunde, (huishoudelijk, zuinig) beheer *o*
hush [hʌʃ] **I** *overg* tot zwijgen brengen, sussen[2]; *~ up* in de doofpot stoppen; verzwijgen; **II** *onoverg* zwijgen; **III** *znw* zwijgen *o*, (diepe) stilte; **IV** *tsw* stil!, st!; *~ed* gedempt [stem]
hush-hush *bn* gemeenz geheim
hush-money *znw* zwijggeld *o*
husk [hʌsk] **I** *znw* schil, bolster, dop, kaf *o*; (om-)hulsel *o*; **II** *overg* schillen, doppen, pellen
1 husky ['hʌski] *bn* schor, hees; stevig, potig
2 husky ['hʌski] *znw* husky, poolhond
hussar [hu'za:] *znw* scheepv huzaar
hussy ['hʌsi, 'hʌzi] *znw* **1** ondeugd [v.e. meisje], brutaaltje *o*; **2** sloerie, del
hustings ['hʌstiŋz] *znw (mv)* hist stellage vanwaar men bij verkiezingen tot het volk sprak; verkiezing(scampagne)
hustle ['hʌsl] **I** *overg* (ver)dringen, (weg)duwen, stompen, door elkaar schudden; voortjagen, jachten; drijven; **II** *onoverg* duwen, dringen; er vaart achter zetten, aanpakken; **III** *znw* gejacht *o*, geduw *o*, gedrang *o*; voortvarendheid, energie; *~ and bustle* drukte
hustler *znw* voortvarend iemand; Am slang prostitué(e)
hut [hʌt] *znw* hut, keet; barak
hutch [hʌtʃ] *znw* (konijne)hok *o*; gemeenz, geringsch keet, krot, hok *o*
hutment ['hʌtmənt] *znw* barak(ken)
huzza [hu'za:, hʌ'za:] *tsw* vero = *hurrah*
hyacinth ['haiəsinθ] *znw* plantk hyacint *v*; hyacint *o* [stofnaam], hyacint *m* [edelsteen]
hybrid ['haibrid] **I** *znw* hybride, bastaard; **II** *bn* hybridisch, bastaard-, gemengd
hydra ['haidrə] *znw* (*mv*: -s *of* hydrae [-dri:]) waterslang, hydra[2]
hydrant *znw* brandkraan
hydrate ['haidreit] *znw* hydraat *o*
hydraulic [hai'drɔ(:)lik] *bn* hydraulisch; *~s* hydraulica
hydro ['haidrou] *znw* gemeenz waterkuurinrichting
hydro-carbon ['haidrə'ka:bən] *znw* koolwaterstof
hydrocephalus [haidrə'sefələs] *znw* waterhoofd *o*
hydrochloric *bn*: *~ acid* zoutzuur *o*
hydrodynamics *znw* hydrodynamica
hydro-electric *bn* hydro-elektrisch; *~ (power-) station* waterkrachtcentrale
hydrofoil ['haidrəfɔil] *znw* draagvleugelboot
hydrogen *znw* waterstof; *~ bomb* waterstofbom
hydrographic(al) [haidrə'græfik(l)] *bn* hydrografisch
hydrography [hai'drɔgrəfi] *znw* hydrografie
hydrolysis [hai'drɔlisis] *znw* hydrolyse
hydrometer *znw* hydrometer
hydropathic [haidrə'pæθik] *bn* hydrotherapeutisch
hydropathy [hai'drɔpəθi] *znw* hydrotherapie
hydrophobia [haidrə'foubiə] *znw* watervrees, hondsdolheid
hydroplane ['haidrəplein] *znw* Am luchtv watervliegtuig *o*; scheepv glijboot
hydroponics [haidrə'pɔniks] *znw* plantk watercultuur
hydrostatic [haidrə'stætik] *bn* hydrostatisch
hydrostatics *znw* hydrostatica
hydrotherapy ['haidrə'θerəpi] *znw* watergeneeswijze, hydrotherapie
hyena [hai'i:nə] *znw* hyena
hygiene ['haidʒi:n] *znw* hygiëne, gezondheidsleer
hygienic [hai'dʒi:nik] *bn* hygiënisch
hygrometer [hai'grɔmitə] *znw* hygrometer
hymen ['haimən] *znw* maagdenvlies *o*
hymeneal [haimə'ni:əl] *bn* huwelijks-
hymn [him] **I** *znw* kerkgezang *o*, lofzang, gezang *o*; **II** *overg & onoverg* plechtig loven, (be)zingen
hymnal ['himnəl], **hymn book** *znw* gezangboek *o*
hype [haip] *znw* publiciteitscampagne, overdadige promotie [v.e. product, persoon], hype
hyper- *voorv* hyper-
hyperbola [hai'pə:bələ] *znw* (*mv*: -s *of* hyperbolae [-li:]) wisk hyperbool, kegelsnede
hyperbole [hai'pə:bəli] *znw* [stijlfiguur] hyperbool, overdrijving
hyperbolic(al) [haipə'bɔlik(l)] *bn* hyperbolisch
hypercritical ['haipə'kritikl] *bn* hyperkritisch
hypermarket *znw* weilandwinkel, hypermarkt
hypersensitive *bn* overgevoelig
hypertension *znw* hypertensie, verhoogde bloeddruk
hypertrophy [hai'pə:trəfi] **I** *znw* hypertrofie: ziekelijke vergroting; **II** *onoverg* aan hypertrofie onderhevig zijn
hyphen ['haifən] **I** *znw* koppelteken *o*; **II** *overg* = *hyphenate*
hyphenate *overg* door een koppelteken verbinden;

~d door een koppelteken verbonden; *~d name* dubbele naam
hypnosis [hip'nousis] *znw* hypnose
hypnotic [hip'nɔtik] **I** *bn* slaapwekkend; hypnotisch; **II** *znw* hypnoticum *o*, slaapmiddel *o*; gehypnotiseerde
hypnotism ['hipnətizm] *znw* hypnotisme *o*
hypnotist *znw* hypnotiseur
hypnotize *overg* hypnotiseren
hypo- ['haipə] *voorv* verminderd, onvolkomen, onder-
hypochondria [hai-, hipə'kɔndriə] *znw* hypochondrie
hypochondriac **I** *znw* hypochonder; **II** *bn* hypochondrisch
hypocrisy [hi'pɔkrisi] *znw* hypocrisie, huichelarij, veinzerij
hypocrite ['hipəkrit] *znw* hypocriet, huichelaar, veinzer
hypocritical [hipə'kritikl] *bn* hypocritisch, huichelachtig, schijnheilig
hypodermic [haipə'də:mik] **I** *bn* onderhuids; *~ needle* injectienaald; *~ syringe* injectiespuitje *o*; **II** *znw* spuit, spuitje *o*
hypotenuse [hai'pɔtinju:z] *znw* hypotenusa
hypothecate [hai'pɔθikeit] *overg* verhypothekeren; verpanden
hypothermia [haipə'θə:miə] *znw* onderkoeling, hypothermie
hypothesis [hai'pɔθisis] *znw* (*mv*: hypotheses [-si:z]) hypothese, veronderstelling
hypothesize [hai'pɔθəsaiz] *onoverg* een veronderstelling doen, een hypothese formuleren
hypothetic(al) [haipə'θetik(l)] *bn* hypothetisch
hysterectomy [histə'rektəmi] *znw* med verwijdering van de baarmoeder, hysterectomie
hysteria [his'tiəriə] *znw* hysterie
hysteric [his'terik] **I** *znw* hystericus, hysterica; **II** *bn* = *hysterical*
hysterical *bn* hysterisch; ook: zenuwachtig [v. lachen]; gemeenz ontzettend grappig
hysterics *znw mv* zenuwtoeval; hysterische uitbarsting; *go into ~* het op de zenuwen krijgen; *be in ~* zich een breuk lachen

I

i, I [ai] *znw* (de letter) i, I
I [ai] **I** *pers vnw* ik; **II** *znw* ik *o*, ego *o*, zelf *o*
i.a. *afk.* = *inter alia* onder andere
iamb ['aiæm(b)] *znw* jambe
iambic [ai'æmbik] **I** *bn* jambisch; **II** *znw* jambe; *~s* jamben, jambische verzen
iambus *znw* (*mv*: -es *of* iambi [-bai]) jambe
ib *afk.* = *ibidem*
IBA *afk.* = *Independent Broadcasting Authority* ± Commissariaat *o* voor de Media
Iberian [ai'biəriən] **I** *bn* Iberisch; **II** *znw* Iberiër; het Iberisch
ibid. *afk.* = *ibidem*
ibidem [i'baidəm] [Lat] *bijw* in hetzelfde boek, van dezelfde auteur
ibis ['aibis] *znw* ibis
ice [ais] **I** *znw* ijs° *o*; *cut no ~* geen gewicht in de schaal leggen; *keep (put) on ~* in de ijskast zetten (leggen); *on thin ~* fig op glad ijs; **II** *overg* frapperen [dranken]; glaceren [suikerwerk]; **III** *onoverg*: *~ over (up)* bevriezen, dichtvriezen
Ice Age *znw* ijstijd
iceberg *znw* ijsberg
ice-blue *bn (znw)* vaalblauw (*o*), lichtblauw (*o*)
ice-bound *bn* ingevroren; dicht-, toegevroren, bevroren
icebox *znw* **1** Br vriesvak *o*; **2** Am koelkast, ijskast
ice-bucket *znw* ijsemmer
ice cap *znw* ijskap
ice-cold *bn* ijskoud
ice-cream *znw* (room)ijs *o*, ijs(je) *o*
ice cube *znw* ijsblokje *o*
ice drift *znw* ijsgang
ice-floe *znw* ijsschots
ice hockey *znw* ijshockey *o*
ice-house *znw* ijskelder[2]
Iceland ['aislənd] *znw* IJsland *o*
Icelander *znw* IJslander
Icelandic [ais'lændik] **I** *bn* IJslands; **II** *znw* IJslands *o* [de taal]
ice lolly *znw* ijslolly
ice-pack ['aispæk] *znw* pakijs *o*; ijszak
ice-rink *znw* kunstijsbaan
ice skate *znw* schaats
ice-skate *onoverg* schaatsen
ice-skater *znw* schaatser
ice water *znw* ijswater *o*
ichthyology [ikθi'ɔlədʒi] *znw* viskunde
ichthyosaurus [ikθiə'sɔ:rəs] *znw* ichtyosaurus
icicle ['aisikl] *znw* ijskegel, -pegel
icing *znw* suikerglazuur *o* [v. gebak]; ijsafzetting;

icing [bij ijshockey]; ~ *sugar* poedersuiker; *the ~ on the cake* fig franje, extra *o*; toeters en bellen
icon ['aikɔn] *znw* icoon [afbeelding]; fig symbool *o*
iconoclasm [ai'kɔnəklæzm] *znw* beeldenstorm; fig afbreken *o* van heilige huisjes
iconoclast *znw* beeldenstormer; fig afbreker van heilige huisjes
iconoclastic [aikɔnə'klæstik] *bn* beeldenstormend; fig heilige huisjes afbrekend
icterus ['iktərəs] *znw* med geelzucht
ictus ['iktəs] *znw* (*mv* idem *of* -es) (vers)accent *o*
icy ['aisi] *bn* ijskoud², ijzig², ijs-; beijzeld [weg]
I'd [aid] verk. van *I would, I should, I had*
idea [ai'diə] *znw* denkbeeld *o*, begrip *o*, gedachte, idee *o & v*; *the (very) ~!* stel je voor!, wat een onzin!; *that's the ~* dat is de bedoeling; zo is (moet) het; mooi zo!, juist!; *what's the big ~?* gemeenz wat krijgen we nou?; *get the ~* begrijpen; *have no ~* ook: niet weten; *put ~s into sbd.'s head* iem. op (vreemde) gedachten brengen
ideal [ai'diəl] **I** *bn* ideaal; ideëel; denkbeeldig; **II** *znw* ideaal *o*
idealism *znw* idealisme *o*
idealist *znw* idealist
idealistic [aidiə'listik] *bn* idealistisch
idealization [aidiəlai'zeiʃən] *znw* idealisering
idealize [ai'diəlaiz] *overg* idealiseren
idée fixe [i:dei'fi:ks] [Fr] *znw* obsessie
identical [ai'dentikl] *bn* (de-, het)zelfde, gelijk, identiek; ~ *twins* eeneiige tweeling
identifiable [ai'dentifaiəbl] *bn* identificeerbaar, herkenbaar
identification [aidentifi'keiʃən] *znw* vereenzelviging, gelijkstelling, identificatie; legitimatie, identiteitsbewijs *o*; ~ *card* legitimatiebewijs *o*; ~ *mark* (ken)merk *o*, herkenningsteken *o*
identify [ai'dentifai] *(onoverg &) overg* (zich) vereenzelvigen, gelijkstellen, -maken (aan *with*), identificeren; in verband brengen (met *with*)
identikit [ai'dentikit] *znw* montagefoto, robotportret *o*
identity [ai'dentiti] *znw* gelijk(luidend)heid; één-zijn *o*; persoon(lijkheid); identiteit; ~ *card* identiteitsbewijs *o*, -kaart, persoonsbewijs *o*; ~ *disk* identiteitsplaatje *o*
ideogram ['idiougræm], **ideograph** ['idiougra:f] *znw* beeldmerk *o*
ideological [aidiə'lɔdʒikəl] *bn* ideologisch
ideologist [aidi'ɔlədʒist] *znw* ideoloog
ideologue ['aidiəlɔg] *znw* ideoloog
ideology [aidi'ɔlədʒi] *znw* ideologie
ides [aidz] *znw mv* 15de dag van maart, mei, juli en oktober, van de andere maanden de 13de
idiocy ['idiəsi] *znw* idiotie, idioterie, stompzinnigheid
idiom ['idiəm] *znw* idioom *o*, taaleigen *o*; dialect *o*
idiomatic [idiə'mætik] *bn* idiomatisch
idiosyncrasy [idiə'siŋkrəsi] *znw* eigenaardigheid, hebbelijkheid, individuele geestes- of gevoelsneiging
idiosyncratic [idiəsiŋ'krætik] *bn* eigenaardig
idiot ['idiət] *znw* idioot²
idiotic [idi'ɔtik] *bn* idioot², mal
idle ['aidl] **I** *bn* ledig, nietsdoend, werkeloos, stil(liggend, -staand); lui; ongebruikt; ijdel, nutteloos; *we have not been ~* we hebben niet stilgezeten; **II** *onoverg* leeglopen, niets doen, luieren, lanterfanten; techn stationair draaien [v. motor]; **III** *overg*: ~ *away* in ledigheid doorbrengen, verluieren
idler *znw* leegloper, nietsdoener, dagdief
idling I *bn* luierend &; **II** *znw* nietsdoen *o*; vrijloop [v. motor]
idly *bijw* v. *idle I*; ook: zonder een hand uit te steken; zomaar
idol ['aidl] *znw* afgod², idool *o*
idolater [ai'dɔlətə] *znw* afgodendienaar; aanbidder, afgodisch vereerder
idolatrous *bn* afgodisch
idolatry *znw* afgoderij; afgodendienst, idolatrie; verafgoding
idolization [aidəlai'zeiʃən] *znw* verafgoding²
idolize ['aidəlaiz] *overg* verafgoden²
idyll ['idil,'aidil] *znw* idylle²
idyllic [ai'dilik] *bn* idyllisch²
i.e. *afk.* = *id est, that is* dat wil zeggen, d.w.z.
if [if] **I** *voegw* indien, zo, als, ingeval; zo ... al, al; of; *nice weather, even ~ rather cold* ondanks dat het wat koud is, is het (toch) lekker weer; *the damage, ~ any* de eventuele schade; *little (few) ~ any* vrijwel geen; *he was, ~ anything, an artist* hij was juist een kunstenaar!; ~ *not* zo niet; *the rascal! ~ he hasn't stolen my wallet* daar heeft ie me waarachtig ...; *I'll do it, ~ I die for it* ik zal het doen al moet ik ervoor sterven; *nothing ~ not critical* zeer kritisch; ~ *only* als ... maar; ~ *ever* als ... überhaupt; **II** *znw*: *~s and buts* mitsen en maren
iffy ['ifi] *bn* gemeenz onzeker, twijfelachtig
igloo ['iglu:] *znw* iglo: sneeuwhut
igneous ['igniəs] *bn* vurig, vuur-; vulkanisch
ignes fatui ['igni:z 'fætjuai] *znw mv* v. *ignis fatuus* ['ignis 'fætjuəs] dwaallicht *o*
ignitable [ig'naitəbl] *bn* ontbrandbaar
ignite I *overg* in brand steken, doen ontbranden, ontsteken; **II** *onoverg* in brand raken, ontbranden, vuur vatten
igniter *znw* ontsteker
ignition [ig'niʃən] *znw* ontbranding; techn ontsteking; ~ *key* auto contactsleuteltje *o*; ~ *switch* ontstekingsschakelaar
ignoble [ig'noubl] *bn* onedel, laag, schandelijk
ignominious [ignə'miniəs] *bn* schandelijk, onterend; smadelijk, oneervol
ignominy ['ignəmini] *znw* schande(lijkheid), oneer, smaad
ignoramus [ignə'reiməs] *znw* onbenul, weetniet, domoor

ignorance ['ignərəns] *znw* onkunde, onwetendheid; onbekendheid (met *of*)
ignorant *bn* onwetend, onkundig; ~ *of* onbekend met; onkundig van
ignore [ig'nɔ:] *overg* niet willen weten of kennen, geen notitie nemen van, voorbijzien, ignoreren, negeren
i.h.p. *afk.* = *indicated horse-power* ipk, indicateurpaardenkracht
ileum ['iliəm] *znw* (*mv*: ilea ['iliə]) kronkeldarm
ilex ['aileks] *znw* steeneik; ilex, hulst
ilk [ilk] **I** *znw* soort *v* & *o*, slag *o*; *of that* ~ van die naam; gemeenz van dat soort; **II** *bn* Schots elk, ieder
I'll [ail] verk. van *I shall, I will*
ill [il] **I** *bn* kwaad, slecht, kwalijk; ziek; misselijk; *fall (be taken)* ~ ziek worden; **II** *bijw* slecht, kwalijk; ~ *at ease* niet op zijn gemak; *speak* ~ *if sbd.* kwaadspreken over iem.; **III** *znw* kwaad *o*, kwaal; ramp; *augur (bode)* ~ niet veel goeds beloven
ill-advised *bn* onberaden, onverstandig
ill-affected *bn* kwaadgezind, kwaadwillig
ill-assorted *bn* slecht bij elkaar passend
illation [i'leiʃən] *znw* gevolgtrekking
ill-blood ['il'blʌd] *znw* wrok; vijandschap
ill-boding *bn* onheilspellend
ill-bred *bn* onopgevoed; ongemanierd
ill-conditioned *bn* slecht gehumeurd; kwaadaardig; in slechte toestand
ill-considered *bn* onberaden
ill-contrived *bn* slecht bedacht, onoordeelkundig
ill-disposed *bn* niet genegen; kwaadgezind, kwaadwillig
illegal [i'li:gəl] *bn* onwettig
illegality [ili'gæliti] *znw* onwettigheid
illegibility [iledʒi'biliti] *znw* onleesbaarheid
illegible [i'ledʒibl] *bn* onleesbaar
illegitimacy [ili'dʒitiməsi] *znw* onwettigheid, ongeoorloofdheid, onechtheid
illegitimate *bn* onwettig, ongeoorloofd, onecht
ill-equipped ['il'ikwipt] *bn* slecht toegerust
ill-fated ['il'feitid] *bn* ongelukkig, rampspoedig
ill-favoured *bn* mismaakt, lelijk
ill-feeling *znw* kwade gevoelens, onwelwillendheid, kwaad bloed *o*
ill-founded *bn* ongegrond
ill-gotten *bn* onrechtvaardig (onrechtmatig, oneerlijk) verkregen
ill-health *znw* slechte gezondheid, ziekte
ill-humoured *bn* slecht gehumeurd
illiberal [i'libərəl] *bn* bekrompen; onbeschaafd; niet royaal, gierig
illiberality [ilibə'ræliti] *znw* bekrompenheid; gierigheid
illicit [i'lisit] *bn* ongeoorloofd; onwettig
illimitable [i'limitəbl] *bn* onbegrensd
illiteracy [i'litərəsi] *znw* ongeletterdheid; analfabetisme *o*
illiterate I *bn* ongeletterd; niet kunnende lezen (en schrijven); **II** *znw* analfabeet
ill-judged ['il'dʒʌdʒd] *bn* slecht bedacht (overlegd), onberaden; onwijs, onverstandig
ill-looking *bn* er slecht uitziend, lelijk; bedenkelijk
ill luck *znw* ongeluk *o*, tegenspoed
ill-mannered *bn* ongemanierd
ill-natured *bn* kwaadaardig, boosaardig, hatelijk
illness *znw* ongesteldheid, ziekte
illogical [i'lɔdʒikl] *bn* onlogisch
ill-omened ['il'oumend] *bn* onder ongunstige omstandigheden ondernomen; ongelukkig
ill-starred *bn* onder een ongelukkig gesternte geboren; ongelukkig
ill-tempered *bn* humeurig, uit zijn (haar) humeur
ill-timed *bn* ontijdig, ongelegen
ill-treat *overg* mishandelen; slecht (verkeerd) behandelen
ill-treatment *znw* mishandeling; slechte (verkeerde) behandeling
illume [i'l(j)u:m] *overg* plechtig verlichten, verhelderen
illuminant [i'l(j)u:minənt] **I** *bn* verlichtend; **II** *znw* verlichtingsmiddel *o*
illuminate *overg* verlichten[2]; belichten; licht werpen op; voorlichten; verluchten; illumineren; luister bijzetten aan; *an illuminating survey* een verhelderend werkend overzicht *o*
illumination [il(j)u:mi'neiʃən] *znw* verlichting[2]; belichting; voorlichting; verluchting; illuminatie; glans, luister
illuminative [i'l(j)u:minətiv] *bn* verlichtend
illuminator *znw* verlichter[2]; voorlichter; verlichtingsmiddel *o*; verluchter
illumine [i'l(j)u:min] *overg* = *illuminate*
ill-usage ['il'ju:zidʒ] *znw* = *ill-treatment*
ill-use *overg* = *ill-treat*
illusion [i'l(j)u:ʒən] *znw* illusie; (zins)begoocheling, zinsbedrog *o*
illusionist [i'l(j)u:ʒənist] *znw* goochelaar
illusive [i'l(j)u:siv], **illusory** [i'l(j)u:səri] *bn* illusoir, denkbeeldig; bedrieglijk
illustrate ['iləstreit] *overg* toelichten, ophelderen; illustreren
illustration [iləs'treiʃən] *znw* illustratie[2]; prent, plaat; toelichting, opheldering
illustrative ['iləstreitiv] *bn* illustrerend, illustratief, ophelderend, toelichtend, verklarend
illustrator *znw* illustrator
illustrious [i'lʌstriəs] *bn* doorluchtig, beroemd, roemrijk, vermaard, hoog, illuster
ill-will ['il'wil] *znw* vijandige gezindheid, kwaadwilligheid, wrok
ill wind *znw*: *it's an* ~ *that blows nobody any good* geen ongeluk zo groot of er is een geluk bij
I'm [aim] verk. van *I am*
image ['imidʒ] *znw* beeld *o*, beeltenis; evenbeeld *o*; toonbeeld *o*; imago *o*, image *o*; *he's the living (very,*

spitting) ~ of his father hij lijkt als twee druppels water op zijn vader
image-breaker *znw* beeldstormer
image-building *znw* image-building, creëren *o* van een imago, beeldvorming
imagery ['imidʒri, 'imidʒəri] *znw* beeld *o*, beeldwerk *o*; beelden; beeldrijkheid; beeldspraak
imaginable [i'mædʒinəbl] *bn* denkbaar
imaginary [i'mædʒinəri] *bn* ingebeeld, denkbeeldig
imagination [imædʒi'neiʃən] *znw* verbeelding(skracht), fantasie, voorstellingsvermogen *o*, voorstelling
imaginative [i'mædʒinətiv] *bn* vol verbeeldingskracht, fantasierijk; van fantasie getuigend; van de verbeelding, verbeeldings-
imagine *overg* zich in-, verbeelden, zich voorstellen; *~!* verbeeld je!
imago [i'meigou] *znw* (*mv*: -s *of* imagines [i'mædʒini:z]) volkomen ontwikkeld insect *o*; psych ideaalbeeld *o*
imam [i'ma:m] *znw* imam
imbalance [im'bæləns] *znw* gebrek *o* aan evenwicht, onevenwichtigheid, onbalans
imbecile ['imbisi:l, -sail] **I** *znw* imbeciel, stommeling; **II** *bn* imbeciel, idioot, dwaas
imbecility [imbi'siliti] *znw* geesteszwakte, imbeciliteit
imbibe [im'baib] *overg* (in)drinken, op-, inzuigen, (in zich) opnemen[2]; gemeenz te veel drinken
imbroglio [im'brouljou] *znw* imbroglio *o*: warboel, verwarring; verwikkeling
imbrue [im'bru:] *overg* bezoedelen, dopen, drenken
imbue [im'bju:] *overg* doortrékken; doordringen; drenken, verven; fig vervullen (van *with*)
IMF *afk.* = *International Monetary Fund* IMF, Internationaal Monetair Fonds *o*
imitable ['imitəbl] *bn* navolgbaar
imitate ['imiteit] *overg* navolgen, nabootsen, namaken, nadoen, geringsch na-apen
imitation [imi'teiʃən] **I** *znw* navolging, nabootsing; imitatie; **II** *bn* imitatie-
imitative ['imitətiv, 'imiteitiv] *bn* nabootsend, navolgend; *~ arts* beeldende kunsten; *~ of* in navolging van, naar, gevormd (gebouwd) naar
imitator ['imiteitə] *znw* imitator
immaculate [i'mækjulit] *bn* onbevlekt; smetteloos; onberispelijk
immanent ['imənənt] *bn* immanent
immaterial [imə'tiəriəl] *bn* onstoffelijk, onlichamelijk; van weinig of geen belang, van geen betekenis, onverschillig
immateriality ['imətiəri'æliti] *znw* onstoffelijkheid, onlichamelijkheid; onbelangrijkheid
immature [imə'tjuə] *bn* onvolwassen, onontwikkeld, onrijp
immaturity *znw* onvolwassenheid, onrijpheid
immeasurable [i'meʒərəbl] *bn* onmeetbaar; onmetelijk; versterkend oneindig
immediacy [i'mi:djəsi] *znw* onmiddellijkheid
immediate *bn* onmiddellijk, dadelijk; direct°; naast(bijzijnd), ophanden zijnd
immediately I *bijw* onmiddellijk &, zie *immediate*; **II** *voegw* zodra
immemorial [imi'mɔ:riəl] *bn* onheuglijk, eeuwenoud; *from (since) time ~* sinds mensenheugenis
immense [i'mens] *bn* onmetelijk, oneindig, mateloos, gemeenz enorm
immensity *znw* onmetelijkheid, oneindigheid, eindeloze uitgestrektheid
immerse [i'mə:s] *overg* in-, onderdompelen, indopen; *~ oneself in* zich verdiepen in; (ergens) helemaal in opgaan; *~d in* verdiept in, diep in
immersion *znw* in-, onderdompeling, indoping; *~ in* verdiept zijn *o* in
immersion heater *znw* dompelaar
immigrant ['imigrənt] **I** *bn* immigrerend; **II** *znw* immigrant
immigrate *onoverg* immigreren
immigration [imi'greiʃən] *znw* **1** immigratie; **2** ± paspoortcontrole
imminence ['iminəns] *znw* nabijheid, dreiging, nadering [v. gevaar &]
imminent *bn* dreigend, ophanden (zijnd), voor de deur staand, aanstaande
immiscible [i'misibl] *bn* on(ver)mengbaar
immitigable [i'mitigəbl] *bn* niet te verzachten; onverzoenlijk
immixture [i'mikstʃə] *znw* (ver)menging; betrokken zijn *o* (bij *in*), inmenging
immobile [i'moubail] *bn* onbeweeglijk
immobility [imə'biliti] *znw* onbeweeglijkheid
immobilize [i'moubilaiz] *overg* onbeweeglijk (immobiel) maken; aan de circulatie onttrekken; stilleggen, lamleggen; vast laten lopen
immoderate [i'mɔdərit] *bn* on-, bovenmatig, onredelijk, overdreven
immoderation [imɔdə'reiʃən] *znw* onmatigheid; onredelijkheid, overdrevenheid
immodest [i'mɔdist] *bn* onbescheiden; onbetamelijk, onzedig
immodesty *znw* onbescheidenheid; onbetamelijkheid, onzedigheid
immolate ['iməleit] *overg* (op)offeren; doden als offer
immolation [imə'leiʃən] *znw* (op)offering; offer *o*
immolator ['iməleitə] *znw* offeraar
immoral ['imɔrəl] *bn* immoreel, onzedelijk; zedeloos
immorality [imə'ræliti] *znw* immoraliteit, onzedelijkheid; onzedelijke handeling(en); zedeloosheid
immortal [i'mɔ:tl] **I** *bn* onsterfelijk; **II** *znw* onsterfelijke
immortality [imɔ:'tæliti] *znw* onsterfelijkheid
immortalization [imɔ:təlai'zeiʃən] *znw* onsterfe-

lijk maken *o*, vereeuwiging
immortalize [i'mɔ:təlaiz] *overg* onsterfelijk maken, vereeuwigen
immortelle [imɔ:'tel] *znw* immortelle, strobloem
immovable [i'mu:vəbl] **I** *bn* onbeweegbaar, onbeweeglijk; onveranderlijk, onwrikbaar; recht onroerend, vast; **II** *znw*: ~*s* onroerende of vaste goederen
immune [i'mju:n] *bn* immuun, onvatbaar (voor *from, to, against*), vrijgesteld, gevrijwaard (van *from*); ~ *system* med immuunsysteem *o*
immunity *znw* immuniteit: onvatbaarheid; vrijstelling, ontheffing
immunization ['imju(:)nai'zeiʃən] *znw* immunisering
immunize ['imjunaiz] *overg* immuun maken, immuniseren
immunology ['imju(:)'nɔlədʒi] *znw* immunologie
immure [i'mjuə] *overg* insluiten, opsluiten, inmetselen [als doodstraf]
immutable [i'mju:təbl] *bn* onveranderlijk, onveranderbaar
imp [imp] *znw* kobold, duiveltje *o*, rakker
impact ['impækt] **I** *znw* stoot, schok, slag, botsing; fig uitwerking, invloed, effect *o*; **II** *overg* indrijven, indrukken; (krachtig) raken, treffen
impair [im'pεə] *overg* benadelen, aantasten, verzwakken, afbreuk doen aan
impala [im'pa:lə] *znw* impala
impale [im'peil] *overg* spietsen, doorboren; vero ompalen
impalement *znw* spietsen *o*; doorboring
impalpable [im'pælpəbl] *bn* onvoelbaar, ontastbaar[2]; ongrijpbaar[2]
impanel [im'pænl] *overg* = *empanel*
imparity [im'pæriti] *znw* ongelijkheid, verscheidenheid
impart [im'pa:t] *overg* mededelen, geven, verlenen; bijbrengen [kennis]
impartial [im'pa:ʃəl] *bn* onpartijdig
impartiality [impa:ʃi'æliti] *znw* onpartijdigheid
impassable [im'pa:səbl] *bn* onbegaanbaar; [rivier] waar men niet overheen kan
impasse [im'pa:s] *znw* doodlopende straat; fig dood punt *o*
impassible [im'pæsibl] *bn* **1** onaandoenlijk; ongevoelig, gevoelloos; **2** onberijdbaar, onbegaanbaar
impassioned [im'pæʃənd] *bn* hartstochtelijk
impassive [im'pæsiv] *bn* onbewogen, ongevoelig, onaandoenlijk, onverstoorbaar, afgestompt
impasto [im'pæstou] *znw* dik opleggen *o* van de verf; dikke verf(laag)
impatience [im'peiʃəns] *znw* ongeduld *o*, ongeduldigheid; *his ~ of restraint* zijn afkeer van dwang
impatient *bn* ongeduldig; ~ *of* niet kunnende uitstaan of dulden
impeach [im'pi:tʃ] *overg* in twijfel trekken; verdacht maken; beschuldigen, aanklagen
impeachable *bn* laakbaar
impeachment *znw* in twijfel trekken *o*, verdachtmaking; (stellen *o* in staat van) beschuldiging, aanklacht
impeccable [im'pekəbl] *bn* onberispelijk, foutloos
impecuniosity [impikju:ni'ɔsiti] *znw* geldgebrek *o*; geldelijk onvermogen *o*
impecunious [impi'kju:niəs] *bn* zonder geld; onbemiddeld, onvermogend
impedance [im'pi:dəns] *znw* elektr impedantie: schijnweerstand
impede [im'pi:d] *overg* bemoeilijken, verhinderen, belemmeren, tegenhouden, beletten
impediment [im'pedimənt] *znw* verhindering, belemmering, beletsel *o*; *(speech)*~ spraakgebrek *o*
impedimenta [impedi'mentə] *znw* (leger)bagage
impel [im'pel] *overg* aandrijven, voortdrijven, -bewegen; aanzetten, bewegen
impending [im'pendiŋ] *bn* dreigend, aanstaand, ophanden zijnde
impenetrable [im'penitrəbl] *bn* ondoordringbaar; ondoorgrondelijk
impenitence [im'penitəns] *znw* onboetvaardigheid
impenitent *bn* onboetvaardig
imperative [im'perətiv] **I** *bn* gebiedend, (absoluut) noodzakelijk, verplicht (voor *upon*); **II** *znw* **1** gebiedende wijs (ook: ~ *mood*), imperatief; **2** (eerste) vereiste *o & v*
imperceptible [impə'septibl] *bn* onmerkbaar
impercipient [impə'sipiənt] *bn* niet waarnemend, niet opmerkend
imperfect [im'pə:fikt] **I** *bn* onvolmaakt, onvolkomen; ~ *tense* onvoltooid verleden tijd; **II** *znw* imperfectum *o*: onv. verl. tijd
imperfection [impə'fekʃən] *znw* onvolmaaktheid, onvolkomenheid
imperforate [im'pə:fərit] *bn* ongeperforeerd
imperial [im'piəriəl] **I** *bn* keizerlijk, keizer(s)-; rijks-, imperiaal; Brits [v. maten & gewichten &]; **II** *znw* imperiaal(papier) *o*; puntbaardje *o*
imperialism *znw* keizersmacht; imperialisme *o*
imperialist I *znw* imperialist; keizersgezinde; **II** *bn* imperialistisch; keizersgezind
imperialistic [impiəriə'listik] *bn* imperialistisch
imperil [im'peril] *overg* in gevaar brengen
imperious [im'piəriəs] *bn* gebiedend, heerszuchtig; bazig
imperishable [im'periʃəbl] *bn* onvergankelijk
impermanence *znw* tijdelijkheid, vluchtigheid
impermanent [im'pə:mənənt] *bn* tijdelijk, vergankelijk
impermeable [im'pə:miəbl] *bn* ondoordringbaar
impermissible [impə'misəbl] *bn* ontoelaatbaar, ongeoorloofd
impersonal [im'pə:snl] *bn* niet persoonlijk; onpersoonlijk
impersonality [impə:sə'næliti] *znw* onpersoonlijkheid

impersonate [im'pə:səneit] *overg* imiteren; verpersoonlijken; zich uitgeven voor
impersonation [impə:sə'neiʃən] *znw* imitatie; impersonatie
impersonator [im'pə:səneitə] *znw* imitator; *female* ~ theat travestieartiest; man die vrouwenrol speelt
impertinence [im'pə:tinəns] *znw* onbeschaamdheid
impertinent *bn* ongepast; onbeschaamd
imperturbable [impə'tə:bəbl] *bn* onverstoorbaar
impervious [im'pə:viəs] *bn* ondoordringbaar; ontoegankelijk, niet vatbaar (voor *to*)
impetigo [impi'taigou] *znw* impetigo, krentenbaard [huidziekte]
impetuosity [impetju'ɔsiti] *znw* onstuimigheid, heftigheid
impetuous [im'petjuəs] *bn* onstuimig, heftig
impetus ['impitəs] *znw* impuls, stimulans, aansporing, prikkel, voortstuwende kracht, aandrang, aandrift, vaart
impiety [im'paiəti] *znw* goddeloosheid, oneerbiedigheid, gebrek *o* aan piëteit
impinge [im'pindʒ] *overg*: ~ *(up)on* treffen, raken, v. invloed zijn op; inbreuk maken op
impingement *znw* inbreuk
impious ['impiəs] *bn* goddeloos; oneerbiedig
impish ['impiʃ] *bn* duivels, ondeugend
implacable [im'plækəbl] *bn* onverzoenlijk; onverbiddelijk
implant I *overg* [im'pla:nt] (in)planten, med implanteren; zaaien[2]; inprenten; **II** *znw* ['impla:nt] med implantaat *o*
implantation [impla:n'teiʃən] *znw* inplanting, med implantatie; inprenting
implausible [im'plɔ:zibl] *bn* onwaarschijnlijk
implement I *znw* ['implimənt] gereedschap *o*; werktuig *o*; ~*s* uitrusting; **II** *overg* ['impliment] uitvoeren; nakomen; aanvullen
implementation [implimen'teiʃən] *znw* uitvoering; nakoming; aanvulling
implicate ['implikeit] *overg* inwikkelen, insluiten, impliceren, verwikkelen, betrekken (bij *in*)
implication [impli'keiʃən] *znw* in-, verwikkeling; implicatie; *by* ~ stilzwijgend; bij implicatie; indirect
implicit [im'plisit] *bn* daaronder begrepen, stilzwijgend (aangenomen), impliciet; onvoorwaardelijk; blind [vertrouwen &]
implied [im'plaid] *bn* daaronder begrepen, stilzwijgend aangenomen, impliciet
implode [im'ploud] **I** *onoverg* imploderen, ineenklappen **II** *overg* doen imploderen, ineen laten klappen
implore [im'plɔ:] *overg* smeken, afsmeken
imploring *bn* smekend
implosion [im'plouʒən] *znw* implosie
imply [im'plai] *overg* insluiten, inhouden; veronderstellen; suggereren, (indirect) te kennen geven of aanduiden, impliceren, met zich meebrengen
impolite [impə'lait] *bn* onbeleefd, onwellevend
impolitic [im'pɔlitik] *bn* onhandig, onverstandig
imponderable [im'pɔndərəbl] **I** *bn* onweegbaar, moeilijk in te schatten, onvoorspelbaar; **II** *znw* onweegbare zaak, onberekenbare/onvoorspelbare factor; ~*s* imponderabilia
import I *overg* [im'pɔ:t] invoeren (ook comput), importeren; betekenen, inhouden; **II** *znw* ['impɔ:t] invoer, import; betekenis, portée ; ~*s* invoerartikelen, invoer; = *importance*
importance [im'pɔ:təns] *znw* belang *o*, belangrijkheid, gewicht *o*, gewichtigheid, betekenis
important *bn* belangrijk, van gewicht (betekenis), gewichtig(doend)
importation [impɔ:'teiʃən] *znw* import, invoer
importer [im'pɔ:tə] *znw* importeur
importunate [im'pɔ:tjunit] *bn* lastig, opdringerig
importune [im'pɔ:tju:n, impɔ:'tju:n] *overg* lastig vallen, herhaaldelijk verzoeken, aandringen
importunity [impɔ:'tju:niti] *znw* lastigheid; overlast; onbescheiden aanhouden *o*
impose [im'pouz] **I** *overg* opleggen; ~ *on* opleggen; in de handen stoppen; **II** *onoverg*: ~ *(up)on* imponeren; misbruik maken van; misleiden; bedriegen
imposing [im'pouziŋ] *bn* imposant, imponerend, indrukwekkend
imposition [impə'ziʃən] *znw* oplegging; belasting; onderw strafwerk *o*; misleiding
impossibility [impɔsi'biliti] *znw* onmogelijkheid
impossible [im'pɔsibl] **I** *bn* onmogelijk°; **II** *znw* onmogelijke *o*
impost ['impoust] *znw* belasting
imposter, **impostor** [im'pɔstə] *znw* bedrieger, oplichter
imposture *znw* bedrog *o*, bedriegerij
impotence ['impətəns(i)] *znw* onmacht, machteloosheid; onvermogen *o*; impotentie
impotent ['impətənt] *bn* onmachtig, machteloos, onvermogend; impotent
impound [im'paund] *overg* in beslag nemen [goederen]; inhouden [paspoort]
impoverish [im'pɔvəriʃ] *overg* verarmen; uitputten [land]
impracticable [im'præktikəbl] *bn* ondoenlijk, onuitvoerbaar
impractical [im'præktikl] *bn* onpraktisch, onhandig, onbruikbaar
imprecate ['imprikeit] *overg* (kwaad) afroepen (over *upon*)
imprecation [impri'keiʃən] *znw* verwensing, vervloeking
imprecatory ['imprikeitəri] *bn* verwensend, vloek-
imprecise [impri'sais] *bn* onduidelijk, vaag, onnauwkeurig
imprecision [impri'siʒən] *znw* onduidelijkheid, vaagheid, onnauwkeurigheid
impregnable [im'pregnəbl] *bn* onneembaar[2]; on-

aantastbaar
impregnate [im'pregnit] *overg* bevruchten; impregneren, doortrekken, verzadigen
impregnation [impreg'neiʃən] *znw* bevruchting; impregnatie; verzadiging
impresario [impre'sa:riou] *znw* impresario
impress I *znw* ['impres] indruk; afdruk, afdruksel *o*, stempel[2] *o & m*; **II** *overg* [im'pres] in-, afdrukken, inprenten[2], stempelen[2]; (een zekere) indruk maken op, imponeren, treffen; ~ *(up)on* ook: drukken op; op het hart drukken, inprenten; ~ *with an idea* doordringen van een idee
impressible *bn* = *impressionable*
impression [im'preʃən] *znw* indrukking; af-, indruk[2], impressie; (karikaturale) imitatie [v. stem, gebaren &]; stempel[2] *o & m*; oplage, druk; idee *o & v*; *make an* ~ indruk maken; *under the* ~ *of* in de veronderstelling dat
impressionable *bn* voor indrukken vatbaar, gevoelig
impressionism [im'preʃənizm] *znw* impressionisme *o*
impressionist [im'preʃənist] **I** *bn* impressionist(isch); **II** *znw* imitator
impressionistic [impreʃə'nistik] *bn* impressionistisch
impressive [im'presiv] *bn* indrukwekkend
imprimatur [impri'meitə] *znw* imprimatur[2] *o*
imprint I *znw* ['imprint] indruk [v. voet &], afdruk, afdruksel *o*; stempel *o & m*; drukkers- of uitgeversnaam op titelblad &; **II** *overg* [im'print] drukken, stempelen, inprenten
imprison [im'prizn] *overg* gevangen zetten
imprisonment *znw* gevangenschap, gevangenzetting, gevangenis(straf); ~ *for debt* gijzeling
improbable [im'prɔbəbl] *bn* onwaarschijnlijk
improbity [im'proubiti] *znw* oneerlijkheid
impromptu [im'prɔm(p)tju:] **I** *bn* geïmproviseerd; **II** *bijw* voor de vuist; **III** *znw* muz impromptu *o & m*
improper [im'prɔpə] *bn* ongeschikt; onbehoorlijk, ongepast, onfatsoenlijk, onbetamelijk; oneigenlijk, onecht [v. breuken]; onjuist, ten onrechte
impropriety [imprə'praiəti] *znw* ongeschiktheid &, zie *improper*
improve [im'pru:v] **I** *overg* verbeteren, beter maken, verhogen, veredelen, vervolmaken; ten nutte maken; **II** *onoverg* beter worden, vooruitgaan; ~ *(up)on* verbeteringen aanbrengen in of aan; verbeteren; *he ~d on this* hij overtrof zichzelf nog; *improving* ook: stichtelijk; leerzaam
improvement *znw* verbetering, beterschap, vooruitgang, vordering; veredeling
improver *znw* verbeteraar; leerling, volontair (in een of ander vak)
improvidence [im'prɔvidəns] *znw* gebrek *o* aan voorzorg, zorgeloosheid
improvident *bn* zonder voorzorg, niet vooruitziend, zorgeloos
improvisation [imprəvai'zeiʃən] *znw* improvisatie
improvise ['imprəvaiz] *overg & onoverg* improviseren
improviser *znw* improvisator
imprudence [im'pru:dəns] *znw* onvoorzichtigheid
imprudent *bn* onvoorzichtig
impudence ['impjudəns] *znw* onbeschaamdheid, schaamteloosheid
impudent *bn* onbeschaamd, schaamteloos
impugn [im'pju:n] *overg* bestrijden, betwisten
impulse ['impʌls] *znw* aandrijving, aandrift, aandrang, opwelling, impuls; drijfveer; stimulans, prikkel; stoot; *on* ~ in een opwelling, impulsief
impulsion [im'pʌlʃən] *znw* = *impulse*
impulsive *bn* stuw-; impulsief
impunity [im'pju:niti] *znw* straffeloosheid; *with* ~ straffeloos
impure [im'pjuə] *bn* onzuiver, onrein; onkuis
impurity *znw* onzuiverheid, onreinheid[2]; onkuisheid; verontreiniging
imputation [impju'teiʃən] *znw* beschuldiging
impute [im'pju:t] *overg* toeschrijven (aan *to*), wijten, aanwrijven, toedichten, ten laste leggen
in. *afk.* = *inch(es)*
in [in] **I** *voorz* in, naar, bij, volgens, aan, op; van; betrokken bij; met... aan (op), met; over; *he has it* ~ *him* hij is er de man voor; ~ *itself* op zichzelf, alleen al; *there's something* ~ *that* daar zit wel iets in; *they...* ~ *their thousands* zij... bij duizenden; ~ *three days* in drie dagen; over drie dagen; *four feet* ~ *width* vier voet breed; *one in four* één op vier; ~ *that* dat wil zeggen, in de zin dat; **II** *bijw* aan [van boot]; binnen [van trein]; (naar) binnen, thuis, aanwezig, er; aan slag [bij cricket]; aan het bewind, aan de regering; gekozen; gemeenz in, in de mode; *fruit is* ~ nu is het de tijd voor fruit; *you are* ~ *for it* je bent zuur, je bent erbij; *I'll be (am)* ~ *for a telling off* er staat mij een standje te wachten; *be* ~ *on* meedoen (deelnemen) aan; *be* ~ *with* goede maatjes zijn met; ~ *and out* in en uit; door en door; *all* ~ alles inbegrepen; gemeenz kapot, (dood)op; **III** *bn* binnen...; **IV** *znw*: *the ~s and outs* alle ins en outs; alle finesses/details; Br pol de partij die in de regering zit en de oppositie
inability [inə'biliti] *znw* onvermogen *o*, onbekwaamheid
inaccessible [inæk'sesibl] *bn* ongenaakbaar[2]; ontoegankelijk, onbeklimbaar, onbereikbaar
inaccuracy [i'nækjurəsi] *znw* onnauwkeurigheid
inaccurate *bn* onnauwkeurig
inaction [i'nækʃən] *znw* het niets doen, ± noninterventie
inactive *bn* werkeloos; niet actief; traag
inactivity [inæk'tiviti] *znw* werkeloosheid, nietsdoen *o*; traagheid
inadequacy [i'nædikwəsi] *znw* onevenredigheid; ontoereikendheid, inadequatie

inadequate *bn* onevenredig (aan *to*); onvoldoende, ontoereikend, inadequaat
inadmissible [inəd'misibl] *bn* ontoelaatbaar
inadvertence [inəd'və:təns(i)] *znw* onachtzaamheid, onoplettendheid
inadvertent *bn* onachtzaam, onoplettend; onbewust, onopzettelijk
inadvisable [inəd'vaizəbl] *bn* niet raadzaam, onverstandig
inalienable [i'neiljənəbl] *bn* onvervreemdbaar[2]
inamorata [inæmə'ra:tə] *znw* geliefde, minnares
inamorato [inæmə'ra:tou] *znw* minnaar
inane [i'nein] *bn* leeg, zinloos; idioot
inanimate [i'nænimit] *bn* levenloos, onbezield
inanition [inə'niʃən] *znw* leegte; uitputting
inanity [i'næniti] *znw* (zin)ledigheid; zinloosheid; zinledig gezegde *o*, banaliteit
inapplicable [i'næplikəbl] *bn* ontoepasselijk, niet van toepassing (op *to*)
inapposite [i'næpəzit] *bn* ontoepasselijk, ongepast, ongeschikt
inappreciable [inə'pri:ʃiəbl] *bn* onwaardeerbaar; uiterst gering, te verwaarlozen
inappreciation [inəpri:ʃi'eiʃən] *znw* gebrek *o* aan waardering, niet waarderen *o*
inappreciative [inə'pri:ʃiətiv] *bn* niet waarderend
inapprehensible [inæpri'hensibl] *bn* onbegrijpelijk, onbevattelijk
inapproachable [inə'proutʃəbl] *bn* ongenaakbaar, ontoegankelijk
inappropriate [inə'proupriit] *bn* ongeschikt, ongepast; onjuist, verkeerd
inapt [i'næpt] *bn* ongeschikt, onbekwaam, niet ad rem
inaptitude *znw* ongeschiktheid
inarticulate [ina:'tikjulit] *bn* niet gearticuleerd, onduidelijk, zich moeilijk uitdrukkend; sprakeloos; anat ongeleed
inartificial [ina:ti'fiʃəl] *bn* ongekunsteld
inartistic [ina:'tistik] *bn* niet kunstzinnig
inasmuch [inəs'mʌtʃ] *bijw*: ~ *as* aangezien; vero inzoverre (als)
inattention [inə'tenʃən] *znw* onoplettendheid
inattentive *bn* onoplettend, niet lettend (op *to*); onattent
inaudible [i'nɔ:dəbl] *bn* onhoorbaar
inaugural [i'nɔ:gjurəl] *bn* inaugureel, intree-, inwijdings-, openings-
inaugurate [i'nɔ:gjureit] *overg* inwijden, inhuldigen, onthullen, openen [nieuw tijdperk]
inauguration [inɔ:gju'reiʃən] *znw* inwijding, inhuldiging
inauspicious [inɔ:s'piʃəs] *bn* onheilspellend, ongunstig, ongelukkig
in-between [inbi'twi:n] *bn* tussen-, tussenliggend
inboard ['inbɔ:d] *bn & bijw* binnenboords
inborn ['in'bɔ:n, 'inbɔ:n] *bn* aan-, ingeboren, ingeschapen
inbred ['in'bred, 'inbred] *bn* aangeboren; door inteelt ontstaan
inbreeding ['inbri:diŋ] *znw* inteelt
inbuilt ['in'bilt] *bn* ingebouwd; fig aangeboren, van nature
Inc. *afk.* = *Incorporated* Am ± Naamloze Vennootschap, NV
incalculable [in'kælkjuləbl] *bn* onberekenbaar
incandescence [inkən'desəns] *znw* (witte) gloeihitte, gloeiing[2]
incandescent *bn* (wit)gloeiend, gloei-
incantation [inkæn'teiʃən] *znw* bezwering, toverformule
incapability [inkeipə'biliti] *znw* onbekwaamheid, niet kunnen *o*; recht onbevoegdheid
incapable [in'keipəbl] *bn* onbekwaam[2]; recht onbevoegd; ~ *of* niet kunnende, niet in staat om, zich niet latende
incapacitate [inkə'pæsiteit] *overg* uitschakelen, ongeschikt maken; recht onbevoegd verklaren
incapacity *znw* onbekwaamheid; recht onbevoegdheid
incarcerate [in'ka:səreit] *overg* gevangenzetten, opsluiten
incarceration [inka:sə'reiʃən] *znw* gevangenzetting, opsluiting
incarnadine [in'ka:nədain] plechtig **I** *bn* vleeskleurig, rood; **II** *overg* rood kleuren
incarnate I *bn* [in'ka:nit] vlees geworden, vleselijk; **II** *overg* [in'ka:neit] incarneren, belichamen
incarnation [inka:'neiʃən] *znw* incarnatie, vleeswording, menswording, belichaming, verpersoonlijking
incautious [in'kɔ:ʃəs] *bn* onvoorzichtig
incendiarism [in'sendjərizm] *znw* brandstichting; fig opruiing
incendiary I *bn* brandstichtend; brand-; fig opruiend; **II** *znw* brandstichter; brandbom; fig stokebrand, opruier
1 incense [in'sens] *overg* vertoornen; ~*d* verbolgen, gebelgd, woedend (over *at*)
2 incense ['insens] **I** *znw* wierook; **II** *overg* bewieroken
incense-boat *znw* wierookschuitje *o*
incensory *znw* wierookvat *o*
incentive [in'sentiv] **I** *bn* aanmoedigings-; **II** *znw* **1** prikkel(ing), aansporing, stimulans, drijfveer, motivatie; **2** beloning, (investerings)premie; incentive *o*
inception [in'sepʃən] *znw* begin *o*
inceptive *bn* beginnend, begin-
incertitude [in'sə:titju:d] *znw* onzekerheid
incessant [in'sesnt] *bn* aanhoudend, onophoudelijk
incest ['insest] *znw* bloedschande, incest
incestuous [in'sestjuəs] *bn* bloedschendig, incestueus
inch [in(t)ʃ] **I** *znw* Engelse duim, $^1/_{12}$ voet = 2 $^1/_2$

cm; *every ~ a gentleman* op-en-top een heer; *give him an ~, and he will take a mile* als men hem een vinger geeft, neemt hij de hele hand; *~ by ~, by ~es* beetje bij beetje; langzaam aan, langzamerhand; *to an ~* precies, op een haar; *flog sbd. within an ~ of his life* iem. bijna doodranselen; *not give an ~* geen duimbreed wijken; **II** *onoverg & overg* langzaam maar zeker bewegen

inchoate ['inkoueit] **I** *bn* juist begonnen; onontwikkeld; **II** *overg* beginnen

inchoation [inkou'eiʃən] *znw* begin *o*

inchoative ['inkouəitiv] **I** *bn* inchoatief; **II** *znw* inchoatief (werkwoord) *o*

incidence ['insidəns] *znw* verbreiding, frequentie; invloed, gevolgen; vóórkomen *o* [v. kanker &]; druk [v. belasting]; *angle of ~* hoek van inval

incident I *bn* (in)vallend [v. straal]; *~ to* (soms *upon*) voortvloeiend uit; verbonden met, eigen aan; **II** *znw* voorval *o*, episode, incident *o*

incidental [insi'dentl] **I** *bn* toevallig, bijkomend, bijkomstig, incidenteel, bij-; tussen-; *~ music* tussen de handeling; *~ remark* terloops gemaakte opmerking; *~ to* = *incident to*; **II** *znw* bijkomstigheid; *~s* bijkomende (on)kosten

incidentally *bijw* toevallig; terloops; tussen twee haakjes, overigens

incinerate [in'sinəreit] *overg* (tot as) verbranden; verassen

incineration [insinə'reiʃən] *znw* verbranding (tot as); lijkverbranding, verassing

incinerator [in'sinəreitə] *znw* vuilverbrandingsoven

incipience, **incipiency** [in'sipiəns(i)] *znw* begin *o*

incipient *bn* beginnend, begin-

incise [in'saiz] *overg* insnijden, kerven

incision [in'siʒən] *znw* insnijding; snee; kerf

incisive [in'saisiv] *bn* snijdend; fig scherp, indringend

incisor *znw* snijtand

incite [in'sait] *overg* aansporen, prikkelen, opwekken; aan-, opzetten, aanhitsen

incitement *znw* aansporing, opzetting, aanhitsing; prikkel; opwekking

incivility [insi'viliti] *znw* onbeleefdheid

inclemency [in'klemənsi] *znw* strengheid, ruwheid; guurheid [v. weer]

inclement *bn* streng, meedogenloos; bar, guur [weer]

inclination [inkli'neiʃən] *znw* helling; inclinatie; fig neiging, genegenheid; zin, trek, lust

incline I *onoverg* [in'klain] neigen, buigen, (over-) hellen, geneigd zijn (tot, naar *to(wards)*); **II** *overg* [in'klain] buigen, doen (over)hellen, schuin houden/zetten; geneigd maken; *~d plane* hellend vlak *o*; **III** *znw* ['inklain] helling, hellend vlak *o*

inclose [in'klouz] = *enclose &*

include [in'klu:d] *overg* insluiten, be-, omvatten, meetellen, -rekenen; opnemen, inschakelen; *... ~d, including ...* ... inbegrepen, met inbegrip van..., daaronder..., waaronder...; *up to and including...* tot en met...

inclusion [in'klu:ʒən] *znw* insluiting, opneming, opname, inschakeling

inclusive *bn* insluitend, inclusief; *from... to... ~* van... tot en met...; *~ of...* met inbegrip van, meegerekend; *be ~ of* omvatten

incog [in'kɔg] gemeenz = *incognito*

incognito *bn, bijw & znw* incognito (*o*)

incognizable [in'kɔgnizəbl] *bn* on(her)kenbaar

incoherence [inkou'hiərəns(i)] *znw* onsamenhangendheid

incoherent *bn* onsamenhangend

incombustible [inkəm'bʌstibl] *bn* on(ver-) brandbaar

income ['inkʌm, 'inkəm] *znw* inkomen *o*, inkomsten; *~ policy* inkomenspolitiek; *~ support* ± bijstand; *~ tax* inkomstenbelasting

income-bracket *znw* inkomensgroep

incomer ['inkʌmə] *znw* binnenkomende; indringer; nieuwe huurder; immigrant

incoming I *bn* in-, binnenkomend°; opkomend [getij]; nieuw [v. ambtenaar]; **II** *znw* (binnen-) komst; *~s* inkomsten

incommensurable [inkə'menʃərəbl] *bn* (onderling) onmeetbaar; (onderling) niet te vergelijken; niet in verhouding (tot *with*)

incommensurate [inkə'menʃərit] *bn* onevenredig; (onderling) onmeetbaar, ongelijk

incommode [inkə'moud] *overg* lastig vallen, storen, hinderen, belemmeren

incommodious *bn* lastig, ongemakkelijk, ongerief(e)lijk

incommunicable [inkə'mju:nikəbl] *bn* onmededeelbaar, voor mededeling niet geschikt

incommunicado [inkəmju:ni'ka:dou] *bn* van de buitenwereld afgesloten, zonder communicatiemogelijkheid; in eenzaamheid opgesloten [v. gevangene]; gemeenz niet te bereiken

incommunicative [inkə'mju:nikətiv] *bn* niet (bijzonder) mededeelzaam, gesloten

incommutable [inkə'mju:təbl] *bn* onveranderlijk; niet verwisselbaar

incomparable [in'kɔmpərəbl] *bn* onvergelijkelijk, weergaloos, uniek

incompatibility [inkəmpæti'biliti] *znw* onverenigbaarheid

incompatible [inkəm'pætibl] *bn* onverenigbaar; incompatibel, niet bij elkaar passend; geheel (te zeer) uiteenlopend; *be ~ with* niet samengaan met

incompetence [in'kɔmpitəns(i)] *znw* onbekwaamheid, ongeschiktheid, onbevoegdheid

incompetent *bn* onbekwaam, ongeschikt, onbevoegd (tot *to*)

incomplete [inkəm'pli:t] *bn* onvolledig, onvoltallig, onvoltooid, onvolkomen

incomprehensible [inkɔmpri'hensəbl] *bn* onbegrijpelijk

incomprehension *znw* onbegrip *o*, niet-begrijpen *o*

incomprehensive *bn* niet-begrijpend

incompressible [inkəm'presibl] *bn* onsamendrukbaar

inconceivable [inkən'si:vəbl] *bn* onbegrijpelijk; ondenkbaar, onvoorstelbaar

inconclusive [inkən'klu:siv] *bn* niet afdoend, niet beslissend; niet overtuigend

incondite [in'kɔndit] *bn* slecht gemaakt, slecht samengesteld; ruw, niet fijn

incongruity [inkɔŋ'gruiti] *znw* gebrek *o* aan overeenstemming, ongelijk(soortig)heid; wanverhouding; ongerijmdheid, ongepastheid

incongruous [in'kɔŋgruəs] *bn* ongelijk(soortig), onverenigbaar; ongerijmd, ongepast

inconsequence [in'kɔnsikwəns] *znw* het onlogische, inconsequentie, onsamenhangendheid

inconsequent *bn* niet consequent, onlogisch, onsamenhangend

inconsequential [inkɔnsi'kwenʃəl] *bn* onbelangrijk; = *inconsequent*

inconsiderable [inkən'sidərəbl] *bn* onbeduidend, gering

inconsiderate [inkən'sidərit] *bn* onbezonnen, onbedachtzaam, ondoordacht; onattent; zonder consideratie

inconsideration [inkənsidə'reiʃən] *znw* onbezonnenheid &, zie *inconsiderate*

inconsistency [inkən'sistənsi] *znw* onverenigbaarheid, onbestaanbaarheid, tegenspraak; inconsequentie

inconsistent *bn* niet bestaanbaar, niet in overeenstemming, onverenigbaar of in tegenspraak (met *with*); inconsequent, onlogisch

inconsolable [inkən'souləbl] *bn* ontroostbaar

inconspicuous [inkən'spikjuəs] *bn* niet opvallend, niet de aandacht trekkend, nauwelijks zichtbaar; onaanzienlijk

inconstancy [in'kɔnstənsi] *znw* onbestendigheid, onstandvastigheid; ongestadigheid, veranderlijkheid, wispelturigheid

inconstant *bn* onbestendig, onstandvastig, ongestadig, veranderlijk, wispelturig

incontestable [inkən'testəbl] *bn* onbetwistbaar

incontinence [in'kɔntinəns] *znw* med incontinentie; fig gebrek *o* aan zelfbeheersing

incontinent *bn* med incontinent; fig onbeheerst

incontrovertible [inkɔntrə've:tibl] *bn* onbetwistbaar

inconvenience [inkən'vi:njəns] **I** *znw* ongelegenheid, ongemak *o*, ongerief *o*; **II** *overg* in ongelegenheid brengen, tot last zijn; lastig vallen

inconvenient *bn* ongelegen, niet gelegen (komend), lastig, ongeriefelijk

inconvertibility [inkənvə:ti'biliti] *znw* onverwisselbaarheid

inconvertible [inkən'və:tibl] *bn* onverwisselbaar, onveranderlijk; niet converteerbaar, niet inwisselbaar (voor *into*)

incoordination [inkouɔ:di'neiʃən] *znw* gebrek *o* aan coördinatie

incorporate I *bn* [in'kɔ:pərit] (tot één lichaam) verenigd; met rechtspersoonlijkheid; **II** *overg* [in'kɔ:pəreit] (tot één lichaam, maatschappij) verenigen, inlijven (bij *in, with*), opnemen [in een groep, corporatie &]; bevatten; rechtspersoonlijkheid verlenen

incorporation [inkɔ:pə'reiʃən] *znw* inlijving, opname; recht erkenning als rechtspersoon; incorporatie

incorporeal [inkɔ:'pɔ:riəl] *bn* onlichamelijk, onstoffelijk

incorporeity [inkɔ:pə'ri:iti] *znw* onlichamelijkheid, onstoffelijkheid

incorrect [inkə'rekt] *bn* onnauwkeurig, onjuist, niet correct

incorrigible [in'kɔridʒibl] *bn* onverbeterlijk

incorruptible *bn* onbederfelijk, onvergankelijk; onomkoopbaar, integer

increase [in'kri:s] **I** *onoverg* (aan)groeien, toenemen, stijgen, zich vermeerderen; groter worden; **II** *overg* doen aangroeien &; vermeerderen, vergroten, verhogen, versterken; **III** *znw* ['inkri:s] groei, aanwas, wassen *o*, toename, vermeerdering; verhoging; *be on the* ~ aangroeien, wassen, toenemen, talrijker (groter) worden

increasingly [in'kri:siŋli] *bijw*: ~ *difficult* steeds moeilijker

incredible [in'kredəbl] *bn* ongelofelijk

incredulity [inkri'dju:liti] *znw* ongelovigheid

incredulous [in'kredjuləs] *bn* ongelovig

increment ['inkrimənt] *znw* aanwas; toeneming; (waarde)vermeerdering; (loons)verhoging

incremental [inkri'mentl] *bn* periodiek stijgend [salaris, winst &]

incriminate [in'krimineit] *overg* beschuldigen, ten laste leggen

incriminatory *bn* beschuldigend

incrust [in'krʌst] = *encrust*

in-crowd ['in'kraud] *znw* incrowd, kliek, wereldje *o*

incrustation [inkrʌs'teiʃən] *znw* aan-, omkorsting, korst, ketelsteen *o & m*; inlegwerk *o*

incubate ['inkjubeit] *overg & onoverg* (uit)broeden; bebroeden

incubation [inkju'beiʃən] *znw* broeding; incubatie(tijd)

incubator ['inkjubeitə] *znw* broedmachine, broedtoestel *o*, couveuse

incubus ['inkjubəs] *znw* (*mv*: -es *of* incubi [-bai]) nachtmerrie[2]; schrikbeeld *o*

inculcate ['inkʌlkeit] *overg* inprenten; ~ *sth. in(to) sbd.*, ~ *sbd. with sth.* iem. iets inprenten

inculcation [inkʌl'keiʃən] *znw* inprenting

inculpate ['inkʌlpeit] *overg* beschuldigen, aankla-

gen
inculpation [inkʌl'peiʃən] *znw* beschuldiging, aanklacht
incumbency [in'kʌmbənsi] *znw* bekleden *o* van een (geestelijk) ambt; predikantsplaats; verplichting
incumbent I *bn* als plicht rustend (op *on*); *it is ~ upon you* het is uw plicht; **II** *znw* bekleder van een (geestelijk) ambt, predikant
incunable [in'kjunəbl], **incunabulum** [inkju'næbjuləm] (*mv*: incunabula [-bjulə]) *znw* incunabel, wiegendruk
incur [in'kə:] *overg* zich op de hals halen, oplopen, vervallen in [boete &]; zich blootstellen aan; *~ debts* schulden maken
incurable [in'kjuərəbl] **I** *bn* ongeneeslijk; fig onverbeterlijk; **II** *znw* ongeneeslijke zieke
incurious [in'kjuəriəs] *bn* niet nieuwsgierig; achteloos, onachtzaam
incursion [in'kə:ʃən] *znw* inval
incurvation [inkə:'veiʃən] *znw* (krom)buiging
incus ['iŋkəs] *znw* (*mv*: incudes [in'kju:di:z]) aambeeld *o* [gehoorbeentje]
incuse [in'kju:z] **I** *bn* ingeslagen; gestempeld; **II** *overg* [beeltenis] inslaan; stempelen
indebted [in'detid] *bn* schuldig; *be ~ to sbd. for sth.* iem. iets te danken hebben, iem. dankbaar voor iets (moeten) zijn
indebtedness *znw* schuld(en); verplichting
indecency [in'di:snsi] *znw* onbetamelijkheid, onwelvoeglijkheid, onfatsoenlijkheid
indecent *bn* onbetamelijk, onwelvoeglijk, onfatsoenlijk
indecipherable [indi'saifərəbl] *bn* niet te ontcijferen
indecision [indi'siʒən] *znw* besluiteloosheid
indecisive [indi'saisiv] *bn* niet beslissend; besluiteloos, weifelend
indeclinable [indi'klainəbl] *bn* onverbuigbaar
indecorous [in'dekərəs] *bn* onwelvoeglijk, onbehoorlijk, ongepast
indecorum [indi'kɔ:rəm] *znw* onwelvoeglijkheid
indeed [in'di:d] *bijw* inderdaad, in werkelijkheid, zeker, voorwaar, waarlijk, waarachtig, wel, ja (zelfs), dan ook, trouwens; *~!* jawel!, och kom!; werkelijk?
indefatigable [indi'fætigəbl] *bn* onvermoeibaar, onvermoeid
indefeasible [indi'fi:zəbl] *bn* onaantastbaar, onvervreemdbaar
indefectible [indi'fektəbl] *bn* onvergankelijk; onfeilbaar; feilloos
indefensible [indi'fensəbl] *bn* onverdedigbaar
indefinable [indi'fainəbl] *bn* ondefinieerbaar
indefinite [in'definit] *bn* onbepaald, onbegrensd; ook: voor onbepaalde tijd; tot in het oneindige
indelible [in'delibl] *bn* onuitwisbaar
indelicacy [in'delikəsi] *znw* onkiesheid
indelicate *bn* onkies, onfatsoenlijk
indemnification [indemnifi'keiʃən] *znw* schadeloosstelling, (schade)vergoeding
indemnify [in'demnifai] *overg* schadeloosstellen; vrijwaren (voor *against, from*)
indemnity [in'demniti] *znw* vrijwaring; schadeloosstelling, vergoeding; kwijtschelding
indent I *overg* [in'dent] (uit)tanden, insnijden; inkepen; (in)deuken; (en reliëf) stempelen; inspringen [v. regel]; in duplo opmaken; bestellen; **II** *znw* ['indent] uittanding, insnijding; inkerving, (in-)keep; deuk; bestelling, order
indentation [inden'teiʃən] *znw* uittanding; inkeping; inkeep; deuk; inspringen *o*; inspringing [v. regel]
indenture [in'dentʃə] **I** *znw* contract *o*; leercontract *o* (meestal: *~s*); **II** *overg* bij contract verbinden; in de leer doen (nemen); *~d labour* contractarbeiders; contractarbeid
independence [indi'pendəns] *znw* onafhankelijkheid (van *of, on*); zelfstandigheid; onafhankelijk bestaan *o* of inkomen *o*
Independence Day *znw* Am onafhankelijkheidsdag (4 juli)
independent I *bn* onafhankelijk (van *of*); zelfstandig; **II** *znw* independent; wilde [in de politiek]
in-depth ['in'depθ] *bn* diepgaand, grondig, diepte-
indescribable [indis'kraibəbl] *bn* onbeschrijf(e)lijk
indestructible [indis'trʌktibl] *bn* onverwoestbaar, onvernielbaar, onverdelgbaar
indeterminable [indi'tə:minəbl] *bn* onbepaalbaar; niet vast te stellen; niet te beslissen
indeterminacy [indi'təminəsi] *znw* onbepaaldheid
indeterminate *bn* onbepaald, onbeslist; vaag, onduidelijk
indetermination [inditə:mi'neiʃən] *znw* besluiteloosheid
index ['indeks] **I** *znw* (*mv*: -es *of* indices [-disi:z]) **1** index°; **2** lijst, klapper, register *o*; **3** wisk exponent; **4** fig aanwijzing; **II** *overg* van een index voorzien; in een register inschrijven; op de index plaatsen; indexeren
indexate *overg* indexeren
index card *znw* fiche *o & v* [v. kaartsysteem]
index figure *znw* indexcijfer *o*
index finger *znw* wijsvinger
index-linked *bn* geïndexeerd, waardevast [v. pensioen &]
India ['indjə] *znw* [staat] India *o*; [gebied] Voor-Indië *o*
Indiaman *znw* Oost-Indiëvaarder
Indian I *bn* Indiaas; Indisch; indiaans; *~ club* knots [voor gymnastiek]; *~ corn* maïs; *(in) ~ file* (in) ganzenmars; *~ ink* Oost-Indische inkt; *~ summer* nazomer; tweede jeugd; **II** *znw* Indiër; indiaan
India paper *znw* dundrukpapier *o*
india-rubber *znw* vlakgom *o*; rubber *o*

indicate ['indikeit] *overg* (aan)wijzen, aanduiden, te kennen geven; wijzen op; indiceren; *be ~d* nodig of raadzaam zijn
indication [indi'keiʃən] *znw* aanwijzing, aanduiding, teken *o*; indicatie
indicative [in'dikətiv] **I** *bn* aantonend; *be ~ of* kenmerkend zijn voor; **II** *znw* aantonende wijs (ook: *~ mood*)
indicator ['indikeitə] *znw* indicateur, aangever; indicatie, indicator; techn meter, teller, verklikker
indices ['indisi:z] *znw mv* v. *index I, 3*
indict [in'dait] *overg* aanklagen
indictable *bn* recht strafbaar
indictment *znw* aanklacht
Indies ['indiz] *znw mv*: *the ~* vero Indië *o*
indifference [in'difrəns] *znw* onverschilligheid; onbelangrijkheid; middelmatigheid
indifferent *bn* onverschillig (voor *to*); van geen of weinig belang; (middel)matig, zozo, niet veel zaaks; indifferent
indifferently *bijw* zonder verschil (te maken); onverschillig; (middel)matig, tamelijk (wel), niet bijzonder (goed &), zozo; (vrij) slecht
indigence ['indidʒəns] *znw* behoeftigheid, nooddruft, gebrek *o*, armoede
indigenous [in'didʒinəs] *bn* inlands, inheems; ingeboren
indigent ['indidʒənt] *bn* behoeftig, arm
indigested [indi'dʒestid] *bn* ongeordend, chaotisch, ondoordacht; onverteerd
indigestible *bn* onverteerbaar[2]
indigestion *znw* indigestie, slechte spijsvertering
indigestive *bn* met of van een slechte spijsvertering
indignant [in'dignənt] *bn* verontwaardigd (over *at, with*)
indignation [indig'neiʃən] *znw* verontwaardiging; *~ meeting* protestvergadering
indignity [in'digniti] *znw* onwaardige behandeling, smaad, hoon, belediging
indigo ['indigou] *znw* indigo *m* [plant, verfstof], indigo *o* [kleur]
indirect ['indi'rekt] *bn* zijdelings; indirect, niet rechtstreeks, slinks, ontwijkend; *~ object* meewerkend voorwerp *o*; *~ tax* indirecte belasting
indiscernible [indi'sə:nibl] *bn* niet te onderscheiden of te onderkennen
indiscipline *znw* gebrek *o* aan discipline; tuchteloosheid
indiscreet [indis'kri:t] *bn* onvoorzichtig, onbezonnen; indiscreet: loslippig
indiscrete [indis'kri:t] *bn* compact, homogeen, ondeelbaar
indiscretion [indis'kreʃən] *znw* onvoorzichtigheid, onbezonnenheid; indiscretie
indiscriminate [indis'kriminit] *bn* geen onderscheid makend; zonder onderscheid of in den blinde toegepast (verleend); door elkaar (gebruikt), algemeen
indispensable [indis'pensəbl] *bn* onmisbaar, onontbeerlijk, noodzakelijk
indispose [indis'pouz] *overg* ongeschikt (onbruikbaar) maken; onpasselijk (onwel) maken; afkerig maken (van *from, to, towards*); onwelwillend stemmen
indisposed *bn* ongenegen, onwillig; onwel, ongesteld
indisposition [indispə'ziʃən] *znw* onwel zijn *o*, lichte ziekte; onwelwillendheid, ongeneigdheid; afkerigheid (van *to, towards*)
indisputable [indis'pju:təbl] *bn* onbetwistbaar
indissoluble [indi'sɔljubl] *bn* onoplosbaar, onverbreekbaar, onontbindbaar, onlosmakelijk
indistinct [indis'tiŋ(k)t] *bn* onduidelijk, vaag; verward
indistinguishable [indis'tiŋgwiʃəbl] *bn* niet te onderscheiden
indite [in'dait] *overg* plechtig *of* schertsend in woorden uitdrukken, opstellen, schrijven
individual [indi'vidjuəl] **I** *bn* individueel, afzonderlijk, apart, persoonlijk; **II** *znw* enkeling; persoon; individu *o*
individualism *znw* individualisme *o*
individualist **I** *znw* individualist; **II** *bn* individualistisch
individualistic [individjuə'listik] *bn* individualistisch
individuality [individju'æliti] *znw* individualiteit, (eigen) persoonlijkheid
individualize [indi'vidjuəlaiz] *overg* individualiseren
individually *bijw* individueel, (elk) op zichzelf, één voor één, apart
indivisible [indi'vizəbl] *bn* ondeelbaar
Indo-China ['indou'tʃainə] *znw* Indo-China *o*
indocile [in'dousail] *bn* ongezeglijk
indoctrinate [in'dɔktrineit] *overg* onderwijzen (in *in*), indoctrineren; inprenten
indoctrination [indɔktri'neiʃən] *znw* onderwijzing, indoctrinatie, inprenting
Indo-European ['indoujuərə'pi:ən] **I** *bn* Indo-europees, Arisch; **II** *znw* Indo-europeaan, Ariër
Indo-Germanic **I** *bn* Indogermaans; **II** *znw* **1** Indogermaans *o*; **2** Indogermaan
indolence ['indələns] *znw* traagheid, gezapigheid, vadsigheid, indolentie
indolent *bn* traag, gezapig, vadsig, indolent
indomitable [in'dɔmitəbl] *bn* ontembaar, onbedwingbaar
Indonesia [indou'ni:zjə] *znw* Indonesië
Indonesian [indou'ni:zjen] **I** *bn* Indonesisch; **II** *znw* Indonesiër; Indonesisch *o* [taal]
indoor ['indɔ:] *bn* binnenshuis, huis-, kamer- [plant, gymnastiek &], binnen-, sp zaal-, indoor-; *~ swimming-pool* binnenbad *o*, overdekt zwembassin *o*

indoors [in'dɔ:z] *bijw* binnen(shuis)
indorse [in'dɔ:s] *overg = endorse &*
indraught [in'dra:ft] *znw* inademing; zuiging; binnenwaartse stroming
indrawn ['in'drɔ:n] *bn* terug-, ingetrokken, ingehouden
indubitable [in'dju:bitəbl] *bn* ontwijfelbaar
induce [in'dju:s] *overg* bewegen, nopen; teweegbrengen, aanleiding geven tot; afleiden; med opwekken [v. weeën]; elektr induceren; *~d current* inductiestroom
inducement *znw* aanleiding, drijfveer, prikkel, lokmiddel *o*; teweegbrengen *o*
induct [in'dʌkt] *overg* installeren (in *into*); bevestigen (in *to*) [geestelijk ambt]; fig inwijden
induction *znw* installatie, bevestiging; gevolgtrekking; inductie; med opwekking [v. weeën]; techn inlaat; fig inwijding; *~ coil* inductieklos; *~ course* onderw voorbereidende cursus
inductive *bn* inductief; elektr inductie-
inductor *znw* inductor
indulge [in'dʌldʒ] **I** *overg* toegeven (aan), zich overgeven aan; zijn zin geven, verwennen; gemeenz te veel drinken; **II** *wederk*: *~ oneself in* zich overgeven aan; **III** *onoverg*: *~ (in)* zich overgeven aan, zich inlaten met; zich de weelde veroorloven van, zich te goed doen, zich [iets] permitteren; zich te buiten gaan aan drank
indulgence *znw* zich overgeven *o* (aan *in*), bevrediging (van *of*); toegevendheid, toegeeflijkheid; gunst; RK aflaat
indulgent *bn* inschikkelijk, toegeeflijk
indurate ['indjureit] **I** *overg* verharden; ongevoelig maken, vereelten; fig inwortelen; **II** *onoverg* ingeworteld/verankerd raken
induration [indju'reiʃən] *znw* verharding
industrial [in'dʌstriəl] **I** *bn* industrieel, industrie-, nijverheids-, bedrijfs-; *~ action* stakingsactie; *~ dispute* arbeidsconflict *o*; *~ estate* industrieterrein *o*; *~ medicine* bedrijfsgeneeskunde; *~ relations* arbeidsverhoudingen; **II** *znw*: *~s* handel industriewaarden
industrialism [in'dʌstriəlizm] *znw* sociaal-economisch systeem *o* waarin de industrie een overheersende rol speelt
industrialist *znw* industrieel
industrialization [indʌstriəlai'zeiʃən] *znw* industrialisering
industrialize [in'dʌstriəlaiz] *overg & onoverg* industrialiseren
industrious [in'dʌstriəs] *bn* arbeid-, werkzaam, nijver, ijverig, vlijtig
industry ['indəstri] *znw* naarstigheid, vlijt; nijverheid, industrie, bedrijf *o*, bedrijfsleven *o*, bedrijfstak
inebriate [i'ni:briit] **I** *bn* beschonken, dronken; **II** *znw* beschonkene, dronkaard; **III** *overg* [i'ni:brieit] dronken maken[2]
inebriation [ini:bri'eiʃən] *znw* dronkenschap, roes
inebriety [ini'braiəti] *znw* dronkenschap; drankzucht
inedible [i'nedibl] *bn* oneetbaar
inedited [i'neditid] *bn* onuitgegeven; ongeredigeerd (gepubliceerd)
ineffable [i'nefəbl] *bn* onuitsprekelijk
ineffaceable [ini'feisəbl] *bn* onuitwisbaar
ineffective [ini'fektiv] *bn* ineffectief, zonder uitwerking; geen effect sorterend; inefficiënt, ondoelmatig
ineffectual *bn* vruchteloos; incapabel
inefficacious [inefi'keiʃəs] *bn* ondoeltreffend
inefficacy [i'nefikəsi] *znw* ondoeltreffendheid
inefficiency [ini'fiʃənsi] *znw* inefficiëntie, ondoelmatigheid
inefficient *bn* inefficiënt, ondoelmatig; ongeschikt, onbruikbaar; geen effect sorterend
inelegance [i'neligəns] *znw* onbevalligheid, onsierlijkheid
inelegant *bn* onbevallig, onelegant; lomp
ineligible [i'nelidʒibl] *bn* niet verkiesbaar; onverkieslijk; ongeschikt, ongewenst, niet in aanmerking komend
ineluctable [ini'lʌktəbl] *bn* onontkoombaar
inept [i'nept] *bn* onzinnig, ongerijmd
ineptitude *znw* onzinnigheid, ongerijmdheid
inequality [ini'kwɔliti] *znw* ongelijkheid; oneffenheid
inequitable [i'nekwitəbl] *bn* onbillijk
inequity *znw* onbillijkheid
ineradicable [ini'rædikəbl] *bn* onuitroeibaar
inerrable [in'ə:rəbl] *bn* onfeilbaar
inert [i'nə:t] *bn* log, loom, traag[2], inert
inertia *znw* traagheid[2], inertie
inescapable [inis'keipəbl] *bn* onontkoombaar
inessential [ini'senʃəl] **I** *bn* bijkomstig; **II** *znw* bijkomstigheid
inestimable [i'nestiməbl] *bn* onschatbaar
inevitability [inevitə'biliti] *znw* onvermijdelijkheid
inevitable [i'nevitəbl] *bn* onvermijdelijk
inexact [inig'zækt] *bn* onnauwkeurig, onjuist
inexactitude *znw* onnauwkeurigheid, onjuistheid
inexcusable [iniks'kju:zəbl] *bn* onvergeeflijk
inexhaustible [inig'zɔ:stəbl] *bn* onuitputtelijk; onvermoeibaar
inexorable [i'neksərəbl] *bn* onverbiddelijk
inexpediency [iniks'pi:diənsi] *znw* ondoelmatigheid, ongeschiktheid, niet raadzaam zijn *o*
inexpedient *bn* ondoelmatig, ongeschikt, af te raden
inexpensive [iniks'pensiv] *bn* goedkoop
inexperience [iniks'piəriəns] *znw* onervarenheid
inexperienced *bn* onervaren
inexpert [i'nekspə:t] *bn* onbedreven; ondeskundig
inexpiable [i'nekspiəbl] *bn* door geen boetedoening goed te maken; onverzoenlijk
inexplicable [i'neksplikəbl] *bn* onverklaarbaar

inexplicably *bijw* op onverklaarbare wijze; om onverklaarbare redenen
inexplicit [iniks'plisit] *bn* niet duidelijk uitgedrukt of aangeduid
inexpressible [iniks'presəbl] *bn* onuitsprekelijk
inexpressive [iniks'presiv] *bn* zonder uitdrukking; nietszeggend
inexpugnable [iniks'pʌgnəbl] *bn* onneembaar, onoverwinnelijk; onaantastbaar
inextinguishable [iniks'tiŋgwiʃəbl] *bn* on(uit-)blusbaar, onlesbaar, onbedaarlijk
in extremis [in ik'stri:mis] [Lat] *bijw* in extremis
inextricable [i'nekstrikəbl] *bn* onontwarbaar; waar men zich niet uit kan redden
infallibility [infæli'biliti] *znw* onfeilbaarheid
infallible [in'fæləbl] *bn* onfeilbaar
infamous ['infəməs] *bn* berucht; schandelijk
infamy *znw* schande(lijkheid); schanddaad; recht eerloosheid
infancy ['infənsi] *znw* kindsheid²; recht minderjarigheid; fig beginstadium *o*, kinderschoenen
infant I *znw* zuigeling; kind *o*; recht minderjarige; **II** *bn* jong; opkomend; kinder-
infant class *znw* kleuterklas
infanticide [in'fæntisaid] *znw* kindermoord(enaar)
infantile ['infəntail] *bn* infantiel, kinderlijk, kinderachtig, kinder-
infantilism [in'fæntilizm] *znw* infantilisme *o*; infantiliteiten
infant mortality *znw* kindersterfte
infantry ['infəntri] *znw* infanterie
infrantryman *znw* infanterist
infant school ['infəntsku:l] *znw* kleuterschool
infatuate [in'fætjueit] *overg* verdwazen; verblinden; *~d* ook: (smoor)verliefd, dol (op *with*)
infatuation [infætju'eiʃən] *znw* (hevige) verliefdheid
infect [in'fekt] *overg* infecteren, aansteken, besmetten; bederven, verpesten (door *with*)
infection *znw* infectie, aansteking, besmetting; bederf *o*, verpesting
infectious *bn* besmettelijk², aanstekelijk²; *~ matter* smetstof
infective *bn = infectious*
infelicitous [infi'lisitəs] *bn* niet gelukkig (gekozen)
infelicity *znw* niet gelukkig zijn² *o*; ongeluk *o*; ongelukkige opmerking (uitdrukking, gedachte &)
infer [in'fə:] *overg* concluderen, afleiden (uit *from*); inhouden, impliceren
inferable *bn* afleidbaar
inference ['infərəns] *znw* gevolgtrekking
inferential [infə'renʃəl] *bn* afleidbaar; afgeleid
inferior [in'fiəriə] **I** *bn* minder, lager, ondergeschikt; onder-, inferieur°, minderwaardig; **II** *znw* mindere, ondergeschikte
inferiority [infiəri'ɔriti] *znw* minderheid, minderwaardigheid; ondergeschiktheid; *~ complex* minderwaardigheidscomplex *o*
infernal [in'fə:nəl] *bn* hels, duivels, infernaal; gemeenz afschuwelijk; vervloekt
inferno [in'fə:nou] *znw* inferno *o*, hel
infertile [in'fə:tail] *bn* onvruchtbaar
infertility [infə:'tiliti] *znw* onvruchtbaarheid
infest [in'fest] *overg* onveilig maken, teisteren; *~ed with* ook: krioelend van, wemelend van, vergeven van
infestation [infes'teiʃən] *znw* teistering; plaag
infidel ['infidəl] **I** *znw* ongelovige; **II** *bn* ongelovig
infidelity [infi'deliti] *znw* ontrouw
infield ['infi:ld] *znw* **1** cricket middenveld *o*; honkbal binnenveld *o*; **2** land *o* rond een boerderij
infielder *znw* cricket middenvelder; honkbal binnenvelder
infighting ['infaitiŋ] *znw* **1** onderlinge strijd; interne machtsstrijd; **2** sp invechten *o* [boksen]
infiltrate ['infiltreit] *overg* (laten) in-, doorsijpelen, langzaam doordringen of doortrekken, infiltreren
infiltration [infil'treiʃən] *znw* doorsijpeling, langzame doordringing, infiltratie
infiltrator ['infiltreitə] *znw* infiltrant
infinite ['infinit] **I** *bn* oneindig; **II** *znw*: *the ~* het oneindige; *the I~* de Oneindige [God]
infinitesimal [infini'tesiməl] **I** *bn* oneindig klein; **II** *znw* oneindig kleine hoeveelheid; zie ook: *calculus*
infinitive [in'finitiv] **I** *znw* onbepaalde wijs, infinitief; **II** *bn* in de onbepaalde wijs, infinitief-
infinitude [in'finitju:d] *znw = infinity*
infinity *znw* oneindigheid; oneindige hoeveelheid; oneindige ruimte
infirm [in'fə:m] *bn* zwak; onvast, weifelend
infirmary *znw* ziekenhuis *o*; ziekenzaal [v. school &]
infirmity *znw* zwakheid, zwakte, ziekelijkheid, gebrek *o*; *~ of purpose* wilszwakte, besluiteloosheid
infix I *overg* [in'fiks] inzetten, invoegen, bevestigen, inplanten², inprenten; **II** *znw* ['infiks] gramm infix *o*, tussenvoegsel *o*
inflame [in'fleim] **I** *overg* doen ontvlammen; doen gloeien of blaken, verhitten [het bloed], (doen) ontsteken²; **II** *onoverg* ontvlammen, vlam vatten, ontsteken²
inflammable [in'flæməbl] *bn* ontvlambaar
inflammation [inflə'meiʃən] *znw* ontvlamming; ontsteking
inflammatory [in'flæmətəri] *bn* verhittend, ontstekend; ontstekings-; opruiend
inflatable [in'fleitəbl] *bn* opblaasbaar [rubberboot &]
inflate *overg* opblazen², fig opgeblazen maken; doen zwellen, vullen, oppompen [fietsband]; (kunstmatig) opdrijven
inflation *znw* opblazen of oppompen *o*; inflatie, geldontwaarding; (kunstmatige) opdrijving; opgeblazenheid
inflationary *bn* inflatoir

inflator *znw* fietspomp
inflect [in'flekt] **I** *overg* **1** (om)buigen; **2** gramm verbuigen; **3** muz de toonsoort veranderen; **II** *onoverg* gramm verbogen worden
inflection *znw* = *inflexion*
inflective *bn* buigbaar; buigings-
inflexible [in'fleksibl] *bn* onbuigbaar, onbuigzaam
inflexion *znw* buiging; verbuiging; buigingsvorm, -uitgang; stembuiging
inflexional *bn* buigings-
inflict [in'flikt] *overg* opleggen [straf]; [een slag] toebrengen (aan *upon*); doen ondergaan
infliction *znw* toebrengen of doen ondergaan *o*; (straf)oplegging, straf, kwelling, marteling
in-flight ['inflait] *bn* tijdens de vlucht, aan boord [v.e. vliegtuig]
inflorescence [inflɔ'resəns] *znw* bloem(en); bloeiwijze; bloei[2]
inflow ['inflou] *znw* binnenstromen *o*; toevloed
influence ['influəns] **I** *znw* invloed[2] (op *on, over, with*); inwerking; *under the ~* onder invloed [v. drank]; **II** *overg* invloed hebben op, beïnvloeden
influential [influ'enʃəl] *bn* invloedrijk
influenza [influ'enzə] *znw* influenza, griep
influx ['inflʌks] *znw* binnenstromen *o*; stroom, [grote] toevloed
info ['infou] *znw* gemeenz info
inform [in'fɔ:m] **I** *overg* mededelen, berichten, in-, voorlichten; *~ of* op de hoogte stellen van, berichten, melden; *~ with* bezielen met, doordringen van; **II** *onoverg*: *~ against* aanklagen; *~ on a friend* een vriend aanbrengen; zie ook: *informed*
informal [in'fɔ:məl] *bn* inofficieel, informeel, familiair, zonder complimenten
informality [infɔ:'mæliti] *znw* informaliteit
informant [in'fɔ:mənt] *znw* zegsman; recht aanbrenger
information [infə'meiʃən] *znw* informatie, kennis(geving), voorlichting; bericht *o*, mededeling, inlichting(en); recht aanklacht; *~ technology* informatica
informative [in'fɔ:mətiv] *bn* leerzaam, voorlichtend
informed [in'fɔ:md] *bn* goed ingelicht, (goed) op de hoogte; ontwikkeld, beschaafd
informer [in'fɔ:mə] *znw* aanbrenger, aangever, tipgever, aanklager
infraction [in'frækʃən] *znw* = *infringement*
infra dig [infrə 'dig] *bn* gemeenz beneden iemands waardigheid, onwaardig
infrangible [in'frændʒibl] *bn* onverbreekbaar; onschendbaar
infrared [infrə'red] *bn* infrarood
infrastructure ['infrəstrʌktʃə] *znw* infrastructuur
infrequency [in'fri:kwənsi] *znw* zeldzaamheid
infrequent *bn* zeldzaam, schaars, weinig frequent
infrequently *bijw* zelden
infringe [in'frin(d)ʒ] *overg* overtreden, schenden, inbreuk maken op (ook: *~ upon*)
infringement *znw* overtreding, schending, inbreuk
infructuous [in'frʌktjuəs] *bn* onvruchtbaar; fig vruchteloos, doelloos
infuriate [in'fjuərieit] *overg* razend (woedend, dol) maken
infuse [in'fju:z] *overg* ingieten[2], instorten [genade], ingeven, inboezemen, bezielen (met *with*); laten trekken [thee]
infusible [in'fju:zibl] *bn* onsmeltbaar
infusion [in'fju:ʒən] *znw* ingieting, ingeving; instorting [v. genade]; aftreksel *o*, infusie
infusoria [infju:'zɔ:riə] *znw mv* infusiediertjes
ingather ['ingæðə] *overg* inzamelen, oogsten
ingenious [in'dʒi:njəs] *bn* vindingrijk, vernuftig, ingenieus
ingénue [ɛ̃ʒə'ny] [Fr] *znw* naïef meisje *o* [*vooral* op toneel]
ingenuity [indʒi'nju:iti] *znw* vindingrijkheid, vernuft *o*, vernuftigheid
ingenuous [in'dʒenjuəs] *bn* ongekunsteld, openhartig, naïef
ingest [in'dʒest] *overg* opnemen [voedsel]; opnemen, verwerken [kennis &]
ingle-nook ['iŋglnuk] *znw* hoekje *o* bij de haard
inglorious [in'glɔ:riəs] *bn* roemloos, schandelijk
ingoing ['ingouiŋ] *bn* binnengaand, intredend; nieuw [eigenaar v. huis &]
ingot ['iŋgət] *znw* baar, staaf
ingrain [in'grein] **I** *bn* **1** in de wol geverfd [v. weefsel]; **2** = *ingrained*; **II** *overg* diep doordringen van, inprenten; vero in de wol verven, voor het weven verven
ingrained *bn* fig ingeworteld, ingeroest, ingebakken
ingratiate [in'greiʃieit] *wederk*: *~ oneself with* zich bemind maken of trachten in de gunst te komen bij; *ingratiating* ook: innemend
ingratitude [in'grætitju:d] *znw* ondankbaarheid
ingredient [in'gri:diənt] *znw* ingrediënt *o*, bestanddeel *o*
ingress ['ingres] *znw* binnentreden *o*, -dringen *o*, in-, toegang
in-group ['in'gru:p] *znw* hechte groep, kliek
ingrowing ['ingrouiŋ] *bn* ingroeiend [nagel]
inguinal ['iŋgwinl] *bn* lies-
ingurgitate [in'gə:dʒiteit] *overg* opslokken
inhabit [in'hæbit] *overg* bewonen, wonen in
inhabitant *znw* in-, bewoner
inhabitation [inhæbi'teiʃən] *znw* bewoning
inhalation [inhə'leiʃən] *znw* inademing, inhalatie
inhale [in'heil] *overg* inademen, inhaleren
inhaler *znw* inhaleertoestel *o*; respirator, ademhalingstoestel *o*
inharmonious [inha:'mounjəs] *bn* onwelluidend, vals; tegenstrijdig, oneens
inhere [in'hiə] *onoverg* een noodzakelijk onderdeel

vormen (van *in*), onafscheidelijk verbonden zijn; inherent zijn (aan *in*)
inherence *znw* inherentie
inherent *bn* onafscheidelijk verbonden, inherent (aan *in*)
inherit [in'herit] *overg* (over)erven
inheritable *bn* (over)erfelijk
inheritance *znw* overerving; erfenis, erfgoed *o*
inheritor *znw* erfgenaam
inheritress, inheritrix *znw* erfgename
inhibit [in'hibit] *overg* verbieden; verhinderen, stuiten, remmen
inhibited *bn* geremd
inhibition [inhi'biʃən] *znw* remming, rem; geremdheid
inhibitory [in'hibitəri] *bn* belemmerend, remmend; verbiedend, verbods-
inhospitable [in'hɔspitəbl] *bn* onherbergzaam, ongastvrij
inhospitality [inhɔspi'tæliti] *znw* onherbergzaamheid, ongastvrijheid
inhuman [in'hju:mən] *bn* onmenselijk, wreed, beestachtig
inhumane [inhju'mein] *bn* niet menslievend, inhumaan
inhumanity [inhju'mæniti] *znw* onmenselijkheid, beestachtigheid
inhumation [inhju'meiʃən] *znw* begraving, begrafenis
inhume [in'hju:m] *overg* plechtig begraven
inimical [i'nimikl] *bn* vijandig; schadelijk
inimitable [i'nimitəbl] *bn* onnavolgbaar
iniquitous [i'nikwitəs] *bn* onrechtvaardig, onbillijk; snood, misdadig, zondig
iniquity *znw* ongerechtigheid, onbillijkheid; snoodheid, misdadigheid
initial [i'niʃəl] **I** *bn* eerste, voorste, begin-, aanvangs-, aanloop-; ~ *capital* oprichtingskapitaal *o*, stamkapitaal *o*; **II** *znw* eerste letter, voorletter, initiaal; ~*s* ook: paraaf [als verkorte handtekening]; **III** *overg* met (de) voorletters merken, tekenen, paraferen
initially *bijw* aanvankelijk, eerst
initiate I *overg* [i'niʃieit] inwijden (in *in, into*); een begin maken met, inleiden, initiëren; **II** *bn (& znw)* [i'niʃiit] ingewijd(e)
initiation [iniʃi'eiʃən] *znw* inwijding, initiatie; begin *o*
initiative [i'niʃiətiv] *znw* initiatief *o*; *take the* ~ het voortouw nemen, het initiatief nemen; *use one's* ~ initiatief tonen; *on one's own* ~ op eigen initiatief
initiator *znw* initiatiefnemer
initiatory *bn* inwijdings-; eerste
inject [in'dʒekt] *overg* inspuiten, injecteren; inbrengen
injection *znw* inspuiting, injectie
injudicious [indʒu'diʃəs] *bn* onoordeelkundig, onverstandig
injunction [in'dʒʌŋkʃən] *znw* uitdrukkelijk bevel *o*, last, gebod *o*
injure ['in(d)ʒə] *overg* benadelen, onrecht aandoen, kwaad doen, krenken, verwonden, kwetsen; ~ *someone's honour* iems. goede naam aantasten
injurious [in'dʒuəriəs] *bn* nadelig, schadelijk
injury ['in(d)ʒəri] *znw* onrecht *o*, verongelijking, krenking; schade, nadeel *o*, kwaad *o*; kwetsuur, letsel *o*, verwonding, blessure; ~ *time* sp blessuretijd
injustice [in'dʒʌstis] *znw* onrecht *o*, onrechtvaardigheid
ink [iŋk] **I** *znw* inkt; **II** *overg* inkten; met inkt besmeren; ~ *in* ininkten [v. tekening]
ink-bottle *znw* inktfles; inktkoker
inkling ['iŋkliŋ] *znw* aanduiding, flauw vermoeden *o*
inkstand ['iŋkstænd] *znw* inktkoker; inktstel *o*
ink-well *znw* inktpot, inktkoker
inky *bn* inktachtig, vol inkt; zo zwart als inkt
inlaid ['inleid] *bn* ingelegd (vloer, doos &)
inland ['inlənd, 'inlænd] **I** *bn* binnenlands; binnen-; ~ *town* landstad; **II** *bijw* landinwaarts, in (naar) het binnenland
Inland Revenue *znw* Br belastingdienst
in-law ['inlɔ:, in'lɔ:] *znw* aangetrouwd familielid *o*; ~*s* ook: schoonouders
inlay I *overg* [in'lei] inleggen; **II** *znw* ['inlei] ingelegd werk *o*, inlegsel *o*; voorgevormde [gouden &] vulling [v. gebit]
inlet ['inlet] *znw* ingang, opening, weg; inham; inzetsel *o*; techn inlaat
inly ['inli] *bijw* plechtig innerlijk; innig; oprecht
inmate ['inmeit] *znw* (gestichts)patiënt, verpleegde; gevangene; inzittende
inmost ['inmoust] *bn* binnenste; geheimste
inn [in] *znw* herberg, logement *o*; *Inns of Court* de vier colleges van rechtsgeleerden, die juristen tot de balie kunnen toelaten
innards ['inədz] *znw mv* gemeenz ingewanden; binnenste *o*
innate [i'neit, 'ineit] *bn* in-, aangeboren
innavigable [i'nævigəbl] *bn* onbevaarbaar
inner ['inə] **I** *bn* inwendig, innerlijk, binnenst, binnen-; intiem, verborgen; ~ *city* binnenstad; *the* ~ *cabinet* het kernkabinet [van ministers]; ~ *man* iems. ziel; gemeenz inwendige mens; ~ *tube* binnenband; **II** *znw* ring om de roos [v. schietschijf]; schot *o* daarin
innermost *bn* binnenste
inning *znw* sp slagbeurt, inning [bij honkbal]
innings ['iniŋz] *znw* sp slagbeurt, innings, aan slag zijn *o* [bij cricket]; *have a good* ~ fig lang en gelukkig leven; het getroffen hebben
innkeeper ['inki:pə] *znw* herbergier, waard
innocence ['inəsns] *znw* onschuld; onnozelheid
innocent I *bn* onschuldig (aan *of*); schuldeloos; onschadelijk; onnozel; **II** *znw* onschuldige; onnozele

innocuous [i'nɔkjuəs] *bn* onschadelijk
innovate ['inəveit] *overg & onoverg* nieuwigheden (veranderingen) invoeren
innovation [inə'veiʃən] *znw* invoering van nieuwigheden (veranderingen), nieuwigheid, verandering
innovative [inə'veitiv], **innovatory** [inə'veitəri, i'nɔvətəri] *bn* vernieuwend, innoverend
innovator ['inəveitə] *znw* invoerder van nieuwigheden of veranderingen
innoxious [i'nɔkʃəs] *bn* onschadelijk
innuendo [inju'endou] *znw* (*mv*: -s of -does) (boosaardige) toespeling, insinuatie
innumerable [i'nju:mərəbl] *bn* ontelbaar, legio
inobservance [inəb'zə:vəns] *znw* niet nakomen *o*, niet opvolgen *o* [v. wet &]; achteloosheid
inoculate [i'nɔkjuleit] *overg* (in)enten[2]
inoculation [inɔkju'leiʃən] *znw* (in)enting[2]
inoculator [i'nɔkjuleitə] *znw* (in)enter
inodorous [i'noudərəs] *bn* reukloos
inoffensive [inə'fensiv] *bn* niet beledigend; onschadelijk, onschuldig, argeloos
inofficious [inə'fiʃəs] *bn* zonder functie; recht nalatig
inoperable [i'nɔpərəbl] *bn* inoperabel
inoperative [i'nɔpərətiv] *bn* buiten werking; zonder uitwerking; niet van kracht [v. wetten]
inopportune [i'nɔpətju:n] *bn* ontijdig, ongelegen
inordinate [i'nɔ:dinit] *bn* overdreven, onmatig, buitensporig; ongeregeld
inorganic [inɔ:'gænik] *bn* anorganisch
in-patient ['inpeiʃənt] *znw* in een ziekenhuis verpleegde patiënt
input ['input] *znw* elektr toegevoerd vermogen *o*; inspraak; invoer [v. computer]
inquest ['inkwest] *znw* onderzoek *o*; *(coroner's)* ~ gerechtelijke lijkschouwing
inquietude [in'kwaiitju:d] *znw* ongerustheid; onrust, onrustigheid
inquire [in'kwaiə] **I** *onoverg* navraag doen, vragen, informeren, onderzoeken; ~ *about sth.* informeren naar iets; ~ *after sbd.* naar iems. gezondheid & informeren; ~ *at N's* inlichtingen bij N.; ~ *into* onderzoeken; ~ *of a neighbour* inlichtingen inwinnen bij een buur; **II** *overg* vragen (naar)
inquirer *znw* vragensteller, ondervrager; onderzoeker
inquiring *bn* vragend, onderzoekend, weetgierig
inquiry *znw* vraag, enquête, informatie, onderzoek *o*; aan-, navraag; *make inquiries* informeren, inlichtingen inwinnen, een onderzoek instellen; *a look of* ~ een vragende blik; *public* ~ hoorzitting
inquiry office *znw* informatiebureau *o*
inquisition [inkwi'ziʃən] *znw* onderzoek *o*; inquisitie
inquisitive [in'kwizitiv] *bn* (alles) onderzoekend, nieuwsgierig, vraagachtig
inquisitor *znw* ondervrager; rechter van onderzoek; inquisiteur
inquisitorial [inkwizi'tɔ:riəl] *bn* inquisitoriaal, inquisitie-
inroad ['inroud] *znw* vijandelijke inval; inbreuk; *make ~s on (into)* een aanslag plegen op [portemonnee &]
inrush ['inrʌʃ] *znw* binnenstromen *o*, binnendringen *o*; toevloed
insalubrious [insə'l(j)u:briəs] *bn* ongezond
insalubrity *znw* ongezondheid
insane [in'sein] *bn* krankzinnig
insanitary [in'sænitəri] *bn* onhygiënisch
insanity [in'sæniti] *znw* krankzinnigheid
insatiable [in'seiʃjəbl] *bn* onverzadigbaar
insatiate *bn* onverzadigbaar, onbevredigbaar
inscribe [ins'kraib] *overg* in- of opschrijven, griffen[2]; opdragen [een boek]
inscription [ins'kripʃən] *znw* inschrijving; inscriptie, inschrift *o*, opschrift *o*; opdracht
inscrutable [ins'kru:təbl] *bn* ondoorgrondelijk, onnaspeurlijk
insect ['insekt] *znw* insect[2] *o*
insecticide [in'sektisaid] *znw* insecticide *o*
insectivorous [insek'tivərəs] *bn* insectivoor, insectenetend
insecure [insi'kjuə] *bn* onveilig, onzeker, onvast
insecurity *znw* onveiligheid, onzekerheid, onvastheid
inseminate [in'semineit] *overg* bevruchten, insemineren; zaaien
insemination [insemi'neiʃən] *znw* inseminatie; *artificial* ~ kunstmatige inseminatie
insensate [in'senseit] *bn* zinneloos; gevoelloos; onzinnig
insensible [in'sensibl] *bn* ongevoelig (voor *of, to*); bewusteloos; onbewust; onmerkbaar
insensitive [in'sensitiv] *bn* ongevoelig (voor *to*)
insentient [in'senʃiənt] *bn* geen gevoel (meer) hebbend, onbezield
inseparable [in'sepərəbl] *bn* onscheidbaar; onafscheidelijk (van *from*)
insert I *overg* [in'sə:t] invoegen, inlassen, inzetten, plaatsen [in krant]; **II** *znw* ['insə:t] inlas; inlegvel *o*, bijvoegsel *o* [bij krant &]
insertion *znw* invoeging, inlassing; plaatsing [in krant]; entre-deux *o & m*
in-service training ['insə:vis 'treiniŋ] *znw* opleiding/cursus voor werknemers v.e. bedrijf, bedrijfsopleiding, bijscholingscursus
inset ['inset] **I** *znw* bijlage, bijvoegsel *o*, inlegvel *o*; bijkaartje *o*; inzetsel *o*; **II** *bn* ingezet; **III** *overg* invoegen, inleggen, inzetten
inshore ['in'ʃɔ:, 'inʃɔ:, in'ʃɔ:] *bn & bijw* bij (naar) de kust; ~ *fisherman* kustvisser
inside ['insaid, in'said] **I** *voorz* binnen(in), in; **II** *bijw* (naar, van) binnen; *be* ~ ook: gemeenz (achter de tralies) zitten; ~ *of* binnen [een week &]; **III** *bn* binnenste, binnen-; vertrouwelijk, geheim; be-

trouwbaar; ~ *information* inlichtingen van ingewijden; ~ *lane* linkerrijstrook [in Engeland], rechterrijstrook [in Nederland &]; **IV** *znw* binnenkant, inwendige *o*; binnenbocht (ook: ~-*bend*); ~*s* gemeenz ingewanden; ~ *out* binnenstebuiten; *know sbd. ~ out* iem. van haver tot gort kennen; *on the* ~ binnen

insider *znw* ingewijde, insider; ~ *dealing (trading)* handelen *o* met voorkennis; ± misbruik *o* van voorkennis

inside track *znw* sp binnenbaan; *have the* ~ gemeenz de meeste kans hebben

insidious [in'sidiəs] *bn* arglistig; verraderlijk

insight ['insait] *znw* inzicht *o*

insignia [in'signiə] *znw* insignes, ordetekenen

insignificance [insig'nifikəns] *znw* onbeduidendheid &, zie *insignificant*; *pale (fade) into ~ (beside...)* (totaal) onbelangrijk worden, (totaal) in het niet vallen (vergeleken met...)

insignificant *bn* onbetekenend, onbeduidend, onbelangrijk, onaanzienlijk, gering

insincere [insin'siə] *bn* onoprecht

insincerity [insin'seriti] *znw* onoprechtheid

insinuate [in'sinjueit] *overg* handig of ongemerkt indringen, inschuiven, ongemerkt bijbrengen, te verstaan geven, insinueren; *insinuating* ook: vleierig

insinuation [insinju'eiʃən] *znw* indringen *o* &; bedekte toespeling, insinuatie

insinuative [in'sinjueitiv] *bn* indringend; insinuerend; vleierig

insipid [in'sipid] *bn* smakeloos, laf, flauw, geesteloos

insipidity [insi'piditi] *znw* smakeloosheid &, zie *insipid*

insist [in'sist] *overg* aanhouden, volhouden; (nadrukkelijk) beweren; aandringen; ~ *(up)on* staan op, aandringen op, insisteren op, blijven bij, blijven staan op, stilstaan bij; met alle geweld willen, toch willen [gaan &]

insistence *znw* aanhouden *o*, aandringen *o*, aandrang

insistent *bn* aanhoudend, dringend; zich opdringend

in situ [in'sitju:, -'saitu:] [Lat] *bijw* in situ, ter plekke

insobriety [insou'braiəti] *znw* onmatigheid (vooral in drinken)

insofar [insou'fa:] *bijw*: ~ *as* voorzover..., inzover(re)...

insolation [insou'leiʃən] *znw* (blootstelling aan de) inwerking van de zon; zonnebad *o*, zonnebaden *o*; zonnesteek

insole ['insoul] *znw* binnenzool; inlegzool

insolence ['insələns] *znw* onbeschaamdheid, brutaliteit

insolent *bn* onbeschaamd, brutaal

insoluble [in'səljubl] *bn* onoplosbaar[2]

insolvency [in'səlvənsi] *znw* onvermogen *o* tot betaling, insolventie

insolvent *bn* onvermogend om te betalen, insolvent

insomnia [in'səmniə] *znw* slapeloosheid

insomniac **I** *bn* aan slapeloosheid lijdend; **II** *znw* iem. die aan slapeloosheid lijdt

insomuch [insou'mʌtʃ] *bijw*: ~ *that* zo(zeer) dat; ~ *as* aangezien; zodanig dat

insouciance [in'su:sjəns] [Fr] *znw* zorgeloosheid, onverschilligheid

insouciant [Fr] *bn* zorgeloos, onverschillig

inspect [in'spekt] *overg* onderzoeken, inspecteren

inspection *znw* inzage, bezichtiging, onderzoek *o*; inspectie, toezicht *o*; ~ *pit* smeerkuil

inspector *znw* onderzoeker; opziener, controleur, inspecteur; ~ *of taxes* Br inspecteur der (directe) belastingen

inspectorate *znw* ambt *o* van inspecteur; inspectie

inspiration [inspi'reiʃən] *znw* inspiratie, ingeving

inspirational *bn* geïnspireerd; inspirerend

inspire [in'spaiə] *overg* inblazen, ingeven, inboezemen, bezielen (met *with*), inspireren; aanvuren; ~*d* geïnspireerd [v. artikel]

inspirit [in'spirit] *overg* bezielen; moed geven

inspissate [in'spiseit] *overg* indikken, indampen

inst. *afk.* = *instant* dezer (van deze maand)

instability [instə'biliti] *znw* onvastheid, onbestendigheid, onstandvastigheid, labiliteit

install [in'stɔ:l] *overg* een plaats geven; installeren; ~ *oneself* zich installeren (inrichten)

installation [instə'leiʃən] *znw* aanbrengen *o*, aanleg; installatie, bevestiging

instalment, Am **installment** [in'stɔ:lmənt] *znw* aflevering; termijn; gedeelte *o*; *on the ~ plan* op afbetaling; *novel in ~s* vervolgroman, feuilleton *o*

instance ['instəns] **I** *znw* aandrang, dringend verzoek *o*; voorbeeld *o*, geval *o*; recht instantie, aanleg; *at sbd.'s* ~ op iems. verzoek; *for* ~ bij voorbeeld; *in the first* ~ in eerste instantie; in de eerste plaats; *in the present* ~ in het onderhavige geval; **II** *overg* (als voorbeeld) aanhalen

instant ['instənt] **I** *bn* ogenblikkelijk, onmiddellijk; instant, zo klaar [v. voedingspreparaten]; ~ *coffee* oploskoffie, koffiepoeder *o* & *m*; *the twentieth* ~ de twintigste dezer; **II** *znw* ogenblik(je) *o*; moment *o*; *the ~ (that) I saw* ... zodra ik zag...; *this ~, that ~* dadelijk

instantaneous [instən'teinjəs] *bn* ogenblikkelijk, onmiddellijk

instanter [in'stæntə] *bijw* vero *of* schertsend onmiddellijk, ogenblikkelijk

instantly ['instəntli] *bijw* ogenblikkelijk, op staande voet, dadelijk

instate [in'steit] *overg* (in ambt) installeren

instead [in'sted] *bijw* in plaats daarvan; ~ *of* in plaats van

instep ['instep] *znw* wreef [van de voet]

instigate ['instigeit] *overg* aansporen; ophitsen,

aanzetten (tot), aanstichten
instigation [insti'geiʃən] *znw* aansporing; ophitsing, aanstichting; *at the ~ of* op instigatie van
instigator ['instigeitə] *znw* aanstichter, aanstoker, aanlegger, ophitser
instil [in'stil] *overg* inboezemen, (geleidelijk) inprenten (in *into*)
instillation [insti'leiʃən] *znw* indruppeling; fig inboezeming, (geleidelijke) inprenting
1 instinct ['instiŋkt] *znw* instinct *o*
2 instinct [in'stiŋkt] *bn*: ~ *with* bezield met, vol (van), ademend
instinctive [in'stiŋktiv], **instinctual** *bn* instinctief, instinctmatig
institute ['institju:t] **I** *overg* instellen, stichten; installeren, aanstellen; **II** *znw* instituut *o*, instelling, genootschap *o*
institution [insti'tju:ʃən] *znw* instituut *o*, instelling, stichting; aanstelling, installatie; wet; gemeenz ingewortelde gewoonte
institutional *bn* ingesteld; institutioneel
institutionalize *overg* **1** institutionaliseren; **2** in een inrichting plaatsen
instruct [in'strʌkt] *overg* onderwijzen, onderrichten; last geven, gelasten
instruction *znw* onderwijs *o*, onderricht *o*, onderrichting, lering, les; lastgeving, opdracht, instructie, voorschrift *o*
instructional *bn* onderwijs-; ~ *film* instructiefilm
instructive *bn* leerzaam, leerrijk, instructief
instructor *znw* onderwijzer, leraar; instructeur
instrument ['instrumənt] **I** *znw* instrument° *o*, techn gereedschap *o*, werktuig *o*, muz speeltuig *o*; (gerechtelijke) akte, oorkonde, document *o*, stuk *o*; **II** *overg* muz instrumenteren
instrumental [instru'mentl] *bn* muz instrumentaal; dienstig, bevorderlijk; *be ~ in* behulpzaam zijn bij
instrumentalist *znw* instrumentist, instrumentalist, bespeler van een (muziek)instrument
instrumentality [instrumen'tæliti] *znw* (mede-) werking; bemiddeling
instrumentation [instrumen'teiʃən] *znw* instrumentatie
instrument panel ['instruməntpænl] *znw* instrumentenbord *o* [v. vliegtuig, auto]
insubordinate [insə'bɔ:dnit] *bn* ongehoorzaam, opstandig, weerspannig
insubordination [insəbɔ:di'neiʃən] *znw* ongehoorzaamheid, weerspannigheid, verzet *o* (tegen de krijgstucht)
insubstantial [insəb'stænʃəl] *bn* onecht; krachteloos, zwak; recht ongefundeerd [v. aanklacht]
insufferable [in'sʌfərəbl] *bn* onduldbaar, on(ver-) draaglijk, onuitstaanbaar
insufficiency [insə'fiʃənsi] *znw* ontoereikendheid, ongenoegzaamheid, gebrek *o* (aan)
insufficient *bn* onvoldoende, ontoereikend
insufflate ['insəfleit] *overg* in-, opblazen
insular ['insjulə] *bn* eiland-; fig bekrompen
insularity [insju'læriti] *znw* eiland zijn *o*; fig afzondering; bekrompenheid
insulate ['insjuleit] *overg* elektr isoleren [ook: geluid, warmte]; afzonderen; *insulating tape* isolatieband *o*
insulation [insju'leiʃən] *znw* elektr isolatie [ook: geluid, warmte]; afzondering
insulator ['insjuleitə] *znw* isolator
insulin ['insjulin] *znw* insuline
insult I *znw* ['insʌlt] belediging, hoon; *add ~ to injury* de zaak nog erger maken; **II** *overg* [in'sʌlt] beledigen, honen
insuperable [in'sju:pərəbl] *bn* onoverkomelijk
insupportable [insə'pɔ:təbl] *bn* on(ver)draaglijk
insurance [in'ʃuərəns] *znw* verzekering, assurantie; ~ *agent* verzekeringsagent; ~ *broker* assurantiemakelaar; ~ *policy* (verzekerings)polis; ~ *premium* verzekeringspremie
insurant *znw* verzekerde
insure, Am **ensure** *overg* verzekeren, assureren
insurer *znw* verzekeraar, assuradeur
insurgent [in'sə:dʒənt] **I** *bn* oproerig; **II** *znw* oproerling
insurmountable [insə'mauntəbl] *bn* onoverkomelijk
insurrection [insə'rekʃən] *znw* opstand, oproer *o*
insusceptible [insə'septibl] *bn* ongevoelig, onvatbaar (voor *of, to*)
intact [in'tækt] *bn* intact, gaaf, heel, onbeschadigd, ongeschonden, ongerept
intake ['inteik] *znw* opneming; opgenomen hoeveelheid; inlaat; vernauwing; ~ *of breath* inademing
intangible [in'tændʒibl] *bn* ontastbaar, vaag
integer ['intidʒə] *znw* geheel (getal) *o*
integral ['intigrəl] *bn* geheel, volledig, integraal; integrerend; ~ *calculus* integraalrekening
integrant ['intigrənt] *bn* integrerend
integrate ['intigrət] *overg & onoverg* integreren, tot een geheel verenigen/verenigd worden, (zich) inpassen, volledig maken; rassenscheiding opheffen
integration [inti'greiʃən] *znw* integratie; opnemen *o* in een geheel; opheffen *o* van rassenscheiding
integrity [in'tegriti] *znw* volledigheid, integriteit, onkreukbaarheid, onomkoopbaarheid, eerlijkheid; zuiverheid; geheel *o*
integument [in'tegjumənt] *znw* bedekking, bekleedsel *o*; vlies *o*
intellect ['intilekt] *znw* intellect° *o*; verstand *o*
intellectual [inti'lektjuəl] **I** *bn* intellectueel, verstandelijk, geestelijk, verstands-, geestes-; **II** *znw* intellectueel
intelligence [in'telidʒəns] *znw* verstand *o*, oordeel *o*, begrip *o*, schranderheid, intelligentie; bericht *o*, berichten, nieuws *o*; *Central I~ Agency (CIA)* Amerikaanse Inlichtingendienst; ~ *department* inlichtin-

gendienst; ~ *quotient* intelligentiequotiënt *o*; ~ *service* inlichtingendienst
intelligent *bn* verstandig, vlug (van begrip), intelligent, schrander
intelligentsia [inteli'dʒentsiə] *znw* intelligentsia, (progressieve) intellectuelen
intelligible [in'telidʒibl] *bn* begrijpelijk, verstaanbaar
intemperance [in'tempərəns] *znw* onmatigheid, drankzucht; overdrevenheid
intemperate *bn* onmatig, drankzuchtig; overdreven; onbeheerst, gewelddadig; guur [klimaat]
intend [in'tend] *overg* voorhebben, van plan zijn, de bedoeling hebben, bedoelen; toedenken; bestemmen (voor *for*)
intendant [in'tendənt] *znw* intendant
intended [in'tendid] **I** *bn* voorgenomen &, aanstaande; opzettelijk; **II** *znw* gemeenz aanstaande (echtgeno(o)t(e))
intending *bn* aanstaand; ~ *purchasers* gegadigden
intense [in'tens] *bn* (in)gespannen, hevig, krachtig, diep, intens
intensification [intensifi'keiʃən] *znw* versterking°, verhoging, verheviging, verscherping, intensivering
intensify [in'tensifai] **I** *overg* versterken°, verhogen, verhevigen, verscherpen, intensiveren; **II** *onoverg* zich intensiveren, toenemen
intension [in'tenʃən] *znw* versterking, verheviging; hevigheid, intensiteit; grote geestelijke inspanning
intensity *znw* hevigheid, kracht, intensiteit
intensive *bn* intensief; ~ *care* med intensive care, intensieve verpleging; ~ *care unit* med (afdeling) intensive care; ~ *course* stoomcursus [voor een examen]
intent [in'tent] **I** *znw* oogmerk *o*, bedoeling, opzet *o*; *to all ~s and purposes* in alle opzichten; feitelijk; **II** *bn* ingespannen; strak; ~ *upon* gericht op, uit op; ~ *upon mischief* kwaad in zijn schild voerend; ~ *upon his reading* verdiept in; ~ *upon his work* ijverig aan zijn werk
intention *znw* voornemen *o*, oogmerk *o*, bedoeling; RK intentie; *have no (not the least, not the slightest)* ~ er niet aan denken (te *of ...ing, to*)
intentional *bn* opzettelijk, met opzet (gedaan), voorbedachtelijk
intentionly *bijw* ingespannen; strak
inter [in'tə:] *overg* begraven
inter- ['intə] *voorv* tussen, onder
interact [intə'rækt] *onoverg* op elkaar inwerken
interaction *znw* wisselwerking
interactive *bn* interactief
inter alia ['intə'reiliə] *bijw* onder andere
interbreed [intə'bri:d] *onoverg & overg* **1** (laten) kruisen met een ander ras of soort; **2** (laten) kruisen binnen een familie om gewenste eigenschappen te verkrijgen
intercalary [in'tə:kələri] *bn* ingevoegd, ingelast; schrikkel-
intercalate [in'tə:kəleit] *overg* invoegen, inlassen
intercalation [intə:kə'leiʃən] *znw* inlassing
intercede [intə'si:d] *onoverg* tussenbeide komen; *~for sbd. with ...* iems. voorspraak zijn bij..., een goed woordje voor iem. doen bij ...
intercept [intə'sept] *overg* onderscheppen, opvangen, (de pas) afsnijden, tegenhouden
interception *znw* onderschepping, opvangen *o*, afsnijding, tegenhouden *o*
interceptor *znw* luchtv onderschepper, jager
intercession [intə'seʃən] *znw* tussenkomst, bemiddeling; voorspraak, voorbede; ~ *service* bidstond
intercessor *znw* (be)middelaar
intercessory *bn* bemiddelend
interchange I *znw* ['intə'tʃein(d)ʒ] wisseling, uit-, afwisseling; ruil; ongelijkvloerse kruising; **II** *overg* [intə'tʃein(d)ʒ] af-, ver-, uitwisselen, (met elkaar) wisselen, ruilen
interchangeable *bn* (onderling) verwisselbaar
inter-city [intə'siti] **I** *bn* interlokaal; **II** *znw* sneltrein, intercity (~ *train*)
intercollegiate [intəkə'li:dʒiit] *bn* tussen twee colleges of universiteiten (bestaand of plaatsvindend)
intercom ['intəkɔm, intə'kɔm] *znw* intercom; intern telefoonsysteem *o*
intercommunicate [intəkə'mju:nikeit] *onoverg* met elkaar in verbinding staan, onderling contact hebben, communiceren
intercommunication ['intəkəmju:ni'keiʃən] *znw* onderling contact *o*, onderlinge verbinding
interconnect [intəkə'nekt] **I** *overg* onderling verbinden of aaneenschakelen; **II** *onoverg* onderling verbonden of aaneengeschakeld zijn
intercontinental [intəkɔnti'nentl] *bn* intercontinentaal
intercourse ['intəkɔ:s] *znw* omgang, gemeenschap, (handels)verkeer *o*, betrekkingen; (geslachts-) gemeenschap
interdenominational [intədinɔmi'neiʃənəl] *bn* interkerkelijk
interdepartmental ['intədipa:t'mentl] *bn* interdepartementaal
interdependence ['intədi'pendəns] *znw* onderlinge afhankelijkheid
interdependent [intədi'pendənt] *bn* onderling afhankelijk
interdict I *znw* ['intədikt] verbod *o*; RK interdict *o*, schorsing; **II** *overg* [intə'dikt] verbieden; RK het interdict uitspreken over, schorsen
interdiction *znw* verbod *o*
interdictory *bn* verbods-
interdigitate [intə'didʒiteit] *onoverg* in elkaar grijpen, vervlochten zijn
interdisciplinary ['intədisi'plinəri] *bn* interdisciplinair
interest ['int(ə)rest] **I** *znw* belang *o*, voordeel *o*; be-

langstelling, interesse; aandeel *o*; partij; handel rente, interest; *the brewing* ~ de bij het brouwen geïnteresseerden; *it has an* ~ het is interessant; *take an* ~ *in* belang stellen in; *at* ~ op rente (uitgezet); *in the* ~*(s) of* in het belang van, ten behoeve van; *of* ~ interessant, belangwekkend; *to their* ~ in hun belang (voordeel); **II** *overg* interesseren, belang inboezemen, belang doen stellen (in *for, in*); de belangen raken van; **III** *wederk*: ~ *oneself in* belang stellen in, zich gelegen laten liggen aan; ~ *oneself in behalf of* zich interesseren voor

interest-bearing *bn* rentegevend

interested *bn* belangstellend; belang hebbend; ~ *in* geïnteresseerd bij

interest-free *bn*: ~ *loan* renteloos voorschot *o*

interesting *bn* interessant

interface [intə'feis] *znw* **1** raakvlak[2] *o*; **2** comput interface *o*

interfere [intə'fiə] *onoverg* tussenbeide komen, zich ermee bemoeien; ~ *in* zich mengen in; ~ *with* zich bemoeien met; belemmeren, storen; in botsing komen met; raken (komen, zitten) aan [met zijn vingers]

interference *znw* tussenkomst, inmenging, bemoeiing; storing, hinder, belemmering; interferentie [v. golven]

interfering *bn* ook: bemoeiziek

intergalactic [intəgə'læktik] *bn* tussen melkwegstelsels

intergovernmental ['intəgʌvən'mentl] *bn* intergouvernementeel, tussen verschillende regeringen

interim ['intərim] **I** *znw* tussentijd; *in the* ~ intussen; **II** *bn* tijdelijk; waarnemend; tussentijds, voorlopig [dividend]

interior [in'tiəriə] **I** *bn* binnen-; inwendig; binnenlands; innerlijk; ~ *decoration* binnenhuisarchitectuur; ~ *decorator, designer* binnenhuisarchitect, interieurontwerper; **II** *znw* binnenste *o*; binnenland *o*; interieur *o*; *Minister of the I*~ minister van Binnenlandse Zaken

interject [intə'dʒekt] *overg* er tussen gooien, uitroepen

interjection *znw* tussenwerpsel *o*; uitroep

interjectional *bn* tussengevoegd

interlace [intə'leis] **I** *overg* dooreenvlechten; ineenstrengelen; **II** *onoverg* elkaar doorkruisen

interlard [intə'la:d] *overg* doorspekken (met *with*)

interleave [intə'li:v] *overg* (met wit papier) doorschieten

interline [intə'lain] *overg* tussen (de regels) schrijven of invoegen

interlinear [intə'liniə] *bn* tussen de regels (gedrukt of geschreven), interlineair

interlineation ['intəlini'eiʃən] *znw* tussenschrijven *o*; tussenschrift *o*

interlink [intə'liŋk] **I** *overg* aaneenschakelen, verbinden; **II** *onoverg* aaneengeschakeld, verbonden worden

interlock [intə'lɔk] *overg & onoverg* in elkaar (doen) sluiten of grijpen

interlocution [intəlou'kju:ʃən] *znw* gesprek *o*, bespreking

interlocutor [intə'lɔkjutə] *znw* persoon met wie men spreekt, gesprekspartner

interlocutory *bn* in de vorm van een gesprek

interlope [intə'loup] *onoverg* zich indringen; zich (ongevraagd) bemoeien (met); beunhazen

interloper *znw* indringer; bemoeial; beunhaas

interlude ['intəl(j)u:d] *znw* pauze; tussenbedrijf *o*, tussenspel *o*, intermezzo[2] *o*

intermarriage [intə'mæridʒ] *znw* **1** gemengd huwelijk *o* [tussen leden van verschillend ras, verschillende stand, familie &]; **2** huwelijk *o* tussen naaste verwanten

intermarry [intə'mæri] *onoverg* onderling trouwen [v. volken, stammen of families]; onder elkaar trouwen [v. naaste verwanten]

intermediary [intə'mi:djəri] **I** *bn* tussen-; bemiddelend; **II** *znw* tussenpersoon, bemiddelaar; bemiddeling

intermediate [intə'mi:djət] *bn* tussenliggend, tussen-

interment [in'tə:mənt] *znw* begrafenis

intermezzo [intə'metsou] *znw* (*mv*: -s *of* -mezzi [-'metsi]) intermezzo[2] *o*

interminable [in'təminəbl] *bn* oneindig, eindeloos[2]

intermingle [intə'miŋgl] **I** *overg* (ver)mengen; **II** *onoverg* zich (laten) vermengen

intermission [intə'miʃən] *znw* onderbreking, tussenpoos, pauze; *without* ~ zonder ophouden

intermit [intə'mit] **I** *overg* tijdelijk afbreken, doen ophouden, staken, schorsen; **II** *onoverg* tijdelijk ophouden

intermittent *bn* (af)wisselend, bij tussenpozen (werkend, spuitend &); intermitterend

intermix [intə'miks] = *intermingle*

intermixture [intə'mikstʃə] *znw* vermenging, mengsel *o*

intern **I** *overg* [in'tə:n] interneren; **II** *znw* ['intə:n] Am inwonend assistent(e) in een ziekenhuis

internal [in'tə:nl] *bn* inwendig, innerlijk; binnenlands; binnen-; ~ *combustion engine* explosiemotor, verbrandingsmotor; *I~ Revenue Service* Am belastingdienst, fiscus

internalize [in'tə:nəlaiz] *overg* zich eigen maken

international [intə'næʃənl] **I** *bn* internationaal; ~ *law* volkenrecht *o*; ~ *relations* pol internationale betrekkingen; **II** *znw* (deelnemer aan) internationale wedstrijd; *I*~ Internationale

internationalism [intə'næʃənəlizm] *znw* internationalisme *o*

internationalize *overg* internationaliseren

internecine [intə'ni:sain] *bn* moorddadig, verwoestend, elkaar verdelgend

internee [intə:'ni:] *znw* geïnterneerde

internment [in'tə:nmənt] *znw* internering
internuncio [intə'nʌnʃiou] *znw* internuntius
interpellate [in'tə:peleit] *overg* interpelleren
interpellation [intə:pe'leiʃən] *znw* interpellatie
interpellator *znw* interpellant
interpersonal [intə'pə:snl] *bn* intermenselijk
interplanetary [intə'plænitəri] *bn* interplanetair
interplay ['intəplei] *znw* wisselwerking, reactie over en weer
Interpol ['intəpɔl] *znw* = *International Criminal Police Organization* internationale samenwerkingsvorm v.d. politie, Interpol
interpolate [in'tə:pəleit] *overg* in-, tussenvoegen, inschuiven, interpoleren
interpolation [intə:pə'leiʃən] *znw* in-, tussenvoeging, inschuiving, interpolatie
interpose [intə'pouz] **I** *overg* stellen of plaatsen tussen; in het midden brengen [iets]; **II** *onoverg* tussenbeide komen, in de rede vallen
interposition [intəpə'ziʃən] *znw* liggen (plaatsen) *o* tussen; tussenkomst, bemiddeling
interpret [in'tə:prit] **I** *overg* uitleggen, vertolken, interpreteren; **II** *onoverg* als tolk fungeren
interpretable *bn* voor uitleg (vertolking) vatbaar, te interpreteren
interpretation [intə:pri'teiʃən] *znw* uitleg, vertolking, interpretatie
interpretative [in'tə:pritətiv] *bn* uitleggend, vertolkend
interpreter [in'tə:pritə] *znw* uitlegger, vertolker, tolk[2]
interracial [intə'reiʃəl] *bn* tussen (de) rassen; ~ *relationships* rassenverhoudingen
interregnum [intə'regnəm] *znw* (*mv*: -s en interregna [-'regnə]) interregnum *o*, tussenregering; interim *o*, tussentijd; onderbreking
interrelate ['intəri'leit] **I** *overg* met elkaar in verband brengen; **II** *onoverg* met elkaar in verband staan
interrelation(ship) ['intəri'leiʃən] *znw* onderling verband *o*
interrogate [in'terəgeit] *overg* (onder)vragen
interrogation [interə'geiʃən] *znw* ondervraging, vraag; vraagteken *o* (ook: ~ *mark*)
interrogative [intə'rɔgətiv] **I** *bn* vragend, vraag-; **II** *znw* vragend voornaamwoord *o*
interrogator [intə'rɔgətə] *znw* ondervrager
interrogatory [intə'rɔgətəri] **I** *bn* (onder)vragend; **II** *znw* vraag; ondervraging
interrupt [intə'rʌpt] **I** *overg* af-, onderbreken; belemmeren, storen; in de rede vallen; **II** *abs ww* hinderen, storen; in de rede vallen
interruption *znw* af-, onderbreking; storing; interruptie
intersect [intə'sekt] **I** *overg* (door)snijden, (door-)kruisen; **II** *onoverg* elkaar snijden
intersection *znw* (door)snijding; snijpunt *o*; kruispunt *o*, wegkruising
interspace ['intəspeis] *znw* tussenruimte
intersperse [intə'spə:s] *overg* hier en daar strooien, mengen, verspreiden, zetten, planten & (onder of tussen *with*)
interstate [intə'steit] **I** *bn* tussen de staten; **II** *znw* Am autoweg (die staten met elkaar verbindt), autosnelweg
interstellar ['intə'stelə] *bn* interstellair
interstice [in'tə:stis] *znw* tussenruimte, opening, spleet
intertwine [intə'twain] *overg & onoverg* (zich) dooreenvlechten, ineen-, verstrengelen
interval ['intəvəl] *znw* tussenruimte; tussenpoos, -tijd; pauze; (toon)afstand, muz interval *o*; *at regular ~s* regelmatig; *bright ~s* tijdelijke opklaringen [v. weer]
intervene [intə'vi:n] *onoverg* liggen of zijn tussen; tussenbeide komen of treden; ingrijpen [v. chirurg]; zich (onverwachts) voordoen
intervention [intə'venʃən] *znw* interventie, tussenkomst; ingreep [v. chirurg]
interview ['intəvju:] **I** *znw* sollicitatiegesprek *o*; onderhoud *o*; interview *o*, vraaggesprek *o*; **II** *overg* een onderhoud hebben met; interviewen
interviewee ['intəvju:'i:] *znw* geïnterviewde
interviewer ['intəvju:ə] *znw* interviewer, ondervrager
inter-war ['intə'wɔ:] *bn* interbellair; *the ~ years* de jaren tussen de twee wereldoorlogen (1919-1939), het interbellum
interweave [intə'wi:v] *overg* door(een)weven
interzonal [intə'zounəl] *bn* interzonaal
intestate [in'testit] *bn (& znw)* zonder testament (overledene)
intestinal [in'testinl] *bn* darm-, ingewands-
intestine *znw* darm, ingewanden (meest *~s*); *large (small) ~* dikke (dunne) darm
intimacy ['intiməsi] *znw* vertrouwelijkheid, intimiteit; innigheid; grondigheid [v. kennis]; geslachtsgemeenschap
1 intimate ['intimit] **I** *bn* innerlijk, innig; vertrouwelijk; intiem; grondig [v. kennis]; geslachtsgemeenschap hebbend (met); **II** *znw* intimus, intieme vriend
2 intimate ['intimeit] *overg* bekendmaken, te kennen geven, laten doorschemeren
intimation [inti'meiʃən] *znw* kennisgeving; aanduiding, wenk, teken *o*
intimidate [in'timideit] *overg* bang maken; vrees, schrik aanjagen, intimideren
intimidation [intimi'deiʃən] *znw* bangmakerij, vreesaanjaging, intimidatie
into ['intu, 'intə] *voorz* [drukt beweging of verandering uit] in, tot; *come ~ the house* het huis binnenkomen; *get ~ trouble* in moeilijkheden komen; *go ~ business* in zaken gaan; *look ~ it* het onderzoeken; *run ~ a wall* tegen een muur aanrijden; *translate ~ English* in het Engels vertalen; *drive someone ~*

despair iem. tot wanhoop brengen; *far ~ the night* tot diep in de nacht; *dividing 3 ~ 6 gives 2* 6 gedeeld door 3 is 2; *be ~ art* gemeenz in kunst geïnteresseerd zijn

intolerable [in'tɔlərəbl] *bn* on(ver)draaglijk, onduldbaar, onuitstaanbaar

intolerance *znw* onverdraagzaamheid

intolerant *bn* onverdraagzaam

intonation [intou'neiʃən] *znw* intonatie; lees-, spreektoon, stembuiging; aanhef

intone [in'toun] *overg* intoneren; aanheffen [gezang]

in toto [in'toutou] [Lat] *bijw* in zijn geheel

intoxicant [in'tɔksikənt] *znw* sterke drank

intoxicate *overg* dronken maken², bedwelmen²

intoxication [intɔksi'keiʃən] *znw* dronkenschap, roes²; intoxicatie

intractable [in'træktəbl] *bn* onhandelbaar; lastig

intramural ['intrə'mjuərəl] *bn* binnen de muren van de stad of van de universiteit

intransigence [in'trænsidʒəns] *znw* onverzoenlijkheid, onbuigzaamheid

intransigent [in'trænsidʒənt] *bn* onverzoenlijk, wars van geschipper

intransitive [in'trænsitiv] *bn* onovergankelijk

intrant ['intrənt] *znw* iem. die een ambt (plicht) aanvaardt; nieuw lid *o*; eerstejaars

intra-uterine [intrə'ju:tərain] *bn* intra-uterien, in de baarmoeder; *~ device* intra-uterien voorbehoedmiddel *o*, spiraaltje *o*

intravenous [intrə'vi:nəs] *bn* intraveneus, in de ader; *~ drug user* spuiter

in-tray ['in'trei] *znw* bakje *o* voor binnenkomende post

intrepid [in'trepid] *bn* onverschrokken

intrepidity [intri'piditi] *znw* onverschrokkenheid

intricacy ['intrikəsi] *znw* ingewikkeldheid

intricate *bn* ingewikkeld, verward

intrigue [in'tri:g] **I** *znw* kuiperij, gekonkel *o*, intrige; **II** *onoverg* kuipen, konkelen, intrigeren; **III** *overg* intrigeren, nieuwsgierig maken

intriguer *znw* intrigant

intriguing *bn* boeiend, fascinerend

intrinsic [in'trinsik] *bn* innerlijk, wezenlijk, intrinsiek

intro ['introu] *znw* gemeenz = *introduction*

introduce [intrə'dju:s] *overg* invoeren; inleiden, binnenleiden; indienen; [wetsvoorstel] ter tafel brengen [onderwerp]; voorstellen [iemand], introduceren

introduction [intrə'dʌkʃən] *znw* inleiding°, invoering; indiening; voorstelling [van twee personen], introductie

introductory *bn* inleidend, preliminair

introit ['intrɔit, in'trouit] *znw* RK introïtus

introspection [introu'spekʃən] *znw* introspectie, zelfbeschouwing

introspective *bn* introspectief

introvert, **introverted** ['introuvə:t(id)] *bn* introvert, in zichzelf gekeerd

intrude [in'tru:d] **I** *onoverg* zich in-, opdringen, onuitgenodigd binnenkomen, ongelegen komen; **II** *overg* storen, opdringen, lastig vallen; *~ on* (iemand) lastig vallen, ongelegen komen

intruder *znw* indringer, insluiper, ongenode of onwelkome gast

intrusion [in'tru:ʒən] *znw* binnendringen *o*

intrusive *bn* indringend; in-, opdringerig

intuit [in'tju(:)it] *overg* intuïtief weten/aanvoelen

intuition [intju'iʃən] *znw* intuïtie

intuitive [in'tju(:)itiv] intuïtief

inundate ['inʌndeit] *overg* onder water zetten, inunderen; overstromen² (met *with*)

inundation [inʌn'deiʃən] *znw* onderwaterzetting, inundatie, overstroming; fig stroom

inurbane [inə:'bein] *bn* onbeleefd, grof

inure [i'njuə] *overg* gewennen (aan *to*), harden (tegen *to*)

inurement *znw* gewennen *o*, harden *o*

inutility [inju'tiliti] *znw* nutteloosheid

invade [in'veid] *overg* een inval doen in, in-, binnendringen; inbreuk maken op

invader *znw* invaller, indringer

1 invalid ['invəli:d] **I** *bn* gebrekkig, invalide, ziekelijk, lijdend; **II** *znw* zieke, lijder, mil invalide; *~ car, carriage* invalidenwagen(tje *o*) ; *~ chair* rolstoel; **III** *overg* aan het ziekbed kluisteren; mil voor de dienst ongeschikt maken of verklaren; *~ out* wegens ziekte of als invalide evacueren

2 invalid [in'vælid] *bn* niet geldend; ongeldig

invalidate *overg* ongeldig (krachteloos) maken; ontzenuwen [argumenten]

invalidation [invælid'eiʃən] *znw* ongeldigverklaring; ontzenuwing

invalidity [invə'liditi] *znw* invaliditeit; zwakheid, krachteloosheid, ongeldigheid, onwaarde

invaluable [in'væljuəbl] *bn* onschatbaar, van onschatbare waarde

invariable [in'vɛəriəbl] *bn* onveranderlijk, constant

invariably *bijw* onveranderlijk; steeds, steevast

invasion [in'veiʒən] *znw* (vijandelijke) inval, binnendringen *o*; invasie; recht schending

invasive *bn* invallend, binnendringend

invective [in'vektiv] *znw* scheldwoord *o*, scheldwoorden; smaadrede

inveigh [in'vei] *onoverg* (heftig) uitvaren, schelden, schimpen (op *against*)

inveigle [in'vi:gl] *overg* (ver)lokken, verleiden (tot *into*)

invent [in'vent] *overg* uitvinden; uit-, bedenken, verzinnen, uit de lucht grijpen, verdichten

invention *znw* (uit)vinding, uitvindsel *o*, bedenksel *o*, verzinsel *o*; vindingrijkheid

inventive *bn* inventief, vindingrijk

inventor *znw* uitvinder; verzinner

inventory ['invəntri] **I** *znw* inventaris; boedelbeschrijving; **II** *overg* inventariseren
inverse [in'və:s] **I** *bn* omgekeerd; **II** *znw* omgekeerde *o*
inversion *znw* omkering, omzetting, inversie
invert *overg* omkeren, omzetten; *~ed commas* aanhalingstekens
invertebrate [in'və:tibrit] *bn (znw)* ongewerveld (dier *o*)
invest [in'vest] **I** *overg* bekleden[2] (met *with*); installeren; mil insluiten, omsingelen; [geld] beleggen, steken (in *in*), investeren; *~ with* ook: verlenen; **II** *onoverg & abs ww* zijn geld beleggen; *~ in* ook: gemeenz kopen, aanschaffen
investigate [in'vestigeit] *overg* onderzoeken, navorsen, nasporen
investigation [investi'geiʃən] *znw* navorsing, nasporing, onderzoek *o*
investigative *bn* onderzoekend, onderzoeks-
investigator [in'vestigeitə] *znw* navorser, onderzoeker
investigatory *bn* onderzoekend
investiture [in'vestitʃə] *znw* investituur, installatie; bekleding
investment [in'vestmənt] *znw* belegging, investering; mil insluiting, omsingeling; bekleding
investor *znw* belegger, investeerder
inveteracy [in'vetərəsi] *znw* inworteling
inveterate *bn* ingeworteld, ingekankerd, verouderd; aarts-; onverbeterlijk; verbitterd
invidious [in'vidiəs] *bn* hatelijk; aanstotelijk; netelig
invigilate [in'vidʒileit] *onoverg* surveilleren [bij examen]
invigilation [invidʒi'leiʃən] *znw* surveillance [bij examen]
invigilator [in'vidʒileitə] *znw* surveillant
invigorate [in'vigəreit] *overg* kracht bijzetten of geven, sterker maken, versterken
invincible [in'vinsibl] *bn* onoverwinnelijk; onoverkomelijk
inviolable [in'vaiələbl] *bn* onschendbaar
inviolate [in'vaiəlit] *bn* ongeschonden, ongerept
invisible [in'vizibl] **I** *bn* onzichtbaar; niet te zien (spreken); **II** *znw* onzienlijke
invitation [invi'teiʃən] *znw* uitnodiging
invite I *overg* [in'vait] (uit)nodigen, noden, inviteren; (vriendelijk) verzoeken, vragen (om); uitlokken; *applications are ~d* sollicitaties worden ingewacht; **II** *znw* ['invait] gemeenz uitnodiging
inviting *bn* uitnodigend, aanlokkelijk, verleidelijk
in vitro fertilization [in'vi:trou fə:tilai'zeiʃən] *znw* in-vitrofertilisatie, reageerbuisbevruchting
invocation [invə'keiʃən] *znw* in-, aanroeping, afsmeking; oproeping
invoice ['invɔis] **I** *znw* handel factuur; **II** *overg* factureren
invoice-clerk *znw* facturist
invoke [in'vouk] *overg* in-, aanroepen, afsmeken; oproepen; zich beroepen op
involuntary [in'vɔləntəri] *bn* onwillekeurig; onvrijwillig
involute ['invəl(j)u:t] *bn* ingewikkeld, naar binnen gedraaid of gerold; ineensluitend
involution [invə'l(j)u:ʃən] *znw* in-, verwikkeling; ingewikkeldheid; machtsverheffing
involve [in'vɔlv] *overg* verwikkelen, betrekken; insluiten, meebrengen, meeslepen; *~d* ingewikkeld[2]; *our interests are ~d* het gaat om onze belangen; *the persons ~d* de daarbij betrokken personen; *the risk ~d* het ermee verbonden (gepaard gaande, gemoeide) gevaar; *become (get) ~d with* zich inlaten met
involvement *znw* in-, verwikkeling; betrokkenheid; moeilijkheden; schuld(en)
invulnerable [in'vʌlnərəbl] *bn* onkwetsbaar
inward ['inwəd] **I** *bn* inwendig, innerlijk; **II** *bijw* naar binnen
inward-looking *bn* in zichzelf gekeerd
inwardly *bijw* inwendig, innerlijk; in zijn binnenste, in zichzelf; naar binnen
inwardness *znw* innerlijke betekenis, innerlijk wezen *o*
inwards ['inwədz] *bijw = inward II*
inwrought ['in'rɔ:t, + 'inrɔ:t] *bn* ingewerkt, doorweven[2] (met *with*)
iodide ['aiədaid] *znw* jodide *o*
iodine ['aiədi:n] *znw* jodium *o*,
iodoform [ai'ɔdəfɔ:m] *znw* jodoform
IOM *afk.* = *Isle of Man* het eiland Man
ion ['aiən] *znw* ion *o*
Ionian [ai'ounjən] **I** *bn* Ionisch; **II** *znw* Ioniër
Ionic [ai'ɔnik] *bn* Ionisch
ionic [ai'ɔnik] *bn* ionen-
ionization [aiənai'zeiʃən] *znw* ionisatie
ionize ['aiənaiz] *overg & onoverg* ioniseren
ionizer ['aiənaizə] *znw* apparaatje *o* om de kwaliteit v.d. lucht in een kamer te verbeteren
ionosphere [ai'ɔnəsfiə] *znw* ionosfeer
iota [ai'outə] *znw* Griekse i, jota[2]; *not one ~* geen jota
IOU ['aiou'ju:] *znw* schuldbekentenis [*I owe you* ik ben u schuldig]
IOW *afk.* = *Isle of Wight* het eiland Wight
IPA *afk.* = *International Phonetic Alphabet/Association*
IQ *afk.* = *Intelligence Quotient* IQ *o*, intelligentiequotiënt *o*
IR *afk.* Br = *Inland Revenue* belastingdienst
IRA *afk.* = *Irish Republican Army* IRA, Ierse Republikeinse Leger *o*
Iran [i'ra:n] *znw* Iran *o*
Iranian [i'reinjən] **I** *bn* Iraans; **II** *znw* Iraniër
Iraq [i'ra:k] *znw* Irak *o*
Iraqi [i'ra:ki] **I** *bn* Iraaks; **II** *znw* Irakees
irascible [i'ræsibl] *bn* prikkelbaar, opvliegend
irate [ai'reit] *bn* woedend, toornig, verbolgen

ire ['aiə] *znw* plechtig toorn
ireful *bn* toornig, verbolgen
Ireland ['aiələnd] *znw* Ierland *o*
Irene [ai'ri:ni, ai'ri:n] Irene
irenic [ai'ri:nik] *bn* irenisch: vredelievend, vredestichtend
iridescence [iri'desns] *znw* kleurenspel *o* (als van een regenboog)
iridescent *bn* iriserend, regenboogkleurig schitterend
iris ['aiəris] *znw* (*mv*: -es *of* irides [-ridi:z]) anat iris, regenboogvlies *o*; plantk iris
Irish ['aiəriʃ] **I** *bn* Iers; **II** *znw* het Iers; *the* ~ de Ieren
Irishism *znw* Ierse zegswijze (eigenaardigheid)
Irishman *znw* Ier
Irishwoman *znw* Ierse
irk [ə:k] *overg* ergeren, vervelen; *it ~s me (him &)* het ergert me (hem &)
irksome *bn* vervelend, ergerlijk
iron ['aiən] **I** *znw* ijzer *o*; strijkijzer *o*; brandijzer *o*; soort golfstok; *~s* boeien; beugels [v. been]; *have many ~s in the fire* veel ijzers in het vuur hebben; *strike the ~ while it is hot* men moet het ijzer smeden, als het heet is; **II** *bn* ijzeren[2]; **III** *overg* strijken; ~ *out* weg-, gladstrijken[2]; fig wegnemen, verwijderen, vereffenen; **IV** *onoverg* strijken
Iron Age *znw* ijzertijd
iron-bound *bn* met ijzeren banden; fig ijzeren, uiterst streng; door (steile) rotsen ingesloten
ironclad *bn* gepantserd; hard, streng, stalen
Iron Curtain *znw* vroeger ijzeren gordijn *o*
iron-founder *znw* ijzergieter
iron-foundry *znw* ijzergieterij
iron-grey *bn* ijzergrauw
ironic(al) [ai'rɔnik(l)] *bn* ironisch
ironing ['aiəniŋ] *znw* strijken *o*; strijkgoed *o*
ironing-board *znw* strijkplank
ironmonger ['aiənmʌŋgə] *znw* handelaar in ijzerwaren
ironmongery *znw* ijzerwaren; ijzerhandel
iron-mould ['aiənmould] *znw* roestvlek [in wasgoed]; oude inktvlek
Ironside ['aiənsaid] *znw* gehard soldaat [van Cromwell]
ironstone ['aiənstoun] *znw* ijzersteen *o & m*
ironwork ['aiənwə:k] *znw* ijzerwerk *o*; *~s* ijzerfabriek, ijzergieterij, ijzerpletterij
1 irony ['aiəni] *bn* ijzerachtig, ijzerhard, ijzer-
2 irony ['aiərəni] *znw* ironie
irradiance [i'reidjəns] *znw* (uit)straling; glans
irradiate *overg* schijnen op, verlichten; bestralen; doen stralen
irradiation [ireidi'eiʃən] *znw* uit-, bestraling
irrational [i'ræʃənl] *bn* onredelijk; redeloos; irrationeel
irrationality [iræʃə'næliti] *znw* onredelijkheid; redeloosheid
irreclaimable [iri'kleiməbl] *bn* onverbeterlijk; onontginbaar; onherroepelijk
irreconcilable [i'rekənsailəbl] *bn* onverzoenlijk; onverenigbaar
irrecoverable [iri'kʌvərəbl] *bn* niet te herkrijgen; onherroepelijk verloren; oninbaar; onherstelbaar
irrecusable [iri'kju:zəbl] *bn* onafwijsbaar, onweerlegbaar
irredeemable [iri'di:məbl] *bn* onherstelbaar, onafkoopbaar, onaflosbaar
irreducible [iri'dju:sibl] *bn* onherleidbaar, niet vereenvoudigbaar, niet te verminderen
irrefragable [i'refrəgəbl] *bn* onweerlegbaar
irrefrangible [iri'frændʒəbl] *bn* onverbreekbaar, onschendbaar; onbreekbaar [v. stralen]
irrefutable [i'refjutəbl] *bn* onomstotelijk, onweerlegbaar
irregular [i'regjulə] **I** *bn* onregelmatig; niet in orde [v. paspoort &]; ongeregeld; ongelijk; **II** *znw*: *~s* ongeregelde troepen
irregularity [iregju'læriti] *znw* onregelmatigheid; ongeregeldheid
irrelevance [i'relivəns] *znw* ontoepasselijkheid, niet ter zake zijn *o*
irrelevancy *znw* ontoepasselijkheid; irrelevante opmerking &; ± bijzaak, *znw* bijkomstigheid
irrelevant *bn* irrelevant, niet toepasselijk, geen betrekking hebbend (op *to*), niets te maken hebbend (met *to*)
irreligious [iri'lidʒəs] *bn* ongelovig; godsdienstloos, zonder geloof; ongodsdienstig
irremediable [iri'mi:djəbl] *bn* onherstelbaar; ongeneeslijk
irremissible [iri'misəbl] *bn* onvergeeflijk
irremovable [iri'mu:vəbl] *bn* onafzetbaar
irreparable [i'repərəbl] *bn* onherstelbaar
irreplaceable [iri'pleisəbl] *bn* onvervangbaar
irrepressible [iri'presibl] *bn* niet te onderdrukken; onbedwingbaar
irreproachable [iri'proutʃəbl] *bn* onberispelijk
irresistible [iri'zistibl] *bn* onweerstaanbaar
irresolute [i'rezəl(j)u:t] *bn* besluiteloos
irresolution [irezə'l(j)u:ʃən] *znw* besluiteloosheid
irresolvable [iri'zɔlvəbl] *bn* onoplosbaar
irrespective [iris'pektiv] *bn*: ~ *of* zonder te letten op; ongeacht
irresponsible [iris'pɔnsibl] *bn* onverantwoordelijk; onbetrouwbaar; ontoerekenbaar
irresponsive [iris'pɔnsiv] *bn* niet reagerend (op *to*)
irretrievable [iri'tri:vəbl] *bn* onherstelbaar
irretrievably *bijw* onherstelbaar; ~ *lost* onherroepelijk verloren
irreverence [i'revərəns] *znw* oneerbiedigheid
irreverent *bn* oneerbiedig
irreversible [iri'və:sibl] *bn* onherroepelijk, onveranderlijk; onomkeerbaar, irreversibel
irrevocable [i'revəkəbl] *bn* onherroepelijk
irrigate ['irigeit] *overg* bevochtigen, besproeien,

bevloeien, irrigeren
irrigation [iri'geiʃən] *znw* bevochtiging, besproeiing, bevloeiing, irrigatie
irritable ['iritəbl] *bn* prikkelbaar, geprikkeld
irritant *bn (znw)* prikkelend (middel *o*)
irritate *overg* prikkelen², irriteren², ergeren
irritating *bn* irriterend, irritant, ergerlijk
irritation [iri'teiʃən] *znw* prikkeling², geprikkeldheid; irritatie, ergernis
irruption [i'rʌpʃən] *znw* binnendringen *o*, inval
IRS *afk.* Am = *Internal Revenue Service* belastingdienst
is [iz] derde pers. enk. van *to be*, is
isinglass ['aiziŋgla:s] *znw* vislijm
Islam ['izla:m, i'sla:m] *znw* de islam
Islamic [iz'læmik] *bn* islamitisch
Islamise, Islamize ['izlæmaiz] *overg* islamiseren
island ['ailənd] *znw* eiland *o*; vluchtheuvel
islander *znw* eilandbewoner
isle [ail] *znw* plechtig eiland *o*
islet ['ailit] *znw* eilandje *o*
ism ['iz(ə)m] *znw* isme *o*; leer, theorie
isobar ['aisouba:] *znw* isobaar
isolate ['aisəleit] *overg* afzonderen, isoleren; *~d* ook: alleenstaand; *~d case* op zichzelf staand geval *o*
isolation [aisə'leiʃən] *znw* afzondering, isolering, isolatie, isolement *o*
isolationism [aisə'leiʃənizm] *znw* isolationisme *o*
isolationist I *bn* isolationistisch; **II** *znw* isolationist
isosceles [ai'sɔsili:z] *bn* gelijkbenig
isotherm ['aisouθə:m] *znw* isotherm
isotope ['aisoutoup] *znw* isotoop
Israel ['izreiəl] *znw* Israël *o*
Israeli [iz'reili] **I** *bn* Israëlisch; **II** *znw* Israëli
Israelite ['izriəlait] *znw* Israëliet
issue ['isju:, 'iʃu:] **I** *znw* uitstorting, uitstroming; (rivier)mond; nakomelingschap, (na)kroost *o*; uitgang; uitweg; afloop, uitslag, uitkomst, resultaat *o*; uitvaardiging; uitgifte; handel emissie; nummer *o*, editie [v. krant]; (geschil)punt *o*, kwestie, strijdvraag; *at ~* in kwestie; *the matter (point, question) at ~* het geschilpunt; *cloud (confuse) the ~* de zaak vertroebelen; *duck (evade) the ~* zich handig uit iets redden; *take ~* de strijd aanbinden; **II** *onoverg* uitkomen; zich uitstorten, uitstromen, naar buiten komen (ook: *~ forth, out*); *~ from* komen uit; voortkomen uit, afstammen van; **III** *overg* af-, uitgeven, in omloop brengen; uitvaardigen; verzenden
issueless *bn* zonder nakomelingen
isthmus ['isməs] *znw* landengte
it [it] *pers vnw* het, hij, zij; *~ is I (me)* ik ben het; *that's ~* dat is 't; daar zit 'm de kneep; juist, precies; prima, uitstekend; dat is dat, klaar is Kees; zo is het genoeg, stop maar *this is ~!* dit is het helemaal!; *who is ~?* wie is dat?; wie is 'hem'?; *bus & ~* met de bus & gaan; *it says in this book that...* in dit boek staat dat...; zie ook: *give, go*
IT *afk.* = *information technology* informatica
Italian [i'tæljən] **I** *bn* Italiaans; **II** *znw* Italiaan; het Italiaans
Italianate [i'tæljəneit] *bn* veritaliaanst, in Italiaanse stijl
italic [i'tælik] **I** *bn* cursief; **II** *znw* cursieve letter; *my ~s, the ~s are mine* ik cursiveer; *in ~s* cursief
italicize [i'tælisaiz] *overg* cursiveren
Italy ['itəli] *znw* Italië *o*
itch [itʃ] **I** *znw* jeuk; schurft; hevig verlangen *o*; **II** *onoverg* jeuken, hevig verlangen; *he ~es to ..., his fingers ~ to ...* de vingers jeuken hem om ...
itchy *bn* jeukerig; schurftig
item ['aitəm] *znw* artikel *o*, post, item *o*, punt *o* [op agenda], nummer *o* [v. program], stuk *o*; (nieuws-) bericht *o*
itemize *overg* specificeren
iterate ['itəreit] *overg* herhalen
iteration [itə'reiʃən] *znw* herhaling
iterative ['itərətiv] *bn* herhalend; herhaald, herhalings-; gramm iteratief
itinerant [i'tinərənt] *bn* rondreizend, rondtrekkend
itinerary [ai'tinərəri] *znw* reisroute; reisbeschrijving
itinerate [i'tinəreit] *onoverg* (rond)reizen, rondtrekken
ITN *afk.* = *Independent Television News*
its [its] *bez vnw* zijn, haar
it's [its] = *it is*
itself [it'self] *wederk vnw* zich(zelf)
ITV *afk.* = *Independent Television*
IUD *afk.* = *intra-uterine device* spiraaltje *o*
I've [aiv] verk. van *I have*
ivied ['aivid] *bn* met klimop begroeid
ivory ['aivəri] **I** *znw* ivoor *m of o*; *the ivories* gemeenz de biljartballen, de dobbelstenen, de pianotoetsen, de tanden; **II** *bn* ivoren
Ivory Coast *znw* Ivoorkust
ivy ['aivi] *znw* klimop *m & o*
Ivy League ['aivi'li:g] *znw* Am de oude universiteiten en colleges in het noordoosten van de Verenigde Staten

J

j [dʒei] *znw* (de letter) j

jab [dʒæb] **I** *overg & onoverg* steken, porren; **II** *znw* steek, por; gemeenz prik [= injectie]

jabber ['dʒæbə] **I** *onoverg & overg* kakelen, brabbelen, wauwelen; **II** *znw* gekakel *o*, gebrabbel *o*

jacinth ['dʒæsinθ] *znw* hyacinth *o* [stofnaam], hyacint *m* [edelsteen]

Jack [dʒæk] *znw*: *cheap* ~ venter, kramer; ~ *and Jill* Jan en Griet; ~ *Frost* Koning Winter; *before you can (could) say* ~ *Robinson* in een wip; *I'm all right* ~ gemeenz mij kan het niks verdommen, niks mee te schaften

jack [dʒæk] **I** *znw* krik, dommekracht, hefboom; zaagbok; kaartsp boer; mannetje *o* [van dier]; kauw [vogel]; kerel, man; los arbeider; scheepv geus; boegsprietvlaggetje *o*; *every man* ~ iedereen; **II** *overg*: ~ *up* opkrikken, opvijzelen (ook v. prijzen); ~ *it in* gemeenz (het) opgeven

jackal ['dʒækɔ:l, -əl] *znw* jakhals

jackanapes ['dʒækəneips] *znw* fat, kwast; ondeugende rakker; vero aap

jackass ['dʒækæs, fig 'dʒæka:s] *znw* ezel[2]

jackboot ['dʒækbu:t] *znw* hoge laars

jackdaw ['dʒækdɔ:] *znw* kauw

jacket ['dʒækit] *znw* jekker, jak *o*, jas, jasje *o*, colbert *o & m*; omhulsel *o*; omslag *o & m*; schil [v. aardappel], techn mantel; ~ *potato, potato in its* ~ in de schil gekookte aardappel

jackfruit ['dʒækfru:t] *znw* **1** broodboom; **2** broodvrucht

jack hammer ['dʒækhæmə] *znw* pneumatische boor

jack-in-office ['dʒækinɔfis] *znw* (gewichtigdoend) ambtenaartje *o*

jack-in-the-(a-)box ['dʒækinð(ə)bɔks] *znw* (*mv*: -es *of* jacks-in-the-box) duveltje *o* in een doosje

jack-knife ['dʒæknaif] **I** *znw* groot knipmes *o*; *~-dive* snoekduik; **II** *onoverg* dubbelklappen, scharen [v. vrachtwagen met oplegger]

jack-of-all-trades ['dʒækəv'ɔ:ltreidz] *znw* manusje-van-alles *o*; ~ *and master of none* twaalf ambachten, dertien ongelukken

jack-o'-lantern ['dʒækəlæntən] *znw* dwaallicht *o*

jack plug ['dʒækplʌg] *znw* elektr enkelvoudige stekker, jack

jackpot ['dʒækpɔt] *znw* sp pot, jackpot, prijs; *hit the* ~ gemeenz een groot succes behalen; boffen, geluk hebben; winnen

jackstraw ['dʒækstrɔ:] *znw* stropop; fig onbetekenend persoon; mikadospel *o*

jack-towel ['dʒæktauəl] *znw* rolhanddoek

Jacob ['dʒeikəb] *znw* Jakob(us); *~'s ladder* jakobsladder

Jacobean [dʒækə'bi:ən] *bn* van Jakobus (I)

Jacobin ['dʒækəbin] *znw* jakobijn; dominicaan

Jacobite ['dʒækəbait] *znw* hist jakobiet: aanhanger v.d. verdreven koning Jacobus I

jactitation [dʒækti'teiʃən] *znw* woelen *o* [v.e. zieke]; spiertrekkingen; vero recht valselijk voorwenden *o* gehuwd te zijn

jacuzzi ['dʒə'ku:zi] *znw* whirlpool, massagebad *o*, bubbelbad *o*

jade [dʒeid] *znw* **1** knol, oud paard *o*; wijf *o*; **2** bittersteen, nefriet, jade *o*

jaded [dʒeidid] *bn* afgemat, uitgeput, uitgewoond

jag [dʒæg] **I** *znw* uitstekende punt; tand; rafelige scheur; slang dronkenschap *of* onder de verdovende middelen zitten *o*; gemeenz drinkgelag *o*, boemel, stuk *o* in de kraag; **II** *overg* tanden, inkepen, kerven

jagged *bn* getand, geschaard, puntig

jaguar ['dʒægjuə] *znw* jaguar

jail [dʒeil] **I** *znw* gevangenis; **II** *overg* gevangenzetten

jail-bird *znw* boef, bajesklant

jailbreak *znw* uitbraak, ontsnapping uit de gevangenis

jailer *znw* cipier, gevangenbewaarder

jalopy [dʒə'lɔpi] *znw* gemeenz ouwe kar, rammelkast [auto]

jam [dʒæm] **I** *znw* **1** jam; **2** opeenhoping, opstopping, gedrang *o*; gemeenz verlegenheid, moeilijkheid, knel; *money for* ~ meevaller, reuze bof; ~ *session* jamsession; *you want* ~ *on it?* Br gemeenz anders nog wat van je dienst? [ironisch]; **II** *overg* samendrukken, -pakken, -duwen [tussen]; vastzetten; klemmen, knellen; versperren; radio storen; ~ *on the brakes* hard remmen; **III** *onoverg* klemmen; muz jammen [jazz, popmuziek]

Jamaica [dʒə'meikə] *znw* Jamaica *o*

Jamaican I *znw* Jamaicaan; **II** *bn* Jamaicaans

jamb [dʒæm] *znw* stijl [v. deur &]

jamboree [dʒæmbə'ri:] *znw* jamboree; gemeenz fuif

jam-jar ['dʒæmdʒa:] *znw* jampot

jamming station *znw* radio stoorzender

jammy ['dʒæmi] *bn*: ~ *person* gemeenz bofkont, geluksvogel

jam-packed ['dʒæmpækt] *bn* propvol

jangle ['dʒæŋgl] **I** *onoverg* een wanklank geven; kibbelen; **II** *overg* ontstemmen[2]; krijsen; rammelen, rinkelen met; *~d nerves* geschokte zenuwen; **III** *znw* gekrijs *o*, schril geluid *o*; kibbelarij

janitor ['dʒænitə] *znw* portier

January ['dʒænjuəri] *znw* januari

Jap [dʒæp] gemeenz **I** *znw* Jap; **II** *bn* Japans

Japan [dʒə'pæn] *znw* Japan *o*

japan I *znw* lak *o & m*; Japans porselein *o*; **II** *overg* (ver)lakken

Japanese [dʒæpə'ni:z] **I** *bn* Japans; **II** *znw* (*mv* idem) Japanner; het Japans
jape [dʒeip] **I** *znw* poets; **II** *abs ww* gekscheren
1 jar [dʒa:] *znw* (stop)fles, kruik, pot
2 jar [dʒa:] **I** *onoverg* krassen, schuren; trillen; in botsing komen, niet harmoniëren (met *with*); ~ *upon* onaangenaam aandoen; *a ~ring note* een wanklank[2]; **II** *overg* doen trillen [van de schok]; **III** *znw* gekras *o*, schuurgeluid *o*, wanklank[2], onenigheid, botsing; schok
jargon ['dʒa:gən] *znw* jargon *o*, brabbeltaal, koeterwaals *o*
jasmin(e) ['dʒæsmin] *znw* jasmijn
jasper ['dʒæspə] *znw* jaspis *o*
jaundice ['dʒɔ:ndis] *znw* geelzucht; fig bitterheid, afgunst
jaundiced *bn* aan geelzucht lijdend; fig afgunstig; nijdig; pessimistisch, negatief
jaunt [dʒɔ:nt] **I** *onoverg* een uitstapje maken; **II** *znw* uitstapje *o*, tochtje *o*
jaunting-car *znw* klein tweewielig Iers rijtuig *o*
jaunty *bn* zwierig, kwiek
Java ['dʒa:və] *znw* Java *o*
Javanese [dʒa:və'ni:z] **I** *bn* Javaans; **II** *znw* (*mv* idem) Javaan; het Javaans
javelin ['dʒævlin] *znw* werpspies, sp speer
jaw [dʒɔ:] **I** *znw* kaak; techn klauw [v. tang]; slang geklets *o*, gezwam *o*; *~s* mond; bek v. tang of sleutel, randen van ravijn; **II** *onoverg* slang kletsen; zwammen; **III** *overg* slang de les lezen
jawbone *znw* kaakbeen *o*
jaw-breaker *znw* gemeenz moeilijk uit te spreken woord *o*
jay [dʒei] *znw* dierk Vlaamse gaai
jaywalker ['dʒeiwɔ:kə] *znw* onvoorzichtige voetganger [bij het oversteken &]
jaywalking ['dʒeiwɔ:kiŋ] *znw* Am zonder uit te kijken over straat lopen *o*
jazz [dʒæz] **I** *znw* muz jazz; slang drukte, leven *o*, gemeenz mooie praatjes; *and all that ~* gemeenz etcetera, en nog meer van die prietpraat, en dat hele gedoe; **II** *overg*: *~ up* gemeenz opkikkeren, fut brengen in, opvrolijken
jazzy *bn* lawaaierig, druk, kakelbont; muz jazzy
jealous ['dʒeləs] *bn* jaloers, afgunstig, ijverzuchtig, naijverig (op *of*), angstvallig bezorgd of wakend (voor *about, of*)
jealousy *znw* jaloersheid, jaloezie, afgunst, naijver; angstvallige bezorgdheid
jeans [dʒi:nz] *znw mv* spijkerbroek, jeans
jeep [dʒi:p] *znw* jeep
jeer [dʒiə] **I** *onoverg* spotten (met *at*), schimpen (op *at*); **II** *overg* bespotten, beschimpen, honen; **III** *znw* hoon, hoongelach *o*, spotternij
Jehovah [dʒi'houvə, dʒə-] *znw* Jehovah; *~'s Witness* Jehovah's Getuige
jejune [dʒi'dʒu:n] *bn* vervelend, saai; onbenullig, banaal, kinderachtig
jell [dʒel] *onoverg* stijf worden; gemeenz vorm krijgen
jellied *bn* geleiachtig, gestold, in gelei
jelly *znw* gelei, lil *o & m*, dril; gelatinepudding; *(in-) to a ~* tot moes, tot mosterd, in stukken
jelly-fish *znw* kwal
jemmy ['dʒemi], Am **jimmy** *znw* breekijzer *o* [van inbreker]
jenny ['dʒeni] *znw* spinmachine; techn loopkraan; *~ ass* ezelin
jeopardize ['dʒepədaiz] *overg* in gevaar brengen; in de waagschaal stellen
jeopardy *znw* gevaar *o*, risico *o*
jeremiad [dʒeri'maiəd] *znw* jeremiade, klaaglied *o*
Jericho [dʒerikou] *znw* Jericho *o*; *go to ~!* loop naar de duivel!
jerk [dʒə:k] **I** *znw* stoot, ruk, hort, schok; (spier-) trekking; slang sufferd, stommeling; *physical ~s* gemeenz gymnastische oefeningen; **II** *onoverg* stoten, rukken, schokken, horten; *~ off* plat zich afrukken, aftrekken [masturberen]; **III** *overg* rukken aan, stoten; keilen
jerkin ['dʒə:kin] *znw* buis *o*, wambuis *o*; hist kolder
jerky ['dʒə:ki] *bn* hortend[2], krampachtig
Jerry ['dʒeri] gemeenz **I** *znw* mof [= Duitser]; **II** *bn* Duits
jerry-building ['dʒeribildiŋ] *znw* revolutiebouw
jerrycan ['dʒerikæn] *znw* jerrycan
jersey ['dʒə:zi] *znw* (wollen) sporttrui, trui; jersey; Jerseykoe
Jerusalem [dʒə'ru:s(ə)ləm, dʒi'ru:s(ə)lem] *znw* Jeruzalem *o*; *~ artichoke* aardpeer
jessamine ['dʒesəmin] *znw* jasmijn
jest [dʒest] **I** *znw* kwinkslag, scherts, aardigheid, grap, mop; *in ~* schertsend; **II** *onoverg* schertsen, gekheid maken
jester *znw* spotvogel; (hof)nar
Jesuit ['dʒezjuit] *znw* jezuïet
jesuitical [dʒezju'itikl] *bn* jezuïtisch
Jesus ['dʒi:zəs] *znw* Jezus
1 jet [dʒet] **I** *znw* (water)straal, fontein; guts; (gas-) vlam, gasbek, gaspit; straalpijp [v. spuit]; sproeier [v. carburator]; gietbuis, gietgat *o*; straalvliegtuig *o*; **II** *onoverg & overg* (uit)spuiten; per straalvliegtuig gaan of vervoeren
2 jet [dʒet] **I** *znw* git *o*; **II** *bn* gitten
jet-black *bn* gitzwart
jet engine *znw* straalmotor
jet fighter *znw* straaljager
jetfoil *znw* draagvleugelboot
jet lag *znw* jetlag
jet plane *znw* straalvliegtuig *o*
jet-propelled *bn* met straalaandrijving
jet propulsion *znw* straalaandrijving
jetsam ['dʒetsəm, -sæm] *znw* overboord geworpen lading, strandgoederen
jet set ['dʒet'set] *znw* jetset
jettison ['dʒetisn] *overg* overboord werpen[2] [in

nood]; fig prijsgeven, laten varen [hoop &]
jetty ['dʒeti] *znw* havenhoofd *o*, pier, steiger
jetty-head *znw* eind *o* van een havenhoofd
Jew [dʒu:] *znw* jood
jew-baiting *znw* jodenvervolging
jewel ['dʒu:əl] *znw* juweel[2] *o*, edelsteen, kleinood *o*
jewelled *bn* met juwelen versierd/bezet
jeweller, Am **jeweler** *znw* juwelier
jewellery, Am **jewelry** *znw* juwelen, kostbaarheden
Jewess ['dʒuis] *znw* jodin
Jewish *bn* joods
Jewry ['dʒuəri] *znw* hist jodenbuurt; jodendom *o*
jew's-harp *znw* mondtrom; kam met vloeipapier als muziekinstrument voor kinderen
jib [dʒib] **I** *znw* scheepv kluiver; techn arm van een kraan; *the cut of his ~* gemeenz zijn smoel *o & m*; **II** *onoverg* kopschuw worden[2]; niet willen; *~ at* niet aandurven, niets moeten hebben van
jib-boom ['dʒib'bu:m] *znw* scheepv kluiverboom
jibe *onoverg* & *znw* = *gibe*
jiffy ['dʒifi] *znw* gemeenz ogenblikje *o*; *in a ~* gemeenz in een wip, een-twee-drie
Jiffy bag ['dʒifi bæg] *znw* gewatteerde envelop
jig [dʒig] **I** *znw* soort horlepijp of danswijsje *o* daarvoor; techn spangereedschap *o*, mal; *the ~ is up* slang het spel is uit, we zitten mooi in de puree; **II** *onoverg* (de horlepijp) dansen, op en neer wippen, hopsen; **III** *overg* heen en weer bewegen (schudden); [erts] zeven
jiggered *bn*: *I'll be ~!* wel heb ik ooit!; *I'm ~ed if ...* gemeenz ik ben een boon als ...
jiggery-pokery ['dʒigəri'poukəri] *znw* gemeenz gekonkel *o*, knoeierij
jiggle ['dʒigl] *overg* & *onoverg* schudden, schokken, schommelen
jigsaw ['dʒigsɔ:] *znw* machinale figuurzaag; (leg-) puzzel
jihad [dʒi'ha:d, -'hæd] *znw* [Arabisch] heilige oorlog, jihad
jilt [dʒilt] *overg* de bons geven
jim-jams ['dʒimdʒæmz] *znw mv* gemeenz 'de zenuwen', kippenvel *o*; delirium tremens *o*; Br gemeenz pyjama
jimmy ['dʒimi] *znw* Am = *jemmy*
jingle ['dʒiŋgl] **I** *(overg &) onoverg* (laten) rinkelen; **II** *znw* gerinkel *o*; rijmklank, rijmpje *o*, RTV jingle, reclametune
jingo ['dʒiŋgou] *znw* (*mv*: -goes) jingo, fanatiek chauvinist; *by ~!* voor de drommel!; verdikkeme!
jingoism *znw* jingoïsme *o*, fanatiek chauvinisme *o*
jingoistic *bn* erg chauvinistisch
jinks [dʒiŋks] *znw mv*: *high ~* dolle pret, reuze lol
jinx [dʒiŋks] *znw* ongeluksbrenger; vloek, doem
jinxed [dʒiŋkst] *bn*: *be ~* door pech worden achtervolgd, een pechvogel zijn
jitterbug ['dʒitəbʌg] **I** *znw* jitterbug [dans]; lafbek, bangerik; **II** *onoverg* de jitterbug dansen
jitters ['dʒitəz] *znw mv* zenuwachtigheid, angst; *have the ~* in de rats zitten
jittery *bn* gemeenz zenuwachtig
jiu-jitsu [dʒu:'dʒitsu:] *znw* jioe-jitsoe *o*
jive [dʒaiv] **I** *znw* jive [dans]; Am slang lulkoek, slap geouwehoer *o*; **II** *onoverg* de jive dansen
job [dʒɔb] **I** *znw* (aangenomen) werk *o*, taak, klus, karwei[2], baan, baantje *o*; zaak, zaakje *o* [vooral diefstal], gesjacher *o*, knoeierij; gemeenz geval *o*, ding *o*; *and a good ~ too!* en maar goed ook!; *have a ~ doing (to do)* er de handen aan vol hebben; *just the ~* net wat je moet hebben; *make a good ~ of it* het er goed afbrengen; *that should do the ~* daarmee moet het lukken; *by the ~* als aangenomen werk; per stuk; *on the ~* gemeenz (druk) bezig, er mee bezig, aan (onder) het werk; tijdens het neuken; **II** *bn*: *a ~ lot* (een partij) ongeregelde goederen; een rommelzootje *o*; **III** *onoverg* karweitjes doen, klussen; *~bing gardener* tuinman die niet in vaste dienst is
jobber *znw* stukwerker; handel (effecten)handelaar; hoekman; fig iem. die corrupt is, zwendelaar, knoeier
jobbery *znw* knoeierij, geknoei *o*, corruptie
jobcentre *znw* ± arbeidsbureau *o*, banenmarkt
job creation *znw* scheppen *o* van banen
job description *znw* taakomschrijving
jobless *bn* werkloos, zonder baan(tje)
job sharing *znw* werken *o* in deeltijd
jock [dʒɔk] *znw* gemeenz diskjockey; Am sporter, sportieveling; *J~* Schot
jockey ['dʒɔki] **I** *znw* jockey; **II** *overg* door bedrog (slinkse streken) krijgen (tot *into*; van *out of*); [iem.] wegwerken (uit *out of*); **III** *onoverg* knoeien; manoeuvreren; *~ for position* de meest gunstige plaats trachten te krijgen; ± met de ellebogen werken
jockstrap ['dʃɔkstræp] *znw* suspensoir *o*
jocose [dʒə'kous] *bn* grappig, schertsend
jocosity [dʒə'kɔsiti] *znw* grappigheid, scherts
jocular ['dʒɔkjulə] *bn* vrolijk, snaaks, schertsend
jocularity [dʒɔkju'læriti] *znw* grappigheid, scherts
jocund ['dʒɔ-, 'dʒoukənd] *bn* vrolijk, opgewekt
jocundity [dʒɔ-, dʒou'kʌnditi] *znw* vrolijkheid, opgewektheid
jodhpurs ['dʒɔdpəz, -puəz] *znw mv* soort rijbroek
Joe [dʒou] *znw*: *~ Public*, Am *~ Blow* Jan Publiek
jog [dʒɔg] **I** *overg* aanstoten, schudden, aanporren[2]; opfrissen [geheugen]; **II** *onoverg* horten, sjokken; joggen; *~ along* voortsukkelen; **III** *znw* duwtje *o*, por; sukkeldrafje *o*; een eindje *o* joggen
jogger *znw* jogger, trimmer
jogging *znw* joggen *o*, trimmen *o*
joggle ['dʒɔgl] **I** *overg* schokken; **II** *znw* duwtje *o*
jog-trot ['dʒɔg'trɔt] *znw* sukkeldrafje *o*
John [dʒɔn] *znw* Jan, Johannes; *~ Bull* de Engelsman; *~ Doe* Am de man in de straat; *the j~* Am gemeenz de wc
Johnnie, **Johnny** *znw* Jantje *o*; *j~* jochie *o*, kerel

joie de vivre ['ʒwa:də'vi:v(rə)] *znw* [Fr] levensvreugde

join [dʒɔin] **I** *overg* verenigen, samenvoegen, verbinden (ook: ~ *up*); leggen (zetten) [bij of tegen]; paren aan; bijvoegen of toevoegen (aan *to*); zich voegen (aansluiten) bij, zich verenigen met, toetreden tot, lid worden van, dienst nemen in, bij; ~ *forces* zich verenigen, samenwerken; ~ *hands* de handen vouwen; elkaar de hand geven; fig de handen ineenslaan; elkaar de hand reiken; *I cannot ~ you* ik kan niet van de partij zijn of niet komen; **II** *onoverg* zich verenigen of verbinden, (aaneen-) sluiten; zich associëren; dienst nemen (ook: ~ *up*); ~ *in* deelnemen aan [gesprek]; meedoen (aan), meezingen &, muz invallen; ~ *in their prayers* meebidden; ~ *up* ook: mil dienst nemen, in het leger gaan; ~ *with him* zich bij hem (zijn zienswijze) aansluiten; **III** *znw* aaneenvoeging, verbinding

joiner *znw* schrijnwerker, meubelmaker; deelnemer aan het verenigingsleven

joinery ['dʒɔinəri] *znw* schrijnwerk *o*

joint [dʒɔint] **I** *znw* verbinding, voeg, las, naad; gewricht *o*; gelid *o*, geleding; scharnier *o*; plantk knoop; stuk *o* (vlees); Am gemeenz plaats, gelegenheid, huis *o*, kroeg, kast, kit, keet, tent; slang joint [marihuana-, hasjsigaret]; *out of ~* uit het lid, ontwricht, uit de voegen; *put sbd.'s nose out of ~* iem. de voet dwars zetten, iem. jaloers maken; **II** *overg* verbinden; techn voegen, lassen; verdelen [vlees]; *a ~ed doll* een ledenpop; **III** *bn* verbonden, verenigd, gezamenlijk; gemeenschappelijk; mede-; *on ~ account* voor gezamenlijke rekening; *~ owner* mede-eigenaar, scheepv medereder

joint-heir *znw* mede-erfgenaam

jointress ['dʒɔintris] *znw* recht weduwe die vruchtgebruik heeft

joint-stock ['dʒɔintstɔk] *znw* maatschappelijk kapitaal *o*; ~ *company* maatschappij op aandelen

joint-tenancy *znw* gezamenlijk bezit *o*

jointure ['dʒɔintʃə] *znw* vruchtgebruik *o* v.e. weduwe

joist [dʒɔist] *znw* dwarsbalk, bint *o*

joke [dʒouk] **I** *znw* scherts, kwinkslag, grap, aardigheid, mop; bespottelijk iemand of iets; *it was beyond a ~* het was geen gekheid; het was al te mal; *in ~* voor de aardigheid, uit gekheid; *it is no ~* het is geen aardigheid, het is ernst; het is geen gekheid (kleinigheid); *the ~ is on him* deze grap is (gaat) ten koste van hem; **II** *onoverg* schertsen, gekheid maken; *joking apart* alle gekheid op een stokje; *you must be joking!* je meent het!, toch niet heus!

joker *znw* grappenmaker; kaartsp joker

jollification [dʒɔlifi'keiʃən] *znw* jool, pret

jollify ['dʒɔlifai] **I** *onoverg* gemeenz pret maken; **II** *overg* opvrolijken

jollity *znw* jool, joligheid, vrolijkheid

jolly I *bn* vrolijk°, jolig, lollig; leuk; aardig; *a ~ good fellow* goeie vent, patente kerel, zo'n peer; ~ *hockey sticks* schoolmeisjesachtig; **II** *bijw* versterkend aardig, drommels; heel; ~ *well* ook: toch; **III** *overg*: ~ *sbd. along* iem. met een zoet lijntje er toe krijgen

jolly-boat *znw* jol

jolt [dʒoult] **I** *onoverg* horten, stoten, schokken, schudden; **II** *overg* stoten, schokken, schudden; **III** *znw* hort, stoot, schok

Jonah ['dʒounə] *znw* Jonas[2]; onheilbrenger; pechvogel

jonquil ['dʒɔŋkwil] **I** *znw* plantk geurende gele narcis; **II** *bn* lichtgeel

Jordan ['dʒɔ:dn] *znw* Jordanië *o*

Jordanian [dʒɔ:'deinjən] **I** *bn* Jordaans; **II** *znw* Jordaniër

jorum ['dʒɔ:rəm] *znw* grote kom of beker

josh ['dʒɔʃ] *overg* Am gemeenz voor de gek houden

joss [dʒɔs] *znw* Chinees afgodsbeeld *o*

josser ['dʒɔsə] *znw* gemeenz uilskuiken *o*; vent, kerel

joss-house ['dʒɔshaus] *znw* Chinese tempel

joss-stick *znw* wierook-, offerstokje *o*

jostle ['dʒɔsl] **I** *overg* [met de elleboog] stoten, duwen; **II** *onoverg* dringen, hossen; **III** *znw* duw, stoot; gedrang *o*; botsing

jot [dʒɔt] **I** *znw* jota; *not one ~ or tittle* geen zier; **II** *overg* opschrijven, aantekenen, noteren (ook: ~ *down*)

jotter *znw* notitieboekje *o*

jotting *znw* notitie

joule [dʒu:l, dʒaul] *znw* joule

jounce [dʒauns] **I** *overg* (dooreen)schudden; **II** *onoverg* schokken, geschud worden

journal ['dʒə:nl] *znw* dagboek *o*, journaal *o*; (dag-) blad *o*, tijdschrift *o*

journalese [dʒə:nə'li:z] *znw* geringsch krantenstijl

journalism ['dʒə:nəlizm] *znw* journalistiek

journalist *znw* journalist

journalistic [dʒə:nə'listik] *bn* journalistiek

journalize ['dʒə:nəlaiz] *overg* in een dagboek optekenen

journey ['dʒə:ni] **I** *znw* reis; rit, tocht; *go on a ~* op reis gaan; **II** *onoverg* reizen

journeyman *znw* gezel, knecht; loonslaaf

joust [dʒaust] **I** *znw* steekspel *o*, toernooi[2] *o*; **II** *onoverg* een steekspel houden

Jove [dʒouv] *znw* Jupiter; *by ~!* gemeenz sakkerloot!

jovial ['dʒouvjəl] *bn* vrolijk, opgewekt

joviality [dʒouvi'æliti] *znw* vrolijkheid, opgewektheid

jowl [dʒaul] *znw* wang, kaak; halskwab

joy [dʒɔi] *znw* vreugde, genot *o*, plezier *o*, blijdschap; gemeenz geluk *o*, succes *o*, mazzel; *give (wish) sbd. ~* iem. gelukwensen (met *of*)

joy-bells *znw mv* vreugdeklokken

joyful *bn* vreugdevol; blijde; verblijdend

joyless *bn* vreugdeloos

joyous *bn* vreugdevol; blij, vrolijk

joyride gemeenz **I** *znw* plezierrit, pleziertochtje *o* in

een auto, *vooral* een gestolen auto, joyride; **II** *onoverg* joyriden
joyrider *znw* joyrider
joystick *znw* gemeenz joystick [v. videospelletjes &]; luchtv knuppel, stuurstok
J.P. *afk.* = *Justice of the Peace*
Jr. *afk.* = *Junior*
jubilant ['dʒu:bilənt] *bn* jubelend, juichend; opgetogen; *be ~ at* jubelen over
jubilate *onoverg* jubelen, juichen
jubilation [dʒu:bi'leiʃən] *znw* gejubel *o*, gejuich *o*
jubilee ['dʒu:bili:] *znw* jubeljaar *o*, jubelfeest *o*; vijftigjarig jubileum *o*; *silver ~* vijfentwintigjarig jubileum *o* of bestaan *o*
Judaic [dʒu'deiik] *bn* joods
Judaism ['dʒu:deiizm] *znw* jodendom *o*, joodse leer
Judas ['dʒudəs] *znw* Judas, fig judas, verrader
judder ['dʒʌdə] *onoverg* vibreren, schudden
judge [dʒʌdʒ] **I** *znw* rechter; beoordelaar, kenner; [v. tentoonstelling &] jurylid *o*; *J~s* bijbel (het boek) Richteren; **II** *onoverg* rechtspreken, oordelen (naar *by, from*), uitspraak doen (over, *of*); *judging by (from), to judge by (from)* naar... te oordelen; **III** *overg* uitspraak doen over, oordelen (ook: achten), beoordelen (naar *by*); schatten [waarde, afstand]
judge advocate *znw* auditeur-militair
judg(e)ment ['dʒʌdʒmənt] *znw* oordeel *o*; vonnis *o*, godsgericht *o*; mening; (gezond) verstand *o*; *pass ~* uitspraak doen; *against one's better ~* tegen beter weten in; *last ~* laatste Oordeel *o*
judg(e)mental [dʒʌdʒ'mentəl] *bn*: *he is very ~* hij heeft over alles direct een oordeel
Judgement Day *znw* dag des (laatsten) oordeels
judg(e)ment-seat *znw* rechterstoel
judicature ['dʒu:dikətʃə] *znw* rechtspleging, justitie; rechterschap *o*
judicial [dʒu'diʃəl] *bn* rechterlijk, gerechtelijk, justitieel, rechters-; onpartijdig
judiciary **I** *bn* rechterlijk, gerechtelijk; **II** *znw* rechterlijke macht
judicious [dʒu'diʃəs] *bn* verstandig, oordeelkundig
judo ['dʒu:dou] *znw* judo *o*
judoka *znw* judoka
Judy ['dʒu:di] *znw* Katrijn [in het poppenspel]; zie ook: *Punch*; slang meid, vrouw
jug [dʒʌg] **I** *znw* kruik; kan, kannetje *o*; slang gevangenis; *~s* Am slang tieten, prammen; **II** *overg* in de pot koken; *~ged hare* hazenpeper
juggernaut ['dʒʌgənɔ:t] *znw* moloch; wegreus [grote vrachtwagen]
juggins ['dʒʌginz] *znw* gemeenz sul, uilskuiken *o*, idioot
juggle ['dʒʌgl] **I** *onoverg* jongleren; goochelen; **II** *overg*: *~ with* jongleren met; goochelen met; ± manipuleren (met); *~ away* weggoochelen
juggler *znw* jongleur; goochelaar; bedrieger
jugglery *znw* goochelarij, gegoochel *o*
jugular ['dʒʌgjulə] **I** *bn* hals-, keel-; **II** *znw* halsader; *go for the ~* naar de keel vliegen; fig er onmiddellijk bovenop springen, bloed ruiken
jugulate *overg* de hals afsnijden; fig wurgen, smoren, de kop indrukken
juice [dʒu:s] *znw* sap *o*; gemeenz benzine; gemeenz elektr stroom
juicy *bn* saprijk, sappig[2]; pittig, pikant
ju-jitsu [dʒu:'dʒitsu:] *znw* jioe-jitsoe *o*
jujube ['dʒu:dʒu:b] *znw* jujube
juke box ['dʒu:kbɔks] *znw* jukebox
julep ['dʒu:lep] *znw* verkoelende, zoete drank
July [dʒu'lai] *znw* juli
jumble ['dʒʌmbl] **I** *overg* dooreengooien (ook: *~ up*); *~ together* ook: samenflansen; **II** *znw* mengelmoes *o & v*, warboel, rommel, troep; bric-à-brac *o*
jumble sale *znw* liefdadigheidsbazaar
jumbo ['dʒʌmbou] **I** *znw* gemeenz jumbo(jet); **II** *bn* gemeenz buitengewoon groot, reuzen-, maxi-
jump [dʒʌmp] **I** *onoverg* springen, opspringen (ook van verbazing of schrik); plotseling omhooggaan [v. prijzen]; *make sbd. ~* iem. doen schrikken; *~ about* rondspringen; fig van de hak op de tak springen; *~ at an offer (a proposal)* met beide handen aangrijpen, gretig toehappen; *~ down sbd.'s throat* uitvaren tegen, aanvliegen; *~ for joy* een gat in de lucht springen; *~ on* te lijf gaan; gemeenz uitvaren tegen; *~ to it* gemeenz iets aanpakken, ertegenaan gaan; *~ to conclusions* overhaaste gevolgtrekkingen maken; **II** *overg* laten of helpen springen, doen opspringen; springen over; bespringen; vliegen uit [de rails]; overslaan; (voor de neus) wegkapen; *~ the gun* sp het startschot niet afwachten; fig voorbarig zijn; *~ the lights* door een rood stoplicht rijden; *~ the queue* zijn beurt niet afwachten; *~ a train* Am in of uit een trein springen; **III** *znw* sprong; opspringen *o* (van schrik); sp hindernis [rensport]; *get the ~ on sbd.* iem. voor zijn; *give sbd. a ~* iem. doen opschrikken
jumped-up *bn* gewichtig, omhooggevallen
jumper ['dʒʌmpə] *znw* springer; jumper; Am overgooier
jumping-off point *znw* uitgangspunt *o*, startpunt *o*
jumping-sheet ['dʒʌmpiŋʃi:t] *znw* springzeil *o*
jump-jet *znw* luchtv steilstarter
jump-lead *znw* auto startkabel
jump-off *znw* barrage [bij paardensport]
jump-rope *znw* Am springtouw *o*
jump-start *overg* [een auto] starten met behulp van startkabels of door hem aan te duwen
jump-suit *znw* jumpsuit
jumpy ['dʒʌmpi] *bn* zenuwachtig, schrikachtig
junction ['dʒʌŋkʃən] *znw* vereniging, verbinding; verbindingspunt *o*, verenigingspunt *o*; knooppunt *o* [v. spoorwegen]; wegkruising
junction box *znw* elektr aftakdoos
juncture *znw* (kritiek) ogenblik *o*; samenloop van omstandigheden; *at this ~* op dit (kritieke) ogen-

blik, onder de (huidige) omstandigheden
June [dʒu:n] *znw* juni
jungle ['dʒʌŋgl] *znw* jungle[2], tropische wildernis, rimboe
jungly *bn* rimboeachtig
junior ['dʒu:njə] **I** *bn* jonger, junior; jongst; lager; in of voor de lagere klassen; ~ *clerk* jongste bediende; ~ *school* basisschool [7-11 jaar in Eng.]; **II** *znw* jongere; Br schoolkind *o*; mindere, ondergeschikte, jongste bediende; *he is ten years my* ~ hij is tien jaar jonger dan ik
juniper ['dʒu:nipə] *znw* jeneverbes
junk [dʒʌŋk] *znw* **1** scheepv jonk; **2** scheepv oud kabel- en touwwerk *o*; gemeenz (ouwe) rommel, oudroest *o*; fig nonsens; **3** Am slang stuff; junk [heroïne &]
junket ['dʒʌŋkit] **I** *znw* **1** bep. dessert *o* van gestremde melk; **2** snoepreisje *o*; **3** feest *o*, fuif; **II** *onoverg* **1** een snoepreisje maken; **2** feesten, fuiven
junk food *znw* ongezond eten *o*, junk food *o*
junkie ['dʒʌŋki] *znw* junkie, (drugs)verslaafde
junk mail *znw* ongevraagd drukwerk *o*, reclameblaadjes &
junk-shop ['dʒʌŋkʃɔp] *znw* uitdragerswinkel
junta ['dʒʌntə] *znw* junta [raad]
juridical [dʒu'ridikl] *bn* gerechtelijk, juridisch
jurisconsult ['dʒuəriskənsʌlt] *znw* rechtsgeleerde
jurisdiction [dʒuəris'dikʃən] *znw* rechtsgebied *o*; rechtsbevoegdheid; rechtspraak
jurisprudence ['dʒuəris'pru:dəns] *znw* jurisprudentie, rechtsgeleerdheid; rechtsfilosofie
jurist ['dʒuərist] *znw* jurist, rechtsgeleerde; Am advocaat
juror ['dʒuərə] *znw* gezworene; jurylid *o*
jury *znw* jury
jury-box *znw* recht jurytribune, (de) jurybank(en)
juryman *znw* recht jurylid *o*
jury-mast ['dʒuərima:st] *znw* noodmast
jury-rigged *znw* met noodtuig
1 just [dʒʌst] *bn* rechtvaardig; verdiend, billijk; juist
2 just [dʒʌst] *bijw* juist, even; (daar)net; precies; eens (even); (alleen) maar; gewoon(weg), zomaar, zonder meer; bepaald; ~*!* gemeenz werkelijk!, warempel!; ~ *fancy!* verbeeld je!; ~ *go and see* ga eens kijken; *you* ~ *don't ...,* je ... toch niet; ~ *a moment, please* een ogenblik(je)!; ~ *now* daarnet; op het ogenblik; ~ *over £ 300* iets meer dan £ 300; ~ *so!* precies!; ~ *then* (net) op dat ogenblik; ~ *what (who) ...?* wat (wie) ... eigenlijk?; *not* ~ *yet* nu nog niet; vooreerst niet; *it's* ~ *possible* het is niet onmogelijk; zie ook: [1]*that I*
justice ['dʒʌstis] *znw* gerechtigheid, rechtvaardigheid; recht *o* (en billijkheid); justitie; rechter [van het Hooggerechtshof]; *J~ of the Peace* plaatselijke magistraat, ± kantonrechter, politierechter; *do* ~ *to* recht laten wedervaren; [een schotel] eer aandoen; *do oneself* ~ het er met ere afbrengen; *in* ~ van rechtswege, rechtens, billijkerwijze, billijkheidshalve; *bring to* ~ de gerechte straf doen ondergaan
justifiable ['dʒʌstifaiəbl] *bn* te rechtvaardigen, verantwoord, verdedigbaar
justifiably *bijw* terecht
justification [dʒʌstifi'keiʃən] *znw* rechtvaardiging, verdediging, verantwoording, wettiging
justificative ['dʒʌstifikeitiv, -kətiv], **justificatory** *bn* rechtvaardigend; verdedigings-; bewijs-
justify ['dʒʌstifai] *overg* rechtvaardigen, verdedigen, verantwoorden, wettigen; in het gelijk stellen; typ uit-, opvullen [v. regel]
jut [dʒʌt] *onoverg* uitsteken, uitspringen (ook: ~ *out*)
jute [dʒu:t] *znw* jute
juvenescence [dʒu:vi'nesns] *znw* jeugd
juvenescent *bn* verjongend
juvenile ['dʒu:vinail] **I** *bn* jeugdig; jong; voor (van) de jeugd; kinder-; ~ *lead* jeune premier; ~ *court* kinderrechter; ~ *delinquency* jeugdcriminaliteit; **II** *znw* jeugdig persoon; jongeling; jeune premier
juvenilia [dʒu:və'niliə] *znw mv* jeugdwerken [v. schrijver, kunstenaar]
juvenility [dʒu:və'niləti] *znw* jeugdigheid
juxtapose ['dʒʌkstəpouz] *overg* naast elkaar plaatsen
juxtaposition [dʒʌkstəpə'ziʃən] *znw* plaatsing naast elkaar

K

k [kei] *znw* (de letter) k
Kaffir ['kæfə] *znw* Kaffer
kaftan ['kæftæn, kæf'tæn] *znw* kaftan
kale [keil] *znw* (boeren)kool
kaleidoscope [kə'laidəskoup] *znw* caleidoscoop
kaleidoscopic [kəlaidə'skɔpik] *bn* caleidoscopisch
kamikaze [kæmi'ka:zi, ka:mi'ka:zi] [Japans] **I** *bn* zelfmoord-, kamikaze-; **II** *znw* kamikazevliegtuig *o*; kamikazepiloot
kangaroo [kæŋgə'ru:] *znw* kangoeroe; ~ *court* illegale rechtbank
kaolin ['keiəlin] *znw* kaolien *o*, porseleinaarde
kapok ['keipɔk] *znw* kapok
kaput [kə'put] *bn* [Duits] slang naar de Filistijnen, kapot
karate [kə'ra:ti] *znw* karate *o*
karma ['ka:mə] *znw* (nood)lot *o*
kart [ka:t] *znw* = *go-kart*
kayak ['kaiæk] *znw* kajak
Kazakhstan [ka:za:k'stæn] *znw* Kazakstan *o*
kazoo [kə'zu:] *znw* kazoo [muziekinstrumentje]
KB *afk.* = *King's Bench* zie: *king*; *Knight of the Bath* Ridder in de Bath-orde
kebab [ki'bæb, -'ba:b] *znw* [Turks] kebab, spies met stukjes vlees en groente
kedge [kedʒ] **I** *overg* scheepv verhalen met behulp van een werpanker; **II** *znw*: ~ *(anchor)* werp-, ankeranker *o*
keel [ki:l] **I** *znw* scheepv kiel, (kolen)schuit; *on an even* ~ in evenwicht; **II** *onoverg & overg* (doen) kantelen; ~ *over* kapseizen
keelhaul ['ki:lhɔ:l] *overg* kielhalen
keen [ki:n] *bn* scherp, vlijmend, hevig, intens, levendig, vurig, ijverig, hartstochtelijk, verwoed, vinnig; dol, fel, happig, gebrand (op *on*); *(as)* ~ *as mustard* vol vuur
keenly *bijw* scherp &; ~ *alive to* ook: zeer gevoelig voor
keen-sighted *bn* scherp van gezicht
keen-witted *bn* scherp(zinnig)
1 keep [ki:p] (kept; kept) **I** *overg* houden, hoeden; behouden, tegen-, terug-, ophouden; behoeden, bewaren, bewaken, beschutten, verdedigen; eropna houden, hebben (te koop); onderhouden; vieren; bijhouden [boeken]; zich houden aan; ~ *one's feet* op de been blijven; ~ *sbd. waiting* iem. laten wachten; **II** *onoverg* blijven, zich (goed) houden, goed blijven [v. vruchten]; *how are you ~ing?* hoe gaat het ermee?; *it will* ~ ook: het kan wachten, er is geen haast bij; ~ *going* door blijven gaan; ~ *looking (running &)* blijven kijken (lopen &); ~ *in good health* gezond blijven; ~ *at it* ermee doorgaan; ermee bezighouden; ~ *at sbd. (sth.)* achter iem. (iets) heenzitten; ~ *away* afhouden; wegblijven; ~ *back* terughouden; achterhouden; zich op een afstand houden; ~ *down* bedwingen, in bedwang houden, niet laten opkomen; laag houden [prijzen]; ~ *one's food down* niet (hoeven) overgeven; ~ *from* afhouden van; zich onthouden van; onthouden; verborgen houden voor; behoeden (bewaren) voor; ~ *in* inhouden, in toom houden; binnenhouden; onderw laten schoolblijven; aanhouden [het vuur]; ~ *in with* op goede voet blijven met; ~ *off* afweren; (zich) op een afstand of zich van het lijf houden, zich onthouden van [vet voedsel &], afblijven van; weg-, uitblijven; ~ *on* aan-, ophouden; ~ *on ...ing* doorgaan met, blijven ...; ~ *on at* gemeenz zeuren; ~ *out* (er)buiten houden; (er)buiten blijven; ~ *out of the way* uit de weg blijven, zich op een afstand houden; ~ *to* (zich) houden aan; blijven bij; houden voor [zich(zelf)]; houden [rechts, links, de kamer &]; ~ *(oneself) to oneself* zich niet met anderen bemoeien; ~ *together* bijeenhouden of -blijven; ~ *under* niet laten opkomen; klein houden; onderdrukken, bedwingen; ~ *sbd. under* iem. onder narcose houden; ~ *up* opblijven; ophouden, aan-, onderhouden [vriendschap, kennis], volhouden; levendig houden; handhaven; ~ *up appearances* de schijn bewaren; ~ *up one's courage* moed houden; ~ *it up* (de strijd) volhouden, het niet opgeven; ~ *up (with)* bijhouden, bijblijven [nieuws &], gelijke tred houden met, niet achterblijven bij, niet onderdoen voor; ~ *up with each other* contact met elkaar blijven houden; ~ *up with the Joneses* zijn stand ophouden
2 keep *znw* bewaring, hoede; onderhoud *o*, kost; slottoren [als gevangenis]; *for ~s* gemeenz om te houden; voorgoed
keeper *znw* houder, bewaarder, suppoost, conservator; bewaker, oppasser, opzichter; cipier; sp keeper, doelman; wicket-keeper [cricket]; bijbel hoeder; ~ *of the records* archivaris
keep-fit ['ki:pfit] *znw* conditietraining
keeping *znw* bewaring, berusting, hoede; onderhoud *o*; overeenstemming; *in (out of)* ~ *with* (niet) strokend met
keepsake ['ki:pseik] *znw* herinnering, souvenir *o*
keg [keg] *znw* vaatje *o*
kelp [kelp] *znw* kelp; plantk zeewier *o*
kelpie ['kelpi] *znw* Schots watergeest
ken [ken] **I** *znw* gezichtskring, (geestelijke) horizon; *that's beyond my* ~ dat gaat boven mijn pet, daar heb ik geen kaas van gegeten; **II** *overg* Schots kennen, weten
kennel ['kenl] **I** *znw* **1** (honden)hok *o*; kennel; troep [jachthonden], meute; hol *o*; krot *o* **2** goot; **II** *overg* in een hok opsluiten of houden
Kentish ['kentiʃ] *bn* van Kent
Kenya ['ki:njə, 'kenjə] *znw* Kenia *o*

Kenyan ['ki:n-, 'kenjən] **I** *znw* Keniaan; **II** *bn* Keniaans
kept [kept] **I** V.T. & V.D. van *keep*; **II** *bn*: ~ *woman* maintenee
kerb [kə:b] *znw* trottoirband, stoeprand
kerb-crawler ['kə:bkrɔ:lə] *znw* man die vanuit zijn auto een prostituee oppikt
kerb-crawling *znw* vanuit een auto een prostituee oppikken *o*
kerb drill *znw* regels voor het oversteken
kerbstone *znw* trottoirband
kerchief ['kə:tʃi(:)f] *znw* hoofddoek, halsdoek
kerf [kə:f] *znw* kerf, zaagsnede
kerfuffle [kə'fʌfl] *znw* gemeenz opschudding, heisa, consternatie
kermes ['kə:miz] *znw* kermes: schildluis; rode verfstof daarvan gemaakt
kernel ['kə:nl] *znw* korrel; pit², kern²
kerosene ['kerəsi:n] *znw* gezuiverde petroleum, kerosine
kestrel ['kestrəl] *znw* torenvalk
ketch [ketʃ] *znw* kits [zeiljacht]
ketchup ['ketʃəp] *znw* ketchup
kettle ['ketl] *znw* ketel; *another (a different) ~ of fish* andere koek, een geheel andere zaak; *a pretty (fine) ~ of fish* een mooie boel
kettledrum *znw* pauk, keteltrom
kettledrummer *znw* paukenist
key [ki:] **I** *znw* **1** sleutel²; code; muz toon(aard)²; toets, klep; techn wig, spie; *off ~* vals [v. zingen &]; **2** rif *o*; *be out of ~ with* niet harmoniëren met, niet passen bij; *turn the ~* afsluiten; **II** *bn* [v. industrie, positie &] sleutel-, voornaamste, hoofd-, essentieel, vitaal, onmisbaar; **III** *overg* spannen; techn vastzetten; comput intoetsen (ook: ~ *in*); ~ *up* opschroeven², opdraaien², spannen²; ~ *the strings* muz stemmen; *~ed instrument* ook: muz toetsinstrument *o*
keyboard I *znw* klavier *o*, toetsenbord *o*, keyboard *o*; **II** *overg* comput intoetsen, intikken
keyhole *znw* sleutelgat *o*
keyless *bn* zonder sleutel
Keynesian ['keinziən] *bn* van (John Maynard) Keynes
keynote ['ki:nout] *znw* muz grondtoon²; *the ~ of the organization is peace* de organisatie staat in het teken van de vrede; ~ *speech* pol rede waarin de hoofdlijnen v.h. beleid worden uiteengezet
key-ring *znw* sleutelring
keystone *znw* sluitsteen²; fig hoeksteen
khaki ['ka:ki] *znw* kaki *o*
khan [ka:n] *znw* kan, khan [Aziatische eretitel]
kibbutz [ki'bu:ts] *znw* (*mv*: kibbutzim [kibut'sim]) kibboets
kibitz ['kibits] *onoverg* gemeenz als toeschouwer ongevraagd advies geven [*vooral* bij kaartspel]
kibitzer ['kibitsə] *znw* gemeenz bemoeial
kibosh ['kaibɔʃ] *znw*: *put the ~ on sth.* gemeenz ergens een eind aan maken, iets naar de knoppen helpen
kick [kik] **I** *znw* schop, trap; mil (terug)stoot; gemeenz fut, pit; slang prikkel, sensatie; *more ~s than halfpence* meer slaag dan eten; *get a ~ out of* slang iets opwindends (verrukkelijks) vinden in; *get the ~* slang zijn congé krijgen; **II** *onoverg* schoppen, trappen (naar *at*); mil stoten; fig zich verzetten (tegen *at, against*); klagen; ~ *against the pricks* bijbel de verzenen tegen de prikkels slaan; ~ *over the traces* uit de band springen; **III** *overg* (voort)schoppen, (weg)trappen; ~ *oneself* gemeenz zichzelf voor het hoofd slaan; ~ *the habit* slang afkicken [v. drugs &]; ~ *one's heels = cool one's heels*, zie *cool III*; ~ *off* gemeenz beginnen, starten; uitschoppen; sp de aftrap doen; ~ *out* (er)uit trappen; ~ *up (a fuss)* herrie schoppen; ~ *sbd. upstairs* iem. wegpromoveren
kickback *znw* **1** terugslag; **2** smeergeld *o*
kicker *znw* die schopt, trapper
kick-off *znw* sp aftrap; *for a ~* gemeenz om te beginnen
kickshaw ['kikʃɔ:] *znw* beuzelarij, wissewasje *o*; liflafje *o*
kick-start ['kik'sta:t] **I** *znw* (ook: *kick-starter*) kickstarter [v. motor]; **II** *overg* aantrappen [v. motor]
kid [kid] **I** *znw* jonge geit, geitje *o*; geitenle(d)er *o*, glacé *o* [leer], glacé *m* [handschoen]; gemeenz kind *o*, peuter, joch(ie) *o*, jongen, meisje *o*; *~'s stuff* kinderwerk *o*; **II** *onoverg* (geitjes) werpen; plagen, schertsen; **III** *overg* gemeenz voor het lapje houden; gemeenz wat wijsmaken; *you must be ~ding* gemeenz dat meen je niet, kom nou; *no ~ding* gemeenz echt waar; *no ~ding?* meen je dat?; *no ~ding!* ongelooflijk!; ~ *oneself* zichzelf voor de gek houden; *I ~ you not* gemeenz ik meen het
kiddie *znw* peuter, kleine; joch(ie) *o*
kid glove ['kid'glʌv] **I** *znw* glacéhandschoen; **II** *bn* (half)zacht, verwekelijkt
kidnap ['kidnæp] *overg* kidnappen, ontvoeren
kidnapper *znw* kidnapper, ontvoerder
kidney ['kidni] *znw* nier; *of that ~* van dat slag (soort); *of the right ~* van de goede soort
kidney-bean *znw* bruine boon; slaboon; pronkboon
kidney machine *znw* kunstnier
kill [kil] **I** *overg* doden²; slachten; vermoorden fig tenietdoen, onmogelijk maken, afmaken [een wet]; overstelpen [met vriendelijkheid &]; afzetten [motor]; *be ~ed* ook: sneuvelen; ~ *off* afmaken, uitroeien; *my feet are ~ling me* ik heb vreselijk pijnlijke voeten; **II** *onoverg & abs ww* (zich laten) slachten; doodslaan, doden; dodelijk zijn; *dressed to ~* vreselijk chic (gekleed); *a case of ~ or cure* erop of eronder; ~ *oneself (to do sth.)* keihard werken, het uiterste geven; *if it ~s me* gemeenz tot elke prijs; **III** *znw* doden *o* of afmaken *o*; gedood dier *o*, gedode dieren; dode prooi; *be in at the ~* fig aanwezig zijn bij de uiteindelijke overwinning; aanwezig

zijn op het moment suprême; zie ook: *killing*

killer *znw* doder; moordenaar

killing I *bn* dodelijk, moorddadig; gemeenz onweerstaanbaar; *be* ~ onweerstaanbaar aardig, leuk & zijn; **II** *znw* doden *o*; slachting, doodslag, moord; *make a* ~ fortuin maken, een fortuin verdienen

kill-joy *znw* spelbederver; feestverstoorder

kiln [kil(n)] *znw* kalk-, steenoven

kilo ['ki:lou] *znw* kilo(gram) *o*

kilogram(me) ['kiləgræm] *znw* kilogram *o*

kilolitre, Am **kiloliter** *znw* kiloliter

kilometre, ['kiləmi:tə], Am **kilometer** [ki'lɔmitə] *znw* kilometer

kilowatt *znw* kilowatt

kilt [kilt] *znw* kilt

kilter ['kiltə] *znw*: *out of* ~ niet in orde, in slechte staat; *throw out of* ~ in de war sturen

kimono [ki'mounou] *znw* kimono

kin [kin] *znw* maagschap, verwantschap, geslacht *o*, familie; *next of* ~ naaste bloedverwant(en)

1 kind [kaind] *znw* soort, slag *o*, aard, variëteit; *I ~ of thought so* gemeenz dat dacht ik wel half en half, zo'n beetje; *~ of stunned* gemeenz als het ware, ietwat, zo'n beetje versuft; *receive (pay) in* ~ in natura ontvangen (betalen); *all ~s of* allerlei; *our* ~ ons soort mensen; *human* ~ de mensheid; *repay in* ~ met gelijke munt betalen; *two of a* ~ twee van dezelfde soort; *... of a* ~ zo'n soort ...; *excellent of its* ~ in zijn soort; *nothing of the ~!* volstrekt niet, niets daarvan!; *something of the* ~ iets dergelijks

2 kind [kaind] *bn* vriendelijk, goed (voor *to*)

kindergarten ['kindəga:tn] *znw* bewaarschool, kleuterschool

kind-hearted ['kaind(')ha:tid] *bn* goed(hartig)

kindle ['kindl] **I** *overg* ontsteken; aansteken, doen ontvlammen of ontbranden[2], verlichten; **II** *onoverg* vuur vatten, beginnen te gloeien (van *with*)

kindling (wood) *znw* aanmaakhout *o*

kindly ['kaindli] **I** *bn* vriendelijk, goed(aardig), welwillend; **II** *bijw* v. [2]*kind*; *~ tell me...* wees zo goed mij te zeggen...; *take ~ to* sympathie tonen voor, positief staan tegenover

kindness *znw* vriendelijkheid, goedheid; (vrienden)dienst, vriendschap

kindred ['kindrid] **I** *znw* (bloed)verwantschap, familie; **II** *bn* (aan)verwant; *~ spirit* geestverwant

kinetic [kai-, ki'netik] *bn* kinetisch, bewegings-

kinetics [kai-, ki'netiks] *znw* kinetica, bewegingsleer

king [kiŋ] *znw* koning, vorst, heer; sp dam, koning, heer; *~ of beasts* leeuw (koning der dieren); *K~'s Bench* afdeling v.h. Britse Hooggerechtshof; *K~'s evidence* zie bij: *evidence*; *K~'s highway* openbare weg; *go to* ~ sp dam halen

kingbolt *znw* techn hoofdbout, fuseepen

kingcup *znw* boterbloem; dotterbloem

kingdom *znw* koninkrijk *o*; rijk *o*; *~ come* hiernamaals *o*

kingfisher *znw* ijsvogel

kinglet *znw* koninkje *o*

kinglike *bn* koninklijk

kingpin *znw* de koning v.h. kegelspel; fig hoofdfiguur, leider; techn = *kingbolt*

kingly *bn* koninklijk

kingship *znw* koningschap *o*

king-size(d) *bn* extra groot

kink [kiŋk] **I** *znw* slag, knik [in touw, draad, haar &], kink; kronkel (in de hersens); gril; **II** *onoverg* kinken

kinky *bn* kronkelig; kroes-; gemeenz pervers; opwindend, wild, bizar, vreemd

kinless ['kinlis] *bn* zonder familie of verwanten

kinsfolk *znw* familie(leden)

kinship *znw* (bloed)verwantschap

kinsman *znw* bloedverwant

kinswoman *znw* bloedverwante

kiosk ['kiɔsk] *znw* kiosk

kip [kip] **I** *znw* slang **1** dutje *o*; **2** slaapplaats, bed *o*; eenvoudig logement *o*; **II** *onoverg* gemeenz slapen, maffen; *~ down* gaan maffen

kipper ['kipə] **I** *znw* gezouten en gerookte haring; **II** *overg* zouten en roken

Kiribati ['kiribæf] *znw* Kiribati *o*

kirk [kə:k] *znw* Schots kerk

kismet ['kismet, 'kizmet] *znw* noodlot *o*

kiss [kis] **I** *znw* kus, zoen; biljart klots; *~ of death* doodsteek; *~ of life* mond-op-mondbeademing; *blow (throw) a* ~ een kushand toewerpen; **II** *overg* kussen, zoenen; biljart klotsen tegen; *~ the rod* gedwee straf ondergaan; *~ the ground* zich voor iemand vernederen; *~ hands* met een handkus zijn ambt aanvaarden; *~ one's hand to* een kushand toewerpen; *~ away* afzoenen, wegkussen; **III** *onoverg* (elkaar) kussen, biljart klotsen; *~ and make up* zich verzoenen; *~ and tell* uit de school klappen

kiss-curl *znw* spuuglok, krulletje *o*

kissing cousin *znw* verre neef/nicht

kit [kit] **I** *znw* vaatje *o*; uitrusting; bagage; gereedschap *o*; gereedschapskist, -tas; bouwpakket *o*; **II** *overg* uitrusten (ook: *~ out*, *~ up*)

kitbag *znw* mil valies *o*

kitchen ['kitʃin, -ʃən] *znw* keuken

kitchenette [kitʃi'net] *znw* keukentje *o* [v. flat]

kitchen garden *znw* moestuin

kitchen-maid *znw* tweede keukenmeid

kitchen-range *znw* keukenfornuis *o*

kitchensink I *znw* gootsteen; *everything but the* ~ de hele rataplan, het hele hebben en houwen; **II** *bn* [toneel] dat de troosteloosheid van het dagelijks leven illustreert

kitchen utensils *znw mv* keukengerei *o*

kitchenware *znw* keukengerei *o*

kite [kait] *znw* dierk wouw, kiekendief; vlieger; *as high as a* ~ gemeenz (zo) stoned als een garnaal; zie ook: [2]*fly II*

kite-balloon ['kaitbəlu:n] *znw* kabelballon
kite-flying ['kaitflaiiŋ] *znw* vliegeren *o*
kith [kiθ] *znw*: ~ *and kin* kennissen en verwanten
kitsch [kitʃ] *znw* kitsch
kitten ['kitn] *znw* dierk katje[2] *o*; *have ~s* gemeenz erg opgewonden of angstig zijn
kittenish *bn* speels (als een jong katje)
kittle ['kitl] *bn* lastig, moeilijk
kitty ['kiti] *znw* poesje *o*; pot, (gemeenschappelijke) kas
kiwi ['ki:wi(:)] *znw* kiwi [vogel en vrucht]; *K~* gemeenz Nieuw-Zeelander
klaxon ['klæksn] *znw* claxon
kleptomania [kleptou'meinjə] *znw* kleptomanie
kleptomaniac *bn* kleptomaan
knack [næk] *znw* slag, handigheid; talent *o*, kunst
knacker ['nækə] *znw* vilder; sloper
knackered ['nækəd] *bn* slang doodop, afgepeigerd
knacker's yard *znw* sloperij
knag [næg] *znw* kwast, knoest
knap [næp] *(overg &) onoverg* (doen) knappen, breken, stukslaan; [stenen] kloppen
knapsack ['næpsæk] *znw* ransel, knapzak, rugzak
knar [na:] *znw* knoest, kwast
knave [neiv] *znw* schurk, schelm; kaartsp boer
knavery *znw* schurkerij; schelmenstreken; *a piece of ~* een schurkenstreek
knavish *bn* schurkachtig, oneerlijk; ~ *trick* schurkenstreek
knead [ni:d] *overg* kneden; masseren
knee [ni:] **I** *znw* knie; *go down on one's ~s* op de knieën vallen[2]; *(bring) them to their ~s* ze op de knieën brengen; **II** *overg* een knietje geven, met de knie aanraken
knee-breeches *znw mv* kuit-, kniebroek
kneecap I *znw* knieschijf; **II** *overg* door de knieschijven schieten
knee-deep *bn* tot aan de knieën (reikend)
knee-high *bn* kniehoog, op kniehoogte
knee-hole *znw* beenruimte [onder bureau]
knee-jerk *znw* kniereflex; ~ *reaction* voorspelbare reactie
knee-joint *znw* kniegewricht *o*
kneel [ni:l] (knelt, Am ook: kneeled; knelt, Am ook: kneeled) *onoverg* knielen; ~ *down to* knielen voor
knee-pan ['ni:pæn] *znw* knieschijf
knees-up ['ni:z'ʌp] *znw* gemeenz gezellig feest *o*
knell [nel] **I** *znw* doodsklok[2]; **II** *onoverg* de doodsklok luiden
knelt [nelt] V.T. & V.D. van *kneel*
knew [nju:] V.T. van *know*
knickerbockers ['nikəbɔkə] *znw mv* knickerbocker, wijde kniebroek
knickers ['nikəz] *znw mv* gemeenz slipje *o*, onderbroek [v. vrouw]; *get one's ~ in a twist* verhit, opgewonden reageren; *~!* slang verdorie!, zo kan-ie wel weer!
knick-knack ['niknæk] *znw* snuisterij
knife [naif] **I** *znw* (*mv*: knives [naivz]) mes *o*; *before you can say ~* binnen de kortste keren; *have one's ~ into sbd.* op iem. zitten te hakken, iem. (ongenadig) te pakken hebben; *twist (turn) the ~* extra zout in de wond strooien; nog een trap nageven; **II** *overg* (door)steken
knife-edge *znw* scherp *o* van de snede [v. mes]; *on a ~ about* in grote spanning over
knife-grinder *znw* scharenslijper
knife-point *znw*: *at ~* onder bedreiging met een mes; met het mes op de keel
knife-rest *znw* messenlegger
knife-sharpener *znw* messenaanzetter
knight [nait] **I** *znw* ridder[2]; sp paard *o* [v. schaakspel]; ~ *of the rueful countenance* ridder van de droevige figuur; **II** *overg* tot ridder slaan; in de adelstand verheffen, 'knight' maken
knightage ['naitidʒ] *znw* ridderschap; adelboek *o* (van de *knights*)
knight errant *znw* (*mv*: knights errant) dolende ridder
knight-head *znw* scheepv boegstuk *o*
knighthood *znw* ridderschap *o* [waardigheid], ridderschap *v* [verzamelnaam]; titel van ridder
knightly *bn* ridderlijk, ridder-
knit [nit] (knit/knitted; knit/knitted) **I** *overg* breien, knopen, (ver)binden, samenvlechten, verenigen; ~ *one's brows* de wenkbrauwen fronsen; ~ *up* samenknopen; verbinden; **II** *onoverg* breien; zich verenigen; zich samentrekken [v. wenkbrauwen]; **III** V.T. & V.D. van ~; *close(ly)* ~ hecht [v. organisatie &]
knitter *znw* brei(st)er
knitting *znw* breien *o*; breiwerk *o*
knitting machine *znw* breimachine
knitting-needle *znw* breinaald
knitting pattern *znw* breipatroon *o*
knitwear *znw* gebreide goederen
knob [nɔb] *znw* knobbel, knop [v. deur of stok], klontje *o*, brokje *o*; plat lul (meestal *nob*); *with ~s on* gemeenz en hoe!
knobbed *znw* knobbelig; met een knop
knobb(l)y *bn* knobbelig
knobkerrie ['nɔbkeri] *znw* ZA knuppel, knots
knobstick ['nɔbstik] *znw* (knoestige) knuppel; vero slang onderkruiper, stakingsbreker
knock [nɔk] **I** *onoverg* slaan, (aan)kloppen, stoten, botsen; techn ratelen, kloppen [v. motor]; **II** *overg* slaan, kloppen, stoten; gemeenz scherp bekritiseren, afkammen; ~ *cold* vellen; fig bewusteloos slaan; ~ *on wood* [iets] afkloppen; ~ *about (around)* gemeenz ruw behandelen, toetakelen; gemeenz rondzwerven; bespreken; ~ *against* botsen tegen; toevallig tegenkomen; ~ *at* kloppen op; ~ *back* gemeenz naar binnen slaan [drank]; ~ *sbd. back* Austr iem. afwijzen; ~ *down* neerslaan, -vellen, tegen de grond gooien; aanrijden; verslaan; toewijzen [op veiling]; afslaan; verlagen [prijs]; afdingen; uit elkaar nemen; doen omvallen (van verbazing

&); *you could have ~ed me down with a feather* ik stond er paf van; ~ *into a cocked hat (~ spots off)* in elkaar slaan, vernietigen; fig de loef afsteken; ~ *sth. into sbd.* iem. iets inhameren; ~ *sbd. into the middle of next week* afranselen; ~ *off* afslaan; er af doen [v.d. prijs]; gemeenz vlug afmaken; klaarspelen; afnokken: ophouden of uitscheiden met werken (ook: ~ *off work*); slang stelen; vermoorden; neuken; ~ *off Latin verses* uit zijn mouw schudden; ~ *on the head* fig de nekslag geven; de kop indrukken, bewusteloos slaan, doodslaan; ~ *it off!* gemeenz ophouden!; ~ *out* (er) uitslaan, uitkloppen; knock-out slaan [bij boksen]; verslaan, het winnen van, buiten gevecht stellen; gemeenz met stomheid slaan, verbijsteren; uitputten; ~ *the bottom out of* krachteloos maken, tenietdoen; onthullen [geheim]; handel de klad brengen in; ~ *over* omver slaan, omgooien; *be ~ed over* overreden worden; fig kapot van iets zijn; ~ *together* in elkaar of samenflansen; ~ *up* in de hoogte slaan; opkloppen, wekken; (inderhaast) arrangeren of improviseren; uitputten; sp inspelen, aan warming-up doen; slang zwanger maken; *~ed up* (dood)op; **III** *znw* slag[2], klap[2], klop, geklop *o*; *there is a ~ (at the door)* er wordt geklopt; *give a double ~* tweemaal kloppen

knock-about *bn* gooi-en-smijt-, slapstick-; lawaaierig, opzichtig, schreeuwend [v. kleren]

knock-back *znw* Austr gemeenz weigering, afwijzing, verwerping

knock-down I *bn*: ~ *argument* dooddoener; ~ *price* minimumprijs; **II** *znw* neervellende slag[2] of tijding

knock-downer *znw* klopper[2]

knocker *znw* klopper[2]; afkammer, vitter, criticaster; *~s* slang prammen, tieten

knock-kneed *bn* met x-benen

knock-knees *znw mv* x-benen

knock-on effect *znw* domino-effect *o*

knock-out I *znw* sp knock-out slaan *o* [bij boksen]; genadeslag; gemeenz iets of iemand waar je paf van staat; **II** *bn* sp afval-, knock-out [wedstrijd, toernooi]

knock-up *znw* warming-up

knoll [noul] *znw* heuveltje *o*

knot [nɔt] **I** *znw* knoop°; fig moeilijkheid, complicatie; strik, strikje *o*; fig band; knobbel; knoest, kwast; knot, knoedel, dot; kluitje *o* (mensen), groep, groepje *o*; *cut the ~* de knoop doorhakken; *tie the ~* gemeenz in het huwelijksbootje stappen, een boterbriefje halen; *tie oneself in ~s* zich in bochten wringen; *at the rate of ~s* razendsnel; **II** *overg* knopen; verbinden; verwikkelen; **III** *onoverg* knopen vormen; in de knoop raken

knotted *bn* knoestig, kwastig; knobbelig; met knopen; *get ~!* slang sodemieter op!

knotty *bn = knotted;* fig netelig, lastig, ingewikkeld

knout [naut] *znw* knoet

know [nou] (knew; known) **I** *overg* kennen (soms: kunnen); herkennen; weten, verstaan; (kunnen) onderscheiden; leren kennen; ervaren, ondervinden, merken, zien; *not if I ~ it!* ik ben er ook nog!, daar komt niets van in!; ~ *what's what, ~ a thing or two* het een en ander weten, niet van gisteren zijn; *before you ~ it (where you are)* voor je 't weet, in een handomdraai; ~ *one from the other, ~ which is which* ze uit elkaar kennen; **II** *onoverg & abs ww* weten; *it's great, you ~* fijn, weet je; *do (don't) you ~?* gemeenz nietwaar?; *I ~ better (than that)* ik weet wel beter, ik kijk wel uit!; *I should have ~n better* ik had wijzer moeten zijn; *they ~ better than to ...* zij zullen zich wel wachten om te ...; *there is no ~ing ...* men kan niet weten; ~ *about the matter* van de zaak af weten; ~ *about pictures* verstand hebben van schilderijen; ~ *of* (af)weten van; *not that I ~ of* gemeenz niet dat ik weet; **III** *znw*: *be in the ~* gemeenz er alles van weten, op de hoogte zijn

knowable *bn* te weten, te kennen, (her)kenbaar

know-all *znw* weetal

know-how *znw* praktische kennis, (technische) kennis

knowing *bn* schrander; geslepen, slim; veelbetekenend [v. blik &]

knowingly *bijw* bewust, willens en wetens, met opzet; zie verder: *knowing*

know-it-all *znw* Am betweter, wijsneus

knowledge ['nɔlidʒ] *znw* kennis, kunde, geleerdheid; (mede)weten *o*, wetenschap (van iets), voorkennis; *it is common ~* het is algemeen bekend; *it has come to my ~...* ik heb vernomen...; *to (the best of) my ~* voorzover ik weet; voorzover mij bekend

knowledgeable *bn* kundig, knap; goed ingelicht, goed op de hoogte

known [noun] **I** V.D. van *know*; **II** *bn* (wel)bekend

know-nothing ['nounʌθiŋ] *znw* weetniet

knuckle ['nʌkl] **I** *znw* knokkel; schenkel; [varkens] kluif; *near the ~* gewaagd, nogal schuin [mop]; *rap on (over) the ~s* ernstige berisping; **II** *overg*: ~ *down to* zich serieus wijden aan [studie &], aanpakken; ~ *under* zich gewonnen geven, door de knieën gaan (voor *to*)

knucklebone *znw* knokkel; bikkel

knuckleduster *znw* boksbeugel

knucklehead *znw* Am gemeenz stommeling, oen

knur [nə:] *znw* knoest; sp houten bal of kogel

k.o., K.O., KO *afk. = knock(ed) out*

koala [kou'a:lə], **koala bear** *znw* koala

kohl [koul] *znw* [Arabisch] ogenschaduw [vooal gebruikt in Oosterse landen]

kohlrabi ['koul'ra:bi] *znw* koolrabi, raapkool

kooky ['ku:ki] *bn* Am gemeenz excentriek

kopeck ['koupek] *znw* kopeke

Koran [kɔ(:)-, ku-, kə'ra:n] *znw* koran

Koranic [kɔ(:)-, ku-, kə'rænik] *bn* volgens, betreffende de Koran

Korea [kə'riə] *znw* Korea *o*

Korean [kə'riən] **I** *znw* Koreaan; Koreaans *o*; **II** *bn* Koreaans

kosher ['kouʃə] *bn* koosjer², (ritueel) zuiver²
kowtow ['kau'tau] *onoverg* [Chinees]: ~ *to* door het stof gaan (voor), zich vernederen
kraut [kraut] *znw* [Duits] slang scheldwoord mof [Duitser]
kudos ['kju:dɔs] *znw* gemeenz roem, eer
Kurd [kə:d] *znw* Koerd
Kurdish ['kə:diʃ] **I** *bn* Koerdisch; **II** *znw* Koerdisch *o* [de taal]
Kurdistan [kə:di'sta:n, -'stæn] *znw* Koerdistan *o*
Kuwait [ku'weit] *znw* Koeweit *o*
Kuwaiti [ku'weiti] **I** *bn* Koeweits; **II** *znw* Koeweiti [inwoner v. Koeweit]
Kyrgyzstan ['kə:gizstæn] *znw* Kirgizië *o*, Kirgizistan *o*

L

l [el] *znw* (de letter) l
L = 50 [als Romeins cijfer]
la [la:] *znw* muz la
lab [læb] *znw* gemeenz lab *o* (= laboratorium)
label ['leibl] **I** *znw* etiket² *o*, (platen)label, strook; fig benaming; **II** *overg* etiketteren, de label(s) hechten aan, labelen; fig noemen (ook: ~ *as*)
labia ['leibiə] *znw mv* schaamlippen
labial ['leibiəl] **I** *bn* lip-, labiaal; **II** *znw* labiaal: lipklank
labiate ['leibiit] **I** *bn* lipbloemig; **II** *znw* lipbloemige plant
labile ['leibail] *znw* labiel; veranderlijk
labor ['leibə] *znw* Am = *labour*
laboratory [lə'bɔrət(ə)ri, Am 'læb(ə)rətɔ:ri] *znw* laboratorium *o*; ~ *animal* proefdier *o*; ~ *worker* laborant
laborious [lə'bɔ:riəs] *bn* moeizaam, zwaar, moeilijk
labor union *znw* Am vakbond, vakvereniging
labour, Am **labor** ['leibə] **I** *znw* arbeid, werk *o*; moeite; taak; de werkkrachten of arbeiders; werkende klassen; weeën (bij bevalling); *be in* ~ aan het bevallen (zijn); stampen *o* [v. schip]; *L~* de (Engelse) arbeiderspartij; *L~ Day* Dag van de Arbeid [in Engeland 1 mei, in de V.S. eerste maandag in september]; *a ~ of love* ± liefdewerk *o*; *hard* ~ dwangarbeid; *lost* ~ vergeefse moeite; *in* ~ in barensnood, barend; **II** *onoverg* arbeiden, werken [ook: v. schip], zich moeite geven; ~ *through* zich er doorheen slaan, met moeite doorheen werken; ~ *under* kampen met; ~ *under a delusion (misapprehension)* in dwaling verkeren; **III** *overg* uitgebreid bespreken; bewerken; ~ *a point* uitvoerig op een (twist)punt ingaan; (nader) uitwerken
labour camp *znw* werkkamp *o*
labour dispute *znw* arbeidsconflict *o*
laboured *bn* bewerkt; moeilijk [v. ademhaling]; gekunsteld, niet spontaan
labourer *znw* arbeider, werkman
labour exchange *znw* arbeidsbureau *o*
labour force *znw* werkkrachten, arbeidskrachten
labour-intensive *bn* arbeidsintensief
Labourite ['leibərait] *znw* lid *o* van de *Labour Party*
labour market *znw* arbeidsmarkt
labour pains *znw mv* (barens)weeën
Labour Party *znw* Br de socialistische partij
labour room *znw* verloskamer
labour-saving ['leibəseiviŋ] *bn* arbeidbesparend
laburnum [lə'bə:nəm] *znw* goudenregen
labyrinth ['læbərinθ] *znw* labyrint *o*, doolhof°
labyrinthine [læbi'rinθain] *bn* verward, ingewik-

keld (als een doolhof), labyrintisch

lace [leis] **I** *znw* veter; galon *o & m*, passement *o*; kant; vitrage; **II** *overg* (vast)rijgen, snoeren; galonneren; versieren [met kant]; *coffee ~d with cognac* met een scheutje cognac; *a story ~d with jokes* verhaal *o* doorspekt met grapjes; ~ *up* vastrijgen; **III** *onoverg* zich laten rijgen; zich inrijgen (ook: ~ *in*); ~ *into sbd.* gemeenz iem. afrossen; **IV** *bn* kanten

lacerate ['læsəreit] *overg* scheuren, verscheuren[2]

laceration [læsə'reiʃən] *znw* (ver)scheuring

lace-up ['leis'ʌp] **I** *bn* rijg-; **II** *znw*: *~s* gemeenz rijglaarzen, -schoenen

laches ['lætʃiz] *znw* recht laksheid, nalatigheid; onachtzaamheid

lachrymal ['lækriməl] *bn* traan-

lachrymatory *bn* tranen verwekkend

lachrymose *bn* vol tranen; huilerig

lacing ['leisiŋ] *znw* veter, boordsel *o*; scheutje *o* sterke drank (in koffie &)

lack [læk] **I** *znw* gebrek *o*, gemis *o*, behoefte, tekort *o* (aan *of*), schaarste; *for ~ of* bij gebrek aan; *no ~ of* genoeg van; **II** *overg* gebrek of een tekort hebben aan; *he ~s courage* het ontbreekt hem aan moed; **III** *onoverg*: *be ~ing* ontbreken; *he is ~ing in ...* het ontbreekt hem aan ..., hij schiet te kort in ...

lackadaisical [lækə'deizikl] *bn* lusteloos; nonchalant, laks, luchtigjes

lackey ['læki] **I** *znw* lakei; **II** *onoverg* als lakei dienen, de lakei spelen (voor *to*)

lacking ['lækiŋ] *bn* gemeenz zwakzinnig, dom; zie ook *lack*

lacklustre ['læklʌstə] *bn* glansloos, dof

laconic [lə'kɔnik] *bn* laconiek; kort en bondig

laconism ['lækənizm] *znw* laconisme *o*, bondigheid; kort en bondig gezegde *o*

lacquer ['lækə] **I** *znw* lak *o & m*, lakwerk *o*, vernis *o & m*; haarlak; **II** *overg* lakken, vernissen; haarlak opbrengen

lacrosse [lə'krɔs] *znw* een Canadees balspel

lactation [læk'teiʃən] *znw* melkafscheiding

lacteal ['læktiəl] *bn* melk-

lactic ['læktik] *bn* melk-

lactose ['læktouz] *znw* melksuiker, lactose

lacuna [lə'kju:nə] *znw* (*mv*: lacunae [lə'kju:ni:]) leemte, gaping, hiaat, *o* lacune

lacustrine [lə'kʌstrain] *bn* meer-; ~ *habitations* paalwoningen

lacy ['leisi] *bn* als (van) kant; kanten

lad [læd] *znw* knaap; jongen; jongeman; gemeenz 'vlotte jongen'

ladder ['lædə] **I** *znw* ladder[2]; **II** *onoverg* ladderen [v. kous]

laddie, **laddy** ['lædi] *znw* Schots knaap, jongen

lade [leid] *overg* laden, beladen[2]

laden V.D. van *lade*

la-di-da [la:di'da:] *bn* aanstellerig, dikdoenerig, gemaakt

ladies' man *znw* man die graag met vrouwen omgaat; verleider

ladified *bn* = *ladyfied*

lading ['leidiŋ] *znw* lading

ladle ['leidl] **I** *znw* pollepel, soeplepel, scheplepel; **II** *overg* opscheppen; ~ *out* uitscheppen, oplepelen[2]; met kwistige hand uitdelen

ladleful *znw* lepel(vol)

lady ['leidi] *znw* dame[2], vrouw (des huizes), 'mevrouw' [v. dienstbode]; Vrouwe, gemeenz vrouw (in 't algemeen); echtgenote, beminde, geliefde; lady: echte dame &; titel van de vrouw van een knight of baronet, of de dochter van een graaf, markies of hertog; dierk merrie; wijfje *o*; teef; in samenst. = -ster, -es; *the (my) old ~* gemeenz moeder de vrouw; *your (good) ~* mevrouw [uw vrouw]; *Our L~* Onze-Lieve-Vrouw; *Ladies(')* (openbaar) damestoilet *o*

Lady-altar *znw* RK Maria-altaar *o & m*

ladybird *znw* lieveheersbeestje *o*

ladiebug *znw* Am lieveheersbeestje *o*

Lady chapel *znw* RK Mariakapel

Lady Day *znw* Maria-Boodschap [25 maart]

ladyfied *bn* als (van) een dame

lady friend *znw* vriendin

lady-in-waiting *znw* hofdame

lady-killer *znw* vrouwenveroveraar, Don Juan

ladylike *bn* als (van) een dame

lady-love *znw* liefste, geliefde

Lady Muck *znw* slang geringsch dikdoenerige dame, kakmadam

lady-ship *znw* ladyschap *o*, lady's titel; *her (your) ~* mevrouw (de gravin &)

1 lag [læg] **I** *onoverg* (ook: ~ *behind*); achteraankomen, achterblijven; *not ~ behind* niet achterblijven (bij); **II** *overg* slang in de gevangenis stoppen; arresteren; **III** *znw* **1** tijdsverloop *o*, ± periode; achterstand, verschil *o* in tijd; vertraging(sfactor); **2** gemeenz (ontslagen) gedeporteerde, tuchthuisboef; *an old ~* een bajesklant

2 lag [læg] techn *overg* bekleden, isoleren

lager ['la:gə] *znw* lagerbier *o*

laggard ['lægəd] *znw* talmer, achterblijver

lagging ['lægiŋ] *znw* **1** isolatiemateriaal *o*; **2** getalm *o*, geaarzel *o*

lagoon [lə'gu:n] *znw* lagune, haf

lah-di-dah *bn* = *la-di-da*

laic ['leiik] **I** *bn* leken-; **II** *znw* leek

laicization [leiisai'zeiʃən] *znw* secularisatie

laicize ['leiisaiz] *overg* seculariseren

laid [leid] **I** V.T. & V.D. van [3]*lay*; **II** *bn*: *get ~* plat een beurt krijgen; ~ *up* door ziekte in bed

laid-back ['leidbæk] *znw* gemeenz ontspannen, relaxed

lain [lein] V.D. van [2]*lie*

lair [lɛə] *znw* hol[2] *o*, leger *o* [v. dier]

laird [lɛəd] *znw* Schots (land)heer

laity ['leiiti] *znw* lekendom *o*; leken

lake [leik] *znw* **1** meer *o*; **2** (rode) lakverf; *artificial*

~, *ornamental* ~ vijver; *Lake Superior* het Bovenmeer
lake-dweller *znw* paalbewoner
lake-dwelling *znw* paalwoning
lakeland *znw*: *the* ~ het merendistrict
lakelet *znw* meertje *o*
lakeside *bn* aan, naast het meer
lake-village *znw* paaldorp *o*
lakh [læk] *znw* [in India] honderdduizend (rupees)
lam [læm] *overg* gemeenz afranselen
lama ['la:mə] *znw* lama [boeddhistische priester]
lamaism ['la:məizm] *znw* lamaïsme *o*
lamasery ['la:məsəri] *znw* lamaklooster *o*
lamb [læm] **I** *znw* lam[2] *o*; lamsvlees *o*; fig gemeenz lieve kind *o*; **II** *onoverg* lammeren, werpen
lambast(e) [læm'beist] *overg* gemeenz (iem.) zijn vet geven, (iem.) op zijn nummer zetten, (iem.) flink op zijn donder geven; hekelen
lambent ['læmbənt] *bn* lekkend, spelend [v. vlammen], glinsterend, tintelend
lambkin ['læmkin] *znw* lammetje[2] *o*
lambskin *znw* lamsvel *o*
lame [leim] **I** *bn* mank, kreupel[2], gebrekkig; armzalig, onbevredigend [excuus]; ~ *in one leg* mank aan één been; **II** *overg* mank (kreupel) maken; verlammen, met lamheid slaan
lamé ['la:mei, la:'mei] *znw* [Fr] lamé
lamella [lə'melə] *znw* (*mv*: -s *of* lamellae [-li:]) lamel, plaatje *o*
lament [lə'ment] **I** *znw* jammer-, weeklacht; klaaglied *o*, klaagzang; **II** *onoverg* (wee)klagen, jammeren, lamenteren; **III** *overg* bejammeren, betreuren, bewenen; *the late ~ed Rabin* Rabin zaliger
lamentable ['læməntəbl] *bn* beklagens-, betreurenswaardig; jammerlijk; gemeenz minderwaardig
lamentation [læmen'teiʃən] *znw* weeklacht, jammerklacht, gejammer *o*
lamina ['læminə] *znw* (*mv*: -s *of* laminae [-ni:]) dunne plaat; laag; blad *o*
laminate I *overg* ['læmineit] pletten; in lagen afdelen; met platen beleggen, lamineren; **II** *znw* ['læminit] laminaat *o*
Lammas ['læməs] *znw* St.-Pieter [1 augustus]
lamming ['læmiŋ] *znw* gemeenz pak *o* slaag
lamp [læmp] *znw* lamp; lantaarn
lampblack *znw* lampzwart *o*
lamplighter ['læmplaitə] *znw* lantaarnopsteker
lamplit ['læmplit] *bn* met een lamp verlicht
lampoon [læm'pu:n] **I** *znw* schotschrift *o*; pamflet *o*; **II** *overg* (in schotschriften) hekelen
lampoonist *znw* pamfletschrijver
lamp-post ['læmppoust] *znw* lantaarn(paal)
lampshade *znw* lampenkap
Lancastrian [læŋ'kæstriən] *znw* **1** hist (aanhanger) van Lancaster [in de Rozenoorlogen]; **2** (inwoner) van Lancashire
lance [la:ns] **I** *znw* lans; speer; **II** *overg* (met een lans) doorsteken; (met een lancet) dóórsteken of openen; plechtig werpen
lance-corporal *znw* soldaat eerste klasse
lanceolate ['la:nsiəlit] *bn* lancetvormig
lancer ['la:nsə] *znw* lansier
lancet ['la:nsit] *znw* lancet *o*
lancinating ['la:nsineitiŋ] *bn* snijdend, stekend [v. pijn]
land [lænd] **I** *znw* land° *o*, landerijen; platteland *o*; grond, bodem; *make* ~ land zien of bereiken; *see how the* ~ *lies* poolshoogte nemen; *by* ~ over land; te land; *on* ~ aan land, aan (de) wal; te land; **II** *bn*: ~ *reform* agrarische hervorming; **III** *overg* (doen) landen, doen belanden, aan land zetten, aan land brengen of halen, lossen [goederen], afzetten [uit voertuig]; fig brengen [in moeilijkheden]; gemeenz opstrijken, bemachtigen, krijgen; ~ *him one in the eye* gemeenz hem een klap op z'n oog geven; ~ *him with* gemeenz hem opzadelen met; **IV** *onoverg* (aan-, be)landen; neerkomen, terechtkomen; sp aankomen [bij einddoel]; ~ *on one's feet* fig geluk hebben; ~ *up with* er met ... afkomen
land-agent *znw* rentmeester; makelaar in landerijen &
landau ['lændɔ:] *znw* landauer
landbank ['lændbæŋk] *znw* grondkredietbank
landed *bn* uit landerijen bestaande; landerijen bezittende, grond-; *the* ~ *interest* de grondbezitters; ~ *property, estate* grondbezit *o*; *the* ~ *gentry* de landadel
landfall *znw*: *make* ~ land in zicht krijgen; *make (a)* ~ *on an island* voor het eerst voet aan wal zetten op een eiland
landfill *znw* **1** stortterrein *o*; **2** storten *o* v. afval
land-forces *znw mv* landmacht
land-holder *znw* grondbezitter; meestal: pachter
landing ['lændiŋ] *znw* landing; lossing; vangst; landingsplaats, losplaats; (trap)portaal *o*, overloop
landing-charges *znw mv* lossingskosten
landing-craft *znw* landingsvaartuig *o*, landingsvaartuigen
landing-gear *znw* luchtv landingsgestel *o*, onderstel *o*
landing-net *znw* schepnet *o*
landing-party *znw* landingsdetachement *o*
landing-stage *znw* aanlegsteiger; kade
landing-strip *znw* landingsstrook, landingsstrip
landlady *znw* hospita, kostjuffrouw; herbergierster, waardin
landless *bn* zonder land
land-locked *bn* door land ingesloten
landlord *znw* huisbaas, -eigenaar; hospes, kostbaas; herbergier, waard, kastelein
landlubber *znw* landrot
landmark *znw* baken *o*, (bekend) punt *o*, oriëntatiepunt *o*; fig mijlpaal, keerpunt *o* [op levensweg &]
land-mine *znw* landmijn
landowner *znw* grondbezitter

land registry *znw* kadaster *o*
landrover *znw* landrover [terreinwagen]
landscape I *znw* landschap *o*; ~ *artist (painter)* landschapschilder; ~ *gardener* tuinarchitect, landschapsarchitect; ~ *gardening* tuinarchitectuur; **II** *overg* verfraaien d.m.v. landschapsarchitectuur
landscapist *znw* landschapschilder
landslide ['lændslaid] *znw* bergstorting, aardverschuiving; fig (ook: ~ *victory*) overweldigende verkiezingsoverwinning
landslip *znw* kleine aardverschuiving
land-surveying *znw* landmeting
land-surveyor *znw* landmeter
land-tax *znw* grondbelasting
landward(s) *bn & bijw* landwaarts
lane [lein] *znw* landweg [tussen heggen]; nauwe straat, steeg; (rij)strook; sp baan; scheepv vaarweg, -geul; scheepv & luchtv route; *four-~ highway* vierbaansweg
language ['læŋgwidʒ] *znw* taal, spraak; *bad* ~ scheldwoorden; *use bad* ~ vloeken, schelden; *speak the same* ~ elkaar aanvoelen, begrijpen
language laboratory *znw* talenpracticum *o*
languid ['læŋgwid] *bn* mat, slap, loom, lusteloos, flauw, smachtend
languish ['læŋgwiʃ] *onoverg* verflauwen; weg-, (ver)kwijnen, (ver)smachten (naar *for*)
languor ['læŋgə] *znw* kwijning; matheid, loomheid
languorous *bn* kwijnend, smachtend; mat, loom
lank [læŋk] *bn* sluik [v. haar]
lanky *bn* lang (en mager of slungelachtig)
lantern ['læntən] *znw* lantaarn; lichtkamer [v. vuurtoren]; *Chinese* ~ lampion; *magic* ~ toverlantaarn; *~-jawed* holwangig
lantern-slide *znw* toverlantaarnplaatje *o*
lanyard ['lænjəd] *znw* scheepv taliereep; riem; koord *o*
Laos ['la:ɔs] *znw* Laos *o*
Laotian I *znw* Laotiaan; **II** *bn* Laotiaans
lap [læp] **I** *znw* **1** schoot; **2** sp ronde [bij baanwedstrijd]; etappe (ook fig); ~ *of honour* ererondje *o*; *in the ~ of the gods* in de schoot der goden, in de toekomst; *in the ~ of luxury* badend in luxe, weelde; **II** *overg* **1** sp 'lappen', op een ronde achterstand zetten; **2** (meestal: ~ *up*) (op)lebberen, opslorpen; gemeenz gulzig drinken; fig gretig in zich opnemen; ~ *up* gemeenz fig smullen van, dol zijn op; **III** *onoverg* **1** slorpen; **2** klotsen, kabbelen
lap-dog *znw* schoothondje *o*
lapel [~lə'pel] *znw* lapel [v. jas]
lapful ['læpful] *znw* schootvol
lapidary ['læpidəri] **I** *bn* lapidair; **II** *znw* steensnijder
lapis lazuli [læpis'læzjulai] *znw* lapis lazuli, lazuursteen, lazuur *o*
Lapp [læp] **I** *znw* Lap(lander); **II** *bn* Laplands
lappet ['læpit] *znw* flap, slip [aan kleding]; kwab, (oor)lel
Lappish ['læpiʃ] *bn* Laplands
lapse [læps] **I** *znw* val, loop, verval *o*, verloop *o*, vervallen *o*, afval(ligheid); afdwaling, misslag, fout, vergissing, lapsus; **II** *onoverg* verlopen, (ver)vallen°, afvallen, afdwalen
lapwing ['læpwiŋ] *znw* kievit
larboard ['la:bəd, -bɔ:d] *znw* bakboord *o*
larceny ['la:səni] *znw* Am recht diefstal
larch [la:tʃ] *znw* lorkenboom, lariks; lorkenhout *o*
lard [la:d] **I** *znw* reuzel; **II** *overg* larderen, doorspekken (met *with*)
larder *znw* provisiekamer, -kast
large [la:dʒ] *bn* groot°, ruim[2]; breed, veelomvattend; royaal; vérstrekkend; *at* ~ breedvoerig; vrij, op vrije voeten; in (over) het algemeen; *gentleman at* ~ heer zonder beroep, rentenier; *the public at* ~ het grote publiek; *by and* ~ over het algemeen; *as ~ as life* in levenden lijve, hoogstpersoonlijk; *~er than life* overdreven, buiten proporties
large-handed *bn* royaal, mild
large-hearted *bn* groothartig, edelmoedig
large-limbed *bn* grofgebouwd
largely *bijw* in grote (ruime, hoge) mate, ruimschoots; grotendeels
large-minded *bn* breed van opvatting, ruim van blik
largeness *znw* grootte; onbekrompenheid
large-scale *bn* op grote schaal, grootscheeps, groot
largess(e) [la:'dʒes] *znw* vrijgevigheid, gulheid
largish ['la:dʒiʃ] *bn* vrij groot
lariat ['læriət] *znw* lasso; touw *o* om paard & vast te binden
lark [la:k] **I** *znw* **1** leeuwerik; **2** gemeenz pret, pretje *o*; grap, lolletje *o*; *up with the* ~ voor dag en dauw; **II** *onoverg*: ~ *about* gemeenz lol maken
larky *bn* gemeenz uit op een pretje, jolig, lollig
larrikin ['lærikin] *znw* Austr straatschender; boefje *o*
larrup ['lærəp] *overg* gemeenz afranselen
larva ['la:və] *znw* (*mv*: larvae [-vi:]) larve
larval *bn* larven-
laryngeal [lə'rindʒiəl] *bn* van het strottenhoofd
laryngitis [lærin'dʒaitis] *znw* laryngitis, ontsteking van het strottenhoofd
larynx ['læriŋks] *znw* (*mv*: -es *of* larynges [lərindʒi:z]) larynx: strottenhoofd *o*
lascivious [lə'siviəs] *bn* wellustig, geil, wulps
laser ['leizə] *znw* laser
lash [læʃ] **I** *znw* zweepkoord *o*; slag, zweepslag, gesel, -slag; wimper, ooghaar *o*; *be under the* ~ onder de plak zitten; **II** *overg* zwepen, fig opzwepen; geselen[2]; striemen; slaan, beuken; (vast)sjorren; **III** *onoverg* slaan, zwiepen; ~ *out* achteruitslaan [v. paard]; fig uit de band springen; ~ *out at* er van langs geven, uitvallen naar, uitvaren tegen, woest aanvallen
lasher ['læʃə] *znw* waterkering; stuwdam, spui *o*, spuigat *o*, spuiwater *o*; stuwbekken *o*

lashing ['læʃiŋ] *znw* geseling; scheepv sjorring; ~*s of* gemeenz een overvloed aan
lash-up *znw* gemeenz haastige improvisatie
lass(ie) ['læs(i)] *znw* deerntje *o*, meisje *o*
lassitude ['læsitju:d] *znw* moeheid, loomheid, matheid, afmatting
lasso [læ'su:, 'læsou] **I** *znw* (*mv*: -s *of* -soes) lasso; **II** *overg* met de lasso vangen
1 last [la:st] *znw* **1** (schoenmakers)leest; **2** handel last *o* & *m*
2 last [la:st] **I** *bn* laatst; vorig(e), verleden, jongstleden; nieuwst, meest recent; *the ~ but one* op een na de laatste; *the ~ day* de jongste dag; *~ night* gister(en)avond; vannacht [verleden nacht]; *the night before ~* eergister(en)avond, eergister(en-) nacht; *the year before ~* voorvorig (voorverleden, eerverleden) jaar; *~ but not least* de (het) laatstgenoemde, maar niet de (het) minste; *every ~ one* iedereen (zonder uitzondering); **II** *znw* laatste; *we shall never hear the ~ of it* er komt nooit een eind aan; *look one's ~ at...* een laatste blik werpen op...; *at (long) ~* uiteindelijk, ten slotte, ten langen leste; *be near one's ~* zijn eind nabij zijn; *to (tell) the ~* tot het laatst toe; *towards the ~* tegen het eind; *breathe one's ~* de laatste adem uitblazen; *leave (sth.) till ~* (iets) voor het laatst bewaren; **III** *bijw* het laatst; ten slotte
3 last [la:st] **I** *onoverg* (blijven) duren; voortduren; goed blijven, (lang) meegaan; het uithouden; *it will ~ you a week* u hebt er voor een week genoeg aan; *she will not ~ long* zij zal het niet lang meer maken; *make one's money ~* lang doen met zijn geld; *~ out* het volhouden; **II** *overg*: *~ (out) the day* & de nacht halen
last-ditch ['la:stditʃ] *bn* wanhoops-; *a ~ attempt* een wanhoopspoging
lasting *bn* duurzaam, (voort)durend, bestendig
lastly *bijw* ten laatste, ten slotte
last-minute *bn* op het laatste ogenblik, te elfder ure
last name *znw* achternaam
latch [lætʃ] **I** *znw* klink; *off the ~* op een kier; *on the ~* op de klink; **II** *overg* op de klink doen; *~ on to, ~ onto* snappen; zich vastklampen aan
latchkey ['lætʃki:] *znw* huissleutel; *~ child (kid)* sleutelkind *o*
late [leit] **I** *bn* laat; te laat; laatst, van de laatste tijd, jongst(e); vergevorderd; gewezen, vorig, ex-; overleden, wijlen; *the ~ Mr. A.* wijlen de heer A.; *of ~* (in) de laatste tijd; *~ of* tot voor kort wonend in (te); **II** *bijw* laat; te laat; voorheen; plechtig onlangs; *~ in the day* wat laat; *as ~ as those times* tot aan (in), nog in, tot op die tijd
latecomer *znw* laatkomer
lately *bijw* laatst, onlangs, kort geleden; (in) de laatste tijd
lateness *znw*: het (te) laat zijn *o*; *the ~ of the hour* het late uur
late-night *bn* nacht-; *~ shopping* koopavond
latent ['leitənt] *bn* verborgen, slapend; latent; *~ period* incubatietijd
later ['leitə] *bn & bijw* later; *~ on* later, naderhand
lateral ['lætərəl] *bn* zijdelings, zij-
latest ['leitist] *bn* laatste, nieuwste; *the ~* de nieuwste mop, het nieuwste snufje &; *at the ~* niet later dan, op z'n laatst
latex ['leiteks] *znw* (*mv*: -es *of* latices [-tisi:z]) latex *o* & *m*: melksap *o*
lath [la:θ] *znw* lat
lathe [leið] *znw* draaibank
lather ['la:ðə, 'læðə] **I** *znw* zeepsop *o*; schuim *o*; zweet *o* [v. paard]; *in a ~* (op)gejaagd; **II** *onoverg* schuimen; **III** *overg* met schuim bedekken; inzepen; gemeenz afranselen
Latin ['lætin] **I** *bn* Latijns; *~ America* Latijns-Amerika; **II** *znw* **1** Latijn *o*; **2** Latijns (zuidelijk) type [persoon]
Latin-American I *bn* Latijns-Amerikaans; **II** *znw* Latijns-Amerikaan [persoon]
latish ['leitiʃ] *bn* wat laat
latitude ['lætitju:d] *znw* (geografische) breedte, hemelstreek; vrijheid [v. handelen], speelruimte
latitudinarian ['lætitju:di'nɛəriən] *bn (znw)* vrijzinnig(e)
latrine [lə'tri:n] *znw* latrine
latter ['lætə] *bn* laatstgenoemde, laatste (van twee), tweede
latter-day *bn* van de laatste tijd, modern; *the ~ saints* de heiligen der laatste dagen [de mormonen]
latterly *bijw* in de laatste tijd; tegenwoordig; tegen het eind (van het leven &)
lattice ['lætis] **I** *znw* traliewerk *o*, open latwerk *o*; *~ bridge* traliebrug; **II** *overg* van tralie-, latwerk voorzien
lattice window *znw* tralievenster *o*; venster *o* met glasinlood
lattice-work *znw* traliewerk *o*
Latvia ['lætviə, -vjə] *znw* Letland *o*
Latvian ['lætviən, -vjən] **I** *znw* **1** Let; **2** Lets *o*; **II** *bn* Lets, van/uit Letland
laud [lɔ:d] **I** *znw* lof, lofzang; *~s* RK lauden; **II** *overg* loven, prijzen
laudable *bn* lof-, prijzenswaardig
laudatory *bn* prijzend, lovend-, lof-
laugh [la:f] **I** *onoverg & overg* lachen; *he who ~s last ~s longest* wie het laatst lacht, lacht het best; *~ all the way to the bank* makkelijk binnenlopen [rijk worden]; *~ at* lachen om[2], uitlachen; lachen tegen; *~ down* door lachen tot zwijgen brengen; *~ in the face of* tarten, bespotten; *~ up one's sleeve* in z'n vuistje lachen; *~ off* zich lachend afmaken van, weglachen, met een grapje afdoen; *he ~ed on the other side of his face* hij lachte als een boer die kiespijn heeft; *~ out (loud)* luid lachen; *~ sth./sbd. out of court* iets/iem. volledig belachelijk maken; *~ over* lachen om; **II** *znw* lach, gelach *o*; gemeenz gein(tje

o), lol(letje *o*); geinponem
laughable *bn* belachelijk, lachwekkend
laughing-gas *znw* lachgas *o*
laughing-stock *znw* voorwerp *o* van bespotting, risee
laughter *znw* gelach *o*, lachen *o*
launch [lɔ:n(t)ʃ] **I** *overg* werpen, slingeren; te water laten, van stapel laten lopen; van wal steken; lanceren², afschieten [raket]; de wereld in zenden (in sturen), uitbrengen, beginnen, op touw zetten, inzetten, ontketenen [aanval &]; oplaten [ballon]; **II** *onoverg*: ~ *forth* in zee steken; ~ *forth in praise of* uitweiden over de verdiensten van; ~ *into* aan ... beginnen, enthousiast beginnen; ~ *out* uitbarsten; zich storten in; zijn geld laten rollen; beginnen; zich begeven (in *into*); **III** *znw* tewaterlating; lancering [v. raket]; lanceren *o*, uitbrengen *o* [v. product, film &]; barkas
launcher *znw* lanceerinrichting
launch(ing) pad *znw* lanceerplatform *o*; fig opstap [naar een hogere functie &]
launching site *znw* lanceerplatform *o*
launder ['lɔ:ndə] *overg* wassen en opmaken; witwassen, witten [v. zwart geld]
launderette [lɔ:ndə'ret], Am **laundromat** *znw* wasserette
laundress ['lɔ:ndris] *znw* wasvrouw
laundry *znw* was; wasserij
laundryman *znw* wasman
laureate ['lɔ:riit] *bn* & *znw* gelauwerd(e dichter)
laurel *znw* laurier; lauwerkrans; ~*s* ook: fig lauweren; *rest on one's* ~*s* op zijn lauweren rusten
lava ['la:və] *znw* lava
lavatory ['lævətəri] *znw* toilet *o*, retirade, wc, closet *o*; ~ *pan* closetbak; ~ *bowl* closetpot
lave [leiv] *overg* plechtig wassen, bespoelen
lavender ['lævəndə, -vində] *znw* lavendel; lavendelblauw *o*
laver ['leivə] *znw* wasbekken *o*
lavish ['læviʃ] **I** *bn* kwistig (met *of*); overvloedig, luxueus; **II** *overg* kwistig uitdelen of besteden; verkwisten (aan *upon*)
lavishness *znw* kwistigheid
law [lɔ:] *znw* wet; recht *o*; wetgeving; justitie, politie; regel, wetmatigheid; *canon* ~ canoniek (kerkelijk) recht *o*; *civil* ~ burgerlijk recht *o*; *constitutional* ~ staatsrecht *o*; *customary* ~ gewoonterecht *o*; ~ *and order* recht en orde; orde en gezag; ~ *of nations* volkenrecht *o*; *be a* ~ *unto oneself* zijn eigen wetten stellen; *have the* ~ *on sbd.* iem. voor de rechter slepen; *lay down the* ~ de wet stellen; autoritair optreden; *study (read, take)* ~ rechten studeren; *take the* ~ *into one's own hands* eigenrichting plegen; eigen rechter spelen; zie ook: *common I*; *be at* ~ in proces liggen; *no distinction is made at* ~ er wordt geen onderscheid gemaakt voor de wet; *action (case, process) at* ~ proces *o*; *by* ~, *in* ~ voor (volgens) de wet; *go to* ~ de weg van rechten inslaan, gaan procederen
law-abiding *bn* gehoorzaam (aan de wet), gezagsgetrouw, ordelievend; achtenswaardig
lawbreaker *znw* wetsovertreder
law centre *znw* bureau *o* voor rechtshulp
lawcourt *znw* rechtbank
law-enforcement *znw* misdaadbestrijding
lawful *bn* wettig, rechtmatig, geoorloofd
lawgiver *znw* wetgever
lawless *bn* wetteloos; bandeloos
lawmaker *znw* wetgever
lawman *znw* Am politieman
law merchant ['lɔ:'mə:tʃənt] *znw* handelsrecht *o*
lawn [lɔ:n] *znw* **1** grasperk *o*, -veld *o*, gazon *o*; **2** kamerdoek *o* & *m*, batist *o*
lawnmower *znw* grasmaaimachine
lawnsprinkler *znw* gazonsproeier
lawn tennis *znw* tennis *o*
law-officer ['lɔ:ɔfisə] *znw* rechterlijk ambtenaar
lawsuit *znw* rechtsgeding *o*, proces *o*
law-term *znw* rechtsterm; zittingsperiode
lawyer *znw* rechtsgeleerde, jurist; advocaat
lax [læks] *bn* los², slap², laks, zorgeloos; aan diarree lijdend
laxative I *bn* laxerend; **II** *znw* laxeermiddel *o*, laxans *o*, laxatief *o*
laxity *znw* losheid², slapheid², laksheid, onnauwkeurigheid
1 lay [lei] V.T. van ²*lie*
2 lay [lei] *bn* wereldlijk, leke(n)²-; amateur-
3 lay [lei] (laid; laid) **I** *overg* leggen, plaatsen; neerleggen; installeren; aanleggen [vuur]; aan-, beleggen (met *with*); zetten; bannen, bezweren [geesten]; gemeenz neuken, een beurt geven; dekken [tafel]; (ver)wedden; indienen [aanklacht]; klaarzetten [ontbijt &]; ~ *a bet* een weddenschap aangaan; ~ *the cloth* de tafel dekken; ~ *eyes on* zijn oog laten vallen op; ~ *low* tegen de grond werken; verslaan; fig vellen [door ziekte]; ~ *(oneself) open to* (zich) blootstellen aan; ~ *snares (traps)* strikken spannen; zie ook: *claim II, contribution, hand &*; **II** *onoverg* leggen; dekken [de tafel]; ~ *about one* er op (van zich af) slaan (naar alle kanten); ~ *aside* opzij leggen, terzijde leggen; laten varen; ~ *at* vaststellen op; slaan naar, te lijf willen; ~ *before* voorleggen; ~ *by* opzij leggen, sparen; ~ *down* neerleggen²; (vast)stellen [regels], voorschrijven, bepalen; laten varen [v. hoop]; scheepv op stapel zetten; opslaan [wijn]; ~ *down one's life* zijn leven geven; ~ *in* opdoen, inslaan [voorraden]; ~ *into sbd.* er op los slaan; ~ *off* (tijdelijk) gedaan geven (naar huis sturen) [werklui]; uitscheiden; met rust laten; ~ *on* opleggen; erop (erover) leggen; aanleggen [gas &]; organiseren [feestje &], zorgen voor; erop ranselen; schuiven op [schuld]; ~ *it on (thick, with a trowel)* gemeenz het er dik opleggen, overdrijven; met de stroopkwast werken; ~ *out* uitleggen, klaarleggen, -zetten; aanleggen, ontwerpen; afleggen [een

dode]; bewusteloos slaan, buiten gevecht stellen; uitgeven, besteden (aan *in*); ~ *oneself out to* ... zijn uiterste best doen, zich uitsloven om ...; ~ *over* bedekken, beleggen; Am overblijven; ~ *to* wijten aan; scheepv bijleggen; ~ *up* inslaan [voorraad]; opzamelen, sparen; scheepv opleggen; buiten dienst stellen, vellen, afschaffen, afdanken; *be laid up* (ziek) liggen, het bed moeten houden; ~ *upon* zie ~ *on*

4 lay [lei] *znw* **1** leg [v. kip]; **2** ligging; ~ *of the land* fig stand van zaken; **3** gemeenz wip, nummertje *o*; *she's an easy* ~ zij gaat zo'n beetje met iedereen naar bed; **4** plechtig lied *o*, zang

lay-about ['leiəbaut] *znw* leegloper

lay brother ['lei'brʌðə] *znw* lekenbroeder

lay-by ['leibai] *znw* auto parkeerhaven

lay-days *znw mv* scheepv ligdagen

layer ['leiə] *znw* laag; dierk leghen; plantk aflegger

layer-cake *znw* uit lagen opgebouwd gebak *o*

layered *bn* gelaagd

layette [lei'et] *znw* babyuitzet

lay figure ['lei'figə] *znw* ledenpop[2]

layman ['leimən] *znw* leek[2]

layoff ['lei'ɔf] *znw* (tijdelijk) naar huis sturen *o* van arbeiders wegens gebrek aan werk

layout ['lei'aut] *znw* aanleg [v. park &]; inrichting; ontwerp *o*, [v. drukwerk] lay-out; situatietekening; opzet

layover ['leiouvə] *znw* Am reisonderbreking

lay preacher ['lei'pri:tʃə], **lay reader** ['lei'ri:də] *znw* leek met bevoegdheid om godsdienstige bijeenkomsten te leiden

lay sister *znw* lekenzuster

lazaret, **lazaretto** [læzə'ret(ou)] *znw* lazaret *o*, leprozenhuis *o*; scheepv quarantainegebouw *o*, -schip *o*

laze [leiz] *onoverg* luilakken, lummelen, lanterfanten; ~ *away* verluieren, verlummelen [v. tijd]; ~ *about* ook: flaneren

lazy ['leizi] *bn* lui, vadsig

lazybones *znw* luiwammes, luilak

lb. *afk.* = *libra* Engels pond [0,453 kg]

lbw *afk.* cricket = *leg before wicket*

LCD *afk.* = *liquid crystal display* LCD-scherm *o*

lea [li:] *znw* plechtig beemd, weide, grasveld *o*

LEA *afk.* = *Local Education Authority*

leach [li:tʃ] *overg* (uit)logen

1 lead [led] **I** *znw* lood *o* [ook = kogels]; potlood *o*; diep-, peillood *o*; zegelloodje *o*; witlijn; *the ~s (of a house)* het plat; *swing the* ~ slang lijntrekken; **II** *bn* loden; **III** *overg* met lood bedekken of bezwaren; plomberen [voor de douane]; in lood vatten; interliniëren [zetsel]; *~ed lights* glas-in-lood(ramen)

2 lead [li:d] (led; led) **I** *overg* leiden, (tot iets) brengen; (aan)voeren; kaartsp uitkomen met; ~ *the way* voorgaan[2], vooropgaan; zie ook: *dance III*; *be easily led* makkelijk te beïnvloeden zijn; ~ *astray* op een dwaalspoor brengen; **II** *onoverg* vooropgaan, bovenaan (nummer één) staan; leiden; de leiding hebben; sp aan de kop liggen; voorstaan [in (doel-) punten]; kaartsp uitkomen; ~ *with* openen met, als voornaamste nieuws brengen [v. krant]; ~ *away* wegleiden, wegvoeren; ~ *by the nose* bij de neus nemen; ~ *in prayer* in het gebed voorgaan, voorbidden; ~ *off* voorgaan, beginnen; ~ *off the ball* het bal openen; ~ *on* vooropgaan, aanvoeren, meeslepen; ~ *sbd. on* iem. iets wijsmaken; iem. tot iets verleiden; ~ *sbd. up the garden(-path)* iem. inpakken, iets wijsmaken; ~ *up to* voeren (leiden) tot; aansturen op [in gesprek]

3 lead [li:d] **I** *znw* leiding°, voorsprong (op *over*); kaartsp invite; kaartsp voorhand; kaartsp uitkomen *o*; riem, lijn [voor honden]; hoofdrol; voorbeeld *o*; elektr voedingsdraad; fig vingerwijzing, aanwijzing; hoofdartikel *o*, openingsartikel *o* [in krant]; *juvenile* ~ jeune premier; *it is my* ~ kaartsp ik moet uitkomen; *follow my* ~ kaartsp speel door in dezelfde kleur; fig volg mijn voorbeeld; *take the* ~ de leiding nemen[2]; *in the* ~ vooraan, aan de kop; **II** *bn* voorste, eerste; voornaamste

leaded ['ledid] *bn* **1** glasinlood [ramen]; **2** gelood [v. benzine &]

leaden *bn* loden, loodzwaar[2]; loodkleurig; deprimerend

leader ['li:də] *znw* (ge)leider, leidsman, gids, aanvoerder, voorman; Br muz concertmeester; eerste violist; Am muz dirigent; hoofdartikel *o*; voorpaard *o*

leadership ['li:dəʃip] *znw* leiding, leiderschap *o*

lead-free ['ledfri:] *bn* loodvrij

lead-in [li:d'in] *znw* elektr invoer-, toevoer(kabel); fig inleiding

1 leading ['ledɪŋ] *znw* lood *o* [v. glas]

2 leading ['li:dɪŋ] **I** *bn* leidend; eerste, voorste, vooraanstaand, toonaangevend, voornaamste; hoofd-; ~ *article* hoofdartikel *o* [v. krant]; ~ *edge* luchtv voorrand [v. vleugel]; fig voorste gelid *o*; nieuwste *o* van het nieuwste, neusje *o* van de zalm; ~ *lady*, ~ *man* eerste rol [toneel]; ~ *question* suggestieve vraag; **II** *znw* leiding

leading-strings ['li:dɪŋstrɪŋz] *znw mv* leiband; *be in* ~ aan de leiband lopen

lead-off ['li:dɔf] *znw* gemeenz begin *o*, start

lead-pencil ['led'pensl] *znw* potlood *o*

lead-poisoning ['ledpɔiznɪŋ] *znw* loodvergiftiging

lead story ['li:dstɔ:ri] *znw* hoofdartikel *o*

lead time ['li:dtaim] *znw* productietijd

leaf [li:f] **I** *znw* (*mv*: leaves [li:vz]) blad° *o*; vleugel [v. deur]; klep [v. vizier]; blad *o* [v. tafel]; *in* ~ plantk uitgelopen [v. bomen]; *take a* ~ *out of (from) sbd.'s book* iem. tot voorbeeld nemen; *turn over a new* ~ een nieuw en beter leven beginnen; **II** *onoverg* uitlopen, bladeren krijgen; **III** *overg*: ~ *through* bladeren in, doorbladeren

leafage *znw* loof *o*; loofwerk *o*

leaf insect *znw* wandelend blad *o*

leafless *bn* bladerloos
leaflet I *znw* blaadje *o*; folder; strooibiljet *o*; brochure, traktaatje *o*; **II** *overg* folderen
leaf-mould *znw* bladaarde
leafy *bn* bladerrijk, loofrijk; lommerrijk, groen [v. stad &]; ~ *vegetable* bladgroente
league [li:g] *znw* **1** verbond *o*, liga; **2** sp competitie [voetbal]; **3** vero mijl; **4** klasse, groep, categorie; niveau *o*; *in a different* ~ niet te vergelijken; *he's not in my* ~ ik kan niet aan hem tippen; *it's out of his* ~ hij is niet voor zijn taak berekend; *L~ of Nations* hist volkenbond; *be in ~ with* heulen met
leaguer *znw* lid *o* van een liga
leak [li:k] **I** *znw* lek *o*; lekkage; *take (go for) a* ~ slang pissen; **II** *onoverg* lekken, lek zijn; ~ *out* uitlekken[2]; **III** *overg* laten uitlekken
leakage *znw* lekkage, lek[2] *o*; uitlekken[2] *o*
leakiness *znw* lek zijn *o*
leaky *bn* lek
leal [li:l] *znw* Schots plechtig trouw, loyaal
1 lean [li:n] (leant/leaned; leant/leaned) **I** *onoverg* leunen; overhellen, hellen, neigen; *the L~ing Tower* de scheve toren [v. Pisa]; ~ *back* achterover leunen; ~ *forward* voorover leunen; ~ *(up)on* leunen (steunen[2]) op; ~ *on sbd.* ook: iem. onder druk zetten; ~ *over* (voor)overhellen; ~ *towards* neigen tot, de neiging hebben tot; zie ook: *backwards*; **II** *overg* laten leunen of steunen; zetten
2 lean [li:n] *znw* overhelling
3 lean [li:n] **I** *bn* mager, schraal; **II** *znw* mager vlees *o*
leaning ['li:niŋ] *znw* overhelling, neiging
leant [lent] V.T. & V.D. van *[1]lean*
lean-to ['li:n'tu] *znw* (*mv*: -tos) aanbouwsel *o*, loods, schuurtje *o*
1 leap [li:p] (leapt/leaped; leapt/leaped) **I** *onoverg* springen; ~ *at a chance* & aangrijpen; *it ~s out at you* het springt in het oog; ~ *up* opspringen; *my heart ~t* mijn hart ging (ineens) sneller kloppen; **II** *overg* over ... springen; overslaan [bij lezen]
2 leap [li:p] *znw* sprong[2]; *by ~s (and bounds)* met (grote) sprongen
leapfrog I *znw* haasje-over *o*; **II** *onoverg* **1** haasje-over spelen; **2** sprongsgewijs vorderen
leapt [lept] V.T. & V.D. van *leap*
leap-month ['li:pmʌnθ] *znw* schrikkelmaand
leap-year *znw* schrikkeljaar *o*
learn [lə:n] (learnt/learned; learnt/learned) *overg* leren; vernemen, te weten komen (ook: ~ *of*); slang onderwijzen; ~ *one's lesson* leergeld betalen
1 learned [lə:nt, -d] V.T. & V.D. van *learn*
2 learned ['lə:nid] *bn* geleerd; wetenschappelijk; *the ~ professions* de "vrije" beroepen
learner *znw* leerling
learning *znw* geleerdheid, wetenschap
learnt [lə:nt] V.T. & V.D. van *learn*
lease [li:s] **I** *znw* huurceel, -contract *o*, verhuring, verpachting; huurtijd; pacht, huur; *long* ~ erfpacht; ~ *of life* levensduur; *a new ~ of life* geheel verjongd; weer als nieuw (zijn); *take by (on)* ~ huren, pachten; *put out to* ~ verhuren, verpachten; **II** *overg* (ver)huren; (ver)pachten; leasen
leaseback *znw* verhuur aan de oorspronkelijke eigenaar
leasehold I *znw* pacht; pachthoeve; **II** *bn* pacht-, huur-
leaseholder *znw* pachter, huurder
leash [li:ʃ] **I** *znw* koppel, lijn, riem; *on the* ~ aan de lijn, aangelijnd [hond]; **II** *overg* (aan)koppelen
leasing ['li:siŋ] *znw* leasing
least [li:st] **I** *bn* kleinste, minste, geringste; **II** *bijw*: *at* ~ tenminste; *not ~ because...* niet in het minst omdat..., niet in de laatste plaats vanwege...; ~ *said, soonest mended* ± spreken is zilver, zwijgen is goud; **III** *znw*: *at the* ~ op zijn minst (genomen); *not in the* ~ volstrekt niet; zie ook: *say I*
leastways, leastwise *bijw* gemeenz tenminste
leather ['leðə] **I** *znw* le(d)er *o*; ~*s* leergoed *o*; leren broek; **II** *bn* leren, van leer
leather-dresser *znw* leerbereider
leatherette [leðə'ret] *znw* kunstleer *o*
leathering ['leðəriŋ] *znw* gemeenz pak *o* slaag
leathern *bn* lederen, van leer
leathery *bn* leerachtig, leer-
1 leave [li:v] *znw* verlof *o*; ~ *of absence* verlof *o*; *take (one's)* ~ afscheid nemen; *by your* ~ met uw verlof; *on* ~ met verlof;
2 leave [li:v] (left; left) **I** *onoverg & abs ww* weggaan, vertrekken (naar *for*); **II** *overg* verlaten; nalaten°; overlaten; laten; achterlaten, laten staan (liggen); in de steek laten; *six from seven ~s one* 7 min 6 is 1; ~ *go (of)* loslaten; ~ *home* van huis gaan; ~ *Paris for London* ook: vertrekken van Parijs naar Londen; ~ *school* ook: van school afgaan; ~ *about* laten slingeren; ~ *alone* afblijven van, zich niet bemoeien met, met rust laten; ~ *it at that* het daarbij laten, er verder niets meer over zeggen; ~ *behind* achter (zich) laten; nalaten; achterblijven, achterstand oplopen [studie &]; ~ *off* afleggen, uitlaten [kleren]; ophouden met; het bijltje erbij neergooien; ~ *off smoking* ophouden met roken; het roken opgeven (laten); ~ *a card on sbd.* een kaartje bij iem. afgeven; ~ *out* uit-, weglaten; overslaan; voorbijgaan; *feel left out* (zich) buitengesloten voelen; ~ *over* laten liggen of rusten; ~ *sbd. to it* iem. aan zijn lot overlaten; iem. rustig zijn eigen gang laten gaan; *leaving aside...* (even) afgezien van...; ~ *a letter with sbd.* een brief bij iem. afgeven; zie ook: *[1]left*
3 leave [li:v] *onoverg* bladeren krijgen
leaved *bn* gebladerd; ... bladig
leaven ['levn] **I** *znw* zuurdeeg *o*, zuurdesem[2]; **II** *overg* desemen; doortrekken, doordringen
leaver ['li:və] *znw* wie vertrekt of verlaat; *university-~s* afgestudeerden van de universiteit, academisch gevormden; zie ook: *school-leaver*
leavetaking *znw* afscheid *o*

leaving certificate *znw* onderw einddiploma *o*

leavings *znw mv* overblijfsel *o*, overschot *o*, kliekjes, afval *o & m*

Lebanese [lebə'ni:z] **I** *bn* Libanees; **II** *znw* (*mv* idem) Libanees

Lebanon ['lebənən] *znw* Libanon

lech [letʃ] *onoverg* slang geilen (*after* op)

lecher ['letʃə] *znw* geilaard, wellusteling

lecherous *bn* ontuchtig, wellustig, geil

lechery *znw* ontucht, wellust, geilheid

lectern ['lektən] *znw* lessenaar

lecture ['lektʃə] **I** *znw* lezing, verhandeling; onderw college *o*; strafpreek; *give sbd. a* ~ iem. de les lezen; **II** *onoverg* lezing(en) houden, college geven (over *on*); **III** *overg* de les lezen, betuttelen

lecturer *znw* wie een lezing houdt, spreker; onderw ± lector

lecture-room *znw* collegezaal

lectorship *znw* onderw ± lectoraat *o*

led [led] V.T. & V.D. van [2]*lead*

ledge [ledʒ] *znw* richel, rand, scherpe kant

ledger ['ledʒə] *znw* grootboek *o*

ledger-line ['ledʒəlain] *znw* muz hulplijn

lee [li:] *znw* lij, lijzijde, luwte; ~ *shore* lagerwal

lee-board *znw* scheepv (zij)zwaard *o*

leech [li:tʃ] *znw* bloedzuiger[2]; *cling (stick) like a* ~ aanhangen als een klis

leek [li:k] *znw* prei, look *o & m*

leer [liə] **I** *onoverg* gluren; ~ *at* begluren; toelonken; **II** *znw* glurende, wellustige blik

leery ['liəri] *bn* slang gewiekst, geslepen; *be* ~ *of* wantrouwen; op zijn hoede zijn voor

lees [li:z] *znw* droesem, grondsop *o*, moer, heffe

lee-shore ['li:ʃɔ:] *znw* kust aan lijzijde, lagerwal

leeward ['li:wəd] *bn & bijw* lijwaarts, onder de wind, aan lij; *the L~ Islands* de Benedenwindse Eilanden

leeway *znw* speelruimte, speling; *make up* ~ de achterstand inhalen

1 left [left] **I** V.T. & V.D. van [2]*leave*; **II** *bn* achter-, nagelaten; *any tea ~?* is er nog thee?; *there is nothing ~ for him but to...* er schiet hem niets anders over dan...; *be ~ with* blijven zitten met; *goods ~ on hand* onverkochte goederen; ~ *luggage office* Br bagagedepot *o*

2 left [left] **I** *bn* links; linker; **II** *bijw* links; ~, *right and centre* overal, van alle kanten; **III** *znw* linkerhand, -kant, -vleugel; *the L~* pol links; *on your ~* aan uw linkerhand; links van u; *to the ~* aan de linkerkant, (naar) links

left-hand *bn* linker, links; ~ *drive* met het stuur aan de linkerkant

left-handed *bn* linkshandig, links[2]; niet gemeend; dubbelzinnig; ~ *marriage* morganatisch huwelijk *o*

left-hander *znw* wie links(handig) is; slag met de linkerhand

leftie *znw* = *lefty*

leftism *znw* socialisme *o*, linkse ideologie

leftist I *bn* links georiënteerd, progressief; **II** *znw* progressief, socialist, links denkende, radicaal

left-of-centre *bn* pol links van het midden, gematigd links

leftovers *znw mv* kliekjes, restanten

leftward(s) ['leftwəd(z)] *bijw* links, naar links

left-wing *bn* links [in de politiek]; linkervleugel-

left-winger *znw* lid *o* van de linkervleugel

lefty *znw* gemeenz **1** linkse, socialist; **2** linkshandige

leg [leg] **I** *znw* been° *o*, bout, schenkel, poot; pijp [v. broek]; schacht [v. laars]; gedeelte *o*, etappe; ronde [v. wedstrijd &]; *be on one's last ~s* op zijn laatste benen lopen; *get one's ~ over* slang neuken; *give a ~ (up)* een handje helpen, een zetje geven; *not have a ~ to stand on* geen enkel steekhoudend argument kunnen aanvoeren; *pull sbd.'s ~* iem. voor het lapje houden, iem. ertussen nemen; *shake a ~* gemeenz dansen; zich haasten; *show a ~* gemeenz uit (zijn) bed komen; *stretch one's ~s* zich vertreden; **II** *overg*: ~ *it* lopen

legacy ['legəsi] *znw* legaat *o*; fig erfenis

legal ['li:gəl] *bn* wettelijk, wettig; rechtsgeldig; rechterlijk, rechtskundig, juridisch; wets-, rechts-; ~ *aid* kosteloze rechtsbijstand; ~ *proceedings* gerechtelijke stappen, proces *o*; ~ *status* rechtspositie; ~ *tender* wettig betaalmiddel *o*

legalism *znw* overdreven inachtnemen *o* van de wet

legalist *znw* iem. die zich aan de letter van de wet houdt

legalistic *bn* legalistisch, wettisch, overdreven streng naar de wet

legality [li'gæliti] *znw* wettigheid

legalization [li:gəlai'zeiʃən] *znw* legalisatie; wettiging

legalize ['li:gəlaiz] *overg* legaliseren; wettigen

legate ['legit] *znw* legaat, (pauselijk) gezant

legatee [legə'ti:] *znw* legataris

legation [li'geiʃən] *znw* legatie°; gezantschap *o*

legend ['ledʒənd] *znw* legende; randschrift *o*, op-, omschrift *o*, onderschrift *o*, bijschrift *o*

legendary ['ledʒəndəri] *bn* legendarisch

legerdemain ['ledʒədə'mein] *znw* goochelarij

legged [legd] *bn* met ... benen (of poten)

leggings *znw mv* beenkappen, beenbeschermers; leggings

leggo [le'gou] *tsw* = *let go!* gemeenz laat los!

leg-guard ['legɑ:d] *znw* beenbeschermer

leggy ['legi] *bn* langbenig

leghorn [le'gɔ:n] *znw* (hoed v.) Italiaans stro *o*; dierk leghorn

legible ['ledʒibl] *bn* leesbaar, te lezen

legion ['li:dʒən] **I** *znw* legioen *o*; legio; *American L~* vereniging van Amerikaanse oud-strijders; *British L~* vereniging van Engelse oud-strijders; zie ook: *foreign*; **II** *bn* talloos

legionary *znw* legionair, oud-strijder

legionnaires' disease ['li:dʒənɛəz di'zi:z] *znw* legionairsziekte
leg-iron ['legaiən] *znw* voetboei
legislate ['ledʒisleit] *onoverg* wetten maken
legislation [ledʒis'leiʃən] *znw* wetgeving; wet(ten)
legislative ['ledʒislətiv, -leitiv] *bn* wetgevend
legislator *znw* wetgever
legislature *znw* wetgevende macht
legist ['li:dʒist] *znw* rechtsgeleerde
legit [le'dʒit] *bn* & *overg* slang = *legitimate*
legitimacy [li'dʒitiməsi] *znw* wettigheid, rechtmatigheid, echtheid
legitimate I *bn* [li'dʒitimit] wettig, rechtmatig, echt; gewettigd, gerechtvaardigd; **II** *overg* [li'dʒitimeit] (voor) wettig, echt verklaren, echten, wettigen, legitimeren
legitimately *bijw* terecht; zie verder: *legitimate I*
legitimation [lidʒiti'meiʃən] *znw* echting, wettiging
legitimize *onoverg* = *legitimate II*
legless ['leglis] *bn* **1** zonder benen; **2** gemeenz ladderzat, straalbezopen
leg-pull ['legpul] *znw* fopperij, poets
leg-rest ['legrest] *znw* beensteun voor invalide
legroom ['legru:m] *znw* beenruimte
leguminous [le'gju:minəs] *bn* peul-
leg-up ['legʌp] *znw* steuntje *o*, zetje *o*
legwork ['legwə:k] *znw* werk *o* waarbij veel moet worden gelopen, gereisd &
leisure ['leʒə] **I** *znw* (vrije) tijd; *at (one's) ~* op zijn gemak; *be at ~* vrij, onbezet zijn, niets te doen (om handen) hebben; **II** *bn* vrij; vrijetijds- [v. kleding &]
leisured *bn* met veel (vrije) tijd
leisurely *bn* & *bijw* bedaard, op zijn gemak
leisurewear *znw* vrijetijdskleding
leitmotif ['laitmouti:f] *znw* leidmotief[2] *o*
lemming ['lemiŋ] *znw* lemming
lemon ['lemən] **I** *znw* plantk citroen(boom); gemeenz waardeloze troep, miskoop; flapdrol, zoutzak; **II** *bn* citroenkleurig
lemonade [lemə'neid] *znw* (citroen)limonade
lemon curd *znw* citroengelei
lemon juice *znw* citroensap *o*
lemon sole *znw* tongschar
lemon squash ['lemən skwɔʃ] *znw* kwast [drank]
lemon squeezer *znw* citroenpers
lemony *bn* citroenachtig
lemon-yellow *znw* citroengeel
lend [lend] (lent; lent) *overg* (uit)lenen; verlenen; *~ a (helping) hand* de helpende hand bieden, een handje helpen; *~ oneself to* zich lenen tot; geschikt zijn voor
lender *znw* lener, uitlener
lending-library *znw* leesbibliotheek; uitleenbibliotheek
length [leŋθ] *znw* lengte; afstand, grootte; duur; stuk *o*; eind(je) *o*; *go all ~s* door dik en dun meegaan, tot het uiterste gaan; *go to any ~(s)* alles willen doen (om); *go to great ~s* heel veel doen, heel wat durven (zeggen), zich veel moeite getroosten; heel wat laten vallen van zijn eisen; *go the ~ of saying that ...* zo ver gaan, dat men durft te beweren, dat ...; *along the ~ of...* langs...; *at ~* eindelijk, ten laatste (slotte); uitvoerig; voluit; *(at) full ~* languit; ten voeten uit; levensgroot; *at great(er) ~* uitvoerig(er), in extenso; *for any ~ of time* voor onbepaalde tijd, lang; *for some ~ of time* een tijd(lang); *throughout the ~ and breadth of the country* het hele land door
lengthen I *overg* verlengen; **II** *onoverg* lengen, langer worden
lengthening *znw* verlenging
lengthways, **lengthwise** *bn* & *bijw* in de lengte
lengthy *bn* lang(gerekt), (ietwat) gerekt; uitvoerig, breedsprakig
leniency ['li:niənsi] *znw* zachtheid, toegevendheid, mildheid
lenient *bn* zacht, toegevend, mild
lenitive ['lenitiv] *bn* & *znw* verzachtend (middel *o*)
lenity *znw* zachtheid, toegevendheid
lens [lenz] *znw* lens; loep
Lent [lent] *znw* vasten(tijd)
lent [lent] V.T. & V.D. van *lend*
lenten ['lentən] *bn* vasten-; schraal, mager
lenticular [len'tikjulə] *bn* lensvormig; lens-
lentil ['lentil] *znw* linze
leonine ['li:ənain] *bn* leeuwachtig; leeuwen-
leopard ['lepəd] *znw* luipaard; *the ~ does not change its spots* een vos verliest wel zijn haren, maar niet zijn streken
leotard ['li:əta:d] *znw* tricot [v. acrobaat, danser(es)]
leper ['lepə] *znw* melaatse, lepralijder
lepidopterist [lepi'dɔptərist] *znw* vlinderkenner, vlinderverzamelaar
leprechaun ['leprə-, 'leprikɔ:n] *znw* boosaardige kabouter, boze geest [in Ierse folklore]
leprosy *znw* lepra, melaatsheid
leprous *bn* melaats, aan lepra lijdend
lesbian ['lezbiən] *bn (znw)* lesbisch(e)
lesbianism ['lezbiənizm] *znw* lesbisch-zijn *o*
lese-majesty ['li:z'mædʒisti] *znw* majesteitsschennis
lesion ['li:ʒən] *znw* letsel *o*, kneuzing, (ver-) wond(ing)
Lesotho [lə'soutou] *znw* Lesotho *o*
less [les] **I** *bn* & *bijw* minder, kleiner; *~ than 20* ook: nog geen 20, nog niet 20; *no ~ a man than* niemand minder dan; *~ beautiful* minder mooi; **II** *voorz* min(us); *two weeks ~ a day* twee weken minus een dag
lessee [le'si:] *znw* huurder, pachter
lessen ['lesn] **I** *overg* verminderen; verkleinen; **II** *onoverg* verminderen, afnemen
lesser *bn* kleiner, minder; klein(st)
lesson ['lesn] *znw* les[2]; schriftlezing, bijbellezing;

teach sbd. a ~ iem. een lesje geven
lessor [le'sɔ:] *znw* verhuurder, verpachter
lest [lest] *voegw* uit vrees dat, opdat niet; *I feared* ~... ik vreesde, dat...
1 let [let] *znw* sp bal die overgespeeld wordt [tennis]; *without* ~ *or hindrance* onverhinderd, onbelemmerd
2 let [let] (let; let) **I** *overg* laten, toelaten; verhuren; ~ *blood* vero aderlaten; **II** *onoverg* verhuren; *to* ~ te huur; ~ *alone* zich niet bemoeien met, met rust laten, afblijven van; ~ *alone (that)* laat staan, daargelaten (dat); ~ *him alone to take care of himself* hij zal wel ... wees daar gerust op; ~ *be* op zijn beloop laten, (met rust) laten; afblijven van; ~ *down* neerlaten, laten zakken; leeg laten lopen [v. band]; wat langer maken; fig teleurstellen, duperen; in de steek laten; bedriegen; ~ *oneself down* zich verlagen; ~ *go* laten schieten, loslaten (ook: ~ *go of*); ~ *it go* laat maar!, het hindert niet!, 't geeft niet!; ~ *in* in-, binnenlaten; fig de deur openzetten voor; er in laten lopen; *be* ~ *off lightly* er genadig afkomen; ~ *oneself go* zich laten gaan; zichzelf verwaarlozen; ~ *oneself in for something unpleasant* zich iets onaangenaams op de hals halen (berokkenen); zie ook: *clutch III*; ~ *into* toelaten, binnenlaten in; aanbrengen in; inwijden in [geheim]; ~ *loose* loslaten; ~ *off* los-, vrijlaten; laten vallen, afslaan; kwijtschelden; ontslaan, vrijstellen van; afschieten, afsteken [vuurwerk]; uitlaten [gassen], zie ook: *steam I*; verhuren; ~ *on* zich uitlaten, (zich) verraden, verklappen, klikken; doen alsof; ~ *out* uitlaten; uitbrengen, uiten, slaken; uitleggen [een zoom]; verhuren, verpachten; rondstrooien, verklappen; ~ *slip* per ongeluk loslaten [geheim]; ~ *up* verflauwen, verminderen; uitscheiden
3 let [let] *znw* verhuring
letdown *znw* gemeenz klap [in het aangezicht], teleurstelling
lethal ['li:θəl] *bn* dodelijk, letaal
lethargic [le'θa:dʒik] *bn* lethargisch, slaperig
lethargy ['leθədʒi] *znw* lethargie, slaapzucht, diepe slaap[2], doffe onverschilligheid
let-out ['letaut] *znw* uitweg, ontsnappingsmogelijkheid; ~ *clause* ontsnappingsclausule
letter ['letə] **I** *znw* brief; letter; ~*s* letteren; literatuur; *man of* ~*s* letterkundige, literator; auteur; ~*s patent* brieven van octrooi; ~*s of credence* geloofsbrieven; ~ *of credit* accreditief; ~ *to the editor (to the press)* ingezonden brief *o*; *by* ~ per brief, schriftelijk; *to the* ~ naar de letter, letterlijk; tot in detail; **II** *overg* letteren, merken
letter-balance *znw* briefweger, brievenweger
letter-bomb *znw* bombrief
letter-box *znw* brievenbus
letter-card *znw* postblad *o*
letter-case *znw* brieventas, portefeuille
lettered *bn* met letters gemerkt
letterhead *znw* briefhoofd *o*, brievenhoofd *o*
lettering *znw* letteren *o*, merken *o*; letters, (rug)titel
letter-opener *znw* briefopener
letter-perfect *bn* rolvast
letterpress *znw* bijschrift *o*, tekst [bij of onder illustratie], drukschrift *o*, boekdruk; kopieerpers
letter-rate *znw* briefporto
lettuce ['letis] *znw* salade, sla
let-up ['letʌp] *znw* gemeenz onderbreking; vermindering
leucocyte ['lju:kousait] *znw* leukocyt: wit bloedlichaampje *o*
leuk(a)emia [lju(:)'ki:miə] *znw* leukemie
levant [li'vænt] *onoverg* er vandoor gaan
Levantine [li'væntain] *znw* & *bn* Levantijn(s)
levee ['levi] *znw* hist **1** morgenreceptie; receptie [ten hove voor heren]; **2** Am dijk; **3** scheepv steiger
level ['levl] **I** *znw* waterpas *o*; niveau *o*, stand [v. het water]; spiegel [v.d. zee], peil[2] *o*, hoogte[2]; vlak *o*, vlakte; *advanced* ~, *A* ~ examen *o* voor toelating tot universiteit [met 17-18 jaar]; *ordinary* ~, *O* ~ gewoon eindexamen *o* [met 15-16 jaar]; *at the highest* ~ ook: op het hoogste niveau; *on a* ~ op gelijke hoogte; op één lijn (staand); *be on a* ~ *with* op gelijke hoogte staan, op één lijn staan, gelijkstaan met; *put on a* ~ *(with)* op één lijn stellen (met); *on the* ~ gemeenz eerlijk; **II** *bn* waterpas, horizontaal, vlak; gelijk(matig); op één hoogte, naast elkaar; *do one's* ~ *best* zijn uiterste best doen; *a* ~ *head* een evenwichtige, nuchtere geest; *a* ~ *teaspoonful* een afgestreken theelepel; *get* ~ *with* quitte worden, afrekenen met; *keep* ~ *with* op de hoogte blijven van, bijhouden; **III** *overg* gelijkmaken, slechten; waterpassen, nivelleren, egaliseren; richten, aanleggen, munten (op *at*); ~ *down* nivelleren; ~ *off* gelijk (vlak) maken; ~ *off (out)* (zich) (op een bepaald niveau) stabiliseren; ~ *up* ophogen, opheffen[2]; op hoger peil brengen; **IV** *onoverg & abs ww* aanleggen, richten (op *at*); ~ *at* ook: streven naar
level crossing *znw* overweg [v. spoorweg]
level-headed *bn* evenwichtig, bezadigd, nuchter
leveller, Am **leveler** *znw* gelijkmaker
levelling, Am **leveling** *znw* gelijkmaking; nivellering; ~ *instrument* waterpasinstrument *o*; ~ *screw* stelschroef; ~ *rod* nivelleerstok
lever ['li:və] **I** *znw* hefboom; fig pressiemiddel *o*; **II** *overg* (met een hefboom) optillen, opvijzelen
leverage *znw* kracht of werking van een hefboom; fig vat, invloed
leviable ['leviəbl] *bn* invorderbaar [belasting]
leviathan [li'vaiəθən] **I** *znw* leviathan [zeemonster]; kolossus; **II** *bn* kolossaal
levitate ['leviteit] *overg & onoverg* (zich) verheffen in de lucht
levitation [levi'teiʃən] *znw* levitatie
Levite ['li:vait] *znw* leviet, priester
levity ['leviti] *znw* licht(zinnig)heid, wuftheid
levy ['levi] **I** *znw* heffing [v. tol &]; mil lichting; **II** *overg* heffen; mil lichten; ~ *an army* een leger op de

been brengen
lewd ['lju:d] *bn* ontuchtig, wulps, geil
lewdness *znw* wulpsheid, geilheid
lexical ['leksikl] *bn* lexicaal
lexicographer [leksi'kɔgrəfə] *znw* lexicograaf
lexicographical [leksikou'græfikl] *bn* lexicografisch
lexicography [leksi'kɔgrəfi] *znw* lexicografie
lexicon ['leksikən] *znw* lexicon *o*, woordenboek *o*; woordenschat
liability [laiə'biliti] *znw* verantwoordelijkheid, aansprakelijkheid; blootgesteld zijn *o* (aan *to*); (geldelijke) verplichting; gemeenz last(post), nadeel *o*, handicap, blok *o* aan het been; *liabilities* handel passief *o*, passiva
liable ['laiəbl] *bn* geneigd; verantwoordelijk, aansprakelijk (voor *for*); onderhevig, blootgesteld (aan *to*); de neiging hebbend, het risico lopend; ~ *to abuse* ook: misbruikt kunnende worden; *be ~ to err* zich licht (kunnen) vergissen, de kans lopen zich te vergissen; ~ *to rheumatism* last hebbend van reumatiek; ~ *to service* dienstplichtig
liaise [li'eiz] *onoverg* contact onderhouden
liaison *znw* liaison; (kortstondige) verhouding; verbinding
liaison officer [li'eizən 'ɔfisə] *znw* verbindingsofficier
liana [li'a:nə] *znw* liane, liaan
liar ['laiə] *znw* leugenaar
lib *znw* = *liberation movement* emancipatiebeweging; *women's* ~ [voor vrouwen]; *gay* ~ [voor homoseksuelen]
libation [lai'beiʃən] *znw* plengoffer *o*
libber ['libə] *znw* aanhang(st)er van een emancipatiebeweging; *women's* ~ voorvecht(st)er van de vrouwenbeweging, feminist(e); *animal* ~ aanhang(st)er van het dierenbevrijdingsfront
libel ['laibəl] **I** *znw* schotschrift *o*, smaadschrift *o*, smaad; **II** *overg* belasteren, bekladden
libellous, Am **libelous** *bn* lasterlijk
liberal ['libərəl] **I** *bn* mild, vrijgevig, royaal, gul, kwistig; overvloedig, ruim; liberaal, vrijzinnig; ruimdenkend; *the ~ arts* de vrije kunsten; ~ *education* hogere opvoeding **II** *znw* liberaal, vrijzinnige
liberalism *znw* liberalisme *o*
liberality [libə'ræliti] *znw* mildheid, gulheid, kwistigheid, royaliteit; liberaliteit, vrijzinnigheid
liberalization [libərəlai'zeiʃən] *znw* liberalisering
liberalize ['libərəlaiz] *overg* liberaliseren
liberate ['libəreit] *overg* bevrijden, vrijlaten, vrijmaken, emanciperen
liberated *bn* **1** geëmancipeerd; **2** liberaal, tolerant
liberation [libə'reiʃən] *znw* bevrijding, vrijlating, vrijmaking; ~ *front* bevrijdingsfront *o*; ~ *movement* bevrijdingsbeweging
liberator ['libəreitə] *znw* bevrijder
Liberia [lai'biəriə] *znw* Liberia *o*
Liberian [lai'biəriən] **I** *znw* Liberiaan; **II** *bn* Liberiaans
libertarian [libə'tɛəriən] *znw* (voorstander) van vrijheid
libertine ['libətain] **I** *znw* losbandig persoon, libertijn; **II** *bn* losbandig
libertinism *znw* losbandigheid
liberty ['libəti] *znw* vrijheid; *take liberties* zich vrijheden veroorloven; *at* ~ vrij; in vrijheid
liberty hall *znw* een vrijgevochten boel [naar O. Goldsmith]
libidinous [li'bidinəs] *bn* wellustig, wulps
libido [li'bi:dou] *znw* libido
Libra ['laibrə] *znw* Weegschaal
Libran ['laibrən] *znw* astrologie iem. geboren onder het teken Weegschaal
librarian [lai'brɛəriən] *znw* bibliothecaris
librarianship *znw* bibliotheekwezen *o*; bibliothecarisambt *o*
library ['lai'brəri] *znw* bibliotheek, boekerij; studeerkamer; collectie [v. cd's &]; ~ *pictures* archiefbeelden
librate ['laibreit] *onoverg* heen en weer slingeren (schommelen); zich in evenwicht houden
librettist [li'bretist] *znw* librettist
libretto *znw* (*mv*: -s *of* libretti) libretto *o*, tekstboekje *o*
Libya ['libiə] *znw* Libië *o*
Libyan ['libiən] **I** *bn* Libisch; **II** *bn* Libiër
lice [lais] *znw* (*mv* v. *louse*) luizen
licence, Am **license** ['laisəns] *znw* verlof *o*, vergunning, vrijheid, losbandigheid; licentie, patent *o*, akte, diploma *o*; rijbewijs *o*; *poetic* ~ dichterlijke vrijheid; *under* ~ in licentie [vervaardigen]
licence fee *znw* RTV kijk- en luistergeld *o*; radio luisterbijdrage; TV kijkgeld *o*
license ['laisəns] **I** *overg* vergunning verlenen, (officieel) toelaten, patenteren[2]; ~ *a vehicle* wegenbelasting betalen; **II** *znw* Am = *licence*
licensed *bn* met vergunning
licensee [laisən'si:] *znw* licentiehouder, vergunninghouder [vooral voor de verkoop van alcoholische dranken]
license plate *znw* Am kentekenplaat
licenser ['laisənsə] *znw* licentiegever
licensing laws *znw mv* drankwet
licentiate [lai'senʃiət] *znw* licentiaat
licentious [lai'senʃəs] *bn* los(bandig), ongebonden, wellustig
lichen ['laikən] *znw* plantk korstmos *o*
lichgate ['litʃgeit] *znw* overdekte ingang v. kerkhof
lick [lik] **I** *overg* (af-, be-, op)likken, likken aan, lekken; gemeenz (af)ranselen; verslaan, het winnen van; onder de knie krijgen; ~ *sbd.'s boots* voor iem. kruipen; kruiperig vleien; ~ *the dust* in het zand (stof) bijten; ~ *into shape* fatsoeneren, vormen; ~ *off* aflikken; ~ *up* oplikken; **II** *onoverg* likken (aan *at*); **III** *znw* lik[2], veeg; zoutlik; gemeenz vaart; ~ *and a promise* kattenwasje *o*, (met) de Franse slag; *at*

a ~ gemeenz in vliegende vaart

lickerish ['likəriʃ] *bn* verlekkerd, graag; kieskeurig; zie ook: *lecherous*

lickety-split ['likətisplit] *bijw* slang rap, als de bliksem

licking ['likiŋ] *znw* gemeenz pak *o* rammel; vernederende nederlaag, afgang

lickspittle ['likspitl] *znw* pluimstrijker, strooplikker

licorice ['likəris] *znw* = *liquorice*

lid [lid] *znw* deksel *o*; (oog)lid *o*; slang helm; hoed, muts; *take the ~ off* onthullingen doen; *that puts the ~ on it* gemeenz dat doet de deur dicht; dat is wel het toppunt

lido ['li:dou] *znw* natuurbad *o*, openluchtzwembad *o*

1 lie [lai] **I** *znw* leugen; *give the ~ to* logenstraffen; *live a ~* een huichelachtig leven leiden; *tell a ~* liegen; **II** *onoverg* liegen; *~ through (in) one's teeth* schaamteloos liegen

2 lie [lai] (lay; lain) *onoverg* liggen, rusten, slapen; staan; *~ about (around)* rondslingeren; luieren, niksen; *~ back* achteroverliggen of -leunen; *~ down* gaan liggen; *take sth. lying down* iets over zijn kant laten gaan; *~ down under an accusation* niet opkomen tegen; op zich laten zitten; *~ in* uitslapen; *it ~s in ...* het zit hem in ...; *as far as in me ~s* naar mijn beste vermogen; *~ low* zich koest houden; *~ off* scheepv afhouden; *~ over* blijven liggen; uitgesteld worden; *~ to* scheepv bijleggen, bijdraaien; *~ under* onderliggen; *~ under the charge of* beschuldigd zijn van; *~ up* gaan liggen; naar bed gaan; scheepv dokken; *~ with* de verantwoordelijkheid zijn van, zijn aan; bijbel gemeenschap hebben met

3 lie [lai] *znw* ligging; *the ~ of the land* de kaart van het land; fig de stand van zaken

lie-abed ['laiəbed] *znw* langslaper

Liechtenstein ['liktənstain] *znw* Liechtenstein *o*

Liechtensteiner *znw* Liechtensteiner

lie-detector ['laiditektə] *znw* leugendetector

lie-down ['laidaun] *znw* dutje *o*, tukje *o*

lief [li:f] *bn bijw* lief, graag

liege [li:dʒ] **I** *znw* leenheer, (opper)heer; leenman; trouwe onderdaan; **II** *bn* leenplichtig; (ge)trouw; *~ lord* (leen)heer, vorst

liegeman *znw* leenman, vazal

lie-in ['lai'in] *znw* gemeenz lang uitslapen *o*

lien ['li:ən] *znw* pandrecht *o*

lieu [lju:]: *in ~ (of)* in plaats van

lieutenant [lef'tenənt, Am lu:'tenənt] *znw* mil luitenant; gouverneur [v. graafschap]; stedenhouder; onderbevelhebber

lieutenant commander [leftenənt kə'ma:ndə] *znw* luitenant-ter-zee 1ste klas

lieutenant-governor *znw* ondergouverneur

life [laif] *znw* (*mv*: lives [laivz]) leven[2] *o*, (levens-) duur, levenswijze, levensbeschrijving; *~ (imprisonment)* levenslang(e gevangenisstraf); *as large as ~* levensgroot; in levenden lijve; *larger than ~* overdreven, buiten proporties, een karikaturaal karakter hebbend; *there was no loss of ~* er waren geen mensenlevens te betreuren; *the ~ (and soul) of the party* de gangmaker v.h. feest; *this is the ~!* dat is pas leven!; *see ~* iets van de wereld zien; *for ~* voor het leven, levenslang; *for dear ~, for his ~* uit alle macht, wat hij kon; *not for the ~ of him* voor geen geld van de wereld, om de dood niet; *drawn from ~* naar het leven (de natuur) getekend; uit het leven gegrepen; *in ~* in het leven; bij zijn leven; van de wereld; *the chance & of my (your) ~* de kans & van mijn (uw) leven; zie ook: *time*; *not on your ~!* om de dooie dood niet!; *terrify him out of his ~* hem zich dood doen schrikken; *to the ~* getrouw (naar het leven), sprekend (gelijkend); *upon my ~* op mijn woord; *escape with (one's) ~* het er levend afbrengen; zie ook: *hand I*

life-and-death struggle *znw* strijd op leven en dood

life assurance *znw* = *life insurance*

lifebelt *znw* redding(s)gordel

lifeblood *znw* hartenbloed *o*; ziel [van ...]

lifeboat *znw* redding(s)boot

lifebuoy *znw* redding(s)boei

life-cycle *znw* levenscyclus

life-enhancing *bn* de kwaliteit van het bestaan verbeterend

life-estate *znw* goed *o* waarvan men levenslang het vruchtgebruik heeft

life expectancy *znw* levensverwachting

life-giving *bn* levenwekkend

lifeguard *znw* bad-, strandmeester; *the Life Guards* het lijfgarderegiment

life imprisonment *znw* levenslange gevangenisstraf

life insurance *znw* levensverzekering

life interest *znw* levenslang vruchtgebruik *o* (van *in*)

life-jacket *znw* zwemvest *o*

lifeless *bn* levenloos

lifelike *bn* alsof het leeft, getrouw, levensecht

lifeline *znw* redding(s)lijn; fig levensader; vitale ravitailleringsweg; levenslijn [v. hand]

lifelong *bn* levenslang

life-member *znw* lid *o* voor het leven

life-peer *znw* pair voor het leven

life peerage *znw* niet-erfelijk pairschap *o* v. *life-peers* met persoonlijke titel

life-preserver *znw* Am reddingsboei, reddingsgordel, reddingsvest *o*; Br slang ploertendoder

lifer *znw* tot levenslang veroordeelde

life-raft *znw* reddingvlot *o*, reddingsloep

life-saving I *bn* redding(s)-; **II** *znw* reddend zwemmen *o*

life sciences *znw mv* wetenschappen betreffende het leven [biologie, biochemie, fysiologie &]

life sentence *znw* veroordeling tot levenslange gevangenisstraf

life-size(d) *znw (bn)* (op) natuurlijke (ware) grootte, levensgroot(te)
lifespan *znw* levensduur
lifestyle *znw* levensstijl
life-support machine *znw* med beademingsapparaat *o*
lifetime *znw* levenstijd, levensduur; mensenleeftijd; *in my ~* bij mijn leven; *the chance of a ~* een unieke kans
life-work, life's work *znw* levenswerk° *o*
lift [lift] **I** *overg* (op)heffen, (op)tillen, (op)lichten; verheffen[2]; opslaan [de ogen]; opsteken [de hand &]; rooien [aardappelen &]; gemeenz stelen; inpikken; *~ up* opheffen, verheffen; **II** *onoverg* omhooggaan, rijzen; optrekken [v. mist]; *~ off* opstijgen [v. raket]; **III** *znw* heffen *o*; (op)heffing, stijging, rijzing; kleine helling; til; lift; vervoer *o* door de lucht, luchtbrug; duwtje *o* (steuntje *o*) in de rug; gemeenz opkikker; *it is a dead ~* het geeft niet mee; het is niet te vertillen; er is geen beweging in te krijgen; *get a ~* (voor niets) mee mogen rijden, een lift krijgen; promotie maken; *give a ~* mee laten rijden, een lift geven; fig een zetje geven; opmonteren
liftboy, liftman *znw* liftjongen, -bediende
lift-bridge *znw* ophaalbrug; hefbrug
lifter *znw* lichter; (gewichts)heffer; slang dief
lift-off *znw* start [v. raket]
lift-shaft *znw* liftkoker
ligament ['ligəmənt] *znw* (gewrichts)band
ligature ['ligətʃə] **I** *znw* band[2], verband[2] *o*; koppelletter; muz ligatuur; **II** *overg* med afbinden
1 light [lait] *znw* licht[2] *o*; dag-, levenslicht *o*; lichtje *o*, vlammetje *o*, lucifer; vuurtje *o*; lichteffect *o*; be-, verlichting; venster *o*, ruit; *~s* verkeerslichten; koplampen [v. auto]; theat voetlichten; longen [v. dieren, *vooral* als voedsel]; *at first ~* bij het ochtendgloren; *let in ~* licht geven [in ...]; *go out like a ~* als een blok in slaap vallen; *jump the ~s* door het rode licht rijden; *see the ~* het levenslicht aanschouwen, het licht zien; tot inzicht (inkeer) komen; *set ~ to* in brand steken; *stand in the ~ of* verduisteren; belemmeren; *in the ~ of* in dit licht bezien; *stand in one's own ~* zichzelf in het licht (in de weg) staan, zijn eigen glazen ingooien; *throw (cast, shed) ~ on* licht werpen op, duidelijk maken; *come (be brought) to ~* aan het licht komen
2 light [lait] (lit/lighted; lit/lighted) **I** *overg* verlichten, be-, bij-, voorlichten; aansteken, opsteken; *a ~ed cigar* een brandende sigaar; **II** *onoverg & abs ww* lichten; aangaan, vuur vatten; *~ on (upon)* neerkomen of neerstrijken op; tegenkomen, aantreffen; *~ out* slang 'm smeren; *~ up* de lichten aansteken; verlichten; gemeenz een rokertje opsteken; fig verhelderen, opklaren; beginnen te schitteren [v. ogen]; aangaan
3 light [lait] **I** *bn* **1** licht, helder; licht(blond); **2** (te) licht, gemakkelijk; **3** lichtzinnig, luchtig; **4** los [v. grond]; *~ on one's feet* vlug ter been; *make ~ of* licht tellen, de hand lichten met, in de wind slaan; *~ fingers* lange vingers; *~ reading* lichte (ontspannings)lectuur; **II** *bijw* licht, zacht; met weinig bagage
light bulb *znw* gloeilamp, peertje *o*
lighten I *overg* **1** verlichten, verhelderen, opklaren; **2** verlichten [een taak &]; **II** *onoverg* **1** (weer)lichten, bliksemen; **2** lichter worden
lighter *znw* **1** aansteker; **2** scheepv lichter
light-fingered *bn* vingervlug, diefachtig
light-footed *bn* lichtvoetig
light-headed *bn* licht in het hoofd
light-hearted *bn* opgewekt; luchtig, lichthartig
light-heavyweight *znw* halfzwaargewicht *o*
lighthouse *znw* vuurtoren; *~ keeper* vuurtorenwachter
lighting *znw* aansteken *o*; be-, verlichting; *~-up time* voorgeschreven uur *o* om het licht (de lantarens) aan te steken
lightly *bijw* licht, gemakkelijk; zacht [gekookt]; luchtig, lichtzinnig; *get off ~* er genadig afkomen
lightmeter *znw* lichtmeter [v. camera]
lightning I *znw* weerlicht *o & m*, bliksem; **II** *bn* bliksemsnel; *~ action* bliksemactie; *~ glance* snelle, scherpe blik; *~ strike* onaangekondigde, wilde staking
lightning-conductor, lightning-rod *znw* bliksemafleider
light-plant *znw* lichtinstallatie
light-sensitive *bn* lichtgevoelig
lightship *znw* licht-, vuurschip *o*
lightsome *bn* **1** licht, helder; **2** licht, vlug, opgewekt
lightweight *znw* lichtgewicht° *o*; fig onbeduidend persoon
light-year *znw* lichtjaar[2] *o*
ligneous ['ligniəs] *bn* houtachtig
lignite ['lignait] *znw* ligniet *o* [bruinkool]
likable ['laikəbl] *bn* prettig, aangenaam, sympathiek, aantrekkelijk
1 like [laik] **I** *bn* gelijk, dergelijk, soortgelijk, (de-)zelfde; gelijkend; (zo)als; zo; *what is it ~?* hoe ziet het er uit?, hoe is het?, wat is het voor iets?; *as ~ as two peas in the pod* op elkaar gelijkend als twee druppels water; *nothing ~...* er gaat niets boven...; *nothing (not anything) ~ as good* op geen stukken na (lang niet) zo goed; *something ~ 1500 people* zowat, ongeveer 1500 mensen; *that is just ~ him* dat is net iets voor hem; *that is ~ your impudence* dat is nu weer eens een staaltje van je onbeschaamdheid; **II** *voorz* (zo)als; *~ as* vero zoals, als; *~ anything (the blazes, the devil, crazy hell, mad)* gemeenz van jewelste, als de bliksem; *~ a good boy* dan ben je een beste; **III** *bijw* ietwat, slang zo te zeggen; als het ware; *~ enough, very ~, (as) ~ as not* gemeenz (best) mogelijk; waarschijnlijk; **IV** *voegw* gemeenz zoals; **V** *znw* gelijke, wederga(de), weerga; *his ~* zijn

weerga; *the ~ (of it)* iets dergelijks; *you and the ~s of you* gemeenz u en uws gelijken; ... *and the ~* enz., e.d.

2 like [laik] **I** *overg* houden van, veel op hebben met; geven om, (gaarne) mogen, graag hebben, lusten; vero lijken, aanstaan; *I ~ it* ook: ik vind het prettig (fijn, aardig, leuk, lekker &), het bevalt me, het staat me aan; *I ~ that!* gemeenz die is goed!; *I ~ to see it* ik zie het graag; *I should ~ to know* ik zou gaarne (wel eens) willen weten; *as you ~ it* vero zoals het u behaagt; *if you ~* als je wilt; *if you don 't ~ it, you can lump it* je moet het maar voor lief nemen; *~ it or not* of je (nu) wil of niet; *what would you ~?* wat zal het zijn?; **II** *znw* voorliefde; *~s and dislikes* sympathieën en antipathieën

likeable *bn = likable*

likelihood ['laiklihud], **likeliness** *znw* waarschijnlijkheid

likely *bn & bijw* waarschijnlijk, vermoedelijk; geschikt; *the most ~ person to do it* die het (zeker) wel doen zal; *the likeliest place to find him in* waar hij vermoedelijk wel te vinden is; *not ~!* gemeenz kun je net denken!; *he is not ~ to come* hij zal (waarschijnlijk) wel niet komen; *he is more ~ to succeed* hij heeft meer kans te slagen; *as ~ as not* wel (best) mogelijk; waarschijnlijk (wel)

like-minded ['laik'maindid] *bn* gelijkgezind, één van zin

liken *overg* vergelijken (bij *to*)

likeness *znw* gelijkenis; portret *o*; vero gedaante; voorkomen *o*

likewise *bijw* evenzo; des-, insgelijks, eveneens, ook

liking ['laikiŋ] *znw* zin, smaak, lust, (voor)liefde, genegenheid, sympathie; *to one's ~* naar smaak; *have a ~ for* houden van, geporteerd zijn voor

lilac ['lailək] **I** *znw* plantk sering; lila *o*; **II** *bn* lila

Lilliputian [lili'pju:ʃjən] **I** *bn* lilliputachtig, dwergachtig; **II** *znw* lilliputter

lilt [lilt] **I** *znw* vrolijk wijsje *o*; ritme *o*, cadans; **II** *onoverg* wippen, huppelen; zingen

lily ['lili] *znw* lelie; *~ of the valley* lelietje-van-dalen *o*; *gild the ~* iets beter (mooier) maken dan nodig

lily-livered *bn* laf

lily-white *bn* lelieblank

limb [lim] *znw* **1** lid *o* (= been *o*, arm, vleugel); [*~s* ledematen]; **2** tak; **3** limbus; rand; *~ of Satan* duivelsdienaar, satanskind *o*; *tear ~ from ~* uiteentrekken, in stukken scheuren; *~ of the law* arm der wet; *out on a ~* op zichzelf aangewezen

1 limber ['limbə] **I** *bn* buigzaam, lenig; **II** *overg (& onoverg)*: *~ (up)* buigzaam (lenig) maken (worden); **III** *abs ww*: *~ up* de spieren los maken door lenigheidsoefeningen; fig zich inspelen

2 limber ['limbə] *znw* mil voorwagen

limbo ['limbou] *znw* het voorgeborchte der hel; fig gevangenis; *be in ~* in onzekerheid verkeren

lime [laim] **I** *znw* **1** (vogel)lijm; **2** kalk; **3** linde(boom); **4** limoen; **II** *overg* **1** met lijm bestrijken, lijmen[2]; **2** met kalk bemesten of behandelen

lime-juice *znw* limoensap *o*

limekiln *znw* kalkoven, kalkbranderij

limelight *znw*: *in the ~* in de schijnwerpers, in de publiciteit

limerick ['limərik] *znw* limerick: soort vijfregelig grappig versje *o*

limestone ['laimstoun] *znw* kalksteen *o & m*

lime-tree *znw* lindenboom

lime-wash I *znw* witkalk; **II** *overg* witten

lime water *znw* kalkwater *o*

limey ['laimi] *znw* Am slang Engelsman

limit ['limit] **I** *znw* (uiterste) grens, grenslijn; limiet; beperking; *the sky is the ~* de mogelijkheden zijn onbeperkt; *that's the ~* gemeenz dat is het toppunt; *he's the ~!* hij is onuitstaanbaar!; *off ~s* Am in verboden wijk &; verboden; *to the ~* tot het (aller-) uiterste; *within ~s* binnen bepaalde grenzen, tot op zekere hoogte; **II** *overg* begrenzen; beperken; limiteren

limitable ['limitəbl] *bn* begrensbaar

limitation [limi'teiʃən] *znw* beperking, begrenzing, grens[2]; beperktheid; verjaringstermijn

limited ['limitid] *bn* beperkt, begrensd; geborneerd, bekrompen; *~ (liability) company* naamloze vennootschap (met beperkte aansprakelijkheid); *~ edition* beperkte oplage; *~ partnership* commanditaire vennootschap

limitless *bn* onbegrensd, onbeperkt

limn [lim] *overg* vero schilderen, kleuren, verluchten

limner *znw* vero (portret)schilder, miniatuurschilder; verluchter

limousine ['limuzi:n] *znw* limousine

1 limp [limp] *bn* slap

2 limp [limp] **I** *onoverg* hinken, mank, kreupel lopen; **II** *znw*: *walk with a ~* mank, kreupel lopen

limpet ['limpit] *znw* napjesslak; *cling (stick) like a ~* zich vastbijten, zich vastklampen; *~ mine* mil kleefmijn

limpid ['limpid] *bn* helder, klaar, doorschijnend

limy ['laimi] *bn* **1** lijmig; **2** kalkachtig, kalk-

linage ['lainidʒ] *znw* aantal *o* regels; honorarium *o* per regel

linchpin ['lin(t)ʃpin] *znw* techn luns; fig voornaamste element *o*, vitaal onderdeel *o*

linctus ['liŋktəs] *znw* stroperige medicijn

linden ['lindən] *znw* lindenboom, linde

line [lain] **I** *znw* lijn, regel, streep, schreef; grenslijn; groef, rimpel; gemeenz regeltje *o*, lettertje *o*; onderw strafregel; (richt)snoer *o*, touw *o*; mil linie; spoor-, stoomvaartlijn &; reeks, rij; file; handel branche, vak *o*; assortiment *o*, artikel *o*; *~s* rol, tekst, woorden [v. acteur]; methode, aanpak; ± standpunt *o*, beleidslijn, gedragslijn; gemeenz strafregels; trouwboekje *o*; *it is hard ~s* het is hard, een hard gelag; *~ of action* koers, gedragslijn; *~ of* *battle* slagorde; *it is not my ~ (of business)* het is niet mijn vak *o*, branche; *~ of fire* vuurlinie; *the ~ of least resistance* de weg van de minste weerstand; *~ of sight (vision)* gezichtslijn; *~ of thought* gedachtegang; *cross the ~* scheepv de linie passeren; *draw the ~ somewhere* een grens trekken; *bring into ~* in het gareel brengen; *get a ~ on* slang iets ontdekken over; *give sbd. ~ enough* iem. de nodige vrijheid van beweging laten; *hold the ~* telec blijft u aan het toestel?; *shoot a ~* slang opscheppen; *read between the ~s* tussen de regels lezen; *stand in ~* in de rij (gaan) staan; *take a ~ of one's own (one's own ~)* zijn eigen weg gaan; zijn eigen inzicht volgen; *take a firm ~ against ...* vastberaden optreden tegen ...; *toe the ~* zich voegen; gehoorzamen; *all along the ~* over de gehele linie; *along the ~s of* in de geest (zin, trant) van, op de wijze van; *down the ~* helemaal; *in ~ with* op één lijn (staand) met; in overeenstemming met; *it is not in his ~* dat ligt niet op zijn weg, daar heeft hij geen bemoeienis mee, dat is niets voor hem; *bring them into ~* hen akkoord doen gaan, hen tot eendrachtige samenwerking krijgen; hen in 't gareel brengen; *come into ~ with* zich scharen aan de zijde van; *form into ~* mil aantreden; in bataille komen; *of a good ~* van goede komaf; *on ~* comput on line; *on the ~* op de grens, op het spel; *on (along) the ~s laid down by him* volgens het principe, op de voet, op de basis door hem aangegeven; *on (along) the old accepted ~s* op de traditionele manier, op de oude leest (geschoeid); *on the right ~s* min of meer juist; *out of ~ with* niet in overeenstemming met; *~ upon ~* bijbel regel op regel; langzaam maar zeker; **II** *overg* liniëren, strepen; afzetten [met soldaten]; (geschaard) staan langs [v. menigte, bomen &]; voeren, bekleden; beleggen, beschieten; *~ one's pockets (purse)* zijn beurs spekken; *a face ~d with age* doorploegd, met rimpels; *~ up* opstellen, laten aantreden; op een rij zetten, voorbereiden; **III** *onoverg*: *~ up* zich opstellen, aantreden; in de (een) rij gaan staan; *~ up with (behind)* zich aansluiten bij, zich scharen aan de zijde van

lineage ['liniidʒ] *znw* geslacht *o*, afkomst; nakomelingschap

lineal ['liniəl] *bn* in de rechte lijn (afstammend), rechtstreeks

lineament ['liniəmənt] *znw* gelaatstrek, trek

linear *bn* lijnvormig, lineair, lijn-, lengte-

line-drawing ['laindrɔ:iŋ] *znw* contourtekening

line-engraving *znw* lijngravure

lineman *znw* lijnwerker

linen ['linin] **I** *znw* linnen(goed) *o*, [schone, vuile] was; *~ basket* wasmand; *~ cupboard* linnenkast; zie ook: *wash I*; **II** *bn* linnen, van linnen

linen-draper *znw* manufacturier

line-out ['lainaut] *znw* rugby line-out [opstelling van spelers bij een inworp]

line-printer ['lainprintə] *znw* comput regeldrukker

liner ['lainə] *znw* lijnboot; lijnvliegtuig *o*; techn bekleding, voering; *(dustbin) ~* vuilniszak

linesman ['lainzmən] *znw* sp grensrechter; *ook = lineman*

line-up ['lainʌp] *znw* opstelling°, constellatie; line-up [v. popgroep &]; sp startpositie [atletiek]; gemeenz programma; confrontatie [op politiebureau ter identificatie van een verdachte]

ling [liŋ] *znw* **1** dierk leng; **2** (struik)heide

linger ['liŋgə] *onoverg* toeven, talmen, dralen; weifelen; kwijnen, blijven hangen (ook: *~ on*); *not ~ over* niet lang(er) stilstaan bij

lingerer *znw* talmer

lingerie ['lænʒəri(:)] *znw* damesondergoed *o*, lingerie

lingering *bn* lang(durig), slepend, langzaam (werkend); dralend, langgerekt

lingo ['liŋgou] *znw* (*mv*: -s *of* -goes) gemeenz taaltje *o*, vakjargon *o*

lingua franca ['liŋwə'frænkə] *znw* (lingua francas *of* linguae francae [-'frænsi:]) handelstaal, voertaal

lingual ['liŋgwəl] **I** *bn* tong-; taal-; **II** *znw* tongklank

linguist ['liŋgwist] *znw* talenkenner; taalkundige

linguistic [liŋ'gwistik] *bn* taalkundig, taal-

linguistics *znw* taalwetenschap

liniment ['linimənt] *znw* smeersel *o*

lining ['lainiŋ] *znw* voering, bekleding; zie ook: *cloud I*

link [liŋk] **I** *znw* schakel[2], schalm; fig band; verbinding; lengte van 7.92 inch; (pek)toorts; *~s* Schots vlakke, met gras bedekte strook aan de zeekust; sp golfbaan; **II** *overg* steken (door *in*); ineenslaan [v. handen &]; *~ (up)* aaneenschakelen, verbinden, verenigen, aansluiten (met, aan *to, with*); *be ~ed (up) with* ook: aansluiten bij, op; **III** *onoverg*: *~ up with* zich verbinden met, zich verenigen met, zich aansluiten bij

linkage ['liŋkidʒ] *znw* verbinding, koppeling

linkman *znw* RTV centrale presentator; sp middenvelder

link-up *znw* verbinding, vereniging

Linnaean [li'ni:ən] *bn* van Linnaeus

lino ['lainou] *znw* gemeenz linoleum *o & m*

linocut *znw* linoleumsnede, -druk

linoleum [li'nouljəm] *znw* linoleum *o & m*

linotype ['lainoutaip] *znw* linotype [zetmachine]

linseed ['linsi:d] *znw* lijnzaad *o*

linseed oil *znw* lijnolie

linsey-woolsey ['linzi'wulzi] *znw* grof weefsel *o* van katoen met wol

lint [lint] *znw* pluksel *o*

lintel ['lintl] *znw* bouwk kalf *o*, bovendrempel

lion ['laiən] *znw* leeuw; fig beroemdheid, *~'s share* leeuwendeel *o*; *the ~ of the day* de held van de dag

lioness *znw* leeuwin

lion-hearted *bn* met leeuwenmoed (bezield), manmoedig

lion-hunter *znw* leeuwenjager; fig iem. die be-

roemdheden naloopt
lionize *overg* iem. fêteren
lip [lip] *znw* lip°; rand; gemeenz brutaliteit; *none of your ~!* géén brutaliteiten!; *keep a stiff upper ~* zich groot houden; geen spier vertrekken
lip-read *onoverg* liplezen
lip-service *znw* lippendienst
lipstick *znw* lippenstift
liquefaction [likwi'fækʃən] *znw* vloeibaarmaking
liquefy ['likwifai] *overg (onoverg)* vloeibaar maken (worden)
liqueur [li'kjuə] *znw* likeur
liquid ['likwid] **I** *bn* vloeibaar; vloeiend; waterig [v. ogen]; liquide; *~ crystal display* LCD-scherm *o* [beeldscherm op basis van vloeibare kristallen]; *~ lunch* lunch waarbij veel alcohol wordt gedronken; *~ resources* handel vlottende middelen; **II** *znw* vloeistof; gramm liquida
liquidate *overg* vereffenen, liquideren; fig doden
liquidation [likwi'deiʃən] *znw* liquidatie, vereffening
liquidator ['likwideitə] *znw* liquidateur
liquidity [li'kwiditi] *znw* handel liquiditeit
liquidize ['likwidaiz] *overg* vloeibaar maken
liquidizer *znw* blender
liquor ['likə] *znw* Am (sterke) drank
liquorice ['likəris] *znw* plantk zoethout *o*; drop
lisle thread [lail] *znw* fil d'écosse *o*
lisp [lisp] **I** *onoverg & overg* lispelen; **II** *znw* gelispel *o*
lissom(e) ['lisəm] *bn* soepel, lenig
1 list [list] *znw* (naam)lijst, catalogus, tabel, rol; scheepv slagzij; overhelling; *~s* strijdperk *o*; *the ~ of wines* de wijnkaart; *enter the ~s* in het strijdperk treden
2 list [list] **I** *overg* **1** een lijst opmaken van, inschrijven, noteren, catalogiseren; **2** opnemen, opsommen, vermelden; **II** *onoverg* scheepv slagzij maken; overhellen
listed ['listid] *bn* Br voorkomend op de monumentenlijst
listen ['lisn] *onoverg* luisteren (naar *to*)[2]; *~ in* radio luisteren; *~ in (onto)* be-, afluisteren
listener *znw* luisteraar; toehoorder
listing ['listiŋ] *znw* lijst; samenstelling v.e. lijst
listless ['listlis] *bn* lusteloos, hangerig, slap
list-price ['listprais] *znw* catalogusprijs; officiële prijs
lit [lit] **I** V.T. & V.D. van [2]*light*; **II** *bn*: *~ up* slang aangeschoten
litany ['litəni] *znw* litanie
literacy ['litərəsi] *znw* alfabetisme *o*, geletterdheid: het kunnen lezen (en schrijven)
literal ['litərəl] *bn* letterlijk; letter-; [v. mensen] nuchter, prozaïsch
literalism *znw* letterlijkheid, letterlijke uitlegging
literalist *znw* scherpslijper
literally *bijw* letterlijk; absoluut
literary ['litərəri] *bn* literair, letterkundig; geletterd; *~ history* literatuurgeschiedenis; *~ property* auteursrecht *o*
literate ['litərit] *bn* het lezen (en schrijven) machtig (zijnde); geletterd
literati [litə'ra:ti:] *znw mv* geleerden, geletterden
literatim [litə'ra:tim] *bijw* [Lat] letterlijk, letter voor letter
literature ['lit(ə)rətʃə, -ritʃə] *znw* literatuur, letterkunde; gemeenz [propaganda] lectuur, prospectussen, drukwerk *o* &
litharge ['liθa:dʒ] *znw* loodglit *o*
lithe ['laið] *bn* buigzaam, lenig
lithograph ['liθəgra:f] **I** *znw* lithografie, steendruk(plaat); **II** *overg* lithograferen
lithography [li'θɔgrəfi] *znw* lithografie
Lithuania [liθ(j)u(:)'einjə, -'einiə] *znw* Litouwen *o*
Lithuanian [liθ(j)u(:)'einjən, -'einiən] **I** *znw* Litouwer; Litouws *o* [taal]; **II** *bn* Litouws
litigant ['litigənt] **I** *bn* procederend, in proces liggend; **II** *znw* procederende partij
litigate ['litigeit] **I** *onoverg* procederen; **II** *overg* procederen over; betwisten
litigation [liti'geiʃən] *znw* procederen *o*; (rechts-) geding *o*, proces *o*
litigious [li'tidʒəs] *bn* pleitziek; betwistbaar; proces-
litmus ['litməs] *znw* lakmoes *o*; *~ paper* lakmoespapier *o*
litre, Am **liter** ['li:tə] *znw* liter
litter ['litə] **I** *znw* draagkoets, (draag)baar; stalstro *o*, strooisel *o*; warboel, rommel, afval *o & m* [schillen &]; worp [varkens]; **II** *overg* bezaaien; dooreengooien, overal (ordeloos) neergooien of laten liggen; *~ed with books* overdekt met overal slingerende boeken; **III** *onoverg* (jongen) werpen
litter bin *znw* bak of mand voor afval
litterbug, litterlout *znw* gemeenz sloddervos
littery *bn* rommelig
little ['litl] **I** *bn* klein[2], kleinzielig; luttel; weinig, gering; *a ~ bit* een beetje; een kleinigheid; *~ butter* weinig boter; *a ~ butter* een beetje (wat) boter; *~ folk (people)* elfen en kabouters; *~ ones* kinderen, kleintjes; *make ~ of* niet tellen, weinig geven om; zie ook: *finger* &; **II** *znw* weinig *o*; *no ~, not a ~* niet weinig (= zeer veel); *many a ~ makes a mickle* veel kleintjes maken een grote; *after a ~* na korte tijd; *~ by ~* langzamerhand; *for a ~* een poosje; *he was within a ~ of crying* hij had bijna gehuild; **III** *bijw* weinig (soms = niet), amper, in het geheel niet; *~ did he know that...* hij had er geen flauw benul (idee) van dat...
littleness *znw* klein(zielig)heid
littoral ['litərəl] **I** *bn* kust-; **II** *znw* kustgebied *o*
liturgical [li'tə:dʒikl] *bn* liturgisch
liturgy ['litədʒi] *znw* liturgie
livable ['livəbl] *bn* bewoonbaar; leefbaar [leven]; gezellig
1 live [laiv] *bn* levend, in leven; levendig; actief,

energiek; brandend, actueel [v. kwestie]; echt, heus [beest]; gloeiend [kool]; scherp (geladen); niet ontploft [granaat]; slang wemelend [v. ongedierte]; vers [stoom]; elektr onder stroom of geladen; RTV rechtstreeks, direct [v. uitzending]; *a ~ wire* ook: fig een energiek iemand; een dynamische persoonlijkheid

2 live [liv] **I** *onoverg* leven, bestaan; blijven leven, in (het) leven blijven; wonen; *we (you) ~ and learn* een mens is nooit te oud om te leren; *~ and let ~* leven en laten leven; *as I ~ and breathe!* zo waar ik leef!; *he quite ~s there* hij is er altijd over de vloer; *~ happily ever after* nog lang en gelukkig leven; **II** *overg* leven; doorleven, beleven; *~ again* herleven; *~ by bread alone* leven van brood alleen; *~ it down* ergens overheen komen; *I ~ for the day when...* ik verheug me op de dag dat...; *~ in* intern zijn, inwonen; *~ off the land* leven van wat je zelf verbouwt; *~ on* blijven leven, voortleven; *~ on grass* zich voeden met gras; *~ on (off) (one's relations)* leven (op kosten) van; *~ on one's reputation* op zijn roem teren; *~ out* overleven; niet intern zijn; *~ out of a suitcase* altijd maar onderweg zijn; veel reizen; *~ through* doormaken; *~ together* samenwonen; *~ to (be) a hundred* (nog) honderd jaar worden; *~ to see...* het beleven dat; *~ it up* gemeenz het er van nemen; *~ up to* leven overeenkomstig..., naleven, waar maken, niet te schande maken; *~ with* (in-) wonen bij, samenwonen met; leven met

liveable ['livəbl] *znw = livable*

live-in ['liv'in] *znw* vriend(in) met wie men samenwoont

livelihood ['laivlihud] *znw* kost-, broodwinning, kost, (levens)onderhoud *o*, brood *o*, bestaan *o*; *earn one's (his) ~* zijn brood verdienen

livelong ['livlɔŋ] *bn* plechtig: *the ~ day* de hele dag lang, de godganse dag

lively ['laivli] *bn* levendig°, vrolijk; vitaal, energiek; vlug, druk

liven *overg*: *~ up* verlevendigen, opvrolijken

1 liver ['livə] *znw* wie leeft, levende; *a fast ~* een losbol; *a good ~* een braaf mens; een bon-vivant; *the longest ~* de overlevende, de langstlevende; *a loose ~* een losbol, boemelaar

2 liver ['livə] *znw* lever; leverkleur

liveried ['livərid] *bn* in livrei

liverish *bn* gemeenz een leverziekte hebbend; geïrriteerd

livery ['livəri] *znw* livrei; huisstijl [uniforme beschildering van auto's &]; fig kleed *o*

livery company *znw* gilde *o & v* van de City van Londen

liveryman *znw* lid *o* van een der gilden van de City van Londen; stalhouder

livery stable *znw* stalhouderij

livestock ['laivstɔk] *znw* levende have, veestapel

livid ['livid] *bn* lood-, lijkkleurig, (doods)bleek; gemeenz hels, razend

living ['liviŋ] **I** *bn* levend; *be ~* (nog) leven, in leven zijn; *within ~ memory* sinds mensenheugenis; *~ conditions* leefomstandigheden; *~ space* woonruimte; levensruimte; *~ standard* levensstandaard; *a ~ wage* een menswaardig bestaan verzekerend loon *o*; **II** *znw* leven *o*, (levens)onderhoud *o*, bestaan *o*, broodwinning, kost(winning); predikantsplaats; *be fond of good ~* van lekker eten en drinken houden; *earn (gain, get, make) a (his) ~* zijn brood verdienen; *for a (his) ~* voor de kost, om den brode

living-room *znw* woonvertrek *o*, huiskamer

lizard ['lizəd] *znw* hagedis

llama ['la:mə] *znw* dierk lama

LL.B. *afk. = Legum Baccalaureus, Bachelor of Laws*

LL.D. *afk. = Legum Doctor, Doctor of Laws*

lo [lou] *tsw* vero zie!, kijk! (ook: *~ and behold*)

load [loud] **I** *znw* lading, last, vracht; techn belasting; *~s of ...* gemeenz hopen; *a ~ of hay* een voer hooi; *a ~ of rubbish!* gemeenz dat is de grootst mogelijke nonsens (flauwekul)!; *that is a ~ off my mind* dat is een pak van mijn hart; **II** *overg* (in-, op-, be)laden, bevrachten, bezwaren, belasten; vullen [pijp]; overladen; **III** *onoverg & abs ww* laden

loaded ['loudid] *bn* geladen; slang stinkend rijk; dronken; Am stoned; *~ dice* valse dobbelstenen; *~ question* strikvraag

loading *znw* het laden, lading, vracht; techn belasting; *~ berth* scheepv laadplaats; *~ and un~* laden en lossen

load-line *znw* lastlijn

loadstar *znw* poolster[2], plechtig leidstar

loadstone *znw* magneetsteen *o & m* [stofnaam], magneetsteen *m* [voorwerpsnaam]

1 loaf [louf] *znw* (*mv*: loaves [louvz]) brood *o*; gemeenz kop; *use your ~!* gebruik je hersens!; *half a ~ is better than no bread* beter een half ei dan een lege dop

2 loaf [louf] *onoverg* leeglopen, lanterfanten, rondslenteren (ook: *~ about, around*)

loafer *znw* leegloper, schooier

loaf-sugar ['louf'ʃugə] *znw* broodsuiker

loam [loum] **I** *znw* leem *o & m*; **II** *overg* lemen

loam-pit *znw* leemgroeve

loamy *bn* leemachtig, leem-

loan [loun] **I** *znw* lening, geleende *o*, lenen *o*; *ask for the ~ of* te leen vragen; *may I have the ~ of it?* mag ik het eens lenen?; *on ~* te leen; *(be) out on ~* uitgeleend (zijn); **II** *overg* (uit)lenen

loan collection *znw* verzameling in bruikleen

loan-office *znw* leenbank

loan shark *znw* gemeenz woekeraar, uitbuiter

loanword *znw* bastaardwoord *o*, leenwoord *o*

loath [louθ] *bn* afkerig, ongenegen; *nothing ~* wat graag

loathe [louð] *overg* verafschuwen, een afkeer hebben van, walgen van

loathing *znw* walg(ing), weerzin

loathsome *bn* walgelijk, weerzinwekkend, afschu-

welijk
lob [lɔb] **I** *overg* in een boog gooien; sp lobben; **II** *znw* sp lob, boogbal
lobate ['loubeit] *bn* plantk gelobd, -lobbig
lobby ['lɔbi] **I** *znw* voorzaal, hal, portaal *o*; koffiekamer, foyer; couloir, wandelgang; lobby; **II** *overg & onoverg* lobbyen, druk uitoefenen op de (politieke) besluitvorming in de wandelgangen
lobe [loub] *znw* lob [hersenen]; kwab [long]; lel [oor]
lobed *bn* gelobd, -lobbig
lobotomy [lou'bɔtəmi] *znw* med lobotomie
lobster ['lɔbstə] *znw* (*mv* idem *of* -s) zeekreeft; ~ *pot* kreeftenfuik
lobule ['lɔbju:l] *znw* lobbetje *o*, kwabbetje *o*, lelletje *o*
lob-worm ['lɔbwə:m] *znw* zeepier
local ['loukəl] **I** *bn* plaatselijk; van plaats; van de plaats; plaats-; lokaal; alhier; stad [op adres]; ~ *authority* plaatselijke overheid; ~ *colour* beschrijving van het karakteristieke van een bep. buurt of streek; ~ *government* plaatselijk bestuur *o*; ~ *service* buurtverkeer *o*, lokaaldienst; ~ *time* plaatselijke tijd; **II** *znw* plaatselijk inwoner; gemeenz (stam-) kroeg, buurtcafé *o*
locale [lou'ka:l] *znw* plaats (waar iets voorvalt)
localism ['loukəlizm] *znw* plaatselijke eigenaardigheid, uitdrukking &
locality [lou'kæliti] *znw* plaats, lokaliteit
localization [loukəlai'zeiʃən] *znw* lokalisatie, plaatselijk maken *o*, plaatselijke beperking; plaatsbepaling
localize ['loukəlaiz] *overg* lokaliseren, binnen bepaalde grenzen beperken; ook = *locate*
locally *bijw* plaatselijk; ter plaatse
locate [lou'keit] *overg* een (zijn) plaats aanwijzen; de plaats bepalen van, plaatsen, vestigen; de plaats opsporen (vaststellen, vinden) van
location [lou'keiʃən] *znw* plaatsbepaling, plaatsing, plaats, ligging; locatie [v. film]; Austr fokkerij; *on* ~ op lokatie [film]; ~ *shot* buitenopname [film]
loch [lɔx, lɔk] *znw* Schots meer *o*; zeearm
1 lock [lɔk] *znw* lok [haar]
2 lock [lɔk] **I** *znw* slot *o*; sluis; houdgreep; auto draaicirkel; ~, *stock and barrel* zoals het reilt en zeilt, alles inbegrepen, en bloc; *under* ~ *and key* achter slot en grendel; **II** *overg* sluiten, op slot doen, af-, op-, in-, om-, wegsluiten; vastzetten, klemmen; van sluizen voorzien; ~ *away* wegsluiten; ~ *in* in-, opsluiten; ~ *out* buitensluiten; uitsluiten [werkvolk]; ~ *through* (door)schutten [schip]; ~ *up* opsluiten (in gevangenis, krankzinnigengesticht &), wegsluiten, vastleggen [kapitaal]; sluiten
lockable *bn* afsluitbaar, vergrendelbaar
lockage *znw* verval *o* van een sluis; schut-, sluisgeld *o*; sluiswerken
locker *znw* kastje *o*, kist; zie ook: *Davy Jones*
locker-room *znw* kleedkamer
locket ['lɔkit] *znw* medaillon *o*
lock-gate ['lɔkgeit] *znw* sluisdeur
lockjaw *znw* mondklem
lock-keeper *znw* sluiswachter
lock-nut *znw* contramoer
lockout *znw* uitsluiting
locksman *znw* sluiswachter
locksmith *znw* slotenmaker
lock-up *znw* arrestantenlokaal *o*, nor; box [v. garage]; (tijd van) sluiten *o*; ~ *desk* lessenaar die op slot kan; ~ *garages* boxengarage(s); ~ *shop* dagwinkel
loco ['loukou] *bn* slang getikt, gek
locomotion [loukə'mouʃən] *znw* (vermogen *o* van) voortbeweging, zich verplaatsen *o*
locomotive ['loukəmoutiv] **I** *bn* zich (automatisch) voortbewegend of kunnende bewegen; bewegings-; ~ *engine* locomotief; **II** *znw* locomotief
locum tenens ['loukəm'ti:nenz] *znw* (plaats)vervanger [v. dokter of geestelijke]
locus ['loukəs] *znw* (*mv*: loci [-sai, -kai, -ki:]) (meetkundige) plaats
locust ['loukəst] *znw* sprinkhaan
locution [lou'kju:ʃən] *znw* spreekwijze
lode [loud] *znw* ertsader
loden ['loudn] *znw* loden [wollen stof]
lodestar ['loudsta:] *znw* poolster[2], plechtig leidster
lodestone ['loudstoun] *znw* = *loadstone*
lodge [lɔdʒ] **I** *znw* optrekje *o*, huisje *o*, hut; portierswoning, -hokje *o*, rectorswoning [bij universiteit]; loge [v. vrijmetselaars]; leger *o*, hol *o* [v. dier]; **II** *overg* (neer)leggen, plaatsen, huisvesten, herbergen, zetten; deponeren; blijven zitten; indienen, inleveren, inzenden (bij *with*); opslaan [goederen]; ~ *oneself* ook: zich nestelen; *the bullet ~d in the wall* de kogel bleef in de muur steken; *power ~d in (in the hands of, with)* berustend bij; **III** *onoverg* wonen, huizen; blijven zitten (steken); ~ *with* inwonen bij
lodgement *znw* = *lodgment*
lodger *znw* kamerbewoner, inwonende
lodging *znw* huisvesting, (in)woning, logies *o*, kamers; *in ~s* op kamers
lodging-house *znw* pension *o*
lodgment *znw* plaatsing, huisvesting
loess ['louis] *znw* löss
loft [lɔ:ft] **I** *znw* zolder; vliering; duiventil; galerij; Am bovenverdieping [v. fabriek &]; **II** *overg* sp hoog slaan, een boogbal slaan
loftily ['lɔ:ftili] *bijw* v. *lofty*; ook: uit de hoogte
loftiness *znw* verhevenheid, hoogte; trots
lofty *bn* verheven, hoog; trots; gedragen
log [lɔg] **I** *znw* blok *o* hout, boomstam; scheepv log; = *logbook*; wisk log(aritme); *as easy as falling of a* ~ doodsimpel; *sleep like a* ~ slapen als een marmot; **II** *overg* (hout)hakken; in het logboek optekenen; afleggen [v. afstand]; ~ *in* comput inloggen; ~ *out* comput uitloggen

loganberry ['lougənbəri, -beri] *znw* loganbes [kruising tussen braam en framboos]
logarithm ['lɔgəriθm] *znw* logaritme
logbook ['lɔgbuk] *znw* scheepv logboek *o*, journaal *o*; logboek o: dagboek *o*; register *o*; werkboekje *o*
log-cabin ['lɔgkæbin] *znw* blokhut
loggerhead ['lɔgəhed] *znw*: *be at ~s* elkaar in het haar zitten, overhoop liggen, bakkeleien
loggia ['lɔdʒə] *znw* loggia
logging ['lɔgiŋ] *znw* hakken *o* en vervoeren *o* van hout
logic ['lɔdʒik] *znw* logica; gemeenz redelijk argument *o*
logical *bn* logisch
logician [lɔ'dʒiʃən] *znw* logicus, beoefenaar v.d. logica
logistic(al) [lɔ'dʒistik(l)] *znw* & *bn* logistiek
logistics [lɔ-, lou'dʒistiks] *znw mv* logistiek
log-jam ['lɔgdʒæm] *znw* **1** stremming v.e. rivier door boomstronken; **2** impasse
logo ['lougou] *znw* logo *o*, beeldmerk *o*
loin [lɔin] *znw* lende, lendenstuk *o*
loincloth *znw* lendendoek
loiter ['lɔitə] **I** *onoverg* talmen, treuzelen, lanterfanten; *~ (with intent)* recht op verdachte wijze rondhangen; *~ about* rondslenteren; **II** *overg*: *~ away* verbeuzelen
loitererer *znw* treuzelaar, slenteraar
loll [lɔl] *onoverg* lui liggen, leunen, hangen; *~ about* maar wat rondhangen
lollipop ['lɔlipɔp] *znw* gemeenz snoepje *o*, snoep, lekkers *o*; lolly
lollipop lady, **lollipop man** *znw* klaar-over
lollop ['lɔləp] *onoverg* gemeenz luieren, lummelen; *~ about* lanterfanten; rondzwalken
lolly ['lɔli] *znw* lolly; slang duiten, money
Londoner ['lʌndənə] *znw* Londenaar
lone [loun] *bn* eenzaam, verlaten; *play a ~ hand* in zijn eentje optreden, zijn eigen weg gaan; *a ~ wolf* einzelgänger, eenling
loneliness *znw* eenzaamheid, verlatenheid
lonely *bn* eenzaam
loner *znw* einzelgänger, eenling
lonesome *bn* eenzaam
1 long [lɔŋ] **I** *bn* lang°, langdurig, langgerekt; langdradig; groot [gezin &]; *~ division* staartdeling; *~ drink* aangelengde alcoholische drank in groot glas; *~ face* lang (somber) gezicht *o*; *~ jump* sp vèrspringen *o*; *~ shot* gok, waagstuk *o*; *~ in the tooth* aftands; *in the ~ run* op den duur, uiteindelijk; *~ vacation* grote vakantie; *~ wave* lange golf; **II** *bijw*: *don't be ~* blijf niet te lang weg; *he was not ~ (in) finding it out* het duurde niet lang of ...; *he is not ~ for this world* hij zal het niet lang meer maken; *~ since* allang; lang geleden; *as ~ as six months ago* al (wel) zes maanden geleden; *so (as) ~ as* als... maar, mits; *so ~!* gemeenz tot ziens!; **III** *znw*: *the ~ and the short of it is ...* om kort te gaan...; *for ~* lang; *take ~* veel tijd nodig hebben; zie ook: *before I*
2 long [lɔŋ] *onoverg* verlangen (naar *for*)
long-awaited ['lɔŋə'weitid] *bn* lang verwacht
long-billed ['lɔŋbild] *bn* langsnavelig
long-boat *znw* sloep
longbow *znw* (grote) handboog; *draw the ~* gemeenz overdrijven
long-dated *bn* handel langzicht- [wissel]
long-distance *bn* interlokaal
long-drawn-out *bn* langgerekt
longer *bn* langer; *no ~* niet langer (meer)
longest *bn* langst; *at (the) ~* op zijn langst
longevity [lɔn'dʒeviti] *znw* lang leven *o*, hoge ouderdom
long-haired ['lɔŋhɛəd] *bn* langharig
longhand **I** *znw* gewoon handschrift *o* (tegenover stenografie); **II** *bijw* met de hand [schrijven]
long haul *znw* transport *o* over grote afstand
long-headed *bn* dolichocefaal: langschedelig; fig uitgeslapen
longing ['lɔŋiŋ] **I** *znw* (sterk) verlangen *o*, belustheid; **II** *bn* (erg) verlangend
longingly *bijw* (erg) verlangend
longish ['lɔŋiʃ] *bn* wat lang, vrij lang
longitude ['lɔn(d)ʒitju:d, 'lɔŋgitju:d] *znw* (geografische) lengte
longitudinal [lɔn(d)ʒi'tju:dinəl, lɔŋgi'tju:dinəl] *bn* in de lengte, lengte-
long johns *znw mv* lange onderbroek
long-lasting *bn* langdurig
long-legged ['lɔŋlegd] *bn* langbenig
long-life *bn* lang houdbaar [v. voedingsmiddelen]
long-lived *bn* langlevend, lang van leven; langdurig, van lange duur
long-lost *bn* [v. personen] die men al een lange tijd niet heeft gezien
long-play *bn*: *~ record* langspeelplaat
long player *znw* langspeelplaat, elpee, LP
long-playing *bn*: *~ record* langspeelplaat
long-range *bn* mil vèrdragend [geschut]; luchtv langeafstands- [vlucht]; fig op lange termijn
longshoreman *znw* Am sjouwer, bootwerker, havenarbeider
long-sighted *bn* vèrziend; fig vooruitziend
long-standing *bn* oud
long-stay *znw*: *~ carpark* terrein *o* voor langparkeerders
long-suffering *bn* lankmoedig
long-term *bn* op lange termijn, langlopend; voor lange tijd
long-time *bn* van oudsher, oud
longways *bijw* in de lengte
long-winded *bn* lang van stof, breedsprakig, langdradig
longwise *bijw* in de lengte
loo [lu:] *znw* gemeenz plee, wc
look [luk] **I** *onoverg* kijken, zien, eruitzien; lijken; *~ black* er somber uitzien; *~ blank (foolish)* beteuterd

of op zijn neus kijken; ~ *blue* sip kijken; ~ *great* prachtig staan [v. kledingstuk]; ~ *here!* hoor 'es!, zeg 'es!; ~ *like* lijken op; ernaar uitzien (dat); *it ~s like rain* het ziet ernaar uit of we regen zullen krijgen; ~ *sharp* haast maken, voortmaken; ~ *south* uitzien op het zuiden; ~ *before you leap* bezint eer gij begint; **II** *overg* eruitzien als, voorstellen; door zijn kijken uitdrukken, verraden; (er voor) zorgen; verwachten; *not ~ one's age* jonger lijken dan men is, er nog goed uitzien (voor zijn jaren); ~ *one's best* zijn (haar) beau jour hebben; er op zijn voordeligst uitzien; goed uitkomen; ~ *it*, ~ *the part* het goede figuur hebben voor een rol; zijn uiterlijk niet logenstraffen; *you are not ~ing yourself* je ziet er niet (zo goed) als anders uit; ~ *about* rondkijken, rondzien; ~ *about one* om zich heen kijken, de situatie opnemen; ~ *about for ...* omzien (zoeken) naar; ~ *after* acht geven op; passen op, letten op, zorgen voor; ~ *after his interests* behartigen; ~ *ahead* vooruitzien; ~ *alive* opmerkzaam zijn; ~ *at* kijken naar, bekijken, aankijken, kijken op [zijn horloge]; bezien, beschouwen; gemeenz tegemoet zien; *they will not ~ at ...* zij zullen niet kijken naar; ze willen niets weten van ...; *he couldn't ~ at ...* gemeenz hij zou ... niet aankunnen; ~ *away* een andere kant uit kijken, de blik (de ogen) afwenden; ~ *back* terugzien; omzien, omkijken; *he never ~ed back* hij kwam (ging) vooruit; ~ *back (up)on* een terugblik werpen op; ~ *behind* omkijken; ~ *down* handel naar beneden gaan [prijzen]; ~ *down one's nose at someone* de neus voor iem. ophalen, neerkijken op iem., iem. minachten; ~ *down on* neerzien op[2]; ~ *for* uitzien naar; verwachten; zoeken (naar); ~ *forward to* verlangend uitzien naar; zich verheugen op; tegemoet zien; ~ *in* even aanlopen (bij *on*); ~ *into* kijken in; onderzoeken, nagaan; ~ *into the street* uitzien op de straat; ~ *on* toekijken; ~ *on (upon) as* beschouwen als, houden voor; ~ *on (upon) it with distrust* het wantrouwend aanzien, het wantrouwen; ~ *out* uitzien, uit ... zien; op de uitkijk staan; (goed) uitkijken; opzoeken; ~ *out!* opgepast!; ~ *out for* uitzien naar; (zeker) verwachten; ~ *over* bekijken, opnemen; doorkijken; ~ *round* omkijken, omzien; eens uitkijken; om zich heen zien; ~ *through* goed bekijken, doornemen; kijken door; doorkijken, doorbladeren; ~ *sbd. through and through* iem. scherp aankijken; iem. heel en al doorzien; *(greed) ~s through his eyes* straalt uit zijn ogen; ~ *to* (uit)zien naar; letten op, passen op; zorgen voor; vertrouwen op; rekenen op; verwachten; uitzien op; ~ *towards* uitzien naar (op); overhellen naar; ~ *up* opzien, opkijken; handel de hoogte ingaan [prijzen]; opleven, beter gaan [zaken]; opknappen [het weer]; opzoeken; komen opzoeken; naslaan, nakijken [in boek]; ~ *up to sbd.* (hoog) opzien tegen iem.; ~ *up and down* zie *up I*; ~ *upon* = ~ *on*; **III** *znw* blik; aanzien *o*, gezicht *o*, voorkomen *o*, uiterlijk *o*; look, mode; *her (good) ~s* haar knap uiterlijk *o*; *by the ~s of it* zo te zien; *have (take) a ~ at* eens kijken naar, bekijken, een blik werpen op; *I don't like the ~ of it* dat bevalt me niet, ik vertrouw het niet erg; *I can see it by your ~s* dat kan ik u aanzien

lookalike ['lukəlaik] *znw* dubbelganger, evenbeeld *o*

looker *znw*: *good ~* gemeenz knap iem.

looker-on ['lukər'ɔn] *znw* (*mv*: lookers-on) toeschouwer, kijker

look-in *znw*: *have a ~* gemeenz een kansje hebben

looking-glass *znw* spiegel

look-out *znw* uitkijk°; (voor)uitzicht *o*; *it is his (own) ~* dat is zijn zaak; *keep a good ~* goed uitkijken

look-see *znw* slang inspectie, kijkje *o*

1 loom [lu:m] *znw* weefgetouw *o*

2 loom [lu:m] *onoverg* zich (in flauwe omtrekken) vertonen, (dreigend) oprijzen, opdoemen (ook: ~ *up*); ~ *ahead* opdoemen; ~ *large* van onevenredig grote betekenis zijn (schijnen)

loon [lu:n] *znw* Schots **1** stommeling, idioot; **2** deugniet

loony ['lu:ni] **I** *bn* gemeenz getikt; **II** *znw* gek

loony-bin *znw* slang gesticht *o* (voor krankzinnigen)

loop [lu:p] **I** *znw* lus, lis, bocht, (laarzen)strop; luchtv looping, duikvlucht; **II** *onoverg* zich in een lus kronkelen; omduikelen; **III** *overg* met een lus vastmaken; in een bocht opschieten; ~ *the* ~ een kringduikeling (luchtv looping) maken

looper ['lu:pə] *znw* spanrups

loop-hole ['lu:phoul] *znw* kijkgat *o*, schietgat *o*; fig uitvlucht, uitweg; achterdeurtje *o*

loop-line *znw* zijlijn, aftakking (v. spoorweg) die later weer samenkomt met de hoofdbaan

loopy *bn* bochtig; slang getikt, gek

loose [lu:s] **I** *bn* los°; vrij; ruim, wijd; loslijvig; slap; vaag, onnauwkeurig; loszinnig; ~ *cover* kussenhoes; *break ~* uitbreken; *cut ~* (zich) losmaken, (zich) bevrijden; *let ~* vrijlaten, de vrije hand laten; *be at a ~* gemeenz niet meer weten wat te doen, niets te doen hebben; ~ *ends* kleinigheden [die nog gedaan moeten worden]; *at ~ ends* in 't ongewisse, in onzekerheid; in de war; *be at a ~ end* niets om handen hebben; **II** *znw*: *on the ~* aan de rol, aan de zwabber; **III** *overg* losmaken, loslaten; afschieten; scheepv losgooien; ~ *one's hold (on)* loslaten

loose-fitting *bn* ruimzittend [v. kleding]

loose-leaf *bn* losbladig [v. boek]

loose-limbed ['lu:s'limd] *bn* lenig, soepel

loosen **I** *overg* losmaken, losser maken; laten verslappen [tucht]; **II** *onoverg* losgaan, los(ser) worden; verslappen [tucht]; ~ *up* loskomen, ontdooien, vrijuit praten; sp opwarmen, aan warming-up doen

loot [lu:t] **I** *znw* buit, roof, plundering; slang poen; **II** *overg* (uit)plunderen[2], beroven, (weg)roven; **III**

onoverg plunderen, stelen

looter ['lu:tə] *znw* plunderaar

1 lop [lɔp] *overg* (af)kappen, wegkappen (ook: ~ *away,* ~ *off*); snoeien

2 lop [lɔp] **I** *onoverg* slap neerhangen; rondhopsen, huppelen; rondhangen; **II** *overg* laten hangen

lope [loup] **I** *onoverg* zich met lange sprongen voortbewegen; **II** *znw* lange sprong

lop-eared ['lɔpiəd] *bn* met hangende oren; ~ *rabbit* langoor(konijn *o*)

lop-sided ['lɔp'saidid] *bn* met één zijde kleiner (lager) dan de andere, scheef; niet in evenwicht; eenzijdig

loquacious [lou'kweiʃəs] *bn* babbelziek; spraakzaam

loquacity [lou'kwæsiti] *znw* babbelzucht; spraakzaamheid

Lord, lord [lɔ:d] **I** *znw* heer, meester; lord; ~ *and master* heer en meester; echtgenoot; *L~!, good ~!* goeie genade!; *My* ~ [mi'lɔ:d] aanspreektitel voor bisschop, rechter en adel onder de rang van hertog; ~ *knows (how)* gemeenz dat mag de hemel weten; *as drunk as a* ~ stomdronken; *live like a* ~ leven als een vorst; *the L~* de Heer, Onze-Lieve-Heer, God; *the (House of) L~s* het Hogerhuis; *L~ Lieutenant* ± Commissaris des Konings; onderkoning; *(the) L~ Mayor* titel v.d. burgemeester van Londen, Dublin, York en sommige andere steden; *L~ President of the Council* plaatsvervangend minister-president, vice-premier; *the* ~ *of the manor* de ambachtsheer; *the L~'s Day* de dag des Heren; *the L~'s Prayer* het gebed des Heren; het onzevader **II** *overg & onoverg*: ~ *(it)* domineren; de baas spelen (over *over*)

lordling *znw* lordje *o*, heertje *o*

lordly *bn* als (van) een lord; hooghartig

Lord's *znw* een cricketterrein bij Londen (genoemd naar Thomas Lord)

lordship *znw* heerschappij (over *of, over*); heerlijkheid; lordschap *o*; *your (his)* ~ mijnheer (de graaf &)

lore [lɔ:] *znw* (traditionele) kennis

lorgnette [lɔ:'njet] *znw* face-à-main; toneelkijker; *her ~s* haar face-à-main

lorn [lɔ:n] *bn* eenzaam en verlaten

lorry ['lɔri] *znw* vrachtauto; *fallen off the back of a* ~ weggenomen, gejat, georganiseerd, ± geritseld

lorry-hop *znw* slang meeliften met vrachtauto's

lose [lu:z] (lost; lost) **I** *overg* verliezen, verbeuren, verspelen, verzuimen, missen [trein], erbij inschieten, kwijtraken; achterlopen [vijf minuten]; afraken van; doen verliezen; ~ *one's life* ook: om het leven komen; ~ *one's place* [in een boek] niet meer weten waar men gebleven is; ~ *one's senses* z'n verstand kwijt raken, gek worden; ~ *sight of* vergeten, uit 't oog verliezen; ~ *track of sth. (sbd.)* iets (iem.) uit het oog verliezen; ~ *one's way* verdwalen; ~ *out* het afleggen; verlies lijden; zie ook: *caste, day* &; **II** *wederk*: ~ *oneself* zich verliezen of opgaan (in *in*); verdwalen; **III** *onoverg & abs ww* (het) verliezen, te kort komen (bij *by*); achterlopen [v. horloge]; *the story does not* ~ *in the telling* het verhaal is niet vrij van overdrijving, er is nogal wat bij gefantaseerd; zie ook: *losing, lost*

loser *znw* verliezer; 'de klos'; *be a bad/good* ~ niet/goed tegen zijn verlies kunnen; *be a* ~ *by* verliezen bij

losing *bn* verliezend; waarbij verloren wordt; niet te winnen, hopeloos; *fight a* ~ *battle* een (bij voorbaat) verloren strijd voeren; ~ *streak* serie nederlagen; periode van tegenspoed

loss [lɔs] *znw* verlies *o*, nadeel *o*, schade; *dead* ~ fiasco *o*; *at a* ~ met verlies; het spoor bijster; niet wetend [wat ..., hoe ...]; *never at a* ~ *for a reply* nooit om een antwoord verlegen; *cut one's ~es* zijn verlies nemen

loss adjuster *znw* schade-expert

loss-leader *znw* lokartikel *o* (beneden of tegen inkoopsprijs)

lost [lɔst] **I** V.T. & V.D. van *lose*; **II** *bn* verloren (gegaan), weg; verdwaald; omgekomen, verongelukt; scheepv vergaan; ~ *cause* hopeloze, verloren zaak; *get* ~ verloren gaan; verdwalen; slang weggaan, maken dat men wegkomt; *the motion was* ~ werd verworpen; ~ *in thought* in gedachten verzonken; *the joke was* ~ *on him* niet aan hem besteed, ontging hem; ~ *property office* bureau *o* voor gevonden voorwerpen

lot [lɔt] **I** *znw* lot *o*, deel *o*; portie, partij, kavel [veiling]; kaveling, perceel *o*, terrein *o*, lot [= terrein bij filmstudio voor buitenopnamen]; gemeenz hoop, heel wat, boel, heel veel; gemeenz stel *o*, kluit, zwik, zooi; *the* ~ ook: alles, gemeenz de hele bups; *~s of* gemeenz veel; *a bad* ~ gemeenz een waardeloze figuur; *by* ~ door het lot, bij loting; zie ook: *cast, cut, draw, fall, throw* &; **II** *overg*: ~ *(out)* (ver-) kavelen

loth [louθ] *bn* = *loath*

Lothario [lou'θa:riou] *znw* lichtmis, verleider

lotion ['louʃən] *znw* lotion; watertje *o*

lottery ['lɔtəri] *znw* loterij

lottery-ticket *znw* loterijbriefje *o*

lotto ['lɔtou] *znw* lotto *o*, kienspel *o*

lotus ['loutəs] *znw* (Egyptische) lotusbloem; lotusstruik, lotusboom

lotus-eater *znw* fig iem. die zich aan dromerijen en nietsdoen overgeeft

lotus position ['loutəs pə'ziʃən] *znw* lotushouding, lotuszit

louche [lu:ʃ] *bn* louche, onguur

loud [laud] **I** *bn* luid; luidruchtig; opzichtig, schreeuwend [kleuren]; **II** *bijw* luid, hard; *out* ~ hardop; ~ *and clear* fig klip en klaar; overduidelijk

loud hailer *znw* megafoon

loudmouth *znw* gemeenz luidruchtig persoon, schreeuwlelijk, braller

loud-mouthed *bn* luidruchtig

loudspeaker *znw* luidspreker
lough [lɔx, lɔk] *znw* Ir meer *o*; zeearm
lounge [laun(d)ʒ] **I** *onoverg* luieren, (rond)hangen (ook: ~ *around, about*); **II** *znw* conversatiezaal, grote hal v. hotel, lounge; zitkamer [v. huis], foyer [v. theater]
lounge bar *znw* afdeling met meer comfort [in een pub]
lounge lizard *znw* gigolo
lounger *znw* **1** ligstoel, dekstoel, strandstoel; **2** lanterfanter, slenteraar, flaneur
lounge suit *znw* wandelkostuum *o*, colbertkostuum *o*, colbert *o & m*
lour, **lower** ['lauə] *onoverg* nors, dreigend, somber zien (naar *at, upon*); dreigen [v. wolken]
louse I *znw* [laus] (*mv*: lice [lais]) luis; Am gemeenz rotzak, smeerlap, rat; **II** *overg* [lauz] luizen; ~ *up* Am bederven
lousy *bn* gemeenz luizig; min, beroerd, miserabel; ~ *with* vol van, wemelend van
lout [laut] *znw* (boeren)kinkel, pummel, lummel, vlegel
loutish *bn* pummelig, slungelig, lummelachtig, vlegelachtig
louver, **louvre** ['lu:və] *znw* ventilatieopening; *~(d) door* louvredeur
lovable ['lʌvəbl] *bn* beminnelijk, lief, sympathiek
love I *znw* liefde (voor, tot *for, of, to, towards*); [soms:] zucht; (ge)liefde; Amor(beeldje *o*); snoes, schat; *~s* amourettes; ~ *all* sp nul gelijk; *(give) my ~ to all* de groeten aan allemaal; *make ~* vrijen, de liefde bedrijven; *give (send) one's ~* de groeten doen; *there is no ~ lost between them* ze mogen elkaar niet; *for ~* uit liefde; *not to be had for ~ or money* voor geen geld of goede woorden; *play for ~* om 's keizers baard (om niet) spelen; *for the ~ of God* om godswil; *in ~* verliefd (op *with*); **II** *overg* liefhebben, beminnen, houden van, heel graag hebben of willen, het heerlijk vinden, dol zijn op; lief zijn voor; *~ me, ~ my dog* ook: wie mij liefheeft, moet mijn vrienden op de koop toe nemen
loveable *bn* = *lovable*
love affair *znw* liefdesgeschiedenis, minnarij, (liefdes)verhouding
love-bird *znw* dwergpapegaai; gemeenz minnaar; verliefde
love-child *znw* kind *o* der liefde, buitenechtelijk kind *o*
love-hate relationship *znw* haat-liefdeverhouding
loveless *bn* liefdeloos
love-letter *znw* liefdesbrief, minnebrief
love life *znw* liefdeleven *o*
lovelock *znw* lok of krul op het voorhoofd of bij het oor
lovelorn *bn* door de geliefde verlaten; (van liefde) smachtend
lovely I *bn* mooi, lief(tallig); allerliefst; gemeenz prachtig, verrukkelijk, heerlijk, mooi; **II** *znw* mooi meisje *o*, schoonheid
love-making *znw* vrijerij; geslachtsgemeenschap
love-match *znw* huwelijk *o* uit liefde
love-nest *znw* liefdesnestje *o*
love-potion *znw* minnedrank
lover *znw* minnaar, liefhebber; *a ~ of nature, a nature ~* een natuurvriend; *a couple of ~s* een (minnend) paartje *o*; *the ~s* ook: de gelieven, de geliefden
lovesick *bn* smachtend (verliefd)
love-song *znw* minnelied *o*
love-story *znw* liefdesgeschiedenis
lovey *znw* liefje *o*, schat
lovey-dovey *bn* overdreven lief, suikerzoet
loving *bn* liefhebbend, liefderijk, liefdevol; toegenegen, teder
loving-cup *znw* vriendschapsbeker
loving-kindness *znw* barmhartigheid, goedheid
1 low [lou] **I** *bn* laag, laag uitgesneden; lager (staand); niet veel, gering; gemeen, ordinair, min; terneergeslagen, ongelukkig, depressief: zacht [stem]; bijna leeg [v. batterij &]; zwak [pols]; diep [buiging]; *L~ Church* meer vrijzinnige partij in de Engelse staatskerk; ~ *comedy* het boertig komische; *the L~ Countries* hist de Nederlanden; (thans:) de Lage Landen: Nederland, België en Luxemburg; *L~ German* Nederduits *o*; *L~ Latin* middeleeuws Latijn *o*; ~ *life* (het leven van) de lagere standen; ~ *season* laagseizoen *o*, kalme periode; *L~ Sunday* beloken Pasen; ~ *tide* eb, laag water *o*; *L~ Week* week na beloken Pasen; *bring ~* vernederen, verzwakken; ruïneren; *feel (be) ~* neerslachtig zijn, in een gedrukte stemming zijn; zich ellendig voelen; *get (run) ~* opraken [voorraden]; *lay ~* (neer)vellen; *lie ~* zie *²lie*; **II** *bijw* laag, diep; zachtjes [spreken]; handel tegen lage prijs; zie ook: *¹lower* &; **III** *znw* gebied *o* van lage luchtdruk; dieptepunt *o*; *all-time (record) ~* laagterecord *o*
2 low [lou] **I** *onoverg* loeien, bulken; **II** *znw* geloei *o*, gebulk *o*
low-born ['loubɔ:n] *bn* van lage geboorte
lowbrow *bn (znw)* gemeenz alledaags (mens); (iem.) met weinig ontwikkeling, niet-intellectueel
low-budget *bn* goedkoop, voordelig
Low-Church *bn* van de 'Low Church', zie onder *¹low I*
low-class *bn* inferieur; ordinair
low-cut *bn* laag (diep) uitgesneden
low-down I *bn* gemeenz laag, gemeen; **II** *znw*: *the ~* gemeenz het fijne (een juiste voorstelling) van de zaak
1 lower ['louə] **I** *bn* lager (staand); dieper; minder, geringer; beneden-, onder(ste); later; ~ *animals* alle dieren, uitgezonderd de mens; ~ *case* onderkast; ~ *chamber* Tweede Kamer [buiten Engeland]; ~ *classes* lagere stand(en); ~ *deck* scheepv onderdek *o*; scheepv minderen; *L~ Egypt* Beneden-Egypte;

the L~ Empire het Oost-Romeinse rijk; *L~ House* Lagerhuis *o*; *the ~ world* de aarde; de onderwereld; **II** *overg* lager maken of draaien; temperen; verlagen; neerslaan, neerlaten, laten zakken, strijken [zeil]; vernederen, fnuiken [trots]; verminderen; *~ one's voice* ook: zachter spreken; **III** *onoverg* afnemen, dalen, zakken

2 lower ['lauə] *onoverg = lour*

lowermost ['louəmoust] *bn* laagst

lowest *onoverg* laagst(e); *at (its, the) ~* op zijn laagst (minst)

low-grade *bn* met een laag gehalte [v. erts], arm; inferieur

low-heeled *bn* met lage hak

low-income *bn* met een laag inkomen

low-key *bn* ingetogen, gematigd, sober

lowland I *znw* laagland *o*; *the L~s* de Schotse Laaglanden; **II** *bn* van het laagland

low-level *bn* comput lager [v. programmeertaal]

lowly *bn* gering, onaanzienlijk; nederig, ootmoedig

low-lying *bn* laaggelegen [land]

low-minded *bn* laag [van geest], ordinair

low-necked *bn* gedecolleteerd

low-pitched *bn* laag [v. toon, klank]; *a ~ roof* een geleidelijk aflopend dak

low-powered *bn* licht [v. motor]; zwak [v. radiozender]

low-profile *bn* onopvallend

low-rider *znw* laag model *o* auto

low-rise *znw* laagbouw

low-slung *bn* laag

low-spirited *bn* neerslachtig

low-tech [lou'tek] *bn* eenvoudig

low-water mark *znw* laagwaterpeil *o*, -lijn

lox [lɔks] *znw* Am gerookte zalm

loyal ['lɔiəl] *bn* (ge)trouw, loyaal

loyalist *bn & znw* (regeringsge)trouw (onderdaan)

loyalty *znw* getrouwheid, (onderdanen)trouw, loyaliteit; binding

lozenge ['lɔzindʒ] *znw* herald ruit; ruitje *o* [in raam]; tabletje *o* [voor soep, hoest &]

lozenged *bn* ruitvormig, geruit

LP ['el'pi:] *afk. = long-play(ing) record* lp

L-plate ['elpleit] *znw* bord *o* met de letter L op lesauto's

LSD ['elesdi:] *afk. = lysergic acid diethylamide* LSD [hallucinogeen]

l.s.d., **L.S.D.**, **£.s.d.** *afk. = librae, solidi, denarii (pounds, shillings, and pence)* gemeenz geld *o*

LSE *afk. = London School of Economics*

Lt. *afk. = Lieutenant*

Ltd. *afk. = limited*

lubber ['lʌbə] *znw* lomperd, lummel, pummel

lubberly *bn bijw* pummelachtig, lummelig

lube (oil) ['l(j)u:b(ɔil)] *znw* gemeenz smeerolie

lubricant ['l(j)u:brikənt] *znw* smeermiddel *o*

lubricate *overg* oliën, smeren; slang [iem.] dronken maken; *lubricating oil* smeerolie

lubricated *bn* slang dronken, teut, lazarus

lubrication [l(j)u:bri'keiʃən] *znw* smering; *~ pit* smeerkuil; *~ point* smeerpunt

lubricator ['l(j)u:brikeitə] *znw* smeerpot; smeermiddel *o*

lubricious ['l(j)u:brikəs] *bn* **1** glibberig, glad; **2** geil

lubricity [l(j)u:'brisiti] *znw* glibberigheid[2], gladheid[2]; fig geilheid

lucent *bn* schijnend, blinkend

lucerne [l(j)u:'sə:n] *znw* luzerne, alfalfa [plant]

lucid ['l(j)u:sid] *bn* schitterend, stralend; helder[2], lucide, duidelijk; verstandig

lucidity [l(j)u:'siditi] *znw* helderheid[2], luciditeit

Lucifer ['l(j)u:sifə] *znw* [de engel] Lucifer; Satan; astron de morgenster [Venus]

luck [lʌk] *znw* toeval *o*, geluk *o*, tref, bof; *bad ~* pech; *good ~* geluk *o*, bof; *good (best of) ~!* veel succes! het beste!; *hard (tough) ~* pech; *just my ~* natuurlijk heb ik weer pech; *worse ~* ongelukkigerwijze; *for ~* tot (uw) geluk (heil); als een voorteken van geluk; *be in ~* geluk hebben, gelukkig zijn, boffen; *down on one's ~* pech hebbend; *be out of ~* pech hebben; *it's the ~ of the draw* het is een kwestie van geluk; het is stom toeval; *no such ~!* pech gehad; *I was down on my ~* het zat me (allemaal) niet mee

luckily ['lʌkili] *bijw* gelukkigerwijze, gelukkig

luckiness *znw* gelukkig toeval *o*, geluk *o*

luckless *bn* onfortuinlijk; ongelukkig

lucky *bn* gelukkig; geluks-; *be ~* ook: geluk hebben; boffen; geluk aanbrengen; *~ charm* talisman; *~ dip* grabbelton; *~ you!* bofkont!; *you'll be ~ if...* het is niet erg waarschijnlijk dat...

lucrative ['l(j)u:krətiv] *bn* winstgevend, voordelig

lucre *znw* geld *o*, winst, voordeel *o*; *filthy ~* vuil gewin; het slijk der aarde

lucubrate ['l(j)u:kjubreit] *onoverg* plechtig 's nachts werken of studeren; zijn overpeinzingen op papier zetten

lucubration [l(j)u:kju'breiʃən] *znw* (vrucht van) nachtelijke studie of bespiegeling; *~s* moeilijke geschriften

Luddite ['lʌdait] *znw* hist tegenstander van industriële vooruitgang

ludicrous ['l(j)u:dikrəs] *bn* belachelijk, lachwekkend, potsierlijk, koddig

ludo ['lu:dou] *znw* sp mens-erger-je-niet *o*

lues ['lu:i:z] *znw* med syfilis

luff [lʌf] *onoverg* loeven

lug [lʌg] **I** *overg* trekken, slepen; **II** *onoverg*: *~ at* trekken aan; **III** *znw* **1** slang oor *o*; **2** pin, tap, pen

luge [lu:ʒ] *znw* slee

luggage ['lʌgidʒ] *znw* bagage[2], reis-, passagiersgoed *o*; zie ook: [1]*left*

luggage-rack *znw* bagagenet *o* [in trein]

luggage-van *znw* bagagewagen

lugger ['lʌgə] *znw* logger

lughole ['lʌghoul] *znw* slang oor *o*

lugsail ['lʌgseil, 'lʌgsl] *znw* loggerzeil *o*
lugubrious [l(j)u:'gu:briəs] *bn* luguber, somber, treurig
lukewarm ['l(j)u:kwɔ:m] *bn* lauw[2]
lull [lʌl] **I** *overg* (in slaap) sussen, in slaap wiegen[2], kalmeren; **II** *onoverg* gaan liggen, luwen [wind]; **III** *znw* (korte) stilte, kalmte, (ogenblik *o*) rust
lullaby ['lʌləbai] *znw* wiegelied(je) *o*
lumbago [lʌm'beigou] *znw* spit *o* (in de rug)
lumbar ['lʌmbə] *bn* van de lendenen, lenden-
lumber ['lʌmbə] **I** *znw* (oude) rommel; Am timmerhout *o*; **II** *overg* volproppen (ook: ~ *up*); gemeenz opzadelen (met *with*); **III** *onoverg* rommelen; zich log, zwaar bewegen; ~*ed* ook: in een file, vast
lumberer *znw* houthakker; houtvervoerder
lumbering *bn* lomp, onbehouwen; sjokkerig
lumberjack, **lumberman** *znw* houthakker
lumber-room *znw* rommelkamer
lumberyard *znw* houthandel
luminary ['l(j)u:minəri] *znw* hemellichaam *o*; fig verlichte geest
luminescence [l(j)u:mi'nesəns] *znw* luminescentie
luminosity [l(j)u:mi'nɔsiti] *znw* lichtgevend vermogen *o*; lichtsterkte
luminous ['l(j)u:minəs] *bn* lichtgevend, lichtend, stralend, helder, lumineus, licht-
lummy ['lʌmi] *tsw* slang verduiveld!; god beware me!
lummox ['lʌməks] *znw* Am gemeenz kluns, oen
lump [lʌmp] **I** *znw* stuk *o*, bonk, klomp, klont, klontje *o*; brok *m & v of o*, bult, buil, knobbel; gemeenz pummel; vadsig persoon; *have a ~ in one's throat* een prop (brok) in de keel hebben; **II** *bn*: *a ~ sum* een lumpsum: een som ineens; **III** *overg* bijeengooien; ~ *it* gemeenz iets (maar moeten) slikken; ~ *together* samennemen, over één kam scheren; ~ *under*, ~ *(in) with* en bloc nemen met, indelen bij; over één kam scheren met
lumpfish, **lumpsucker** *znw* snotolf [vis]
lumpy *bn* klonterig; bultig, vol builen
lunacy ['l(j)u:nəsi] *znw* krankzinnigheid
lunar ['l(j)u:nə] *bn* van de maan, maan-; ~ *eclipse* maansverduistering; ~ *module* maanlander
lunatic ['lu:nətik] **I** *bn* krankzinnig; ~ *fringe* extreme vleugel [v.e. groepering]; zie ook: *asylum*; **II** *znw* krankzinnige
lunch(eon) ['lʌn(t)ʃ(ən)] **I** *znw* lunch; **II** *onoverg* lunchen
luncheon meat *znw* gemalen (varkens)vlees *o* in blik
luncheon voucher *znw* maaltijdbon
lunch-hour *znw* lunchpauze
lung [lʌŋ] *znw* long
lunge [lʌŋdʒ] **I** *znw* uitval [bij het schermen]; stoot; vooruit schieten *o*; **II** *onoverg* een uitval doen vooruit schieten; ~ *at sth., sbd.* zich op iets, iem. storten
1 lunged [lʌŋd] *bn* met longen
2 lunged [lʌn(d)ʒd] V.T. & V.D. van *lunge*
lungwort ['lʌŋwɔ:t] *znw* longkruid *o*
lupin(e) ['l(j)u:pin] *znw* plantk lupine
lurch [lə:tʃ] **I** *znw* ruk, plotselinge slinger(ing); *leave in the ~* in de steek laten; **II** *onoverg* slingeren, plotseling opzij schieten
lure [ljuə] **I** *znw* lokaas[2] *o*, lokspijs[2], verlokking; **II** *overg* (aan)lokken, weg-, verlokken; ~ *away* weglokken; ~ *into* verlokken tot; ~ *on* verlokken, meetronen
lurgy ['lə:gi] *znw* gemeenz ± griepje *o*, baaldag(en)
lurid ['l(j)uərid] *bn* sensationeel; schel [kleur], gloeiend [kleuren]
lurk [lə:k] *onoverg* schuilen, zich schuilhouden; verborgen zijn
luscious ['lʌʃəs] *bn* heerlijk, lekker; (heel) zoet, overrijp; overdadig versierd; voluptueus
lush [lʌʃ] **I** *bn* weelderig, sappig, mals [gras]; gemeenz overvloedig; **II** *znw* Am dronkelap
lust [lʌst] **I** *znw* (zinnelijke) lust, wellust; begeerte, zucht; ~ *for power* machtswellust; **II** *onoverg* (vurig) begeren, dorsten (naar *after, for*)
luster *znw* Am = *lustre*
lustful *bn* wellustig
lustily *bijw* v. *lusty*; *sing ~* uit volle borst zingen
lustre ['lʌstə] *znw* luister, glans; schittering; fig vermaardheid, glorie
lustreless *bn* glansloos, dof
lustrous *bn* luisterrijk, glansrijk, schitterend
lusty ['lʌsti] *bn* kloek, flink (en gezond), stevig, krachtig, ferm
lutanist ['l(j)u:tənist] *znw* luitspeler
lute [l(j)u:t] *znw* muz luit
Lutheran ['lu:θərən] **I** *bn* luthers; van Luther; **II** *znw* lutheraan
luv [lʌv] *znw* gemeenz = *love*
luxate ['lʌkseit] *overg* ontwrichten, verrekken
luxation [lʌk'seiʃən] *znw* ontwrichting, spierverrekking
luxe [lʌks, lu(:)ks]: *de ~* [də'lʌks, də'lu(:)ks] luxueus, prachtig, kostbaar, weelderig
Luxemburg ['lʌxəmbə:g] *znw* Luxemburg *o*
Luxemburger *znw* Luxemburger
luxuriance [lʌg'zjuəriəns] *znw* weelderigheid, weligheid
luxuriant *bn* weelderig, welig
luxuriate *onoverg* in overdaad leven, zwelgen (in *in*)
luxurious *bn* luxueus, weelderig
luxury ['lʌkʃəri] **I** *znw* luxe, weelde, weelderigheid, overdaad; genot *o*; *luxuries* weeldeartikelen; genotmiddelen; heerlijkheden, lekkernijen; **II** *bn* luxueus, luxe-
lychee ['laitʃi:, 'li(:)tʃi:] *znw* lychee
lychgate ['litʃgeit] *znw* = *lichgate*
lying ['laiiŋ] **I** *tegenwoordig deelwoord* van [2]*lie* (liggen); *I won't take it ~ down* dat laat ik mij niet aanleunen; **II** *tegenwoordig deelwoord* van [1]*lie*

(liegen); als *bn* ook: leugenachtig
lying-in ['laiiŋ'in] *znw* kraam, kraambed *o*
lymph [limf] *znw* lymf(e); weefselvocht *o*
lymphatic [lim'fætik] **I** *bn* lymfatisch, lymf(e)-; **II** *znw* lymf(e)vat *o*
lynch [lin(t)ʃ] *overg* lynchen
lynx [liŋks] *znw* lynx, los
lyre ['laiə] *znw* muz lier
lyre-bird ['laiəbə:d] *znw* liervogel
lyric ['lirik] **I** *bn* lyrisch; **II** *znw* lyrisch gedicht *o*; ~*s* lyrische poëzie (verzen), lyriek; tekst [v. liedje]
lyrical *bn* lyrisch, lier-
lyricism ['lirisizəm] *znw* lyriek, lyrisch karakter *o*, lyrische vlucht
lyricist *znw* tekstschrijver [v. liederen]

M

m [em] **I** *znw* (de letter) m; **II** *afk.* = *million(s)*; *masculine*; *male*; *mile(s)*; *metre(s)*; *minute(s)*
M 1 = 1000 [als Romeins cijfer]; **2** = *motorway*
MA *afk.* = *Master of Arts*
ma [ma:] *znw* gemeenz ma
ma'am [ma:m] *znw* = *madam* [aanspreektitel voor leden van de koninklijke familie; bedienden tot mevrouw: [mæm, məm, m]]
mac [mæk] *znw* gemeenz = *mackintosh*
macabre [mə'ka:br] *bn* macaber, griezelig, akelig
macadam [mə'kædəm] *znw* macadam *o* & *m* [wegdek]
macaroni [mækə'rouni] *znw* macaroni
macaroon [mækə'ru:n, 'mækəru:n] *znw* bitterkoekje *o*
macaw [mə'kɔ:] *znw* ara
mace [meis] *znw* **1** foelie; **2** staf, scepter; **3** mil strijdknots
mace-bearer *znw* stafdrager, pedel
Macedonia [mæsi'dounjə] *znw* Macedonië *o*
Macedonian [mæsi'dounjən] **I** *bn* Macedonisch; **II** *znw* Macedoniër
macerate ['mæsəreit] **I** *onoverg* weken, zacht/week worden; **II** *overg* laten weken, week maken, macereren; uitmergelen, uitteren [door vasten]
machete [ma:'tʃeiti] *znw* groot kapmes *o* [in Midden- en Zuid-Amerika]
Machiavellian [mækiə'veliən] *bn* machiavellistisch[2]; sluw, gewetenloos
machinate ['mækineit] *onoverg* kuipen, konkelen
machination [mæki'neiʃən] *znw* machinatie, kuiperij, konkelarij; intrige [v. toneelstuk]; (bovennatuurlijke) machten of middelen die in literair werk optreden
machinator ['mækineitə] *znw* intrigant
machine [mə'ʃi:n] **I** *znw* machine[2], toestel *o*; automaat; fig apparaat *o*; (partij)organisatie; **II** *overg* machinaal bewerken (vervaardigen)
machine code *znw* comput machinetaal
machine-gun **I** *znw* mitrailleur; **II** *overg* & *onoverg* mitrailleren
machine-gunner *znw* mitrailleur
machine-made *bn* machinaal (vervaardigd), fabrieks-
machine-readable *bn* comput machinaal leesbaar
machinery *znw* machines; machinerie(ën); mechaniek, mechanisme *o*; apparaat *o* [v. bestuur &], apparatuur; inrichting
machine shop *znw* machinewerkplaats
machine tool *znw* machinaal gedreven werktuig *o*
machinist *znw* machineconstructeur; wie een ma-

chine bedient; machinenaaister
machismo [mə'kizmou, ma:tʃi:zmou] *znw* machogedrag *o*, machismo *o*, hanigheid
macho ['mætʃou, 'ma:tʃou] **I** *bn* macho, hanig; **II** *znw* macho, haantje *o*
mackerel ['mækrəl] *znw* (*mv* idem *of* -s) makreel; ~ *sky* lucht met schapenwolkjes
mackintosh ['mækintɔʃ] *znw* (waterproof) regenjas
mackle ['mækl] *znw* misdruk
macramé [mækrə'mei] *znw* macramé *o*, knoopwerk *o*
macrobiotic ['mækroubai'ɔtik] *bn* macrobiotisch
macrocosm ['mækrəkɔzm] *znw* macrokosmos
macula ['mækjulə] *znw* (*mv*: maculae ['mækjuli:]) vlek [op huid of zon]
maculate *overg* (be)vlekken
maculation [mækju'leiʃən] *znw* bevlekking; vlek
mad [mæd] **I** *bn* krankzinnig, gek, niet wijs; dol (op *about, for, on*); kwaad, nijdig, razend (over *at*); *hopping* ~ gemeenz woest, hels; *as ~ as a hatter (as a March hare)* stapelgek; zie ook: [1]*like II*; **II** *overg* & *onoverg* = *madden*; *the ~ding crowd* het gewoel van de wereld
Madagascan [mædə'gæskən] **I** *znw* Madagas; **II** *bn* Madagaskisch
Madagascar [mædə'gæskə] *znw* Madagaskar *o*
madam ['mædəm] *znw* mevrouw, juffrouw; hoerenmadam; verwaand juffertje *o*
madcap ['mædkæp] *bn* doldwaas, roekeloos
mad cow disease *znw* gemeenz = *BSE*
madden ['mædn] **I** *overg* gek, dol, razend maken; **II** *onoverg* gek, dol, razend worden
maddening *bn* om gek (razend) van te worden
madder ['mædə] *znw* (mee)krap
made [meid] V.T. & V.D. van [1]*make*; *he is ~ like that* zo is hij (nu eenmaal); *a ~ dish* een samengestelde schotel; *a ~ man* iemand die binnen is; *~ up* (op-) gemaakt; *a ~-up story* een verzonnen verhaal *o*
made-to-measure ['meidtə'meʒə] *bn* op maat gemaakt, maat-
madhouse ['mædhaus] *znw* gekkenhuis *o*
madman *znw* dolleman, gek, krankzinnige
madness *znw* dolheid, gekheid, krankzinnigheid, razernij
madonna [mə'dɔnə] *znw* madonna[2]
madrigal ['mædrigəl] *znw* madrigaal *o*
madwoman ['mædwumən] *znw* krankzinnige (vrouw)
maecenas [mi'si:næs, -nəs] *znw* mecenas, kunstbeschermer
maelstrom ['meilstroum] *znw* maalstroom[2]
maestro ['maistrou] *znw* (*mv*: -s *of* maestri [-stri]) maestro, beroemde componist of dirigent
Mae West [mei'west] *znw* opblaasbaar zwemvest *o*
mafia ['mæfi:ə] *znw* maffia
mag [mæg] *afk.* gemeenz = *magazine*; *magnetic*
magazine [mægə'zi:n] *znw* magazijn *o* (ook = tuighuis *o*; kruitkamer v. geweer &); tijdschrift *o*, magazine *o*; *fashion ~* modeblad *o*
magenta [mə'dʒentə] *bn* & *znw* magenta (*o*) [roodpaars]
maggot ['mægət] *znw* made
maggoty *bn* vol maden, wormstekig
Magi ['meidʒai] *znw mv*: *the ~* de Wijzen uit het Oosten
magi *znw mv* v. *magus*
magic ['mædʒik] **I** *bn* magisch, toverachtig, betoverend, tover-; slang hartstikke goed, mooi &; *~ carpet* vliegend tapijt *o*; *~ circle* toverkring; tovenaarsvereniging; *~ eye* afstemoog *o* [v. radio &]; foto-elektrische cel; *~ lantern* toverlantaarn; **II** *znw* toverkracht, -kunst, tove(na)rij, magie; betovering; *black ~* zwarte (boosaardige) kunst; *white ~* heilzame toverkunst; **III** *overg* omtoveren, tevoorschijn toveren
magical *bn* = *magic I*
magician [mə'dʒiʃən] *znw* tovenaar, magiër; goochelaar
magisterial [mædʒis'tiəriəl] *bn* magistraal; meesterachtig; magistraats-
magistracy ['mædʒistrəsi] *znw* magistratuur
magistrate *znw* magistraat; politierechter
magistrature ['mædʒistrætʃə] *znw* magistratuur
magnanimity [mægnə'nimiti] *znw* grootmoedigheid
magnanimous [mæg'næniməs] *bn* grootmoedig
magnate ['mægneit] *znw* magnaat
magnesia [mæg'ni:ʃə] *znw* magnesia, magnesiumoxide *o*
magnesium *znw* magnesium *o*
magnet ['mægnit] *znw* magneet[2]
magnetic [mæg'netik] *bn* magnetisch, magneet-; fig fascinerend, boeiend; *~ compass* kompas *o*; *~ tape* magneetband
magnetism ['mægnitizm] *znw* magnetisme[2] *o*; aantrekkingskracht
magnetization [mægnitai'zeiʃən] *znw* magnetiseren *o*
magnetize ['mægnitaiz] *overg* magnetisch maken, magnetiseren; aantrekken[2], biologeren
magnetizer *znw* magnetiseur
magneto [mæg'ni:tou] *znw* magneetontsteker
magnificat [mæg'nifikæt] *znw* magnificat *o*
magnification [mægnifi'keiʃən] *znw* vergroting; vero verheerlijking
magnificence [mæg'nifisns] *znw* pracht, heerlijkheid, luister
magnificent *bn* prachtig; gemeenz geweldig, uitstekend; uitmuntend, luisterrijk
magnifico [mæg'nifikou] *znw* (-coes) Venetiaans edelman; notabele, vooraanstaand heer
magnifier ['mægnifaiə] *znw* vergrootglas *o*, loep
magnify *overg* vergroten; groter maken (voorstellen); vero verheerlijken
magnifying-glass *znw* vergrootglas *o*, loep

magniloquence [mæg'niləkwəns] *znw* grootspraak, gezwollenheid [van stijl]
magnitude ['mægnitju:d] *znw* grootte; grootheid
magnolia [mæg'nouljə] *znw* magnolia
magnum ['mægnəm] *znw* dubbele fles
magnum opus ['mægnəm'ɔpəs, -'oupəs] [Lat] *znw* magnum opus *o*, belangrijkste werk *o*
magpie ['mægpai] *znw* ekster[2]; fig kruimeldief; kletskous
magus ['meigəs] *znw* (*mv*: magi ['meidʒai]) magiër
maharajah [ma:hə'ra:dʒə, məha'raja] *znw* maharadja [Indiase vorstentitel]
mahogany [mə'hɔgəni] *znw* mahoniehout *o*; mahonieboom
Mahometan [mə'hɔmitən] vero = *Muslim*
mahout [mə'haut] *znw* kornak: geleider van een olifant
maid [meid] *znw* meid; meisje *o*, maagd; ~ *of honour* vero ongetrouwde hofdame; eerste (oudste) bruidsmeisje *o*; *lady's* ~ kamenier; *old* ~ oude vrijster
maiden ['meidn] **I** *znw* jonkvrouw, meisje *o*, maagd; **II** *bn* vero maagdelijk, jonkvrouwelijk; ongetrouwd, meisjes-; eerste; ~ *aunt* ongetrouwde tante; ~ *name* meisjesnaam [v. gehuwde vrouw]; ~ *speech* maidenspeech: eerste redevoering van nieuw lid; ~ *voyage* eerste reis [v. schip]
maidenhair fern ['meidnhɛə fə:n] *znw* venushaar *o* [plant]
maidenhead, **maidenhood** *znw* maagdelijkheid
maidenly *bn* maagdelijk; kuis
maidservant ['meidsə:vənt] *znw* dienstmeid, dienstmeisje *o*
1 mail [meil] **I** *znw* brievenpost, postzak; posttrein; **II** *overg* Am met de post of mail (ver)zenden, posten
2 mail [meil] *znw* maliënkolder, pantserhemd *o*
mailbag ['meilbæg] *znw* postzak
mailbox *znw* Am brievenbus
mail coach *znw* postwagen
mailed [meild] *bn*: *the* ~ *fist* fysiek geweld *o*
mailing ['meiliŋ] *znw* mailing [per post toegestuurde reclame]
mailing list ['meiliŋlist] *znw* verzendlijst
maillot [mæ'jou] [Fr] *znw* eendelig zwempak *o*, eendelig tricot kledingstuk *o* [ballet &]
mailman *znw* Am postbode
mail-order ['meilɔ:də] *znw* postorder; ~ *business* postorderbedrijf *o*, ook = ~ *house (business)* verzendhuis *o*
mail-shot *znw*: *do a* ~ een mailing doen
mail train *znw* posttrein
mail van *znw* postauto
maim [meim] *overg* verminken
main [mein] **I** *bn* voornaamste, groot(ste); hoofd-; *the* ~ *chance* eigen voordeel *o* of profijt *o*; *by* ~ *force* uit alle macht; *the* ~ *force* de hoofdmacht; **II** *znw* vero kracht (in: *with might and* ~); plechtig (open) zee; hoofdleiding, hoofdbuis [van gas &], (licht)net *o* (ook: ~*s*); *in the* ~ in hoofdzaak, over het geheel
main brace *znw* scheepv grote bras; *splice the* ~ een oorlam geven
main deck *znw* hoofddek *o*
main drag *znw* Am hoofdstraat, hoofdweg
mainframe *znw* comput mainframe *o*
mainland *znw* vasteland *o*
mainline **I** *znw* belangrijke spoorlijn; **II** *overg* & *onoverg* slang (drugs) spuiten
mainly *bijw* voornamelijk, in hoofdzaak, grotendeels
mainmast *znw* grote mast
main road *znw* hoofdweg
mainsail *znw* grootzeil *o*
mainsheet *znw* scheepv grootschoot *o*
mainspring *znw* grote veer, slagveer; fig hoofdoorzaak, drijfveer, drijfkracht
mainstay *znw* scheepv grote stag *o*; fig voornaamste steun
mainstream **I** *znw* voornaamste stroming, hoofdrichting; **II** *bn* mainstream, conventioneel
maintain [mein'tein] *overg* handhaven, in stand houden; op peil houden, hooghouden, steunen, verdedigen; onderhouden; staande houden, volhouden; beweren; mil houden [stelling]; ophouden [waardigheid], bewaren [stilzwijgen]
maintenance ['meintənəns] *znw* handhaving, verdediging; onderhoud *o*; service; toelage; ~ *man* onderhoudsmonteur
maintop ['meintɔp] *znw* scheepv grote mars
main yard *znw* scheepv grote ra
maisonette [meizə'net] [Fr] *znw* maisonette
maize [meiz] *znw* maïs
majestic [mə'dʒestik] *bn* majestueus; majesteitelijk
majesty ['mædʒisti] *znw* majesteit
major ['meidʒə] **I** *bn* groot, hoofd-, belangrijk, van formaat; grootste; muz majeur; onderw senior; *the* ~ *part* het overgrote deel; ~ *road* voorrangsweg; **II** *znw* mil majoor; meerderjarige; muz majeur [toonaard]; Am (student met als) hoofdvak *o*; **III** *onoverg*: ~ *in* Am als hoofdvak bestuderen
major-domo ['meidʒə'doumou] *znw* majordomus, hofmeester, hofmeier
majorette [meidʒə'ret] *znw* majorette
major-general *znw* generaal-majoor
majority [mə'dʒɔriti] *znw* meerderheid; merendeel *o*; meerderjarigheid; *a working* ~ een voldoende meerderheid; *the* ~ *of...* ook: de meeste...
majuscule ['mædʒəskju:l] *znw* hoofdletter
1 make [meik] (made; made) **I** *overg* maken°, vervaardigen, vormen, scheppen; doen verrichten [arrestatie]; begaan [vergissing]; houden [redevoering]; brengen [offers]; leveren [bijdrage]; stellen [voorwaarden]; treffen [regelingen]; nemen [besluit]; bijzetten [zeil]; zetten [koffie]; opmaken [bed]; zetten, trekken [gezicht]; aanleggen [vuur]; afleggen [afstand]; voeren [oorlog]; (af)sluiten [ver-

drag, vrede]; halen [de voorpagina, een trein]; inwinnen [inlichtingen]; verdienen [geld]; lijden [verliezen]; scheepv in zicht krijgen; binnenvaren; bereiken; slang versieren [meisje]; *twice two ~s four* 2 × 2 = 4; *he will never ~ an author (painter &)* hij is niet voor schrijver (schilder &) in de wieg gelegd, zal nooit een (goed) schrijver (schilder &) worden; *~ (her) a good husband* een goed echtgenoot zijn (voor haar); *this room would ~ a nice study* deze kamer is bijzonder geschikt als studeerkamer; *it ~s pleasant reading* het laat zich aangenaam (prettig) lezen; *~ sbd.'s day* iems. dag goed maken; *what do you ~ the time?* hoe laat heb je het?; *I ~ it to be a couple of miles* ik houd het op twee mijl; *~ it* **1** het maken, succes hebben (ook: *~ it big*); **2** op tijd zijn; **3** tijd hebben om te komen; *Britain can ~ it* ook: gemeenz Engeland kan het klaarspelen, het versieren; *it's ~ or break* het is erop of eronder; *~ itself felt* zich doen gevoelen (laten voelen); **II** *onoverg* maken, doen; (de kaarten) schudden; zich begeven (naar *for*); komen opzetten of aflopen [getij]; *~ as if* doen alsof; *~ after* vervolgen, nazetten; *~ against* benadelen, niet bevorderlijk zijn voor; *~ at sbd.* op iem. afkomen; *~ away* zich uit de voeten maken; *~ away with* uit de weg ruimen [ook: doden]; zoek maken, opmaken; gemeenz naar binnen werken; *~ away with oneself* zich van kant maken; *~ believe* voorwenden, doen alsof; *~ do with* zich behelpen met; *~ for* aan-, afgaan op, zich begeven naar, aansturen op, bevorderlijk zijn voor, bijdragen tot [geluk &]; *~ good* vergoeden; nakomen [belofte]; voldoen; *~ in favour of* bevorderlijk zijn voor, bijdragen tot; *~ into* maken tot, veranderen in; *do you know what to ~ of it?* weet u wat het is (er staat), wat het betekent?; zie ook: [2]*light I, little, much, nothing*; *~ off* er vandoor gaan; *~ off with* stelen; *~ out* onderscheiden, ontdekken; achter [iets] komen; begrijpen, verklaren; voorgeven, beweren; bewijzen, aantonen [iets]; opbrengen [geld]; gemeenz het maken, zich redden, rondkomen; opmaken, uitschrijven [cheque]; *~ out with sbd.* met iem. vrijen; *~ him (it) out to be* hem voorstellen, afschilderen als, houden voor; *~ over* vermaken, opnieuw maken; overdoen°, overdragen; *~ to go* aanstalten maken om te gaan; *~ towards* in de richting gaan van; *~ up* (op)maken [een pakje, recept, rekening &], klaarmaken; vormen; verzinnen; samenstellen, opstellen [brief]; bijleggen [geschil], aanvullen [leemte]; inhalen [tijd]; vergoeden [verlies]; in orde maken (brengen); (zich) grimeren, (zich) opmaken; fig komedie spelen; *~ (it) up again* het weer goedmaken, bijleggen; *he is making it up* hij verzint maar wat; *~ up one's mind* een besluit nemen, voor zichzelf uitmaken (dat); *be made up of* bestaan uit; *~ up for* inhalen [achterstand]; compenseren, goedmaken; *~ up to* afkomen op, toegaan naar; in het gevlij zien te komen bij; het hof maken aan

2 make [meik] *znw* maaksel *o*, fabrikaat *o*; merk *o*; plechtig makelij; *he's on the ~* gemeenz hij is op eigen voordeel uit; hij zoekt het hogerop; zie ook: *made*

make-believe I *znw* wat men zichzelf wijsmaakt, schijn, komedie(spel *o*); voorwendsel *o*; **II** *bn* voorgewend, schijn-

maker *znw* maker, fabrikant, vervaardiger, schepper; *our M~* de Schepper

makeshift I *znw* redmiddel *o*, noodoplossing; **II** *bn* ...om zich te behelpen, bij wijze van noodhulp, geïmproviseerd

make-up *znw* samenstelling; gestel *o*; gesteldheid; aankleding, uitvoering, verzorging [v. boek]; make-up, maquillage, grime; vermomming; opmaken *o*, opmaak

makeweight *znw* toegift

making *znw* vervaardiging, vorming; maken *o*, maak, maaksel *o*; *in the ~* in ontwikkeling, in de maak; *it was the ~ of him* dat heeft zijn karakter gevormd; *~s* ook: basiselementen; *he has the ~s of a good soldier* als soldaat is hij uit het juiste hout gesneden

malachite ['mælǝkait] *znw* malachiet *o*

maladjusted ['mælǝ'dʒʌstid] *bn* psych onaangepast

maladjustment *znw* slechte regeling, verkeerde inrichting; psych onaangepastheid

maladministration ['mælǝdminis'treiʃǝn] *znw* wanbeheer *o*, wanbestuur *o*

maladroit ['mælǝdrɔit] *bn* onhandig

malady ['mælǝdi] *znw* ziekte, kwaal

malaise [mæ'leiz] *znw* gevoel *o* van onbehagen; malaise

malapropism ['mælǝprɔpizm] *znw* verkeerd gebruik *o* van vreemde woorden

malaria [mǝ'lɛǝriǝ] *znw* malaria

malarial [mǝ'lɛǝriǝl] *bn* malaria-

Malawi [mǝ'la:wi] *znw* Malawi *o*

Malawian I *znw* Malawiër; **II** *bn* Malawisch

Malay [mǝ'lei], **Malayan** [mǝ'leiǝn] **I** *bn* Maleis; **II** *znw* **1** Maleier; **2** Maleis *o* [de taal]

Malaya [mǝ'leiǝ] *znw* Maleisisch Schiereiland *o*

Malaysia [mǝ'leiziǝ] *znw* Maleisië *o*

Malaysian I *znw* Maleisiër; **II** *bn* Maleisisch

malcontent ['mælkǝntent] **I** *bn* ontevreden, misnoegd; **II** *znw* ontevredene

Maldives ['mɔ:ldivz] *znw mv* Malediven

Maldivian I *znw* Malediviër; **II** *bn* Maledivisch

male [meil] **I** *bn* mannelijk, mannen-; van het mannelijk geslacht, mannetjes-; *~ chauvinist (pig)* (vuile) seksist; *~ model* dressman; *~ screw* schroefbout; **II** *znw* dierk mannetje *o*; manspersoon, man

malediction [mæli'dikʃǝn] *znw* vervloeking

malefactor ['mælifæktǝ] *znw* boosdoener, misdadiger

malefic [mǝ'lefik] *bn* plechtig boos, verderfelijk

maleficent [mǝ'lefisnt, mæ'le-] *bn* plechtig onheil

stichtend, verderfelijk

malevolence [mə'levələns] *znw* kwaadwilligheid, vijandige gezindheid, boosaardigheid

malevolent *bn* kwaadwillig, vijandig gezind, boosaardig

malfeasance [mæl'fi:zəns] *znw* (ambts)overtreding, (ambts)misdrijf *o*

malformation ['mælfɔ:'meiʃən] *znw* misvorming

malformed ['mæl'fɔ:md] *bn* misvormd

malfunction ['mælfʌŋkʃən] **I** *znw* technische fout, storing, defect *o*; **II** *onoverg* slecht/niet werken, defect zijn

Mali ['ma:li] *znw* Mali *o*

Malian I *znw* Maliër, Malinees; **II** *bn* Malisch, Malinees

malice ['mælis] *znw* boos(aardig)heid, kwaadaardigheid; plaagzucht; recht boos opzet *o*; *with ~ aforethought* recht met voorbedachten rade; *bear sbd. ~* wrok koesteren jegens iem.

malicious [mə'liʃəs] *bn* boos(aardig); plaagziek; recht opzettelijk

maliciously *bijw* boosaardig; plagerig; recht met voorbedachten rade

malign [mə'lain] **I** *bn* boos(aardig), verderfelijk, slecht, ongunstig; **II** *overg* kwaadspreken van, belasteren; *much-~ed* verguisd

malignancy [mə'lignənsi] *znw* boos(aardig)heid; kwaadaardigheid; kwaadwilligheid

malignant *bn* boos(aardig); kwaadaardig [v. ziekte]; kwaadwillig

maligner [mə'lainə] *znw* kwaadspreker, lasteraar

malignity [mə'ligniti] *znw* = *malignancy*

malinger [mə'liŋgə] *onoverg* simuleren, ziekte voorwenden

malingerer *znw* simulant

mall [mɔ:l, mæl] *znw* hist malie(baan); promenade; Am overdekt winkelcentrum *o*, winkelpromenade

mallard ['mæləd] *znw* wilde eend

malleable ['mæliəbl] *bn* smeedbaar; fig kneedbaar, buigzaam, gedwee

mallet ['mælit] *znw* (houten) hamer

mallow ['mælou] *znw* malve, kaasjeskruid *o*

malnourished ['mælnʌriʃt] *bn* ondervoed, aan ondervoeding lijdend

malnutrition ['mælnju'triʃən] *znw* slechte voeding, ondervoeding

malodorous [mæl'oudərəs] *bn* stinkend

malpractice ['mæl'præktis] *znw* verkeerde (be-) handeling, kwade praktijken; malversatie

malt [mɔ:lt] **I** *znw* mout *o & m*; **II** *overg* mouten; *~ed milk* moutmelk

Malta ['mɔ:ltə] *znw* Malta *o*

malt-house *znw* mouterij

Maltese ['mɔ:l'ti:z] **I** *znw* (*mv* idem) Maltezer; Maltees *o* [taal]; **II** *bn* Maltees, Maltezer

Malthusian [mæl'θju:zjən] **I** *bn* malthusiaans; **II** *znw* aanhanger v.h. malthusianisme

maltreat [mæl'tri:t] *overg* mishandelen, slecht behandelen

maltreatment *znw* mishandeling, slechte behandeling

maltster ['mɔ:ltstə] *znw* mouter

malversation [mælvə:'seiʃən] *znw* malversatie, geldverduistering, wanbeheer *o*

mam [mæm] *znw* gemeenz moe, ma

mama [mə'ma:] *znw* gemeenz mama, mamma

mamba ['mæmbə] *znw* mamba [slang]

mam(m)a [mə'ma:] *znw* ma, mama

mammal ['mæməl] *znw* zoogdier *o*

mammalian [mæ'meiljən] *bn* zoogdier-

mammary ['mæməri] *bn* borst-

mammon ['mæmən] *znw* mammon[2]

mammoth ['mæməθ] **I** *znw* mammoet; **II** *bn* kolossaal, reuzen-

mammy ['mæmi] *znw* gemeenz mamaatje *o*, moedertje *o*; Am zwarte kindermeid, oude negerin

man [mæn] **I** *znw* (*mv*: men [men]) man[2], mens; werkman, knecht, bediende; (schaak)stuk *o*, (dam-) schijf; mil mindere; onderw student; *men* ook: manschappen; *a ~* ook: men, je, iemand; *~ about town* boemelaar, bon-vivant; *a ~ of action* een doortastend man; *~ of letters* geleerde; letterkundige, lit(t)erator; *a ~'s ~* een man die zich onder mannen het meest op zijn gemak voelt; *a ~ to ~ conversation* openhartig gesprek onder vier ogen; *a ~ of straw* een stropop[2], stroman[2]; *he is a ~ of few words* hij is een man van weinig woorden, geen groot prater; *~ and boy* van jongs af aan, z'n hele leven; *the little ~* het ventje; de kleine man; *the (my) old ~* gemeenz m'n pa, de 'ouwe'; mijn man, de baas; *old ~!* gemeenz ouwe jongen!; *be one's own ~* zijn eigen baas zijn; zichzelf (meester) zijn; *he is ~ enough to ...* mans genoeg om ...; *he is not a ~ to ...* hij is er de man niet naar om ...; *~ for ~* man voor man; *to a ~* als één man, tot de laatste man, eenparig; allen; *(so) many men (so) many minds* zoveel hoofden, zoveel zinnen; **II** *bn* mannelijk, van het mannelijk geslacht; **III** *overg* bemannen, bezetten; **IV** *wederk*: *~ oneself* zich vermannen

manacle ['mænəkl] **I** *znw* (hand)boei; **II** *overg* boeien, kluisteren, de handen binden

manage ['mænidʒ] **I** *overg* besturen, behandelen, beheren, leiden; regeren; op- of aankunnen, afdoen; *~ it* het klaarspelen; het hem leveren; **II** *onoverg = manage it*; *~ for oneself* zich(zelf) redden, het zelf klaarspelen; *~ to ...* het zó weten aan te leggen, dat ..., weten te ...; (net nog) kunnen ...

manageable *bn* handelbaar, meegaand, (gemakkelijk) te besturen &

management *znw* behandeling, bediening; management *o*, bestuur *o*, leiding, beheer *o*, administratie, directie; bedrijfsleiding, management *o*; *~ and unions (labour)* de sociale partners, werkgevers en bonden

manager *znw* manager, bestuurder, beheerder, leider, administrateur, directeur; chef

manageress ['mænidʒə'res] *znw* bestuurster, manager; leidster; administratrice, directrice, cheffin
managerial [mænə'dʒiəriəl] *bn* directie-, bestuurs-; (bedrijfs)organisatorisch
managership ['mænidʒəʃip] *znw* bestuur *o*, beheer *o*, leiding
managing *bn* autoritair, bazig; beherend, leidend; ~ *director* directeur; ~ *partner* beherend vennoot
man-at-arms *znw* krijger, krijgsman
Mancunian [mæŋ'kju:niən, -jən] **I** *znw* inwoner van Manchester; **II** *bn* van, uit Manchester
mandamus [mæn'deiməs] *znw* recht bevelschrift *o*
mandarin ['mændərin] *znw* mandarijn; *M*~ mandarijn *o* [standaard-Chinese taal]
mandatary ['mændətəri, -'deitəri] *znw* mandataris, gevolmachtigde
mandate I *znw* lastbrief, -geving, bevelschrift *o*, opdracht, mandaat *o*; **II** *overg* onder mandaat brengen; ~*d territory* hist mandaatgebied *o*
mandatory *bn* verplicht; mandaat-
mandible ['mændibl] *znw* onderkaak, kaakbeen *o*; kaak [v. insecten]
mandolin(e) ['mændəlin] *znw* mandoline
mandragora [mæn'drægərə] *znw* alruin
mandrake ['mændreik] *znw* plantk alruin
mane [mein] *znw* manen [van een paard &]
man-eater ['mæni:tə] *znw* menseneter [ook tijger, haai]; fig mannenverslindster
man-eating *bn* mensenetend, kannibalistisch
manes ['ma:neiz, 'meini:z] *znw mv* manen: geesten der gestorvenen
maneuverable *bn* Am = *manoeuvrable*
maneuver *znw* Am = *manoeuvre*
manful ['mænful] *bn* dapper, manhaftig, moedig
manfully ['mænfulli] *bijw* dapper, manhaftig, moedig
manganese [mæŋgə'ni:z] *znw* mangaan *o*
mange [mein(d)ʒ] *znw* schurft
mangel(-wurzel) ['mæŋgl'wə:zl] *znw* voederbiet
manger ['mein(d)ʒə] *znw* krib(be), trog, voerbak
mangetout [ma:ŋʒ'tu:] *znw* peultje *o*
manginess ['mein(d)ʒinis] *znw* schurftigheid
mangle ['mæŋgl] **I** *znw* mangel; **II** *overg* mangelen; fig verscheuren; havenen; verminken; verknoeien
mango ['mæŋgou] *znw* (*mv*: -s *of* -goes) mango(-boom)
mangrove ['mæŋgrouv] *znw* wortelboom
mangy ['mein(d)ʒi] *bn* schurftig; fig gemeen
manhandle ['mænhændl] *overg* ruw aanpakken, mishandelen, toetakelen; door mensenhand laten behandelen
manhole *znw* mangat *o*
manhood *znw* mannelijkheid²; mannelijke staat; mannen; manmoedigheid, moed
man-hour *znw* manuur *o*
manhunt *znw* razzia, mensenjacht
mania ['meinjə] *znw* manie, bezetenheid; *persecution* ~ achtervolgingswaanzin, paranoia; *religious* ~ godsdienstwaanzin
maniac I *znw* maniak, waanzinnige; **II** *bn* waanzinnig
maniacal [mə'naiəkl] *bn* waanzinnig; maniakaal
manic ['mænik] *bn* manisch
manic-depressive I *bn* manisch-depressief; **II** *znw* manisch-depressief persoon
manicure ['mænikjuə] **I** *znw* manicure; **II** *overg* manicuren
manicurist *znw* manicure
manifest ['mænifest] **I** *bn* duidelijk, kennelijk; **II** *znw* scheepv scheepsmanifest *o*; **III** *overg* openbaren, openbaar maken, aan de dag leggen; **IV** *wederk*: ~ *itself* zich openbaren of vertonen, zich manifesteren
manifestation [mænifest'teiʃən] *znw* openbaarmaking, openbaring, uiting, manifestatie
manifesto [mæni'festou] *znw* manifest *o*
manifold ['mænifould] **I** *bn* menigvuldig, veelvuldig, veelsoortig, vele; **II** *znw* techn verzamelbuis; verdeelstuk *o*, spruitstuk *o*
manikin ['mænikin] *znw* ledenpop; fantoom *o*; kleermakerspop; mannetje *o*, dwerg
manipulate [mə'nipjuleit] *overg* hanteren, behandelen, bewerken², manipuleren, knoeien met [boekhouding &]
manipulation [mənipju'leiʃən] *znw* manipulatie; betasting
manipulative [mə'nipjulətiv, -pjə'leitiv] *bn* manipulerend; manipulatief
manipulator [mə'nipjuleitə] *znw* manipulator
mankind [mæn'kaind] *znw* het mensdom, de mensheid
manlike ['mænlaik] *bn* mannelijk, manachtig
manly *bn* mannelijk, manmoedig, mannen-
man-made *bn* door mensen gemaakt; ~ *fibre* kunstvezel
manna ['mænə] *znw* manna *o*
mannequin ['mænikin] *znw* mannequin
manner ['mænə] *znw* manier², wijze, trant, (levens)gewoonte; manier van doen; soort, slag *o*; ~*s* (goede) manieren; *where are your* ~*s?* wat zijn dat voor manieren?; ~*s and customs* zeden en gewoonten; *all* ~ *of* allerlei; *have* ~*s* zijn manieren kennen; *he might have had the* ~*s to* ... hij had de beleefdheid kunnen hebben om ...; *after the* ~ *of (Rembrandt)* in de trant (stijl) van (Rembrandt); *after this* ~ plechtig op deze wijze; *by no* ~ *of means* op generlei wijze, volstrekt niet; *in a* ~ in zekere zin; *in a* ~ *of speaking* om zo te zeggen; *in this* ~ op deze manier (wijze); *in like* ~ op dezelfde wijze, eveneens; *to the* ~ *born* van kindsbeen daaraan gewend, er geknipt voor
mannered *bn* gemanierd, met ... manieren; geringsch gemaniëreerd; *ill-*~ ongemanierd
mannerism *znw* gemaniëreerdheid, gemaaktheid, maniërisme *o* [in de kunst]; ~*s* maniertjes
mannerly *bn* welgemanierd, beleefd

mannish ['mæniʃ] *bn* manachtig; als (van) een man
manoeuvrable [mə'nu:vrəbl] *bn* manoeuvreerbaar, wendbaar
manoeuvre I *znw* manoeuvre[2]; **II** *onoverg* manoeuvreren[2]; intrigeren; **III** *overg* manoeuvreren, besturen; ~ *away (out)* handig loodsen, wegwerken, -krijgen; ~ *sbd. into a job* een baantje voor iem. versieren; ~ *sbd. into doing sth.* iets van iem. gedaan weten te krijgen; *room to* ~ bewegingsruimte[2], speelruimte[2]
man-of-war ['mænəv'wɔ:] *znw* (*mv*: men-of-war) oorlogsschip *o*
manometer [mə'nɔmitə] *znw* manometer
manor ['mænə] *znw* (ambachts)heerlijkheid; landgoed *o*
manor-house *znw* (ridder)slot *o*, herenhuis *o*
manorial [mə'nɔ:riəl] *bn* van een ambachtsheerlijkheid, heerlijk
manpower ['mænpauə] *znw* menskracht; mankracht; werk- of strijdkrachten
manqué ['ma:ŋkei] [Fr] *bn* mislukt, miskend; *an actor* ~ een mislukte (miskende) acteur
manse [mæns] *znw* Schots pastorie, predikantswoning
manservant ['mænsə:vənt] *znw* knecht, bediende
mansion ['mænʃən] *znw* herenhuis *o*; villa; bijbel woning; ~*s* flatgebouw *o*
mansion-house *znw* = *manor-house*; *the Mansion House* de officiële woning van de Lord Mayor te Londen
manslaughter ['mænslɔ:tə] *znw* doodslag, manslag
mantel ['mæntl], **mantelpiece** *znw* schoorsteenmantel
mantelshelf *znw* schoorsteenrand
mantilla [mæntilə] *znw* mantille [sjaal]
mantis ['mæntis] *znw* (*mv* idem *of* -es) mantis: soort sprinkhaan; *praying* ~ bidsprinkhaan
mantle ['mæntl] **I** *znw* mantel°; fig dekmantel; gloeikousje *o*; **II** *overg* bedekken, verbergen
mantrap ['mæntræp] *znw* voetangel, klem, val
manual ['mænjuəl] *bn* met de hand, hand(en)-, manueel; ~ *alphabet* vingeralfabet *o* [doofstommen]; ~ *arts* handenarbeid; ~ *control* handbediening
manufacture [mænju'fæktʃə] **I** *znw* vervaardiging, fabricage, fabriceren *o*; fabrikaat *o*; **II** *overg* vervaardigen, fabriceren (ook: leugens); geringsch fabrieken; ~*d* ook: fabrieks-; *manufacturing costs* productiekosten; *manufacturing town* fabrieksstad
manufacturer *znw* fabrikant
manumission [mænju'miʃən] *znw* hist vrijlating [v. slaaf]
manumit *overg* hist vrijlaten (v. slaaf)
manure [mə'njuə] **I** *znw* mest; **II** *overg* (be)mesten
manuscript ['mænjuskript] **I** *bn* (met de hand) geschreven; in manuscript; **II** *znw* manuscript *o*, handschrift *o*
Manx [mæŋks] **I** *bn* van het eiland Man; ~ *cat* Manx kat [staartloze kat]; **II** *znw* Manx *o* [taal van Man]
many ['meni] **I** *bn* veel, vele; ~ *a man,* ~ *a one* menigeen; ~ *a time,* ~*'s the time* menigmaal; *too* ~ te veel; *be one too* ~ (ergens) te veel zijn; *he's had one too* ~ hij heeft te diep in het glaasje gekeken; *as* ~ *as (ten books)* wel (tien boeken); **II** *znw*: *the* ~ de menigte, de grote hoop; ook: de meerderheid; *a good (great)* ~ heel wat, heel veel, zeer veel (velen)
many-sided *bn* veelzijdig[2]
map [mæp] **I** *znw* (land)kaart, hemelkaart; *off the* ~ onbereikbaar; gemeenz niet (meer) aan de orde, niet (meer) in tel; *put on the* ~ bekend (beroemd) maken; **II** *overg* in kaart brengen; ontwerpen; ~ *out* in details uitwerken; ~ *out one's time* z'n tijd indelen
maple ['meipl] *znw* ahorn, esdoorn
maple-leaf *znw* ahornblad *o* [symbool van Canada]
maple syrup *znw* ahornsiroop
mar [ma:] *overg* bederven; ontsieren
maraca [mə'ra:kə, -'rækə] *znw* maraca [Caribisch ritme-instrument]
marathon ['mærəθən] **I** *znw* sp marathonloop; fig marathon; langdurige, uitputtende prestatie; **II** *bn* marathon-[2]; fig langdurig, inspannend
maraud [mə'rɔ:d] *overg & onoverg* plunderen[2]
marauder *znw* plunderaar
marble ['ma:bl] **I** *znw* marmer *o*; marmeren beeld *o* &; knikker; *play* ~*s* knikkeren; *lose one's* ~*s* gemeenz een beetje kierewiet worden; **II** *bn* marmeren; **III** *overg* marmeren
marbly *bn* marmerachtig, marmeren
marcel ['ma:səl] **I** *overg* onduleren [v. haar]; **II** *bn*: ~ *wave* haargolf
March [ma:tʃ] *znw* maart
1 march [ma:tʃ] *znw* mark, grens, grensgebied *o*
2 march [ma:tʃ] **I** *znw* mil & muz mars[2]; opmars, tocht, (voort)gang, loop, verloop *o*; *steal a* ~ *on sbd.* iem. de loef afsteken, een loopje nemen met iem.; **II** *onoverg* marcheren; op-, aanrukken; ~ *off* afmarcheren; ~ *out* uitrukken; ~ *past* defileren (voor); **III** *overg* laten marcheren; ~ *off* wegleiden, wegvoeren
marcher *znw* betoger, demonstrant
marching order *znw* marstenue *o & v*; marsorde; ~*s* marsorder(s); *give sbd. his* ~*s* fig iem. op straat zetten, iem. de deur wijzen
marchioness ['ma:ʃənis] *znw* markiezin
marchpane ['ma:tʃpein] *znw* marsepein
march past ['ma:tʃpa:st] *znw* defilé *o*
mare [mɛə] *znw* merrie; *a* ~*'s nest* waardeloze vondst of ontdekking; ~*'s tails* vederwolken
margarine [ma:dʒə'ri:n, -gə'ri:n] *znw* margarine
marge [ma:dʒ] *znw* gemeenz **1** margarine; **2** plechtig = *margin*
margin ['ma:dʒin] *znw* rand; kant; grens; marge;

handel winst; surplus² *o*; fig speelruimte, speling; ~ *of error* onnauwkeurigheidsmarge; ~ *of profit* winstmarge; ~ *of safety* veiligheidsmarge; *by a narrow* ~ op 't nippertje, ternauwernood
marginal *bn* marginaal, in margine, op de rand, kant-; grens-; ~ *(seat)* kiesdistrict *o* waar de verkiezingen gewoonlijk met een kleine meerderheid worden gewonnen door wisselende partijen; ~*ly* enigszins
marginalia [ma:dʒi'neiliə] *znw mv* kanttekeningen
marginalize ['ma:dʒinəlaiz] *overg* buiten de maatschappij plaatsen, marginaliseren, als onbeduidend aan de kant schuiven
Maria [mə'raiə, mə'riə] *znw* Maria, Marie; *black* ~ gemeenz gevangenwagen
marigold ['mærigould] *znw* goudsbloem; *African* ~ afrikaantje *o*
marihuana, **marijuana** [mæri'(h)wa:nə, mæridʒwa:nə] *znw* marihuana
marina [mə'ri:nə] *znw* jachthaven
marinade [mæri'neid] **I** *znw* marinade: gekruide (wijn)azijnsaus; gemarineerde vis- of vleesspijs; **II** *overg* marineren
marinate [mæri'neit] *overg* marineren
marine [mə'ri:n] **I** *bn* zee-, scheeps-, maritiem; ~ *life* zeeflora en -fauna; ~ *parade* strandboulevard; **II** *znw* marinier; *mercantile* ~, *merchant* ~ koopvaardijvloot; *tell that to the* ~*s* maak dat je grootje wijs
mariner ['mærinə] *znw* zeeman, matroos
marionette [mæriə'net] *znw* marionet
marital ['mæritl] *bn* van een echtgenoot; echtelijk; ~ *status* burgerlijke staat
maritime ['mæritaim] *bn* aan zee gelegen, maritiem, kust-, zee-; ~ *law* zeerecht *o*; ~ *power* zeemogendheid
marjoram ['ma:dʒərəm] *znw* marjolein
mark [ma:k] **I** *znw* **1** (ken)merk *o*, merkteken *o*, stempel *o & m*; **2** teken *o*, kruisje *o* [in plaats v. handtekening]; **3** spoor *o*, vlek; **4** onderw cijfer *o*, punt *o* [op school]; **5** blijk *o*; **6** doel(wit) *o*; **7** peil *o*; **8** model *o* [v. auto, vliegtuig &]; **9** [Duitse] mark; *as a* ~ *of* ten teken, als blijk van; *easy* ~ gemeenz iem. die zich gemakkelijk laat beetnemen; *hit the* ~ raak schieten, de spijker op de kop slaan; het raden; *make one's* ~ zich onderscheiden, van zich doen spreken, succes hebben (bij *with*); *below the* ~ beneden peil; *beside the* ~ niet ter zake; *be near the* ~ er dicht bij, dicht bij de waarheid zijn; *(right) on the* ~ fig in de roos; *full* ~*s!* mijn complimenten!, een tien met een griffel!; *wide of the* ~, *off the* ~, *far from the* ~ er volkomen naast, de plank mis; *be quick (slow) off the* ~ snel (langzaam) starten; fig snel (langzaam) te werk gaan; snel (langzaam) v. begrip zijn; *be up to the* ~ aan de (gestelde) eisen voldoen; *I don't feel up to the* ~ gemeenz ik voel me niet honderd procent; *keep up to the* ~ op peil houden; *leave one's* ~ *on* zijn stempel drukken op; *within the* ~ zonder overdrijven; **II** *overg* merken, tekenen, vlekken; kenmerken; onderscheiden; noteren, op-, aantekenen; aanstrepen; bestemmen; laten merken, aanduiden, aangeven, beduiden, betekenen; onderw cijfers (punten) geven; prijzen [koopwaar]; opmerken, letten op, acht geven op; niet ongemerkt voorbij laten gaan, vieren, herdenken; sp dekken [tegenspeler]; ~ *me*, ~ *my words* let op mijn woorden!; ~ *time* mil de pas markeren, pas op de plaats maken²; fig niet verder komen; ~ *you* let wel; ~ *down* aanstrepen; eruit pikken, selecteren; aangeven [op kaart]; noteren; handel lager noteren; afprijzen; onderw een lager cijfer geven; ~ *off* afscheiden; onderscheiden (van *from*); doorhalen, doorstrepen [namen op een lijst &]; ~ *out* aanwijzen, bestemmen; afbakenen, afsteken [terrein]; onderscheiden; ~ *up* noteren; handel hoger noteren; in prijs verhogen
mark-down *znw* prijsverlaging
marked *bn* gemerkt; opvallend, in het oog vallend, duidelijk, merkbaar, markant; getekend, gedoemd; verdacht
marker *znw* baken *o*, teken *o*, kenteken *o*; boekenlegger; (ook ~ *pen*) markeerstift
market ['ma:kit] **I** *znw* markt°; aftrek, vraag; *be in the* ~ *for* nodig hebben, in de markt zijn voor ...; *not on the* ~ niet op de markt, niet in de handel; *come onto the* ~ op de markt of in de handel komen; *place (put) them on the* ~ ze te koop bieden (stellen); *play the* ~ speculeren [op de beurs]; *on the open* ~ vrij te koop; **II** *overg* ter markt brengen; handelen in; verkopen [op de markt]; **III** *onoverg* (Am ook: *go* ~*ing*) markten, inkopen doen
marketable *bn* geschikt voor de markt; (goed) verkoopbaar, courant
market economy *znw* markteconomie
market garden *znw* groentekwekerij
market gardener *znw* groentekweker, tuinder
market gardening *znw* tuinderij
marketing *znw* marketing
market-place *znw* marktplein *o*, markt
market price *znw* marktprijs, -notering; koers(waarde)
market report *znw* marktbericht *o*
market research *znw* marktonderzoek *o*
market share *znw* marktaandeel *o*
market stall *znw* marktkraam
market town *znw* marktplaats
market value *znw* marktwaarde
marking ['ma:kiŋ] *znw* handel notering; tekening [v. dier]; corrigeren *o*, beoordeling [v. schoolwerk]; luchtv herkenningsteken *o*
marking-ink *znw* merkinkt
marksman ['ma:ksmən] *znw* (scherp)schutter
marksmanship *znw* scherpschutterskunst
mark-up ['ma:kʌp] *znw* winstmarge; prijsverhoging
marl [ma:l] **I** *znw* mergel; **II** *overg* met mergel bemesten

marly *bn* mergelachtig, mergel-
marmalade ['ma:məleid] *znw* marmelade
marmoreal [ma:'mɔ:riəl] *bn* marmerachtig; van marmer, marmeren; marmer-
marmoset ['ma:məzet] *znw* zijdeaapje *o*, ouistiti
marmot ['ma:mət] *znw* marmot
1 maroon [mə'ru:n] *overg* op een onbewoond eiland aan wal zetten; in onherbergzame streek achterlaten; fig isoleren
2 maroon [mə'ru:n] *bn* bordeauxrood
marquee [ma:'ki:] *znw* grote tent
marquess ['ma:kwis] *znw* = *marquis*
marquetry ['ma:kitri] *znw* inlegwerk *o*
marquis ['ma:kwis] *znw* markies
marquise [ma:'ki:z] *znw* markiezin
marriage ['mæridʒ] *znw* huwelijk *o*; *relative by* ~ aangetrouwde verwant; *ask in* ~ ten huwelijk vragen; ~ *of convenience* verstandshuwelijk *o*; ~ *guidance council* bureau *o* voor huwelijksmoeilijkheden
marriageable *bn* huwbaar
marriage licence *znw* huwelijksvergunning van overheidswege
marriage lines *znw mv* gemeenz trouwakte
marriage settlement *znw* huwelijksvoorwaarden
married *bn* gehuwd², getrouwd² (met *to*); echtelijk, huwelijks-; *get* ~ trouwen
marrow ['mærou] *znw* merg *o*; fig pit *o* & *v*; *(vegetable)* ~ eierpompoen; *baby* ~ courgette; *chilled (frozen) to the* ~ verstijfd tot op het bot
marrowbone *znw* mergpijp
marrowfat *znw* grote erwt, kapucijner (ook: ~ *pea*)
marrowy *bn* vol merg, mergachtig; fig pittig
1 marry ['mæri] **I** *overg* trouwen; uithuwen; huwen², paren, verbinden; ~ *a fortune* een vrouw met geld trouwen; ~ *off* aan de man brengen; **II** *onoverg* trouwen; ~ *up* combineren, samenbrengen; ~ *well* een goed huwelijk doen; *not a ~ing man* geen man om te trouwen
2 marry ['mæri] vero *tsw* waratje!, ja zeker!
marsh [ma:ʃ] *znw* moeras *o*
marshal ['ma:ʃəl] **I** *znw* maarschalk; ceremoniemeester; ordecommissaris; Am hoofd *o* van politie of brandweer; **II** *overg* ordenen, opstellen, rangschikken; aanvoeren, geleiden; *~ling yard* rangeerterrein *o*
marsh-gas ['ma:ʃgæs] *znw* moeras-, methaangas *o*
marshland ['ma:ʃlənd] *znw* moerasland *o*
marshmallow ['ma:ʃmælou] *znw* plantk heemst; ± spekkie *o* [snoepgoed]
marsh marigold *znw* dotterbloem
marshy ['ma:ʃi] *bn* moerassig, drassig
marsupial [ma:'sju:pjəl] dierk **I** *bn* buideldragend; **II** *znw* buideldier *o*
mart [ma:t] *znw* markt²; stapelplaats, handelscentrum *o*; venduhuis *o*, verkooplokaal *o*
marten ['ma:tin] *znw* marter; marterbont *o*
martial ['ma:ʃəl] *bn* krijgshaftig, krijgs-; ~ *arts* oosterse vechtkunst (judo, karate &); *proclaim* ~ *law* de staat van beleg afkondigen
Martian ['ma:ʃjən] **I** *bn* van Mars; **II** *znw* Martiaan, Marsmannetje *o*
martin ['ma:tin] *znw* huiszwaluw
martinet [ma:ti'net] *znw* dienstklopper
martyr ['ma:tə] **I** *znw* martelaar; *be a* ~ *to* lijden aan; *die a* ~ *to (in the cause of)* zijn leven offeren voor; **II** *overg* martelen, pijnigen; de marteldood doen sterven
martyrdom *znw* martelaarschap *o*, marteldood; marteling
martyrize *overg* martelen; fig een martelaar maken van
martyrology [ma:tə'rɔlədʒi] *znw* martelaarsgeschiedenis, -boek *o*, -lijst
marvel ['ma:vəl] **I** *znw* wonder *o*; **II** *onoverg* zich verwonderen (over *at, over*), verbaasd staan, zich (verbaasd) afvragen ...
marvellous *bn* wonderbaarlijk; gemeenz enig, fantastisch
Marxian ['ma:ksiən] *bn* marxistisch
Marxism ['ma:ksizm] *znw* marxisme *o*
Marxist ['ma:ksist] **I** *bn* marxistisch; **II** *znw* marxist
marzipan [ma:zi'pæn] *znw* marsepein
mascara [mæs'ka:rə] *znw* mascara
mascot ['mæskət] *znw* mascotte, talisman
masculine ['mæs-, 'ma:skjulin] *bn* mannelijk°; masculien
masculinity [mæs-, ma:skju'liniti] *znw* mannelijkheid
maser ['meizə] *znw* maser [toestel ter versterking van elektromagnetische golven met lage frequentie]
mash [mæʃ] **I** *overg* fijnstampen [v. spijs]; mengen [v. mout]; *~ed potatoes* (aardappel)puree; **II** *znw* beslag *o* [v. brouwers]; mengvoer *o*; (aardappel-) puree; fig brij; mengelmoes *o* & *v*
masher *znw* [etens-, aardappel]stamper
mask [ma:sk] **I** *znw* masker² *o*, mom² *o* & *v*; *in ~s* met maskers voor, gemaskerd; **II** *onoverg* een masker voordoen; **III** *overg* maskeren; vermommen; maskéren²; *~ed* ook: verkapt; *~(ed) ball* bal *o* masqué; *~ing tape* afplakband *o*
masker *znw* gemaskerde
masochism ['mæsəkizm] *znw* masochisme *o*
masochist *znw* masochist
masochistic [mæsə'kistik] *bn* masochistisch
mason ['meisn] *znw* steenhouwer; vrijmetselaar
masonic [mə'sɔnik] *bn* vrijmetselaars-
masonry ['meisnri] *znw* metselwerk *o*; vrijmetselarij
masquerade [mæskə'reid] **I** *znw* maskerade; **II** *onoverg* vermomd gaan, zich vermommen²; *masquerading as ...* ook: zich voordoend als ..., zich uitgevend voor ...
1 mass [mæs, ma:s] *znw* RK mis; *high (low)* ~ hoogmis (leesmis, stille mis); *say* ~ de mis lezen
2 mass [mæs] **I** *znw* massa; hoop; merendeel *o*; *he is*

a ~ of bruises één en al kneuzingen; *the ~es and the classes* het volk en de hogere standen; *in the ~* in zijn geheel; **II** *overg* (in massa) bijeenbrengen, op-, samenhopen; combineren; **III** *onoverg* zich op-, samenhopen, zich verzamelen; **IV** *bn* massa-; op grote schaal, massaal

massacre ['mæsəkə] **I** *znw* moord(partij), bloedbad *o*, slachting; *~ of the Innocents* kindermoord te Bethlehem; **II** *overg* uit-, vermoorden, een slachting aanrichten onder; fig in de pan hakken, compleet verslaan

massage ['mæsa:ʒ] **I** *znw* massage; **II** *overg* masseren; fig manipuleren (met)

mass book ['mæs-, 'ma:sbuk] *znw* missaal *o*

mass communication ['mæskəmju:nikeiʃən] *znw* massacommunicatie

masseur [mæ'sə:] *znw* masseur

masseuse *znw* masseuse; gemeenz (verkapte) prostituee

mass grave ['mæsgreiv] *znw* massagraf *o*

massif ['mæsi:f] *znw* massief *o* [bergketen]

massive ['mæsiv] *bn* massief, zwaar; massaal, aanzienlijk, indrukwekkend

massiveness *znw* massiviteit, zwaarte; massaliteit, massaal karakter *o*

mass media ['mæsmi:djə] *znw mv* massamedia

mass meeting *znw* massabijeenkomst

mass-produce *overg* in massaproductie vervaardigen, in massa produceren

mass production *znw* massaproductie

mast [ma:st] **I** *znw* mast; **II** *overg* masten

mastectomy [mæs'tektəmi] *znw* afzetten *o* van een borst

master ['ma:stə] **I** *znw* meester°, heer (des huizes), eigenaar; baas, chef, directeur; onderw hoofd *o* (v.e. *college*); leraar; scheepv gezagvoerder; schipper; Schots erfgenaam v. adellijke titel; origineel *o*; *the ~ and mistress* mijnheer en mevrouw; *French ~* leraar in het Frans; *a French ~* een Franse meester (schilder); schilderstuk *o* van een dito; *second ~* onderw conrector, onderdirecteur; *~ of Arts* onderw graad in de *Arts*-faculteit, ± doctorandus; *~ of ceremonies* ceremoniemeester; *~ of the Horse* opperstalmeester; *~ of Hounds* opperjagermeester; *~ of the Rolls* Rijksarchivaris en rechter bij het Hof van Beroep; *~ of Science* ± doctorandus in de natuurwetenschappen; **II** *overg* zich meester maken van, overmeesteren, baas worden, onder de knie krijgen, meester worden, machtig worden; besturen; *~ oneself* zich(zelf) beheersen

master builder *znw* bouwmeester; meester-aannemer

master class *znw* door een gerenommeerde leraar gegeven les, vooral in muziek

master copy *znw* origineel *o*

masterful *bn* **1** autoritair, bazig; **2** meesterlijk, magistraal, meester-

masterkey *znw* loper [sleutel]

masterless *bn* zonder meester

masterly *bn* meesterlijk, magistraal, meester-

master mariner *znw* scheepv gezagvoerder [koopvaardij]

mastermind I *znw* meesterbrein *o*, leider (achter de schermen); **II** *overg* [handig, achter de schermen] leiden

masterpiece *znw* meesterstuk *o*, meesterwerk *o*

master plan *znw* basisplan *o*

mastership *znw* meesterschap *o*; leraarschap *o*; waardigheid van *master*

master stroke *znw* meesterlijke zet, meesterstuk *o*

master switch *znw* hoofdschakelaar

master tape *znw* moederband

mastery *znw* meesterschap *o*; overhand; heerschappij; beheersing

masthead ['ma:sthed] *znw* top van de mast; typ impressum *o*; *at the ~* in top

mastic ['mæstik] *znw* mastiek [boom; hars; teer en asfalt]

masticate ['mæstikeit] *overg* kauwen

mastication [mæsti'keiʃən] *znw* kauwing, kauwen *o*

masticator ['mæstikeitə] *znw* kauwer; hak-, snij-, maalmachine

mastiff ['məstif] *znw* Engelse dog, mastiff

masturbate ['mæstəbeit] *overg & onoverg* masturberen

masturbation [mæstə'beiʃən] *znw* masturbatie

1 mat [mæt] **I** *znw* mat, (tafel)matje *o*; onderzetter [voor bier &]; verwarde massa (haar &); *on the ~* gemeenz in moeilijkheden; op het matje [geroepen worden]; **II** *overg* met matten beleggen; doen samenklitten, verwarren; **III** *onoverg* samenkleven, samenklitten, in de knoop raken

2 mat, **matt**, Am ook: **matte** [mæt] **I** *bn* mat; **II** *overg* mat maken, matteren

matador ['mætədɔ:] *znw* matador

1 match [mætʃ] *znw* lucifer

2 match [mætʃ] **I** *znw* gelijke, evenknie; stel *o*, paar *o*; partij, huwelijk *o*; wedstrijd; *be a ~ for* het kunnen opnemen tegen, opgewassen zijn tegen, aankunnen; *be more than a ~ for* de baas zijn; *be no ~ for* geen partij zijn voor; *make a ~* bij elkaar komen (horen); samen trouwen; "koppelen"; *this colour is the perfect ~* deze kleur past er perfect bij; **II** *overg* evenaren, zich kunnen meten met, de vergelijking kunnen doorstaan met; hetzelfde bieden als; tegenover elkaar stellen (als tegenstanders); in overeenstemming brengen (met *to*); *they are well ~ed* zij passen (komen) goed bij elkaar; zij wegen tegen elkaar op; *~ one's brain against the computer* het opnemen tegen de computer; *~ the same amount* hetzelfde bedrag bijpassen; **III** *onoverg* een paar vormen, bij elkaar horen (komen); *with a shirt to ~* met een bijpassend overhemd; *a ~ing tie* een bijpassende das; *~ up* evenaren

matchboard *znw* plank met groef en messing

matchbook *znw* luciferboekje *o*
matchbox *znw* lucifersdoosje *o*
matchless *bn* weergaloos
matchlock *znw* lontroer *o*
matchmake *overg* koppelen
matchmaker *znw* koppelaar(ster)
match point *znw* matchpoint *o*
matchstick *znw* lucifershoutje *o*
matchwood *znw* **1** lucifershout *o*; **2** splinters; *make ~ of* totaal ruïneren of kapotslaan
1 mate [meit] **I** *znw* maat, makker, kameraad; helper; gezel; (levens)gezel(lin); mannetje *o* of wijfje *o* [v. dieren]; scheepv stuurman; **II** *overg* laten paren [v. dieren]; paren, (in de echt) verenigen; huwen; **III** *onoverg* paren; zich verenigen
2 mate [meit] **I** *znw* (schaak)mat *o*; **II** *overg* (schaak)mat zetten
mater ['meitə] *znw* slang moeder, ouwe vrouw
material [mə'tiəriəl] **I** *bn* stoffelijk, lichamelijk, materieel; belangrijk, wezenlijk; **II** *znw* (ook: *~s*) materiaal *o*, (bouw)stof; materieel *o*; fig soort; *raw ~* grondstof; *writing ~(s)* schrijfbehoeften; *made of the right ~* uit het goede hout gesneden
materialism *znw* materialisme *o*
materialist I *bn* materialistisch; **II** *znw* materialist
materialistic [mətiəriə'listik] *bn* materialistisch
materiality [mətiəri'æliti] *znw* stoffelijkheid; lichamelijkheid; wezenlijkheid; belang *o*, belangrijkheid
materialization [mətiəriəlai'zeiʃən] *znw* realisatie, verwezenlijking; verstoffelijking
materialize [mə'tiəriəlaiz] **I** *overg* realiseren°; verstoffelijken; **II** *onoverg* zich verwezenlijken; zich verstoffelijken; gemeenz plotseling verschijnen, opduiken; *it didn't ~* ook: er kwam niets van
maternal [mə'tə:nəl] *bn* moederlijk, moeder(s)-; van moederszijde
maternity [mə'tə:niti] *znw* moederschap *o*; *~ clothes* positiekleding; *~ home (hospital)* kraaminrichting; *~ leave* zwangerschapsverlof *o*; *~ ward* kraamafdeling
matey ['meiti] *bn* gemeenz amicaal, familiaar
math [mæθ] *znw* Am = *mathematics*
mathematical [mæθi'mætikl] *bn* mathematisch, wiskundig; wiskunde-; strikt nauwkeurig, strikt zeker; *~ instruments* gereedschappen voor het rechtlijnig tekenen; *case of ~ instruments* passerdoos
mathematician [mæθimə'tiʃən] *znw* wiskundige
mathematics [mæθi'mætiks] *znw (mv)* wiskunde; gemeenz cijfermatige aspecten; rekenwerk *o*; financiën
maths [mæθs] *znw (mv)* gemeenz wiskunde
matinée ['mætinei] *znw* matinee; *~ coat* wollen babyjasje *o*; *~ idol* acteur die geliefd is bij het vrouwelijke publiek
mating-season ['meitiŋsi:zn] *znw* paartijd
matins ['mætinz] *znw* RK metten; [Anglicaanse] morgendienst
matriarch ['meitria:k] *znw* vrouwelijk gezinshoofd/stamhoofd *o*; invloedrijke vrouw
matriarchal ['meitria:kl] *bn* matriarchaal
matriarchy ['meitria:ki] *znw* matriarchaat *o*
matricide ['meitrisaid] *znw* moedermoord; moedermoordenaar
matriculate [mə'trikjuleit] **I** *overg* inschrijven, toelaten (als student); **II** *onoverg* zich laten inschrijven, toegelaten worden
matriculation [mətrikju'leiʃən] *znw* inschrijving, toelating (als student); *~ (examination)* toelatingsexamen *o*
matrimonial [mætri'mounjəl] *bn* huwelijks-
matrimony ['mætriməni] *znw* huwelijk *o*, huwelijkse staat
matrix ['meitriks] *znw* (*mv*: -es *of* matrices [-trisi:z]) matrijs; wisk matrix
matron ['meitrən] *znw* getrouwde dame, matrone; moeder [v. weeshuis]; juffrouw voor de huishouding [v. kostschool]; directrice [v. ziekenhuis]
matronly *bn* matroneachtig; bazig
matt [mæt] *bn* mat [v. goud &]
matter ['mætə] **I** *znw* stof, materie; zaak, aangelegenheid, kwestie (ook: *~s*); aanleiding, reden; etter; kopij, zetsel *o*; *printed ~* drukwerk *o*; *the amount is still (a) ~ for conjecture* naar het bedrag gist men nog; *a ~ of course* iets heel gewoons, de gewoonste zaak van de wereld, een vanzelfsprekendheid; *a ~ of fact* een feit *o*; *as a ~ of fact* feitelijk, eigenlijk, in werkelijkheid; inderdaad; trouwens; *it is a ~ of habit* het is een kwestie van gewoonte; *the ~ at (in) hand* wat nu aan de orde is; *that's a ~ of opinion* dat is maar hoe je erover denkt; *a ~ of 500 pounds* een kleine 500 pond; *a ~ of 40 years* een 40 jaar; *a ~ of weeks* een paar weken; *no ~ how* hoe dan ook; *no such ~* niets van dien aard; *no ~* het maakt niet(s) uit; *it is a small ~* het is een kleinigheid; *what is the ~ (with you)?* wat is er?, wat scheelt eraan?; *it is no laughing ~* het is niet om te lachen; *as the ~ may be* (al) naar omstandigheden; *the fact (truth) of the ~ is* de waarheid is; *that's a different (another) ~* dat is heel wat anders, dat is een andere kwestie; *for that ~* wat dat aangaat, trouwens; *in the ~ of...* inzake...; **II** *onoverg* van belang zijn; *it does not ~* het komt er niet op aan, het geeft niet, het heeft niets te betekenen, het is niet erg; *what does it ~?* wat geeft het?, wat maakt het uit
matter-of-fact *bn* zakelijk; prozaïsch, droog, nuchter
matting ['mætiŋ] *znw* matwerk *o*, (matten)bekleding
mattock ['mætək] *znw* houweel *o*, hak
mattress ['mætris] *znw* matras
mature [mə'tjuə] **I** *bn* rijp[2], bezonken; handel vervallen; *~ student* Br student die ouder is dan de meeste andere studenten; **II** *overg* rijp maken, rijpen; **III** *onoverg* rijp worden, rijpen; handel vervallen

matured *bn* gerijpt, volwassen; rijp; belegen; handel vervallen
maturity *znw* rijpheid; handel vervaltijd, -dag
matutinal [mætju'tainl] *bn* morgen-, ochtend-
matzo ['mætsou] *znw* (*mv*: -s *of* matzoth [-sout]) matse
maudlin ['mɔ:dlin] *bn* (dronkemansachtig) sentimenteel
maul [mɔ:l] *overg* **1** toetakelen, ernstig verwonden, verscheuren [door leeuw, hond &]; **2** gemeenz ruw behandelen, omgaan met; **3** de grond inboren, wegschrijven, afbranden [v. toneelstuk & door de critici]
mauler ['mɔ:lə] *znw* slang vuist
maulstick ['mɔ:lstik] *znw* schildersstok
maunder ['mɔ:ndə] *onoverg* onsamenhangend praten, raaskallen; als verwezen zich bewegen of handelen
Maundy Thursday ['mɔ:ndi'θə:zdi] *znw* Witte Donderdag
Mauritania [mɔ:riteinjə] *znw* Mauretanië *o*
Mauritanian I *znw* Mauretaniër; **II** *znw* Mauretaans
Mauritian [mə'riʃən] **I** *znw* Mauritiaan; **II** *bn* Mauritiaans
Mauritius [mə'riʃəs] *znw* Mauritius *o*
mausoleum [mɔ:sə'liəm] *znw* (*mv*: -s *of* mausolea [-'liə]) mausoleum *o*, praalgraf *o*
mauve [mouv] *bn* & *znw* mauve (*o*)
maverick ['mæv(ə)rik] *znw* Am ongemerkt kalf *o*; fig buitenbeentje *o*
mavis ['meivis] *znw* plechtig dierk zanglijster
maw [mɔ:] *znw* pens, krop, maag; fig muil, afgrond
mawkish ['mɔ:kiʃ] *bn* walgelijk flauw [v. smaak]; fig overdreven sentimenteel
mawseed ['mɔ:si:d] *znw* (blauw)maanzaad *o*
maxim ['mæksim] *znw* grondstelling; (stel)regel; leerspreuk, maxime
maximal ['mæksiməl] *bn* maximaal
maximize ['mæksimaiz] *overg* op het maximum brengen
maximum ['mæksiməm] **I** *znw* (*mv*: maxima [-mə]) maximum *o*; **II** *bn* hoogste, maximaal, top-
may [mei] (might; (been allowed)) *hulpww* mogen, kunnen, kunnen zijn; *who ~ you be?* wie ben je wel?; *he ~ not come back* misschien komt hij niet meer terug; *as ... as ~ be* zo ... mogelijk; *be that as it ~* hoe het ook zij; *that's as ~ be* dat kan zijn (maar...)
May [mei] *znw* mei; *m~* plantk meidoorn(bloesem)
maybe ['meibi:] *bijw* misschien, mogelijk
May-bug ['meibʌg] *znw* meikever
May Day *znw* eerste mei, dag van de arbeid
mayday *znw* mayday [internationaal radionoodsein]
mayfly *znw* dierk haft *o*, eendagsvlieg
mayhem ['meihem] *znw* Am recht zwaar lichamelijk letsel *o*; gemeenz rotzooi, herrie
maying ['meiiŋ] *znw* het vieren van het meifeest
mayn't gemeenz = *may not*
mayonnaise [meiə'neiz] *znw* mayonaise
mayor [mɛə] *znw* burgemeester
mayoral *bn* burgermeesters-
mayoralty *znw* burgemeesterschap *o*
mayoress *znw* burgemeestersvrouw; vrouwelijke burgemeester
mayorship *znw* burgemeestersambt *o*
maypole ['meipoul] *znw* meiboom
mazarine [mæzə'ri:n] *bn* & *znw* donkerblauw (*o*)
maze [meiz] *znw* doolhof
mazer ['meizə] *znw* hist houten drinkkelk, -bokaal
mazurka [mə'zə:kə] *znw* mazurka
mazy ['meizi] *bn* vol kronkelpaden; verward
MBE *afk.* = *Member of the Order of the British Empire* [Britse onderscheiding]
MC *afk.* = *Master of Ceremonies* ceremoniemeester
McCoy [mə'kɔi]: *the real ~* gemeenz je ware
MD *afk.* = *managing director*
me [mi:] *pers vnw* mij, me; gemeenz ik
mead [mi:d] *znw* mee [drank]
meadow ['medou] *znw* weide, weiland *o*
meadow saffron *znw* herfsttijloos
meagre ['mi:gə] *bn* mager[2], schraal
1 meal [mi:l] *znw* maal *o*, maaltijd; *make a ~ of sth.* fig veel ophef maken over iets; *~s on wheels* Tafeltje-dek-je *o* [maaltijdservice voor bejaarden &]
2 meal [mi:l] *znw* meel *o*; Am maïsmeel *o*
mealie(s) ['mi:li(z)] *znw (mv)* ZA mielie(s): maïs
mealiness ['mi:linis] *znw* meelachtigheid; meligheid
meal ticket ['mi:ltikit] *znw* maaltijdbon; fig broodwinning, inkomstenbron
mealtime ['mi:ltaim] *znw* etenstijd; *at ~s* bij de maaltijd; aan tafel
mealy ['mi:li] *bn* meelachtig; melig; bleekneuzig
mealy-mouthed *bn* voorzichtig in zijn uitlatingen; zalvend, zoetsappig; schijnheilig
1 mean [mi:n] **I** *bn* gemiddeld; middel-; **II** *znw* gemiddelde *o*, middelmaat, middenweg, middelevenredige; *the golden ~* de gulden middelmaat
2 mean [mi:n] *bn* gering; min, laag, gemeen; schriel; krenterig; Am kwaadaardig, vals; Am slang fantastisch, te gek snel; *no ~ feat* ± geen kattendrek, niet gering, niet mis
3 mean [mi:n] (meant; meant) **I** *overg* bedoelen, menen, in de zin hebben, van plan zijn; betekenen; bestemmen (voor *for*); *~ by* bedoelen met; verstaan onder; *that is meant for you* dat is jou toegedacht; dat moet jou voorstellen; dat is op jou gemunt; *I ~ you to go* ik wil dat je weggaat; *are we meant to laugh?* moeten we lachen?; *this does not ~ that ...* ook: dat wil niet zeggen, dat ...; *this name ~s nothing to me* die naam zegt me niets; **II** *onoverg* het menen (bedoelen); *~ well by (to, towards)* het goed menen met
meander [mi'ændə] **I** *znw* kronkeling; **II** *onoverg*

kronkelen, zich slingeren; dolen
meanie ['mi:ni] *znw* gemeenz kleinzielig persoon, krent; rotzak
meaning ['mi:niŋ] **I** *bn* veelbetekenend; **II** *znw* bedoeling; betekenis, zin
meaningful *bn* zinvol, zinrijk; veelbetekenend; van betekenis
meaningless *bn* zonder zin, zinledig, zinloos, doelloos; nietszeggend
meanly ['mi:nli] *bijw* v. [2]*mean*; ook: slecht; geringschattend
means [mi:nz] *znw* manier, middel *o*; middelen, geldelijke inkomsten; *live beyond one's* ~ boven zijn stand leven; *by all* ~ toch vooral, zeker, stellig; *not by any* ~, *by no* ~, *by no manner of* ~ geenszins, volstrekt niet; *by* ~ *of* door middel van; *by his* ~ met zijn hulp, door zijn bemiddeling, door hem; *by this* ~ op deze wijze; *by fair* ~ *or foul* op eerlijke of oneerlijke manier; *a man of* ~ een bemiddeld man
mean-spirited ['mi:n'spiritid] *bn* laaghartig
means test ['mi:nztest] *znw* onderzoek *o* naar iemands draagkracht
means-tested *bn* inkomensafhankelijk
meant [ment] V.T. & V.D. van [3]*mean*
meantime ['mi:ntaim], **meanwhile I** *bijw* intussen, ondertussen; **II** *znw*: *in the* ~ intussen, ondertussen
meany *znw* = *meanie*
measles ['mi:zlz] *znw (mv)* mazelen
measly *bn* gemeenz armzalig, miserabel, miezerig
measurable ['meʒərəbl] *bn* meetbaar; afzienbaar
measure I *znw* maat°, plechtig mate; maatstaf, meetlat; deler; maatregel; *take the* ~ *of one's opponents* schatten, wegen, de krachten meten; *take* ~*s* maatregelen nemen; *beyond* ~ bovenmatig; ~ *for* ~ leer om leer; *for good* ~ op de koop toe; *in some* ~ in zekere mate, tot op zekere hoogte; *in large* ~ in grote mate, grotendeels; *made to* ~ op maat; **II** *overg* meten, op-, afmeten, uit-, toemeten (~ *out*); de maat nemen; *I* ~*d him (with my eye)* nam hem op van het hoofd tot de voeten; ~ *oneself against (with)* zich meten met; *he* ~*d his length on the ground* hij viel languit op de grond; **III** *onoverg*: ~ *up to* voldoen aan, beantwoorden aan; opgewassen zijn tegen, op kunnen tegen
measured *bn* afgemeten, gelijkmatig; gematigd; weloverwogen
measureless *bn* onmetelijk
measurement *znw* (af)meting, maat; inhoud
measuring I *bn* maat-, meet-; **II** *znw* meten *o*, maatnemen *o*
meat [mi:t] *znw* vlees *o*; vero spijs, kost, voedsel *o*; vero eten *o*; fig diepere inhoud; slang mensenvlees *o*; *strong* ~ zware kost; *one man's* ~ *is another man's poison* de een zijn dood is de ander zijn brood; elk zijn meug; *this is* ~ *and drink to him* dat is zijn lust en zijn leven; *after (before)* ~ vero na (vóór) het eten
meatball *znw* gehaktbal
meat-fly *znw* vleesvlieg
meat-offering *znw* spijsoffer *o*
meat-pie *znw* vleespastei
meat-safe *znw* vliegenkast
meaty *bn* vlezig, vlees-; rijk [v. inhoud], degelijk, stevig
Mecca ['mekə] *znw* Mekka[2] *o*
mechanic [mi'kænik] *znw* werktuigkundige, mecanicien, [auto- &] monteur; ~*s* werktuigkunde, mechanica; fig mechanisme *o*
mechanical *bn* machinaal, werktuiglijk; mechanisch, werktuigkundig; machine-; fig ongeïnspireerd; ~ *engineering* werktuigbouwkunde; *I'm not a very* ~ *person* ik ben niet erg technisch
mechanician [mekə'niʃən] *znw* machinebouwer; werktuigkundige, mecanicien
mechanism ['mekənizm] *znw* mechanisme *o*, mechaniek *o*; techniek
mechanization [mekənai'zeiʃən] *znw* mechanisering
mechanize ['mekənaiz] *overg* mechaniseren
medal ['medl] *znw* (gedenk)penning, medaille
medallion [mi'dæljən] *znw* grote medaille of (gedenk)penning; medaillon *o* [als ornament]
medallist ['medlist] *znw* medailleur; houder van een medaille
meddle ['medl] *onoverg* zich bemoeien, zich inlaten (met *with*); met zijn vingers aan iets komen, tornen (aan *with*); zich mengen (in *in*)
meddler *znw* bemoeial
meddlesome *bn* bemoeiziek
media ['mi:djə] *znw mv* v. *medium*
mediaeval [medi'i:vəl] *bn* = *medieval*
medial ['mi:djəl] *bn* midden-, tussen-, middel-; gemiddeld
median ['mi:djən] **I** *bn* midden-, middel-; ~ *strip* Am middenberm; **II** *znw* mediaan
1 mediate ['mi:diit] *bn* indirect
2 mediate ['mi:dieit] *onoverg & overg* bemiddelen
mediation [mi:di'eiʃən] *znw* bemiddeling
mediator ['mi:dieitə] *znw* (be)middelaar
mediatory *bn* bemiddelend, bemiddelings -
medic ['medik] *znw* gemeenz dokter; medisch student
medical ['medikl] **I** *bn* medisch, genees-, geneeskundig; ~ *man (practitioner)* medicus, dokter; ~ *officer* mil officier van gezondheid; arts v.d. Geneeskundige Dienst (~ *officer of health*); **II** *znw* medisch examen *o*; algemeen gezondheidsonderzoek *o*
medicament [me'dikəmənt] *znw* geneesmiddel *o*
medicate ['medikeit] *overg* geneeskrachtig maken, een geneeskrachtige stof toevoegen; geneeskundig behandelen; ~*d coffee* gezondheidskoffie; ~*d cotton-wool* verbandwatten; ~*d waters* medicinale wateren
medication [medi'keiʃn] *znw* medicatie; genees-

middel *o*
medicinal [me'disinl] *bn* geneeskrachtig, genezend, medicinaal, geneeskundig
medicine ['med(i)sin] *znw* medicijn, geneesmiddel *o*, artsenij; geneeskunde; *study ~* medicijnen studeren; *take one's ~* ook: fig zijn straf ondergaan
medicine chest *znw* medicijnkistje *o*, huisapotheek
medicine-man *znw* medicijnman
medico ['medikou] *znw* slang medicus, esculaap; medisch student
medico-legal ['medikou'li:gəl] *bn* medisch-forensisch
medieval [medi'i:vəl] *bn* middeleeuws
mediocre ['mi:dioukə] *bn* middelmatig, onbetekenend; inferieur
mediocrity [mi:di'ɔkriti] *znw* middelmatigheid°
meditate ['mediteit] **I** *onoverg* nadenken, peinzen (over *on, over*); mediteren; **II** *overg* overdenken, denken over, bepeinzen, beramen
meditation [medi'teiʃən] *znw* overdenking, overpeinzing, gepeins *o*; meditatie
meditative ['mediteitiv] *bn* (na)denkend, peinzend
Mediterranean [meditə'reinjən] *bn* (van de) Middellandse-Zee(-), mediterraan; *the ~ (sea)* de Middellandse Zee
medium ['mi:djəm] **I** *znw* (*mv*: -s *of* media [-jə]) midden *o*; middenweg; middelsoort; middelste term; tussenpersoon, middel *o*, medium *o*; massacommunicatiemiddel *o*; mediaanpapier *o*; (natuurlijk) milieu *o*; *by (through) the ~ of* door (bemiddeling of tussenkomst van); *strike a happy ~* de gulden middenweg vinden; **II** *bn* middelsoort-; middelfijn, middelzwaar &; gemiddeld; middelmatig; *~-rare* medium, à point, halfdoorbakken [v. biefstuk]; *~-sized* middelgroot; *~ wave* radio middengolf
mediumistic [mi:djə'mistik] *bn* mediamiek
medlar ['medlə] *znw* mispel
medley ['medli] *znw* mengelmoes *o & v*, mengeling, mengelwerk *o*; muz medley, potpourri; sp wisselslag (*~ relay*)
meed [mi:d] *znw* plechtig beloning, loon *o*
meek [mi:k] *bn* zachtmoedig, zachtzinnig, ootmoedig, gedwee
meerschaum ['miəʃəm] *znw* meerschuim *o*; meerschuimen pijp
1 meet [mi:t] *bn* vero geschikt, gepast, behoorlijk
2 meet [mi:t] (met; met) **I** *overg* ontmoeten, tegenkomen, (aan)treffen, vinden; een ontmoeting (samen-, bijeenkomst) hebben met, op-, bezoeken; ontvangen, afhalen; tegemoet gaan of treden; het hoofd bieden (aan); tegemoet komen (aan); voldoen (aan); voorzien in; ondervangen, opvangen; kennis maken met; *~ Mr. Springsteen* (Am) mag ik u voorstellen aan de heer Springsteen?; *does it ~ the case?* is het goed zo?, is het zo voldoende?; *~ expenses* de kosten dekken, bestrijden; *~ sbd. at the station* afhalen; *~ sbd. halfway* fig iem. tegemoet komen; *there's more to this than ~s the eye* daar schuilt meer achter dan het zo lijkt; **II** *onoverg* elkaar ontmoeten; samen-, bijeenkomen (ook: *~ up*); *till we ~ again!* tot weerziens!; *~ with* ontmoeten, aantreffen; wegdragen; wegdragen [goedkeuring]; krijgen [een ongeluk]; (onder)vinden; lijden [verlies]
3 meet [mi:t] *znw* bijeenkomst; rendez-vous *o*; sp wedstrijd, ontmoeting
meeting *znw* ontmoeting, bijeenkomst, vergadering, meeting; sp wedstrijd, wedren; samenvloeiing [v. rivieren]
meeting-house *znw* bedehuis *o*
meeting-place *znw* verzamelplaats, plaats van samenkomst, trefpunt *o*
mega- ['megə] *voorv* slang enorm, reusachtig, mega-
megabuck ['megəbʌk] *znw* Am slang een miljoen dollar
megabyte ['megəbait] *znw* comput megabyte
megahertz ['megəhɛ:ts] *znw* megahertz
megalomania ['megəlou'meinjə] *znw* grootheidswaan(zin)
megalomaniac *znw (bn)* lijder (lijdend) aan grootheidswaan(zin)
megalopolis [megə'lɔpəlis] *znw* megalopolis: stedencomplex *o*, agglomeratie [v. steden]
megaphone ['megəfoun] *znw* megafoon
megastar ['megəsta:] *znw* absolute superster, megaster
megaton *znw* megaton
megawatt *znw* megawatt
megrim ['mi:grim] *znw* **1** vero migraine, schele hoofdpijn; **2** gril, kuur, bevlieging; *~s* landerigheid; duizeligheid [v. paard]
melancholia [melən'kouljə] *znw* psych melancholie
melancholic [melən'kɔlik] *bn* melancholisch, zwaarmoedig
melancholy ['melənkɔli] **I** *bn* melancholiek, zwaarmoedig, droefgeestig; droevig, treurig, triest; **II** *znw* melancholie, zwaarmoedigheid, droefgeestigheid
mêlée ['melei] *znw* strijdgewoel *o*; mêlée, onoverzichtelijk gedrang *o*, ± massa
melioration [mi:liə'reiʃən] *znw* = *amelioration*
mellifluence [me'lifluəns] *znw* zoetvloeiendheid
mellifluous *bn* zoetvloeiend, honingzoet[2]
mellow ['melou] **I** *bn* rijp, mals, murw, zacht; met de jaren milder geworden; zoetvloeiend [toon]; gemeenz joviaal; gemeenz halfdronken; **II** *onoverg* rijp & worden; *~ out* Am slang compleet plat gaan [100% ontspannen]; **III** *overg* doen rijpen; mals, zacht & maken; temperen, verdoezelen
melodic [mi'lɔdik] *bn* melodisch; melodieus
melodious [mi'loudjəs] *bn* melodieus, welluidend, zangerig
melodist ['melədist] *znw* zanger; componist van de melodie

melodrama ['meloudra:mə] *znw* melodrama *o*; draak [toneel]
melodramatic [meloudrə'mætik] *bn* melodramatisch, overdreven, sensationeel, drakerig (toneel)
melody ['melədi] *znw* melodie
melon ['melən] *znw* meloen
melt [melt] **I** *onoverg* smelten[2]; ~ *away* weg-, versmelten; ~ *into one another* in elkaar vloeien [v. kleuren]; ~ *into the crowd* opgaan (verdwijnen) in de massa; **II** *overg* smelten; vermurwen, vertederen, roeren; ~ *down* versmelten; **III** *znw* smelting
meltdown ['meltdaun] *znw* meltdown [v. kernreactor]
melting I *bn* smeltend[2], (ziel)roerend; **II** *znw* smelting; vertedering
melting-point *znw* smeltpunt *o*
melting-pot *znw* smeltkroes°
member ['membə] *znw* lid° *o*; lidmaat; afgevaardigde; deelnemer; *be a ~ of, be ~s of* ook: deel uitmaken van; ~ *state* lidstaat; *M~ of Parliament* Lagerhuislid *o*
membership *znw* lidmaatschap *o*; (aantal *o*) leden
membrane ['membrein] *znw* vlies *o*, membraan *o & v*
membranous *bn* vliezig
memento [mi'mentou] *znw* (*mv*: -s *of* -toes) gedachtenis, herinnering, aandenken *o*, souvenir *o*
memo ['memou] *znw* gemeenz = *memorandum*
memoir ['memwa:] *znw* verhandeling, (auto-) biografie; *~s* memoires, gedenkschriften; handelingen [v. genootschap]
memo pad *znw* notitieblok *o*, memoblok *o*
memorabilia [memərə'biliə] *znw mv* souvenirs
memorable ['memərəbl] *bn* gedenkwaardig, heuglijk, onvergetelijk, opmerkelijk
memorandum [memə'rændəm] *znw* (*mv*: -s *of* memoranda [-də]) memorandum *o*, aantekening, notitie; nota; ~ *of association* akte van oprichting
memorial [mi'mɔ:riəl] **I** *bn* herinnerings-, gedenk-; ~ *service* rouwdienst; **II** *znw* gedachtenis, herinnering; verzoekschrift *o*, petitie, adres *o*, nota, memorie; gedenkstuk *o*, -teken *o*; *~s* historische verslagen, kronieken
memorialize *overg* zich met een verzoekschrift wenden tot
memorize ['memәraiz] *overg* memoriseren, uit het hoofd leren
memory *znw* memorie, geheugen *o*; herinnering, (na)gedachtenis, aandenken *o*; *play from ~* uit het hoofd spelen; *within my ~* zover mijn geheugen reikt; *within living ~* sinds mensenheugenis; *in ~ of* ter nagedachtenis aan; *a trip down ~ lane* ± herinneringen ophalen
memsahib ['memsa:(h)ib, -sa:b] *znw* vroeger [in India] Europese getrouwde vrouw
men [men] *znw mv* v. *man*
menace ['menis] **I** *znw* dreiging, bedreiging; dreigement *o*; gemeenz lastpost, kruis *o*; **II** *overg* dreigen, bedreigen
menagerie [mi'nædʒəri, mi'na:-] *znw* menagerie, beestenspel *o*
mend [mend] **I** *overg* (ver)beteren, beter maken, herstellen, repareren, (ver)maken, verstellen, lappen, stoppen; *that won't ~ matters* dat maakt het niet beter; ~ *one's ways* zijn leven beteren; **II** *onoverg* beteren, beter worden; vooruitgaan [zieke]; zich (ver)beteren; **III** *znw* gestopte of verstelde plaats; *on the ~* aan de beterende hand
mendacious [men'deiʃəs] *bn* leugenachtig
mendacity [men'dæsiti] *znw* leugenachtigheid
mendicancy ['mendikənsi] *znw* bedelarij
mendicant I *bn* bedelend, bedel-; **II** *znw* bedelaar; bedelmonnik
mendicity [men'disiti] *znw* bedelarij
mending ['mendiŋ] *znw* reparatie, herstelling, verstelling; stopgaren *o*; verstelwerk *o*
menfolk ['menfouk] *znw* man(s)volk *o*, mannen
menhir ['menhiə] *znw* menhir: soort hunebed *o*
menial ['mi:njəl] **I** *bn* dienend, dienst-; dienstbaar; ondergeschikt, oninteressant, saai [werk &]; *the most ~ (offices)* geringste, laagste; ~ *service* koeliedienst; **II** *znw* (dienst)knecht, bediende, lakei
meningitis [menin'dʒaitis] *znw* hersenvliesontsteking
menopausal [menou'pɔ:zl] *bn* van, in de menopauze
menopause [menou'pɔ:z] *znw* menopauze
menses ['mensi:z] *znw (mv)* menstruatie
menstrual ['menstruəl] *bn* menstruatie-
menstruate [menstru'eit] *onoverg* menstrueren
menstruation [menstru'eiʃən] *znw* menstruatie
mensurable ['menʃurəbl] *bn* meetbaar
mensuration [mensju'reiʃən] *znw* meting°
mental ['mentl] *bn* geestelijk, geestes-, mentaal, psychisch; verstandelijk; gemeenz gestoord, krankzinnig; ~ *age* verstandelijke leeftijd; ~ *arithmetic* hoofdrekenen *o*; ~ *deficiency* zwakzinnigheid, debiliteit; ~ *faculties* geestvermogens; ~ *home*, ~ *hospital* psychiatrische inrichting, psychiatrisch ziekenhuis *o*, zenuwinrichting; ~ *illness* zenuwziekte; ~ *nurse* krankzinnigenverpleger, -verpleegster; ~ *patient* geesteszieke, zenuwpatiënt; *make a ~ note of sth.* iets in zijn oren knopen
mentality [men'tæliti] *znw* mentaliteit; geestesgesteldheid; denkwijze
mentally ['mentəli] *bijw* geestelijk, mentaal; in de geest; verstandelijk; uit het hoofd; ~ *deficient* zwakzinnig, debiel; ~ *ill (sick)* geestesziek; ~ *retarded* achterlijk
menthol ['menθɔl] *znw* menthol
mentholated *bn* met menthol, menthol-
mention ['menʃən] **I** *znw* (ver)melding, gewag *o*; **II** *overg* (ver)melden, noemen, melding maken van, gewag maken van, spreken over; plechtig gewagen van; *not to ~ ...* om nog maar niet te spreken van ...; *don't ~ it!* geen dank!; *now you ~ it* ook: nu je

het zegt
mentor ['mentə] *znw* mentor, raadgever
menu ['menju:] *znw* menu° *o & m*; spijskaart
menu-driven *bn* comput menugestuurd
MEP *afk.* = *Member of the European Parliament* Europarlementariër
Mephistophelian [mefistə'fi:ljən] *bn* mefistofelisch; sluw, kwaadaardig, duivels
mephitic [me'fitik] *bn* stinkend, verpestend
mephitis [me'faitis] *znw* verpestende stank
mercantile ['mə:kəntail] *bn* koopmans-, handels-, mercantiel
mercenary ['mə:sinəri] **I** *bn* gehuurd, huur-; veil[2], (voor geld) te koop[2]; geldzuchtig, geringsch koopmans-; **II** *znw* huurling; *mercenaries* ook: huurtroepen
mercer ['mə:sə] *znw* manufacturier (in zijden en wollen stoffen)
mercerize ['mə:seraiz] *overg* merceriseren
merchandise ['mə:tʃəndaiz] **I** *znw* koopwaar, waren; **II** *onoverg & overg* Am verkopen
merchandiser *znw* verkoper
merchandising *znw* verkooppromotie
merchant ['mə:tʃənt] **I** *znw* koopman, (groot-) handelaar; slang maniak; **II** *bn* handels-, koopvaardij-
merchant bank *znw* handelsbank
merchantman *znw* koopvaardijschip *o*
Merchant Navy *znw* koopvaardijvloot
merchant prince *znw* handelsmagnaat, rijke koopman
merchant seaman *znw* koopvaardijmatroos, -schipper
merchant service *znw* handelsvloot; koopvaardij(vaart)
merciful ['mə:siful] *bn* barmhartig, genadig; *mercifully* ook: goddank, gelukkig
merciless *bn* onbarmhartig, meedogenloos, genadeloos, ongenadig
mercurial [mə:'kjuriəl] *bn* kwikzilverachtig; kwik-; fig levendig, vlug; wispelturig
mercury ['mə:kjuri, -kjəri] *znw* kwik(zilver) *o*
mercy ['mə:si] *znw* barmhartigheid, genade; weldaad, zegen; *appeal for ~* recht verzoek *o* om gratie; *for ~'s sake* om godswil; *have ~ (up)on us* wees ons genadig, ontferm u over ons; *it was a ~ you were not there* het was een geluk; *be at the ~ of..., be left to the tender mercies of...* aan de genade overgeleverd zijn van; een spel zijn van [wind en golven]
mercy killing *znw* euthanasie
1 mere [miə] *znw* meer *o*
2 mere [miə] *bn* louter, zuiver, enkel, bloot; maar; *a ~ boy* nog maar een jongen; *the ~st trifle* de minste kleinigheid
merely *bijw* enkel, louter, alleen
meretricious [meri'triʃəs] *bn* opzichtig; schoonschijnend
merganser [mə:'gænsə] *znw* duikergans
merge [mə:dʒ] **I** *overg* samensmelten (met *into*), doen opgaan; *be ~d in* opgaan in; **II** *onoverg* opgaan; fuseren; samenkomen; (zich) voegen bij
merger ['mə:dʒə] *znw* handel samensmelting, fusie
meridian [mə'ridiən] **I** *znw* meridiaan; fig hoogtepunt *o*, toppunt *o*; vero middag; **II** *bn* middag-; hoogste; *~ altitude* middaghoogte
meridional [mə'ridiənl] *bn* zuidelijk [vooral v. Europa]
meringue [mə'ræŋ] *znw* schuimpje *o*, schuimtaart
merino [mə'ri:nou] *znw* merinos *o*; merinosschaap *o*
merit ['merit] **I** *znw* verdienste; *the ~s of the case* het essentiële (het eigenlijke, de merites) van de zaak; *on its (own) ~s* op zichzelf; **II** *overg* verdienen
meritorious [meri'tɔ:riəs] *bn* verdienstelijk
merlin ['mə:lin] *znw* steenvalk
mermaid ['mə:meid] *znw* meermin
merriment ['merimənt] *znw* vrolijkheid; *cause a lot of ~* voor veel hilariteit zorgen
merry *bn* vrolijk, lustig; prettig; gemeenz 'aangeschoten'; *make ~* vrolijk zijn, feestvieren, pret maken
merry-andrew *znw* hansworst, clown
merry-go-round *znw* draaimolen
merry-making *znw* pretmakerij, feestvreugde
mésalliance [me'zæliəns] [Fr] *znw* mésalliance; huwelijk *o* beneden iems. stand
mescaline ['meskəli:n] *znw* mescaline
meseems [mi'si:mz] vero mij dunkt, dunkt me
mesh [meʃ] **I** *znw* maas; *~es* net(werk) *o*; **II** *overg* in de mazen van een net vangen, verstrikken; **III** *onoverg* techn in elkaar grijpen; fig harmoniëren, bij elkaar passen
mesmeric [mez'merik] *bn* biologerend
mesmerism ['mezmərizm] *znw* mesmerisme *o*
mesmerize *overg* biologeren, hypnotiseren
mesomorph [mesou-, mezou'mɔ:f] *znw* gespierde persoon
mesomorphic [mesou-, mezou'mɔ:fik] *bn* gespierd, atletisch
mess [mes] **I** *znw* smeer-, war-, knoeiboel, puinhoop, rotzooi, troep; netelige situatie, kritisch geval *o*; militaire kantine; veevoer *o*; vuil goedje *o*; *~ of pottage* bijbel schotel linzen; *make a ~ of it* alles overhoop halen; de boel verknoeien, in de war sturen; *be in a ~* overhoop liggen; (emotioneel) in de war zijn; *be in a fine ~* er lelijk in zitten; *get oneself into a ~* zich allerlei moeilijkheden op de hals halen; **II** *overg* bemorsen, vuilmaken; *~ up* verknoeien, bederven; *~ things up = make a ~ of it*; **III** *onoverg* morsen, knoeien; *~ about (around)* (rond-) scharrelen; aanrommelen; *~ sbd. about (around)* gemeenz sollen met iem; iem. aan het lijntje houden; *~ with* knoeien aan, zich bemoeien met
message ['mesidʒ] *znw* boodschap[2]; bericht *o*; *get the ~* (de bedoeling) begrijpen
messenger ['mesindʒə] *znw* bode, boodschapper;

voorbode; koerier; loper [v. bankinstelling]; besteller [v. telegrammen]; ~ *boy* loopjongen
Messiah [mi'saiə] *znw* Messias; heiland, verlosser
Messianic [mesi'ænik] *bn* Messiaans
messmate ['mesmeit] *znw* scheepv baksmaat
mess-room *znw* scheepv & mil eetkamer
Messrs. ['mesəz] *afk.* (= *Messieurs*) de heren
mess-sergeant ['messa:dʒənt] *znw* mil menagemeester
mess-tin *znw* mil eetketeltje *o*, gamel
mess-up *znw* gemeenz warboel, geknoei *o make a ~ of* verknoeien, in de war sturen
messy ['mesi] *bn* vuil, smerig, slordig, wanordelijk
mestizo [mes'ti:zou] *znw* mesties, halfbloed
met [met] V.T. & V.D. van ²*meet*
metabolic [metə'bɔlik] *bn* stofwisselings-
metabolism [me'tæbəlizm] *znw* stofwisseling
metacarpus [metə'ka:pəs] *znw* (*mv*: metacarpi [-pai]) middelhand
metal ['metl] **I** *znw* metaal *o*; steenslag *o*; glasspecie; *~s* spoorstaven, rails; *leave the ~s, go (run) off the ~s* derailleren, ontsporen; **II** *overg* bekleden [schip]; verharden [weg]; **III** *bn* metalen, metaal-
metal fatigue ['metlfə'ti:g] *znw* metaalmoeheid
metallic [mi'tælik] *bn* metaalachtig, metalen, metaal-; metallic, metaalkleurig
metallize ['metəlaiz] *overg* metalliseren [v. hout]; vulkaniseren [v. rubber]
metallurgic(al) [metə'lə:dʒik(l)] *bn* metallurgisch, metaal-
metallurgist [me'tæ-, 'metələ:dʒist] *znw* metaalbewerker; metaalkenner
metallurgy *znw* metallurgie: metaalbewerking
metamorphose [metə'mɔ:fouz] *onoverg (overg)* van gedaante (doen) veranderen
metamorphosis [metə'mɔ:fəsis] *znw* (*mv*: metamorphoses [-si:z]) metamorfose, gedaanteverwisseling, vormverandering
metaphor ['metəfə] *znw* metafoor, beeldspraak
metaphorical [metə'fɔrikl] *bn* metaforisch: overdrachtelijk, figuurlijk
metaphysical [metə'fizikl] *bn* metafysisch
metaphysician [metəfi'ziʃən] *znw* metafysicus
metaphysics [metə'fiziks] *znw mv* metafysica
metatarsal [metə'ta:sl]: *~ bone znw* middenvoetsbeentje *o*
metatarsus [metə'ta:səs] *znw* (*mv*: metatarsi [-sai]) middenvoet
1 mete [mi:t] *overg*: *~ out* toe(be)delen, toemeten, toedienen, geven [beloning, straf]
2 mete [mi:t] *znw* recht grens; *~s and bounds* paal en perk
metempsychosis [metempsi'kousis] *znw* (*mv*: metempsychoses [-si:z]) metempsychose, zielsverhuizing
meteor ['mi:tjə] *znw* meteoor²; *~ shower* sterrenregen
meteoric [mi:ti'ɔrik] *bn* meteoor-; fig bliksemsnel, bliksem-
meteorite ['mi:tjərait] *znw* meteoriet, meteoorsteen
meteoroid [mi:ti'ərɔid] *znw* meteoroïde
meteorological [mi:tjərə'lɔdʒikl] *bn* meteorologisch, weerkundig
meteorologist [mi:tjə'rɔlədʒist] *znw* meteoroloog, weerkundige
meteorology *znw* meteorologie
meter ['mi:tə] **I** *znw* **1** Am = *metre*; **2** meter [voor gas &]; *parking ~* parkeermeter; *~ reader* meteropnemer; **II** *overg* meten [met een meetlat &]
methane ['mi:θein] *znw* mijngas *o*
methinks [mi'θiŋks] vero mij dunkt, dunkt me
method ['meθəd] *znw* methode, werk-, leerwijze; systeem *o*; *~ acting* wijze van acteren waarbij de acteurs zich volledig inleven
methodical [mi'θɔdikl] *bn* methodisch
Methodism ['meθədizm] *znw* methodisme *o*
Methodist ['meθədist] **I** *bn* methodistisch; **II** *znw* methodist
Methodistic, **Methodistical** *bn* methodistisch
methodological ['meθədə'lɔdʒikl] *bn* methodologisch
methodology [meθə'dɔlədʒi] *znw* methodologie
methought [mi'θɔ:t] vero (naar) ik dacht
meths [meðs] *znw mv* gemeenz = *methylated spirit(s)*
methyl ['meθil] *znw* methyl *o*
methylated *bn*: *~ spirit(s)* brandspiritus; gedenatureerde alcohol
meticulous [mi'tikjuləs] *bn* bijzonder nauwgezet, uiterst precies
métier ['meitiei, 'metjei] [Fr] *znw* beroep *o*, vak *o*, métier *o*
metonymy [mi'tɔnimi] *znw* metonymie
metre, Am **meter** ['mi:tə] *znw* metrum *o*, dichtmaat; meter [lengtemaat]
metric ['metrik] *znw* metriek
metrical *bn* metrisch; *~ foot* versvoet
metricate **I** *onoverg* op het metrieke stelsel overgaan; **II** *overg* aanpassen aan het metrieke stelsel
metrication *znw* overschakeling op het metrieke stelsel
metrics *znw* metriek
metro ['metrou] *znw* metro
metronome ['metrənoum] *znw* metronoom
metropolis [mi'trɔpəlis] *znw* hoofdstad; wereldstad; (*the ~* Londen)
metropolitan [metrə'pɔlitən] **I** *bn* van de hoofdstad (speciaal Londen); aartsbisschoppelijk; *M~ Police* Londense politie; **II** *znw* metropolitaan, aartsbisschop
mettle ['metl] *znw* vuur *o*, moed, fut; *be on one's ~* zijn uiterste best doen; *prove, show one's ~* laten zien wat men kan; *put sbd. on his ~* iem. laten tonen wat hij kan
mettlesome *bn* vurig, hartstochtelijk
1 mew [mju:] *znw* meeuw

2 mew [mju:] **I** *onoverg* miauwen; **II** *znw* gemiauw *o*
mews [mju:z] *znw* vero stal(len); tot (dure) woningen verbouwde koetshuizen of stallen; hof, steeg
Mexican ['meksikən] **I** *znw* Mexicaan; **II** *bn* Mexicaans
Mexico ['meksikou] *znw* Mexico *o*
mezzanine ['metsəni:n] *znw* entresol, tussenverdieping
mezzo-soprano [medzou-, metsousə'pra:nou] *znw* mezzosopraan
mi [mi:] *znw* muz mi
MI5 [emai'faiv] *afk.* Br ± binnenlandse veiligheidsdienst
MI6 [emai'siks] *afk.* Br ± inlichtingendienst
miaow [mi'au] **I** *onoverg* miauwen; **II** *znw* gemiauw *o*
miasma [mi'æzmə, mai-] *znw* (*mv*: -s *of* miasmata [-mətə]) miasma *o*: kwalijke dampen
mica ['maikə] *znw* mica *o* & *m*, glimmer *o*
mice [mais] *znw mv* v. *mouse*
mickey ['miki] *znw*: *take the ~ out of sbd.* gemeenz iem. op de hak nemen
Mickey Finn *znw* slang drankje *o* waar een verdovend middel in is gedaan
mickle ['mikl] *znw*: *many a ~ makes a muckle* vele kleintjes maken één grote
micro ['maikrou] *znw* = *microcomputer*
microbe ['maikroub] *znw* microbe
microchip ['maikroutʃip] *znw* comput microchip
microcomputer ['maikroukəm'pju:tə] *znw* microcomputer
microcosm ['maikroukɔzm] *znw* microkosmos; *a ~ of..., ... in ~* in het klein, in miniatuur
microdot ['maikroudɔt] *znw* tot het formaat v.e. punt verkleinde foto
microfiche ['maikroufi:ʃ] *znw* microfiche *o*
microfilm ['maikroufilm] **I** *znw* microfilm; **II** *overg* microfilmen
microlight ['maikroulait] *znw* ultralicht vliegtuig *o*, ULV *o*
micrometer [mai'krɔmitə] *znw* micrometer
micro-organism ['maikrou'ɔ:gənizm] *znw* micro-organisme *o*
microphone ['maikrəfoun] *znw* microfoon
microprocessor ['maikrou'prousesə] *znw* comput microprocessor
microscope *znw* microscoop
microscopic(al) [maikrəs'kɔpik(əl)] *bn* microscopisch (klein)
microwave ['maikrouweiv] *znw* microgolf; *~ (oven)* magnetron(oven)
micturate ['miktjureit] *onoverg* urineren, plassen
mid [mid] **I** *voorz* plechtig temidden van; **II** *bn* midden-; half-
mid-air I *znw*: *in ~* in de lucht, tussen hemel en aarde; **II** *bn* in de lucht
Midas touch ['maidæs, 'maidəs tʌtʃ] *znw*: *have the ~* gouden handjes hebben
midday *znw* middag (= 12 uur 's middags)
midden [midn] *znw* vuilnishoop; mesthoop
middle [midl] **I** *bn* middelste, midden-, middel-, tussen-, middelbaar; *~ age* middelbare leeftijd; *the M~ Ages* de middeleeuwen; *~ course* middenweg; *in ~ age* op middelbare leeftijd; **II** *znw* midden *o*, middel *o* [v. lichaam]; *in the ~ of* midden in; *I was in the ~ of ...ing* ik was net aan het ...; *in the ~ of nowhere* fig aan het eind van de wereld
middle-aged *bn* van middelbare leeftijd
middle-age spread *znw* buikje *o* (op middelbare leeftijd)
middle-brow I *znw* [iem.] met doorsnee intelligentie, [iem.] met doorsnee geestelijke interesse; **II** *bn* van middelmatig intellectueel niveau
middle class *znw* burgerklasse, (gegoede) middenstand (ook: *~es*)
middle-class *bn* burgerlijk, middenstands-
Middle East *znw* Midden-Oosten *o*
Middle Eastern *bn* van het Midden-Oosten
middleman *znw* tussenpersoon
middle management *znw* middenkader *o*
middlemost *bn* middelste; dichtst bij het midden
middle name *znw* tweede voornaam; fig tweede natuur
middle-of-the-road *bn* gematigd; weinig uitgesproken, neutraal
middle school *znw* Br school voor leerlingen van 9 tot 13 jaar, ± middenschool
middle-sized *bn* middelgroot
middle-weight *znw* middengewicht [bokser]
Middle West *znw* Midden-Westen *o* [v.d. Verenigde Staten]
middling ['midliŋ] **I** *bn* middelmatig, tamelijk, redelijk, zozo (ook: *fair to ~*); gemeenz redelijk gezond; **II** *bijw* tamelijk
middy ['midi] *znw* gemeenz = *midshipman*
midge [midʒ] *znw* mug; fig dwerg
midget I *znw* dwerg, lilliputter; **II** *bn* mini-
midland ['midlənd] **I** *znw* midden *o* van een land; *the M~s* Midden-Engeland; **II** *bn* in het midden van een land gelegen, binnenlands
midmost *bn* & *bijw* middelste
midnight I *znw* middernacht; **II** *bn* middernachtelijk; *burn the ~ oil* tot diep in de nacht studeren &
midpoint *znw* middenpunt *o* [in ruimte, tijd]
midriff *znw* middenrif *o*
midship *znw* scheepv middenste gedeelte *o* van een schip
midships *bn* midscheeps
midshipman *znw* adelborst
midst *znw* midden *o*; *in the ~ of* te midden van; bezig ... te doen
midstream *znw*: *(in) ~* in het midden van de rivier/stroom; fig halverwege, halfweg
midsummer *znw* het midden van de zomer; zomerzonnestilstand; *~ madness* complete dwaasheid, waanzin

midtown *znw* Am binnenstad, stadscentrum
midway *bijw* halverwege, in het midden
Midwest *znw* = *Middle West*
Midwestern *bn* van, uit het Midden-Westen
midwife *znw* vroedvrouw
midwifery ['midwif(ə)ri] *znw* verloskunde
midwinter *znw* het midden van de winter; winterzonnestilstand
mien [mi:n] *znw* plechtig uiterlijk *o*, voorkomen *o*, houding
miff [mif] *znw* gemeenz boze bui; kleine ruzie
miffed [mift] *bn* gemeenz nijdig
1 might [mait] V.T. van *may*; mochten, zouden mogen; kon(den), zou(den) (misschien) kunnen
2 might [mait] *znw* macht, kracht; *with all one's ~, with ~ and main* uit (met) alle macht
mightily *bijw* machtig, gemeenz kolossaal
mightiness *znw* machtigheid; hoogheid
mighty I *bn* machtig, groot, sterk; gemeenz zeer, heel erg; **II** *bijw* gemeenz versterkend (alle-) machtig, geweldig, formidabel, erg
migraine ['mi:grein] *znw* migraine
migrant ['maigrənt] **I** *bn* trek-, migrerend; *~ worker* gastarbeider; seizoenarbeider; **II** *znw* migrant; dierk trekvogel
migrate [mai'greit] *onoverg* verhuizen, migreren, trekken [v. vogels of vis]
migration *znw* verhuizing, migratie, trek
migratory ['maigrətəri] *bn* verhuizend, trekkend, zwervend; trek-; *~ birds* dierk trekvogels
1 mike [maik] *znw* gemeenz microfoon
2 mike [maik] *onoverg* slang lanterfanten, niets uitvoeren
milady [mi'leidi] *znw* = *my lady* [aanspreektitel]
milage = *mileage*
milch [miltʃ] *bn* melkgevend
milch-cow *znw* melkkoe[2]
mild [maild] **I** *bn* zacht(aardig); goedaardig, onschuldig [ziekte]; zwak, flauw[2]; matig; licht [sigaar &]; **II** *znw* Br licht bier *o*
mildew ['mildju:] **I** *znw* meeldauw; schimmel; **II** *overg* met meeldauw besmetten, bedekken &; doen (be)schimmelen
mildly ['maildli] *bijw* v. *mild I*; *~ sarcastic* lichtelijk sarcastisch; *to put it ~* op zijn zachtst gezegd
mild-mannered *bn* vriendelijk en beleefd
mile [mail] *znw* (Engelse) mijl [1609 meter]; fig grote afstand; sp (Engelse) mijl; *be ~s out* er mijlenver naast zitten; *~s better* gemeenz veel beter; *be ~s away* dagdromen; *stand (stick) out a ~* zeer duidelijk opvallen, in het oog springen
mileage *znw* **1** aantal *o* mijlen; **2** kosten per mijl; **3** fig nut *o*, voordeel *o*
milepost *znw* mijlpaal[2]
milestone *znw* mijlsteen; mijlpaal[2]
milieu ['mi:ljə:] [Fr] *znw* milieu *o*, omgeving
militancy ['militənsi] *znw* strijdlust, strijdbaarheid
militant I *bn* strijdend, strijdlustig; strijdbaar, militant; **II** *znw* strijder
militarism *znw* militarisme *o*
militarist I *bn* militaristisch; **II** *znw* militarist
militaristic *bn* militaristisch
militarization [militərai'zeiʃən] *znw* militarisering
militarize ['militəraiz] *overg* militariseren
military I *bn* militair, krijgs-; *~ man* militair; *~ police* militaire politie; **II** *znw*: *the ~* de militairen, het leger
militate ['militeit] *onoverg* vechten, strijden; *~ against* ook: pleiten tegen; tegenwerken, niet gunstig, niet bevorderlijk zijn voor
militia [mi'liʃə] *znw* mil militie(leger *o*)
militiaman *znw* lid van een militie
milk [milk] **I** *znw* melk°; *it's no use crying over spilt ~* gedane zaken nemen geen keer; **II** *overg* melken°
milk-and-water *bn* halfzacht, slap
milk bar *znw* melksalon
milk churn *znw* melkbus
milk-dentition *znw* melkgebit *o*
milker *znw* melk(st)er; melkmachine; melkkoe
milk float *znw* melkwagentje *o*
milking machine *znw* melkmachine
milking stool *znw* melkkrukje *o*
milk-jug *znw* melkkan
milkmaid *znw* melkmeid, -meisje *o*
milkman *znw* melkboer
milk shake *znw* milkshake
milksop *znw* melkmuil, lafbek
milk-sugar *znw* melksuiker, lactose
milk tooth *znw* melktand
milk train *znw* eerste trein ['s ochtends vroeg]
milky *bn* melkachtig, melk-; *the M~ Way* astron de Melkweg
mill [mil] **I** *znw* molen (ook: tredmolen); fabriek; spinnerij; *he has been through the ~* hij kent het klappen van de zweep, hij heeft een harde leerschool gehad; *go through the ~* veel moeten doorstaan; **II** *overg* malen; vollen; pletten; kartelen [munt]; techn frezen; **III** *onoverg*: *~ about (around)* rondlopen, (rond)sjouwen
millboard ['milbɔ:d] *znw* dik karton *o*
mill-dam ['mildæm] *znw* molenstuw
millenarian [mili'nεəriən] **I** *bn* duizendjarig; van het duizendjarig rijk; **II** *znw* wie het duizendjarig rijk verwacht
millenary ['milinəri] **I** *bn* uit duizend bestaande; duizendjarig; **II** *znw* duizend jaar; duizendjarig tijdperk *o* of gedenkfeest *o*
millennial [mi'leniəl] *bn* duizendjarig; van het duizendjarig rijk
millennium *znw* (*mv*: -s *of* millennia) duizend jaar; duizendjarig rijk *o*
millepede, millipede ['milipi:d] *znw* duizendpoot, pissebed
miller ['milə] *znw* molenaar
millesimal [mi'lesiməl] **I** *bn* duizendste; duizend-

delig; **II** *znw* duizendste deel *o*
millet ['milit] *znw* gierst
mill-hand ['milhænd] *znw* fabrieksarbeider
milliard ['milja:d] *znw* Br miljard *o*
millibar ['miliba:] *znw* millibar
milligram(me) *znw* ['miligræm] milligram *o*
millilitre, Am **milliliter** ['milili:tə] *znw* milliliter
millimetre, Am **millimeter** *znw* ['milimi:tə] millimeter
milliner ['milinə] *znw* hoedenmaakster, modiste
millinery *znw* hoedenwinkel; hoedenmaken *o*
milling machine *znw* techn freesmachine
million ['miljən] *telw (znw)* miljoen (*o*); *one in a* ~ een man uit duizenden; *thanks a* ~ gemeenz reuze bedankt
millionaire [miljə'nɛə] *znw* miljonair
millionfold ['miljənfould] *bn bijw* een miljoen keer, miljoenvoudig
millionth *bn* & *znw* miljoenste (deel *o*)
mill-owner ['milounə] *znw* fabrikant
millpond *znw* molenvijver; fig spiegelglad water *o*
mill-race *znw* waterloop, molentocht
millstone *znw* molensteen; fig belemmering
millwright *znw* molenmaker
milometer ['mailɔ'mitə, mailə'mi:tə] *znw* mijlenteller, ± kilometerteller
milt [milt] *znw* hom
milter *znw* homvis
mime [maim] **I** *znw* gebarenspel *o*; mimespeler; **II** *overg* door gebaren voorstellen; **III** *onoverg* mimische bewegingen maken
mimeograph ['mimiəgra:f] **I** *znw* stencilmachine; **II** *overg* stencilen
mimetic [mi'metik] *bn* nabootsend, nagebootst
mimic ['mimik] **I** *bn* mimisch, nabootsend; nagebootst; geveinsd, schijn-, onecht; ~ *warfare* spiegelgevecht *o*, spiegelgevechten; **II** *znw* nabootser; naaper; **III** *overg* nabootsen, nadoen; na-apen
mimicry *znw* mimiek; nabootsing; mimicry: (kleur)aanpassing
mimosa [mi'mouzə] *znw* mimosa
minaret ['minəret] *znw* minaret
minatory ['minətəri] *bn* dreigend, dreig-
mince [mins] **I** *overg* fijnhakken; *not to* ~ *words* er geen doekjes om winden, geen blad voor de mond nemen; *~d meat* gehakt *o*; **II** *onoverg* met een pruimenmondje spreken, nuffig trippelen; **III** *znw* fijngehakt vlees *o*
mincemeat *znw* vulsel *o* van fijngehakte krenten, appels &; Am gehakt *o* (vlees); *make* ~ *of* tot moes hakken; geen stuk heel laten van
mince-pie *znw* pasteitje *o* met *mince-meat*
mincer *znw* vleesmolen
mincing *bn* geaffecteerd
mincing-machine *znw* vleesmolen
mind [maind] **I** *znw* gemoed *o*; verstand *o*, brein *o*, geest; herinnering, gedachten; gevoelen *o*, mening, opinie; gezindheid, neiging, lust, zin; *bear in* ~ niet vergeten, (er aan) blijven denken; *call (bring) to* ~ herinneren; *change one's* ~ zie bij: *change*; *give one's* ~ *to* zich toeleggen op; *have a* ~ *to...* lust (zin) hebben om te...; *have a good* ~ *to...* erg veel zin (lust) hebben om te...; *have half a* ~ *to...* wel zin hebben om te...; *have (keep) an open* ~ *on* zich een oordeel voorbehouden omtrent; *she knows her own* ~ ze weet wat ze wil; *make up one's* ~ een besluit nemen; *put one's* ~ *to* zich toeleggen op; *set sbd.'s* ~ *at rest* iem. geruststellen; *set one's* ~ *on* zijn zinnen zetten op; *speak one's* ~ zijn mening zeggen, ronduit spreken; *in his right* ~ zie *right I*; *be in two ~s about* het niet met zichzelf eens zijn, in twijfel zijn omtrent; *bear (have, keep) in* ~ bedenken, onthouden, denken aan; *be of sbd.'s* ~ het met iem. eens zijn; *be of one* ~ het eens zijn, eensgezind zijn; *that's a (great) load off my* ~ dat is mij een pak van het hart; *get one's* ~ *round sth.* gemeenz iets doorhebben, begrijpen; *have sth. on one's* ~ iets op het hart hebben, zich over iets druk maken; *I gave him a piece of my* ~ ik heb hem eens flink de waarheid gezegd; *he is out of his* ~ hij is niet goed bij het hoofd, hij is gek; *in his ~'s eye* in zijn geestesoog; *to my* ~ naar mijn zin; naar mijn opinie, volgens mij; **II** *overg* bedenken, denken (geven) om; bezwaar hebben (tegen); acht slaan op, letten op, passen op, oppassen; zorgen voor; vero zich herinneren; ~ *you* weet je [als tussenzin]; pas op, wees voorzichtig; denk erom, vergeet niet (om...); ~ *your own business!* bemoei je met je eigen zaken!; *never* ~ *him* stoor je niet aan hem; *do not* ~ *me* geneer je maar niet voor mij; *I should (would) not* ~ *a cup of tea* ik zou wel een kop thee willen hebben; ~ *one's P's and Q's* gemeenz op z'n tellen passen; *would you* ~ *telling me?* zoudt u zo vriendelijk willen zijn mij te zeggen?; *I don't* ~ *telling you* ik wil je wel vertellen; *he can't walk, never* ~ *run* hij kan niet lopen, laat staan rennen; **III** *wederk*: ~ *oneself* zich in acht nemen; **IV** *onoverg & abs ww* om iets denken; zich in acht nemen, op zijn tellen passen; er wat om geven, zich het aantrekken, het erg vinden, er iets op tegen hebben; ~ *out (for)* passen op; *~!* let wel!, pas op!; *if you don't* ~ als u er niets op tegen hebt, als u het goedvindt; *I don't* ~ *if I do* dat sla ik niet af, graag!; *I don't* ~ mij best; *never ~!* het geeft niet, dat is niets, maak je geen zorgen; *never* ~ *about that* bekommer u daar niet over; *never (you)* ~ het gaat je niet aan
mind-bending *bn* hallucinogeen, hallucinaties opwekkend [drugs]
mind-blowing *bn* slang extatisch, hallucinogeen; gemeenz verbijsterend, verwarrend
mind-boggling *bn* verbijsterend, verbazend
minded *bn* gezind, ingesteld, aangelegd; *mathematically-~* wiskundig aangelegd; *car-~* met belangstelling voor auto's; *be* ~ *to* van zins zijn; zin of lust hebben om
minder *znw* oppasser, verzorger; gemeenz lijfwacht

mindful *bn* indachtig, oplettend, zorgvuldig, behoedzaam; ~ *of* denkend om (aan)
mindless *bn* onoplettend, achteloos; geesteloos, dom; ~ *of* niet denkend om (aan)
mind reader *znw* gedachtelezer
1 mine [main] *bez vnw* de, het mijne; van mij; vero mijn; *I and* ~ ik en de mijnen
2 mine [main] **I** *znw* mijn; fig bron; **II** *onoverg* een mijn (mijnen) leggen; in een mijn werken; ~ *for gold* naar goud zoeken; **III** *overg* ondermijnen, opblazen; uitgraven, ontginnen; winnen [steenkool]; mijnen leggen; *be ~d* ook: op een mijn lopen
minefield *znw* mijnenveld[2] *o*
mine-hunter *znw* mijnenjager
minelayer *znw* mijnenlegger
miner *znw* mijnwerker
mineral ['minərəl] **I** *bn* mineraal, delfstoffen-; ~ *kingdom* delfstoffenrijk *o*; ~ *oil* gezuiverde petroleum; ~ *water* mineraalwater *o*; gemeenz frisdrank; **II** *znw* mineraal *o*, delfstof; mineraalwater *o*; ~*s* gemeenz frisdranken
mineralize *overg & onoverg* mineraliseren
mineralogist [minə'rælədʒist] *znw* delfstofkundige, mineraloog
mineralogy *znw* delfstofkunde, mineralogie
minesweeper ['mainswi:pə] *znw* mijnenveger
mingy ['mindʒi] *bn* gemeenz gierig; waardeloos
mingle ['miŋgl] **I** *onoverg* zich mengen; ~ *with* omgaan met, verkeren met, zich begeven onder; **II** *overg* vermengen
mini ['mini] **I** *znw* mini; gemeenz piepklein voorwerp *o*; **II** *bn* mini-
miniature ['minjətʃə] **I** *znw* miniatuur; **II** *bn* miniatuur-; *in* ~ in het klein; ~ *camera* kleinbeeldcamera
miniaturist *znw* miniatuurschilder
miniaturize ['minjətʃəraiz] *overg* verkleinen, kleiner maken
minibus ['minibʌs] *znw* kleine autobus, minibus
minicab ['minikæb] *znw* kleine (goedkope) taxi [alleen telefonisch te bestellen]
minicomputer ['minikəm'pju:tə] *znw* minicomputer
minim ['minim] *znw* muz halve noot
minima ['minimə] *znw mv* minima
minimal *bn* minimaal, minste
minimization [minimai'zeiʃən] *znw* herleiding tot een minimum; verkleining
minimize ['minimaiz] *overg* tot een minimum terugbrengen of herleiden, zo gering mogelijk maken; verkleinen; bagatelliseren
minimum ['miniməm] *znw* (*mv*: minima [-mə]) minimum *o*
mining ['mainiŋ] **I** *znw* mijnbouw; mijnarbeid; mijnwezen *o*; **II** *bn* mijn-; ~ *engineer* mijningenieur
minion ['minjən] *znw* gunsteling, favoriet(e); *his ~s* ook: zijn handlangers
miniskirt ['miniskə:t] *znw* minirok
minister ['ministə] **I** *znw* minister; gezant; bedienaar des Woords, predikant; plechtig dienaar; *M~ of State* minister; staatssecretaris; **II** *onoverg*: ~ *to* behulpzaam zijn in, bevorderlijk zijn aan, bijdragen tot; verzorgen; voorzien in; bevredigen
ministerial [minis'tiəriəl] *bn* ministerieel, minister(s)-; ambtelijk, ambts-
ministering *bn* dienend, verzorgend, behulpzaam
ministrant ['ministrənt] **I** *bn* dienend; **II** *znw* dienaar
ministration [minis'treiʃən] *znw* bediening; (geestelijk) ambt *o*; bijstand; medewerking; verlening, verschaffing, toediening
ministry ['ministri] *znw* ministerie *o*; kabinet *o*, regering; geestelijkheid; (predik)ambt *o*
miniver ['minivə] *znw* soort (wit) hermelijn *o*
mink [miŋk] *znw* (*mv* idem *of* -s) mink, Amerikaanse nerts *m*; nerts *o* [bont]
minnow ['minou] *znw* (*mv* idem *of* -s) voorntje *o*, stekelbaarsje *o*
minor ['mainə] **I** *bn* minder, klein(er), van minder belang; van de tweede of lagere rang; muz mineur; onderw junior; *in a ~ key* in mineur[2]; op klagende toon; ~ *road* geen voorrangsweg; **II** *znw* minderjarige; muz mineur
minority [mai-, mi'nɔriti] *znw* minderheid; minderjarigheid
minster ['minstə] *znw* kloosterkerk, munsterkerk
minstrel ['minstrəl] *znw* minstreel; als neger gegrimeerde zanger
minstrelsy *znw* kunst, poëzie der minstrelen
1 mint [mint] *znw* plantk munt; pepermuntje *o*
2 mint [mint] **I** *znw* munt; **II** *bn*: *in ~ condition (state)* als nieuw; gloednieuw [v. postzegels]; **III** *overg* munten; fig smeden, verzinnen
minter *znw* munter
minuend ['minjuend] *znw* aftrektal *o*
minuet [minju'et] *znw* menuet *o & m*
minus ['mainəs] *znw* & *voorz* minus, min, minteken *o*; gemeenz zonder, behalve; ~ *sign* minteken *o*
minuscule [mi'nʌskju:l] *bn* (uiterst) klein
1 minute [mai'nju:t] *bn* klein, gering; minutieus, haarfijn, uiterst precies
2 minute ['minit] **I** *znw* minuut [1/60 uur & 1/60 graad]; ogenblik *o*; minuut: origineel ontwerp *o* v. akte of contract *o*; memorandum *o*; *the ~s* de notulen; *that* ~ op dat ogenblik; *the ~ you see him...* zodra; *this* ~ op staande voet; een ogenblik geleden, zo net; *to the (a)* ~ op de minuut (af); *just a ~!* een ogenblik!, wacht even!, wacht eens!; *I won't be a ~* ik ben zo klaar; **II** *overg* minuteren; notuleren; ~ *down* noteren
minute-book *znw* notulenboek *o*
minute-hand *znw* minuutwijzer
minutely [mai'nju:tli] *bijw* omstandig, (tot) in de kleinste bijzonderheden, minutieus
minutiae [mai'nju:ʃii:] *znw mv* bijzonderheden, kleinigheden, nietigheden

minx [miŋks] *znw* brutale meid, feeks, kat
miracle ['mirəkl] **I** *znw* wonderwerk *o*, wonder *o*, mirakel *o*; ~ *play* mirakelspel *o*; **II** *bn* wonder-, mirakel-
miraculous [mi'rækjuləs] *bn* miraculeus, wonderbaarlijk; wonderdadig, wonder-
mirage [mi'ra:ʒ] *znw* luchtspiegeling; fig drogbeeld *o*, hersenschim
mire ['maiə] *znw* modder, slijk *o*; *be (find oneself, be stuck) in the* ~ in de knoei zitten
mirk(y) *bn* = *murk(y)*
mirror ['mirə] **I** *znw* spiegel; afspiegeling; toonbeeld *o*; ~ *image* spiegelbeeld *o*; **II** *overg* af-, weerspiegelen; ~*ed room* spiegelkamer, -zaal
mirth [mə:θ] *znw* vrolijkheid; gelach *o*
mirthful *bn* vrolijk
mirthless *bn* droefgeestig; somber; bitter
miry ['maiəri] *bn* modderig, slijkerig
misadventure ['misəd'ventʃə] *znw* ongeluk *o*, tegenspoed; *death by* ~ recht onwillige manslag
misalliance [misə'laiəns] *znw* mesalliance: huwelijk beneden iems. stand
misanthrope ['mizənθroup] *znw* mensenhater; verbitterde kluizenaar
misanthropic [mizən'θrɔpik] *bn* misantropisch
misanthropist [mi'zænθrəpist] *znw* = *misanthrope*
misanthropy *znw* mensenhaat
misapplication ['misæpli'keiʃən] *znw* verkeerde toepassing; misbruik *o*
misapply [misə'plai] *overg* verkeerd toepassen
misapprehend ['misæpri'hend] *overg* misverstaan, verkeerd begrijpen
misapprehension *znw* misverstand *o*, misvatting
misappropriate ['misə'prouprieit] *overg* zich onrechtmatig toe-eigenen, misbruiken
misappropriation ['misəproupri'eiʃən] *znw* onrechtmatige toe-eigening, misbruiken *o*
misbegotten ['misbi'gɔtn] *bn* onecht; bastaard-; fig verknoeid; afschuwelijk, ellendig
misbehave ['misbi'heiv] *onoverg* zich misdragen
misbehaviour *znw* wangedrag *o*
misbelief ['misbi'li:f] *znw* verkeerd geloof *o*, dwaalleer; ketterij, dwaalbegrip *o*
misbeliever *znw* ketter; ongelovige
miscalculate ['mis'kælkjuleit] *overg* misrekenen, verkeerd berekenen
miscalculation ['miskælju'leiʃən] *znw* misrekening; verkeerde berekening; beoordelingsfout
miscall ['mis'kɔ:l] *overg* verkeerd noemen; dial uitschelden; ~*ed* geringsch zogenaamd
miscarriage [mis'kæridʒ] *znw* miskraam; wegraken *o*; mislukking; ~ *of justice* rechterlijke dwaling
miscarry [mis'kæri] *onoverg* weg-, verloren raken; mislukken; mislopen; ontijdig bevallen, een miskraam hebben
miscast ['mis'ka:st] *overg* **1** foutief optellen; **2** een niet-passende rol geven, een verkeerde rolbezetting kiezen
miscellaneous [misə'leinjəs] *bn* gemengd; allerlei; veelsoortig; veelzijdig
miscellany [mi'seləni] *znw* mengelwerk *o*, mengeling, verzamelbundel
mischance [mis'tʃa:ns] *znw* ongeluk *o*, pech; *by* ~ per ongeluk
mischief ['mistʃif] *znw* onheil *o*, kwaad *o*, kattenkwaad *o*, ondeugendheid; gemeenz rakker; *cause (do)* ~ kwaad doen; *do sbd. a* ~ een ongeluk begaan aan iem.; iem. verwonden; *make* ~ onheil stichten; tweedracht zaaien; de boel in de war sturen; *mean* ~ iets (kwaads) in zijn schild voeren; *get into* ~ streken uithalen; *get into* ~ *with* ... het aan de stok krijgen met ...; *keep out of* ~ geen kunsten uithalen; *out of pure* ~ uit louter baldadigheid
mischief-maker *znw* onruststoker
mischievous ['mistʃəvəs] *bn* schadelijk; boosaardig, moedwillig, ondeugend
miscible ['misibl] *bn* (ver)mengbaar
misconceive ['miskən'si:v] **I** *overg* verkeerd begrijpen of opvatten, misverstaan; **II** *onoverg* een verkeerde opvatting hebben (over *of*
misconception ['miskən'sepʃən] *znw* verkeerde opvatting, misvatting, wanbegrip *o*
misconduct ['miskən'dʌkt] **I** *overg* slecht beheren, verkeerd leiden; **II** *wederk*: ~ *oneself* zich misdragen; overspel plegen; **III** *znw* [mis'kɔndəkt] slecht bestuur *o*, wanbeheer *o*; wangedrag *o*; overspel *o*
misconstruction ['miskən'strʌkʃən] *znw* verkeerde interpretatie, misverstand *o*
misconstrue ['miskən'stru:] *overg* misduiden, verkeerd uitleggen, verkeerd opvatten
miscount ['mis'kaunt] **I** *overg* verkeerd (op)tellen; **II** *onoverg* zich vergissen bij het tellen, zich vertellen; **III** *znw* verkeerde (op)telling; *make a* ~ zich vertellen
miscreant ['miskriənt] **I** *bn* laag, snood; vero ongelovig; **II** *znw* onverlaat; vero ongelovige
miscue ['mis'kju:] **I** *onoverg* biljart ketsen; **II** *znw* misstoot
misdeal ['mis'di:l] **I** *onoverg* verkeerd geven; **II** *znw* verkeerd geven *o*; *make a* ~ (de kaarten) verkeerd geven
misdeed ['mis'di:d] *znw* misdaad, wandaad
misdemean ['misdi'mi:n] *onoverg* zich misdragen
misdemeanour, Am **misdemeanor** [misdi'mi:nə] *znw* wangedrag *o*, wandaad; vergrijp *o*, misdrijf *o*
misdirect ['misdi'rekt, -dai'rekt] *overg* verkeerd richten; verkeerde aanwijzing geven; in verkeerde richting leiden; verkeerd adresseren
misdirection *znw* in verkeerde richting leiden *o*; verkeerde, misleidende inlichting; verkeerd adres *o*
misdoing ['mis'du:iŋ] *znw* vergrijp *o*, wandaad; misdaad
misdoubt [mis'daut] *overg* wantrouwen, argwaan hebben
miser ['maizə] *znw* gierigaard, vrek

miserable ['mizərəbl] *bn* ellendig, rampzalig, diep ongelukkig; beroerd, droevig, armzalig, jammerlijk
miserere [mizə'riəri] *znw* miserere *o*, boetpsalm
miserly ['maizəli] *bn* gierig, vrekkig
misery ['mizəri] *znw* narigheid, ellende, smart; tegenspoed; rampzaligheid; *put sbd. out of his* ~ iem. uit zijn lijden verlossen
misfeasance ['mis'fi:zəns] *znw* machtsmisbruik *o*
misfire ['mis'faiə] *onoverg* ketsen, weigeren, niet aanslaan [v. motor]; fig geen succes hebben
misfit ['misfit] *znw* niet passen *o* of niet goed zitten *o*; niet passend kledingstuk *o*; *a social* ~ een onaangepast iemand, een mislukkeling
misfortune [mis'fɔ:tʃən] *znw* ramp(spoed), ongeluk *o*
misgive [mis'giv]: *overg*: *my heart (mind) ~s me about that* ik heb er een bang voorgevoel bij
misgiving *znw* bange twijfel, bezorgdheid, angstig voorgevoel *o*
misgovern ['mis'gʌvən] *overg* slecht besturen
misgovernment *znw* slecht bestuur *o*, wanbeheer *o*
misguided ['mis'gaidid] *bn* misleid, verdwaasd; ondoordacht, onverstandig; *in a ~ moment* in een ogenblik van zwakte
mishandle ['mis'hændl] *overg* verkeerd hanteren of aanpakken; havenen, mishandelen
mishap [mis'hæp] *znw* ongeval *o*, ongeluk *o*, ongelukkig voorval *o*
mishear ['mis'hiə] *overg* verkeerd horen
mishmash ['miʃmæʃ] *znw* mengelmoes *o & v*
misinform ['misin'fɔ:m] *overg* verkeerd inlichten
misinformation ['misinfə'meiʃən] *znw* verkeerde inlichting(en)
misinterpret ['misin'tə:prit] *overg* misduiden, verkeerd uitleggen
misinterpretation ['misintə:pri'teiʃən] *znw* verkeerde uitlegging
misjudge ['mis'dʒʌdʒ] *overg* verkeerd (be)oordelen
mislay [mis'lei] *overg* op een verkeerde plaats leggen, zoekmaken; *it has got mislaid* het is zoek (geraakt)
mislead [mis'li:d] *overg* misleiden, op een dwaalspoor brengen; bedriegen; *~ing(ly)* ook: bedrieglijk
mismanage ['mis'mænidʒ] *overg* verkeerd, slecht behandelen (besturen, aanpakken)
mismanagement *znw* slecht bestuur *o*, wanbeheer *o*; verkeerde regeling, verkeerd optreden *o*
mismatch I *overg* ['mis'mætʃ] slecht bij elkaar passen, slecht combineren; **II** *znw* ['mismætʃ] verkeerde combinatie
misname ['mis'neim] *overg* verkeerd (be)noemen
misnomer ['mis'noumə] *znw* verkeerde benaming, ongelukkig gekozen naam; *..., by a ~, called ...* ten onrechte ... genoemd
misogynist [mai'sɔdʒinist] *znw* vrouwenhater
misogynous [mai'sɔdʒinəs] *bn* vrouwenhatend
misplace [mis'pleis] *overg* verkeerd plaatsen of aanbrengen; *~d* misplaatst; verkeerd geplaatst
misprint ['misprint] **I** *overg* verkeerd (af)drukken; **II** *znw* drukfout
misprision ['mis'priʒən] *znw* overtreding; verzuim *o*; *~ of felony* verheling van een misdaad
misprize [mis'praiz] *overg* onderschatten; minachten
mispronounce ['misprə'nauns] *overg* verkeerd uitspreken
mispronunciation ['misprənʌnsi'eiʃən] *znw* verkeerde uitspraak
misquotation ['miskwou'teiʃən] *znw* verkeerde aanhaling
misquote ['mis'kwout] *overg* verkeerd aanhalen
misread ['mis'ri:d] *overg* verkeerd lezen; misduiden, verkeerd uitleggen
misreport ['misri'pɔ:t] *overg* verkeerd overbrengen
misrepresent ['misrepri'zent] *overg* verkeerd voorstellen, in een verkeerd daglicht plaatsen, een valse voorstelling geven van
misrepresentation ['misreprizen'teiʃən] *znw* onjuiste of verkeerde voorstelling (opgave)
misrule ['mis'ru:l] **I** *znw* wanorde, verwarring, tumult *o*; wanbestuur *o*; **II** *overg* verkeerd, slecht besturen
1 miss [mis] *znw* (me)juffrouw; geringsch meisje *o*; *the ~es Smiths* de (jonge)dames Smith
2 miss [mis] **I** *overg* missen, misslaan, mislopen; niet zien, niet horen; zich laten ontgaan; verzuimen [school, lessen of gelegenheden]; overslaan, uit-, weglaten (ook: ~ *out*); *~ one's aim (mark)* misschieten; fig zijn doel niet treffen; **II** *onoverg & abs ww* missen, misschieten; [de school] verzuimen; *be ~ing* er niet zijn, ontbreken; vermist worden; *~ out on* missen, laten voorbijgaan [kans]; **III** *znw* misslag, misstoot, misschot *o*, misser, poedel; *a ~ is as good as a mile* mis is mis, al scheelt het nog zo weinig; *give it a ~* gemeenz vermijden; weglaten, wegblijven, met rust laten; *near ~* bijna raak schot *o*, schampschot *o*; *that was a near ~!* dat scheelde maar een haartje!
missal ['misəl] *znw* missaal *o*, misboek *o*
missel (thrush) ['misl(θrʌʃ)] *znw* grote lijster
misshapen ['mis'ʃeipn] *bn* mismaakt, wanstaltig
missile ['misail] *znw* projectiel *o*, raket
missing ['misiŋ] *bn* niet aanwezig; verloren; vermist; ontbrekend; *~ link* ontbrekende schakel
mission ['miʃən] **I** *znw* zending°, missie°; gezantschap *o*; opdracht; roeping, zendingspost; luchtv vlucht; **II** *bn* zendings-, missie-; *~ control* vluchtleiding [ruimtevaart]; *~ work* ook: evangelisatie
missionary I *znw* RK missionaris; zendeling; **II** *bn* RK missie-; zendings-, missionair
missis ['misis] *znw* = *missus*
missive ['misiv] *znw* missive, brief
misspell ['mis'spel] *overg* verkeerd spellen
misspend ['mis'spend] *overg* verkeerd of nutteloos besteden, verkwisten

misstate ['mis'steit] *overg* verkeerd voorstellen, verkeerd opgeven, verdraaien
misstatement *znw* verkeerde, onjuiste voorstelling (opgave), onjuistheid, verdraaiing van de feiten
missus ['misəs] *znw* gemeenz (moeder de) vrouw; *the* ~ (mijn) mevrouw [v. dienstboden]
missy ['misi] *znw* gemeenz juffie *o*, meisje *o*
mist [mist] **I** *znw* mist, nevel; waas *o* [voor de ogen]; *Scotch* ~ motregen; **II** *overg & onoverg*: ~ *over (up)* (doen) beslaan
mistakable [mis'teikəbl] *bn* onduidelijk; gemakkelijk verkeerd op te vatten
mistake I *overg* misverstaan, verkeerd verstaan, ten onrechte aanzien (voor *for*); zich vergissen in; *they are easily* ~*n* men kan ze gemakkelijk verwisselen; **II** *znw* vergissing, dwaling, abuis *o*, fout, misgreep; *my* ~*!* ik vergis me!; *a ... and no* ~ van jewelste, een echte ...; *now no* ~ versta me nu goed; *make a* ~ een fout maken; zich vergissen (in *over*); *by* ~ per abuis, ten gevolge van een vergissing; *be under a* ~ zich vergissen, het mis hebben
mistaken *bn* verkeerd, foutief; misplaatst; *be* ~ zich vergissen
mistakenly *bijw* bij vergissing, per abuis; verkeerdelijk
mister ['mistə] *znw* (geschreven: *Mr*) meneer, de heer; slang of schertsend meneer [als aanspreekvorm]
mistime ['mis'taim] *overg* verkeerd timen; op het verkeerde moment zeggen/doen &
mistimed ['mis'taimd] *bn* te onpas, misplaatst
mistle thrush *znw* = *missel thrush*
mistletoe ['misltou] *znw* plantk maretak, vogellijm
mistook [mis'tuk] V.T. van *mistake*
mistranslate ['mistra:ns'leit] *overg* verkeerd vertalen
mistress ['mistris] *znw* heerseres, gebiedster, meesteres; vrouw des huizes; mevrouw [v.e. dienstbode]; directrice, hoofd *o*; onderwijzeres, lerares; geliefde, maîtresse, concubine; *her own* ~ haar eigen baas; zich zelf meester
mistrial [mis'traiəl] *znw* recht (nietigheid wegens) procedurefout
mistrust ['mis'trʌst] **I** *overg* wantrouwen, niet vertrouwen; **II** *znw* wantrouwen *o*
mistrustful [mis'trʌstful] *bn* wantrouwig
misty ['misti] *bn* mistig, beneveld, nevelig; beslagen; fig vaag
misunderstand ['misʌndə'stænd] *overg* misverstaan, verkeerd of niet begrijpen
misunderstanding *znw* misverstand *o*, geschil *o*
misunderstood ['misʌndə'stud] V.T. & V.D. van *misunderstand*
misuse I *overg* ['mis'ju:z] misbruiken, verkeerd gebruiken; mishandelen; **II** *znw* ['mis'ju:s] misbruik *o*; verkeerd gebruik *o*
mite [mait] *znw* (kaas)mijt; vero penning; kleinigheid, ziertje *o*; peuter; *poor little* ~*s* de bloedjes van kinderen; *the widow's* ~ bijbel het penningske der weduwe
mitigate ['mitigeit] *overg* verzachten; lenigen; matigen; *mitigating circumstances* recht verzachtende omstandigheden
mitigation [miti'geiʃən] *znw* verzachting; leniging; matiging
mitre, Am **miter** ['maitə] **I** *znw* mijter; bouwk verstek *o*: hoek van 45° (ook: ~*-joint*); **II** *overg* bouwk in het verstek werken
mitre-box, **mitre-block** *znw* verstekbak
mitred *bn* **1** bouwk in verstek; **2** gemijterd
mitre-saw *znw znw* verstekzaag
mitt [mit] *znw* handschoen zonder vingers; honkbalhandschoen; slang hand, vuist; *oven* ~ ovenwant
mitten *znw* want; slang bokshandschoen
mity ['maiti] *bn* vol mijten
mix [miks] **I** *overg* mengen, vermengen; aanmaken [salade], mixen; ~ *up* dooreen-, vermengen, hutselen; (met elkaar) verwarren; ~ *sbd. up in it* iem. er in betrekken; ~*ed up* ook: verknipt; ~*ed up with* vermengd met; betrokken bij; *get* ~*ed up with* ook: zich inlaten met; **II** *onoverg* zich (laten) vermengen; ~ *in society* 'uitgaan'; ~ *with* ook: omgaan met; **III** *znw* **1** mengsel *o*; **2** mengelmoes *v & o*; **3** mix [geprepareerd mengsel]
mixed *bn* gemengd, vermengd, gemêleerd; ~ *bag* ratjetoe *o*, allegaartje *o*; ~ *blessing* 'geen onverdeeld genoegen'; ~ *doubles* sp gemengd dubbel *o*; ~ *farming* gemengd bedrijf *o*
mixed-up *bn* **1** in de war; verknipt, neurotisch; **2** betrokken, verwikkeld
mixer *znw* menger [v. dranken]; ook: molen [voor beton &]; mixer; *a good* ~ iem. die zich gemakkelijk aansluit, een gezellig iemand; ~ *tap* mengkraan
mixture *znw* mengeling, mengsel *o*, melange
mix-up *znw* verwarring, warboel
miz(z)en ['mizn] *znw* scheepv bezaan
miz(z)en-yard *znw* scheepv bezaansra
mizzle ['mizl] **I** *znw* motregen; **II** *onoverg* motregenen
mnemonic [ni(:)'mɔnik] **I** *znw* ezelsbruggetje *o*, geheugensteuntje *o*; **II** *bn* gemakkelijk om te onthouden
mo [mou] *znw* gemeenz ogenblik *o*; *wait half a* ~ wacht even
MO *afk.* = *Medical Officer*; *Money-Order*
moan [moun] **I** *znw* gesteun *o*, gekreun *o*, gekerm *o*; gemeenz geklaag *o*, gejammer *o*; **II** *onoverg* kreunen; kermen; klagen, jammeren
moat [mout] *znw* gracht (om kasteel)
mob [mɔb] **I** *znw* grauw *o*, gespuis *o*, gepeupel *o*; hoop, troep, bende; *the M*~ de maffia; **II** *overg* hinderlijk volgen, zich verdringen om of omringen
mob-cap ['mɔbkæp] *znw* mop(muts)
mobile ['moubail] **I** *bn* beweeglijk; mobiel; flexibel, veranderlijk; rijdend, verplaatsbaar; ~ *canteen* kan-

tinewagen; ~ *library* bibliotheekbus, bibliobus; **II** *znw* mobiel [beweeglijke figuur]
mobility [mou'biliti] *znw* beweeglijkheid; mobiliteit; flexibiliteit
mobilization [moubilai'zeiʃən] *znw* mobilisatie
mobilize ['moubilaiz] *overg & onoverg* mobiliseren
mobocracy [mɔ'bɔkrəsi] *znw* de heerschappij van het gepeupel
mobster ['mɔbstə] *znw* Am slang gangster, bendelid *o*, bandiet
moccasin ['mɔkəsin] *znw* mocassin [schoeisel]
mocha ['mɔkə,'moukə] *znw* mokka(koffie)
mock [mɔk] **I** *znw* voorwerp *o* van spot; *make a ~ of* de spot drijven met; **II** *bn* nagemaakt, schijn-, zogenaamd, onecht, voorgewend; **III** *overg* bespotten, spotten met²; bespottelijk maken; spottend na-apen; **IV** *onoverg* spotten (met *at*)
mocker *znw* spotter; *put the ~s on* Br gemeenz een einde maken aan
mockery *znw* spot, spotternij, bespotting, aanfluiting, farce, paskwil *o*; *make a ~ of* de spot drijven met
mockingbird *znw* dierk spotvogel
mockingly *bijw* spottend
mock-turtle *bn*: ~ *soup* nagemaakte schildpadsoep
mock-up *znw* (bouw)model *o* [v. vliegtuig &]
mod [mɔd] **I** *bn* slang modern, modieus; ~ *cons (= modern conveniences)* moderne gemakken [v. huis, flat &]; **II** *znw* Br slang mod [modieus gekleed soort nozem in de jaren zestig]
modal ['moudl] *bn* modaal
modality [mou'dæliti] *znw* modaliteit
mode [moud] *znw* mode; modus, vorm, wijze, manier; gebruik *o*; muz toonsoort
model ['mɔdl] **I** *znw* model *o*, toonbeeld *o*, voorbeeld *o*; maquette; mannequin (ook: *fashion ~*); **II** *bn* model-; **III** *overg* modelleren, boetseren, (naar een voorbeeld) vormen; showen [kleding]; *he ~led himself (up)on his brother* hij nam een voorbeeld aan zijn broer; zijn broer was zijn grote voorbeeld; **IV** *onoverg* model of mannequin zijn
modeller *znw* vormer; modelleur, boetseerder
modem ['moudem] *znw* comput modem
moderate I *bn* ['mɔdərit] matig, gematigd; middelmatig; **II** *znw*: gematigde; **III** *overg* ['mɔdəreit] matigen, temperen, stillen, doen bedaren; **IV** *onoverg* zich matigen, bedaren; presideren
moderation [mɔdə'reiʃən] *znw* matiging, tempering; matigheid, gematigdheid; maat; *in ~* met mate; *~s* onderw eerste openbare examen *o* aan de universiteit [Oxford]
moderator ['mɔdəreitə] *znw* voorzitter, leider; techn moderator [v. kernreactor]
modern ['mɔdən] *bn* modern, van de nieuw(er)e tijd, nieuw, hedendaags; ~ *languages* levende talen
modern-day *bn* hedendaags
modernism *znw* modernisme *o*
modernist *znw* modernist
modernistic *bn* modernistisch
modernity [mɔ'də:niti] *znw* modern karakter *o*, moderniteit
modernization [mɔdənai'zeiʃən] *znw* modernisering
modernize ['mɔdənaiz] *overg* moderniseren
modest ['mɔdist] *bn* bescheiden; zedig, eerbaar, ingetogen
modesty *znw* bescheidenheid; zedigheid, eerbaarheid, ingetogenheid
modicum ['mɔdikəm] *znw* beetje *o*; kleine hoeveelheid
modification [mɔdifi'keiʃən] *znw* wijziging; beperking; matiging, verzachting
modifier ['mɔdifaiə] *znw* modifier, veranderingsfactor; gramm beperkend woord *o*
modify *overg* wijzigen, veranderen; beperken; matigen, verzachten
modish ['moudiʃ] *bn* modieus
modiste [mou'di:st] *znw* modiste
modular ['mɔdjulə] *bn* modulair
modulate ['mɔdjuleit] *overg* moduleren
modulation [mɔdju'leiʃən] *znw* modulatie
module ['mɔdjul] *znw* module; modul(us) [v. bouwwerk]; *lunar ~* maansloep
modus ['moudəs] [Lat] *znw* (*mv*: modi [-di]) methode, manier, wijze
moggy ['mɔgi] *znw* slang kat
Mogul [mou'gʌl] **I** *znw* Mongool; grootmogol; *m~* mogol [invloedrijk persoon]; **II** *bn* Mongools
mohair ['mouhɛə] *znw* mohair *o*, angorawol
Mohammedan [mou'hæmidən] **I** *znw* mohammedaan: **II** *bn* mohammedaans
Mohammedanism [mou'hæmidənizm] *znw* mohammedanisme *o*, islam
Mohican ['mouikən] **I** *znw* Mohikaan; **II** *bn* Mohikaans; ~ *hairstyle* hanenkam
moiety ['mɔiəti] *znw* recht of plechtig helft, deel *o*
moist [mɔist] *bn* vochtig, nat, klam
moisten ['mɔisn] **I** *overg* bevochtigen; **II** *onoverg* vochtig worden
moisture ['mɔistʃə] *znw* vochtigheid, vocht *o & v*
moke [mouk] *znw* slang ezel²
molar ['moulə] *znw* kies
molasses [mou'læsiz] *znw* melasse, suikerstroop
mold Am = *mould*
Moldavia [mæl'deivjə] *znw* Moldavië
Moldavian I *znw* Moldaviër; Moldavisch *o* [taal]; **II** *bn* Moldavisch
mole [moul] *znw* **1** mol²; **2** havendam, pier; strekdam, keerdam; **3** moedervlek
molecular [mou'lekjulə(r)] *bn* moleculair
molecule ['mɔlikju:l] *znw* molecule
mole-hill ['moulhil] *znw* molshoop
moleskin *znw* mollenvel *o*; moleskin *o*
molest [mou'lest] *overg* molesteren, lastig vallen
molestation [moules'teiʃən] *znw* molestatie
moll [mɔl] *znw* slang liefje *o*; griet

mollification [mɔlifi'keiʃən] *znw* verzachting, vertedering, vermurwing, kalmering
mollify ['mɔlifai] *overg* verzachten, vertederen, vermurwen, kalmeren, sussen
mollusc ['mɔlʌsk] *znw* weekdier *o*
mollycoddle ['mɔlikɔdl] **I** *overg* vertroetelen, in de watten leggen; **II** *znw* moederskindje *o*, doetje *o*
Molotov cocktail ['mɔlətɔf 'kɔkteil] *znw* molotovcocktail
mom [mɔm] *znw* Am mama, mams
moment ['moumənt] *znw* moment° *o*; ogenblik *o*; gewicht *o*, belang *o*; *the (very) ~ I heard of it* zodra ...; *this ~* een minuut geleden, daarnet; ogenblikkelijk; *at the ~* op dat (het) ogenblik; *for the ~* voor het ogenblik; *not for a ~* geen ogenblik; *of great (little) ~* van groot (weinig) belang; *to the ~* op de minuut af; *he has his ~s* hij komt soms leuk uit de hoek; hij heeft ook zo zijn goede kanten (momenten &)
momentarily *bijw* (voor) een ogenblik; ieder ogenblik
momentary *bn* van (voor) een ogenblik, kortstondig, vluchtig
momentous [mou'mentəs] *bn* gewichtig, hoogst belangrijk
momentum [mou'mentəm] *znw* (*mv*: momenta [-tə]) **1** nat hoeveelheid van beweging, impuls (product van massa en snelheid); **2** kracht, drang, vaart
momma ['mɔmə], **mommy** *znw* Am mama, mammie
Monacan ['mɔnəkən] **I** *znw* Monegask; **II** *bn* Monegaskisch
monachism *znw* kloosterleven *o*, kloosterwezen *o*
Monaco ['mɔnəkou] *znw* Monaco *o*
monad ['mɔnæd] *znw* monade
monarch ['mɔnək] *znw* vorst, vorstin; (alleen-) heerser, monarch
monarchical [mɔ'na:kikl] *bn* monarchaal
monarchist ['mɔnəkist] **I** *znw* monarchist; **II** *bn* monarchistisch
monarchy *znw* monarchie
monastery ['mɔnəstri] *znw* (mannen)klooster *o*
monastic [mə'næstik] *bn* kloosterachtig, kloosterlijk, klooster-; als (van) een monnik, monniken-
monasticism *znw* kloosterwezen *o*, kloosterleven *o*
Monday ['mʌndi, -dei] *znw* maandag
Mondayish *bn* maandagziek
Monégasque [mɔni'gæsk] **I** *znw* Monegask; **II** *bn* Monegaskisch
monetarism ['mʌnitərizm] *znw* monetarisme *o*
monetarist **I** *bn* monetaristisch; **II** *znw* monetarist
monetary ['mʌnitəri] *bn* geldelijk; munt-, monetair
monetization [mʌnitai'zeiʃən] *znw* aanmunting
monetize ['mʌnitaiz] *overg* aanmunten
money ['mʌni] *znw* (*mv*: -s *of* monies) geld *o*; rijkdom, bezit *o*; *~ for old rope* slang gemakkelijk (gauw) verdiend geld; *there's no ~ in it* er is niets aan te verdienen; *in the ~* slang rijk; *get one's ~'s worth* waar voor zijn geld krijgen; *have ~ to burn* bulken van het geld, stinkend rijk zijn; *make ~* geld verdienen, rijk worden; *put ~ into* investeren in; *put one's ~ on* wedden op; *out (short) of ~* slecht bij kas; *~ talks* met geld gaan alle deuren voor je open; *for my ~...* volgens mij...; *be made of ~* bulken van het geld; *~ is the root of all evil* geld is de wortel van alle kwaad
moneybags *znw* gemeenz rijke stinkerd
money-box *znw* spaarpot; collectebus; geldkistje *o*
money-broker *znw* geldhandelaar
money-changer *znw* geldwisselaar
moneyed *bn* rijk, bemiddeld; geldelijk, geld-
money-grubber *znw* geldwolf
money-grubbing *bn* schraperig, inhalig
money-lender *znw* geldschieter
money-maker *znw* persoon die veel geld verdient; winstgevend zaakje *o*
money-market *znw* geldmarkt
money-order *znw* postwissel
money spider *znw* geluk brengend spinnetje *o*
money-spinner *znw* iem. die geld als water verdient; iets dat geld in het laatje brengt, goudmijntje *o*
money supply *znw* geldvoorraad, hoeveelheid geld die in omloop is
monger ['mʌŋgə] *znw* als tweede lid in samenstellingen: handelaar, koper (*fish~*); fig geringsch wie doet aan ... (om er munt uit te slaan)
Mongol ['mɔŋgɔl] **I** *znw* Mongool; **II** *bn* Mongools
mongol *znw* mongooltje *o*, iem. met het syndroom van Down
Mongolia [mɔŋgouljə] *znw* Mongolië *o*
Mongolian [mɔŋ'goulian] **I** *znw* Mongool; Mongools *o* [taal]; **II** *bn* Mongools
mongolism ['mɔŋgəlizm] *znw* mongolisme *o*, syndroom *o* van Down
mongoose ['mɔŋgu:s] *znw* mangoeste, ichneumon
mongrel ['mʌŋgrəl] **I** *znw* bastaard [meestal hond], vuilnisbakkenras; **II** *bn* van gemengd ras, bastaard-
monies ['mʌniz] *znw* = *mv* v. *money*
moniker ['mɔnikə] *znw* slang (bij)naam
monition [mɔ'niʃən] *znw* herderlijke vermaning; plechtig waarschuwing; recht dagvaarding
monitor ['mɔnitə] **I** *znw* monitor; radio beroepsluisteraar; dierk varaan [hagedis]; **II** *onoverg* & *overg* controleren, (ter controle) meeluisteren (naar); *~ing service* radioluisterdienst
monitorial [mɔni'tɔ:riəl] *bn* vermanend; waarschuwend
monitory ['mɔnitəri] *bn* vermanend; waarschuwend
monk [mʌŋk] *znw* monnik, kloosterling
monkey ['mʌŋki] **I** *znw* dierk aap²; apenkop; handel £ 500; *have a ~ on one's back* slang aan drugs verslaafd zijn; *put sbd.'s ~ up* slang iem. nijdig ma-

ken; *make a ~ of* belachelijk maken; *I couldn't give a ~'s* slang het kan me geen reet schelen; **II** *onoverg*: *~ about (around)* morrelen, donderjagen; *~ about (around) with a gun* met een geweer liggen (staan) morrelen (klooien), er met zijn vingers aan zitten; **III** *bn*: *~ bars* klimrek *o*; *~ business* gemeenz achterbaks gedoe *o*, (boeren)bedrog *o*; *~ tricks* slang kattenkwaad *o*
monkey-bread *znw* apebroodboom; apebrood *o* [vrucht]
monkey-house *znw* apenkooi, -hok
monkey-nut *znw* apenootje *o*
monkey-puzzle (tree) *znw* apeboom
monkey suit *znw* Am gemeenz smoking
monkey-wrench *znw* moersleutel, schroefsleutel
monkfish ['mʌŋkfiʃ] *znw* zeeduivel [vis]
monkish ['mʌŋkiʃ] *bn* als (van) een monnik, monniken-
monochrome ['mɔnoukroum] *bn* monochroom, in één kleur; zwart-wit
monocle ['mɔnɔkl] *znw* monocle
monocotyledon ['mɔnoukɔti'li:dən] *znw* eenzaadlobbige plant
monody ['mɔnədi] *znw* muz monodie [eenstemmig gezang]; klaaglied *o*, lijkzang
monoecious [mɔ'ni:siəs] *bn* plantk eenhuizig; dierk hermafroditisch
monogamous [mɔ'nɔgəməs] *znw* monogaam
monogamy *znw* monogamie
monogram ['mɔnəgræm] *znw* monogram *o*
monograph ['mɔnəgra:f] *znw* monografie
monolith ['mɔnəliθ] *znw* monoliet; zuil uit één stuk steen
monolithic [mɔnə'liθik] *bn* monolithisch[2]
monologue ['mɔnəlɔg] *znw* monoloog, alleenspraak
monomania [mɔnou'meiniə] *znw* monomanie
monomaniac *bn* & *znw* monomaan
mononucleosis ['mɔnoun(j)u:kli'ousis] *znw* ziekte van Pfeiffer
monoplane ['mɔnouplein] *znw* eendekker
monopolist [mə'nɔpəlist] *znw* monopolist, houder of voorstander van een monopolie
monopolistic *bn* monopolistisch
monopolize *overg* handel monopoliseren; (alléén) in beslag nemen
monopoly *znw* monopolie[2] *o*, alleenrecht *o*
monorail ['mɔnoureil] *znw* monorail
monosyllabic ['mɔnousi'læbik] *bn* eenlettergrepig; fig weinig spraakzaam
monosyllable ['mɔnə'siləbl] *znw* eenlettergrepig woord *o*; *speak in ~s* kortaf zijn
monotheism ['mɔnouθ:izm] *znw* monotheïsme *o*: geloof *o* aan één god
monotone ['mɔnətoun] **I** *znw* eentonig gezang *o* (geluid *o*, spreken *o* &); eentonigheid; **II** *bn* eentonig, monotoon
monotonous [mə'nɔtənəs] *bn* eentonig
monotony *znw* eentonigheid
monoxide [mɔ'nɔksaid] *znw* monoxide *o*
monsignor [mɔn'si:njə] *znw* (*mv*: -s *of* monsignori [-si:n'jɔ:ri]) monseigneur
monsoon [mɔn'su:n] *znw* moesson
monster ['mɔnstə] **I** *znw* monster[2] *o*, gedrocht *o*; kanjer; **II** *bn* reuzen-, reusachtig
monstrance ['mɔnstrəns] *znw* monstrans
monstrosity [mɔns'trɔsiti] *znw* monstruositeit, monstrum *o*, wanproduct *o*
monstrous ['mɔnstrəs] *bn* monsterlijk (groot), misvormd, afschuwelijk, monster-
monstrously *bijw* monsterlijk; versterkend verschrikkelijk, geweldig &
montage [mɔn'ta:ʒ] *znw* montage [v. film &]
month [mʌnθ] *znw* maand; *not in a ~ of Sundays* in geen honderd jaar, in geen eeuwigheid
monthly **I** *bn bijw* maandelijks; **II** *znw* maandschrift *o*, maandblad *o*
monument ['mɔnjumənt] *znw* monument *o*, gedenkteken *o*
monumental [mɔnju'mentəl] *bn* monumentaal; kolossaal; *~ masonry* grafsteenhouwerij
moo [mu:] **I** *znw* boe(geluid *o*) [v. koe]; *silly ~* slang stom wijf *o*, stomme trut; **II** *onoverg* loeien [v. koeien]
mooch [mu:tʃ] **I** *onoverg* rondhangen, lanterfanten; **II** *overg* (vooral Am) pikken, jatten; schooien
mood [mu:d] *znw* stemming, bui, luim, humeur *o*; gramm wijs [v.e. werkwoord]; *a man of ~s* een humeurig man; *be in a ~* een sombere bui hebben
moody *bn* humeurig; droevig, somber
moon [mu:n] **I** *znw* maan; plechtig maand; *once in a blue ~* een enkele keer; *cry for (want) the ~* het onmogelijke willen; *many ~s ago* heel lang geleden; *over the ~ (about)* gemeenz in de wolken (over); **II** *onoverg* dromen, zitten suffen; *~ about* rondlummelen; *~ over* mijmeren, zwijmelen; **III** *overg*: *~ away* verdromen
moonbeam *znw* manestraal
moonbuggy *znw* maanlandingsvaartuig *o*
mooncalf *znw* uilskuiken *o*
moon-faced *bn* met een vollemaansgezicht
moonless *bn* maanloos, zonder maan
moonlight **I** *znw* maanlicht *o*, maneschijn; **II** *bn* maanlicht-, maan-; *do a ~ flit* gemeenz met de noorderzon vertrekken; **III** *onoverg* bijverdienen, een bijbaantje hebben; zwart werken
moonlit *bn* door de maan verlicht
moonscape *znw* maanlandschap *o*
moonshine *znw* maneschijn; nonsens, dwaze praat; Am gemeenz gesmokkelde of clandestien gestookte drank
moonshiner *znw* Am gemeenz dranksmokkelaar of clandestiene stoker
moon-struck *bn* maanziek, getikt
moony *bn* maan-; fig dromerig
1 moor [muə] *znw* hei(de); veen *o*

2 moor [muə] *overg* scheepv (vast)meren, vastleggen
moorage ['muəridʒ] *znw* ankerplaats
moorfowl ['muəfaul] *znw* sneeuwhoen *o*
moorhen *znw* vrouwtje *o* v.h. sneeuwhoen *o*; waterhoen *o*
mooring ['muəriŋ] *znw* scheepv ankerplaats, ligplaats; *~s* meertros (-kabel, -ketting, -anker *o*)
mooring-buoy *znw* meerboei
mooring-mast *znw* scheepv meerpaal
Moorish ['muəriʃ] *bn* Moors
moorland ['muələnd] *znw* heide(grond)
moose [mu:s] *znw* (*mv* idem) Amerikaanse eland
moot [mu:t] **I** *bn* betwistbaar; *~ point* twistpunt *o*; **II** *overg* ter sprake brengen
mop [mɔp] **I** *znw* stokdweil, zwabber[2]; (vaten-) kwast; gemeenz ragebol, pruik (haar); **II** *overg* dweilen, zwabberen, (af)wissen; *~ up* opnemen[2], opdweilen; fig opslorpen, in zich opnemen; in de wacht slepen; zijn vet geven, afmaken; mil zuiveren [loopgraven &]
mope [moup] *onoverg* kniezen
moped ['mouped] *znw* bromfiets
mopping-up [mɔpiŋ'ʌp] *znw* mil slang opruimingswerkzaamheden; zuivering [v. vijanden]
moraine [mɔ'rein] *znw* morene
moral ['mɔrəl] **I** *bn* moreel, zedelijk; zedenkundig, zeden-; **II** *znw* zedenles, moraal; *~s* zeden; zedenleer; *his ~s* zijn zedelijk gedrag *o*
morale [mɔ'ra:l] *znw* moreel *o*
moralist ['mɔrəlist] *znw* zedenmeester, zedenprediker, moralist
moralistic [mɔrə'listik] *bn* moraliserend, moralistisch
morality [mə'ræliti] *znw* zedenleer, zedelijkheid, zedelijk gedrag *o*, moraal, moraliteit°
moralize ['mɔrəlaiz] **I** *onoverg* moraliseren, een zedenpreek houden voor (over), zedenlessen geven; **II** *overg* de moraal halen uit; de moraal verbeteren van
moralizer *znw* zedenmeester, zedenprediker
morally *bijw* moreel
morass [mə'ræs] *znw* moeras *o*; fig moeilijke situatie; zedelijke verlaging
moratorium [mɔrə'tɔ:riəm] *znw* (*mv*: -s *of* moratoria [-riə]) moratorium *o*, wettelijk uitstel *o* van betaling; tijdelijk verbod *o* of uitstel *o*
morbid ['mɔ:bid] *bn* ziekelijk, ziekte-; somber; *~ anatomy* pathologische anatomie
morbidity [mɔ:'biditi] *znw* ziekelijkheid; ziektetoestand; somberheid
mordant ['mɔ:dənt] *bn* bijtend, scherp, sarcastisch
more [mɔ:] *bn bijw* & *znw* meer; *not... any ~* niet meer, niet langer, niet weer; niets meer; *one ~ glass* nog een glas; *~ and ~* steeds meer; *~ and ~ difficult* steeds moeilijker; *all the ~* nog erger; des te meer; *he is no ~* hij is niet meer (is dood); *once ~* nog eens, nog een keer; *some ~* nog wat; nog enige; *the ~..., the ~...* hoe meer..., des te meer (hoe)...; *the ~ the merrier* hoe meer zielen hoe meer vreugd; *no ~* niet meer[2], niet langer; niets meer; *no ~... than* evenmin... als; *no ~ does he* hij ook niet; *what's ~* bovendien; *~ or less* ongeveer, min of meer
morel [mɔ'rel] *znw* **1** zwarte nachtschade; **2** morille
morello [mɔ'relou] *znw* morel
moreover [mɔ:'rouvə] *bijw* daarenboven, bovendien
mores ['mɔ:ri:z] *znw mv* mores: zeden, gebruiken
Moresque [mɔ'resk] *bn* Moors
morganatic [mɔ:gə'nætik] *bn* morganatisch
morgue [mɔ:g] *znw* morgue, lijkenhuis *o*
moribund ['mɔribʌnd] *bn* zieltogend, stervend
Mormon ['mɔ:mən] **I** *znw* mormoon; **II** *bn* mormoons
morn [mɔ:n] *znw* plechtig = *morning*
morning ['mɔ:niŋ] *znw* morgen, ochtend; voormiddag; *in the ~* 's morgens; morgenochtend
morning-after pill ['mɔniŋa:ftə'pil] *znw* morning-afterpil
morning-coat *znw* jacquet *o* & *v*
morning dress *znw* jacquet(kostuum *o*); rok(kostuum *o*)
morning gown *znw* ochtendjas, peignoir
morning-paper *znw* ochtendblad *o*
morning-room *znw* huiskamer
morning sickness *znw* zwangerschapsmisselijkheid
morning-star *znw* morgenster°
morning watch *znw* scheepv dagwacht
Moroccan [mə'rɔkən] **I** *znw* Marokkaan; **II** *bn* Marokkaans
Morocco [mə'rɔkou] *znw* Marokko *o*
morocco *znw* marokijn(leer) *o*
moron ['mɔ:rɔn] *znw* zwakzinnige, debiel; fig gemeenz idioot, klojo
moronic [mə'rɔnik] *bn* zwakzinnig, debiel; fig van (voor) idioten
morose [mə'rous] *bn* gemelijk, knorrig
morpheme ['mɔ:fi:m] *znw* morfeem *o*
morphia ['mɔ:fjə], **morphine** ['mɔ:fi:n] *znw* morfine
morphinism *znw* morfinisme *o*
morphi(n)omaniac ['mɔ:fi(n)ou'meiniæk] *znw* morfinist
morphology [mɔ:'fɔlədʒi] *znw* morfologie
morris dance ['mɔris da:ns] *znw* Engelse volksdans
morrow ['mɔrou] *znw* plechtig volgende dag; *on the ~* morgen; *on the ~ of* dadelijk na
Morse code [mɔ:s] *znw* morse(alfabet) *o*
morse [mɔ:s] *znw* walrus
morsel ['mɔ:səl] *znw* brokje *o*, stukje *o*, hap, hapje *o*
mortal ['mɔ:tl] **I** *bn* sterfelijk; dodelijk, dood(s)-; *~ combat* strijd op leven en dood; *~ enemy* doodsvijand; *~ fear* doodsangst; *a ~ shame* gemeenz een eeuwige schande; *~ sin* RK doodzonde; *any ~ thing* gemeenz (al) wat je maar wilt; **II** *znw* sterveling

mortality [mɔ:'tæliti] *znw* sterfelijkheid; sterfte, sterftecijfer *o*
mortally ['mɔ:təli] *bijw* dodelijk; gemeenz vreselijk
mortar ['mɔ:tə] **I** *znw* mortel, metselspecie; vijzel; mil mortier; **II** *overg* met mortel pleisteren; mil met mortieren bestoken
mortar-board *znw* mortelplank, kalkplank; onderw vierhoekige Eng. studentenbaret
mortgage ['mɔ:gidʒ] **I** *znw* hypotheek; **II** *overg* (ver)hypothekeren; fig verpanden
mortgage-bond *znw* pandbrief
mortgagee [mɔ:gə'dʒi:] *znw* hypotheekhouder
mortgagor [mɔ:gə'dʒɔ:] *znw* hypotheekgever
mortician [mɔ:'tiʃən] *znw* Am begrafenisondernemer
mortification [mɔ:tifi'keiʃən] *znw* grievende vernedering, beschaming; tuchtiging, kastijding, af-, versterving; gangreen *o*, koudvuur *o*
mortify ['mɔ:tifai] *overg* vernederen, beschamen, verootmoedigen; tuchtigen, kastijden
mortise, **mortice** ['mɔ:tis] *znw* techn tapgat *o*; ~ *lock* insteekslot *o*, ingebouwd slot *o*
mortmain ['mɔ:tmein] *znw* recht [eigendom & in] de dode hand
mortuary ['mɔ:tjuəri] **I** *bn* sterf-, graf-, begrafenis-; lijk-; **II** *znw* mortuarium *o*, lijkenhuis *o*
mosaic [mou'zeiik] *znw* mozaïek *o*
Moscow ['mɔskou] *znw* Moskou *o*
Moselle [mou'zel] *znw* Moezel
mosey ['mouzi] *onoverg* Am gemeenz slenteren, drentelen
Moslem ['mɔzləm] = *Muslim*
mosque [mɔsk] *znw* moskee
mosquito [mɔs'ki:tou] *znw* (*mv*: -toes) muskiet, steekmug; ~ *net* muskietennet *o*, klamboe
moss [mɔs] *znw* mos *o*
moss-grown *bn* met mos begroeid of bedekt, bemost
mossy *bn* bemost; mosachtig
most [moust] **I** *bn* meest, grootst; ~ *people* de meeste mensen; *make the ~ of* zoveel mogelijk voordeel & halen uit; *(the) ~ of the day* het grootste deel van de dag; *at (the)* ~ op zijn hoogst, hooguit, hoogstens; *for the ~ part* merendeels; **II** *bijw* meest; hoogst, zeer; bijzonder; ~ *eastern* oostelijkst(e); ~ *learned* ook: hooggeleerd
mostly *bijw* meest(al), voornamelijk
MOT *afk.* **1** = *Ministry of Transport*; **2** (ook: *MOT test*) APK, verplichte autokeuring
mote [mout] *znw* stofje *o*; *the ~ in thy brother's eye* bijbel de splinter in het oog van uw broeder
motel [mou'tel] *znw* motel *o*
motet [mou'tet] *znw* motet *o*
moth [mɔθ] *znw* mot; dierk nachtvlinder, uil
moth-ball *znw* mottenbal
moth-eaten *bn* door de mot aangetast; fig afgedragen, versleten
mother ['mʌðə] **I** *znw* moeder[2]; slang = *motherfucker*; *M~ Nature* moeder natuur; ~ *superior* moeder-overste; *every ~'s son* van de eerste tot de laatste (man); *shall I be ~?* zal ik inschenken (ronddelen &)?; **II** *overg* bemoederen, moedertje spelen over, verzorgen
mother church *znw* moederkerk
mother country *znw* moederland *o*
mothercraft *znw* kinderverzorging; *course in ~* moedercursus
mother-fucker *znw* Am plat klootzak, lul, klerelijer
mother hen *znw* dierk kloek
motherhood *znw* moederschap *o*
Mothering Sunday *znw* Br moederdag [vierde zondag van de vasten]
mother-in-law *znw* (*mv*: mothers-in-law) schoonmoeder
motherland *znw* vaderland *o*, geboorteland *o*
motherless *bn* moederloos
motherly *bn* moederlijk
mother-of-pearl *znw* paarlemoer *o*
Mother's Day *znw* **1** = *Mothering Sunday*; **2** Am moederdag [tweede zondag in mei]
mother's help *znw* gezinshulp
mother-to-be *znw* aanstaande moeder
mother tongue *znw* moedertaal
mother wit *znw* aangeboren geest of (gezond) verstand *o*
mothproof ['mɔθpru:f] **I** *bn* motvrij; **II** *overg* motvrij maken
mothy *bn* mottig of vol motten
motif [mou'ti:f] *znw* motief *o* [in de kunst]
motion ['mouʃən] **I** *znw* beweging°, gebaar *o*; voorstel *o*, motie; stoelgang, ontlasting; techn mechanisme *o*, werk *o*; muz tempo *o*; *in slow ~* vertraagd; *put (set) sth. in ~* iets in beweging zetten, iets op gang helpen; *go through the ~s* voor de vorm meedoen; net doen alsof; **II** *overg & onoverg* gebaren, wenken, een wenk geven om te...; *he ~ed the public to step back* hij gebaarde het publiek om achteruit te gaan; *he ~ed to me to leave* hij gebaarde mij weg te gaan
motionless *bn* bewegingloos, onbeweeglijk, roerloos
motion picture *znw* Am film
motivate ['moutiveit] *overg* motiveren; bewegen, aanzetten
motivation [mouti'veiʃən] *znw* motivatie
motivational *bn* motivatie-
motive ['moutiv] **I** *bn* bewegend, bewegings-, beweeg-; **II** *znw* motief *o*, beweegreden
motiveless *bn* ongemotiveerd
motley ['mɔtli] **I** *bn* bont[2]; gemengd; **II** *znw* narrenpak *o*
motor ['moutə] **I** *znw* motor, beweger; gemeenz auto; **II** *bn* motorisch, motor-; bewegings- [zenuw &]; **III** *onoverg & overg* met of in een auto rijden
motorbike *znw* gemeenz motorfiets

motorboat *znw* motorboot
motorcade *znw* autocolonne
motor car *znw* auto(mobiel)
motor-coach *znw* touringcar; rijtuig *o* [v. elektr. trein]
motorcycle *znw* motorfiets; ~ *police* motorpolitie
motorcyclist *znw* motorrijder
motor home *znw* kampeerauto, camper
motoring I *znw* automobilisme *o*, autorijden *o*; **II** *bn* auto-; motor-
motorist *znw* automobilist, autorijder
motorization [moutərai'zeiʃən] *znw* motorisering
motorize ['moutəraiz] *overg* motoriseren; ~*d bicycle* bromfiets
motor-lorry *znw* vrachtauto
motor-man *znw* wagenbestuurder [v. tram, metro of trein]
motor-spirit *znw* benzine
motor-truck *znw* vrachtauto
motor vehicle *znw* motorvoertuig *o*, motorrijtuig *o*
motorway *znw* autoweg
mottled ['mɔtld] *bn* gevlekt, geaderd, gestreept [steen], doorregen [vlees], gemarmerd [zeep], zwartbont [vogels]
motto ['mɔtou] *znw* (*mv*: mottoes) motto *o*, (zin-, kern)spreuk
mouflon, **moufflon** ['mu:flɔn] *znw* moeflon
1 mould, Am **mold** [mould] *znw* **1** teelaarde, losse aarde; **2** schimmel
2 mould, Am **mold** [mould] **I** *znw* (giet)vorm; mal; *cast in the same* ~ (van) hetzelfde (type); **II** *overg* vormen (naar *upon*); gieten, kneden[2]
mouldboard ['mouldbɔ:d] *znw* (ploeg)rister, strijkbord *o*
moulder, Am **molder** ['mouldə] *onoverg* vermolmen, tot stof vergaan, vervallen
moulding, Am **molding** ['mouldiŋ] *znw* afdruk; bouwk lijstwerk *o*, lijst; fries *v & o*; techn vormstuk *o*
moulding-board *znw* kneedplank; vormbord *o* [v. boetseerder]
mouldy, Am **moldy** ['mouldi] *bn* beschimmeld; vermolm(en)d, vergaan(d); slang afgezaagd; miezerig, waardeloos
moult, Am **molt** [moult] **I** *onoverg* ruien, verharen; ~*ing time* ruitijd; **II** *znw* ruien *o*
mound [maund] *znw* wal, dijk, heuveltje *o*
1 mount [maunt] *znw* berg
2 mount [maunt] **I** *onoverg* klimmen, (op)stijgen, naar boven gaan, opgaan; ~ *up* stijgen; oplopen [schuld]; **II** *overg* opgaan, oplopen, opklimmen, beklimmen, bestijgen; van een paard (rijdier) voorzien; te paard zetten, laten opzitten; opstellen, (in-) zetten, plaatsen, monteren; in scène zetten; opzetten [dieren]; prepareren, fixeren; organiseren, op touw zetten; ~ *an attack* een aanval inzetten; ~ *guard* de wacht betrekken; de wacht hebben (bij *over*); *the car* ~*ed the pavement* de auto reed het trottoir op; ~*ed police* bereden politie; **III** *znw* rit [bij wedren]; rijdier *o*, paard *o*; montuur *o & v*, omlijsting
mountain ['mauntin] *znw* berg; *make a* ~ *of molehills* van een mug een olifant maken
mountain ash *znw* lijsterbes
mountain dew *znw* gemeenz Schotse whisky
mountaineer [maunti'niə] *znw* bergbeklimmer
mountaineering *znw* bergsport
mountainous ['mauntinəs] *bn* bergachtig, berg-; huizenhoog, hemelhoog, kolossaal
mountebank ['mauntibæŋk] *znw* kwakzalver, charlatan
mounted ['mauntid] *bn* te paard (zittend); bereden [politie &]
mounting ['mauntiŋ] *znw* montage, montering; montuur *o & v*, beslag *o*
mourn [mɔ:n] **I** *onoverg* treuren, rouwen (over, om *for, over*); **II** *overg* betreuren, bewenen
mourner *znw* treurende; rouwdrager; *chief* ~ eerste rouwdrager
mournful *bn* treurig, droevig
mourning *znw* droefheid, treurigheid; rouw, rouwgewaad *o*; rouwperiode; *in* ~ in de rouw; *out of* ~ uit de rouw
mouse [maus] *znw* (*mv*: mice [mais]) muis (ook: comput); fig verlegen, schuw persoon, bangerik
mouser *znw* muizenvanger
mousetrap *znw* muizenval; ~ *cheese* gemeenz muffe (*of* smakeloze) kaas
moustache [məs'taʃ, mus'ta:ʃ] *znw* snor, knevel
mousy ['mausi] *bn* schuchter, muisachtig, timide; muisgrijs
1 mouth [mauθ] *znw* mond°, muil, bek; monding; *down in the* ~ neerslachtig; *make sbd.'s* ~ *water* iem. doen watertanden; *shut one's* ~ zwijgen; *by the* ~ *of* bij monde van
2 mouth [mauð] **I** *overg* **1** declameren, oreren; **2** zonder geluid uitspreken; **II** *onoverg* **1** declameren, oreren; **2** zonder geluid spreken; **3** bekken trekken
mouthful ['mauθful] *znw* mondvol, hap
mouth-organ *znw* mondharmonica
mouthpiece *znw* mondstuk *o*; hoorn [v. telefoon]; fig woordvoerder, spreekbuis
mouth-to-mouth *bn*: ~ *(resuscitation)* mond-op-mondbeademing
mouthwash *znw* mondspoeling
movable ['mu:vəbl] **I** *bn* beweeglijk, beweegbaar, verplaatsbaar; roerend, veranderlijk; ~ *property* roerend goed *o*; ~ *type(s)* losse letters [de boekdrukkunst]; **II** *znw*: ~*s* roerende goederen, meubilair *o*
move [mu:v] **I** *znw* beweging, zet; fig stap, maatregel; verhuizing; *whose* ~ *is it?* sp wie is aan zet?; *get a* ~ *on* voortmaken, in beweging komen; *make a* ~ een zet doen[2]; vertrekken, opstappen, weggaan; *make no* ~ zich niet bewegen, geen vin verroeren; *be on the* ~ voortdurend in beweging zijn; reizen

en trekken, op pad zijn; **II** *onoverg* zich bewegen, zich in beweging zetten; zich roeren, iets doen; zich verplaatsen, trekken, (weg)gaan, verhuizen; ~ *away from* zich verwijderen van; zich distantiëren van [een idee]; ~ *for* verzoeken om; voorstellen; ~ *in,* ~ *into a house* een woning betrekken; ~ *off* wegtrekken, zich verwijderen; mil afmarcheren; ~ *on* verder gaan, mil voortmarcheren, oprukken; ~ *on!* doorlopen!; ~ *out* eruit trekken [uit een huis]; ~ *over* opschuiven, opschikken, opzijgaan; ~ *up* opschuiven, opschikken; ~ *up reinforcements* versterkingen laten aanrukken; **III** *overg* bewegen, in beweging brengen; verplaatsen, overbrengen, vervoeren; verzetten [schaakstuk]; (op)wekken; (ont)roeren; voorstellen [motie &]; [een voorstel] doen; *the spirit ~d him* de geest werd vaardig over hem; ~ *house* verhuizen; ~ *sbd. on* iem. doen doorlopen; *~ed to tears* tot tranen toe bewogen

movement *znw* beweging[2]; verplaatsing, overbrenging, vervoer *o*; fig aandrang, opwelling; gang [v. verhaal]; techn mechaniek *v & o*; muz deel *o*; handel omzet; med stoelgang (ook: *bowel* ~)

mover *znw* beweger; voorsteller; drijfveer; *prime* ~ voornaamste drijfkracht, eerste oorzaak, aanstichter

movie ['mu:vi] Am gemeenz **I** *znw* film; *the ~s* de bios(coop); **II** *bn* film-, bioscoop-

movie theater *znw* Am bioscoop

moving ['mu:viŋ] *bn* (zich) bewegend, rijdend; in beweging; roerend, aangrijpend, aandoenlijk; ~ *force* fig drijf-, stuwkracht; *the ~ spirit* fig de ziel, de stuwende kracht; ~ *staircase* roltrap

1 mow [mou] *znw* hooiberg, hoop graan &; plaats in een schuur om hooi & te bergen

2 mow [mou] (mowed; mown) *overg* maaien; ~ *down* wegmaaien [troepen]

mower *znw* maaier; maaimachine

mowing-machine *znw* maaimachine

mown [moun] V.D. van *2mow*

Mozambican [mouzəm'bi:kən] **I** *znw* Mozambikaan; **II** *bn* Mozambikaans

Mozambique [mouzəm'bi:k] *znw* Mozambique *o*

MP *afk.* = *Member of Parliament*; *Military Police*; *Metropolitan Police*

mpg *afk.* = *miles per gallon*

mph *afk.* = *miles per hour*

Mr *afk.* dhr., de heer, meneer

Mrs ['misiz] *afk.* mevr., mevrouw

MS *afk.* = *manuscript*

Ms *afk.* = *Mrs* of *Miss*

MSc *afk.* = *Master of Science*

MSS *afk.* = *manuscripts*

much [mʌtʃ] **I** *bn* veel; *he said as* ~ dat zei hij ook; *I thought as* ~ dat dacht ik wel; *as ~ as* zoveel als, zoveel; evenzeer (evengoed) als; ook maar; wel [drie]; *it was as ~ as he could do to...* hij kon slechts met moeite of ternauwernood...; *as ~ as to say* alsof hij wilde zeggen; *he is not ~ of a dancer* hij is niet zo'n goede danser; *I don't see ~ of him nowadays* ik zie hem tegenwoordig niet vaak meer; *it is not ~ of a thing* niet veel zaaks; *nothing* ~ niet veel (zaaks); zo erg niet; *so ~ for...* dat is (zijn) dan..., dat was (waren) dan...; *be too ~ for sbd.* iem. te machtig zijn; *make ~ of* veel gewicht hechten aan; veel ophef maken van; in de hoogte steken, veel ophebben met, fêteren; ook: munt slaan uit; **II** *bijw* zeer, erg; veel; verreweg; ~ *as...* hoezeer... ook; ongeveer zoals...; *so ~ as* ook maar; *not so ~ as* niet eens; *so ~ so that* zó (zeer)... dat; *so ~ the better* des te beter; ~ *to the amusement of* tot groot vermaak van; ~ *the same,* ~ *as usual* zowat, vrijwel hetzelfde

muchness *znw*: *much of a* ~ vrijwel hetzelfde, één pot nat

mucilage ['mju:silidʒ] *znw* (plante)slijm *o & m*; vloeibare gom

mucilaginous [mju:si'lædʒinəs] *bn* slijmerig, gomachtig

muck [mʌk] **I** *znw* (natte) mest, vuiligheid, vuil *o*; gemeenz rommel; *make a ~ of* gemeenz verknoeien; vuilmaken; **II** *overg*: ~ *out* uitmesten; ~ *up* gemeenz verknoeien, bederven; **III** *onoverg*: ~ *about* gemeenz niksen, (rond)lummelen; klieren; ~ *about with* gemeenz (met zijn vingers) zitten aan, knoeien met; ~ *sbd. about (around)* = *mess sbd. about (around)*; ~ *in with* gemeenz (lief en leed) broederlijk delen met, (alles) samendoen met

muck-heap *znw* mesthoop

muckle ['mʌkl] zie: *mickle*

muckrake I *znw* mestvork; **II** *onoverg* vuile zaakjes uitpluizen, schandalen onthullen, vuilspuiten

muckraker ['mʌkreikə] *znw* vuilspuiter

muckraking ['mʌkreikiŋ] *znw* vuilspuiterij

muck-up *znw* gemeenz warboel, knoeierij

mucky ['mʌki] *bn* gemeenz smerig, vuil, vies

mucous ['mju:kəs] *bn* slijmig; ~ *membrane* slijmvlies *o*

mucus *znw* slijm *o & m*

mud [mʌd] *znw* modder[2], slijk *o*; leem *o & m* [v. muur &]; *one's name is* ~ men is in ongenade; *sling ~ at* kwaadspreken van; *here's ~ in your eye!* slang proost!

mud bath *znw* modderbad *o*

muddle ['mʌdl] **I** *znw* warboel, verwarring, troep; **II** *overg* benevelen; in de war gooien; in verwarring brengen; verknoeien; ~ *together,* ~ *up* (met elkaar) verwarren; **III** *onoverg* modderen, ploeteren[2]; ~ *along,* ~ *on* voortsukkelen, voortploeteren; ~ *through* er door scharrelen, zich erdoorheen slaan

muddled *bn* verward, warrig

muddle-headed *bn* suf, verward

muddy ['mʌdi] **I** *bn* modderig; modder-; bemodderd, vuil, vaal; troebel; verward; **II** *overg* bemodderen; vertroebelen

mud-flap *znw* spatlap

mudflat *znw* slikgrond, wad *o*

mudguard *znw* spatbord *o*

mud hut *znw* lemen hut
mud pack *znw* kleimasker *o*
mud pie *znw* zandtaartje *o* [door kinderen gemaakt]
mud-slinger *znw* lasteraar
mud-slinging *znw* gelaster *o*
mud-stained *bn* bemodderd
muezzin [mu:'ezin] *znw* moeëzzin
muff [mʌf] **I** *znw* **1** mof; **2** dek *o* voor autoradiator tegen vrieskou; **3** plat (zwaar) behaarde kut; *make a ~ of it* de boel verknoeien; **II** *overg* bederven, verknoeien; *~ the shot* missen
muffin ['mʌfin] *znw* muffin [plat, rond cakeje *o*, meestal warm en met boter gegeten]
muffle ['mʌfl] *overg* inbakeren, inpakken (ook: *~ up*); omwikkelen; dempen; omfloersen [trom]; *in a ~d voice* met gedempte stem
muffler *znw* bouffante, dikke, warme das; geluiddemper; Am auto knaldemper
mufti ['mʌfti] *znw* **1** moefti: koranuitlegger en rechtsgeleerde; **2**: *in ~* in burger
mug [mʌg] **I** *znw* (drink)kroes, beker; pot; slang gezicht *o*, smoel *o*; slang sul, sufferd; *a ~'s game* slang gekkenwerk *o*; **II** *overg* aanvallen en beroven [op straat]; *~ up* gemeenz er instampen [kennis]; **III** *onoverg* gemeenz blokken (op *at*)
mugging *znw* op straat overvallen *o* en mishandelen *o*; ± mishandeling
muggins ['mʌginz] *znw* slang idioot, stommeling, stomme lul
muggy ['mʌgi] *bn* broeierig, drukkend, zwoel
mug shot ['mʌgʃɔt] *znw* slang portretfoto voor officieel gebruik; foto van verdachte [in politiedossier &]
mugwump ['mʌgwʌmp] *znw* slang hoge ome; onafhankelijke [in politiek]
Muhammadan(ism) [mu'hæmidənizm] = *Mohammedan(ism)*
mulatto [mju'lætou] *znw* (*mv*: -s *of* -toes) mulat
mulberry ['mʌlbəri] *znw* moerbij
mulch [mʌltʃ] *znw* mengsel *o* van halfverrot stro en bladeren [ter bescherming v. wortels]
mulct [mʌlkt] **I** *znw* geldboete; **II** *overg* beboeten (met *in*); *~ of* beroven van
mule [mju:l] *znw* **1** dierk muildier *o*; **2** dierk plantk bastaard; **3** fig stijfkop; **4** techn fijnspinmachine; **5** muiltje *o*
muleteer [mju:li'tiə] *znw* muilezeldrijver
mulish ['mju:liʃ] *bn* als (van) een muildier; koppig
mull [mʌl] **I** *overg* (dranken) heet maken en kruiden; *~ed wine* bisschopswijn; **II** *onoverg*: *~ over* overpeinzen, piekeren over
mullah ['mʌlə] *znw* mollah
mullet ['mʌlit] *znw* harder [vis]; zeebarbeel [vis]
mulligatawny [mʌligə'tɔ:ni] *znw* sterk gekruide kerriesoep
mullion ['mʌljən] *znw* middenstijl [v. raam]
multicoloured [mʌlti'kʌləd] *bn* veelkleurig
multicultural [mʌlti'kʌltʃərəl] *bn* multicultureel
multi-faceted [mʌlti'fæsitid] *bn* (rijk) geschakeerd, (zeer) gevarieerd
multifarious [mʌlti'fɛəriəs] *bn* veelsoortig, velerlei, menigerlei, verscheiden
multiform ['mʌltifɔ:m] *bn* veelvormig
multilateral [mʌlti'lætərəl] *bn* multilateraal, veelzijdig
multilingual [mʌlti'liŋgwəl] *bn* veeltalig
multimillionaire [mʌltimiljə'nɛə] *znw* multimiljonair
multinational [mʌlti'næʃənl] **I** *bn* **1** in vele landen opererend [bedrijf]; **2** vele nationaliteiten omvattend; **II** *znw* multinational, multinationaal bedrijf *o*
multinomial [mʌlti'noumiəl] *znw* wisk veelterm
multiple ['mʌltipl] **I** *bn* veelvuldig; veelsoortig, vele; *~ choice* multiple choice: meerkeuze[toets]; *~ sclerosis* med multiple sclerose; *~ shop* grootwinkelbedrijf *o*; **II** *znw* veelvoud *o*; *least common ~* kleinste gemene veelvoud *o*
multiplex ['mʌltipleks] *bn* meervoudig; veelvuldig
multipliable ['mʌltiplaiəbl] *bn* vermenigvuldigbaar (met *by*)
multiplicand [mʌltipli'kænd] *znw* vermenigvuldigtal *o*
multiplication *znw* vermenigvuldiging°; *~ table* tafel van vermenigvuldiging
multiplicative [mʌlti'plikətiv] *bn* vermenigvuldigend
multiplicity [mʌlti'plisiti] *znw* menigvuldigheid; veelheid; pluriformiteit
multiplier ['mʌltiplaiə] *znw* vermenigvuldiger; techn multiplicator
multiply **I** *overg* vermenigvuldigen, verveelvoudigen; **II** *onoverg* zich vermenigvuldigen
multi-purpose [mʌlti'pə:pəs] *bn* geschikt voor vele doeleinden
multiracial [mʌlti'reiʃəl] *bn* multiraciaal, veelrassig
multi-storey ['mʌltistɔ:ri] *bn*: *~ building* hoogbouw; *~ car park* torengarage; *~ flat* torenflat
multitude ['mʌltitju:d] *znw* menigte, (grote) massa; hoop; *the ~* de grote hoop
multitudinous [mʌlti'tju:dinəs] *bn* menigvuldig, veelvuldig, talrijk; eindeloos
1 mum [mʌm] *znw* mammie, mam
2 mum [mʌm] *bn* stil; *be (keep) ~* zwijgen, stommetje spelen, geen woord zeggen; *~'s the word!* mondje dicht!
mumble ['mʌmbl] **I** *onoverg* mompelen; **II** *overg* prevelen; kluiven aan; **III** *znw* gemompel *o*
mumbo jumbo ['mʌmbou'dʒʌmbou] *znw* bijgelovige handelingen; ritueel *o* zonder betekenis; hocus-pocus, poppenkast; abracadabra *o*
mummer ['mʌmə] *znw* vermomde, gemaskerde; pantomimespeler; gemeenz toneelspeler, komediant
mummery *znw* maskerade, mommerij; fig belache-

lijke vertoning
mummied ['mʌmid] *bn* gemummificeerd
mummification [mʌmifi'keiʃən] *znw* mummificatie
mummify ['mʌmifai] *overg* mummificeren
mummy ['mʌmi] *znw* **1** mummie; **2** kindertaal mammie
mumps [mʌmps] *znw* bof [ziekte]
munch [mʌn(t)ʃ] *overg* (hoorbaar) kauwen, (op-) peuzelen
mundane ['mʌndein] *bn* werelds[2], mondain, wereld-; alledaags, afgezaagd, saai, gewoon
municipal [mju'nisipəl] *bn* gemeentelijk, stedelijk, stads-, gemeente-
municipality [mjunisi'pæliti] *znw* gemeente; gemeentebestuur *o*
municipalize [mju'nisipəlaiz] *overg* onder gemeentebestuur brengen
munificence [mju'nifisns] *znw* mild(dadig)heid, vrijgevigheid
munificent *bn* mild(dadig), vrijgevig
munitions [mju'niʃənz] *znw mv* krijgsvoorraad, (am)munitie
mural ['mjuərəl] **I** *bn* muur-, wand-; **II** *znw* wandschildering
murder ['mə:də] **I** *znw* moord; gemeenz crime; *wilful* ~ moord met voorbedachten rade; ~ *will out* een moord blijft niet verborgen; bedrog komt altijd uit; *cry (scream) blue* ~ moord en brand schreeuwen; *get away with* ~ alles kunnen maken, precies kunnen doen wat men wil; **II** *overg* vermoorden[2]; ~ *the King's English* het Engels verkrachten
murderer *znw* moordenaar
murderess *znw* moordenares
murderous *bn* moorddadig, moordend
murk [mə:k] plechtig *znw* duisternis
murky *bn* duister, donker, somber; gemeenz schandelijk; verborgen
murmur ['mə:mə] **I** *znw* gemurmel *o*, gemompel *o*, gebrom *o*, gemor *o*; geruis *o*; *without a* ~ zonder een kik te geven; **II** *onoverg* murmelen, mompelen, mopperen, morren (over *at, against*); ruisen
murmurer *znw* mopperaar
murmurous *bn* murmelend, mompelend, mopperend, morrend, ruisend
murrain ['mʌrin] *znw* veepest
muscatel [mʌskə'tel] *znw* muskaatwijn; muskadetdruif
muscle ['mʌsl] **I** *znw* spier; spierkracht; kracht, macht; *not move a* ~ geen spier vertrekken; **II** *onoverg* gemeenz: ~*in on* zich indringen bij; inbreuk maken op
muscle-bound *bn* stijf (van spieren)
muscleman *znw* krachtpatser, klerenkast, tarzan; bodybuilder
muscular ['mʌskjulə] *bn* gespierd; spier-; ~ *dystrophy* med spierdystrofie
muscularity [mʌskju'læriti] *znw* gespierdheid
musculature ['mʌskjulətʃə] *znw* spierstelsel *o*
Muse [mju:z] *znw* muze; *the* ~ de dichterlijke inspiratie
muse [mju:z] *onoverg* peinzen, mijmeren; ~ *on* overpeinzen
muser *znw* peinzer, mijmeraar, dromer
museum [mju'ziəm] *znw* museum *o*; ~ *piece* museumstuk *o*
mush [mʌʃ] *znw* zachte massa, brij; maïspap; gemeenz sentimentaliteit; slang [muʃ] gezicht *o*
mushroom ['mʌʃrum] **I** *znw* paddestoel, champignon; ~ *(cloud)* wolk bij atoomontploffing; **II** *bn* paddestoelvormig; snel opkomend; **III** *onoverg* champignons zoeken of inzamelen; oprijzen als paddestoelen (een paddestoel) uit de grond; zich snel uitbreiden
mushy ['mʌʃi] *bn* papperig, brijig; gemeenz sentimenteel
music ['mju:zik] *znw* muziek[2]; toonkunst; *face the* ~ de consequenties aanvaarden; *set to* ~ op muziek zetten; *that's* ~ *to my ears* dat klinkt me als muziek in de oren
musical **I** *bn* muzikaal; muziek-; ~ *box* speeldoos; ~ *chairs* stoelendans; fig stuivertje-wisselen *o*; ~ *comedy* operette; ~ *instrument* muziekinstrument *o*; **II** *znw* musical; operette(film)
musicality [mju:zi'kæliti] *znw* muzikaliteit, welluidendheid
music box *znw* speeldoos
music centre *znw* stereocombinatie, audiorack
music-hall ['mju:zikhɔ:l] *znw* variété(theater) *o*
musician [mju'ziʃən] *znw* muzikant, musicus, toonkunstenaar
musicianship *znw* muzikaal vermogen *o*, muzikaal vakmanschap *o*
music-lover *znw* muziekliefhebber
musicological [mju:zikə'lɔdʒikl] *bn* musicologisch
musicologist [mju:zi'kɔlədʒist] *znw* musicoloog
musicology *znw* musicologie
music room *znw* muziekkamer
music-stand ['mju:zikstænd] *znw* muziekstandaard
music-stool *znw* pianokrukje *o*
musing ['mju:ziŋ] **I** *znw* gepeins *o*, gemijmer *o*, mijmering(en); **II** *bn* peinzend &
musk [mʌsk] *znw* muskus
musket ['mʌskit] *znw* musket *o*
musketeer [mʌski'tiə] *znw* musketier
musketry ['mʌskitri] *znw* geweervuur *o*; schietoefeningen
musk-rat ['mʌskræt] *znw* dierk muskusrat, bisamrat; bisambont *o*
musky *bn* als (van) muskus, muskus-
Muslim ['mʌzlim] **I** *bn* moslim-, islamitisch; **II** *znw* moslim
muslin ['mʌzlin] *znw* mousseline, neteldoek *o & m*
musquash ['mʌskwɔʃ] *znw* = *musk-rat*
muss [mʌs] **I** *znw* Am gemeenz wanorde, rotzooi,

knoeiboel; **II** *overg* Am (ook: ~ *up*) gemeenz in de war brengen; verkreukelen
mussel ['mʌsl] *znw* mossel
Mussulman ['mʌslmən] *znw* vero moslim, muzelman
mussy ['mʌsi] *bn* Am wanordelijk doorelkaar, rommelig; vuil, vies
1 must [mʌst] (must; (been obliged)) moeten; *you ~ not smoke here* je mag hier niet roken
2 must [mʌst] *znw*: *a ~* gemeenz iets wat gedaan (gezien, gelezen &) moet worden, een must
3 must [mʌst] *znw* most; dufheid, schimmel
mustache *znw* Am = *moustache*
mustang ['mʌstæŋ] *znw* mustang
mustard ['mʌstəd] *znw* mosterd; *cut the ~* Am gemeenz voor zijn taak berekend zijn; het maken; *~ gas* mil mosterdgas *o*
muster ['mʌstə] **I** *znw* mil appel *o*; mil inspectie; monstering; *pass ~* de toets doorstaan, er mee door kunnen; **II** *overg* monsteren; op de been roepen; (laten) verzamelen; *he couldn't ~ three pounds* hij kon geen drie pond bij elkaar krijgen; *~ up a smile* met moeite een glimlach tevoorschijn roepen
muster-roll *znw* scheepv monsterrol; mil stamboek *o* (naamlijst)
mustiness ['mʌstinis] *znw* beschimmeldheid, schimmeligheid, schimmel; muffigheid, dufheid
mustn't = *must not*
musty ['mʌsti] *bn* beschimmeld, schimmelig; muf, duf
mutable ['mju:təbl] *bn* veranderlijk, ongedurig
mutate [mju:'teit] **I** *overg* veranderen; **II** *onoverg* mutatie ondergaan
mutation *znw* verandering, (klank)wijziging; mutatie
mute [mju:t] **I** *bn* stom, sprakeloos, zwijgend; *~ swan* dierk knobbelzwaan; **II** *znw* (doof)stomme; muz sourdine; bidder [bij begrafenis]; klaagvrouw; **III** *overg* dempen, de sourdine opzetten
muteness *znw* stomheid, (stil)zwijgen *o*
mutilate ['mju:tileit] *overg* verminken, schenden
mutilation [mju:ti'leiʃən] *znw* verminking, schending
mutineer [mju:ti'niə] *znw* muiter, oproerling
mutinous ['mju:tinəs] *bn* muitziek, oproerig, opstandig
mutiny **I** *znw* muiterij, opstand, oproer *o*; **II** *onoverg* oproerig worden, aan het muiten slaan, opstaan (tegen *against*)
mutt [mʌt] *znw* gemeenz stommeling; Am gemeenz hond, fikkie *o*, mormel *o*
mutter ['mʌtə] **I** *onoverg* mompelen; mopperen; **II** *overg* mompelen; **III** *znw* gemompel *o*
mutton ['mʌtn] *znw* schapenvlees *o*; schertsend schaap *o*; *dead as ~* dood als een pier; *leg of ~* schapenbout; *~ dressed as lamb* overdreven jeugdig gekleed
mutton-chop *znw* schaapskotelet; *~ (whiskers)* bakkebaarden, 'tochtlatten'
mutton-fist *znw* grote, ruwe hand, kolenschop
mutton-head *znw* slang stommeling, schaapskop
mutual ['mju:tjuəl] *bn* onderling, wederkerig; wederzijds; gemeenschappelijk
mutuality [mju:tju'æliti] *znw* wederkerigheid
mutually ['mju:tjuəli] *bijw* onderling, van beide kanten, over en weer
muzak ['mju:zæk] *znw* muzak, achtergrondmuziek
muzzle ['mʌzl] **I** *znw* muil, bek, snuit; muilkorf, -band; mond, tromp [v. vuurwapen]; **II** *overg* muilkorven[2], de mond snoeren
muzzle-loader *znw* mil voorlader
muzzy ['mʌzi] *bn* beneveld [ook v. drank], suf
my [mai] *bez vnw* mijn; *(oh) ~!* goeie genade!
myopia [mai'oupiə] *znw* bijziendheid
myopic [mai'ɔpik] *bn* bijziend
myriad ['miriəd] *znw* myriade: tienduizendtal *o*; duizenden en duizenden, ontelbare
myrmidon ['mə:midən] *znw* handlanger, volgeling
myrrh [mə:] *znw* mirre
myrtle ['mə:tl] *znw* plantk mirt, mirtenstruik
myself [mai'self] *wederk vnw* zelf, ik(zelf); mij(zelve); *I'm not (feeling) ~* ik ben niet goed in orde; *I ~ wrote this letter* ik zelf heb deze brief geschreven
mysterious [mis'tiəriəs] *bn* geheimzinnig, mysterieus
mystery ['mistəri] **I** *znw* verborgenheid, geheim *o*, mysterie *o*; raadsel *o*; geheimzinnigheid; *~ (play)* hist mysterie *o* [spel]; **II** *bn* geheim, onbekend; *~ tour* tocht met onbekende bestemming
mystic ['mistik] **I** *bn* mystiek, verborgen; occult; **II** *znw* mysticus
mystical *bn* mystiek
mysticism ['mistisizm] *znw* mysticisme *o*; mystiek; zweverige godsdienstige of occulte ideeën (neigingen)
mystification [mistifi'keiʃən] *znw* mystificatie; verbijstering, verwarring
mystify ['mistifai] *overg* mystificeren; verbijsteren, verwarren; *mystified* ook: perplex
mystique [mis'ti:k] *znw* gemystificeer *o*, hocuspocus; mysterieuze sfeer
myth [miθ] *znw* mythe[2], sage; verdichtsel *o*
mythic(al) *bn* mythisch
mythological [miθə'lɔdʒikl] *bn* mythologisch
mythologist [mi'θɔlədʒist] *znw* mytholoog
mythology *znw* mythologie
myxomatosis [miksoumə'tousis] *znw* myxomatose

N

n [en] *znw* (de letter) n
N. *afk.* = *North(ern)*
NAAFI, **Naafi** ['næfi] *afk.* = *Navy, Army and Air Force Institutes* ± Kantinedienst, CADI
nab [næb] *overg* slang snappen; vangen; op de kop tikken, gappen
nabob ['neibɔb] *znw* nabob, inheems vorst; fig rijkaard
nacelle ['næsel] *znw* motorgondel
nacre ['neikə] *znw* paarlemoer
nadir ['neidiə] *znw* astron nadir *o*, voetpunt *o*; fig laagste punt *o*
naff [næf] *bn* slang uit de mode; waardeloos
1 nag [næg] *znw* hit, gemeenz paard *o*
2 nag [næg] **I** *onoverg* zaniken, zeuren; hakken, vitten (op *at*); **II** *overg* bevitten, treiteren (door aanmerkingen te maken)
naiad ['naiæd] *znw* najade, waternimf
nail [neil] **I** *znw* nagel°, klauw; spijker; *hard as ~s* ijzersterk, taai; keihard, streng; *on the ~* handel contant; onmiddellijk; *it is a ~ in his coffin* dat is een nagel aan zijn doodskist, ook: dat is hem een gruwelijke ergernis; *hit the ~ on the head* de spijker op de kop slaan; **II** *overg* (vast)spijkeren, met spijkers beslaan; slang betrappen, snappen; op de kop tikken; fig lijmen, niet loslaten; *~ down* dichtspijkeren; vastspijkeren; fig vastzetten; niet loslaten; *~ one's colours to the mast* van geen wijken of toegeven willen weten; *~ up* dichtspijkeren; vastspijkeren
nail-brush *znw* nagelborstel
nail-file *znw* nagelvijltje *o*
nail-scissors *znw mv* nagelschaartje *o*
nail-varnish *znw* nagellak
naïve [na:'i:v] *bn* naïef, ongekunsteld
naïveté [na:'i:vtei] *znw* naïviteit, ongekunsteldheid
naked ['neikid] *bn* naakt, bloot, kaal; onbeschut; onverbloemd, duidelijk, onopgesmukt; fig weerloos; *a ~ light* een onbeschermd licht *o*; *with the ~ eye* met het blote oog
namby-pamby ['næmbi'pæmbi] *bn* zoetelijk, sentimenteel; slap, week, dweperig
name [neim] **I** *znw* naam², benaming; reputatie; *call sbd. ~s* gemeenz iem. uitschelden; *have a ~ for...* bekend zijn om zijn...; *take sbd.'s ~* ook: iem. bekeuren; *John by ~, by the ~ of J.* J. geheten; *call him by his ~* bij zijn naam; *know him by ~* persoonlijk; van naam; *make a ~ for oneself* naam maken; *mention by ~* met name, met naam en toenaam; *in ~* in naam; *in the ~ of* in de naam van, als vertegenwoordiger van; onder de naam van; op naam (ten name) van; *the ~ of the game is...* waar het om gaat is...; *not a penny to his ~* hij heeft geen cent; **II** *overg* noemen, benoemen; dopen [ship &]; *~ sbd. after (Am for)* iem. noemen (vernoemen) naar; *~ the day* de bruiloftsdag vaststellen
name-dropping *znw* dikdoenerij met namen van bekende personen
nameless *bn* naamloos; onbekend; zonder naam; onnoemelijk; *a certain scoundrel who shall be (remain) ~* die ik niet noemen wil
namely *bijw* namelijk, te weten
nameplate *znw* naambordje *o*, -plaatje *o*
namesake *znw* naamgenoot
Namibia [na:'mibiə] *znw* Namibië *o*
Namibian I *znw* Namibiër; **II** *bn* Namibisch
naming ceremony *znw* doopplechtigheid [v. schip &]
nancy, **nancy-boy** ['nænsi(bɔi)] *znw* gemeenz mietje *o*, nicht, flikker
nannie, **nanny** ['næni] *znw* kinderjuffrouw, juf
nanny-goat [næni(gout)] *znw* geit
1 nap [næp] **I** *znw* slaapje *o*, dutje *o*; *have (take) a ~* een dutje doen; **II** *onoverg* (zitten) dutten; *catch ~ping* overrompelen
2 nap [næp] *znw* nop; haar *o*
3 nap [næp] slang **I** *znw* beste kans [voor wedren]; **II** *overg* de beste kans geven
napalm ['neipa:m] **I** *znw* napalm *o*; **II** *overg* met napalm bestoken, een napalmbombardement uitvoeren
nape [neip] *znw* nek (*~ of the neck*)
naphthalene ['næfθəli:n] *znw* naftaleen *o*
napkin ['næpkin] *znw* servet *o*; luier
napoo [na:'pu:] *bn* slang waardeloos!, afgelopen!, foetsie!
nappy ['næpi] *znw* luier; *~ rash* luieruitslag, luiereczeem *o*
narcissism [na:'sisizm] *znw* narcisme *o*
narcissistic [na:si'sistik] *bn* narcistisch
narcissus [na:'sisəs] *znw* (*mv*: -es *of* narcissi [-'sisai]) narcis
narcosis [na:'kousis] *znw* narcose
narcotic [na:'kɔtik] **I** *bn* narcotisch; **II** *znw* narcoticum *o*
narcotize ['na:kətaiz] *overg* narcotiseren, onder narcose brengen, bedwelmen
nard [na:d] *znw* nardus(olie)
narghile ['na:gili] *znw* nargileh [waterpijp met gummieslang]
nark [na:k] slang **I** *znw* stille verklikker, politiespion; **II** *overg* verklikken; kribbig maken, ergeren; *~ it!* hou je mond!; hou op!
narky *bn* slang kribbig; sarcastisch
narrate [nə'reit] *overg* verhalen, vertellen
narration *znw* verhaal *o*, relaas *o*
narrative ['nærətiv] **I** *bn* verhalend, vertellend; **II** *znw* verhaal *o*, relaas *o*; vertelling
narrator [nə'reitə] *znw* verhaler, verteller; *first-*

person ~ ik-figuur [in roman]
narrow ['nærou] **I** *bn* smal, eng, nauw; nauwkeurig [onderzoek]; bekrompen, benepen; beperkend; beperkt, klein; krap, nipt; gierig; letterlijk; *have a ~ escape* ternauwernood ontkomen; ~ *gauge* smalspoor *o*; *a ~ majority* een geringe (krappe) meerderheid; *the ~ seas* de Engelse en Ierse zee-engten; **II** *znw*: ~*s* de smalste plaats van zee-engte of -straat; nauwe doorgang; **III** *overg* vernauwen, verengen, versmallen; ~ *down* doen slinken, verminderen [aantal]; **IV** *onoverg* nauwer worden, inkrimpen; zich vernauwen, (zich) versmallen
narrow-brimmed *bn* met smalle rand
narrowly *bijw* v. *narrow I*; ook: ternauwernood, op het kantje af
narrow-minded *bn* kleingeestig, bekrompen
narwhal ['na:wəl] *znw* narwal
nary ['nɛ(ə)ri] *bijw* slang & dial geen één
NASA *afk.* Am = *National Aeronautics and Space Administration* [Amerikaanse ruimtevaartorganisatie]
nasal ['neizəl] **I** *bn* neus-; nasaal; **II** *znw* nasaal; neusklank
nasality [nei'zæliti] *znw* nasaal geluid *o*, neusgeluid *o*
nasalize ['neizəlaiz] **I** *overg* nasaleren; **II** *onoverg* door de neus spreken
nasally *bijw* door de neus, nasaal
nascent ['næsnt] *bn* (geboren) wordend, ontstaand, opkomend, ontluikend
nasturtium [nə'stə:ʃəm] *znw* Oost-Indische kers; waterkers
nasty [na:sti] *bn* vuil[2], smerig, weerzinwekkend, onaangenaam; akelig, gemeen, lelijk, naar; hatelijk; *a ~ cold* een zware (lelijke) verkoudheid; *a ~ fellow* een gevaarlijk heer; *a ~ one* een "gemene" slag; een keihard schot *o*; een uitbrander (van jewelste)
natal [neitl] *bn* van de geboorte, geboorte-
natality [nə'tæliti] *znw* geboortecijfer *o*
natation [nə'teiʃən] *znw* zwemkunst, zwemmen *o*
nation ['neiʃən] *znw* volk *o*, natie
national ['næʃənəl] **I** *bn* nationaal; landelijk; vaderlands(gezind); volks-, staats-, lands-; *N~ Health Service* Br Nationale Gezondheidszorg; ± ziekenfonds *o*; ~ *insurance* ± sociale voorzieningen, sociale verzekering; ~ *service* mil dienstplicht; **II** *znw*: *foreign* ~ buitenlander, iem. met een buitenlands paspoort; ~*s* onderdanen, landgenoten [in het buitenland]
nationalism *znw* vaderlandslievende gezindheid; nationalisme *o*
nationalist *znw* & *bn* nationalist(isch)
nationalistic [næʃənə'listik] *bn* nationalistisch
nationality [næʃə'næliti] *znw* nationaliteit, volkskarakter *o*; natie
nationalization [næʃənəlai'zeiʃən] *znw* nationalisatie, naasting; naturalisatie
nationalize ['næʃənəlaiz] *overg* nationaliseren, naasten: onteigenen; naturaliseren
nation state *znw* nationale staat
nationwide ['neiʃənwaid] *bn* de gehele natie omvattend, over het hele land
native ['neitiv] **I** *bn* aangeboren, natuurlijk; inheems, inlands, vaderlands; geboorte-; puur, zuiver [mineralen]; ~ *country (land)* geboortegrond, vaderland *o*; ~ *language (tongue)* moedertaal; ~ *speaker* moedertaalspreker, native speaker; ~ *to the place* daar inheems of thuishorend; *go* ~ zich aanpassen aan de plaatselijke bevolking (gebruiken); **II** *znw* inboorling, inlander; niet-Europeaan; inheemse plant of dier *o*; *a ~ of A* iemand uit, geboortig van A; dierk & plantk in A thuishorend, inheems; *astonish the ~s* de mensen versteld doen staan
nativity [nə'tiviti] *znw* geboorte (van Christus); *cast sbd.'s* ~ iems. horoscoop trekken
Nativity play *znw* kerstspel *o*
NATO, **Nato** ['neitou] *afk.* = *North Atlantic Treaty Organization* NAVO, Noord-Atlantische Verdragsorganisatie
natter ['nætə] gemeenz **I** *onoverg* babbelen, kletsen, roddelen; mopperen; **II** *znw* kletspraatje *o*, babbeltje *o*
natty ['næti] *bn* (kraak)net, keurig; handig
natural ['nætʃrəl] **I** *bn* natuurlijk°; (aan)geboren; gewoon; natuur-; spontaan; karakteristiek; eenvoudig, ongekunsteld; muz zonder voorteken; ~ *childbirth* natuurlijke geboorte [zonder kunstmiddelen]; ~ *gas* aardgas *o*; ~ *history* biologie; ~ *life* aardse (vergankelijke) leven *o*; ~ *resources* natuurlijke hulpbronnen, rijkdommen; ~ *science* natuurwetenschap(pen); **II** *znw* muz noot zonder voorteken, herstellingsteken *o*, witte toets; idioot; *a* ~ ook: iemand met een natuurlijke aanleg; je ware
naturalism *znw* naturalisme *o*
naturalist **I** *znw* natuuronderzoeker; naturalist; **II** *bn* naturalistisch
naturalistic [nætʃrə'listik] *bn* naturalistisch
naturalization [nætʃrəlai'zeiʃən] *znw* naturalisatie; inburgering; plantk & dierk acclimatisatie
naturalize ['nætʃrəlaiz] *overg* naturaliseren; inburgeren; plantk & dierk acclimatiseren
naturally ['nætʃrəli] *bijw* op natuurlijke wijze; van nature, uiteraard; natuurlijk(erwijze)
nature ['neitʃə] *znw* natuur, karakter *o*, aard, geaardheid, wezen *o*; *by* ~ van nature; *by (from, in) the ~ of the case (of things)* uit de aard der zaak; *from* ~ naar de natuur; *in* ~ (in de natuur) bestaand; *anything in the ~ of sympathy* alles wat maar zweemt naar medegevoel; *the note is in (of) the ~ of an ultimatum* de nota heeft het karakter van een ultimatum, de nota is ultimatief; *anything of a ~ to...* alles wat strekken kan om...; *in a state of* ~ in de natuurstaat; in adamskostuum; *true to* ~ natuurgetrouw; *call of* ~ aandrang
nature study *znw* onderw ± biologie
nature trail *znw* natuurpad *o*

naturism ['neitʃərizm] *znw* naturisme *o*
naturist *znw* naturist
naught [nɔ:t] *znw* niets, nul; *come to* ~ op niets uitlopen, in het water vallen, mislukken; *~s and crosses* boter, kaas en eieren; zie ook: *call, set*
naughty ['nɔ:ti] *bn* ondeugend, gewaagd, stout; vero onbetamelijk
Nauru [Na:'u:ru:] *znw* Nauru *o*
nausea ['nɔ:sjə] *znw* misselijkheid, walg(ing); zeeziekte
nauseate *overg* misselijk maken, doen walgen; walgen van; verafschuwen
nauseating *bn* walgelijk, misselijkmakend
nauseous *bn* **1** walgelijk; **2** misselijk(heid veroorzakend)
nautical ['nɔ:tikl] *bn* zeevaartkundig, zeevaart-, zee-
naval ['neivəl] *bn* zee-; scheeps-, marine-, vloot-; ~ *officer* zeeofficier; ~ *port* oorlogshaven; ~ *term* scheepsterm
nave [neiv] *znw* **1** naaf; **2** schip *o* [v. kerk]
navel ['neivl] *znw* navel; fig middelpunt *o*; ~ *orange* navelsinaasappel
navigable ['nævigəbl] *bn* bevaarbaar [v. water]; bestuurbaar [v. ballons]
navigate ['nævigeit] **I** *onoverg* varen, stevenen; kaartlezen, de route aangeven [in auto]; **II** *overg* bevaren, varen op; besturen
navigation [nævi'geiʃən] *znw* navigatie, (scheep-) vaart, stuurmanskunst
navigational *bn* navigatie-
navigator ['nævigeitə] *znw* zeevaarder; luchtv navigator
navvy ['nævi] *znw* grondwerker, polderjongen; techn excavateur
navy ['neivi] **I** *znw* marine, (oorlogs)vloot, zeemacht; *in the* ~ bij de marine; **II** *bn* = *navy-blue*
navy-blue *bn* marineblauw
navy-list *znw* ranglijst van zeeofficieren
navy-yard *znw* Am marinewerf
nay [nei] **I** *bijw* wat meer is, ja (zelfs); vero neen; **II** als *znw* neen *o*; *say* ~ weigeren; tegenspreken; *take no* ~ van geen weigering willen horen
naze [neiz] *znw* voorgebergte *o*, landpunt
Nazi ['na:tsi] *znw* nazi
Nazism *znw* nazisme *o*
NCO *afk.* = *non-commissioned officer*
neap [ni:p] *znw* doodtij *o*
neaped *bn* op doodtij liggend
neap-tide *znw* doodtij *o*
near [niə] **I** *bn* na, nabij of dichtbij zijnd; dichtbij, omtrent; naverwant, dierbaar; vasthoudend, gierig; *those* ~ *and dear to us* die ons het naast aan het hart liggen; *N~ East* het Nabije Oosten; *the* ~ *horse* het bijdehandse (linkse) paard; *a* ~ *miss* mil schot *o* (inslag) waardoor het doel even geraakt wordt; luchtv bijna-botsing; ~ *side* linkerkant; *it was a* ~ *thing (the ~est of* ~ *things)* dat was op het nippertje, dat scheelde maar weinig; *a* ~ *translation* een nauwkeurige vertaling; *to the ~est pound* tot op een (het) pond nauwkeurig; **II** *bijw* dichtbij, in de buurt; bijna; ~ *at hand* (dicht) bij de hand; ophanden; ~ *by* dichtbij, nabij; ~ *upon a week* bijna een week; *as* ~ *as dammit* gemeenz zo goed als, zowat; **III** *voorz* nabij; *he came* ~ *falling* hij was bijna gevallen; *nowhere* ~ *finished* bij lange na niet klaar; **IV** *overg & onoverg* naderen
nearby *bn & bijw* naburig, nabij
nearly *bijw* bijna, van nabij, na; *not* ~ *so rich* lang zo rijk niet
nearness *znw* nabijheid; nauwe verwantschap
nearside *bn* Br aan de linkerkant, linker-
near-sighted *bn* bijziend
1 neat [ni:t] *znw* rundvee *o*; rund *o*
2 neat [ni:t] *bn* net(jes), keurig; schoon; duidelijk, overzichtelijk; puur, onverdund, zonder water/ijs [v. drank]; Am slang gaaf, te gek
neath [ni:θ] *voorz* plechtig = *beneath*
neat-handed [ni:t'hændid] *bn* behendig, vlug
neatherd ['ni:thəd] *znw* veehoeder
neat's-foot ['ni:tsfut] *znw* koeienpoot
neat's-leather *znw* runderleer *o*
neat's-tongue *znw* ossentong
neb [neb] *znw* bek; neus; punt; tuit
nebula ['nebjulə] *znw* (*mv*: nebulae ['nebjuli:]) astron nevel(vlek); med hoornvliesvlek
nebular *bn* nevel-
nebulizer *znw* verstuiver
nebulosity [nebju'lɔsiti] *znw* nevel(acht)igheid², vaagheid²
nebulous ['nebjuləs] *bn* nevel(acht)ig², vaag²
necessarily ['nesisərili, nesə'serili] *bijw* noodzakelijk(erwijs), per se, nodig
necessary **I** *bn* noodzakelijk, nodig, benodigd; verplicht; onmisbaar; onvermijdelijk; **II** *znw* noodzakelijke *o*, nodige *o*; *necessaries (of life)* eerste (noodzakelijkste) levensbehoeften
necessitate [ni'sesiteit] *overg* noodzakelijk maken, noodzaken, dwingen
necessitous *bn* behoeftig; noodlijdend
necessity *znw* nood(zaak), noodzakelijkheid, noodwendigheid; nood(druft), behoeftigheid; *necessities (of life)* eerste (noodzakelijkste) levensbehoeften; ~ *knows no law* nood breekt wet; ~ *is the mother of invention* nood maakt vindingrijk, nood leert bidden; *there is no* ~ *to...* wij hoeven niet...., het is niet nodig...; *from* ~ uit nood; *of* ~ noodzakelijkerwijs; noodwendig; *of primary* ~ allernoodzakelijkst, eerst(e); *be under a (the)* ~ *to...* genoodzaakt zijn om...; *lay (put) under the* ~ *of ...ing* noodzaken te...; *make a virtue of* ~ van de nood een deugd maken
neck [nek] **I** *znw* hals°, halsstuk *o*; sp halslengte; (land)engte; slang onbeschaamdheid; *the back of the* ~ de nek; ~ *and crop* compleet; ~ *and* ~ nek aan nek [v. renpaarden]; ~ *or nothing* erop of eronder; *in this (my, your &)* ~ *of the woods* in deze omgeving, hier in de buurt; waar (ik, jij &) woon(t);

get it in the ~ er van langs krijgen, heel wat moeten verduren; *stick out one's* ~ zich blootgeven, zich op glad ijs wagen; *wring sbd.'s* ~ iem. de nek omdraaien (vooral fig); *up to one's* ~ tot zijn nek [in de schuld & zitten]; *talk out of the back of one's* ~ uit zijn nek kletsen; **II** *onoverg* gemeenz vrijen
neckband *znw* halsboord *o & m* [v. hemd]
neckcloth *znw* das
neckerchief *znw* halsdoek
necking ['nekiŋ] *znw* gemeenz vrijen *o*, vrijerij
necklace ['neklis] *znw* halsketting, collier
necklet *znw* halssnoer *o*; boa
neckline *znw* halslijn; *lowe* ~ decolleté *o*
neck-tie *znw* das
neck-wear *znw* boorden en dassen
necromancer ['nekrəmænsə] *znw* beoefenaar van de zwarte kunst, geestenbezweerder
necromancy *znw* zwarte kunst, geestenbezwering
necrophilia [nekrə'filiə], **necrophilism** [ne'krɔfəlizm] *znw* necrofilie
necropolis [nə'krɔpəlis] *znw* (*mv*: -es *of* necropoleis [-leis]) dodenstad; grote begraafplaats
necrosis [ne'krousis] *znw* necrose, gangreen
nectar ['nektə] *znw* nectar[2]
nectarine ['nektərin] *znw* nectarine [perzik]
nectary ['nektəri] *znw* honi(n)gklier
née [nei] *bn* [Fr] geboren... [meisjesnaam]
need [ni:d] **I** *znw* nood, noodzaak; noodzakelijkheid[2]; behoefte (aan *for, of*); *~s* ook: benodigdheden; *if ~ be* zo nodig; in geval van nood; *there is no ~ (for us) to...* wij (be)hoeven niet...; *have ~ of* nodig hebben; *at* ~ in geval van nood; desnoods; *be in* ~ in behoeftige omstandigheden verkeren; *be in ~ of* van node (nodig) hebben; **II** *overg* nodig hebben, (be)hoeven; vereisen; *be ~ed* ook: nodig zijn; *it ~s only for them to...* zij behoeven maar te...; *as... as ~ be* zo... als het maar kan (kon)
needful I *bn* nodig, noodzakelijk; *the one thing* ~ het enig nodige; **II** *znw*: *the* ~ het nodige; gemeenz de duiten, het geld
needle ['ni:dl] **I** *znw* naald°; brei-, kompasnaald, breipen; gedenknaald; dennennaald; grammofoonnaald; *the* ~ slang zenuwachtigheid, opwinding; *like trying to find a ~ in a haystack* dat is zoeken naar een speld in een hooiberg; **II** *overg* gemeenz ergeren, jennen, stangen
needle-case *znw* naaldenkoker
needleful *znw*: *a* ~ een draad garen
needle-point *znw* naaldkant
needless ['ni:dlis] *bn* onnodig, nodeloos
needlewoman ['ni:dlwumən] *znw* naaister
needlework *znw* naaldwerk *o*; handwerk *o*, handwerken; naaiwerk *o*
needs [ni:dz] *bijw* vero noodzakelijk; *if ~ must* als het per se moet
needy ['ni:di] *bn* behoeftig
ne'er [nɛə] *bijw* plechtig = *never* nooit
ne'er-do-well *znw* nietsnut
nefarious [ni'fɛəriəs] *bn* afschuwelijk, snood
negate [ni'geit] *overg* ontkennen; herroepen, opheffen
negation *znw* ontkenning; weigering; annulering, opheffing
negative ['negətiv] **I** *bn* ontkennend; weigerend; negatief°; ~ *sign* minteken *o*; **II** *znw* ontkenning; weigerend antwoord *o*; negatief *o*; negatieve grootheid; elektr negatieve pool; *answer in the* ~ met neen beantwoorden, ontkennend antwoorden; **III** *overg* ontkennen; weerleggen, weerspreken, tenietdoen; verwerpen [wet]
neglect [ni'glekt] **I** *overg* verzuimen, verwaarlozen, veronachtzamen, over het hoofd zien, niet (mee-) tellen; **II** *znw* verzuim *o*; verwaarlozing, veronachtzaming; *to the ~ of* met achterstelling van; met verwaarlozing van
neglectful *bn* achteloos, nalatig; *be ~ of* verwaarlozen
négligee ['negliʒei] [Fr] *znw* negligé *o*, deshabillé *o*
negligence ['neglidʒəns] *znw* nalatigheid, achteloosheid, onachtzaamheid, veronachtzaming
negligent *bn* nalatig, onachtzaam, achteloos; *be ~ of* veronachtzamen, verwaarlozen
negligible ['neglidʒəbl] *bn* te verwaarlozen, niet noemenswaard, miniem; ~ *quantity* quantité négligeable
negotiable [ni'gouʃjəbl] *bn* verhandelbaar
negotiate I *onoverg* onderhandelen; *at the negotiating table* tijdens (bij) de onderhandelingen; **II** *overg* verhandelen; onderhandelen over; tot stand brengen, sluiten [huwelijk, lening &]; heenkomen, springen, rijden over; 'nemen' [hindernis, bocht &], doorstaan [proef]; hanteren [boek]
negotiation [nigouʃi'eiʃən] *znw* onderhandeling; handel verhandeling; totstandbrenging
negotiator [ni'gouʃieitə] *znw* onderhandelaar; verhandelaar
Negress ['ni:gris] *znw* negerin
Negro I *znw* (*mv*: -groes) neger; **II** *bn* neger-
negroid ['ni:grɔid] *bn* negroïde
neigh [nei] **I** *onoverg* hinniken; **II** *znw* gehinnik *o*
neighbour, Am **neighbor** ['neibə] **I** *znw* (na)buur, buurman, buurvrouw; bijbel naaste; **II** *onoverg*: ~ *on* grenzen aan[2]; ~ *with* grenzen aan; nabij wonen of zitten
neighbourhood, Am **neighborhood** *znw* buurt, (na)buurschap; nabijheid; *in the ~ of* in de buurt van; om en nabij
neighbourhood watch, Am **neighborhood watch** *znw* burgerwacht
neighbouring, Am **neighboring** *bn* naburig, in de buurt gelegen, aangrenzend, nabijgelegen
neighbourly, Am **neighborly** *bn* in goede verstandhouding met de (zijn) buren, als goede buren; als (van) een goede buur
neighbourship *znw* buurtschap
neither ['naiðə, 'ni:ðə] **I** *bn* & *onbep vnw* geen van

beide(n); geen (van allen); **II** *bijw* ook niet, evenmin; ~ *he nor she* noch hij, noch zij; *that is* ~ *here nor there* dat slaat nergens op
nelly ['neli] *znw*: *not on your* ~ slang vergeet 't maar, nooit van z'n leven, over mijn lijk
nelson ['nelsn] *znw* nelson [worstelgreep]; *full* ~ dubbele nelson
nematode ['nemətoud] *znw* aaltje *o*
neoclassical [ni:ou'klæsikl] *bn* neoklassiek
neo-colonialism [ni:oukə'lounjəl] *znw* neokolonialisme *o*
neolithic [ni:ou'liθik] *bn* neolitisch
neologism [ni'ɔlədʒizm] *znw* neologisme *o*
neology *znw* invoering van nieuwe woorden of leerstellingen
neon [ni:ən] *znw* neon *o*; ~ *sign* neonreclame
neophyte ['ni:oufait] *znw* neofiet, pas gewijd priester, nieuwbekeerde; nieuweling, beginner
Nepal [ni'pɔ:l] *znw* Nepal *o*
Nepalese I *znw* (*mv* idem) Nepalees *m & o*; **II** *bn* Nepalees
nephew ['nevju] *znw* neef [oomzegger]
nephritic [ne'fritik] *bn* van de nieren, nier-
nephritis [ne'fraitis] *znw* nierontsteking
nepotism ['nepətizm] *znw* nepotisme *o*; vriendjespolitiek
nerd [nə:d] *znw* Am slang slome (duikelaar), ei *o*
nereid ['niəriid] *znw* zeenimf; zeeduizendpoot
nervate ['nə:veit] *bn* generfd
nervation [nə:'veiʃən] *znw* nervatuur
nerve [nə:v] **I** *znw* zenuw; nerf, pees; lef, moed; gemeenz brutaliteit [om...]; ~*s* ook: zenuwachtigheid; zie ook: *get*; *touch a* ~ een gevoelige plek raken; *live on one's* ~*s* onder voortdurende spanning staan; *lose one's* ~ de moed verliezen; besluiteloos worden; ~ *centre* zenuwcentrum *o*; ~ *gas* zenuwgas *o*; **II** *wederk*: ~ *oneself* zich moed inspreken om, zich oppeppen voor
nerveless *bn* **1** krachteloos, slap; **2** koelbloedig
nerve-racking *bn* zenuwslopend
nerve-strain *znw* nerveuze spanning
nervous *bn* zenuw-; zenuwachtig; nerveus, bang; gespannen, opgewonden; ~ *breakdown* zenuwinzinking; ~ *system* zenuwstelsel *o*; *(a)* ~ *wreck* (een) bonk zenuwen
nervy *bn* nerveus, zenuwachtig; geïrriteerd; angstig
nescience ['nesiəns] *znw* onwetendheid; het nietweten
nescient *bn* onwetend
ness [nes] *znw* voorgebergte *o*, landtong
nest [nest] **I** *znw* nest° *o*; verblijf *o*, schuilplaats, huis *o*; broedsel *o*, zwerm, groep; stel *o*; **II** *onoverg* nestelen, een nest maken, zich nestelen; nesten uithalen
nest-box *znw* nestkastje *o*
nest-egg *znw* spaarduitje *o*
nesting-box *znw* nestkastje *o*
nestle ['nestl] *onoverg* zich nestelen; ~ *down* zich neervlijen; ~ *close to (on to, up to)* zich vlijen, aankruipen tegen
nestling ['nes(t)liŋ] *znw* nestvogel; nestkuiken *o*
1 net [net] **I** *znw* net[2] *o*; strik; netje *o*; tule, vitrage; *cast one's* ~ *wider* fig verder kijken, de actieradius vergroten [v.e. onderzoek &]; *slip through the* ~ **1** door de mazen van het net kruipen; **2** ± buiten de boot vallen; **II** *overg* in een net vangen, in zijn netten vangen; afvissen (met het net); knopen
2 net, **nett** [net] **I** *bn* handel netto, zuiver; ~ *result* uiteindelijke resultaat *o*; **II** *overg* handel (netto) opleveren of verdienen; binnenhalen [winst]; gemeenz in de wacht slepen
netball [net'bɔ:l] *znw* sp netball *o* [soort korfbal]
nether ['neðə] *bn* onderste, onder-, beneden-; ~ *regions* onderste regionen; krochten; schimmenrijk *o*, onderwereld; gemeenz tussenbeense *o* [schaamstreek]; *the* ~ *world* de onderwereld
Netherlands ['neðələndz] *znw* Nederland *o*
nethermost *bn* onderste, laagste, benedenste, diepste
netting ['netiŋ] *znw* netwerk *o*, knoopwerk *o*; gaas *o*
nettle ['netl] **I** *znw* (brand)netel; *grasp the* ~ de moeilijkheden ferm aanpakken; **II** *overg* ergeren; ~*d at* gepikeerd over
nettle-rash *znw* netelroos
network ['netwə:k] *znw* netwerk[2] *o*, fig net *o*; groep; RTV zender(net *o*); omroepmaatschappij
neural ['njuərəl] *bn* neuraal, zenuw-
neuralgia [njuə'rældʒə] *znw* neuralgie, zenuwpijn
neurasthenia [njuərəs'θi:niə] *znw* neurasthenie
neurasthenic [njuərəs'θenik] **I** *bn* neurasthenisch; **II** *znw* neurasthenicus
neuritis [njuə'raitis] *znw* neuritis, zenuwontsteking
neurological [njuərə'lɔdʒikl] *bn* neurologisch
neurologist [njuə'rɔlədʒist] *znw* neuroloog, zenuwarts
neurology *znw* neurologie
neuron ['njuərɔn], **neurone** ['njuəroun] *znw* neuron
neurosis [njuə'rousis] *znw* (*mv*: neuroses [-si:z]) neurose
neurosurgeon [njuərou'sə:dʒən] *znw* neurochirurg
neurotic [njuə'rɔtik] **I** *bn* neurotisch; abnormaal gevoelig; **II** *znw* neuroticus
neuter ['nju:tə] **I** *bn* onzijdig; **II** *znw* neutrum *o*, onzijdig geslacht *o*; **III** *overg* castreren, steriliseren
neutral I *bn* neutraal, onzijdig; **II** *znw* neutrale; neutrale staat &; auto vrijloop
neutrality [nju'træliti] *znw* neutraliteit, onzijdigheid
neutralization [nju:trəlai'zeiʃən] *znw* neutralisering, opheffing; neutraalverklaring
neutralize ['nju:trəlaiz] *overg* neutraliseren, teniet-doen, opheffen; neutraal verklaren
neutron ['nju:trɔn] *znw* neutron *o*; ~ *bomb* neutronenbom
never ['nevə] *bijw* nooit, nimmer; (in het minst,

helemaal) niet; toch niet; ~*!* och kom!; *well, I ~!* heb ik van mijn leven!; ~ *fear!* wees maar niet bang!; ~ *a word did he say* hij sprak geen stom woord; *be he ~ so clever* al is hij nog zo knap
never-ending *bn* onophoudelijk, eeuwig
never-failing *bn* nooit missend; onfeilbaar
new-found *bn* juist verworven, pril [geluk, vrijheid &]
never-more *bijw* nooit meer (weer)
never-never *znw*: *on the ~* gemeenz op afbetaling
Never-Never (Land) *znw* uithoek; sprookjesland *o*
nevertheless [nevəðə'les] *bijw* (des)niettemin, desondanks, niettegenstaande dat, toch
new [nju:] *bn* nieuw, vers; groen; ~ *moon* nieuwe maan; ~ *town* nieuwbouwstad, new town; ~ *mathematics* methode van wiskundeonderwijs waarbij verzamelingenleer een belangrijke rol speelt; *the ~ man* de 'nieuwe' (moderne, geëmancipeerde) man; *the ~ woman* de moderne vrouw; *the N~ World* de Nieuwe Wereld; *he is ~ to the business (his functions)* nog pas in de zaak (in betrekking)
new-born *bn* pasgeboren; wedergeboren
new-built *bn* pas gebouwd; verbouwd
new-comer *znw* pas aangekomene, nieuweling
newel ['njuəl] *znw* spil [v. wenteltrap]; grote stijl [v. trapleuning]
newfangled ['nju:fæŋgld] *bn* geringsch nieuwerwets
new-fashioned *bn* nieuwmodisch
newish *bn* vrij nieuw
new-laid *bn* vers (gelegd)
newly *bijw* nieuw; onlangs; pas
newly-weds *znw mv* gemeenz pasgetrouwden
new-made *bn* pas gemaakt, nieuw[2]; fig nieuwbakken
newness *znw* nieuw(ig)heid; nieuwtje *o*
new-penny *znw* nieuwe Britse penny = $^1/_{100}$ pond sterling (ingevoerd in 1971)
news [nju:z] *znw* nieuws *o*, tijding, bericht *o*, berichten; *be in the ~* in het nieuws zijn; *that's ~ to me* dat is nieuw voor mij, daar hoor ik van op, dat hoor ik nu voor het eerst; *no ~ is good ~* geen nieuws, goed nieuws
news-agency *znw* persagentschap *o*
news-agent *znw* krantenhandelaar
news-board *znw* aanplakbord *o*
newsboy *znw* krantenjongen
newscast *znw* RTV nieuwsuitzending
newscaster *znw* RTV nieuwslezer
news conference *znw* persconferentie
newsdealer *znw* Am krantenkiosk
newshawk *znw* gemeenz journalist
newsletter *znw* mededelingenblaadje *o*, bulletin *o*
newsman *znw* journalist
newsmonger *znw* roddelaar(ster), nieuwtjesjager
newspaper *znw* **1** krant; **2** krantenpapier *o*
newspaperman *znw* journalist
newsprint *znw* krantenpapier *o*
news-reader *znw* nieuwslezer
news-reel *znw* (film)journaal *o*; ~ *theatre* journaaltheater *o*, cineac
news-room *znw* nieuwsredactie
news-stand *znw* krantenkiosk
news theatre *znw* cineac
newsvendor *znw* krantenverkoper [op straat]
newsworthy *bn* met nieuwswaarde
newsy *bn* met (veel) nieuwtjes
newt [nju:t] *znw* (kleine) watersalamander
New Year ['nju:'jiə] *znw* nieuwjaar *o*; ~*'s Day* nieuwjaarsdag; ~*'s Eve* oudejaarsavond, oudejaar *o*
New Zealand [nju(:)'zi:lənd] **I** *znw* Nieuw-Zeeland *o*; **II** *bn* Nieuw-Zeelands
New Zealander *znw* Nieuw-Zeelander
next [nekst] **I** *bn* naast, aangrenzend, dichtstbijzijnd, (eerst)volgend, volgend op..., daaropvolgend, aanstaand; *as...as the ~ man* als ieder ander; *the ~ best* op één na de beste; *the ~ man you see* de eerste de beste; *he lives ~ door* hij woont hiernaast; ~ *door to* vlak naast; grenzend aan; zo goed als; *sitting ~ to me* naast mij; *the largest city ~ to Londen* de grootste stad na Londen; *the ~ thing to hopeless* zo goed als hopeloos; ~ *to* fig bijna; ~ *to nothing* zo goed als niets; **II** *bijw & voorz* naast, (daar)na, vervolgens; de volgende keer; *they'll be pulling down the palace ~* straks breken ze ook nog het paleis af; *what ~?* ook: wat (krijgen we) nu?, nu nog mooier!; zie ook: *skin*; **III** *znw* volgende (man; echtgenoot; kind), eerstvolgend schrijven *o* of nummer *o* [v. krant &]; ~ *of kin* naaste bloedverwant(en); ~ *please!* wie volgt!
next-door *bn & bijw* van hiernaast; naast; zie verder: *next I*
nexus ['neksəs] *znw* (*mv* idem) verbinding, band
NHS *afk.* = *National Health Service*
NI *afk.* **1** Br = *National Insurance* sociale verzekering; **2** = *Nothern Ireland* Noord-Ierland
nib [nib] *znw* neb, snavel; punt, spits; pen; *his ~s* schertsend meneer de baron
nibble ['nibl] **I** *onoverg* knabbelen (aan *at*); **II** *overg* af-, beknabbelen; **III** *znw* geknabbel *o*, beet [v. vissen]; ~*s* gemeenz knabbels [nootjes &]
niblick ['niblik] *znw* golfstok met zware kop
Nicaragua [nikə'rægjuə] *znw* Nicaragua *o*
Nicaraguan I *znw* Nicaraguaan; **II** *bn* Nicaraguaans
nice [nais] *bn* lekker, leuk; prettig; aardig, lief, mooi; keurig, fijn, nauwkeurig, scherp; kieskeurig; netjes, net, fatsoenlijk; subtiel, nauwgezet; fig teer, kies, netelig; ~ *and near* lekker dichtbij; ~ *and wide* lekker ruim
nice-looking *bn* mooi, knap
nicely *bijw* v. *nice*; ook: uitstekend
nicety *znw* keurigheid, kieskeurigheid, nauwkeurigheid; fijnheid; fijne onderscheiding, finesse; *to a ~* uiterst nauwkeurig, precies
niche [nitʃ] *znw* nis; fig (passend) plaatsje *o*

nick [nik] **I** *znw* (in)keep, kerf, insnijding; slang lik, gevangenis; *in the ~ of time* juist op het nippertje; net op tijd; *in good ~* gemeenz in puike conditie; **II** *overg* (in)kepen, (in)kerven; gemeenz (net) snappen; gappen; **III** *onoverg*: *~ in* voordringen, ertussen schieten
nickel ['nikl] **I** *znw* nikkel *o*; Am 5-centstuk *o*; **II** *bn* nikkelen; **III** *overg* vernikkelen
nickelodeon [nikə'loudiən] *znw* Am gemeenz juke-box
nickel-plate *overg* vernikkelen
nicker ['nikə] *znw* slang pond [munt]; pond sterling *o*
nickname ['nikneim] **I** *znw* bijnaam, spotnaam; **II** *overg* een bijnaam geven; *~d...* bijgenaamd...
nicotine ['nikəti:n] *znw* nicotine
niece [ni:s] *znw* nicht [oomzegster]
niff [nif] slang **I** *znw* stank; **II** *onoverg* stinken
niffy ['nifi] *bn* slang stinkend
nifty ['nifti] *bn* gemeenz mooi, aardig, fijn; kwiek; slim
Niger ['naidʒə] *znw* Niger *o*
Nigeria [nai'dʒiəriə] *znw* Nigeria *o*
Nigerian I *znw* Nigeriaan; **II** *bn* Nigeriaans
Nigerien *znw* Nigerijn
niggardly ['nigədli] *bn* krenterig, gierig
nigger ['nigə] *znw* geringsch nikker, neger, zwarte; *~ in the woodpile* addertje *o* onder het gras; *work like a ~* werken als een paard
niggle ['nigl] *onoverg* haarkloven; muggenziften, pietluttig doen, vitten
niggling *bn* peuterig, pietluttig; knagend [twijfel]; zeurend [pijn]
nigh [nai] *bijw* vero na, nabij, dichtbij
night [nait] *znw* nacht[2], avond; duisternis; *make a ~ of it* nachtbraken, de nacht doorfuiven; *have an early (a late) ~* vroeg (laat) naar bed gaan; *be on ~s* nachtdienst hebben; *~ and day* fig dag en nacht (= steeds); *all ~ (long)* de hele nacht; *~ out* vrije avond [van dienstboden]; *at ~* 's avonds; in de nacht, 's nachts; *by ~* 's nachts
night-bird *znw* dierk nachtvogel; nachtbraker
night-blindness *znw* nachtblindheid
nightcap *znw* slaapmuts; slaapmutsje *o* [drank]
nightclothes *znw mv* nachtgoed *o*
night-club *znw* nachtclub
night-dress *znw* nacht(ja)pon
nightfall *znw* het vallen van de avond (nacht), schemering
night-fighter *znw* luchtv nachtjager
night-gown *znw* nacht(ja)pon
nightie *znw* gemeenz nachtpon
nightingale *znw* nachtegaal
night-life *znw* nachtleven *o*
night-light *znw* nachtlichtje *o*
night-long *bn bijw* de gehele nacht (durende)
nightly I *bn* nachtelijk, avond-; **II** *bijw* 's nachts; elke nacht (avond)
nightmare *znw* nachtmerrie
nightmarish *bn* als (in) een nachtmerrie
night nurse *znw* nachtzuster
night-owl *znw* nachtuil; gemeenz nachtbraker
night porter *znw* nachtportier
night-reveller *znw* nachtbraker
night-school *znw* avondschool
nightshade *znw* nachtschade
night-shelter *znw* nachtasiel *o*
night-shift *znw* nachtploeg
nightshirt *znw* nachthemd *o* [voor mannen]
night-soil *znw* fecaliën [vooral als mest]
night-spot *znw* nachtclub
nightstick *znw* Am politieknuppel
night-time I *znw* nacht; **II** *bn* nachtelijk
nightwalker *znw* prostituee
night-watch *znw* nachtwacht
night-watchman *znw* nachtwaker
nightwear *znw* nachtgoed *o*
nighty *znw* gemeenz nachtpon
nigritude ['nigritju:d] *znw* zwartheid; de negercultuur
nihilism ['nai(h)ilizm] *znw* nihilisme *o*
nihilist *znw* & *bn* nihilist(isch)
nihilistic [nai(h)i'listik] *bn* nihilistisch
nil [nil] *znw* niets, nul, nihil; *we beat them two-nil* we hebben hen met twee-nul verslagen
Nilotic [nai'lɔtik] *bn* van de Nijl, Nijl-
nimble ['nimbl] *bn* vlug°, rap, vaardig, behendig
nimbus ['nimbəs] *znw* (*mv*: nimbi [-bai] *of* nimbuses) nimbus[2]; licht-, stralenkrans; regenwolk
nincompoop ['ninkəmpu:p] *znw* sul, uilskuiken *o*
nine [nain] *telw* negen; *a ~ days' wonder* sensatienieuwtje *o* of succes *o* van één dag; *dressed up to the ~s* piekfijn of tiptop gekleed; *999* het alarmnummer, ± 06-11
ninepins *znw* bowling *o* (met negen kegels); daarbij gebruikte kegels
nineteen *telw* negentien; *talk ~ to the dozen* honderduit praten
nineteenth *telw (znw)* negentiende (deel *o*)
ninetieth *telw (znw)* negentigste (deel *o*)
ninety *telw* negentig; *the nineties* de jaren negentig; *in the (one's) nineties* ook: in de negentig
ninny ['nini] *znw* uilskuiken *o*; sul
ninth [nainθ] *telw (znw)* negende (deel *o*)
1 nip [nip] **I** *overg* (k)nijpen, beknellen, klemmen; bijten [v. kou]; vernielen; beschadigen [v. vorst]; slang gappen, jatten; *~ in the bud* in de kiem smoren; *~ off* afbijten, afknijpen; **II** *onoverg* (k)nijpen; bijten [kou, wind]; *~ along* vlug gaan; *~ in* binnenwippen; *~ out* uitknijpen, wegwippen; **III** *znw* neep, kneep; beet; steek[2], schimpscheut; bijtende kou
2 nip [nip] *znw* borreltje *o*, slokje *o*
nipper ['nipə] *znw* gemeenz peuter; straatjongen
nippers *znw mv* kniptang; pince-nez
nipple ['nipl] *znw* tepel°; speen; techn nippel

nippy ['nipi] *bn* gemeenz bijtend koud; scherp [v. smaak]; vlug, kwiek
nirvana [niə'va:nə] *znw* nirwana *o*
nit [nit] *znw* neet; slang idioot, stommerik
nitpicker ['nitpikə] *znw* gemeenz mierenneuker, muggenzifter, haarklover
nitpicking **I** *znw* muggenzifterij, haarkloverij; **II** *bn* muggenzifterig
nitrate ['naitreit] *znw* nitraat *o*
nitre, Am **niter** *znw* salpeter
nitric *bn* salpeter-; ~ *acid* salpeterzuur *o*
nitrogen ['naitrədʒən] *znw* stikstof
nitrogenous [nai'trɔdʒinəs] *bn* stikstofhoudend
nitroglycerine ['naitrouglisə'ri:n] *znw* nitroglycerine
nitrous ['naitrəs] *bn* salpeterachtig; ~ *oxide* stikstofdioxide *o*, lachgas *o*
nitty-gritty ['niti'griti] *znw* realiteit, harde feiten, essentie; *get down to the* ~ gemeenz tot de kern van de zaak komen
nitwit ['nitwit] *znw* slang leeghoofd *o* & *m-v*, stommeling, idioot
nix [niks] *znw* slang niets, niks
nix(ie) [niks(i)] *znw* watergeest
no [nou] **I** *bn* geen; nauwelijks; ~ *go* onmogelijk, [het heeft] geen zin; ~ *man's land* niemandsland *o*; **II** *bijw* neen; niet; ~*!* neen!; och kom!, toch niet!; ~ *can do* slang onmogelijk; ~ *more* niet meer (langer), nooit meer; dood; vernietigd; **III** *znw* neen *o*; tegenstemmer; *the* ~*es have it* de meerderheid is er tegen
nob [nɔb] *znw* slang kop, kersenpit, knetter; sjieke meneer; rijke stinkerd
nobble ['nɔbl] *overg* slang (paard) ongeschikt maken om (race) te winnen (door doping of omkoping); gappen; bedotten; omkopen; op onrechtmatige wijze verkrijgen [stemmen &]; jatten; snappen; aanhouden [dief &]; aanklampen
nobby ['nɔbi] *bn* slang tiptop, (piek)fijn, chic
nobiliary [nou'biliəri] *bn* adellijk, adel-
nobility *znw* adel[2]; adeldom, adelstand; edelheid; ~ *of mind* zielenadel
noble ['noubl] **I** *bn* edel[2], edelaardig; adellijk; groots, nobel; prachtig, imposant; **II** *znw* edelman; hist nobel [munt]
nobleman *znw* edelman, edele
noble-minded *bn* edelaardig, edelmoedig
noblesse oblige [Fr] adeldom legt verplichtingen op
noblewoman *znw* edelvrouw, adellijke dame
nobody ['noubədi] **I** *onbep vnw* niemand; **II** *znw* fig onbenul, nul
nock [nɔk] *znw* keep [in boog, pijl]
no-claim(s) bonus [nou'kleimz'bounəs] *znw* noclaimkorting
nocturnal [nɔk'tə:nl] *bn* nachtelijk; nacht-
nocturne ['nɔktə:n] *znw* muz nocturne; nachtstuk *o*
nod [nɔd] **I** *onoverg* knikken [met hoofd]; knikkebollen, suffen, niet opletten; ~ *off* wegdutten; *have a* ~*ding acquintance with* oppervlakkig kennen; **II** *overg* knikken, door wenken of knikken te kennen geven; ~ *approval* goedkeurend knikken; ~ *one's head* met het hoofd knikken; ~ *one's assent* goedkeurend knikken; **III** *znw* knik, knikje *o*; wenk; *give a* ~ knikken; *give sbd. a* ~ iem. toeknikken; *give (get) the* ~ het groene licht geven (krijgen); *the proposal was accepted on the* ~ gemeenz het voorstel werd met algemene stemmen aangenomen; *a* ~ *is as good as a wink* een goed verstaander heeft maar een half woord nodig; *the land of Nod* dromenland
nodal ['noudəl] *bn* knoop-
noddle ['nɔdl] *znw* gemeenz hoofd *o*, hersenpan
node [noud] *znw* knobbel, knoest; knoop[2], knooppunt *o*
nodose [nou'dous] *bn* knobbelig, knoestig
nodosity [nou'dɔsiti] *znw* knobbeligheid, knoestigheid; knobbel
nodular ['nɔdjulə] *bn* knoestig
nodule *znw* knoestje *o*, knobbeltje *o*; klompje *o*
nodus ['noudəs] *znw* (*mv*: nodi [-dai]) knoop, verwikkeling
Noel [nou'el] *znw* Kerstmis
nog [nɔg] *znw* houten pen of blok *o*; soort sterk bier *o*
noggin ['nɔgin] *znw* kroes, mok, bekertje *o*
no-go area [nou'gou 'ɛəriə] *znw* verboden terrein/gebied *o*, verboden wijk
no-good ['nougu:d] *bn* waardeloos, onnut
no-hoper [nou'houpə] *znw* Austr gemeenz mislukkeling, nietsnut
nohow ['nouhau] *bijw* slang op generlei wijs; geenszins
noise [nɔiz] **I** *znw* leven *o*, lawaai *o*, rumoer *o*, kabaal *o*, geweld *o*, vero geraas *o*, gerucht *o*; geruis *o*, ruis; *a big* ~ slang een belangrijk man; hoge ome; **II** *overg*: ~ *it abroad* ruchtbaar maken
noise abatement *znw* lawaaibestrijding
noiseless *bn* geruisloos
noise pollution *znw* geluidshinder
noisome ['nɔisəm] *bn* schadelijk, ongezond; stinkend, walg(e)lijk
noisy ['nɔizi] *bn* luidruchtig, lawaai(er)ig, rumoerig; druk; gehorig
nomad ['noumæd, 'nɔmæd] *znw* nomade; zwerver
nomadic [nou'mædik] *bn* nomadisch, zwervend, rondtrekkend
no-man's-land ['noumænzlænd] *znw* niemandsland[2] *o*
nom de plume [nɔ:mdə'plu:m] [Fr] *znw* pseudoniem *o*
nomenclature [nou'menklətʃə] *znw* nomenclatuur; naamlijst
nominal ['nɔminl] *bn* nominaal, naam(s)-; (alléén) in naam; zo goed als geen, gering, klein, symbolisch [bedrag]; gramm naamwoordelijk; ~ *capital*

maatschappelijk kapitaal *o*; ~ *price* spotprijs; ~ *share* aandeel *o* op naam
nominally *bijw* in naam
nominate ['nɔmineit] *overg* benoemen; kandidaat stellen, voordragen
nomination [nɔmi'neiʃən] *znw* benoeming; kandidaatstelling, voordracht
nominative ['nɔminətiv] *znw* nominatief, eerste naamval
nominee [nɔmi'ni:] *znw* benoemde; kandidaat, voorgedragene
non-acceptance ['nɔnək'septəns] *znw* nietaanneming, non-acceptatie
nonage ['nounidʒ] *znw* recht minderjarigheid
nonagenarian [nounədʒi'nɛəriən] *bn* & *znw* negentigjarig(e)
non-aggression pact ['nɔnə'greʃn pækt] *znw* nietaanvalsverdrag *o*
non-alcoholic ['nɔnælkə'hɔlik] *bn* alcoholvrij
non-aligned *bn* pol niet-gebonden [landen]
non-alignment ['nɔnə'lainmənt] *znw* pol nietgebonden-zijn *o*, niet-gebondenheid
non-appearance *znw* niet-verschijning, ontstentenis
nonary ['nounəri] **I** *bn* negentallig; **II** *znw* negental *o*
non-attendance ['nɔnə'tendəns] *znw* nietverschijnen *o*, wegblijven *o*, afwezigheid
nonce [nɔns] *znw*: *for the* ~ bij deze (bijzondere) gelegenheid; voor deze keer
nonce-word *znw* gelegenheidswoord *o*
nonchalance ['nɔnʃələns] *znw* nonchalance, onverschilligheid
nonchalant *bn* nonchalant, onverschillig
non-com *znw* gemeenz = *non-commissioned officer*
non-combatant ['nɔn'kɔmbətənt] *znw* noncombattant
non-commissioned *bn*: ~ *officer* mil onderofficier
non-committal *bn* zich niet blootgevend, niet compromitterend; tot niets verbindend, een slag om de arm houdend; neutraal
non-conducting *bn* niet geleidend
non-conformist I *znw* non-conformist; afgescheidene (van de Engelse staatskerk); **II** *bn* nonconformistisch
non-conformity *znw* niet-overeenstemming, afwijking; non-conformisme *o*, afgescheidenheid (van de Engelse staatskerk)
non-contributory *bn*: ~ *pension scheme* premievrije pensioenregeling
non-cooperation *znw* weigering om mee te werken
nondescript *bn* nondescript, onopvallend, onbeduidend, nietszeggend
none [nʌn] **I** *vnw & bn* geen, niet een; niemand, niets; *it is ~ of my business* het is mijn zaak niet, het gaat me niets aan, ik heb er niets mee te maken; ~ *of your impudence!* geen brutaliteit alsjeblieft!; *I will have ~ of it!* ik moet er niets van hebben!; ~ *too...* bepaald niet...; ~ *but he* alleen hij; ~ *other than* niemand anders dan; **II** *bijw* niets, (volstrekt) niet; niet zo bijzonder; ~ *the less* niettemin
non-effective [nɔni'fektiv] *bn* onbruikbaar, afgekeurd
nonentity [nɔ'nentiti] *znw* onbeduidend mens (ding *o*)
nones [nounz] *znw* hist negende dag vóór de *ides*; RK none
nonesuch ['nʌnsʌtʃ] *znw* persoon of zaak die zijn weerga niet heeft
nonetheless [nɔnðə'les] *bijw* = *nevertheless*
non-event ['nɔni'vent] *znw* flop, afknapper, tegenvaller
non-existent ['nɔnig'zistənt] *bn* niet-bestaand
non-ferrous *bn* non-ferro [metalen]
non-fiction *znw* non-fictie [literatuur]
non-flammable ['nɔn'flæməbl] *bn* onbrandbaar
non-fulfilment *znw* recht wanprestatie
non-human *bn* niet tot het menselijke ras behorend
non-intervention *znw* non-interventie: het niet tussenbeide komen
non-member *znw* niet-lid *o*
non-moral *bn* amoreel
non-nuclear *bn* **1** conventioneel [wapen], niet op kernenergie werkend [elektriciteitscentrale]; **2** niet in het bezit van kernwapens [land]
no-no *znw* Am gemeenz: *it's a* ~ het is taboe, het is verboden
no-nonsense *bn* zakelijk, no-nonsense
nonpareil ['nɔnp(ə)rəl] **I** *bn* onvergelijkelijk, zonder weerga; **II** *znw* persoon of zaak, die zijn weerga niet heeft
non-payment ['nɔn'peimənt] *znw* niet-betaling
non-performance *znw* recht wanprestatie
nonplus ['nɔn'plʌs] *overg* perplex doen staan
non-profit(-making) ['nɔn'prɔfit(meikiŋ)] *bn* nietcommercieel [v. onderneming]
non-proliferation ['nɔnprou-, 'nɔnprəlifə'reiʃn] *znw* non-proliferatie, voorkoming van verdere verspreiding [vooral v. kernwapens]
non-resident ['nɔn'rezident] **I** *bn* uitwonend, extern; **II** *znw* niet-inwoner, forens; externe; uitwonende predikant
non-returnable ['nɔnri'tə:nəbl] *bn* zonder statiegeld, wegwerp-
nonsense ['nɔnsəns] *znw* onzin, gekheid; nonsens; *stand no* ~ geen flauwekul (kunsten) dulden; *there is no ~ about...* er valt niet te sollen met...; ... mag (mogen) er wezen, ...is (zijn) niet mis; *it makes a ~ of our plans* het maakt onze plannen illusoir, doet onze plannen te niet
nonsensical [nɔn'sensikl] *bn* onzinnig, ongerijmd, gek, zot, absurd
non sequitur [non'sekwitə] *znw* non sequitur: on-

logische gevolgtrekking
non-shrink ['nɔn'ʃriŋk] *bn* krimpvrij
non-skid ['nɔn'skid] *bn* antislip-; ~ *chain* sneeuwketting
non-smoker *znw* iem. die niet rookt; niet-roken treincoupé
non-starter *znw*: ... *is a* ~ fig ... doet het niet, ... is kansloos
non-stick *bn* anti-aanbak-; ~ *coating* anti-aanbaklaag
non-stop I *bn* doorgaand [trein], direct [verbinding], luchtv zonder tussenlanding(en), doorlopend [voorstelling]; **II** *bijw* onafgebroken, nonstop
nonsuch ['nʌnsʌtʃ] *znw* = *nonesuch*
nonsuit ['nɔn'sju:t] **I** *znw* royering van een rechtszaak; **II** *overg* de eis ontzeggen
non-U ['nɔn'ju:] *bn* Br = *non upper class* ordinair
non-union ['nɔn'ju:njen] *bn* niet aangesloten [bij een vakbond], ongeorganiseerd
non-verbal *bn* non-verbaal
non-violence *znw* geweldloosheid
non-violent *bn* geweldloos [demonstreren]
noodle ['nu:dl] *znw* slang kluns, schlemiel, uilskuiken *o*; ~*s* noedels, (Chinese) vermicelli, mie
nook [nuk] *znw* hoek, hoekje *o*, gezellig plekje *o*; uithoek; *every* ~ *and cranny* alle hoekjes en gaatjes
nookie ['nu:ki], **nooky** *znw* slang nummertje *o* [seks]
noon [nu:n] *znw* middag (= 12 uur 's middags)
noon-day, **noon-tide I** *znw* = *noon*; **II** *bn* middag-; fig plechtig hoogtepunt *o*
no one ['nou'wʌn] *onbep vnw* = *nobody*
noose [nu:s] **I** *znw* lus; lasso; strik, val [om dieren te vangen]; **II** *overg* knopen, een lus maken in; vangen [met een strik of lasso]; *put one's head in the* ~ zich in het hol van de leeuw wagen
nope [noup] *tsw* gemeenz (vooral Am) nee!
nor [nɔ:] *voegw* noch, (en) ook niet; dan ook niet
Nordic ['nɔ:dik] *bn* noords (mens); Scandinavisch
norland ['nɔ:lænd] *znw* plechtig noorderland *o*, noordelijk gebied *o*
norm [nɔ:m] *znw* norm
normal ['nɔ:məl] **I** *bn* normaal; gewoon; loodrecht; **II** *znw* normale (lichaams)temperatuur, toestand &; ~ *school* Am kweekschool, pedagogische academie
normalcy, **normality** [nɔ:'mæliti] *znw* normale toestand, normaliteit
normalization [nɔ:məlai'zeiʃən] *znw* normalisering
normalize ['nɔ:məlaiz] *overg* normaliseren
normally ['nɔ:məli] *bijw* normaal, normaliter, in de regel, doorgaans, gewoonlijk, meestal
Norman ['nɔ:mən] **I** *znw* Normandiër; **II** *bn* Normandisch
normative ['nɔ:mətiv] *bn* een norm gevend of stellend
Norse [nɔ:s] *znw* Noors *o*, Oudnoors *o*
Norseman *znw* hist Noor; Noorman
north [nɔ:θ] **I** *bijw* naar het noorden, noordwaarts; noordelijk; **II** *bn* noordelijk; noord(er)-; noorden-; ~ *of* ten noorden van; **III** *znw* noorden *o*
northbound *bn* naar het noorden, in noordelijke richting
north-east I *bn bijw* noordoost; **II** *znw* noordoosten *o*
north-easter *znw* noordoostenwind
north-easterly *bn & bijw* noordoostelijk
norther ['nɔ:ðə] *znw* harde, koude noordenwind [in Am]
northerly *bn & bijw* noordelijk
northern *bn* noordelijk, noord(en)-; ~ *lights* noorderlicht *o*
northerner *znw* bewoner van het noorden [v. Engeland, Amerika, Europa &]
northernmost *bn* noordelijkst
northing ['nɔ:θiŋ] *znw* noorderdeclinatie
North Korea [nɔ:θ kə'riə] *znw* Noord-Korea *o*
North Korean I *znw* Noord-Koreaan; **II** *bn* Noord-Koreaans
Northman ['nɔ:θmən] *znw* = *Norseman*
North Pole ['nɔ:θ'poul] *znw* Noordpool
North-star ['nɔ:θsta] *znw* poolster, noordster
Northumbrian [nɔ:'θʌmbriən] *bn* van Northumbria; van Northumberland
northward(s) ['nɔ:θwəd(z)] *bn & bijw* in of naar het noorden
north-west I *bn bijw* noordwest; **II** *znw* noordwesten *o*
north-wester *znw* noordwester [wind]
north-westerly *bn & bijw* noordwestelijk
north-western *bn* noordwest(elijk)
Norway ['nɔ:wei] *znw* Noorwegen *o*
Norwegian [nɔ:'wi:dʒən] **I** *bn* Noors; **II** *znw* Noor; Noors *o* [de taal]
nor'wester [nɔ:'westə] *znw* noordwestenwind; zuidwester [hoed]
nose [nouz] **I** *znw* neus[2]; geur, reuk; slang stille verklikker; techn tuit; hals [v. buizen, retorten &]; *cut off one's* ~ *to spite one's face* zijn eigen glazen ingooien; *follow one's* ~ rechtuit gaan, z'n instinct volgen; *hold one's* ~ de neus dichtknijpen; *keep their* ~*s to the grindstone* hen ongenadig laten werken; *keep one's* ~ *clean* gemeenz zich gedeisd houden; *look down one's* ~ *at* neerzien op; *poke (stick) one's* ~ *into* zijn neus steken in; *pay through the* ~ moeten 'bloeden'; *powder one's* ~ eufemistisch voor: naar de wc gaan [v. vrouwen]; *put sbd.'s* ~ *out of joint* iem. de voet lichten, dwarszitten, jaloers maken; *turn up one's* ~ de neus optrekken (voor *at*); *right on the* ~ Am fig in de roos; *under his* ~ vlak voor zijn neus, waar hij bij stond; **II** *overg* opsnuiven; besnuffelen; ~ *out* uitvissen; **III** *onoverg* neuzen, zijn neus in andermans zaken steken; snuffelen; zich voorzichtig een weg banen (bewegen); ~

about rondsnuffelen; ~ *at* besnuffelen; ~ *for* (snuffelend) zoeken naar
nosebag *znw* voederzak [v. paard]
noseband *znw* neusriem
nosebleed *znw* neusbloeding
nose-cone *znw* neuskegel
nosedive luchtv **I** *onoverg* duiken; **II** *znw* duik(vlucht)
nosegay *znw* boeketje *o*, bosje *o*, ruiker
nose job *znw* gemeenz neuscorrectie; *have a* ~ zijn neus laten corrigeren [d.m.v. plastische chirurgie]
nosepiece *znw* mondstuk *o*; neusstuk *o* [v. helm]; objectiefstuk *o* [v. microscoop]
nosey, **nosy** ['nouzi] *bn* gemeenz bemoeiziek; ~ *parker* bemoeial
nosh [nɔʃ] *overg & onoverg* slang eten
nosh-up ['nɔʃʌp] *znw* uitgebreide maaltijd
nosing ['nouziŋ] *znw* uitstekende, halfronde vorm
nostalgia [nɔs'tældʒiə] *znw* nostalgie, heimwee *o*
nostalgic *bn* nostalgisch
nostril ['nɔstril] *znw* neusgat *o*
nostrum ['nɔstrəm] *znw* geheim middel *o*, kwakzalversmiddel *o*
nosy ['nouzi] *bn* = *nosey*
not [nɔt] *bijw* niet; *I think* ~ ik denk van niet; ~ *I* ook: kan je begrijpen, nee hoor; *these people will* ~ *fight*, ~ *they* ze denken er niet over om te vechten; *certainly* ~, *surely* ~ geen sprake van!; ~ *at all* zie: *all*; *more likely than* ~ heel goed mogelijk, niet onwaarschijnlijk, wel waarschijnlijk; zie ook: *often*
notabilia [noutə'biliə] *znw mv* interessante zaken, dingen &
notability [noutə'biliti] *znw* merkwaardigheid; belangrijk persoon
notable ['noutəbl] **I** *bn* opmerkelijk; merkbaar; merkwaardig; belangrijk, aanzienlijk; bekend; eminent; **II** *znw* voorname, notabele
notably *bijw* inzonderheid; merkbaar, aanmerkelijk; belangrijk
notarial [nou'tɛəriəl] *bn* notarieel
notary ['noutəri] *znw* notaris (ook: ~ *public*)
notation [nou'teiʃən] *znw* notering, schrijfwijze, voorstellingswijze, (noten)schrift *o*, notatie, talstelsel *o*
notch [nɔtʃ] **I** *znw* inkeping, keep, kerf, schaard(e) [in mes]; fig gemeenz graadje *o*; **II** *overg* inkepen, kerven, (af)turven; ~ *up* behalen [punten, succes]
note [nout] **I** *znw* merk *o*, teken *o*; ken-, merkteken *o*; toon; muz noot, toets [v. piano &]; noot, aantekening, nota°; (order)briefje *o*; bankbiljet *o*; betekenis, aanzien *o*; notitie; ~*s and coin* chartaal geld *o*; *bought* ~ koopbriefje *o*; *sold* ~ verkoopbriefje *o*; *make a mental* ~ *of it* het in zijn oor knopen, het goed onthouden (voor later); *strike a warning* ~ een waarschuwend geluid laten horen; *take* ~ *of* nota nemen van; notitie nemen van; *take* ~*s of* aantekeningen maken van, noteren; **II** *overg* noteren, opschrijven, aan-, optekenen (ook: ~ *down*); nota of notitie nemen van, opmerken; van aantekeningen voorzien
notebook *znw* aantekenboek *o*, notitieboekje *o*, zakboekje *o*; dictaatcahier *o*
note-case *znw* portefeuille
noted ['noutid] *bn* bekend, vermaard, befaamd
notedly *bijw* speciaal
notelet ['noutlit] *znw* velletje *o* briefpapier [vaak met versiering]
notepad ['noutpæd] *znw* notitieblok *o*
notepaper *znw* postpapier *o*
noteworthy ['noutwə:ði] *bn* opmerkenswaardig, opmerkelijk, merkwaardig
nothing ['nʌθiŋ] **I** *onbep vnw* niets; ~ *but* slechts; ~ *for it (but)* onvermijdelijk dat; *it is* ~ *to...* het is onbetekenend, vergeleken met...; *for* ~ gratis; tevergeefs; ~ *doing* er is niets te doen; er is niets aan de hand; gemeenz het zal niet gaan, mij niet gezien!, niks hoor!; *that is* ~ *to him* dat betekent niets voor hem; het gaat hem niets aan; daar trekt hij zich niets van aan; *there's* ~ *to it* slang er is niets aan, het is niets bijzonders; *there is* ~ *in it* er is niets (van) aan, het is niet waar; *come to* ~ niet doorgaan, mislukken; *make* ~ *of* er geen been (niets) in zien om, niet geven om, zijn hand niet omdraaien voor; niet wijs worden uit, niets begrijpen van; niet opzien tegen, niet tellen; *mean* ~ *to* onbelangrijk zijn voor; geen betekenis hebben voor; **II** *znw*: *a (mere)* ~ een niets, nietigheid, nul; **III** *bijw* helemaal niet; *this helps us* ~ hier hebben we niets aan; *this is* ~ *like enough* dit is absoluut niet genoeg
nothingness *znw* nietigheid, niet *o*; niets *o*; onbeduidendheid
notice ['noutis] **I** *znw* aandacht, acht, opmerkzaamheid; aankondiging, bekendmaking, bericht *o*, kennisgeving; waarschuwing; opschrift *o*; recensie; convocatie(biljet *o*); *give* ~ kennis geven, laten weten, aankondigen; waarschuwen; *give* ~ *(to quit)* de huur (de dienst) opzeggen; *hand in one's* ~ ontslag nemen; *take* ~ *of* kennis nemen van; notitie nemen van; *at a moment's* ~ op staande voet; *at one hour's* ~ binnen een uur; *at short* ~ op korte termijn; *be under* ~ opgezegd zijn; *until further* ~ tot nader order; **II** *overg* acht slaan op, (veel) notitie nemen van, opmerken, (be)merken; vermelden, bespreken, recenseren
noticeable *bn* opmerkelijk; merkbaar; merkwaardig
notice-board *znw* mededelingenbord *o*; aanplakbord *o*; waarschuwingsbord *o*; verkeersbord *o* &
notifiable ['noutifaiəbl, nouti'faiəbl] *bn* waarvan men de autoriteiten in kennis moet stellen [ziekte, adreswijziging &]
notification [noutifi'keiʃən] *znw* aanzegging, aanschrijving, kennisgeving; aangifte
notify ['noutifai] *overg* ter kennis brengen, bekendmaken, kennis geven (van); aangeven
notion ['nouʃən] *znw* begrip[2] *o*, denkbeeld *o*, idee *o* & *v*, notie; ~*s* Am fournituren

notional *bn* denkbeeldig, begrips-
notoriety [noutə'raiəti] *znw* beruchtheid
notorious [nou'tɔ:riəs] *bn* berucht, notoir
Notts. [nɔts] *afk.* = Nottinghamshire *o*
notwithstanding [nɔtwiθ'stændiŋ] **I** *voorz* niettegenstaande, ondanks, trots, ...ten spijt; **II** *bijw* niettemin, desondanks
nougat ['nu:ga:, 'nʌgət] *znw* noga
nought [nɔ:t] *znw* = *naught*
noun [naun] *znw* (zelfstandig) naamwoord *o*
nourish ['nʌriʃ] *overg* voeden[2], koesteren[2], aankweken, grootbrengen
nourishing *bn* voedzaam, voedend
nourishment *znw* voedsel *o*, voeding
nous [naus] *znw* verstand *o*
nouveau riche ['nu:vou'ri:ʃ] [Fr] *znw* (*mv*: nouveaux riches) nieuwe rijke, ± parvenu
nova ['nouvə] *znw* (*mv*: -s *of* novae [-vi:]) astron nova, nieuwe ster
1 novel ['nɔvəl] *znw* roman
2 novel ['nɔvəl] *bn* nieuw, ongewoon
novelette [nɔvə'let] *znw* romannetje *o*
novelist ['nɔvəlist] *znw* romanschrijver, romancier
novelty ['nɔvəlti] *znw* nieuwigheid(je *o*), nieuwtje *o*, (iets) nieuws *o*; het nieuwe; ongewoonheid
November [nou'vembə] *znw* november
novena [nou'vi:nə] *znw* (*mv*: novenae [-ni:]) noveen, novene
novice ['nɔvis] *znw* novice; nieuweling
noviciate, novitiate [nou'viʃiit] *znw* noviciaat *o*, proeftijd
now [nau] **I** *bijw* nu, thans; wel(nu); *right* ~ op dit moment; *just* ~ zo-even, daarnet; ~, ~ kom, kom [troostend]; hé, hé [als waarschuwing]; *by* ~ nu wel; *from* ~ *(on)* van nu af (aan), voortaan; *in three days from* ~ over drie dagen; ~..., *then*... nu eens..., dan weer...; ~ *and again,* ~ *and then* nu en dan, bij tussenpozen, af en toe; *every* ~ *and again, every* ~ *and then* telkens; ~ *then, what shall we do next?* wel, wat zullen we nu doen?; ~ *then, don't tease* kom, niet plagen; *(he's going to come here and beat you up) - oh, is he* ~*?* o, werkelijk?; **II** *voegw* nu (ook: ~ *that*)
nowadays *bijw* tegenwoordig
noway(s) ['nouwei(z)] *bijw* Am geenszins
nowhere *bijw* nergens; *be* ~ *(in the race)* nergens zijn: helemaal achteraan komen; niet in aanmerking komen; ~ *near* lang niet, ver(re) van
nowise *bijw* geenszins, op generlei wijze
nowt [nouwt] *znw* dial & gemeenz niets
noxious ['nɔkʃəs] *bn* schadelijk, verderfelijk
nozzle ['nɔzl] *znw* spuit, pijp, straalpijp, sproeier, tuit, mondstuk *o*, snuit; neus
nth [enθ] *bn*: *to the* ~ *degree* **1** wisk tot de nde macht; **2** uiterst, buitengewoon [vervelend, lastig &]; *the* ~ *time* gemeenz de duizendste/zoveelste/tigste keer
nuance [nju:'a:ns] *znw* nuance, subtiel verschil *o*
nub [nʌb] *znw* brok; knobbel; fig kern, punt *o* [waar het om gaat]
nubbly *bn* knobbelig; bultig
nubile ['nju:bail] *bn* huwbaar; fig rijp [v. vrouw]
nubility [nju'biliti] *znw* huwbaarheid; fig rijpheid [v. vrouw]
nuclear ['nju:kliə] *bn* nucleair, kern-, atoom-; ~ *family* kerngezin *o*; ~ *fission* kernsplitsing; ~ *physics* kernfysica; ~ *power* **1** kernenergie; **2** kernmogendheid; ~*-power station* kernenergiecentrale; ~ *war* atoomoorlog; ~ *warhead* kernkop; ~ *waste* atoomafval *o*; ~ *weapon* atoomwapen *o*
nucleic ['nju:kliik] *znw*: ~ *acid* nucleïnezuur *o*
nucleus ['nju:kliəs] *znw* (*mv*: nuclei [-kliai]) kern[2]
nude [nju:d] **I** *bn* naakt, bloot, onbedekt; **II** *znw* naakt (model) *o*; *in the* ~ naakt
nudge [nʌdʒ] **I** *overg* (met de elleboog) aanstoten; zachtjes duwen; naderen [percentage, snelheid &]; **II** *znw* duwtje *o*
nudism ['nju:dizm] *znw* nudisme *o*
nudist ['nju:dist] **I** *znw* nudist, naaktloper; **II** *bn* nudisten-
nudity *znw* naaktheid, blootheid
nugatory ['nju:gətəri] *bn* beuzelachtig, nietszeggend; ongeldig, zonder uitwerking
nugget ['nʌgit] *znw* goudklompje *o*; fig juweeltje *o*
nuisance ['nju:səns] *znw* (over)last, ergernis, plaag; burengerucht *o*; lastpost; *be a* ~ *to sbd.* iem. lastig vallen; *make a* ~ *of oneself* anderen ergeren; *what a* ~... ook: wat vervelend
nuisance value *znw* waarde als tegenwicht, als storende factor
nuke [nju:k] gemeenz **I** *znw* kernbom; kerncentrale; **II** *overg* met kernwapens aanvallen/vernietigen
null [nʌl] *bn* krachteloos, nietig, ongeldig; ~ *and void* krachteloos, van nul en generlei waarde
nullification [nʌlifi'keiʃən] *znw* nietig-, ongeldigverklaring, tenietdoen *o*, opheffing; recht vernietiging
nullify ['nʌlifai] *overg* krachteloos maken, recht vernietigen, nietig of ongeldig verklaren, tenietdoen
nullity *znw* ongeldigheid [vooral v. huwelijk], nietigheid; zinloosheid; onbeduidend mens
numb [nʌm] **I** *bn* gevoelloos, verstijfd, verkleumd, verdoofd; **II** *overg* doen verstijven, verkleumen; verdoven
number ['nʌmbə] **I** *znw* nummer *o*; getal *o*, aantal *o*; (vers)maat; gramm getal *o*; geval(letje) *o* [vooral kledingstuk]; ~*s* aantal *o*, getalsterkte; tal *o* (van...); dichtmaat, verzen; *N*~*s* bijbel Numeri; *wrong* ~ verkeerd verbonden [telefoon]; *I've got his* ~ gemeenz ik heb hem wel door; *his* ~ *is up* hij is er geweest, hij is dood; ~ *one* gemeenz de spreker zelf, 'ondergetekende'; als *bn*: prima; *in* ~ in aantal; *come in* ~*s* in groten getale komen (opzetten); *to the* ~ *of*... ten getale van...; *hard pressed with* ~*s* door de overmacht in het nauw gebracht; *beyond*

~, *without* ~ zonder tal, talloos; **II** *overg* nummeren, tellen; rekenen (onder, tot *among, in, with*); bedragen; *his days are ~ed* zijn dagen zijn geteld; ~ *consecutively* dóórnummeren; **III** *onoverg & abs ww* tellen; ~ *(off)* mil zich nummeren
number-crunching ['nʌmbə'krʌnʃiŋ] *znw* schertsend ingewikkeld rekenwerk *o*, ingewikkeld gecijfer *o*
numberless *bn* talloos, zonder tal
number-plate *znw* nummerbord *o*, -plaat
numbskull *znw* = *numskull*
numerable ['nju:mərəbl] *bn* telbaar, te tellen
numeracy ['nju:mərəsi] *znw* kunnen rekenen *o*
numeral ['nju:mərəl] **I** *bn* getal-, nummer-; **II** *znw* getalletter, getalmerk *o*; cijfer *o*; gramm telwoord *o*; *Roman ~s* Romeinse cijfers
numerate ['nju:mərət] *bn* het rekenen machtig
numeration [nju:mə'reiʃən] *znw* telling
numerator ['nju:mə'reitə] *znw* teller [van breuk]
numeric [nju(:)'merik] *bn* numeriek, getal(s)-
numerical [nju'merikl] *bn* numeriek, getal(s)-; ~ *superiority* grotere getalsterkte
numerology [nju(:)mə'rɔlədʒi] *znw* leer v.d. getallensymboliek
numerous ['nju:mərəs] *bn* talrijk, tal van, vele
numinous ['nju:minəs] *bn* goddelijk
numismatic [nju:miz'mætik] **I** *bn* numismatisch; **II** *znw*: *~s* penningkunde
numismatist [nju'mizmətist] *znw* penningkundige
numskull ['nʌmskʌl] *znw* uilskuiken *o*, stommerd
nun [nʌn] *znw* non, kloosterlinge, religieuze
nuncio ['nʌnʃiou] *znw* nuntius: pauselijk gezant
nunnery ['nʌnəri] *znw* nonnenklooster *o*
nuptial ['nʌpʃəl] **I** *bn* huwelijks-, bruilofts-; **II** *znw*: *~s* bruiloft
nurse [nə:s] **I** *znw* verpleegster, verzorgster; kinderjuffrouw; baker, min; *male ~* (zieken)verpleger, broeder; **II** *overg* verplegen, zogen, (zelf) voeden; oppassen, verzorgen; koesteren[2], (op)kweken, grootbrengen; zuinig beheren, zuinig zijn met; omstrengeld houden [knieën]; met de hand strijken over; ~ *a (one's) cold* een verkoudheid uitzieken; ~ *the fire* fig dicht bij het vuur zitten; **III** *onoverg* zogen; uit verplegen gaan; in de verpleging zijn
nurse-child *znw* pleegkind *o*, zoogkind *o*
nurseling *znw* = *nursling*
nursemaid *znw* kindermeisje *o*
nursery *znw* kinderkamer; kinderbewaarplaats, crèche; (boom)kwekerij; kweekplaats, kweekvijver
nursery-governess *znw* kinderjuffrouw
nurseryman *znw* boomkweker
nursery rhyme *znw* kinderrijmpje *o*
nursery school *znw* bewaarschool [3-5 jaar in Eng.]
nursery slope *znw* beginnelingenpiste [bij skieën]
nursing *znw* verpleging; verpleegkunde
nursing-home *znw* verpleegtehuis *o*, verpleeginrichting; ziekeninrichting
nursing-sister *znw* pleegzuster, (zieken-) verpleegster; ziekenzuster
nursling *znw* zuigeling
nurture ['nə:tʃə] **I** *znw* op-, aankweking; opvoeding; verzorging; voeding; voedsel *o*; **II** *overg* op-, aankweken; opvoeden, verzorgen; voeden[2], koesteren [v. plannen]
nut [nʌt] **I** *znw* noot [vooral hazelnoot]; techn moer [v. schroef]; muz slof [strijkstok]; slang hoofd *o*, kop; slang fanaat; slang gek, idioot; slang kloot, bal; *a hard (tough)* ~ geen lieverdje *o* [man]; *~s* ook: nootjeskolen; slang krankzinnig; *~s!* slang gelul!; *be ~s* getikt zijn, gek zijn; *be ~s about* slang dol zijn op; *go ~s* slang gek worden; *be off one's ~* slang van lotje getikt zijn; *do one's ~* slang tekeergaan; **II** *onoverg* noten plukken
nut-brown *bn* lichtbruin
nut-case *znw* slang krankzinnige
nutcracker(s) *znw (mv)* notenkraker [apparaat]
nuthatch *znw* boomklever
nut-house *znw* slang gekkenhuis *o*
nutmeg *znw* nootmuskaat
nutria ['nju:triə] *znw* dierk nutria *v*; nutria *o* [bont]
nutrient ['nju:triənt] **I** *bn* voedend; **II** *znw* nutriënt [voedingsstof]
nutriment *znw* voedsel *o*
nutrition [nju'triʃən] *znw* voeding, voedsel *o*
nutritional, **nutritive** *bn* voedings-
nutritionist *znw* voedingsdeskundige
nutritious *bn* voedend, voedzaam
nuts-and-bolts **I** *znw mv* grondbeginselen; **II** *bn* praktisch
nutshell ['nʌtʃel] *znw* notendop; *in a ~* fig in een notendop; in een paar woorden
nutter ['nʌtə] *znw* slang gek, halve gare, imbeciel
nut-tree *znw* (hazel)notenboom
nutty *bn* met nootjes; met notensmaak; nootachtig; slang getikt, gek; ~ *on* slang verkikkerd op
nuzzle ['nʌzl] **I** *onoverg* met de neus wrijven (duwen) tegen, snuffelen; wroeten; zich nestelen of vlijen; **II** *overg* wroeten langs of in; besnuffelen
nylon ['nailən] **I** *znw* nylon *o & m* [stofnaam]; nylon *v* [kous]; **II** *bn* nylon
nymph [nimf] *znw* nimf[2]; pop [v. insect]
nymphet [nim'fet] *znw* gemeenz jong, vroegrijp meisje *o*
nympho ['nimfou] *znw* slang = *nymphomaniac*
nymphomaniac [nimfou'meiniæk, -jæk] **I** *bn* nymfomaan; **II** *znw* nymfomane

O

o [ou] **I** *znw* (de letter) o; nul [in telefoonnummers]; **II** *tsw* o!, ach!
O *afk.* onderw = *ordinary (level)* zie bij: *level I*
o' [ə] *voorz* verk. van *of* en *on*
oaf [ouf] *znw* pummel, uilskuiken *o*; mispunt *o*
oafish *bn* pummelig, sullig, onnozel
oak [ouk] **I** *znw* eik; eikenhout *o*; eikenloof *o*; **II** *bn* eiken, eikenhouten
oak-apple *znw* galnoot
oaken *bn* eiken, eikenhouten
oak-gall *znw* galnoot
oakum ['oukəm] *znw* werk *o* [uitgeplozen touw]
oakwood ['oukwud] *znw* **1** eikenhout *o*; **2** eikenbos *o*
OAP *afk.* = *Old Age Pensioner* ± AOW'er
oar [ɔ:] **I** *znw* (roei)riem; roeier; *get (put, stick) in one's* ~ een duit in het zakje doen, tussenbeide komen; *rest on one's ~s* op de riemen rusten; fig op zijn lauweren rusten; **II** *onoverg & overg* plechtig roeien
oarlock ['ɔ:lɔk] *znw* = *rowlock*
oarsman ['ɔ:smən] *znw* roeier
oarswoman *znw* roeister
oasis [ou'eisis] *znw* (*mv*: oases [-si:z]) oase
oast [oust] *znw* eest, droogoven
oat [out] *znw* haver (meestal *~s*); plechtig herdersfluit, -poëzie; *rolled ~s* havermout; *he has sown his wild ~s* hij is zijn wilde haren kwijt, hij is uitgeraasd; *get one's ~s* gemeenz (seksueel) aan zijn trekken komen; *feel one's ~s* vrolijk zijn, Am gemeenz zich belangrijk voelen; *off one's ~s* lusteloos
oatcake *znw* haverbrood *o*
oaten *bn* haver-
oath [ouθ] *znw* (*mv*: oaths [ouðz]) eed; vloek; *~ of allegiance* huldigingseed; *~ of office* ambtseed; *take (swear) an ~* een eed doen; *by ~* onder ede; *on (under) ~* onder ede; *put sbd. on his ~* iem. de eed doen afleggen
oatmeal ['outmi:l] *znw* havermeel *o*; *~ porridge* havermoutpap
obbligato [ɔbli'ga:tou] *znw* muz obligaat *o*
obduracy ['ɔbdjurəsi] *znw* verstoktheid, verharding, halsstarrigheid
obdurate *bn* verstokt, verhard, halsstarrig
obedience [ou'bi:djəns] *znw* gehoorzaamheid; *in ~ to* gehoorzamend aan; overeenkomstig
obedient(ly) *bn (bijw)* gehoorzaam; *yours ~ly* uw dienstwillige
obeisance [ou'beisəns] *znw* diepe buiging; hulde
obelisk ['ɔbilisk] *znw* obelisk
obese [ou'bi:s] *bn* corpulent, zwaarlijvig
obesity *znw* corpulentie, zwaarlijvigheid
obey [ou'bei] *overg* gehoorzamen[2] (aan); gehoor geven aan; luisteren naar [het roer]
obfuscate [ɔbfʌskeit] *overg* verduisteren, benevelen [het verstand]; verbijsteren
obituary [ə'bitjuəri] *znw* overlijdens-, doodsbericht *o*; levensbericht *o*, in memoriam *o* (ook: *~ notice*)
1 object ['ɔbdʒekt] *znw* voorwerp *o*; oogmerk *o*, bedoeling, doel *o*; onderwerp *o* [v. onderzoek]; object *o*; *she looked an ~* gemeenz zij zag eruit als een vogelverschrikker; *no ~* niet belangrijk, bijzaak
2 object [əb'dʒikt] **I** *overg* inbrengen (tegen *against, to*) tegenwerpen; **II** *onoverg* er op tegen hebben; tegenwerpingen maken, bezwaar hebben, opkomen (tegen *to*)
object-glass ['ɔbdʒiktgla:s] *znw* objectief *o*
objection [əb'dʒekʃən] *znw* tegenwerping; bedenking, bezwaar *o*
objectionable *bn* aanstotelijk, afkeurenswaardig, verwerpelijk; onaangenaam
objective [əb'dʒektiv] **I** *bn* objectief; *~ case* voorwerpsnaamval; **II** *znw* objectief *o* [v. kijker]; mil object[2] *o*; doel[2] *o*; gramm voorwerpsnaamval
objectivity [ɔbdʒek'tiviti] *znw* objectiviteit
object lesson *znw* aanschouwelijke les; fig sprekende illustratie
objector [əb'dʒektə] *znw* wie tegenwerpingen maakt, opponent; *conscientious ~* gewetensbezwaarde, principieel dienstweigeraar
objurgate ['ɔbdʒə:geit] *overg* berispen, gispen
objurgation [ɔbdʒə:'geiʃən] *znw* scherp verwijt *o*, berisping
objurgatory [əb'dʒə:gətəri] *bn* verwijtend; berispend
oblation [ou'bleiʃən] *znw* offerande, offer *o*, gave
obligate ['ɔbligeit] *overg* recht (ver)binden, verplichten
obligation [ɔbli'geiʃən] *znw* verbintenis, verplichting; *...of ~* verplicht; *be under an ~ to...* verplicht zijn...; *put under an ~* aan zich verplichten
obligatory [ɔ'bligətəri] *bn* verplicht, bindend; *~ education* leerplicht
oblige [ə'blaidʒ] *overg* (ver)binden, (aan zich) verplichten, noodzaken; van dienst zijn; gemeenz een gunst bewijzen; werken voor; *~ me by ...ing* wees zo goed (vriendelijk) te...; *will you ~ the company (with a song &)?* iets ten beste geven?; *be ~d to* ook: moeten; *I would be ~d if you...* ik zou u zeer erkentelijk zijn als...; *an answer will ~* antwoord verzocht
obliging *bn* voorkomend, minzaam, inschikkelijk, behulpzaam, gedienstig
oblique [ə'bli:k] **I** *bn* scheef [hoek], schuin(s), hellend, afwijkend; zijdelings; indirect; dubbelzinnig; slinks; *~ cases* verbogen naamvallen; *~ oration (speech)* indirecte rede; **II** *znw* schuine lijn, schuin streepje *o*
obliquity [ə'blikwiti] *znw* scheve richting, schuin(s)heid; afwijking; verkeerdheid; oneerlijk-

heid
obliterate [ə'blitəreit] *overg* uitwissen, doorhalen; vernietigen
obliteration [əblitə'reiʃən] *znw* uitwissing, doorhaling; vernietiging
oblivion [ə'bliviən] *znw* vergetelheid; *fall (sink) into* ~ in vergetelheid raken
oblivious *bn* vergeetachtig; ~ *of (to)* vergetend; onbewust van
oblong ['ɔblɔŋ] **I** *bn* langwerpig; **II** *znw* rechthoek, langwerpig voorwerp *o*
obloquy ['ɔbləkwi] *znw* (*mv*: obloquies) smaad, schande, oneer
obnoxious [əb'nɔkʃəs] *bn* aanstotelijk; gehaat; onaangenaam; verfoeilijk, afschuwelijk
oboe ['oubou] *znw* hobo
oboist *znw* hoboïst
obscene [ɔb'si:n] *bn* obsceen, ontuchtig, vuil[2]
obscenity *znw* obsceniteit, ontuchtigheid; *obscenities* vuile praatjes &
obscurant [ɔb'skjuərənt], **obscurantist I** *znw* obscurantist, domper; **II** *bn* obscurantistisch
obscurantism [ɔb'skjuərəntizm] *znw* obscurantisme *o*
obscure [əb'skjuə] **I** *bn* duister[2], donker[2]; obscuur; onduidelijk, vaag; onbekend; verborgen; **II** *overg* verduisteren, verdonkeren; verdoezelen; fig overschaduwen
obscurity *znw* duister *o*, duisternis, donker *o & m*, donkerte; duisterheid, donkerheid; obscuriteit; onduidelijkheid; *live in* ~ stil (teruggetrokken) leven
obsequies ['ɔbsikwiz] *znw mv* rouwplechtigheid, lijkdienst; uitvaart, begrafenis
obsequious [əb'si:kwiəs] *bn* onderdanig, overgedienstig; kruiperig
observable [əb'zə:vəbl] *bn* merkbaar, waarneembaar; opmerkenswaard(ig)
observance *znw* waarneming; inachtneming, naleving; viering; voorschrift *o*
observant *bn* oplettend, opmerkzaam; nalevend, inachtnemend
observation [ɔbzə'veiʃən] *znw* waarneming, observatie; opmerking; ~*s* verzamelde gegevens, data
observational *bn* waarnemings-
observatory [əb'zə:vətri] *znw* observatorium *o*, sterrenwacht; uitzicht-, uitkijktoren
observe I *overg* waarnemen, gadeslaan, observeren; opmerken; in acht nemen, naleven; vieren [feestdagen]; **II** *onoverg*: ~ *(up)on* opmerkingen maken over, iets opmerken omtrent
observer *znw* waarnemer, opmerker, observator; toeschouwer
obsess [ɔb'ses] *overg* obsederen, niet loslaten, onophoudelijk ver-, achtervolgen [van gedachten]
obsession *znw* bezeten zijn *o* [door boze geest]; obsessie, nooit loslatende gedachte, voortdurende kwelling
obsessional, obsessive *bn* obsederend; geobsedeerd, bezeten
obsolescence [ɔbsə'lesəns] *znw* veroudering, in onbruik geraken *o*
obsolescent *bn* verouderend, in onbruik gerakend
obsolete ['ɔbsəli:t] *bn* verouderd, in onbruik geraakt
obstacle ['ɔbstəkl] *znw* hinderpaal, hindernis, beletsel *o*; ~ *race* wedren met hindernissen
obstetric [ɔb'stetrik] *bn* verloskundig; kraam-
obstetrician [ɔbste'triʃən] *znw* verloskundige
obstetrics [ɔb'stetriks] *znw* obstetrie, verloskunde
obstinacy ['ɔbstinəsi] *znw* hardnekkigheid, halsstarrigheid, (stijf)koppigheid
obstinate *bn* hardnekkig, halsstarrig, stijfhoofdig, koppig, obstinaat
obstreperous [əb'strepərəs] *bn* luidruchtig, rumoerig, lawaaiig; onhandelbaar, woelig
obstruct [əb'strʌkt] *overg* verstoppen; (de voortgang) belemmeren, versperren; zich verzetten tegen
obstruction *znw* obstructie, verstopping, belemmering, versperring
obstructionism *znw* pol obstructionisme *o*
obstructionist I *znw* obstructievoerder; **II** *bn* obstructievoerend
obstructive *bn* verstoppend; belemmerend, versperrend, verhinderend; obstructievoerend; obstructie-
obtain [əb'tein] **I** *overg* (ver)krijgen, bekomen, verwerven, behalen; **II** *onoverg* algemeen regel zijn, ingang gevonden hebben; heersen, gelden
obtainable *bn* verkrijgbaar
obtrude [əb'tru:d] *overg* (zich) opdringen (aan *upon*); (zich) indringen
obtrusion *znw* op-, indringing
obtrusive *bn* op-, indringerig
obtuse [əb'tju:s] *bn* stomp, bot[2]; stompzinnig
obverse ['ɔbvə:s] *znw* voorzijde [v. munt &]; pendant, keerzijde
obviate ['ɔbvieit] *overg* afwenden, voorkomen, ondervangen, uit de weg ruimen
obvious ['ɔbviəs] **I** *bn* voor de hand liggend, in het oog springend, duidelijk (merkbaar), kennelijk, klaarblijkelijk, zonneklaar; aangewezen; **II** *znw*: *state the* ~ een open deur intrappen
ocarina [ɔkə'ri:nə] *znw* ocarina
occasion [ə'keiʒən] **I** *znw* gelegenheid; aanleiding, behoefte; gebeurtenis, plechtigheid, feest *o*; *one's lawful* ~*s* (wettige) bezigheden, bedrijf *o*, zaken; *give* ~ *to* aanleiding geven om (tot); *have* ~ *to* moeten; *have no* ~ *to* niet hoeven; *rise to the* ~ tegen de moeilijkheden (taak) opgewassen zijn; *take* ~ *to* van de gelegenheid gebruik maken om; *on* ~ zo nodig; *on the* ~ *of* bij gelegenheid van; **II** *overg* veroorzaken, aanleiding geven tot
occasional *bn* toevallig, nu en dan (voorkomend); onregelmatig; zelden; gelegenheids-; ~ *chair* extra stoel; ~ *table* bijzettafeltje *o*
occasionally *bijw* af en toe, nu en dan, van tijd tot

tijd; bij gelegenheid
Occident ['ɔksidənt] *znw* westen *o*, westelijk halfrond *o*; avondland *o*
occidental [ɔksi'dentl] **I** *bn* westelijk, westers; **II** *znw* westerling
occipital [ɔk'sipitl] *bn* achterhoofds-
occiput ['ɔksipʌt] *znw* achterhoofd *o*
occlude [ɔ'klu:d] *overg* afsluiten, stoppen; chem absorberen [gassen]
occlusion *znw* afsluiting; verstopping; occlusie; (normaal) op elkaar sluiten *o* van boven- en ondertanden
occult [ɔ'kʌlt] *bn* occult, bovennatuurlijk, magisch; verborgen, geheim
occulting [ɔ'kʌltiŋ] *bn*: ~ *light* intermitterend licht *o* [v. vuurtoren]
occultism ['ɔkʌltizm] *znw* occultisme *o*
occupancy ['ɔkjupənsi] *znw* inbezitneming, bezit *o*, bewoning
occupant *znw* wie bezit neemt, bezitter; bewoner; bekleder [v. ambt]; *the ~s* ook: de inzittenden
occupation [ɔkju'peiʃən] *znw* bezitneming, bezit *o*; mil bezetting; bewoning; bezigheid, beroep *o*; *be in ~ of* ook: bezet houden; bewonen
occupational *bn* beroeps-; ~ *hazard*, ~ *risk* beroepsrisico *o*; ~ *therapy* bezigheidstherapie
occupier ['ɔkjupaiə] *znw* bezetter; bewoner
occupy *overg* bezetten, bezet houden; beslaan [plaats], innemen; in beslag nemen [tijd &], bezighouden; bewonen [huis]; bekleden [post]; ~ *oneself with, be occupied in (with)* aan (met) iets bezig zijn
occur [ə'kə:] *onoverg* vóórkomen, zich voordoen, gebeuren, voorvallen; ~ *to* invallen, opkomen bij
occurrence [ə'kʌrəns] *znw* gebeurtenis; voorval *o*; vóórkomen *o*; *it is of frequent* ~ het komt herhaaldelijk (veel) voor; *on the ~ of a vacancy* bij vóórkomende vacature
ocean ['ouʃən] *znw* oceaan, (wereld)zee[2]
ocean-going *bn* zeewaardig; ~ *ship* zeeschip *o*
oceanic [ouʃi'ænik] *bn* van de oceaan, oceaan-, zee-; fig onmetelijk, grenzeloos
oceanographer [ouʃə'nɔgrəfə] *znw* oceanograaf
oceanography *znw* oceanografie
ocellus [ou'seləs] *znw* (*mv*: ocelli [-lai]) nietsamengesteld oogje *o*, facet *o*, oogvormige vlek
ochre ['oukə] *znw* oker
ochr(e)ous *bn* okerhoudend, okerachtig, oker-
o'clock [ə'klɔk] *bijw*: *what ~ is it?* hoe laat is het?; *it is eight* ~ het is acht uur
octagon ['ɔktəgən] *znw* achthoek
octagonal [ɔk'tægənl] *bn* achthoekig
octahedral [ɔktə'hedrəl] *bn* achtvlakkig
octahedron *znw* achtvlak *o*
octane ['ɔktein] *znw* octaan *o*
octave ['ɔktiv, RK 'ɔkteiv] *znw* achttal *o*; octaaf° *o* & *v*; octaafdag; acht versregels
octavo [ɔk'teivou] *znw* octavo *o*
octennial [ɔk'tenjəl] *bn* achtjarig; achtjaarlijks
octet [ɔk'tet] *znw* muz octet *o*; acht versregels
October [ɔk'toubə] *znw* oktober
octogenarian [ɔktoudʒi'nεəriən] *znw* & *bn* tachtigjarig(e)
octopus ['ɔktəpəs] *znw* octopus[2], achtarmige poliep; geringsch wijdvertakte organisatie
octosyllabic [ɔktousi'læbik] *bn* achtlettergrepig
octosyllable [ɔktou'siləbl] *znw* achtlettergrepig woord *o*
octuple [ɔk'tjupl] **I** *znw* achtvoud *o*; **II** *bn* achtvoudig
ocular ['ɔkjulə] **I** *bn* oog-; **II** *znw* oculair *o*
oculist *znw* oogarts; *~'s chart* leeskaart
odd [ɔd] *bn* zonderling, vreemd, gek, raar; oneven; overblijvend [na deling door 2, of na betaling]; overgebleven van één of meer paren, niet bij elkaar horend; *in some ~ corner* hier of daar in een (afgelegen) hoek; *an ~ hand* een extra bediende, noodhulp; duivelstoejager; *an ~ hour* een tussenuur *o*; ~ *jobs* allerhande karweitjes, klusjes; ~ *man out* wie overschiet, wie het gelag betaalt; buitenbeentje *o*, zonderling; ~ *moments* verloren ogenblikken; *an ~ volume* een enkel deel *o* van een meerdelig werk; *fifty ~ pounds* vijftig en zoveel pond, ruim vijftig pond; *sixty ~ thousand* tussen de 60 en 70 duizend; zie ook: *odds*
oddball [ɔd'bɔ:l] *znw* excentriekeling, vreemde snoeshaan
oddfellow ['ɔdfelou] *znw* lid *o* van de maçonniek getinte vereniging van de *Oddfellows*
oddity ['ɔditi] *znw* zonderlingheid, vreemdheid; excentriek wezen *o*, gek type *o*; curiositeit
odd-job man *znw* klusjesman, manusje *o* van alles
odd-looking *bn* er vreemd uitziend
oddly *bijw* vreemd, gek (genoeg)
oddments *znw mv* overgebleven stukken, restanten
odds *znw mv* grotere kans, waarschijnlijkheid; notering van een paard bij de bookmakers; ~ *and ends* stukken en brokken, brokstukken, rommel; *the ~ are that...* de kans bestaat, dat...; *what ~?* wat zou dat?; wat maakt dat uit?; *it is long ~ that...* de kans is groot, het is zo goed als zeker...; *it makes no* ~ het maakt niets uit; *give* ~ voorgeven; *take the* ~ de weddenschap aannemen; *the ~ are against his coming* naar alle waarschijnlijkheid zal hij niet komen; *take ~ of one to eight* een inzet accepteren van één tegen acht; *at* ~ oneens, overhoop liggend (met *with*); *by all the* ~ verreweg [de beste &]; ontegenzeglijk
odds-on *bn* goede [kans]
ode [oud] *znw* ode
odious ['oudjəs] *bn* hatelijk, afschuwelijk, verfoeilijk
odium *znw* haat en verachting; blaam
odontologist [ɔdɔn'tɔlədʒist] *znw* tandheelkundige
odontology [ɔdɔn'tɔlədʒi] *znw* odontologie
odoriferous [oudə'rifərəs] *bn* welriekend, geurig
odorous ['oudərəs] *bn* welriekend, geurig; gemeenz

stinkend

odour, Am **odor** *znw* reuk, geur; fig reputatie; *be in bad, ill ~ with* in een kwade reuk staan bij; *in ~ of sanctity* in de reuk van heiligheid

odourless, Am **odorless** *bn* reukloos

Odyssey ['ɔdisi] *znw* Odyssee; fig odyssee

oecumenical [i:kju'menikl] *bn* oecumenisch

oecology [i:kɔlɔdʒi] *znw = ecology*

oedema, Am **edema** [i:'di:mə] *znw* (*mv*: -mata [-mətə]) oedeem *o*

o'er [ouə] *voorz* plechtig *= over*

oesophagus, Am **esophagus** [i:'sɔfəgəs] *znw* (*mv*: -es *of* oesophagi [-dʒai]) slokdarm

oestrogen ['i:strədʒən, -dʒen] *znw* oestrogeen *o*

of [ɔv, əv] *voorz* van; *the city ~ Rome* de stad Rome; *the courage ~ it!* welk een moed!, hoe moedig!; *~ itself* vanzelf; uit zichzelf; *the three ~ them* het drietal; *there were fifty ~ them* er waren er vijftig; ze waren met hun vijftigen; *he ~ the grey hat* die met de grijze hoed; *he ~ all men* en dat juist hij; *~ all the nonsense* wat een onzin, zo'n onzin, (een) onzin!; *a Prussian ~ (the) Prussians* een echte Pruis; *~ an evening (morning &)* des avonds, des morgens

off [ɔ(:)f] **I** *bijw* er af, af, weg; ver(wijderd); uit; *be ~* niet doorgaan [v. match &]; van de baan zijn; uit zijn [verloving &]; afgedaan hebben; uitgeschakeld zijn; er naast zitten; in slaap zijn; in zwijm liggen; opstappen, weggaan, vertrekken; *be a bit ~* niet fris meer zijn, beginnen te bederven [v. spijs & drank]; niet zoals het hoort te zijn, een beetje onbeleefd zijn; *be badly ~* er slecht aan toe zijn; het slecht hebben; *how are you ~ for boots?* hoe staat het met je schoenen?; *~ duty* vrij, buiten dienst, geen dienst hebbend [v. politieagent &]; *have a day ~* een vrije dag hebben; *~ and on* af en toe, bij tussenpozen, een enkele maal; *~ you go!* daar ga je!; vooruit met de geit!; *~ (with you)!* weg!, eruit!; *they're ~!* [bij race] en wèg zijn ze!; **II** *voorz* van... (af); van... (weg); van; verwijderd van; opzij van, uitkomend op, in de buurt van; scheepv op de hoogte van; *eat ~ plates* van borden eten; *live ~ the land* van het land leven; *~ stage* niet op het toneel; achter de coulissen; *~ white* gebroken wit, bij het gele of grijze af; **III** *bn* verder gelegen; *the ~ hind leg* de rechterachterpoot; *the ~ horse* het vandehandse (rechtse) paard; *an ~ street* een zijstraat; zie ook: *duty &*

offal ['ɔfəl] *znw* afval *o & m*, slachtafval *o & m*

off-balance ['ɔf'bæləns] *bn* uit het evenwicht; *catch sbd. ~* iem. overrompelen

off-beat *bn* gemeenz ongewoon, bijzonder, buitenissig

off-centre, Am **off-center** *bn* exentriek[2]

off-chance *znw* eventuele mogelijkheid; *on the ~* op goed geluk

off-colour *bn* onwel, niet in orde; slang onfatsoenlijk

offcut *znw* restant *o*, afval *o* [v. afgesneden papier, gezaagd hout &]

off-day *znw* ongeluksdag; dag waarop men niet op dreef is

off-duty *bn* niet in functie, buiten diensttijd

offence, Am **offense** [ə'fens] *znw* belediging; aanstoot, ergernis; aanval; overtreding, vergrijp *o*, delict *o*, strafbaar feit *o*; misdaad; *no ~ meant!* neem me niet kwalijk; *cause (give) ~* aanstoot geven; *take ~ at* zich beledigd voelen over

offend I *overg* beledigen, ergeren, kwetsen; aanstoot geven; onaangenaam aandoen; **II** *onoverg* misdoen; *~ against* zondigen tegen; overtreden

offender *znw* overtreder, delinquent; zondaar[2]; *first ~* delinquent met een blanco strafregister

offensive I *bn* beledigend, aanstotelijk, ergerlijk, weerzinwekkend, onaangenaam; offensief, aanvallend, aanvals-; **II** *znw* offensief *o*; *act on the ~* aanvallend optreden; *go on the ~, go over to the ~, take the ~* het offensief openen

offensiveness *znw* beledigende aard, aanstotelijkheid

offer ['ɔfə] **I** *overg* (aan)bieden, offreren; offeren, ten offer brengen (ook: *~ up*); aanvoeren [ter verdediging]; uitloven [prijs]; ten beste geven, maken [opmerkingen &]; (uit)oefenen [kritiek]; *~ up* opzenden [gebed]; **II** *onoverg & abs ww* zich aanbieden; zich voordoen; **III** *znw* (aan)bod *o*, aanbieding, offerte, (huwelijks)aanzoek *o*; *they are on ~* handel ze worden (goedkoop) aangeboden

offerer *znw* offeraar; aanbieder; bieder

offering *znw* offerande, offergave, offer *o*; gift; (te koop aangeboden) product *o*

offertory ['ɔfətəri] *znw* offertorium *o*, offergebed *o*; collecte; *~ box* offerblok *o*, -bus

off-hand I *bijw* ['ɔf'hænd] onvoorbereid, voor de vuist weg; **II** *bn* ['ɔ:fhænd] terloops, zonder ophef; nonchalant; bruusk

off-handed *bn bijw = off-hand II*

off-hours ['ɔ:fauəz] *znw mv* vrije uren; *at ~* in mijn (zijn &) vrije uren; buiten kantoortijd

office ['ɔfis] *znw* ambt *o*, functie, betrekking, dienst, bediening, taak; officie *o*; (kerk)dienst, ritueel *o*, gebed *o*, gebeden; ministerie *o*, kantoor *o*, bureau *o*, Am spreekkamer; *the Holy O~* hist het Heilig Officie; ook; de Inquisitie; *H.M. Stationery O~* de Staatsdrukkerij; *the ~s* de werkvertrekken (van de bedienden); de (bij)keuken, bijgebouwen, dienstvertrekken; *good ~s committee* commissie van goede diensten; *his good ~s* zijn welwillende medewerking, zijn vriendelijkheid; *be in ~* een ambt bekleden, in functie zijn; *a man in ~* een fungerend ambtenaar; een (aan het bewind zijnd) minister; *while in ~* "aan" zijnd, in functie zijnd; *come into ~, enter (take) ~* een (zijn) ambt aanvaarden; aan het bewind komen; *leave (retire from) ~* zijn ambt neerleggen

office automation *znw* kantoorautomatisering

office-bearer, **office-holder** *znw* titularis, func-

tionaris
office-boy *znw* loopjongen
officer ['ɔfisə] **I** *znw* beambte, ambtenaar; agent [van politie]; mil officier; deurwaarder; functionaris; **II** *overg* mil van officieren voorzien, encadreren; aanvoeren [als officier]
official [ə'fiʃəl] **I** *bn* ambtelijk, officieel, ambts-; ~ *duties* ambtsbezigheden, -plichten; ~ *receiver* curator, bewindvoerder [bij faillissement]; **II** *znw* ambtenaar, beambte; functionaris
officialdom *znw* bureaucratie
officialese [əfiʃə'li:z] *znw* ambtelijk jargon *o*
officiant [ə'fiʃiənt] *znw* officiant: de mis opdragende of de dienst verrichtende priester
officiate *onoverg* dienst doen; officiëren, de dienst doen, de mis opdragen; ~ *as...* fungeren als...
officinal [ɔfi'sainl, ə'fisinl] *bn* geneeskrachtig; in een apotheek voorradig
officious [ə'fiʃəs] *bn* overgedienstig; opdringerig; bemoeiziek; autoritair; officieus
offing ['ɔfiŋ] *znw*: *in the* ~ fig in het verschiet, op til
offish ['ɔfiʃ] *bn* gemeenz gereserveerd; uit de hoogte
off-key ['ɔf'ki:] *bn* vals, uit de toon (vallend)
off-licence *znw* Br slijtvergunning; slijterijafdeling in café
off-limits *bn* verboden [terrein &]; *the casino was declared* ~ *to the soldiers* de soldaten mochten niet in het casino komen
off-line *bn* comput offline
offload *overg* lossen [voertuig]; ontladen [wapen]; fig dumpen, van de hand doen, lozen
off-peak *bn* buiten de piekuren; buiten het hoogseizoen
offprint ['ɔfprint] *znw* overdrukje *o*
off-putting *bn* gemeenz van de wijs brengend; ontstellend
off-season *znw* slappe tijd
offset ['ɔfset] **I** *znw* uitloper°, wortelscheut, spruit; tegenwicht *o*, vergoeding, compensatie; offset(druk); **II** *overg* opwegen tegen, goedmaken, compenseren, tenietdoen, neutraliseren; ~ *against* stellen tegenover
offshoot ['ɔfʃu:t] *znw* uitloper, afzetsel *o*, zijtak
offshore ['ɔf'ʃɔ:] *bn* van de kust af, aflandig [wind]; bij (voor) de kust, offshore- [m.b.t. oliewinning &]; handel in het buitenland, buitenlands [m.b.t. banken, fondsen &]
offside ['ɔf'said] **I** *znw* verste kant (= rechts of links); sp buitenspel; **II** *bn* auto rechter- [in Engeland &], linker- [elders]
offspring ['ɔfspriŋ] *znw* (na)kroost *o*, spruit(en), nakomeling(en), nageslacht *o*; resultaat *o*
off-stage ['ɔfsteidʒ] *bn* achter de coulissen; ~ *he's a generous man* privé is het een hartelijke man
off-street ['ɔfstri:t] *bn* niet op de openbare weg
off-the-cuff ['ɔfðəkʌf] *bn* onvoorbereid, voor de vuist weg, uit de losse pols
off-the-peg ['ɔfðəpeg] *bn* confectie-
off-the-record ['ɔffðə'rekɔ:d] *bn* vertrouwelijk, onofficieel, niet voor publicatie
off-the-wall ['ɔfðəwɔ:l] *bn* slang bizar, absurd; origineel
off-white ['ɔfwait] *znw* & *bn* gebroken wit
oft [ɔft] *bijw* plechtig dikwijls, vaak
often [ɔ'f(t)ən] *bijw* dikwijls, vaak; *as* ~ *as not* vaak genoeg, niet zelden; *every so* ~ zo nu en dan, af en toe; *more* ~ *than not* meestal
oft(en)times *bijw* vero dikwijls, vaak
ogee ['oudʒi:, ou'dʒi:] *znw* bouwk ojief *o*
ogival [ou'dʒaivəl] *bn* ogivaal
ogive ['oudʒaiv] *znw* ogief *o*, spitsboog
ogle ['ougl] **I** *onoverg* lonken; **II** *overg* aan-, toelonken; **III** *znw* lonk, (verliefde) blik
ogre ['ougə] *znw* menseneter; wildeman, boeman
ogr(e)ish ['ougəriʃ] *bn* wildemans-
oh [ou] *tsw* o; ach, och; au; ~*?* ook: zo?
ohm [oum] *znw* ohm *o* & *m*
oho [ou'hou] *tsw* aha!
oil [ɔil] **I** *znw* olie; petroleum; ~*s* oliegoed *o*; olieverfschilderijen; *in* ~*(s)* in olieverf (geschilderd); *pour* ~ *on troubled waters* olie op de golven gieten; *throw* ~ *on the flames* olie op het vuur gieten; *strike* ~ olie aanboren; **II** *overg* oliën; (met olie) insmeren; in olie inleggen; ~ *sbd.'s hand (palm)* iem. de handen smeren [= omkopen]; ~ *the wheels* de wielen smeren[2]
oilcake *znw* lijnkoek, veekoek
oilcan *znw* oliespuit
oilcloth *znw* wasdoek *o* & *m*, zeildoek *o* & *m*
oil-colour *znw* olieverf
oiled *bn* geolied; gesmeerd; *(well)* ~ slang in de olie, aangeschoten
oiler *znw* oliekan, -spuit, -spuitje *o*; olieman, smeerder; petroleumboot
oilfield *znw* olieveld *o*
oil-fired *bn* met olie gestookt, op (stook)olie
oil-heater *znw* petroleumkachel
oiliness *znw* olieachtigheid, vettigheid; fig zalving
oilman *znw* oliehandelaar; olieman
oil-paint *znw* olieverf
oil-painting *znw* het schilderen in olieverf; olieverf(schilderij) *v* & *o*
oilrig *znw* booreiland *o*
oilskin *znw* gewaste taf; oliejas; ~*s* oliegoed *o*
oil slick *znw* olievlek [op zee]
oilstone *znw* oliesteen
oil tanker *znw* olietanker
oil-well *znw* oliebron
oily *bn* olieachtig, vet, goed gesmeerd; olie-; fig vleierig, zalvend, glad [v. tong]
ointment ['ɔintmənt] *znw* zalf, smeersel *o*
OK [ou'kei] gemeenz **I** *bn bijw* oké, in orde, goed; fijn, prima; **II** *znw* goedkeuring, verlof *o*; **III** *overg* in orde bevinden, goedkeuren
okapi [ou'ka:pi] *znw* okapi

okay [ou'kei] *tsw* = *OK*
okra ['oukrə] *znw* oker, okra [plant met eetbare vrucht]
old [ould] **I** *bn* oud; ouderwets; *any* ~ ... gemeenz het doet er niet toe wat voor..., zomaar een...; zie ook: *time*; *good (dear)* ~... gemeenz die goeie, beste...; *as* ~ *as the hills* zo oud als de weg naar Kralingen; *the* ~ het oude; de oud(er)en; **II** *znw*: *of* ~ vanouds; in (van) vroeger dagen; zie ook: *age, bean, bird, cock, country, Dutch, folk, girl, hand, maid, man*
old-age *bn* van (voor) de oude dag, ouderdoms-; ~ *pensioner* AOW'er; ~ *pension* (ouderdoms)pensioen *o*, AOW
old boy *znw* oud-leerling; ~ *network* vriendjespolitiek [door oud-klas- of -studiegenoten onderling]
old-clothes dealer [ould'klouðzmæn] *znw* uitdrager
olden *bn* vero oud, vroeger; *in the* ~ *days* in vroeger tijden
old-established *bn* reeds lang bestaand; (vanouds) gevestigd
olde-worlde ['ɔldi'wɛ:ldi] *bn* schertsend of geringsch = *old-world*
old-fashioned *bn* ouderwets, conservatief
old hat *bn* gemeenz verouderd, oude koek
oldish *bn* oudachtig, ouwelijk
old-maidish *bn* als (van) een oude vrijster
old school tie *znw* overdreven hang naar het traditionele
oldster *znw* Am oude heer; oudere, oudgediende
Old Testament *znw* Oude Testament *o*
old-time *bn* van vroeger, oud, ouderwets
old-timer *znw* oudgediende, ouwetje *o*; oudgast
old wives' tale *znw* bakerpraatje *o*
old-womanish *bn* als (van) een oud wijf
old-world *bn* uit de oude tijd, ouderwets; van de Oude Wereld
oleaginous [ouli'ædʒinəs] *bn* olie-, vetachtig
oleander [ouli'ændə] *znw* oleander
oleograph ['ouliəgra:f] *znw* oleografie
olfactory [ɔl'fæktəri] *bn* van de reuk; ~ *nerves* reukzenuwen
oligarchic [ɔli'ga:kik] *bn* oligarchisch
oligarchy ['ɔliga:ki] *znw* oligarchie
olio ['ouliou] *znw* allegaartje *o*, ratjetoe, mengelmoes *o* & *v*
olivaceous [ɔli'veiʃəs] *bn* olijfkleurig
olive ['ɔliv] *znw* olijf(tak); olijfkleur; *(meat)* ~*s* blinde vinken
olive-branch *znw* olijftak
olive-oil *znw* olijfolie
Olympiad [ou'limpiæd] *znw* olympiade
Olympian *bn* olympisch
Olympic I *bn* olympisch; **II** *znw*: *the* ~*s* de Olympische Spelen
Oman [ou'ma:n] *znw* Oman *o*
Omani I *znw* Omaniet; **II** *bn* Omanitisch
ombudsman ['ɔmbudzmən] *znw* ombudsman
omega ['oumigə] *znw* omega; einde *o*
omelette, Am **omelet** ['ɔmlit] *znw* omelet; *you can't make an* ~ *without breaking eggs* waar gehakt wordt, vallen spaanders
omen ['oumen] **I** *znw* voorteken *o*, omen *o*; **II** *overg* voorspellen, beloven
ominous ['ɔminəs] *bn* onheilspellend, omineus
omissible [ou'misibl] *bn* weggelaten kunnende worden
omission *znw* weg-, uitlating; nalatigheid, verzuim *o*, omissie
omit *overg* weg-, uitlaten, achterwege laten, overslaan, nalaten, verzuimen
omnibus ['ɔmnibəs] **I** *znw* omnibus; **II** *bn* vele onderwerpen (voorwerpen &) omvattend, omnibus-, verzamel-; ~ *book*, ~ *edition* omnibus (uitgave)
omnifarious [ɔmni'fɛəriəs] *bn* veelsoortig
omnipotence [ɔm'nipətəns] *znw* almacht
omnipotent *bn* almachtig
omnipresence [ɔmni'prezəns] *znw* alomtegenwoordigheid
omnipresent *bn* alomtegenwoordig
omniscience [ɔm'nisiəns] *znw* alwetendheid
omniscient *bn* alwetend
omnium gatherum ['ɔmniəm'gæðərəm] *znw* schertsend mengelmoes; gemengd gezelschap *o*
omnivorous [ɔm'nivərəs] *bn* allesverslindend; dierk omnivoor, allesetend
on [ɔn] **I** *voorz* op, aan, in, bij, om, met, van, over, tegen, volgens, naar; gemeenz op kosten van; ten koste van; *hundreds* ~ *hundreds of miles* honderden en honderden mijlen; *this round is* ~ *me* dit rondje geef ik; *slam the door* ~ *sbd.* vóór iem. dichtslaan; **II** *bijw* aan, op; door, voort, verder [bij werkwoorden]; ~, *Stanley*, ~! op!, vooruit!, sla toe!; ~ *with your coat* (trek) aan je jas; *he is* ~ hij is aan de beurt; hij is op de planken [v. toneel]; *I am* ~ ook: ik wil wel!, ik doe mee!; *be* ~ *at (to) sbd.* iem. aan zijn kop zeuren; *the case is* ~ de (rechts)zaak is in behandeling; *Macbeth is* ~ wordt gespeeld; *that's not* ~! gemeenz dat doe je niet!; *what is* ~? wat is er aan de hand?, te doen?, gaande?, aan de gang?; *what is he* ~ *about?* gemeenz waar heeft-ie het (in godsnaam) over?; *we are well* ~ *in April* al een heel eind in april; ~ *and off* = *off and on* zie: *off*; ~ *and* ~ voortdurend; ~ *to* op, naar; *be* ~ *to* gemeenz doorhebben; fig ruiken; *get* ~ *to* komen op [het dak]; zich in verbinding stellen met; ontdekken; gemeenz doorhebben
onager ['ɔnəgə] *znw* onager [dier]
once [wʌns] **I** *bijw* eens, eenmaal; ~ *again* nog eens, nogmaals, opnieuw, andermaal, weer; ~ *or twice* af en toe, een enkele maal; ~ *and away* eens en dan niet meer; een hoogst enkele maal; ~ *(and) for all* eens en niet weer; ~ *in a blue moon* een doodenkele keer; ~ *in a while*, ~ *in a way* een enkele keer, af en toe; ~ *more* nog eens, nogmaals, opnieuw, andermaal, weer; ~ *upon a time* (er was) eens; *at* ~ dade-

lijk; tegelijk; *all at ~* plotseling; *for ~* een enkele maal; bij (hoge) uitzondering; *not (never) ~* geen enkele keer; **II** *znw*: *this ~* ditmaal; *for this (that) ~* voor deze keer; **IV** *voegw* toen (eenmaal), als (eenmaal), zodra

once-over ['wʌnsouvə] *znw* gemeenz vluchtig onderzoek *o* &; *give the ~* zijn ogen laten gaan over

oncoming ['ɔnkʌmiŋ] **I** *bn* naderbij komend, aanrollend, naderend, aanstaand; *~ car* ook: tegenligger; *~ traffic* tegemoetkomend verkeer *o*; **II** *znw* nadering

one [wʌn] **I** *telw* een, één; een enkele; (een en) dezelfde; enig; *~ James* een zekere James, ene James; *~ night* op zekere nacht; *~ and all* allen (gezamenlijk), als één man; *his ~ and only hope* zijn enige hoop; *~ another* elkaar; *~ after another* de een na de ander, de één voor de ander na; *~ with another* door elkaar (gerekend); *the ~(s) I have seen* die ik gezien heb; *he is the ~* hij is de (onze) man, hij is het; *he is the ~ man to do it* de enige die het kan; *what ~?* welke?; *what kind of ~(s)?* welke, wat voor?; *a small boy and a big ~* en een grote; *small boys and big ~s* kleine en grote jongens; *that's a good ~!* die is goed!; *the great ~s* de grote lui; de groten (der aarde); *the little ~(s)* de kleine(n), kleintje(s); *that was a nasty ~* dat was een lelijke klap; *you are a fine ~!* je bent me een mooie!; *(that was) ~ in the eye for you!* een lelijke slag (klap, veeg uit de pan); *~ up* zie *up I*; *be ~* één zijn; het eens zijn; *it is all ~* het is allemaal hetzelfde; *be ~ of the party* van de partij zijn; *Book (chapter) ~* het eerste boek (hoofdstuk); *be ~ up on sbd.* gemeenz iem. een slag vóór zijn; *be at ~ with sbd. on (about)* het met iem. eens zijn over; *~ by ~* één voor één; stuk voor stuk; *by ~s and twos* bij bosjes van twee en drie; *X. for ~* om maar eens iemand te noemen, X., X. bijvoorbeeld; *I for ~* ik voor mij; *guess sth. in ~* iets in één keer goed raden; **II** *onbep vnw* men, gemeenz je; de een; iemand; *like ~ mad* als een bezetene; *I am not ~ for boasting (to talk)* ik houd niet van opscheppen (praten); **III** *znw* één; *two ~s* twee enen; *he's a ~!* gemeenz hij is me er eentje!

one-armed *bn* met één arm; *~ bandit* fruitautomaat, gokkast

one-eyed *bn* eenogig

one-horse *bn* met één paard; gemeenz klein, armoedig; *a ~ place* gat *o* [onaanzienlijk, stil, vervallen stadje of dorp]

one-legged *bn* met één been

one-liner *znw* korte, uit één zinnetje bestaande grap, kwinkslag

one-man *bn* eenmans-; van één persoon, schilder & (bijv. *a ~ exhibition*)

oneness *znw* eenheid, enigheid

one-night stand ['wʌnait'stænd] *znw* **1** gemeenz een liefdesaffaire/vriend(in) voor één nacht; **2** theat eenmalige voorstelling

one-off gemeenz **I** *bn* uniek, eenmalig; **II** *znw* unieke persoon, uniek ding *o*

one-parent family *znw* eenoudergezin *o*

one-piece **I** *bn* uit één stuk, eendelig; **II** *znw* jurk & uit één stuk

oner ['wʌnə] *znw* gemeenz geweldige kerel, prachtstuk *o*, bijzonder iem. of iets; expert; een flinke opstopper

onerous ['ɔnərəs] *bn* lastig, bezwaarlijk, zwaar, onereus; recht bezwaard [eigendom]

oneself [wʌn'self] *wederk vnw* zich; zichzelf; zelf

one-sided [wʌn'saidid] *bn* eenzijdig, partijdig

one-time *bn* gemeenz voormalig, gewezen, ex-

one-to-one *bn* een op een; een tegen een; *~ fight* gevecht *o* van man tegen man; *~ tuition* privéles

one-track *bn* eenzijdig [v. geest]

one-upmanship ['wʌn'ʌpmənʃip] *znw* gemeenz slagvaardigheid, de kunst om anderen steeds een slag voor te zijn

one-way *bn* in één richting; *~ traffic* eenrichtingsverkeer *o*; *~ street* straat met eenrichtingsverkeer; *~ ticket* enkele reis [kaartje], enkeltje *o*

onfall ['ɔnfɔ:l] *znw* aanval, bestorming

ongoing ['ɔngouiŋ] *bn* voortdurend, aanhoudend, lopend

onion ['ʌnjən] *znw* ui; *know one's ~s* gewiekst zijn

onlooker ['ɔnlukə] *znw* toeschouwer

only ['ounli] **I** *bn* enig; **II** *bijw* alleen, enig, enkel, maar, slechts, nog (maar); pas, net; eerst; *~ just* (maar) net, nauwelijks; *~ too glad* maar al te blij; **III** *voegw* alleen [= maar]

onomastics [ɔnou'mæstiks] *znw* naamkunde

onomatopoeia [ɔnəmætə'pi:ə] *znw* klanknabootsing; klanknabootsend woord *o*, onomatopee

onomatopoeic [ɔnəmætə'pi:ik] *bn* klanknabootsend

onrush ['ɔnrʌʃ] *znw* stormloop, opmars

onset ['ɔnset] *znw* aanvang, begin *o*

onshore ['ɔnʃɔ:] *bn* aanlandig [wind]

onslaught ['ɔnslɔ:t] *znw* aanval

on-the-job *bn*: *~ training* praktijkopleiding

onto ['ɔntu] *voorz* op, naar

onus ['ounəs] *znw* plicht, verplichting, last

onward ['ɔnwəd] **I** *bn* voorwaarts; **II** *bijw*: *~(s)* voorwaarts, vooruit; zie ook: *from*

onyx ['ɔniks] *znw* onyx *o & m*

oodles ['u:dlz] *znw mv*: *~ of* gemeenz een hoop [geld &]

oof [u:f] *znw* slang geld *o*, poen

oomph [u:mf] *znw* gemeenz sex-appeal *o*; pit *o & v*, energie

oops! [u:ps] *tsw* hupsakee!, hoepla!

oops-a-daisy *tsw* = *oops*

ooze [u:z] **I** *znw* modder, slik *o*; stroompje *o*; sijpelen *o*; **II** *onoverg* sijpelen; dóórdringen; *~ away* wegsijpelen; fig langzaam verdwijnen; *~ out* doorsijpelen, (uit)lekken[2]; *~ with* druipen van; **III** *overg* uitzweten; fig druipen van

oozy *bn* modderig, slijkerig; klam

op [ɔp] *znw* gemeenz [militaire, medische] operatie
opacity [ou'pæsiti] *znw* ondoorschijnendheid, donkerheid[2], duisterheid[2]
opal ['oupəl] *znw* opaal(steen)
opaline *bn* opaalachtig, opaal-
opaque [ou'peik] *bn* ondoorschijnend, donker[2], duister[2]; dom, traag van begrip
ope [oup] *overg* & *onoverg* plechtig (zich) openen
open ['oup(ə)n] **I** *bn* open°; geopend; openbaar, publiek; onbeperkt, vrij; openlijk; openhartig; onverholen; onbevangen; onbezet; onbeslist; ~ *season* jacht-, visseizoen *o*; ~ *shop* bedrijf dat ook ongeorganiseerde werknemers in dienst neemt; ~ *verdict* recht ± 'doodsoorzaak onbekend'; *be* ~ *to* open zijn (staan) voor; blootstaan aan; vatbaar zijn voor [rede]; gaarne willen (ontvangen &); *it is* ~ *to you*... het staat u vrij om...; ~ *to reproach* af te keuren; *be* ~ *with* openhartig zijn tegenover; *lay* ~ open-, blootleggen; *lay oneself* ~ *to* zich blootstellen aan; ~ *air* buiten, buitenlucht; ~ *country* vrije veld *o*; ~ *court* openbare rechtszaak; *keep* ~ *house* heel gastvrij zijn; *with* ~ *hand* vrijgevig; ~ *secret* publiek geheim *o*; ~ *and shut* rechttoe rechtaan; **II** *znw* open veld *o*, open zee; sp open toernooi *o* [waarvoor iedereen zich kan inschrijven]; *in the* ~ in de open lucht; onder de blote hemel; in het openbaar; *bring into the* ~ aan het licht brengen; *come into the* ~ voor de dag komen; eerlijk zeggen; **III** *overg* openen, openmaken, -doen, -zetten, -stellen; openkrijgen; openleggen[2]; blootleggen; inleiden [onderwerp], beginnen; ontginnen [het terrein]; banen [weg]; verruimen [geest]; ~ *out* openen; ~ *up* toegankelijk maken, ontsluiten; open-, blootleggen; onthullen; ontginnen; beginnen; **IV** *onoverg* opengaan, zich openen; beginnen; ~ *into, on (on to)* uitkomen op; ~ *out* opengaan, zich ontplooien; 'loskomen'; *his eyes ~ed to* ... de ogen gingen hem open voor ...; ~ *up* opengaan; beginnen; 'loskomen'; mil beginnen te vuren
open-air *bn* openlucht-, buiten-
open-and-shut *bn*: ~ *case* duidelijk geval *o*, fluitje *o* van een cent
open-cast ['oup(ə)nka:st] *bn*: ~ *mining* dagbouw
open-ended *bn* open, flexibel, niet vastomschreven, vrij, voor onbepaalde duur [contract], zonder tijdslimiet [bijeenkomst], zonder vaste retourdatum [ticket]
opener ['oupənə] *znw* (blik-, fles)opener; eerste onderdeel *o* van iets; *for ~s* om te beginnen
open-eyed *bn* met open(gesperde) ogen; waakzaam, alert
open-handed *bn* mild, royaal
open-hearted *bn* openhartig; grootmoedig; hartelijk
open-heart surgery *znw* openhartchirurgie
opening I *bn* openend; inleidend; eerste; ~ *hours* openingsuren; ~ *night* theat première; ~ *time* openingstijd; **II** *znw* opening°; begin *o*; inleiding; kans; gelegenheid; plaats [voor een werkkracht]; ~*s* ook: vooruitzichten
openly *bijw* openlijk, onverholen
open-minded *bn* onbevangen, onbevooroordeeld
open-mouthed *bn* met open mond; gulzig, gretig
open-necked *bn* met open kraag; ~ *shirt* schillerhemd *o*
openness *znw* open(hartig)heid
open-plan *bn*: ~ *office* kantoortuin
open-work *znw* ajour
opera ['ɔpərə] *znw* opera
operable ['ɔpərəbl] *bn* operabel
opera-glasses *znw mv* toneelkijker
opera-hat *znw* hoge zijden [hoed]
opera-house *znw* opera(gebouw *o*)
operate ['ɔpəreit] **I** *onoverg* werken° [v. geneesmiddelen &]; uitwerking hebben; van kracht zijn; handel & mil opereren; med een operatie doen; ~ *(up)-on* werken op [iems. gevoel]; ~ *on sbd. for appendicites* iem. opereren aan zijn blindedarm; **II** *overg* bewerken; teweegbrengen, ten gevolge hebben; in werking stellen; techn drijven; in beweging brengen; besturen, behandelen, bedienen [machine], werken met [vulpen]; exploiteren, leiden
operatic [ɔpə'rætik] *bn* opera-; fig theatraal
operating ['ɔpəreitiŋ] *bn* **1** werkend, in werking, functionerend; **2** bedrijfs-; ~ *expenses* bedrijfskosten; ~ *system* comput besturingssysteem *o*; ~ *theatre,* ~ *room* operatiekamer, -zaal
operation [ɔpə'reiʃən] *znw* (uit)werking; werkzaamheid, verrichting, bewerking, (be)handeling, bediening [v. machine]; exploitatie; operatie; *be in* ~ van kracht zijn; techn in bedrijf zijn; *come into* ~ in werking treden; pol, recht van kracht worden, ingaan [v. wet]
operational *bn* operationeel
operative ['ɔpərətiv] **I** *bn* werkzaam, werkend, van kracht; werk-; meest relevant, voornaamst; med operatief; *become* ~ in werking treden; **II** *znw* werkman, arbeider; Am detective, rechercheur
operator ['ɔpəreitə] *znw* operateur; (be)werker; wie bedient [machine], bestuurder; machinist, cameraman; telegrafist; telefonist; handel speculant; *a smooth* ~ een gladde jongen
operetta [ɔpə'retə] *znw* operette
ophthalmia [ɔf'θælmiə] *znw* oogontsteking
ophthalmic *bn* oog-; ooglijders-
ophthalmology [ofθæl'mɔlədʒi] *znw* oogheelkunde
ophthalmoscope [ɔf'θælməskoup] *znw* oogspiegel
opiate ['oupiit] *znw* opiaat *o*, opiumhoudend slaap- of pijnstillend middel *o*
opine [ou'pain] *onoverg* van mening zijn, vermenen
opinion [ə'pinjən] *znw* opinie, ziens-, denkwijze, idee *o* & *v*; mening, oordeel *o*, gevoelen *o*; [rechtskundig &] advies *o*; ~ *poll* opiniepeiling, opinieonderzoek *o*; *have no* ~ *of* geen hoge dunk hebben van; *in my* ~ volgens mijn mening, naar mijn opi-

nie, mijns inziens; *a matter of* ~ een kwestie van opvatting; onuitgemaakt
opinionated, **opinionative** *bn* stijfhoofdig: stijf op zijn stuk staand; eigenwijs, eigenzinnig
opium ['oupjəm] *znw* opium
opium den *znw* opiumkit
opium smoker *znw* opiumsnuiver
opossum [ə'pɔsəm] *znw* dierk opossum *o*, buidelrat
opponent [ə'pounənt] *znw* tegenstander, tegenpartij, bestrijder, opponent, opposant
opportune ['ɔpətju:n] *bn* juist op tijd, van pas (komend), gelegen, geschikt, opportuun
opportunism *znw* opportunisme *o*
opportunist *znw* & *bn* opportunist(isch)
opportunity [ɔpə'tju:niti] *znw* (gunstige) gelegenheid, kans
oppose [ə'pouz] **I** *overg* stellen (brengen) tegenover, tegenover elkaar stellen; zich kanten tegen, zich verzetten tegen, tegengaan, bestrijden [voorstel]; **II** *abs ww* tegenwerpingen maken, oppositie voeren; ~*d to* tegengesteld aan; *as* ~*d to* tegen(over); *firmly* ~*d to* ... sterk (gekant) tegen
opposer *znw* opponent; bestrijder
opposing *bn* tegen(over)gesteld, tegenstrijdig; (vijandig) tegenover elkaar staand
opposite ['ɔpəzit] **I** *bn* tegen(over)gesteld, tegenover(gelegen); overstaand [v. hoeken, bladeren]; ~ *number* gelijke, ambtgenoot, collega, pendant *o* & *m*, tegenspeler; ~ *party* tegenpartij; *the* ~ *sex* het andere geslacht; ~ *(to) the house* tegenover het huis; **II** *bijw* & *voorz* (daar)tegenover, aan de overkant; *nearly* ~ schuin tegenover; **III** *znw* tegen(over)gestelde *o*, tegendeel *o*
opposition [ɔpə'ziʃən] *znw* oppositie°, tegenstand, verzet *o*, tegenkanting; tegenoverstelling; tegenstelling; *in* ~ *to* tegenover; in strijd met; tegen... in
oppositionist *znw* (lid *o*) van de oppositie
oppress [ə'pres] *overg* onderdrukken, verdrukken; drukken (op), bezwaren, benauwen
oppression *znw* onder-, verdrukking; druk, benauwing
oppressive *bn* (onder)drukkend, benauwend
oppressor *znw* onderdrukker, verdrukker
opprobrious [ə'proubriəs] *bn* smadend, smaad-, beledigend
opprobrium *znw* smaad, schande
opt [ɔpt] *onoverg*: ~ *for* opteren, kiezen (voor); ~ *out* niet meer willen (meedoen), bedanken (voor *of*)
optic ['ɔptik] **I** *bn* optisch, gezichts-; ~ *nerve* oogzenuw; **II** *znw*: ~*s* optica, optiek
optical *bn* optisch, gezichts-; ~ *illusion* gezichtsbedrog *o*
optician [ɔp'tiʃən] *znw* opticien
optimal ['ɔptiml] *bn* optimaal
optimism ['ɔptimizm] *znw* optimisme *o*
optimist *znw* optimist
optimistic [ɔpti'mistik] *bn* optimistisch, hoopvol
optimize ['ɔptimaiz] *overg* optimaliseren
optimum **I** *znw* (*mv*: -s *of* optima) optimum *o*; **II** *bn* optimaal
option ['ɔpʃən] *znw* keus, verkiezing, recht *o* of vrijheid van kiezen, optie; handel premie(affaire); *keep (leave) one's* ~*s open* (nog) geen definitieve keuze doen; zorgen dat men alle kanten uit kan; ± zich op de vlakte houden
optional *bn* niet verplicht, ter keuze, facultatief; ~ *extras* accessoires
optometrist [ɔp'tɔmitrist] *znw* iem. die de gezichtsscherpte bepaalt; ± opticien
optometry [ɔp'tɔmitri] *znw* bepaling van de gezichtsscherpte
opulence ['ɔpjuləns] *znw* rijkdom, overvloed, weelde(righeid)
opulent *bn* rijk, overvloedig, weelderig
opus ['oupəs, 'ɔpəs] *znw* (*mv*: -es *of* opera [ɔpərə]) muz opus *o*, werk *o* [v. schrijver]
opuscule [ɔ'pʌskju:l] *znw* muz klein opus *o*, werkje *o*
or [ɔ:] *voegw* of; *five* ~ *six* vijf à zes; een stuk of zes; *a word* ~ *two* een paar woorden; *we can do better than that...* ~ *can we?* ... of niet soms?; hoewel...; zie ook: *so I*
oracle ['ɔrəkl] *znw* orakel[2] *o*; *work the* ~ achter de schermen werken
oracular [ɔ'rækjulə] *bn* orakelachtig
oral ['ɔ:rəl] **I** *bn* mondeling; mond-; med oraal; **II** *znw* mondeling (examen) *o*
orange ['ɔrin(d)ʒ] **I** *znw* oranjeboom; sinaasappel; oranje *o*; *bitter* ~ pomerans; ~ *blossom* oranjebloesem; **II** *bn* oranje
orangeade [ɔrin'(d)ʒeid] *znw* orangeade
Orangeism ['ɔrin(d)ʒism] *znw* militant protestantisme *o* [in Noord-Ierland]
Orangeman *znw* [in Noord-Ierland] militante protestant
orange-peel ['ɔrin(d)ʒpi:l] *znw* oranjeschil, sinaasappelschil
orangery ['ɔrin(d)ʒəri] *znw* oranjerie
orang-outang, **orang-utan** [ɔ:rəŋ'u:tæn, 'ɔ:ræŋ'u:ta:n] *znw* dierk orang-oetan(g)
orate [ɔ'reit] *overg* gemeenz oreren
oration *znw* rede, redevoering, oratie
orator ['ɔrətə] *znw* redenaar, spreker
oratorical [ɔrə'tɔrikl] *bn* oratorisch, redenaars-
oratorio [ɔrə'tɔ:riou] *znw* muz oratorium *o*
oratory ['ɔrətəri] *znw* welsprekendheid; (holle) retoriek; bidvertrek *o*, (huis)kapel
orb [ɔ:b] *znw* (hemel)bol; kring; rijksappel
orbit ['ɔ:bit] **I** *znw* baan [v. hemellichaam, satelliet]; fig sfeer; oogholte, -kas; *be in* ~ in een baan draaien; *go (to) into* ~ in een baan komen; *put (send) into* ~ in een baan brengen; **II** *onoverg* in een baan draaien; **III** *overg* in een baan draaien om [de aarde, de maan &]
orbital *bn* van de oogkas; van een baan, baan-; ~ *flight* vlucht in een baan (om de aarde &); ~ *road*

ringweg
orchard ['ɔ:tʃəd] *znw* boomgaard
orchestra ['ɔkistrə] *znw* orkest° *o*; ~ *pit* orkestbak
orchestral [ɔ:'kestrəl] *bn* van het orkest, orkest-
orchestrate ['ɔ:kistreit] *overg* orkestreren, voor orkest bewerken; fig organiseren, arrangeren
orchestration [ɔ:kis'treiʃən] *znw* orkestratie, arrangement[2] *o*
orchid ['ɔ:kid], **orchis** ['ɔ:kis] *znw* orchidee
ordain [ɔ:'dein] *overg* aan-, instellen; bevelen, verordenen, plechtig (ver)ordineren; bestemmen, bepalen; ordenen (tot priester); wijden
ordeal [ɔ:'di:l, ɔ:'di:əl] *znw* godsgericht *o*; fig beproeving; vuurproef
order ['ɔ:də] **I** *znw* (rang-, volg)orde, klasse, soort; stand; ridderorde; orde(lijkheid); order, bevel *o*, last(geving), bestelling; formulier *o*; (toegangs-) biljet *o*; mil tenue *o & v*; *O~ in Council* ± Koninklijk Besluit *o*; ~ *of battle* slagorde; *the ~ of the day* de orde van de dag; mil de dagorder; *be the ~ of the day* aan de orde van de dag zijn; ~ *of knighthood* ridderorde; *holy ~s* de geestelijke wijding; *the major (minor) ~s* RK de hogere (lagere) wijdingen; *it is a tall ~* gemeenz dat is veel gevergd; dat is niet mis; *there are ~s against it* het is verboden; *take ~s* (tot priester) gewijd worden; handel bestellingen krijgen (aannemen); *arms at the ~* mil met het geweer bij de voet; *by ~* op bevel, op last; *by his ~s* op zijn bevel; *in ~* in orde; aan de orde; niet buiten de orde; *in ~ to marry, in ~ that he might marry* om te, plechtig teneinde te trouwen; *in ~s* (tot priester) gewijd; *enter into (holy) ~s* (tot priester) gewijd worden; *on ~* in bestelling; *out of ~* niet in orde; niet wel; ordeloos; in het ongerede, defect, stuk; buiten de orde; *to ~* op commando (bevel); volgens bestelling, op (naar) maat; handel aan order; *call to ~* tot de orde roepen; *be under ~s to* bevel (gekregen) hebben om; **II** *tsw*: ~, *~!* tot de orde!; **III** *overg* ordenen, (be)schikken, regelen, inrichten; verordenen, gelasten, bevelen, voorschrijven; bestellen; ~ *arms!* mil het geweer bij de voet!; ~ *about* commanderen, ringeloren; ~ *away*, ~ *off* gelasten heen te gaan; ~ *home* gelasten naar huis te gaan; naar het moederland terugroepen (zenden)
order-book *znw* handel orderboek *o*, orderportefeuille
order-form *znw* bestelbiljet *o*, bestelformulier *o*, bestelkaart
1 orderly ['ɔ:dəli] *bn* ordelijk, geregeld
2 orderly ['ɔ:dəli] *znw* ordonnans; hospitaalsoldaat; oppasser [in een hospitaal]
orderly officer *znw* officier van de dag
orderly room *znw* mil bureau *o*
order-paper ['ɔ:dəpeipə] *znw* agenda
ordinal ['ɔ:dinl] *bn* rangschikkend; ~ *number* rangtelwoord *o*
ordinance ['ɔdinəns] *znw* verordening, ordonnantie; ritus
ordinand [ɔ:di'nænd] *znw* kandidaat voor wijding, RK wijdeling
ordinarily ['ɔ:d(i)nərili] *bijw* gewoonlijk; gewoon
ordinary I *bn* gewoon, alledaags; doorsnee, normaal, saai; ~ *seaman* lichtmatroos; zie ook: *level I*; **II** *znw* gewone *o*; RK ordinaris; RK ordinarium *o* [van de mis]; *out of the ~* ongewoon; buitengewoon
ordinate ['ɔ:dinit] *znw* wisk ordinaat
ordination [ɔ:di'neiʃən] *znw* (priester)wijding
ordnance ['ɔ:dnəns] *znw* geschut *o*, artillerie; oorlogsmateriaal *o* en -voorraden; *Army O~ Corps* ± uitrustingstroepen; *a piece of ~* een stuk (geschut) *o*; ~ *map* stafkaart
ordnance survey *znw* topografische opname, triangulatie; topografische dienst
ordure ['ɔ:djuə] *znw* vuilnis; vuiligheid[2], vuil[2] *o*
ore [ɔ:] *znw* erts *o*
oread ['ɔ:riæd] *znw* bergnimf
oregano [ɔri'ga:nou] *znw* oregano
organ ['ɔ:gən] *znw* muz orgel *o*; orgaan[2] *o*
organdie ['ɔ:gəndi] *znw* organdie
organ-grinder ['ɔ:gəngraində] *znw* orgeldraaier
organic [ɔ:'gænik] *bn* organisch, organiek; biologisch(-dynamisch), natuurlijk [v. voeding, tuinbouw &]
organism ['ɔ:gənizm] *znw* organisme *o*
organist ['ɔ:gənist] *znw* organist
organization [ɔ:gənai'zeiʃən] *znw* organisatie
organizational *bn* organisatorisch
organize ['ɔ:gənaiz] *overg* organiseren
organizer *znw* organisator
organ-loft ['ɔ:gənlɔft] *znw* muz orgelkoor *o*; RK oksaal *o*
organ-stop *znw* muz (orgel)register *o*
orgasm ['ɔ:gæzm] *znw* hoogste opwinding, opgewondenheid, orgasme *o*
orgasmic ['ɔ:gæzmik], **orgastic** ['ɔ:gæztik] *bn* orgastisch
orgiastic ['ɔ:dʒiæstik] *bn* orgiastisch, als een orgie
orgy ['ɔ:dʒi] *znw* orgie, zwelg-, braspartij
oriel ['ɔ:riəl] *znw* erker; erkervenster *o* (ook: ~ *window*)
Orient ['ɔ:riənt] *znw* oosten *o*, morgenland *o*
1 orient ['ɔ:riənt] plechtig **I** *bn* opgaand [als de zon]; oostelijk; oosters; schitterend, stralend; **II** *znw* glans [v. parels]
2 orient ['ɔ:rient] *overg* richten; oriënteren, situeren; ~ *oneself* zich oriënteren
oriental [ɔ:ri'entl] **I** *bn* oostelijk; oosters; **II** *znw* oosterling
orientate ['ɔ:rienteit] *overg* = *²orient*
orientation [ɔ:rien'teiʃən] *znw* oriëntering[2], oriëntatie
orienteering ['ɔ:rientiəriŋ] *znw* sp oriëntatieloop
orifice ['ɔrifis] *znw* plechtig opening; mond
origin ['ɔridʒin] *znw* oorsprong, begin *o*, beginpunt *o*, af-, herkomst, origine; oorzaak, ontstaan *o*

original [ə'ridʒinəl] **I** *bn* oorspronkelijk, aanvankelijk, origineel; ~ *sin* erfzonde; **II** *znw* origineel *o* = oorspronkelijk stuk (werk) *o*; grondtekst
originality [əridʒi'næliti] *znw* oorspronkelijkheid; originaliteit
originate [ə'ridʒineit] **I** *overg* voortbrengen; **II** *onoverg* ontstaan, voortspruiten (uit *in*), afkomstig zijn, uitgaan (van *from, with*)
origination [əridʒi'neiʃən] *znw* oorsprong, ontstaan *o*
originator *znw* (eerste) ontwerper, aanlegger, initiatiefnemer, schepper, verwekker, vader
oriole ['ɔ:rioul] *znw* wielewaal, goudmerel
Orion [ə'raiən] *znw* astron Orion
orison ['ɔrizən] *znw* vero gebed *o*
orlop ['ɔ:lɔp] *znw* scheepv koebrugdek *o*
ormolu ['ɔ:məlu:] *znw* goudbrons *o*
ornament ['ɔ:nəmənt] **I** *znw* ornament *o*, versiersel *o*, versiering; sieraad[2] *o*; **II** *overg* (ver)sieren, tooien
ornamental [ɔ:nə'mentl] *bn* (ver)sierend, ornamenteel, decoratief [v. personen]; sier-; ~ *art* (ver-)sier(ings)kunst, ornamentiek; ~ *painter* decoratieschilder
ornamentation [ɔ:nəmen'teiʃən] *znw* versiering; ornamentiek
ornate [ɔ:'neit] *bn* (te) zeer versierd, overladen
ornery ['ɔ:nəri] *bn* Am gemeenz chagrijnig, vervelend; koppig; van slechte kwaliteit
ornithological [ɔ:niθə'lɔdʒikl] *bn* ornithologisch
ornithologist [ɔ:ni'θɔlədʒist] *znw* ornitholoog
ornithology *znw* ornithologie: vogelkunde
orotund ['ɔroutʌnd] *bn* weerklinkend; pompeus, bombastisch
orphan ['ɔ:fən] **I** *znw* weeskind *o*, wees; **II** *bn* verweesd, ouderloos, wees-; **III** *overg* tot wees maken
orphanage *znw* weeshuis *o*
orphaned *bn* verweesd, ouderloos
orphanhood *znw* ouderloosheid
Orphean [ɔ:'fi:ən], **Orphic** ['ɔ:fik] *bn* van Orfeus; Orfisch, orakelachtig; meeslepend
orphrey ['ɔ:fri] *znw* goudboordsel *o*, rand van goudborduursel *o*
orpiment ['ɔ:pimənt] *znw* operment *o* [verfstof]
orrery ['ɔrəri] *znw* planetarium *o*
orris ['ɔris] *znw* borduursel *o* van goud- of zilverkant
orthodontics [ɔ:θou'dɔntiks] *znw* orthodontie
orthodontist [ɔ:θə'dɔntist] *znw* orthodontist
orthodox ['ɔ:θədɔks] *bn* orthodox, rechtzinnig; conventioneel; echt, van de oude stempel; gebruikelijk, gewoon; oosters-orthodox
orthodoxy *znw* orthodoxie, rechtzinnigheid
orthographic [ɔ:θə'græfik] *bn* orthografisch: van de spelling, spelling-
orthography [ɔ:'θɔgrəfi] *znw* (juiste) spelling
orthopaedic, Am **orthopedic** [ɔ:θou'pi:dik] *bn* orthopedisch; ~ *surgeon* orthopedist
orthopaedics, Am **orthopedics** *znw* orthopedie
orthopaedy, Am **orthopedy** ['ɔ:θoupi:di] *znw* = *orthopaedics*
oscillate ['ɔsileit] *overg* & *onoverg* slingeren, schommelen[2]; trillen; aarzelen; radio oscilleren
oscillation [ɔsi'leiʃən] *znw* slingering, schommeling[2]; radio oscillatie
oscillatory ['ɔsilətəri] *bn* slingerend, schommelend[2], slinger-; radio oscillatie-
oscilloscope [ɔ'siləskoup] *znw* oscilloscoop
osculate ['ɔskjuleit] **I** *onoverg* wisk osculeren; **II** *overg* schertsend kussen
osculation [ɔskju'leiʃən] *znw* wisk osculatie; schertsend kus, gekus *o*
osier ['ouʒə] **I** *znw* kat-, teen-, bindwilg; rijs *o*; teen; **II** *bn* tenen
osmosis [ɔz'mousis] *znw* osmose
osprey ['ɔspri] *znw* dierk visarend; aigrette
osseous ['ɔsiəs] *bn* beenachtig, beender-
ossicles ['ɔsəkəls] *znw mv* gehoorbeentjes
ossification [ɔsifi'keiʃən] *znw* beenvorming, verbening
ossify ['ɔsifai] *overg & onoverg* (doen) verbenen; verharden[2]
ossuary ['ɔsjuəri] *znw* knekelhuis *o*, ossuarium *o*
ostensible [ɔs'tensibl] *bn* voorgewend, voor de schijn, ogenschijnlijk, zogenaamd
ostensibly *bijw* zoals voorgegeven wordt (werd), ogenschijnlijk, zogenaamd
ostentation [ɔsten'teiʃən] *znw* (uiterlijk) vertoon *o*, pralerij, pronkerij; ostentatie
ostentatious *bn* pralend, praalziek, pronkerig, pronkziek; ostentatief
osteology [ɔsti'ɔlədʒi] *znw* osteologie, leer der beenderen
osteopath ['ɔstiəpæθ] *znw* osteopaat, bottenkraker
osteopathy [ɔsti'ɔpəθi] *znw* osteopathie, bottenkraken
ostler ['ɔslə] *znw* stalknecht
ostracism ['ɔstrəsizm] *znw* hist ostracisme *o*, schervengericht *o*; uitsluiting; verbanning
ostracize ['ɔstrəsaiz] *overg* hist (door het schervengericht) verbannen; uitsluiten, (maatschappelijk) boycotten
ostrich ['ɔstritʃ] *znw* dierk struisvogel
other ['ʌðə] **I** *bn* ander; nog (meer); anders; *some ~ day* op een andere dag; *the ~ day* onlangs; *every ~ day* om de andere dag; *the ~ night* laatst op een avond; *~ than* verschillend van, anders dan; *~ than* ook: behalve; zie ook: *none*; *some one or ~* de een of andere, deze of gene; *some time or ~* (bij gelegenheid) wel eens; **II** *znw* andere; *he is the man of all ~s for the work* net de man voor dat werk; *why choose this book of all ~s!* waarom nu juist dit boek?
otherness *znw* verschillend/anders zijn *o*
otherwhere(s) *bijw* plechtig elders
otherwise *bijw* anders°, anderszins, op (een) andere manier; overigens; alias; *wise and ~* wijs en niet wijs; *rich or ~* al of niet rijk, rijk of arm

otherworldly [ʌðə'wə:ldli] *bn* niet van deze wereld
otiose ['ouʃious] *bn* onnut, overbodig; ledig
otitis [o'taitis] *znw* oorontsteking
otoscope ['outəskoup] *znw* oorspiegel
otter ['ɔtə] *znw* dierk (zee)otter
Ottoman ['ɔtəmən] *znw* & *bn* Ottomaan(s), Turk(s)
ottoman ['ɔtəmən] *znw* ottomane [rustbank]
ouch [autʃ] *tsw* au!
1 ought [ɔ:t] *znw* **1** plechtig iets; **2** nul
2 ought [ɔ:t] (ought) *onoverg* moeten, behoren; *you ~ to....* u moe(s)t...
ouija ['wi:dʒa:] *znw* (kruishout *o* en) bord *o*, gebruikt bij spiritistische seance
ounce [auns] *znw* **1** Engels ons *o* (= 28,35 gram); **2** fig greintje *o*, beetje *o*; **3** dierk sneeuwpanter
our ['auə] *bez vnw* ons, onze
ours *bez vnw* de onze(n), het onze; van ons
ourself [auə'self], **ourselves** [auə'selvz] *wederk vnw* wij(zelf); ons, (ons)zelf; *we ~* wij zelf [met nadruk]
ousel ['u:zl] *znw* = *ouzel*
oust [aust] *overg* verjagen; verdringen; de voet lichten; uit-, ontzetten
out [aut] **I** *bijw* uit°, (naar) buiten; eropuit, weg, niet thuis, scheepv buitengaats, mil te veld; uitgelopen [blaren]; uitgedoofd; op; om; uit de mode; niet meer aan het bewind; niet meer aan slag; in staking; bewusteloos; bekend, geopenbaard, publiek; uitgesloten; *all ~* totaal; de plank helemaal mis; met volle kracht, uit alle macht; *go all (flat) ~* alles op alles zetten; *~ there* daarginder (in Canada &); *~ and ~* door en door, terdege; *my arm is ~* uit het lid; *in school and ~* en daarbuiten; *on her Sundays ~* op haar vrije zondagen; *the last novel ~* de laatst verschenen (nieuwste) roman; *on the voyage ~* op de uitreis; *be ~* uit zijn, er niet zijn; weer op de been zijn (na ziekte); bloeien; aan het hof voorgesteld zijn; sp uit zijn [buiten de lijnen]; mil onder de wapenen zijn; fig het mis hebben, zich verrekend hebben; gebrouilleerd zijn; slang uitkomen voor zijn/haar homoseksualiteit; *have it ~* duidelijk stellen, [iets] uitvechten; *genius will ~* het genie blijft niet verborgen, het genie laat zich niet onderdrukken; *~ for Germany's destruction* van plan, eropuit zijnde Duitsland te vernietigen; *~ in one's calculations* zich verrekend hebbend; *~ of* uit; buiten; van; zonder; door [voorraad] heen; *be ~ of it* er niet meer in zijn; niet meer meetellen; niet meer hebben; niet in zijn element zijn; *be ~ to* het erop gemunt hebben om, het erop aanleggen om; *~ with it!* voor de dag ermee!; biecht maar eens op!; **II** *tsw*: *~!* eruit!, donder op!; **III** *voorz*: *from ~ the dungeon* van/uit de gevangenis; **IV** *bn*: *an ~-size* een extra grote maat, extra groot nummer [handschoenen &]; **V** *overg*: *~ with one's knife* zijn mes tevoorschijn halen, zijn mes trekken; *~ sbd.* slang iem.'s homoseksualiteit (tegen zijn/haar zin) aan de grote klok hangen; **VI** *znw*: *the ~s* de niet aan het bewind zijnde partij
out-and-out ['autnd'aut] *bn* door en door, eersterangs; echt; aarts-, doortrapt, uitgeslapen; door dik en dun (meegaand), je reinste...
outback ['autbæk] *znw* Austr binnenland *o*
outbalance [aut'bæləns] *overg* zwaarder wegen dan...
outbid [aut'bid] *overg* meer bieden (dan...), overbieden[2]
outboard ['autbɔ:d] *bn* buiten boord; *~ engine, ~ motor* buitenboordmotor
outbound ['autbaund] *bn* op de uitreis [schip &]
outbrave [aut'breiv] *overg* trotseren; (in moed) overtreffen
outbreak ['autbreik] *znw* uitbreken *o* [v. mazelen &, oorlog]; uitbarsting; opstootje *o*, oproer *o*
outbuilding ['autbildiŋ] *znw* bijgebouw *o*
outburst ['autbə:st] *znw* uitbarsting[2]; fig uitval
outcast ['autka:st] *znw* verworpeling, verstoteling, verschoppeling, uitgestotene; balling
outclass [aut'kla:s] *overg* overtreffen, (ver) achter zich laten; sp overklassen, overspelen
outcome ['autkʌm] *znw* uitslag, resultaat *o*
outcrop ['autkrɔp] *znw* geol dagzoom
outcry ['autkrai] *znw* luid protest *o*
outdare [aut'dɛə] *overg* meer durven dan; tarten
outdated [aut'deitid] *bn* verouderd, uit de tijd
outdistance [aut'distəns] *overg* achter zich laten[2]
outdo [aut'du:] *overg* overtreffen, de loef afsteken
outdoor ['autdɔ:] *bn* buiten-; voor buitenhuis; in de open lucht
outdoors ['aut'dɔ:z] *bijw* buitenshuis, buiten
outer ['autə] *bn* buiten-, buitenste; verste, uiterste; *~ garments* bovenkleren; *~ office* kantoor *o* voor ondergeschikte(n) en publiek; *~ space* buitenatmosfeer, buitenaardse ruimte
outermost *bn* buitenste, uiterste
outface [aut'feis] *overg* de ogen doen neerslaan; van zijn stuk brengen; trotseren
outfall ['autfɔ:l] *znw* afvloeiing [v. water], afvoerkanaal *o*, waterlozing, uitweg, -gang
outfield ['autfi:ld] *znw* honkbal, cricket verre veld *o*
outfit ['autfit] *znw* uitrusting, kostuum *o*; slang zaak, zaakje *o*; gezelschap *o*, stel *o*; ploeg; mil afdeling, onderdeel *o*
outfitter *znw* leverancier van uitrustingen; winkelier in herenmode
outflank [aut'flæŋk] *overg* mil overvleugelen, omtrekken; fig beetnemen
outflow ['autflou] *znw* uitstroming; uitstorting; wegvloeien *o* [v. kapitaal]; *savings ~* handel ontsparing
outfly [aut'flai] *overg* sneller (hoger &) vliegen dan
outfox [aut'fɔks] *overg* te slim af zijn
outgeneral [aut'dʒenərəl] *overg* in krijgsmanschap overtreffen
outgo [aut'gou] **I** *overg* overtreffen; **II** *znw* uitgaven
outgoing ['autgouiŋ] **I** *bn* uitgaand; aflopend [ge-

tij]; vertrekkend [trein]; aftredend, demissionair [minister]; **II** *znw*: ~*s* uitgave(n), (on)kosten
outgrow [aut'grou] *overg* sneller groeien dan...; te groot worden voor...; ontgroeien, ontwassen; over het hoofd groeien; groeien uit [kledingstuk]; ~ *it* het te boven komen
outgrowth ['autgrouθ] *znw* uitwas; fig uitvloeisel *o*, resultaat *o*, product *o*
outhouse ['authaus] *znw* bijgebouw *o*
outing ['autiŋ] *znw* uitstapje *o*, uitje *o*
outlandish [aut'lændiʃ] *bn* buitenlands, vreemd, zonderling; (ver)afgelegen
outlast [aut'la:st] *overg* langer duren dan...
outlaw ['autlɔ:] **I** *znw* vogelvrij verklaarde, balling; bandiet; **II** *overg* vogelvrij verklaren, buiten de wet stellen, verbieden
outlawry *znw* vogelvrijverklaring, buiten de wet stellen *o*
outlay ['autlei] *znw* uitgave, (on)kosten
outlet ['autlet] *znw* uitgang; uitweg; afvoerkanaal *o*; handel afzetgebied *o*; verkooppunt *o*; fig uitlaatklep
outlier ['autlaiə] *znw* iem. die of iets wat zich buiten zijn gewone woonplaats bevindt; ook: forens
outline ['autlain] **I** *znw* omtrek, schets[2]; omlijning; *the ~s* ook: de hoofdpunten; *in rough ~* in ruwe trekken; **II** *overg* (in omtrek) schetsen, (af-) tekenen[2]; omlijnen; uitstippelen; *be ~d against* zich aftekenen tegen
outlive [aut'liv] *overg* langer leven dan..., overleven; te boven komen; ~ *one's (its) day* zichzelf overleven; *not ~ the night* de dag niet halen; ~ *its usefulness* zijn (beste) tijd gehad hebben
outlook ['autluk] *znw* uitkijk; kijk, blik, zienswijze, opvatting, visie; (voor)uitzicht *o*
outlying ['autlaiiŋ] *bn* ver, verwijderd, afgelegen, buiten
outmanoeuvre, Am **outmaneuvre** ['autmə'nu:və] *overg* [iem.] te slim af zijn
outmarch [aut'ma:tʃ] *overg* sneller marcheren dan, achter zich laten
outmatch ['autmætʃ] *overg* overtreffen
outmoded [aut'moudid] *bn* ouderwets
outmost ['autmoust] *bn* buitenste, uiterste
outnumber [aut'nʌmbə] *overg* in aantal overtreffen, talrijker zijn dan...; *be ~ed* in de minderheid zijn (blijven)
out-of-date ['autəv'deit] *bn* ouderwets, verouderd
out-of-pocket ['autəv'pɔkit] *bn*: ~ *expenses* voorschotten
out-of-the-way ['autəvðə'wei] *bn* afgelegen; ongewoon; buitenissig
out-of-work ['autəv'wə:k] *bn* werkloos, zonder werk
outpace [aut'peis] *overg* voorbijstreven
out-patient ['autpeiʃənt] *znw* poliklinische patiënt; *~s' department* polikliniek
outport ['autpɔ:t] *znw* scheepv voorhaven
outpost ['autpoust] *znw* buitenpost; mil voorpost
outpouring ['autpɔ:riŋ] *znw* uitstorting; ontboezeming
output ['autput] **I** *znw* opbrengst, productie; mil nuttig effect *o*, vermogen *o*; elektr uitgang(svermogen *o*); comput uitvoer; **II** *overg* comput uitvoeren
outrage ['autreidʒ] **I** *overg* beledigen, schenden, met voeten treden, geweld aandoen; **II** *znw* smaad, belediging; aanranding, vergrijp *o*, schennis, gewelddaad, wandaad; aanslag
outrageous [aut'reidʒəs] *bn* beledigend, schandelijk, gewelddadig, overdreven
outrageously *bijw* ook: uitbundig, bovenmate
outrank [aut'ræŋk] *overg* (in rang) staan boven; overtreffen
outré ['u:trei] *bn* [Fr] buitenissig, onbetamelijk; excentriek
outreach [aut'ri:tʃ] *overg* verder reiken dan; overtreffen
outride [aut'raid] *overg* voorbijrijden; ~ *a storm* het uithouden in een storm
outrider ['autraidə] *znw* voorrijder
outrigger ['autrigə] *znw* outrigger, dol; bakspier; dove jut; uitlegger; boot met leggers [wedstrijdboot]; vlerkprauw (ook: ~ *canoe*)
outright ['autrait] *bn* ineens, op slag; zoals het reilt en zeilt, in zijn geheel, terdege, totaal, volslagen; openlijk, ronduit; *laugh ~* in een schaterlach uitbarsten, hardop lachen
outrival [aut'raivəl] *overg* het winnen van
outrun [aut'rʌn] *overg* harder lopen dan; ontlopen; fig voorbijstreven; overschrijden
outrunner ['autrʌnə] *znw* voorloper
outrush ['autrʌʃ] *znw* uitstroming
outsail [aut'seil] *overg* harder zeilen dan; voorbijvaren
outsell [aut'sel] *overg* meer verkocht worden dan; meer verkopen dan
outset ['autset] *znw* begin *o*; *at the ~, from the (very) ~* al dadelijk (bij het begin)
outshine [aut'ʃain] *overg* (in glans) overtreffen
outside I *znw* ['aut'said] buitenzijde, -kant; uitwendige *o*; buitenste *o*; uiterste *o*; *six at the ~* op zijn hoogst; *from (the) ~* van buiten; *on the ~* van buiten; **II** *bijw* buiten[2]; van, naar buiten; **III** *voorz* buiten (het bereik van); **IV** *bn* ['autsaid] van buiten (komend); uiterste; buiten-; ~ *broadcast* uitzending op lokatie (= buiten de studio); ~ *broadcasting van* reportagewagen; ~ *chance* uiterst kleine kans; *the ~ edge* beentje over *o* [bij schaatsenrijden]; ~ *help* hulp van buitenaf; ~ *interest* hobby; ~ *lane* buitenste rijstrook; ~ *line* telec buitenlijn; ~ *world* buitenwereld
outsider [aut'saidə] *znw* niet-ingewijde, buitenstaander, outsider; niet favoriet zijnd paard *o*
outsize ['autsaiz] *znw* extra grote maat; *~(d)* van abnormale grootte
outskirts ['autskə:ts] *znw mv* buitenkant, zoom,

grens, rand; buitenwijken
outsleep [aut'sli:p] *overg* langer slapen dan
outsmart [aut'sma:t] *overg* te slim af zijn
outspoken [aut'spoukn] *bn* openhartig, vrijmoedig
outspread [aut'spred] *bn* uitgespreid
outstanding [aut'stændiŋ] *bn* markant, bijzonder, uitzonderlijk; uitstaand, onbetaald; onafgedaan, onuitgemaakt, onbeslist, onopgelost
outstare [aut'stɛə] *overg* [iem.] met een blik van z'n stuk brengen (beschamen)
out-station ['autsteiʃən] *znw* buitenpost[2]
outstay [aut'stei] *overg* langer blijven dan; ~ *one's welcome* misbruik maken van iemands gastvrijheid
outstep [aut'step] *overg* overschrijden
outstretched [aut'stretʃt] *bn* uitgestrekt
outstrip [aut'strip] *overg* voorbijstreven, achter zich laten, de loef afsteken
outtalk [aut'tɔ:k] *overg* omverpraten
out-tray ['aut'trei] *znw* aflegbakje *o*
outvie [aut'vai] *overg* overtreffen, voorbijstreven, het winnen van
outvote [aut'vout] *overg* overstemmen; *be ~d* in de minderheid blijven
outwalk [aut'wɔ:k] *overg* sneller (verder) gaan dan...
outward ['autwəd] **I** *bn* uitwendig, uiterlijk; naar buiten gekeerd; buiten-; *the ~ (form)* het vóórkomen; *~ journey* uitreis; **II** *bijw* naar buiten; *~ bound* scheepv op de uitreis
outwardly *bijw* uiterlijk, zo op het oog
outwards *bijw* buitenwaarts
outwear [aut'wɛə] *overg* verslijten; te boven komen; langer duren dan
outweigh [aut'wei] *overg* zwaarder wegen dan[2]...; fig meer gelden dan...
outwit [aut'wit] *overg* verschalken, te slim af zijn
outwork ['autwə:k] *znw* mil buitenwerk *o*
outworker ['autwə:kə] *znw* thuiswerker
outworn [aut'wɔ:n] *bn* afgezaagd; verouderd; versleten; uitgeput
ouzel ['u:zl] *znw* merel
oval ['ouvəl] **I** *bn* ovaal, eirond; **II** *znw* ovaal *o*; *the O~* een cricketterrein in Londen
ovarian [ou'vɛəriən] *bn* van de eierstokken
ovary ['ouvəri] *znw* eierstok; plantk vruchtbeginsel *o*
ovate ['ouveit] *bn* eivormig
ovation [ou'veiʃən] *znw* ovatie; *get (give) a standing ~* een staande ovatie krijgen (brengen)
oven ['ʌvn] *znw* oven
ovenproof ['ʌvnpru:f] *bn* ovenvast
ovenware ['ʌvnwɛə] *znw* ovenvast aardewerk *o*
over ['ouvə] **I** *voorz* over°, boven, over... heen; meer dan; naar aanleiding van, in verband met, inzake, aangaande...; Am ook: opnieuw; *~ and above* (boven en) behalve; *~ a glass of wine* onder (bij) een glaasje wijn; *he was a long time ~ it* hij deed er lang over; *~ the telephone* door de telefoon; *~ the weekend* gedurende; *~ the years* in de loop der jaren; **II** *bijw* over°; voorbij, afgelopen, uit, achter de rug; omver; meer; *~ again* nog eens; *~ against* tegenover; in tegenstelling met; *~ and ~ (again)* keer op keer, telkens weer; *all ~* van boven tot onder, van top tot teen; op-en-top; helemaal; *it's all ~* het is over, voorbij, afgelopen; *be all ~ (someone)* weg zijn van (iem.); *all ~ the world, all the world ~* over de hele wereld; *it is all ~ with him* gedaan, uit met hem; *twice ~* wel tweemaal; *~ in America* (daar-)ginder in Amerika; *~ there* (daar)ginder, aan de overkant, daar; *not ~ well pleased* niet bijster tevreden; **III** *znw* sp over [cricket]
overabundance ['ouvərə'bʌndəns] *znw* overvloed, overdaad
overabundant ['ouvərə'bʌndənt] *bn* overvloedig, overdadig
overachieve ['ouvərə'tʃi:v] *onoverg* boven verwachting presteren
overact ['ouvər'ækt] *onoverg* overdrijven, chargeren
overall ['ouvərɔ:l] **I** *znw* morskiel, werkjurk, stofjas, jasschort; *~s* overbroek, werkbroek, werkpak *o*, overall; **II** *bn* totaal; algemeen
overanxiety ['ouvəræŋ'zaiəti] *znw* al te grote bezorgdheid
overanxious [ouvər'æŋkʃəs] *bn* (al) te bezorgd
overarch [ouvər'a:tʃ] *overg* overwelven
overarm [ouvər'a:m] *bn* bovenhands
overawe [ouvər'ɔ:] *overg* in ontzag houden, ontzag inboezemen, imponeren
overbalance [ouvə'bæləns] **I** *onoverg* het evenwicht verliezen; **II** *overg* het evenwicht doen verliezen; zwaarder of meer wegen dan[2]...
overbear [ouvə'bɛə] *overg* [iem.] zijn wil opleggen, doen zwichten; de baas spelen over
overbearing *bn* aanmatigend
overbid [ouvə'bid] *overg* meer bieden dan, overbieden; overtreffen
overboard ['ouvəbɔ:d] *bijw* overboord[2]; *go ~* fig gemeenz te ver gaan, overdrijven; *go ~ for* gemeenz wild zijn van (op); *throw ~* overboord gooien [ook: plan &]
overbold [ouvə'bould] *bn* al te vrijmoedig
overbook [ouvə'bu:k] *overg* overboeken, te vol boeken
overbuild ['ouvə'bild] *overg* te vol bouwen
overburden [ouvə'bə:dn] *overg* overladen[2]
overbusy ['ouvə'bizi] *bn* het overdruk hebbend
overcast ['ouvəka:st] *bn* bewolkt, betrokken [van de lucht]; *grow ~* betrekken [lucht &]
overcautious [ouvə'kɔ:ʃəs] *bn* al te omzichtig
overcharge ['ouvə'tʃa:dʒ] **I** *overg* handel te veel berekenen, overvragen (voor); overladen°; **II** *onoverg* handel overvragen
overcloud [ouvə'klaud] *overg* met wolken bedekken
overcoat ['ouvekout] *znw* overjas
1 overcome [ouvə'kʌm] (overcame; overcome)

overg overwinnen; te boven komen;
2 overcome [ouvə'kʌm] *bn* fig onder de indruk; aangedaan; overmand, verslagen (ook: ~ *by emotion*); bevangen; gemeenz beneveld
overcompensate [ouvə'kɔmpenseit] *overg* overcompenseren
overcompensation [ouvəkɔmpen'seiʃən] *znw* overcompensatie
overconfident [ouvə'kɔnfidənt] *bn* **1** zelfgenoegzaam; **2** overmoedig
overcooked [ouvə'ku:kt] *bn* te gaar, overgaar
overcrowd [ouvə'kraud] *bn* overladen (met namen, details); ~*ed* overvol, overbevolkt, overbezet
overcrowding [ouvə'kraudiŋ] *znw* overbevolking [in gebouw &]; gedrang *o*, opstopping
overcurious [ouvə'kjuəriəs] *bn* al te nieuwsgierig
overdo [ouvə'du:] *overg* (de zaak) overdrijven, te ver drijven; afmatten; te gaar koken &
overdone ['ouvə'dʌn] *bn* overdreven, overladen; afgemat; te gaar (gekookt &)
overdose ['ouvə'dous] **I** *znw* te grote dosis; **II** *onoverg* een te grote dosis nemen
overdraft ['ouvədra:ft] *znw* (bedrag *o* van) overdispositie, voorschot *o* in rekening-courant, rood staan *o*
overdraw ['ouvə'drɔ:] *overg* handel overdisponeren, meer opnemen dan op de bank staat (ook: ~ *one's account*); *be ~n* debet staan [bij de bank]
overdress ['ouvə'dres] *onoverg & overg* (zich) te zwierig (te formeel) kleden, te veel opschikken
overdrive ['ouvə'draiv] *znw* auto overdrive, oversversnelling; *go into* ~ gemeenz er vaart achter zetten, er hard tegenaan gaan
overdue ['ouvə'dju:, ouvə'dju:] *bn* over zijn tijd, te laat [trein]; reeds lang noodzakelijk; handel over de vervaltijd, achterstallig [v. schulden]
overeat [ouvər'i:t] *onoverg* zich overeten
overemphasize [ouvər'emfəsaiz] *overg* te zeer de nadruk leggen op, overdrijven
overestimate I *znw* ['ouvər'estimit] te hoge schatting; overschatting; **II** *overg* ['ouvər'estimeit] te hoog schatten of aanslaan; overschatten
overestimation ['ouvəresti'meiʃən] *znw* = *overestimate I*
overexcite ['ouvərik'sait] *overg* al te zeer opwekken, prikkelen, opwinden &
overexert ['ouvərik'sə:t] *onoverg* te zeer inspannen
overexertion *znw* bovenmatige inspanning
overexposed [ouvəriks'pouzd] *bn* fotogr overbelicht
overexposure ['ouvəriks'pouʒə] *znw* fotogr overbelichting
overfall ['ouvəfɔ:l] *znw* ruw water *o* (door tegenstroming of zandbank); verlaat *o*
overfeed ['ouvə'fi:d] *overg* (zich) overvoeden
overfish [ouvə'fiʃ] *overg* overbevissen
overflight ['ouvəflait] *znw* vliegen *o* over [Russisch & gebied &]
overflow I *onoverg* [ouvə'flou] overvloeien, overlopen; **II** *overg* overstromen[2]; stromen over; ~ *its banks* buiten de oevers treden; **III** ['ouvəflou] *znw* overstroming; teveel *o*; (water)overlaat, overloop; **IV** *bn*: ~ *meeting* parallelvergadering
overflowing [ouvə'flouiŋ] *bn* overvloeiend (*with* van); *full to* ~ overvol, boordevol, afgestampt vol
overfly ['ouvə'flai] *overg* luchtv vliegen over
overfull ['ouvə'ful] *bn* te vol
overgrow [ouva'grou] **I** *overg* begroeien, overdekken; **II** *onoverg* over de maat groeien; **III** *wederk*: ~ *oneself* uit zijn kracht groeien
overgrown *bn* begroeid, bedekt [met gras &]; verwilderd [v. tuin]; uit zijn krachten gegroeid, opgeschoten
overgrowth ['ouvəgrouθ] *znw* te welige groei
overhand ['ouvəhænd] *bn* sp bovenhands
overhang I *overg* ['ouvə'hæŋ] hangen over, boven (iets); boven het hoofd hangen, dreigen; **II** *onoverg* overhangen, uitsteken; **III** ['ouvəhæŋ] *znw* overhangen *o*; overhangend gedeelte *o*
overhaul I *overg* [ouvə'hɔ:l] scheepv inhalen; nazien, onder handen nemen, techn reviseren [motor &]; onderzoeken, inspecteren; **II** *znw* ['ouvəhɔ:l] nazien *o*, onder handen nemen *o*, techn revisie; onderzoek *o*, inspectie
overhead I *bijw* [ouvə'hed] boven ons, boven het (ons, zijn) hoofd, (hoog) in de lucht; **II** *bn* ['ouvəhed]: ~ *charges* handel vaste bedrijfskosten (ook: ~*s*); ~ *expenses* vaste onkosten (zoals huur); algemene onkosten; ~ *projector* overheadprojector; ~ *railway* luchtspoorweg; ~ *valve* techn kopklep; ~ *wires* elektr bovengrondse leiding of bovenleiding; **III** *znw* handel algemene onkosten (ook: ~*s*)
overhear [ouvə'hiə] *overg* bij toeval horen, opvangen, afluisteren
overheat ['ouvə'hi:t] **I** *overg* te heet maken, te veel verhitten, oververhitten; **II** *onoverg* oververhit worden, warm lopen
overindulge ['ouvərin'dʌldʒ] **I** *overg* te veel toegeven aan (iemands grillen); **II** *onoverg* zich te veel laten gaan [vooral m.b.t. eten]
overjoyed [ouvə'dʒɔid] *bn* in de wolken, dolblij
overkill [ouvə'kil] *znw* overkill, overmatig gebruik *o* van strijdmiddelen; fig te veel van het goede
overladen ['ouvə'leidn] *bn* overbelast; overladen (met versiering)
overland I *bn* ['ouvəlænd] over land (gaand); **II** *bijw* [ouvə'lænd] over land
overlap I *onoverg & overg* [ouvə'læp] (elkaar) gedeeltelijk bedekken; over (elkaar) heenvallen, gedeeltelijk samenvallen; fig gedeeltelijk hetzelfde doen &, herhalen, dubbel werk doen, (elkaar) overlappen; **II** *znw* ['ouvəlæp] overlap(ping)
overlay I *overg* [ouvə'lei] bedekken, beleggen; **II** *znw* ['ouvəlei] *znw* tweede laag [verf]; overtrek; bedekking; ~ *(mattress)* bovenmatras

overleaf ['ouvə'li:f] *bijw* aan ommezijde
overleap ['ouvə'li:p] *overg* springen over
overlie ['ouvə'lai] *overg* liggen over
overload I *znw* ['ouvəloud] te zware belasting; **II** *overg* ['ouvə'loud] overladen; overbelasten
overlook [ouvə'luk] *overg* overzien, uitzien op; toezien op, in het oog houden; over het hoofd zien, voorbijzien; door de vingers zien
overlord ['ouvəlɔ:d] *znw* opperheer
overlordship *znw* opperheerschappij
overly ['ouvəli] *bijw* overdreven, al te
1 overman ['ouvəmæn] *znw* (ploeg)baas; ook = *superman*
2 overman [ouvə'mæn] *overg* te veel personeel inzetten
overmanning [ouvə'mæniŋ] *znw* overbezetting
overmaster [ouvə'ma:stə] *overg* overmeesteren
overmuch [ouvə'mʌtʃ] *bn & bijw* al te veel, te zeer
overnice ['ouvə'nais] *bn* al te kieskeurig
overnight I *bijw* ['ouvə'nait] de avond (nacht) tevoren; gedurende de nacht; in één nacht; ineens, plotseling; op stel en sprong; **II** *bn* nachtelijk [reis]; één nacht durend [verblijf]; ~ *bag* weekendtas, reistas; ~ *stay*, ~ *stop* overnachting
overpass ['ouvəpa:s] *znw* ongelijkvloerse kruising, viaduct *m & o*
overpay ['ouvə'pei] *overg* te veel (uit)betalen, een te hoog loon geven, te hoog bezoldigen
overplay [ouvə'plei] *overg* chargeren [v. acteur]; overdrijven; ~ *one's hand* zijn hand overspelen
overplus ['ouvəplʌs] *znw* overschot *o*
overpopulated [ouvə'pɔpjuleitid] *bn* overbevolkt
overpopulation [ouvəpɔpju'leiʃən] *znw* overbevolking
overpower [ouvə'pauə] *overg* overmannen, overstelpen, overweldigen
overpriced [ouvə'praist] *bn* te duur, te hoog geprijsd
overprint I *overg* ['ouvə'print] van een opdruk voorzien [postzegel]; te grote oplaag drukken; **II** *znw* ['ouvəprint] opdruk
overproduction ['ouvəprə'dʌkʃən] *znw* overproductie
overrate ['ouvə'reit] *overg* overschatten
overreach [ouvə'ri:tʃ] *overg*: ~ *oneself* fig te veel hooi op zijn vork nemen
overreact [ouvəri'ækt] *onoverg* overdreven/te heftig reageren
override [ouvə'raid] *overg* opzij zetten, ter zijde stellen, met voeten treden, vernietigen; (weer) tenietdoen; overheersen, belangrijker zijn dan, voorrang hebben boven
overripe ['ouvə'raip] *bn* overrijp, beurs
overrule [ouvə'ru:l] *overg* recht verwerpen, tenietdoen; overstemmen; *be ~d* ook: moeten zwichten; in de minderheid blijven, overstemd of afgestemd worden
overrun [ouvə'rʌn] **I** *overg* overlopen, overschrijden, overstromen[2]; overdekken [van plantengroei]; overstelpen (met *with*), wemelen (van *with*); binnenvallen; verwoesten, onder de voet lopen [een land]; **II** *onoverg* langer duren dan gepland
oversea(s) ['ouvə'si:(z)] **I** *bijw* over zee, naar overzeese gewesten; in het buitenland; **II** *bn* overzees, buitenlands
oversee ['ouvə'si:] *overg* het toezicht hebben over
overseer ['ouvəsiə] *znw* opzichter, opziener, inspecteur; bewaker; surveillant
oversell [ouvə'sel] *overg* meer verkopen dan geleverd kan worden; fig bovenmatig aanprijzen
overset [ouvə'set] *overg* omverwerpen, omgooien
oversew [ouvə'sou] *overg* omslaan, overhands naaien
oversexed [ouvə'sekst] *bn* oversekst
overshadow [ouvə'ʃædou] *overg* overschaduwen, in de schaduw stellen, verduisteren
overshoe ['ouvəʃu:] *znw* overschoen
overshoot ['ouvə'ʃu:t] *overg* voorbijschieten, overheen schieten; ~ *the mark* zijn/het doel voorbijschieten
oversight ['ouvəsait] *znw* onoplettendheid, vergissing; toe-, opzicht *o*
oversimplified ['ouvə'simplifaid] *bn* simplistisch
oversimplify *overg* simplistisch voorstellen, opvatten of redeneren
oversize, **oversized** ['ouvəsaizd] *bn* extra groot, oversized; te groot
overslaugh ['ouvəslɔ:] **I** *znw* mil vrijstelling van dienst (wegens verplichtingen elders); Am zandbank in rivier; **II** *overg* Am versperren; [iem.] voor promotie passeren
oversleep ['ouvə'sli:p] *onoverg* zich verslapen
overspend ['ouvə'spend] *overg* te veel uitgeven
overspill ['ouvəspil] *znw* teveel *o*; overbevolking
overspread [ouvə'spred] *overg* overdekken, zich verspreiden over
overstaffed [ouvə'sta:ft] *bn* met te veel personeel, overbezet
overstate ['ouvə'steit] *overg* overdrijven; te hoog opgeven; ~ *the case* te veel beweren
overstatement *znw* overdrijving
overstay ['ouvə'stei] *overg* langer blijven dan; te lang blijven
overstep ['ouvə'step] *overg* overschrijden[2], te buiten gaan; ~ *all (the) bounds* alle perken te buiten gaan; ~ *the mark* fig te ver gaan
overstock I *overg* ['ouvə'stɔk] te grote voorraad hebben; overladen, overvoeren [de markt]; **II** *znw* ['ouvəstɔk] te grote voorraad
overstrain ['ouvə'strein] *overg* te zeer (in)spannen, overspannen
overstress ['ouvə'stres] *overg* = *overemphasize*
overstrung ['ouvəstrʌŋ] *bn* muz kruissnarig
oversubscribe ['ouvəsəb'skraib] *overg* handel overtekenen
overt ['ouvə:t] *bn* open, openlijk, duidelijk

overtake [ouvə'teik] *overg* inhalen, achterhalen; bijwerken; overvallen
overtax ['ouvə'tæks] *overg* al te zwaar belasten; te veel vergen van
overthrow I *overg* [ouvə'θrou] om(ver)werpen; fig ten val brengen; vernietigen; **II** *znw* ['ouvəθrou] omverwerping; fig val [v. minister &]; nederlaag
overtime ['ouvətaim] **I** *znw* overuren, overwerk *o*; **II** *bn*: ~ *work* overwerk *o*; **III** *bijw*: *work* ~ overuren maken, overwerken
overtone ['ouvətoun] *znw* muz boventoon; fig ondertoon; bijbetekenis, bijklank
overtop ['ouvə'tɔp] *overg* uitsteken boven, uitgroeien boven; overtreffen
overture ['ouvətjuə] *znw* opening, inleiding; inleidend voorstel *o* [bij onderhandeling]; muz ouverture; ~*s* ook: avances
overturn [ouvə'tə:n] **I** *overg* omwerpen, omverwerpen, doen mislukken, te gronde richten, tenietdoen; **II** *onoverg* omslaan, omvallen
overvalue ['ouvə'vælju:] *overg* overschatten, overwaarderen
overview [ouvə'vju:] *znw* overzicht *o*
overweening [ouvə'wi:niŋ] *bn* aanmatigend, verwaand, laatdunkend; overdreven
overweight ['ouvəweit] **I** *znw* over(ge)wicht *o*; **II** *bn* te zwaar
overweight(ed) *bn* overbelast, te zwaar
overwhelm [ouvə'welm] *overg* overstelpen (met *with*); overweldigen; verwarren; verpletteren
overwhelming *bn* overstelpend, verpletterend, overweldigend, overgroot
overwork I *znw* ['ouvəwə:k] te grote inspanning; **II** *overg* ['ouvə'wə:k] te veel laten werken; uitputten; ~*ed* ook: afgezaagd; **III** *onoverg* zich overwerken
overwrite [ouvə'rait] *overg* comput overschrijven
overwrought ['ouvə'rɔ:t] *bn* overspannen; overladen [met details]
overzealous ['ouvə'zeləs] *bn* overijverig
oviduct ['ouvidʌkt] *znw* eileider
oviform *bn* eivormig
ovine ['ouvain] *bn* van de schapen, schapen-
oviparous [ou'vipərəs] *bn* eierleggend
ovoid ['ouvɔid] **I** *bn* eivormig; **II** *znw* eivormig lichaam *o*
ovulate ['ɔvjuleit] *onoverg* ovuleren
ovulation [ouvju'leiʃən] *znw* ovulatie
ovum ['ouvəm] *znw* (*mv*: ova ['ouvə]) eicel
owe [ou] **I** *overg* schuldig zijn, verschuldigd zijn, te danken/te wijten hebben (aan); **II** *onoverg* schuld(en) hebben
owing I *bn* te betalen (zijnd); *it was* ~ *to*... het was te wijten aan...; **II** *voorz*: ~ *to*... ten gevolge van.., dankzij...
owl [aul] *znw* dierk uil
owlet *znw* dierk uiltje *o*
owlish *bn* uilachtig, uilig, uilen-
own [oun] **I** *bn* eigen; *it has a charm all of its* ~ een eigenaardige bekoring; *have it for your (very)* ~ (helemaal) voor u alleen; *a house of my* ~ een eigen huis; *on one's* ~ alleen; op eigen houtje; zelfstandig; voor eigen rekening; zie ook: *come, get, hold, time*; **II** *overg* bezitten, (in bezit) hebben; toegeven, erkennen; **III** *onoverg*: ~ *to (... ing)* bekennen dat...; ~ *up* bekennen, opbiechten
owner *znw* eigenaar; reder
ownerless *bn* onbeheerd
owner-occupier *znw* eigenaar-bewoner
ownership *znw* eigendom(srecht) *o*, bezit(srecht) *o*
ox [ɔks] *znw* (*mv*: oxen [-ən]) os; rund *o*
oxalic [ɔk'sælik] *bn* oxaal-; ~ *acid* zuringzuur *o*
Oxbridge ['ɔksbridʒ] *znw* Oxford en Cambridge [de oude universiteiten]
oxen ['ɔksən] *mv* v. *ox*
ox-eye ['ɔksai] *znw* ossenoog[2] *o*; plantk margriet; dierk koolmees
ox-eyed *bn* fig met kalfsogen
ox-fence *znw* dichte haag [voor het vee]
Oxford ['ɔksfəd] *znw* Oxford *o*; ~ *movement* in 1833 begonnen (meer) roomse beweging in de Eng. Kerk
oxidation [ɔksi'deiʃən] *znw* oxidatie
oxide ['ɔksaid] *znw* oxide *o*; zuurstofverbinding
oxidize ['ɔksidaiz] *onoverg* oxideren
Oxonian [ɔk'sounjən] *bn (znw)* onderw (student of gegradueerde) van Oxford
ox-tail ['ɔksteil] *znw* ossenstaart
oxyacetylene ['ɔksiə'setili:n] *bn*: ~ *torch* snijbrander; ~ *welding* autogeen lassen *o*
oxygen ['ɔksidʒən] *znw* zuurstof; ~ *mask* zuurstofmasker *o*
oxygenate [ɔk'sidʒineit] *overg* met zuurstof verbinden
oyez [ou'jes] *tsw* hoort!
oyster ['ɔistə] *znw* oester[2]
oyster-bed *znw* oesterbank
oyster-catcher *znw* scholekster
oyster-farm *znw* oesterkwekerij
oz. *afk.* = *ounce(s)*
ozone ['ouzoun, ou'zoun] *znw* ozon *o & m*; ~ *layer* ozonlaag
ozonic [ou'zɔnik] *bn* ozonhoudend, ozon-

P

1 p [pi:] *znw* (de letter) p; *mind your ~'s and q's* pas op uw tellen
2 p = *pence, penny*
pa [pa:] *znw* gemeenz pa
PA *afk.* = *personal assistant; public address system*
1 pace ['peisi] *voorz*: ~ *tua* ['tju:ei] met uw verlof; ~ *Mr X* met alle respect voor X
2 pace ['peis] **I** *znw* stap, pas, schrede; gang, tempo *o*; telgang [v. paard]; *go the* ~ flink doorstappen of doorrijden; fig er op los leven; aan de sjouw zijn; *keep* ~ gelijke tred houden; *set the* ~ het tempo aangeven[2]; *at a great (brisk, smart)* ~ met flinke stappen, vlug; *at a slow* ~ langzaam stappend; langzaam (lopend); *put sbd. through his ~s* iem. op de proef stellen, iem. laten tonen wat hij kan; **II** *onoverg* stappen; in de telgang gaan [v. paard]; **III** *overg* afpassen, meten (ook: ~ *out*); afstappen; het tempo aangeven; de snelheid meten van; ~ *(up and down)* ijsberen
pace-maker *znw* gangmaker; med pacemaker
pachyderm ['pækidə:m] *znw* dikhuidig dier *o* (mens)
pacific [pə'sifik] *bn* vredelievend; vreedzaam; *the P~ (Ocean)* de Grote Oceaan, de Stille Zuidzee; *P~* van, in, m.b.t. de Grote Oceaan, de Stille Zuidzee; *the P~ islands* Zuidzee-eilanden
pacification [pæsifi'keiʃən] *znw* stilling; bedaring, kalmering; pacificatie, vredestichting
pacificatory [pə'sifikətəri] *bn* vredes-; bedarend, kalmerend
pacifier ['pæsifaiə] *znw* Am fopspeen
pacifism ['pæsifizm] *znw* pacifisme *o*
pacifist *znw* & *bn* pacifist(isch)
pacify *overg* stillen; bedaren, kalmeren; pacificeren, tot vrede (rust) brengen
pack [pæk] **I** *znw* pak *o*, last; mars [v. marskramer]; rugzak, bepakking, ransel; sp meute, troep (jachthonden &); bende; pakijs *o*; spel *o* [kaarten]; *a ~ of lies* een hoop leugens; *cry (howl) with the* ~ huilen met de wolven in het bos; **II** *overg* (in-, ver)pakken; inmaken [levensmiddelen]; bepakken, beladen; samenpakken; volproppen, volstoppen (met *with*); omwikkelen; partijdig samenstellen [jury]; ~ *a punch* gemeenz hard toeslaan; ~ *off* wegsturen; ~ *away* wegbergen; ~ *it in* gemeenz ermee ophouden; *that film is ~ing them in* gemeenz die film trekt volle zalen; *~ed (out)* stampvol; ~ *up* gemeenz ophouden met, opgeven; omwikkelen; opkrassen; *a ~ed lunch* een lunchpakket *o*; *the trains were ~ed* de treinen waren afgeladen; *~ed with* ... ook: vol ...; **III** *onoverg & abs ww* pakken; zich laten (in)pakken; drommen; zijn biezen pakken; ~ *up* slang ermee uitscheiden; afslaan [motor]; *send sbd. ~ing* iem. de bons geven; *be sent ~ing* zijn congé krijgen
package I *znw* verpakking; pak *o*; pakket[2] *o*; Am pakje *o* [sigaretten &]; *~s* ook: colli; **II** *bn*: ~ *deal* aanbieding die in haar geheel geaccepteerd moet worden; package deal; ~ *holiday (tour)* volledig verzorgde vakantie (reis); **III** *overg* verpakken; fig presenteren
packaging *znw* verpakking
pack-animal *znw* pakdier *o*, lastdier *o*
pack-drill *znw* mil strafexerceren *o*
packer *znw* (ver)pakker; pakmachine; fabrikant van verduurzaamde levensmiddelen
packet ['pækit] *znw* pakje *o*, pakket *o*; mil pakketboot; gemeenz bom duiten
packet-boat *znw* pakketboot
pack-horse ['pækhɔ:s] *znw* pakpaard *o*
pack-ice *znw* pakijs *o*
packing ['pækiŋ] *znw* inpakken *o*; verpakking; techn pakking
packing-case *znw* pakkist
packthread *znw* pakgaren *o*
pact [pækt] *znw* pact *o*, verdrag *o*, verbond *o*
pad [pæd] **I** *znw* kussen(tje) *o*; opvulsel *o*; beenbeschermer; onderlegger bij het schrijven, blok *o*; blocnote; zachte onderkant van poot; spoor *o* [v. dier]; stempelkussen *o*; slang kast (= kamer &), bed *o*; *launch(ing)* ~ lanceerplatform *o* [v. raket &]; fig springplank; **II** *overg* (op)vullen (ook: ~ *out*); capitonneren, watteren; fig langer maken [speech &]; *~ded cell* (gecapitonneerde) isoleercel; **III** *onoverg* trippelen; op de tenen lopen
padding ['pædiŋ] *znw* (op)vulsel *o* [bijv. watten]; vulling, bladvulling
paddle ['pædl] **I** *znw* pagaai, peddel; blad *o* [v.e. riem]; schopje *o*; schoep [van een scheprad]; zwemvoet, vin; roeitochtje *o*; **II** *overg* pagaaien; roeien; ~ *one's own canoe* op eigen wieken drijven; **III** *onoverg* pagaaien, peddelen; roeien; dribbelen, waggelen; wiebelen, ongedurig zijn; pootjebaden, ploeteren [in water]
paddle boat, **paddle steamer** *znw* rader(stoom-) boot
paddle-wheel *znw* scheprad *o*
paddling pool *znw* pierenbadje *o*, kinderbadje *o*
paddock ['pædək] *znw* paddock: kleine omheinde weide
Paddy ['pædi] *znw* gemeenz de (typische) Ier
paddy ['pædi] *znw* **1** gemeenz nijdige bui; **2** plantk padie [rijst]
paddy wagon ['pædiwægən] *znw* Am gemeenz politieauto
padlock ['pædlɔk] **I** *znw* hangslot *o*; **II** *overg* met een hangslot sluiten
padre ['pa:dri] *znw* dominee; mil (leger-, vloot-) predikant, RK (leger-, vloot)aalmoezenier
paean ['pi:ən] *znw* jubelzang, zegelied *o*

paederast, **pederast** *znw* pederast, pedofiel
paederasty, **pederasty** ['pedəræsti] *znw* pederastie, pedofilie
paediatrician, Am **pediatrician** [pi:diə'triʃən] *znw* kinderarts
paediatrics, Am **pediatrics** [pi:di'ætriks] *znw* kindergeneeskunde
paedophile, Am **pedophile** ['pi:dəfail] *znw* & *bn* pedofiel
paedophilia, Am **pedophilia** [pi:də'filiə] *znw* pedofilie
pagan ['peigən] **I** *znw* heiden; **II** *bn* heidens
paganism *znw* heidendom *o*
page [peidʒ] **I** *znw* **1** page; livreiknechtje *o*, piccolo; **2** bladzijde[2], pagina; **II** *overg* iemands naam laten omroepen [in hotels &]; *paging Mr X* is de heer X aanwezig?
pageant ['pædʒənt] *znw* (praal)vertoning; (historisch) schouwspel *o*; (historische) optocht; praal, pracht
pageantry *znw* praal(vertoning)
pageboy *znw* hist page; piccolo [in hotel]; bruidsjonker; pagekopje *o* [haardracht]
paginate ['pædʒineit] *overg* pagineren
pagination [pædʒi'neiʃən] *znw* paginering
pagoda [pə'goudə] *znw* pagode
pah [pa:] *tsw* bah!
paid [peid] **I** V.T. & V.D. van [2]*pay*; **II** *bn*: *put ~ to* een eind maken aan
paid-up *bn* contributie betaald hebbend [lid]; fig enthousiast [lid]; volgestort [aandelen]; premievrij [polis]
pail [peil] *znw* emmer
pailful *znw* emmer(vol)
pain [pein] **I** *znw* pijn, smart, lijden *o*; kruis *o*, bezoeking; *~s* ook: (barens)weeën *(birth ~s, labour ~s)*; moeite, inspanning; *take (great) ~s, be at (great) ~s to* ... zich (veel) moeite geven ...; *under/(up)on ~ of death* op straffe des doods; *~ in the neck* gemeenz onuitstaanbaar persoon; *~ in the arse (*Am *ass)* slang klootzak, rotwijf *o*; **II** *onoverg* pijnlijk zijn, pijn doen of veroorzaken; pijn, verdriet doen
painful *bn* pijnlijk°; smartelijk; moeilijk, moeizaam; van bedroevend slechte kwaliteit
pain-killer *znw* pijnstillend middel *o*
painless *bn* pijnloos; moeiteloos
painstaking *bn* ijverig; nauwgezet
paint [peint] **I** *znw* verf; kleurstof, pigment *o*; gekleurde cosmetica, rouge; **II** *overg* (be-, af-) schilderen; kleuren, verven, (zich) schminken, opmaken; *~ the town red* gemeenz de bloemetjes buiten zetten; *~ in* bijschilderen; *~ out* overschilderen; **III** *onoverg* schilderen
paintbox *znw* kleur-, verfdoos
paintbrush *znw* penseel *o*, verfkwast
painter *znw* **1** schilder; **2** scheepv vanglijn
painterly *bn* schilderkunstig
painting *znw* schilderij *o* & *v*; schilderkunst; schildering
paint stripper *znw* afbijtmiddel *o*; verfkrabber
paintwork *znw* lak *o* & *m*, verf(laag)
pair [pɛə] **I** *znw* paar *o* (twee, die bij elkaar behoren); tweetal *o*, stel *o*; span *o*; paartje *o*; andere van een paar (handschoenen &); *a ~ of spectacles* een bril; *a ~ of trousers* een broek; **II** *overg* paren°; verenigen; *~ off* paarsgewijs verdelen (schikken), koppelen; **III** *onoverg* paren; samengaan; *~ off* (een) koppel(s) vormen; [in het Britse parlement] paarsgewijs afwezig zijn v.e. lid v.d. regeringspartij en de oppositie
paisley ['peizli] *znw* (kledingstuk *o* van) wollen stof met kasjmierdessin
pajamas [pə'dʒa:məz] *znw mv*: Am = *pyjamas*
Pakistan [pa:ki:sta:n] *znw* Pakistan *o*
Pakistani [pa:kis'ta:ni] **I** *bn* Pakistaans; **II** *znw* Pakistaner
pal [pæl] gemeenz **I** *znw* kameraad, vriendje *o*; **II** *onoverg*: *~ up* bevriend worden (met *with*)
palace ['pælis] *znw* paleis *o*
paladin ['pælədin] *znw* paladijn[2]
palaeography, Am **paleography** [pæli'ɔgrəfi] *znw* paleografie: studie van oude handschriften
palaeontologist *znw* paleontoloog
palaeontology, Am **paleontology** [pæliɔn'tɔlədʒi] *znw* paleontologie: fossielenkunde
palankeen, **palanquin** [pælən'ki:n] *znw* palankijn, draagkoets
palatable ['pælətəbl] *bn* smakelijk[2], aangenaam
palatal ['pælətl] *znw* & *bn* palataal
palate ['pælit] *znw* verhemelte *o*; fig smaak
palatial [pə'leiʃ(ə)l] *bn* als (van) een paleis, groots
palatine ['pælətain] *bn* **1** paltsgrafelijk; *count ~* paltsgraaf; *Mount P~* hist Palatinus, Palatijnse heuvel [van Rome]; **2** verhemelte-
palaver [pə'la:və] *znw* **1** oeverloze discussie; **2** rompslomp
1 pale [peil] *znw* paal°; *beyond the ~* onbehoorlijk, de grenzen van fatsoen overschrijdend
2 pale [peil] **I** *bn* bleek, dof, flauw, flets, licht [blauw &]; **II** *onoverg* bleek worden, verbleken[2]; *~ (into insignificance) in comparison with* fig verbleken bij, in het niet zinken vergeleken bij
pale ale *znw* licht Engels bier *o*
paleface *znw* bleekgezicht *o*, blanke
pale-faced *bn* bleek [v. gezicht]
paleness *znw* bleekheid
Palestinian [pæles'tiniən] *znw* & *bn* Palestijn(s)
palette ['pælit] *znw* palet *o*
palette-knife *znw* paletmes *o*, tempermes *o*
palfrey ['pɔ:lfri] *znw* klein rijpaard *o* (vooral voor dames)
palindrome ['pælindroum] *znw* palindroom *o*
paling ['peiliŋ] *znw* omrastering, omheining
palisade [pæli'seid] *znw* paalwerk *o*, palissade, stormpaal
palish ['peiliʃ] *bn* bleekachtig, bleekjes

1 pall [pɔ:l] *znw* baarkleed *o*, lijkkleed *o*; dekkleed *o*; pallium *o*; kroningsmantel; altaarkleed *o*; ~ *of smoke* rooksluier; ~ *of snow* sneeuwmantel
2 pall [pɔ:l] *onoverg*: ~ *(up)on* (gaan) tegenstaan *of* vervelen; *it never ~s on you* het verveelt nooit
palladium [pə'leidiəm] *znw* (*mv*: palladia [-diə]) chem palladium *o*; fig bescherming, waarborg
pall-bearer ['pɔ:lbɛərə] *znw* slippendrager
pallet ['pælit] *znw* **1** palet *o*; **2** strobed *o*, strozak; **3** pallet [laadbord]
palliasse ['pæliæs, pæl'jæs] *znw* stromatras
palliate ['pælieit] *overg* verzachten, lenigen; verlichten; verbloemen; vergoelijken, verontschuldigen; *palliating circumstances* verzachtende omstandigheden
palliation [pæli'eiʃən] *znw* verzachting, leniging; verlichting; bewimpeling, verbloeming; vergoelijking
palliative ['pæliətiv] **I** *bn* verzachtend; vergoelijkend; **II** *znw* verzachtend middel *o*, zoethoudertje *o*
pallid ['pælid] *bn* (doods)bleek
pallor *znw* bleekheid
pally ['pæli] *bn* gemeenz kameraadschappelijk, bevriend
palm [pa:m] **I** *znw* palm(boom); (hand)palm; *bear (win) the ~* met de zege gaan strijken; *grease (oil) sbd.'s ~* iem. omkopen; *have an itching ~* hebzuchtig, omkoopbaar zijn; *she's got him in the ~ of her hand* hij is als was in haar handen; **II** *overg* in de hand verbergen; ~ *sth. off on sbd.* iem. iets aansmeren; ~ *sbd. off with* iem. afschepen met
palmary ['pælməri] *bn* schitterend, voortreffelijk
palmer ['pa:mə] *znw* vero pelgrim; dierk harige rups
palmetto [pæl'metou] *znw* dwergpalm
palmist ['pa:mist] *znw* handlezer
palmistry ['pa:mistri] *znw* handleeskunde
palm-oil ['pa:mɔil] *znw* palmolie
Palm Sunday *znw* Palmpasen
palm-tree *znw* palmboom
palmy *bn* bloeiend; voorspoedig; ~ *days* bloeitijd
palooka [pə'lu:kə] *znw* slang zielenpoot
palp [pælp] **I** *znw* taster, voelspriet; **II** *overg* betasten
palpable *bn* tastbaar
palpate *overg* betasten
palpitate ['pælpiteit] *onoverg* kloppen [van het hart], bonzen, popelen, trillen, lillen
palpitation [pælpi'teiʃən] *znw* (hart)klopping
palsied ['pɔ:lzid] *bn* verlamd
palsy *znw* verlamming
palter ['pɔ:ltə] *onoverg* draaien, uitvluchten zoeken; ~ *with* knoeien met; marchanderen met; het zo nauw niet nemen met
paltry ['pɔ:ltri] *bn* onbeduidend, nietig; verachtelijk
pampas ['pæmpəz] *znw mv* pampa's
pamper ['pæmpə] *overg* vertroetelen, verwennen, te veel toegeven aan
pamphlet ['pæmflit] *znw* brochure, vlugschrift *o*; pamflet *o*
pamphleteer [pæmfli'tiə] *znw* schrijver van brochures of vlugschriften; pamflettist
1 pan [pæn] **I** *znw* pan[2]; schotel; slang tronie, smoel; hersenpan; pan [van vuurwapen]; schaal [v. weegschaal]; closetpot; **II** *overg*: ~ *off (out)* wassen [goudaarde]; **III** *onoverg*: ~ *for gold* goudaarde wassen; ~ *out* gemeenz opleveren, opbrengen; uitpakken; ~ *out well* heel wat opleveren, prachtig gaan of marcheren
2 pan [pæn] *overg* gemeenz hekelen, afkammen
3 pan [pæn] *overg* laten zwenken [filmcamera] en (het beeld) vasthouden
panacea [pænə'si:ə] *znw* panacee
panache [pə'næʃ, pæ'na:ʃ] *znw* vederbos, pluim; fig (overmoedige) bravoure
Panama [pænə'ma:, 'pænəma:] *znw* Panama *o*
panama (hat) [pænə'ma: (hæt)] *znw* panama(hoed)
Panamanian [pænə'meinjən, -iən] *znw* & *bn* Panamees
Pan-American ['pænə'merikən] *bn* pan-Amerikaans: geheel Amerika omvattend
panatella [pænə'telə] *znw* [Spaans] lange, dunne sigaar
pancake ['pænkeik] *znw* pannenkoek; *P~ Day* vastenavond
pancreas ['pæŋkriəs] *znw* pancreas, alvleesklier
pancreatic [pæŋkri'ætik] *bn* van de alvleesklier
panda ['pændə] *znw* panda [beer]
panda car *znw* Br patrouillewagen [v.d. politie]
pandemic [pæn'demik] *bn* algemeen verspreid [ziekte], pandemisch
pandemonium [pændi'mounjəm] *znw* hels lawaai *o*; grote verwarring; fig een Poolse landdag
pander ['pændə] *onoverg*: ~ *to sbd.'s vices* zich richten naar, iems. ondeugden ter wille zijn
pandy ['pændi] *znw* gemeenz slag met de plak
pane [pein] *znw* glasruit, (venster)ruit
panegyric [pæni'dʒirik] *znw* lofrede
panel ['pænl] **I** *znw* paneel *o*; vak *o*; tussenzetsel *o*; instrumentenbord *o*; (namen)lijst; jury; panel *o*, groep, forum *o*; *on the ~* in het ziekenfonds; **II** *overg* (met panelen) lambriseren; van panelen voorzien; in vakken verdelen
panel beater *znw* uitdeuker, plaatwerker, carrosseriehersteller
panelling ['pænliŋ] *znw* beschot *o*, lambrisering
panellist ['pænlist] *znw* lid *o* van een panel (forum)
pang [pæŋ] *znw* pijn, steek; foltering, kwelling, angst; *~s of conscience* gewetenswroeging
panhandle ['pænhændl] *onoverg* Am gemeenz bedelen
panhandler ['pænhændlə] *znw* Am gemeenz bedelaar
panic ['pænik] **I** *znw* paniek; **II** *onoverg* in paniek raken; **III** *overg* in paniek brengen; *hit the ~ button*

gemeenz in paniek raken; ~ *buying* hamsteren *o*
panicky *bn* gemeenz in een paniekstemming (verkerend, brengend, genomen, gedaan &), paniekerig
panic-monger *znw* paniekzaaier
panic-stricken *bn* in paniek geraakt
panjandrum [pæn'dʒændrəm] *znw* dikdoener
pannier ['pæniə] *znw* mand, korf
pannikin ['pænikin] *znw* kroes
panoply ['pænəpli] *znw* volle wapenrusting; *full* ~ fig compleet arsenaal *o*, hele scala *o*
panorama [pænə'ra:mə] *znw* panorama *o*
panoramic [pænə'ræmik] *bn* als (van) een panorama, panorama-
panpipe(s) ['pænpaips] *znw* panfluit
pansy ['pænzi] *znw* driekleurig viooltje *o*; slang verwijfde vent, mietje *o*
pant [pænt] **I** *onoverg* hijgen; kloppen [v. hart]; ~ *for (after)* verlangen, haken, snakken naar; **II** *overg* hijgend uitbrengen (ook: ~ *out*); **III** *znw* hijging; (hart)klopping
pantaloon [pæntə'lu:n] *znw*: *(pair of)* ~*s* vero pantalon
pantechnicon [pæn'teknikən] *znw* meubelpakhuis *o*; verhuiswagen (ook: ~ *van*)
pantheism ['pænθiizm] *znw* pantheïsme *o*
pantheist *znw* pantheïst
pantheistic [pænθi'istik] *bn* pantheïstisch
pantheon ['pænθiən, -'θi:ən] *znw* pantheon *o*
panther ['pænθə] *znw* panter
panties ['pæntiz] *znw mv* damesslipje *o*
pantihose *znw* panty
pantile ['pæntail] *znw* dakpan
panto ['pæntou] *znw* gemeenz = *pantomime*
pantograph ['pæntəgra:f] *znw* pantograaf [tekenaap; stroomafnemer]
pantomime ['pæntəmaim] *znw* pantomime; (kerst)theatershow voor kinderen; fig koddige vertoning
pantry ['pæntri] *znw* provisiekamer, -kast
pants [pænts] *znw mv* Am pantalon; onderbroek; *be caught with one's* ~ *down* plotseling verrast worden
pantyhose *znw* panty
pap [pæp] *znw* **1** pap; **2** tepel; **3** fig pulp
papa [pə'pa:] *znw* papa
papacy ['peipəsi] *znw* pausschap *o*; pausdom *o*
papal *bn* pauselijk
papaya [pə'paiə] *znw* papaja
paper ['peipə] **I** *znw* papier *o*; geldswaardige papieren; (nieuws)blad *o*, krant; document *o*; opstel *o*; verhandeling, voordracht, artikel *o*; examenopgave; agenda [in parlement]; lijst; behangselpapier *o*; zakje *o*; ~*s* (officiële) stukken; *examination* ~*s* examenopgaven, -werk *o*; *commit to* ~ op papier zetten, opschrijven; *read a* ~ *on* een voordracht (lezing, referaat) houden over; **II** *bn* papieren; fig op papier [niet in werkelijkheid]; **III** *overg* behangen [kamer], met papier beplakken; ~ *over* overplakken; fig verdoezelen; ~ *the house* slang de zaal vol krijgen door vrijkaartjes uit te delen
paperback *znw* paperback, pocketboek *o*
paperboy *znw* krantenjongen
paper-chase *znw* snipperjacht
paper-clip *znw* paperclip
paper currency, **paper money** *znw* papiergeld *o*
paper-cutter *znw* snijmachine
paper-hanger *znw* behanger
paper-hangings *znw mv* vero behang(selpapier) *o*
paper-knife *znw* vouwbeen *o*; briefopener
paper-mill *znw* papierfabriek, -molen
paper round *znw* krantenwijk
paper shop *znw* gemeenz krantenwinkel
paper tiger *znw* fig papieren tijger [schijnbaar sterke persoon, organisatie &]
paperweight *znw* presse-papier
paperwork *znw* administratief werk *o*, administratie; gemeenz papierwinkel
papery *bn* papierachtig, doorschijnend [v. huid &]
papilla [pə'pilə] *znw* (*mv*: papillae [-li:]) papil
papillary *bn* papillair
papist ['peipist] *znw* geringsch papist, paap
papistic(al) [pə'pistik(l)] *bn* geringsch paaps
papistry ['peipistri] *znw* geringsch papisterij
papoose [pə'pu:s] *znw* Indianenbaby; draagzak voor baby
pappy ['pæpi] *bn* pappig, zacht, sappig
paprika ['pæprikə] *znw* paprika(poeder *o*)
Papuan ['pæpjuən] **I** *bn* Papoeaas; **II** *znw* Papoea
Papua New Guinea *znw* Papoe-Nieuw-Guinea *o*
papyrus [pə'paiərəs] *znw* (*mv*: -es *of* papyri [-rai]) papyrus(rol)
1 par [pa:] *znw* gelijkheid; handel pari(koers); *above* ~ boven pari; boven het gemiddelde; uitstekend; *at* ~ à pari; *below (under)* ~ beneden pari; beneden het gemiddelde; niet veel zaaks; *feel below* ~ zich niet erg goed voelen; *on a* ~ gemiddeld; *be on a* ~ gelijk staan, op één lijn staan; *up to* ~ voldoende; *that's* ~ *for the course* dat viel te verwachten
2 par [pa:] *znw* gemeenz verk. van *paragraph 2*
para *znw* gemeenz verk. v. *paragraph 1*
parable ['pærəbl] *znw* parabel, gelijkenis
parabola [pə'ræbələ] *znw* parabool
parabolic [pærə'bɔlik] *bn* parabolisch, in gelijkenissen, als een gelijkenis
parachute ['pærəʃu:t] **I** *znw* parachute, valscherm *o*; **II** *onoverg* eruit springen met een parachute; **III** *overg* af-, uit-, neerwerpen (aan een parachute), parachuteren
parachutist *znw* parachutist(e)
parade [pə'reid] **I** *znw* parade°; fig vertoon *o*; mil = *parade-ground*; appel *o*, aantreden *o*; openbare wandelplaats, promenade, (strand)boulevard; optocht; (mode)show; *make a* ~ *of* pronken met; **II** *overg* pronken met; parade laten maken, inspecteren: laten marcheren; **III** *onoverg* paraderen, in optocht marcheren, voorbijtrekken; mil aantreden

parade-ground *znw* exercitieterrein *o*, paradeplaats
paradigm ['pærədaim] *znw* paradigma *o*, voorbeeld *o*
paradise ['pærədais] *znw* paradijs² *o*
paradisiacal [pærədi'saiəkl] *bn* paradijsachtig, paradijselijk, paradijs-
parados ['pærədɔs] *znw* mil rugwering
paradox ['pærədɔks] *znw* paradox
paradoxical [pærə'dɔksikl] *bn* paradoxaal
paraffin ['pærəfin] *znw* paraffine; ~ *oil* kerosine; ~ *wax* paraffine
paragon ['pærəgɔn] *znw* toonbeeld *o* (van volmaaktheid)
paragraph ['pærəgra:f] *znw* **1** alinea; paragraaf; **2** (kort) krantenbericht *o*
Paraguay ['pærəgwai] *znw* Paraguay *o*
Paraguayan [pærə'gwaiən, -'gweiən] **I** *znw* Paraguayaan; **II** *bn* Paraguayaans
parakeet ['pærəki:t] *znw* parkiet
parallax [pærə'læks] *znw* parallax: afwijking
parallel ['pærəlel] **I** *bn* evenwijdig (met *to, with*), parallel², overeenkomstig; ~ *bars* sp brug; ~ *processing* comput parallelverwerking; **II** *znw* evenwijdige lijn, parallel²; weerga, gelijke; overeenkomst; ~ *(of latitude)* breedtecirkel; *without (a)* ~ zonder weerga; **III** *overg* evenwijdig lopen met; evenwijdig plaatsen; op één lijn stellen, vergelijken; evenaren; een ander voorbeeld aanhalen van
parallelepiped [pærəle'lepiped] *znw* parallellepipedum *o*, blok *o*
parallelism ['pærəlelizm] *znw* parallellisme° *o*; evenwijdigheid, overeenkomstigheid
parallelogram [pærə'leləgræm] *znw* parallellogram *o*
paralyse ['pærəlaiz] *overg* verlammen²
paralysis [pə'rælisis] *znw* (*mv*: paralyses [-si:z]) verlamming²
paralytic [pærə'litik] **I** *bn* verlamd; verlammend; verlammings-; slang dronken als een tor, straalbezopen; **II** *znw* verlamde
paramedic [pærə'medik] *znw* paramedicus
parameter [pə'ræmitə, -mətə] *znw* parameter, kenmerkende grootheid
para-military [pærə'militəri] *bn* paramilitair
paramount ['pærəmaunt] *bn* opperste, opper-, hoogste; overwegend, overheersend; *your health is* ~ je gezondheid gaat voor alles
paramour ['pærəmuə] *znw* minnaar, minnares
paranoia [pærə'nɔiə] *znw* paranoia
paranoiac, **paranoid** ['pærənɔid] *bn* paranoïde
paranormal [pærə'nɔ:məl] *bn* paranormaal
parapet ['pærəpit] *znw* borstwering; leuning; muurtje *o*
paraph ['pæræf] *znw* paraaf
paraphernalia [pærəfə'neiljə] *znw* lijfgoederen, persoonlijk eigendom *o*; sieraden, tooi; gerei *o*, toebehoren *o*, uitrusting; santenkraam
paraphrase ['pærəfreiz] **I** *znw* parafrase, omschrijving; **II** *overg* parafraseren, omschrijven
paraphrastic [pærə'fræstik] *bn* omschrijvend
paraplegia [pærə'pli:dʒiə] *znw* paraplegie [verlamming van beide benen]
paraplegic *bn (znw)* aan beide benen verlamd(e)
parapsychological ['pærəsaikə'lɔdʒikl] *bn* parapsychologisch
parapsychology ['pærəsai'kɔlədʒi] *znw* parapsychologie
parasite ['pærəsait] *znw* parasiet
parasitic(al) [pærə'sitik(l)] *bn* parasitair [ziekte]; parasitisch²: op kosten van anderen levend, op andere gewassen groeiend
parasol ['pærəsɔl] *znw* parasol, zonnescherm *o*
parataxis [pærə'tæksis] *znw* gramm nevenschikking
paratrooper ['pærətru:pə] *znw* mil parachutist
paratroops *znw mv* mil parachutisten, parachutetroepen, gemeenz para's
paratyphoid [pærə'taifɔid] *znw* paratyfus
parboil ['pa:bɔil] *overg* ten dele koken; fig te veel verhitten
parcel ['pa:sl] **I** *znw* pakje *o*, pak *o*; pakket *o*, partij, hoop; bende; perceel *o*, kavel; **II** *overg* verdelen, kavelen, toe-, uitdelen (ook: ~ *out*); ~ *(up)* inpakken; ~ *net* bagagenet *o*
parcelling ['pa:sliŋ] *znw* scheepv smarting
parcel post ['pa:slpoust] *znw* pakketpost
parcels delivery ['pa:slzdi'livəri] *znw* besteldienst; ~ *man* besteller
parch [pa:tʃ] *overg* & *onoverg* (doen) verdrogen, verzengen, schroeien; zacht roosteren; ~*ed (with thirst)* fig uitgedroogd
parchment ['pa:tʃmənt] **I** *znw* perkament *o*; **II** *bn* perkamenten
pard [pa:d] *znw* **1** vero luipaard; **2** slang partner
pardon ['pa:dn] **I** *znw* pardon *o*, vergiffenis, vergeving; begenadiging, genade, gratie (ook: *free* ~); aflaat; *general* ~ amnestie; *(beg)* ~ pardon, excuseer me; *(beg)* ~? wablief?, wat zei u?; **II** *overg* vergiffenis schenken, vergeven, begenadigen, genade (gratie) verlenen
pardonable *bn* vergeeflijk
pardoner *znw* aflaatkramer
pare [pɛə] *overg* schillen [appel]; (af)knippen [nagel]; wegsnijden, afsnijden (ook: ~ *away, off*); besnoeien² (ook: ~ *down*)
paregoric [pæri'gɔrik] *znw* pijnstillend, verzachtend middel *o*
parent ['pɛərənt] **I** *znw* vader, moeder; ouder; ~*s* ouders; **II** *bn* moeder-; ~ *company* moederbedrijf *o*
parentage *znw* afkomst, geboorte, geslacht *o*, familie
parental [pə'rentəl] *bn* vaderlijk; moederlijk; ouderlijk, ouder-
parenthesis [pə'renθisis] *znw* (*mv*: parentheses [-si:z]) tussenzin, parenthesis, haakje *o* van (); fig

intermezzo *o*; *in parentheses* tussen haakjes
parenthetical [pærən'θetikəl] *bn* bij wijze van parenthesis, zo tussen haakjes
parenthood ['pεərənthud] *znw* ouderschap *o*
parenting ['pεərəntiŋ] *znw* ouderschap *o*; ~ *is a full-time occupation* kinderen opvoeden is een dagtaak
parentless *bn* ouderloos
parent-teacher association ['pεərənt'ti:tʃə] *znw* oudercommissie
parget ['pa:dʒit] **I** *znw* pleisterkalk; **II** *overg* pleisteren, bepleisteren, aansmeren
pariah ['pæriə] *znw* paria[2]
paring ['pεəriŋ] *znw* schil, knipsel *o*, afval *o & m*; flinter; (af)schillen *o*, (af)knippen *o*
paring-knife *znw* veegmes *o*
pari passu ['pεrai'pæsju:] *bijw* [Lat] (te)gelijk, gelijkmatig
Paris ['pæris] *znw* Parijs *o*
parish ['pæriʃ] *znw* kerspel *o*, parochie, (kerkelijke) gemeente
parish clerk *znw* koster
parish council *znw* gemeenteraad
parishioner [pə'riʃənə] *znw* parochiaan
parish magazine *znw* kerkblaadje *o*
parish priest ['pæriʃ'pri:st] *znw* (plaatselijke) pastoor of dominee
parish pump als *bn* fig geringsch dorps-, bekrompen
parish register *znw* kerkelijk register *o*
Parisian [pə'rizjən] **I** *bn* Parijs; **II** *znw* Parijzenaar; Parisienne
parity ['pæriti] *znw* gelijkheid; overeenkomst, analogie; pariteit
park [pa:k] **I** *znw* park *o*; **II** *overg* parkeren; gemeenz deponeren; ~ *oneself* gemeenz neerploffen
parking *znw* parkeren *o*; parkeer-; ~ *lot* Am parkeerterrein *o*; ~ *meter* parkeermeter; ~ *ticket* parkeerbon
Parkinson's disease ['pa:kinsənz di'zi:z] *znw* ziekte van Parkinson
Parkinson's law *znw* wet van Parkinson: elk werk neemt uiteindelijk al de beschikbare tijd in beslag
parkland *znw* parkachtig stuk *o* grond
parkway *znw* Am landschappelijk verfraaide snelweg
parky ['pa:ki] *bn* gemeenz koud
parlance ['pa:ləns] *znw* taal; *in common* ~ in goed Engels (Nederlands &) [gezegd]; *in legal* ~ in de taal van de rechtsgeleerden
parley ['pa:li] **I** *znw* onderhoud *o*, onderhandeling; **II** *onoverg* onderhandelen, parlementeren; gemeenz parlevinken
parliament ['pa:ləmənt] *znw* parlement *o*
parliamentarian [pa:ləmen'tεəriən] **I** *znw* parlementariër; hist parlementsgezinde [in de 17de eeuw]; **II** *bn* hist = *parliamentary*
parliamentary [pa:lə'mentəri] *bn* parlementair[2], parlements-
parlour, Am **parlor** ['pa:lə] *znw* spreekkamer, ontvangkamer [vooral in klooster]; Am salon [v. kapper &]; vero zitkamer
parlour-game, Am **parlor-game** *znw* gezelschapsspel *o*
parlour-maid, Am **parlor-maid** *znw* dienstmeisje *o*
parlous ['pa:ləs] *bn* precair, gevaarlijk; slim
Parmesan [pa:mi'zæn] *bn* (ook: ~ *cheese*) parmezaanse kaas, parmezaan
parochial [pə'roukjəl] *bn* parochiaal; kleinsteeds, bekrompen, begrensd
parochialism *znw* bekrompenheid, kleinsteedsheid
parodist *znw* parodist, schrijver van parodieën
parody ['pærədi] **I** *znw* parodie; **II** *overg* parodiëren, bespottelijk nabootsen
parole [pə'roul] **I** *znw* **1** (ere)woord *o*; **2** recht voorwaardelijke invrijheidstelling; *on* ~ **1** op zijn erewoord; **2** recht voorwaardelijk; **II** *overg* recht voorwaardelijk in vrijheid stellen
paroquet ['pærəkit] *znw* parkiet
parotitis [pærɔ'taitis] *znw* med bof
paroxysm ['pærəksizm] *znw* vlaag, (heftige) aanval
parquet ['pa:kei, -kit] **I** *znw* (~ *floor*) parket° *o*, parketvloer; **II** *overg* van parket voorzien
parquetry ['pa:kitri] *znw* parketvloer, -werk *o*
parricidal [pæri'saidl] *bn* van een vadermoord, vadermoordenaars-
parricide ['pærisaid] *znw* vadermoord(enaar)
parrot ['pærət] *znw* papegaai[2]
parry ['pæri] **I** *overg* afweren, pareren[2]; ontwijken; **II** *onoverg* pareren; **III** *znw* afwering; ontwijking; parade [bij het schermen]
parse [pa:z] *overg* taalkundig (redekundig) ontleden
parsimonious [pa:si'mounjəs] *bn* spaarzaam, karig, schriel
parsimony ['pa:siməni] *znw* spaarzaamheid, karigheid, schrielheid
parsley ['pa:sli] *znw* peterselie
parsnip ['pa:snip] *znw* witte peen
parson ['pa:sn] *znw* predikant, dominee; gemeenz iedere geestelijke; ~*'s nose* gebraden staartstuk *o* v. vogel
parsonage *znw* predikantswoning, pastorie
parsonic(al) [pa:'sɔnik(l)] *bn* van een dominee
part [pa:t] **I** *znw* part *o*, (aan)deel *o*, gedeelte *o*, aflevering [v. boekwerk]; techn (onder)deel *o*; plicht, zaak, taak; partij, zijde, kant; muz partij, stem; rol[2]; *(private)* ~*s* gemeenz geslachtsdelen; *the* ~*s of speech* de rededelen; *a man of (good)* ~*s* vero een bekwaam, talentvol man; *the curious* ~ *of (about) it is...* het gekke van de zaak is...; *be* ~ *of* ook: (be-)horen bij (tot); *be* ~ *and parcel of* een integrerend deel uitmaken van, schering en inslag zijn van; *do one's* ~ het zijne (zijn plicht) doen; *play a* ~ een rol spelen[2]; fig komedie spelen; *play one's* ~ het zijne

doen, zijn deel bijdragen; *take ~* deelnemen, meedoen (aan *in*); *take sbd.'s ~, take ~ with sbd.* iems. partij kiezen; *for my ~* voor mijn part, wat mij betreft, ik voor mij; *for the most ~* hoofdzakelijk, grotendeels; *in ~* deels; gedeeltelijk; *take in good ~* goed opnemen; *in ~s* in afleveringen; muz meerstemmig; *in foreign ~s* in den vreemde; *in these ~s* in deze streek (buurt); *on my ~* van mijn kant, mijnerzijds, uit naam van mij; **II** *bijw* zie *partly*; **III** *overg* verdelen; scheiden; breken; *~ company* uit of van elkaar gaan, scheiden (van *with*); *~ one's hair* een scheiding maken (in zijn haar); *~ed lips* geopende lippen; **IV** *onoverg* zich verdelen, uiteengaan, -wijken, scheiden (als); breken; *~ from* weggaan (scheiden) van; *~ with* van de hand doen, afstand doen van

partake [pa:'teik] (partook; partaken) *onoverg* deelnemen, deel hebben (aan, in *of, in*); *~ of* ook: gebruiken, verorberen; iets hebben van

partaken V.D. van *partake*

partaker *znw* deelnemer, deelgenoot

parterre [pa:'tɛə] *znw* bloemperken; parterre *o & m*

part-exchange ['pa:tiks'tein(d)ʒ] *znw* inruil

Parthian ['pa:θiən] *bn*: *~ shot* hatelijke laatste opmerking, trap na

partial ['pa:ʃəl] *bn* partieel, gedeeltelijk; partijdig, eenzijdig; *be ~ to* een voorliefde hebben voor, bijzonder graag mogen

partiality [pa:ʃi'æliti] *znw* partijdigheid, eenzijdigheid; zwak *o*, voorliefde (voor *to*)

partially ['pa:ʃəli] *bijw* v. *partial*; zie ook *sight II*

participant [pa:'tisipənt] *znw* deelnemer, -hebber, participant

participate *onoverg* delen, deelnemen, deel hebben (in, aan *in*), participeren

participation [pa:tisi'peiʃən] *znw* deelneming, deelhebbing, participatie, medezeggenschap, inspraak

participle ['pa:tisipl] *znw* deelwoord *o*

particle ['pa:tikl] *znw* deeltje *o*, greintje *o*; partikel *o*: onveranderlijk rededeeltje *o*

parti-coloured *bn = party-coloured*

particular [pə'tikjulə] **I** *bn* bijzonder; speciaal; bepaald; persoonlijk; kieskeurig, nauwkeurig; veeleisend, lastig; *a ~ friend* een goede (intieme) vriend; *be ~ about one's food* moeilijk met eten zijn; *she's ~ about whom she talks to* ze praat niet zomaar met iedereen; *in ~* (meer) in het bijzonder, met name; **II** *znw* bijzonderheid, bijzondere omstandigheid, punt *o*; *~s* persoonsgegevens

particularity [pətikju'læriti] *znw* bijzonderheid; kieskeurigheid; nauwkeurigheid

particularize [pə'tikjuləraiz] **I** *onoverg & abs ww* in bijzonderheden treden; **II** *overg* met naam noemen; in bijzonderheden opgeven, omstandig verhalen

particularly *bijw* bijzonder; zeer; speciaal, vooral, met name, in het bijzonder

parting ['pa:tiŋ] **I** *bn* afscheids-; *~ breath* laatste ademtocht; *~ shot* hatelijkheid [bij het weggaan]; *~ of the ways* tweesprong; *a ~ word* ook: een woordje *o* tot afscheid; **II** *znw* scheiding°; afscheid *o*, vertrek *o*

partisan [pa:ti'zæn] **I** *znw* aanhanger, medestander, voorstander; partijganger; partizaan; **II** *bn* partijdig; partizanen-

partisanship *znw* partijgeest

partite ['pa:tait] *bn* gedeeld

partition [pa:'tiʃən] **I** *znw* deling, verdeling; (af-) scheiding; scheidsmuur; afdeling, (be)schot *o*; vak *o*; **II** *overg* delen, verdelen; afscheiden, afschutten; *~ off* afschieten [een vertrek]

partition-wall *znw* scheidsmuur[2]

partitive ['pa:titiv] *bn* delend; delings-

partly ['pa:tli] *bijw* gedeeltelijk, ten dele, deels

partner ['pa:tnə] **I** *znw* gezel(lin); deelgenoot, deelhebber, compagnon, firmant, vennoot; partner: dame of heer met wie men danst, speelt &; Am gemeenz vriend, maat; *sleeping (silent, dormant) ~* stille vennoot; **II** *overg* terzijde staan, de partner zijn van; *~ sbd. with...* iem. ... tot partner geven

partnership *znw* deelgenootschap *o*, vennootschap, maatschap; samenwerking(sverband *o*)

partook [pa:'tuk] V.T. van *partake*

part-owner ['pa:t'ounə] *znw* mede-eigenaar; scheepv medereder

part-payment *znw* gedeeltelijke betaling

partridge ['pa:tridʒ] *znw* (*mv* idem *of* -s) dierk patrijs

part-song ['pa:tsɔŋ] *znw* meerstemmig lied *o*

part time *bn* parttime, niet volledig

part-timer *znw* parttimer, niet volledige (werk-) kracht

party ['pa:ti] **I** *znw* partij; feest(je) *o*, fuif, gezelschap *o*; afdeling, groep, troep; deelnemer; gemeenz persoon, iemand; *throw a ~* een feestje bouwen; *be a ~ to* deel hebben of deelnemen aan, meedoen aan; **II** *onoverg* feest vieren, de bloemetjes buiten zetten

party-coloured, Am **party-colored** *bn* bont, veelkleurig

party line *znw* [politieke] partijlijn; telec lijn met meervoudige aansluiting

party political broadcast *znw* uitzending in het kader van de zendtijd voor politieke partijen

party politics *znw (mv)* partijpolitiek

party-pooper ['pa:tipu:pə] *znw* slang spelbreker, iem. die roet in het eten gooit

party spirit *znw* partijgeest

party-wall *znw* recht gemene (= gemeenschappelijke) muur

parvenu ['pa:vənju:] *znw* parvenu

parvis ['pa:vis] *znw* voorplein *o* [v. kerk]; kerkportaal *o*

pas [pa:] *znw* (dans)pas

paschal ['pa:skəl] *bn* paas-; *~ lamb* paaslam *o*

pasha ['pa:ʃə] *znw* pasja

pasquinade [pæskwi'neid] *znw* paskwil *o*, schotschrift *o*

pass [pa:s] **I** *onoverg* voorbijgaan°, passeren°, voorbijlopen, -komen &; heengaan; voorvallen; gewisseld worden [v. woorden &]; erdoor komen of er (mee) door kunnen, slagen [bij examen]; aangenomen worden; passen [bij kaartspel]; **II** *overg* voorbijgaan, -lopen, -trekken; passeren; doorgaan; overslaan; overgaan, overtrekken, -steken; te boven gaan; met goed gevolg afleggen; laten passeren; erdoor of toelaten, aannemen [voorstel], goedkeuren [medisch]; doorbrengen [tijd]; geven [zijn woord]; uitspreken [oordeel]; doorgeven; aanreiken; strijken met [zijn hand] (over *across*), halen (door *through*); uitgeven, kwijtraken [geldstuk]; ~ *belief* ongelooflijk zijn; ~ *remarks* opmerkingen maken; ~ *along* zie ~ *on*; ~ *around* = ~ *round*; ~ *away* voorbijgaan; verdwijnen; plechtig heengaan, overlijden; verdrijven [tijd]; ~ *by* passeren, voorbijlopen; geen notitie nemen van; ~ *by the name of...* genoemd worden; ~ *down* doorgeven, overleveren; ~ *for* doorgaan voor, gelden als; slagen als (voor); ~ *into* overgaan in; veranderen in; worden; ~ *off* gaan, verlopen; voorbij-, overgaan; uitgeven, kwijtraken [vals geld]; maken [opmerkingen]; ~ *oneself off as...* zich uitgeven voor...; ~ *sth. off on sbd.* iem. iets in de hand stoppen, op de mouw spelden; ~ *it off with a smile* er zich met een (glim)lachje afmaken; ~ *on* dóórlopen, verder gaan; heengaan, overlijden; ~ *it on* het doorgeven; het doorberekenen (aan *to*); ~ *on to...* overgaan tot...; ~ *out* een (onderwijs)inrichting verlaten, heengaan; buiten bewustzijn rakden, flauwvallen; doodgaan; ~ *over* gaan over, komen over; voorbijgaan; voorbijtrekken [onweer]; passeren; overslaan, geen notitie nemen van; ~ *round* slaan of leggen om [v.e. touw]; doorgeven, laten rondgaan; ~ *through* gaan door; steken door; doormaken, meemaken; doorlópen [school]; *be ~ing through* op doorreis zijn; ~ *up* laten schieten, bedanken voor; **III** *znw* pas, bergpas, doorgang, scheepv "gat" *o*; slagen *o* [bij examen]; onderw gewone graad; reis-, verlofpas, vrij-, permissiebiljet *o*, toegangsbewijs *o*, perskaart (*press* ~); uitval [bij schermen]; handbeweging; pass [bij voetbal]; toestand, stand van zaken; *bring to* ~ tot stand brengen, teweegbrengen; *come to* ~ gebeuren; *how did it come to ~?* hoe heeft het zich toegedragen?; *things have come to a pretty* ~ het is ver gekomen...; *make a* ~ *at* amoureuze avances maken bij; *sell the* ~ verraad plegen

passable *bn* begaanbaar, berijd-, bevaarbaar; er mee door kunnend, draaglijk, tamelijk, voldoend, passabel; gangbaar

passably *bijw* redelijk (goed)

passage ['pæsidʒ] *znw* doorgang, doortocht, doortrek [v. vogels]; doorvaart, doorreis; doormars; passeren *o*, overgang, overtocht; voorbijgaan *o*; gang; steeg; passage° [ook = vrachtprijs, plaats in boek &]; doorlaten *o* of aannemen *o* [wetsvoorstel]; (uit-) wisseling; *a ~ of (at) arms* woordenwisseling, botsing

passageway *znw* doorgang

pass-book ['pa:sbuk] *znw* kassiersboekje *o*, rekening-courantboekje *o*, (spaar)bankboekje *o*

passé ['pa:sei] *bn* [Fr] uit de tijd; op zijn retour, verlept

passenger ['pæsindʒə] *znw* passagier, reiziger

passenger car *znw* personenauto

passenger train *znw* personentrein

passe-partout ['pæspa:tu:] *znw* [Fr] passe-partout; loper

passer-by ['pa:sə('bai)] *znw* (*mv*: passers-by) voorbijganger

passible ['pæsəbl] *bn* (over)gevoelig

passim ['pæsim] *bijw* [Lat] op meerdere plaatsen [in een boek]

passing ['pa:siŋ] **I** *bn* voorbijgaand[2]; dóórtrekkend; terloops gemaakt; **II** *bijw* vero in hoge mate, zeer; **III** *znw* voorbijgang; slagen *o* [bij examen]; aannemen *o* [wet]; plechtig heengaan *o*, overlijden *o*; *in* ~ en passant, terloops

passing-bell *znw* doodsklok

passion ['pæʃən] *znw* lijden *o*; drift, hartstocht, passie; woede; *have a ~ for* dol zijn op; *in a* ~ in drift; woedend

passionate *bn* hartstochtelijk, fervent; driftig

passion-flower *znw* passiebloem

passion-fruit *znw* passievrucht

passionless *bn* zonder hartstocht, geen hartstocht kennend

Passion-play *znw* passiespel *o*

Passion Sunday *znw* Passiezondag: tweede zondag vóór Pasen

passiontide *znw* passietijd (= de twee weken van Passiezondag tot paasavond)

Passion Week *znw* week van Passiezondag tot Palmpasen; vero lijdensweek: week vóór Pasen

passive ['pæsiv] **I** *bn* lijdelijk; lijdend; passief; ~ *resistance* lijdelijk verzet *o*; **II** *znw* gramm lijdende vorm, lijdend werkwoord *o*

passiveness *znw* passiviteit, lijdelijkheid

passivity [pæ'siviti] *znw* = *passiveness*

pass-key ['pa:ski:] *znw* loper; huissleutel; eigen sleutel

Passover ['pa:souvə] *znw* (joods) paasfeest *o*

passport ['pa:spɔ:t] *znw* paspoort[2] *o*, pas[2]

password *znw* parool *o*, wachtwoord *o*

past [pa:st] **I** *bn* verleden, geleden; voorbij(gegaan), afgelopen; vroeger, ex-; *for some days* ~ sedert enige dagen; ~ *master* = *pastmaster*; **II** *znw*: *the* ~ het verleden; het (vroeger) gebeurde; gramm de verleden tijd; **III** *voorz* voorbij, over, na; *she is ~ a child* geen kind meer; *it is ~ crying for* er helpt geen lievemoederen meer aan; ~ *cure* onherstelbaar, ongeneeslijk; ~ *help* niet meer te helpen; ~ *hope* hopeloos;

~ *saving* reddeloos verloren; *I wouldn't put it ~ him* hij is er toe in staat, het zou me van hem niets verbazen; *it's ~ our understanding* het gaat ons begrip te boven; **IV** *bijw* voorbij; *at noon or five minutes ~* erover

pasta ['pæstə] *znw* pasta, Italiaanse deegwaren

paste [peist] **I** *znw* deeg *o*; pap [om te plakken], stijfsel; pasta; smeersel *o*; meelproduct *o* [macaroni &]; similidiamant *o*; **II** *overg* (be)plakken, opplakken; ~ *up* aanplakken

pasteboard I *znw* bordpapier *o*, karton *o*; **II** *bn* bordpapieren, kartonnen; fig onecht, schijn-

pastel [pæs'tel, 'pæstel] *znw* pastel *o*; pastelkleur

pastel(l)ist [pæs'telist] *znw* pastellist

pastern ['pæstə:n] *znw* koot van een paard

pasteurism ['pæstərizəm] *znw* med inenting

pasteurization [pæstərai'zeiʃən] *znw* pasteurisatie

pasteurize ['pæstəraiz] *overg* pasteuriseren

pastiche [pæ'sti:ʃ, 'pæsti:ʃ] *znw* pastiche, namaak

pastille ['pæstl] *znw* pastille

pastime ['pa:staim] *znw* tijdverdrijf *o*, -passering, -korting

pasting ['peistiŋ] *znw* gemeenz pak *o* slaag

past-master ['pa:st'ma:stə] *znw* ware meester, kunstenaar [in zijn vak]

pastor ['pa:stə] *znw* pastor, zielenherder, voorganger, predikant; Am ook: pastoor

pastoral I *bn* herderlijk[2], landelijk; herders-; pastoraal; ~ *care* zielzorg; ~ *letter* herderlijk schrijven *o*; **II** *znw* herderlijk schrijven *o*; pastorale, herderszang, -dicht *o*, -spel *o*

pastorale [pæstə'ra:li] *znw* muz pastorale

pastorate ['pa:stərit] *znw* geestelijkheid; herderlijk ambt *o*

pastrami [pə'stra:mi] *znw* pastrami [sterk gekruid, gerookt rundvlees]

pastry ['peistri] *znw* (korst)deeg *o*; gebak *o*, pastei, gebakje *o*, taartje *o*, gebakjes, taartjes

pastry-cook *znw* pasteibakker, banketbakker

pasturage ['pa:stjuridʒ] *znw* weiden *o*; weiland *o*; gras *o*

pasture I *znw* weide, gras *o*; *put out to ~* (laten) weiden [v. koeien &]; fig (iem.) onverrichter zake wegsturen; *move on to ~s new* ± aan iets nieuws beginnen; **II** *onoverg & overg* (laten) weiden, (af)grazen

1 pasty ['peisti] *bn* deegachtig; bleek

2 pasty ['pæsti] *znw* vleespastei

1 pat [pæt] **I** *znw* tikje *o*, klopje *o*; klompje *o*, stukje *o* [boter]; **II** *overg* tikken, kloppen (op); ~ *on the back* goedkeurend op de schouder kloppen

2 pat [pæt] *bn bijw* (net) van pas; (precies) raak, toepasselijk, prompt, op zijn duimpje; *know sth. off ~* iets op zijn duimpje kennen; *stand ~* op zijn stuk blijven staan; *stand ~ on* blijven bij

patch [pætʃ] **I** *znw* lap, lapje *o* (grond); stukje *o*, gedeelte *o*; plek; moesje *o*; werkterrein *o*, gebied *o*, district *o*; flard [v. mist &]; *purple ~es* markante plaatsen, prachtige gedeelten [in gedicht &]; *he (it) is not a ~ on...* gemeenz hij (het) haalt niet bij...; *when I go through a bad ~* gemeenz als het me tegenzit; **II** *overg* een lap zetten op, oplappen[2]; met moesjes bedekken; ~ *up* oplappen, opknappen, opkalefateren; in elkaar flansen; bijleggen [v. ruzie]; ~ *together* haastig tot stand brengen

patchwork *znw* lapwerk *o*; ~ *quilt* lappendeken

patchy *bn* ongelijk, onregelmatig; in flarden voorkomend; ~ *knowledge* fragmentarische kennis

pate [peit] *znw* gemeenz kop, bol, knikker

pâté [pæ'tei, 'pa:tei] *znw* pâté

patella [pə'telə] *znw* (*mv*: patellae [-li:]) knieschijf

paten ['pætən] *znw* RK pateen

patent ['peitənt] **I** *bn* open(baar); gepatenteerd, patent-; duidelijk (aan het licht tredend); voor een ieder zichtbaar; voortreffelijk; ~ *leather* verlakt leer *o*, lakleer *o*; **II** *znw* patent *o*, vergunning; octrooi *o*; ~ *of nobility* adelbrief; **III** *overg* patenteren

patentee [pei-, pætən'ti:] *znw* patenthouder

patently ['peitəntli] *bijw* klaarblijkelijk, kennelijk

patent office ['pei-, 'pætəntɔfis] *znw* octrooiraad

pater ['peitə] *znw* slang ouweheer (vader)

paterfamilias ['peitəfə'miliəs] *znw* hoofd *o* van het gezin, huisvader

paternal [pə'tə:nl] *bn* vaderlijk, vader(s)-; van vaderszijde

paternalism *znw* paternalisme *o*; bevoogding

paternalistic [pətə:nə'listik] *bn* paternalistisch

paternally [pæ'tə:nəli] *bijw* vaderlijk

paternity *znw* vaderschap[2] *o*

paternoster ['pætə'nɔstə] *znw* onzevader *o*, paternoster *o*; paternosterlift

path [pa:θ] *znw* (*mv*: paths [pa:ðz]) pad *o*, weg, baan

pathetic [pə'θetik] *bn* pathetisch; beklagenswaardig, deerniswekkend, zielig, treurig

pathfinder ['pa:θfaində] *znw* verkenner, pionier; mil verkenningsvliegtuig *o*

pathogen ['pæθədʒən] *znw* med ziekteverwekker

pathogenic [pæθə'dʒenik] *bn* ziekteverwekkend

pathological [pæθə'lɔdʒikl] *bn* pathologisch

pathologist [pə'θɔlədʒist] *znw* patholoog

pathology *znw* ziektekunde

pathos ['peiθɔs] *znw* pathos *o*

pathway ['pa:θwei] *znw* (voet)pad *o*, weg, baan

patience ['peiʃəns] *znw* geduld *o*; volharding; lankmoedigheid, lijdzaamheid; kaartsp patience *o*; *have no ~ with* niet kunnen uitstaan; *be out of ~ with* niet meer kunnen luchten of zien; *try sbd.'s ~* iems. geduld op de proef stellen

patient I *bn* geduldig, lankmoedig, lijdzaam; volhardend; **II** *znw* patiënt, lijder

patina ['pætinə] *znw* patina *o*: roestlaag; tint van ouderdom

patio ['pætiou] *znw* patio: open binnenplaats

patisserie [pə-, pæ'ti:s(ə)ri] *znw* patisserie

patriarch ['peitria:k] *znw* patriarch°, aartsvader; fig nestor

patriarchal [peitri'a:kəl] *bn* patriarchaal, aartsva-

derlijk
patriarchate ['peitria:kit] *znw* patriarchaat *o*
patriarchy *znw* patriarchaat *o*; patriarchaal ingerichte samenleving of regering
patrician [pə'triʃən] **I** *bn* patricisch; **II** *znw* patriciër
patriciate *znw* patriciaat *o*
patricide ['pætrisaid] *znw* vadermoord; vadermoordenaar
patrimonial [pætri'mounjəl] *bn* tot het vaderlijk erfdeel behorend; (over)geërfd
patrimony ['pætriməni] *znw* vaderlijk erfdeel *o*, erfgoed[2] *o*
patristic [pə'tristik] *bn* van de kerkvaders
patriot ['peitriət] *znw* patriot, vaderlander
patriotic [pætri'ɔtik] *bn* vaderland(s)lievend
patriotically *bijw* patriottisch
patriotism ['pætriətizm] *znw* vaderlandsliefde
patrol [pə'troul] **I** *znw* patrouille, ronde; **II** *(overg &) onoverg* (af)patrouilleren; surveilleren (op, in) [v. politie]
patrol-car *znw* surveillancewagen [v. politie]
patrolman *znw* Am agent(-surveillant)
patrol wagon *znw* Am boevenwagen
patron ['peitrən] *znw* beschermer, beschermheer; patroon, beschermheilige (ook: ~ *saint*); (vaste) klant, begunstiger; begever van kerkelijk ambt
patronage ['pætrənidʒ] *znw* beschermheerschap *o*; beschermend air *o*, neerbuigendheid; begunstiging, klandizie; bescherming, steun; begevingsrecht *o*
patroness ['peitrənis] *znw* beschermster, beschermvrouwe; patrones, beschermheilige
patronize ['pætrənaiz] *overg* uit de hoogte behandelen; begunstigen [met klandizie], geregeld bezoeken; steunen; *well ~d* beklant [v. winkel]
patronizing *bn* beschermend, neerbuigend, uit de hoogte
patronymic [pætrə'nimik] **I** *bn* vaders-, familie; **II** *znw* vadersnaam, stam-, familienaam
patten ['pætən] *znw* trip [schoeisel]
patter ['pætə] **I** *onoverg* kletteren [hagel]; ratelen; trappelen, trippelen; **II** *overg* doen kletteren; (af-) ratelen (ook: ~ *out*); afraffelen [gebeden]; kakelen, parlevinken, snel praten; **III** *znw* taaltje *o*, jargon *o*; gekletter *o*, geratel *o*; gesnap *o*; getrippel *o*; (mooi) praatje *o* [om klanten te trekken]; kletspraatje *o*; snelgezongen woorden [v. lied of komediestuk]
pattern ['pætən] **I** *znw* model *o*, voorbeeld *o*, patroon *o*, staal *o*; dessin *o*, tekening; toonbeeld *o*; **II** *overg* volgens patroon maken, vormen, modelleren (naar *after, upon*); versieren (met *with*)
patty ['pæti] *znw* pasteitje *o*
paucity ['pɔ:siti] *znw* schaarste, gebrek *o* (aan *of*)
Paul [pɔ:l] *znw* Paulus; ~ *Pry* nieuwsgierige bemoeial
paunch [pɔ:n(t)ʃ] *znw* pens, buik
paunchy *bn* dikbuikig
pauper ['pɔ:pə] *znw* arme, pauper
pauperism *znw* armoede; pauperisme *o*; de armen
pauperization [pɔ:pərai'zeiʃən] *znw* verarming
pauperize ['pɔ:pəraiz] *onoverg* & *overg* tot armoede komen/brengen, verarmen, armlastig maken/ worden
pause [pɔ:z] **I** *znw* rust, stilte, pausering, stilstand; gedachtestreep; muz orgelpunt; pauze; *give ~ to* doen aarzelen, tot nadenken stemmen; *make a ~* even pauzeren; **II** *onoverg* pauzeren, even rusten, ophouden; nadenken, zich bedenken; ~ *over the details* stilstaan bij de bijzonderheden; ~ *(up)on* lang aanhouden of stilstaan bij
pave [peiv] *overg* bestraten, plaveien; bevloeren; ~ *the way for* de weg banen voor
pavement *znw* bestrating, plaveisel *o*, stenen vloer; trottoir *o*, stoep; terras *o* [v. café]; Am rijweg, rijbaan
paver *znw* straatmaker
pavilion [pə'viljən] *znw* paviljoen *o*, tent
paving ['peiviŋ] *znw* bestrating; plaveisel *o*; ~ *stone* straatsteen
paviour ['peivjə] *znw* straatmaker
paw [pɔ:] **I** *znw* poot°, klauw; **II** *onoverg* krabben, klauwen [met de voorpoot]; **III** *overg* met de poot aanraken of krabben; betasten; ruw beetpakken; ~ *the ground* met een hoef over de grond schrapen [paard]
pawky ['pɔ:ki] *bn* Schots sluw, slim
pawl [pɔ:l] *znw* techn pal
pawn [pɔ:n] **I** *znw* **1** pand *o*; **2** pion [schaakspel]; *be at (in)* ~ in de lommerd staan; *take out of* ~ inlossen; **II** *overg* verpanden[2], belenen
pawnbroker *znw* lommerdhouder
pawnshop *znw* pandjeshuis *o*, lommerd
pawn-ticket *znw* lommerdbriefje *o*
pawpaw ['pɔ:pɔ:] *znw* papaja
pax [pæks] **I** *tsw* onderw slang genoeg!; vergiffenis!; **II** *znw* vredeskus
1 pay [pei] *znw* betaling, bezoldiging, traktement *o*, salaris *o*, loon *o*, gage, mil soldij; *in the ~ of...* door... bezoldigd, in dienst van...
2 pay [pei] (paid; paid) *overg* betalen, bezoldigen, salariëren, voldoen, uitbetalen, uitkeren; lonen, vergelden; vergoeden; betuigen [eerbied]; ~ *attention* aandacht schenken (aan *to*), opletten, acht geven; ~ *court to sbd.* iem. het hof maken; ~ *a compliment* een compliment maken; ~ *one's respects* zijn opwachting maken (bij *to*); ~ *a visit* een bezoek afleggen; ~ *one's way* zich(zelf) bedruipen; *it ~s you to...* het loont de moeite, het is wel de moeite waard...; **III** *onoverg* betalen; de moeite lonen, renderen; ~ *away* uitgeven [geld]; scheepv vieren; ~ *down* contant betalen; ~ *back* terugbetalen, betaald zetten; ~ *for* betalen (voor); boeten voor; ~ *in money* geld storten; ~ *it into his hands* het aan hem afdragen; ~ *off* (af)betalen; de moeite lonen, renderen, vruchten afwerpen, succes hebben, beloond

worden; ~ *off the crew* het scheepsvolk afmonsteren; ~ *out* scheepv vieren; (uit)betalen; wraak nemen; *I'll ~ him out for that* dat zal ik hem betaald zetten, inpeperen; ~ *over to...* het (uit)betalen of afdragen aan; ~ *through the nose* buitengewoon veel betalen, afgezet worden; ~ *towards the cost* het zijne bijdragen; ~ *up* (af)betalen; volstorten [aandelen]

payable *bn* betaalbaar, te betalen; lonend, renderend; *become ~* vervallen; *make ~* betaalbaar stellen

pay-bed *znw* particulier bed *o* [in ziekenhuis]

pay-bill *znw* betaalstaat

pay-book *znw* mil zakboekje *o*

pay-day *znw* betaaldag; traktementsdag

pay-dirt *znw* [voor exploitatie] lonende ertshoudende aarde; fig lonende onderneming

PAYE ['pi:eiwai'i:] *afk.* = *pay-as-you-earn (income tax)* loonbelasting die bij uitbetaling wordt ingehouden

payee [pei'i:] *znw* te betalen persoon, nemer [v. wissel]

payer ['peiə] *znw* betaler

paying guest *znw* kostganger, pensiongast, betalende gast

paying-in slip *znw* stortingsbewijs *o*

pay-load *znw* nuttige last

paymaster *znw* betaler; betaalmeester; mil & scheepv officier van administratie; *P~-General* thesaurier-generaal

payment *znw* betaling; fig loon *o*

paynim ['peinim] vero *znw (& bn)* heiden(s)

pay-off ['peiɔ:f] *znw* gemeenz afrekening; beloning; resultaat *o*; climax; beslissing; bekentenis

pay-office *znw* betaalkantoor *o*, -kas

payola [pei'oulə] *znw* Am steekpenningen

pay-packet ['peipækit] *znw* loonzakje *o*

pay-phone *znw* telefooncel; munttelefoon

pay-rise *znw* loonsverhoging

pay-roll, pay-sheet *znw* betaalstaat, loonlijst

pay-slip *znw* loonbriefje *o*

PC *afk.* = *Privy Councillor; police constable; personal computer*

PE *afk.* = *Physical Education* lichamelijke opvoeding

pea [pi:] *znw* erwt; *like two ~s in a pod* als twee druppels water (op elkaar lijken)

peace [pi:s] *znw* vrede; rust; *~!* stil!; ~ *of mind* gemoedsrust; *the King's (the Queen's) ~* de openbare orde; *disturb the ~* de rust verstoren; *hold (keep) one's ~* (stil)zwijgen; *keep the ~* de vrede bewaren; de openbare orde niet verstoren; de orde bewaren, handhaven; *make one's ~ with* zich verzoenen met; *at ~* in vrede; *in ~* in vrede; met rust; rustig

peaceable *bn* vreedzaam; vredelievend

peace-breaker *znw* vredeverstoorder; rustverstoorder

Peace Corps *znw* Amerikaanse jongerenvrijwilligersorganisatie t.b.v. ontwikkelingslanden

peaceful *bn* vreedzaam; vredig; rustig; kalm

peace-keeping force *znw* vredesmacht

peace-loving *bn* vredelievend

peacemaker *znw* vredestichter

peace-offering *znw* dank-, zoenoffer *o*

peacetime *znw* vredestijd

1 peach [pi:tʃ] *znw* perzik; slang snoes, 'juweel' *o*

2 peach [pi:tʃ] *onoverg* slang klikken; ~ *against (on)* klikken van, verklikken

peach-coloured ['pi:tʃkʌləd] *bn* perzikbloesemkleurig

peachy ['pi:tʃi] *bn* perzikachtig, -kleurig; perzik-; slang beregoed

peacock ['pi:kɔk] *znw* dierk pauw; dierk pauwoog

peacockish *bn* pauwachtig; opgeblazen

pea-green ['pi:gri:n] *bn* lichtgroen

pea-hen ['pi:'hen] *znw* dierk pauwin

pea-jacket ['pi:dʒækit] *znw* pij-jekker

peak [pi:k] **I** *znw* spits, punt, top; fig hoogtepunt *o*, maximum *o*, record *o*; piek[2] [ook scheepv]; klep [v. pet]; ~ *hours (times)* piekuren, spitsuren; ~ *load* techn spitsbelasting, maximale belasting; ~ *season* hoogseizoen *o*; **II** *onoverg* een hoogtepunt, piek bereiken; sp pieken

peaked *bn* puntig; smalletjes [v. gezicht], pips; spits, scherp; ~ *cap* pet met een klep

peaky *bn* = *peaked*

peal [pi:l] **I** *znw* gelui *o*; galm; geschal *o*; (donder-) slag; stel *o* klokken [v. klokkenspel]; *a ~ of laughter* een schaterend gelach *o*; **II** *onoverg* schallen, klinken, klateren, galmen; **III** *overg* doen schallen, klinken &

peanut ['pi:nʌt] *znw* pinda, olienootje *o*, apenootje *o*; ~ *butter* pindakaas

pea-pod ['pi:pɔd] *znw* (erwte)peul

pear [pɛə] *znw* plantk peer

pearl [pə:l] **I** *znw* parel[2]; *cast ~s before swine* paarlen voor de zwijnen werpen; **II** *onoverg* parelen; naar parels vissen

pearl-barley *znw* parelgerst

pearl-button *znw* paarlemoeren knoop

pearl-diver *znw* parelvisser

pearler *znw* parelvisser

pearl-grey *znw* parelgrijs *o*

pearlies *znw mv* (kleren met) grote paarlemoeren knopen; iem. die deze draagt

pearl-shell *znw* parelschelp

pearly *bn* parelachtig, rijk aan parelen; ~ *king* Londense straatventer in feestkledij; bezet met *pearlies*

pear-shaped ['pɛəʃeipt] *bn* peervormig

peasant ['pezənt] **I** *znw* (kleine) boer, landman; ~ *farmer* eigenerfde (boer); **II** *bn* boeren-

peasantry *znw* boerenstand, landvolk *o*

pease pudding ['pi:zpudiŋ] *znw* erwtengerecht *o*, ± erwtensoep

pea-shooter *znw* erwtenblazer, blaaspijp; slang revolver

pea-soup *znw* erwtensoep; ~ *fog* dikke gele mist (ook: *pea-souper*)

peat [pi:t] *znw* turf; veen *o*
peatbog *znw* veengrond, veen *o*
peatmoss *znw* veengrond, veen *o*
peaty *bn* turfachtig, turf-; veenachtig
pebble ['pebl] *znw* kiezelsteen; bergkristal *o*
pebbled, **pebbly** *bn* vol kiezelstenen
pebbledash ['pebldæʃ] *znw* kiezelpleister *o*
pecan [pi'kæn] *znw*: ~ *(nut)* Amerikaanse walnoot, pecannoot
peccable ['pekəbl] *bn* zondig
peccadillo [pekə'dilou] *znw* (*mv*: -s *of* -loes) kleine zonde
peccancy ['pekənsi] *znw* zondigheid
peccant *bn* zondig
peccavi [pe'ka:vi] *znw* ik heb gezondigd; *cry* ~ ongelijk of schuld bekennen
1 peck [pek] *znw* maat = 9,092 liter; *a ~ of money (troubles)* een hoop geld (soesa)
2 peck [pek] **I** *overg & onoverg* pikken; bikken; vluchtig kussen; ~ *at* pikken in (naar); fig hakken op; ~ *at food* gemeenz kieskauwen, met lange tanden eten; **II** *znw* pik [met de snavel]; vluchtig kusje *o*
pecker ['pekə] *znw* slang neus; Am pik, lul; *keep your ~ up* gemeenz kop op!
pecking order ['pekiŋ'ɔ:də] *znw* pikorde, rangorde, hiërarchie
peckish ['pekiʃ] *bn* gemeenz hongerig
Pecksniffian [pek'snifiən] *bn* huichelachtig
pectoral ['pektərəl] **I** *bn* borst-; **II** *znw* borstvin, -spier
peculate ['pekjuleit] *overg* (geld) verduisteren
peculation [pekju'leiʃən] *znw* (geld)verduistering
peculiar [pi'kju:liə] *bn* bijzonder; eigenaardig; ~ *to* eigen aan, karakteristiek voor
peculiarity [pikju:li'æriti] *znw* bijzonderheid, eigenaardigheid
pecuniary [pi'kju:niəri] *bn* geldelijk, geld(s)-
pedagogic(al) [pedə'gɔdʒik(l), -'gɔgik(l)] *bn* opvoedkundig, pedagogisch
pedagogics [pedə'gɔdʒiks, -'gɔgiks] *znw* pedagogie, opvoedkunde
pedagogue ['pedəgɔg] *znw* pedagoog; fig schoolmeester
pedagogy ['pedəgɔdʒi, -gɔgi] *znw* pedagogie, opvoedkunde
pedal ['pedl] **I** *znw* pedaal *o & m*; **II** *onoverg* peddelen, trappen, fietsen; **III** *bn* voet-; ~ *bin* pedaalemmer
pedant ['pedənt] *znw* pedant; gemeenz frik
pedantic [pi'dæntik] *bn* pedant, schoolmeesterachtig
pedantry ['pedəntri] *znw* pedanterie, schoolmeesterachtigheid
peddle ['pedl] **I** *onoverg* venten; **II** *overg* rondventen, aan de man brengen, dealen [drugs]; rondstrooien [praatjes &]
pedestal ['pedistl] *znw* voetstuk[2] *o*; ~ *desk* bureauministre *o*; *knock sbd. of his* ~ iem. van zijn voetstuk stoten; *set (put) on a* ~ verafgoden, aanbidden
pedestrian [pi'destriən] **I** *bn* te voet; voet-; voetgangers-; fig alledaags, prozaïsch, saai; **II** *znw* voetganger; ~ *crossing* voetgangersoversteekplaats; ~ *precinct* voetgangersgebied *o*
pedestrianize *overg* tot voetgangersgebied maken
pediatric, **paediatric** [pi:di'ætrik] *bn* pediatrisch
pediatrician, **paediatrician** [pi:diə'triʃən] *znw* pediater, kinderarts
pediatrics, **paediatrics** [pi:di'ætriks] *znw* pediatrie, kindergeneeskunde
pedicab ['pedikæb] *znw* fietstaxi
pedicure ['pedikjuə] *znw* pedicure
pedigree ['pedigri:] *znw* stam-, geslachtsboom; afstamming, afkomst; ~ *cattle* stamboekvee *o*; ~ *fowl* rashoenders
pediment ['pedimənt] *znw* fronton *o*
pedlar, Am **peddler** ['pedlə] *znw* venter; verspreider [v. praatjes &]; *drug peddler* drugsdealer
pedology [pi'dɔlədʒi] *znw* bodemkunde
pedometer [pi'dɔmitə] *znw* schredenteller
pedophile *znw & bn* Am pedofiel
pedophilia *znw* Am pedofilie
peduncle [pi'dʌŋkl] *znw* (bloem)steel
pee [pi:] gemeenz **I** *onoverg* plassen; **II** *znw* plas
peek [pi:k] **I** *onoverg* gluren, kijken; **II** *znw* kijkje *o*
1 peel [pi:l] *znw* **1** schietschop, schieter [bakkerij]; **2** versterkte toren
2 peel [pi:l] **I** *znw* schil; *candied* ~ sukade; **II** *overg* (af)schillen, pellen, (af)stropen, villen, ontvellen, ontschorsen (ook: ~ *off*); **III** *onoverg* (zich laten) schillen; afschilferen, afbladderen, vervellen (ook: ~ *off*); ~ *off* gemeenz (zich) uitkleden
peeler ['pi:lə] *znw* schiller, schilmesje *o*; vero gemeenz klabak
peelings ['pi:liŋz] *znw mv* schillen; schilfers
1 peep [pi:p] **I** *onoverg* gluren, kijken (naar *at*); gloren; ~ *out* zich vertonen; om de hoek komen kijken; **II** *znw* (glurende) blik; kijkje *o*; *the ~ of day (dawn)* het aanbreken van de dag
2 peep [pi:p] **I** *onoverg* piepen; **II** *znw* gepiep *o*
peep-bo ['pi:p'bou] *tsw* kiekeboe
peepers ['pi:pə] *znw mv* gemeenz doppen, kijkers [ogen]
peephole *znw* kijkgat *o*
Peeping Tom *znw* voyeur, gluurder
peepshow *znw* kijkkast, rarekiek; peepshow
1 peer [piə] *znw* pair, edelman; gelijke, collega; ~ *group* peergroup, leeftijdsgenoten, soortgenoten, makkers
2 peer [piə] *onoverg* turen, kijken (naar *at*), bekijken
peerage ['piəridʒ] *znw* pairschap *o*; adel(stand); adelboek *o*
peeress *znw* vrouw van een pair; vrouwelijke pair
peerless *bn* weergaloos
peeve [pi:v] *overg* gemeenz ergeren
peevish *bn* korzelig, kribbig, gemelijk, knorrig

peewit ['pi:wit] *znw* dierk kievit
peg [peg] **I** *znw* pin, houten pen of nagel; stop; haak; knop; (tent)haring; (was)knijper; paaltje *o*; kapstok²; muz schroef [aan viool]; gemeenz (houten) been *o*; gemeenz borrel (brandy, whiskey); *come down a ~ or two* een toontje lager zingen, zoete broodjes bakken; *take down a ~ or two* een toontje lager laten zingen; *he is a square ~ in a round hole* hij is niet de juiste man op de juiste plaats; **II** *overg* (met een pin) vastmaken, vastpinnen²; koppelen; Br (met wasknijpers) ophangen; handel stabiliseren, bevriezen [v. prijzen]; **III** *onoverg*: ~ *away* ploeteren; ~ *down* binden (aan *to*); ~ *out* gemeenz doodgaan, ertussenuit knijpen; afbakenen [land]; Br ~ *out the washing* de was ophangen
pegleg *znw* gemeenz houten been *o*
pegtop *znw* priktol; ~ *trousers* van boven wijde, van onderen nauwe broek
pejorative ['pi:dʒərətiv, pi'dʒɔrətiv] *znw* & *bn* pejoratief
pekin(g)ese [pi:ki'n(ŋ)i:z] *znw* dierk pekinees
pekoe ['pi:kou] *znw* pecco(thee)
pelage ['pelidʒ] *znw* pels, vacht
pelagic [pe'lædʒik] *bn* van de zee of oceaan
pelargonium [pelə'gounjəm] *znw* geranium
pelerine ['peləri:n] *znw* pelerine
pelf [pelf] *znw* geld *o*, centen; *filthy* ~ aards slijk *o*
pelican ['pelikən] *znw* dierk pelikaan; ~ *crossing* zebrapad *o* [met zelfbedieningslichten]
pelisse [pe-, pi'li:s] *znw* damesmantel; jasje *o*
pellet ['pelit] *znw* balletje *o*; prop, propje *o*; pilletje *o*; kogeltje *o*; braakbal
pellicle ['pelikl] *znw* vlies *o*, vliesje *o*
pell-mell ['pel'mel] *bijw* door en over elkaar; holderdebolder
pellucid [pe'l(j)u:sid] *bn* doorschijnend; helder
pelmet ['pelmit] *znw* sierlijst [v. gordijnen]
Peloponnesian [peləpə'ni:ʃən] **I** *bn* Peloponnesisch; **II** *znw* Peloponnesiër
1 pelt [pelt] *znw* vel *o*, vacht, huid
2 pelt [pelt] **I** *overg* gooien, beschieten, bekogelen, bombarderen²; **II** *onoverg* kletteren [hagel, regen]; rennen; *it's ~ing down with rain* het regent dat het giet; **III** *znw*: *(at) full* ~ zo hard mogelijk (lopend)
peltry ['peltri] *znw* huiden, pelterij
pelvic ['pelvik] *bn* van het bekken
pelvis ['pelvis] *znw* (*mv*: pelvises *of* pelves [vi:z]) bekken *o*, nierbekken *o*
pem(m)ican ['pemikən] *znw* in repen gesneden, gedroogd rundvlees *o*; fig degelijke kost
1 pen [pen] **I** *znw* pen; *fountain* ~ vulpen; *put ~ to paper* schrijven, de pen op het papier zetten; *a slip of the* ~ een verschrijving [schrijffout]; **II** *overg* schrijven, (neer)pennen
2 pen [pen] **I** *znw* (schaaps)kooi, hok *o*; (baby)box; duikbootbunker; **II** *overg* beperken; opsluiten (ook: ~ *in, up*)
penal ['pi:nəl] *bn* strafbaar, straf-; *the ~ code* de strafwetten; ~ *servitude* dwangarbeid; ~ *settlement* strafkolonie
penalize *overg* strafbaar stellen; straffen; handicappen
penalty ['penlti] *znw* straf, boete; handicap; sp strafschop [voetbal]; *pay the extreme ~ of* boeten voor; *pay the extreme* ~ de doodstraf ondergaan; ~ *area* sp strafschopgebied *o*; ~ *clause* recht strafbepaling; ~ *kick* sp strafschop
penance ['penəns] *znw* boete(doening), penitentie; fig straf, ongemak *o*; *the sacrement of* ~ RK het sacrament van boetvaardigheid
pen-and-ink drawing ['penəniŋk] *znw* pentekening
pen-case ['penkeis] *znw* pennenkoker
pence [pens] *znw mv* v. *penny*
penchant ['pãʃã] *znw* neiging, voorkeur
pencil ['pensil] **I** *znw* potlood *o*; griffel; stift; vero & fig penseel *o*; ~ *of light* stralenbundel; **II** *overg* (met potlood) tekenen, optekenen, (op)schrijven; penselen, (met potlood) kleuren; schetsen²; ~ *in* voorlopig noteren, met potlood schrijven [i.p.v. pen]; ~*led eyebrows* zwartgemaakte wenkbrauwen
pencil-case *znw* potloodkoker; potlood-, schooletui *o*
pencil-sharpener *znw* puntenslijper
pendant ['pendənt] **I** *bn* = *pendent*; **II** *znw* hanger(tje *o*), oorhanger
pendency ['pendənsi] *znw* hangende of aanhangig zijn *o* [v. proces]
pendent *bn* hangend²; overhangend; zwevend
pending I *bn* (nog) hangend, onafgedaan; **II** *voorz* gedurende; in afwachting van
pendulous ['pendjuləs] *bn* hangend; schommelend
pendulum *znw* slinger [v. klok]
penetrable ['penitrəbl] *bn* doordringbaar; te doorgronden; ~ *to* toegankelijk, vatbaar voor
penetralia [peni'treiljə] *znw* binnenste *o*, heiligste *o*
penetrate ['penitreit] **I** *overg* doordringen (van *with*); doorgronden; **II** *onoverg* door-, binnendringen (in *into, through*)
penetrating *bn* doordringend; scherp(ziend), scherpzinnig, diepgaand
penetration [peni'treiʃən] *znw* doordringen *o*; in-, binnendringen *o*; doorgronden *o*; doorzicht *o*; scherpzinnigheid
penetrative ['penitreitiv] *bn* doordringend; scherpzinnig; ~ *power* ook: doordringendheid
pen-friend ['penfrend] *znw* correspondentievriend(in)
penguin ['peŋgwin] *znw* pinguïn
penholder ['penhouldə] *znw* pen(nen)houder
penicillate [peni'silit] *bn* met kleine haarpluimpjes; gestreept
penicillin [peni'silin] *znw* penicilline
penile ['pi:nail] *bn* van de penis, penis-

peninsula ['pi'ninsjulə] *znw* schiereiland *o*; *the P~* het Iberisch Schiereiland
peninsular *bn* van een schiereiland
penis ['pi:nis] *znw* (*mv*: penises *of* penes [-ni:z]) penis
penis envy *znw* penisnijd
penitence ['penitəns] *znw* berouw *o*
penitent I *bn* berouwvol, boetvaardig; **II** *znw* boetvaardige, boeteling(e), penitent(e)
penitential [peni'tenʃəl] **I** *bn* boetvaardig, berouwvol; boete-; *~ psalms* boetpsalmen; **II** *znw* boeteboek *o*, biechtboek *o*
penitentiary I *bn* boete-; straf-; **II** *znw* Am gevangenis; RK hoogste kerkelijke gerechtshof *o*; boetepriester
penknife ['pennaif] *znw* pennenmes *o*, zakmesje *o*
penman *znw* schoonschrijver; schrijver, auteur
penmanship *znw* (schoon)schrijfkunst
pen-name *znw* schuilnaam, pseudoniem *o*
pennant ['penənt] *znw* wimpel
penniless ['penilis] *bn* zonder geld, arm
pennon ['penən] *znw* scheepv wimpel; banier; mil (lans)vaantje *o*
penn'orth ['penəθ] *znw = pennyworth*
penny ['peni] *znw* (*mv*: (munten) pennies; (in bedragen) pence) penny; hist penning; *a ~ for your thoughts* waar zit je over te peinzen?; *in for a ~, in for a pound* wie a zegt, moet ook b zeggen; *cost a pretty ~* een hele duit kosten; *spend a ~* naar de wc gaan; *turn an honest ~* een eerlijk stuk brood verdienen; *a ~ saved is a ~ gained (got)* die wat spaart, heeft wat; *he doesn't have a ~ to his name* hij bezit geen rooie duit; *the ~ dropped* ik & heb het door, ik & snap het; *be two (ten) a ~* kost(en) nog maar een habbekrats; *take care of the pennies* op de kleintjes passen; *take care of the pennies and the pounds will take care of themselves* wie het kleine niet eert is het grote niet weerd
penny-a-liner *znw* broodschrijver [voor de krant], ± freelancer
penny dreadful [peni'dredful] *znw* sensatieromannetje *o*, stuiversroman
penny-farthing (bicycle) ['penifa:ðiŋ 'baisikl] *znw* vroeger vélocipède
penny-in-the-slot machine *znw* **1** automaat; **2** gokautomaat
penny-pinching ['penipin(t)ʃiŋ] *znw* overdreven zuinigheid, vrekkigheid
pennyweight ['peniweit] *znw* gewicht *o*: 1,55 gram
penny whistle ['peniwisl] *znw* eenvoudige metalen fluit [i.h.b. in de Ierse volksmuziek]
penny wise *bn* zuinig op nietigheden; *~ and pound foolish* misplaatste zuinigheid (in kleine dingen en verkwisting aan de andere kant)
pennyworth ['peniwə:θ, 'penəθ] *znw* voor een stuiver; *a good ~* een koopje *o*
penology [pi:'nɔlədʒi] *znw* leer v.d. straffen, strafoplegging en -toepassing
pen-pal ['penpæl] *znw = pen-friend*
penpusher ['penpuʃə] *znw* pennenlikker, inktkoelie, klerk; ambtenaartje *o*
pensile ['pensil, -sail] *bn* hangend [v. nesten]
1 pension ['penʃən] **I** *znw* jaargeld *o*, pensioen *o*; *~ fund* pensioenfonds *o*; *~ scheme* pensioenregeling; **II** *overg* een jaargeld geven, toeleggen; *~ off* pensioneren, op pensioen stellen
2 pension ['pa:ŋsiɔ:ŋ] *znw* pension *o*
pensionable ['penʃənəbl] *znw* pensioengerechtigd, recht gevend op pensioen
pensionary I *bn* pensioens-; gehuurd, betaald; **II** *znw* trekker van een jaargeld; gepensioneerde; afhangeling, huurling; hist pensionaris
pensioner *znw* trekker van een jaargeld; gepensioneerde; bejaarde
pensive ['pensiv] *bn* peinzend, ernstig, weemoedig, droevig
penstock ['penstɔk] *znw* valdeur [v. sluis]
pent [pent] V.D. van *²pen II*; opgesloten
pentad ['pentæd] *znw* vijftal *o*; groep van vijf
pentagon ['pentəgən] *znw* vijfhoek; *the P~* Am het Pentagon: (het gebouw van) de legerleiding en het bureau van de minister van Defensie
pentagonal [pen'tægənl] *bn* vijfhoekig
pentagram ['pentəgræm] *znw* vijfpuntige ster, drudenvoet
pentameter [pen'tæmitə] *znw* vijfvoetig vers *o*
Pentateuch ['pentətju:k] *znw* Pentateuch (de eerste vijf boeken v.h. Oude Testament)
pentathlete [pen'tæθli:t] *znw* sp vijfkamper
pentathlon [pen'tæθlɔn] *znw* sp vijfkamp
Pentecost ['pentikɔst] *znw* pinksterzondag, Pinksteren; pinksterfeest *o* van de joden
pentecostal [penti'kɔstl] **I** *bn* pinkster-; *~ churches* pinksterkerken; *~ movement* pinksterbeweging; **II** *znw* lid *o* van een pinksterkerk
pentecostalism *znw* pinksterbeweging
penthouse ['penthaus] *znw* afdak *o*, luifel; penthouse *o*, terraswoning [op flatgebouw]; *~ roof* (schuin) afdak *o*
pent-up ['pent'ʌp] *bn* op-, ingesloten; fig lang ingehouden of opgekropt
penult *znw* voorlaatste lettergreep, penultima
penultimate [pi'nʌltimit] *bn* voorlaatste
penumbra [pi'nʌmbrə] *znw* (*mv*: -s *of* penumbrae [-bri:]) halfschaduw
penurious [pi'njuəriəs] *bn* karig, schraal, armoedig; gierig
penury ['penjuri] *znw* armoede², behoeftigheid; volslagen gebrek *o* (aan *of*)
penwiper ['penwaipə] *znw* inktlap
peon ['pi:ən] *znw* soldaat, oppasser, politieagent [in India]; dagloner, (bij zijn schuldeiser werkende) schuldenaar; als arbeider verhuurde veroordeelde [in Zuid-Amerika]
peony ['piəni] *znw* pioen(roos)
people ['pi:pl] **I** *znw* volk *o*; mensen; lieden, perso-

nen; gewoon volk *o*, proletariaat *o*; volgelingen, gevolg *o*, bedienden, werkvolk *o*; men; *my* ~ ook: mijn familie; *the little* ~ de feeën, kaboutertjes; ~ *say so* men zegt het; **II** *overg* bevolken
pep [pep] gemeenz **I** *znw* pep, fut; **II** *overg*: ~ *up* oppeppen
pepper ['pepə] **I** *znw* peper; paprika; **II** *overg* peperen; spikkelen, (be)strooien; beschieten, bestoken
pepper-and-salt *znw (bn)* peper-en-zout-kleur(ig)
pepperbox *znw* peperbus
pepper-caster, **pepper-castor** *znw* peperbus
peppercorn *znw* peperkorrel; ~ *rent* symbolisch huurbedrag *o*
peppermint *znw* plantk pepermunt; pepermuntje *o*
pepperpot *znw* peperbus
peppery *bn* peperachtig; vol peper; gepeperd, scherp, prikkelend; prikkelbaar, opvliegend, heetgebakerd
pep pill *znw* peppil
pepsin ['pepsin] *znw* pepsine
pep-talk ['peptɔ:k] *znw* gemeenz peptalk: opwekkend praatje *o*
peptic ['peptik] *bn* maag-; ~ *ulcer* maagzweer
per [pə:] *voorz* per; *as* ~ volgens; *as* ~ *usual* zoals gewoonlijk, gebruikelijk
peradventure [pərəd'ventʃə] vero **I** *bijw* misschien, bij toeval; **II** *znw* twijfel(achtigheid)
perambulate [pə'ræmbjuleit] *overg* & *onoverg* (door)wandelen, doorlopen; (door)reizen [ter inspectie]; ijsberen
perambulation [pəræmbju'leiʃən] *znw* (door-) wandeling, rondgang; (grens)schouw; district *o*
perambulator [p(ə)'ræmbjuleitə] *znw* kinderwagen
per annum [pər'ænəm] *bijw* [Lat] per jaar
per capita [pə:'kæpitə] *bn* & *bijw* [Lat] per hoofd [v.d. bevolking]
perceive [pə'si:v] *overg* (be)merken, bespeuren, ontwaren, waarnemen
perceiving *bn* scherpziend, pienter
per cent [pə'sent] *znw* & *bijw* procent, percent; *a hundred* ~ gemeenz voor honderd procent
percentage [pə'sentidʒ] *znw* percentage *o*; percenten, commissieloon *o*
perceptible [pə'septəbl] *bn* merkbaar, waarneembaar
perception *znw* perceptie, waarneming; gewaarwording; inzicht *o*
perceptive *bn* waarnemend; gewaarwordend; scherpzinnig; ~ *faculty* waarnemingsvermogen *o*; scherpzinnigheid
perceptiveness *znw* waarnemingsvermogen *o*; scherpzinnigheid
1 perch [pə:tʃ] **I** *znw* stokje *o* in een vogelkooi, roest, stang; hoge plaats; **II** *onoverg* (hoog) gaan zitten, roesten [vogels]; neerstrijken (op *upon*); **III** *overg* doen zitten, (hoog) plaatsen; *be* ~*ed* (hoog) zitten, liggen, staan &
2 perch [pə:tʃ] *znw* (*mv* idem *of* -es) dierk baars
perchance [pə'tʃa:ns] *bijw* vero misschien
percipience [pə'sipiəns] *znw* waarnemingsvermogen *o*
percipient **I** *bn* gewaarwordend; waarnemend; opmerkzaam, scherpzinnig; **II** *znw* waarnemer, observator; percipiënt [ontvanger van telepathische boodschap]
percolate ['pə:kəleit] *overg* & *onoverg* (laten) filtreren, doorsijpelen[2], doordringen[2]
percolation [pə:kə'leiʃən] *znw* filtreren *o*; doorsijpelen[2] *o*, doordringen[2] *o*
percolator ['pə:kəleitə] *znw* filter; filtreerkan
percuss [pə:'kʌs] *overg* percuteren, bekloppen
percussion *znw* schok, slag, stoot, botsing; muz slagwerk *o*; ~ *cap* slaghoedje *o*; ~ *fuse* schokbuis
percussionist *znw* slagwerker
percussive *bn* slaand, schokkend, stotend, slag-, schok-, stoot-
perdition [pə:'diʃən] *znw* verderf *o*, ondergang, verdoemenis
peregrinate ['perigrineit] *onoverg* (rond)zwerven, reizen en trekken
peregrination [perigri'neiʃən] *znw* omzwerving, zwerftocht; bedevaart
peregrinator ['perigrineitə] *znw* zwerver
peregrine ['perigrin] *znw* slechtvalk *(~ falcon)*
peremptory [pe'rəmtəri] *bn* geen tegenspraak duldend; gebiedend, heerszuchtig; afdoend, beslissend
perennial [pə'renjəl] **I** *bn* het gehele jaar durend; eeuwig(durend), voortdurend; (over)blijvend, vast [v. plant]; **II** *znw* overblijvende plant; *hardy* ~ winterharde vaste plant
perennialy *bijw* jaar in jaar uit
perfect ['pə:fikt] **I** *bn* volmaakt, volkomen, perfect (in orde), foutloos; echt; versterkend volslagen; **II** *znw* voltooid tegenwoordige tijd; **III** *overg* [pə'fekt] (ver)volmaken, verbeteren, perfectioneren; volvoeren
perfectible *bn* volmaakbaar, voor verbetering vatbaar
perfection *znw* volmaaktheid; volkomenheid, perfectie; (ver)volmaking; *to* ~ uitstekend, volmaakt
perfectionism *znw* perfectionisme *o*
perfectionist *znw* perfectionist
perfectly ['pə:fiktli] *bijw* volmaakt, volkomen, absoluut, volslagen; foutloos; *you know* ~ *well* je weet heel goed, opperbest
perfervid [pə:'fə:vid] *bn* vurig, gloedvol
perfidious [pə:'fidiəs] *bn* trouweloos, verraderlijk, vals (voor *to*), perfide
perfidy ['pə:fidi] *znw* trouweloosheid, verraderlijkheid, valsheid
perforate ['pə:fəreit] *overg* doorboren, perforeren; ~*d* ook: met kleine gaatjes, geperforeerd
perforation [pə:fə'reiʃən] *znw* doorboring, perforatie; tanding [filatelie]

perforce [pə'fɔ:s] *bijw* (nood)gedwongen, noodzakelijk(erwijs)

perform [pə'fɔ:m] **I** *overg* doen verrichten; uitvoeren; volvoeren, volbrengen; opvoeren, vertonen, spelen; **II** *onoverg* (komedie) spelen, kunsten doen, optreden; presteren, functioneren, prestaties leveren; *~ing arts* podiumkunsten; *~ing elephants* gedresseerde olifanten

performance *znw* uitvoering, opvoering, voorstelling, vertoning; prestatie, succes *o*; karwei *o*, werk *o*; vervulling, verrichting; gemeenz aanstellerij, scène

performer *znw* toneelspeler, artiest, musicus; volbrenger, uitvoerder; *he is a bad ~* ook: hij komt zijn beloften niet na

perfume ['pə:fju:m] **I** *znw* geur; reukwerk *o*, parfum *o & m*; **II** *overg* welriekend maken, een geurtje geven, parfumeren

perfumer *znw* parfumeur

perfumery *znw* parfumerie(ën)

perfunctory [pə'fʌŋktəri] *bn* (gedaan) omdat het moet, oppervlakkig, vluchtig, nonchalant

pergola ['pə:gələ] *znw* pergola

perhaps [pə'hæps, præps] *bijw* misschien

peri ['piəri] *znw* peri [(goede) geest; fee]

perianth ['periænθ] *znw* bloemdek *o*, bloembekleedsels

pericardium [peri'ka:diəm] *znw* (*mv*: pericardia [-diə]) hartzakje *o*

pericarp ['perika:p] *znw* vruchtwand

perigee ['peridʒi:] *znw* astron perigeum *o*

peril ['peril] *znw* gevaar *o*; *at your (own) ~* op uw eigen verantwoording, risico; *he was in ~ of his life* hij was in levensgevaar

perilous *bn* gevaarlijk, hachelijk

perimeter [pə'rimitə] *znw* omtrek [v.e. vlak], perimeter; *~ fence* ± omheining [rond luchthaven, legerbasis &]

perineum [peri'ni:əm] *znw* bilnaad

period ['piəriəd] **I** *znw* tijdvak *o*, tijdkring, tijdperk *o*, tijd; stadium *o*, fase; omloop(s)tijd v. planeet; periode° [ook v. repeterende breuk], cyclus; (samengestelde) volzin; punt [na volzin]; *(monthly) ~* menstruatie(cyclus); *I won't go, ~!* ik ga niet, punt uit!; **II** *bn* in historische stijl, van zekere tijd, in zekere tijd spelend

periodic [piəri'ɔdik] *bn* periodiek; *~ table* chem periodiek systeem *o* (van elementen)

periodical [piəri'ɔdikl] **I** *bn* periodiek; **II** *znw* periodiek, tijdschrift *o*

periodicity [piəriə'disiti, -riɔ'disiti] *znw* geregelde terugkeer, periodiciteit

peripatetic [peripə'tetik] *bn* peripatetisch, wandelend; rondreizend

peripeteia [peripə'ti:jə] *znw* ommekeer; beslissende wending in drama

peripheral [pə'rifərəl] **I** *bn* perifeer, rand-; **II** *znw*: *~s* comput randapparatuur

periphery *znw* periferie: omtrek; buitenrand

periphrasis [pə'rifrəsis] *znw* (*mv*: periphrases [-si:z]) omschrijving (als retorische stijlfiguur)

periphrastic [peri'fræstik] *bn* omschrijvend

periscope ['periskoup] *znw* periscoop

perish ['periʃ] *onoverg* omkomen, te gronde gaan; vergaan (van *with*); rotten; *~ the thought!* gemeenz ik moet er niet aan denken!

perishable **I** *bn* vergankelijk; aan bederf onderhevig, bederfelijk; **II** *znw*: *~s* aan bederf onderhevige waren

perished *bn*: *be ~* gemeenz het berekoud hebben

perisher *znw* gemeenz klier, lastpak, etterbakje *o*

perishing *bn* bitterkoud; slang verdomd

peristaltic [peri'stæltik] *bn* peristaltisch

peristyle ['peristail] *znw* zuilengalerij

peritoneum [peritə'ni:əm] *znw* (*mv*: -s *of* peritonea [-'ni:ə]) buikvlies *o*

peritonitis [peritə'naitis] *znw* buikvliesontsteking

periwig ['periwig] *znw* pruik

periwinkle ['periwiŋkl] *znw* **1** alikruik; **2** plantk maagdenpalm

perjure ['pə:dʒə] *overg*: *~ oneself* vals zweren, zich schuldig maken aan meineed; een eed breken; *~d* meinedig

perjurer *znw* meinedige

perjury *znw* meineed; woordbreuk

1 perk [pə:k] **I** *onoverg*: *~ up* weer moed krijgen, opfleuren, opleven, opkikkeren; **II** *overg*: *~ up* opvrolijken, opkikkeren

2 perk [pə:k] *znw* extra verdienste, extraatje *o*

perky ['pə:ki] *bn* vrolijk, levendig, zwierig, parmant(ig), brutaal

perm [pə:m] gemeenz **I** *znw* permanent; = *permutation* combinatie [bij voetbaltoto]; **II** *overg* permanenten

permafrost ['pə:məfrɔst] *znw* permafrost [eeuwig bevroren bodem]

permanence ['pə:mənəns] *znw* bestendigheid, duurzaamheid, duur

permanency *znw* vaste betreking; = *permanence*

permanent *bn* bestendig, blijvend, vast, permanent; *~ way* baanbed *o*, spoorbaan

permanganate [pə:'mæŋgənit] *znw* permanganaat *o*; *potassium ~, ~ of potash* permangaan *o* (= kaliumpermanganaat *o*)

permeable ['pə:mjəbl] *bn* doordringbaar, poreus

permeate ['pə:mieit] *onoverg* doordringen, doortrekken; dringen, trekken (door *through*)

permeation [pə:mi'eiʃən] *znw* doordringing

permissible [pə'misəbl] *bn* toelaatbaar, geoorloofd

permission *znw* permissie, vergunning, verlof *o*, toestemming

permissive *bn* veroorlovend; tolerant; *~ society* de moderne maatschappij waarin de normen losser zijn geworden

permit [pə'mit] **I** *overg* permitteren, veroorloven, toestaan, toelaten, vergunnen; **II** *onoverg* het toela-

ten; ~ *of* toelaten, dulden; **III** *znw* ['pə:mit] (schriftelijke) vergunning; verlof *o*; consent *o*
permutation [pə:mju'teiʃən] *znw* permutatie, verwisseling; combinatie, selectie [bij voetbaltoto]
permute [pə'mju:t] *overg* de volgorde veranderen; verwisselen
pernicious [pə:'niʃəs] *bn* verderfelijk, schadelijk, fnuikend; ~ *anaemia* pernicieuze anemie
pernickety [pə'nikiti] *bn* gemeenz pietluttig; overdreven netjes, kieskeurig; lastig
perorate ['perəreit] *onoverg* een peroratie houden; oreren
peroration [perə'reiʃən] *znw* peroratie, slot *o* van een redevoering
peroxide [pe'rɔksaid] **I** *znw* peroxide *o*; ~ *blonde* gemeenz meisje *o* met gebleekt haar; **II** *overg* bleken [het haar]
perpendicular [pə:pən'dikjulə] **I** *bn* loodrecht, rechtop, steil; **II** *znw* loodlijn; schietlood *o*; *the* ~ ook: de loodrechte stand
perpendicularity ['pə:pəndikju'læriti] *znw* loodrechte stand, in het lood zijn *o*
perpetrate ['pə:pitreit] *overg* (kwaad) bedrijven, begaan, plegen[2]
perpetration [pəpi'treiʃən] *znw* bedrijven *o*, begaan *o* of plegen *o*
perpetrator ['pə:pitreitə] *znw* plechtig dader
perpetual [pə'petjuəl] *bn* eeuwigdurend, altijddurend, eeuwig; levenslang, vast
perpetuate *overg* vereeuwigen, doen voortduren, vervolgen, bestendigen
perpetuation [pəpetju'eiʃən] *znw* voortduren *o*, vereeuwiging, bestendiging
perpetuity [pə:pi'tjuiti] *znw* eeuwige duur, eeuwigheid; *in (for)* ~ voor eeuwig, voor onbeperkte duur
perplex [pə'pleks] *overg* in de war brengen, verwarren, verlegen maken, onthutsen
perplexed *bn* verward, onthutst, verslagen
perplexity *znw* verwardheid, verlegenheid, verbijstering, verslagenheid
perquisite ['pə:kwizit] *znw* faciliteit, extra voordeel *o*; extra verdienste; emolument *o*
perquisition [pə:kwi'ziʃən] *znw* grondig onderzoek *o*
perse [pə:s] *bn* grijsblauw
per se [pə:'sei, -'si:] *bijw* als zodanig, op zich(zelf)
persecute ['pə:sikju:t] *overg* vervolgen, onderdrukken; lastig vallen
persecution [pə:si'kju:ʃən] *znw* vervolging
persecutor ['pə:sikju:tə] *znw* vervolger
perseverance [pə:si'viərəns] *znw* volharding
persevere *onoverg* volharden (in *in*), aanhouden, doorzetten
Persian ['pə:ʃən] **I** *bn* Perzisch; **II** *znw* Pers; (het) Perzisch
persiflage [pə:si'fla:ʒ, peəsi'fla:ʒ] *znw* persiflage, bespotting
persimmon [pə:'simən] *znw* dadelpruim
persist [pə'sist] *onoverg* volharden, hardnekkig volhouden, blijven (bij *in*); doorgaan (met *in*); aanhouden, voortduren; blijven voortbestaan
persistence, **persistency** *znw* volharding, voortduring; hardnekkig volhouden *o*; hardnekkigheid
persistent *bn* volhardend, aanhoudend, blijvend, hardnekkig
person ['pə:sn] *znw* persoon°, personage *o* & *v*, mens *o*; figuur; uiterlijk *o*; recht rechtspersoon; *in* ~ persoonlijk
persona [pə:'sounə] *znw* (*mv*: personae [-ni:]) psych ± imago *o*, uiterlijk voorkomen *o*; ~ *non grata* persona non grata
personable ['pə:sənəbl] *bn* welgemaakt, knap
personage ['pə:sənidʒ] *znw* persoon, personage *o* & *v*
personal ['pə:snl] *bn* persoonlijk°, personeel; eigen; privé, intiem; beledigend; *become (get)* ~ beledigend worden; ~ *allowance* belastingvrije voet; ~ *call* telefoongesprek *o* met voorbericht; ~ *column* familieberichten; ~ *computer* personal computer; ~ *details* personalia; ~ *property* roerend goed *o*; ~ *matter* privé-aangelegenheid; ~ *pronoun* persoonlijk voornaamwoord *o*; ~ *tax* personele belasting
personality [pə:sə'næliti] *znw* persoonlijkheid°; identiteit; ~*ties* beledigende opmerkingen
personalize ['pə:snəlaiz] *overg* personifiëren, verpersoonlijken; ~*d* ook: voorzien van de naam v.d. eigenaar [postpapier &]
personally *bijw* persoonlijk; in persoon; ~, *I see no objection* ik voor mij ..., wat mij betreft ...
personalty *znw* roerend goed *o*
personate ['pə:səneit] *overg* voorstellen, uitbeelden, de rol vervullen van; zich uitgeven voor
personification [pə:sɔnifi'keiʃən] *znw* persoonsverbeelding; verpersoonlijking
personify [pə:'sɔnifai] *overg* verpersoonlijken
personnel [pə:sə'nel] *znw* personeel *o*, mil manschappen; gemeenz (afdeling) personeelszaken
perspective [pə'spektiv] **I** *znw* perspectief *v* = doorzichtkunde; perspectieftekening; perspectief *o* = verschiet *o*, (voor)uitzicht *o*; *in* ~ in juiste verhouding; **II** *bn* perspectivisch
perspex ['pə:speks] *znw* perspex *o*
perspicacious [pə:spi'keiʃəs] *bn* scherpziend, scherpzinnig, schrander
perspicacity [pə:spi'kæsiti] *znw* scherpziende blik, scherpzinnigheid, schranderheid
perspicuity [pə:spi'kjuiti] *znw* klaarheid, duidelijkheid, helderheid
perspicuous [pə'spikjuəs] *bn* duidelijk, helder
perspiration [pə:spə'reiʃən] *znw* uitwaseming; transpiratie; *be in a* ~ transpireren
perspire [pəs'paiə] **I** *onoverg* uitwasemen; transpireren; **II** *overg* uitwasemen, uitzweten
persuade [pə'sweid] **I** *overg* overreden, overhalen, brengen (tot *to*); overtuigen; ~ *into* overhalen tot; **II** *wederk*: ~ *oneself* zich overtuigen; zich wijsma-

ken
persuasion *znw* overreding, overtuiging; geloof *o*, gezindte, richting
persuasive *bn* overredend, overtuigend; ~ *power* overredingskracht
pert [pə:t] *bn* vrijpostig, brutaal
pertain [pə:'tein] *onoverg*: ~ *to* behoren bij (tot); aangaan, betrekking hebben op, betreffen
pertinacious [pə:ti'neiʃəs] *bn* hardnekkig, halsstarrig, volhoudend, vasthoudend
pertinacity [pə:ti'næsiti] *znw* hardnekkigheid, halsstarrigheid, volharding
pertinence ['pə:tinəns] *znw* toepasselijkheid, zakelijkheid
pertinent *bn* toepasselijk, ter zake (dienend), zakelijk; ~ *to* van toepassing op, betrekking hebbend op
perturb [pə'tə:b] *overg* storen, in beroering brengen, verstoren, verontrusten
perturbation [pə:tə(:)'beiʃən] *znw* storing, verontrusting, beroering; verwarring; onrust, bezorgdheid
Peru [pə'ru:] *znw* Peru *o*
peruke [pə'ru:k] *znw* pruik
perusal [pə'ru:zəl] *znw* (nauwkeurige) lezing
peruse *overg* (nauwkeurig) lezen, doorlezen, onderzoeken
Peruvian [pə'ru:viən] **I** *bn* Peruviaans; **II** *znw* Peruaan
pervade [pə'veid] *overg* doordringen, doortrekken, vervullen (van *with, by*)
pervasion *znw* doordringing
pervasive *bn* doordringend
perverse [pə'və:s] *bn* inslecht, verdorven, pervers; onredelijk, dwars, koppig; averechts, verkeerd, kribbig, twistziek; *a ~ verdict* recht een uitspraak in tegenspraak met het requisitoir
perversion *znw* verdraaiing, omkering; perversie
perversity *znw* perversiteit, slechtheid, verdorvenheid
pervert I *overg* [pə'və:t] verdraaien [v. woord]; bederven, verleiden; misbruiken; *~ed* ook: pervers, met perverse neigingen; **II** *znw* ['pə:və:t] afvallige; iem. met perverse neigingen
pervious ['pə:viəs] *bn* doordringbaar, toegankelijk, vatbaar (voor *to*)
pesky ['peski] *bn* Am gemeenz lam, vervelend, lastig
pessary ['pesəri] *znw* pessarium *o*
pessimism ['pesimizm] *znw* pessimisme *o*
pessimist *znw* pessimist
pessimistic [pesi'mistik] *bn* pessimistisch, somber
pest [pest] *znw* last, kwelling, plaag, kwelgeest, lastpost; schadelijk dier *o*, insect *o* of gewas *o*; *~s* ook: ongedierte *o*
pester ['pestə] *overg* lastig vallen, kwellen, plagen
pesticide ['pestisaid] *znw* insecticide, insectenverdelgingsmiddel *o*, bestrijdingsmiddel *o*
pestiferous [pes'tifərəs] *bn* = *pestilent*
pestilence ['pestiləns] *znw* pest[2], pestziekte
pestilent *bn* pestilent, verderfelijk; gemeenz lastig
pestilencial [pesti'lenʃəl] *bn* pestachtig, verpestend, pest-; pestilent, verderfelijk; gemeenz hinderlijk, lastig
pestle ['pes(t)l] *znw* stamper [v. vijzel]
1 pet [pet] *znw* kwade luim, boze bui
2 pet [pet] **I** *znw* lievelingsdier *o*, gezelschapsdier *o*, huisdier *o*; fig lieveling, schat; **II** *bn* geliefd, vertroeteld; lievelings-; *a ~ dog* een lievelingshond; *~ food* dierenvoedsel *o*; *~ name* troetelnaam; *~ shop* dierenwinkel; zie ook: *aversion*; **III** *overg* (ver-) troetelen, liefkozen, aanhalen; vrijen met
petal ['petl] *znw* bloemblad *o*
petard [pe'ta:d] *znw* voetzoeker, rotje *o*; *he was hoist with his own ~* hij kreeg een koekje van eigen deeg
Peter ['pi:tə] *znw* Petrus, Piet(er); *blue ~* scheepv de blauwe (vertrek)vlag; *rob ~ to pay Paul* het ene gat met het andere stoppen
peter ['pi:tə] *onoverg*: *~ out* gemeenz uitgeput raken; afnemen, ophouden; uitgaan als een nachtkaars
petiole ['petioul] *znw* bladsteel
petite [pə'ti:t] *bn* klein en sierlijk [v. vrouw]
petition [pi'tiʃən] **I** *znw* smeekschrift *o*, verzoek(schrift) *o*; recht eis; petitie, adres *o*; bede; *file one's ~ in bankruptcy* zijn faillissement aanvragen; **II** *overg* smeken (om *for*); verzoeken; **III** *onoverg* een petitie indienen, rekwestreren
petitioner *znw* verzoeker, adressant; eiser in echtscheidingsproces
petrel ['petrəl] *znw* stormvogeltje *o*; *stormy ~* fig onruststoker
petrifaction [petri'fækʃən] *znw* verstening
petrify ['petrifai] *onoverg* & *overg* (doen) verstenen[2]; (doen) verstijven [v. angst], verbijsteren, angst aanjagen
petrochemical ['petrou'kemikl] *bn* petrochemisch
petrol ['petrəl] *znw* benzine; *~ bomb* benzinebom, molotovcocktail; *~ gauge* benzinemeter; *~ pump* benzinepomp; *~ station* beninestation *o*; *~ tank* benzinetank
petroleum [pi'trouljəm] *znw* petroleum, aardolie; *~ jelly* vaseline
petrology [pi'trɔlədʒi] *znw* petrografie: beschrijving van de steensoorten
petticoat ['petikout] *znw* onderrok, petticoat
petticoat government *znw* vrouwenregering; *be under ~* onder de plak zitten
pettifogger ['petifɔgə] *znw* advocaat van kwade zaken; rechtsverdraaier; muggenzifter
pettifoggery *znw* advocatenstreken, rechtsverdraaiing, vitterij
pettifogging *bn* muggenzifterig; kleingeestig; beuzelachtig
petting ['petiŋ] *znw* vrijen *o*
pettish ['petiʃ] *bn* korzelig, gemelijk; gauw op zijn teentjes getrapt, prikkelbaar

pettitoes ['petitouz] *znw mv* varkenspootjes
petto ['petou]: *in* ~ in petto, in reserve
petty ['peti] *bn* klein, gering, onbeduidend; klein(zielig); ~ *cash* kleine uitgaven, kleine kas; ~ *larceny* kruimeldiefstal; ~ *officer* scheepv onderofficier
petulance ['petjuləns] *znw* prikkelbaarheid, lastigheid, knorrigheid
petulant *bn* prikkelbaar, lastig, knorrig
petunia [pi'tju:njə] *znw* petunia
pew [pju:] *znw* kerkbank; *take a* ~ gemeenz ga zitten, neem plaats
pewit ['pi:wit] *znw* kievit
pew-opener ['pju:oupnə] *znw* ± koster(svrouw)
pewter ['pju:tə] **I** *znw* tin *o*, tinnegoed *o*; **II** *bn* tinnen
phaeton ['feitn] *znw* faëton [rijtuig]
phagocyte ['fægəsait] *znw* biol fagocyt
phalange ['fælæn(d)ʒ] *znw* kootje *o*
phalanx ['fælæŋks] *znw* (*mv*: -es *of* phalanges ['fælændʒi:z]) gesloten slagorde; kootje *o* [v. vinger, teen]
phallic ['fælik] *bn* fallus-
phallus ['fæləs] *znw* (*mv*: -es *of* phalli [-lai]) fallus
phantasm ['fæntæzm] *znw* droombeeld *o*, hersenschim
phantasmagoria [fæntæzmə'gɔriə] *znw* schimmenspel[2] *o*, fantasmagorie
phantasmal [fæn'tæzməl] *bn* fantastisch, spookachtig
phantasy *znw* = *fantasy*
phantom ['fæntəm] *znw* spook(sel) *o*, schim, verschijning, geest; droombeeld *o*; ~ *ship* spookschip *o*
Pharaoh ['fɛərou] *znw* farao
pharisaic(al) [færi'seiik(l)] *bn* farizees, farizeïsch, schijnheilig
Pharisee ['færisi:] *znw* farizeeër, schijnheilige; *the* ~*s* de Farizeeën
pharmaceutical [fa:mə'sju:tikl] **I** *bn* farmaceutisch; ~ *chemist* apotheker; **II** *znw*: ~*s* pharmaceutische producten
pharmaceutics *znw* farmacie
pharmacist ['fa:məsist] *znw* farmaceut, apotheker
pharmacologist [fa:mə'kɔlədʒist] *znw* farmacoloog
pharmacology *znw* farmacologie
pharmacopoeia [fa:məkə'pi:ə] *znw* farmacopoea: apothekersreceptenboek *o*
pharmacy ['fa:məsi] *znw* farmacie; apotheek
pharos ['fɛərɔs] *znw* vuurtoren, baken *o*
pharyngeal [fə'rindʒiəl] *bn* van de keelholte
pharyngitis [færin'dʒaitis] *znw* ontsteking van de keelholte
pharynx ['færiŋks] *znw* keelholte
phase [feiz] **I** *znw* fase, stadium *o*; *in* ~ chem gelijkfasig; *out of* ~ chem ongelijkfasig; **II** *overg* in fasen, geleidelijk doen plaatshebben, faseren; ~ *in* geleidelijk invoeren; ~ *out* geleidelijk afschaffen
pheasant ['fezənt] *znw* fazant
pheasantry *znw* fazantenhok *o*; fazantenpark *o*
phenol ['fi:nɔl] *znw* fenol *o*
phenomenal [fi'nɔminl] *bn* op de verschijnselen betrekking hebbend; zinnelijk waarneembaar; fenomenaal, merkwaardig, buitengewoon
phenomenon [fi'nɔminən] *znw* (*mv*: -s *of* phenomena [-nə]) verschijnsel[2] *o*; fenomeen *o*
phew [fju:] *tsw* phoe!, oef! (uitroep van opluchting, verbazing &)
phial ['faiəl] *znw* flesje *o*
philandering [fi'lændəriŋ] *znw* geflirt *o*; avontuurtje *o*
philanderer *znw* versierder, Don Juan, beroepsflirter
philanthrope ['filənθroup] *znw* mensenvriend
philanthropic [filən'θrɔpik] *bn* filantropisch, menslievend; liefdadigheids-
philanthropist [fi'lænθrəpist] *znw* filantroop, mensenvriend
philanthropy *znw* filantropie, mensenliefde, menslievendheid
philatelic [filə'telik] *bn* filatelistisch
philatelist [fi'lætəlist] *znw* filatelist
philately *znw* filatelie
philharmonic [fila:'mɔnik] *bn* filharmonisch
philippic [fi'lipik] *znw* filippica, scherpe hekelrede
Philippine ['filipi:n] *bn* Filippijns
Philippines ['filipi:nz] *znw mv* Filippijnen
Philistine ['filistain] **I** *znw* Filistijn; filister; **II** *bn* Filistijns; filisterachtig
philistinism ['filistinizm] *znw* kleinburgerlijkheid, benepenheid, filisterij
philobiblist ['filəbiblist] *znw* bibliofiel
philological [filə'lɔdʒikl] *bn* filologisch
philologist [fi'lɔlədʒist] *znw* filoloog
philology *znw* filologie
philosopher [fi'lɔsəfə] *znw* filosoof, wijsgeer; ~*s' stone* steen der wijzen
philosophic(al) [filə'sɔfik(l)] *bn* filosofisch, wijsgerig
philosophize [fi'lɔsəfaiz] *onoverg* filosoferen
philosophy *znw* filosofie°, wijsbegeerte
philtre ['filtə] *znw* minnedrank
phiz [fiz] *znw* gemeenz facie *o & v*, tronie
phlebitis [fli'baitis] *znw* aderontsteking
phlegm [flem] *znw* slijm *o & m*; fluim; flegma *o*; onverstoorbaarheid
phlegmatic [fleg'mætik] *bn* flegmatisch; flegmatiek, onverstoorbaar
phlox [flɔks] *znw* flox: herfstsering
phobia ['foubiə] *znw* fobie
phobic ['foubik] **I** *znw* fobiepatiënt; **II** *bn* fobisch
Phoenician [fi'niʃiən, -ʃjən] **I** *bn* Fenicisch; **II** *znw* Feniciër, Fenicische
phoenix ['fi:niks] *znw* feniks[2]; *rise ~-like* als een feniks (uit de as) herrijzen

phonate ['founeit] *onoverg* stemgeluid voortbrengen, klanken vormen
phonation [fou'neiʃən] *znw* klankvorming
phone [foun] **I** *znw* telefoon; ~ *book* telefoonboek *o*; ~ *box*, Am ~ *booth* telefooncel; ~ *card* telefoonkaart; **II** *overg* & *onoverg* bellen, telefoneren; ~ *up* opbellen
phone-in ['foun'in] *znw* phone-in (programma) [radioprogramma waarbij de luisteraars telefonisch kunnen meepraten]
phoneme ['founi:m] *znw* foneem *o*
phonetic [fou'netik] **I** *bn* fonetisch; **II** *znw*: ~*s* fonetiek, klankleer
phonetician [founə'tiʃən] *znw* foneticus
phoney ['founi] gemeenz **I** *bn* vals, onecht, namaak-, schijn-; **II** *znw* komediant, aansteller
phonogram ['founəgræm] *znw* fonogram *o*
phonograph ['founəgra:f] *znw* fonograaf; Am grammofoon
phonology [fou'nɔlədʒi] *znw* klankleer; klankstelsel *o*
phooey ['fu:i] *tsw* slang bah!, foei!
phosphate ['fɔsfeit] *znw* fosfaat *o*
phosphorate ['fɔsfəreit] *overg* met fosfor verbinden
phosphoresce [fɔsfə'res] *onoverg* fosforesceren
phosphorescence *znw* fosforescentie
phosphorescent *bn* fosforescerend
phosphoric [fɔs'fɔrik] *bn* fosforisch, fosfor- (5-waardig)
phosphorous ['fɔsfərəs] *bn* fosfor- (3-waardig)
phosphorus *znw* fosfor
photo ['foutou] *znw* gemeenz = *photograph*; foto; ~ *booth* (pas)fotoautomaat; ~ *call* fotosessie voor de media [bij internationale conferenties &]
photochromy ['foutəkroumi] *znw* kleurenfotografie
photocopier [foutə'kɔpiə] *znw* fotokopieerapparaat *o*
photocopy ['foutoukɔpi] **I** *znw* fotokopie; **II** *overg* fotokopiëren
photo-electric ['foutəi'lektrik] *bn* foto-elektrisch
photo-finish *znw* fotofinish
Photofit ['foutəfit] *znw* compositiefoto
photogenic [foutə'dʒenik, -dʒi:nik] *bn* fotogeniek
photograph ['foutəgra:f] **I** *znw* foto(grafie), ook: portret *o*; ~ *album* fotoalbum *o*; *have one's* ~ *taken* zich laten fotograferen; **II** *overg* fotograferen
photographer [fə'tɔgrəfə] *znw* fotograaf
photographic [foutə'græfik] *bn* fotografisch
photography [fə'tɔgrəfi] *znw* fotografie
photogravure [foutəgrə'vjuə] *znw* koper(diep)-druk
photometer [fou'tɔmitə] *znw* lichtmeter
photophobia [foutə'foubiə] *znw* lichtschuwheid
photosphere ['foutəsfi:ə] *znw* lichtkring om de zon
photostat *znw* = *photocopy*
phototype *znw* lichtdruk
phrasal ['freizl] *bn*: ~ *verb* woordgroep bestaande uit een werkwoord en een bijwoord (zoals *break down*) of een werkwoord en een voorzetsel (zoals *see to*)
phrase [freiz] **I** *znw* frase°; zegs-, spreekwijze, uitdrukking, gezegde *o*; *to coin a* ~ ironisch om het maar eens heel origineel te zeggen; *turn of* ~ wijze van uitdrukken; **II** *overg* onder woorden brengen, inkleden, uitdrukken; muz fraseren
phraseology [freizi'ɔlədʒi] *znw* fraseologie [woordkeus en zinsbouw]
phrasing *znw* woordkeus
phrenetic [fri'netik] *bn* = *frenetic*
phrenology [fri'nɔlədʒi] *znw* schedelleer [v. Gall]
phthisical ['θaisikl] *bn* teringachtig
phthisis ['θaisis, 'fθaisis] *znw* (long)tering
phut [fʌt] *bijw*: *go* ~ gemeenz in elkaar zakken, op niets uitlopen
phylactery [fi'læktəri] *znw* gebedsriem
phylloxera [filɔk'siərə] *znw* (*mv*: -s *of* phylloxerae [-ri:]) druifluis
physic ['fizik] **I** *znw* geneesmiddel *o*, medicijn, purgeermiddel *o*; geneeskunde; **II** *overg* medicijn ingeven
physical **I** *bn* fysiek[2], lichamelijk, lichaams-; natuurkundig, natuurwetenschappelijk; ~ *training*, ~ *education* lichamelijke oefening, gymnastiek; ~ *jerks* gemeenz gym, lichamelijke oefening(en) **II** *znw* medische keuring
physician [fi'ziʃən] *znw* dokter, geneesheer
physicist ['fizisist] *znw* natuurkundige, fysicus
physics *znw* natuurkunde, fysica
physio ['fiziou] *znw* gemeenz = *physiotherapist*; *physiotherapy*
physiognomist [fizi'ɔnəmist] *znw* gelaatkundige
physiognomy *znw* gelaatkunde; fysionomie, voorkomen *o*, gelaat *o*; slang tronie
physiography [fizi'ɔgrəfi] *znw* fysische geografie
physiological [fiziə'lɔdʒikl] *bn* fysiologisch
physiologist [fizi'ɔlədʒist] *znw* fysioloog
physiology *znw* fysiologie
physiotherapist [fiziou'θerəpist] *znw* fysiotherapeut
physiotherapy *znw* fysiotherapie
physique [fi'zi:k] *znw* fysiek *o*, lichaamsbouw
pi [pai] **I** *znw* de Griekse letter pi; het getal pi; **II** *bn* slang vroom
piacular [pai'ækjulə] *bn* boete-, zoen-; ~ *offer* zoenoffer *o*
pianino [piə'ni:nou] *znw* pianino
pianist ['piənist, 'pjænist] *znw* pianist
piano [pi'ænou] *znw* piano; *grand* ~ vleugel
pianoforte [pjænou'fɔ:ti] *znw* piano
piano-stool ['pjænoustu:l] *znw* pianokruk
piastre [pi'æstə] *znw* piaster
piazza [pi'ætsə] *znw* plein *o* [in Italië &]; Am buitengalerij, veranda
pibroch ['pi:brɔk] *znw* Schots krijgsmars (met variaties) op de doedelzak

picaresque [pikə'resk] *bn* picaresk, schelmen-
picaroon [pikə'ru:n] *znw* (zee)rover, vrijbuiter
picayune ['pikəju:n] **I** *znw* Am **1** muntstukje *o* (van 5 dollarcent); **2** gemeenz prul; kleinigheid, bagatel; **3** gemeenz onbeduidend persoon, nul; *not worth a ~* geen stuiver waard; **II** *bn* Am onbeduidend, nietswaardig
piccalilli ['pikəlili] *znw* piccalilly
piccaninny ['pikənini] *znw* negerkind *o*
piccolo ['pikəlou] *znw* muz piccolo(fluit)
pick [pik] **I** *znw* punthouweel *o*; haaksleutel; tandenstoker; pluk; keus; *the ~ of...* de (het) beste van..., het puik(je) van...; *take one's ~ from* een keus doen uit; **II** *overg* (op)pikken; uitpeuteren, peuteren in [neus, tanden]; (af)kluiven; (af-, uit-) pluizen; schoonmaken [salade]; plukken [vruchten, bloemen en gevogelte]; (op)rapen; (uit-) zoeken; (uit)kiezen; *~ holes in* vitten op, kritiseren; *~ a lock* een slot openpeuteren (met ijzerdraad); *~ oakum* zakjes plakken [als straf]; *~ pockets* zakkenrollen; *~ a fight* ruzie zoeken; *~ one's way* voorzichtig (stap voor stap) vooruitgaan; *not here to ~ straws* om vliegen te vangen; *~ one's words* voorzichtig zijn woorden kiezen; *~ off* uitpikken, wegschieten; *~ out* uitpikken, (uit)kiezen; uitpluizen, ontdekken [de betekenis]; muz op het gehoor spelen; afzetten (met *with*); *~ over* sorteren; *~ to pieces* uit elkaar nemen; kritiseren zodat er geen stuk van heel blijft, afmaken; *~ up* oppikken°, oprapen, opnemen [reizigers], ophalen; opdoen, op de kop tikken; (te pakken) krijgen, vinden; krijgen [vaart], accelereren; opvangen [een radiostation, geluid &]; herkrijgen [krachten]; *~ up a living* zijn kostje bijeenscharrelen; *~ up the bill* de rekening betalen; *~ oneself up* weer op-, bijkrabbelen, op zijn verhaal komen; *~ sbd. up on sth.* iem. over iets de les lezen; **III** *onoverg* kluiven, bikken; *~ and choose* kiezen; kieskeurig zijn; *~ at (one's food)* kleine hapjes eten, kieskauwen; *~ on* (uit)kiezen; afgeven op; *~ up* bijkrabbelen, bijkomen [v. herstellenden]; weer aanslaan [v. motor], optrekken [v. auto]; *~ up on* oppikken, bemerken, opmerken
pick-a-back ['pikəbæk] *bijw* op de rug
pickax(e) ['pikæks] *znw* houweel *o*
picked [pikt] *bn* uitgekozen, uitgezocht, uitgelezen, keur-, elite
picker ['pikə] *znw* plukker
picket ['pikit] **I** *znw* piketpaal, staak; mil piket *o*; *~ (line)* post [bij staking]; **II** *overg* met palen afzetten of versterken; posten [bij staking]
pickings *znw mv* kliekjes, restanten; oneerlijk verkregen geld *o* &
pickle ['pikl] **I** *znw* pekel, zuur *o*; ingemaakt zuur *o*; *be in a (sad, sorry, nice &) ~* gemeenz in moeilijkheden, (lelijk) in de knoei zitten; *mixed ~s* gemengd zuur *o*; **II** *overg* pekelen, inmaken, inleggen; afbijten, schoonbijten (met bijtmiddel); *~d* slang in de olie, dronken
picklock ['piklɔk] *znw* haaksleutel; inbreker
pick-me-up ['pikmi:ʌp] *znw* opkikkertje *o*, borreltje *o*
pickpocket ['pikpɔkit] *znw* zakkenroller
pick-up ['pikʌp] *znw* pickuptruck, Am kleine bestelauto; gemeenz op straat opgepikt persoon (meestal meisje), scharreltje *o*; gemeenz herstel *o*, hartversterking; onderweg meegenomen passagiers; slang lift [in auto]
Pickwickian [pik'wikiən] *bn* van Pickwick (figuur van Charles Dickens), Pickwickiaans; *in a ~ sense* in speciale betekenis, in verborgen zin
picky ['piki] *bn* gemeenz kieskeurig
picnic ['piknik] **I** *znw* picknick; *no ~* gemeenz geen pretje, geen kleinigheid; **II** *onoverg* picknicken
picotee [pikə'ti:] *znw* donkergerande anjelier
picquet ['pikit] *znw* & *overg* = *picket*
pictograph ['piktəgra:f] *znw* beeldwerk *o*
pictorial [pik'tɔ:riəl] **I** *bn* beeldend, schilder-; in beeld(en), beeld-; geïllustreerd; **II** *znw* geïllustreerd blad *o*
picture ['piktʃə] **I** *znw* schilderij *o* & *v*, prent, plaatje *o*; afbeelding, schildering, tafereel *o*; beeltenis, portret *o*; foto; beeldkwaliteit [v. tv]; afbeeldsel *o*, (toon)beeld *o*; evenbeeld *o*; film; *the ~s* de bioscoop; *it is a ~* gemeenz het is beeldig; *in the ~* op de hoogte, goed geïnformeerd; belangrijk; toepasselijk; *put sbd. in the ~* iem. op de hoogte brengen; *be (a little) out of the ~* niet in zijn omgeving passen; er niet bij horen, niet meetellen; *get the ~* gemeenz het snappen; *leave out of the ~* er buiten laten; **II** *overg* (af)schilderen, afbeelden; *~ (to oneself)* zich voorstellen
picture-book *znw* prentenboek *o*
picture-card *znw* kaartsp pop
picture-gallery *znw* galerie, zaal voor schilderijen, schilderijenkabinet *o*, schilderijenmuseum *o*
picture-house, **picture-palace** *znw* bioscoop
picture-postcard *znw* ansichtkaart, prentbriefkaart
picture rail *znw* kroonlijst
picture-show *znw* bioscoopvoorstelling
picturesque [piktʃə'resk] *bn* schilderachtig, pittoresk
picture-window ['piktʃəwindou] *znw* groot raam *o* met weids uitzicht
picture-writing *znw* beeldschrift *o*
piddle ['pidl] gemeenz **I** *znw* plasje *o*; **II** *onoverg* een plasje doen
piddling ['pidliŋ] *bn* gemeenz beuzelachtig
pidgin ['pidʒin] *znw* pidgin *o*, mengtaaltje *o*
1 pie [pai] *znw* pastei; Am taart; typ door elkaar gevallen zetsel *o*; *as easy as ~* doodsimpel; *have a finger in every ~* overal een vinger in de pap hebben; *~ in the sky* luchtkasteel *o*
2 pie [pai] *znw* dierk ekster
piebald ['paibɔ:ld] *bn* bont, gevlekt
piece [pi:s] **I** *znw* stuk° *o*; muntstuk *o*; mil stuk

(geschut) *o*; eindje *o*, lapje *o*; *a* ~ per stuk; ieder; *a ~ of advice* een raad; *a ~ of bread and butter* een boterham; *a ~ of cake* een stuk *o* koek; gemeenz stuk (meisje); een peulenschilletje *o*, een makkie *o*; *a ~ of consolation* een troost; *~ of eight* onderw stuk *o* van achten [= 8 realen], Spaanse mat [munt]; *a ~ of folly* een dwaze daad; *a ~ of good fortune* een buitenkansje *o*; *a ~ of impudence* een brutaal stukje *o*, een staaltje *o* van onbeschaamdheid; *a ~ of intelligence (news)* een nieuwtje *o*; *give sbd. a ~ of one's mind* iem. eens flink de waarheid zeggen; *say one's ~* zijn zegje doen; *by the ~* per stuk; *in ~s* aan stukken, stuk; *they are of a ~* zij zijn van één soort, in overeenstemming (met *with*), van hetzelfde slag (als *with*); *of a ~* uit één stuk; *come (fall) to ~s* stukgaan, in stukken breken; fig het afleggen, mislukken; *go to ~s* instorten, helemaal kapot gaan, zich niet langer goed kunnen houden; *pick up the ~s* gemeenz de brokken lijmen; *pull to ~s* uit elkaar trekken; gemeenz scherp kritiseren, afmaken; *take to ~s* uit elkaar nemen; **II** *overg*: *~ together* samenlappen, aaneenflansen[2]

pièce de résistance [pi'esdəreizi'sta:ns] [Fr] *znw* pièce de résistance *o*; hoofdschotel

piece-goods *znw mv* geweven (stuk)goederen, goederen aan het stuk

piecemeal *bijw* bij stukjes en beetjes, geleidelijk

piece-work *znw* stukwerk *o*

piece-worker *znw* stukwerker

pied [paid] *bn* bont, gevlekt

pie-eyed ['paiaid] *bn* gemeenz beschonken

pier [piə] *znw* pier; kade; aanlegsteiger; havenhoofd *o*; havendam, golfbreker; pijler [v. brug]; bouwk stenen beer; bouwk penant *o*

pierce [piəs] **I** *overg* doorboren[2], doorsteken; open-, dóórsteken, doordringen, doorsnijden; door ... heendringen, breken door; doorgronden, doorzien; **II** *onoverg* binnendringen (in *into*); doordringen (tot *to*); zich een weg banen (door *through*); *~ through* verder doordringen

piercer *znw* (grote) boor; priem

piercing *bn* doordringend; scherp, snijdend

pier-glass ['piəgla:s] *znw* penantspiegel

pierhead ['piəhed] *znw* kop van haven- of strekdam, pier

pierrot ['piərou] *znw* pierrot

pietist ['paiətist] *znw* piëtist; fig kwezelaar

piety *znw* vroomheid, piëteit, kinderlijke liefde

piffle ['pifl] *znw* kletskoek, onzin

piffling *bn* belachelijk, onzinnig; onbenullig

pig [pig] **I** *znw* varken(svlees) *o*; big; fig schrokop; smeerlap; stijfkop; mispunt *o*; slang smeris; techn gieteling: klomp ruw ijzer; blok *o* [lood]; schuitje *o* [tin]; *buy a ~ in a poke* een kat in de zak kopen; *make a ~ of oneself* vreten of zuipen (als een varken), te veel eten of drinken; *make a ~'s ear of sth.* iets verknallen, verprutsen; prutswerk afleveren; *~s might fly* als de kalveren op het ijs dansen; **II** *onoverg* biggen; (samen)hokken (ook: *~ it*); slang schransen, vreten

pig-boat *znw* onderzeeër

pig-bucket *znw* schillenemmer

pigeon ['pidʒin] *znw* dierk duif; *clay ~* kleiduif; *homing ~* postduif; *~ post* postduivenpostsysteem *o*; *it's not my ~* gemeenz het is mijn zaak niet; *put the cat amongst the ~s* de knuppel in het hoenderhok gooien

pigeon-breast, **pigeon chest** *znw* kippenborst

pigeon-English *znw* = *pidgin*

pigeon-fancier *znw* duivenmelker

pigeon-hole **I** *znw* loket *o*, hokje *o*, vakje *o*; **II** *overg* in een vakje leggen; opbergen; in vakjes ordenen, indelen; classificeren, categoriseren, aanmerken als

pigeon-house, **pigeon-loft** *znw* duiventil

pigeon-toed *bn* met naar binnen gekeerde tenen

piggery *znw* varkensfokkerij; zwijnenstal[2]; varkenshok *o*, varkenskot *o*; zwijnerij

piggish *bn* varkensachtig, vuil; vies; gulzig; koppig

piggy *znw* gemeenz varkentje *o*; big; *~ eyes* varkensoogjes; *~ in the middle* lummelen [kinderspel]

piggyback *bijw* gemeenz op de rug

piggy bank *znw* spaarvarken *o*

piggy-wiggy *znw* gemeenz varkentje *o*

pigheaded *bn* koppig, dwars; eigenwijs

pig-iron *znw* ruw ijzer *o*

piglet *znw* big, biggetje *o*

pigment ['pigmənt] **I** *znw* pigment *o*, kleur-, verfstof; **II** *overg* kleuren

pigmentation *znw* biol pigmentatie, kleuring; med pigmentering

pigmy ['pigmi] *znw* = *pygmy*

pig pen ['pigpen] *znw* Am varkensstal; fig zwijnenstal, beestenbende

pigskin ['pigskin] *znw* varkenshuid; varkensleer *o*; Am sp voetbal

pigsticking *znw* jacht op wilde zwijnen (met speren)

pigsty *znw* varkenskot *o*, varkenshok *o*

pigtail *znw* (haar)vlecht, staartje *o*

pigwash ['pigwɔʃ], **pig's wash** ['pigz wɔʃ], **pigswill** ['pigswil], *noun* spoeling

1 pike [paik] *znw* piek; spies; tolboom

2 pike [paik] *znw* (*mv* idem *of* -s) dierk snoek

piked [paikt] *znw* puntig, stekelig

pikelet ['paiklit] *znw* rond theegebakje *o*

pikeman ['paikmən] *znw* hist piekenier

pikestaff ['paiksta:f] *znw* piekstok, lansstok; *as plain as a ~* zie *[1]plain I*

pilaster [pi'læstə] *znw* pilaster

pilau [pi'lau], **pilaff** ['pilæf] *znw* pilav: Turks gerecht van rijst met schapenvlees

pilchard ['piltʃəd] *znw* pelser [vis]

pilch(er) ['piltʃ(ə)] *znw* driehoekige flanellen luier

pile [pail] **I** *znw* **1** hoop, stapel; elektr element *o*; zuil [van Volta; voor atoomenergie]; gebouw *o*; gemeenz hoop geld, fortuin *o*; **2** (hei)paal; **3** pool [v.

fluweel, tapijt]; pluis *o*, nop [van laken &]; aambei; *make one's (a)* ~ gemeenz fortuin maken; **II** *overg* (op)stapelen, ophopen; beladen; ~ *on (up)* opstapelen, ophopen; op de spits drijven, verhevigen; ~ *it on*, ~ *on the agony* gemeenz overdrijven; **III** *onoverg*: ~ *up* zich opstapelen, zich ophopen
pile-driver *znw* heimachine
pile-dwelling *znw* paalwoning
piles [pailz] *znw mv* aambeien
pile-up ['pailʌp] *znw* (ravage van) kettingbotsing; op elkaar botsen *o* van auto's
pilewort ['pailwə:t] *znw* speenkruid *o*
pilfer ['pilfə] *overg* pikken, gappen
pilferage *znw* kruimeldiefstal
pilgrim ['pilgrim] *znw* pelgrim
pilgrimage *znw* bedevaart, pelgrimstocht; fig levensreis
piliferous [pai'lifərəs] *bn* plantk behaard
piliform ['pailifɔ:m] *bn* plantk haarvormig
pill [pil] *znw* pil°; *be on the* ~ aan de pil zijn, de pil gebruiken; *a bitter* ~ *(to swallow)* een bittere pil; *sugar (sweeten) the* ~ de pil vergulden
pillage ['pilidʒ] **I** *znw* plundering, roof; **II** *overg & onoverg* plunderen, roven
pillar ['pilə] *znw* pilaar, pijler; zuil; stut, stijl; *the* ~*s of society* de steunpilaren der maatschappij; *driven from* ~ *to post* van het kastje naar de muur gestuurd
pillar-box *znw* post (ronde, rode) brievenbus [in Engeland]
pillared *bn* door pilaren gedragen
pillbox ['pilbɔks] *znw* pillendoos; klein rond hoedje *o* (ook: ~ *hat*); mil kleine bunker
pillion ['piljən] *znw* duo(zitting), zadelkussen *o*; dameszadel *o*; *ride* ~ achterop zitten
pillion rider *znw* duopassagier
pillory ['pilәri] **I** *znw* kaak, schandpaal; *in the* ~ aan de kaak; **II** *overg* aan de kaak stellen[2]
pillow ['pilou] **I** *znw* (hoofd)kussen *o*; techn kussen *o*; *take counsel of (counsel with) one's* ~ er nog eens over slapen; **II** *overg* op een kussen leggen, (als) op een kussen laten rusten; met kussens steunen
pillowcase, **pillowslip** *znw* kussensloop
pillow talk *znw* slaapkamergesprek(ken) *o*
pilose ['pailous] *bn* biol behaard, harig
pilosity [pai'lɔsiti] *znw* biol behaard-, harigheid
pilot ['pailət] **I** *znw* loods, gids; luchtv bestuurder, piloot; RTV pilot(aflevering) [v.e. serie &]; **II** *bn* [v. fabriek &] proef-, pilot-; **III** *overg* loodsen, (be-)sturen, geleiden
pilotage *znw* loodsgeld *o*; loodsen *o*, (be)sturen *o*; loodswezen *o*
pilot-balloon *znw* proefballon
pilot-boat *znw* loodsboot
pilot-cloth *znw* blauwe duffel
pilot-fish *znw* loodsmannetje *o*
pilot-light *znw* waakvlammetje *o*; controlelampje *o*
pilot officer *znw* tweede-luitenant-vlieger
pilule ['pilju:l] *znw* pilletje *o*
pimento [pi'mentou] *znw* piment *o*
pimp [pimp] *znw* souteneur, pooier; koppelaar
pimpernel ['pimpənel] *znw* plantk guichelheil *o*, rode bastaardmuur
pimple ['pimpl] *znw* puistje *o*, pukkel
pimpled, **pimply** *bn* puistig, vol puisten
pin [pin] **I** *znw* speld; pin, pen, stift, tap, nagel, bout; luns; kegel; muz schroef; ~*s* gemeenz benen; ~*s and needles in my foot (leg)* m'n voet (been) slaapt; *neat as a new* ~ brandschoon, keurig netjes; *I don't care a* ~ ik geef er geen steek om; *for two* ~*s I would...* wat let me of ik...; **II** *overg* (vast)spelden; (op)prikken; vastklemmen, vastzetten, vasthouden; insluiten, opsluiten; ~ *back your ears (lugholes)!* gemeenz luister nu eens goed!; ~ *someone down* iem. tegen de grond drukken; ~ *down in words* onder woorden brengen, definiëren; ~ *sbd. down on sth.* iem. dwingen zijn bedoelingen (over iets) duidelijk te maken; ~ *on* [iem.] de schuld geven, in de schoenen schuiven; ~ *one's faith on ...* alle vertrouwen hebben (stellen) in, vertrouwen op; ~ *up* vastspelden; opprikken; opsluiten; stutten
PIN [pin] = *personal identification number* pincode
pinafore ['pinəfɔ:] *znw* (kinder)schort; ~ *dress* overgooier
pinball ['pinbɔ:l] *znw* flipper(spel *o*)
pinball machine *znw* flipperkast
pin-case ['pinkeis] *znw* speldenkoker
pince-nez ['pænsnei, 'pɛ̃snei] *znw* [Fr] (*mv* idem) knijpbril
pincers ['pinsəz] *znw mv* nijptang (ook: *pair of* ~); schaar [v. kreeft &]
pincer(s) movement *znw* mil tangbeweging
pinch [pin(t)ʃ] **I** *znw* kneep; klem; nijpen *o*, nijpende nood; snuifje *o*; *at a* ~, *when it comes to the* ~ als het er op aankomt, in geval van nood, desnoods; *feel the* ~ (aan den lijve) de nood voelen; **II** *overg* knijpen°, knellen, klemmen, drukken, pijn doen; dichtknijpen; gemeenz gappen; slang pakken, inrekenen [dief]; ~*ed* ook: ingevallen, mager, benepen [gezicht]; *be* ~*ed* het niet ruim hebben; *be* ~*ed for ...* krap aan zijn met ...; **III** *onoverg & abs ww* knijpen, knellen, zich bekrimpen, kromliggen (ook: ~ *and save (scrape)*)
pinchbeck ['pin(t)ʃbek] **I** *znw* goudkleurige legering van koper en zink; namaak; **II** *bn* onecht, nagemaakt
pin-cushion ['pinkuʃən] *znw* speldenkussen *o*
1 pine [pain] *znw* pijn(boom), grove den; ± grenenhout *o*
2 pine [pain] *onoverg* (ver)kwijnen, smachten, hunkeren (naar *after, for*); ~ *away* wegkwijnen
pineal ['piniəl] *bn*: ~ *gland* pijnappelklier
pineapple ['painæpl] *znw* ananas
pinecone *znw* dennenappel
pine marten *znw* boommarter
pine-needle *znw* dennennaald
pinery *znw* dennenaanplant; ananaskwekerij

pine-tree *znw* pijn(boom), mastboom
pinetum [pai'ni:təm] *znw* (*mv*: pineta [-tə]) aanplant van velerlei soorten pijnbomen
pinewood *znw* ± grenenhout *o*; dennenbos *o*, pijnbos *o*
pin-feather ['pinfeðə] *znw* onvolgroeide veer
pinfold ['pinfould] *znw* hut voor verdwaald vee; schaapskooi
ping [piŋ] **I** *znw* ping: kort, hoog, tinkelend geluid *o*; **II** *onoverg* tinkelen
pinguid ['piŋwid] *bn* vettig; vruchtbaar [v. grond]
ping-pong ['piŋpɔŋ] *znw* pingpong *o* [tafeltennis]
pinhead ['pinhed] *znw* speldenknop; scheldwoord idioot, uilskuiken *o*
pinion ['pinjən] **I** *znw* **1** punt van een vleugel; slagveer; plechtig vleugel, wiek; **2** techn rondsel *o*, tandwiel *o*; **II** *overg* kortwieken[2], (vast)binden [de armen], knevelen; boeien
1 pink [piŋk] **I** *znw* plantk anjelier; roze *o*, rozerood *o*; *he was in the* ~ gemeenz hij was in uitstekende conditie; **II** *bn* roze(kleurig); gemeenz gematigd socialistisch, linksig
2 pink [piŋk] **I** *overg* perforeren, uitschulpen, versieren; **II** *onoverg* auto pingelen [v. motor]
pinkie, **pinky** ['piŋki] *znw* pink
pinking shears ['piŋkiŋʃiəz] *znw mv* kartelschaar
pinkish ['piŋkiʃ] *bn* rozeachtig
pin-money ['pinmʌni] *znw* kleedgeld *o*; zakgeld *o*
pinnace ['pinis] *znw* pinas [sloep v.e. oorlogsschip]
pinnacle ['pinəkl] *znw* pinakel; siertorentje *o*; bergspits, bergtop; fig toppunt *o*
pinnate ['pinit] *bn* vleugelvormig, gevederd; plantk gevind, geveerd
pinny ['pini] *znw* gemeenz = *pinafore*
pin-point ['pinpɔint] **I** *znw* speldenpunt; **II** *overg* nauwkeurig aanwijzen (aangeven, de plaats bepalen van), (uiterst) precies lokaliseren (definiëren), de vinger leggen op
pin-prick *znw* speldenprik[2]
pin-stripe *znw* streepje *o* [op stoffen]; ~ *suit* krijtstreeppak *o*
pint [paint] *znw* pint: 1/8 gallon, 0,568 l; gemeenz biertje *o*
pinta ['paintə] *znw* slang een pint melk
pin table ['pinteibl] *znw* = *pinball machine*
pintail ['pinteil] *znw* pijlstaart [eend]
pintle ['pintl] *znw* pinnetje *o*, bout
pint-size ['pintsaiz] *bn* minuscuul, piepklein
pin-up ['pinʌp] *znw* pin-up
piny ['paini] *bn* pijnboom-; met pijnbomen beplant
pioneer [paiə'niə] **I** *znw* pionier[2], baanbreker, wegbereider; **II** *onoverg & overg* pionierswerk doen, de weg bereiden (voor), het eerst aanpakken, invoeren of beginnen met
piolet [pjou'lei, 'piəlei] *znw* ijshouweel *o*
pious ['paiəs] *bn* godvruchtig, vroom; ~ *fraud* vroom bedrog *o*; ~ *hope* onvervulbare hoop
1 pip [pip] *znw* **1** oog *o* [op dobbelstenen]; mil gemeenz ster [als distinctief]; **2** toon [v. tijdsein]; **3** pit [van appel &]
2 pip [pip] *overg* gemeenz verslaan; te slim af zijn, tegenwerken; ~ *sbd. at the post* iem. met een neuslengte verslaan
3 pip [pip] *znw* pluimveeziekte; *he gives me the ~s* gemeenz hij werkt me op de zenuwen
pipage ['paipidʒ] *znw* (leggen *o* van) buizen
pipe [paip] **I** *znw* pijp°, buis, leiding; fluit, fluitje *o*; gefluit *o*; (fluit)signaal *o*; luchtpijp; *the ~ of peace* de vredespijp; *a ~ of wine* 105 gallons; *the ~s* de doedelzak; *put that in your ~ and smoke it* gemeenz die kun je in je zak steken; **II** *overg* fluiten; piepen; met biezen versieren; van buizen voorzien; door buizen leiden; *~d music* ingeblikte muziek, ± muzak; *~d water* leidingwater *o*; waterleiding; **III** *onoverg* fluiten; piepen; ~ *down* slang bedaren; ~ *up* gemeenz zich laten horen
pipe-clay *znw* pijpaarde
pipe dream *znw* dromerij, fantastisch plan *o* (idee *o* &)
pipe-line *znw* techn pijpleiding; *in the* ~ op komst, onderweg
piper ['paipə] *znw* fluitist; doedelzakblazer; *the Pied P~ of Hamelin* ['hæm(i)lin] de rattenvanger van Hamelen; *pay the* ~ fig het gelag betalen
pipette [pi'pet] *znw* pipet
piping ['paipiŋ] **I** *bn* schel, schril; fluitend &; ~ *hot* kokend heet; **II** *znw* buizenstelsel *o*; buizen, pijpen; bies, galon *o*
pipit ['pipit] *znw* dierk pieper
pipkin ['pipkin] *znw* pannetje *o*, potje *o*
pippin ['pipin] *znw* pippeling [appel]
pipsqueak ['pipskwi:k] *znw* gemeenz lulletje rozenwater *o*, nul, vent van niks
piquancy ['pi:kənsi] *znw* pikante° *o*
piquant *bn* pikant°, prikkelend
pique [pi:k] **I** *znw* pik, wrok; *in a fit of* ~ in een nijdige bui; **II** *onoverg* krenken; ergeren; prikkelen, gaande maken; *be ~d* ook: gepikeerd of geraakt zijn
piracy ['paiərəsi] *znw* piraterij[2], zeeroverij; plagiaat *o*; namaak [v. merkkleding &]
pirate I *znw* piraat[2], zeerover; roofschip *o*; namaker; plagiaatpleger; ~ *transmitter* radio clandestiene zender, piratenzender; **II** *bn* piraat-, piraten-, namaak-, illegaal gekopieerde; **III** *overg* roven; ongeoorloofd nadrukken, illegaal kopiëren, ongeoorloofd namaken; plagiëren
piratical [pai'rætikl] *bn* (zee)rovers-, roof-
pirouette [piru'et] **I** *znw* pirouette; **II** *onoverg* pirouetteren
piscatory ['piskətəri] *bn* vis-, vissers-
Pisces ['pisi:z, 'paisi:z] *znw* Vissen
pisciculture ['pisikʌltʃə] *znw* visteelt
piscivorous [pi'sivərəs] *bn* visetend
pish [piʃ] **I** *tsw* ba, foei!; **II** *onoverg* ba/foei zeggen
piss [pis] **I** *onoverg* gemeenz plassen, pissen; ~ *about*

(around) gemeenz (aan)rotzooien; ~ *down* gemeenz regenen dat het zeikt; ~ *off* plat opdonderen; ~ *off!* plat donder op!; *it ~es me off* plat ik ben het spuugzat; *~ed* plat stomdronken; **II** *znw* plat urine, pis
pistachio [pis'ta:ʃiou] *znw* plantk pistache, pimpernoot
pistil ['pistil] *znw* plantk stamper
pistol ['pistl] *znw* pistool *o*
pistole [pis'toul] *znw* hist pistool [Spaanse munt]
piston ['pistən] *znw* (pomp)zuiger; muz klep
piston-ring *znw* zuigerveer
piston-rod *znw* zuigerstang
piston-stroke *znw* zuigerslag
piston-valve *znw* zuigerklep
pit [pit] **I** *znw* kuil; (kolen)put, (kolen)mijn, mijnschacht; groeve; putje *o*, holte, kuiltje *o*; diepte; valkuil; lidteken *o*, pok; parterre *o* & *m* [in schouwburg]; Am hoek [op de beurs]; Am pit [v. vrucht]; *the ~s* sp (de) pit(s) [op autoracecircuit]; *the (bottomless)* ~ de (afgrond van de) hel; **II** *overg* inkuilen; kuiltjes (putjes) vormen in; ~ *against* laten vechten, opzetten, aanhitsen tegen; stellen tegenover; ~ *one's strength against sbd.* zijn krachten met iem. meten; zie ook: *pitted*
pit-a-pat ['pitəpæt] *bijw* tiktak; triptrap; *his heart went* ~ zijn hart ging van rikketik
1 pitch [pitʃ] *znw* pek *o* & *m*
2 pitch [pitʃ] **I** *znw* hoogte²; trap, graad; toppunt *o*; helling, schuinte; muz toonhoogte; techn spoed [v. schroef], steek [v. schuine palen &]; scheepv stampen *o* [v. schip]; worp; standplaats [v. venter]; (sport)terrein *o*; *queer sbd.'s* ~ het gras voor iemands voeten wegmaaien; **II** *overg* opstellen, opslaan, (op)zetten [tent &]; bestraten [met stenen]; uitstallen [waren]; muz aangeven [toon], stemmen; gooien, keilen [stenen &]; *a ~ed battle* een geregelde veldslag; *a ~ed roof* een schuin dak *o*; ~ *one's expectations high (low)* spannen; ~ *a tale (a yarn)* een verhaal doen, ophangen; **III** *onoverg* neersmakken; tuimelen, vallen; scheepv stampen [schip]; kamperen; ~ *in* hem van katoen geven, flink aan de slag gaan; een handje helpen; ~ *into sbd.* op iem. los gaan (slaan)²; iem. te lijf gaan, iem. met verwijten overstelpen; ~ *(up)on* zijn keus laten vallen op; komen op
pitch-and-toss *znw* dobbelspelletje *o* met muntstuk, ± kruis-of-munt
pitch-black ['pitʃ'blæk] *bn* pikzwart
pitch-dark *bn* pikdonker
pitcher ['pitʃə] *znw* werper
pitchfork ['pitʃfɔ:k] **I** *znw* hooivork; **II** *overg* met een hooivork (op)gooien; fig in het diepe gooien
pitching ['pitʃiŋ] *znw* gooien *o*, werpen *o*; opzetten *o* [v. tent]; bestrating; taludbedekking; stampen *o* [van schip]
pitchpine ['pitʃpain] *znw* Amerikaans grenenhout *o*
pitch-pipe ['pitʃpaip] *znw* stemfluit
pitch-wheel ['pitʃwi:l] *znw* tandrad *o*
pitchy ['pitʃi] *bn* pekachtig; bepekt; pikzwart, stikdonker
pit-coal ['pitkoul] *znw* steenkool
piteous ['pitiəs] *bn* jammerlijk, erbarmelijk, deerlijk, treurig, zielig
pitfall ['pitfɔ:l] *znw* valkuil; val(strik)
pith [piθ] *znw* pit *o* & *v*, kern; wit *o* onder schil van sinaasappel &; (ruggen)merg *o*; kracht
pit-head ['pithed] *znw* schachtopening, laadplaats [v. mijn]
pith helmet ['piθ'helmit] *znw* tropenhelm
pithy *bn* pittig, kernachtig, krachtig
pitiable ['pitiəbl] *bn* beklagenswaardig, deerniswaardig, jammerlijk, erbarmelijk, zielig
pitiful *bn* deerniswekkend, treurig, armzalig, erbarmelijk, zielig
pitiless *bn* meedogenloos, onbarmhartig, geen medelijden kennend
pitman ['pitmən] *znw* mijnwerker, kompel
piton ['pitən] *znw* klemhaak [v. alpinist]
pit-prop ['pitprɔp] *znw* mijnstut; *~s* mijnstutten, mijnhout *o*
pit-saw ['pitsɔ:] *znw* boomzaag
pittance ['pitəns] *znw* karig loon *o*; schrale portie; aalmoes; *a mere* ~ een bedroefd beetje *o*, niet meer dan een aalmoes
pitted ['pitid] *bn* met putjes of kuiltjes; pokdalig (ook: ~ *with the smallpox*)
pitter-patter ['pitə'pætə] *bijw* tiktak, triptrap
pituitary [pi'tju:itəri] *bn* slijmafscheidend; ~ *gland (body)* hypofyse
pity ['piti] **I** *znw* medelijden *o*; plechtig deernis; *it is a (great)* ~ het is (erg) jammer; *what a ~!* hoe jammer; *more's the* ~ des te erger, wat nog erger is; *for ~'s sake* om godswil, in godsnaam; *out of ~ for* uit medelijden voor; *have (take) ~ on* = **II** *overg* medelijden hebben met, begaan zijn met, beklagen; *he is to be pitied* hij is te beklagen
pivot ['pivət] **I** *znw* spil²; tap; stift; stifttand (ook: ~ *tooth*); **II** *overg* (om een spil) doen draaien; **III** *onoverg* draaien² (om *upon*)
pivotal *bn* waar alles om draait, belangrijk, centraal
pixie ['piksi] *znw* fee; ~ *hat* puntmuts
pixil(l)ated ['piksileitid] *bn* Am gemeenz beetje gek, getikt
pizza ['pi:tsə] *znw* pizza
pizzazz [pi'zæz] *znw* vaart, schwung
placable ['plækəbl] *bn* verzoenlijk, vergevensgezind
placard ['plæka:d] **I** *znw* plakkaat *o*, aanplakbiljet *o*; **II** *overg* be-, aanplakken, afficheren
placate [plə'keit] *overg* sussen, kalmeren, verzoenen
place [pleis] **I** *znw* plaats°, plek, oord *o*; gelegenheid [tot vermaak &], woning, huis *o*, kantoor *o*, winkel, zaak &; buiten(verblijf) *o*; plein *o*, passage [in boek]; positie, betrekking, post, ambt *o*; *it is not my ~ to ...* het ligt niet op mijn weg ...; *change ~s* van

plaats verwisselen; *give ~ to* wijken voor, plaats maken voor; *go ~s* zie *go II*; *know one's ~* weten waar men staan moet; *put sbd. in his (proper) ~* iem. op zijn plaats zetten; *take ~* plaatshebben, plaatsgrijpen; *take (fill) the ~ of* de plaats vervullen van, in de plaats komen voor, vervangen; *take your ~s* neemt uw plaatsen in; *at (in, of) this ~* te dezer stede, alhier; *at (of) your ~* in uw, jouw huis; *in ~* op zijn (hun) plaats; *in another ~* elders [in een boek]; in het Hogerhuis (soms: Lagerhuis); *in the first ~* om te beginnen, meteen, in de eerste plaats; *in ~s* hier en daar; *out of ~* niet op zijn plaats[2], misplaatst; *all over the ~* overal (rondslingerend &); *be all over the ~* ook: ruchtbaar zijn; helemaal in de war zijn; *fall into ~* duidelijk zijn, worden; *to ten ~s of decimals, to ten decimal ~s* tot in tien decimalen; **II** *overg* plaatsen°, zetten, leggen, stellen; (op interest) uitzetten; [iem.] 'thuisbrengen', herkennen; ook: raden welke positie iem. inneemt in de maatschappij; *~ a telephone-call* een telefoongesprek aanvragen; *be ~d* sp geplaatst zijn; *be well ~d* fig zich in een gunstige positie bevinden

placebo [plə'si:bou] *znw* placebo *o*

placeman ['pleismən] *znw* pol, geringsch gunsteling

placemat ['pleismæt] *znw* placemat [onderlegger voor bord en bestek]

placement ['pleismənt] *znw* plaatsing; investering, belegging

placenta [plə'sentə] *znw* placenta: moederkoek, nageboorte

placer ['pleisə] *znw* goudbedding; *~ mining* goudwasserij

place setting ['pleissetiŋ] *znw* couvert *o*

placid ['plæsid] *bn* onbewogen, rustig, vreedzaam, kalm

placidity [plæ'siditi] *znw* onbewogenheid, vreedzaamheid, rustigheid; rust

placing ['pleisiŋ] *znw* **1** handel plaatsen *o* (v. kapitaal); **2** positie [op ranglijst &]

placket ['plækit] *znw* split *o* of zak in een (vrouwen)rok

plagiarism ['pleidʒ(j)ərizm] *znw* plagiaat *o*

plagiarist *znw* plagiator, plagiaris, letterdief

plagiarize I *overg* naschrijven; **II** *onoverg & abs ww* plagiaat plegen

plagiary *znw* vero plagiatot; plagiaat *o*

plague [pleig] **I** *znw* pest, pestilentie; ramp, straf; plaag; *a ~ upon him!* de duivel hale hem!; *avoid sbd. like the ~* iem. mijden als de pest; **II** *overg* (met rampen of plagen) bezoeken; kwellen

plaguey ['pleigi] *bn* gemeenz verduiveld, drommels

plaice [pleis] *znw* (*mv* idem) dierk schol

plaid [plæd] **I** *znw* plaid, Schotse omslagdoek; reisdeken; **II** *bn* plaid-, met Schots (ruit)patroon

1 plain [plein] **I** *bn* vlak, effen, duidelijk; eenvoudig; onopgesmukt, ongekunsteld; ongelinieerd; ongekleurd; glad [v. ring], zonder mondstuk [v. sigaret], puur [v. chocolade]; niet mooi; gewoon, alledaags, lelijk; openhartig, rondborstig; *~ flour* bloem [zonder bakpoeder]; *~ soda-water* sodawater *o* zonder iets erin; *in ~ words* in duidelijke taal; *as ~ as day, as the nose on your face, as a pikestaff* zo duidelijk als wat, zo klaar als een klontje; **II** *bijw* duidelijk; **III** *znw* **1** vlakte; **2** rechte steek [bij breien]

2 plain [plein] *onoverg* vero jammeren, klagen

plain-chant ['pleintʃa:nt] *znw = plain-song*

plain-clothes *znw mv* & *bn* (in) burger(kleren); *~ man* politieman in burger

plainly *bijw* duidelijk, ronduit, rondborstig; eenvoudig, heel gewoon; kennelijk

plain sailing *znw* fig een doodgewone zaak, iets wat van een leien dakje gaat

plainsman ['pleinzmən] *znw* vlaktebewoner

plain-song ['pleinsɔŋ] *znw* eenstemmig koraalgezang *o*

plain-spoken *bn* ronduit sprekend, openhartig, rond(borstig)

plaint [pleint] *znw* plechtig klacht; recht aanklacht

plaintiff *znw* recht klager, eiser

plaintive *bn* klagend, klaaglijk, klaag-

plait [plæt] **I** *znw* vlecht; **II** *overg* vlechten

plan [plæn] **I** *znw* plan° *o*, ontwerp *o*, plattegrond, schets; *~ of action (campagne)* plan de campagne *o*; actieplan *o*; *the better (best) ~ is to* ... het beste is ...; *our only ~ is to* ... het enige wat wij kunnen doen, is ...; *according to ~* volgens plan, (zo)als gepland; **II** *overg* een plan maken van; ontwerpen (ook: *~ out*); inrichten; van plan zijn, beramen (ook: *~ on*); voorzien; plannen; *~ned economy* planmatige huishouding, geleide economie, planeconomie; **III** *onoverg* van plan zijn; plannen

planchette [pla:n'ʃet] *znw* planchet, meettafel

1 plane [plein] *znw* plantk plataan (ook: *~ tree*)

2 plane [plein] **I** *znw* techn schaaf; **II** *overg* schaven; *~ away (down)* afschaven

3 plane [plein] **I** *bn* vlak; **II** *znw* (plat) vlak *o*; draagvlak *o*; plan *o*, niveau *o*, peil *o*; luchtv vliegtuig *o*; **III** *onoverg* luchtv vliegen; glijden, planeren; *~ down* dalen (in glijvlucht)

planet ['plænit] *znw* planeet[2]

planetarium [plæni'tɛəriəm] *znw* (*mv*: -s *of* planetaria [-riə]) planetarium *o*

planetary ['plænitəri] *bn* planeet-, planetair; *~ system* planetenstelsel *o*

planetoid *znw* planetoïde, asteroïde

plane-tree ['pleintri:] *znw* plataanboom

plangent ['plændʒənt] *bn* schallend, luidklinkend; klotsend; klagend

planish ['plæniʃ] *overg* glad maken, polijsten; planeren, pletten [metaal]

plank [plæŋk] **I** *znw* (dikke) plank; punt *o* van politiek program; **II** *overg*: *~ down* slang [het geld] op tafel leggen, opdokken

plank-bed *znw* brits

plank-bridge *znw* vlonder
planking *znw* beplanking; planken
plankton ['plæŋktɔn] *znw* plankton *o*
planless ['plænlis] *bn* zonder plan, onsystematisch
planner *znw* plannenmaker, ontwerper, beramer; planoloog, stedenbouwkundige
planning *znw* ontwerpen *o*, beramen *o* &; planning; project *o*; ~ *permission* bouwvergunning
plant [pla:nt] **I** *znw* plantk plant, gewas *o*; techn installatie, outillage, bedrijfsmateriaal *o*; fabriek, bedrijf *o*; gemeenz zwendel; slang complot *o*, doorgestoken kaart; slang stille (verklikker), infiltrant, geheim agent; theat claqueur; **II** *overg* planten, poten, beplanten; posteren, (neer)zetten; opstellen [geschut]; vestigen [kolonie], koloniseren; toebrengen [slag]; verbergen [gestolen goederen]; begraven; *she had ~ed herself on us* ze had zich bij ons ingedrongen en was niet meer weg te krijgen; ~ *out* uit-, verplanten
plantain ['plæntin, 'pla:ntin] *znw* weegbree
plantation [plæn'teiʃən] *znw* (be)planting, aanplanting; plantage
planter ['pla:ntə] *znw* planter
plantigrade ['plæntigreid] *znw* zoolganger
plant-louse ['pla:ntlaus] *znw* bladluis
plant-pathology *znw* plantenziektekunde
plant pot *znw* bloempot
plaque [pla:k] *znw* **1** (gedenk)plaat; **2** (tand)plak
plaquette [plæ'ket, pla:'ket] *znw* plaquette
plash [plæʃ] **I** *onoverg* plassen, plonzen, kletteren; **II** *overg* bespatten, besprenkelen; ook = *pleach*; **III** *znw* plas, poel; geklater *o*, geplas *o*
plashy *bn* vol plassen, plassig, drassig; plassend, kletterend
plasma ['plæzmə] *znw* plasma *o*
plaster ['pla:stə] **I** *znw* pleister *o* [stofnaam], pleisterkalk; gips *o*; pleister *v* [voorwerpsnaam]; ~ *cast* **1** gipsafdruk; **2** gipsverband *o*; ~ *of Paris* gebrande gips *o*; **II** *bn* gipsen; **III** *overg* een pleister leggen op; (be)pleisteren; (be)plakken; het er dik opleggen; helemaal bedekken; zwaar beschieten [met bommen, vragen &]; *~ed* slang dronken
plasterboard *znw* gipsplaat
plasterer *znw* pleisteraar, stukadoor
plastic ['plæstik, 'pla:stik] **I** *bn* plastisch, vormend, beeldend; fig kneedbaar; plastieken, plastic [= van kunststof]; plastic, onecht, gemaakt, onnatuurlijk, smakeloos; ~ *art* beeldende kunst, plastiek *v*; ~ *bomb* kneedbom, plasticbom; ~ *packaging* plasticverpakking; ~ *surgeon* plastisch chirurg; ~ *surgery* plastische chirurgie; **II** *znw* plastiek *o*, plastic *o* [= kunststof]
Plasticine ['plæstisain] *znw* boetseerklei, plasticine
plasticity [plæs'tisiti, pla:s'tisiti] *znw* plasticiteit, kneedbaarheid[2]
plasticize ['plæstisaiz, 'pla:stisaiz] *overg* **1** plastificeren; **2** chem week maken
plastics *znw (mv)* plastic, kunststoffen
plastron ['plæstrən] *znw* buikschild [v. schildpadden]
1 plat [plæt] *znw* Am = *plot*: klein stukje *o* grond
2 plat [plæt] *znw* = *plait*: vlecht
plate [pleit] **I** *znw* plaat°; naambord *o*; bord *o*; etsplaat; ets; schaal [voor collecte]; vaatwerk *o*; goud- of zilverwerk *o*; tafelzilver *o*, verzilverd tafelbestek *o*, pleet *o*; gebitplaat, tandprothese, kunstgebit *o*; harnas *o*; auto nummerplaat; *~s of meat* slang (plat)voeten; *give (hand) sbd. sth. on a ~* iem. iets in de schoot werpen, iem. iets op een presenteerblaadje aanbieden; *have a lot (enough) on one's ~* genoeg om handen hebben; **II** *overg* met metaalplaten bekleden; (be)pantseren; plateren: verzilveren, vergulden &; *~d candlestick* pleten kandelaar; *~d ware* pleet *o*
plate-armour *znw* bepantsering; harnas *o*
plateau ['plætou] *znw* (*mv*: -s *of* plateaux [-touz]) plateau *o*, tafelland *o*; *reach a ~* zich stabiliseren
plate-glass ['pleit'gla:s] *znw* spiegelglas *o*; ~ *window* spiegelruit
platelayer *znw* wegwerker [spoorwegen]
plate-mark *znw* keurmerk *o*
platen ['plætn] *znw* degel [v. drukpers, schrijfmachine]
platform ['plætfɔ:m] *znw* perron *o*; terras *o*; podium *o*; balkon *o* [van tram]; laadbak [v. vrachtauto]; platform *o*, politiek program *o*; fig bestuurstafel [v. vergadering]; ~ *shoes* schoenen met plateauzolen; ~ *ticket* perronkaartje *o*
plating ['pleitiŋ] *znw* verguldsel *o*
platinum ['plætinəm] *znw* platina *o*
platitude ['plætitju:d] *znw* banaliteit, gemeenplaats
platitudinous [plæti'tju:dinəs] *bn* banaal
Platonic [plə'tɔnik] *bn* Platonisch; fig platonisch
platoon [plə'tu:n] *znw* mil peloton *o*
platter ['plætə] *znw* platte (houten) schotel; Am gemeenz grammofoonplaat
platypus ['plætipəs] *znw* vogelbekdier *o*
plaudits ['plɔ:dits] *znw mv* toejuichingen, applaus *o*; fig bijval, goedkeuring
plausible ['plɔ:zibl] *bn* plausibel, aannemelijk; schoonschijnend
play [plei] **I** *onoverg* spelen°; speling of speelruimte hebben; slang meedoen, van de partij zijn; ~ *(it) safe* voorzichtig zijn; ~ *the field* van de een naar de ander lopen, zijn aandacht verdelen; **II** *overg* spelen (op), bespelen; uitspelen [kaart]; spelen tegen; spelen voor, uithangen; uithalen [grap]; laten spelen [ook kanonnen]; laten uitspartelen [vis]; (af-) draaien [grammofoonplaat]; sp opstellen [v. speler]; ~ *one's cards right* de gelegenheid goed benutten; ~ *it (well &)* slang het (goed &) doen (aanleggen), (goed &) te werk gaan; ~ *the fool* voor gek spelen, zich dwaas aanstellen; ~ *the game* eerlijk spel spelen, eerlijk doen; ~ *the game of* in de kaart spelen van; ~ *a losing game* een hopeloze strijd

voeren; ~ *the market* speculeren; ~ *about (around)* stoeien; (zich) vermaken, plezier hebben [v. kinderen]; rondklooien, aanklooien; ~ *about (around) with sbd.* iem. voor de gek houden; ± iem. bedriegen; zich afgeven met iem.; ~ *along* meespelen, meedoen; (laten) spelen langs [v. licht]; ~ *at fighting* niet serieus vechten; ~ *at hide-and-seek* verstoppertje spelen; ~ *at marbles* knikkeren; *two can ~ at that game* dat kan een ander (ik) ook; *what are you ~ing at?* wat heeft dat (allemaal) te betekenen?; ~ *back* afspelen [met bandrecorder]; ~ *down* bagatelliseren, kleineren; af-, verzwakken, verzachten; ~ *for love* om niet spelen; ~ *for safety* geen risico's nemen; het zekere voor het onzekere nemen; ~ *for time* tijd trachten te winnen; ~ *the congregation in (out)* spelen (op het orgel) terwijl de kerkgangers binnenkomen (de kerk verlaten); ~ *into sbd.'s hands* in iems. kaart spelen; ~ *off (the match)* de beslissingswedstrijd spelen; ~ *them off against each other* de een tegen de ander uitspelen; ~ *on* doorgaan met spelen; spelen op, bespelen [instrument]; (laten) spelen op [v. kanonnen of licht]; misbruik maken van; exploiteren [lichtgelovigheid]; ~ *a joke (trick) on sbd.* iem. een poets bakken; ~ *on words* woordspelingen maken; ~ *out* (uit)spelen [rol]; *~ed out* uitgeput; uit de mode; alledaags; ~ *over* spelen over [v. licht]; ~ *up* beginnen (te spelen); gemeenz [iem.] voor de gek houden; sp spelen zo goed je kan; opblazen, aandikken, beter doen uitkomen; ~ *up to sbd.* goed tegenspel te zien geven, iem. waardig ter zijde staan [op het toneel]; bij iem. in het gevlij zien te komen; last bezorgen; last hebben van; in de war sturen; kuren krijgen [v. apparaten]; ~ *upon* op iems. gemoed werken; misbruik maken van iems. zwakheid; ~ *with* spelen met[2]; **III** *znw* spel *o*; gokspel *o*; liefdesspel *o*; manier van spelen; bewegingsvrijheid; speling, speelruimte; (toneel-) stuk *o*; ~ *of colours* kleurenspel *o*; ~ *of words* woordenspel *o*; ~ *on words* woordspeling; *give (allow) full ~ to* vrij spel laten, de vrije loop laten, de teugel vieren; *make ~ with* uitbuiten, schermen met [klassenjustitie &]; *make a ~ for sth.* iets proberen te krijgen, versieren; *make great ~ of* schermen met; uitbuiten; *be at ~* aan het spelen zijn, spelen°; *in ~* in scherts, voor de aardigheid; *be in ~* biljart aan stoot zijn; *be in full ~* in volle werking zijn; in volle gang zijn; *hold (keep) in ~* aan de gang of bezig houden; *bring (call) into ~* er bij halen, aanwenden [invloed &]; *come into ~* erbij in het spel komen, zich doen gelden [invloeden]; *out of ~* af [bij spel]
playable *bn* speelbaar; sp bespeelbaar [terrein]
play-act *onoverg* doen alsof
play-actor *znw* geringsch acteur, komediant
playback *znw* afspelen *o* [met bandrecorder]
playbill *znw* affiche *o & v*; programma *o*
playboy *znw* losbol, boemelaar, doordraaier, playboy
player *znw* speler; toneelspeler
player-piano *znw* pianola
playfellow *znw* = *playmate*
playful *bn* speels, ludiek; schalks
playgoer *znw* schouwburgbezoeker
playground *znw* speelplaats
playgroup *znw* peuterklas
playhouse *znw* **1** schouwburg; **2** poppenhuis *o*
playing-card *znw* (speel)kaart
playing-field *znw* speelveld *o*
playlet *znw* toneelstukje *o*
playmate *znw* speelmakker
play-off *znw* sp beslissingswedstrijd
playpen *znw* (baby)box, loophek *o*
playsuit *znw* speelpakje *o*
plaything *znw* (stuk) speelgoed *o*; fig speelbal
playtime *znw* vrije tijd, vrij kwartier *o*, speeltijd, schoolpauze
playwright *znw* toneelschrijver
plaza ['pla:zə] *znw* plein *o*
plc, **PLC** *afk.* = *public limited company* ± NV, naamloze vennootschap
plea [pli:] *znw* pleidooi *o*, pleit *o*; verontschuldiging; voorwendsel *o*; (smeek)bede, dringend verzoek *o*; *on the ~ of...* onder voorwendsel dat...
pleach [pli:tʃ] *overg* (dooreen)vlechten
plead [pli:d] **I** *onoverg* pleiten; zich verdedigen; ~ *for* smeken om; ~ *with sbd. to...* iem. smeken te...; **II** *overg* bepleiten; aanvoeren [gronden]; ~ *(not) guilty* (niet) bekennen; ~ *ignorance* zich met onwetendheid verontschuldigen; ~ *illness* ziekte voorwenden
pleading I *znw* het pleiten; pleidooi *o*; smeking; **II** *bn* smekend
pleasance ['plezəns] *znw* vero lusthof, lustwarande; vermaak *o*, genot *o*
pleasant *bn* aangenaam, prettig, genoeglijk; plezierig; vriendelijk
pleasantry *znw* grapje *o*; aardigheid; vriendelijke, aardige woorden
please [pli:z] **I** *overg* behagen, bevallen, aanstaan; voldoen, plezieren; believen; *~!* als het u belieft, alstublieft; alsjeblieft; om u te dienen; ~ *(to) return it soon* wees zo goed (gelieve) het spoedig terug te zenden; ~ *Sir, will you be so kind as to...* (pardon) mijnheer, wilt u &; *if you ~* als het u belieft, alstublieft; alsjeblieft; ironisch nota bene, waarachtig; ~ *God* zo God wil; ~ *your Majesty* moge het Uwer Majesteit behagen; met Uwer Majesteits verlof...; *~d* ook: blij, tevreden; *~d to meet you* aangenaam (kennis met u te maken); *be ~d at...* zich verheugen over; *I shall be ~ to* het zal mij aangenaam zijn...; *be ~d with* ook: ingenomen (in zijn schik) zijn met, tevreden zijn over; **II** *wederk*: ~ *yourself* handel naar eigen goedvinden, je moet zelf maar weten wat je doet
pleasing *bn* behaaglijk, welgevallig, aangenaam, innemend
pleasurable ['pleʒərəbl] *bn* genoeglijk, aange-

naam, prettig
pleasure *znw* vermaak *o*, genoegen *o*, genot *o*, plezier *o*; (wel)behagen *o*; believen *o*, welgevallen *o*, goedvinden *o*; psych lust; *it is Our ~ to...* het heeft Ons behaagd te...; *it was a ~, my ~* graag gedaan; *we have ~ in...* wij hebben het genoegen te...; *take ~ in* er plezier in vinden om..., behagen scheppen in; *take one's ~* zich vermaken; *at the ~ (of)* naar verkiezing, naar eigen goeddunken; *during the King's ~* zo lang het de koning behaagt
pleasure boat *znw* plezierboot
pleasure ground *znw* lusthof, park *o*
pleat [pli:t] **I** *znw* plooi; **II** *overg* plooien
pleb [pleb] *znw* gemeenz plebejer
plebeian [pli'bi:ən] **I** *bn* plebejisch, proleterig; **II** *znw* plebejer, proleet
plebiscite ['plebisit] *znw* plebisciet *o*
plectrum ['plektrəm] *znw* (*mv*: -s *of* plectra [-trə]) plectrum *o*
pled V.T. & V.D. van *plead*
pledge [pledʒ] **I** *znw* pand *o*, onderpand *o*; borgtocht; belofte, gelofte; toast; *take the ~* de gelofte van geheelonthouding afleggen; **II** *overg* verpanden; (ver)binden; plechtig beloven; drinken op de gezondheid van; **III** *wederk*: *~ oneself* zijn woord geven, zich (op erewoord) verbinden
pledget ['pledʒit] *znw* plukselverband *o*
plenary ['pli:nəri] *bn* volkomen, volledig, algeheel; *~ indulgence* volle aflaat; *~ powers* volmacht; *~ session (sitting)* voltallige vergadering, plenum *o*, plenaire zitting
plenipotentiary [pleinipou'tenʃəri] *bn (znw)* gevolmachtigd(e)
plenitude ['plenitju:d] *znw* volheid, overvloed
plenteous ['plentjəs] *bn* plechtig overvloedig
plentiful *bn* overvloedig
plenty I *znw* overvloed; *~ of...* veel, talrijk, genoeg; **II** *bijw* gemeenz overvloedig, ruimschoots; talrijk; zeer; **III** *bn* gemeenz overvloedig, genoeg
plenum ['pli:nəm] *znw* voltallige vergadering
pleonasm ['pli:ənæzm] *znw* pleonasme *o*
pleonastic [pli:ə'næstik] *bn* pleonastisch
plethora ['pleθərə] *znw* med teveel *o* aan rode bloedlichaampjes; fig overmaat, overvloed
pleura ['pluərə] *znw* (*mv*: pleurae [-ri:]) borstvlies *o*
pleurisy *znw* pleuritis, borstvliesontsteking
plexus ['pleksəs] *znw*: *solar ~* zonnevlecht; gemeenz maagholte
pliable ['plaiəbl] *bn* buigzaam; fig plooibaar, meegaand
pliancy *znw* soepel-, buigzaamheid &
pliant *bn* soepel, buigzaam; gedwee, volgzaam; makkelijk te beïnvloeden
pliers ['plaiəz] *znw mv* buigtang, combinatietang
1 plight [plait] *znw* (vervelende, moeilijke, benarde, nare &) situatie, staat, toestand, conditie; noodtoestand, dwangsituatie, netelige positie, misère; *in a sorry ~* er slecht (naar) aan toe
2 plight [plait] *overg*: *~ troth* zijn woord geven, trouw zweren [met huwelijksbelofte]
Plimsoll line ['plimsəl] *znw* lastlijn
Plimsolls *znw mv* gympjes
plinth [plinθ] *znw* onderste stuk *o* van sokkel, pui &; plint
plod [plɔd] **I** *onoverg* moeizaam gaan, zich voortslepen; fig ploeteren (aan *at*); zwoegen; blokken (op *at*); *~ along (on)* door-, voortploeteren, voortsjouwen; **II** *znw* sjouw, slepende (zware) gang; gezwoeg *o*
plodder *znw* ploeteraar; blokker, zwoeger
plonk [plɔŋk] **I** *znw* **1** hol, galmend geluid *o*; **2** gemeenz goedkope wijn; **II** *overg* met een plof neersmijten; neerkwakken
plop [plɔp] **I** *onoverg* plompen, plonzen; **II** *bijw* met een plons
plot [plɔt] **I** *znw* stuk(je) *o* grond; samenzwering, complot *o*; intrige [in roman &]; Am plattegrond; **II** *overg* in kaart brengen, uitzetten, traceren, ontwerpen (ook: *~ out*); beramen, smeden; **III** *onoverg & abs ww* plannen maken, intrigeren; samenspannen, samenzweren, complotteren
plotter *znw* **1** ontwerper; samenzweerder; intrigant; **2** comput plotter
plough, Am **plow** [plau] **I** *znw* ploeg; ploegschaaf; snijmachine [v. boekbinderij]; *the P~* astron de Grote Beer; **II** *overg* (om)ploegen; doorploegen [het gelaat]; doorklieven [de golven]; gemeenz laten zakken [bij examen]; *~ back* inploegen [klaver &]; handel herinvesteren; *~ down (in)* onderploegen; *~ out (up)* uit de grond ploegen; *~ up* omploegen; scheuren [weidegrond]; **III** *onoverg* ploegen; ploeteren [door de modder &]; *~ through a book* doorworstelen
ploughboy ['plaubɔi] *znw* hulp bij het ploegen; boerenjongen
plougher *znw* ploeger
ploughland *znw* bouwland *o*
ploughman *znw* ploeger; *~'s (lunch)* ± boerenlunch (= kaassandwich met pickles)
ploughshare *znw* ploegschaar
plover ['plʌvə] *znw* pluvier; gemeenz kievit
plow [plau] *znw* Am = *plough*
ploy [plɔi] *znw* handige zet
pluck [plʌk] **I** *znw* orgaanvlees *o* slang, [*vooral* hart, long, lever]; gemeenz moed, durf; **II** *overg & onoverg* rukken, plukken, trekken (aan *at*); tokkelen [snaarinstrument]; *~ up* uitrukken, uitroeien; *~ up courage* moed scheppen
plucky ['plʌki] *bn* moedig, dapper, branie
plug [plʌg] **I** *znw* plug, prop, tap, stop; elektr stekker, plug; auto bougie; waterspoeling [van wc]; med tampon; (stuk) geperste tabak, pruimpje *o* (tabak); gemeenz aanbeveling, reclame, gunstige publiciteit [in radiouitzending &]; *pull the (lavatory) ~* de wc doortrekken; *pull the ~ on* slang er bij lappen [v. medeplichtige]; afblazen, laten vallen [v.

project &]; **II** *overg* dichtstoppen, (ver)stoppen; med tamponneren; plomberen [kies] (ook: ~ *up*); Am slang beschieten, neerschieten, een kogel jagen door (het lijf); pluggen, het trachten er in te krijgen [nieuwe liedjes bij het publiek], reclame maken voor; ~ *in* elektr inschakelen, aansluiten; stekker in stopcontact steken; **III** *onoverg*: ~ *away* gemeenz ploeteren; ~ *in* elektr inschakelen

plughole *znw* afvoergat *o* [v. gootsteen &]

plug-in *bn* elektr (in)steek-, inschuif-

plug-ugly *znw* Am herrieschopper, straatschender

plum [plʌm] **I** *znw* plantk pruim; rozijn; fig het beste, het puikje; gemeenz vet baantje *o*; **II** *bn* **1** donkerrood (-paars), pruimkleurig; **2** droom-, fantastisch [v. baan &]

plumage ['plu:midʒ] *znw* bevedering, pluimage, vederkleed *o*; *summer (winter)* ~ dierk zomer- (winter)kleed *o*

plumb [plʌm] **I** *znw* (schiet)lood *o*; dieplood *o*; *out of* ~ uit het lood; **II** *bn* in het lood, loodrecht; ~ *nonsense* je reinste onzin; **III** *bijw* loodrecht; precies; Am volslagen; **IV** *overg* peilen; fig doorzien, doorgronden; ~ *in* aansluiten [op waterleiding &]; ~ *the depths* een absoluut dieptepunt bereiken

plumbago [plʌm'beigou] *znw* grafiet *o*; plantk loodkruid *o*

plumber ['plʌmə] *znw* loodgieter, loodwerker

plumbic ['plʌmbik] *bn* loodhoudend, lood-

plumbing ['plʌmiŋ] *znw* loodgieterswerk *o*, sanitaire inrichting(en)

plumb-line ['plʌmlain] *znw* schiet-, dieplood *o*

plumb-rule *znw* timmermanswaterpas *o*

plum-cake ['plʌm'keik] *znw* rozijnencake

plume [plu:m] **I** *znw* vederbos; veer, pluim[2]; rookpluim; **II** *overg* van veren voorzien; [de veren] gladstrijken; ~ *oneself* een hoge borst zetten; ~ *oneself on* zich laten voorstaan op

plummet ['plʌmit] **I** *znw* schiet-, dieplood *o*; loodje *o*; **II** *onoverg* Am snel dalen

plummy ['plʌmi] *bn* vol pruimen, pruimen-; gemeenz kostelijk, uitstekend, rijk; gemakkelijk en goed betaald [baantje]; gemeenz bekakt, met een hete aardappel in de keel

plumose ['plu:mous] *bn* vederachtig; gevederd

1 plump [plʌmp] **I** *bn* gevuld, vlezig, mollig, dik; **II** *overg* gevuld(er), mollig maken; doen uitzetten; **III** *onoverg*: ~ *out (up)* gevulder, dikker worden; zich ronden, uitzetten

2 plump [plʌmp] **I** *onoverg* (neer)ploffen (ook: ~ *down*); ~ *for* alleen stemmen op; zich onvoorwaardelijk verklaren vóór; **II** *overg* (neer)kwakken; **III** *znw* plof

plum-pudding ['plʌm'pudiŋ] *znw* plumpudding

plumy ['plu:mi] *bn* gevederd, veder-; veren-

plunder ['plʌndə] **I** *overg* plunderen; beroven; **II** *onoverg* plunderen, roven; **III** *znw* plundering, beroving, roof; buit

plunge [plʌn(d)ʒ] **I** *overg* dompelen, storten, stoten, plonzen (in *into*); onder-, indompelen; vallen [v. prijzen]; ~*d in thought* in gedachten verdiept; **II** *onoverg* zich storten, duiken; achteruitspringen en -slaan [paard]; scheepv stampen; gemeenz zwaar gokken; *plunging neckline* diep uitgesneden decolleté *o*; **III** *znw* in-, onderdompeling, (onder-) duiking; sprong[2], val; *make a* ~ *downstairs* de trap afhollen; *take the* ~ de sprong wagen

plunger *znw* duiker; techn zuiger [v. pomp], dompelaar; stang [v. karn]; plopper [ter ontstopping]

pluperfect ['plu:'pə:fikt] *znw* voltooid verleden (tijd)

plural ['pluərəl] **I** *bn* meervoudig; **II** *znw* meervoud *o*

pluralism *znw* pluralisme *o*; meerdere ambten (*vooral* kerkelijke) bezitten *o*

pluralist *znw* pluralist

pluralistic *bn* pluralistisch

plurality [pluə'ræliti] *znw* meervoudigheid, meervoud *o*; menigte; meerderheid, merendeel *o*

plus [plʌs] **I** *voorz* plus; vermeerderd met; **II** *bn* extra; elektr positief; **III** *znw* (*mv*: plusses; Am pluses) **1** plusteken *o*; **2** pluspunt *o*, extra *o*

plus-fours ['plʌs'fɔ:z] *znw mv* plusfour [wijde sportbroek]

plush [plʌʃ] **I** *znw* pluche *o & m*; ~*es* pluchen broek [v. lakei]; **II** *bn* pluche(n); gemeenz luxueus, chic, fijn

plushy *bn* = *plush II*

plutocracy [plu:'tɔkrəsi] *znw* plutocratie: regering door rijken

plutocrat ['plu:toukræt] *znw* plutocraat, kapitalist

plutonic [plu:'tɔnik] *bn* plutonisch; vulkanisch

plutonium [plu:'tounjəm] *znw* plutonium *o*

pluvial ['plu:viəl] *bn* regenachtig, regen-

pluviometer [plu:vi'ɔmitə] *znw* regenmeter

pluvious ['plu:viəs] *bn* regenachtig, regen-

1 ply [plai] *znw* plooi, vouw; streng, draad [van garen], laag [v. triplex, stof &]

2 ply [plai] **I** *overg* gebruiken, werken met, hanteren; in de weer zijn met; uitoefenen [beroep]; ~ *the oars* ook: roeien; ~ *with* bestormen met [vragen &]; opdringen, aandringen; **II** *onoverg* (heen en weer) varen (rijden, vliegen &); scheepv laveren, opkruisen; ~ *for customers* snorren [v. huurkoetsier, taxi]

plywood ['plaiwud] *znw* triplex *o & m*, multiplex *o* [hout van drie of meer lagen]

p.m. *afk.* = *post meridiem* 's middags, 's avonds, in de namiddag, n.m.

PM *afk.* = *Prime Minister*

pneumatic [nju'mætik] **I** *bn* pneumatisch; lucht-; ~ *blonde* gemeenz fig blonde stoot; ~ *tyre* luchtband; **II** *znw*: ~*s* leer der gassen

pneumonia [nju'mounjə] *znw* longontsteking

pneumonic [nju'mɔnik] *bn* van de longen; longontstekings-; longontsteking hebbend

PO *afk.* = *Post Office*

1 poach [poutʃ] *overg* pocheren: bereiden in bijna

kokend water

2 poach [poutʃ] **I** *overg* stropen; fig afpakken; kuilen trappen (in drassige grond); **II** *onoverg* stropen; drassig worden, vol kuilen raken; ~ *on sbd.'s preserves* onder iems. duiven schieten

poacher *znw* stroper

PO box ['pi:'oubɔks] *znw* postbus

pochard ['poutʃəd] *znw* tafeleend

pock [pɔk] *znw* pok; put [v. pok], puist; slang syfilis

pocked [pɔkt] *bn* pokdalig

pocket ['pɔkit] **I** *znw* zak°; fig klein, beperkt, geïsoleerd gebied *o*; mil (gevechts)haard; *be 5 pound in* ~ 5 pond rijk zijn; 5 pond gewonnen of verdiend hebben; *she has him in her* ~ zij kan met hem doen wat zij wil; *line one's ~s* zijn zakken vullen; *put one's dignity & in one's* ~ ... opzij zetten; *you will have to put your hand in your* ~ je zult in de zak moeten tasten; *be out of* ~ erop toeleggen, erbij inschieten; *be 5 pound out of* ~ 5 pond verloren hebben; **II** *bn* in zakformaat, zak-, miniatuur-; **III** *overg* in de zak steken; kapen; biljart stoppen [bal]; fig slikken [belediging]; opzij zetten [zijn trots]

pocketable *bn* gemakkelijk in de zak te steken, zak-

pocket-book *znw* zakboekje *o*; Am portefeuille; Am damestasje *o* [zonder hengsels]

pocket calculator *znw* zakrekenmachine

pocket handkerchief *znw* zakdoek

pocket-knife *znw* zakmes *o*

pocket money *znw* zakgeld *o*

pocket-sized *bn* in zakformaat; fig miniatuur

pock-mark ['pɔkma:k] *znw* pokputje *o*

pock-marked ['pɔkma:kt] *bn* pokdalig

pod [pɔd] **I** *znw* **1** dop, schil, bast, peul; **2** kleine school walvissen of robben; **3** gondel [v. ruimtecapsule], magazijn *o* [brandstofreservoir onder vliegtuigvleugel]; *in* ~ slang zwanger; **II** *overg* doppen, peulen; **III** *onoverg* peulen zetten; ~ *up* een dikke buik krijgen (zwanger zijn)

podagra [pou'dægrə] *znw* podraga *o*, het pootje, voetjicht

podgy ['pɔdʒi] *bn* dik, propperig

podiatrist [pə'daiətrist] *znw* Am pedicure

podiatry [pə'daiətri] *znw* Am = *chiropody* voetorthopedie

podium ['poudiəm] *znw* (*mv*: -s *of* podia [-diə]) podium *o*

poem ['pouim] *znw* gedicht *o*, dichtstuk *o*, poëem *o*

poesy ['pouizi] *znw* vero dichtkunst, poëzie

poet ['pouit] *znw* dichter, poëet; ~ *laureate* hofdichter

poetaster [poui'tæstə] *znw* poëtaster, pruldichter

poetess ['pouitis] *znw* dichteres

poetic(al) [pou'etik(l)] *bn* dichterlijk, poëtisch; ~ *justice* zegevieren *o* v.h. recht; ~ *license* dichterlijke vrijheid

poeticize [pou'etisaiz], **poetize** ['pouitaiz] **I** *onoverg* dichten; **II** *overg* in dichtvorm gieten, bezingen

poetics [pou'etiks] *znw* verskritiek, dichtkritiek

poetry ['pouitri] *znw* dichtkunst, poëzie[2]

po-faced ['poufeisd] *bn* slang dom en suf kijkend

pogo ['pougou] **I** *znw* **1** pogo [punkdans]; **2** (ook: ~ *stick*) springstok [speelgoed]; **II** *onoverg* pogoën, de pogo dansen

pogrom ['pɔgrəm] *znw* (joden)vervolging; pogrom

poignancy ['pɔinənsi] *znw* scherpheid &

poignant *bn* pijnlijk, schrijnend, hevig

poinsettia [pɔin'setiə] *znw* kerstster, poinsettia [plant]

point [pɔint] **I** *znw* punt *v & o* = (lees)teken *o*; punt *m* = spits; punt *o* [andere betekenissen]; stip; decimaalteken *o*; landpunt; stift, (ets)naald; tak [v. gewei]; naaldkant; stopcontact *o*; fig puntigheid, pointe [v. aardigheid]; *the finer ~s* de finesses; ~ *of no return* punt *o* vanwaar geen terugkeer meer mogelijk is; ~ *of view* oog-, standpunt *o*; *~s* wissel [v. spoorweg]; goede eigenschappen [v. paard &]; *the ~s of the compass* de streken van het kompas; ~ *of order* punt van orde; ~ *of reference* referentiepunt *o*; *what is the ~?* wat is de kwestie?; wat heeft het voor zin?; *that is just the* ~ dat is (nu) juist de kwestie, dat is het hem juist, daar gaat het juist om; *that is the great* ~ de zaak waar het op aankomt; *you've got a ~ there* daar heb je gelijk in; daar zeg je zo wat, daar zit wat in; *the ~ is to...* het is zaak om...; *singing is not his strong* ~ is zijn fort niet; *there is no ~ in ...ing* het heeft geen zin te...; *carry (gain, win) one's* ~ zijn zin (weten te) krijgen; *get (see) the* ~ snappen; *give ~s to...* (wat) voorgeven [bij spelen]; *he can give ~s to...* fig hij wint het van...; *maintain one's* ~ op zijn stuk blijven staan, volhouden; *make a* ~ staan [v. jachthond]; een bewering bewijzen; *make a ~ of* staan (aandringen) op; *make a ~ of ...ing, make it a ~ to...* het zich tot taak stellen om..., het er op aanleggen om...; *make a ~ of honour of...ing, make it a ~ of honour to...* er een eer in stellen te...; *make one's* ~ zijn bewering bewijzen; *make the ~ that...* er op wijzen, dat...; *miss the* ~ niet begrijpen waar het om te doen is; er naast zijn; *prove one's* ~ zijn bewering bewijzen; *press the* ~ op iets aandringen; *pursue the* ~ verder erop doorgaan; *not to put too fine a ~ upon it* om het nu maar eens ronduit te zeggen; *see (take) the* ~ het begrijpen; *stretch a* ~ het zo nauw niet nemen, met de hand over het hart strijken; overdrijven; ~ *taken* die slag (dat punt) is voor jou; *at all ~s* in alle opzichten; *armed at all ~s* tot de tanden gewapend; *at the ~ of death* op sterven; *at the ~ of the sword* met de degen (in de vuist), met geweld (van wapenen); *at this ~ in time* op dit moment; *that's beside the* ~ dat doet niets ter zake; *a case in* ~ een ter zake dienend geval (voorbeeld); *in ~ of* uit een (het) oogpunt van; inzake...; op het stuk van; *in ~ of fact* in werkelijkheid, feitelijk; *off the* ~ niet ad rem; *on the ~ of...* op het punt om (van te)...; *to the* ~ ter zake; *to the ~ that...* in die mate dat..., zozeer dat...; *come (get)* *to the* ~ ter zake komen; *when it came to the* ~ toen het erop aankwam, toen puntje bij paaltje kwam; op stuk van zaken; *up to a* ~ tot op zekere hoogte; **II** *overg* (aan)punten, een punt maken aan, scherpen, spitsen, interpungeren; muz van punten voorzien; mil aanleggen, richten (op *at*); wijzen met [vinger &]; onderstrepen [beweringen &], op treffende wijze illustreren; voegen [van metselwerk]; ~ *out* (aan)wijzen, wijzen op, aanduiden, aantonen, te kennen geven; ~ *up* accentueren, onderstrepen; **III** *onoverg* wijzen[2] (op *at, to*); staan [v. jachthond]

point-blank *bn* mil [schot] recht op 't doel; fig vlak in zijn gezicht, op de man af; bot-, gladweg

point-duty *znw* dienst van (als) verkeersagent op een bepaald punt

pointed *bn* spits[2]; scherp[2]; puntig[2]; snedig, juist; precies; ondubbelzinnig; opvallend; ~ *arch* spitsboog; ~ *beard* puntbaard

pointedly *bijw* v. *pointed*; ook: stipt; nadrukkelijk, duidelijk

pointer *znw* wijzer; aanwijsstok; aanwijzing; pointer [hond]; kleine advertentie voorafgaand aan een grotere

point-lace *znw* naaldkant

pointless *bn* zinloos; zonder uitwerking; nutteloos

pointsman *znw* wisselwachter; verkeersagent

point-to-point *bn bijw* van punt tot punt; ~ *race* steeple-chase voor amateurs

poise [pɔiz] **I** *overg* in evenwicht houden of brengen; balanceren; wegen [in de hand]; houden, dragen; **II** *znw* evenwicht *o*; beheerstheid; balanceren *o*; zweving [in onzekerheid]; houding [v. hoofd &]

poised *bn* **1** verstandig, evenwichtig; **2** klaar, gereed; **3** zwevend

poison ['pɔizn] **I** *znw* vergif *o*, gif[2] *o*; **II** *overg* vergiftigen, fig bederven, vergallen; verbitteren; *~ed cup* gifbeker

poisoner *znw* gifmenger, gifmengster

poison-fang ['pɔiznfæŋ] *znw* giftand

poison gas *znw* gifgas *o*

poisonous *bn* (ver)giftig, gif-; gemeenz onuitstaanbaar, afschuwelijk

poison-pen letter *znw* boosaardige anonieme brief

1 poke [pouk] *znw* dial zak; ~ *sbd.* plat iem. neuken, naaien; zie ook: *pig I*

2 poke [pouk] **I** *onoverg* scharrelen, snuffelen, tasten, voelen; ~ *about* gemeenz rondsnuffelen, rondneuzen; **II** *overg* stoten, duwen; steken; (op)poken, (op)porren; zie ook: *fun*; **III** *znw* stoot, por

poke-bonnet ['pouk'bɔnit] *znw* hist tuithoed

poker ['poukə] *znw* (kachel)pook; kaartsp poker *o*

poker-face *znw* pokerface *o*, strak (stalen) gezicht *o*

poker-faced *bn* met een uitgestreken gezicht, zonder een spier te vertrekken

poky ['pouki] *bn* bekrompen, nauw; hokkerig; krottig

Poland ['poulənd] *znw* Polen *o*

polar ['poulə] *bn* pool-; ~ *bear* ijsbeer

polarity [pou'læriti] *znw* polariteit

polarization [poulərai'zeiʃən] *znw* polarisatie

polarize ['pouləraiz] *onoverg* polariseren

polder ['pouldə] *znw* polder

Pole [poul] *znw* Pool

pole [poul] **I** *znw* **1** pool; **2** paal, stok, pols, staak, mast; disselboom; *up the* ~ gemeenz in de knoei; woedend; gek; *~s apart* hemelsbreed verschillend; **II** *overg* scheepv (voort)bomen

pole-axe I *znw* slagersbijl; hellebaard, strijdbijl; **II** *overg* neerslaan, -vellen; *~d* fig verbijsterd, met stomheid geslagen

polecat *znw* bunzing; Am skunk

polemic [pɔ'lemik] **I** *bn* polemisch; **II** *znw ~(s)* polemiek

polemical *bn* polemisch

polemicist *znw* polemist

pole-star ['poulsta:] *znw* Poolster

pole-vault ['poulvɔ:lt] **I** *znw* polsstoksprong, sp polsstok(hoog)springen *o*; **II** *onoverg* polsstok(hoog)springen

pole-vaulter *znw* polsstokspringer

police [pə'li:s] **I** *znw* politie; *5* ~ 5 politieagenten; **II** *bn* politioneel, politie-; ~ *constable* Br politieagent; **III** *overg* (politie)toezicht houden op; van politie voorzien

police force *znw* politie(macht), politiekorps *o*

policeman *znw* politieagent; *sleeping* ~ verkeersdrempel

police officer *znw* politieagent

police state *znw* politiestaat

police station *znw* politiebureau *o*

policewoman *znw* agente van politie

policlinic [pɔli'klinik] *znw* polikliniek

policy ['pɔlisi] *znw* **1** staatkunde; (staats)beleid *o*, politiek, gedragslijn; **2** polis

policy-holder *znw* verzekerde, polishouder

polio ['pouliou] verk. van *poliomyelitis*

poliomyelitis [poulioumaiə'laitis] *znw* kinderverlamming, poliomyelitis

polish ['pɔliʃ] **I** *overg* polijsten[2], politoeren, af-, gladwrijven, poetsen, boenen; slijpen, bijschaven; *~ed manners* beschaafde manieren; ~ *off* gemeenz afdoen, afraffelen [een werkje]; vlug opeten, opdrinken; uit de weg ruimen [tegenstander]; ~ *up* opknappen; oppoetsen; fig [kennis] opfrissen; **II** *onoverg* zich laten poetsen; glimmen; **III** *znw* politoer *o* & *m*, poetsmiddel *o*; glans; fig beschaving; *give it the final* ~ er de laatste hand aan leggen

Polish ['pouliʃ] **I** *bn* Pools; **II** *znw* Pools *o* [de taal]

polisher ['pɔliʃə] *znw* polijster; slijper; glansborstel

polite [pə'lait] *bn* beleefd; beschaafd

politeness *znw* beleefdheid

politic ['pɔlitik] **I** *bn* politiek[2]; diplomatiek, slim, geslepen; berekenend; *the body* ~ de Staat; **II** *znw*: *~s* politiek, staatkunde

political [pə'litikl] *bn* politiek; staatkundig; ~ *asylum* politiek asiel *o*; ~ *economy* staathuishoud-

kunde; ~ *prisoner* politieke gevangene; ~ *science* politicologie; ~ *scientist* politicoloog
politician [pɔli'tiʃən] *znw* politicus, staatkundige, staatsman
politicize [pɔ'litisaiz] *overg* politiseren
politicking ['pɔlitikiŋ] *znw* (het spelen van) politieke spelletjes
politico [pə'litikou] *znw* geringsch politicus
polity ['pɔliti] *znw* (staats)inrichting, regeringsvorm; staat
polka ['pɔlkə, 'poulkə] *znw* polka; ~ *dots* stippels
poll [poul] **I** *znw* kiezerslijst; stembus, stembureau *o*; stemming; aantal *o* (uitgebrachte) stemmen, stemmencijfer *o*; vero kop, hoofd *o*; *(public opinion)* ~ opinieonderzoek *o*, -peiling, enquête; **II** *overg* (stemmen) verwerven; laten stemmen; laten deelnemen aan een opinieonderzoek, ondervragen, enquêteren; **III** *onoverg* stemmen (op *for*)
pollard ['pɔləd] **I** *znw* getopte boom; dierk hert *o* dat zijn gewei verloren heeft; hoornloos rund *o*; **II** *overg* plantk knotten
pollard-willow *znw* knotwilg
pollen ['pɔlin] *znw* stuifmeel *o*; ~ *count* stuifmeelgehalte *o* [in de lucht]
pollinate *overg* bestuiven
pollination [pɔli'neiʃən] *znw* bestuiving
polling- ['pouliŋ] *voorv* stem-; ~ *booth* stemhokje *o*; ~ *day* verkiezingsdag; ~ *station* stembureau *o*
polloi [pə'lɔi] *znw* = *hoi polloi* gepeupel *o*
pollster ['poulstə] *znw* gemeenz opinieonderzoeker, enquêteur
poll-tax ['poultæks] *znw* personele belasting
pollutant *znw* milieuverontreinigende stof, gif *o*
pollute [pə'lu:t] *overg* bezoedelen, bevlekken, besmetten, ontwijden; verontreinigen, vervuilen
pollution *znw* bezoedeling, bevlekking, besmetting, ontwijding; verontreiniging, vervuiling; *air* ~ luchtverontreiniging
polo ['poulou] *znw* sp polo *o*
polonaise [pɔlə'neiz] *znw* polonaise°
polo-neck ['poulounek] *znw* col, rolkraag; ~ *sweater* coltrui
poltergeist ['pɔltəgaist] *znw* klopgeest
poltroon [pɔl'tru:n] *znw* lafaard
poltroonery *znw* laf(hartig)heid
poly ['pɔli] *znw* gemeenz = *polytechnic*
polyandrous [pɔli'ændrəs] *bn* plantk veelhelmig; veelmannig
polyandry ['pɔliændri] *znw* veelmannerij, polyandrie
polyanthus [pɔli'ænθəs] *znw* sleutelbloem
polychrome ['pɔlikroum] **I** *bn* veelkleurig; **II** *znw* veelkleurig beschilderd kunstwerk *o*
polyclinic [pɔli'klinik] *znw* polikliniek
polyethylene [pɔli'eθili:n] *znw* polyeth(yl)een *o*
polygamous [pɔ'ligəməs] *bn* polygaam
polygamy *znw* polygamie, veelwijverij
polyglot ['pɔliglɔt] **I** *bn* polyglottisch, veeltalig; **II** *znw* polyglot
polygon ['pɔligən] *znw* veelhoek
polygonal [pɔ'ligənl] *bn* veelhoekig
polyhedral [pɔli'hi:drəl] *bn* veelvlakkig
polyhedron *znw* veelvlak *o*
polymath ['pɔlimæθ] *znw* veelzijdig geleerde
Polynesian [pɔli'ni:ziən] **I** *bn* Polynesisch; **II** *znw* Polynesiër
polyp ['pɔlip] *znw* poliep
polyphonic [pɔli'founik] *bn* veelstemmig, polyfoon; contrapuntisch
polypod ['pɔlipɔd] *bn* veelpotig
polypus ['pɔlipəs] *znw* (*mv*: -es *of* polypi [-pai]) med poliep
polystyrene [pɔli'stairi:n] *znw* polystyreen *o*, piepschuim *o*
polysyllabic ['pɔlisi'læbik] *bn* veellettergrepig
polysyllable ['pɔli'siləbl] *znw* veellettergrepig woord *o*
polytechnic [pɔli'teknik] **I** *bn* (poly)technisch; **II** *znw* (poly)technische school
polytheism ['pɔliθiizm] *znw* polytheïsme *o*
polytheist *znw* polytheïst
polytheistic [pɔliθi'istik] *bn* polytheïstisch
polythene [pɔli'θi:n] *znw* polyetheen *o*
polyunsatured [pɔliʌn'sætʃəreitid] *bn* meervoudig onverzadigd
polyurethane [pɔli'juərəθein] *znw* polyurethaan *o*
pom [pɔm] *znw* = *pommy*
pomade [pə'ma:d], **pomatum** [pə'meitəm] **I** *znw* pommade; **II** *overg* pommaderen
pome [poum] *znw* pitvrucht; appel
pomegranate ['pɔmgrænit] *znw* granaat(appel), granaat(boom)
pomelo ['pɔmilou] *znw* grapefruit; pompelmoes
pommel ['pʌml] **I** *znw* degenknop; zadelknop; **II** *overg* Am beuken, (bont en blauw) slaan
pommy ['pɔmi] *znw* Austr slang geringsch Engelsman
pomology [pou'mɔlədʒi] *znw* pomologie: fruitteeltkunde
pomp [pɔmp] *znw* pracht, praal, luister, staatsie
pom-pom ['pɔmpɔm], **pompon** *znw* pompom [kanon]
pompon ['pɔmpɔn] *znw* pompon [kwastje]
pomposity [pɔm'pɔsiti] *znw* pompeusheid, praalzucht, gewichtigdoenerij; gezwollenheid [v. stijl]
pompous ['pɔmpəs] *bn* pompeus, pralend; hoogdravend, gezwollen
ponce [pɔns] **I** *znw* slang pooier; **II** *onoverg*: ~*about* gemeenz zich zo trots als een pauw bewegen, paraderen; **III** *overg* slang (af)bietsen, aftroggelen
poncho ['pɔntʃou] *znw* poncho
pond [pɔnd] *znw* poel, vijver
ponder ['pɔndə] **I** *overg* overwegen, overdenken, bepeinzen; **II** *onoverg* peinzen (over *on*)
ponderable ['pɔndərəbl] *bn* weegbaar[2]
ponderous ['pɔndərəs] *bn* zwaar[2], zwaarwichtig,

zwaar op de hand [v. stijl]
pong [pɔŋ] slang **I** *znw* stank; **II** *onoverg* stinken
pongee [pɔn'dʒi:] *znw* ongebleekte Chinese zijde
poniard ['pɔnjəd] **I** *znw* dolk; **II** *overg* doorsteken [met een dolk]
pontiff ['pɔntif] *znw* paus (ook: *the sovereign* ~)
pontifical [pɔn'tifikl] *bn* opperpriesterlijk, pontificaal, pauselijk; fig pompeus, plechtig, pontificaal, autoritair
pontificate I *znw* [pɔn'tifikit] pontificaat *o*, opperpriesterschap *o*, pauselijke waardigheid; **II** *onoverg* [pɔn'tifikeit] pontificeren, gewichtig doen of oreren (over *about*), de onfeilbare uithangen
pontonier [pɔntə'niə] *znw* mil pontonnier
pontoon [pɔn'tu:n] *znw* ponton; banken *o* [kaartspel]
pony ['pouni] *znw* dierk pony; handel £ 25
pony-tail *znw* paardenstaart [haardracht]
pooch [pu:tʃ] *znw* slang hond (als troeteldier)
poodle ['pu:dl] *znw* poedel
poof [pu:f], **poofter** *znw* gemeenz nicht, flikker, poot
pooh [pu:] *tsw* bah!; poeh!, het zou wat
pooh-pooh ['pu:pu:] *overg* niet willen weten van
pooka ['pu:kə] *znw* Ir kabouter
1 pool [pu:l] *znw* poel, plas, plasje *o*; (zwem)bassin *o*; stil en diep gedeelte *o* v. rivier
2 pool [pu:l] **I** *znw* potspel *o*; inzet, pot; biljart potspel *o*; handel syndicaat *o*, groep, met anderen gedeeld personeel *o* [typisten &]; gemeenschappelijke voorziening, pool; ~*s* (voetbal)toto; **II** *overg* samenleggen, verenigen [v. kapitaal]; onder één directie brengen; **III** *onoverg* samendoen, zich verenigen
poolhall, **poolroom** *znw* Am biljartlokaal *o*; goklokaal *o*
poop [pu:p] *znw* achterschip *o*; achterdek *o*, kampanje
pooped *bn* doodop, uitgeput; ~ *out* uitgeteld
poor [puə, pɔə] *bn* arm (aan *in*), behoeftig, armelijk, armoedig, schraal, mager, gering, min, pover, armzalig, ellendig; treurig, erbarmelijk, zielig; slecht; ~ *devil* arme drommel; ~ *relation* fig stiefkind *o*; *my* ~ *father* vaak: (mijn) vader zaliger; *the* ~ de armen
poor-box *znw* offerblok *o*, offerbus
poorhouse *znw* hist armenhuis *o*
Poor-Law *znw* hist armenwet
poorly I *bijw* v. *poor*; **II** *bn* gemeenz min(netjes), niet erg gezond
poor-relief *znw* hist armenzorg
poor-spirited *bn* zonder durf, lafhartig
1 pop [pɔp] **I** *onoverg* poffen, paffen, knallen, ploffen, floepen, klappen; gemeenz snel (onverwacht) bewegen, snel (onverwacht) komen en gaan; **II** *overg* doen knallen of klappen, afschieten; Am poffen (maïs); ~ *a question* een vraag opwerpen; ~ *the question* gemeenz een meisje vragen; ~ *across* overwippen; ~ *in* (ergens) binnen komen vallen, ook: ~ *in (on sbd.)*; aanwippen (bij iem.); binnenstuiven; ~ *one's head in* het hoofd om de deur steken; ~ *into bed* zijn bed inwippen; ~ *off* wegwippen, 'm smeren; gemeenz er van tussen gaan; uitknijpen; gemeenz creperen; ~ *out* ineens tevoorschijn komen; uitschieten, uitdoen; ~ *one's head out of...* het hoofd steken buiten; ~ *up* ineens opduiken; **III** *znw* pof, plof, floep, klap, knal; gemeenz limonade, prik, frisdrank; Am gemeenz pa, papa; **IV** *tsw* & *bijw* pof!, floep!; ~, *bang!* piefpaf!; *go* ~ barsten; op de fles gaan
2 pop [pɔp] **I** *znw* pop(muziek); **II** *bn* populair; ~ *art* popart; ~ *festival* popfestival *o*; ~ *group* popgroep; ~ *music* popmuziek
popcorn ['pɔpkɔ:n] *znw* popcorn, gepofte maïs; pofmaïs
pope [poup] *znw* paus [v. Rome]; pope [in de Griekse kerk]
popedom *znw* pausdom *o*
popery *znw* geringsch papisterij, papisme *o*
pop-eyed *bn* met grote (uitpuilende) ogen, verbaasd
popgun ['pɔpgʌn] *znw* proppenschieter, geringsch kinderpistooltje *o*
popinjay ['pɔpindʒei] *znw* kwast, windbuil
popish ['poupiʃ] *bn* geringsch papistisch, paaps
poplar ['pɔplə] *znw* populier
poplin ['pɔplin] *znw* popeline *o* & *m* [stof]
pop(pa) [pɔp(ə)] *znw* Am papa, pa
popper ['pɔpə] *znw* gemeenz drukkertje *o* [drukknoopje]
poppet ['pɔpit] *znw* gemeenz popje *o*, schatje *o*
poppy ['pɔpi] *znw* papaver; klaproos (*corn*-~); *P*~ *Day* klaproosdag [11 november-herdenking van de slachtoffers van de twee wereldoorlogen]
poppycock ['pɔpikɔk] *znw* gemeenz larie, kletskoek
poppy-head ['pɔpihed] *znw* papaverbol
popsicle ['pɔpsikl] *znw* Am waterijsje *o*, ijslolly (op twee stokjes)
pop-singer ['pɔp'siŋə] *znw* zanger(es) van populaire liedjes
popsy ['pɔpsi] *znw* gemeenz schatje *o*, lief meisje *o*
populace ['pɔpjuləs] *znw* volk *o*, menigte, massa; gepeupel *o*, grauw *o*
popular ['pɔpjulə] *bn* van (voor, door) het volk, volks-, algemeen, populair; ~ *with* ook: gewild, in trek, bemind, gezien, getapt bij; ~ *concert* volksconcert *o*; ~ *front* pol volksfront *o*, regeringscoalitie van linkse partijen; ~ *government* democratische regeringsvorm
popularity [pɔpju'læriti] *znw* populariteit
popularization [pɔpjulərai'zeiʃən] *znw* popularisering, verspreiding onder het volk
popularize ['pɔpjuləraiz] *overg* populariseren
popularly *bijw* populair; gemeenzaam; ~ *called...* in de wandeling... genoemd; ~ *elected* door het volk gekozen
populate ['pɔpjuleit] *overg* bevolken

population [pɔpju'leiʃən] *znw* bevolking
populism ['pɔpjulizm] *znw* populisme *o*
populist ['pɔpjulist] **I** *znw* populist; **II** *bn* populistisch
populous ['pɔpjuləs] *bn* volkrijk, dichtbevolkt
porcelain ['pɔ:slin] *znw* porselein *o*
porch [pɔ:tʃ] *znw* (voor)portaal *o*; portiek *v* & *o*; Am veranda
porcine ['pɔ:sain] *bn* varkensachtig, varkens-
porcupine ['pɔ:kjupain] *znw* stekelvarken *o*
1 pore [pɔ:] *znw* porie
2 pore [pɔ:] *onoverg*: ~ *over* aandachtig (diepgaand) bestuderen, zich verdiepen in
pork [pɔ:k] *znw* varkensvlees *o*; ~ *pie* varkens(vlees-)pastei
porker *znw* mestvarken *o*
porky *bn* vet (als een varken)
porn [pɔ:n] *znw* gemeenz = *pornography* porno
porno ['pɔ:nou] *znw* & *bn* gemeenz = *pornography, pornographic* porno
pornographer [pɔ:'nɔgrəfə] *znw* pornograaf
pornographic [pɔ:nə'græfik] *bn* pornografisch
pornography [pɔ:'nɔgrəfi] *znw* pornografie
porosity [pɔ:'rɔsiti] *znw* poreusheid
porous ['pɔ:rəs] *bn* poreus
porphyry ['pɔ:firi] *znw* porfier *o*
porpoise ['pɔ:pəs] *znw* bruinvis
porridge ['pɔridʒ] *znw* havermoutpap
porringer ['pɔrin(d)ʒə] *znw* (soep)kommetje *o*, nap
port [pɔ:t] *znw* **1** scheepv haven(plaats); fig veilige haven; toevluchtsoord *o*; **2** scheepv geschutpoort; patrijspoort; opening; **3** scheepv bakboord; **4** houding [v. geweer]; **5** port(wijn); **6** comput poort; ~ *of call* aanloophaven; *any ~ in a storm* nood breekt wet
portable ['pɔ:təbl] *bn* draagbaar, verplaatsbaar; koffer- [grammofoon, schrijfmachine &]
portage ['pɔ:tidʒ] *znw* vervoer *o*; draagloon *o*, vervoerkosten
portal ['pɔ:tl] *znw* poort; portaal *o*
port-charges ['pɔ:ttʃa:dʒiz] *znw mv* havengelden
portcrayon [pɔ:t'kreiən] *znw* vero tekenpen
portcullis [pɔ:t'kʌlis] *znw* valpoort
port-dues ['pɔ:tdju:z] *znw mv* havengelden
portend [pɔ:'tend] *overg* (voor)beduiden, voorspellen, betekenen
portent ['pɔ:tent] *znw* (ongunstig) voorteken *o*, voorbode; (wonder)teken *o*, wonder *o*; *a matter of great ~* een (uiterst) gewichtige zaak
portentous [pɔ:'tentəs] *bn* onheilspellend; monsterachtig, vervaarlijk, geweldig; gewichtig, belangrijk
porter ['pɔ:tə] *znw* **1** portier; drager, sjouwer, kruier, witkiel; **2** porter [bruinbier]
porterage *znw* kruierswerk *o*; draag-, kruiersloon *o*
portfolio [pɔ:t'fouljou] *znw* portefeuille, map, aktetas
porthole ['pɔ:thoul] *znw* patrijspoort; hist geschutpoort
portico ['pɔ:tikou] *znw* (*mv*: -s *of* -coes) portiek, zuilengang
portion ['pɔ:ʃən] **I** *znw* deel *o* (ook = lot *o*), portie, aandeel *o*; kindsgedeelte *o*, huwelijksgoed *o*; recht aanbreng (ook: *marriage ~*); **II** *overg* verdelen, uitdelen; met een huwelijksgift bedelen; ~ *off* haar (zijn) kindsgedeelte geven; ~ *out* verdelen
portly ['pɔ:tli] *znw* dik, welgedaan, zwaar
portmanteau [pɔ:t'mæntou] *znw* valies *o*; ~ *word* door contaminatie gevormd woord *o*
portrait ['pɔ:trit] *znw* portret *o*; schildering
portraitist *znw* portrettist, portretschilder
portraiture *znw* portret *o*; portretteren *o*; schildering; portretschilderen *o*
portray [pɔ:'trei] *overg* portretteren, afschilderen
portrayal *znw* schildering, konterfeitsel *o*
Portugal ['pɔ:tʃugl] *znw* Portugal *o*
Portuguese [pɔ:tju'gi:z] **I** *znw* (*mv* idem) Portugees *m* & *o*; **II** *bn* Portugees
pose [pouz] **I** *overg* stellen [een vraag]; een pose doen aannemen; **II** *onoverg* poseren[2]; zetten [bij domineren]; ~ *as* zich voordoen als, zich uitgeven voor; **III** *znw* pose, houding; aanstellerij
poser *znw* moeilijke vraag, moeilijkheid; = *poseur*
poseur [pou'zə:] *znw* poseur
posh [pɔʃ] **I** *bn* gemeenz chic, fijn; *talk ~* bekakt praten; **II** *onoverg*: ~ *up* gemeenz (zich) optutten
posit ['pɔzit] *overg* poneren, als waar aannemen
position [pə'ziʃən] **I** *znw* ligging, positie[2], houding, rang, stand; plaats; standpunt *o*; toestand; stelling (ook: mil); bewering; *I am not in a ~ to...* ook: ik kan niet..., ben niet bij machte...; *make good one's ~* zijn bewering bewijzen; **II** *overg* plaatsen; de plaats bepalen van
positive ['pɔzitiv] **I** *bn* stellig, bepaald, volstrekt, vast, zeker, wezenlijk; vaststaand, positief; echt; *she was ~ that...* zij was er zeker van dat...; *the ~ degree* de stellende trap; *the ~ sign* het plusteken; ~ *discrimination* positieve discriminatie, voorkeursbehandeling; ~ *vetting* (veiligheids)onderzoek *o* naar iemands antecedenten; **II** *znw* gramm positief *m* = stellende trap; positief *o* [v. foto]
positivism ['pɔzitivizm] *znw* positivisme *o*
positivist ['pɔzitivist] **I** *znw* positivist; **II** *bn* positivistisch
posse ['pɔsi] *znw* posse; (politie)macht; groep, troep
possess [pə'zes] *overg* bezitten, hebben, beheersen; *what ~es him?* wat bezielt hem toch?; *be ~ed of...* bezitten; *like one ~ed* als een bezetene
possession *znw* bezitting; eigendom *o*, bezit *o*; bezetenheid; *~s* rijkdom, bezit *o*; koloniën, bezittingen; *(be) in ~ of* in het bezit (zijn) van; *take ~ of* in bezit nemen, betrekken [een huis]; *with immediate ~, with vacant ~* dadelijk (leeg) te aanvaarden; ~ *is nine points of the law* ± hebben is hebben, maar krijgen is de kunst; zalig zijn de bezitters
possessive I *bn* bezit-; bezitterig, dominerend,

egoïstisch; gramm bezitaanduidend, bezittelijk; ~ *case* tweede naamval; **II** *znw* tweede naamval
possessor *znw* bezitter, eigenaar
posset ['pɔsit] *znw* soort kandeel
possibility [pɔsi'biliti] *znw* mogelijkheid, kans; *there is a (no) ~ of his coming* het is (niet) mogelijk dat..., er is (g)een kans (op) dat hij komt; *not by any ~* onmogelijk
possible ['pɔsibl] **I** *bn* mogelijk; gemeenz aannemelijk, redelijk; *as fast as ~* zo snel mogelijk; *the only ~...* de enige niet onmogelijke, geschikte; *if ~* zo mogelijk; **II** *znw* mogelijke *o*; gemeenz geschikte vent
possibly ['pɔsibli] *bijw* mogelijk, misschien; *he cannot ~ come* hij kan onmogelijk komen
possum ['pɔsəm] *znw* gemeenz verk. van *opossum*; *play ~* zich dood houden, zich van de domme houden
1 post [poust] **I** *znw* **1** post°; **2** paal, stijl, stut; sp (start-, finish)punt *o*; **3** post, betrekking; mil (stand)plaats; buitenpost; handel factorij; *last ~* mil taptoe om 10 uur: wordt ook geblazen bij militaire begrafenis als laatste vaarwel; *by ~, through the ~* post over de post; *catch the ~* nog juist op tijd (voor de laatste lichting) een brief op de post doen; *ride ~* als postiljon (koerier) rijden; in vliegende vaart rijden; **II** *onoverg* met postpaarden reizen; ijlen, snellen, zich haasten; **III** *overg* posten°, op de post doen; posteren, uitzetten, plaatsen; indelen (bij *to*); aanplakken; beplakken; handel boeken; fig op de hoogte brengen, in de geheimen [van het vak] inwijden; *~ed missing* als vermist opgegeven; *~ed in...* goed thuis in...; *keep ~ed* op de hoogte houden; *~ up* afficheren; handel bijhouden, bijwerken [boeken]; fig op de hoogte brengen of houden; **IV** *wederk*: *~ oneself on...* zich inwerken in...
2 post [poust] *voorv* na, achter
postage ['poustidʒ] *znw* post port(o) *o & m*; *additional ~* strafport *o & m*; *~ and packing* verzendkosten; *~ due stamp* strafportzegel
postage stamp *znw* postzegel
postal ['poustəl] *bn* van de post(erijen), post-; *~ delivery* (post)bestelling; *~ order* postwissel; *~ vote* pol per post uitgebrachte stem
postbag ['poustbæg] *znw* postzak; [hoeveelheid] post
postbox *znw* brievenbus
post-boy *znw* postiljon
postcard *znw* ansichtkaart; briefkaart
post-chaise *znw* postkoets
postcode *znw* postcode
post-date ['poust'deit] *overg* postdateren
post-diluvian [poustdi'l(j)u:viən] *bn* (van) na de zondvloed
poster ['poustə] *znw* aanplakbiljet *o*, affiche *o & v*; muurkrant; aanplakker
posterior [pɔs'tiəriə] **I** *bn* later, later komend; achter-; **II** *znw*: *~(s)* achterste *o*, billen
posterity [pɔs'teriti] *znw* nakomelingschap, nageslacht *o*
postern ['poustən] *znw* achterdeur; poortje *o*; *~ door* achterdeur
poster paint ['poustəpeint] *znw* plakkaatverf
post exchange ['poust iks'tʃein(d)ʒ] *znw* Am mil winkel voor militairen
post-free ['poust'fri:] *bn & bijw* franco
postgraduate [poust'grædjuit] **I** *znw* student die een academische graad heeft behaald; **II** *bn* na het behalen v.e. academische graad, ± postdoctoraal
post-haste ['poust'heist] *bijw* in vliegende vaart, in aller ijl
posthumous ['pɔstjuməs] *bn* nagelaten; na de dood, postuum
postiche [pɔs'tiʃ] *znw* [Fr] pruik, haarstuk *o*
postil(l)ion [pəs'tiljən] *znw* voorrijder, postiljon
posting ['poustiŋ] *znw* benoeming; *he got a ~ to Tokyo* hij is overgeplaatst naar Tokio, benoemd op een post in Tokio
postman ['pous(t)mən] *znw* postbesteller, (brieven)besteller, postbode
postmark I *znw* postmerk *o*, (post)stempel *o & m*; **II** *overg* stempelen
postmaster *znw* postmeester, postdirecteur; *~-general* directeur-generaal van de posterijen
postmeridian [poustmə'ridiən] *znw* namiddag
post meridiem *bijw* 's middags, 's avonds, in de namiddag, n.m.
post mistress ['poustmistris] *znw* directrice v.e. postkantoor
post-mortem ['poust'mɔ:tem] *bn* na de dood; *~ (examination)* lijkschouwing; fig nabeschouwingen, nakaarten *o*
post-natal [poust'neitəl] *bn* na de geboorte
post-nuptial *bn* na de huwelijksvoltrekking
post office ['poustɔfis] *znw* postkantoor *o*; post(erijen); *~ box* postbus; *~ savings-bank* postspaarbank
post-paid *bn* franco, gefrankeerd
postpone [pous(t)'poun] *overg* uitstellen, verschuiven; achterstellen (bij *to*)
postponement *znw* uitstel *o*; achterstelling
postscript ['pous(t)skript] *znw* naschrift *o*
postulant ['pɔstjulənt] *znw* kandidaat in de theologie, proponent; RK postulant
postulate I *znw* ['pɔstjulit] postulaat *o*, grondstelling, hypothese, axioma *o*; **II** *overg* ['pɔstjuleit] postuleren; (als bewezen) aannemen
postulation [pɔstju'leiʃən] *znw* vooronderstelling; aan-, verzoek *o*
posture ['pɔstʃə] **I** *znw* houding, pose; staat, stand van zaken; *in a ~ of defence* in verdedigende houding; **II** *onoverg* zich aanstellen, poseren
post-war ['poust'wɔ:] *bn* naoorlogs
posy ['pouzi] *znw* ruiker, bloemtuil
pot [pɔt] **I** *znw* pot°; kan; kroes; bloempot; fuik;

slang marihuana; ~*s* gemeenz een hele hoop, een boel; *big* ~ gemeenz hoge ome, piet; *a ~ of money* gemeenz een bom duiten; *keep the ~ boiling* zorgen zijn broodje te verdienen; de boel aan de gang houden; *it's the ~ calling the kettle black* de pot verwijt de ketel dat hij zwart ziet (is); *go to ~* gemeenz op de fles gaan, naar de kelder gaan; **II** *overg* in potten doen of overplanten, potten; inmaken; pottenbakken; biljart stoppen [bal]; sp schieten [voor de pot], neerschieten; gemeenz op het potje zetten; zie ook: *potted*

potable ['poutəbl] *bn* drinkbaar

potash ['pɔtæʃ] *znw* kaliumcarbonaat *o*, vero potas

potassium [pə'tæsiəm] *znw* kalium *o*; kali

potation [pou'teiʃən] *znw* drank; drinken *o*; drinkgelag *o*; dronk

potato [pə'teitou] *znw* (*mv*: -toes) aardappel; *hot* ~ heet hangijzer; *sweet* ~ bataat, pataat

potato blight *znw* aardappelziekte

potato chips *znw mv* Am (potato) chips

pot-bellied ['pɔtbelid] *bn* dikbuikig; ~ *stove* potkachel

pot-belly *znw* dikke buik

pot-boiler *znw* artikel *o* (boek *o* &) om den brode gemaakt (geschreven)

pot-bound *bn* in een te kleine pot [v. plant]

pot-boy *znw* knechtje *o* in kroeg

potency ['poutənsi] *znw* macht, kracht, vermogen *o*; potentie

potent *bn* machtig, krachtig, sterk; potent

potentate ['poutənteit] *znw* potentaat[2], vorst

potential [pou'tenʃəl] **I** *bn* potentieel; mogelijk; eventueel; gramm mogelijkheid uitdrukkend; **II** *znw* potentiaal; potentieel *o*

potentiality [poutenʃi'æliti] *znw* potentialiteit, mogelijkheid

pothead ['pɔthed] *znw* slang drugsgebruiker

pother ['pɔðə] *znw* gemeenz rumoer *o*, herrie, drukte

pot-herb ['pɔthə:b] *znw* moeskruid *o*

pothole ['pɔthoul] *znw* gat *o*, kuil

pot-holer *znw* holenonderzoeker, speleoloog

pot-holing *znw* holenonderzoek *o*, speleologie

pothook ['pɔthuk] *znw* hengelhaak; ~*s* hanenpoten [bij het schrijven]

pot-house ['pɔthaus] *znw* kroeg

pot-hunter ['pɔthʌntə] *znw* trofeeënjager

potion ['pouʃən] *znw* drank [medicijn]

potluck ['pɔt'lʌk] *znw*: *take* ~ eten wat de pot schaft; iets nemen zoals het is

potpourri [pou'puri] *znw* mengsel *o* van droogbloemen en gedroogde kruiden; muz potpourri; mengelmoes *o & v*

pot roast ['pɔtroust] *znw* gestoofd vlees *o* [rund]

potsherd ['pɔtʃə:d] *znw* potscherf

pot-shot ['pɔtʃɔt] *znw* schot *o* op goed geluk, in het wilde weg; fig poging op goed geluk (in 't wilde weg)

pottage ['pɔtidʒ] *znw* vero soep [*vooral* dikke groentesoep]; zie ook: *mess I*

potted ['pɔtid] *bn* ingemaakt; fig verkort, beknopt; ~ *plants* potplanten

1 potter ['pɔtə] *znw* pottenbakker; ~*'s wheel* pottenbakkersschijf

2 potter ['pɔtə] *onoverg* rondlummelen, keutelen, hannesen; prutsen, knutselen, liefhebberen (in *at*, *in*); ~ *about* rondscharrelen

pottery ['pɔtəri] *znw* pottenbakkerij; aardewerk *o*, potten en pannen

potting-shed ['pɔtiŋʃed] *znw* tuinschuurtje *o*

1 potty ['pɔti] *bn* gemeenz gek, maf, krankzinnig

2 potty ['pɔti] *znw* gemeenz potje *o* [v. kind]

potty-train ['pɔtitrein] *overg* zindelijk maken

potty-training *znw* het zindelijk maken

pouch [pautʃ] *znw* zak, tas; mil patroontas; vero beurs; buidel; krop [v. vogel], wangzak [v. aap]

pouf(fe) [pu:f] *znw* poef [zitkussen]

poult [poult] *znw* kuiken *o* [van kip, fazant &]

poulterer *znw* poelier

poultice ['poultis] **I** *znw* pap, warme omslag; **II** *overg* pappen

poultry ['poultri] *znw* gevogelte *o*, pluimvee *o*, hoenders; ~ *farm* pluimveebedrijf *o*, hoenderpark *o*, kippenboerderij; ~ *farming* pluimveefokkerij

poultry-yard *znw* hoenderhof

1 pounce [pauns] **I** *znw* het zich plotseling (neer-) storten (op); fig plotselinge aanval; *make a ~ at* neerschieten op; **II** *overg* neerschieten op, in zijn klauwen grijpen; **III** *onoverg*: ~ *on* fig (ergens) bovenop springen [fout v. anderen &]; ~ *upon* zich storten op; af-, neerschieten op; aanvallen op, grijpen

2 pounce [pauns] **I** *znw* puimsteenpoeder; kalkeer-, houtskoolpoeder; **II** *overg* met puimsteen-, houtskoolpoeder bestrooien; sponsen [tekening]

1 pound [paund] *znw* pond *o* [*16 ounces avoirdupois* = ± 453,6 gram; *12 ounces troy* = ± 373 gram]; £: pond *o* sterling; *demand one's ~ of flesh* het volle pond eisen; *pay 5 p in the* ~ 5% uitkeren [van gefailleerde]

2 pound [paund] *znw* schuthok *o*; depot *o* [voor dieren, weggesleepte auto's &]

3 pound [paund] **I** *overg* (fijn)stampen [suiker &]; aanstampen [aarde]; beuken, slaan, schieten, timmeren op; **II** *onoverg* stampen; bonken; beuken; schieten; ~ *(away) at,* ~ *on* erop los timmeren, beuken, schieten; zitten zwoegen aan; **III** *znw* harde klap, dreun, stomp

poundage ['paundidʒ] *znw* pondgeld *o*; schutgeld *o*; aantal *o* ponden; geheven recht *o* [v. postwisselbedragen], commissieloon *o* per pond sterling, aandeel *o* in de opbrengst

-pounder ['paundə] van... pond

pounding ['paundiŋ] *znw* gemeenz pak *o* slaag

pour [pɔ:] **I** *overg* gieten, uitgieten, (uit)storten, schenken, in-, uitschenken; in stromen neer doen komen; ~ *forth* uitgieten, uitstorten [zijn hart &]; ~ *into* inpompen [v. geld in onderneming &]; ~ *out* (uit-, in)schenken; uitstorten [zijn hart &]; **II** *onoverg* gieten, stromen, in stromen neerkomen; stortregenen; ~ *down* in stromen neerkomen; ~ *in* binnenstromen [v. brieven, klachten &]; ~ *out* naar buiten stromen

pout [paut] **I** *onoverg* pruilen; **II** *znw* vooruitsteken *o* van de lippen, gepruil *o*

pouter *znw* pruiler; dierk kropduif

poutering *bn* pruilend; gemelijk, bokkig, ontevreden

poverty ['pɔvəti] *znw* armoe(de); behoefte; schraalheid; ~ *of* ook: gebrek *o* aan

poverty-stricken *bn* arm(oedig)

POW *afk.* = *prisoner of war* krijgsgevangene

powder ['paudə] **I** *znw* poeder *o & m* [stofnaam], poeier *o & m* [stofnaam]; poeder *v* [voorwerpsnaam], poeier *v* [voorwerpsnaam]; (bus)kruit *o*; *take* ~ gemeenz er tussenuit knijpen, wegglippen; **II** *overg* fijnstampen, pulveriseren, tot poeder stampen; poeieren, bestrooien, besprenkelen (met *with*); ~ *one's nose* zijn neus poederen; naar de wc gaan [eufemisme]; ~*ed coffee* poederkoffie; ~*ed milk* melkpoeder *o & m*; **III** *onoverg & abs ww* tot poeder worden

powder-blue I *znw* blauwsel *o*; **II** *bn* kobaltblauw

powder-compact *znw* poederdoos

powder-flask, **powder-horn** *znw* kruithoorn

powder-keg *znw* kruitvat[2] *o*

powder-magazine *znw* kruithuis *o*, -magazijn *o*

powder-puff *znw* poederkwast, -dons

powder-room *znw* damestoilet *o*

powdery *bn* poederachtig, fijn als poeder; gepoeierd

power ['pauə] **I** *znw* kracht, macht, gezag *o*, vermogen *o*, sterkte; energie, elektr stroom, gemeenz elektrisch (licht) *o*; bevoegdheid; volmacht (ook: *full* ~*s*); mogendheid; ~ *of attorney* recht volmacht; ~*s* goden, bovennatuurlijke wezens; geestesgaven, talent *o*; *the* ~ *behind the throne* de sterke man op de achtergrond; *the* ~*s that be* schertsend de overheid; *merciful* ~*s!* grote goden!; *more* ~ *to your elbow!* alle goeds!, veel succes!; *in* ~ aan het bewind, aan de regering, aan het roer, aan de macht; *in sbd.'s* ~ in iemands macht; *under her own* ~ op eigen kracht [v. boot &]; *it did him a* ~ *of good* het heeft hem ontzettend goed gedaan; **II** *overg* energie leveren (aan, voor), aandrijven; ~*ed pedal-cycle* rijwiel *o* met hulpmotor

power boat *znw* motorboot

power cable *znw* elektriciteitskabel

power cut *znw* elektr stroomafsnijding, stroomloze periode

power-dive *znw* motorduikvlucht

power-driven *bn* machinaal aangedreven

power failure *znw* stroomstoring

powerful *bn* machtig, krachtig, vermogend, invloedrijk, sterk, geweldig, indrukwekkend

powergame *znw* machtsspel *o*

power-house *znw* elektrische centrale, krachtcentrale; fig stuwende kracht; dynamisch persoon; krachtmens, krachtfiguur

powerless *bn* machteloos

power line *znw* hoogspanningskabel

power-loom *znw* mechanisch weefgetouw *o*

power-plant *znw* krachtinstallatie

power-point *znw* stopcontact *o*

power sharing *znw* coalitie-regeringsvorm

power-station *znw* (elektrische) centrale; *atomic* ~ atoomcentrale; *nuclear* ~ kerncentrale

power steering *znw* stuurbekrachtiging

power supply *znw* energievoorziening

power worker *znw* arbeider in een elektriciteitscentrale

pow-wow ['pauwau] gemeenz **I** *znw* (rumoerige) bijeenkomst, conferentie; **II** *onoverg* overleggen; delibereren

pox [pɔks] *znw* algemene naam voor ziekten met uitslag, vooral syfilis

poxy ['pɔksi] *bn* plat pokken-, klote-

p & p *afk.* = *postage and packing* zie: *postage*

PR *afk.* = *Public Relations*

practicable ['præktikəbl] *bn* doenlijk, uitvoerbaar, haalbaar; bruikbaar; begaanbaar, doorwaadbaar, bevaarbaar, berijdbaar [v. weg &]

practical ['præktikl] *bn* praktisch; praktijkgericht; praktijk-; feitelijk; handig; bruikbaar, geschikt; *a* ~ *joke* poets

practicality [prækti'kæliti] *znw* (zin voor) het praktisch; *the practicalities* de (alledaagse) praktische aspecten

practically ['præktikəli] *bijw* praktisch; in (de) praktijk; ['præktikli] feitelijk

practice ['præktis] *znw* praktijk [tegenover theorie]; be-, uitoefening, praktijk; oefening; gebruik *o*, toepassing; gewoonte; ~ *makes perfect* oefening baart kunst; *in* ~ in de praktijk; *be in* ~ praktiseren [dokter]; *keep (oneself) in* ~ het onderhouden, zich blijven oefenen; *put into* ~ in praktijk brengen; *be out of* ~ lang niet meer geoefend hebben, de handigheid kwijt zijn

practician [præk'tiʃən] *znw* practicus

practise, Am **practice** ['præktis] **I** *overg* uit-, beoefenen, in praktijk of in toepassing brengen, betrachten; oefenen, instuderen [muziekstuk], zich oefenen in of op; gebruiken; **II** *onoverg* (zich) oefenen; praktiseren

practised, Am **practiced** *bn* bedreven, ervaren

practising, Am **practicing** *znw* praktiserend

practitioner [præk'tiʃənə] *znw* praktiserend geneesheer (*medical* ~) of advocaat (*legal* ~); beoefenaar; *general* ~ huisarts

praetor ['pri:tə] *znw* hist pretor

praetorian [pri'tɔ:riən] *znw* pretoriaan(s)

pragmatic [præg'mætik] *bn* **1** pragmatisch; **2** dog-

matisch
pragmatical *bn = pragmatic 2*
pragmatics *znw* pragmatiek
pragmatist *znw* pragmaticus; pragmatist
prairie ['prɛəri] *znw* prairie
prairie-oyster *znw* gemeenz rauw ei met kruiden, azijn e.d. als opkikkertje
praise [preiz] **I** *znw* lof, lofspraak; *be loud in one's ~s of ..., sing sbd.'s ~s* iems. lof verkondigen; de loftrompet steken over; *beyond all ~* boven alle lof verheven; *in ~ of* tot lof (roem) van; **II** *overg* prijzen; loven, roemen
praise-worthy *bn* loffelijk, lofwaardig, prijzenswaardig
praline ['pra:li:n] *znw* praline
1 pram [pra:m] *znw* scheepv praam
2 pram [præm] *znw* kinderwagen
prance [pra:ns] *onoverg* steigeren; trots stappen, de borst vooruitsteken, pronken
prang [præŋ] slang **I** *znw* crash, ongeluk *o* [v. auto, vliegtuig]; **II** *overg* te pletter rijden/vliegen
1 prank [præŋk] *znw* streek, poets; *a ~ on sbd.* iem. een poets bakken, streek leveren
2 prank [præŋk] **I** *overg* (uit)dossen, (op)tooien (ook: *~ out, ~ up*); **II** *onoverg* pronken
prankish ['præŋkiʃ] *bn* ondeugend
prankster ['præŋkstə] *znw* grapjas, potsenmaker
prat [præt] *znw* slang idioot, sufferd
prate [preit] *onoverg* babbelen, wauwelen, snateren
prater *znw* babbelaar
prattle ['prætl] **I** *onoverg* [kinderlijk] babbelen; **II** *znw* gebrabbel *o*; geklets *o*, gewauwel *o*
prattler *znw* babbelend kind *o*
prawn [prɔ:n] *znw* steurgarnaal; *~ crackers* kroepoek
pray [prei] **I** *overg* bidden, smeken, (beleefd) verzoeken (om *for*); **II** *onoverg* bidden, smeken; *~!* alstublieft, zeg!; *she's past ~ing for* gemeenz ze is een hopeloos geval *o*
prayer [prɛə] *znw* gebed *o*, bede, smeekbede; verzoek *o*; *~(s)* ook: (godsdienst)oefening; *say one's ~s* bidden; *he didn't have a ~* gemeenz hij had geen schijn van kans
prayer-book *znw* gebedenboek *o*
prayerful *bn* vroom, devoot
prayer mat *znw* bidmatje *o*
prayer-meeting *znw* godsdienstige bijeenkomst, bidstond
prayer wheel *znw* gebedsmolen
preach [pri:tʃ] **I** *onoverg* prediken, preken[2]; **II** *overg* prediken, preken; *~ a sermon* een preek houden
preacher *znw* predikant, prediker
preachify *onoverg* gemeenz zedenpreken houden
preaching *znw* prediking; preek, predikatie; geringsch gepreek *o*
preachment *znw* geringsch preek; gepreek *o*
preachy *bn* geringsch prekerig, preek-
preamble [pri:'æmbl] *znw* inleiding; *without further ~* zonder verdere omhaal, met de deur in huis vallend
prearrange [pri:ə'rein(d)ʒ] *overg* vooraf regelen
prebend ['prebənd] *znw* prebende
prebendary *znw* domheer
precarious [pri'kɛəriəs] *bn* onzeker, wisselvallig, hachelijk, precair, gevaarlijk; dubieus
precaution [pri'kɔ:ʃən] *znw* voorzorg(smaatregel); zie ook: *air-raid*
precautionary *bn* van voorzorg, voorzorgs-
precede [pri'si:d] **I** *overg* voorafgaan, gaan vóór, de voorrang hebben boven; **II** *onoverg* voor(af)gaan
precedence [pri'si:dəns, 'presidəns] *znw* voorrang[2]; prioriteit; *take ~ over* voorgaan, de voorrang hebben boven
precedent ['presidənt] *znw* precedent *o*; *without ~* zonder voorbeeld, zonder weerga
precentor [pri'sentə] *znw* voorzanger, koorleider
precept ['pri:sept] *znw* voorschrift *o*, stelregel, lering, bevel(schrift) *o*, mandaat *o*
preceptive [pri'septiv] *bn* voorschrijvend; lerend, didactisch
preceptor *znw* (leer)meester[2]
precinct ['pri:siŋkt] *znw* wijk, district *o*; gebied[2] *o*; Am politie-, kiesdistrict *o*; *the ~s of* ook: de omgeving van
preciosity [preʃi'ɔsiti] *znw* precieusheid, overdreven gezochtheid of gemaaktheid
precious ['preʃəs] **I** *bn* kostbaar, dierbaar; edel [metalen]; precieus: overdreven gezocht of gemaakt [van taal]; gemeenz ironisch kostelijk, mooi, dierbaar; versterkend geducht, kolossaal; *a ~ liar* gemeenz een notoire leugenaar; *~ stones* edelstenen; **II** *znw*: *my ~!* gemeenz mijn schat(je)!; **III** *bijw* versterkend verbazend, verduveld &; *~ little* gemeenz ontzettend weinig
precipice ['presipis] *znw* steilte, steile rots; fig afgrond
precipitance, precipitancy [pri'sipitəns(i)] *znw* overhaasting, overijling
precipitate I *bn* [pri'sipitit] overhaast, haastig; overijld, onbezonnen; **II** *znw* chem neerslag, precipitaat *o*; **III** *overg* [pri'sipiteit] (neer)storten; (neer-) werpen; aandrijven; (o)verhaasten; bespoedigen; chem (doen) neerslaan, precipiteren [in oplossing]; **IV** *onoverg* chem neerslaan, precipiteren
precipitation [prisipi'teiʃən] *znw* overhaasting, haast, overijling; neerslag
precipitous [pri'sipitəs] *bn* **1** steil **2** overhaast
précis ['preisi:] *znw* overzicht *o*, resumé *o*
precise [pri'sais] *bn* nauwkeurig, juist; stipt, nauwgezet, precies, versterkend secuur; *to be ~* om precies te zijn
precisian [pri'siʒən] *znw* Pietje Precies
precision [pri'siʒən] *znw* nauwkeurigheid, juistheid; *~ instrument, ~ tool* precisie-instrument *o*
preclude [pri'klu:d] *overg* uitsluiten; de pas afsnijden, voorkomen, verhinderen, beletten

precocious [pri'kouʃəs] *bn* vroeg(rijp), voorlijk, vroeg wijs, wijsneuzig
precocity [pri'kɔsiti] *znw* vroegrijpheid, voorlijkheid
precognition [prikəg'niʃən] *znw* voorkennis
preconceive ['pri:kənsi:v] *znw*: *a ~d idea* vooroordeel *o*, vooropgezette mening
preconception ['pri:kən'sepʃən] *znw* vooraf gevormd begrip *o*; vooropgezette mening
precondition ['pri:kən'diʃən] *znw* noodzakelijke voorwaarde, sine qua non *o*
pre-cooked ['pri:kukt] *bn* voorgekookt
precursor [pri'kə:sə] *znw* voorloper, voorbode
precursory *bn* voorafgaand; inleidend; *~ symptom* voorteken *o*
predacious [pri'deiʃəs] *bn* = *predatory*
predate ['pri:deit] **I** *overg* antedateren; **II** *onoverg* van een eerdere datum zijn dan, ouder zijn dan
predator ['predətə] *znw* roofdier *o*
predatory *bn* rovend, roofzuchtig, plunderend; rovers-, roof-; *~ bird* roofvogel
predecease [pri:di'si:s] *overg* eerder sterven dan
predecessor ['pri:disesə] *znw* (ambts)voorganger
predestinate [pri'destineit] *overg* = *predestine*
predestination [pridesti'neiʃən] *znw* voorbestemming, voorbeschikking
predestine [pri'destin] *overg* voorbestemmen, voorbeschikken
predetermination ['pri:ditəmi'neiʃən] *znw* bepaling vooraf; voorbeschikking
predetermine [pri:di'tə:min] *overg* vooraf bepalen, vaststellen; voorbeschikken
predicable ['predikəbl] *bn* wat gezegd of verklaard kan worden van iets
predicament [pri'dikəmənt] *znw* staat, toestand; (kritiek) geval *o*; *be in a (real) ~* lelijk in de knoei zitten
1 predicate ['predikit] *znw* (toegekend) predikaat *o*; (grammaticaal) gezegde *o*
2 predicate ['predikeit] *overg* toekennen (aan *of*), aannemen, beweren; impliceren, wijzen op; baseren (op *on*)
predication [predi'keiʃən] *znw* toekenning, bevestiging, bewering
predicative [pri'dikətiv] *bn* predicatief; bevestigend
predict [pri'dikt] *overg* voorzeggen, voorspellen
predictable *bn* voorspelbaar, te voorspellen
prediction *znw* voorspelling
predictive *bn* voorspellend
predictor *znw* voorspeller; luchtv instrument *o* dat de positie van vijandelijke vliegtuigen bepaalt
predilection [pri:di'lekʃən] *znw* voorliefde, voorkeur
predispose ['pri:dis'pouz] *overg* vatbaar of ontvankelijk maken (voor *to*), predisponeren
predisposition ['pri:dispə'ziʃən] *znw* vatbaarheid, ontvankelijkheid; aanleg [voor ziekte]

predominance [pri'dɔminəns] *znw* overheersing, overhand, overwicht *o*, heerschappij
predominant *bn* overheersend
predominantly *bijw* ook: overwegend
predominate *onoverg* & *overg* domineren, overheersen, overheersend zijn; de overhand hebben; op de voorgrond treden, sterk vertegenwoordigd zijn
predomination [pridɔmi'neiʃən] *znw* overheersen *o*, overheersend karakter *o*
pre-election ['pri:i'lekʃən] *bn*: *~ promises* vóór de verkiezing gedane beloften
pre-eminence [pri:'eminəns] *znw* voorrang[2], superioriteit
pre-eminent *bn* uitmuntend, uitstekend, uitblinkend, voortreffelijk
pre-eminently *bijw* ook: bij uitstek
pre-empt ['pri:empt] *overg* **1** anticiperen op, vóór zijn, vooruitlopen op; **2** bij voorbaat onschadelijk maken; **3** zich toe-eigenen, beslag leggen op
pre-emption [pri:'em(p)ʃən] *znw* voorkoop; recht *o* van voorkoop, optie
pre-emptive ['pri:emptiv] *bn* preventief; *~ strike* preventieve aanval
preen [pri:n] **I** *overg* [de veren] gladstrijken; **II** *wederk*: *~ oneself* zich mooi maken; met zichzelf ingenomen zijn; *~ oneself on being...* zich verbeelden dat men... is
pre-engage ['pri:in'geidʒ] *overg* vooraf verbinden; vooruit bespreken
pre-engagement *znw* vroegere verplichting, voorbespreking
pre-establish ['pri:is'tæbliʃ] *overg* vooraf bepalen, vooraf vaststellen, vooruit regelen
pre-existence ['pri:ig'zistəns] *znw* vóórbestaan *o*; vroeger bestaan *o*, vorig leven *o*
pre-existent *bn* voorafbestaand, vroeger bestaand (dan *to*)
prefab ['pri:'fæb] *znw* gemeenz geprefabriceerde woning
prefabricate ['pri:'fæbrikeit] *overg* prefabriceren, vooraf in de fabriek de onderdelen vervaardigen van; *~d house* geprefabriceerde woning
prefabrication ['pri:fæbri'keiʃən] *znw* prefabricatie, montagebouw
preface ['prefis] **I** *znw* voorwoord *o*, voorbericht *o*; inleiding; RK prefatie (v.d. mis); **II** *overg* van een voorrede of inleiding voorzien; laten voorafgaan (door *with*)
prefatory ['prefətəri] *bn* voorafgaand, inleidend
prefect ['pri:fekt] *znw* hist prefect [in het oude Rome]; prefect [in Frankrijk]; Br toezicht houdende oudere leerling
prefecture *znw* prefectuur
prefer [pri'fə:] *overg* verkiezen, liever hebben, de voorkeur geven (boven *to*); voordragen, indienen [rekwest, aanklacht]; *~red* handel preferent [v. aandeel &]

preferable ['prefərəbl] *bn* de voorkeur verdienend, te verkiezen (boven *to*)
preferably *bijw* bij voorkeur, liefst
preference ['prefərəns] *znw* voorkeur; handel preferentie [bij aandelen &]; *in* ~ bij voorkeur; *in* ~ *to...* liever dan...
preference share *znw* handel preferent aandeel *o*
preferential [prefə'renʃəl] *bn* voorkeur-; preferent
preferment [pri'fə:mənt] *znw* bevordering
prefigure [pri:'figə] *overg* voorafschaduwen, aankondigen; zich bij voorbaat voorstellen
prefix ['pri:fiks] **I** *znw* gramm voorvoegsel *o*; titel voor de naam; netnummer *o* (ook: *call* ~); **II** *overg* vóór plaatsen, voorvoegen, vooraf laten gaan (aan *to*)
pregnancy ['pregnənsi] *znw* zwangerschap; pregnante betekenis, veelzeggend karakter *o*, betekenis
pregnant *bn* zwanger, in verwachting; van grote betekenis; veelzeggend, pregnant; ~ *with* vol (van), doortrokken van, rijk aan
pregnantly *bijw* pregnant, veelzeggend, veelbetekenend, betekenisvol
preheat ['pri:hi:t] *overg* voorverwarmen
prehensile [pri'hensail] *bn* dierk om mee te grijpen; ~ *tail* grijpstaart
prehension [pri'henʃən] *znw* (be)grijpen *o*
prehistorian ['pri:his'tɔ:riən] *znw* prehistoricus
prehistoric *bn* prehistorisch, voorhistorisch (ook: fig)
prehistory ['pri:'histəri] *znw* prehistorie, voorgeschiedenis, voorhistorische tijd
prejudge ['pri:'dʒʌdʒ] *overg* vooruit (ver)oordelen
prejudg(e)ment *znw* vooroordeel *o*; voorbarig oordeel *o*
prejudice ['predʒudis] **I** *znw* vooroordeel *o*; vooringenomenheid; recht schade, nadeel *o*; *to the* ~ *of* ten nadele van; *without* ~ alle rechten voorbehouden; handel zonder verbinding; *without* ~ *to...* behoudens..., onverminderd...; **II** *overg* innemen (tegen *against*); benadelen, schaden; ~*d* bevooroordeeld, vooringenomen
prejudicial [predʒu'diʃəl] *bn* nadelig, schadelijk
prelacy ['preləsi] *znw* prelaatschap *o*; prelaten
prelate *znw* prelaat, kerkvorst, -voogd
preliminary [pri'liminəri] **I** *bn* voorafgaand, inleidend, voor-; **II** *znw* inleiding, voorbereiding; sp voorronde, selectiewedstrijd; gemeenz eerste tentamen *o* of examen *o* (ook *prelim*); *preliminaries* voorbereidingen, eerste stappen
prelude ['prelju:d] **I** *znw* muz voorspel[2] *o*; inleiding; **II** *overg* inleiden; een inleiding vormen tot; aankondigen
pre-marital ['pri:'mæritl] *bn* (van) vóór het huwelijk
premature [premə'tjuə] *bn* voortijdig, ontijdig, te vroeg, prematuur, voorbarig; ~ *baby* couveusekind *o*
prematurely *bijw* ook: vóór zijn tijd
prematurity *znw* ontijdigheid; voorbarigheid; prematuriteit
premeditate [pri'mediteit] *overg* vooraf bedenken, vooraf overleggen of beramen; ~*d* met voorbedachten rade
premeditation [primedi'teiʃən] *znw* voorbedachtheid, voorafgaand overleg *o*; *with* ~ met voorbedachten rade
premier ['premjə] **I** *bn* eerste, voornaamste; **II** *znw* minister-president, premier
première ['premiɛə] **I** *znw* (film)première; **II** *onoverg (& overg)* in première gaan (brengen)
premiership ['premjəʃip] *znw* waardigheid van minister-president, premierschap *o*
1 premise [pri'maiz] *overg* vooropstellen
2 premise ['premis] *znw* premisse; ~*s* huis (en erf) *o*, pand *o*, lokaliteit, handel zaak
premiss ['premis] *znw* = [2]*premise*
premium ['pri:mjəm] *znw* prijs, beloning; premie; handel agio *o*, waarde boven pari; leergeld *o*; post toeslag; *at a* ~ handel boven pari, hoog, duur; met winst; fig opgeld doend; ~ *bonds* staatsobligaties zonder rente maar met loterijkansen; *set (put) a high* ~ *on* veel ophebben met, weglopen met; veel belang hechten aan
premonition [pri:mə'niʃən] *znw* (voorafgaande) waarschuwing; voorgevoel *o*
premonitory [pri'mɔnitəri] *bn* (vooraf) waarschuwend, waarschuwings-; ~ *symptom* ook: voorteken *o* [v. ziekte]
prenatal ['pri:'neitl] *bn* prenataal: (van) vóór de geboorte
preoccupation [pri:ɔkju'peiʃən] *znw* geheel vervuld zijn *o* (van een gedachte), preoccupatie, afwezigheid, bezorgdheid, zorg
preoccupied [pri:'ɔkjupaid] *bn* van eigen gedachten vervuld, bezorgd, afwezig; *be* ~ *with* zich ongerust maken over
preoccupy *overg* (gedachten) geheel in beslag nemen, preoccuperen
preordain ['pri:ɔ:'dein] *overg* vooraf of vooruit bepalen, vooraf beschikken
prep [prep] *znw* gemeenz onderw nazien *o* of repeteren *o* [v. lessen], huiswerk *o*; (avond)studie; ~ *school* gemeenz = *preparatory school*
pre-packed ['pri:'pækt] *bn* voorverpakt
prepaid ['pri:'peid] *bn* vooruit betaald, franco
preparation [prepə'reiʃən] *znw* voorbereiding; toebereidsel *o*; (microscopisch, cosmetisch, medisch) preparaat *o*; (toe)bereiding, klaarmaken *o*; inleggen *o* [v. ansjovis]; bewerking; onderw huiswerk *o*, schoolwerk *o*; muz instudering
preparative [pri'pærətiv] **I** *bn* voorbereidend; ~ *to* ter voorbereiding van; **II** *znw* voorbereidsel *o*, toebereidsel *o*
preparatory [pri'pærətəri] *bn* voorbereidend; voorbereidings-; voorafgaand, inleidend; ~ *school* voorbereidingsschool Br voor *public-school*, Am

voor college of universiteit; ~ *to ...ing* alvorens te...
prepare [pri'pɛə] **I** *overg* voorbereiden; bewerken; (toe)bereiden, gereedmaken, klaarmaken, opleiden [voor examen]; prepareren, nazien [lessen]; muz instuderen; *be ~d to...* erop voorbereid zijn om...; bereid zijn om...; *I am ~d to leave it at that* ik ben van plan het daarbij te laten; ik wil het daarbij laten; *I am ~d to say...* ik durf wel zeggen...; **II** *wederk*: ~ *oneself for (to)* zich voorbereiden (om...), zich gereedmaken om...; **III** *onoverg* zich voorbereiden, zich gereedmaken
preparedness *znw* gereedheid; (voor)bereid zijn *o*, paraatheid
preparer *znw* voorbereider; (toe)bereider, opmaker, appreteur
prepay ['pri:'pei] *overg* vooruit betalen; post frankeren
prepayment *znw* vooruitbetaling; post frankering
prepense [pri'pens] *bn* recht voorbedacht; *malice ~* boos opzet *o*
preponderance [pri'pɔndərəns] *znw* overwicht *o*
preponderant *bn* overwegend, van overwegend belang
preponderate *onoverg* zwaarder wegen (dan *over*)[2]; (van) overwegend (belang) zijn, het overwicht hebben
preposition [prepə'ziʃən] *znw* voorzetsel *o*
prepositional *bn* voorzetsel-
prepossess [pri:pə'zes] *overg* innemen (voor, tegen *in favour of, against*); beïnvloeden; een gunstige indruk maken op; *~ing* ook: innemend, gunstig [voorkomen]
prepossession *znw* vooringenomenheid; vooraf gevormde mening; (meestal gunstig) vooroordeel *o*
preposterous [pri'pɔstərəs] *bn* averechts, ongerijmd, onzinnig°, mal
prepotent [pri'poutənt] *bn* overheersend, (over-) machtig; biol erfelijk dominant
preppy, **preppie** ['prepi] *znw* (*mv*: preppies) gemeenz leerling van een dure privé-school, veelal met kort haar, in blazer enz.; in uiterlijk daarop gelijkende jongeling
prep school ['prepsku:l] *znw* gemeenz = *preparatory school*
prepubescent ['pri:pju:'besnt] *bn* prepuberaal
prepuce ['pri:pju:s] *znw* voorhuid
prequel ['pri:kwel] *znw* boek *o*, film & waarvan het verhaal voorafgaat aan dat van een reeds bestaand werk
Pre-Raphaelite [pri:'ræfəlait] *bn* prerafaëlitisch
pre-recorded ['pri:ri'kɔ:did] *bn* RTV van tevoren opgenomen
prerequisite [pri:'rekwizit] **I** *znw* eerste vereiste *o & v*; **II** *bn* in de eerste plaats vereist
prerogative [pri'rɔgətiv] *znw* (voor)recht *o*, privilege *o*; prerogatief *o*
presage I *znw* ['presidʒ] voorteken *o*; voorgevoel *o*; **II** *overg* ['presidʒ, pri'seidʒ] voorspellen, aankondigen
presbyopia [prezbi'oupjə] *znw* verziendheid
presbyopic [prezbi'ɔpik] *bn* verziend
presbyter ['prezbitə] *znw* presbyter (der eerste christenen), ouderling; dominee van de presbyteriaanse kerk
Presbyterian [prezbi'tiəriən] *znw* & *bn* presbyteriaan(s)
presbytery ['prezbitəri] *znw* kerkenraad; priesterkoor *o*; RK pastorie
pre-school ['pri:sku:l] *bn* peuter-; ~ *playgroup* peuterspeelzaal
prescience ['presiəns] *znw* voorwetenschap; voorweten *o*; vooruitziendheid
prescient *bn* voorafwetend; vooruitziend [in de toekomst]
prescribe [pris'kraib] **I** *overg* voorschrijven; **II** *onoverg* voorschriften geven
prescript ['pri:skript] *znw* voorschrift *o*, bevel *o*
prescription [pris'kripʃən] *znw* voorschrijving; voorschrift *o*, recept *o*; recht verjaring; eigendomsverkrijging door verjaring; *only available on ~* alleen op recept verkrijgbaar
prescriptive *bn* voorschrijvend; op (door) lang gebruik of verjaring berustend (verkregen) [recht]
presence ['prezəns] *znw* tegenwoordigheid, aanwezigheid, bijzijn *o*; nabijheid; houding; voorkomen *o*, verschijning; tegenwoordigheid [van hoog personage, vorst]; *ghostly ~* geest(verschijning); *~ of mind* tegenwoordigheid van geest
presence-chamber *znw* ontvangzaal
1 present ['prezənt] **I** *bn* tegenwoordig, aanwezig, present, onderhavig; hedendaags, huidig; *the ~ volume* het boek in kwestie, het hier besproken boek; *the ~ writer* schrijver dezes; **II** *znw* tegenwoordige tijd°, heden *o*; *at ~* nu, op het ogenblik; *at the ~ day (time)* vandaag, nu, heden; *for the ~* voor het ogenblik
2 present ['prezənt] *znw* present *o*, cadeau *o*, geschenk *o*; *make sbd. a ~ of sth.* iem. iets ten geschenke geven, cadeau geven
3 present [pri'zent] **I** *overg* presenteren° [ook: het geweer]; voorstellen [aan hof of publiek]; vertonen; aanbieden, uitdelen [prijzen]; voorleggen, overleggen, indienen; bieden, geven, opleveren; voordragen [voor betrekking]; mil aanleggen (op *at*); *~!* mil aan!; ~ *arms* mil het geweer presenteren; ~ *sbd. with sth.* iem. iets aanbieden, iem. met iets begiftigen, iem. iets schenken; **II** *wederk*: ~ *itself* zich aanbieden, zich voordoen [gelegenheid &]; verschijnen, opkomen [gedachte]; ~ *oneself* verschijnen, zich melden
presentable *bn* presentabel, toonbaar; goed om aan te bieden
presentation [prezən'teiʃən] *znw* aanbieding; indiening, overlegging [v. stukken]; voorstelling [aan het hof]; vertoning; opvoering, demonstratie; presentatie [v. tv-programma &]; (recht *o* van) voor-

dracht; schenking; med ligging [v. kind in uterus]; *on* ~ bij aanbieding, op vertoon; ~ *copy* presentexemplaar *o*

present-day ['prezəntdei] *bn* hedendaags, huidig, tegenwoordig, actueel, modern

presentee [prezən'ti:] *znw* voorgestelde; voorgedragene; begiftigde

presenter [pri'zentə] *znw* aanbieder; RTV presentator, -trice

presentiment [pri'zentimənt] *znw* voorgevoel *o*

presently ['prezəntli] *bijw* kort daarop; aanstonds, dadelijk, zó (meteen), weldra; op het ogenblik, nu

presentment [pri'zentmənt] *znw* aanklacht; aanbieding; voorstelling, uitbeelding

preservation [prezə'veiʃən] *znw* bewaring; behoeding, behoud *o*; instandhouding; verduurzaming, inmaak; *in fair* ~ goed geconserveerd

preservative [pri'zə:vətiv] **I** *bn* voorbehoedend, bewarend; **II** *znw* verduurzamings-, conserverings-, conserveermiddel *o*

preserve [pri'zə:v] **I** *overg* behoeden (voor *from*), bewaren; in stand houden; inmaken, verduurzamen, conserveren, inleggen, konfijten; [wild] houden op een gereserveerd terrein; **II** *znw* gereserveerde jacht of visserij, wildpark *o*; fig privé-gebied *o*, speciale rechten; ~*s* vruchtengelei; groenten & uit blik

preset ['priset] *overg* techn vooraf instellen

preshrunk *bn* voorgekrompen

preside [pri'zaid] *overg* voorzitten; presideren (ook: ~ *over, at*)

presidency ['prezidənsi] *znw* presidentschap° *o*

president *znw* president°, voorzitter

president-elect ['prezidənti'lekt] *znw* nieuwgekozen president (die nog niet is beëdigd)

presidential [prezi'denʃəl] *bn* van de (een) president, presidents-; voorzitters &]

presidentship ['prezidəntʃip] *znw* presidentschap *o*

press [pres] **I** *znw* pers; drukpers; gedrang *o*, drang, druk[2]; drukte; (linnen-, kleer)kast; *at* ~, *in the* ~ ter perse; *go to* ~ ter perse gaan; *get a good (bad)* ~ een goede (slechte) pers hebben; **II** *overg* (uit-, ineen-, op-, samen)persen, drukken (op); strijken [kleren &]; uitdrukken; dringen, (aan)drijven, niet loslaten; kracht (klem) bijzetten; achterheen zitten, bestoken, in het nauw brengen; scheepv mil (tot de dienst) pressen; ~ *sbd. hard* iem. in het nauw drijven, het vuur na aan de schenen leggen; ~ *one's advantage* partij weten te trekken van; ~ *charges against* recht een vervolging instellen tegen; ~ *sbd. for payment* bij iem. op betaling aandringen; *be* ~*ed for funds (time &)* slecht bij kas zijn, krap in zijn tijd & zitten; ~ *into service* fig in dienst stellen, inschakelen; ~ *it (up)on him (upon his acceptance)* het hem opdringen; **III** *onoverg & abs ww* drukken, knellen; zich drukken; dringen, opdringen [menigte]; urgent zijn, presseren; ~ *down* drukken (op *on*); ~ *for it* er op aandringen; ~ *ahead*, ~ *on* opdringen; voortmaken; voortrukken; *there is something* ~*ing on his mind* er is iets wat hem drukt

press agency *znw* persbureau *o*

press agent *znw* publiciteitsagent

press baron *znw* krantenmagnaat

press-box *znw* perstribune [v. sportveld]

press-button *znw* drukknop

press clipping *znw* Am krantenknipsel *o*

press conference *znw* persconferentie

press-cutting *znw* krantenknipsel *o*

press-gallery ['presgæləri] *znw* perstribune [v. Lagerhuis]

press-gang ['presgæŋ] **I** *znw* hist ronselaarsbende; **II** *overg* dwingen (tot *into*)

pressing ['presiŋ] **I** *bn* dringend; drukkend, dreigend; lastig, opdringerig; *he was very* ~ hij drong erg aan; **II** *znw* persing [v. grammofoonplaat]; druk, aandringen *o*

pressman ['presmən] *znw* persman, journalist

pressmark *znw* bibliotheeknummer *o* [v. boek]

press officer *znw* persagent, publiciteitsagent

press pass *znw* perskaart

press release *znw* persbericht *o*

press-room *znw* drukkerij, zaal waar de persen staan

press-stud ['presstʌd] *znw* drukknoopje *o*

press-up ['presʌp] *znw* opdrukoefening

pressure ['preʃə] **I** *znw* drukking; druk; spanning; pressie, (aan)drang, dwang; *put* ~ *on, bring* ~ *to bear on* druk (pressie) uitoefenen op; *live at high* ~ onder hoge druk leven; **II** *overg* druk uitoefenen op, onder druk zetten

pressure-cooker *znw* drukpan, snelkookpan

pressure gauge *znw* manometer [v. stoomketel]; *oil* ~ oliedrukmeter; *tyre* ~ bandspanningsmeter

pressure group *znw* pressiegroep

pressurize ['preʃəraiz] *overg* onder druk zetten; ~*d cabin* drukcabine

prestidigitation ['prestidid͡ʒi'teiʃən] *znw* goochelen *o*, goochelkunst(en)

prestidigitator [presti'did͡ʒiteitə] *znw* goochelaar

prestige [pres'ti:ʒ] *znw* aanzien *o*, invloed, gewicht *o*, prestige *o*

prestigious [pres'tid͡ʒiəs] *bn* voornaam, belangrijk

presto ['prestou] *bn bijw* snel, vlug; plots; zie *hey*

prestressed ['pri:'strest] *bn*: ~ *concrete* voorgespannen beton *o*, spanbeton *o*

presumable [pri'zju:məbl] *bn* vermoedelijk

presume **I** *overg* veronderstellen, aannemen; ~ *to...* het wagen te..., zich vermeten te...; **II** *onoverg & abs ww* veronderstellen; ... *I* ~ geloof ik; *don't* ~*!* wees nu niet zo verwaand!; ~ *too far* te ver gaan; zich te veel verbeelden; ~ *(up)on* al te zeer vertrouwen op, zich laten voorstaan op; te veel vergen van, misbruik maken van

presumed *bn* vanzelfsprekend; zogenaamd, verondersteld

presuming *bn* verwaand, aanmatigend
presumption [pri'zʌm(p)ʃən] *znw* presumptie, vermoeden *o*, veronderstelling; arrogantie, aanmatiging, verwaandheid
presumptive *bn* vermoedelijk; ~ *evidence* recht aanwijzing
presumptuous [pri'zʌm(p)tjuəs] *bn* aanmatigend, arrogant; ingebeeld, verwaand; brutaal
presuppose [pri:sə'pouz] *overg* vooronderstellen
presupposition [pri:sʌpə'ziʃən] *znw* veronderstelling
pretence, Am **pretense** [pri'tens] *znw* voorwendsel *o*, schijn; pretentie, aanspraak; *make no ~ to learning* niet de pretentie hebben geleerd te zijn
pretend I *overg* voorwenden, voorgeven, (ten onrechte) beweren; **II** *onoverg* doen alsof; **III** *bn* namaak-, speelgoed-
pretended *bn* voorgewend; vermeend, gewaand; quasi-, schijn-
pretender *znw* veinzer; pretendent
pretension *znw* pretentie, aanspraak; aanmatiging; *make ~s to wit* de pretentie hebben geestig te zijn
pretentious *bn* aanmatigend, ingebeeld; vol pretenties, pretentieus
preterhuman [pri:tə'hju:mən] *bn* bovenmenselijk
preterite ['pretərit] *bn (znw)* verleden (tijd)
pretermission [pri:tə'miʃən] *znw* weglating
pretermit *overg* weglaten; met stilzwijgen voorbijgaan; nalaten
preternatural [pri:tə'nætʃrəl] *bn* onnatuurlijk; bovennatuurlijk
pretext ['pri:tekst] *znw* voorwendsel *o*; *on some idle ~* onder een of ander nietig voorwendsel; *under (on) the ~ of...* ook: onder het mom van..., ... voorwendend
prettify ['pritifai] *overg* opsieren, opsmukken
pretty I *bn* aardig, lief, mooi [ook ironisch]; fraai; vrij veel, aanzienlijk; *a ~ penny* een aardige duit; *it wasn't a ~ sight* het was een afschuwelijk gezicht; **II** *bijw* redelijk, tamelijk, behoorlijk, vrij, nogal; *~ much the same thing* vrijwel hetzelfde; *~ well* vrijwel; *~ nearly (better &)* praktisch (genezen &); *sitting ~* gemeenz goed zitten, het aardig voor elkaar hebben
pretty-pretty *bn* geaffecteerd; zoetelijk; popperig
pretzel ['pretsl] *znw* zoute krakeling
prevail [pri'veil] *onoverg* de overhand hebben (op *over/against*); zegevieren; heersen, algemeen zijn; *a rumour ~ed that...* het gerucht ging dat...; *~ on (upon)* overhalen, overreden; *~ with* ingang vinden bij, vat hebben op
prevailing *bn* heersend [ziekten, meningen &]
prevalence ['prevələns] *znw* heersend zijn *o*, algemeen voorkomen *o*; overwicht *o*, (grotere) invloed
prevalent *bn* heersend
prevaricate [pri'værikeit] *onoverg* zich van iets afmaken; (om iets heen) draaien
prevarication [priværi'keiʃən] *znw* uitvluchten zoeken *o*; ontwijkend antwoord *o*, uitvlucht
prevaricator [pri'værikeitə] *znw* draaier, iem. die steeds uitvluchten zoekt
prevent [pri'vent] *overg* voorkomen; afhouden van, beletten, verhoeden, verhinderen; *be ~ed* verhinderd zijn
preventable *bn* te voorkomen
preventative *bn = preventive*
prevention *znw* voorkoming, verhoeding, verhindering, preventie
preventive I *bn* voorkomend, verhinderend, preventief [v. maatregel &]; **II** *znw* profylactisch geneesmiddel *o*
preview ['pri:vju:] **I** *znw* voorvertoning [v. film]; vernissage; **II** *overg* **1** in voorvertoning zien; **2** voorvertonen
previous ['pri:vjəs] *bn* voorafgaand, vorig, vroeger; gemeenz voorbarig; *~ to...* vóór...
previously *bijw* (van) tevoren, vroeger (al), voor die tijd, voordien
prevision [pri'viʒən] *znw* vooruitzien *o*
pre-war ['pri:'wɔ:] *bn* vooroorlogs
prey [prei] **I** *znw* prooi, buit; *beast of ~* roofdier *o*; *a ~ to* ten prooi aan [wanhoop &]; **II** *onoverg*: *~ (up-) on* plunderen; azen op; fig knagen aan
priapism ['praiəpizm] *znw* wellustigheid; med ziekelijke, voortdurende erectie van de penis
price [prais] **I** *znw* prijs°; handel koers; waarde; kans [bij wedden]; *beyond (without) ~* plechtig onbetaalbaar, onschatbaar; *at a ~* tegen een behoorlijke prijs, voor veel geld; *at a high ~* tegen hoge prijs; *at any ~* tot elke prijs; *what ~?* gemeenz hoeveel kans?; **II** *overg* prijzen, de prijs bepalen of aangeven van; schatten; *~ (oneself) out of the market* (zich) uit de markt prijzen
price-cutting *znw* prijsverlaging
priceless *bn* onschatbaar, onbetaalbaar; gemeenz kostelijk, heerlijk
price-list *znw* prijslijst, -courant
pricey *bn* gemeenz prijzig
prick [prik] **I** *znw* prik, steek, stip, punt; prikkel, stekel; spoor *o* [v. haas]; plat pik, lul; *~s of conscience* gewetenswroeging; *kick against the ~s* bijbel de verzenen tegen de prikkels slaan; **II** *overg* prikken (in), steken; doorprikken, door-, opensteken, een gaatje maken in, puncteren; prikkelen; vero de sporen geven, aansporen; *his conscience ~ed him* hij had gewetenswroeging; *~ (up)* spitsen [oren]; **III** *onoverg & abs ww* prikken, steken (naar *at*); *~ up* spitsen [oren]
prick-eared *bn* met gespitste oren
pricker *znw* priem; prikstok
prickle ['prikl] **I** *znw* prikkel, stekel, dorentje *o*; **II** *overg* prikk(el)en, steken; **III** *onoverg* prikk(el)en
prickly *bn* stekelig; kriebelig; netelig; fig prikkelbaar; *~ heat* warmte-uitslag; *~ pear* cactusvijg [vrucht]; vijgencactus [plant]
pride [praid] **I** *znw* hoogmoed; fierheid, trots; praal,

luister; hoogtepunt *o*, troep [leeuwen]; *take (a) ~ in* trots zijn op; er een eer in stellen...; *take (hold) ~ of place* de eerste plaats innemen, aan de spits staan; *she is her father's ~ and joy* zij is haar vaders trots; *false ~* ijdelheid; *~ feels no pain* wie mooi wil zijn moet pijn lijden; *~ comes before a fall* hoogmoed komt voor de val; **II** *wederk*: *~ oneself on* trots zijn op; zich beroemen op, zich laten voorstaan op, prat gaan op
priest [pri:st] *znw* priester; geestelijke (tussen *deacon* en *bishop*); RK pastoor; *assistant ~* kapelaan
priestcraft *znw* geringsch papenstreek
priestess *znw* priesteres
priesthood *znw* priesterschap *o* [waardigheid], priesterschap *v* [verzamelnaam]
priestly *bn* priesterlijk, priester-
priest-ridden *bn* door (de) priesters of geestelijken overheerst/geregeerd
prig [prig] *znw* kwast, pedant heer *o*, verwaande kwibus
priggery *znw* pedanterie, verwaandheid
priggish *bn* pedant
prim [prim] *bn* gemaakt, stijf, preuts
primacy ['praiməsi] *znw* eerste plaats, voorrang, primaat *o* [v. paus en fig]; primaatschap *o*
prima donna ['pri:mə'dɔnə] *znw* prima donna; fig temperamentvol persoon
prima facie ['praimə'feiʃi(:)] *bn* op het eerste gezicht; *~ case* recht zaak waaraan rechtsingang kan worden verleend; *~ evidence* recht voorlopig bewijs *o*
primage ['praimidʒ] *znw* scheepv primage
primal ['praiməl] *bn* eerste, oer-, oorspronkelijk; voornaamste, hoofd-, grond-
primarily ['praimərili, -'merili] *bijw* in de eerste plaats, in hoofdzaak; voornamelijk
primary **I** *bn* primair, oorspronkelijk; eerste, voornaamste, hoofd-; elementair; grond-; *~ colours* primaire kleuren; *~ education* lager onderwijs *o*; *~ school* basisschool; **II** *znw* Am voorverkiezing
1 primate ['praimit] *znw* primaat, opperkerkvoogd, aartsbisschop
2 primate ['praimeit] *znw* primaat [aap, halfaap, mens]
prime [praim] **I** *bn* eerste, voornaamste; oorspronkelijk; prima, best, uitstekend; *~ cost* inkoop(s)-prijs; kostprijs; *~ meridian* nulmeridiaan; *~ minister* minister-president; *~ mover* voornaamste drijfkracht; fig aanstichter; *~ number* priemgetal *o*; **II** *znw* **1** RK priem; **2** bloei(tijd); *the ~ of life* de bloei der jaren; *in one's ~* in de bloei van zijn leven; *past one's ~* op (zijn &) retour; **III** *overg* in de grondverf zetten; laden [v. vuurwapen], gereed maken om tot ontploffing te brengen [v. explosief]; hist kruit op de pan doen [v. pistool]; [de pomp] voeren, [motor] op gang brengen; fig voorbereiden, prepareren, instrueren, bewerken; kennis inpompen; gemeenz volstoppen, voeren [met eten of drinken]
primer *znw* abc-boek *o*; boek *o* voor beginners, inleiding; eerstebeginselenboekje *o*; grondverf
primeval [prai'mi:vəl] *bn* eerste, oer-; voorhistorisch
priming ['praimiŋ] *znw* grondverf(laag); grondverven *o*; voeren *o* &, zie *prime III*
primitive ['primitiv] **I** *bn* oorspronkelijk, oudste, oer-; primitief; *~ colours* grondkleuren; **II** *znw* oorspronkelijke bewoner, lid *o* van een primitief volk; een der primitieven (schilder of schilderstuk van vóór de renaissance); stamwoord *o*
primitiveness *znw* primitiviteit
primogenitor [praimou'dʒenitə] *znw* oervader, stamvader
primogeniture *znw* (recht *o* van) eerstgeboorte, eerstgeboorterecht *o*
primordial [prai'mɔ:diəl] *bn* eerste, oudste, oorspronkelijk, oer-, fundamenteel
primp [primp] *overg* (zich) mooi maken, opsmukken
primrose ['primrouz] *znw* sleutelbloem
primula ['primjulə] *znw* primula, sleutelbloem
primus ['praiməs] *znw* eerste bisschop v.d. episcopale kerk v. Schotland; (*~ stove*) primus [kooktoestel]
prince [prins] *znw* vorst², prins²; *~ consort* prinsgemaal; *~ of darkness* de duivel; *~ royal* kroonprins
princedom *znw* prinsdom *o*, vorstelijke rang; vorstendom *o*
prince-like *bn* vorstelijk
princeling *znw* prinsje *o*
princely *bn* prinselijk, vorstelijk²
princess [prin'ses, 'prinses] *znw* prinses, vorstin; *~ royal* titel verleend aan de oudste dochter van de koning van Engeland
principal ['prinsipəl] **I** *bn* voornaamste, hoofd-; *~ boy* vrouw die in pantomime de mannelijke hoofdrol speelt; *~ clause* gramm hoofdzin; *~ part* gramm stam (v.e. woord); hoofdmoot; **II** *znw* hoofd *o*, chef, patroon; directeur, rector [v. school]; hoofdpersoon, lastgever, principaal°; hoofdaanlegger, hoofdschuldige; duellist; hoofdsom, kapitaal *o*
principality [prinsi'pæliti] *znw* prins-, vorstendom *o*; *the P~* Wales
principally ['prinsipəli] *bijw* hoofdzakelijk, voornamelijk, merendeels
principle ['prinsipl] *znw* grondbeginsel *o*, principe *o*; *~s* moraliteit, zedelijk gedrag *o*; *on ~* uit principe; principieel
principled *bn* principieel, met (nobele) principes
prink [priŋk] *overg* = *primp*
print [print] **I** *znw* merk *o*, teken *o*, spoor *o*; stempel *o & m*, druk, in-, afdruk; voetafdruk; kopie [v. film]; drukletters; bedrukt katoen *o & m*; plaat, prent; drukwerk *o*, blad *o*, krant; *in ~* in druk, gedrukt; te krijgen, niet uitverkocht; *a book out of ~* uitverkocht; *the fine (small) ~* de kleine lettertjes [con-

tract &]; *get into* ~ gepubliceerd worden [ook: schrijver]; **II** *bn* gedrukt; *a ~ dress (frock)* een katoenen jurkje *o*; **III** *overg* drukken, bedrukken, af-, indrukken; kopiëren [film]; laten drukken, publiceren; inprenten (in *on*); stempelen; met blokletters schrijven; *~ed matter* drukwerk *o*; *~ out* afdrukken; comput uitprinten

printer *znw* drukker; comput printer; *~'s error* drukfout; *~'s ink* drukinkt

printing I *znw* drukken *o*, druk; oplaag; drukkunst; **II** *bn* druk-

printing press *znw* drukpers

printout ['printaut] *znw* comput uitdraai

print-seller *znw* prentenhandelaar

print-works *znw mv* (katoen)drukkerij

prior ['praiə] **I** *bn bijw* vroeger, ouder, voorafgaand; *~ to* ook: voor(dat); **II** *znw* prior

priorate *znw* prioraat *o*

prioress *znw* priores

priority [prai'ɔriti] *znw* prioriteit, voorrang; *have (take) ~ over* de voorrang hebben boven; *have one's priorities right* het belangrijkste laten voorgaan

priorship ['praiəʃip] *znw* priorschap *o*, prioraat *o*

priory *znw* priorij

prise [praiz] *overg* openbreken, lichten (ook: *~ open, ~ up*)

prism [prizm] *znw* prisma *o*

prismatic [priz'mætik] *bn* prismatisch, prisma-

prison ['prizn] *znw* gevangenis

prison-breaking *znw* uitbreken *o* [uit gevangenis]

prison camp *znw* interneringskamp *o*

prisoner *znw* gevangene, arrestant; (de) verdachte (ook: *~ at the bar*); *~ of war* krijgsgevangene; *make (take) ~* gevangen nemen

prison-van *znw* gevangenwagen

prissy ['prisi] *bn* gemeenz nuffig, preuts

pristine ['pristain] *bn* smetteloos, ongerept, onbedorven; oorspronkelijk, eerste

prithee ['priði] *tsw* vero ik bid u, eilieve!

privacy ['privəsi, 'praivisi] *znw* afzondering, teruggetrokkenheid; privé-leven *o*, privacy; *think it over in ~* als u alleen bent; *in strict ~* strikt vertrouwelijk; *~ of correspondence* briefgeheim *o*

private ['praivit] **I** *bn* privaat, privé, eigen; onder vier ogen, geheim, heimelijk; vertrouwelijk; teruggetrokken, op zichzelf; onderhands; particulier, persoonlijk; besloten [v. vergadering &]; mil niet gegradueerd, gewoon; ~ ook: verboden toegang; *I want to be ~* ik wil niet gehinderd worden; *keep it ~* houd het voor je; *a ~ affair* een privé-aangelegenheid; een plechtigheid, feest &, en petit comité, een "onderonsje" *o*; *~ boarding-house* familiepension *o*; *~ enterprise* het particulier initiatief; *~ eye* particulier detective; *~ hotel* familiehotel *o*; *a ~ individual (person)* een particulier; *~ means* eigen middelen; *~ member* parlementslid *o* zonder regeringsfunctie; *~ parts* schaamdelen; *~ school* particuliere school; *~ soldier* (gewoon) soldaat; *~ view* persoonlijke mening; bezichtiging voor genodigden, vernissage; *the funeral (wedding) was strictly ~* werd in (alle) stilte voltrokken, had in (alle) stilte plaats; **II** *znw* mil (gewoon) soldaat; *~s* schaamdelen; *in ~* alléén, onder vier ogen, binnenskamers; in stilte, in het geheim; in het particuliere leven

privateer [praivə'tiə] **I** *znw* kaper(schip *o*); **II** *onoverg* ter kaap varen

privateering *znw* kaapvaart, kaperij

privation [prai'veiʃən] *znw* ontbering, gebrek *o*, gemis *o*

privative ['privətiv] *bn* berovend; gramm privatief, ontkennend

privatize ['praivətaiz] *overg* privatiseren

privet ['privit] *znw* liguster

privilege ['privilidʒ] *znw* privilege *o*; voorrecht *o*; onschendbaarheid

privileged *bn* bevoorrecht; strikt in vertrouwen

privily ['privili] *bijw* vero in 't geheim, stiekem

privity ['priviti] *znw* medeweten *o*; recht rechtsbetrekking

privy ['privi] **I** *bn* vero & recht heimelijk, geheim, verborgen; ingewijd, bekend met; *P~ Council* geheime raad; *P~ Councillor (Counsellor)* lid v.e. *Privy Council*; *~ purse* civiele lijst: toelage v.h. staatshoofd; *~ seal* geheimzegel *o*; *Lord P~ Seal* geheimzegelbewaarder; *he was ~ to it* hij was er bekend mee, hij was in het geheim; **II** *znw* privaat *o*, wc

1 prize [praiz] **I** *znw* **1** prijs; beloning; **2** scheepv prijs(schip *o*), buit; *make a ~ of a ship* een schip buitmaken; **II** *bn* bekroond (bijv. *~ poem*); prijs-; fig eersteklas, beste, mooiste; *she is a ~ chatterbox* zij is een echte kletskous; *~-fight* bokswedstrijd om geldprijs; *~-fighter* beroepsbokser; *~-money* prijzengeld *o*; scheepv prijsgeld *o*; *~-ring* sp boksring; bokserswereld; **III** *overg* **1** op prijs stellen; **2** scheepv buitmaken

2 prize [praiz] *overg* = *prise*

prize-court ['praizkɔ:t] *znw* recht prijsgericht *o*

prize-giving ['praizgiviŋ] *znw* prijsuitreiking [aan het eind v.h. schooljaar]

prizewinner ['praizwinə] *znw* winnaar (van universiteitsprijs)

prize-winning *bn* bekroond

1 pro [prou] *znw* gemeenz verk. van *professional* = beroepsspeler, prof

2 pro [prou] *voorz, bn* & *znw* pro, vóór; *~ and con* vóór en tegen; *the ~s and cons* het vóór en tegen

proa [prə'hu] *znw* prauw

probability ['prɔbə'biliti] *znw* waarschijnlijkheid; *in all ~* naar alle waarschijnlijkheid; *there is no ~ of his coming* hoogstwaarschijnlijk zal hij niet komen

probable ['prɔbəbl] *bn* waarschijnlijk, vermoedelijk; aannemelijk

probably *bijw* waarschijnlijk, vermoedelijk

probate ['proubit] *znw* gerechtelijke verificatie van een testament; gerechtelijk geverifieerd afschrift *o* van een testament

probation [prə'beiʃən] *znw* proeftijd; voorwaardelijke veroordeling; *on* ~ op proef; voorwaardelijk veroordeeld; ~ *officer* ambtenaar van de reclassering
probationary *bn* op proef, proef-
probationer *znw* op proef dienende; aspirant; novice of pleegzuster in het proefjaar, leerling-verpleegster; voorwaardelijk veroordeelde; proponent
probe [proub] **I** *znw* sonde; gemeenz onderzoek *o*; **II** *overg* sonderen; peilen, onderzoeken; doordringen in; ~ *to the bottom* grondig onderzoeken; ~ *for* proberen te achterhalen, gemeenz vissen naar
probity ['proubiti] *znw* eerlijkheid, rechtschapenheid
problem ['prɔbləm] *znw* vraagstuk[2] *o*, probleem *o*
problematic(al) [prɔbli'mætik(l)] *bn* twijfelachtig, problematisch, onzeker
problem child ['probləmtʃaild] *znw* moeilijk opvoedbaar kind *o*, moeilijk kind *o*, probleemkind *o*
proboscis [prou'bɔsis] *znw* (*mv*: -es *of* proboscides [-sidi:z]) snuit, slurf [van olifanten, tapirs]; zuigorgaan *o* [v. insecten]; neus
procedural [prə'si:dʒərəl] *bn* van procedure, procedure-
procedure *znw* methode, werkwijze, handelwijze, procedure; *legal* ~ rechtspleging
proceed [prə'si:d] *onoverg* voortgaan, verder gaan, aan de gang zijn, voortgang hebben, vorderen, verlopen; vervolgen (= zeggen); gaan; zich begeven; te werk gaan; recht ~ *against* gerechtelijke stappen nemen tegen, procederen tegen; ~ *from* voortkomen (voortspruiten) uit, ontspruiten aan, ontstaan uit, komen uit (van); ~ *to* overgaan tot; beginnen te...; gaan (zich begeven) naar; *he ~ed to ask...* hij vroeg vervolgens...; ~ *with* verder gaan met, voortzetten
proceeding *znw* handelwijze; handeling; maatregel; ~*s* wat er zoal gebeurde (gebeurt); werkzaamheden [v. vergadering]; handelingen [v. genootschap]; recht actie, proces *o*; *institute legal ~s (take ~s)* recht een actie (vervolging) instellen
proceeds ['prousi:dz] *znw mv* opbrengst, provenu *o*
process ['prouses] **I** *znw* voortgang; loop, verloop *o*; handeling; procédé *o*; proces° *o*; dagvaarding; uitsteeksel *o* [aan been]; ~ *control* automatische controle van een industrieel proces d.m.v. een computer; *in the* ~ daarbij, onder die bedrijven; *in (the) ~ of ...ing* aan (bij, onder) het...; *in the ~ of construction* in aanbouw; *in the ~ of time* mettertijd, na verloop van tijd; **II** *overg* machinaal reproduceren; een procédé doen ondergaan, behandelen, bewerken, verwerken; verduurzamen; recht een actie instellen tegen; ~*ed cheese* smeerkaas
procession [prə'seʃən] *znw* stoet, omgang, optocht; RK processie
processional I *bn* als (van) een processie, processie-; **II** *znw* processiegezang *o*; boek *o* met de processiegezangen
process server ['prousessə:və] *znw* deurwaarder
proclaim [prə'kleim] *overg* afkondigen, bekendmaken; verkondigen; proclameren, uitroepen tot [koning &]; verklaren tot [verrader]; verklaren [oorlog]
proclamation [prɔklə'meiʃən] *znw* proclamatie; afkondiging; verkondiging; bekendmaking; verklaring [v. oorlog &]; verbod *o*
proclivity [prə'kliviti] *znw* overhelling; neiging (tot *to*)
procrastinate [prou'kræstineit] *overg* uitstellen
procrastination [proukræsti'neiʃən] *znw* uitstel *o*, verschuiving (van dag tot dag); ~ *is the thief of time* ± van uitstel komt afstel
procreate ['proukrieit] *overg* voortbrengen, (voort-)telen, verwekken, zich voortplanten
procreation [proukri'eiʃən] *znw* voortbrenging, (voort)teling, verwekking, voortplanting
procreative ['proukrieitiv] *bn* voortbrengend, voorttelend, voortplantings-; ~ *power* voortplantingsvermogen *o*, teelkracht
procreator *znw* verwekker, vader; fig schepper
proctor ['prɔktə] *znw* procureur [voor een geestelijke rechtbank]; onderw ambtenaar van een universiteit [Cambridge, Oxford], die met het handhaven van orde en tucht belast is
procumbent [prou'kʌmbənt] *bn* vooroverliggend; plantk kruipend
procuration [prɔkju'reiʃən] *znw* verschaffing, bezorging; volmacht, procuratie; procura, provisie [geld]; *by* ~ bij volmacht
procurator ['prɔkjureitə] *znw* gevolmachtigde, zaakbezorger; hist procurator [landvoogd]
procure [prə'kjuə] **I** *overg* (zich) verschaffen, bezorgen, (ver)krijgen; vero teweegbrengen, bewerken; **II** *onoverg* koppelen, gelegenheid geven
procurement *znw* verschaffing, verkrijging; bemiddeling
procurer *znw* verschaffer; koppelaar(ster)
procuress [prə'kjuəris, -res] *znw* koppelaarster
prod [prɔd] **I** *znw* prikkel; priem; prik, por; **II** *overg* prikken, steken (naar *at*), (aan)porren
prodigal ['prɔdigəl] **I** *bn* verkwistend; *the ~ son* (ook: bijbel) de verloren zoon; **II** *znw* verkwister; *the* ~ de verloren zoon; fig berouwvol zondaar
prodigality [prɔdi'gæliti] *znw* verkwisting; kwistigheid
prodigally ['prɔdigəli] *bijw* verkwistend; kwistig
prodigious [prə'didʒəs] *bn* wonderbaar(lijk); verbazend, ontzaglijk
prodigy ['prɔdidʒi] *znw* wonder *o*; *child ~, infant ~* wonderkind *o*
produce I *znw* ['prɔdju:s] voortbrengsel *o*, voortbrengselen, product *o*; (landbouw)producten; opbrengst; **II** *overg* [prə'dju:s] voortbrengen, produceren, opbrengen, opleveren, krijgen [een baby]; teweegbrengen, maken [indruk]; in het licht geven; voor het voetlicht brengen, opvoeren, verto-

nen; voor de dag komen met; tevoorschijn halen, aanvoeren, bijbrengen, óverleggen, tonen; verlengen [een lijn]

producer [prə'dju:sə] *znw* producent, voortbrenger, vertoner &, zie *produce II*, [toneel] regisseur, [film] producent; techn [gas] generator; ~ *gas* generatorgas *o*; ~ *goods* productiegoederen

producible *bn* te produceren, bij te brengen, aan te voeren &, zie *produce II*

product ['prɔdʌkt] *znw* voortbrengsel *o*, product° *o*; fig vrucht, resultaat *o*

production [prə'dʌkʃən] *znw* productie, voortbrenging; product *o*, voortbrengsel *o*, overlegging [stukken]; opvoering, vertoning [toneelstuk]; verlenging [lijn]; *make a real ~ out of* fig gemeenz veel ophef maken over

production line *znw* lopende band

productive *bn* producerend, voortbrengend; productief, vruchtbaar; ~ *capacity* productievermogen *o*; *be ~ of...* voortbrengen, opleveren; tot stand (teweeg)brengen

productivity [prɔdʌk'tiviti] *znw* productiviteit

proem ['prouəm] *znw* plechtig voorrede, voorwoord *o*; proloog, voorspel *o*

profanation [prɔfə'neiʃən] *znw* ontwijding, ontheiliging, (heilig)schennis, profanatie

profane [prə'fein] **I** *bn* profaan, on(in)gewijd; oneerbiedig, goddeloos, godslasterlijk [taal]; werelds; **II** *znw*: *the ~* de oningewijden; **III** *overg* profaneren, ontwijden, ontheiligen; misbruiken

profanity [prə'fæniti] *znw* heiligschennis, goddeloosheid; vloekwoorden, vloeken *o*

profess [prə'fes] **I** *overg* belijden; betuigen, verklaren, beweren; uit-, beoefenen; doceren; ~ *to be a scholar* zich uitgeven voor; **II** *wederk*: ~ *oneself a Republican* republikein verklaren te zijn; **III** *onoverg* doceren; zijn godsdienstplichten vervullen; RK de kloostergelofte afleggen

professed *bn* verklaard [vijand]; RK geprofest: de (klooster)gelofte afgelegd hebbend; voorgewend, zogenaamd

professedly *bijw* openlijk, volgens eigen bekentenis; ogenschijnlijk

profession *znw* beroep *o*, stand; (openlijke) belijdenis, betuiging, verklaring; RK kloostergelofte; ~ *of faith* geloofsbelijdenis; *the ~* de vaklui [i.h.b. de toneelspelers]; *the (learned) ~s* de vrije beroepen; *by ~* van zijn vak, van beroep, beroeps-

professional I *bn* vak-, beroeps-, ambts-; van beroep; vakkundig, professioneel; ~ *foul* sp opzettelijke overtreding; ~ *jealousy* jalousie de métier, broodnijd; *a ~ man* een vakman; iemand die een vrij beroepen uitoefent: advocaat, dokter &; **II** *znw* vakman[2]; professional[2]; beroepsspeler &

professionalism *znw* professionalisme *o*; beroepssport

professionalize *onoverg* & *overg* tot beroep worden (maken)

professionally *bijw* professioneel

professor [prə'fesə] *znw* hoogleraar, professor; Am ± lector; belijder [v. godsdienst]

professorate *znw* professoraat *o*; professoren

professorial [prɔfe'sɔ:riəl] *bn* professoraal

professoriate *znw* = *professorate*

professorship [prə'fesəʃip] *znw* professoraat *o*, hoogleraarschap *o*, Am ± lectoraat *o*

proffer ['prɔfə] **I** *overg* toesteken, aanbieden; **II** *znw* aanbod *o*

proficiency [prə'fiʃənsi] *znw* vaardigheid, bedrevenheid, bekwaamheid

proficient I *bn* vaardig, bedreven, bekwaam; **II** *znw* meester

profile ['proufail] **I** *znw* profiel *o*, (verticale) doorsnede; portret *o* [in krant, op radio & televisie]; *in ~* en profil; *keep a low ~* proberen om niet (te veel) op te vallen; *keep a high ~* veel publiciteit hebben, in de belangstelling staan; **II** *overg* zich aftekenen, en profil weergeven; een profielschets geven van

profit ['prɔfit] **I** *znw* voordeel *o*, winst, nut *o*, profijt *o*, baat; *at a ~* met winst; *to one's own ~* ten eigen voordele; *gross ~* brutowinst; *net ~* nettowinst; **II** *overg* voordeel afwerpen voor, goed doen, baten, helpen; **III** *onoverg* profiteren (van *by*); zich ten nutte maken, zijn voordeel doen (met *by*)

profitable *bn* winstgevend, voordelig, nuttig

profitably *bijw* voordelig, nuttig, met voordeel, met winst, met vrucht

profiteer [prɔfi'tiə] **I** *onoverg* ongeoorloofde of woekerwinst maken; **II** *znw* profiteur

profitless ['prɔfitlis] *bn* onvoordelig; zonder nut

profitmaking *bn* met winstoogmerk; winstgevend

profit-sharing *znw* winstdeling

profligacy ['prɔfligəsi] *znw* losbandigheid, zedeloosheid

profligate I *bn* losbandig, zedeloos; **II** *znw* losbol

profound [prə'faund] *bn* diep; diepzinnig; diepgaand; grondig; groot

profoundly *bijw* ook: zeer, hoogst, door en door

profundity [prə'fʌnditi] *znw* diepte; diepzinnigheid; grondigheid

profuse [prə'fju:s] *bn* kwistig; overvloedig

profusion *znw* overvloed(igheid); kwistigheid

progenitor [prou'dʒenitə] *znw* voorvader, voorzaat; (geestelijke) vader

progeniture *znw* voortplanting, verwekking; nageslacht *o*, afstammelingen

progeny ['prɔdʒini] *znw* nageslacht *o*, kroost *o*

prognosis [prɔg'nousis] *znw* (*mv*: prognoses [-si:z]) prognose

prognostic [prɔg'nɔstik] **I** *bn* voorspellend; ~ *sign (symptom)* voorteken *o*; **II** *znw* voorteken *o*, voorspelling, prognose

prognosticate *overg* voorspellen

prognostication [prɔgnɔsti'keiʃən] *znw* voorspelling

programme, Am **program** ['prougræm] **I** *znw*

program(ma)° *o* (ook: comput); vero balboekje *o*; **II** *overg* programmeren (ook: comput)
programmer *znw* comput programmeur
progress ['prougres] **I** *znw* vordering(en), voortgang, vooruitgang; mil opmars; verloop *o* [v. ziekte]; loop(baan), levensloop; gang [v. zaken]; hist (rond)reis, tocht, tournee [vooral van vorstelijke personen]; *be in* ~ aan de gang zijn; in bewerking zijn; geleidelijk verschijnen [boekwerk]; **II** *onoverg* [prə'gres] vooruitgaan, -komen, vorderen, vorderingen maken, opschieten; nog voortduren
progression *znw* voortgang; vordering; (opklimmende) reeks, opklimming
progressionist *znw* progressist
progressist *znw* voorstander van vooruitstrevende politiek, progressief
progressive I *bn* voortgaand, (geleidelijk) opklimmend, toenemend, progressief; vooruitgaand; vooruitstrevend [tegenover conservatief]; **II** *znw* voorstander v. politiek-sociale hervorming; *~s* ook: progressieven
prohibit [prə'hibit] *overg* verbieden [vooral door overheid]; ~ *from* verhinderen
prohibition [proui'biʃən] *znw* (drank)verbod *o*
prohibitionist *znw* voorstander van het drankverbod
prohibitive [prə'hibitiv] *bn* verbiedend; ~ *duties* beschermende (invoer)rechten; ~ *price* buitensporige prijs
prohibitory *bn* verbiedend, verbods-
project [prə'dʒekt] **I** *overg* ontwerpen, beramen, projecteren, werpen, (weg)slingeren; **II** *onoverg* vooruitsteken, uitsteken, uitspringen; **III** *znw* ['prɔdʒekt] ontwerp *o*, plan *o*, project *o*; ~ *developer* projectontwikkelaar
projectile ['prɔdʒiktail] *znw* projectiel *o*, kogel
projection [prə'dʒekʃən] *znw* projectie; uitstek *o*, uitsteeksel *o*; projectie(tekening), ontwerp *o*; werpen *o*, (weg)slingeren *o*
projectionist [prə'dʒekʃənist] *znw* (film)operateur
projector [prə'dʒektə] *znw* (film)projector, projectietoestel *o*
prolapse ['proulæps] *znw* med prolaps, uit-, verzakking
prole [proul] *znw* gemeenz proletariër
proletarian [prouli'tɛəriən] **I** *bn* proletarisch; **II** *znw* proletariër
proletariat *znw* proletariaat *o*
proliferate [prou'lifəreit] *onoverg* zich vermenigvuldigen; fig snel talrijker worden, zich verspreiden
proliferation [proulifə'reiʃən] *znw* proliferatie[2]: vermenigvuldiging; fig verspreiding
prolific [prou'lifik] *bn* vruchtbaar, rijk (aan *in, of*); fig productief [schrijver &]
prolix ['prouliks] *bn* wijdlopig, breedsprakig, langdradig
prolixity [prou'liksiti] *znw* wijdlopigheid, breedsprakigheid, langdradigheid
prologue ['proulɔg] **I** *znw* proloog, voorspel *o*; **II** *overg* van een proloog voorzien; inleiden
prolong [prou'lɔŋ] *overg* verlengen, rekken; *~ed* ook: langdurig
prolongation [proulɔŋ'geiʃən] *znw* verlenging
prolusion [pro'lju:ʒən] *znw* plechtig inleiding, voorwoord *o*; eerste poging, proeve
prom [prɔm] *znw* **1** (verk. van *promenade*) promenade; boulevard; Am schoolbal *o*; **2** (verk. van) *promenade concert*
promenade [prɔmi'na:d] **I** *znw* promenade°, wandeling; ~ *concert* concert *o* in een park, op een plein &; **II** *onoverg* wandelen, kuieren; **III** *overg* wandelen door (over, in); op en neer laten lopen, rondleiden
promenader *znw* wandelaar; bezoeker van *proms*
prominence ['prɔminəns] *znw* uitsteken *o*; uitsteeksel *o*, verhevenheid; op de voorgrond treden *o*; uitstekendheid; belangrijkheid, beroemdheid, vooraanstaandheid; *give due ~ to the fact that...* goed laten uitkomen
prominent *bn* (voor)uitstekend, in het oog vallend; voornaam, eminent, vooraanstaand, uitstekend; belangrijk, beroemd; *make oneself* ~ zich onderscheiden, op de voorgrond treden
promiscuity [prɔmis'kju:iti] *znw* promiscuïteit, vrije omgang (vooral seksueel)
promiscuous *bn* promiscue
promise ['prɔmis] **I** *znw* belofte, toezegging; *of (great) ~, full of* ~ veelbelovend; *be under a ~ to* zijn woord gegeven hebben aan; beloofd (de belofte afgelegd) hebben om te...; *break a* ~ een belofte breken; *breach of* ~ woordbreuk (vooral v. trouwbelofte); **II** *overg* beloven, toezeggen; **III** *onoverg & abs ww* beloven; ~ *well* véél beloven
promising *bn* veelbelovend, hoopgevend
promissory ['prɔmisəri] *bn*: ~ *note* promesse
promontory ['prɔmənt(ə)ri] *znw* voorgebergte *o*, kaap; anat vooruitstekend deel *o*, uitsteeksel *o*
promote [prə'mout] *overg* bevorderen° (tot), werken in het belang van, handel reclame maken voor; aankweken, verwekken; handel oprichten [maatschappij]
promoter *znw* bevorderaar, bewerker, aanstoker; handel & sp promotor, oprichter [v. maatschappij]
promotion *znw* bevordering°, promotie (ook: handel = reclame)
promotional *bn* (het belang) bevorderend; handel promotioneel, reclame-
promotive *bn* bevorderend, bevorderlijk
prompt [prɔm(p)t] **I** *bn* vaardig, vlug, prompt°; ~ *payment* snelle betaling; *at eight o'clock* ~ stipt om acht uur; *on May 6th* ~ op 6 mei, en geen dag later; **II** *znw*: *give sbd. a* ~ iem. souffleren; comput prompt; **III** *overg* vóórzeggen, souffleren; ingeven, inblazen, aansporen, (aan)drijven, aanzetten
prompt-book *znw* souffleursboek *o*

prompt-box *znw* souffleurshok *o*
prompter *znw* souffleur, -euse; *~'s box* souffleurshokje *o*
prompting *znw* vóórzeggen *o* &; *the ~s of his heart* de ingeving (de stem) van zijn hart
promptitude ['prɔm(p)titju:d] *znw* vaardigheid, vlugheid, spoed; promptheid, stiptheid
promptly ['prɔm(p)tli] *bijw* direct, meteen; vlug, prompt
promulgate ['prɔməlgeit] *overg* afkondigen, uitvaardigen; verkondigen, openbaar maken
promulgation [prɔməl'geiʃən] *znw* afkondiging, uitvaardiging; verkondiging, openbaarmaking
prone [proun] *bn* voorovergebogen, voorover-liggend; *~ to* geneigd tot; aanleg hebbend voor, vatbaar voor, onderhevig aan
prong [prɔŋ] **I** *znw* (hooi-, mest- &) vork; tand van een vork; punt van een geweitak; **II** *overg* aan de vork steken
pronominal [prou'nɔminəl] *bn* voornaamwoordelijk, pronominaal
pronounce [prə'nauns] **I** *overg* uitspreken, uitbrengen; verklaren, zeggen (dat); **II** *onoverg* (zich) uitspreken; uitspraak doen; *~ for (in favour of)* zich verklaren voor; *~ on* zijn mening zeggen over
pronounceable *bn* uit te spreken
pronounced *bn* uitgesproken, geprononceerd, duidelijk kenbaar, sterk sprekend, beslist
pronouncement *znw* uitspraak, verklaring
pronouncing I *znw* uitspreken *o*; **II** *bn* uitspraak-
pronto ['prɔntou] *bijw* gemeenz dadelijk, direct
pronunciation [prənʌnsi'eiʃən] *znw* uitspraak
proof [pru:f] **I** *znw* bewijs *o*, blijk *o*; proef, drukproef; proef: sterktegraad [alcohol]; *in ~ of* ten bewijze van; *bring (put) to the ~* op de proef stellen; *the ~ of the pudding is in the eating* de praktijk zal het uitwijzen; **II** *bn* beproefd, bestand (tegen *against*); **III** *overg* ondoordringbaar of vuurvast, waterdicht & maken
proof-read *overg* drukproeven corrigeren
proof-reader *znw* corrector
proof-sheet *znw* drukproef, proefvel *o*
prop [prɔp] **I** *znw* **1** stut, steun[2]; steunpilaar, schoor; **2** zie ook: *props*; **II** *overg* stutten, steunen, schragen; omhooghouden (ook: *~ up*); zetten [ladder tegen muur &]
propaedeutic [proupi:'dju:tik] *bn* onderw propedeutisch, voorbereidend
propaganda [prɔpə'gændə] *znw* propaganda
propagandist I *znw* propagandist; **II** *bn* propagandistisch
propagandize *overg* propaganda maken (voor)
propagate ['prɔpəgeit] **I** *overg* voortplanten[2], verbreiden, verspreiden, propageren; **II** *onoverg* zich voortplanten[2]
propagation [prɔpə'geiʃən] *znw* voortplanting, verbreiding, verspreiding
propagative ['prɔpəgeitiv] *bn* voortplantings-
propagator *znw* voortplanter, verspreider
propane ['proupein] *znw* propaangas *o*
propel [prə'pel] *overg* (voort)drijven, voortstuwen, voortbewegen
propellant *znw* stuwstof [v. raket]; voortstuwingsmiddel *o* [buskruit]
propeller *znw* propeller, schroef
propeller-shaft *znw* scheepv schroefas; Am cardanas
propelling-pencil *znw* vulpotlood *o*
propensity [prə'pensiti] *znw* neiging (tot *to, for*)
proper ['prɔpə] *bn* eigen; eigenlijk; strikt, rechtmatig; geschikt, behoorlijk, juist, goed, betamelijk, gepast; fatsoenlijk; gemeenz echt [mispunt &]; *~ name, ~ noun* eigennaam; *the ~ officer* de betrokken ambtenaar; *a ~ row* gemeenz een flinke, fikse ruzie (herrie); *think (it) ~* goedvinden, goedkeuren
properly *bijw* eigenlijk (gezegd); juist, behoorlijk, goed; terecht
propertied ['prɔpətid] *bn* bezittend; *~ classes* grondbezitters
property ['prɔpəti] *znw* eigenschap; eigendom *o*, bezit *o*, bezittingen, goed *o*; landgoed *o*; *private ~* privaatbezit *o*; *properties* rekwisieten, (toneel-) benodigdheden; *~ developer* projectontwikkelaar; *~ development* projectontwikkeling; *~ man (master)* rekwisiteur; *a man of ~* een bemiddeld man, grondbezitter
prophecy ['prɔfisi] *znw* voorspelling, profetie
prophesy ['prɔfisai] *overg* voorspellen, profeteren
prophet *znw* profeet; voorstander (van *of*); *the P~* de Profeet (Mohammed); *the ~s* bijbel het Boek der Profeten
prophetess *znw* profetes
prophetic [prə'fetik] *bn* profetisch; *it is ~ of...* het voorspelt...
prophylactic [prɔfi'læktik] **I** *bn* profylactisch; **II** *znw* profylacticum *o*
prophylaxis *znw* profylaxis: voorkomen *o* van ziekten
propinquity [prə'piŋkwiti] *znw* nabijheid; (bloed-) verwantschap
propitiate [prə'piʃieit] *overg* verzoenen, gunstig stemmen
propitiation [prəpiʃi'eiʃən] *znw* verzoening; boetedoening
propitiatory [prə'piʃiətəri] *bn* verzoenend, zoen-
propitious *bn* genadig; gunstig
proponent [prə'pounənt] *znw* aanhanger, voorstander
proportion [prə'pɔ:ʃən] **I** *znw* evenredigheid, verhouding; deel *o*; *~s* ook: afmetingen, vorm; *in ~ as...* naar gelang...; *in ~ to...* in verhouding tot...; *of magnificent ~s* prachtig van afmetingen; *out of ~* niet in verhouding; fig overdreven, onredelijk; **II** *overg* proportioneren, in overeenstemming brengen met (naar *to*), afstemmen (op *to*); *well ~d* goed geproportioneerd

proportionable *bn* evenredig
proportional *bn* evenredig (aan *to*); ~ *representation* evenredige vertegenwoordiging
proportionally *bijw* evenredig; naar evenredigheid, in verhouding
proportionate *bn* evenredig, geëvenredigd (aan *to*)
proposal [prə'pouzəl] *znw* voorstel *o*, aanbod *o*; (huwelijks)aanzoek *o*
propose I *overg* voorstellen, aanbieden; van plan zijn; (een toast) uitbrengen op; **II** *onoverg* zich voorstellen, zich voornemen; *man ~s, God disposes* de mens wikt, God beschikt; ~ *to a girl* een meisje (ten huwelijk) vragen; ~ *to write a book, ~ writing a book* van plan zijn een boek te schrijven
proposition [prɔpə'ziʃən] **I** *znw* voorstel *o*; stelling; probleem *o*; gemeenz zaak, zaakje *o*; gemeenz oneerbaar voorstel *o*; **II** *overg* gemeenz oneerbare voorstellen doen
propound [prə'paund] *overg* voorleggen, voorstellen, opperen
proprietary [prə'praiətəri] *bn* **1** eigendoms-, bezit-; **2** bezitterig; ~ *article* merkartikel *o*; ~ *brand,* ~ *name* gedeponeerd handelsmerk *o*; *the ~ classes* de bezittende klassen; ~ *hospital* Am privé-kliniek; ~ *rights* eigendomsrechten
proprietor *znw* eigenaar, (grond)bezitter
proprietress *znw* eigenares
propriety *znw* gepastheid; juistheid; fatsoen *o*, welvoeglijkheid; *the proprieties* het decorum, de vormen
props [prɔps] *znw mv* gemeenz rekwisieten, toneelbenodigdheden (verk. van *properties*)
propulsion [prə'pʌlʃən] *znw* voortdrijving, voortstuwing, stuwkracht
propulsive *bn* voortdrijvend, stuw-
pro rata [prou'reitə] *bijw* naar rata, naar verhouding
prorogation [prourə'geiʃən] *znw* verdaging, sluiting
prorogue [prə'roug] *overg* verdagen, sluiten (vooral parlementszitting)
prosaic [prou'zeiik] *bn* prozaïsch[2]
prosaist ['prouzeiist] *znw* prozaschrijver; prozaïsch mens
proscenium [prou'si:niəm] *znw* (*mv*: -s *of* proscenia [-niə]) proscenium *o*
proscribe [prous'kraib] *overg* buiten de wet stellen, vogelvrij verklaren, uit-, verbannen; veroordelen, verwerpen; in de ban doen
proscription [prous'kripʃən] *znw* vogelvrijverklaring, uit-, verbanning; veroordeling; verwerping; verbod *o*
prose [prouz] **I** *znw* proza *o*; ~ *translation* onderw thema; **II** *bn* proza-; prozaïsch
prosecute ['prɔsikju:t] **I** *overg* recht vervolgen (wegens *for*); voortzetten [onderzoek, oorlog]; **II** *onoverg* een gerechtelijke vervolging instellen
prosecution [prɔsi'kju:ʃən] *znw* recht (gerechtelijke) vervolging; voortzetting; *the* ~ ook: recht de aanklager, eiser
prosecutor ['prɔsikju:tə] *znw* recht eiser, aanklager; *the public* ~ de officier van justitie
prosecutrix *znw* recht eiseres
proselyte ['prɔsilait] *znw* proseliet, bekeerling
proselytism ['prɔsilitizm] *znw* bekeringsijver
proselytize *overg* proselieten maken; bekeren
proser ['prouzə] *znw* prozaschrijver; langdradig vervelende verhaler of schrijver
prosodic [prə'sɔdik] *bn* prosodisch: volgens de regels v.d. versmaten
prosody ['prɔsədi] *znw* prosodie: leer der versmaten
1 prospect ['prɔspekt] *znw* vooruitzicht *o*, verwachting; uitzicht[2] *o* (op *of*), verschiet *o*, vergezicht *o*
2 prospect [prəs'pekt] *onoverg & overg* prospecteren, zoeken naar goud of zilver
prospective [prəs'pektiv] *bn* aanstaand, toekomstig; vooruitziend; te wachten staand, te verwachten, in het verschiet liggend
prospector [prəs'pektə] *znw* prospector, mijnbouwkundig onderzoeker
prospectus [prəs'pektəs] *znw* prospectus *o & m*
prosper ['prɔspə] **I** *onoverg* voorspoed hebben; gedijen, bloeien; **II** *overg* plechtig begunstigen
prosperity [prɔs'periti] *znw* voorspoed, welvaart, bloei
prosperous ['prɔspərəs] *bn* voorspoedig, welvarend, bloeiend; plechtig gunstig [wind]
prostate ['prɔsteit] *znw* prostaat (ook: ~ *gland*)
prosthesis ['prɔsθisis] *znw* (*mv*: prostheses [-si:z]) med prothese; *dental* ~ kunstgebit *o*; gramm prothesis
prosthetic [prɔs'θetik] *bn* med prothetisch; gramm voorgevoegd
prostitute ['prɔstitju:t] **I** *znw* prostituee, hoer; **II** *overg* prostitueren[2]; **III** *wederk*: ~ *oneself* zich prostitueren[2]; fig zich verkopen, zijn talent(en) misbruiken,
prostitution [prɔsti'tju:ʃən] *znw* prostitutie[2], ontucht; fig ontwijding, verlaging
prostrate I *bn* ['prɔstreit] uitgestrekt, nedergeworpen, (terneer)liggend, terneergebogen, verootmoedigd, uitgeput; *fall* ~ op zijn aangezicht (neer)vallen, een knieval doen (voor *before*); **II** *overg* [prɔs'treit] ter aarde werpen, neerwerpen, omverwerpen, in het stof doen buigen of vernederen; vernietigen; uitputten; **III** *wederk*: ~ *oneself* zich ter aarde werpen, in het stof buigen (voor *before*), zich vernederen, zich onderwerpen
prostration *znw* op zijn aangezicht neervallen *o*; knieval, voetval; neerwerping, omverwerping, diepe vernedering [ook van zichzelf]; verslagenheid; grote zwakte, uitputting (door ziekte)
prosy ['prouzi] *bn* prozaïsch, langdradig, saai
protagonist [prou'tægənist] *znw* hoofdpersoon; voorman, leider; voorvechter
protean [prou'ti:ən, 'proutjən] *bn* proteïsch, veran-

derlijk, wisselend
protect [prə'tekt] *overg* beschermen, beschutten, behoeden, vrijwaren (voor *from, against*); handel honoreren [wissel]
protection *znw* bescherming, beschutting (tegen *against, from*), protectie; vrijgeleide *o*
protectionism *znw* protectionisme *o*
protectionist I *bn* protectionistisch; **II** *znw* protectionist
protective *bn* beschermend; ~ *colo(u)ration*, ~ *colouring* schutkleur
protector *znw* beschermer, protector
protectorate *znw* protectoraat *o*; *the P~* Br regeringsperiode van Cromwell (1653-1659)
protectorship *znw* beschermheerschap *o*, protectoraat *o*
protectress *znw* beschermster, beschermvrouwe
protégé(e) ['proutеʒei] *znw* protégé(e), beschermeling(e)
protein ['prouti:n] *znw* proteïne, eiwitstof, eiwit *o*
pro tem [prou'tem] *bn* = *pro tempore* tijdelijk, waarnemend
protest I *znw* ['proutest] protest° *o*; *enter (make, register, put in) a* ~ protest (verzet) aantekenen, protesteren; **II** *overg* [prə'test] (plechtig) verklaren, betuigen; handel (laten) protesteren; **III** *onoverg* protesteren (tegen *against*, bij *to*)
Protestant ['prɔtistənt] *znw* & *bn* protestant(s)
Protestantism *znw* protestantisme *o*
protestation [proutis'teiʃən] *znw* betuiging, verzekering, (plechtige) verklaring; protest *o*
protester [prə'testə] *znw* protesterende, contestant
protocol ['proutəkɔl] *znw* protocol *o*
proton ['proutɔn] *znw* proton *o*
protoplasm ['proutəplæzm] *znw* protoplasma *o*
prototype ['proutətaip] *znw* model *o*, prototype *o*
protozoa [proutə'zouə] *znw mv* protozoën: ééncellige diertjes
protract [prə'trækt] *overg* verlengen, rekken; *~ed* ook: langdurig
protraction *znw* verlenging
protractor *znw* gradenboog, hoekmeter
protrude [prə'tru:d] **I** *overg* (voor)uitsteken; **II** *onoverg* uitsteken, uitpuilen
protrusion *znw* (voor)uitsteken *o*, uitpuilen *o*; uitsteeksel *o*
protrusive *bn* (voor)uitstekend
protuberance [prə'tju:bərəns] *znw* uitwas, knobbel, zwelling
protuberant *bn* uitstekend, uitpuilend, gezwollen
proud [praud] *bn* fier, trots (op *of*); prachtig; *a* ~ *day for us* een dag om trots op te zijn; *do* ~ verwennen
provable ['pru:vəbl] *bn* bewijsbaar
prove [pru:v] **I** *onoverg & abs ww* blijken (te zijn); **II** *overg* bewijzen, aantonen, waarmaken; de proef maken (nemen) op [een som]; een proef trekken van [een plaat]; op de proef stellen, vero beproeven; **III** *wederk*: *he has still to* ~ *himself* hij moet nog laten zien wat hij kan, zijn sporen nog verdienen; ~ *oneself to be...* zich doen kennen als, bewijzen... te zijn
proven vero V.D. van *prove*
provenance ['prɔvinəns] *znw* herkomst
provender ['prɔvində, -vəndə] *znw* voer *o*
proverb ['prɔvə:b] *znw* spreekwoord *o*; staande uitdrukking; *(the Book of) P~s* bijbel (het Boek der) Spreuken
proverbial [prə'və:bjəl] *bn* spreekwoordelijk; spreekwoorden-; uit het spreekwoord
proverbially *bijw* spreekwoordelijk; *he is* ~ *ignorant* zijn onwetendheid is spreekwoordelijk
provide [prə'vaid] **I** *overg* zorgen voor, bezorgen, verschaffen; voorzien (van *with*); voorschrijven, bepalen; **II** *onoverg*: ~ *for* voorzien in; zorgen voor; verzorgen
provided *voegw*: ~ *(that)* mits
providence ['prɔvidəns] *znw* voorzienigheid, het lot, de goden; *P~* de Voorzienigheid; plechtig voorzorg; vooruitziende blik
provident *bn* vooruitziend; zorgzaam; zuinig; ~ *fund* steunfonds *o*; ~ *society* vereniging voor onderlinge steun
providential [prɔvi'denʃəl] *bn* door de Voorzienigheid (beschikt), wonderbaarlijk; gunstig, te juister tijd
providing [prə'vaidiŋ] *voegw*: ~ *(that)* mits
province ['prɔvins] *znw* (win)gewest *o*; provincie; gebied *o*, departement *o*; werkkring, vakgebied *o*; *the ~s* ook: de provincie (= het land tegenover de hoofdstad); *it is not (within) my* ~ het ligt buiten mijn ressort, buiten mijn sfeer; het is niet mijn taak
provincial [prə'vinʃəl] **I** *bn* provinciaal, gewestelijk; provincie-; **II** *znw* provinciaal: hoofd van een kloosterprovincie; aartsbisschop; buitenman
provincialism *znw* provincialisme *o*, kleingeestigheid; plaatselijke uitdrukking of gewoonte
provinciality [prəvinʃi'æliti] *znw* provincialisme *o*, kleinsteedse bekrompenheid
provision [prə'viʒən] **I** *znw* voorziening; verschaffing; voorzorg(smaatregel); (wets)bepaling; handel dekking [v. wissel]; *~s* proviand, (mond)voorraad, levensmiddelen, provisie; *make* ~ *for* zorgen voor; voorzien in; **II** *overg* provianderen
provisional I *bn* voorlopig, tijdelijk, provisioneel; **II** *znw*: *P~* (verk.: *Provo*) lid van de extremistische vleugel van het Ierse Republikeinse Leger
provisionment *znw* proviandering
proviso [prə'vaizou] *znw* (*mv*: -s *of* provisoes) beding *o*; voorwaarde, clausule; *there is a* ~ er is een mits bij; *with the (a)* ~ *that* onder voorbehoud dat
provisory [prə'vaizəri] *bn* **1** voorwaardelijk; **2** = *provisional*
Provo ['prouvou] *znw* gemeenz = *provisional II*
provocation [prɔvə'keiʃən] *znw* tarting, terging;

provocatie; prikkeling; aanleiding; *he did it under severe* ~ omdat hij op ergerlijke wijze geprovoceerd werd
provocative [prə'vɔkətiv] *bn* tergend, tartend; provocerend; prikkelend
provoke [prə'vouk] *overg* (op)wekken, gaande maken, teweegbrengen, uitlokken; provoceren; prikkelen: tergen, tarten; ergeren, kwaad maken
provoking *bn* tergend, tartend; prikkelend; ergerlijk; lam, akelig, vervelend
provost ['prɔvəst] *znw* onderw hoofd *o* van een *college*; Schots burgemeester; [prə'vou] mil provoost
provost-marshal [prə'vou'ma:ʃəl] *znw* mil chef van de politietroepen
prow [prau] *znw* (voor)steven
prowess ['prauis] *znw* moed, dapperheid; heldendaad; bekwaamheid
prowl [praul] **I** *onoverg* rondsluipen, rondzwerven, zoeken naar prooi; loeren op buit; **II** *overg* sluipen door, afzwerven; **III** *znw* zwerftocht, rooftocht; *go on the* ~ op roof uitgaan; ~ *car* Am patrouillewagen [politie]
prowler ['praulə] *znw* iem. die rondsluipt, ± gluurder
prox. [prɔks] *afk.* = *proximo*
proximate ['prɔksimit] *bn* dichtbij(zijnd); ~ *cause* naaste of onmiddellijke oorzaak
proximity [prɔk'simiti] *znw* nabijheid; verwantschap
proximo ['prɔksimou] *bijw* aanstaand(e), eerstvolgend(e), van de aanstaande maand
proxy ['prɔksi] *znw* volmacht; gevolmachtigde, procuratiehouder; *by* ~ bij volmacht
prude [pru:d] *znw* preuts persoontje *o*
prudence ['pru:dəns] *znw* voorzichtigheid, omzichtigheid, beleid *o*, verstandigheid
prudent *bn* voorzichtig, omzichtig, beleidvol, verstandig
prudential [pru'denʃəl] *bn* wijs, voorzichtig
prudery ['pru:dəri] *znw* preutsheid
prudish *bn* preuts
1 prune [pru:n] *znw* gedroogde pruim, pruimedant; roodpaars
2 prune [pru:n] *overg* snoeien; ~ *down* besnoeien[2]; ~ *of* ontdoen van
pruning-hook, **pruning-knife** *znw* snoeimes *o*
prurience ['pruəriəns] *znw* wellust
prurient *bn* wellustig
prurigo [pru'raigou] *znw* jeukende uitslag
pruritus [pru'raitəs] *znw* jeuk
Prussian ['prʌʃən] **I** *bn* Pruisisch; ~ *blue* Berlijns blauw *o*; **II** *znw* Pruis
prussic ['prʌsik] *bn*: ~ *acid* blauwzuur *o*
1 pry [prai] *onoverg* gluren, snuffelen; fig zich bemoeien met andermans zaken; ~ *into* fig zijn neus steken in
2 pry [prai] *overg* (open)breken; (los)krijgen
PS *afk.* = *postscriptum* PS
psalm [sa:m] *znw* psalm
psalmist *znw* psalmist
psalmody ['sæl-, 'sa:mədi] *znw* psalmodie, psalmgezang *o*
psalter ['sɔ:ltə] *znw* psalmboek *o*
psaltery *znw* muz psalter *o*
psephology [(p)se'fɔlədʒi] *znw* studie van kiezersgedrag
pseud [sju:d] *znw* gemeenz dikdoener, blaaskaak
pseudo ['(p)sju:dou] *bn* gemeenz pseudo, vals, onecht
pseudo- *voorv* pseudo-
pseudonym ['(p)sju:dənim] *znw* pseudoniem *o*
pseudonymous [(p)sju'dɔniməs] *bn* onder pseudoniem
pshaw [pʃɔ:] *tsw* bah!, foei!
psittacosis [psitə'kousis] *znw* papegaaienziekte
psych [saik] *overg*: ~ *out* gemeenz bang maken, in de war brengen; (geestelijk) instorten; ~ *oneself up* zich geestelijk voorbereiden, zich instellen (op *for*)
psyche ['saiki] *znw* psyche [ziel]
psychedelic [saiki'delik] *bn* psychedelisch, bewustzijnsverruimend
psychiatric [saiki'ætrik] *bn* psychiatrisch
psychiatrist [sai'kaiətrist] *znw* psychiater
psychiatry *znw* psychiatrie
psychic ['saikik] **I** = *psychic(al)*; **II** *znw* paranormaal begaafde, medium *o*
psychic(al) *bn* psychisch, ziel-; spiritistisch; paragnostisch; *psychical research* parapsychologie
psycho ['saikou] *znw* gemeenz psychopaat
psychoanalyse [saikou'ænəlaiz] *overg* psychoanalyseren
psychoanalysis [saikouə'nælisis] *znw* psychoanalyse
psychoanalyst [saikou'ænəlist] *znw* psychoanalyticus
psychoanalytic [saikouænə'litik] *bn* psychoanalytisch
psychological [saikə'lɔdʒikl] *bn* psychologisch
psychologist [sai'kɔlədʒist] *znw* psycholoog
psychology *znw* psychologie
psychopath ['saikoupæθ] *znw* psychopaat
psychopathic [saikou'pæθik] *bn* psychopathisch
psychosis [sai'kousis] *znw* (*mv*: psychoses [-si:z]) psychose
psychosomatic [saikousou'mætik] *bn* psychosomatisch
psychotic [sai'kɔtik] *bn (znw)* psychotisch (persoon)
PT *afk.* = *physical training*
PTA *afk.* = *Parent Teacher Association* [oudercommissie met deelname van leerkrachten]
ptarmigan ['ta:migən] *znw* sneeuwhoen *o*
PTO *afk.* = *please turn over* zie ommezijde, z.o.z.
ptomaine ['toumein] *znw* ptomaïne; lijkengif
pub [pʌb] *znw* gemeenz = *public house*
pub-crawl *znw* gemeenz kroegentocht

puberty ['pju:bəti] *znw* geslachtsrijpheid
pubes ['pju:bi:z] *znw* schaamhaar *o*; schaamstreek
pubescence [pju:'besns] *znw* begin *o* v.d. puberteit; plantk donshaar *o*
pubescent [pju:'besnt] *bn* de puberteit bereikt hebbend, geslachtsrijp
public ['pʌblik] **I** *bn* algemeen, openbaar, publiek; staats-, rijks-, lands-, volks-; berucht; *go* ~ naar de beurs gaan; ~ *bar* (goedkopere) bar in een *public house*; *vgl*: *saloon bar*; ~ *convenience* openbare wc, urinoir *o*; *in the* ~ *eye* de algemene aandacht trekkend; ~ *examination* staatsexamen *o*; ~ *figure* persoon die een openbaar ambt bekleedt of deelneemt aan het openbare leven; *the* ~ *good* het algemeen welzijn; ~ *health* volksgezondheid; ~ *house* café *o*, bar, pub; ~ *housing* Am sociale woningbouw; ~ *law* het volkenrecht; het publiekrecht; ~ *opinion* de openbare mening; ~ *ownership* nationalisatie; *P~ Relations (Department)* voorlichting(sdienst), pr-afdeling; ~ *relations officer* voorlichter, perschef, PR-functionaris; ~ *school* zie *public-school*; ~ *sector* openbare sector; ~ *servant* ambtenaar; ~ *speaking* (de kunst v.h.) spreken in het openbaar; ~ *spirit* burgerzin; ~ *transport* openbaar vervoer *o*; ~ *works* openbare werken; **II** *znw* publiek *o*; *in* ~ in het openbaar
public-address system *znw* geluidsinstallatie, intern omroepsysteem *o*, luidsprekerinstallatie
publican ['pʌblikən] *znw* herbergier, caféhouder, kroegbaas; bijbel tollenaar
publication [pʌbli'keiʃən] *znw* openbaarmaking, afkondiging, bekendmaking; publicatie, uitgave, blad *o*
publicist ['pʌblisist] *znw* **1** publicist, journalist; **2** deskundige op het gebied van internationaal recht; **3** publiciteitsagent
publicity [pʌ'blisiti] *znw* **1** publiciteit; **2** reclame
publicize ['pʌblisaiz] *overg* publiciteit geven aan, reclame maken voor
publicly ['pʌblikli] *bijw* in het openbaar, in het publiek, publiekelijk, openlijk
public-school *znw* **1** (particuliere) opleidingsschool voor de universiteit [in Engeland]; **2** openbare (basis- of middelbare) school [Schotland, Dominions, Amerika]
public-spirited *bn* vol belangstelling in en bezield met ijver voor het algemeen welzijn
publish ['pʌbliʃ] *overg* openbaar maken, publiek maken, bekendmaken, afkondigen [iets]; publiceren, uitgeven [boek]
publishable *bn* voor publicatie geschikt
publisher *znw* uitgever; uitgeverij
publishing *znw* uitgeversbranche
publishing-house *znw* uitgeverij
puce [pju:s] *bn (znw)* donker- of purperbruin *o*
puck [pʌk] *znw* kabouter, kobold; sp schijf [v. ijshockey]
pucker ['pʌkə] **I** *onoverg* rimpelen, (zich) plooien, zich fronsen (ook: ~ *up*); **II** *overg* (doen) rimpelen, (op)plooien, frons(el)en (ook: ~ *up*); **III** *znw* rimpel, plooi, fronsel
puckish ['pʌkiʃ] *bn* snaaks, ondeugend
pud [pud] *znw* gemeenz = *pudding*
1 pudding ['pudiŋ] *znw* scheepv stootkussen *o* van touw
2 pudding ['pudiŋ] *znw* pudding; gemeenz dessert *o*, toetje *o*
pudding basin ['pudiŋbeisn] *znw* beslagkom; puddingvorm
pudding-face *znw* vollemaansgezicht *o*
pudding-head *znw* gemeenz uilskuiken *o*
puddingy ['pudiŋi] *bn* puddingachtig
puddle ['pʌdl] **I** *znw* (regen)plas, poel; vulklei; **II** *onoverg* ploeteren, plassen, knoeien; **III** *overg* omroeren; techn puddelen, frissen [gesmolten ijzer]; met vulklei dichtmaken
puddly *bn* vol plasjes; modderig
pudgy ['pʌdʒi] *bn* dik
puerile ['pjuərail] *bn* kinderachtig
puerility [pjuə'riliti] *znw* kinderachtigheid
Puerto Rican ['pjuεətou 'ri:kən] **I** *znw* Portoricaan; **II** *bn* Portoricaans
Puerto Rico ['pjuεətou 'ri:kou] *znw* Porto Rico *o*
puff [pʌf] **I** *znw* windstootje *o*, ademtochtje *o*, zuchtje *o*, (rook-, stoom- &)wolkje *o*; trekje *o* [aan pijp]; gemeenz (opgeklopte) reclame; poederdons; pof [aan japon]; soes; **II** *onoverg* opzwellen (ook: ~ *up*); blazen, hijgen, snuiven, paffen [aan pijp], puffen [locomotief]; **III** *overg* op-, uitblazen; doen opbollen (ook: ~ *out*, ~ *up*); reclame maken voor; in de hoogte steken (ook: ~ *up*); *~ed* ook: buiten adem; *~ed sleeves* pofmouwen; *~ed up with pride* opgeblazen van trots
puff-ball ['pʌfbɔ:l] *znw* stuifzwam; kaars (v. paardebloem)
puffer ['pʌfə] *znw* wie puft &, gemeenz stoomlocomotief, stoomboot
puffin ['pʌfin] *znw* papegaaiduiker
puff-pastry, Am **puff-paste** ['pʌfpeist(ri)] *znw* bladerdeeg *o*
puffy ['pʌfi] *bn* pafferig; opgeblazen[2]; gezwollen
pug [pʌg] *znw* mopshond
pugilism ['pju:dʒilizm] *znw* boksen *o*
pugilist *znw* bokser
pugilistic [pju:dʒi'listik] *bn* vuistvechters-
pugnacious [pʌg'neiʃəs] *bn* twistziek, strijdlustig
pugnacity [pʌg'næsiti] *znw* strijdlust
pug-nose ['pʌgnouz] *znw* mop(s)neus
puisne ['pju:ni] **I** *bn* recht jonger; ~ *judge* = **II** *znw* rechter van lagere rang
puissance ['pjuis(ə)ns] *znw* springtest [voor paarden]; vero macht, kracht
puissant ['pjuis(ə)nt] *bn* vero machtig
puke [pju:k] *overg* braken
pukka ['pʌkə] *bn* gemeenz echt, authentiek; uitstekend, excellent

pulchritude ['pʌlkritju:d] *znw* plechtig schoonheid

pule [pju:l] *onoverg* plechtig klaaglijk huilen; zacht wenen

pull [pul] **I** *overg* trekken (aan), rukken, scheuren, plukken (aan); tappen [bier]; verrekken [spier]; slang versieren [meisje, jongen &]; overhalen, afdrukken, -trekken (~ *the trigger*); roeien; ~ *a good oar* goed kunnen roeien; *boat that ~s six oars* zesriemsboot; ~ *one's punches* niet toeslaan; het kalm aan doen; toegeeflijk zijn; ~ *no punches* ook: geen blad voor de mond nemen, vrijuit spreken; ~ *a trick (~ a fast one)* een grap (met iem.) uithalen; ~ *one's weight* zich geheel geven; iets presteren; ~ *the other one (it's got bells on)* gemeenz ga fietsen, maak dat de kat wijs; **II** *onoverg & abs ww* trekken [aan de bel]; roeien; ~ *about* heen en weer trekken, toetakelen; door elkaar gooien; ~ *at* plukken aan, trekken aan [pijp]; ~ *apart* uit elkaar rukken; ~ *away (ahead)* zich in beweging zetten; optrekken, wegrijden; sp demarreren, een uitlooppoging doen; ~ *away at* uit alle macht trekken aan &; ~ *back* achteruit trekken; terughouden; terugtrekken; ~ *back from* afzien van; ~ *down* neertrekken, omverhalen, neerhalen[2], afbreken, slopen; fig (doen) aftakelen; ~ *in* intrekken; aantrekken, binnenhalen; strakker maken; binnenrijden; slang in de kraag grijpen; ~ *in to the side of the road* naar de kant van de weg rijden en stoppen; ~ *in at* even aangaan bij; ~ *off* aftrekken, uittrekken [schoenen], afnemen; ~ *it off* het winnen; het klaarspelen, het hem leveren; ~ *on* aantrekken; ~ *out* uittrekken; vertrekken, weggaan [v. trein]; uithalen [naar rechts, links]; ~ *out of* verlaten, wegtrekken uit [v. leger &]; comput selecteren; ~ *out of (the crisis)* (de crisis) te boven komen; ~ *out of an agreement* zich onttrekken aan een afspraak; ~ *over* opzijgaan [v. auto]; ~ *round,* ~ *through* zich erdoorheen slaan, het erbovenop halen, er bovenop komen (helpen); ~ *to bits (pieces)* uit elkaar (stuk) trekken; fig afkammen [boek &]; ~ *together* bijeen trekken; fig één lijn trekken; weer opknappen [een zieke]; ~ *oneself together* zich vermannen; zich beheersen; ~ *up* stilhouden, blijven staan, stoppen; optrekken, omhoogtrekken, ophalen; uit de grond trekken; bijschuiven [stoel]; tot staan brengen, tegenhouden; op zijn plaats zetten, terechtwijzen; oppakken, voor het gerecht trekken; **III** *znw* ruk; trekken *o*; mil aftrekken *o*; trek, trekje *o* [aan pijp]; trekkracht; aantrekkingskracht; roeitocht; teug; handvat *o*; fig invloed; *it is a hard ~* het is zwaar roeien; het is een hele toer, een hele sjouw; *have a ~ on (with) sbd.* invloed bij iem. hebben, veel bij iem. vermogen

pullet ['pulit] *znw* jonge kip

pulley ['puli] *znw* katrol; riemschijf

pull-in ['pulin] *znw* wegcafé *o*

Pullman (car) ['pulmən(ka:)] *znw* pullman, pullmanrijtuig *o*

pullover ['pulouvə] *znw* pullover [soort trui]

pullulate ['pʌljuleit] *onoverg* snel vermenigvuldigen, voortwoekeren

pull-up ['pulʌp] *znw* ook: = *pull-in*

pulmonary ['pʌlmənəri] *bn* long-

pulp [pʌlp] **I** *znw* weke massa; merg *o*; vlees *o* [v. vruchten], moes *o*, pulp, (papier)brij, -pap; gemeenz goedkoop (op slecht papier gedrukt) tijdschrift *o* (ook: ~ *magazine*); ~ *fiction,* ~ *novels* gemeenz sensatieromans; **II** *overg (& onoverg)* tot moes of brij maken (worden)

pulpit ['pulpit] *znw* kansel, preekstoel, katheder, spreekgestoelte *o*

pulpy ['pʌlpi] *bn* **1** zacht, moesachtig, vlezig; **2** pulp-, sensatie-

pulsate [pʌl'seit, 'pʌlseit] *onoverg* kloppen, slaan, trillen, pulseren

pulsation [pʌl'seiʃən] *znw* slaan *o*, (hart)slag, klopping [van het hart &], trilling

pulsatory ['pʌlsətəri] *bn* kloppend, trillend, vibrerend

1 pulse [pʌls] *znw* peulvrucht(en)

2 pulse [pʌls] **I** *znw* pols, (pols)slag, klopping, trilling; elektr (im)puls; vitaliteit; prikkel, sensatie; **II** *onoverg* kloppen, slaan, pulseren; *take sbd.'s ~* iem. de pols voelen; *have (keep) one's finger on the ~* fig de vinger aan de pols houden

pulverization [pʌlvərai'zeiʃən] *znw* vermaling tot poeder, fijnstamping; verstuiving; verpulvering[2]; fig vermorzeling

pulverize ['pʌlvəraiz] **I** *overg* tot pulver of poeder stoten of wrijven, fijnstampen of -wrijven; doen verstuiven; verpulveren[2]; fig vermorzelen; **II** *onoverg* tot poeder of stof worden

pulverizer *znw* pulverisator, verstuiver, verstuivingstoestel *o*

puma ['pju:mə] *znw* poema

pumice ['pʌmis] *znw* puimsteen *o & m* [stofnaam], puimsteen *m* [voorwerpsnaam] (ook: ~ *stone*)

pummel ['pʌməl] *overg* = *pommel*

1 pump [pʌmp] **I** *znw* pomp; **II** *overg* (uit)pompen; gemeenz uithoren; inpompen[2]; ~ *up* oppompen; **III** *onoverg* pompen

2 pump [pʌmp] *znw* lak-, dansschoen, pump

pumpernickel ['pumpənikl] *znw* pompernikkel

pump-handle ['pʌmphændl] *znw* pompslinger

pumpkin ['pʌm(p)kin] *znw* pompoen

pump-room ['pʌmprum] *znw* kursaal [in badplaats]

pun [pʌn] **I** *znw* woordspeling; **II** *onoverg* woordspelingen maken (op *on*)

1 punch [pʌn(t)ʃ] **I** *znw* **1** techn pons, doorslag, drevel; kaartjestang, perforator; stoot, stomp, slag; durf, fut; **2** punch [drank]; **3** (Suffolks) trekpaard *o*; **II** *overg* techn ponsen, doorslaan; knippen [met een gaatje]; stompen, slaan (op); *~(ed) card* ponskaart; *~(ed) tape* ponsband

2 Punch [pʌn(t)ʃ] *znw* Jan Klaassen; ~ *and Judy* Jan

Klaassen en Katrijn; poppenkast; *as pleased as ~* erg in zijn nopjes
punch bag ['pʌn(t)ʃbæg] *znw* stootzak [voor boksers]
punchball ['pʌn(t)ʃbɔ:l] *znw* boksbal
punchbowl ['pʌn(t)ʃboul] *znw* punch-, bowlkom
punch card ['pʌn(t)ʃka:d] *znw* ponskaart
punch-drunk ['pʌn(t)ʃ'drʌŋk] *bn* versuft; in de war
Punchinello [pʌn(t)ʃi'nelou] *znw* hansworst, pias, potsenmaker
punching bag *znw* Am = *punch bag*
punching-ball ['pʌn(t)ʃiŋbɔ:l] *znw* boksbal
punch-line ['pʌn(t)ʃlain] *znw* pointe
punch tape *znw* ponsband
punch-up *znw* slang knokpartij
punchy ['pʌn(t)ʃi] *bn* **1** pittig, dynamisch; **2** aangeslagen, versuft
punctilio [pʌŋk'tiliou] *znw* formaliteitsfinesse; overdreven nauwgezetheid
punctilious *bn* overdreven nauwgezet, stipt
punctual ['pʌŋktjuəl] *bn* stipt (op tijd), precies, nauwgezet, punctueel
punctuality [pʌŋktju'æliti] *znw* stiptheid, punctualiteit, preciesheid, nauwgezetheid
punctuate ['pʌŋktjueit] *overg* leestekens plaatsen; onderbreken (met); onderstrepen, accentueren; kracht bijzetten aan
punctuation [pʌŋktju'eiʃən] *znw* punctuatie, interpunctie; *~ marks* leestekens
puncture ['pʌŋktʃə] **I** *znw* prik, gaatje *o*, doorboring, lek *o* [in fietsband], bandenpech; **II** *overg* lek maken, (door)prikken [band &]; med puncteren; *a ~d tire* een lekke band; **III** *onoverg* lek worden [band &]
pundit ['pʌndit] *znw* geleerde (hindoe); wijze (geringsch die meent het te weten), gemeenz knappe kop
pungency ['pʌndʒənsi] *znw* scherpheid, bijtend karakter *o*
pungent *bn* scherp, bijtend; sarcastisch
punish ['pʌniʃ] *overg* straffen, bestraffen; kastijden; afstraffen; toetakelen, op zijn kop geven, flink aanspreken [de fles &]
punishable *bn* strafbaar
punishment *znw* straf, bestraffing, afstraffing; *take a lot of ~* gemeenz heel wat incasseren
punitive ['pju:nitiv] *bn* straffend, straf-
Punjabi [pʌn'dʒa:bi] *znw* Punjabi [inwoner & taal]
punk [pʌŋk] **I** *znw* **1** (ook: *~ rock*) punk(muziek, -beweging); **2** (ook: *~ rocker*) aanhanger van de punkbeweging, punk, punker; **3** *vooral* Am slang ± randgroepjongere; **4** slang onzin, bullshit; **II** *bn* **1** punk- **2** slang rot-, shit-
punnet ['pʌnit] *znw* spanen (fruit)mandje *o*
punster ['pʌnstə] *znw* maker van woordspelingen
1 punt [pʌnt] **I** *znw* platboomde rivierschuit; **II** *overg* voortbomen; **III** *onoverg & abs ww* op de rivier met de *punt* tochtjes maken; *~(ing) pole* vaarboom
2 punt [pʌnt] *onoverg* tegen de bankhouder spelen; wedden; kleine bedragen inzetten
3 punt [pʌnt] rugby, Am. voetbal **I** *znw* het trappen van de bal zodra deze losgelaten wordt; **II** *overg & onoverg* de bal trappen zodra deze losgelaten wordt
punter ['pʌntə] *znw* pointeur, gokker; klant; *the ~s* het publiek, de mensen (in het land)
puny ['pju:ni] *bn* klein, zwak, nietig
pup [pʌp] **I** *znw* jonge hond, zeehond e.d.; gemeenz verwaand (jong) broekje *o*; *be sold a ~* een kat in de zak kopen; *in ~* drachtig, zwanger; **II** *onoverg* jongen werpen, jongen
pupa ['pju:pə] *znw* (*mv*: -s *of* pupae [-pi:]) dierk pop
pupate ['pju:peit] *onoverg* zich verpoppen
pupation [pju'peiʃən] *znw* verpopping
pupil ['pju:pil] *znw* pupil [v. oog]; leerling; *~ teacher* kwekeling; recht pupil
pupil(l)age *znw* leertijd
pupil(l)ary *bn* pupil-; leerlingen-; recht pupillen-
puppet ['pʌpit] **I** *znw* marionet[2]; **II** *bn* marionetten
puppeteer [pʌpi'tiə] *znw* poppenspeler
puppet play ['pʌpitplei] *znw* marionettenspel *o*, poppenspel *o*
puppetry *znw* marionetten(spel *o*, -theater *o*)
puppet show *znw* marionettenspel *o*, -theater *o*, poppenspel *o*, poppenkast
puppet state *znw* vazalstaat
puppy ['pʌpi] *znw* jonge hond; verwaande kwast
puppyfat ['pʌpifæt] *znw* gemeenz vet *o* (dikheid) van de jeugd
puppyish ['pʌpiiʃ] *bn* als een jong hondje
puppy love *znw* kalverliefde
purblind ['pə:blaind] *bn* bijziend; fig kortzichtig
purchase ['pə:tʃəs] **I** *znw* koop°; aanschaffing; aankoop, inkoop; recht verwerving; techn aangrijpingspunt *o*; hefkracht; spil, talie; *get a ~* een punt vinden om aan te zetten, vat krijgen; *make ~s* inkopen doen; **II** *overg* (aan)kopen[2], recht verwerven
purchase-money *znw* aankoopprijs, koopsom
purchaser *znw* consument, koper, afnemer
purchase tax *znw* hist aankoopbelasting
purchasing-power *znw* koopkracht
purdah ['pə:(r)da:, -də] *znw* [Hindi] afzondering en sluiering van vrouwen [bij moslims &], purdah
pure ['pjuə] *bn* zuiver, rein, kuis; puur, onvermengd; louter; *~ culture* reincultuur, zuivere kweek; *~ and simple* zuiver, louter, niets anders dan, je reinste
pure-bred *bn* rasecht, ras-
purée ['pjuərei] *znw* puree
purgation [pə:'geiʃən] *znw* zuivering; purgatie
purgative ['pə:gətiv] **I** *bn* zuiverend; purgerend; **II** *znw* purgeermiddel *o*
purgatorial [pə:gə'tɔ:riəl] *bn* van het vagevuur
purgatory ['pə:gətəri] *znw* vagevuur[2] *o*; gemeenz (zware) beproeving

purge [pə:dʒ] **I** *overg* zuiveren [politiek &]; reinigen, schoonwassen; laten purgeren; **II** *znw* zuivering; purgatie; purgatief *o*

purification [pjuərifi'keiʃən] *znw* zuivering, reiniging, loutering

purificatory ['pjuərifikeitəri] *bn* zuiverend, reinigend, louterend

purifier *znw* zuiveraar, reiniger, louteraar; zuiveringsmiddel *o*, -toestel *o*

purify *overg* zuiveren, reinigen, louteren; klaren

purism ['pjuərizm] *znw* purisme *o*

purist *znw* purist, taalzuiveraar

puristic [pjuə'ristik] *bn* puristisch

puritan ['pjuəritən] *znw* & *bn* puritein(s); *P~* hist puritein *m*

puritanical [pjuəri'tænikl] *bn* puriteins

puritanism ['pjuəritənizm] *znw* puritanisme *o*

purity ['pjuəriti] *znw* zuiverheid[2], reinheid, kuisheid

1 purl [pə:l] **I** *znw* averechtse steek, boordsel *o*; **II** *bn* averechts [steek]; **III** *overg* averechts breien; boorden

2 purl [pə:l] **I** *onoverg* kabbelen; **II** *znw* gekabbel *o*

purler *znw* gemeenz buiteling voorover

purlieus ['pə:lju:z] *znw* zoom, omtrek, buurt

purlin ['pə:lin] *znw* hanenbalk

purloin [pə:'lɔin] *overg* kapen, stelen

purple ['pə:pl] **I** *bn* paars, purper(rood); purperen; *P~ Heart* Am militaire onderscheiding voor gewonden; slang hartvormig pepmiddel (amfetamine) *o*; *~ (patch) passage* briljante (vaak bombastische) passage [in boek &]; **II** *znw* purper[2] *o*

purplish *bn* purperachtig

1 purport ['pə:pət] *znw* inhoud; zin, betekenis; strekking, bedoeling

2 purport [pə'pɔ:t] *overg* voorgeven, de indruk (moeten) wekken, beweren; te kennen geven, inhouden, behelzen; van plan zijn

purpose ['pə:pəs] **I** *znw* doeleinde *o*, doel *o*, oogmerk *o*; bedoeling; *(sense of) ~* vastberadenheid; *for that ~* met dat doel; te dien einde; daarom; *for all practical ~s* praktisch; *on ~* met opzet; *to the ~* ter zake (dienend); *to good ~* met succes; *to little ~* met weinig succes; *to no ~* zonder resultaat, tevergeefs; *a novel with a ~* een tendensroman; **II** *overg* zich voornemen, van plan zijn

purpose-built *bn* speciaal ontworpen

purposeful *bn* met een bedoeling in het leven geroepen, zinvol; doelbewust, recht op het doel afgaand

purposeless *bn* doelloos

purposely *bijw* opzettelijk, met opzet

purposive *bn* met een bepaalde bedoeling; doelbewust

purr [pə:] **I** *onoverg* snorren [motor &]; spinnen [v. katten]; knorren [v. welbehagen]; **II** *znw* spinnen *o* [v. katten]

purse [pə:s] **I** *znw* beurs°; portemonnee, portemonnee; buidel; Am handtas; sp geldprijs; *the public ~* de schatkist; **II** *(onoverg &) overg* (zich) samentrekken, (zich) fronsen (ook: *~ up*)

purse-proud ['pə:spraud] *bn* poenig

purser ['pə:sə] *znw* scheepv administrateur

purse-strings ['pə:sstriŋz] *znw mv*: *hold the ~* het geld beheren, de financiële touwtjes in handen hebben

purslane ['pə:slin] *znw* postelein

pursuance [pə'sju:əns] *znw* nastreven *o* [van een plan]; voortzetting; uitvoering; *in ~ of* ingevolge, overeenkomstig

pursuant *bn ~ to* overeenkomstig, ingevolge

pursue [pə'sju:] **I** *overg* vervolgen, achtervolgen; voortzetten; najagen, nastreven; volgen [weg, zekere politiek], uitoefenen [bedrijf]; doorgaan op [iets]; **II** *onoverg* verder gaan, doorgaan

pursuer *znw* vervolger; (achter)volger; najager; voortzetter

pursuit *znw* vervolgen *o*; achter-, vervolging, najaging; jacht (op *of*), streven *o* (naar *of*); *~s* bezigheden, werk *o*; *in ~ of* vervolgend, jacht makend op, nastrevend, uit op

pursy ['pə:si] *bn* vero kortademig; corpulent

purulent ['pjuərulənt] *bn* etter(acht)ig, etterend; *~ discharge* etter, ettering

purvey [pə:'vei] *overg* verschaffen, leveren

purveyance *znw* voorziening, verschaffing; proviandering, leverantie

purveyor *znw* verschaffer, leverancier; *~ to Their Majesties* hofleverancier

purview ['pə:vju:] *znw* bepalingen [van een wet]; gebied *o*, bereik *o*, omvang, gezichtskring

pus [pʌs] *znw* pus *o* & *m*, etter

push [puʃ] **I** *overg* stoten, duwen, dringen, drijven (tot *to*); schuiven; pousseren [een artikel]; slang handelen in [drugs]; *he's ~ing forty* gemeenz hij loopt tegen de veertig; *~ an advantage (home)* benutten; *~ the button* op de knop drukken; *~ one's claim* vasthouden aan zijn eis; *~ one's luck* te veel op zijn geluk vertrouwen; *~ one's way* zich een weg banen; zich pousseren; *~ (one's way) in* zich in-, opdringen; *~ sbd. hard* iem. het vuur na aan de schenen leggen; *be ~ed for* te kort hebben aan; *be ~ed for time* in tijdnood zitten; *be hard ~ed to (survive)* ternauwernood kunnen (overleven); **II** *onoverg & abs ww* stoten, duwen, dringen; *~ around* gemeenz ringeloren, koeioneren; *~ away* wegduwen; *~ back* terugduwen, terugdringen; *~ down* neerduwen; *~ for an answer* aandringen op een antwoord; *~ for the next village* dóórlopen naar, oprukken naar, rijden (roeien) naar; *~ for (power)* op zoek zijn naar (macht); *be (hard) ~ed for money* (erg) verlegen zijn om geld; *~ forth roots* wortel schieten; *~ forward* voortrukken; vaart zetten achter [iets], pousseren [iem.]; mil vooruitschuiven [troepen]; *~ oneself forward* (zich) naar voren dringen[2]; *~ from shore* van wal steken; *~ off* afzetten, afduwen, afstoten; gemeenz opstappen, vertrekken; ~ *on* voortduwen; pousseren, voorthelpen, vooruit schoppen; aanzetten (tot *to*); voortrijden, voortrukken, doormarcheren, verder roeien; ~ *on with it* er mee doorgaan; er mee voortmaken; ~ *out into the sea* in zee steken; ~ *over* omstoten; ~ *through* doorzetten, -drijven, -drukken, klaarspelen; **III** *znw* stoot[2], duw; zet, zetje *o*; druk, drang; stuwkracht; energie; mil offensief *o*; drukknop, toets [aan toestel]; *get (give sbd.) the* ~ gemeenz de bons krijgen (geven); *make a* ~ *for home* zo gauw mogelijk thuis zien te komen; *make a* ~ *for the town* de stad (vechtende) zien te bereiken; *at a* ~ in geval van nood; *when it came to the* ~ toen het erop aankwam

push-bike *znw* gemeenz (trap)fiets

push-button *znw* drukknop; *a* ~ *telephone* een telefoon met druktoetsen

push-cart *znw* kleine kruiwagen; handkar

push-chair *znw* wandelwagentje *o*

pusher *znw* streber; gemeenz drugshandelaar; ~ *screw* luchtv duwschroef

pushing *bn* **1** energiek, dynamisch; **2** = *pushy*

pushover *znw* gemeenz peulenschil, makkie *o*

pushpin *znw* Am punaise

push-up *znw* Am opdrukoefening, push-up

pushy, **pushful** *bn* aanmatigend; zich op de voorgrond dringend; te ambitieus of zelfbewust

pusillanimity [pju:silæ'nimiti] *znw* kleinmoedigheid, blohartigheid

pusillanimous [pju:si'lænimәs] *bn* kleinmoedig, blohartig

puss [pus] *znw* kat, poes, poesje[2] *o*; slang lekker wijf; *P~ in Boots* de Gelaarsde Kat

pussy *znw* poesje *o*; katje *o*; plat poes [vrouwelijk geslachtsdeel]

pussy-cat *znw* poes, poesje *o*

pussyfoot *onoverg* omzichtig te werk gaan; stiekem doen; ergens omheen draaien; besluiteloos zijn

pussy-willow *znw* katwilg

pustular ['pʌstjulә] *bn* puistig

pustulate *overg* & *onoverg* (tot) puistjes vormen

pustule *znw* puistje *o*

1 put [put] (put; put) **I** *overg* zetten, stellen, plaatsen, leggen; brengen; steken, stoppen, bergen, doen; fig uitdrukken, onder woorden brengen, zeggen; [een zaak] voorstellen; [een zekere uitleg] geven (aan *on*); [iets] in stemming brengen; *I didn't know where to* ~ *myself* ik wist mij met mijn houding geen raad; ~ *a check on* tegenhouden, beteugelen, in toom houden; ~ *about* scheepv wenden; laten rondgaan; rondstrooien [praatjes]; *be* ~ *about to...* alle moeite hebben om ..; ~ *across* overzetten; goed overbrengen, duidelijk uitleggen; ~ *it across* gemeenz erin slagen te..., het klaarspelen; ~ *it across on sbd. (~ one over on sbd.)* gemeenz iem. bij de neus nemen, iem. beduvelen; ~ *aside* opzij zetten[2]; van de hand wijzen; ~ *away* wegleggen, wegzetten (ook van geld); van zich af zetten [gedachten]; gemeenz verorberen; gemeenz opbergen [in gevangenis &]; ~ *back* weer op zijn plaats zetten of leggen; achteruit-, terugzetten [klok]; uitstellen; vertragen; wegwerken [voedsel]; ~... *before...* voorleggen; stellen boven of hoger dan; ~ *behind one* terzijde leggen [rekwest &]; fig te boven komen, achter zich laten; *that ~s it beyond all doubt* dat heft alle twijfel op; ~ *by* opzij leggen, overleggen [geld]; ter zijde leggen; ~ *down* neerleggen, neerzetten; afzetten [passagiers]; opschrijven, optekenen, noteren; onderdrukken, bedwingen [opstand]; laten inslapen [dier]; afmaken, doden; een toontje lager doen zingen, tot zwijgen brengen [iem.]; fnuiken [trots]; ~ *him down as a fool* houden voor; ~ *it down to his nervousness* toeschrijven aan; ~ *forth* uitsteken [de hand]; uitvaardigen [edict]; opperen [mening]; verkondigen; inspannen, aanwenden [zijn krachten]; ~ *forth leaves* in het blad schieten; ~ *forward* vooruit zetten, vervroegen; te berde of ter tafel brengen, verkondigen, opperen [mening]; uitkomen met [kandidaten]; ~ *oneself forward* zich op de voorgrond plaatsen; ~ *in* zetten in, inzetten; steken in; invoegen, inlassen; plaatsen; (laten) aanleggen [elektrisch licht &]; aanspannen [paarden]; planten [zaden]; aanstellen, in dienst nemen; verzetten [veel werk], werken [zoveel uren]; scheepv binnenlopen; ~ *in an appearance* zich (even) vertonen, acte de présence geven; ~ *in a claim (a demand)* een eis indienen; ~ *in a word* een woordje meespreken, ook een duit in het zakje doen; ~ *in a (good) word for* een goed woordje doen voor; ~ *in at* stoppen bij, even aangaan bij, een haven aandoen [v. schip]; ~ *in for* solliciteren naar, zich opgeven voor; ~ *it into Dutch* zeg (vertaal) het in het Nederlands; ~ *into words* onder woorden brengen, verwoorden; ~ *off* afzetten, afleggen, uittrekken; van wal steken; uitstellen; afzeggen, afschrijven; afbrengen; afkerig maken, doen walgen; onthutsen; ~ *off with talk (fair words)* met mooie praatjes afschepen; ~ *off as (for)* uitgeven voor; ~ *on* opzetten, aandoen, aantrekken [kleren]; opleggen; aanzetten; aanhaken [spoorwegrijtuig]; inleggen, extra laten lopen [trein]; in de vaart brengen [schip]; aannemen [houding]; zetten [een gezicht]; aan het werk zetten [iem.]; op touw zetten, organiseren; laten spelen [toneelstuk], opvoeren, geven; stellen op, voorschrijven [dieet]; Am voor de gek houden; ~ *on the clock* voorzetten; ~ *it on* gemeenz overvragen; overdrijven; maar zo doen; ~ *on to...* [per telefoon] verbinden met...; inlichtingen geven over; in contact brengen met; ~ *money on a horse* op een paard wedden; ~ *on £ 5* vijf pond inzetten; ~ *on speed* vaart zetten; ~ *on steam* stoom maken; fig er vaart achter zetten; zie ook: *flesh, side, weight*; ~ *out* uitleggen, (er) uitzetten, uitsteken, uitplanten; uitdoen, (uit)blussen, uitdoven; uitstrooien [gerucht]; RTV uitzenden;

uitgeven, publiceren; uitbesteden [werk]; van zijn stuk brengen, in de war maken; hinderen; sp uitbowlen; de loef afsteken; med ontwrichten; ~ *out buds* knoppen krijgen; ~ *out sbd.'s plans* verijdelen; ~ *out one's washing* buitenshuis laten wassen; ~ *out of (his) misery* uit zijn lijden verlossen; ~ *out to board* uitbesteden; ~ *out to contract* aanbesteden; ~ *out to sea* in zee steken, uitvaren; ~ *oneself out to...* zich uitsloven om...; *be ~ out* van zijn stuk gebracht of boos zijn; blijven steken; *I've put my shoulder out* mijn arm is uit de kom geschoten; ~ *over* ingang doen vinden, populair maken; (zich) goed uitdrukken, communiceren; zie ook: ~ *across*; ~ *it over the fire* het boven het vuur hangen; *I wouldn't ~ it past them* gemeenz ik zie ze er wel voor aan, ze zijn er niet te goed voor; ~ *through* uit-, doorvoeren; erdoor krijgen [wetsvoorstel &]; (telefonisch) doorverbinden; [iem.] laten doorwerken, onderwerpen aan; *they ~ a bullet through his head* zij schoten hem een kogel door het hoofd; ~ *to bed* in bed leggen, naar bed brengen; ~ *to expense* op kosten jagen; ~ *to inconvenience (~ to trouble)* last veroorzaken; ~ *sbd. to it* iem. er voor zetten; *he was hard ~ to...* hij had veel moeite te...; *I ~ it to you* dat vraag ik u, zegt u het nu zelf; zie ook: *flight &*; ~ *together* samenvoegen, samenstellen, in elkaar zetten; bijeenpakken, verzamelen; zie ook: *two*; ~ *up* doen in, inpakken, verpakken; opsteken [haar, sabel, paraplu]; ophalen [raampje]; opslaan, verhogen [prijs]; opzenden [gebeden]; indienen [resolutie]; opstellen, ophangen, aanbrengen [ornament &]; optrekken, bouwen [huizen]; huisvesten, onder dak brengen, logeren, stallen [auto]; afstappen, zijn intrek nemen (in *at*); inmaken [boter]; opjagen [wild]; (zich) kandidaat stellen, voorhangen; vooruit afspreken; ~ *up a desperate defence* zich wanhopig verdedigen; ~ *up £ 1 million* een miljoen pond verschaffen; ~ *one's feet up* gemeenz naar kooi gaan, wat uitrusten; ~ *up (for sale)* aanslaan, in veiling brengen, te koop aanbieden; ~ *sbd. up to sth.* iem. op de hoogte stellen van iets, informeren over iets; ~ *sbd. up to doing sth.* iem. aanzetten tot; ~ *up with* berusten in, genoegen nemen met, zich laten welgevallen, verdragen; *he is easily ~ upon* laat zich gemakkelijk beetnemen; *he is much ~ upon* hij heeft het hard te verduren; **II** *wederk*: ~ *oneself (in his place)* zich stellen (in zijn plaats); *stay ~* (op zijn plaats) blijven

2 put [pʌt] *znw* & *overg* & *onoverg* = *putt*

putative ['pju:tətiv] *bn* verondersteld, vermeend

put-down ['putdaun] *znw* vernietigende opmerking; vernedering

put-on ['put'ɔn] **I** *bn* voorgewend, geveinsd, geaffecteerd; **II** *znw* komedie, bedrog *o*, verlakkerij

putrefaction [pju:tri'fækʃən] *znw* (ver)rotting, rotheid

putrefactive *bn* de rotting bevorderend, (ver-) rottend; ~ *process* rottingsproces *o*

putrefy ['pju:trifai] **I** *overg* doen verrotten; verpesten [de lucht]; **II** *onoverg* (ver)rotten

putrescence [pju'tresns] *znw* (ver)rotting, bederf *o*

putrescent *bn* rottend; rottings-; rot-

putrid ['pju:trid] *bn* rottend; (ver)rot, bedorven

putridity [pju'triditi] *znw* verrotting, rotheid[2]

putt [pʌt] golf **I** *znw* slag met een *putter*; **II** *overg* & *onoverg* slaan met een *putter*

puttee [pʌ'ti:] *znw* beenwindsel *o*; leren beenkap

putter ['pʌtə] **I** *znw* korte golfstok; **II** *onoverg* **1** tuffen [auto]; **2** = Am *[2]potter*

putting-green *znw* gemaaid grasveldje *o* om een hole [golfspel]

putty ['pʌti] **I** *znw* stopverf; **II** *overg* met stopverf vastzetten of dichtmaken

putty-knife *znw* stopmes *o*

put-up ['put'ʌp] *bn*: *a ~ job* een doorgestoken kaart

puzzle ['pʌzl] **I** *znw* niet op te lossen moeilijkheid, vraag of kwestie; verlegenheid; raadsel *o*; legkaart, geduldspel *o*, puzzel; *be in a ~ about what to do* met de handen in het haar zitten; **II** *overg* verlegen maken, verbijsteren, vastzetten; *be ~d about (at, over) it* niet weten hoe men het heeft; voor een raadsel staan; er niets op weten; ~ *out* uitpuzzelen, uitpiekeren; *puzzling* ook: raadselachtig; ~ *one's head about* zich het hoofd breken over; **III** *onoverg* piekeren, zich het hoofd breken (over *about, over*)

puzzled *bn* niet wetend hoe men het heeft of wat te doen, verbaasd, beteuterd; *with a ~ look* met een niet-begrijpende blik

puzzlement *znw* verwarring, verbijstering

puzzler *znw* niet op te lossen moeilijkheid, vraag of kwestie; raadsel *o*

PVC *afk.* = *polyvinyl chloride* pvc

pwt. *afk.* = *pennyweight*

PX ['pi:'eks] *afk.* = *Post Exchange*

pyelitis [paiə'laitəs] *znw* med nierbekkenontsteking

pygmaean, **pygmean** [pig'mi:ən] *bn* dwergachtig, dwerg-

pygmy, **pigmy** ['pigmi] **I** *znw* pygmee, dwerg; **II** *bn* dwergachtig, dwerg-

pyjamas [pə'dʒa:məz], Am **pajamas** *znw mv* pyjama

pylon ['pailən] *znw* **1** pyloon: Egyptische tempelzuil; **2** mast [v. hoogspanningskabels]

pyramid ['pirəmid] *znw* piramide

pyramidal [pi'ræmidl] *bn* piramidaal[2]; Am handel versterkend kolossaal [winst &]

pyre ['paiə] *znw* brandstapel

pyretic [pai'retik] *bn* koorts-, koortsverwekkend

Pyrex ['paireks] *znw* vuurvast glas *o* [voor ovenschalen &]

pyrites [pai'raiti:z] *znw* pyriet *o*, zwavelkies *o*

pyromania [pairou'meinjə] *znw* pyromanie

pyromaniac *znw* pyromaan

pyrometer [pai'rɔmitə] *znw* pyrometer [meter van hoge temperaturen]

pyrotechnic [pairou'teknik] **I** *bn* vuurwerk-; **II** *znw*: ~*s* vuurwerkkunst; vuurwerk *o*
pyrotechnist *znw* vuurwerkmaker
Pyrrhic ['pirik] *bn*: ~ *victory* Pyrrusoverwinning
python ['paiθən] *znw* python
pythoness *znw* Pythia (orakelpriesteres van Apollo in Delphi); waarzegster, profetes
pyx [piks] *znw* RK pyxis, hostiekelk; Br doosje *o* waarin bij de *Royal Mint* proefmunten bewaard worden

Q

q [kju:] *znw* (de letter) q
Qatar [kæ'ta:] *znw* Qatar *o*
q.t. ['kju:'ti:] *afk.*: *on the* ~ gemeenz = *on the quiet* zie: *quiet II*
qua [kwei] *voorz* qua, als
quack [kwæk] **I** *znw* gekwa(a)k *o*, kwak; kwakzalver; charlatan; **II** *bn* kwakzalvers-; ~ *doctor* kwakzalver; **III** *onoverg* kwaken; kwakzalven; **IV** *overg* kwaken; kwakzalverachtig ophemelen of behandelen
quackery *znw* kwakzalverij
quad [kwɔd] *znw* gemeenz = *quadrangle*; *quadruplet*
quadrangle ['kwɔdræŋgl] *znw* vierkant *o*, vierhoek; binnenplaats [v. school &]
quadrangular [kwɔ'dræŋgjulə] *bn* vierkant, vierhoekig
quadrant ['kwɔdrənt] *znw* kwadrant *o*
quadrate ['kwɔdrit] **I** *bn* vierkant; ~ *scale* gradenboog; **II** *znw* kwadraat *o*; vierkant *o*; **III** *overg* [kwɔ'dreit] kwadrateren; in overeenstemming brengen (met); **IV** *onoverg* overeenstemmen
quadratic [kwə'drætik] **I** *bn* vierkant, vierkants-; ~ *equation* vierkantsvergelijking; **II** *znw* vierkantsvergelijking
quadrature ['kwɔdrətʃə] *znw* kwadratuur [v. cirkel &]
quadrennial [kwɔ'dreniəl] *bn* vierjarig; vierjaarlijks
quadrilateral [kwɔdri'lætərəl] **I** *bn* vierzijdig; **II** *znw* vierhoek
quadrille [kwə'dril] *znw* quadrille [dans en kaartspel]; *set of* ~*s* quadrille [dans]
quadrillion [kwɔ'driljən] *znw* quadriljoen *o* [Br 10^{24}; Am 10^{15}]
quadripartite [kwɔdri'pa:tait] *bn* vierdelig; tussen vier partijen
quadrumanous [kwɔ'dru:mənəs] *bn* vierhandig
quadruped ['kwɔdruped] *bn (znw)* viervoetig (dier *o*)
quadruple ['kwɔdrupl] **I** *bn* viervoudig; ~ *time* muz vierkwartsmaat; **II** *znw* viervoud *o*: het vierdubbele; **III** *overg* verviervoudigen; **IV** *onoverg* verviervoudigd worden
quadruplet ['kwɔdruplit] *znw* vierling
quadruplicate **I** *bn* [kwɔ'dru:plikit] viervoudig; **II** *znw* viervoudig afschrift *o*; **III** *overg* [kwɔ'dru:plikeit] verviervoudigen
quadruplication [kwɔdru:pli'keiʃən] *znw* verviervoudiging
quaestor ['kwi:stə] *znw* hist quaestor
quaff [kwa:f, kwɔf] *overg* (leeg)drinken, zwelgen
quag [kwæg], **quagmire** *znw* moeras *o*, modder-

poel

quaggy *bn* moerassig

1 quail [kweil] *znw* (*mv* idem *of* -s) dierk kwartel

2 quail [kweil] *onoverg* de moed verliezen, bang worden, versagen

quaint [kweint] *bn* vreemd, eigenaardig, bijzonder, grappig, ouderwets

quake [kweik] **I** *onoverg* beven, sidderen, trillen, schudden; **II** *znw* beving, siddering, trilling; gemeenz aardbeving

Quaker ['kweikə] *znw* quaker

quaky *bn* bevend, beverig

qualification [kwɔlifi'keiʃən] *znw* bevoegdheid; bekwaamheid, geschiktheid, (vereiste) eigenschap; kwalificatie, nadere aanduiding; beperking, wijziging, restrictie; *without* ~ zonder meer

qualificatory ['kwɔlifikeitəri] *bn* nader bepalend; de bevoegdheid verlenend

qualified ['kwɔlifaid] *bn* gerechtigd, gediplomeerd, bevoegd, bekwaam, geschikt; niet zonder enig voorbehoud, niet onverdeeld gunstig; ~ *to vote* stemgerechtigd

qualifier ['kwɔlifaiə] *znw* gramm bepalend woord *o*; sp geplaatste (deelnemer)

qualify ['kwɔlifai] **I** *overg* bevoegd, bekwaam maken (voor, tot *for*); kwalificeren, aanduiden; (nader) bepalen; wijzigen; matigen, verzachten, verzwakken, beperken; **II** *onoverg* zich bekwamen of de bevoegdheid verwerven (voor een ambt &), examen doen; in aanmerking komen [voor gratificatie]; sp geplaatst worden

qualifying *bn*: ~ *examination* vergelijkend examen *o*; ~ *round* voorronde

qualitative ['kwɔlitətiv] *bn* kwalitatief

quality I *znw* kwaliteit, (goede) hoedanigheid; eigenschap; deugd; hoge maatschappelijke stand; ~ *control* kwaliteitscontrole; vero *the* ~, *the people of* ~ de mensen van stand, de grote lui; **II** *bn*: ~ *newspaper* kwaliteitskrant

qualm [kwa:m, kwɔ:m] *znw* misselijkheid; gewetensbezwaar *o*, scrupule, twijfel

qualmish ['kwa:miʃ, 'kwɔ:miʃ] *bn* misselijk, wee

quandary ['kwɔndəri] *znw* dilemma *o*, moeilijk parket *o*

quant [kwɔnt] *znw* (schippers)boom

quantify ['kwɔntifai] *overg* de hoeveelheid meten of bepalen

quantitative *bn* kwantitatief

quantity *znw* kwantiteit, hoeveelheid; grootheid; menigte; (klinker)lengte; *in quantities* in groten getale, in grote hoeveelheden; *negligible* ~ onbelangrijke persoon of zaak; ~ *surveyor* bouwkundige die bestek maakt; *unknown* ~ onbekende grootheid

quantum ['kwɔntəm] *znw* (*mv*: quanta [-tə]) quantum *o*, hoeveelheid; *a* ~ *leap* een spectaculaire stap vooruit, een grote sprong voorwaarts; ~ *mechanics* quantummechanica; ~ *physics* quantumfysica; ~ *theory* quantumtheorie

quarantine ['kwɔrənti:n] **I** *znw* quarantaine; **II** *overg* in quarantaine plaatsen

1 quarrel ['kwɔrəl] *znw* **1** hist pijl; **2** bouwk glas-in-loodruitje *o*

2 quarrel ['kwɔrəl] **I** *znw* ruzie, twist; *we have no* ~ *with him* wij hebben geen enkele reden tot klagen; wij hebben niets tegen hem; *we have no* ~ *with it* wij hebben er niets op aan te merken, niets tegen (in te brengen); **II** *onoverg* krakelen, twisten; kijven (over *about, over*); ~ *with* ook: aanmerkingen maken op, opkomen tegen

quarreller *znw* twister, ruziezoeker

quarrelsome *bn* twistziek

1 quarry ['kwɔri] *znw* opgejaagd wild *o*, prooi (ook: fig)

2 quarry ['kwɔri] **I** *znw* steengroeve; **II** *overg* (uit-) graven, opdelven[2]; **III** *onoverg* graven[2]

quarryman *bn* arbeider in een steengroeve

quart [kwɔ:t] *znw* ¼ *gallon* [= 1,136 l]; *his* ~ ook: zijn pintje *o*, zijn potje *o* bier

quartan ['kwɔ:tən] *znw* derdendaagse koorts

quarter ['kwɔ:tə] **I** *znw* vierde (deel) *o*, vierendeel *o*, vierde part(je) *o*, kwart *o*; kwartier° *o* [ook herald & mil]; windstreek; buurt, (stads)wijk; kwartaal *o*; zijstuk *o* [v. schoenwerk]; scheepv achterwerk *o*; dierk bout, dij; ¼ fathom, ¼ Engelse mijl [wedren]; 28 Eng. ponden; 2,908 hl; ¼ dollar; ~ *of an hour* kwartier *o*; ~*s* dierk achterste *o*, achterhand *o* [v. paard]; kwartier *o*, kwartieren, verblijven, kamer(s), vertrek *o*, vertrekken, huisvesting, plaats; *at close* ~*s* (van) dichtbij; *live at close* ~*s* klein behuisd zijn; *come to close* ~*s* handgemeen worden; *we had it from a good* ~ uit goede bron, van goede zijde; *from all* ~*s* van alle kanten; *is the wind in that* ~*?* waait de wind uit die hoek[2]?; *in (from) that* ~ daar, van die kant; *in high (exalted)* ~*s* in regeringskringen; aan het hof; *all hands to* ~*s!* scheepv iedereen op zijn post!; **II** *overg* in vieren (ver)delen; vierendelen; mil inkwartieren (bij *on*); afzoeken [jacht]

quarterage *znw* driemaandelijkse betaling

quarter-day *znw* kwartaaldag, betaaldag

quarter-deck *znw* achterdek *o*, officiersdek *o*

quarterfinal *znw* kwartfinale

quartering *znw* verdeling in vieren; vierendeling; mil inkwartiering; herald kwartier *o*

quarterly I *bn* driemaandelijks, kwartaal-; **II** *bijw* per drie maanden; **III** *znw* driemaandelijks tijdschrift *o*

quartermaster *znw* mil kwartiermeester; scheepv stuurman; ~*-general* mil kwartiermeester-generaal; ~*-sergeant* mil foerier

quarter-sessions *znw mv* driemaandelijkse zittingen van de vrederechters

quarterstaff *znw* stok (bij het batonneren); *play at* ~ batonneren

quartet(te) [kwɔ:'tet] *znw* muz kwartet *o*; viertal *o*

quarto ['kwɔ:tou] *znw* kwartijn; kwarto *o*

quartz [kwɔ:ts] *znw* kwarts *o*

quasar ['kweiza:] *znw* astron quasar
quash [kwɔʃ] *overg* onderdrukken, verijdelen, de kop indrukken; recht vernietigen, casseren
quasi ['kweizai, 'kwa:zi(:)] *bijw* quasi
quaternary [kwə'tə:nəri] *bn* vierdelig, viertallig; ~ *number* vier
quaternion [kwə'tə:niən] *znw* viertal *o*
quatrain ['kwɔtrein] *znw* kwatrijn *o*: vierregelig vers *o*
quaver ['kweivə] **I** *onoverg* trillen; muz vibreren; **II** *overg* trillend of met bevende stem uitbrengen (ook: ~ *out*); **III** *znw* trilling; muz triller; muz achtste noot
quay [ki:] *znw* kaai, kade
quayage ['ki:idʒ] *znw* kaaigeld *o*; kaden
quean [kwi:n] *znw* Schots vrouw, meisje *o*; vero slet
queasy ['kwi:zi] *bn* misselijk; zwak [v. maag]; walgelijk [v. voedsel]; kieskeurig, teergevoelig
queen [kwi:n] **I** *znw* koningin[2]; kaartsp vrouw; slang flikker, nicht; *Q~'s evidence* zie bij: *evidence*; ~ *of hearts* kaartsp hartenvrouw; *Q~ Anne is dead* dat is oud nieuws; **II** *overg* koningin maken [bij schaken]; **III** *onoverg* de koningin spelen (~ *it*)
queen-bee *znw* bijenkoningin
queen dowager *znw* koningin-weduwe
queenlike, **queenly** *bn* als (van) een koningin
Queen Mother *znw* koningin-moeder
queer [kwiə] **I** *bn* wonderlijk, zonderling, vreemd, gek, raar°; verdacht; onlekker; slang homo-, flikker-; gemeenz getikt; zie ook: *street*; **II** *znw* slang homo, flikker; *to be in Q~ street* in moeilijkheden verkeren; **III** *overg* ~ *sbd.'s pitch* (het voor een ander) bederven
queer-bashing ['kwiəbæʃiŋ] *znw* potenrammen *o*
quell [kwel] *overg* onderdrukken, bedwingen, dempen
quench [kwen(t)ʃ] *overg* blussen, uitdoven, dempen, lessen; afkoelen, doen bekoelen
quenchless *bn* on(uit)blusbaar, onlesbaar
querist ['kwiərist] *znw* vragensteller, (onder)vrager
quern [kwə:n] *znw* handmolen
querulous ['kweruləs] *bn* klagend, kribbig
query ['kwiəri] **I** *znw* vraag; twijfel; tegenwerping; vraagteken *o*; de vraag is...; **II** *onoverg* vragen; **III** *overg* vragen; een vraagteken zetten bij; betwijfelen
quest [kwest] **I** *znw* onderzoek *o*, onderzoeking, zoeken *o*; speurtocht; nasporing; *in ~ of* zoekende naar; **II** *overg & onoverg* zoeken
question ['kwestʃən] **I** *znw* vraag, kwestie; vraagstuk *o*; interpellatie; twijfel; sprake; *a leading ~* een suggestieve vraag; *no ~ about it* geen twijfel aan; *there is no ~ of his coming* geen sprake van dat hij komt; *there is no ~ but that he will come* er is geen twijfel aan of...; *I make no ~ that...* ik twijfel er niet aan of...; *put the ~* tot stemming overgaan; *it is beside the ~* dat is niet aan de orde; daar gaat het niet om; *beyond ~* zonder twijfel, ongetwijfeld, buiten kijf; *the matter in ~* de zaak in kwestie, de zaak waar het om gaat; *the person in ~* de persoon in kwestie, de bewuste persoon; *beg the ~* zie: *beg*; *bring (call) in(to) ~* in twijfel trekken; aanvechten, in discussie brengen; *come into ~* ter sprake komen; *open to ~* twijfelachtig; *out of ~* zonder twijfel, ongetwijfeld; *that's out of the ~* daar is geen sprake van, geen kwestie van; dat is uitgesloten; *past ~* zonder twijfel, buiten kijf; *without ~* zonder de minste bedenking, grif; ongetwijfeld, onbetwistbaar; **II** *overg* vragen, ondervragen, uitvragen; onderzoeken [feiten, verschijnselen]; in twijfel trekken, betwijfelen; betwisten, aanvechten, in discussie brengen; *it cannot be ~ed but (that)...* er valt niet aan te twijfelen of...
questionable *bn* twijfelachtig, aanvechtbaar; onzeker, verdacht; bedenkelijk
questioner *znw* vrager, vraagsteller; interpellant; ondervrager, examinator
questioning *bn* vragend
question-mark *znw* vraagteken *o*
question-master *znw* discussieleider; quizmaster
questionnaire [kwestiə'nɛə] *znw* vragenlijst
question-time ['kwestʃəntaim] *znw* vragenuurtje *o* in Parlement
queue [kju:] **I** *znw* queue, file, rij; fig wachtlijst; hist (mannen)haarvlecht, staartje *o*; ~ *jumper* gemeenz iem. die vóórdringt (voor zijn beurt gaat); **II** *onoverg* in de rij staan; ~ *up* in de rij gaan staan
quibble ['kwibl] **I** *znw* spitsvondigheid, chicane; **II** *onoverg* spitsvondigheden gebruiken, chicaneren
quibbler *znw* chicaneur
quiche [ki:ʃ] *znw* quiche (Lorraine)
quick [kwik] **I** *bn* vlug, snel, gezwind, gauw; levendig; vlug van begrip; scherp [oor &]; vero levend; ~ *march!* voorwaarts mars!; ~ *march (step, time)* mil gewone marspas; *a ~ one* gemeenz gauw een borrel; een vluggertje *o*, een snelle wip; *be ~!* vlug wat!, haast je!; *be ~ about it* er vlug mee zijn; ermee voortmaken, opschieten; ~ *of apprehension* vlug van begrip; ~ *to learn* vlug in het leren; **II** *bijw* vlug, gauw, snel; **III** *znw* levend vlees *o*; levende haag; *the ~ and the dead* de levenden en de doden; *to the ~* tot op het leven; tot in de ziel; *cut sbd. to the ~* iem. diep krenken
quicken **I** *overg* (weer) levend maken; verlevendigen; aanmoedigen, aanzetten; verhaasten; **II** *onoverg* (weer) levend worden, opleven; sneller worden
quickfire *znw* snelvuur *o*, spervuur *o*
quick-firing *bn*: ~ *gun* snelvuurkanon *o*
quick-freeze *overg* in-, diepvriezen
quickie *znw* gemeenz vluggertje° *o*
quicklime *znw* ongebluste kalk
quick-lunch (bar) *znw* snelbuffet *o*
quickness *znw* levendigheid, vlugheid, snelheid, gauw(ig)heid; ~ *of temper* opvliegendheid
quicksand *znw* drijfzand *o*
quickset hedge *znw* levende haag

quicksilver *znw* kwik(zilver) *o*
quickstep *znw* quickstep [dans]
quick-tempered ['kwik'tempəd] *bn* opvliegend
quick-witted ['kwik'witid] *bn* vlug (van begrip), gevat, slagvaardig
quid [kwid] *znw* **1** pruim (tabak); **2** slang pond *o* (sterling)
quiddity ['kwiditi] *znw* wezenlijkheid; spitsvondigheid
quidnunc ['kwidnʌŋk] *znw* nieuwsgierig mens; nieuwtjesventer
quid pro quo [Lat] *znw* vergoeding, tegenprestatie; leer om leer
quiescence [kwai'esns] *znw* rust, kalmte
quiescent [kwai'esnt] *bn* rustig, vredig, stil
quiet ['kwaiət] **I** *znw* rust, stilte, vrede; bedaardheid, kalmte; **II** *bn* rustig, stil, bedaard, kalm, vreedzaam [lam], mak [paard]; niet opzichtig, stemmig [japon]; monotoon; *~!* koest!; *be ~!* stil!, zwijg!; *keep sth. ~* iets geheim houden, iets stil houden, niet praten over iets; *on the ~* in het geheim, stilletjes, stiekem; **III** *overg* doen bedaren, kalmeren, stillen; **IV** *onoverg* bedaren, kalmeren (meestal: *~ down*)
quieten ['kwaiən] *overg* kalmeren (ook: *~ down*)
quietism ['kwaiətizm] *znw* quiëtisme *o* [mystieke beweging binnen het christendom]
quietness, **quietude** *znw* rust, rustigheid, stilte, kalmte
quietus [kwai'i:təs] *znw*: *get one's (its) ~* de doodsteek (genadeslag) krijgen
quiff [kwif] *znw* lok over het voorhoofd; vetkuif
quill [kwil] *znw* schacht; (veren)pen; stekel [v. stekelvarken]
quill-feather *znw* slagpen
quilt [kwilt] **I** *znw* gewatteerde of gestikte deken of sprei; **II** *overg* stikken, watteren
quin [kwinz] *znw* gemeenz = *quintuplet*
quinary ['kwainəri] *bn* vijfdelig, vijftallig
quince [kwins] *znw* kwee(peer)
quinine [kwi'ni:n] *znw* kinine
quinquagenarian [kwiŋkwədʒi'nɛəriən] *znw* & *bn* vijftigjarig(e)
quinquennial [kwiŋ'kweniəl] *bn* vijfjarig; vijfjaarlijks
quinquennium [kwiŋ'kweniəm] *znw* (*mv*: -s *of* quinquennia [-niə]) vijfjarige periode
quinsy ['kwinzi] *znw* keelontsteking, angina
quintal ['kwintl] *znw* Engels gewicht [100 Engelse ponden of 100 kilo], centenaar, kwintaal *o*
quintan ['kwintən] *bn* vierdendaags [v. koorts]
quintessence [kwin'tesns] *znw* kwintessens
quintessential [kwinti'senʃəl] *bn* wezenlijk, zuiver(st)
quintet(te) [kwin'tet] *znw* kwintet *o*; vijftal *o*
quintuple ['kwintjupl] **I** *bn* vijfvoudig; **II** *znw* vijfvoud *o*; **III** *overg* vervijfvoudigen
quintuplet *znw* vijfling
quip [kwip] **I** *znw* geestige opmerking; schimpscheut; kwinkslag, spitsvondigheid; **II** *onoverg* schertsen
1 quire ['kwaiə] *znw* katern, boek *o* [24 vel]; *in ~s* in losse vellen [v. boek]
2 quire ['kwaiə] *znw* vero = *choir*
quirk [kwə:k] *znw* hebbelijkheid, eigenaardigheid, gril; truc, list; *a ~ of fate* een speling van het lot
quirky *bn* eigenaardig, grillig
quirt [kwə:t] *znw* korte rijzweep
quisling ['kwizliŋ] *znw* quisling [landverrader die heult met de bezetter, collaborateur]
quit [kwit] Am **I** *bn* vrij; *~ of the trouble* van de last ontslagen (af); **II** *abs ww* de woning ontruimen; heen-, weggaan, er vandoor gaan; gemeenz (het) opgeven, ophouden, uitscheiden; **III** *overg* verlaten; laten varen; loslaten; overlaten; gemeenz ophouden (uitscheiden) met; **IV** V.T. & V.D. van *quit II & III*
quitch [kwitʃ] *znw* kweekgras *o*
quitclaim ['kwitkleim] *znw* recht (akte van) afstand
quite [kwait] *bijw* geheel (en al), heel, helemaal, volkomen, absoluut; zeer; wel; best, heel goed [mogelijk &]; bepaald; nog maar; *~ (so)* precies, juist; zie ook: *few*
quits [kwits] *bn* quitte; *I'll be ~ with him* ik zal het hem betaald zetten; *cry ~* verklaren quitte te zijn; *call it ~* het erbij laten; *double or ~* dubbel of quitte
quittance ['kwitəns] *znw* vrijstelling; kwijting; beloning, vergelding; kwitantie
quitter ['kwitə] *znw* wie je in de steek laat, wie uitknijpt, wie (het) opgeeft, deserteur, lafaard
1 quiver ['kwivə] *znw* pijlkoker; *have an arrow (a shaft) left in one's ~* nog niet al zijn pijlen verschoten hebben
2 quiver ['kwivə] **I** *overg* trillen, beven, sidderen; **II** *znw* trilling, beving, siddering
qui vive [ki:'vi:v] *znw*: *on the ~* op zijn hoede
quixotic [kwik'sɔtik] *bn* donquichotterig
quixotism ['kwiksətizm], **quixotry** *znw* donquichotterie
quiz [kwiz] **I** *znw* (*mv*: quizzes) ondervraging, vraag(spel *o*), quiz; gemeenz tentamen *o*; **II** *overg* ondervragen, aan de tand voelen; voor de gek houden, foppen; vero spottend aankijken, begluren
quizmaster *znw* quizmaster
quizzical *bn* spottend; snaaks; komisch
quod [kwɔd] *znw* slang nor, doos, gevang *o*
quoin [kɔin, kwɔin] *znw* hoek, hoeksteen; wig
quoit [kɔit, kwɔit] *znw* werpring; *~s* ringwerpen *o*
quondam ['kwɔndæm] *bn* gewezen, voormalig
quorate ['kwɔ:rit] *onoverg* quorum hebben [bij vergadering]
quorum ['kwɔ:rəm] *znw* quorum *o*: voldoende aantal *o* leden om een wettig besluit te nemen
quota ['kwoutə] **I** *znw* (evenredig) deel *o*; aandeel *o*; contingent *o*; quota; kiesdeler; **II** *overg* contingen-

teren

quotable ['kwoutəbl] *bn* aangehaald kunnende worden, geschikt om te citeren

quotation [kwou'teiʃən] *znw* aanhaling; citaat *o*; handel notering, koers, prijs; prijsopgave; ~ *marks* aanhalingstekens

quote [kwout] **I** *overg* aanhalen, citeren; handel opgeven, noteren (prijzen); **II** *znw* gemeenz aanhaling, citaat *o*; ~*s* ook: aanhalingstekens

quoth [kwouθ] *overg* vero zei (ik, hij of zij)

quotha ['kwouθə] *tsw* vero och kom!, loop heen!

quotidian [kwɔ-, kwou'tidiən] *bn* dagelijks; alledaagse

quotient ['kwouʃənt] *znw* quotiënt *o*

Qur'an [ku'ra:n, -'ræn] *znw* = *Koran*

R

r [a:] *znw* (de letter) r; *the three R's = reading, (w)riting, (a)rithmetic* lezen, schrijven en rekenen (als minimum van onderwijs)

RA *afk.* = *Royal Academy; Royal Academician; Royal Artillery*

rabbet ['ræbit] **I** *znw* sponning; **II** *overg* een sponning maken in; met sponningen ineenvoegen

rabbi ['ræbai], **rabbin** ['ræbin] *znw* rabbi, rabbijn

rabbinate *znw* rabbinaat *o*

rabbinic(al) [ræ'binik(l)] *bn* rabbijns

rabbit ['ræbit] **I** *znw* (*mv* idem *of* -s) konijn *o*; Am haas; sp gemeenz slecht speler, kruk; **II** *onoverg* op konijnen jagen; ~ *on about sth.* ergens over doorzeuren

rabbit-hutch *znw* konijnenhok *o*

rabbit-punch *znw* nekslag

rabbit-warren *znw* konijnenberg; fig huurkazerne; doolhof [v. straten en huizen &]

rabble ['ræbl] *znw* grauw *o*, gepeupel *o*, gespuis *o*

rabble-rouser *znw* demagoog, volksmenner, agitator

rabble-rousing **I** *bn* demagogisch, opruiend; **II** *znw* demagogie, volksmennerij

rabid ['ræbid] *bn* dol; razend, woest, rabiaat

rabies ['reibi:z] *znw* hondsdolheid

raccoon [rə'ku:n] *znw* (*mv* idem *of* -s) = *racoon*

1 race [reis] **I** *znw* wedloop, wedren, wedstrijd, race; loop [v. maan, zon, leven &]; ~ *against time* race tegen de klok; ~*s* paardenrennen; **II** *onoverg* racen, rennen, snellen, jagen, vliegen, wedlopen, harddraven; techn doorslaan [machine]; **III** *overg* laten lopen [in wedren]; racen met; ~ *the bill through the House* het wetsontwerp er door jagen

2 race [reis] *znw* ras *o*, geslacht *o*, afkomst; ~ *relations* rassenverhoudingen; ~ *riots* rassenrellen

3 race [reis] *znw* wortel [v. gember]

race-card ['reiska:d] *znw* wedrenprogram *o*

racecourse *znw* renbaan

racehorse *znw* renpaard *o*

raceme [rə'si:m] *znw* tros [bloeiwijze]

race meeting ['reismi:tiŋ] *znw* wedren(nen)

racemose ['ræsimous] *bn* trosvormig

racer ['reisə] *znw* hardloper, renner; harddraver; racefiets, raceauto, wedstrijdjacht *o* &

racetrack ['reistræk] *znw* renbaan

rachitis [ræ'kaitis] *znw* rachitis, Engelse ziekte

Rachmanism ['rækmənizm] *znw* systematische intimidatie v. huurders

racial ['reiʃəl] *bn* rassen-, ras-

racing stable ['reisiŋsteibl] *znw* renstal

racism ['reisizm] *znw* racisme *o*

racist I *znw* racist; **II** *bn* racistisch

rack [ræk] **I** *znw* pijnbank[2]; techn heugel, tandreep; rek *o*, rooster; kapstok; ruif; *be on the ~* op de pijnbank liggen; gepijnigd worden; zich inspannen; *go to ~ and ruin* geheel te gronde gaan; **II** *overg* op de pijnbank leggen; fig pijnigen, folteren, afpersen, uitmergelen; *~ one's brains about* zich het hoofd breken over

1 racket, **racquet** ['rækit] *znw* sp racket *o*

2 racket ['rækit] **I** *znw* leven *o*, kabaal *o*, herrie°, drukte; gezwier *o*; gemeenz (afpersings)truc; zwendel; georganiseerde afpersing; *stand the ~* de gevolgen voor z'n rekening nemen, (het gelag) betalen; *what's your ~?* wat doe je in het dagelijks leven?; *he's in on the ~* hij weet ervan, hij hoort ook bij de club; **II** *onoverg* herrie, kabaal & maken; aan de zwier zijn (*~ about*)

racketeer [ræki'tiə] **I** *znw* gemeenz (geld)afperser (door bedreiging met geweld); **II** *onoverg* als *racketeer* optreden

rack railway ['rækreilwei] *znw* tandradbaan

rack-rent ['rækrent] **I** *znw* exorbitante pacht of huur; **II** *overg* exorbitante pacht of huur eisen van (voor)

raconteur [rækɔn'tə:] [Fr] *znw* (goede) verteller

racoon [rə'ku:n] *znw* (*mv* idem *of* -s) gewone wasbeer

racquet ['rækit] *znw* = [1]*racket*

racy ['reisi] *bn* pittig, geurig [v. wijn]; levendig, krachtig, gewaagd, pikant

radar ['reida:, -də] *znw* radar; *~ trap* snelheidscontrole d.m.v. radar, radarcontrole

raddle ['rædl] *znw* roodaarde, rode oker

raddled *bn* **1** zwaar opgemaakt [gezicht]; **2** verward; vervallen; ingevallen [gezicht]

radial ['reidjəl] **I** *bn* straalsgewijze geplaatst, gestraald; stralen-, straal-; spaakbeen-; radium-; **II** *znw* stermotor (*~ engine*); gordel-, radiaalband (*~ ply tyre*)

radiance ['reidiəns] *znw* (uit)straling, glans; schittering, luister

radiant I *bn* uitstralend; schitterend, stralend[2] (van *with*); **II** *znw* uitstralingspunt *o*

radiate I *onoverg* stralen, straling uitzenden; **II** *overg* uitstralen [licht, warmte, geluid, liefde &]

radiation [reidi'eiʃən] *znw* (af-, uit-, be)straling

radiator ['reidieitə] *znw* radiator

radical ['rædikl] **I** *bn* radicaal, grondig, ingrijpend; ingeworteld; grond-; wortel-; fundamenteel; **II** *znw* grondwoord *o*, stam, stamletter; wisk wortel(teken *o*); pol radicaal

radicalism *znw* radicalisme *o*

radicalize I *onoverg* radicaal worden, radicaliseren; **II** *overg* radicaal maken

radically *bijw* radicaal, in de grond; totaal

radicle ['rædikl] *znw* plantk wortelkiem, worteltje *o*

radio ['reidiou] **I** *znw* radio; *on the ~* voor de radio (optredend, sprekend, uitzendend of uitgezonden), voor de microfoon, in de ether; *over the ~* door (over, via) de radio, door de ether; **II** *overg & onoverg* seinen, uitzenden per radio

radioactive *bn* radioactief

radioactivity *znw* radioactiviteit

radio-controlled *bn* met radiobesturing, op afstand bestuurd

radiogram *znw* radio(tele)gram *o*; radiogrammofoon

radiograph ['reidiougra:f] *znw* röntgenfoto

radiographer [reidi'ɔgrəfə] *znw* röntgenoloog

radiography *znw* radiografie

radiolocation ['reidioulou'keiʃən] *znw* radioplaatsbepaling, radar

radiologist [reidi'ɔlədʒist] *znw* radioloog

radiology [reidi'ɔlədʒi] *znw* radiologie

radio-play *znw* hoorspel *o*

radio-set *znw* radio(toestel *o*)

radiotelephone *znw* mobilofoon

radiotelescope *znw* radiotelescoop

radiotherapy *znw* röntgen(stralen)therapie, bestraling

radish ['rædiʃ] *znw* radijs

radium ['reidiəm] *znw* radium *o*

radius ['reidiəs] *znw* (*mv*: -es *of* radii [-diai]) straal, radius; spaak; gemeenz omtrek, omgeving; spaakbeen *o*; *~ of action* actieradius, luchtv vliegbereik *o*

radix ['reidiks] *znw* (*mv*: -es *of* radices [-isi:z]) wortel, oorsprong, bron; rekenkunde grondtal *o*

RAF *afk.* = *Royal Air Force* Koninklijke Luchtmacht

raffia ['ræfiə] *znw* raffia

raffish ['ræfiʃ] *bn* liederlijk, gemeen

raffle ['ræfl] **I** *znw* loterij, verloting; **II** *overg* verloten

raft [ra:ft] *znw* vlot *o*, houtvlot *o*

rafter *znw* bouwk (dak)spar

raftsman *znw* vlotter

1 rag [ræg] *znw* vod *o & v*, lomp; lap, lapje *o*; lor[2] *o & v*; zie ook: *ragtime*; *chew the ~* eindeloos zeuren; *glad ~s* gemeenz mooie kleren; *the ~ trade* gemeenz de haute couture; de confectie-industrie; *~ week (the ~)* onderw week waarin studenten evenementen organiseren t.b.v. liefdadigheidsinstellingen; *the local ~* gemeenz het plaatselijke krantje; *in ~s* in lompen gehuld; aan flarden (hangend); tot moes koken

2 rag [ræg] *overg* onderw groenen, negeren; pesten; ertussen nemen

ragamuffin ['rægəmʌfin] *znw* schooier; boefje *o*

rag-and-bone man [rægən'bounmæn] *znw* voddenman, lompenkoopman

ragbag ['rægbæg] *znw* zak voor lappen &; fig allegaartje *o*

rag book *znw* linnen prentenboek *o*

rag doll *znw* lappenpop

rage [reidʒ] **I** *znw* woede, razernij; gemeenz rage, manie; *be (all) the ~* gemeenz een rage zijn; **II** *onoverg* woeden, razen; *~ and rave* razen en tieren

ragged ['rægid] *bn* voddig, gescheurd, in gescheurde kleren, haveloos; slordig; onsamenhangend; ruw, ongelijk, getand; ~ *robin* koekoeksbloem; *run sbd.* ~ Am gemeenz iem. uitputten
raging ['reidʒiŋ] *bn* woedend, razend
raglan ['ræglən] *znw* & *bn* raglan [(kledingstuk met) speciale mouwinzet]
ragman ['rægmən] *znw* voddenman, lompenkoopman
ragout ['rægu:] *znw* ragout
rag-picker ['rægpikə] *znw* voddenraper
ragtag ['rægtæg] *znw*: *the ~ (and bobtail)* het gepeupel, Jan Rap en zijn maat
ragtime ['rægtaim] *znw* muz ragtime [dansmuziek in gesyncopeerde maat]
raid [reid] **I** *znw* (vijandelijke) inval, aanval [met vliegtuig]; rooftocht, razzia, overval; **II** *onoverg (& overg)* een inval doen (in), een razzia houden (in); een aanval doen (op); roven, plunderen
raider *znw* overvaller; deelnemer aan een inval; vliegtuig *o* dat een *raid* uitvoert
1 rail [reil] **I** *znw* leuning, rasterwerk *o*, hek *o*, scheepv reling (ook: *~s*); slagboom; staaf, stang, lat; dwarsbalk; rail, spoorstaaf; *by ~* met het (per) spoor; *go (get) off the ~s* ontsporen[2]; **II** *overg* met hekwerk omgeven; omrasteren (ook: ~ *in*); ~ *off* afrasteren
2 rail [reil] *onoverg* schelden, schimpen, smalen (op *at, against*)
railcard ['reilka:d] *znw* stamkaart van de spoorwegen (t.b.v. een kortingkaart of abonnement)
rail-head *znw* eind *o* van de spoorbaan
railing ['reiliŋ] *znw* reling, leuning; rastering, staketsel *o*, hek *o* (ook: *~s*)
raillery ['reiləri] *znw* gekheid, scherts
railroad ['reilroud] **I** *znw* Am spoorweg, spoor *o*; **II** *overg* Am per spoor verzenden of vervoeren; ~ *sbd. into doing sth.* Am slang iem. overhalen tot iets wat hij eigenlijk niet wil; erdóór drukken [wetsvoorstel &]
railway *znw* spoorweg, spoor *o*
railway line *znw* spoorlijn
railwayman *znw* spoorwegbeambte
railway porter *znw* stationskruier
railway yard *znw* emplacement *o*
raiment ['reimənt] *znw* plechtig kleding, kleed *o*, dos
rain [rein] **I** *znw* regen; *(come) ~ or shine* weer of geen weer, onder alle omstandigheden; *the ~s* de regentijd [in de tropen], de westmoesson; de regenstreek van de Atlantische Oceaan; **II** *onoverg* regenen[2]; *it never ~s but it pours* een ongeluk komt zelden alleen; **III** *overg* (ook: ~ *down*) doen (laten) regenen[2], doen neerdalen (neerkomen); *he ~ed benefits upon us* hij overlaadde ons met weldaden; *it ~ed cats and dogs (buckets)* het regende pijpenstelen; *be ~ed off*, Am *be ~ed out* verregenen, in het water vallen [tuinfeest &]
rainbow *znw* regenboog
raincheck *znw*: *take a ~ on sth.* Am graag iets tegoed houden
raincoat *znw* regenjas
rainfall *znw* regenval, neerslag
rainforest *znw* regenwoud *o*
rain-gauge *znw* regenmeter
rainproof *bn* regendicht
rainstorm *znw* stortbui, wolkbreuk
rainwear *znw* regenkleding
rainy *bn* regenachtig, regen-; *put away for a ~ day* een appeltje voor de dorst bewaren
raise [reiz] **I** *overg* doen rijzen; doen opstaan, uit zijn bed halen; opjagen; ophalen, optrekken; opslaan [de ogen]; opsteken, opheffen, optillen, oprichten, planten [de vlag]; bouwen, verbouwen, telen, fokken, kweken; grootbrengen; verhogen [ook v. loon]; bevorderen; opwekken; (ver)wekken; oproepen [geesten]; contact krijgen met [aan de telefoon &]; verheffen [stem]; aanheffen [kreet]; inbrengen, opwerpen, opperen, maken [bezwaren]; techn stoken [stoom]; lichten [gezonken schip]; heffen; op de been brengen, werven; opbreken [beleg]; opheffen [blokkade]; ~ *hell (Cain)* spektakel maken; ~ *one's eyebrows* vreemd opkijken, zijn bedenkingen hebben; ~ *one's hat to...* zijn hoed afnemen voor[2]; ~ *a laugh* de lachlust opwekken; ~ *a loan* een lening uitschrijven; ~ *money* geld bijeenbrengen, zich geld verschaffen, geld loskrijgen; ~ *a point, question* een punt, kwestie te berde (ter sprake) brengen of doen opkomen; ~ *the roof* gemeenz een hels kabaal maken; zie ook: *dust, wind* &; **II** *wederk*: ~ *oneself* opstaan (met moeite); ~ *oneself to be...* zich verheffen tot...; **III** *znw* Am gemeenz (salaris)verhoging, opslag
raised *bn* verhoogd; (en) reliëf; *in a ~ voice* met verheffing van stem
raiser *znw* kweker; fokker
raisin ['reizn] *znw* rozijn
raison d'être [reizɔ:(n)'deitr(ə), rɛzɔ:'dɛ:tr] *znw* bestaansrecht *o*, raison d'être
1 rake [reik] *znw* lichtmis, losbol, schuinsmarcheerder
2 rake [reik] **I** *znw* hark, riek, krabber; **II** *overg* harken, rakelen, (bijeen)schrapen, verzamelen; ~ *around*, ~ *through* af-, doorzoeken, -snuffelen; mil enfileren; bestrijken; overzien, de blik laten gaan over; ~ *in* opstrijken [geld]; ~ *over* oprakelen, herkauwen; ~ *up* bijeenharken, -schrapen, verzamelen; ~ *up a forgotten affair* een oude geschiedenis weer oprakelen
3 rake [reik] **I** *znw* schuinte; **II** *onoverg (& overg)* schuin (doen) staan of aflopen
rake-off ['reikɔ:f] *znw* slang deel *o* van de winst, provisie [vooral van duistere zaakjes]
rakish ['reikiʃ] *bn* **1** losbandig; zwierig; **2** schuin aflopend, achteroverhellend
1 rally ['ræli] **I** *overg* verzamelen, herenigen; weer

verzamelen; verenigen; **II** *onoverg* zich (weer) verzamelen, zich verenigen; zich herstellen, weer op krachten komen; er weer bovenop komen; ~ *round* zich scharen om; fig in groten getale te hulp schieten; ~ *to* zich aansluiten bij; **III** *znw* hereniging, verzameling; bijeenkomst; reünie; toogdag; autosp, tennis rally; mil (signaal *o* tot) 'verzamelen' *o*; weer bijkomen *o*, herstel *o* [v. krachten, prijzen]

2 rally ['ræli] *overg* plagen

rallying-point ['ræliiŋpɔint] *znw* verzamelpunt *o*; fig bindend element *o*, gemeenschappelijk streven *o*

ram [ræm] **I** *znw* dierk ram; mil stormram; techn heiblok *o*; dompelaar; **II** *overg* heien, aan-, in-, vaststampen; (vol)stoppen, -proppen; stoten (met); scheepv rammen; hist rammeien; ~ *Latin into sbd.'s head* iem. Latijn instampen, inpompen; ~ *sth. down sbd.'s throat* fig iem. iets door de strot duwen, iem. voortdurend aan zijn kop zeuren over iets

ramble ['ræmbl] **I** *onoverg* voor z'n plezier (rond-, om)zwerven, dwalen; afdwalen [v. onderwerp]; van de hak op de tak springen; raaskallen, ijlen; **II** *znw* zwerftocht, wandeling, uitstapje *o*

rambler *znw* zwerver; plantk klimroos

rambling I *bn* zwervend, dwalend; plantk slingerend; verward, onsamenhangend; onregelmatig gebouwd, zonder plan neergezet; *a ~ expedition* een zwerftocht; **II** *znw* rondzwerven *o*, zwerftocht; *his ~s* zijn zwerftochten; zijn geraaskal *o*, zijn wartaal

rambunctious *bn* Am = *rumbustious*

ramification [ræmifi'keiʃən] *znw* vertakking[2]; indirect gevolg *o*; complicatie

ramify ['ræmifai] **I** *onoverg* in takken uitschieten, zich vertakken[2]; **II** *overg* doen vertakken[2]; onderverdelen

ramjet ['ræmdʒet] *znw* stuwstraalmotor

rammer ['ræmə] *znw* (straat)stamper; laadstok [v. kanon]; heiblok *o*

ramp [ræmp] *znw* **1** glooiing, helling; verkeersdrempel; oprit; vliegtuigtrap; **2** slang zwendel, afzetterij

rampage [ræm'peidʒ] **I** *onoverg* als gek rondspringen, als een dolle tekeergaan; **II** *znw*: *be on the ~* dol (wild) zijn van uitgelatenheid

rampageous *bn* dol, uitgelaten

rampancy ['ræmpənsi] *znw* voortwoekering[2]

rampant *bn* op de achterpoten staande; herald klimmend; (dansend en) springend, uitgelaten, dartel; plantk weelderig, welig tierend; (hand over hand) toenemend, buitensporig, teugelloos; heersend, algemeen [ziekten]; *be ~* ook: hoogtij vieren; *the spirit of... was ~ within him* beheerste hem geheel

rampart ['ræmpa:t] *znw* wal, bolwerk[2] *o*

ramrod ['ræmrɔd] *znw* laadstok; fig bullebak

ramshackle ['ræmʃækl] *bn* bouwvallig, vervallen, gammel; waggelend, rammelend

ran [ræn] V.T. van *[1]run*

ranch [ra:n(t)ʃ, ræn(t)ʃ] **I** *znw* Am veefokkerij, boerderij; **II** *onoverg* werkzaam zijn als paarden- en veefokker

rancher *znw* Am paarden- en veefokker

rancid ['rænsid] *bn* ranzig

rancidity [ræn'siditi] *znw* ranzigheid

rancorous ['ræŋkərəs] *bn* haatdragend, wrokkend

rancour, Am **rancor** *znw* rancune, wrok; ingekankerde haat; *bear ~* wrok koesteren

rand [rænd] *znw* **1** dun stukje *o* leer tussen zool en hak v. schoen; **2** rand (Zuid-Afrikaanse munteenheid)

randan [ræn'dæn] *znw* roeiboot voor drie man

random ['rændəm] **I** *znw*: *at ~* in het wilde weg, op goed geluk, bij toeval; er maar op los, lukraak; **II** *bn* lukraak, in het wilde (afgeschoten, gegooid &), willekeurig; toevallig; *a ~ sample* een steekproef

randy ['rændi] *bn* gemeenz wulps, geil

rang [ræŋ] V.T. van *[2]ring*

range [rein(d)ʒ] **I** *overg* rangschikken, (in rijen) plaatsen, ordenen, (op)stellen, scharen; gaan door, varen over; doorlopen[2], afzwerven; mil bestrijken; **II** *wederk*: *~ oneself on the side of, ~ oneself with* zich scharen aan de zijde van; **III** *onoverg* zich uitstrekken, reiken, dragen [v. vuurwapen]; varen, lopen, gaan, zwerven; mil zich inschieten; *~ between... and, (from... to)* variëren tussen; *~ with (among)* op één lijn staan met; **IV** *znw* rij, reeks, (berg)keten, richting°; draagwijdte; schietbaan, -terrein *o*; Am prairie, grote grasvlakte; (keuken)fornuis *o*; bereik *o* [ook v. stem]; fig gebied[2] *o*, terrein[2] *o*; klasse; *a wide ~ of...* een grote verscheidenheid van..., diverse, allerlei, handel een ruime sortering..., een uitgebreide collectie...; *his ~ of reading* zijn belezenheid; *find the ~, get one's ~* mil zich inschieten; *have free ~* vrij spel hebben; *at short ~* op korte afstand; *out of ~* buiten schot; *within ~* onder schot

range-finder *znw* afstandsmeter

ranger *znw* Am bereden jager (politieman); boswachter; parkopzichter; voortrekster [bij scouting]

1 rank [ræŋk] **I** *znw* rang, graad; rij, gelid *o*; (maatschappelijke) stand; standplaats [voor taxi's &]; *other ~s* mil militairen beneden de rang van sergeant; *the ~s* de gelederen; de grote hoop; *the ~ and file* mil de minderen, Jan Soldaat; fig de grote hoop; de gewone man; achterban [v.e. partij]; *break ~s* de gelederen verbreken; in de war raken; *close ~s* de gelederen sluiten[2]; *fall in ~* zijn plaats in de gelederen innemen; *pull ~* op zijn strepen staan; *reduce to the ~s* mil degraderen; *rise from the ~s* uit de gelederen voortkomen [officier]; zich opwerken; **II** *overg* (in het gelid) plaatsen, (op)stellen; een plaats geven; *how do you ~ Pavarotti?* hoe vind je Pavarotti?; **III** *onoverg* een rang hebben; een plaats innemen; *~ among* behoren tot; rekenen tot; *~ as* gelden als (voor); houden voor; *~ with* dezelfde rang hebben als; op één lijn staan met; op één lijn stellen met

2 rank [ræŋk] *bn*: weelderig, te welig [groei]; grof, vuil; te sterk smakend of riekend; schandelijk; ~ *nonsense* klinkklare onzin, je reinste onzin

ranker ['ræŋkə] *znw* wie uit de gelederen officier geworden is; gewoon soldaat

ranking ['ræŋkiŋ] *znw* klassement *o*, ranglijst; klassering, plaats op de ranglijst

rankle ['ræŋkl] *onoverg* woede/irritatie opwekken, verbitteren, knagen; [v. wond] etteren; *this escapade ~d in his mind* deze uitspatting bleef hem dwarszitten

ransack ['rænsæk] *overg* af-, doorzoeken, doorsnuffelen; plunderen [een stad]

ransom ['rænsəm] **I** *znw* losgeld *o*; afkoopsom; *a king's* ~ een heel vermogen *o*, een kapitaal *o*; *hold sbd. to* ~ een losgeld eisen voor iem.; iem. geld afpersen; fig chanteren, het mes op de keel zetten; **II** *overg* vrijkopen, af-, loskopen; vrijlaten; verlossen; geld afpersen

rant [rænt] **I** *onoverg* hoogdravende taal uitslaan, bombastisch oreren; fulmineren, uitvaren (tegen *against, at*); **II** *znw* bombast, hoogdravende taal

ranter *znw* schreeuwer; opschepper

ranunculus [rə'nʌŋkjuləs] *znw* (*mv*: -es *of* ranunculi [-lai]) ranonkel

1 rap [ræp] **I** *znw* slag; tik; geklop *o*; standje *o*, reprimande; *not a* ~ geen steek, geen zier, geen sikkepit; *take the* ~ slang ervoor opdraaien; de schuld krijgen; **II** *overg* slaan, kloppen, tikken (op); ~ *out* door kloppen te kennen geven [v. geesten]; fig eruit gooien; kortaf spreken; ~ *sbd. over the knuckles* iem. op de vingers tikken; **III** *onoverg* kloppen, (aan)tikken; Am gemeenz gesprek *o* over koetjes en kalfjes

2 rap I *znw* rap(muziek); rapsong; **II** *onoverg* rappen, rapmuziek maken

rapacious [rə'peiʃəs] *bn* roofzuchtig

rapacity [rə'pæsiti] *znw* roofzucht

1 rape [reip] **I** *overg* verkrachten, onteren; vero (gewelddadig) ontvoeren; roven; **II** *znw* verkrachting, ontering; vero (gewelddadige) ontvoering; roof

2 rape [reip] *znw* plantk raap-, koolzaad *o*

rapeseed *znw* kool-, raapzaad *o*

rapid ['ræpid] **I** *bn* snel, vlug; steil [v. helling]; **II** *znw*: ~*s* stroomversnellingen

rapidity [rə'piditi] *znw* snelheid, vlugheid; steilheid

rapier ['reipiə] *znw* rapier *o*; ~ *wit* bijtende humor

rapine ['ræpain] *znw* plechtig roverij, roof

rapist ['reipist] *znw* verkrachter

rapport [ræ'pɔ:, ra'pɔ:] *znw* (goede) verstandhouding; rapport (= contact) *o* [in spiritisme]

rapprochement [ræ'prɔʃma:(ŋ)] *znw* toenadering

rapscallion [ræps'kæljən] *znw* schurk, schelm

rapt [ræpt] *bn* weggerukt, meegesleept, opgetogen, verrukt (ook: ~ *up*); ~ *in thought* in gedachten verdiept; ~ *with joy* vervoerd van vreugde

rapture *znw* vervoering, verrukking; *go into ~s* in extase raken (over *over*)

rapturous *bn* in verrukking, extatisch, opgetogen, verrukt

rare [rɛə] *bn* **1** zeldzaam, ongewoon; dun, ijl; gemeenz buitengewoon (mooi), bijzonder; **2** niet doorbraden [vlees]

rarebit ['rɛəbit] zie *Welsh I*

rarefaction [rɛəri'fækʃən] *znw* verdunning

rarefy ['rɛərifai] **I** *overg* verdunnen, verfijnen[2]; **II** *onoverg* zich verdunnen, ijler worden

rarely ['rɛə(r)li] *bijw* zelden

rarification [rɛərifi'keiʃən] *znw = rarefaction*

raring ['rɛəriŋ] *bn*: *be ~ to go* staan te trappelen van ongeduld

rarity ['rɛəriti] *znw* zeldzaamheid (ook = rariteit); voortreffelijkheid; dunheid, ijlheid

rascal ['ra:skəl] *znw* schelm, schurk, boef; deugniet, rakker

rascality [ra:s'kæliti] *znw* schelmerij, schurkachtigheid; schurkenstreek

rascally ['ra:skəli] *bn* schurkachtig, gemeen

rase [reiz] *overg = raze*

1 rash [ræʃ] *znw* (huid)uitslag; fig stroom

2 rash [ræʃ] *bn* overijld, overhaastig; lichtvaardig, roekeloos, onbezonnen

rasher ['ræʃə] *znw* plakje *o* spek of ham

rasp [ra:sp] **I** *znw* rasp; gekras *o*; **II** *onoverg* krassen, knarsen

raspberry ['ra:zb(ə)ri] *znw* framboos; gemeenz afkeurend of minachtend geluid *o*: pfff, tsss &

Rasta ['ræstə] *znw* rasta(fari)

Rastafarian [ræstə'fɛəriən] *znw* rastafari

raster ['ræstə] *znw* RTV raster *o & m*

rat [ræt] **I** *znw* rat; fig overloper; onderkruiper; *~s!* gemeenz verdorie!; *smell a* ~ achterdochtig zijn, het zaakje niet vertrouwen; **II** *onoverg*: ~ *on* laten vallen, in de steek laten; verlinken; verbreken (belofte)

ratable, **rateable** ['reitəbl] *bn* schatbaar; belastbaar; belastingplichtig; ~ *value* Br huurwaarde voor de gemeentebelasting

ratal *znw* aanslag in plaatselijke belasting

rat-a-tat *znw = rat-tat*

ratch [rætʃ], **ratchet** ['rætʃit] *znw* techn pal

1 rate [reit] **I** *znw* tarief *o*; cijfer *o*, verhouding; snelheid, vaart, tempo *o*; prijs, koers; standaard, maatstaf; graad, rang, klasse; *~s* (gemeente)belasting; ~ *of exchange* (wissel)koers; ~ *of interest* rentevoet; ~ *of pay (wages)* loonstandaard; *~s and taxes* gemeente- en rijksbelastingen; *at any* ~ in ieder geval; tenminste; *at this* ~ gemeenz als het zo doorgaat; *at that* ~ op die manier; *at the ~ of* met een snelheid van; ten getale van; tegen, op de voet van [7%], à raison van; per; *people were killed at the ~ of 40 a day* er werden veertig mensen per dag gedood; **II**

overg aanslaan, (be)rekenen, taxeren, bepalen; schatten², waarderen²; Am verdienen, waard zijn, behalen; *be ~d as* scheepv de rang hebben van; **III** *wederk*: *~ oneself with* zich op één lijn stellen met; **IV** *onoverg* geschat worden, gerekend worden, de rang hebben (van *as*)
2 rate [reit] *overg* uitschelden, berispen; *~ at* uitvaren tegen
rateable *bn* = *ratable*
ratepayer ['reitpeiə] *znw* belastingbetaler, belastingschuldige
rather ['ra:ðə] *bijw* eer(der), liever, veeleer; meer; heel wat; nogal, vrij, enigszins, tamelijk, wel; *~ nice* ook: niet onaardig; *~!* gemeenz en of!
ratification [rætifi'keiʃən] *znw* ratificatie, bekrachtiging
ratify ['rætifai] *overg* ratificeren, bekrachtigen
rating ['reitiŋ] *znw* aanslag [in gemeentebelasting]; scheepv graad, klasse; waardering, waarderingscijfer *o*; *able ~ = able-bodied*; *the ~s* ook: scheepv het personeel, de manschappen
ratio ['reiʃiou] *znw* verhouding
ratiocinate [ræti'ɔsineit] *onoverg* redeneren
ratiocination [rætiɔsi'neiʃən] *znw* redenering, logische gevolgtrekking
ration ['ræʃən] **I** *znw* rantsoen *o*, portie; *off the ~* niet op de bon, van de bon, zonder bon; *on the ~* op de bon; *~ book* bonboekje *o*, bonkaart; **II** *overg* rantsoeneren; (ook: *~ out*) distribueren [in oorlogstijd &]; op rantsoen stellen; zijn (hun) rantsoen geven
rational *bn* redelijk, verstandig, rationeel
rationale [ræʃə'na:l] *znw* beredeneerde uiteenzetting; basis, grond
rationalism ['ræʃ(ə)nəlizm] *znw* rationalisme *o*; leer, geloof *o* der rede
rationalist **I** *znw* rationalist; **II** *bn* rationalistisch
rationalistic [ræʃ(ə)nə'listik] *bn* rationalistisch
rationality [ræʃə'næliti] *znw* rede; verstand *o*; redelijkheid, rationaliteit
rationalization [ræʃ(ə)nəlai'zeiʃən] *znw* rationalisatie; reorganisatie [v. bedrijf]
rationalize ['ræʃ(ə)nəlaiz] *overg* rationaliseren; in overeenstemming brengen met de redelijkheid; verstandelijk verklaren; reorganiseren [v. bedrijf]
rationing ['ræʃəniŋ] *znw* rantsoenering; distributie
rat race ['rætreis] *znw* zinloze jacht naar meer, genadeloze concurrentiestrijd
rattan [rə'tæn] *znw* rotan *o & m* [stofnaam]; rotan *m* [voorwerpsnaam], rotting
rat-tat [ræt'tæt] *znw* tok-tok, geklop *o*
ratter ['rætə] *znw* rattenvanger
rattle ['rætl] **I** *onoverg* ratelen, rammelen, kletteren; reutelen; *~ on* maar doorratelen (kletsen); **II** *overg* doen rammelen &; rammelen met &; gemeenz zenuwachtig, in de war maken; *~ off* afraffelen, aframmelen [les &]; *~ through sth.* fig ergens doorheen vliegen; **III** *znw* ratel², rammelaar; geratel *o*; gerammel *o*; reutelen *o*
rattlebrain *znw* leeghoofd *o & m-v*
rattle-brained, **rattle-headed** *bn* onbezonnen, dom
rattler *znw* gemeenz ratelslang
rattlesnake *znw* ratelslang
rattletrap *znw* rammelkast, oude brik
rattling *bn* ratelend &; gemeenz verduiveld (goed &)
rat-trap ['rættræp] *znw* rattenval
ratty *bn* gemeenz uit zijn hum(eur)
raucous ['rɔ:kəs] *bn* schor, rauw
ravage ['rævidʒ] **I** *znw* verwoesting, teistering; plundering; **II** *overg* verwoesten, teisteren; plunderen
rave [reiv] **I** *onoverg* ijlen, raaskallen; razen (en tieren); *~ about (over)* dol zijn op, dwepen met; **II** *znw* gemeenz **1** manie, rage, gedweep *o*; **2** wild feest *o*; **3** wild enthousiaste recensie (ook: *~ review*)
ravel ['rævl] **I** *overg* **1** in de war maken, verwarren; **2** ontwarren (ook: *~ out*); **II** *onoverg* in de war geraken; rafelen
raven ['reivn] **I** *znw* raaf; **II** *bn* ravenzwart
ravening ['rævniŋ] *bn* roofzuchtig; zie ook: *ravenous*
ravenous ['rævinəs] *bn* verslindend, roofzuchtig [dier]; fig uitgehongerd; *a ~ appetite* een razende honger
raver *znw* gemeenz fuifnummer *o*, uitgaanstype *o*
rave-up ['reivʌp] *znw* gemeenz knalfuif, wild/ruig feest *o*
ravine [rə'vi:n] *znw* ravijn *o*, gleuf, kloof
raving ['reiviŋ] **I** *bn* ijlend; **II** *bijw*: *~ mad* stapelgek; **III** *znw* ijlen *o*; dweperij, gedweep *o*; *his ~s* zijn geraaskal *o*
ravish ['ræviʃ] *overg* meeslepen²; fig verrukken; (ont)roven, wegvoeren
ravisher *znw* rover; ontvoerder
ravishing ['ræviʃiŋ] *bn* verrukkelijk
ravishment *znw* **1** verrukking; **2** roof, ontvoering
raw [rɔ:] **I** *bn* rauw°, guur; ruw, onbewerkt, grof; onverbloemd; groen, onervaren, ongeoefend; gevoelig, pijnlijk; ruw [taal]; gemeenz gemeen, onbillijk [behandeling]; *give sbd. a ~ deal* gemeenz iem. een rotstreek leveren; *the old get a ~ deal nowadays* gemeenz ouderen worden slecht behandeld tegenwoordig; *~ materials* grondstoffen; **II** *znw* rauwe plek; *in the ~* onbewerkt, ongeraffineerd, ruw; gemeenz naakt; *touch sbd. on the ~* iem. op een zere (gevoelige) plek raken
raw-boned *bn* mager (als een lat)
rawhide ['rɔ:haid] *znw* zweep (van ongelooide huid)
1 ray [rei] *znw* dierk rog
2 ray [rei] *znw* straal; fig sprankje *o*
rayon ['reiɔn] *znw* rayon *o & m* [kunstzijde]
raze [reiz] *overg* (ook: *~ to the ground*) met de grond gelijk maken, slechten

razor ['reizə] *znw* scheermes *o*; *electric* ~ elektrisch scheerapparaat *o*; *as sharp as a* ~ ook: vlijmscherp; *on the* ~*'s edge* heel kritiek
razor-back *znw* dier *o* met een scherpe rug, vooral vinvis
razor blade *znw* scheermesje *o*
razor-sharp *bn* vlijmscherp[2]
razor-strop *znw* aanzetriem
razz [ræz] *overg* gemeenz (iem.) ertussen nemen
razzia ['ræziə] *znw* razzia, inval, strooptocht
razzle ['ræzl], **razzledazzle** ['ræzldæzl] *znw* **1** opwinding, hilariteit, drukte; **2** opvallende, schreeuwerige reclame; *be on the razzle* aan de zwier zijn
razzmatazz ['ræzmə'tæz] *znw* opzichtigheid, goedkoop effect *o*; misleidende praatjes
RE *afk.* = *Royal Engineers* de Genie; onderw = *Religious Education*
1 re [rei] *znw* muz re
2 re [ri:] *voorz* inzake
3 re- [ri:] *voorv* her-, weer-, opnieuw-, terug-
reach [ri:tʃ] **I** *overg* bereiken; komen tot [gevolgtrekking &]; aanreiken, overhandigen; toesteken, uitstrekken; ~ *one's audience* weten te "pakken"; **II** *onoverg* reiken, zich uitstrekken; *the news has not* ~*ed here* is nog niet binnengekomen; ~ *after* = ~ *for*; ~ *at* reiken tot, bereiken, raken; ~ *down* afhangen, afnemen; ~ *for* de hand uitsteken naar, grijpen naar, reiken naar, trachten te bereiken, streven naar; ~ *out* (de hand) uitsteken; ~ *(up) to it* zover reiken, het bereiken, er bij komen; **III** *znw* bereik *o*, omvang, uitgestrektheid; rak *o* [rivier]; *the higher (upper)* ~*es of* ook: fig de hogere regionen van; *above my* ~ boven mijn bereik (horizon); *beyond the* ~ *of* buiten bereik van; *out of* ~ niet te bereiken; *out of* ~ buiten bereik; *within* ~ (makkelijk) te bereiken; *within my* ~ binnen mijn bereik
reach-me-down *znw* gemeenz afdragertje *o*
react [ri'ækt] *onoverg* reageren (op *upon, to*); terugwerken; ~ *against* zich verzetten tegen, tegen (iets) ingaan, tegenwerken
reaction *znw* reactie, terugwerking
reactionary *bn* & *znw* reactionair
reactivate ['ri:'æktiveit] *overg* reactiveren, weer actief maken
reactive [ri'æktiv] *bn* reagerend, reactie tonend, reactief
reactor [ri'æktə] *znw* reactor
1 read [ri:d] (read; read) **I** *overg* lezen (in), af-, op-, voorlezen; oplossen [raadsel]; ontcijferen; uitleggen [droom], opvatten, begrijpen; doorzien [iem.]; ~ *the clock* op de klok kijken; ~ *the gas-meter* de gasmeter opnemen; ~ *law*, ~ *for the bar* rechten studeren; ~ *a paper on* zie *paper I*; *if I* ~ *him rightly* als ik hem goed begrijp, als ik mij niet vergis in zijn karakter; ~ *into* opmaken uit [iems. woorden]; ~ *off* (af)lezen, oplezen; ~ *out* uitlezen; hardop lezen, oplezen; voorlezen; ~ *to sbd.* iem. voorlezen; ~ *up* blokken (op); zich inwerken [in een onderwerp]; *take sth. as* ~ iets als een vanzelfsprekendheid beschouwen; **II** *onoverg* lezen; studeren; een lezing houden; zich laten lezen; klinken, luiden; *the thermometer* ~*s 30* wijst 30 aan; ~ *up on sth.* zich op de hoogte stellen van iets; ± zich inlezen [m.b.t. een onderwerp]; iem. klaarmaken [voor examen]; *well-*~ (zeer) belezen, op de hoogte
2 read [ri:d] *znw*: *have a long (quiet &)* ~ lang (rustig) zitten lezen
readable ['ri:dəbl] *bn* lezenswaardig, leesbaar[2]
reader *znw* lezer, voorlezer; lezeres; lector; adviseur [v. uitgever]; corrector; leesboek *o*; (meter)opnemer (*meter* ~); techn lezer [v. computer]; ook = *lay reader*
readership *znw* lectoraat *o*; aantal *o* lezers, lezerskring
readily ['redili] *bijw* dadelijk, gaarne, grif, gemakkelijk; *sell* ~ handel gretig aftrek vinden
readiness *znw* gereedheid, bereidheid; bereidwilligheid; paraatheid; (slag)vaardigheid; vlugheid; ~ *of resource* vindingrijkheid; ~ *of wit* gevatheid; *in* ~ gereed, klaar
reading ['ri:diŋ] **I** *bn* lezend, van lezen houdend; **II** *znw* (voor)lezen *o*; lezing°, aflezing; opneming [v. gasmeter &]; belezenheid; studie; opvatting; stand [v. barometer &]; ~*(matter)* lectuur, leesstof
reading-book *znw* leesboek *o*
reading-desk *znw* lessenaar
reading-glasses *znw mv* leesbril
reading-lamp *znw* leeslamp; studeerlamp
reading-room *znw* leeszaal, -kamer
readjust ['ri:ə'dʒʌst] *overg* weer regelen, in orde brengen of schikken, zich weer aanpassen
readjustment *znw* opnieuw regelen *o*, in orde brengen *o* of schikken *o*, weer aanpassen *o*
readmission ['ri:əd'miʃən] *znw* wedertoelating
readmit *overg* weer toelaten
readmittance *znw* wedertoelating
readout ['ri:daut] *znw* comput uitdraai
ready ['redi] **I** *bn* bereid, gereed, klaar; bereidwillig; paraat; vaardig; gemakkelijk; snel; vlug, bij de hand, gevat; ~ *cash (money)* contant geld *o*; ~ *reckoner* (boek *o* met) herleidingstabellen; ~ *wit* gevatheid, slagvaardigheid; *make (get)* ~ (zich) klaarmaken; ~ *for sea* zeilvaardig; ~ *to faint* op het punt van te bezwijmen; **II** *znw*: *the readies* slang de contanten, de duiten; *at the* ~ gereed (om te vuren), klaar; **III** *overg* (zich) klaarmaken, (zich) voorbereiden
ready-made *bn* confectie-; (kant-en-)klaar; fig ~ *answer, opinion* cliché *o*, gemeenplaats
ready-to-wear *bn* confectie-
ready-witted *bn* intelligent, slagvaardig
reaffirm ['ri:ə'fə:m] *overg* opnieuw bevestigen
reafforest ['ri:ə'fɔrist] *overg* herbebossen
reafforestation ['ri:əfɔris'teiʃən] *znw* herbebossing
reagent [ri:'eidʒənt] *znw* reagens *o*

1 real [rei'a:l] *znw* reaal [munt]
2 real ['riəl] *bn* echt, werkelijk, wezenlijk, waar, eigenlijk, reëel; zakelijk [recht]; *for ~* echt, om 't echie; *~ estate* onroerend goed *o* (eigendommen); *in ~ life* in de werkelijkheid, in de praktijk; *~ money* klinkende munt; *the ~ thing, the ~ McCoy* je ware; *~ time* comput real time
realism *znw* realisme *o*, werkelijkheidszin
realist I *znw* realist; **II** *bn* realistisch
realistic [riə'listik] *bn* realistisch; werkelijkheidsgetrouw
reality [ri'æliti] *znw* realiteit; wezenlijkheid, werkelijkheid
realizable ['riəlaizəbl] *bn* realiseerbaar, haalbaar
realization [riəlai'zeiʃən] *znw* verwezenlijking; besef *o*; handel realisatie, tegeldemaking
realize ['riəlaiz] *overg* verwezenlijken; realiseren, te gelde maken; zich voorstellen, beseffen, zich realiseren, zich rekenschap geven van, inzien; handel opbrengen [v. prijzen], maken [winst]
re-allocation ['ri:ælou'keiʃən] *znw* herverkaveling
really ['riəli] *bijw* werkelijk, waarlijk, inderdaad, in werkelijkheid, eigenlijk; echt, bepaald, beslist, heus, toch; *~?* o ja?; is 't heus?
realm [relm] *znw* koninkrijk *o*, rijk[2] *o*, fig gebied *o*
realtor ['riəltə, -tɔ:] *znw* Am makelaar in onroerend goed
realty ['riəlti] *znw* vast of onroerend goed *o*
1 ream [ri:m] *znw* riem [papier]; fig grote hoeveelheid [beschreven papier]
2 ream [ri:m] *overg* vergroten, opruimen [een gat]
reamer *znw* techn ± boor, frees
reanimate ['ri:'ænimeit] *overg* doen herleven, reanimeren; weer bezielen of doen opleven
reanimation ['ri:æni'meiʃən] *znw* reanimatie, herleving; wederbezieling
reap [ri:p] *overg* maaien, inoogsten, oogsten[2]; *~ the fruits of* fig de vruchten plukken van
reaper *znw* maaier, oogster; maaimachine
reaping-hook *znw* sikkel
reaping-machine *znw* maaimachine
reappear ['ri:ə'piə] *onoverg* weer verschijnen &
reappearance ['ri:ə'piərəns] *znw* wederverschijning, wederkeer, het zich opnieuw vertonen
reappraisal ['ri:ə'preizl] *znw* herwaardering
reappraise ['ri:ə'preiz] *overg* herwaarderen
1 rear [riə] **I** *znw* achterhoede; achterkant; etappe, etappegebied *o*; gemeenz achterste *o*; *bring up the ~* mil de achterhoede vormen, achteraan komen; *at (in) the ~ of* achter; *in (the) ~* achteraan; van achteren; *attack in (the) ~* in de rug aanvallen[2]; **II** *bn* achter-, achterste
2 rear [riə] **I** *overg* oprichten, opheffen; bouwen; opbrengen, (op)kweken, grootbrengen; fokken; verbouwen; **II** *wederk*: *~ oneself (itself)* zich verheffen; **III** *onoverg*: *~ (up)* steigeren
rear-admiral ['riə(r)'ædmərəl] *znw* schout-bij-nacht
rearguard ['riəga:d] *znw* mil achterhoede; *~ action* achterhoedegevecht *o*
rearm ['ri:'a:m] *overg & onoverg* (zich) herbewapenen
rearmament *znw* herbewapening
rearmost ['riəmoust] *bn* achterste, laatste
rearrange ['ri:ə'reindʒ] *overg* opnieuw schikken &
rearrangement ['ri:ə'rein(d)ʒmənt] *znw* herschikking, herinrichting
rear-view mirror ['riəvju:'mirə] *znw* achteruitkijkspiegel
rearward ['riəwəd] **I** *znw* achterhoede; *in the ~* achteraan (geplaatst); achter ons; *to ~ of* achter; **II** *bn* achterwaarts; achterste, achter-; **III** *bijw* achterwaarts
reason ['ri:zn] **I** *znw* reden, oorzaak, grond; rede, redelijkheid, verstand *o*; recht *o*, billijkheid; *all the more ~ why...* een reden te meer om...; *there's some ~ in that* daar zit wat in; *lose one's ~* het verstand verliezen; *see ~* tot rede komen; *see ~ to...* reden hebben om...; *talk ~* verstandig spreken; *by ~ of* op grond van, ten gevolge van, vanwege, wegens; *for some ~ (or other)* om de een of andere reden; *he will do anything within ~* alles wat men billijkerwijs verlangen kan; *in ~ or out of ~* redelijk of niet; *listen to ~* naar rede luisteren; *it stands to ~* het spreekt vanzelf; *with ~* met recht, terecht; *without ~* zonder reden; **II** *onoverg* redeneren (over *about, upon*); *~ with sbd.* iem. bepraten, iem. overreden; met iem. spreken, praten, een (goed) gesprek voeren; **III** *overg* beredeneren, redeneren over; bespreken; *~ away* wegredeneren; *~ sbd. into ...ing* overreden of overhalen om...; *~ it out* beredeneren; *~ out the consequences* de gevolgen bedenken; *~ sbd. out of his fears* iem. zijn angst uit het hoofd praten
reasonable *bn* redelijk, verstandig; billijk; matig
reasonably *bijw* redelijk; billijk; tamelijk; redelijkerwijs, met reden, terecht
reasoned *bn* beredeneerd
reasoning *znw* redenering
reassemble ['ri:ə'sembl] **I** *overg* opnieuw verzamelen; weer in elkaar zetten [machine &]; **II** *onoverg* weer bijeenkomen
reassert ['ri:ə'sə:t] *overg* opnieuw beweren, bevestigen; weer laten gelden
reassess ['ri:ə'ses] *overg* opnieuw onderzoeken, herwaarderen, opnieuw taxeren
reassurance [ri:ə'ʃuərəns] *znw* geruststelling
reassure *overg* geruststellen
rebaptism ['ri:'bæptizm] *znw* wederdoop
rebaptize ['ri:bæp'taiz, 'ri:'bæp-] *overg* opnieuw dopen
rebarbative [ri'ba:bətiv] *bn* afstotend, weerzinwekkend
rebate ['ri:beit] *znw* handel korting, rabat *o*, aftrek
rebel ['rebəl] **I** *znw* oproermaker, oproerling, opstandeling, muiter; rebel; **II** *bn* oproerig, opstan-

dig, muitend; **III** *onoverg* [ri'bel] oproer maken, muiten, opstaan, in opstand komen, rebelleren
rebellion [ri'beljən] *znw* oproer *o*, opstand
rebellious *bn* oproerig, rebels, weerspannig; hardnekkig [v. zweren]
rebind ['ri:'baind] *overg* opnieuw (in)binden
rebirth ['ri:'bə:θ] *znw* wedergeboorte
1 rebound [ri'baund] **I** *onoverg* terugspringen, terug-, afstuiten; terugkaatsen; **II** *znw* terugspringen *o*, terugstoot, afstuiting; terugkaatsing; rebound; *on the* ~ als reactie daarop, van de weeromstuit
2 rebound ['ri:baund] V.T. & V.D. van *rebind*
rebuff [ri'bʌf] **I** *znw* botte weigering, afwijzing; **II** *overg* weigeren, afwijzen, afstoten, afpoeieren, afschepen
rebuild ['ri:'build] *overg* herbouwen, weer opbouwen; ombouwen
rebuilt V.T. & V.D. van *rebuild*
rebuke [ri'bju:k] **I** *overg* berispen, afkeuren; **II** *znw* berisping
rebus ['ri:bəs] *znw* rebus
rebut [ri'bʌt] *overg* weerleggen; terug-, afwijzen
rebuttal *znw* weerlegging
recalcitrance [ri'kælsitrəns] *znw* weerspannigheid
recalcitrant *bn* tegenstribbelend, weerspannig, recalcitrant
recall [ri'kɔ:l] **I** *overg* terugroepen; herroepen, intrekken; weer in het geheugen roepen, memoreren, herinneren aan; zich herinneren; handel opzeggen [een kapitaal]; *it ~s...* het doet je denken aan..; **II** *znw* terugroeping; herroeping; rappel *o*; bis [in schouwburg]; *beyond (past)* ~ onherroepelijk; reddeloos (verloren)
recant [ri'kænt] **I** *overg* herroepen, terugnemen; **II** *onoverg & abs ww* zijn woorden terugnemen, zijn dwaling openlijk erkennen
recantation [ri:kæn'teiʃən] *znw* herroeping, afzwering van een dwaling
1 recap ['rikæp] **I** *znw* gemeenz korte opsomming, samenvatting; **II** *overg* kort samenvatten, recapituleren
2 recap *overg* vulkaniseren [autoband]
recapitulate [ri:kə'pitjuleit] *overg* in het kort herhalen, samenvatten, resumeren
recapitulation [ri:kəpitju'leiʃən] *znw* recapitulatie, korte herhaling of samenvatting
recapture ['ri:'kæptʃə] **I** *overg* heroveren; fig terugroepen, [weer] voor de geest halen; **II** *znw* herovering; heroverde *o*
recast ['ri:'ka:st] **I** *overg* opnieuw gieten, omgieten; opnieuw vormen; opnieuw berekenen; fig opnieuw bewerken, omwerken [een boek &]; de rollen opnieuw verdelen van [een toneelstuk]; **II** *znw* omgieten *o*; fig omwerking
recede [ri'si:d] *onoverg* teruggaan, -wijken, (zich) terugtrekken; handel teruglopen [koers]; zich verwijderen [v.d. kust &]; aflopen [getij]; ~ *from a iemand* een eis laten vallen; ~ *from view* uit het gezicht verdwijnen; *receding hairline* terugwijkende haargrens
receipt [ri'si:t] **I** *znw* ontvangst; bewijs *o* van ontvangst, kwitantie; reçu *o*; recept *o*; *~s* recette; *be in ~ of* ontvangen hebben; ontvangen, krijgen, trekken; *on ~ of* na/bij ontvangst van; **II** *overg* kwiteren
receipt book *znw* kwitantieboekje *o*
receivable [ri'si:vəbl] *bn* ontvangbaar, aannemelijk; nog te ontvangen of te innen
receive I *overg* ontvangen, aannemen, in ontvangst nemen; opvangen; vinden, krijgen; opnemen, toelaten; recht helen; *the standard ~d in Paris* te Parijs geldend; **II** *onoverg* recipiëren, ontvangen; recht helen
received *bn* algemeen aanvaard, standaard-, overgeleverd
receiver *znw* ontvanger°; heler; recht curator [v. failliete boedel]; recipiënt, klok [v. luchtpomp]; reservoir *o*; telefoonhoorn; radio ontvangtoestel *o*; *official* ~ curator bij faillissement
receivership *znw* curatorschap *o*
receiving order *znw* aanstelling tot curator [bij faillissement]
recension [ri'senʃən] *znw* herziening; herziene uitgaaf
recent ['ri:sənt] *bn* recent, van recente datum, onlangs plaats gehad hebbend; van de nieuwere tijd; nieuw, fris; laatst, jongst
recently *bijw* onlangs, kort geleden, in de laatste tijd, recentelijk; *as ~ as 1990* in 1990 nog; *till* ~ tot voor kort
receptacle [ri'septəkl] *znw* vergaarbak, -plaats
reception [ri'sepʃən] *znw* ontvangst, onthaal *o*, opname; opneming; receptie
reception centre *znw* opvangcentrum *o*
reception clerk, **receptionist** *znw* receptionist(e)
reception room *znw* ontvangkamer, receptieruimte; woonvertrek *o*
receptive [ri'septiv] *bn* receptief, kunnende opnemen, ontvankelijk; ~ *faculties* opnemingsvermogen *o*
receptiveness, **receptivity** [risep'tiviti] *znw* receptiviteit, opnemingsvermogen *o*, ontvankelijkheid
recess [ri'ses] *znw* terugwijking [v. gevel]; inham, (schuil)hoek, nis, alkoof; opschorting [v. zaken]; reces *o*; Am vakantie; *in* ~ op reces
recession *znw* wijken *o*; terugtreding; handel recessie
recessional *znw* gezang *o* terwijl de geestelijken zich na afloop van de dienst terugtrekken (ook: ~ *hymn*)
recharge ['ri:'tʃa:dʒ] *overg* opnieuw vullen, opnieuw laden [accu, geweer &]; handel doorberekenen, in rekening brengen
rechargeable [ri'tʃa:dʒəbl] *bn* oplaadbaar
recherché [rə'ʃɛəʃei] [Fr] *bn* bijzonder; uitgezocht, precieus

recidivist [ri'sidivist] *znw* recidivist
recipe ['resipi] *znw* recept *o; that's a ~ for disaster* dat is vragen om ongelukken
recipient [ri'sipiənt] **I** *bn* ontvangend, opnemend; **II** *znw* ontvanger
reciprocal [ri'siprəkl] *bn* wederzijds, wederkerig; over en weer; omgekeerd [evenredig]; *~ service* wederdienst
reciprocate [ri'siprəkeit] **I** *onoverg* techn heen en weer gaan; reciproceren, iets terug doen; bewezen gunsten beantwoorden; **II** *overg* vergelden, beantwoorden (met *with*), (uit)wisselen
reciprocation [risiprə'keiʃən] *znw* (uit)wisseling; beantwoording, vergelding
reciprocity [resi'prɔsiti] *znw* wederkerigheid; wisselwerking
recital [ri'saitl] *znw* opsomming (der feiten), omstandig verslag *o;* verhaal *o;* voordracht; recital *o:* concert *o* door één solist
recitation [resi'teiʃən] *znw* opzeggen *o,* voordracht; declamatie
recitative [resitə'ti:v] *znw* recitatief *o*
recite [ri'sait] **I** *overg* opsommen; reciteren, voordragen, declameren, opzeggen; **II** *onoverg* een voordracht geven
reciter *znw* declamator
reck [rek] *overg* plechtig geven om, zich zorgen maken om; *it ~s little* het doet er niet zoveel toe; *what ~s it him?* wat kan hem dat schelen?; *~ of* geven om
reckless *bn* zorgeloos, roekeloos, onbesuisd; vermetel
reckon ['rekn] **I** *overg* (be)rekenen, tellen; achten, houden voor...; denken; *~ among (with)* rekenen of tellen onder; *~ in* meerekenen, -tellen; *~ up* optellen, uitrekenen, samenvatten; **II** *onoverg* rekenen; *~ (up)on* rekenen op; *~ with* rekening houden met; afrekenen met[2]; *~ without one's host* buiten de waard rekenen
reckoner *znw* rekenaar; [reken]tabellenboek *o*
reckoning *znw* rekening, afrekening[2]; berekening; *(dead) ~* scheepv (gegist) bestek *o; be out in one's ~* zich misrekend hebben, zich vergissen; *day of ~* dag der vergelding; *Belgium has several athletes in the ~ for medals* de Belgen hebben enkele atleten die een goede kans op een medaille maken
reclaim [ri'kleim] **I** *overg* terugbrengen op het rechte pad, verbeteren, bekeren; terugwinnen; in cultuur brengen, ontginnen, droogleggen; tam maken, africhten; **II** *znw: beyond (past) ~* onherroepelijk (verloren); onverbeterlijk
reclamation [reklə'meiʃən] *znw* terugvordering, eis; terugwinning; vero protest *o;* bekering; (land-) aanwinning, ontginning, drooglegging
recline [ri'klain] **I** *overg* (doen) leunen, laten rusten; **II** *onoverg* achteroverleunen, rusten; *~ upon* steunen of vertrouwen op
reclining seat *znw* stoel met verstelbare rugleuning
recluse [ri'klu:s] *znw* kluizenaar
reclusive *bn* teruggetrokken, kluizenaars-; afgelegen
recognition [rekəg'niʃən] *znw* herkenning; erkenning; erkentenis; *beyond (out of) (all) ~* tot onherkenbaar wordens toe; *in ~ of...* ter erkenning van, uit erkentelijkheid voor...
recognizable ['rekəgnaizəbl, rekəg'naizəbl] *bn* te herkennen, (her)kenbaar; kennelijk
recognizance [ri'kɔgnizəns] *znw* recht gelofte, schriftelijke verplichting om iets te doen; borgtocht
recognize ['rekəgnaiz] *overg* herkennen (aan *by*); erkennen; inzien
recoil [ri'kɔil] **I** *onoverg* terugspringen, terugdeinzen (voor *from*); mil teruglopen [kanon], (terug)stoten [geweer]; *~ on the head of* neerkomen op het hoofd van; **II** *znw* terugspringen *o;* terugslag; mil terugloop [v. kanon]; terugstoot [v. geweer]
recollect [rekə'lekt] **I** *overg* zich herinneren; *~ one's thoughts* z'n gedachten verzamelen; **II** *wederk*: *~ oneself* zich bezinnen; zich beheersen; **III** *abs ww* het zich herinneren
recollection *znw* herinnering; *to the best of my ~* voorzover ik mij herinner
recommence ['ri:kə'mens] *onoverg & onoverg* weer beginnen, hervatten
recommend [rekə'mend] *overg* aanbevelen, aanprijzen, recommanderen; aanraden, adviseren; *~ed price* adviesprijs
recommendable *bn* aan te bevelen, aanbevelenswaardig
recommendation [rekəmen'deiʃən] *znw* recommandatie, aanbeveling, aanprijzing; advies *o*
recommendatory [rekə'mendətəri] *bn* aanbevelend, aanbevelings-
recompense ['rekəmpens] **I** *overg* (be)lonen; vergelden, vergoeden, schadeloosstellen (voor *for*); **II** *znw* beloning, vergelding, vergoeding, loon *o,* schadeloosstelling
recompose ['ri:kəm'pouz] *overg* weer samenstellen; (weer) kalmeren
reconcilable ['rekənsailəbl] *bn* verzoenbaar, verenigbaar, bestaanbaar (met *with, to*)
reconcile I *overg* verzoenen (met *to, with*); *~ with* overeenbrengen met, verenigen met; *~ differences* geschillen bijleggen; **II** *wederk*: *~ oneself to it* zich ermee verzoenen, zich erin schikken
reconcilement *znw* verzoening[2]
reconciliation [rekənsili'eiʃən] *znw* verzoening[2]
recondite [ri'kɔndait, 'rekəndait] *bn* onbekend, verborgen; diepzinnig, duister
recondition ['ri:kən'diʃən] *overg* weer opknappen, opnieuw uitrusten [schip &]
reconnaissance [ri'kɔnisəns] *znw* verkenning[2]
reconnoitre [rekə'nɔitə] **I** *overg* verkennen[2]; **II** *abs ww* het terrein verkennen[2]

reconsider ['ri:kən'sidə] *overg & onoverg* opnieuw overwegen; herzien [vonnis]; terugkomen op [een beslissing]
reconstitute ['ri:'kɔnstitju:t] *overg* opnieuw samenstellen, reconstrueren
reconstruct ['ri:kən'strʌkt] *overg* weer (op)bouwen; opnieuw samenstellen, reconstrueren
reconstruction *znw* nieuwe samenstelling, reconstructie; wederopbouw
reconstructive *bn* herstel-, herstellings-
record I *overg* [ri'kɔ:d] aan-, optekenen, aangeven, registreren; opnemen [op grammofoonplaat]; vastleggen, boekstaven, melding maken van, vermelden, verhalen; uitbrengen [zijn stem]; *~ed delivery* post aangetekende bestelling; *~ed music* grammofoonmuziek; **II** *znw* ['rekɔ:d] aan-, optekening; gedenkschrift *o*, (historisch) document *o*, officieel afschrift *o*; gedenkteken *o*, getuigenis *o & v* [van het verleden]; staat van dienst; verleden *o*; record *o*; (grammofoon)plaat, opname; *~s* archief *o*, archieven; *criminal ~, police ~* strafregister *o*, strafblad *o*; *have a clean ~* een blanco strafregister hebben; *beat the ~* het record breken; *keep ~ (of)* aantekening houden (van); *for the ~* voor de goede orde; *off the ~* gemeenz niet officieel, niet voor publicatie (geschikt), geheim, vertrouwelijk; *be on ~* opgetekend zijn, te boek staan, historisch zijn; (algemeen) bekend zijn; *go on ~ as ...* verklaren te (zijn) ...; *place (put) on ~* vastleggen, boekstaven; verklaren; *put (set) the ~ straight* de zaken rechtzetten; *the greatest ... on ~* de grootste ... waarvan de geschiedenis gewaagt; *keep to the ~* voet bij stuk houden; **III** *bn* record-
record-breaker *znw* iem. die een record verbetert
record changer *znw* platenwisselaar
recorder [ri'kɔdə] *znw* griffier; archivaris; rechter; registreertoestel *o*; recorder, opnemer, opneemtoestel *o*; muz blokfluit
recording *znw* opname; registreren *o* &, zie *record I*
record library ['rekə:dlaibrəri] *znw* discotheek
record office *znw* (rijks)archief *o*
record-player *znw* platenspeler
record token ['rekɔ:dtoukn] *znw* platenbon
1 recount [ri'kaunt] *overg* verhalen, opsommen
2 recount ['ri:'kaunt] **I** *overg* opnieuw tellen; **II** *znw* nieuwe telling
recoup [ri'ku:p] **I** *overg* schadeloosstellen (voor), (weer) goedmaken, vergoeden; **II** *wederk*: *~ oneself* zich schadeloosstellen, zijn schade verhalen
recourse [ri'kɔ:s] *znw* toevlucht; handel regres *o*; *have ~ to* zijn toevlucht nemen tot
1 recover [ri'kʌvə] **I** *overg* terug-, herkrijgen, herwinnen; heroveren; terugvinden; bergen [v. lijken, ruimtecapsule]; terugwinnen; goedmaken [fout], inhalen [verloren tijd]; innen [schulden]; doen herstellen [iem.]; zich herstellen van [slag]; erbovenop halen [zieke], bevrijden, redden; weer bereiken; recht zich toegewezen zien [schadevergoeding]; *~ one's breath* weer op adem komen; *~ damages* schadevergoeding krijgen; **II** *wederk*: *~ oneself* weer op de been komen; zich herstellen; zijn kalmte herkrijgen; **III** *onoverg* herstellen, erbovenop komen, beter worden, genezen; weer bijkomen [uit bezwijming]; zich herstellen; schadevergoeding krijgen; recht zijn eis toegewezen krijgen
2 recover ['ri:'kʌvə] *overg* weer bedekken, opnieuw bekleden of dekken; overtrekken [een paraplu]
recovery [ri'kʌvəri] *znw* terugkrijgen *o* &; berging; terugbekoming, herstel *o* [van gezondheid, economie]; *beyond (past) ~* onherstelbaar, ongeneeslijk
recovery room *znw* verkoeverkamer, recovery
recreant ['rekriənt] **I** *bn* plechtig lafhartig; afvallig; **II** *znw* lafaard; afvallige
1 recreate ['rekrieit] **I** *overg* ontspanning geven, vermaken; **II** *onoverg* zich ontspannen
2 recreate ['ri:kri'eit] *overg* herscheppen
1 recreation [rekri'eiʃən] *znw* ont-, uitspanning, recreatie, speeltijd
2 recreation ['ri:kri'eiʃən] *znw* herschepping
recreational [rekri'eiʃənəl] *bn* recreatief
recreation ground [rekri'eiʃəngraund] *znw* speelplaats, speelterrein *o*, speeltuin
recriminate [ri'krimineit] *onoverg* elkaar over en weer beschuldigen, tegenbeschuldigingen of (tegen)verwijten doen
recrimination [rikrimi'neiʃən] *znw* tegenbeschuldiging, (tegen)verwijt *o*
recriminatory [ri'kriminət(ə)ri, -neitri] *bn* (wederzijds) beschuldigend
recrudesce [ri:kru:'des] *onoverg* opnieuw uitbreken, oplaaien; verergeren
recrudescence *znw* opnieuw uitbreken *o* [v. ziekte]; opleving; oplaaiing [van hartstocht &]; verergering
recruit [ri'kru:t] **I** *znw* rekruut[2]; nieuweling; **II** *overg* (aan)werven, rekruteren[2]
recruitment *znw* (aan)werving, rekrutering
rectal ['rektəl] *bn* rectaal
rectangle ['rektæŋgl] *znw* rechthoek
rectangular [rek'tæŋgjulə] *bn* rechthoekig
rectification [rektifi'keiʃən] *znw* rectificatie [ook = herhaalde distillatie], verbetering, herstel *o*, rechtzetting
rectifier ['rektifaiə] *znw* elektr gelijkrichter
rectify *overg* rectificeren [ook = opnieuw distilleren], verbeteren, herstellen, rechtzetten; elektr gelijkrichten
rectilinear [rekti'liniə] *bn* rechtlijnig
rectitude ['rektitju:d] *znw* oprechtheid, rechtschapenheid; correctheid
rector ['rektə] *znw* predikant, dominee; onderw rector
rectorial [rek'tɔ:riəl] *bn* rectoraal, rectoraats-
rectorship ['rektəʃip] *znw* rectoraat *o*
rectory *znw* predikantsplaats; pastorie; rectorswoning

rectum ['rektəm] *znw* (*mv*: -s *of* recta [-tə]) endeldarm
recumbency [ri'kʌmbənsi] *znw* (achterover)liggende (leunende) houding; rust
recumbent *bn* (achterover)liggend, (-)leunend; rustend
recuperate [ri'kju:pəreit] **I** *onoverg* herstellen, weer op krachten komen, opknappen; **II** *overg* beter maken, er weer bovenop helpen
recuperation [rikju:pə'reiʃən] *znw* herstel *o*
recuperative [ri'kju:pərətiv] *bn* herstellend, versterkend; herstellings-
recur [ri'kə:] *onoverg* terugkeren, terugkomen; zich herhalen; ~ *to one (to one's mind)* weer bij iem. opkomen, iem. weer te binnen schieten; ~*ring decimal* repeterende breuk
recurrence [ri'kʌrəns] *znw* terugkeer; herhaling
recurrent, **recurring** *bn* (periodiek) terugkerend, periodiek
recusant ['rekjuzənt] **I** *znw* weerspannige; afgescheidene; **II** *bn* weerspannig; afgescheiden
recycle [ri'saikl] *overg* recyclen, hergebruiken; handel opnieuw investeren
recycling [ri:'saikliŋ] *znw* recycling, hergebruik *o*
red [red] **I** *bn* rood[2]; bloedig[2]; links, revolutionair; *see* ~ in blinde woede ontsteken, van woede buiten zichzelf zijn; ~ *alert* groot alarm *o*; ~ *carpet* rode loper; *give sbd. the* ~ *carpet treatment* de rode loper voor iem. uitrollen; ~ *deer* edelhert *o*; ~ *hot* roodgloeiend, fig enthousiast; woedend; slang actueel, sensationeel; *R*~ *Indian* Indiaan, roodhuid; *it is like a* ~ *rag to a bull* het werkt als een rode lap op een stier; ~ *tape* fig bureaucratie; zie ook: *herring*; **II** *znw* rood *o*; rode [socialist &]; biljart rode bal; *in (out of) the* ~ gemeenz in (uit) de rode cijfers: met (zonder) een tekort, debet (credit) staand
redact [ri'dækt] *overg* redigeren, bewerken, opstellen
redaction *znw* redactie, redigeren *o*, bewerking; nieuwe uitgave
red-blooded ['red'blʌdid] *bn* levenslustig, energiek
redbreast *znw* roodborstje *o*
red-brick *bn*: ~ *university* universiteit van de nieuwere tijd
redcap *znw* gemeenz iemand van de militaire politie; Am gemeenz kruier, witkiel; distelvink
redcoat *znw* roodrok [= Engelse soldaat]
Red Crescent *znw* Rode Halve Maan [equivalent v. Rode Kruis in moslimlanden]
Red Cross *znw* Rode Kruis *o*
redcurrant *znw* aalbes, rode bes
redden I *overg* rood kleuren, rood maken; doen blozen; **II** *onoverg* rood worden, een kleur krijgen, blozen
reddish *bn* roodachtig, rossig
redecorate [ri'dekəreit] *overg* opknappen, opnieuw schilderen, behangen &
redeem [ri'di:m] *overg* terugkopen, loskopen, af-, vrijkopen; in-, aflossen; terugwinnen; verlossen, bevrijden; (weer) goedmaken (ook: ~ *oneself*); vervullen, gestand doen, inlossen [belofte]
redeemable *bn* aflosbaar, afkoopbaar; verlost kunnende worden; uitlootbaar
Redeemer *znw*: *the* ~ de Verlosser, de Heiland
redeeming *bn* verlossend; *the one* ~ *feature* het enige lichtpunt, het enige wat in zijn voordeel te zeggen valt
redemption [ri'dem(p)ʃən] *znw* loskoping, verlossing, terugkoop, af-, inlossing; *beyond (past)* ~ reddeloos verloren
redeploy ['ri:di'plɔi] *overg* hergroeperen; een andere taak/plaats geven
redeployment [ri:di'plɔimənt] *znw* mil verschuiving, heropstelling van troepen
redevelop ['ri:di'veləp] *overg* renoveren, saneren; opnieuw ontwikkelen
redevelopment ['ri:di'veləpmənt] *znw* wederopbouw, sanering
red-faced ['redfeist] *bn* met een hoogrode kleur; fig beschaamd, verlegen
red-handed ['red'hændid] *bn*: *be caught* ~ op heterdaad betrapt worden
red hat *znw* RK kardinaalshoed; mil slang stafofficier
redhead ['redhed] *znw* roodharige
red-heat *znw* rode gloeihitte
red-hot *bn* roodgloeiend, gloeiend[2]; vurig, dol
redintegrate [re'dintigreit] *overg* herstellen (in zijn oude vorm), vernieuwen
redintegration [redinti'greiʃən] *znw* herstel *o*, herstelling, vernieuwing
redirect ['ri:di'rekt] *overg* nazenden; opnieuw adresseren; omleiden [v. verkeer]; een andere richting geven
rediscover ['ri:dis'kʌvə] *overg* herontdekken
rediscovery *znw* herontdekking
redistribute ['ri:dis'tribjut] *overg* opnieuw ver-, uit- of indelen, anders schikken
redistribution ['ri:distri'bju:ʃən] *znw* nieuwe verdeling, uit-, indeling, herverdeling
red lead ['red'led] *znw* menie
red-letter *bn*: ~ *day* fig bijzondere of gelukkige dag
red light *znw* rood licht *o*; *see the* ~ het gevaar beseffen, op zijn hoede zijn; *red-light district* rosse buurt
redo ['ri:'du:] *overg* opnieuw doen, overdoen
redolence ['redouləns] *znw* geurigheid, geur
redolent *bn* geurig; ~ *of* riekend naar; fig vervuld met de geur van, (zoete) herinneringen wekkend aan
redouble [ri'dʌbl] **I** *overg* verdubbelen; kaartsp redoubleren; **II** *onoverg* zich verdubbelen, toenemen, aanwassen
redoubt [ri'daut] *znw* mil redoute
redoubtable [ri'dautəbl] *bn* te duchten, geducht
redound [ri'daund] *onoverg* bijdragen (tot *to*); *it* ~*s*

to his credit (honour) het strekt hem tot eer

redraft ['ri:'dra:ft] **I** *overg* opnieuw ontwerpen; **II** *znw* nieuw ontwerp *o*; handel retourwissel, herwissel

1 redress [ri'dres] **I** *overg* herstellen, verhelpen, goedmaken, (weer) in orde brengen, redresseren; **II** *znw* herstel *o*, redres *o*

2 redress ['ri:'dres] *overg* opnieuw (aan)kleden

redshank ['redʃæŋk] *znw* tureluur [vogel]

redskin *znw* roodhuid, indiaan

redstart *znw* roodstaartje *o*

red tape *znw* rood band *o* of lint *o*; fig bureaucratie

reduce [ri'dju:s] **I** *onoverg* minder/kleiner worden; afslanken; **II** *overg* (terug)brengen, herleiden; verkleinen, verlagen, verkorten, verminderen, verdunnen; techn verlopen, nauwer worden; chem reduceren; med zetten [bij botbreuk], weer in de kom zetten; verzwakken; fijnmaken; *in ~d circumstances* achteruitgegaan, verarmd; *~ to ashes* in de as leggen; *~ to beggary* tot de bedelstaf brengen; *~ to powder* fijnmalen, fijnwrijven; *~ sbd. to tears* iem. aan het huilen brengen

reducer *znw* techn verloopstuk *o*

reducible *bn* herleidbaar, terug te brengen &

reduction [ri'dʌkʃən] *znw* terugbrenging; herleiding; reductie; verlaging, mil degradatie; verkorting, beperking, vermindering, verkleining, afslag; onderwerping, tenonderbrenging; zetting [v. een lid]; *at a ~* tegen verlaagde prijs

redundancy [ri'dʌndənsi] *znw* **1** overtolligheid, overvloed(igheid); werkloosheid; **2** ontslag *o* (wegens beperking v.h. personeel); *Ford announced 700 redundancies* Ford maakte bekend dat er 700 arbeidsplaatsen zouden verdwijnen; *~ payment* afvloeiingsregeling

redundant *bn* overtollig, overvloedig; overbodig (en werkloos) geworden [arbeider]; *be made ~, become ~* afvloeien (wegens beperking v.h. personeel)

reduplicate [ri'dju:plikeit] *overg* verdubbelen, herhalen

reduplication [ridju:pli'keiʃən] *znw* verdubbeling, herhaling

redwood ['redwud] *znw* roodhout *o*, brazielhout *o*

redwing ['redwiŋ] *znw* dierk koperwiek

re-echo [ri'ekou] **I** *overg* weerkaatsen, herhalen; **II** *onoverg* weerklinken, weergalmen

reed [ri:d] *znw* plantk riet *o*; muz riet *o* [in mondstuk v. klarinet &], tong [in orgelpijp]; plechtig herdersfluit, rietfluitje *o*; *the ~s* muz de houten blaasinstrumenten; *broken ~* fig iem. op wie men niet rekenen kan

re-edit [ri:'edit] *overg* opnieuw uitgeven [v. boeken]

reed-mace ['ri:dmeis] *znw* lisdodde

re-educate ['ri:'edjukeit] *overg* heropvoeden

re-education ['ri:edju'keiʃən] *znw* heropvoeding

reed-warbler ['ri:dwɔ:blə] *znw* rietzanger

reedy ['ri:di] *bn* vol riet, rieten, riet-; pieperig [v. stem]

1 reef [ri:f] **I** *znw* scheepv rif *o*; **II** *overg* scheepv reven

2 reef [ri:f] *znw* rif *o*; ertsader

reefer ['ri:fə] *znw* **1** jekker (ook: *~ jacket*); **2** slang dunne hasjsigaret, stickie *o*

reef-knot ['ri:fnɔt] *znw* scheepv platte knoop

reek [ri:k] **I** *znw* stank; damp, rook; **II** *onoverg* dampen, roken; stinken, rieken[2] (naar *of*)

reeky *bn* rokerig, berookt, zwart; (kwalijk) riekend

reel [ri:l] **I** *znw* haspel, klos; rol; spoel; film, filmstrook; reel: Schotse dans; waggelende gang; *(straight) off the ~* zonder haperen, vlot achter elkaar; **II** *overg* haspelen, opwinden; *~ in* in-, ophalen; *~ off* afhaspelen, afwinden; fig afratelen, afdraaien [les]; **III** *onoverg* waggelen [als een dronkaard]; wankelen; de *reel* dansen; *my brain ~s* het duizelt mij

re-elect ['ri:i'lekt] *overg* herkiezen

re-election *znw* herkiezing

re-eligible ['ri:'elidʒibl] *bn* herkiesbaar

re-enact ['ri:i'nækt] *overg* reconstrueren, in scène zetten (onder dezelfde omstandigheden); recht weer van kracht worden

re-engage ['ri:in'geidʒ] *overg* opnieuw in dienst nemen

re-enter ['ri:'entə] **I** *onoverg* weer in [z'n rechten] treden; weer binnenkomen; **II** *overg* weer betreden

re-entry ['ri:'entri] *znw* terugkeer

re-establish ['ri:is'tæbliʃ] *overg* (weer) herstellen, wederoprichten

1 reeve [ri:v] *znw* hist baljuw

2 reeve [ri:v] *overg* scheepv inscheren [touw]; een weg banen [door ijsschotsen of zandbanken]

re-examination ['ri:igzæmi'neiʃən] *znw* nieuw onderzoek *o*

re-examine ['ri:ig'zæmin] *overg* weer onderzoeken

re-export I *overg* ['ri:eks'pɔ:t] weer uitvoeren; **II** *znw* ['ri:'ekspɔ:t] wederuitvoer

ref [ref] *znw* gemeenz = *referee*

ref. *afk.* = *reference*

refashion ['ri'fæʃən] *overg* opnieuw vormen, vervormen, omwerken

refection [ri'fekʃən] *znw* lichte maaltijd, versnapering

refectory [ri'fektəri] *znw* refectorium *o*, refter: eetzaal in klooster(school)

refer [ri'fə:] **I** *overg*: *~ to* verwijzen naar; doorzenden naar, in handen stellen van, voorleggen aan, onderwerpen aan; plechtig toeschrijven (aan *to*); *~ back* terugwijzen; verwijzen; **II** *onoverg*: *~ to* zich wenden tot, raadplegen, (er op) naslaan; verwijzen naar; zich beroepen op; betrekking hebben op; zinspelen op, op het oog hebben, doelen op; reppen van, melding maken van, vermelden, noemen, spreken over, het hebben over, ter sprake brengen; *~ring to your letter* onder referte aan, onder verwijzing naar uw brief

referable *bn* toe te schrijven (aan *to*)
referee [refə'ri:] **I** *znw* **1** scheidsrechter; **2** referent, deskundige; **3** referentie [persoon]; **II** *overg* als scheidsrechter optreden bij
reference ['refərəns] *znw* betrekking; verwijzing; zinspeling; vermelding, informatie, getuigschrift *o*, referentie; bewijsplaats; raadplegen *o*, naslaan *o*; handel referte; bevoegdheid; *book (work) of* ~ naslagboek *o*, -werk *o*; *make* ~ *to* zinspelen op; vermelden; *with* ~ *to* ten aanzien van, met betrekking tot, aangaande; met (onder) verwijzing naar; *without* ~ *to* ook: zonder te letten op
reference book, **reference work** *znw* naslagwerk *o*
reference library *znw* naslagbibliotheek [geen uitleen]
referendum [refə'rendəm] *znw* (*mv*: -s *of* referenda [-də]) referendum *o*
refill ['ri:'fil] **I** *overg* opnieuw vullen, weer aanvullen; **II** *znw* nieuwe vulling [voor ballpoint, pijp &], reservepotloodje *o*, -potloodjes, reserveblad *o*, -bladen &; *would you like a* ~*?* zal ik nog eens bijschenken?; wilt u nog een glas?
refine [ri'fain] **I** *overg* raffineren, zuiveren, louteren, veredelen, verfijnen, beschaven; **II** *onoverg*: ~ *(up-) on* verbeteren
refined *bn* gezuiverd, gelouterd, verfijnd; beschaafd; geraffineerd[2]
refinement *znw* raffinage, zuivering, loutering, verfijning, veredeling, beschaving; raffinement *o*; spitsvondigheid; finesse
refiner *znw* raffinadeur; zuiveraar; fig verfijner [v. de smaak], beschaver; uitpluizer, haarklover
refinery *znw* raffinaderij
refit I *overg* [ri:'fit] herstellen; repareren; opnieuw uitrusten; **II** *znw* ['ri:fit] herstel *o*, reparatie; nieuwe uitrusting
reflect [ri'flekt] **I** *overg* terugwerpen, terugkaatsen, weerkaatsen, weerspiegelen, afspiegelen; **II** *onoverg* nadenken; bedenken (dat *that*); ~ *on* nadenken over, overwegen; aanmerking(en) maken op; zich ongunstig uitlaten over, een blaam werpen op
reflection *znw* terugkaatsing, weerkaatsing, weerschijn, weerspiegeling, afspiegeling, (spiegel)beeld *o*; nadenken *o*, overdenking, overweging, gedachte; inbreuk, aantasting; *cast (throw)* ~*s on* scherpe kritiek leveren op, een blaam werpen op; *on* ~ bij nadere overweging, bij nader inzien
reflective *bn* weerkaatsend; (na)denkend
reflector *znw* reflector
reflex ['ri:fleks] **I** *bn* onwillekeurig, reflex-; **II** *znw* reflex(beweging)
reflexion *znw* = *reflection*
reflexive [ri'fleksiv] **I** *bn* wederkerend; **II** *znw* wederkerend werkwoord *o*, wederkerend voornaamwoord *o*)
refloat ['ri:'flout] *overg* weer vlot krijgen/trekken
reflux ['ri:flʌks] *znw* terugvloeiing, eb
reforest ['ri:'fɔrist] *overg* herbebossen
reforestation ['ri:fɔris'teiʃən] *znw* herbebossing
1 reform ['ri:'fɔ:m] *overg* opnieuw vormen, maken; mil hergroeperen, opnieuw opstellen
2 reform [ri'fɔ:m] **I** *overg* hervormen; bekeren, (zedelijk) verbeteren; **II** *onoverg* **1** zich beteren, zich bekeren; **2** weer bij elkaar komen; **III** *znw* hervorming; (zedelijke) verbetering; ~ *school* = *reformatory*
1 reformation ['ri:fɔ:'meiʃən] *znw* mil hergroepering, opnieuw opstellen *o*
2 reformation [refə'meiʃən] *znw* hervorming°, verbetering; reformatie; *the R*~ de Reformatie
reformative [ri'fɔ:mətiv] *bn* hervormend; verbeterend
reformatory *znw* tuchtschool, verbeteringsgesticht *o*
reformer *znw* hervormer°
reformist I *znw* hervormingsgezinde, reformist; **II** *bn* hervormingsgezind, reformistisch
refract [ri'frækt] *overg* breken [de lichtstralen]
refraction *znw* straalbreking; *angle of* ~ brekingshoek
refractive *bn* (straal)brekend; brekings-
refractory I *bn* weerspannig, weerbarstig, hardnekkig; moeilijk smeltbaar, vuurvast; **II** *znw* materiaal dat bestand is tegen hitte, corrosie &
1 refrain [ri'frein] *znw* refrein *o*
2 refrain [ri'frein] *onoverg* zich bedwingen, zich weerhouden; ~ *from* zich onthouden van, afzien van
refrangible [ri'frændʒəbl] *bn* breekbaar [v. stralen]
refresh [ri'freʃ] *overg* verversen, op-, verfrissen, verkwikken, laven; ~ *sbd.'s memory* iems. geheugen opfrissen
refresher *znw* gemeenz verfrissing, koel drankje *o*; extra honorarium *o* voor advocaat; ~ *course* herhalingscursus
refreshing *bn* verfrissend &
refreshment *znw* verversing, op-, verfrissing, verkwikking, laving; *take some* ~ iets gebruiken [in café &]; ~*s* snacks, lichte maaltijd
refreshment room *znw* restauratie(zaal), koffiekamer
refrigerant [ri'fridʒərənt] **I** *bn* verkoelend; **II** *znw* koelmiddel *o*; med verkoelend middel *o*
refrigerate *overg* koel maken, (ver)koelen, koud maken
refrigeration [rifridʒə'reiʃən] *znw* (ver)koeling; afkoeling, bevriezing
refrigerator [ri'fridʒəreitə] *znw* koelkast, koeling, ijskast; vrieskamer; ~ *carriage* koelwagon
refuel ['ri:'fjuəl] **I** *onoverg* bijtanken; **II** *overg* opnieuw van brandstof voorzien; fig opnieuw doen oplaaien
refuge ['refju:dʒ] *znw* toevlucht, toevluchtsoord *o*, wijk-, schuilplaats; asiel *o*; vluchtheuvel; *harbour of* ~ vluchthaven; *take* ~ *in...* zijn toevlucht nemen

tot; de wijk nemen naar; *take ~ with* zijn toevlucht zoeken bij
refuge lane *znw* vluchtstrook
refugee [refju(:)'dʒi:] *znw* vluchteling, uitgewekene; hist refugié
refulgence [ri'fʌldʒəns] *znw* plechtig glans, luister
refulgent *bn* plechtig stralend, schitterend
refund I *overg* [ri:'fʌnd] teruggeven, terugbetalen; **II** *znw* ['ri:fʌnd] terugbetaling, teruggave
refurbish ['ri:'fə:biʃ] *overg* weer opknappen, weer oppoetsen
refusal [ri'fju:zəl] *znw* weigering; *have first ~ of (a house &)* een optie hebben op (een huis &); *meet with a ~* nul op het rekest krijgen; afgeslagen worden; *take no ~* van geen weigering willen weten
1 refuse ['refju:s] *znw* uitschot *o*, afval *o & m*, vuilnis, vuil *o*; *~ bin* afvalemmer; *~ collection* vuilophaling; *~ collector* vuilnisman; *~ dump* vuilnisbelt; *~ lorry* vuilniswagen
2 refuse [ri'fju:z] **I** *overg* afwijzen, afslaan, weigeren, niet willen [doen], het vertikken (te *to*); *~ acceptance* niet willen aannemen, weigeren; *~ oneself ..* zich ... ontzeggen; **II** *onoverg* weigeren°
refutation [refju'teiʃən] *znw* weerlegging
refute [ri'fju:t] *overg* weerleggen
Reg. *afk.* = *Regent; register(ed); registrar*
regain [ri'gein] *overg* herwinnen, herkrijgen; weer bereiken; *~ one's feet (footing)* weer op de been komen
regal ['ri:gəl] *bn* koninklijk[2], konings-[2]
regale [ri'geil] *overg* onthalen, vergasten, trakteren (op *with*), een lust zijn voor [het oog]
regalia [ri'geiliə] *znw mv* regalia, kroonsieraden; insignes
regality [ri'gæliti] *znw* koninklijke waardigheid
regard [ri'ga:d] **I** *overg* aanzien, beschouwen; achten; hoogachten; acht slaan op; betreffen, aangaan; *as ~s me* wat mij betreft; **II** *znw* blik; aanzien *o*, achting, eerbied, egards; aandacht, zorg; *kind ~s to you all* met beste groeten; *have a ~ for* ook: wel mogen; *have (pay) ~ to* acht slaan op, rekening houden met; *in this ~* in dit opzicht; *in ~ to, with ~ to* ten aanzien van; *without ~ for (to)* zonder zich te bekommeren om, geen rekening houdend met
regardant [ri'ga:dənt] *bn* herald omziend
regardful [ri'ga:dful] *bn*: *be ~ of* letten op, zich bekommeren om
regarding [ri'ga:diŋ] *voorz* betreffende
regardless [ri'ga:dlis] **I** *bn*: *~ of* niet lettend op, zich niet bekommerend om, onverschillig voor; **II** *bijw* gemeenz hoe dan ook, desondanks, sowieso
regatta [ri'gætə] *znw* regatta: roei-, zeilwedstrijd
regency ['ri:dʒənsi] *znw* regentschap *o*
regenerate I *bn* [ri'dʒenərit] hernieuwd; herboren; **II** *overg* [ri'dʒenəreit] weer opwekken, tot nieuw leven brengen, herscheppen, doen herleven, verjongen, regenereren; **III** *onoverg* herboren worden, zich hernieuwen
regeneration [ridʒenə'reiʃən] *znw* (zedelijke) wedergeboorte, herschepping, hernieuwd leven *o*, vernieuwing, verjonging, regeneratie
regenerative [ri'dʒenərətiv] *bn* vernieuwend
regenerator *znw* wederopwekker; techn regenerator
regent ['ri:dʒənt] *znw* regent, regentes; *Prince ~* prins-regent; *Queen ~* koningin-regentes
regentship *znw* regentschap *o*
reggae ['regei] *znw* reggae
regicide ['redʒisaid] *znw* koningsmoordenaar; koningsmoord
regime, régime [rei'ʒi:m] *znw* regime *o*, (staats-) bestel *o*
regimen ['redʒimen] *znw* med leefregel, dieet *o*
regiment ['redʒ(i)mənt] *znw* regiment *o*
regimental [redʒi'mentl] **I** *bn* regiments-; *~ band* stafmuziek; **II** *znw*: *~s* uniform *o & v*
regimentation [redʒimen'teiʃən] *znw* discipline, tucht
regimented *bn* strak, streng [school &]; kort gehouden, onderworpen aan een streng regime; *children should not be ~* kinderen moeten een beetje de ruimte hebben
Regina [ri'dʒainə] *znw* Regina; regerende vorstin; recht de Kroon
region ['ri:dʒən] *znw* streek, landstreek, gewest[2] *o*, regio; fig gebied *o*; *the ~* de provincie, de regio; *the lower ~s* de onderwereld; *the upper ~s* de hogere sferen; *in the ~ of 60* om en nabij de 60
regional *bn* regionaal, gewestelijk
regionalism *znw* regionalisme *o*
register ['redʒistə] **I** *znw* register *o*; lijst; kiezerslijst; muz (orgel)register *o*; *~ office = registry office*; **II** *overg* (laten) inschrijven, (laten) aantekenen, registreren; aanwijzen, staan op [thermometer]; [v. gezicht] uitdrukken, tonen, blijk geven van; *~ one's name* zich laten inschrijven; *~ed capital* maatschappelijk kapitaal *o*; *~ed offices* zetel [v. maatschappij]; *by ~ed post* aangetekend; *~ed share* aandeel *o* op naam; *~ed trade mark* gedeponeerd handelsmerk *o*; **III** *wederk*: *~ oneself* zich laten inschrijven; **IV** *onoverg* zich laten inschrijven; inslaan, indruk maken; *~ with sbd.* tot iem. doordringen
registrar [redʒis'tra:] *znw* griffier; ambtenaar van de burgerlijke stand; onderw administrateur [v. universiteit]; med chef de clinique
registration [redʒis'treiʃən] *znw* registratie, inschrijving; post aantekening [v. brief]; *~ number* kenteken *o*; *~ plate* kentekenplaat
registry ['redʒistri] *znw* inschrijving; register *o*, lijst; verk. van *registry office*
registry office *znw* bureau *o* van de burgerlijke stand
regnant ['regnənt] *bn* regerend; heersend
regress I *znw* ['ri:gres] achterwaartse beweging; teruggang; **II** *onoverg* [ri'gres] achteruit-, teruggaan

regression *znw* achterwaartse beweging, terugkeer, -gang; achteruitgang, regressie
regressive *bn* terugkerend, -gaand; regressief
regret [ri'gret] **I** *overg* betreuren, berouw hebben over, spijt hebben van; **II** *znw* spijt, leedwezen *o*, betreuren *o*; *~s* leedwezen *o*, spijt
regretful *bn* vol spijt; treurig
regrettable *bn* betreurenswaardig
regroup ['ri:'gru:p] *overg & onoverg* (zich) hergroeperen
regrouping *znw* hergroepering
regular ['regjulə] **I** *bn* regelmatig, geregeld; behoorlijk; regulier; gediplomeerd; vast; beroeps-; gewoon; *a ~ battle* een formeel gevecht *o*; *~ café* stamcafé *o*; *~ customers* vaste (trouwe) klanten of bezoekers; *a ~ devil, hero* gemeenz een echte duivel, held; *~ physician* bevoegd dokter; vaste dokter; **II** *znw* vaste klant, stamgast; vast werkman; regulier: ordesgeestelijke, kloosterling; *~s* mil geregelde troepen
regularity [regju'læriti] *znw* regelmatigheid, regelmaat, geregeldheid
regularization [regjulərai'zeiʃən] *znw* regularisatie
regularize ['regjuləraiz] *overg* regulariseren
regulate ['regjuleit] *overg* reglementeren; reguleren; ordenen, regelen, schikken
regulation [regju'leiʃən] **I** *znw* regeling, schikking, ordening, reglementering; voorschrift *o*, bepaling, reglement *o* (ook: *~s*); **II** *bn* reglementair, voorgeschreven, mil model-
regulative ['regjulətiv] *bn* regelend
regulator *znw* regelaar; regulateur
regurgitate ['ri'gə:dʒiteit] **I** *overg* terugwerpen, -geven; [voedsel *o*] uitbraken; fig ophoesten, mechanisch reproduceren [informatie]; **II** *onoverg* terugvloeien
regurgitation [rigə:dʒi'teiʃən] *znw* terugwerping, teruggeving [v. voedsel], uitbraking; ophoesten *o*, mechanisch reproduceren *o* [feiten &]; terugvloeiing
rehabilitate [ri:(h)ə'biliteit] *overg* rehabiliteren, herstellen; revalideren
rehabilitation [ri:(h)əbili'teiʃən] *znw* herstel *o*, eerherstel *o*, rehabilitatie; revalidatie
rehandle [ri:'hændl] *overg* opnieuw bewerken; omwerken
rehash I *overg* [ri:'hæʃ] fig (weer) opwarmen, opnieuw opdissen; **II** *znw* ['ri:hæʃ] fig opwarming; opgewarmde kost
rehearsal [ri'hə:səl] *znw* repetitie; oefening; herhaling; relaas *o*
rehearse I *overg* repeteren; herhalen, opzeggen; verhalen, opsommen; **II** *onoverg* repetitie houden
rehouse ['ri:'hauz] *overg* herhuisvesten, zorgen voor vervangende woonruimte
reign [rein] **I** *znw* regering, bewind *o*; rijk *o*; *in (under) the ~ of* onder de regering van; *~ of terror* schrikbewind *o*; **II** *onoverg* regeren, heersen
reimburse [ri:im'bə:s] *overg* vergoeden, terugbetalen
reimbursement *znw* vergoeding, terugbetaling
reimport I *overg* ['ri:im'pɔ:t] weer invoeren; **II** *znw* ['ri:'impɔ:t] wederinvoer
rein [rein] **I** *znw* teugel[2], leidsel *o*; *give (a) free ~ to...* ... de vrije loop laten [gevoelens]; *hold the ~s (of government)* de teugels van het bewind voeren; *keep a tight ~ on* fig stevig in toom houden; **II** *overg*: *~ in* inhouden, intomen[2], beteugelen[2], breidelen[2]
reincarnate [ri:'inka:neit, ri:in'ka:neit] *overg* doen reïncarneren
reincarnation [ri:inka:'neiʃən] *znw* reïncarnatie
reindeer ['reindiə] *znw* rendier *o*, rendieren
reinforce [ri:in'fɔ:s] *overg* versterken; *~d concrete* gewapend beton *o*
reinforcement *znw* versterking
reins [reinz] *znw mv* vero nieren; lendenen
reinstall ['ri:in'stɔ:l] *overg* weer aanstellen, herbenoemen
reinstate ['ri:in'steit] *overg* opnieuw in bezit stellen van, weer (in ere) herstellen, weer aannemen in zijn vorige betrekking
reinsurance ['ri:in'ʃuərəns] *znw* herverzekering
reinsure *overg* herverzekeren
reinvest ['ri:in'vest] *overg* handel opnieuw beleggen of (geld) steken (in *in*)
reissue ['ri:'isju:] **I** *overg* opnieuw uitgeven; **II** *znw* heruitgave; nieuwe uitgifte
reiterate [ri:'itəreit] *overg* herhalen
reiteration [ri:itə'reiʃən] *znw* herhaling
reiterative [ri:'itərətiv] *bn* herhalend
reject I *overg* [ri'dʒekt] verwerpen; afwijzen, van de hand wijzen, weigeren; afkeuren; braken; uitwerpen; med afstoten [bij transplantatie]; **II** *znw* ['ri:dʒekt] afgekeurd product *o*, exemplaar *o* &; afgekeurde (soldaat &)
rejection [ri'dʒekʃən] *znw* verwerping; afwijzing; afkeuring; uitwerping; med afstoting [bij transplantatie]
rejoice [ri'dʒɔis] **I** *overg* plechtig verheugen, verblijden; *be ~d* verheugd zijn (over *at, by, over*); **II** *onoverg* zich verheugen (over *at, over*); *~ in the name of...* ironisch of schertsend luisteren naar de naam...
rejoicing *znw* vreugde; *~s* vreugde, vreugdebedrijf *o*, feest *o*, feesten
1 rejoin [ri'dʒɔin] **I** *onoverg* antwoorden; recht dupliceren; **II** *overg* antwoorden; [iem.] van repliek dienen
2 rejoin ['ri:'dʒɔin] **I** *overg* opnieuw of weer verenigen &; **II** *onoverg* zich opnieuw voegen, aansluiten bij; *~ ship* weer aan boord gaan
rejoinder [ri'dʒɔində] *znw* antwoord *o* (op een antwoord), repliek; recht dupliek
rejuvenate [ri'dʒu:vineit] *overg & onoverg* verjongen

rejuvenation [ridʒu:vi'neiʃən] *znw* verjonging
rejuvenescence [ridʒu:vi'nesns] *znw* verjonging
rejuvenescent *bn* verjongend
rekindle ['ri:'kindl] *overg & onoverg* weer aansteken, opnieuw ontsteken of (doen) opvlammen[2]
relapse I *onoverg* [ri'læps] weer vervallen, terugvallen (in, tot *into*), (weer) instorten [v. zieke]; **II** *znw* ['rilæps] (weder)instorting; terugval; recidive
relate [ri'leit] **I** *overg* verhalen; in verband brengen (met *to, with*); **II** *onoverg*: ~ *to* **1** in verband staan met, verband houden met, betrekking hebben op; **2** (goed) omgaan met, kunnen opschieten met [personen]; zich kunnen vinden in [ideeën &]
related *bn* verwant[2] (aan, met *to*)
relation [rileiʃən] *znw* betrekking; verhouding, relatie; verwantschap; bloedverwant, familie(lid *o*); verhaal *o*, relaas *o*; *bear no* ~ *to* geen betrekking hebben op; in geen verhouding staan tot; buiten alle verhouding zijn tot; *in* ~ *to* met betrekking tot
relationship *znw* verwantschap; betrekking, verhouding
relative ['relətiv] **I** *bn* betrekkelijk; relatief; ~ *to* betrekking hebbend op; in verhouding staand tot; met betrekking tot; betreffend; **II** *znw* (bloed-) verwant; gramm betrekkelijk voornaamwoord *o*
relatively *bijw* betrekkelijk
relativity [relə'tiviti] *znw* relativiteit, betrekkelijkheid
relax [ri'læks] **I** *overg* ontspannen; verslappen[2], verzachten; ~ *the bowels* laxeren; **II** *onoverg* verslappen, afnemen; zich ontspannen; ontspanning nemen, relaxen; ~*ed throat* zere keel
relaxation [rilæk'seiʃən] *znw* verzachting [v. wet]; verslapping, ontspanning[2], relaxatie
1 relay I *znw* ['rilei] verse paarden, jachthonden of dragers; wisselpaarden; (verse) ploeg (arbeiders); wissel-, pleisterplaats; elektr relais *o*; radio relayering, heruitzending; sp (ook: ~ *race*) estafette; *work in* ~*s* in ploegen(dienst) werken; **II** *overg* [rilei] radio relayeren, heruitzenden, doorgeven
2 relay ['ri:'lei] *overg* opnieuw leggen [v. tapijt &]
release [ri'li:s] **I** *overg* loslaten, vrijlaten, vrijmaken, vrijgeven; verlossen, bevrijden; losmaken; uitbrengen [film; cd]; publiceren; recht overdragen [recht, schuld]; mil naar huis zenden; ~ *from* ontslaan van of uit, ontheffen van; **II** *znw* bevrijding, vrijlating, ontslag *o*; ontheffing; uitbrengen *o* [v. film]; uitzending; document *o* ter publicatie; nieuwe film; nieuwe cd; overdracht; uitlaat; ontspanner; *on general* ~ in alle theaters (bioscopen) te zien
relegate ['religeit] *overg* verbannen, overplaatsen [naar minder belangrijke positie of plaats]; degraderen; verwijzen (naar *to*), overlaten (aan *to*)
relegation [reli'geiʃən] *znw* verbanning, overplaatsing, degradatie; verwijzing
relent [ri'lent] *onoverg* zich laten vermurwen, medelijden krijgen, toegeven
relentless *bn* meedogenloos; onvermurwbaar
relet ['ri:'let] *overg* weer verhuren; onderverhuren
relevance, relevancy ['reləvəns(i), -livəns(i)] *znw* relevantie, toepasselijkheid, betrekking, betekenis
relevant *bn* ter zake (doend), van belang (voor *to*), relevant (voor *to*), toepasselijk (op *to*); ~ *to* ook: betrekking hebbend op
reliability [rilaiə'biliti] *znw* betrouwbaarheid
reliable [ri'laiəbl] *bn* te vertrouwen; betrouwbaar
reliance *znw* vertrouwen *o*
reliant *bn* vertrouwend
relic ['relik] *znw* relikwie, reliek; overblijfsel *o*; aandenken *o*, souvenir *o*; ~*s* ook: stoffelijk overschot *o*
relief [ri'li:f] *znw* **1** verlichting, leniging, opluchting, ontlasting; bijstand, ondersteuning, steun, hulp; aflossing; versterking, ontzet *o*; afwisseling; *comic* ~ komische noot; **2** reliëf *o*; *high (low)* ~ haut- (bas-)reliëf *o*; *stand out in* ~ (duidelijk) uitkomen, zich scherp aftekenen; *bring (throw) into* ~ (duidelijk) doen uitkomen
relief-map *znw* reliëfkaart
relief train *znw* extratrein: voortrein, volgtrein
relief work *znw* hulpverlening
relieve [ri'li:v] *overg* **1** verlichten, lenigen; ontlasten°, opluchten, opbeuren; ontheffen, ontslaan; ondersteunen, helpen; aflossen; ontzetten; afwisselen, afwisseling brengen in; afzetten [met kant]; **2** (sterker) doen uitkomen; ~ *one's feelings* zijn gemoed lucht geven; ~ *oneself (nature)* zijn behoefte doen
religion [ri'lidʒən] *znw* godsdienst, religie; godsvrucht; fig erezaak, heilig principe *o*; *be in* ~ in het klooster zijn; *enter into* ~ in het klooster gaan
religionist *znw* streng godsdienstig persoon, piëtist, ijveraar; dweper
religiosity [rilidʒi'ɔsiti] *znw* (overdreven) godsdienstigheid
religious [ri'lidʒəs] **I** *bn* godsdienstig, godsdienst-; geestelijk; kerkelijk; vroom, religieus; fig nauwgezet; ~ *education* onderw godsdienst(onderwijs *o*); *with* ~ *care* met de meest stipte zorg; **II** *znw* monnik(en), religieuze(n)
relinquish [ri'liŋkwiʃ] *overg* laten varen, opgeven; loslaten, afslaan, afstand doen van
relinquishment *znw* laten varen *o*, opgeven *o*, afstand, loslating
reliquary ['relikwəri] *znw* reliekschrijn *o & m*, relikwieënkastje *o*
relish ['reliʃ] **I** *overg* genieten van, smaak vinden in; *he did not* ~ *it* ook: hij moest er niet veel van hebben; **II** *znw* smaak; scheutje *o*, tikje *o*; aantrekkelijkheid; genoegen *o*; *Yorkshire* ~ Yorkshiresaus; *it loses its* ~ de aardigheid gaat er af
relive ['ri:'liv] *overg* opnieuw door-, beleven
reload ['ri:'loud] *overg* opnieuw laden
reluctance [ri'lʌktəns] *znw* tegenzin, onwilligheid; elektr weerstand
reluctant *bn* weerstrevend, onwillig; *be (feel)* ~ *to* ... niet gaarne ...; *yield a* ~ *consent* slechts node

reluctantly *bijw* met tegenzin, schoorvoetend, node
rely [ri'lai] *onoverg*: ~ *on (upon)* vertrouwen, steunen op, afgaan op, zich verlaten op
remain [ri'mein] **I** *onoverg* blijven: verblijven; overblijven, resten, resteren, (er op) overschieten; ~ *behind* achterblijven; *worse things ~ed to come* zouden nog volgen; *it (still) ~s to be proved* dat moet nog bewezen worden; *it ~s to be seen* dat staat nog te bezien, dat dient men nog af te wachten; *it ~s with him to ...* het staat aan hem; **II** *znw*: *~s* overblijfsel *o*, overblijfselen, overschot *o*; ruïne(s); *literary ~s* nagelaten werken; *(mortal) ~s* stoffelijk overschot *o*
remainder [ri'meində] **I** *znw* rest, overschot *o*, restant *o*, overblijfsel *o*; goedkoop restant *o* [boeken]; **II** *overg* uitverkopen (v. restant boeken)
1 remake ['ri:'meik] *overg* opnieuw maken, overmaken, omwerken
2 remake ['ri:meik] *znw* remake, nieuwe versie van film
remand [ri'ma:nd] **I** *overg* terugzenden in voorarrest (ook: ~ *in custody*); ~ *on bail* onder borgstelling voorlopig vrijlaten; **II** *znw* terugzending in voorarrest; *on* ~ in voorarrest
remand centre, **remand home** *znw* ± huis *o* van bewaring
remark [ri'ma:k] **I** *overg* opmerken, bemerken; **II** *onoverg*: ~ *on* opmerkingen maken over; **III** *znw* opmerking
remarkable *bn* opmerkelijk, merkwaardig
remarriage ['ri:'mæridʒ] *znw* hertrouw, nieuw huwelijk *o*
remarry I *onoverg* hertrouwen; **II** *overg* opnieuw trouwen met
remediable [ri'mi:djəbl] *bn* herstelbaar, te verhelpen
remedial *bn* genezend, verbeterend, herstellend; heil-; ~ *course* inhaalcursus
remediless ['remidilis] *bn* plechtig onherstelbaar; ongeneeslijk
remedy I *znw* (genees)middel *o*, remedie, hulpmiddel *o*, herstel *o*; recht rechtsmiddel *o*, verhaal *o*; *beyond (past)* ~ ongeneeslijk, onherstelbaar[2]; **II** *overg* verhelpen, herstellen; genezen
remember [ri'membə] *overg* zich herinneren, onthouden, denken aan, gedenken; bedenken, een fooitje geven; *this shall be ~ed against no one* dat zal later niemand aangerekend worden; ~ *me to him* doe hem de groeten van mij
remembrance *znw* herinnering; aandenken *o*; *~s* ook: groeten; *R~ Day* de dag ter herdenking van de gesneuvelden in de twee wereldoorlogen (= *R~ Sunday*, de zondag vóór of van 11 nov.)
remembrancer *znw* iemand, die of iets, wat aan iets herinnert; *R~* Br ambtenaar voor de invordering van schulden aan de kroon
remind [ri'maind] *overg* doen denken, doen herinneren (aan *of*); *that ~s me* apropos ...
reminder *znw* herinnering; aanmaning, waarschuwing
reminisce [remi'nis] *onoverg* herinneringen ophalen, zich in herinneringen verdiepen
reminiscence *znw* herinnering, reminiscentie; *~s* memoires
reminiscent *bn* herinnerend (aan *of*); *be ~ of* herinneren aan, doen denken aan
remiss [ri'mis] *bn* nalatig, tekortschietend; lui, traag; slap; *be ~ in one's attendance* dikwijls verzuimen
remissible [ri'misibl] *bn* vergeeflijk
remission [ri'miʃən] *znw* (gedeeltelijke) kwijtschelding, vergiffenis [van zonden]
1 remit [ri'mit] **I** *overg* verzachten, verminderen, temperen, doen afnemen of verflauwen; vrijstellen van, vergeven, kwijtschelden; handel overmaken, remitteren; recht verwijzen; (terug)zenden; uitstellen; **II** *onoverg* afnemen, verflauwen, verminderen, verslappen
2 remit *znw* competentie, bevoegdheid
remittance *znw* overmaking, overgemaakt bedrag *o*, remise
remittent *bn* op-en-afgaand [koorts]
remitter *znw* afzender, remittent
remnant ['remnənt] *znw* overblijfsel *o*, overschot *o*, restant *o*; coupon, lap; ~ *sale* (restanten)opruiming
remodel ['ri:'mɔdl] *overg* opnieuw modelleren; om-, vervormen, omwerken
remonstrance [ri'mɔnstrəns] *znw* vertoog *o*; vermaning; protest *o*; hist remonstrantie
remonstrant I *bn* vertogend; hist remonstrants; **II** *znw* hist remonstrant
remonstrate ['remɔnstreit] **I** *overg* tegenwerpen, aanvoeren; **II** *onoverg* protesteren, tegenwerpingen maken; ~ *with sbd. (up)on sth.* iem. onderhouden, de les lezen over iets
remorse [ri'mɔ:s] *znw* wroeging, berouw *o*
remorseful *bn* berouwvol
remorseless *bn* onbarmhartig, meedogenloos, harteloos
remote [ri'mout] *bn* afgelegen, ver[2], verwijderd[2]; verderaf liggend, afgezonderd; gering [kans], onwaarschijnlijk; *make a ~ allusion to ...* in de verte zinspelen op; *I have not the ~st idea* ik heb er niet het flauwste idee (benul) van
remote control *znw* afstandsbediening
remote-controlled *bn* op afstand bediend/bestuurd
remotely *bijw* ver(af), indirect, in de verte, enigszins
remoteness *znw* afgelegenheid, verheid, veraf zijn *o*, afstand
remould I *overg* [ri:'mould] opnieuw gieten; vernieuwen [autoband]; fig opnieuw vormen, omwerken; **II** *znw* ['ri:mould] vernieuwde band
1 remount [ri:'maunt] **I** *overg* weer bestijgen; re-

monteren; **II** *onoverg* weer te paard stijgen

2 remount ['ri:maunt] *znw* remonte, nieuw paard *o*

removable [ri'mu:vəbl] *bn* afneembaar, weg te nemen, verplaatsbaar; afzetbaar

removal *znw* verwijdering, verlegging; verhuizing; wegneming, op-, wegruiming; verplaatsing; opheffing; afzetting; ~ *firm* verhuisbedrijf *o*; ~ *man* verhuizer; ~ *van* verhuiswagen

remove I *overg* verplaatsen, verleggen, verzetten, verschuiven; [in een hogere klasse] doen overgaan; verwijderen, afvoeren [v. lijst], wegbrengen, wegzenden, ontslaan, afzetten [hoed of ambtenaar], uittrekken; uit de weg ruimen; verdrijven, wegnemen; opheffen; wegmaken, uitwissen; ~ *a boy from school* van school (af)nemen; ~ *the cloth* (de tafel) afnemen; ~*d from his office* ontslagen, ontheven van zijn ambt; *houses* ~*d from the roadside* van de weg afstaand; **II** *onoverg* verhuizen; **III** *znw* graad [v. bloedverwantschap]; afstand; *at one* ~ *from* fig één stap verwijderd van

removed *bn* verwijderd, afgelegen, ver(af); *a cousin once (twice, seven times)* ~ in de 2de (3de, 8ste) graad

remover *znw* verhuizer &; remover [v. nagellak &]

remunerate [ri'mju:nəreit] *overg* (be)lonen; vergoeden, schadeloosstellen

remuneration [rimju:nə'reiʃən] *znw* (geldelijke) beloning, vergoeding

remunerative [ri'mju:nərətiv] *bn* (be)lonend, voordeel afwerpend, voordelig, rendabel

renaissance [ri'neisəns] *znw* wederopleving, herleving; renaissance

renal ['ri:nəl] *bn* nier-

rename ['ri:'neim] *overg* ver-, omdopen

renascence [ri'næsns] *znw* = *renaissance*

renascent *bn* weer opkomend, weer oplevend, herlevend

rend [rend] (rent; rent) **I** *overg* (vaneen)scheuren, verscheuren, (door)klieven, splijten; emotioneel pijn doen; **II** *onoverg* scheuren, barsten

render ['rendə] *overg* (over)geven; opgeven; weergeven, vertolken, spelen; vertalen; uitsmelten [vet], bepleisteren; maken; ~ *help* hulp verlenen; ~ *judgment* een oordeel uitspreken; ~ *service* een dienst (diensten) bewijzen; ~ *thanks* (zijn) dank betuigen, (be)danken; ~ *up* teruggeven; uitleveren

rendering *znw* **1** versie, weergave; vertaling, vertolking; **2** bouwk eerste pleisterlaag

rendezvous ['rɔndivu:] **I** *znw* rendez-vous *o*, afspraak(je *o*); verzamelplaats, (plaats van) samenkomst; **II** *onoverg* samenkomen, afspreken

rendition [ren'diʃən] *znw* weergave [v. muziekstuk]; vertolking, wijze van voordracht

renegade ['renigeid] *znw* renegaat, afvallige; deserteur

renege [ri'ni:g, ri'neig] **I** *onoverg* (zijn) belofte niet nakomen; kaartsp verzaken; ~ *on* terugkomen, herroepen; **II** *overg* verloochenen [geloof, iem. &]

renew [ri'nju:] *overg* her-, vernieuwen; verversen; doen herleven; hervatten; verlengen, prolongeren [wissel]; ~*ed* ook: nieuw

renewable *bn* her-, vernieuwbaar, verlengbaar

renewal *znw* her-, vernieuwing

rennet ['renit] *znw* kaasstremsel *o*, leb

renounce [ri'nauns] **I** *overg* afstand doen van, afzien van; opgeven, vaarwel zeggen, laten varen; verloochenen, verwerpen, verzaken; **II** *onoverg* kaartsp niet bekennen

renovate ['renouveit] *overg* vernieuwen, restaureren, opknappen

renovation [renou'veiʃən] *znw* vernieuwing, restauratie

renovator ['renouveitə] *znw* vernieuwer, restaurateur

renown [ri'naun] *znw* vermaardheid, faam; beroemdheid; *of (great)* ~ vermaard

renowned *bn* vermaard, beroemd

1 rent [rent] V.T. & V.D. van *rend*

2 rent [rent] *znw* scheur; scheuring; spleet

3 rent [rent] **I** *znw* huur, pacht; *for* ~ te huur; **II** *overg* huren, pachten; verhuren (ook: ~ *out*)

rental *znw* huur, pacht, pachtgeld *o*; verhuur

rent-charge *znw* erfpacht

renter *znw* huurder; pachter

rent-free *bn* vrij van pacht of huur; *live* ~ vrij wonen hebben

rentier ['rɔntiei] *znw* rentenier

rent-roll ['rentroul] *znw* pachtboek *o*

renumber [ri'nʌmbə] *overg* anders nummeren, omnummeren

renunciation [rinʌnsi'eiʃən] *znw* verzaking; (zelf-) verloochening; afstand

reoccupy ['ri:'ɔkjupai] *overg* weer bezetten of innemen

reopen ['ri:'oup(ə)n] **I** *overg* heropenen; opnieuw in behandeling nemen; weer te berde brengen; **II** *onoverg* zich weer openen, weer opengaan; weer beginnen [v. scholen &]

reorganization ['ri:ɔ:gənai'zeiʃən] *znw* reorganisatie

reorganize ['ri(:)'ɔgənaiz] *overg* reorganiseren

1 rep [rep] *znw* rips *o*, geribbelde stof

2 rep [rep] **1** verk. van *representative* vertegenwoordiger; **2** gemeenz verk. van *repertory company* (zie: *repertory*), *repetition* [aantal malen dat men een lichaamsoefening doet]; *R*~ Am pol verk. van *Representative*; *Republican*

1 repair [ri'pɛə] *onoverg*: ~ *to* zich begeven naar

2 repair [ri'pɛə] **I** *overg* herstellen[2], weer goedmaken; verstellen, repareren; **II** *znw* herstelling, herstel *o*, reparatie; onderhoud *o*; *beyond* ~ niet meer te herstellen, onherstelbaar; *keep in* ~ onderhouden; *in bad (good)* ~ slecht (goed) onderhouden; *out of* ~ slecht onderhouden, in verval; *under* ~ in reparatie, in de maak

repairer, **repairman** *znw* hersteller, reparateur

repair shop *znw* herstellingswerkplaats, reparatiewerkplaats
reparable ['repərəbl] *bn* herstelbaar
reparation [repə'reiʃən] *znw* herstel *o*, herstelling, reparatie; genoegdoening; schadeloosstelling; *~s* ook: herstelbetalingen
repartee [repa:'ti:] *znw* gevatheid; gevat antwoord *o*; *quick at ~* slagvaardig
repartition ['ri:pa:'tiʃən] *znw* (her)verdeling
repast [ri'pa:st] *znw* maal *o*; maaltijd
repatriate I *overg & onoverg* [ri:'pætrieit] repatriëren; **II** *znw* [ri'pætriit] gerepatrieerde
repatriation ['ri:pætri'eiʃən] *znw* repatriëring
repay [(')ri:'pei] *overg* terugbetalen, aflossen; betaald zetten, vergelden, vergoeden, (be)lonen
repayable *bn* aflosbaar, terug te betalen
repayment *znw* terugbetaling, aflossing, vergelding; beantwoording [v. bezoek &]
repeal [ri'pi:l] **I** *overg* herroepen, intrekken [wet]; **II** *znw* herroeping, intrekking
repeat [ri'pi:t] **I** *overg* herhalen, overdoen; nadoen, nazeggen &; opzeggen; oververtellen, verder vertellen, overbrengen; **II** *wederk*: *~ itself* zich herhalen; *~ oneself* in herhalingen vervallen; **III** *onoverg & abs ww* repeteren; repeterend zijn [breuk]; opbreken [v. voedsel]; *his language will not bear ~ing* laat zich niet herhalen; **IV** *znw* herhaling; bis; handel nabestelling; muz reprise, herhalingsteken *o*; *~ order* handel nabestelling
repeatedly *bijw* herhaaldelijk
repeater *znw* herhaler; recidivist; opzegger; repetitiehorloge *o*; repeteergeweer *o* of -pistool *o*; repeterende breuk
repeating *bn* repeterend, repeteer-; *~ decimal* repeterende breuk; *~ rifle* repeteergeweer *o*
repel [ri'pel] **I** *overg* terugdrijven, terugslaan, afslaan°, af-, terugstoten, afweren; **II** *onoverg & abs ww* afstoten
repellent I *znw* insectenwerend middel *o*; **II** *bn* terugdrijvend; weerzinwekkend, afstotend; tegenstaand
repent [ri'pent] **I** *overg* berouw hebben over, berouwen; vero *it ~s me, I ~ me* het berouwt mij; **II** *onoverg* berouw hebben (over *of*)
repentance *znw* berouw *o*
repentant *bn* berouwhebbend, berouwvol
repeople ['ri:'pi:pl] *overg* weer bevolken
repercussion [ri:pə'kʌʃən] *znw* weerkaatsing, terugkaatsing; terugslag, repercussie
repertoire ['repətwa:] *znw* repertoire *o*
repertory ['repətəri] *znw* repertoire *o*; toneelgezelschap dat wisselende toneelstukken brengt (ook: *~ company*)
repetition [repi'tiʃən] *znw* herhaling, repetitie; opzeggen *o*, voordracht; kopie
repetitious, **repetitive** [ri'petitiv] *bn* (zich) herhalend
rephrase ['ri:'freiz] *overg* herformuleren, met andere woorden zeggen
repine [ri'pain] *onoverg* morren, klagen (over *at, against*)
replace [ri'pleis] *overg* terugplaatsen, -leggen, -zetten; ophangen [telefoon]; vervangen, in de plaats stellen voor, de plaats vervullen van
replacement *znw* vervanging; plaatsvervanger, opvolger
replant ['ri:'pla:nt] *overg* weer planten, verplanten
replay I *overg* ['ri:'plei] overspelen [wedstrijd &]; afspelen [v. tape &]; **II** *znw* ['ri:plei] overgespeelde of tweede wedstrijd; het opnieuw spelen [v. film, cd]
replenish [ri'pleniʃ] *overg* weer vullen; bijvullen; (voorraad) aanvullen
replenishment *znw* bijvullen *o* &; aanvulling
replete [ri'pli:t] *bn* vol, verzadigd (van *with*)
repletion *znw* volheid, verzadigdheid; overlading
replica ['replikə] *znw* tweede exemplaar *o* [v. kunstwerk], kopie (door kunstenaar zelf); fig evenbeeld *o*
replicate ['replikeit] **I** *overg* kopiëren; herhalen; **II** *onoverg* zich voortplanten door celdeling
replication [repli'keiʃən] *znw* repliek; kopie, navolging, echo; voortplanting [door celdeling]
reply [ri'plai] **I** *onoverg* antwoorden, repliceren; *~ to* antwoorden op, beantwoorden; **II** *overg* antwoorden; **III** *znw* (weder)antwoord *o*; *what he says by way of ~ (in ~)* wat hij ten antwoord geeft; *there is no ~* er wordt niet opgenomen/opengedaan; *make (offer) no ~* geen antwoord geven
reply-paid *bn* met betaald antwoord
repoint ['ri:'pɔint] *overg* opnieuw voegen, aansmeren
repolish ['ri:'pɔliʃ] *overg* weer opwrijven, opnieuw polijsten, oppoetsen
report [ri'pɔ:t] **I** *overg* rapporteren, melden, opgeven, verslag geven van, berichten, overbrengen, vertellen; *it is ~ed that* het gerucht gaat dat..., naar verluidt...; *~ sbd. to the police* iem. aangeven bij de politie; *~ sth. to the police* van iets aangifte doen bij de politie; *~ progress* verslag doen van de stand van zaken; [in parlement] de debatten sluiten; *~ed speech* gramm indirecte rede; **II** *onoverg* rapport uitbrengen, verslag geven, doen of uitbrengen (over *on*), rapporteren (ook: *~ back*); reporterswerk doen; zich melden (bij *to*); *~ to sbd.* verantwoording moeten afleggen aan iem.; **III** *znw* rapport *o*, verslag *o*, bericht *o*; gerucht *o* [ook = reputatie]; knal, schot *o*; *~ card* Am onderw rapport *o*; *from ~* van horen zeggen; *of good ~* een goede reputatie hebbend; *faithful through (in) good and evil (ill) ~* in voor- en tegenspoed
reportage [repɔ:'ta:ʒ] *znw* reportage
reportedly [ri'pɔ:tidli] *bijw* naar verluidt
reporter *znw* berichtgever, verslaggever; rapporteur
reporting *znw* reportage, verslaggeving
repose [ri'pouz] **I** *overg*: *~ confidence in* vertrouwen stellen in; **II** *onoverg* uitrusten, rusten; *~ on* berus-

ten op; **III** *znw* rust, kalmte
reposeful *bn* rustig
repository [ri'pɔzitəri] *znw* bewaarplaats, opslagplaats, depot *o & m*; fig schatkamer; vertrouweling
repossess ['ri:pə'zes] *overg* weer in bezit nemen; weer in bezit stellen, terugnemen
repot ['ri:'pɔt] *overg* verpotten
reprehend [repri'hend] *overg* berispen
reprehensible *bn* berispelijk, laakbaar
reprehension *znw* berisping, blaam
represent [repri'zent] *overg* vertegenwoordigen; voorstellen°, symboliseren; weergeven, afbeelden; voorhouden, onder het oog brengen, wijzen op
re-present [ri:prə'zent] *overg* opnieuw aanbieden
representation [reprizen'teiʃən] *znw* vertegenwoordiging; voorstelling; vertoog *o*; op-, aanmerking, bedenking, protest *o*; *make ~s to* een vertoog richten tot, stappen doen bij, protesteren bij
representative [repri'zentətiv] **I** *bn* representatief, voorstellend, vertegenwoordigend, typisch[2]; *be ~ of* vertegenwoordigen; voorstellen; representatief zijn voor; **II** *znw* vertegenwoordiger; handelsreiziger; representant; *the House of R~s* het Huis van Afgevaardigden [in de VS]
repress [ri'pres] *overg* onderdrukken; beteugelen, in toom houden, tegengaan, bedwingen; psych verdringen
repression *znw* onderdrukking, beteugeling, repressie; psych verdringing
repressive *bn* onderdrukkend, beteugelend, ter beteugeling, repressief
reprieve [ri'pri:v] **I** *znw* uitstel *o*, opschorting, gratie; **II** *overg* uitstel, opschorting of gratie verlenen
reprimand ['reprima:nd] **I** *znw* (officiële) berisping, reprimande; **II** *overg* berispen
reprint I *znw* [ri:'print] herdruk, reprint; **II** *overg* ['ri:print] herdrukken
reprisal [ri'praizl] *znw* vergelding, represaille; *make ~(s)* represaillemaatregelen nemen
reproach [ri'proutʃ] **I** *overg* verwijten; berispen; *~ sbd. with (for) sth.* iem. iets verwijten; **II** *wederk*: *~ oneself with (for) sth.* zich van iets een verwijt maken; **III** *znw* verwijt *o*; schande; *above (beyond) ~* onberispelijk
reproachful *bn* verwijtend
reprobate ['reproubeit] **I** *bn* verworpen, goddeloos, verdoemd; snood; **II** *znw* verworpeling; snoodaard; **III** *overg* verwerpen, verdoemen
reprobation [reprə'beiʃən] *znw* verwerping, verdoeming
reproduce [ri:prə'dju:s] *overg* weer voortbrengen; reproduceren; weergeven, namaken; (zich) voortplanten of vermenigvuldigen
reproducible *bn* reproduceerbaar
reproduction [ri:prə'dʌkʃən] *znw* reproductie; weergave; voortplanting, vermenigvuldiging
reproductive *bn* voortplantings-
reproof [ri'pru:f] *znw* terechtwijzing, berisping
re-proof ['ri:'pru:f] *overg* weer waterdicht maken [regenjas]
reproval [ri'pru:vəl] *znw* = [1]*reproof*
reprove [ri'pru:v] *overg* terechtwijzen, berispen
reptile ['reptail] **I** *znw* kruipend dier *o*, reptiel[2] *o*; fig kruiper; **II** *bn* kruipend[2], kruiperig
reptilian [rep'tiliən] *bn* dierk kruipend
republic [ri'pʌblik] *znw* republiek[2]
republican I *bn* republikeins; **II** *znw* republikein
republicanism *znw* republicanisme *o*, republikeinse gezindheid
republication ['ri:pʌbli'keiʃən] *znw* vernieuwde uitgaaf, herdruk
republish ['ri:'pʌbliʃ] *overg* opnieuw uitgeven
repudiate [ri'pju:dieit] *overg* verwerpen, verstoten [echtgenote]; afwijzen; verloochenen
repudiation [ripju:di'eiʃən] *znw* verwerping, verstoting; afwijzing; verloochening
repugnance [ri'pʌgnəns] *znw* afkeer, tegen-, weerzin (tegen *to, against*); tegenstrijdigheid
repugnant *bn* weerzinwekkend, terugstotend; tegenstrijdig (met *to*)
repulse [ri'pʌls] **I** *overg* terugdrijven, -slaan; afslaan; afwijzen; **II** *znw* af-, terugslaan *o*; afwijzing; *meet with a ~* af-, teruggeslagen worden; een weigerend antwoord krijgen
repulsion [ri'pʌlʃən] *znw* afstoting, afkeer, weerzin, tegenzin
repulsive *bn* af-, terugstotend; weerzinwekkend
repurchase ['ri:'pə:tʃəs, -tʃis] **I** *overg* terugkopen; **II** *znw* terugkoop
reputable ['repjutəbl] *bn* achtenswaardig, fatsoenlijk, geacht
reputation [repju'teiʃən] *znw* reputatie, (goede) naam, faam, roep; *from ~* bij gerucht
repute [ri'pju:t] **I** *overg*: *he is ~d to be (the best)...* hij wordt gehouden voor..., het heet dat hij...; *he is ill (well) ~d* heeft een slechte (goede) naam; *his ~d father (benefactor &)* zijn vermeende vader (weldoener &); **II** *znw* reputatie, (goede) naam; *by ~* bij gerucht; *in ill ~* te kwader naam bekend staand; *a house of ill ~* eufemistisch bordeel *o*; *get into ~* naam maken; *of (good) ~* te goeder naam en faam bekend staand
reputedly *bijw* naar het heet, naar men zegt
request [ri'kwest] **I** *znw* verzoek *o*; (aan)vraag; verzoeknummer *o*, verzoekplaat; *make a ~* een verzoek doen; *on ~, by ~* op verzoek; *at sbd.'s ~* op iemands verzoek; *~ stop* halte op verzoek [bus]; **II** *overg* verzoeken (om)
requicken [ri:'kwikən] *overg* weer tot leven brengen; doen herleven
requiem ['rekwiem] *znw* requiem *o*, requiemmis (*~ mass*)
requirable [ri'kwaiərəbl] *bn* vereist
require *overg* (ver)eisen, vorderen, verlangen; nodig hebben; behoeven; *candidates are ~d to...* de kandidaten wordt verzocht om...

requirement *znw* eis, vereiste *o & v*; ~*s* ook: behoeften
requisite ['rekwizit] **I** *bn* vereist; nodig; **II** *znw* vereiste *o & v*; ~*s* ook: benodigdheden
requisition [rekwi'ziʃən] **I** *znw* eis; (op)vordering; oproeping; mil rekwisitie; **II** *overg* rekwireren, (op-)vorderen
requital [ri'kwaitl] *znw* vergoeding, beloning; vergelding, weerwraak; *in* ~ ter vergelding; in ruil (voor *for*)
requite *overg* vergoeden, belonen; vergelden, betaald zetten; ~ *sbd.'s love* iems. liefde beantwoorden
reredos ['riədɔs] *znw* retabel, altaarstuk *o*
re-route ['ri:'ru:t] *overg* langs een andere weg sturen, een andere bestemming geven
rerun ['ri:'rʌn] **I** *znw* herhaling; reprise; **II** *overg* herhalen
resale ['ri:'seil] *znw* wederverkoop; doorverkoop; ~ *value* (vastgestelde) verkoopprijs
rescind [ri'sind] *overg* herroepen; vernietigen, tenietdoen [een vonnis]; intrekken, afschaffen [wet]
rescission [ri'siʒən] *znw* herroeping; vernietiging, tenietdoening[2]; intrekking, afschaffing
rescript ['ri:skript] *znw* rescript *o*; decreet *o*; [vorstelijke, pauselijke] beschikking
rescue ['reskju:] **I** *overg* redden, ontzetten, (met geweld) bevrijden; terugnemen; **II** *znw* redding, hulp, ontzet *o*, bevrijding (met geweld); terugneming; *come to the* ~ te hulp komen
rescue-party *znw* redding(s)brigade
rescuer *znw* redder, bevrijder
research [ri'sə:tʃ, Am 'ri:sə:tʃ] **I** *znw* (wetenschappelijk) onderzoek *o*, onderzoeking, nasporing; *make ~es into* onderzoeken; **II** *onoverg* onderzoekingen doen; **III** *overg* wetenschappelijk onderzoeken
researcher *znw* onderzoeker
research work *znw* wetenschappelijk onderzoek *o*, speurwerk *o*, researchwerk *o*
reseat ['ri:'si:t] *overg* van plaats veranderen; van een nieuwe zitting voorzien
resell ['ri:'sel] *overg* weer of opnieuw verkopen; doorverkopen
resemblance [ri'zembləns] *znw* gelijkenis, overeenkomst (met *to*)
resemble *overg* gelijken (op); overeenkomst vertonen (met)
resent [ri'zent] *overg* kwalijk nemen, zich beledigd voelen door, gepikeerd (gebelgd) zijn over; aanstoot nemen (aan)
resentful *bn* lichtgeraakt; boos, gebelgd, wrevelig; haatdragend
resentment *znw* boosheid, gebelgdheid, wrevel; haat, wrok
reservation [rezə'veiʃən] *znw* reserveren *o*, reservering; voorbehoud *o*, reserve, gereserveerdheid; Am reservaat *o*; *central* ~ middenberm; *with some* ~ onder voorbehoud, onder reserve
reserve [ri'zə:v] **I** *overg* reserveren, bewaren (voor later), in reserve houden, (zich) voorbehouden; opschorten [oordeel]; openhouden; bespreken [plaatsen]; *it was (not) ~d for him to...* het was voor hem (niet) weggelegd om...; **II** *znw* reserve; gereserveerdheid, terughoudendheid; voorbehoud *o*; sp reserve(speler), invaller; mil reserve(troepen); handel limiet [v. prijs]; gereserveerd gebied *o*, reservaat *o*; *with all* ~, *with all proper ~s* onder alle voorbehoud, met het nodige voorbehoud; handel [verkoop] tot elke prijs
reserved *bn* gereserveerd, terughoudend, omzichtig [in woorden]
reserve fund [ri'zə:vfʌnd] *znw* reservefonds *o*
reserve price *znw* handel limiet
reservist [ri'zə:vist] *znw* reservist
reservoir ['rezəvwa:] *znw* vergaar-, waterbak, (water)reservoir *o*; bassin *o*, verzamelbekken *o*; fig reservevoorraad
reset ['ri:'set] *overg* opnieuw zetten [boek, juweel &]; terugzetten op nul [meter, teller &], gelijkzetten [horloge], instellen [wekker]; med zetten [v. gebroken been]
resettle ['ri:'setl] *overg & onoverg* (zich) opnieuw vestigen, weer een plaats geven; opnieuw koloniseren
reship ['ri:'ʃip] *overg* weer inschepen, opnieuw verschepen, overladen
reshuffle ['ri:'ʃʌfl] **I** *overg* opnieuw schudden [de kaarten]; wijzigen, herschikken [het kabinet]; **II** *znw* opnieuw schudden *o* [v.d. kaarten]; wijziging, hergroepering, herverdeling van de portefeuilles [van het kabinet]
reside [ri'zaid] *onoverg* wonen, verblijf houden, zetelen, resideren; ~ *in* ook: berusten bij
residence ['rezidəns] *znw* woonplaats, verblijfplaats, verblijf *o*; inwoning; woning, (heren)huis *o*; *be in* ~ aanwezig zijn; *writer in* ~ gastschrijver (schrijver die gastcolleges geeft aan universiteit); *take up* ~ zich metterwoon vestigen
resident **I** *bn* woonachtig; inwonend, intern; vast [v. inwoners]; **II** *znw* (vaste) inwoner, bewoner; (minister-)resident; *~s' association* bewonersorganisatie
residential [rezi'denʃəl] *bn* woon-; van een woonwijk [bv. ~ *school* &]; ~ *area* (deftige) woonwijk
residual [ri'zidjuəl] **I** *bn* overgebleven, achterblijvend; **II** *znw* residu *o*, overgebleven deel *o*; rekenkunde rest
residuary *bn* overgebleven, overblijvend; ~ *legatee* universeel erfgenaam
residue ['rezidju:] *znw* residu *o*; restant *o*, rest, overschot *o*
residuum [ri'zidjuəm] *znw* (*mv*: residua [-djuə]) = *residue*
resign [ri'zain] **I** *overg* afstaan, afstand doen van, overgeven, overlaten; opgeven; neerleggen [ambt];

II *wederk*: ~ *oneself* berusten; ~ *oneself to*... zich onderwerpen aan...; berusten in...; zich overgeven aan; **III** *onoverg & abs ww* af-, uittreden, ontslag nemen; bedanken [voor betrekking]
resignation [rezig'neiʃən] *znw* berusting, overgave [aan Gods wil], gelatenheid; afstand; aftreden *o*, uittreden *o*, ontslag *o*; *hand in (send in, tender) one's* ~ zijn ontslag indienen
resigned [ri'zaind] *bn* gelaten
resilience [ri'ziliəns] *znw* veerkracht[2], elasticiteit
resilient *bn* elastisch, verend, veerkrachtig
resin ['rezin] *znw* hars *o* & *m*
resiniferous [rezi'nifərəs] *bn* harshoudend
resinous *bn* harsachtig, harshoudend, hars-
resist [ri'zist] **I** *overg* weerstaan, weerstand bieden aan; zich verzetten tegen; *I couldn't ~ asking*... ik kon niet nalaten te vragen...; **II** *onoverg* weer-, tegenstand bieden, zich verzetten; de verleiding weerstaan
resistance *znw* weerstand, tegenstand; verzet *o*; weerstandsvermogen *o*; *line of least* ~ weg v.d. minste weerstand; *make no* ~ geen weerstand bieden, zich niet verzetten; *passive* ~ lijdelijk verzet
resistant *bn* resistent (tegen *to*); ...werend, ...bestendig [v. materiaal]
resistibility [rizisti'biliti] *znw* weerstaanbaarheid; weerstandsvermogen *o*
resistible [ri'zistəbl] *bn* weerstaanbaar
resistless *bn* vero geen weerstand biedend
resistor *znw* elektr weerstand
resit I *overg* ['ri:'sit] herhalen, opnieuw afleggen [examen]; **II** *znw* ['ri:sit] herexamen *o*, herkansing
resoluble [ri'zɔljubl, 'rezəljubl] *bn* oplosbaar
resolute ['rezəl(j)u:t] *bn* resoluut, vastberaden, beslist, vastbesloten
resolution [rezə'l(j)u:ʃən] *znw* besluit *o*, beslissing, resolutie; vastberadenheid; oplossing, ontbinding, ontleding; med verdwijning [v. gezwel &]; definitie [v. beeld]; *good ~s* ook: goede voornemens
resolvable [ri'zɔlvəbl] *bn* oplosbaar
resolve I *overg* besluiten; doen besluiten; oplossen[2], ontbinden; **II** *wederk*: ~ *itself* zich oplossen; **III** *onoverg* (zich) oplossen; med verdwijnen [v. gezwel &]; besluiten (tot *upon*), een besluit nemen; **IV** *znw* besluit *o*; vastberadenheid
resolved *bn* vastberaden
resolvent *znw* oplossend middel *o*
resonance ['rezənəns] *znw* resonantie, weerklank
resonate ['rezəneit] *onoverg* resoneren, weerklinken
resonant *bn* resonant, weerklinkend
resonator *znw* resonator
resorb [ri'sɔ:b] *overg* resorberen, weer opslorpen
resorption *znw* resorptie
resort [ri'zɔ:t] **I** *onoverg*: ~ *to* zijn toevlucht nemen tot; **II** *znw* oord *o*, vakantie-, ontspanningsoord *o*; toevlucht, hulp-, redmiddel *o*, ressort *o*, instantie; *as a last* ~ in laatste instantie, als laatste redmiddel, in geval van nood
resound [ri'zaund] *(overg &) onoverg* (doen) weerklinken, weergalmen (van *with*); *~ing* ook: klinkend [overwinning]; daverend [succes]
resource [ri'sɔ:s] *znw* hulpbron, hulpmiddel *o*, redmiddel *o*; vindingrijkheid; *~s* (geld)middelen; *natural ~s* natuurlijke hulpbronnen (rijkdommen); *he is a man (full) of* ~ hij weet zich goed te redden; *he is a man of no ~s* zonder middelen
resourceful *bn* vindingrijk, zich goed wetende te redden
resourceless *bn* zonder (hulp)middelen, hulpeloos
respect [ris'pekt] **I** *znw* aanzien *o*, achting, eerbied, eerbiediging; opzicht *o*; *give him my ~s* doe hem de groeten; *have ~ to* betrekking hebben op; *have ~ for* respecteren; *pay one's ~s to* bij iem. zijn opwachting maken; *send one's ~s* de complimenten doen, laten groeten; *in every* ~ in alle opzichten; *in some* ~ enigermate; *in some ~s* in sommige opzichten; *in ~ of* ten aanzien van, met betrekking tot; uit het oogpunt van; vanwege; *with (all due)* ~ met alle respect; *with ~ to* ten opzichte (aanzien) van, betreffende; *without ~ of persons* zonder aanzien des persoons; *without ~ to* zonder te letten op; **II** *overg* respecteren°, (hoog)achten, eerbiedigen, ontzien; betrekking hebben op, betreffen; **III** *wederk*: ~ *oneself* zichzelf respecteren
respectability [rispektə'biliti] *znw* achtenswaardigheid; fatsoenlijkheid, fatsoen *o*; aanzien *o*; handel soliditeit
respectable [ris'pektəbl] *bn* achtbaar, achtenswaardig, respectabel°, (vrij) aanzienlijk, fatsoenlijk, net; handel solide
respecter *znw*: *no ~ of persons* iemand die handelt zonder aanzien des persoons
respectful *bn* eerbiedig
respectfully *bijw* eerbiedig; *yours* ~ hoogachtend
respecting *voorz* ten aanzien van, aangaande, betreffende
respective [ris'pektiv] *bn* respectief; *they contributed the ~ sums of £ 3 and £ 4* zij droegen respectievelijk 3 en 4 pond bij
respectively *bijw* respectievelijk
respiration [respi'reiʃən] *znw* ademhaling
respirator ['respəreitə] *znw* respirator; gasmasker *o*
respiratory [ris'paiərətəri] *bn* ademhalings-
respire I *onoverg* ademhalen[2], ademen[2]; weer op adem komen[2]; **II** *overg* inademen, ademen[2], uitademen
respite ['respait] *znw* uitstel *o*, schorsing, respijt *o*, verademing, rust
resplendence [ris'plendəns(i)] *znw* glans, luister
resplendent *bn* glansrijk, luisterrijk, schitterend (van *with*)
respond [ris'pɔnd] *onoverg* antwoorden (op *to*), gehoor geven[2] (aan *to*), reageren (op *to*)
respondent I *bn* antwoord gevend, gehoor gevend (aan *to*), reagerend (op *to*); recht gedaagd; **II** *znw* recht gedaagde [bij echtscheiding]; respondent,

ondervraagde [bij opinieonderzoek &]
response *znw* antwoord *o*; responsorie [liturgisch]; reageren *o*, reactie (op *to*), respons, fig weerklank; *in ~ to* als antwoord op; gehoor gevend aan; ingevolge
responsibility [rispɔnsi'biliti] *znw* verantwoordelijkheid; aansprakelijkheid
responsible [ris'pɔnsibl] *bn* verantwoordelijk[2], aansprakelijk
responsive [ris'pɔnsiv] *bn* openstaand, gevoelig, ontvankelijk; *be ~ to* instemmen met, reageren op, gevoelig zijn voor
responsiveness *znw* reageren *o*; begrip *o*; ontvankelijkheid
1 rest [rest] **I** *onoverg* rusten, uitrusten (van *from*) (Am ook: *~ up*); rustig blijven; rust hebben; *we are not going to let the matter ~* we zullen het er niet bij laten; *there the matter ~ed* daar bleef het bij; *~ on (upon)* rusten op [v. zorg, verdenking]; gebaseerd zijn op, steunen op, berusten op; **II** *overg* laten (doen) rusten, rust geven; baseren, steunen; *to ~ one's case* recht zijn pleidooi beëindigen; *(God) ~ his soul* de Heer hebbe zijn ziel; **III** *znw* rust°, pauze; rustplaats, tehuis *o*; rustpunt *o*, steun, steuntje *o*; haak [v. telefoon]; bok [bij het biljarten &]; muz rustteken *o*; *be at ~* ter ruste zijn; rust hebben; bedaard zijn; in ruste zijn; afgedaan zijn; *come to ~* tot stilstand komen; *give it a ~!* gemeenz praat eens over wat anders; hou er even mee op, zo kan ie wel weer; *lay (put) to ~* sussen, bedaren; *lay to ~* te ruste leggen; *set sbd.'s mind at ~* iem. geruststellen; *set at ~* uit de weg ruimen, wegnemen [v. twijfels, vrees &]; *with lance in ~* met gevelde lans
2 rest [rest] **I** *onoverg* blijven; *~ assured* verzekerd zijn; *it ~s with you to...* het staat aan u om...; *the management ~ed with...* het bestuur berustte bij...; **II** *znw* rest; handel reservefonds *o*; *the ~ of us* wij (ons) allen; *(as) for the ~* voor het overige, overigens
restate ['ri:'steit] *overg* opnieuw formuleren, herformuleren; nogmaals uiteenzetten
restaurant ['restərənt, 'restərɔ:ŋ, -ra:ŋ] *znw* restaurant *o*; *~ car* restauratiewagen
restaurateur [restɔrə'tə:] *znw* restauranthouder
restful ['restful] *bn* rustig, stil; kalmerend, rustgevend
rest-home ['resthoum] *znw* rusthuis *o*
resting-place ['restiŋpleis] *znw* rustplaats
restitution [resti'tju:ʃən] *znw* teruggave, vergoeding, schadeloosstelling, herstel *o*; *make ~ of* teruggeven, vergoeden
restive ['restiv] *bn* koppig, weerspannig; ongeduldig, prikkelbaar; *become ~* ook: zich schrap zetten
restless ['restlis] *bn* rusteloos, onrustig, ongedurig, woelig
restock ['ri:'stɔk] *overg* opnieuw bevoorraden
restoration [restə'reiʃən] *znw* restauratie, herstel° *o*; herstelling, teruggave; *the R~* de Restauratie in 1660
restorative [ris'tɔrətiv] *bn (znw)* versterkend, herstellend (middel *o*)
restore *overg* restaureren, vernieuwen, herstellen; teruggeven, terugzetten [op zijn plaats], terugbrengen; *~d to health* hersteld; *~ to life* in het leven terugroepen
restorer *znw* restaurateur
restrain [ris'trein] *overg* bedwingen, in bedwang houden, in toom houden, terug-, tegen-, weerhouden, beteugelen, inhouden; beperken; *~ed* ook: beheerst, terughoudend; gematigd; sober
restraint *znw* dwang, (zelf)bedwang *o*; beheersing; beteugeling, beperking; gereserveerdheid; *be under ~* zich in hechtenis bevinden, opgesloten zijn; *without ~* geheel vrij, onbeperkt
restrict [ri'strikt] *overg* beperken, bepalen; *I am ~ed to...* ik moet mij bepalen tot...
restricted *bn* begrensd, beperkt; vertrouwelijk [v. informatie]; *~ area* **1** gebied *o* waar een snelheidsbeperking van kracht is; **2** verboden gebied *o*
restriction *znw* beperking, bepaling, beperkende bepaling; voorbehoud *o*
restrictive *bn* beperkend, bepalend
rest room ['restrum] *znw* Am toilet *o*, wc
restructure ['ri:'strʌktʃə] *overg* herstructureren
result [ri'zʌlt] **I** *onoverg* volgen (uit *from*); ontstaan, voortvloeien (uit *from*); uitlopen (op *in*), resulteren (in *in*); **II** *znw* gevolg *o*; afloop, uitslag, uitkomst, slotsom, resultaat *o*; *as a ~* dientengevolge; *as a ~ of* ten gevolge van, na; *without ~* zonder resultaat, tevergeefs
resultant I *bn* voortvloeiend (uit *from*); **II** *znw* resultante; resultaat *o*
resume [ri'zju:m] *onoverg & overg* hernemen, weer opnemen, innemen, opvatten, beginnen of aanknopen; hervatten; herkrijgen; resumeren
résumé ['rez(j)u(:)mei] *znw* resumé *o*; korte samenvatting, beknopt overzicht *o*; Am curriculum vitae *o*
resumption [ri'zʌm(p)ʃən] *znw* weer opvatten *o* of opnemen *o* &, hervatting; terugnemen *o*
resumptive *bn* weer opvattend, resumerend, hernemend, hervattend
resurface ['ri:'sə:fis] **I** *onoverg* weer opduiken; **II** *overg* van een nieuw wegdek voorzien
resurgence [ri'sə:dʒəns] *znw* herleving, vernieuwing; wederopstanding, verrijzenis
resurgent *bn* weer opstaand; opkomend, herrijzend
resurrect [rezə'rekt] **I** *overg* doen herleven; (weer) opgraven; weer ophalen, weer oprakelen; **II** *onoverg* herleven, (uit de dood) herrijzen
resurrection *znw* herleving; opstanding, verrijzing, verrijzenis
resuscitate [ri'sʌsiteit] **I** *overg* de levensgeesten weer opwekken bij, med reanimeren, in het leven terugroepen, doen herleven; weer oprakelen; **II**

onoverg weer tot leven komen, weer bijkomen
resuscitation [risʌsi'teiʃən] *znw* opwekking, herleving; med reanimatie
ret [ret] *overg* roten, weken [v. vlas]
retail ['ri:teil] **I** *znw* kleinhandel; *sell (by)* ~ in het klein verkopen; **II** *overg* in het klein verkopen, slijten; omstandig verhalen; rondvertellen; **III** *onoverg* in het klein verkocht worden
retail dealer ['ri:teildi:lə], **retailer** [ri:'teilə] *znw* kleinhandelaar, wederverkoper, detailhandelaar
retail outlet *znw* verkooppunt *o*
retail price ['ri:teilprais] *znw* kleinhandelsprijs, detailprijs, winkelprijs; ~ *index* index van de kleinhandelsprijzen
retail trade *znw* kleinhandel, detailhandel
retain [ri'tein] *overg* houden, behouden; tegenhouden, vasthouden; onthouden; (in dienst) nemen [advocaat]; bespreken
retainer [ri'teinə] *znw* hist iemand van het gevolg, bediende; recht retentie; vooruitbetaald honorarium *o*, voorschot *o*
retaining fee *znw* vooruitbetaald honorarium *o*, voorschot *o*
retaining wall *znw* stutmuur
retake I *overg* ['ri:'teik] terugnemen; heroveren; heropnemen [film]; **II** *znw* ['ri:teik] heropname [film]
retaliate [ri'tælieit] *onoverg* wraak (represailles) nemen, terugslaan
retaliation [ritæli'eiʃən] *znw* vergelding, wraak, wraakneming, represaille(s)
retaliatory [ri'tæliətəri] *bn* vergeldings-
retard I *overg* [ri'ta:d] vertragen, later stellen, uitstellen, tegenhouden, ophouden; *~ed child* achtergebleven kind *o*; *~ed ignition* techn naontsteking; **II** *znw* ['rita:d] vertraging; uitstel *o*; achterstand; achterlijk persoon, idioot
retardation [ri:ta:'deiʃən], **retardment** *znw* vertraging; uitstel *o*; achterblijven *o*, remming in de ontwikkeling; techn naontsteking
retch [retʃ] *onoverg* kokhalzen
retell ['ri:'tel] *overg* opnieuw vertellen, oververtellen, herhalen
retention [ri'tenʃən] *znw* tegenhouden *o*; inhouden *o*; vasthouden *o*; behoud *o*; onthouden *o*
retentive *bn* terughoudend, vasthoudend, behoudend; ~ *memory* sterk geheugen *o*
rethink ['ri:'θiŋk] **I** *overg* heroverwegen, opnieuw bezien, nog eens goed overdenken; **II** *znw* heroverweging, het opnieuw overdenken
reticence ['retisəns] *znw* achterhoudend-, terughoudend-, geslotenheid, stilzwijgendheid, verzwijging, achterhouding, terughouding
reticent *bn* niets loslatend, niet erg spraakzaam; achterhoudend, terughoudend, gesloten
reticular [ri'tikjulə] *bn* netvormig
reticule ['retikju:l] *znw* reticule (soort tas)
retina ['retinə] *znw* (-s *of* retinae [-ni:]) netvlies *o*
retinue ['retinju:] *znw* gevolg *o*, (hof)stoet
retire [ri'taiə] **I** *overg* ontslaan; pensioneren; **II** *onoverg* (zich) terugtrekken; (terug)wijken; zich verwijderen; (zijn) ontslag nemen, aftreden; zijn pensioen nemen; met pensioen gaan *(~ on (a) pension)*; uit de zaken gaan (~ *from business*), stil gaan leven; de eetkamer verlaten (om naar de salon te gaan); ~ *(to bed, to rest, for the night)* zich te ruste begeven; ~ *into oneself* teruggetrokken zijn of leven; tot zichzelf inkeren
retired *bn* teruggetrokken; afgezonderd, eenzaam; stillevend, rentenierend; gepensioneerd; ~ *allowance (pay)* pensioen *o*; *place on the ~ list* pensioneren
retirement *znw* teruggetrokkenheid, afzondering, eenzaamheid; aftreden *o*, ontslag *o*, pensionering; ~ *pension* ouderdomsrente
retiring *bn* terughoudend, bescheiden; onopvallend; terugtrekkend, aftredend &; teruggetrokken; ~ *age* pensioengerechtigde leeftijd; ~ *room* wc
retold ['ri:'tould] V.T. & V.D. van *retell*
1 retort [ri'tɔ:t] *znw* retort, distilleerkolf
2 retort [ri'tɔ:t] **I** *overg* vinnig antwoorden; **II** *onoverg* vinnig antwoorden; **III** *znw* vinnig antwoord *o*
retouch ['ri:'tʌtʃ] **I** *overg* retoucheren[2], op-, bijwerken; **II** *znw* retouche[2], op-, bijwerking
retrace [ri'treis] *overg* (weer) nagaan, naspeuren; ~ *one's steps (one's way)* op zijn schreden terugkeren
retract [ri'trækt] *overg* intrekken, terugtrekken, herroepen
retractable *bn* intrekbaar, uitschuifbaar, inklapbaar, opklapbaar
retraction [ri'trækʃən] *znw* intrekking; herroeping
retrain ['ri:'trein] *overg* herscholen
retread I *overg* [ri:'tred] vernieuwen [banden], coveren; **II** *znw* ['ri:tred] band met nieuw loopvlak
retreat [ri'tri:t] **I** *onoverg* (zich) terugtrekken; (terug)wijken; **II** *overg* terugzetten [bij schaken]; **III** *znw* terug-, aftocht; sein *o* tot de aftocht; terugtreding; mil taptoe; RK retraite; afzondering; wijkplaats, rustoord *o*; asiel *o*; *beat a* ~ mil wegtrekken; fig de aftocht blazen; *hold a* ~ RK retraite houden; *make good one's* ~ weten te ontkomen; *sound a (the)* ~ mil de aftocht blazen
retrench [ri'trenʃ] **I** *overg* weg-, afsnijden, besnoeien, in-, beperken; ontslaan wegens bezuiniging; mil verschansen; **II** *onoverg* beperken, zich inkrimpen, bezuinigen
retrenchment *znw* weg-, afsnijding, besnoeiing[2], in-, beperking; bezuiniging; mil verschansing, retranchement *o*
retribution [retri'bju:ʃən] *znw* vergelding, beloning
retributive [ri'tribjutiv] *bn* vergeldend
retrievable [ri'tri:vəbl] *bn* terug te vinden, opvraagbaar; weer goed te maken, herstelbaar
retrieval *znw* terugvinden *o* &; redding, herstel *o*;

comput retrieval [opzoeken en zichtbaar maken van informatie]; ~ *system* comput retrievalsysteem *o*

retrieve *overg* terugvinden, herwinnen, redden (uit *from*); weer goedmaken, herstellen; apporteren [v. hond]; comput ophalen, opzoeken (en zichtbaar maken)

retriever *znw* retriever: apporterende jachthond

retroaction [retrou'ækʃən] *znw* terugwerking

retroactive *bn* terugwerkend

retrocession [retrou'seʃən] *znw* teruggang; teruggave, wederafstand

retrogradation [retrougrə'deiʃən] *znw* teruggang, terugwijking; achteruitgang

retrograde ['retrougreid] **I** *bn* achteruitgaand², teruggaand², achterwaarts²; reactionair; retrograde [woordenboek &]; *in ~ order* van achter naar voren; *a ~ step* een stap achteruit; **II** *onoverg* achteruitgaan², teruggaan

retrogress [retrou'gres] *onoverg* achteruitgaan²

retrogression *znw* teruggang, achteruitgang²

retrogressive *bn* teruggaand, achteruitgaand²

retro-rocket ['retrourɔkit] *znw* remraket

retrospect ['retrouspekt] *znw* terugblik; *in ~* terugblikkend, achteraf

retrospection [retrou'spekʃən] *znw* terugzien *o*, terugblik

retrospective *bn* terugziend, retrospectief; terugwerkend; *~ effect* terugwerkende kracht; *~ (exhibition)* retrospectieve tentoonstelling, retrospectief; *~ view* terugblik

retrospectively *bijw* terugblikkend, achteraf; terugwerkend

retroussé [rə'tru:sei] [Fr] *bn*: *nose ~* wipneus

return [ri'tə:n] **I** *onoverg* terugkomen; terugkeren; teruggaan; wederkeren; antwoorden; **II** *overg* teruggeven, terugzenden, retourneren, (weer) inleveren, terugbrengen, terugzetten &; terugbetalen, betaald zetten, vergelden; beantwoorden; officieel opgeven; afvaardigen, kiezen [vertegenwoordigers]; uitbrengen; geven [antwoord]; terugslaan [bij tennis]; *~ like for like* met gelijke munt betalen; *~ a profit* winst opleveren; *~ a verdict* recht een uitspraak doen; *~ thanks* zijn dank betuigen; danken; *~ a visit* een bezoek beantwoorden (met een tegenbezoek); *be ~ed guilty* & schuldig & verklaard worden; **III** *znw* terugkeer, terugkomst, thuiskomst; terugweg, terugreis; retourbiljet *o*; terug-, retourzending; teruggave; tegenprestatie; vergelding, beloning; opbrengst; winst; antwoord *o*; opgave; aangifte [v.d. belasting]; verslag *o*, officieel rapport *o*, statistiek &; verkiezing (tot lid van het parlement); sp return, terugslag [tennis]; return(match); *~s* statistiek, cijfers; omzet; *many happy ~s (of the day)* nog vele jaren; *as a ~ for* ter vergelding van, tot dank voor; *by ~ (of post)* post per omgaande; *be loved in ~* wederliefde vinden; *in ~ for* in ruil voor; als vergelding voor, voor; *pass the point of no ~* fig ± niet meer terug kunnen; **IV** *bn* terug-; retour-

returnable *bn* dat teruggegeven kan worden; in te leveren (aan *to*)

return game *znw* = *return match*

returning-officer *znw* voorzitter van het stembureau bij verkiezing

return match *znw* revanchepartij, returnwedstrijd

return ticket *znw* retourkaartje *o*

return visit *znw* tegenbezoek *o*

reunification ['ri:ju:nifi'keiʃən] *znw* hereniging [v. Duitsland &]

reunion ['ri:'ju:njən] *znw* hereniging; bijeenkomst, reünie

reunite ['ri:ju'nait] **I** *overg* opnieuw verenigen, herenigen²; **II** *overg* zich verenigen², weer bijeenkomen

re-use ['ri:'ju:z] *overg* hergebruiken

Rev. *afk.* = *Reverend*

rev [rev] **I** *znw* gemeenz toer [v. motor]; **II** *onoverg (& overg)* op volle toeren (laten) komen (*~ up*)

revaccinate ['ri:'væksineit] *overg* herinenten

revaluation [ri:vælju'eiʃən] *znw* herschatting; op-, herwaardering, revaluatie

revalue ['ri:'vælju:] *overg* herschatten; op-, herwaarderen, revalueren

revamp ['ri:'væmp] *overg* gemeenz oplappen, opknappen, restaureren, moderniseren, reorganiseren

reveal [ri'vi:l] *overg* openbaren, bekendmaken, onthullen, doen zien, tonen, aan het licht brengen

revealing *bn* veelzeggend; gewaagd, bloot [jurk]

reveille [ri'væli] *znw* reveille

revel ['revl] **I** *onoverg* brassen, zwelgen; zwieren; *~ in* zwelgen in, genieten van; **II** *znw* braspartij, feestelijkheid

revelation [revi'leiʃən] *znw* openbaring, onthulling

reveller, Am **reveler** ['revlə] *znw* brasser, pretmaker

revelry *znw* braspartij, brasserij, gezwier *o*; feestvreugde

revendication [rivendi'keiʃən] *znw* formele terugeising [v. rechten, gebied &]

revenge [ri'ven(d)ʒ] **I** *overg* wreken; *be ~d on (of)* zich wreken of wraak nemen op; **II** *wederk*: *~ oneself for..., on...* zich wreken over..., op...; **III** *znw* wraak, wraakneming, wraakzucht; revanche; *have (take) one's ~* revanche nemen; *in ~ for* uit wraak over

revengeful *bn* wraakzuchtig

revenger *znw* wreker

revenue ['revinju:] *znw* inkomsten; *the (public) ~* de inkomsten van de staat; de fiscus (ook: *the Inland R~*)

revenue-officer *znw* belastingambtenaar

reverberant [ri'və:bərənt] *bn* weerkaatsend; weergalmend

reverberate **I** *overg* weerkaatsen; **II** *onoverg* weer-

kaatst worden; weergalmen
reverberation [rivə:bə'reiʃən] *znw* weer-, terugkaatsing; reverbereren *o*
reverberatory [ri'və:bərətəri] **I** *bn* weer-, terugkaatsend; **II** *znw* reverbeeroven
revere [ri'viə] *overg* eren, vereren, eerbiedig opzien tot
reverence ['revərəns] *znw* eerbied; ontzag *o*; verering; piëteit; vero revérence; *hold in* ~ (ver)eren; *his* ~ vero zijn eerwaarde; *saving your* ~ vero met uw verlof; met permissie
reverend ['revərənd] **I** *bn* eerwaard, eerwaardig; **II** *znw* gemeenz geestelijke; *the* ~ *John Smith* dominee Smith
reverent ['revərənt] *bn* eerbiedig, onderdanig
reverential [revə'renʃəl] *bn* eerbiedig
reverie ['revəri] *znw* mijmering; rêverie [ook: muz]
revers [ri'viə] *znw* (*mv* idem [ri'vi:z]) revers, omslag
reversal [ri'və:səl] *znw* omkering, ommekeer, kentering; techn omzetting [v. machine]; recht herroeping, vernietiging, cassatie
reverse **I** *bn* omgekeerd, tegengesteld; tegen-; ~ *side* keerzijde, achterkant; **II** *znw* omgekeerde *o*, tegengestelde *o*, tegendeel *o*; keerzijde, achterkant; tegenslag, tegenspoed; nederlaag; auto achteruit [versnelling] *o & m* (ook: ~ *gear*); *in* ~ in omgekeerde richting of orde; *take in* ~ mil in de rug aanvallen; **III** *overg* omkeren; techn omgooien [v. machine], omzetten, omschakelen; recht vernietigen, casseren [vonnis]; ~ *arms* mil het geweer met de kolf naar boven keren; ~ *the charges* telec de opgeroepene de gesprekskosten laten betalen; ~ *one's car* achteruitrijden; ~ *one's policy* een heel andere politiek gaan volgen; **IV** *onoverg* techn achteruitgaan, -rijden &
reversely *bijw* omgekeerd
reversible [ri'və:sibl] *bn* omkeerbaar, omgekeerd & kunnende worden, omkeer- [film &]
reversing light *znw* achteruitrijlamp, achteruitrijlicht *o*
reversion [ri'və:ʃən] *znw* terugvalling [v. erfgoed]; recht *o* van opvolging; terugkeer; atavisme *o*; ~ *to type* atavisme *o*
reversionary *bn* terugvallend; atavistisch
revert [ri'və:t] *onoverg* terugvallen, terugkeren, -komen (op *to*)
revertible *bn* terugvallend
revet [ri'vet] *overg* bekleden [v. muren & ter versterking]
revetment *znw* bekleding(smuur), damwand
review [ri'vju:] **I** *znw* herziening; terugblik, overzicht *o*; mil wapenschouwing, parade, revue, inspectie; recensie, boekbeoordeling, bespreking; revue, tijdschrift *o*; *pass in* ~ mil parade laten maken; fig de revue laten passeren; *the period under* ~ het hier beschouwde tijdperk; **II** *overg* overzien; de revue laten passeren; terugzien op, in ogenschouw nemen; bespreken, beoordelen, recenseren; mil inspecteren; herzien
review copy *znw* recensie-exemplaar *o*
reviewer *znw* recensent
revile [ri'vail] **I** *overg* smaden, beschimpen; **II** *onoverg* schelden, schimpen
revilement *znw* smaad, beschimping
revise [ri'vaiz] **I** *overg* nazien, corrigeren; herzien; Br studeren [voor examen &]; **II** *znw* revisie [v. drukproef]; herziening; herziene uitgave; Br onderw het studeren [voor examen &]
reviser *znw* herziener; corrector
revision [ri'viʒən] *znw* herziening, revisie; herziene uitgave
revisionism *znw* revisionisme *o*
revisionist **I** *znw* revisionist; **II** *bn* revisionistisch
revisit ['ri:'vizit] *overg* weer, opnieuw bezoeken
revitalize [ri'vaitəlaiz] *overg* revitaliseren, nieuw leven inblazen
revival [ri'vaivəl] *znw* herleving, wederopleving; herstel *o*; (godsdienstig) reveil *o*, opwekking(sbeweging); reprise [v. toneelstuk]; *the R~ of Learning* de renaissance
revivalism [ri'vaivəlizm] *znw* (godsdienstige) revivalbeweging; wens tot, actie voor (godsdienstige) opleving
revive **I** *onoverg* herleven², weer opleven, weer bekomen; weer aanwakkeren; **II** *overg* doen herleven; weer opwekken, weer doen opleven, aanwakkeren; opkleuren, ophalen; oprakelen; weer opvoeren of vertonen; in ere herstellen [gebruik]; ~ *old differences* oude koeien uit de sloot halen
reviver *znw* gemeenz hartversterking
revivification [rivivifi'keiʃən] *znw* wederopleving, wederopwekking
revivify [ri'vivifai] *overg* weer levend maken, weer doen opleven
revocable ['revəkəbl] *bn* herroepbaar
revocation [revə'keiʃən] *znw* herroeping; intrekking
revoke [ri'vouk] **I** *overg* herroepen; intrekken; **II** *onoverg* niet bekennen [bij het kaarten], verzaken, renonceren; **III** *znw* renonce
revolt [ri'voult] **I** *onoverg* opstaan, in opstand komen (tegen *against, at, from*); **II** *overg* doen walgen; **III** *znw* oproer *o*, opstand²; *rise in* ~ opstaan, in opstand komen
revolter *znw* oproerling, opstandeling
revolting *bn* weerzinwekkend, stuitend, walgelijk
revolution [revə'lu:ʃən] *znw* omloop; omwenteling², revolutie², techn toer
revolutionary *bn* & *znw* revolutionair
revolutionize *overg* een omwenteling bewerken, een ommekeer teweegbrengen in, revolutioneren
revolve [ri'vɔlv] **I** *overg* omwentelen, (om)draaien; ± overdenken; **II** *onoverg* (zich) wentelen, draaien
revolver [ri'vɔlvə] *znw* revolver
revolving [ri'vɔlviŋ] *bn*: ~ *chair* draaistoel; ~ *credit* roulerend krediet *o*; ~ *door* draaideur; ~ *light* draai-

licht *o*; ~ *stage* draaitoneel *o*
revue [ri'vju:] *znw* revue [toneel]
revulsion [ri'vʌlʃən] *znw* ommekeer, reactie; weerzin
reward [ri'wɔ:d] **I** *znw* beloning, vergelding; loon *o*; **II** *overg* belonen, vergelden
rewarding *bn* (de moeite) lonend, bevredigend, geslaagd
rewind [ri'waind] *overg* terugspoelen
rewire ['ri:'waiə] *overg* nieuwe (elektrische) bedrading aanleggen in
reword ['ri:'wə:d] *overg* anders formuleren
rewrite I *overg* ['ri:'rait] nog eens schrijven; herschrijven, omwerken; **II** *znw* ['ri:rait] herschrijving, omwerking
Rex [reks] *znw* rex; regerende vorst; recht de Kroon
rhabdomancy ['ræbdoumænsi] *znw* wichelroedelopen *o*
rhapsodic [ræp'sɔdik] *bn* rapsodisch; extatisch
rhapsodize ['ræpsədaiz] *onoverg*: ~ *over (about)* verrukt zijn van, dwepen met
rhapsody *znw* rapsodie; ± lofzang
rheostat ['rioustæt] *znw* elektr reostaat, regelbare weerstand
rhesus factor *znw* resusfactor
rhesus monkey ['ri:səs'mʌŋki] *znw* resusaap
rhetoric ['retərik] *znw* retorica[2], redekunst; holle retoriek, (louter) declamatie
rhetorical [ri'tɔrikl] *bn* retorisch; effectvol
rhetorician [retə'riʃən] *znw* retor; redenaar
rheumatic [ru'mætik] **I** *bn* reumatisch; ~ *fever* acute gewrichtsreumatiek; **II** *znw* lijder aan reumatiek; ~*s* gemeenz reumatiek
rheumaticky *bn* gemeenz reumatisch
rheumatism ['ru:mətizm] *znw* reumatiek
rheumatoid *bn* reumatisch; ~ *arthritis* gewrichtsreumatiek
rheumy ['ru:mi] *bn* vero vochtig, kil, klam
rhinestone ['rainstoun] *znw* soort bergkristal *o*; rijnsteen [als sieraad]
rhino ['rainou], **rhinoceros** [rai'nɔsərəs] *znw* rinoceros, neushoorn
rhizome ['raizoum] *znw* wortelstok
Rhodesian [rou'di:ziən] **I** *bn* Rhodesisch; **II** *znw* Rhodesiër
rhododendron [roudə'dendrən] *znw* rododendron
rhombic *bn* ruitvormig
rhombus *znw* ruit
rhubarb ['ru:ba:b] *znw* rabarber
rhumb [rʌm(b)] *znw* loxodroom; kompasstreek
rhyme [raim] **I** *znw* rijm *o*; rijmpje *o*, poëzie, verzen; *without ~ or reason* zonder slot of zin; zonder reden; **II** *overg* (be)rijmen, laten rijmen; ~ *with* doen rijmen met[2]; **III** *onoverg & abs ww* rijmen (op *with*)
rhymer, **rhymester**, **rhymist** *znw* rijmelaar, rijmer
rhyming slang *znw* komisch Engels jargon *o* dat berust op rijm
rhythm ['riðm, 'riθm] *znw* ritmus, ritme *o*
rhythmic *bn* ritmisch
rib [rib] **I** *znw* rib°; ribbe; rib(be)stuk *o*; ribbel; nerf; balein [v. paraplu]; **II** *overg* gemeenz plagen
ribald ['ribəld] *bn* vuil; schunnig, schuin [mop]; ruw, spottend, oneerbiedig, lasterlijk, schaamteloos; ongehoord
ribaldry *znw* vuile taal, vuilbekkerij; schaamteloze spot
riband ['ribənd] *znw* vero = *ribbon*
ribbed [ribd] *bn* geribbeld, geribd, rib-
ribbing ['ribiŋ] *znw* ribbeling, ribpatroon *o*
ribbon ['ribən] *znw* lint *o*, band *o* [stofnaam], band *m* [voorwerpsnaam], strook; *in ~s, all to ~s* aan flarden (gescheurd); ~ *development* lintbebouwing
rib-cage ['ribkeidʒ] *znw* ribbenkast
rice [rais] *znw* rijst
rice-bird *znw* rijstvogel
rice-paper *znw* ouwel
rice-pudding *znw* rijstebrij, rijstpudding
rich [ritʃ] *bn* rijk°; overvloedig; machtig [voedsel]; klankrijk, vol [stem]; gemeenz heel amusant, grandioos; ~ *in minerals* rijk aan mineralen; *that's ~!* kostelijk!, da's een goeie!; wat een flater!; *the ~* de rijken; ~*es* rijkdom; *from rags to ~es* van arm rijk [geworden]
richly *bijw* rijk(elijk), ten volle
richness *znw* rijkdom; rijkheid; machtigheid; overvloed
Richter scale ['riktəskeil] *znw* schaal van Richter
rick [rik] **I** *znw* hooiberg; verrekking, verstuiking; **II** *overg* **1** ophopen; **2** verrekken, verdraaien, verstuiken [v. enkel &]
rickets ['rikits] *znw* rachitis, Engelse ziekte
rickety *bn* med rachitisch; waggelend, wankel, wrak, zwak
rickshaw ['rikʃɔ:] *znw* riksja
ricochet ['rikəʃei, -ʃet] **I** *znw* ricochetschot *o*; **II** *onoverg* ricocheren, opstuiten, afketsen
rid [rid] (rid; rid) *overg* bevrijden, ontdoen, verlossen (van *of*); ~ *oneself of, be ~ of* bevrijd (af) zijn van; *get ~ of* zich ontdoen van, lozen, kwijtraken, afkomen van
riddance *znw*: *good ~ (to bad rubbish)* opgeruimd staat netjes
ridden ['ridn] V.D. van [1]*ride*
1 riddle ['ridl] *znw* raadsel[2] *o*
2 riddle [ridl] **I** *znw* grove zeef; **II** *overg* ziften; doorzéven, doorboren
riddled *bn* vol, bezaaid
riddling ['ridliŋ] *bn* raadselachtig
1 ride [raid] (rode; ridden) **I** *onoverg* rijden (in *in*); drijven; ~ *at anchor* scheepv voor anker liggen; ~ *for a fall* roekeloos doen; zijn ondergang tegemoet snellen; ~ *high* succes hebben; ~ *up* opkruipen [v. jurk]; **II** *overg* berijden, rijden op; door-, afrijden [een land]; laten rijden; regeren, kwellen; ~ *sbd.*

down omverrijden; ~ *out* heelhuids doorkomen, overleven

2 ride [raid] *znw* rit; zijpad *o* [in bos]; *go for a* ~ een ritje gaan maken; *take sbd. for a* ~ gemeenz iem. voor de gek houden

rider ['raidə] *znw* (be)rijder, ruiter; allonge, toegevoegde clausule; toevoeging

ridge [ridʒ] **I** *znw* (berg-, heuvel)rug, kam; nok, vorst; rand; **II** *overg* ribbelen, rimpelen

ridge-pole *znw* nokbalk

ridgeway *znw* weg over een heuvelrug

ridgy *bn* ribbelig; heuvelachtig

ridicule ['ridikju:l] **I** *znw* spot, bespotting; *hold up to* ~ belachelijk maken; **II** *overg* belachelijk maken, bespotten

ridiculous [ri'dikjuləs] *bn* belachelijk, bespottelijk

riding ['raidiŋ] *znw* (paard)rijden *o*

riding-habit *znw* damesrijkostuum *o*

riding-hood *znw* rijkap; *Little Red R~* Roodkapje *o*

riding-master *znw* pikeur

riding-school *znw* rijschool, manege

rife [raif] *bn* algemeen, heersend [van ziekten]; *be* ~ heersen; veel voorkomen, tieren; in omloop zijn [v. verhaal]; *be* ~ *with* wemelen van, vol zijn van

riffle ['rifl] *overg* snel doorsnuffelen, doorbladeren (~ *through*)

riff-raff ['rifræf] *znw* uitschot *o*; schorem *o*

rifle ['raifl] **I** *znw* geweer *o* (met getrokken loop), buks; *the* ~*s* mil de jagers; **II** *overg* plunderen, leeghalen, wegroven; **III** *onoverg*: ~ *through* doorsnuffelen, doorzoeken

rifleman *znw* scherpschutter; mil jager

rifle-range *znw* schietbaan

rifle-shot *znw* geweerschot *o*; goede schutter

rift [rift] *znw* kloof[2], spleet, scheur; fig tweedracht, onenigheid

1 rig [rig] **I** *overg* (op)tuigen[2]; inrichten, uitrusten; in elkaar zetten; ~ *out (up) with* optuigen met[2]; ~ *up* gemeenz haastig optakelen, in elkaar flansen; **II** *znw* scheepv tuig *o*, takelage[2]; toestel *o*, apparaat *o*; boorinstallatie, booreiland *o*; gemeenz uitrusting, plunje

2 rig [rig] *overg* knoeien; ~ *the market* de markt naar zijn hand zetten, de prijzen kunstmatig opdrijven

rigging ['rigiŋ] *znw* scheepv uitrusting, want *o*, tuigage, tuig *o* (ook = plunje)

right [rait] **I** *bn* rechter; rechts; recht°, rechtvaardig, billijk; geschikt; rechtmatig; juist, goed, in orde; echt, waar; *Mr R~* de ware Jakob (Jozef); *he's not in his* ~ *mind* hij is niet goed bij zijn hoofd (bij zijn verstand); *am I* ~*?* heb ik (geen) gelijk?; *they are* ~ *to protest (in protesting)* zij protesteren terecht; *all* ~*!* in orde!, vooruit maar!, goed!, best!, uitstekend!; *a bit of all* ~ iets heel leuks; gemeenz ± een lekker stuk *o*; *it exists all* ~ gemeenz wel (degelijk), heus (wel); *he is as* ~ *as rain* gemeenz hij is helemaal in orde, hij mankeert niets; *be on the* ~ *side of forty* nog geen veertig zijn; *get on the* ~ *side of* gemeenz in de gunst komen bij; ~ *sort* gemeenz geschikt (aardig) iem.; *get* ~ in orde komen (brengen); goed begrijpen; *put (set)* ~ in orde brengen; terechthelpen; herstellen, verbeteren, rechtzetten; gelijkzetten [klok]; **II** *bijw* recht, billijk; behoorlijk, geschikt; goed, wel, juist; (naar) rechts; versterkend juist, precies; vlak, vierkant, helemaal; zeer; *do* ~ rechtvaardig handelen; rechtvaardig zijn; iets naar behoren of goed doen; *he does* ~ *to...* hij doet er goed aan om...; ~ *turn!* mil rechtsom!; ~ *against...* vlak tegen... in; ~ *away* op staande voet; dadelijk; ~ *in* regelrecht naar binnen; ~ *now* direct; ~ *off* gemeenz op staande voet; dadelijk; **III** *znw* rechterhand, -kant; mil rechtervleugel; recht° *o*; *the R~* pol rechts, de conservatieven; ~ *of way* (recht *o* van) overpad; (recht *o* van) doorgang; auto voorrang(srecht *o*); *the* ~*s of the case* het rechte van de zaak; *the difference between* ~ *and wrong* het verschil tussen goed en kwaad; *by* ~*(s)* rechtens; eigenlijk; *by what* ~*?* met welk recht?; *by* ~ *of* krachtens; *within one's* ~*s* in zijn recht; *be in the* ~ het bij het rechte eind hebben, gelijk hebben; het recht aan zijn zijde hebben; in zijn recht zijn; *put in the* ~ in het gelijk stellen; *in one's own* ~ van zichzelf; *it is a good book in its own* ~ het is op zichzelf (beschouwd), zonder meer, uiteraard een goed boek; *of* ~ rechtens; *on your* ~ aan uw rechterhand, rechts van u; *to the* ~ aan de rechterkant, (naar) rechts; *put (set) to* ~*s* in orde brengen (maken); verbeteren, herstellen; **IV** *overg* rechtop of overeind zetten; verbeteren, in orde maken, herstellen; recht doen, recht laten wedervaren; scheepv midscheeps leggen [het roer]; **V** *wederk*: ~ *oneself* zich recht verschaffen; ~ *itself* (vanzelf) weer in orde komen; zich oprichten; **VI** *onoverg* zich oprichten

right-about *bn*: ~ *turn/face* rechtsomkeert; ommezwaai [in beleid, tactiek &]; *execute a* ~ *turn* rechtsomkeert maken[2]; *send to the* ~*(s)* de laan uitsturen

right angle *znw* rechte hoek

right-angled *bn* rechthoekig, een rechte hoek (90°) vormend

right-down *bn* uitgesproken, regelrecht

righteous ['raitʃəs, -jəs] *bn* rechtvaardig, gerecht, rechtschapen

rightful *bn* rechtvaardig; rechtmatig

right-hand *bn* aan de rechterhand geplaatst; voor of met de rechterhand; rechts; *he is my* ~ *man* mijn rechterhand

right-handed *bn* rechts(handig)

right-hander *znw* wie rechts(handig) is; slag met de rechterhand

rightist I *bn* pol rechts; **II** *znw* aanhanger van rechts

rightly *bijw* rechtvaardig; juist, goed; terecht

right-minded, **right-thinking** *bn* weldenkend, rechtgeaard

righto ['raitou] *tsw* gemeenz goed zo!

right-of-centre *bn* pol rechts van het midden

right-wing *znw* sp & pol rechtervleugel
right-wing *bn* pol rechts, conservatief
right-winger *znw* pol rechtse, lid *o* van de rechtervleugel
rigid ['ridʒid] *bn* stijf, strak; (ge)streng, onbuigzaam, star
rigidity [ri'dʒiditi] *znw* stijfheid, strakheid; (ge-)strengheid, onbuigzaamheid, starheid
rigmarole ['rigmәroul] *znw* onzin; lang, verward kletsverhaal *o*; rompslomp
rigor ['raigɔ:, 'rigә:] *znw* rilling [bij koorts]; stijfheid; ~ *mortis* lijkstijfheid, rigor mortis
rigorous ['rigәrәs] *bn* streng², hard
rigour, Am **rigor** ['rigә] *znw* strengheid, hardheid
rig-out ['rigaut], **rig-up** *znw* gemeenz uitrusting, plunje, tuig *o*
rile [rail] *overg* gemeenz nijdig maken, provoceren
rill [ril] *znw* beekje *o*
rille [ril] *znw* astron ril, groef in het maanoppervlak
rim [rim] **I** *znw* kant, boord; rand [v. kom &]; velg [v. wiel]; *~s* ook: montuur *o & v* [v. bril]; **II** *overg* velgen; omranden; *gold-~med glasses* bril met gouden montuur
1 rime [raim] **I** *znw* plechtig rijp; **II** *overg* met rijp bedekken
2 rime [raim] *znw* = *rhyme*
rimless ['rimlis] *bn* randloos; ~ *spectacles* glasbril
rimy ['raimi] *bn* plechtig vol rijp, berijpt
rind [raind] *znw* schors, bast, schil, korst, zwoerd *o*
rinderpest ['rindәpest] *znw* vee-, runderpest
1 ring [riŋ] **I** *znw* ring², kring², piste [v. circus], circus *o & m*, arena, renbaan; kringetje *o*; kliek; gemeenz kartel *o*, consortium *o*; *the* ~ het boksersstrijdperk, de boksers(gemeenschap); *run ~s round...* gemeenz vlugger zijn dan..., ... ver achter zich laten; *throw one's hat into the* ~ gemeenz verklaren deel te nemen aan de strijd; **II** *overg* een ring (ringen) aandoen; ringen [v. bomen, duiven &]; ~ *(about, in, round)* (in een kring) insluiten, omsingelen, omringen
2 ring (rang; rung) **I** *onoverg* luiden, klinken, weergalmen; bellen; *the bell ~s* de bel gaat (over), er wordt gescheld; **II** *overg* luiden; ~ *a bell* gemeenz bekend klinken, ergens aan herinneren; ~ *the bell* (aan)bellen; ~ *the changes* veranderen, het anders aanpakken; allerlei variaties aanbrengen; ~ *true* aannemelijk klinken; ~ *again* weerklinken [v.d. weeromstuit]; ~ *at the door* aanbellen; ~ *back* telec terugbellen; ~ *down (the curtain)* [in schouwburg] bellen om het scherm te laten zakken; fig afbreken, eindigen; ~ *in sick* (zich) (telefonisch) ziek melden; ~ *off* telec het gesprek afbreken; ~ *out* weerklinken, luid klinken; uitluiden; ~ *round* rondbellen, de ene na de andere bellen; ~ *up* telec (op)bellen; aanslaan [met kasregister]; ~ *up (the curtain)* het sein geven voor het ophalen van het scherm
3 ring [riŋ] *znw* klank, geluid *o*; gelui *o*; luiden *o*; klokkenspel *o*; *there is (goes) a* ~ er wordt gebeld [aan de deur]; *give the bell a* ~ (aan)bellen; *I'll give you a* ~ telec ik zal je (op)bellen; *have a false* ~ vals klinken, niet echt klinken; *three ~s for...* driemaal bellen om...
ring binder *znw* ringband
ringer *znw* (klokke)luider; *be a dead ~ for* het evenbeeld zijn van
ring finger *znw* ringvinger
ringleader ['riŋli:dә] *znw* belhamel, raddraaier
ringlet ['riŋlit] *znw* krul, krulletje *o*
ringmaster ['riŋma:stә] *znw* directeur [in circus]
ringpull *znw* lipje *o* [om iets open te trekken]
ring road *znw* ringweg, randweg
ringside *bn*: ~ *seat* beste plaats² [vlak bij de piste &]
ringworm ['riŋwә:m] *znw* ringworm, dauwworm
rink [riŋk] **I** *znw* ijsbaan; kunstijsbaan; rolschaatsbaan; **II** *onoverg* rolschaatsen
rinker *znw* rolschaatser, -ster
rinse [rins] **I** *overg* spoelen, omspoelen; ~ *away (out)* weg-, uitspoelen; ~ *down* doorspoelen [v. eten]; **II** *znw* spoeling
riot ['raiәt] **I** *znw* rel, oproer *o*; oploop, opstootje *o*; gemeenz succes(nummer) *o*, giller; *a ~ of colour* een kleurenorgie; *run* ~ uit de band springen; in het wild groeien, woekeren; *let one's imagination run* ~ de vrije loop laten; **II** *onoverg* herrie maken, oproerig worden, muiten
Riot Act *znw*: *read sbd. the* ~ iem. flink de les lezen, iem. tot de orde roepen
rioter *znw* oproerling, relletjesmaker, herriemaker
riotous *bn* ongebonden, bandeloos, bijbel overdadig; (op)roerig; rumoerig
riot police *znw* oproerpolitie
1 rip [rip] **I** *overg* openrijten, openscheuren, (los-)tornen; ~ *off* afrijten, afstropen [het vel v. dier]; fig slang afzetten; beroven, uitkleden; Am slang stelen; ~ *out* uit-, lostornen; uitstoten; ~ *up* aan stukken scheuren; ~ *through* snel doorwerken; **II** *onoverg* tornen, losgaan, scheuren, uit de naad gaan; als de bliksem rijden, gaan &; *let* ~ laten schieten, loslaten, afdrukken [de trekker]; plankgas geven; gemeenz laten stikken [iets, iem.]; zich laten gaan; **III** *znw* torn, scheur
2 rip [rip] *znw* vero, gemeenz knol [paard]; deugniet
riparian [rai'pɛәriәn] **I** *bn* oever-; **II** *znw* oeverbewoner
ripcord ['ripkɔ:d] *znw* trekkoord *o* [v. parachute &]
ripe [raip] *bn* rijp²; gerijpt; belegen [v. wijn &], oud; gemeenz heel geestig; gemeenz onbehoorlijk
ripen I *onoverg* rijp worden, rijpen; **II** *overg* (doen) rijpen, rijp maken
rip-off ['ripɔf] *znw* slang zwendel, oplichting, bedrog *o*
riposte [ri'poust] **I** *znw* riposte, tegenstoot; raak antwoord *o*; **II** *onoverg* riposteren
ripper ['ripә] *znw* lostorner, opensnijder; tornmesje *o*; slang prima kerel, fijne meid, bovenste beste [v.

personen en zaken]; moordenaar die een mes gebruikt

ripping ['ripiŋ] *bn* openrijtend &; slang bovenste beste, fijn, magnifiek, enig, prima

1 ripple ['ripl] **I** *onoverg & overg* rimpelen; kabbelen; **II** *znw* rimpeling; gekabbel *o*

2 ripple ['ripl] **I** *znw* vlasrepel; **II** *overg* repelen

rip-roaring ['rip'rɔ:riŋ] *bn* gemeenz uitbundig, stormachtig; geweldig, reuze

1 rise (rose; risen) [riŋ] *onoverg* (op-, ver)rijzen, opstaan; (overeind) gaan staan; het woord nemen [in een vergadering]; in opstand komen (tegen *against*); opstijgen, opgaan°, de hoogte in gaan, opvliegen [vogels], aanbijten[2]; bovenkomen; stijgen; oplopen [v. grond]; vooruitkomen; promotie maken; opkomen; opsteken [wind]; zich verheffen; ontspringen [rivier], voortspruiten (uit *from*); op reces gaan, uiteengaan; ~ *above* zich verheffen boven; verheven zijn boven; ~ *head and shoulders above* hoog uitsteken boven; ~ *from* opstaan uit (van); fig voortspruiten uit; ~ *in arms* de wapenen opvatten; ~ *to* zich verheffen tot; stijgen tot; ~ *to bait* fig toehappen, toebijten; ~ *to be a...* opklimmen tot..., het brengen tot...; ~ *to the occasion* zich tegen de moeilijkheden (de situatie) opgewassen tonen; ~ *up* opstaan [uit bed]; in opstand komen; opkomen, omhoogkomen

2 rise [raiz] *znw* rijzing, opkomst°, oorsprong; helling; opgang [v. zon]; opklimming, promotie; stijging [prijs]; verheffing, verhoging [prijs of salaris]; handel hausse; sp beet [v. vis]; *get (take) a ~ out of sbd.* iem. aan de gang maken, uit zijn slof doen schieten; er in laten lopen; in het zonnetje zetten; *give ~ to* aanleiding geven tot; *be on the ~* (voortdurend) stijgen [prijzen &]; in opkomst zijn

risen ['rizn] V.D. van *[1]rise*

riser ['raizə] *znw* die opstaat; opstap; *be an early ~* vroeg opstaan, matineus zijn

risibility [rizi'biliti, raizi'biliti] *znw* lachlust; gevoel *o* voor humor; hilariteit

risible ['rizibl, 'raizəbl] *bn* belachelijk

rising ['raiziŋ] **I** *bn* (op)rijzend, opkomend &; in opkomst zijnd; ~ *damp* vochtigheid [door opstijgend grondwater]; ~ *fourteen* bijna 14 jaar zijnd; **II** *znw* opstaan *o*, stijgen *o*; uiteengaan *o* [v. vergadering]; (zons)opgang; (op)stijging; opstand; opstanding [uit de dood]

risk [risk] **I** *znw* gevaar *o*, risico *o & m*; *not wanting to run ~s* niets willende riskeren; *take ~s* iets riskeren; *at ~* in gevaar; *at shipper's ~* voor risico van de afzender; *at the ~ of offending you* op gevaar af van u te beledigen; *at the ~ of his life* met levensgevaar; *at your own ~* op (uw) eigen risico; **II** *overg* riskeren, wagen

risk-taking ['riskteikiŋ] *znw* (het) risico nemen, ± gevaarlijk leven *o*

risky *bn* gevaarlijk, gewaagd, riskant

risotto [ri'sɔtou] *znw* risotto [Italiaans gerecht met rijst]

risqué ['riskei] *bn* [Fr] gewaagd

rissole ['risoul] *znw* rissole (bladerdeeg met zoete of hartige inhoud)

rite [rait] *znw* rite, ritus; *the last ~s* RK de laatste sacramenten

ritual ['ritʃuəl] **I** *bn* ritueel; **II** *znw* ritueel *o*; rituaal *o*

ritualist *znw* wie zich streng houdt aan het ritueel v.d. *High Church*

ritualistic [ritʃuə'listik] *bn* ritualistisch

ritzy ['ritsi] *bn* slang elegant, luxueus

rival ['raivəl] **I** *znw* rivaal, mededinger, concurrent; **II** *bn* rivaliserend; concurrerend; **III** *overg* wedijveren met, concurreren met

rivalry *znw* mededinging, wedijver, concurrentie[2], rivaliteit

rive [raiv] **I** *overg* splijten, (ver)scheuren; ~ *from* ook: wegrukken van; **II** *onoverg* splijten, scheuren

riven ['rivn] *bn* gespleten

river ['rivə] *znw* rivier, stroom[2]; *sell sbd. down the ~* slang iem. verraden, in de steek laten

river-bank ['rivəbæŋk] *znw* rivieroever

river-basin ['rivəbeisn] *znw* stroomgebied *o*

river bed ['rivəbed] *znw* rivierbedding

riverside *znw* oever [v. rivier], waterkant

rivet ['rivit] **I** *znw* klinknagel; **II** *overg* met klinknagels bevestigen, klinken; fig vastklinken, kluisteren (aan *to*); boeien [de aandacht]; richten [de blik]; *~ed to the spot* als aan de grond genageld

rivulet ['rivjulit] *znw* riviertje *o*, beek

RM *afk.* = *Royal Marines* Corps Mariniers

RN *afk.* = *Royal Navy* Koninklijke Marine

roach [routʃ] *znw* **1** dierk blankvoorn; **2** gemeenz kakkerlak; **3** slang stickie *o*

road [roud] *znw* weg[2], rijweg, straat; scheepv rede (ook: *~s*); *by ~* per as, per auto of bus &; *one for the ~* een afzakkertje *o*; *on the ~* op weg; *be on the ~* op reis zijn; reizen en trekken (als handelsreiziger); op tournee zijn [popgroep &]; rondreizen [circus &]

road accident *znw* verkeersongeval *o*

road-block *znw* wegversperring

road-bridge *znw* verkeersbrug

road-hog *znw* wegpiraat, snelheidsmaniak

road-holding *znw* wegligging

road-house *znw* wegrestaurant *o*

roadman *znw* wegwerker, stratenmaker

road-map *znw* wegenkaart

road-metal *znw* steenslag *o*

road-pricing *znw* rekeningrijden *o*

road-roller *znw* wegwals

road safety *znw* verkeersveiligheid, veilig verkeer *o*

road sense *znw*: *he has no ~* hij is een gevaar op de weg, hij kan absoluut niet rijden; *teach a child ~* een kind leren hoe te handelen in het verkeer

roadside I *znw* kant van de weg; **II** *bn* weg-

road sign *znw* verkeersbord *o*

roadstead ['roudsted] *znw* scheepv rede, ree; *in the*

~ op de ree
roadster ['roudstə] *znw* (stevige) toerfiets; open (tweepersoons) sportauto; zwerver
road surface ['roudsə:fis] *znw* wegdek *o*
road sweeper *znw* straatveger
road system *znw* wegennet *o*
roadway *znw* rijweg; brugdek *o*
road works *znw mv* wegwerkzaamheden
roadworthy *bn* rijwaardig
roam [roum] **I** *onoverg* (om)zwerven; **II** *overg* af-, doorzwerven
roamer *znw* zwerver
roan [roun] *znw* dierk muskaatschimmel
roar [rɔ:] **I** *onoverg* brullen, loeien, huilen, bulderen, rommelen, razen; snuiven [v. dampig paard]; *they ~ed (with laughter)* ze brulden (schaterden) van het lachen; **II** *overg* brullen, bulderen; **III** *znw* gebrul *o*, geloei *o*, gehuil *o*, gebulder *o*, gerommel *o*, geraas *o*, gedruis *o*; geschater *o*; *set the table in a ~* het gezelschap doen schaterlachen
roaring I *bn* brullend &; kolossaal; *a ~ success* een daverend succes *o*; *do a ~ trade* gouden zaken doen; *~ drunk* ladderzat, straalbezopen; *he is in ~ health* in blakende welstand; **II** *znw* gebrul *o* &
roast [roust] **I** *overg* braden, roost(er)en, branden [koffie], poffen [kastanjes]; **II** *onoverg* braden; *I'm ~ing* gemeenz ik heb het bloedheet; **III** *znw* gebraad *o*; gebraden vlees *o*; **IV** *bn* gebraden
roaster *znw* brader; braadoven; koffiebrander; braad(aard)appel; braadkip; braadvarken *o* &
roasting *znw* fig uitbrander
rob [rɔb] *overg* bestelen, beroven, plunderen; lichten [offerblok]; *~ sbd. of sth.* iem. iets ontroven (ontstelen); iem. iets ontnemen; zie ook: *Peter*
robber *znw* rover, dief; zie ook: *cop I*
robbery *znw* roof, roverij, diefstal
robe [roub] **I** *znw* toga, staatsiemantel; (boven)kleed *o*; (dames)robe; Am ochtendjas, peignoir; (doop-) jurk; Am plaid; fig dekmantel; *~s* galakostuum *o*; ambtsgewaad *o*; *master of the ~s* kamerheer; *mistress of the ~s* eerste hofdame; **II** *onoverg* & *overg* (zich) kleden, be-, aankleden, in ambtsgewaad steken; fig uitdossen
robin ['rɔbin] *znw* roodborstje *o* (*~ redbreast*)
robing-room ['roubiŋrum] *znw* kleedkamer [v. gerechtshof, parlement &]
robot ['roubɔt] *znw* robot, mechanische mens, automaat; *~ plane* draadloos bestuurd vliegtuig
robotic ['roubɔtik] *bn* mechanisch, gerobotiseerd
robotics *znw* robotica, robottechnologie
robust [rou'bʌst] *bn* sterk, flink, fors, robuust
robustious *bn* vero luidruchtig, lawaaierig
rochet ['rɔtʃit] *znw* rochet [koorhemd v. bisschop, abt &]
1 rock [rɔk] *znw* rots, klip, gesteente *o*; rotsblok *o*, grote kei; kandijsuiker, suikerstok; Am steen; slang edelsteen, vooral diamant; fig toevlucht, vaste grond; *the R~* (de rots van) Gibraltar; *be on the ~s* gemeenz aan de grond zitten, aan lagerwal zijn; *get one's ~s off* plat neuken; spuiten [ejaculeren]; *Scotch on the ~s* Schotse whisky met ijs
2 rock [rɔk] **I** *overg* schommelen, heen en weer schudden, doen schudden, wieg(el)en; *~ the boat* gemeenz dwars liggen, de anderen het leven lastig maken; *~ to sleep* in slaap wiegen[2]; **II** *wederk*: *~ oneself* (zitten) schommelen; *~ oneself with...* zich in slaap wiegen met...; **III** *onoverg* schommelen, schudden, wieg(el)en, wankelen; zie *rock'n'roll II*; **IV** *znw* schommeling; zie *rock'n'roll I*; **V** *bn* muz rock-
rock-bottom ['rɔk'bɔtəm] **I** *znw* fig het laagste punt; **II** *bn*: *~ prices* allerlaagste prijzen
rock-bound *bn* door rotsen ingesloten
rock cake *znw* op een rotsje gelijkend cakeje *o* met krenten, gekonfijt fruit &
rock-climber *znw* bergbeklimmer, kletteraar
rock climbing *znw* bergbeklimmen *o*, kletteren *o*
rock-crystal *znw* bergkristal *o*
rocker ['rɔkə] *znw* gebogen hout *o* onder een wieg &; schommelstoel; hobbelpaard *o*; soort schaats; rocker; ± vetkuif, ± bromnozem; *off one's ~* slang gek
rockery ['rɔkəri] *znw* rotstuin
rocket ['rɔkit] **I** *znw* vuurpijl, raket; gemeenz flink standje *o*, uitbrander; **II** *onoverg* als een pijl de hoogte in schieten of opvliegen; met sprongen omhooggaan
rocket launcher *znw* (raket)lanceerinstallatie
rocketry *znw* rakettechniek
rock-face ['rɔkfeis] *znw* rotswand
rock garden *znw* rotstuin
rocking-chair ['rɔkiŋtʃɛə] *znw* schommelstoel
rocking-horse *znw* hobbelpaard *o*
rock'n'roll ['rɔkn'roul] **I** *znw* rock-'n-roll; **II** *onoverg* rock-'n-roll dansen
rock-salt ['rɔksɔ:lt] *znw* klipzout *o*
1 rocky ['rɔki] *bn* rotsachtig, rots-; vol klippen; steenhard; *the R~ Mountains, the Rockies* het Rotsgebergte
2 rocky ['rɔki] *bn* gemeenz onvast, wankel
rococo [rə'koukou] **I** *znw* rococo *o*; **II** *bn* rococo-
rod [rɔd] **I** *znw* roede, staf, staaf; techn stang; ook: hengelroede; plat pik; *Black R~* ceremoniemeester van het Hogerhuis; *I have a ~ in pickle for you* ik heb nog een appeltje met je te schillen; **II** *overg* plat poken, neuken
rode [roud] V.T. van *[1]ride*
rodent ['roudənt] *znw* knaagdier *o*
rodeo [rou'deiou] *znw* rodeo [bijeendrijven *o* van vee; vertoning van kunststukjes door cowboys, motorrijders &]
rodomontade [rɔdəmɔn'teid] **I** *znw* snoeverij, grootspraak; **II** *onoverg* snoeven, pochen
roe [rou] *znw* (*mv* idem *of* -s) **1** dierk ree; **2** dierk viskuit; *hard ~* kuit; *soft ~* hom
roebuck ['roubʌk] *znw* dierk reebok

roentgen ['rʌntgən] *znw* röntgen
rogation [rou'geiʃən] *znw* litanie voor de kruisdagen; ~ *days* de drie dagen vóór Hemelvaart; ~ *week* hemelvaartsweek
Roger ['rɔdʒə] **I** *znw*: *(the) Jolly* ~ de zwarte (zeerovers)vlag; **II** *tsw*: *r*~ O.K.!, ontvangen en begrepen!, roger!
rogue [roug] **I** *znw* schurk, schelm; snaak, guit; kwaadaardige, alleen rondzwervende olifant, buffel &; *~s' gallery* fototheek van delinquenten [voor politie]; **II** *bn* solitair, loslopend; van het goede pad geraakt, louche
roguery *znw* schurkenstreken, schelmerij, snakerij; guitigheid
roguish *bn* schurkachtig, schelmachtig; schelms, snaaks, guitig
roister ['rɔistə] *onoverg* lol trappen
roisterer *znw* lawaaischopper; fuifnummer *o*
rôle, role [roul] *znw* rol [v. toneelspeler]
role-play *znw* rollenspel *o*
roll [roul] **I** *znw* rol°, wals; (rond) broodje *o*; rollen *o*, gerol *o*; scheepv slingeren *o* [schip]; deining [zee]; luchtv rolvlucht; schommelende beweging; mil (trom)geroffel *o*; rol, lijst, register *o*; *be struck off the* ~ uit het ambt ontzet worden; ~ *of honour* mil lijst der gesneuvelden; **II** *overg* rollen (met), wentelen, op-, voortrollen; walsen, pletten; doen of laten rollen; mil roffelen op; **III** *onoverg & abs ww* rollen, zich rollen, zich wentelen; scheepv slingeren; schommelen; golven; rijden; mil roffelen [v. trom]; zich laten (op)rollen; ~ *and pitch* scheepv slingeren en stampen; ~ *along* voortrollen; gemeenz stug doorgaan; ~ *away* weg-, voortrollen; ~ *by* voortrollen, voorbijgaan [jaren]; ~ *down* afrollen; ~ *in* binnenrollen; [iem.] toevloeien; ~ *in money* in weelde baden; geld als water hebben; *two (three)... ~ed into one* in één gerold; in één persoon verenigd; ~ *on* voortrollen[2]; ~ *on (Christmas)!* was het maar al zo ver (Kerstmis)!; ~ *out* uit-, ontrollen; ~ *over* omrollen, omver tollen; ~ *sbd. over* iem. doen rollen, tegen de vlakte slaan; ~ *up* (zich) oprollen[2]; gemeenz (komen) opdagen; [een zaak] afwikkelen
roll-call *znw* appel *o*, afroepen *o* van de namen; *vote by* ~ hoofdelijk stemmen
roller ['roulə] *znw* rol, inktrol; krulspeld, kruller; wals; rolstok; rolletje *o*, zwachtel; lange golf
roller-bearing *znw* rollager *o*
roller-blind *znw* rolgordijn *o*
roller-coaster *znw* achtbaan, roetsjbaan
roller-skate I *znw* rolschaats, rollerskate; **II** *onoverg* rolschaatsen, rollerskaten
roller-towel *znw* rolhandoek
rollick ['rɔlik] *onoverg* lol trappen, fuiven, pret maken
rollicking *bn* erg vrolijk, uitgelaten, jolig; leuk, om te gieren, dolletjes
rolling ['rouliŋ] *bn* rollend &; ook: golvend [van terrein]; ~ *stone* fig rusteloos iem.
rolling-mill *znw* pletmolen, pletterij
rolling-pin *znw* deegroller, rol, rolstok
rolling-stock *znw* rollend materieel *o*
roll-neck sweater ['roulnek] coltrui
roll-on *znw* step-in; [deodorant &] roller
roll-top *znw*: ~ *desk* cilinderbureau *o*
roll-up ['roulʌp] *znw* gemeenz sjekkie *o*
roly-poly ['rouli'pouli] **I** *znw* opgerolde geleipudding; gemeenz dikkerdje *o*; **II** *bn* kort en dik
Roman ['roumən] **I** *bn* Romeins; rooms; **II** *znw* Romein; *r*~ romein, gewone drukletter
roman-à-clef [rouma:a:'klei] *znw* gemeenz sleutelroman
Roman Catholic ['roumən'kæθəlik] *znw* & *bn* rooms-katholiek
Romance [rou'mæns] *bn (znw)* Romaans (*o*)
romance [rou'mæns] **I** *znw* romance; riddergedicht *o*, verdicht verhaal *o*, (ridder)roman; romantiek; gefabel *o*, verdichtsel *o*, (puur) verzinsel *o*; **II** *onoverg* maar wat verzinnen, fantaseren; gemeenz het hof maken
romancer *znw* romancier, romandichter, -schrijver; fantast
Romanesque [roumə'nesk] *bn (znw)* Romaans(e stijl)
roman-fleuve [rouma:'flə:v] *znw* [Fr] romancyclus, saga
Romania [ru:'meinjə] *znw* Roemenië *o*
Romanian I *znw* Roemeen; Roemeens *o* [de taal]; **II** *bn* Roemeens
Romanic [rou'mænik] *bn* Romaans
romanize ['roumənaiz] *overg* romaniseren; verroomsen
romantic [rou'mæntik] **I** *bn* romantisch; **II** *znw* romanticus
romanticism *znw* romantiek
romanticist *znw* romanticus
romanticize *overg* romantiseren
Romany ['rɔməni] *znw* zigeunertaal; zigeuner
Rome [roum] *znw* Rome[2] *o*; *when in ~, do as the Romans do* schik u naar de gebruiken van het land, ± 's lands wijs, 's lands eer; ~ *was not built in a day* Keulen en Aken zijn niet op één dag gebouwd
Romish ['roumiʃ] *bn* geringsch rooms
romp [rɔmp] **I** *onoverg* stoeien, dartelen; ~ *home,* ~ *in* gemeenz met gemak winnen; ~ *through an exam* op zijn sloffen voor een examen slagen; **II** *znw* stoeier, wildebras, wildzang; stoeipartij
rompers *znw mv* speelpakje *o*
rondeau ['rɔndou], **rondel** ['rɔndl] *znw* rondo *o*
roneo ['rouniou] *overg* stencilen (met de *Roneo*)
rood [ru:d] *znw* roede: 1/4 acre (± 10 are); vero kruis *o*
roof [ru:f] **I** *znw* dak[2] *o*; gewelf *o*; *the ~ (of the mouth)* het verhemelte; *hit the* ~ uit zijn vel springen, ontploffen; *go through the* ~ de pan uit vliegen [prijzen &]; *raise the* ~ gemeenz tekeergaan; **II** *overg* van een dak of gewelf voorzien, onder dak

brengen (ook: ~ *in, over*); overwelven
roofer ['ru:fə] *znw* dakwerker
roof garden *znw* daktuin
roofing *znw* dakbedekking; dakwerk *o*; ~ *tile* dakpan
roofless *bn* zonder dak, dakloos
roof-rack *znw* imperiaal *o & v*
roof-top *znw* dak *o*; *shout sth. from the ~s* iets van de daken schreeuwen
roof-tree *znw* nokbalk [v. dak]
rook [ruk] **I** *znw* **1** dierk roek; gemeenz afzetter, valse speler; **2** toren [in schaakspel]; **II** *overg* gemeenz bedriegen [bij het spel], plukken, afzetten
rookery *znw* roekennesten, roekenkolonie; kolonie v. pinguïns of zeehonden; krottenbuurt
rookie ['ruki] *znw* Am gemeenz rekruut, nieuweling
room [ru:m, rum] **I** *znw* plaats, ruimte; kamer, zaal; fig grond, reden, gelegenheid, aanleiding; *ladies'/ men's ~* Am dames/herentoilet *o*; *give ~ to* plaats maken voor, aanleiding geven tot; *there is ~ for improvement* het kan nog wel verbeterd worden; *there is no ~ to swing a cat* je kan er je kont niet keren; *they like his ~ better than his company* ze zien hem liever gaan dan komen; **II** *onoverg* Am gemeenz een kamer (kamers) bewonen; **III** *overg*: *four ~ed flat* vierkamerflat
roomer *znw* Am kamerbewoner
rooming house *znw* Am appartementencomplex *o*
room-mate *znw* kamergenoot
room service *znw* roomservice, bediening op de kamer [in hotel]
roomy *bn* ruim (gebouwd); wijd
roost [ru:st] **I** *znw* rek *o*, roest, (roest)stok; slaapplaats; *rule the ~* de lakens uitdelen; *be (sit) at ~* op stok zijn; *have one's chickens come home to ~* zijn trekken thuis krijgen; *curses come home to ~* komen neer op het hoofd van hem die ze uitspreekt; *go to ~* op stok gaan², naar kooi gaan; **II** *onoverg* (op de roest) gaan zitten, rekken; neerstrijken; de nacht doorbrengen
rooster ['ru:stə] *znw* dierk haan
root [ru:t] **I** *znw* wortel°; ~ *and branch* met wortel en tak; radicaal; *take ~* wortel schieten; *at (the) ~* in de grond; *be (lie) at the ~ of* ten grondslag liggen aan; *get at (go to) the ~ of the matter* tot de grond (het wezen) van de zaak doordringen; *put down ~s* zich vestigen, zich thuis gaan voelen; **II** *bn* grond-, fundamenteel; **III** *onoverg* **1** inwortelen, wortel schieten, aanslaan; geworteld zijn (in *in*); **2** wroeten, woelen (ook: ~ *about, around*); scharrelen; ~ *for* toejuichen, aanmoedigen, steunen, werken voor, ophemelen; **IV** *overg* **1** wortel doen schieten; **2** tevoorschijn halen, opscharrelen; ~ *through* omwroeten, omwoelen; ~ *out* uitroeien; ~ *up* ontwortelen; zie ook: *rooted*
rootage *znw* wortelschieten *o*; wortelstelsel *o*
root-and-branch *bijw* radicaal
root beer *znw* bep. limonade op basis van plantenextracten
root crop *znw* wortelgewas *o*, hakvrucht
rooted *bn* diep geworteld; *stand ~ to the spot* als aan de grond genageld staan
rootle ['ru:tl] *overg* wroeten, woelen
rootless ['ru:tlis] *bn* wortelloos, zonder wortels, fig ontworteld
rootlet *znw* worteltje *o*
rope [roup] **I** *znw* reep, touw *o*, koord *o & v*, lasso, strop; draad *o & m*; rist [uien]; snoer *o* [parelen]; *be at the end of one's ~* aan 't einde van zijn Latijn zijn; *on the ~s* sp in de touwen [boksen]; fig uitgeteld; weerloos; *give sbd. plenty of ~* iem. alle (voldoende) vrijheid van handelen laten; *know the ~s* het klappen van de zweep kennen, van wanten weten; *show sbd. the ~s* iem. op de hoogte brengen, wegwijs maken; *it's money for old ~* gemeenz dat is gauw (snel, gemakkelijk) verdiend; **II** *overg* (vast-) binden; met een lasso vangen; ~ *in* afzetten [met een touw]; vangen [sollicitanten]; bijeenverzamelen [partijgenoten &]; ~ *in sbd. to help* iem. zover krijgen dat hij komt meehelpen [min of meer tegen zijn zin]; ~ *off* afzetten (met touwen)
rope-dancer *znw* koorddanser(es)
rope-end *znw* eindje *o* touw (als strafwerktuig)
rope-ladder *znw* touwladder
rope-maker *znw* touwslager
rope-walk *znw* lijnbaan
rope-walker *znw* koorddanser(es)
rop(e)y ['roupi] *bn* **1** draderig; **2** gemeenz slecht, beroerd; minderwaardig
rope-yarn ['roupja:n] *znw* kabelgaren *o*
rorqual ['rɔ:kwəl] *znw* vinvis
rosary ['rouzəri] *znw* rozenkrans; rosarium *o*, rozenperk *o*, -tuin
1 rose [rouz] V.T. van ¹*rise*
2 rose [rouz] **I** *znw* roos²; rozet; rozenkleur, roze *o*; sproeier, broes [v. gieter, douche]; *under the ~* sub rosa: in het geheim; *his life is no bed of ~s* zijn weg gaat niet over rozen; *no ~ without a thorn* geen rozen zonder doornen; **II** *bn* roze
rosé ['rouzei, rou'zei] *znw* rosé
roseate ['rouziət] *bn* rozig, rooskleurig
rose-bud *znw* rozenknop
rose-coloured *bn* rooskleurig²; *see life through ~ spectacles* het leven door een roze bril bekijken
rose-hip *znw* rozenbottel
rosemary ['rouzməri] *znw* rozemarijn
roseola [rou'zi:ələ] *znw* uitslag bij mazelen &
rose-pink ['rouz'piŋk] *bn* roze
rose-tinted *bn* = *rose-coloured*
rosette [rou'zet] *znw* rozet
rose-window ['rouzwindou] *znw* roosvenster *o*
rosewood ['rouzwud] *znw* rozenhout *o*, palissander *o*
Rosicrucian [rouzi'kru:ʃjən] *znw* rozenkruiser
rosin ['rɔzin] **I** *znw* (viool)hars *o & m*; **II** *overg* met hars bestrijken

Rosinante [rɔzi'nænti] *znw* [Spaans] rossinant, knol
roster ['roustə, 'rɔstə] *znw* rooster *v & o*, lijst
rostrum ['rɔstrəm] *znw* (*mv*: -s *of* rostra [-trə]) spreekgestoelte *o*, tribune, podium *o*
rosy ['rouzi] *bn* rooskleurig; blozend; optimistisch; rozen-
rot [rɔt] **I** *znw* verrotting, rotheid; bederf *o*; rot *o*; vuur *o* [in het hout]; schapenleverziekte; gemeenz onzin, flauwekul, klets; *the ~ set in* dat was het begin van het einde; toen ging (echt) alles mis; *stop the ~* de zaak (situatie) redden; **II** *onoverg* (ver-)rotten; *~ away* wegrotten; **III** *overg* doen rotten
rota ['routə] *znw* rooster, (naam)lijst
Rotarian [rou'tɛəriən] *znw* lid v.e. *Rotary Club*
rotary ['routəri] *bn* rondgaand, draaiend, draai-, rotatie-; *R~ (Club)* genootschap *o* voor internationaal dienstbetoon
rotate [rou'teit] **I** *onoverg* draaien; rouleren; **II** *overg* doen draaien; laten rouleren; afwisselen
rotation *znw* draaiing, (om)wenteling; afwisseling; vruchtwisseling, wisselbouw (*~ of crops*); *by (in) ~* bij toerbeurt
rotatory ['routətəri] *bn* (rond)draaiend, draai-, rotatie-
rote [rout] *znw*: *by ~* van buiten; machinaal
rot-gut ['rɔtgʌt] *znw* bocht *o*, slechte jenever &
rotogravure ['routəgrəvjuə] *znw* koperdiepdruk
rotor ['routə] *znw* techn rotor
rotten ['rɔtn] *bn* verrot, rot, bedorven; gemeenz beroerd, akelig, snert-
rotter ['rɔtə] *znw* slang kerel van niks, snertvent
rotund [rou'tʌnd] *bn* rond; mollig, welgedaan, gezet; sonoor, vol [stem]
rotunda [rou'tʌndə] *znw* rotonde
rotundity [rou'tʌnditi] *znw* rondheid; welgedaanheid, molligheid; volheid [v. stem]
rouble ['ru:bl] *znw* roebel
roué ['ru:ei] *znw* losbol
rouge [ru:ʒ] **I** *znw* rouge [cosmetiek]; **II** *overg* met rouge opmaken
rough [rʌf] **I** *bn* ruw², grof², bars, streng, hard(handig), moeilijk; ruig; oneffen; ongeslepen; ongepeld [v. rijst]; onstuimig; onguur [zootje, element]; *a ~ copy* een klad(je) *o*; *a ~ diamond* gemeenz ruwe bolster (blanke pit); *a ~ draft* een ruwe schets, een klad *o*, een concept *o*; *at a ~ estimate* ruw (globaal) geschat; *a ~ house* een algemene vechtpartij; *be ~ on...* moeilijk (vervelend, jammer) zijn voor...; *cut up ~* opspelen, nijdig worden; *sleep ~* op straat slapen, ± zwerver (dakloos) zijn; **II** *znw* ruwe kant; oneffen terrein *o*; onguur element *o*, ruwe kerel; ijsnagel; *in ~* in het klad; *in the ~* in het ruwe; zoals wij zijn; globaal (genomen); *through ~ and smooth* in voor- en tegenspoed; *take the ~ with the smooth* tegenslagen voor lief nemen; **III** *overg*: *~ it* zich er doorheen slaan, zich allerlei ongemakken getroosten; het hard (te verduren) hebben; *~ out* in ruwe lijnen ontwerpen; *~ it out* scheepv het uithouden [in een storm]; *~ up* in de war maken; slang afranselen, afrossen
rough-and-ready *bn* ruw, onafgewerkt, primitief maar bruikbaar, geïmproviseerd
rough-and-tumble **I** *bn* onordelijk, ongeregeld; **II** *znw* kloppartij; fig veelbewogen (harde) tijd
roughcast **I** *znw* ruwe schets; eerste ontwerp *o*; beraping, ruwe pleisterkalk; **II** *bn* ruw; **III** *overg* ruw schetsen, in ruwe trekken aangeven; berapen
roughen *overg (& onoverg)* ruw maken (worden)
rough-hewn *bn* ruw behouwen of bekapt; fig grof, ruw
roughly *bijw* ruw &, zie *rough I*; ook: in het ruwe, ruwweg, globaal, zowat, ongeveer
roughneck *znw* Am slang schoft, vlegel; (een) keiharde jongen
rough-rider *znw* pikeur; hist ruiter van de ongeregelde cavalerie
roughshod *bijw*: *ride ~ over* honds behandelen, ringeloren; zich niet storen aan
rough-spoken *bn* ruw in de mond
rough-up *znw* slang flinke vechtpartij
roulade [ru:'la:d] *znw* roulade
rouleau [ru:'lou] *znw* rolletje *o* [muntjes]
roulette [ru:'let] *znw* roulette; raadje *o*, wieltje *o*; *Russian ~* (op zichzelf) schieten met een revolver waarin maar één kogel zit; *Vatican ~* gemeenz periodieke onthouding
Roumanian [ru:'meinjən] *znw* & *bn* Roemeen(s)
round [raund] **I** *bn* rond; stevig, flink [vaartje &]; *~ trip* rondreis; reis heen en terug, retour *o*; **II** *bijw* rond; in de rondte; rondom; in de omtrek; *all ~* overal, in alle richtingen, naar alle kanten; fig in het algemeen, in alle opzichten; (genoeg) voor allen; *all ~, ~ and ~* om en om; *the car will be ~* vóór zijn (komen); *get ~* overhalen; ontwijken [moeilijkheden]; *all the year ~* het hele jaar door; *a long way ~* een heel eind om; *~ about* om... heen, in het rond, rondom; langs een omweg; om en nabij [de vijftig &]; **III** *voorz* rondom, om, om... heen, rond; *~ the bend* slang gek; *~ the clock* dag en nacht; **IV** *znw* kring, bol; ommegang; routine, sleur; rondreis, rond(t)e; toer [bij breien]; rondje *o*; sport; muz canon; rondedans; reeks [misdaden]; snee [brood]; mil salvo *o*; *100 ~s of ammunition* mil 100 (stuks) patronen; *~ of applause* applaus *o*; *~ of beef* runderschijf; *do the ~s* de ronde doen [v. gerucht]; *go (make) one's ~s* mil de ronde doen; *in the ~* vrijstaand [v. beeldhouwwerk]; *a job on the bread ~* een baantje *o* als broodbezorger; **V** *overg* rond maken, (af)ronden, omringen; omgaan, omkomen [een hoek]; scheepv omzeilen; *~ off* (af)ronden; voltooien, afmaken; *~ up* bijeendrijven; omsingelen; oppakken; afronden; **VI** *onoverg*: *~ on* zich keren tegen; verraden, verklikken
roundabout **I** *bn* omlopend, een omweg makend; om de zaak heen draaiend; wijdlopig; rond; *a ~*

way een omweg; **II** *znw* draaimolen; verkeersplein *o*, rotonde

rounded *bn* (af)gerond², rond

roundel ['raundl] *znw* medaillon *o*, schildje *o*; muz rondo *o*; rondedans

roundelay ['raundilei] *znw* rondo *o*; rondedans

rounders ['raundəz] *znw mv* sp slagbal

round game ['raundgeim] *znw* ± gezelschapsspel *o*

round hand *znw* rondschrift *o*

round-house *znw* hist gevangenis; scheepv galjoen *o* [v. schip]

roundish *bn* rondachtig

roundly *bijw* rond, ongeveer; ronduit; botweg, vierkant, onbewimpeld; flink

round robin *znw* petitie waarbij de ondertekenaars in een cirkel tekenen; sp wedstrijd waarbij ieder tegen iedere andere deelnemer uitkomt

round-shouldered *bn* met gebogen rug, krom

roundsman *znw* bezorger

round-the-clock *bn* onafgebroken (gedurende een etmaal), 24-uur-[dienst &]

round-up *znw* overzicht *o*; bijeendrijven *o*; omsingeling; klopjacht, razzia

rouse [rauz] **I** *overg* (op)wekken², doen ontwaken, wakker schudden, opporren, aanporren (ook: ~ *up*); opjagen; prikkelen; **II** *wederk*: ~ *oneself* wakker worden²; zich vermannen; **III** *onoverg* ontwaken, wakker worden²

rouser *znw* slang iets opzienbarends, sensatie; grove leugen

rousing *bn* (op)wekkend &; bezielend; geestdriftig; gemeenz kolossaal

roust ['raust] *overg* opwekken; verjagen, verdrijven

roustabout ['raustəbaut] *znw* Am havenarbeider

rout [raut] **I** *znw* zware nederlaag, algemene vlucht; troep, wanordelijke bende; lawaai *o*; vero avondpartij; *put to* ~ een zware nederlaag toebrengen, op de vlucht drijven; **II** *overg* een zware nederlaag toebrengen, op de vlucht drijven; ~ *out* tevoorschijn halen, opscharrelen

route [ru:t, mil raut] **I** *znw* route, weg, parcours *o*; mil marsorder; *en* ~ *for (to)* op weg naar; **II** *overg* leiden, zenden

route-march ['rautma:tʃ] *znw* mil afstandsmars

routine [ru:'ti:n] **I** *znw* routine, (gebruikelijke) procedure, sleur; theat nummer *o*; fig gemeenz afgezaagd verhaal *o*, oude (bekende) liedje *o*; **II** *bn* routine, dagelijks, gewoon, normaal

rove [rouv] **I** *onoverg* (om)zwerven; dwalen [v. ogen &]; **II** *overg* af-, doorzwerven

rover ['rouvə] *znw* zwerver, wispelturig iem.

roving **I** *bn* zwervend; dwalend; ~ *shot* schot *o* in het wild; **II** *znw* zwerven *o*, zwerftocht

1 row [rou] *znw* rij, reeks, huizenrij; straat; *a hard* ~ *to hoe* een zwaar karwei *o*, een moeilijke taak; *in a* ~ op een rij; *in* ~*s* op (in, aan) rijen

2 row [rou] **I** *onoverg* roeien; **II** *overg* roeien; roeien tegen; **III** *znw* roeien *o*; roeitochtje *o*; *go for a* ~ gaan roeien

3 row [rau] **I** *znw* gemeenz kabaal *o*, herrie, ruzie, standje *o*, rel; *get into a* ~ herrie krijgen; *kick up a* ~ herrie maken; **II** *overg* een standje maken; **III** *onoverg* herrie maken, een rel schoppen; ruzie maken

rowan ['rauən] *znw* lijsterbes

row-boat ['roubout] *znw* roeiboot

rowdy ['raudi] **I** *znw* ruwe kerel, rouwdouw(er), herrieschopper; ± (voetbal)vandaal, hooligan; **II** *bn* lawaaierig, rumoerig

rowdyism *znw* herrie schoppen *o*, baldadigheid; (voetbal)vandalisme *o*

rowel ['rauəl] *znw* spoorradertje *o*, raadje *o*

rower ['rouə] *znw* roeier

1 rowing *znw* & *bn* roeien *o*; roei-

2 rowing ['rauiŋ] *znw* herrieschoppen *o*; herrie; schrobbering

rowlock ['rɔlək] *znw* roeiklamp, dolklamp, dol

royal ['rɔi(ə)l] **I** *bn* koninklijk², vorstelijk², konings-; ~ *blue* koningsblauw, diepblauw; prachtig; *there is no* ~ *road to learning* geleerdheid komt iemand niet aanwaaien; **II** *znw* gemeenz lid *o* v.d. koninklijke familie

royalist *znw* & *bn* koningsgezind(e), royalist(isch)

royally *bijw* koninklijk, vorstelijk

royalty *znw* **1** koningschap *o*; koninklijk karakter *o*; (lid *o* of leden van) de koninklijke familie; **2** royalty: aandeel in de opbrengst

rozzer ['rɔzə] *znw* slang smeris

r.p.m. *afk.* = *revolutions per minute* omwentelingen per minuut

RSVP *afk.* = *répondez s'il vous plaît* r.s.v.p., antwoord alstublieft

rub [rʌb] **I** *overg* wrijven, inwrijven, afwrijven; boenen, poetsen; masseren; schuren (over); ~ *elbows with* omgaan met; ~ *one's eyes* zich de ogen uitwrijven²; ~ *one's hands* zich (in) de handen wrijven (van voldoening); ~ *noses* de neusgroet brengen; ~ *shoulders with* in aanraking komen met, omgaan met; ~ *sbd. the wrong way* zie ~ *up*; **II** *onoverg* (zich) wrijven, schuren; ~ *along* gemeenz voortsukkelen, verder scharrelen; ~ *along (together)* gemeenz het kunnen vinden, opschieten (met elkaar); ~ *away* af-, wegwrijven, doen uitslijten; fig slijten; ~ *down* afwrijven°, boenen; roskammen; ~ *in* inwrijven; ~ *it in* eens iets goed zeggen of laten voelen, onder de neus wrijven, er telkens weer op terugkomen; ~ *off* afwrijven; er afgaan; *it will* ~ *off* het zal wel slijten; ~ *off on* fig overgaan op; ~ *out* uitwissen, uitvegen; er afgaan; slang uit de weg ruimen, doden; ~ *through (the world)* zich erdoorheen slaan, door het leven scharrelen; ~ *up* opwrijven; opfrissen; weer ophalen; ~ *sbd. up the wrong way* iem. verkeerd aanpakken, irriteren; **III** *znw* wrijven *o*, wrijving; massage; moeilijkheid; *there's the* ~ daar zit hem de moeilijkheid

rub-a-dub ['rʌbə'dʌb] *znw* gerombom *o* [v. trom], gerommel *o*

rubber ['rʌbə] *znw* wrijver, poetser; wrijflap; masseur; rubber; vlakgom *m & o*; gemeenz kapotje *o*; *~s* ook: overschoenen
rubber band *znw* elastiekje *o*
rubberneck I *znw* Am slang kijklustig (nieuwsgierig) iem., gaper, vooral toerist; **II** *onoverg* zich vergapen, nieuwsgierig rondgluren
rubber plant *znw* rubberplant, ficus [*Ficus elastica*]
rubber stamp *znw* stempel
rubber-stamp *overg* automatisch/zonder nadenken goedkeuren
rubbery *bn* rubberachtig
rubbish ['rʌbiʃ] **I** *znw* puin *o*; uitschot *o*, afval *o & m*; bocht *o & m*, rotzooi, prullen, rommel; *~!* gemeenz klets! onzin!; **II** *overg* gemeenz afbreken, afkammen, kwaadspreken van, afkraken
rubbishy *bn* snert-, prullig; gemeenz belachelijk, onzinnig
rubble ['rʌbl] *znw* puin *o*; steenslag *o*; breuksteen, natuursteen *o & m*
rub-down ['rʌbdaun] *znw* massage
rube [ru:b] *znw* Am slang boerenpummel
rubella [ru(:)'belə] *znw* med rodehond
Rubicon ['ru:bikən, -kɔn] *znw* Rubicon; *cross the ~* de beslissende stap doen
rubicund ['ru:bikənd] *bn* rood, blozend
rubric ['ru:brik] *znw* rubriek; titel; rubriek [liturgisch voorschrift]
ruby ['ru:bi] **I** *znw* robijn *o* [stofnaam], robijn *m* [voorwerpsnaam]; **II** *bn* robijnen; robijnrood
ruche [ru:ʃ] *znw* ruche
1 ruck [rʌk] *znw* grote hoop, troep, massa
2 ruck [rʌk] **I** *znw* kreukel, plooi; **II** *overg & onoverg* kreukelen, plooien (ook: *~ up*)
rucksack ['rʌksæk] *znw* rugzak
ructions ['rʌkʃnz] *znw mv* gemeenz heibel, herrie, ruzie
rudder ['rʌdə] *znw* scheepv roerblad *o*; roer *o*
rudderless *bn* stuurloos[2]
ruddle ['rʌdl] *znw* roodaarde, roodsel *o*
ruddy ['rʌdi] *bn* (fris) rood, blozend; gemeenz verdomd [vervelend &]
rude [ru:d] *bn* ruw, grof, ruig; hard, streng; onbeschaafd, onbeleefd, onheus; lomp, primitief; *be in ~ health* in blakende welstand zijn; *~ things* onbeleefdheden, grofheden
rudiment ['ru:dimənt] *znw* rudiment *o*; *~s* eerste beginselen
rudimentary [ru:di'mentəri] *bn* elementair, aanvangs-; rudimentair
rue [ru:] *overg* betreuren, berouw hebben over; *you shall ~ the day* het zal je berouwen
rueful *bn* spijtig, berouwvol, teleurgesteld
ruff [rʌf] **I** *znw* **1** (geplooide) kraag; **2** dierk kemphaan; **3** (af)troeven *o*; **II** *overg & onoverg* (af)troeven
ruffian ['rʌfjən] *znw* bandiet, schurk; woesteling
ruffianly *bn* schurkachtig; woest
ruffle ['rʌfl] **I** *overg* frommelen, plooien, rimpelen, in (door) de war maken; verstoord maken, verstoren; *it ~d his temper (feathers)* het bracht hem uit zijn humeur; *~ (up)* opzetten [veren]; **II** *onoverg* rimpelen; **III** *znw* rimpeling; (geplooide) kraag of boord *o & m*
rug [rʌg] *znw* reisdeken, plaid; (haard)kleedje *o*
rugby (football) ['rʌgbi] *znw* rugby *o*
rugged ['rʌgid] *bn* ruig, ruw; oneffen, hobbelig; doorgroefd; grof; onbehouwen; hard; gemeenz sterk, krachtig, stoer, robuust
rugger ['rʌgə] *znw* sp gemeenz rugby *o*
ruin ['ruin] **I** *znw* ondergang, verderf *o*, vernietiging; ruïne[2]; puinhoop, puin *o* (ook: *~s*); *bring to ~, bring ~ on* te gronde richten, ruïneren; *be (lie) in ~s* in puin liggen; fig ingestort zijn; *run to ~* in verval geraken; **II** *overg* verwoesten, vernielen; ruïneren, bederven, in het verderf storten, te gronde richten; fig verleiden, onteren
ruination [rui'neiʃən] *znw* ondergang, verderf *o*
ruinous ['ruinəs] *bn* verderfelijk, ruïneus
rule [ru:l] **I** *znw* regel°; levensregel, (vaste) gewoonte; voorschrift *o*; norm; liniaal, duimstok; maatstaf; streep, streepje *o*; bewind *o*, regering, bestuur *o*, heerschappij; recht beslissing; *~s* ook: reglement *o*; *~ of action* gedragslijn; *the ~ of law* het recht; *~ of thumb* vuistregel, natte-vingerwerk *o*; *bend (stretch) the ~s* iets door de vingers zien; de regels vrij interpreteren; *make it a ~* zich tot regel stellen; *as a ~* in de regel, doorgaans, gewoonlijk, meestal; *work to ~* model werken, een modelactie (stiptheidsactie) voeren; **II** *overg* liniëren, trekken [lijnen]; regeren, heersen over; besturen, het bewind voeren over; beheersen [prijzen]; beslissen (dat *that*); *be ~d by* ook: zich laten leiden door; *~ off* afscheiden door een lijn; *~ out* uitsluiten; uitschakelen; zie ook: *court*; **III** *onoverg* heersen, regeren (over *over*)
ruler *znw* bestuurder, regeerder, heerser; liniaal
ruling I *bn* (over)heersend; *~ prices* handel marktprijzen; **II** *znw* liniëring; beslissing
1 rum [rʌm] *znw* rum
2 rum [rʌm] *bn* gemeenz vreemd, raar; *a ~ customer* een rare vogel
Rumanian *znw & bn* Roemeen(s) (*o*)
rumble ['rʌmbl] **I** *onoverg* rommelen; dreunen; denderen; **II** *overg* slang doorzien, begrijpen; **III** *znw* gerommel *o*; gedreun *o*; gedender *o*; kattenbak [v. rijtuig]; slang gevecht *o* tussen jeugdbenden
rumbustious [rʌm'bʌstiəs] *bn* lawaai(er)ig
ruminant ['ru:minənt] *bn (znw)* herkauwend (dier *o*)
ruminate I *overg* herkauwen; be-, overpeinzen; **II** *onoverg* herkauwen; peinzen, nadenken; *~ over* be-, overpeinzen; *~ upon (on, of, about)* broeden op, denken over
rumination [ru:mi'neiʃən] *znw* herkauwing; fig overdenking, gepeins *o*
ruminative ['ru:minətiv] *bn* nadenkend, peinzend

rummage ['rʌmidʒ] **I** *onoverg* rommelen, woelen, snuffelen (in *among*); rommel maken; ~ *for* opscharrelen; **II** *znw* rommel; gesnuffel *o*, doorzoeking

rummage-sale *znw* gemeenz uitverkoop tegen afbraakprijzen; = *jumble-sale*

rummer ['rʌmə] *znw* roemer

rummy ['rʌmi] *znw* kaartsp rummy *o*

rumour ['ru:mə] **I** *znw* gerucht *o*; **II** *overg* (bij gerucht) verspreiden; uitstrooien; *it is ~ed that...* er gaat een gerucht dat...

rump [rʌmp] *znw* stuitbeen *o*, stuit, stuitstuk *o*; achterste *o*, achterstuk *o*; overschot *o*; *the R~* het Rompparlement *o* [1648-53 & 1659]

rumple ['rʌmpl] *overg* verkreuk(el)en, kreuken, vouwen, in de war maken, verfrommelen

rumpsteak ['rʌmpsteik] *znw* biefstuk

rumpus ['rʌmpəs] *znw* gemeenz herrie, heibel, keet

rumrunner ['rʌmrʌnə] *znw* dranksmokkelaar; schip *o* waarmee drank gesmokkeld wordt

1 run [rʌn] (ran; run) **I** *onoverg* lopen°, (hard)lopen, rennen, hollen, snellen, gaan, rijden; in actie zijn, aan 't werk zijn, werken, bewegen; in omloop zijn, geldig zijn; gaan lopen, deserteren; deelnemen aan de (wed)strijd, kandidaat zijn; in elkaar lopen [kleuren]; aflopen [kaars]; lekken, vloeien, stromen, smelten; ladderen [kous]; etteren, pussen; luiden [v. tekst]; ~ *cold* koud worden; *my blood ran cold* het bloed stolde mij in de aderen; ~ *dry* ophouden te vloeien[2]; ~ *high* hoog lopen (gaan), hoog zijn (staan); hooggespannen zijn [verwachtingen]; ~ *late* vertraging hebben; ~ *small* klein uitvallen, klein van stuk zijn; *he who ~s may read* het is zo klaar als de dag; **II** *overg* laten lopen [treinen &]; laten draven [paard]; laten deelnemen [aan (wed)strijd], stellen [een kandidaat]; racen met; laten gaan [zijn vingers, over of door], strijken met; steken, halen, rijgen [draad, degen]; drijven, besturen, leiden, exploiteren, runnen [zaak, machine &]; houden [wedren, een auto], geven [cursus, voorstelling]; vervolgen, achtervolgen, nazetten [vos &]; verbreken [blokkade]; smokkelen [geweren &]; stromen van [bloed]; ~ *the show* gemeenz de lakens uitdelen, de dienst uitmaken; ~ *sbd. close (hard)*, ~ *sbd. a close second* iem. dicht op de hielen zitten; ± een goede tweede zijn; ~ *about* rondlopen; ~ *across* toevallig ontmoeten, tegen het lijf lopen, aantreffen; ~ *after* nalopen[2]; ~ *against...* tegen... aan lopen (met) [het hoofd], tegen het lijf lopen; ~ *aground (ashore)* scheepv aan de grond raken; op het strand zetten; ~ *along* weggaan; ~ *at* aan-, losstormen op; ~ *away* weglopen, er vandoor gaan (met *with*), deserteren; op hol slaan; *don't ~ away with that opinion (idea)* verbeeld je dat maar niet (te gauw); ~ *before* vooruitlopen, vóór zijn; ~ *down* aflopen [v. uurwerk]; uitgeput raken; verlopen; omverlopen, overrijden; scheepv overzeilen; opsporen; uitputten [onderwerp]; sp doodlopen; doodjagen; fig afbreken, afgeven op; verminderen; *feel ~ down* zich op, leeg voelen; ~ *down the coast* varen langs; ~ *for it* gemeenz het op een lopen zetten; ~ *from* ontlopen, weglopen van; ~ *in* inlopen [motor]; inrijden [auto]; slang inrekenen; ~ *in the blood (family)* in het bloed (de familie) zitten; ~ *in to sbd.* even aanlopen bij iem.; ~ *into* binnenlopen; aanlopen tegen, aanrijden (tegen), aanvaren; (toevallig) ontmoeten, tegen het lijf lopen; ~ *into debt* schulden maken; ~ *into five editions* vijf oplagen beleven; *it ~s into six figures* het loopt in de honderdduizenden; *it ~s into a large sum* het loopt in de papieren; ~ *off* (laten) weglopen; afdwalen; aframmelen, afratelen; op papier gooien; afdrukken, afdraaien [met stencilmachine]; *be ~ off one's feet* het verschrikkelijk druk hebben; ~ *off with* er vandoor gaan met; ~ *on* doorlopen, -varen; voorbijgaan; oplopen [rekeningen]; (door-) ratelen, doorslaan; ~ *out* ten einde lopen, aflopen [termijn]; opraken [voorraad]; lekken; afrollen [touw]; uitsteken, uitbrengen; ~ *out of provisions* door zijn voorraad heen raken; ~ *out on* slang in de steek laten; ~ *oneself out* zich buiten adem lopen; ~ *over* overlopen; overvloeien (van *with*); (in gedachten) nagaan, doorlópen; overrijden; ~ *over to...* even naar... overwippen; [iem.] even naar... rijden; ~ *through* lopen door [v. weg]; doorlopen [brief &]; ~ *through (a fortune)* erdoor jagen; ~ *one's pen through...* de pen halen door; ~ *sbd. through the body* iem. doorsteken; ~ *to earth* in zijn hol jagen [vos]; schertsend te pakken krijgen, vinden [iem.]; *it will ~ to eight pages* het zal wel acht bladzijden beslaan (bedragen); *the money won't ~ to it* zo ver reikt mijn geld niet; *it won't ~ to that* zo hoog (duur) komt dat niet; ~ *up* oplopen°; opschieten; krimpen; laten oplopen; optellen; in elkaar zetten; hijsen [vlag]; opjagen [de inzet op auctie]; optrekken [muur]; opstellen [geschut]; techn op toeren (laten) komen; ~ *up bills* rekeningen op laten lopen; ~ *up against* komen te staan voor [hindernis, moeilijkheid]; tegen het lijf lopen; ~ *upon* zie ~ *on*; ~ *with* druipen van [bloed &]

2 run [rʌn] *znw* loop, aanloop; verloop *o* [v. markt]; plotselinge vraag (naar *on*); run: bestorming [v. bank]; ladder [in kous]; run [bij cricket]; toeloop; ren, wedloop; muz loopje *o*; vrije toegang (tot *of*), vrije beschikking (over *of*); vaart [bij het zeilen]; uitstapje *o*, reis, rit; traject *o*; periode, reeks, serie; slag *o*, soort, type *o*; kudde [vee], troep, school [vissen]; kippenren; weide [v. schapen &]; goot; luchtgang [in mijn]; *the play had a ~ of 300 nights* werd 300 keer achter elkaar opgevoerd; *a ~ of ill luck* voortdurende pech; *a ~ of luck* voortdurend geluk *o*; *have the ~ of the library* vrije toegang hebben tot de bibliotheek; *have (get) a good ~ for one's money* waar voor zijn geld krijgen; *at a ~* op een loopje; *in the long ~* op den duur; *in the short ~* op korte termijn; *on the ~* op de vlucht; in de weer, bezig; *out* *of the common* ~ niet gewoon; *throughout the* ~ *of the fair* zo lang de kermis duurt; *with a* ~ met een vaartje

run-about *znw* gemeenz wagentje *o*; bootje *o*

runaway I *znw* vluchteling; deserteur, gedroste; (van huis) weggelopen kind *o*; **II** *bn* weggelopen, op hol (geslagen); *a* ~ *match (marriage)* een huwelijk *o* na schaking; *a* ~ *victory (win)* een glansrijke overwinning

1 run-down *bn* afgelopen [van uurwerk]; vervallen, verlopen [zaak]; op [v. vermoeidheid]

2 run-down *znw* vermindering; overzicht *o*

rune [ru:n] *znw* rune

1 rung [rʌŋ] *znw* sport [v. ladder of stoel]

2 rung [rʌŋ] V.D. van *²ring*

runic ['ru:nik] *bn* runen-

run-in ['rʌnin] *znw* gemeenz aanloop; vechtpartij, schermutseling, ruzie

runlet ['rʌnlit] *znw* vero vaatje *o*

runnel ['rʌnl] *znw* beekje *o*; goot

runner ['rʌnə] *znw* loper²; hardloper, renpaard *o*; schaatsijzer; plantk uitloper; klimboon; scheepv blokkadebreker *(blockade-~)*; [in samenstelling] smokkelaar; schuifring

runner-bean *znw* klimboon

runner-up *znw* mededinger die in wedstrijd als tweede aankomt, nummer twee; opjager [bij verkopingen]

running I *bn* lopend°, doorlopend, achtereenvolgend; strekkend [bij meting]; med etterend; race-; *four times* ~ viermaal achtereen; ~ *account* rekening-courant [tussen banken]; ~ *board* treeplank; ~ *commentary* lopend commentaar *o*, direct verslag *o*, [radio]reportage; ~ *costs* bedrijfskosten, exploitatiekosten; ~ *fire* mil onafgebroken vuur *o*; ~ *jump* sprong met aanloop; ~ *knot* schuifknoop; ~ *mate* pol tweede man [bij verkiezingen]; ~ *speed* omloopsnelheid; rijsnelheid; ~ *start* sp vliegende start; ~ *title* kopregel; ~ *track* baan voor hardlopen; **II** *znw* lopen *o*, loop, ren; smokkelen *o*; *he is not in the* ~ *at all, he is fairly out of the* ~ hij komt helemaal niet in aanmerking, heeft helemaal geen kans; *make the* ~ het tempo aangeven

runny ['rʌni] *bn* vloeibaar, zacht; tranend [ogen]; ~ *nose* loopneus

run-off ['rʌnɔf] *znw* sp beslissende race/wedstrijd [na gelijke stand]

run-of-the-mill *bn* gewoon, doorsnee

runt [rʌnt] *znw* klein rund *o*; onderdeurtje *o*, onderkruipsel *o*

run-through ['rʌnθru:] *znw* repetitie

run-up ['rʌnʌp] *znw* voorbereiding(stijd), aanloop

runway ['rʌnwei] *znw* loop; pad *o*; sponning; start- of landingsbaan

rupee [ru:'pi:] *znw* roepie [munteenheid]

rupture ['rʌptʃə] **I** *znw* breuk²; verbreken *o*; scheuring; **II** *overg* verbreken, breken, scheuren, doen springen [aderen &]; *be ~d* med een breuk hebben (krijgen); **III** *onoverg* breken, springen [aderen &]

rural ['ruərəl] *bn* landelijk; plattelands-

ruse [ru:z] *znw* krijgslist, list, kunstgreep

1 rush [rʌʃ] *znw* plantk bies

2 rush [rʌʃ] **I** *onoverg* (voort)snellen, ijlen, stuiven, schieten, rennen, stormen, jagen; zich storten; stromen; ruisen; **II** *overg* aan-, losstormen op, bestormen², stormlopen op; overrompelen²; (voort-) jagen; in aller ijl zenden; haast maken met; *be ~ed off one's feet* het vreselijk druk hebben, tot over z'n oren in het werk zitten; *refuse to be ~ed* zich niet laten opjagen; *be ~ed for time* in tijdnood zitten; ~ *matters* overijld te werk gaan; ~ *at* afschieten op, losstormen op, bestormen, losgaan op; ~ *down* afstormen, zich naar beneden storten; ~ *in* naar binnen stormen; ~ *into extremes* van het ene uiterste in het andere vervallen; ~ *into print* er op los schrijven (in de krant); ~ *into a scheme* zich hals over kop begeven in; ~ *on* voortsnellen &; ~ *on one's fate* zijn noodlot tegemoet snellen; ~ *out* naar buiten snellen; ~ *out a book* & een boek & snel op de markt brengen; ~ *past* voorbijsnellen, -rennen, -jagen; ~ *through* erdoor jagen [wetsontwerp]; ~ *to conclusions* voorbarige gevolgtrekkingen maken; ~ *upon* losstormen op; **III** *znw* vaart, haast; bestorming², stormloop (op *on*); ren, geren *o*; grote drukte; stroom [v. emigranten &], hoop [mensen]; geraas *o*, geruis *o*; aandrang; slang flash [na gebruik v. drugs &]; *~es* dagproductie [v. film]; *make a* ~ *for* losstormen op; stormlopen om; *with a* ~ stormenderhand; **IV** *bn* haast-, dringend, spoed-; *the* ~ *hour* spitsuur *o*; ~ *job* spoedkarwei *o*; ~ *order* spoedbestelling

rusher *znw* bestormer; gemeenz aanpakker

rush-hour ['rʌʃauə] *znw* ~ *traffic* spitsverkeer *o*

rushlight ['rʌʃlait] *znw* nachtpitje *o*

rushy ['rʌʃi] *bn* vol biezen; biezen-

rusk [rʌsk] *znw* beschuit, beschuitje *o*

russet ['rʌsit] **I** *znw* roodbruin *o*; soort guldeling [appel]; **II** *bn* roodbruin

Russia ['rʌʃə] *znw* Rusland *o*

Russian I *znw* Rus; Russisch *o*; **II** *bn* Russisch; ~ *salad* huzarensla

russianize *overg* Russisch maken

russification [rʌsifi'keiʃən] *znw* russificatie

russify ['rʌsifai] *overg* & *onoverg* russificeren

rust [rʌst] **I** *znw* roest°; **II** *onoverg* (ver)roesten; fig achteruitgaan (door nietsdoen); **III** *overg* doen (ver)roesten

rustic ['rʌstik] **I** *bn* landelijk, boers; boeren-, land-; rustiek [v. bruggen &]; **II** *znw* landman, boer²

rusticate I *onoverg* buiten (gaan) wonen; **II** *overg* onderw tijdelijk verwijderen [v.d. universiteit]

rusticity [rʌs'tisiti] *znw* landelijk karakter *o*, landelijkheid, landelijke eenvoud; boersheid

rustle ['rʌsl] **I** *onoverg* ritselen, ruisen; **II** *overg* doen ritselen, ritselen met; Am slang stelen [vooral vee]; ~ *up* gemeenz snel verzorgen, opscharrelen; **III**

znw geritsel *o*, geruis *o*
rustproof *bn* roestvrij
rusty *bn* roestig, roestkleurig; verschoten; *my French is a little* ~ mijn Frans moet opgehaald worden
1 rut [rʌt] **I** *znw* wagenspoor *o*, spoor *o*, groef; fig sleur; **II** *overg* sporen maken in
2 rut [rʌt] **I** *znw* bronst(tijd); **II** *onoverg* bronstig zijn
ruth [ru:θ] *znw* vero mededogen *o*
ruthless *bn* meedogenloos, genadeloos, onbarmhartig, onmeedogend
rutting ['rʌtiŋ] *znw* bronst; ~ *season* bronsttijd
ruttish *bn* bronstig
rutty ['rʌti] *bn* vol (wagen)sporen en gaten
Rwanda [ru'ændə] *znw* Rwanda *o*
Rwandan *znw* & *bn* Rwandees
rye [rai] *znw* plantk rogge; Am whisky uit rogge; ~ *bread* roggebrood *o*

S

s [es] *znw* (de letter) s
S. *afk.* = *South(ern)*
's verk. van *has, is, us*
Sabaoth [sæ'beiɔθ] *znw*: *the Lord of* ~ bijbel de Heer der Heerscharen
Sabbatarian [sæbə'tεəriən] **I** *znw* streng zondagsvierder; **II** *bn* zondagsvierings-
Sabbath ['sæbəθ] *znw* sabbat; rustdag; zondag
Sabbath-breaker *znw* sabbat(s)schender
sabbatical [sə'bætikl] *bn* sabbat(s)-; ~ *(year)* sabbat(s)jaar *o*; onderw verlofjaar *o*
sable ['seibl] **I** *znw* dierk sabeldier *o*; sabelbont *o*; herald zwart *o*; **II** *bn* zwart, donker
sabot ['sæbou] *znw* klomp
sabotage ['sæbəta:ʒ] **I** *znw* sabotage; **II** *overg* & *onoverg* saboteren
saboteur [sæbə'tə:] *znw* saboteur
sabre ['seibə] *znw* (cavalerie)sabel; ~ *rattling* wapengekletter *o*, militair vertoon *o*
sabretache ['sæbətæʃ] *znw* sabeltas
sac [sæk] *znw* zak [in organisme], buidel, holte
saccharin ['sækərin] *znw* Am = *saccharine II*
saccharine ['sækərain] **I** *bn* sacharine-; fig zoetsappig, zoetelijk; **II** *znw* sacharine
sacerdotal ['sæsə'doutl] *bn* priesterlijk, priester-
sachet ['sæʃei] *znw* sachet *o*, zakje *o*, builtje *o*
1 sack [sæk] **I** *znw* (grote) zak; hobbezak [kledingstuk]; gemeenz zak, ontslag *o*; gemeenz nest *o*, bed *o*, koffer; *get (give) the* ~ gemeenz de bons krijgen (geven); **II** *overg* in zakken doen; gemeenz de bons geven; ontslaan
2 sack [sæk] **I** *onoverg* plunderen; **II** *znw* plundering
3 sack [sæk] *znw* vero Spaanse wijn
sackbut ['sækbʌt] *znw* hist schuiftrompet
sackload ['sækloud] *znw* zakvol
sackcloth ['sækklɔθ] *znw* zakkenlinnen *o*; *in* ~ *and ashes* bijbel in zak en as
sacking *znw* paklinnen *o*; gemeenz zak, ontslag *o*
sack-race ['sækreis] *znw* zaklopen *o*
sacral ['seikrəl] *bn* anat sacraal
sacrament ['sækrəmənt] *znw* sacrament *o*
sacramental [sækrə'mentl] *bn* sacramenteel
sacred ['seikrid] *bn* heilig[2], geheiligd, gewijd, geestelijk, kerk-; ~ *music* kerkmuziek; ~ *cow* fig heilige koe; *the* ~ *service* de godsdienstoefening; ~ *to...* gewijd aan; ~ *to the memory of...* hier rust... [op grafstenen]
sacrifice ['sækrifais] **I** *znw* offerande, offer *o*; opoffering; *sell at a* ~ met verlies verkopen; *at any* ~ wat het ook koste; *at the* ~ *of...* met opoffering van...; **II** *overg* (op)offeren; ten offer brengen; **III**

wederk: ~ *oneself* zich opofferen (voor anderen)
sacrificer *znw* offeraar, offerpriester
sacrificial [sækri'fiʃ(ə)l] *bn* offer-
sacrilege ['sækrilidʒ] *znw* heiligschennis[2], kerkroof
sacrilegious [sækri'lidʒəs] *bn* (heilig)schennend
sacring ['seikriŋ] *znw* RK consecratie; wijding
sacring-bell *znw* RK sanctusbel
sacrist ['seikrist] *znw* sacristein
sacristan *znw* koster; sacristein
sacristy *znw* sacristie
sacrosanct ['sækrousæŋkt] *bn* hoogheilig, bijzonder heilig; fig onaantastbaar
sacrum ['seikrəm] *znw* (*mv*: -s *of* sacra [-krə]) heiligbeen *o*
sad [sæd] *bn* droevig, bedroefd, verdrietig, treurig; somber, donker [kleur]; *he writes ~ stuff* wat hij schrijft is miserabel
sadden I *overg* bedroeven, somber maken; **II** *onoverg* bedroefd raken, somber worden
saddle ['sædl] **I** *znw* zadel *m of o*; juk *o*, schraag; rug-, lendenstuk *o*; *in the ~* in het zadel, de leiding hebbend; *put the ~ on the wrong horse* de verkeerde de schuld geven; **II** *overg* zadelen; ~ *with* gemeenz opleggen, opschepen met; *be ~d with* gemeenz opgescheept zitten met; **III** *wederk*: ~ *oneself with* gemeenz op zich nemen; **IV** *onoverg* (op)zadelen (ook: ~ *up*)
saddleback *znw* zadel *m of o* [v. bergrug]; zadeldak *o*; (ook: ~ *roof*); dierk mantelmeeuw
saddlebacked *bn* met een zadelrug
saddle-bag *znw* zadeltas, zadelzak
saddle-bow *znw* (voorste) zadelboog
saddle-cloth *znw* zadelkleed *o*, -dek *o*
saddle-horse *znw* rijpaard *o*
saddler *znw* zadelmaker
saddlery *znw* zadelmakerij; zadelmakersartikelen
sadism ['seidiz(ə)m, 'sædiz(ə)m] *znw* sadisme *o*
sadist *znw* sadist
sadistic [sə'distik, sæ'distik] *bn* sadistisch
sadly ['sædli] *bijw* droevig, bedroefd, treurig; versterkend bar, zeer, erg, danig, deerlijk
sadness *znw* droefheid, treurigheid
s.a.e. *afk.* = *stamped addressed envelope* envelop met adres en postzegel [t.b.v. retourzending]
safari [sə'fa:ri] *znw* safari
safe [seif] **I** *bn* veilig, ongedeerd, behouden, gezond en wel (ook: ~ *and sound*); betrouwbaar, vertrouwd; handel solide; zeker; ~ *conduct* vrijgeleide *o*; ~ *custody* veilige of verzekerde bewaring; ~ *sex* safe sex; *a ~ winner (first)* wie zeker de (eerste) prijs haalt; *be on the ~ side* het zekere voor het onzekere nemen; *better to be ~ than sorry* voorzichtigheid is de moeder van de porseleinkast; ~ *from* beveiligd (gevrijwaard) voor, buiten bereik van; *one is ~ in saying..., it is ~ to say...* men kan gerust zeggen...; *play it ~* voorzichtig handelen, het voorzichtig aan doen; **II** *znw* brandkast; provisiekast
safe-breaker, **safe-blower**, **safe-cracker** *znw* brandkastkraker
safe-conduct *znw* vrijgeleide *o*
safe-deposit *znw* kluis [v.e. bank]; ~ *box* safeloket *o*
safeguard I *znw* beveiliging, bescherming, vrijwaring, waarborg; **II** *overg* beschermen, verzekeren, vrijwaren, waarborgen, beveiligen
safe-keeping *znw* (veilige) bewaring, hoede, veiligheid
safely *bijw* veilig, ongedeerd, behouden, gezond en wel; goed (en wel); gerust
safety *znw* veiligheid, zekerheid
safety-belt *znw* veiligheidsgordel
safety-catch *znw* veiligheidsgrendel, -pal
safety curtain *znw* brandscherm *o*
safety lamp *znw* veiligheidslamp
safety-lane *znw* oversteekplaats
safety match *znw* veiligheidslucifer
safety net *znw* vangnet *o*
safety pin *znw* veiligheidsspeld
safety-rail *znw* vangrail
safety razor *znw* veiligheidsscheermes *o*
safety-valve *znw* veiligheidsklep[2]; fig uitlaatklep
saffron ['sæfrən] **I** *znw* saffraan; **II** *bn* saffraankleurig, -geel
sag [sæg] **I** *onoverg* verzakken, doorbuigen; (door-)zakken, inzakken; (slap) hangen (ook: ~ *down*); scheepv (naar lij) afdrijven; handel teruglopen, dalen; **II** *znw* door-, verzakking, doorbuiging; handel daling
saga ['sa:gə] *znw* romancyclus
sagacious [sə'geiʃəs] *bn* scherpzinnig, schrander
sagacity [sə'gæsiti] *znw* scherpzinnigheid, schranderheid
1 sage [seidʒ] **I** *bn* wijs; **II** *znw* wijze, wijsgeer
2 sage [seidʒ] *znw* plantk salie
Sagittarius [sædʒi'tɛəriəs] *znw* Boogschutter
sago ['seigou] *znw* sago
said [sed] V.T. & V.D. van [1]*say*; (boven)genoemd, gezegd, voormeld
sail [seil] **I** *znw* scheepv zeil° *o*, zeilen; zeiltocht; (zeil)schip *o*, -schepen; wiek [v. molen]; *make ~* zeil maken, (meer) zeilen bijzetten; *set ~* uitzeilen, op reis gaan, de reis beginnen; *take in (shorten) ~* zeil minderen, inbinden[2]; *ten days' ~ from Portsmouth* tien dagen varen van Portsmouth; *(in) full ~* met volle zeilen; *under ~* varend, zeilend; **II** *onoverg* zeilen, stevenen; uitzeilen, (uit-, af)varen [ook stoomboot]; zweven; ~ *into* gemeenz aanpakken, onder handen nemen; ~ *close to the wind* scherp bij de wind zeilen; fig bijna, maar net niet illegaal, immoreel of gevaarlijk handelen; **III** *overg* laten zeilen; (be)sturen; bevaren [de zeeën]; doorklieven [het luchtruim]; ~ *through* fig (een examen &) op zijn sloffen halen
sailboard ['seilbɔ:d] *znw* zeilplank
sailboarding *znw* plankzeilen *o*
sailboat *znw* Am zeilboot
sailcloth *znw* zeildoek *o & m*

sailer *znw* zeiler, zeilschip *o*
sailing *znw* scheepv zeilen *o*, varen *o* &; afvaart; *it's all plain* ~ het gaat van een leien dakje
sailing boat *znw* zeilboot
sailing-ship *znw* zeilschip *o*
sailor *znw* matroos, zeeman; matelot [hoed]; *a bad (good)* ~ wie veel (weinig) last van zeeziekte heeft
sailorman *znw* gemeenz matroos
saint [seint] **I** *bn* sint, heilig; **II** *znw* heilige; *~'s day* heiligedag; *my ~'s day* mijn naamdag
Saint-Christopher-Nevis [snt'kristəfəni:vis] *znw* = *Saint-Kitts-Nevis*
sainted *bn* heilig, heilig verklaard; in de hemel; vroom; *our ~ father* vader zaliger
sainthood *znw* heiligheid; heiligen
Saint-Kitts-Nevis [snt'kitsni:vis] *znw* Saint-Kitts-Nevis *o*, *officieel* Saint-Christopher-Nevis *o*
Saint-Lucia [snt'lu:ʃə] *znw* Saint-Lucia *o*
saintly *bn* als een heilige, heilig, vroom
Saint-Vincent [snt'vinsənt] *znw* Saint-Vincent *o*
sake [seik] *znw*: *for the ~ of* ter wille van; *for God's ~* om godswil; *for old time's ~* uit oude genegenheid; *I am glad for your ~* het doet mij genoegen voor u; *for the mere ~ of saying something* alleen maar om iets te zeggen; *art for art's ~* l'art pour l'art
salaam [sə'la:m] **I** *znw* moslimgroet met diepe buiging; **II** *overg* eerbiedig groeten
salable ['seiləbl] *bn* Am = *saleable*
salacious [sə'leiʃəs] *bn* geil, wellustig; gewaagd [verhaal]
salacity [sə'læsiti] *znw* geilheid, wellustigheid
salad ['sæləd] *znw* salade, sla
salad-days *znw mv* jeugd en jonge jaren
salad-dressing *znw* slasaus
salamander ['sæləmændə] *znw* salamander
sal ammoniac [sælə'mouniæk] *znw* salmiak
salaried *bn* bezoldigd, gesalarieerd
salary ['sæləri] *znw* salaris *o*, bezoldiging, loon *o*
sale [seil] *znw* verkoop, verkoping, veiling; *~s* uitverkoop, opruiming; *by private ~* door onderhandse verkoop; *(up) for ~* te koop; *on ~* verkrijgbaar, te koop; *on ~ or return* handel in commissie
saleable *bn* verkoopbaar; gewild; *~ value* verkoopwaarde
sale-price *znw* uitverkoopprijs; veilingprijs
sale-room *znw* verkooplokaal *o*, venduhuis *o*, veilingzaal
sales-book *znw* handel verkoopboek *o*
sales clerk *znw* Am winkelbediende, verkoper, verkoopster
salesgirl *znw* verkoopster
salesman *znw* verkoper; handelsreiziger, vertegenwoordiger [v.e. firma]
salesmanship *znw* verkooptechniek; verkoopkunde; handigheid in zaken; de kunst mensen te overtuigen
salesperson *znw* winkelbediende
saleswoman *znw* verkoopster, winkelbediende; vertegenwoordigster, agente
salicylic [sæli'silik] *znw*: *~ acid* salicylzuur *o*
salient ['seiljənt] **I** *bn* (voor)uitspringend, uitstekend; opvallend, markant; *the ~ features (points)* de saillante, sterk uitkomende punten; **II** *znw* vooruitspringende punt, mil saillant
saline I *bn* ['seilain, sə'lain] zoutachtig, -houdend, zout; zout-; **II** *znw* [sə'lain] saline, zoutpan; zoutbron; zoutoplossing; laxeerzout *o*
salinity [sə'liniti] *znw* zout(ig)heid; zoutgehalte *o*
saliva [sə'laivə] *znw* speeksel *o*
salivary ['sælivəri] *bn* speekselachtig, speeksel-
salivate ['sæliveit] *onoverg* kwijlen
1 sallow ['sælou] *znw* waterwilg
2 sallow ['sælou] *bn* ziekelijk bleek, vuilgeel, vaal
sally ['sæli] **I** *znw* uitval; (geestige) inval, kwinkslag, boutade; uitstapje *o*; **II** *onoverg*: *~ forth (out)* eropuit gaan
salmon ['sæmən] **I** *znw* (*mv* idem *of* -s) dierk zalm; zalmkleur; **II** *bn* zalmkleurig
salmonella [sælmə'nelə] *znw* salmonella
salon ['sælɔ̃:ŋ, 'salɔ̃ŋ] *znw* [Fr] ontvangkamer, salon; kring van kunstenaars
saloon [sə'lu:n] *znw* zaal; salon; grote kajuit; Am tapperij, bar; = *saloon car*
saloon bar *znw* comfortabele bar in een *public house*; *vgl*: *public bar*
saloon car *znw* (gesloten) luxewagen [auto]; salonwagen [v. trein]
saloon-keeper *znw* Am tapper, herbergier met vergunning, slijter
salsify ['sælsifi] *znw*: *black ~* schorseneer
salt [sɔ(:)lt] **I** *znw* zout *o*; gemeenz zeerob; *~s* Engels zout *o*; reukzout *o*; *the ~ of the earth* het zout der aarde, voortreffelijke of deugdzame mensen; *old ~* gemeenz ouwe zeerob; *with a pinch (grain) of ~* met een korreltje zout; *not be worth one's ~* niet deugen, geen knip voor de neus waard zijn; *rub ~ in the wound* zout in de wond strooien, zout in een (open) wond wrijven; **II** *bn* zout, zilt, gezouten; **III** *overg* zouten[2]; met zout besprenkelen; pekelen; inzouten[2]; *~ away* oppotten, opzij leggen [v. geld]
saltation [sæl'teiʃən] *znw* springen *o*; sprong, dans
saltatory ['sæltətəri] *bn* springend; dansend; met sprongen
salt-cellar ['sɔ:ltselə] *znw* zoutvaatje *o*
salted *bn* gezouten°; zout; ingezouten
salter *znw* (in)zouter; zoutzieder
saltern *znw* zoutziederij; zouttuin (= zoutpannen)
salt-free ['sɔ:ltfri:] *bn* zoutloos [dieet]
saltish *bn* zoutachtig, zoutig, zilt, brak
saltless *bn* ongezouten, zouteloos[2]
saltlick *znw* plek waar vee aan zout komt likken
salt-marsh *znw* zoutmoeras *o*
salt mine *znw* zoutmijn
saltpetre ['sɔ:ltpi:tə] *znw* salpeter
salt-water *bn* zoutwater-
saltworks ['sɔ:ltwə:ks] *znw (mv)* zoutkeet, -ziederij

salty *bn* zout(acht)ig, zilt(ig); pittig, pikant
salubrious [sə'lu:briəs] *bn* gezond, heilzaam
salubrity *znw* gezondheid, heilzaamheid
salutary ['sæljutəri] *bn* heilzaam, weldadig, zegenrijk
salutation [sælju'teiʃən] *znw* groet, begroeting; groetenis (des engels)
salute [sə'lu:t] **I** *overg* (be)groeten (met *with*); mil & scheepv salueren; eer bewijzen aan; **II** *onoverg* groeten; mil het saluut geven, salueren; saluutschoten lossen; **III** *znw* groet, begroeting; eerbewijs *o*; mil saluut(schot) *o*; *take the* ~ mil het saluut beantwoorden, de parade afnemen
salvable ['sælvəbl] *bn* gered[2] kunnende worden, te redden[2]; te bergen
Salvadorean [sælvə'dɔriən] **I** *znw* Salvadoriaan; **II** *bn* Salvadoriaans
salvage I *znw* berging; bergloon *o*; geborgen goed *o*; afvalstoffen, oude materialen; **II** *overg* bergen
salvage vessel *znw* bergingsvaartuig *o*
salvation [sæl'veiʃən] *znw* zaligmaking°, zaligheid, heil *o*, redding; *S~ Army* Leger *o* des Heils
salvationist I *znw* heilsoldaat, heilsoldate; **II** *bn* van het Leger des Heils
1 salve [sa:v, sælv] **I** *znw* zalf, balsem; fig zalfje *o*, pleister (op de wonde); **II** *overg* vero zalven; insmeren; fig sussen, verzachten; helen
2 salve [sælv] *overg* scheepv bergen [strandgoed]
salver ['sælvə] *znw* presenteerblad *o*
salvo ['sælvou] *znw* (*mv*: -s *of* -voes) **1** voorbehoud *o*, uitvlucht; **2** mil salvo *o*
salvor ['sælvə] *znw* scheepv berger, bergingsvaartuig *o*
Samaritan [sə'mæritən] **I** *znw* Samaritaan; iem. v.d. (telefonische) hulpdienst; *the ~s* ± SOS telefonische hulpdienst; *good* ~ barmhartige Samaritaan; **II** *bn* Samaritaans
same [seim] *bn* & *znw* zelfde, genoemde; gelijk; eentonig; *(the)* ~ handel het-, dezelve(n), de (het) voornoemde; *all the* ~ niettemin, toch; evengoed; ~ *to you!* van 't zelfde!; *it's all the* ~ *to me* het is me om het even, het maakt me niets uit; *one and the* ~ één en dezelfde; ~ *again!* hetzelfde a.u.b.!; ~ *difference* gemeenz wat maakt het uit, wat dondert het ook
sameness *znw* gelijkheid; eentonigheid
samovar [sæmə'va:] *znw* samowaar [toestel *o* om op Russische wijze thee te zetten]
Samoyed [sə'mɔied] *znw* samojeed [hond]
sampan ['sæmpæn] *znw* sampan [klein oosters kustvaartuig *o*]
sample ['sa:mpl] **I** *znw* handel staal *o*, monster *o*; proef; fig staaltje *o*; steekproef; **II** *overg* handel bemonsteren; monsters nemen van; keuren, proeven; ondervinding opdoen van; een steekproef nemen
sampler *znw* wie monsters neemt; merklap
sanatorium [sænə'tɔ:riəm] *znw* (*mv*: -s *of* sanatoria [-riə]) sanatorium *o*
sanctification [sæŋktifi'keiʃən] *znw* heiligmaking, heiliging
sanctify ['sæŋktifai] *overg* heiligen, heilig maken; wijden; reinigen van zonde
sanctimonious [sæŋkti'mounjəs] *bn* schijnheilig
sanctimony ['sæŋktiməni] *znw* schijnheiligheid
sanction ['sæŋkʃən] **I** *znw* sanctie; goedkeuring, bekrachtiging; handel homologatie; sanctie, dwangmaatregel; **II** *overg* wettigen, bekrachtigen, sanctioneren; handel homologeren
sanctity ['sæŋktiti] *znw* heiligheid, onschendbaarheid
sanctuary ['sæŋktjuəri] *znw* heiligdom *o*, Allerheiligste *o*; asiel *o*, toevluchtsoord *o*; [vogel-, wild-] reservaat *o*
sanctum ['sæŋktəm] *znw* heiligdom[2] *o*, gewijde plaats; ~ *sanctorum* bijbel heilige *o* der heiligen
sand [sænd] **I** *znw* zand *o*; zandbank; zandgrond; *~s* zand *o*, zandkorrels; *the ~s* ook: het strand; de woestijn; *the ~s are running out* de tijd is bijna verstreken; het loopt ten einde; **II** *overg* met zand bestrooien; met zand (ver)mengen; met zand (of schuurpapier) schuren, polijsten (ook: ~ *down*)
sandal ['sændl] *znw* **1** sandaal; **2** sandelhout *o*
sandalwood *znw* sandelhout *o*
sandbag ['sændbæg] **I** *znw* zandzak; **II** *overg* [iem.] neerslaan (met een zandzak); mil met zandzakken barricaderen (versterken)
sandbank *znw* zandbank
sand-bar *znw* zandplaat
sand-blast I *znw* zandstraal; **II** *overg* & *abs ww* zandstralen
sandboy *znw*: *as happy as a* ~ heel vrolijk en zorgeloos
sandcastle *znw* zandkasteel *o*
sander *znw* schuurmachine
sand-glass *znw* zandloper
sandman *znw* zandman, Klaas Vaak
sand-martin *znw* oeverzwaluw
sandpaper I *znw* schuurpapier *o*; **II** *overg* met schuurpapier (glad)wrijven
sandpiper *znw* dierk oeverloper
sand-pit *znw* zandbak; zandkuil
sand-shoes *znw mv* strandschoenen
sandstone *znw* zandsteen *o & m*
sandstorm *znw* zandstorm
sandwich ['sænwidʒ, -witʃ] **I** *znw* sandwich, belegd boterhammetje *o*; **II** *overg* leggen, plaatsen of schuiven tussen; *~ed between... and...* geklemd (geperst) tussen... en...
sandwich-board *znw* reclamebord *o*
sandwich course *znw* ± leerlingstelsel *o*
sandwich-man *znw* loper met reclamebord voor en achter
sandy ['sændi] *bn* zand(er)ig; rossig, blond; ~ *road* zandweg
sane [sein] *bn* gezond (van geest); (goed) bij zijn verstand; verstandig, zinnig

sanforize ['sænfəraiz] *overg* weefsel krimpvrij maken
sang [sæŋ] V.T. van *sing*
sangfroid ['sã:ŋfrwa:] *znw* [Fr] koelbloedigheid
sangrail [sæŋ'greil] *znw* Heilige Graal
sanguinary ['sæŋgwinəri] *bn* bloeddorstig; bloedig; ook = *bloody I 1*
sanguine *bn* bloedrood; bloed-; fig hoopvol, optimistisch
sanguineous [sæŋ'gwiniəs] *bn* sanguinisch, volbloedig; bloedrood, bloed-
sanhedrim, **sanhedrin** ['sænidrim, -in] *znw* sanhedrin *o*: hoge raad der joden
sanitarium [sæni'teəriəm] *znw* (*mv*: -s *of* sanitaria [-riə]) Am = *sanatorium*
sanitary ['sænitəri] *znw* sanitair, gezondheids-, hygiënisch; ~ *inspector* inspecteur van volksgezondheid; ~ *napkin*, ~ *towel* maandverband *o*
sanitation [sæni'teiʃən] *znw* sanitaire inrichting; gezondheidswezen *o*
sanity ['sæniti] *znw* gezondheid, gezonde opvatting, gezond verstand *o*
sank [sæŋk] V.T. van *[1]sink*
San Marino [sænmə'ri:nou] *znw* San Marino *o*
sans [sænz] *voorz* vero zonder
sanserif [sæn'serif] *bn* typ schreefloos
Sanskrit ['sænskrit] *znw* Sanskriet *o*
Santa Claus ['sæntə'klɔ:z] *znw* het kerstmannetje: *Father Christmas*
1 sap [sæp] *znw* plantk (planten)sap *o*, vocht *o*; plantk spint *o*; Am gemeenz sufferd, sul (ook: *saphead*)
2 sap [sæp] **I** *znw* mil sappe; sapperen *o*; fig ondermijning; **II** *overg* door middel van sappen benaderen, ondergraven, ondermijnen[2]
sapid ['sæpid] *bn* smakelijk; fig interessant
sapient *bn* wijs; eigenwijs, wijsneuzig
sapless ['sæplis] *bn* saploos; droog; fig futloos; geesteloos, flauw
sapling ['sæpliŋ] *znw* jong boompje *o*; fig 'broekje' *o*, melkmuil
saponaceous [sæpou'neiʃəs] *bn* zeepachtig; fig zalvend; glad
saponify [sæ'pɔnifai] *onoverg* & *overg* verzepen
sapper ['sæpə] *znw* sappeur
sapphic ['sæfik] *bn* saffisch, sapfisch; fig lesbisch
sapphire ['sæfaiə] **I** *znw* saffier *o* [stofnaam], saffier *m* [voorwerpsnaam]; **II** *bn* saffieren
sappy ['sæpi] *bn* sappig°, saprijk; fig krachtig; slang zwak, stom, dwaas
sapwood ['sæpwud] *znw* nieuw, zacht hout *o* onder de bast v.e. boom
saraband ['særəbænd] *znw* sarabande
sarcasm ['sa:kæzm] *znw* sarcasme *o*
sarcastic [sa:'kæstik] *bn* sarcastisch
sarcoma [sa:'koumə] *znw* (*mv*: -s *of* sarcomata [-mətə]) med kwaadaardig gezwel *o*
sarcophagus [sa:'kɔfəgəs] *znw* (*mv*: sarcophagi [sa:'kɔfəgai, -dʒai]) sarcofaag
sardine [sa:'di:n] *znw* (*mv* idem *of* -s) sardine, sardientje *o*; *packed like ~s* fig als haringen in een ton
Sardinian [sa:'dinjən] **I** *bn* Sardinisch; **II** *znw* Sardiniër
sardonic [sa:'dɔnik] *bn* sardonisch, bitter
saree, sari ['sa:ri] *znw* sari: Hindoestaans vrouwenkleed *o*
sarky ['sa:ki] *bn* slang sarcastisch
sarong [sə'rɔŋ] *znw* sarong
sartorial [sa:'tɔ:riəl] *bn* kleermakers-; van (in) de kleding
1 sash [sæʃ] *znw* sjerp, ceintuur
2 sash [sæʃ] *znw* raam *o*, schuifraam *o*
sash-cord *znw* raamkoord *o*
sash-window *znw* schuifraam *o*
Sassenach ['sæsənæk] Schots **I** *znw* Engelsman; **II** *bn* Engels
sat [sæt] V.T. & V.D. van *[1]sit*
Satan ['seitən] *znw* Satan
satanic [sə'tænik] *bn* satanisch
satanism ['seitənizm] *znw* satanisme *o*
satanist *znw* satanist
satchel ['sætʃəl] *znw* (boeken-, school)tas
1 sate [seit, sæt] vero = *sat*
2 sate [seit] *overg* = *satiate*
sateen [sæ'ti:n] *znw* satinet *o & m*
satellite ['sætilait] *znw* satelliet°, trawant[2]; ~ *dish* schotelantenne; ~ *town* satellietstad, randgemeente
satiable ['seiʃjəbl] *bn* verzadigbaar
satiate ['seiʃieit] *overg* verzadigen; *~d* verzadigd, beu, zat (van *with*)
satiation [seiʃi'eiʃən] *znw* (over)verzadiging
satiety [sə'taiəti] *znw* (over)verzadigdheid, zatheid; *to* ~ tot beu wordens toe
satin ['sætin] **I** *znw* satijn *o*; **II** *bn* satijnen; **III** *overg* satineren
satinette ['sæti'net] *znw* satinet *o & m*
satinwood ['sætinwud] *znw* satijnhout *o*
satire ['sætaiə] *znw* satire[2], hekelschrift *o*, hekeldicht *o*
satirical [sə'tirikl] *bn* satiriek, satirisch, hekelend
satirist ['sætirist] *znw* satiricus, hekeldichter
satirize *overg* hekelen; een satire maken (op)
satisfaction [sætis'fækʃən] *znw* voldoening (over *at, with*), genoegdoening; bevrediging; genoegen *o*, tevredenheid; *give* ~ voldoen, naar genoegen zijn, genoegen doen; *in* ~ *of* ter voldoening (kwijting) van; *to the* ~ *of* naar (ten) genoegen van; tot tevredenheid van
satisfactory *bn* voldoening schenkend, bevredigend, voldoend(e)
satisfy ['sætisfai] **I** *overg* voldoen (aan), voldoening of genoegen geven, bevredigen, tevredenstellen; verzadigen, stillen; geruststellen; overtuigen (van *of*); *be satisfied that...* overtuigd zijn dat...; *satisfied with* tevreden over (met); genoegen nemend met;

II *wederk*: ~ *oneself of the fact* zich overtuigen van het feit
satrap ['sætrəp] *znw* satraap: stadhouder in het Oudperzische Rijk; fig despoot, heerszuchtig iem.
satsuma [sæt'su:mə, 'sætsumə] *znw* **1** soort mandarijn [oorspr. uit Japan]; **2** *S~ (ware)* crèmekleurig Japans aardewerk *o*
saturable ['sætʃərəbl] *bn* chem verzadigbaar
saturate *overg* verzadigen, drenken; mil platgooien met bommen; *~d with* ook: doortrokken van
saturation [sætʃə'reiʃən] *znw* verzadiging
Saturday ['sætədi, -dei] *znw* zaterdag
Saturn ['sætə(:)n] *znw* Saturnus
saturnalia [sætə'neiliə] *znw* hist saturnaliën; zwelgpartij(en), brasserij(en)
saturnine ['sætənain] *bn* somber; zwaarmoedig
satyr ['sætə] *znw* sater[2]
satyric [sə'tirik] *bn* saters-
sauce [sɔ:s] *znw* saus; gemeenz brutaliteit; *give ~* gemeenz brutaal zijn tegen iem.; *what is ~ for the goose is ~ for the gander* gelijke monniken, gelijke kappen
sauce-boat *znw* sauskom
saucebox *znw* gemeenz brutaaltje *o*
saucepan *znw* steelpan
saucer ['sɔ:sə] *znw* schoteltje *o*; bordje *o*; *flying ~* vliegende schotel
saucy, Am **sassy** ['sɔ:si] *bn* gemeenz brutaal; tikje gewaagd; slang chic
Saudi ['saudi] *znw* Saoedi
Saudi Arabia [saudiə'reibiə] *znw* Saoedi-Arabië *o*
Saudi Arabian [saudiə'reibiən, -bjən] *bn* Saoedi-Arabisch
sauerkraut ['sauəkraut] *znw* zuurkool
sauna ['sɔ:nə, 'saunə] *znw* sauna
saunter ['sɔ:ntə] **I** *onoverg* slenteren, drentelen; **II** *znw* slentergang, rondslenteren *o*
saunterer *znw* slenteraar, drentelaar
saurian ['sɔ:riən] **I** *bn* hagedisachtig; **II** *znw* hagedisachtig dier *o*, sauriër, saurus
sausage ['sɔsidʒ] *znw* saucijs, worst; *German ~* metworst
sausage dog *znw* schertsend teckel
sausage-roll *znw* saucijzenbroodje *o*
sauté ['soutei, so'tei] *overg* sauteren, snel bruin bakken
savage ['sævidʒ] **I** *bn* wild, primitief, woest, wreed; lomp, ongemanierd; gemeenz woedend; **II** *znw* wilde(man), woesteling; **III** *overg* aanvallen, toetakelen; afmaken, afkammen, felle kritiek leveren (op)
savageness, **savagery** *znw* wildheid, woestheid, wreedheid
savanna(h) [sə'vænə] *znw* savanne
savant ['sævənt] *znw* geleerde
1 save [seiv] **I** *overg* redden, verlossen, zalig maken; behouden, bewaren, behoeden (voor *from*); (be-)sparen; uitsparen; opsparen (ook: ~ *up*); comput saven; ~ *appearances* de schijn redden; ~ *us!* God bewaar ons!; zie ook: *bacon, day, face*; **II** *onoverg & abs ww* redden; sparen; **III** *znw* sp redding, save [v. keeper]
2 save [seiv] *voorz* behalve, uitgezonderd; ~ *for* behalve; behoudens
save-all ['seivɔ:l] *znw* spaarpot; lekbak
saveloy ['sæviləi] *znw* cervelaatworst
saving ['seiviŋ] **I** *bn* reddend, zaligmakend; veel goedmakend; spaarzaam, zuinig (met *of*); ~ *clause* voorbehoud *o*, uitzonderingsbepaling; *the one ~ grace (feature)* het enige lichtpunt, het enige wat in zijn voordeel te zeggen valt; **II** *znw* besparing; redding; voorbehoud *o*; uitzondering; *~s* opgespaarde *o*; spaargeld *o*, spaargelden; **III** *voorz* vero behoudens, behalve; ~ *your presence* met uw verlof
savingsbank *znw* spaarbank
savings outflow *znw* handel ontsparing
Saviour ['seivjə] *znw* Redder, Verlosser, Heiland, Zaligmaker
savoir-faire [sævwa:'fɛə] *znw* [Fr] savoir-faire *o*, het weten hoe in verschillende omstandigheden te handelen
savory ['seivəri] *znw* bonenkruid *o*
savour ['seivə] **I** *znw* smaak, smakelijkheid; aroma *o*, geur[2]; **II** *onoverg* smaken[2]; rieken[2] (naar *of*); **III** *overg* savoureren, genieten van; ~ *of* fig tekenen vertonen van, onthullen
savoury I *bn* smakelijk, geurig; hartig, pittig; **II** *znw* licht tussengerecht *o*
savoy [sə'vɔi] *znw* savooi(e)kool
savvy ['sævi] slang **I** *overg* snappen; **II** *znw* verstand *o*
1 saw [sɔ:] V.T. van *[2]see*
2 saw [sɔ:] *znw* gezegde *o*, spreuk
3 saw [sɔ:] *znw* zaag
4 saw [sɔ:] (sawed; sawn/sawed) **I** *overg* zagen, af-, doorzagen; ~ *up* in stukken zagen; *~n-off shotgun* geweer *o* met afgezaagde loop; **II** *onoverg* zagen; zich laten zagen
sawbill *znw* zaagbek
sawdust *znw* zaagsel *o*, zaagmeel *o*
sawfish *znw* zaagvis
saw-horse *znw* zaagbok
saw-mill *znw* zaagmolen, houtzagerij
sawn [sɔ:n] V.D. van *[4]saw*
sawney ['sɔ:ni] *znw* geringsch Schot; slang idioot, stommeling
sawyer ['sɔ:jə] *znw* zager
sax [sæks] *znw* gemeenz saxofoon
saxhorn ['sækshɔ:n] *znw* saxhoorn
saxifrage ['sæksifridʒ] *znw* steenbreek
Saxon ['sæksn] **I** *bn* Angelsaksisch; Saksisch; **II** *znw* Angelsaks; Saks; Angelsaksisch *o*; Saksisch *o*
saxophone ['sæksəfoun] *znw* saxofoon
saxophonist [sæk'sɔfənist, 'sæksəfounist] *znw* saxofonist
1 say (said; said) **I** *overg* zeggen, opzeggen; bidden;

that's ~ing a good deal dat is veel gezegd; dat wil wat zeggen!; *never ~ die* gemeenz geef het nooit op; *~ sixty pounds* handel zegge zestig pond; laten we zeggen zestig pond; bijvoorbeeld zestig pond, pakweg zestig pond; *~ something* iets zeggen; een goed woord spreken; een paar woorden zeggen; *~ the word* zeg het maar; zie ook: *word*; *what did you ~?* wat zegt u?; *they (people) ~, it is said that...* er wordt gezegd dat...; *it ~s in the papers that...* er staat in de krant dat...; *that is not to ~ that...* dat wil nog niet zeggen dat...; *that's what it ~s* zo staat het er; *though I ~ it myself* al zeg ik het zelf; *(when) all (is) said and done* per slot van rekening; *have little to ~ against* weinig te zeggen hebben op, weinig weten aan te voeren tegen iem. (iets); *he has little to ~ for himself* hij zegt (beweert) niet veel, hij heeft niet veel te vertellen; *it says a lot for...* het getuigt van...; *have you nothing to ~ for yourself* hebt u niets te zeggen tot uw verontschuldiging?; *to ~ the least* op zijn zachtst uitgedrukt, op zijn minst; *to ~ nothing of...* nog gezwegen van..., ...nog daargelaten; *~ on!* zeg op!, spreek!; *~ out* hardop zeggen; *~ over* (voor zichzelf) opzeggen; *I will have nothing to ~ to him (this affair)* ik wil met hem (met deze zaak) niets te maken hebben; *what would you ~ to going to the theatre?* als we eens naar een theater gingen?; *this solution has a lot to be said for it* er is veel te zeggen voor deze oplossing; **II** *onoverg & abs ww* zeggen; *I can't ~* dat kan ik niet zeggen; *you don't ~ (so)!* och, is het waar?; maar dat meent u toch niet!, wat u zegt!; *it ~s here* er staat hier (geschreven); *~s you!* gemeenz je meent 't!; *needless to ~* het spreekt (haast) vanzelf; *so to ~* zie: *so*

2 say [sei] **I** *tsw*: *I ~!, gemeenz: ~!* zeg hoor eens!; nee maar!; **II** *znw* (mede)zeggenschap, inspraak; *have a ~, have some ~ (in the matter)* ook een woordje (iets) te zeggen hebben (in de zaak); *have one's ~, say one's ~* zeggen wat men op het hart heeft; zijn zegje zeggen/doen; *let him have his ~, let him say his ~* laat hem uitspreken

saying *znw* zeggen *o*, gezegde *o*, zegswijze, spreuk, spreekwoord *o*; *it goes without ~* het spreekt vanzelf; *as the ~ goes* zoals men (het spreekwoord) zegt

say-so *znw* gemeenz: *on your ~* omdat jij het zegt; *it's his ~* hij beslist, hij moet het (maar) zeggen

scab [skæb] **I** *znw* roof, korst; schurft; gemeenz onderkruiper [bij staking]; **II** *onoverg* korsten [met een roofje]; gemeenz onderkruipen

scabbard ['skæbəd] *znw* schede [v. zwaard &]

scabby ['skæbi] *bn* schurftig[2]; gemeenz armzalig; gemeen

scabies ['skeibii:z] *znw* schurft

scabrous ['skeibrəs] *bn* scabreus, aanstootgevend; netelig [vraag]; delicaat; plantk dierk ruw

scaffold ['skæfəld, -fould] **I** *znw* steiger, stellage; schavot *o*; **II** *overg* van een steiger voorzien; schragen

scaffolding *znw* stellage, steiger

scalawag ['skæləwæg] *znw = scallywag*

scald [skɔ:ld] **I** *overg* branden (door hete vloeistof of stoom); in kokend water uitkoken, steriliseren; met heet water wassen; bijna aan de kook brengen; licht koken; **II** *znw* brandwond

scalding, **scalding-hot** *bn* gloeiend heet; heet [v. tranen]

1 scale [skeil] *znw* weegschaal; *the ~s (a pair of ~s)* de (een) weegschaal; *tip (turn) the ~* de doorslag geven; *tip (turn) the ~s at two kilos* twee kilo wegen

2 scale [skeil] **I** *znw* schaal; muz (toon)schaal, toonladder; maatstaf; wisk talstelsel *o*; *~ of values* waardeschaal; *the social ~* de maatschappelijke ladder; *on a large (small) ~* op grote (kleine) schaal; *out of ~* buiten proportie; *run over one's ~s* toonladders studeren; *draw to ~* op schaal tekenen; **II** *overg* beklimmen; op schaal tekenen; *~ down (up)* (naar verhouding) verlagen (verhogen), verkleinen (vergroten)

3 scale [skeil] **I** *znw* schilfer, schub; tandsteen *o & m*; aanslag, ketelsteen *o & m*; hamerslag *o*; *the ~s fell from his eyes* de schellen vielen hem van de ogen; **II** *overg* afschilferen, schubben, schrappen [vis]; pellen

scaled *bn* geschubd, schubbig, schub-

scalene ['skeili:n] *bn* ongelijkzijdig [driehoek]

scaling-ladder ['skeiliŋlædə] *znw* stormladder

scallion ['skæljən] *znw* sjalot

scallop ['skɔləp] **I** *znw* kamschelp; schulpwerk *o* (*~s*), schulp; feston *o & m*; schelp [bij diner &]; **II** *overg* uitschulpen; festonneren; in een schelp bakken

scallywag ['skæliwæg] *znw* deugniet, rakker, rekel; schobbejak

scalp [skælp] **I** *znw* schedelhuid, scalp; top; **II** *overg* scalperen

scalpel ['skælpəl] *znw* ontleedmes *o*

scalper ['skælpə] *znw* Am handelaar in zwarte kaartjes

scaly ['skeili] *bn* schubbig, schub-; schilferig

scamp [skæmp] **I** *znw* schelm, deugniet; **II** *overg* afraffelen [werk]

scamper ['skæmpə] **I** *onoverg* rondhuppelen, -dartelen; hollen, er vandoor gaan; **II** *znw* ren; holletje *o*; wandelritje *o*; *at a ~* op een holletje

scampi ['skæmpi] *znw* scampi, grote garnalen

scan [skæn] *overg* met kritische blik beschouwen, onderzoeken; even doorkijken; scannen, aftasten; scanderen

scandal ['skændl] *znw* aanstoot, ergernis; schandaal *o*, schande; kwaadsprekerij, laster; *talk ~* kwaadspreken, roddelen

scandalize *overg* ergernis wekken bij, ergernis geven; aanstoot geven; *be ~d* zich ergeren

scandalmonger *znw* kwaadspreker

scandalous *bn* ergernis gevend, ergerlijk, schandelijk; lasterlijk

scandal sheet *znw* schendblad *o*

Scandinavian [skændi'neivjən] **I** *bn* Scandinavisch; **II** *znw* Scandinaviër
scanner ['skænə] *znw* scanner
scant [skænt] *bn* krap toegemeten, gering; schraal, karig (met *of*)
scanties *znw mv* slipje *o*
scantling ['skæntliŋ] *znw* beetje *o*, kleine hoeveelheid; maat, afmeting; balk
scanty ['skænti] *bn* schraal, krap (toegemeten), schriel, karig, dun, schaars, gering, weinig
scape [skeip] *znw* steel, schacht
scapegoat ['skeipgout] *znw* zondebok
scapegrace ['skeipgreis] *znw* deugniet, rakker
scapula ['skæpjulə] *znw* (*mv*: -s *of* -lae [-'li:]) schouderblad *o*
scapular I *bn* van het schouderblad; **II** *znw* RK scapulier *o* & *m*; dierk rugveer
scapulary *znw* RK scapulier *o* & *m*
1 scar [ska:] **I** *znw* litteken[2] *o*; **II** *overg* een litteken geven, met littekens bedekken; **III** *onoverg* een litteken vormen; dichtgaan [v. wond]
2 scar [ska:] *znw* steile rots
scarab ['skærəb] *znw* kever; scarabee
scarce [skɛəs] **I** *bn* schaars, zeldzaam; *make yourself ~!* gemeenz maak dat je wegkomt!; **II** *bijw* vero & plechtig = *scarcely*
scarcely *bijw* nauwelijks, ternauwernood, pas; moeilijk; (toch) wel niet; *~... when...* nauwelijks... of...; *~ anything* bijna niets
scarcity *znw* schaarsheid, schaarste, zeldzaamheid, gebrek *o* (aan *of*)
scare [skɛə] **I** *overg* verschrikken, doen schrikken, bang maken, afschrikken, doen terugschrikken (van *from*); *~d (stiff)* (doods)bang (voor *of*); *~ away (off)* wegjagen; **II** *znw* plotselinge schrik, paniek; bangmakerij
scarecrow *znw* vogelverschrikker
scaredycat *znw* bangerik, schijtlijster
scaremonger *znw* paniekzaaier
scare story *znw* angstaanjagend/alarmerende verhaal *o*
scarf [ska:f] *znw* (*mv*: -s *of* scarves [ska:vz]) sjaal; das
scarf-skin *znw* opperhuid
scarification [skɛərifi'keiʃən] *znw* insnijding; kerving; fig onbarmhartige hekeling
scarify ['skɛərifai] *overg* insnijden; kerven; fig onbarmhartig hekelen
scarlatina [ska:lə'ti:nə] *znw* roodvonk
scarlet ['ska:lit] **I** *znw* scharlaken *o*; **II** *bn* scharlakenrood, scharlakens; vuurrood [v. blos]; *~ fever* roodvonk; *~ runner* pronkboon; *~ woman* hoer [van Babylon]
scarp [ska:p] *znw* escarpe, glooiing, steile helling
scarper ['ska:pə] *onoverg* slang 'm smeren
scarred ['ska:d] *bn* vol littekens
scary ['skɛəri] *bn* bang; vreesaanjagend
scat [skæt] *znw* muz gebruik *o* van betekenisloze lettergrepen i.p.v. woorden (bij zingen), scat
scat! [skæt] *tsw* gemeenz hoepel op!
scathe ['skeið] vero **I** *overg* beschadigen, deren, terneerslaan, verpletteren; **II** *znw*: *without ~* ongedeerd
scatheless *bn* vero ongedeerd; zonder kleerscheuren
scathing *bn* vernietigend [kritiek &]
scatological [skætə'lɔdʒikl] *bn* obsceen, vuil [moppen]
scatter ['skætə] **I** *overg* (ver)strooien, uit-, rondstrooien, verspreiden, uiteenjagen, verdrijven; **II** *onoverg* zich verspreiden, zich verstrooien, uiteengaan
scatterbrain *znw* warhoofd *o*
scatter-brained *bn* warhoofdig
scattered *bn* verstrooid, verspreid
scattering I *bn* verstrooid, verspreid; **II** *znw* verstrooiing, verspreiding; *a ~ of...* een handjevol...
scatty ['skæti] *bn* gemeenz getikt; warhoofdig
scavenge ['skævin(d)ʒ] **I** *onoverg* afval(bakken) doorzoeken (afschuimen) om iets eetbaars & te vinden; [v. dieren] aaseten; **II** *overg* doorzoeken, afschuimen [afval]
scavenger *znw* morgenster, iem. die vuilnisbakken & doorzoekt op bruikbare spullen &; aaseter [dier]; aaskever
scenario [si'na:riou] *znw* scenario *o*
scenarist ['si:nərist] *znw* scenarioschrijver
scene [si:n] *znw* toneel° *o*, tafereel *o*, schouwspel *o*; decor *o*; plaats (van het onheil &); fig beeld *o*; scène°; bedoening, beweging; wereldje *o*, scene; *the ~ is set in..., the place of the ~ is...* het stuk speelt in...; *behind the ~s* achter de schermen[2]; *on the ~* ter plaatse, present; *come on the ~* verschijnen; *set the ~ for...* alles voorbereiden voor...; *that's not my ~* gemeenz ± dat is niet mijn pakkie-an, daar houd ik me buiten, dat moet ik niet
scenery *znw* decoratief *o*, decor *o*, decors, toneeldecoraties; (natuur)tonelen, natuurschoon *o*, natuur, landschap *o*
scene-shifter *znw* machinist [in schouwburg]
scenic *bn* toneelmatig, toneel-; van het landschap; vol natuurschoon, schilderachtig
scent [sent] **I** *overg* ruiken[2] [het wild], de lucht krijgen van; van geur vervullen; parfumeren; *~ out* (op de reuk) ontdekken; **II** *znw* reuk, geur, parfum *o* & *m*; reukzin; lucht [v. wild]; spoor *o*; fig flair, fijne neus (voor *for*); *get ~ of* de lucht krijgen van[2]; *on the (wrong) ~* op het (verkeerde) spoor
scent-bottle *znw* odeurflesje *o*
scented *bn* geparfumeerd, geurig
scentless *bn* zonder reuk, reukloos
sceptic, Am **skeptic** ['skeptik] **I** *znw* scepticus, twijfelaar; **II** *bn* = *sceptical*
sceptical, Am **skeptical** *bn* twijfelend (aan *of*), sceptisch
scepticism, Am **skepticism** ['skeptisizm] *znw* scepsis, scepticisme *o*, twijfelzucht

sceptre, Am **skepter** ['septə] *znw* scepter, (rijks)staf
schedule ['ʃedju:l; Am 'skedju:l] **I** *znw* rooster, programma *o*, schema *o*; lijst, inventaris, opgaaf, tabel, staat; dienstregeling; *ahead of* ~ voor zijn tijd, te vroeg; *behind* ~ over (zijn) tijd, te laat; *on* ~ (precies) op tijd; *(according) to* ~ op de in de dienstregeling aangegeven tijd; op het vastgestelde uur; **II** *overg* schema (rooster, programma) maken, plannen; op de lijst zetten, inventariseren; (tabellarisch) opgeven; vaststellen; *be ~d to arrive* moeten aankomen
scheduled *bn* gepland, in het rooster opgenomen, volgens dienstregeling; lijn- [dienst, vlucht &]
Scheldt [skelt] *znw* Schelde
schema ['ski:mə] *znw* (*mv*: schemata [-mətə]) schema *o*, diagram *o*; logica syllogisme *o*
schematic [ski'mætik] *bn* schematisch
schematize ['skimətaiz] *overg* schematiseren
scheme [ski:m] **I** *znw* schema *o*, stelsel *o*, systeem *o*; ontwerp *o*, schets; programma *o*; plan[2] *o*, bestel *o* (ook: ~ *of things*); intrige, complot *o*, [pensioen-]regeling; voornemen *o*; **II** *overg* beramen; **III** *onoverg* plannen maken; intrigeren
schemer *znw* plannenmaker; intrigant
scheming I *bn* plannen makend; vol listen; [complotten] beramend; intrigerend; **II** *znw* intrigeren *o*; plannen maken *o*
schism ['sizm] *znw* schisma *o*, scheuring
schismatic [siz'mætik] **I** *bn* schismatiek; **II** *znw* scheurmaker
schizo ['skitsou] *znw* & *bn* gemeenz schizofreen
schizoid *bn* schizoïde
schizophrenia [skitsou'fri:njə] *znw* schizofrenie
schizophrenic [skitsou'frenik] *znw* & *bn* schizofreen
schmaltz [ʃmɔ:lts] *znw* slang zoetelijke sentimentaliteit
schnapps [ʃnæps] *znw* (Hollandse) jenever
schnorkel ['ʃnɔ:kəl] *znw* snorkel
scholar ['skɔlə] *znw* geleerde; leerling; bursaal, beursstudent; *he is a good French* ~ hij kent zijn Frans (perfect)
scholarly *bn* van een geleerde, wetenschappelijk degelijk, gedegen
scholarship *znw* geleerdheid; wetenschap; kennis; wetenschappelijke degelijkheid, gedegenheid; studiebeurs
scholastic [skə'læstik] **I** *bn* scholastiek, schools; schoolmeesterachtig; universitair, hoogleraars-, schoolmeesters-; school-; ~ *agency* plaatsingsbureau *o* voor onderwijzers &; **II** *znw* scholasticus, scholastiek geleerde; scholastiek
scholasticism *znw* scholastiek
school [sku:l] **I** *znw* school°, leerschool[2]; schooltijd; schoolgebouw *o*, -lokaal *o*, leervertrek *o*; Am hogeschool; faculteit; fig richting (ook: ~ *of thought*); *lower (upper)* ~ (de) lagere (hogere) klassen [v.e. school]; *at* ~ op school; *in* ~ in de klas; *of the old* ~ fig van de oude stempel; **II** *overg* onderwijzen, oefenen, dresseren; de les lezen, vermanen; **III** *onoverg* scholen vormen [vissen]
school age *znw* leerplichtige leeftijd
school-board *znw* schoolcommissie
schoolboy *znw* scholier, schooljongen
schoolchild *znw* scholier, schoolkind *o*
school-day *znw* schooldag; ~*s* schooltijd, schooljaren
schoolfriend *znw* schoolmakker
schoolgirl *znw* scholiere, schoolmeisje *o*
schoolhouse *znw* schoolgebouw *o*; huis van de *headmaster*
schooling *znw* (school)onderwijs *o*; school [in manege]; schoolgeld *o*
school-leaver *znw* iem. die net van school af is, schoolverlater
school-leaving *bn*: ~ *age* leeftijd waarop de leerplicht eindigt
schoolmaster *znw* hoofdonderwijzer, schoolmeester, onderwijzer; leraar
schoolmate *znw* medescholier, schoolmakker
schoolmistress *znw* (hoofd)onderwijzeres; lerares
schoolroom *znw* schoollokaal *o*
school-ship *znw* opleidingsschip *o*
schoolteacher *znw* onderwijzer(es)
school-teaching *znw* onderwijs *o*
schooner ['sku:nə] *znw* **1** scheepv schoener; **2** Am groot bierglas *o*; Br groot sherryglas *o*; *prairie* ~ Am trekwagen
schottische [ʃɔ'ti:ʃ] *znw* Schottisch [Duitse dans]
sciatic [sai'ætik] *bn* van de heup, heup-
sciatica *znw* ischias
science ['saiəns] *znw* wetenschap, kennis, kunde; wis- en natuurkunde; natuurwetenschap(pen); *with great* ~ zeer kundig; volgens de regelen der kunst
science fiction *znw* sciencefiction
scientific [saiən'tifik] *bn* wetenschappelijk; natuurwetenschappelijk
scientist ['saiəntist] *znw* natuurfilosoof, natuurkundige; wetenschapsmens, wetenschapper, geleerde
sci-fi ['saifai] *znw* = *science fiction*
scilicet ['sailiset] *bijw* (verkort: *scil* of *sc.*) namelijk
scimitar ['simitə] *znw* kromzwaard *o*
scintillate ['sintileit] *onoverg* fonkelen, flonkeren, flikkeren, schitteren, tintelen; fig sprankelend converseren
scintillation [sinti'leiʃən] *znw* fonkeling, flonkering, flikkering, schittering, tinteling
sciolism ['saioulizm] *znw* oppervlakkige kennis
scion ['saiən] *znw* ent, spruit[2], loot[2]
scission ['siʒən] *znw* snijden *o*; scheur; splijten *o*; fig scheuring
scissors ['sizəz] *znw mv* schaar; *a pair of* ~ een schaar
sclera ['skli(ə)rə] *znw* oogwit *o*
sclerosis [sklìə'rousis] *znw* (*mv*: scleroses [-si:z]) sclerose; *multiple* ~ multiple sclerose

sclerotic [skli(ə)'rɔtik] **I** *bn* hard; ~ *coat (membrane)* = **II** *znw* harde oogrok

1 scoff [skɔf] *onoverg* spotten (met *at*), schimpen (op *at*)

2 scoff [skɔf] slang **I** *overg & wederk* gulzig schrokken, (op)vreten; **II** *znw* vreten *o*

scold [skould] **I** *onoverg* kijven (op *at*); **II** *overg* bekijven, een standje maken; **III** *znw* feeks

scolding *znw* standje *o*, uitbrander

scollop ['skɔləp] *znw* & *overg* = *scallop*

sconce [skɔns] *znw* blaker, armluchter; vero & slang kop; mil schans

scone [skɔn, skoun] *znw* scone: soort broodje *o*

scoop [sku:p] **I** *znw* schop, emmer, hoosvat *o*; schep, lepel; spatel; (kaas)boor; haal [met een net], vangst; primeur, scoop [v. krant]; *at one* ~ met één slag; **II** *overg* (uit)scheppen, uithozen (ook: ~ *out*); uithollen (ook: ~ *out*); bijeenschrapen; gemeenz voor zijn, de loef afsteken

scoopful *znw* schep [portie]

scoot [sku:t] *onoverg* gemeenz 'm smeren, vliegen

scooter ['sku:tə] *znw* step, autoped; scooter

scooterist *znw* scooter(be)rijder

scope [skoup] *znw* strekking; (speel)ruimte, vrijheid (van beweging), armslag; gezichtskring, gebied *o*, terrein *o* van werkzaamheid; omvang; *give ample (free, full)* ~ volle vrijheid laten; *within the* ~ *of this work* binnen het bestek van dit werk

scorbutic [skɔ:'bju:tik] **I** *bn* aan scheurbuik lijdend, scheurbuik-; **II** *znw* scheurbuiklijder

scorch [skɔ:tʃ] **I** *overg* (ver)schroeien, (ver)zengen; *~ed-earth policy* tactiek van de verschroeide aarde; **II** *onoverg* schroeien; slang woest rijden; *~ing* ook: snikheet; **III** *znw*: ~ *(mark)* schroeiplek

scorcher *znw* iets wat schroeit of verzengt; snikhete dag; slang geweldige uitbrander

score [skɔ:] **I** *znw* kerf, keep, insnijding; (dwars-)streep, lijn, striem; rekening, gelag *o*; sp score: aantal *o* behaalde punten, stand; succes *o*; rake zet; bof, tref; muz partituur; twintig(tal *o*); *four* ~ tachtig; *~s of times* ook: talloze malen; *by (in) ~s* in grote hoeveelheden, bij hopen; *on that* ~ dienaangaande, wat dat betreft; *on the* ~ *of* vanwege, wegens, op grond van; op het punt van; *know the* ~ gemeenz weten hoe laat het is (hoe de zaken staan); *settle a* ~ *(old ~s)* een oude rekening vereffenen; **II** *overg* sp behalen [punten], scoren, maken; (in)kerven, (in)kepen; strepen; onderstrepen [een woord]; aan-, optekenen; opschrijven; boeken [een succes]; muz op noten zetten; orkestreren; *we shall* ~ *that against you* dat zullen we onthouden; ~ *off sbd.* iem. aftroeven, afrekenen [met iem.]; te slim af zijn; iem. betaald zetten; ~ *out* doorhalen [een woord]; ~ *under* onderstrepen [een woord]; ~ *up* opschrijven, op rekening schrijven; **III** *onoverg & abs ww* scoren: een punt (punten) maken of behalen; een voordeel behalen, succes hebben, het winnen (van *over*); slang een punt zetten, neuken

scoreboard *znw* scorebord *o*

scorecard *znw* scorekaart, -lijst, -formulier *o*

scorer *znw* **1** persoon die de score bijhoudt, scorer; **2** doelpuntenmaker

scoria ['skɔ:riə] *znw* (*mv*: scoriae ['skɔ:rii:]) schuim *o* [van gesmolten metaal], slak

scorn [skɔ:n] **I** *znw* verachting, versmading, hoon, (voorwerp *o* van) spot; *heap (pour)* ~ *on* verachten; **II** *overg* verachten, versmaden

scornful *bn* minachtend, smalend, honend

Scorpio ['skɔ:piou] *znw* Schorpioen

scorpion ['skɔ:pjən] *znw* schorpioen

Scot [skɔt] *znw* Schot

Scotch [skɔtʃ] **I** *bn* Schots; ~ *broth* (stevige) Schotse maaltijdsoep; ~ *egg* hardgekookt ei in worstvlees; ~ *tape* Am plakband *o*; **II** *znw* Schotse whisky

scotch [skɔtʃ] *overg* onschadelijk maken, de kop indrukken [gerucht], verijdelen

Scotchman ['skɔtʃmən] *znw* Schot

Scotchwoman ['skɔtʃwumən] *znw* Schotse

scot-free ['skɔt'fri:] *bn* ongestraft, zonder letsel, vrij

Scotland ['skɔtlənd] *znw* Schotland *o*; ~ *Yard* het hoofdkwartier van de politie (i.h.b. recherche) te Londen

Scots [skɔts] *bn* Schots

Scotsman *znw* = *Scotchman*

Scotswoman *znw* = *Scotchwoman*

Scott [skɔt] *tsw*: *Great ~!* gemeenz goeie grutten!

Scotticism ['skɔtisizm] *znw* Schotse uitdrukking

scottie ['skɔti] *znw* gemeenz Schotse terriër

Scottish ['skɔtiʃ] *bn* Schots

scoundrel ['skaundrəl] *znw* schurk, deugniet

scour ['skauə] *overg* schuren, wrijven; schoonmaken, zuiveren, reinigen; aflopen, afzoeken; doorkruisen; [de straten] afschuimen; [de zee] schoonvegen; *~ing powder* schuurpoeder *o & m*

scourer ['skauərə] *znw* pannenspons; schuurmiddel *o*

scourge [skə:dʒ] **I** *znw* zweep, roede, gesel[2]; plaag; **II** *wederk* geselen, kastijden, teisteren

scouse [skaus] *bn* van, uit Liverpool

Scouse ['skaus(ə)] *znw* **1** inwoner van Liverpool (ook: *Scouser*); **2** dialect *o* van Liverpool

1 scout [skaut] **I** *znw* verkenner; padvinder, scout; onderw studentenoppasser; sp scout; **II** *onoverg* op verkenning uitgaan (zijn); ~ *about,* ~ *round* rondzwerven op zoek naar iets of iem.; **III** *overg* verkennen [v. landstreek &]

2 scout [skaut] *overg* vero verachtelijk afwijzen, verwerpen

scout car ['skautka:] *znw* mil verkenningswagen; Am surveillancewagen [v. politie]

scouting *znw* verkenning; padvinderij, scouting

scoutmaster *znw* hopman [v. scouts]

scow [skou] *znw* scheepv schouw

scowl [skaul] **I** *onoverg* het voorhoofd fronsen; ~ *at (on, upon)* boos, somber, dreigend aanzien of neerzien op; **II** *znw* dreigende blik

scrabble ['skræbl] *onoverg* krabbelen; grabbelen; scharrelen

scrag [skræg] *znw* **1** halsstuk *o* [v. schaap] (ook: *~-end*); **2** scharminkel *o* & *m*; hals

scraggy ['skrægi] *bn* mager, schriel

scram [skræm] *onoverg* gemeenz wegwezen, 'm smeren, ophoepelen

scramble ['skræmbl] **I** *onoverg* klauteren; scharrelen; grabbelen (naar *for*); zich verdringen, vechten (om *for*); mil opstijgen wegens alarm [v. vliegtuigen]; *~ to one's feet (legs)* weer opkrabbelen; **II** *overg* grabbelen; graaien; vervormen, storen [(radio)telefonisch gesprek]; mil laten opstijgen wegens alarm [v. vliegtuigen]; *~ up* opscharrelen; *~d eggs* roerei *o* [gerecht]; **III** *znw* geklauter *o*; gescharrel *o*; gegrabbel *o*; gedrang *o*; gevecht *o*, worsteling; Br moto(r)-cross; *make a ~ for* grabbelen naar, vechten om

scrambler ['skræmblə] *znw* spraakvervormer [als stoorzender]

scran [skræn] *znw* gemeenz kliekje *o*

scrannel ['skrænl] *bn* vero mager, zwak, schraal

scrap [skræp] **I** *znw* stukje *o*, snipper, zweem, zier, beetje *o*; brokstuk *o*; (kranten)knipsel *o*, plaatje *o*; oud ijzer *o*, oudroest *o*, schroot *o*; afval *o* & *m*; gemeenz ruzie; gevecht *o*; kloppartij; *~s* kliekjes; *a ~ of paper* een vodje *o* papier; **II** *overg* afdanken, buiten dienst stellen; slopen; **III** *onoverg* gemeenz een robbertje vechten, bakkeleien

scrap-book *znw* plakboek *o*

scrape [skreip] **I** *overg* schrappen, (af)krabben; schuren (langs), krassen op [viool]; *~ (the bottom of) the barrel* zijn laatste duiten bijeenschrapen; de laatste reserve aanspreken, aan het einde van zijn Latijn zijn; *~ one's feet* met de voeten schuifelen; strijkages maken; *~ off* afschrapen; *~ out* uitschrapen, -krabben; *~ together (up)* bijeenschrapen; **II** *onoverg & abs ww* schrapen[2], schuren; muz krassen; *~ by* rondkomen, zich erdoorheen slaan; *he ~d through (the exam)* hij sloeg zich erdoor, hij kwam er net (door); **III** *znw* gekras *o*, gekrab *o*; kras; strijkage; gemeenz verlegenheid, moeilijkheid; *be in a ~* gemeenz in de knel zitten; *get into a ~* gemeenz in moeilijkheid komen; *get sbd. out of a ~* iem. (uit een moeilijkheid) helpen

scraper *znw* schraapijzer *o*, -mes *o*, schrabber, krabber, schraper[2]; krasser

scrap-heap ['skræphi:p] *znw* hoop oudroest, schroothoop, ouwe rommel; *throw sbd. on the ~* iem. afdanken, aan de dijk zetten

scraping ['skreipiŋ] **I** *bn* schrapend[2]; **II** *znw* geschraap[2] *o*; schraapsel *o*; *~s* krabsel *o*; schraapsel *o*; samenraapsel *o*; strijkages

scrap-metal ['skræpmetl] *znw* oud ijzer *o*; oudroest *o*; schroot *o*

scrappy ['skræpi] *bn* uit stukjes en brokjes bestaand, fragmentarisch, onsamenhangend

scrap-yard *znw* schroothoop

scratch [skrætʃ] **I** *overg* krabben, schrammen; schrappen; doorhalen; (be)krassen; (be)krabbelen; *~ one's head* zich het hoofd krabben; zich achter de oren krabben; ook: met de handen in het haar zitten; *~ out (through)* uitkrabben; doorhalen [woord of letter]; *~ together (up)* bijeenschrapen, -scharrelen; *it merely ~s the surface* het gaat niet erg diep; het blijft aan de oppervlakte [v. boek &]; **II** *onoverg* (zich) krabben, krassen; zich (moeizaam) doorslaan; sp zich terugtrekken [uit race]; *~ about for...* bijeen-, opscharrelen; **III** *znw* schram, schrap, krab(bel), kras; gekras *o*, gekrab *o*; streep, meet; pruik; *a ~ of the pen* een pennenstreek; *from ~* met (uit, van) niets; bij het begin [beginnen]; *be up to ~* het vereiste niveau hebben; *bring up to ~* bijwerken; *come up to ~* aan de verwachtingen voldoen; **IV** *bn* bijeengeraapt, bijeengescharreld; geïmproviseerd; sp zonder voorgift; *a ~ team* een bijeengeraapt zootje *o*

scratcher *znw* krabber, krabijzer *o*

scratchy *bn* krabbelig [schrift]; krassend [v. pen]; kriebelig, ruw; vol krassen [grammofoonplaat]

scrawl [skrɔ:l] **I** *onoverg & overg* krabbelen, haastig schrijven; bekrabbelen (ook: *~ over*); **II** *znw* gekrabbel *o*, hanenpoten, krabbel; kattebelletje *o*

scrawny ['skrɔ:ni] *bn* (brood)mager

scream [skri:m] **I** *onoverg* gillen, gieren (van het lachen *with laughter*), krijsen, schreeuwen; **II** *overg* gillen; *~ out an order* uitgillen; **III** *znw* schreeuw, gil; *it was a ~* gemeenz het was een giller, het was om te gieren

screamer *znw* schreeuwer[2]; uitroepteken *o*; vette (grote) krantenkop; slang een giller, een reuzemop

screamingly *bijw*: *it was ~ funny* het was om te gieren

scree [skri:] *znw* (helling bedekt met) losse brokken steen (ook: *~s*)

screech [skri:tʃ] **I** *onoverg* schreeuwen, krijsen, gillen; **II** *znw* schreeuw, gil, krijs

screech-owl *znw* kerkuil

screed [skri:d] *znw* langgerekte redevoering, lange tirade; geringsch lang artikel *o*

screen [skri:n] **I** *znw* scherm[2] *o*, schut(sel) *o*, afschutting, koorhek *o*, hor; beschutting, maskering, dekking; voorruit [v. auto]; doek *o* [v. bioscoop]; beeldscherm *o* [v. tv]; grove zeef; rooster; raster *o* & *m* [autotypie]; *the ~* ook: de film; *the small ~* ook: de beeldbuis, de televisie; **II** *overg* beschermen, beschutten (voor, tegen *from*); afschermen, afschutten; maskeren, verbergen; dekken; ziften°; screenen, aan de tand voelen, onderzoek doen naar de bekwaamheid, gedragingen & van [kandidaten, gevangenen &]; vertonen [film]; verfilmen

screenings ['skri:niŋz] *znw (mv)* gezeefd grind *o* (steenkool &), ziftsel *o*

screenplay ['skri:nplei] *znw* filmscenario *o*, draaiboek *o*

screen test ['skri:ntest] *znw* proefopname, screentest

screenwriter ['skri:nraitə] *znw* scenarioschrijver

screw [skru:] **I** *znw* schroef; draai (van een schroef); slang neukpartij; slang cipier; gemeenz loon *o*, salaris *o*; *he has a ~ loose* gemeenz hij heeft ze niet allemaal op een rijtje; *put the ~ on sbd.* iem. de duimschroeven aanzetten; **II** *overg* (aan)schroeven, vastschroeven; de duimschroeven aanzetten; slang neuken, naaien; Am slang belazeren, afzetten; *~ the cost!* slang dondert niet wat het kost!; *~ you!* slang krijg de pestpokken!, lazer op!; *~ down* vast-, dichtschroeven; *~ sth. out of sbd.* iem. iets afpersen; iets van iem. loskrijgen; *~ out time for...* tijd vinden om...; *~ up* opschroeven, opvijzelen; aanschroeven; dichtschroeven; oprollen; samenknijpen [de ogen], vertrekken [zijn gezicht]; gemeenz verprutsen, verknoeien; verzieken; in de war brengen; *~ up (one's) courage, ~ oneself up* zich vermannen; **III** *onoverg* (schroefsgewijs) draaien

screwball *znw* Am gemeenz gek, idioot

screw-cap *znw* schroefdeksel *o*

screwdriver *znw* schroevendraaier

screwed *bn* slang dronken, aangeschoten

screwjack *znw* dommekracht, vijzel, krik

screw-propeller *znw* scheepv luchtv schroef

screw-top *znw* schroefdeksel *o*

screwy ['skru:i] *bn* gemeenz getikt

scribble ['skribl] **I** *onoverg & overg* krabbelen, pennen; bekrabbelen; **II** *znw* gekrabbel *o*, krabbelschrift *o*; kattebelletje *o*

scribbler *znw* krabbelaar; prulschrijver, scribent

scribbling-paper *znw* kladpapier *o*

scribe [skraib] *znw* schrijver, klerk, secretaris; bijbel schriftgeleerde

scrimmage ['skrimidʒ] *znw* kloppartij; scrimmage, worsteling (om de bal); schermutseling

scrimp [skrimp] *onoverg* bekrimpen, beknibbelen, karig zijn

scrimshanker ['skrimʃæŋkə] *znw* lijntrekker

1 scrip [skrip] *znw* vero tas; zak

2 scrip [skrip] *znw* briefje *o*, bewijs *o* van storting, voorlopige obligatie, tijdelijk certificaat *o*, recepis *o* & *v*; gemeenz aandelen

script [skript] **I** *znw* schrift *o*; geschrift *o*; handschrift *o*; manuscript *o* [v. toneelstuk], draaiboek *o*, scenario *o* [v. film], RTV tekst; schrijfletter(s) [als lettertype]; drukschrift *o*; onderw ingeleverd examenwerk *o*; *shooting ~* draaiboek *o* [v. film]; **II** *overg* het scenario schrijven van; van tevoren (goed) voorbereiden van tv-optreden & [v. politicus &]

scriptural ['skriptʃərəl] *bn* bijbels, bijbel-

Scripture *znw* de Heilige Schrift, de Bijbel (ook: *Holy ~, the ~s*)

scriptwriter ['skriptraitə] *znw* scenarioschrijver [v. film], RTV tekstschrijver

scrivener ['skrivnə] *znw* hist (openbaar) schrijver; geldmakelaar; notaris, opmaker van contracten

scrofula ['skrɔfjulə] *znw* klierziekte, scrofulose

scrofulous *bn* klierachtig, klier-, scrofuleus

scroll [skroul] **I** *znw* rol, boekrol [v.d. Dode Zee]; lijst; krul; volute; **II** *onoverg* omkrullen; **III** *overg* comput scrollen (ook: *~ up, ~ down*)

scrotum ['skroutəm] *znw* (*mv*: -s *of* scrota [-tə]) anat balzak, scrotum *o*

scrounge [skraundʒ] **I** *overg* slang gappen; schooien, bietsen; **II** *znw*: *be on the ~ for sth.* proberen iets te bietsen/lenen; *he's always on the ~* hij is een echte klaploper

scrounger *bn* bietser, klaploper

scrub [skrʌb] **I** *znw* stumper, stakker; dreumes; in de groei belemmerde plant; struikgewas *o*; *give (it) a good ~* het eens goed afboenen; **II** *overg* schrobben, schuren, (af)boenen; schrapen; *~ round it* gemeenz ervan afzien, (iets) niet doen

scrubber *znw* boender, schrobber; slang hoer

scrubbing-brush *znw* = *scrubber*

scrubby *bn* armzalig; klein, miezerig, dwergachtig; met struikgewas bedekt

scruff [skrʌf] *znw* **1** nek; **2** smeerpoets; *take by the ~ of the neck* achter bij zijn nek(vel) pakken

scruffy ['skrʌfi] *bn* smerig, slordig, sjofel

scrum(mage) ['skrʌm(idʒ)] *znw* sp scrum [rugby]

scrumptious ['skrʌm(p)ʃəs] *bn* gemeenz heerlijk, zalig, fijn

scrumpy ['skrʌmpi] *znw* Br (sterke) cider

scrunch [skrʌnʃ] *overg* & *onoverg* & *znw* = *crunch*

scruple ['skru:pl] **I** *znw* zwarigheid, (gewetens)bezwaar *o*, scrupule; *have ~s about ...ing* zich bezwaard voelen om..., bezwaar maken om...; *make no ~ to...* er geen been in zien om..., niet schromen om...; **II** *onoverg* aarzelen

scrupulous ['skru:pjuləs] *bn* nauwgezet, angstvallig, scrupuleus; *they were not ~ about (as to)...* ze namen het niet zo nauw wat betreft (op 't gebied van)...

scrutineer [skru:ti'niə] *znw* onderzoeker, navorser; stemopnemer [bij verkiezingen]

scrutinize ['skru:tinaiz] *overg* nauwkeurig onderzoeken

scrutiny *znw* nauwkeurig onderzoek *o*; gecontroleerde stemopneming [bij verkiezingen]

scry [skrai] *onoverg* de toekomst zien in, waarzeggen uit kristallen bol

scuba diving ['sk(j)u:bə'daiviŋ] *znw* duiken *o* met een zuurstoffles

scud [skʌd] *onoverg* hard lopen; (weg)snellen, (voort)jagen; scheepv lenzen

scuff [skʌf] *overg* afslijten [schoenen]

scuffle ['skʌfl] **I** *onoverg* plukharen, vechten; **II** *znw* kloppartij, verward handgemeen *o*

scull [skʌl] **I** *znw* wrikriem; **II** *overg & abs ww* wrikken; roeien

sculler *znw* wrikker; sculler, skiffeur

scullery ['skʌləri] *znw* bij-, achterkeuken

scullion ['skʌljən] *znw* vero bordenwasser, koks-

hulp
sculpt [skʌlpt] *onoverg* beeldhouwen
sculptor *znw* beeldhouwer
sculpture I *znw* beeldhouwen *o*, beeldhouwkunst; beeld(houw)werk *o*; **II** *overg* beeldhouwen; uithouwen, -snijden
scum [skʌm] *znw* metaalschuim *o*, schuim[2] *o*; fig uitvaagsel *o*, uitschot *o*
scummy *bn* met schuim bedekt, schuim-, schuimend
scupper ['skʌpə] **I** *znw* spij-, spuigat *o*; **II** *overg* gemeenz in de pan hakken; in de grond boren
scurf [skə:f] *znw* roos [op het hoofd]; schilfertjes
scurfy *bn* schilferig, schubbig, schurftig
scurrility [skʌ'riliti] *znw* grofheid, gemeenheid; gemene taal
scurrilous ['skʌriləs] *bn* grof, gemeen
scurry ['skʌri] **I** *onoverg* reppen, haasten, hollen, jachten; **II** *znw* gedraaf *o*, geloop *o*, gejacht *o*, jacht; loopje *o*, holletje *o*
scurvy ['skə:vi] **I** *bn* schunnig, gemeen, min; **II** *znw* scheurbuik
scut [skʌt] *znw* staartje *o* [v. konijn &]
scutcheon ['skʌtʃən] *znw* wapenschild *o*, sleutelschildje *o*; naamplaatje *o*
scutter ['skʌtə] *onoverg* gemeenz dartelen, reppen, hollen
1 scuttle ['skʌtl] *znw* kolenbak
2 scuttle ['skʌtl] **I** *znw* luik *o*, (lucht)gat *o*; **II** *overg* gaten boren in [een schip om te laten zinken], opzettelijk tot zinken brengen; fig de schepen achter zich verbranden
3 scuttle ['skʌtl] *onoverg* & *znw* = *scurry*; ~ *(out of it)* zich terugtrekken, gaan lopen
scythe [saið] **I** *znw* zeis; **II** *overg* maaien (met de zeis)
sea [si:] *znw* zee; stortzee, zeetje *o*; zeewater *o*; fig zee, overvloed, menigte; *there is a* ~ *on* de zee gaat hoog; *at* ~ ter zee, op zee; *be (all) at* ~ het mis hebben; in de war zijn; *beyond* ~*(s)* aan gene zijde van de oceaan; *by* ~ over zee; *by the* ~ aan zee; *by* ~ *and land* te land en ter zee; *on the* ~ op zee; aan zee gelegen; *on the high* ~*s* in volle zee; *out at* ~ op zee; *go to* ~ naar zee gaan, zeeman worden; *put to* ~ in zee steken, uitvaren; *within the four* ~*s* binnen de grenzen van Groot-Brittannië
sea bed *znw* zeebodem
seabird *znw* zeevogel
seaboard *znw* (zee)kust
sea-borne *bn* over zee vervoerd, overzees, zee-
sea breeze *znw* zeewind
sea-dog *znw* dierk hondshaai; dierk zeehond; scheepv zeerob
seafarer *znw* zeeman, zeevaarder
seafaring I *bn* zeevarend; ~ *man* zeeman; **II** *znw* varen *o*
seafood *znw* (gerechten van) zeevis, schaal- en schelpdieren
seafront *znw* zeekant; strandboulevard
seagoing *bn* zeevarend; zee-
sea-gull *znw* zeemeeuw
sea-horse *znw* dierk zeepaardje *o*
1 seal [si:l] **I** *znw* (*mv* idem *of* -s) dierk zeehond, rob; robbenvel *o*; **II** *onoverg* op de robbenvangst gaan (zijn)
2 seal [si:l] **I** *znw* zegel[2] *o*, cachet *o*, lak; stempel[2] *o* & *m*; bezegeling; techn (af)sluiting; *Great S*~ grootzegel *o*, rijkszegel *o*; *give one's* ~ *of approval to* zijn goedkeuring hechten aan; *put (set) one's* ~ *to* zijn zegel hechten aan; *put (set) one's* ~ *on* zijn stempel drukken op; *under* ~ verzegeld; gezegeld; *under (the)* ~ *of*... onder het zegel van...; *this set (put) the* ~ *on our friendship* dit bezegelde onze vriendschap; **II** *overg* zegelen, lakken, sluiten, verzegelen (ook: ~ *down*, ~ *up*); bezegelen, stempelen; ~ *off* afsluiten; mil afgrendelen; ~ *up* ook: dichtsolderen, dichtplakken; *a* ~*ed book* fig een gesloten boek; *my lips are* ~*ed* ik zeg niks, ik mag niks zeggen
sea-lane ['si:lein] *znw* vaargeul
sea-lawyer *znw* geringsch dwarsliggende zeeman
sea-legs *znw mv* zeebenen
sealer ['si:lə] *znw* **1** robbenjager; robbenschip *o*; **2** (ver)zegelaar; ijker
sea-level ['si:levl] *znw* zeespiegel
sealing-wax ['si:liŋwæks] *znw* (zegel)lak *o* & *m*
sea-lion ['si:laiən] *znw* zeeleeuw
seal-ring ['si:lriŋ] *znw* zegelring
sealskin ['si:lskin] *znw* robbenvel *o*; (mantel & van) seal(skin) *o* [= bont]
seam [si:m] **I** *znw* naad; litteken *o*; mijnader, dunne (kolen)laag; *be bursting at the* ~*s* te klein zijn, overvol zijn; *come apart at the* ~*s* tornen, losgaan; fig mislukken, beginnen uit elkaar te vallen; **II** *overg* aaneennaaien; met littekens tekenen; ~*ed nylons* nylons met naad
seaman ['si:mən] *znw* zeeman, matroos
seaship *znw* zeemanschap *o*, zeevaartkunde
sea-mark ['si:ma:k] *znw* zeebaak
seamew *znw* zeemeeuw
seamless ['si:mlis] *bn* zonder naad, naadloos
seamstress ['semstris] *znw* naaister
seamy ['si:mi] *bn* niet zo mooi, onaangenaam; *the* ~ *side* de lelijke of ongunstige kant, de keerzijde van de medaille; de zelfkant [v. stad &]
seance, **séance** ['seia:ns] *znw* seance, (spiritistische) zitting
seaplane *znw* luchtv watervliegtuig *o*
seaport *znw* zeehaven, havenstad
sea power *znw* zeemogendheid, zeemacht
sea-quake *znw* zeebeving
sear [siə] **I** *bn* plechtig droog, dor; **II** *overg* doen verdorren; schroeien, dichtschroeien, uitbranden, verschroeien[2]; ~*ing heat* verzengende hitte; ~*ing words* striemende woorden
sea-ranger ['si:rein(d)ʒə] *znw* zeeverkenster, watergids

search [sə:tʃ] **I** *overg* onderzoeken; doorzoeken, afzoeken, visiteren, fouilleren; peilen; ~ *me!* gemeenz ik heb geen idee!; ~ *out* uitvorsen; **II** *onoverg* zoeken; ~ *for* zoeken naar; ~ *into* onderzoeken; **III** *znw* doorzoeking, zoeken *o* &; visitatie, fouillering; onderzoek *o*; speurtocht; ~ *of the house* huiszoeking; *a* ~ *was made for it* men zocht er naar; *in* ~ *of* op zoek naar, om... te vinden

searcher *znw* (onder)zoeker

searching I *bn* onderzoekend, doordringend; diepgaand, grondig; **II** *znw* onderzoek *o*

searchlight *znw* zoeklicht *o*

search-party *znw* op zoek uitgezonden troep of manschappen

search-warrant *znw* machtiging tot huiszoeking

sea-room ['si:rum] *znw* ruimte om te manoeuvreren, bewegingsruimte

sea-rover *znw* zeeschuimer; kaperschip *o*

seascape *znw* zeegezicht *o*, zeestuk *o*

sea-scout *znw* zeeverkenner

seashell *znw* schelp

sea-shore ['si:'ʃɔ:] *znw* zeekust

seasick *bn* zeeziek

seasickness *znw* zeeziekte

seaside I *znw* ['si:'said] zeekant; *go to the* ~ naar een badplaats aan zee gaan; **II** *bn* ['si:said] aan zee (gelegen); bad-

season ['si:zn] **I** *znw* seizoen *o*; tijd; tijdperk *o*, jaargetijde *o*; drukke tijd; jachtseizoen *o*; vakantieperiode; bronsttijd; *London for the* ~ de Londense uitgaansperiode; *in* ~ tijdig, te rechter tijd, van pas; *in due* ~ mettertijd; *in* ~ *and out of* ~ te pas en te onpas; *strawberries are in* ~ het is nu de tijd van de aardbeien; *out of* ~ buiten het seizoen; ontijdig; *they are out of* ~ het is er nu het seizoen niet voor; **II** *overg* toebereiden, kruiden[2], smakelijk maken; rijp laten worden, (goed) laten drogen; temperen; gewennen (aan het klimaat *to the climate*); fig konfijten (in *in*); **III** *onoverg* rijp worden, drogen

seasonable *bn* geschikt, gelegen; te rechter tijd, van pas (komend); ~ *weather* weer voor de tijd van het jaar

seasonal *bn* van het seizoen, seizoen-

seasoned *bn* belegen [wijn &]; fig gehard; beproefd; doorkneed; verstokt; doorgewinterd

seasoning *znw* kruiderij[2]

season-ticket ['si:zn'tikit] *znw* abonnementskaart

seat [si:t] **I** *znw* zitting; (zit)plaats; bank, stoel, plechtig zetel; buitenplaats, buiten *o*; zit; kruis *o* [v. broek]; zitvlak *o*; bril [van wc]; *~s, please!* instappen!; *the* ~ *of war* het toneel van de oorlog; *have a good* ~ goed te paard zitten; *keep one's* ~ blijven zitten; in het zadel blijven; *resign one's* ~ zijn mandaat neerleggen; *take a* ~ gaan zitten, plaats nemen; *take a back* ~ op de achtergrond blijven; *by the* ~ *of one's pants* op zijn gevoel, met fingerspitzengefühl, gevoelsmatig; **II** *overg* (neer)zetten, doen zitten, laten zitten; plaatsen; van zitplaatsen voorzien; (zit)plaats bieden aan; van een zitting (kruis) voorzien [stoel, broek]; *be ~ed* zitten; zetelen; gelegen zijn; *be ~ed!* gaat u zitten!; **III** *wederk*: ~ *oneself* gaan zitten

seat-belt *znw* veiligheidsgordel

seating *znw* plaatsen *o*; ~ *(accommodation)* zitplaats, -plaatsen

sea-urchin ['si:ə:tʃin] *znw* zee-egel

sea-wall *znw* zeewering

seaward(s) *bijw* zeewaarts

sea-way *znw* zeeweg, doorvaart, vaargeul

seaweed *znw* zeegras *o*, zeewier *o*

seaworthy *bn* zeewaardig

sebaceous [si'beiʃəs] *bn* vetachtig, vet-; ~ *gland* talgklier

sebum ['si:bəm] *znw* talg

sec [sek] *afk.* = *second* seconde; *just a* ~ een ogenblikje *o*

secant ['si:kənt] **I** *bn* snijdend; **II** *znw* snijlijn

secateurs ['sekətə:z] *znw (mv)* snoeischaar

secede [si'si:d] *onoverg* zich terugtrekken, zich afscheiden, afsplitsen (van *from*)

seceder *znw* afvallige, afgescheidene

secession [si'seʃən] *znw* afscheiding

secessionist *znw* voorstander van afscheiding

seclude [si'klu:d] *overg* uit-, buitensluiten; afzonderen

secluded *bn* afgezonderd

seclusion [si'klu:ʒən] *znw* uitsluiting; afgesloten ligging; afzondering

1 second ['sekənd] **I** *telw & bn* tweede, ander; ~ *Chamber* Tweede Kamer [buiten Engeland]; ~ *biggest* op een na (de) grootste; ~ *coming* wederkomst van Christus; ~ *cousin* achterneef, -nicht; ~ *name* achternaam; *a (for the)* ~ *time* een tweede maal, nog eens; de tweede keer; *every* ~ *day* om de andere dag; *the* ~ *two* het tweede paar = het derde en vierde; *be* ~ *to none* voor niemand onderdoen; **II** *bijw* in de tweede plaats; **III** *znw* tweede, nummer twee; tweede prijs(winner); muz tweede stem; secondant; getuige, helper; seconde; auto tweede versnelling; *~s* ook: tweede soort, tweede keus; tweede portie [bij maaltijd]; **IV** *overg* bijstaan, helpen, ondersteunen; steunen [motie]; seconderen; ~ *words with deeds* daden laten volgen op woorden

2 second [si'kɔnd] *overg* detacheren

secondary ['sekəndəri] *bn* ondergeschikt, bijkomend; secundair, bij-; ~ *education* middelbaar onderwijs *o*; ~ *school* middelbare school

secondary modern *znw* Br ± mavo

second(-)best ['sekəndbest] *znw* minder volmaakt iets; minder van kwaliteit, tweede keus; *it's a* ~ men neemt er genoegen mee, behelpt er zich mee (bij gebrek aan beter); *my* ~ *suit* mijn doordeweekse pak *o*; *come off* ~ ['sekənd'best] maar een tweede prijs krijgen; fig aan het kortste eind trekken

second-class *bn* tweedeklas, tweederangs

seconder ['sekəndə] *znw* steuner van een motie
second-guess ['sekənd'ges] *onoverg* het achteraf wèl weten; achteraf een oordeel/kritiek hebben
second-hand ['sekənd'hænd] *bn & bijw* uit de tweede hand, tweedehands, gebruikt, oud; ~ *bookseller* handelaar in oude boeken
second hand ['sekəndhænd] *znw* secondewijzer
second-in-command ['sekəndinkə'ma:nd] *znw* onderbevelhebber
secondly ['sekəndli] *bijw* ten tweede
secondment ['sekəndmənt] *znw* detachering; *on* ~ tijdelijk gedetacheerd
second-rate ['sekəndreit] *bn* tweederangs-
second(s) hand ['sekəndzhænd] *znw* secondewijzer
second sight ['sekənd'sait] *znw* tweede gezicht *o*, helderziendheid
secrecy ['si:krisi] *znw* geheimhouding, stilzwijgen *o*; heimelijkheid; geheim *o*; verborgenheid; *in* ~ in het geheim
secret I *bn* geheim; geheimhoudend; heimelijk, verborgen; *in his* ~ *heart* in de grond van zijn hart; ~ *agent* spion, geheim agent; ~ *police* geheime politie; ~ *service* geheime (inlichtingen)dienst; **II** *znw* geheim *o*; *in* ~ in het geheim, stilletjes; *be in on the* ~ in het geheim ingewijd zijn
secretarial [sekrə'tɛəriəl] *bn* als (van) een secretaris of secretaresse; secretariaats-
secretariat *znw* secretariaat *o*
secretary ['sekrət(ə)ri] *znw* secretaris, geheimschrijver; minister; secretaire; *S~ of State* minister; Am minister van Buitenlandse Zaken
secretary-general *znw* (*mv*: secretaries-general) secretaris-generaal
secrete [si'kri:t] *overg* verbergen, (ver)helen (voor *from*); afscheiden
secretion *znw* verbergen *o*; afscheiding
secretive ['si:kritiv] *bn* geheimhoudend; heimelijk; geheimzinnig (doend)
secretly ['si:kritli] *bijw* heimelijk; in het geheim, stilletjes; in zijn hart, in stilte
secretory [si'kri:təri] *bn* afscheidend, afscheidings-
sect [sekt] *znw* sekte, gezindte
sectarian [sek'tɛəriən] **I** *bn* sektarisch, sekte-; fig dogmatisch, kleingeestig; **II** *znw* sektariër, aanhanger van een sekte; fig fanatiekeling
sectarianism *znw* sektarisme *o*
sectary ['sektəri] *znw* sektariër; hist dissenter
section ['sekʃən] *znw* snijding, sectie°; afdeling; paragraaf; gedeelte *o*, deel *o*; groep; traject *o*, baanvak *o*; (door)snede, profiel *o*; coupe [voor microscopisch onderzoek]
sectional *bn* van een sectie, sectie-; groeps-; uit afzonderlijke delen bestaand
sectionalism *znw* particularisme *o*
section-mark *znw* paragraafteken *o* (§)
sector ['sektə] *znw* sector°; hoekmeter
secular ['sekjulə] *bn* wereldlijk, profaan; seculier; leken-
secularism ['sekjulərizm] *znw* secularisatie
secularity [sekju'læriti] *znw* wereldlijk karakter *o*; wereldsgezindheid
secularization [sekjulərai'zeiʃən] *znw* secularisatie
secularize ['sekjuləraiz] *overg* seculariseren
secure [si'kjuə] **I** *bn* zeker (van *of*); veilig (voor *against, from*), geborgen; goed vast(gemaakt), stevig; **II** *overg* in veiligheid brengen, (goed) vastmaken, -zetten, -binden, (op)sluiten; versterken [kisten &]; beveiligen, beschermen (voor *from*), verzekeren, waarborgen; zich verzekeren van, (zich) verschaffen, (ver)krijgen, de hand leggen op; **III** *wederk*: ~ *oneself against* zich verzekeren tegen, zich vrijwaren voor
security *znw* veiligheid, geborgenheid; zekerheid; beveiliging, garantie, (onder)pand *o*, (waar)borg; *securities* ook: effecten, fondsen; *social* ~ sociale verzekering; ~ *police* militaire politie; *a* ~ *risk* een (politiek) onbetrouwbaar persoon
Security Council *znw* Veiligheidsraad
sedan [si'dæn] *znw* draagstoel (ook: ~ *chair*); sedan [auto]
sedate [si'deit] **I** *bn* bezadigd, kalm, rustig; **II** *overg* med kalmerende middelen geven
sedation *znw* sedatie, kalmering
sedative ['sedətiv] *bn (znw)* sedatief (*o*), kalmerend (middel *o*), kalmeringsmiddel *o*
sedentary ['sedntəri] *bn* zittend, op één plaats blijvend; een vaste woon- of standplaats hebbend
sedge [sedʒ] *znw* plantk zegge
sediment ['sedimənt] *znw* neerslag, bezinksel *o*
sedimentary [sedi'mentəri] *bn* sedimentair
sedimentation [sedimen'teiʃən] *znw* bezinking; ~ *rate* bezinkingssnelheid
sedition [si'diʃən] *znw* opruiing; oproer *o*
seditious *bn* opruiend; oproerig
seduce [si'dju:s] *overg* verleiden (tot *to, into*)
seducer *znw* verleider
seducible *bn* te verleiden
seduction [si'dʌkʃən] *znw* verleiding; verleidelijkheid
seductive *bn* verleidelijk
sedulity [si'dju:liti] *znw* naarstigheid
sedulous ['sedjuləs] *bn* naarstig, ijverig, nijver, onverdroten
1 see [si:] *znw* (aarts)bisschopszetel; (aarts)bisdom *o*; *Holy S~* Heilige Stoel
2 see [si:] (saw; seen) **I** *overg* zien, gaan zien; inzien, begrijpen, snappen; spreken, be-, opzoeken; ontvangen, te woord staan; brengen [iem. naar huis]; beleven, meemaken; er voor zorgen (dat); *I ~!* ah juist!, jawel!, nu snap ik het!; *(you) ~?* begrijp je?; ~ *you!* tot ziens!; ~ *the back of...* weg zien gaan; afkomen [v. bezoeker]; *have seen better days* betere dagen gekend hebben; ~ *a doctor* een dokter raadplegen, naar een dokter gaan; ~ *life* zien wat er in de wereld te koop is; ~ *things* gemeenz hallucina-

ties hebben; ~ *things differently* de zaak anders beschouwen, een andere kijk op de zaak hebben; zie ook: *fit I, [1]light I; I can ~ a car* ik zie een auto; *I cannot ~ myself submitting to it* ik kan me niet voorstellen dat ik me daaraan zou onderwerpen; **II** *onoverg* zien, kijken; ~ *about* overwegen; ik zal er eens over denken; *we'll ~ about* we zullen zien (of het kan); *we'll ~ about that!* dat zullen we nog weleens zien!, daar komt niets van in!; ~ *after it* er voor zorgen; *he does not ~ beyond the end of his nose* hij ziet niet verder dan zijn neus lang is; ~ *sbd. downstairs* iem. naar beneden brengen; ~ *sbd. in* iem. binnenlaten; *I must ~ into it* dat moet ik eens onderzoeken; ~ *sbd. off* iem. uitgeleide doen, wegbrengen; fig iem. de loef afsteken; ~ *out* [iem.] uitlaten; [iets] doorzetten; ~ *over the house* het huis zien; ~ *through sbd.* iem. doorzien; iem. erdoor helpen; ~ *the thing through* de zaak doorzetten, tot het eind toe volhouden; ~ *to sth.* voor iets zorgen, zorg dragen voor; ~ *to bed* naar bed brengen; ~ *to the door* uitgeleide doen, uitlaten; ~ *to it that...* er voor zorgen (toezien) dat...

seed [si:d] **I** *znw* **1** zaad[2] *o*; zaadje *o*; pit [v. (sinaas-) appel &]; fig ook: kiem, nakomelingschap; **2** = *seeded player* zie *seed III; go (run) to ~* in het zaad schieten; verwilderen [v. tuin &]; *go to ~* fig verlopen [zaak]; **II** *onoverg* in het zaad schieten; **III** *overg* **1** (be)zaaien; het zaad (de pitten) halen uit; **2** sp selecteren, plaatsen; *~ed player* geplaatste speler; *Sampras was ~ed number 2* Sampras was als tweede geplaatst; ~ *the players* sp spelers van dezelfde kracht tegen elkaar laten uitkomen

seedbed *znw* zaaibed *o*; kweekplaats; fig broeinest *o*

seedcake *znw* kruidkoek

seed-corn *znw* zaaikoren *o*

seedless *bn* zonder pit(ten) [v. vrucht]

seedling *znw* zaaiplant, zaailing

seed-potato *znw* pootaardappel

seedsman *znw* zaadhandelaar

seed-vessel *znw* zaadhuisje *o*

seedy *bn* gemeenz sjofel, verlopen, kaal; gemeenz niet lekker, gammel

seeing ['si:iŋ] **I** *bn* ziende; **II** *voegw* aangezien (ook: ~ *that*); **III** *znw* zien *o*

seek [si:k] (sought; sought) **I** *overg* (op)zoeken°, trachten (te krijgen), streven naar, vragen (om) [raad &]; *...of your own ~ing* die je zelf gezocht hebt; ~ *out* (op)zoeken, opsporen; **II** *onoverg* zoeken; ~ *after* zoeken; *much sought after* (zeer) gezocht, veel gevraagd; ~ *for* zoeken (naar)

seeker *znw* zoeker[2], onderzoeker

seem [si:m] *onoverg* schijnen, toeschijnen, lijken; *it ~s to me* ook: mij dunkt, het komt me voor

seeming *bn* ogenschijnlijk, schijnbaar

seemingly *bijw* ogenschijnlijk, naar het schijnt, in schijn, schijnbaar

seemly ['si:mli] *bn* betamelijk, gepast

seen [si:n] V.D. van *[2]see*

seep [si:p] *onoverg* sijpelen

seepage *znw* sijpeling

seer ['siə] *znw* ziener, profeet

seesaw ['si:sɔ:] **I** *znw* wip(plank); wippen *o*; op- en neergaan *o*; fig schommeling; **II** *onoverg* wippen; op- en neergaan; fig schommelen [in de politiek]; **III** *bn* op- en neergaand; fig schommelend

seethe [si:ð] *onoverg* zieden[2], koken[2], in beroering (beweging) zijn[2]

see-through ['si:θru:] *bn* doorkijk- [jurk, blouse &]

segment I *znw* ['segmənt] *znw* segment *o*; partje *o* [v. sinaasappel]; **II** *(onoverg &) overg* [seg'ment] (zich) verdelen in segmenten

segregate ['segrigeit] *(onoverg &) overg* (zich) afzonderen, afscheiden

segregation [segri'geiʃən] *znw* afzondering, afscheiding, segregatie

seigniorage ['seinjəridʒ] *znw* hist [vorstelijk] voorrecht *o*

seigniory *znw* hist heerlijkheid

seine [sein] *znw* zegen [treknet]

seismic ['saizmik] *bn* aardbevings-

seismograph ['saizməgra:f] *znw* seismograaf

seismology [saiz'mɔlədʒi] *znw* seismologie

seismometer [saiz'mɔmitə] *znw* seismometer

seize [si:z] **I** *overg* (aan)grijpen, (beet)pakken, vatten; in beslag nemen, beslag leggen op, (in bezit) nemen, bemachtigen, opbrengen [schip]; aantasten; bevangen; scheepv sjorren; *~d by apoplexy* door een beroerte getroffen; *~d with fear* door vrees aangegrepen; **II** *onoverg* techn vastlopen (ook: ~ *up*); med verstijven; ~ *(up)on* (gretig) aangrijpen, zich meester maken van[2]

seizure ['si:ʒə] *znw* bezitneming; beslaglegging; arrestatie; (plotselinge) aanval; beroerte; overmeestering

seldom ['seldəm] *bijw* zelden

select [si'lekt] **I** *bn* uitgekozen, uitgezocht, uitgelezen; keurig, fijn, chic; **II** *overg* (uit)kiezen, uitzoeken, selecteren

selection *znw* keur, keuze; selectie; *~s* ook: uitgezochte stukken

selective *bn* selectief

selector *znw* (uit)kiezer, sorteerder; sp lid *o* van een keuzecommissie

selenology [seli'nɔlədʒi] *znw* maankunde

self [self] *znw* (*mv*: selves [selvz]) (zijn) eigen persoon; ego *o*, ik(heid); eigenliefde; *the consciousness of ~* het zelfbewustzijn; *love of ~* eigenliefde; *my better ~* mijn beter ik; *my former ~* wat ik was, de oude; *he is quite his old ~* hij is weer helemaal de oude; *his other (second) ~* zijn andere ik; *my poor ~* mijn persoontje

self-absorbed *bn* egocentrisch

self-abuse *znw* masturbatie

self-acting *bn* automatisch

self-adhesive *bn* zelfklevend, zelfplakkend

self-adjusting *bn* zichzelf stellend of regulerend

self-addressed envelope *znw* envelop met het eigen adres erop [t.b.v. retourzending]
self-appointed *bn* zich uitgevend voor [koning &]; zichzelf gesteld [taak]
self-assertion *znw* geldingsdrang; zelfbewustheid, aanmatiging
self-assertive *bn* uiterst zelfverzekerd; aanmatigend
self-assurance *znw* zelfverzekerdheid
self-assured *bn* zelfverzekerd
self-catering I *znw* (hotel)accommodatie met keuken; **II** *bn* [accomodatie] met kookgelegenheid
self-centred *bn* egocentrisch
self-complacent *bn* zelfvoldaan
self-conceit *znw* verwaandheid
self-conceited *bn* verwaand
self-confessed *bn* openlijk, onverholen
self-confidence *znw* zelfvertrouwen *o*
self-confident *bn* op zichzelf vertrouwend, zelfbewust; zeker, overtuigd
self-conscious *bn* **1** (met zijn figuur) verlegen, schuchter, onzeker; **2** zich van zichzelf bewust
self-contained *bn* zichzelf genoeg zijnd; eenzelvig, gereserveerd; op zichzelf staand; vrij(staand) [huis]; techn compleet
self-contradictory *bn* tegenstrijdig, zichzelf tegensprekend
self-control *znw* zelfbeheersing
self-deception *znw* zelfbedrog *o*
self-defeating *bn* averechts, contraproductief
self-defence *znw* zelfverdediging, noodweer
self-denial *znw* zelfverloochening
self-determination *znw* zelfbeschikking
self-discipline *znw* zelfdiscipline
self-doubt *znw* onzekerheid, twijfel aan zichzelf
self-drive (car hire) *znw* autoverhuur zonder chauffeur
self-educated *bn*: ~ *man* autodidact
self-effacement *znw* bescheidenheid; terughoudendheid
self-effacing *bn* bescheiden; terughoudend
self-employed *bn* handel zelfstandig; *the* ~ de kleine zelfstandigen
self-esteem *znw* gevoel *o* van eigenwaarde, zelfgevoel *o*
self-evident *bn* duidelijk; vanzelfsprekend
self-examination *znw* gewetensonderzoek *o*
self-existent *bn* zelfstandig bestaand
self-explanatory *bn* voor zichzelf sprekend
self-expression *znw* zelfuitdrukking, zelfexpressie, zelfontplooiing
self-forgetful *bn* onzelfzuchtig
self-fulfilling *bn* zichzelf vervullend
self-governing *bn* autonoom, zichzelf besturend
self-government *znw* autonomie, zelfbestuur *o*
self-help *znw* zelfredzaamheid, het zichzelf helpen
self-importance *znw* eigendunk, gewichtigheid, ingebeeldheid
self-important *bn* gewichtig (doend), verwaand
self-imposed *bn* zichzelf opgelegd
self-indulgence *znw* genotzucht
self-indulgent *bn* genotzuchtig, gemakzuchtig
self-inflicted *bn* door zichzelf toegebracht/teweeggebracht
self-interest *znw* eigenbelang *o*
self-interested *bn* baatzuchtig
selfish *bn* zelfzuchtig, baatzuchtig, egoïstisch
selfishness *znw* zelfzucht, baatzucht, egoïsme *o*
selfless *bn* onbaatzuchtig
self-love *znw* eigenliefde
self-made *bn* eigengemaakt, door eigen inspanning; *a* ~ *man* een selfmade man
self-opinion *znw* ingebeeldheid, eigenwaan
self-opnionated *bn* ingebeeld, eigenwijs
self-pity *znw* zelfbeklag *o*, zelfmedelijden *o*
self-portrait *znw* zelfportret *o*
self-possessed *bn* kalm, beheerst
self-possession *znw* zelfbeheersing
self-praise *znw* eigen lof; ~ *is no recommendation* eigen lof (roem) stinkt
self-preservation *znw* zelfbehoud *o*
self-raising flour *znw* zelfrijzend bakmeel *o*
self-realization *znw* zelfontplooiing
self-registering *bn* automatisch registrerend
self-reliant *bn* niet op een ander aangewezen zijnd
self-respect *znw* zelfrespect *o*
self-respecting *bn* zichzelf respecterend
self-righteous *bn* eigengerechtigd
self-sacrifice *znw* zelfopoffering
self-same *bn* dezelfde, identiek
self-satisfied *bn* zelfvoldaan
self-seeking I *znw* zelfzucht; **II** *bn* zelfzuchtig
self-service I *znw* zelfbediening; **II** *bn* zelfbedienings-
self-starter *znw* auto automatische starter, zelfstarter; fig zelfstandige, ambitieuze medewerker
self-styled *bn* zich noemend, zogenaamd
self-sufficiency *znw* zelfstandigheid; autarkie; zelfgenoegzaamheid
self-sufficient *bn* zelfstandig; autarkisch; zelfgenoegzaam
self-supporting *bn* zichzelf bedruipend, in eigen behoeften voorziend
self-taught *bn* zelf geleerd; voor zelfonderricht; *a* ~ *man* een autodidact
self-will *znw* eigenzinnig-, koppigheid
self-willed *bn* eigenzinnig, koppig
1 sell [sel] (sold; sold) **I** *overg* verkopen (ook = aan de man brengen, ingang doen vinden, populair maken); verraden; slang beetnemen; ~ *oneself* fig zichzelf verkopen, zichzelf aanprijzen; ~ *oneself short* zichzelf slecht verkopen, zich te kort doen; ~ *sbd. a pup* iem. knollen voor citroenen verkopen; ~ *by auction* veilen; ~ *sbd. down the river* iem. als een baksteen laten vallen, iem. een loer draaien; ~ *off* (uit)verkopen; ~ *sbd. on* slang iem. winnen voor;

be sold on ingenomen zijn met, wild zijn van; ~ *out* verkopen; liquideren; ~ *up* iems. boeltje laten verkopen; **II** *onoverg & abs ww* verkopen, verkocht worden; ~ *well* (veel) aftrek vinden; ~ *like hot cakes* als warme broodjes over de toonbank gaan; ~ *out* uitverkocht raken; *be (have) sold out of* niet meer in voorraad hebben; ~ *out to* gemeenz gemene zaak maken met; zichzelf verkwanselen aan, overlopen naar; ~ *up* opheffingsuitverkoop houden, zijn zaak sluiten; zie ook: *arrive*

2 sell [sel] *znw*: *hard (soft)* ~ agressieve (beschaafde) verkoop(methode); agressief (gemoedelijk) reclamepraatje *o*

sell-by date *znw* uiterste verkoopdatum

seller *znw* verkoper; ~*'s market* handel verkopersmarkt

selling point *znw* pluspunt *o*, (bijkomend) voordeel *o*

selling price *znw* verkoopprijs

sellotape ['selouteip] **I** *znw* plakband *o*; **II** *overg* met plakband bevestigen

sell-out *znw* gemeenz verraad *o*; uitverkochte zaal (voorstelling &), succes(stuk) *o*

selvage, **selvedge** ['selvidʒ] *znw* zelfkant

selves [selvz] *mv* v. *self*

semantic [si'mæntik] *bn* semantisch

semantics *znw* semantiek

semaphore ['seməfɔ:] *znw* semafoor, seinpaal

semasiology [simeisi'ɔlədʒi] *znw* = *semantics*

semblance ['sembləns] *znw* schijn, gelijkenis, voorkomen *o*

semen ['si:men] *znw* sperma *o*, zaad *o*

semester [si'mestə] *znw* Am semester *o*, halfjaar *o*

semi ['semi] **I** *voorv* (in samenst.) half-; **II** *bn* min of meer, zo'n beetje; **III** *znw* Am half-vrijstaand huis *o*

semibreve *znw* muz hele noot

semicircle *znw* halve cirkel

semicircular *bn* halfrond

semicolon *znw* puntkomma

semi-conductor *znw* halfgeleider

semi-conscious *bn* halfbewust

semi-detached *bn* half-vrijstaand

semifinal *znw* halve finale

semi-finalist *znw* deelnemer aan de halve finale, halve-finalist

semi-finished *bn* = *semi-manufactured*

semilunar *bn* halvemaanvormig

semi-manufactured *bn*: ~ *article* halffabrikaat *o*

seminal ['si:minl] *bn* van het zaad; zaad-, kiem-, grond-; vol mogelijkheden voor de toekomst

seminar ['semina:] *znw* werkcollege *o*; seminar

seminarist *znw* seminarist

seminary *znw* RK seminarie *o*; vero (kweek)school

semi-official [semiə'fiʃəl] *bn* officieus

semi-precious *bn*: ~ *stone* halfedelsteen

semiquaver *znw* muz zestiende noot

semi-skilled *bn* halfgeschoold

Semite ['si:mait, 'semait] *znw* Semiet

Semitic [si'mitik] *bn* Semitisch

semitone ['semitoun] *znw* muz halve toon

semi-trailer *znw* auto oplegger

semivowel *znw* halfklinker

semolina [semə'li:nə] *znw* griesmeel *o*

sempiternal [sempi'tə:nəl] *bn* plechtig eeuwig(durend)

sempstress ['sem(p)stris] *znw* = *seamstress*

senate ['senit] *znw* senaat, raad

senator ['senətə] *znw* raadsheer; senator

senatorial [senə'tɔ:riəl] *bn* senatoriaal, senaats-

1 send [send] (sent; sent) **I** *overg* zenden, (uit-) sturen, uit-, over-, af-, verzenden; jagen, schieten, slaan, gooien, trappen &; slang in extase brengen, meeslepen; *these words sent him crazy (mad, off his head)* deze woorden maakten hem dol; *the blow sent him tumbling* de slag deed hem tuimelen; *(God) ~ her victorious* God make haar overwinnend; **II** *onoverg* zenden; ~ *sbd. about his business* iem. de laan uitsturen, iem. afpoeieren; ~ *away* wegzenden; ~ *away for* bestellen (per post); ~ *back* terugzenden; ~ *down* naar beneden zenden; wegzenden [student]; naar beneden doen gaan [temperatuur]; ~ *for* laten halen (komen), ontbieden, zenden om; ~ *forth* uitzenden; verspreiden, afgeven [een geur]; krijgen [bladeren]; ~ *in* inzenden; afgeven [kaartje]; inzetten [leger, politie]; ~ *in one's name* zich laten aandienen; ~ *off* wegzenden; verzenden; uitgeleide doen [persoon]; sp uit het veld sturen; ~ *off for* = *send away for*; ~ *on* doorzenden; ~ *out* (uit)zenden, rondzenden; verspreiden [geur]; krijgen [bladeren]; ~ *round* laten rondgaan [schaal &], (rond)zenden; ~ *up* naar boven zenden; lanceren; gemeenz voor de gek houden; parodiëren, persifleren

2 send [send] *znw* golfbeweging, stuwkracht

sender *znw* zender, af-, inzender

send-off *znw* attentie of huldiging bij iemands vertrek; *give sbd. a (warm) ~* iem. feestelijk uitgeleide doen

send-up *znw* gemeenz parodie, persiflage

Senegal [seni'gɔ:l] *znw* Senegal *o*

Senegalese [senigə'li:z, -gɔ:'li:z] *znw* (*mv* idem) & *bn* Senegalees

senescent [si'nesənt] *bn* oud wordend

seneschal ['seniʃəl] *znw* hist hofmeier

senile ['si:nail] *bn* seniel, ouderdoms-

senility [si'niliti] *znw* seniliteit, ouderdom(szwakte)

senior ['si:njə] **I** *bn* ouder, oudste (in rang), senior; hoog, hoger, hoofd- [v. ambtenaren, officieren &]; ~ *citizen* vijfenzestigplusser; ~ *clerk* eerste bediende; **II** *znw* oudere (persoon, leerling, officier); oudste in rang; *he is my ~ (by a year)* hij is (een jaar) ouder dan ik

seniority [si:ni'ɔriti] *znw* **1** anciënniteit; **2** status, superioriteit; *by ~* naar anciënniteit

senna ['senə] *znw* **1** plantk cassia, seneplant; **2** gedroogde senebladeren; ~ *pod* senepeul

sensation [sen'seiʃən] *znw* gewaarwording, gevoel *o*, aandoening; opzien *o*, opschudding, sensatie; *cause (create, make) a* ~ opzien baren, opschudding teweegbrengen

sensational *bn* sensationeel, opzienbarend, geweldig, verbluffend; sensatie- [krant &]; gewaarwordings-, gevoelend

sensationalism *znw* zucht naar sensatie, sensatie(-gedoe *o*); sensualisme *o*

sensationalist [sen'seiʃənəlist] **I** *znw* op sensatie belust persoon, sensatiezoeker; **II** *bn* sensatie- [pers &]

sense [sens] **I** *znw* gevoel *o*, zin° (ook = betekenis); zintuig *o*; verstand *o*; besef *o*; begrip *o*; gevoelen *o*; ~*s* zinnen; verstand *o*; *common* ~ gezond verstand *o*; *sixth* ~ zesde zintuig *o*; ~ *of beauty* zin voor het schone, schoonheidsgevoel *o*; *he had the (good)* ~ *to...* hij was zo verstandig om...; *there is no* ~ *in...* het heeft geen zin om...; *what is the* ~ *of...?* wat voor zin heeft het om...?; *bring sbd. to his* ~*s* iem. tot bezinning brengen; *he lost his* ~*s* hij werd gek; *make* ~ iets betekenen, zinnig zijn; *make* ~ *of sth.* uit iets wijs worden; *have you taken leave of your* ~*s?* ben je niet goed (wijs)?; *talk* ~ verstandig praten; *from a* ~ *of duty* uit plicht(s)besef, uit plicht(s-) gevoel; *in a (certain)* ~, *in some* ~ in zekere zin; *in every* ~ ook: in ieder opzicht; *in the narrow* ~ in engere zin; *in no* ~ in het geheel niet; *no man in his* ~*s* niemand, die zijn zinnen goed bij elkaar heeft, geen zinnig mens; *he is not quite in his* ~*s* hij is niet goed bij zijn zinnen; *a man of* ~ een verstandig man; *be out of one's* ~*s* niet goed (bij zijn zinnen) zijn; buiten zichzelf zijn; *be frightened out of one's* ~*s* half dood zijn van de schrik; *come to one's* ~*s* bijkomen, weer tot bewustzijn komen; fig tot inkeer komen; **II** *overg* gewaarworden, merken; begrijpen; fig ruiken [gevaar, bedrog &]

senseless *bn* zinloos; bewusteloos; onverstandig; onzinnig, dwaas

sense-organ *znw* zintuig *o*

sensibility [sensi'biliti] *znw* sensibiliteit, gevoeligheid, gevoel *o*, ontvankelijkheid; lichtgeraaktheid, overgevoeligheid

sensible ['sensibl] *bn* verstandig; praktisch [kleding &]; waarneembaar

sensibly *bijw* v. *sensible*; ook: erg, zeer

sensitive ['sensitiv] **I** *bn* (fijn)gevoelig, teergevoelig, sensibel; gevoels-; ~ *plant* kruidje-roer-me-niet *o* (*Mimosa pudica*); ~ *subject* teer (pijnlijk) onderwerp *o*; **II** *znw* sensitief persoon, medium *o*, paragnost

sensitiveness *znw* gevoeligheid

sensitivity [sensi'tiviti] *znw* gevoeligheid

sensitization [sensitai'zeiʃən] *znw* sensibilisatie, gevoelig maken *o*

sensitize ['sensitaiz] *overg* sensibiliseren, gevoelig maken

sensor ['sensə] *znw* sensor

sensorial [sen'sɔ:riəl] *bn* zintuiglijk, gevoels-

sensorium [sen'sɔ:riəm] *znw* (*mv*: -s *of* sensoria [-riə]) zetel der gewaarwordingen; bewustzijn *o*

sensory ['sensəri] *bn* zintuiglijk

sensual ['sensjuəl] *bn* zinnelijk, sensueel

sensualism *znw* zinnelijkheid, wellust

sensualist *znw* zinnelijk mens, sensualist

sensuality [sensju'æliti] *znw* zinnelijkheid, sensualiteit

sensuous ['sensjuəs] *bn* zinnelijk

sent [sent] V.T. & V.D. van [1]*send*

sentence ['sentəns] **I** *znw* vonnis *o*, gerechtelijke beslissing; (vol)zin; ~ *of death* doodvonnis *o*; *under* ~ *of death* ter dood veroordeeld; **II** *overg* vonnissen, veroordelen (ook: *give* ~)

sententious [sen'tenʃəs] *bn* opgeblazen, bombastisch, banaal

sentient ['senʃənt] *bn* gewaarwordend, gevoelhebbend; (ge)voelend; gevoels-

sentiment ['sentimənt] *znw* gevoel *o*, ook: gevoeligheid; sentimentaliteit; gevoelen *o*, mening

sentimental [senti'mentl] *bn* sentimenteel; op gevoelsoverwegingen gegrond, gevoels-

sentimentalism *znw* sentimentaliteit, sentimenteel gedoe *o*

sentimentalist *znw* sentimenteel iemand

sentimentality [sentimen'tæliti] *znw* overdreven gevoeligheid, sentimentaliteit

sentimentalize [senti'mentəlaiz] **I** *onoverg* sentimenteel doen; **II** *overg* sentimenteel maken

sentinel ['sentinl], **sentry** ['sentri] *znw* schildwacht, wacht

sentry-box *znw* schilderhuisje *o*

sepal ['sepəl] *znw* kelkblad *o*

separable ['sepərəbl] *bn* scheidbaar

separate I *bn* ['sepərit] (af)gescheiden, afzonderlijk, apart; *go their* ~ *ways* ieder zijn eigen weg gaan; *three* ~ *times* drie verschillende keren; **II** *znw*: ~*s* kledingstukken die tezamen, maar ook apart gedragen kunnen worden; **III** *overg* ['sepəreit] scheiden, afscheiden, afzonderen, verdelen; [in factoren] ontbinden; **IV** *onoverg* scheiden (van *from*), weg-, heengaan; uiteengaan, elk zijns weegs gaan; zich afscheiden, loslaten; schiften [melk]

separation [sepə'reiʃən] *znw* afscheiding, scheiding, afzondering; *(legal)* ~ scheiding van tafel en bed; ~ *allowance* alimentatie

separatism ['sepərətizm] *znw* separatisme *o*

separatist ['sepərətist] **I** *znw* separatist: voorstander van afscheiding; afgescheidene; **II** *bn* separatistisch, van de separatisten

separator *znw* separator, afscheider; vooral melkcentrifuge

sepia ['si:pjə] *znw* sepia

sepoy ['si:pɔi] *znw* hist sepoy: inlands soldaat in het Brits-Indische leger

sepsis ['sepsis] *znw* med bloedvergiftiging

September [sep'tembə] *znw* september

septennial [sep'tenjəl] *bn* zevenjarig; zevenjaarlijks
septet(te) [sep'tet] *znw* septet *o*
septic ['septik] *bn* septisch, bederf veroorzakend, rotting bevorderend; ~ *tank* rottingsput
septuagenarian [septjuədʒi'nɛəriən] *bn (znw)* zeventigjarig(e)
septum ['septəm] *znw* (*mv*: septa [-tə]) septum *o*: tussenschot *o*
septuple ['septjupl] **I** *bn* zevenvoudig; **II** *znw* zevenvoud *o*; **III** *overg* verzevenvoudigen
sepulchral [si'pʌlkrəl] *bn* graf-; begrafenis-; somber
sepulchre, Am **sepulcher** ['sepəlkə] *znw* graf *o*, grafkelder
sepulture ['sepəltʃə] *znw* plechtig teraardebestelling
sequacious [si'kweiʃəs] *bn* volgzaam, gedwee; logisch volgend, consequent
sequel ['si:kwəl] *znw* gevolg *o*, resultaat *o*, vervolg *o*, naspel *o*, nawerking
sequence ['si:kwəns] *znw* volgorde, op(een)volging, (volg)reeks; gevolg *o*; (logisch) verband *o*; kaartsp suite, volgkaarten; scène [v. film]; RK sequentie; muz sequens; gramm overeenstemming (der tijden)
sequent, **sequential** [si'kwenʃəl] *bn* (opeen-) volgend
sequester [si'kwestə] *znw* afzonderen; recht in bewaarderhand stellen; beslag leggen op; ~*ed* ook: afgelegen, eenzaam, teruggetrokken
sequestrate [si'kwestreit] *znw* = *sequester* recht
sequestration [si:kwes'treiʃən] *znw* recht beslaglegging, sekwestratie
sequestrator ['si:kwestreitə] *znw* sekwester
sequin ['si:kwin] *znw* lovertje *o* [als versiersel]
sequoia [si'kwɔiə] *znw* Am reuzenpijnboom
seraglio [se'ra:liou] *znw* (*mv*: -s) serail *o*, harem
serai [se'rai] *znw* karavansera(i)
seraph ['serəf] *znw* (*mv*: -s *of* seraphim [-fim]) seraf(ijn)
seraphic [se'ræfik, sə'ræfik] *bn* serafijns, engelachtig
seraphim ['serəfim] *mv* v. *seraph*
Serb [sə:b] **I** *bn* Servisch; **II** *znw* Serviër
Serbia *znw* Servië *o*
Serbian I *bn* Servisch; **II** *znw* Serviër; Servisch *o*
Serbo-Croat ['sə:bou'krouæt] *bn (znw)* Servo-Kroatisch (*o*)
sere [siə] *bn* = *sear I*
serenade [seri'neid] **I** *znw* serenade; **II** *overg* een serenade brengen
serendipity [serən'dipiti] *znw* serendipiteit: de gave onverwachts iets goeds te ontdekken
serene [si'ri:n] *bn* kalm, onbewogen; helder, klaar, onbewolkt; vredig, sereen; doorluchtig
serenity [si'reniti] *znw* helderheid, klaarheid; kalmte, sereniteit; doorluchtigheid
serf [sə:f] *znw* lijfeigene, horige; fig slaaf
serfdom *znw* lijfeigenschap, horigheid; fig slavernij
serge [sə:dʒ] *znw* serge
sergeant ['sa:dʒənt] *znw* mil sergeant; wachtmeester [bij bereden wapens]; brigadier (van politie)
sergeant-at-arms *znw* (ook: *serjeant-at-arms*) intendant van het Hoger- en Lagerhuis
sergeant-major *znw* sergeant-majoor, opperwachtmeester
serial ['siəriəl] **I** *bn* tot een reeks of serie behorende [vooral tijdschriften], in afleveringen verschijnend, vervolg-, serie-; muz serieel, twaalftoon-, dodecafonisch; ~ *number* serie-, volgnummer *o*; ~ *killer* seriemoordenaar; ~ *port* comput seriële poort; ~ *story* vervolgverhaal *o*, feuilleton *o & m*; **II** *znw* vervolgverhaal *o*, feuilleton *o & m*; RTV serie
serialization *znw* uitgave/uitzending als feuilleton/serie
serialize *overg* in afleveringen laten verschijnen
serially *bijw* in serie; in afleveringen, in vervolgen, als feuilleton
seriate ['si:rieit] *bn* in reeksen of rijen
seriatim [siəri'eitim] *bijw* in geregelde volgorde; achter elkaar, punt voor punt
sericulture ['serikʌltʃə] *znw* zijdeteelt
series ['siəri:z] *znw* (*mv* idem) serie, reeks, opeenvolging, rij
serif ['serif] *znw* op-, neerhaal [bij schrijven]
serio-comic ['siəriou'kɔmik] *bn* half ernstig, half grappig; quasi-ernstig
serious ['siəriəs] *bn* ernstig (gemeend); in ernst; belangrijk, gewichtig; degelijk, bedachtzaam; bedenkelijk; serieus; vroom; *I am* ~ ik meen het; *matters begin to look* ~ het begint er bedenkelijk uit te zien
seriously *bijw* ernstig, in (volle) ernst; *take* ~ ernstig (au sérieux) nemen
serious-minded *bn* ernstig, serieus [v. personen]
seriousness *znw* ernst; ernstigheid, bedenkelijkheid
serjeant ['sa:dʒənt] *znw* = *sergeant*
sermon ['sə:mən] *znw* preek[2], sermoen[2] *o*, vermaning; *the S~ on the Mount* bijbel de Bergrede
sermonize I *onoverg* prediken, geringsch preken; **II** *overg* een preek houden tot, bepreken, kapittelen
serous ['siərəs] *bn* wei-, waterachtig
serpent ['sə:pənt] *znw* slang[2]
serpent-charmer *znw* slangenbezweerder
serpentine ['sə:pəntain] **I** *bn* slangachtig, slangen-; kronkelend; fig listig, vals; ~ *windings* kronkelingen[2], kronkelpaden [van de politiek]; **II** *znw* serpentijnsteen *o & m*; *the S~* de Serpentinevijver in het Hyde Park; **III** *onoverg* zich slingeren, kronkelen
serrated [se'reitid] *bn* zaagvormig; plantk gezaagd
serried ['serid] *bn* (aaneen)gesloten [rijen]
serum ['siərəm] *znw* (*mv*: -s *of* sera [-rə]) serum *o*, entstof, bloedwei
servant ['sə:vənt] *znw* knecht, bediende, dienstbode, meid; dienaar, dienares; mil oppasser; beambte, ambtenaar; *civil* ~ (burgerlijk) ambtenaar; *your (humble)* ~ uw (onderdanige) dienaar; *the ~s'*

hall de dienstbodenkamer

servant-girl *znw* dienstmeisje *o*, -meid

serve [sə:v] **I** *overg* dienen; bedienen, van dienst zijn; dienst doen, dienstig zijn, baten, helpen, voldoende zijn voor; opdienen, opdoen [eten], schenken [drank]; behandelen; sp serveren [tennis &]; ~ *him right, it ~s him right!* net goed!, zijn verdiende loon!; *~d by bus* bereikbaar per bus; *if my memory ~s me right* als mijn geheugen me niet bedriegt; ~ *a need* in een behoefte voorzien; ~ *one's purpose* geschikt (goed) zijn voor iems. doel; *he (it) has ~d his (its) purpose* hij (het) heeft zijn dienst gedaan; ~ *no earthly purpose* nergens toe dienen; ~ *the purpose* aan het doel beantwoorden; ~ *the purpose of...* dienst doen als...; ~ *a sentence* een straf uitzitten; ~ *one's time* zijn tijd uitdienen; zijn straf uitzitten; ~ *a summons, warrant, writ on sbd.* recht iem. een exploot betekenen; ~ *out* uitdelen [proviand], uitgeven [levensmiddelen]; ~ *sbd. out* fig met iem. afrekenen; ~ *out one's time* zijn tijd uitzitten (uitdienen); ~ *tea round* de thee ronddienen; ~ *up* opdienen; ~ *with* voorzien van, bedienen van; [iem. een exploot] betekenen; **II** *onoverg* dienen°, dienst doen (als, tot *as, for*); serveren [tennis]; dienstig (gunstig) zijn; ~ *at table* tafeldienen; ~ *on a committee* in een commissie zitting hebben; ~ *on the jury* lid zijn van de jury; **III** *znw* sp service, serveren *o* [tennis]

server *znw* (mis)dienaar; presenteerblad *o*; schep [v. taart &]; diencouvert *o*; sp serveerder [tennis]

service I *znw* **1** dienst, dienstbaarheid, nut *o*; bediening; verzorging, onderhoud *o* [v. auto, radio &]; service; (openbaar) bedrijf *o*; sp serveren *o*, beginslag [tennis]; recht betekening; kerkdienst; kerkmuziek; (kerk)formulier *o*; servies *o* **2** plantk peerlijsterbes; *be of* ~ nuttig zijn, zijn dienst bewijzen; *the* ~ ook: het leger, de vloot, de luchtmacht; *the (armed) ~s* de strijdkrachten; *active* ~ actieve dienst; *civil* ~ overheidsdienst; ambtenarenapparaat *o*; *national* ~ militaire dienst, dienstplicht; *at your* ~ tot uw dienst; **II** *bn* mil militair (bijv. ~ *aviation* militaire luchtvaart); dienst-; ~ *door* personeelsingang, deur voor het personeel; **III** *overg* bedienen; verzorgen, nazien, onderhouden [auto]; dekken *o* [v. dieren]

serviceable *bn* dienstig, bruikbaar, nuttig, geschikt, praktisch

service book *znw* gebeden-, gezangenboek *o*

service charge *znw* bedieningsgeld, -toeslag; servicekosten

service dress *znw* mil uniform *o & v*

service-flat *znw* verzorgingsflat

service hatch *znw* dienluik *o*; doorgeefluik *o*

service industries *znw mv* dienstverlenende bedrijven

service line *znw* sp serveerlijn [tennis]; elektr dienstleiding

serviceman ['sə:vismən] *znw* **1** militair, gemobiliseerde; **2** Am monteur

service road *znw* ventweg

service-station *znw* servicestation *o*

servicewoman *znw* vrouwelijk lid *o* van de strijdkrachten

servicing *znw* regelmatig onderhoud *o* [v. auto, machine &]

serviette [sə:vi'et] *znw* servet *o*

servile ['sə:vail] *bn* slaafs, kruiperig, serviel

servility [sə:'viliti] *znw* slaafsheid, serviliteit

serving ['sə:viŋ] *znw* **1** het bedienen, bediening; **2** portie

servitor ['sə:vitə] *znw* vero dienaar, bediende

servitude ['sə:vitju:d] *znw* dienstbaarheid, knechtschap *o*, slavernij; *penal* ~ dwangarbeid

servomechanism [sə:vou'mekənizm] *znw* hulpmechanisme *o*

sesame ['sesəmi] *znw* sesamkruid *o*, sesamzaad *o*; *open* ~ Sesam open u^2

session ['seʃən] *znw* zitting, zittijd, sessie; onderw academiejaar *o*, Am & Schots trimester *o*, Am schooltijd; *be in* ~ zitting houden

sessional *bn* zittings-

1 set [set] (set; set) **I** *overg* zetten, plaatsen, stellen, leggen; brengen; richten, schikken, bezetten, afzetten, omboorden; opzetten [vlinders]; vatten, inzetten, planten, poten; gelijkzetten [klok]; klaarzetten; op elkaar klemmen [tanden, lippen]; vaststellen, bepalen; opgeven [vraagstuk, werk]; uitzetten [wacht, netten]; bijzetten [een zeil]; aanzetten [scheermes]; aangeven [toon, maat, pas]; watergolven [het haar]; ~ *the table* (de tafel) dekken; ~ *going* aan de gang brengen of maken; in omloop brengen [praatjes]; ~ *thinking* tot nadenken brengen; *the novel is ~ in...* de roman speelt in...; **II** *onoverg* zich zetten [v. vrucht]; stollen; dik, hard, vast worden; ondergaan [zon]; (blijven) staan [jachthond]; zitten, vallen [v. kledingstuk]; gaan (in zekere richting); ~ *about it* er aan beginnen; *how you ~ about it* hoe je het aanpakt (doet); ~ *about sbd.* gemeenz iem. aanvallen; ~ *against* plaatsen (stellen) tegenover; onderscheiden (van *from*); opzetten tegen; ~ *oneself against* zich verzetten tegen; *be ~ against...* gekant zijn tegen...; ~ *apart* ter zijde zetten (leggen), afzonderen, reserveren, bestemmen (voor *for*); ~ *aside* ter zijde leggen, opzij zetten, sparen; buiten beschouwing laten; reserveren; buiten werking stellen, verwerpen, vernietigen; ~ *back* terugzetten; achteruitzetten; gemeenz kosten [iem. een hoop geld]; ~ *by* ter zijde leggen; ~ *one's watch by...* zijn horloge gelijkzetten met...; ~ *down* neerzetten; [iem. ergens] afzetten; opschrijven, optekenen; ~ *down as* beschouwen als, houden voor; ~ *down to* toeschrijven aan; ~ *forth* uiteenzetten, opsommen, vermelden; ~ *forth (on one's journey)* op reis gaan, er op uittrekken; ~ *free* vrijlaten; ~ *in* intreden [jaargetij, reactie], invallen [duisternis]; ~ *off* uit-, afzetten [hoeken]; afscheiden; doen uitkomen [kleur &]; vertrekken; aan de gang maken; doen afgaan [vuurwapen], tot ontploffing brengen; goedmaken, compenseren; ~ *off against* stellen tegenover; laten opwegen tegen; ~ *on* aanzetten, op-, aanhitsen; aanvallen; *be ~ on* verzot zijn op; vastbesloten zijn tot; ~ *out* op reis gaan, zich op weg begeven, zich opmaken, vertrekken; uitzetten [een hoek]; klaarleggen, klaarzetten [theegerei]; uitstallen; uiteenzetten [redenen &], opsommen [grieven]; versieren (met *with*); ~ *out in business* een zaak beginnen; ~ *out to...* het er op aanleggen, zich ten doel stellen, trachten te...; ~ *to* aanpakken, van leer trekken, er op los gaan; ~ *to...* beginnen te...; *be ~ to* op het punt staan te...; ~ *one's hand to...* zijn hand zetten onder...; de hand aan het werk slaan...; aanpakken; ~ *oneself to...* zich er op toeleggen, zijn best doen om...; ~ *to work* aan het werk zetten; aan het werk gaan; ~ *up* oprichten, opstellen, opzetten, (zich) vestigen, instellen, aanstellen, benoemen; zetten [ter drukkerij]; aanheffen [geschreeuw]; weer op de been helpen [zieke]; (fysiek) op de been houden; rijk maken; slang valselijk beschuldigen; zich aanschaffen; uitrusten, voorzien (van *with*); aankomen met [eisen &]; ~ *up as* zich uitgeven voor, zich voordoen als, zich opwerpen als; ~ *up for oneself* voor zichzelf beginnen, een eigen zaak beginnen (ook: ~ *up on one's own account*); ~ *up in business* [iem.] in een zaak zetten; een zaak beginnen; ~ *up home in* gaan wonen in; ~ *up shop* een bedrijf beginnen; *well ~ up* goed gebouwd; ~ *upon* zie ~ *on*

2 set [set] **I** *bn* gezet; zich vastgezet hebbend; strak, stijf, onveranderlijk; vast; bepaald; *(all) ~* (kant-en-)klaar (voor *for*; om te *to*); ~ *fair* bestendig [v. weer]; ~ *piece* groot stuk *o* [v. vuurwerk, verlichting &]; decor *o* [v. film]; ~ *square* tekendriehoek; **II** *znw* (zich) zetten *o*; verzakking [v. grond]; zitten *o* [v. kledingstuk], snit; houding [v. hoofd &]; richting [v. getij]; ondergang [v. zon]; 'staan' *o* [v. jachthond]; plantk stek, loot, zaailing; stel *o*, spel *o*, servies *o*, TV toestel *o*, garnituur *o*, span *o*, ploeg, partij, reeks; wisk verzameling; set [bij tennis]; watergolf, permanent; toneelschikking, toneel *o*; decor *o* [v. film], studiohal; kring, troep, geringsch kliek, bende; straatkei; dassenhol *o*; *a ~ of teeth* een (kunst)gebit *o*; *make a dead ~ at* het gemunt hebben op, z'n zinnen gezet hebben op; woedend aanvallen op; *on the ~* (bij de opname) in de studio

set-back *znw* teruggang, instorting; tegenslag, fig klap

set-off ['set'ɔ:f] *znw* versiering; tegenhanger; tegenstelling; compensatie

sett [set] *znw* straatkei; dassenhol *o*

settee [se'ti:] *znw* canapé, sofa, bank

setter ['setə] *znw* dierk setter [hond]; zetter

setting ['setiŋ] *znw* zetten *o*; montering; muz toonzetting; omgeving, achtergrond; couvert *o*; stand [v. thermostaat &]; montuur *o* & *v*; ~ *lotion* haarversteviger

1 settle ['setl] *znw* zitbank met hoge leuning

2 settle ['setl] **I** *overg* vestigen; installeren; vaststellen; vastzetten (op *on*); tot bedaren brengen; doen bezinken, klaren; in orde brengen, uitmaken, afdoen, vereffenen, betalen, schikken, regelen, bijleggen, uit de wereld helpen, oplossen, beklinken [zaak]; koloniseren [land]; bezorgen [zijn kinderen]; zijn bekomst (zijn vet) geven; ~ *accounts*, ~ *up* afrekenen; **II** *wederk*: ~ *oneself* zich vestigen; gaan zitten, zich installeren; ~ *oneself to* zich zetten tot; **III** *onoverg* zich vestigen; zich (neer)zetten, gaan zitten; zich installeren; neerdalen; in-, beklinken [metselwerk]; (ver)zakken, bezinken [oplossingen]; vast worden; tot bedaren komen, bedaren; besluiten (tot *on*); afrekenen (ook: ~ *up*), betalen; ~ *down* zich vestigen; zich installeren; tot rust komen, bedaren; een geregeld leven gaan leiden, een brave burger worden; ~ *down to married life* (gaan) trouwen (ook: ~ *down in life*); ~ *for* genoegen nemen met, het houden op; ~ *in* zijn nieuwe woning betrekken; fig zich installeren; acclimatiseren; ~ *into shape* zich vormen; ~ *to work* zich aan het werk zetten; ~ *with sbd.* met iem. afrekenen

settled *bn* gevestigd; afgedaan, uitgemaakt, in kannen en kruiken; vast [van overtuigingen &]; geregeld [van levenswijs]; bezorgd [= getrouwd]; op orde [na verhuizing]

settlement *znw* vestiging; regeling, vergelijk *o*, vereffening, afrekening, liquidatie, handel rescontre; schenking, jaargeld *o*; bezinking; verzakking; kolonisatie; volksplanting, nederzetting, kolonie; (instelling voor) maatschappelijk werk *o*; (instelling ook: ~ *house*); *he had made a ~ on her* hij had geld op haar vastgezet; *in ~ of* ter vereffening van

settler *znw* kolonist

set-to ['set'tu:] *znw* gevecht *o*; kloppartij; ruzie

set-up *znw* gemeenz regeling; opbouw, bestel *o*, organisatie; situatie; slang valse beschuldiging

seven ['sevn] *telw* zeven

seven-fold *bn* zevenvoudig

seven-league boots *znw mv* zevenmijlslaarzen

seventeen *telw* zeventien

seventeenth *telw (znw)* zeventiende (deel *o*)

seventh I *telw* zevende; **II** *znw* zevende (deel *o*); muz septime

seventieth *telw (znw)* zeventigste (deel *o*)

seventy *telw* zeventig; *the seventies* de jaren zeventig; *in one's seventies* in de zeventig

sever ['sevə] **I** *overg* scheiden°, afscheiden, afhouwen, afhakken, afsnijden, afscheuren, af-, verbreken, breken; **II** *wederk*: ~ *oneself from* zich afscheiden van; **III** *onoverg* breken [touw &]

several ['sevrəl] **I** *bn* verscheiden; onderscheiden; afzonderlijk; respectief; eigen; *they went their ~ ways* plechtig zij gingen elk huns weegs; **II** *onbep vnw* verscheidene(n), vele(n)

severally *bijw* elk voor zich, ieder afzonderlijk, res-

pectievelijk
severance ['sevərəns] *znw* scheiding, af-, verbreking; ~ *pay* ontslagpremie
severe [si'viə] *bn* streng; hard; zwaar, ernstig; hevig
severely *bijw* streng &; erg; *leave ~ alone* zich ver houden van, niets te maken willen hebben met; compleet negeren [persoon]
severity [si'veriti] *znw* (ge)strengheid &
sew [sou] (sewed; sewn/sewed) *overg* naaien, aannaaien; brocheren [boek]; ~ *on* aannaaien; ~ *up* naaien (in *in*), dichtnaaien; *it's all ~n up now* fig de zaak is beklonken; *they've got the match all ~n up* gemeenz ze hebben de overwinning al in hun zak
sewage ['sju:idʒ] *znw* rioolwater *o*
sewage farm *znw* vloeiveld *o*
1 sewer ['souə] *znw* naaier, naaister
2 sewer ['sjuə] *znw* riool *o*
sewerage *znw* riolering
sewing ['souiŋ] *znw* naaien *o*, naaigoed *o*, naaiwerk *o*
sewing-machine *znw* naaimachine
sewn [soun] V.D. van *sew*
sex [seks] **I** *znw* geslacht *o*, sekse, kunne; seks, geslachtsleven *o*, geslachtsdrift, geslachtsgemeenschap; **II** *bn* seksueel, seks-; **III** *overg* seksen [kuikens &]
sexagenarian [seksədʒi'nɛəriən] *bn (znw)* zestigjarig(e)
sex appeal ['seksə'pi:l] *znw* erotische aantrekkingskracht, sex-appeal
sex education *znw* seksuele voorlichting
sexless *bn* geslachtloos; seksloos, frigide [vrouw], impotent [man]
sexologist [sek'sɔlədʒist] *znw* seksuoloog
sexology *znw* seksuologie
sexpot ['sekspɔt] *znw* gemeenz seksbom
sex shop *znw* sekswinkel, seksshop
sextain ['sekstein] *znw* zesregelig vers *o*
sextant ['sekstənt] *znw* sextant
sextet [seks'tet] *znw* muz sextet *o*
sexton ['sekstən] *znw* koster; klokkenluider; doodgraver [ook = kever]
sextuple ['sekstjupl] **I** *bn* zesvoudig; **II** *overg* verzesvoudigen
sexual ['seksjuəl] *bn* geslachtelijk, seksueel; ~ *intercourse* geslachtsgemeenschap
sexuality [seksju'æliti] *znw* seksualiteit
sexy ['seksi] *bn* sexy
Seychelles ['seiʃelz] *znw mv* Seychellen
SF *afk.* = *science fiction*
Sgt. *afk.* = *Sergeant*
sh. *afk.* = *shilling(s)*
shabby ['ʃæbi] *bn* kaal, haveloos, armzalig; sjofel; schandelijk, gemeen, min
shabby genteel *bn* kaal, maar chic
shack [ʃæk] **I** *znw* hut, blokhut; **II** *onoverg*: ~ *up with* samenwonen met, hokken met
shackle ['ʃækl] **I** *znw* boei², kluister²; techn beugel, koppeling; scheepv harp; fig belemmering; **II** *overg* boeien², kluisteren²; techn koppelen; fig belemmeren
shad [ʃæd] *znw* (*mv* idem) dierk elft
shaddock ['ʃædək] *znw* pompelmoes
shade [ʃeid] **I** *znw* schaduw; lommer *o*; schim; kap, stolp, (Am zonne)scherm *o*; (kleur)schakering², nuance, tint; zweem; *~s* gemeenz zonnebril; *a ~ better, higher (paler &)* een tikje beter, hoger (bleker &); *It's a good book. S~s of Modiano* Het is een goed boek. Het doet denken aan Modiano; *keep in the ~* zich op de achtergrond houden, zich schuilhouden; *put in(to) the ~* fig in de schaduw stellen; **II** *overg* beschutten, beschermen; afschermen [zon]; arceren; **III** *onoverg*: ~ *(off) into* geleidelijk overgaan in [v. kleuren &]
shading ['ʃeidiŋ] *znw* schakering, nuance; arcering
shadow ['ʃædou] **I** *znw* schaduw²; (schaduw)beeld *o*; afschaduwing; geest, schim; schijn, spoor *o*; *he's only a ~ of his former self* hij is nog maar een schim van wat hij vroeger was; *without a ~ of doubt* zonder de minste twijfel; *~s under one's eyes* donkere kringen onder de ogen; **II** *overg* over-, beschaduwen; als een schaduw volgen; afschaduwen (ook: *~ forth*); *he is ~ed* hij wordt geschaduwd: al zijn gangen worden nagegaan
shadow cabinet *znw* schaduwkabinet *o*
shadowy *bn* beschaduwd, schaduwrijk; schimachtig; vaag, onduidelijk; geheimzinnig
shady ['ʃeidi] *bn* schaduwrijk, beschaduwd; fig het daglicht niet kunnende verdragen, verdacht, louche, niet zuiver; clandestien; *the ~ side* de schaduwkant
shaft [ʃa:ft] *znw* schacht°; pijl²; spies; straal [v. licht]; steel; lamoenboom; techn (drijf)as; mijnschacht; (lift)koker
shag [ʃæg] *znw* ruig haar *o*; shag [tabak]; slang wip, nummertje *o*
shagged *bn* ruig; gemeenz doodop
shaggy *bn* ruig(harig), borstelig; onverzorgd
shaggy-dog story *znw* melige grap, mop zonder pointe, ± olifantenmop
shagreen [ʃæ'gri:n, ʃə'gri:n] *znw* segrijnleer *o*
shah [ʃa:] *znw* sjah
1 shake [ʃeik] (shook; shaken) **I** *overg* schudden, schokken², indruk maken op, van streek brengen, fig doen wankelen; doen schudden (trillen, beven); heen en weer schudden; uitschudden, uitslaan; (van zich) afschudden²; ~ *(hands)* elkaar de hand geven²; ~ *hands!*, ~ *(hands) on* met een handdruk bekrachtigen [koop &]; ~ *hands with* de hand drukken; ~ *one's head* het hoofd schudden (over *at, over*); ~ *a leg* gemeenz zich haasten; ~ *down* gemeenz gaan slapen; ~ *off* (van zich) afschudden; ~ *out* uitschudden, uitslaan; ~ *up* (op)schudden; fig wakker schudden, door elkaar schudden, aanporren; van streek maken; reorganiseren; **II** *onoverg* schudden, beven; trillen [stem]; fig wankelen; *~!*

gemeenz geef mij de hand!
2 shake [ʃeik] *znw* schudden *o*; schok, beving; handdruk; trilling [v. stem]; muz triller; milkshake; *the ~s* de zenuwen; *in a ~, in two ~s (of a lamb's tail)* gemeenz in een wip; *he is no great ~s* gemeenz hij is niet veel zaaks
shake-down *znw* kermisbed *o*; Am slang afpersing
shaken V.D. van [1]*shake*
shaker *znw* schudder; shaker [voor cocktails]
shake-up *znw* opschudding, omwenteling, reorganisatie
shaking *znw* schudding; *give him a good ~* schud hem eens goed door elkaar
shako ['ʃækou] *znw* sjako
shaky ['ʃeiki] *bn* beverig, onvast[2], wankel[2]; fig zwak(staand), onzeker, onsolide; waar men niet op aan kan; *look ~* er niet best uitzien
shale [ʃeil] *znw* leisteen *o & m*
shall [ʃæl, ʃ(ə)l] (should) *onoverg* zal, zullen; moet, moeten
shallop ['ʃæləp] *znw* sloep
shallot [ʃə'lɔt] *znw* sjalot
shallow ['ʃælou] **I** *bn* ondiep, laag; fig oppervlakkig; **II** *znw* (meestal *mv*): *~s* ondiepte, ondiepe plaats, zandbank; **III** *onoverg* ondiep(er) worden
shallow-minded *bn* oppervlakkig, dom
shallowness *znw* ondiepte; fig oppervlakkigheid
shalt [ʃælt, ʃ(ə)lt]: *thou ~ (not steal)* bijbel gij zult (niet stelen)
shaly ['ʃeili] *bn* leisteenachtig
sham [ʃæm] **I** *overg* veinzen (te hebben), voorwenden; **II** *onoverg* simuleren, doen alsof, zich aanstellen; *~ asleep (dead &)* zich slapend (dood &) houden; **III** *znw* voorwendsel *o*; schijn(vertoning); komedie(spel *o*); komediant, simulant; **IV** *bn* voorgewend, gefingeerd, nagemaakt, onecht, vals, schijn-; *~ door* blinde deur
shamble ['ʃæmbl] **I** *onoverg* sloffen, schuifelen; **II** *znw* sloffende gang
shambles ['ʃæmblz] *znw (mv)* bloedbad *o*; ravage, ruïne; warboel, troep
shambling ['ʃæmbliŋ] **I** *bn* sloffend, schuifelend; **II** *znw* geslof *o*, schuifelende gang
shambolic [ʃæm'bɔlik] *bn* gemeenz chaotisch
shame [ʃeim] **I** *znw* schaamte°; schande gemeenz pech; *what a ~!* ook: gemeenz wat erg!, wat jammer!; *bring ~ upon* te schande maken; *~ on you!, for ~!* foei, schaam je!; *to my ~* tot mijn schande; *put to ~* beschamen, beschaamd maken; **II** *overg* beschamen, beschaamd maken; te schande maken, schande aandoen; *~ sbd. into...* iem. door hem beschaamd te maken doen...
shamefaced *bn* schaamachtig, beschaamd, beschroomd, verlegen
shameful *bn* schandelijk
shameless *bn* schaamteloos
shammer *znw* fig komediant; simulant
shammy ['ʃæmi] *znw* (ook: *~ leather*) gemsleer *o*, zeemleer *o*, zeem *m & o*
shampoo [ʃæm'pu:] **I** *overg* shamponeren, shampooën; **II** *znw* shampoo
shamrock ['ʃæmrɔk] *znw* plantk klaver; klaverblad *o* [zinnebeeld van Ierland]
shandy ['ʃændi] *znw* shandy [bier met limonade]
shanghai [ʃæŋ'hai] *overg* scheepv slang dronken maken en dan als matroos laten aanmonsteren; fig listig overreden
shank [ʃæŋk] *znw* onderbeen *o*, scheen; steel; schacht; *~s* gemeenz benen; *on Shanks's mare, on Shanks's pony* met de benenwagen
shan't [ʃa:nt] samentrekking van *shall not*
shantung [ʃæn'tʌŋ] *znw* shantoeng *o & m*
shanty ['ʃænti] *znw* **1** hut; keet; district *o* of stadsgedeelte *o* met bouwvallige hutjes (ook: *~town*); **2** scheepv matrozenlied *o*
shape [ʃeip] **I** *overg* vormen, maken, modelleren, fatsoeneren; pasklaar maken; regelen, inrichten (naar *to*); vero scheppen; *~ the course of events* de loop der gebeurtenissen beïnvloeden; **II** *onoverg* zich vormen; een zekere vorm aannemen; zich ontwikkelen; *things are shaping well* het gaat de goede kant uit; *~ up* **1** vorderingen maken; **2** zich beter gaan gedragen; **III** *znw* vorm, gedaante, gestalte; leest; bol, blok *o*; model *o*; fatsoen *o*; conditie; *in/out of ~* in/uit vorm; *in bad ~* in slechte conditie; *of all ~s and sizes* in alle soorten en maten; *(violence &) in any ~ or form* iedere vorm van (geweld &); *that's the ~ of things to come* dat geeft een idee over wat ons in de toekomst te wachten staat; *knock (lick) into ~* bijschaven, fatsoeneren; *take ~* vaste vorm aannemen; *put into ~* fatsoeneren[2]
-shaped *achtervoegsel* -vormig
shapeless *bn* vormeloos; wanstaltig
shapely *bn* goedgevormd, welgemaakt, bevallig
shapen vero V.D. van *shape*
shard [ʃa:d] *znw* scherf [v. serviesgoed]
1 share [ʃɛə] **I** *znw* deel[2] *o*, aandeel[2] *o*; portie; *~ and ~ alike* gelijk op delend; *~s* effecten; **II** *overg* delen (met *with*); verdelen; *~ one comb* samen één kam hebben (gebruiken &); *~ out* uit-, verdelen; **III** *onoverg* delen (in *in*), deelnemen (in, aan *in*)
2 share [ʃɛə] *znw* ploegschaar
sharecropper ['ʃɛəkrɔpə] *znw* deelpachter
shareholder *znw* aandeelhouder
share-out *znw* verdeling, distributie
shark [ʃa:k] *znw* dierk haai; fig gauwdief; oplichter
sharp [ʃa:p] **I** *bn* scherp°, spits[2], puntig; fig bits; bijtend; vinnig, hevig; snel; steil; scherpzinnig, slim; op de penning; schel; *F ~* muz fis; *C ~* cis &; *that note was a little ~* die toon was iets te hoog; *~ practices (tricks)* oneerlijke praktijken; *look/be ~ (about it)!* schiet op!, maak voort!; *it was ~ work* het ging vlug in zijn werk; het moest allemaal vlug gebeuren; **II** *bijw* scherp°; fig gauw, vlug; *~ to time* precies op tijd; *at ten ~* om 10 uur precies; **III** *znw* muz kruis *o*, noot met een kruis; slang = *sharper*

sharpen I *overg* scherpen, scherp(er) maken (ook: *~ up*); (aan)punten [potlood], slijpen; muz een halve toon verhogen of van een kruis voorzien; fig verscherpen; **II** *onoverg* scherp(er) worden
sharpener *znw* (potlood)slijper
sharper *znw* oplichter, bedrieger, zwendelaar; kaartsp valsspeler
sharp-eyed *bn* opmerkzaam, oplettend, waakzaam
sharp-set *bn* rammelend van de honger
sharpshooter *znw* scherpschutter
sharp-sighted *bn* scherpziend, scherp van gezicht; scherpzinnig
sharp-witted *bn* scherpzinnig
shatter ['ʃætə] **I** *overg* verbrijzelen, versplinteren; fig vernietigen, de bodem inslaan [verwachtingen]; schokken, in de war brengen; uitputten; **II** *onoverg* uiteenvallen, stukgaan, in stukken vliegen, versplinteren
shattered *bn* **1** gebroken [v. verdriet]; **2** ontredderd, volkomen in de war; **3** kapot, aan gruzelementen; **4** uitgeput
shave [ʃeiv] **I** *overg* scheren° (ook = strijken langs); afscheren; schaven; *get ~d* zich laten scheren; **II** *onoverg & abs ww* zich scheren; **III** *znw* scheren *o*; *it was a close/narrow ~* het was op het kantje af; *have a ~* zich (laten) scheren
shaven *bn* geschoren
shaver *znw* scheerder; scheerapparaat *o*; *young ~* gemeenz jochie *o*
shaving *znw* scheren *o*; afschaafsel *o*; *~s* krullen [bij schaven]; *paper ~s* papierwol [snippers, stroken]
shaving-brush *znw* scheerkwast
shaving foam *znw* scheerschuim *o*
shaving-tackle *znw* scheergerei *o*
shawl [ʃɔ:l] *znw* sjaal
shawm [ʃɔ:m] *znw* schalmei
she [ʃi:] **I** *pers vnw* zij, ze, het [v. schepen &]; **II** *znw* zij; wijfje *o*; vrouw, meisje *o*; *~-* (als eerste lid in samenst.) wijfjes-, vrouwtjes-; *~-bear* berin; zie ook: *~-cat*, *~-devil*
sheaf [ʃi:f] *znw* (sheaves [ʃi:vz]) schoof, bundel
shear [ʃiə] (sheared; shorn) *overg* scheren [dieren, laken]; knippen [staal]; *~ of* fig beroven van
shearer *znw* scheerder
shear-legs *znw mv* mastbok, mastkraan
shears *znw mv* grote schaar
sheath [ʃi:θ] *znw* (*mv*: sheaths [ʃi:ðz, ʃi:θs]) **1** schede [v. mes &]; plantk bladschede; **2** condoom *o*
sheathe [ʃi:ð] *overg* in de schede steken, opsteken, (in)steken; bekleden
sheath knife ['ʃi:θnaif] *znw* dolkmes *o*
1 sheave [ʃi:v] *znw* (katrol)schijf
2 sheave [ʃi:v] *overg* tot schoven binden
shebang [ʃə'bæŋ] *znw*: *the whole ~* slang de hele zaak, de hele boel
she-cat ['ʃi:kæt] *znw* kat[2]; fig feeks
1 shed [ʃed] *znw* loods, schuurtje *o*, keet; remise; (koe)stal; afdak *o*; hut
2 shed [ʃed] (shed; shed) *overg* vergieten, storten [bloed], plechtig plengen; laten vallen, afwerpen [horens &]; verliezen [het haar &]; wisselen [tanden]; werpen, verspreiden [v. licht &]; *~ feathers* ruien; *~ light on* licht werpen op; *~ its load* zijn lading verliezen [vrachtwagen]
she-devil [ʃi:'devl] *znw* duivelin; fig helleveeg, furie
sheen [ʃi:n] *znw* schittering, glans, luister
sheeny *bn* glinsterend, glanzend
sheep [ʃi:p] *znw* (*mv* idem) schaap[2] *o*; *the black ~ of the family* het zwarte schaap van de familie; *~'s eyes* verliefde blikken; *seperate the ~ from the goats* het kaf van het koren scheiden; *lost ~* zondaar
sheep cote *znw* schaapskooi
sheep-dip *znw* middel *o* waarmee schapen worden gereinigd en ontdaan van ongedierte; dompelbad *o* voor schapen
sheep-dog *znw* herdershond
sheep-fold *znw* schaapskooi
sheepish *bn* schaapachtig, bedeesd
sheep's eye *znw*: *make ~s at* lonken naar, begerig kijken naar
sheepskin *znw* schapenvel *o*, schaapsvacht, schapenleer *o*; perkament *o* (van schapenvel gemaakt); Am onderw gemeenz diploma *o*
sheep-station *znw* Austr schapenfokkerij
sheep-walk *znw* schapenwei(de)
1 sheer [ʃiə] **I** *bn* zuiver, rein, puur; louter, enkel; volslagen; steil, loodrecht; ragfijn, doorschijnend [weefsel]; *by ~ force* met geweld (alléén); **II** *bijw* steil, loodrecht; totaal; pardoes
2 sheer [ʃiə] *onoverg* scheepv gieren; (opzij) uitwijken; *~ away (off)* ook: zich wegscheren
sheet [ʃi:t] **I** *znw* laken *o*, beddenlaken *o*; lijkwade, doodskleed *o*; blad *o* [papier]; vel *o*; geringsch (nieuws)blaadje *o*; techn plaat [metaal]; scheepv schoot; *a ~ of fire* één vuurzee; *a ~ of ice* een ijsvlakte; [op straat &] laag ijs, ijzel; *a ~ of water* een watervlak *o*; *between the ~s* onder de wol; *in ~s* in losse vellen, plano [v. boek]; *the rain came down in ~s* de regen kwam met bakken uit de hemel; *three ~s to the wind* gemeenz stomdronken; *clean ~* schone lei, blanco strafregister; **II** *overg* met lakens beleggen; bedekken, overtrekken, bekleden; **III** *onoverg*: *the rain ~ed down* het regende pijpenstelen
sheet-anchor *znw* plechtanker[2] *o*
sheet ice *znw* ijzel
sheeting *znw* linnen *o* voor beddenlakens; bekleding; *waterproof ~* hospitaallinnen *o*
sheet-iron *znw* plaatijzer *o*
sheet-lightning *znw* weerlicht *o & m*
sheet metal *znw* plaatijzer *o*
sheet music *znw* bladmuziek
sheik(h) [ʃeik] *znw* sjeik
sheikhdom ['ʃeik-, 'ʃi:kdəm] *znw* sjeikdom *o*
shekel ['ʃɛkl] *znw* sikkel [Hebreeuws muntstuk en gewicht]; sjekel [Israëlische munt]; *the ~s* gemeenz

de duiten

sheldrake ['ʃeldreik], **shelduck** ['ʃeldʌk] *znw* berg-eend

shelf [ʃelf] *znw* (*mv*: shelves [ʃelvz]) plank [van rek]; boekenplank, vak *o*; rand; (blinde) klip, zandbank; (erts)laag; *continental* ~ continentaal plat *o*; *be left on the* ~ gemeenz overgeschoten zijn [vrouw]; *off the* ~ uit voorraad (leverbaar)

shelf-paper *znw* kastpapier *o*

shell [ʃel] **I** *znw* schil, schaal, peul, bolster; schelp, schulp, dop; huls, hulsel *o*; (dek)schild *o*; geraamte *o*; romp [v. stoomketel]; mil granaat [ook: granaten]; *high explosive* ~ mil brisantgranaat; *come out of one's* ~ loskomen, ontdooien; *retire into one's* ~ in zijn schulp kruipen; **II** *overg* schillen, doppen, pellen, ontbolsteren; mil beschieten; ~ *out* mil bombarderen; gemeenz *(~ out)* dokken, schuiven, schokken

shellac [ʃə'læk, 'ʃelæk] **I** *znw* schellak *o & m*; **II** *overg* met schellak vernissen

shellback *znw* slang ouwe zeerob

shellfish *znw* schelpdier(en) *o*; schaaldier(en) *o*

shellproof *bn* bomvrij

shellshock *znw* shellshock, shock ten gevolge van granaatvuur

shelter ['ʃeltə] **I** *znw* beschutting; onderdak *o*, schuilplaats, bescherming; wachthuisje *o* [voor bus of tram], (tram)huisje *o*; lighal; asiel *o*; *(air-raid)* ~ schuilgelegenheid, schuilkelder; *give* ~ beschutten, ook: huisvesting verlenen; *take* ~ een schuilplaats zoeken; schuilen; **II** *overg* beschutten, beschermen (voor *from*); huisvesting verlenen; **III** *onoverg* = **IV** *wederk*: ~ *oneself* schuilen, een schuilplaats zoeken, zich verschuilen[2]

shelve [ʃelv] **I** *overg* van planken voorzien; op een plank zetten; fig op de lange baan schuiven, uitstellen; (voorlopig) laten rusten; [iem] uitrangeren; **II** *onoverg* (af)hellen, zacht aflopen

shelving ['ʃelviŋ] *znw* planken

shemozzle [ʃi'mɔzl] *znw* slang herrie, rumoer *o*; onrust, moeilijkheden

shepherd ['ʃepəd] **I** *znw* schaapherder, herder[2]; ~*'s pie* jachtschotel; ~*'s purse* plantk herderstasje *o*; **II** *overg* hoeden[2], (ge)leiden, loodsen

shepherdess *znw* herderin

sherbet ['ʃə:bət] *znw* sorbet

sherd [ʃə:d] *znw* = *shard*

sheriff ['ʃerif] *znw* hist schout, drost; hoge overheidspersoon in graafschap; Am sheriff, hoofd *o* van politie v.e. county

sherry ['ʃeri] *znw* sherry [wijn]

shew [ʃou] *overg* vero = *show*

shibboleth ['ʃibəleθ] *znw* sjibbolet[2] *o*; leuze

shield [ʃi:ld] **I** *znw* schild *o*; wapenschild *o*; **II** *overg* beschermen (tegen *from*)

shift [ʃift] **I** *overg* veranderen, verwisselen; verruilen; kwijtraken [koopwaar, verkoudheid]; verwijderen [vlekken]; verschikken, verleggen, (ver)schuiven; omleggen [het roer]; verhalen [schip]; ~ *gears* Am auto schakelen; **II** *onoverg* zich verplaatsen, (van plaats) wisselen; omlopen [v. wind]; werken [v. lading]; zich verschonen; zich behelpen; draaien[2]; ~ *away* verhuizen; ~ *(about) in one's chair* zitten draaien [in zijn stoel]; *they must ~ for themselves* ze moeten zichzelf maar zien te redden; **III** *znw* verandering, afwisseling; verschuiving; verhuizing; ploeg (werklieden); werktijd; (vrouwen)hemd *o*; *get a ~ on* gemeenz de handen uit de mouwen steken, flink aanpakken; *make ~ to* het zo zien te regelen dat...; *make ~ with* zich weten te behelpen; *make ~ without it* het er maar zonder doen; *work double ~s* met twee ploegen

shifting I *bn* veranderend, zich verplaatsend; ~ *sand* drijfzand *o*; **II** *znw* verandering, verplaatsing, verhuizing

shift key *znw* hoofdlettertoets; comput shifttoets

shiftless *bn* onbeholpen; onbekwaam

shifty ['ʃifti] *bn* sluw, onbetrouwbaar; ontwijkend [antwoord]; schichtig [blik]

shilling ['ʃiliŋ] *znw* shilling

shilly-shally ['ʃliʃæli] *onoverg* weifelen; treuzelen, traineren

shimmer ['ʃimə] **I** *onoverg* glinsteren, zacht glanzen (schijnen); **II** *znw* glinstering, glans

shimmy ['ʃimi] **I** *znw* **1** shimmy [ragtimedans]; **2** Am auto abnormale slingering v.d. voorwielen; **II** *onoverg* **1** de shimmy dansen; auto slingeren [v.d. (voor)wielen]

shin [ʃin] **I** *znw* scheen; ~ *of beef* runderschenkel, schenkelvlees *o*; **II** *onoverg*: ~ *down a rope* zich langs een touw naar beneden laten glijden; ~ *up a tree* klimmen in, opklimmen tegen een boom

shin-bone *znw* scheenbeen *o*

shindig ['ʃindig] *znw* gemeenz feestje *o*

shindy ['ʃindi] *znw* gemeenz herrie°, relletje *o*; ruzie; *kick up a ~* herrie maken

1 shine [ʃain] (shone; shone) **I** *onoverg* schijnen, glimmen, blinken, stralen, schitteren[2] (van *with*), uitblinken; ~ *at* uitmunten in; ~ *out* helder uitkomen; **II** *overg* laten schijnen; doen glimmen (blinken), blank schuren; poetsen [schoenen]

2 shine [ʃain] *znw* zonneschijn; glans; schijnsel *o*; *the ~ began to wear off* het nieuwtje ging er af; *take a ~ to* gemeenz verkikkerd raken op

shiner *znw* blauw oog *o*

shingle ['ʃiŋgl] **I** *znw* **1** dakspaan; vroeger 'jongenskop' [haardracht]; **2** grind *o*, kiezelsteen; **II** *overg* **1** met dakspanen dekken; **2** vero kortknippen

shingles ['ʃiŋglz] *znw (mv)* med gordelroos

shin-guard ['ʃinga:d] *znw* scheenbeschermer

shining ['ʃainiŋ] *bn* schijnend, glanzend; fig schitterend; *a ~ example* een lichtend voorbeeld *o*

shiny *bn* glimmend, blinkend

ship [ʃip] **I** *znw* schip *o*; ~ *of the desert* het schip der woestijn, kameel; ~ *of the line* hist linieschip *o*; *when my ~ comes in/home* fig als het schip met geld

binnenkomt; **II** *overg* aan boord nemen (hebben); verschepen, per schip verzenden (ook: ~ *off*); Am ook: transporteren [in het algemeen]; ~ *the oars* de riemen inhalen, binnen (ook: buiten) boord leggen
shipboard *znw*: *on* ~ aan boord
ship-breaker *znw* scheepssloper
ship-broker *znw* scheepsmakelaar; cargadoor
shipbuilder *znw* scheepsbouwmeester
shipbuilding *znw* scheepsbouw; ~ *yard* scheepstimmerwerf
ship-canal *znw* scheepvaartkanaal *o*
ship('s)-chandler *znw* verkoper van scheepsbehoeften, scheepsleverancier
shipload *znw* scheepsvracht, -lading
shipmaster *znw* kapitein op een koopvaardijschip; soms: reder
shipmate *znw* scheepskameraad, mede-opvarende
shipment *znw* verscheping, verzending; zending; lading
shipowner *znw* reder
shipper *znw* verscheper, aflader, exporteur
shipping *znw* in-, verscheping; schepen [v. land, haven &]; scheepvaart; ~*-agent* expediteur; ~*-intelligence* scheepsberichten
shipshape *bn & bijw* (keurig) in orde, in de puntjes, netjes
ship-way *znw* scheepshelling
shipwreck I *znw* schipbreuk; **II** *overg* doen schipbreuk lijden, doen stranden[2]; *be ~ed* schipbreuk lijden[2]; *the ~ed crew* de schipbreukelingen
shipwright *znw* scheepsbouwmeester; scheepstimmerman
shipyard *znw* scheepstimmerwerf
shire ['ʃaiə] *znw* graafschap *o*; ~ *counties* landelijke graafschappen in Midden-Engeland; ~ *horse* (Engels) boerentrekpaard *o*
shirk [ʃə:k] *overg* verzuimen, ontduiken, ontwijken, zich onttrekken aan (zijn plicht), lijntrekken
shirker *znw* lijntrekker
shirr [ʃə:] *znw* elastiekdraad, in stof meegeweven; elastisch weefsel *o*; plooisel *o*, rimpeling [v. stof]
shirt [ʃə:t] *znw* (over)hemd *o*; blouse; *boiled* ~ gemeenz gesteven overhemd *o*; *in one's ~ sleeves* in hemdsmouwen; *put one's ~ on* gemeenz er alles onder verwedden; *lose one's* ~ alles kwijt raken; *near is my ~ but nearer is my skin* het hemd is nader dan de rok
shirt-front *znw* frontje *o*
shirting *znw* shirting *o*; hemdenkatoen *o*
shirttail *znw* slip van hemd
shirt-waist *znw* overhemdblouse
shirty *bn* gemeenz nijdig, woest
shish kebab ['ʃiʃkibæb] *znw* (sis) kebab
shit [ʃit] plat **I** *znw* stront; klootzak; bullshit; gelul; *~!* shit!, verdomme!; *don't give a ~ about* schijt hebben aan; *beat the ~ out of sbd.* iem. een ongenadig pak op zijn sodemieter geven; **II** *overg & onoverg* schijten; ~ *oneself* het in zijn broek doen (van angst)
shitty ['ʃiti] *bn* plat lullig
1 shiver ['ʃivə] **I** *znw* splinter, scherf, schilfer; *break (go) to ~s* aan gruzelementen vallen; **II** *overg* versplinteren, verbrijzelen, aan gruzelementen slaan; **III** *onoverg* aan gruzelementen vallen; versplinteren
2 shiver ['ʃivə] **I** *onoverg* rillen, sidderen, huiveren; **II** *znw* (koude) rilling, siddering, huivering; *give the ~s* gemeenz doen rillen
shivery *bn* rillerig, beverig, huiverig
1 shoal [ʃoul] **I** *znw* school; menigte, hoop; *in ~s* bij hopen; **II** *onoverg* (samen)scholen
2 shoal [ʃoul] *znw* ondiepte, zandbank
shoaly *bn* ondiep, vol zandplaten
1 shock [ʃɔk] **I** *znw* schok[2], botsing; schrik, (onaangename) verrassing, slag; med & psych shock; **II** *overg* schokken, een schok geven; ontzetten; aanstoot geven, ergeren; *be ~ed at* aanstoot nemen aan, zich ergeren over
2 shock [ʃɔk] **I** *znw* stuik, hok *o* [hoop graanschoven]; **II** *overg* aan stuiken of hokken zetten
3 shock [ʃɔk] *znw*: *a ~ of hair* flinke bos haar, wilde haardos
shock-absorber ['ʃɔkəbsɔ:bə] *znw* schokbreker
shocker *znw* sensatieroman; gemeenz iets heel ergs, hopeloos geval *o*, onmogelijk iemand
shock-headed *bn* met een ruige bos haar
shocking I *bn* aanstotelijk, stuitend, ergerlijk; afgrijselijk, gruwelijk; **II** *bijw* gemeenz afschuwelijk, vreselijk
shockingly *bijw* schandalig, schandelijk
shock-proof *bn* schokbestendig, shockproof; fig onverstoorbaar
shock tactics *znw* overrompelingstactiek
shock therapy, **shock treatment** *znw* shocktherapie
shock-troops *znw mv* stoottroepen
shock wave *znw* schokgolf
shod [ʃɔd] V.T. & V.D. van *[2]shoe*
shoddy ['ʃɔdi] *bn* van slechte kwaliteit, flut-, prullig, ondeugdelijk
1 shoe [ʃu:] *znw* schoen; hoefijzer *o*; remschoen; beslag *o*; *cast (throw) a* ~ een hoefijzer verliezen; *that's another pair of ~s* fig dat is andere koek; *that's where the ~ pinches* daar wringt hem de schoen; *I wouldn't be in your ~s for anything* ik zou niet graag in uw plaats zijn; *shake in one's ~s* bibberen van angst; *step into (fill) sbd.'s ~s* iem. opvolgen
2 shoe [ʃu:] (shod; shod) *overg* schoeien; beslaan
shoeblack *znw* schoenpoetser
shoehorn *znw* schoenlepel
shoe-lace *znw* schoenveter
shoemaker *znw* schoenmaker
shoe-polish *znw* schoensmeer *o & m*
shoestring *znw* schoenveter; fig smalle basis; *on a* ~ met/voor heel weinig geld; *the film was made on a* ~ de film werd met een heel klein budget ge-

maakt; *a ~ majority* een krappe meerderheid
shoetree *znw* schoenspanner
shone [ʃɔn] V.T. & V.D. van *[1]shine*
shoo [ʃu:] **I** *tsw* sh!, ksh!; **II** *overg* wegjagen (ook: *~ away*)
shook [ʃuk] V.T. van *[1]shake*
1 shoot [ʃu:t] (shot; shot) **I** *overg* af-, door-, neer-, uit-, verschieten; schieten [ook: bal]; doodschieten; fusilleren; storten [puin]; (uit)werpen, uitgooien; (op)nemen, kieken; gemeenz spuiten, injecteren [drugs &]; *~ the bolt* de grendel voorschuiven of wegschuiven; *have shot one's bolt* al zijn kruit verschoten hebben; *~ a bridge* onder een brug doorschieten; *~ the lights* door het rode stoplicht rijden; *~ a line* gemeenz veel praatjes hebben, opscheppen; *~ the moon* met de noorderzon vertrekken; *~ a rapid* over een stroomversnelling heenschieten; *~!* gemeenz zeg het maar!; begin maar!; **II** *onoverg* schieten° (ook = uitlopen); jagen; scheren; verschieten [sterren]; steken [v. pijn]; *~ at goal* sp op het doel schieten; *go out ~ing* op jacht gaan; *~ across the sky* langs de hemel schieten; *~ ahead* vooruitschieten; *~ ahead of* voorbijschieten; *~ along* vooruitschieten; *~ at* schieten op; toewerpen [een blik]; *~ away* er op los schieten; wegschieten, in aller ijl er vandoor gaan; *~ back the bolt* de grendel terugschuiven; *~ down* neerschieten; *~ off* af-, wegschieten; *~ one's mouth off* slang kletsen, z'n mond voorbijpraten; *~ out* uitschieten; uitwerpen, (er) uitgooien; uitsteken [rotsen &]; *~ up* de hoogte in gaan [ook v. prijzen]; de hoogte in schieten [bij het groeien]; terroriseren (door schietpartijen &), hevig vuren op; gemeenz spuiten [drugs]
2 shoot [ʃu:t] *znw* schoot, scheut; schietwedstrijd; jacht(partij); schietpartij; fotosessie; *the whole ~* gemeenz de hele zooi, de hele rataplan
shooter *znw* slang schietijzer *o*
shooting I *bn* schietend &; *~ pains* ook: pijnlijke scheuten; *~ star* verschietende of vallende ster; **II** *znw* schieten *o*; schietpartij; jacht; moord [met vuurwapen]; executie [met vuurwapen]
shooting-box *znw* jachthuis *o*
shooting-brake *znw* auto combi
shooting-gallery *znw* schiettent, -salon; schietbaan, schietlokaal *o*
shooting-iron *znw* gemeenz Am vuurwapen *o*
shooting-licence *znw* jachtakte
shooting-match *znw* schietwedstrijd, prijsschieten *o*; *the whole ~* fig de hele bedoening
shooting-range *znw* schietbaan
shooting-stick *znw* zitstok
shoot-out ['ʃu:taut] *znw* vuurgevecht *o*, duel *o*, schietpartij; voetbal shoot-out [beslissing na gelijkspel door duels tussen een keeper en een veldspeler]
shop [ʃɔp] **I** *znw* winkel (ook = werkplaats); atelier *o*; *~!* volk!; *he has come to the wrong ~* fig hij is aan het verkeerde adres; *keep ~* op de winkel passen; *shut up ~* (de winkel) sluiten[2]; fig zijn zaken aan kant doen; *~ around* prijsbewust winkelen; prijzen vergelijken; fig zich goed oriënteren (alvorens een beslissing te nemen); *talk ~* over het vak praten; *all over the ~* overal; helemaal in de war, de kluts kwijt; **II** *onoverg* winkelen, boodschappen (inkopen) doen; **III** *overg* gemeenz verlinken
shop-assistant *znw* winkelbediende, -juffrouw, verkoper, verkoopster
shop-floor *znw*: *on the ~* op de werkvloer
shop-front *znw* winkelpui
shop-girl *znw* vero winkeljuffrouw
shopkeeper *znw* winkelier
shoplifter *znw* winkeldief
shoplifting *znw* winkeldiefstal
shopman *znw* winkelier; winkelbediende; monteur [in werkplaats]
shopper *znw* winkelbezoeker
shopping *znw* winkelen *o*, winkelbezoek *o*; boodschappen; *do one's ~* (gaan) winkelen, boodschappen (inkopen) doen; *~ bag* boodschappentas; *~ centre* winkelcentrum *o*; *~ list* boodschappenlijst(je *o*)
shop-soiled *bn* verkleurd, smoezelig [door te lang in de winkel liggen]
shop-steward *znw* vertegenwoordiger van werknemers [in het bedrijf]
shop-walker *znw* filiaalhouder
shop-worn *bn* = *shop-soiled*
1 shore [ʃɔ:] V.T. van *shear*
2 shore [ʃɔ:] *znw* kust, strand *o*, oever, wal; *in ~* op de wal staand; *on ~* aan land
3 shore [ʃɔ:] **I** *znw* schoor, stut; **II** *overg* stutten, steunen (ook: *~ up*)
shore-leave ['ʃɔ:li:v] *znw* verlof *o* om te passagieren
shoreline *znw* kust
shoreward(s) *bn & bijw* landwaarts
shorn [ʃɔ:n] **I** V.D. van *shear*; **II** *bn*: *~ of* beroofd van, ontdaan van
short [ʃɔ:t] **I** *bn & bijw* kort; te kort; kort aangebonden, kortaf; driftig [karakter]; klein [gestalte]; bros [gebak]; puur [dranken], niet met water aangelengd; beknopt [leerboeken]; krap, karig; te weinig; plotseling; *~ bill* handel kortzichtwissel; *~ breath* ook: kortademigheid; *~ cut* kortere weg; fig eenvoudiger manier; *~ delivery* manco *o*; *a ~ hour* een klein uur *o*, een uurtje *o*; *~ measure* ondergewicht *o*; *~ story* kort verhaal *o*; *in ~ supply* schaars; *at ~ notice* op korte termijn; *in ~ order* meteen; *~ weight* (gewichts)manco *o*; *make ~ work of* korte metten maken met; *be taken/caught ~* nodig 'moeten'; *~ for...* een verkorting van...; *be (come, fall) ~ of* af (verwijderd) zijn van; minder zijn dan; te kort komen of hebben; gebrek hebben aan; niet beantwoorden aan, blijven beneden; tekortschieten in; *~ of breath* kortademig; *it is little ~ of a miracle, nothing ~ of marvellous* het grenst aan het wonderbaarlijke; *nothing ~ of his ruin* niets minder dan

(slechts) zijn ondergang; ~ *of money* niet goed bij kas; *be ~ on (patience, humour)* weinig (geduld, humor) hebben; *be ~ with sbd.* stroef zijn tegenover iem.; *cut ~* af-, onderbreken; bekorten; *cut it ~* het kort maken; *fall ~* ook: opraken; tekortschieten[2]; *go ~* te kort hebben (aan *of*); *keep ~* kort houden[2]; *make ~ work of* korte metten maken met; *run ~* opraken; *run ~ of provisions* door zijn provisie heenraken; *stop ~* plotseling blijven stilstaan, ophouden, blijven steken; *stop ~ of* terugdeinzen voor; **II** *znw* **1** alcoholisch aperitief; **2** kortsluiting; **3** korte film, bijfilm; **4** *~s* korte broek, shorts; *for ~* kortheidshalve; *in ~* in het kort, kortom

shortage *znw* tekort *o*, schaarste, nood

shortbread *znw* bros gebak *o*, sprits

short-change *overg* te weinig geld teruggeven; te kort doen, afzetten

short-circuit I *znw* elektr kortsluiting; **II** *overg* kortsluiting veroorzaken in; fig bekorten; uitschakelen; overspringen

short-circuiting *znw* elektr kortsluiting

shortcoming [ʃɔ:t'kʌmiŋ] *znw* tekortkoming

shortcrust (pastry) *znw* kruimeldeeg *o*

short-dated ['ʃɔ:tdeitid] *bn* handel kortzicht- [wissel]

shorten I *overg* korter maken, (be-, ver)korten, verminderen, beperken; **II** *onoverg* kort(er) worden, korten, afnemen

shortening *znw* vet *o* voor bros gebak

shortfall *znw* tekort *o*, deficit *o*

shorthand I *znw* stenografie, kort-, snelschrift *o*; *write ~* stenograferen; *in ~* stenografisch; **II** *bn* stenografisch; *~ typist* stenotypist(e); *~ writer* stenograaf

short-handed *bn* gebrek aan personeel hebbend

short-haul *bn* over korte afstand

shortie *znw = shorty*

shortish *bn* ietwat kort, krap, klein

shortlist I *znw* voordracht; **II** *overg* op de voordracht plaatsen

short-lived *bn* kortstondig, van korte duur

shortly *bijw* kort (daarop); binnenkort, weldra, spoedig; kortaf

shortness *znw* kortheid &; *~ of breath* kortademigheid; *~ of money* geldgebrek *o*

short pastry *znw = shortcrust pastry*

short-range *bn* korteafstands-

short-sighted *bn* bijziend; kortzichtig

short-spoken *bn* kortaf, kort van stof, kort aangebonden

short-staffed *bn* met te weinig personeel, een personeelstekort hebbend

short-tempered *bn* kort aangebonden, driftig, heetgebakerd

short-term *bn* op korte termijn; voor korte tijd

short-time working *znw* arbeidstijdverkorting

short-wave *bn* kortegolf-

short-winded *bn* kortademig

shorty *znw* gemeenz kleintje *o*, onderdeurtje *o*

1 shot [ʃɔt] *znw* schot *o*; biljart stoot; slag [bij tennis]; worp [bij cricket]; schroot *o*, kogel(s), hagel; (scherp)schutter; gissing; poging; opname, kiekje *o*; gemeenz injectie [drugs &], spuit, shot; slang borrel; aandeel *o*, gelag *o*, rekening; *a ~ of gin* een glas gin; *big ~* gemeenz kopstuk *o*, hoge piet, hoge ome; *~ in the dark* gissing, gok in 't wilde weg; *a long ~* een totaalopname [v. film]; fig wat lang niet zeker is, een gok; *a ~ in the arm* ook: gemeenz een stimulans; *get ~ of* gemeenz zich ontdoen van, kwijtraken; *have a ~ at it* erop schieten; het ook eens proberen, er ook een gooi naar doen; *make a ~ at it* er naar raden, er een slag naar slaan; *putting the ~* sp kogelstoten *o*; *not by a long ~* op geen stukken na; *like a ~* als de wind; op slag, direct

2 shot [ʃɔt] V.T. & V.D. van [1]*shoot*; *~ silk* changeantzijde

shotgun ['ʃɔtgʌn] *znw* jachtgeweer *o*; *a ~ marriage* een gedwongen huwelijk *o*

shot put ['ʃɔtput] *znw* kogelstoten *o*

shot putter ['ʃɔtputə] *znw* kogelstoter

should [ʃud, ʃəd, ʃd] V.T. van *shall*; zou, moest, behoorde; mocht

shoulder ['ʃouldə] **I** *znw* schouder, schouderstuk *o*; berm; *give (show) the cold ~ to* met de nek aanzien, negeren; *have broad ~s* een brede rug hebben; *put (set) one's ~ to the wheel* zijn schouders onder iets zetten, de handen uit de mouwen steken; *stand ~ to ~* schouder aan schouder staan; **II** *overg* op de schouders nemen; op zich nemen; met de schouder duwen, (ver)dringen; *~ arms!* mil schouder 't geweer!; **III** *onoverg*: *~ along* zich naar voren dringen

shoulder-bag *znw* schoudertas

shoulder-blade *znw* schouderblad *o*

shoulder-high *bn*: *carry sbd. ~* iem. op de schouders nemen/ronddragen

shoulder pad *znw* schoudervulling

shoulder-strap *znw* mil schouderbedekking; schouderklep; schouderbandje *o* [aan hemd]; draagriem

shout [ʃaut] **I** *onoverg* roepen, juichen; schreeuwen; *~ at* schreeuwen tegen; naroepen; *~ for joy* het uitschreeuwen van vreugde; *~ with laughter* schaterlachen; **II** *overg* uitroepen (ook: *~ out*), hard toeroepen; *~ down* overschreeuwen; door schreeuwen beletten verder te spreken; **III** *znw* geroep *o*, gejuich *o*; schreeuw, kreet; *it's my ~* gemeenz ik trakteer

shouting *znw* geschreeuw *o*; *it's all over bar/but the ~* het is op een oor na gevild

shove [ʃʌv] **I** *overg* stoten, duwen, schuiven; gemeenz steken, stoppen; **II** *onoverg* stoten, duwen; *~ off* van wal steken, afzetten (ook: *~ from shore*); gemeenz ophoepelen; **III** *znw* stoot, duw, duwtje *o*, zet, zetje *o*

shove-halfpenny ['ʃʌv'heip(ə)ni] *znw* soort

sjoelbakspel *o*, gespeeld met munten
shovel ['ʃʌvl] **I** *znw* schop; **II** *overg* scheppen
1 show [ʃou] (showed; shown) **I** *overg* doen of laten zien, tonen, laten blijken, aan de dag leggen, vertonen, draaien [een film], tentoonstellen, (aan-) wijzen, het [icm.] voordoen; aantonen, uit-, bewijzen; betonen; ~ *a leg* gemeenz uit (zijn) bed komen; *he had two silver medals to ~ for his success* zijn succes had hem twee zilveren medailles opgeleverd; ~ *in(to the room)* binnenlaten; ~ *off* (beter) doen uitkomen; ~ *off one's learning* te koop lopen (geuren) met zijn geleerdheid; ~ *out* uitlaten; ~ *round the house* rondleiden, het huis laten zien; ~ *up* **1** boven laten komen; duidelijk doen uitkomen, aan het licht brengen, duidelijk maken; **2** in verlegenheid brengen, voor gek zetten; zie ook: *show II*; **II** *onoverg & abs ww* zich (ver)tonen; uitkomen°; *it will not ~* het zal niet te zien zijn; *it ~s white* het lijkt wit; *this film is ~ing now* draait nu; ~ *against* uitkomen tegen; ~ *off* zich aanstellen, poseren, 'geuren'; ~ *through* erdoorheen schijnen, beter tot zijn recht komen; ~ *up* gemeenz zich vertonen, tevoorschijn komen; (goed) uitkomen; ~ *up badly* een slecht figuur slaan
2 show [ʃou] *znw* vertoning; tentoonstelling; (praal)vertoon *o*, show, (schone) schijn; optocht, (toneel)voorstelling; gemeenz komedie, onderneming, geschiedenis, zaak, zaakje *o*; *all over the ~* slang overal; *give away the ~* de zaak verraden, de boel verklappen; *good ~!* gemeenz bravo!; *make/put up a fine ~* veel vertoon maken, goed uitkomen; heel wat lijken; *make/put up a poor ~* een armzalig figuur slaan, helemaal niet uitkomen; *make a ~ of...ing* laten merken dat...; net doen alsof..; *make no ~ of...* niet te koop lopen met; geen aanstalten maken om...; *he made some ~ of resistance* hij verzette zich maar voor de schijn; *run the ~* gemeenz de dienst uitmaken; *by/on (a) ~ of hands* door handopsteken [bij stemmen]; *(merely) for ~* voor de schijn, voor het oog; *they are on ~* ze zijn geëxposeerd, uitgestald, te zien; *under a (the) ~ of friendship* onder de schijn van vriendschap
show-bill *znw* aanplakbiljet *o*
showbiz *znw* gemeenz = *show business*, showbizz
show business *znw* showbusiness
show-case *znw* uitstalkast, vitrine; ~ *project* prestigeproject *o*
showdown *znw* gemeenz openlijke krachtmeting; beslissende strijd
1 shower ['ʃouə] *znw* vertoner
2 shower ['ʃauə] **I** *znw* (stort)bui, regenbui; douche; fig regen, stortvloed, stroom; **II** *overg* begieten, neer doen komen; ~ *blessings & upon* overstelpen met zegeningen &; **III** *onoverg* neerstromen, -komen; douchen
shower-bath *znw* douche
showerproof *bn* waterafstotend, waterdicht
showery *bn* regenachtig, buiig
show-girl ['ʃougə:l] *znw* danseres of zangeres in show of revue; figurante
show house *znw* modelwoning
showing *znw* tonen *o*; vertoning, voorstelling°; figuur; aanwijzing, bewijs *o*; *on your (own) ~* volgens uw eigen verklaring (voorstelling, zeggen)
show jumper *znw* springruiter
show jumping *znw* springconcours *o & m*
showman *znw* **1** directeur v. circus, revue, variété &; **2** showman
showmanship *znw* vertoon *o*, reclame
shown V.D. van [1]*show*
show-off *znw* gemeenz opschepper
showpiece *znw* spektakelstuk *o*; fig pronkstuk *o*
showplace *znw* (toeristische) bezienswaardigheid
showroom *znw* modelkamer, toonzaal
showwindow *znw* uitstalraam *o*, winkelraam *o*, etalage, vitrine
showy *bn* prachtig, opvallend; pronkerig, opzichtig
shrank [ʃræŋk] V.T. van *shrink*
shrapnel ['ʃræpnəl] *znw* granaatkartets(en)
1 shred [ʃred] *znw* lapje *o*, flard, snipper, stukje *o*; fig zweem(pje *o*), zier(tje *o*)
2 shred [ʃred] (shred/shredded; shred/shredded) *overg* klein snijden (of scheuren), snipperen
shredder ['ʃredə] *znw* papiervernietiger, shredder
shrew [ʃru:] *znw* feeks, helleveeg; dierk spitsmuis
shrewd [ʃru:d] *bn* schrander, scherp(zinnig)
shrewish ['ʃru:iʃ] *bn* kijfziek
shriek [ʃri:k] **I** *onoverg & overg* gillen; ~ *with laughter* gieren (van het lachen); **II** *znw* gil
shrift [ʃrift] *znw* vero biecht, absolutie; *give short ~ to* korte metten maken met
shrike [ʃraik] *znw* dierk klauwier
shrill [ʃril] **I** *bn* schel, schril; **II** *onoverg* schel klinken; **III** *overg*: ~ *(out)* uitgillen
shrilly *bijw* schel, schril
shrimp [ʃrimp] **I** *znw* (*mv* idem *of* -s) garnaal; fig ukkie *o*; **II** *onoverg* garnalen vangen
shrimper *znw* garnalenvisser; -schuit
shrine [ʃrain] *znw* schrijn, relikwieënkastje *o*; altaar *o*, heilige plaats, heiligdom *o*
1 shrink [ʃriŋk] (shrank; shrunk) **I** *onoverg* krimpen[2], inkrimpen, op-, ineenkrimpen; verschrompelen; slinken; ~ *back* terugdeinzen; ~ *from* huiverig zijn bij (om), terugdeinzen voor; **II** *overg* (doen) krimpen
2 shrink *znw* gemeenz psych, zielknijper
shrinkage *znw* (in)krimping[2]; slinking; vermindering [v. waarde &]
shrive [ʃraiv] (shrove; shriven) **I** *overg* vero biechten, de biecht afnemen; de absolutie geven; **II** *onoverg* biechten
shrivel ['ʃrivl] *overg & onoverg* (doen) rimpelen of verschrompelen (ook: ~ *up*)
shriven ['ʃrivn] V.D. van *shrive*
shroud [ʃraud] **I** *znw* (doods)kleed *o*, lijkwade, fig sluier; ~*s* scheepv (onder)want *o*; hoofdtouwen; **II**

overg in het doodskleed wikkelen; (om)hullen, bedekken, verbergen
shrove [ʃrouv] V.T. van *shrive*
Shrove-tide ['ʃrouvtaid] *znw* vastenavond
Shrove Tuesday ['ʃrouv'tju:zdi, -dei] *znw* dinsdag voor de vasten, vastenavond
1 shrub [ʃrʌb] *znw* struik, heester
2 shrub [ʃrʌb] *znw* rumpunch
shrubbery ['ʃrʌbəri] *znw* heesterplantsoen *o*; struikgewas *o*
shrubby *bn* heesterachtig; vol struiken
shrug [ʃrʌg] **I** *overg & onoverg* (de schouders) ophalen; ~ *off* zich met een schouderophalen afmaken van; **II** *znw* schouderophalen *o*; *give a* ~ de schouders ophalen
shrunk ['ʃrʌŋk] V.T. & V.D. van *shrink*
shrunken *bn* (ineen)gekrompen, verschrompeld
shuck [ʃʌk] **I** *znw* dop, bolster; ~*s!* gemeenz bah!, verdorie!; **II** *overg* doppen
shudder ['ʃʌdə] **I** *onoverg* huiveren, rillen, sidderen; ~ *at* huiveren voor (bij); *I* ~ *to think that...* ik huiver bij de gedachte dat...; **II** *znw* huivering, griezel, rilling, siddering
shuffle ['ʃʌfl] **I** *overg* (dooreen)schudden, (dooreen)mengen; schuiven; ~ *the cards* de kaarten schudden; reorganiseren; ~ *one's feet* met de voeten schuifelen, sloffen; **II** *onoverg* schuifelen; sloffen; schudden [de kaarten]; schuiven; ~ *along* aan-, voortschuifelen; voortsjokken; **III** *znw* geschuifel *o*; schuifelende (dans)pas; schudden *o* [v. kaarten]; verandering van positie; reorganisatie
shuffling I *bn* schuifelend &; **II** *znw* geschuifel *o*; schudden *o* [v. kaarten]; fig uitvlucht(en), gedraai *o*
shun [ʃʌn] *overg* schuwen, (ver)mijden, (ont-) vlieden
shunt [ʃʌnt] **I** *overg* op een zijspoor brengen[2], rangeren [trein]; elektr shunten; verschuiven; brengen naar; een andere wending geven aan [gesprek]; afleiden [persoon]; ~ *it on to him* schuif het hem op zijn dak; **II** *onoverg* rangeren; **III** *znw* rangeren *o*; elektr shunt, parallelschakeling; gemeenz kettingbotsing
shunter *znw* rangeerder
shunting *znw* rangeren *o* [v. trein]; elektr shunt; ~ *engine* rangeermachine; ~ *yard* rangeerterrein *o*
shush [ʃʌʃ] *tsw* ssst!, stil!
shut [ʃʌt] (shut; shut) **I** *overg* sluiten, toedoen, dichtdoen, -maken, -trekken &; ~ *your face* slang hou je kop dicht; ~ *away* opgesloten houden; ~ *down* dichtdoen, sluiten, stopzetten [ook: fabriek]; ~ *in* insluiten[2]; ~ *off* afsluiten [gas, water &], af-, stopzetten; kappen [discussies]; ~ *off from society* van alle omgang uitgesloten; ~ *out* af-, uitsluiten, buitensluiten[2] (van *from*); ~ *to* dichtdoen; ~ *up* sluiten; opsluiten [in gevangenis]; wegsluiten; gemeenz de mond snoeren; **II** *wederk*: ~ *itself* (zich) sluiten, dichtgaan; ~ *oneself up from* zich afzonderen van; **III** *onoverg & abs ww* (zich) sluiten, dichtgaan; ~ *down* [fabriek] sluiten; invallen [duisternis]; ~ *up* (zich) sluiten; gemeenz zijn mond houden; ~ *up!* gemeenz hou je mond!; *the door* ~ *on them* sloot zich achter hen; **IV** V.T. & V.D. van *shut*; als *bn* gesloten, dicht
shutdown *znw* sluiting, stopzetting
shut-eye *znw*: *get a bit of* ~ slang een tukje doen
shut-out *znw* uitsluiting [v. arbeiders]
shutter I *znw* sluiting, sluiter [ook: v. fototoestel]; luik *o*, blind *o*; *put up the* ~*s* de luiken voorzetten; fig sluiten, opdoeken; **II** *overg* de luiken zetten voor
shuttering *znw* luiken; bekisting [v. beton]
shuttle ['ʃʌtl] **I** *znw* schietspoel; pendeldienst; sp shuttle; **II** *onoverg (& overg)* heen en weer (laten) gaan, pendelen
shuttlecock *znw* sp shuttle
shuttle service *znw* pendeldienst, heen-en-weerdienst
1 shy [ʃai] **I** *bn* verlegen, beschroomd, schuw; schichtig; *be (feel)* ~ *of ...ing* huiverig, bang zijn om te...; niet gul zijn met...; *fight* ~ *of* angstvallig vermijden; **II** *onoverg* schichtig, schuw worden (voor *at, from*), plotseling opzij springen [v. paard]; terugschrikken (voor *at, from*); ~ *away from* ontwijken, vermijden; terugschrikken voor
2 shy [ʃai] **I** *overg* gemeenz smijten, gooien; **II** *znw* gemeenz gooi, worp; *have a* ~ *at* een gooi doen naar, een poging wagen
shyster ['ʃaistə] *znw* gemeenz bedrieger
si [si:] *znw* muz si
Siamese [saiə'mi:z] *znw* (*mv* idem) & *bn* Siamees; ~ *cat* Siamese kat, Siamees; ~ *twins* Siamese tweeling
Siberian [sai'biəriən] **I** *bn* Siberisch; **II** *znw* Siberiër
sibilant ['sibilənt] **I** *bn* sissend; **II** *znw* sisklank
sibilate ['sibileit] *onoverg & overg* met een sisklank (uit)spreken, sissen
siblings ['sibliŋz] *znw mv* kinderen met hetzelfde ouderpaar, broer(s) en zuster(s)
sibyl ['sibil] *znw* sibille, profetes
sibylline [si'bilain, 'sibilain] *bn* sibillijns; profetisch, cryptisch
sic [sik] *bijw* [Lat] sic, zo staat er woordelijk
siccative ['sikətiv] **I** *bn* opdrogend; **II** *znw* siccatief *o* [middel]
Sicilian [si'siljən] *znw* & *bn* Siciliaan(s)
1 sick [sik] *overg*: ~ *him!* pak ze! [tegen hond]
2 sick [sik] **I** *bn* misselijk; zeeziek; Am ziek; beu (van *of*); gemeenz kwaad; het land hebbend; diep teleurgesteld (over *about, at*); fig bitter, wrang [spot], luguber [grap]; Am slang gek; ~ *headache* migraine; *a* ~ *man (person)* een zieke; *be* ~ ook: (moeten) overgeven, braken; *fall* ~ plechtig ziek worden; *be* ~ *at heart* verdrietig, treurig; *be* ~ *(and tired) of* schoon genoeg hebben van; *be* ~ *of a fever* koorts hebben; *off* ~ met ziekteverlof; *turn* ~ misselijk worden; [iem.] misselijk maken; *it makes me* ~ fig ik word er doodziek van; *worried* ~ gemeenz doodsbenauwd;

II *znw* gemeenz braaksel; *the* ~ de zieken; *200* ~ 200 zieken
sick-bay *znw* scheepv ziekenboeg; mil ziekenverblijf *o*
sick-bed *znw* ziekbed *o*
sicken I *onoverg* ziek, misselijk, beu worden; *be ~ing for something* iets onder de leden hebben; naar iets verlangen; **II** *overg* ziek, misselijk, beu maken
sickening *bn* misselijk(makend), walgelijk, weerzinwekkend; beklemmend; gemeenz vervelend, klote
sickle ['sikl] *znw* sikkel
sick-leave ['sik'li:v] *znw* ziekteverlof *o*
sick-list *znw* lijst van de zieken; *be on the* ~ onder doktersbehandeling zijn
sickly *bn* ziekelijk², ongezond²; bleek [v. maan &]; wee [v. lucht]; walg(e)lijk; *a* ~ *smile* een flauw glimlachje *o*
sickness *znw* ziekte; misselijkheid; ~ *benefit* uitkering van ziektegeld
sick-pay *znw* ziekengeld *o*
sickroom *znw* ziekenkamer
side [said] **I** *znw* zij(de), kant; helling [v. berg, heuvel]; kantje *o*, zijtje *o* [= bladzijde]; partij; sp ploeg, elftal *o* [voetballers]; fig gezichtspunt *o*; biljart effect *o*; gemeenz verbeelding, eigenwaan; *the bright* ~ de zonzijde; *the dark* ~ de schaduwzijde; *the other* ~ de andere kant; de overzijde, de vijand; *the other* ~ *of the coin* fig de keerzijde van de medaille; *there's another* ~ *to the picture* de medaille heeft een keerzijde; *this* ~ ook: aan deze kant (van); zie ook: *(on) this* ~; *wrong* ~ *out* binnenstebuiten; *on the wrong* ~ *of forty* boven de veertig; *change ~s* van plaats verwisselen; een andere (politieke) richting kiezen; van standpunt veranderen; *pick ~s* partij kiezen [bij spel]; *put on* ~ biljart effect geven; gemeenz zich heel wat verbeelden, het hoog in de bol hebben; *split (burst) one's ~s (with laughter)* zich te barsten (een ongeluk, krom &) lachen, zijn buik vasthouden van het lachen; *take ~s* partij kiezen (voor *with*); *at his* ~ aan zijn zijde, naast hem; *by his* ~ naast hem; ~ *by* ~ zij aan zij, naast elkaar; ~ *by* ~ *with* naast; *from all ~s, from every* ~ van alle kanten; *from* ~ *to* ~ heen en weer; *on both ~s* aan (van) weerskanten; *there is much to be said on both ~s* er is veel voor en veel tegen te zeggen; *on every* ~, *on all ~s* aan (van) alle kanten; *on my* ~ aan mijn zij, naast mij; op mijn hand; van mijn kant; *on one* ~ aan één kant; opzij, scheef; *place (put) on one* ~ terzijde leggen; opzij zetten; *on the* ~ erbij [verdienen]; *on the engine* ~... wat betreft de motor...; *on the other* ~ aan (van) de andere kant; aan gene zijde, aan de overzijde (inz. van de Theems); *to be on the safe* ~ ook: voor alle zekerheid; *on the tall &* ~ aan de lange & kant; *(on) this* ~ aan deze kant, dezerzijds; *this* ~ *of Christmas* vóór Kerstmis; *to one* ~ opzij; terzijde; **II** *onoverg*: ~ *against (with)* partij kiezen tegen (voor)
side-arms *znw mv* mil opzij gedragen wapens [sabel, revolver, bajonet &]
sideboard *znw* buffet *o*, dressoir *o & m*; *~s* ook: gemeenz bakkebaarden
sideburns *znw mv* bakkebaarden
side-car *znw* zijspan *o & m*, zijspanwagen
side-dish *znw* bij-, tussengerecht *o*
side-drum *znw* mil kleine trom
side-effect *znw* bijwerking, bijverschijnsel *o*
side-issue *znw* bijzaak
sidekick *znw* ondergeschikte, assistent
sidelight *znw* zijlicht *o*; boordlicht *o*; fig zijdelingse illustratie, aanvullende informatie; *drive on ~s* auto met stadslicht(en) rijden
sideline *znw* zijlijn; bijkomstige bezigheid; slang nevenbranche, -artikel *o*; *sit on the ~s* toeschouwer zijn, niet meedoen; *wait on the ~s* fig zich warmlopen, wachten tot men mag meedoen
sidelong *bn & bijw* zijdelings
side-piece *znw* zijstuk *o*; veer [v. bril]
sidereal [sai'diəriəl] *bn* sterren-
side-saddle ['saidsædl] *bijw*: *ride* ~ paardrijden in amazonezit
sideshow *znw* nevenattractie
side-slip I *onoverg* auto luchtv slippen; **II** *znw* auto luchtv slip
sidesman *znw* assistent v.e. kerkenraad, assessor
side-splitting *bn* om je krom te lachen
side-step I *znw* zijpas, zijstap; **II** *overg & onoverg* opzij-, uit de weg gaan, ontwijken
side-stroke *znw* zijslag [zwemmen]; zijstoot
sideswipe Am **I** *znw* zijslag, schampen *o*; fig steek onder water; **II** *overg* zijdelings raken, schampen langs
side-track I *znw* wisselspoor *o*; **II** *overg* op een wisselspoor brengen; gemeenz op een dwaalspoor brengen; afleiden [v. onderwerp]
side-view *znw* zijaanzicht *o*, profiel *o*
sidewalk *znw* Am trottoir *o*, stoep
sideward(s) *bn & bijw* zijwaarts
sideways *bn* (van) terzijde, zijdelings
side-whiskers *znw mv* bakkebaarden
side-wind *znw* zijwind; *by a* ~ van terzijde
sidewise *bijw* = *sideways*
siding ['saidiŋ] *znw* partij kiezen *o*; zij-, wisselspoor *o*
sidle ['saidl] *onoverg* zijdelings lopen (schuiven); schuifelen, sluipen
siege [si:dʒ] *znw* belegering, beleg *o*; *lay* ~ *to* het beleg slaan voor; *raise the* ~ het beleg opbreken
Sierra Leone [sierəli'oun] *znw* Sierra Leone *o*
Sierra Leonean I *znw* Sierraleoner; **II** *bn* Sierraleoons
siesta [si'estə] *znw* siësta, middagslaapje *o*, -dutje *o*
sieve [siv] **I** *znw* zeef; *have a head (memory) like a* ~ een geheugen hebben als een zeef, erg vergeetachtig zijn; **II** *overg* zeven, ziften
sift [sift] *overg* ziften, uitziften (ook: ~ *out*), schiften,

uitpluizen; strooien; ~ *(through)* door-, onderzoeken

sifter *znw* (suiker-, peper)strooier

siftings *znw mv* ziftsel *o*

sigh [sai] **I** *onoverg* zuchten; ~ *for* smachten naar; **II** *overg* verzuchten; **III** *znw* zucht

sight [sait] **I** *znw* (ge)zicht *o*, aanblik; schouwspel *o*, gemeenz vertoning; bezienswaardigheid, merkwaardigheid; vizier *o*, korrel [op een geweer]; diopter *o* (kijkspleet); ~*s* bezienswaardigheden; *a jolly (long &) ~ better* gemeenz véél (een boel) beter; *her hat is a ~!* gemeenz ze heeft een hoed om te gieren!; *the roses are a ~ (to see)* de rozen zijn kostelijk om te zien; *what a ~ you are!* gemeenz wat zie jij er uit!; *catch ~ of* in het oog (te zien) krijgen; *I hate the ~ of him* ik kan hem niet zien (uitstaan); *keep ~ of* in 't oog houden[2]; *lose ~ of* uit het oog verliezen; *set one's ~s higher (lower)* fig hoger (lager) mikken; *set one's ~s on* fig mikken op; *take ~* mikken; *take ~s* waarnemingen doen [op zee &]; *after ~* handel na zicht; *at (first) ~* op het eerste gezicht, à vue [van vertalen &]; muz van het blad; handel op zicht; *at ~ of* op (bij) het gezicht van; *at three days' ~* handel drie dagen na zicht; *buy sth. ~ unseen* iets ongezien kopen; *know by ~* van aanzien kennen; *be in ~* in zicht, in het gezicht, te zien zijn; *in his ~* voor zijn ogen, waar hij bij is (was); in zijn ogen, naar zijn opinie; *on ~* op het eerste gezicht; *be out of ~* uit het gezicht (oog) verdwenen zijn, verborgen zijn; *out of her ~* uit haar ogen, uit het oog, waar zij mij niet zien kon (kan); *out of my ~!* (ga) uit mijn ogen!; *out of ~, out of mind* uit het oog, uit het hart; *lost to ~* uit het gezicht verdwenen; *within ~* in zicht; **II** *overg* te zien krijgen, in het oog (gezicht) krijgen, waarnemen; richten, stellen; *partially ~ed* slechtziend

sight-draft *znw* handel zichtwissel

sighted *bn* ziende; [v. geweer] met vizier

sightless *bn* blind

sightly *bn* fraai, aangenaam voor het oog

sight-reading *znw* van het blad lezen [zingen, spelen]

sightseeing *znw* het bezichtigen van de bezienswaardigheden

sightseer *znw* toerist

sigma ['sigmə] *znw* sigma, Griekse s

sign [sain] **I** *znw* teken *o*, blijk *o*, wenk; kenteken *o*, voorteken *o*; wonderteken *o*; (uithang)bord *o*; *~ of the cross* kruisteken *o*; *illuminated ~(s)* lichtreclame; *make no ~* geen teken (van leven &) geven; *there was no ~ of him* hij was niet te zien; *at the ~ of the Swann* in (de herberg &) het Zwaantje; *at his ~* op een teken van hem, op zijn wenk; *in ~ of submission* ten teken van onderwerping; *it's a ~ of the times* het is een teken des tijds; **II** *overg* tekenen, ondertekenen; signeren; een teken geven, door een teken te kennen geven; RK een kruis maken over, bekruisen; *it was ~ed, sealed and delivered at noon* gemeenz om twaalf uur was de hele zaak in kannen en kruiken; ~ *away* schriftelijk afstand doen van; ~ *over to...* schriftelijk afstand doen van... ten gunste van; ~ *up* tekenen; engageren [spelers &]; **III** *onoverg & abs ww* (onder)tekenen; ~ *in* tekenen bij aankomst; ~ *off* radio eindigen, sluiten; gemeenz afnokken, ermee uitscheiden; ~ *on* scheepv aanmonsteren; (een verbintenis) tekenen; stempelen [v. werklozen]; ~ *up* zich laten inschrijven, zich opgeven, tekenen; zie ook: *dot II*

signal ['signəl] **I** *znw* signaal *o*, teken *o*, sein *o*; *(the Royal Corps of) S~s* mil de verbindingsdienst; **II** *overg* seinen; aankondigen, melden; door een wenk te kennen geven, een wenk geven om te...; **III** *bn* schitterend, uitstekend, voortreffelijk, groot

signal-box *znw* seinhuisje *o*

signalize I *overg* doen uitblinken, onderscheiden; kenmerken; te kennen geven; de aandacht vestigen op; **II** *wederk*: ~ *oneself* zich onderscheiden

signaller *znw* seiner

signally *bijw* ook: bijzonder, zeer; *fail ~* een duidelijke nederlaag lijden, het glansrijk afleggen

signalman *znw* seinwachter; seiner

signatory ['signətəri] **I** *bn* ondertekend hebbend; **II** *znw* (mede)ondertekenaar

signature *znw* hand-, ondertekening; teken *o*, kenmerk *o*; muz voortekening; signatuur, vergaarblokje *o* [op de rug v.e. katern]; ~ *tune* radio herkenningsmelodie

signboard ['sainbɔ:d] *znw* uithangbord *o*; (reclame)bord *o*

signet ['signit] *znw* zegel *o*

signet-ring *znw* zegelring

significance [sig'nifikəns] *znw* betekenis, gewicht *o*

significant *bn* veelbetekenend; veelzeggend; van betekenis; aanmerkelijk

signification [signifi'keiʃən] *znw* betekenis°; aanduiding

significative [sig'nifikətiv] *bn* (veel)betekenend; betekenis-; *be ~ of* betekenen, aanduiden

signify ['signifai] **I** *overg* betekenen, beduiden; aanduiden; **II** *onoverg* van betekenis zijn; *it does not ~* ook: het heeft niets te beduiden

sign-language ['sainlæŋgwidʒ] *znw* gebarentaal

signpost I *znw* handwijzer, wegwijzer; **II** *overg* (door wegwijzers) aangeven, bewegwijzeren

Sikh [si:k, sik] *znw* sikh

silage ['sailidʒ] *znw* kuilvoer *o*

silence ['sailəns] **I** *znw* (stil)zwijgen *o*, stilzwijgendheid; stilte; *there was ~, ~ fell* het werd stil; *in ~* ook: zwijgend; *past over in ~* stilzwijgend voorbijgaan; *pass into ~* in vergetelheid geraken; *reduce to ~* tot zwijgen brengen; *~ gives consent* die zwijgt, stemt toe; **II** *overg* doen zwijgen, tot zwijgen brengen[2]

silencer *znw* geluid-, slagdemper, knalpot

silent ['sailənt] *bn* (stil)zwijgend, stil; rustig; zwijgzaam; stom [v. letters, films]; geruisloos; *William*

the S~ Willem de Zwijger; ~ *partner* handel stille vennoot; *be (fall, keep)* ~ zwijgen, zich stil houden
silently *bijw* stil(letjes), in stilte; geruisloos; (stil-) zwijgend
silhouette [silu'et] **I** *znw* silhouet *o*, schaduwbeeld *o*; **II** *overg*: *be ~d* zich aftekenen
silica ['silikə] *znw* kiezelaarde
silicate *znw* silicaat *o*
siliceous [si'liʃəs] *bn* kiezelachtig, kiezel-
silicon ['silikən] *znw* silicium *o*
silicone ['silikoun] *znw* silicone *o*
silicosis [sili'kousis] *znw* silicose [stoflong]
silk [silk] **I** *znw* zijde; gemeenz aanduiding voor *King's (Queen's) Counsel*, koninklijk raadgever; *~s* zijden stoffen, zijden kleren; *he has taken* ~ hij is *King's (Queen's) Counsel* geworden; **II** *bn* zijden; ~ *hat* hoge hoed; *you can't make a ~ purse out of a sow's ear* men kan geen ijzer met handen breken
silken *bn* zijden[2], zijdeachtig zacht
silk-screen *znw* zeefdruk (ook: ~ *printing*)
silkworm *znw* zijderups
silky *bn* zijden, zijdeachtig zacht; fig poeslief [stem]
sill [sil] *znw* drempel; vensterbank; auto treeplank
silly ['sili] **I** *bn* onnozel, dom, dwaas, kinderachtig, flauw, sullig; *the ~ season* de slappe tijd, komkommertijd; *look* ~ op zijn neus kijken; *Ministry of S~ Walks* Ministerie van Belachelijke Loopjes; **II** *znw* gemeenz onnozele hals, sul
silo ['sailou] *znw* silo
silt [silt] **I** *znw* slib *o*; **II** *overg & onoverg* (doen) dichtslibben, verzanden (ook: ~ *up*)
silvan ['silvən] *bn* = *sylvan*
silver ['silvə] **I** *znw* zilver *o*; zilvergeld *o*; (tafel)zilver *o*; **II** *bn* zilveren, zilverachtig; **III** *overg* verzilveren; [zilver] wit maken; **IV** *onoverg* (zilver)wit worden
silver birch *znw* witte berk
silver-fish *znw* zilvervisje *o*, suikergast, boekworm [insect]; zilvervis [vis]
silver lining *znw* de zon achter de wolken, de positieve kant van de zaak
silvern *bn* vero zilveren
silver nitrate *znw* helse steen
silver paper *znw* vloeipapier *o*; zilverpapier *o*
silver-plated *bn* verzilverd
silver screen *znw* bioscoopscherm *o*
silversmith *znw* zilversmid
silverware *znw* zilverwerk *o*, tafelzilver *o*
silver wedding *znw* zilveren bruiloft
silvery *bn* zilverachtig, zilveren, zilverwit, (zilver-) blank, zilver-
silviculture *znw* = *sylviculture*
simian ['simiən] **I** *bn* apen-; **II** *znw* aap
similar ['similə] *bn* dergelijk, gelijksoortig; gelijk; overeenkomstig; gelijkvormig (aan *to*)
similarity [simi'læriti] *znw* gelijkheid, gelijksoortigheid; overeenkomst(igheid); gelijkvormigheid
similarly ['similəli] *bijw* op dezelfde wijze, insgelijks, evenzo
simile ['simili] *znw* gelijkenis, vergelijking
similitude [si'militju:d] *znw* gelijkenis, gelijkheid, overeenkomst; evenbeeld *o*; vergelijking
simmer ['simə] **I** *onoverg* eventjes koken, (op het vuur staan) pruttelen, sudderen; fig smeulen; zich verbijten; ~ *down* bedaren; **II** *overg* zacht laten koken, laten sudderen; **III** *znw*: *on the* ~ op een zacht vuurtje
Simon ['saimən] *znw* Simon; *Simple* ~ onnozele hals
simony ['saiməni] *znw* simonie
simoom, simoon [si'mu:m, -n] *znw* samoem: droge woestijnwind
simp [simp] *znw* Am slang verk. v. *simpleton*
simper ['simpə] **I** *onoverg* dom geaffecteerd lachen; **II** *znw* dom geaffecteerd lachje *o*
simple ['simpl] **I** *bn* eenvoudig, gewoon; enkelvoudig; simpel, onnozel; *for the ~ reason that...* enkel en alleen omdat...; *the ~ life* een eenvoudiger (minder weelderig) leven; zie ook: *Simon*; **II** *znw* vero artsenijkruid *o*
simple-hearted *bn* oprecht
simple-minded *bn* eenvoudig van geest, naïef, argeloos
simpleton ['simpltən] *znw* onnozele hals, simpele ziel
simplicity [sim'plisiti] *znw* eenvoud(igheid), enkelvoudigheid; onnozelheid
simplification [simplifi'keiʃən] *znw* vereenvoudiging
simplify ['simplifai] *overg* vereenvoudigen
simplistic [sim'plistik] *bn* (al te) zeer vereenvoudigd
simply ['simpli] *bijw* eenvoudig, gewoonweg, zonder meer; alleen (maar), enkel; gemeenz absoluut
simulate ['simjuleit] *overg* veinzen, voorwenden (te hebben), (moeten) voorstellen, fingeren, (bedrieglijk) nabootsen, simuleren
simulation [simju'leiʃən] *znw* geveins *o*, simulatie; bedrieglijke nabootsing
simulator ['simjuleitə] *znw* simulant; techn simulator
simultaneity [siməltə'niəti] *znw* gelijktijdigheid
simultaneous [siməl'teinjəs] *bn* gelijktijdig; ~ *display* simultaanschaken *o*
sin [sin] **I** *znw* zonde[2], zondigheid; *live in* ~ vero schertsend in concubinaat leven, ongetrouwd samenwonen; **II** *onoverg* zondigen[2]
since [sins] **I** *bijw* sedert, sinds(dien); geleden; *ever* ~ sindsdien, van toen af; sedert, vanaf het ogenblik dat...; **II** *voorz* sedert, sinds, van... af; **III** *voegw* sedert, sinds; aangezien; *long ~ (happened)* lang geleden (gebeurd); *it's ages ~ I saw you* we hebben elkaar in geen tijden gezien
sincere [sin'siə] *bn* oprecht, ongeveinsd, onvermengd, zuiver
sincerely *bijw* oprecht; *yours* ~ hoogachtend
sincerity [sin'seriti] *znw* oprechtheid, eerlijkheid;

echtheid

1 sine [sain] *znw* sinus

2 sine ['saini] [Lat] *voorz* zonder; ~ *die* ['saini'daii:] voor onbepaalde tijd

sinecure ['sainikjuə] *znw* sinecure

sinew ['sinju:] *znw* zenuw [= pees], spier; ~*s* spierkracht; kracht

sinewy *bn* zenig; gespierd, sterk, fors

sinful ['sinful] *znw* zondig, verdorven; gemeenz schandelijk, schandalig

sing [siŋ] (sang; sung) **I** *overg* zingen, bezingen; ~ *a different song (tune)* uit een ander vaatje tappen; ~ *out* gemeenz (uit)galmen; ~ *the praises of* loven; **II** *onoverg* zingen; fluiten [v. wind], gonzen [bijen en kogels]; tuiten, suizen [oren]; slang doorslaan [bij verhoor]; ~ *small* gemeenz een toontje lager zingen; ~ *out* luid zingen; gemeenz hard roepen, brullen

Singapore [siŋə'pɔ:] *znw* Singapore *o*

Singaporean *znw (bn)* Singaporeaan(s)

singe [sin(d)ʒ] *overg* (ver)zengen, (ver)schroeien; ~ *one's wings* fig zijn vingers branden

singer ['siŋə] *znw* zanger [ook = zangvogel]

singing I *bn* zingend &; zangerig; **II** *znw* zingen *o*; (oor)suizen *o*; zangkunst

single ['siŋgl] **I** *bn* enkel; afzonderlijk; alleen; enig; eenpersoons; ongetrouwd; vrijgezellen-; eenvoudig; ~ *cream* magere room; zie ook: *combat* &; **II** *znw* kaartje *o* enkele reis; alleenstaande, vrijgezel; sp enkelspel *o*; single [ook: één run bij cricket; slag tot eerste honk bij honkbal]; **III** *overg*: ~ *out* uitkiezen, uitpikken

single-breasted *bn* met één rij knopen

single-decker *znw* gewone bus [i.t.t. dubbeldekker]

single-engined *bn* eenmotorig

single-handed *bn & bijw* alleen; in zijn eentje; eigenhandig

single-hearted *bn* oprecht

single-minded *bn* recht op zijn doel afgaand

single-mindedness *znw* het nastreven van één doel, doelbewustheid

single-seater *znw* luchtv eenpersoonstoestel *o*

singlet ['siŋglit] *znw* borstrok, flanel *o*

singleton ['siŋgltən] *znw* kaartsp singleton [enige kaart in bep. kleur]

singly ['siŋgli] *bijw* afzonderlijk, één voor één

singsong ['siŋsɔŋ] **I** *znw* geïmproviseerde samenzang; deun, dreun; **II** *bn* eentonig [stem]

singular ['siŋgjulə] **I** *bn* enkelvoudig; bijzonder, zonderling, eigenaardig; enig (in zijn soort), zeldzaam; *the ~ number* het enkelvoud; **II** *znw* enkelvoud *o*

singularity [siŋgju'læriti] *znw* enkelvoudigheid; zonderlingheid, eigenaardigheid &

Sinhalese [siŋhə'-, siŋgəli:z] *bn & znw* Singalees (*o*)

sinister ['sinistə] *bn* herald linker; onheilspellend; sinister; boosaardig

1 sink [siŋk] (sank; sunk) **I** *onoverg* zinken, zakken, vallen, dalen; fig verflauwen, afnemen, achteruitgaan; neer-, verzinken, bezwijken, te gronde gaan, ondergaan; ~ *back* terugvallen; ~ *beneath* bezwijken onder; ~ *down* neerzinken, neerzijgen; ~ *home* inwerken; ~ *in* inzinken; fig in-, dóórwerken; ~ *into* verzinken in; neerzinken in; ~ *into the mind (memory)* zich in iemands geheugen prenten; *his heart (spirits) sank* de moed begaf hem; ~ *or swim* erop of eronder; **II** *overg* doen zinken, tot zinken brengen; laten (doen) zakken of dalen, neerlaten; laten hangen [het hoofd]; graven, boren [put]; graveren [stempel]; ~ *differences* laten rusten; ~ *money in...* geld steken in...

2 sink [siŋk] *znw* gootsteen *(kitchen ~)*

sinker *znw* zinklood *o*

sinking *znw & bn* (doen) zinken *o*; *that ~ feeling* bang gevoel om het hart

sinking-fund *znw* amortisatiefonds *o*

sinless ['sinlis] *bn* zondeloos, zonder zonde

sinner *znw* zondaar

Sinn Fein *znw* Ierse nationalistische beweging

Sino- ['sainou] *bn* Chinees-

sinuosity [sinju'ɔsiti] *znw* bochtigheid; kronkeling, bocht

sinuous ['sinjuəs] *bn* bochtig, kronkelig

sinus ['sainəs] *znw* sinus: holte; fistel

sinusitis [sainə'saitis] *znw* sinusitis

sip [sip] **I** *overg* met kleine teugjes drinken; **II** *onoverg & abs ww* nippen (aan *at*); **III** *znw* teugje *o*

siphon ['saifən] **I** *znw* hevel; sifon; **II** *overg* (ook: ~ *off*) overhevelen

sippet ['sipit] *znw* soldaatje *o*: gebakken stukje brood *o* bij soep &

sir [sə:] **I** *znw* heer; mijnheer; *Sir* onvertaald vóór de doopnaam van een *baronet* of *knight*; **II** *overg* met mijnheer aanspreken, gemeenz mijnheren

sire ['saiə] **I** *znw* vero (voor)vader; (stam)vader [v. paard, hond]; Sire [als aanspreking]; **II** *overg* verwekken

siren ['saiərən] *znw* sirene[2] [verleidster, misthoorn]

sirloin ['sə:lɔin] *znw* (runder)lendenstuk *o*

sirocco [si'rɔkou] *znw* sirocco

sirrah ['sirə] *znw* vero schavuit!

sis [sis] *znw* verk. van *sister*

sisal ['saisəl] *znw* sisal

siskin ['siskin] *znw* sijsje *o*

sissy ['sisi] *znw* doetje *o*, huilenbalk; verwijfd type *o* (ook: ~ *pants*); slang homo, nicht

sister ['sistə] *znw* zuster°, zus; hoofdverpleegster

sisterhood *znw* zusterschap

sister-in-law *znw* (*mv*: sisters-in-law) schoonzuster

sisterly *bn* zusterlijk, zuster-

1 sit [sit] (sat; sat) **I** *onoverg* zitten, liggen, rusten; blijven zitten; verblijven; (zitten te) broeden; zitting houden; zitting hebben; poseren [voor portret]; ~*s the wind there?* plechtig komt (waait) de wind uit die hoek?; ~ *still* stil zitten; blijven zitten; ~ *tight* zich kalm houden; zich niet roeren in een zaak; zich in zijn positie handhaven; op de uitkijk blijven; ~ *around* lanterfanten; ~ *at home* thuis zitten (hokken); ~ *back* achterover (gaan) zitten; zijn gemak ervan nemen; fig niet meedoen, zich afzijdig houden, lijdelijk toezien; ~ *by* lijdelijk toezien; ~ *down* gaan zitten, zich zetten; aanzitten; ~ *down under...* [beschuldiging, belediging &] slikken, op zich laten zitten; ~ *for an examination* examen doen; ~ *in on* meedoen aan, aanwezig zijn bij; ~ *in for* [iem.] tijdelijk vervangen; ~ *in judgement* bekritiseren; ~ *on* geheim houden; voor zich uitschuiven; ~ *on the jury* zitting hebben in de jury; ~ *on sbd.* gemeenz iem. op zijn kop geven (zitten); *his principles ~ loosely on him* zijn principes staan hem niet in de weg; *her new dignity ~s well on her* haar nieuwe status gaat haar goed af; ~ *out* blijven zitten [gedurende een dans &], niet meedoen; buiten zitten; ~ *up* rechtop (overeind) zitten, opzitten; overeind gaan zitten; opblijven; *make sbd. ~ up* gemeenz iem. vreemd doen opkijken, het iem. eens goed zeggen of laten voelen; *make sbd. ~ up and take notice* gemeenz iems. interesse wekken; ~ *up with a sick person* waken bij een zieke; ~ *upon* zie: ~ *on*; **II** *overg* neerzetten; laten zitten, laten plaatsnemen; *he can ~ a horse well* hij zit goed te paard; hij zit vast in het zadel; ~ *out a dance* blijven zitten onder een dans; ~ *out the piece* tot het eind toe bijwonen; ~ *through the whole film* de hele film uitzien; **III** *wederk*: ~ *oneself (down)* plechtig & schertsend gaan zitten

2 sit [sit] *znw* zitten *o*; zit

sitar [si'ta:] *znw* sitar

sitcom ['sitkɔm] *znw* gemeenz = *situation comedy* sitcom, ± komische tv-serie

sit-down *znw*: *have a ~* even gaan zitten, even uitrusten; ~ *strike* bezettingsstaking

site [sait] **I** *znw* ligging; (bouw)terrein *o*; **II** *overg* terrein(en) verschaffen, plaatsen

sit-in ['sitin] *znw* sit-in [zitdemonstratie, -actie]

sitter ['sitə] *znw* zitter; poserende, model *o*; dierk broedende vogel, broedhen; babysit(ter)

sitter-in *znw* babysit(ter)

sitting I *bn* zittend, zitting hebbend; ~ *duck* gemakkelijk doel(wit); *the ~ tenant* de tegenwoordige huurder; **II** *znw* zitting, seance; terechtzitting, zittijd; *give sbd. a ~* voor iem. poseren; *at one ~, at a ~* ineens, achter elkaar

sitting-room *znw* huiskamer

situate ['sitjueit] *overg* situeren [gebeurtenis]

situated *bn* gelegen, geplaatst; *awkwardly ~* in een lamme, moeilijke positie

situation [sitju'eiʃən] *znw* ligging, stand; positie°; situatie, toestand; plaats, betrekking; ~ *comedy* ± komische televisieserie; *~s vacant* ± personeelsadvertenties [in krant]

six [siks] *telw* zes; ~ *of one and half a dozen of the other* lood om oud ijzer, één pot nat; *at ~es and sevens* overhoop, in de war; *hit (knock) for ~* slang de vloer aanvegen met, het glansrijk winnen van

sixfold *bn* zesvoudig

sixpence *znw* vroeger muntstuk *o* van zes penny

sixpenny *bn* vroeger van zes penny; fig geringsch dubbeltjes-

sixteen *telw* zestien

sixteenth *bn (znw)* zestiende (deel *o*)

sixth *bn (znw)* zesde (deel *o*)

sixthly *bijw* ten zesde

sixtieth *bn (znw)* zestigste (deel *o*)

sixty *telw* zestig; *the sixties* de jaren zestig; *in the (one's) sixties* ook: in de zestig; *sixty-four thousand dollar question* gemeenz de hamvraag, de grote vraag

sizable ['saizəbl] *bn* tamelijk dik, groot &; flink, behoorlijk, van behoorlijke dikte

sizar ['saizə] *znw* student met een toelage

1 size [saiz] **I** *znw* grootte; omvang, maat, nummer *o*; afmeting, formaat *o*; kaliber *o*; *they are all one ~* van dezelfde grootte; *stones the ~ of...* ter grootte van, zo groot als...; *that's about the ~ of it* zó is het, daar komt het op neer; *cut down to ~* tot zijn (haar, hun) juiste proporties terugbrengen; *try sth. for ~* kijken, proberen of iets iem. ligt; **II** *overg* sorteren (naar de grootte), rangschikken; op de juiste maat brengen, van pas maken; ~ *up* taxeren, zich een oordeel vormen omtrent

2 size [saiz] **I** *znw* lijmwater *o*; **II** *overg* lijmen, planeren

sizeable *bn* = *sizable*

sized [saizd] *bn* van zekere grootte; *the same ~ pot* een pot van dezelfde grootte

sizzle ['sizl] **I** *onoverg* sissen, knetteren; **II** *znw* gesis *o*, geknetter *o*

1 skate [skeit] **I** *znw* (rol)schaats; *get one's ~s on* opschieten, voortmaken; **II** *onoverg* (rol)schaatsen (rijden); ~ *on thin ice* een moeilijk onderwerp tactvol behandelen; ~ *over (round) sth.* ergens luchtig overheen lopen (praten)

2 skate *znw* dierk spijkerrog, vleet

skateboard ['skeitbɔ:d] *znw* skateboard *o*

skateboarding *znw* skateboarden *o*

skater *znw* schaatsenrijder, rolschaatser

skating-rink *znw* (kunst)ijsbaan

skedaddle [ski'dædl] *onoverg* gemeenz 'm smeren, opkrassen, er vandoor gaan

skein [skein] *znw* streng; vlucht wilde ganzen

skeletal ['skelitl] *bn* geraamte-, skelet-, skeletachtig; *a ~ person* iem. die vel over been is

skeleton I *znw* geraamte[2] *o*; skelet *o*; fig schets, schema *o*, raam *o*; *a ~ at the feast* een omstandigheid of persoon die de vreugde bederft; *a ~ in the cupboard* een onaangenaam (familie)geheim *o*; **II** *bn* beperkt, klein [v. dienst, personeel &]

skeleton-key *znw* loper [sleutel]

skeleton map *znw* blinde kaart

skelp [skelp] *overg* gemeenz slaan

skep [skep] *znw* mand, korf; bijenkorf

skerry [skeri] *znw* vooral Schots klip, rif *o*
sketch [sketʃ] **I** *znw* schets[2]; sketch; **II** *onoverg* schetsen; **III** *overg* schetsen[2] (ook: ~ *out*); ~ *in* met een paar trekken aangeven
sketchbook ['sketʃbuk] *znw* schetsboek *o*
sketchy ['sketʃi] *bn* schetsmatig, vluchtig; vaag, oppervlakkig
skew [skju:] **I** *bn* scheef, schuin; *~-eyed* scheel; **II** *znw* schuinte; *on the* ~ schuin; **III** *onoverg* afbuigen, afslaan; scheel zien
skewer ['skjuə] **I** *znw* vleespin; **II** *overg* met vleespinnen vaststeken
skew-whiff [skju:'wif] *bn* schuin; krom
ski [ski:] **I** *znw* ski; ~ *boots* skischoenen; ~ *resort* wintersportplaats; ~ *sticks* skistokken; **II** *onoverg* skilopen, skiën
skid [skid] **I** *znw* remketting, remschoen; techn slof, steun-, glijplank; slip [v. auto &]; *on the ~s* gemeenz bergafwaarts, op weg naar het einde, van kwaad tot erger; *put the ~s under* gemeenz naar de verdommenis (bliksem) helpen; **II** *onoverg* slippen; glijden
skier ['ski:ə] *znw* skiloper, skiër
skiff [skif] *znw* skiff
skiffle ['skifl] *znw* muz skiffle
ski-jump ['ski:dʒʌmp] *znw* skisprong; springschans
ski-jumper *znw* schansspringer
skilful, Am **skillful** ['skilful] *bn* bekwaam, handig
ski-lift ['ski:lift] *znw* skilift
skill *znw* bekwaamheid, bedrevenheid; vakkundigheid
skilled *bn* bekwaam, bedreven; vakkundig; ~ *labourers* geschoolde arbeiders, vakarbeiders
skillet ['skilət] *znw* pannetje *o* met lange steel; Am koekenpan
skilly ['skili] *znw* gortwater *o*, dunne soep
skim [skim] *overg* afschuimen, aframen, afscheppen (ook: ~ *off*); scheren of (heen)glijden (langs, over); fig vluchtig inkijken (doorlopen)
skimmer *znw* schuimspaan
skim-milk, skimmed milk *znw* taptemelk
skimp [skimp] **I** *overg* schrale maat toedienen, krap bedelen, beknibbelen, zuinig toemeten; **II** *onoverg* erg zuinig zijn, bezuinigen; zich bekrimpen
skimpy *bn* schraal, karig, krap
skin [skin] **I** *znw* huid [ook v. schip], vel *o*; leren zak; schil, pel [v. vruchten]; vlies *o*; *outer* ~ opperhuid; *true* ~ onderhuid; ~ *game* zwendel; *he is only ~ and bone(s)* vel over been; *save one's* ~ zijn hachje bergen; *have a thick (thin)* ~ ongevoelig (gevoelig) zijn voor kritiek; *it's no ~ of my nose* gemeenz daar zit ik niet mee; dat is mijn pakkie-an niet; *by the ~ of one's teeth* net, op het kantje af, met de hakken over de sloot; *next to his* ~ op het blote lijf; *get under sbd.'s* ~ gemeenz iem. vreselijk irriteren; *jump (leap) out of one's* ~ een gat in de lucht springen; zich dood schrikken; stomverbaasd zijn; **II** *overg* (af)stropen[2], villen[2], pellen; ontvellen; *keep your eyes ~ned* gemeenz hou je ogen open
skin-deep *bn* niet dieper dan de huid gaand; niet diep zittend, oppervlakkig
skin-dive *znw* sp duiken, onder water zwemmen [met zuurstofcilinder, maar zonder duikerpak]
skin-diver ['skindaivə] *znw* sportduiker (zonder duikerpak)
skin-flick *znw* slang pornofilm
skinflint *znw* krent, gierigaard
skinful *znw*: *when he has had a* ~ slang als hij het nodige op heeft
skin-graft *znw* huidtransplantatie
skinhead *znw* skinhead
skinny *bn* (brood)mager; huid-
skint [skint] *bn* slang platzak
skin-tight ['skin'tait] *bn* zeer nauwsluitend
1 skip [skip] **I** *onoverg* (touwtje)springen, huppelen; ~ *(off)* gemeenz ervandoor gaan, er uitknijpen; ~ *over* = **II** *overg* overslaan [bij lezen]; ~ *it!* Am gemeenz hou op!; **III** *znw* (touwtje)springen *o*; sprongetje *o*
2 skip [skip] *znw* afvalcontainer
1 skipper ['skipə] *znw* springer
2 skipper ['skipə] **I** *znw* scheepv schipper [gezagvoerder]; sp aanvoerder [v. elftal]; slang chef, baas; mil kapitein; **II** *overg* commanderen [een schip], (be)sturen
skipping-rope ['skipiŋroup] *znw* springtouw *o*
skirl [skə:l] *onoverg* schril klinken [v. doedelzak]
skirmish ['skə:miʃ] **I** *znw* schermutseling[2]; **II** *onoverg* schermutselen[2]; mil tirailleren
skirmisher *znw* schermutselaar; mil tirailleur
skirt [skə:t] **I** *znw* (vrouwen)rok; slip, pand; rand, zoom; grens; middenrif *o*; slang vrouw, meid; *divided* ~ broekrok; **II** *overg* omboorden, omzomen, begrenzen; langs de rand, zoom of kust gaan, varen &; fig ontwijken; **III** *onoverg*: ~ *along* lopen langs, grenzen aan
skirting(-board) ['skə:tiŋ(bɔ:d)] *znw* plint
ski-run ['ski:rʌn] *znw* skibaan, skiterrein *o*
skit [skit] *znw* parodie (op *upon*)
skitter ['skitə] *onoverg* rennen, snellen
skittish ['skitiʃ] *bn* schichtig; grillig, dartel
skittle ['skitl] *znw* kegel; *~s* kegelspel *o*
skittle-alley *znw* kegelbaan
skive [skaiv] slang **I** *overg* ontduiken [van verplichtingen]; **II** *onoverg* lijntrekken; ~ *off* er tussenuit knijpen; **III** *znw*: *to be on the* ~ lijntrekken
skiver ['skaivə] *znw* gemeenz lijntrekker
skivvy ['skivi] *znw* slang dienstmeisje *o*
skulduggery [skʌl'dʌgəri] *znw* gemeenz kwade praktijken, oneerlijkheid, zwendel
skulk [skʌlk] *onoverg* loeren, sluipen, gluipen; zich verschuilen, zich onttrekken (aan)
skulker *znw* gluiper; lijntrekker
skull [skʌl] *znw* schedel; doodskop; ~ *and crossbones* ook: zeeroversvlag
skullcap *znw* kalotje *o*

skunk [skʌŋk] *znw* (*mv* idem *of* -s) dierk skunk *m*, stinkdier *o*; skunk *o* [bont]; scheldwoord smeerlap
sky [skai] **I** *znw* lucht, luchtstreek, hemel, uitspansel *o*; hemelsblauw *o*; *in the ~* aan de hemel; *praise to the skies* hemelhoog prijzen; **II** *overg* [een bal] de lucht in gooien (schoppen, slaan); [een schilderij] zeer hoog hangen
sky-blue *bn (& znw)* hemelsblauw (*o*)
skydiver *znw* parachutist die de vrije val beoefent
skydiving *znw* vrije-val formatiespringen [met parachute]
sky-high *bn* hemelhoog
sky-jacker *znw* gemeenz vliegtuigkaper
sky-jacking *znw* gemeenz vliegtuigkaperij
skylab *znw* Am ruimtestation *o*, -laboratorium *o*
skylark I *znw* leeuwerik; **II** *onoverg* slang stoeien, lolletjes uithalen
skylight *znw* dakraam *o*, koekoek, vallicht *o*, schijn-, bovenlicht *o*, lantaarn
skyline *znw* horizon; skyline, silhouet
sky-pilot *znw* slang geestelijke; (vloot-) aalmoezenier
sky-rocket I *znw* vuurpijl; **II** *onoverg* snel stijgen [v. prijzen &]
skyscape *znw* luchtgezicht *o* [schilderij]
skyscraper *znw* wolkenkrabber
sky-sign *znw* lichtreclame
skyward(s) *bn & bijw* hemelwaarts
skyway *znw* luchtroute; Am verkeersweg op verhoogd niveau
slab [slæb] *znw* (marmer)plaat, platte steen; schaal, schaaldeel *o* (ook: *~ of timber*); gedenksteen; plak [kaas &], moot [vis]; slang operatietafel
slack [slæk] **I** *bn* slap[2], los; laks; loom (makend); nalatig, traag; *~ water* doodtij *o*; stil water *o*; **II** *znw* loos [v. touw]; kruis *o* [v. broek]; doodtij *o*; stil water *o*; slappe tijd, komkommertijd, slapte; kolengruis *o*, gruiskolen; *~s* lange broek, sportpantalon; *take up the ~* aantrekken, strak spannen [v. touw &]; fig de teugel(s) kort houden; weer op gang brengen, nieuwe impulsen geven; **III** *onoverg* verslappen; slabakken (ook: *~ off*); afnemen; vaart verminderen
slacken I *overg* (laten) verslappen, (ver)minderen; vertragen; vieren; **II** *onoverg* verslappen, slap worden, afnemen, (ver)minderen, vaart verminderen
slacker *znw* slabakker, treuzelaar
1 slag [slæg] **I** *znw* techn slak(ken); **II** *overg*: *~ off* afkraken, afkammen
2 slag [slæg] *znw* slang slons, slet, sloerie
slag-heap ['slæghi:p] *znw* slakkenberg [bij kolenmijn]
slain [slein] V.D. van *slay*; *be ~* sneuvelen
slake [sleik] *overg* lessen[2]; blussen [v. kalk]
slalom ['sla:ləm] **I** *znw* slalom; **II** *onoverg* slalommen
slam [slæm] **I** *overg & onoverg* hard dichtslaan; slaan; smijten, kwakken; gemeenz sterk bekritiseren; *~ down* neersmakken; *~ on one's brakes* op de rem gaan staan; **II** *znw* harde slag, bons; kaartsp slem *o & m*
slammer ['slæmə] *znw* slang bajes, bak
slander ['sla:ndə] **I** *znw* laster; **II** *overg* (be)lasteren
slandererer *znw* lasteraar
slanderous *bn* lasterlijk
slang [slæŋ] **I** *znw* slang *o*; jargon *o*, dieventaal; **II** *overg* uitschelden; *~ing match* scheldpartij; **III** *onoverg* slang gebruiken
slangy *bn slang*-achtig, *slang-*, plat [v. taal &]; vol *slang*
slant [sla:nt] **I** *onoverg* hellen, zijdelings of schuin (in)vallen of gaan; **II** *overg* doen hellen, schuin houden of zetten; gemeenz een draai geven aan, een andere kijk op de zaak geven; **III** *bn* schuin; **IV** *znw* helling; gemeenz gezichtspunt *o*, kijk (op de zaak), draai (gegeven aan...); *on the ~* schuin
slant-eyed *bn* scheefogig
slanting *bn* hellend, schuin
slap [slæp] **I** *overg* slaan (op), een klap geven, meppen, neersmijten; *~ sbd. down* slang [iem.] op z'n nummer zetten; **II** *znw* klap, mep; fig veeg uit de pan; *a ~ in the face* een klap in het gezicht; *a ~ on the wrist* vermaning, lichte straf; **III** *bijw* pardoes
slap-bang *bn & bijw* holderdebolder, pats, ineens
slapdash *bn* nonchalant; roekeloos, onstuimig
slap-happy ['slæp'hæpi] *bn* gemeenz vrolijk, uitbundig, lawaaiig, brooddronken; nonchalant
slapstick *znw* slapstick, gooi- en smijtfilm &
slap-up *bn* gemeenz patent, (piek)fijn
slash [slæʃ] **I** *onoverg* hakken, kappen, houwen; om zich heen slaan; *~ at* slaan naar; **II** *overg* snijden, japen; striemen, ranselen; afkraken, afmaken [een schrijver &]; drastisch verlagen [prijzen]; **III** *znw* houw, jaap, snee, veeg[2]; split *o* [in mouw]; schuin streepje *o*; slang plas
slashing *bn* om zich heen slaand &; gemeenz flink, kranig, uitstekend; vernietigend [v. kritiek]
slat [slæt] *znw* lat [v. jaloezie]
1 slate [sleit] **I** *znw* lei *o* [stofnaam], lei *v* [voorwerpsnaam]; *put it on the ~!* gemeenz schrijf het maar op (de lat)!; *start with a clean ~* met een schone lei beginnen; *wipe the ~ clean* het verleden begraven, oude schulden vereffenen, met een schone lei beginnen; **II** *bn* leien, leikleurig; **III** *overg* met leien dekken
2 slate [sleit] *overg* gemeenz duchtig op zijn kop geven, afmaken, afkraken
slater ['sleitə] *znw* leidekker
slating *znw* **1** bedaking, leien dakwerk *o*; **2** gemeenz afbrekende kritiek; *give sbd. a (sound) ~* gemeenz iem. er duchtig van langs geven, iem. zeer scherp zeggen waar het op staat
slatted ['slætid] *bn* van latwerk, latten-
slattern ['slætən] *znw* slons
slatternly *bn* slonzig
slaty ['sleiti] *bn* leiachtig, lei-

slaughter ['slɔ:tə] **I** *znw* slachten *o*, slachting[2]; bloedbad *o*; **II** *overg* slachten, afmaken, vermoorden; gemeenz in de pan hakken
slaughterer *znw* slachter
slaughter-house *znw* slachthuis *o*; fig slachtbank
Slav [sla:v] **I** *znw* Slaaf; **II** *bn* Slavisch
slave [sleiv] **I** *znw* slaaf, slavin; *a ~ to...* de slaaf van...; **II** *onoverg* slaven, sloven, zwoegen
slave-driver *znw* slavendrijver[2]
slave labour *znw* slavenarbeid
1 slaver *znw* slavenhandelaar; slavenhaler [schip]
2 slaver ['slævə] **I** *znw* kwijl, gekwijl[2] *o*, gezever[2] *o*; **II** *onoverg* kwijlen[2]; fig temen, zeveren
slavery ['sleivəri] *znw* slavernij[2]
slave-trade *znw* slavenhandel
slave-trader *znw* slavenhandelaar
slavey ['slævi] *znw* gemeenz (dienst)meisje *o*
slavish ['sleiviʃ] *bn* slaafs[2]
Slavonian [slə'vouniən] **I** *bn* Slavonisch; **II** *znw* Slavoniër
Slavonic [slə'vɔnik] *bn* Slavisch
slaw [slɔ:] *znw* Am koolsla
slay [slei] (slew; slain) *overg* doodslaan, doden, (neer)vellen, afmaken, slachten
sleazy ['sli:zi] *bn* dun; ondeugdelijk, slecht, armzalig; gemeenz slonzig, gemeen
sled [sled] **I** *znw* slede, slee, sleetje *o*; **II** *onoverg* sleeën
sledge [sledʒ] **I** *znw* slede, slee; **II** *onoverg* sleeën
sledge-hammer *znw* techn voorhamer, moker; *~ blow* krachtige slag
sleek [sli:k] **I** *bn* glad[2]; gladharig; glanzig; glimmend [v. gezondheid]; gestroomlijnd; fig zalvend, liefdoend; **II** *overg* glad maken (strijken)
1 sleep [sli:p] *znw* slaap; *a little ~* een slaapje *o*, dutje *o*; *have a ~* slapen; *go to ~* in slaap vallen; *lose ~ over sth.* ergens grijze haren van krijgen; *put to ~* naar bed brengen; in slaap sussen; in laten slapen, afmaken [v. huisdieren]; slang buiten westen slaan
2 sleep [sli:p] (slept; slept) **I** *onoverg* slapen; inslapen; staan [van tol]; fig rusten; *~ around* gemeenz met Jan en alleman naar bed gaan; *~ the hours away* zoveel uren, zijn tijd verslapen; *~ in* uitslapen; zich verslapen; *~ on* dóórslapen; *~ on it* er nog eens een nachtje over slapen; *~ out* buitenshuis slapen, niet intern zijn; *~ with* slapen bij [een vrouw], naar bed gaan met; **II** *overg* laten slapen; slaapgelegenheid hebben voor; *~ off the drink* zijn roes uitslapen
sleeper *znw* slaper[2]; slaapkop, -muts; slaapwagen; couchette; dwarsligger, biels [v. spoorweg]
sleeping *bn* slapend &; *the S~ Beauty* de Schone Slaapster, Doornroosje *o*; *let ~ dogs lie* maak geen slapende honden wakker
sleeping-bag *znw* slaapzak
sleeping-car *znw* slaapwagen
sleeping-compartment *znw* slaapcoupé
sleeping-draught *znw* slaapdrank
sleeping partner *znw* stille vennoot
sleeping pill *znw* slaappil
sleeping-sickness *znw* slaapziekte
sleepless *bn* slapeloos; rusteloos; fig waakzaam
sleepwalk *onoverg* slaapwandelen
sleepwalker *znw* slaapwandelaar
sleepy *bn* slaperig; slaapwekkend; slaap-; beurs, buikziek [peren]
sleepyhead *znw* gemeenz slaapkop, -muts
sleet [sli:t] **I** *znw* natte sneeuw of hagel met regen; **II** *abs ww* sneeuwen met regen
sleeve [sli:v] *znw* mouw; hoes [v. grammofoonplaat]; techn mof, voering [v. as]; luchtv windzak; *have (a plan &) up one's ~* achter de hand hebben, in petto hebben; *laugh in one's ~* in zijn vuistje lachen; *wear one's heart on one's ~* het hart op de tong hebben
sleeveless *bn* zonder mouwen, mouwloos
sleigh [slei] **I** *znw* (arre)slede, slee; **II** *onoverg* arren
sleight [slait] *znw* handigheidje *o*, gauwigheidje *o*; vaardigheid, behendigheid, kunstgreep; *~ of hand* vingervlugheid; goochelarij[2]
slender ['slendə] *bn* slank, rank; spichtig, schraal, dun, mager, gering; zwak; *~ abilities, capacity* geringe aanleg of begaafdheid
slept [slept] V.T. & V.D. van *[2]sleep*
sleuth [slu:θ] *znw* bloedhond, speurhond[2]; fig detective, speurder (*~-hound*)
1 slew [slu:] V.T. van *slay*
2 slew [slu:] **I** *overg & onoverg* (om)draaien; *~ed* slang dronken; **II** *znw* draai
slice [slais] **I** *znw* snee, sneetje *o*, schijf, schijfje *o*; plak [vlees &]; (aan)deel *o*; fragment *o*; dwarsdoorsnede; visschep; spatel; sp effectbal; *a ~ of bread and butter* een (enkele) boterham; *a ~ of territory* een stuk *o* (lap) grond; **II** *overg* in sneetjes, dunne schijven of plakken snijden (ook: *~ up*); snijden; sp met effect slaan [tennis]; *~d loaf* gesneden brood; *the best thing since ~d bread* gemeenz iets fantastisch, het absolute einde
slicer *znw* snijder; snijmachine; schaaf [voor groenten &]
slick [slik] **I** *bn* glad[2], rad, vlug, vlot; handig; oppervlakkig; glanzend; **II** *bijw* glad(weg); precies; vlak &; **III** *znw* olievlek, -laag [op water, zee]; **IV** *overg*: *~ down* glad kammen, (het haar) met water & tegen het hoofd plakken
slicker ['slikə] *znw* Am **1** gemeenz gladjanus, linkmiegel; **2** ± oliejas
1 slide [slaid] (slid; slid) **I** *onoverg* glijden, glippen, slieren; schuiven; afglijden; uitglijden[2], een misstap doen; *let things ~* Gods water over Gods akker laten lopen; veel over zijn kant laten gaan; *~ over* losjes heenlopen over; **II** *overg* laten glijden; laten glippen; laten schieten, schuiven
2 slide [slaid] *znw* glijden *o*; glijbaan; hellend vlak *o*; lantaarnplaatje *o*; dia, diapositief *o*; objectglas *o*, voorwerpglaasje *o* [v. microscoop]; schuif, schuifje

o; haarspeld; aardverschuiving, lawine; glijbank in een roeiboot
slide fastener *znw* treksluiting
slide frame *znw* diaraampje *o*
slide projector *znw* diaprojector, diascoop
slider *znw* glijder; schuif; glijbank
slide-rule *znw znw* rekenliniaal, -lat
slide-valve *znw* techn schuifklep
sliding ['slaidiŋ] *bn* glijdend &; glij-, schuif-; ~ *keel* middenzwaard *o*; ~ *scale* beweeglijke, veranderlijke (loon)schaal; ~ *seat* glijbank; ~ *valve* schuifklep
slight [slait] **I** *bn* licht, tenger; zwak, gering, onbeduidend; vluchtig; *not in the ~est* totaal niet; **II** *znw* geringschatting, kleinering; *put a ~ on sbd.* iem. geringschatten, veronachtzamen; **III** *overg* geringschatten, buiten beschouwing laten; versmaden, opzij zetten, veronachtzamen
slighting *bn* geringschattend
slightly *bijw* ook: lichtelijk, enigszins, ietwat, iets, een beetje
slily ['slaili] *bijw* = *slyly (bijw* v. *sly)*
slim [slim] **I** *bn* slank; dun[2], schraal; fig gering [kans]; **II** *onoverg (& overg)* een vermageringskuur doen (ondergaan), afslanken, lijnen
slime [slaim] *znw* slib *o*; slijm *o & m* [v. aal, slak]
slimmer ['slimə] *znw* iem. die aan de lijn doet
slimming ['slimiŋ] *znw* vermageringskuur; afslanken *o*
slimy ['slaimi] *bn* slibberig, glibberig; fig slijmerig, kruiperig
1 sling [sliŋ] (slung; slung) *overg* slingeren, zwaaien met; gooien; (op)hangen; vastsjorren; ~ *one's hook* gemeenz er vandoor gaan
2 sling [sliŋ] *znw* slinger, katapult; verband *o*, mitella, draagband; draagdoek [voor baby]; mil riem [v. geweer &]; scheepv hanger, strop, leng *o*
slink [sliŋk] (slunk; slunk) *onoverg* (weg)sluipen (ook: ~ *away, off*)
slinky *bn* gemeenz verleidelijk sluipend; nauwsluitend; slank(makend)
slip [slip] **I** *onoverg* slippen, (uit)glijden, (ont-) glippen; (weg)sluipen; *be ~ping* gemeenz verslappen, minder worden; ~ *across* even overwippen; ~ *away* uitknijpen, wegsluipen (ook: ~ *off*); voorbijvliegen [v. tijd]; ~ *by* voorbijgaan; ~ *from* ontglippen; ~ *into...* binnensluipen; ~ *into one's clothes* zijn kleren aanschieten; ~ *on...* uitglijden over...; ~ *up* gemeenz zich vergissen; een fout maken; **II** *overg* laten glijden, glippen, schieten[2]; laten vallen, loslaten; ontglippen, (vóór-, af)schuiven; heimelijk toestoppen; *it had ~ped my memory (my mind)* het was mij ontschoten, door het hoofd gegaan; *let ~* gemeenz zich verspreken; ~ *off a ring* (een ring) afschuiven [van de vinger]; ~ *off one's clothes* snel uit de kleren schieten; ~ *on* aanschieten [kleren]; *~ped disc* med hernia; **III** *znw* uitglijding; fig vergissing, abuis *o*; misstap; aardverschuiving; (kussen)sloop; onderrok, onderjurk; stek; koppelband; strook papier, (druk)proefstrook; scheepv (scheeps)helling; *a ~ of a girl (boy, youth)* een tenger meisje *o* &; *a ~ of the pen* een verschrijving; *a ~ of the tongue* een vergissing in het spreken, verspreking; *give the ~* [iem.] laten schieten, in de steek laten, ontsnappen, ontglippen aan; *make a ~* zich vergissen
slip-cover *znw* hoes
slip-knot *znw* schuifknoop
slip-on *znw* gemeenz kledingstuk *o* dat je makkelijk aan kan trekken; ~ *shoes* instappers (ook: *~s*)
slipover *znw* slipover
slipper I *znw* pantoffel, muil, slof; **II** *overg* gemeenz met de slof geven; *~ed* met pantoffels of sloffen (aan)
slippery ['slipəri] *bn* glibberig, glad[2]; *on the ~ slope* op het hellend vlak
slippy *bn* glibberig; gemeenz vlug
sliproad ['sliproud] *znw* oprit; afrit [v. autoweg]
slipshod ['slipʃɔd] *bn* slordig
slipslop ['slipslɔp] *znw* slobber; fig (sentimenteel) gewauwel *o*
slipstream ['slipstri:m] *znw* luchtv schroefwind; zuiging [achter een auto &]
slip-up ['slipʌp] *znw* gemeenz fout, vergissing
slipway ['slipwei] *znw* scheepv (sleep)helling
1 slit [slit] (slit; slit) **I** *overg* (aan repen) snijden, spouwen, splijten; **II** *onoverg* splijten
2 slit [slit] *znw* lange snee, spleet, split *o*, spouw, sleuf, gleuf
slit-eyed *bn* spleetogig
slither ['sliðə] *onoverg* glibberen, slieren
slithery *bn* glibberig
sliver ['slivə] *znw* reepje *o*, flenter, splinter
slob [slɔb] *znw* **1** slang luie stomkop; smeerlap; boerenpummel; **2** modder, slijk *o*
slobber ['slɔbə] **I** *onoverg* kwijlen; ~ *over* fig sentimenteel doen, door zoenen nat maken; **II** *znw* kwijl, gekwijl[2] *o*, gezever[2] *o*, fig sentimenteel geklets *o*
slobbery *bn* kwijlend
sloe [slou] *znw* plantk slee(doorn), sleepruim
slog [slɔg] **I** *overg* hard slaan, beuken; ~ *it out* het uitvechten; **II** *onoverg* er op losslaan (timmeren); ploeteren, zwoegen; **III** *znw* harde slag; kloppartij; geploeter *o*, gezwoeg *o*
slogan ['slougən] *znw* strijdkreet, slogan, leus; slagzin
sloop [slu:p] *znw* sloep
slop [slɔp] **I** *znw* **1** gemors *o*, plas; **2** sentimenteel gedoe *o*; *~s* vaat-, spoelwater *o*, vuil water *o*; spoelsel *o*; **II** *overg* morsen; (neer)plassen; kwakken; **III** *onoverg* plassen; ~ *over* overlopen, overstromen
slop-basin *znw* spoelkom
slope [sloup] **I** *znw* schuinte, glooiing, helling; **II** *onoverg* glooien, hellen, schuin aflopen, lopen of vallen; ~ *off* gemeenz 'm smeren, ophoepelen; **III** *overg* schuin houden; afschuinen, schuin snijden;

doen hellen; slang weggaan, ophoepelen; ~ *arms!* mil over... geweer!
sloping *bn* glooiend, hellend, aflopend, schuin; scheef
slop-pail ['slɔppeil] *znw* toiletemmer
sloppy ['slɔpi] *bn* slodder(acht)ig, slordig; fig (huilerig) sentimenteel
slosh [slɔʃ] **I** *onoverg* klotsen, plassen, ploeteren; **II** *overg* knoeien [met water]; laten klotsen; slang afranselen; *~ed* slang dronken
1 slot [slɔt] *znw* spoor *o* [van hert]
2 slot [slɔt] **I** *znw* gleuf, sleuf; sponning; fig ruimte, plaatsje *o*, gaatje *o*; zendtijd; **II** *overg* een gleuf of sponning maken in; ~ *in (to)* een plaats vinden voor, inpassen in
sloth [slouθ] *znw* luiheid, vadsigheid, traagheid; luiaard [dier]
slothful *bn* lui, vadsig, traag
slot-machine ['slɔtməʃi:n] *znw* (verkoop)automaat
slot-meter *znw* muntmeter
slouch [slautʃ] **I** *onoverg* slap (neer)hangen; slungelen; **II** *overg* neerdrukken, over de ogen trekken [hoed]; *~ed hat* = *~ hat*; **III** *znw* neerhangen *o*; slungelige gang (houding); slappe hoed; slang nietsnut; knoeier, kluns; *he is no ~ in the kitchen* hij is bepaald geen slechte kok
slouch hat *znw* slappe hoed
slouchy *bn* slungelig, slordig
1 slough [slau] *znw* poel, modderpoel[2]; moeras[2] *o*; *the ~ of Despond* het moeras der wanhoop, zonde
2 slough [slʌf] **I** *znw* afgeworpen (slangen)vel *o*; korst, roof [v. wonden]; **II** *overg*: *~ off* afwerpen, van zich afschudden
1 sloughy ['slaui] *bn* modderig, moerassig
2 sloughy ['slʌfi] *bn* met een korst bedekt
Slovak ['slouvæk] **I** *znw* Slowaak; Slowaaks *o* [de taal]; **II** *bn* Slowaaks
Slovakia [slou'vækiə] *znw* Slowakije *o*
sloven ['slʌvn] *znw* slons, sloddervos
Slovene ['slouvi:n] *znw* Sloveen
Slovenia [slou'vi:njə] *znw* Slovenië *o*
Slovenian [slou'vi:njən] **I** *znw* Sloveen; Sloveens *o* [de taal]; **II** *bn* Sloveens
slovenly ['slʌvnli] *bn* slordig, slonzig
slow [slou] **I** *bn* langzaam[2], langzaam werkend, traag, (s)loom; niet gauw, niet vlug[2]; saai, vervelend; *~ly but surely* langzaam maar zeker; *ten minutes ~* 10 minuten achter; *he is ~ to...* hij zal niet gauw...; *he was not ~ to see the difficulty* hij zag de moeilijkheid gauw genoeg; *~ train* boemeltrein; **II** *bijw* langzaam; *go ~* achter gaan of lopen [v. uurwerk]; voorzichtig te werk gaan; het kalmpjes aan doen; een langzaam-aan-tactiek toepassen [v. werknemers]; **III** *onoverg* vaart (ver)minderen, afremmen[2] (ook: *~ down, up*); **IV** *overg* vertragen, de snelheid verminderen van, verlangzamen, langzamer laten lopen, afremmen[2] (ook: *~ down, up*)
slowcoach *znw* traag persoon, slome, treuzelaar
slowdown *znw* vertraging; Am langzaam-aan-actie
slow-match *znw* lont
slow motion *znw*: *in ~* vertraagd [v. film]
slow-paced *bn* langzaam, traag [v. gang]
slowpoke *znw* Am = *slowcoach*
slow-witted *bn* traag van begrip
slow-worm *znw* hazelworm
sludge [slʌdʒ] *znw* slobber, slik *o*, halfgesmolten sneeuw of ijs
sludgy *bn* slobberig, modderig, slikkerig
slue [slu:] *overg, onoverg* & *znw* = *[2]slew*
slug [slʌg] **I** *znw* slak (zonder huisje); (schroot-) kogel; gemeenz slok; **II** *overg* gemeenz neerslaan, afranselen, bewusteloos slaan; *~ it out* het uitvechten
sluggard *znw* luiaard, luilak
sluggish *bn* lui, traag
sluice [slu:s] **I** *znw* sluis, spuisluis, spui *o*; sluiswater *o*; **II** *overg* uit-, doorspoelen, (af)spoelen, spuien, doen uitstromen
sluice-gate *znw* sluisdeur
slum [slʌm] **I** *znw* slop *o*, achterbuurt, slum; krot *o*; **II** *onoverg* de sloppen en achterbuurten bezoeken; *~ (it)* onder zijn stand (armoedig) leven
slumber ['slʌmbə] **I** *onoverg* sluimeren[2]; **II** *znw* sluimer(ing); *~s* ook: slaap
slumb(e)rous *bn* slaperig (makend); sluimerend
slumber-wear *znw* nachtkleding
slum clearance ['slʌmkliərəns] *znw* krotopruiming
slum dweller *znw* krotbewoner
slum dwelling *znw* krotwoning
slummy *bn* achterbuurtachtig, sloppen-
slump [slʌmp] **I** *znw* plotselinge of grote prijsdaling, plotselinge vermindering van navraag, belangstelling of populariteit; malaise; **II** *onoverg* plotseling zakken, dalen [v. prijzen], afnemen in populariteit &; (zich laten) glijden, zakken, vallen
slung [slʌŋ] V.T. & V.D. van *[1]sling*
slunk [slʌŋk] V.T. & V.D. van *slink*
slur [slə:] **I** *overg* licht of losjes heenlopen over (ook: *~ over*); laten ineenvloeien, onduidelijk uitspreken [v. letters in de uitspraak]; fig verdoezelen; muz slepen; **II** *znw* klad[2], smet[2], vlek[2]; muz koppelboog; *cast (put) a ~ on* een smet werpen op
slurp [slə:p] *overg* gemeenz opslurpen, opslobberen
slurry ['slə:ri] *znw* smurrie, dunne modder
slush [slʌʃ] *znw* sneeuwslik *o*, blubber, modder; gemeenz klets, overdreven sentimentaliteit
slushy *bn* modderig, blubberig; gemeenz wee, slap
slut [slʌt] *znw* slons, sloerie, morsebel
sluttish *bn* slonzig, sloerieachtig
sly [slai] *bn* sluw, listig, slim; schalks; *on the ~* stiekem
slyboots *znw* slimme vos, slimmerd
1 smack [smæk] *znw* scheepv smak [schip]
2 smack [smæk] **I** *znw* smak, pats, klap; knal [v. zweep]; smakzoen; slang heroïne; *have a ~ at* gemeenz eens proberen; *~ in the eye* gemeenz klap in

't gezicht, terechtwijzing; **II** *overg* smakken met, doen klappen of knallen; meppen; ~ *one's lips* smakken met de lippen; likkebaarden (bij *over*); **III** *onoverg* smakken, klappen, knallen; **IV** *tsw & bijw* pats!; pardoes, vierkant &

3 smack [smæk] **I** *znw* smaakje *o*; geurtje *o*; tikje *o*, ietsje *o*, tintje *o*; **II** *onoverg* fig rieken naar, iets hebben van

smacker ['smækə] *znw* gemeenz smakzoen; harde bal; kanjer; Br slang pond *o*; Am slang dollar

small [smɔ:l] **I** *bn* klein°, gering, weinig; min, kleingeestig, -zielig; onbelangrijk, armzalig; zwak [stem]; *feel* ~ zich vernederd voelen; *look* ~ er klein uitzien; beteuterd of op zijn neus kijken, er dom uitzien; ~ *arms* handvuurwapens; ~ *beer*, fig niet belangrijk; zie ook: *think II*; ~ *change* wisselgeld *o*, kleingeld *o*; ~ *fry* ondermaatse vis; fig klein grut *o*; ~ *hours* kleine uurtjes (12-5 's nachts); ~ *talk* gepraat *o* over koetjes en kalfjes, smalltalk; **II** *znw* kaartsp kleintje *o* [in schoppen &]; *the ~ of the back* lendenstreek; ~*s* gemeenz kleine was, ondergoed *o*

smallage ['smɔ:lidʒ] *znw* vero wilde selderij

small-holder ['smɔ:lhouldə] *znw* kleine boer, keuterboer

smallholding *znw* keuterboerderijtje *o*

smallish *bn* vrij klein

small-minded *bn* kleinzielig

smallpox *znw* pokken

small-scale *bn* op kleine schaal, klein

small-screen *znw* gemeenz televisie

small-time *bn* op kleine schaal, onbelangrijk, klein, amateuristisch, derderangs

smalt [smɔ:lt] *znw* smalt, kobaltglas *o*

smarmy ['sma:mi] *bn* gemeenz flikflooiend

smart [sma:t] **I** *bn* wakker, pienter, flink, ferm, vlug, knap, gevat, snedig, gewiekst, geestig; keurig, elegant, net, chic; *the ~ people (set)* de uitgaande wereld; *say ~ things* geestigheden debiteren; *be (look) ~!* vlug wat!; **II** *onoverg* zeer of pijn doen; lijden, pijn hebben; *you shall ~ for this* daarvoor zul je boeten, dat zal je bezuren; ~*ing* ook: schrijnend

smart-alec(k) *znw* gemeenz wijsneus, slimmerik

smart-arse, Am **smart-ass** *znw* slang wijsneus

smarten *overg* mooi maken, opknappen (ook: ~ *up*)

smart-money *znw* **1** smartengeld *o*; **2** geld *o* ingezet door mensen die goed op de hoogte zijn

smash [smæʃ] **I** *overg* (hard) slaan; stukslaan, ingooien; stuk-, kapotsmijten, breken, vernielen; verbrijzelen, vermorzelen, totaal verslaan, vernietigen (ook: ~ *up*); sp smashen; ~ *up a car* een auto in de soep, in de prak rijden; ~*ed* ook: failliet; slang ladderzat, dronken; **II** *onoverg* breken; stukvallen &; failliet gaan; handel over de kop gaan; vliegen, botsen (tegen *into*); **III** *znw* smak, slag, botsing; sp smash [harde slag bij tennis &]; handel bankroet *o*, krach, debacle *v & o*; ~ *(hit)* gemeenz groot succes *o*, reuzesucces *o*; *go (to)* ~ kapotgaan; naar de bliksem gaan, handel over de kop gaan; ~ *and grab raid* diefstal waarbij etalageruit ingeslagen en leeggeroofd wordt; **IV** *bijw* pardoes, vierkant; **V** *bn* gemeenz geweldig, reuze

smasher *znw* gemeenz prachtexemplaar *o*, spetter, stuk *o*; iets geweldigs

smashing *bn* mieters, knal, denderend, luisterrijk

smash-up *znw* botsing; verbrijzeling; vernietiging; fig debacle, krach

smattering ['smætəriŋ] *znw* oppervlakkige kennis; *a ~ of...* een mondjevol *o...*

smear [smiə] **I** *overg* (in)smeren, besmeren, besmeuren, bezoedelen (met *with*); gemeenz belasteren; **II** *znw* vlek, smet, (vette) veeg; med uitstrijk; gemeenz laster

smear campaign *znw* hetze

smear-word *znw* insinuerende scheldnaam

1 smell [smel] *znw* reuk, geur, lucht, luchtje, *o*; stank; *have a ~ of it* ruik er eens aan

2 smell [smel] (smelt/smelled; smelt/smelled) **I** *overg* ruiken; ruiken aan; ~ *out* uitvorsen, achter iets komen; **II** *onoverg* ruiken, rieken; stinken; ~ *at* ruiken aan; ~ *of* rieken naar[2]

smelling-salts *znw mv* reukzout *o*

smelly *bn* vies ruikend, stinkend

1 smelt [smelt] *znw* (*mv* idem *of* -s) dierk spiering

2 smelt [smelt] V.T. & V.D. van *[2]smell*

3 smelt [smelt] *overg* [erts] (uit)smelten

smelter *znw* smelter; ijzersmelterij

smew [smju:] *znw* dierk nonnetje *o*, weeuwtje *o* [eend]

smile [smail] **I** *onoverg* glimlachen, lachen (tegen, om *at*); ~ *(up)on* tegen-, toelachen; **II** *overg* lachen, glimlachend uitdrukken of te kennen geven; **III** *znw* glimlach

smirch [smə:tʃ] **I** *overg* bevuilen, bekladden, besmeuren, bezoedelen; **II** *znw* (vuile) plek, veeg, klad[2]; fig smet

smirk [smə:k] **I** *onoverg* meesmuilen, grijnzen; **II** *znw* gemaakt lachje *o*, gemene grijns

smite [smait] (smote; smitten) *overg* slaan, treffen; verslaan; kastijden

smith [smiθ] *znw* smid

smithereens [smiðə'ri:nz] *znw mv* gemeenz gruzelementen

smithy ['smiði] *znw* smederij, smidse

smitten ['smitn] **I** V.D. van *smite*; **II** *bn*: ~ *with* getroffen door, geslagen met; in verrukking over; ~ *by* verliefd op, weg van

smock [smɔk] **I** *znw* (boeren)kiel, jak *o*; vero vrouwenhemd *o*; **II** *overg* met smokwerk versieren

smock-frock *znw* (boeren)kiel

smocking *znw* smokwerk *o*

smog [smɔg] *znw* smog

smoke [smouk] **I** *znw* rook, damp, smook, walm; gemeenz rokertje *o*: sigaar, sigaret; *have a ~* steek eens op; *there is no ~ without fire* geen rook zonder vuur; men noemt geen koe bont, of er is een vlekje aan; *go up in ~* in rook opgaan, op niets uitlopen;

II *onoverg* roken, dampen; walmen [v. lamp]; **III** *overg* roken; beroken; uitroken; *~ out* door rook verdrijven; *~d glass* rookglas *o*
smoke-bomb *znw* rookbom
smoke-dried *bn* gerookt [vis &]
smokeless *bn* rookloos
smoker *znw* roker°; rookcoupé
smoke-screen *znw* rookgordijn *o*; fig afleidingsmanoeuvre
smoke-stack *znw* hoge schoorsteen; pijp [v. locomotief, schip &]
smoking I *bn* rokend &; rook-, rokers-; **II** *znw* roken *o*
smoking-jacket *znw* coin-de-feu, huisjasje *o*
smoking-room *znw* rookkamer
smoky *bn* rokerig, walmig, walmend; berookt; rook-
smooch ['smu:tʃ] *onoverg* gemeenz zoenen, elkaar betasten, slijpen [dansen]
smoochy ['smu:tʃi] *bn* gemeenz klef, knuffelig, aanhalig; *a ~ record* een slijpplaat, een plaat om op te schuivelen
smooth [smu:ð] **I** *bn* glad, vlak, gelijk, effen, vloeiend; zacht; vlot [v. reis &]; fig overdreven vriendelijk, slijmerig, glad, vleierig; **II** *overg* glad, vlak, gelijk of effen maken, gladstrijken, gladschaven; effenen; doen bedaren; bewimpelen [een misslag]; *~ the way* de weg effenen (voor); *~ away* weg-, gladstrijken; *~ down, ~ out* weg-, gladstrijken; effenen; *~ over* effenen, uit de weg ruimen [moeilijkheden]; plooien; bemantelen
smooth-bore *znw* gladloops [geweer, kanon]
smooth-faced *bn* met een glad(geschoren) gezicht; glad; baardeloos; fig met een uitgestreken gezicht, (poes)lief
smoothie *znw* gemeenz gladde vent, handige jongen, gladjanus
smoothing-iron *znw* strijkijzer *o*
smoothly *bijw* ook: fig gesmeerd, vlot [gaan &]
smooth-spoken, **smooth-tongued** *bn* glad van tong, lief (pratend), mooipratend
smote [smout] V.T. van *smite*
smother ['smʌðə] **I** *znw* verstikkende damp, rook, smook, walm, dikke stofwolk; *~ love* gemeenz apenliefde; **II** *overg* smoren, doen stikken, verstikken (ook: *~ up*); overdekken; dempen; onderdrukken [lach]; in de doofpot stoppen [schandaal]; **III** *onoverg* smoren, stikken
smothery *bn* broeierig, verstikkend
smoulder, Am **smolder** ['smouldə] *onoverg* smeulen[2]
smudge [smʌdʒ] **I** *overg* bevlekken, bevuilen, besmeuren[2]; **II** *onoverg* smetten, vlekken, smerig worden; **III** *znw* veeg; vlek[2], smet[2]
smudgy *bn* vuil, smerig, smoezelig
smug [smʌg] *bn* zelfgenoegzaam, zelfvoldaan, (burgerlijk) net, brave-Hendrikachtig
smuggle ['smʌgl] *overg* smokkelen; *~ away* ook: wegmoffelen; *~ in* binnensmokkelen[2]
smuggler *znw* smokkelaar°
smut [smʌt] *znw* roet *o*, roetvlek; vuiltje *o*; vuiligheid, vuile taal; brand [in koren]
smutty *bn* vuil, obsceen; brandig [koren]
snack [snæk] *znw* haastige maaltijd; snack; hapje *o*
snack-bar *znw* snackbar
snaffle ['snæfl] **I** *znw* trens [paardenbit]; **II** *overg* gemeenz inpikken, gappen
snag [snæg] **I** *znw* knoest, bult, stomp; ladder [in kous], winkelhaak, scheur [in kleding]; fig moeilijkheid, kink in de kabel; **II** *overg* scheuren [v. kleding], een ladder maken in [kous]
snaggy *bn* knoestig
snail [sneil] *znw* huisjesslak; *at a ~'s pace* met een slakkengang(etje *o*)
snail-shell *znw* slakkenhuis(je) *o*
snake [sneik] **I** *znw* slang[2]; *a ~ in the grass* verrader, valserik, een zogenaamde vriend; **II** *onoverg* schuifelen, kruipen; kronkelen
snakebite *znw* slangenbeet
snake-charmer *znw* slangenbezweerder
snakes and ladders *znw* ± ganzenbord *o*
snaky *bn* slangachtig[2], vol slangen, slangen-; sluw, verraderlijk, vals
snap [snæp] **I** *onoverg* happen; (af)knappen; knippen; klappen; dichtklappen; snauwen; **II** *overg* doen (af)knappen, klappen, knallen; knippen met; dichtklappen (ook: *~ to*); afdrukken [vuurwapen]; gemeenz kieken, een foto maken van; (toe-) snauwen; *~ at* happen naar; afsnauwen; toebijten; gretig aangrijpen; *~ one's fingers at...* wat malen om...; *~ off* afknappen; afbijten; *have one's head ~ped off* afgesnauwd worden; *~ out of it* gemeenz het van zich afschudden, zich eroverheen zetten; wakker worden; *~ up* op-, wegvangen, weggrissen, wegkapen (voor iemands neus), weg-, oppikken [op uitverkoop &]; **III** *znw* hap, hapje *o*, beet, snap, knap, klap, knip [met de vinger en slot]; knak, knik, breuk, barst; kiekje *o*; *a cold ~* plotseling invallend vorstweer *o*; **IV** *bn* onverwacht, snel-, bliksem-
snapdragon ['snæpdrægən] *znw* plantk leeuwenbek
snappish ['snæpiʃ] *bn* snibbig, bits
snappy ['snæpi] *bn* gemeenz chic; = *snappish*; *make it ~!* gemeenz vlug een beetje!, opschieten!
snapshot ['snæpʃɔt] *znw* snapshot, momentopname, kiekje *o*
snare [snɛə] **I** *znw* strik[2]; fig valstrik; **II** *overg* strikken [vogels]; fig verstrikken
snarky ['sna:ki] *bn* gemeenz slecht gehumeurd
1 snarl [sna:l] **I** *onoverg* grauwen, snauwen, grommen (tegen *at*); **II** *overg* (toe)snauwen, grommen (ook: *~ out*); **III** *znw* grauw, snauw, grom
2 snarl [sna:l] **I** *overg*: *~ up* in de war (in de knoop) maken, verwarren; *traffic is ~ed up* het verkeer zit in de knoop; **II** *onoverg*: *~ up* in de war (in de knoop) raken; **III** *znw* warboel, (verkeers)knoop

(ook: ~-*up*)

snatch [snætʃ] **I** *overg* (weg)pakken, grissen, (weg-)rukken[2], afrukken, (aan)grijpen; slang ontvoeren, kidnappen; ~ *away (off)* wegrukken[2]; ~ *from* ontrukken[2]; ~ *off* afrukken; ~ *up* grijpen; **II** *onoverg*: ~ *at* grijpen naar; aangrijpen; **III** *znw* ruk, greep, gemeenz roof; brok *o*, stuk(je) *o*, fragment *o*; Am plat kut; ~*es of song* brokken melodie; *by* ~*es* bij tussenpozen; *make a* ~ *at* grijpen naar, een greep doen naar

snatchy *bn* onregelmatig, ongeregeld; bij tussenpozen, te hooi en te gras, zo nu en dan

snazzy ['snæzi] *bn* gemeenz opvallend, opzichtig; aantrekkelijk

sneak [sni:k] **I** *onoverg* gluipen, sluipen, kruipen; slang klikken; **II** *overg* gemeenz gappen; **III** *znw* gluiper; kruiper; slang klikspaan; **IV** *bn* onverwacht; heimelijk, slinks; ~ *thief* gemeenz gelegenheidsdief, insluiper; zakkenroller

sneakers *znw mv* gemeenz sneakers [soepel schoeisel]

sneaking ['sni:kiŋ] *bn* in het geheim gekoesterd, stil; gluiperig, kruiperig

sneak preview *znw* onaangekondigde voorvertoning [v. film]

sneaky *bn* gemeenz gluiperig, geniepig

sneer [sniə] **I** *onoverg* grijnslachen, spotachtig lachen; ~ *at* smadelijk lachen om, z'n neus ophalen voor, minachtende opmerkingen maken over; **II** *znw* spottende grijns(lach), sarcasme *o*, sneer; minachtende opmerking

sneeze [sni:z] **I** *onoverg* niezen; *it is not to be* ~*d at* het is niet mis; **II** *znw* niezen *o*, nies, genies *o*

snick [snik] **I** *overg* knippen; snijden; **II** *znw* knip, keep

snicker ['snikə] *onoverg* hinniken; = *snigger*

snide [snaid] *bn* hatelijk, spottend, sarcastisch

sniff [snif] **I** *onoverg* snuiven; snuffelen; ~ *at* ruiken aan, besnuffelen; de neus optrekken voor; **II** *overg* opsnuiven (ook: ~ *up*); ruiken aan, besnuffelen; ruiken[2] (ook: ~ *out*); **III** *znw* snuivend geluid *o*, gesnuif *o*; gesnuifel *o*; *a* ~ *of air* een luchtje *o*

sniffer dog ['snifədɔg] *znw* ± speurhond, ± hasjhond

sniffle ['snifl] **I** *onoverg* snotteren, grienen; snuiven; **II** *znw* gesnotter° *o*, gegrien *o*; gesnuif *o*; *the* ~*s* verstopping [in de neus]

sniffy ['snifi] *bn* gemeenz arrogant; een luchtje hebbend

snifter ['sniftə] *znw* slang 'glaasje' *o*, borrel

snigger ['snigə] **I** *onoverg* ginnegappen, grijnzen, proesten, grinniken; **II** *znw* gegrijns *o*, gegrinnik *o*

sniggle ['snigl] *overg* [aal] peuren

snip [snip] **I** *overg* (af)snijden, (af)knippen; **II** *onoverg* snijden, knippen; **III** *znw* knip; snipper, stukje *o*; gemeenz koopje *o*

snipe [snaip] **I** *znw* dierk snip(pen); **II** *onoverg* mil verdekt opgesteld als scherpschutter tirailleren; ~ *at* ook: fig op de korrel nemen

sniper *znw* verdekt opgestelde scherpschutter, sluipschutter

snippet ['snipit] *znw* snipper; stukje *o*; beetje *o*

snitch [snitʃ] slang **I** *overg* gappen, achteroverdrukken; **II** *onoverg* klikken

snivel ['snivl] **I** *onoverg* snotteren, jengelen[2]; janken; **II** *znw* gesnotter *o*; gejank *o*

sniveller *znw* snotteraar; janker

snob [snɔb] *znw* snob

snobbery *znw* snobisme *o*

snobbish, **snobby** *bn* snobistisch

snog [snɔg] slang **I** *onoverg* vrijen; **II** *znw* vrijerij

snood [snu:d] *znw* haarnet *o*; Schots haarlint *o*

snook [snu:k] *znw*: *cock a* ~ *at* een lange neus maken tegen

snoop [snu:p] *onoverg* gemeenz rondneuzen; zijn neus in andermans zaken steken

snooper *znw* pottenkijker, bemoeial, dwarskijker

snooty ['snu:ti] *bn* gemeenz verwaand, ingebeeld

snooze [snu:z] **I** *onoverg* dutten; **II** *znw* dutje *o*

snore [snɔ:] **I** *onoverg* snurken, ronken; **II** *znw* gesnurk *o*

snorkel ['snɔ:kl] **I** *znw* snorkel; **II** *onoverg* snorkelen, met een snorkel zwemmen

snort [snɔ:t] **I** *onoverg* snuiven, briesen, proesten, ronken [v. machine]; **II** *overg* snuiven [drugs &]; ~ *out* uitproesten; briesen; **III** *znw* gesnuif *o*

snorter *znw* snuiver; gemeenz kanjer, kokkerd; stormwind; brief op poten; slang borrel

snot [snɔt] *znw* slang snot *o* & *m*

snotty **I** *bn* slang snotterig; gemeen; **II** *znw* slang adelborst

snout [snaut] *znw* snoet, snuit; tuit; slang saffie *o*

snow [snou] **I** *znw* sneeuw; ~*s* sneeuw[2]; sneeuwvelden; slang cocaïne; **II** *onoverg* (neer)sneeuwen; **III** *overg* besneeuwen, uitstrooien; ~ *in* insneeuwen; *be* ~*ed under* onder de sneeuw bedolven raken (zijn); overstelpt worden [met]; ~ *up* onder-, insneeuwen

snowball **I** *znw* sneeuwbal°; **II** *onoverg (& overg)* met sneeuwballen gooien; in steeds sneller tempo aangroeien, toenemen of zich uitbreiden

snow-bound *bn* ingesneeuwd

snow-capped *bn* besneeuwd

snow-drift *znw* sneeuwjacht; sneeuwbank

snowdrop *znw* sneeuwklokje *o*

snowfall *znw* sneeuwval

snowflake *znw* sneeuwvlok

snowman *znw* sneeuwman, sneeuwpop; *Abominable S*~ verschrikkelijke sneeuwman, yeti

snow-plough, Am **snowplow** *znw* sneeuwruimer

snowscape *znw* sneeuwlandschap *o*, sneeuwgezicht *o*

snowshoe *znw* sneeuwschoen

snow-white *bn* sneeuwwit

snowy *bn* sneeuwachtig, sneeuwwit; besneeuwd; sneeuw-

snub [snʌb] **I** *overg* [iem.] op zijn nummer zetten; minachtend afwijzen, verwerpen [voorstel]; **II** *znw* (hatelijke) terechtwijzing; **III** *bn* stomp
snub-nosed *bn* met een stompe neus
1 snuff [snʌf] **I** *znw* snuif; snuifje *o*; snuiftabak; zie ook: *sniff*; *take* ~ snuiven; **II** *onoverg* & *overg* snuiven; zie ook: *sniff*
2 snuff [snʌf] *overg* snuiten [kaars]; ~ *it* gemeenz opkrassen, de pijp uitgaan, uitstappen (= doodgaan); ~ *out* snuiten [v. kaars]; fig gemeenz een eind maken aan [verwachtingen &]
snuff-box ['snʌfbɔks] *znw* snuifdoos
snuffers ['snʌfəz] *znw mv* snuiter [voor kaars]; *a pair of* ~ een snuiter
snuffle ['snʌfl] **I** *onoverg* snuiven; door de neus spreken; **II** *znw*: *the* ~*s* verstopping [in de neus]
snuffy ['snʌfi] *bn* als snuif, snuif-; met snuif bemorst
snug [snʌg] **I** *bn* gezellig, behaaglijk, lekker (beschut); knus; nauwsluitend; *lie* ~ lekker liggen; gemeenz zich gedekt houden; **II** *znw* gemeenz **1** knusse bar; **2** klein gezellig vertrek *o*
snuggery *znw* gezellig vertrekje *o*, knus plekje *o*
snuggle ['snʌgl] **I** *onoverg* knus liggen; ~ *up to sbd.* dicht bij iem. kruipen; **II** *overg* knuffelen
so [sou] **I** *bijw* zo; zó, (o) zo graag, zodanig; zulks, dat; zodat; *would you be* ~ *kind as to...?* zoudt u zo vriendelijk willen zijn...?; ~ *as to be understood* om verstaan te worden, zo dat men u verstaat, opdat men u verstaat; ~ *that* zodat; opdat; als... maar; ~ *there!* nou weet je het!, en daarmee uit!; ~ *to speak* om zo te zeggen, bij wijze van spreken; ~ *what?* gemeenz nou en?; o ja?, is 't heus?; *if* ~ zo ja; *a dozen or* ~ een twaalftal, ongeveer (plusminus) een dozijn; *in 1550 or* ~ omstreeks 1550; *...or* ~ *says the professor* tenminste, dat zegt de prof; *why* ~*?* waarom (dat)?; *they were glad, and* ~ *were we* en wij ook; *I told you* ~ ik heb het u wel gezegd; *I believe (think)* ~ ik geloof het, ik denk van wel; **II** *voegw* dus, derhalve; vero zo, als, indien
soak [souk] **I** *overg* in de week zetten, weken, soppen; op-, inzuigen, opslurpen (ook: ~ *in, up*); doorweken, doordringen, drenken; gemeenz zuipen; ~*ed in* doortrokken van, ook: fig doorkneed in; ~*ed (with rain)* doornat; **II** *onoverg* in de week staan; ~ *into* trekken in, doordringen; **III** *znw* weken *o*; gemeenz zuippartij, -lap; *in* ~ in de week
soaker *znw* stortbui; drankorgel *o*, zuiplap
soaking I *bn* doorweekt, kletsnat (makend); ~ *wet* doornat; **II** *znw* weken *o*; plasregen; nat pak *o*
so-and-so ['souənsou] *znw* dinges; hoe heet-ie (het) ook weer?; eufemistisch je-weet-wel [= ellendeling, klootzak]
soap [soup] **I** *znw* zeep; vleierij; = *soap opera*; **II** *overg* (af)zepen, inzepen
soap-box *znw* zeepkist; ~ *orator* straatredenaar
soap-bubble *znw* zeepbel[2]
soap-dish *znw* zeepbakje *o*
soap-flakes *znw mv* vlokkenzeep
soap opera *znw* RTV soap (opera); melodrama *o*
soapstone *znw* speksteen *o* & *m*
soap-suds *znw mv* zeepsop *o*
soapy *bn* zeepachtig, zeep-; fig flikflooiend; zalvend
soar [sɔ:] *onoverg* hoog vliegen, zweven; omhoogvliegen, de lucht ingaan[2], zich verheffen[2]
sob [sɔb] **I** *onoverg* snikken; **II** *overg* (uit)snikken (ook: ~ *out*); **III** *znw* snik
sober ['soubə] **I** *bn* sober, matig; nuchter, verstandig, bedaard, bezadigd; stemmig; bescheiden; **II** *overg* (doen) bedaren, ontnuchteren, nuchter maken; **III** *onoverg* bedaren (ook: ~ *down*), nuchter worden (ook: ~ *up*)
sober-minded *bn* bedaard, bezadigd, bezonnen
sober-sides *znw* gemeenz bezadigd mens; saaie piet
sobriety [sou'braiəti] *znw* soberheid, matigheid; nuchterheid, verstandigheid, bedaardheid, bezadigdheid; stemmigheid; bescheidenheid
sobriquet ['soubrikei] *znw* scheld-, spotnaam, bijnaam
sob-sister ['sɔbsistə] *znw* gemeenz schrijfster van sentimentele artikelen of brievenrubriek [in krant]
sob-story *znw* gemeenz huilerig, sentimenteel verhaaltje *o*
sob-stuff *znw* slang melodramatisch gedoe *o*; sentimenteel geschrijf *o*
socage ['sɔkidʒ] *znw* hist landbezit *o* waaraan herendiensten verbonden zijn
so-called ['sou'kɔ:ld] *bn* zogenaamd
soccer ['sɔkə] *znw* voetbal *o*
sociability [souʃə'biliti] *znw* gezelligheid; sociabiliteit
sociable ['souʃəbl] *bn* sociabel, geschikt voor de maatschappij; gezellig
social ['souʃəl] **I** *bn* maatschappelijk, sociaal; gezellig; van de (grote) wereld; ~ *animals* in groepsverband levende dieren; groepsdieren; *a* ~ *call* een beleefdheidsbezoek *o*; ~ *climber* iem. die er veel voor over heeft om in hogere kringen door te dringen, (soms:) streber; ~ *democrat* sociaal-democraat; ~ *drinker* gezelligheidsdrinker, sociale drinker; ~ *history* sociale geschiedenis; ~ *intercourse* gezellig verkeer *o*; ~ *science* sociale wetenschap [met als onderdelen o.a. economie, geschiedenis, politicologie, sociologie]; ~ *security* sociale zekerheid; uitkering; ~ *service (work)* maatschappelijk werk *o*; ~ *worker* maatschappelijk werker; **II** *znw* gemeenz (gezellig) avondje *o*
socialism ['souʃəlizm] *znw* socialisme *o*
socialist I *znw* socialist; **II** *bn* socialistisch
socialistic [souʃə'listik] *bn* socialistisch
socialite ['souʃəlait] *znw* lid *o* van de beau monde
sociality [souʃi'æliti] *znw* gezelligheid
socialization [souʃəlai'zeiʃən] *znw* socialisatie
socialize ['souʃəlaiz] **I** *overg* socialiseren; **II** *onoverg* gezellig omgaan (met), zich sociabel gedragen
society [sə'saiəti] **I** *znw* maatschappij; de samenle-

ving; vereniging, genootschap *o*; de (grote) wereld, de society, de beau monde; [iems.] gezelschap *o*; *the S~ of Jesus* RK de Sociëteit van Jezus; **II** *bn* uit (van) de grote wereld, society-, mondain

socio-economic ['sousiouekə'nɔmik] *bn* sociaal-economisch

sociological [sousiə'lɔdʒikl] *bn* sociologisch

sociologist [sousi'ɔlədʒist] *znw* socioloog

sociology *znw* sociologie

1 sock [sɔk] *znw* sok; losse binnenzool; *pull one's ~s up* gemeenz de handen uit de mouwen steken; *put a ~ in it!* slang hou op!, kop dicht!

2 sock [sɔk] gemeenz **I** *overg* slaan, meppen, smijten; **II** *znw* mep

socket ['sɔkit] *znw* pijp [van kandelaar]; kas; holte [van oog, tand]; techn sok, mof; elektr stopcontact *o*, contactdoos; (lamp)houder

socket-joint *znw* kogelgewricht *o*; (ook: *ball and socket joint*)

socket spanner *znw* pijpsleutel

socket wrench *znw* dopsleutel

socle ['sɔkl] *znw* sokkel

1 sod [sɔd] *znw* zode; *cut the first ~* de eerste spade in de grond steken

2 sod [sɔd] **I** *znw* gemeenz sodemieter, flikker, klootzak, smeerlap; *poor little ~* arme, stomme lul; *he's a real ~* hij is een ongelofelijke klootzak; *S-'s Law* gemeenz de wet van Murphy (alles wat fout kan gaan, gaat fout); **II** *overg*: *~ it!* slang wel (god-) verdomme!; *~ the expense* gemeenz dondert niet wat het kost; **III** *onoverg*: *~ off* slang opsodemieteren

soda ['soudə] *znw* soda; gemeenz soda-, spuitwater *o*

soda fountain *znw* sodawaterinstallatie; bar waar drankjes met sodawater worden geschonken

sodality [sou'dæliti] *znw* broederschap; RK congregatie

soda-water ['soudəwɔ:tə] *znw* soda-, spuitwater *o*

sodden ['sɔdn] *bn* doorweekt, doortrokken; nattig; pafferig [v. gezicht]; verzopen

sodding ['sɔdiŋ] *bn* gemeenz verdomd

sodium ['soudjəm] *znw* natrium *o*; *~-vapour lamp* natriumlamp

sodomite ['sɔdəmait] *znw* sodomiet; homoseksueel

sodomy ['sɔdəmi] *znw* sodomie

soever [sou'evə] *bijw*: *how great ~* hoe groot ook

sofa ['soufə] *znw* sofa, canapé

sofa-bed *znw* slaapbank

soft [sɔ:ft] **I** *bn* zacht°, teder, vriendelijk; week, slap [v. boord]; fig verwijfd, zoetsappig; gemeenz sentimenteel; gemeenz sullig, onnozel (ook: *~ in the head*); zwak, lafhartig; gemeenz verliefd (op *on*); *~ drinks* niet-alcoholische dranken, frisdranken; *~ drugs* softdrugs; *~ focus* fotogr enigszins onscherp, vervloeiend; *~ furnishings* woningtextiel *m & o*; *~ goods* manufacturen; *a ~ job* gemeenz een makkelijk (lui) baantje *o*; *~ palate* zachte verhemelte *o*; *~ porn* softporno; *~ sawder* gemeenz vleierij; *~ soap* groene zeep; fig vleierij; *his ~ spot* zijn zwakke zijde; *a ~ spot for* gemeenz een zwak voor; *~ touch* iem. bij wie gemakkelijk geld los te praten is; iem. die gemakkelijk om te praten is; **II** *bijw* zacht(jes)

softball *znw* softbal *o*

soft-boiled *bn* zachtgekookt

soften **I** *onoverg* zacht, week worden, milder gestemd, vertederd worden (ook: *~ down*); **II** *overg* zacht maken, ontharden, verzachten, verminderen, lenigen, temperen, matigen; fig verwekelijken; vertederen, vermurwen (ook: *~ down*); *~ up* mil stormrijp (murw[2]) maken

softener *znw* wasverzachter; waterverzachter

softening **I** *bn* verzachtend &; **II** *znw* verzachting, verweking; leniging, tempering; *~ of the brain* hersenverweking, kinds zijn *o*

soft-headed *bn* onnozel

soft-hearted *bn* weekhartig

softish *bn* ietwat zacht, weekachtig

softly-softly *bn & bijw* (uiterst) omzichtig, voorzichtig

soft-pedal *overg & onoverg* met de zachte pedaal spelen [piano]; gemeenz matigen, temperen, verdoezelen

soft-sell *znw* vriendelijke (niet-agressieve) verkoopmethode

soft-soap *overg* gemeenz vleien, slijmen

soft-spoken *bn* met zachte (vriendelijke) stem

software *znw* comput software, programmatuur

softwood *znw* zacht hout *o*; plantk naaldhout *o*; naaldboom

softy *znw* gemeenz halfzachte, doetje *o*

soggy ['sɔgi] *bn* vochtig, drassig; doorweekt

1 soil [sɔil] *znw* grond, bodem, (vader)land *o*; teelaarde; *a son of the ~* een kind des lands; een bebouwer van de grond; *~ science* bodemkunde; *~ scientist* bodemkundige

2 soil [sɔil] **I** *znw* smet[2], vlek[2]; vuil *o*; uitwerpselen; afvalwater *o*; **II** *overg* bezoedelen, besmetten, bevlekken, bevuilen; **III** *onoverg* smetten, vlekken

soirée ['swa:rei] *znw* soiree

sojourn ['sɔdʒə:n, 'sʌdʒə(:)n] **I** *znw* (tijdelijk) verblijf *o*; **II** *onoverg* (tijdelijk) verblijven, zich ophouden, vertoeven

sojourner *znw* verblijvende; gast

sol [sɔl] *znw* **1** muz sol; **2** chem colloïdale oplossing, sol

solace ['sɔləs] **I** *znw* troost, verlichting; **II** *overg* (ver)troosten, verlichten, lenigen

solar ['soulə] *bn* van de zon, zonne-; *~ eclipse* zonsverduistering; *~ energy* zonne-energie; *~ panel* zonnepaneel *o*; *~ plexus* zonnevlecht; *~ system* zonnestelsel *o*

solarium ['souleəriəm] *znw* (*mv*: solaria [-riə]) solarium *o*

sold [sould] V.T. & V.D. van [1]*sell*

solder ['sɔldə, 'souldə] **I** *znw* soldeersel *o*; *soft ~* zacht soldeersel *o*; **II** *overg* solderen

soldering-iron *znw* soldeerbout
soldier ['souldʒə] **I** *znw* mil soldaat, militair, krijgsman; *old* ~ oudgediende; **II** *onoverg* (als soldaat) dienen; ~ *on* doordienen; doorzetten
soldierly *bn* krijgshaftig, soldaten-
soldiership *znw* militaire stand; militaire bekwaamheid; krijgskunde
soldiery *znw* krijgsvolk *o*, soldatenbende, soldateska; *the* ~ de soldaten
1 sole [soul] **I** *znw* zool; **II** *overg* zolen
2 sole [soul] *znw* dierk tong
3 sole [soul] *bn* enig
solecism ['sɔlisizm] *znw* (taal)fout; flater
solely ['soulli] *bijw* alleen, enkel, uitsluitend
solemn ['sɔləm] *bn* plechtig, plechtstatig, deftig, ernstig
solemnity [sɔ'lemniti] *znw* plechtigheid &
solemnization [sɔləmnai'zeiʃən] *znw* (plechtige) viering, voltrekking
solemnize ['sɔləmnaiz] *overg* (plechtig) vieren, voltrekken
solenoid ['soulinɔid] *znw* elektr solenoïde, cylinderspoel
solfa [sɔl'fa:] *znw* muz solmisatie: aanduiding v.d. tonen d.m.v. het do, re, mi, fa, sol &-systeem
solicit [sə'lisit] *znw* vragen; verzoeken om; dingen naar; aanspreken [voor prostitutie]
solicitation [səlisi'teiʃən] *znw* aanzoek *o*, verzoek *o*
solicitor [sə'lisitə] *znw* recht rechtskundig adviseur; procureur; *S~ General* ± advocaat-generaal
solicitous *bn* bekommerd, bezorgd (omtrent *about, concerning, for*); begerig (naar *of*), verlangend, eropuit (om *to*)
solicitude *znw* bekommernis, bezorgdheid, zorg, angst, kommer
solid ['sɔlid] **I** *bn* vast; stevig, hecht, sterk, flink, solide²; solidair; betrouwbaar; gezond, degelijk; massief; uniform [v. kleur]; kubiek, stereometrisch; ~ *angle* lichaamshoek; ~ *contents* kubieke inhoud; ~ *fuel* vaste brandstof; ~ *geometry* stereometrie; ~*-state* elektr halfgeleider-, getransistoriseerd; *for two* ~ *hours* twee volle uren; *be* ~ *against (for)* eenstemmig tegen (voor) zijn; **II** *znw* (vast) lichaam *o*; ~*s* ook: vast voedsel *o*
solidarity [sɔli'dæriti] *znw* solidariteit, saamhorigheid
solidary *bn* solidair
solidification [səlidifi'keiʃən] *znw* vast maken *o* of worden *o*
solidify [sə'lidifai] **I** *overg* vast maken; hechter maken; **II** *onoverg* vast of hechter worden
solidity, **solidness** ['sɔlidnis] *znw* vastheid &
soliloquize [sə'liləkwaiz] *onoverg* een alleenspraak houden
soliloquy [sə'liləkwi] *znw* (*mv*: soliloquies) alleenspraak
solitaire [sɔli'tɛə] *znw* enkel gezette diamant of steen; solitairspel *o*, patience *o*
solitary ['sɔlitəri] **I** *bn* eenzaam, verlaten, afgelegen, afgezonderd; op zichzelf staand; enkel; eenzelvig; ~ *confinement* afzonderlijke opsluiting; **II** *znw* gemeenz celstraf
solitude *znw* eenzaamheid
solmization [sɔlmi'zeiʃən] *znw* muz solmisatie: aanduiding v.d. tonen d.m.v. het do, re, mi, fa, sol &-systeem
solo ['soulou] *znw* (*mv*: -s *of* soli [-li]) & *bijw* solo
soloist *znw* solist
Solomon Islands ['sɔləmənailəndz] *znw mv* Solomoneilanden
solstice ['sɔlstis] *znw* zonnestilstand, zonnewende, solstitium *o*
soluble ['sɔljubl] *bn* oplosbaar²
solution [sə'lu:ʃən] *znw* oplossing²; solutie
solve [sɔlv] *overg* oplossen
solvency ['sɔlvənsi] *znw* vermogen *o* om te betalen, handel soliditeit, kredietwaardigheid
solvent I *bn* oplossend; handel solvent, solvabel, solide; **II** *znw* oplosmiddel *o*; ~ *abuse* ± lijmsnuiven *o*
Somali [sou'ma:li] **I** *znw* Somali, Somaliër; Somali *o* [de taal]; **II** *bn* Somalisch
Somalia [sou'ma:liə] *znw* Somalië *o*
somatic [sou'mætik] *bn* somatisch, lichamelijk
sombre, Am **somber** ['sɔmbə] *bn* somber, donker
sombrero [sɔm'brɛərou] *znw* sombrero
some [sʌm, səm] **I** *onbep vnw* enige, wat, iets, sommige(n); ~..., ~... sommige(n)..., andere(n)...; *if I find* ~ als ik er vind; *there are* ~ *who...* er zijn er die...; **II** *bn* enig(e); de een of ander, een, een zeker(e); ettelijke, wat, een beetje; zowat, ongeveer, circa; ~ *day* eens, ooit, te eniger tijd; *that's* ~ *hat* gemeenz dat is nog eens een hoed; **III** *bijw* slang iets, een beetje; niet gering ook, niet mis, énig
somebody ['sʌmbɔdi] **I** *onbep vnw* iemand; (een) zeker iemand; **II** *znw* belangrijk persoon, iemand van betekenis
somehow *bijw* op de een of andere wijze, hoe dan ook, ergens, toch (ook: ~ *or other*)
someone = *somebody*
someplace *bijw* Am ergens
somersault ['sʌməsɔ:lt] **I** *znw* salto, buiteling, duikeling; *turn a* ~ = **II** *onoverg* een salto, radslag & maken
something ['sʌmθiŋ] **I** *znw* iets, wat; (het) een of ander; *a bishop or* ~ (een) bisschop of zoiets; ~ *or other* het een of ander, iets; *the five* ~ *train* de trein van 5 uur zoveel; *not for* ~ voor nog zoveel niet; *with* ~ *of impatience* enigszins ongeduldig; *I am* ~ *of a doctor* ik ben zo'n stuk (een halve) dokter; **II** *bijw* enigszins, iets, ietwat; slang erg; ~ *like* zo ongeveer, zoiets als; gemeenz nogal wat, geweldig
sometime I *bijw* eniger tijd; eens; soms; **II** *bn* vroeger, voormalig, ex-
sometimes ['sʌmtaimz] *bijw* soms
somewhat ['sʌmwɔt] *bijw* enigszins, ietwat

somewhere *bijw* ergens
somewhile *bijw* soms; een poosje
somnambulism [sɔm'næmbjulizm] *znw* somnambulisme *o*, slaapwandelen *o*
somnambulist *znw* slaapwandelaar, somnambule
somnolence ['sɔmnələns] *znw* slaperigheid
somnolent *bn* slaperig; slaapverwekkend
son [sʌn] *znw* zoon, (als aanspreekvorm) jongen, jongeman; *all right, ~* best, jongen!; *~ of a bitch* schoft, klootzak; *~ of a gun* gemeenz schertsend lammeling, beroerling
sonant ['sounənt] *bn* & *znw* stemhebbend(e letter)
sonar ['sounə:] *znw* sonar, echopeiling
sonata [sə'na:tə] *znw* sonate
sonatina [sɔnə'ti:nə] *znw* sonatine
song [sɔŋ] *znw* zang, lied *o*; gezang *o*; poëzie; *the S~ of S~s, the S~ of Solomon* het Hooglied; *for a ~* gemeenz voor een appel en een ei; *make a ~ and dance about* gemeenz veel ophef (drukte) maken over
song-bird *znw* zangvogel
songster *znw* zanger
songstress *znw* zangeres
song-thrush *znw* zanglijster
sonic ['sɔnik] *bn* sonisch, geluids-; *~ boom* knal bij het doorbreken van de geluidsbarrière
son-in-law ['sʌninlɔ:] *znw* (*mv*: sons-in-law) schoonzoon
sonnet ['sɔnit] *znw* sonnet *o*, klinkdicht *o*
sonneteer ['sɔni'tiə] *znw* sonnettendichter
sonny ['sʌni] *znw* jochie *o*, ventje *o*
sonority [sə'nɔriti] *znw* sonoriteit, klankrijkheid
sonorous *bn* sonoor, (helder) klinkend, klankrijk
soon [su:n] *bijw* spoedig, weldra, gauw; vroeg; *as ~ as* zodra; *I would just as ~... (as...)* ik mag net zo lief... (als...); *~er* vroeger, eer(der), liever; *no ~er... than...* nauwelijks... of...; *no ~er said than done* zo gezegd zo gedaan; *~er or later* vroeg of laat; *the ~er the better* hoe eerder hoe beter
soot [sut] **I** *znw* roet *o*; **II** *overg* met roet bedekken
sooth [su:θ] *znw* vero waarheid; *in (good) ~* waarlijk, voorwaar
soothe [su:ð] *overg* verzachten, kalmeren, sussen, stillen, bevredigen
soothing *bn* verzachtend, kalmerend, sussend
soothsayer ['su:θseiə] *znw* waarzegger
sooty ['suti] *bn* roetachtig, roet(er)ig, roet-
sop [sɔp] **I** *znw* in vloeistof geweekt brood *o* &; fig omkoopmiddel *o*, voorlopige concessie, zoethoudertje *o*; **II** *overg* soppen, (in)dopen, (door)weken; *~ up* (in zich) opnemen
sophism [sɔfizm] *znw* sofisme *o*, drogreden
sophist *znw* sofist, drogredenaar
sophistic(al) [sə'fistik(l)] *bn* sofistisch
sophisticate [sə'fistikət] *znw* wereldwijs mens
sophisticated [səfisti'keitid] *bn* wereldwijs; geraffineerd; gedistingeerd; ZN gesofistikeerd; veeleisend, verwend; precieus [v. stijl]; ingewikkeld, sophisticated, geperfectioneerd [v. techniek], uitgekiend, hypermodern, geavanceerd
sophistication [səfisti'keiʃən] *znw* wereldwijsheid; geraffineerdheid; precieuze aard; ingewikkeldheid
sophistry ['sɔfistri] *znw* sofisterij; sofisme *o*
sophomore ['sɔfəmɔ:] *znw* Am tweedejaarsstudent
soporific [sɔpə'rifik] *bn (znw)* slaapverwekkend (middel *o*)
sopping ['sɔpiŋ] *bn*: *~ (wet)* druipnat
soppy *bn* flauw; gemeenz sentimenteel
soprano [sə'pra:nou] *znw* (*mv*: -s *of* soprani [-ni]) sopraan
sorbet ['sɔ:bət] *znw* sorbet
sorcerer ['sɔ:sərə] *znw* tovenaar
sorceress *znw* tovenares, heks
sorcery *znw* toverij, hekserij
sordid ['sɔ:did] *bn* smerig, vuil; laag, gemeen; inhalig, gierig
sordino [sɔ:'di:nou] *znw* (*mv*: sordini [-ni]) muz geluiddemper
sore [sɔ:] **I** *bn* pijnlijk[2], gevoelig, zeer; hevig; het land hebbend (over *about*); kwaad, boos, nijdig (op *at*); *touch sbd. on a ~ point* een teer punt (onderwerp) *o*; *have a ~ throat* keelpijn hebben; *stick out like a ~ thumb* uit de toon vallen, in de kijker lopen; **II** *bijw* vero zeer; **III** *znw* rauwe, pijnlijke plek, zweer, zeer *o*
sorehead *znw* slang nors, afgunstig mens
sorely *bijw* versterkend zeer, erg, hard
soreness *znw* pijnlijkheid &; ook: ontstemming
soroptimist [sə'rɔptimist] *znw* lid *o* van vrouwelijke rotaryclub
1 sorrel ['sɔrəl] *znw* plantk zuring
2 sorrel ['sɔrəl] **I** *bn* rosachtig; **II** *znw* roodbruin *o*; dierk vos [paard]
sorrow ['sɔrou] **I** *znw* droefheid, smart, leed(wezen) *o*; leed *o*, verdriet *o*; rouw; *drown one's ~s* zijn zorgen verdrinken; **II** *onoverg* treuren, bedroefd zijn (over *at, for, over*)
sorrowful *bn* bedroefd, treurig
sorry ['sɔri] *bn* bedroefd; vero bedroevend, ellendig, armzalig, miserabel; *(I am) (so) ~* het spijt me; ook: neem mij niet kwalijk, sorry! pardon!; *I am (feel) ~ for him* het spijt me voor hem; ik heb met hem te doen; *you will be ~ for it* het zal u berouwen
sort [sɔ:t] **I** *znw* soort; slag *o*; *all ~s* (van) allerlei slag; *all ~s of things* van alles (wat), alles en nog wat; *this (that) ~ of thing* zo iets; *~ of* gemeenz om zo te zeggen, als het ware, enigermate, een beetje; *he is not a bad ~* gemeenz hij is geen kwaaie vent; *it takes all ~s* ± Onze-Lieve-Heer heeft (nu eenmaal) rare kostgangers; zulke mensen moeten er ook zijn; *after a ~* in zekere zin, op zijn (haar) manier; *after his own ~* op zijn manier; *in a ~ of way* in zekere zin, op zijn (haar) manier; *a... of a ~* zo'n soort van...; *nothing of the ~* niets van dien aard; niets daarvan!; *of ~s* in zijn soort; een soort (van)...; *out of ~s* niet erg lekker; uit zijn humeur; **II** *overg*: ~

(out) sorteren, rangschikken, plaatsen; uitzoeken; ~ *out* regelen, een oplossing vinden (voor), ontwarren [v. probleem]; ~ *sbd. out* gemeenz iem. eens goed aanpakken, eens goed de waarheid vertellen, eens goed onder handen nemen

sorter ['sɔ:tə] *znw* sorteerder; sorteermachine

sortie ['sɔ:ti] *znw* mil uitval; luchtv vlucht van één vliegtuig naar vijandelijk gebied; gemeenz uitstapje *o*, uitje *o*

sorting office ['sɔ:tiŋɔfis] *znw* sorteerafdeling [v. postkantoor]

sort-out ['sɔ:taut] *znw*: *have a* ~ sorteren, ordenen, opruimen, uitzoeken

SOS ['esou'es] *znw* radiografisch noodsein *o*, SOS(-bericht, -sein) *o*; fig noodkreet

so-so ['sousou] *bn* & *bijw* gemeenz zozo, niet bijzonder

sot [sɔt] *znw* zuiplap, nathals

sottish *bn* bezopen, dronken

sotto voce [sɔtou'voutʃi] *bijw* muz met gedempte stem

soufflé ['su:flei] *znw* soufflé

sough [sʌf, sau] **I** *znw* suizend geluid *o*; gesuis *o*, suizen *o*, zucht; **II** *onoverg* suizen; zuchten

sought [sɔ:t] V.T. & V.D. van *seek*

sought-after *bn* gewild, gezocht, in trek

soul [soul] *znw* ziel[2]; muz soul; *not a* ~ geen levende ziel; *a jolly* ~ een leuke baas; *poor* ~*!* och arme!; *he is the* ~ *of kindness* hij is de vriendelijkheid zelf; *from his very* ~ uit de grond van zijn hart; *(up)on my* ~*!* bij mijn ziel!

soul-destroying *bn* geestdodend, afstompend

soulful *bn* gevoelvol, zielroerend, zielverheffend

soulless *bn* zielloos

soul-searching *znw* zelfonderzoek *o*

1 sound [saund] **I** *bn* gezond, gaaf, flink, vast, krachtig, sterk, grondig; betrouwbaar, solide, degelijk; deugdelijk; goed [v. raad &]; **II** *bijw*: ~ *asleep* vast in slaap

2 sound [saund] **I** *znw* **1** geluid *o*, klank, toon; **2** sonde; *to the* ~ *of music* op de tonen van de muziek; **II** *onoverg* klinken, luiden, weerklinken, galmen; *she* ~*ed pleased* ze deed alsof ze blij was, ze deed blij, ze leek blij; *it* ~*s a good idea* het lijkt een goed idee; ~ *off* gemeenz zijn mening zeggen (over *about, on*); **III** *overg* doen (weer)klinken, laten klinken; laten horen; uitspreken, uitbazuinen; kloppen op; ausculteren; sonderen, peilen; loden; fig onderzoeken, uithoren, polsen (ook: ~ *out*); ~ *the alarm* alarm blazen (slaan); ~ *one's (the) horn* op zijn (de) hoorn blazen; toeteren, claxonneren [v. automobilist]

3 sound [saund] *znw* zee-engte; zwemblaas; *the S*~ de Sont

4 sound [saund] *onoverg* naar beneden duiken [v. walvis]

sound barrier ['saundbæriə] *znw* geluidsbarrière

sound bite ['saundbait] *znw* in een nieuwsuitzending gebruikte, korte, opmerkelijke uitspraak van iem. over een bep. onderwerp

sound-board *znw* klankbord *o*, klankbodem

sound effects *znw mv* geluidseffecten

sound engineer *znw* geluidstechnicus

1 sounding ['saundiŋ] *bn* klinkend[2], holklinkend

2 sounding ['saundiŋ] *znw* sonderen *o* &; scheepv peiling, loding; ~*s* scheepv diepte(n); *make (take)* ~*s* loden; fig poolshoogte nemen, zijn omgeving polsen

sounding-board ['saundiŋbɔ:d] *znw* fig klankbord *o*

sounding-lead *znw* (diep)lood *o*

sounding-line *znw* scheepv loodlijn

sounding-post *znw* muz stapel [v. viool]

soundless *bn* geluidloos; onpeilbaar

soundly ['saundli] *bijw* gezond; flink, terdege, geducht; vast [in slaap]

sound mixer ['saundmiksə] *znw* geluidstechnicus

sound-proof **I** *bn* geluiddicht; **II** *overg* geluiddicht maken

sound track *znw* geluidsspoor *o*, geluidsband, geluid *o* [v. film], soundtrack

sound wave *znw* geluidsgolf

soup [su:p] **I** *znw* soep; *be in the* ~ gemeenz in de puree zitten; **II** *overg*: ~ *up* gemeenz opvoeren [motor]

soup kitchen *znw* gaarkeuken voor armen, daklozen &

soup-plate *znw* soepbord *o*, diep bord *o*

soup-spoon *znw* eetlepel

soupy *bn* soepachtig, soeperig; gemeenz sentimenteel

sour ['sauə] **I** *bn* zuur[2]; gemelijk, nors; naar [weer]; ~ *cream* zure room; ~ *grapes* jaloezie, de kift; **II** *overg* & *onoverg* zuur maken (worden), verzuren; verbitteren

source [sɔ:s] *znw* bron[2], fig oorsprong

sourish ['sauəriʃ] *bn* zuurachtig, rins, zuur

sourpuss ['sauəpus] *znw* gemeenz nijdas; zuurpruim

souse [saus] **I** *znw* pekel(saus); oren en poten van varkens in pekel; onderdompeling; plons, geplons *o*; **II** *overg* marineren, pekelen; in-, onderdompelen; (over)gieten; **III** *bijw* ineens, pardoes

soused *bn* gepekeld; gemeenz stomdronken

soutane [su:'ta:n] *znw* soutane

south [sauθ] **I** *bijw* zuidelijk, zuidwaarts, naar het zuiden; ~ *of* ten zuiden van; **II** *bn* zuidelijk, zuid(er)-, zuiden-; **III** *znw* zuiden° *o*

South Africa *znw* Zuid-Afrika *o*

South African **I** *znw* Zuid-Afrikaan; **II** *bn* Zuid-Afrikaans

southbound *bn* naar het zuiden, in zuidelijke richting

south-east *bn (znw)* zuidoost(en *o*)

southeaster *znw* zuidoostenwind

south-easterly *bn* & *bijw* zuidoostelijk

south-eastern *bn* zuidoostelijk
southerly ['sʌðəli] *bn & bijw* zuidelijk
southern *bn* zuidelijk, zuider-; *the S~ Cross* het zuiderkruis
southerner *znw* zuiderling [van Zuid-Engeland; het Zuiden van de Verenigde Staten &]
southernmost *bn* zuidelijkst
southing ['sauðiŋ] *znw* zuidelijke richting
South Korea *znw* Zuid-Korea *o*
South Korean I *znw* Zuid-Koreaan; **II** *bn* Zuid-Koreaans
South Pole *znw* Zuidpool
southward(s), **southwardly** *bn & bijw* zuidelijk, zuidwaarts
south-west *bn (znw)* zuidwest(en)
southwester *znw* zuidwestenwind; zuidwester
south-westerly *bn & bijw* zuidwestelijk
south-western *bn* zuidwestelijk
souvenir ['su:vəniə] *znw* souvenir *o*, aandenken *o*
sou'wester ['sau'westə] *znw* zuidwester
sovereign ['sʌvrin] **I** *bn* soeverein[2], oppermachtig, opperst, hoogst, opper-; probaat [v. middel]; **II** *znw* (opper)heer, vorst, vorstin, soeverein [ook = geldstuk van 1 pond]
sovereignty *znw* soevereiniteit, opperheerschappij, oppergezag *o*, oppermacht
Soviet ['souviət, sɔ'vjet] *znw* sovjet
1 sow [sau] *znw* dierk zeug[2]
2 sow [sou] (sowed; sown/sowed) *overg* zaaien[2], (uit)strooien, uit-, in-, bezaaien, bestrooien (met *with*)
sow-bug ['saubʌg] *znw* Am keldermot, pissebed
sower ['souə] *znw* zaaier[2]; zaaimachine
sowing-machine *znw* zaaimachine
sown [soun] V.D. van *[2]sow*
soy [sɔi] *znw* soja
soya bean, **soy bean** *znw* sojaboon
soya sauce, **soy sauce** *znw* sojasaus
sozzled ['sɔzld] *bn* gemeenz dronken
spa [spa:] *znw* minerale bron; badplaats
space [speis] **I** *znw* ruimte, wijdte, afstand; plaats; spatie, interlinie; tijdruimte, tijd, tijdje *o*; *for a ~* een tijdje, een poos; *into ~* ook: de lucht in, in het niet; **II** *overg* (meer) ruimte laten tussen, spatiëren (ook: *~ out*); *~ out payments* de betalingen verdelen; *~d out* ook: slang **1** high; **2** relaxed
space age *znw* ruimtevaarttijdperk *o*
space-age *bn* zeer geavanceerd, futuristisch
space-bar *znw* spatiebalk [v. schrijfmachine]
space capsule *znw* ruimtecapsule
spacecraft *znw* ruimtevaartuig *o*, ruimtevaartuigen
space flight *znw* ruimtevlucht
spaceman *znw* ruimtevaarder
space opera *znw* roman(s), film(s) & over ruimtevaartavonturen
space probe *znw* ruimtesonde
space rocket *znw* ruimteraket
space-saving *bn* ruimte-, plaatsbesparend
spaceship *znw* ruimtevaartuig *o*
space shuttle *znw* ruimteveer *o*, spaceshuttle
space station *znw* ruimtestation *o*
spacesuit *znw* ruimtepak *o*
space travel *znw* ruimtereis; reizen *o* door de ruimte
spacing *znw* spatiëring; tussenruimte, onderlinge afstand
spacious *bn* wijd, ruim, groot
spade [speid] *znw* spade, schop; kaartsp schoppen; slang scheldwoord nikker; *call a ~ a ~* het beestje bij zijn naam noemen
spadework *znw* voorbereidend werk *o*, pionierswerk *o*
Spain [spein] *znw* Spanje *o*
span [spæn] **I** *znw* span [Eng. lengtemaat = 9 inch]; spanne tijds; spanwijdte, spanning; **II** *overg* spannen, om-, over-, afspannen; overbruggen
spangle ['spæŋgl] **I** *znw* lovertje *o*; **II** *overg* met lovertjes versieren; *~d with* ook: bezaaid met
Spaniard ['spænjəd] *znw* Spanjaard
spaniel ['spænjəl] *znw* spaniël
Spanish ['spæniʃ] **I** *bn* Spaans; *~ Main* hist kust en zee van Panama tot Amazone; **II** *znw* het Spaans
spank [spæŋk] **I** *overg* [met vlakke hand] op de broek geven, slaan; **II** *onoverg* fiks draven, flink doorstappen (ook: *~ along*); **III** *znw* klap, mep
spanker ['spæŋkə] *znw* scheepv (grote) bezaan; gemeenz kanjer, prachtexemplaar *o*; hardloper
spanking ['spæŋkiŋ] **I** *bn* gemeenz groot, stevig; flink; fiks; ook: heerlijk; **II** *znw* pak *o* voor de broek; aframmeling
spanner ['spænə] *znw* schroefsleutel; *throw a ~ in the works* gemeenz dwarsbomen, saboteren
1 spar [spa:] *znw* **1** spar, spier, rondhout *o*; **2** spaat *o*
2 spar [spa:] *onoverg* boksen (zonder dóór te stoten); redetwisten; bekvechten
spare [spɛə] **I** *bn* extra-, reserve-; schraal, mager; slang dol, uitzinnig, gek, razend; *~ (bed)room* logeerkamer; *~ cash (money)* geld over; *~ hours (moments)* vrije (ledige) uren, verloren ogenblikken; *~ parts* reserveonderdelen [v. auto]; *~ time* vrije tijd; *~ tyre* reserveband; *~ wheel* reservewiel *o*; **II** *znw* reserveonderdeel *o*; **III** *overg* sparen, besparen; zuinig zijn met; ontzien [moeite]; verschonen van; missen; [iem. iets] geven, afstaan, gunnen; *~ no expense* ± kosten noch moeite sparen, flink uitpakken; *~ the rod and spoil the child* wie de roede spaart, bederft zijn kind; *can you ~ me a cigarette (moment)?* heb je een sigaret (ogenblik) voor me?; *have enough and to ~* meer dan genoeg (volop) hebben; *I have no time to ~* geen tijd over (te verliezen); **IV** *wederk*: *~ oneself* zich ontzien; **V** *abs ww* zuinig zijn
sparely *bijw* schraaltjes, mager, dun
spare ribs *znw mv* krabbetjes, spareribs
sparing *bn* spaarzaam, zuinig, karig, matig
spark [spa:k] **I** *znw* vonk, vonkje[2] *o*, sprank,

sprankje *o*, sprankel, greintje *o*; *S~s* slang marconist; *a bright* ~ een slimme vent, een groot licht; *strike ~s off each other* elkaar in de haren vliegen, ruzie maken; **II** *onoverg* vonken, vonken spatten; techn starten; **III** *overg* plotseling doen ontstaan of veroorzaken (ook: ~ *off*)

sparking *znw* elektr vonkontsteking

sparking-plug *znw* elektr bougie; ~ *spanner* bougiesleutel

sparkle ['spa:kl] **I** *onoverg* sprankelen, vonken schieten, fonkelen, schitteren; tintelen; parelen, mousseren [v. wijn]; **II** *znw* sprank, sprankje *o*, vonk, vonkje *o*, gefonkel *o*, schittering, glans; tinteling[2]; pareling [van wijn]

sparkler *znw* sterretje *o* [vuurwerk]; slang glimmer: juweel *o*, briljant

sparkling *bn* fonkelend, sprankelend; geestig, intelligent; bruisend, prik-, soda-, koolzuurhoudend

spark-plug ['spa:kplʌg], **sparking plug** *znw* (ontstekings)bougie; ~ *spanner* bougiesleutel

sparring-match ['spa:riŋmætʃ] *znw* (vriendschappelijke oefen)bokspartij

sparring-partner *znw* sparringpartner[2]

sparrow ['spærou] *znw* mus

sparrow-hawk *znw* sperwer

sparse ['spa:s] *bn* dun (gezaaid[2]), verspreid; schaars

Spartan ['spa:tən] *znw* & *bn* Spartaan(s) (ook: fig)

spasm ['spæzm] *znw* kramp, (krampachtige) trekking; fig vlaag

spasmodic [spæz'mɔdik] *bn* krampachtig; fig ook: bij vlagen, onregelmatig

spastic ['spæstik] *bn (znw)* spastisch (patiëntje *o*)

1 spat [spæt] *znw* zaad *o*, broed *o* van oesters

2 spat [spæt] *znw*: *~s* slobkousen

3 spat [spæt] V.T. & V.D. van *[2]spit*

spatchcock ['spætʃkɔk] **I** *znw* geslachte en snel gebraden haan; **II** *overg* gemeenz [woorden &] inlassen, toevoegen aan

spate [speit] *znw* rivieroverstroming, bandjir, hoogwater *o*; fig stroom, stortvloed; *a river in* ~ een onstuimig wassende rivier

spathe [speið] *znw* bloeischede

spatial ['speiʃəl] *bn* ruimte-, ruimtelijk

spatter ['spætə] **I** *overg* doen spatten, bespatten; bekladden; **II** *onoverg* spatten; **III** *znw* (be)spatten *o*; spat

spatterdashes ['spætədæʃiz] *znw mv* vero slobkousen

spatula ['spætjulə] *znw* spatel

spatulate *bn* spatelvormig

spavin ['spævin] *znw* spat [paardenziekte]

spawn [spɔ:n] **I** *znw* kuit, broed *o*; fig gebroed *o*, product *o*; zaad *o*; **II** *(onoverg &) overg* (eieren) leggen, kuitschieten; geringsch produceren, de wereld inschoppen

spay [spei] *overg* steriliseren [v. vrouwelijke dieren]

speak [spi:k] (spoke; spoken) **I** *onoverg* & *abs ww* spreken, praten; aanslaan [v. hond]; in het openbaar spreken, een rede houden; tegen (met) elkaar spreken; sprekend zijn [v. gelijkenis]; muz aanspreken [v. instrument]; zich laten horen; *Amaly ~ing* telec (u spreekt) met Amaly; *broadly (generally) ~ing* in het algemeen gesproken; *so to* ~ zie *so*; ~ *about* spreken over; ~ *by the book* zich nauwkeurig uitdrukken; ~ *for* spreken ten gunste van; getuigen van; *it ~s (well) for him* het pleit voor hem; *the figures ~ for themselves* de cijfers liegen er niet om; ~ *for yourself!* laat mij er s.v.p. buiten; ~ *of* spreken over; *nothing to ~ of* niets van betekenis; niets noemenswaardigs; ~ *out* hardop (uit)spreken; zeggen waar het op staat; vrijuit spreken; ~ *out!* spreek (op)!; ~ *to* spreken tot (tegen, met, over), spreken [iem.]; een standje maken; *I can ~ to his having been there* ik kan getuigen dat hij er geweest is; *know sbd. to ~ to* iem. genoeg kennen om hem aan te spreken; ~ *up* hardop spreken; beginnen te spreken; vrijuit spreken; ~ *up for sbd.* het voor iem. opnemen; ~ *with* spreken met; **II** *overg* spreken; uitspreken, uitdrukken, spreken van; zeggen; ~ *one's mind* zijn mening zeggen; ~ *volumes* boekdelen spreken; zie ook: *speaking*

speak-easy *znw* Am gemeenz clandestiene kroeg

speaker *znw* spreker; luidspreker, box; *the S~* de voorzitter van het Lagerhuis

speaking I *bn* sprekend[2] & [portret]; spreek-; *English-~* Engelssprekend, Engelstalig; ~ *acquaintance* iem. die men voldoende kent om aan te spreken; *we are not on ~ terms* wij spreken elkaar niet (meer), wij spreken niet (meer) tegen elkaar; *be on ~ terms with sbd.* zo familiaar met iem. zijn, dat men hem kan aanspreken; **II** *znw* spreken *o*; *plain* ~ openhartigheid; duidelijke taal

speaking-trumpet *znw* scheepsroeper; spreektrompet[2]; megafoon

speaking-tube *znw* scheepv spreekbuis

spear [spiə] **I** *znw* speer, lans, spiets; plantk scheut; **II** *overg* met een speer doorsteken, spietsen

spearhead I *znw* speerpunt; fig spits, leider; campagneleider; **II** *overg* de voorhoede, spits zijn van, leiden, aanvoeren; het voortouw nemen bij

spearman *znw* speerdrager, -ruiter

spearmint *znw* plantk pepermunt

spear side *znw* zwaardzijde: mannelijke linie

spec [spek] *znw* verk. van **1** *speculation*; *on* ~ op goed geluk; **2** *specification(s)* [technische beschrijving/gegevens]

special ['speʃəl] **I** *bn* bijzonder, speciaal, extra-; *S~ Branch* Br ± binnenlandse veiligheidsdienst; ~ *delivery* per expresse, spoedbestelling; **II** *znw* RTV speciale uitzending, tv-special; specialiteit v.h. huis [in restaurant]; Am speciale aanbieding; extratrein; extra-editie [v. dagblad]; extraprijs &

specialist *znw* specialist [in vak &]

speciality [speʃi'æliti] *znw* specialiteit; specialisme *o*; bijzonderheid; bijzonder geval *o*

specialization [speʃəlai'zeiʃən] *znw* specialisering,

specialisatie
specialize ['speʃ(ə)laiz] *onoverg* zich speciaal toeleggen (op *in*); zich specialiseren (in *in*); *~d* specialistisch
specialty ['speʃəlti] *znw* Am specialiteit°; specialisme *o*
specie ['spi:ʃi:] *znw* muntgeld *o*, contanten
species ['spi:ʃi:z] *znw* (*mv* idem) soort, geslacht *o*
specific [spi'sifik] **I** *bn* soortelijk, specifiek, soort-; speciaal, bepaald, nauwkeurig, uitdrukkelijk; *~ gravity* soortelijk gewicht *o*; *~ to...* eigen aan...; **II** *znw*: *~s* bijzonderheden
specification [spesifi'keiʃən] *znw* specificatie, gedetailleerde opgave, nauwkeurige vermelding; *~(s)* bestek *o*, technische beschrijving (gegevens)
specify ['spesifai] *overg* specificeren, gedetailleerd opgeven, in bijzonderheden aangeven
specimen ['spesimin] *znw* specimen *o*, proef, staaltje *o*, voorbeeld *o*; gemeenz exemplaar *o*, type *o*
specious ['spi:ʃəs] *bn* schoonschijnend
speck [spek] **I** *znw* smetje *o*, spatje *o*, vlekje *o*, spikkel, stofje *o*; **II** *overg* spikkelen, vlekken
speckle ['spekl] **I** *znw* spikkel(ing); **II** *overg* (be-)spikkelen
specs [speks] *znw mv* **1** gemeenz bril [verk. van *spectacles*]; **2** verk. van *specifications*
spectacle ['spektəkl] *znw* schouwspel *o*, vertoning, toneel(tje) *o*; *(pair of) ~s* bril; *make a ~ of oneself* zich belachelijk maken
spectacled *bn* gebrild; bril-
spectacular [spek'tækjulə] **I** *bn* op (toneel)effect berekend, opvallend, spectaculair, grandioos; **II** *znw* spectaculaire show
spectator [spek'teitə] *znw* toeschouwer
spectra *znw mv* v. *spectrum*
spectral ['spektrəl] *bn* spookachtig, spook-; spectraal, van het spectrum
spectre, Am **specter** *znw* spook *o*, geest; spooksel *o*
spectrum ['spektrəm] *znw* (*mv*: -tra [-trə]) spectrum *o*
speculate ['spekjuleit] *onoverg* peinzen, bespiegelingen houden (over *on*); handel speculeren
speculation [spekju'leiʃən] *znw* bespiegeling, beschouwing; handel speculatie
speculative ['spekjulətiv] *bn* speculatief, bespiegelend, beschouwend, zuiver theoretisch
speculator *znw* speculant
speculum ['spekjuləm] *znw* (*mv*: -s *of* specula [-lə]) med speculum *o*, spiegel
sped [sped] V.T. & V.D. van [2]*speed*
speech [spi:tʃ] *znw* spraak, taal; rede(voering), toespraak; *free ~* het vrije woord, ook = *freedom of ~* vrijheid van meningsuiting, van spreken
speech-day *znw* onderw dag van de prijsuitdeling
speechify *onoverg* geringsch oreren, speechen
speechless *bn* sprakeloos, stom (van *with*)
speech-reading *znw* liplezen *o*
speech therapist *znw* logopedist(e)
speech therapy *znw* logopedie
speech-trainer *znw* logopedist
speech-training *znw* logopedie: onderricht *o* in het spreken
1 speed [spi:d] *znw* spoed, snelheid, vaart, haast; versnelling; *good ~* vero voorspoed; *(at) full ~* met volle kracht; in volle vaart, spoorslags
2 speed [spi:d] (sped; sped) **I** *onoverg* zich spoeden, voortmaken, snellen, vliegen; (te) hard rijden, een snelheidslimiet overschrijden; *~ up* er vaart achter zetten; **II** *overg* bespoedigen; bevorderen; doen snellen, doen vliegen; *God ~!* vero God zegene u!; *~ up* bespoedigen, versnellen
speedboat *znw* raceboot
speed-cop *znw* slang motoragent
speeder *znw* snelheidsmaniak; snelheidsregelaar
speeding *znw* te hard rijden *o*; snelheidsovertreding
speed limit *znw* (voorgeschreven) maximumsnelheid
speed-merchant *znw* slang snelheidsmaniak
speedometer [spi'dɔmitə] *znw* snelheidsmeter
speed-skating ['spi:dskeitiŋ] *znw* hardrijden *o* op de schaats
speed trap *znw* autoval, snelheidscontrole
speed-up *znw* gemeenz versnelling; productieverhoging
speedway *znw* Am (auto)snelweg; sp speedway: sintelbaan voor motorrenners
speedwell *znw* plantk ereprijs
speedy *bn* spoedig, snel, vlug
speleologist [spi:li'ɔlədʒist] *znw* speleoloog
speleology *znw* speleologie: grotten-, holenkunde
1 spell [spel] *znw* toverformule; tovermacht, -kracht, ban, betovering, bekoring; *cast a ~ on* betoveren, fascineren; *be under a ~* onder de bekoring zijn (van), gefascineerd zijn (door), gebiologeerd zijn (door)
2 spell [spel] (spelt/spelled; spelt/spelled) **I** *overg* spellen; betekenen; *~ out* (met moeite) spellen; ontcijferen, uitvorsen; *~ out* ook: letter voor letter zeggen (schrijven); nauwkeurig omschrijven, duidelijk aangeven (uiteenzetten); **II** *onoverg* spellen
3 spell [spel] *znw* tijdje *o*, poos; periode; werktijd, beurt; *at a ~* aan één stuk door, achtereen; *have a ~ at sth.* een tijdje ergens mee bezig zijn; *~ of fine weather* periode van mooi weer; *hot ~* hittegolf
spellbinder ['spelbaində] *znw* gemeenz boeiend spreker
spellbinding *bn* boeiend, fascinerend
spellbound *bn* als betoverd, gefascineerd, gebiologeerd, geboeid
speller ['spelə] *znw* speller; spelboek *o*
spelling *znw* spelling
spelling-bee *znw* spelwedstrijd
spelling-book *znw* spelboek *o*
spelt V.T. & V.D. van [2]*spell*
spelter ['speltə] *znw* handel zink *o*

spence [spens] *znw* vero provisiekast, -kamer
1 spencer ['spensə] *znw* kort wollen jasje *o*
2 spencer ['spensə] *znw* scheepv gaffelzeil *o*
spend [spend] (spent; spent) **I** *overg* uitgeven, besteden (aan *at, in, on, over*); doorbrengen [tijd]; verbruiken, verteren, verkwisten; **II** *wederk*: ~ *oneself* zich uitputten, afmatten; *the storm had spent itself* was uitgeraasd; **III** *onoverg* uitgeven, uitgaven doen; ~ *freely* kwistig zijn
spender *znw* wie geld uitgeeft; verkwister
spending *znw* uitgeven *o* &; ~*s* uitgaven
spending-money *znw* zakgeld *o*
spending-power *znw* koopkracht
spendthrift ['spendθrift] **I** *znw* verkwister, verspiller; **II** *bn* verkwistend
spent [spent] **I** V.T. & V.D. van *spend;* **II** *bn* verbruikt, uitgeput, op; mat [kogel], leeg [huls]
sperm [spə:m] *znw* sperma *o*, zaad *o*; [v. walvis] walschot *o*
spermaceti [spə:mə'seti] *znw* walschot *o*
spermary ['spə:məri] *znw* mannelijke geslachtsklier, testikel
spermatic [spə'mætik] *bn* sperma-, zaad-
sperm whale ['spə:mweil] *znw* potvis, cachelot
spew [spju:] **I** *overg* (uit)spuwen; **II** *onoverg* spuwen (ook: ~ *up*)
sphenoid ['sfi:nɔid] *bn* wigvormig
sphere [sfiə] *znw* sfeer[2]; bol; globe, hemelbol; plechtig hemel(gewelf *o*); fig (werk)kring, arbeidsveld *o*, omvang, gebied *o*
spherical ['sferikl] *bn* sferisch, bolrond, bol-
spheroid ['sfiərɔid] *znw* sferoïde
sphincter ['sfiŋktə] *znw* anat sluitspier
sphinx [sfiŋks] *znw* (*mv*: -es *of* sphinges ['sfindʒi:z]) sfinx
sphinx-like *bn* sfinxachtig
spice [spais] **I** *znw* specerij(en), kruiderij(en); fig het pikante; *a ~ of...* een tikje...; **II** *overg* kruiden[2]
spicily *bijw* gekruid; fig pikant
spiciness *znw* gekruidheid; fig pikanterie
spick-and-span ['spikən'spæn] *bn* brandschoon; piekfijn, keurig
spicy ['spaisi] *bn* kruidig, gekruid, kruiden-, specerij-; geurig, pikant[2]; pittig[2]
spider ['spaidə] *znw* spin, spinnenkop
spidery *bn* spinachtig; spichtig
spiel [spi:l] slang **I** *znw* geklets *o*, verhaal *o*, verkooppraatje *o*; **II** *onoverg* kletsen, ratelen
spieler ['spi:lə] *znw* Am, slang valsspeler; gokker *o*
spiffing ['spifiŋ] *bn* slang fijn, uitstekend; knap
spifflicate ['spiflikeit] *overg* schertsend vernietigen, vermorzelen; van kant maken
spigot ['spigət] *znw* tap, stop, deuvik; tapkraan
spike [spaik] **I** *znw* aar; punt, spijl [v. hek &]; pen; lange nagel; tand [v. kam]; ~*s* sp spikes: atletiekschoenen; **II** *overg* (vast)spijkeren; (door)prikken; mil vernagelen [kanon]; van punten voorzien; (een scheutje) alcohol toevoegen aan; ~ *the guns of* fig buiten gevecht stellen, een eind maken aan
spike heel *znw* naaldhak
spikenard ['spaikna:d] *znw* nardus
spiky ['spaiki] *bn* puntig, stekelig; fig gauw op z'n teentjes getrapt
1 spill [spil] *znw* fidibus: opgerold papiertje *o* om sigaar mee aan te steken
2 spill [spil] (spilt/spilled; spilt/spilled) **I** *overg* morsen [melk]; storten, vergieten [bloed], omgooien; ~ *the beans* een geheim verraden; **II** *onoverg* gemorst worden, overlopen (ook: ~ *over*)
3 spill [spil] *znw* (stort)bui; val, tuimeling; *a ~ of milk* wat gemorste melk; *have a ~* van het paard geworpen worden, omvallen [met rijtuig]
spillage ['spilidʒ] *znw* morsen *o*; gemorste *o*
spillikin ['spilikin] *znw* houtje *o*; ~*s* knibbelspel *o*
spillway ['spilwei] *znw* Am overlaat
spilt [spilt] V.T. & V.D. van *[2]spill*
1 spin [spin] (spun; spun) **I** *overg* spinnen; uitspinnen[2], laten (doen) draaien; centrifugeren [wasgoed]; opzetten [een tol]; ~ *out* uitspinnen[2], fig rekken; **II** *onoverg & abs ww* spinnen; (in de rondte) draaien; luchtv in schroefduik dalen; ~ *round* ronddraaien; zich omdraaien; *I sent him ~ning* ik deed hem achteruit tollen
2 spin [spin] *znw* spinnen *o* of draaien *o*; luchtv schroefduik, vrille; gemeenz (rij)toertje *o*, tochtje *o*; *(flat) ~* gemeenz paniek; *go for a ~* een toertje gaan maken
spina bifida [spainə'bifidə] *znw* med open rug
spinach ['spinidʒ] *znw* spinazie
spinal ['spainl] *bn* ruggengraats-; ~ *column* ruggengraat; ~ *cord* ruggenmerg *o*
spindle ['spindl] *znw* spil, as; spoel, klos; spijl, stang, pin
spindle-legged *bn* met spillebenen
spindle-legs *znw mv* spillebenen
spindle-shanked *bn* = *spindle-legged*
spindly ['spindli] *bn* spichtig
spin-drier ['spindraiə] *znw* centrifuge
spindrift *znw* scheepv nevel van schuim
spin-dry *overg* [wasgoed] drogen in een centrifuge
spindryer *znw* = *spin-drier*
spine [spain] *znw* doorn; stekel; ruggengraat; rug
spine-chilling ['spaintʃiliŋ] *bn* huiveringwekkend, bloedstollend
spineless *bn* zonder ruggengraat[2]; fig slap, futloos
spinet [spi'net] *znw* spinet *o*
spinner ['spinə] *znw* spinner; spinmachine
spinneret ['spinəret] *znw* spinklier, spinorgaan *o*
spinney ['spini] *znw* bosje *o*, struikgewas *o*
spinning-jenny ['spiniŋdʒeni] *znw* spinmachine
spinning-mill *znw* spinnerij
spinning-top *znw* draaitol
spinning-wheel *znw* spinnewiel *o*
spin-off ['spinɔf] *znw* winstopleverend bijproduct *o*, spin-off
spinous ['spainəs] *bn* = *spiny*

spinster ['spinstə] *znw* jongedochter, oude vrijster; recht ongehuwde vrouw
spiny ['spaini] *bn* doornig; stekelig[2]
spiracle ['spaiərəkl] *znw* luchtgat *o*, ademhalingsopening
spiral ['spaiərəl] **I** *bn* spiraalvormig, schroefvormig; kronkelend; ~ *staircase* wenteltrap; **II** *znw* spiraal; **III** *onoverg* zich spiraalsgewijs bewegen; snel stijgen of dalen
spirally *bijw* spiraalsgewijs
spirant ['spaiərənt] *znw* spirant, schuringsgeluid *o*
spire ['spaiə] *znw* **1** punt; (toren)spits; (gras)spriet; **2** spiraalwinding, kronkeling
spired *bn* spits (toelopend); van torenspitsen voorzien
spirit ['spirit] **I** *znw* geest° (ook = spook); (geest-)kracht; moed, durf; bezieling, vuur *o*, fut; aard; spiritus, sterke drank; ~*s* levensgeesten; stemming; spiritualiën; brandewijn; *the Holy S*~ de Heilige Geest; ~ *of wine* wijngeest; *be in high* ~*s* opgewekt, vrolijk zijn; *in the best of* ~*s* in de beste stemming; *in low* ~*s* neerslachtig, down; *in (the)* ~ in de geest; *the poor in* ~ de armen van geest; *he did it in a* ~ *of mischief* uit baldadigheid; *objections made in a captious* ~ uit vitzucht; *he took it in the wrong* ~ hij nam het verkeerd op; *enter into the* ~ *of the thing* de situatie snappen (en ook meedoen); *out of* ~*s* neerslachtig; *with* ~ met (veel) animo, met vuur; *that's the* ~*!* goed zo!; **II** *overg*: ~ *away* wegmoffelen, -goochelen, -toveren, doen verdwijnen
spirited *bn* bezield, geanimeerd; levendig, vurig; moedig; energiek; pittig
spirit-lamp *znw* spirituslamp
spiritless *bn* geesteloos, levenloos, moedeloos, futloos, duf
spirit-level *znw* luchtbelwaterpas *o*
spirit-rapping *znw* geestenklopperij
spirit-stove *znw* spiritustoestel *o*; theelichtje *o*
spiritual ['spiritjuəl] **I** *bn* geestelijk; **II** *znw* godsdienstig lied *o* (van Amerikaanse negers)
spiritualism *znw* spiritualistisch karakter *o*; spiritualisme *o* (tegenover materialisme); spiritisme *o*
spiritualist I *znw* spiritualist; spiritist; **II** *bn* = *spiritualistic*
spiritualistic [spiritjuə'listik] *bn* spiritualistisch; spiritistisch
spirituality [spiritju'æliti] *znw* spiritualiteit; geestelijkheid, onstoffelijkheid
spiritualize ['spiritjuəlaiz] *overg* vergeestelijken; in geestelijke zin verklaren
spiritually *bijw* geestelijk
spirituel(le) [spiritju'el] *bn* [Fr] verfijnd; geestig
spirituous ['spiritjuəs] *bn* geestrijk, alcoholisch
spirt [spə:t] *znw* = *spurt*
spiry ['spaiəri] *bn* plechtig spiraalvormig, kronkelend; ook = *spired*
1 spit [spit] **I** *znw* (braad)spit *o*; landtong; **II** *overg* aan het spit steken; (door)steken
2 spit [spit] (spat; spat) **I** *onoverg* spuwen, spugen; blazen [van kat]; spetteren; motregenen; ~ *on (upon)* spuwen op[2]; *within* ~*ting distance* heel dichtbij; **II** *overg* spuwen, spugen; ~ *out* uitspuwen, -spugen; fig eruit gooien
3 spit [spit] *znw* spuug *o*, spog *o*, speeksel *o*; ~ *and polish* het poetsen en boenen; *he is the dead* ~ *of his father, he's the* ~*ting image of his father* hij lijkt als twee druppels water op zijn vader
4 spit [spit] *znw* spit *o* [steek met de spade]
spite [spait] **I** *znw* boosaardigheid, wrok, wrevel; *have a* ~ *against sbd.* een wrok jegens iem. koesteren; iets tegen iem. hebben; *in* ~ *of* ten spijt van, in weerwil van, trots, ondanks, niettegenstaande; *in* ~ *of myself* tegen mijn wil, mijns ondanks; *out of* ~ uit wrok; **II** *overg* ergeren; dwarsbomen, pesten
spiteful *bn* nijdig, boosaardig; hatelijk
spitfire ['spitfaiə] *znw* driftkop
spittle ['spitl] *znw* speeksel *o*, spuug *o*, spog *o*
spittoon [spi'tu:n] *znw* kwispedoor *o & m*, spuwbak
spiv [spiv] *znw* gemeenz knoeier, zwendelaar; parasiterende leegloper, nietsnut
splash [splæʃ] **I** *overg* bespatten, bemodderen; doen spatten; gemeenz met vette koppen drukken; **II** *onoverg* spatten, plassen, klateren, kletsen, plonzen, ploeteren, plompen; ~ *down* op het water landen; ~ *out (on)* met geld smijten, royaal geld uitgeven (aan); **III** *znw* geklater *o*, geplas *o*, geplons *o*, plons; klets, kwak [verf &]; plek; *make a* ~ opzien baren; geuren
splash-board *znw* spatbord *o*
splash-down *znw* landing in zee [v. ruimtecapsule]
splasher *znw* spatbord *o*, -plaat, -zeiltje *o*
splashy *bn* modderig
splatter ['splætə] **I** *onoverg* plassen; spatten; **II** *overg* sputteren; bespatten, doen spatten, besprenkelen
splay [splei] **I** *overg* afschuinen, (binnenwaarts) schuin verwijden, doen inspringen; **II** *onoverg* schuin lopen
spleen [spli:n] *znw* milt; fig slecht humeur *o*, wrevel; zwaarmoedigheid
splendid ['splendid] *bn* prachtig, luisterrijk, schitterend, heerlijk, prima
splendiferous [splen'difərəs] *bn* schertsend prachtig, schitterend
splendour, Am **splendor** ['splendə] *znw* pracht, luister, schittering, glans, praal, heerlijkheid
splenetic [spli'netik] *bn* slecht gehumeurd, geïrriteerd
splenic ['splenik] *bn* van de milt, milt-; ~ *fever* miltvuur *o*
splice [splais] **I** *overg* splitsen (twee einden touw samenvlechten); verbinden; lassen [film]; gemeenz trouwen; **II** *znw* splitsing; verbinding; las [v. film]
spline [splain] *znw* lat; splitpen, spie
splint [splint] **I** *znw* spalk; spaan; **II** *overg* spalken
splint-bone *znw* kuitbeen *o*
splinter ['splintə] **I** *overg* versplinteren; **II** *onoverg*

splinteren; **III** *znw* splinter, scherf
splinter group *znw* splintergroep(ering)
splinterproof *bn* scherfvrij
splintery *bn* splinterig
1 split [split] (split; split) **I** *overg* splijten; splitsen²; gemeenz samen delen; verdelen (ook: ~ *up*); slang verklikken, verraden [geheim]; ~ *the difference* het verschil delen; ~ *hairs* haarkloven; ~ *one's sides* barsten van het lachen; **II** *onoverg* splijten; barsten, scheuren; zich splitsen², uiteengaan, uit elkaar gaan (ook: ~ *up*); slang 'm smeren; ~ *on sbd.* slang iem. verlinken; ~*ting headache* barstende hoofdpijn
2 split [split] **I** *znw* spleet, scheur(ing), splitsing, tweespalt, onenigheid, breuk; gemeenz klein flesje *o* (spuitwater) &; ~*s* spagaat; **II** *bn* gespleten, gesplitst; ~ *peas* spliterwten; ~ *personality* gespleten persoonlijkheid; *one ~ second* gemeenz (in) een fractie van een seconde, (voor) een onderdeel van een seconde, (voor) een ondeelbaar ogenblik
split-level *bn* op verschillende niveaus, split-level [m.b.t. huisindeling]
split-screen *znw* comput gesplitst scherm *o*, splitscreen *o*
splodge [splɔdʒ], **splotch** [splɔtʃ] **I** *znw* plek, vlek, smet, klad, klodder; **II** *overg* volsmeren, bekladden, bevlekken
splurge [splə:dʒ] **I** *znw* gemeenz uitspatting, geldsmijterij, vertoon *o*; **II** *onoverg* met geld smijten; verspillen, verkwisten
splutter ['splʌtə] **I** *onoverg* knetteren; sputteren; stotteren, hakkelen; spatten [v. pen]; **II** *znw* geknetter *o*; gesputter *o*; gestotter *o*
1 spoil [spɔil] (spoilt/spoiled; spoilt/spoiled) **I** *overg* bederven°; verknoeien; verwennen; ~*ed paper* ongeldig (gemaakt) (stem)biljet *o*; **II** *onoverg* bederven°; *he is ~ing for a fight* hij hunkert er naar (brandt van verlangen) om er op los te gaan
2 spoil [spɔil] *znw*: ~*s* roof, buit°
spoiler *znw* auto spoiler
spoil-sport *znw* spelbederver, feestverstoorder
spoilt V.T. & V.D. van *¹spoil*
1 spoke [spouk] *znw* spaak, sport; *put a ~ in sbd.'s wheel* iem. een spaak in het wiel steken
2 spoke [spouk] V.T. van *speak*
spoken V.D. van *speak*
spokesman *znw* woordvoerder
spokesperson *znw* woordvoerder, woordvoerster
spokeswoman *znw* woordvoerster
spoliation [spouli'eiʃən] *znw* beroving, plundering
spondee ['spɔndi:] *znw* spondee [bep. versvoet]
sponge [spʌn(d)ʒ] **I** *znw* spons²; Moskovisch gebak *o*; gerezen deeg *o*; gemeenz dronkelap, klaploper; *throw in the* ~ zich gewonnen geven; **II** *overg* (af-)sponsen (ook: ~ *down, over*); weg-, uit-, afwissen, wissen; ~ *up* opnemen met de spons; op-, inzuigen; **III** *onoverg* fig klaplopen; ~ *on (off) sbd.* op iem. parasiteren
spongebag *znw* toilettasje *o*
sponge-cake *znw* Moskovisch gebak *o*
sponge cloth *znw* badstof, frotté *o*
sponge finger *znw* lange vinger [biscuit]
sponger *znw* klaploper
spongy *bn* sponsachtig
sponsor ['spɔnsə] **I** *znw* sponsor; borg²; begunstiger; peetvader², peetoom; doopmoeder, peettante; *stand* ~ borg (peet) zijn, borg blijven; **II** *overg* instaan voor, borg zijn voor; steunen; sponsoren; peet zijn over, ten doop houden²; ~*ed by* ook: gesteund door, ingediend door, onder de auspiciën van
sponsorship *znw* sponsorschap *o*, sponsoring; peetschap *o*; fig steun
spontaneity [spɔntə'ni:iti] *znw* spontaneïteit
spontaneous [spɔn'teinjəs] *bn* spontaan, ongedwongen; in het wild groeiend, natuurlijk; zelf-; ~ *combustion* zelfontbranding
spoof [spu:f] **I** *znw* poets, bedrog *o*; parodie; **II** *overg* foppen, voor de gek houden, een poets bakken
spook [spu:k] **I** *znw* gemeenz spook *o*, geest; **II** *overg* schrik aanjagen, bang maken
spooky *bn* gemeenz spookachtig; spook-
spool [spu:l] **I** *znw* spoel, klos; **II** *overg* spoelen
spoon [spu:n] **I** *znw* lepel; *be born with a silver ~ in one's mouth* van rijke familie zijn; een zondagskind zijn; **II** *overg* lepelen, opscheppen; **III** *onoverg* slang flirten; vrijen
spoonbill ['spu:nbil] *znw* lepelaar [vogel]
spoonerism ['spu:nərizm] *znw* grappige verwisseling van letters
spoon-feed ['spu:nfi:d] *overg* met de lepel voeren of ingeven; fig [iem. alles] voorkauwen
spoonful *znw* (volle) lepel
spoor [spuə] *znw* spoor *o* [van wild beest]
sporadic [spə'rædik] *bn* sporadisch, hier en daar voorkomend, verspreid
spore [spɔ:] *znw* plantk spoor; kiem²
sporran ['spɔrən] *znw* Schots tas van de Hooglanders
sport [spɔ:t] **I** *znw* spel *o*, vermaak *o*, tijdverdrijf *o*; (buiten)sport; jacht, vissen *o*; speling (der natuur); speelbal; scherts; sportieve, goeie kerel (meid); ~*s* ook: sport; sportwedstrijden; *he's a ~* gemeenz hij is zo'n vent!; *old ~!* gemeenz ouwe jongen!; *in ~* voor de grap; *make ~ of* belachelijk maken; voor de gek houden; **II** *onoverg* zich ontspannen, zich verlustigen, spelen, dartelen, schertsen; **III** *overg* ten toon spreiden (stellen), vertonen; er op na houden, zich uitdossen in (met), pronken met
sporting *bn* spelend, dartelend; jacht-, jagers-, sport-; sportief; *a ~ chance* een eerlijke kans; een redelijke kans
sportive *bijw* gekscherend, voor de aardigheid; spelenderwijs
sports car *znw* sportwagen
sportsjacket *znw* sportcolbert *o & m*

sportsman *znw* sportief iemand, sportman, sportieveling; sportliefhebber
sportsmanlike *bn* sportief
sportsmanship *znw* sportiviteit
sportswear *znw* sportkleding
sportswoman *znw* sportvrouw
sporty *bn* gemeenz sportief, sport-; ± snel [modieus]
spot [spɔt] **I** *znw* vlek[2], smet, spat, spikkel, pukkel, plek; plaats; Am nachtclub; druppel; moesje *o* [op das &]; biljart acquit *o*; opvallend geplaatst artikel *o* & [in krant]; RTV (reclame)spot; handel loco (ook: *on (the)* ~); *a* ~ *of...* een beetje..., een stukje...; *in a* ~ gemeenz in moeilijkheden, in de knel; *be in a* ~ gemeenz in de knel zitten; *on the* ~ ter plaatse, ter plekke, op de plaats (zelf wonend); direct, meteen [zonder te kunnen nadenken &]; op staande voet; **II** *overg* plekken, vlekken; bevlekken, bezoedelen, een smet werpen op; met moesjes spikkelen; marmeren; ontdekken, [iets] snappen, [iem.] in het oog krijgen, opmerken; verkennen; waarnemen; **III** *onoverg* plekken, vlekken
spot cash *znw* contante betaling
spot check *znw* steekproef
spotless *bn* smetteloos, vlekkeloos
spotlight I *znw* zoeklicht *o*; bermlamp; **II** *overg* het zoeklicht richten op[2]
spot-on *bn* gemeenz heel precies, haarscherp, onberispelijk
spot price *znw* slang locoprijs
spotted *bn* gevlekt, bont; fig bezoedeld; ~ *fever* nekkramp
spotter *znw* speurder; verkenningsvliegtuig *o*, -vlieger; herkenner van vliegtuigen &, spotter
spotty *bn* gevlekt, gespikkeld, vlekkig; ongelijk(matig)
spot welding *znw* puntlasser *o*
spouse [spauz, spaus] *znw* eega, echtgenoot, -genote
spout [spaut] **I** *overg* spuiten, gutsen; gemeenz declameren; gemeenz uitvoerig spreken, oreren; **II** *overg* (uit)spuiten, opspuiten[2]; **III** *znw* spuit, pijp, tuit, (dak)goot; watersprong; dampstraal [v. walvis]; straal [v. bloed]; *be up the* ~ gemeenz in moeilijkheden, in de penarie zitten; met de gebakken peren zitten
sprag [spræg] *znw* remblok *o*; stuthout *o*
sprain [sprein] **I** *overg* verrekken, verstuiken, verzwikken; **II** *znw* verrekking, verstuiking, verzwikking
sprang [spræŋ] V.T. van [1]*spring*
sprat [spræt] *znw* sprot; *throw a* ~ *to catch a mackerel* een spiering uitwerpen om een kabeljauw te vangen
sprawl [sprɔ:l] **I** *onoverg* nonchalant, lomp (gaan) liggen; verspreid liggen; zich onregelmatig verspreiden; wijd uit elkaar lopen [v. schrift]; spartelen; *send him* ~*ing* hem tegen de grond slaan; **II** *znw* nonchalante houding; spartelende beweging; verspreide uitgestrektheid

1 spray [sprei] *znw* takje *o*, rijsje *o*; boeketje *o*; *a* ~ *of diamonds* een diamanten aigrette
2 spray [sprei] **I** *znw* fijne druppeltjes, stofregen, nevel; sproeimiddel *o*; sproeier, vaporisator; **II** *overg* besproeien, bespuiten; afspuiten; sproeien, spuiten; verstuiven
spray-can *znw* spuitbus
sprayer *znw* sproeier, vaporisator, verstuiver
spray-gun *znw* spuit(pistool *o*), verfspuit
1 spread [spred] (spread; spread) **I** *overg* (uit)spreiden, verspreiden, uit-, verbreiden, uitstrooien; spannen [zeil]; uitslaan [de vleugels]; ontplooien [vlag]; bedekken, beleggen, (be)smeren [brood]; ~ *the table* klaarzetten, opdissen; ~ *its tail* pronken [van pauw]; ~ *out* uitspreiden; ~ *the payment over 5 years* de betaling over 5 jaren verdelen, uitsmeren, uitstrijken; **II** *onoverg* zich uit-, verspreiden, zich uit-, verbreiden, zich uitstrekken
2 spread [spred] *znw* verbreiding, verspreiding; uitgestrektheid; omvang; spanning, vlucht [van vogel]; ook: sprei, beddensprei &; tafelkleed *o*; smeersel *o* [voor de boterham]; gemeenz feestmaal *o*, onthaal *o*; *centre* ~ publicatie over middenpagina's; *cheese* ~ smeerkaas; *double-page* ~ publicatie over dubbele pagina; *a middle-age(d)* ~ gemeenz een buikje *o* op middelbare leeftijd
spread-eagled ['spred'i:gl] *bn* met armen en benen uitgestrekt
spreader *znw* verspreider; uitstrooier[2]; sproeier
spreadsheet ['spredʃi:t] *znw* comput spreadsheet [rekenprogramma dat werkt met rijen en kolommen]
spree [spri:] *znw* fuif, pretje *o*, lolletje *o*; *on a* ~ aan de rol; *shopping* ~ ± aanval v. koopziekte; *spending* ~ geldsmijterij
sprig [sprig] *znw* takje *o*, twijgje *o*
sprigged *bn* met takjes
spriggy *bn* vol takjes
sprightly ['spraitli] *bn* levendig, kwiek, opgewekt, vrolijk
1 spring [spriŋ] (sprang; sprung) **I** *onoverg* springen [ook = stukgaan], op-, ontspringen, voortspruiten (uit *from*), opkomen [gewassen], opschieten, verrijzen; veren; ~ *at* springen naar; toespringen op; ~ *away* wegspringen; ~ *back* terugspringen; ~ *down* naar beneden springen; ~ *from* ontspringen aan, voortkomen, -spruiten uit, afstammen van; *where did you* ~ *from?* waar kom jij zo opeens vandaan?; ~ *(in)to life* plotseling levend worden; opduiken; ~ *to arms* te wapen snellen; ~ *up* opkomen, opduiken, opschieten, verrijzen, ontstaan, zich verheffen; ~ *upon sbd.* op iem. toespringen; **II** *overg* doen (op)springen; opjagen [wild]; springen over; verend maken, van veren voorzien; doen dichtslaan [val]; gemeenz plotseling aankomen met [eisen, theorieën &]; ~ *a leak* scheepv een lek krijgen; ~ *a surprise (up)on sbd.* gemeenz iem. met een verrassing op het lijf vallen; ~ *sbd. from prison* gemeenz

iem. uit de gevangenis ontslaan
2 spring [spriŋ] *znw* sprong²; lente, voorjaar *o*; bron², oorsprong; veerkracht; veer [van horloge &]; drijfveer²
spring-balance *znw* veerbalans
spring-board *znw* springplank
springbok *znw* (*mv* idem *of* -s) springbok
spring-chicken *znw* piepkuiken *o*; *no ~* gemeenz niet zo piep meer
spring-clean *onoverg* voorjaarsschoonmaak houden (in)
springe [sprin(d)ʒ] *znw* vero (spring)strik [voor klein wild]; lus, valstrik
springer ['spriŋə] *znw* dierk kleine patrijshond
spring fever ['spriŋ'fi:və] *znw* voorjaarsmoeheid
spring-head ['spriŋ'hed] *znw* bron²; fig oorsprong
spring-like [spriŋlaik] *bn* voorjaarsachtig, lente-
spring onion *znw* Br sjalot
spring roll *znw* loempia
spring-tide *znw* springtij *o*; plechtig lente(tijd)
spring-time *znw* lente
spring water ['spriŋwɔ:tə] *znw* bron-, welwater *o*
spring-wheat ['spriŋwi:t] *znw* zomertarwe
springy ['spriŋi] *bn* veerkrachtig, elastisch
sprinkle ['spriŋkl] **I** *overg* (be)sprenkelen, sprengen, (be)strooien; **II** *znw* = *sprinkling*
sprinkler *znw* strooier; sproeier; sproeiwagen; sprinklerinstallatie
sprinkling *znw* (be)sprenkeling; klein aantal *o*, kleine hoeveelheid, beetje *o*; *a pretty large ~ of...* heel wat...
sprint [sprint] **I** *znw* sprint; **II** *onoverg* sprinten
sprinter *znw* sprinter
sprit [sprit] *znw* scheepv spriet
sprite [sprait] *znw* fee, kabouter; geest
spritsail ['spritseil, scheepv 'spritsl] *znw* sprietzeil *o*
sprocket ['sprɔkit] *znw* tand [v. tandrad]
sprout [spraut] **I** *onoverg* (uit)spruiten, uitlopen, opschieten (ook: *~ up*); **II** *overg* doen uitspruiten of opschieten; **III** *znw* spruitje *o*, scheut; *~s* spruitjes, spruitkool
1 spruce [spru:s] *znw* plantk sparrenboom, spar
2 spruce [spru:s] **I** *bn* net gekleed, knap, zwierig, opgedirkt; **II** *overg*: *~ up* netjes aankleden, opdirken, netjes opknappen; **III** *wederk*: *~ oneself up* zich opdirken, zich mooi maken
spruce-fir *znw* sparrenboom, spar
sprue [spru:] *znw* psilosis: Indische spruw
sprung [sprʌŋ] V.D. van *¹spring*
sprung mattress *znw* springmatras *v & o*
spry [sprai] *bn* kwiek, wakker, monter; bijdehand, gewiekst
spud [spʌd] *znw* wiedijzer *o*; gemeenz pieper: aardappel
spud-bashing *znw* slang piepers jassen *o*
spume [spju:m] *znw* schuim *o*
spumy *bn* schuimend, schuimachtig
spun [spʌn] V.T. & V.D. van *¹spin*
spunk [spʌŋk] *znw* **1** gemeenz fut, lef *o*, pit *o & v*; **2** plat kwakje *o*, geil *o* [sperma]
spunky *bn* pittig, moedig, flink
spur [spə:] **I** *znw* spoor [v. ruiter, haan, bloemblad &]; spoorslag², prikkel; uitloper, tak [v. gebergte]; hoofdwortel [v. boom]; zijlijn [v. spoorweg]; *win (gain) one's ~s* zijn sporen verdienen²; *on the ~ of the moment* op het ogenblik (zelf); op staande voet, dadelijk; zonder overleg, spontaan; **II** *overg* sporen, de sporen geven [een paard]; aansporen (ook: *~ on*); van sporen voorzien
spurge [spə:dʒ] *znw* plantk wolfsmelk
spurious ['spjuəriəs] *bn* onecht, nagemaakt, vals
spurn [spə:n] *overg* versmaden, met verachting afwijzen
spurt [spə:t] **I** *onoverg* spurten²; fig alle krachten bijzetten; spuiten; spatten [v. pen]; **II** *overg* spuiten; **III** *znw* gulp, plotselinge, krachtige straal; uitbarsting, vlaag; sp spurt
spur-wheel ['spə:wi:l] *znw* techn tandrad *o*
sputter ['spʌtə] **I** *onoverg (& overg)* knetteren; brabbelen [in een taal]; hakkelen; zenuwachtig of opgewonden spreken; **II** *znw* geknetter *o*
sputum ['spju:təm] *znw* sputum *o*, speeksel *o*
spy [spai] **I** *znw* bespieder, spion; **II** *overg* in het oog krijgen, ontdekken; bespieden, verspieden; *~ out* uitvorsen; verkennen; *~ out the land* het terrein verkennen; **III** *onoverg* spioneren; zitten gluren; *~ at* bespioneren, begluren; *~ into sth.* iets stiekem te weten proberen te komen; *~ on* bespioneren, begluren
spy-glass *znw* (handverre)kijker
spy-hole *znw* kijkgat *o*
spying *znw* bespieden *o* &; spionage
spy-mirror *znw* spionnetje *o*
spyring *znw* spionagenet *o*
sq. *afk.* = *square*
squab [skwɔb] *znw* jonge duif; dikzak; gevuld kussen *o*
squabble ['skwɔbl] **I** *onoverg* kibbelen, krakelen; **II** *znw* gekibbel *o*, geharrewar *o*, krakeel *o*, ruzie
squabbler *znw* kibbelaar, krakeler
squad [skwɔd] *znw* mil escouade, rot; sectie, afdeling, groep, ploeg
squad car *znw* Am politieauto, patrouillewagen
squadron ['skwɔdrən] *znw* mil eskadron *o*; mil smaldeel *o*, eskader *o*; luchtv squadron *o*; fig georganiseerde groep
squadron-leader *znw* luchtv majoor
squalid ['skwɔlid] *bn* smerig, vuil, goor; gemeen; armoedig
squall [skwɔ:l] **I** *znw* harde gil, rauwe kreet, schreeuw; windvlaag, bui; **II** *onoverg & overg* gillen, schreeuwen
squally *bn* buiig, stormachtig
squalor ['skwɔlə] *znw* vuil² *o*, vuilheid, smerigheid; gore armoede
squama ['skweimə] *znw* (*mv*: squamae [-mi:]) schub

squamous *bn* schubbig, geschubd
squander ['skwɔndə] *overg* verspillen, verkwisten, opmaken
square [skwɛə] **I** *znw* vierkant *o*, kwadraat *o* [ook: getal]; plein *o*; exercitie-, kazerneplein *o*; blok *o* (huizen); ruit [op dam- of schaakbord &], vak *o*, veld *o*, hokje *o*; vierkante sjaal, doek; luier; hoek [v. boekband]; mil carré *o & m*; techn winkelhaak, tekenhaak; slang ouderwets, conventioneel, square iemand; *a ~ of carpet* een afgepast (vloer)kleed *o*, een karpet *o*; *back to ~ one* fig terug naar (op) het uitgangspunt; *form into ~* mil (zich) in carré opstellen; *out of ~* niet haaks; **II** *bn* vierkant°, vierkant uitgesneden; in het vierkant; recht(hoekig); duidelijk, rechtuit; sp quitte; slang ouderwets, conventioneel, square; *all ~* gelijkspel *o*; *~ bracket* vierkant haakje *o*; *~ dance* quadrille; *a ~ meal* een flink maal *o*; *~ root* vierkantswortel; *a ~ peg (in a round hole)* de verkeerde persoon voor iets; *~ to* rechthoekig op; *get things ~* de zaak in orde brengen, orde op zaken stellen; *get ~ with* gemeenz afrekenen met, quitte worden met; **III** *bijw* vierkant; recht(hoekig); gemeenz eerlijk; **IV** *overg* vierkant maken; kanten; in het kwadraat verheffen; scheepv vierkant brassen; handel vereffenen; fig in het reine (in orde) brengen (ook: *~ up*); gemeenz [iem.] overhalen, omkopen; *~ up* gemeenz trotseren, onder ogen zien; *~ accounts with* afrekenen met[2]; *~ the circle* de kwadratuur van de cirkel zoeken; fig het onmogelijke proberen; *~ one's practice with one's principles* in overeenstemming brengen met; **V** *onoverg & abs ww* kloppen (met *with*); *~ up* afrekenen; *~ up to sth.* iets onder ogen zien
square-built *bn* vierkant, breed
squarely *bijw* vierkant[2]; duidelijk, onomwonden; eerlijk
square-rigged *bn* met razeilen
square sail *znw* razeil *o*
squash [skwɔʃ] **I** *overg* kneuzen, tot moes maken; platdrukken, verpletteren[2]; gemeenz de mond snoeren; smoren; vernietigen; **II** *onoverg* platgedrukt worden; dringen (v. menigte); **III** *znw* kneuzing, vermorzeling; gedrang *o*; kwast [limonade]; plantk pompoen; sp squash *o*
squash rackets *znw* sp squash *o*
squashy *bn* zacht week, pulpachtig
squat [skwɔt] **I** *onoverg* hurken, op de hurken gaan zitten; (gaan) zitten (ook: *~ down*); zich vestigen (zonder vergunning), (huizen) kraken; **II** *bn* gehurkt; plomp; gedrongen, kort en dik; **III** *znw* **1** hurkende houding; **2** kraakpand *o*
squatter *znw* squatter, illegaal landbezetter; kraker (van huizen)
squaw [skwɔ:] *znw* squaw, indiaanse vrouw
squawk [skwɔ:k] **I** *onoverg* krijsen, schreeuwen; **II** *znw* gil, schreeuw, gekrijs *o*
squeak [skwi:k] **I** *onoverg* piepen°; **II** *znw* piep, gilletje *o*, gepiep *o*; *it was a narrow ~* het was net op het kantje
squeaker *znw* pieper; piepertje *o* [bijv. in een speelgoed pop]; jonge duif &; slang verklikker
squeaky *bn* piepend, pieperig, piep-; krakend [schoenen]; *~ clean* brandschoon, zeer zuiver, uiterst clean [imago &]
squeal [skwi:l] **I** *onoverg* gillen, janken, krijsen; slang klikken, de boel verraden; *~ on* slang verklikken; **II** *overg* (uit)gillen; **III** *znw* (ge)schreeuw (*o*), (ge)krijs (*o*), gil, gepiep *o*
squealer *znw* slang verklikker
squeamish ['skwi:miʃ] *bn* licht misselijk; overdreven kieskeurig, angstvallig nauwgezet
squeegee ['skwi:'dʒi:] *znw* trekker [voor raam, vloer &]
squeeze [skwi:z] **I** *overg* drukken, druk uitoefenen op; (samen)persen, af-, uitpersen, (fijn-, uit-) knijpen[2]; knellen [vinger]; pakken, omhelzen; dringen, duwen (in *into*); *~ money out of...* geld afpersen; *~ one's way through...* zich een weg banen door; **II** *onoverg* drukken; dringen, duwen; zich laten drukken &; **III** *znw* (hand)druk; (was)afdruk; pakkerd; fig druk; afpersing; (bestedings-, krediet-) beperking; kaartsp dwangpositie; *it was a (tight) ~* het was een heel gedrang; het spande, het was een harde dobber
squeezer *znw* drukker; pers [voor citroenen]; drukje *o*
squelch [skwel(t)ʃ] **I** *znw* **1** verplettering; **2** plassend (zompend) geluid *o*; **II** *overg* gemeenz verpletteren; smoren [opstand]; **III** *onoverg* een zuigend geluid maken, zompen, ploeteren
squib [skwib] *znw* voetzoeker; *a damp ~* fig een misser
squid [skwid] *znw* (*mv* idem *of* -s) pijlinktvis
squiffy ['skwifi] *bn* gemeenz aangeschoten; scheef; verbogen; dwaas
squiggle ['skwigl] *znw* kronkel, haal
squill [skwil] *znw* zeeajuin
squint [skwint] **I** *onoverg* scheel zijn of zien, loensen; *~ at* gemeenz ook: kijken naar; **II** *znw* scheelzien *o*; schele blik; gemeenz (schuin) oogje *o*, zijdelingse blik; *have (take) a ~ at it* gemeenz er een blik in (op) werpen; *have a terrible ~* verschrikkelijk loensen
squint-eyed *bn* scheel, loens
squire ['skwaiə] **I** *znw* landedelman, (land)jonker; hist schildknaap; **II** *overg* begeleiden; chaperonneren
squirm [skwə:m] *onoverg* zich kronkelen (als een worm), zich in allerlei bochten wringen; zitten draaien, liggen krimpen; fig ± zich niet op zijn gemak voelen, zich geen raad weten
squirrel ['skwirəl] *znw* (*mv* idem *of* -s) eekhoorn
squirt [skwə:t] **I** *onoverg* spuiten; **II** *overg* (uit-) spuiten, uitspuwen; *~ sbd. with water* iem. nat gooien (spuiten) met water; **III** *znw* spuit, spuitje *o*; straal; slang praatjesmaker, branie; gemene vent

squirt-gun *znw* Am waterpistool *o*
squish [skwiʃ] **I** *onoverg* soppen, plassen; **II** *overg* gemeenz = *squash*; **III** *znw* gesop *o*, geplas *o*; blubber; slang marmelade
squit [skwit] *znw* slang onbenul; onbelangrijk iemand; gemeenz rotzooi, onzin
Sr. *afk.* = *senior*
Sri Lanka [sri:'læŋkə] *znw* Sri Lanka *o*
Sri Lankan [sri:'læŋkən] **I** *znw* Srilankaan; **II** *bn* Srilankaans
SRN *afk.* = *State Registered Nurse* ± verpleegkundige
SS *afk.* = *Steamship*
St *afk.* = *Saint*
st. *afk.* = *stone* [gewicht]
St. *afk.* = *Street*
stab [stæb] **I** *overg* (door)steken; doodsteken; ~ *him in the back* hem een steek in de rug toebrengen[2]; **II** *onoverg* steken (naar *at*); **III** *znw* (dolk)steek; *a ~ at* gemeenz een poging tot
stabbing *znw* steekpartij
stability [stə'biliti] *znw* stabiliteit, vastheid, duurzaamheid; standvastigheid
stabilization [steibilai'zeiʃən] *znw* stabilisering
stabilize ['steibilaiz] *overg* & *onoverg* (zich) stabiliseren; stabiel worden, in evenwicht brengen (blijven)
stabilizer *znw* stabilisator
1 stable ['steibl] *bn* stabiel, vast, duurzaam; standvastig
2 stable ['steibl] **I** *znw* stal[2]; **II** *overg* stallen
stable-boy *znw* staljongen
stable door *znw* staldeur; *lock the ~ after the horse has bolted* de put dempen als het kalf verdronken is
stableman *znw* stalknecht
stabling *znw* stallen *o*; stalling
stab wound *znw* steekwond
staccato [stə'ka:tou] *bn* & *bijw* staccato
stack [stæk] **I** *znw* hoop, stapel; (hooi)mijt; schoorsteen(pijp); groep schoorstenen (bij elkaar); boekenstelling, stapelkast; mil rot *o* [geweren]; gemeenz hopen, massa's; **II** *overg* opstapelen; aan mijten zetten; auto op een bepaalde hoogte laten vliegen in afwachting van landing; ~ *the cards* kaartsp de kaarten steken; fig de zaak bekonkelen; *have the cards (odds) ~ed against oneself* tot mislukken gedoemd zijn, alles tegen (zich) hebben
stadium ['steidiəm] *znw* stadion *o*
stad(t)holder ['stædhouldə] *znw* stadhouder
staff [sta:f] **I** *znw* staf [personeel en mil docenten]; stok [v. vlag]; muz (*mv*: -s *of* staves [steivz]) notenbalk; *on the ~* tot het personeel behorend; mil bij (van) de staf; **II** *overg* van personeel & voorzien
staff-college *znw* hogere krijgsschool
staff nurse *znw* verpleegster [in rang beneden *sister*]
staff-officer *znw* stafofficier
staff room *znw* o.a. onderw docentenkamer
stag [stæg] *znw* (*mv* idem *of* -s) (mannetjes)hert *o*; slang speculant, premiejager; Am man die zonder vrouw naar feestjes gaat
stag-beetle *znw* dierk vliegend hert *o*
stage [steidʒ] **I** *znw* toneel[2] *o*; station *o*, pleisterplaats, etappe; traject *o*; stellage, steiger; fig trap [ook v. raket]; fase, stadium *o*; *at this ~* in dit stadium; ook: op dit ogenblik; *by (in) easy ~s* met korte dagreizen; fig op zijn gemak; *in ~s* bij etappes, geleidelijk; *go off the ~* aftreden[2], van het toneel verdwijnen[2]; zie ook: *off II*; *be on the ~* bij het toneel gaan; *place (put) on the ~* opvoeren; monteren; *set the ~ for* fig de weg bereiden voor; **II** *overg* ten tonele voeren, opvoeren; ensceneren, monteren, in elkaar of op touw zetten
stage-coach *znw* diligence, postkoets
stagecraft *znw* toneelkunst
stage direction *znw* toneelaanwijzing
stage door *znw* artiesteningang
stage fright *znw* plankenkoorts
stage-hand *znw* toneelknecht
stage-manage *overg* ensceneren, in elkaar of op touw zetten
stage-management *znw* regie
stage-manager *znw* regisseur
stage-painter *znw* toneelschilder
stage-play *znw* toneelspel *o*, -stuk *o*
stager *znw* oude (toneel)rot; oude vos
stage-struck *bn* met toneelambities (behept), toneelziek
stage-version *znw* toneelbewerking
stage-whisper *znw* (voor het publiek bestemd) hoorbaar gefluister *o*
stagey *bn* theatraal
stagger ['stægə] **I** *onoverg* waggelen, wankelen[2], suizebollen; **II** *overg* versteld doen staan; zigzag of trapsgewijze plaatsen; op verschillende tijden doen vallen, spreiden [vakantie &]; *it fairly ~ed them* daar stonden ze van te kijken; **III** *znw* wankeling; *~s* duizeligheid; kolder [bij paarden], draaiziekte [bij schapen] (*blind ~s*)
staggerer *znw* wat je versteld doet staan; puzzel, vraag waarop men niet weet te antwoorden
staggering *bn* waggelend; waarvan je versteld staat, schrikbarend
staghound ['stæghaund] *znw* jachthond
staging ['steidʒiŋ] *znw* stellage, steiger; montering [v. toneelstuk], mise-en-scène; ~ *post* luchtv tussenlandingsplaats
stagnancy ['stægnənsi] *znw* stilstand
stagnant *bn* stilstaand, stil
stagnate *onoverg* stilstaan, stagneren
stagnation [stæg'neiʃən] *znw* stilstand, stagnatie
stag-party ['stægpa:ti] *znw* hengstenbal *o*
stagy ['steidʒi] *bn* theatraal
staid [steid] *bn* bezadigd, ernstig, stemmig
stain [stein] **I** *overg* (be)vlekken; bezoedelen, onteren; (bont) kleuren, (be)drukken, beitsen; verven, (be)schilderen, branden [glas]; *~ed glass (windows)*

gebrandschilderde ramen; **II** *onoverg* vlekken, smetten, afgeven; **III** *znw* vlek, smet, schandvlek, schande; verf(stof), kleurstof, beits
stainer *znw* verver, schilder, beitser
stainless *bn* vlekkeloos, smetteloos, onbesmet; ~ *steel* roestvrij staal
stain remover *znw* vlekkenwater *o*
stair [stɛə] *znw* trede, trap; ~*s* trap; *at the foot (top) of the ~s* onder- (boven)aan de trap; *below ~s* beneden, bij de bedienden
stair-carpet *znw* traploper
staircase *znw* trap [met leuning en spijlen]
stair-rod *znw* traproede
stairway *znw* trap
stairwell *znw* trappenhuis *o*
stake [steik] **I** *znw* staak, paal; brandstapel[2]; aandeel *o*; inzet[2]; ~*s* hele inzet, pot, prijs; wedren (om een prijs); *be at* ~ op het spel staan; *at the* ~ op de brandstapel; **II** *overg* om-, afpalen, afbakenen, afzetten (ook: ~ *off, out*); stutten; (in)zetten, op het spel zetten, in de waagschaal stellen, wedden, verwedden; ~ *out* ook: in het oog houden, onder surveillance plaatsen [door politie]
stake-holder *znw* houder van de inzet
stake-out *znw* surveillance
stalactite ['stæləktait] *znw* stalactiet
stalagmite ['stæləgmait] *znw* stalagmiet
1 stale [steil] **I** *bn* oudbakken, verschaald, muf, oud [ook = verjaard], afgezaagd [aardigheden]; op, overwerkt, kapot; niet in conditie; **II** *onoverg* verschalen, zijn kracht verliezen, verflauwen, uitgeput raken
2 stale [steil] **I** *znw* urine [v. paard]; **II** *onoverg* urineren
stalemate ['steil'meit] **I** *znw* pat [schaakspel]; fig dood punt *o*, impasse; **II** *overg* pat zetten; fig vastzetten
1 stalk [stɔ:k] *znw* steel, stengel, stronk [v. kool]; schacht
2 stalk [stɔ:k] **I** *onoverg* statig stappen, schrijden; sluipen; **II** *overg* besluipen [hert]
stalker *znw* sluipjager
stalking-horse *znw* (nagebootst) paard *o* waarachter de jager zich verschuilt; fig voorwendsel *o*, dekmantel, masker *o*
stall [stɔ:l] **I** *znw* stal; kraam, stalletje *o*; afdeling [in restaurant], box; koorbank; stallesplaats; luchtv overtrokken vlucht, afglijden *o*; vingerling, vinger- (of teen)overtrek; diefjesmaat; **II** *overg* **1** stallen; vastzetten, doen vastlopen[2]; luchtv overtrekken, laten afglijden; **2** van zich afschuiven, afschepen; **III** *onoverg* **1** vastzitten, blijven steken [in modder], vastlopen[2]; luchtv in overtrokken toestand geraken, afglijden; **2** weifelen, dralen, (eromheen) draaien
stall-holder *znw* houder van een kraampje
stallion ['stæljən] *znw* (dek)hengst
stalwart ['stɔ:lwət] **I** *bn* flink, stoer, kloek, fors; standvastig, trouw; **II** *znw*: *his ~s* zijn trouwe volgelingen, zijn getrouwen
stamen ['steimen, -mən] *znw* meeldraad
stamina ['stæminə] *znw* weerstandsvermogen *o*, uithoudingsvermogen *o*
stammer ['stæmə] **I** *onoverg & overg* stotteren; stamelen; **II** *znw* gestotter *o*; gestamel *o*
stamp [stæmp] **I** *overg* stampen (met, op); stempelen[2] (tot *as*); zegelen, frankeren; ~ *one's foot* stampvoeten; ~*...on the mind* ...inprenten; ~ *out* uitroeien, de kop indrukken [misbruiken &], dempen, neerslaan [opstand]; techn uitstampen; **II** *onoverg* stampen; **III** *znw* stamp, stampen *o*; stempel [werktuig]; stempel[2] *o & m* = merk *o*, zegel *o*; (post)zegel; *trading* ~ zegeltje *o* [bij boodschappen &]; soort, slag *o*; techn stamper
stamp-duty *znw* zegelrecht *o*
stampede [stæm'pi:d] **I** *znw* stampede, massaal op hol slaan *o* van vee; wanordelijke aftocht, sauve-qui-peut *o*; grote toeloop; **II** *onoverg (& overg)* plotseling (doen) schrikken en vluchten
stamper ['stæmpə] *znw* stamper; stempel; stempelaar
stamping-ground ['stæmpiŋgraund] *znw* gemeenz geliefde verblijfplaats
stance [stæns, sta:ns] *znw* sp stand, houding; fig standpunt *o*, houding
stanch [sta:nʃ] *overg & bn* = *staunch*
stanchion ['sta:nʃən] **I** *znw* stut; **II** *overg* stutten
1 stand [stænd] (stood; stood) **I** *onoverg* staan; gaan staan; zich bevinden; (van kracht) blijven, doorgaan; blijven (staan); stilstaan, halt houden; standhouden; zijn; scheepv koersen; kandidaat zijn; ~ *and deliver!* je geld of je leven!; *he wants to know where he ~s* waar hij aan toe is, zijn (financiële) positie; ~ *clear* opzij gaan; ~ *corrected* zijn woorden terugnemen; ~ *easy!* mil (op de plaats) rust!; ~ *fast (firm)* standhouden, niet wijken; *he ~s six feet* hij is een meter tachtig lang; *I can do it ~ing on my head* voor mij is dat een eitje (een fluitje van een cent); *it ~s to reason* het spreekt vanzelf; *he ~s to win* hij heeft alle kans om te winnen; ~ *convinced (prepared &)* overtuigd (voorbereid &) zijn; ~ *against* tegenkandidaat zijn van; zich verzetten tegen, weerstaan; tegenwerken; bestand zijn tegen; ~ *aloof* zich op een afstand (afzijdig) houden; ~ *aside* opzij gaan (staan); fig zich afzijdig houden; ~ *at* staan op [zoveel graden &]; ~ *at £ 40 per head* komen op £ 40 per persoon; ~ *at ease!* mil (op de plaats) rust!; ~ *at nothing* voor niets staan (terugdeinzen); ~ *away* opzij gaan (staan); ~ *back* achteruitgaan (staan); ~ *by* er (als werkeloos toeschouwer) bijstaan; zich gereedhouden (ter assistentie); ~ *by sbd.* (gaan) staan naast iem.; iem. bijstaan, iem. niet in de steek laten; het opnemen voor iem.; ~ *by one's convictions* vasthouden aan zijn overtuiging; ~ *down* naar zijn plaats gaan, gaan zitten [v. getuige]; zich terugtrekken [uit wedstrijd, verkiezing &]; ~

for staan voor, betekenen², doorgaan voor; vertegenwoordigen, symboliseren; ~ *for nothing* niet gelden, niet meetellen; ~ *for Parliament* kandidaat zijn voor het parlement; ~ *for free trade* (de zaak van) de vrijhandel voorstaan; *I wouldn't ~ for it* gemeenz ik zou het niet nemen, ik ben er niet van gediend; ~ *in (for)* vervangen, waarnemen voor, invallen voor; ~ *in good stead* goed te pas komen; ~ *off* opzij treden; zich op een afstand houden; scheepv afhouden [van land]; gemeenz tijdelijk ontslaan, schorsen; ~ *on ceremony* (erg) op de vormen staan (zijn); ~ *on one's defence* zich krachtig verdedigen; zie ook: ~ *upon*; ~ *out* uitstaan; uitsteken (boven *above, from*); [iem.] (duidelijk) voorstaan, (duidelijk &) uitkomen, afsteken, zich aftekenen (tegen *against*); zich onderscheiden; het uithouden; volhouden, blijven ontkennen; zich afzijdig houden, zich terugtrekken, niet meedoen; ~ *out against* zich verzetten tegen [eis &]; ~ *out for one's rights* voor zijn rechten opkomen; ~ *over* blijven liggen (voor een tijdje), blijven staan, wachten; een wakend oog houden op [iem.]; ~ *to* mil paraat zijn; ~ *to it* standhouden; op zijn stuk blijven staan; volhouden (dat... *that...*); ~ *together* schouder aan schouder staan; ~ *up* overeind (gaan) staan; gaan staan, verrijzen; fig standhouden, overeind blijven; overtuigen; gemeenz laten wachten, laten zitten, bedotten; ~ *up against* ook: standhouden tegen, weerstaan; ~ *up for (to)* het (durven) opnemen voor (tegen); ~ *upon* staan op², gesteld zijn op; steunen op; ~ *with* aan de zijde staan van; **II** *overg* doen staan, (neer)zetten, plaatsen, opstellen; doorstaan, uitstaan, uithouden, verdragen, dulden; weerstaan; trakteren (op); ~ *drinks* rondjes geven; ~ *guard (sentry, watch)* op wacht staan, de wacht houden; ~ *up a stick* overeind zetten

2 stand [stænd] *znw* stand, stilstand, halt *o*; (stand-)plaats, positie, stelling; fig standpunt *o*; weerstand; optreden *o* [v. toneelgezelschap &]; standaard, statief *o*; rek(je) *o*; lessenaar; stalletje *o*, kraampje *o*; tribune; Am getuigenbankje; *make a ~* weerstand bieden; *make a ~ against* stelling nemen (zich schrap zetten) tegen; *make a ~ for* opkomen voor; *take one's ~* post vatten; gaan staan (bij de deur *near the door*)

standard ['stændəd] **I** *znw* standaard, vlag, vaandel *o*, vaan; maatstaf, norm, graadmeter, peil *o*, gehalte *o*; stander, stijl, paal, (licht)mast; ~ *of living, living ~* levensstandaard; **II** *bn* standaard-; staand; normaal-; plantk hoogstammig; ~ *lamp* staande lamp

standard-bearer *znw* vaandeldrager²

standardization [stændədai'zeiʃən] *znw* standaardisatie, normalisering

standardize ['stændədaiz] *overg* standaardiseren, normaliseren

stand-by ['stændbai] **I** *znw* steun, hulp, uitkomst; reserve; **II** *bn* hulp-, nood-, reserve-; stand-by; *on ~* paraat, gereed voor actie

stand-in ['stænd'in] *znw* vervanger [film, toneel &], stand-in

standing ['stændiŋ] **I** *bn* staand; stilstaand; blijvend, vast; permanent; te velde staand; stereotiep; ~ *jump* sprong zonder aanloop; ~ *order* Br automatische overschrijving; ~ *orders* reglement *o* van orde; algemene orders; **II** *znw* staan *o*; staanplaats; positie, stand, rang; reputatie; duur, anciënniteit; *men of good (high) ~* zeer geziene, hooggeachte personen; *of long ~* al van oude datum, (al)oud; zie ook: *advanced standing*

standing-room ['stændiŋrum] *znw* staanplaat(sen)

stand-off ['stænd'ɔ:f] *znw* Am remise, gelijkspel *o*

stand-offish ['stænd'ɔfiʃ] *bn* afstandelijk, op een afstand, uit de hoogte, stijf

stand-pipe ['stændpaip] *znw* standpijp

standpoint *znw* standpunt *o*

standstill *znw* stilstand, (stil)staan *o*

stand-up *bn* staand [v. boord &]; *a ~ fight* een geregeld gevecht *o*; een eerlijk gevecht *o*; *a ~ row* slaande ruzie; ~ *comedian* ± solo-entertainer, stand-up comedian

stank [stæŋk] V.T. van ¹*stink*

stannary ['stænəri] *znw* tinmijn

stannic *bn* tin-

stanniferous [stæ'nifərəs] *bn* tinhoudend

stanza ['stænzə] *znw* stanza, couplet *o*

1 staple ['steipl] **I** *znw* basisvoedsel *o*; hoofdproduct *o*; hoofdbestanddeel *o*; ruwe, onbewerkte (grond-) stof; vezel, draad [v. wol]; stapel: vezellengte; **II** *bn* voornaamste, hoofd-; stapel-; ~ *diet* ± hoofdvoedsel *o*; ~ *subject* hoofdvak *o*

2 staple ['steipl] **I** *znw* kram; nietje *o*; ~ *gun* nietpistool *o*; **II** *overg* krammen; nieten

staple-fibre ['steiplfaibə] *znw* stapelvezel

stapler ['steiplə] *znw* nietmachine

stapling machine ['steipliŋməʃi:n] *znw* nietmachine

star [sta:] **I** *znw* ster², gesternte *o*, sterretje *o* (astron); fig geluksster; ~ *of Bethlehem* plantk vogelmelk; *a literary ~* een ster aan de letterkundige hemel; *(you may) thank your lucky ~s* je mag nog van geluk spreken; *the S~s and Stripes* de Amerikaanse vlag; *see ~s* gemeenz sterretjes zien, bewusteloos geslagen worden; **II** *bn* prima, eersterangs; **III** *overg* met sterren tooien; met een sterretje aanduiden; als ster laten optreden; *a film ~ring Madonna* een film met Madonna (in de hoofdrol); **IV** *onoverg* als ster optreden

starboard ['sta:bɔ:d] *znw* stuurboord

starch [sta:tʃ] **I** *znw* zetmeel *o*; stijfsel *o*; appret *o*; fig stijfheid; **II** *overg* stijven

starched *bn* gesteven, stijf²

starchy *bn* zetmeelachtig; vol stijfsel, gesteven; stijf²

star-crossed ['sta:krɔ:st] *bn* rampzalig, ongelukkig

stardom ['sta:dəm] *znw* status van ster

stare [stɛə] **I** *onoverg* grote ogen opzetten, staren; ~ *at* aanstaren; **II** *overg*: ~ *down (out)* (door aankijken) de ogen doen neerslaan; ~ *sbd. in the face* iem. aanstaren, aangrijnzen; *it's staring you in the face* het ligt voor je neus; het is zo duidelijk als wat; **III** *znw* starende (starre) blik
starfish ['sta:fiʃ] *znw* zeester
star-gazer *znw* sterrenkijker; dromer
star-gazing *znw* sterrenkijkerij; gedroom *o*
staring ['stɛəriŋ] **I** *bn* starend &; fig schel, schreeuwerig, hel [v. kleur]; **II** *bijw* hel; *stark* ~ *mad* stapelgek; **III** *znw* gestaar *o*
stark [sta:k] **I** *bn* stijf, strak; grimmig; naakt; bar; kras; ~ *folly* de (je) reinste krankzinnigheid; **II** *bijw* absoluut, gans; geheel en al; ~ *(staring) mad* stapelgek; ~ *naked* spiernaakt, poedelnaakt
starkers *bn* slang = *stark naked*
starless ['sta:lis] *bn* zonder sterren
starlet *znw* sterretje *o*
starlight *znw* sterrenlicht *o*
starling ['sta:liŋ] *znw* spreeuw
starlit ['sta:lit] *bn* door de sterren verlicht, vol sterren, sterren-
starred *bn* gesternd; sterren-; met een sterretje gemarkeerd
starry *bn* met sterren bezaaid; sterren-
starry-eyed ['sta:ri'aid] *bn* met stralende ogen; gemeenz zwijmelend, verheerlijkt
star-shell *znw* lichtkogel
star sign *znw* sterrenbeeld *o* [in dierenriem]
star-spangled *bn* met sterren bezaaid; *the S~ Banner* de Amerikaanse vlag; de naam v.h. Amerikaanse volkslied
start [sta:t] **I** *onoverg* beginnen; vertrekken; starten, van start gaan; in beweging komen; ontstaan [v. brand]; techn aanslaan [v. motor]; de motor aanzetten, (op)springen, (op)schrikken (ook: ~ *up*); **II** *overg* techn aanzetten, aan de gang maken (helpen), in beweging brengen; laten vertrekken; starten; beginnen, beginnen met (aan, over); oprichten; te berde brengen, opperen; veroorzaken, doen ontstaan [brand]; ~ *sbd. laughing* iem. aan het lachen maken; *it ~s gossip* het geeft maar aanleiding tot allerlei praatjes; ~ *a family* een gezin stichten; ~ *life as a...* zijn loopbaan beginnen als...; ~ *back* achteruit springen; terugdeinzen; de terugreis aanvaarden; ~ *for* (op reis) gaan naar, vertrekken naar; ~ *from* vertrekken van; treden buiten; fig uitgaan van [een veronderstelling]; *to* ~ *from July 21st* met ingang van 21 juli; ~ *in* gemeenz beginnen (te); ~ *off* vertrekken; beginnen; ~ *sbd. off crying* iem. aan het huilen maken; *they ~ed him on the subject of...* zij brachten hem aan het praten over...; ~ *out* vertrekken; beginnen; *he was ~ed out of his reverie* hij schrok wakker uit zijn gemijmer; ~ *up* opspringen [van zijn stoel]; zich (plotseling) voordoen; techn aanzetten; aanslaan [v. motor]; beginnen [aan iets]; *to* ~ *with* om te beginnen; **III** *znw* begin *o*, aanzet; sp start, afrit; vertrek *o*; voorsprong, voordeel *o*; muz inzet; opspringen *o*, sprong, sprongetje *o*; plotselinge beweging (van schrik &); *a false* ~ sp een valse start; fig een verkeerd begin *o*; *get (have) the* ~ *on one's rivals* zijn mededingers voor zijn; *get a good* ~ *in life* stevig in het zadel geholpen worden; *get off to a good (bad)* ~ goed (slecht) beginnen; *give a* ~ opspringen; *it gave me a* ~ ik schrok er van, ik keek er van op; *give a* ~ *to* aan de gang helpen; *at the* ~ in het begin; bij het vertrek; *for a* ~ om te beginnen, vooreerst; *from* ~ *to finish* van het begin tot het einde, van a tot z; *wake up with a* ~ met een schok wakker worden
starter *znw* starter, persoon die bij wedrennen het teken geeft voor de start; persoon die start; afrijdend paard *o*; techn aanzetter; ~ *button* techn startknop; *under ~s orders* startklaar; *for ~s* gemeenz om te beginnen
starting gate *znw* sp starthek *o*
starting gun *znw* sp startpistool *o*; *fire the* ~ het startschot lossen
starting-point *znw* punt *o* van uitgang, uitgangspunt *o*, beginpunt *o*
starting-post *znw* sp startlijn
startle ['sta:tl] *overg* doen schrikken, doen ontstellen; verbazen, verrassen
startling *bn* verrassend, opzienbarend, verbluffend, ontstellend
star turn ['sta:tə:n] *znw* bravourenummer *o*; gastrol
starvation [sta:'veiʃən] **I** *znw* uithongering; hongerdood; verhongering, hongerlijden *o*; gebrek *o*; **II** *bn* honger-; ~ *wage(s)* hongerloon *o*
starve [sta:v] **I** *onoverg* honger lijden, hongeren, verhongeren, van honger sterven; gebrek lijden; kwijnen; ~ *for* hunkeren naar; ~ *to death* verhongeren; ~ *with cold* van kou omkomen; *I'm starving* gemeenz ik rammel van de honger; **II** *overg* honger laten lijden, laten verhongeren; uithongeren; gebrek laten lijden; doen kwijnen; ~ *into...* door honger dwingen tot...; ~ *of...* ...onthouden; *the story is ~d of material* er is niet genoeg stof voor het verhaal; ~ *to death* uithongeren
starveling *znw* uitgehongerd dier *o* of mens; hongerlijder
stash [stæʃ] *overg* gemeenz verbergen; hamsteren
state [steit] **I** *znw* staat, toestand; stemming; stand, rang; staat, rijk *o*; staatsie, praal, luister; *the S~s* gemeenz de Verenigde Staten; *the S~s General* de Staten-Generaal; ~ *of affairs* stand van zaken; ~ *of emergency* noodtoestand; ~ *of mind* geestesgesteldheid, gemoedstoestand, stemming; mentaliteit; *in* ~ in staatsie, in gala; officieel; in plechtige optocht; *what a* ~ *you are in!* gemeenz wat zie jij er uit!; *he was in quite a* ~ gemeenz hij was in alle staten, helemaal van streek; *not in a fit* ~... niet in staat om te... [rijden &]; *lie in* ~ op een praalbed (opgebaard) liggen; *...of* ~ staats-; **II** *bn* staats-;

staatsie-, parade-, gala-, officieel, plechtig; **III** *overg* aan-, opgeven; mededelen, (ver)melden; uiteenzetten; verklaren [standpunt], stellen; constateren
state-aid *znw* rijkssubsidie
state ball *znw* hofbal *o*, galabal *o*
state-carriage *znw* staatsiekoets
statecraft *znw* staatkunde
stated *bn* vast, vastgesteld, bepaald, afgesproken; *at ~ times* op vaste (bepaalde, afgesproken) tijden; *at ~ intervals* op regelmatige afstand, met regelmatige tussenpozen
State Department ['steitdipa:tmənt] *znw* Am departement *o* van Buitenlandse Zaken
state dinner *znw* galadiner *o*
stateless *bn* staatloos
stately *bn* statig, deftig, groots; *~ house* groot buitenhuis *o*
statement ['steitmənt] *znw* mededeling, opgaaf, vermelding; verklaring; uiteenzetting; bewering; staat, uittreksel *o* [v.e. rekening]
state-room ['steitru(:)m] *znw* praalkamer, staatsiezaal, mooie kamer; scheepv luxehut
statesman ['steitsmən] *znw* staatsman
statesmanship *znw* (staatkundig) (goed) staatsmanschap *o*
static ['stætik] **I** *bn* statisch, gelijkblijvend, in rust, van het evenwicht; **II** *znw* radio atmosferische storing
statics *znw* statica, leer van het evenwicht; radio atmosferische storing
station ['steiʃən] **I** *znw* station *o* [spoorweg, radio, tv &]; (stand)plaats, post, basis; (politie)bureau *o*; (vlieg-, militaire, marine)basis, garnizoen *o*; RK statie [v. kruisweg]; Austr veefokkerij; fig positie, rang, stand; **II** *overg* stationeren, plaatsen
stationary ['steiʃənəri] *bn* stationair, stilstaand, vast
stationer ['steiʃənə] *znw* verkoper van (handelaar in) schrijfbehoeften; *a ~'s* een kantoorboekhandel
stationery *znw* schrijfbehoeften; zie ook: *office*
station-house ['steiʃənhaus] *znw* Am politiepost
stationmaster *znw* stationschef
station-wagon *znw* Am stationcar, break
statism ['steitizm] *znw* planeconomie, geleide economie
statist *znw* **1** voorstander van een planeconomie; **2** = *statistician*
statistical [stə'tistikl] *bn* statistisch
statistician [stætis'tiʃən] *znw* statisticus
statistics [stə'tistiks] **I** *znw* (wetenschap v.d.) statistiek; **II** *znw mv* statistiek(en); *vital ~* bevolkingsstatistiek; gemeenz vitale maten [v.e. vrouw]
statuary ['stætjuəri] **I** *bn* beeldhouw(ers)-; **II** *znw* beeldhouwerskunst; beeld(houw)werk *o*
statue *znw* standbeeld *o*, beeld *o*
statuesque [stætju'esk] *bn* als (van) een standbeeld; plastisch; statig, majestueus
statuette *znw* (stand)beeldje *o*
stature ['stætʃə] *znw* gestalte, grootte, formaat[2] *o*
status ['steitəs] *znw* staat [van zaken]; status, prestige *o*, positie, rang, stand; recht rechtspositie
status quo ['steitəs'kwou] *znw* status-quo
status symbol ['steitəssimbəl] *znw* statussymbool *o*
statutable ['stætjutəbl] *bn* wettig; volgens de wet
statute *znw* wet; statuut *o*; verordening
Statutebook *znw* verzameling van Engelse wetten; *place on the ~* tot wet verheffen
statute-law *znw* geschreven wet, geschreven recht *o*
statutory ['stætjutəri] *bn* wets-, wettelijk (voorgeschreven); wettig, volgens de wet; publiekrechtelijk; *~ declaration* verklaring in plaats van de eed
staunch [stɔ:n(t)ʃ, sta:nʃ] **I** *overg* stelpen; **II** *bn* sterk, hecht; fig trouw; verknocht; betrouwbaar
stave [steiv] **I** *znw* duig; sport; muz notenbalk; strofe, vers *o*; **II** *overg*: *~ in* inslaan, indrukken; *~ off* afwenden, opschorten, van zich afzetten
staves [steivz] ook: *mv* v. *staff I*
1 stay [stei] **I** *onoverg* blijven, wachten; verblijven, wonen; logeren (bij *with*), sp het uit-, volhouden; *it has come to ~, it is here to ~* dat is voorgoed ingeburgerd, het heeft zich een blijvende plaats veroverd; *~!* halt!, wacht!; *~ put* gemeenz blijven zitten waar je zit; *~ away* wegblijven; *~ for (to) dinner* blijven eten; *~ in* binnen-, thuisblijven; schoolblijven; *~ on* (aan)blijven, doordienen [v. ambtenaar]; *~ out* uitblijven; *~ up* opblijven ('s nachts); **II** *overg* tegenhouden, indammen, afremmen, een halt toeroepen, stuiten [in zijn vaart]; opschorten; *~ the course (pace)* het uit-, volhouden; *~ the night* (vannacht, 's nachts) blijven (logeren); *~ one's (sbd.'s) hand* fig zich (iem.) nog weerhouden; **III** *znw* verblijf *o*, stilstand, oponthoud *o*; belemmering, fig rem; opschorting, uitstel *o* (van executie); steun
2 stay [stei] *znw* scheepv stag *o*; *the ship is in ~s* gaat overstag
stay-at-home ['steiəthoum] **I** *znw* fig huismus; **II** *bn* altijd thuiszittend, huiselijk
stayer *znw* blijver; uit-, volhouder, atleet & die het lang kan volhouden
stay-in strike *znw* sit-downstaking
staying-power *znw* uithoudingsvermogen *o*
stays *znw mv*: *(pair of) ~* korset *o*
staysail ['steis(ei)l] *znw* stagzeil *o*
STD *afk.* **1** = *subscriber trunk dialling* automatisch interlokaal telefoneren; **2** = *sexually transmitted disease* seksueel overdraagbare ziekte, geslachtsziekte
STD code *znw* netnummer *o*
stead [sted] *znw*: *stand sbd. in good ~* iem. van pas komen; *in his ~* in zijn plaats
steadfast ['stedfəst, -fa:st] *bn* standvastig, onwrikbaar, trouw; vast
steady ['stedi] **I** *bn* bestendig, vast, gestadig, constant; geregeld, gelijkmatig; standvastig; oppassend, solide, kalm; *~ (on)!* kalm aan!, langzaam!; ~

as she goes! scheepv zo houden!; *go ~* gemeenz vaste verkering hebben; **II** *znw* gemeenz iem. waarmee men vaste verkering heeft; **III** *overg* vastheid geven aan, vast, geregeld of bestendig maken; kalmeren, tot bedaren brengen; *~ your helm* scheepv hou je roer recht; *~ oneself* zich steunen, kalmer worden; z'n evenwicht bewaren, zich staande houden; **IV** *onoverg* tot rust komen (ook: *~ up*)

steak [steik] *znw* biefstuk, steak; [v. andere vlees] plak, lap vlees; (vis)moot

steal [sti:l] (stole; stolen) **I** *overg* stelen, stilletjes wegnemen (ook: *~ away*); *~ a glance at...* steelsgewijs kijken naar...; *~ the show* met het succes gaan strijken; het glansrijk winnen; *~ sbd.'s thunder* iem. de wind uit de zeilen nemen; iems. idee stilletjes overnemen; *~ one's way into...* ...binnensluipen; **II** *onoverg* stelen; sluipen; *~ away (in, out)* weg (binnen, naar buiten) sluipen; *~ upon sbd.* iem. besluipen; bekruipen [van lust &]

stealth [stelθ] *znw* sluipende manier; *by ~* tersluiks, steelsgewijze, heimelijk, stilletjes

stealthy *bn* sluipend; heimelijk

steam [sti:m] **I** *znw* stoom, damp; *get up ~* stoom maken; gemeenz krachten verzamelen; opgewonden raken; *let off ~* stoom afblazen[2]; *put on ~* techn stoom maken; fig alle krachten inspannen, er vaart achter zetten; *run out of ~* buiten adem raken [spreker]; aan kracht verliezen [pol. beweging &]; *(at) full ~* met volle stoom; *under one's own ~* op eigen kracht; op eigen gelegenheid; **II** *overg* stomen, bewasemen; *~ed windows* beslagen vensters; *~ up* doen beslaan; *get ~ed up* gemeenz zich opwinden, zich dik maken; **III** *onoverg* stomen, dampen; *~ up* beslaan

steamboat *znw* stoomboot

steam-boiler *znw* stoomketel

steam-engine *znw* stoommachine

steamer *znw* stoomboot; stoomkoker; stoomketel

steam-gauge *znw* manometer

steam iron *znw* stoomstrijkijzer *o*

steam-navvy *znw* stoomgraafmachine

steam-roller I *znw* stoomwals; **II** *overg* fig platwalsen [tegenstanders]; *to ~ a bill through Parliament* een wetsvoorstel door het parlement loodsen, zonder met de oppositie rekening te houden

steamship *znw* stoomschip *o*

steamy *bn* vol stoom, stomend, dampend, dampig, beslagen [v. ruiten]; gemeenz hartstochtelijk, erotisch, zwoel

stearin ['stiərin] *znw* stearine

steatite ['stiətait] *znw* speksteen *o & m*

steed [sti:d] *znw* plechtig (strijd)ros *o*

steel [sti:l] **I** *znw* staal[2] *o*; fig hardheid, kracht; wetstaal *o*; *cold ~* het staal: het zwaard, de bajonet, de dolk; **II** *bn* stalen, van staal, staal-; **III** *overg* stalen[2], verstalen, hard maken, verharden, ongevoelig maken, wapenen, pantseren (tegen *against*)

steel band *znw* muz steelband

steel-clad *bn* gepantserd

steel wool *znw* staalwol

steel worker *znw* staalarbeider

steelworks *znw mv* staalfabriek

steely *bn* staalachtig, staalhard, stalen[2], staal-

steelyard ['sti:lja:d] *znw* unster [weegtoestel]

1 steep [sti:p] **I** *bn* steil; gemeenz hoog [van prijs]; gemeenz kras, ongelooflijk; **II** *znw* steilte, helling

2 steep [sti:p] **I** *overg* (onder)dompelen, indopen; (laten) weken; laten doortrekken, laten doordringen (van *in*), drenken; *~ed in* ook: gedompeld in [slaap, ellende &]; doorkneed in [het Grieks &]; **II** *onoverg* weken

steepen ['sti:pn] *onoverg* steil(er) worden

steeple ['sti:pl] *znw* (spitse) toren

steeplechase ['sti:pltʃeis] *znw* steeplechase: wedren of -loop met hindernissen

steeplejack ['sti:pldʒæk] *znw* arbeider die reparaties verricht aan torens en hoge schoorstenen

1 steer [stiə] *znw* stierkalf *o*, var; Am stier, os

2 steer [stiə] **I** *overg* sturen, richten; *~ (one's course) for* sturen (koers zetten) naar; **II** *onoverg* sturen, naar het roer luisteren; *~ between...* doorzeilen tussen; *~ clear of...* ...ontzeilen, vermijden; *~ for* koersen naar

steerage *znw* tussendek *o*

steering *znw* = *steering-gear*

steering column *znw* auto stuurkolom

steering-committee *znw* stuurgroep

steering-gear *znw* stuurinrichting

steering-lock *znw* stuurslot *o*

steering-wheel *znw* stuurrad *o*

steersman *znw* scheepv roerganger, stuurman; bestuurder

stellar ['stelə] *bn* van de sterren, sterren-

1 stem [stem] **I** *znw* stam, stengel; steel [v. bloem, pijp, glas]; schacht; gramm (woord)stam; scheepv boeg, voorsteven; *from ~ to stern* van voor tot achter; **II** *onoverg*: *~ from* afstammen van, voortspruiten uit

2 stem [stem] *overg* stuiten[2], (in de loop) tegenhouden[2]; tegen... ingaan; dempen, stelpen; *~ the tide of (refugees &)* de stroom (vluchtelingen &) indammen

stench [stenʃ] *znw* stank

stencil ['stens(i)l] **I** *znw* stencil *o & m*, sjabloon, mal; **II** *overg* stencilen

Sten-gun ['stengʌn] *znw* stengun

stenographer [ste'nɔgrəfə] *znw* stenograaf

stenographic [stenə'græfik] *bn* stenografisch

stenography [stə'nɔgrəfi] *znw* stenografie

stentorian [sten'tɔ:riən] *bn* stentor-

step [step] **I** *onoverg* stappen, treden, trappen, gaan; *~ aside* ter zijde treden; fig zich terugtrekken; *~ back* ook: in het verleden teruggaan [in de geest]; *~ down* terugtreden, aftreden; *~ in* binnentreden; (er) instappen; fig tussenbeide komen, zich in de zaak mengen, ingrijpen, optreden; *~ off (with the left* *foot)* aantreden (met...); ~ *on it* gemeenz voortmaken, zie ook: *gas I*; ~ *out* naar buiten gaan; (er) uitstappen; flink aanstappen; gemeenz veel uitgaan, aan de zwier zijn, fuiven; mil de pas verlengen; ~ *up to sbd.* naar iem. toegaan; ~ *this way please* hierheen alstublieft; **II** *overg* trapsgewijs plaatsen; scheepv inzetten [mast]; ~ *up* opvoeren, versnellen [productie &]; elektr optransformeren; **III** *znw* stap², pas, tred; voetstap; trede; sport, trap; step; muz interval; fig rang, promotie; ~*s* stappen &; ook: stoep, bordes *o*; trap(ladder); *break* ~ uit de pas raken (lopen); *follow in the ~s of* de voetstappen drukken van; *in ~ with* in overeenstemming (harmonie) met; *out of ~ with* niet in overeenstemming met; *keep ~ with* bijhouden², gelijke tred houden met; *take ~s* stappen doen [in een zaak]; *watch (mind) your ~!* voorzichtig!; pas op wat je doet!; ~ *by* ~ stap voor stap², voetje voor voetje²; *in* ~ in de pas; *out of* ~ uit de pas; *fall into* ~ in de pas gaan lopen

stepbrother ['stepbrʌðə] *znw* stiefbroer

stepchild *znw* stiefkind *o*

step-dance ['stepda:ns] *znw* stepdans

stepdaughter ['stepdɔ:tə] *znw* stiefdochter

stepfather *znw* stiefvader

step-ladder ['steplædə] *znw* trap(ladder)

stepmother ['stepmʌðə] *znw* stiefmoeder

stepparent ['steppεərənt] *znw* stiefouder

steppe [step] *znw* steppe

stepping-stone ['stepiŋstoun] *znw* stap, stapje *o*; steen in beek of moeras om over te steken; middel *o* om vooruit te komen of een doel te bereiken; fig brug, 'springplank'

stepsister ['stepsistə] *znw* stiefzuster

stepson *znw* stiefzoon

stereo ['steriou, 'stiəriou] *znw* stereo; stereo-installatie

stereophonic [steriou'fɔnik, stiəriou'fɔnik] *bn* stereofonisch

stereophony [steri'ɔfəni, stiəri'ɔfəni] *znw* stereofonie

stereoscope ['steriəskoup, 'stiəriəskoup] *znw* stereoscoop

stereoscopic [steriə'skɔpik, stiəriə'skɔpik] *bn* stereoscopisch

stereotype ['stiəriətaip, 'steriətaip] **I** *znw* stereotiepplaat; fig stereotype; **II** *overg* stereotyperen²; ~*d* fig stereotiep

sterile ['sterail] *bn* steriel, onvruchtbaar²

sterility [ste'riliti] *znw* steriliteit, onvruchtbaarheid²

sterilization [sterilai'zeiʃən] *znw* sterilisatie

sterilize ['sterilaiz] *overg* onvruchtbaar maken, uitputten [land]; steriliseren [melk &]

sterilizer ['sterilaizə] *znw* sterilisator

sterlet ['stə:lit] *znw* kleine steur

sterling ['stə:liŋ] **I** *znw* (pond) sterling; *in* ~ handel in ponden; ~ *area* sterlinggebied *o*; **II** *bn* echt, degelijk, voortreffelijk, uitstekend

1 stern [stə:n] *bn* streng, bars, hard; *he was made of ~er stuff* hij was voor geen kleintje vervaard; fig hij kwam van zeer goeden huize

2 stern [stə:n] *znw* scheepv achtersteven, spiegel, hek *o*; achterste *o*

sternmost ['stə:nmoust, -məst] *bn* scheepv achterst

stern-post ['stə:npoust] *znw* roersteven

stern-sheets *znw* scheepv stuurstoel

sternum ['stə:nəm] *znw* (*mv*: -s *of* sterna [-nə]) borstbeen *o*

steroid ['stiə-, 'sti-, 'sterɔid] *znw* steroïde *o*

stertorous ['stə:tərəs] *bn* snurkend, reutelend

stet [stet] *tsw* blijft! [zettersaanwijzing]

stethoscope ['steθəskoup] *znw* stethoscoop

stetson ['stetsn] *znw* slappe hoed met brede rand

stevedore ['sti:vidɔ:] *znw* sjouwerman; stuwadoor

stew [stju:] **I** *overg* stoven, smoren; **II** *onoverg* stoven, smoren; *let him ~ in his own juice* laat hem in zijn eigen sop gaar koken; **III** *znw* gestoofd vlees *o*; visvijver, oesterbed *o*; *Irish* ~ Ierse stoofpot (met lamsvlees); *in a* ~ slang in de rats

steward ['stjuəd] *znw* rentmeester, administrateur, beheerder; commissaris van orde; scheepv hofmeester, bottelier, kelner; luchtv steward

stewardess [stjuə'des] *znw* scheepv hofmeesteres; luchtv stewardess

stewardship ['stjuədʃip] *znw* rentmeesterschap *o*; beheer *o*

stewed [stju:d] *bn* gestoofd, gesmoord; te sterk [thee]; slang dronken

1 stick [stik] *znw* stok; wandelstok; staf; staaf; stokje *o*, rijsje *o*; pijp [drop, lak &]; steel [v. asperge &]; slang stickie *o*, joint; muz maatstokje *o*; gemeenz (onvriendelijke) kritiek; ~*s* het platteland, buiten; *dry old* ~ gemeenz saaie piet, vervelende vent; *a big* ~ een stok achter de deur; *in a cleft* ~ in een dilemma; *my ~s (of furniture)* mijn meubeltjes; *gather ~s* hout sprokkelen; *give sbd.* ~ gemeenz iem. op zijn donder geven; *she moved out to the ~s* ze ging buiten de stad wonen

2 stick [stik] (stuck; stuck) **I** *overg* steken; doorsteken; besteken (met *with*); vaststeken; gemeenz vastzetten; zetten, stoppen, plaatsen; (op-, aan-, vast)plakken; ~ *no bills!* verboden aan te plakken!; *she can't ~ him* gemeenz zij kan hem niet zetten; ~ *it* gemeenz het uithouden, volhouden; *they won't ~ that* dat zullen ze niet slikken; ~ *pigs* varkens de keel afsteken; **II** *onoverg* blijven steken, (vast-) kleven, blijven hangen of kleven, fig beklijven, blijven zitten°; gemeenz blijven; (vast)plakken²; niet verder kunnen, vastzitten; klemmen [v. deur &]; ~ *like a leech* fig aan iem. klitten; *the name ~s (to him) to this day* die naam is hem tot op heden bijgebleven; ~ *at it!* hou vol!, laat de moed niet zakken!; ~ *at nothing* voor niets terugdeinzen; ~ *around* slang in de buurt blijven; ~ *down* **1** dichtplakken; **2** neerzetten; **3** snel een notitie maken van; ~ *by sth., sbd.* iets, iem. trouw blijven; ~ *in* inplakken; (hier en daar) plaatsen [een woordje &]; thuis blijven (hokken); ~ *in the mud* in de modder blijven steken; *it stuck on his hands* het bleef aan zijn handen plakken; ~ *a stamp on* een postzegel plakken op; ~ *out* uit-, vooruitsteken; naar buiten staan; in het oog springen; stijfkoppig op zijn stuk blijven staan, volhouden; *it ~s out a mile* het is zo duidelijk als wat; zie ook: *neck I*; ~ *to* vasthouden aan; trouw blijven aan; kleven (plakken) aan, blijven bij [iets, iem.]; zich houden aan [instructies &]; ~ *to the bottom (pan)* aanzetten; ~ *to one's friends* **1** bij zijn vrienden in de buurt blijven; **2** zijn vrienden trouw blijven; ~ *to one's guns* gemeenz voet bij stuk houden; ~ *to the subject* niet (van het onderwerp) afdwalen; ~ *to the truth* de waarheid vertellen; ~ *to one's word* (zijn) woord houden; ~ *together* aaneenplakken; eendrachtig blijven; ~ *up* opplakken, opprikken [affiche, mededeling]; ~ *up a mailcoach* slang aanhouden, overvallen; *~'em up!* gemeenz handen omhoog!; ~ *up for sbd.* voor iem. opkomen; ~ *with* trouw blijven aan

sticker *znw* (aan)plakker; gegomd biljet *o*, sticker, plakkertje *o*, zelfklever; doorzetter, aanhouder

sticking-plaster *znw* hechtpleister

sticking-point *znw* geschilpunt *o*

stick-insect ['stikinsekt] *znw* wandelende tak

stick-in-the-mud ['stikinðəmʌd] **I** *bn* star, conservatief; **II** *znw* conservatieveling; *Old* ~ Dinges

stickleback ['stiklbæk] *znw* stekelbaars

stickler ['stiklə] *znw*: *be a ~ for...* erg gesteld zijn op..., een voorstander zijn van...

stick-on ['stikɔn] *bn* zelfklevend, plak-, hecht-, kleef-

stickpin ['stikpin] *znw* Am dasspeld

stick-up ['stikʌp] *znw* slang (roof)overval

sticky ['stiki] *bn* kleverig, plakkerig, kleï, taai; gemeenz moeilijk, beroerd; *come to a ~ end* gemeenz lelijk te pas komen; *have ~ fingers* gemeenz lange vingers hebben, het verschil tussen mijn en dijn niet weten; *a ~ wicket* gemeenz een lastige positie

stiff [stif] **I** *bn* stijf, stevig, straf [borrel], strak, stram, stroef, onbuigzaam, stug; verstijfd; fig moeilijk [v. examens &]; streng [v. wet &]; taai, hevig [v. tegenstand]; handel vast [v. markt]; *that's a bit ~* gemeenz dat is (toch) een beetje kras; *keep a ~ upper lip* geen spier vertrekken, zich flink houden; **II** *bijw* gemeenz hartstikke, gruwelijk; *scared ~* doodsbenauwd; *I was bored ~* ik verveelde me kapot; **III** *znw* slang lijk *o*; *a big ~* een grote sufferd

stiffen I *overg* stijven; (doen) verstijven, stijf maken; fig moed inspreken; strenger maken [wetten]; **II** *onoverg* stijf worden, verstijven; handel vaster worden [v. markt]

stiffening *znw* versteviger [gebruikt in textiel], ± vlieseline

stiff-necked *bn* koppig

1 stifle ['staifl] **I** *overg* verstikken, doen stikken, smoren, onderdrukken; **II** *onoverg* stikken, smoren

2 stifle ['staifl] *znw* dierk anat kniegewricht *o*

stifling ['staifliŋ] *bn* verstikkend, smoor-

stigma ['stigmə] *znw* (*mv*: -s *of* stigmata [-mətə]) brandmerk[2] *o*; plantk stempel [v. stamper]; RK & dierk stigma *o*; fig (schand)vlek

stigmatize *overg* stigmatiseren; brandmerken[2]

stile [stail] *znw* tourniquet *o & m*; overstap [voor hek]

stiletto [sti'letou] *znw* stilet *o* [korte dolk]; gemeenz (schoen met) naaldhak

stiletto heel *znw* naaldhak

1 still [stil] *znw* distilleerketel

2 still [stil] **I** *bn* stil, bewegingloos; kalm, rustig; niet mousserend [v. dranken]; ~ *life* stilleven *o*; **II** *znw* stilte; stilstaand beeld *o* [v. film], foto; **III** *overg* stillen, (doen) bedaren; tot bedaren brengen, kalmeren

3 still [stil] *bijw* nog altijd, nog; altijd (nog), steeds; (maar) toch; ~ *not* nog altijd niet

stillbirth *znw* doodgeboren baby

stillborn ['stilbɔ:n] *bn* doodgeboren[2]

still-hunt ['stilhʌnt] *znw* Am sluipjacht[2]

stillness ['stilnis] *znw* stilte

still-room ['stilrum] *znw* distilleerkamer; provisiekamer

stilly ['stili] plechtig **I** *bn* stil; **II** *bijw* stil(letjes)

stilt [stilt] *znw* stelt [ook: dierk = steltloper, steltkluit]; *on ~s* op stelten

stilted *bn* hoogdravend; gekunsteld

stimulant ['stimjulənt] **I** *bn* prikkelend, opwekkend; **II** *znw* stimulans, prikkel; *~s* ook: stimulantia [opwekkende genotmiddelen, sterke dranken &]

stimulate *overg* stimuleren, prikkelen, aansporen, aanzetten, aanwakkeren

stimulation [stimju'leiʃən] *znw* prikkel(ing)

stimulative ['stimjulətiv, -leitiv] *bn* prikkelend, opwekkend

stimulus ['stimjuləs] *znw* (*mv*: stimuli [-lai]) prikkel, aansporing

1 sting [stiŋ] (stung; stung) *overg & onoverg* steken[2]; prikken, bijten [op de tong], branden [v. netels]; pijn doen[2]; fig (pijnlijk) treffen; kwellen; slang [geld] afzetten

2 sting [stiŋ] *znw* angel, stekel, plantk brandhaar *o* [v. netel], prikkel; steek, (gewetens)knaging; pijnlijke *o*; *but there's a ~ in the tail* het venijn zit in de staart; *take the ~ out* fig de angel eruit halen, de scherpe kantjes eraf halen

stinging-nettle ['stiŋiŋnetl] *znw* brandnetel

stingray ['stiŋrei], Am & Austr **stingaree** ['stiŋgeri:] *znw* pijlstaartrog

stingy ['stin(d)ʒi] *bn* vrekkig, zuinig

1 stink [stiŋk] (stank; stunk) **I** *onoverg* stinken (naar *of*); gemeenz gemeen, slecht zijn; **II** *overg*: ~ *out* door stank verdrijven

2 stink [stiŋk] *znw* stank[2]; *raise (create, make) a ~*

herrie schoppen
stink bomb *znw* stinkbom
stinker *znw* stinkerd; slang smeerlap, schoft; moeilijke opgave (probleem)
stinking *bn* stinkend; gemeenz naar, stomvervelend; *that ~ little town* dat rotstadje
stint [stint] **I** *overg* beperken, karig toemeten; beknibbelen, bekrimpen, karig zijn met; **II** *wederk*: ~ *oneself* zich beperkingen opleggen; ~ *oneself of* zich ontzeggen; **III** *onoverg* zich beperkingen opleggen, zuinig zijn (met *on*); **IV** *znw* toebedeelde portie; werk *o*, taak; periode & dat men ergens werkte; dierk kleine strandloper; *without ~* royaal
stipend ['staipend] *znw* wedde, bezoldiging *(vooral* v. geestelijken)
stipendiary [stai'pendjəri] **I** *bn* bezoldigd; **II** *znw* (bezoldigd) ambtenaar; (bezoldigd) politierechter (ook: *~ magistrate*)
stipple ['stipl] *overg* puntéren; stippelen
stipulate ['stipjuleit] **I** *overg* stipuleren, bedingen, overeenkomen, bepalen; **II** *onoverg*: *~ for* stipuleren, bedingen
stipulation [stipju'leiʃən] *znw* bedinging, overeenkomst; bepaling, beding *o*, voorwaarde
stir [stə:] **I** *overg* bewegen, in beweging brengen; verroeren; (om)roeren, roeren in, porren in, oppoken [het vuur]; fig aanporren [iem.]; aanzetten; gaande maken; *~ one's stumps* gemeenz opschieten; *~ sbd.'s blood* iems. bloed sneller doen stromen, iem. wakker maken, in vuur doen geraken; *~ sbd. to frenzy* iem. razend maken; *~ in (the milk)* (de melk) al roerende toevoegen; *~ up* omroeren, roeren in, oppoken; fig in beroering brengen; aanporren, aanzetten; *~ up mutiny (strife)* oproer (onenigheid) verwekken; **II** *onoverg* (zich) bewegen, zich (ver)roeren; in beweging komen of zijn; opstaan ('s morgens); *not a breath is ~ring* er is (zelfs) geen zuchtje; *nobody is ~ring yet* iedereen slaapt nog; *he didn't ~* hij bewoog zich niet, hij verroerde geen vin; hij gaf geen kik; **III** *znw* beweging, geanimeerdheid; drukte; opschudding, beroering; *give it a ~* pook (roer) er eens in; *cause (make) a (great) ~* opschudding veroorzaken, opzien baren, (heel wat) sensatie maken
stir-crazy *bn* gemeenz afgestompt/gestoord door langdurige opsluiting
stir-fry *overg* roerbakken
stirring I *bn* bewegend, roerend &; in beweging, actief; roerig; opwekkend; veelbewogen [tijden], sensationeel [v. gebeurtenissen]; **II** *znw* bewegen *o* &; beweging
stirrup ['stirəp] *znw* stijgbeugel (ook: gehoorbeentje)
stirrup-cup *znw* afzakkertje *o*
stitch [stitʃ] **I** *znw* steek, naad; steek in de zij; med hechting, (hecht)draad; *be in ~es* gemeenz zich een breuk lachen; *he had not a dry ~ on him* hij had geen droge draad aan zijn lijf; *without a ~ on* spiernaakt; *a ~ in time saves nine* voorzorg bespaart veel nazorg; **II** *overg* stikken; hechten; brocheren, (in-)naaien; *~ up* dichtnaaien; hechten [een wond]; **III** *onoverg* stikken, naaien
stithy ['stiði] *znw* vero aambeeld *o*; smidse
stiver ['staivə] *znw* vero stuiver; *not a ~* geen rooie cent
stoat [stout] *znw* dierk hermelijn
stock [stɔk] **I** *znw* (voorhanden) goederen, voorraad, inventaris; materiaal *o*, filmmateriaal *o*, film; blok *o*, stam, (geweer)lade, (anker-, wortel)stok; geslacht *o*, familie; fonds *o*, kapitaal *o*; effecten, aandelen, papieren; veestapel, vee *o*, paarden; afkooksel *o*, aftreksel *o*, bouillon; plantk violier; *~s* handel effecten, staatspapieren, aandelen; scheepv stapel; hist blok *o* [straftuig]; *~ and dies* techn snijijzer *o*; *lay in a ~ of...* een voorraad... opdoen; zich voorzien van...; *put ~ in* waarde hechten aan; *take ~* de inventaris opmaken; de toestand (situatie) opnemen; *take ~ of everything* alles opnemen [= inventariseren; bekijken]; *take ~ of sbd. (all over)* iem. (van top tot teen) opnemen; *have (keep) in ~* handel in voorraad hebben; *come of good ~* van goede familie zijn; *have something on the ~s* iets op stapel hebben (staan); *out of ~* handel niet (meer) voorradig; **II** *bn* gewoon; stereotiep, vast [v. aardigheden, gezegden &]; **III** *overg* opdoen, inslaan [voorraad]; handel (in voorraad) hebben; (van voorraad of van het nodige) voorzien; **IV** *onoverg*: *~ up (on, with)* (een voorraad..., voorraden...) inslaan
stockade [stɔ'keid] **I** *znw* palissade; **II** *overg* palissaderen
stock-breeder ['stɔkbri:də] *znw* (vee)fokker
stockbroker ['stɔkbroukə] *znw* handel commissionair, makelaar in effecten; *~ belt* villawijk (waar de nieuwe rijken wonen)
stockbroking *znw* effectenhandel
stock-car ['stɔkka:] *znw* stockcar [verstevigde oude auto voor races met veel botsingen]
stock company ['stɔkkʌmpəni] *znw* handel maatschappij op aandelen; vast toneelgezelschap *o* met een repertoire
stock cube ['stɔkkju:b] *znw* bouillonblokje *o*
stockdove ['stɔkdʌv] *znw* kleine houtduif
stock exchange ['stɔkikstʃein(d)ʒ] *znw* handel (effecten)beurs
stock farmer ['stɔkfa:mə] *znw* veehouder
stockfish ['stɔkfiʃ] *znw* stokvis
stockholder ['stɔkhouldə] *znw* effectenbezitter; aandeelhouder
stockinet ['stɔkinet] *znw* tricot *o*
stocking ['stɔkiŋ] *znw* kous°
stockinged *bn*: *in his ~ feet* op zijn kousen
stock-in-trade ['stɔkin'treid] *znw* (goederen-)voorraad, inventaris; (geestelijk) kapitaal *o*; gereedschap *o* [van werklieden]; fig (onderdeel *o* van het) standaardrepertoire *o*

stockist ['stɔkist] *znw* depothouder
stockjobber ['stɔkdʒɔbə] *znw* handelaar in effecten; hoekman
stockjobbing *znw* effectenhandel; beursspeculatie
stocklist *znw* beursnotering
stockman ['stɔkmən] *znw* veeboer; veeknecht
stock-market ['stɔkma:kit] *znw* effecten-, fondsenmarkt
stockpile I *onoverg (& overg)* een reservevoorraad vormen (van); **II** *znw* gevormde (of te vormen) voorraad; reservevoorraad
stockpot ['stɔkpɔt] *znw* soeppot
stock room ['stɔkru:m] *znw* magazijn *o*
stock-still ['stɔk'stil] *bn* stok-, doodstil
stock-taking ['stɔkteikiŋ] *znw* inventarisatie; fig taxatie, beoordeling
stock-whip ['stɔkwip] *znw* Austr cowboyzweep
stocky ['stɔki] *bn* gezet, dik; stevig
stockyard ['stɔkja:d] *znw* veebewaarplaats
stodge [stɔdʒ] *znw* gemeenz (onverteerbare) kost
stodgy *bn* dik; zwaar op de maag liggend; fig zwaar, onverteerbaar; saai
stoic ['stouik] **I** *znw* stoïcijn; **II** *bn* stoïcijns
stoical *bn* stoïcijns
stoicism ['stouisizm] *znw* stoïcisme *o*
stoke [stouk] **I** *overg* stoken [v. machine]; **II** *onoverg*: ~ *up* (op)stoken; slang schransen
stokehold *znw* stookplaats
stokehole *znw* stookgat *o*; stookplaats
stoker *znw* stoker [v. machine]
1 stole [stoul] *znw* stola°
2 stole [stoul] V.T. van *steal*
stolen V.D. van *steal*
stolid ['stɔlid] *bn* flegmatiek, onaandoenlijk, bot, ongevoelig, onbewogen
stolidity [stɔ'liditi] *znw* flegma *o*, onaandoenlijkheid, botheid, ongevoeligheid, onbewogenheid
stomach ['stʌmək] **I** *znw* maag; buik; *a man of his* ~ vero iemand zo trots als hij; *he had no* ~ *for the fight* hij had er geen lust in om te (gaan) vechten; **II** *overg* (kunnen) verduwen of zetten, slikken, verkroppen [beledigingen &]
stomach-ache ['stʌmək'eik] *znw* maagpijn, buikpijn
stomacher *znw* hist borst [v. vrouwenkleed]
stomachic [stə'mækik] **I** *bn* maag-; **II** *znw* spijsvertering bevorderend middel *o*
stomach pump *znw* maagpomp
stone [stoun] **I** *znw* steen *o & m* [stofnaam], steen *m* [voorwerpsnaam], pit [v. vrucht]; als gewicht: 6,35 kg; *leave no* ~ *unturned* niets (geen middel) onbeproefd laten, hemel en aarde bewegen; *throw* ~*s at* met stenen gooien; fig bekladden; **II** *bn* van steen, stenen; **III** *overg* met stenen gooien (naar), stenigen; van stenen of pitten ontdoen; ~*d* slang laveloos [v. dronkaard]; stoned [v. drugsgebruiker]
Stone Age *znw* stenen tijdperk *o*
stone-blind *bn* stekeblind
stone-cast *znw* steenworp (afstand)
stone-cold *bn* steenkoud; ~ *sober* gemeenz hartstikke nuchter
stonecrop *znw* plantk muurpeper
stone-cutter *znw* steenhouwer
stone-dead *bn* morsdood
stone-deaf *bn* pot-, stokdoof
stone-fruit *znw* steenvrucht
stone-ground *bn* met molenstenen gemalen [v. graan]
stone-mason *znw* steenhouwer
stone's-throw *znw* steenworp (afstand)
stonewall *onoverg* sp verdedigend spelen; fig obstructie voeren
stoneware *znw* steengoed *o*
stonework *znw* steen-, metselwerk *o*
stony, **stoney** *bn* steenachtig, stenig, stenen[2], steen-; fig onbewogen, ijskoud, hard, wreed, meedogenloos
stony-broke, **stoney-broke** *bn* gemeenz blut
stood [stud] V.T. & V.D. van *[1]stand*
stooge [stu:dʒ] *znw* mikpunt *o* van spot; theat aangever [v. conferencier]; gemeenz handlanger, helper; fig werktuig *o*, stroman
stook [stuk] *znw* & *overg* = *[2]shock*
stool [stu:l] *znw* (kantoor)kruk, stoeltje *o* (zonder leuning), (voeten)bankje *o*, taboeretje *o*, knielbankje *o*; stilletje *o*; stoelgang, ontlasting (ook: ~*s*); = *stool-pigeon*; *fall between two* ~*s* tussen de wal en het schip vallen
stool-pigeon *znw* lokduif; fig lokvogel, lokvink; stille verklikker
1 stoop [stu:p] **I** *onoverg* bukken, zich bukken, vooroverlopen, krom (gebogen) lopen, gebukt lopen; fig zich vernederen, zich verwaardigen, zich verlagen (*tot to*); neerschieten op prooi [v. havik]; **II** *overg* (voorover)buigen; ~*ed by age* krom van ouderdom; **III** *znw* vooroverbuigen *o*, gebukte houding; *have a slight* ~ wat gebukt lopen
2 stoop [stu:p] *znw* Am veranda
stop [stɔp] **I** *overg* stoppen [een gat, lek &], dichtmaken, dichtstoppen, op-, verstoppen, versperren (ook ~ *up*), stelpen [het bloeden], vullen, plomberen [tand]; stil laten staan [klok], tot staan brengen, tegenhouden, aanhouden [iem.]; inhouden [loon &]; een eind maken aan [iets], beletten, verhinderen, weerhouden; stopzetten [fabriek]; staken [werk &]; pauzeren, ophouden met, niet voortzetten; ~ *a blow* een slag pareren; ~ *one's ears* de oren dichtstoppen; ~ *payment* niet verder betalen; handel zijn betalingen staken; ~ *the show* veel bijval (succes) oogsten (onder de voorstelling of uitvoering); ~ *thief!* houdt de dief!; ~ *thinking* ophouden met denken, niet meer denken; ~ *sbd. (from) thinking* iem. doen ophouden met (beletten te) denken; **II** *onoverg* stoppen [trein], stilhouden, halt houden, blijven (stil)staan [horloge]; ophouden, uitscheiden; logeren, overblijven, blijven; ~ *(dead) in*

one's tracks plotseling stil blijven staan; *the matter will not ~ there* daar zal het niet bij blijven; *~ at home* thuis blijven; *~ at nothing* voor niets staan (terugdeinzen); *reform cannot ~ at this* kan het hier niet bij laten; *~ away from school* van school wegblijven; *~ by* even aanwippen; *~ for the sermon* blijven voor de preek; *~ in* thuisblijven; Am aangaan (bij *at*); *~ in bed* (in zijn bed) blijven liggen; *~ off, over* gemeenz de reis onderbreken (en overblijven); *~ out all night* uitblijven; *~ up late* laat opblijven; *~ with friends* bij familie (kennissen) logeren; **III** *znw* pauzering, pauze; oponthoud *o*; halte; luchtv tussenlanding(splaats); leesteken *o*; techn pen, pin; muz register *o*, klep, gat *o*; diafragma *o* [v. lens]; taalkunde explosief, plofklank [zoals *k, t, p*]; *make a ~* halt houden, ophouden, pauzeren; *pull out all the ~s* fig alle registers opentrekken, alles uit de kast halen; *put a ~ to* een eind maken aan; *be at a ~* stilstaan, niet verder kunnen; *bring to a ~* tot staan brengen; *come to a ~* blijven (stil)staan, blijven steken; ophouden; een eind nemen; *come to a dead (full) ~* plotseling (geheel) ophouden, blijven steken; scheepv totaal stoppen; *without a ~* zonder ophouden; zonder te stoppen [v. trein]

stopcock *znw* (afsluit)kraan

stopgap I *znw* stoplap; invaller; noodhulp; **II** *bn* interim, tijdelijk vervangend, bij wijze van noodhulp

stopover *znw* onderbreking van de reis; kort verblijf *o*; tussenlanding met verblijf

stoppage *znw* stoppen *o*, stopzetting, staking; op-, verstopping; ophouding, oponthoud *o*, stilstand; inhouding [v. loon]; *there is a ~ somewhere* het stokt ergens

stopper I *znw* stopper; stop; *put the ~ on* gemeenz onderdrukken, tegenhouden; **II** *overg* een stop doen op

stopping-place *znw* halte

stop-press ['stɔppres] *znw* laatste nieuws *o*, nagekomen berichten

stop-watch ['stɔpwɔtʃ] *znw* stopwatch

storage ['stɔ:ridʒ] *znw* (op)berging, opslag; pakhuisruimte, bergruimte; pakhuishuur; bewaarloon *o*; *cold ~* (het opslaan in de) vries-, koelkamer; *put into cold ~* fig in de ijskast zetten; *~ accommodation* opslagruimte; *~ battery* accumulator; *~ heater* warmteaccumulator

store [stɔ:] **I** *znw* (grote) voorraad, opslagplaats, meubelbewaarplaats; magazijn *o*; Am winkel; [in Engeland] warenhuis *o*, winkel; *the ~s* de bazaar, het warenhuis; de winkelvereniging; mil ammunitie, uitrusting, proviand; *cold ~* koelhuis *o*; *set (great, little) ~ by* (veel, weinig) waarde hechten aan; (veel, weinig) prijs stellen op; *in ~* in voorraad; in bewaring, opgeborgen; in petto; *be (lie) in ~ for sbd.* iem. te wachten staan; *have something in ~* in voorraad hebben; nog te wachten of te goed hebben; in petto houden; **II** *overg* inslaan, opdoen; binnenhalen; opslaan [goederen]; voorzien (van *with*); opbergen [meubels]; *~ (up)* verzamelen; bewaren; *his memory (mind) was ~d with facts* hij had een hoop feiten in zijn hoofd

store-cupboard *znw* provisiekast

storefront *znw* winkelpui

storehouse *znw* voorraadschuur, pakhuis *o*, magazijn[2] *o*; fig schatkamer

storekeeper *znw* pakhuismeester; magazijnmeester; scheepv proviandmeester; Am winkelier

store-room *znw* bergplaats, -ruimte; provisiekamer

storey, Am **story** ['stɔ:ri] *znw* verdieping; woonlaag; *a four-~ house* een huis *o* met vier verdiepingen

-storeyed, Am **-storied** *bn* met... verdiepingen [bijv. *a four-~ house* huis met drie verdiepingen]

storied ['stɔ:rid] *bn* **1** in de geschiedenis vermeld, vermaard; met taferelen uit de geschiedenis versierd; **2** Am = *storeyed*

stork [stɔ:k] *znw* (*mv* idem *of* -s) ooievaar

storm [stɔ:m] **I** *znw* storm[2]; onweersbui, onweer *o*; regenbui; uitbarsting; mil bestorming; *a ~ in a teacup* een storm in een glas water; *a period of ~ and stress* een turbulente tijd; *take by ~* stormenderhand veroveren[2]; **II** *onoverg* stormen, bulderen, razen, woeden; mil stormlopen; *~ at* uitvaren tegen; **III** *overg* mil aan-, losstormen op, bestormen[2]

storm trooper *znw* **1** lid *o* van de SA [in de nazitijd]; **2** lid *o* van een stoottroep

stormy *bn* stormachtig[2], storm-; *~ petrel* dierk stormvogeltje *o*; fig voorbode van de storm, onruststaaier

story ['stɔ:ri] *znw* **1** geschiedenis; vertelling, verhaal *o*; (kranten)artikel *o*; legende; gemeenz leugentje *o*; *the same old ~* fig het oude liedje; *short ~* kort verhaal *o*; *the ~ goes that...* men zegt, dat...; *to cut a long ~ short...* om kort te gaan...; *tell stories* gemeenz jokken; **2** Am = *storey*

story-book *znw* verhalenboek *o*; *als eerste deel v. samenstelling*: sprookjesachtig, fabelachtig, sprookjes-

story-line *znw* plot, intrige [v. film &]

story-teller *znw* verhaler, verteller; gemeenz jokkebrok

stoup [stu:p] *znw* wijwaterbak

1 stout [staut] *znw* stout [donker bier]

2 stout [staut] *bn* (zwaar)lijvig, corpulent, gezet, zwaar, dik, sterk, stevig, krachtig, kloek, dapper, flink

stout-hearted *bn* kloekmoedig

stoutly *bijw* moedig, kloek

1 stove [stouv] *znw* kachel, fornuis *o*; (toe)stel *o* [om op te koken &]; stoof; droogoven

2 stove [stouv] V.T. & V.D. van *stave II*

stove-pipe ['stouvpaip] *znw* kachelpijp[2]

stow [stou] **I** *overg* stuwen, stouwen; leggen, bergen; (vol)pakken; *~ away* wegleggen, (op)bergen; fig verorberen [v. eten]; ~ *it!* slang kop dicht!, schei uit!; **II** *onoverg*: ~ *away* als verstekeling(en) meereizen

stowage *znw* stuwage; berging; bergruimte, bergplaats; stuwagegeld *o*

stowaway *znw* blinde passagier, verstekeling

straddle ['strædl] **I** *overg* schrijlings zitten op; wijdbeens staan boven; aan weerskanten liggen van; *the village ~s the border* de grens loopt dwars door het dorp; **II** *onoverg* Am fig de kool en de geit sparen

strafe [stra:f] *overg* zwaar bombarderen, beschieten; gemeenz geducht afstraffen

straggle ['strægl] *onoverg* (af)dwalen, zwerven, achterblijven; verstrooid staan; verspreid liggen

straggler *znw* achterblijver; afgedwaalde; plantk wilde loot

straggling *bn* verstrooid, verspreid; onregelmatig (gebouwd &)

straggly *bn* plantk wild opgeschoten

straight [streit] **I** *bn* recht [niet krom], glad [niet krullend]; fig eerlijk, fatsoenlijk; betrouwbaar; openhartig; in orde; op orde; puur [v. drank]; serieus [niet komisch]; gemeenz hetero(seksueel); ~ *angle* gestrekte hoek; ~ *contest* = ~ *fight*; *keep a ~ face* ernstig blijven; ~ *fight* (verkiezings)strijd tussen twee kandidaten; *as ~ as an arrow* kaarsrecht; *I gave it him ~* ik zei het hem ronduit; *get it ~* gemeenz het goed begrijpen; *put ~* herstellen; opruimen; weer in orde brengen; *put the record ~, set matters ~* de zaken goed op een rijtje zetten, alle misverstanden uit de weg ruimen; **II** *bijw* recht(op), rechtuit; regelrecht, rechtstreeks, direct; fig eerlijk; *go ~* gemeenz oppassen, zich goed gedragen; ~ *away (off)* op staande voet, op stel en sprong; ~ *from the horse's mouth* uit de eerste hand; ~ *on* rechtuit, rechtdoor; ~ *out* ronduit; **III** *znw* rechte eind *o* [v. renbaan]; *follow (keep) the ~ and narrow* fig op het rechte pad blijven; *out of the ~* krom, scheef

straighten I *overg* recht maken, in orde brengen[2]; ontkroezen [haar]; ~ *out* recht maken; recht trekken; ontwarren; weer in orde brengen; ~ *up* opredderen, wat opknappen; **II** *onoverg* recht worden; ~ *up* zich oprichten

straightforward [streit'fɔ:wəd] *bn* recht door zee gaand, oprecht, rond(uit), eerlijk; zakelijk [v. stijl, verhaal &], ongecompliceerd, (dood)eenvoudig, (dood)gewoon

straightway ['streitwei] *bijw* vero dadelijk

strain [strein] **I** *overg* spannen, (uit)rekken; (te veel) inspannen [zijn krachten]; verrekken [gewricht of spier]; geweld aandoen, verdraaien [feiten &]; forceren [stem]; drukken; uitlekken [in zeef, vergiet]; ~ *out* uitlekken; **II** *onoverg* zich inspannen; trekken, rukken (aan *at*); doorzijgen; ~ *after* streven naar; jacht maken op; **III** *znw* spanning; inspanning, streven *o*; overspanning; druk; verdraaiing [v. de waarheid]; verrekking [v.e. spier]; geest, toon; karakter *o*, element *o*, tikje *o* [van iets]; ras *o*, geslacht *o*; neiging; plechtig wijs, melodie (vooral *~s*); *there is a heroic ~ in his character* iets heroïsch; *put (too great) a ~ on oneself* zich (te veel) inspannen; *his letters are in a different ~* in zijn brieven slaat hij een andere toon aan; *he is of a noble ~* van edele stam (van edel ras)

strained *bn* gespannen [van verhoudingen]; gedwongen, gemaakt, geforceerd; verdraaid, gewrongen

strainer *znw* filterdoek; vergiet *o & v*, zeef

strait [streit] **I** *bn* vero nauw, eng, bekrompen, streng (in zijn opvatting); **II** *znw*: *~(s)* (zee-)engte, (zee)straat; moeilijkheid, verlegenheid; *the S~s of Dover* het Nauw van Calais; *the S~ of Gibraltar* de Straat van Gibraltar; *be in desperate (dire) ~s* in een hopeloze situatie verkeren; *be in financial ~s* geldproblemen hebben

straitened ['streitnd] *bn*: *be in ~ circumstances* het (financieel) niet breed hebben

strait-jacket ['streitdʒækit] *znw* dwangbuis *o*; fig keurslijf *o*

strait-laced *bn* fig preuts, puriteins streng

1 strand [strænd] **I** *znw* strand *o*, kust, oever (vooral plechtig); **II** *overg* doen stranden, op het strand zetten; *be ~ed* stranden[2], schipbreuk lijden[2]; fig blijven zitten (steken), niet verder kunnen; *be left ~ed* hulpeloos achterblijven; **III** *onoverg* stranden

2 strand [strænd] *znw* streng [v. wol, touw]; (haar-) lok

strange [strein(d)ʒ] *bn* vreemd, onbekend; vreemdsoortig, ongewoon, zonderling, raar°; *she is still ~ to the work* het werk is haar nog vreemd; *feel ~* zich niet thuis voelen; zich raar voelen; ~ *to say* vreemd genoeg

stranger *znw* vreemdeling, vreemde, onbekende; recht derde; *I am a ~ here* ik ben hier vreemd; *you are quite a ~* je laat je nooit zien; *he is a ~ to fear* alle vrees is hem vreemd; *he is no ~ to me* hij is mij niet vreemd, ik hoef mij voor hem niet te generen

strangle ['stræŋgl] *overg* wurgen, worgen; smoren; fig onderdrukken

stranglehold *znw* worgende greep[2]

strangler *znw* worger

strangles ['stræŋglz] *znw* goedaardige droes [paardenziekte]

strangulated ['stræŋgjuleitid] *bn* dichtgesnoerd, ingesnoerd; med beklemd [breuk]

strangulation [stræŋgju'leiʃən] *znw* (ver)worging; med beklemming [v. breuk]

strap [stræp] **I** *znw* riem, riempje *o*; schouderbandje *o* [v. beha &]; drijfriem; lus [in tram, bus]; hechtpleister; band; aanzetriem; techn beugel; *~s* souspieds; **II** *overg* (met een riem) vastmaken (ook: ~ *up*); (met een riem) slaan; (op een riem) aanzetten

strap-hanger *znw* staande passagier

strapless *bn* zonder schouderbandjes
strappado [strə'peidou] **I** *znw* wipgalg; **II** *overg* wippen
strapping ['stræpiŋ] **I** *bn* groot en sterk, stevig, potig; **II** *znw* riemen, tuig *o*; afranseling (met riem)
stratagem ['strætidʒəm] *znw* krijgslist, list
strategic [strə'ti:dʒik] *bn* strategisch
strategics *znw = strategy*
strategist ['strætidʒist] *znw* strateeg
strategy *znw* strategie[2]
stratification [strætifi'keiʃən] *znw* gelaagdheid, stratificatie
stratify ['strætifai] *overg* in lagen leggen, tot lagen vormen; *stratified* gelaagd
stratosphere ['stræ-, 'stra:tousfiə] *znw* stratosfeer
stratum ['stra:təm] *znw* (*mv*: strata [-tə]) (gesteente)laag
stratus ['streitəs] *znw* (*mv*: strati [-tai]) laagwolk
straw [strɔ:] **I** *znw* stro *o*; strohalm, strootje *o*; rietje *o (drinking ~)*; strohoed; *~ in the wind* fig kleinigheid die doet vermoeden wat er komen gaat; *that's the last ~, that's the ~ that broke the camel's back* dat is de druppel die de emmer doet overlopen; dat is het toppunt; *catch (grasp, clutch) at a ~ (at ~s)* zich aan een strohalm vastklampen; *draw ~s* strootje trekken; *not worth a ~* geen lor waard; **II** *bn* van stro, strooien, stro-
strawberry ['strɔ:b(ə)ri] *znw* aardbei; *~ mark* wijnvlek [in de huid]
straw-board ['strɔ:bɔ:d] *znw* strokarton *o*
straw-coloured *bn* strokleurig
straw-poll, **straw-vote** *znw* onofficiële stemming, proefstemming
strawy *bn* stroachtig; van stro
stray [strei] **I** *onoverg* (rond)zwerven, (rond)dwalen, verdwalen, afdwalen; *~ into* afdwalen naar; verdwalen (soms: verlopen) in; **II** *bn* afgedwaald; verdwaald; sporadisch voorkomend; verspreid; *~ cat* zwerfkat; *~ customer* toevallige klant; *a ~ instance* een enkel voorbeeld *o* of geval *o*; *~ notes* losse aantekeningen; **III** *znw* afgedwaald of verdwaald dier *o*
streak [stri:k] **I** *znw* streep; ader, laag; *~ of lightning* bliksemflits; *have a ~ of luck* steeds geluk hebben; *he has a ~ of superstition in him* hij is een tikje bijgelovig; **II** *overg* strepen; **III** *onoverg* gemeenz voorbijschieten, flitsen; streaken, naakthollen
streaked *bn* gestreept, geaderd
streaker *znw* streaker, naaktholler [in het openbaar]
streaking *znw* streaken *o*, naakthollen *o* in het openbaar
streaky *bn* doorregen [v. spek]; *= streaked*
stream [stri:m] **I** *znw* stroom[2]; fig stroming; **II** *onoverg* stromen; wapperen; **III** *overg* onderw plaatsen in een groep (van bekwaamheid); *~ed school* met groepen (van bekwaamheid)
streamer ['stri:mə] *znw* wimpel; lang lint *o* of lange veer; spandoek *o & m*; serpentine; *~s* noorderlicht *o*
streamlet ['stri:mlit] *znw* stroompje *o*
streamline ['stri:mlain] *overg* stroomlijnen; fig efficiënter maken [bedrijf &]
street [stri:t] *znw* straat; *in Queer ~* aan lagerwal, in geldverlegenheid; er naar (beroerd) aan toe; *in (Am on) the ~* op straat; *the man in the ~* Jan met de pet, de gewone man; *it's (right) up my ~* gemeenz het is (net) iets voor mij; *be ~s ahead of* fig veel beter zijn dan; *its ~s ahead of me* het gaat me boven de pet; *not be in the same ~ as* niet kunnen tippen aan; *on the ~s* in het leven [de prostitutie]; *walk the ~s* zie: *walk*
street Arab *znw* vero straatjongen, boefje *o*
streetcar *znw* Am tram
street cred, **street credibility** *znw* geloofwaardigheid bij de jeugd; vertrouwdheid met de jeugdcultuur
streetlight *znw* straatlantaarn
streetlighting *znw* straatverlichting
street map *znw* stratenplan *o*, plattegrond
street-sweeper *znw* veegmachine; straatveger
street-trader *znw* venter, straathandelaar
street value *znw* straatwaarde
street-walker *znw* prostituee, prostitué
streetwise *bn* bekend met het straatleven, door de wol geverfd
strength ['streŋθ] *znw* (getal)sterkte, kracht, macht; ook: krachten; *Britain goes from ~ to ~* Engeland gaat gestadig vooruit, wordt steeds beter; *they were there in ~* er was een flinke opkomst; *on the ~ of* op grond van, naar aanleiding van
strengthen **I** *overg* versterken, sterken; **II** *onoverg* sterk(er) worden
strenuous ['strenjuəs] *bn* krachtig, energiek, ijverig; inspannend; moeilijk
strep throat ['strepθrout] *znw* keelontsteking, zere keel
stress [stres] **I** *znw* nadruk[2], klem(toon), accent *o*; spanning, med stress; techn spanning, druk; kracht, gewicht *o*; *under the ~ of circumstances* daartoe gedwongen door de omstandigheden; **II** *overg* de nadruk leggen op[2]; *~ed* beklemtoond; gestrest, gespannen; techn onder druk, belast
stressful *bn* met veel spanning, vol beslommeringen, vol stress
stretch [stretʃ] **I** *overg* rekken, oprekken, uitrekken; uitstrekken, uitsteken, uitspreiden, (uit)spannen; fig overdrijven; geweld aandoen; prikkelen, uitdagen; *~ one's legs* de benen strekken, zich vertreden; *~ a point* niet al te nauw kijken; *~ the truth* het zo nauw niet nemen met de waarheid [= liegen]; *~ one's wings* zijn vleugels uitslaan[2]; *be ~ed* krap zitten; *~ oneself* zich uitrekken [na slaap &]; zich uitstrekken; **II** *onoverg & abs ww* zich uitstrekken, zich uitrekken; rekken; *~ away* zich uitstrekken (naar *towards*); *~ down to* reiken tot, zich uitstrekken tot aan; *~ out* zich uitstrekken; aanstappen; **III** *znw*

uit(st)rekking, spanning; inspanning; uitgestrektheid; (recht) eind *o*, stuk *o* [v. weg &]; tijd, tijdje *o*, periode; slang (één jaar) gevangenisstraf; *do a* ~ slang (achter de tralies) zitten; *at a* ~ als het nijpt, desnoods; achtereen, aan één stuk door; *at full* ~ helemaal gestrekt; gespannen tot het uiterste; *by a* ~ *of the imagination* met wat fantasie; *on the* ~ (in-) gespannen[2]; **IV** *bn* stretch-

stretcher *znw* rekker; spanraam *o*; bouwk strekse steen; draagbaar, brancard; spoorstok [in roeiboot]

stretcher-bearer *znw* ziekendrager, brancardier

stretchy *bn* rekbaar, elastisch

strew [stru:] (strewed; strewn/strewed) *overg* (uit-) strooien; bestrooien; bezaaien (met *with*)

strewth [stru:θ] *tsw* slang warempel

stricken ['strikn] *bn* geslagen, getroffen; zwaar beproefd; diepbedroefd; ~ *with fever* door koorts aangetast

strict ['strikt] *bn* stipt, strikt (genomen), streng, nauwkeurig, nauwgezet

stricture ['striktʃə] *znw* (kritische) aanmerking (op *on*); med vernauwing

1 stride [straid] (strode; stridden) *onoverg* schrijden, met grote stappen lopen

2 stride [straid] *znw* schrede, (grote) stap; *make great* ~*s* fig grote vorderingen maken; *at a (one)* ~ met één stap; *take sth. in one's* ~ iets en passant doen, tussen de bedrijven door afhandelen; *get into one's* ~ op dreef komen

strident ['straidənt] *bn* krassend, schril, schel; scherp[2]

strife [straif] *znw* strijd, twist, tweedracht

1 strike [straik] (struck; struck) **I** *overg* slaan, slaan op (met, tegen, in); aanslaan [een toon &]; invallen, opkomen bij [idee &]; stoten (met, op, tegen); aanslaan tegen; komen aan (op), aantreffen, vinden; treffen[2], opvallen, voorkomen, lijken; strijken [vlag]; afbreken [tent]; afstrijken [lucifer &]; *how does it* ~ *you?* wat vind je er van?; hoe bevalt het je, hoe vind je het?; ~ *sbd. blind (dumb)* iem. met blindheid (stomheid) slaan; *it* ~*s me as ridiculous* het lijkt mij belachelijk; ~ *an attitude* een gemaakte houding aannemen, poseren; ~ *a balance between* fig een evenwicht vinden tussen; ~ *a bargain* een koop sluiten; een overeenkomst sluiten; ~ *sbd. a blow* iem. een slag toebrengen; ~ *a blow for (freedom)* een lans breken voor de vrijheid; ~ *camp* het kamp opbreken; ~ *a chord with* fig bijzonder aanspreken; ~ *me dead if...* ik mag doodvallen als...; ~ *home* raak slaan; fig in de roos schieten; ~ *while the iron is hot* het ijzer smeden wanneer het heet is; ~ *it lucky* boffen; ~ *oil* petroleum aanboren; fig fortuin maken; ~ *a rock* op een rots stoten (lopen); **II** *onoverg* slaan; toeslaan; mil aanvallen; raken; inslaan [v. bliksem, projectiel]; aangaan, vuur vatten [v. lucifer]; wortel schieten; (het werk) staken; ~ *at* slaan naar, een slag toebrengen[2]; aangrijpen; ~ *at the root of* in de wortel aantasten; ~ *back* terugslaan; ~ *down* neerslaan; neervellen; ~ *terror into their hearts* hun hart met schrik vervullen; ~ *off* afslaan, afhouwen; schrappen, (van de lijst) afvoeren; royeren; ~ *on* stoten op; fig ontdekken; *be struck on* dol zijn op; ~ *out* van zich afslaan [bij boksen]; de armen uitslaan [bij zwemmen]; fig zijn eigen weg gaan; ~ *out a name* doorhalen, schrappen; ~ *out at sbd.* iem. slaan, uithalen naar iem.; ~ *through* doorstrepen [een woord]; ~ *up* muz beginnen te spelen, aanheffen, inzetten; aangaan, sluiten [verbond &]; ~ *up an acquaintance with sbd.* met iem. aanpappen; ~ *up a conversation (a correspondence) with* een gesprek (een briefwisseling) beginnen met; ~ *(up)on an idea* op een idee komen; *struck with surprise* verbaasd; *struck with terror* door schrik bevangen

2 strike [straik] *znw* slag[2]; mil (lucht)aanval; (werk)staking; vondst [v. goud]; strijkhout *o*; *the men on* ~ de stakers; *go on* ~ in staking gaan

strike-bound *bn* door staking lamgelegd [industrie]

strike-breaker *znw* stakingbreker

strike-fund *znw* stakingskas

strike-pay *znw* stakingsuitkering

striker *znw* (werk)staker

striking *bn* treffend, frappant, opvallend, merkwaardig, sensationeel; mil aanvals-; *within* ~ *distance of* in de buurt van; *the* ~ *mechanism* het slagwerk [in klok]

1 string [striŋ] *znw* touw *o*, touwtje *o*, bindgaren *o*, band, koord *o & v*, veter; snoer *o*, snaar; pees, vezel, draad; ris, sliert, reeks, rij; ~*s* ook: fig zekere voorwaarden; *with no* ~*s attached* onvoorwaardelijk; *the* ~*s* muz de strijkinstrumenten; de strijkers; *a bit (piece) of* ~ een touwtje *o*; *have two (more than one)* ~*s to one's bow* nog andere pijlen op zijn boog hebben; *pull the* ~*s* aan de touwtjes trekken (achter de schermen); *pull* ~*s to...* zijn invloed aanwenden om...; *have sbd. on a* ~ iem. aan het lijntje hebben

2 string [striŋ] (strung; strung) **I** *overg* rijgen (aan *on*) [snoer &], snoeren; besnaren; (met snaren) bespannen; spannen [de zenuwen, de boog]; (af-) risten, afhalen [bonen &]; ~ *along* gemeenz aan het lijntje houden; ~ *out* in een rij naast elkaar plaatsen; ~ *together* aaneenrijgen[2]; ~ *up* fig (in-) spannen; gemeenz opknopen, ophangen; **II** *onoverg*: ~ *along with* gemeenz meegaan met, meewerken met; ~ *out* in een rij staan, lopen &

string bag *znw* boodschappennet *o*

string bean *znw* (snij)boon; fig bonenstaak, lange slungel

string player *znw* muz strijker

stringed *bn* besnaard; snaar-, strijk-; *two-*~ tweesnarig

stringency ['strindʒənsi] *znw* bindende kracht, strengheid [v. wetten of bepalingen]; klemmend karakter *o* [v. betoog]; handel nijpende schaarste [v. geldmarkt]

stringent *bn* bindend, streng; klemmend; handel schaars, krap
string orchestra ['striŋɔ:kistrə] *znw* strijkorkest *o*
stringy ['striŋi] *bn* vezelig, draderig, zenig
strip [strip] **I** *overg* (af)stropen, afristen, afhalen [bedden]; strippen [tabak], (naakt) uitkleden; leeghalen; uitmelken [koe]; ontmantelen; scheepv ontakelen; ~ *bare (naked, to the skin)* poedelnaakt ontkleden; naakt uitschudden; ~ *of* beroven van, ontdoen van; ~ *off* uittrekken, afrukken; afstropen; **II** *onoverg* & *abs ww* zich uitkleden; zich laten afstropen, afristen &; losgaan; **III** *znw* strook, reep; strip, beeldverhaal *o*, (ook: *comic* ~, ~ *cartoon*); *tear sbd. off a* ~, *tear a* ~ *off sbd.* gemeenz iem. op zijn lazer geven
stripe [straip] *znw* streep, mil chevron; (zweep)slag
striped *bn* gestreept, streepjes-
strip-lighting ['striplaitiŋ] *znw* tl-verlichting
stripling ['stripliŋ] *znw* jongeling
stripper ['stripə] *znw* afstroper; stripper, stripteasedanser(es)
strip-tease ['stripti:z] *znw* striptease
strip-teaser *znw* stripteasedanser(es)
stripy ['straipi] *bn* gestreept, streepjes-
strive [straiv] (strove; striven) *onoverg* hard zijn best doen, zich inspannen (om *to*); streven (naar *after, for*); plechtig worstelen, strijden (tegen *with, against*)
striven ['strivn] V.D. van *strive*
strobe light ['stroublait] *znw* stroboscooplamp
stroboscopic [stroubou'skɔpik] *bn* stroboscopisch
strode [stroud] V.T. van [1]*stride*
1 stroke [strouk] *znw* slag[2]; trek, haal, streep; schuine streep (/); streek, schrap; stoot; aanval [v. beroerte], beroerte; sp slag(roeier); ~ *of diplomacy* fraai staaltje *o* diplomatie; *a* ~ *of genius* een geniaal idee *o* & *v*; ~ *of lightning* blikseminslag; *a* ~ *of luck* een buitenkansje *o*; *he has not done a* ~ *of work* hij heeft geen klap gedaan; *at a (one)* ~ met één slag; *be off one's* ~ sp van slag zijn [v. roeier]; fig de kluts kwijt (in de war) zijn; *on the* ~ *of five* op slag van vijven
2 stroke [strouk] **I** *overg* strelen, (glad)strijken, aaien; **II** *znw* streling, aai
stroll [stroul] **I** *onoverg* (rond)slenteren, kuieren, ronddwalen; ~*ing player* reizend, rondtrekkend toneelspeler; **II** *znw* toertje *o*, wandeling
stroller *znw* slenteraar, wandelaar; Am wandelwagen
strong [strɔŋ] **I** *bn* sterk°, kras, krachtig, vurig; vast [v. markt]; zwaar [drank of tabak]; ranzig [boter &]; goed [geheugen]; ~ *language* krasse taal; grofheden; *twenty* ~ twintig man sterk, met zijn twintigen; **II** *bijw* sterk; *come on* ~ overdrijven; flirten, hitsig worden; *be going* ~ nog prima in vorm zijn; het nog goed doen [auto &]
strong-arm *bn* hardhandig
strong-box *znw* brandkast, geldkist
stronghold *znw* sterkte, burcht[2], bolwerk[2] *o*
strongish *bn* tamelijk sterk
strong-minded *bn* van krachtige geest; energiek
strong-room *znw* (brand- en inbraakvrije) kluis
strong-willed *bn* gedecideerd, wilskrachtig
strontium ['strɔnʃiəm] *znw* strontium *o*
strop [strɔp] *znw* aanzetriem, scheerriem; scheepv strop
strophe ['stroufi] *znw* strofe, vers *o*
strophic ['strɔfik] *bn* strofisch
stroppy ['strɔpi] *bn* gemeenz lastig, dwars, in de contramine, onaangenaam
strove [strouv] V.T. van *strive*
struck [strʌk] **I** V.T. & V.D. van [1]*strike*; **II** *bn* onder de indruk; gemeenz gecharmeerd, betoverd
structural ['strʌktʃərəl] *bn* van de bouw, bouw-, structuur-, structureel; ~ *alterations* verbouwing
structuralism *znw* structuralisme *o*
structuralist **I** *znw* structuralist; **II** *bn* structuralistisch
structure **I** *znw* structuur, bouw[2]; gebouw[2] *o*, bouwsel *o*; **II** *overg* structureren
struggle ['strʌgl] **I** *onoverg* (tegen)spartelen; worstelen (tegen *against, with*), kampen (met *with*); strijden; zich alle mogelijke moeite geven; ~ *in (through)* zich met moeite een weg banen naar binnen (door); ~ *through* ook: doorworstelen; *she* ~*d into (out of) her dress* ze kwam met moeite in (uit) haar japon; **II** *znw* worsteling, (worstel)strijd; pogingen; probleem *o*, problematisch geval *o*; *the* ~ *for life* de strijd om het bestaan
struggling *bn* worstelend, met moeite het hoofd boven water houdend
strum [strʌm] **I** *onoverg* & *overg* tjingelen, tokkelen [op snaarinstrument]; **II** *znw* getjingel *o*, getokkel *o*
struma ['stru:mə] *znw* (*mv*: strumae [-mi:]) kropgezwel *o*, struma
strumpet ['strʌmpit] *znw* slet, hoer
strung [strʌŋ] V.T. & V.D. van [2]*string*
1 strut [strʌt] **I** *onoverg* deftig, trots stappen; **II** *znw* deftige, trotse stap
2 strut [strʌt] **I** *znw* stut; **II** *overg* stutten
strychnine ['strikni:n] *znw* strychnine
stub [stʌb] **I** *znw* stronk [v. boom]; stomp, stompje *o* [potlood], peuk, peukje *o* [sigaar]; Am souche [v. cheque]; **II** *overg* [zijn teen &] stoten; ~ *out* uitdrukken [sigaret]
stubble ['stʌbl] *znw* stoppel(s)[2]
stubbly *bn* stoppelig, stoppel-
stubborn ['stʌbən] *bn* hardnekkig; halsstarrig, onverzettelijk, weerspannig
stubby ['stʌbi] *bn* kort en dik, kort en stevig
stucco ['stʌkou] **I** *znw* pleisterkalk; pleisterwerk *o*; **II** *overg* stukadoren, pleisteren
stuck [stʌk] **I** V.T. & V.D. van [2]*stick*; **II** *bn* slang verliefd (op *on*); *to be* ~ vastzitten, niet verder kunnen; ~ *with* opgescheept met; *get* ~ *in* hard aan de slag gaan

stuck-up *bn* gemeenz verwaand, pedant

1 stud [stʌd] **I** *znw* tapeinde *o*; knop, knopje *o*, spijker; overhemdsknoopje *o*; **II** *overg* het knoopje steken in (door); (met knopjes) beslaan, bezetten of versieren; *~ded with* dicht bezet met; bezaaid met

2 stud [stʌd] *znw* stoeterij; (ren)stal; dekhengst [ook: fig seksueel actieve man]

stud-book *znw* (paarden-, honden- &) stamboek *o*

student ['stju:dənt] *znw* student, scholier; beoefenaar; leerling [v. muziekschool]; die (een speciale) studie maakt (van *of*), die zich interesseert (voor *of*); beursaal

studentship *znw* studentschap *o*; studiebeurs

stud-farm ['stʌdfa:m] *znw* stoeterij

stud-horse *znw* (dek)hengst

studied ['stʌdid] *bn* gestudeerd; weldoordacht; bestudeerd, gewild, gemaakt, opzettelijk

studio ['stju:diou] *znw* (film)studio; atelier *o* [v. kunstenaar]; (ook: *~ flat*) eenkamerwoning, studio; *~ couch* bedbank

studious ['stju:diəs] *bn* ijverig, vlijtig, leerzaam, leergierig; angstvallig, nauwgezet; bestudeerd, opzettelijk

study ['stʌdi] **I** *znw* studie°; bestudering; muz etude; studeerkamer; *~ of a head* studiekop [v. schilder]; *his face was a ~* de moeite van het bestuderen waard; *in a brown ~* in gedachten verzonken; **II** *overg* (be)studeren; studeren in; rekening houden met [iems. belangen]; **III** *onoverg* studeren

stuff [stʌf] **I** *znw* stof; materiaal *o*, goed *o*, goedje *o* [ook = medicijn], rommel; handel goederen; spul *o*; slang drug(s), narcotica; spul *o*; klets (ook: *~ and nonsense*); *he is hot ~* hij is een kraan, niet mis, niet makkelijk; *it is poor (sorry) ~* het is dun, bocht *o* & *m*; *that's the ~* gemeenz dat is je ware!; dat kunnen we gebruiken, dat is wat we nodig hebben; *he has the ~ of a capable soldier* hij is van het hout waarvan men goede soldaten maakt; *do one's ~* zijn werk doen; zich weren; *know one's ~* zijn weetje weten; **II** *overg* volstoppen², volproppen² (met *with*); schransen; farceren; slang inmaken, compleet verslaan; (op)vullen; opzetten [dieren]; stoppen (in *into*); (dicht)stoppen (ook: *~ up*); *~ed(-up) nose* verstopte neus; *I'm ~fed up* mijn neus zit verstopt; *~ed shirt* slang druktemaker, dikdoener; *get ~ed!* plat flikker op!; **III** *wederk*: *~ oneself* gemeenz zich volproppen (met eten)

stuffer *znw* opvuller; opzetter [v. dieren]

stuffing *znw* vulsel *o*, opvulsel *o*, farce; *knock (take) the ~ out of sbd.* gemeenz iem. uit het veld slaan

stuffy ['stʌfi] *bn* benauwd, dompig, bedompt, duf²; gemeenz bekrompen, conventioneel

stultification [stʌltifi'keiʃən] *znw* belachelijk, krachteloos & maken *o*, zie *stultify*

stultify ['stʌltifai] *onoverg* fig afstompen

stumble ['stʌmbl] **I** *onoverg* struikelen²; strompelen; *~ across = ~ upon*; *~ along* voortstrompelen; *~ at* zich stoten aan; aarzelen; *~ for words* zoeken naar zijn woorden; *~ on = ~ upon*; *~ over* struikelen over; *~ through a recitation* hakkelend opzeggen; *~ upon* tegen het lijf lopen, toevallig aantreffen of vinden; **II** *znw* struikeling², misstap

stumbling-block *znw* struikelblok *o*, hinderpaal; steen des aanstoots

stump [stʌmp] **I** *znw* stomp, stompje *o*; stronk; stump: paaltje *o* [v. wicket]; *~s* gemeenz onderdanen [benen]; *draw ~s* uitscheiden met spelen; *stir one's ~s* gemeenz opschieten; **II** *overg* sp er uit slaan [bij cricket]; gemeenz in verlegenheid brengen; *~ up* gemeenz dokken [geld]; **III** *onoverg* stommelen, strompelen; Am verkiezingsredevoeringen houden

stumpy *bn* kort en dik, gezet

stun [stʌn] *overg* bewusteloos slaan, bedwelmen, verdoven; gemeenz overweldigen, verbluffen

stung [stʌŋ] V.T. & V.D. van *¹sting*

stunk [stʌŋk] V.T. & V.D. van *¹stink*

stunner ['stʌnə] *znw* gemeenz prachtkerel, -meid, schoonheid; *that car is a ~* gemeenz dit is een geweldige auto

stunning *bn* bewusteloos makend &, zie *stun*; verbluffend; gemeenz fantastisch, te gek

1 stunt [stʌnt] **I** *znw* nummer *o* [v. vertoning]; toer, kunst, truc, foefje *o*, kunstje *o*, stunt; luchtv kunstvlucht; *do ~s* luchtv kunstvliegen; *pull a ~* een stunt uithalen; **II** *onoverg* toeren doen, zijn kunsten vertonen; luchtv kunstvliegen

2 stunt [stʌnt] *overg* in de groei belemmeren

stunted *bn* in de groei blijven steken, dwerg-

stunt-man ['stʌntmæn] *znw* stuntman

stunt-woman *znw* stuntvrouw

stupefaction [stju:pi'fækʃən] *znw* bedwelming, verdoving; (stomme) verbazing

stupefy ['stju:pifai] *overg* verdoven, bedwelmen; verstompen; verbluffen

stupendous [stju'pendəs] *bn* verbazend, verbazingwekkend, kolossaal

stupid ['stju:pid] **I** *bn* dom, stom, onzinnig; saai; (ver)suf(t); **II** *znw* gemeenz stommerik

stupidity [stju'piditi] *znw* domheid &; stomheid

stupor ['stju:pə] *znw* verdoving, bedwelming, gevoelloosheid; stomme verbazing

sturdy ['stə:di] *bn* sterk, stoer, stevig

sturgeon ['stə:dʒən] *znw* steur

stutter ['stʌtə] **I** *onoverg & overg* stotteren, hakkelen; **II** *znw* gestotter *o*, gehakkel *o*

sty [stai] *znw* **1** varkenshok² *o*, kot² *o*; **2** (ook: *stye*) med strontje *o* (op het oog)

Stygian ['stidʒiən] *bn* duister, donker (als de mythologische rivier Styx)

style [stail] **I** *znw* stijl°, wijze, manier, (schrijf)trant; soort, genre *o*; plantk stijl [v. stamper]; *free ~* vrije slag [zwemmen]; *~ of writing* stijl, schrijftrant; *there is no ~ about her* zij heeft geen cachet; *in ~, in fine (good) ~* in stijl; volgens de regelen der kunst; in de puntjes; met glans; *in (high) ~* op grote voet; **II**

overg noemen, betitelen; ontwerpen, vormgeven [auto, japon &]
stylish *bn* naar de (laatste) mode, stijlvol, elegant, fijn, chic, zwierig
stylist *znw* stilist
stylistic [stai'listik] **I** *bn* stilistisch, stijl-; **II** *znw*: *~s* stijlleer
stylite ['stailait] *znw* pilaarheilige
stylize ['stailaiz] *overg* stileren
stylus ['stailəs] *znw* (*mv*: styluses *of* styli [-lai]) naald (v. pick-up)
stymie ['staimi] *overg* hinderen [bij golfsport]; fig verijdelen [plan], verhinderen; mat zetten [tegenstander]
styptic ['stiptik] *bn (znw)* bloedstelpend (middel *o*)
Styx [stiks] *znw* Styx (mythologische rivier); *cross the ~* doodgaan, sterven
suasion ['sweiʒən] *znw* morele druk
suave [sweiv] *bn* minzaam, voorkomend, vriendelijk [v. wijn], zacht
suavity ['swa:viti, 'sweiviti, 'swæviti] *znw* minzaamheid &
1 sub [sʌb] *znw* gemeenz verk. v. *subaltern, sub-editor, sub-lieutenant, submarine, subscription, substitute*; slang voorschot *o*
2 sub [sʌb] *voorz* [Lat] onder; *~ judice* nog niet door een rechter beslist; *~ rosa* onder geheimhouding
3 sub- [sʌb] *voorv* onder, bijna, bij, naar, lager, kleiner, ongeveer
subacid ['sʌb'æsid] *bn* zurig; fig zuurzoet
subaltern ['sʌbltən] **I** *bn* subaltern, ondergeschikt; lager; **II** *znw* onderambtenaar; mil officier beneden de rang van kapitein, jong luitenantje *o*
subaquatic [sʌbə'kwætik] *bn* onderwater-
subatomic ['sʌbə'tɔmik] *bn* subatomair
subaudition [sʌbɔ:'diʃən] *znw* stilzwijgend begrijpen *o* van betekenis (bedoeling), tussen de regels kunnen doorlezen *o*
subclass ['sʌbkla:s] *znw* onderklasse
subcommittee ['sʌbkə'miti] *znw* subcommissie
subconscious ['sʌb'kɔnʃəs] **I** *bn* onderbewust; **II** *znw* onderbewuste *o*; onderbewustzijn *o*
subcontinent ['sʌb'kɔntinənt] *znw* subcontinent *o*
subcontractor ['sʌbkən'træktə] *znw* onderaannemer; toeleveringsbedrijf *o*
subculture ['sʌb'kʌltʃə] *znw* subcultuur
subcutaneous [sʌbkju'teiniəs] *bn* onderhuids
subdeacon ['sʌb'di:kən] *znw* RK subdiaken; onderdiaken
subdivide ['sʌbdi'vaid] **I** *overg* in onderafdelingen verdelen, onderverdelen; **II** *onoverg* in onderafdelingen gesplitst worden, zich weer (laten) verdelen
subdivision ['sʌbdiviʒən] *znw* onderafdeling; onderverdeling
subdue [səb'dju:] *bn* onderwerpen, klein krijgen; beheersen [hartstochten], bedwingen; temperen [v. licht &]; *~d* ook: gedempt; gedekt; stil, zacht, zichzelf meester; ingehouden
sub-edit ['sʌb'edit] *overg* persklaar maken, redigeren
sub-editor ['sʌb'editə] *znw* secretaris v.d. redactie
subfusc ['sʌbfʌsk] *bn* donker [v. kleur]
subgroup ['sʌb'gru:p] *znw* subgroep
sub-heading ['sʌbhediŋ] *znw* ondertitel
subhuman ['sʌb'hju:mən] *bn* minder dan menselijk
subjacent [sʌb'dʒeisənt] *bn* lager gelegen
subject I *bn* ['sʌbdʒikt] onderworpen; *~ to* onderworpen aan; onderhevig aan, vatbaar voor; last hebbend van [duizelingen &]; afhankelijk van; *~ to the approval of...* behoudens de goedkeuring van...; *~ to such conditions as...* onder zodanige voorwaarden als...; **II** *znw* onderdaan; persoon, individu *o*; proefpersoon, -dier *o*; kadaver *o* [voor de snijkamer]; subject *o*; onderwerp° *o*; (leer)vak *o*; muz thema *o*; aanleiding, motief *o*; *a ~ for...* een voorwerp van...; *on the ~ of...* ook: inzake..., over...; **III** *overg* [səb'dʒekt] onderwerpen, blootstellen (aan *to*)
subjection *znw* onderwerping; afhankelijkheid; onderworpenheid
subjective [səb'dʒektiv] **I** *bn* subjectief; onderwerps-; *~ case* eerste naamval, nominatief; **II** *znw* eerste naamval, nominatief
subjectivity [sʌbdʒek'tiviti] *znw* subjectiviteit
subject-matter ['sʌbdʒiktmætə] *znw* stof, onderwerp *o* [behandeld in een boek]
subjoin [sʌb'dʒɔin] *overg* toe-, bijvoegen
subjugate ['sʌbdʒugeit] *overg* onder het juk brengen; (aan zich) onderwerpen
subjugation [sʌbdʒu'geiʃən] *znw* onderwerping
subjunctive [səb'dʒʌŋktiv] **I** *bn*: *~ mood* = **II** *znw* aanvoegende wijs, conjunctief
sublease ['sʌb'li:s] **I** *znw* ondercontract *o*; onderverhuring, -verpachting; **II** *overg* onderverpachten, -verhuren
sublessee ['sʌble'si:] *znw* onderhuurder, -pachter
sublessor ['sʌble'sɔ:] *znw* onderverhuurder, -verpachter
sublet ['sʌb'let] *overg* onderverhuren; onderaanbesteden
sub-lieutenant ['sʌble'tenənt] *znw* luitenant ter zee 2de klasse
sublimate *overg* sublimeren; verheffen; zuiveren
sublimation [sʌbli'meiʃən] *znw* sublimering; op-, verheffing, veredeling
sublime [sə'blaim] **I** *bn* subliem, verheven, hoog; voortreffelijk; indrukwekkend, majesteus; gemeenz uiterst; **II** *znw* verhevene *o*; *going from the ~ to the ridiculous* ± van het ene in het andere uiterste vallen
subliminal [sʌb'liminl] *bn* subliminaal, onderbewust
sublimity [sə'blimiti] *znw* sublimiteit, verhevenheid, hoogheid
sublunary [səblu:nəri] *bn* ondermaans, van deze

wereld
sub-machine gun ['sʌbmə'ʃi:ngʌn] *znw* handmitrailleur
submarine ['sʌbməri:n] **I** *bn* onderzees; **II** *znw* onderzeeboot, onderzeeër, duikboot
submerge [səb'mə:dʒ] **I** *overg* onderdompelen, onder water zetten, overstromen², fig bedelven; *be ~d* ook: ondergelopen zijn; *the ~d* de armen; **II** *onoverg* (onder)duiken; (weg)zinken
submergence *znw* onderdompeling; overstroming
submersible I *bn* onder water gezet (gelaten) kunnende worden; **II** *znw* duikboot
submersion *znw* onderdompeling; overstroming
submission [səb'miʃən] *znw* onderwerping, voor-, overlegging; onderworpenheid, onderdanigheid, nederigheid; recht mening
submissive *bn* onderdanig, nederig, onderworpen, ootmoedig, gedwee
submit [səb'mit] **I** *overg* onderwerpen, voorleggen (ter beoordeling); overleggen; menen, de opmerking maken (dat *that*); **II** *wederk*: *~ oneself* zich onderwerpen; **III** *onoverg* zich onderwerpen (aan *to*)
subnormal ['sʌb'nɔ:məl] *bn* beneden het normale
subordinate [sə'bɔ:dinit] **I** *bn* ondergeschikt, mil onderhebbend; *~ clause* bijzin; **II** *znw* ondergeschikte, mil onderhebbende; **III** *overg* [sə'bɔ:dineit] ondergeschikt maken, achterstellen (bij *to*)
subordinating *bn* onderschikkend [voegwoord]
subordination [səbɔ:di'neiʃən] *znw* ondergeschiktheid; ondergeschiktmaking; gramm onderschikking; minderwaardigheid; onderworpenheid
suborn [sʌ'bɔ:n, sə'bɔ:n] *overg* omkopen
subornation [sʌbɔ:'neiʃən] *znw* omkoping, aanzetting [tot meineed]
subpoena [səb'pi:nə] **I** *znw* dagvaarding; **II** *overg* dagvaarden
subscribe [səb'skraib] **I** *overg* bijeenbrengen [geld]; *~d capital* geplaatst kapitaal *o*; *the sum was ~d several times over* verscheidene malen voltekend; **II** *onoverg* (onder)tekenen, intekenen (op *for, to*); contribueren; *~ to a newspaper* zich op een krant abonneren; *I cannot ~ to that* ik kan die mening niet onderschrijven
subscriber *znw* ondertekenaar; intekenaar, abonnee
subscript ['sʌbskript] *znw* onderschrift *o*, -titeling
subscription [səb'skripʃən] *znw* onderschrift *o*; ondertekening; inschrijving, intekening; abonnement *o*; contributie [als lid]; bijdrage [voor goed doel]
subsection ['sʌb'sekʃən] *znw* onderafdeling
subsequent ['sʌbsikwənt] *bn* (later) volgend, later; *~ to* volgend op, komend na; later dan
subsequently *bijw* vervolgens, naderhand, daarna, later
subserve [səb'sə:v] *overg* plechtig gunstig zijn voor
subservience *znw* dienstbaarheid, ondergeschiktheid; kruiperige onderdanigheid
subservient *bn* dienstbaar, ondergeschikt; kruiperig onderdanig; plechtig gunstig (voor *to*)
subside [səb'said] *onoverg* zinken, zakken, verzakken; tot bedaren komen, bedaren, gaan liggen [v. wind &], luwen; afnemen; zich neerlaten of neervlijen [in armstoel &]
subsidence [səb'saidəns, 'sʌbsidəns] *znw* zinken *o*, zakken *o*; inzinking [bodem]; verzakking [gebouw]; gaan liggen *o* [wind]
subsidiary [səb'sidjəri] **I** *bn* neven-; ondergeschikt; *~ company* handel dochtermaatschappij; **II** *znw* handel dochtermaatschappij
subsidization [sʌbsidai'zeiʃən] *znw* subsidiëring
subsidize ['sʌbsidaiz] *overg* subsidiëren, subsidie verlenen aan, geldelijk steunen
subsidy *znw* subsidie
subsist [səb'sist] *onoverg* bestaan, leven (van *on*); blijven bestaan
subsistence *znw* (middel *o* van) bestaan *o*; (levens-) onderhoud *o*, leeftocht; *~ level* bestaansminimum *o*
subsoil ['sʌbsɔil] *znw* ondergrond
subsonic [sʌb'sɔnik] *bn* lager dan de snelheid van het geluid
subspecies ['sʌb'spi:ʃi:z] *znw* (*mv* idem) biol ondersoort
substance ['sʌbstəns] *znw* zelfstandigheid, stof; substantie, wezen *o*, essentie, wezenlijkheid; wezenlijke of zakelijke inhoud, hoofdzaak, kern, voornaamste *o*; degelijkheid; vermogen *o*; *in ~* in hoofdzaak; in wezen; *man of ~* welgesteld man
sub-standard ['sʌb'stændəd] *bn* onder de norm; *~ film* smalfilm
substantial [səb'stænʃəl] *bn* aanzienlijk, flink; degelijk, stevig, solide; bestaand; wezenlijk, stoffelijk, werkelijk; welgesteld
substantiality [səbstænʃi'æliti] *znw* stoffelijkheid, wezenlijkheid, degelijkheid
substantially [səb'stænʃəli] *bijw* ook: in hoofdzaak; in wezen
substantiate [səb'stænʃieit] *overg* met bewijzen staven, verwezenlijken
substantiation [səbstænʃi'eiʃən] *znw* staving (met bewijzen), bewijs *o*; verwezenlijking
substantive ['sʌbstəntiv] **I** *bn* zelfstandig°; onafhankelijk; wezenlijk; **II** *znw* zelfstandig naamwoord *o*
sub-station ['sʌb'steiʃən] *znw* elektr onderstation *o*
substitute ['sʌbstitju:t] **I** *znw* plaatsvervanger, substituut; sp invaller, wisselspeler; surrogaat *o*, vervangingsmiddel *o*; **II** *overg* vervangen, de plaats vervullen van; in de plaats stellen
substitution [sʌbsti'tju:ʃən] *znw* substitutie, (plaats)vervanging; *in ~ for* ter vervanging van
substratum ['sʌb'stra:təm] *znw* (*mv*: -ta [-tə]) substraat *o*; onderlaag, ondergrond
substructure ['sʌbstrʌktʃə] *znw* onderbouw, grondslag

subsume [səb'sju:m] *overg* onderbrengen, rangschikken, indelen [in categorie]
subtenant ['sʌb'tenənt] *znw* onderhuurder
subtend [səb'tend] *overg* tegenover liggen [v. zijde, hoek, in meetkunde]
subterfuge ['sʌbtəfju:dʒ] *znw* uitvlucht
subterranean [sʌbtə'reiniən] *bn* ondergronds, onderaards; fig heimelijk
subtitle ['sʌbtaitl] **I** *znw* ondertitel [v. boek, geschrift, film]; **II** *overg* ondertitelen; van ondertitels/een ondertitel voorzien
subtle ['sʌtl] *bn* subtiel, fijn; ijl^2; fig spitsvondig, listig
subtlety *znw* subtiliteit, fijnheid; ijlheid^2; fig spitsvondigheid, list(igheid); *subtleties* ook: finesses
subtract [səb'trækt] *overg* aftrekken; ~ *from* aftrekken van; afdoen van, verminderen, verkleinen
subtraction [səb'trækʃən] *znw* aftrekking, vermindering
subtrahend ['sʌbtrəhend] *znw* wisk aftrekker
subtropical ['sʌb'trɔpikl] *bn* subtropisch
subtropics *znw mv* subtropen
suburb ['sʌbə:b] *znw* voorstad, buitenwijk
suburban [sə'bə:bən] *bn* voorstedelijk; fig kleinburgerlijk
suburbanite *znw* geringsch bewoner van voorstad of buitenwijk
suburbia *znw* voorsteden (vooral van Londen); levensstijl in voorsteden
subvention [səb'venʃən] *znw* subsidie
subversion [səb'və:ʃən] *znw* omverwerping, fig ondermijning
subversive *bn* revolutionair, subversief, fig ondermijnend; *be ~ of* omverwerpen, ondermijnen
subvert *overg* omverwerpen, fig ondermijnen
subway ['sʌbwei] *znw* (voetgangers)tunnel; Am metro
succeed [sək'si:d] **I** *overg* volgen op, komen na; opvolgen; **II** *onoverg* opvolgen (ook: ~ *to*), volgen (op *to*); succes hebben, goed uitvallen, (ge)lukken, slagen; *he ~ed in ...ing* hij slaagde er in te..., het gelukte hem te...; *nothing ~s with me* niets (ge)lukt mij
success [sək'ses] *znw* succes *o*, welslagen *o*, goed gevolg *o*; (gunstige) afloop, uitslag; *meet with great ~* veel succes hebben; ~ *story* succesverhaal *o*
successful *bn* succesvol, geslaagd, succes-; voorspoedig, gelukkig; *be ~ in ...ing* er in slagen om...
succession [sək'seʃən] *znw* opeenvolging, volgorde, reeks; successie, opvolging, erf-, troonopvolging; opvolgend geslacht *o*; *in ~* achtereen, achter elkaar, achtereenvolgens; *in ~ to* als opvolger van; na
successive *bn* (opeen)volgend, achtereenvolgend; *for three ~ days* drie dagen achtereen
successively *bijw* achtereenvolgens, successievelijk
successor *znw* (troon)opvolger
succinct [sək'siŋkt] *bn* beknopt, bondig, kort
succour, Am **succor** ['sʌkə] **I** *overg* bijstaan, te hulp komen, helpen; **II** *znw* bijstand, steun, hulp
succulence ['sʌkjuləns] *znw* sappigheid^2
succulent **I** *bn* sappig^2; ~ *plant* = **II** *znw* vetplant, succulent
succumb [sə'kʌm] *onoverg* bezwijken (voor, aan *to*)
succursal [sə'kə:səl] *bn* hulp-, bij-
such [sʌtʃ] **I** *bn* zulk (een), zo('n), zodanig; van dien aard, dergelijk; ~ *a one* zo een, een dergelijke; ~ *a thing* zoiets, iets dergelijks; *some ~ thing* iets van dien aard; ~ *are...* dat zijn...; ~ *money as I have* het geld dat ik heb; **II** *vnw* zulks, dergelijke dingen; ~ *as* zoals; zij die, die welke, degenen die; *as ~* als zodanig; ~ *and ~* die en die; dit of dat; *all ~* al diegenen
suchlike *bn* & *znw* dergelijk(e)
suck [sʌk] **I** *overg* zuigen (op, aan), in-, op-, uitzuigen^2; *teach your grandmother to ~ eggs* het ei wil wijzer zijn dan de hen; ~ *in* op-, inzuigen, indrinken^2; verzwelgen; slang bedotten, bedriegen; ~ *up* op-, inzuigen; ~ *up to* slang vleien; **II** *onoverg* zuigen; lens zijn [v. pomp]; ~ *at* zuigen op (aan); **III** *znw* zuigen *o*; zuiging; slokje *o*; *give ~ to* zogen; *have (take) a ~ at* eens zuigen aan
sucker *znw* zuiger; zuigleer *o*; zuigbuis; dierk zuignap; dierk zuigvis; jonge walvis; speenvarken *o*; plantk uitloper; gemeenz sul
sucking-pig *znw* speenvarken *o*
suckle ['sʌkl] *overg* zogen; fig grootbrengen
suckling *znw* zuigeling; dierk nog zuigend dier *o*
suction ['sʌkʃən] *znw* het (in)zuigen *o*; zuiging
suction dredge(r) *znw* zuigbaggermachine, zandzuiger
suction-pump *znw* zuigpomp
Sudan [su:'da:n] *znw* Soedan *o*
Sudanese [su:də'ni:z] **I** *znw* (*mv* idem) Soedanees; **II** *bn* Soedanees
sudatorium [sju:də'tɔ:riəm] *znw* (*mv*: sudatoria [-riə]) zweetbad *o*
sudatory ['sju:dətəri] **I** *bn* zweet-; **II** *znw* zweetbad *o*
sudden ['sʌdn] *bn* schielijk, plotseling, onverhoeds; *all of a ~* plotseling, eensklaps, onverhoeds
suddenly *bijw* plotseling, eensklaps
sudorific [sju:də'rifik] **I** *bn* zweetdrijvend; **II** *znw* zweetdrijvend middel *o*, zweetmiddel *o*
suds [sʌdz] *znw mv* (zeep)sop *o*, zeepschuim *o*
sue [s(j)u:] **I** *overg* in rechten aanspreken, vervolgen; verzoeken (om *for*); ~ *sbd. for debt* iem. wegens schuld laten vervolgen; **II** *onoverg* verzoeken; ~ *for damages* een eis tot schadevergoeding instellen
suede [sweid] *znw* suède *o & v*
suet ['s(j)u:it] *znw* niervet *o*
suffer ['sʌfə] **I** *overg* lijden; te lijden hebben; de dupe zijn van; ondergaan; dulden, uithouden, (ver)dragen, uitstaan; **II** *onoverg* lijden; er onder lijden; de dupe zijn; boeten (ook: op het schavot); ~ *badly (severely)* het erg moeten ontgelden; ~ *for it*

er voor boeten; het (moeten) ontgelden; ~ *from* lijden aan, last hebben van; te lijden hebben van; de dupe zijn van

sufferance *znw* toelating, (lijdelijke) toestemming, (negatief) verlof *o*; *be admitted on* ~ ergens geduld worden

sufferer *znw* lijder, patiënt; slachtoffer *o*; *they are the heaviest ~s* zij hebben er het meest bij verloren

suffering I *bn* lijdend; **II** *znw* lijden *o*, nood; *~s* lijden *o*

suffice [sə'fais] **I** *onoverg* genoeg zijn, voldoende zijn, toereikend zijn; ~ *it to say that...* we kunnen volstaan met te zeggen dat...; **II** *overg* voldoende zijn voor

sufficiency [sə'fiʃənsi] *znw* genoeg om van te leven, voldoende hoeveelheid (voorraad); voldoend aantal *o*

sufficient *bn* genoeg, voldoende, toereikend (voor *for, to*...); ~ *unto the day is the evil thereof* bijbel elke dag heeft genoeg aan zijn eigen kwaad; ook: geen zorgen voor de dag van morgen

suffix ['sʌfiks] **I** *znw* achtervoegsel *o*; **II** *overg* achtervoegen

suffocate ['sʌfəkeit] **I** *overg* verstikken, smoren, doen stikken; **II** *onoverg* stikken, smoren

suffocation [sʌfə'keiʃən] *znw* stikken *o*, verstikking

suffragan ['sʌfrəgən] *bn (znw)* (ook: ~ *bishop, bishop* ~) suffragaanbisschop [onderhorige bisschop], wijbisschop

suffrage ['sʌfridʒ] *znw* kies-, stemrecht *o*; plechtig stem

suffragette [sʌfrə'dʒet] *znw* suffragette

suffuse [sə'fju:z] *overg* vloeien over [v. licht, kleur, vocht]; stromen langs [v. tranen]; overgieten, overspreiden, overdekken (met *with*)

suffusion *znw* overgieting, overdekking; blos, bloeduitstorting (onder de huid); waas *o*, sluier

sugar ['ʃugə] **I** *znw* suiker; **II** *overg* suikeren, suiker doen in of bij; ~ *the pill* de pil vergulden; *~ed words* suikerzoete woordjes

sugar-basin *znw* suikerpot

sugar-beet *znw* suikerbiet

sugar-bowl *znw* suikerpot

sugar-candy *znw* kandijsuiker

sugar-cane *znw* suikerriet *o*

sugar-coat *overg* met een suikerlaagje bedekken; fig versuikeren; ~ *the pill* de pil vergulden

sugar-daddy *znw* slang rijk oud heertje *o* als vriend van jong vrouwspersoon

sugar-loaf *znw* suikerbrood *o*

sugar lump *znw* suikerklontje *o*

sugarplum *znw* suikerboon [snoep]

sugary *bn* suiker(acht)ig, suikerzoet[2], suiker-

suggest [sə'dʒest] **I** *overg* aan de hand doen, opperen, voorstellen, in overweging geven, aanraden; suggereren, doen denken aan, doen vermoeden; ingeven, inblazen, influisteren; **II** *wederk*: ~ *itself* zich vanzelf opdringen, vanzelf opkomen [v. gedachte], invallen

suggestible *bn* suggestibel: voor suggestie vatbaar; gesuggereerd & kunnende worden

suggestion *znw* voorstel *o*, aanraden *o*, idee *o & v*; suggestie, ingeving, inblazing, influistering; aanduiding; wenk; *a ~ of...* iets wat doet denken aan...; *at my* ~ op mijn voorstel, na mijn uiteenzetting; *on the ~ of* op voorstel van; ~ *box* ideeënbus

suggestive *bn* suggestief, een aanwijzing bevattend, te denken, te vermoeden of te raden gevend; veelbetekenend, dubbelzinnig [opmerking]; (nieuwe) gedachten wekkend; nieuwe gezichtspunten openend [v. boek &]; *be ~ of* doen denken aan, wijzen op

suicidal [s(j)ui'saidl] *bn* zelfmoord(enaars)-; *it would be ~ to...* het zou met zelfmoord gelijkstaan

suicide ['s(j)uisaid] *znw* zelfmoord(enaar)

suit [s(j)u:t] **I** *znw* verzoek(schrift) *o*, aanzoek *o*; rechtsgeding *o*, proces *o*; kaartsp kleur; kostuum *o*, pak *o* (kleren); (mantel)pakje *o*, deux-pièces [= jasje en rok]; stel *o*; ~ *of armour* wapenrusting; ~ *of mourning* rouwkostuum *o*; *long* ~ kaartsp lange kleur; *... is (not) his strong ~* ...is zijn fort (niet); *bring (file) a ~ against* een aanklacht indienen tegen; zie ook: *follow I*; **II** *overg* passen, voegen, geschikt zijn voor, gelegen komen, schikken; (goed) komen bij, (goed) bekomen; aanpassen (aan *to*); *he is hard to* ~ hij is moeilijk te voldoen; *the part does not ~ her* de rol ligt haar niet; *red does not ~ her* rood staat haar niet; *it ~ed my book (my case, my game, my purpose)* het kwam net goed uit, het kwam in mijn kraam te pas; *he is not ~ed to be a lawyer* hij deugt niet voor advocaat; ~ *the action to the word* de daad bij het woord voegen; **III** *wederk*: ~ *oneself* naar eigen goeddunken handelen; zich voorzien; iets naar zijn gading vinden; ~ *yourself!* ga je gang maar!, doe maar wat je wilt! (het zal mij een zorg zijn); **IV** *onoverg & abs ww* gelegen komen; bijeenkomen, passen bij [v. kleuren]

suitable ['s(j)u:təbl] *bn* gepast, voegzaam, passend; geschikt

suit-case ['s(j)u:tkeis] *znw* koffer

suite [swi:t] *znw* suite [v. kamers & muz]; ~ *(of furniture)* ameublement *o*

suited ['s(j)u:tid] *bn* geschikt (voor *for, to*); zie *suit*

suiting ['s(j)u:tiŋ] *znw* kostuumstof

suitor ['s(j)u:tə] *znw* plechtig vrijer, minnaar, pretendent

sulk [sʌlk] **I** *onoverg* pruilen, mokken; het land hebben; **II** *znw* gepruil *o*, gemok *o*; landerigheid; *have (be in) the ~s* het land hebben; (zitten) pruilen

sulky *bn* pruilend, gemelijk, bokkig, landerig

sullen ['sʌlən] *bn* nors, bokkig, korzelig, knorrig; somber

sully ['sʌli] *overg* besmeuren, bevlekken, bezoedelen

sulphate ['sʌlfeit] *znw* sulfaat *o*

sulphur, Am **sulfur** ['sʌlfə] *znw* zwavel

sulphurate *overg* zwavelen
sulphureous, Am **sulfureous** [sʌl'fjuəriəs] *bn* zwavelig, zwavelachtig, zwavel-; zwavelkleurig
sulphuretted ['sʌlfjuretid] *bn*: ~ *hydrogen* zwavelwaterstof
sulphuric [sʌl'fjuərik] *bn* zwavelig; ~ *acid* zwavelzuur *o*
sulphurize ['sʌlfjuraiz] *overg* zwavelen
sulphurous *bn* = *sulphureous*
sultan ['sʌltən] *znw* sultan
sultana [sʌl'ta:nə] *znw* sultane; sultanarozijn
sultry ['sʌltri] *bn* zwoel[2]; drukkend (heet)
sum [sʌm] **I** *znw* som°; handel somma; bedrag *o*; ~ *(total)* totaal *o*; (mager) resultaat *o*; *the ~ (and substance) of...* de zakelijke inhoud van..., de kern [v. betoog &]; *he is good at ~s* vlug in het rekenen; *in ~* summa summarum, om kort te gaan; *do one's ~s* gemeenz logisch denken; **II** *overg* samen-, optellen (ook: ~ *up*); ~ *up* opsommen, (kort) samenvatten, resumeren; ~ *sbd. up* zich een opinie vormen omtrent iem., iem. peilen
summarily ['sʌmərili] *bijw* summier(lijk), in het kort, beknopt
summarize *overg* kort samenvatten
summary I *bn* beknopt, kort; summier; snel; *do ~ justice on* volgens het standrecht vonnissen; korte metten maken met; ~ *proceedings* recht kort geding *o*; **II** *znw* (korte) samenvatting, resumé *o*, kort begrip *o*, kort overzicht *o*
summation [sʌ'meiʃən] *znw* optelling, som; samenvatting; slotpleidooi *o*
1 summer ['sʌmə] **I** *znw* zomer[2] [ook: jaar]; **II** *onoverg* de zomer doorbrengen
2 summer ['sʌmə] *znw* dwars-, schoorbalk
summer-house ['sʌməhaus] *znw* tuinhuis *o*, prieel *o*
summer lightning *znw* weerlicht *o & m*
summerlike, **summerly** *bn* zomerachtig, zomers, zomer-
summersault *znw* = *somersault*
summer-school ['sʌməskul] *znw* zomercursus, vakantiecursus
summer(-)time *znw* zomerse tijd, zomertijd°
summery *bn* zomers, zomer-
summing-up ['sʌmiŋ'ʌp] *znw* samenvatting, resumé *o* [vooral v. rechter]
summit ['sʌmit] *znw* top, kruin, toppunt[2] *o*; maximum *o*; topconferentie; ~ *level* topniveau *o*, hoogste niveau *o*; ~ *meeting* politieke topconferentie
summon ['sʌmən] *overg* sommeren, dagvaarden, bekeuren [iem.]; ontbieden, (op)roepen, opeisen [een stad]; bijeenroepen [vergadering]; ~ *up one's courage* zijn moed verzamelen, zich vermannen
summons ['sʌmənz] **I** *znw* sommatie°, dagvaarding, oproep(ing); bekeuring; **II** *overg* dagvaarden; procesverbaal opmaken tegen
sump [sʌmp] *znw* vergaarbak, put; techn oliereservoir *o* [v. motor]
sumpter ['sʌm(p)tə] *znw* vero pakpaard, pakezel &
sumptuary ['sʌmptjuəri] *bn*: ~ *laws* onderw weeldebeperkende wetten
sumptuous *bn* kostbaar, prachtig, rijk, weelderig
sun [sʌn] **I** *znw* zon[2], zonneschijn; *a place in the ~* fig voorspoed; *against the ~* tegen de zon in; *with the ~* in de richting van de zon; **II** *wederk*: ~ *oneself* zonnen, zich koesteren in de zon
sun-bath *znw* zonnebad *o*
sun-bathe *onoverg* zonnebaden
sun-bather *znw* zonnebader, -baadster
sun-bathing *znw* zonnebaden *o*
sunbeam *znw* zonnestraal
sun-blind *znw* zonnescherm *o*, markies
sunburn *znw* verbrandheid door de zon, zonnebrand
sunburnt *bn* (door de zon) verbrand, gebruind, getaand
sundae ['sʌndei] *znw* soort vruchtenijs *o*
Sunday ['sʌndi, -dei] *znw* zondag; *his ~ best* zijn zondagse kleren
Sunday school *znw* zondagsschool
sunder ['sʌndə] **I** *overg* plechtig (vaneen)scheiden[2], vaneenscheuren; **II** *znw*: *in ~* plechtig in stukken
sundew ['sʌndju:] *znw* zonnedauw [plant]
sun-dial ['sʌndaiəl] *znw* zonnewijzer
sundown *znw* zonsondergang
sundowner *znw* gemeenz borrel of drankje *o*, genuttigd bij zonsondergang; Austr zwerver
sun-drenched ['sʌndrenʃt] *bn* zonovergoten
sundried ['sʌndraid] *bn* in de zon gedroogd
sundries ['sʌndriz] *znw mv* diversen, allerlei, allerhande zaken
sundry *bn* diverse, allerlei; zie *all*
sunflower ['sʌnflauə] *znw* zonnebloem
sung [sʌŋ] V.D. van *sing*
sun-glasses ['sʌngla:siz] *znw mv* zonnebril
sun-god ['sʌngɔd] *znw* zonnegod
sunhat *znw* zonnehoed
sun-helmet *znw* tropenhelm
sunk [sʌŋk] V.D. van *[1]sink*
sunken *bn* (in)gezonken, ingevallen [v. wangen], diepliggend [v. ogen]; hol [v. weg]; ~ *rocks* blinde klippen
sun-lamp ['sʌnlæmp] *znw* hoogtezon(apparaat *o*)
sunless *bn* zonder zon, somber
sunlight *znw* zonlicht *o*, zonneschijn
sunlit *bn* door de zon verlicht, zonnig
sun-lounger *znw* ligstoel [om in te zonnen]
sunny *bn* zonnig[2]; ~ *side* zonzijde[2]; *eggs ~-side-up* spiegeleieren
sunrise *znw* zonsopgang
sunroof *znw* auto schuifdak *o*
sunset *znw* zonsondergang
sunshade *znw* parasol, zonnescherm *o*; zonneklep
sunshine *znw* zonneschijn[2]; zonnetje *o*
sunshiny *bn* zonnig[2]
sunspot *znw* zonnevlek

sunstroke *znw* zonnesteek
sun-tan *znw* zonnebruin *o*; *get a* ~ bruin worden
sun-tanned *bn* bruin, door de zon gebruind
sun-trap *znw* beschut zonnig hoekje *o*
sun-up *znw* Am zonsopgang
sunwise *bijw* met de zon mee
sun-worship *znw* zonnedienst
sup [sʌp] **I** *onoverg* nippen, lepelen; het avondmaal gebruiken, 's avonds eten, souperen; **II** *overg* met kleine teugjes drinken, slurpen; **III** *znw* slokje *o*, teugje *o*
super ['s(j)u:pə] **I** *znw* gemeenz **1** figurant (verk. van *supernumerary*); **2** ± commissaris (van politie) (verk. van *superintendant*); **II** *voorv* super-, extra-, bij-, over-, boven-; **III** *bn* gemeenz super, reuze, buitengewoon
superable ['s(j)u:pərəbl] *bn* overkomelijk
superabound [s(j)u:pərə'baund] *onoverg* in overvloed aanwezig zijn; ~ *in (with)* overvloedig (ruim, rijkelijk) voorzien zijn van
superabundance [s(j)u:pərə'bʌndəns] *znw* overvloed
superabundant *bn* overvloedig
superadd [s(j)u:pə'ræd] *overg* (er) nog bijvoegen
superaddition [s(j)u:pərə'diʃən] *znw* bijvoeging
superannuate [s(j)u:pə'rænjueit] *overg* ontslaan wegens gevorderde leeftijd; pensioneren; ~*d* ook: op stal gezet, afgedankt; verouderd, onbruikbaar (geworden)
superannuation [s(j)u:pərænju'eiʃən] *znw* pensionering; pensioen *o*
superb [s(j)u'pə:b] *bn* prachtig, groots; magnifiek
supercargo ['s(j)u:pəka:gou] *znw* (*mv*: -goes) supercarga: opzichter (bij verkoop) van een lading
supercharge ['s(j)u:pətʃa:dʒ] *overg* aanjagen [motor]
supercharger *znw* aanjager [v. motor]
supercilious [s(j)u:pə'siliəs] *bn* trots, verwaand, laatdunkend
super-duper ['s(j)u:pə'dju:pə] *bn* slang geweldig, buitengewoon
super-ego ['s(j)u:pəregou, -i:gou] *znw* superego *o*
supereminence [s(j)u:pər'eminəns] *znw* uitmuntendheid, voortreffelijkheid
supereminent *bn* alles overtreffend, boven alles uitmuntend
supereminently *bijw* uitmuntend; versterkend ongemeen
supererogation [s(j)u:pərerə'geiʃən] *znw* het meer doen dan waartoe men verplicht is; *works of* ~ overtollige goede werken
supererogatory [s(j)u:pəre'rɔgətəri] *bn* meer dan verplicht is; overtollig, overbodig
superficial [s(j)u:pə'fiʃəl] *bn* aan de oppervlakte, oppervlakkig; vlakte-; ~ *foot* vierkante voet
superficiality [s(j)u:pəfiʃi'æliti] *znw* oppervlakkigheid
superficies [s(j)u:pə'fiʃi:z] *znw* (*mv* idem) oppervlakte
superfine ['s(j)u:pə'fain] *bn* uiterst verfijnd, extra fijn, prima
superfluity [s(j)u:pə'fluiti] *znw* overtolligheid, overbodigheid; overvloed(igheid)
superfluous [s(j)u'pə:fluəs] *bn* overtollig, overbodig, overvloedig
superheat [s(j)u:pə'hi:t] *overg* oververhitten
superhighway ['s(j)u:pə'haiwei] *znw* Am autosnelweg
superhuman [s(j)u:pə'hju:mən] *bn* bovenmenselijk
superimpose ['s(j)u:pərim'pouz] *overg* erbovenop plaatsen; bovendien opleggen
superincumbent [s(j)u:pəin'kʌmbənt] *bn* bovenopliggend, -drukkend
superinduce [s(j)u:pəin'dju:s] *overg* toe-, bijvoegen
superinduction [s(j)u:pəin'dʌkʃən] *znw* toe-, bijvoeging
superintend [s(j)u:pərin'tend] **I** *overg* het toezicht hebben over, beheren, controleren; **II** *onoverg* surveilleren
superintendence *znw* (opper)toezicht *o*
superintendent *znw* opziener, opzichter, inspecteur; ± commissaris (van politie); directeur; administrateur; *medical* ~ geneesheer-directeur
superior [s(j)u'piəriə] **I** *bn* superieur, voortreffelijk; opper-, boven-, hoofd-, hoger, beter, groter; *with a* ~ *air* met een (hooghartig) air; uit de hoogte; ~ *numbers* numerieke meerderheid, overmacht; *be* ~ *to* staan boven°, overtreffen; verheven zijn boven; **II** *znw* superieur; meerdere; *he has no* ~ niemand is hem de baas, overtreft hem; *Father S*~ vader-overste, kloostervader; *Mother S*~ moeder-overste, kloostermoeder
superiority [s(j)upiəri'ɔriti] *znw* superioriteit, meerdere voortreffelijkheid; meerderheid; overmacht, voorrang, hoger gezag *o*
superjacent [s(j)u:pə'dʒeisənt] *bn* erop of erboven liggend
superlative [s(j)u'pə:lətiv] **I** *bn* alles overtreffend; van de beste soort; hoogste; ~ *degree* = **II** *znw* overtreffende trap
superlatively *bijw* in de hoogste graad; versterkend bovenmate, buitengemeen; gramm (als) superlatief
superman ['s(j)u:pəmæn] *znw* superman; Übermensch
supermarket ['s(j)u:pəma:kit] *znw* supermarkt
supernal [s(j)u'pə:nl] *bn* plechtig hemels
supernatural [s(j)u:pə'nætʃrəl] *bn* bovennatuurlijk
supernumerary [s(j)u:pə'nju:mərəri] **I** *bn* boven het bepaalde getal, extra-; **II** *znw* surnumerair; overtollige persoon of zaak; figurant
superphosphate [s(j)u:pə'fɔsfeit] *znw* superfosfaat *o*
superpose ['s(j)u:pə'pouz] *overg* erbovenop plaat-

sen; op elkaar plaatsen; plaatsen (op *on, upon*)
superpower ['su:pəpauə] *znw* supermacht
supersaturate ['s(j)u:pə'sætʃəreit] *overg* oververzadigen
supersaturation [s(j)u:pəsætʃə'reiʃən] *znw* oververzadiging
superscribe ['s(j)u:pə'skraib] *overg* het opschrift schrijven bij (op); adresseren
superscription [s(j)u:pə'skripʃən] *znw* opschrift *o*; adres *o* [v. brief]
supersede [s(j)u:pə'si:d] *overg* in de plaats treden van, vervangen, verdringen; buiten werking stellen; afschaffen; af-, ontzetten
supersensible [s(j)u:pə'sensbl] *bn* bovenzinnelijk
supersensitive *bn* overgevoelig
supersonic [s(j)u:pə'sɔnik] *bn* supersonisch; ~ *bang (boom)* klap bij het doorbreken van de geluidsbarrière
supersonics *znw* (studie van de) hoogfrequente geluidsgolven
superstar ['su:pəsta:] *znw* superster [zanger, acteur &]
superstition [s(j)u:pə'stiʃən] *znw* bijgeloof *o*
superstitious *bn* bijgelovig
superstructure ['s(j)u:pəstrʌktʃə] *znw* bovenbouw
supertax ['s(j)u:pətæks] *znw* extra belasting
supervene [s(j)u:pə'vi:n] *onoverg* ertussen komen, erbij komen; zich onverwacht voordoen
supervise ['s(j)u:pəvaiz] *overg* het toezicht hebben over, toezicht houden op
supervision [s(j)u:pə'viʒən] *znw* opzicht *o*, toezicht *o*, surveillance, controle
supervisor ['s(j)u:pəvaizə] *znw* opziener, opzichter, gecommitteerde, inspecteur; onderw studiebegeleider
supervisory [s(j)u:pə'vaizəri] *bn* van toezicht, toezicht uitoefenend
1 supine [s(j)u:'pain] *bn* achterover(liggend); fig nalatig, laks, slap
2 supine ['s(j)u:pain] *znw* gramm supinum *o*
supper ['sʌpə] *znw* avondeten *o*, avondmaal *o*, souper *o*; *have* ~ het avondmaal gebruiken, souperen
supper-time *znw* etenstijd
supplant [sə'pla:nt] *overg* verdringen
supple [sʌpl] *bn* buigzaam, lenig², slap², soepel²; fig plooibaar, flexibel
supplement I *znw* ['sʌplimənt] supplement *o*, aanvulling, bijvoegsel *o*; **II** *overg* ['sʌpliment] aanvullen
supplemental [sʌpli'mentl], **supplementary** *bn* aanvullend; suppletoir; *be* ~ *to* aanvullen
suppliant ['sʌpliənt], **supplicant** ['sʌplikənt] **I** *bn* smekend; **II** *znw* smekeling
supplicate ['sʌplikeit] **I** *onoverg* smeken (om *for*); **II** *overg* afsmeken; smeken (om)
supplication [sʌpli'keiʃən] *znw* smeking, bede
supplicatory ['sʌplikətəri] *bn* smekend, smeek-
supplier [sə'plaiə] *znw* leverancier
supply I *overg* leveren, aanvoeren, verstrekken, verschaffen, bevoorraden, ravitailleren, voorzien (van *with*); aanvullen; ~ *a loss* een verlies vergoeden; ~ *the need of...* in de behoefte aan... voorzien; **II** *znw* voorraad; levering, leverantie, verschaffing, verstrekking, bevoorrading, ravitaillering, voorziening, aanvoer; handel partij (goederen); kredieten [op begroting]; budget *o*; vervanger [v. dominee]; *supplies* kredieten, gelden [op begroting]; bevoorrading; ~ *and demand* vraag en aanbod; *in short* ~ in beperkte mate beschikbaar
supply pipe *znw* aanvoerbuis
supply teacher *znw* tijdelijke leerkracht, vervanger
support [sə'pɔ:t] **I** *overg* (onder)steunen², fig staan achter; supporter zijn van; stutten, ophouden, staande (drijvende) houden; onderhouden; uithouden, (ver)dragen, dulden; staven [theorie &]; volhouden [bewering &]; ~ *an actor* ter zijde staan [als medespeler]; ~*ing film* voorfilm; ~*ing role* bijrol; **II** *wederk*: ~ *oneself* fig zich staande houden; in zijn (eigen) onderhoud voorzien; **III** *znw* ondersteuning, onderstand, steun², hulp; (levens-) onderhoud *o*; bestaan *o*, broodwinning; stut, steunsel *o*; onderstel *o*, statief *o*; mil steuntroepen (*troops in* ~); *in* ~ *of* tot steun van; ter ondersteuning van; tot staving van; *give* ~ *to* (zijn) steun verlenen aan, steunen²
supportable *bn* draaglijk
supporter *znw* steun, verdediger, voorstander, aanhanger, medestander; sp supporter; herald schildhouder, -drager
supporting actor *znw* vertolker van een bijrol
supposal [sə'pouzl] *znw* = *supposition*
suppose [sə'pouz] *overg* (ver)onderstellen, aannemen; vermoeden, menen, geloven, denken; ~ *we went for a walk* als we nou eens een wandelingetje gingen maken, hè?; *we are* ~*d to be there at 4 o'clock* we moeten daar om 4 uur zijn; *we are not* ~*d to be here* we mogen hier eigenlijk niet zijn
supposed [sə'pouzid] *bn* vermeend; *their* ~ *friend* hun vermeende vriend
supposedly [sə'pouzidli] *bijw* vermoedelijk, naar men veronderstelt (veronderstelde)
supposition [sʌpə'ziʃən] *znw* (ver)onderstelling, vermoeden *o*; *on the* ~ *that...* in de veronderstelling dat...; *except upon the* ~ *that...* tenzij wij aannemen dat...
supposititious [səpɔzi'tiʃəs] *bn* onecht, vals
suppository [sə'pɔzitəri] *znw* suppositorium *o*, zetpil
suppress [sə'pres] *overg* onderdrukken°, bedwingen; achterhouden, weglaten, verzwijgen; verbieden [een krant &]; opheffen [kloosters]
suppression *znw* onderdrukking; achterhouding, weglating, verzwijging; verbieden *o*; opheffing
suppressor *znw* onderdrukker &; RTV ontstoringsapparaat *o*
suppurate ['sʌpjureit] *onoverg* etteren

suppuration [sʌpju'reiʃən] *znw* ettering
supra ['s(j)u:prə] *bijw* (hier)boven
supra-national ['sju:prə'næʃənəl] *bn* supranationaal
supremacy [s(j)u'preməsi] *znw* suprematie, oppermacht, oppergezag *o*, opperheerschappij
supreme [s(j)u'pri:m] *bn* hoogst, allerhoogst, opper(st); oppermachtig; *S~ Being* Opperwezen *o*; *~ folly* toppunt *o* van dwaasheid; *~ sacrifice* offeren *o* van het leven; *S~ Soviet* Opperste Sovjet; *rule (reign) ~* oppermachtig zijn
supremely *bijw* in de hoogste graad, versterkend hoogst, uiterst
surcease [sə:'si:s] vero **I** *znw* ophouden *o*, rust; **II** *onoverg* ophouden; **III** *overg* doen ophouden
surcharge ['sə:tʃa:dʒ] **I** *znw* overlading; overbelasting; extra betaling, extra belasting; toeslag; post strafport *o & m*; (postzegel met) opdruk; handel overvraging; **II** *overg* [sə:'tʃa:dʒ] overladen; overbelasten; extra laten betalen; overvragen
surcingle ['sə:siŋgl] *znw* buikriem
surcoat ['sə:kout] *znw* hist opperkleed *o* (over de wapenrusting, 13de eeuw)
surd [sə:d] **I** *bn* onmeetbaar [getal]; stemloos [medeklinkers]; **II** *znw* onmeetbare grootheid; stemloze medeklinker
sure [ʃuə, ʃɔ:] **I** *bn* zeker°, onfeilbaar; veilig; betrouwbaar; verzekerd (van *of, as to*); *(are you) ~?* bent u er zeker van?, weet u het zeker?; *I'm ~ I don't know* ik weet het echt niet; *it is ~ to turn out well* het zal stellig slagen; *to be ~* gemeenz (wel) zeker; zeer zeker; waarachtig!; *be ~ to come* verzuim niet te komen; *be ~ of* zeker zijn van; *make ~ of* zich verzekeren van, zich vergewissen van; er voor zorgen dat...; *for ~* zeker, stellig; **II** *bijw* (ja, wel) zeker, gemeenz natuurlijk, jawel; *as ~ as eggs is eggs* zo zeker als 2 keer 2 vier is; *~ enough* zo zeker als wat; waarachtig, jawel
sure-fire *bn* gemeenz onfeilbaar, met gegarandeerd succes
sure-footed *bn* vast op zijn voeten; fig betrouwbaar, solide
surely *bijw* zeker, met zekerheid; toch (wel); *~ it's right to...?* is het dan niet juist te...?
surety ['ʃuəti] *znw* borg; borgtocht, borgstelling, (onder)pand *o*; vero zekerheid; *stand ~ for...* borg blijven voor; *of a ~* vero zeker(lijk)
suretyship *znw* borgstelling
surf [sə:f] **I** *znw* branding [van de zee]; **II** *onoverg* sp surfen [op plank zonder zeil over branding]
surface ['sə:fis] **I** *znw* oppervlakte; vlak *o*; (weg)dek *o*; buitenkant; *break the ~* opduiken; *on the ~* aan de oppervlakte; op het eerste gezicht; *come (rise) to the ~* ook: (weer) bovenkomen; **II** *bn* oppervlakkig, ogenschijnlijk; bovengronds; scheepv oppervlakte-, bovenzees; *~ mail* geen luchtpost; *~ mining* dagbouw; **III** *onoverg* opduiken
surf-board ['sə:fbɔ:d] *znw* surfplank
surfeit ['sə:fit] *znw* overlading (van de maag); oververzadiging[2]
surfer ['sə:fə], **surfboarder**, **surfrider** *znw* surfer
surfing, **surfboarding**, **surfriding** *znw* surfen *o* [op plank zonder zeil over branding]
surge [sə:dʒ] **I** *onoverg* golven, stromen, deinen; *~ by* voorbijrollen, voorbijstromen; **II** *znw* golf, golven; golven *o*
surgeon ['sə:dʒən] *znw* chirurg; mil officier van gezondheid; scheepv scheepsdokter
surgery *znw* chirurgie, heelkunde; spreekkamer [v. dokter]; operatie, ingreep; *attend morning ~* op het ochtendspreekuur aanwezig zijn; *have (undergo, be in) ~* geopereerd worden; *~ hours* spreekuur *o*
surgical *bn* chirurgisch, heelkundig; *~ spirit* ontsmettingsalcohol
Surinam [souri'næm] *znw* Suriname *o*
Surinamer *znw* Surinamer
Surinamese **I** *znw* (*mv* idem) Surinamer; **II** *bn* Surinaams
surly ['sə:li] *bn* nors, bokkig, stuurs
surmise [sə:'maiz] **I** *znw* vermoeden *o*, gissing; **II** *overg* vermoeden, bevroeden, gissen
surmount [sə:'maunt] *overg* te boven komen, overwinnen; klimmen over; zich bevinden op; *~ed by (with)* met een... erop (erboven), waarop (zich bevindt)...
surmountable *bn* overkomelijk
surname ['sə:neim] **I** *znw* bijnaam; achternaam, familienaam; **II** *overg* een (bij)naam geven; *~d...* (bij)genaamd...
surpass [sə:'pa:s] *overg* overtreffen, te boven gaan
surpassing *bn* weergaloos
surplice ['sə:plis, -pləs] *znw* superplie *o*, koorhemd *o*
surplus ['sə:pləs] **I** *znw* surplus *o*, overschot *o*; **II** *bn* overtollig; *army ~ equipment* dumpgoederen; *~ population* overbevolking; bevolkingsoverschot *o*; *~ value* meerwaarde, overwaarde
surprise [sə'praiz] **I** *znw* verrassing (ook = overrompeling), verwondering, verbazing; *take by ~* verrassen (ook = overrompelen); *als eerste lid in samenstellingen*: onverwacht, verrassings-; *~ attack* verrassingsaanval; *~ visit* onverwacht bezoek *o*; **II** *overg* verrassen (ook = overrompelen), verwonderen, verbazen; *I'm ~d at you* dat verbaast mij van u [als verwijt]
surprising *bn* verbazingwekkend, verwonderlijk
surprisingly *bijw* op verrassende wijze, verwonderlijk, verbazend
surreal [sə'riəl] *bn* fig surrealistisch
surrealism [sə'riəlizm] *znw* surrealisme *o*
surrealist *znw* & *bn* surrealist(isch)
surrealistic [səriə'listik] *bn* surrealistisch
surrender [sə'rendə] **I** *overg* overgeven, uit-, inleveren, afstand doen van, opgeven; **II** *onoverg* zich overgeven, capituleren; **III** *znw* overgeven *o*, overgave, capitulatie, uit-, inlevering, afstand

surrender value *znw* afkoopwaarde [v. polis]
surreptitious [sʌrep'tiʃəs] *bn* heimelijk, clandestien, op slinkse wijze (verkregen)
surrogate ['sʌrəgit] **I** *znw* plaatsvervanger [vooral van een bisschop]; **II** *bn* surrogaat-, vervangend; ~ *mother* draagmoeder
surround [sə'raund] *overg* omringen, omsingelen, omgeven, insluiten
surrounding *bn* ook: omliggend, omgelegen [land]
surroundings *znw mv* omgeving, entourage, milieu[2] *o*
surtax ['sə:tæks] **I** *znw* extra belasting, toeslag; **II** *overg* extra belasten
surveillance [sə:'veiləns] *znw* toezicht *o*, bewaking
survey I *overg* [sə:'vei] overzien; in ogenschouw nemen, inspecteren; onderzoeken; opnemen; opmeten; karteren (vooral uit de lucht); **II** *znw* ['sə:vei] overzicht *o*; inspectie; onderzoek *o*; opneming; opmeting; (lucht)kartering; slang expertise
surveying [sə:'veiiŋ] *znw* overzien *o* &, zie: *survey I*; landmeten *o*
surveyor *znw* opzichter, inspecteur; opnemer, landmeter; taxateur
survival [sə'vaivəl] *znw* overleving; voortbestaan *o*; laatst overgeblevene; overblijfsel *o*
survive I *overg* overleven; **II** *onoverg* nog in leven zijn, nog (voort)leven, nog bestaan, voortbestaan; in leven blijven; het er levend afbrengen
survivor *znw* langstlevende; overlevende, geredde [na ramp]
susceptible [sə'septibl] *bn* ontvankelijk, vatbaar; gevoelig (voor *of, to*)
suspect I *overg* [səs'pekt] vermoeden, wantrouwen, verdenken; **II** *bn* ['sʌspekt] verdacht; **III** *znw* verdachte (persoon)
suspend [səs'pend] *overg* ophangen (aan *from*); onderbreken, opschorten, schorsen, suspenderen [geestelijke]; op non-actief stellen; staken [betalingen &]; tijdelijk buiten werking stellen of intrekken; *be ~ed* hangen (aan *from*); zweven [in vloeistof]; *~ed animation* schijndood; *~ed sentence* voorwaardelijke veroordeling
suspender *znw* (sok)ophouder, jarretel; bretel (gewoonlijk: *~s* bretels); *~-belt* jarretelgordel
suspense [sə'spens] *znw* onzekerheid, spanning; *in ~* in spanning, in het onzekere; onuitgemaakt
suspenseful *bn* slang spannend
suspension *znw* ophanging; onderbreking, opschorting; suspensie [v. geestelijke & chem]; *~ of payment* staking van betaling; *be in ~* zweven [in vloeistof]
suspense bridge *znw* hangbrug, kettingbrug
suspensive *bn* onzeker, twijfelachtig; opschortend
suspensory *bn* dragend; *~ bandage* suspensoir *o*
suspicion [səs'piʃən] *znw* achterdocht, wantrouwen *o*, argwaan, (kwaad) vermoeden *o*, verdenking; *a ~ of...* fig een schijntje *o* (ietsje)...; *above (beyond) ~* boven alle verdenking verheven
suspicious *bn* argwanend, achterdochtig, wantrouwig; verdacht
suspire [sə'spair] *onoverg* plechtig zuchten
sustain [sə'stein] *overg* (onder)steunen, dragen, schragen; aanhouden [een toon]; volhouden [beweging &]; kracht geven, staande houden, ophouden, gaande houden [belangstelling]; hoog houden [gezag]; doorstaan, verdragen, uithouden [honger &]; krijgen; oplopen; lijden [schade &]
sustained *bn* samenhangend; ononderbroken, goed onderhouden [geweervuur], aanhoudend; volgehouden
sustainer *znw* ondersteuner; steun
sustaining *bn* krachtig, krachtgevend, versterkend [v. voedsel]
sustenance ['sʌstinəns], **sustentation** [sʌsten'teiʃən] *znw* (levens)onderhoud *o*, voeding, voedsel *o*
sutler ['sʌtlə] *znw* zoetelaar, marketentster
suture ['su:tʃə] **I** *znw* hechting [van wond]; schedelnaad; **II** *overg* hechten
suzerain ['s(j)u:zərein] *znw* hist suzerein, leenheer
suzerainty *znw* suzereiniteit, opperleenheerschap *o*, opperheerschappij
svelte [svelt] *bn* slank en sierlijk
swab [swæb] **I** *znw* zwabber, mop, wis(ser); med prop watten, wattenstaafje *o*; tampon; med uitstrijkje *o*; **II** *overg* (op)zwabberen, wissen (ook: *~ down*); *~ up* opnemen [vocht]
swaddle ['swɔdl] *overg* inbakeren
swaddling bands, **swaddling clothes** *znw mv* windsels; luiers
swag [swæg] *znw* slang roof, buit; Austr pak *o*, bundel
swagger ['swægə] **I** *onoverg* braniën, snoeven; zwierig stappen; **II** *znw* branie, lef *o & m*; zwierige gang; **III** *bn* gemeenz chic
swaggerer *znw* opschepper, branie
swaggering *bn* opschepperig, branieachtig
swain [swein] *znw* plechtig vrijer, minnaar
1 swallow ['swɔlou] *znw* zwaluw
2 swallow ['swɔlou] **I** *overg* in-, verzwelgen; slikken [ook van beledigingen, nieuwtjes &]; inslikken, doorslikken; opslokken[2] (ook: *~ down*), verslinden[2] (ook: *~ up*); fig terugnemen [woorden]; opzij zetten [zijn trots]; *~ the wrong way* zich verslikken; **II** *onoverg* slikken; **III** *znw* slik, slok
swallow dive ['swɔloudaiv] *znw* zweefsprong [bij zwemmen]
swallow-tail *znw* zwaluwstaart°; rok(jas)
swallow-tailed *bn* met een zwaluwstaart, gevorkt; in rokkostuum; *~ coat* rok
swam [swæm] V.T. van [1]*swim*
swamp [swɔmp] **I** *znw* moeras[2] *o*, drasland *o*; **II** *overg* vol water doen of laten lopen; overstromen, overstelpen (met *with*); gemeenz inmaken [tegenstander]; verdringen
swampy *bn* moerassig, drassig, dras-

swan [swɔn] *znw* (*mv* idem *of* -s) zwaan²; fig dichter; *the S~ of Avon* de Zwaan van de Avon: Shakespeare
swank [swæŋk] gemeenz **I** *onoverg* geuren, bluffen; **II** *znw* branie, bluf; gemeenz branieschopper, bluffer; **III** *bn* = *swanky*
swanky *bn* gemeenz branieachtig, blufferig; chic
swansdown ['swɔnzdaun] *znw* zwanendons *o*, molton *o*
swan-song *znw* zwanenzang
swap [swɔp] gemeenz **I** *overg* & *onoverg* ruilen; uitwisselen; ~ *over (round)* van plaats (laten) verwisselen; **II** *znw* ruil
sward [swɔ:d] *znw* grasveld *o*, grasmat
1 swarm [swɔ:m] **I** *znw* zwerm²; **II** *onoverg* zwermen, krioelen, wemelen (van *with*)
2 swarm [swɔ:m] *onoverg (& overg)* klauteren (in, op)
swart [swɔ:t] *bn* vero = *swarthy*
swarthy ['swɔ:θi] *bn* donker, getaand, gebruind
swash [swɔʃ] **I** *onoverg* kletsen, plassen, plonzen [v. water]; **II** *overg* (neer)kwakken, -kletsen, -plonzen; **III** *znw* klets, plas, geklets *o*, geplas *o*
swashbuckler ['swɔʃbʌklə] *znw* ijzervreter, snoever
swashbuckling ['swɔʃbʌkliŋ] *bn* stoerdoenerig, opschepperig, snoeverig; avonturen- [film, roman]
swastika ['swɔstikə] *znw* swastika, hakenkruis *o*
swat [swɔt] *overg* slaan, meppen [vlieg]
swath [swɔ:θ] *znw* zwad *o*, zwade; fig rij
swathe [sweið] **I** *overg* (om-, in)zwachtelen, (om-) hullen; bakeren; **II** *znw* zwachtel, (om)hulsel *o*; = *swath*
swatter ['swɔtə] *znw* vliegenklapper
sway [swei] **I** *onoverg* zwaaien, slingeren, wiegen; **II** *overg* doen zwaaien (slingeren, wiegen, overhellen); beïnvloeden; **III** *znw* zwaai; heerschappij, macht, overwicht *o*, invloed; *hold ~ over* de scepter zwaaien, regeren, heersen over
Swazi ['swa:zi] *znw* Swazi
Swaziland ['swa:zilænd] *znw* Swaziland *o*
swear [swεə] (swore; sworn) **I** *onoverg* zweren, de eed doen (afleggen); vloeken; **II** *overg* zweren, bezweren, onder ede beloven, een eed doen op; beëdigen; ~ *at* vloeken op [personen]; ~ *by* fig zweren bij [merk &]; ~ *in* beëdigen, de eed afnemen; ~ *off (drinking)* (de drank) afzweren; ~ *to* zweren op; ~ *to it* er een eed op doen; ~ *sbd. to secrecy* iem. een eed van geheimhouding opleggen
swear-word *znw* vloekwoord *o*, vloek
1 sweat [swet] *znw* zweet *o*, (uit)zweting; gemeenz koeliewerk *o*; *cold ~* angstzweet *o*; *in (all of) a ~* door en door bezweet, zwetend; *no ~!* slang geen probleem!
2 sweat [swet] (sweat/sweated; sweat/sweated) **I** *onoverg* zweten²; zitten zweten; fig zwoegen; **II** *overg* doen zweten; (uit)zweten; fig uitzuigen [arbeiders]; *~ed labour* arbeidskrachten die worden uitgebuit; *you'll just have to ~ it out* fig gemeenz je moet geduld hebben; *they left him to ~ it out* gemeenz ze lieten hem gewoon stikken
sweated *bn* voor een hongerloon aangesteld; uitgebuit; onderbetaald
sweater *znw* sweater, trui
sweatshirt *znw* sweatshirt *o*
sweat-shop *znw* fabriek & waar de arbeiders worden uitgebuit
sweaty *bn* zweterig, bezweet, zweet-
Swede [swi:d] *znw* Zweed; *s~* knolraap, koolraap
Sweden ['swi:dn] *znw* Zweden *o*
Swedish *bn (znw)* Zweeds (*o*)
1 sweep [swi:p] (swept; swept) **I** *onoverg* vegen; strijken, vliegen, jagen, schieten; zwenken; zich statig (zwierig) bewegen (gaan &); in een ruime bocht liggen; zich uitstrekken; **II** *overg* (aan)vegen, weg-, op-, schoonvegen²; wegmaaien, wegsleuren, wegvoeren; afvissen, afjagen; afzoeken, (af)dreggen [rivier &]; strijken of slepen over; mil bestrijken; opstrijken [winst]; sleuren, meeslepen²; ~ *under the carpet (rug)* fig verdoezelen; ~ *the board* met de hele winst (de hele inzet) gaan strijken; *this party swept the country* deze partij behaalde in het hele land een geweldige overwinning; *a war swept the country* een oorlog ging als een storm over het land; ~ *the horizon* de hele horizon omvatten; ~ *the seas* de zee afschuimen; ~ *across* vliegen, schieten over; ~ *one's hand across* met de hand strijken over; ~ *along* voortstuiven; meesleuren; meeslepen; ~ *away* wegvegen², -vagen, wegspoelen, wegstrijken; *the plain ~s away to the sea* de vlakte strekt zich uit tot de zee; ~ *down* neerschieten; zich storten; meesleuren; ~ *northward* zich naar het noorden uitstrekken; ~ *off* wegvagen, wegmaaien; meesleuren; *he swept her off her feet* zij werd op slag smoorverliefd op hem; ~ *out of the room* de kamer uit zwieren; *be swept overboard* overboord slaan; ~ *past* voorbij stuiven, voorbij zwieren; ~ *up* aan-, bij-, opvegen
2 sweep [swi:p] *znw* veeg, zwenking, zwaai, draai, bocht; (riem)slag; lange roeiriem; vaart; reikwijdte, bereik *o*; uitgestrektheid; gebied *o*; bocht, golvende lijn; schoorsteenveger; gemeenz = *sweepstake(s)*; *the wide ~ of his intelligence (mind)* zijn veelomvattende geest; *make a clean ~* **1** eens terdege schoon schip maken, opruiming houden²; **2** alle prijzen in de wacht slepen; *at a ~* met één slag
sweeper *znw* veger: straat-, baanveger
sweeping I *bn* vegend &; fig veelomvattend; algemeen; overweldigend; radicaal, ingrijpend; ~ *generalization* (te) algemene generalisatie; ~ *majority* verpletterende meerderheid; ~ *measure* radicale maatregel; ~ *plains* wijde, uitgestrekte vlakten; *at a ~ reduction* tegen zeer gereduceerde prijzen; **II** *znw*: *~s* veegsel *o*
sweepstake(s) ['swi:psteik(s)] *znw* wedren (wedstrijd, loterij &) met inleggelden die in hun geheel aan de winners uitbetaald moeten worden

sweet [swi:t] **I** *bn & bijw* zoet[2], aangenaam, lieflijk, lief, lieftallig, bevallig, aardig; geurig, lekker; melodieus; zacht [beweging]; vers, fris [lucht, eieren &]; snoezig [v. kind, hoedje &]; *be ~ on* gemeenz verliefd zijn op; *keep ~* te vriend houden; *she was ~ sixteen* het was een fris jong meisje (van zestien jaar); *~ nothings* lieve woordjes; *~ stuff* lekkers *o*, snoeperij(en), zoetigheid; *have a ~ tooth* een zoetekauw zijn; *~ violet* welriekend viooltje *o*; *~ water* zoet (rein) water *o*; *he goes his own ~ way* hij doet precies waar hij zelf zin in heeft; *at your own ~ will* ironisch net zoals u (mijnheer &) verkiest; **II** *znw* zoetheid; zoete *o*; bonbon; zoetigheid; toetje *o*; lekkers *o*, snoep (ook: *~s*); *my ~!* liefje!
sweet-and-sour *bn* zoetzuur
sweetbread *znw* zwezerik [als gerecht]
sweet brier *znw* egelantier
sweetcorn *znw* maïs
sweeten I *overg* zoetmaken, zoeten, verzachten, verzoeten, veraangenamen; verversen [lucht]; luchten [de kamer]; gemeenz **1** aantrekkelijk(er) maken [aanbod]; **2** omkopen; **II** *onoverg* zoet(er) worden
sweetener *znw* zoetstof; slang steekpenning, smeergeld *o*
sweetheart *znw* geliefde; liefje *o*, meisje *o*; vrijer; *(my) ~!* lieveling
sweetie *znw* gemeenz bonbon, zoetigheidje *o*; gemeenz snoes; liefje *o* (ook: *~-pie*)
sweetish *bn* zoetachtig, zoetig
sweetmeat *znw* bonbon; *~s* suikergoed *o*, lekkers *o*
sweet-natured *bn* zacht, goedaardig, lief
sweet pea *znw* lathyrus
sweet potato *znw* bataat [knolgewas]
sweet-scented, **sweet-smelling** *bn* welriekend, geurig
sweetshop *znw* snoepwinkel (vaak ook met kranten, tabaksartikelen &)
sweet-william *znw* muurbloem; duizendschoon
1 swell [swel] (swelled; swollen/swelled) **I** *onoverg* zwellen, aan-, opzwellen, uitzetten, uitdijen; fig aangroeien, toenemen; zich opblazen; *~ into* aangroeien tot; *~ out (up)* opzwellen; *~ with pride* zwellen (zich opblazen) van trots; **II** *overg* doen zwellen; fig opblazen, hovaardig maken; doen aangroeien of toenemen, verhogen, doen aan-, opzwellen; vergroten
2 swell [swel] **I** *znw* zwellen *o*, zwelling, deining; gemeenz chique grote meneer, hoge piet; **II** gemeenz *bn* chic, chiquerig; Am te gek, hartstikke goed, prima
swell-box *znw* zwelkast [v. orgel]
swelled *bn* (op)gezwollen
swellhead *znw* gemeenz verwaande kwast
swellheaded *bn* gemeenz verwaand
swelling I *bn* zwellend &; **II** *znw* aan-, opzwellen *o*; gezwel *o*; buil
swelter ['sweltə] *overg* puffen, smoren, stikken van de hitte
sweltering *bn* broeiend, smoor-, snikheet, broei-
swept [swept] V.T. & V.D. van [1]*sweep*
swept-back *bn*: *~ wing* terugwijkende vleugel
swerve [swə:v] **I** *(overg &) onoverg* plotseling (doen) afwijken, plotseling (doen) opzijgaan, een schuiver (laten) maken [auto]; (doen) afdwalen; **II** *znw* plotselinge afwijking; zwenking, zwaai; afdwaling
swift [swift] **I** *bn bijw* snel, vlug, er vlug bij (om *to*), gauw; *~ to anger* gauw kwaad; **II** *znw* dierk gierzwaluw
swift-footed *bn* snelvoetig, rap
swiftly *bijw* snel, vlug, rap
swiftness *znw* snelheid, vlugheid
swig [swig] **I** *overg & onoverg* met grote teugen (leeg)drinken, zuipen; **II** *znw* grote slok, teug
swill [swil] **I** *overg* (af-, door-)spoelen; met grote teugen drinken, inzwelgen; **II** *znw* spoelsel *o*; spoeling; varkensdraf
swiller *znw* gemeenz zuiplap
1 swim [swim] (swam; swum) **I** *onoverg* zwemmen, drijven; draaien (voor iems. ogen), duizelen; *~ with the tide (stream)* met de stroom meegaan; *her eyes were ~ming (with tears)* haar ogen stonden vol tranen; *the bathroom was ~ming* de badkamer stond blank; **II** *overg* zwemmen, af-, overzwemmen
2 swim [swim] *znw* zwemmen *o*; *have a ~* (gaan) zwemmen; *be in the ~* fig op de hoogte zijn; meedoen (met de grote wereld)
swimmer *znw* zwemmer
swimming *znw* zwemmen *o*; duizeling
swimming-bath *znw* (overdekt) zwembad *o*
swimming costume *znw* badpak *o*
swimmingly *bijw*: *go ~* van een leien dakje gaan, vlot marcheren
swimming-pool *znw* zwembassin *o*
swimming trunks *znw mv* zwembroek
swimsuit *znw* zwempak *o*
swindle ['swindl] **I** *overg* oplichten; *~ sbd. out of money* iem. geld afzetten; **II** *znw* zwendel(arij), oplichterij
swindler *znw* zwendelaar, oplichter
swine [swain] *znw* (*mv* idem) varken[2] *o*, zwijn[2] *o*; varkens, zwijnen; fig smeerlap
swineherd *znw* zwijnenhoeder
1 swing [swiŋ] (swung; swung) **I** *onoverg* schommelen, zwaaien, slingeren, bengelen[2]; hangen[2]; draaien; zwenken; gemeenz het (goed) doen, hip zijn, in zijn; muz swingen, swing spelen; *~ round* zich omdraaien, draaien; *~ to* dichtslaan [deur]; **II** *overg* doen of laten schommelen &; slingeren met, schommelen, zwaaien met; (op)hangen; draaien; doen of laten zwenken; *there is no room to ~ a cat* je kunt je er niet wenden of keren; *~ the lead* zie [1]*lead I*
2 swing [swiŋ] *znw* schommel; schommeling, zwenking, zwaai; slingering; ritme *o*, 'Schwung'; swing [boksen & muz]; *what you lose on the ~s you*

gain on the roundabouts aan de ene kant verlies je, maar aan de andere kant wordt dat gecompenseerd; *in full* ~ in volle gang; *get into the* ~ *of things* op dreef komen; *go with a* ~ fig swingen [feest &]
swing-boat *znw* luchtschommel
swing-bridge *znw* draaibrug
swing-door *znw* tochtdeur, klapdeur
swinge ['swin(d)ʒ] *overg* vero afranselen, tuchtigen
swingeing ['swin(d)ʒiŋ] *bn* gemeenz versterkend kolossaal
swinger ['swiŋə] *znw* snelle jongen; fuifnummer *o*; *he's a* ~ hij gaat zo'n beetje met iedereen naar bed
swinging ['swiŋiŋ] *bn* gemeenz swingend, levendig, pittig; hip, onconventioneel; ~ *door* Am klapdeur
swingle ['swiŋgl] **I** *znw* zwingel(stok); **II** *overg* [vlas] zwingelen
swinish ['swainiʃ] *bn* zwijnachtig, zwijnen-
swipe [swaip] **I** *overg & onoverg* hard slaan; slang gappen; weggrissen; **II** *znw* harde slag [cricket]; Am veeg[2] (uit de pan)
swirl [swə:l] **I** *(overg &) onoverg* (doen) warrelen of draaien, kolken; **II** *znw* warreling, gewarrel *o*, draaikolk
swish [swiʃ] **I** *onoverg* zwiepen; ruisen [v. zijde]; **II** *overg* zwiepen met; gemeenz afranselen, met het rietje (de roe) geven; **III** *znw* zwiepend geluid *o*; geruis *o* [v. zijde]; **IV** *bn* (ook: ~*y*) gemeenz chic
Swiss [swis] **I** *bn* Zwitsers; ~ *French* Zwitsers Frans; ~ *German* Zwitsers Duits; ~ *roll* koninginnenrol [cakerol met jam]; **II** *znw* (*mv* idem) Zwitser
switch [switʃ] **I** *znw* elektr schakelaar; knop; wissel [v. spoorweg]; plotselinge verandering; twijg, roede; haarstukje *o*; **II** *overg* (plotseling) draaien, wenden, richten; op een ander spoor brengen, rangeren; verwisselen; elektr omschakelen; ~ *off* elektr uitdraaien, uitknippen [licht], uitschakelen, afzetten; ~ *on* elektr aandraaien, aanknippen [licht], inschakelen, aanzetten; ~*ed on* slang hip, modieus; goed op de hoogte; zelfverzekerd, wetend wat men wil; **III** *onoverg* zwiepen; draaien; verwisselen; ~ *over* elektr overschakelen[2] (op *to*)
switchback *znw* roetsjbaan; berg(spoor)weg met veel bochten
switchboard *znw* schakelbord *o*; ~ *operator* telefonist(e)
switchman *znw* wisselwachter
Switzerland ['switsələnd] *znw* Zwitserland *o*
swivel ['swivl] **I** *znw* spil; **II** *onoverg & overg* (laten) draaien
swivel-chair *znw* draaistoel
swizz, swizzle ['swizl] *znw* gemeenz zwendel; teleurstelling
swizzle stick *znw* roerstaafje *o* voor cocktail
swob [swɔb] *znw* & *onoverg* = *swab*
swollen ['swouln] V.D. van [1]*swell*
swollen-headed *bn* verwaand, opgeblazen
swoon [swu:n] **I** *onoverg* bezwijmen, in zwijm vallen, flauwvallen; **II** *znw* bezwijming, flauwte
swoop [swu:p] **I** *onoverg*: ~ *down (up)on* neerduiken op, afschieten op; **II** *znw* **1** plotselinge duik; **2** haal, veeg; **3** razzia; *at (in) one fell* ~ met één slag
swop [swɔp] gemeenz **I** *overg & onoverg* ruilen; **II** *znw* ruil
sword [sɔ:d] *znw* zwaard *o*, degen; mil sabel; fig militaire macht; oorlog; *put to the* ~ over de kling jagen; *cross* ~*s* fig de degen kruisen [met], op vijandige voet staan [met]
sword-belt *znw* (degen)koppel
sword-blade *znw* degenkling
sword-cane *znw* degenstok
sword-fish *znw* zwaardvis
sword-knot *znw* degenkwast
sword-play *znw* schermen *o*, gescherm *o*
swordsman *znw* geoefend schermer
swordsmanship *znw* schermkunst
sword-stick *znw* degenstok
sword-swallower *znw* degenslikker
swore [swɔ:] V.T. van *swear*
sworn **I** V.D. van *swear*; **II** *bn* ook: beëdigd (in: ~ *broker, a* ~ *statement*); ~ *enemies* gezworen vijanden; ~ *friends* dikke vrienden
swot [swɔt] gemeenz **I** *onoverg* blokken, vossen; **II** *overg*: ~ *up* gehaast bestuderen; **III** *znw* blokker, boekenwurm
swum [swʌm] V.D. van [1]*swim*
swung [swʌŋ] V.T. & V.D. van [1]*swing*
sybarite ['sibərait] *znw* genotzuchtige, wellusteling
sybaritic *bn* genotzuchtig
sycamore ['sikəmɔ:] *znw* wilde vijgenboom; ahornboom; Am plataan
sycophant ['sikəfənt] *znw* pluimstrijker
sycophantic [sikə'fæntik] *bn* pluimstrijkend
syllabic [si'læbik] *bn* syllabisch, lettergreep-
syllable ['siləbl] *znw* lettergreep; *not a* ~ geen syllabe, geen woord; *in words of one* ~ klip en klaar, helder en duidelijk
syllabus ['siləbəs] *znw* (*mv*: -es *of* syllabi [-bai]) syllabus; cursusprogramma *o*
syllogism ['silədʒizm] *znw* syllogisme *o*, sluitrede
syllogistic [silə'dʒistik] *bn* syllogistisch, in de vorm van een sluitrede
sylph [silf] *znw* sylfe [luchtgeest]; sylfide[2] [vrouwelijke luchtgeest; tenger meisje]
sylphlike *bn* bevallig, sierlijk
sylvan, silvan ['silvən] *bn* bosachtig, bosrijk, bos-; landelijk
sylvicultural [silvi'kʌltʃərəl] *bn* bosbouwkundig
sylviculture ['silvikʌltʃə] *znw* bosbouwkunde
sylviculturist [silvi'kʌltʃərist] *znw* bosbouwkundige
symbiosis [simbi'ousis] *znw* biol symbiose
symbiotic [simbi'ɔtik] *bn* symbiotisch
symbol ['simbəl] *znw* symbool *o*, zinnebeeld *o*, teken *o*
symbolic(al) [sim'bɔlik(l)] *bn* symbolisch, zinnebeeldig

symbolism ['simbəlizm] *znw* symboliek; [in de letterkunde] symbolisme *o*
symbolist *znw* symbolistisch
symbolization [simbəlai'zeiʃən] *znw* symbolisering, zinnebeeldige voorstelling
symbolize ['simbəlaiz] *overg* symboliseren, zinnebeeldig voorstellen
symmetric(al) [si'metrik(l)] *bn* symmetrisch
symmetry ['simətri] *znw* symmetrie
sympathetic [simpə'θetik] *bn* meevoelend, deelnemend, goedgezind, welwillend (tegenover *to*); sympathisch [zenuwstelsel]; soms: sympathiek; ~ *pain* weerpijn
sympathize ['simpəθaiz] *onoverg* sympathiseren (met *with*); meevoelen (met *with*), zijn deelneming betuigen, condoleren (iem. *with sbd.*)
sympathizer *znw* meevoelende vriend(in), sympathisant
sympathy *znw* sympathie (voor *with*); medegevoel *o*, deelneming; condoleantie; welwillendheid; *be in* ~ *with* welwillend staan tegenover, begrip hebben voor; *withdraw in* ~ zich terugtrekken uit solidariteit; ~ *strike* solidariteitsstaking; *prices are going up in* ~ de prijzen stijgen overeenkomstig
symphonic [sim'fɔnik] *bn* symfonisch
symphony ['simfəni] *znw* symfonie°; ~ *orchestra* symfonieorkest *o*
symposium [sim'pouziəm] *znw* (*mv*: symposia [-ziə]) symposium *o* [wetenschappelijke bijeenkomst]; artikelenreeks over hetzelfde onderwerp door verschillende schrijvers
symptom ['sim(p)təm] *znw* symptoom *o*, (ziekte-)verschijnsel *o*, (ken)teken *o*
symptomatic [sim(p)tə'mætik] *bn* symptomatisch
synagogue ['sinəgɔg] *znw* synagoge
sync [siŋk] *znw = synchronization; be in (out of)* ~ *(with)* (niet) gelijk/synchroon lopen (met); *they are in* ~ het klikt tussen hen, ze zitten op dezelfde golflengte
synchronism ['siŋkrənizm] *znw* gelijktijdigheid
synchronization [siŋkrənai'zeiʃən] *znw* gelijktijdigheid; gelijk zetten *o* [v. horloges]; synchronisatie; fig gelijkschakeling
synchronize ['siŋkrənaiz] **I** *onoverg* in tijd overeenstemmen; gelijktijdig zijn; **II** *overg* synchronistisch rangschikken [gebeurtenissen]; gelijkzetten [klokken]; synchroniseren; fig gelijkschakelen
synchronous *bn* gelijktijdig
synchrotron ['siŋkrətrɔn] *znw* synchrotron *o*: lineaire deeltjesversneller
syncopate ['siŋkəpeit] *overg* syncoperen; ~*d* syncopisch
syncopation [siŋkə'peiʃən] *znw* syncopering
syncope ['siŋkəpi] *znw* syncope°; weglating v. letter of lettergreep; bewusteloosheid
syndic ['sindik] *znw* bestuurder, gezagsdrager
syndicalism ['sindikəlizm] *znw* syndicalisme *o*; theorie dat de industrieën beheerd moeten worden door de vakverenigingen
syndicate I *znw* ['sindikit] syndicaat *o*, belangengroepering; **II** *overg* ['sindikeit] tot een syndicaat of consortium verenigen; door een (pers)syndicaat laten publiceren
syndrome ['sindroum] *znw* syndroom *o*
synod ['sinəd] *znw* synode, kerkvergadering
synonym ['sinənim] *znw* synoniem *o*
synonymous [si'nɔniməs] *bn* synoniem, gelijkbetekenend, zinverwant
synopsis [si'nɔpsis] *znw* (*mv*: -ses [-si:z]) overzicht *o*, kort begrip *o*, synopsis [ook v. film]
synoptic *bn* synoptisch, verkort, een overzicht gevende; ~ *gospels* de evangeliën van Mattheus, Marcus en Lucas
synovia [si'nouviə] *znw* med gewrichtsvocht *o*
synovitis [sinou'vaitis] *znw* leewater *o*
syntactic [sin'tætik] *bn* syntactisch
syntax ['sintæks] *znw* syntaxis, zinsbouw
synthesis ['sinθisis] *znw* (*mv*: -ses [-si:z]) synthese, samenvoeging
synthesize ['sinθisaiz] *overg* samenvoegen, samenstellen; synthetisch bereiden
synthesizer ['sinθi-, 'sinθəsaizə] *znw* synthesizer
synthetic [sin'θetik] **I** *bn* synthetisch; gemeenz onecht, namaak; ~ *resin* kunsthars *o & m*; **II** *znw* kunststof
syphilis ['sifilis] *znw* med syfilis
syphon ['saifən] *znw = siphon*
Syria ['siriə] *znw* Syrië *o*
Syriac ['siriæk] *znw* Syrisch *o*
Syrian I *bn* Syrisch; **II** *znw* Syriër
syringa [si'riŋgə] *znw* (boeren)jasmijn; sering
syringe ['sirin(d)ʒ] **I** *znw* (injectie)spuit, spuitje *o*; **II** *overg* spuiten, be-, in-, uitspuiten
syrup ['sirəp] *znw* siroop, stroopje *o*; stroop; *golden* ~ kandijstroop
syrupy *bn* siroopachtig, stroperig; fig zoetsappig
system ['sistim] *znw* systeem *o*, stelsel *o*; inrichting; net *o* [v. spoorweg, verkeer &]; constitutie, lichaam *o*; gesteldheid; gestel *o*; *get sth. out of one's* ~ stoom afblazen, zijn gal spuwen over
systematic [sisti'mætik] *bn* systematisch, stelselmatig
systematize ['sistimətaiz] *overg* systematiseren

T

t [ti:] *znw* (de letter) t; *cross one's ~'s* fig de puntjes op de i zetten; *to a ~* net, precies, op een haar
ta [ta:] *tsw* gemeenz dank je!
tab [tæb] *znw* leertje *o* aan een schoen, lus; nestel [v. veter]; tongetje *o*, lipje *o*; label; pat [v. uniform]; oorklep; ruitertje *o*, tab [bij kaartsysteem]; gemeenz rekening; *keep ~s on* in de gaten houden; *pick up the ~* gemeenz de rekening betalen
tabard ['tæbəd] *znw* tabberd
tabby ['tæbi] *znw* gestreepte kat (ook: *~ cat*)
tabernacle ['tæbənækl] *znw* tabernakel° *o & m*; hist loofhut, tent; bedehuis *o* (der methodisten)
tabes ['teibi:z] *znw* med (uit)tering; *~ dorsalis* ruggenmergstering
table ['teibl] **I** *znw* tafel°; (gedenk)plaat; plateau *o*, tafelland *o*; tabel, lijst, register *o*; index, catalogus; dis, maaltijd; kost; *~ of contents* inhoud(sopgave); *the ~s are turned* de bordjes zijn verhangen; de zaak heeft een minder gunstige wending genomen; *sit at ~* aan tafel zitten; tafelen; *the proposal was laid on the ~* het voorstel werd ter tafel gebracht; *the protest was laid on the ~* ook: werd voor kennisgeving aangenomen; **II** *overg* ter tafel brengen, indienen [een motie]; Am voor kennisgeving aannemen
tableau ['tæblou] *znw* tableau *o*
tablecloth *znw* tafellaken *o*; tafelkleed *o*
tableland *znw* tafelland *o*, plateau *o*
table manners *znw mv* tafelmanieren
table-runner *znw* tafelloper
tablespoon *znw* eetlepel
tablet ['tæblit] *znw* tablet, dragee, pastille, plak [chocola]; stuk *o* [zeep]; (gedenk)tafel, -plaat; hist (was)tafeltje *o*
table-talk [teiblto:k] *znw* tafelgesprek *o*, -gesprekken
table-tennis *znw* tafeltennis *o*
table-top *znw* tafelblad *o*
table-turning *znw* tafeldans [bij spiritistische seances]
tableware *znw* tafelgerei *o*
table wine *znw* tafelwijn
tabloid ['tæblɔid] *znw* (ook: *~ paper*) sensatiedagblad *o* (op A3-formaat)
taboo [tə'bu:] **I** *znw* taboe *o & m*; heiligverklaring, ban, verbod *o*; **II** *bn* heilig, onaantastbaar, verboden, taboe; **III** *overg* heilig-, onaantastbaar verklaren, verbannen (uit het gesprek), verbieden
tabor ['teibə] *znw* hist handtrom, tamboerijn
tabouret ['tæbərit] *znw* krukje *o*, stoeltje *o*, taboeret; borduurraam *o*
tabular ['tæbjulə] *bn* tabellarisch; tabel-; tafelvormig, als een tafel
tabulate *overg* tabellarisch groeperen: tabellen maken van; tafelvormig effenen
tabulator ['tæbjuleitə] *znw* tabulator
tachometer [tæ'kɔmitə] *znw* snelheidsmeter
tacit ['tæsit] *bn* stilzwijgend
taciturn ['tæsitə:n] *bn* zwijgzaam, stil, zwijgend
taciturnity [tæsi'tə:niti] *znw* zwijgzaamheid, stilzwijgendheid
tack [tæk] **I** *znw* kopspijkertje *o*; rijgsteek; aanhangsel *o*; scheepv hals [v. zeil]; koers, gang [v. schip]; fig richting, spoor *o*, koers; *change one's ~, try another ~* het over een andere boeg gooien[2]; zie ook: *brass tacks*; **II** *overg* vastspijkeren (ook: *~ down*); vastmaken (aan *on, on to*), (aan)hechten, rijgen; **III** *onoverg* scheepv overstag gaan, laveren[2] (ook: *~ about*), het over een andere boeg gooien[2]
tacking *znw* rijgen *o*; rijgsel *o*; *~ thread* rijggaren *o*
tackle ['tækl] **I** *znw* tuig *o*, gerei *o*; takel; talie; **II** *overg* (vast)grijpen; fig (flink) aanpakken; *~ sbd. about sth.* een hartig woordje met iem. spreken over iets, iem. aanspreken over iets
tacky ['tæki] *bn* slonzig, sjofel
tact [tækt] *znw* tact
tactful *bn* tactvol
tactical *bn* tactisch
tactician [tæk'tiʃən] *znw* tacticus
tactic(s) ['tæktik(s)] *znw* tactiek
tactile ['tæktail] *bn* voelbaar, tastbaar; gevoels-
tactless ['tæktlis] *bn* tactloos
tactual ['tæktjuəl] *bn* tast-; tastbaar
tadpole [tædpoul] *znw* kikkervisje *o*
taffeta ['tæfitə] *znw* tafzijde, taffetas
taffrail ['tæfreil] *znw* scheepv reling [op de achtersteven]
Taffy ['tæfi] *znw* (ook: *~ Jones*) bijnaam voor iem. uit Wales
tag [tæg] **I** *znw* veter-, nestelbeslag *o*; nestel; lus [aan laars]; etiket *o*, label; aanhangsel *o*; citaat *o*; leus; stereotiep gezegde *o*; refrein *o*; sp krijgertje *o*; **II** *overg* aanhechten, aanhangen, vastknopen[2], vastbinden (aan *to, on to*); etiketteren; **III** *onoverg*: *~ after* achternalopen; *~ along* gemeenz meelopen, volgen; *~ around with* altijd optrekken met
Tagus ['teigəs] *znw* Taag
1 tail [teil] **I** *znw* staart°, vlecht; queue; sleep; achterste (laatste) gedeelte *o*, (uit)einde *o*; nasleep; gevolg *o*; staartje[2] *o*; pand, slip [v. jas]; gemeenz volger [schaduwend rechercheur]; *~s* keerzijde [v. munt]; gemeenz slipjas; rok; *at the ~ of* (onmiddellijk) achter, achter... aan; *be on sbd.'s ~* iem. achternazitten; *turn ~* er vandoor gaan; *with one's ~ between one's legs* met de staart tussen de benen, met hangende pootjes; **II** *overg* de staart couperen; gemeenz volgen, schaduwen; *~ (on) to* vastmaken aan; voegen bij; **III** *onoverg*: *~ after* op de hielen volgen; *~ away (off)* een voor een afdruipen; minder worden, eindigen, uitlopen (in *into*);

~ *back* een rij/file vormen
2 tail [teil] *znw* eigendom *o* met beperkt erfrecht (ook: *estate in ~*)
tailback *znw* file, verkeersopstopping
tail-board *znw* krat *o* [v. wagen], laadklep [v. vrachtauto]
tailcoat *znw* slip-, pandjesjas; rok
tailed *bn* gestaart, staart-
tail-end *znw* (uit)einde *o*, achterstuk *o*, staartje *o*
tailgate *znw* vijfde deur v.e. auto
tailing *znw* bouwk ingebouwd stuk *o* van een steen of balk
tailings *znw mv* uitschot *o*, afval *o*
tailless *bn* zonder staart; zonder slippen
tail-light *znw* achterlicht *o*
tailor ['teilə] **I** *znw* kleermaker; **II** *overg* maken [kleren]; fig aanpassen
tailored *bn* getailleerd, nauwsluitend
tailoring *znw* kleermakersbedrijf *o*; kleermakerswerk *o*
tailor-made *bn* door een kleermaker gemaakt; fig aangepast, geknipt [voor een taak]
tailpiece ['teilpi:s] *znw* staartstuk *o* [v. viool]; naschrift *o*, slotopmerking
tail-spin *znw* vrille [v. vliegtuig]; fig paniek
tailwind *znw* rugwind
taint [teint] **I** *znw* vlek[2]; fig besmetting, bederf *o*, smet; **II** *overg* besmetten, bederven, aansteken, bezoedelen; *~ed* ook: besmet [werk]
taintless *bn* vlekkeloos, onbesmet, smetteloos, zuiver
Taiwan [tai'wa:n] *znw* Taiwan *o*
Taiwanese *bn* & *znw* (*mv* idem) Taiwanees
Tajikistan [ta:'dʒikista:n] *znw* Tadzjikistan *o*
1 take [teik] (took; taken) **I** *overg* nemen° [ook = kieken & springen over]; aan-, in-, af-, op-, mee-, overnemen; benemen, beroven van [het leven]; aanvaarden; opvolgen [advies]; in beslag nemen [tijd], er over doen [lang &]; in behandeling nemen; noteren, opschrijven; vangen; pakken [ook = op het gemoed werken], aanslaan, krijgen [ziekten &], halen [slagen &], behalen; ontvangen; gemeenz incasseren [slagen, opmerkingen &]; inwinnen [inlichtingen]; vatten [ook = snappen]; opvatten, beschouwen (als *as*); houden (voor *for*); begrijpen; waarnemen, te baat nemen [gelegenheid]; gebruiken; drinken [thee &]; volgen [een cursus]; geven [een cursus]; inslaan [weg]; brengen, overbrengen, bezorgen, voeren, leiden; doen [sprong, examen &]; *if it ~s all summer* al duurt het de hele zomer; *it ~s so little to...* er is zo weinig voor nodig om...; *it ~s a good woman to...* daar is een goede vrouw voor nodig; men moet wel een goede vrouw zijn om...; *have what it ~s* alles hebben (om te *to*), er mogen wezen; *I ~ it that...* ik houd het erop dat...; *I can ~ it* gemeenz ik kan er tegen, ik kan het verdragen; *~ it or leave it!* graag of niet; *~ it badly* het erg te pakken krijgen; *~ it hard* het zich erg aantrekken; *~ it lying down* zich erbij neerleggen, er (maar) in berusten; zie ook: *easy II*; *~ cover* in dekking gaan, dekking zoeken; *~ a drive (ride, walk)* een tochtje & maken; *~ sbd.'s name* iems. naam opschrijven, ook: iem. bekeuren; *~ God's name in vain* bijbel Gods naam ijdellijk gebruiken; *~ the evening service* de avonddienst leiden; *~ size 9* maat 9 hebben; *these things ~ time* daar is veel tijd mee gemoeid; *~ your time* haast u maar niet; **II** *onoverg & abs ww* pakken; succes hebben, aan-, inslaan [v. stuk]; aanbijten [vis]; *~ ill* ziek worden; *~ well, ~ a good photo* fotogeniek zijn; *~ aback* verrassen, verbluffen; *~ across* overzetten, overbrengen; *~ after* aarden naar; *~ apart* uit elkaar nemen; demonteren; *~ away* af-, wegnemen; be-, ontnemen; mee (naar huis) nemen; *~ away from* afbreuk doen aan; *~ back* terugnemen [ook woorden]; terugbrengen; terugvoeren [naar het verleden]; *~ down* afnemen, naar beneden halen, van de muur halen; uit elkaar nemen, afbreken [huis]; innemen [drankje]; optekenen, opschrijven, noteren, opnemen; zie ook: *peg*; *he ~s you for a tramp* hij houdt u voor een landloper; *~ from* af-, ontnemen; aftrekken van; verminderen, verkleinen; ontlenen aan; *(you may) ~ it from me* wat ik je zeg, eerlijk (waar); *~ in* binnenbrengen, binnenleiden, naar de tafel geleiden [dame]; ontvangen [logeergasten]; in huis (op)nemen [iem.]; innemen [japon, zeilen]; beetnemen [iem.]; opnemen [iem., iets]; begrijpen, beseffen [de toestand]; er bij nemen; omvatten; *~ in a movie* gemeenz een bioscoopje *o* pikken; *~ in needlework* thuis naaiwerk aannemen; *~ into one's head* in z'n hoofd krijgen; *~ into partnership* in de zaak opnemen; *~ off* beginnen [te lopen &], van de grond komen; succes hebben; sp zich afzetten [bij springen], wegvliegen, luchtv opstijgen, starten; weggaan, 'm smeren; af-, wegnemen, afdoen, afleggen, uittrekken [kleren], afzetten [hoofddeksel], wegvoeren, -brengen; ontlasten van [iets]; handel laten vallen [v. prijs]; nadoen, kopiëren; parodiëren; *~ one's name off the list (off the book)* zich laten afschrijven; *~ time off* zich even vrijmaken; *~ oneself off* weggaan, zich uit de voeten maken; *~ on* aan boord nemen; aannemen [werkkrachten, kleur &]; op zich nemen [verantwoordelijkheid &]; het opnemen tegen, voor zijn rekening nemen; gemeenz aanslaan, pakken [melodie &]; gemeenz tekeergaan; *~ out* nemen [patent &]; nemen of halen uit, tevoorschijn halen; buiten zetten [vuilnisvat]; wegmaken [vlek]; inlossen [pand]; afsluiten [verzekering]; uitgaan met; ten dans leiden [meisje]; *~ sbd. out of himself* iem. afleiding bezorgen, de zinnen verzetten; *the labour had ~n it out of them* het zware werk had hen danig vermoeid; *~ it out on sbd.* het op iem. afreageren; *~ over* overnemen [een zaak &]; de wacht aflossen[2], de leiding (het commando, de functies &) overnemen, opvolgen; een fusie aangaan met; *~ over*

charge de dienst overnemen; zijn dienst aanvaarden; ~ *over from sbd.* het roer van iem. overnemen, iem. opvolgen; ~ *sbd. over the premises* iem. het gebouw rondleiden; ~ *over to* RTV verbinden met; ~ *sbd. round* iem. rondleiden; ~ *to ...ing* gaan doen aan..., beginnen te...; ~ *to one's bed* gaan liggen [v. zieke]; ~ *to the boats* in de boten gaan; ~ *to the woods* de bossen ingaan; in de bossen gaan huizen; ~ *to...* sympathie krijgen voor, gaan houden van; *I took to her from the moment I met her* ik mocht haar vanaf het eerste moment; *he doesn't ~ kindly to it* hij moet er niet veel van hebben; ~ *up* opnemen, opvatten, optillen, oppakken [ook = arresteren]; naar boven brengen; aannemen [een houding]; innemen [plaats], betrekken [kwartieren]; aanvaarden [betrekking]; ter hand nemen; beginnen aan [een hobby, roken]; in beslag nemen [tijd & plaats], beslaan [ruimte]; onder handen nemen [iem.]; overnemen [refrein &]; ~ *sbd. on his offer* iems. aanbod aannemen; ~ *the matter up with* er werk van maken bij [de politie &]; de zaak ter sprake brengen, aanhangig maken bij [de regering]; ~ *up a point* inhaken op iets; ~ *up the tale* vervolgen; ~ *up with* omgaan met, intiem(er) worden met, geringsch het aanleggen met, zich inlaten met; *that's what he could not ~ upon himself to say* dat waagde hij niet te zeggen; ~ *the audience with one* zijn publiek meeslepen; zie ook: *taken*

2 take [teik] *znw* vangst; ontvangst, recette [van schouwburg]; opname [v. film &]

takeaway I *bn* afhaal-, meeneem-; **II** *znw* **1** bereide maaltijd die vanuit een restaurant wordt meegenomen (ook: ~ *meal*); **2** afhaalrestaurant *o*

take-home *znw* nettoloon *o*

take-in *znw* bedrog *o*, bedotterij

taken V.D. van [1]*take*; genomen; bezet [v. stoel &]; *be ~ ill* ziek worden; ~ *up with* in beslag genomen door; vol belangstelling voor; ~ *with* overvallen door, te pakken hebbend [ziekte]; ingenomen met, veel ophebbend met

take-off *znw* springplaats; afzet [bij het springen]; opstijging, (plaats van) vertrek *o*, start; karikatuur

take-over I *znw* overnemen *o* van de zaak &, zie: *take over*; overname, fusie (door overneming van aandelen); **II** *bn*: ~ *bid* bod om aandelen over te nemen

taker *znw* (drug)gebruiker; handel afnemer

taking I *bn* innemend, aanlokkelijk, aantrekkelijk; **II** *znw* inname; handel afname; *~s* recette, ontvangsten; *it's there for the ~* het staat er voor, tast toe

talc [tælk] *znw* talk [delfstof]; mica *o & m*; ~ *powder* talkpoeder *o & m*

talcous *bn* talkachtig

talcum *znw* = *talc*

tale [teil] *znw* verhaal *o*, vertelsel *o*; fabel; gerucht *o*, relaas *o*; *old wives' ~s* oudewijvenpraatjes, bakerpraatjes; *these... tell their ~* leggen gewicht in de schaal; behoeven geen nadere verklaring, zeggen voldoende, spreken een duidelijke taal; *tell ~s* klikken, uit de school klappen (ook: *tell ~s out of school*); *live to tell the ~* het kunnen navertellen, het overleven

talebearer *znw* verklikker

talent ['tælənt] *znw* talent° *o*, gave, begaafdheid; slang knappe jongens, mooie meiden

talented *bn* talentvol

talentless *bn* talentloos

talent scout, **talent spotter** *znw* talentenjager

talion ['tæliən] *znw* recht wedervergelding

taliped ['tæliped] **I** *bn* met een horrelvoet; **II** *znw* iem. met een horrelvoet

talipes ['tælipi:z] *znw* horrelvoet, klompvoet

talisman ['tæliz-, 'tælismən] *znw* talisman

talk [tɔ:k] **I** *onoverg* praten, spreken; *now you're ~ing!* gemeenz dat is tenminste verstandige taal, zo mag ik het horen!; *you can ~!, look who's ~ing!* hoor wie het zegt! dat moet jij nodig zeggen!; ~ *big*, ~ *tall* grootspreken, opscheppen, opsnijden; **II** *overg* praten, spreken; spreken over, het hebben over; ~ *nonsense (gemeenz rubbish)* onzin (kletspraat) verkopen, bazelen, kletsen; zie ook: *scandal, sense, shop*; ~ *about* praten over, bepraten; *did you see that film? ~ about boring!* heb je die film gezien? stierlijk vervelend, hè?; ~ *at sbd. rather than to sbd.* tegen iem. praten in plaats van met iem. praten; ~ *away* er op los praten; ~ *away the evening (an hour or two)* verpraten; ~ *back* (brutaal) antwoorden; ~ *down* omverpraten, tot zwijgen brengen [in debat]; binnenpraten [vliegtuig]; ~ *down to* afdalen tot het niveau van [kinderen &]; ~ *sbd. into...* iem. bepraten (overhalen) om...; ~ *of* praten over; ook: spreken van; *~ing of..., what...?* van... gesproken, wat...?; ~ *the debate (motion) out* doodpraten; ~ *it out* het doorpraten; ~ *sbd. out of.... ing* iem..... uit het hoofd praten, afbrengen van; ~ *over* bespreken; bepraten, overhalen; ~ *sbd. round* iem. overhalen, overreden; ~ *through one's hat* zitten kletsen, doorslaan; ~ *to* praten tegen, spreken met; aanspreken[2], onder handen nemen, een strafpreek houden; ~ *to oneself* in zichzelf praten; ~ *up* aanprijzen, in de hoogte steken, ophemelen; **III** *wederk*: ~ *oneself hoarse* zich hees praten; **IV** *znw* gepraat *o*, praat(s), praatje *o*; gesprek *o*, onderhoud *o*, bespreking, discussie; causerie; conversatie; *she is the ~ of the town* iedereen heeft het over haar, zij gaat geweldig over de tong; *there was (some) ~ off...* het praatje ging dat...; er was sprake van dat...; *let us have a ~* laten wij eens praten; *at ~ of...* als er sprake is (was) van...

talkative *bn* spraakzaam; praatziek

talker *znw* prater; kletskous; spreker, redenaar

talkie *znw* gemeenz sprekende film

talking I *bn* pratend; sprekend[2]; **II** *znw* praat, gepraat *o*, praten *o*; *do most of the ~* het hoogste (grootste) woord voeren (hebben)

talking-point *znw* discussiepunt *o*; (goed) argument *o*; onderwerp *o* van gesprek (van de dag)
talking-to *znw* gemeenz vermaning
talk show *znw* talkshow, praatprogramma *o*
tall [tɔ:l] *bn & bijw* hoog; lang; groot [v. personen]; kras, sterk [verhaal]; *a ~ order* een zware klus; *~ talk* opschepperij
tallboy *znw* hoge commode
tallish *bn* vrij lang, groot &, zie *tall*
tallow ['tælou] *znw* talk, kaarsvet *o*
tallowy *bn* talkachtig, talk-
tally ['tæli] **I** *znw* hist kerfstok; kerf, keep; rekening; *keep a ~ of* tellen, bijhouden [score &]; **II** *overg* tellen, berekenen; **III** *onoverg* kloppen, overeenstemmen; *~ with* passen bij; overeenkomen met, kloppen met
tally-ho ['tæli'hou] *tsw* roep van jagers bij vossenjacht
tallyman ['tælimæn] *znw* verkoper in of eigenaar van een afbetalingsmagazijn
talmud ['tælməd, -mʌd] *znw* talmoed
talon ['tælən] *znw* klauw
tamarind ['tæmərind] *znw* tamarinde
tambour ['tæmbuə] *znw* vero trom(mel); tamboereerraam *o*; borduurraam *o*
tambourine [tæmbə'ri:n] *znw* tamboerijn, rinkelbom
tame [teim] **I** *overg* temmen², tam maken² (ook: *~ down*); kleinkrijgen; **II** *bn* getemd², tam², mak², gedwee; slap, flauw, saai, vervelend, kleurloos
tamer *znw* (dieren)temmer
taming *znw* temmen *o* &
tam-o'-shanter [tæmə'ʃæntə] *znw* Schotse baret
tamp [tæmp] *overg* aanstampen (ook: *~ down*)
tamper ['tæmpə] *onoverg*: *~ with* knoeien aan of met; peuteren (zitten) aan; 'bewerken' [getuigen &]
tampion ['tæmpiən] *znw* prop, stop, windstop [v. geschut]
tampon ['tæmpən] *znw* tampon
tan [tæn] **I** *znw* gebruinde huidskleur, run, gemalen eikenschors, taan (kleur); *get a ~* bruin worden; **II** *bn* run-, taankleurig; **III** *overg* looien, tanen; *~ sbd.('s hide)* slang iem. afrossen; **IV** *onoverg* tanen; bruinen, bruin worden [door de zon]
tandem ['tændəm] *znw* tandem°; *in ~ (with)* samen (met); tegelijkertijd, in combinatie (met)
tang [tæŋ] *znw* **1** doorn [v. mes]; **2** bijsmaak, (na-) smaak, smaakje *o*; scherpe lucht of geur
tangent ['tændʒənt] *znw* tangens; *fly (go) off at a ~* plotseling een andere richting inslaan, van koers veranderen (ook: fig)
tangential [tæn'dʒenʃəl] *bn* tangentieel; fig oppervlakkig
tangerine [tændʒə'ri:n] *znw* mandarijntje *o*
tangible ['tændʒibl] *bn* tastbaar, voelbaar
tangle ['tæŋgl] **I** *overg* in de war maken, verwikkelen; verwarren; verstrikken (ook: *~ up*); **II** *onoverg* in de war raken; *~ with* slang overhoop liggen met; **III** *znw* warhoop; warboel, klit, knoop; wirwar; verwarring; *be in a ~* in de war zijn
tangly *bn* verward, verwikkeld
tango ['tæŋgou] **I** *znw* tango; **II** *onoverg* de tango dansen
tangy ['tæŋi] *bn* scherp, pittig
tank [tæŋk] **I** *znw* waterbak, reservoir *o*; (petroleum)tank; mil tank; **II** *overg*: *~ up* gemeenz tanken
tankage *znw* tankinhoud; tankgeld *o*
tankard ['tæŋkəd] *znw* drinkkan, flapkan
tanked (up) ['tæŋkt(ʌp)] *bn* slang ladderzat, lazarus
tank-engine ['tæŋkendʒin] *znw* tenderlocomotief
tanker *znw* scheepv tanker, tankschip *o*; auto tankwagen
tank-farming *znw* water-, hydrocultuur
tannage *znw* looien *o*
1 tanner ['tænə] *znw* looier
2 tanner ['tænə] *znw* gemeenz vero sixpence-(stukje *o*)
tannery ['tænəri] *znw* looierij
tannic *bn*: *~ acid* looizuur *o*
tannin *znw* tannine, looizuur *o*
tannoy ['tænɔi] *znw* intercom, omroepinstallatie, luidsprekerinstallatie [op sportveld &]
tansy ['tænzi] *znw* boerenwormkruid *o*
tantalization [tæntəlai'zeiʃən] *znw* tantaluskwelling
tantalize ['tæntəlaiz] *overg* tantaliseren, doen watertanden; kwellen [door valse verwachtingen te wekken]
tantalizing *bn* uitdagend, verleidelijk; tergend
tantamount ['tæntəmaunt] *bn* gelijkwaardig (aan *to*); *be ~ to* ook: gelijkstaan met
tantrum ['tæntrəm] *znw* (ook: *~ temper*) woedeaanval
Tanzania [tænzə'niə] *znw* Tanzania *o*
Tanzanian [tænzə'niən] *znw (bn)* Tanzaniaan(s)
Taoism ['tauizm] *znw* taoïsme *o*
1 tap [tæp] **I** *znw* (houten) kraan; tap [ook: techn]; elektr aftakking; *on ~* op de tap; aangestoken [v. vat]; gemeenz altijd beschikbaar; ter beschikking; **II** *overg* een kraan slaan in, aan-, opsteken; [een vat] aanboren; [bron &]; exploiteren, aanspreken [voorraad]; aftappen (ook = afluisteren); elektr aftakken; tappen; *~ sbd.* gemeenz iem. (willen) uithoren; *~ sbd. for money* geld van iem. (willen) loskrijgen
2 tap [tæp] **I** *overg* tikken, kloppen tegen, op of met; **II** *onoverg*: *~ at* tikken, kloppen tegen of op; **III** *znw* tikje *o*, klop [op deur]; *there was a ~ at the door* er werd geklopt
tap-dance I *znw* tapdans; **II** *onoverg* een tapdans uitvoeren
tap-dancer *znw* tapdanser
tape [teip] **I** *znw* lint *o*; band *o* [stofnaam], band *m* [voorwerpsnaam]; plakband; geluidsband, cassette(band); strook papier [in de telegrafie]; ge-

meenz telegrafisch koersbericht *o*; meetband, -lint *o*, centimeter; *breast the ~* sp (als eerste) over de finish gaan; **II** *overg* met een lint of band vastmaken; opnemen op de band; *have (got) him (it) ~d* gemeenz hem (het) doorhebben; *have (got) it ~d* ook: gemeenz het voor elkaar hebben

tape deck *znw* tapedeck *o*

tape-machine *znw* telexapparaat *o*

tape-measure *znw* meetband, meetlint *o*, centimeter

taper ['teipə] **I** *znw* waspit; vero kaars; plechtig toorts, licht(je) *o*; **II** *onoverg* spits (taps) toelopen (ook: *~ to a point*); *~ off* geleidelijk verminderen; **III** *overg* spits (taps) doen toelopen, (toe)spitsen

tape-record ['teiprikɔ:d] *overg* opnemen op de band

tape-recorder *znw* bandrecorder

tape-recording *znw* bandopname

tapestry ['tæpistri] *znw* gobelin *o*, wandtapijt *o*; geweven behangsel *o*; tapisserie [v. stoel &]

tapeworm ['teipwə:m] *znw* lintworm

tapioca [tæpi'oukə] *znw* tapioca

tapir ['teipə] *znw* tapir

tapis ['tæpi] *znw*: *be (bring) on the ~* in (ter) discussie zijn (brengen)

tappet ['tæpit] *znw* techn klepstoter

tap-room ['tæprum] *znw* gelagkamer

tap-root ['tæpru:t] *znw* penwortel, hoofdwortel

tap water ['tæpwɔ:tə] *znw* leidingwater *o*

tar [ta:] **I** *znw* teer; gemeenz pikbroek, matroos; **II** *overg* (be)teren; *~ and feather* met pek bestrijken en dan door de veren rollen [als straf]; *~red with the same brush* fig met hetzelfde sop overgoten

taradiddle ['tærədidl] *znw* leugentje *o*

tarantula [tə'ræntjulə] *znw* (*mv*: -s *of* tarantulae [-li:]) tarantula [spin]

tarboosh [ta:'bu:ʃ] *znw* fez (met kwastje)

tar-brush ['ta:brʌʃ] *znw* teerkwast

tardy ['ta:di] *bn* traag, langzaam, dralend; laat

1 tare [tɛə] *znw* handel tarra

2 tare [tɛə] *znw* voederwikke [plant]; *the ~s* bijbel het onkruid

targe [ta:dʒ] *znw* hist beukelaar, schild *o*

target ['ta:git] **I** *znw* (schiet)schijf, mikpunt *o*; (gestelde, beoogde) doel[2] *o* of tijd; streefcijfer *o* (ook: *~ figure*); **II** *overg* richten, mikken (op *on*)

target-practice *znw* schijfschieten *o*

tariff ['tærif] *znw* tarief *o*, toltarief *o*

tariff-union *znw* tariefunie, tolverbond *o*

tariff-wall *znw* tariefmuur

tariff-war *znw* tarievenoorlog

tarlatan ['ta:lətən] *znw* tarlatan *o*: fijne katoenen stof

tarmac ['ta:mæk] **I** *znw* teermacadam *o & m*; platform *o* [v. vliegveld]; **II** *overg* macadamiseren

tarn [ta:n] *znw* bergmeertje *o*

tarnish ['ta:niʃ] **I** *overg* laten aanlopen [metalen]; dof of mat maken; ontluisteren[2]; doen tanen; fig bezoedelen; **II** *onoverg* aanlopen [metalen]; dof of mat worden; tanen; **III** *znw* ontluistering; dofheid; bezoedeling, smet

tarot ['tærou] *znw* tarot *o & m*

tarpaulin [ta:'pɔ:lin] *znw* teerkleed *o*, (dek)zeil *o* [voor wagen]; scheepv presenning

tarragon ['tærəgən] *znw* dragon

1 tarry ['tæri] *onoverg* plechtig toeven, blijven, dralen

2 tarry ['ta:ri] *bn* teerachtig, geteerd

tarsal ['ta:sl]: *~ bone znw* voetwortelbeentje *o*

tarsier ['ta:siə] *znw* spookdier *o* [aap]

tarsus ['ta:səs] *znw* (*mv*: tarsi [-sai]) voetwortel

1 tart [ta:t] **I** *znw* (vruchten)taart; taartje *o*; gemeenz hoer, slet; **II** *overg*: *~ up* gemeenz opdirken; opsmukken

2 tart [ta:t] *bn* wrang, zuur; fig scherp, bits

1 tartan ['ta:tən] **I** *znw* Schots geruit goed *o*; Schotse plaid; **II** *bn* van tartan

2 tartan ['ta:tən] *znw* scheepv tartaan: soort eenmaster

1 tartar ['ta:tə] *znw* driftkop; lastig persoon; kenau

2 tartar ['ta:tə] *znw* wijnsteen; tandsteen *o & m*

tartar(e) sauce *znw* tartaarsaus

tartaric [ta:'tærik] *bn* wijnsteen-; *~ acid* wijnsteenzuur *o*

tartlet ['ta:tlit] *znw* taartje *o*

task [ta:sk] **I** *znw* taak, huiswerk *o*; geringsch karwei *v & o*; *take sbd. to ~* iem. de les lezen, onder handen nemen; **II** *overg* op de proef stellen, vergen

task force *znw* mil speciale eenheid

taskmaster *znw*: *a hard ~* een harde leermeester[2]

tassel ['tæsl] *znw* kwast, kwastje *o* [als boekenlegger]

tasselled *bn* met kwasten versierd

taste [teist] **I** *overg* proeven; smaken, ondervinden; **II** *onoverg* proeven; smaken; *~ of* smaken naar; fig smaken, ondervinden; **III** *znw* smaak°, bijsmaak, voorkeur, zin; (voor)proefje *o*; beetje *o*, zweempje *o*, tikje *o*; neiging, liefhebberij; *let me have a ~* laat mij eens proeven; *in bad ~* smakeloos; *in good ~* zoals het hoort; met tact; smaakvol; *to ~* naar believen, naar verkiezing; zoveel als je maar wilt; *is it to your ~?* is het naar uw zin?; *every man to his ~!* ieder zijn meug!; *pungent to the ~* scherp van smaak

taste-bud *znw* smaakpapil

tasteful *bn* smaakvol

tasteless *bn* **1** smaakloos, zonder smaak; **2** smakeloos, van slechte smaak getuigend

taster *znw* proever [van wijn, thee &]; fig voorproefje *o*

tasty *bn* smakelijk; slang sexy

1 tat [tæt] *onoverg & overg* frivolité maken (bep. haak/knoopwerk)

2 tat *znw* vodden; prullaria

ta-ta ['tæ'ta:] *tsw* gemeenz daag!

tatter ['tætə] *znw* lap, lomp, vol *o & v*, flard; *in ~s* aan flarden

tattered *bn* haveloos, aan flarden; gehavend

tatting ['tætiŋ] *znw* frivolité *o*
tattle ['tætl], **tittle-tattle I** *onoverg* kletsen, babbelen; (uit de school) klappen; **II** *znw* geklets *o*, gebabbel *o*; borrelpraat
tattler *znw* kletskous, babbelaar
1 tattoo [tə'tu:] *znw* mil taptoe; (trom)geroffel *o*, roffel
2 tattoo [tə'tu:] **I** *overg* tatoeëren; **II** *znw* tatoeëring, tatoeage
tattooer, **tattooist** [tə'tuə, tə'tuist] *znw* tatoeëerder
tatty ['tæti] *bn* voddig, sjofel, afgeleefd
taught [tɔ:t] V.T. & V.D. van *teach*
taunt [tɔ:nt] **I** *overg* beschimpen, honen, smaden; ~ *sbd. with...* iem. zijn... smadelijk verwijten, voor de voeten werpen; **II** *znw* schimp(scheut), hoon, smaad, spot
Taurus [tɔ:rəs] *znw* Stier
taut [tɔ:t] *bn* strak, gespannen [v. touw, spier &]
tauten I *overg* (strak) aanhalen; spannen; **II** *onoverg* zich spannen
tautological [tɔ:tə'lɔdʒikl] *bn* tautologisch
tautology [tɔ:'tɔlədʒi] *znw* tautologie
tavern ['tævən] *znw* kroeg, herberg
1 taw [tɔ:] *znw* knikker; knikkerspel *o*
2 taw [tɔ:] *overg* witlooien; touwen [zeem]
tawdry ['tɔ:dri] *bn* smakeloos, opzichtig, opgedirkt
tawer ['tɔ:ə] *znw* zeemtouwer
tawny ['tɔ:ni] *bn* taankleurig, tanig, getaand; geelbruin; ~ *owl* bosuil
tax [tæks] **I** *overg* belasten, schatting opleggen; veel vergen van, op een zware proef stellen; beschuldigen (van *with*); **II** *znw* (rijks)belasting; schatting; last, (zware) proef; *be a ~ on* veel vergen van
taxable *bn* belastbaar
taxation [tæk'seiʃən] *znw* belasting
tax avoidance *znw* belastingontwijking, -vermijding, -besparing
tax-collector ['tækskəlektə] *znw* ontvanger der belastingen
tax-deductible *bn* aftrekbaar (voor de belasting)
tax disc *znw* auto ± deel drie van het kentekenbewijs
tax evasion *znw* belastingontduiking; fiscale fraude
tax exile *znw* iem. die zich om fiscale redenen in het buitenland heeft gevestigd
tax-farmer *znw* hist tollenaar
tax-free *bn* vrij van belasting, taxfree
tax haven *znw* belastingparadijs *o*
taxi ['tæksi] **I** *znw* taxi; **II** *onoverg* **1** in een taxi rijden; **2** taxiën: rijden [v. vliegtuig]
taxi-cab *znw* taxi
taxidermist ['tæksidə:mist] *znw* dierenopzetter
taxidermy *znw* de kunst van het opzetten van dieren
taxi-driver ['tæksidraivə], gemeenz **taxi-man** *znw* taxichauffeur
taximeter *znw* taximeter
taxing ['tæksiŋ] *bn* belastend, inspannend, zwaar [werk]; moeilijk [probleem]
taxi rank, Am **taxi stand** *znw* taxistandplaats
taxman ['tæksmæn, -mən] *znw* belastingontvanger; *the T~* de Belasting
taxonomy [tæk'sɔnəmi] *znw* taxonomie
taxpayer ['tækspeiə] *znw* belastingbetaler
tax rebate ['tæksri:beit] *znw* teruggave van te veel betaalde belasting
tax relief *znw* belastingverlaging, -vermindering
tax return *znw* (formulier *o* voor) belastingaangifte
TB *afk.* = *tuberculosis* tbc, tuberculose
tea [ti:] *znw* thee; avondeten; lichte middagmaaltijd met thee, koekjes en sandwiches; *high ~* maaltijd aan het eind van de middag, in plaats van het avondmaal [bijv. voor kinderen]; *at ~* bij (aan) de thee; *have people to ~* mensen op de thee hebben
teabag *znw* theezakje *o*, theebuiltje *o*
tea-ball *znw* thee-ei *o*
tea-break *znw* theepauze
tea-caddy *znw* theebusje *o*
teacake *znw* zoet broodje *o* met rozijnen
teach [ti:tʃ] (taught; taught) *overg* onderwijzen, leren, les geven (in), doceren; ~ *sbd. manners* iem. mores leren; ~ *sbd. (how) to...* iem. leren...; *that'll ~ you (a lesson)* dat zal je leren...!
teachability [ti:tʃə'biliti] *znw* leervermogen *o*
teachable ['ti:tʃəbl] *bn* te onderwijzen, onderwezen kunnende worden; aannemelijk, bevattelijk, leerzaam
teacher *znw* onderwijzer(es), leraar, lerares, leerkracht, docent(e), leermeester(es)
tea-chest ['ti:tʃest] *znw* theekist
teach-in ['ti:tʃin] *znw* teach-in; open forum *o* [vooral voor (de) universiteit]
teaching I *bn* onderwijzend; *a ~ hospital* een academisch ziekenhuis *o*; *a ~ post* een betrekking bij het onderwijs; ~ *practice* onderwijzersstage, hospiteren *o*; **II** *znw* onderwijs *o*; lesgeven *o*; leer (ook: *~s*)
tea-cloth ['ti:klɔθ] *znw* theedoek
tea-cosy *znw* theemuts
teacup *znw* theekopje *o*
teak [ti:k] *znw* teak(boom), djati(boom); teak(hout) *o*, djati(hout) *o*
tea-kettle ['ti:ketl] *znw* theeketel
teal [ti:l] *znw* taling(en) [kleine eend]
tea leaf ['ti:li:f] *znw* theeblaadje *o* [v. theestruik]
team [ti:m] **I** *znw* span *o* [paarden &]; ploeg [werklui, spelers], elftal *o* [voetballers], groep [geleerden &], team *o*; **II** *onoverg*: ~ *up* gemeenz samenwerken
team-mate *znw* ploeggenoot, teamgenoot
team-spirit *znw* geest van samenwerking
teamster *znw* Am wegvervoerder
team-work *znw* teamwork *o*; samenwerking
tea-party ['ti:pa:ti] *znw* theevisite, theepartij
teapot *znw* theepot
1 tear [tiə] *znw* traan; *in ~s* in tranen; *be bored to ~s*

gemeenz zich te pletter vervelen

2 tear [tɛə] (tore; torn) **I** *overg* scheuren, stuk-, verscheuren[2]; rukken of trekken aan; weg-, uiteenrukken, (open)rijten; ~ *one's hair* zich de haren uitrukken [v. woede, verdriet]; *be torn between* in tweestrijd staan tussen, niet kunnen kiezen tussen; *that's torn it!,* Am *that ~s it!* nu is alles bedorven!; **II** *wederk*: ~ *oneself away* zich (van de plaats) losrukken; **III** *onoverg & abs ww* scheuren; stormen, vliegen; razen, tieren; ~ *it across* het door-, verscheuren; ~ *along* voortjagen, komen aanstuiven; ~ *apart* kapot scheuren; verdeeldheid zaaien onder; in tweestrijd brengen; ~ *at* rukken (trekken) aan; ~ *away* wegscheuren [auto]; losmaken; ~ *down* afscheuren, -rukken; afbreken; ~ *down the hill* de heuvel afrennen; ~ *from* wegrukken van; ontrukken (aan); ~ *off* afscheuren, -rukken; ~ *sbd. off a strip* iem. een standje geven; ~ *open* openscheuren, openrukken; ~ *out* uitscheuren, uitrukken; ~ *to pieces* in stukken scheuren; ~ *up* door-, ver-, stukscheuren; opbreken [weg &]; ~ *up the stairs* de trap opvliegen; *torn up by the roots* ontworteld

3 tear [tɛə] *znw* scheur

tearaway ['tɛərəwei] *znw* wildebras

teardrop ['tiədrɔp] *znw* [een] enkele traan

tearful *bn* vol tranen; huilerig; *become ~* beginnen te schreien

tear gas *znw* traangas *o*

tearing ['tɛəriŋ] **I** *bn* scheurend; gemeenz heftig, razend; *be in a ~ hurry* verschrikkelijke haast hebben; **II** *znw* scheuren *o*; *a sound of ~* een scheurend geluid *o*

tear-jerker ['tiədʒə:kə] *znw* gemeenz smartlap; melodramatisch verhaal *o* &

tear-off ['tɛərɔ:f] *bn*: ~ *calendar* scheurkalender

tea-room ['ti:rum] *znw* lunchroom, theesalon

tear-stained ['tiəsteind] *bn* beschreid

tease [ti:z] **I** *overg* plagen, kwellen, sarren, treiteren, pesten, judassen, jennen; kaarden; tegenkammen [v. haar]; ~ *out* ontwarren; ontfutselen; **II** *znw* plaaggeest

teasel ['ti:zl] *znw* kaardendistel, kaarde; kaardmachine

teaser ['ti:zə] *znw* plager, plaaggeest, kweller, treiteraar; fig puzzel; moeilijk probleem *o*, iets lastigs; kaarder

tea-service, **tea-set** ['ti:set] *znw* theeservies *o*

tea-shop *znw* theesalon

teaspoon *znw* theelepeltje *o*

tea-strainer *znw* theezeefje *o*

teat [ti:t] *znw* tepel, speen

tea-table ['ti:teibl] *znw* theetafel

tea-things *znw mv* theegerei *o*, theegoed *o*

tea-towel *znw* theedoek, (af)droogdoek

tea-tray *znw* theeblad *o*

tea-trolley *znw* theewagen

tea-urn *znw* theezettoestel *o*, samovar

tech [tek] *znw* gemeenz verk. van *technical college*

technical ['teknikl] *bn* technisch; vak-; ~ *college* hogere technische school; ~ *school* lagere technische school

technicality [tekni'kæliti] *znw* technisch karakter *o*; technisch detail *o*; technische term; technisch probleem *o*; recht vormfout; *the technicalities* de technische finesses

technician [tek'niʃən] *znw* technicus

technics ['tekniks] *znw (mv)* techniek

technique [tek'ni:k] *znw* techniek

technocracy [tek'nɔkrəsi] *znw* technocratie

technocrat ['teknəkræt] *znw* technocraat

technological [teknə'lɔdʒikl] *bn* technologisch

technologist [tek'nə'nɔlədʒist] *znw* technoloog

technology *znw* technologie

tectonic [tek'tɔnik] *bn* tektonisch

tectonics [tek'tɔniks] *znw mv* tektoniek; leer van de architecturale vormgeving

ted [ted] *overg* uitspreiden en keren [gras]

Ted [ted] *znw* slang = *teddy boy*

tedder *znw* hooischudder, hooikeerder

teddy ['tedi] *znw* **1** beertje *o*; teddybeer (ook: ~ *bear*); **2** Am teddy [hemd en broekje aaneen als damesondergoed]

teddy boy *znw* ± nozem

tedious ['ti:diəs] *bn* vervelend; saai

tedium *znw* verveling; saaiheid

tee [ti:] **I** *znw* sp tee, afslag [aardhoopje *o* & vanwaar de bal wordt weggeslagen bij golfspel]; **II** *overg* sp (~ *up*) [de bal] op de tee plaatsen; **III** *onoverg*: ~ *off* beginnen te spelen; fig gemeenz van start gaan, beginnen

1 teem [ti:m] *onoverg* vol zijn, krioelen, wemelen, overvloeien (van *with*); *it was ~ing (with rain), the rain was ~ing down* het stortregende

2 teem [ti:m] *overg* leeggieten, uitgieten

teeming ['ti:miŋ] *bn* wemelend, overvol, boordevol (van *with*); vruchtbaar [brein &]

teenage ['ti:neidʒ] *bn* van, voor tieners, tiener-; jeugd-; ~ *boy (girl)* tiener

teenager *znw* tiener

teens *znw mv* jaren tussen het twaalfde en het twintigste

teeny ['ti:ni] *bn* gemeenz (heel) klein; *~-bopper* slang aankomende tiener; *~-weeny* piepklein

teeter ['ti:tə] *onoverg* wankelen, balanceren

teeth [ti:θ] *mv* v. *tooth*

teethe [ti:ð] *onoverg* tanden krijgen

teething *znw* het tanden krijgen; ~ *ring* bijtring; ~ *troubles* fig kinderziekten

teetotal [ti:'toutl] *bn* geheelonthouders-, antialcohol-

teetotalism *znw* geheelonthouding

teetotaller [ti:'toutlə] *znw* geheelonthouder

teetotum [ti:'toutəm] *znw* vroeger tolletje *o* met letters, gebruikt bij spelletjes

telecast ['telika:st] **I** *overg & onoverg* per televisie uitzenden; **II** V.T. & V.D. van *telecast*; **III** *znw*

televisie-uitzending
telecommunication ['telikəmju:ni'keiʃən] *znw* telecommunicatie
telegenic [teli'dʒenik] *bn* telegeniek
telegram ['teligræm] *znw* telegram *o*
telegraph ['teligra:f] **I** *znw* telegraaf; **II** *overg & onoverg* telegraferen; fig seinen
telegraphese [teligra:'fi:z] *znw* telegramstijl
telegraphic [teli'græfik] *bn* telegrafisch
telegraphist [ti'legrəfist] *znw* telegrafist(e)
telegraphy *znw* telegrafie
telekinesis [teliki'ni:sis] *znw* telekinese: beweging of verplaatsing van voorwerpen zonder aantoonbare oorzaak
telemeter ['telimitə] *znw* telemeter [toestel waarmee op afstand metingen worden gedaan]
telemetry [ti'lemitri, -mətri] *znw* telemetrie [het verrichten van metingen op afstand]
telepathic [teli'pæθik] *bn* telepathisch
telepathist [ti'lepəθist] *znw* telepaat
telepathy *znw* telepathie
telephone ['telifoun] **I** *znw* telefoon; *on the* ~ aangesloten (bij de telefoon); aan de telefoon; door de (per) telefoon; **II** *overg & onoverg* telefoneren
telephone book *znw* telefoonboek *o*
telephone booth, **telephone box** *znw* telefooncel
telephone directory *znw* telefoonboek *o*
telephone exchange *znw* telefooncentrale
telephone number *znw* telefoonnummer *o*
telephonic [teli'fɔnik] *bn* telefonisch, telefoon-
telephonist [ti'lefənist] *znw* telefonist(e)
telephony *znw* telefonie
telephoto lens ['telifoutoulenz] *znw* telelens
teleprinter ['teliprintə] *znw* telex
teleprompter ['teliprɔm(p)tə] *znw* [door tv-omroepers gebruikte] monitor waarvan de tekst wordt afgelezen, autocue
telescope ['teliskoup] **I** *znw* verrekijker, telescoop; **II** *overg & onoverg* ineenschuiven; in elkaar schuiven [spoorwagens bij een ongeluk &]; fig samenvatten [boek &]; **III** *abs ww* zich in elkaar laten schuiven
telescopic [telis'kɔpik] *bn* telescopisch; ineenschuifbaar
teletype ['telitaip] **I** *znw* teletype; **II** *overg* teletypen
televise ['telivaiz] *overg* per televisie uitzenden
television ['teliviʒən, teli'viʒən] *znw* televisie; *on* ~ per televisie, op (voor) de televisie
television set *znw* televisietoestel *o*
telex ['teleks] **I** *znw* telex(dienst); **II** *overg* telexen
tell [tel] (told; told) **I** *overg* vertellen, zeggen; mededelen, (ver)melden, onderrichten; verhalen; verklikken; onthullen[2]; bevelen, gelasten; onderscheiden; (her)kennen; zien (aan *by*); *you're ~ing me!* gemeenz nou en of!, zeg dat wel!; *you ~ me!* wat zeg je me nou?, daar weet ik niets van!; ~ *the time* op de klok (kunnen) kijken; ~ *fortunes* waarzeggen; *have one's fortune told* zich laten waarzeggen; ~ *a story* ook: een verhaal doen; ~ *them apart* ze uit elkaar houden; ~ *one from the other* ze van elkaar onderscheiden; ~ *off* een standje geven; ~ *that to the marines* gemeenz maak dat je grootje wijs; *all told* alles bij elkaar, in het geheel; **II** *onoverg & abs ww* vertellen, verhalen, (het) zeggen; klikken, het oververtellen; effect maken, uitwerking hebben, zijn invloed doen gelden, indruk maken, pakken, aanpakken; *you never can* ~ je kunt het niet weten; *every shot (word) told* elk schot (woord) had effect (was raak); *I told you so!* dat heb ik u wel gezegd!; ~ *against* pleiten tegen; ~ *in his favour* voor hem pleiten; *the ruins told of a rich past* de ruïnes getuigden van een rijk verleden; ~ *on* gemeenz klikken over, verraden; *don't* ~ *on me* gemeenz verklik me niet; *the strain begins to* ~ *(up)on him* begint hem aan te pakken, uit te putten; *breeding ~s* een goede afkomst verloochent zich niet
teller *znw* verteller; teller; kassier
telling I *bn* **1** veelzeggend, onthullend; **2** pakkend, krachtig, raak; **II** *znw* verhaal *o*, vertelling; vertellen *o*; *there is no* ~... niemand weet...
telling-off *znw* gemeenz standje *o*, uitbrander
telltale I *znw* aanbrenger; verklikker [ook: techn]; **II** *bn* verraderlijk
tellurian [te'ljuəriən] **I** *bn* van de aarde; **II** *znw* aardbewoner
telly ['teli] *znw* gemeenz televisie
telpher ['telfə] *znw* (bak, wagentje *o* & van) kabelbaan
telpherage *znw* vervoer *o* per kabelbaan
temerarious [temə'rɛəriəs] *bn* vermetel, roekeloos
temerity [ti'meriti] *znw* vermetelheid, roekeloosheid
temp [temp] **I** *znw* gemeenz verk. van *temporary employee* uitzendkracht; **II** *onoverg* gemeenz werken als uitzendkracht
temper ['tempə] **I** *overg* temperen°, matigen; verzachten; doen bedaren; temperen; harden [ijzer]; blauw laten aanlopen [staal]; laten beslaan [kalk]; mengen; aanmaken [klei, cement]; ~ *justice with mercy* genade voor recht laten gelden; **II** *znw* temperament *o*, gemoedstoestand, geaardheid; stemming, (goed) humeur *o*; gemoedsrust, kalmte; slecht humeur *o*, boze bui; vermenging; (graad van) harding, vastheid; *(little) ~s* ook: aanvallen van humeurigheid; *have a (quick)* ~ gauw kwaad worden, niets kunnen velen; *have ~s* (erg) humeurig zijn; *keep one's* ~ niet uit zijn humeur raken; bedaard blijven; *lose one's* ~ z'n kalmte verliezen; ongeduldig, kwaad, driftig worden; *be in a* ~ uit zijn humeur zijn
temperament ['temp(ə)rəmənt] *znw* temperament *o*
temperamental [temp(ə)rə'mentl] *bn* van het temperament; van nature, aangeboren; met veel temperament; grillig; fig met kuren [auto &]; on-

evenwichtig
temperance ['temp(ə)rəns] *znw* gematigdheid; matigheid, onthouding [van sterke dranken]; ~ *hotel* hotel *o* waar geen alcoholica geschonken worden; ~ *movement* drankbestrijding; ~ *society* geheelonthoudersvereniging
temperate *bn* gematigd; matig
temperature ['tempritʃə] *znw* temperatuur; *have a* ~, *run a* ~ verhoging hebben
temperature chart *znw* temperatuurlijst
tempered ['tempəd] *bn* getemperd, gehard [van metalen]; gehumeurd, ...van aard
tempest ['tempist] *znw* (hevige) storm[2]
tempestuous [tem'pestjuəs] *bn* stormachtig[2], onstuimig
Templar ['templə] *znw* tempelridder, tempelier (ook: *Knight* ~)
template ['templeit] *znw* [houten of metalen] mal
1 temple ['templ] *znw* tempel; *the T~ (the Inner and Middle T~)* gebouwencomplex *o* v. juristen te Londen
2 temple ['templ] *znw* slaap [aan het hoofd]
templet ['templit] *znw* = *template*
tempo ['tempou] *znw* (*mv*: -s *of* tempi [-pi:]) tempo *o*, maat; snelheid
1 temporal ['tempərəl] *bn* slaap-; ~ *bone* slaapbeen *o*
2 temporal ['tempərəl] *bn* tijdelijk; wereldlijk
temporality [tempə'ræliti] *znw* tijdelijkheid; *temporalities* tijdelijke inkomsten of bezittingen; temporaliën: inkomsten van een geestelijke uit wereldlijke bezittingen
temporary ['temp(ə)rəri] *bn* tijdelijk, voorlopig; niet vast, niet blijvend, nood-
temporization [tempərai'zeiʃən] *znw* temporiseren *o*, geschipper *o*; gedraal *o*
temporize ['tempəraiz] *onoverg* proberen tot een compromis te komen, schipperen; tijd proberen te winnen, dralen
temporizer *znw* tijdrekker; opportunist
tempt [tem(p)t] *overg* verzoeken, in verzoeking brengen, bekoren; verleiden, (ver)lokken; ~ *fate* het noodlot tarten; *be ~ed to...* ook: in de verleiding komen te...
temptation [tem(p)'teiʃən] *znw* verzoeking, aanvechting, bekoring; verlokking, verleiding
tempter ['tem(p)tə] *znw* verleider
tempting *bn* verleidelijk
temptress *znw* verleidster
ten [ten] **I** *bn* tien; **II** *znw* tiental *o*; ~ *times* gemeenz veel meer, veel groter &; ~ *to one* tien tegen een
tenable ['tenəbl] *bn* houdbaar[2], verdedigbaar[2] [argument, stelling &]; *the post is* ~ *for 5 years* de betrekking geldt voor 5 jaar
tenacious [ti'neiʃəs] *bn* vasthoudend[2] (aan *of*); kleverig, taai; sterk [v. geheugen]; hardnekkig
tenacity [ti'næsiti] *znw* vasthoudendheid, kleverigheid, taaiheid[2]; sterkte [v. geheugen]; hardnekkigheid
tenancy ['tenənsi] *znw* huur, pacht; huur-, pachttermijn
tenant *znw* huurder, pachter; bewoner; ~ *at will* zonder huurcontract
tenantable *bn* bewoonbaar
tenant farmer *znw* pachter
tenantry *znw* gezamenlijke pachters, huurders
tench [tenʃ] *znw* zeelt [vis]
1 tend [tend] *onoverg* gaan of wijzen in zekere richting; een neiging hebben in zekere richting; gericht zijn, ten doel hebben; ~ *to* ook: strekken, bijdragen tot; geneigd zijn tot (om...); ~ *to be...* gewoonlijk... zijn; (al)licht... zijn
2 tend [tend] *overg* passen op [winkel], zorgen voor, oppassen [zieken], hoeden [vee], weiden [lammeren]; verzorgen [tuin]
tendency ['tendənsi] *znw* neiging; aanleg [voor ziekte]; tendens
tendentious [ten'denʃəs] *bn* tendentieus
1 tender ['tendə] *znw* scheepv tender, bootje *o* voor vervoer tussen (groter) schip en wal; voorraadschip *o*; tender, kolenwagen [v. locomotief]
2 tender ['tendə] **I** *overg* aanbieden; indienen; betuigen (dank); **II** *onoverg*: ~ *for* inschrijven op; **III** *znw* aanbieding, offerte; inschrijving(sbiljet *o*), betaalmiddel *o* (in: *legal* ~); *private* ~ onderhandse inschrijving; *invite (receive) ~s for* aanbesteden; *by* ~ bij inschrijving
3 tender ['tendə] *bn* te(d)er, zacht, mals; pijnlijk; (teer)gevoelig; liefhebbend; pril
tenderer ['tendərə] *znw* inschrijver [op een *tender*]
tenderfoot ['tendəfut] *znw* nieuweling
tender-hearted ['tendə'ha:tid] *bn* teerhartig
tenderize ['tendəraiz] *overg* mals maken [vlees]
tenderloin ['tendələin] *znw* filet; Am gemeenz rosse buurt [vooral v. New York]
tendinous ['tendinəs] *bn* peesachtig
tendon *znw* pees
tendril ['tendril] *znw* hechtrank
Tenebrae ['tenibri:] *znw mv* RK donkere metten
tenebrous ['tenibrəs] *bn* plechtig donker, duister
tenement ['tenimənt] *znw* plechtig woning, huis *o*; kamer (voor één familie)
tenement-house *znw* huurkazerne
tenet ['ti:net] *znw* grondstelling; leerstuk *o*, leer; mening
tenfold ['tenfould] *bn & bijw* tienvoudig
tenner ['tenə] *znw* gemeenz biljet *o* van 10 pond (dollar)
tennis ['tenis] *znw* tennis *o*
tennis court *znw* tennisbaan
tennis elbow *znw* tennisarm
tenon ['tenən] *znw* pin, pen, tap
tenor ['tenə] *znw* geest, zin, inhoud, strekking, teneur; gang, loop, richting, verloop *o*; muz tenorstem, tenor; altviool; *of the same* ~ ook: gelijkluidend [documenten]

tenpin bowling, ['tenpin'bouliŋ], Am **tenpins** ['tenpinz] *znw* bowlen *o* (met tien kegels)
1 tense [tens] *znw* gramm tijd
2 tense [tens] *bn* strak, gespannen[2]; (hyper)nerveus, geladen [moment]
tensile ['tensail] *bn* rekbaar; span-, trek-
tension ['tenʃən] *znw* gespannen toestand; spanning[2]; inspanning; spankracht
tension-proof *bn* techn trekvast
tensor ['tensə] *znw* strekker [spier]
1 tent [tent] **I** *znw* tent; **II** *onoverg* (in tent) kamperen
2 tent [tent] **I** *znw* wiek [v. pluksel]; **II** *overg* (met een wiek) openhouden [wond]
tentacle ['tentəkl] *znw* tastorgaan *o*; vangarm, grijparm; fig tentakel
tentative ['tentətiv] **I** *bn* bij wijze van proef, experimenteel; voorzichtig, aarzelend; tentatief, voorlopig [v. conclusie, cijfers &]; **II** *znw* voorlopig voorstel *o*, voorlopige theorie, proef, probeersel *o*
tenter ['tentə] *znw* spanraam *o*
tenterhook ['tentəhuk] *znw*: *keep sbd./be on ~s* in gespannen afwachting laten/zijn, op hete kolen (laten) zitten
tenth [tenθ] **I** *bn* tiende; **II** *znw* tiende (deel *o*); tiend; muz decime
tenthly *bijw* ten tiende
tent-peg ['tentpeg] *znw* haring [v. tent]
tenuity [te'njuiti] *znw* slankheid; fijnheid, dunheid, ijlheid, eenvoud [v. stijl]
tenuous ['tenjuəs] *bn* vaag, onbeduidend [onderscheid]; karig [bewijs]; mager [plot]; fijn, teer [web]
tenure ['tenjuə] *znw* houden *o*; leenroerigheid; eigendomsrecht *o*, bezit *o*; vaste aanstelling (vooral aan universiteit); *during his ~ of office* zolang hij het ambt bekleedt (bekleedde)
tepee ['ti:pi:] *znw* tipi, indianentent
tepid ['tepid] *bn* lauw[2]
tepidity [te'piditi] *znw* lauwheid
tercentenary [tə:sen'ti:nəri] **I** *znw* driehonderdjarige gedenkdag; **II** *bn* driehonderdjarig
tergiversate ['tə:dʒivə:seit] *onoverg* draaien, uitvluchten zoeken, schipperen
tergiversation [tə:dʒivə:'seiʃən] *znw* draaierij, zoeken *o* van uitvluchten, geschipper *o*
term [tə:m] **I** *znw* term°, uitdrukking; termijn, periode, recht zittingstijd, onderw collegetijd, trimester *o*, kwartaal *o*; med einde *o* der zwangerschapsperiode; *~ of abuse* scheldwoord *o*; *~s* voorwaarden, condities, schoolgeld *o*, prijzen; verstandhouding, voet waarop men omgaat met iem.; *keep ~s with* op goede voet blijven met; *make ~s* tot een vergelijk komen; het op een akkoordje gooien (met *with*); *~s of reference* kader *o*, raam *o* [v. onderzoek], taakomschrijving; *at our usual ~s* tegen de gewone betalingsvoorwaarden; *in the short (medium, long) ~* op korte (middellange, lange) termijn; *in ~s of the highest praise, in the most flattering ~s* in de vleiendste bewoordingen (uitgedrukt); *in plain ~s, in no uncertain ~s* duidelijk, ondubbelzinnig; *look on the film in ~s of education* de film beschouwen uit een opvoedkundig oogpunt of in verband met de opvoeding; *I'm thinking in ~s of leaving* ik overweeg te vertrekken; *in economic ~s* uit economisch oogpunt; *on bad ~s* gebrouilleerd; *on easy ~s* op gemakkelijke betalingsvoorwaarden; *on equal ~s* op voet van gelijkheid; *on good ~s* op goede voet; *come to ~s* tot een vergelijk komen; het eens worden; *come to ~s with one's ugliness* zijn lelijkheid accepteren, leren leven met zijn lelijkheid; zie ook: *speaking*; **II** *overg* noemen
terminable ['tə:minəbl] *bn* begrensbaar; te beëindigen; aflopend, opzegbaar
terminal I *bn* terminaal; dodelijk [ziekte]; **II** *znw* eindpunt *o*, einde *o*, uiterste *o*; eindstation *o*; stationsgebouw *o* [v. luchthaven] (*air ~*); (computer-) terminal; elektr (pool)klem
terminate I *overg* eindigen, beëindigen, een eind maken aan; laten aflopen [contract]; **II** *onoverg* eindigen, ophouden; aflopen [contract]; eindigen (in *in*), uitlopen (op *in*); als eindstation hebben [bus, trein]; *~ in* uitgaan op [klinker &]
termination [tə:mi'neiʃən] *znw* afloop; beëindiging; besluit *o*, slot *o*; einde *o*; gramm uitgang
terminological [tə:minə'lɔdʒikl] *bn* terminologisch
terminology [tə:mi'nɔlədʒi] *znw* terminologie
terminus ['tə:minəs] *znw* (*mv*: -es *of* termini [-nai]) eindstation *o*
termite ['tə:mait] *znw* termiet, witte mier
tern [tə:n] *znw* **1** dierk visdiefje *o*; **2** drie(tal *o*)
ternary ['tə:nəri] *bn* drietallig, -delig, -voudig
terra ['terə] [Lat] *znw* aarde, land *o*
terrace ['teris] *znw* terras *o*; (straat met) rij huizen in uniforme stijl [in Engeland]; *~s* tribune [in stadion]
terraced *bn* terrasvormig; met een terras; *~ house* rijtjeshuis *o*
terracotta ['terə'kɔtə] **I** *znw* terracotta; **II** *bn* terra(cotta): roodbruin
terra firma [terə'fə:mə] *znw* vaste grond, veilige bodem
terrain ['terein] *znw* terrein *o* [vooral militair]
terrapin ['terəpin] *znw* zoetwaterschildpad
terrarium [te'rɛəriəm] *znw* (*mv*: -s *of* terraria [-riə]) terrarium *o*
terrestrial [ti'restriəl] *bn* aards; aard-; land-; *~ globe* aardbol, (aard)globe
terrible ['teribl] *bn* verschrikkelijk, vreselijk, ontzettend
terrier ['teriə] *znw* terriër
terrific [tə'rifik] *bn* fantastisch, geweldig
terrify ['terifai] *overg* angst aanjagen; verschrikken, met schrik vervullen
terrifying *bn* schrikwekkend, verschrikkelijk
territorial [teri'tɔ:riəl] **I** *bn* territoriaal, van een

grondgebied, land-, grond-; **II** *znw*: *T~* soldaat van het territoriale leger
territory ['teritəri] *znw* grondgebied *o*, gebied^2 *o*, [nationaal] territoir *o*, territoor *o*, territorium *o*; handel rayon *o* & *m* [v. handelsreiziger]
terror ['terə] *znw* schrik, angst; verschrikking; schrikbeeld *o*; *you are a ~* gemeenz je bent toch verschrikkelijk!; *the (Reign of) T~* het Schrikbewind; *in ~ of* bang zijnd, vrezend voor
terrorism *znw* schrikbewind *o*, terreur, terrorisme *o*
terrorist I *znw* terrorist; **II** *bn* terreur-, terroristisch
terrorization [terərai'zeiʃən] *znw* terroriseren *o*
terrorize ['terəraiz] *overg* terroriseren, voortdurend schrik aanjagen, een schrikbewind uitoefenen over
terror-stricken, **terror-struck** *bn* verstijfd van angst, verbijsterd van schrik
terry (cloth) ['teri(klɔθ)] *znw* badstof
terse ['tə:s] *bn* kort (en bondig), beknopt, kortaf, gedrongen
tertian ['tə:ʃən] *bn* & *znw* anderdaags(e koorts)
tertiary ['tə:ʃəri] *bn* tertiair; van de derde rang, van de derde orde; *T~* geol Tertiair *o*, tertiaire formatie
terzetto [tə:t'setou] *znw* (*mv*: -s *of* terzetti [-ti:]) muz terzet *o*
tessellated ['tesəleitid] *bn* ingelegd [plaveisel], mozaïek- [vloer]
1 test [test] *znw* dierk schaal, schild *o*, pantser *o*
2 test [test] **I** *znw* proef, beproeving; keuring; test; toets(steen); reagens *o*; criterium *o*; onderw proefwerk *o*; *the acid ~* de vuurproef, de toets(steen); *intelligence ~(s)* intelligentietest; *put to the ~* op de proef stellen; de proef nemen met; *stand the ~* de proef doorstaan; *stand the ~ of time* de tand des tijds doorstaan; **II** *overg* toetsen (aan *by*), op de proef stellen, beproeven, keuren, controleren, onderzoeken [ook: chem], testen (op *for*)
testaceous *bn* schelp-
testament ['testəmənt] *znw* testament° *o*
testamentary [testə'mentəri] *bn* testamentair
testate ['testit] **I** *bn* een testament nalatend; **II** *znw* iem. die een testament nalaat
testator [tes'teitə] *znw* testateur, erflater
testatrix *znw* testratrice, erflaatster
test-ban treaty ['testbæntri:ti] *znw* kernstopverdrag *o*
test case ['testkeis] *znw* recht proefproces *o*; fig (kracht)proef; toets(steen)
tester ['testə] *znw* **1** keurder; proefmiddel *o*; **2** baldakijn *o* & *m*; hemelbed *o*; **3** hist schelling [v. Hendrik VIII]
test-flight ['testflait] *znw* proefvlucht
testicle ['testikl] *znw* testikel, (teel)bal
testify ['testifai] **I** *onoverg* getuigen; getuigenis afleggen (van *to*); betuigen; *~ to* fig getuigen van; **II** *overg* betuigen; getuigenis afleggen van
testimonial [testi'mounjəl] *znw* testimonium *o*, getuigschrift *o*; verklaring, attestatie; huldeblijk *o*
testimony ['testiməni] *znw* getuigenis *o* & *v*, getuigenverklaring; *hear ~ to* getuigen van; *call in ~* tot getuige roepen; *in ~ whereof...* tot getuigenis waarvan...
test-match ['testmætʃ] *znw* testmatch [cricket]
test-paper *znw* onderw proefwerk *o*; chem reageerpapier *o*
test-pilot *znw* testpiloot, invlieger
test-tube *znw* reageerbuis
test-tube baby *znw* reageerbuisbaby
testudo [tes'tju:dou] [Lat] *znw* (*mv*: -s *of* testudines [-dini:z]) hist schilddak *o*, stormdak *o*
testy ['testi] *bn* kribbig, wrevelig, prikkelbaar
tetanus ['tetənəs] *znw* tetanus, stijfkramp
tetchy ['tetʃi] *bn* gemelijk, prikkelbaar, lichtgeraakt
tête-à-tête ['teita:'teit] [Fr] *znw* vertrouwelijk gesprek *o*, onderhoud *o* onder vier ogen
tether ['teðə] **I** *znw* tuier [om grazend dier aan vast te maken]; *be at the end of one's ~* uitgepraat zijn, niet meer kunnen; **II** *overg* tuieren, (vast)binden
tetrad ['tetræd] *znw* vier(tal *o*)
tetragon ['tetrəgən] *znw* vierhoek
tetragonal [te'trægənəl] *bn* vierhoekig
tetrahedron *znw* viervlak *o*
tetralogy [te'trælədʒi] *znw* tetralogie
tetrasyllabic [tetrəsi'læbik] *bn* vierlettergrepig
tetrasyllable [tetrə'siləbl] *znw* vierlettergrepig woord *o*
tetter ['tetə] *znw* huidziekte [bijv. eczeem]
Teuton ['tju:tən] *znw* Teutoon; Germaan
Teutonic [tju:'tɔnik] **I** *bn* Teutoons; Germaans; **II** *znw* het Germaans
text [tekst] *znw* tekst; onderwerp *o*; verplichte literatuur [voor examen]; grootschrift *o*; leerboek *o*
text-book *znw* leerboek *o*, studieboek *o*, handboek *o*; *a ~ case of...* een typisch/klassiek voorbeeld *o* van...
textile ['tekstail] **I** *bn* geweven; weef-; textiel; **II** *znw* geweven stof; *~s* ook: textiel(goederen)
textual ['tekstjuəl] *bn* woordelijk, letterlijk; tekst-
texture ['tekstʃə] *znw* weefsel *o*, structuur, bouw
Thai [tai] **I** *znw* Thai, Thailander; Thais *o* [de taal]; **II** *bn* Thais
Thailand ['tailænd] *znw* Thailand *o*
thalidomide [θə'lidoumaid] *bn*: *~ baby* softenonbaby
Thames [temz] *znw* Theems; *he will never set the ~ on fire* men moet geen hoge verwachtingen van hem hebben; hij is geen licht, hij heeft het buskruit niet uitgevonden
than [ðæn, ð(ə)n] *voegw* dan [na vergrotende trap]; *no sooner did he arrive ~ he started to complain* hij was nog niet binnen of hij begon te klagen; *a man ~ whom they had no better friend* plechtig en zij hadden geen betere vriend dan die man
thane [θein] *znw* hist leenman
thank [θæŋk] *overg* (be)danken, dankzeggen (voor *for*); *~ God!* goddank!; *~ you* dank u; alstublieft, graag; *~ you for nothing* nee hoor, dank je lekker;

I'll ~ you to keep quiet! wilt u alstublieft stil zijn!; *no, ~ you* dank u [bij weigering]; *you have (only) yourself to ~ (for that)* dat hebt u aan uzelf te wijten
thankful *bn* dankbaar
thankless *bn* ondankbaar
thank-offering *znw* dankoffer *o*
thanks *znw mv* dank, dankzegging; *~ (awfully)!* (wel) bedankt!; *~ to...* dankzij...; *give ~* zijn dank betuigen, bedanken; danken [na de maaltijd]; *accept with ~* dankbaar aannemen; *declined with ~* onder dankbetuiging geweigerd; *received with ~* in dank ontvangen
thanksgiving *znw* dankzegging; *T~ Day* dankdag
thank-you *znw* bedankje *o*
1 that [ðæt] **I** *aanw vnw* dat, die; *~'s all* ook: daarmee basta!; *(so) that's ~* dat is in orde, klaar &; *all ~* dat alles; *...and all ~ ...* en zo; *it turned out to be just (exactly, precisely) that/this* dat bleek het inderdaad (nu juist, juist wel, wel) te zijn; *like ~* zo; *~ is* dus, dat wil zeggen, met andere woorden; *big to us, ~ is* groot voor ons, althans; *with ~* waarop, waarna; **II** *betr vnw* dat, die, welke, wat; *the book ~ you gave me* het boek dat je me hebt gegeven; **III** *bijw* gemeenz zó; *I will go ~ far* zo ver; *is she all ~ perfect?* is ze zó volmaakt?; *I was not as foolish as (all) ~* zó dwaas was ik niet; *at ~* en nog wel, bovendien
2 that [ðət, ðæt] *voegw* dat; opdat; *in ~* inzoverre dat, in die zin dat, omdat
thatch [θætʃ] **I** *znw* stro *o*; riet *o*; rieten dak *o*; dik hoofdhaar *o*; **II** *overg* met riet dekken; *~ed roof* rieten dak *o*
thatcher *znw* rietdekker
thaumaturge ['θɔ:mətə:dʒ] *znw* wonderdoener; goochelaar
thaumaturgy *znw* wonderdoenerij, goochelarij
thaw [θɔ:] **I** *onoverg* dooien; ontdooien[2]; fig loskomen, een beetje in vuur geraken; **II** *overg* (doen) ontdooien[2] (ook: *~ out*); **III** *znw* dooi
thawy *bn* dooiend, dooi-
the [ðə, ð, ði:] *lidw* de, het; (soms onvertaald); *~ best... of ~ day* de beste... van die tijd; de beste van onze tijd; *under ~ circumstances* onder deze omstandigheden; *~ more..., ~ more...* hoe meer..., hoe meer...; *~ more so because...* temeer nog omdat...; *the Samuel Johnson* (spreek uit: [ði:]) de (echte, bekende, beroemde &) S.J.
theatre, Am **theater** ['θiətə] *znw* theater *o*, schouwburg; toneel[2] *o*; gezamenlijk toneelwerk *o*; med operatiezaal; gehoorzaal [v. universiteit &]; strijdtoneel *o*, -gebied *o*
theatre-goer *znw* schouwburgbezoeker
theatrical [θi'ætrikl] **I** *bn* theatraal, van het toneel; toneelmatig; toneel-; **II** *znw*: *~s* (amateur)toneel *o*
thee [ði:] *pers vnw* vero plechtig u, ge (voorwerpsvorm van *thou*)
theft [θeft] *znw* diefstal
their [ðɛə] *bez vnw* hun, haar
theirs *bez vnw* de of het hunne, hare
theism ['θi:izm] *znw* theïsme *o*; geloof *o* aan het bestaan van een God
theist *znw* iem. die aan een God gelooft
theistic [θi:'istik] *bn* theïstisch
them [ðem, (ð)əm] *pers vnw* hen, hun, ze; *~ girls* slang die meisjes
thematic [θi'mætik] *bn* thematisch
theme [θi:m] *znw* thema° *o*; onderwerp *o*; onderw opstel *o*; *~ song, ~ tune* telkens terugkerende melodie [v. revue, film]; fig refrein *o*, leus
themselves [ðəm'selvz] *wederk vnw* zich(zelf); (zij-) zelf
then [ðen] **I** *bijw* dan, vervolgens, daarop, in die tijd, toenmaals, toen; bovendien; *before ~* voordien; *by ~* dan, tegen die tijd; toen; *from ~ (on, onwards)* van toen af; *till ~* tot dan, tot die tijd; *not till (until) ~...* toen pas..., toen eerst...; *~ and there* op staande voet; **II** *voegw* dan, dus; *(but) ~ why did you take it?* maar waarom heb je het dan (ook) genomen?; *but ~* ook: maar aan de andere kant, maar... toch; maar... nu eenmaal, trouwens; zie ook: *again*; **III** *bn* toenmalig; van dat ogenblik
thence [ðens] *bijw* vandaar, daaruit, daardoor
thenceforth, **thenceforward** *bijw* van die tijd af
theocracy [θi'ɔkrəsi] *znw* theocratie
theocratic [θiə'krætik] *bn* theocratisch
theodolite [θi'ɔdəlait] *znw* theodoliet
theologian [θiə'loudʒən] *znw* theoloog, godgeleerde
theological [θiə'lɔdʒikl] *bn* theologisch, godgeleerd
theology [θi'ɔledʒi] *znw* theologie, godgeleerdheid
theorem ['θiərem] *znw* theorema *o*, stelling; zie ook: *binomial*
theoretic [θiə'retik] **I** *bn* theoretisch; **II** *znw*: *~s* theorie
theoretician [θiərə'tiʃən] *znw* theoreticus
theorist ['θiərist] *znw* theoreticus
theorize *onoverg* theoretiseren (over *about*)
theory *znw* theorie; gemeenz idee *o & v*, principe *o*; *in ~* in theorie
theosophic(al) [θiə'sɔfik(l)] *bn* theosofisch
theosophist [θi'ɔsəfist] *znw* theosoof
theosophy *znw* theosofie
therapeutic [θerə'pju:tik] **I** *bn* therapeutisch, genezend; geneeskundig; **II** *znw*: *~s* therapie
therapeutist *znw* therapeut
therapist ['θerəpist] *znw* fysiotherapeut; *occupational ~* arbeidstherapeut
therapy *znw* therapie, geneesmethode, behandeling
there [ðɛə] **I** *bijw* daar, aldaar, er; er-, daarheen; daarin; *~ and back* heen en terug; *~ and then, then and ~* onmiddellijk, stante pede; *~ you are!* ziedaar!; daar heb je (hebben we) het!; *but ~ you are, but ~ it is* maar wat doe je eraan?; *but ~, you know what I mean* (maar) enfin, je weet wat ik bedoel; *but ~ again* maar (aan de andere kant); *~'s a good boy!*

dat is nog eens een brave jongen!; nu (dan) ben je een brave jongen!; *~'s progress for you!* dat is nog eens vooruitgang!; *~ you go again!* nou doe je het weer!; *be all ~* gemeenz goed bij (zijn verstand) zijn; wakker, pienter zijn; van de bovenste plank zijn; *not all ~* ook: gemeenz niet goed snik; *we have been ~ before* dat kennen we, dat is oude koek; **II** *tsw* kom! kom!; *~ now!* och, och!, nee maar!; *so ~!* o zo!, punt uit!; **III** *znw*: *by (from, to) ~* daarlangs, -vandaan, tot daar

thereabout(s) *bijw* daar in de buurt, daaromtrent

thereafter *bijw* daarna

thereat *bijw* daarop, daarover; daarbij, bovendien

thereby *bijw* daarbij; daardoor

therefore *bijw* daarom, derhalve

therefrom *bijw* vero daarvan, daaruit

therein *bijw* vero daarin, hierin; *~ after* verderop, hierna [vermeld]

thereof *bijw* hiervan, daarvan

thereon *bijw* vero daarop, daarna

thereto *bijw* vero daartoe; daarenboven

thereupon *bijw* daarop, daarna

therewith *bijw* vero daarmede, daarop, meteen

therewithal *bijw* vero daarbij, daarmede; daarenboven, bovendien

therm [θə:m] *znw* warmte-eenheid

thermal I *bn* hitte-, warmte-; warm; thermaal [bron, bad]; **II** *znw* thermiek

thermic *bn* warmte-

thermo-dynamics *znw* thermodynamica

thermo-electricity *znw* thermo-elektriciteit

thermometer [θə'məmitə] *znw* thermometer

thermometric(al) [θə:mou'metrik(l)] *bn* thermometrisch

thermonuclear ['θə:mou'nju:kliə] *bn* thermonucleair

thermos ['θə:məs] *znw* thermosfles (ook: *~ flask*)

thermostat *znw* thermostaat

thesaurus [θi'sɔ:rəs] *znw* (*mv*: -es *of* thesauri [-rai]) systematisch ingericht lexicon *o*; synoniemenwoordenboek *o*

these [ði:z] *aanw vnw mv* v. *this* deze

thesis ['θi:sis] *znw* (*mv*: -ses [-si:z]) stelling; thesis, dissertatie

Thespian ['θespiən] **I** *bn* van Thespis; *the ~ art* de dramatische kunst; **II** *znw* schertsend acteur

thews [θju:z] *znw mv* spieren; (spier)kracht

thewy *bn* gespierd

they [ðei] *pers vnw* zij; ze, men; *~ say* men zegt

thick [θik] **I** *bn* dik° [ook = intiem], dicht, dicht op elkaar staand, dicht bezet, vol; hees, onduidelijk, verstikt [stem]; opgezwollen [lichaamsdeel]; mistig, nevelig; troebel; gemeenz hardleers, dom; *that's a bit ~* gemeenz dat is nogal kras; *as ~ as a brick, as ~ as two short planks* gemeenz zo stom als het achtereind van een varken; *they are as ~ as thieves* gemeenz het zijn dikke vrienden; *~ of speech* zwaar van tong; *be ~ on the ground* dik gezaaid zijn; **II** *bijw* dik, dicht; *come ~ and fast, fast and ~* elkaar snel opvolgen [slagen &]; *lay it on ~* gemeenz overdrijven, het er dik opleggen; **III** *znw* dikke gedeelte *o*, dikte; dikste (dichtste) gedeelte *o*; hevigst *o*; *in the ~ of the fight (of it)* middenin, in het heetst van de strijd; *through ~ and thin* door dik en dun

thicken I *overg* verdikken, dik maken; binden [saus &]; zich samenpakken; zich ophopen; op-, aanvullen; *~ one's blows* zijn slagen sneller doen neerkomen; **II** *onoverg* dik(ker) worden; zich op-, samenhopen; *the plot ~s* het begint te spannen

thicket *znw* kreupelbosje *o*, struikgewas *o*

thickhead *znw* stommeling, oen, rund *o*

thick-headed *bn* dom, stom

thick-lipped *bn* diklippig

thick-set *bn* dicht (beplant); vierkant, gedrongen; sterk gebouwd

thick-skinned *bn* dikhuidig[2]

thick-skulled *bn* bot, dom

thick-witted *bn* bot, stom

thief [θi:f] *znw* (*mv*: thieves [θi:vz]) dief; *set a ~ to catch a ~* met dieven moet men dieven vangen

thieve [θi:v] **I** *overg* stelen; **II** *onoverg* een dief zijn

thievery *znw* dieverij, diefstal

thieves' Latin *znw* dieventaal, Bargoens *o*

thieving I *bn* stelend; diefachtig; **II** *znw* stelen *o*, dieverij

thievish *bn* diefachtig

thigh [θai] *znw* dij(been *o*)

thigh-bone *znw* dijbeen *o*

thigh-boot *znw* lieslaars

thill [θil] *znw* lamoen *o*

thimble ['θimbl] *znw* vingerhoed

thimbleful *znw* (een) vingerhoed (vol); fig een heel klein beetje *o*

thimblerig *znw* balletje-balletje *o* [gokspel]

thin [θin] **I** *bn* dun, dunnetjes; schraal, mager; zwak; schaars; ijl, doorzichtig; *be ~ on the ground* fig dun gezaaid zijn; *~ on top* gemeenz kaal; *a ~ time* gemeenz een slechte tijd; **II** *overg* dun(ner) & maken, (ver)dunnen (ook: *~ down*); krenten [druiven]; **III** *onoverg* dun(ner) & worden; uit elkaar gaan; *~ down* vermageren; *~ out* zich langzaam verspreiden [menigte]; geleidelijk afnemen [mist &]

thine [ðain] *bez vnw* plechtig uw; de of het uwe

thing [θiŋ] *znw* ding *o*, zaak, geval *o*, toestand; *a ~* iets; *have a ~ about (blonds &)* gemeenz 'iets' hebben met (blondines &); *know a ~ or two* zijn weetje weten; *another ~* iets anders; nog iets [voor wij eindigen]; *and for another ~...* en daar komt nog bij dat...; *the ~ is...* het punt/probleem is, dat...; *the dear ~* die lieve snoes; die goeie ziel; *first ~ in the morning* morgen als allereerste [karwei]; *he doesn't know the first ~ about it* hij weet er geen sikkepit van; *first ~s first* wat het zwaarst is, moet het zwaarst wegen; *a good ~* een goed, een voordelig zaakje *o*; *and a good ~ too!* en dat is maar gelukkig (goed) ook!; *too much of a good* ~ te veel van het goede; *the great* ~ de hoofdzaak, waar het op aankomt; *do the right* ~ *by sbd.* iem. eerlijk behandelen (belonen); *the latest* ~ *in hats* het nieuwste (modesnufje) op het gebied van hoeden; *make a big* ~ *of* zich druk maken over; *old* ~*!* ouwe jongen!; lieve schat!; *an old* ~ zo'n oud mens *o*; *the old* ~ *over again* het oude liedje; *one* ~ *at a time* geen twee dingen tegelijk; *for one* ~*..., for another...* ten eerste..., ten tweede...; *do one's own* ~ zijn eigen gang gaan; *one* ~ *leads to another* (en) van 't een komt 't ander; *poor* ~ och arme, wat zielig!; (arme) stakker!, zielenpoot!; *an unusual* ~ iets ongewoons; *that's the* ~ dat is 't hem juist, dat is het punt juist; *that is the real/very* ~ gemeenz dat is je ware; *it is not quite the* ~ gemeenz het is niet bepaald netjes, niet je dat; *that's the done* ~ zo hoort het; *that is not the same* ~ dat is niet hetzelfde; *the* ~ *is to...* de hoofdzaak is..., het is zaak te...

things *znw mv* dingen, (de) zaken, allerlei dingen, praatjes; kleren, goed *o*, gerei *o*, spullen, boeltje *o*; *... and* ~ gemeenz ...en zo (meer); *I want my clean* ~ ik moet mijn schone goed hebben; *personal* ~ persoonlijk eigendom *o*; *as* ~ *are* zoals de zaken nu staan; *above (before) all* ~ bovenal; *of all* ~ uitgerekend, nota bene

thingumabob, **thingummy**, **thingy** *znw* gemeenz dinges, hoe-heet-ie-ook-weer

1 think [θiŋk] (thought; thought) **I** *overg* denken; geloven, menen, achten, houden voor, vinden; bedenken; zich denken, zich voorstellen; van plan zijn; **II** *onoverg & abs ww* denken; nadenken; zich bedenken; *he is so altered now, you can't* ~ daar hebt u geen idee van; *I don't* ~*!* slang kan je (net) begrijpen!; dat maak je mij niet wijs; ~ *alike* dezelfde gedachte(n) hebben, sympathiseren; ~ *differently* er anders over denken; *I thought so* dat dacht ik wel; *do you* ~ *so?* vindt u?; *I rather* ~ *so* dat zou ik menen; ~ *twice before...* zich wel bedenken alvorens te...; ~ *about* denken over; ~ *of* denken van; denken aan; zich voorstellen; zich te binnen brengen; komen op, bedenken, vinden; ~ *of ...ing* er over denken om te...; *to* ~ *of his not knowing that!* verbeeld je dat hij dat niet eens wist!; ~ *of it (that)!* denk je eens in!; ~ *better of* een betere dunk krijgen van; ~ *better of it* zich bedenken; ~ *little (nothing) of* geen hoge dunk hebben van; heel gewoon vinden; er geen been (niets) in zien om te...; ~ *a lot of* een hoog idee hebben van; veel op hebben met; ~ *poorly of* geen erg hoge dunk hebben van; ~ *no small beer of* geen geringe dunk hebben van; ~ *out* uitdenken; overdenken, overwegen; doordenken, goed denken over; ~ *over* nadenken over, overwegen; ~ *sth. over* iets in beraad houden; ~ *to oneself* bij zichzelf denken; ~ *up* uitdenken, verzinnen

2 think [θiŋk] *znw* gemeenz gedachte; *have a* ~ gemeenz denk er eens over; *have got another* ~ *coming* het lelijk mis hebben

thinkable *bn* denkbaar

thinker *znw* denker

thinking I *bn* (na)denkend, bedachtzaam; ~ *faculty* denkvermogen *o*; **II** *znw* het denken; gedachte; mening, idee *o & v*; *do some fresh* ~ zich nog eens bezinnen; *way of* ~ denkwijze; mening; *to my way of* ~ naar mijn (bescheiden) mening

thinking-cap *znw*: *put one's* ~ *on* gemeenz eens goed nadenken

think-tank ['θiŋktæŋk] *znw* denktank

thinner ['θinə] *znw* (verf)verdunner

thinning *znw* verdunning; (uit)dunsel *o*

thin skinned *bn* dun van vel; fig lichtgeraakt, gauw op zijn teentjes getrapt

third [θə:d] **I** *telw* derde; **II** *znw* derde (deel) *o*; derde (man); $^1/_{60}$ seconde; muz terts; auto derde versnelling

third-class *bn* derdeklas-; derderangs-, minderwaardig

third-degree I *bn* derdegraads [verbranding]; **II** *znw*: *(the)* ~ derdegraadsverhoor *o*

thirdly *bijw* ten derde

third-party *bn* recht tegenover derden; ~ *insurance* WA-verzekering

third-rate *bn* derderangs, minderwaardig

thirst [θə:st] **I** *znw* dorst[2] (naar *after, for, of*); verlangen *o*; **II** *onoverg* dorsten[2], verlangen (naar *for, after*)

thirsty *bn* dorstig, dorstend; fig verlangend; *be* ~ dorst hebben; *be* ~ *for* dorsten naar

thirteen ['θə:'ti:n, 'θə:ti:n] *telw* dertien

thirteenth *bn (znw)* dertiende (deel *o*)

thirtieth ['θə:tiiθ] *bn (znw)* dertigste (deel *o*)

thirty *telw* dertig; *the thirties* de jaren dertig; *in the (one's) thirties* ook: in de dertig

this [ðis] **I** *aanw vnw* dit, deze, dat, die; ~ *country* ook: ons land *o*; ~ *day* heden, vandaag; ~ *week* vandaag over (of: vóór) een week; *to* ~ *day* tot op heden; *these days* tegenwoordig; ~ *evening* ook: vanavond; *this (these) three weeks* de laatste drie weken; *all* ~ dit alles; *what's all* ~*?* wat is hier aan de hand?, wat heeft dit te betekenen?; *just* ~ zie: [1]*that*; *like* ~ zo; *who's* ~ *coming* wie komt daar aan?; *he went to* ~ *and that doctor* hij liep van de ene dokter naar de andere; *put* ~ *and that together* het ene met het andere in verband brengen; ~*, that and the other* van alles en nog wat; *before* ~ voor dezen, al eerder; **II** *bijw* zo; ~ *much* zoveel; *I knew him when he was* ~ *high* ik kende hem toen hij zo groot was

thistle ['θisl] *znw* distel

thistledown *znw* distelpluis

thistly *bn* distelig, vol distels

thither ['ðiðə] **I** *bijw* daarheen; **II** *bn* gene; *on the* ~ *side* aan gene zijde

thitherward(s) *bijw* derwaarts

tho' [ðou] = *though*

thole [θoul] *znw* dol, roeipen [aan een boot]

thong [θɔŋ] *znw* (leren) riem
thoracic [θɔ:'ræsik] *bn* thorax-, borst-
thorax ['θɔ:ræks] *znw* thorax: borst(kas); dierk borststuk *o*
thorn [θɔ:n] *znw* doorn, stekel; *a ~ in one's flesh (side)* een doorn in het vlees
thorny *bn* doornig, doornachtig, stekelig; met doornen bezaaid[2]; fig lastig, netelig
thorough ['θʌrə] *bn* volmaakt, volledig; volkomen; ingrijpend, doortastend, grondig; flink, degelijk; echt, doortrapt
thorough-bass *znw* muz generale bas
thoroughbred *bn (znw)* volbloed (paard *o* &), raszuiver, rasecht; welopgevoed (persoon)
thoroughfare *znw* doorgang; hoofdverkeersweg, hoofdstraat; *no ~* afgesloten rijweg [als opschrift]
thoroughgoing *bn* doortastend, radicaal; zie ook: *thorough*
thoroughly *bijw* door en door, grondig; helemaal, geheel; degelijk, terdege; zeer, alleszins; echt [genieten]
thorough-paced *bn* geschoold [v. paard]; volleerd, volslagen, volmaakt, door en door, doortrapt
thorp(e) [θɔ:p] *znw* dorp *o*, gehucht *o*
those [ðouz] *vnw* (*mv* v. [1]*that*) die, diegenen; *~ who* zij die...
thou [ðau] *pers vnw* vero plechtig gij
though [ðou] **I** *voegw* (al)hoewel, ofschoon, al; *as ~* zie *as*; *even ~* (zelfs) als; *what ~ the way is long?* al is de weg lang, wat zou dat dan nog?; **II** *bijw* echter, evenwel, maar, toch; *I thank you ~* intussen mijn dank; *[you don't mean to say that...] I do ~* zeker wil ik dat
thought [θɔ:t] **I** V.D. & V.D. van [1]*think*; **II** *znw* gedachte(n), gepeins *o*; het denken; nadenken *o*, overleg *o*; opinie, idee *o & v*, inval; ideetje *o*; ietsje *o*; *give it a ~* er over denken; *he had (some) ~s of ...ing* hij dacht er half over om...; *have second ~s* zich nog eens bedenken; *take ~* zich bedenken; *take ~ for* zorgen voor; *take no ~ of (for)* zich niet bekommeren om, zich niets aantrekken van; *take ~ together* (samen) beraadslagen; *nothing can be further from my ~s* daar denk ik niet over; *on second ~s* bij nader inzien, bij nadere overweging
thoughtful *bn* (na)denkend; peinzend; bedachtzaam; bezonnen; te denken gevend; attent, vriendelijk; *~ of* bedacht op; *~ of others* attent voor anderen
thoughtless *bn* gedachteloos; onnadenkend, onbedachtzaam, onbezonnen; onattent
thought-out *bn* doordacht, doorwrocht
thought-reader *znw* gedachtelezer
thought-transference *znw* gedachteoverbrenging, telepathie
thousand ['θauzənd] *bn* & *znw* duizend; *a ~ thanks* duizendmaal dank; *one in a ~* één uit duizend
thousandfold *bn & bijw* duizendvoudig
thousandth *bn (znw)* duizendste (deel *o*)
thraldom ['θrɔ:ldəm] *znw* slavernij
thrall *znw* slaaf; slavernij, horige, lijfeigene
thrash [θræʃ] **I** *overg* slaan, afrossen, afranselen; vernietigend verslaan, afdrogen, vegen; = *thresh*; *~ out* uitvorsen; *~ the thing out* de zaak uitvissen, grondig behandelen; **II** *onoverg* beuken, slaan; [v. schip] op de golven beuken; tegen de wind optornen; *~ about/around* wild om zich heen maaien, spartelen
thrasher *znw* = *thresher*
thrashing *znw* pak *o* ransel, pak *o* slaag
thread [θred] **I** *znw* draad[2] [ook: v. schroef]; garen *o*; *~s* gemeenz kleren, kloffie *o*; *hang by a ~* aan een (zijden) draadje hangen; **II** *overg* de draad steken in; (aan)rijgen [kralen]; *~ one's way through...* manoeuvreren door...
threadbare *bn* kaal; fig afgezaagd
thready *bn* dradig, dun als een draad
threat [θret] *znw* (be)dreiging, dreigement *o*
threaten **I** *overg* dreigen met; (be)dreigen; *~ed* ook: dreigend; **II** *onoverg* dreigen (met *with*)
threatener *znw* dreiger
threatening *bn* (be)dreigend; *~ letter* dreigbrief
three [θri:] *telw* drie
three-cornered *bn* driekant, driehoekig; waarin of waarbij drie personen betrokken zijn; *~ contest (fight)* ook: driehoeksverkiezing
three-decker *znw* scheepv driedekker; driedubbele sandwich
three-dimensional *bn* driedimensionaal; stereoscopisch; fig realistisch
threefold *bn & bijw* drievoudig
three-handed *bn* met drie handen; door drie personen gespeeld
three-headed *bn* driehoofdig
three-legged *bn* met drie poten
three-line whip *znw* Br pol dringende oproep aan parlementariërs [vooral om een stemming bij te wonen]
threepence ['θrepəns] *znw* vroeger (muntstuk *o* van) drie penny's
threepenny ['θrepəni] *bn* vroeger van drie penny; *~ bit* drie-penny-muntje *o*
three-phase *bn* elektr draaistroom-; driefase-
three-piece suit *znw* driedelig pak *o*
three-piece suite *znw* bankstel *o*
three-ply *bn* triplex; driedraads
three-quarters *bn* driekwart
threescore *znw* vero zestig (jaar)
threesome *znw* & *bn* drietal *o* [mensen], met z'n drieën
three-wheeler *znw* auto met drie wielen, driewieler
threnody ['θri:nədi] *znw* klaaglied *o*, lijkzang
thresh [θreʃ] *overg* dorsen; *~ over* [een probleem &] onderzoeken, analyseren
thresher *znw* dorser; dorsmachine
threshing *znw* **1** dorsen *o*; **2** = *thrashing 1*

threshing-floor *znw* dorsvloer
threshold ['θreʃ(h)ould] *znw* drempel²; *on the ~ of a revolution* kort voor een revolutie
threw [θru:] V.T. van *¹throw*
thrice [θrais] *bijw* driemaal, driewerf
thrift [θrift] *znw* zuinigheid, spaarzaamheid
thriftless *bn* niet zuinig, verkwistend
thrifty *bn* zuinig, spaarzaam
thrill [θril] **I** *overg* in opwinding brengen, ontroeren, aangrijpen, doen huiveren, doen (t)rillen (van *with*); *~ed to bits* verrukt; **II** *onoverg* trillen, rillen, tintelen, huiveren; *~ to the beauties of nature* gevoelig zijn voor de schoonheden van de natuur; **III** *znw* (t)rilling, sensatie, huivering, schok
thriller *znw* thriller, spannend boek, spannende film *o*
thrilling *bn* ook: aangrijpend, spannend, interessant
thrive [θraiv] (throve/thrived; thriven/thrived) *onoverg* goed groeien, gedijen, floreren, bloeien, vooruitkomen; (welig) tieren; *he ~s on it* ook: het doet hem goed
thriven ['θrivn] V.D. van *thrive*
thriving ['θraiviŋ] *bn* voorspoedig, florerend, bloeiend
throat [θrout] *znw* keel, strot; ingang, monding; *be at each other's ~s* elkaar (steeds) in de haren vliegen; *cut one another's ~* elkaar naar het leven staan; *cut one's own ~* zich de keel afsnijden; fig zichzelf ruïneren; *force (ram) sth. down sbd.'s ~* iem. iets opdringen; *the words stuck in my ~* de woorden bleven mij in de keel steken; *that is what sticks in his ~* dat kan hij maar niet verkroppen
throaty *bn* schor; uit de keel komend, gutturaal, keel-
throb [θrɔb] **I** *onoverg* kloppen [van het hart, de aderen &], bonzen, trillen; **II** *znw* klop, klopping, geklop *o*, gebons *o*, trilling
throe [θrou] *znw* (barens)wee, hevige pijn; *in the ~s of...* fig worstelend met...
thrombosis [θrɔm'bousis] *znw* trombose
thrombus ['θrɔmbəs] *znw* (*mv*: thrombi [-bai]) bloedprop
throne [θroun] *znw* troon
throng [θrɔŋ] **I** *znw* gedrang *o*, drom, menigte; **II** *onoverg* opdringen, elkaar verdringen²; toe-, samenstromen; **III** *overg* zich verdringen in (bij, om &); *~ed* volgepropt, overvol
throstle ['θrɔsl] *znw* plechtig zanglijster
throttle ['θrɔtl] **I** *znw* techn smoorklep; *(at) full ~* vol gas; **II** *overg* de keel dichtknijpen, doen stikken, verstikken, worgen, smoren°; *~ (back, down)* gas verminderen van [auto &]
throttle-valve *znw* smoorklep
through [θru:] **I** *voorz* door; uit; *all ~ his life* zijn hele leven door, gedurende zijn hele leven; *what I've been ~* wat ik heb meegemaakt; **II** *bijw* (er) door, uit, tot het einde toe, klaar; *be ~ with* ook: genoeg hebben van; beu zijn van; *all ~* de hele tijd door; *~ and ~* door en door; van a tot z, nog eens en nog eens; **III** *bn* doorgaand [treinen &]
throughout [θru:'aut] **I** *bijw* overal, (in zijn) geheel, van boven tot onder, door en door, in alle opzichten; aldoor, van het begin tot het einde; **II** *voorz* door heel; *~ the country* het hele land door (af), in (over) het hele land
throughput *znw* verwerkte hoeveelheid materiaal *o*
through ticket *znw* doorgaand biljet *o*
through traffic *znw* doorgaand verkeer *o*
through train *znw* doorgaande trein
throve [θrouv] V.T. van *thrive*
1 throw [θrou] (threw; thrown) **I** *overg* werpen°, gooien, smijten (met); toewerpen; uitwerpen; afwerpen; omver doen vallen; fig doen vallen [kabinet]; sp leggen [bij worstelen]; twijnen [zijde]; (op de schijf) vormen [bij pottenbakkers]; gemeenz geven [een fuif], krijgen [een flauwte]; **II** *wederk*: *~ oneself* zich (neer)werpen; zich storten; *~ oneself at a man* zich aan iem. opdringen; een man nalopen [van een meisje]; *~ oneself away* zich vergooien (aan *on*); *~ oneself down* zich neer-, ter aarde werpen; *~ oneself into a task* zich met hart en ziel wijden aan een taak; *~ oneself on* een beroep doen op; **III** *onoverg & abs ww* werpen, gooien &; *~ about* om zich heen werpen of verspreiden; smijten met [geld]; *~ about one's arms* met de armen (uit)slaan; *~ aside* terzijde werpen²; *~ at* gooien naar; *~ away* weggooien, verknoeien (aan *on*); verwerpen, afslaan [aanbod]; *~ back* achterover gooien [het hoofd]; terugwerpen [leger]; terugkaatsen; achteruitzetten [in gezondheid &]; *~ down* neerwerpen, -gooien, omgooien, tegen de grond gooien; *~ in* ertussen gooien [een woordje &]; op de koop toe geven; *~ in one's hand* het opgeven; *~ in one's lot with* het lot delen (willen) van, zich aan de zijde scharen van; *~ into* werpen in; *~ one's whole soul into...* zijn hele ziel leggen in...; *~ into confusion (disorder)* in verwarring (in de war) brengen; *~ into gear* inschakelen; *~ into raptures* in vervoering doen geraken; *~ off* af-, wegwerpen; losgooien; uitgooien [kledingstuk]; opleveren; opzij zetten [schaamtegevoel &]; kwijtraken [ziekte]; *~ sbd. off* ook: iem. in de war brengen; *~ on* werpen op; aanschieten [kledingstuk]; *~ open* openwerpen, openzetten [deur]; openstellen (voor *to*); *~ out* eruit gooien [bij sorteren]; uitschieten; aanbouwen [vleugel bij een huis]; uitslaan [benen]; verwerpen [wetsvoorstel]; in de war brengen [acteur &]; opwerpen [vraagstukken], te berde brengen; *~ out one's chest* een hoge borst zetten; *~ out of employment (work)* werkloos maken; *~ out of gear* afkoppelen; *~ over* omver gooien; overboord gooien²; de bons geven; *~ overboard* overboord gooien²; *~ one's arms round...* de armen slaan om...; *~ together* bijeengooien, samenbrengen [personen]; *~ up* op-

werpen [barricade &]; ten hemel slaan [ogen], in de hoogte steken [de armen &]; overgeven, braken; laten varen [plan]; er aan geven [betrekking]; neergooien [de kaarten]; fig (sterker) doen uitkomen [v. blankheid &]; ~ *up the game* het spel gewonnen geven; ~*n upon one's own resources* op zichzelf aangewezen; ~*n upon the world* zonder eigen middelen

2 throw [θrou] *znw* worp, gooi; *stake all on a single ~* alles op één kaart zetten

throwaway I *bn* terloops, nonchalant [gezegd]; wegwerp-; **II** *znw* strooibiljet *o*

throw-back *znw* atavistische terugkeer, atavistisch product *o*, atavisme *o*; achteruitzetting

thrower *znw* werper; twijnder; vormer [pottenbakker]

throw-in *znw* sp inworp

thrown V.T. van [1]*throw*

throw-off *znw* begin *o*, start

throw-out *znw* sp uitgooi

throwster ['θroustə] *znw* zijdetwijner, -ster

thru [θru:] Am = *through*

1 thrum [θrʌm] *znw* eind *o* van de schering op een weefgetouw; dreum; franje; draad

2 thrum [θrʌm] **I** *onoverg & overg* trommelen (op) [piano, tafel &]; tokkelen (op), tjingelen (op); **II** *znw* getrommel *o*; getokkel *o*, getjingel *o*

thrush [θrʌʃ] *znw* **1** lijster; **2** spruw; **3** rotstraal [paardenziekte]

1 thrust [θrʌst] (thrust; thrust) **I** *overg* stoten, duwen, dringen; steken; werpen; *he ~ his company on (upon) me* hij drong zich aan mij op; **II** *wederk*: *~ oneself forward* zich naar voren dringen; *~ oneself in* binnendringen; zich indringen; *~ oneself upon sbd.* zich (aan iem.) opdringen; **III** *onoverg* dringen; *~ at sbd. with a knife* naar iem. steken met een mes

2 thrust [θrʌst] *znw* stoot, steek; duw; uitval; fig druk; beweging; tendens, richting; bouwk horizontale druk; techn stuwdruk, voortstuwingskracht

thruster *znw* streber; naar voren dringend jager

thrusting *bn* aanmatigend; agressief; meedogenloos

thud [θʌd] **I** *znw* bons, plof, doffe slag; gebons *o*; **II** *onoverg* bonzen, ploffen

thug [θʌg] *znw* bandiet, vandaal, woesteling; hist (godsdienstige) moordenaar [in Voor-Indië]

thuggery *znw* banditisme *o*, moordgeweld *o*

thumb [θʌm] **I** *znw* duim; *he has me under his ~* hij heeft mij in zijn macht; hij houdt mij onder de plak; *be all ~s* twee linkerhanden hebben; *~s up!* prima!; **II** *overg* beduimelen; *~ through* doorbladeren; *~ a lift (a ride)* liften

thumbnail *znw* nagel van een duim; *~ sketch* (miniatuur)krabbel

thumbscrew *znw* techn vleugelschroef; hist duimschroef

thumbs-down *znw* (teken *o* van) afwijzing, afkeuring, veroordeling

thumb-stall *znw* duimeling

thumbs-up *znw* (teken *o* van) goedkeuring, instemming; fig groen licht *o*; [als uitroep] zet 'm op!, toi toi toi!

thumb-tack *znw* Am punaise

thump [θʌmp] **I** *overg* stompen, bonzen, bonken op, slaan (op); fig op zijn kop geven; **II** *onoverg* bonzen, bonken (op *against, at, on*), ploffen, slaan; **III** *znw* stomp, slag; plof, bons, gebonk *o*

thumping ['θʌmpiŋ] *bn* gemeenz kolossaal

thunder ['θʌndə] **I** *znw* donder[2]; donderslag; donderend geweld *o*, gedonder *o*; *that's stealing sbd.'s ~* dat is een jijbak; **II** *onoverg* donderen[2], fulmineren; **III** *overg* met donderend geweld doen weerklinken, er uit slingeren (ook: *~ out*)

thunderbolt *znw* bliksemstraal; donderkeil; bliksem; donderslag

thunderclap *znw* donderslag

thundercloud *znw* onweerswolk

thunderer *znw* donderaar, dondergod

thunderflash *znw* rotje *o* [vuurwerk]

thundering *bn* donderend[2]; versterkend gemeenz donders, vreselijk

thunderous *bn* donderend; oorverdovend [applaus]

thunderstorm *znw* onweer *o*, onweersbui

thunderstruck *bn* als door de bliksem getroffen, verbaasd, verbijsterd

thundery *bn* onweerachtig

thurible ['θjuəribl] *znw* wierookvat *o*

Thursday ['æə:zdi] *znw* donderdag; *Holy ~* Witte Donderdag

thus [ðʌs] *bijw* dus, aldus, zo; *~ far* tot zover, tot dusverre

thwack [θwæk] *overg* ranselen [met stok &]

1 thwart [θwɔ:t] *overg* dwarsbomen, tegenwerken

2 thwart [θwɔ:t] *znw* scheepv doft

thy [ðai] *bez vnw* plechtig vero uw

thyme [taim] *znw* plantk tijm

thyroid ['θairɔid] *bn* schildvormig; *~ cartilage* adamsappel; *~ gland* schildklier

thyrsus ['θə:səs] *znw* (*mv*: thyrsi [-sai]) Bacchusstaf

thyself [ðai'self] *wederk vnw* plechtig vero u(zelf)

tiara [ti'a:rə] *znw* tiara

Tibetan [ti'betən] **I** *znw* Tibetaan; Tibetaans *o* [de taal]; **II** *bn* Tibetaans

tibia ['tibiə] *znw* (*mv*: -s *of* tibiae [-bii:]) scheenbeen *o*

tic [tik] *znw* zenuwtrek, tic [*vooral* in het gezicht]

1 tick [tik] **I** *onoverg* tikken; *what makes him ~* wat hem bezielt; wat zijn geheim is; *~ away* wegtikken, voorbijgaan; *~ over* auto stationair draaien; fig op een laag pitje staan; zijn gangetje gaan; fig doordraaien; **II** *overg* tikken; aanstrepen; *~ off* aanstrepen, afvinken; gemeenz aanmerking maken op; *~ out a message* tikken; **III** *znw* tik, tikje *o*, getik *o*; streepje *o*, merktekentje *o*; ogenblik(je) *o*; *in two ~s* in een wip; *to (on) the ~* op de seconde af

2 tick [tik] *znw* gemeenz krediet *o*; *give ~* poffen; *on*

~ op de pof; *go (on)* ~ op de pof kopen
3 tick [tik] *znw* dierk teek
ticker ['tikə] *znw* wie of wat tikt; tikker [ook: automatische beurstelegraaf]; slang horloge *o*; gemeenz hart *o*
ticker-tape ['tikəteip] *znw* papierstrook, -stroken v. telegraaf; [ook als] serpentine (bij huldebetoon)
ticket ['tikit] **I** *znw* biljet *o*, kaart, kaartje *o*, plaatsbewijs *o*, toegangsbewijs *o*; bon, bekeuring; prijsje *o*: etiket *o*; lommerdbriefje *o*; loterijbriefje *o*, lot *o*; Am kandidatenlijst [bij verkiezing]; *the democratic* ~ het democratisch partijprogramma; ~ *of leave* bewijs van voorwaardelijke invrijheidstelling; *that's the* ~ slang dat is je ware; **II** *overg* van een etiketje of kaartje voorzien; prijzen
ticket-collector *znw* controleur die de kaartjes inneemt
ticket-holder *znw* houder v. biljet &
ticket-punch *znw* controletang
ticket-window *znw* loket *o*
ticking ['tikiŋ] *znw* **1** (bedden)tijk; **2** tikken *o*
ticking-off ['tikiŋ'ɔ(:)f] *znw* standje *o*, uitbrander
tickle ['tikl] **I** *overg* kietelen, kittelen[2], prikkelen, strelen; *it ~d them, they were ~d at it* het werkte op hun lachspieren; ze hadden er plezier in; *~d pink* gemeenz in zijn sas, in de wolken, dolblij; **II** *onoverg* kietelen, kriebelen; **III** *znw* kitteling; gekietel *o*, gekriebel *o*
tickler *znw* netelige of moeilijk te beantwoorden vraag, lastig geval *o*
ticklish *bn* kietelig; delicaat, netelig, kies, lastig; *he is* ~ hij kan niet tegen kietelen
tick-tack ['tiktæk], Am: **tick-tock** ['tiktɔk] *tsw* & *znw* tiktak [v. klok &]
tidal ['taidl] *bn* het getij betreffende; getij-; ~ *wave* vloedgolf[2]
tidbit ['tidbit] *znw* Am = *titbit*
tiddler ['tidlə] *znw* klein visje *o*, vooral stekelbaarsje *o*
tiddly ['tidli] *bn* slang aangeschoten; gemeenz petieterig, klein, nietig
tiddlywinks ['tidliwiŋks] *znw* vlooienspel *o*
tide [taid] **I** *znw* (ge)tij *o*, vloed; stroom[2]; plechtig vero tijd; *full ~, high* ~ hoog tij *o*, hoogwater *o*; *low* ~ laag tij *o*; *neap* ~ doodtij *o*; **II** *overg*: ~ *over the bad times* de slechte tijd (helpen) doorkomen, over... heenkomen of -helpen
tide-gate *znw* getijsluis
tideline *znw* hoogwaterlijn
tidemark *znw* hoogwaterteken *o*; gemeenz waterlijn, vuile streep [in badkuip]
tide-waiter *znw* vroeger commies te water
tideway *znw* vloedgeul
tidings ['taidiŋz] *znw mv* tijding, bericht *o*, berichten, nieuws *o*
tidy ['taidi] **I** *bn* net(jes), zindelijk, proper; gemeenz aardig, flink; *put things (all)* ~ de boel aan kant doen; **II** *znw* opbergmandje *o*; **III** *overg* opruimen, opknappen (ook ~ *up*)
tie [tai] **I** *overg* binden, verbinden; knopen, strikken; vastbinden, -knopen, -maken; verankeren [muur]; ~ *a knot* een knoop leggen; ~ *down* (vast)binden; ~ *sbd. down* iem. de handen binden; ~ *up* opbinden [planten &]; (vast)binden, vastmaken, -leggen; meren [schip &]; dichtbinden; af-, onderbinden [ader]; verbinden [wonden &]; bijeenbinden [papieren &]; vastzetten [geld]; stilleggen [door staking &]; **II** *wederk*: ~ *oneself* zich binden; **III** *onoverg* binden, zich laten binden; kamp zijn, gelijk staan; ~ *in with* aansluiten bij; ~ *up* aanleggen, gemeerd worden [v. schip &]; bezighouden, ophouden; ~ *up with* connecties aanknopen met, zich inlaten met; verband houden met; **IV** *znw* band[2], knoop; das; bontje *o*; verbinding; iets wat bindt; binding; handenbinder; bouwk verbindingsbalk; muz boog; gelijkspel *o*; onbesliste wedstrijd
tie-beam *znw* bouwk bint *o*
tie-break, **tie-breaker** ['taibreik(ə)] *znw* tennis tiebreak [beslissende game na gelijk geëindigde set]; [bij quiz] extra vraag (die de beslissing moet brengen)
tied-house *znw* café dat verplicht is bier van een bepaalde brouwerij te betrekken
tie-dye ['taidai] *znw* ikatten *o* [bep. weeftechniek]
tie-pin *znw* dasspeld
tier [tiə] **I** *znw* reeks, rij, rang [v. stoelen of zitplaatsen]; **II** *overg* in rijen opeenstapelen of schikken
tie-up ['taiʌp] *znw* verbinding, band; associatie; stillegging [door staking]; (verkeers)opstopping (ook: *traffic* ~)
tiff [tif] *znw* ruzietje *o*
tiffany ['tifəni] *znw* zijden floers *o*
tiffin ['tifin] *znw* tiffin: lunch; rijsttafel
tig [tig] *znw* krijgertje *o*, tikkertje *o*
tiger ['taigə] *znw* (*mv* idem *of* -s) tijger
tight [tait] **I** *bn* strak, nauw(sluitend), krap; gespannen; benauwd [op de borst]; (water)dicht; vast, stevig; straf; streng, scherp; vasthoudend; niets loslatend; gemeenz krenterig, gierig; handel schaars [geld]; welgevormd, knap; slang dronken; *be in a ~ corner* in het nauw zitten; **II** *bijw* strak &; *hold* ~ (zich goed) vasthouden; *hold sbd.* ~ iem. kort houden; *sleep ~!* welterusten!; *sit* ~ zie *sit I*
tighten I *overg* spannen, aan-, toehalen; aandraaien [schroef]; vaster omklemmen; samentrekken; ~ *up* verscherpen [wet &]; **II** *onoverg* (zich) spannen; strak(ker) worden
tightener *znw* spanner
tight-fisted *bn* vasthoudend, gierig
tight-fitting *bn* nauwsluitend
tight-lipped *bn* met op elkaar geklemde lippen; fig gesloten
tightrope *znw* gespannen koord *o*; *walk a* ~ uiterst omzichtig te werk moeten gaan
tights [taits] *znw mv* maillot, panty; tricot [v. acrobaten &]

tightwad ['taitwɔd] *znw* slang vrek
tigress ['taigris] *znw* tijgerin
tike [taik] *znw* hond, straathond; vlegel, lummel; bijnaam voor iem. uit Yorkshire
tilbury ['tilbəri] *znw* tilbury [sjees]
tile [tail] **I** *znw* (dak)pan; tegel; *Dutch ~s* (blauwe) tegeltjes; *have a ~ loose (off)* gemeenz niet goed snik zijn; *(out) on the ~s* slang aan de zwier; **II** *overg* met pannen dekken; betegelen
tiler *znw* pannendekker
tiling *znw* dekken *o* [met pannen]; (pannen)dak *o*; betegeling
1 till [til] *znw* geldlade [v. toonbank], kassa
2 till [til] *overg* bebouwen, (be)ploegen
3 till [til] *voorz* tot, tot aan; *~ now* tot heden, tot nog toe, tot dusverre; *not ~ the last century* pas in de vorige eeuw
tillage ['tilidʒ] *znw* beploeging, bewerking van de grond; akkerbouw; ploegland *o*
1 tiller ['tilə] *znw* landbouwer, akkerman
2 tiller ['tilə] *znw* scheepv roerpen, helmstok
till-money ['tilmʌni] *znw* kasgeld *o*
1 tilt [tilt] **I** *znw* huif, dekzeil *o*, (zonne)tent; **II** *overg* met een zeil overdekken
2 tilt [tilt] **I** *onoverg* (over)hellen, schuin staan; wippen, kantelen; met de lans stoten, een lans breken, toernooien; *~ at* steken naar; fig aanvallen; *~ at the ring* ringsteken; *~ over* hellen, schuin staan; omslaan; **II** *overg* doen (over)hellen, schuin zetten, op zijn kant zetten, kantelen, kippen, wippen; **III** *znw* overhelling, schuine stand; steekspel *o*, toernooi *o*; *(at) full ~* in volle ren; *give it a ~* op zijn kant zetten; schuin zetten [op het hoofd]; *have (run) a ~ (at)* een lans breken (met); fig [iem.] aanvallen
tilth [tilθ] *znw* = *tillage*
tilt-yard ['tiltja:d] *znw* hist toernooiveld *o*
timber ['timbə] *znw* timmerhout *o*, (ruw) hout *o*; bomen; bos *o*; stam; balk; scheepv spant *o*; fig materiaal *o*
timbered *bn* houten; met hout begroeid
timber line *znw* boomgrens
timber-merchant *znw* houtkoper
timber-yard *znw* houtopslagplaats
timbre [tɛ̃:mbr, 'tæmbə] *znw* timbre *o*
timbrel ['timbrəl] *znw* tamboerijn
time [taim] **I** *znw* tijd° [ook = uur]; keer, maal; muz maat, tempo *o*; *in a week's ~* (vandaag) over een week; *and not before ~* eindelijk, dat werd tijd; *~ will tell* de tijd zal het leren; *~ and tide wait for no man* men moet zijn tijd weten waar te nemen; *any (old) ~ = at any (old) ~*; *the good old ~s* de goede oude tijd; *those were ~s!* dat was een andere tijd; *all the ~* de hele tijd, aldoor; *~ and (~) again* telkens en telkens weer; herhaaldelijk; *a first ~* (voor) de eerste keer; *my ~ is my own* ik heb de tijd aan mijzelf; *~ was when...* er was een tijd dat...; *~ is up!* de tijd (het uur) is om!, (het is) tijd!; *the ~ of day* het uur; *give (pass) the ~ of day* goedendag zeggen; *I got there ~ enough to...* tijdig genoeg om...; *~ out of mind, from ~ immemorial* sedert onheuglijke tijden; *this ~ tomorrow* morgen om deze tijd; *what ~?* wanneer?, (om) hoe laat ?; *what ~ is it, what's the ~?* hoe laat is het?; *beat ~* de maat slaan; *do ~* zitten [in de gevangenis]; *have a lively ~ of it* het druk hebben; *I had a good ~* ik heb het fijn (leuk) gehad, het was fijn (leuk); *I had the ~ of my life* ik heb me kostelijk geamuseerd, veel plezier gehad; *have no ~ for sbd.* een hekel hebben aan iem.; *move with the ~s* met zijn tijd meegaan; *keep ~* muz de maat houden; mil in de pas blijven; op tijd binnenkomen [trein]; *keep good ~* goed (gelijk) lopen [uurwerk]; *I shall not lose ~ to call on you* ik kom gauw eens langs; *make good ~* een vlugge reis hebben [v. boot &]; *take ~* tijd kosten, lang duren; *take one's ~* rustig aan doen, de tijd nemen; *take ~ off* zie: *take*; *it's about ~* het is zowat tijd, het wordt tijd; *~ after ~* keer op keer; *ride (run) against ~* de kortst mogelijke tijd zien te maken [bij wedloop]; rijden (lopen) wat men kan; *work against ~* werken dat de stukken er afvliegen; *ahead of one's ~(s)* zijn tijd vooruit; *at ~s* zo nu en dan, soms; *two at a ~* twee tegelijk; *for months at a ~* maanden achtereen; *at a ~ when* in een tijd dat...; *at all ~s* te allen tijde; *at no ~* nooit; *at any (old) ~* te allen tijde; wanneer ook (maar); te eniger tijd; ieder ogenblik; *at one ~* tegelijk; in één keer; wel eens; *at one ~...* er was een tijd, vroeger...; *at some ~ or other* te eniger tijd; *at the ~* toen(tertijd), destijds; *at the ~ of* ten tijde van; *at the same ~* terzelfder tijd, tegelijk; tevens; toch, niettemin; *at my ~ of life* op mijn leeftijd; *at this ~ of day* nu (nog); *at this ~ of (the) year* in deze tijd van het jaar; *at ~s* soms, nu en dan, wel eens; *before ~* vóór de tijd, te vroeg; *before my ~* voor mijn tijd; *behind ~* over zijn tijd, te laat; *behind the ~s* ouderwets, verouderd; *by that ~* dan (wel); *by the ~ (that)* tegen de tijd dat; *by this ~* nu; *for a ~* een tijdje, een tijdlang; *for the ~ being* voor het ogenblik, voorlopig; *from ~ to ~* van tijd tot tijd; *in ~* op tijd; bijtijds; mettertijd, na verloop van tijd; in de maat; *in the ~ of...* ten tijde van...; *in ~(s) to come* in de toekomst; *in ~ to the music* op de maat van de muziek; *in good ~* op tijd; bijtijds; op zijn tijd, te zijner tijd; *in the mean ~* ondertussen, inmiddels; *in (less than, next than) no ~* in minder dan geen tijd; *in proper ~* te rechter tijd; te zijner tijd; *of all ~* aller (van alle) tijden; *the scientists of the ~* van deze tijd; van die tijd; *on ~* op tijd; *on (short) full ~* (niet) het volle aantal uren werkend; *out of ~* uit de maat; te onpas komend; *to ~* precies op tijd; *up to ~* op tijd; **II** *overg* (naar de tijd) regelen of betrekken, het (juiste) ogenblik kiezen voor, timen; de duur of tijd bepalen van; sp de tijd opnemen; dateren; muz de maat slaan of aangeven bij; *the remark was not well ~d* de opmerking kwam niet op het geschikte ogenblik

time-bargain *znw* tijdaffaire
time-bomb *znw* tijdbom
time-clock *znw* controleklok, prikklok
time-consuming *bn* tijdrovend
time-expired *bn* mil zijn tijd uitgediend hebbend
time-exposure *znw* fotogr tijdopname
time-honoured *bn* traditioneel, aloud, eerbiedwaardig
timekeeper *znw* tijdmeter, chronometer; uurwerk *o*; muz metronoom; sp tijdopnemer; tijdschrijver [in fabriek]; *he is a good ~* hij is altijd op tijd; *my watch is a good ~* mijn horloge loopt goed
time-lag *znw* tijdsverloop *o*; vertraging
timeless *bn* tijdloos
time-limit *znw* tijdslimiet
time-lock *znw* klok-, uurslot *o*
timely *bn* tijdig, op de juiste tijd of op het geschikte ogenblik komend, van pas; actueel
time out *znw* korte onderbreking, pauze; sp timeout
timepiece *znw* uurwerk *o*, pendule, klok [ook = horloge]
timer *znw* timer [instelklok]; sp tijdopnemer
times *overg* vermenigvuldigen; *timesed by two* vermenigvuldigd met twee
time-saving *bn* tijdbesparend
time-scale *znw* tijdschaal
time-server *znw* opportunist, weerhaan
time-serving I *bn* opportunistisch; **II** *znw* opportunisme *o*, weerhanerij
time-sharing *znw* comput timesharing
time-sheet *znw* rooster *o & m*, werklijst
time signal *znw* tijdsein *o* [v. radiostation &]
time signature *znw* muz maatteken *o*
time switch *znw* tijdschakelaar
timetable I *znw* dienstregeling; spoorwegboekje *o*; (les)rooster *o & m*; dagindeling; tijdschema *o*; **II** *overg* ± plannen, vaststellen [v. tijdstip]
time-work *znw* per uur (dag) betaald werk *o*
timeworn *bn* aloud, (oud en) versleten; fig afgezaagd
time zone *znw* tijdzone
timid ['timid] *bn* beschroomd, bang, bedeesd, schuchter, verlegen, timide; *~ about (of) ...ing* bang, verlegen om te...
timidity [ti'miditi] *znw* beschroomdheid, schroom, bangheid, bedeesdheid, schuchterheid, verlegenheid, timiditeit
timing ['taimiŋ] *znw* timing; regelen *o*; zie *time II*
timorous ['timərəs] *bn* angstvallig, schroomvallig, bang, beschroomd; plechtig vreesachtig
timpani ['timpəni] *znw* muz pauk(en)
timpanist ['timpənist] *znw* muz paukenist
tin [tin] **I** *znw* tin *o*; blik *o*; blikje *o*, bus, trommel; mil eetketeltje *o*; **II** *bn* tinnen; blikken; *(little) ~ god* godje *o* (in eigen oog); *~ hat (lid)* mil stalen helm; *~ tack* vertind spijkertje *o*; **III** *overg* vertinnen; inblikken; *~ned meat* vlees *o* uit (in) blik
tin-can *znw* blikje *o*
tinctorial [tiŋk'tɔ:riəl]: *~ matter znw* verfstof, kleurstof
tincture ['tiŋktʃə] **I** *znw* tinctuur; kleur; fig tintje *o*, tikje *o*; zweempje *o*; vernisje *o*; bijsmaak; **II** *overg* kleuren[2], tinten[2]
tinder ['tində] *znw* tondel *o*
tinder-box *znw* tondeldoos
tine [tain] *znw* tand [v. vork &]; tak [v. gewei]
tinfoil ['tinfɔil] *znw* bladtin *o*; stanniool *o*; folie; zilverpapier *o*
ting [tiŋ] **I** *znw* tingeling [van een bel]; **II** *onoverg* klinken; **III** *overg* doen klinken
tinge [tin(d)ʒ] **I** *znw* kleur, tint, tintje *o*; fig zweem, tikje *o*, bijsmaakje *o*; **II** *overg* kleuren, tinten; *-d with...* met een tikje...
tingle ['tiŋgl] **I** *onoverg* tintelen, prikkelen; **II** *znw* tinteling, prikkeling
tingling *znw* = *tingle II*
tinker ['tiŋkə] **I** *znw* ketellapper; knoeier, prutser; **II** *onoverg* prutsen, frutselen (aan *at, with*), sleutelen; *~ about* aanrommelen
tinkering I *bn* prutsend, lap-; **II** *znw* gepruts *o*, prutsen *o*, sleutelen *o*
tinkle ['tiŋkl] **I** *onoverg* rinkelen, klinken, tingelen, tjingelen; **II** *overg* doen of laten rinkelen &; muz tokkelen (op); rammelen op [een piano]; **III** *znw* gerinkel *o*, getingel *o*, getjingel *o*; *give sbd. a ~* gemeenz iem. even (op)bellen
tinkling *znw* getjingel *o*, rinkeling
tinnitus [ti'naitəs] *znw* med oorsuizing
tinny ['tini] *bn* blikachtig, blikkerig, blik-; fig goedkoop, prullerig; schraal [v. geluid]
tin-opener ['tinoupnə] *znw* blikopener
tin-ore ['tinɔ:] *znw* tinerts *o*
tin-pan alley *znw* de wereld van (de schrijvers en uitgevers) van de populaire muziek
tin-plate ['tinpleit] *znw* blik *o*
tin-pot ['tinpɔt] *bn* gemeenz armoedig, prullerig; nietig, armzalig
tinsel ['tinsəl] *znw* klatergoud[2] *o*
tin-smith ['tinsmiθ] *znw* blikslager
tint [tint] **I** *znw* tint; **II** *overg* tinten, kleuren
tintinnabulation ['tintinæbju'leiʃən] *znw* gerinkel *o* (van bellen), getjingel *o*
tinware ['tinwɛə] *znw* tinnegoed *o*; blikwerk *o*
tiny ['taini] *bn* (heel) klein; miniem
1 tip [tip] **I** *znw* tip, tipje *o*, top, topje *o*; (vleugel-) spits; puntje *o* [v. sigaar], mondstuk *o* [v. sigaret]; beslag *o*, dopje *o*; biljart pomerans; *the ~ of the iceberg* het topje van de ijsberg; *I had it on the ~ of my tongue* het lag op het puntje van mijn tong; ik had het op mijn lippen; *he is a(n)... to the ~s of his fingers* hij is op-en-top een...; **II** *overg* beslaan (met metaal), aan de punt voorzien (van *with*), omranden
2 tip [tip] **I** *overg* schuin zetten of houden, doen kantelen; wippen, gooien; (aan)tikken; een fooi

geven; tippen, een tip geven; ~ *all nine* alle negen gooien [bij kegelen]; ~ *the balance* de doorslag geven[2]; ~ *the scales at...* wegen; ~ *sbd. the wink* iem. een wenk geven (om hem te waarschuwen); ~ *sbd. for the job* iem. doodverven met het baantje; ~ *sbd. off (to sth.)* gemeenz iem. een tip (van iets) geven; ~ *over* omkiepen; ~ *up* schuin zetten; **II** *onoverg & abs ww* kiepen, kantelen; een fooi (fooien) geven; ~ *up* opwippen; **III** *znw* stortplaats; vuilnisbelt; steenberg, stort *o & m* [v. kolenmijn]; fooi; wenk, inlichting, tip; *the (a) straight* ~ een inlichting uit de beste bron; *give it a* ~ het (een beetje) schuin zetten; *give us the* ~ *when...* waarschuw ons als...; *take the* ~ iems. wenk begrijpen, de raad aannemen

tip-car(t) *znw* kiepkar

tip-off *znw* gemeenz wenk, inlichting, tip

tipper *znw* kolenstorter; kiepkar; auto kipper; fooiengever

tippet ['tipit] *znw* bontkraag; schoudermanteltje *o*

tipple ['tipl] **I** *onoverg* pimpelen; **II** *znw* gemeenz (sterke) drank

tippler *znw* pimpelaar, drinkebroer

tipstaff ['tipsta:f] *znw* gerechtsdienaar

tipster ['tipstə] *znw* sp verstrekker van tips [voor races]

tipsy ['tipsi] *bn* aangeschoten, beschonken

tipsy-cake ['tipsikeik] *znw* sponzige cake met custardvla

tiptoe ['tiptou] **I** *znw*: *on* ~ op de tenen; **II** *onoverg* op zijn (de) tenen lopen

tiptop ['tip'tɔp] *bn & bijw* gemeenz prima, bovenste beste, eersteklas

tip-up ['tipʌp] *bn*: ~ *seat* klapstoel

tirade [tai'reid, ti'reid] *znw* tirade, stortvloed van woorden

1 tire ['taiə] *znw* Am = *tyre*

2 tire ['taiə] **I** *overg* vermoeien, moe maken; vervelen; ~ *out* afmatten; **II** *onoverg* moe worden; ~ *of it* het moe (beu) worden

3 tire ['taiə] vero = *attire*

tired ['taiəd] *bn* vermoeid; moe; afgezaagd; ~ *of* beu van; ~ *with* moe van

tireless *bn* onvermoeibaar

tiresome *bn* vermoeiend, vervelend

tiring *bn* vermoeiend

tiring-room *znw* vero kleedkamer

tiro *znw* = *tyro*

'tis [tis] vero verk. van *it is*

tissue ['tisju:] *znw* weefsel *o*; zijdepapier *o*; doekje *o*; papieren (zak)doekje *o*; tissue; *a* ~ *of lies* een aaneenschakeling (web) van leugens

tissue-paper *znw* zijdepapier *o*

1 tit [tit] *znw* tikje *o*; ~ *for tat* leer om leer; lik op stuk

2 tit [tit] *znw* mees [vogel]

3 tit [tit] *znw* slang borst; tepel

4 tit [tit] *znw* slang slappe vent

titan ['taitən] *znw* hemelbestormer

titanic [tai'tænik] *bn* titanisch, reusachtig, enorm

titanium [tai'teinjəm] *znw* titanium *o*, titaan *o*

titbit, Am **tidbit** ['titbit] *znw* lekker hapje *o*, versnapering; fig interessant nieuwtje *o*

titchy ['titʃi] *bn* gemeenz minuscuul, pietepeuterig

titfer ['titfə] *znw* gemeenz hoed

tithable ['taiðəbl] *bn* hist tiendplichtig

tithe I *znw* tiende (deel *o*); tiend; **II** *overg* vertienden

tither *znw* hist tiendgaarder

tithing *znw* hist vertiending; tiend

titillate ['titileit] *overg* strelen, prikkelen, kittelen

titillation [titi'leiʃən] *znw* streling, prikkeling, kitteling

titivate ['titiveit] *overg* opschikken, opdirken

titlark ['titla:k] *znw* graspieper

title ['taitl] **I** *znw* titel; gehalte *o* [v. goud]; (eigendoms)recht *o*, eigendomsbewijs *o*; aanspraak (op *to*); **II** *overg* een titel verlenen (aan); (be)titelen; ~*d* ook: met een (adellijke) titel; een titel voerend

title-deed *znw* eigendomsbewijs *o*

title-holder *znw* titelhouder

title-page *znw* titelblad *o*

title role *znw* titelrol, hoofdrol

titmouse ['titmaus] *znw* mees

titrate ['taitreit] *overg* chem titreren

titre, Am **titer** *znw* chem titer

titter ['titə] **I** *onoverg* giechelen; **II** *znw* gegiechel *o*

tittle ['titl] *znw* tittel, jota; *to a* ~ precies, nauwkeurig; zie ook: *jot*

tittle-tattle ['titltætl] **I** *znw* geklets *o*, geklep *o*; geroddel *o*; **II** *onoverg* kletsen, kleppen

tittup ['titəp] **I** *onoverg* huppelen; allerlei bokkensprongen maken; **II** *znw* bokkensprong; gehuppel *o*

titular ['titjulə] *bn* titulair, titel-; in naam; aan de titel verbonden; ~ *saint* patroon [v.e. kerk]

tizzy ['tizi] *znw*: *in a* ~ van de kook, in alle staten

to [tu:, tu, tə] **I** *voorz* te, om te; tot, aan; tot op; naar, tegen; jegens; voor; bij, in vergelijking met; volgens; op; onder; *brother* ~ *the king* broeder van de koning; *at ten minutes* ~ *twelve* om tien minuten voor twaalf; *he sang* ~ *his guitar* hij begeleidde zijn zang met (op) de gitaar; *but* ~ *our story* maar om op ons verhaal terug te komen; *there is (it has) more* ~ *it* er steekt meer achter; het gaat hierbij om meer; *the first book* ~ *appear* het eerste boek dat verschijnt; *you will smile* ~ *recall...* als je je herinnert; **II** *bijw*: *the door is* ~ de deur is dicht; ~ *and fro* heen en weer

toad [toud] *znw* pad [dier]; fig klier, kwal, kreng *o*; ~*-in-the-hole* in pannenkoekbeslag gebakken worstjes

toadstool ['toudstu:l] *znw* paddestoel

toady ['toudi] **I** *znw* pluimstrijker; **II** *onoverg*: ~ *to* pluimstrijken; **III** *overg* pluimstrijken

toast [toust] **I** *znw* geroosterd brood *o*; toast, (heil-) dronk; op wie getoast wordt (vooral een dame);

give (propose) a ~ een dronk instellen; **II** *overg* roosteren; warmen [voor het vuur]; een toast instellen op; **III** *onoverg* toasten; **IV** *wederk*: ~ *oneself* zich warmen
toaster *znw* (brood)rooster *o*
toasting-fork *znw* roostervork
toast-master *znw* tafelceremoniemeester bij grote diners
toast-rack *znw* rekje *o* voor geroosterd brood
tobacco [tə'bækou] *znw* (*mv*: -s *of* tobaccoes) tabak
tobacconist *znw* tabaksverkoper, sigarenhandelaar
toboggan [tə'bɔgən] **I** *znw* tobogan; **II** *onoverg* met de tobogan glijden
toby-jug ['toubi(dʒʌg)] *znw* bierpot in de vorm v. oude man met steek op
tocsin ['tɔksin] *znw* alarmbel, alarmklok; alarmsignaal *o*
tod [tɔd]: *on one's* ~ slang alleen
today [tə'dei, tu'dei] *bijw* & *znw* vandaag, heden; vandaag de dag, tegenwoordig
toddle ['tɔdl] **I** *onoverg* waggelend gaan, dribbelen; gemeenz tippelen; opstappen; ~ *round* rondkuieren; eens aanwippen; **II** *znw* kuier, waggelende gang
toddler *znw* hummel, peuter; dreumes
toddy ['tɔdi] *znw* palmwijn; grog
to-do [tə'du:] *znw* opschudding, verwarde situatie
toe [tou] **I** *znw* teen; neus [v. schoen]; punt; *big* ~ grote teen; *turn up one's* ~*s* slang het hoekje omgaan; *on one's* ~*s* op zijn tenen; *keep sbd. on his* ~*s* iem. achter de vodden zitten, ± iem. bij de les houden; **II** *overg* met de tenen aanraken; een teen aanzetten [kous]; slang een schop geven; ~ *the line* zich onderwerpen, gehoorzamen; *make sbd.* ~ *the line* iem. dwingen
toe-cap *znw* neus [v. schoen]
toehold *znw* steun voor de teen; gemeenz precaire positie, vooruitgeschoven stelling; geringe invloed
toenail *znw* teennagel
toerag ['touræg] *znw* geringsch schooier, zwerver
toff [tɔf] *znw* slang dandy; rijk (chic) persoon
toffee ['tɔfi] *znw* toffee
toffee-apple *znw* in karamel gedoopte appel op een stokje [als snoepgoed verkocht op kermissen e.d.]
toffee-nosed *bn* gemeenz bekakt, snobistisch, verwaand
tog [tɔg] gemeenz **I** *overg* uitdossen; ~*ged out (up)* opgedoft; **II** *znw*: ~*s* plunje, kleren, nette pak *o*
toga ['tougə] *znw* toga
together [tə'geðə] *bijw* samen, tezamen; bij, met of tegen elkaar; (te)gelijk; aan elkaar, aaneen; achtereen; ~ *with* (in vereniging) met, benevens
togetherness *znw* saamhorigheid
toggle ['tɔgl] *znw* scheepv knevel; dwarspen
toggle coat *znw* houtje-touwtjejas
Togo ['tougou] *znw* Togo *o*
Togolese I *znw* (*mv* idem) Togolees; **II** *bn* Togolees, Togoos
toil [tɔil] **I** *onoverg* hard werken, zwoegen, ploeteren; ~ *and moil* werken en zwoegen, zich afbeulen; ~ *through* doorworstelen; **II** *znw* hard werk(en) *o*, gezwoeg *o*; *in the* ~*s off...* in de netten (strikken) van...
toiler *znw* zwoeger
toilet ['tɔilit] *znw* toilet[2] *o*
toilet bag *znw* toilettas
toilet-paper *znw* toilet-, closetpapier *o*
toiletries *znw mv* toiletartikelen
toilet-train *overg* zindelijk maken [baby]
toilet water *znw* eau de toilette
toilsome ['tɔilsəm] *bn* moeilijk, zwaar
toil-worn *bn* afgewerkt
to-ing and fro-ing ['tuiŋən'frouiŋ] *znw* komen en gaan *o*, heen-en-weergeloop *o*, -gereis *o* &
token ['toukn] **I** *znw* (ken)teken *o*, aandenken *o*; blijk *o* (van *of*); bewijs *o*, bon; *by the same* ~ om welke reden, waarom; daarenboven, evenzeer; *more by* ~ ten bewijze daarvan; *as a* ~ *of* ten teken van, als blijk van; **II** *bn* symbolisch; ~ *coin*, ~ *money* tekenmunt; ~ *payment* symbolische betaling; ~ *woman* excuus-Truus
told [tould] V.T. & V.D. van *tell*
tolerable ['tɔlərəbl] *bn* te verdragen, duldbaar, draaglijk; tamelijk, redelijk
tolerably *bijw* draaglijk, tamelijk, redelijk, vrij
tolerance *znw* verdraagzaamheid; tolerantie; remedie [v. munten]; techn speling
tolerant *bn* verdraagzaam
tolerate *overg* tolereren, verdragen, lijden, toelaten, dulden, gedogen
toleration [tɔlə'reiʃən] *znw* toelating, dulding; verdraagzaamheid, tolerantie
1 toll [toul] *znw* tol, tolgeld *o*, staan-, weg-, bruggeld *o* maalloon *o*; schatting; *the* ~ *(of the road)* de slachtoffers (van het verkeer); *take* ~ *of* tol heffen van; *take a heavy* ~ *of the enemy* de vijand gevoelig treffen; *take a heavy* ~ *of human life* veel mensenlevens eisen, tal van slachtoffers maken; *take too great a* ~ *of* ook: te veel vergen van
2 toll [toul] **I** *overg* & *onoverg* luiden, kleppen; **II** *znw* gelui *o*, geklep *o*, (klok)slag
toll-booth ['toulbu:θ] *znw* tolhuis *o*
toll-money *znw* tolgeld *o*
tom [tɔm] *znw* mannetje *o* [v. sommige dieren]; kater; *T*~, *Dick and Harry* Jan, Piet en Klaas; *T*~ *Thumb* Kleinduimpje; tompoes; *peeping T*~ gluurder, voyeur
tomahawk ['tɔməhɔ:k] *znw* tomahawk: strijdbijl [v. indiaan]
tomato [tə'ma:tou] *znw* (*mv*: -toes) tomaat
tomb [tu:m] *znw* graf[2] *o*, (graf)tombe; fig (de) dood
tombola ['tɔmbələ] *znw* tombola
tomboy ['tɔmbɔi] *znw* meisje *o* dat zich jongensachtig gedraagt, robbedoes
tombstone ['tu:mstoun] *znw* grafsteen, zerk

tomcat ['tɔmkæt] *znw* kater

tome [toum] *znw* (dik) boekdeel *o*; gemeenz dikke pil

tomfool ['tɔm'fu:l] *bn* absurd, krankzinnig, idioot

tomfoolery [tɔm'fu:ləri] *znw* gekheid, dwaze streken, zotternij, onzin; flauwekul

Tommy ['tɔmi] *znw* verk. v. *Thomas*; de Engelse soldaat (ook: ~ *Atkins*)

tommy-gun *znw* mil type pistoolmitrailleur

tommyrot *znw* gemeenz klets, larie, onzin

tomorrow [tə'mɔrou, tu'mɔrou] *bijw* & *znw* morgen; de dag van morgen

tomtit ['tɔm'tit] *znw* meesje *o*, pimpelmees

tomtom ['tɔmtɔm] *znw* tamtam [handtrom]; tomtom [v. drumstel]

1 ton [tʌn] *znw* ton (2240 Eng. ponden = ± 1016 kilo; scheepv 100 kub. voet; 954 liter); slang 100 mijl per uur; *~s of money* gemeenz hopen geld; *weigh a ~z* gemeenz loodzwaar zijn; *come down on sbd. like a ~ of bricks* iem. er ongenadig van langs geven

2 ton [tɔ̃] *znw* bon ton; mode

tonal ['tounəl] *bn* tonaal, toon-

tonality [tou'næliti] *znw* tonaliteit, toonaard

tone [toun] **I** *znw* toon°, klank; stembuiging; schakering, tint; tonus, spanning; stemming; *take that ~* zo'n toon aanslaan; *in a low ~* op zachte toon; **II** *overg* stemmen; tinten; kleuren; *~ down* temperen, verzachten, afzwakken; *~ (up)* versterken; opkikkeren; **III** *onoverg* harmoniëren; *~ down* verflauwen; *~ to apricot* zacht overgaan in, zwemen naar; *~ (in) well with* goed passen bij

tone-deaf *bn* amuzikaal

toneless *bn* toonloos, klankloos, kleurloos; krachteloos, slap, zwak; onmuzikaal

Tonga ['tɔŋ(g)ə] *znw* Tonga *o*

Tongan **I** *znw* Tongaan; **II** *bn* Tongaans

tongs [tɔŋz] *znw mv* tang; *a pair of ~* een tang

tongue [tʌŋ] *znw* tong; taal, spraak; landtong; tongetje *o* [v. balans, gesp &]; klepel [v. klok]; lip [v. schoen]; *~ and groove* messing en groef; *find one's ~* de spraak terugkrijgen; beginnen te praten; *get one's ~ round a word* erin slagen een (moeilijk) woord uit te spreken; *hold one's ~* zijn (de) mond houden; *he let his ~ run away with him* hij kon zijn tong niet in toom houden; hij heeft zijn mond voorbijgepraat; *be on the ~s of men* over de tong gaan; *~ in cheek* ironisch, spotachtig, ongelovig, meesmuilend, doodleuk

tongue-tied *bn* niet kunnende of niet mogende spreken; met zijn mond vol tanden, stom, sprakeloos

tongue-twister *znw* moeilijk uit te spreken woord *o* of zin

tonic ['tɔnik] **I** *bn* tonisch, opwekkend, versterkend; muz toon-; *~ accent* klemtoon; *~ sol-fa* [sɔl'fa:] muz Eng. zangmethode aan namen (niet aan noten) ontleend; **II** *znw* tonicum *o*, versterkend (genees)middel *o*; tonic (ook: *~ water*); muz tonica, grondtoon

tonicity [to'nisiti] *znw* toniciteit, tonische werking, veerkracht [v. spieren]

tonight [tə-, tu'nait] *bijw* & *znw* deze avond; hedenavond, vanavond; deze nacht

tonnage ['tɔnidʒ] *znw* tonnenmaat, scheepsruimte, laadruimte; tonnengeld *o*

tonne [tʌn] *znw* metrieke ton [1000 kg]

tonsil ['tɔnsil] *znw* (keel)amandel

tonsillitis [tɔnsi'laitis] *znw* amandelontsteking

tonsure ['tɔnʃə] **I** *znw* tonsuur, kruinschering; **II** *overg* de kruin scheren (van)

too [tu:] *bijw* ook; te, al te; *and... ~* en nog wel..., en ook nog...

took [tuk] V.T. & V.D. van [1]*take*

tool [tu:l] **I** *znw* gereedschap *o*, werktuig[2] *o*; [boekbinders]stempel; *~s* ook: gereedschap *o*; **II** *overg* bewerken; *~ up* met machines uitrusten [fabriek]; **III** *onoverg*: *~ along* gemeenz Am rondrijden

tool-box *znw* gereedschapskist

tooler *znw* soort beitel

tool kit *znw* gereedschapskist

tool shed *znw* schuurtje *o* met gereedschap

toot [tu:t] **I** *onoverg (& overg)* toet(er)en, blazen (op); **II** *znw* getoeter *o*

tooter *znw* toeter

tooth [tu:θ] *znw* (teeth [ti:θ]) tand, kies; *they fought ~ and nail* zij vochten uit alle macht; zij verdedigden zich met hand en tand; *he's (a bit) long in the ~* hij is niet de jongste meer; *armed to the ~* tot de tanden gewapend; *lie through one's teeth* liegen of het gedrukt staat; *in the teeth of* ondanks, tegen... in; *in the (very) teeth of the gale* vlak tegen de storm in; *cast (fling, throw) it in the teeth of sbd.* het iem. voor de voeten werpen, het iem. verwijten

toothache *znw* kies-, tandpijn

toothbrush *znw* tandenborstel

tooth-comb *znw* fijne kam, stofkam

toothed [tu:θt, tu:ðd] *bn* getand

toothless *bn* tandeloos[2]

toothpaste *znw* tandpasta

toothpick *znw* tandenstoker

tooth powder *znw* tandpoeder *o*

toothsome *bn* smakelijk, lekker

toothy *bn* met vooruitstekende tanden, met veel (vertoon van) tanden

tootle ['tu:tl] **I** *onoverg* & *overg* zacht en aanhoudend toeteren, blazen; gemeenz rondtoeren; **II** *znw* getoeter *o*

tootsy ['tu:tsi] *znw* gemeenz pootje *o*, voetje *o*; lieveling, schatje *o*

1 top [tɔp] **I** *znw* top, kruin, spits, bovenstuk *o*, bovenste *o*; boveneinde *o*, hoofd *o* [v. tafel]; oppervlakte; dak *o*; kap; hemel [v. ledikant]; deksel *o*; blad *o* [v. tafel]; dop [v. vulpen]; scheepv mars; auto hoogste versnelling; fig toppunt *o*; de (het) hoogste (eerste); *big ~* chapiteau *o* [circus(tent)]; *(the) ~s!*

Am slang prima, eersterangs; *at the ~* bovenaan; *be at the ~ of his class* nummer één (van de klas) zijn; *be at the ~ of the tree* op de hoogste sport staan, de man zijn; *at the ~ of his voice* uit alle macht, zo hard hij kon; *from ~ to bottom* van boven tot onder; *from ~ to toe* van top tot teen; *off the ~ of one's head* onvoorbereid; *on ~* bovenaan; bovenop; daarbij; *come out on ~* overwinnaar zijn, het winnen; *on (the) ~ of* (boven)op; over... heen; behalve, bij; *on ~ of this I had to...* daarna moest ik nog...; *be on ~ of the world* in de wolken zijn; *be on ~ of sth.* beheersen, in de hand hebben [v. probleem &]; *come to the ~* boven (water) komen; *go over the ~* te ver gaan, over de schreef gaan; **II** *bn* bovenste, hoogste, eerste; prima; *a ~ G* muz een hoge g; **III** *overg* bedekken; beklimmen (tot de top); hoger opschieten, langer zijn dan; fig overtreffen, uitmunten, zich verheffen boven; toppen; *~ and tail* afhalen, schillen, schoonmaken [groente, fruit]; *~ the list* bovenaan staan; *~ the poll* de meeste stemmen hebben; *to ~ it all* om de kroon op het werk te zetten; *~ up* bijvullen; **IV** *onoverg* zich verheffen; *~ off (up)* er een eind aan maken, besluiten; *~ up with* eindigen met; *to ~ up with* om te eindigen; ook: tot overmaat van ramp

2 top [tɔp] *znw* tol; *sleep like a ~* slapen als een roos

topaz ['toupæz] *znw* topaas *o* [stofnaam], topaas *m* [voorwerpsnaam]

top-boots ['tɔp'bu:ts] *znw mv* kaplaarzen

top-coat *znw* overjas; deklaag [v. verf]

top dog *znw bn* nummer één, de baas

top-drawer *bn* gemeenz uit de beste kringen, van goede komaf

top-dressing *znw* bovenbemesting

tope [toup] *onoverg* vero of plechtig zuipen, pimpelen

topee ['toupi] *znw* helmhoed

toper ['toupə] *znw* drinkebroer, zuiplap, zuipschuit

top-flight ['tɔpflait] *bn* gemeenz eersterangs, best, van de bovenste plank

topgallant mast [tɔp'gæləntma:st] *znw* bramsteng

topgallant sail *znw* bramzeil *o*

top-hat ['tɔp'hæt] *znw* hoge hoed

top-heavy ['tɔp'hevi] *bn* topzwaar[2]

top-hole ['tɔp'houl] *bn* gemeenz prima, uitstekend

topiary ['toupjəri] *znw* snoeien *o* van bomen, heggen & in decoratieve vormen

topic ['tɔpik] *znw* onderwerp *o* (van gesprek &)

topical *bn* actueel [wat betreft onderwerp]; plaatselijk [ook: med]; *a ~ song* een actueel lied *o*

topicality [tɔpi'kæliti] *znw* actualiteit

top-knot ['tɔpnɔt] *znw* kuif [v. vogel]; chignon; haarstrik

topless ['tɔpləs] *bn* topless, zonder bovenstukje

top-level ['tɔplevl] *bn* op het hoogste niveau

topmast *znw* scheepv (mars)steng

topmost ['tɔpmoust] *bn* bovenste, hoogste

topnotch *bn* gemeenz eersterangs, best, van de bovenste plank

topographer [tə'pɔgrəfə] *znw* topograaf

topographical [tɔpə'græfikl] *bn* topografisch, plaatsbeschrijvend

topography [tə'pɔgrəfi] *znw* topografie, plaatsbeschrijving; topografische situatie

topper ['tɔpə] *znw* hoge hoed

topping I *znw* bovenste laagje *o*, sierlaagje *o*, topping; **II** *bn* gemeenz prima, uitstekend, prachtig, heerlijk

topple ['tɔpl] *(overg &) onoverg* (doen) tuimelen (ook: *down, over*), (doen) omvallen[2]

top-ranking ['tɔpræŋkiŋ] *bn* (zeer) hooggeplaatst [persoon]

topsail ['tɔpseil, 'tɔpsl] *znw* marszeil *o*

top-secret ['tɔpsi:krit] *bn* hoogst geheim

topside ['tɔpsaid] **I** *bijw* bovenop; **II** *znw* bovenste *o*, bovenkant; (runder)schenkel; *~s* scheepv bovenschip *o*

top-soil ['tɔpsɔil] *znw* bovengrond

top speed ['tɔp'spi:d] *znw* topsnelheid; *at ~* in volle vaart, met volle kracht, zo hard mogelijk

topsy-turvy ['tɔpsi'tə:vi] **I** *bijw* ondersteboven, op zijn kop[2]; **II** *bn* op zijn kop staand; fig averechts

tor [tɔ:] *znw* rotspiek

torch [tɔ:tʃ] *znw* toorts[2], fakkel[2]; zaklantaarn; lamp [v. huisschilder, loodgieter]; *carry a ~ for* gemeenz verliefd zijn op; zie ook: *oxyacetylene*

torch-bearer *znw* fakkeldrager, toortsdrager

torch-light *znw* fakkellicht *o*, licht *o* van een zaklantaarn; *~ procession* fakkel(op)tocht

tore [tɔ:] V.T. van [2]*tear*

toreador ['tɔriədɔ:] *znw* toreador: stierenvechter te paard

torero [tɔ'rɛɔrou] *znw* torero, stierenvechter

torment I *znw* ['tɔ:ment] foltering, kwelling, marteling, plaag; **II** *overg* [tɔ:'ment] folteren, kwellen, martelen, plagen

tormentor *znw* kwelgeest, folteraar, pijniger, beul

torn [tɔ:n] V.D. van [2]*tear*

tornado [tɔ:'neidou] *znw* (*mv*: -does) tornado, wervelstorm

torpedo [tɔ:'pi:dou] **I** *znw* (*mv*: -does) sidderrog [vis]; mil torpedo; **II** *overg* torpederen[2]

torpedo-boat *znw* torpedoboot

torpedo-boat destroyer *znw* torpedo(boot)jager

torpedo-tube *znw* torpedolanceerbuis

torpid ['tɔ:pid] *bn* in een staat van verdoving; loom, traag

torpidity [tɔ:'piditi], **torpidness** ['tɔ:pidnis], **torpor** ['tɔ:pə] *znw* verdoving; loomheid, traagheid

torque [tɔ:k] *znw* techn koppel; hist halssnoer *o*

torrent ['tɔrənt] *znw* (berg)stroom, (stort)vloed[2]; *in ~s* in (bij) stromen

torrential [tɔ'renʃəl] *bn* in stromen neerkomend; *~ rains* stortregens

torrid ['tɔrid] *bn* brandend, verzengend, heet; hartstochtelijk, intens, gepassioneerd

torsion ['tɔ:ʃən] *znw* (ver)draaiing, wringing
torsion-balance *znw* torsiebalans
torso ['tɔ:sou] *znw* torso, romp [v. standbeeld]
tort [tɔ:t] *znw* recht onrecht *o*, benadeling
tortious ['tɔ:ʃəs] *bn* recht onrechtmatig
tortoise ['tɔ:təs] *znw* (*mv* idem *of* -s) (land-) schildpad
tortoise-shell I *znw* schildpad *o*; geel en bruin gestreepte kat; vos [vlinder]; **II** *bn* schildpadden
tortuosity [tɔ:tju'ɔsiti] *znw* bochtigheid, kronkeling, bocht, kromming; fig draaierij
tortuous ['tɔ:tjuəs] *bn* bochtig, gekronkeld, kronkelig, gedraaid; fig zich met draaierijen ophoudend, niet recht door zee (gaand)
torture ['tɔ:tʃə] **I** *znw* foltering, pijniging; kwelling; *put to (the)* ~ folteren, op de pijnbank leggen; **II** *overg* folteren, pijnigen, kwellen
torturer *znw* folteraar, pijniger; beul
Tory ['tɔ:ri] *znw* Tory, conservatief [in de politiek]
Toryism *znw* politiek conservatisme *o*
tosh [tɔʃ] *znw* slang klets, gezwam *o*, onzin
toss [tɔs] **I** *overg* omhoog-, opgooien; (toe)gooien, -werpen; heen en weer slingeren; hutselen, door elkaar mengen; keren [hooi]; ~ *one's head* het hoofd in de nek werpen; *I'll ~ you for it (who has it)* we zullen er om tossen; ~ *about* heen en weer slingeren; lichtvaardig ter sprake brengen; ~ *aside* opzij gooien; ~ *away* weggooien; ~ *in a blanket* jonassen, sollen; ~ *off* ook: naar binnen slaan [borrel]; in het voorbijgaan doen, laten vallen [opmerking]; slang afrukken, aftrekken, masturberen; ~ *up* opgooien [geldstuk]; de lucht in gooien; **II** *onoverg* heen en weer rollen, woelen [in bed]; slingeren, heen en weer schudden, zwaaien of waaien; opgooien (om iets); ~ *about* woelen; **III** *znw* opgooien *o*; sp toss, opgooi; worp [met dobbelstenen]; slinger(ing); = *toss-up*; *with a ~ of the head* het hoofd in de nek werpend; *argue the* ~ een onherroepelijk besluit aanvechten; *I don't give a ~ about it* slang het kan me geen ene moer schelen
tosser *znw* opgooier, werper; slang etterbak, klootzak
toss-pot *znw* vero dronkelap
toss-up *znw* toss, opgooi; gok
1 tot [tɔt] *znw* peuter; borreltje *o*
2 tot [tɔt] **I** *znw* optelling, (optel)som; **II** *overg* optellen (ook: ~ *up*)
total ['toutl] **I** *bn* (ge)heel, volslagen, totaal, gezamenlijk; **II** *znw* totaal *o*; gezamenlijk bedrag *o*; **III** *overg & onoverg* optellen; een totaal vormen van...; *the visitors ~led 1200* het aantal bezoekers bedroeg 1200 (ook: ~ *up to*)
totalitarian [toutæli'tɛəriən] *bn* totalitair
totalitarianism *znw* totalitarisme *o*
totality [tou'tæliti] *znw* totaal *o*, geheel *o*
totalizator ['toutəlai'zeitə] *znw* totalisator
totalize *overg* op-, samentellen; een totalisator gebruiken
totalizer *znw* totalisator
totally ['toutəli] *bijw* totaal, helemaal; versterkend zeer
1 tote [tout] *znw* gemeenz totalisator
2 tote [tout] *overg* Am gemeenz dragen; vervoeren
totem ['toutəm] *znw* totem, indiaans stamteken *o*
totem pole ['toutəmpoul] *znw* totempaal
tother ['tʌðə] verk. van *the other*
totter ['tɔtə] *onoverg* waggelen, wankelen
tottery *bn* waggelend, wankel
toucan ['tu:kæn] *znw* toekan, pepervreter
touch [tʌtʃ] **I** *overg* aanraken°, aanroeren[2]; raken; aankomen, komen aan; muz aanslaan, spelen (op); raken [ook v. lijnen], aangaan, betreffen; deren, aantasten, uitwerking hebben op; aandoen [ook v. schepen], roeren, treffen; toucheren° [geld &]; in de wacht slepen; *there you ~ed him* daar hebt u een gevoelige snaar bij hem aangeraakt; *you can't ~ him* je haalt niet bij hem; *you can't ~ it* je kunt er niet aan tippen; ~ *base* zich op de hoogte stellen; ~ *bottom* grond voelen; het laagste punt bereiken; ~ *one's cap (hat)* tikken aan, aanslaan (voor *to*); salueren, groeten; ~ *wood* eventjes afkloppen; ~ *sbd. for...* gemeenz van iem. (trachten te) krijgen; ~ *in* aanbrengen [enkele trekjes]; ~ *off* doen afgaan [explosieven], doen losbarsten, ontketenen; ~ *up* opknappen, bijwerken; retoucheren; handtastelijk zijn; **II** *onoverg & abs ww* elkaar aanraken of raken; ~ *at* scheepv aandoen [haven]; ~ *down* de bal tegen de grond drukken [rugby, Amerikaans football]; luchtv landen; ~ *on a rock* op een rots stoten; ~ *(up)on a painful subject* een pijnlijk onderwerp aanroeren; **III** *znw* aanraking; tikje[2] *o*, zweempje *o*, tikkeltje *o*, pietsje *o*; lichte aanval [v. ziekte]; muz aanslag; tastzin, gevoel *o*; voeling, contact *o*; streek [met penseel]; (karakter)trek, trekje *o*, cachet *o*; *te finishing* ~ de laatste hand [aan een karwei &]; *a ~ of romance* iets romantisch; *a ~ of the sun* een zonnesteek; *those books are a ~ expensive* die boeken zijn behoorlijk duur; *at a* ~ bij de minste aanraking; *play at* ~ tikkertje spelen; *be in ~ with* voeling hebben met; *be out of ~ with* geen voeling hebben met; *keep in ~ with* contact hebben/onderhouden met; *lose ~ with* uit het oog verliezen; *I'll be in* ~ ik zal me (met jou) in verbinding stellen; *it is soft to the* ~ het voelt zacht aan
touchable *bn* aan te raken &; voelbaar, tastbaar, voor aandoening vatbaar
touch-and-go: *it was* ~ het was op het nippertje; het scheelde maar een haartje
touch-down ['tʌtʃdaun] *znw* tegen de grond drukken *o* v.d. bal [rugby, Amerikaans football]; luchtv landing
touché ['tu:ʃei, tu:'ʃei] *tsw* die zit!, raak!, juist!
touched *bn* aangedaan, ontroerd; gemeenz (van lotje) getikt
touch-hole *znw* hist zundgat *o*
touching *bn* roerend, aandoenlijk

touch-line *znw* sp zijlijn
touch-me-not *znw* plantk springzaad *o*; fig kruidje-roer-mij-niet *o*
touch-paper *znw* salpeterpapier *o*
touch screen *znw* comput touch screen *o* [scherm waarbij men door aanraking met de vinger opdrachten aan de computer kan geven]
touchstone *znw* toetssteen
touch-type *onoverg* blind typen
touch-up *znw*: *give it a* ~ het wat bijschaven, retoucheren, opknappen
touchy *bn* lichtgeraakt, kittelorig, gauw op zijn teentjes getrapt, teergevoelig
tough [tʌf] *bn* taai; stevig; moeilijk (te geloven); hard, ongevoelig, ruw; misdadig, onguur, schurkachtig; ~ *luck* gemeenz reuze pech; ~ *guy* gemeenz zware jongen, boef
toughen *overg (& onoverg)* taai(er) & maken (worden); zie *tough I*
toughish *bn* een beetje taai
toupee ['tu:pei] *znw* haarstukje *o*, toupet
tour [tuə] **I** *znw* (rond)reis, toer, tochtje *o*; tournee; rondgang; *the grand* ~ hist de grote reis [door Frankrijk, Italië & ter voltooiing van de opvoeding]; **II** *onoverg (& overg)* een (rond)reis maken (door); afreizen; op tournee gaan of zijn (met)
tour-de-force [tuədə'fɔ:s] [Fr] *znw* krachttoer, schitterende prestatie
tourer ['tuərə], **touring-car** ['tuəriŋka:] *znw* toerauto, reisauto
tourism ['tuərizm] *znw* toerisme *o*
tourist I *znw* toerist; **II** *bn* toeristisch; ~ *agency* reisbureau *o*; ~ *class* toeristenklasse; ~ *industry* toerisme *o*; ~ *traffic* vreemdelingenverkeer *o*
touristy ['tuəristi] *bn* (te) toeristisch; door toerisme bedorven
tournament ['tuənəmənt], **tourney** ['tuəni] *znw* toernooi *o*
tourniquet ['tuənikei] *znw* med tourniquet: knevelverband *o*
tousle ['tauzl] *overg* in wanorde brengen, verfomfaaien; verfrommelen; stoeien met
tout [taut] **I** *onoverg* klanten lokken [voornamelijk voor hotels]; ~ *for custom(ers)* klanten werven of zien te krijgen; **II** *znw* handelaar in zwarte kaartjes; klantenlokker, runner [v. hotel &]; spion van de renpaarden
1 tow [tou] *znw* werk *o* [van touw]
2 tow [tou] **I** *overg* slepen°, boegseren; **II** *znw* slepen *o* of boegseren *o*; *take in* ~ op sleeptouw nemen[2]
towage *znw* slepen *o*
toward ['touəd] **I** *bn* vero leerzaam, gewillig; gunstig; veelbelovend; op handen; aan de gang; **II** [tə'wɔ:d] *voorz = toward(s)*
toward(s) [tə'wɔ:d(z)] *voorz* naar... toe; tegen; tegenover, jegens; omtrent; voor, met het oog op; *he has done much* ~ *it* hij heeft er veel toe bijgedragen
towel ['tauəl] **I** *znw* handdoek; *throw in the* ~ zich gewonnen geven; **II** *overg* afdrogen [met handdoek] (ook: ~ *down*)
towelling *znw* badstof, handdoekenstof
towel-rail ['tauəlreil] *znw* handdoek(en)rekje *o*
tower ['tauə] **I** *znw* toren; burcht, kasteel *o*; *a* ~ *of strength* een 'vaste burcht'; **II** *onoverg* zich verheffen, torenen, (hoog) uitsteken[2] (boven *above, over*); hoog opvliegen
tower block *znw* torenflat, hoog flatgebouw *o*
towered *bn* van torens voorzien
towering *bn* torenhoog, torenend; geweldig; *he was in a* ~ *rage* hij was geweldig boos
towering wag(g)on *znw* elektr montagewagen, plateauwagen; hoogwerker
towheaded ['tou'hedid] *bn* met strokleurig haar
town [taun] *znw* stad; gemeente; ~ *and gown* onderw de burgerij en de academici; *go to* ~ naar de stad gaan; gemeenz de bloemetjes buiten zetten; het geld laten rollen; fig flink aanpakken; *go to* ~ *on sth.* iets grondig aanpakken
town clerk *znw* gemeentesecretaris
town-council *znw* gemeenteraad
town councillor *znw* gemeenteraadslid *o*
town crier *znw* stadsomroeper
townee [tau'ni:] *znw* geringsch stadsmens; niet-student [in een universteitsstad]
town hall ['taun'hɔ:l] *znw* stad-, raadhuis *o*
town house *znw* huis *o* in de stad [tegenover het buiten], ± herenhuis *o*
townie *znw = townee*
townish *bn* stads, steeds
town-planner *znw* stedenbouwkundige
town-planning I *znw* stedenbouw; **II** *bn* stedenbouwkundig
townscape *znw* stadsgezicht *o*
townsfolk *znw* stedelingen
township *znw* stadsgebied *o*; gemeente; zwart woonoord *o*, township [in Zuid-Afrika]
townsman *znw* stedeling; stadgenoot
townspeople *znw mv* mensen van de (= onze) stad; stedelingen
tow-path ['toupa:θ] *znw* jaagpad *o*
tow-rope *znw* sleeptouw *o*, -tros
tow-truck *znw* kraanwagen, takelwagen
toxic ['tɔksik] *bn* toxisch: vergiftig; vergiftigings-; vergift-
toxicologist [tɔksi'kɔlədʒist] *znw* toxicoloog: vergiftenkenner
toxicology *znw* toxicologie: vergiftenleer
toxin ['tɔksin] *znw* toxine, gifstof
toxophilite [tɔk'sɔfilait] *znw* boogschutter
toy [tɔi] **I** *znw* (stuk) speelgoed *o*; fig speelbal; **II** *onoverg* spelen, beuzelen, mallen; ~ *with one's food* kieskauwen
toy dog *znw* schoothondje *o*; hondje *o* [speelgoed]
toy poodle *znw* dwergpoedel
toyshop *znw* speelgoedwinkel

1 trace [treis] *znw* streng [v. paard]; *kick over the ~s* uit de band springen

2 trace [treis] **I** *znw* spoor° *o*, voetspoor *o*; tracé *o* [v. fort]; fig overblijfsel *o*; **II** *overg* nasporen, opsporen, volgen, nagaan; overtrekken; traceren, schetsen, (af)tekenen; afbakenen [weg], aangeven [gedragslijn]; neerschrijven [woorden]; *~ his genealogy back to...* zijn geslacht (kunnen) nagaan tot; *~ out* opsporen, natrekken; uitstippelen, afbakenen; *~ over* natrekken; *~ a crime to...* een misdaad afleiden uit (van)...; een misdaad wijten aan...; ...de schuld geven van een misdaad

traceable ['treisəbl] *bn* na te gaan, naspeurbaar

trace element ['treiselimənt] *znw* spoorelement *o*

tracer ['treisə] *znw* naspeurder; mil spoorkogel, -granaat (ook: *~ bullet, ~ shell*); tracer [radioactieve isotoop]

tracery ['treisəri] *znw* bouwk tracering, maaswerk *o*; netwerk *o* [op vleugel van insect &]

trachea [trə'ki:ə] *znw* (*mv*: tracheae [trə'ki:i:]) luchtbuis [v. insect]; luchtpijp [v. mens]

tracheal *bn* van de luchtpijp

tracing ['treisiŋ] *znw* nasporen *o* &; overgetrokken tekening; doordruk; tracé *o*; tracering [als bouwk. versiering]

tracing-paper *znw* calqueerpapier *o*

track [træk] **I** *znw* voetspoor *o*, wagenspoor *o*, spoor° *o*; baan°, pad *o*, weg; spoorlijn; rupsband [v. tractor]; nummer *o* [op cd]; *the beaten ~* de platgetreden weg, gebaande wegen [bewandelen &]; *go off the beaten ~*; ongebaande wegen bewandelen (ook: fig); *cover (up) one's ~s* zijn spoor uitwissen; *keep ~ of* volgen, nagaan, in het oog houden; *lose ~ of* uit het oog verliezen; *make ~s* gemeenz 'm smeren, maken dat je weg komt; *make ~s for* gemeenz afstevenen op; nazetten; *follow in sbd.'s ~* iems. spoor volgen; *in one's ~s* gemeenz op de plaats [doodblijven]; onmiddellijk; *off the ~* het spoor bijster; *on the right (wrong) ~* op het goede (verkeerde) spoor; *run off the ~* derailleren; *be on sbd.'s ~* iem. op het spoor zijn; **II** *overg* nasporen, opsporen; (het spoor) volgen; scheepv slepen; *~ down* opsporen

tracked *bn* met rupsbanden [voertuig]

tracker *znw* naspeurder, spoorzoeker, vervolger; speurhond (*~ dog*)

track events *znw mv* sp loopnummers

tracking station *znw* volgstation *o* [bij ruimtevaart]

trackless *bn* spoorloos; ongebaand, onbetreden

track record *znw* conduitestaat

tracksuit *znw* trainingspak *o*

1 tract [trækt] *znw* uitgestrektheid, streek; [spijsverterings- &] kanaal *o*, [urine- &] wegen

2 tract [trækt] *znw* traktaatje *o*, verhandeling

tractable ['træktəbl] *bn* handelbaar, volgzaam, meegaand, gezeglijk

traction ['trækʃən] *znw* tractie, (voort)trekken *o*, trekkracht

traction-engine *znw* tractor

tractive *bn* trekkend; trek-

tractor *znw* tractor

trad [træd] **I** *bn* verk. van *traditional*; **II** *znw* traditionele jazz

trade [treid] **I** *znw* (koop)handel; ambacht *o*, beroep *o*, vak *o*, bedrijf *o*; zaken; *the ~s* de passaatwinden; *by ~* van beroep; *the Board of T~* ± het ministerie van handel (v. Economische Zaken); Am de Kamer van Koophandel; **II** *onoverg* handel drijven (in *in*); *~ down (up)* goedkoper (duurder) gaan inkopen; *~ on* uitbuiten, speculeren op; **III** *overg* verhandelen, (ver)ruilen (ook: *~ away, ~ off*); *~ in* inruilen voor nieuw

trade cycle *znw* conjunctuur

trade discount *znw* handel rabat *o* (korting) aan wederverkopers

trade dispute *znw* arbeidsgeschil *o*

trade fair *znw* jaarbeurs

trade gap *znw* tekort *o* op de handelsbalans

trade-in *znw* inruil; voorwerp *o* [auto &] dat is ingeruild

trade journal *znw* vakblad *o*

trade list *znw* prijscourant

trade mark *znw* handelsmerk *o*

trade name *znw* handelsnaam; handelsmerknaam; naam van de firma

trade-off *znw* ruil

trade price *znw* grossiersprijs

trader *znw* handel koopman, handelaar; scheepv koopvaardijschip *o*

trade route *znw* handelsroute

trade-secret *znw* fabrieksgeheim *o*

tradesman *znw* (*mv*: -men *of* -people) neringdoende, winkelier; leverancier

Trades Union Congress *znw* Br Verbond *o* van Vakverenigingen

trade-union *znw* vakbond, vakvereniging

trade-unionism *znw* vakverenigingswezen *o*, vakbeweging

trade-unionist *znw* vakbondslid *o*, georganiseerde

trade wind *znw* passaat(wind)

trading I *bn* handeldrijvend, handels-; *~ company* handelsmaatschappij; *~ estate* Br ± industrieterrein *o*; *~ post* handelsnederzetting, hist factorij; *~ profit* bedrijfswinst; *~ stamp* spaarzegel, waardezegel [v. winkel]; **II** *znw* nering, handel, omzet

tradition [trə'diʃən] *znw* overlevering, traditie

traditional *bn* traditioneel, overgeleverd; de traditie volgend, traditiegetrouw

traditionalism [trə'diʃənəlizm] *znw* traditionalisme *o*

traditionalist I *znw* traditionalist; **II** *bn* traditionalistisch

traditionally *bijw* traditioneel, volgens de overlevering, traditiegetrouw; vanouds

traduce [trə'dju:s] *overg* (be)lasteren

traffic ['træfik] **I** *onoverg* handel drijven (in *in*); (*vooral* fig) sjacheren (in *in*); **II** *overg* verhandelen; versjacheren; **III** *znw* verkeer *o*; (koop)handel
trafficator *znw* richtingaanwijzer
traffic circle *znw* Am rotonde, circuit *o*
traffic-cop *znw* Am slang verkeersagent
traffic jam *znw* verkeersopstopping
trafficker *znw* handelaar [in verdovende middelen e.d.]
traffic-lights *znw mv* verkeerslichten
traffic warden *znw* parkeerwacht
tragedian [trə'dʒi:djən] *znw* treurspeldichter; treurspelspeler
tragedy ['trædʒidi] *znw* tragedie[2], treurspel *o*; tragiek
tragic ['trædʒik] *bn* tragisch; treurspel-
tragical *bn* tragisch
tragi-comedy *znw* tragikomedie
tragi-comic *bn* tragikomisch
trail [treil] **I** *znw* spoor *o*; sleep, sliert; staart [v. komeet &]; pad *o*; *off the ~* het spoor bijster; *on the ~* op het spoor; **II** *overg* (achter zich aan) slepen; (het spoor) volgen; **III** *onoverg* slepen; plantk kruipen; *~ away, ~ off* vervagen; *~ along* zich voortslepen; *~ (behind)* achterliggen, achterstaan [wedstrijd, verkiezing &]
trailer *znw* aanhangwagen, oplegger; caravan; trailer, voorfilm; [in tuin] bodembedekkende plant
trailing *bn* slepend, sleep-; kruipend, kruip- [v. plant]
trailing edge *znw* luchtv achterrand [v. vleugel]
trailing-wheel *znw* luchtv achterwiel *o*
train [trein] **I** *overg* opleiden, scholen; oefenen, drillen, africhten, dresseren; sp trainen; leiden [bomen]; mil richten [geschut]; **II** *onoverg* (zich) oefenen, (zich) trainen; een opleiding volgen, studeren; **III** *znw* sleep; nasleep; gevolg *o*; stoet; aaneenschakeling, reeks; (spoor)trein; *~ of thought* gedachtegang; *by ~* per spoor; *in ~* aan de gang; *with... in its ~* met als gevolg...; *bring in its ~* met zich meebrengen, als nasleep hebben
train-bearer *znw* sleepdrager
trained *bn* getraind, gedresseerd, geoefend, geschoold; *~ nurse* (gediplomeerd) verpleegster
trainee [trei'ni:] *znw* iem. die in opleiding is, leerling, stagiair(e)
traineeship *znw* stage
trainer ['treinə] *znw* trainer, oefenmeester, dresseur, africhter, drilmeester; luchtv lestoestel *o*; *~s* Br sportschoenen
training *znw* trainen *o* &, opleiding, scholing, dressuur, oefening, africhting; leiding [v. ooftbomen &]; *be in ~* zich trainen, opgeleid worden
training-camp *znw* oefenkamp *o*
training-college *znw* kweekschool, pedagogische academie
training-ship *znw* opleidingsschip *o*
train-load ['treinloud] *znw* treinlading
traipse [treips] *onoverg* rondsjouwen, -slenteren
trait [trei] *znw* (karakter)trek, kenmerk *o*, eigenschap
traitor ['treitə] *znw* verrader (van *to*)
traitorous *bn* verraderlijk; trouweloos
traitress *znw* verraadster
trajectory ['trædʒikt(ə)ri, trə'dʒektəri] *znw* baan [van projectiel], kogelbaan
tram [træm] *znw* tram; kolenwagen [in mijn]
tram-car *znw* tramwagen
tramline *znw* tramrail(s); tramlijn
trammel ['træməl] **I** *znw* kluister, keten, boei, belemmering; **II** *overg* kluisteren, (in zijn bewegingen) hinderen, belemmeren
tramp [træmp] **I** *onoverg* trappen; stampen; sjouwen; rondtrekken, rondzwerven; **II** *overg* trappen op; aflopen, afzwerven, aftippelen; **III** *znw* zware tred, gestamp *o*; voetreis, zwerftocht; vagebond, zwerver, landloper; slang scharrel, lichtekooi; scheepv wilde boot, vrachtzoeker (*~ steamer*)
trample ['træmpl] **I** *onoverg* trappelen; *~ on* met voeten treden; **II** *overg* met voeten treden[2] (ook: *~ under foot, ~ down*), trappen op, vertreden, vertrappen; **III** *znw* gestap *o*, getrappel *o*
trampoline ['træmpəlin] *znw* trampoline
tramway ['træmwei] *znw* tram(weg)
trance [tra:ns] *znw* verrukking, geestvervoering, trance; schijndood
tranquil ['træŋkwil] *bn* rustig, kalm
tranquillity, Am **tranquility** [træŋ'kwiliti] *znw* rust, kalmte
tranquillize, Am **tranquilize** ['træŋkwilaiz] *overg* tot bedaren brengen, kalmeren
tranquillizer, Am **tranquilizer** *znw* rustgevend middel *o*, kalmerend middel *o*
transact [træn-, tra:n'zækt, trən'sækt] **I** *overg* verrichten, (af)doen; *be ~ed* ook: plaatshebben; **II** *onoverg* zaken doen
transaction *znw* verrichting, afdoening, (handels-) zaak; transactie; *~s* ook: handelingen; *during these ~s* terwijl dit (alles) gebeurde
transalpine ['træn-, 'tra:n'zælpain] *bn* aan gene zijde van de Alpen [meestal aan de noordzijde]
transatlantic ['træn-, 'tra:nzət'læntik] *bn* transatlantisch
transcend [træn-, tra:n'send] *overg* te boven gaan, overtreffen
transcendence *znw* transcendentie; voortreffelijkheid
transcendent *bn* transcendentaal; alles overtreffend, voortreffelijk
transcendental [træn-, tra:nsen'dentəl] *bn* transcendentaal, bovenzinnelijk; *~ meditation* transcendente meditatie
transcribe [træns-, tra:ns'kraib] *overg* overschrijven, afschrijven; transcriberen [ook muz]; uitwerken, overbrengen [steno]
transcript ['træn-, 'tra:nskript] *znw* afschrift *o*,

kopie[2]
transcription [træns-, tra:ns'kripʃən] *znw* transcriptie [ook muz]; overschrijving; afschrift *o*
transect [træn-, tra:n'sekt] *overg* dwars doorsnijden
transept ['træn-, 'tra:nsept] *znw* dwarsschip *o*, dwarsbeuk [v. kerk]
transfer [træns-, tra:n'fə:] **I** *overg* overdragen, overbrengen, overhevelen; handel overmaken, overschrijven, overboeken, gireren; ver-, overplaatsen, overdrukken, calqueren; ~ *to* ook: overdragen aan, overschrijven op; **II** *onoverg* overgaan; overstappen (in *to*); **III** *znw* ['træns-, 'tra:nsfə:] overdracht, overbrenging, overheveling; slang overschrijving [v. eigendom], overboeking, overmaking, remise; overplaatsing; ook: overgeplaatst militair &; overstapkaartje *o*; overdruk; ± sticker
transferable [træns-, tra:ns'fə:rəbl] *bn* overgedragen & kunnende worden; *not* ~ ook: strikt persoonlijk [op kaart]
transferee [træns-, tra:nsfə'ri:] *znw* persoon aan wie iets overgedragen wordt; concessionaris
transference *znw* overdracht[2], overbrenging
transferor *znw* overdrager
transfer-picture *znw* calqueerplaatje *o*
transfiguration [træns-, tra:nsfigju'reiʃən] *znw* herschepping, gedaanteverandering; transfiguratie, verheerlijking
transfigure ['træns-, 'tra:n'figə] *overg* van gedaante doen veranderen, herscheppen; verheerlijken
transfix [træns-, tra:ns'fiks] *overg* doorboren, doorsteken; *stand ~ed* als aan de grond genageld staan
transform [træns-, tra:ns'fɔ:m] *overg* om-, vervormen; van gedaante of vorm veranderen, (doen) veranderen; transformeren
transformable *bn* te veranderen (in *into*), vervormbaar
transformation [træns-, tra:nsfɔ:'meiʃən] *znw* om-, vervorming, (vorm)verandering, gedaanteverwisseling; transformatie
transformer [træns-, tra:ns'fɔ:mə] *znw* vervormer; elektr transformator
transfuse [træns-, tra:ns'fju:z] *overg* over-, ingieten, overbrengen [bloed door transfusie]
transfusion [træns'fju:ʒən] *znw* overgieting; (bloed)transfusie
transgress [træns-, tra:ns'gres] **I** *overg* overtreden, zondigen tegen, schenden, te buiten gaan, overschrijden; **II** *abs ww* zondigen
transgression *znw* overtreding; zondigen *o*; misdaad
transgressor *znw* overtreder; zondaar
tranship [træn-, tra:n'ʃip] *overg* overschepen, overladen, overslaan
transhipment *znw* overscheping, overlading, overslag
transience ['træn-, 'tra:nziəns] *znw* korte duur, vergankelijkheid
transient *bn* voorbijgaand, van korte duur, kortstondig, vergankelijk
transistor [træn'-, tra:nzistə] *znw* transistor(radio)
transit ['træn-, 'tra:nsit] *znw* doorgang, doortocht, doorreis; doorvoer, transito *o*; vervoer *o*; astron overgang; *in* ~ gedurende het vervoer, onderweg [van goederen]; *pass in* ~ handel in doorvoer passeren; transiteren; ~ *camp* doorgangskamp *o*; *~-duty* doorvoerrecht *o*; ~ *lounge* luchtv hal (lounge) voor doorgaande reizigers; *~-trade* doorvoerhandel
transition [træn-, tra:n'siʒən] **I** *znw* overgang(speriode); **II** *bn* overgangs-
transitional *bn* overgangs-
transitive ['træn-, 'tra:nsitiv] *bn* transitief, overgankelijk
transitory *bn* van voorbijgaande aard, kortstondig, vergankelijk, vluchtig
translate [træns-, tra:n'leit] **I** *overg* vertalen; overzetten; omzetten [in de daad]; overplaatsen [bisschop]; overbrengen; bijbel ten hemel voeren (zonder dood); ~ *as* ook: uitleggen of opvatten als; **II** *onoverg* vertalen; zich laten vertalen
translation *znw* vertaling, overzetting; omzetting [in de daad]; overplaatsing [v. bisschop &]; overbrenging
translator *znw* vertaler
transliterate [trænz-, tra:nz'litəreit] *overg* transcriberen: overbrengen in andere schrifttekens
transliteration [trænz-, tra:nzlitə'reiʃən] *znw* transcriptie
translucence, **translucency** [trænz-, tra:nz-'lu:sns(i)] *znw* doorschijnendheid, helderheid
translucent *bn* doorschijnend, helder
transmigrate ['trænz-, 'tra:nz'maigreit] *onoverg* verhuizen, overgaan in een ander lichaam
transmigration [trænz-, tra:nzmai'greiʃən-] *znw* (land-, volks)verhuizing; zielsverhuizing, overgang
transmissible [trænz-, tra:nz'misəbl] *bn* over te brengen &, overdraagbaar; overerfelijk
transmission *znw* transmissie, overbrenging [v. kracht], overbrenging, besmetting [ziekte]; RTV uitzending; overdracht [v. bezit]; overlevering; doorlating [v. licht]; voortplanting [v. geluid]; doorgeven *o*; auto versnellingsbak
transmit *overg* overbrengen, door-, overzenden, RTV uitzenden; overdragen (op *to*); overleveren (aan *to*); doorlaten [v. licht &]; voortplanten [v. geluid &]; doorgeven
transmittal *znw* = *transmission*
transmitter *znw* overbrenger; overleveraar; microfoon [v. telefoon]; RTV zender
transmitting-station *znw* RTV zendstation *o*
transmogrification [trænz-, tra:nzmɔgrifi'keiʃən] *znw* gemeenz metamorfose
transmogrify [trænz-, tra:nz'mɔgrifai] *overg* gemeenz metamorfoseren
transmutation [trænz-, tra:nzmju:'teiʃən] *znw* transmutatie, (vorm)verandering

transmute [trænz-, tra:nz'mju:t] *overg* transmuteren, veranderen (in *into*)
transom ['trænsəm] *znw* dwarsbalk; kalf *o*; ~ *window* ventilatievenster *o* boven een deur, bovenlicht *o*
transonic [træn-, tra:n'sɔnik] *bn = transsonic*
transparency [træns-, tra:ns'pærənsi, -'pɛərənsi] *znw* doorzichtigheid[2]; transparant *o*; dia, diapositief *o*
transparent *bn* doorzichtig[2], transparant; fig helder, duidelijk
transpiration [træn-, tra:nspi'reiʃən] *znw* uitwaseming; transpiratie
transpire [træns-, tra:ns'paiə] **I** *overg* uitwasemen, transpireren, uitzweten; **II** *onoverg* doorzweten, uitwasemen; uitlekken, ruchtbaar worden; gemeenz gebeuren
transplant [træns'pla:nt] **I** *overg* overplanten, verplanten, overbrengen, med transplanteren; **II** *znw* ['trænspla:nt] med transplantatie; transplantaat *o*
transplantation [træns-, tra:nspla:n'teiʃən] *znw* over-, verplanting, overbrenging, med transplantatie
transport **I** *overg* [træns-, tra:ns'pɔ:t] transporteren, overbrengen, verplaatsen; vervoeren; deporteren; fig in vervoering brengen; ~*ed with joy* verrukt van vreugde; ~*ed with passion* ook: meegesleept door zijn hartstocht; **II** *znw* ['træns-, 'tra:nspɔ:t] transport *o*, overbrenging, vervoer *o*; transportschip *o*, transportvliegtuig *o*; fig vervoering, verrukking; vlaag [v. woede &]; ~ *café* chauffeurscafé *o*
transportation [træns-, tra:nspɔ:'teiʃən-] *znw* transport *o*, vervoer *o*, overbrenging; transportwezen *o*; deportatie
transporter [træns-, tra:ns'pɔ:tə] *znw* vervoerder; transporteur; techn loopkraan; transportband
transpose [træns-, tra:ns'pouz] *overg* verplaatsen, verschikken, omzetten, verwisselen; transponeren [*vooral* muz], overbrengen
transposition [træns-, tra:nspə'ziʃən] *znw* verplaatsing, verschikking, omzetting, verwisseling; transpositie [*vooral* muz] overbrenging
trans-ship *overg = tranship*
transsonic [træns-, tra:ns'sɔnik] *bn* voorbij de geluidsbarrière [v. vliegsnelheid]
transubstantiation ['træn-, 'tra:nsəbstænʃi'eiʃən] *znw* wezensverandering; transsubstantiatie
transude [træn-, tra:n'sju:d] *onoverg* doorzweten; doorsijpelen; zweten (sijpelen) door... heen
transverse ['trænz-, 'tra:nzvə:s] *bn* (over)dwars
transvestism [trænz-, tra:nz'vestizm] *znw* travestie
transvestite *znw* travestiet
transvestitism *znw = transvestism*
trap [træp] **I** *znw* val, (val)strik, voetangel, klem; strikvraag; knip; klep [v. duivenslag]; fuik; valdeur, luik *o*; techn stankafsluiter, sifon; tweewielig rijtuigje *o*; slang mond; *fall (walk) into the* ~ in de val lopen; *lay (set)* ~*s for sbd.* voor iem. strikken spannen; **II** *overg* in de val laten lopen, vangen, (ver-) strikken; opvangen [v. water &]; ~*ped* ook: aan alle kanten ingesloten [door sneeuw, vuur]
trapdoor ['træpdɔ:] *znw* luik *o*, valdeur
trapes [treips] *onoverg = traipse*
trapeze [trə'pi:z] *znw* trapeze, zweefrek *o*
trapezium [trə'pi:ziəm] *znw* (*mv*: -s *of* trapezia [-ziə]) trapezium *o*
trapper ['træpə] *znw* strikkenspanner; beverjager, pelsjager, trapper
trappings ['træpiŋz] *znw mv* opschik, tooi, versierselen; sjabrak
trappy ['træpi] *bn* verraderlijk
traps [træps]: *znw mv* gemeenz spullen, boeltje *o*
trapse [treips] *onoverg = traipse*
trap-valve ['træpvælv] *znw* valklep
trash [træʃ] *znw* uitschot *o*, afval *o & m*; fig prul *o*, prullen, troep, rotzooi, voddengoed *o*, bocht *o & m*; onzin, klets; tuig *o*, schorem *o*
trashcan ['træʃkæn] *znw* Am vuilnisbak
trashy ['træʃi] *bn* prullig, lorrig, voddig
trauma ['trɔ:mə] *znw* (*mv*: -s *of* traumata [-mətə]) psych trauma; med wond, verwonding
traumatic [trɔ:'mætik] *bn* traumatisch, wond-
traumatism ['trɔ:mətizm] *znw* traumatische (door zware verwonding ontstane) toestand
traumatize *overg* traumatiseren
travail ['træveil] *znw* barensweeën
travel ['trævl] **I** *onoverg* reizen; op en neer, heen en weer gaan; zich verplaatsen, zich bewegen, gaan, lopen, rijden; zich voortplanten [licht, geluid &]; **II** *overg* afreizen, doortrekken, bereizen; afleggen [afstand]; **III** *znw* reizen *o*; reis [vooral naar 't buitenland]; reisbeschrijving; techn slag [v. zuiger &]; *on his* ~*s* ook: op reis
travel agency *znw* reisbureau *o*
travel agent *znw* reisagent
travel association *znw* reisvereniging; vereniging voor vreemdelingenverkeer
travelator *znw* rollend trottoir *o*
travelled, Am **traveled** *bn* bereisd
traveller, Am **traveler** *znw* reiziger; ~*'s cheque* reischeque, traveller's cheque
travelling, Am **traveling** **I** *bn* reizend, reis-; ~ *allowance* reistoelage; ~ *bag* reistas; ~ *companion* reisgenoot; ~ *salesman* handelsreiziger; **II** *znw* reizen *o*, reis
travelogue, Am **travelog** ['trævəlɔg] *znw* reisverslag *o* met illustraties, dia's &; reisfilm
travel-sick *bn* reisziek: wagenziek, zeeziek
travelstained *bn* vuil van de reis, verreisd
traverse ['trævə(:)s] **I** *bn* dwars-; **II** *znw* dwarsbalk; dwarslat, -stuk; dwarsgang; transversaal; scheepv koppelkoers; ~ *table* scheepv bestekbrief; **III** *overg* dwars overgaan; oversteken; doortrekken, (door-) kruisen, doorsnijden, doorgaan, fig [iets zorgvuldig] doornemen; dwarsbomen

travesty ['trævisti] **I** *overg* travesteren, parodiëren; **II** *znw* travestie, parodie, bespotting
trawl [trɔ:l] **I** *znw* treil, sleepnet *o*; **II** *onoverg & overg* treilen, met het sleepnet vissen; fig afstropen, doorzoeken
trawler *znw* treiler; schrobnetvisser
tray [trei] *znw* (schenk-, presenteer)blaadje *o*, -blad *o*; bak [in koffer &]; bakje *o* [v. penhouders &]
treacherous ['tretʃərəs] *bn* verraderlijk
treachery *znw* verraad *o*; ontrouw
treacle ['tri:kl] *znw* stroop
treacly *bn* stroopachtig; fig stroperig
1 tread [tred] (trod; trodden) **I** *onoverg* treden, trappen, lopen; ~ *carefully* omzichtig (voorzichtig) te werk gaan; ~ *on sbd.'s toes* iem. op zijn tenen trappen; ~ *on the heels of...* iem. op de hielen volgen; **II** *overg* betreden, bewandelen; lopen over; (uit-) treden [druiven]; ~ *the boards (the stage)* op de planken staan; bij het toneel zijn; ~ *a dangerous path* een gevaarlijk pad bewandelen; ~ *water* watertrappen; ~ *down* vasttrappen [v. aarde]; vertrappen; ~ *in* in de grond stampen; ~ *out* uittrappen [vuur &]; ~ *under foot* met voeten treden
2 tread [tred] *znw* tred, schrede, stap; trede; zool, loopvlak *o* [v. band]
treadle *znw* trapper [van fiets of naaimachine]; muz voetklavier *o* van het orgel, pedaal *o & m*
treadmill *znw* tredmolen
treason ['tri:zn] *znw* verraad *o*, hoogverraad *o*, landverraad *o*
treasonable *bn* (hoog-, land)verraderlijk
treasure ['treʒə] **I** *znw* schat(ten); *my ~!* schat!, schatje!; **II** *overg* waarderen, op prijs stellen; als een schat bewaren
treasure-house *znw* schatkamer[2]
treasurer *znw* thesaurier; penningmeester
treasure trove *znw* gevonden schat
treasury *znw* schatkamer, schatkist; *the T~* ± het ministerie van Financiën; *the Treasury Bench* de ministersbank in het Lagerhuis
treasury bill *znw* kortlopende schatkistpromesse
treat [tri:t] **I** *overg* behandelen°, bejegenen; onthalen, vergasten, trakteren (op *to*); **II** *wederk*: ~ *oneself to...* zich eens trakteren op; **III** *onoverg* onderhandelen (over *for*); ~ *of* handelen over; behandelen [v. een geschrift]; **IV** *znw* onthaal *o*, traktatie[2], (een waar) feest *o*; *it is my ~* ik trakteer; *(it looks, works &) a ~* gemeenz snoezig; heel goed, fantastisch, best
treatise ['tri:tiz, 'tri:tis] *znw* verhandeling (over *on*)
treatment ['tri:tmənt] *znw* behandeling°, bejegening
treaty ['tri:ti] *znw* (vredes)verdrag *o*, traktaat *o*, overeenkomst, contract *o*; *by private ~* onderhands
treble [trebl] **I** *bn* drievoudig; driedubbel; ~ *clef* muz solsleutel; **II** *znw* muz bovenstem, sopraan; trebbel; **III** *overg* verdrievoudigen; **IV** *onoverg* zich verdrievoudigen
trebly *bijw* driedubbel, -voudig; driewerf
tree [tri:] **I** *znw* boom; leest; galg; *be up a ~* gemeenz in de knel zitten; **II** *overg* in een boom jagen [dier &]; gemeenz in het nauw brengen
tree-creeper *znw* boomkruiper [vogel]
treeless *bn* boomloos, zonder bomen, ontbost
tree line *znw* boomgrens
tree-lined *bn* omzoomd door bomen
tree-trunk *znw* boomstam
trefoil ['trefɔil, 'tri:fɔil] *znw* plantk klaver; klaverblad *o*
trek [trek] **I** *znw* ZA 'trek'; (lange, moeizame) tocht; **II** *onoverg* trekken, reizen
trellis ['trelis] **I** *znw* traliewerk *o*, latwerk *o*, leilatten; **II** *overg* van traliewerk of leilatten voorzien; op latwerk leiden [bomen]
trellis-work *znw* = *trellis I*
tremble ['trembl] **I** *onoverg* beven, sidderen (van *with*); trillen [v. geluiden]; ~ *at* beven bij [de gedachte]; **II** *znw* beving, siddering, trilling [v. stem]; *the ~s* de bibberatie; *he was all of a ~* hij beefde over zijn hele lijf
tremendous [tri'mendəs] *bn* geweldig, geducht, vervaarlijk, kolossaal, enorm
tremolo ['treməlou] *znw* tremolo
tremor ['tremə] *znw* siddering, beving, huivering, trilling, rilling
tremulous ['tremjuləs] *bn* sidderend, bevend, huiverend, trillend; beschroomd
trench [trenʃ] **I** *overg & onoverg* (door)snijden; groeven; graven (in); diep omspitten; verschansen; **II** *znw* greppel, sloot; mil loopgraaf; groef; *the ~es* fig het front
trenchancy ['trenʃənsi] *znw* scherpheid, bijtendheid; (pedante) beslistheid
trenchant *bn* snijdend[2], scherp[2], bijtend; beslist, krachtig
trench-coat ['trenʃkout] *znw* trenchcoat [(militaire) regenjas]
trencher ['trenʃə] *znw* brood-, vleesplank, vero (houten) bord *o*, schotel
trencherman ['trenʃəmən] *znw* grote eter
trench warfare ['trenʃwɔ:fɛə] *znw* loopgravenoorlog
trend [trend] **I** *onoverg* lopen, neigen, gaan of wijzen in zekere richting; zich uitstrekken (naar *towards*); **II** *znw* loop, gang, richting[2]; neiging, stroming; trend, tendens; mode; ~ *setter* trendsetter, toonaangevend iem. [in mode &]; *set the ~* de toon aangeven
trendy I *bn* trendy, modieus, in; **II** *znw*: *trendies* modieuze personen
trepan [tri'pæn] **I** *znw* trepaan [schedelboor]; **II** *overg* trepaneren
trepidation [trepi'deiʃən] *znw* zenuwachtige angst, opwinding
trespass ['trespəs] **I** *onoverg* over een verboden terrein gaan; zich aan een overtreding schuldig ma-

ken, zondigen (tegen *against*); ~ *(up)on* misbruik maken van; **II** *znw* overtreding; misbruik *o*; vero zonde, schuld

trespasser *znw* overtreder; ~*s will be prosecuted* verboden toegang

tress [tres] *znw* lok, krul; vlecht; ~*es* lokkenpracht, weelderig haar *o*

trestle ['tresl] *znw* schraag, bok

trestle table *znw* tafel op schragen

trey [trei] *znw* kaartsp drie

triad ['traiəd] *znw* drietal *o*; muz drieklank; chem driewaardig element *o*

trial ['traiəl] *znw* proef; recht berechting, openbare behandeling, onderzoek *o*; proces *o*; beproeving bezoeking; ~*(s)* test, testen *o* (ook: ~ *run*); proeftocht, -rit; proefstomen *o*; ~ *(flight)* luchtv proefvlucht; ~ *for witchcraft* heksenproces *o*; *give it a* ~ er de proef mee nemen; het eens proberen; *stand* ~ terechtstaan (wegens *for*); *by* ~ *and error* proefondervindelijk, met vallen en opstaan; *come up for* ~ voorkomen [voor rechtbank]; *on* ~ toen de proef op de som genomen werd; op proef; *be on* ~ terechtstaan; *put on* ~, *bring to* ~ voor (de rechtbank) doen komen; *put (subject) it to further* ~ er verder proeven mee nemen, het verder proberen

triangle ['traiæŋgl] *znw* driehoek; muz triangel

triangular [trai'æŋgjulə] *bn* driehoekig; waarbij drie partijen betrokken zijn; ~ *relationship* driehoeksverhouding

triangulate [trai'æŋgjuleit] *overg* trianguleren: opmeten van terrein d.m.v. driehoeksmeting

tribal ['traibəl] *bn* stam-, tribaal

tribalism ['traibəlizm] *znw* tribalisme *o*, stamverband *o*, stamgevoel *o*

tribe *znw* (volks)stam; biol onderorde; fig geringsch klasse, groep; troep

tribesman *znw* lid *o* van een stam, stamgenoot

tribulation [tribju'leiʃən] *znw* bekommernis, tegenspoed, kwelling, leed *o*

tribunal [trai-, tri'bju:nl] *znw* (buitenlandse) rechtbank; tribunaal *o*; rechterstoel

tribunate ['tribjunit] *znw* hist tribunaat *o*

tribune ['tribju:n] *znw* (volks)tribune; tribune, spreekgestoelte *o*

tributary ['tribjutəri] **I** *bn* schatplichtig, bij-, zij-; **II** *znw* schatplichtige; zijrivier

tribute *znw* schatting, cijns, fig tol, bijdrage; hulde(betuiging); *it is a* ~ *to...* het doet... eer aan; *pay a just* ~ *to* een welverdiende hulde brengen aan

1 trice [trais] *znw*: *in a* ~ in een ommezien

2 trice [trais] *overg*: ~ *(up)* scheepv trijsen, ophijsen

tricentenary [traisen'ti:nəri] = *tercentenary*

triceps ['traiseps] *znw* driehoofdige armspier

trichina [tri'kainə] *znw* (*mv*: trichinae [-ni:]) trichine: haarworm

trichinosis [triki'nousis] *znw* trichinose: ziekte veroorzaakt door een haarworm

trichotomy [tri'kɔtəmi] *znw* driedeling

trick [trik] **I** *znw* kunstje *o*; streek, poets, grap; handigheid, kunstgreep, kneep, list, foefje *o*, truc; hebbelijkheid, aanwensel *o*, maniertje *o*; kaartsp trek, slag; *dirty* ~ gemeenz gemene streek; *juggler's* ~ goochelkunstje; *the* ~*s of the trade* de kneepjes of geheimen van het vak; *there is no* ~ *to it* daar zit geen geheim achter; daar is helemaal geen kunst aan; *that did the* ~ dat deed het hem; *he's up to his* ~*s again* hij haalt weer allerlei streken uit, ± hij voert weer van alles in zijn schild; *he never misses a* ~ niets ontgaat hem, hij is niet op zijn achterhoofd gevallen; *it's a* ~ *of the light* dat is optisch bedrog; *how's* ~*s?* gemeenz gaat het een beetje?; hoe staat het leven?; *have got (know) the* ~ er de slag van te pakken hebben; *play a* ~ *on sbd.* iem. een poets bakken; iem. parten spelen; *play* ~*s* streken uithalen; **II** *overg* bedriegen, bedotten; een koopje leveren, verrassen; ~ *sbd. into... ing* iem. weten te verlokken tot...; ~ *out (up)* optooien, (uit-) dossen; ~ *sbd. out of...* iem. iets afhandig maken

trick-cyclist *znw* acrobatische wielrijder; slang zielknijper, psychiater

trickery *znw* bedrog *o*, bedotterij

trickle ['trikl] **I** *onoverg* druppelen, sijpelen, [langzaam] vloeien, biggelen; *the news* ~*d into the camp* lekte uit in het kamp; ~ *out* wegdruppelen, uitlekken[2]; **II** *overg* doen druppelen &; **III** *znw* druppelen *o*; stroompje *o*, straaltje *o*

trickster ['trikstə] *znw* bedrieger, bedotter

tricksy *bn* vol streken

tricky *bn* veel handigheid vereisend, ingewikkeld, lastig, netelig; bedrieglijk; listig; vol streken; verraderlijk

tricolour, Am **tricolor** ['trikʌlə] *znw* driekleurige (Franse) vlag, driekleur

tricycle ['traisikl] *znw* driewieler

trident ['traidənt] *znw* drietand[2]

tried [traid] *bn* beproefd (zie *try*)

triennial [trai'enjəl] **I** *bn* driejarig; driejaarlijks; **II** *znw* driejarige plant &

trier ['traiə] *znw* doorzetter, volhouder, doorbijter

trifle ['traifl] **I** *znw* beuzeling, beuzelarij; kleinigheid [ook = fooitje, aalmoes], bagatel; dessert *o* [van cake met vruchtendrank, room of vla]; *a* ~ *angry* een beetje boos; **II** *onoverg* futselen, spelen, spotten (met *with*); **III** *overg*: ~ *away* verspillen, verbeuzelen

trifler *znw* beuzelaar

trifling *bn* beuzelachtig, onbeduidend, onbetekenend, onbelangrijk

1 trig [trig] *znw* remblok *o*

2 trig [trig] *bn* vero keurig; netjes

trigger ['trigə] **I** *znw* mil trekker; **II** *overg*: ~ *(off)* de stoot geven aan, tevoorschijn roepen, teweegbrengen; techn in werking zetten

trigger finger ['trigəfiŋgə] *znw* rechterwijsvinger

trigger guard *znw* beugel [v. geweer]

trigger-happy *bn* gemeenz schietgraag; agressief;

oorlogszuchtig
trigonometric(al) [trigənə'metrik(l)] *bn* trigonometrisch
trigonometry [trigə'nɔmitri] *znw* trigonometrie, driehoeksmeting
trike [traik] *znw* gemeenz = *tricycle*
trilateral [trai'lætərəl] *bn* driezijdig
trilby ['trilbi] *znw* deukhoed (ook ~ *hat*)
trilingual [trai'liŋgwəl] *bn* drietalig
trill [tril] **I** *onoverg* met trillende stem zingen, spreken; trillers maken; **II** *overg* trillend zingen of uitspreken (van de *r*); **III** *znw* trilling [v.d. stem]; muz triller; trilklank [als de Ned. *r*]
trillion ['triljən] *znw* triljoen *o*; Am biljoen *o*
trilogy ['trilədʒi] *znw* trilogie
trim [trim] **I** *bn* net(jes), keurig, (keurig) in orde, goed passend of zittend [kleren]; in vorm; slank; **II** *overg* in orde maken, gelijk-, bijknippen, -snoeien, -schaven, afsnuiten; opknappen; opmaken, garneren, afzetten; opsmukken, mooi maken; scheepv de lading verdelen van [schip], stuwen [lading]; (op)zetten [zeilen]; tremmen [kolen]; fig onder handen nemen; ~ *the fire* het vuur wat oppoken en de haard aanvegen; ~ *off* wegsnoeien; **III** *znw* gesteldheid, toestand; toe-, uitrusting; tooi, kostuum *o*; *in (perfect)* ~ (volmaakt) in orde, in perfecte conditie, topfit; *in fighting* ~ klaar voor het gevecht, in gevechtsuitrusting; fig strijdvaardig; *in sailing* ~ zeilklaar; *in travelling* ~ reisvaardig; in staat om de vermoeienissen van de reis te verdragen
trimaran ['traiməræn] *znw* trimaran [catamaran met drie rompen]
trimester [trai'mestə] *znw* onderw trimester *o*; periode van drie maanden, kwartaal *o*
trimeter ['trimitə] *znw* drievoetige versregel
trimmer ['trimə] *znw* snoeimes *o*, tremmer; fig weerhaan, opportunist
trimming *znw* garneersel *o*, oplegsel *o*
trine [train] *bn* drievoudig
tringle ['triŋgl] *znw* gordijnroe
Trinidad and Tobago ['trinidædəntou'beigou] *znw* Trinidan en Tobago *o*
Trinidadian **I** *znw* Trinidadder; **II** *bn* Trinidads
Trinitarian [trini'tɛəriən] **I** *bn* drie-eenheids-; **II** *znw* aanhanger van de leer v.d. drie-eenheid
trinity ['triniti] *znw* drietal *o*, trio *o*; drie-eenheid; *T*~ H. Drievuldigheid; Drievuldigheidsdag
trinket ['triŋkit] *znw* [goedkoop] sieraad(je) *o*
trinomial [trai'noumjəl] *bn* drienamig; drieledig [in de algebra]
trio ['tri:ou] *znw* trio *o*
triolet ['traiəlet] *znw* triolet: gedicht met rijmschema abaaabab
trip [trip] **I** *onoverg* struikelen[2] (over *over, on*), een fout maken, een misstap doen (ook: ~ *up*); trippelen, huppelen; slang trippen, high zijn; **II** *overg* doen struikelen; een beentje lichten; de voet lichten; vangen, betrappen op een fout (meestal: ~ *up*); losgooien, losstoten, overhalen [v. pal &]; scheepv lichten [anker]; **III** *znw* uitstapje *o*, tochtje *o*, reis, reisje *o*, trip [ook als visionaire ervaring door middel van drugs]; struikeling; trippelpas; misstap, fout; *have a bad* ~ slang flippen
tripartite [trai'pa:tait] *bn* tussen drie partijen
tripe [traip] *znw* darmen, pens; gemeenz snert; klets
triplane ['traiplein] *znw* luchtv driedekker
triple ['tripl] **I** *bn* drievoudig; driedubbel; driedelig; ~ *time* muz driedelige maat; **II** *overg* & *onoverg* verdrievoudigen
triple jump *znw* hinkstapsprong
triplet ['triplit] *znw* drietal *o*, trio *o*; drieling; drieregelig versje *o*, muz triool
triplex ['tripleks] *bn* drievoudig
triplicate ['triplikit] **I** *bn* drievoudig; in triplo uitgegeven, opgemaakt &; **II** *znw* triplicaat *o*; *in* ~ in triplo
triplication [tripli'keiʃən] *znw* verdrievoudiging
tripod ['traipɔd] *znw* drievoet; statief *o* [v. fototoestel]
tripos ['traipɔs] *znw* onderw (lijst der geslaagden in) het 'Honours Examination' te Cambridge voor de graad van B.A.
tripper ['tripə] *znw* plezierreiziger, toerist; *day ~s* dagjesmensen
triptych ['triptik] *znw* triptiek, drieluik *o*
triptyque [Fr] *znw* triptiek [voor auto]
trip-wire ['tripwaiə] *znw* struikeldraad
trisect [trai'sekt] *overg* in drie gelijke delen verdelen [v. hoeken &]
trisection *znw* verdeling in drie gelijke delen [v. hoeken &]
trisyllabic [traisi'læbik] *bn* drielettergrepig
trisyllable [trai'siləbl] *znw* drielettergrepig woord *o*
trite [trait] *bn* versleten, afgezaagd, alledaags, banaal, triviaal
triton ['traitn] *znw* tritonshoorn; watersalamander
triturate ['tritjureit] *overg* vermalen, vergruizen
trituration [tritju'reiʃən] *znw* vermaling, vergruizing
triumph ['traiəmf, -ʌmf] **I** *znw* triomf, zegepraal, zege, overwinning; hist zegetocht; *a smile of* ~ een triomfantelijk lachje *o*; **II** *onoverg* zegepralen, zegevieren, triomferen; victorie kraaien
triumphal [trai'ʌmfəl] *bn* triomferend, triomf-, zege-; ~ *arch* triomfboog, ereboog, -poort; ~ *car*, ~ *chariot* zegewagen
triumphant *bn* triomferend, triomfantelijk, zegevierend, zegepralend
triumvir [trai'ʌmvə(:)] *znw* hist drieman, triumvir
triumvirate [trai'ʌmvirit] *znw* hist driemanschap *o*, triumviraat *o*
triune ['traiju:n] *bn* drie-enig, drievuldig
trivet ['trivit] *znw* treeft, drievoet
trivia ['triviə] *znw mv* onbelangrijke zaken
trivial *bn* onbeduidend; alledaags, oppervlakkig [mens]; ~ *name* volksnaam

triviality [trivi'æliti] *znw* onbeduidendheid; alledaagsheid
trivialize ['triviəlaiz] *overg* bagatelliseren, als onbelangrijk afdoen/voorstellen
triweekly [trai'wi:kli] *bn* 3 maal per week of om de 3 weken verschijnend
trochee ['trouki:] *znw* trochee
trod [trɔd] V.T. & V.D. van *¹tread*
trodden I V.D. van *¹tread*; **II** *bn* platgetreden
troglodyte ['trɔglədait] *znw* holbewoner
troika ['trɔikə] *znw* trojka
Trojan ['troudʒən] **I** *bn* Trojaans; **II** *znw* Trojaan; fig onvermoeibare, harde werker
1 troll [troul] *onoverg & overg* vissen met gesleept aas; vero achter elkaar invallend zingen; galmen
2 troll [troul] *znw* trol, kobold
trolley ['trɔli] *znw* rolwagentje *o*; lorrie; dienwagen, serveerboy; contactrol; ~ *(car)* Am trolleytram
trolley-bus *znw* trolleybus
trollop ['trɔləp] *znw* slet, sloerie
trombone [trɔm'boun] *znw* trombone, schuiftrompet
trombonist *znw* trombonist
trommel ['trɔməl] *znw* techn draaiende cilindervormige zeef
troop [tru:p] **I** *znw* troep°, hoop, drom; mil half eskadron *o*; *3000 ~s* mil een strijdmacht van 3000 man; 3000 man, militairen; **II** *onoverg*: ~ *about* in troepen rondzwerven; ~ *away, (off)* troepsgewijs aftrekken; ~ *in* in troepen of drommen binnenkomen; **III** *overg*: ~ *the colour(s)* mil vaandelparade houden
trooper *znw* mil cavalerist; marechaussee te paard [in Australië]; cavaleriepaard *o*; = *troop-ship*; *swear like a* ~ vloeken als een dragonder
troop-ship *znw* (troepen)transportschip *o*
trope [troup] *znw* troop, figuurlijke uitdrukking
trophy ['troufi] *znw* trofee, zegeteken *o*
tropic ['trɔpik] **I** *znw* keerkring; *the ~s* de tropen; **II** *bn* tropisch, tropen-
tropical *bn* tropisch, van de keerkringen, keerkrings-, tropen-; snikheet
tropology [trɔ'pɔlədʒi] *znw* beeldend taalgebruik *o*; metaforische bijbeluitlegging
troposphere ['trɔpəsfiə] *znw* troposfeer
trot [trɔt] **I** *onoverg* draven, op een drafje lopen, in draf rijden; gemeenz lopen; **II** *overg* in (de) draf brengen; laten draven; ~ *out* op de proppen komen met, komen aanzetten met; doen optreden, zijn kunsten laten tonen; **III** *znw* draf, drafje *o*; loopje *o*; *~s* slang diarree; *go for a ~, have a little ~* wat (gaan) ronddraven, een toertje gaan maken; op stap gaan; *at a* ~ in draf; op een drafje; *on the* ~ op (een) rij, achter elkaar; *break into a* ~ het op een draf zetten; *keep sbd. on the* ~ iem. maar heen en weer laten draven, geen rust laten
troth [trouθ, trɔθ] *znw* vero trouw; waarheid; *plight one's* ~ trouw beloven, een trouwbelofte doen, zich verloven
trotter ['trɔtə] *znw* (hard)draver; loper; schapenpoot, varkenspoot
troubadour ['tru:bəduə] *znw* troubadour
trouble ['trʌbl] **I** *overg* last of moeite veroorzaken, lastig vallen, storen; verstoren, vertroebelen; verontrusten; verdriet, leed doen, kwellen; *may I ~ you for the mustard?* mag ik u de mosterd vragen?; **II** *wederk*: *~oneself* zich moeite geven, de moeite nemen om...; zich bekommeren, zich het hoofd breken (om, over *about*); ~ *oneself with* ook: zich bemoeien met; **III** *onoverg* moeite doen; zich druk maken, zich het hoofd breken (over *about*); *I didn't ~ to answer* het was me de moeite niet eens waard om er op te antwoorden; **IV** *znw* moeite, last, moeilijkheid, narigheid, soesa, ongemak *o*, kwaal; techn storing, mankement *o*, defect *o*, pech; leed *o*, verdriet *o*; zorg; verwarring, onrust; *~'s* ook: onlusten; *no ~ (at all)!* tot uw dienst!, geen dank!; *the ~ is that...* het vervelende is, dat..., (het is toch zo) jammer, dat...; *what's the ~?* wat scheelt er aan?; *give* ~ last (moeite) veroorzaken, moeite kosten; *make* ~ moeite veroorzaken, onrust verwekken, herrie maken; *take the ~ to...* de moeite nemen om...; zich de moeite getroosten om...; *ask for* ~ om moeilijkheden vragen; *be in* ~ in verlegenheid zijn, in de zorg zitten, in moeilijkheden verkeren; moeilijkheden hebben (met *with*); *get into* ~ in ongelegenheid geraken of brengen, zich moeilijkheden op de hals halen; *get her into* ~ ook: haar zwanger maken; *get into ~ with* het aan de stok krijgen met; *put to* ~ last (moeite) veroorzaken; *put oneself to the ~ of...* zich de moeite getroosten om...; *it's more ~ than it's worth* het is niet de moeite waard
troubled *bn* gestoord, verontrust; gekweld; ongerust, angstig; onrustig; veelbewogen [leven]; ~ *waters* troebel water *o*; onstuimige golven; ~ *with* last hebbend van [een ziekte]
trouble-free *bn* probleemloos, zorgeloos [vakantie &]; *a ~ car* een auto die je nooit in de steek laat
troublemaker *znw* onruststoker
troubleshooter *znw* troubleshooter, probleemoplosser, man voor lastige karweitjes
troublesome *bn* moeilijk; lastig; vervelend
trouble spot *znw* haard van onrust
troublous *bn* vero veelbewogen, onrustig
trough [trɔf] *znw* trog, bak; dieptepunt *o*; ~ *of the sea* golfdal *o*
trounce [trauns] *overg* afrossen²; afstraffen; sp inmaken, een behoorlijk pak slaag geven
troupe [tru:p] *znw* troep [acteurs, acrobaten], (toneel)gezelschap *o*
trouper *znw* lid *o* van een troep [toneelgezelschap]; *a real (good)* ~ een betrouwbare collega, een goede medewerker
trousers ['trauzəz] *znw mv* lange broek; *pair of ~s* lange broek; *wear the ~s* de broek aanhebben [v. echtgenote]

trouser-leg *znw* broekspijp
trouser suit *znw* broekpak *o*
trousseau ['tru:sou] *znw* uitzet [v. bruid]
trout [traut] *znw* (*mv* idem *of* -s) forel; slang lelijke oude heks
trover ['trouvə] *znw* recht vinden *o* en zich toe-eigenen *o* van roerend goed
trow [trou] *overg* vero denken, geloven; *what ails him, (I) ~?* wat scheelt hem toch?
trowel ['trauəl] *znw* troffel; schopje *o* [voor planten]; *lay it on with a ~* het er dik opleggen, overdrijven
troy [trɔi] *znw* gewicht *o* voor goud, zilver en juwelen (ook: *~ weight*)
truancy ['tru:ənsi] *znw* spijbelen *o*
truant I *znw* spijbelaar; *play ~* spijbelen; **II** *bn* spijbelend; nietsdoend, rondhangend
truce [tru:s] *znw* tijdelijke opschorting [van vijandelijkheden]; wapenstilstand; bestand *o*; *~ of God* godsvrede; *a ~ to thy blasphemy!* vero staak uw godslastering!
1 truck [trʌk] **I** *znw* onderstel *o* [v. wagen]; steekwagentje *o*, lorrie, bagage-, goederenwagen; (vee-)wagen [bij trein], open wagen; vrachtauto; **II** *overg* per truck vervoeren
2 truck [trʌk] **I** *onoverg* (ruil)handel drijven, ruilen; **II** *overg* ruilen (tegen *against, for*); **III** *znw* ruil(ing), (ruil)handel; *I'll have no ~ with...* ik wil niets te maken hebben met...
trucker *znw* Am vrachtwagenchauffeur
truck farm *znw* Am groentekwekerij
truck farmer *znw* Am groentekweker
1 truckle ['trʌkl] *onoverg* zich kruiperig onderwerpen, kruipen (voor *to*)
2 truckle, truckle-bed *znw* laag onderschuifbed *o* op wieltjes
truck-system *znw* hist stelsel *o* van gedwongen winkelnering
truculence ['trʌkjuləns] *znw* woestheid, grimmigheid, agressiviteit
truculent *bn* woest, grimmig, agressief
trudge [trʌdʒ] **I** *onoverg* zich met moeite voortslepen, voortsjouwen; *~ after sbd.* achter iem. aansjokken; **II** *overg* afsjouwen [een weg]; **III** *znw* moeizame tocht, wandeling
true [tru:] **I** *bn & bijw* waar, echt; oprecht; recht [lijn]; zuiver, juist; (ge)trouw (aan *to*); *a ~ copy* eensluidend afschrift *o*; *(it is) ~..., but* het is waar (weliswaar)..., maar; *~ love* beminde, geliefde, enige (ware) liefde; *~ to type* precies zoals je van een... verwachten zou; *it is also ~ of* het geldt ook voor; *come ~* in vervulling gaan, uitkomen; **II** *overg* in de juiste stand/vorm brengen
true-blue I *bn* echt, wasecht, onvervalst, aarts-, oprecht; **II** *znw* loyaal persoon *o*; Br aartsconservatief
true-born *bn* (ras)echt
true-bred *bn* rasecht
true-hearted *bn* trouwhartig
truffle ['trʌfl] *znw* truffel
trug [trʌg] *znw* houten mandje *o* of bak
truism ['tru:izm] *znw* stelling die geen betoog behoeft; waarheid als een koe; banaliteit
truly ['tru:li] *bijw* waarlijk, werkelijk; waar, trouw, oprecht; terecht; zie ook: *yours*
1 trump [trʌmp] **I** *znw* troef(kaart); gemeenz bovenste beste; *hold ~s* troeven in handen hebben; fig geluk hebben; *turn up ~s* gemeenz boffen; meevallen; **II** *overg* (af)troeven, overtroeven[2]; *~ up* verzinnen, opdissen; *~-ed-up charges* valse verzinsels, doorgestoken kaart; **III** *onoverg* troeven, troef spelen[2]
2 trump [trʌmp] *znw* vero trompet; *the last ~, the ~ of doom* bijbel de bazuin des oordeels
trump-card ['trʌmpka:d] *znw* troefkaart[2]; *play one's ~* fig zijn troef uitspelen
trumpery ['trʌmpəri] **I** *bn* prullig, waardeloos; **II** *znw* vodden, prullen; geklets *o*
trumpet ['trʌmpit] **I** *znw* trompet, scheepsroeper, bijbel bazuin; trompetgeschal *o*, getrompet *o*; *he blew his own ~* hij bazuinde zijn eigen lof uit; **II** *overg* met trompetgeschal aankondigen, trompetten, uitbazuinen; *~ forth sbd.'s praise* iems. lof trompetten (uitbazuinen); **III** *onoverg* op de trompet blazen, trompetten
trumpet-call *znw* trompetsignaal *o*
trumpeter *znw* mil trompetter, muz trompettist; trompetvogel; trompetduif
trumpet-player *znw* trompettist
truncate ['trʌŋkeit] *overg* (af)knotten; verminken
truncation [trʌŋ'keiʃən] *znw* (af)knotting; verminking
truncheon ['trʌn(t)ʃən] *znw* gummistok, knuppel
trundle ['trʌndl] *onoverg & overg* (zwaar) rollen; langzaam voortbewegen
trunk [trʌŋk] *znw* stam [v. boom]; romp [v. lichaam]; schacht [v. zuil]; grote koffer; Am bagageruimte [v. auto]; snuit [v. olifant]; slurf; *~s* zwembroek; broekje *o*
trunk-call *znw* interlokaal gesprek *o*
trunk-hose *znw* hist pofbroek
trunk-line *znw* hoofdlijn
trunk-road *znw* hoofdweg
trunnion ['trʌnjən] *znw* tap [v. kanon &]
truss [trʌs] **I** *znw* bundel, bos; voer *o* [van 56 pond hooi of 36 pond stro]; bint *o*, hangwerk *o*; dakstoel; console; scheepv rak *o*; breukband; **II** *overg* (op-)binden; bouwk verankeren
trust [trʌst] **I** *znw* (goed) vertrouwen *o*; handel krediet *o*; toevertrouwd pand *o* &; ± stichting; vereniging belast met de zorg voor... [monumenten &]; handel trust; *put (place) (one's) ~ in* vertrouwen stellen in; *the... in my ~* de mij toevertrouwde...; *hold in ~* in bewaring hebben; *buy on ~* op krediet kopen; *take on ~* op goed vertrouwen aannemen; **II** *bn*: *~ money* toevertrouwd geld *o*; **III** *overg* vertrouwen (op); hopen (dat...); toevertrouwen; bor-

gen, krediet geven; ~ *me for that* daar kun je zeker van zijn; ~ *to* toevertrouwen (aan); ~ *sbd. with sth.* iem. iets toevertrouwen; het hem laten gebruiken &; **IV** *wederk*: *he did not ~ himself to...* hij waagde het niet te...; **V** *onoverg* vertrouwen; ~ *in* vertrouwen op; ~ *to luck* op zijn geluk vertrouwen

trustee [trʌs'ti:] *znw* beheerder, gevolmachtigde, commissaris, curator; regent [v. weeshuis &]

trusteeship *znw* beheerderschap *o*; voogdij [over een gebied]

trustful ['trʌstful] *bn* goed van vertrouwen, vol vertrouwen, vertrouwend

trust fund *znw* door gevolmachtigden beheerd kapitaal *o*

trusting *bn* = *trustful*

trustworthy *bn* te vertrouwen, betrouwbaar

trusty *bn* (ge)trouw, vertrouwd; betrouwbaar, beproefd

truth [tru:θ] *znw* waarheid, waarheidsliefde, oprechtheid; echtheid, juistheid; *in ~* in waarheid, inderdaad

truthful *bn* waarheidslievend; waar; getrouw [beeld]; *to be quite ~* om de waarheid te zeggen

truthfully *bijw* naar waarheid

truthfulness *znw* waarheidsliefde; waarheid; getrouwheid

try [trai] **I** *overg* proberen, trachten, beproeven, het proberen met, de proef nemen met, op de proef stellen; veel vergen van, vermoeien [de ogen], aanpakken; recht onderzoeken, berechten; *be tried* ook: recht terechtstaan (wegens *for, on a charge of*); *you must ~ your (very) best* je moet je uiterste best doen; ~ *one's hand at sth.* iets proberen; ~ *on* (aan-) passen; ~ *it on* het maar eens proberen, zien hoe ver men (met iem.) kan gaan; *no use ~ing it on with me* dat (die kunsten) hoef je met mij niet te proberen; ~ *out* proberen; de proef (proeven) nemen met; ~ *over* proberen; **II** *onoverg* (het) proberen; ~ *and...* probeer maar te...; ~ *at it* het proberen; *I've tried hard for it* ik heb er erg (hard) mijn best voor gedaan; **III** *znw* poging; sp try [recht *o* om goal te maken, bij rugby]; *have a ~ at it* het eens proberen

trying *bn* vermoeiend, moeilijk, lastig

try-on *znw* gemeenz proberen *o*; proefballonnetje *o*

try-out *znw* gemeenz proef (ook: theat)

trysail ['trais(ei)l] *znw* gaffelzeil *o*

tryst [trist] *znw* vero (plaats van) samenkomst, afspraak, rendez-vous *o*

trysting-place *znw* vero plaats van samenkomst of ontmoeting, rendez-vous *o*

try-your-strength machine *znw* [traijə'streŋθ-məʃi:n] krachtmeter, ± kop van Jut

tsar [za:, tsa:] *znw* tsaar

tsarina [za:'ri:nə, tsa:-] *znw* tsarina

tsetse (fly) ['tsetsi (flai)] *znw* tseetseevlieg

T-shirt ['ti:ʃə:t] *znw* T-shirt *o*

T-square ['ti:skwɛə] *znw* tekenhaak

tub [tʌb] *znw* tobbe, ton, vat *o*, bad *o*, (bad)kuip; gemeenz schuit [= schip]

tuba ['tju:bə] *znw* muz tuba

tubby ['tʌbi] *bn* tonrond, buikig; *a ~ fellow* een dikkerdje *o*

tube [tju:b] *znw* buis, pijp, koker; (verf)tube; (gummi)slang; binnenband (*inner ~*); ondergrondse, metro; Am (elektronen-, radio-, beeld-) buis, tv

tubeless *bn*: ~ *tyre* velgband

tuber ['tju:bə] *znw* plantk knol

tubercle ['tju:bə:kl] *znw* tuberkel; knobbeltje *o*; knolletje *o*; gezwel *o*

tubercular [tju:'bə:kjulə] *bn* knobbelachtig; tuberculeus

tuberculosis [tjubə:kju'lousis] *znw* tuberculose

tuberculous [tju'bə:kjuləs] *bn* tuberculeus

1 tuberose ['tju:bərous] *znw* tuberoos [plant]

2 tuberose *bn* = *tuberous*

tuberosity [tju:bə'rɔsiti] *znw* knobbel, uitwas, knobbeligheid, zwelling

tuberous ['tju:bərəs] *bn* knobbelig; plantk knolvormig, knoldragend; knolachtig

tubing ['tju:biŋ] *znw* buiswerk *o*, stuk *o* buis, buizen; (gummi)slang

tub-thumper ['tʌbθʌmpə] *bn* schetterend (kansel-) redenaar, demagoog

tubular ['tju:bjulə] *bn* tubulair, buisvormig, pijp-, koker-; ~ *bells* buisklokken; ~ *boiler* vlampijpketel; ~ *bridge* kokerbrug

TUC *afk.* = *Trades Union Congress*

tuck [tʌk] **I** *znw* plooi, opnaaisel *o* omslag [aan broek]; gemeenz snoep, lekkers *o*, eterij; gemeenz = *tuxedo*; **II** *overg* omslaan, opschorten; opstropen; innemen [japon]; instoppen, (weg)stoppen; ~ *away* verstoppen, wegstoppen; ~ *in* instoppen; innemen [japon]; ~ *up* opschorten; opstropen; instoppen; **III** *onoverg*: ~ *in* gemeenz zich te goed doen; ~ *into* gemeenz zich te goed doen aan

tucker ['tʌkə] vero *znw* chemisette, borstdoekje *o*

tuck-in ['tʌk'in] *znw* gemeenz goed, stevig maal *o*; smulpartij; *have a ~* zich flink te goed doen

tuck shop *znw* snoepwinkeltje *o*

Tuesday ['tju:zdi, -dei] *znw* dinsdag

tufa ['tju:fə], **tuff** [tʌf] *znw* tuf *o*, tufsteen *o & m*

tuffet ['tʌfit] *znw* dik zitkussen *o*; vero grasheuveltje *o*

tuft [tʌft] **I** *znw* bosje *o*, kwastje *o*; kuif, sik; **II** *overg* met een bosje, kwastje of kuif versieren

tug [tʌg] **I** *onoverg* trekken, rukken (aan *at*); **II** *overg* trekken aan; (voort)slepen; **III** *znw* ruk; sleepboot; *he gave it a ~* hij rukte (trok) er aan

tug-boat *znw* sleepboot

tug of love *znw* getouwtrek *o* om de kinderen [na een scheiding]

tug of war *znw* touwtrekken^2 *o*, fig touwtrekkerij; hevige/beslissende strijd, beslissend moment *o*

tuition [tju'iʃən] *znw* onderwijs *o*; lesgeld *o*

tulip ['tju:lip] *znw* tulp

tulle [t(j)u:l] **I** *znw* tule; **II** *bn* tulen
tumble ['tʌmbl] **I** *onoverg* vallen, buitelen, duikelen, rollen, tuimelen²; **II** *overg* gooien; ondersteboven gooien, in de war maken, verfomfaaien; doen tuimelen, neerschieten; gemeenz snappen; ~ *about* tuimelen, buitelen, rollen, woelen; ~ *down* omtuimelen; aftuimelen [v. hoogte]; ondersteboven gooien; ~ *in* (komen) binnentuimelen; gemeenz naar kooi gaan; naar binnen gooien; ~ *out* er uit, naar buiten tuimelen; naar buiten gooien; ~ *over* omvertuimelen, omrollen, omgooien; dooreengooien; ~ *to* gemeenz snappen, begrijpen; **III** *znw* buiteling, tuimeling; *have a* ~ een buiteling maken, tuimelen, een val maken
tumbledown *bn* bouwvallig; vervallen
tumble-dryer *znw* droogtrommel
tumbler *znw* buitelaar; duikelaartje *o*; acrobaat; tumbler [glas zonder voet]; tuimelaar [soort duif; onderdeel van een slot]
tumbrel ['tʌmbrəl], **tumbril** *znw* stortkar; mestkar; mil kruitwagen
tumefaction [tju:mi'fækʃən] *znw* opzwelling
tumefy ['tju:mifai] *onoverg & overg* (doen) zwellen
tumescence [tju:'mesns] *znw* (op)zwelling, gezwollenheid²
tumescent *bn* (op)zwellend, gezwollen²
tumid ['tju:mid] *bn* gezwollen²
tumidity [tju:'miditi] *znw* gezwollenheid²
tummy ['tʌmi] *znw* gemeenz maag, buik, buikje *o*
tumour, Am **tumor** ['tju:mə] *znw* tumor, gezwel *o*
tump ['tʌmp] *znw* heuvel
tumult ['tju:mʌlt] *znw* tumult *o*, rumoer *o*, lawaai *o*, spektakel *o*; beroering, oproer *o*, oploop
tumultuous [tju(:)'mʌltjuəs] *bn* (op)roerig, onstuimig, woelig, rumoerig, verward, tumultueus
tumulus ['tju:mjuləs] *znw* (*mv*: tumuli [-lai]) grafheuvel
tun [tʌn] *znw* ton, vat *o*
tuna ['tu:nə] *znw* (*mv* idem *of* -s) tonijn
tunable ['tju:nəbl] *bn* vero melodieus, welluidend
tundra ['tʌndrə] *znw* toendra
tune [tju:n] **I** *znw* wijs, wijsje *o*, melodie, lied *o*, liedje *o*, deuntje *o*; toon; stemming; *change one's* ~ een andere toon aanslaan; *in* ~ zuiver gestemd; goed gestemd; *call the* ~ de toon aangeven; de lakens uitdelen; *play (sing) in* ~ zuiver spelen (zingen); *be in* ~ *with one's surroundings* harmoniëren met de omgeving; *out of* ~ ontstemd², niet gestemd, van de wijs; muz vals; *be out of* ~ *with* niet harmoniëren met, niet passen bij; *to the* ~ *of* muz op de wijs van; ten bedrage van (de kolossale som van); **II** *overg* stemmen [piano]; afstemmen; in overeenstemming brengen of doen harmoniëren (met *to*); plechtig aanheffen; techn stellen [machine], in orde brengen; ~ *in* RTV afstemmen (op *to*); ~ *up* muz stemmen; techn stellen, in orde (in conditie) brengen; **III** *onoverg* samenstemmen; ~ *in to* afstemmen op; ~ *up* muz (beginnen te) stemmen; in topconditie brengen
tuneful *bn* melodieus, welluidend
tuneless *bn* zonder melodie; onwelluidend
tuner *znw* muz stemmer; elektr afstemknop; radio-ontvanger, tuner
tungsten ['tʌŋstən] *znw* wolfra(a)m *o*
tunic ['tju:nik] *znw* tunica; tuniek; mil uniformjas
tunicle ['tju:nikl] *znw* RK tunica
tuning-fork ['tju:niŋfɔ:k] *znw* stemvork
Tunisia [tju:'nisiə] *znw* Tunesië *o*
Tunisian [tju'niziən] **I** *bn* Tunesisch; **II** *znw* Tunesiër
tunnel ['tʌnl] **I** *znw* tunnel, gang; ~ *vision* tunnelvisie, ± blikvernauwing; **II** *overg* tunnelvormig uithollen, een tunnel maken door of onder, (door-) boren
tunny ['tʌni] *znw* tonijn
tup [tʌp] *znw* ram [dier]
tuppence ['tʌpəns] *znw* = *twopence*
tuppeny ['tʌp(ə)ni] *bn* = *twopenny*
turban ['tə:bən] *znw* tulband
turbid ['tə:bid] *bn* drabbig, troebel; fig vaag, verward
turbidity [tə:'biditi] *znw* drabbigheid; troebelheid; verwardheid
turbine ['tə:bin, 'tə:bain] *znw* turbine
turbo- ['tə:bou] *voorv* turbo-
turbocharged ['tə:boutʃa:dʒd] *bn*: ~ *engine* turbomotor
turbojet ['tə:bou'dʒet] *znw* turbinestraalbuis; turbinestraalvliegtuig *o* (ook: ~ *aircraft*); turbinestraalmotor (ook: ~ *engine*)
turbo-prop ['tə:bou'prɔp] *znw* turbineschroef; schroefturbinevliegtuig *o* (ook: ~ *aircraft*); schroefturbine (ook: ~ *engine*)
turbot ['tə:bət] *znw* tarbot
turbulence ['tə:bjuləns] *znw* woeligheid, onstuimigheid, woeling, turbulentie
turbulent *bn* woelig, onstuimig, roerig, turbulent
turd [tə:d] *znw* gemeenz drek, drol, keutel
tureen [tə'ri:n, t(j)u'ri:n] *znw* (soep)terrine
turf [tə:f] **I** *znw* zode; plag; gras *o*, grasmat; renbaan, wedrennen; renpaardensport; turf [in Ierland]; **II** *overg* bezoden; ~ *out* gemeenz eruit gooien
turf accountant *znw* bookmaker
turfy *bn* begraasd; met zoden bedekt; turfachtig
turgescence [tə:'dʒesəns] *znw* opzwelling, gezwollenheid²; fig opgeblazenheid
turgescent *bn* (op)zwellend, gezwollen²
turgid ['tə:dʒid] *bn* opgezwollen, gezwollen²; fig opgeblazen, bombastisch
turgidity [tə:'dʒiditi] *znw* gezwollenheid²
Turk [tə:k] *znw* Turk; geringsch woesteling, barbaar; *Young* ~ revolutionaire jongere, jonge radicaal
Turkey ['tə:ki] *znw* Turkije *o*
turkey ['tə:ki] *znw* kalkoen; Am slang lomperik; mislukkeling; *talk* ~ Am ernstig spreken; over za-

ken spreken; spijkers met koppen slaan

turkey-cock *znw* kalkoense haan, kalkoen[2]

Turkish ['tə:kiʃ] *znw* Turks (*o*); ~ *bath* Turks bad *o*; ~ *delight* Turks fruit [lekkernij]; ~ *towel* grove badhanddoek

Turkmenistan [tə:k'menista:n] *znw* Turkmenistan *o*

turmeric ['tə:mərik] *znw* kurkuma, geelwortel, koenjit [specerij]

turmoil ['tə:mɔil] *znw* beroering, onrust, opschudding, verwarring

turn [tə:n] **I** *overg* draaien; doen draaien, draaien aan; om-, open-, ronddraaien; (om)keren; doen (om)keren; (weg)sturen; op de vlucht drijven; (om)wenden, een zekere of andere wending (richting) geven; afwenden [slag]; omgaan, omzeilen; doen wentelen; omslaan [blad]; mil omtrekken; richten (op *to*); omwoelen; om-, verzetten, verleggen; veranderen; doen schiften, zuur doen worden, doen gisten, bederven; overzetten, vertalen; doen worden, maken; ~ *sbd.'s head* iem. het hoofd op hol brengen; ~ *the corner* de hoek omgaan (omkomen); fig de crisis te boven komen; *not ~ a hair* geen spier vertrekken; ~ *a penny (an honest penny)* een cent, een eerlijk stuk brood verdienen; ~ *200 pounds* meer dan 200 pond halen (wegen); *it ~s my stomach* het doet mij walgen; ~ *tail* rechtsomkeert maken, er vandoor gaan; *~ed forty* over de veertig (jaar oud); *a finely ~ed ankle (chin &)* een welgevormde enkel (kin &); **II** *onoverg* draaien, (zich) omdraaien, (zich) omkeren, zich keren (wenden), afslaan [links, rechts]; zich richten; een keer nemen, keren, kenteren; (van kleur) veranderen; schiften, zuur worden, gisten, bederven; worden; ~ *about* (zich) omkeren; *about ~!* rechtsom keert!; ~ *adrift* aan zijn lot overlaten; ~ *again!* keer terug!; ~ *against* (zich) keren tegen; ~ *around* = ~ *round*; ~ *aside* (zich) afwenden; *my stomach ~s at it* ik walg er van; ~ *away* (zich) afwenden, zich afkeren, weggaan; afwijzen, wegsturen, ontslaan, wegjagen; ~ *back* terugkeren; terugdraaien; omslaan; doen omkeren; ~ *down* neerdraaien [gas], zachter zetten [radio]; omvouwen [blad &], omslaan [kraag]; keren [een kaart]; inslaan [zijweg]; afwijzen [kandidaat &], geen notitie nemen van [iem.]; ~ *from* (zich) afwenden van; afbrengen van; wegsturen van; ~ *in* binnenlopen; gemeenz naar bed gaan; naar binnen zetten of staan [v. tenen]; inleveren; gemeenz verklikken; ~ *it inside out* het binnenste buiten keren; ~ *into* inslaan [een weg]; veranderen in, omzetten in; overzetten of vertalen in; worden; ~ *off* (zijwaarts) afslaan; af-, dicht-, uitdraaien, afsluiten [gas &], afzetten [de radio]; afwenden [gedachten]; afknappen; ~ *on* draaien om[2]; afhangen van; lopen over [v. gesprek]; zich keren tegen; richten op; opendraaien, openzetten, aanzetten [de radio], aandraaien; gemeenz inspireren; [seksueel] opwinden, opgeilen; onder invloed raken [v. drugs]; ~ *on one's heel* zich omdraaien; ~ *one's back on...* de rug toekeren, -draaien; ~ *on the waterworks* gemeenz beginnen te huilen; *~ed on* slang euforisch [door psychedelica], geïnspireerd; ~ *out* eruit zetten, eruit gooien; blijken te zijn; worden, gebeuren; naar buiten staan of zetten [tenen]; tevoorschijn komen, uit de veren komen, uitlopen [v. stad], opkomen, uitrukken [v. brandweer]; mil in het geweer (doen) komen; afzetten, uitdraaien; produceren, (af)leveren, presteren; *he ~ed out badly (ill)* er is weinig van hem terechtgekomen; *it ~ed out well* het liep goed af, viel goed uit; *well ~ed out* netjes gekleed; *it ~ed out to be true* het bleek waar te zijn; ~ *sbd. out* iem. aan de deur zetten; ~ *out one's pockets* zijn zakken binnenstebuiten keren; ~ *out a room* een kamer uitmesten; ~ *over* zich (nog eens) omkeren [in bed]; overvallen, uitschudden; omdraaien, omslaan [blad], doorbladeren; kantelen; overschakelen (op); omgooien; overdragen, uitleveren, overleveren, overdoen; handel een omzet hebben van; ~ *sth. over in one's mind* iets overwegen; ~ *round* draaien, (zich) omdraaien; omdraaien: van mening, gedragslijn veranderen; draaien of winden om...; ~ *to* zich wenden (keren) tot, zijn toevlucht nemen tot; (zich) richten op; zijn aandacht richten op, zich (gaan) verdiepen in; zich toeleggen op, zich gaan bezighouden met, ter sprake brengen, komen te spreken over; aanpakken [het werk]; veranderen in; ~ *to advantage (profit)* partij trekken van, (weten te) profiteren van; ~ *a deaf ear to...* doof blijven voor...; *he can ~ his hand to anything* hij kan alles aanpakken; *he ~ed to his old trade* hij vatte zijn oude beroep weer op; ~ *up* tevoorschijn komen, (voor de dag) komen, (komen) opdagen, verschijnen, zich vertonen, zich opdoen, zich voordoen [gelegenheid, betrekking &]; opdraaien [lamp]; keren [kaart] opzetten [kraag]; opslaan [bladzijde]; omslaan [broekspijpen]; omploegen; opgraven; harder zetten [radio &]; ~ *up one's eyes* de ogen ten hemel slaan; ~ *it up* slang (ermee) uitscheiden; *~ed-up nose* wipneus; ~ *(sbd.) up* slang (iem.) doen overgeven, misselijk maken; ~ *(up)on* zich keren tegen, opeens aanvallen; ~ *sth. upside down* iets ondersteboven keren; **III** *znw* draai(ing), wending, zwenking, toer, omwenteling, omkering, (omme)keer, wisseling, keerpunt *o*, kentering[2]; schok; kromming, bocht; winding, slag [v. touw of spiraal]; doorslag [balans]; muz dubbelslag; toertje *o*, wandelingetje *o*; beurt; nummer *o* [op programma]; dienst; (geestes)richting, aanleg, aard, slag *o*; soort; behoefte, doel *o*; *bad ~* slechte dienst; *one good ~ deserves another* de ene dienst is de andere waard; ~ *of phrase* eigenaardige zinswending of zegswijze; *a ~ of one's trade* een vakgeheim *o*, een kneep; *do a ~* een handje meehelpen; *do sbd. a ~* iem. een dienst bewijzen; *it gave me such a ~* gemeenz ik schrok me dood; ik werd er zo naar van, het gaf me zo'n schok; *get a* ~ een beurt krijgen; *have a* ~ *for...* aanleg hebben voor..., zin hebben in...; *take a (favourable)* ~ een (gunstige) wending nemen; *take a* ~ *in the garden* wat in de tuin lopen; *take a* ~ *to the left* links afslaan (afbuigen); *take one's* ~ *of duty* op zijn beurt invallen voor het werk (de wacht &); *take* ~*s* om de beurt de dienst waarnemen; elkaar afwisselen of aflossen; *speak (talk) out of* ~ zijn mond voorbij praten; voor zijn beurt spreken; ~ *and* ~ *about* om de beurt; *at every* ~ telkens (weer), bij elke (nieuwe) gelegenheid; *by* ~*s* ook: beurtelings, afwisselend; *in* ~ om de beurt; beurtelings, achtereenvolgens; dan weer; *in his* ~ op zijn beurt; *be on the* ~ op het punt staan van te kenteren; op een keerpunt gekomen zijn; *out of* ~ niet op zijn beurt; voor zijn beurt; *when it came to my* ~ toen ik aan de beurt kwam; *done to a* ~ precies gaar; precies zoals het moet

turnabout *znw* totale ommekeer, radicale ommezwaai

turnaround *znw* **1** = *turnabout*; **2** scheepv lostijd

turncoat *znw* overloper, afvallige, renegaat

turn-down *bn*: ~ *(collar)* omgeslagen, liggende boord *o* & *m*

turner *znw* (kunst)draaier [op de draaibank]

turnery *znw* (kunst)draaien *o*; (kunst)draaierij; draaiwerk *o* [op de draaibank]

turning *znw* draaien *o*; draai, bocht, kronkeling; kentering, keerpunt *o*; zijstraat; *take the* ~ *on the left* links afslaan

turning-lathe *znw* draaibank

turning-point *znw* keerpunt[2] *o*

turnip ['tə:nip] *znw* plantk raap, knol

turnip cabbage *znw* koolraap

turnip tops *znw mv* raapstelen

turnkey ['tə:nki:] *znw* cipier

turn-off ['tə:n'ɔ(:)f] *znw* **1** afslag; **2** gemeenz weerzinwekkend iets/iemand, afknapper; *it's a real* ~*!* gemeenz daar word je toch doodziek van!

turn-on ['tə:n'ɔn] *znw* gemeenz opwindend iets/iemand; *it's a real* ~*!* te gek!

turn-out ['tə:n'aut] *znw* uitrukken *o*, in het geweer komen *o* [v. wacht &]; opkomst [v. vergadering &]; uitrusting, uitdossing; kleding [v. persoon]; groep, nummer *o* [van vertoning of van optocht]; wisselspoor *o*; productie; *give the room a* ~ de kamer uitmesten

turnover *znw* omkanteling; omkering; ommekeer, kentering; handel omzet; verloop *o* [onder het personeel], mutatie(s), wisseling, aflossing; (kranten-) artikel *o* dat overloopt op volgende pagina; omslag [v. kledingstuk]; *apple* ~ appelflap

turnpike ['tə:npaik] *znw* tolhek *o*, slagboom; tolweg, Am hoofdweg, snelverkeersweg (~ *road*)

turnpike-man *znw* tolgaarder

turn-round ['tə:nraund] *znw* (proces *o* van) aankomst, lossen, laden en vertrek [v. schepen &]

turnspit ['tə:nspit] *znw* vroeger spitdraaier

turnstile ['tə:nstail] *znw* draaiboom, tourniquet

turn-table ['tə:nteibl] *znw* draaischijf; draaitafel [v. platenspeler]

turn-up ['tə:nʌp] **I** *bn* opstaand [kraag]; omgeslagen [broekspijp]; **II** *znw* **1** omslag [aan broekspijp]; **2** gemeenz herrie, ruzie; **3** meevaller

turpentine ['tə:pəntain] *znw* terpentijn

turpitude ['tə:pitju:d] *znw* laagheid, verdorvenheid

turps [tə:ps] *znw* gemeenz terpentijn

turquoise ['tə:kwa:z, 'tə:kwɔiz] **I** *znw* turkoois *o* [stofnaam], turkoois *m* [voorwerpsnaam]; **II** *bn* turkooizen

turret ['tʌrit] *znw* torentje *o*; geschuttoren, -koepel

turtle ['tə:tl] *znw* (*mv* idem *of* -s) zeeschildpad; *turn* ~ omslaan, omkantelen

turtle-dove ['tə:tldʌv] *znw* tortelduif

turtle-neck ['tə:tlnek] *znw* col; coltrui

Tuscan ['tʌskən] **I** *bn* Toscaans; **II** *znw* Toscaan

Tuscany ['tʌskəni] *znw* Toscane *o*

tush [tʌʃ] *tsw* st!, pst!, stil!, bah!, och kom!

tusk [tʌsk] *znw* slagtand; tand [v. eg &]

tusker *znw* (volwassen) olifant; groot wild zwijn *o*

tussle ['tʌsl] **I** *znw* worsteling, vechtpartij, strijd; **II** *onoverg* vechten (om *for*), bakkeleien

tussock ['tʌsək] *znw* bosje *o* (gras), pol

tut [tʌt] **I** *tsw* foei!, bah!; kom, kom!; **II** *onoverg*: ~ ~ foei roepen, z'n afkeuring laten blijken

tutelage ['tju:tilidʒ] *znw* voogdij, voogdijschap *o*

tutelar(y) *bn* beschermend; ~ *angel* beschermengel

tutor ['tju:tə] **I** *znw* leermeester, huisonderwijzer, gouverneur; repetitor of de studie leidende assistent van een *College*; recht voogd; **II** *overg* onderwijzen; dresseren; bedillen

tutorial [tju:'tɔ:riəl] *znw* (les) van een tutor, privatissimum *o*

tutu ['tutu] *znw* tutu, balletrokje *o*

Tuvalu [tu:və'lu:] *znw* Tuvalu *o*

tuwhit tuwhoo [tu'wit tu'wu] *znw* oehoe(geroep *o*) [v. uil]

tux [tʌks] *znw* Am gemeenz smoking

tuxedo [tʌk'si:dou] *znw* (*mv*: -s *of* -does) Am smoking

TV *znw* = *television* tv

twaddle ['twɔdl] *znw* gewauwel *o*, gebazel *o*, klets

twain [twein] *znw* plechtig twee; tweetal *o*

twang [twæŋ] **I** *onoverg* tinkelen, tjingelen, snorren, trillen [v. een snaar]; tokkelen (op *on*); **II** *overg* doen klinken of trillen; tokkelen (op); **III** *znw* getokkel *o*, scherp geluid *o*, neusklank

twat [twɔt] *znw* slang kutwijf, (kloot)zak; gemeenz kut, trut, doos

tweak [twi:k] **I** *overg* knijpen (in); rukken, trekken (aan); **II** *znw* kneep

twee [twi:] *bn* gemeenz sentimenteel, zoetelijk, popperig

tweed [twi:d] *znw* tweed *o*; soort gekeperde wollen stof; ~*s* tweedpak *o*, -kostuum *o*

tweedledum and tweedledee ['twi:dl'dʌmən-'twi:dl'di:] *znw* één potnat, lood om oud ijzer
tweedy ['twi:di] *bn* in *tweeds* gekleed
'tween [twi:n] *voorz* = *between*
'tween-decks ['twi:ndeks] **I** *bijw* tussendeks; **II** *znw* tussendek *o*
tweeny ['twi:ni] *znw* gemeenz hulpdienstbode
tweet [twi:t] **I** *overg* tjilpen; **II** *znw* getjilp *o*
tweezers ['twi:zəz] *znw mv* (haar)tangetje *o*, pincet *o & m*
twelfth [twelfθ] *telw (znw)* twaalfde (deel *o*)
Twelfth-day *znw* Driekoningen(dag)
Twelfth-night *znw* driekoningenavond
twelve *telw* twaalf; *in ~s* in duodecimo
twelvefold *bn bijw* twaalfvoudig
twelvemonth *znw* jaar *o*
twelve-note, twelve-tone *bn* twaalftoon-, dodecafonisch
twentieth ['twentiiθ] *telw (znw)* twintigste (deel *o*)
twenty *telw* twintig; *the twenties* de jaren twintig; *in the (one's) twenties* ook: in de twintig
twenty-first *telw* eenentwintigste
twentyfold *bn bijw* twintigvoudig
twerp, twirp [twə:p] *znw* gemeenz sukkel, stommeling; vervelende klier, zeiker(d)
twice [twais] *bijw* twee keer, tweemaal, dubbel; *~ over* twee keer
twice-told *bn* tweemaal verteld; *a ~ tale* een welbekende geschiedenis
twiddle ['twidl] **I** *overg* draaien (met); *~ one's thumbs* duimen draaien, met de handen in de schoot zitten, tijd verknoeien; **II** *onoverg*: *~ with* draaien, spelen met
1 twig [twig] *znw* takje *o*, twijg
2 twig [twig] *overg & onoverg* gemeenz begrijpen, snappen
twiggy ['twigi] *bn* vol takjes; als een takje
twilight ['twailait] **I** *znw* schemering; schemeravond; schemerlicht *o*, schemer(donker[2] *o*); *at ~* in de schemering; **II** *bn* schemerig, schemerend, schemer-; *~ zone* grensgebied° *o*
twill [twil] *znw* keper(stof)
'twill [twil] verk. v. *it will*
twin [twin] **I** *bn* tweeling-, paarsgewijs voorkomend, dubbel; *~ sons* tweeling; **II** *znw* tweeling; andere (exemplaar *o* &), tegenhanger; *~s* een tweeling; **III** *overg*: *be ~ned with* gepaard aan; een jumelage aangegaan zijn met
twin beds *znw mv* lits-jumeaux *o*
twin-born *bn* als tweeling geboren
twin brother *znw* tweelingbroer
twine [twain] **I** *znw* twijndraad *o & m*; bindgaren *o*, bindtouw *o*; kronkel(ing), bocht; **II** *overg* twijnen, tweernen; strengelen, vlechten; **III** *onoverg* zich kronkelen; *~ round* omwinden, omstrengelen, zich slingeren of kronkelen om; **IV** *wederk*: *~ itself (round)* zich slingeren om, omstrengelen
twin-engined ['twin'endʒind] *bn* tweemotorig
twinge [twin(d)ʒ] *znw* steek, korte hevige pijn, scheut [v. pijn]; kwelling; wroeging
twinkle ['twiŋkl] **I** *onoverg* tintelen, schitteren, fonkelen, flonkeren, flikkeren, blinken; knipperen [met de ogen]; tintelogen; **II** *overg* knipperen met; **III** *znw* tinteling, fonkeling, flikkering
twinkling I *bn* tintelend &; **II** *znw* tinteling &; *in the ~ of an eye* in een oogwenk, in een wip
twin set ['twinset] *znw* trui met vest [dameskleding]
twin sister *znw* tweelingzus(ter)
twin town *znw* zusterstad, stad waarmee een jumelage is aangegaan
twirl [twə:l] **I** *onoverg* (rond)draaien (ook: *~ round*); **II** *overg* ronddraaien, doen draaien; draaien aan [snor &]; **III** *znw* draai(ing)
twist [twist] **I** *znw* draai[2], draaiing, verdraaiing[2]; verrekking; vertrekking; strengel, kronkel(ing), kromming; kronkel in de hersens, afwijking; kink [in kabel]; wrong, wringing, biljart effect *o*; (onverwachte) wending [in verhaal &]; twist [dans]; *~s and turns* bochten en kronkelingen; *round the ~* gemeenz gek; *give it a ~* er een draai, kronkel of krul aan maken; de zaak verdraaien; **II** *overg* (ineen)draaien, winden, verdraaien[2]; verrekken; vertrekken; vlechten, twijnen, strengelen; wringen; biljart effect geven; *~ed mind* verknipte geest; **III** *wederk*: *~ oneself* zich wringen; **IV** *onoverg* draaien, zich winden, kronkelen, slingeren; zich laten winden &; twisten [dansen]
twister *znw* gemeenz bedrieger, draaier; biljart trekbal; Am tornado, wervelwind
twisty *bn* draaiend, kronkelend; gemeenz oneerlijk
1 twit [twit] **I** *znw* berisping, verwijt *o*; **II** *overg* berispen (om, wegens *with*), verwijten
2 twit [twit] *znw* slang idioot, proleet
twitch [twitʃ] **I** *overg* rukken, trekken (aan, met); **II** *onoverg* zenuwachtig trekken; **III** *znw* rukje *o*; zenuwtrekking
twitchy ['twitʃi] *bn* zenuwachtig, geagiteerd, prikkelbaar
twitter ['twitə] **I** *onoverg* kwetteren, tjilpen; trillen [v. zenuwachtigheid]; **II** *znw* gekwetter *o*, getjilp *o*; gegiechel *o*; trilling [v. zenuwachtigheid]; *be all of a ~* erg geagiteerd zijn
'twixt [twikst] *voorz* verk. van *betwixt*
two [tu:] *telw* twee, tweetal *o*; *cut & in ~* in tweeën snijden &; *one or ~* een paar; *put ~ and ~ together* het een met het ander in verband brengen, zijn conclusie(s) trekken
two-dimensional *bn* tweedimensionaal; fig oppervlakkig
two-edged *bn* tweesnijdend
two-faced *bn* dubbelhartig, onoprecht
two-fisted *bn* gemeenz onhandig; krachtig
twofold *bn & bijw* tweevoudig, tweeledig, dubbel; *in a ~ way* op twee manieren; dubbel

two-handed *bn* tweehandig; voor twee handen; voor twee personen
twopence ['tʌpəns] *znw* twee penny
twopenny ['tʌpəni] *bn* van twee penny's; fig van weinig waarde of betekenis
twopenny-halfpenny *bn* van tweeëneenhalve penny; fig onbelangrijk, van weinig waarde
two-piece ['tu:pi:s] **I** *znw* deux-pièces; **II** *bn* tweedelig
two-ply *bn* tweedraads [touw, draad]; tweelagig [hout]
two-seater *znw* tweepersoonswagen
twosome **I** *bn* door twee personen uitgevoerd of gespeeld; **II** *znw* paar *o*, tweespan *o*
two-step *znw* two-step [dans]
two-stroke *bn* tweetakt-
two-time *onoverg* & *overg* gemeenz ontrouw zijn, bedriegen
two-way *bn* techn tweewegs-; in twee richtingen; wederkerig, bilateraal [v. handel &]; ~ *radio* zender en ontvanger; ~ *switch* hotelschakelaar
tycoon [tai'ku:n] *znw* gemeenz magnaat
tyke [taik] *znw* = *tike*
tympanic [tim'pænik] *bn* trommel-
tympanitis [timpə'naitis] *znw* ontsteking van het trommelvlies
tympanum ['timpənəm] *znw* (*mv*: -s *of* tympana [-pənə]) anat trommelvlies *o*; bouwk tympaan *o*
type [taip] **I** *znw* type[2] *o*, toonbeeld *o*, voorbeeld *o*, zinnebeeld *o*; soort, slag *o*; letter(type *o*), lettersoort, drukletter; zetsel *o*; *in* ~ gezet; **II** *overg* typen, tikken [met schrijfmachine]; med het type vaststellen van [voor transfusie, transplantatie]; ~ *out (up)* uittypen, uittikken; **III** *onoverg* typen, tikken
typecast *overg* (steeds weer) een zelfde soort rol geven
typeface *znw* lettertype *o*
type-foundry *znw* lettergieterij
type-metal *znw* lettermetaal *o*, -specie
typescript *znw* machineschrift *o*; typeschrift *o*, getypt manuscript *o*, getypt exemplaar *o*
typesetter *znw* letterzetter; zetmachine
typesetting *znw* typ letterzetten *o*
typewrite *overg* & *onoverg* (op de schrijfmachine) tikken, typen
typewriter *znw* schrijfmachine
typewritten *bn* getypt, getikt
typhoid ['taifɔid] **I** *bn* tyfeus; (buik)tyfus-; **II** *znw* tyfeuze koorts, buiktyfus (ook: ~ *fever*)
typhoon [tai'fu:n] *znw* tyfoon, taifoen
typhous ['taifəs] *bn* tyfeus
typhus ['taifəs] *znw* vlektyfus
typical ['tipikl] *bn* typisch; typerend (voor *of*)
typification [tipifi'keiʃən] *znw* typering
typify ['tipifai] *overg* typeren, (iemand) tekenen
typing ['taipiŋ] *znw* typen *o*, tikken *o*; typewerk *o*
typist *znw* typist(e)
typographer [tai'pɔgrəfə] *znw* typograaf
typographic(al) [taipə'græfik(l)] *bn* typografisch
typography [tai'pɔgrəfi] *znw* typografie, boekdrukkunst; druk
typology [tai'pɔlədʒi] *znw* psych typologie, (leer van de) indeling naar typen
tyrannical [ti'rænikl] *bn* tiranniek
tyrannicide *znw* tirannenmoord; tirannenmoordenaar
tyrannize ['tirənaiz] **I** *onoverg* als tiran heersen, de dwingeland spelen (over *over*); ~ *over* tiranniseren; **II** *overg* tiranniseren
tyrannous *bn* tiranniek
tyranny *znw* tirannie, dwingelandij
tyrant ['taiərənt] *znw* tiran, dwingeland, geweldenaar
tyre ['taiə] *znw* (fiets-, auto-)band
tyre gauge ['taiəgeidʒ] *znw* spanningsmeter [v. band]
tyre lever ['taiəli:və] *znw* bandenlichter, bandafnemer
tyre trouble *znw* bandenpech
tyro ['taiərou] *znw* aankomeling, nieuweling, beginneling, beginner, leerling
Tyrolean [ti'rouliən] **I** *bn* Tirools, Tiroler; **II** *znw* Tiroler
Tyrrhenian [ti'ri:niən] *bn* Tyrrheens

U

u [ju:] *znw* (de letter) u

U *afk.* **1** = *universal* geschikt voor alle leeftijden [v. film]; **2** = *upper (class)* van de betere standen (tegenover *non-~* gewoon)

UAE *afk.* = *United Arabian Emirates* VAE, Verenigde Arabische Emiraten

ubiquitous [ju'bikwitəs] *bn* alomtegenwoordig

ubiquity *znw* alomtegenwoordigheid

U-boat ['ju:bout] *znw* scheepv (Duitse) onderzeeboot

udder ['ʌdə] *znw* uier

UFO, **ufo** ['ju:fou, ju:ef'ou] *afk.* = *unidentified flying object* UFO

Uganda [ju:'gændə] *znw* Oeganda *o*

Ugandan [ju(:)gændən] **I** *znw* Oegandees; **II** *bn* Oegandees

ugh [ʌx, ʌg, ʌh] *tsw* bah!, foei!

uglification [ʌglifi'keiʃən] *znw* verlelijking

uglify ['ʌglifai] *overg* lelijk maken, verlelijken

ugly *bn* lelijk°; bedenkelijk, kwalijk; afschuwelijk, afgrijselijk; vervelend; kwaadaardig; dreigend; gevaarlijk

uhlan [u'la:n] *znw* hist ulaan [lansier]

UK *afk.* = *United Kingdom*

ukase [ju:'keiz] *znw* oekaze, decreet *o*

ukelele [ju:kə'leili], **ukulele** [ju:kə'leili] *znw* ukelele

Ukrainian [ju:'kreiniən] **I** *bn* Oekraïens; **II** *znw* Oekraïner

ulcer ['ʌlsə] *znw* zweer, fig kanker

ulcerate **I** *onoverg* zweren[2], verzweren; **II** *overg* doen zweren; *~ed eyelids* zwerende oogleden

ulceration [ʌlsə'reiʃən] *znw* zwering, verzwering; zweer[2]

ulcered ['ʌlsəd] *bn* tot een zweer geworden; zwerend, etterend

ulcerous *bn* vol zweren; fig verpestend, corrupt

ullage ['ʌlidʒ] *znw* wan *o* [nog lege ruimte in een gevuld vat &]

ulna ['ʌlnə] *znw* (*mv*: -s *of* ulnae [-ni:]) anat ellepijp

ulnar *bn* van de ellepijp

ulster ['ʌlstə] *znw* ulster(jas)

ult. *afk.* = *ultimo*

ulterior [ʌl'tiəriə] *bn* geheim, achterliggend, verborgen, heimelijk

ultimate ['ʌltimit] **I** *bn* (aller)laatste, uiterste; hoogste, grootste, opperste; eind-, uiteindelijk; *they had no ~ hope* uiteindelijk was al hun hoop vervlogen; **II** *znw* fig toppunt *o*, summum *o*

ultimately *bijw* uiteindelijk, ten slotte

ultimatum ['ʌlti'meitəm] *znw* (*mv*: -s *of* ultimata [-tə]) ultimatum *o*

ultimo ['ʌltimou] *bijw* van de vorige maand

ultra ['ʌltrə] *bn* ultra, uiterst (radicaal)

ultramarine ['ʌltrəmə'ri:n] **I** *bn* ultramarijn, hemelsblauw; **II** *znw* ultramarijn *o*

ultrasonic ['ʌltrə'sɔnik] *bn* ultrasoon

ultrasound ['ʌltrəsaund] *znw* ultrageluid *o*; med echoscopie (ook: *~ scan*)

ultraviolet ['ʌltrəvaiəlit] *znw* ultraviolet *o*

ululate ['ju:ljuleit] *onoverg* huilen [van hond of wolf]; jammeren

umbel ['ʌmbəl] *znw* plantk (bloem)scherm *o*

umbellate *bn* schermbloemig

umbellifer ['ʌmbelifə] *znw* schermbloem

umbelliferous ['ʌmbe'lifərəs] *bn* schermdragend

umber ['ʌmbə] *znw* omber, bergbruin *o*

umbilical [ʌm'bilikl] *bn* navel-; fig centraal; *~ cord* navelstreng

umbilicus [ʌm'bilikəs] *znw* (*mv*: -es *of* umbilici [-sai]) navel

umbra ['ʌmbrə] *znw* (*mv*: -s *of* umbrae [-bri:]) slag-, kernschaduw

umbrage *znw* aanstoot, ergernis; vero lommer *o*, schaduw; *take ~ at* aanstoot nemen aan, zich ergeren aan

umbrella [ʌm'brelə] *znw* paraplu; (strand-, tuin-) parasol (*beach ~*); *~ organization* overkoepelende organisatie; *~ term* verzamelnaam; *under the ~ of* onder auspiciën van

umbrella-stand *znw* paraplustandaard

umpire ['ʌmpaiə] **I** *znw* scheidsrechter, arbiter; **II** *onoverg* scheidsrechter zijn, arbitreren; **III** *overg* arbitreren bij

umpteen ['ʌm(p)ti:n] *bn* gemeenz een hoop, een heleboel, een massa

umpteenth *bn* gemeenz zoveelste

umpty *bn*: *~ days* slang zoveel/tig dagen

UN *afk.* = *United Nations*

'un [ʌn, ən] gemeenz = *one*

unabashed ['ʌnə'bæʃt] *bn* onbeschaamd; niets verlegen; niet uit het veld geslagen

unabated ['ʌnə'beitid] *bn* onverminderd, onverflauwd, onverzwakt

unabbreviated ['ʌnə'bri:vieitid] *bn* onverkort

unable ['ʌn'eibl] *bn* onbekwaam, niet in staat, niet kunnende; *be ~ to...* niet kunnen...

unabridged ['ʌnə'bridʒd] *bn* onverkort

unaccented ['ʌnək'sentid] *bn* zonder toonteken; zonder klemtoon (uitgesproken)

unacceptable ['ʌnək'septəbl] *bn* onaanvaardbaar, onaannemelijk; minder aangenaam, onwelkom

unaccompanied ['ʌnə'kʌmpənid] *bn* onvergezeld; muz zonder begeleiding; *~ choir* muz a-capellakoor *o*

unaccountable ['ʌnə'kauntəbl] *bn* **1** onverklaarbaar; **2** geen verantwoording schuldig

unaccounted ['ʌnə'kauntid] *bn*: *~ for* onverklaard; onverantwoord; *five of the crew are ~ for* vijf

bemanningsleden zijn nog vermist
unaccustomed ['ʌnə'kʌstəmd] *bn* ongewoon; ongebruikelijk; ~ *to* niet gewend aan (om)
unacknowledged ['ʌnək'nɔlidʒd] *bn* niet erkend; overgenomen zonder te bedanken of zonder bronvermelding, niet bekend [v. misdaad]
unacquainted ['ʌnə'kweintid] *bn* onbekend [met *with*], onwetend [van *with*]
unadaptable ['ʌnə'dæptəbl] *bn* niet aan te passen, niet pasklaar te maken, niet geschikt om te bewerken [roman &]
unadorned ['ʌnə'dɔ:nd] *bn* onversierd, onopgesmukt[2]
unadulterated ['ʌnə'dʌltəreitid] *bn* onvervalst, zuiver, echt; ~ *misery* pure ellende
unadvised ['ʌnəd'vaizd] *bn* onbedachtzaam, onberaden, onvoorzichtig
unaffected ['ʌnə'fektid] *bn* ongedwongen, ongekunsteld, niet geaffecteerd, natuurlijk; niet beïnvloed, onaangetast, onaangedaan, ongeroerd
unafraid ['ʌnə'freid] *bn* onbevreesd (voor *of*)
unaided ['ʌn'eidid] *bn* niet geholpen; zonder hulp (uitgevoerd); bloot [v. oog]
unalienable ['ʌn'eiljənəbl] *bn* onvervreemdbaar
unallied ['ʌnə'laid] *bn* niet verwant; zonder bondgenoten
unalloyed ['ʌnə'lɔid] *bn* onvermengd, puur
unalterable ['ʌn'ɔ:ltərəbl] *bn* onveranderlijk
unaltered *bn* onveranderd
unambiguous ['ʌnæm'bigjuəs] *bn* ondubbelzinnig
unambitious ['ʌnæm'biʃəs] *bn* niet eerzuchtig; pretentieloos, bescheiden
unamiable ['ʌn'eimjəbl] *bn* onbeminnelijk, onaangenaam [mens]
unamusing ['ʌnə'mju:ziŋ] *bn* niet (erg) amusant, niet onderhoudend, onvermakelijk
unanimated ['ʌn'ænimeitid] *bn* onbezield
unanimity [ju:nə-, ju:næ'nimiti] *znw* unanimiteit, eenstemmigheid, eensgezindheid
unanimous [ju'næniməs] *bn* unaniem, eenstemmig, eensgezind
unannounced ['ʌnə'naunst] *bn* onaangekondigd, onaangediend, onaangemeld
unanswerable ['ʌn'a:nsərəbl] *bn* niet te beantwoorden; onweerlegbaar
unanswered ['ʌn'a:nsəd] *bn* onbeantwoord
unappealable ['ʌnə'pi:ləbl] *bn* recht waaromtrent men niet in hoger beroep kan gaan
unappealing *bn* onaantrekkelijk
unappetizing ['ʌn'æpətaiziŋ] *bn* onappetijtelijk
unappreciated *bn* weinig of niet gewaardeerd
unapproachable ['ʌnə'proutʃəbl] *bn* ontoegankelijk, ongenaakbaar[2]; onvergelijkelijk
unapt ['ʌn'æpt] *bn* ongeschikt, onbekwaam; ongepast
unarguable ['ʌn'a:gjuəbl] *bn* ontegenzeglijk
unarmed ['ʌn'a:md] *bn* ongewapend; ontwapend; niet scherpgesteld [v. atoombom]
unascertainable ['ʌnæsə'teinəbl] *bn* niet uit te maken of na te gaan
unashamed ['ʌnə'ʃeimd] *bn* zonder zich te schamen; onbeschaamd, brutaal
unasked ['ʌn'a:skt] *bn* ongevraagd, ongenood
unaspiring ['ʌnəs'paiəriŋ] *bn* oneerzuchtig, zonder pretentie
unassailable ['ʌnə'seiləbl] *bn* onaantastbaar [positie]; onneembaar [vesting]; onweerlegbaar [argument]
unassisted ['ʌnə'sistid] *bn* niet geholpen, zonder hulp
unassuming ['ʌnə'sju:miŋ] *bn* niet aanmatigend, zonder pretentie(s), pretentieloos, bescheiden
unattached ['ʌnə'tætʃt] *bn* los(lopend), niet gebonden, niet verbonden; niet verloofd of getrouwd
unattainable ['ʌnə'teinəbl] *bn* onbereikbaar[2]
unattended ['ʌnə'tendid] *bn* zonder toezicht; onbeheerd
unattractive ['ʌnə'træktiv] *bn* onaantrekkelijk
unauthorized ['ʌn'ɔ:θəraizd] *bn* niet geautoriseerd, onwettig, onbevoegd
unavailable ['ʌnə'veiləbl] *bn* niet ter beschikking staand, niet beschikbaar; onbereikbaar
unavailing ['ʌnə'veiliŋ] *bn* vergeefs
unavenged ['ʌnəvendʒd] *bn* ongewroken
unavoidable ['ʌnə'vɔidəbl] *bn* onvermijdelijk
unaware ['ʌnə'wɛə] *bn* niet wetend, het zich niet bewust zijnd; ~ *of* niet wetend van, niets merkend van
unawares *bijw* zonder het te merken; onvoorziens, onverwachts, onverhoeds; *catch (take)* ~ overvallen, overrompelen
unbacked ['ʌn'bækt] *bn* onbereden [paard]; ongedresseerd; waarop niet gewed is [paard]; niet gesteund [voorstel]
unbalance ['ʌn'bæləns] *overg* uit het (zijn) evenwicht brengen[2]
unbalanced *bn* niet in evenwicht; onevenwichtig; in de war, getroebleerd; handel niet vereffend [v. rekeningen]; niet sluitend [v. begroting]
unbar ['ʌn'ba:] *overg* ontgrendelen[2], ontsluiten[2]
unbearable ['ʌn'bɛərəbl] *bn* ondraaglijk, onuitstaanbaar
unbeatable ['ʌn'bi:təbl] *bn* niet te overtreffen, onoverwinnelijk, onverslaanbaar
unbeaten ['ʌn'bi:tn] *bn* niet verslagen, ongeslagen; onbetreden [weg], ongebaand
unbecoming ['ʌnbi'kʌmiŋ] *bn* niet goed staand; niet mooi; geen pas gevend; onbetamelijk, ongepast (voor *to*)
unbefitting ['ʌnbi'fitiŋ] *bn* ongepast, onbetamelijk
unbegotten ['ʌnbi'gɔtn] *bn* ongeboren
unbeknown ['ʌnbi'noun] *bijw*: ~ *to me* zonder dat ik er (iets) van wist (weet); zonder mijn voorkennis
unbelief ['ʌnbi'li:f] *znw* ongeloof *o*
unbelievable *bn* ongelooflijk
unbeliever *znw* ongelovige

unbelieving *bn* ongelovig
unbeloved ['ʌnbi'lʌvd] *bn* onbemind
unbend ['ʌn'bend] **I** *overg* ontspannen[2], losmaken; fig uit de plooi doen komen; **II** *onoverg* losser worden; zich ontspannen[2]; fig minder stijf worden, uit de plooi komen
unbending *znw* onbuigzaam; niet toegevend; nooit uit de plooi komend
unbiassed ['ʌn'baiəst] *bn* onpartijdig, onbevooroordeeld
unbidden ['ʌn'bidn] *bn* vanzelf; ongenood, ongevraagd
unbind ['ʌn'baind] *overg* ontbinden, losbinden, losmaken
unblemished ['ʌn'blemiʃt] *bn* onbevlekt, onbezoedeld, vlekkeloos, smetteloos
unblinking ['ʌn'bliŋkiŋ] *bn* zonder met de ogen te knipperen; onverstoorbaar, ijzig (kalm), zonder aarzelen; *he looked at me with ~ eyes* hij keek me aan zonder een spier te vertrekken
unblock ['ʌn'blɔk] *overg* **1** ontstoppen; **2** handel deblokkeren
unblushing ['ʌn'blʌʃiŋ] *bn* schaamteloos, zonder blikken of blozen
unbolt ['ʌn'boult] *overg* ontgrendelen
unborn ['ʌn'bɔ:n] *bn* ongeboren
unbosom [ʌn'buzəm] **I** *overg* ontboezemen; **II** *wederk*: *~ oneself* zijn hart uitstorten
unbound ['ʌn'baund] *bn* ongebonden; niet opgebonden [haar], loshangend; ontketend [hond &]
unbounded *bn* onbegrensd
unbrace ['ʌn'breis] *overg* losmaken, losgespen; ontspannen[2]
unbreakable ['ʌn'breikəbl] *bn* onbreekbaar; fig heilig [belofte &]
unbridled ['ʌn'braidld] *bn* fig ongebreideld, tomeloos, onbeteugeld, teugelloos
unbroken ['ʌn'broukn] *bn* ongebroken, niet ge-, verbroken, onaan-, onafgebroken; onafgericht
unbuckle ['ʌn'bʌkl] *overg* losgespen
unbuilt [ʌn'bilt] *bn* ongebouwd; onbebouwd
unburden [ʌn'bə:dn] *overg* ontlasten, verlichten; *~ oneself* zeggen wat men op het hart heeft; zijn hart uitstorten
unbusinesslike [ʌn'biznislaik] *bn* onzakelijk, onpraktisch
unbutton ['ʌn'bʌtn] *overg* losknopen; fig loskomen, ontdooien
uncalled-for [ʌn'kɔ:ld] *bn* ongerechtvaardigd, ongemotiveerd; ongewenst, niet vereist
uncanny [ʌn'kæni] *bn* griezelig, eng, mysterieus
uncap ['ʌn'kæp] *overg* de dop (deksel) afhalen van; hoed (muts, pet &) afnemen
uncared-for ['ʌn'kεədfɔ:] *bn* verwaarloosd; onverzorgd
uncaring ['ʌn'kεəriŋ] *bn* ongevoelig, hard(vochtig)
uncase ['ʌn'keis] *overg* uit het foedraal, etui & halen, uitpakken; ontvouwen [vlag]
unceasing [ʌn'si:siŋ] *bn* onophoudelijk, zonder ophouden, voortdurend
uncensored ['ʌn'sensəd] *bn* ongecensureerd, integraal
unceremonious ['ʌnseri'mounjəs] *bn* zonder plichtplegingen, zonder complimenten, familiaar, ongegeneerd
uncertain [ʌn'sə:t(i)n] *bn* onzeker, ongewis, onvast, onbestendig, veranderlijk, vaag
uncertainty *znw* onzekerheid &
unchain ['ʌn'tʃein] *overg* ontkennen, loslaten
unchallengeable ['ʌn'tʃælin(d)ʒəbl] *bn* onwraakbaar, onaantastbaar, onomstotelijk
unchallenged *bn* mil niet aangeroepen; onaangevochten, onbetwist; ongewraakt
unchangeable ['ʌn'tʃein(d)ʒəbl] *bn* niet te veranderen, onveranderlijk
unchanged *bn* onveranderd
unchanging *bn* plechtig onveranderlijk
uncharacteristic ['ʌnkæriktə'ristik] *bn* ongewoon, opmerkelijk
uncharged ['ʌn'tʃa:dʒd] *bn* ongeladen; recht niet formeel in staat van beschuldiging gesteld
uncharitable ['ʌn'tʃæritəbl] *bn* liefdeloos, onbarmhartig; zelfzuchtig; gierig
uncharted ['ʌn'tʃa:tid] *bn* niet in kaart gebracht; fig onbekend
unchaste ['ʌn'tʃeist] *bn* onkuis, wulps
unchastity ['ʌn'tʃæstiti] *znw* onkuisheid
unchecked ['ʌn'tʃekt] *bn* onbeteugeld, ongebreideld; onbelemmerd; ongecontroleerd
unchristian ['ʌn'kristjən] *bn* onchristelijk; *at an ~ hour* onchristelijk vroeg
unchronicled ['ʌn'krɔnikld] *bn* onvermeld
uncial ['ʌnsiəl] **I** *bn* unciaal; **II** *znw* unciaalletter
uncivil ['ʌn'sivil] *bn* onbeleefd
uncivilized ['ʌn'sivilaizd] *bn* onbeschaafd
unclaimed ['ʌn'kleimd] *bn* niet opgeëist, niet afgehaald [v. bagage &]
unclasp ['ʌn'kla:sp] **I** *overg* loshaken, openmaken, openen; **II** *onoverg* zich ontsluiten
unclassified ['ʌn'klæsifaid] *bn* ongeclassificeerd, ongerubriceerd; niet geheim [informatie]
uncle ['ʌŋkl] *znw* oom; slang ome Jan: de lommerd; *U~ Sam* verpersoonlijking van de Verenigde Staten; *U~ Tom* geringsch onderdanige neger [naar de hoofdpersoon in de roman van Beecher Stowe]
unclean ['ʌn'kli:n] *bn* onrein, vuil
unclear ['ʌn'kliə] *bn* onduidelijk; twijfelend, onzeker
unclench ['ʌn'klenʃ] *onoverg* ontsluiten, zich openen
uncloak ['ʌn'klouk] *onoverg* & *overg* (zich) van een mantel ontdoen; fig ontmaskeren
unclose ['ʌn'klouz] **I** *overg* ontsluiten, openen; fig onthullen, openbaren; **II** *onoverg* opengaan
uncloth ['ʌn'klouð] *overg* ontkleden; *~ed* naakt
unclouded ['ʌn'klaudid] *bn* onbewolkt; fig helder,

zonnig (toekomst), onbesmeurd (verleden)
uncluttered ['ʌn'klʌtəd] *bn* overzichtelijk; sober
unco ['ʌŋkou] *bn* Schots uiterst, hoogst
uncoil ['ʌn'kɔil] **I** *overg* afrollen, ontrollen; **II** *onoverg* zich ontrollen
uncollected ['ʌnkə'lektid] *bn* niet verzameld; niet geïnd; niet tot bedaren of bezinning gekomen
uncoloured ['ʌn'kʌləd] *bn* ongekleurd; zwart-wit; fig onpartijdig, objectief
uncombed ['ʌn'koumd] *bn* ongekamd
un-come-at-able ['ʌnkʌm'ætəbl] *bn* gemeenz ongenaakbaar, onbereikbaar
uncomely ['ʌn'kʌmli] *bn* niet welstaand, onbevallig, minder welvoeglijk
uncomfortable [ʌn'kʌmfətəbl] *bn* ongemakkelijk; niet op zijn gemak, verlegen; onbehaaglijk, onaangenaam; pijnlijk [stilte, situatie]
uncommercial ['ʌnkə'mə:ʃəl] *bn* niet handeldrijvend; tegen de handelsgewoonten; zonder winstbejag
uncommitted ['ʌnkə'mitid] *bn* niet gebonden, vrij; niet commissoriaal gemaakt; niet verpand
uncommon [ʌn'kɔmən] *bn* ongewoon; zeldzaam; ongemeen, bijzonder
uncommunicative ['ʌnkə'mju:nikətiv] *bn* niet (bijzonder) mededeelzaam, gesloten
uncomplaining ['ʌnkəm'pleiniŋ] *bn* gelaten
uncomplicated ['ʌn'kɔmplikeitid] *bn* eenvoudig
uncompounded ['ʌnkəm'paundid] *bn* niet samengesteld, enkelvoudig
uncomprehending ['ʌnkɔmpri'hendiŋ] *bn* niet begrijpend
uncompromising [ʌn'kɔmprəmaiziŋ] *bn* onbuigzaam, star, compromisloos
unconcealed ['ʌnkən'si:ld] *bn* niet verborgen, onverholen
unconcern ['ʌnkən'sə:n] *znw* onbekommerd-, onverschilligheid, kalmte
unconcerned *bn* zich niets aantrekkend (van *at*); onbekommerd (over *about, as to, for, with*); kalm, onverschillig
unconditional [ʌnkən'diʃənəl] *bn* onvoorwaardelijk
unconditioned *bn* psych natuurlijk, niet geconditioneerd [reflexen]
unconfessed ['ʌnkən'fest] *bn* onbeleden; RK niet gebiecht hebbend
unconfined ['ʌnkən'faind] *bn* **1** onbegrensd; **2** vrij rondlopend [dier]
unconfirmed ['ʌnkən'fə:md] *bn* onbevestigd; niet kerkelijk aangenomen
unconformable ['ʌnkən'fɔ:məbl] *bn* niet overeenkomstig; zich niet schikkend
uncongenial ['ʌnkən'dʒi:niəl] *bn* niet verwant; niet sympathiek; onaangenaam
unconnected ['ʌnkə'nektid] *bn* niet met elkaar in betrekking (staand), onsamenhangend
unconquerable ['ʌn'kɔŋkərəbl] *bn* onoverwinnelijk, onoverwinbaar
unconquered *bn* niet veroverd; onoverwonnen
unconscionable ['ʌn'kɔnʃənəbl] *bn* onredelijk, onbillijk; buitensporig, onmogelijk
unconscionably *bijw* onredelijk &; *an ~ long time* ongepermitteerd lang
unconscious [ʌn'kɔnʃəs] **I** *bn* onbewust, onkundig; bewusteloos; **II** *znw*: *the ~* psych het onderbewuste
unconsciousness *znw* onbewustheid; bewusteloosheid
unconsidered ['ʌnkən'sidəd] *bn* ondoordacht, overijld
unconstitutional ['ʌnkɔnsti'tju:ʃənəl] *bn* niet constitutioneel, ongrondwettig
unconstrained ['ʌnkən'streind] *bn* ongedwongen
unconstraint *znw* ongedwongenheid
uncontrollable ['ʌnkən'trouləbl] *bn* niet te beheersen, onbedwingbaar, onbedaarlijk, onbestuurbaar, onhandelbaar; waarover men geen macht heeft; niet te controleren
uncontrolled *bn* onbedwongen, onbeteugeld
unconventional ['ʌnkən'venʃənl] *bn* onconventioneel, niet gehecht (gebonden) aan vormen, vrij
unconvinced ['ʌnkən'vinst] *bn* niet overtuigd, sceptisch; *I'm ~* ik heb mijn twijfels
unconvincing *bn* niet overtuigend
uncooked ['ʌn'kukt] *bn* ongekookt, rauw
uncooperative ['ʌnkou'ɔpərətiv] *bn* niet meewerkend, onwillig
uncoordinated ['ʌnkou'ɔ:dineitid] *bn* onhandig [bewegingen]; chaotisch, niet gecoördineerd [actie]
uncord ['ʌn'kɔ:d] *overg* losbinden, losmaken
uncork ['ʌn'kɔ:k] *overg* ontkurken, opentrekken
uncorroborated ['ʌnkə'rɔbəreitid] *bn* niet (nader) bevestigd
uncounted ['ʌn'kauntid] *bn* ongeteld; talloos
uncouple ['ʌn'kʌpl] *overg* afkoppelen; loskoppelen
uncourteous ['ʌn'kə:tjəs, 'ʌn'kɔ:tjəs] *bn* onbeleefd, onhoffelijk, onheus
uncourtly ['ʌn'kɔ:tli] *bn* ongemanierd, lomp
uncouth [ʌn'ku:θ] *bn* onhandig, lomp; ongemanierd
uncover [ʌn'kʌvə] *overg* het deksel (de schaal &) afnemen van, ontbloten, blootleggen; *-ed* onoverdekt
uncritical ['ʌn'kritikəl] *bn* onkritisch; kritiekloos
uncrossed ['ʌn'krɔst] *bn* zonder kruis(je); niet kruisgewijs over elkaar; niet gedwarsboomd
uncrowned ['ʌn'kraund] *bn* ongekroond
uncrushable ['ʌn'krʌʃəbl] *bn* kreukvrij, vormvast
unction ['ʌŋkʃən] *znw* zalving[2]; *Extreme U~* RK het H. oliesel
unctuous *bn* zalvend, stichtelijk
uncultivated ['ʌn'kʌltiveitid] *bn* onbebouwd; onontgonnen, onontwikkeld [v.d. geest]; onbeschaafd
uncultured ['ʌn'kʌltʃəd] *bn* onbeschaafd

uncurbed ['ʌn'kə:bd] *bn* ongebreideld, ongetemd
uncut ['ʌn'kʌt] *bn* ongesneden, ongeknipt; onaangesneden; ongekuist, ongecensureerd; onbehouwen; ongeslepen [glas]
undamaged ['ʌn'dæmidʒd] *bn* intact, in goede staat, ongeschonden [ook: fig]
undated [ʌn'deitid] *bn* niet gedateerd
undaunted [ʌn'dɔ:ntid] *bn* onversaagd, onverschrokken; niet afgeschrikt (door *by*)
undeceive ['ʌndi'si:v] *overg* beter inlichten, de ogen openen
undecided ['ʌndi'saidid] *bn* onbeslist; besluiteloos, weifelend
undeclared ['ʌndi'klɛəd] *bn* niet bekend gemaakt; geheim gehouden; niet aangegeven [bij douane]
undefended ['ʌndi'fendid] *bn* onverdedigd; onbeschermd
undefiled ['ʌndi'faild] *bn* onbesmet, onbevlekt
undefinable ['ʌndi'fainəbl] *bn* niet (nader) te definiëren, ondefinieerbaar, onomschrijfbaar
undefined *bn* onbepaald, onbestemd
undeliverable ['ʌndi'livərəbl] *bn* post onbestelbaar
undemanding ['ʌndi'ma:ndiŋ] *bn* bescheiden
undemonstrative ['ʌndi'mɔnstrətiv] *bn* gereserveerd, gesloten, terughoudend
undeniable ['ʌndi'naiəbl] *bn* onloochenbaar, niet te ontkennen; ontegenzeglijk; onmiskenbaar
undenominational ['ʌndinɔmi'neiʃənəl] *bn* niet confessioneel [v. scholen &]
under ['ʌndə] **I** *voorz* onder°, beneden, minder dan; volgens, krachtens, in het kader van; ~ *age* onmondig, minderjarig; ~ *arms* onder de wapenen; *be ~ attack* aangevallen worden; ~ *corn* bebouwd (beplant); ~ *cover* onder dekking, beschermd; geheim, verborgen; *he is ~ the doctor* hij is onder doktersbehandeling, de dokter gaat over hem; ~ *way* onderweg [v. schip]; aan de gang, op streek; *those ~ him* ook: zijn ondergeschikten; **II** *bijw* (er) onder, beneden; *as ~* handel als hieronder aangegeven; *down ~* aan de andere kant van de wereld (Australië & Nieuw-Zeeland)
underact ['ʌndər'ækt] *onoverg* ingehouden spelen [toneel]; zwak spelen
underarm ['ʌndəra:m] *bn & bijw* sp onderhands
underbelly ['ʌndəbeli] *znw* fig zwakke plek
underbid ['ʌndə'bid] *onoverg* het voor minder doen dan een ander; minder bieden dan; te weinig bieden
underbidder *znw* op één na hoogste bieder
underbred ['ʌndə'bred] *bn* onopgevoed; niet volbloed
underbrush ['ʌndəbrʌʃ] *znw* kreupelhout *o*
undercarriage ['ʌndə'kæridʒ] *znw* onderstel *o*; landingsgestel *o*
undercharge ['ʌndə'tʃa:dʒ] *onoverg* te weinig berekenen
underclothes ['ʌndəklouðz] *znw mv*, **underclothing** *znw* onderkleren, onderkleding
undercover ['ʌndə'kʌvə] *bn* geheim; heimelijk; verborgen; ~ *man* spion
undercroft ['ʌndəkrɔft] *znw* crypt(e), krocht
undercurrent ['ʌndəkʌrənt] *znw* onderstroom[2]
1 undercut ['ʌndə'kʌt] *overg* goedkoper zijn dan, minder geld vragen dan; ondergraven
2 undercut ['ʌndəkʌt] *znw* filet [v. vlees]
underdeveloped ['ʌndədi'veləpt] *bn* onderontwikkeld, achtergebleven [gebieden]
underdog ['ʌndədɔg] *znw* underdog, gedoodverfde verliezer, verdrukte
underdone ['ʌndə'dʌn] *bn* niet (zo) gaar
underdress ['ʌndə'dres] *(onoverg &) overg* (zich) te eenvoudig kleden
underemployed ['ʌndərim'plɔid] *bn*: *be* ~ te weinig werk hebben
underemployment *znw* onvolledige werkgelegenheid
underestimate I *overg* ['ʌndə'restimeit] onderschatten, te laag aanslaan; **II** *znw* ['ʌndə'restimit] onderschatting, te lage schatting
under-exposed ['ʌndəriks'pouzd] *bn* fotogr onderbelicht
under-exposure ['ʌndəriks'pouʒə] *znw* fotogr onderbelichting
underfed ['ʌndə'fed] *bn* ondervoed
underfeed *overg* te weinig eten geven
underfoot [ʌndə'fut] *bijw* onder de voet, onder de voeten
underfunded ['ʌndə'fʌndid] *bn*: *be* ~ over onvoldoende fondsen beschikken
undergarment ['ʌndəga:mənt] *znw* stuk *o* ondergoed
undergo [ʌndə'gou] *overg* ondergaan; lijden
undergraduate [ʌndə'grædjuit] **I** *znw* student die zijn eerste graad nog niet behaald heeft; **II** *bn* studenten-
underground I *bijw* [ʌndə'graund] onder de aarde, onder de grond; *go* ~ ondergronds gaan werken [v. organisatie], onderduiken; **II** *bn* ['ʌndəgraund] onderaards, ondergronds; fig onderhands, geheim [intriges &]; **III** *znw*: *the* ~ ['ʌndəgraund] de metro; de ondergrondse (beweging); de underground [jongerenbeweging tegen de traditionele stijl van de bestaande maatschappij]
undergrown ['ʌndə'groun] *bn* niet volgroeid
undergrowth ['ʌndəgrouθ] *znw* struikgewas *o*, kreupelhout *o*
underhand ['ʌndəhænd] *bn* clandestien, onderhands [intriges], slinks, achterbaks
underlay I [ʌndə'lei] V.T. van *underlie*; **II** *znw* ['ʌndəlai] onderlegger
underlease ['ʌndəli:s] *overg* onderverpachten, onderverhuren
underlet ['ʌndə'let] *overg* onderverhuren; onder de waarde verhuren
underlie [ʌndə'lai] *overg* ten grondslag liggen aan

underline [ʌndə'lain] *overg* onderstrepen; benadrukken, aandikken
underling ['ʌndəliŋ] *znw* ondergeschikte; (min) sujet *o*; handlanger
underlying [ʌndə'laiiŋ] *bn*: *the ~ cause* de grondoorzaak, de fundamentele oorzaak; zie ook: *underlie*
undermanned [ʌndə'mænd] *bn* onvoldoende bemand; met te weinig personeel, onderbezet
undermentioned ['ʌndə'menʃənd] *bn* onderstaand, hieropvolgend
undermine [ʌndə'main] *overg* ondermijnen[2]
undermost ['ʌndəmoust] *bn* onderste
underneath [ʌndə'ni:θ] **I** *voorz* onder, beneden; **II** *bijw* hieronder, beneden, van onderen
undernourished ['ʌndə'nʌriʃt] *bn* ondervoed
undernourishment *znw* ondervoeding
underpaid ['ʌndə'peid] *bn* onderbetaald
underpants ['ʌndəpænts] *znw mv* onderbroek
underpass ['ʌndəpa:s] *znw* tunnel [voor verkeer]; onderdoorgang
underpay ['ʌndə'pei] *overg* onderbetalen
underpayment *znw* onderbetaling
underpin [ʌndə'pin] *overg* (onder)stutten; fig steunen
underplay ['ʌndə'plei] *overg* bagatelliseren, als onbelangrijk voorstellen; theat ingehouden spelen
underplot ['ʌndəplɔt] *znw* nevenintrige [in toneelstuk &]
underpopulated ['ʌndə'pɔpjuleitid] *bn* onderbevolkt
underprivileged ['ʌndə'privilidʒd] *bn* sociaal zwak, kansarm
underproduction ['ʌndəprə'dʌkʃən] *znw* te geringe productie, onderproductie
underprop [ʌndə'prɔp] *overg* stutten, schragen
underquote [ʌndə'kwout] *overg* te weinig bieden; minder vragen (dan een ander)
underrate [ʌndə'reit] *overg* onderschatten
underscore [ʌndə'skɔ:] *overg* onderstrepen[2]
undersea ['ʌndəsi:] *bn* onderzees, onderzee-
under-secretary ['ʌndə'sekrətri] *znw* ondersecretaris; *~ of state* onderminister
undersell ['ʌndə'sel] *overg* onder de prijs verkopen; voor minder verkopen dan
1 underset [ʌndə'set] *overg* stutten, ondersteunen
2 underset ['ʌndəset] *znw* onderstroom
undershirt ['ʌndəʃə:t] *znw* Am (onder)hemd *o*
undershot ['ʌndəʃɔt] *bn*: *~ wheel* onderslagrad *o* [v. molen]; vooruitstekend [kaak]
underside ['ʌndəsaid] *znw* onderkant
undersign [ʌndə'sain] *overg* (onder)tekenen
undersigned ['ʌndəsaind] *znw*: *I (we), the ~* ik (wij) ondergetekende(n)
undersize(d) ['ʌndə'saiz(d)] *bn* ondermaats, te klein
underskirt ['ʌndəskə:t] *znw* onderrok; petticoat
underslung ['ʌndə'slʌŋ] *bn* opgehangen onder...; auto van onderen aan de assen bevestigd [chassis]
understaffed ['ʌndə'sta:ft] *bn* met te weinig personeel, onderbezet
understand [ʌndə'stænd] (understood; understood) **I** *overg* verstaan, begrijpen; weten [te...]; opvatten; aannemen, (er uit) opmaken; vernemen, horen; *what did I ~ you to say?* wat hoorde ik u daar zeggen?; *I was given to ~* men gaf mij te verstaan; *they are understood to have..., it is understood that they have...* naar verluidt hebben zij...; *what do you ~ by that?* wat verstaat u daaronder?; **II** *onoverg & abs ww* (het) begrijpen; *do you ~ about horses?* hebt u verstand van paarden?; zie ook: *understood*
understandable *bn* begrijpelijk, gemakkelijk verstaanbaar
understanding I *bn* verstandig; begripvol; **II** *znw* verstand° *o*, begrip *o*; verstandhouding; afspraak, schikking; *on the ~ that...* met dien verstande dat..., op voorwaarde dat...; *come to an ~ with* tot overeenstemming (een schikking) komen met
understate ['ʌndə'steit] *overg* te laag aan-, opgeven; zich ingehouden of zeer gematigd uitdrukken; *~ the fact* (nog) beneden de waarheid blijven
understatement *znw* te lage opgave; zeer gematigde, (nog) beneden de waarheid blijvende bewering, understatement *o*
understood [ʌndə'stud] **I** V.T. & V.D. van *understand*; **II** *bn*: *an ~ thing* iets vanzelfsprekends; *make oneself ~* zich verstaanbaar maken, duidelijk maken wat men bedoelt
understudy ['ʌndəstʌdi] **I** *znw* doublure [van acteur of actrice]; **II** *overg* [een rol] instuderen om als vervanger van een der spelers te kunnen optreden of invallen; vervangen [een acteur of actrice]
undertake [ʌndə'teik] *overg* ondernemen, op zich nemen; zich verbinden, ervoor instaan; zich belasten met; [een werk] aannemen; onder handen nemen
undertaken V.D. van *undertake*
1 undertaker ['ʌndəteikə] *znw* begrafenisondernemer
2 undertaker [ʌndə'teikə] *znw* iem. die iets onderneemt
undertaking [ʌndə'teikiŋ] *znw* onderneming; verbintenis; plechtige belofte
undertenant ['ʌndə'tenənt] *znw* onderpachter, onderhuurder
underthings ['ʌndəθiŋz] *znw mv* ondergoed *o*
undertone ['ʌndətoun] *znw* gedempte toon [ook v. kleuren], ondertoon; *in an ~* met gedempte stem, zacht
undertook [ʌndə'tuk] V.T. van *undertake*
undertow ['ʌndətou] *znw* onderstroom
underuse ['ʌndə'ju:z] *overg* te weinig gebruiken
undervalue ['ʌndə'vælju:] *overg* onderwaarderen; onderschatten
undervest ['ʌndəvest] *znw* borstrok
underwater ['ʌndəwɔ:tə] *bn* onderwater-, onder

water
underway [ʌndə'wei] zie: *way I*
underwear ['ʌndəwɛə] *znw* ondergoed *o*
underwent [ʌndə'went] V.T. van *undergo*
underwood ['ʌndəwud] *znw* kreupelhout *o*
underworld ['ʌndəwə:ld] *znw* onderwereld[2]
underwrite [ʌndə'rait] *overg* assureren, verzekeren; garanderen [emissie]
underwriter ['ʌndəraitə] *znw* assuradeur; garant [v. emissie]
underwriting *znw* assurantie(zaken); garantie [v. emissie]
undeserved ['ʌndi'zə:vd] *bn* onverdiend
undesigned ['ʌndi'zaind] *bn* onopzettelijk
undesigning *bn* argeloos, oprecht
undesirable [ʌndi'zairəbl] **I** *bn* ongewenst, niet wenselijk; **II** *znw* ongewenst individu *o*
undesired *bn* ongewenst
undesiring, **undesirous** *bn* geen wensen koesterend, niet verlangend (naar *of*)
undetected ['ʌndi'tektid] *bn* onontdekt
undetermined ['ʌndi'tə:mind] *bn* onbeslist; onbepaald; niet besloten, onzeker
undeterred ['ʌndi'tə:d] *bn* onverschrokken
undeveloped ['ʌndi'veləpt] *bn* onontwikkeld; onontgonnen &
undeviating [ʌn'di:vieitiŋ] *bn* niet afwijkend, onwankelbaar
undid ['ʌn'did] V.T. van *undo*
undies ['ʌndiz] *znw mv* gemeenz (dames)ondergoed *o*
undifferentiated [ʌndifə'renʃieitid] *bn* ongedifferentieerd, homogeen
undigested ['ʌndi-, 'ʌndai'dʒestid] *bn* onverteerd[2]; fig onverwerkt [v. het geleerde]
undignified [ʌn'dignifaid] *bn* niet in overeenstemming met zijn waardigheid, onwaardig [v. vertoning]
undiluted ['ʌndai'l(j)u:tid] *bn* onverdund; fig onvervalst, zuiver, puur
undiscerning ['ʌndi'sə:niŋ] *bn* niet scherp onderscheidend, niet scherpziend, kortzichtig
undischarged ['ʌndis'tʃa:dʒd] *bn* niet afgedaan, onbetaald [schuld]; handel niet gerehabiliteerd; mil niet afgeschoten [vuurwapen]
undisciplined [ʌn'disiplind] *bn* ongedisciplineerd, tuchteloos
undisclosed ['ʌndis'klouzd] *bn* verborgen, geheim (gehouden), onbekend (gebleven)
undiscovered ['ʌndis'kʌvəd] *bn* onontdekt
undisguised ['ʌndis'gaizd] *bn* onverbloemd, onverholen
undismayed ['ʌndis'meid] *bn* onverschrokken
undisputed ['ʌndis'pju:tid] *bn* onbetwist
undissolved ['ʌndi'zɔlvd] *bn* niet opgelost, onopgelost, niet ontbonden
undistinguished ['ʌndis'tiŋgwiʃt] *bn* zich niet (door niets) onderscheiden hebbend, onbekend, gewoon(tjes)
undisturbed ['ʌndis'tə:bd] *bn* ongestoord, onverstoord; *the contents of the house have been left ~ for 400 years* dit huis ziet er van binnen nog exact hetzelfde uit als 400 jaar geleden
undivided ['ʌndi'vaidid] *bn* onverdeeld
undo ['ʌn'du:] *overg* losmaken, losbinden, losrijgen, -knopen, -tornen &; openmaken [een pakje]; ongedaan maken, ongeldig maken, tenietdoen; te gronde richten, in het verderf storten, vernietigen [hoop &]
undoing *znw* (iemands) verderf *o*, ongeluk *o*, ondergang; tenietdoen *o* &; zie *undo*
undone ['ʌn'dʌn] *bn* ongedaan; verwaarloosd; te gronde gericht, vernietigd; losgeraakt; zie ook: *done, undo &*
undoubted [ʌn'dautid] *bn* ongetwijfeld; on(be-)twijfelbaar
undraped [ʌn'dreipt] *bn* onbekleed, naakt
undreamed [ʌn'dri:md], **undreamt** [ʌn'dremt] *bn*: *~ of* ongedroomd, ongedacht, onverwacht
undress [ʌn'dres] **I** *overg* ont-, uitkleden; **II** *onoverg* zich ont-, uitkleden; **III** *znw* huisgewaad *o*, negligé *o*; mil klein tenue *o & v*; *in a state of ~* half aangekleed, in zijn ondergoed
undressed *bn* ongekleed, uitgekleed; niet geplukt [gevogelte]; niet behandeld (verbonden) [wond]; onbereid, onaangemaakt [van sla &]; onbehouwen [v. steen]
undue ['ʌn'dju:] *bn* onredelijk; onbehoorlijk, ongepast; bovenmatig, overdreven
undulate ['ʌndjuleit] *onoverg* & *overg* (doen) golven
undulating *bn* golvend
undulation [ʌndju'leiʃən] *znw* golving, golfbeweging
undulatory ['ʌndjulət(ə)ri] *bn* golvend, golf-
unduly ['ʌn'dju:li] *bijw* onredelijk; onbehoorlijk; meer dan nodig was, al te (veel)
undying [ʌn'daiiŋ] *bn* onsterfelijk, onvergankelijk, eeuwig
unearned ['ʌn'ə:nd] *bn* onverdiend; arbeidsloos [v. inkomen]; toevallig [v. waardevermeerdering]
unearth ['ʌn'ə:θ] *overg* opgraven; rooien; aan het licht brengen, opdiepen
unearthly *bn* niet aards, bovenaards; spookachtig; *at an ~ hour* op een onmogelijk (vroeg) uur
uneasiness ['ʌn'i:zinis], **unease** *znw* onbehaaglijkheid; gedwongenheid, gegeneerdheid; ongerustheid, onrust, bezorgdheid, angst (over *about, as to, over*)
uneasy *bn* onbehaaglijk; niet op zijn gemak, gedwongen, gegeneerd; ongerust, bezorgd (over *about, as to, over*); onrustig
uneatable ['ʌn'i:təbl] *bn* oneetbaar
uneaten *bn* (nog) niet opgegeten, ongegeten
uneconomic(al) ['ʌnikə'nɔmik(l)] *bn* oneconomisch, onvoordelig, niet zuinig
unedifying ['ʌn'edifaiiŋ] *bn* onstichtelijk

uneducated ['ʌn'edjukeitid] *bn* onontwikkeld, onbeschaafd
unembarrassed ['ʌnim'bærəst] *bn* ongedwongen
unemotional [ʌni'mouʃənl] *bn* onaandoenlijk, kalm, niet emotioneel
unemployable ['ʌnim'plɔiəbl] *bn* ongeschikt als arbeidskracht, niet inzetbaar
unemployed ['ʌnim'plɔid] *bn* ongebruikt; werkloos, zonder werk (zijnd); *the* ~ de werklozen
unemployment *znw* werkloosheid; ~ *benefit* werkloosheidsuitkering
unencumbered ['ʌnin'kʌmbəd] *bn* onbelast, onbezwaard [v. eigendom]; zonder kinderen
unending [ʌn'endiŋ] *bn* eindeloos
unendurable ['ʌnin'djuərəbl] *bn* ondraaglijk
unengaged [ʌnin'geidʒd] *bn* niet bezet, vrij
unenviable ['ʌn'enviəbl] *bn* niet te benijden, ellendig
unequal ['ʌn'i:kwəl] *bn* ongelijk; ongelijkmatig, oneven; ~ *to the task* niet opgewassen tegen, niet berekend voor de taak
unequalled *bn* ongeëvenaard
unequally *bijw* ongelijk; oneven
unequivocal [ʌni'kwivəkl] *bn* ondubbelzinnig; duidelijk
unerring ['ʌn'ə:riŋ] *bn* nooit falend, nooit missend, onfeilbaar
UNESCO, **Unesco** [ju:'neskou] *afk.* = *United Nations Educational, Scientific and Cultural Organization* Unesco
unessential ['ʌni'senʃəl] **I** *bn* niet essentieel, niet wezenlijk; **II** *znw*: ~*s* niet tot het wezen van de zaak behorende dingen, bijkomstigheden, bijzaken
unethical [ʌn'eθikl] *bn* niet ethisch; onoprecht; immoreel
uneven ['ʌn'i:vən] *bn* oneven, ongelijk, oneffen; ongelijkmatig
uneventful ['ʌni'ventful] *bn* arm aan gebeurtenissen, kalm (verlopend), rustig
unexampled [ʌnig'za:mpld] *bn* weergaloos, ongeëvenaard
unexceptionable [ʌnik'sepʃənəbl] *bn* waar niets tegen in te brengen valt, onaanvechtbaar, onberispelijk
unexceptional ['ʌnik'sepʃənəl] *bn* gewoon, normaal
unexciting ['ʌnik'saitiŋ] *bn* saai, oninteressant
unexecuted ['ʌn'eksikju:tid] *bn* onuitgevoerd
unexpected ['ʌniks'pektid] *bn* onverwacht(s); onvoorzien(s)
unexplained ['ʌniks'pleind] *bn* onverklaard
unexpressed ['ʌniks'prest] *bn* onuitgedrukt, onuitgesproken
unexpurgated ['ʌn'ekspə:geitid] *bn* ongecastigeerd, ongekuist [uitgave]
unfading [ʌn'feidiŋ] *bn* eeuwig, onvergankelijk, blijvend
unfailing [ʌn'feiliŋ] *bn* nooit falend, onfeilbaar, zeker, onuitputtelijk [voorraad]; altijd
unfair ['ʌn'fɛə] *bn* onbillijk, oneerlijk
unfaithful ['ʌn'feiθful] *bn* ontrouw, trouweloos; *be* ~ *to* ook: bedriegen [v. echtgenoten]
unfaltering [ʌn'fɔ:ltəriŋ] *bn* onwankelbaar, zonder haperen of weifelen
unfamiliar ['ʌnfə'miljə] *bn* onbekend, vreemd; niet vertrouwd of bekend (met *with*)
unfashionable ['ʌn'fæʃənəbl] *bn* niet in (naar) de mode, ouderwets; niet chic; uit de tijd
unfasten ['ʌn'fa:sn] *overg* losmaken, openmaken
unfathomable [ʌn'fæðəməbl] *bn* onpeilbaar², grondeloos², ondoorgrondelijk
unfathomed *bn* ongepeild, ondoorgrond
unfavourable [ʌn'feivərəbl], Am **unfavorable** *bn* ongunstig
unfeeling [ʌn'fi:liŋ] *bn* ongevoelig, gevoelloos, wreed, hard(vochtig)
unfeigned [ʌn'feind] *bn* ongeveinsd, oprecht
unfeminine [ʌn'feminin] *bn* onvrouwelijk
unfetter ['ʌn'fetə] *overg* ontketenen, bevrijden
unfettered *bn* onbelemmerd, vrij
unfilled ['ʌn'fild] *bn* ongevuld, leeg
unfinished ['ʌn'finiʃt] *bn* onafgemaakt, onvoleindigd, onafgewerkt, onvoltooid
unfit [ʌn'fit] **I** *bn* ongeschikt, onbekwaam, ongepast (voor *for*); niet gezond; ~ *to be trusted* niet te vertrouwen; **II** *overg* ongeschikt maken
unfitted *bn* ongeschikt (gemaakt); niet aangebracht, niet ingericht &
unfitting *bn* niet (bij elkaar) passend; onbetamelijk
unfix ['ʌn'fiks] *overg* losmaken; ~ *bayonets!* mil bajonet af!
unfixed *bn* niet vastgemaakt &; ook = *unsettled*
unflagging [ʌn'flægiŋ] *bn* onverslapt, onverflauwd; ~ *zeal* onverdroten ijver
unflappable ['ʌn'flæpəbl] *bn* gemeenz onverstoorbaar
unflattering ['ʌn'flætəriŋ] *bn* weinig vleiend, allesbehalve vleiend, ongeflatteerd
unfledged ['ʌn'fledʒd] *bn* groen, onervaren
unflinching ['ʌn'flinʃiŋ] *bn* onwankelbaar, onwrikbaar, onversaagd
unfold [ʌn'fould] **I** *overg* ontvouwen², ontplooien², uitspreiden², openvouwen, openen; onthullen, openbaren; uitlaten [uit schaapskooi]; **II** *onoverg* zich ontplooien, zich uitspreiden, opengaan
unforced ['ʌn'fɔ:st] *bn* ongedwongen; niet gedwongen, zonder dwang
unforeseen ['ʌnfɔ:'si:n] *bn* onvoorzien
unforgettable ['ʌnfə'getəbl] *bn* onvergetelijk
unforgivable ['ʌnfə'givəbl] *bn* onvergeeflijk
unforgiving *bn* niets vergevend; onverzoenlijk
unformed ['ʌn'fɔ:md] *bn* nog ongevormd²; onontwikkeld; vaag, vormeloos
unfortunate [ʌn'fɔ:tʃənit] **I** *bn* ongelukkig², niet gelukkig; zonder succes; **II** *znw* ongelukkige
unfortunately *bijw* ongelukkigerwijze, helaas,

jammer (genoeg), ongelukkig
unfounded ['ʌn'faundid] *bn* ongegrond
unfreeze ['ʌn'fri:z] *overg* ontdooien; handel deblokkeren; ~ *wages* de loonstop opheffen
unfrequented ['ʌnfri'kwentid] *bn* niet of zelden bezocht; eenzaam
unfriendly ['ʌn'frendli] *bn* onvriendschappelijk, onvriendelijk, onaardig (voor *to*)
unfrock ['ʌn'frɔk] *overg* uit het ambt ontzetten
unfrozen ['ʌn'frouzn] *bn* onbevroren; ontdooid; slang gedeblokkeerd
unfruitful ['ʌn'fru:tful] *bn* onvruchtbaar
unfulfilled ['ʌnful'fild] *bn* niet ingelost [belofte]; onvervuld [verlangen]; *feel* ~ zich onbevredigd, gefrustreerd voelen
unfurl [ʌn'fə:l] **I** *overg* uitspreiden, ontplooien, ontrollen; **II** *onoverg* zich ontplooien
unfurnished ['ʌn'fə:niʃt] *bn* ongemeubileerd
ungainly [ʌn'geinli] *bn* onbevallig, lomp
ungear ['ʌn'giə] *overg* techn af-, ontkoppelen
ungenerous ['ʌn'dʒenərəs] *bn* onedelmoedig; zelfzuchtig; niet royaal
ungenial ['ʌn'dʒi:niəl] *bn* niet of weinig groeizaam, guur [v. weer]; onvriendelijk, onaangenaam
ungentlemanly [ʌn'dʒentlmənli] *bn* niet zoals het een gentleman betaamt
un-get-at-able ['ʌngət'ætəbl] *bn* gemeenz niet te bereiken
ungird ['ʌn'gə:d] *overg* losgorden
ungiving ['ʌn'giviŋ] *bn* niet meegevend
ungloved ['ʌn'glʌvd] *bn* zonder handschoen(en) aan
unglue ['ʌn'glu:] *overg* losmaken, -weken
ungodly [ʌn'gɔdli] *bn* goddeloos, zondig, verdorven; gemeenz onmenselijk, ergerlijk
ungovernable [ʌn'gʌvənəbl] *bn* niet te regeren, onregeerbaar, ontembaar, tomeloos, wild
ungraceful [ʌn'greisful] *bn* ongracieus, onbevallig, onsierlijk, plomp, lomp
ungracious [ʌn'greiʃəs] *bn* onheus, onvriendelijk; onaangenaam
ungrammatical [ʌngrə'mætikl] *bn* ongrammaticaal, ontaalkundig
ungrateful [ʌn'greitful] *bn* ondankbaar [ook v. zaken]; onaangenaam [v. zaken]
ungratified [ʌn'grætifaid] *bn* onbevredigd
ungrounded [ʌn'graundid] *bn* ongegrond
ungrudging [ʌn'grʌdʒiŋ] *bn* van harte komend, gaarne gegund, royaal
unguarded ['ʌn'ga:did] *bn* onbewaakt; onvoorzichtig
unguent ['ʌŋgwənt, -gjuənt] *znw* zalf, smeersel *o*
unguided ['ʌn'gaidid] *bn* zonder gids of geleide
ungulate ['ʌŋgjuleit] **I** *znw* hoefdier *o*; **II** *bn* hoef-
unhallowed [ʌn'hæloud] *bn* ongewijd; goddeloos
unhampered ['ʌn'hæmpəd] *bn* onbelemmerd, ongehinderd
unhand [ʌn'hænd] *overg* loslaten
unhandy [ʌn'hændi] *bn* gemeenz onhandig
unhang ['ʌn'hæŋ] *overg* [v.d. muur &] afnemen, afhalen
unhappy [ʌn'hæpi] *bn* ongelukkig[2]; verdrietig, ontevreden
unharmed ['ʌn'ha:md] *bn* onbeschadigd, ongekwetst, ongedeerd
unharmonious ['ʌnha:'mounjəs] *bn* onwelluidend, niet harmonisch
unharness ['ʌn'ha:nis] *overg* aftuigen, uitspannen [een paard]
unhatched ['ʌn'hætʃt] *bn* onuitgebroed
unhealthy ['ʌn'helθi] *bn* ongezond[2]; gemeenz link, niet pluis
unheard ['ʌn'hə:d] *bn* niet gehoord, ongehoord; niet aangehoord; recht onverhoord; ~*-of* [ʌn'hə:dɔv] ongehoord [iets]
unheeded ['ʌn'hi:did] *bn* on(op)gemerkt; veronachtzaamd, miskend; in de wind geslagen [v. waarschuwing &]
unheeding *bn* onachtzaam, achteloos, zorgeloos; ~ *of* niet lettend op
unhelpful ['ʌn'helpful] *bn* onhulpvaardig, onbehulpzaam; nutteloos, ondienstig
unhesitating [ʌn'heziteitiŋ] *bn* zonder aarzelen, niet aarzelend, vastberaden
unhinge [ʌn'hin(d)ʒ] *overg* uit de hengsels lichten; uit zijn gewone doen brengen; fig overstuur maken, uit 't evenwicht brengen, gek maken
unhitch ['ʌn'hitʃ] *overg* los-, afhaken; af-, uitspannen [de paarden]
unholy [ʌn'houli] *bn* onheilig, onzalig, goddeloos; gemeenz vreselijk; *at an ~ hour* op een onmogelijk (vroeg) uur
unhook ['ʌn'huk] *overg* af-, loshaken
unhoped-for [ʌn'houpt(fɔ:)] *bn* niet verwacht, onverhoopt
unhorse ['ʌn'hɔ:s] *overg* van het paard werpen
unhurried ['ʌn'hʌrid] *bn* rustig, niet gehaast
unhurt ['ʌn'hə:t] *bn* onbezeerd, ongedeerd
unhusk ['ʌn'hʌsk] *overg* doppen, pellen
unhygienic ['ʌnhai'dʒi:nik] *bn* onhygiënisch
unicellular [ju:ni'seljulə] *bn* eencellig
unicolour(ed) [ju:ni'kʌlə(d)] *bn* eenkleurig, egaal
unicorn ['ju:nikɔ:n] *znw* eenhoorn
unification [ju:nifi'keiʃən] *znw* unificatie, eenmaking
uniform ['ju:nifɔ:m] **I** *bn* uniform, een-, gelijkvormig; gelijkmatig, (steeds) gelijk, onveranderlijk; eensluidend [afschrift]; eenparig [v. beweging]; **II** *znw* uniform *o & v*; *in full ~* in groot tenue
uniformed *bn* in uniform, geüniformeerd
uniformity [ju:ni'fɔ:miti] *znw* uniformiteit, gelijkheid; gelijkvormigheid
uniformly ['ju:nifɔ:mli] *bijw* uniform, zich gelijk blijvend, steeds op dezelfde manier
unify ['ju:nifai] *overg* één maken, uniëren, veren(ig)en; eenheid brengen in, uniform maken

unilateral ['ju:ni'lætərəl] *bn* eenzijdig; slechts eenzijdig bindend [v. contract]
unilateralism *znw* (beweging voor) eenzijdige ontwapening
unimaginable [ʌni'mædʒinəbl] *bn* ondenkbaar, onvoorstelbaar, onbegrijpelijk
unimaginative *bn* fantasieloos
unimagined *bn* ongedacht
unimpaired ['ʌnim'pɛəd] *bn* ongeschonden, onverzwakt
unimpassioned ['ʌnim'pæʃənd] *bn* bedaard
unimpeachable ['ʌnim'pi:tʃəbl] *bn* onberispelijk; onaantastbaar, onbetwistbaar, onwraakbaar
unimpeded ['ʌnim'pi:did] *bn* onbelemmerd, onverlet, ongehinderd
unimportance ['ʌnim'pɔ:təns] *znw* onbelangrijkheid
unimportant *bn* onbelangrijk
unimpressed ['ʌnim'prest] *bn* niet onder de indruk, niet overtuigd
unimpressive *bn* weinig indruk makend
unimproved *bn* onverbeterd; onbewerkt, onbebouwd [van land]
uninfluenced ['ʌn'influənst] *bn* niet beïnvloed
uninfluential ['ʌninflu'enʃəl] *bn* weinig (geen) invloed hebbend, zonder invloed
uninformed ['ʌnin'fɔ:md] *bn* niet op de hoogte (gebracht), onwetend
uninforming ['ʌnin'fɔ:miŋ], **uninformative** *bn* weinig zeggend, niets verklarend
uninhabitable ['ʌnin'hæbitəbl] *bn* onbewoonbaar
uninhabited *bn* onbewoond
uninhibited ['ʌnin'hibitid] *bn* ongeremd; ongedwongen; tomeloos
uninitiated ['ʌni'niʃieitid] *bn* oningewijd
uninjured ['ʌn'in(d)ʒəd] *bn* niet gewond, ongeschonden, onbeschadigd, ongedeerd
uninspired ['ʌnin'spaiəd] *bn* onbezield, geesteloos
uninspiring *bn* waar geen bezielende invloed van uitgaat, niet levendig, saai, tam, zwak
uninsured ['ʌnin'ʃuəd] *bn* onverzekerd
unintelligent ['ʌnin'telidʒənt] *bn* niet intelligent, weinig schrander, dom
unintelligible ['ʌnin'telidʒibl] *bn* onverstaanbaar, onbegrijpelijk
unintended ['ʌnin'tendid] *bn* onopzettelijk, onbedoeld
unintentional ['ʌnin'tenʃənəl] *bn* onopzettelijk
uninterested ['ʌn'int(ə)ristid] *bn* niet geïnteresseerd, zonder belangstelling, onverschillig
uninteresting ['ʌn'int(ə)ristiŋ] *bn* oninteressant
uninterrupted ['ʌnintə'rʌptid] *bn* onafgebroken, zonder onderbreking
uninvited ['ʌnin'vaitid] *bn* niet uitgenodigd, ongenood, ongevraagd
uninviting *bn* weinig aanlokkelijk of aantrekkelijk, weerzinwekkend
union ['ju:njən] *znw* aaneenvoeging, vereniging, verbinding, verbond *o*, unie; verbintenis [ook = huwelijk]; vakvereniging, vakbond; hist district *o* belast met uitvoering van de armenwetten, onderw studentensociëteit [v. Oxford &]; eendracht(igheid), eensgezindheid; harmonie; ~ *is strength* eendracht maakt macht
unionism *znw* vakbondswezen *o*; unionistische gezindheid
unionist I *znw* unieman; vakbondslid *o*; **II** *bn* unionistisch
unionize *overg* in een vakbond samenbrengen, onder vakbondsinvloed brengen
Union Jack *znw* Engelse vlag
union-workhouse *znw* hist armenwerkhuis *o* (van een *union*)
uniparous [ju:'nipərəs] *bn* maar één jong tegelijk barend
unipartite [ju:ni'pa:tait] *bn* niet verdeeld
unique [ju:'ni:k] *bn* enig (in zijn soort), uniek, ongeëvenaard; gemeenz buitengewoon, zeldzaam
unisex ['ju:niseks] *bn* uniseks
unison ['ju:nizn] *znw*: *in* ~ muz unisono; fig gelijkgestemd, eenstemmig, eensgezind; *in* ~ *with* in harmonie met
unit ['ju:nit] *znw* eenheid; onderdeel *o*, afdeling [v. leger, vloot &], troep; stuk *o*, stel *o*, compleet toestel *o* &; techn aggregaat *o* [v. machines &]; handel aandeel *o*
Unitarian [ju:ni'tɛəriən] **I** *znw* unitariër; **II** *bn* unitaristisch
unitary ['ju:nitəri] *bn* unitarisch, eenheids-
unite [ju:'nait] **I** *overg* aaneenvoegen, verbinden, verenigen; bijeenvoegen; **II** *onoverg* zich verenigen, zich verbinden (met *with*); ~ *in... ing* ook: samenwerken om te...
united *bn* verenigd, vereend, bijeen; eendrachtig; *U~ Arabian Emirates* Verenigde Arabische Emiraten; *the U~ Kingdom* het Verenigd Koninkrijk: Groot-Brittannië en Noord-Ierland; *U~ Nations (Organization)* (Organisatie der) Verenigde Naties; *the U~ States (of America)* de Verenigde Staten (van Amerika)
unitive ['ju:nitiv] *bn* verenigend, bindend
unit trust ['ju:nit'trʌst] *znw* beleggingsmaatschappij
unity *znw* eenheid, eendracht(igheid), overeenstemming; *the unities* de drie eenheden [theater]
universal [ju:ni'və:səl] *bn* algemeen, universeel [ook = alzijdig]; wereld-; ~ *joint* cardankoppeling; *U~ Product Code* Am handel streepjescode; ~ *provider* leverancier van alle mogelijke waren; ~ *suffrage* algemeen kiesrecht *o*
universality [ju:nivə:'sæliti] *znw* universaliteit, algemeenheid; alzijdigheid
universe ['ju:nivə:s] *znw* heelal *o*, wereld, universum *o*
university [ju:ni'və:siti] **I** *znw* hogeschool, academie, universiteit; **II** *bn* universiteits-, universitair,

academisch

univocal ['ju:ni'voukl] *bn* eenduidig, met slechts één betekenis

unjointed ['ʌn'dʒɔintid] *znw* zonder geledingen; ontwricht

unjust ['ʌn'dʒʌst] *bn* onrechtvaardig, onbillijk

unjustifiable [ʌn'dʒʌstifaiəbl, ʌndʒʌsti'faiəbl] *bn* niet te rechtvaardigen, niet te verdedigen, onverantwoordelijk

unjustified *bn* ongerechtvaardigd

unjustly ['ʌn'dʒʌstli] *bijw* onrechtvaardig, onbillijk; ten onrechte

unkempt ['ʌn'kem(p)t] *bn* ongekamd; slordig, onverzorgd, niet onderhouden

unkind [ʌn'kaind] *bn* onvriendelijk

unknit ['ʌn'nit] *overg* lostrekken, losmaken

unknowable ['ʌn'nouəbl] *znw* onkenbaar

unknowing *bn* niet kennend; onwetend, onkundig

unknowingly *bijw* zonder het (zelf) te weten, zich niet daarvan bewust

unknown I *bn* niet bekend, onbekend; ongekend; *he did it ~ to me* buiten mijn (mede)weten; **II** *znw*: *the ~* het of de onbekende

unlace ['ʌn'leis] *overg* losrijgen

unlade ['ʌn'leid] *overg* ontladen, afladen, lossen

unladylike ['ʌn'leidilaik] *bn* weinig damesachtig

unlash ['ʌn'læʃ] *overg* lossjorren, losmaken

unlatch ['ʌn'lætʃ] *overg* van de klink doen, openen

unlawful ['ʌn'lɔ:ful] *bn* onwettig, onrechtmatig, ongeoorloofd

unlearn ['ʌn'lə:n] *overg* verleren, afleren

1 unlearned ['ʌn'lə:nid] *bn* onwetend

2 unlearned ['ʌn'lə:nd], **unlearnt** ['ʌn'lə:nt] *bn* niet geleerd [lessen]; niet door studie verkregen

unleash [ʌn'li:ʃ] *overg* loslaten [honden]; ontketenen

unleavened ['ʌn'levnd] *bn* ongezuurd

unless [ən'les, ʌn'les] *voegw* tenzij, indien... niet

unlettered ['ʌn'letəd] *bn* ongeletterd [persoon]

unlicensed ['ʌn'laisənst] *bn* zonder verlof of vergunning, zonder patent, onbevoegd

unlike ['ʌn'laik] *bn* & *voorz* niet gelijkend (op); ongelijk; verschillend van, anders dan; *they are quite ~* ze lijken totaal niet op elkaar; *that is so ~ him* daar is hij (helemaal) de man niet naar

unlikelihood [ʌn'laiklihud], **unlikeliness** *znw* onwaarschijnlijkheid

unlikely *bn* onwaarschijnlijk; *he is not ~ to...* het is niet onwaarschijnlijk dat hij...

unlimited [ʌn'limitid] *bn* onbegrensd, onbepaald, onbeperkt, vrij; ongelimiteerd

unlink ['ʌn'liŋk] *overg* ontkoppelen, losmaken

unlit ['ʌn'lit] *bn* onverlicht

unload ['ʌn'loud] **I** *overg* ontlasten, ontladen, lossen; gemeenz spuien, luchten [gemoed]; **II** *onoverg* afladen, lossen

unloader *znw* losser

unlock ['ʌn'lɔk] *overg* ontsluiten[2], opensluiten; *~ed* ook: niet afgesloten, niet op slot

unlooked-for [ʌn'luktfɔ:] *bn* onverwacht

unloose(n) ['ʌn'lu:s(n)] *overg* losmaken, vrijlaten

unloved [ʌn'lʌvd] *bn* onbemind

unlovely [ʌn'lʌvli] *bn* onaangenaam; onaantrekkelijk

unlucky [ʌn'lʌki] *bn* ongelukkig

unmade ['ʌn'meid] **I** V.T. & V.D. van *unmake*; **II** *bn* onopgemaakt [v. bed]; ongeteerd [weg]

unmake ['ʌn'meik] *overg* tenietdoen, vernietigen; ruïneren; afzetten [uit ambt &]

unman ['ʌn'mæn] *overg* ontmoedigen; *~ned* ook: onbemand [v. ruimtevaartuig, vlucht]

unmanageable [ʌn'mænidʒəbl] *bn* niet te regeren; scheepv onbestuurbaar; fig onhandelbaar; lastig; onhandig [v. formaat]

unmanly ['ʌn'mænli] *bn* onmannelijk; verwijfd

unmannerly [ʌn'mænəli] *bn* ongemanierd, onhebbelijk, minder netjes

unmarked ['ʌn'ma:kt] *bn* **1** ongemerkt, zonder merk; **2** ongemarkeerd, neutraal [stijl]

unmarketable ['ʌn'ma:kitəbl] *bn* onverkoopbaar, incourant

unmarried ['ʌn'mærid] *bn* ongehuwd

unmask ['ʌn'ma:sk] **I** *overg* het masker afrukken[2], ontmaskeren; **II** *onoverg* het masker afzetten (laten vallen)

unmasked *bn* ontmaskerd; ongemaskerd

unmatched ['ʌn'mætʃt] *bn* waarvan geen tweede is; ongeëvenaard, weergaloos, enig

unmeaning [ʌn'mi:niŋ] *bn* nietsbetekenend, onbeduidend; nietszeggend

unmeant [ʌn'ment] *bn* niet (kwaad) gemeend; onopzettelijk

unmeasurable [ʌn'meʒərəbl] *bn* onmetelijk

unmeasured *bn* niet gemeten; onmetelijk, onmeetbaar; onmatig, onbeteugeld

unmeditated ['ʌn'mediteitid] *bn* onoverdacht, niet vooraf bedacht of beraamd

unmeet ['ʌn'mi:t] *bn* vero ongeschikt, ongepast

unmentionable [ʌn'menʃənəbl] *bn* onnoembaar, te erg (afschuwelijk, eng) om over te spreken

unmentioned *bn bn* onvermeld

unmerciful [ʌn'mə:siful] *bn* onbarmhartig (jegens *to, upon*)

unmerited ['ʌn'meritid] *bn* onverdiend

unmindful [ʌn'maindful] *bn*: *~ of* zonder acht te slaan op, niets gevend om; niet indachtig aan, vergetend

unmistakable ['ʌnmis'teikəbl] *bn* onmiskenbaar, niet mis te verstaan

unmitigated [ʌn'mitigeitid] *bn* onverzacht, onverminderd; fig onvervalst, absoluut, door en door; *~ rubbish* je reinste kletspraat

unmixed ['ʌn'mikst, 'ʌnmikst] *bn* puur, onvermengd

unmodified *bn* ongewijzigd

unmolested ['ʌnmə-, 'ʌnmou'lestid] *bn* niet gemolesteerd, ongehinderd, ongestoord
unmoor ['ʌn'muə] **I** *overg* scheepv losmaken, losgooien; **II** *onoverg* losgooien
unmortgaged ['ʌn'mɔ:gidʒd] *bn* vrij van hypotheek
unmounted ['ʌn'mauntid] *bn* mil onbereden; (nog) niet gemonteerd
unmourned ['ʌn'mɔ:nd] *bn* onbetreurd, onbeweend
unmoved ['ʌn'mu:vd] *bn* onbewogen, ongeroerd; onbeweeglijk; kalm, standvastig
unmusical ['ʌn'mju:zikl] *bn* onwelluidend; niet muzikaal
unnamed ['ʌn'neimd] *bn* ongenoemd; naamloos, zonder naam
unnatural [ʌn'nætʃ(ə)rəl] *bn* onnatuurlijk, gekunsteld; ontaard; tegennatuurlijk
unnecessary [ʌn'nesisəri] **I** *bn* niet noodzakelijk, onnodig, nodeloos, overbodig; **II** *znw*: *~ries* niet noodzakelijke dingen
unneighbourly ['ʌn'neibəli] *bn* onbuurschappelijk, niet zoals het goede buren betaamt
unnerve ['ʌn'nə:v] *overg* demoraliseren, [iem.] zijn zelfvertrouwen doen verliezen; van streek brengen
unnoticeable ['ʌn'noutisəbl] *bn* onmerkbaar
unnoticed *bn* onopgemerkt
unnumbered ['ʌn'nʌmbəd] *bn* ongeteld, talloos; ongenummerd
UNO, **Uno** ['ju:nou] *afk.* = *United Nations Organization*
unobjectionable ['ʌnəb'dʒekʃənəbl] *bn* onberispelijk; onaanstotelijk; *it is ~* ook: er valt niets tegen in te brengen
unobservable ['ʌnəb'zə:vəbl] *bn* niet waarneembaar, onzichtbaar
unobservant ['ʌnəb'zə:vənt] *bn* onoplettend, onopmerkzaam
unobserved ['ʌnəb'zə:vd] *bn* onopgemerkt
unobstructed [ʌnəb'strʌktid] *bn* onbelemmerd
unobtainable ['ʌnəb'teinəbl] *bn* niet te (ver-) krijgen
unobtrusive ['ʌnəb'tru:siv] *bn* niet in het oog vallend; niet indringerig, bescheiden
unoccupied ['ʌn'ɔkjupaid] *bn* niets om handen hebbend, niet bezig; vrij, onbezet, leegstaand, onbewoond
unoffending ['ʌnə'fendiŋ] *bn* niet aanstootgevend; onschuldig
unofficial ['ʌnə'fiʃəl] *bn* inofficieel, informeel; *~ strike* wilde staking
unoften ['ʌn'ɔ:fən] *bijw not ~* niet zelden
unopened ['ʌn'oupənd] *bn* ongeopend, onopengesneden
unopposed ['ʌnə'pouzd] *bn* ongehinderd; zonder verzet, zonder oppositie; zonder tegenkandidaat
unorganized ['ʌn'ɔ:gənaizd] *bn* ongeorganiseerd; niet aangesloten bij een vakbond; slecht georganiseerd, wanordelijk; [persoon] chaotisch; niet organisch
unorthodox ['ʌn'ɔ:θədɔks] *bn* onrechtzinnig, ketters[2]; onorthodox, ongewoon, ongebruikelijk
unostentatious ['ʌnɔsten'teiʃəs] *bn* zonder uiterlijk vertoon of kouwe drukte, eenvoudig, onopvallend, bescheiden
unowned ['ʌn'ound] *bn* zonder eigenaar
unpack ['ʌn'pæk] *overg* uitpakken, afladen
unpaid ['ʌn'peid] *bn* onbetaald; onbezoldigd; post ongefrankeerd; *~ for* onbetaald
unpalatable [ʌn'pælətəbl] *bn* onsmakelijk, minder aangenaam [v. waarheden], onverkwikkelijk [debat]
unparalleled [ʌn'pærəleld] *bn* weergaloos, ongeevenaard
unpardonable [ʌn'pa:dnəbl] *bn* onvergeeflijk
unpardoning *bn* niet vergevend
unparliamentary ['ʌnpa:lə'mentəri] *bn* onparlementair
unpatriotic ['ʌnpætri'ɔtik] *bn* onvaderlandslievend
unpaved ['ʌn'peivd, 'ʌnpeivd] *bn* onbestraat, ongeplaveid
unpeople ['ʌn'pi:pl] *overg* ontvolken
unperformed ['ʌnpə'fɔ:md] *bn* niet uitgevoerd &; ongedaan, onverricht
unpersuadable ['ʌnpə'sweidəbl] *bn* niet over te halen, niet te overreden of te overtuigen
unperturbed ['ʌnpə'tə:bd] *bn* onverstoord
unpick ['ʌn'pik] *overg* lostornen [naad]
unpicked *bn* niet uitgezocht of gesorteerd; ongeplukt [bloemen]
unpin ['ʌn'pin] *overg* losspelden
unpitied ['ʌn'pitid] *bn* onbeklaagd
unplaced ['ʌn'pleist] *bn* sp ongeplaatst
unplanned ['ʌn'plænd] *bn* niet vooruit bedacht; toevallig; op goed geluk
unpleasant ['ʌn'pleznt] *bn* onplezierig; onaangenaam, onbehaaglijk; *be ~ to* zich onaangenaam gedragen tegenover
unpleasantness *znw* onaangenaamheid; onplezierigheid; onenigheid, ruzie
unpleasing ['ʌn'pli:ziŋ] *bn* onbehaaglijk, onaangenaam
unplug ['ʌn'plʌg] *overg* de stekker uit het stopcontact trekken
unplumbed ['ʌn'plʌmd] *bn* ongepeild
unpolished ['ʌn'pɔliʃt] *bn* ongepolijst; fig onbeschaafd, ruw
unpolluted ['ʌnpə'l(j)u:tid] *bn* onbezoedeld, onbesmet
unpopular ['ʌn'pɔpjulə] *bn* impopulair
unpractical ['ʌn'præktikl] *bn* onpraktisch
unpractised [ʌn'præktist] *bn* ongeoefend, onervaren, onbedreven
unprecedented [ʌn'presidentid] *bn* zonder precedent; zonder voorbeeld, ongekend, ongehoord,

zoals nog nooit vertoond (voorgekomen)
unpredictable ['ʌnpri'diktəbl] *bn* onvoorspelbaar, niet te voorspellen; onberekenbaar
unprejudiced [ʌn'predʒudist] *bn* onbevooroordeeld, onpartijdig
unpremeditated ['ʌnpri'mediteitid] *bn* niet vooraf bedacht of beraamd, onopzettelijk
unprepared ['ʌnpri'pɛəd] *bn* onvoorbereid
unprepossessing *bn* niet (weinig) innemend, onaantrekkelijk, ongunstig [v. uiterlijk &]
unpresuming ['ʌnpri'zju:miŋ] *bn* bescheiden
unpretentious [ʌnpri'tenʃəs] *bn* zonder pretentie, pretentieloos, bescheiden
unprevailing ['ʌnpri'veiliŋ] *bn* niets batend, zonder succes, nutteloos
unpriced ['ʌn'praist] *bn* niet geprijsd
unprincipled [ʌn'prinsipld] *bn* zonder beginselen, beginselloos; gewetenloos
unprintable ['ʌn'printəbl] *bn* niet geschikt voor publicatie, (te) obsceen (om te publiceren); fig niet voor herhaling vatbaar [woorden]
unproductive ['ʌnprə'dʌktiv] *bn* improductief, weinig opleverend
unprofessional ['ʌnprə'feʃənəl] *bn* niet professioneel; in strijd met de beroepseer [gedrag]
unprofitable [ʌn'prɔfitəbl] *bn* onvoordelig; nutteloos, waar men niets aan heeft
unpromising ['ʌn'prɔmisiŋ] *bn* weinig belovend
unpronounceable ['ʌnprə'naunsəbl] *bn* niet uit te spreken
unprotected ['ʌnprə'tektid] *bn* onbeschermd
unprovable ['ʌn'pru:vəbl] *bn* onbewijsbaar
unproved, **unproven** *bn* onbewezen
unprovided-for ['ʌnprə'vaidid] *bn* onverzorgd, zonder bestaansmiddelen
unprovoked ['ʌnprə'voukt] *bn* zonder aanleiding
unpublished ['ʌn'pʌbliʃt] *bn* onuitgegeven; niet bekendgemaakt
unpunished ['ʌn'pʌniʃt] *bn* ongestraft; *go* ~ vrijuit gaan
unputdownable ['ʌnput'daunəbl] *bn* [v. boek] boeiend, meeslepend, om in één adem uit te lezen
unqualified ['ʌn'kwɔlifaid] *bn* onbevoegd, ongeschikt; onverdeeld, absoluut
unquenchable [ʌn'kwenʃəbl] *bn* on(uit)blusbaar, onlesbaar
unquestionable [ʌn'kwestʃənəbl] *bn* onbetwistbaar, ontwijfelbaar
unquestionably *bijw* ontwijfelbaar, ontegenzeglijk
unquestioned *bn* ontwijfelbaar; onbetwist; vanzelfsprekend; niet ondervraagd
unquestioning *bn* geen vragen stellend; onvoorwaardelijk, blind [vertrouwen]
unquiet [ʌn'kwaiət] *bn* onrustig, rusteloos
unquote [ʌn'kwout] *bijw* einde citaat, aanhalingstekens sluiten
unravel [ʌn'rævl] **I** *overg* (uit)rafelen; ontwarren, ontraadselen, ontknopen, oplossen; **II** *onoverg* (uit)rafelen; zich ontwarren, zich ontwikkelen
unreachable ['ʌn'ri:tʃəbl] *bn* onbereikbaar
unread ['ʌn'red] *bn* ongelezen
unreadable ['ʌn'ri:dəbl] *bn* onleesbaar, niet te lezen, niet gelezen kunnende worden
unreadiness ['ʌn'redinis] *bn* ongereedheid; onbereidwilligheid, onwilligheid
unready *bn* niet gereed, niet klaar; onvoorbereid; besluiteloos
unreal ['ʌn'riəl] *bn* onwezenlijk, onwerkelijk, irreëel
unrealistic ['ʌnriə'listik] *bn* onrealistisch
unreason ['ʌn'ri:zn] *bn* dwaasheid, onverstandigheid
unreasonable [ʌn'ri:znəbl] *bn* onredelijk
unreasoned [ʌn'ri:znd] *bn* onberedeneerd
unreasoning [ʌn'ri:zniŋ] *bn* niet beredeneerd; irrationeel
unreclaimed ['ʌnri'kleimd] *bn* onontgonnen
unrecognizable ['ʌn'rekəgnaizəbl] *bn* onherkenbaar
unrecognized *bn* **1** miskend; **2** zonder te worden herkend; **3** pol niet erkend
unreconciled ['ʌn'rekənsaild] *bn* onverzoend
unrecorded ['ʌnri'kɔ:did] *bn* onvermeld
unredeemable ['ʌnri'di:məbl] *bn* onaflosbaar
unredeemed *bn* niet vrijgekocht, niet af- of ingelost [v. panden]; niet nagekomen; ~ *by* niet goedgemaakt door
unreel ['ʌn'ri:l] *overg* afhaspelen, afrollen
unrefined ['ʌnri'faind] *bn* niet geraffineerd, ongezuiverd, ongelouterd; onbeschaafd
unreflecting ['ʌnri'flektiŋ] *bn* niet reflecterend; onnadenkend
unreformed ['ʌnri'fɔ:md] *bn* niet hervormd; onbekeerd; onverbeterd
unregarded ['ʌnri'ga:did] *bn* onopgemerkt
unregenerate ['ʌnri'dʒenərit] *bn* niet hergeboren; zondig, verdorven; koppig
unregistered ['ʌn'redʒistəd] *bn* niet geregistreerd, oningeschreven; post onaangetekend
unrehearsed ['ʌnri'hə:st] *bn* spontaan; geïmproviseerd, onvoorbereid
unrelated ['ʌnri'leitid] *bn* niet verwant
unrelenting ['ʌnri'lentiŋ] *bn* onverminderd; onverbiddelijk, meedogenloos, onbarmhartig
unreliable ['ʌnri'laiəbl] *bn* onbetrouwbaar
unrelieved ['ʌnri'li:vd] *bn* onafgebroken, voortdurend [pijn &]; ~ *by* zonder enige ..., niet afgewisseld door; ~ *joy* louter vreugde
unremarkable ['ʌnri'ma:kəbl] *bn* middelmatig, onopvallend, gewoon
unremarked ['ʌnri'ma:kt] *bn* onopgemerkt
unremembered ['ʌnri'membəd] *bn* vergeten
unremitting [ʌnri'mitiŋ] *bn* zonder ophouden, aanhoudend, gestadig
unremunerative [ʌnri'mju:nərətiv] *bn* niet lonend

unrepentant ['ʌnri'pentənt] *bn* geen berouw hebbend, onboetvaardig, verstokt
unrepresentative ['ʌnrepri'zentətiv] *bn* niet representatief (voor *of*)
unrepresented *bn* niet vertegenwoordigd
unrequited ['ʌnri'kwaitid] *bn* onbeantwoord [v. liefde]
unreserved ['ʌnri'zə:vd] *bn* niet gereserveerd[2], zonder voorbehoud gegeven (gezegd &), vrijmoedig, openhartig
unresisting ['ʌnri'zistiŋ] *bn* geen weerstand biedend
unresolved ['ʌnri'zɔlvd] *bn* onopgelost; (nog) niet besloten, besluiteloos
unresponsive ['ʌnris'pɔnsiv] *bn* niet reagerend op aardigheden &, niet wakker te krijgen, onverschillig
unrest ['ʌn'rest] *znw* onrust
unrestful *bn* onrustig
unresting *bn* niet rustend
unrestrained ['ʌnri'streind] *bn* oningehouden; onbeperkt, teugelloos; ongedwongen
unrestricted ['ʌnri'striktid] *bn* onbeperkt, vrij
unrewarded ['ʌnri'wɔ:did] *bn* niet beloond [inspanning], niet succesvol
unrewarding ['ʌnri'wɔ:diŋ] *bn* niet (de moeite) lonend, onbevredigend, niet geslaagd
unriddle ['ʌn'ridl] *overg* ontraadselen, oplossen
unrig ['ʌn'rig] *overg* scheepv onttakelen, aftakelen
unrighteous [ʌn'raitʃəs] *bn* onrechtvaardig; zondig, slecht
unrip [ʌn'rip] *overg* openrijten, lostornen
unripe ['ʌn'raip] *bn* onrijp
unrivalled [ʌn'raivəld] *bn* zonder mededinger; weergaloos, ongeëvenaard
unrobe ['ʌn'roub] **I** *overg* uitkleden; **II** *onoverg* zijn (ambts)gewaad afleggen
unroll ['ʌn'roul] **I** *overg* ontrollen, afrollen; **II** *onoverg* afrollen, zich ontrollen
unroofed ['ʌn'ru:ft] *bn* zonder dak, dakloos
unroot ['ʌn'ru:t] *overg* ontwortelen; vernietigen
unruffled ['ʌn'rʌfld] *bn* ongerimpeld, glad; fig onbewogen, onverstoord, onverstoorbaar (kalm), kalm, bedaard
unruly [ʌn'ru:li] *bn* ongezeglijk; onhandelbaar; lastig, weerspannig
unsaddle ['ʌn'sædl] *overg* afzadelen; uit het zadel werpen
unsafe ['ʌn'seif] *bn* onveilig; onbetrouwbaar; gewaagd; onvast; gevaarlijk; onsolide, wrak
unsaid ['ʌn'sed] *bn* ongezegd
unsal(e)able ['ʌn'seiləbl] *bn* onverkoopbaar
unsalaried ['ʌn'sælərid] *bn* onbezoldigd
unsanctified ['ʌn'sæŋktifaid] *bn* ongeheiligd, ongewijd; fig slecht
unsanctioned ['ʌn'sæŋkʃənd] *bn* niet gesanctioneerd, onbekrachtigd; ongeoorloofd
unsatisfactory ['ʌnsætis'fæktəri] *bn* onbevredigend, onvoldoende
unsatisfied ['ʌn'sætisfaid] *bn* onvoldaan, onbevredigd, ontevreden
unsatisfying *bn* niet bevredigend, onvoldoend
unsaturated ['ʌn'sætʃəreitid] *bn* chem onverzadigd
unsavoury ['ʌn'seivəri] *bn* onsmakelijk[2], onaangenaam, onverkwikkelijk
unsay ['ʌn'sei] *overg* herroepen
unscathed ['ʌn'skeiðd] *bn* ongedeerd, onbeschadigd
unscientific ['ʌnsaiən'tifik] *bn* onwetenschappelijk
unscramble ['ʌn'skræmbl] *overg* ontwarren; ontcijferen
unscreened ['ʌn'skri:nd] *bn* onbeschermd, onbeschut; niet gezeefd [*vooral* v. steenkool]; fig niet doorgelicht, niet onderzocht [om veiligheidsredenen]
unscrew ['ʌn'skru:] **I** *overg* losschroeven, losdraaien; **II** *onoverg* losgeschroefd (losgedraaid) worden
unscripted ['ʌn'skriptid] *bn* RTV voor de vuist weg
unscriptural ['ʌn'skriptʃərəl] *bn* onbijbels, niet volgens de bijbel
unscrupulous [ʌn'skru:pjuləs] *bn* zonder scrupules; gewetenloos
unseal ['ʌn'si:l] *overg* ontzegelen, openen
unsealed ['ʌn'si:ld] *bn* ongezegeld; ontzegeld, open [v. enveloppe]
unseam ['ʌn'si:m] *overg* (de naden) lostornen
unsearchable [ʌn'sə:tʃəbl] *bn* ondoorgrondelijk, onnaspeurlijk
unseasonable [ʌn'si:znəbl] *bn* ontijdig, ongelegen (komend); misplaatst; niet voor de tijd van het jaar [v. weer]
unseasoned ['ʌn'si:znd] *bn* ongekruid, niet gezouten of gepeperd, niet belegen [v. hout]; onervaren
unseat ['ʌn'si:t] *overg* uit het zadel werpen; van zijn zetel beroven
unseated *bn* niet gezeten, niet zittend; uit het zadel geworpen; gewipt, weggewerkt
unseeing ['ʌn'si:iŋ] *bn* niet(s) ziend, onopmerkzaam; blind
unseemly [ʌn'si:mli] *bn* onbetamelijk, ongepast
unseen ['ʌn'si:n] **I** *bn* ongezien; **II** *znw*: *the* ~ het occulte
unselfish ['ʌn'selfiʃ] *bn* onzelfzuchtig, niet egoïstisch, onbaatzuchtig
unsent ['ʌn'sent] *bn* niet gezonden, niet verzonden
unserviceable ['ʌn'sə:visəbl] *bn* ondienstig, onbruikbaar
unsettle ['ʌn'setl] *overg* van streek maken, onzeker maken, op losse schroeven zetten, in de war sturen [plannen]; uit zijn doen brengen [iem.]; verwarren; krenken [verstand]
unsettled *bn* onbestendig, weifelend; onvast [weer]; niet vastgesteld of afgedaan; niet tot rust gekomen; overstuur, verward, ontsteld; zie ook:

unsettle
unsettling *bn* verwarrend, verontrustend
unsew ['ʌn'sou] *overg* lostornen
unsex ['ʌn'seks] *overg* van geslachtseigenschappen beroven; impotent maken
unshackle ['ʌn'ʃækl] *overg* vrijmaken, losmaken; gemeenz bevrijden, emanciperen
unshak(e)able [ʌn'ʃeikəbl] *bn* onwankelbaar, onwrikbaar
unshaken *bn* ongeschokt; onwrikbaar
unshapely ['ʌn'ʃeipli] *bn* vormeloos, slecht gevormd
unshaven ['ʌn'ʃeivn] *bn* ongeschoren
unsheathe ['ʌn'ʃi:ð] *overg* uit de schede trekken [degen]
unsheltered ['ʌn'ʃeltəd] *bn* onbeschut
unshielded ['ʌn'ʃi:ldid] *bn* niet verdedigd, onbeschermd, onbeschut
unship ['ʌn'ʃip] *overg* ontschepen, lossen
unshipped *bn* nog niet verscheept
unshod ['ʌn'ʃɔd] *bn* ongeschoeid [v. persoon]; onbeslagen [v. een paard]
unshorn ['ʌn'ʃɔ:n] *bn* ongeschoren, ongeknipt [v. vee, heg &]
unshrinkable ['ʌn'ʃriŋkəbl] *bn* krimpvrij
unshrinking [ʌn'ʃriŋkiŋ] *bn* onversaagd
unsighted ['ʌn'saitid] *bn* niet in zicht; ongezien
unsightly [ʌn'saitli] *bn* onooglijk, minder mooi of niet sierlijk, lelijk (staand)
unsigned ['ʌn'saind] *bn* niet ondertekend, anoniem
unsinkable ['ʌn'siŋkəbl] *bn* niet zinkend; niet tot zinken te brengen
unskilful ['ʌn'skilful] *bn* onbedreven, onbekwaam, onervaren
unskilled ['ʌn'skild] *bn* ongeschoold, onbedreven; geen vakkennis vereisend; ~ *labour* werk dat geen vakkennis vereist; ongeschoolde arbeidskrachten
unslaked ['ʌn'sleikt] *bn* ongelest, ongeblust
unsleeping ['ʌn'sli:piŋ] *bn* altijd waakzaam
unslept ['ʌn'slept] *bn*: ~ *in* onbeslapen
unsling ['ʌn'sliŋ] *overg* losgooien, losmaken
unsmiling ['ʌn'smailiŋ] *bn* strak, met een strak gezicht
unsociability ['ʌnsouʃə'biliti] *znw* ongezelligheid
unsociable ['ʌn'souʃəbl] *bn* ongezellig, teruggetrokken
unsocial ['ʌn'souʃəl] *bn*: *work* ~ *hours* buiten de normale werktijden werken
unsoiled ['ʌn'sɔild] *bn* onbezoedeld, onbevlekt
unsold ['ʌn'sould] *bn* onverkocht
unsolder ['ʌn'sɔldə] *overg* het soldeersel losmaken
unsoldierly ['ʌn'souldʒəli] *bn* niet krijgshaftig, niet zoals het de soldaat betaamt
unsolicited ['ʌnsə'lisitid] *bn* ongevraagd
unsolvable ['ʌn'sɔlvəbl] *bn* onoplosbaar
unsolved ['ʌn'sɔlvd] *bn* onopgelost[2]
unsophisticated [ʌnsə'fistikeitid] *bn* onervaren, ongekunsteld, eenvoudig, pretentieloos
unsought-for *bn* niet gezocht, ongevraagd
unsound ['ʌn'saund] *bn* ongezond[2], niet gaaf; aangestoken, bedorven; ondeugdelijk, onsolide, onsterk; wrak, zwak; onbetrouwbaar; *of* ~ *mind* geestelijk gestoord
unsown [ʌn'soun] *bn* ongezaaid; onbezaaid
unsparing [ʌn'spɛəriŋ] *bn* **1** niets ontziend, meedogenloos; **2** niet op een cent kijkend, niet karig
unspeakable [ʌn'spi:kəbl] *bn* onuitsprekelijk; afschuwelijk
unspecified ['ʌn'spesifaid] *bn* ongespecificeerd
unspent ['ʌn'spent, 'ʌnspent] *bn* niet verbruikt, niet gebruikt, niet uitgegeven, onverteerd, onuitgeput
unspoiled ['ʌn'spɔild], **unspoilt** ['ʌn'spɔilt] *bn* onbedorven
unspoken ['ʌn'spoukn] *bn* niet uitgesproken of gesproken, onvermeld
unsporting ['ʌn'spɔ:tiŋ] *bn* onsportief
unspotted ['ʌn'spɔtid] *bn* onbevlekt[2]
unstable ['ʌn'steibl] *bn* onvast, onbestendig; labiel
unstained ['ʌn'steind] *bn* onbesmet
unstamped ['ʌn'stæmpt, 'ʌnstæmpt] *bn* ongestempeld; ongezegeld; ongefrankeerd
unstarched ['ʌn'sta:tʃt] *bn* ongesteven
unsteady ['ʌn'stedi] *bn* wankel, onzeker, ongestadig; onsolide [gedrag]; onzeker [v.h. vuren]; onvast
unstick ['ʌn'stik] *overg* losweken [van het gelijmde]
unstinted [ʌn'stintid], **unstinting** *bn* onbekrompen, kwistig, onbeperkt
unstitch ['ʌn'stitʃ] *overg* lostornen
unstocked ['ʌn'stɔkt] *bn* zonder voorraad; leeggehaald
unstop ['ʌn'stɔp] *overg* openen, ontkurken; ontstoppen
unstoppable ['ʌn'stɔpəbl] *bn* onstuitbaar, niet te stoppen
unstrained ['ʌn'streind] *bn* ongedwongen
unstrap ['ʌn'stræp] *overg* losgespen, losmaken
unstressed ['ʌn'strest, 'ʌnstrest] *bn* toonloos, zonder klemtoon
unstring ['ʌn'striŋ] *overg* een snaar (snaren) afhalen van; een snaar (snaren) losser spannen; afrijgen [kralen]; verzwakken; van streek brengen
unstructured ['ʌn'strʌktʃəd] *bn* ongestructureerd, onsystematisch
unstrung ['ʌn'strʌŋ] *bn* ontspannen, verslapt; van streek, overstuur
unstuck ['ʌn'stʌk] *bn* los; *come* ~ losgaan, loslaten; fig spaak lopen
unstudied ['ʌn'stʌdid] *bn* spontaan
unsubdued ['ʌnsəb'dju:d] *bn* ongetemd[2]
unsubstantial ['ʌnsəb'stænʃəl] *bn* onstoffelijk; onwezenlijk, onwerkelijk; niet solide, niet degelijk; ~ *food* lichte kost
unsubstantiated ['ʌnsəb'stænʃieitid] *bn* niet bewezen, onbevestigd, ongefundeerd

unsuccessful ['ʌnsək'sesful] *bn* geen succes hebbend, zonder succes, niet geslaagd, niet gelukt, mislukt; *be* ~ niet slagen; *return* ~ onverrichter zake terugkeren
unsuitable ['ʌn's(j)u:təbl] *bn* ongepast; ongeschikt; niet van dienst zijnd
unsuited *bn* ongeschikt (voor *for*), niet passend (bij *to*)
unsullied ['ʌn'sʌlid] *bn* onbezoedeld, onbevlekt
unsung ['ʌn'sʌŋ] *bn* ongezongen; fig miskend
unsupported ['ʌnsə'pɔ:tid] *bn* niet ondersteund; niet gesteund; niet gestaafd
unsure ['ʌn'ʃuə] *bn* onzeker, onvast; onbetrouwbaar; twijfelachtig
unsurpassable ['ʌnsə'pa:səbl] *bn* onovertrefbaar
unsurpassed ['ʌnsə'pa:st] *bn* onovertroffen
unsusceptible ['ʌnsə'septibl] *bn* onvatbaar
unsuspected ['ʌnsəs'pektid] *bn* onverdacht; onvermoed
unsuspecting *bn* geen kwaad vermoedend, argeloos
unsuspicious ['ʌnsəs'piʃəs] *bn* niet achterdochtig, argeloos; ~ *of...* geen... vermoedend
unswathe [ʌn'sweið] *overg* ontzwachtelen
unswayed ['ʌn'sweid] *bn* onbeïnvloed; niet beheerst (door *by*); onbevooroordeeld
unsweetened ['ʌn'swi:tənd] *bn* ongezoet
unswept ['ʌn'swept] *bn* on(aan)geveegd
unswerving [ʌn'swə:viŋ] *bn* niet afwijkend; onwankelbaar
unsworn ['ʌn'swɔ:n] *bn* onbeëdigd
unsympathetic ['ʌnsimpə'θetik] *bn* van geen deelneming (begrip) blijk gevend, onverschillig; soms: onsympathiek
unsystematic ['ʌnsisti'mætik] *bn* onsystematisch, zonder systeem
untainted ['ʌn'teintid] *bn* onaangestoken; onbedorven; onbesmet, smetteloos, vlekkeloos
untamed ['ʌn'teimd] *bn* ongetemd
untangle ['ʌn'tæŋgl] *overg* ontwarren
untanned ['ʌn'tænd] *bn* ongelooid [leer]; niet gebruind [huid]
untapped ['ʌn'tæpt] *bn* nog niet aangeboord, fig onontgonnen
untarnished ['ʌn'ta:niʃt] *bn* ongevlekt, onbevlekt, onbesmet, smetteloos
untaught ['ʌn'tɔ:t, 'ʌntɔ:t] *bn* **1** onwetend; **2** spontaan; aangeboren
untaxed ['ʌn'tækst] *bn* onbelast, van belasting vrijgesteld
unteachable [ʌn'ti:tʃəbl] *bn* hardleers; niet te leren
untenable ['ʌn'tenəbl] *bn* onhoudbaar, onverdedigbaar°
untenanted ['ʌn'tenəntid] *bn* onverhuurd; onbewoond; onbezet, leeg
untended ['ʌn'tendid] *bn* onverzorgd; verwaarloosd
untested ['ʌn'testid] *bn* onbeproefd, niet getest
unthankful ['ʌn'θæŋkful] *bn* ondankbaar
unthinkable [ʌn'θiŋkəbl] *bn* ondenkbaar
unthinking *bn* niet (na)denkend, onbezonnen, onbedachtzaam
unthought-of [ʌn'θɔ:təv] *bn* onvermoed; onverwacht
unthrifty ['ʌn'θrifti] *bn* niet spaarzaam, verkwistend; onvoordelig, onvoorspoedig; niet gedijend
untidy [ʌn'taidi] *bn* onordelijk, slordig
untie ['ʌn'tai] **I** *overg* losbinden, losknopen; losmaken; **II** *onoverg* zich laten losbinden &
until [ən'til, ʌn'til] *voorz* tot; totdat; *not* ~ *1007* pas (eerst) in 1007
untimely [ʌn'taimli] *bn & bijw* ontijdig; voortijdig; ongelegen
untinged ['ʌn'tin(d)ʒd] *bn* ongetint; fig ongerept, vrij (van *with, by*)
untiring [ʌn'tairiŋ] *bn* onvermoeibaar
untitled ['ʌn'taitld] *bn* ongetiteld
unto ['ʌntu] *voorz* vero tot; aan; voor; naar; tot aan
untold ['ʌn'tould] *bn* onverteld; ongeteld, talloos; zeer groot (veel)
untouchable [ʌn'tʌtʃəbl] **I** *bn* onaanraakbaar; **II** *znw* (hindoe)paria
untouched *bn* **1** onaangeraakt; ongerept; **2**:~ *by* ongevoelig voor
untoward [ʌn'touəd] *bn* lastig; betreurenswaardig; ongelukkig, onaangenaam
untraceable ['ʌn'treisəbl] *bn* onnaspeurlijk, niet na te gaan
untraced *bn* niet op-, nagespoord
untrained ['ʌn'treind] *bn* ongetraind, ongeoefend; ongeschoold
untrammelled [ʌn'træməld], Am **untrammeled** *bn* onbelemmerd
untranslatable ['ʌntræns-, 'ʌntra:ns'leitəbl] *bn* onvertaalbaar
untravelled ['ʌn'trævəld] *bn* onbereisd [persoon]; rustig, stil [weg]
untried ['ʌn'traid] *bn* onbeproefd; recht (nog) niet verhoord, (nog) niet behandeld
untrodden ['ʌn'trɔdn] *bn* onbetreden
untroubled ['ʌn'trʌbld] *bn* ongestoord, onbewogen, kalm; niet verontrust
untrue ['ʌn'tru:] *bn* onwaar, onwaarachtig; ontrouw (aan *to*)
untruss ['ʌn'trʌs] *overg* losmaken
untrustworthy ['ʌn'trʌstwə:ði] *bn* onbetrouwbaar
untruth ['ʌn'tru:θ] *znw* onwaarheid
untruthful *bn* leugenachtig
untune ['ʌn'tju:n] *overg* ontstemmen
untuned ['ʌn'tju:nd] *bn* ongestemd, ontstemd (ook: fig); niet goed afgesteld [radio]; niet in harmonie
unturned ['ʌn'tə:nd] *bn* ongekeerd; zie *stone*
untutored ['ʌn'tju:təd] *bn* ongeschoold, niet onderwezen; onbeschaafd

untwine ['ʌn'twain], **untwist** ['ʌn'twist] *overg* loswinden, losdraaien
unusable ['ʌn'ju:zəbl] *bn* onbruikbaar
1 unused ['ʌn'ju:zd] *bn* ongebruikt, onbenut
2 unused ['ʌn'ju:st] *bn*: ~ *to* niet gewend aan
unusual [ʌn'ju:ʒuəl] *bn* ongewoon; uitzonderlijk; gemeenz buitengewoon
unutterable ['ʌn'ʌtərəbl] *bn* onuitsprekelijk, onzegbaar, onbeschrijflijk
unvalued [ʌn'vælju:d] *bn* ongeschat; ongewaardeerd
unvaried [ʌn'vɛərid] *bn* onveranderd; nooit veranderend, zonder afwisseling, eentonig
unvarnished ['ʌn'va:niʃt] *bn* niet gevernist; fig onopgesmukt [verhaal]; onverbloemd
unvarying [ʌn'vɛəriiŋ] *bn* onveranderlijk; constant
unveil *overg* ontsluieren, onthullen; ontdekken
unversed ['ʌn'və:st] *bn* onervaren, onbedreven
unvoiced ['ʌn'vɔist] *bn* niet uitgesproken, stemloos [klank]
unwaged ['ʌn'weidʒd] *bn*: *the* ~ de nietloontrekkenden: werklozen, studenten en gepensioneerden
unwanted ['ʌn'wɔntid] *bn* niet verlangd (gevraagd, nodig), ongewenst
unwarlike ['ʌn'wɔ:laik] *bn* onkrijgshaftig, vredelievend
unwarrantable ['ʌn'wɔrəntəbl] *bn* onverantwoordelijk; ongeoorloofd
unwarranted ['ʌn'wɔrəntid] *bn* ongerechtvaardigd, ongemotiveerd, niet verantwoord, ongeoorloofd
unwary [ʌn'wɛəri] *bn* onvoorzichtig; niet waakzaam, niet op zijn hoede zijnd
unwashed ['ʌn'wɔʃt] *bn* ongewassen
unwatered ['ʌn'wɔ:təd] *bn* onbesproeid, onbegoten; niet met water aangelengd
unwavering [ʌn'weivəriŋ] *bn* niet wankelend, niet aarzelend; onwrikbaar, standvastig
unwearable ['ʌn'wɛərəbl] *bn* ondraagbaar [kleding]
unwearied [ʌn'wiərid], **unwearying** *bn* onvermoeid; onvermoeibaar; volhardend, aanhoudend
unwed(ded) ['ʌn'wed(id)] *bn* ongehuwd
unwelcome [ʌn'welkəm] *bn* onwelkom; onaangenaam
unwelcoming ['ʌn'welkəmiŋ] *bn* koel, afstandelijk; onherbergzaam
unwell ['ʌn'wel] *bn* niet wel, onwel, onpasselijk; ongesteld
unwept ['ʌn'wept] *bn* onbeweend
unwholesome ['ʌn'houlsəm] *bn* ongezond
unwieldy [ʌn'wi:ldi] *bn* log, zwaar, lomp, onbehouwen, moeilijk te hanteren
unwilling [ʌn'wiliŋ] *bn* onwillig; ongewillig; *be (feel)* ~ *to...* ongeneigd zijn om, geen zin hebben om..., niet willen...
unwillingly [ʌn'wiliŋli] *bijw* onwillig; ongewillig; ongaarne; tegen wil en dank
unwind ['ʌn'waind] **I** *overg* loswinden, loswikkelen, ontrollen; **II** *onoverg* zich loswinden &; fig zich ontspannen [na inspanning]
unwinking ['ʌn'wiŋkiŋ] *bn* strak, star [blik]; fig waakzaam
unwisdom ['ʌn'wizdəm] *znw* onverstandigheid, dwaasheid
unwise ['ʌn'waiz] *bn* onwijs, onverstandig
unwished ['ʌn'wiʃt] *bn* ongewenst
unwitnessed ['ʌn'witnist] *bn* ongezien, niet door getuigen bijgewoond of bevestigd
unwitting [ʌn'witiŋ] *bn* onwetend, van niets wetend, onbewust
unwittingly *bn* per ongeluk, onopzettelijk
unwomanly [ʌn'wumənli] *bn* onvrouwelijk
unwonted [ʌn'wountid] *bn* ongewoon; niet gewend
unworkable ['ʌn'wə:kəbl] *bn* onuitvoerbaar, onpraktisch; niet exploitabel
unworldly [ʌn'wə:ldli] *bn* niet van de wereld, onwerelds; wereldvreemd
unworn ['ʌn'wɔ:n] *bn* ongedragen
unworthy ['ʌn'wə:ði] *bn* onwaardig
unwound ['ʌn'waund] V.T. & V.D. van *unwind*
unwounded ['ʌn'wu:ndid] *bn* ongeschonden, heelhuids
unwrap ['ʌn'ræp] *overg* loswikkelen, openmaken
unwrinkle ['ʌn'riŋkl] *overg* ontrimpelen; ~*d* ongerimpeld, zonder rimpels, glad
unwritten ['ʌn'ritn] *bn* ongeschreven
unwrought ['ʌn'rɔ:t] *bn* onbewerkt; onverwerkt; ~ *goods* ruwe grondstoffen
unwrung ['ʌn'rʌŋ] *bn* ongewrongen; fig onbekommerd
unyielding [ʌn'ji:ldiŋ] *bn* niet meegevend; ontoegevend, onbuigzaam, onverzettelijk
unyoke ['ʌn'jouk] *overg* het juk afnemen, uitspannen, bevrijden (van het juk)
unzip ['ʌn'zip] *overg* opentrekken [v. rits], openritsen
up [ʌp] **I** *bijw* op, de hoogte in, in de hoogte, omhoog, boven, naar boven, overeind; *he lives four floors* ~ vier hoog; *be a hundred* ~ sp honderd punten op voorsprong staan; *be* ~ *on* voorliggen op; *one* ~ *for...* één (= een punt, een succes &) voor...; *be one* ~ *on...* gemeenz iem. een slag voor zijn; *one* ~ *to...* zie: *one* ~ *for...*; *from 5 pounds* ~ vanaf 5 pond; ~ *there* daar(ginds), daarboven; ~ *the rebels!* leve de rebellen!; *it is all* ~*!* er is geen hoop meer!; ~ *with...* hoera voor...; ~ *yours!* plat je kunt me de pot op; ~ *and down* op en neer, op en af (zie ook: *up-and-down*); *look* ~ *and down* overal kijken; *look sbd.* ~ *and down* iem. van het hoofd tot de voeten opnemen; ~ *and down the country* over (door) het hele land; *what's* ~*?* gemeenz wat is er aan de hand?; *be* ~ op zijn [uit bed]; (in de lucht) opgestegen zijn; opgegaan zijn [voor examen]; handel ho-

ger zijn [prijzen]; hoog staan [op de markt]; het woord hebben [redenaar]; zijn zetel ingenomen hebben [rechter]; om zijn [tijd]; aan de hand zijn [zaken]; *dinner's ~!* gemeenz het eten staat op tafel!; *the House is ~* de zitting is opgeheven; de Kamer is op reces; *the street is ~* is opgebroken; *be ~ and doing* niet stilzitten, de handen uit de mouwen steken; *be ~ and about (around)* uit de veren zijn, al in de weer zijn; *be ~ against a formidable task* voor een geweldige taak staan; *be ~ for (re-)election* zich (weer) kandidaat stellen; *he is high ~ in the school* heeft een hoog nummer; *he is well ~ in that subject* hij is heel goed (thuis) in dat vak; *~ to* tot (aan, op); *~ to 7 days' leave* hoogstens 7 dagen verlof; *~ to now* tot nu (nog) toe, tot op heden, tot dusver; *~ to then* tot dan toe; *he is ~ to no good* hij voert niets goeds in zijn schild; *he is ~ to some joke* hij heeft de een of andere aardigheid in de zin; *not be ~ to much* niet veel voorstellen, onbeduidend zijn; *he is not ~ to the task* hij is niet voor de taak berekend; *be ~ to a trick or two* van wanten weten; *I am ~ to what you mean* ik begrijp (snap) wel wat je bedoelt; *what are you ~ to?* wat voer jij nu uit?, wat moet dat nou?; *it is ~ to us...* **1** het is onze plicht...; **2** het is aan ons (om te beslissen), wij mogen kiezen; *I don't feel ~ to it* ik voel er me niet sterk (flink) genoeg voor; *go ~ to town* naar de stad (toe) gaan; **II** *voorz* op; *~ country* het (binnen)land in; *~ a hill* een heuvel op; *~ hill and down dale* over heg en steg; *~ stage* achter op 't toneel; *~ a tree* in een boom, tegen een boom op; zie ook: *tree*; **III** *onoverg* gemeenz opstaan; **IV** *overg* gemeenz verhogen [lonen, prijzen &]; **V** *znw*: *~s and downs* terreingolvingen; fig voor- en tegenspoed, wisselvalligheden; *be on the ~ and ~* gemeenz vooruitgaan, verbeteren; eerlijk (fatsoenlijk) zijn

up-and-coming *bn* ambitieus, veelbelovend

up-and-down *bn* van boven naar beneden, op- en neergaand; fig gemeenz wisselvallig [weer, humeur]

up-and-over door *znw* kanteldeur [v. garage &]

upas ['ju:pəs] *znw* oepas [boom]; fig vergiftigende of verderfelijke invloed, pest

upbeat ['ʌpbi:t] **I** *znw* muz opmaat; **II** *bn* snel; ritmisch, vrolijk [muziek]; fig optimistisch, levendig, vrolijk

upbraid [ʌp'breid] *overg* verwijten doen, een verwijt maken (van *with*); betuttelen; *~ sbd. for (with)* ... iem... verwijten

upbringing ['ʌpbriŋiŋ] *znw* opvoeding

upcast ['ʌpka:st] **I** *overg* omhoog werpen; **II** *bn* naar boven gericht; naar boven geworpen; *with ~ eyes* ook: met ten hemel geslagen ogen; **III** *znw* geol opwaartse verschuiving; ventilatieschacht [in mijn]

up-country ['ʌp'kʌntri] *bijw & bn* in, van, naar het binnenland; plattelands-

update [ʌp'deit] *overg* bijwerken [een uitgave], bij de tijd brengen, moderniseren

up-end [ʌp'end] *overg* overeind zetten, het onderste boven keren

up-front [ʌp'frʌnt] *bn* gemeenz open, eerlijk; [m.b.t. betaling] vooruit, van tevoren

upgrade I *znw* ['ʌpgreid] opwaartse helling; comput verbeterde versie; *be on the ~* vooruitgaan; stijgen [prijzen]; aan de beterende hand zijn [zieke]; **II** *overg* [ʌp'greid] verhogen (in rang &), veredelen [vee]; upgraden, verbeteren

upheaval [ʌp'hi:vəl] *znw* omwenteling, ontreddering; opschudding

upheave *overg* opheffen, omhoog werpen

upheld [ʌp'held] V.T. & V.D. van *uphold*

uphill [ʌp'hil, 'ʌphil] *bn & bijw* bergop; fig moeilijk, zwaar [werk &]

uphold [ʌp'hould] *overg* handhaven [wet]; recht bevestigen; (onder)steunen[2], fig verdedigen

upholder *znw* ondersteuner, steun; handhaver, verdediger

upholster [ʌp'houlstə] *overg* stofferen, bekleden; *well ~ed* gemeenz mollig

upholsterer *znw* (behanger-)stoffeerder

upholstery *znw* stoffering, bekleding; stoffeerderij

upkeep ['ʌpki:p] *znw* (kosten van) onderhoud *o*, instandhouding

upland ['ʌplənd] **I** *znw* (ook: *~s*) hoogland *o*, bovenland *o*; **II** *bn* hooglands, bovenlands

uplift I *overg* [ʌp'lift] optillen, verheffen[2], ten hemel heffen [de handen], ten hemel slaan [de ogen]; *it was not ~ing* het was niet hartverheffend; **II** *znw* ['ʌplift] opwekking; op-, verheffing [v. de ziel &]; bodemverheffing

upmarket [ʌp'ma:kit] *znw* van betere/duurdere kwaliteit, kwaliteits-, voor de hogere inkomens; exclusief

upmost ['ʌpmoust] *bn* = *uppermost*

upon [ə'pɔn] *voorz* = plechtig op &, zie *on*; *... ~ ...* talloze, ... na ...; *thousands ~ thousands arrived* duizenden mensen kwamen; *kilometer ~ kilometer* kilometer na kilometer, kilometers; *Christmas is ~ us* plechtig het kerstfeest nadert

upper ['ʌpə] **I** *bn* opper, hoger, bovenste, boven-; **II** *znw* bovenleer *o* [v. schoen] (ook: *~s*); *(down) on one's ~s* gemeenz straatarm

upper case letter *znw* hoofdletter, kapitaal

upper circle *znw* tweede balkon *o* [v. schouwburg]

upper-class *bn* van de hogere kringen

upper-crust *bn* gemeenz aristocratisch, elite-

uppercut *znw* opstoot [bij boksen]

upper hand *znw* over-, bovenhand; *get (take) the ~* de bovenhand verkrijgen

Upper House *znw* Hogerhuis *o*

upper lip *znw* bovenlip; *keep a stiff ~* zich flink houden

uppermost *bn* bovenst, hoogst; *be ~* de overhand hebben; *~ in my mind is...* mijn gedachten gaan in de eerste plaats uit naar...

upper storey *znw* bovenverdieping; *wrong in his ~* slang van lotje getikt
upper ten [ʌpə'ten] *znw* gemeenz de hoogste kringen van de maatschappij (ook: *~ thousand*)
uppish ['ʌpiʃ] *bn* gemeenz verwaand, arrogant; onbeschaamd; uit de hoogte
uppity ['ʌpiti] *bn* Am gemeenz veel praats hebbend, brutaal; verwaand, arrogant
upraise [ʌp'reiz] *overg* opheffen, ten hemel heffen; oprichten; opwekken
upright ['ʌprait] **I** *bn* rechtopstaand, overeind staand, (kaars)recht, rechtstandig; fig rechtschapen, oprecht; *~ piano* pianino; **II** *bijw* rechtop, overeind; **III** *znw* staande balk, stijl; verticale stand
uprise [ʌp'raiz] *onoverg* opstaan, (op)rijzen
uprising *znw* opstand, oproer *o*
up-river [ʌp'rivə] *bn & bijw* stroomopwaarts
uproar ['ʌprɔ:] *znw* **1** tumult *o*, lawaai *o*, rumoer *o*; **2** hevig protest *o*; *there was an ~ over...* er stak een storm van protest op naar aanleiding van...
uproarious [ʌp'rɔ:riəs] *znw* lawaaierig, rumoerig, luidruchtig; hilarisch; bulderend [gelach]
uproot [ʌp'ru:t] *overg* ontwortelen; uitroeien
uprush ['ʌprʌʃ] *znw* sterk opwaartse stroom of beweging; opwelling
ups-a-daisy ['ʌpsədeisi] *tsw = upsy-daisy*
1 upset [ʌp'set] **I** *overg* omgooien, -smijten, omverwerpen[2]; fig in de war sturen, verijdelen [plannen]; van streek maken; *~ the balance* het evenwicht verstoren; *~ the stomach* de maag van streek maken; *be ~* omslaan, omvallen; ontdaan, van streek, overstuur zijn; zie ook: *applecart*; **II** *znw* omkanteling; fig omverwerping [van gezag]; verwarring; ruzie; stoornis [v.h. gestel]; **III** *bn* van streek, in de war [ook: maag &]; overstuur
2 upset ['ʌpset] *bn*: *~ price* inzet [bij veiling]
upshot ['ʌpʃɔt] *znw* uitkomst, resultaat *o*, einde *o*
upside ['ʌpsaid] *znw* bovenzijde; voordeel *o*, goede kant; *~-down* ondersteboven; op zijn kop (staand), verkeerd; *turn ~ down* in de war sturen
upstage [ʌp'steidʒ] **I** *bn* theat achter op 't toneel; gemeenz verwaand, hooghartig; **II** *overg* fig overschaduwen
upstairs I *bijw* ['ʌp'stɛəz] de trap op, naar boven, boven; zie ook: *kick III*; **II** *bn* ['ʌpstɛəz]: *~ room* bovenkamer
upstanding [ʌp'stændiŋ] *bn* rechtop; flink uit de kluiten gewassen, goed gebouwd; eerlijk, rechtuit
upstart ['ʌpsta:t] **I** *znw* parvenu; **II** *bn* parvenuachtig
upstream I *bijw* ['ʌp'stri:m] stroomopwaarts; **II** *bn* ['ʌpstri:m] tegen de stroom op roeiend &; bovenstrooms gelegen
upstroke ['ʌpstrouk] *znw* ophaal [bij het schrijven]
upsurge ['ʌpsə:dʒ] *znw* opleving, (hoge) vlucht; opwelling, bevlieging
upswept ['ʌp'swept] *bn* omhooggebogen, omhooggeborsteld [haar]
upswing ['ʌpswiŋ] *znw* opwaartse beweging; fig opbloei
upsy-daisy ['ʌpsideizi] *tsw* gemeenz hupsakee [tegen gevallen kind]
uptake ['ʌpteik] *znw* opnemen *o*; *quick on the ~* gemeenz vlug (van begrip); *slow on the ~* gemeenz traag (van begrip)
upthrow ['ʌpθrou] *znw* geol opwaartse aardverschuiving
upthrust ['ʌpθrʌst] *znw* **1** techn opwaartse druk; **2** geol uitbarsting
uptight [ʌp'tait] *bn* slang hypernerveus
up-to-date ['ʌptə'deit] *bn* op de hoogte, 'bij', bijdetijds, modern
up-to-the-minute ['ʌptəðə'minit] *bn* allernieuwst, allerlaatst, zeer recent
uptown I *bn* ['ʌptaun] Am in (van) de buitenwijken; **II** *bijw* [ʌp'taun] naar (in) de buitenwijken
up train ['ʌptrein] *znw* trein naar Londen
upturn I *overg* [ʌp'tə:n] omkeren, ondersteboven zetten; *~ed* ondersteboven; ten hemel geslagen [ogen]; *~ed nose* wipneus; **II** *znw* ['ʌptə:n] opleving
upward ['ʌpwəd] **I** *bn* opwaarts; stijgend; **II** *bijw = upwards*
upwards *bijw* opwaarts, naar boven; *~ of* boven de, meer dan; *50 guilders and ~* 50 gulden en hoger (en meer, en daarboven)
upwind [ʌp'wind] *bijw* tegen de wind in
uranium [juə'reinjəm] *znw* uranium *o*
urban ['ə:bən] *bn* van de stad, stedelijk, stads-
urbane [ə:'bein] *bn* urbaan, welgemanierd, hoffelijk, wellevend, beschaafd
urbanity [ə:'bæniti] *znw* urbaniteit, hoffelijke welgemanierdheid, wellevendheid
urbanization [ə:bənai'zeiʃən] *znw* urbanisatie, verstedelijking
urbanize ['ə:bənaiz] *overg* verstedelijken; verfijnen
urchin ['ə:tʃin] *znw* joch(ie) *o*; schelm, rakker
Urdu ['u(r)du:, 'ə(r)du:] *znw* Oerdoe *o* [taal v. Pakistan]
urge [ə:dʒ] **I** *overg* aan-, voortdrijven; aandringen op; aanzetten, dringend verzoeken, dringend aanbevelen, aanmanen tot; aanvoeren; *~ sbd. to (go)* iem. ertoe aanzetten om te (gaan); *~ sbd. on* iem. aansporen; *~ sbd. to action* iem. aanzetten tot handelen, wat opporren; *~ it upon sbd.* het iem. op het hart drukken; **II** *wederk*: *~ itself upon sbd.* zich aan iem. opdringen [idee, plan &]; **III** *znw* (aan)drang, drift; aandrift
urgency *znw* dringende noodzakelijkheid, urgentie; (aan)drang
urgent *bn* dringend, dringend noodzakelijk, spoedeisend, urgent, ernstig; *he was ~ about the need for action* hij drong aan op snelle actie
uric ['juərik] *znw*: *~ acid* urinezuur *o*
urinal ['juərinl] *znw* urinaal *o* [urineglas]; urinoir *o*
urinary *bn* urine-
urinate *onoverg* urineren, wateren, plassen

urine *znw* urine, plas
urn [ə:n] *znw* koffieketel, theeketel; urn
Ursa ['ə:sə] *znw* astron: ~ *Major* de Grote Beer; ~ *Minor* de Kleine Beer
ursine ['ə:sain] *bn* van/als een beer
Uruguay ['juə:rugwai] *znw* Uruguay *o*
Uruguayan I *znw* Uruguayaan; **II** *bn* Uruguayaans
us [ʌs, (ə)s] *pers vnw* ons, (aan) ons; gemeenz mij; *give ~ a kiss* geef me eens een kus; *we made ~ a cup of tea* gemeenz we maakten een kop thee voor onszelf
USA *afk.* = *United States of America* Verenigde Staten van Amerika
usable ['ju:zəbl] *bn* bruikbaar
usage ['ju:zidʒ] *znw* gebruik *o*, gewoonte; taalgebruik *o*; behandeling
usance ['ju:zəns] *znw* handel uso, gebruikelijke betalingstermijn
use I *znw* [ju:s] *znw* gebruik *o*, nut *o*; gewoonte; *be of (great) ~* van (veel) nut zijn, nuttig zijn; *it is not of (much) ~* het haalt niet veel uit; *they are not much ~ as...* ze deugen niet erg voor..., je hebt er niet veel aan voor...; *it's no ~* het heeft geen zin, het lukt (toch) niet; *it is no ~ crying over spilt milk* gedane zaken nemen geen keer; *it is no ~ for you to go* het geeft je niets of je gaat; *what is the ~ (of it)?* wat helpt (baat, geeft) het?; *I have no ~ for it* ik kan het niet gebruiken; gemeenz ik moet er niets van hebben; *have the ~ of* beschikken over; *make good ~ of..., put it to good ~* goed besteden, een goed (nuttig) gebruik maken van; *for the ~ of* ten gebruike van; *in ~* in gebruik; *in present ~* tegenwoordig in gebruik; *put into ~* in gebruik nemen, in dienst stellen; *be of ~* nuttig (van nut) zijn; *be of frequent ~* veel gebruikt worden; *be out of ~* in onbruik (geraakt) zijn; **II** *overg* [ju:z] gebruiken, bezigen, gebruik (ook: misbruik) maken van, zich ten nutte maken; aanwenden; behandelen; *~ freely* veel (druk) gebruik maken van; *~ sbd. roughly* iem. ruw behandelen of aanpakken; *~ up* verbruiken, (op)gebruiken, opmaken
used *bn* **1** [ju:st] gewend, gewoon; *~ to* gewoon aan; *get ~ to* wennen aan; *he is not what he ~ to be* hij is niet meer wat hij vroeger was; *there ~ to be a mill there* daar stond vroeger een molen; **2** [ju:zd] gebruikt; tweedehands
useful ['ju:sful] *bn* nuttig, dienstig, bruikbaar; gemeenz bedreven, knap; zie ook: *come*
useless *bn* nutteloos, onnut, onbruikbaar, niets waard, van slechte kwaliteit
user *znw* gebruiker, verbruiker; *car ~* automobilist; *heroin ~* heroïnegebruiker
user-friendly *bn* gebruikersvriendelijk
usher ['ʌʃə] **I** *znw* portier; suppoost; plaatsaanwijzer [in bioscoop]; ceremoniemeester; deurwaarder; **II** *overg* binnenleiden, inleiden[2] (ook: *~ in*)
usherette [ʌʃə'ret] *znw* ouvreuse
USSR *afk.* = *Union of Soviet Socialist Republics* Unie van Socialistische Sovjetrepublieken [de voormalige Sovjet-Unie]
usual ['ju:ʒuəl] **I** *bn* gebruikelijk, gewoon; *it is ~ to...* het is de gewoonte om...; *as ~*, schertsend *as per ~* als gewoonlijk, gewoon; **II** *znw* gemeenz gewone (vaste) borrel, lijfdrankje *o*
usually *bijw* gewoonlijk, doorgaans, meestal
usufruct ['ju:sjufrʌkt] *znw* vruchtgebruik *o*
usurer ['ju:ʒərə] *znw* woekeraar
usurious [ju'zjuəriəs] *bn* woeker-
usurp [ju:'zə:p] *overg* usurperen, wederrechtelijk in bezit nemen, zich toe-eigenen of aanmatigen, overweldigen [v. troon]
usurpation [ju:zə:'peiʃən] *znw* usurpatie, wederrechtelijke inbezitneming, toe-eigening of aanmatiging, overweldiging [v. troon]
usurper [ju:'zə:pə] *znw* usurpator, overweldiger
usury ['ju:ʒəri] *znw* woeker(rente)
ut [ʌt, u:t] *znw* muz ut, do, c
utensil [ju'tens(i)l] *znw* gereedschap *o*, werktuig *o*; *~s* ook: (keuken)gerei *o*
uterine ['ju:tərain] *bn* van (in) de baarmoeder, baarmoederlijk
uterus ['ju:tərəs] *znw* (*mv*: uteri [-rai]) baarmoeder
utilitarian [ju:tili'tɛəriən] **I** *bn* nuttigheids-; utilitaristisch; **II** *znw* utilitarist
utilitarianism *znw* utilitarisme *o*, nuttigheidsleer
utility [ju'tiliti] **I** *znw* nuttigheid, nut *o*, bruikbaarheid; voorwerp *o* van nut; utiliteit; *(public) ~* (openbaar) nutsbedrijf *o*; *utilities* gebruiksvoorwerpen; **II** *bn* standaard- [v. kleding, meubelen &]; *~ goods* gebruiksgoederen
utilization [ju:tilai'zeiʃən] *znw* benutting, nuttig gebruik *o*, nuttige aanwending
utilize ['ju:tilaiz] *overg* benutten, nuttig besteden, goed gebruiken
utmost ['ʌtmoust] *bn* & *znw* uiterste, verste, hoogste; *do one's ~* zijn uiterste best doen; alles op haren en snaren zetten
Utopia [ju:'toupjə] *znw* Utopia, denkbeeldige geluksstaat, ideaalstaat; utopie
Utopian I *bn* utopisch; **II** *znw* utopist
1 utter ['ʌtə] *bn* volslagen, algeheel, uiterst, baarlijk [nonsens]
2 utter ['ʌtə] *overg* uiten, uitbrengen, uitspreken, uitdrukken; uitgeven, in omloop brengen [vals geld]
utterance *znw* uiting, uitspraak, uitlating; dictie, spreektrant, voordracht
utterly ['ʌtəli] *bijw* volkomen, volslagen, ten enenmale
uttermost ['ʌtəmoust] *bn* & *znw* = *utmost*
U-turn ['ju:tə:n] *znw* draai van 180°; fig totale ommezwaai; *no ~* verboden te keren
uvula ['ju:vjulə] *znw* (*mv*: -s *of* uvulae [-li:]) huig
uvular *bn* van de huig; *~ r* huig-r, brouw-r
uxorious [ʌk'sɔ:riəs] *bn* overdreven aan zijn vrouw gehecht of onderworpen

Uzbek ['ʌzbek] **I** *znw* Oezbeek [inwoner van Oezbekistan]; **II** *bn* Oezbeeks

V

v [vi:] *znw* (de letter) *v*
V = 5 [als Romeins cijfer]
v. *afk.* = *versus*
vac [væk] gemeenz verk. van *vacation*
vacancy ['veikənsi] *znw* kamer te huur [in hotel & pension]; vacature, vacante betrekking; ledigheid, wezenloosheid; *fill a* ~ een vacature vervullen; *no vacancies* **1** 'vol'; **2** geen vacatures
vacant *bn* ledig², leeg(staand), open, onbezet, vrij, vacant; nietszeggend; gedachteloos, wezenloos; *fall* ~ openvallen [betrekking]
vacantly *bijw* wezenloos
vacate [və'keit] *overg* ontruimen [huis]; neerleggen [betrekking], zich terugtrekken uit [ambt], afstand doen van [troon]; recht vernietigen
vacation *znw* vakantie; recht vernietiging
vaccinal ['væksinəl] *bn* vaccine-; vaccinatie-
vaccinate *overg* inenten, vaccineren
vaccination [væksi'neiʃən] *znw* vaccinatie, (koepok)inenting
vaccinator ['væksineitə] *znw* inenter
vaccine *znw* vaccin *o*, entstof
vacillate ['væsileit] *onoverg* wankelen, weifelen, schommelen
vacillation [væsi'leiʃən] *znw* wankeling, weifeling, schommeling
vacillator ['væsileitə] *znw* weifelaar
vacuity [væ'kjuiti] *znw* wezenloosheid; *vacuities* domme opmerkingen
vacuous ['vækjuəs] *bn* leeg²; wezenloos, dom
vacuum ['vækjuəm] **I** *znw* (*mv*: -s *of* vacua [-kjuə]) vacuüm² *o*, (lucht)ledige ruimte; ~ *brake* vacuümrem; ~ *(cleaner)* stofzuiger; ~ *flask* vacuümfles; ~ *valve* luchtklep; elektronenbuis; **II** *onoverg* & *overg* stofzuigen
vade-mecum ['veidi'mi:kəm] *znw* vademecum *o*
vagabond ['vægəbɔnd] **I** *bn* (rond)zwervend²; **II** *znw* zwerver, vagebond
vagabondage *znw* landloperij, gezwerf *o*
vagary ['veigəri, və'gɛəri] *znw* gril, kuur, nuk
vagina [və'dʒainə] *znw* (*mv*: -s *of* vaginae [-ni:]) anat vagina, schede; biol bladschede
vaginal [və'dʒainəl] *bn* vaginaal, schede-
vagrancy ['veigrənsi] *znw* zwervend leven *o*, gezwerf *o*, landloperij
vagrant **I** *bn* (rond)zwervend, rondtrekkend, vagebonderend²; **II** *znw* zwerver, landloper
vague [veig] *bn* vaag, onbepaald, onbestemd, flauw
vain [vein] *bn* nutteloos, vergeefs; ijdel; *in* ~ tevergeefs; bijbel ijdellijk [Gods naam gebruiken]
vainglorious [vein'glɔ:riəs] *bn* snoeverig, groot-

sprakig; bluffend
vainglory *znw* snoeverij, grootspraak, pocherij; gebluf *o*
vainly ['veinli] *bijw* (te)vergeefs; ijdellijk
valance ['væləns] *znw* valletje *o* [aan beddensprei of boven raam]
vale [veil] *znw* vero dal *o*, vallei
valediction [væli'dikʃən] *znw* vaarwel *o*, afscheid *o*; afscheidsgroet
valedictory I *bn* afscheids-; **II** *znw* Am afscheidsrede [v. afgestudeerde student]
valence ['veiləns] *znw* valentie [in de scheikunde]
valentine ['væləntain] *znw* op Valentijnsdag (14 februari) verzonden kaart of geschenk *o*; op deze dag gekozen geliefde
valerian [və'liəriən] *znw* valeriaan(wortel)
valet ['vælit] *znw* kamerdienaar; lijfknecht, bediende; hotelbediende
valet parking *znw* door hotels & verleende service waarbij een medewerker zorg draagt voor het parkeren en voorrijden van de auto's van de gasten
valetudinarian [vælitju:di'nεəriən] **I** *bn* ziekelijk, sukkelend, zwak; **II** *znw* (ingebeelde) zieke, sukkelaar
valiant ['væljənt] *bn* dapper, kloekmoedig
valid ['vælid] *bn* deugdelijk [argument]; recht geldig, van kracht; ~ *in law* rechtsgeldig; *make* ~ ook: legaliseren
validate *overg* valideren, legaliseren, geldig maken of verklaren, bekrachtigen
validation [væli'deiʃən] *znw* geldigverklaring, bekrachtiging
validity [və'liditi] *znw* validiteit, deugdelijkheid [v. argument]; (rechts)geldigheid
valise [və'li:z, Am və'li:s] *znw* reistas; Am koffertje *o*; mil musette, ransel
Valium ['væliəm] *znw* valium *o*, kalmerend middel *o*
valley ['væli] *znw* dal *o*, vallei
valorous ['vælərəs] *bn* dapper, kloekmoedig
valour, Am **valor** ['vælə(r)] *znw* dapperheid, kloekmoedigheid
valuable ['væljuəbl] **I** *bn* kostbaar, waardevol, van waarde; waardeerbaar; **II** *znw*: ~*s* kostbaarheden, preciosa
valuation [vælju'eiʃən] *znw* schatting, waardering; *at a* ~ voor de geschatte waarde; *set too high a* ~ *on* te hoog schatten
value ['vælju:] **I** *znw* waarde, prijs; ~*s* [ethische] waarden en normen; ~ *in account* handel waarde in rekening; *exchange* ~ ruilwaarde; ~ *received* handel waarde genoten; *get (good)* ~ *for money* waar voor zijn geld krijgen; *place (put)* ~ *on* waarde hechten aan, prijs stellen op, waarderen; *V~ Added Tax* belasting (op de) toegevoegde waarde; *of* ~ van waarde, waardevol, kostbaar; *to the* ~ *of* ter waarde van; **II** *overg* taxeren (op *at*), waarderen, schatten, (waard) achten; prijs stellen op; **III** *wederk*: ~ *oneself on* zich laten voorstaan op
valued *bn* geschat; gewaardeerd
value judgement *znw* waardeoordeel *o*
valueless *bn* waardeloos
valuer *znw* taxateur, schatter
valuta [və'lu:tə] *znw* handel valuta; koers(waarde)
valve [vælv] *znw* klep; ventiel *o*; schaal [v. schelp], schelp; radio elektronenbuis, radiobuis, lamp
valvular *bn* klep-
vamoose [və'mu:s] *onoverg* slang er vandoor gaan
1 vamp [væmp] **I** *overg* oplappen (ook: ~ *up*); muz improviseren; **II** *onoverg* muz improviserend begeleiden
2 vamp [væmp] **I** *znw* geraffineerde (vrouw); **II** *overg* het hoofd op hol brengen, inpalmen; verleiden; **III** *onoverg* de geraffineerde (vrouw) spelen
vampire ['væmpaiə] *znw* vampier[2]; fig afperser, bloedzuiger
vampire-bat *znw* vampier
vampirism *znw* vampirisme *o*; geloof *o* aan vampiers; uitbuiting, chantage
1 van [væn] *znw* (verhuis)wagen, transportwagen; goederenwagen [van trein]
2 van [væn] *znw* voorhoede[2]; fig spits; *the* ~ ook: de voormannen
vandal ['vændəl] *znw* vandaal
vandalism *znw* vandalisme *o*
vandalize *overg* vernielen, verwoesten
Vandyke [væn'daik] *bn* in de stijl van Van Dyck [Vlaams schilder, 1599-1641]; ~ *beard* puntbaardje *o*; ~ *collar* puntkraag
vane [vein] *znw* vaantje *o*, weerhaan; (molen)wiek; blad *o* [v. schroef]; vlag [v. veer]
vanguard ['vænga:d] *znw* voorhoede[2]; fig spits
vanilla [və'nilə] *znw* vanille
vanish ['væniʃ] *onoverg & overg* (doen) verdwijnen; wegsterven; ~ *into thin air* in rook opgaan; ~*ing point* verdwijnpunt *o*
vanity ['væniti] *znw* ijdelheid; *Vanity Fair* (de) kermis der ijdelheid; ~ *bag (case)* damestasje *o* voor cosmetica
vanquish ['væŋkwiʃ] *overg* plechtig overwinnen[2]
vanquisher *znw* plechtig overwinnaar
vantage ['va:ntidʒ] *znw* voordeel *o*
vantage-ground, **vantage-point** *znw* geschikt punt *o*, gunstige, strategische positie
Vanuatu [vænwa:'tu:] *znw* Vanuatu *o*
vapid ['væpid] *bn* verschaald; flauw, geesteloos
vapidity [və'piditi] *znw* verschaaldheid; flauwheid, geesteloosheid
vaporization [veipərai'zeiʃən] *znw* verdamping, verstuiving
vaporize ['veipəraiz] *(overg &) onoverg* (doen) verdampen, verstuiven
vaporizer *znw* vaporisator, verstuiver
vaporous ['veipərəs] *bn* dampig, nevelig; vol damp; damp-
vapour, Am **vapor** *znw* damp, nevel[2]; wasem

vapour bath *znw* stoombad *o*
vapourings *znw mv* holle frasen, gezwets *o*
vapour trail *znw* condensstreep
variability *znw* veranderlijkheid, variabiliteit
variable ['vɛəriəbl] **I** *bn* veranderlijk, onbestendig, ongedurig; **II** *znw* veranderlijke grootheid; variabele
variably *bijw* afwisselend, met afwisselend geluk
variance ['vɛəriəns] *znw* verschil *o* (van mening), geschil *o*, onenigheid, tegenstrijdigheid; *be at ~* het oneens zijn, in strijd zijn; *at ~ with* in strijd met, afwijkend van; *set at ~ with* opzetten tegen
variant I *bn* afwijkend; veranderlijk; **II** *znw* variant°
variation [vɛəri'eiʃən] *znw* variatie°; verandering, afwijking; plantk variëteit
varicoloured ['vɛərikʌləd], Am **varicolored** *bn* veelkleurig, bont; fig veelsoortig
varicose ['værikous] *bn*: *~ veins* spataderen
varied ['vɛərid] *bn* gevarieerd, afwisselend, vol afwisseling of verscheidenheid; verschillend; veelzijdig
variegated ['vɛərigeitid] *bn* bont geschakeerd, veelkleurig; veelzijdig
variegation [vɛəri'geiʃən] *znw* bonte schakering
variety [və'raiəti] **I** *znw* gevarieerdheid; bonte mengeling, verscheidenheid; verandering, afwisseling°; soort, variëteit; variété(theater) *o*; *a ~ of crimes (of reasons)* tal *o* van misdaden, allerlei redenen; **II** *bn* variété- [artiest, theater &]
variola [və'raiələ] *znw* med pokken
various ['vɛəriəs] *bn* verscheiden, onderscheiden; afwisselend; verschillend, divers; gemeenz verschillende, vele
varlet ['va:lit] *znw* hist page, bediende; vero schelm
varmint ['va:mint] *znw* gemeenz vero deugniet, rakker
varnish ['va:niʃ] **I** *znw* vernis *o & m*, lak *o & m*, glazuur *o*; fig vernisje *o*; bedrieglijke schijn; **II** *overg* vernissen, (ver)lakken, glazuren, verglazen; fig verdoezelen
varsity ['va:siti] *znw* gemeenz universiteit; sp universiteitsteam *o*
vary ['vɛəri] **I** *overg* variëren, afwisseling brengen in, afwisselen, verscheidenheid geven aan, veranderen, verandering brengen in; muz variaties maken op; met variaties voordragen; **II** *onoverg* variëren, afwisselen, veranderen; afwijken, verschillen (van *from*)
vascular ['væskjulə] *bn* vaat-; vaatvormig
vase [va:z] *znw* vaas
vasectomy [væ'sektəmi] *znw* med vasectomie [sterilisatiemethode voor mannen]
vaseline ['væsili:n] *znw* vaseline
vasomotor ['veizou'moutə] *bn* vasomotorisch
vassal ['væsəl] **I** *znw* hist leenman, leenhouder, vazal[2]; fig knecht, slaaf; **II** *bn* vazal(len)-
vassalage *znw* hist leenmanschap *o*, leendienst; fig (slaafse) dienstbaarheid
vast [va:st] *bn* ontzaglijk, groot, uitgestrekt; onmetelijk; omvangrijk; gemeenz kolossaal
vastly *bijw* v. *vast*; versterkend kolossaal, enorm; verreweg, veel
vat [væt] *znw* vat *o*, kuip
VAT *afk.* = *Value Added Tax* BTW
Vatican ['vætikən] **I** *znw* Vaticaan *o*; **II** *bn* Vaticaans
Vatican City *znw* Vaticaanstad
vaticinate [və'tisineit] *overg* voorspellen, profeteren
vaticination [vətisi'neiʃən] *znw* voorspelling, profetie
vatman ['vætmæn, -mən] *znw* gemeenz BTW-ontvanger
vaudeville ['voudəvil] *znw* vaudeville
1 vault [vɔ:lt] **I** *znw* gewelf *o*, (graf)kelder, kluis [v. bank]; verwelf *o*; zadeldak *o*; *the ~ of heaven* het hemelgewelf; **II** *overg* (o)verwelven
2 vault [vɔ:lt] **I** *znw* sprong; **II** *onoverg* springen [steunend op hand of met polsstok]; **III** *overg* springen over
vaulting-horse *znw* springpaard *o* [in de gymnastiek]
vaunt [vɔ:nt] *onoverg & overg* opscheppen (over), pochen (op), zich beroemen (op)
vaunter *znw* opschepper, pocher, snoever
vavasour ['vævəsuə] *znw* hist achterleenman
VC *afk.* = *Victoria Cross; Vice-Chairman; Vice-Chancellor; Vice-Consul*
VCR *afk.* = *video cassette recorder* videorecorder
VD ['vi:'di:] *afk.* = *venereal disease*
VDU *afk.* = *visual display unit* beeldscherm *o*
've [v] verk. van *have*
veal [vi:l] *znw* kalfsvlees *o*
vector ['vektə] *znw* wisk vector; luchtv koers
VE Day ['videi, vi:'i:dei] *znw* verk. van *Victory in Europe Day* [8 mei 1945]
veer [viə] **I** *onoverg* van richting veranderen [wind, voertuig]; fig omslaan; veranderen [gevoelens]; *~ round* omlopen [wind]; (bij)draaien[2]; zwenken[2], fig een keer nemen; **II** *overg* vieren [kabel] (ook: *~ away, ~ out*); doen draaien, wenden [schip]; *~ and haul* scheepv (beurtelings) vieren en halen; **III** *znw* wending, draai
veg [vedʒ] *znw* gemeenz verk. van *vegetable(s)*
vegan ['vi:gən] *znw* veganist
vegetable ['vedʒitəbl] **I** *bn* plantaardig, planten-; groente-; *~ diet* plantaardig voedsel *o*; plantaardig dieet *o*; *~ mould* teelaarde; *~ kingdom* plantenrijk *o*; *~ marrow* ± courgette; **II** *znw* plant; groente; *~s* groente(n)
vegetal ['vedʒitl] *bn* vegetatief, groei-; plantaardig; planten-
vegetarian [vedʒi'tɛəriən] **I** *znw* vegetariër; **II** *bn* vegetarisch
vegetarianism *znw* vegetarisme *o*

vegetate ['vedʒiteit] *onoverg* vegeteren, een plantenleven leiden
vegetation [vedʒi'teiʃən] *znw* (planten)groei, plantenwereld; vegetatie, vleeswoekering; vegeteren *o*, plantenleven *o*
vegetative ['vedʒitətiv] *bn* vegetatief, van de (planten)groei, groei-; groeiend; vegeterend[2]
vehemence ['vi:iməns] *znw* hevigheid, heftigheid, onstuimigheid, geweld *o*
vehement *bn* hevig; heftig, onstuimig, geweldig
vehicle ['vi:ikl] *znw* voertuig[2] *o*, (vervoer)middel *o*, vehikel *o*; drager, geleider; ook: voertaal
vehicular [vi'hikjulə] *bn* tot voertuig dienend, vervoer-; ~ *traffic* verkeer *o* van rij- en voertuigen
veil [veil] **I** *znw* sluier, voile [v. dame]; bijbel voorhang, voorhangsel *o*; fig dekmantel; *draw a ~ over* verder maar zwijgen over, met de mantel der liefde bedekken; *take the ~* RK de sluier aannemen [= non worden]; *beyond the ~* aan gene zijde van het graf; *under the ~ of* onder de sluier van; onder de schijn (het mom) van; **II** *overg* met een sluier bedekken; fig (om)sluieren, bemantelen; *~ed in mystery* in een waas van geheimzinnigheid gehuld
veiled *bn* gesluierd, met een voile voor; gevoileerd [v. stem]; fig bedekt; verkapt, verbloemd, verhuld
vein [vein] *znw* ader°; nerf; (karakter)trek; stemming; stijl, trant; *I am not in the ~ for...* niet in een stemming om...; *in the ~ of Arsène Lupin* in de trant van...; *he has a ~ of madness* er loopt een streep door bij hem
veined *bn* dooraderd, (rijk) geaderd, aderrijk; gemarmerd
velar ['vi:lə] **I** *bn* velair, van het zachte verhemelte; **II** *znw* velaire klank
veld(t) [velt] *znw* ZA grasvlakte
velleity [ve'li:iti] *znw* plechtig zwakke wil/wens, neiging
vellum ['veləm] *znw* velijn *o*, kalfsperkament *o*
velocipede [vi'lɔsipi:d] *znw* hist vélocipède
velocity [vi'lɔsiti] *znw* snelheid
velour(s) [və'luə] *znw* velours *o & m*
velum ['vi:ləm] *znw* (*mv*: vela [-lə]) zacht verhemelte *o*
velvet ['velvit] **I** *znw* fluweel *o*; *be on ~* fig op fluweel zitten; **II** *bn* fluwelen[2]
velveteen [velvi'ti:n] *znw* katoenfluweel *o*
velvet-like *bn* fluweelachtig
velvety *bn* fluweelachtig
venal ['vi:nl] *bn* te koop[2], omkoopbaar, veil[2]
venality [vi:'næliti] *znw* te koop zijn[2] *o*, omkoopbaarheid, veilheid
venation [vi'neiʃən] *znw* nervatuur [v. blad &]
vend [vend] *overg* verkopen, venten
vendee [ven'di:] *znw* recht koper
vendetta [ven'detə] *znw* bloedwraak; fig vete
vendible ['vendibl] **I** *bn* verkoopbaar; **II** *znw*: *~s* koopwaren
vending-machine ['vendiŋməʃi:n] *znw* verkoopautomaat
vendor ['vendə] *znw* straatventer; recht verkoper
veneer [vi'niə] **I** *overg* fineren, met fineer beleggen; **II** *znw* fineer *o*; fig vernisje *o*
venerable ['venərəbl] *bn* eerbiedwaardig, eerwaardig; gemeenz oud, antiek
venerate *overg* (hoog) vereren, adoreren
veneration [venə'reiʃən] *znw* (grote) verering; *hold in ~* hoog vereren
venereal [vi'niəriəl] *bn* venerisch; ~ *disease* geslachtsziekte
Venetian [vi'ni:ʃən] *bn* Venetiaans; ~ *blind* jaloezie [zonnescherm]
Venezuela [vene'zweilə] *znw* Venezuela *o*
Venezuelan **I** *znw* Venezolaan; **II** *bn* Venezolaans
vengeance ['vendʒəns] *znw* wraak; *with a ~* en goed (niet zuinig) ook, dat het een aard heeft (had), van jewelste
vengeful *bn* wraakgierig, wraakzuchtig
venial ['vi:njəl] *bn* vergeeflijk; ~ *sin* RK dagelijkse zonde [geen doodzonde]
veniality [vi:ni'æliti] *znw* vergeeflijkheid
Venice ['venis] *znw* Venetië *o*
venison ['ven(i)zn] *znw* hertenvlees *o*
venom ['venəm] *znw* venijn *o*, vergif[2] *o*, gif *o*
venomous *bn* venijnig[2], (ver)giftig[2]
venous ['vi:nəs] *bn* aderlijk [v. bloed]
vent [vent] **I** *znw* opening, luchtgat *o*, uitlaat; schoorsteenkanaal *o*; zundgat *o*; uitweg; split *o* [v. jas]; *give ~ to* uiting, lucht geven aan, de vrije loop laten; **II** *overg* lucht, uiting geven aan, uiten, luchten; **III** *wederk*: ~ *itself* een uitweg vinden; zich uiten
ventage *znw* opening; vingergaatje *o* [v. blaasinstrument]
ventil ['ventil] *znw* muz ventiel *o*, klep
ventilate *overg* ventileren, de lucht verversen in, lucht geven; luchten[2]; fig luidruchtig kenbaar maken; in het openbaar bespreken en van alle kanten bekijken
ventilation [venti'leiʃən] *znw* ventilatie, luchtverversing, luchten[2] *o*
ventilator ['ventileitə] *znw* ventilator
ventral ['ventrəl] *bn* buik-; ~ *fin* buikvin
ventricle ['ventrikl] *znw* ventrikel *o*, holte; hartkamer (ook: ~ *of the heart*)
ventriloquism [ven'triləkwizm] *znw* (kunst van het) buikspreken *o*
ventriloquist *znw* buikspreker
venture ['ventʃə] **I** *znw* waag(stuk *o*); risico *o & m*; (avontuurlijke) onderneming; speculatie; *at a ~* op goed geluk; **II** *overg* wagen, op het spel zetten, aandurven; ~ *to differ from...* zo vrij zijn van mening te verschillen met; *nothing ~(d), nothing gain(ed)* wie niet waagt, die niet wint; **III** *onoverg* zich wagen; het (er op) wagen
venturesome *bn* vermetel; gewaagd
venue ['venju:] *znw* plaats (van bijeenkomst), loka-

tie

veracious [və'reiʃəs] *bn* waarheidlievend; waarachtig, waar

veracity [və'ræsiti] *znw* waarheidsliefde, waarheid, geloofwaardigheid

veranda(h) [və'rændə] *znw* veranda

verb [və:b] *znw* werkwoord *o*

verbal *bn* mondeling; woordelijk, letterlijk; in woord(en), van woorden, woord(en)-, verbaal; werkwoordelijk

verbalism *znw* uitdrukking; letterknechterij, alles naar de letter nemen *o*

verbalist *znw* iem. die alles naar de letter neemt

verbalize I *overg* verwoorden; gramm als werkwoord bezigen; **II** *onoverg* breedsprakig zijn

verbatim [və:'beitim] *bn & bijw* woord voor woord, woordelijk

verbiage ['və:biidʒ] *znw* omhaal van woorden, woordenvloed, breedsprakigheid

verbose [və:'bous] *bn* breedsprakig, woordenrijk, wijdlopig

verbosity [və:'bɔsiti] *znw* breedsprakigheid, woordenrijkheid, wijdlopigheid

verdant *bn* plechtig groen[2]

verdict ['və:dikt] *znw* uitspraak; vonnis *o*, beslissing, oordeel *o*; *give a ~* uitspraak doen zijn, oordeel uitspreken; *popular ~* de publieke opinie

verdigris ['və:digris] *znw* kopergroen *o*

verdure ['və:dʒə] *znw* groen *o*, groenheid, lover *o*; bladerpracht

verge [və:dʒ] **I** *znw* rand[2], zoom; grens; berm, grasrand; *on the ~ of* op de rand van; op het punt om; heel dicht bij; **II** *onoverg*: *~ on* neigen naar; grenzen aan; *fear, verging on panic* angst, paniek bijna; *his behaviour ~s on the ridiculous* zijn gedrag grenst aan het belachelijke

verger *znw* koster

veridical [ve'ridikəl] *bn* waarheidsgetrouw, in overeenstemming met de werkelijkheid, waarachtig

veriest ['veriist] *bn* overtreffende trap van *very*; *the ~ nonsense* je reinste onzin; *the ~ rascal* de grootste schoft

verifiable ['verifaiəbl] *bn* te verifiëren, te controleren

verification [verifi'keiʃən] *znw* verificatie; proef (op de som); bekrachtiging, bewijs *o*; *in ~ of..* om... te bewijzen

verify ['verifai] *overg* verifiëren, onderzoeken, nazien, nagaan; waarmaken, bevestigen (in), bekrachtigen; recht legaliseren, waarmerken; *be verified* bewaarheid worden

verily ['verili] *bijw* vero waarlijk; bijbel voorwaar

verisimilar [veri'similə] *bn* waarschijnlijk

verisimilitude [verisi'militju:d] *znw* waarschijnlijkheid

veritable ['veritəbl] *bn* waar(achtig), echt

verity ['veriti] *znw* waarheid

verjuice ['və:dʒu:s] *znw* zuur sap *o* van onrijpe vruchten; wrange gevoelens

vermeil ['və:meil] *znw* verguld zilver *o*; goudvernis *o & m*, plechtig vermiljoen *o*

vermicelli [və:mi'seli] *znw* vermicelli

vermicide ['və:misaid] *znw* middel *o* tegen wormen, vermicide *o*

vermicular [və:'mikjulə] *bn* wormvormig, wormachtig, wormstrepig

vermiculate *bn* wormstekig; = *vermicular*

vermiculation [və:mikju'leiʃən] *znw* wormachtige (peristaltische) beweging; wormstekigheid

vermiform ['və:mifɔ:m] *bn* wormvormig

vermifuge *znw* middel *o* tegen wormen

vermilion [və'miljən] **I** *znw* vermiljoen *o*; **II** *bn* vermiljoen(rood)

vermin ['və:min] *znw* ongedierte *o*; fig tuig *o*, ontuig *o*

verminous *bn* vol ongedierte; van ongedierte

vermouth ['və:məθ] *znw* vermout

vernacular [və'nækjulə] **I** *bn* inheems, vaderlands, nationaal; *~ language* = **II** *znw* landstaal, moedertaal; volkstaal, dialect *o*; vakjargon *o*, vaktaal, taal [van een bepaald vak &]

vernal ['və:nəl] *bn* van de lente, lente-, voorjaars-; *~ equinox* voorjaarsdag-en-nachtevening

vernier ['və:njə] *znw* hulpschaalverdeling

veronica [və'rɔnikə] *znw* plantk ereprijs

verruca [və'ru:kə] *znw* (*mv*: -s *of* verrucae [-si:]) wrat

versatile ['və:sətail] *bn* veelzijdig [persoon]; flexibel [geest]; op vele manieren te gebruiken [apparaat &]

versatility [və:sə'tiliti] *znw* veelzijdigheid; flexibiliteit

verse [və:s] *znw* vers° *o*, versregel, strofe, couplet *o*; poëzie; *in ~* in dichtvorm

versed [və:st] *bn* ervaren, doorkneed, bedreven (in *in*), op de hoogte (van *in*)

versicle ['və:sikl] *znw* (kort) vers *o*; beurtzang [in de liturgie]

versification [və:sifi'keiʃən] *znw* versificatie, versbouw; rijmkunst

versifier ['və:sifaiə] *znw* geringsch rijmelaar

versify I *overg* berijmen, op rijm brengen; **II** *onoverg* verzen maken

version ['və:ʃən] *znw* verhaal *o* of voorstellingswijze [v. een zaak], lezing, versie; vertaling; bewerking [voor de film]

verso ['və:sou] *znw* keer-, ommezijde, achterkant

versus ['və:səs] *voorz* [Lat] recht, sp tegen, contra

vertebra ['və:tibrə] *znw* (*mv*: -s *of* vertebrae [-ri:]) wervel

vertebral *bn* wervel-

vertebrate ['və:tibrit] *bn (znw)* gewerveld (dier *o*)

vertex ['və:teks] *znw* (*mv*: -es *of* vertices [-tisi:z]) top(punt *o*), hoogste punt *o*; anat kruin

vertical ['və:tikl] **I** *bn* verticaal, rechtstandig, loodrecht; van (in) het toppunt; (op)staand, opwaarts [druk]; **II** *znw* loodlijn; verticaal vlak *o*; tophoek;

out of the ~ niet loodrecht
vertiginous [vəːˈtidʒinəs] *bn* duizelingwekkend
vertigo [ˈvəːtigou, vəːˈtaigou] *znw* duizeling, duizeligheid
vertu *znw* vero = *virtu*
verve [vəːv] *znw* verve, gloed, geestdrift, bezieling, (kunstenaars)vuur *o*
very [ˈveri] **I** *bn* waar, werkelijk, echt; *the* ~ *air you breathe* zelfs de lucht die men inademt; *the* ~ *book I am looking for* precies (net, juist) het boek dat ik zoek; *that* ~ *day* diezelfde dag; *this* ~ *day* ook: vandaag nog, nog deze dag; *before our* ~ *eyes* vlak voor onze ogen; *its* ~ *mention* het vermelden ervan alleen al; *for that* ~ *reason* juist daarom; *it is the* ~ *thing* het is precies (net) wat wij hebben moeten, het is je ware; *his* ~ *thoughts* zijn intiemste gedachten; *(practice is) the* ~ *word* hét woord; zie ook: *veriest*; **II** *bijw* zeer, heel, erg; aller-; precies; *the* ~ *best (last)* de (het) allerbeste (allerlaatste); ~ *same* precies dezelfde (hetzelfde); ~ *much* erg veel; erg, zeer
vesica [ˈvesikə, viˈsaikə] *znw* (*mv*: vesicae [-siː]) anat blaas
vesical [ˈvesikl] *bn* blaas-
vesicant [ˈvesikənt], **vesicatory I** *bn* blaartrekkend; **II** *znw* blaartrekkend middel *o*, trekpleister
vesicle [ˈvesikl] *znw* blaasje *o*, blaar
vesicular [viˈsikjulə] *bn* blaasachtig, blaasvormig, blaas-
vesper-bell [ˈvespəbel] *znw* vesperklokje *o*
vespers *znw mv* vesper
vespertine *bn* avond-
vespiary [ˈvespiəri] *znw* wespennest *o*
vessel [ˈvesl] *znw* vat° *o*; bloedvat *o*; vaartuig *o*, schip *o*
vest [vest] **I** *znw* (onder)hemd *o*; Am (heren)vest *o*; gilet *o*; **II** *overg* fig bekleden (met *with*); begiftigen; *be ~ed in* bekleed worden door [v. ambt], berusten bij [macht]; *~ed interests* gevestigde belangen
vesta [ˈvestə] *znw* lucifer
vestal [ˈvestl] *bn*: ~ *virgin* Vestaalse maagd²
vestibule [ˈvestibjuːl] *znw* vestibule, (voor)portaal *o*, voorhof *o* [ook v. oor]
vestige [ˈvestidʒ] *znw* spoor° *o*, overblijfsel *o*
vestigial [vesˈtidʒiəl] *bn* rudimentair [v. orgaan]; vervaagd
vestment [ˈvestmənt] *znw* liturgisch gewaad *o*; ambtsgewaad *o*
vest-pocket [ˈvestˈpɔkit] *bn* klein, (in) zakformaat
vestry [ˈvestri] *znw* sacristie; consistoriekamer; ± kerkenraad
vestryman *znw* lid *o* van de kerkenraad
vesture [ˈvestʃə] plechtig **I** *znw* (be)kleding, kledingstuk *o*, kleed² *o*, gewaad *o*; **II** *overg* (be)kleden
vet [vet] gemeenz **I** *znw* verk. van *veterinary surgeon* & Am *veteran*; **II** *overg* behandelen, keuren, onderzoeken, nazien; screenen
vetch [vetʃ] *znw* plantk wikke
veteran [ˈvetərən] **I** *bn* oud, beproefd, ervaren; ~ *car* auto van vóór 1918; **II** *znw* oudgediende², veteraan; oudstrijder
veterinarian [vetəriˈnɛəriən] *znw* Am veearts
veterinary [ˈvetərinəri] *bn* veeartsenijkundig; ~ *school* veeartsenijschool; ~ *surgeon* veearts
veto [ˈviːtou] **I** *znw* (*mv*: -toes) (recht *o* van) veto *o*; verbod *o*, afkeurende uitspraak; *put a (one's)* ~ *on* zijn veto uitspreken over; **II** *overg* zijn veto uitspreken over, verbieden, verwerpen
vex [veks] *overg* plagen, kwellen, irriteren, ergeren; verontrusten, in beroering brengen; zie ook: *vexed*
vexation [vekˈseiʃən] *znw* kwelling, plaag, ergernis, pesterij
vexatious *bn* irriterend, hinderlijk, ergerlijk
vexed [vekst] *bn* geërgerd (over *at*); landerig; onrustig, bewogen; *a* ~ *question* een veelomstreden vraagstuk *o*
vexing *bn* irriterend, plagend &
VHF *afk.* = *very high frequency* VHF, ± FM
via [ˈvaiə] *voorz* via, over
viability [vaiəˈbiliti] *znw* levensvatbaarheid²; (financiële) haalbaarheid
viable [ˈvaiəbl] *bn* levensvatbaar²; (financieel) haalbaar
viaduct [ˈvaiədʌkt] *znw* viaduct *m & o*
vial [ˈvaiəl] *znw* plechtig flesje *o*; ampul
viands [ˈvaiəndz] *znw mv* eetwaren, levensmiddelen
vibes [vaibz] *znw mv* slang vibraties; uitstraling [v. artiest &]; *I got good* ~ *from her/him* het klikt tussen ons
vibrancy [ˈvaibrənsi] *znw* levendigheid
vibrant [ˈvaibrənt] *bn* vibrerend, trillend; fig levendig, enthousiast; helder [kleur]; sonoor [stem]
vibraphone [ˈvaibrəfoun] *znw* vibrafoon
vibrate [vaiˈbreit] *(overg &) onoverg* (doen) vibreren, trillen
vibration *znw* vibratie, trilling
vibrato [viˈbraːtou] [Italiaans] *znw* muz vibrato *o*
vibrator [vaiˈbreitə] *znw* vibrator
vibratory [ˈvaibrətəri] *bn* trillend, trillings-
vicar [ˈvikə] *znw* predikant, dominee
vicarage *znw* predikantsplaats; pastorie
vicariate *znw* vicariaat *o*
vicarious *bn* indirect (in de plaats van of voor een ander gedaan, geleden &); plaatsvervangend; gedelegeerd, overgedragen
1 vice [vais] *znw* ondeugd; ontucht, onzedelijkheid; verdorvenheid; gebrek *o*, fout
2 vice [vais], Am **vise** *znw* techn bankschroef; *gripped as in a* ~ als in een schroef geklemd
3 vice [vais] *znw* gemeenz verk. van *vice-president* &
vice- [vais] *voorv* vice-, onder-, plaatsvervangend
vice-admiral [ˈvaisˈædmərəl] *znw* vice-admiraal
vice-chairman *znw* vice-voorzitter
vice-chancellor *znw* vice-kanselier; ± rector magnificus

vice-consul *znw* vice-consul
vicegerency ['vais'dʒerənsi] *znw* post van een plaatsvervanger
vicegerent I *bn* plaatsvervangend; **II** *znw* plaatsvervanger; substituut
vicennial [vai'seniəl] *bn* twintigjarig: gedurende 20 jaar; elke 20 jaar
vice-president ['vais'prezidənt] *znw* vice-president
vice-regal *bn* van de onderkoning
vice-roy *znw* onderkoning
vice-royalty *znw* onderkoningschap *o*
vice squad ['vaisskɔd] *znw* zedenpolitie
vice versa ['vaisi'və:sə] *bijw* vice versa, omgekeerd
vicinage ['visinidʒ] *znw* = *vicinity*
vicinity [vi'siniti] *znw* (na)buurschap, dicht liggen *o* bij, nabijheid, buurt
vicious ['viʃəs] *bn* slecht, gemeen, verdorven; wreed; vals [v. dieren]; boosaardig, venijnig [kritiek]; ~ *circle* vicieuze cirkel
vicissitudes [vi'sisitju:d] *znw mv* lotgevallen, wederwaardigheden
victim ['viktim] *znw* slachtoffer[2] *o*, fig dupe, offerdier *o*; *fall (a) ~ to* het slachtoffer worden van, ten prooi vallen aan
victimization [viktimai'zeiʃən] *znw* slachtoffer(s) maken *o*; [na staking &] rancunemaatregelen, broodroof
victimize ['viktimaiz] *overg* tot slachtoffer maken; (onverdiend) straffen
victor ['viktə] *znw* overwinnaar
Victoria [vik'tɔ:riə] *znw* Victoria; *the ~ Cross* het Victoriakruis [hoogste Br. onderscheiding]
victoria *znw* victoria [rijtuig]
Victorian I *bn* Victoriaans, van (Koningin) Victoria, uit de tijd van Koningin Victoria; ~ *Order* orde van Victoria; **II** *znw* Victoriaan
Victoriana [vik'tɔ:ria:nə, -riænə] *znw mv* antiquiteiten uit de tijd van Koningin Victoria (1837-1901)
victorious [vik'tɔ:riəs] *bn* overwinnend, zegevierend; *be ~ (over)* zegevieren (over), overwinnen, het winnen (van)
victoriously *bijw* overwinnend, zegevierend, als overwinnaar(s)
victory ['viktəri] *znw* overwinning (op *over*), zege, victorie
victual ['vitl] **I** *znw*: ~*s* victualiën, proviand; leeftocht; levensmiddelen; **II** *overg* provianderen; **III** *onoverg* proviand innemen (inslaan)
victualler ['vitlə] *znw* leverancier van levensmiddelen; *licensed ~* tapper met vergunning
vide ['vaidi] [Lat] zie [als verwijzing in een geschrift]
videlicet [vi'di:liset] [Lat] *bijw* afk.: *viz*, te weten, namelijk, d.w.z.
video ['vidiou] **I** *znw* Am televisie; video; videoclip; ~ *camera* videocamera; ~ *game* videospelletje *o*; ~ *nasty* gemeenz gewelddadige of pornografische videofilm; ~ *recorder* videorecorder; ~ *shop* videotheek; ~ *tape* videoband; **II** *overg* op video opnemen
vie [vai] *onoverg* wedijveren (met *with*, om *for*)
Vienna [vi'enə] **I** *znw* Wenen *o*; **II** *bn* Wener, Weens
Viennese [viə'ni:z] **I** *bn* Wener, Weens; **II** *znw* (*mv* idem) Wener; Weense; Weens dialect *o*
Vietnam [vjet'næm] *znw* Vietnam *o*
Vietnamese [vjetnə'mi:z] *znw* (*mv* idem) Vietnamees (de taal *o*)
view [vju:] **I** *znw* gezicht° *o*, uitzicht *o*, aanblik; inkijk; aanzicht *o*; kijkje *o*; kijk [op een zaak], mening, opvatting, inzicht *o*; overzicht *o*; beschouwing, bezichtiging; oogmerk *o*, bedoeling; *his (sombre) ~ of life* zijn (sombere) kijk op het leven, zijn (sombere) levensopvatting; *have ~s upon* een oogje hebben op; ook: loeren op; *take a different ~ of the matter* de zaak anders beschouwen (zien), inzien, opvatten; *take a dim (poor) ~ of* gemeenz niet veel ophebben met, afkeuren; *take the ~ that...* van mening zijn, zich op het standpunt stellen, dat...; *take the long (short) ~* fig niet kortzichtig (kortzichtig) zijn; *in ~* in zicht, te zien, in het vooruitzicht; *in his ~* in zijn ogen; naar zijn opinie, naar zijn inzicht; *in ~ of...* in het gezicht van; met het oog op..., gezien..., gelet op...; *come into ~* in zicht komen; *in full ~ of* ten aanschouwen van; *have in ~* op het oog hebben, beogen; *keep in ~* in het oog houden; *be on ~* te bezichtigen zijn, ter inzage liggen; ook: poseren; *with a ~ to* met het oog op, teneinde, om; **II** *overg* (be)zien, beschouwen, bekijken, in ogenschouw nemen; bezichtigen; **III** *onoverg* kijken [tv]
viewer *znw* (be)schouwer; opzichter; kijker [tv]; [film, dia] viewer; zoeker [v. camera]
view-finder *znw* techn zoeker
viewing figures *znw mv* TV kijkdichtheid
viewless *bn* zonder uitzicht; zonder mening
view-point *znw* gezichtspunt *o*, standpunt *o*; uitzichtpunt *o*
vigil ['vidʒil] *znw* nachtwake; *keep ~* waken
vigilance *znw* waakzaamheid
vigilant *bn* waakzaam
vigilante [vidʒi'lænti] *znw* Am lid *o* van een groep die het recht in eigen hand neemt
vignette [vin'jet] *znw* vignet *o*; fig schets; tafereeltje *o*
vigorous ['vigərəs] *bn* krachtig, sterk, fors, flink, energiek; fig gespierd [v. stijl]
vigour, Am **vigor** ['vigə(r)] *znw* kracht, sterkte; energie, forsheid; fig gespierdheid [v. stijl]
viking ['vaikiŋ] *znw* viking
vile [vail] *bn* slecht, gemeen; verachtelijk, laag
vilification [vilifi'keiʃən] *znw* belastering, zwartmaking
vilifier ['vilifaiə] *znw* lasteraar
vilify *overg* (be)lasteren, zwartmaken
villa ['vilə] *znw* villa, eengezinshuis *o*; landhuis *o*, buitenplaats [vooral in Italië of Z.-Frankrijk]

village [vilidʒ] **I** *znw* dorp *o*; **II** *bn* dorps-
village hall *znw* dorpshuis *o*, dorpscentrum *o*
villager *znw* dorpeling, dorpsbewoner
villain ['vilən] *znw* schurk, schelm, snoodaard; slechterik, verrader (ook *the ~ of the piece* als toneelrol)
villainous *bn* laag, snood, gemeen; gemeenz slecht, afschuwelijk
villainy *znw* laagheid, schurkachtigheid, schurkerij, schurkenstreek
villein ['vilin] *znw* hist lijfeigene, horige, dorper
villeinage *znw* hist lijfeigenschap, horigheid
vim [vim] *znw* gemeenz kracht, energie, vuur *o*, fut
vinaigrette [vinei'gret] *znw* vinaigrette
vindicate ['vindikeit] *overg* bewijzen; rechtvaardigen; (van blaam) zuiveren
vindication [vindi'keiʃən] *znw* rechtvaardiging; zuivering
vindicative ['vindikətiv] *bn* = *vindicatory*
vindicator *znw* verdediger; rechtvaardiger
vindicatory *bn* verdedigend, rechtvaardigend; wrekend, straffend, wraak-
vindictive [vin'diktiv] *bn* wraakgierig, -zuchtig, rancuneus
vine [vain] *znw* wijnstok; wingerd; klimplant; rank
vine-dresser *znw* wijngaardenier, wijndruiventeler
vine-fretter *znw* druifluis
vinegar ['vinigə] *znw* azijn
vinegary *bn* azijnachtig, azijn-; zuur[2]
vine-leaf *znw* druivenblad *o*
vine-louse, **vine-pest** *znw* druifluis
vinery *znw* druivenkas
vineyard ['vinjəd] *znw* wijngaard
viniculture ['vinikʌltʃə] *znw* wijnbouw
vinous ['vainəs] *bn* wijnachtig; wijn-
vintage ['vintidʒ] **I** *znw* wijnoogst; (wijn)gewas *o*, jaargang [van wijn]; fig merk *o*, gehalte *o*, kwaliteit, soort; **II** *bn* van een hoog gehalte, op zijn best; *~ car* auto uit de periode 1918-1930; *~ year* goed wijnjaar *o*; fig goed jaar *o*, bijzonder jaar *o*
vintager *znw* druivenplukker
vintner ['vintnə] *znw* wijnkoper
vinyl ['vainil] *znw* vinyl *o*
viol ['vaiəl] *znw* muz viola
viola [vi'oulə] *znw* muz altviool; plantk viool
violable ['vaiələbl] *bn* schendbaar
violate *overg* geweld aandoen[2], schenden, verkrachten, onteren; verstoren
violation [vaiə'leiʃən] *znw* schending, verkrachting, schennis, ontering; inbreuk; verstoring; *in ~ of the rules* met schending der regels
violator ['vaiəleitə] *znw* schender
violence ['vaiələns] *znw* geweld *o*, gewelddadigheid, geweldpleging; hevigheid; heftigheid; *do ~ to* geweld aandoen; *use ~ against (to, towards)* geweld aandoen, zich vergrijpen aan; *by ~* met, door geweld; *robbery with ~* diefstal met geweldpleging
violent *bn* hevig, heftig; geweldig°, hel [kleur]; gewelddadig
violet ['vaiəlit] **I** *znw* plantk viooltje *o*; violet *o*; *African ~* Kaaps viooltje *o*; *shrinking ~* (over)gevoelig en verlegen persoon; **II** *bn* violet(kleurig), paars
violin [vaiə'lin] *znw* muz viool
violinist *znw* violist
violist *znw* Am altviolist
violoncellist [viələn'tʃelist] *znw* cellist
violoncello *znw* violoncel
VIP ['vi:ai'pi:] *afk.* = *very important person* vip, gewichtig persoon, hoge piet
viper ['vaipə] *znw* adder[2]; fig slang, serpent *o*
viperish *bn* adderachtig; boosaardig, vals
VIP lounge *znw* vip-room
virago [vi'ra:gou, vi'reigou] *znw* helleveeg, feeks, manwijf *o*
virgin ['və:dʒin] **I** *znw* maagd; *the (Blessed) V~* RK de Heilige Maagd; **II** *bn* maagdelijk[2], onbevlekt, ongerept, rein, zuiver, ongepijnd [honing]; gedegen [metaal]
virginal I *bn* maagdelijk[2]; fig rein, onbevlekt; **II** *znw*: *~(s)* muz virginaal *o* [soort klavecimbel]
Virginia [və'dʒiniə] *znw* Virginia; *~ tobacco* virginiatabak; *~ creeper* wilde wingerd
virginity [və:'dʒiniti] *znw* maagdelijke staat, maagdelijkheid
Virgo ['və:gou] *znw* Maagd
virgule ['və:gju:l] *znw* schuine streep (/)
viridescent ['viridesnt] *bn* groenachtig
viridity [vi'riditi] *znw* plechtig groenheid
virile ['virail] *bn* mannelijk, viriel, krachtig
virility [vi'riliti] *znw* mannelijkheid, viriliteit, voortplantingsvermogen *o*
virologist [vai'rɔlədʒist] *znw* viroloog
virology *znw* virologie: leer der virussen
virtu [və:'tu:] *znw* liefde voor de schone kunsten; *articles of ~* curiosa, antiquiteiten
virtual ['və::tjuəl] *bn* feitelijk [hoewel niet in naam], eigenlijk; virtueel; *~ memory* comput virtueel geheugen *o*
virtually *bijw* in de praktijk, praktisch, feitelijk, vrijwel, zo goed als; virtueel
virtue ['və:tju:] *znw* deugd°, deugdzaamheid; verdienste; geneeskracht; *easy ~* lichte (losse) zeden; *make a ~ of necessity* van de nood een deugd maken; *by ~ of* krachtens; *in ~ whereof* krachtens hetwelk (dewelke)
virtuosity [və:tju'ɔsiti] *znw* virtuositeit
virtuoso [və:tju'ousou] *znw* (*mv*: -s *of* virtuosi [-si:]) virtuoos
virtuous ['və:tjuəs] *bn* deugdzaam, braaf
virulence ['viruləns] *znw* kwaadaardigheid [v. ziekte], venijnigheid[2]; fig giftigheid
virulent *bn* kwaadaardig [v. ziekte]; venijnig[2]; fig giftig
virus ['vaiərəs] *znw* virus *o*, smetstof[2], vergif(t)[2] *o*; fig venijn *o*, gif *o*
visa ['vi:zə] **I** *znw* visum *o*; **II** *overg* viseren

visage ['vizidʒ] *znw* gelaat *o*, gezicht *o*
vis-à-vis ['vi:za:'vi] [Fr] **I** *voorz* tegenover, ten opzichte van; **II** *bijw* tegenover elkaar
viscera ['visərə] *znw mv* inwendige organen; ingewanden
visceral *bn* visceraal: van de ingewanden; fig diep (verankerd), instinctief
viscid ['visid] *bn* kleverig
viscose ['viskous] *znw* viscose
viscosity [vis'kɔsiti] *znw* kleverigheid, taaiheid, viscositeit
viscount ['vaikaunt] *znw* burggraaf
viscountcy *znw* burggraafschap *o*
viscountess *znw* burggravin
viscounty *znw* burggraafschap *o*
viscous ['viskəs] *bn* kleverig, taai, viskeus
vise [vais] *znw* Am voor *vice* bankschroef
visé ['vi:zei] Am = *visa*
visibility [vizi'biliti] *znw* zichtbaarheid; zicht *o*
visible ['vizibl] *bn* zichtbaar, (duidelijk) merkbaar of te zien
visibly *bijw* zichtbaar, merkbaar, zienderogen
vision ['viʒən] *znw* zien *o*, gezicht *o*; visie; verschijning, droomgezicht *o*, droom(beeld *o*), visioen *o*
visionary I *bn* dromerig; droom-; hersenschimmig, ingebeeld; fantastisch; visionair; **II** *znw* ziener, dromer; fantast
visit ['vizit] **I** *overg* bezichtigen, inspecteren; bezoeken°, vero teisteren; ~ *upon* doen neerkomen op; bijbel wreken op; ~ *with* bezoeken met [straf, plagen &]; lastig vallen met, kwellen met; Am logeren bij, op bezoek zijn bij; **II** *onoverg* visites maken, bezoeken afleggen; *be ~ing* te logeren zijn, maar dóórtrekkend zijn; **III** *znw* bezoek *o*, visite; inspectie, visitatie; *be on a ~* op bezoek zijn; (ergens) te logeren zijn; *pay a ~* een bezoek afleggen; eufemistisch naar het toilet gaan
visitant I *bn* vero bezoekend; **II** *znw* bezoeker; geest(verschijning); trekvogel, winter/zomergast
visitation [vizi'teiʃən] *znw* [officieel] bezoek *o*; bezoeking; gemeenz onplezierig lange visite of logeerpartij; *the V~ of the Virgin Mary* Maria Boodschap [2 juli]
visiting ['vizitiŋ] *znw* bezoeken afleggen *o*; ziekenbezoek *o* [in ziekenhuis]; ~ *card* visitekaartje *o*; ~ *hours* bezoekuur *o*, bezoektijd [in ziekenhuis]; ~ *professor* gasthoogleraar
visitor ['vizitə] *znw* bezoeker, bezoek *o*, logé; doortrekkende vreemdeling, toerist; trekvogel, winter/zomergast; inspecteur; *~s* bezoekers, bezoek *o*; *~'s book* gastenboek *o*; naamboek *o* [v. museum &]
visor ['vaizə] *znw* vizier *o* [v. helm]; klep [van pet]; zonneklep [in auto]
vista ['vistə] *znw* vergezicht[2] *o*; fig perspectief *o*
visual ['vizjuəl] *bn* gezichts-, visueel; ~ *aid* onderw visueel hulpmiddel *o*
visualization [vizjuəlai'zeiʃən] *znw* visualisatie
visualize ['vizjuəlaiz] *overg* zich voorstellen, zich een beeld vormen van, (zich) aanschouwelijk voorstellen; zichtbaar maken, visualiseren
vital ['vaitl] **I** *bn* vitaal, levens-; essentieel, noodzakelijk, onontbeerlijk; levensgevaarlijk; *= of ~ importance* van vitaal (= het allerhoogste) belang; fig levendig, krachtig; *the ~ parts* de edele delen; ~ *statistics* zie *statistics*; *be ~ to* een levenskwestie zijn voor; **II** *znw*: *~s* edele delen
vitality [vai'tæliti] *znw* vitaliteit, levenskracht, leven *o*; levensvatbaarheid
vitalize ['vaitəlaiz] *overg* leven geven, bezielen
vitally ['vaitəli] *bijw* in hoge mate; ~ *important* van vitaal belang
vitamin ['vitəmin, Am 'vaitəmin] *znw* vitamine
vitaminize ['vi-, 'vaitəminaiz] *overg* vitaminiseren
vitiate ['viʃieit] *overg* bederven, besmetten, verontreinigen; schenden, onteren; ongeldig maken [contract]
vitiation [viʃi'eiʃən] *znw* bederf *o*; ongeldigmaking
viticulture ['vitikʌltʃə] *znw* wijnbouw
vitreous ['vitriəs] *bn* glazen, glasachtig, glas-; *the ~ humour* het glasachtig lichaam [in oog]; ~ *electricity* positieve elektriciteit
vitrification [vitrifi'keiʃən] *znw* glasmaking; verglazing
vitrify ['vitrifai] **I** *overg* tot glas maken, verglazen; **II** *onoverg* glasachtig worden
vitriol ['vitriəl] *znw* vitriool *o & m*; zwavelzuur *o*; fig bijtend sarcasme *o*; *blue ~* kopervitriool *o & m*; *green ~* ijzervitriool *o & m*
vitriolic [vitri'ɔlik] *bn* vitrioolachtig, vitriool-; fig bijtend, giftig, venijnig; scherp
vitriolize ['vitriəlaiz] *overg* in vitriool omzetten; met vitriool gooien
vituperate [vi'tju:pəreit] **I** *overg* schimpen op, schelden op, uitschelden; **II** *onoverg & abs ww* schimpen, schelden
vituperation [vitju:pə'reiʃən] *znw* geschimp *o*, gescheld *o*, uitschelden *o*; scheldwoorden
vituperative [vi'tju:pərətiv] *bn* (uit)scheldend, schimpend, scheld-, schimp-
vituperator *znw* beschimper
1 viva ['vi:və] *tsw* lang leve...
2 viva ['vaivə] *znw* gemeenz mondeling (examen) *o*
vivacious [vi'veiʃəs] *bn* levendig, opgewekt; overblijvend [v. planten]
vivacity [vi'væsiti] *znw* levendigheid, opgewektheid
vivarium [vai'vɛəriəm] *znw* (*mv*: vivaria [-riə]) diergaarde; dierpark *o*; visvijver
viva voce ['vaivə'vousi] **I** *bijw & bn* mondeling; **II** *znw* mondeling examen *o*
vivid ['vivid] *bn* helder [kleur]; levendig [herinnering &]
vivify ['vivifai] *overg* weer levend maken, verlevendigen, bezielen
viviparous [vi'vipərəs] *bn* levendbarend
vivisect [vivi'sekt] *overg* vivisectie toepassen

op
vivisection [vivi'sekʃən] *znw* vivisectie
vivisectionist *znw* **1** iem. die proeven neemt met levende dieren, vivisector; **2** voorstander van vivisectie
vixen ['viksn] *znw* dierk moervos, wijfjesvos; fig feeks, helleveeg
viz [viz] *bijw* namelijk, te weten, d.w.z.
vizier [vi'ziə] *znw* vizier
VJ Day ['vi:dʒeidei] *znw* verk. van *Victory over Japan Day* [Br 15 aug. 1945, Am 2 sept. 1945]
V-neck ['vi:nek] *znw* V-hals
V-necked *bn* met (een) V-hals
vocable ['voukəbl] *znw* woord *o*
vocabulary [vou'kæbjuləri] *znw* vocabulaire *o*; woordenlijst; woordenschat, -voorraad
vocal ['voukəl] **I** *bn* van de stem, stem-; mondeling, (uit)gesproken, vocaal; luid(ruchtig); zich uitend; weerklinkend (van *with*); ~ *cords* stembanden; ~ *music* zangmuziek; ~ *performer* zanger, -es; **II** *znw*: ~*s* zang(partij)
vocalist *znw* zanger, zangeres
vocalize *overg* laten horen, uitspreken, zingen; taalk stemhebbend maken; vocaaltekens aanbrengen [bijv. in het Hebreeuws]
vocation [vou'keiʃən] *znw* roeping; beroep *o*; *a journalist by* ~ een journalist uit roeping; *he has no* ~ *for literature* hij voelt niet veel (roeping) voor de literatuur
vocational *bn* beroeps-, vak-; ~ *guidance* voorlichting bij beroepskeuze
vocative ['vɔkətiv] *bn* vocatief
vociferate [vou'sifəreit] *onoverg* & *overg* razen, tieren, schreeuwen, krijsen
vociferation [vousifə'reiʃən] *znw* geschreeuw *o*, razen en tieren *o*, gekrijs *o*
vociferous [vou'sifərəs] *bn* schreeuwend, razend en tierend, krijsend, luidruchtig; *a* ~ *applause* uitbundige toejuichingen
vodka ['vɔdkə] *znw* wodka
voe [vou] *znw* kleine baai, inham
vogue [voug] *znw* mode; trek; populariteit; *be in* ~, *be the* ~ in zwang zijn, (in de) mode zijn, bijzonder in trek zijn
voice [vɔis] **I** *znw* stem², geluid *o*; spraak; *the active (passive)* ~ gramm de bedrijvende (lijdende) vorm; *find (one's)* ~ zich (durven) uiten; *give* ~ *to* uitdrukking geven aan, uiten, vertolken; *give a* ~ *to* medezeggenschap geven; *have a* ~ *in the matter* er iets in te zeggen hebben; *have no* ~ *in the matter* er niets in te zeggen hebben; *keep one's* ~ *down* op gedempte toon spreken; *at the top of one's* ~ luidkeels; *in a loud* ~ met luide stem, hard(op); *in a low* ~ zachtjes; *be in* ~ (goed) bij stem zijn; *with one* ~ eenstemmig; **II** *overg* uiting geven aan, uiten; vertolken, verkondigen; muz stemmen; taalk stemhebbend maken; **III** *wederk*: ~ *itself* zich uiten
voiced *bn* met stem; stemhebbend
voiceless ['vɔislis] *bn* stemloos°; stil, zwijgend
voice-over *znw* commentaarstem, voice-over
voice production *znw* stemvorming
void [vɔid] **I** *bn* ledig, leeg; vacant, onbezet; recht nietig, ongeldig; *fall* ~ komen te vaceren; ~ *of* ontbloot van, vrij van, zonder; **II** *znw* (lege) ruimte; fig leegte; (kosmische) ruimte; **III** *overg* ledigen, (ont-) ruimen; lozen, ontlasten; recht vernietigen, ongeldig maken
voidable *bn* recht vernietigbaar
voile [vɔil] *znw* voile *o* & *m* [stofnaam]
vol. *afk.* = *volume*
volatile ['vɔlətail] *bn* vluchtig²; (snel) vervliegend; wispelturig, veranderlijk, onbestendig
volatility [vɔlə'tiliti] *znw* vluchtigheid; levendigheid; wispelturigheid, onbestendigheid, veranderlijkheid
volatilization [vɔlætilai'zeiʃən] *znw* vervluchtiging
volatilize [vɔ'lætilaiz] **I** *overg* vluchtig maken, vervluchtigen, verdampen; **II** *onoverg* vluchtig worden, vervluchtigen, vervliegen, verdampen
vol-au-vent ['vɔlouvã:] [Fr] *znw* vol-au-vent [pasteitje]
volcanic [vɔl'kænik] *bn* vulkanisch
volcano [vɔl'keinou] *znw* (*mv*: -noes) vulkaan
1 vole [voul] **I** *znw* kaartsp vole: alle slagen; **II** *onoverg* kaartsp vole maken, alle slagen halen
2 vole [voul] *znw* veldmuis
volition [vou'liʃən] *znw* het willen; wilsuiting; wil(skracht); *of my own* ~ uit eigen wil
volitional *bn* van de wil, wils-
volitive ['vɔlitiv] *bn* willend; een wil uitdrukkend; ~ *faculty* wilsvermogen *o*
volley ['vɔli] **I** *znw* salvo² *o*; fig hagelbui, regen, stroom [v. scheldwoorden &]; sp volley: terugslag van bal die nog niet op de grond is geweest; **II** *overg* in salvo's afschieten, lossen; fig uitstoten [gilletjes, vloeken &]; sp terugslaan [v. bal die nog niet op de grond is geweest]; **III** *onoverg* salvovuur afgeven; losbarsten, uitbarsten (in)
volleyball *znw* volleybal *o* [spel]; volleybal *m* [voorwerpsnaam]
volplane ['vɔlplein] **I** *znw* luchtv glijvlucht; **II** *onoverg* luchtv glijden, een glijvlucht maken
volt [voult] *znw* elektr volt
voltage *znw* elektr voltage *o*, spanning
volte-face [vɔlt'fa:s] *znw* volteface², volledige ommekeer, plotselinge verandering [in houding, mening &]
voltmeter ['voultmi:tə] *znw* voltmeter
voluble ['vɔljubl] *bn* spraakzaam, rad (van tong), woordenrijk
volume ['vɔljum] *znw* boekdeel *o*, deel *o*; jaargang: bundel [gedichten]; volume *o*, (geluids)sterkte, omvang [ook: v. stem]; massa; ~*s of smoke (water)* rookmassa's, watermassa's; *speak* ~*s* boekdelen spreken

volume control *znw* volumeregelaar, -knop
voluminous [və'lju:minəs] *bn* omvangrijk, groot, kolossaal; uitgebreid; volumineus, lijvig; uit vele boekdelen bestaande; *a ~ writer* schrijver van vele werken, die veel geschreven heeft
voluntarily ['vɔləntərili] *bijw* vrijwillig, spontaan
voluntary I *bn* vrijwillig; willekeurig [beweging]; **II** *znw* muz fantasie, gefantaseerd voor-, tussen-, naspel *o* [voor orgel]
volunteer [vɔlən'tiə] **I** *znw* vrijwilliger; **II** *bn* vrijwillig, vrijwilligers-; **III** *overg* (uit vrije beweging) aanbieden, vrijwillig op zich nemen; opperen, geven, maken [opmerking &]; **IV** *onoverg* zich aanbieden; mil vrijwillig dienst nemen
voluptuary [və'lʌptjuəri] *znw* wellusteling
voluptuous *bn* wellustig, wulps, weelderig
volute [və'lju:t] *znw* krul, kronkel(ing); bouwk voluut, volute; rolschelp
vomit ['vɔmit] **I** *onoverg & overg* braken, overgeven; uitspuwen, uitbraken[2] (ook: *~ forth, up, out*); **II** *znw* (uit)braaksel *o*
vomitive I *bn* braak-; **II** *znw* braakmiddel *o*
voodoo ['vu:du:] *znw* voodoo, toverij, cultus van magisch-religieuze riten; beoefenaar van voodoo
voracious [və'reiʃəs] *bn* gulzig, vraatzuchtig
voracity [və'ræsiti] *znw* gulzigheid, vraatzucht
vortex ['vɔ:teks] *znw* (*mv*: -es *of* vortices ['vɔ:tisi:z]) werveling; wervel-, dwarrelwind; draaikolk, maalstroom
votaress ['voutəris] *znw* aanhangster, volgelinge; liefhebster; aanbidster, vereerster (van *of*)
votary *znw* aanhanger, volgeling; liefhebber; aanbidder, vereerder (van *of*)
vote [vout] **I** *znw* stem, votum *o*; stemming [bij verkiezing]; stemrecht *o*; stembriefje *o*; *the Irish ~* de Ierse kiezers; de op de Ieren uitgebrachte stemmen; *a ~ of confidence* een motie van vertrouwen; *a ~ of no-confidence* een motie van wantrouwen; *take a ~* tot stemming overgaan, laten stemmen; *on a ~* bij stemming; *come to a (the) ~* in stemming komen; tot stemming overgaan; *put to the ~* in stemming brengen; *pass a ~ of thanks* een dankrede houden (namens de rest van de aanwezigen); **II** *onoverg* stemmen (tegen *against*; op, voor *for*); *~ with one's feet* weglopen als blijk van afkeuring; met de voeten stemmen; **III** *overg* bij stemming verkiezen (tot), bij stemming aannemen (toestaan, aanwijzen), voteren; stemmen op of voor; gemeenz voorstellen; *they ~d him charming* gemeenz ze verklaarden (vonden) hem charmant; *~ down* afstemmen [voorstel]; overstemmen; *~ in* verkiezen; *~ out* wegstemmen
voter *znw* stemmer, kiezer
voting *znw* stemmen *o*
voting-paper *znw* stembiljet *o*
votive ['voutiv] *bn* votief: gedaan (geschonken) volgens een gelofte, wij-
vouch [vautʃ] *onoverg*: *~ for* instaan voor
voucher *znw* bon, cadeaubon, consumptiebon, knipkaart, voucher; reçu *o*; declaratie
vouchsafe [vautʃ'seif] *overg* zich verwaardigen; (genadiglijk) vergunnen, verlenen, toestaan; verzekeren, garanderen; *he ~d no answer (reply)* hij verwaardigde zich niet te antwoorden
vow [vau] **I** *znw* gelofte, eed; *take the ~s* RK de geloften afleggen; **II** *overg* beloven, zweren, verzekeren; (toe)wijden; *~ a great vow* een dure eed zweren; **III** *onoverg* een gelofte doen
vowel ['vauəl] *znw* klinker
voyage ['vɔiidʒ] **I** *znw* (zee)reis; **II** *onoverg* reizen; **III** *overg* bereizen, bevaren
voyager *znw* (zee-, lucht-, ruimte)reiziger
voyeur [vwa:'jə:] [Fr] *znw* voyeur, gluurder
V-sign ['vi:sain] *znw* **1** V-teken *o*, overwinningsteken *o*; **2** gebaar *o* om minachting uit te drukken, 'fuck-off'-gebaar *o*
vulcanite ['vʌlkənait] *znw* eboniet *o*
vulcanize ['vʌlkənaiz] *overg* vulkaniseren
vulgar ['vʌlgə] *bn* vulgair, ordinair, gemeen, plat, grof; vero algemeen, gewoon, volks-; *~ fractions* gewone breuken; *the ~ tongue* de volkstaal [tegenover het Latijn]
vulgarian [vʌl'gɛəriən] *znw* ordinaire vent, proleet
vulgarism [vʌlgərizm] *znw* platte uitdrukking; platte spreekwijze; platheid; vulgarisme *o*
vulgarity [vʌl'gæriti] *znw* vulgariteit; ordinaire *o*, platheid; grofheid
vulgarization [vʌlgərai'zeiʃən] *znw* vulgarisatie; popularisatie; ordinair maken *o*
vulgarize ['vʌlgəraiz] *overg* vulgariseren; populariseren; vergroven
vulnerability [vʌlnərə'biliti] *znw* kwetsbaarheid
vulnerable ['vʌlnərəbl] *bn* kwetsbaar[2]
vulnerary ['vʌlnərəri] **I** *bn* helend; genezend; **II** *znw* heelmiddel *o*, wondkruid *o*
vulpine ['vʌlpain] *bn* vosachtig[2]; slim als een vos, listig, sluw
vulture ['vʌltʃə] *znw* gier[2]; fig aasgier
vulturine, **vulturous** *bn* van een gier, gier(en)-; roofzuchtig
vulva ['vʌlvə] *znw* (*mv*: -s *of* vulvae [-vi:]) anat uitwendige opening van de vrouwelijke schaamdelen; vulva
vying ['vaiiŋ] *bn* (met elkaar) wedijverend

W

w ['dʌblju:] *znw* (de letter) w
W. *afk.* = *West(ern)*
WAAC, **Waac** [wæk] *znw* **1** *Women's Army Auxiliary Corps*; ± Milva; **2** lid *o* v.d. Waac, ± Milva
WAAF, **Waaf** [wæf]) *znw* **1** *Women's Auxiliary Air Force*; ± Luva; **2** lid *o* v.d. WAAF, ± Luva
wacky ['wæki] *bn* gemeenz gek, dol
wad [wɔd] **I** *znw* prop [watten, papier &]; pak *o*; vulsel *o*; rolletje *o* [bankbiljetten]; slang poen, (bom) duiten; **II** *overg* met watten voeren, watteren; (op-)vullen
wadding *znw* watten, vulsel *o*, prop
waddle ['wɔdl] **I** *onoverg* waggelen; schommelend lopen, schommelen; **II** *znw* waggelende (schommelende) gang
wade [weid] **I** *onoverg* waden (door *through*); ~ *in* tussenbeide komen, zich mengen in; ~ *into* aanvallen; ~ *through* doorwaden, baggeren door; fig doorworstelen [boek]; **II** *overg* doorwaden
wader *znw* waadvogel; ~*s* baggerlaarzen, lieslaarzen
wading-bird *znw* waadvogel
wafer ['weifə] *znw* wafel, oblie; ouwel; *the consecrated* ~ de gewijde hostie
1 waffle ['wɔfl] *znw* wafel
2 waffle ['wɔfl] gemeenz **I** *znw* gedaas *o*, gezwam *o*; **II** *onoverg* dazen, zwammen
waffle-iron ['wɔflaiən] *znw* wafelijzer *o*
waft [wa:ft] **I** *overg* dragen, voeren, brengen, doen drijven [op de wind]; **II** *onoverg* drijven, zweven [op de wind]; *come ~ing along* komen aanzweven, aandrijven [ook in de lucht]; **III** *znw* ademtocht, zucht *o*, vleugje *o*
1 wag [wæg] *znw* grappenmaker, schalk
2 wag [wæg] **I** *overg* schudden, kwispelen met; bewegen; ~ *one's finger* de vinger dreigend heen en weer bewegen; ~ *one's head* het hoofd schudden; *the dog ~ged its tail* de hond kwispelstaartte; **II** *onoverg* zich bewegen, in beweging zijn; heen en weer gaan, schudden; *set tongues ~ging* de tongen in beweging brengen; **III** *znw* schudding, kwispeling
1 wage [weidʒ] *znw* (arbeids)loon[2] *o*, huur; ~*s* loon *o*
2 wage [weidʒ] *overg*: ~ *war* oorlog voeren
wage-earner ['weidʒə:nə] *znw* loontrekker
wage-freeze *znw* loonstop
wage-packet *znw* loonzakje *o*
wager ['weidʒə] **I** *znw* weddenschap; *lay (make) a* ~ een weddenschap aangaan, wedden; **II** *overg* verwedden, wedden om; op het spel zetten
wage-rate ['weidʒreit] *znw* loonstandaard
wageworker *znw* = *wage-earner*
waggery ['wægəri] *znw* grapjes, grap, ondeugende streek
waggish *bn* schalks, snaaks; wel van een grapje houdend
waggle ['wægl] *overg* & *onoverg* & *znw* gemeenz = [2]*wag*
wag(g)on ['wægən] *znw* wagen, vrachtwagen; goederenwagen, (spoor)wagon; bestelwagen; *dinner* ~ dienwagentje *o*; *be on the* ~ gemeenz geheelonthouder zijn
wag(g)oner *znw* voerman; vrachtrijder; *the W~* astron Voerman
wag(g)onette [wægə'net] *znw* brik [wagentje]
wagon-lit [vægɔ̃:(n)'li] *znw* [Fr] slaapwagen, wagon-lit
wagtail ['wægteil] *znw* kwikstaartje *o*
waif [weif] *znw* onbeheerd goed *o*, strandgoed *o*; dakloze, zwerver; verlaten, dakloos, verwaarloosd kind *o*; ~*s and strays* jonge zwervertjes
wail [weil] **I** *onoverg (& overg)* (wee)klagen, jammeren (over, om), huilen, loeien; op een jammertoon uiten of zingen; **II** *znw* (wee)klacht, jammerklacht, gehuil *o*, geloei *o*
wailing *znw* weeklacht, gejammer *o*; *the W~ Wall* de Klaagmuur [te Jeruzalem]
wainscot ['weinskət] *znw* beschot *o*, lambrisering
wainscoting *znw* beschot *o*, lambrisering
wainwright ['weinrait] *znw* wagenmaker
waist [weist] *znw* middel *o*, taille, leest; smalste gedeelte *o*; lijfje *o*; blouse
waist-band *znw* broeksband; rokband; gordel, ceintuur
waistcoat *znw* vest *o*; *sleeved* ~ mouwvest *o*
waist-deep, **waist-high** *bn* tot aan het middel
waisted *bn* getailleerd
waistline *znw* taille
wait [weit] **I** *onoverg* wachten, afwachten; staan te wachten; (be)dienen (aan tafel *at table*); ~ *and see* (kalm) afwachten, de zaken eerst eens aanzien; ~ *about (around)* staan te wachten, rondhangen; ~ *behind* even blijven, nog even blijven plakken; ~ *for* afwachten, wachten op; ~ *on* bedienen; Am = ~ *for*; ~ *on events* de loop der gebeurtenissen afwachten; ~ *on sbd.'s hand and foot* iem. op zijn wenken bedienen, iem. slaafs dienen; ~ *upon* zijn opwachting maken bij; ~ *up for sbd.* opblijven voor iem.; **II** *overg* wachten op, afwachten; wachten met; ~ *your turn* wacht op je beurt, kalm aan een beetje; **III** *znw* wachten *o*; tijd dat men wacht; oponthoud *o*; pauze; ~*s* straatmuzikanten [met Kerstmis]; *lie in ~ for* op de loer liggen voor; loeren op; zie ook: *waiting*
waiter *znw* kelner
waiting **I** *bn* (af)wachtend; bedienend; *play a ~ game* de kat uit de boom kijken; **II** *znw* wachten *o*; bediening; *in* ~ dienstdoend [kamerheren &]; zie ook: *lady*

waiting-list *znw* wachtlijst
waiting-room *znw* wachtkamer
waitress *znw* serveerster, serveuse, dienster, (buffet)juffrouw, kelnerin
waive [weiv] *overg* afzien van, afstand doen van; opzij zetten, laten varen, ter zijde stellen
waiver *znw* recht (schriftelijke verklaring van) afstand [v.e. recht]
1 wake [weik] *znw* scheepv kielwater *o*, (kiel)zog *o*; bellenbaan [v. torpedo]; fig spoor *o*, nasleep; *in the ~ of...* (onmiddellijk) achter, na..., achter... aan (komend); *follow in the ~ of...* ...(op de voet) volgen
2 wake [weik] (woke/waked; woke/waked) **I** *onoverg* ontwaken², wakker worden² (ook: *~ up*); vero wakker zijn, waken; opstaan [uit de dood], bijkomen [uit bezwijming]; *~ up to sth.* iets gaan inzien, zich bewust worden (van iets); **II** *overg* wakker maken²; fig wakker schudden (ook: *~ up*); wekken², opwekken [uit de dood]
3 wake [weik] *znw* Ir nachtwake [bij lijk]; waken *o*
wakeful *bn* waakzaam, wakend², wakker²; *~ nights* slapeloze nachten
waken *overg* & *onoverg* = *²wake I & II*
waking I *bn* wakend; *~ hours* uren dat men wakker is; **II** *znw* waken *o*
wale [weil] *znw* Am = *²weal*
walk [wɔ:k] **I** *onoverg* lopen, gaan, stapvoets gaan, stappen; wandelen; rondwaren, spoken; **II** *overg* lopen, lopend afleggen; doen of laten lopen, stapvoets laten lopen; wandelen met, geleiden; lopen in of over, op- en aflopen in (op); betreden, bewandelen; *~ the earth* op aarde rondwandelen; *~ the streets* op straat rondlopen (rondzwerven); tippelen, zich prostitueren; *~ about* rondwandelen, rondlopen, omlopen, rondgaan, rondkuieren; rondwaren; *~ away* weggaan, wegkuieren; *~ away from* gemakkelijk achter zich laten; *~ away with* in de wacht slepen, gemakkelijk winnen; *~ down* afdalen van, afgaan, aflopen, afkomen [heuvel &]; *(please) ~ in* komt u binnen; *~ in one's sleep* slaapwandelen; *~ into* tegen iets, iem. oplopen; ergens intrappen [een val &]; *~ off* weggaan; wegbrengen, -leiden; door lopen of wandelen verdrijven; *~ him off his feet* hem zo laten lopen dat hij niet meer op zijn benen staan kan; *~ off with* weggaan met; gemeenz in de wacht slepen; stelen; *~ on* doorlopen, verder gaan; als figurant(e) optreden; *~ on air* in de zevende hemel zijn; *~ out* het werk neerleggen; staken; weglopen [uit een vergadering]; verkering hebben *(be ~ing out)*; *~ out of* verlaten (bij wijze van protest); *~ out on* in de steek laten; *~ out with* verkering hebben met, gaan met; *~ over (the course)* de wedren (verkiezing &) met gemak winnen; *~ over sbd.* met iem. doen wat men wil; *~ up* naar boven gaan, binnengaan; bovenkomen; *~ up to* toegaan naar, afkomen op; *~ with God* vero een godvruchtig leven leiden; **III** *znw* gang, loop, loopje *o*, lopen *o*; stapvoets rijden *o* of gaan *o*; toertje *o*, wandeling; wandelweg, -plaats, (voet)pad *o*; wandel°; fig levenswandel; werkkring; gebied *o*, terrein *o*; *~ of life* werkkring; stand, positie; *at a ~* stapvoets; *go for a ~*, *take a ~* een wandelingetje gaan maken; *take a ~!* Am lazer op!, donder op!, bekijk het maar!
walkable *bn* begaanbaar; af te leggen
walkabout *znw* **1** wandeling onder het publiek [v. president &]; **2** Austr korte, periodieke zwerftocht door de woestijn [v. Aboriginals]
walker *znw* voetganger, wandelaar, loper; loopvogel; *I'm not much of a ~* ik loop niet veel; ik ben niet erg goed ter been
walkie-talkie ['wɔ:ki'tɔ:ki] *znw* walkie-talkie
walking ['wɔ:kiŋ] **I** *bn* lopend, wandelend, wandel-&; **II** *znw* lopen *o* &; wandeling
walking-on *znw* figureren *o*; *~ part* figurantenrol
walking-pace *znw*: *at a ~* stapvoets
walkingrace *znw* snelwandelen *o*
walking-stick *znw* wandelstok
walkman *znw* walkman
walk-out ['wɔ:kaut] *znw* staking; weglopen *o*, verlaten *o*, heengaan *o* (uit de vergadering &)
walk-over *znw* gemakkelijke overwinning
walk-up *znw* Am flatgebouw *o* zonder lift
walkway ['wɔ:kwei] *znw* loopbrug, luchtbrug [tussen twee gebouwen]; breed wandelpad *o*
wall [wɔ:l] **I** *znw* muur², wand; *~s have ears* de muren hebben oren; *bang (knock) one's head against a (brick) ~* met zijn kop tegen de muur lopen; *come up against a brick ~* op een muur (van onbegrip) stuiten; *drive (push) to the ~* in het nauw brengen; *drive sbd. up the ~* iem. gek maken; *go to the ~* het onderspit delven, het loodje leggen; *with one's back to the ~* met de rug tegen de muur; in het nauw gedreven; **II** *overg* ommuren (ook: *~ round*); *~ in* ommuren; *~ up* dichtmetselen, inmetselen
wallaby ['wɔləbi] *znw* wallaby: kleine kangoeroe
wallah ['wɔlə] *znw* [Oosters] bediende; gemeenz knaap, kerel
wall bars ['wɔ:l'ba:z] *znw mv* sp wandrek *o*
wallet ['wɔlit] *znw* portefeuille [voor bankbiljetten &]; vero knapzak; ransel
wall-eye ['wɔ:lai] *znw* glasoog *o* [v. paard]; med (divergent) scheel oog
wallflower ['wɔ:lflauə] *znw* muurbloem°
Walloon [wɔ'lu:n] **I** *znw* Waal; **II** *bn* Waals
wallop ['wɔləp] gemeenz **I** *overg* afrossen; **II** *znw* opstopper, dreun; kracht; (vat) bier *o*; slang wipje *o*, neukpartij; **III** *bijw* pardoes
walloping gemeenz **I** *bn* kolossaal, reuzen-; **II** *znw* aframmeling
wallow ['wɔlou] **I** *onoverg* zich (rond)wentelen; fig zwelgen (in *in*), zich baden (in *in*); *~ in money* in het geld zwemmen; *~ in vice* z'n lusten botvieren; **II** *znw* wenteling; rollende beweging; wentelplaats [voor de karbouwen]
wallpaper ['wɔ:lpeipə] **I** *znw* behangsel(papier) *o*;

II *overg* behangen
Wall Street ['wɔ:lstri:t] *znw* het centrum van de geldhandel en effectenbeurs in New York
wall-to-wall ['wɔ:ltəwɔ:l] *bn* kamerbreed, vast [tapijt *carpeting*]
wally ['wɔli] *znw* gemeenz stommeling, idioot
walnut ['wɔ:lnʌt] *znw* (wal)noot; notenhout *o*
walrus ['wɔ:lrəs] *znw* walrus
waltz [wɔ:ls, wɔ:lts] **I** *znw* wals; **II** *onoverg* walsen; fig ronddansen, huppelen, trippelen
wan [wɔn] *bn* bleek, flets, pips, zwak, flauw
wand [wɔnd] *znw* toverstaf (*magic* ~)
wander ['wɔndə] **I** *onoverg* (rond)zwerven, (rond-) dolen, dwalen; afdwalen (van *from*); raaskallen, ijlen; *the W~ing Jew* de Wandelende Jood; *~ing kidney* wandelende nier; *his mind ~s* hij ijlt; hij raaskalt[2]; ~ *from the point* van het onderwerp afdwalen; **II** *overg* afzwerven; afreizen
wanderer *znw* dwaler; zwerver, zwerveling
wandering I *bn* zwervend &, zie *wander*; **II** *znw*: *~(s)* omzwerving; afdwaling; dwaling
wanderlust ['wɔndəlʌst] *znw* reislust, zwerflust
wane [wein] **I** *onoverg* afnemen [v.d. maan]; fig tanen, verminderen; **II** *znw* afneming; *on the* ~ aan het afnemen (tanen)
wangle ['wæŋgl] slang **I** *overg* loskrijgen, z'n slag slaan, klaarspelen, voor elkaar krijgen; zich eruit draaien; vervalsen, knoeien met; **II** *znw* streek, truc, foefje *o*
wank [wæŋk] plat **I** *(wederk &) overg* (zich) aftrekken, (zich) afrukken; **II** *znw* aftrekken *o*, rukken *o*
wanker *znw* plat rukker; flapdrol, klojo
want [wɔnt] **I** *znw* nood, gebrek *o*, behoefte, armoede; gemis *o*; *for ~ of* bij gebrek aan; *be in* ~ gebrek hebben, gebrek lijden; *be in ~ of* nodig hebben; **II** *overg* nodig hebben; behoeven, moeten; hebben moeten; willen, wensen, verlangen; te kort komen, mankeren; *I ~ nothing better* ik verlang niets beters; ik verlang (wil) niets liever; *I don't ~ him to be disturbed* ik wil niet dat hij gestoord wordt; *you are ~ed* men vraagt naar u; gemeenz de politie zoekt naar je; *it ~s only...* er is alleen maar... (voor) nodig; **III** *onoverg* gebrek lijden; *you shall ~ for nothing* u zult nergens gebrek aan hebben, het zal u aan niets ontbreken; ~ *out* eruit willen; fig gemeenz willen nokken
wanted *bn* gevraagd [in advertentie]; gezocht, opsporing verzocht [door de politie]; benodigd, waaraan behoefte is
wanting I *bn* ontbrekend; *be* ~ ontbreken, mankeren, weg zijn; *he is never* ~ hij mankeert nooit (op het appel); *be ~ in* tekortschieten in; *be found* ~ te licht bevonden worden; **II** *voorz* zonder; op... na; ~ *one* op één na
wanton ['wɔntən] **I** *bn* baldadig, uitgelaten, wild; onhandelbaar, onbeheerst; moedwillig, zonder aanleiding; grillig, dartel; verkwistend; wellustig; **II** *znw* lichtekooi; lichtmis
war [wɔ:] **I** *znw* oorlog; ~ *of attrition* uitputtingsoorlog; ~ *of nerves* zenuwenoorlog; ~ *of positions* mil stellingoorlog; *a ~ to the knife* een strijd op leven en dood; *be at* ~ in oorlog zijn; oorlog hebben (met *with*); *go to* ~ ten oorlog, ten strijde trekken; oorlog maken; *he has been in the ~s* hij is behoorlijk toegetakeld; **II** *onoverg* oorlog voeren (tegen *against, on*); *~ring* strijdend, (tegen)strijdig
warble ['wɔ:bl] **I** *onoverg & overg* kwelen, kwinkeleren, zingen, slaan; **II** *znw* gekweel *o*, gekwinkeleer *o*, gezang *o*, slag
warbler *znw* tjiftjaf [vogel]
war-cry ['wɔ:krai] *znw* oorlogskreet, wapenkreet, strijdkreet, strijdleus
ward [wɔ:d] **I** *znw* pupil [onder voogdij] (ook: ~ *of court*, ~ *in chancery*); pareren *o* [schermen]; (stads-) wijk; zaal, afdeling [in ziekenhuis]; **II** *overg*: ~ *(off)* afwenden, afslaan, pareren
war-dance ['wɔ:da:ns] *znw* krijgsdans
warden ['wɔ:dn] *znw* bewaarder, opziener, hoofd *o* [v. instituut, *college*]; jeugdherbergvader, -moeder; Am directeur [v. gevangenis]; *(air-raid)* ~ blokhoofd *o* (van de luchtbescherming); *(traffic)* ~ parkeerwacht
warder ['wɔ:də] *znw* cipier
wardress *znw* vrouwelijke cipier
wardrobe ['wɔ:droub] *znw* klerenkast; garderobe, kleren; ~ *mistress* costumière, kostuumnaaister; ~ *trunk* kastkoffer
wardroom ['wɔ:drum] *znw* scheepv longroom, officiersmess
wardship ['wɔdʃip] *znw* voogdij
1 ware [wɛə] *znw* waar, (teen)goed *o*, plateelwerk *o*, aardewerk *o*; waren; *his ~s* zijn (koop)waar, zijn waren
2 ware [wɛə] *overg* oppassen (voor), zich hoeden (voor)
warehouse I *znw* ['wɛəhaus] *znw* pakhuis *o*; magazijn *o*; **II** *overg* ['wɛəhauz] opslaan [in het magazijn]
warehouseman *znw* pakhuisknecht, magazijnbediende
warfare ['wɔ:fɛə] *znw* oorlog(voering), strijd; fig strijd, conflict *o*
warhead *znw* mil (lading)kop; *nuclear* ~ atoomkop
war-horse *znw* hist strijdros *o*; oorlogsveteraan, oude vechtjas
warlike *bn* krijgshaftig, oorlogszuchtig; oorlogs-; ~ *preparation* oorlogstoebereidselen
warlock ['wɔ:lɔk] *znw* vero tovenaar
warm [wɔ:m] **I** *bn* warm[2], heet; hartelijk, sympathiek; enthousiast, vurig; opgewonden; verhit; *get* ~ warm worden; gemeenz warm zijn [bij spelletjes]; *make things (it) ~ for sbd.* iem. het vuur na aan de schenen leggen; iem. in een lastig parket brengen; ~ *with wine* verhit door de wijn; *it was ~ work* het ging er heet toe; het was een inspannend karwei; **II** *overg* (ver)warmen, warm maken[2]; ~ *up* op-

warmen; **III** *wederk*: ~ *oneself* zich warmen; **IV** *onoverg* warm worden (fig ook: ~ *up*); *he ~ed to the subject (to this theme)* hij raakte meer en meer in vuur; ~ *up* warm worden [kamer]; warmer worden [voor een zaak]; warmer gaan voelen (voor *towards*); sp de spieren losmaken
warm-blooded *bn* warmbloedig
warm front *znw* warmtefront *o*
warm-hearted *bn* hartelijk
warming-pan *znw* beddenpan
warmly *bijw* warm²; fig hartelijk, met warmte, met vuur
warmonger ['wɔ:mʌŋgə] *znw* oorlogsophitser
warmongering *znw* oorlogspropaganda
warmth ['wɔ:mθ] *znw* warmte²; hartelijkheid, enthousiasme *o*, opgewondenheid, heftigheid
warm-up ['wɔ:mʌp] *znw* sp warming-up
warn [wɔ:n] *overg* waarschuwen (voor een gevaar *of a danger*; voor een persoon *against a person*); verwittigen, inlichten, aanzeggen; ~ *sbd. off* iem. de toegang ontzeggen, iem. uitsluiten
warner *znw* waarschuwer
warning I *znw* waarschuwing, aanzegging; opzegging [v. dienst]; verwittiging, aankondiging; *give (a month's)* ~ (met een maand) de dienst (de huur) opzeggen; *take ~ by his mistakes (from his fate)* spiegel u aan zijn fouten (lot); zie ook: *air-raid*; **II** *bn* waarschuwend, waarschuwing(s)-
War Office ['wɔ:rɔfis] *znw* ministerie *o* van Oorlog
warp [wɔ:p] **I** *onoverg* kromtrekken; **II** *overg* doen kromtrekken; fig een verkeerde richting geven aan; verdraaien; **III** *znw* kromtrekking; schering [weefgetouw]; fig (geestelijke) afwijking; vervorming [v. geluid &]; ~ *and weft*, ~ *and woof* schering en inslag
war-paint ['wɔ:peint] *znw* oorlogsbeschildering [v. indianen]; slang make-up
war-path *znw* oorlogspad *o*; *be (go) on the* ~ ten strijde trekken², vechtlustig zijn
war-plane *znw* oorlogsvliegtuig *o*
warrant ['wɔrənt] **I** *znw* rechtvaardiging, grond, recht *o*; volmacht, machtiging; ceel; bevelschrift *o*, mandaat *o* (tot betaling); bevel *o* tot inhechtenisneming; aanstelling; garantie, waarborg; ~ *of arrest* bevel(schrift) *o* tot aanhouding; ~ *of attorney* procuratie of notariële volmacht; *a ~ is out against him* er is een bevelschrift tot aanhouding tegen hem uitgevaardigd; **II** *overg* rechtvaardigen, machtigen; garanderen, waarborgen, instaan voor; *he is a..., I* ~ gemeenz daar kunt u van op aan
warrantable *bn* gewettigd, verdedigbaar, te rechtvaardigen
warrantee [wɔrən'ti:] *znw* aan wie iets gewaarborgd wordt
warranter ['wɔrəntə] *znw* volmachtgever; waarborger
warrant-officer *znw* mil bij *warrant* aangestelde *non-commissioned* officier, onderofficier van de hoogste rang, onderluitenant; scheepv dekofficier
warrantor *znw* = *warranter*
warranty *znw* rechtvaardiging; waarborg, garantie
warren ['wɔrən] *znw* konijnenberg, -park *o*; fig overbevolkte sloppenbuurt; huurkazerne; warnet *o* [v. gangen]
warrior ['wɔriə] *znw* krijgsman, krijger, soldaat
Warsaw ['wɔ:sɔ:] *znw* Warschau *o*; ~ *Pact* Warschaupact
warship ['wɔ:ʃip] *znw* oorlogsschip *o*
wart [wɔ:t] *znw* wrat; *~s and all* met al zijn gebreken
wart-hog *znw* wrattenzwijn *o*
wartime ['wɔ:taim] *znw* oorlog(stijd)
warty ['wɔ:ti] *bn* wrattig; vol wratten
war-weary ['wɔ:wiəri] *bn* strijdensmoe
war-whoop ['wɔ:hu:p] *znw* = *war-cry*
war widow ['wɔ:widou] *znw* oorlogsweduwe
wary ['wɛəri] *bn* omzichtig, behoedzaam, voorzichtig; op zijn hoede (voor *of*); *be ~ of...* zich wel wachten om...
was [wɔz, wəz] V.T. van *be*: was
wash [wɔʃ] **I** *overg* wassen [ook erts], af-, uit-, schoonwassen; spoelen [dek &], af-, om-, uitspoelen; bespoelen, besproeien; aan-, bestrijken, vernissen, sausen; ~ *dirty linen in public* de vuile was buiten hangen, onaangename zaken in het openbaar behandelen; ~ *one's hands of it* zich verder niets aantrekken van, zich niet meer (willen) bemoeien met; ~ *one's hands of sbd.* zijn handen van iem. aftrekken; **II** *wederk*: ~ *oneself* zich(zelf) wassen; **III** *onoverg & abs ww* wassen; zich wassen; zich laten wassen [stoffen], wasecht zijn; *that won't* ~ gemeenz dat houdt geen steek; die vlieger gaat niet op; ~ *ashore* aan land spoelen; ~ *away* afwassen, uitwissen; wegspoelen, wegslaan; ~ *down* (af-) wassen, (schoon)spoelen; naar binnen spoelen; ~ *off* afwassen; ~ *out* uitwassen; er met wassen uitgaan; gemeenz in het water (in duigen) doen vallen; gemeenz opheffen, vernietigen; *~ed out* ook: flets, afgetakeld; ~ *overboard* overboord spoelen; ~ *up* afwassen, (om)spoelen; aanspoelen; Am zich (zijn handen) wassen, zich wat opfrissen; *~ed up* gemeenz (dood)op, kapot, naar de bliksem; **IV** *znw* was; wassing, spoeling, spoelsel *o*; spoelwater² *o*; waterverf; kleurtje *o*, vernisje *o*; kielwater *o*; golfslag; aanspoeling, aanspoelsel *o*; gewassen tekening; *come out in the* ~ gemeenz wel loslopen, wel in orde komen; *have a* ~ zich (zijn handen) wassen, zich wat opfrissen; *in the* ~ in de was
washable *bn* (af)wasbaar, wasecht
washbasin *znw* wasbak; vaste wastafel
washboard *znw* wasbord *o*; scheepv wasboord *o*, zetbo(o)rd *o*
washbowl *znw* Am wastafel
washday *znw* wasdag
washer *znw* wasser; wasmachine; techn sluitring; leertje *o* [v. kraan]

washerwoman *znw* wasvrouw
wash-hand basin *znw* waskom, fonteintje *o*
wash-hand stand *znw* wastafel
wash-house *znw* washuis *o*, washok *o*
washing I *bn* wasecht; was-; **II** *znw* wassen *o* &, wassing; was(goed *o*)
washing-machine *znw* wasmachine; *automatic* ~ wasautomaat
washing powder *znw* waspoeder *o*, wasmiddel *o*
washing-stand *znw* wastafel
washing-up [wɔʃiŋ'ʌp] *znw* afwas; ~ *liquid* afwasmiddel *o*
wash-leather ['wɔʃleðə] *znw* zeem, zeemleer *o*
wash-out *znw* mislukking, fiasco *o*, sof; vent van niks, prul *o*
wash-room *znw* Am toilet *o*, wc
wash-stand *znw* wastafel
wash-tub *znw* wastobbe
washy *bn* waterig[2], slap; flets
Wasp, **WASP** *znw* = *White Anglo-Saxon Protestant* [geringschattende benaming voor behoudende, blanke afstammelingen van protestantse Europese immigranten in de VS]
wasp [wɔsp] *znw* wesp; ~ *waist* wespentaille
waspish *bn* fig opvliegend, bits
wassail ['wɔseil, 'wæsl] vero **I** *znw* drinkgelag *o*; gekruid bier *o*; **II** *onoverg* pimpelen, brassen
wassailer ['wɔseilə] *znw* vero pimpelaar, drinkebroer
wast [wɔst] vero waart, werdt (2de pers. enk. V.T. van *be*)
wastage ['weistidʒ] *znw* verspilling, verkwisting; verlies *o* door verbruik, slijtage; afval *o & m*; verloop *o* [v. personeel &]
waste I *bn* woest; onbebouwd; ongebruikt; overtollig; afval-; ~ *paper* scheurpapier *o*, oud papier *o*; ~ *products* afvalproducten; *lay* ~ verwoesten; *lie* ~ braak liggen[2]; **II** *overg* verspillen, verkwisten, weggooien, verknoeien; verwoesten; verteren, doen uitteren, verslijten, verbruiken; recht verwaarlozen, laten vervallen [eigendom]; slang koud maken, om zeep helpen, mollen; *be ~d* ook: verloren gaan; *it is ~d on him* het is aan hem niet besteed; *get ~d* slang zich lam zuipen; *not ~ breath (on sth.)* (ergens) geen woorden aan vuil maken; **III** *onoverg* afnemen [door het gebruik], opraken, slijten; verloren gaan; ~ *away* (weg)kwijnen, ver-, uitteren; ~ *not, want not* wie wat spaart, heeft wat; **IV** *znw* onbebouwd land *o*, wildernis, woestijn; woestenij; verwoesting; verspilling; verkwisting; vermindering, slijtage, verbruik *o*, verlies *o*; afval *o & m*, afvalstoffen; poetskatoen *o*; techn afvoerpijp; *a ~ of time* tijdverspilling; *go to* ~ verloren gaan, verwilderen
wastebin, Am **wastebasket** *znw* afvalbak, vuilnisbak [in keuken]; prullenmand
waste disposal *znw* afvalverwerking; ~ *unit* afvalvernietiger
wasteful *bn* verkwistend, niet zuinig, spilziek; ~ *of...* erg kwistig met...; veel... verbruikend
wasteland *znw* braakliggend terrein *o*; verlaten/ saai gebied *o*; kleurloze periode
waste-paper basket [weist'peipəba:skit] *znw* prullenmand, papiermand
waste-pipe ['weistpaip] *znw* afvoerpijp
waster *znw* nietsnut
wastrel ['weistrəl] *znw* nietsnut, mislukkeling
watch [wɔtʃ] **I** *znw* wacht, waken *o*, plechtig wake; waakzaamheid; uitkijk; horloge *o*; *first* ~ scheepv eerste wacht; *middle* ~ scheepv hondenwacht; *keep (a)* ~ de wacht houden; *keep (a) ~ on* een oogje houden op, letten op; *keep ~ over* de wacht houden over, bewaken; *set a ~ over sbd.* iem. permanent in de gaten laten houden; *in the ~es of the night* in de slapeloze uren van de nacht; *on* ~ op wacht; *be on* ~ op wacht staan, de wacht hebben; *be on the ~ for* uitkijken naar; loeren op; ~ *and ward* (uiterste) waakzaamheid; *keep ~ and ward over* dag en nacht (goed) in de gaten houden; **II** *onoverg* kijken, toekijken; uitkijken; waken, waakzaam zijn; wacht doen; ~ *for* uitkijken naar; loeren op; ~ *out* uitkijken, op zijn hoede zijn, oppassen; ~ *over* een wakend oog houden op, waken over; bewaken; **III** *overg* kijken naar, gadeslaan; letten op, in het oog houden; bewaken; hoeden; ~ *your step!*, ~ *it!* pas op!
watchband *znw* Am horlogebandje *o*
watch-case *znw* horlogekast
watch-chain *znw* horlogeketting
watch-dog *znw* waakhond[2]
watcher *znw* bespieder; waarnemer
watchful *bn* oplettend, waakzaam, waaks; *be ~ of* ook: een wakend oog houden op, waken over; voorzichtig zijn in
watch-glass *znw* horlogeglas *o*
watchmaker *znw* horlogemaker
watchman *znw* (nacht)waker; bijbel wachter
watchstrap *znw* horlogebandje *o*
watch-tower *znw* wachttoren
watchword *znw* wachtwoord[2] *o*
water ['wɔ:tə] **I** *znw* water° *o*; vruchtwater *o* (ook: *~s*); *~s* water *o*, wateren; ook: baden; *still ~s run deep* stille waters hebben diepe gronden; ~ *on the brain* een waterhoofd *o*; ~ *on the knee* leewater *o* [in knie]; *much ~ has passed under the bridge* er is heel wat water door de Rijn gestroomd; *it brings the ~ to your mouth* het doet je watertanden; *hold* ~ water bevatten; (water)dicht zijn; fig steekhoudend zijn; *make* ~ scheepv water maken, water inkrijgen; lek zijn; wateren, urineren; *pass* ~ urineren; *pour (throw) cold ~ on* een emmer koud water gieten over; fig een domper zetten op; *by* ~ te water, over zee, per scheepsgelegenheid; *deep* ~ grote moeilijkheden; raadsel *o*; *be in hot* ~ in de knoei zitten; *be in low* ~ aan lagerwal zijn; *we are in smooth* ~ het water is nu weer kalm, wij hebben de storm achter

de rug; fig we zijn boven jan; *get into hot ~* in moeilijkheden geraken, het aan de stok krijgen (met *with*); *run like ~ off a duck's back* niet het minste effect hebben; *spend money like ~* handenvol geld uitgeven; *test the ~(s)* een proefballonnetje oplaten; *of the first ~* van het zuiverste water[2]; *over the ~* over het water; aan gene zijde van de oceaan; aan gene zijde van de Theems; **II** *overg* van water voorzien; bewateren, besproeien [v. rivier], bespoelen; aanlengen met water, in de week leggen [vlas]; begieten, water geven, drenken [paarden &]; wateren [stoffen]; fig verwateren; *~ down* verwateren; verdunnen, verzachten; **III** *onoverg* wateren, tranen, lopen; *make one's mouth ~* doen watertanden
water-bailiff *znw* havendouanebeambte
waterbed *znw* waterbed *o*
water bird *znw* watervogel
water biscuit *znw* cracker
water-borne *bn* vlot, drijvend; te water vervoerd; door water overgebracht [ziekte &]; zee-; door water verspreid
water-bottle *znw* karaf; mil veldfles
water buffalo *znw* waterbuffel, karbouw, Indische buffel, Aziatische buffel
water-butt *znw* regenton
water-cannon *znw* waterkanon *o*
water-carrier *znw* waterdrager
water-cart *znw* sproeiwagen
water chestnut *znw* waternoot, waterkastanje [gebruikt in Chinese maaltijden]
water-chute *znw* watertobogan
water-closet *znw* wc
water-colour *znw* waterverf(schilderij); *in ~s* in waterverf
watercourse *znw* waterloop; geul, bedding
watercress *znw* waterkers
water-diviner *znw* roedeloper
watered *bn* als water, verwaterd &; moiré [van zijde]
waterfall *znw* waterval
waterfowl *znw* watervogel(s)
waterfront *znw* waterkant; Am stadsdeel *o* of landstrook aan zee of meer; havenkwartier *o*
water-gate *znw* waterpoort; vloeddeur [v. sluis]
water-gauge *znw* peilglas *o*
water-hen *znw* waterhoen *o*
waterhole *znw* waterpoel, drinkplaats
watering *znw* sproeien *o*, begieten *o*; watertanden *o*; tranen *o* [v. ogen]
watering-can *znw* gieter
watering-place *znw* wed *o*; waterplaats; plaats waar men water inneemt; badplaats
watering-trough *znw* drinkbak
waterish *bn* waterachtig, waterig
water jump *znw* (spring)sloot [als hindernis bij paardensport]
waterless *bn* zonder water, droog
water-level *znw* waterstand, waterspiegel; waterpas *o*
water-lily *znw* waterlelie
waterline *znw* waterlijn
waterlogged *bn* volgelopen met water, vol water; met water doortrokken
water-main *znw* hoofdbuis [v. waterleiding]
waterman *znw* schuitevoerder; veerman
watermark I *znw* watermerk *o*; scheepv waterpeil *o*; waterlijn; **II** *overg* van een watermerk voorzien
water-melon *znw* watermeloen
watermill *znw* watermolen
water pistol *znw* waterpistool *o*
water-polo *znw* waterpolo *o*
water-pot *znw* waterkan; gieter
water power *znw* waterkracht
waterproof I *bn* waterdicht, waterproef; **II** *znw* waterdichte stof, jas of mantel; **III** *overg* waterdicht maken
water-rat *znw* waterrat
water-rate *znw* kosten van waterverbruik
water-resistant *bn* watervast [inkt]; waterafstotend [jas &]
watershed *znw* waterscheiding; stroomgebied *o*; fig scheidingslijn, tweesprong
waterside *znw* waterkant
water-ski I *znw* waterski; **II** *onoverg* waterskiën
water-skier *znw* waterskiër
water-softener *znw* waterontharder
water soluble *bn* oplosbaar in water
water-spout *znw* waterspuwer, afvoerbuis; waterhoos
water-sprite *znw* watergeest
water-supply *znw* wateraanvoer; watervoorziening; watervoorraad
water table *znw* grondwaterspiegel
water-tank *znw* waterbak, reservoir *o*
watertight *bn* waterdicht[2]; fig onaanvechtbaar
water tower *znw* watertoren
water-vole *znw* waterrat
water-wag(g)on *znw* sproeiwagen; *be on the ~* gemeenz geheelonthouder zijn
waterway *znw* waterweg; scheepv goot, watergang
water-weed *znw* waterpest
water-wheel *znw* waterrad *o*; scheprad *o*
waterworks *znw mv* waterleiding; waterwerken; *turn on the ~* gemeenz gaan huilen; *have sth. wrong with one's ~* iets aan zijn blaas hebben
watery *bn* waterig[2], waterachtig, water-; regenachtig, regen-; fig bleek, verschoten; *~ eye* tranend oog *o*; traanoog *o*; vochtig oog *o*; *find a ~ grave* een (zijn) graf in de golven vinden
watt [wɔt] *znw* elektr watt
wattage ['wɔtidʒ] *znw* wattage *o*, elektrisch vermogen *o*
wattle ['wɔtl] *znw* teenwerk *o* [voor afrasteringen]; dierk lel [v. kalkoen]; baard [v. vis]; plantk Australische acacia
wattled *bn* gevlochten; met lellen

waul [wɔ:l] *onoverg* krollen, luid miauwen [v. krolse kat]

wave [weiv] **I** *onoverg* wapperen; wuiven; golven; **II** *overg* (doen) golven, onduleren [haar]; wateren [stoffen]; zwaaien met, wuiven met; toewuiven; ~ *aside* een wenk geven om opzij te gaan; fig wegwuiven, afwijzen, zich met een breed gebaar afmaken van; ~ *away* een wenk geven om opzij of weg te gaan; ~ *back* terugwenken; ~ *down a car* een automobilist gebaren te stoppen; ~ *off* wuivend afscheid nemen van; **III** *znw* golf[2]; wuivende handbeweging, gewuif *o*; *a* ~ *of crime* een vloedgolf van misdaden

waveband *znw* radio (golf)band

wavelength *znw* radio golflengte; *be on the same* ~ op dezelfde golflengte zitten

wavelet *znw* golfje *o*

waver ['weivə] *onoverg* onvast zijn; waggelen; wankelen, weifelen, aarzelen; schommelen; flakkeren [v. licht]; haperen, beven [v. stem]

waverer *znw* weifelaar

wavering I *bn* wankel(baar), wankelend, wankelmoedig; weifelend; **II** *znw* gewankel *o*, geweifel *o*, weifeling

waving ['weiviŋ] **I** *bn* golvend, gegolfd; **II** *znw* golving; gewuif *o*; gewapper *o*

wavy *bn* golvend, gegolfd

1 wax [wæks] **I** *znw* **1** was; oorsmeer *o*; lak *o & m*; **2** slang woede(aanval); *in a terrible* ~ slang erg nijdig, razend; **II** *bn* wassen; **III** *overg* met was bestrijken, in de was zetten, wassen; ~ *one's legs* zijn benen harsen

2 wax [wæks] *onoverg* wassen, toenemen; vero worden; ~ *and wane* wassen en afnemen [van de maan]

wax-chandler ['wækstʃa:ndlə] *znw* (was-) kaarsenmaker

wax-cloth *znw* wasdoek *o & m*

waxen *bn* van was, wassen, was-; wasgeel; zo bleek als was

wax-light *znw* waslicht *o*, waskaars

wax paper *znw* waspapier *o*

waxwing *znw* pestvogel

waxwork *znw* in was uitgevoerd boetseerwerk *o*; ~*s* wassenbeelden(spel *o*)

waxy *bn* wasachtig; slang woedend

way [wei] **I** *znw* weg, pad *o*; baan; route; eind *o* (weegs), afstand; vaart, gang; richting, kant; manier, wijze, trant; handelwijze, gebruik *o*, gewoonte: geringsch hebbelijkheid; ~*s* wegen &, gewoonten, hebbelijkheden; ~ *of life* manier van leven, levensstijl; ~*s and means* (de) geldmiddelen; de middelen en de manier waarop; *devise (find)* ~*s and means* raad schaffen; ~ *in* ingang; ~ *out* uitgang; fig uitweg; *no* ~*!* uitgesloten!, daar komt niets van in!, in geen geval!; *the* ~ *of the Cross* RK de kruisweg; *it's the* ~ *of the world* dat is 's werelds loop, zo gaat het in de wereld; *it is a long* ~ *round* een heel eind om; *all the* ~ (langs) de hele weg, (over) de hele afstand, dat hele eind, helemaal [van A naar B]; *along the* ~ op weg, langs de weg; *any* ~ hoe dan ook; in alle geval, toch; *both* ~*s* op twee manieren; sp zowel op de ene als op de andere partij houdend; *different* ~*s* op verschillende manieren; in verschillende richtingen; *either* ~ in beide gevallen; hoe dan ook; *in every* ~ in alle opzichten; *his* ~ zijn kant uit; op zijn manier, zoals hij 't wil; *it is only his* ~ zo is hij nu eenmaal; *his own* ~ zijn eigen weg (gang, manier); op zijn eigen manier; *let him have his own* ~ laat hem zijn eigen gang (maar) gaan; geef hem zijn zin maar; *no* ~ *inferior to* geheel niet minder dan; *one* ~ *or another* op de een of andere manier; *he said nothing one* ~ *or another (the other)* hij zei helemaal niets; *a decision one* ~ *or the other* een beslissing voor of tegen; *one* ~ *or the other it has helped* in ieder geval heeft het geholpen; *look the other* ~ een andere kant uitkijken; *it is the other* ~ *about (round)* het is (net) andersom; *our* ~ onze kant uit; in ons voordeel; *the same* ~ op dezelfde manier; hetzelfde [v. zieke]; *some* ~ een eindje *o*; *some* ~ *or other* op de een of andere manier; *in some* ~*s* in enkele (bepaalde) opzichten; *that* ~ die kant uit, daar(heen); op die manier, zó; *the* ~ *you did it* (op) de manier waarop je het gedaan hebt; *that is the* ~ *with...* zo gaat het met...; zo doen...; *this* ~ deze kant uit, hier(heen); *this* ~ *and that* naar alle kanten, her- en derwaarts; *come sbd.'s* ~ zie *come II*; *find a* ~ een uitweg vinden, er raad op weten; *find one's* ~ *into...* binnendringen in..., thuis raken in, zich inburgeren in...; *get in the* ~ in de weg lopen, hinderen; *get in the* ~ *of* verhinderen; *get one's (own)* ~ zijn zin krijgen; *give* ~ opzij gaan; wijken, zwichten, plaats maken (voor *to*); bezwijken (onder *under*); *give* ~*!* geef voorrang, *her voice gave* ~ haar stem liet haar in de steek; *give* ~ *to fear* zich door vrees laten overmannen; *go one's* ~*(s)* op weg gaan; zich op weg begeven, heengaan; *go one's own* ~ zijn (eigen) gang gaan; zijn eigen weg gaan; *go the* ~ *of all flesh (of nature)* bijbel de weg van alle vlees gaan; *go a long* ~ ver reiken; veel bijdragen (tot *towards*); *a little... goes a long* ~ *with me* met een beetje... kan ik lang toekomen; *lose one's* ~ verdwalen; *see one's* ~ *clear to...* zijn kans schoon zien om...; *take the easy* ~ *out* de weg van de minste weerstand kiezen; *go a long* ~ *round* een heel eind omlopen; *go (live somewhere) London* ~ de kant van Londen uit; *everything is going my* ~ alles gaat naar mijn zin, alles loopt me mee; *have a* ~ *with one* aardig omgaan (met), innemend zijn; *have a (little)* ~ *of...* de hebbelijkheid hebben om...; *you can't have it both* ~*s* of het één of het andere, geen twee dingen tegelijk; *have one's (own)* ~ zijn zin krijgen; *have one's* ~ *with sbd.* gemeenz met iem. neuken; *have it (all) one's own* ~ vrij spel hebben, kunnen doen en laten wat men wil; *not know which* ~ *to turn* geen raad weten; *make* ~ plaats maken (voor *for); make one's ~* gaan, zich begeven; zich een weg banen; zijn weg (wel) vinden [in de wereld]; *put (sbd.) in the ~ of* (iem.) de gelegenheid geven om; *he wants his own ~* hij wil altijd zijn zin hebben; *across the ~* aan de overkant, hiertegenover; *by ~ of* bij wijze van; via, over; *by ~ of apology* ook: ter verontschuldiging; *by ~ of a joke* voor de grap; *by ~ of London* via (over) Londen; *he is by ~ of being an artist* hij is zo half en half artiest; *by ~ of having something to do* om iets te doen te hebben; *by the ~* onderweg; en passant, overigens; wat ik zeggen wil(de), tussen twee haakjes; *by a long ~* verreweg; *not by a long ~* lang niet, op geen stukken na; *in a ~, in one ~* in zekere zin, in zeker (één) opzicht; *be in a bad ~* er slecht aan toe zijn [v. patiënt]; slecht staan [v. zaken]; *in a general ~* in het algemeen; *in a big ~* in het groot, op grote schaal; *in a small ~* in het klein, op kleine schaal; *live in a small ~* klein leven; *in a ~ of speaking* bij wijze van spreken; in zekere zin; *in his ~* op zijn weg; op zijn manier; *not in any ~, (in) no ~* geenszins, hoegenaamd (helemaal) niet; *be in the ~* (de mensen) in de weg staan; *call in the ~ of business* voor zaken; *what they want in the ~ of clothes* aan kleren; *put sbd. in the ~ of a job* iem. aan een baan helpen; *be on the ~* op komst zijn, in aantocht zijn; *be on the ~ out* eruit gaan, een aflopende zaak zijn; *drunk, or on the ~ to it* dronken of aardig op weg om het te worden; *on their ~ to* onderweg naar, op (hun) weg naar; *well on the (one's) ~* aardig op weg (om...); *be on the (one's) ~ out* op weg naar buiten zijn; fig ± een aflopende zaak zijn; *it is rather out of my ~* het is nogal om voor mij; dat ligt niet zo op mijn weg; *out of the ~* uit de weg, uit de voeten; klaar; weg, absent [ook = verstrooid]; afgelegen; niet ter zake dienend, vergezocht; *go out of one's ~* van zijn weg afwijken; *go out of one's ~ to...* de moeite nemen om...; zich uitsloven om...; het er op toeleggen om...; *keep out of sbd.'s ~* iem. mijden; *put sbd. out of the ~* iem. uit de weg ruimen; *put things out of the ~* de boel aan kant doen, opruiming houden; *over the ~* aan de overkant, hiertegenover; *under ~* in beweging; aan de gang; begonnen; scheepv onder zeil; *get under ~* in beweging komen; gang, vaart krijgen; beginnen; scheepv het anker lichten; **II** *bijw* gemeenz een stuk, een eind, ver [vooruit &]; *~ back in A.* gemeenz daarginds in A.; *~ back in 1910* gemeenz reeds in 1910

way-bill *znw* vrachtbrief

wayfarer *znw* (voet)reiziger

wayfaring *bn* reizend, trekkend [vooral te voet]

waylay [wei'lei] *overg* opwachten (om te overvallen)

wayless ['weilis] *bn* zonder weg(en), ongebaand

way-out *bn* slang te gek, fantastisch, gaaf; buitenissig, zeer apart

wayside I *znw* kant van de weg; *by the ~* ook: aan de weg; *fall by the ~* fig afvallen, voortijdig met studie & ophouden; **II** *bn* aan de kant van de weg (gelegen)

wayward *bn* eigenzinnig, dwars, verkeerd, in de contramine; grillig

way-worn *bn* moe van de reis

we [wi:, wi] *pers vnw* wij

weak [wi:k] *bn* zwak°, slap²; *his ~ point (side)* zijn zwakke zijde; *the ~er sex* het zwakke geslacht

weaken I *overg* verzwakken², slapper maken, verdunnen; **II** *onoverg* zwak(ker) worden

weakening *znw* verzwakking

weakish *bn* nogal zwak, zwakjes

weak-kneed *bn* zwak in de knieën; fig slap, niet flink

weakling *znw* zwakkeling

weakly I *bn* zwak, ziekelijk; **II** *bijw* zwak, slap, flauw; uit zwakte

weak-minded *bn* zwakhoofdig, zwakzinnig

weakness *znw* zwakheid, zwakke plaats; zwakte, zwak *o*; *he has a ~ that way* daarvoor heeft hij een zwak

1 weal [wi:l] *znw* welzijn *o*, geluk *o*; *~ and woe* wel en wee *o*

2 weal [wi:l] *znw* streep, striem

weald [wi:ld] *znw* **1** beboste streek; **2** open land *o*; *the Weald* een streek in Kent, Surrey en Sussex

wealth [welθ] *znw* rijkdom, weelde, pracht, schat, overvloed; *a man of ~* een gefortuneerd man, een rijk man

wealthy *bn* rijk

wean [wi:n] *overg* spenen; *~ from* spenen van, af-, ontwennen, vervreemden van, losmaken van, benemen

weanling I *znw* gespeend kind *o* of dier *o*; **II** *bn* pas gespeend

weapon ['wepən] *znw* wapen² *o*

weaponry *znw* bewapening, wapens

1 wear [wɛə] (wore; worn) **I** *overg* dragen [aan het lijf]; ook: (aan)hebben, vertonen; (ver)slijten, af-, uitslijten; *she wore black* zij was in het zwart; *I won't ~ it* gemeenz ik moet het niet, ik bedank ervoor; **II** *onoverg* (ver)slijten; vermoeien, afmatten; voorbijgaan [v. de tijd], lang vallen; zich laten dragen; zich (goed) houden [in het gebruik]; *~ thin* slijten², dun worden; fig opraken [v. geduld]; *~ well* zich goed houden [in het gebruik]; *~ away* weg-, ver-, uit-, afslijten; slijten [tijd &], verdrijven; (langzaam) voorbijgaan [tijd], omkruipen; *~ down* af-, verslijten; afmatten, uitputten; *~ down all opposition* alle tegenstand overwinnen; *~ off* af-, wegslijten; uit-, verslijten, er afgaan, verdwijnen; *~ on* (langzaam) voorbijgaan [tijd]; *~ out* afdragen, verslijten; uitslijten; afmatten, uitputten, uitmergelen, slijten [levensdagen &]; *~ through* een gat maken in [kleren]

2 wear [wɛə] *znw* dragen *o*, gebruik *o*; dracht, kleding, kleren, goed *o*; degelijkheid, houdbaarheid; slijtage; *summer ~* zomerkleren; *~ and tear* slijtage;

the ~ and tear of time de tand des tijds; *it has no ~ in it* het is erg sleets; *there is a deal of ~ in it* je kunt er lang mee doen; *for everyday ~* voor dagelijks gebruik [kledingstukken]; *the worse for ~* erg versleten; afgeleefd, afgepeigerd

wearable ['wɛərəbl] *bn* draagbaar [kleding]

wearied ['wiərid] *bn* vermoeid, moe(de)

weariness *znw* vermoeidheid, moeheid; verveling; zatheid

wearing-apparel ['wɛəriŋə'pærəl] *znw* kleren

wearisome ['wiərisəm] *bn* vermoeiend, lastig, moeizaam; afmattend, vervelend

weary I *bn* vermoeid, moe(de); vermoeiend, moeizaam; vervelend; *~ of life* levensmoe; **II** *overg* vermoeien, afmatten; vervelen; **III** *onoverg* moe worden; *he will soon ~ of it* het zal hem gauw vervelen

weasel ['wi:zl] *znw* wezel

weather ['weðə] **I** *znw* weer *o*; *make bad (good) ~* slecht (goed) weer treffen [op zeereis]; slecht (goed) vooruitkomen [schip]; *make heavy ~ of* veel moeite hebben met, zich druk maken over; *in all ~s* bij elke weersgesteldheid, weer of geen weer; *in this hot ~* bij of met dit warme weer; *be under the ~* zich niet lekker voelen; in de put zitten; **II** *overg* aan de lucht blootstellen; fig te boven komen; doorstaan [storm &]; scheepv te boven zeilen; de loef afsteken[2]; *~ (out) the gale* de storm doorstaan; **III** *onoverg* verweren

weather-beaten *bn* door het weer of door stormen geteisterd; verweerd

weather-board *znw* overnaadse plank [tegen inregenen], lekdorpel [v. raam of deur]

weather-bound *bn* door het slechte weer opgehouden

weather-bureau *znw* meteorologisch instituut *o*

weathercock *znw* weerhaan[2]

weather-conditions *znw mv* weersgesteldheid

weathered *bn* verweerd

weather eye *znw*: *keep a ~ on* in de gaten houden, 't oog houden op; *keep one's ~ open* fig op elke eventualiteit voorbereid zijn

weather-forecast *znw* weervoorspelling; weersverwachting

weather forecaster *znw* weervoorspeller, weerman

weather-glass *znw* weerglas *o*, barometer

weather-house *znw* weerhuisje *o*

weathering *znw* waterslag, afzaat; verwering

weather-man *znw* gemeenz weerkundige, weerman

weatherproof I *bn* tegen het weer bestand; **II** *overg* waterdicht maken

weather-prophet *znw* weerprofeet

weather-side *znw* scheepv loefzijde; windkant

weather-station *znw* meteorologische post, weerstation *o*

weather-strip *znw* tochtstrip, tochtlat

weather-vane *znw* windwijzer

weather-wise *bn* weerkundig; ingewijd

1 weave [wi:v] (wove; woven) **I** *overg & onoverg* weven, vlechten (in, tot *into*); **II** *onoverg* weven; zwenken; zich heen en weer bewegen, zigzaggen; *let's get weaving!* gemeenz kom op, aan de slag!

2 weave [wi:v] *znw* weefsel *o*, patroon *o*

weaver *znw* wever

weaving *znw* weven *o*, weverij

weaving-loom *znw* weefgetouw *o*

weaving-mill *znw* weverij

web [web] *znw* web *o*; spinnenweb *o*; bindweefsel *o*; weefsel *o*; (zwem)vlies *o*; vlag [v. veer]; wang

webbed *bn* met (zwem)vliezen

webbing *znw* weefsel *o*; singelband *o* [stofnaam], singelband *m* [voorwerpsnaam]

web-footed *bn* met zwempoten

we'd [wi:d] verk. van *we had* of *we would*

wed [wed] *overg* trouwen (met), huwen (met); in de echt verbinden; *he ~ded industry to economy* hij paarde ijver aan zuinigheid; zie ook: *wedded*

wedded *bn* getrouwd; *~ bliss* huwelijksgeluk *o*; *~ life* huwelijksleven *o*

wedding *znw* huwelijk *o*; bruiloft

wedding-breakfast *znw* maaltijd na de trouwplechtigheid, huwelijksmaal *o*

wedding-cake *znw* bruiloftstaart

wedding-day *znw* (verjaardag van de) trouwdag

wedding-dress *znw* trouwjurk

wedding-march *znw* muz bruiloftsmars

wedding-ring *znw* trouwring

wedge [wedʒ] **I** *znw* wig, keg; punt [v. taart]; *the thin end of the ~* fig de eerste stap, het eerste begin; *drive a ~ between* tweedracht zaaien tussen, een wig drijven tussen; **II** *overg* vastklemmen [met wiggen], vastzetten; een wig slaan in, keggen; *~ in* indringen, -duwen, -schuiven; *~d (in) between* ingeklemd, beklemd tussen

Wedgwood ['wedʒwud] *znw*: *~ (ware)* aardewerk *o* van Wedgwood; *~ blue* grijsblauw

wedlock ['wedlɔk] *znw* huwelijk *o*; *born in ~* echt [v.e. kind]; *born out of ~* onecht [v. een kind]

Wednesday ['wensdi, 'wenzdei] *znw* woensdag

1 wee [wi:] *bn* klein

2 wee [wi:] slang **I** *znw* pies, plasje *o*; **II** *onoverg* piesen, een plasje doen

weed [wi:d] **I** *znw* onkruid[2] *o*; gemeenz tabak; slang marihuana, stickie *o*; gemeenz lange (magere) slapjanus; *~s* onkruid *o*; weduwenkleed *o*; **II** *overg* wieden, uitroeien, zuiveren (van *of*); *~ out* wieden, uitroeien, verwijderen

weeder *znw* wieder, wiedster; wiedijzer *o*

weeding-hook *znw* wiedijzer *o*

weed-killer *znw* onkruidverdelger, herbicide *o*

weedy *bn* vol onkruid; als (van) onkruid; fig opgeschoten, slungelig; zwak

week [wi:k] *znw* week, werkweek; *a ~* elke week, wekelijks; *by the ~* per week; *today ~, a ~ today* vandaag over een week; acht dagen geleden

weekday *znw* weekdag, doordeweekse dag, werkdag; *on ~s* ook: door (in) de week
week-end I *znw* weekend *o*; **II** *onoverg* weekenden
week-ender *znw* iemand die een weekend uitgaat
weekly I *bijw* wekelijks, iedere week; **II** *bn* wekelijks, week-; **III** *znw* weekblad *o*
ween [wi:n] *onoverg* plechtig menen, denken
weeny ['wi:ni] *bn* gemeenz (heel) klein
1 weep [wi:p] (wept; wept) **I** *onoverg* wenen, schreien; vocht afscheiden, druppelen; tranen; *~ for* bewenen; schreien van [vreugde]; **II** *overg* bewenen, betreuren; *~ tears of joy* vreugdetranen storten
2 weep [wi:p] *znw*: *have a bit of a ~* een deuntje schreien
weeper *znw* huiler, klager; vroeger klaagvrouw [bij begrafenis]; rouwband [op hoed], rouwfloers *o*, rouwsluier; *~s* witte rouwmanchetten [v. weduwe]
weeping *bn* wenend, huilend; treurend; treur-
weeping willow *znw* treurwilg
weepy I *bn* sentimenteel, huilerig; **II** *znw* gemeenz sentimentele film (boek, toneelstuk)
weever ['wi:və] *znw* pieterman [vis]
weevil ['wi:v(i)l] *znw* langsnuitkever
wee-wee ['wi:wi:] *znw* & *onoverg* = ^{2}*wee*
weft [weft] *znw* inslag(garen *o*); weefsel *o*
weigh [wei] **I** *overg* wegen^{2}, af-, overwegen; scheepv lichten; **II** *onoverg* wegen^{2}, gewicht in de schaal leggen; zich (laten) wegen; scheepv het anker lichten; *~ an argument against another* zien welk argument het zwaarst weegt; *~ down* neerdrukken, doen doorbuigen; doen overslaan [de schaal]; opwegen tegen [argumenten &]; *~ed down with cares* onder zorgen gebukt gaand; *~ in* komen aanzetten^{2}; *~ in (out) a jockey* sp een jockey wegen vóór (na) de wedren; *~ in with* naar voren brengen; *~ out* af-, toewegen; *~ up* fig schatten, taxeren; *~ (heavy) upon sbd.* iem. bezwaren [geheim &]; *that's the point that ~s with me* dat weegt (zeer) zwaar bij mij
weigh-beam *znw* unster [balans met ongelijke armen]
weigh-bridge *znw* weegbrug
weigher *znw* weger
weigh-in *znw* sp weging, gewichtscontrole
weigh(ing)-house *znw* waag
weighing-machine *znw* weegtoestel *o*, bascule
weight I *znw* gewicht^{2} *o*, zwaarte; belasting; last; druk; fig belangrijkheid; *~s and measures* maten en gewichten; *it is a ~ off my conscience* het is mij een pak van het hart; *man of ~* belangrijk (invloedrijk) man; *put on ~* zwaarder worden, aankomen; *pull one's ~* zich geheel geven; zijn steentje bijdragen; *take one's ~ off one's feet* gaan zitten; *throw one's ~ behind sth.* zich persoonlijk honderd procent achter iets stellen; *throw one's ~ about* gewichtig doen, veel drukte maken; zie ook: *carry I*; **II** *overg* bezwaren, belasten, zwaarder maken
weighting *znw* standplaatstoelage [extra toelage i.v.m. hoge kosten van levensonderhoud in de standplaats]
weightless *bn* gewichtloos
weightlessness *znw* gewichtloosheid
weightlifter *znw* gewichtheffer
weightlifting *znw* gewichtheffen *o*
weighty *bn* zwaarwegend^{2}; zwaar^{2}, gewichtig^{2}, van gewicht
weir [wiə] *znw* waterkering, stuwdam; visweer: constructie in een water om vis te vangen
weird [wiəd] *bn* spookachtig, griezelig, geheimzinnig; getikt, gek, vreemd, zonderling; *the ~ sisters* de schikgodinnen
weirdie, weirdo *znw* slang bijzonder vreemde snuiter
welch *onoverg* = ^{2}*welsh*
welcome ['welkəm] **I** *tsw* welkom; *~ to A.!* welkom in A.!; **II** *znw* welkom *o*, welkomst, verwelkoming; ontvangst; *bid sbd. ~* iem. welkom heten; *give sbd. a hearty ~* iem. hartelijk welkom heten; hartelijk ontvangen [ook ironisch]; **III** *bn* welkom^{2}; verheugend; *you are ~* tot uw dienst; *you are ~ to it!* het is je gegund!; *you are ~ to do it* het staat je vrij het te doen; *make sbd. ~* iem. welkom heten; **IV** *overg* verwelkomen, welkom heten, vriendelijk ontvangen^{2}; toejuichen [besluit &]; *I ~ your visit* ook: ik verheug mij over uw bezoek, uw bezoek doet mij genoegen
weld [weld] **I** *znw* welnaad, las; **II** *overg* lassen, wellen, aaneensmeden^{2}
weldable *bn* lasbaar
welder *znw* lasser; lasapparaat *o*
weldless *bn* zonder las; zonder naad
welfare ['welfɛə] *znw* welzijn *o*; maatschappelijk werk *o*; bijstand; *child ~, infant ~* kinderzorg, zuigelingenzorg; *~ centre* polikliniek; *~ state* verzorgingsstaat; *~ work* sociale voorzieningen; welzijnszorg
welkin ['welkin] *znw* plechtig uitspansel *o*, zwerk *o*
1 well [wel] **I** *znw* put, wel, bron^{2}, bronader^{2}; geneeskrachtige bron; bouwk schacht; trappenhuis *o*; (lift)koker; recht balie, advocatuur; (inkt)pot; **II** *onoverg* (op)wellen^{2}, ontspringen^{2} (ook: *forth, up, out*)
2 well [wel] **I** *bijw* wel, goed; *as ~* even goed; eveneens, ook; *as ~ as* net zo goed als; zowel als, alsmede, alsook; *~ and truly* goed en wel; *~ away (back, before daylight &)* een heel eind (een flink stuk) weg &; slang aangeschoten; *be ~ in with sbd.* goed zijn met iem.; *be ~ out of sth.* er goed afkomen, van geluk mogen spreken; *doing ~* aan de beterende hand zijn; goed boeren, het goed doen (maken); *~ done!* goed zo!; *let (leave) ~ alone* niet mee bemoeien; **II** *bn* wel, (goed) gezond; goed; *it is just as ~* het is maar goed, nog zo verkeerd niet; *~ enough* goed, best; *~ and good* (opper)best; **III** *tsw* nou, nou ja, ach ja; enfin; wel!, goed!, (wel)nu!
well-advised *bn* verstandig

well-aimed *bn* goedgemikt
well-appointed *bn* goed ingericht [kamer]
well-balanced *bn* precies in evenwicht, evenwichtig², uitgebalanceerd²
well-behaved *bn* zich goed gedragend, oppassend
well-being *znw* welzijn *o*
well-beloved I *bn* (teer)bemind, geliefd, dierbaar; **II** *znw* (teer)beminde, geliefde
well-born *bn* van goede afkomst
well-bred *bn* welopgevoed, beschaafd
well-brought-up *bn* welopgevoed, beschaafd
well-built *bn* goedgebouwd
well-chosen *bn* goedgekozen, treffend [woorden]
well-conducted *bn* goed geleid, bestuurd of beheerd; zich goed gedragend, oppassend
well-connected *bn* van goede familie; met goede relaties
well-defined *bn* duidelijk omschreven, scherp afgebakend
well-disposed *bn* welgezind
well-done *bn* (goed) doorbraden, gaar
well-dressed *bn* goed gekleed
well-earned *bn* welverdiend
well-favoured *bn* er knap uitziend
well-fed *bn* goed gevoed, doorvoed
well-found *bn* goed toe-, uitgerust
well-founded *bn* gegrond
well-groomed *bn* verzorgd, gesoigneerd
well-grounded *bn* gefundeerd, gegrond, terecht
well-head ['welhed] *znw* bron²
well-heeled ['wel'hi:ld] *bn* gemeenz gefortuneerd, rijk, goed bij kas
well-hole ['welhoul] *znw* schacht
wellies ['weliz] *znw mv* gemeenz = *wellingtons*
well-informed ['welin'fɔ:md] *bn* goed ingelicht, goed op de hoogte; gedocumenteerd [betoog], knap
wellingtons ['weliŋtənz] *znw mv* hoge laarzen [tot aan de knieën]
well-intentioned ['welin'tenʃənd] *bn* goed bedoeld; welgemeend; welmenend, goedgezind
well-kept *bn* goed onderhouden, verzorgd, netjes
well-knit *bn* stevig gebouwd
well-known *bn* bekend
well-lined *bn* goed gevuld [beurs]
well-mannered *bn* welgemanierd
well-matched *bn* aan elkaar gewaagd
well-meaning *bn* met de beste bedoelingen; goed bedoeld
well-meant *bn* goed bedoeld
well-nigh *bijw* bijna, nagenoeg, vrijwel
well-off *bn* welgesteld
well-oiled *bn* slang dronken; fig vleierig
well-paid *bn* goed betaald [baan, werknemer]
well-pleased *bn* in zijn schik
well-preserved *bn* goed geconserveerd [persoon, gebouw]
well-read *bn* belezen
well-set ['wel'set] *bn* stevig gebouwd
well-spent *bn* goed besteed
well-spoken *bn* beschaafd (aangenaam) sprekend, welbespraakt; treffend gezegd
well-spring ['welspriŋ] *znw* bron(wel)²
well-stocked ['wel'stɔkt] *bn* goed voorzien
well-thought-of *bn* geacht, gerespecteerd
well-thought-out *bn* goed doordacht, weloverwogen, doorwrocht
well-thumbed *bn* beduimeld
well-timed *bn* juist op tijd komend, opportuun
well-to-do *bn* welgesteld
well-trained *bn* gedisciplineerd
well-tried *bn* beproefd
well-turned *bn* welgevormd; welgekozen [van bewoordingen]
well-wisher *znw* begunstiger, vriend
well-worn *bn* veel gedragen; versleten, afgezaagd
welsh [welʃ] *onoverg*: ~ *on sbd.* er vandoor gaan met iems. geld [bij wedrennen]; gemeenz iem. belazeren [belofte niet nakomen]
Welsh [welʃ] **I** *bn* van Wales; ~ *rabbit*, ~ *rarebit* stukje *o* toast met gesmolten kaas; **II** *znw* de taal van Wales, Welsh *o*; *the* ~ de inwoners van Wales
Welshman ['welʃmən] *znw* iem. uit Wales
Welshwoman ['welʃwumən] *znw* inwoonster van Wales, Welshe
welt [welt] *znw* omboordsel *o*, rand [aan het bovenschoenleer]; striem
welter ['weltə] **I** *onoverg* zich wentelen², rollen [golven]; **II** *znw* mengelmoes *o & v*; groot aantal *o*; chaos; *in a* ~ *of blood* badend in het bloed
welter-race ['weltəreis] *znw* wedren met zware belasting
welter-weight *znw* weltergewicht, bokser tussen licht en middelzwaar gewicht
wen [wen] *znw* wen, onderhuids gezwel *o*; uitwas; *the great* ~ Londen
wench [wen(t)ʃ] *znw* meisje *o*; meid, deern
wend [wend] *onoverg*: ~ *one's way* voortschrijden; ~ *one's way homeward* zich naar huis begeven
went [went] V.T. van *go*
wept [wept] V.T. & V.D. van *¹weep*
were [wə:] V.T. van *be*: waren, ware, was
we're [wiə] verk. van *we are*
werewolf ['wiəwulf] *znw* weerwolf
wert [wə:t] vero V.T. 2de pers. enk. van *be*: waart
Wesleyan ['wezliən] **I** *bn* van Wesley, methodistisch; **II** *znw* Wesleyaan, methodist
west [west] **I** *znw* westen *o*; **II** *bn* westelijk, westen-, wester-, west-; **III** *bijw* westelijk, naar het westen; ~ *of* ten westen van; *go* ~ gemeenz aan z'n eind komen, sterven
westbound *bn* naar het westen, in westelijke richting
westerly *bn* westelijk, westen-
western I *bn* westelijk, westers; westen-, west-; **II** *znw* wildwestfilm, wildwestverhaal *o*

westerner *znw* westerling, iem. uit het westen
westernize *overg* verwestersen
westernmost *bn* meest westelijk
Western Samoa ['westənsə'mouə] *znw* West-Samoa *o*
Western Samoan I *znw* West-Samoaan; **II** *bn* West-Samoaans
West Indian I *bn* ['westindiən, -jən] West-Indisch; **II** *znw* ['west'indiən, -jən] West-Indiër
westward(s) *bn & bijw* westwaarts, naar het westen
wet [wet] **I** *bn* nat, vochtig; regenachtig; niet 'drooggelegd' [voor alcoholgebruik]; saai, sullig, slap; gematigd (conservatief); ~ *behind the ears* nog niet droog achter de oren; ~ *to the skin*, ~ *through* doornat, kletsnat; *a* ~ *blanket* gemeenz een emmer koud water; een spelbederver, feestverstoorder; ~ *dock* dok *o*; ~ *paint!* (pas) geverfd!; **II** *znw* nat *o*, nattigheid, vocht *o & v*, vochtigheid, neerslag, regen; slang saai iem.; sentimenteel iem.; gematigd conservatief; ~ *or fine* (bij) regen of zonneschijn; **III** *overg* nat maken, bevochtigen; ~ *one's bed* bedwateren; ~ *one's whistle* slang de keel eens smeren
wether ['weðə] *znw* hamel
wet-nurse ['wetnə:s] **I** *znw* min; **II** *overg* zogen [als min]; fig verwennen, vertroetelen
wetsuit ['wetsu:t] *znw* wetsuit [voor duikers, surfers]
wetting ['wetiŋ] *znw* nat worden *o*, bevochtiging; *a* ~ ook: een nat pak *o*
wetting agent *znw* bevochtigingsmiddel *o*
wettish *bn* nattig, vochtig
we've [wi:v] verk. van *we have*
whack [wæk] **I** *overg* gemeenz (af)ranselen, (ver-)slaan; ~*ed* gemeenz ook: doodop; **II** *znw* gemeenz mep, lel, (harde) slag; (aan)deel *o*; *have a* ~ *at* proberen, een slag slaan naar
whacker ['wækə] *znw* slang kokkerd, kanjer, knaap; kolossale leugen
whacking I *bn* gemeenz flink, kolossaal, reuzen-; **II** *bijw* versterkend kolossaal, verduiveld, donders; **III** *znw* rammeling, pak *o* slaag
whacko ['wækou] *tsw* slang geweldig!, te gek!
whacky ['wæki] *bn* gemeenz gek, dol
whale [weil] **I** *znw* walvis; *have a* ~ *of a time* gemeenz zich geweldig (fantastisch) vermaken; **II** *onoverg* op walvisvangst zijn (gaan)
whalebone *znw* balein *o*
whaleman *znw* walvisvaarder
whale-oil *znw* walvistraan
whaler *znw* walvisvaarder
whaling *znw* walvisvangst
whaling-gun *znw* harpoenkanon *o*
wharf [wɔ:f] **I** *znw* (*mv*: -s *of* wharves [wɔ:vz]) aanlegplaats, steiger; (afgesloten) kaai; **II** *overg* aan de kaai meren of lossen
wharfage *znw* kaaigeld *o*; kaairuimte
wharfinger *znw* kademeester
what [wɔt] **I** *vragend vnw* wat, wat voor (een), welk(e); ~ *day of the month is today?* de hoeveelste hebben we (vandaag)?; ~ *is your name?* hoe is uw naam?, hoe heet je?; ~*'s the hurry?* waarom zo'n haast?; *what's all this?* wat is hier aan de hand?; ~*'s yours?* wat zal het zijn?, wat gebruik (neem) je?; *and (or)* ~ *have you?* gemeenz en noem maar op; ~ *about Johnson?* hebt u nieuws over Johnson, hoe staat het met J.?, en J. dan?; ~ *about a cup of coffee?* wat zou je denken van een kopje koffie?; ~ *crisis?* welke crisis?; hoezo crisis?; ~ *for?* gemeenz waarvoor?, waarom?; *get* ~ *for* gemeenz er van langs krijgen; ~ *ho!* hela!; ~ *if we were to lose?* wat gebeurt er als we het verliezen?; *and* ~ *not* en wat al niet; en zo (meer), enzovoort; ~ *of...?* hoe staat het met...?; *well,* ~ *of it?* en wat zou dat?; **II** *uitroepend vnw* wat (een)...!; ~ *a sight!* wat een uitzicht!; **III** *betrekkelijk vnw* wat, dat wat, hetgeen; al wat, al... dat; *the water is good,* ~ *there is of it* het water dat (voorzover het) er gevonden wordt, is goed; *that's* ~ *it is* dát is het, dat is het hem; *but* ~ behalve wat, dan die...; of.. niet; *not a day comes but* ~ *makes a change* er komt geen dag die geen verandering brengt; **IV** *onbep vnw* wat; ~ *with... and...* deels door..., deels door...; *I'll tell you* ~ ik zal je eens wat zeggen
what-d'ye-call-it *znw* gemeenz dinges, hoe heet-ie ('t) ook weer
whate'er [wɔt'ɛə] *vnw* & *bn* plechtig = *whatever*
whatever [wɔt'evə] **I** *onbep vnw* wat (dan) ook, al wat; *take* ~ *you need* neem (alles) wat je nodig hebt; *or* ~ gemeenz of zoiets, of iets dergelijks; **II** *bn*: ~ *sum you may demand* welke som u ook eist; *there is no doubt* ~ hoegenaamd geen twijfel; *no one* ~ helemaal niemand; **III** *vragend vnw* gemeenz wat; ~ *do you mean by that?* wat bedoel je daar in vredesnaam mee?
whatnot ['wɔtnɔt] *znw* etagère
whatsoever [wɔtsou'evə] *vnw* & *bn* = *whatever*
wheat [wi:t] *znw* tarwe
wheatear ['wi:tiə] *znw* tapuit
wheaten ['wi:tn] *bn* van tarwe, tarwe-
wheatgerm ['wi:tdʒə:m] *znw* tarwekiem
wheatmeal ['wi:tmi:l] *znw* tarwemeel *o*
wheedle ['wi:dl] *overg* flikflooien, vleien; ~ *sbd. into... ing* iem. door lief praten er toe brengen te...; ~ *sth. out of sbd.* iem. iets aftroggelen
wheedler *znw* flikflooier, vleier, pluimstrijker
wheedling I *bn* flikflooiend; **II** *znw* geflikflooi *o*
wheel [wi:l] **I** *znw* wiel *o*, rad *o*, stuurrad *o*; spinnewiel *o*; (pottenbakkers)schijf; mil zwenking; ~*s* radertjes, rolletjes; *be at (behind) the* ~ aan het stuurrad; *break on the* ~ radbraken; *everything went on (greased, oiled)* ~*s* alles ging gesmeerd, alles liep op rolletjes; *there are* ~*s within* ~*s* fig het gaat over veel schijven; het is erg gecompliceerd; **II** *overg* per as vervoeren, kruien, (voort)rollen, rijden; mil laten zwenken (ook: ~ *about, round*); ~ *one's bicycle* naast zijn fiets lopen; **III** *onoverg* draaien [om as];

zwenken; cirkelen; (wiel)rijden; ~ *and deal* ritselen, sjoemelen
wheelbarrow *znw* kruiwagen
wheelbase *znw* wielbasis, radstand
wheelchair *znw* rolstoel, invalidenwagen
wheeled *bn* met (op) wielen
wheeler-dealer *znw* gladjanus; doortrapte zakenman, ritselaar
wheel-horse *znw* achterpaard *o*; fig werkpaard *o*
wheel-house *znw* scheepv stuurhuis *o*, stuurhut
wheeling and dealing *znw* louche handel(praktijken), geritsel *o*, gesjoemel *o*
wheelwright *znw* wagenmaker
wheeze [wi:z] **I** *onoverg* piepend (moeilijk) ademen; hijgen; **II** *znw* gehijg *o*, moeilijke ademhaling; gemeenz grap; truc
wheezy *bn* kortademig; hijgend
whelk [welk] *znw* wulk, kinkhoorntje *o* [schelp]
whelp [welp] **I** *znw* welp; jonge hond; kwajongen; **II** *onoverg* jongen
when [wen] **I** *bijw* wanneer; **II** *voegw* wanneer, als, toen; en toen, waarop; terwijl [bij tegenstelling]; ~ *due* op de vervaltijd; ~ *there* als je daar bent (gekomen); **III** *vnw* wanneer; *nowadays ~...* tegenwoordig, dat..., nu...; *since (till) ~?* sinds (tot) wanneer?; *since ~* (en) sindsdien; **IV** *znw*: *the ~ and where* plaats en tijd
whence [wens] *bijw* & *vnw* vanwaar; waaruit; ~ *comes it that...?* hoe komt 't dat...?
whencesoever [wenssou'evə] *voegw* & *bijw* waar ook vandaan, vanwaar ook
whene'er [we'nɛə] *bijw* & *voegw* plechtig = *whenever*
whenever [we'nevə] *bijw* & *voegw* telkens wanneer, telkens als; wanneer ook
whensoever [wensou'evə] *bijw* & *voegw* = *whenever*
where [wɛə] **I** *bijw* waar; waarheen; ook: waarin; ~ *is the use of trying?* wat heeft het voor zin om het te proberen?; **II** *vnw* waar, vanwaar; ~ *from?* waar... vandaan?; ~ *to?* waarheen?; *to ~* naar een plaats waar
whereabouts I *bijw* ['wɛərə'bauts] waaromtrent; waar; **II** *znw (mv)* ['wɛərəbauts] plaats waar men zich bevindt, verblijfplaats
whereas [wɛər'æz] *voegw* terwijl (daarentegen); aangezien (ook: recht)
whereat *voegw* waarop, waarover
whereby *bijw* waarbij, waardoor
where'er *voegw* & *bijw* plechtig = *wherever*
wherefore ['wɛəfɔ:] **I** *znw* reden, verklaring; zie ook: *why*; **II** *bijw* waarom, waarvoor
wherein [wɛə'rin] *vnw* & *bijw* waarin
whereof *vnw* & *bijw* waarvan
whereon *vnw* & *bijw* waarop
wheresoever [wɛəsou'evə] = *wherever*
whereto [wɛə'tu:] *vnw* & *bijw* waartoe, waar naar toe
whereunto [wɛərʌn'tu:] *vnw* & *bijw* plechtig = *whereto*
whereupon *voegw* & *bijw* waarop
wherever *vnw*, *bijw* & *voegw* waar ook, overal waar; *I'll find you ~ you go* ik zal je vinden, waar je ook heen gaat; ~ *have you been?* gemeenz waar ben je toch geweest?
wherewith *vnw* & *bijw* waarmee
wherewithal ['wɛəwiðɔ:l] *znw* (geld)middelen
wherry ['weri] *znw* wherry [lichte roeiboot]; praam
whet [wet] *overg* wetten, slijpen, scherpen[2]; fig prikkelen [eetlust]
whether ['weðə] *voegw* of; ~... *or (~)...* hetzij... hetzij...; of..., of...; ~ *or no* hoe het ook zij; in alle geval; ~ *or not* al of niet
whetstone ['wetstoun] *znw* wet-, slijpsteen
whew [hwu:] *tsw* oef!, pff!, tjee!
whey [wei] *znw* hui, wei [v. melk]
which [witʃ] **I** *vragend vnw* welke, welk, wie; ~ *car did you want to buy?* welke auto wilde je kopen?; ~ *of you is responsible?* wie van jullie is verantwoordelijk?; **II** *betr vnw* die, dat, wat; *the house, which is old, ...* het huis, dat oud is, ...; *the house in ~ I was born* het huis waar ik geboren ben; *you can't tell ~ is ~* men kan ze niet uit elkaar houden; **III** *onbep vnw* welke dan ook; *take ~ you like* neem die welke je leuk vind
whichever [witʃ'evə] *onbep vnw* & *bn* welke (wie, welk, wat) ook; ~ *card you pick* welke kaart je ook trekt; *take ~ you like* neem welke je leuk vind
whiff [wif] *znw* ademtocht, zuchtje *o*, vleugje[2] *o*; wolkje *o*; haal, trekje *o* [aan sigaar of pijp]; *what a ~!* gemeenz wat ruikt het (hier) smerig!
whiffle [wifl] **I** *onoverg* flakkeren [kaars]; ontwijkend zijn, uitvluchten zoeken, draaien [v. persoon]; draaien [wind]; een fluitend geluid maken; **II** *znw* zuchtje *o* [wind]
whiffler *znw* ontwijkend persoon, draaier
whig [wig] *znw* Whig, liberaal
while [wail] **I** *znw* wijl, poos, tijd, tijdje *o*; *all the ~* al die tijd; *for a ~* (voor) een poosje, een tijdje; *not for a long ~* (in) lang niet; *in a little ~* binnenkort, weldra; zie ook: *worth I*; **II** *overg*: ~ *away the time* de tijd (aangenaam) verdrijven; **III** *voegw* terwijl, zo lang (als); hoewel
whilom ['wailəm] vero **I** *bijw* weleer, voorheen, eens; **II** *bn* vroeger, voormalig
whilst [wailst] *voegw* terwijl; zolang
whim [wim] *znw* gril, kuur, inval
whimper ['wimpə] **I** *onoverg* drenzen, grienen [van kinderen]; zachtjes janken [v. hond]; jammeren; **II** *znw* gedrens *o* &
whimsical ['wimzikl] *bn* grillig, vreemd
whimsy *znw* gril, kuur; grilligheid, vreemdheid; dwaze inval
whin [win] *znw* **1** gaspeldoorn; **2** bazalt(steen) *o*
whinchat ['wintʃæt] *znw* paapje *o* [vogel]
whine [wain] **I** *onoverg* janken, jengelen, jammeren; **II** *overg* janken & (ook: ~ *out*); **III** *znw* gejank

o, gejengel o &
whinge [windʒ] *onoverg* gemeenz zeuren, zaniken
whinny ['wini] **I** *onoverg* hinniken; **II** *znw* gehinnik *o*
whinstone [win'stoun] *znw* bazalt(steen) *o*
whip [wip] **I** *znw* zweep; zweepslag; geklopte room, eieren &; fig lid *o* van het parlement dat, voor belangrijke stemmingen, zijn medeleden oproept, ± fractievoorzitter; oproeping van een *whip*; **II** *overg* zwepen, met de zweep geven, er van langs geven[2], slaan; verslaan, het winnen van; kloppen [eieren]; overhands naaien; Br gemeenz gappen, jatten; *~ped cream* slagroom; *~ in* binnenwippen; *~ off* weggrissen, ermee vandoor gaan; *~ off one's coat* z'n jas uitgooien; *~ the horses on* de zweep over de paarden leggen, voortzwepen; *~ out* wegglippen; eruit flappen; *~ out one's revolver* plotseling tevoorschijn halen; *~ over [the page]* dóórvliegen; *~ up* doen opwippen, gooien; oppikken; opkloppen; in elkaar flansen [maal]; er de zweep over leggen; kloppen [v. eieren]; fig opzwepen, aanzetten; **III** *onoverg* wippen; *~ away (off, out)* wegwippen; *~ up* opwippen
whipcord *znw* zweepkoord *o*; whipcord *o* [soort kamgaren]
whip-hand *znw* hand die de zweep vasthoudt, rechterhand; *have the ~ over sbd.* de baas zijn over iem.
whip-lash *znw* zweepslag, -koord *o*; *~ injury* whiplash: beschadiging van de nek
whipper *znw* geselaar
whipper-in ['wipər'in] *znw* (*mv*: whippers-in) sp jager die de honden bijeen moet houden [bij vossenjacht]; laatst aankomend paard *o*
whipper-snapper ['wipəsnæpə] *znw* verwaande kwast; verwaand ventje *o*; (snot)aap
whippet ['wipit] *znw* whippet [soort windhond]
whipping ['wipiŋ] *znw* zwepen *o*; pak *o* slaag, pak *o* [voor de broek]
whipping-boy *znw* fig zondebok
whipping cream *znw* slagroom [vóór het kloppen]
whipping-post *znw* geselpaal
whipping-top *znw* zweeptol, drijftol
whippy ['wipi] *bn* buigzaam, soepel
whip-round [wip'raund] *znw* collecte in eigen kring
whip-saw ['wipsɔ:] *znw* trekzaag
whipstock ['wipstɔk] *znw* zweepstok
whir [wə:] *onoverg* = *whirr*
whirl [wə:l] **I** *overg* snel ronddraaien, doen draaien, doen snorren, doen (d)warrelen; **II** *onoverg* snel (rond)draaien, tollen, snorren, (d)warrelen, wervelen, haasten, vliegen, stuiven; duizelen; **III** *znw* (d)warreling, ge(d)warrel *o*; fig maalstroom; verwarring, drukte; *my head is in a ~* alles draait mij voor de ogen, mijn hoofd loopt om; *give sth. a ~* gemeenz iets eens proberen
whirligig *znw* draaitol; draaimolen; draaikever; *the ~ of time* de cirkelgang des tijds, het rad van avontuur
whirlpool *znw* draaikolk, maalstroom
whirlwind *znw* wervelwind, windhoos, dwarrelwind; zie ook: [1]*wind*
whirlybird ['wə:libə:d] *znw* slang helikopter
whirr [wə:] *onoverg* snorren, gonzen
whisk [wisk] **I** *znw* veeg, slag; borstel; stoffer, kleine bezem; (eier)klopper; **II** *overg* vegen, afborstelen, stoffen; snel bewegen; met een vaartje vervoeren (rijden); wippen; kloppen [kieren]; *~ away (off)* wegslaan; wegwissen; wegrukken; **III** *onoverg* zich snel bewegen; met een vaartje rijden, suizen, stuiven; *~ into its hole* zijn hol inschieten
whisker ['wiskə] *znw* snor [bij dieren]; *~s* snor; bakkebaarden
whisky ['wiski], Am & Ir: **whiskey** *znw* whisky; *~ and soda* whisky-soda
whisper ['wispə] **I** *onoverg* fluisteren[2]; smoezen, praatjes rondstrooien; *~ to* fluisteren met; **II** *overg* fluisteren[2], in-, toefluisteren; **III** *znw* gefluister *o*, fluistering; gesmoes *o*, gerucht *o*; *there are ~s* er lopen geruchten; *in a ~, in ~s* fluisterend
whispering I *bn* fluisterend; *~ campaign* fluistercampagne; *~ dome (gallery)* fluistergewelf *o*, -galerij; **II** *znw* gefluister *o*
whist [wist] *znw* whist *o* [kaartspel]; *~ drive* whistdrive
whistle ['wisl] **I** *onoverg* fluiten; *~ for* fluiten (om); *you may ~ for it* je kunt er naar fluiten; **II** *overg* fluiten; *~ off* door fluiten het sein tot vertrek geven voor; wegsturen; *~ up* fluiten om te komen, laten komen; **III** *znw* fluiten *o*, gefluit *o*; fluit, fluitje *o* *give a ~* fluiten; *blow the ~ on sbd.* gemeenz iem. verlinken
whistler *znw* fluiter; radio fluittoon
whistle-stop *znw* **1** Am gemeenz kleine plaats aan een spoorlijn, onbelangrijke halte; **2** bliksembezoek *o* [bij een verkiezingstoernee]; *~ tour* rondreis waarbij in korte tijd een groot aantal plaatsen wordt aangedaan
whistling I *bn* fluitend; *~ kettle* fluitketel; **II** *znw* fluiten *o*, gefluit *o*
whit [wit] *znw*: *no ~, not a ~, never a ~* geen ziertje
white [wait] **I** *bn* wit, blank[2]; spierwit, (doods-) bleek; grijs [v. haar]; fig onbezoedeld, rein, zuiver; *~ elephant* fig groot, duur of nutteloos voorwerp *o*; *~ frost* rijp; *~ goods* Am verzamelnaam voor koel-, ijskasten, afwasmachines &; *W~ House* Am het Witte Huis; *~ heat* witte gloeihitte; fig ziedende woede; *~ horses* zie *horse*; *~ lead* loodwit *o*; *a ~ lie* een leugentje *o* om bestwil; *a ~ man* een blanke; *~ sale* 'witte week', speciale verkoop van linnengoed; *~ sauce* blanke roux, botersaus; *~ slave* blanke slavin; *~ spirit* terpentine; *~ wedding* traditionele bruiloft; *~ tie* kledingvoorschrift *o*: avondkleding; **II** *znw* wit *o*; witte *o*, witheid; eiwit *o*; doelwit *o*;

blanke; witje *o* [vlinder]; *~s* witte sportkleren; wit *o* [der ogen]; witte goederen; med witte vloed; *in ~* in het wit; **III** *overg* vero wit maken, witten; *~d sepulchres* bijbel witgepleisterde graven; fig schijnheiligen
whitebait *znw* witvis
whitecap *znw* schuimkop [v. golf]
white-collar *bn*: *~ job* kantoorbaan; *~ workers* kantoorpersoneel *o*, ambtenaren, administratieve medewerkers &
white-fish *znw* houting [vis]; wijting; handel alle vis behalve zalm
white-haired *bn* wit(harig), grijs(harig)
white-handed *bn* met blanke (reine) handen
white-headed *bn* gemeenz lievelings-, favoriet
white-hot *bn* witgloeiend
white-livered *bn* laf
whiten I *overg* wit maken, bleken; **II** *onoverg* wit worden, opbleken
white-out *znw* atmosferisch verschijnsel *o*, vooral in de poolgebieden, waarbij desoriëntatie optreedt als gevolg van een combinatie van sneeuw en mist
white paper ['wait'peipə] *znw* regeringsrapport *o*, witboek *o*
whitethorn ['waitθɔ:n] *znw* witte meidoorn
whitethroat *znw* grasmus
whitewash I *znw* witkalk, witsel *o*; fig verschoning, glimp, vergoelijking; **II** *overg* witten; fig schoonwassen; van blaam zuiveren; goedpraten, vergoelijken
whitewasher *znw* witter; fig schoonwasser
whitey ['waiti] *znw* scheldwoord bleekscheet
whither ['wiðə] *bijw* & *voegw* waar(heen)
whithersoever *bijw* & *voegw* vero waar(heen) ook
whiting ['waitiŋ] *znw* **1** wijting; **2** wit krijt *o*
whitish ['waitiʃ] *bn* witachtig
whitlow ['witlou] *znw* fijt [aan de vingers]
Whit Monday ['wit'mʌndi, -'mʌndei] *znw* pinkstermaandag
Whitsun *znw* & *bn* Pinksteren; pinkster-
Whitsunday *znw* pinksterzondag
Whitsuntide *znw* Pinksteren
whittle ['witl] *overg* snijden; besnoeien[2]; *~ away* wegsnijden; fig doen afnemen, verminderen, verkleinen, versnipperen; *~ down* besnoeien [vrijheid]
Whit-Tuesday ['wit'tju:zdi, -'tju:zdei] *znw* dinsdag na Pinksteren, pinksterdrie
Whit Week ['witwi:k] *znw* pinksterweek
whiz(z) [wiz] **I** *onoverg* suizen, snorren, fluiten; **II** *znw* gesuis *o*, gesnor *o*, gefluit *o*
whiz(z)-bang *znw* slang supersnelle granaat (van klein kaliber); vuurwerk *o*
whiz(z)-kid *znw* knappe kop, whizzkid
who [hu:, hu] *vragend vnw* & *betr vnw* wie; die; *~'s ~ (and which is which)* wie allemaal; *know ~'s ~* de mensen (uit het publiek) kennen; *~ goes (there)* mil wie daar?; *~ but he?* wie anders dan hij?
whoa [wou] *tsw* ho!, hu! [tegen paard]
whodunnit [hu:'dʌnit] *znw* gemeenz detective(roman, -film)
whoever [hu:'evə] **I** *onbep vnw* wie (dan) ook, al wie; **II** *vragend vnw* gemeenz wie; *~ could have thought that?* wie had dat nou kunnen denken?
whole [houl] **I** *bn* (ge)heel, volledig; gaaf; ongeschonden, ongedeerd; *~ milk* volle melk; *~ note* Am muz hele noot; *~ number* heel getal *o*; *go the ~ hog* iets grondig doen; *swallow it ~* het in zijn geheel inslikken; fig het zonder meer slikken; **II** *znw* geheel *o*; *the ~* het geheel; (dat) alles; *the ~ of the town* de hele stad; *the ~ of us* wij allen; *as a ~* in zijn geheel (genomen); *the country as a ~* ook: het hele land; *in ~ or in part* geheel of gedeeltelijk; *on the ~* over het geheel (genomen); in het algemeen
wholefood *znw* natuurvoeding, volwaardig voedsel *o*
whole-hearted *bn* hartelijk, van ganser harte, met hart en ziel, oprecht, onverdeeld, onvermengd [sympathie &]
whole-hogger *znw* iem. die de dingen grondig doet, niets ten halve doende persoon, door dik en dun meegaand partijgenoot &
whole-length *bn* [portret, standbeeld] ten voeten uit
wholemeal *bn* volkoren; *~ bread* volkorenbrood *o*
wholeness *znw* heelheid; volledigheid; gaafheid
wholesale I *znw* groothandel; *by ~* in het groot; **II** *bn* in het groot, en gros; fig op grote schaal; *~ dealer* groothandelaar, grossier; *in a ~ manner* in het groot, op grote schaal; *~ prices* grossiersprijzen; **III** *bijw* handel in het groot; op grote schaal
wholesaler *znw* = *wholesale dealer*
wholesome *bn* gezond, heilzaam
wholewheat *bn* volkoren; *~ bread* volkorenbrood *o*
wholly *bijw* geheel, gans, totaal, ten enenmale, alleszins, volstrekt, volkomen, zeer
whom [hu:m] *vragend vnw* & *betr vnw* wie, die
whomever [hu:m'evə] *onbep vnw* (aan) wie ook
whomsoever *onbep vnw* = *whomever*
whoop [hu:p] **I** *znw* schreeuw, kreet [v. opwinding &]; slijmerige inademing [bij kinkhoest]; **II** *onoverg* roepen, schreeuwen; rauw hoesten [bij kinkhoest]
whoopee I *znw* ['wupi:] slang pret, lol; *make ~* pret maken, de bloemetjes buiten zetten; **II** *tsw* ['wu'pi:] hoera!, fijn!
whooping cough ['hu:piŋkɔf] *znw* kinkhoest
whoops ['wups] *tsw* huplakee, hoepla
whoosh [wu:ʃ] **I** *onoverg* suizen, ruisen, zoeven; **II** *znw* geruis *o*, gesuis *o*
whop [wɔp] *overg* slang (af)ranselen; verslaan
whopper ['wɔpə] *znw* gemeenz kokkerd, kanjer, knaap, baas; leugen van jewelste
whopping I *bn* gemeenz kolossaal, reuzen-; **II** *znw* slang pak *o* rammel
whore [hɔ:] **I** *znw* hoer; **II** *onoverg* hoereren
whorehouse *znw* Am gemeenz hoerenkast, bor-

deel *o*
whorl [wɘ:l] *znw* winding; plantk krans
whortleberry ['wɘ:tlberi] *znw* blauwe bes
whose [hu:z] **I** *vragend vnw* wiens, van wie, waarvan; ~ *coat is this?* wiens jas is dit?; ~ *is this book?* van wie is dit boek?; **II** *betr vnw* waarvan, van wie, wiens, wier; *a house* ~ *windows are broken* een huis waarvan de ramen zijn gebroken
whoso ['hu:sou], **whosoever** [hu:sou'evə] vero = *whoever*
why [wai] **I** *bijw* waarom; *that's* ~ daarom; ~ *so?* waarom?; **II** *tsw* wel!; **III** *znw* waarom *o*, reden; *the ~s and wherefores* het waarom en waartoe, de reden(en), het hoe en waarom
wick [wik] *znw* wiek, pit [van een lamp]; *it gets on my* ~ gemeenz het werkt op mijn zenuwen
wicked ['wikid] *bn* zondig, goddeloos, verdorven, slecht; gemeenz ondeugend, snaaks; slang gaaf, snel, te gek, steengoed &
wicker ['wikə] **I** *znw* teen, rijs *o*, wilgentakje *o*; **II** *bn* van tenen, gevlochten, manden-, rieten
wicker-bottle *znw* mandfles
wickered *bn* omvlochten (met tenen)
wicker-work *znw* vlechtwerk *o*
wicket ['wikit] *znw* klinket *o*, deurtje *o*, poortje *o*, hekje *o*; Am loket *o*; sp wicket *o* [bij cricket]
wicket-gate *znw* poortje *o* [in grote deur], deur [in poort], hekje *o*
wide [waid] **I** *bn* wijd, wijd open, ruim, breed, uitgebreid, uitgestrekt, groot; ernaast, (de plank) mis; ~ *of* ver van; **II** *bijw* wijd, wijd en zijd, wijd uiteen, wijdbeens
wide-angle *bn* fotogr groothoek-
wide-awake *bn* klaarwakker; uitgeslapen[2]; fig wakker, pienter
wide boy *znw* slang gladjanus, gladde jongen
wide-eyed *bn* naïef; verbaasd; met grote ogen [v. verbazing]
widely *bijw* v. *wide I*; ook: in brede kringen; ~ *known* wijd en zijd bekend
widen ['waidn] **I** *overg* verwijden, verbreden, verruimen; **II** *onoverg* wijder of breder worden, zich verwijden
widening I *bn* (steeds) wijder wordend, zich verbredend; **II** *znw* verwijding [v. de maag]; verbreding
wide-ranging ['waidrein(d)ʒiŋ] *bn* breed opgezet, veelomvattend; verregaand [consequentie]
wide-screen ['waidskri:n] *bn* op een breed scherm [filmprojectie]
widespread ['waidspred] *bn* uitgestrekt; wijd uitgespreid; uitgebreid; algemeen verspreid, zeer verbreid
widgeon ['widʒən] *znw* fluiteend, smient [vogel]
widow ['widou] *znw* weduwe
widowed *bn* weduwe (weduwnaar) geworden
widower *znw* weduwnaar
widowerhood *znw* weduwnaarschap *o*
widowhood *znw* weduwschap *o*
width [widθ] *znw* wijdte, breedte, baan [v. stuk goed]
widthways ['widðweiz] *bijw* in de breedte, overdwars
wield [wi:ld] *overg* zwaaien, voeren; hanteren; uitoefenen [heerschappij]; ~ *the sceptre* de scepter zwaaien[2]
wife [waif] *znw* (*mv*: wives [waivz]) (huis)vrouw, echtgenote, gade; *my* ~ mijn vrouw; *the* ~ mijn vrouw; *take to* ~ tot vrouw nemen, trouwen
wifely *bn* vrouwelijk, echtelijk
wig [wig] *znw* pruik
wigging ['wigiŋ] *znw* gemeenz uitbrander, standje *o*
wiggle ['wigl] **I** *onoverg* wiebelen, wriggelen, heen en weer bewegen; **II** *znw* gewiebel *o*
wight [wait] *znw* vero mens, vent, kerel
wigwam ['wigwæm] *znw* wigwam
wild [waild] **I** *bn* wild, ongetemd, woest [ook = boos, onbebouwd]; heftig; dol; stormachtig; uitgelaten, enthousiast, uitbundig; overdreven, buitensporig; in het wild gedaan; barbaars; roekeloos; verwilderd; ~ *boar* wild zwijn *o*; ~ *flowers* in het wild groeiende bloemen, veldbloemen; *our ~est dreams* onze stoutste dromen; *it is the ~est nonsense* je reinste onzin; *be* ~ *about* woest zijn over; dol zijn op (met); ~ *for* brandend van verlangen naar/om; ~ *with* woest op [iem.]; dol van [opwinding &]; *go* ~ gek, dol worden; plantk verwilderen; *grow* ~ in het wild groeien of opschieten; *run* ~ in wilde staat rondlopen of leven; plantk verwilderen; **II** *bijw* in het wild; **III** *znw* woestenij; *~s* woestenij, wildernis; *in the* ~ in het wild
wildcat *znw* wilde kat; fig heethoofd; ~ *scheme* onbesuisd plan *o*; ~ *strike* wilde staking
wildebeest ['wildibi:st] *znw* gnoe
wilderness ['wildənis] *znw* woestijn, wildernis
wildfire ['waildfaiə] *znw* Grieks vuur *o*; *spread like* ~ zich als een lopend vuurtje verspreiden; zich razendsnel uitbreiden
wildfowl ['waildfaul] *znw* wild gevogelte *o*
wild-goose chase [waild'gu:s] *znw* dolle, dwaze, vruchteloze onderneming
wilding ['waildiŋ] *znw* in het wild groeiende plant; wilde appel(boom), wildeling
wildlife ['waildlaif] *znw* de wilde dieren, de levende natuur
wildly ['waildli] *bijw* v. *wild I*; versterkend zeer
wild man of the woods ['waild'mæn] *znw* gemeenz orang-oetang
wile [wail] *znw* list, laag, kunstgreep; *~s* (slinkse) streken, kunsten
wilful ['wilful] *bn* eigenzinnig, halsstarrig; moedwillig; met voorbedachten rade gepleegd
1 will [wil] (would; (been willing)) **I** *onoverg* hulpwerkw.: willen, wensen; zullen; *boys* ~ *be boys* jongens zijn nu eenmaal jongens; *he* ~ *get in my light* hij kan het maar niet laten om mij in het licht te

gaan staan; *this ~ be Liverpool I suppose* dit is zeker Liverpool?; *thus he ~ sit for hours* zó kan hij uren lang zitten; **II** *overg* zelfst. werkwoord: willen (dat); door zijn wil oproepen, suggereren [hypnotiseur]; [bij laatste wil] vermaken; *God ~s all men to be saved* God wil dat alle mensen zalig worden; *~ oneself to...* zichzelf dwingen te...; *~ (away)* vermaken [bij testament]

2 will [wil] *znw* wil, wens; laatste wil, testament *o* (ook: *last ~ and testament*); *where there's a ~ there's a way* waar een wil is, is een weg; *she has a ~ of her own* ze weet wat ze wil; *they had their ~ of their victim* zij handelden naar willekeur met hun slachtoffer; *according to their own (sweet) ~ and pleasure* naar eigen goeddunken; *against my ~* tegen mijn wil (zin), tegen wil en dank; *at ~* naar eigen goeddunken; *at the ~ of...* op wens van, ingevolge de wil van; naar goedvinden van; *of his own free ~* uit vrije wil; *with a ~* met lust, uit alle macht, van jewelste; zie ook: *would*

willie, **willy** ['wili] *znw* gemeenz piemel, plasser

willies ['wiliz] *znw mv* gemeenz kriebels; *give sbd. the ~* iem. op de zenuwen werken

willing ['wiliŋ] *bn* gewillig, bereidwillig, bereid; *God ~* als God wil; *I am quite ~ to...* ik wil wel (graag...)

willingly *bijw* gewillig, vrijwillig, bereidwillig, gaarne

willingness *znw* gewilligheid, bereidwilligheid

will-o'-the-wisp ['wiləðəwisp] *znw* dwaallichtje *o*

willow ['wilou] *znw* wilg

willowherb *znw* wilgenroosje *o*

willowy *bn* wilgachtig; met wilgen begroeid; wilgen-; fig slank als een wilg

will-power ['wilpauə] *znw* wilskracht

willy-nilly ['wili'nili] *bijw* of hij (zij) wil of niet, goedschiks of kwaadschiks

1 wilt [wilt] **I** *onoverg* verwelken, kwijnen, kwijnend neerhangen, verslappen², slap worden²; **II** *overg* doen verwelken of kwijnen, verslappen, slap maken

2 wilt [wilt] vero 2de pers. enk. van *will*

wily ['waili] *bn* listig, slim, doortrapt

wimp [wimp] *znw* gemeenz doetje *o*, slapjanus, lulletje *o* rozenwater

wimple ['wimpl] *znw* kap [v. nonnen]

1 win [win] (won; won) **I** *overg* winnen°; voor zich winnen; verkrijgen, verwerven; [iem. iets] bezorgen, brengen; verdienen; behalen; *~ back* terugwinnen, herwinnen; *~ one's way* zich met moeite een weg banen; voortploeteren; **II** *onoverg* (het) winnen, zegevieren; *~ hands down* overtuigend winnen, op z'n sloffen winnen; *~ over* overhalen; *~ one's audience over, ~ them over to one's side* weten te winnen (voor zijn zaak), op zijn hand (weten te) krijgen; *~ round* overhalen; *~ through (out)* er (door)komen; *~ through all difficulties* alle moeilijkheden te boven komen

2 win [win] *znw* overwinning, succes *o*

wince [wins] **I** *onoverg* ineenkrimpen [van pijn]; huiveren; een schok (huivering) door zich heen voelen gaan; *without wincing* ook: zonder een spier te vertrekken; **II** *znw* ineenkrimping, huivering, rilling

wincey ['winsi] *znw* katoenwollen stof

winch ['win(t)ʃ] **I** *znw* techn winch, windas *o*, lier; kruk of handvat *o*; **II** *overg* opwinden met een lier &

1 wind [wind] *znw* wind; windstreek; tocht; lucht, reuk; adem; *the ~* muz de blaasinstrumenten; de blazers [v. orkest]; fig doelloos gepraat *o*, gezwets *o*; *it's an ill ~ that blows nobody any good* iemand is er wel door gebaat; *break ~* een wind laten; *find out which way the ~ is blowing* kijken uit welke hoek de wind waait; *gain (get, take) ~* ruchtbaar worden; *get ~ of...* de lucht krijgen van...; *get one's second ~* weer op adem komen; *sow the ~ and reap the whirlwind (storm)* wie wind zaait zal storm oogsten; *take the ~ out of sbd.'s sails* iem. de wind uit de zeilen nemen; *get the ~ up* slang in de rats zitten, 'm knijpen; *put the ~ up* slang [iem.] angst aanjagen; *before the ~* scheepv vóór de wind; *between ~ and water* scheepv tussen wind en water; fig op een zeer gevaarlijke plaats; *close to the ~ = near the ~*; *down the ~* met de wind mee; *be in the ~* op til zijn; aan het handje zijn; *near the ~* scheepv scherp bij de wind; fig op het kantje af; *sail close to the ~* fig bijna te ver gaan; *throw to the ~s* overboord gooien [zijn fatsoen &]

2 wind [wind] *overg* buiten adem brengen; afdraven [paard]; op adem laten komen; *~ a baby* een baby een boertje laten doen [door op het rugje te kloppen]; zie ook: *¹winded*

3 wind [waind] *overg* blazen op [hoorn]; *~ a blast, a call* een stoot geven op de hoorn, op het bootsmansfluitje

4 wind [waind] (wound; wound) **I** *onoverg* wenden, wenden en keren, draaien, (zich) kronkelen (om *round*); zich slingeren; *~ down* steeds langzamer gaan lopen; relaxen, zich ontspannen; *~ up* zich laten opwinden; concluderen, eindigen (met *with, by saying*); handel liquideren; **II** *overg* (op)winden; (om)wikkelen; sluiten [in de armen]; *~ one's way* zich kronkelend een weg banen; *~ back* terugspoelen; *~ down* omlaag draaien [raampje]; verminderen, inkrimpen [v. personeel &]; *~ off* afwinden; *~ round* winden om, omstrengelen; *~ up* opwinden [garen, klok &]; ophalen; opdraaien; gemeenz opnaaien, voor de gek houden; slang afwikkelen, liquideren; beëindigen [rede &]

windbag ['windbæg] *znw* dikdoener, kletsmeier

wind-band *znw* blaasorkest *o*; blazerssectie

windbound *bn* scheepv door tegenwind opgehouden

wind-break *znw* windscherm *o*, windkering

wind-cheater *znw* windjak *o*

1 winded ['windid] V.T. & V.D. van *²wind*; ook: bui-

ten adem
2 winded ['waindid] V.T. & V.D. van [3]*wind*
winder ['waində] *znw* winder; elektr wikkelaar
windfall ['windfɔ:l] *znw* afval *o & m*; afgewaaid fruit *o*; fig meevallertje *o*, buitenkansje *o* [vooral erfenis]
wind-flower *znw* anemoon
wind-gauge *znw* windmeter
windhover *znw* torenvalk
winding ['waindiŋ] **I** *bn* kronkelend, bochtig, kronkel-, draai-, wentel-; **II** *znw* kronkeling, bocht, draai, winding; elektr wikkeling
winding sheet ['waindiŋʃi:t] *znw* doodskleed *o*
winding-staircase ['waindiŋ'stɛəkeis], **winding-stairs** *znw* wenteltrap
winding-up ['waindiŋ'ʌp] *znw* liquidatie
wind-instrument ['windinstrumənt] *znw* blaasinstrument *o*
wind-jammer *znw* groot zeilschip *o*
windlass *znw* windas *o*
windless *bn* zonder wind, windstil
windmill *znw* windmolen; *fight (tilt at) ~s* tegen windmolens vechten
window ['windou] *znw* venster *o*, raam *o*; loket *o*; *out of the ~* gemeenz afgedaan, niet meer meetellend, totaal verdwenen
window-box *znw* bloembak [voor vensterbank]
window-cleaner *znw* glazenwasser
window-dresser *znw* etaleur
window-dressing *znw* etaleren *o*; fig misleidend mooi voorstellen *o* [*in samenstellingen*]
window envelope *znw* vensterenvelop
window-frame *znw* raamkozijn *o*
window-ledge *znw* vensterbank
window-pane *znw* (venster)ruit
window-sash *znw* schuifraamkozijn *o*
window-seat *znw* bank onder een raam
window-shop *onoverg* etalages kijken
window-shutter *znw* vensterluik *o*
window-sill *znw* vensterbank
windpipe ['windpaip] *znw* luchtpijp
windproof *bn* winddicht; *~ jacket* windjak *o*
windscreen *znw* voorruit [v. auto]; *~ washer* ruitensproeier; *~ wiper* ruitenwisser
windshield *znw* Am = *windscreen*
wind-sleeve, **wind-sock** *znw* luchtv windzak
windsurf *onoverg* plankzeilen, windsurfen
windsurfer *znw* **1** zeilplank; **2** windsurfer
wind-swept *bn* door de wind gestriemd; winderig
wind-up ['waind'ʌp] *znw* slot *o*, besluit *o*; angst, bezorgdheid
windward ['windwəd] **I** *bn* naar de wind gekeerd, bovenwinds; **II** *znw* scheepv loef(zijde); *to ~* bovenwinds, te loever; *get to ~ of* de loef afsteken
Windward Islands *znw mv*: *the ~* de Bovenwindse Eilanden
windy ['windi] *bn* winderig[2]; fig opschepperig, zwetserig; slang bang, angstig
wine [wain] **I** *znw* wijn; **II** *onoverg*: *~ and dine* lekker eten en drinken
wine bar *znw* wijnlokaal *o*, bodega
winebibber *znw* drinkebroer, dronkelap
winebottle *znw* wijnfles
wine-cask *znw* wijnvat *o*
wineglass *znw* wijnglas *o*
wine-grower *znw* wijnbouwer, -boer
wine-list *znw* wijnkaart
wine-merchant *znw* wijnkoper
wine-press *znw* wijnpers
wineskin *znw* wijnzak
wine-stone *znw* wijnsteen
wine-vault *znw* wijnkelder
wing [wiŋ] **I** *znw* vleugel; wiek [ook v. molen]; vlerk; coulisse; spatbord *o* [v. auto]; *~s* ook: luchtv vink [insigne]; *take ~* wegvliegen; op de vlucht gaan; *spread one's ~s* de vleugels uitslaan; op eigen benen gaan staan; *in the ~s* achter de coulissen; gemeenz achter de schermen; *on the ~* vliegend, in de vlucht; *under the ~ of* onder de vleugels van; **II** *overg* in de vleugels schieten, [iem.] aanschieten; *~ the air* de lucht doorklieven [vogel]; *~ its way home* naar huis vliegen; **III** *onoverg* vliegen
wing-beat *znw* vleugelslag
wing-case *znw* dekschild *o* [v. kevers]
wing collar *znw* puntboord *o & m*
wing-commander *znw* luchtv commandant v.e. groep, luitenant-kolonel
winged *bn* gevleugeld; aangeschoten
winger *znw* sp vleugelspeler
wing-nut *znw* vleugelmoer
wing-sheath *znw* dekschild *o* [v. kevers]
wingspan, **wingspread** *znw* vleugelwijdte, -spanning; vlucht [v. vogels]
wing-tip *znw* luchtv vleugeltip
wink [wiŋk] **I** *onoverg* knippen [met de ogen]; knipogen; flikkeren; *~ at* een knipoogje geven; door de vingers zien; **II** *overg* knippen met [ogen]; **III** *znw* knipoogje *o*, oogwenk, wenk (van verstandhouding); *I did not get a ~ of sleep, I did not sleep a ~* ik heb geen oog dicht kunnen doen; *have forty ~s* gemeenz een dutje doen; zie ook: [2]*tip I*
winker *znw* knipperlicht *o*
winking *znw* knipogen *o*; *as easy as ~* gemeenz doodgemakkelijk
winkle ['wiŋkl] **I** *znw* alikruik; **II** *overg*: *~ out* tevoorschijn halen (brengen), uitpeuteren
winklepicker ['wiŋklpikə] *znw* gemeenz schoen met spitse punt
winner ['winə] *znw* winner, winnende partij; winnend nummer *o* [v. loterij]; slang succes *o*
winning I *bn* winnend; bekroond [met medaille, prijs]; fig innemend; **II** *znw* winnen *o*; winst, gewin *o*; *~s* winst
winning-post *znw* sp eindpaal
winnow ['winou] *overg* wannen, ziften, schiften
winnower *znw* **1** wanner; **2** wanmolen

winsome ['winsəm] *bn* innemend, bekoorlijk
winter ['wintə] **I** *znw* winter; **II** *onoverg* overwinteren; **III** *overg* in de winter stallen [vee]
winterly *bn* = *wint(e)ry*
winter solstice *znw* winterzonnestilstand
wintertime *znw* winter(seizoen *o*)
wint(e)ry *bn* winterachtig, winters, winter-; fig koud, triest
winy ['waini] *bn* wijnachtig, wijn-
wipe [waip] **I** *overg* vegen, schoonvegen, wegvegen, afvegen, afdrogen, afwissen, uitwissen; ~ *the floor with sbd.* slang de vloer met iem. aanvegen; ~ *the grin (smile) off sbd.'s face* ± iem. een koude douche bezorgen, iem. een onaangename verrassing bezorgen; ~ *away (off)* weg-, afvegen, afwissen; uitwissen[2]; ~ *off an account (a score)* een rekening vereffenen, een schuld afbetalen; ~ *out* uitvegen, uitwissen[2]; wegvagen; in de pan hakken, vernietigen; ~ *up* opvegen, opnemen; afdrogen; **II** *znw* veeg; *give it a* ~ gemeenz veeg het eens even af
wiper *znw* veger; wisser; (afneem)doek; vaatdoek
wire ['waiə] **I** *znw* draad *o* & *m* [v. metaal] staal-, ijzerdraad *o* & *m*; telegraafdraad; Am telegram *o*; *live* ~ draad onder stroom; gemeenz energiek iem.; *pull the ~s* achter de schermen aan de touwtjes trekken; *by* ~ Am telegrafisch; **II** *overg* met (ijzer-) draad omvlechten of afsluiten, met ijzerdraad vastmaken; aan de draad rijgen; op (ijzer)draad monteren; de (telegraaf- of telefoon)draden leggen in, bedraden; gemeenz telegraferen, seinen; ~ *off* afrasteren; **III** *onoverg* gemeenz telegraferen, seinen
wire brush *znw* staalborstel *o*
wire-cutter *znw* draadschaar
wiredraw *overg* draadtrekken [v. metaal]; rekken[2], slepende houden, langdradig maken; verdraaien
wiredrawn *bn* getrokken; ~ *arguments* spitsvondige/breed uitgesponnen argumenten
wire-edge *znw* braam [aan metaal]
wire fence *znw* schrikdraad *o*
wire-gauze *znw* fijn ijzergaas *o*
wire-haired *bn* draad-, ruwharig
wireless I *bn* draadloos, radio-; ~ *operator* marconist, radiotelegrafist; ~ *set* radiotoestel *o*; **II** *znw* draadloze telegrafie, radio; *on the* ~ = *on the air* zie: *air*; *over the* ~ = *over the air* zie: *air*; **III** *onoverg* & *overg* draadloos telegraferen
wire-netting *znw* kippengaas *o*
wire-puller *znw* (politieke) intrigant
wire-pulling *znw* (politieke) intriges achter de schermen
wire-rope *znw* staaldraadtouw *o*, -kabel
wire tapping *znw* afluisteren *o* van privé-telefoongesprekken
wire-wool *znw* staalwol; pannenspons
wiring ['waiəriŋ] *znw* elektrische aanleg; bedrading; draadvlechtwerk *o*; (hoeveelheid) draad *o* & *m*, draden
wiry ['waiəri] *bn* draadachtig; van (ijzer)draad, draad-; fig mager en gespierd, taai, pezig
wisdom ['wizdəm] *znw* wijsheid; verstandigheid
wisdom-tooth *znw* verstandskies
1 wise [waiz] **I** *bn* wijs, verstandig; ~ *guy* slang betweter, wijsneus, weetal, wise guy; *I am none (not any) the ~r (for it)* nu ben ik nog even wijs; *no one will be the ~r* niemand zal er iets van merken, daar kraait geen haan naar; *get ~ to* slang achter [iets] komen, in de gaten krijgen, schieten; *put sbd.* ~ het iem. aan het verstand brengen; op de hoogte brengen; **II** *onoverg*: ~ *up (to)* gemeenz in de smiezen krijgen, door krijgen [wat er gaande is]
2 wise [waiz] *znw* wijze; *(in) no* ~ op generlei manier, geenszins
wiseacre ['waizeikə] *znw* betweter, weetal, wijsneus
wisecrack ['waizkræk] gemeenz **I** *znw* geestigheid, wisecrack, snedige opmerking; **II** *onoverg* geestigheden debiteren
wish [wiʃ] **I** *overg* wensen, verlangen; *I ~ I could...* ik wou dat ik kon..., kon ik (het) maar; *I ~ him dead* ik wou dat hij dood was; ~ *sbd. well* iem. alle goeds wensen, goed gezind zijn; ~ *sth. on sbd.* iem. iets toewensen; *I ~ to Heaven you had not...* ik wou maar dat je (het) niet had...; **II** *onoverg* wensen; verlangen (naar *for*); *if you* ~ als je het wenst; *he has nothing left to ~ for* hij heeft alles wat hij verlangen kan; **III** *znw* wens, verlangen *o*; *get (have) one's* ~ krijgen wat men verlangt; zijn wens vervuld zien; *according to one's ~es* naar wens; *at his father's* ~ naar zijn vaders wens; overeenkomstig de wens van zijn vader; *with every ~ to oblige you* hoe graag ik u ook ter wille zou zijn; *if ~es were horses, beggars might ride* van wensen alléén wordt niemand rijk
wishbone *znw* vorkbeen *o*
wishful *bn* wensend, verlangend; ~ *thinking* wishful thinking
wish-wash ['wiʃwɔʃ] *znw* slootwater *o* [waterige drank]; fig kletspraat, geleuter *o*
wishy-washy ['wiʃiwɔʃi] *bn* slap, flauw
wisp [wisp] *znw* wis, bundel, bosje *o*, sliert, piek [haar]; *a ~ of a girl* een tenger (sprietig) meisje *o*
wispy *bn* in slierten, piekerig: sprietig
wist [wist] V.T. van [2]*wit*
wistaria [wis'tɛəriə] *znw* blauwe regen [plant]
wistful ['wistful] *bn* ernstig, peinzend; weemoedig, droefgeestig; smachtend
1 wit [wit] *znw* geest(igheid); geestig man; verstand *o*, vernuft *o*; *~s* verstand *o*, schranderheid; *he has his ~s about him* hij heeft zijn zinnen goed bij elkaar; *be at one's ~s' end* ten einde raad zijn; *he lives by (on) his ~s* hij tracht aan de kost te komen zonder te hoeven werken; *be out of one's ~s* niet goed bij zijn zinnen zijn; *frighten sbd. out of his ~s* iem. een doodsschrik op het lijf jagen; *it is past the ~ of man* dat gaat het menselijk verstand te boven
2 wit [wit] *overg* vero weten; *to* ~ te weten, namelijk, dat wil zeggen

witch [witʃ] *znw* (tover)heks²; feeks²
witchcraft *znw* toverij, hekserij
witch-doctor *znw* medicijnman
witch-elm *znw* = *wych-elm*
witchery *znw* hekserij, toverij, betovering, tovermacht
witch-hazel *znw* plantk toverhazelaar
witch-hunt(ing) *znw* heksenjacht
witching *bn* (be)toverend, tover-
with [wið] *voorz* met; bij; van, door; ~ *God all things are possible* bij God is alles mogelijk; *be* ~ *it* in zijn (= bij zijn), hip zijn; *I am entirely* ~ *you* ik ben het geheel met je eens; ~ *that* hiermee, daarmee, hierop, daarna; *have you got it* ~ *you?* hebt u het bij u?; *have you the girl* ~ *you?* is het meisje op uw hand?; *in* ~ op goede voet met; *in* ~ *you!* naar binnen (jullie)!, er in!; *what's up* ~ *you?* wat heb je?, wat is er loos met je?
withal [wi'ðɔ:l] *bijw* vero daarbij, tevens, mede, mee; met dat al, desondanks
withdraw [wið'drɔ:] (withdrew; withdrawn) **I** *overg* terugtrekken; onttrekken; afnemen [v. school], intrekken [voorstel &]; terugnemen [geld, wissels, woorden &]; opvragen [bij een bank]; ~ *from* onttrekken aan; **II** *onoverg* zich terugtrekken°, zich verwijderen, heengaan²
withdrawal *znw* terugtrekken *o* &, zie *withdraw*; ~ *symptom* onthoudings-, abstinentieverschijnsel *o* [bij verslaafden]
withdrawn **I** V.D. van *withdraw*; **II** *bn* ook: teruggetrokken; afgezonderd
withe [wiθ, wið] *znw* (wilgen)tak, -teen
wither ['wiðə] **I** *overg* doen verwelken, kwijnen of verdorren, doen vergaan; ~ *sbd. with a look* iem. vernietigend aankijken; **II** *onoverg* verwelken, wegkwijnen, verdorren, verschrompelen, vergaan (ook: ~ *up*)
withered *bn* verwelkt, verdord; uitgedroogd, vermagerd
withering *bn* verdorrend; fig verpletterend, vernietigend; vernielend
withers ['wiðəz] *znw mv* schoft [v. paard]
withershins ['wiðəʃinz] *bijw* tegen de klok (zon) in
withhold (withheld; withheld) *overg* terughouden; onthouden, onttrekken; achterhouden
within [wi'ðin] **I** *voorz* binnen, (binnen) in; tot op; *from* ~ van binnen; *to* ~ *a few paces* tot op een paar passen; *keep it* ~ *bounds* binnen de perken houden; ~ *himself* in (bij) zichzelf; *live* ~ *one's income (means)* zijn inkomen niet overschrijden; *immorality* ~ *the law* niet vallend onder de strafbepalingen van de wet; ~ *limits* binnen zekere grenzen, tot op zekere hoogte; ~ *the meaning of the Act* in de door deze wet daaraan toegekende betekenis van het woord; *the task was* ~ *his powers* de taak ging zijn krachten niet te boven; **II** *bijw* van binnen, binnen; ~ *and without* (van) binnen en (van) buiten
without [wi'ðaut] **I** *voorz* zonder, buiten; *I cannot be (do, go)* ~ ik kan er niet buiten, ik kan niet zonder; **II** *bijw* (van) buiten, buiten (de deur); *from* ~ van de buitenkant; van buiten (af); **III** *voegw* gemeenz als niet, tenzij
withstand [wið'stænd] (withstood; withstood) *overg* weerstaan
withy ['wiði] *znw* = *withe*
witless ['witlis] *bn* onnozel, mal, gek
witness ['witnis] **I** *znw* getuige; getuigenis *o & v*; ~ *for the defence* getuige à decharge; ~ *for the prosecution* getuige à charge; *bear* ~ getuigenis afleggen, getuigen (van *to*); *call to* ~ tot getuige roepen; *in* ~ *whereof* tot getuige waarvan; **II** *overg* getuigen (van); getuige zijn van, bijwonen; (als getuige) tekenen; **III** *onoverg* getuigen (van *to*)
witness-box *znw* getuigenbank
witter ['witə] *onoverg*: ~ *(on) about* (door)zeuren over
witticism ['witisizm] *znw* kwinkslag, aardigheid, boutade, geestigheid
wittingly ['witiŋli] *bijw* met voorbedachten rade; bewust; ~ *(and wilfully)* willens en wetens
witty ['witi] *bn* geestig; ~ *things* geestigheden
wivern ['waivə:n] *znw* = *wyvern*
wives [waivz] *mv* v. *wife*
wizard ['wizəd] **I** *znw* tovenaar²; **II** *bn* slang mieters, jofel
wizardry *znw* tovenarij
wizened *bn* verschrompeld, dor, droog
woad [woud] *znw* plantk wede; wedeblauw [verfstof waarmee de oude Britten zich beschilderden]
wobble ['wɔbl] **I** *onoverg* waggelen, wiebelen; schommelen²; weifelen²; **II** *znw* waggelen *o*, waggeling &; weifeling²
wobbly *bn* waggelend, wiebelend, wankel, onvast; weifelend²
wodge [wɔdʒ] *znw* gemeenz brok, homp
woe [wou] *znw* wee *o & v*; ~ *is me* wee mij; ~ *to you!*, ~ *betide you* wee u!; *his* ~*s* ook: zijn ellende, zijn leed *o*; *his tender* ~*s* zijn liefdesmart; *prophet of* ~ ongeluksprofeet; *tale of* ~ smartelijk verhaal *o*, litanie
woebegone *bn* in ellende gedompeld; ongelukkig, treurig
woeful *bn* kommer-, zorgvol; treurig, ongelukkig, droevig, ellendig
wog [wɔg] *znw* scheldwoord bruinjoekel, zwartjoekel, bruintje *o*, zwartje *o* &
wok [wɔk] *znw* wadjan, wok
woke [wouk] V.T. van ²*wake*
woken V.D. van ²*wake*
wold [would] *znw* open heuvelland *o*
wolf [wulf] **I** *znw* (*mv*: wolves [wulvz]) wolf°; slang vrouwenjager; *lone* ~ eenzelvig mens; lone wolf; ~ *in sheep's clothing* een wolf in schaapsklederen; *cry* ~ nodeloos alarm maken; *keep the* ~ *from the door* zorgen dat men te eten heeft; *throw sbd. to the*

wolves iem. voor de leeuwen gooien; **II** *overg* naar binnen schrokken (ook: ~ *down*), verslinden
wolf-cub *znw* jonge wolf; welp [padvinder]
wolf-fish *znw* zeewolf [vis]
wolfhound *znw* wolfshond
wolfish *bn* wolfachtig, wolven-; fig vraatzuchtig; roofzuchtig
wolfram ['wulfrəm] *znw* wolfra(a)m *o*
wolfsbane ['wulfsbein] *znw* wolfswortel
wolf-whistle ['wulfwisl] *znw* gemeenz nafluiten *o* van vrouwelijk schoon
wolverene ['wulvəri:n] *znw* veelvraat [dier]
wolves [wulvz] *mv* v. *wolf*
woman ['wumən] **I** *znw* (*mv*: women ['wimin]) vrouw; geringsch wijf *o*, mens *o*, schepsel *o*; **II** *bn* vrouwelijk, van het vrouwelijk geslacht; ~ *author* schrijfster; ~ *friend* vriendin; ~ *suffrage* vrouwenkiesrecht *o*; ~ *teacher* onderwijzeres, lerares
woman-hater *znw* vrouwenhater
womanhood *znw* vrouwelijke staat, vrouwelijkheid; vrouwen
womanish *bn* vrouwachtig, verwijfd
womanize *onoverg* gemeenz achter de vrouwen aan zitten
womanizer *znw* rokkenjager, Don Juan, charmeur
womankind *znw* het vrouwelijk geslacht, de vrouwen
womanlike *bn* vrouwelijk
womanly *bn* vrouwelijk
womb [wu:m] *znw* schoot[2], baarmoeder
wombat ['wɔmbət, 'wɔmbæt] *znw* wombat
women ['wimin] *mv* v. *woman; W~'s Lib(eration)* vrouwenbeweging; ± feminisme *o*; *W~'s Libber* ± feministe, ± Dolle Mina, lid *o* van de vrouwenbeweging; *~'s magazine* damesblad *o*; *~'s refuge* blijf-van-mijn-lijfhuis *o*
womenfolk *znw* vrouwen, vrouwvolk *o*
won [wʌn] V.T. & V.D. van [1]*win*
wonder ['wʌndə] **I** *znw* wonder *o*; wonderwerk *o*; mirakel *o*; verwondering, verbazing; *(it is) no ~, small ~ that* geen wonder dat...; *the ~ is that...* wat mij verwondert is, dat...; *~s will never cease* de wonderen zijn de wereld nog niet uit; *do (work) ~s* wonderen verrichten; een wonderbaarlijke uitwerking hebben; *look all ~* één en al verbazing zijn; *promise ~s* gouden bergen beloven; *work ~s* wonderen doen; *~ of ~s* wonder boven wonder, zowaar; **II** *onoverg* zich verbazen, verbaasd zijn, zich verwonderen (over *at*); **III** *overg* nieuwsgierig zijn naar, benieuwd zijn naar, wel eens willen weten; zich afvragen, betwijfelen of...; *I ~ if you could make it convenient...?* zoudt u het soms (misschien) kunnen schikken...?; *I ~ed whether...* ook: ik wist niet (goed), of...; *it made me ~ whether...* het deed bij mij de vraag opkomen of...; *I shouldn't ~* gemeenz ook: het zou mij niet verbazen; *I ~ed to see him there* het verbaasde mij hem daar te zien
wonder boy *znw* wonderkind; dol type *o*
wonderful *bn* verwonderlijk, wonder(baar)lijk; prachtig, verrukkelijk, geweldig, fantastisch
wondering *bn* verwonderd, verbaasd, vol verbazing
wonderland *znw* wonderland *o*, sprookjesland *o*
wonderment *znw* verwondering, verbazing
wonder-struck *bn* verbaasd
wonder-worker *znw* wonderdoener; iets wat (middel *o* dat) wonderen doet
wondrous *bn* plechtig verwonderlijk, wonder-
wonky ['wɔŋki] *bn* gemeenz wankel, zwak
won't [wount] verk. van *will not*
wont [wount] **I** *bn* gewend, gewoon (aan, om *to*); **II** *znw* gewoonte
wonted *bn* gewoonlijk, gebruikelijk
woo [wu:] *overg* vrijen (om, naar), het hof maken, dingen naar, trachten te winnen (over te halen)
wood [wud] *znw* hout *o*; bos *o*; *the ~* muz de houten blaasinstrumenten; *(the) ~s* (de) bossen; (het) bos; (de) houtsoorten; *(wines) from the ~* (wijn) van het fust; *wine in the ~* wijn op fust; *he was out of the ~* hij was nu uit de problemen; hij was buiten gevaar; *he cannot see the ~ for the trees* hij kan door de bomen het bos niet zien
woodbine *znw* plantk wilde kamperfoelie
wood carving *znw* houtsnijwerk *o*
woodcock *znw* houtsnip [vogel]
woodcut *znw* houtsnede
wood-cutter *znw* houthakker
wooded *bn* bebost, houtrijk, bosrijk
wooden *bn* houten, van hout; fig houterig, stijf; stom, suf, onaandoenlijk; ~ *head* stomkop, sufkop
wood-engraving *znw* houtgraveerkunst; houtgravure
wooden-headed *bn* dom, stom
wooden spoon *znw* fig gemeenz poedelprijs
woodfibre *znw* houtvezel
woodland I *znw* bosland *o*, bosgrond, bos *o*; **II** *bn* bos-
wood-louse *znw* houtluis; keldermot, pissebed
woodman *znw* houthakker; boswachter
woodnotes *znw mv* gekwinkeleer *o*
woodnymph *znw* bosnimf
woodpecker *znw* specht
wood-pigeon *znw* houtduif
woodpile *znw* houtmijt, stapel brandhout
wood pulp *znw* houtpulp
woodruff *znw* lievevrouwebedstro *o*
wood-screw *znw* houtschroef
woodshed *znw* houtloods; *something nasty in the ~* gemeenz gruwelijk geheim *o*
woodsman *znw* bosbewoner; houthakker; woudloper
wood-sorrel *znw* klaverzuring
wood-spirit *znw* houtgeest: onzuivere methylalcohol
woodwind *znw* muz houten blaasinstrumenten [v. orkest]; ~ *player* houtblazer

woodwork *znw* houtwerk *o*; *come (crawl) out of the ~* weer boven water komen
woodworker *znw* houtbewerker
woodworm *znw* houtworm
woody *bn* houtachtig, hout-; bosachtig, bos-
wood-yard *znw* houttuin, houtopslagplaats
wooer ['wu:ə] *znw* vrijer
1 woof [wu:f] *znw* inslag; weefsel *o*
2 woof [wuf] **I** *znw* woef(geluid *o*), geblaf *o*; **II** *onoverg* blaffen
wooing ['wu:iŋ] *znw* vrijen *o*, vrijage
wool [wul] *znw* wol, wollen draad, wollen stof; haar *o*; *dyed in the ~* door de wol geverfd; fig doortrapt; *pull the ~ over sbd.'s eyes* iem. zand in de ogen strooien
wool-fell *znw* schapenvacht
wool-gathering *znw* verstrooidheid
wool-growing I *bn* wolproducerend; **II** *znw* wolproductie
woollen, Am **woolen** ['wulən] **I** *bn* wollen, van wol; **II** *znw*: *~s* wollen goederen, wollen kleding
woolly, Am **wooly** ['wuli] **I** *bn* wollig, wolachtig, wol-; plantk voos [radijzen &], melig [peren]; fig dof [stem]; vaag, wazig; **II** *znw* gemeenz wollen trui; *woollies* wollen onderkleren
woolly-headed, **woolly-minded** *bn* verward, vaag
woolpack ['wulpæk] *znw* baal wol; stapelwolk
woolsack *znw* wolbaal; zetel van de Lord Chancellor
wool-stapler *znw* wolhandelaar
wool-trade *znw* wolhandel
woozy ['wu:zi] *bn* gemeenz wazig, duizelig; beneveld, aangeschoten
wop [wɔp] *znw* slang geringsch ± spaghettivreter
Worcester sauce ['wustə] *znw* Worcestersaus
word [wə:d] **I** *znw* woord *o*, mil wachtwoord *o*, parool[2] *o*; bericht *o*; bevel *o*, commando *o* (ook: *~ of command*); *~s* tekst [v. muziek]; ruzie; *~s fail me* woorden schieten mij tekort; *big ~s* grootspraak; *fair (fine) ~s butter no parsnips* praatjes vullen geen gaatjes; *the last ~ in...* het nieuwste (modesnufje *o*) op het gebied van...; *my ~!* hemeltje(lief)!; op mijn erewoord!; *a ~ to the wise (is enough)* een goed verstaander heeft maar een half woord nodig; *a ~ with you* een woordje, alstublieft; *he is as good as his ~* hij houdt altijd (zijn) woord; *he was better than his ~* hij deed meer dan hij beloofd had; *an honest man's ~ is as good as his bond* een man een man, een woord een woord; *bring ~ that...* melden dat...; *eat one's ~s* zijn woorden terugnemen; *give the ~* mil het parool geven; het commando geven; *give the ~ to (for ...ing)* bevel geven dat..., om te..; *give one's ~* zijn woord geven; *have a ~ to say* iets te zeggen hebben; *I have not a ~ against him* ik heb niets op hem tegen (op hem aan te merken); *have ~s with* woorden (ruzie) hebben met; *have no ~s to...* geen woorden kunnen vinden om...; *he hasn't a good ~ to say for anybody* hij heeft op iedereen wat aan te merken; *have the last ~* het laatste woord hebben; *leave ~* een boodschap achterlaten (bij *with*); *mark my ~s!* let op mijn woorden!; *put in a (good) ~ for sbd.* een goed woordje voor iem. doen; *put ~s into sbd.'s mouth* iem. (bepaalde) woorden in de mond leggen; *say a good ~ for* een goed woordje doen voor; *say the ~* het bevel geven; *send ~* een boodschap sturen (zenden), laten weten; *take sbd.'s ~ for it* iem. op zijn woord geloven; *take my ~ for it* neem dat van mij aan; *take the ~s out of sbd.'s mouth* iem. de woorden uit de mond halen; *at his ~* op zijn woord (bevel); *I take you at your ~* ik houd u aan uw woord; *at these ~s* bij deze woorden; *beyond ~s...* meer dan woorden kunnen zeggen; *by ~ of mouth* mondeling; *~ for ~* woord voor woord; *too bad for ~s* onuitsprekelijk slecht, niet te zeggen hoe slecht; *pass from ~s to deeds* van woorden tot daden komen; *in a ~* in één woord, om kort te gaan; *(to put it) in so many ~s* ronduit gezegd; *in other ~s* met andere woorden; *on (with) the ~* op (bij) dat woord; *on the ~ of a soldier* op mijn erewoord als soldaat; *upon my ~* op mijn erewoord; **II** *overg* onder woorden brengen, formuleren, stellen, inkleden
word-blind *bn* woordblind
word-book *znw* woordenboek *o*; muz tekstboek *o*
wording *znw* formulering, bewoording(en), inkleding, redactie [v. zin &]
wordless *bn* sprakeloos, stom; woord(en)loos, zonder woorden
word-perfect *bn* rolvast; foutloos uit het hoofd geleerd
word-play *znw* woordenspel *o*; woordspeling; gevat antwoord *o*
word processing *znw* comput tekstverwerking
word processor *znw* comput tekstverwerker
wordy *bn* woordenrijk, langdradig
wore [wɔ:] V.T. van [1]*wear*
work [wə:k] **I** *onoverg* werken°; gisten; in beweging zijn; functioneren; effect hebben, praktisch zijn, deugen, gaan; zich laten bewerken; *the new system was made to ~* men liet het nieuwe systeem in werking treden; *~ to rule* een stiptheidsactie voeren; *~ loose* zich loswerken, losgaan [v. schroef, touw &]; *~ out* zich ontwikkelen; oefeningen doen, trainen; **II** *overg* bewerken, bereiden, kneden [boter], maken; verwerken (tot *into*); bewerken, aanrichten; doen, verrichten; uitwerken, uitrekenen; laten werken [ook = laten gisten]; exploiteren [mijn &]; hanteren, manoeuvreren (werken) met, bedienen [geschut]; borduren[2]; *~ a change* een verandering teweegbrengen; *~ harm* kwaad doen; *~ a neighbourhood (district &)* afreizen, werken in [v. handelsreizigers, ook v. bedelaars]; *~ one's passage* scheepv zijn passage met werken vergoeden; *~ one's way* zich een weg banen; *~ one's way from the ranks* zich vanuit de gelederen opwerken; *~ one's way through*

college werkstudent zijn; ~ *one's way up* zich omhoog werken; ~ *loose* loswerken, losdraaien; *~ed shawl* geborduurde sjaal; *~ed by electricity* elektrisch aangedreven; *wood easily ~ed* hout dat zich gemakkelijk laat bewerken; ~ *against a cause* tegenwerken; ~ *at* werken aan, bezig zijn aan; ~ *away* flink (dóór)werken; ~ *down* naar beneden gaan [koersen]; afzakken [kousen &]; ~ *in* erin (ertussen) werken; te pas brengen [citaat &]; ~ *in with* passen bij, samengaan met, te gebruiken zijn voor; grijpen in [elkaar]; ~ *one's audience into frenzy* tot geestdrift weten te brengen; ~ *oneself into favour* in de gunst zien te komen; ~ *oneself into a rage* zich woedend maken; ~ *off* zich loswerken, losgaan; door werken verdrijven [hoofdpijn &], door werken aflossen [schuld]; zien kwijt te raken[2]; [v. ergernis &] afreageren (op *on*); ~ *on* dóórwerken, verder werken; werken aan, bezig zijn aan [iets]; werken op, invloed hebben op [iem.]; werken voor [krant &]; draaien op, om [spil]; ~ *out* zich naar buiten werken; uitkomen [som]; (goed) uitpakken, uitvallen; zijn verloop hebben [plan &]; aan de dag treden [invloeden &]; uitwerken [plan &]; uitrekenen, berekenen; uitmaken, nagaan; bewerken; verwezenlijken; uitdienen [v. arbeidscontract &]; ~ *out the same* op hetzelfde neerkomen; ~ *out at...* komen op...; *the mine is quite ~ed out* de mijn is totaal uitgeput; ~ *over* werken aan; overmaken [iets]; ~ *sbd. over* gemeenz iem. afranselen, een pak slaag geven; ~ *round* draaien [v. wind]; *things will ~ round* het zal wel weer in orde komen; ~ *through* [programma] afwerken; ~ *together* samenwerken; ~ *towards* bevorderlijk zijn voor; ~ *up* langzamerhand brengen (tot *to*); opwerken [ook = retoucheren]; (zich) omhoog werken, erbovenop brengen [zaak]; aan-, ophitsen, aanwakkeren, opwinden; verwerken [grondstoffen]; dooreenmengen, kneden; opgebruiken; bijwerken [achterstand]; zich inwerken in; *~ed up to the highest pitch* ten hoogste gespannen; ~ *upon* = ~ *on*; *he is hard to ~ with* men kan moeilijk met hem werken of opschieten; **III** *znw* werk *o*, arbeid, bezigheid; uitwerking, handwerk *o*; kunstwerk *o*; *~s* werkplaats, fabriek, bedrijf *o* &; drijfwerk *o*, raderwerk *o* [v. horloge]; mil vestingwerken; *(Public) W~s* Openbare Werken; *a ~ of art* een kunstwerk *o*; *the (whole) ~s* slang alles, de hele santenkraam; *have one's ~ cut out (for one)* fig zijn handen vol hebben; *make short ~ of...* korte metten maken met...; *at ~* aan het werk; werkend; in exploitatie; *be in ~* aan het werk zijn; werk hebben, werken [tegenover werkloos zijn of staken]; *in regular ~* vast werk hebbend; *out of ~* zonder werk, werkloos; *go to ~* aan het werk gaan; te werk gaan; *put (set) sbd. to ~* iem. aan het werk zetten; *all ~ and no play makes Jack a dull boy* leren en spelen moeten elkaar afwisselen

workable *bn* bewerkt kunnende worden; te gebruiken, bruikbaar; exploitabel [v. mijn &]

workaday *bn* daags, werk-; alledaags

workaholic ['wə:kə'hɔlik] *znw* werkverslaafde, werkzuchtige, workaholic

work-bag *znw* handwerkzak

work basket *znw* werkmandje *o*, naaimandje *o*

workbench *znw* werkbank

workbook *znw* opgavenboek *o*, werkboek *o*; handleiding; aantekeningenboek *o*

work-box *znw* naaidoos

work-camp *znw* werkkamp *o* [v. vrijwilligers]

workday *znw* werkdag

worker *znw* werker, bewerker; werkman, arbeider; werkbij, werkmier (*~ bee, ~ ant*); *a ~ of miracles* een wonderdoener; *~-priest* priester-arbeider

workforce *znw* **1** aantal *o* arbeidskrachten, personeelsbestand *o*; **2** arbeidspotentieel *o*

workhorse *znw* werkpaard *o*; fig werkezel

workhouse *znw* vero soort armenhuis *o*

work-in *znw* bedrijfsbezetting

working I *znw* werken *o*; werking; bedrijf *o*, exploitatie; bewerking; *a disused ~* een verlaten mijn, groeve &; *~s* werking, werk *o*; *the ~s of the heart* de roerselen des harten; **II** *bn* werkend; werk-, arbeids-; werkzaam; praktisch, bruikbaar; *~ capital* bedrijfskapitaal *o*; ~ *class(es)* arbeidersklasse; *~-class family (house &)* arbeidersgezin *o* (-woning &); ~ *conditions* arbeidsvoorwaarden; arbeidsomstandigheden; ~ *day* werkdag; ~ *drawing* constructie-, werktekening; ~ *expenses* bedrijfskosten, exploitatiekosten; ~ *knowledge* praktijkkennis; (praktische) beheersing [v. taal &]; ~ *life* tijd (periode) dat iem. werken kan; levensduur; ~ *man* arbeider, werkman; ~ *manager* bedrijfsleider; *be in ~ order* klaar zijn om in gebruik genomen te worden, bedrijfsklaar [v. machine]; ~ *party (group)* werkploeg; studiecommissie [v. bedrijf]; werkgroep; ~ *paper* discussiestuk *o*; ~ *plant* bedrijfsinstallatie; ~ *week* werkweek; zie ook: *majority*

workless *bn* werkloos, zonder werk

workload *znw* omvang v.d. werkzaamheden

workman *znw* werkman, arbeider; [goede of slechte] vakman

workmanlike *bn* zoals het een (goed) werkman betaamt; degelijk (afgewerkt); goed (uitgevoerd), bekwaam

workmanship *znw* af-, bewerking, uitvoering; techniek, bekwaamheid; werk *o*; *of good ~* degelijk afgewerkt

workmate *znw* maat, collega

work-out ['wə:kaut] *znw* gemeenz oefenpartij, -rit, -wedloop; conditietraining, aerobics &

work-people *znw* werkvolk *o*

works council *znw* personeelsraad

workshop *znw* werkplaats; discussiebijeenkomst

work-shy *bn* werkschuw [element]

works-manager ['wə:ksmænidʒə] *znw* bedrijfsleider

worktop *znw* werkblad *o* [in de keuken]

work-to-rule ['wə:ktə'ru:l] *znw* stiptheidsactie, langzaam-aan-actie, modelactie
workwoman ['wə:kwumən] *znw* arbeidster
world [wə:ld] *znw* wereld, aarde; heelal *o*; mensheid; de mensen; *all the ~* de hele wereld; alles; *all the ~ and his wife* iedereen, Jan, Piet en Klaas; *the next ~, the other ~, the ~ to come* de andere wereld, het hiernamaals; *a ~ of good* heel veel (een hoop) goed; *they are a ~ too wide* veel te wijd; *~s apart* (een) verschil van dag en nacht; *~ without end* tot in der eeuwigheid amen; *come into the ~* geboren worden, ter wereld komen; *come (go) up in the ~* vooruitkomen in de wereld; *he would give the ~ to...* hij zou alles ter wereld willen geven om...; *he means the ~ to me, he's all the ~ to me* hij betekent alles voor mij; *see the ~* wat van de wereld zien; *think the ~ of* een ontzettend hoge dunk hebben van; *not for the ~* voor geen geld van de wereld; *for all the ~ like...* precies (net) als...; *what in the ~?* wat ter wereld?, in 's hemelsnaam?, in godsnaam?; *bring into the ~* ter wereld brengen; *the best of both ~s* twee goede zaken tegelijk; *is out of this ~* gemeenz is buitengewoon, zeldzaam (mooi &); *all over the ~, the ~ over* de hele wereld door; over de hele wereld; *give to the ~* de wereld insturen, in het licht geven; *be dead to the ~* slang ± slapen als een os
world affairs *znw mv* internationale kwesties
world-class *bn* van wereldklasse
world-famous *bn* wereldberoemd
worldling ['wə:ldliŋ] *znw* wereldling
worldly ['wə:ldli] *bn* werelds, aards; wereldwijs
worldly-minded *bn* werelds, aards
worldly-wise *bn* wereldwijs
world-shaking ['wə:ldʃeikiŋ] *bn* wereldschokkend
world view *znw* wereldbeeld *o*
world war *znw* wereldoorlog
world-weary ['wə:ldwiəri] *bn* levensmoe, der dagen zat
world-wide *bn* over de hele wereld (verspreid), wereldomvattend, mondiaal, wereld-
worm [wə:m] **I** *znw* worm[2]; fig aardworm; techn schroefdraad; *the ~ in the apple* ook: fig het addertje onder het gras; *even a ~ will turn* de kruik gaat zo lang te water tot zij barst; **II** *overg* van wormen zuiveren; *~ one's way into a house* ergens weten binnen te dringen; *~ oneself into sbd.'s confidence (favour, friendship)* iems. vertrouwen & door gekuip en gekruip weten te winnen; *~ sth. out of sbd.* iets al vissend uit iem. krijgen
wormcast *znw* door een regenworm opgeworpen hoopje *o* aarde, wormhoopje *o*
worm-eaten *bn* wormstekig
worm-hole *znw* wormgat *o*
wormwood *znw* alsem[2]
wormy *bn* wormachtig; wormig, wormstekig; vol wormen
worn [wɔ:n] V.D. van *[1]wear*; als *bn* ook: versleten (van *with*); doodop (van *with*); afgezaagd; *~ with age* afgeleefd
worn-out *bn* versleten; vermoeid, doodop, uitgeput; fig afgezaagd, verouderd
worried ['wʌrid] **I** V.T. & V.D. van *worry*; **II** *bn* ongerust; tobberig, zorgelijk
worrier ['wʌriə] *znw* tobber, zorgelijk mens
worriment ['wʌrimənt] *znw* gemeenz zorg; bezorgdheid
worrisome ['wʌrisəm] *bn* verontrustend, zorgwekkend
worrit ['wʌrit] *overg* & *onoverg* & *wederk* gemeenz = *worry*
worry ['wʌri] **I** *overg* het lastig maken, geen rust laten, plagen, kwellen, ongerust maken; *don't ~ your head* heb maar geen zorg; **II** *wederk*: *~ oneself* zichzelf nodeloos plagen, kwellen; zich bezorgd maken; **III** *onoverg* zich zorgen maken, zich bezorgd maken, zich druk maken; kniezen, tobben, piekeren (over *about, over*); onrustig zijn [van vee &]; *not to ~!* gemeenz maak je geen zorgen!; *~ along (through)* zich er doorheen slaan; *~ at* met de tanden trekken aan; fig zich het hoofd breken over [probleem]; **IV** *znw* geruk *o* &; plagerij, kwelling; ongerustheid, bezorgdheid, zorg, soesa (meestal *worries*)
worse [wə:s] *bn* erger, slechter; snoder; minder, lager [koers]; *you could do (a lot) ~ than...* u zou er bepaald niet verkeerd aan doen met te...; *to make matters (things) ~* tot overmaat van ramp; *~ follows (remains)* maar het ergste komt nog; *be ~ off* slechter af zijn (dan), het slechter hebben; *be the ~ for...* (schade) geleden hebben onder (door); achteruitgegaan zijn door, verloren hebben bij...; *be the ~ for drink* in kennelijke staat (van dronkenschap) zijn; *you will be none the ~ for...* je zult er geen schade bij hebben als..., het zal u geen kwaad doen als...; *little the ~ for wear* weinig geleden hebbend; met weinig averij; *go from bad to ~* van kwaad tot erger vervallen; *a change for the ~* een verandering ten kwade, een verslechtering
worsen ['wə:sn] **I** *overg* erger, slechter maken; **II** *onoverg* erger, slechter worden
worsening *znw* verslechtering
worship ['wə:ʃip] **I** *znw* verering; aanbidding; godsdienst (oefening), eredienst (*public ~*); *your W~* Edelachtbare (Lord); *place of ~* bedehuis *o*; **II** *overg* aanbidden[2], vereren; **III** *onoverg* bidden, de godsdienstoefening bijwonen, ter kerke gaan
worshipful *bn* eerwaardig; achtbaar
worshipper *znw* vereerder, aanbidder[2]; biddende; *the ~s* ook: de kerkgangers, de biddende gemeente
worst [wə:st] **I** *bn* slechtst(e), ergst(e), snoodst(e); **II** *bijw* het slechtst &; **III** *znw*: *the ~* het ergste (ook: *the ~ of it*); *if the ~ comes to the ~* in het ergste geval; *let him do his ~* hij mag het ergste doen wat hij bedenken kan; *at (the) ~* in het allerergste geval; *get the ~ of it* het onderspit delven, het afleggen; **IV**

overg het winnen van, het onderspit doen delven; in de luren leggen; *be ~ed by* ook: het afleggen tegen

1 worsted ['wə:stid] V.T. & V.D. van *worst IV*

2 worsted ['wustid] **I** *znw* kamgaren *o*; sajet; **II** *bn* kamgaren; sajetten

worth [wə:θ] **I** *bn* waard; *he is ~ £ 20.000 a year* hij heeft een inkomen van £ 20.000 per jaar; *all he was ~* al wat hij bezat; *for what it's ~* voor wat het waard is; *(he ran away) for all he was ~* zo hard hij kon; *it is ~ an inquiry* het is de moeite waard er naar te informeren; *it is ~ the trouble, it is ~ (our, your &) while* het is de moeite waard, het loont de moeite; *I'll make it ~ your while* ik zal zorgen dat je er geen spijt van zal hebben; *it is not ~ while* het is de moeite niet waard, het loont de moeite niet; *it is as much as your life is ~* het kan u het leven kosten; *the prize is ~ having* is het bezit wel waard; *~ knowing* wetenswaardig; *not ~ mentioning* niet noemenswaard(ig); *the things ~ seeing* de bezienswaardigheden; **II** *znw* waarde; innerlijke waarde; deugdelijkheid; *get one's money ~* waar voor zijn geld krijgen; *give me a shilling's ~ of...* geef mij voor een shilling...; *a man of ~* een man van verdienste

worthless *bn* waardeloos, van geen waarde, nietswaardig, verachtelijk

worthwhile ['wə:θ'wail] *bn* de moeite waard zijnd, waar men wat aan heeft, goed

worthy **I** *bn* waardig, waard; achtenswaardig, verdienstelijk; *~ of being recorded, ~ to be recorded* de vermelding waard; *not ~ of... ...*onwaardig; *not ~ to...* niet waard om...; **II** *znw* achtenswaardig man; beroemdheid, sommiteit

wot [wɔt] vero 1ste en 3de pers. enk. T.T. van ²*wit*; weet &; *God ~* dat weet God

would [wud] V.T. van ¹*will*; wou, zou; *he ~ sit there for hours* hij zat er vaak urenlang; *(I don't know) who it ~ be* wie het zou kunnen zijn; *it ~ appear (seem)* (naar) het schijnt; *~ you pass the salt?* zoudt u mij het zout even willen aanreiken?; *I ~ to heaven I was dead* was ik maar dood

would-be *bn* zogenaamd; willende doorgaan voor, vermeend; aankomend, potentieel; *~ contractors* reflectanten, gegadigden

1 wound [waund] V.T. & V.D. van ³*wind* en van ⁴*wind*

2 wound [wu:nd] **I** *znw* wond(e), verwonding², kwetsuur; *open old ~s* oude wonden openrijten; **II** *overg* (ver)wonden, kwetsen²

wove [wouv] V.T. & V.D. van ¹*weave*

woven V.D. van ¹*weave*

wow [wauw] **I** *znw* theat iets geweldigs, geweldig succes *o*; **II** *tsw* slang ààh!, tjéé! [uitroep van bewondering]

wowser ['wauzə] *znw* Austr slang fatsoensrakker, godsdienstfanaat; spelbreker; geheelonthouder

WP *afk.* = *word processing; word processor*

WPC *afk.* = *woman police constable* agente, vrouwelijke politieagent

wpm *afk.* = *words per minute* woorden per minuut

wrack [ræk] *znw* aan land gespoeld zeegras *o*, zeewier *o*; ook = *rack*

wraith [reiθ] *znw* geestesverschijning [vooral vlak voor of na iems. dood]

wrangle ['ræŋgl] **I** *onoverg* kibbelen, kijven, krakelen; **II** *znw* gekibbel *o*, gekijf *o*, gekrakeel *o*

wrangler *znw* **1** ruziemaker; **2** Am cowboy, paardenverzorger

wrap [ræp] **I** *overg* wikkelen, omslaan, (om)hullen², inpakken, oprollen; *~ up* = *wrap*; ook: afsluiten, eindigen (met); *be ~ped up in* geheel opgaan in, geheel vervuld zijn van; **II** *onoverg*: *~ up* zich inpakken; afronden, eindigen [toespraak &]; **III** *znw* (om)hulsel *o*; omslagdoek, sjaal; plaid, deken

wraparound *bn* wikkel-; *~ skirt* wikkelrok

wrapper *znw* inwikkelaar &; Am peignoir; omslag, kaft *o & v*, wikkel [v. boter &]; dekblad *o* [v. sigaar]; adresstrook [v. krant]

wrapping *znw* omhulsel² *o*; verpakking

wrapping-paper *znw* pakpapier *o*

wrapround *bn* = *wraparound*

wrath [rɔ:θ] *znw* woede, toorn, gramschap

wrathful *bn* toornig, woedend, razend

wreak [ri:k] *overg*: *~ vengeance on* wraak nemen op; zie ook: *havoc*

wreath [ri:θ] *znw* (*mv*: -s [ri:ðz, ri:θs]) krans, guirlande; kronkel, pluim [v. rook]

wreathe [ri:ð] **I** *overg* vlechten, strengelen; om-, ineenstrengelen, be-, omkransen; plooien; *~d in smiles* één en al glimlach; **II** *onoverg* krinkelen [v. rook]

wreck [rek] **I** *znw* wrak² *o*, scheepswrak *o*; verwoesting, vernieling, ondergang; fig ruïne; wrakgoederen, strandvond; schipbreuk; *go to ~ and ruin* te gronde gaan; *make ~ of* verwoesten, te gronde richten; **II** *overg* verwoesten, vernielen, te gronde richten, een puinhoop maken (van), ruïneren; doen verongelukken [trein]; schipbreuk doen lijden²; fig doen mislukken; *be ~ed* schipbreuk lijden², vergaan, stranden; verongelukken [trein]; **III** *onoverg* schipbreuk lijden

wreckage *znw* wrakhout *o*; slang wrakgoederen; puin *o*; overblijfselen, (brok)stukken, ravage

wrecker *znw* verwoester; sloper; berger; strandjutter; bergingswagen

wreck-master *znw* strandvonder

wren [ren] *znw* winterkoninkje *o*; *W~* lid v.d. *Women's Royal Naval Service*, ± Marva

wrench [renʃ] **I** *znw* ruk, draai; verrekking, verzwikking, verstuiking; verdraaiing; techn (schroef-)sleutel; fig pijnlijke scheiding; *it was a great ~* het viel hem (mij &) hard; **II** *overg* (ver)wringen, (ver-)draaien², rukken; verrekken; *~ from* ontwringen², ontrukken², rukken uit; *~ off* afdraaien, afrukken; *~ open* openrukken, -breken

wrest [rest] *overg*: *~ from* af-, ontrukken, ontwrin-

gen, ontworstelen; afpersen, afdwingen
wrestle ['resl] **I** *onoverg* worstelen (met *with*)[2]; **II** *overg* sp worstelen met; **III** *znw* worsteling; sp worstelwedstrijd
wrestler *znw* worstelaar; kampvechter
wrestling *znw* worstelen *o*
wrestling-match *znw* worstelwedstrijd
wretch [retʃ] *znw* ongelukkige stakker; ellendeling, schelm
wretched *bn* diep ongelukkig, ellendig; miserabel, armzalig, treurig
wrick, **rick** [rik] **I** *overg* verrekken [spier]; **II** *znw* verrekking, verstuiking
wriggle ['rigl] **I** *onoverg* wriemelen, kronkelen [als worm]; (zitten) draaien [op stoel]; ~ *out of it* zich eruit draaien, er onderuit (proberen te) komen; **II** *overg* wrikken; ~ *one's way through* zich wurmen door; **III** *znw* wriggelende beweging; gewriemel *o*
wring [riŋ] *overg* (wrung; wrung) wringen (uit *from, out, of*); uitwringen; persen, knellen, drukken; ~ *sbd.'s hand* iem. de hand (hartelijk) drukken; ~ *one's hands* de handen wringen; ~ *the neck of...* de nek omdraaien; ~ *money from...* geld afpersen (afdwingen); ~ *out* uitwringen; ~ *money out of...* geld afpersen (afdwingen)
wringer *znw* wringer; *put sbd. through the* ~ iem. door de wringer halen, iem. mangelen; iem. een uitbrander geven
wringing *bn* wringend &; druipnat (ook: ~ *wet*)
wrinkle ['riŋkl] **I** *znw* rimpel, plooi, kreuk; gemeenz idee *o & v*, wenk, truc; **II** *overg* rimpelen, plooien; **III** *onoverg* (zich) rimpelen, plooien; ~*d* ook: gekreukeld
wrinkly *bn* rimpelig; licht kreukelend
wrist [rist] *znw* pols [handgewricht]
wristband *znw* (vaste) manchet; horlogebandje *o*
wristlet *znw* polsarmband
wrist watch *znw* armbandhorloge *o*, polshorloge *o*
1 writ [rit] vero V.T. & V.D. van *write*; ~ *large* er dik op liggend, op grote schaal
2 writ [rit] *znw* schriftelijk bevel *o*; sommatie, dagvaarding; ~ *of execution* deurwaardersexploot *o*; *Holy* ~ de Heilige Schrift
write [rait] (wrote; written) **I** *onoverg* schrijven; *he ~s me to say that...* hij schrijft (me) dat...; ~ *away for* schrijven om [informatie]; over de post bestellen; **II** *overg* schrijven; *it is written that...* er staat geschreven, dat...; ~ *down* neer-, opschrijven, optekenen; ~ *for* schrijven om [geld &], bestellen; ~ *for the papers* in de krant schrijven; ~ *home* naar huis schrijven; *nothing to ~ home about* niet veel zaaks; ~ *in* (aan de redactie) schrijven; invoegen, bijschrijven; inschrijven; *written in red ink* met rode inkt; ~ *in for* inschrijven, (zich) aanmelden; ~ *into* schriftelijk vastleggen in, opnemen in [een contract &]; ~ *off* afschrijven°; ~ *off for a fresh supply* om nieuwe voorraad schrijven; ~ *out* uitschrijven, overschrijven, kopiëren; voluit schrijven; ~ *up* (neer)schrijven; in bijzonderheden beschrijven; uitwerken; bijwerken [rapport &]; handel bijhouden [boeken]; in de hoogte steken [een schrijver &]
write-off *znw* handel (volledige) afschrijving; verlies *o*
writer *znw* schrijver°, auteur, schrijfster; *the (present)* ~ schrijver dezes; *~'s block* writer's block *o*, ± angst voor het blanke, onbeschreven papier; *~'s cramp* schrijfkramp
write-up *znw* artikel *o*, krantenbericht *o* of advertentie
writhe [raið] *onoverg* zich draaien, wringen of kronkelen, (ineen)krimpen; ~ *with shame* van schaamte vergaan
writing ['raitiŋ] *znw* schrijven *o*, geschrift *o*; schrift *o*; schriftuur; *his ~s* zijn werk *o*, zijn oeuvre *o* [v. letterkundige]; *the ~ on the wall* het (een) menetekel, het (een) teken aan de wand; *the ~ is on the wall for him* zijn dagen zijn geteld; *in* ~ op schrift, schriftelijk, in geschrifte; *put in ~, commit (consign) to* ~ op schrift brengen
writing-case *znw* schrijfmap
writing-desk *znw* schrijflessenaar
writing-pad *znw* schrijfblok *o*
writing paper *znw* schrijfpapier *o*, briefpapier *o*
written ['ritn] **I** V.D. van *write*; **II** *bn* geschreven; schriftelijk; ~ *language* schrijftaal; ~ *off* ook: verloren, naar de bliksem
wrong [rɔŋ] **I** *bn* verkeerd; niet in de haak, niet in orde, fout, onjuist, mis; slecht; ~ *number* 'verkeerd verbonden'; *get hold of the ~ end of the stick* het bij het verkeerde eind hebben; *on the ~ side of forty* over de veertig; zie ook: *side I*; ~ *'un* gemeenz oneerlijk mens; valse munt; *be* ~ ongelijk hebben; het mis hebben; verkeerd gaan [v. klok]; *what's ~?* wat scheelt (mankeert) er aan?; *it was ~ for her to...* het was verkeerd van haar te...; *you were ~ in assuming that...* je hebt ten onrechte aangenomen dat...; *it was ~ of her to...* het was verkeerd van haar te...; *you were ~ to...* je hebt verkeerd gedaan met...; je hebt ten onrechte...; *something is ~ with him* er scheelt hem iets, hij heeft iets; *what's ~ with Mrs X?* wat scheelt mevr. X?; wat valt er op mevr. X. aan te merken?; **II** *bijw* verkeerd, fout, mis, de verkeerde kant uit; *do* ~ verkeerd doen; slecht handelen; *get it* ~ het verkeerd begrijpen; *don't get me* ~ begrijp me niet verkeerd; *go* ~ een fout maken; defect raken; in het verkeerde keelgat schieten; fig mislopen, verkeerd uitkomen; de verkeerde weg opgaan; **III** *znw* iets verkeerds, onrecht *o*, kwaad *o*; grief; *his ~s* het hem (aan)gedane onrecht; zijn grieven; *two ~s don't make a right* het ene onrecht wist het andere niet uit; *do sbd.* ~ iem. onrecht (aan)doen; onbillijk beoordelen; *he had done no* ~ hij had niets verkeerds gedaan; *be in the* ~ ongelijk hebben; *put sbd. in the* ~ iem. in het ongelijk stellen; **IV** *overg* onrecht aandoen, verongelijken, te kort doen; onbillijk zijn tegenover

wrongdoer *znw* overtreder, dader; zondaar
wrongdoing *znw* verkeerde handeling(en); overtreding; onrecht *o*
wrong-foot *overg* sp op het verkeerde been zetten; fig in verwarring, verlegenheid brengen
wrongful *bn* onrechtvaardig; onrechtmatig; verkeerd
wrong-headed *bn* dwars, verkeerd, eigengereid, eigenzinnig
wrongly *bijw* verkeerd(elijk); bij vergissing; ten onrechte; onrechtvaardig
wrote [rout] V.T. (& gemeenz V.D.) van *write*
wrought [rɔ:t] **I** vero V.T. & V.D. van *work*; **II** *bn* bewerkt, geslagen, gesmeed; ~ *iron* smeedijzer *o*
wrought-up *bn* zenuwachtig (gemaakt), overprikkeld, zeer gespannen
wrung [rʌŋ] V.T. & V.D. van *wring*
wry [rai] *bn* scheef[2], verdraaid, verwrongen; fig bitter, ironisch; *with a ~ face* een scheef gezicht zettend, met een zuur gezicht; *~ humor* galgenhumor; *a ~ smile* een ironische glimlach
wryly *bijw* scheef[2], fig zuur; ironisch
wryneck *znw* draaihals [vogel]
wryness *znw* scheefheid[2], verdraaidheid; fig zuurheid; ironie
wych-elm ['witʃ'elm] *znw* bergiep
wych-hazel ['witʃheizl] *znw* toverhazelaar
wyvern, **wivern** ['waivə:n] *znw* herald gevleugelde draak

x [eks] *znw* (de letter) x
X = 10 [als Romeins cijfer]; fig onbekende grootheid; [v. film] niet voor personen beneden 16 jaar
xenophobia [zenə'foubiə] *znw* vreemdelingenhaat
xenophobic [zenə'foubik] *bn* xenofoob, bang voor/afkerig van vreemdelingen
xerography [ze'rɔgrəfi] *znw* xerografie
Xerox ['ziə-, 'zerɔks] **I** *znw* fotokopie; fotokopieerapparaat *o*; **II** *overg* fotokopiëren
Xmas ['krisməs] *znw* = *Christmas*
X-ray ['eks'rei] **I** *overg* röntgenologisch behandelen; doorlichten; **II** *bn* röntgen-, röntgenologisch; **III** *znw* **1** röntgenstraal; **2** röntgenfoto; **3** röntgenonderzoek *o*; **4** röntgenafdeling [in ziekenhuis]
X-rays *znw mv* röntgenstralen
xylograph ['zailəgra:f] *znw* houtsnede, houtgravure [vooral uit de 15de eeuw]
xylography [zai'lɔgrəfi] *znw* houtsnijkunst
xylophone ['zailəfoun] *znw* xylofoon

Y

y [wai] *znw* (de letter) y
yacht [jɔt] *znw* (zeil)jacht *o*
yachting *znw* zeilsport
yachtsman *znw* zeiler (in een jacht)
yah [ja:] *tsw* hè [uitjouwend, honend], ja(wel), kun je begrijpen!, ja!, nou ja!, bah!
yahoo [jə'hu:] *znw* beestmens; beest *o*
Yahveh, **Yahweh** ['ja:vei] *znw* Jahweh; Jehovah
1 yak [jæk] *znw* jak: soort buffel
2 yak [jæk] *onoverg* gemeenz kletsen, ratelen
yam [jæm] *znw* broodwortel
yammer ['jæmə] *onoverg* gemeenz jammeren, janken, kreunen; gemeenz wauwelen
yank [jæŋk] gemeenz **I** *overg* rukken (aan); (weg-) grissen; gooien; **II** *znw* ruk; por
Yank [jæŋk] *znw* slang = *Yankee*
Yankee I *znw* yankee; **II** *bn* Amerikaans
yap [jæp] **I** *onoverg* keffen; gemeenz kletsen, kwekken, druk praten; **II** *znw* gekef *o*
yapper *znw* keffer
1 yard [ja:d] *znw* yard: Engelse el = 0,914 m; scheepv ra; *by the* ~ per el; fig tot in het oneindige
2 yard [ja:d] *znw* (binnen)plaats, erf *o*; emplacement *o*, terrein *o*; *the Y*~ Scotland Yard
yardarm ['ja:da:m] *znw* scheepv nok van de ra
yardman *znw* rangeerder [bij het spoor]; Am los werkman
yardstick *znw* ellenstok, el; fig maatstaf
yarn [ja:n] **I** *znw* garen *o*, draad *o & m*; (langdradig) verhaal *o*; anekdote; *spin a* ~ een langdradig verhaal vertellen; **II** *onoverg* gemeenz verhalen vertellen
yarrow ['jærou] *znw* duizendblad *o*
yashmak ['jæʃmæk] *znw* [Arabisch] witte vrouwensluier
yaw [jɔ:] *onoverg* scheepv gieren [v. een schip]
yawl [jɔ:l] *znw* jol; klein zeiljacht *o*
yawn [jɔ:n] **I** *onoverg* geeuwen, gapen[2]; fig zich vervelen; **II** *overg* geeuwend zeggen; **III** *znw* geeuw, gaap; *the film is a* ~ de film is stomvervelend
yawp [jɔ:p] **I** *onoverg* Am krijsen, janken; kletsen, zwammen; **II** *znw* gekrijs *o*, gejank *o*; gezwets *o*
yd. *afk.* = *yard* [0,914 m]
1 ye [ji:] *pers vnw* plechtig vero gij, gijlieden
2 ye [ji:, ði:] *lidw* vero de, het
yea [jei] **I** *bijw* bijbel ja; ja zelfs; **II** *znw*: *a vote of 48 ~s to 20 nays* 48 stemmen vóór en 20 tegen; ~ *or nay* ja of nee
yeah [jɛə] *tsw* gemeenz ja
yean [ji:n] *onoverg* [v. ooien] lammeren
yeanling *znw* vero lam *o*, geitje *o*
year [jə:, jiə] *znw* jaar *o*; *financial* ~ handel boekjaar *o*; *put ~s on you* slang je ziek (beroerd) maken; *all (the)* ~ *round* het hele jaar door; ~ *by* ~ jaar aan (op) jaar; ieder jaar; *from one ~'s end to the next* jaar in, jaar uit; ~ *in*, ~ *out* jaar in, jaar uit; *in ~s* (al) op jaren; *since the* ~ *dot* sinds het jaar nul; *well on in ~s* hoogbejaard; *in recent ~s* (in) de laatste jaren; zie ook: *grace I*
year-book *znw* jaarboek *o*
yearling I *znw* eenjarig dier *o*; hokkeling; **II** *bn* eenjarig, jarig; van één jaar
year-long *bn* één jaar durend; jarenlang
yearly *bn* jaarlijks, jaar-
yearn [jə:n] *onoverg* reikhalzend verlangen, reikhalzen (naar *after, for*); ernaar smachten (om *to*)
yearning I *bn* verlangend, reikhalzend; **II** *znw* verlangen *o*
year-round ['jiə'raund] *bn* het hele jaar door
yeast [ji:st] *znw* gist
yeasty *bn* gistig, gistend; schuimend, bruisend; fig luchtig, ondegelijk
yell [jel] **I** *onoverg* gillen, het uitschreeuwen (van *with*); **II** *overg* (uit)gillen, schreeuwen (ook: ~ *out*); **III** *znw* gil, geschreeuw *o*
yellow ['jelou] **I** *bn* geel; slang laf, gemeen; ~ *fever* gele koorts; ~ *Jack* gele (quarantaine)vlag; gele koorts; ~ *pages* ± gouden gids; ~ *press* sensatiepers; ~ *soap* groene zeep; **II** *znw* geel *o*; eigeel *o*; **III** *overg* (& *onoverg*) geel maken (worden)
yellowback *znw* sensatieroman
yellowish *bn* geelachtig
yellowy *bn* geelachtig, gelig
yelp [jelp] **I** *onoverg* janken [v. hond]; **II** *znw* gejank *o* [v. hond]
Yemen ['jemən] *znw* Jemen *o*
Yemeni ['jeməni] **I** *znw* Jemeniet; **II** *bn* Jemenitisch
1 yen [jen] *znw* yen [Japanse munteenheid]
2 yen [jen] *znw* gemeenz hevig verlangen *o* (naar *for*); verslaafdheid (aan *for*)
yeoman ['joumən] *znw* kleine landeigenaar; eigenerfde; mil soldaat v.d. *yeomanry*; *~('s) service* hulp in nood; *Y~ of the Guard* = *Beefeater*
yeomanly *bn* als (van) een *yeoman*; stoer, koen; eenvoudig
yeomanry *znw* stand der *yeomen*; vrijwillige landmilitie te paard
yep [jep] *tsw* slang ja
yes [jes] *tsw* ja; ~, *Sir?* wel?, wat blieft u?
yes-man *znw* gemeenz jabroer, jaknikker
yester- ['jestə] *voorv* plechtig gisteren, vorig
yesterday ['jestədi, -dei] *bijw* gisteren; *the day before* ~ eergisteren
yesteryear ['jestə'jiə] *bijw* plechtig vorig jaar; het recente verleden
yet [jet] **I** *bijw* (voorals)nog; tot nog toe; nu nog, nog altijd; toch; (nog) wel; toch nog; *is he dead ~?* is hij al dood?; *have you done ~?* ben je nu klaar?; *he's ~ to arrive* hij is nog niet aangekomen; *as* ~ tot

nog toe; alsnog; *ever* ~ ooit; *never* ~ nog nooit; *nor* ~ en ook niet; *not* ~ nog niet; *not so long, nor* ~ *so wide* en ook niet zo breed; **II** *voegw* maar (toch)

yeti ['jeiti] *znw* yeti, verschrikkelijke sneeuwman

yew [ju:] *znw* taxus(boom); (boog van) taxushout *o*

YHA *afk.* = *Youth Hostels Association*

Yiddish ['jidiʃ] *bn* Jiddisch

yield [ji:ld] **I** *overg* opbrengen, opleveren, afwerpen, voortbrengen; geven, verlenen, afstaan; overgeven [stad], prijsgeven; ~ *up* opleveren; opgeven, afstaan; ~ *up the ghost* plechtig de geest geven; **II** *onoverg & abs ww* opleveren, geven; meegeven [bij druk]; toegeven, zwichten; onderdoen (voor *to*); zich overgeven; ~ *largely (well)* een goed beschot opleveren; ~ *poorly* weinig opbrengen; ~ *to* ook: opzij gaan voor; wijken voor; **III** *znw* meegeven *o* [bij druk]; opbrengst, productie, oogst, beschot *o*

yielder *znw* **1** iem. die toegeeft, zwicht &; *a hard* ~ die niet gemakkelijk toegeeft &; **2** iets dat vrucht afwerpt

yielding *bn* productief; meegevend; toegeeflijk, meegaand, buigzaam

yippee! [ji'pi:] *tsw* hoera!, jottem!

YMCA *afk.* = *Young Men's Christian Association*

yob(bo) [jɔb(ou)] *znw* slang hufter

yodel ['joudl] **I** *overg & onoverg* jodelen; **II** *znw* gejodel *o*

yoga ['jougə] *znw* yoga

yogi ['jougi] *znw* (*mv*: -s *of* yogin [-gin]) yogi

yogurt, **yoghurt** ['jɔgə:t] *znw* yoghurt

yo-heave-ho ['jou'hi:v'hou] *tsw* scheepv haal op!

yoke [jouk] **I** *znw* juk° *o*, span *o* [ossen]; schouderstuk *o* [v. kledingstuk]; **II** *overg* het juk aandoen, aanspannen; onder het (één) juk brengen; ~ *together* verenigen, verbinden, koppelen

yoke-fellow *znw* makker, maat, lotgenoot; echtgenoot, echtgenote

yokel ['jouk(ə)l] *znw* boerenlummel, -kinkel

yoke-mate ['joukmeit] *znw* = *yoke-fellow*

yolk [jouk] *znw* (eier)dooier

yon [jɔn] *bijw* plechtig = *yonder*

yonder ['jɔndə] **I** *bn* ginds; **II** *bijw* ginder, daarginds

yonks [jɔŋks] gemeenz: *for* ~ eeuwen, een eeuwigheid

yore [jɔ:] *znw*: *of* ~ eertijds, voorheen; *in days of* ~ in vroeger dagen

Yorkshire ['jɔ:kʃə, -ʃiə] *znw* Yorkshire *o*; ~ *pudding* in rosbief-jus gebakken beslag

you [ju:, ju] *pers vnw* jij, je, gij, u; jullie, jelui; gijlieden, ulieden; men

young [jʌŋ] **I** *bn* jong[2], jeugdig; onervaren; *the night is yet* ~ het is nog vroeg in de nacht; *a* ~ *family* (een troep) kleine kinderen; ~ *lady* jongedame; (jonge)juffrouw [v. ongetrouwde dames]; *his* ~ *lady* zijn meisje *o*; ~ *man* jonge man, jongmens *o*; *her* ~ *man* haar vrijer; *a* ~ *one* een jong [v. dier]; *the* ~ *ones* de kleinen; de jongen; ~ *things* jonge dingen (meisjes); **II** *znw* jongen [v. dier]; *the* ~ de jeugd

younger ['jʌŋgə] *bn* jonger; *the* ~ *Pitt, Teniers the* ~ Pitt junior, de jongere (jongste) Teniers

youngest *bn* jongst(e)

youngish ['jʌŋ(g)iʃ] *bn* jeugdig, tamelijk jong

youngling *znw* plechtig jongeling; jong meisje *o*; jong dier *o*

youngster *znw* jongeling, knaap; *the* ~*s* de kinderen

your [jɔ:, jɔə, juə] *bez vnw* uw; je, jouw; ~ *Luther &* die Luther &, zo een Luther &

you're [juə, jɔə] verk. van *you are*

yours [jɔ:z, jɔəz, juəz] *bez vnw* de of het uwe; de uwen; van u, van jou, van jullie; ~ *of the 4th* uw schrijven van de 4de; *it is* ~ het is van (voor) u; *it is* ~ *to obey* het is uw plicht te gehoorzamen; ~ *truly (faithfully, sincerely* &) hoogachtend, geheel de uwe; ~ *truly* ook: schertsend ondergetekende

yourself [jɔ:-, jɔə-, juə'self] *wederk vnw* (*mv*: yourselves) u, jij, uzelf, jezelf, jullie, jullie zelf, zelf; *you are not quite* ~ *tonight* je bent niet op dreef vanavond; *you'll soon be quite* ~ *again* je zult weer spoedig de oude zijn

youth [ju:θ] *znw* jeugd; jeugdigheid; jongeman, jongen, jongeling; jonge mensen, jongelieden, jongelui

youth club *znw* jeugdvereniging, jongerencentrum *o*

youthful *bn* jeugdig, jong

youth hostel *znw* jeugdherberg

youth hosteller *znw* bezoeker, -ster van een jeugdherberg

yowl [jaul] **I** *onoverg* huilen, janken; **II** *znw* gehuil *o*, gejank *o*

yo-yo ['joujou] *znw* jojo

yuan ['ju:a:n, 'ju:ən] *znw* yuan [munteenheid in de Volksrepubliek China]

yucca ['jʌkə] *znw* yucca

yuck, **yuk** [jʌk] *tsw* gemeenz gedver!, jasses!, jakkes!

yucky, **yukky** ['jʌki] *bn* gemeenz vies, smerig

Yugoslav, **Yugoslavian** ['ju:gou'sla:v, -'sla:viən] **I** *znw* Joegoslaaf; **II** *bn* Joegoslavisch

Yugoslavia [ju:gou'sla:vjə] *znw* Joegoslavië *o*

Yule [ju:l] *znw* kersttijd

yule-log *znw* houtblok *o* voor het kerstvuur, kerstblok *o*

Yule-tide *znw* kersttijd

yummy ['jʌmi] *bn* gemeenz heerlijk, lekker [eten]

yum yum ['jʌm'jʌm] *tsw* mm, heerlijk, lekker, dat is smullen geblazen

yuppy ['jʌpi] *znw* = *young urban professional* yup(pie)

YWCA *afk.* = *Young Women's Christian Association*

Z

z [zed] *znw* (de letter) z
Zaïre [za:'iə] *znw* Zaïre *o*
Zaïrean *znw* & *bn* Zaïrees
Zambia ['zæmbiə] *znw* Zambia *o*
Zambian ['zæmbiən] *znw* & *bn* Zambiaan(s)
zany ['zeini] **I** *znw* pias², potsenmaker, hansworst; **II** *bn* gemeenz mesjogge, (knots)gek, absurd, belachelijk
zap [zæp] gemeenz **I** *overg* neerknallen, vernietigen; comput wissen, wijzigen [gegevens]; zappen [op tv]; meppen [bal &]; emotioneel overweldigen; **II** *onoverg* vliegen, zoeven, flitsen
zariba, **zareba** [zə'ri:bə] *znw* omheining, palissade [in Soedan]
zeal [zi:l] *znw* ijver, vuur *o*, dienstijver
Zealand ['zi:lənd] *znw* & *bn* (van) Zeeland *o*
zealot ['zelət] *znw* zeloot, ijveraar, dweper, fanaticus
zealotry *znw* gedweep *o*, fanatisme *o*
zealous *bn* ijverig, vurig
zebra ['zi:brə] *znw* dierk zebra; ~ *crossing* zebrapad *o*
zebu ['zi:bu:] *znw* zeboe
Zen [zen] *znw* Zen
zenana [ze'na:nə, zi'na:nə] *znw* vrouwenverblijf *o*, harem
zenith ['zeniθ] *znw* zenit *o*, toppunt *o*; fig hoogtepunt *o*
zephyr ['zefə] *znw* zefier, koeltje *o*, windje *o*
zeppelin ['zepəlin] *znw* zeppelin
zero ['ziərou] **I** *znw* (*mv*: -s *of* zeroes) nul, nulpunt *o*; laagste punt *o*; beginpunt *o*; ~ *hour* het uur U; **II** *onoverg*: ~ *in on* mil zich inschieten op; fig zijn aandacht richten op
zest [zest] *znw* schilletje *o* [v. sinaasappel, citroen]; fig wat een gesprek & kruidt; smaak, genot *o*, lust, animo; ~ *for life* levenslust; *add (give) ~ to...* jeu geven aan, kruiden
zigzag ['zigzæg] **I** *znw* zigzag; *in ~s* zigzagsgewijze; **II** *bn* zigzagsgewijs lopend, zigzag-; **III** *bijw* zigzagsgewijs; **IV** *onoverg* zigzagsgewijs lopen, gaan &, zigzaggen
Zimbabwe [zim'ba:bwi] *znw* Zimbabwe *o*
Zimbabwean I *znw* Zimbabweaan; **II** *bn* Zimbabweaans
zinc [ziŋk] *znw* zink *o*
zing [ziŋ] *znw* jeu, pit, kracht, vitaliteit
Zion ['zaiən] *znw* Zion *o*, Jeruzalem² *o*
Zionism *znw* zionisme *o*
Zionist *znw* & *bn* zionist, zionistisch
zip [zip] **I** *znw* rits(sluiting); gefluit *o* [van een geweerkogel]; gemeenz fut, pit; **II** *onoverg* fluiten [v. kogels]; langsvliegen, -snellen, -snorren; **III** *overg* dichttrekken (ook: ~ *up*)
zip code *znw* = *zone improvement plan code* Am postcode
zip fastener, **zip fastening**, **zipper** *znw* ritssluiting
zippy *bn* gemeenz pittig, voortvarend, dynamisch, energiek
zither ['ziðə] *znw* citer
zodiac ['zoudiæk] *znw* zodiak, dierenriem
zodiacal [zou'daiəkl] *bn* zodiakaal, in/van de dierenriem
zombie ['zɔmbi] *znw* zombie², (door tovenarij) tot leven gebracht lijk *o*; gemeenz iem. die automatisch handelt, die meer dood dan levend schijnt
zonal ['zounəl] *bn* zonaal, zone-
zone I *znw* zone, gebied *o*, luchtstreek, gordel²; **II** *overg* omgorden; verdelen in zones
zonked [zɔŋkt] *bn* slang **1** ladderzat; **2** stoned; **3** afgepeigerd, uitgeput
zoo [zu:] *znw* dierentuin, diergaarde
zoological [zouə'lɔdʒikl; vóór *garden*: zu'lɔdʒikl] *bn* zoölogisch, dierkundig; ~ *garden(s)* dierentuin, diergaarde
zoologist [zou'ɔlədʒist] *znw* zoöloog, dierkundige
zoology [zou'ɔlədʒi] *znw* zoölogie, dierkunde
zoom [zu:m] **I** *onoverg* zoemen, suizen; plotseling (snel) stijgen; zoomen [v. filmcamera]; ~ *in on* inzoomen op; **II** *znw* luchtv zoemer, zoemvlucht; zoom [v. filmcamera]
zoom lens *znw* zoomlens
zoot [zu:t] *bn* slang opzichtig, kakelbont; erg in de mode; ~ *suit* slang herenpak *o* met lang jasje en nauwsluitende broek
Zouave [zu'a:v] *znw* zoeaaf
zounds [zaundz, zu:ndz] *tsw* vero drommels!, potdorie!
zucchini [zu:'kini] *znw* Am courgette
Zulu ['zu:lu:] *znw* Zoeloe

Engelse onregelmatige werkwoorden

English irregular verbs

ONBEP. WIJS	VERL. TIJD	VOLT. DEELW.
abide	- abode, abided	- abode, abided
arise	- arose	- arisen
awake	- awoke, awaked	- awoke, awaked
be	- was	- been
bear	- bore	- borne
beat	- beat	- beaten
become	- became	- become
befall	- befell	- befallen
beget	- begat, begot	- begot(ten)
begin	- began	- begun
behold	- beheld	- beheld
bend	- bent	- bent
beseech	- besought	- besought
bet	- bet, betted	- bet, betted
betake	- betook	- betaken
1 bid (*verzoeken*)	- bade	- bidden
2 bid (*bieden*)	- bid	- bid
bind	- bound	- bound
bite	- bit	- bitten
bleed	- bled	- bled
blend	- blended, blent	- blended, blent
blow	- blew	- blown
break	- broke	- broken
breed	- bred	- bred
bring	- brought	- brought
build	- built	- built
burn	- burnt, burned	- burnt, burned
burst	- burst	- burst
buy	- bought	- bought
can	- could	- (been able)
cast	- cast	- cast
catch	- caught	- caught
chide	- chid	- chid(den)
choose	- chose	- chosen
cleave	- cleft	- cleft
cling	- clung	- clung
come	- came	- come
cost	- cost	- cost
creep	- crept	- crept
cut	- cut	- cut
deal	- dealt	- dealt
dig	- dug	- dug

ONBEP. WIJS	VERL. TIJD	VOLT. DEELW.
do	- did	- done
draw	- drew	- drawn
dream	- dreamt, dreamed	- dreamt, dreamed
drink	- drank	- drunk
drive	- drove	- driven
dwell	- dwelt, dwelled	- dwelt, dwelled
eat	- ate	- eaten
fall	- fell	- fallen
feed	- fed	- fed
feel	- felt	- felt
fight	- fought	- fought
find	- found	- found
flee	- fled	- fled
fling	- flung	- flung
fly	- flew	- flown
forbear	- forbore	- forborne
forbid	- forbade	- forbidden
forget	- forgot	- forgotten
forgive	- forgave	- forgiven
for(e)go	- for(e)went	- for(e)gone
forsake	- forsook	- forsaken
freeze	- froze	- frozen
get	- got	- got (Am gotten)
gird	- girded, girt	- girded, girt
give	- gave	- given
go	- went	- gone
grind	- ground	- ground
grow	- grew	- grown
1 hang	- hung	- hung
2 hang (*ophangen [als straf]*)	- hanged	- hanged
have	- had	- had
hear	- heard	- heard
heave	- heaved, scheepv hove	- heaved, scheepv hove
hew	- hewed	- hewn, hewed
hide	- hid	- hid(den)
hit	- hit	- hit
hold	- held	- held
hurt	- hurt	- hurt
keep	- kept	- kept
kneel	- knelt, kneeled	- knelt, kneeled

ONBEP. WIJS	VERL. TIJD	VOLT. DEELW.
knit	- knit, knitted	- knit, knitted
know	- knew	- known
lay	- laid	- laid
lead	- led	- led
lean	- leant, leaned	- leant, leaned
leap	- leapt, leaped	- leapt, leaped
learn	- learnt, learned	- learnt, learned
leave	- left	- left
lend	- lent	- lent
let	- let	- let
lie	- lay	- lain
light	- lit, lighted	- lit, lighted
lose	- lost	- lost
make	- made	- made
may	- might	- (been allowed)
mean	- meant	- meant
meet	- met	- met
mow	- mowed	- mown
must	- must	- (been obliged)
ought	- ought	
overcome	- overcame	- overcome
partake	- partook	- partaken
pay	- paid	- paid
put	- put	- put
read	- read	- read
rend	- rent	- rent
rid	- rid	- rid
ride	- rode	- ridden
ring	- rang	- rung
rise	- rose	- risen
run	- ran	- run
saw	- sawed	- sawn, sawed
say	- said	- said
see	- saw	- seen
seek	- sought	- sought
sell	- sold	- sold
send	- sent	- sent
set	- set	- set
sew	- sewed	- sewn, sewed
shake	- shook	- shaken
shall	- should	
shear	- sheared	- shorn
shed	- shed	- shed
shine	- shone	- shone
shoe	- shod	- shod
shoot	- shot	- shot
show	- showed	- shown
shred	- shred, shredded	- shred, shredded
shrink	- shrink	- shrunk
shrive	- shrove	- shriven
shut	- shut	- shut
sing	- sang	- sung
sink	- sank	- sunk
sit	- sat	- sat
slay	- slew	- slain
sleep	- slept	- slept
slide	- slid	- slid
sling	- slung	- slung
slink	- slunk	- slunk
slit	- slit	- slit
smell	- smelt, smelled	- smelt, smelled
smite	- smote	- smitten
sow	- sowed	- sown, sowed
speak	- spoke	- spoken
speed	- sped	- sped
spell	- spelt, spelled	- spelt, spelled
spend	- spent	- spent
spill	- spilt, spilled	- spilt, spilled
spin	- spun	- spun
spit	- spat	- spat
split	- split	- split
spoil	- spoilt, spoiled	- spoilt, spoiled
spread	- spread	- spread
spring	- sprang	- sprung
stand	- stood	- stood
steal	- stole	- stolen
stick	- stuck	- stuck
sting	- stung	- stung
stink	- stank	- stunk
strew	- strewed	- strewn, strewed
stride	- strode	- stridden
strike	- struck	- struck
string	- strung	- strung
strive	- strove	- striven
swear	- swore	- sworn
sweat	- sweat, sweated	- sweat, sweated
sweep	- swept	- swept
swell	- swelled	- swollen, swelled
swim	- swam	- swum
swing	- swung	- swung
take	- took	- taken
teach	- taught	- taught
tear	- tore	- torn
tell	- told	- told
think	- thought	- thought
thrive	- throve, thrived	- thriven, thrived
throw	- threw	- thrown

ONBEP. WIJS	VERL. TIJD	VOLT. DEELW.
thrust	- thrust	- thrust
tread	- trod	- trodden
understand	- understood	- understood
wake	- woke, waked	- woke, waked
wear	- wore	- worn
weave	- wove	- woven
weep	- wept	- wept
will	- would	- (been willing)
win	- won	- won
wind	- wound	- wound
withdraw	- withdrew	- withdrawn
withhold	- withheld	- withheld
withstand	- withstood	- withstood
wring	- wrung	- wrung
write	- wrote	- written